異常心理学大事典

Abnormal Psychology

著● セリグマン　ウォーカー　ローゼンハン

監訳● 上里一郎　瀬戸正弘　三浦正江

西村書店

● 著者について

マーチン E. P. セリグマン（Martin E.P.Seligman）は、ペンシルバニア大学の心理学部にある"Robert A. Fox"リーダーシップ（コース）の教授である。彼はこのコースで14年間、臨床実習プログラムの指導者として貢献するとともに、ポジティブ心理学・学習性無力感・うつ病に関するテーマや楽観主義と悲観主義についての教育と研究を行なっている。彼は、臨床及び学問の領域においてよく知られており、ベストセラー作家であると同時に、アメリカ心理学会（American Psychological Association）の元会長でもある。

セリグマン博士は、動機づけとパーソナリティに関する15冊の書籍と150の論文がある。その書籍の中には、"オプティミストはなぜ成功するのか"（Knopf,1991）、"あなたが変えることができるものとできないもの"（Knopf,1994）、"つよい子を育てるこころのワクチン－メゲない、キレない、ウツにならない ABC 思考法"（Houghton Mifflin,1995）、"うつ病の行動学－学習性絶望感とは何か"（Freeman,1975,1993）などがある。彼は、アメリカ心理学会から2つの顕著な優秀学術賞を受賞している。精神病理学研究協会からの生涯功労賞と、アメリカ応用心理学及び予防学会からの月桂冠賞である、また、アメリカ心理学協会（American Psychological Society）の"William James 特別会員賞"（基礎科学へ貢献したことにより）、そして"James McKeen Cattell 特別会員賞"（心理学的な知識を応用したことにより）の両方を受賞した。また、彼は全米開業アカデミー（National Academies of Practice）によって「卓越した臨床家（distinguished practitioner）」とも称されている。

エレイン F. ウォーカー（Elaine F. Walker）は、エモリー大学の心理学と神経科学の"Samuel Candler Dobbs"教授である。彼女は、重度の精神障害の原因についての研究指導と教育を行なっている。彼女の研究の多くは統合失調症の発達経過、特に幼年期の前兆に焦点を合わせている。同僚たちや非常に有能な大学院生のグループと共に、ウォーカー博士は統合失調症の脆弱性において最も初期の兆候について研究を行なっている。さらに最近では、彼女の研究は、精神障害におけるストレスの生物学的効果と青年期の発達における統合失調症の危険性に焦点を合わせている。ウォーカー博士は100冊以上の書籍と論文を出版している。彼女は、"James McKeen Cattell 特別会員賞"、"W.T. Grant 財団の学部教授賞"、統合失調症の研究のための"Gralnick 賞"、エモリー大学の"学者と教授賞"、"Zubin 記念賞"、うつ病と統合失調症の研究のための国立協会からの"確立した研究者賞"及び、国立精神衛生研究所から研究科学者開発賞などを含む数々の賞を受賞している。彼女はエモリー大学の臨床プログラムの元教授であり、精神病理学研究協会の現会長である。

デヴィッド L. ローゼンハン（David L. Rosenhan）はスタンフォード大学の心理学と法律学の名誉教授である。長年にわたり彼は、精神病者の法的権利の主要な擁護者であり続け、基本的パーソナリティとソーシャル・プロセスの研究者でもある。彼は主要な専門的学会誌に幅広く寄稿してきた。彼が1973年に著した"偽装患者"の研究は、この領域における画期的な成果として今日も残っている。

Abnormal Psychology
Fourth Edition

Martin E. P. Seligman
University of Pennsylvania

Elaine F. Walker
Emory University

David L. Rosenhan
Stanford University

Copyright © 2001, 1995, 1989, 1984 by W. W. Norton & Company, Inc.
Japanese translation rights arranged with W. W. Norton & Company, Inc. through Japan UNI Agency, Inc., Tokyo.
All rights reserved.
Printed and bound in Japan

カラー口絵
(図説は該当ページ参照)

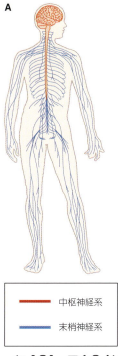

中枢神経系
末梢神経系

(p.131　図4-8 A)

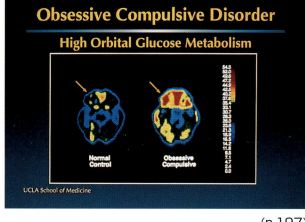

(p.197)

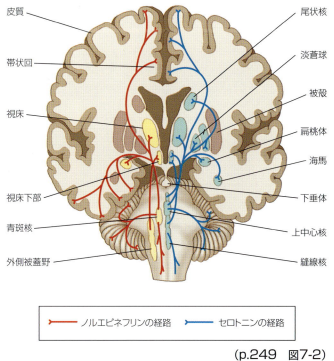

皮質
帯状回
視床
視床下部
青斑核
外側被蓋野

尾状核
淡蒼球
被殻
扁桃体
海馬
下垂体
上中心核
縫線核

ノルエピネフリンの経路
セロトニンの経路

(p.249　図7-2)

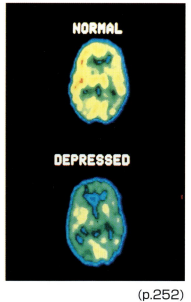

(p.252)

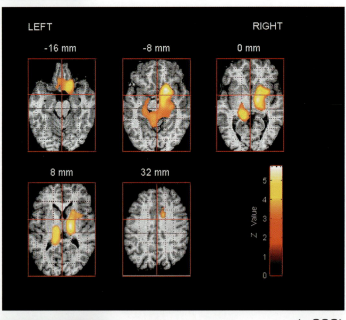

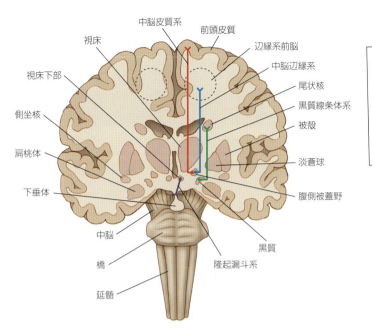

(p.416 図10-3)

中脳皮質系：認知機能に関与
中脳辺縁系：情動機能に関与
隆起漏斗系：神経内分泌の調節に関与
黒質線条体系：錐体外路系疾患に関与

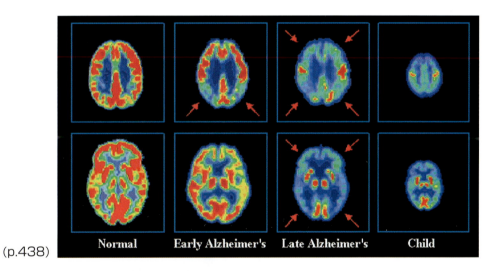

(p.438)

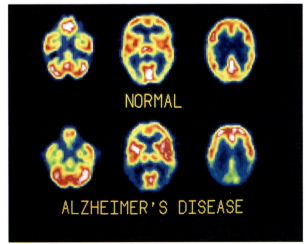

(p.445)

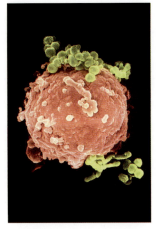

(p.470)

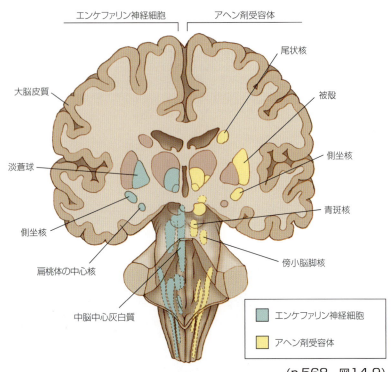

(p.568 図14-9)

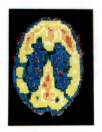

統制群

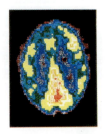

殺人犯群

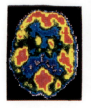

統制群

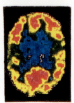

良い家庭の
殺人犯群

悪い家庭の
殺人犯群

(p.633)

監訳者序文

　本書は、セリグマン、ウォーカー、ローゼンハンのAbnormal Psychology（Fourth Edition）の日本語訳である。事の始まりは、私たちが広島の大学で働いていた頃、当時、広島国際大学学長だった上里一郎先生のご提案だった。臨床心理学を専攻する学生たちが必要な基礎知識を学ぶことができる入門書として、このAbnormal Psychologyの翻訳本を出版しようというアイデアだった。確か、広島市内のホテルで、私たちを含めた数名と上里先生とで食事をしていたときだったと記憶している。公益財団法人臨床心理士資格認定協会常任理事でもあった上里先生は、優れた臨床心理士を養成するためには初学者向けの良い専門書が必要だとお考えだったのだと思う。

　その後、私たちはそれぞれ広島から関東地方の大学に職場を移し、各章をご担当いただいた先生方とのすり合わせ、全章にわたる訳語の統一、かなりの数の索引の取りまとめ等を行ったが、時として翻訳作業は難航し、かなりの年月を要することになってしまった。私たちの遅々として進まぬ作業に、上里先生はさぞやイライラされていたことと思う。2011年7月に上里先生がご逝去され、先生に直接本書をお渡しする機会を永遠に失ってしまったことは、悔やんでも悔やみきれないことである。また、各章をご担当いただいた先生方にも、首をキリンのようにして本書の発刊をお待ちいただくことになってしまい、監訳者としてただただ深くお詫びを申し上げ、心から反省するばかりである。

　本書を発刊するに当たり改めて読んでみたところ、「臨床心理学を専攻する学生たちが必要な基礎知識を学ぶことができる入門書」としてはかなりの良書であると実感した。本書は16章から構成されており、精神の正常／異常の考え方の歴史的変遷に始まり、アセスメントや研究法、精神疾患を理解するための心理学的・生物学的なアプローチが紹介されている。前者ではフロイトから認知行動療法（cognitive behavioral therapy：CBT）まで多様な心理学的理論を取り上げ、後者は遺伝子やニューロン等に関する内容となっている。さらに、第5章から第14章で不安障害や統合失調症などの10の精神疾患について記述した後、最後の2つの章では、精神疾患が患者自身だけでなく家族や社会に及ぼす影響、法律制度、心理療法の効果やコスト、予防的視点、あるいはポジティブ心理学など、精神疾患に関する多様な視点からのユニークなテーマが取り上げられている。本書が多くの学部生、大学院生にとって臨床心理学や精神疾患に関する理解を深める手助けとなることを願ってやまない。

　この間DSMの改訂に代表されるように、様々な「変化」もあった。しかし、臨床心理学を理解するために必要な基本的な知識や理論は時代の流れによって大きく左右されるものではなく、結果として本書は、上里先生の当初のお考えどおりの良書としてこの世に送り出されることとなった。ひとえに、普遍的な内容から構成されている優れた原書、その原書を選ばれた上里先生の目利きの素晴らしさ、そして各章をご担当いただいた先生方の並々ならぬご尽力によるところである。ここに改めて深い感謝の意を表したい。

2016年3月

瀬戸正弘・三浦正江

序　文

　Abnormal Psychology 第3版が刊行されて以降、世界は劇的に変化している。クローン羊が誕生し、新薬の開発によって患者はより長く、生産的に生きられるようになった。また、ヒトゲノムの配列が解析され、ワールドワイドウェブやインターネットは情報の分析や普及における大変革をもたらした。このような科学技術の革命的なできごとは国際的な注目を集めており、この第4版ではこのような発展を踏まえようと試みている。

　本書第3版刊行当時に比べて、今ではより多くの生物学的過程に関する知識が明らかになっていることは明白だ。それに比べて、心理学的過程、特に異常心理学的な過程における理解の進歩はそれほど劇的なものではない。抑うつ、不安、あるいは統合失調症の原因が飛躍的に解明され、世界的に注目されるといったことは起こっていない。しかし、だからといって、精神機能の不調が生じるメカニズムについて全く進展がないかというとそうではない。この領域においても、本書第3版が刊行された当時よりも、今では確実に多くのことが明らかになっている。たとえば、精神疾患に対して行われるさまざまな心理学的あるいは生物学的な治療方法の効果が例としてあげられる。このことによって、抑うつ、不安、あるいは強迫性障害などで苦しんでいる患者が「自分たちに適用できると証明された治療方法があるのだ」という大きな確信を持つことができる。また、精神疾患の心理学的あるいは生物学的なリスクファクターについても以前より多くのことが明らかになっているし、脳の機能についても非常に多くのことが分かってきた。これは、一つには技術の進歩、すなわち人間の脳の構造や機能を観察するために必要な高度な機器の開発によるものである。

　生物学と心理学の交差点においては、異常心理学の領域における最も重要な変化が起こってきている。研究者が生物学的、心理学的過程の相互の影響について考慮する中で、神経科学における新しい知見が革命を引き起こしている。新しく、またしばしばより効果的に患者を回復させる方法によってもまた、多くの精神疾患は生物学的要因と心理学的要因の相互作用によって生じているという見解に変わってきている。どのようにして"トップ—ダウン"の心理学的経験が生物学的、心理学的過程に影響し得るのか、あるいはどのようにして"ボトム—アップ"の生物学的要因が心理学的、生物学的過程に影響し得るのかについて、研究者は数多くの事例を見出している。この影響は実に核心をつくものであり、実際に多くの科学者たちは心理学と生物学の相互作用に関する重要な新発見まであと一歩のところにきていると確信している。それは、もはや"生得的なもの　対　習得的なもの"ではなく、むしろ精神と身体の相互作用であり、経験と脳機能の相互作用であると考えられている。

　この新版には、この領域における変化が反映されている。私たちは、学生が出生前期と同程度の初期の経験について考察する際に、生理学的過程についても一緒に考えるよう提案している。それによって、読者は「私たち」という存在の様々な水準、すなわち細胞の活動から、遺伝子、ホルモン、脳化学の影響や社会的環境の果たす役割まで、を体験することができる。私たちは、行動神経科学者によって示された新しい地平線について探索している。彼らは、あるミステリー、すなわち生物としての人間と社会的環境との相互作用によって、人間の脳の設計図を含んでいる何千もの遺伝子の発現がどのようにして形作られるのかという点を解き明かそうとしている。"分析的アプローチの水準"を用いることによって、私たちは過去10年間における最高の行動的、神経科学的研究について述べる。これらの研究によって得られた知見は、うつ病、統合失調症、不安障害、強迫性障害、性障害、あるいは物質依存などの心理学的な疾患を解明するためのヒントとなり得るのだ。

　また、上記以外に新版で取り上げる主要なテーマとして発達がある。他の哺乳類と同様に、人間は年齢に応じて身体的、精神的能力が変化する。発達心理学者は、乳児期から高齢期までの期間に生じてくる興味深い変化を実証してきた。それによれば、小児期から思春期を通じて、新たに身体的、社会的、認知的な能力が獲得される。そして、特定の能力は加齢とともに減少する。本書の新しい共著者である Elaine Walker は、発達心理学領域の第一線にいる。彼女は、発達的変化は精神疾患の発症のきっかけとなるという否定的役割をもつと述べている。実際に、研究者は発達的変化と精神疾患のリスクとなる変化とが関連しているという事実を見出している。たとえば、自閉症は小児初期に発症し、認知症の多くは高齢期に発症するなど、特定の疾患が特定の発達期に現れる。これに対して、うつ病や統合失調症といった疾患では、そのリスクは思春期から青年期にかけて増加し、人生の晩年になるにつれて減少する。このような違いが精神疾患の原因に関する重要なヒントであることは疑いの余地がない。本書第4版では、精神病理学において発達的視点は重要であるといったスタンスでこの分野の道案内をしている。

　精神疾患の治療についても、急激な変化が起こっている。本書の初版の構想をしていた頃、深刻な精神疾患と診断された人々のほとんどは病院に入院していた。そして、初版の著者である Martin Seligman と

David Rosenhanは、一緒に精神病院で働いている間に異常心理学のテキストブックに関するアイデアを思い付いたのだ！　その頃、David Rosenhanは、健常であるさまざまな人々が単一の症状があるふりをして精神病院に入院している、という画期的な研究を行っていた。たとえば、彼らは"空っぽ""無意味"あるいは"ドスン"という声や音を聞いたと言っていたが、入院後しばらくすると、これらの"ニセ患者"はそれらの症状を訴えなくなり、"健常な"人々のように行動するようになった。にもかかわらず、彼らはまだ"精神病者"とみなされ、治療されていた。この研究は、精神的健康の分野に従事している者の判断がどれだけ相手の精神状態に対する最初の印象によって左右されているかを実証したものであり、精神疾患の診断や治療という領域に大きな衝撃を与えた。また、これらの研究結果によって、人々は精神病院に入院している患者の状態に対して敏感になった。

　しかしながら、David Rosenhanによる古典的な"ニセ患者"研究の時代から、潮流は方向転換している。多くの精神病院は閉鎖され、治療を必要とする非常に多くの患者たちは精神病院にはいない。今や、まるで病院に入院するかのように、精神疾患患者は道端でホームレスになるという時代である。今日、精神的健康のケアが不十分であることや患者の医療機関受診が限定的であることに対する懸念が増加している。治療のアウトカムを検証するための方法は、研究室での効果研究(efficacy study)からフィールド研究での有効性研究(effective study)に転換し、APA(アメリカ心理学会)の代表であるMartin Seligmanはこの最新の変化における第一人者であった。この最新版では、これらの変化およびその変化を引き起こす要因について取り上げている。私たちは、精神的健康対策における脱施設化およびヘルスケアのマネジメント化における効果について議論する。また、Martin Seligmanの主要な関心テーマであるポジティブ心理学、あるいは心理学者は精神疾患患者を治療するだけでなく精神疾患の予防を手助けする、といったパラダイムの転換の必要性についても取り上げている。

　非常に重要なこととして、この第4版においても、従来の版で確立されている伝統的テーマを継続して取り上げている。第一に、私たちは臨床心理学の科学的基盤について強調し続けている。この科学的視点は精神疾患の原因と治療を理解する枠組みを提供してくれる。本書では、科学は心理学者の仕事を導いてくれる最も重要な情報源である、という事実を強く主張している。

　同時に、精神疾患を患っている人々には個人差があり、メンタルヘルス従事者が直面している課題や彼らが関わっている精神疾患患者については、必ずしも明確な回答がない場合が多いという事実を痛感している。Abnormal Psychologyの最新版である本書では、精神疾患の治療を取り巻く倫理的、社会的な事柄を詳細に取り上げている。それは、精神疾患患者の家族における辛い状況を検討することである。これは他のテキストではあまり取り上げられていないテーマであるが、アメリカのメンタルヘルス・ケアシステムにおいて治療を受けている患者は、精神疾患患者の一部に過ぎないという厳しい現実について検討する。

　また、この第4版においても、異常心理学領域の基礎を重視する視点が継続されている。私たちは、異常心理学における科学的進展に影響を及ぼす古典的理論や研究成果について、これまでの版に引き続いて取り上げている。すなわち、脳機能における古代ギリシャの理論から、フロイト、神経科学における革新的な新アイデアまで読者に提供している。

　最後に、これまでの版と同様に本版でも、精神疾患の診断と治療を重視している。本書では多様な技法について解説し、時には具体例をあげながら、心理学者が患者の診断や治療の際にそれらをどのように用いるかを解説している。本書では、精神障害の診断・統計マニュアル(DSM-IV)に基づき、主要な精神疾患の診断基準を示している(訳注：DSM-IV-TR)。同時に、DSMによる分類をやみくもに支持することはせず、DSMの限界についても率直に検討している。

　要約すると、このAbnormal Psychology最新版では、これまでの版の長所を保ちつつ、それらとこの領域の最先端である興味深くて新しい事実や見解とを結び付けようと試みている。生物学、心理学、および社会的なレベルにおける分析を独自のやり方で統合し、解説することが本書の目指すところである。それによって、異常心理学における研究を次の新世紀へといざなうのだ。

(訳注：ビデオ・CDなどの補助教材については、日本語版では割愛した)

謝　辞

　私たちは、このAbnormal Psychology第4版の刊行に当たり、貴重な助言をしてくれた才能豊かな研究者や教員たちに心から感謝したい。まず第一にお礼を言いたいのは、フィラデルフィアで本書の計画について最初に打ち合わせた際に参加してくれた仲間たちである。

Mary Dozier(University of Delaware)
Angela Gillem(Beaver College)
Steven Krauss(Villanova University)
Leslie Rescorla(Bryn Mawr College)

　また、以下の仲間たちが各章の原案を詳細に再検討してくれたことにも感謝の意を表する。

Paul Abramson(University of California at Los Angeles)
Tom Bradbury(University of California at Los Angeles)
Ty Cannon(University of California at Los Angeles)
Lee Ann(University of Iowa)
Jane Costello(Duke University)
Alan Fridlund(University of California at Santa Barbara)
Marc Henley(Delaware County Community College)
Jill Hooley(Harvard University)
Erick Janssen(The Kinsey Institute)
Suzanne Bennet Johnson(University of Florida)
Tom Joiner(Florida State University)
Ann E. Kelley(University of Wisconsin at Madison)
Bruce McEwen(Rockefeller University)
Brad Pearce(Emory University)
James Pennebaker(University of Texas at Austin)
Al Porterfield(Oberlin College)
Barbra Rothbaum(Emory University)
Kieran Sullivan(Santa Clara College)

また、かなりの章にわたりコメントをくれたAlan Fridlund(University of California at Santa Barbara)には、特に心からの感謝を伝えたい。彼の鋭い洞察と貢献によって、本書はより素晴らしいものになっている。

精神疾患の特徴や原因に関する知識の大部分は、患者の方々の尽力の賜物である。多くの患者および家族の方々は、多大な時間と労力を注ぐことによって精神病理学に貢献してきた。彼らは科学的研究に参加し、精神疾患やメンタルヘルスに関する研究あるいは啓発活動に出資する支援団体への働きかけに貢献している。私たちは、彼らに対して惜しみない感謝の気持ちを表したい。

研究アシスタントのKerry Haffey, Felicia Reynolds, Annie Bolliniにも大いに助けてもらった。彼女たちのハードワークによって、本書は非常に良いものになった。また、Terry Kang, Jay Reid, Rachel Elworkは勤勉で丁寧な仕事によって本書の作成に多大な貢献をしてくれたし、Jane Gillham, Linda Petock, Derek Isaacowitz, Mandy Seligman, Peter Schulman, Karen Shoreは刊行に至るまで貴重なアシストをしてくれた。

学生諸君には特に感謝したい。彼らは、精神病理学の起源に関する難しいリサーチ・クエスチョンに取り組む際に、私たちを触発し、ときに協働してくれた。学生たちの熱意が広がらなければ、研究プロセスはこれほどやりがいのあるものにはならなかっただろう。何年にもわたって一緒に作業をしてきた多くの才能豊かな同僚たちも非常に重要な存在である。彼らの学術的見解、公平なサポート、あるいは友情によって、行動科学者であり、教員であり、そして本書の著者でもある私たちの仕事は豊かなものになった。

最大の感謝をNorton社の4名に捧げたい。まず、プロジェクトの開始から終結まで指導してくれたJon Durbin、仕事を後押しして可能にしてくれたDrake McFeelyとRoby Harrington、そして私たちの指導役であり、応援団であり、かつ最高の批評家でもあるSandy Liflandにこの上ないお礼の気持ちを述べたい。また、本書のために美しいデザインを提供してくれたRubina Yeh、本書中の素晴らしい写真を探してくれたRob Whiteside、本書の作成をマネジメントしてくれたRoy Tedoff、そしてJane Carter, Jan Hoeper, Aaron Javsicasをはじめ、必要不可欠な数多くの編集・作成作業に関して細部にわたり尽力してくれた全ての方々に感謝したい。

Martin E. P. Seligman
Elaine F. Walker
David L. Rosenhan

監訳者・訳者一覧

【監訳者】
- 上里　一郎　　広島大学名誉教授・元広島国際大学学長（故人）
- 瀬戸　正弘　　神奈川大学人間科学部人間科学科
- 三浦　正江　　東京家政大学人文学部心理カウンセリング学科

【訳　者】
- 1　三浦　正江　　東京家政大学人文学部心理カウンセリング学科
- 2　岡安　孝弘　　明治大学文学部心理社会学科
- 3　大河内浩人　　大阪教育大学教育学部
- 　　桑原　正修　　駒澤大学文学部心理学研究室
- 4　田中　秀樹　　広島国際大学心理学部心理学科
- 　　古谷　真樹　　神戸大学大学院人間発達環境学研究科
- 5　正田　裕子　　東京大学保健・健康推進本部保健センター
- 6　杉若　弘子　　同志社大学心理学部
- 　　佐田久真貴　　兵庫教育大学人間発達教育専攻臨床心理学コース
- 7　伊藤　拓　　　明治学院大学心理学部心理学科
- 8　小川　恭子　　花園大学社会福祉学部臨床心理学科
- 　　髙橋　稔(p.325−)　目白大学人間学部心理カウンセリング学科
- 9　池田　智子　　安田女子大学心理学部心理学科
- 10　藤田　英美　　横浜市立大学附属病院心理室
- 11　佐々木直美　　山口県立大学看護栄養学部看護学科
- 12　眞鍋えみ子　　同志社女子大学看護学部看護学科
- 13　松田かおり　　元関西看護医療大学
- 14　志村　ゆず　　名城大学人間学部
- 　　大塚　明子(p.566−)　医療法人秀峰会心療内科病院楽山
- 15　西山　久子　　福岡教育大学大学院教職実践専攻生徒指導・教育相談リーダーコース
- 16　瀬戸　正弘　　神奈川大学人間科学部人間科学科
- 　　後藤　佳子　　神奈川大学大学院人間科学研究科
- 　　中川　知世　　神奈川大学大学院人間科学研究科

目　次

カラー口絵　iii
監訳者序文　vii
序文　viii
監訳者・訳者一覧　xi

1　異常性：過去と現在　2

テーマと課題　4
生物学および心理学における分析　4
- Box 1-1　社会とメンタルヘルス
  媒介的影響か分析レベルか？　5
科学と実践　7
発達　8
治療法の精選　10

異常性に対する初期のアプローチ　11
精霊信仰的な原因論：憑依　12
身体的要因に基づくもの　12
- Box 1-2　分析のレベル
  セーレムの魔女裁判　13
心理学的要因に基づくもの　14
- メスメリズム　15　／Mesmerから Freudへ　16

狂気に対する治療　17
狂人の隔離　17
人道主義的治療の発展　18

今日における異常性の定義　19
異常性の構成要素　19
- 苦痛を感じていること　20　／不適応的であること　20　／非合理的であること　21　／予測不能で制御不能であること　21　／稀であり一般的ではないこと　21　／周囲を不快にすること　22　／規範に反すること　22
異常性の定義：家族的類似アプローチか

らの検討　22
異常性を定義づけることの危険性　24
- 社会が誤る可能性　24　／周囲の間における不一致　24　／周囲と当事者との不一致　25
自己診断の危険性　25

まとめ　26
要　約　27

2　アセスメント、診断、研究法　30

アセスメント　33
身体的検査　33
臨床的面接　34
- 非構造化面接　34　／構造化面接　35
観察　35
- 行動アセスメント　36　／精神生理学的アセスメント　36　／脳の画像診断　37
心理検査　39
- 質問紙法　40　／投影法　42　／知能検査　46　／神経心理学的アセスメント　48
- Box 2-1　科学と実践
  ロールシャッハ・テストをめぐる論争　44

診　断　50
診断をする理由　51
- コミュニケーションの簡略化　51　／病因　51　／治療の可能性　52　／科学的研究の援助　52　／第三者機関からの報酬　52
アセスメントと診断の評価　52
- 信頼性　52　／妥当性　53
精神疾患の診断・統計マニュアル（DSM）　53
- 障害を定義するための基準　53　／多軸評定　54　／DSMの信頼性　54
- Box 2-2　分析のレベル
  DSM-IVによる診断　55

精神障害の診断を歪める要因　57
　　文脈　57　／予期　57　／情報の信憑性　58
　　／文化的文脈とその影響　59

Box 2-3　社会とメンタルヘルス
　　　　文化に特有の障害　58

分類と診断の必要性　59

研究方法　60
臨床的事例研究　61
　　臨床的事例研究の長所　62　／臨床的事例研究の短所　62
科学的実験　62
　　実験の計画　62　／動物実験モデル　64　／実験的交絡　65　／統計的推測　67　／単一被験者による実験　68　／実験的方法の評価　70
自然場面実験　70
　　自然場面実験の評価　71
比較研究　71
相関研究　72
　　相関係数　73　／相関関係と因果関係　73　／相関研究の評価　74
疫学的研究　74

まとめ　75
要　約　76

3　心理学的アプローチ　78

精神力動的アプローチ　79
イド、自我、超自我　80
不安と防衛機制　81
　　抑圧　81　／投影　82　／置き換え　82　／否認　82　／昇華　83
Freud以後の精神力動論者　83
精神力動的心理療法　85
精神力動論の評価　88
　　精神分析の長所　88　／精神力動論の短所　88
精神分析と医学モデル　89

実存的アプローチと人間性心理学的アプローチ　89
自由と選択　89
　　責任　89　／意志の力　90

死の恐怖　90
　　特別性　90　／融合　90
実存的心理療法　91
実存的アプローチの評価　92

行動的アプローチ　93
パブロフ型条件づけ　93
　　パブロフ型の基本的現象　95　／パブロフ型条件づけ、情動、精神病理　95　／パブロフ型セラピー　96

Box 3-1　分析のレベル
　　遺伝性の障害は心理学的に扱うことができるか？　94

オペラント条件づけ　97
　　オペラント条件づけの概念　98　／オペラントセラピー　98
回避学習　100

認知的アプローチ　101
認知療法　101
　　効力予期の変化　102　／否定的評定の修正　103／　帰属を変える　103　／長期的信念を変える　104
認知行動療法　105
認知行動療法と精神力動論の結合　106
行動療法、認知療法の評価　107

Box 3-2　科学と実践
　　神経科学と認知行動療法を結合する　107

まとめ　108
要　約　109

4　生物学的アプローチと神経科学　112

生物学的アプローチ　114
原因や治療法の決定　114
　　病因（因果関係）　114　／治療　116
素因−ストレスモデル　116

遺伝子と異常行動　117
遺伝子と染色体　117
　　性染色体　117　／劣性、優性遺伝子　117
遺伝子型と表現型　117
遺伝子と環境の相互作用　120
行動遺伝学の研究方法　122

ニューロンと生化学原因論 …… 123
神経活動　123
ニューロン内の伝達　124　／神経伝達物質　126　／ホルモン　127

> Box 4-1　社会とメンタルヘルス
> 　　人間の遺伝子療法　124

神経活動の乱れ　128
分子技術と神経細胞の研究　129

脳構造と異常行動 …………… 130
中枢神経系　130
脊髄と脳幹　130　／終脳　131

> Box 4-2　科学と実践
> 　　動物モデルの有効性　130

> Box 4-3　分析のレベル
> 　　脳における電気的、科学的嵐　134

末梢神経系　136

神経発達と異常行動 ………… 139
出生前の期間　139
出生後の CNS 発達　141
心理的発達に対する臨界期　142

環境的入力と異常行動 ……… 143
学習と記憶の効果　143
経験の効果　144
豊かな環境と貧しい環境　144　／ストレスフルな環境　144

まとめ ………………………… 146
要　約 ………………………… 147

5　不安障害　150

恐怖と不安 …………………… 152
恐怖の構成要素　152
恐怖の程度　154
不安と恐怖の区別　154

恐怖症 ………………………… 155
特定の恐怖症　156
社交(社会)恐怖　158
恐怖症の病因論　159
生物学的説明　159　／行動論的説明　159／恐怖症の選択性　160　／恐怖症の持続性　162

恐怖症の治療　163
系統的脱感作法　163　／エクスポージャー　164　／モデリング　165　／応用緊張　165／薬物療法　166

心的外傷後ストレス障害 …… 167
心的外傷後ストレス障害の特徴　167
自然災害　169　／人的災害　171　／レイプ　172

心的外傷後ストレス障害の経過　174
心的外傷後ストレス障害に対する脆弱性　175
心的外傷後ストレス障害の治療　177
薬物療法　177　／エクスポージャー　177／オープニングアップ(開示法)　179

> Box 5-1　科学と実践
> 　　EMDR　178

パニック障害 ………………… 179
パニック発作の症状　179
パニック障害の病因論　180
生物学的アプローチ　181　／認知的アプローチ　182

> Box 5-2　分析のレベル
> 　　パニック障害の病因論：和解　183

パニック障害の治療　184
広場恐怖　185
広場恐怖の症状　185　／原因　187　／治療　187

全般性不安障害(GAD) ……… 188
GAD の症状と有病率　188
GAD の病因論　189
GAD の治療　190

強迫性障害(OCD) …………… 191
強迫、不安、そして抑うつ　192
強迫性障害に対する脆弱性　193

> Box 5-3　アセスメント
> 　　OCD の検査　194

強迫性障害についての理論　195
精神力動理論　195　／認知行動理論　196／神経科学的見解　197

強迫性障害の治療　199

行動療法 199 ／薬物療法 200

日常的な不安 ………………………… 200

> Box 5-4　アセスメント
> 　　　　　不安のアセスメント　201

まとめ ………………………………… 202
要 約 ………………………………… 203

6 身体表現性障害と
　解離性障害　　　　　　206

身体表現性障害 ………………………… 208
身体表現性障害の種類　208
転換性障害 208 ／身体化障害(Briquet症候群) 209 ／疼痛性障害(サイカルジア) 210 ／心気症 210 ／身体醜形障害 211
身体表現性障害の診断　212
身体表現性障害に対する脆弱性　213

> Box 6-1　分析の水準
> 　　　　　転換性障害としての失明？　214

身体表現性障害の病因　215
精神分析学的な捉え方 215 ／コミュニケーション的な捉え方 216 ／感覚遮断的な捉え方 216
身体表現性障害の治療　217
対立 217 ／暗示 217 ／洞察 217 ／その他の治療法 218

解離性障害 ……………………………… 218
解離性健忘　219
解離性健忘の種類 219 ／解離性健忘と身体疾患による健忘 220 ／解離性健忘の脆弱性と原因 220
離人症性障害　221
解離性同一性障害(多重人格障害)　221
解離性同一性障害の特徴 222 ／解離性同一性障害の原因論 224 ／解離性同一性障害に対する心理療法 226 ／解離性同一性障害に関する疑い 228

> Box 6-2　科学と実践
> 　　　　　解離性同一性障害を有する殺人者　229

まとめ ………………………………… 230
要 約 ………………………………… 231

7 気分障害　　　　　　　232

気分障害の分類 ………………………… 234
うつ病とうつ病性障害 ………………… 235
うつ病の徴候と症状　235
気分面の症状 236 ／認知面の症状 238 ／動機面の症状 239 ／身体面の症状 239

> Box 7-1　アセスメント
> 　　　　　うつ病の測定　237

脆弱要因とうつ病の有病率　240
年齢の差 241 ／性差 243 ／人種と社会的階層による違い 245 ／生活上の出来事による影響 245

> Box 7-2　社会とメンタルヘルス
> 　　　　　若い米国人では、なぜうつ病が多発しているのか：推測　242

うつ病の経過　247

うつ病性障害の理論 …………………… 248
うつ病への生物学的アプローチ　248
遺伝学と単極性うつ病 248 ／神経伝達物質とうつ病 248 ／ホルモンとうつ病 251 ／脳の部位とうつ病 252
うつ病への心理学的アプローチ　253
Beckのうつ病認知療法 253 ／学習性無力感、絶望、そしてうつ病 254

うつ病性障害の治療 …………………… 257
うつ病の生物学的治療　257
薬物療法 258 ／電気ショック療法 261

> Box 7-3　科学と実践
> 　　　　　Prozac®は自殺をひき起こすか？　260

心理療法　262
認知療法 262 ／対人関係療法 264

双極性障害 ……………………………… 265
躁病の症状　265
気分面の症状 265 ／認知面の症状 268 ／動機面の症状 269 ／身体面の症状 269

> Box 7-4　分析のレベル
> 　　　　　薬物かそれとも心理療法か――「選り抜きの治療法」はあるのか？　266

双極性障害の経過　269
双極性障害の原因　270
双極性障害の治療　271

季節性感情障害　272
自　殺　274
どのような人に自殺の危険性があるのか？　274
うつ病と自殺　275　／性差と自殺　276　／文化差と自殺　276　／年齢と自殺　277
自殺への動機　278
自殺の予防と治療　279
まとめ　280
要　約　281

8　早期に発症する疾患　282

小児期の疾患の鑑定　284
疾患に対する脆弱性　284
小児期の疾患に独特な側面　285
小児期の疾患のタイプ　286

感情障害　288
反応性愛着障害　288
分離不安障害　290
恐怖症　292
小児期の抑うつ　294
感情障害の治療　295

発達障害　296
自閉症　296
自閉症の症状　298　／自閉症の原因　302　／自閉症の治療　305

Box 8-1　科学と実践
ファシリテイテッド・コミュニケーション：真実か、フィクションか？　304

レット障害　306
小児性崩壊性障害　307
アスペルガー障害　308
特定不能の広汎性発達障害（PDD-NOS）309
精神遅滞　309
精神遅滞の測定　310　／遅滞のレベル　311　／精神遅滞の原因　311　／治療　314

Box 8-2　分析のレベル
脆弱Ｘ症候群　312

学習障害　314

読字障害　315　／教育的な障害か、心理的な障害か？　315

摂食障害と性癖障害　316
摂食障害：無食欲症・大食症　316
無食欲症と大食症の原因　318　／摂食障害の治療　320
排泄障害　321
遺尿症の原因　321　／治療　322
吃音　322
治療　323
チック障害　323
トゥレット障害　324

破壊的行動障害　325
素行障害　326
素行障害の病型　327　／素行障害が生じうる原因　330　／素行障害の治療　333
反抗挑戦性障害　336
注意欠如・多動性障害（ADHD）337
注意欠如・多動性障害が生じうる原因　339　／治療　340

Box 8-3　社会とメンタルヘルス
子どもを治療するのか、薬を与えるのか？　341

まとめ　342
要　約　344

9　パーソナリティ障害　346

パーソナリティ障害の診断　348
パーソナリティのカテゴリーか、それとも次元か？　349
障害の発症　350
障害の群　351

奇異―奇妙な行動を示す障害　351
統合失調型パーソナリティ障害　351
原因　352　／治療　353

Box 9-1　アセスメント
統合失調型パーソナリティ障害の特徴：統合失調型パーソナリティ尺度の項目　353

統合失調質パーソナリティ障害　354
有病率と原因　354　／治療　354
妄想性パーソナリティ障害　354

有病率と原因 355 ／治療 356

> Box 9-2　分析の水準
> パーソナリティ障害の精神薬理学的治療 355

劇的―常軌を逸した行動を示す障害 356
反社会性パーソナリティ障害 357
反社会性パーソナリティ障害の特徴 358 ／有病率と性差 361 ／反社会性パーソナリティ障害の原因 362 ／治療と予防 370

> Box 9-3　社会とメンタルヘルス
> 犯罪か精神疾患か？ 361

演技性パーソナリティ障害 371
自己愛性パーソナリティ障害 372
境界性パーソナリティ障害 375
原因 377 ／治療 378

> Box 9-4　科学と実践
> 境界性パーソナリティ障害における自傷 376

不安―恐怖を示す障害 379
回避性パーソナリティ障害 379
依存性パーソナリティ障害 380
強迫性パーソナリティ障害 382

まとめ 383
要　約 385

10　統合失調症　388

統合失調症とは何か 390
歴史的展望 390
統合失調症の症状 392
妄想 392 ／幻覚 393 ／まとまりのない会話 395 ／まとまりのない、または緊張病性の行動 396 ／陰性症状 396 ／洞察力の障害と抑うつ症状 396

DSM-IV による統合失調症の病型 398
妄想型統合失調症 398 ／解体型統合失調症 398 ／緊張型統合失調症 399 ／鑑別不能型統合失調症 399 ／残遺型統合失調症 399

統合失調症のその他の病型分類 399
統合失調症の疫学 400

> Box 10-1　社会とメンタルヘルス
> なぜ、統合失調症はなくならないのか？ 401

機能の障害 402
認知機能障害 402
知覚障害 405
運動障害 405
感情障害 406

脆弱性の原因 406
統合失調症の遺伝学 407
双生児における統合失調症の診断一致率 407 ／家系内の統合失調症 409 ／養子研究 409 ／連鎖解析 410

産科合併症 410
統合失調症の児童期の指標 411
ハイリスク研究 411 ／後方視的研究とフォローバック研究 412 ／統合失調症の行動的なリスク：統合失調型パーソナリティ研究 414

統合失調症の生物学 415
統合失調症の神経化学 415 ／統合失調症の脳の構造 418 ／統合失調症の脳の機能 419

社会的な影響 419
統合失調症と家族 420 ／統合失調症と社会階級 420 ／統合失調症と文化 422 ／生活上のストレス 422

統合失調症の治療 423
薬物療法 423
初期の抗精神病薬 424 ／新しい「非定型」抗精神病薬 425 ／回転ドア現象 426

心理的治療 427
認知機能リハビリテーション 427 ／対人関係のトレーニング 428

> Box 10-2　分析のレベル
> 認知機能リハビリテーション 429

> Box 10-3　科学と実践
> 統合失調症のマネージド・ケアと精神療法 430

まとめ 431
要　約 432

11 高齢期の障害　434

障害に対する脆弱性への加齢の影響……437
身体的脆弱性　437
心理的脆弱性　438

認知症……440

Box 11-1 社会とメンタルヘルス
　　認知症と国際政治　441

アルツハイマー病　442
　アルツハイマー病の発生原因　444／アルツハイマー病の治療　445

Box 11-2 科学と実践
　　アルツハイマー病研究の最前線　446

血管性認知症　447
前頭葉型認知症　449
パーキンソン病による認知症　450

せん妄……450

老年期うつ病……451
うつ病の有病率と症状　452
治療　453

高齢者の不安障害……455

高齢者の物質乱用……456

Box 11-3 分析のレベル
　　高齢者の眠剤乱用　456

妄想性障害……457
遅発性統合失調症……458
まとめ……459
要約……460

12 心理的要因と身体疾患　462

Box 12-1 社会とメンタルヘルス
　　プラセボ(偽薬):「すべてが思い過ごし」とは限らない　464

精神と身体の相互作用……465
素因とストレス　465

生物学的機序　467
　ストレスとストレス反応　467／免疫系と精神神経免疫学　470

心理的調節因子　472
　ライフイベント　472／パブロフの条件づけ　474／自発的行動　475

冠動脈性心疾患(CHD)……475
タイプAパーソナリティ　476
感情状態とCHD　477
　敵意　477／無力感、抑うつ、絶望感　478／ストレスとCHD　479

Box 12-2 科学と実践
　　冠動脈性心疾患と癌による死亡の予防　481

消化性潰瘍……481
潰瘍の症状と発症　482
潰瘍に罹患しやすい人とは？　483
消化性潰瘍に影響を及ぼす心理的因子　483
　胃液分泌、消化性潰瘍と感情状態　483／ストレスと消化性潰瘍に関する動物モデル　484

消化性潰瘍の治療　485

Box 12-3 分析のレベル
　　心理的なイベントから疾患に至る経路の発見　486

免疫系障害……486
免疫能力の低下と感染性疾患　486
エイズ(AIDS)　487
癌　488
喘息　490

まとめ……490
要約……491

13 性障害　494

性生活の5層……496
第1層：性同一性……497
性転換症の特徴　497
性転換症の原因　498
性転換症の治療：性別適合手術　500

Box 13-1 分析のレベル
　　女の子として育てられた男の子　501

第2層：性的指向 …… 503
性的指向の起源 503
胎児ホルモン 504 ／性的指向における解剖学上の基礎 504 ／双子のデータと性的指向の遺伝学 504
性的指向を変える 505

第3層：性嗜好 …… 505
パラフィリア（性嗜好異常）のタイプ 505
フェティッシュ 506 ／服装倒錯（異性装、cross-dressing） 507 ／サディズムとマゾヒズム 508 ／露出症、窃視症、そして小児性愛 510

> Box 13-2 社会とメンタルヘルス
> 性と犯罪 509

性嗜好異常の原因 513
精神力動的視点 513／ 行動学的視点 514
性嗜好を変える 514

第4層：性役割 …… 516

第5層：性的活動 …… 518
人間の性反応の生理学 518
男性の性反応 518 ／女性の性反応 518
性的活動における機能障害 519
女性における性的無反応 520 ／男性の勃起機能障害 521 ／女性オルガズム障害 522 ／男性オルガズム障害 522
性機能不全の原因 523
生物学的原因 524 ／心理的原因 524
性機能不全の治療 525
直接的セックス療法 526 ／生物学的治療とViagra® 527 ／セクシャル療法の評価 527

まとめ …… 528

> Box 13-3 科学と実践
> Viagra®現象 529

要約 …… 530

14 精神作用性物質使用障害　532

薬物使用と乱用 …… 534
薬物利用と依存の歴史的側面 534
診断基準 535
WHOの定義 536
薬物の基本的な効果 537
投与ルート 537 ／脳への到達 539 ／薬物受容体と神経伝達の相互作用 539 ／神経的適応：耐性と身体的依存 539
薬物依存の理論モデル 540
パーソナリティと心理学的モデル 540 ／遺伝的脆弱性 541 ／対抗過程説 542 ／正の強化モデル 543 ／条件づけと学習モデル 544

アルコール …… 545
飲酒とアルコール乱用 545
行動への影響 547 ／中枢神経への影響 547 ／アルコール耐性と身体的依存 548
アルコール依存症の定義 549
アルコール依存症の病因論 549
アルコール依存症への生物学的脆弱要因 550 ／パーソナリティと心理的要因 552
アルコール依存症の臨床的サブグループ 553
治療 554
認知行動療法 554 ／薬物療法 555 ／予後と治療の効果 555
医学的および社会的合併症 556

刺激剤 …… 556
メタンフェタミンの使用 557
コカインの使用 558
コカインの効果 558
コカインと強化 559／生物学的メカニズム 560
コカイン依存 561
治療 563
医学的および社会的合併症 565

> Box 14-1 社会とメンタルヘルス
> 社会階層とコカインの所持の結果：処分か治療か？ 566

アヘン剤 …… 566
アヘン剤の効果 567
生理的効果 568 ／薬理効果 568
アヘン剤依存症 568
耐性と離脱症候群 569 ／アヘン剤依存の決定要因 570

治療　570
　　Box 14-2　科学と実践
　　　メサドン：中毒か治療か？　571
　医学的および社会的合併症　572
幻覚剤 ……………………………… 572
　幻覚剤の効果　572
　　心理学的効果　573　／神経生理学的機序　574
　医学的および社会的合併症　575
　PCPとMDMA　575
マリファナ(大麻) ………………… 576
　マリファナの効果　577
　　心理的効果　577　／耐性および依存症　577　／生理的および神経化学的効果　578
　医学的および社会的合併症　578
タバコ ……………………………… 579
　ニコチンの効果　579
　ニコチン依存症　580
　　ニコチン依存症の理論　582
　　Box 14-3　分析の水準
　　　ニコチンと統合失調症　583
　治療　583
　医学的および社会的合併症　584
バルビツール酸塩と
　ベンゾジアゼピン ……………… 584
　鎮静薬の効果　584
　　神経化学的機序　585
　鎮静薬依存症　585
薬物乱用の削減 …………………… 585
　薬物の合法化？　586
　薬物の供給の制限？　586
　薬物教育および予防　587
　治療と研究の向上　588
まとめ ……………………………… 588
要　約 ……………………………… 588

15　社会的・法的観点　590

精神疾患の影響 …………………… 592

　個人にかかる負担　592
　　Box 15-1　社会とメンタルヘルス
　　　ハリウッド映画にみる精神疾患の描写　593
　家族にかかる負担　594
　社会にかかる負担　596
　　費用対効果の分析　596　／管理医療(マネージド・ケア)とメンタルヘルス　597
　患者と家族の現状改革に向けた行動　599
強制収容 …………………………… 600
　民事収容の手続き　602
　　収容基準　603　／適法手続き　605　／立証基準　606
　治療を受ける権利　606
　強制入院の廃止か拡大か　607
　　Box 15-2　科学と実践
　　　適切な治療の保証　608
犯罪による収容 …………………… 609
　裁判を受ける能力　609
　米国における心神喪失による抗弁　611
　　M'Naghten：「認知の」公式　613　／Durham：「精神疾患の結果」　614　／アメリカ法律協会(ALI)ルール：理解と適応(認識することと適切な行動をとること)　615　／心神喪失抗弁改正法　616　／心神喪失による抗弁の拒否　617　／有罪であるが精神病(GBMI)あるいは心神耗弱　618
法律制度の新たな課題 …………… 618
　解離性同一性障害と法的責任　619
　回復された記憶の正確さ　620
メンタルヘルスケアの乱用 ……… 621
　臨床の治療過誤　622
　社会による虐待　623
まとめ ……………………………… 626
要　約 ……………………………… 626

16　未来への方向性　628

分析の水準：殺人における
　生物心理学 ……………………… 630
科学と実践：心理療法の

効果と経済性 ……………………… 634
- 心理療法の効果　634
- 心理療法における経済性　637

発達：予防の最前線 …………… 638
- 抑うつ　638
- 不安　640
- 攻撃性と暴力　640

選りすぐりの治療法：
　ポジティブ心理学 …………… 641

まとめ ……………………………… 643

要　約 ……………………………… 644

参照文献　645
図表引用一覧　737
用語解説　739
和文索引　755
欧文索引　762

異常心理学大事典

Abnormal Psychology

1 異常性：過去と現在

本章の概要

テーマと課題　4
　生物学および心理学における分析　4
　科学と実践　7
　発達　8
　治療法の精選　10
異常性に対する初期のアプローチ　11
　精霊信仰的な原因論：憑依　12
　身体的要因に基づくもの　12
　心理学的要因に基づくもの　14
狂気に対する治療　17
　狂人の隔離　17
　人道主義的治療の発展　18
今日における異常性の定義　19
　異常性の構成要素　19
　異常性の定義：家族的類似アプローチからの検討　22
　異常性を定義づけることの危険性　24
　自己診断の危険性　25
まとめ　26
要　約　27

学習の目標

- 生物学的および心理学的な分析水準からの異常行動の検討に精通する。

- 異常性の理解および治療に対して、科学と実践がどのような貢献をしているか議論できる。

- 異常行動の生起に影響を及ぼす発達的変化について学ぶ。

- 心理学者がどのようにして治療効果を判定するのか、また特定の疾患に対する治療法を選択するのかを説明できる。

- 異常性に対する歴史的アプローチの違いによって、精神疾患の原因や治療法における認識がどのように異なるかを学ぶ。

- 異常性の構成要素、および異常性を定義するための"家族的類似"アプローチについて精通する。

- 自己診断の危険性、および異常性に関する単一モデルにのみ固執することの問題点について認識する。

至福千年(訳注：キリスト教における信仰。近い将来キリストが地上に再臨し、よみがえった聖徒とともに千年王国が実現し、その後、終末の審判が行われる)が近づくと、エルサレムを突然訪れる宗教的巡礼者のうちの何人かが"エルサレム症候群"という新しい病態であると診断された。彼らの中の症状の重い者は、自分自身が聖書の中の人物である、あるいはそういった人物と接触したと信じていた。デンマークのコペンハーゲン出身で小学2年生担当のラーズという教師は、このような者たちの一人であった。

> エルサレムへの旅程の2日目に、ラーズは非常に落ち着かない気分を感じ始めた。説明しがたい強い不安が彼を襲った。彼はデンマーク人の旅行グループと一緒に宿に到着していたが、グループから離れて一人きりにならなくてはと強く感じていた。彼の頭の中で、大きな声が「自らを洗い清めてエルサレムの岩のモスクに行き、メシアに会え」と指示をした。彼は自分の部屋で熱湯の風呂に入り、白い下着と白くて長いシャツだけを着てエルサレムへと走った。岩のモスクの中庭に入ると、彼はとうとうイエスと対面して話ができるのだという実感にうたれた。彼は、自分の人生にこのような機会が訪れることを切望していた。そして、このような特異的な宗教的考え方によって、彼は安息日に地域の教会の外側で平穏を乱したという理由で拘束されたことがあった。
>
> ラーズは確かに、イエスがモスクの天井に座っている姿を見た。イエスはまっすぐにラーズを見て、手を振って彼に合図した。ラーズは広場の頂上にいるイエスに対して叫び始めた。そして、彼は天井に居るイエスが聖母マリアを伴っているのを見て、ますます興奮した。神殿の丘を警備している警官がやってくると、ラーズは床の上でもだえ苦しみながら神への信仰を叫んでいた。警官は彼を落ち着かせようとしたが、興奮して騒ぐ様子は一向に変わらなかったため、ラーズはKfar Shaul 精神病院に連れて行かれた(Abramowitz, 1996を改変)。

この千年期にエルサレム症候群として Kfar Shaul 精神病院に連れて行かれた旅行者は470名で、ラーズはその中の一人であった。エルサレム症候群の代表的な初期症状は、清めの儀式、すなわち白いローブを着ることと自分自身が旧約聖書や新約聖書の中の有名な人物であると主張することである。エルサレム症候群と診断された者の3分の2はユダヤ教徒であり、残りの3分の1はキリスト教徒である。その中には、旧約聖書の民数記第19章に出てくる「まだ役務に使われたことがなく、傷も、どのような欠陥もない赤毛の雌牛」を追い求めるカリフォルニア出身者のように、明確な宗教的目的を持っている者もいる。一方、El Aksa

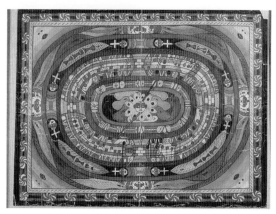

Adolf Wölfli の芸術は、彼の混乱した精神状態の表れである。彼は何度も逮捕された後、最終的に統合失調症と診断されて Waldau 病院に収容され、死ぬまでそこに監禁された。("La Violette Geante" Art Brut Collection, Lausanne)

寺院に火をつけたデニス・ロハン（Dennis Rohan）というオーストラリア人、あるいは米国テキサス州のウエイコ（Waco）で起こった惨劇（訳注：1993年、連邦政府が、ある宗教団体を攻撃し、銃撃戦となって多数の死者が出た事件）の前にエルサレムを放浪していたデビッド・コレシュ（David Koresh）のように政治的目的を持っている者もいる。エルサレム症候群の者はエルサレムで人々の好奇の的であるが、大多数は危険性がない。それにもかかわらず、ラーズの場合のように激しく混乱した状態となれば、最終的には精神的に崩壊して入院に至るのである。

名称は新しいものの、エルサレム症候群は実際には昔から存在していた。そしてこれは、人類そのものの存在と同様に昔から存在している特徴的な徴候、すなわち異常性のまさに1例である。このような異常性に対して、近代では一般に精神疾患という用語を用いているが、精神疾患患者の人数は多く、1999年12月に米国公衆衛生総局は精神疾患に関する正式な報告を行った（Satcner, 1999）。その中で、現代の米国社会にいかに精神疾患が広がっており、またそれに伴うコストがかかるかが統計的に示されている。

- 米国人の20%、すなわち4,400万人以上は、これまでに少なくとも1種類の精神疾患に罹ったことがあり、そのうち3分の1の者は問題が1年以上持続している。
- 米国人の6%、すなわち1,500万人以上は嗜癖による障害をもつ。
- 年齢層で見てみると、子どもの場合は9歳〜17歳の5〜9%が「深刻な情緒障害」であり、一方、成人では45歳以上の20%が精神疾患である。
- 1996年（数値の提出を求められた年の前年）に、これらの疾患の治療やリハビリテーションにかかった直接的な損失は1,000億ドルであった。ただし、これらの疾患の大多数はまったく治療されていないため、この中には含まれていない。また、直接的な損失以外に、職場や学校における生産性の低下といった間接的な損失が800億ドルであった。
- 病気の"負荷"、すなわち精神疾患による障害や早過ぎる死によって失われる年月が査定されている。それによると、精神疾患の査定値は第1位の心臓疾患に次いで第2位であり、第3位は癌である。単極性うつ病は単独で、心臓血管系疾患以上に負荷値の高い病気であると報告されている。

しかし、悪い知らせばかりではない。前世紀から、異常心理学に関する研究は発展し、これらの疾患と闘っている。現在では、信頼性の高い診断を行うための分類法が存在している。50年前には非常にあいまいに査定されていたうつ病、統合失調症、あるいはアルコール依存症といった異常な状態について、今では厳密な査定や診断が可能となっている。また、実験による研究、あるいは多くの対象者を長期的に追跡した研究によって、今やこれらの疾患の生物学的、あるいは環境的な規定因が明らかにされつつある。そして最も重要なこととして、少なくとも14種類の精神疾患については、現在、高い確率で治療や治癒が可能となっている。

テーマと課題

異常心理学における科学的活動が始まって1世紀が経つと、4つの重要な視点が注目されるようになった。これらは、この研究領域が新世紀のスタートに際して直面している主要な課題であり好機である。そのため、本テキストでは、これらの視点を主要な4テーマとして取り扱っている。

生物学および心理学における分析

1990年代まで、異常性のとらえ方には主に2つの伝統的な考え方があり、これらは異常性についてそれぞれ異なった視点からの分析を行っていた。全般的に、それぞれが独自に別々の方向で研究を進めており、分析もそれぞれの視点から独自に行われていた。そのうちの1つは、生物学と医学である。この領域における基本的な考え方は、精神病理は身体の病気であり、身体の状態を変化させることで治療可能であるというものである。この領域の研究者は遺伝子、ホルモン、神経細胞、あるいは脳化学を扱い、その多くはメディカル・スクールに在籍して"生物学的精神科医

Box 1-1　社会とメンタルヘルス

媒介的影響か分析レベルか？

文化や社会が異常性の認識に影響を及ぼす場合は多くある。ある文化、あるいはある時代には、われわれが現在正常だと考えている行為は疾患だと見なされていた。たとえば、19世の米国ではマスターベーションは狂人の象徴だと見なされていたが、今日では、ほとんど全世界の男性が行い、女性においてもごく当たり前のことと見なされている。逆にエルサレム症候群は、現在では入院措置が正当である明らかな疾患とされているが、聖書の時代には、神の声を聞くことやそれに従うことは、周囲から受け入れられるだけでなく、神聖なことと見なされていた。

貧困、人種、階層、国民性、あるいは性別といった社会的変数は精神疾患に非常に強い影響力をもっており、この点に関する多くの報告がある。以下はその例である。

- 米国の貧困層では、富裕層よりも多くのものが統合失調症に罹患している(Hollingshead & Redlich, 1958)。
- 白人系米国人は、アフリカ系米国人に比べて、うつ病の罹患率が顕著に高い(Kessler et al., 1994)。
- 不安障害の多くは女性であり、物質依存障害の多くは男性である(Robins et al., 1984)。
- コロ(Koro)という疾患は、男性が自分のペニスが退縮して腹部にもぐっていき、死んでしまうかもしれないという恐怖を抱くものである。マレーシアや他の東南アジア地域ではこの疾患に関する報告があるが、それ以外の地域では見られない(Robin, 1982)。
- ジャマイカの子どもには、過剰制御による疾患よりも制御不足による疾患が多く見られるが、米国の子どもでは逆である(Lambert et al., 1992)。
- 拒食症や過食症は、たとえば近代都市社会のように、痩せた女性を理想的とみなす文化においてのみ発症し、古来の部族社会のように痩せた女性が理想ではない文化においては発症しない(McCarthy, 1990)。
- 中国におけるうつ病では身体症状が見られるが、米国におけるうつ病では、ほとんどが悲しみや将来に対する悲観を訴える(Kleinman, 1986)。

精神疾患における社会文化的影響が広く浸透し、何名かの学者(Nolen-Hoeksema, 1998)は、生物学的要因、心理学的要因、および社会的要因は同方向の影響を及ぼすものであり、相互に作用し合っているといった生物・心理・社会的モデルを仮定している。しかしわれわれは、これら3つの影響について上記とは異なった見解をもっている。われわれは、生物学と心理学をそれぞれ異常性における分析レベルとみなしているが、社会と文化は異常性における単なる媒介変数であると考えている。分析レベルは、精神疾患の症状、原因、あるいは治療といったすべてを包括するアプローチである。生物学的、および心理学的なアプローチは、まさにこのような包括的アプローチである。一方、社会文化的なアプローチは、これらに比べて控え目なものである。社会文化的アプローチは、精神疾患やその症状における原因や治療法に関する総合的な理論を進歩させるものではない。むしろ、このアプローチは、単に社会文化的変数が精神疾患の症状、原因、治療に影響することを示すものである。そして、心理学や生物学によって異常性の原因を理解したり治療を示唆しようとする際は、これら社会文化的変数に着目する必要があると指摘するだけである。

(biological psychiatrist)"と呼ばれている。彼らは"自然科学"、"生物学"あるいは"医学"における研究を行っているが、各自の専門性は遺伝学、神経化学、あるいは解剖学と異なっている。しかし彼らには、精神疾患の謎は生物学の科学的発展によって解明できるのだ、という共通した信念がある。

もう1つの主要な伝統的視点は心理学である。心理学では、基本的に、精神病理は習慣や生活上の精神状態の不調によるものであり、精神疾患は行動、情動、あるいは思考の変容によって治療可能だと考える。これらの"臨床心理士"は、自動思考、不適応的な習慣、無意識の葛藤、あるいはネガティブな情動状態に関する研究や治療を行う。彼らは個人内の葛藤を理解したり、患者と一緒に信頼やコントロールに関する問題を解決しようとする。この伝統的視点による研究者の大部分は、心理学関係の学部に所属している。意識上の思考か無意識の葛藤か、あるいは情動か行動かといったように、研究者の専門によって取り扱う心理学的視点は異なる。しかし、彼らには共通した見解があり、それは精神、葛藤、あるいは行動といったレベルにおける研究の発展が異常性を解き明かす鍵であるというものである。

本書では、全章を通して事例史を豊富に取り上げることで、主要なテーマについて解説を行う。私たちは、問題の規定因と治療を明らかにする科学的な原理原則を導き出すために、これらの事例を取り扱う。そして、以下に述べるシーリアの事例のように、その原理原則の典型例として各事例に立ち戻る。

> シーリアに初めてパニック発作が起こったのは、彼女が20歳の誕生日の2日前にマクドナルドで働いている最中であった。客にビックマックを手渡しているとき、彼女の人生で最悪の出来事が起こった。彼女の足下の地面が開いたような感じがして、心臓が激しく打ち始め、息苦しくなり、急に汗が流れ、彼女は心臓発作で死んでしまうに違いないと感じた。約20分の恐怖の後に、その発作は自然とおさまった。
>
> 彼女は震えながら自分の車に乗り込み、急いで家に

帰った。その後3ヵ月間、シーリアは自宅から外出することはなく、彼女の母親は絶望した。それ以来、1ヵ月に約3回のパニック発作が起こっているが、シーリアにはいつ発作が起こるのかわからない。

　シーリアの症状をよく見てみると、これらは大きく2つに分類できる。第1は、彼女が考えていることと感じていることである。発作の間、彼女は恐怖や目まい、震えを感じている。彼女は、時にはこれは現実ではない、あるいは自分が狂っていると考える。そしていつも自分は死ぬだろうと考えている。第2に、発作中に急激な身体症状が見られる点である。彼女の心拍は2倍になり、血圧は上昇し、汗が急に流れ出る。そして、焼け付くような胸の痛みと息苦しさを感じている。

　生物学的な視点からの分析では、シーリアの動悸や胸の痛みといった身体症状に焦点を当てる。心理学的な分析では、彼女の認知、すなわち心臓発作が起こっているのだという信念に焦点を当てる。しかし、心理学者は、それぞれの症状が別々に機能しているわけではなく、むしろこれらは相互に影響を及ぼし合っていると考える。

　この2つの分析レベルは、たいていの場合それぞれが別々に検討を行っており、よくても相手の考え方に対して口先だけの好意を示すだけである。2つはたとえば、先天的なものか後天的なものか（パニックの原因は、遺伝か環境か？）、心か身体か（パニックの原因は、切迫した心臓発作という思考か、それとも脳の化学作用か？）というように、しばしば対立するものとして位置づけられる。研究もいずれかの考え方に基づいて行われる。たとえば、生物学的精神科医は神経伝達物質と呼ばれる脳内の化学作用を測定し、神経伝達物質の少ない患者はしばしばうつ病と診断されることを明らかにした。しかし、生物学的な研究計画では、これらの患者の認知、行動、および情動的な葛藤は測定されない。これに対して、強迫観念や強迫行為を扱う臨床心理士は、患者の全身を汚して洗わせないという方法で、しばしば患者の手洗いにおける強迫行為を除去することが可能であることを明らかにした。しかし、これらの研究では、強迫行為に関連する中枢神経系の脳の活動については測定されていない。

　以前は生物学的精神科医の多くが"還元主義者（訳注：生命現象は物理的・化学的に完全に説明できるという考え）"であり、思考、情動、意志などのすべての心理現象は、神経伝達物質や免疫機能のような基礎となる生物学的現象によって完全に説明できると主張した。一方、ほとんどの臨床心理士は心理状態にとって重要なのは思考、情動、行動のみであり、生物学的なものは影響していないと確信していた。彼らは、より高度な作用について測定したり取り扱うことによって、異常性の理解や除去に関する進展が期待できること、そして、世に言う"基礎としての"生物学的な作用は、単に"隷属的な作用"でしかないと信じていたのだ。

　しかし現在は、その全体像が変化している。この変化は、古来からの問いかけに対する飛躍的な進展によってもたらされた。すなわち、遺伝と環境、思考と神経伝達物質、情動と免疫システムといった異常性における生物学と心理学との関係はどのようなものか、といった問いである。これは、デカルトの時代からの問いであった。しかし、生物学的測定における科学技術の飛躍的進歩が起こる以前は（第4章参照）、この問いへの答えはまさに哲学的な思索であり、経験や実験によって実証する科学研究分野のテーマではなかった。ここ約10年間で、ひとたびこのような科学技術が進展すると、生物学と心理学の間にあった壁が崩れ始めた。身体はどのように精神に影響するのか、そして驚くことに精神はどのように身体に影響するのか、まさにその謎を解き明かすために、臨床心理士と生物学的精神科医はそれぞれが独自に研究を行い始めた。本書では、生物学と心理学のテーマに関する部分で、本書で取り扱うすべての疾患について、どのようにして上記の謎が解き明かされるのか、生物学と心理学の視点では、精神疾患の原因はどのようなものであり、どのようにして症状の軽減や治療、予防が可能であるかについて議論する（BOX 1-1の精神疾患に対する社会文化的影響に関する議論を参照）。

　検討の結果、明らかになりつつある事柄は、ボトム・アップとトップ・ダウンの2つの因果説に分類される。それぞれが別々に、ある現象の説明を裏付けるようなエビデンスを提供している。いずれも高く評価されているが、この2つの方法によって明らかにされたことは、心理学的な要因と生物学的な要因のいずれもが疾患の規定因や治療方法となるということだ。"ボトム・アップ説"は、心理学的状態を規定する生物学的状態を明らかにしている。たとえばシーリアの場合では、心拍数の増加や呼吸困難によって、心臓発作が起きているというシーリアの信念が生起すると考えられる。"トップ・ダウン説"では、心理学的状態によって生物学的状態が変化することが主張されている。すなわち、シーリアの場合では、自分は心臓発作を起こしているという彼女の信念によって、彼女の心臓は速く打ち、心拍数が増加し、息苦しくなると考えられる。実際、シーリアの身体的症状と認知的症状は相互に影響を及ぼし合い、悪循環によって制御不可能なパニック発作が起こっているのである。

　うつ病についても、ボトム・アップ説とトップ・ダウン説の両方からの検討が行われている。ボトム・アップ因果説では、脳卒中などの発作（脳の一部に酸素欠乏が起こる）によって脳が損傷を受けた際にうつ状態が見られるといった例をあげている。左半球が損

傷した結果として右脳の活動が優位になり、右半球が損傷を受けた場合に比べて抑うつになる頻度が高い (Sackeim et al., 1982)。このような発作が起こると、以前は陽気だった人がしばしば無気力感を抱いて泣いてばかりいるようになる。これに対して、損傷の程度が同等であっても、損傷部位が左半球ではなく右半球である場合は、抑うつをひき起こさない。実際、右半球を損傷した人は、しばしば理由もなく突然陽気になる。これらのことから、うつ病をひき起こす原因は脳の損傷それ自体ではなく、損傷部位が強く関係しているといえる。これは、解剖学的状態が情動の変化を規定するという明確なエビデンスである。

一方、認知的状態が脳に影響することも明らかにされている。ある研究では、健常者に自伝的な原稿を書かせ、その中の非常に悲しい部分を抜粋して読ませた時の脳の活動を記録した。この部分は非常に悲しい内容であり、ほとんどの実験参加者が読んでいる最中に泣き出した。その結果、脳の活動に顕著な体系的変化が確認された。すなわち、大脳辺縁系は活性化し、右脳皮質の後部の活動は低下した (Mayberg et al., 1999)。この結果は、悲しいという思考と悲しいという情動は脳の活動を規定していること、また裏を返せば、うつ病患者が回復していく際には、まさにこのような脳における活動の変化が起こってくるということを明示している。

ボトム・アップ説とトップ・ダウン説がそれぞれ明らかにしたことの双方を正しく認識することは、異常心理学における研究にとって深い意味をもっている。もはや否定できないこととして、ある時は生物学的な状態の変化が心理学的状態を規定して精神疾患に影響を及ぼすが、またある時は心理学的状態における変化が生物学的状態を規定して身体疾患に影響を及ぼすのである。米国公衆衛生総局の報告を要約すると、"精神疾患に関する議論は、人の行動は先天的なものと後天的なものの両者によって形成されているという認識、すなわちこれら2つによってメンタルヘルスや精神疾患が規定されているという認識に落ち着きつつある" ということになる。先天的なものと後天的なものは、必ずしもそれぞれ独立した要因ではなく、先天的なものは後天的なものに影響を及ぼし、また後天的なものは先天的なものに影響し得るといったように、相互に作用するものなのである (Satcher, 1999)。

異常性の理解と治療における科学の発展は、生物学的アプローチと心理学的アプローチとの間にある障壁を壊すことによってなされるであろう。生物学的精神科医と臨床心理士との間には、いまだに対立関係の緊張、経済的・文化的な溝がある。しかし幸運なことに、現在これらの領域において非常に重要で統合的な研究を行うためには、両アプローチが協力し合うことが必要なのである。われわれは、本書を通してこのような考え方を強調していく。最も重要なことは、このような考え方が意味するところもまた、"先天的なものか後天的なものか"、"身体か精神か"、あるいは "生物学か心理学か" という400年間の問いを改めるべきだということである。われわれは後で再度、"生物学か心理学か"、"先天的なものか後天的なものか"、"身体か精神か" といった問いに対して、これらが相互に影響を及ぼし合っていることを示す多くの新しい報告を取り上げることにする。生物学と心理学の各分析は相互に作用し合っているのだという主張は、本書の最初のメイン・テーマである。

このテーマにおける3つの問いは以下のとおりである。われわれは、精神疾患について検討する際に、これらの問いを繰り返し提示していく。

- それぞれの疾患を規定する生物学的、心理学的、社会的要因は何か。
- 心理学的状態に影響を及ぼすボトム・アップ的視点 (生物学的要因) は何か、そして生物学的状態に影響を及ぼすトップ・ダウン的視点 (心理学的要因) は何か。
- それぞれの疾患を規定したり治療に影響を及ぼす生物学的、心理学的、社会的要因はどのように相互作用しているのか。

科学と実践

2つ目のテーマは "科学と実践" である。他の3つのテーマと同様に、このテーマにもいくつかの側面があるが、科学／実践というテーマの本質は、精神疾患に対する非常に異なる2つのアプローチに関するものである。精神疾患に対して、現場でかかわる者の第1の目的は、問題を抱えている人を援助すること、すなわち治療することである。治療者は、最初に患者に関するさまざまな事柄、たとえば患者の愛情、友情、幼少期、特定の事柄に対する耐性や脆弱性、あるいはこれまでの治療歴について知ろうとする。治療者は、患者に特有で複雑な経歴を直感的に理解し、治療方針を定めるであろう。しかし、しばしば危機的状況というプレッシャーの下では、治療者がじっくり考える時間はほとんどなく、シーリアの事例に見られるように、最も効果的な介入方法を見つけるために複数の方法を試すことはできないだろう。

最悪の3カ月を過ごした後、シーリアは必死になって治療を受けようとした。彼女の親友は、近所の健康維持機関 (HMO) の心理士であるマイルズを薦めた。マイルズは、最初の3セッションをかけて、シーリアのパニック発作に関する十分な情報に加えて、彼女の詳細な生育歴について情報収集を行った。シーリアのパ

ニック症状は古典的なものであり、パニック障害という診断は明らかであった。また、マイルズは、シーリアの父親が母親を捨ててから彼女が感じている見捨てられることへの恐怖、最初の発作の1ヵ月前に恋人に振られた怒り、あるいは短期大学に復学するか働くかといったアンビバレントな気持ちが、シーリアの発作と関連しているのではないかと強く感じた。マイルズは、パニック障害に対して認知療法が効果的であることを知っていた。そして、研究で80％以上の効果が報告されているという理由に加えて、認知療法は論理的思考というシーリアの長所をうまく活用できるという理由からも、この治療方法を選択した。彼女は、自分の論理性に自信を持っており、ストレス状況下においても、「不合理な考えが起こることが原因で、私はパニック発作に悩まされているのだ」とはっきり考えることができた。しかし、マイルズが認知療法のブリーフ・セッションを始めると同時に、シーリアの母親は彼女を連れて突然ピッツバーグに引っ越してしまった。それは、シーリアの叔母と一緒に暮らすことができるという理由からであった。叔母は、シーリアがパニック発作発症前のように、外出できない母親の援助をシーリアにさせようと考えていた。

ピッツバーグに引っ越すと、彼女の発作は以前より頻繁で重篤なものとなった。彼女の叔母は、有名な大学病院の精神科にかかるようにすすめ、シーリアはその病院で強力な向精神薬であるXanax®を大量に処方された。この薬が効果的に作用し、彼女のパニック発作の頻度は週1回から月1回に減少して、発作も以前ほど激しくなくなった。しかし、ほとんどいつも強い眠気があり、雑誌を読んだりテレビ番組のあら筋を理解することができないほどであった。「私はまるでゾンビのようだ」と彼女は言い、「今の状態はパニック発作よりもひどいと思う。この薬を服薬することをやめるわ」と決断した。しかし、その後パニック発作は再発した。

臨床家とは対照的に、科学者の第1の目的は、類似の問題を抱えた一定数の人々を対象に、問題の規定因や治療方法に関する分析を行うことである。科学者は、診断に関する豊富な理論とエビデンスを蓄積しようとする。また、規定因や治療に関して記述されている研究資料を探すだろう。このようなアプローチの中核になっているのは、実験、疫学、あるいは異なる治療法を集団単位で適用して検討する際の一般的な方法である。研究資料によって示された研究結果が個別の事例の特徴を明らかにすることによって、理解が深まるのである。

これを科学 VS 実践というテーマと捉えて、どちらか一方の立場で仕事をしている心理学者もいる。しかし、より多くの心理学者は研究と実践の両方の立場で仕事をしており、あるときは患者について研究的視点から考え、あるときは実践的視点から考える。われわれは、それぞれのアプローチによる知見を対立するものとしてではなく、相互に役立つものであり、問題を抱えた患者の役に立つものとして強調する。本書では、実践と科学の統合について述べていく。

以下の3つの問いは、本書で取り上げる疾患について議論する際に、繰り返し行われるであろう。

- 臨床現場では、患者を治療する際にその疾患の原因について考える。このような各疾患の規定因に関して、研究が明らかにしてきたのはどのようなことか。
- 臨床家は、患者が自分の疾患への対処法を学ぶための有効な手助けとなるような治療方法を見出したのか。
- 近年、治療に関する最前線の研究領域とはどのようなものなのか。

発達

3つ目のテーマは、発達的変化は異常性の理解において非常に重要だという点である。研究者は、さまざまな時代においてこのことを認識してきたが、実際に発達的変化が精神疾患をひき起す要因になるといった点に研究の焦点が当てられるようになったのは、この20年である。この新たに芽吹いた研究領域は、"発達的精神病理学"と呼ばれている。人生のステージはさまざまな疾患における脆弱性としばしば関連しており、このステージごとにメンタルヘルスや精神疾患は変化していく。発達的精神病理学では、人生において何が変化しない要因で何が変化する要因なのか、あるいは、人が年をとりさまざまな環境に直面するにつれて、遺伝子と遺伝子発現がどのように変化するのかについて研究している。ここでシーリアの事例に立ち戻り、遺伝子や発達が疾患をひき起こす可能性について明らかにする。

シーリアの母親に関する詳細な情報を得ると、シーリアの不安発作はまったく何もないところから突然起こったわけではないことが分かる。シーリアの母親にも彼女と同様にパニック発作があった。そのため、彼女の母親はできる限り外出を回避しており、道やスーパーマーケットで発作が起こるのではないか、そして誰も助けてくれないのではないかと恐れていた。実際、シーリアが同様の疾患に罹るまでは、シーリアは母親にとって外の世界を見るための窓の役割を果たしていた。

幼少期、シーリアは母親の恐怖を敏感に察知していた。日常生活の全般にわたって不安を感じていた。シ

ーリアはけっして心穏やかな子どもではなく、母親に捨てられて見知らぬ町で迷子になっている悪夢を頻繁に見ていた。しかし恐怖を感じながらも、彼女はティーンエイジャーになり、母親の代わりに買い物に行ったり、母親の半身として外の世界に関する調整をできるようになった。このように、シーリアは母親の世話をする信頼すべき若者であった。そして、最初のパニック発作が起こる日までマクドナルドで働いており、問題はまったく生じていなかった。

シーリアがパニック発作に対して脆弱であったのは、母親の遺伝子を受け継いでいるためなのか、あるいは家庭環境、すなわち不安や恐怖を頻繁に感じたり、母親のパニック発作が大きな出来事であるといった状況下で育ったためなのだろうか？ もし、シーリアのパニック発作が母親の発作をモデルとしたものであるならば、なぜ彼女の症状はもっと早い年齢段階で起こらなかったのだろうか。母親に捨てられることに対する恐怖は発作の前兆なのだろうか？ それはシーリアのパニック発作の原因となり得るのだろうか？

年齢に伴う人間の身体的変化は、最も明瞭な発達のしるしである。人は、乳児という身体的に未成熟で完全に依存的な存在である時期から、身体が大きく成長して身体能力も高まる青年期、さらに年を重ねて徐々に身体的能力が減退していく時期というように発達していく。同時に、この点ほど明瞭ではないが同様に重要な点は、脳の複雑な配列も変化するということである。脳の構造や顕微鏡レベルの組織は、乳児期から児童期、青年期、若年成人期、中年期、そして高齢期と進むにつれて劇的に変化していく。

分析の視点が生物学的なものから心理学的なものへと移行したことは、まさに劇的な変化であると考えられる。人は発達に伴って、精神力、動機づけ、恐怖、あるいは信念が変化していく。さまざまな精神的問題に対する脆弱性もまた、発達段階とともに変化する（Cicchetti & Rogosch, 1999 ; Rende, 1999）。たとえば、以下のような特徴の違いが見られる。

- 多くの子どもたちは、シーリアのように両親と離れることへの恐怖を日常的に体験するが、成人にはほとんど見られない。
- 体重増加を非常に気にすることはティーンエイジャーにはよく見られることであり、極端な場合は摂食障害に陥る。しかし、体重について真剣に心配する高齢者は非常に稀であり、60歳以上の摂食障害患者は実質的には存在しない。
- 20歳から40歳の年齢層の1〜2％は、幻視や幻聴を経験したことがある。しかし、幼児では幻覚が起こることは稀である。
- 思春期以前では、男子と女子のうつ病の発症は同程度であるが、思春期以降では、女性のうつは男性の2倍である。

さまざまな精神的問題に対する脆弱性には、いくつかの理由がある。第1に、発達によって、われわれが社会的に要求されたり期待される事柄が変化する。教室で席に座って教師に注意を向けるということは、幼児には期待されないが、7歳の子どもには期待される。西洋文化においては、高校生になると、多くの青年が"適当な"相手とデートすることへの仲間からの厳しいプレッシャーを経験するが、青年期以前にはこのようなプレッシャーはない。

生物学的な視点に立ち戻ると、精神疾患に対する脆弱性が年齢によって異なるもう1つの理由は、私たちの脳が人生を通して発達的に変化するというものである。たとえば青年期は、うつ病を含む多くの精神疾患に罹患する危機的な時期である。第7章では、近年多くなっている思春期のうつ病について書かれている。性ホルモンは、思春期に急激に増加して脳機能を変化させる。それらは、青年期に激しく起こる気分の変化をひき起こすと考えられている。

経験を積むことの純粋な効果もまた、精神的な問題における脆弱性の発達に関係している。経験および両親の指導によって、ほとんどの子どもは徐々に自己信頼感やセルフコントロール力を獲得していく。同時に、出来事に対する不合理な恐怖(たとえば雷)や物に対する不合理な恐怖(たとえば蜘蛛)は、徐々に減退していく。青年期には、雷や蜘蛛への心配は社会的地位に対する心配に変わっていく。しかし、心的外傷はこの発達過程を崩壊させるだろう。通常の子どもが心的外傷的な出来事にさらされた場合、その恐怖は本格的な恐怖症のレベルにまで増大するだろう。クラスメイトが学校内で射殺されるという体験をした子どもは雷雨に恐怖を感じるようになったが、その恐怖は成人期まで持続し、治療が必要なほどであった。

最終的に、先天的なものと後天的なものの両方が、人の発達過程に共同的役割を果たしている。一人一人の新生児はそれぞれ異なった生物学的特徴をもっており、このことは環境がどのようにして生物学的特徴に影響を与えるのかという意味を含んでいる。ある子どもにとっては軽い精神的衝撃を受ける程度の出来事が、他の子どもにとっては心的外傷となるかもしれない。生物学的要因と心理学的要因の相互作用によって、継続的に発達過程は形成されていく。米国公衆衛生総局の報告の中で、メンタルヘルスに関して以下のことが述べられている。

発達過程を理解するために必要な知識は、遺伝子発現あるいは分子と細胞の相互作用といった最も基本的なレベルから、認知、記憶、情動、および言語に関す

る最も高度なレベルまで幅広い範囲のものである。発達過程の理解には、多くの異なった学問分野の概念を統合する必要がある。発達についてより深く理解することは、そのこと自体が重要であるだけでなく、それによって、メンタルヘルスや精神疾患、あるいは人生のさまざまな段階においてこれらを形成する要因について、最終的な理解を得ることが期待できるのである（Satcher, 1999）。

米国公衆衛生総局の報告として、われわれは異常性の理解に対する発達的アプローチを取り上げる。したがって、本書で疾患について議論する際には、以下の3つの主要な問いが繰り返し述べられるであろう。

- 通常、どの発達段階において、精神疾患の臨床的な兆候が現れるのか？
- 主要な症状が現れる前に見られる、より微かな脆弱性の前兆はあるのか？
- 発達的変化は、疾患の原因に関する手がかりを提示できるのか？

治療法の精選

心理学者が新世紀に直面した第4の重要なテーマは、各精神疾患に対する精選された治療法の発見である。これは、前述した分析レベルに基づいて治療方法を検討するものである。精神疾患に対する治療は、この半世紀で急激な進歩を遂げた。1950年代以前は、事実上、高い信頼性で治療可能な疾患は皆無であった。実際、疾患の分類に関する共通見解さえも存在しなかった。現在は、第2章で紹介する信頼性の高い疾患分類表や分類システムがある。さらに進歩したことに、現在14の疾患については、症状の中程度の軽減から完全な治癒までの範囲で治療が成功可能となっている。シーリアの事例では、認知療法がまさに精選された治療法であることが明らかにされている。

シーリアの事例はハッピーエンドを迎える。シーリアはマイルズに電話することを決意した。マイルズは、全3セッションの認知療法を受けるためにフィラデルフィアに戻るようにと、シーリアと彼女の叔母を説得した。このセッション中、シーリアはパニック発作の症状やパニック発作と心臓発作との違いについて学んだ。シーリアは、自分の鼓動が速くなることや呼吸が浅くなることは心臓発作の前兆であると誤って解釈していた。自分は心臓発作を起こして死んでしまうと怖くなり、心臓がますます速くなったように感じ、呼吸がさらに苦しくなっていることに気づいた。そして、彼女はこのような症状の悪循環こそが、今にも心臓発作が起こるという確かな証拠だと考えていた。こ

れに対してマイルズは、鼓動が速くなったり呼吸が浅くなることは、不安が高まっているというサインであり、それ以上に危険なものではないことをシーリアに教えた。また、全身のリラクゼーション・スキルを指導し、その後、彼のオフィスでシーリアの症状が危険ではないことを説得力をもって証明した。すなわち、シーリアに紙袋をくわえさせて呼吸を速く行わせた。そしてマイルズは、このように呼吸をすると鼓動は速くなり息苦しさを感じるが、これらは通常の過呼吸による症状であると指摘した。そしてシーリアは、症状が起こると全身のリラクゼーションを行い、それによって症状が徐々に治まっていくことを体験した。さらに2セッションを受けた後、シーリアは自分のパニック発作をコントロールできるようになった。そしてこの2年間、彼女の発作は1度も起こっていない。

マイルズは文献に書かれた事実から、シーリアの症状、すなわち自分の身体症状を誤って解釈する状態がどのような病理に基づくものか、そして彼女に適した治療法はどのようなものかを特定した。しかし同時に、マイルズは彼自身のセラピストとしての経験から、シーリアの長所、すなわち彼女の論理性、あるいは彼女が自分は物事を明確に見ることができるという自信をもっている点を見出した。マイルズは、シーリアが人生における最悪の状態から脱するために、彼女に対してこれらの長所をどのように活用するかを示し、それによって彼女の長所を活かすことができたのである。

シーリアの場合のように、いくつかの事例では特定の心理療法が最も効果的であるが、薬物療法が最も効果的な事例もある。多くの疾患に対して、薬物療法と心理療法を併用することが一般的になりつつある。しかし驚くべきことに、薬物療法と心理療法をそれぞれ単独に行った場合に比べて、両者を組み合わせた場合のほうが常に顕著な効果を示すというわけではない。

現在では、治療に関する多くのことが明らかになっている。異常な状態のいくつかは、心理療法や薬物療法によって容易に変化するが、かなり変化しにくいものもある。効果的な治療が可能な例を以下にあげる。

- パニック障害は、心理療法によって容易に再学習が可能であるが、薬物では治癒しない。
- 不感症、インポテンス、早漏といった性的な"機能不全"は、非常に容易に治療できる。
- 気分は身体的な健康状態を悪化させるものであるが、これは心理療法と薬物療法の併用によって容易にコントロールできる。
- うつ病は、意識レベルの思考の変容や薬物によって改善するが、幼少期に関する洞察を深めても改善しない。

そして、以下は変化しないことに関する事実である。

- 食事療法はほとんどの場合、まったく効果がない。
- アルコール依存症の自然な回復過程において、顕著な効果を示す治療法はない。
- 幼少期の心的外傷を思い出すことは、成人期における人格的な問題を改善することにはならない。

　治癒ではなく単なる症状の軽減が、治療の目的とされる場合もある。薬物療法を行う際には、ほとんどの場合において症状の軽減を目的としており、この点は近年の臨床実践における生物学的精神医学の言われざる欠点の1つである。患者が服薬を中止すれば、薬物の精神作用における効果は得られなくなって元の状態に戻る、ということが全世界共通のこととして示されている。一方、治療の目的を治癒、すなわち単なる症状の軽減だけでなく、再発予防も含めたものとして設定する場合もある。そして、このような目的の設定は、常にというわけではないが、薬物療法よりも心理療法に多く見られる。

　本書では、精神疾患に関する診断、理論、および原因論について議論するだけでなく、どのような治療法が効果的か、逆に効果がないのかについて、正確で事実に基づいた指針を提供したい(第5章から第14章を参照)。疾患ごとに、主要な治療法の効果の全体像、すなわち症状軽減の程度、再発、副次的効果、損失、および持続期間を簡単にまとめて比較した表を提示する。

　効果的な治療法の発見が実際に進んでいるだけでなく、効果的な治療法を判断する方法もまた、より洗練されたものとなりつつある。今では、どの治療法が効果的で、どの治療法が効果がないのかを判断するための信頼すべき方法がある。すなわち、**効果研究**(outcome study)であり、これは、生物学的な治療法および心理学的な治療法の効果を評価するものである。治療法に関する重要な判断を行うために効果研究が行われている。心理療法的な働きかけに関する口コミ情報や製薬会社による耳障りのよい広告ではなく、むしろこれらの研究によって示されたより精度の高い多くのエビデンスを信頼すべきである。

　効果研究には2種類ある。1つは、**効能研究**(efficacy study)、すなわち実験室での条件統制下で治療法の効果を検討する方法である。もう1つは、**有効性研究**(effective study)、すなわち実際にフィールドで実践する中で治療法の効果を検討するものである。これら2種類の研究によるエビデンスが一致すれば、その治療法が効果的であると最も強く確信できるであろう。本書において各疾患に効果的な治療法をレビューすることで、効果研究による有効なエビデンスを大いに信頼することになるであろう。そして、各疾患については、以下の3つの問いを行う。

- それぞれの疾患に対して効果的な治療法は何か、そして、それはどのような効果があるのか？
- 現在、どのような治療法が研究されているのか？
- 疾患の再発を予防するのは、どのような介入方法か？

異常性に対する初期のアプローチ

　本書で取り上げた4つのテーマが今日における異常心理学の本質とみなされるまでの間、異常心理学は非常にさまざまなテーマによって捉えられてきた。

　人類の歴史上、どのような行動が異常と見なされるかという点については、多くの異なった見解があった。ある時代、あるいはある場所で尊ばれていた行動が、他の時代や場所では明らかに狂気として見なされている。古代ヘブライ人や古代ギリシャ人は、自分は預言者であると主張する"話術の才能"をもつ者に畏敬の念を抱いた。しかし近代世界では、未来が見通せると主張する者は怪しまれ、不明な言葉や語調で話す者は、たいていの場合は統合失調症であると分類される。

　　その疾患の症状の1つは、声が聞こえるというものであった。聞こえてくる声は複数であり、自分と気軽なおしゃべりをしたり、文句を言ったり、けんかをしたり、あるいは自分自身を傷つけるべきだとか殺すべきだと言う。私は、あたかもこれまでにしてきた悪事に対して天国の審判を受け、神からの説明を受けているように感じた。また、ある時は、裏切り行為のために政府に追われているように感じた。

　　聞こえてくる声は、住んでいるアパートの壁、あるいは洗濯機やドライヤーを通して伝わり、これらの機械が私に対して話しかけていると思った。私は、政府機関が私のアパートの中で送受信しており、そのため私は彼らが言っていることを聞くことができ、彼らは私の言っていることを聞くことができると感じた。また、政府が私の洋服に盗聴器をつけており、そのため外出時にはいつも尾行されているように感じた。私は、1日24時間、誰かに追跡されたり見られているように感じた。

　　これらは私が感じていたことであり、後になって考えてみれば、私はこれらの政府機関に何の抵抗もしていなかったということを指摘したい。今では、この絶え間なく続いた監視は、私が人生において犯した罪に対する神の下僕による罰か、あるいは単なる私の想像

かのどちらかだと思う。しかし、後者の可能性は前者に比べて小さいように思える。(Anonymous, 1996)

"声が聞こえる"という現象について、これまで非常に多様な解釈がなされている。そのため、このような行動の原因についてもまた、非常に多くの反駁し合う理論が存在している。ウィリアム・シェークスピアは、ハムレットの残酷な拒絶によって、オフィーリアが"狂気"に駆り立てられていく様子を描いている。そして、エリザベス1世の時代の読者に対して、オフィーリアが引きこもりがちになって最終的に自殺することは、当時の状況における社会的影響の産物であることを暗示している。それにもかかわらず、歴史的にその時代では、"狂っている"女性は悪魔と故意に契約を結んだと告発された。明らかに、狂気についての社会的定義やその原因における見解は、それが敬われたり、怖がられたり、憐むべきものであるか、それとも容易に受け入れられるものであるかという点に影響を受けている。さらに、このような見解によって、狂っていると見なされた者をどのように扱うか、すなわち、彼らの独特な力に敬意を払うのか、監禁するのか、あるいは見捨てるのか、治療を受けさせるのかが決定されるのである。

異常性の原因を教えてくれるもの、あるいは原因を探す方向について手がかりを与えてくれるものはほとんどない。治療法の選択は原因に依拠するため、異常性の規定因を阻止することは困難である。そのため、時代によって、異常性は神の怒りによるものと考えられたり、あるいは悪魔に取りつかれたためであるとされたのである。時代や場所が異なれば、地震や潮の満ち干、細菌や病気、個人内葛藤や血統の悪さは、それぞれ別々あるいは一緒に、以前は異常性の原因として捉えられていた。異常性についての見解は、その文化の世界観に基づいている。出来事や行動の原因を万物が霊魂をもっているからだと信じる文化では、異常性は精霊信仰(アミニズム)の視点によって捉えられるであろう。一方、出来事や行動の原因を科学的で唯物論的に考える文化では、異常性は科学的な視点から捉えられるであろう。

精霊信仰的な原因論:憑依

前近代の社会において、精霊信仰、すなわちすべての人や物には"霊魂"があるという考え方は広く行き渡っており、精神的動揺はしばしばこのような考え方に基づいて捉えられた。狂気に対する最も一般的な説明の1つは、邪悪な霊魂が個人に取り憑き、その人の行動をコントロールしているというものである。サナダムシが人体に寄生してその人の身体を弱らせるように、霊魂は人の精神に寄生して、その人の精神を弱ら

旧石器時代の洞窟の居住者は、邪悪な魂に"取り憑かれた"人々を解放するために頭蓋骨に冠状のこで穴を開けたと考えられている。(John Verano / Smithonian Institute)

せる。旧石器時代における洞窟の住人の頭蓋骨には、石器によって削り取られたようなトレフィンと呼ばれる特徴的な穴があいているものがある。このような頭蓋骨に穴をあける行為は、頭蓋骨の中に閉じ込められた悪魔や邪悪な霊魂の出口を作るために行ったのだと考えられている。

人間に取り憑く可能性のある霊魂にはさまざまな種類があった。先祖、動物、神々、英雄の霊、あるいは悪事を矯正されていない犠牲者たちの霊は、狂気をひき起こす霊魂である。これらの霊魂は彼らの狡猾さや、魔力をもつ悪人の働きかけ、あるいは取り憑かれた人の信仰心の欠如によって、人々の中に入り込むことができる。当然のことだが、憑依は目に見えない力であるため、取り憑いた霊魂から人を解放するには特別な技術が必要であった。時代と場所を越えて、悪事を誘発する魔力とそれを追い払う魔力のいずれに対しても、広い信仰が存在している。シャーマン、まじない師、魔術師、聖職者、および魔女は、いずれも精霊信仰において霊魂に影響を与えることができると信じられていた(Douglas, 1970)。たとえば中世ヨーロッパでは、どのような社会階層の人々も魔術師や魔女に呪縛、権威、あるいは預言を求めた。

しかし15世紀半ばになると、それまで寛容に許容していた彼らの奇妙な行動は受け容れ難いものとなった。魔女に対する認識や反応は、崇拝から恐怖へと根底から変化した。その結果として、ヨーロッパとその後の米国において、魔女の疑いをかけられた何千人もの者が死に追いやられた。このような行為は、彼らの異常性に対して、安全を損なわずに"治癒"する唯一の方法であると信じられていたのである(BOX 1-2参照)。

身体的要因に基づくもの

数世紀の間、心理的苦痛の原因は精霊信仰的な考え方によって説明されていたが、異常性に対する生物学的アプローチの先駆けも同じ古代の時代に見られる。

Box 1-2 分析のレベル

セーレムの魔女裁判

精神異常に対する有力な解釈は時代によって変化している。17世紀の北米における有力な解釈は、悪魔によって占領されている状態という宗教的なものであった。このよい例が悪名高いセーレムの魔女裁判である。

有名なセーレムの魔女裁判やこの地で拡大した魔力への妄想は、明らかに子どもの異様な振る舞いから起こった。若い女の子たちのグループが、村の聖職者の家で仮想のゲームをして遊んでいた。これは、幽霊、悪魔、魔女、その他の見えざる世界におけるさまざまなものが出てくるゲームであり、今日の子どもが大人の世界で行われている宇宙探検を真似するように、当時の大人の世界を真似たものであった。

しかし、彼女たちの仮想のゲームは村の年長者の注意を引き、厳粛に、彼女たちが"魔女である"ことが結論づけられた。おそらく、この子どもたちは自分たちが注目を浴びたことや、周囲を興奮させたことに刺激されたのであろう。さらに年長者の関心をあおるような想像に熱中した。

邪悪な魔力を使わせているものの名前を言うように、年長者が彼女たちを問い詰めると、彼女たちは一人また一人と名前を言い、最終的にはその村の半数近い人々が悪魔に魂を売り渡していることになった。近所の者たちは、互いに狂ったように告発した。この告発の結果、1691年から1692年までの1年間で250名の逮捕と裁判が行われた。その中の50名は有罪となり、19名は死刑が執行され、2名は獄中死し、1名は拷問にかけられた。同様に、中世後期のヨーロッパ中で1万人の無実の者たちが魔女として裁判にかけられ、残酷にもその多くが死刑に処せられた。

忘れてはならない重要な点は、村の年長者たちが"正気"で真面目で知的な人々であったということだ。コットン・メイザー（Cotton Mather）は、ハーバード大学学長を父に持ち、米国における先導者であり、イェール大学の創設者であった。彼は悪魔などの危険な存在が実在していると信じており、深い信仰心から、これらの危険な存在から村を守りたいと願った。そして、彼と年長者たちは、それらの危険な存在を強く確信していたため、人々から得られた関連証言を非常に容易に信用した。その1つの例は、8歳のサラ・キャリアーに対する尋問に見られる。この後、彼女の母親は魔女として絞首刑に処せられた。

"おまえはいつから魔女なのか？"
"6歳のときからです"
"今は何歳か？"
"もうすぐ8歳です"
"誰がおまえを魔女にしたのか？"
"お母さんです。お母さんは、私が自分の手をその本の上に置くように仕向けました"
"おまえは、かつて猫を見たと言っていた。その猫はおまえに何と言ったのか？"
"その猫は、私が手をその本の上に置かないなら、私をズタズタに引き裂くと言いました"
（サラは、その悪魔の本を指して話していた）
"なぜ、おまえはその猫が自分の母親だと分かったのだ？"
"猫がそのように、つまり私の母親だと言ったのです"

21世紀の見解では、この悲劇的なエピソードは、もはや異常性における宗教的な分析のレベルという視点からは解釈されない。むしろ、麦角の毒や細菌によって幻覚が誘発された状態、あるいは集団ヒステリーや伝染した心理的状態の結果として捉えられ、生物学的なレベルから解釈される。

(Deutsch, 1949, p.35に引用されている Upham, 1867より引用)

妖術への妄想と悪魔の力への恐怖から、マサチューセッツ州のセーレムでは250人が魔女裁判にかけられた。(T. H. Matteson, *Examination of a Witch*, 1853, Peabody Essex Museum Salem, MA. の厚意による)

すなわち、異常性は**身体的**要因によって規定されるという考え方である。事実、有史以前に冠状のこを用いて手術を行った人々は、激しい頭痛を和らげるための基本的な外科手術技術を持っていたといえる。ヒステリーは、身体的な原因によって起こると考えられた最初の精神疾患の1つである。

初期のエジプトで発見されたパピルスには、ギリシャの医師が書いたものと同様に、主に処女か未亡人の女性に見られる珍しい疾患が記録されていた。その症状は、てんかんの痙攣のようなもの、身体のさまざまな部位におけるありとあらゆる種類の痛み、失声（声を出して話せない）、頭痛、めまい、麻痺、盲、跛行、無関心、うつ気分といった症状が含まれていた。ギリシャ人は、これらはすべて子宮の浮遊といった単一の原因から起こっていると考えた。すなわち、根拠はないが、おそらく通常、子宮は水と滋養物が隅々ま

で入り込んでいる場所にあるのだが、何らかの方法で自ら別の場所に移動することによって、心身に大きな混乱がひき起こされると信じられていたのである。ギリシャ語で子宮は**ヒステリア**といい、ギリシャ人は、子宮はこれらの問題をひき起こすものであると非常に強く信じていたため、それ以降は上記のような疾患をすべてヒステリーと名づけた（Veith, 1965）。

このようなヒステリーに関する見解は、紀元2世紀まで一般的なものとして流布していた。この頃には、Galen（ガレン）のように子宮を自ら動く生き物ではないと考える医師が、ヒステリーに関する従来の見解とは異なった見解を示すようになった。彼らは、ヒステリーは性的器官の機能不全であると考えた。そして、男性にも、女性の子宮に該当するような臓器、すなわち機能不全によってヒステリーと類似の症状がひき起こされる臓器があるかもしれないと考えた。Galenは、男性と女性のいずれにおいても、性的に禁欲的な期間の後で類似の症状が起こることを観察した。したがって、わずか10年か20年前まで広く受け入れられていた見解、すなわちヒステリーは女性という性を基盤としたものであるといった見解に反論したのである。

身体的要因を心理的苦痛の規定因として捉えることによって、その後の数百年は特異なねじれの時期であり、**人間動物説**が信じられた。この信念の主張は、動物と狂人の間には非常に類似の特徴があるというものであった。動物のように、狂気は自分自身を制御不能にし、それゆえ非常に厳しくコントロールする必要がある。狂人は動物のように暴力的な傾向があり、しばしば突然に、そして怒りを触発するような刺激もないのに暴力的な振る舞いをする。彼らは、普通の人であればまったく生きていけないようなみじめで不幸な状況下でも、動物のように文句も言わずに生活することができる。この説の支持者の一人は以下のように指摘している。

> 性別にかかわらず、狂気によって心身の苦痛は和らげられるため、狂人は非常に厳しい寒さに長時間耐える……氷点下16度程度と計測された数日間、狂人はウールの毛布を使わずに、自分の小部屋の凍った床に依然として座ったままであった。朝になると、部屋のドアを開けるや否やシャツを着て中庭に走っていき、氷と雪を一掴みして胸にくっつけ、それを溶かして楽しんだ。（Foucault, 1965, pp.74-75）

18世紀後半、すなわち後述する変化が起こってくるまでの間、狂気に対する治療の多くは、このような見解に基づいて行われていた。

身体的要因を精神疾患の規定因とする初期の視点は、前述したヒステリーに関するギリシャ初期の考え

Jan Sanders van Hemessenによって1530年に描かれたこの絵には、拘束されている狂気の患者から、医師が"愚行の石"を取り除こうとしている様子が描かれている。このような行為は非常に恐ろしいものであるが、精神疾患を身体の病気という視点から捉える理論やそれに基づいた治療法は今も残っている。たとえば現在では、脳に腫瘍ができることによって異常性を帯びる場合があることがわかっている。

（"The stone of folly" 1530, Museo Del Prado, Madridの厚意による）

方や人間動物説によるものであり、その後徐々に、より洗練された医学的アプローチをもたらしていった。近代医学の発展に伴い、多くの医師は身体疾患の治療法を適用できるような疾患の一形態として、狂気を認識するようになった。下剤による排出、瀉血、あるいは強制的な嘔吐といった方法は17、18世紀において比較的選択された医学的処置であり、虚弱者や狂人に対して一様に実施された。そして徐々に、外科手術や薬学といった今日の医学的アプローチがこのような考え方と治療法にとって代わるようになっていった。今日、このアプローチは、神経科学すなわち中枢神経系統を研究する生物学および心理学の領域に包括されている。これに関する発見と技術については第4章で述べる。

心理学的要因に基づくもの

心理学的要因から異常性を理解するための検討は、古代ギリシャ人および古代ローマ人がたどった別の道において行われた。この**心理学的要因**による検討は、心理学における分析の先駆けである。Galenは、ヒステリーに関する言及に加えて、異常性の精神的原因に対する重要な見解を述べた。特に印象的な具体例として、Galenは、不眠、無気力、あるいは全般的な不定愁訴を訴える女性について研究した。彼は、彼女の症状が身体疾患によるという直接的な証拠をまったく見つけることができず、最終的にその原因となり得る可能性を2つに絞り込んだ。1つは、彼女の症状はメランコリー、すなわち4つの"体液"の1つによる生物学的な疾患によってひき起こされているというものであ

ギリシャの医師であるガレン（Galen：およそ130-201 A.D.）は、身体疾患の中には、心理的要因が原因で起こっているものもあると最初に考えた一人であった。（National Library of Medicine）

り、もう1つは彼女が認めたくないと思う何らかの問題を抱えているという心理学的解釈である。彼は以下のように締めくくっている。

> 私が彼女について、身体的な問題はまったくなく精神的な問題を抱えていると診断した後、私が彼女を診察しているまさにそのときに、この診断が正しいことが確認された。ある者が劇場からやってきて、自分はピュラデスの踊りを見てきたと言うと、彼女の表情と顔色が変化した。これを見ながら、私は自分の手を彼女の手首に当てて、彼女の脈拍が突然非常に不規則になっていることに気づいた。この種の脈拍は心理的に動揺していることを示している。そのため、さまざまな事柄について口論している人もこのような脈の状態になる。そこで翌日、私は弟子の一人に対して、私がその女性を訪ねているときに少し遅れて私のところにやってきて、"今日はモルペウスが踊っています"と報告するように言った。弟子が私の指示どおりこのように言ったとき、彼女の脈拍は変化しなかった。同様に、さらに翌日、私が弟子に一座のメンバーの中で、ピュラデスとモルペウス以外の第3のメンバーに関する同様の報告を言わせたときにも、彼女の脈拍は変化しないままであった。4日目の夜、ピュラデスが踊っているという報告を受けたときも、私は非常に注意深く彼女の脈拍を観察し続けた。そして、脈拍が非常に乱れていることに気づいた。このことから私は、その女性がピュラデスに恋をしているという答えを出し、数日間にわたる注意深い観察の結果、この答えが正しいことが確認されたのであった。（Galenの言葉。Veith, 1965, p.36に引用）

原因として考えられる可能性についてアセスメントするというGalenの方法は、最終的に精神疾患の理解と治療を深めるための科学的手法に見られる顕著な特徴である。一気に結論に飛ぶのではなく、Galenは2つの仮説について検証し、エビデンスに基づいて適当と思われる結論を出した。この女性の場合は、エビデンスによると、生物学的なストレスというよりは心理的なストレスによるものであるという仮説が支持されたのである。

Galenによって心理的要因が異常性の原因となることが見出されたが、その後の数世紀間、このことは忘れられた。そのため、18世紀中頃まで、ヒステリーは女性の生殖器の病気による神経学的な疾患として信じられていた。18世紀半ばになって、精神疾患は心理学的要因によるものであり、心理学的手法によって治療し得るという認識が再び起こってきたのである。

メスメリズム

18世紀に異常性における心理学的視点がどのようにして再び起こってきたかを理解するためには、まず最初に、異常心理学の歴史上最も華麗な人物の一人であるFranz Anton Mesmer（フランツ・アントン・メスメル）に注目する必要がある。Mesmerは、異常心理学史上最も華麗な人物の一人であるだけでなく、最も中傷された一人でもある。天才あるいはペテン師などさまざまな呼ばれ方をしたMesmerは、てんかんからヒステリーまで多くの疾患は、目に見えず触れることもできない物体の流れが阻害されることによって起こると提唱した。この磁気の流れは、最初は全自然界の磁気の流れ、すなわち"磁気流体"と呼ばれ、その後に動物磁気説と呼ばれるようになった。まさしく17～18世紀にヨーロッパで起こった啓蒙活動の活動家であったMesmerは、その時代に発見された電気の存在に影響を受けた。彼は、身体の中を流れる磁気流体の分布が不均衡であることが身体疾患の原因となることを提唱した。彼は、月の周期、潮汐、惑星、および星々が磁気流体に影響を及ぼすと理論づけた。Mesmerは、身体の中の"クリーズ（分利）"を誘発するような技法を用いることで、健康な状態に戻すことができると考えた。これらのクリーズは繰り返し誘発されたが、1回1回はそれほど激しいものではなかった。そして、クリーズは磁気流体の分布が解消して身体が元の均衡状態に戻るまで繰り返された。

Mesmerは1778年にビエナからパリに移った。彼は、さまざまな症状をもつヒステリー患者がグループで集まるようなクリニックを開いた。厚いカーテンで覆われた部屋の中で、磁化した鉄の棒と水で満たされた大きな木製の桶（バケー）の周囲に患者たちを並ばせた。鉄の棒は桶から突き出ており、患者たちは自分の不調な場所をその棒で指し示した。バケーは磁気の流

れを集め、患者たちのクリーズを誘発するということであった。Mesmer はラベンダー色のケープをまとって、静かな音楽が流れる中、患者たちに視線を注ぎ、鉄の杖で彼らに触れながら、患者たちの間を歩いた。一人の患者が震えと痙攣を伴う奇妙な感覚を体験した。この最初の体験が起こった後、他の患者にも同様の症状が起こった。ただし、どのような場合でも影響を受けないものが2、3名いた（Pattie, 1967）。

Mesmer は、ペテン師だと非難されてウィーンから去った。そして、彼の治療的成功にもかかわらず、パリでも類似の非難が彼に向けられるようになるのに時間はかからなかった。その非難と反論が非常に熱と激しさを帯びたものであったため、1783年にルイ16世は王立調査委員会に動物磁気説について検討するよう命じた。Benjamin Franklin（ベンジャミン・フランクリン）のような権威者もメンバーになっていたこの委員会は、Mesmer の治療効果に関するエビデンスについて聞き取りを行い、動物磁気説のような現象は起こっておらず、Mesmer の治療は完全に"想像"によって起こっているものであると結論づけた。圧倒的な敗北によって、自尊心の高い Mesmer は人知れぬ場所へ消え去った。しかし、彼がこの方法で"治療"に成功したという事実は残った。動物磁気説は、まもなくメスメリズムと呼ばれて実施され続け、いくつかの事例では患者の健康を回復させることに成功した。次の世代の研究者はメスメリズムについて検証し、この治療効果は磁化した鉄の棒によるものではなく、"暗示"や"被暗示性"によるものであると結論づけた。

Mesmer から Freud へ

メスメリズムによる治療は興味深い興奮を持続させた。今では、この治療プロセスでは暗示の果たす役割に焦点が当てられており、催眠として知られるようになった。催眠における科学研究の大家は Jean-Martin Charcot であり、彼は、パリで狂気の患者が治療を受けている Salpêtrière（サルペトリエール）病院で最大部署の医長であった。Charcot は最高に評価された科学者、すなわち19世紀における最も著名な神経学者であり、畏敬の念を起こさせる非常に畏れられた教授として広く知られていた。Charcot が Salpêtrière に勤務していた頃、彼の担当している大部屋の1つに、痙攣症状のある女性患者が入院していた。催眠を用いることで、Charcot はヒステリー性の痙攣かてんかんによる痙攣かを識別しようとした。たとえば、もし腕の麻痺がある患者が催眠下で腕を動かすことができる場合には、ヒステリーであると診断できる。一方、腕が動かなかった場合には、神経学的な疾患であると診断することが妥当であろう。また、Charcot は研究対象を男性患者にも広げ、男性が示す心的外傷性の麻痺症状はヒステリー性麻痺の症状と同一であることを立証した（Ellenberger, 1970）。

催眠は Charcot の心を魅了し、彼は早々に催眠に関する神経学的理論を提唱した。Charcot の弟子たちは彼を喜ばせることを切望し、Charcot の考えに基づいた試みを行って確証的なエビデンスを示した。しかし、Charcot 自身は決して自分の患者に催眠を行わなかった。むしろ、Charcot が特に意識せずに弟子たちに対して催眠を実演した後に、弟子たちが自らその実施方法をトレーニングして"自分たちの能力を向上させ"た。他の科学者、特に Nancy 派の Hyppolyte Bernheim は Charcot の明らかにした結果を追試したが、同様の結果を示すことができず、早々に誤りの原因を突き止めた。

いくつかの初期への逆行にもかかわらず、異常行動の心理的要因に関する理論は信頼を獲得し始め、2つの考え方が再び強調された。すなわち1つ目は、心理的苦痛は生物学的な疾患となり得るし、精神疾患は通常の身体疾患と異なるものではないという考えである。2つ目は、精神疾患は心理学的なものであり得るし、身体疾患とは非常に異なるものであるという考えである。

心理的要因という視点によって、大きな興奮がヒステリー研究にもたらされた。麻痺、無感覚、痙攣、失声、盲、聾、あるいは時折起こる意識喪失といった症状を伴うため、ヒステリーは明らかに身体疾患のように思われた。Charcot は、各器官に問題があることによる症状なのか、それともまったくのヒステリー症状なのかを識別するために催眠を用いた。後続の理論家たちは、催眠の治療的効果は心理的な"暗示"によるものであると述べている（Bernheim, 1886；Gordon, 1967）。

19世紀の終わり、催眠は広くヨーロッパや米国でヒステリーの治療に用いられるようになった。これは近代の心理療法の研究における発展の基礎を形成した。また、精神疾患に対する心理学的要因からのアプローチにおける明らかに画期的な出来事であった。

Josef Breuer は患者の治療に催眠を用いる一人であり、数多くのヒステリー患者に催眠を実施したウィーンの著名な医師であった。しばしば Breuer の治療では、催眠下において、患者は自分の問題や空想について話をするように誘導された。催眠下で患者は頻繁に感情的になったり、痛々しい経験を追体験したり、深いカタルシスに入ったり、あるいは情緒的に解放された。また、催眠によるトランスによってよりよい気分になったりした。もちろん、患者は自分が催眠下で議論したこと、どんなに感情的になったかということ、そしてその後でどのような気分になったのかということの関連性について意識していない。しかし Breuer は、患者は催眠下でカタルシスを体験したことによって、彼らの症状がなくなったのだと確信した。

医学生の授業で催眠のデモンストレーションを行っている Jean-Martin Charcot：1825-1893（©Bettmann/Corbis）

まさに Breuer は3つの発見をしていた。ウィーンの神経学者である Sigmund Freud は、Charcot のもとで自分の研究をまさに仕上げていたが、Breuer と一緒に働き始めた。二人は共同で、Breuer のカタルシスによる方法、すなわち患者が催眠下で自分の経験と空想を報告するという方法を実施した。しかし Freud は、催眠を用いなくても、患者が意識化した考えをすべて報告して情動的なカタルシスを体験することによって、類似の治療効果が得られる可能性を見出した。この発見によって、Freud は**精神分析**と呼ばれる理論および治療技法を提唱するようになる。精神分析については第3章で詳しく述べる。Freud の精神分析理論は、異常行動は心理的要因によって規定されるものであるという見解をよりもっともらしいものとした。その後、Freud の多くの特異的な理論は疑問視され評判を落とすことになったが、精神が知覚や行動に影響を及ぼすという基本的な考え方は、非常に力強く維持されている。

狂気に対する治療

近代心理学の始まりは、精神病院を設立した時期にある。医療病院と精神病院のいずれもが、17世紀に、貧しい者、家のない者、仕事のない者（その中に狂人もいた）の住居確保と隔離のために建てられた施設の設立から発展した。1656年、パリ総合病院は、「性別、年齢、居住地、出身地、社会的地位にかかわらず、また自力で動けるか肢体不自由者であるか、病気であるか回復期か、治療可能か不可能かにかかわらず、すべての貧しい者を対象とした」（1656年の布告。Foucault, 1965から引用）。人道的観点から見ると、厳密にはパリ総合病院はそれ以前の状態に比べて確実によい状態であった。フランスで最初にこの施設が設立されたとき、政府は"社会的に望ましくない者"に食住を保証する責任を負っていた。しかし、社会的に望ましくない者、すなわち貧しい者や家のない者、あるいは狂気の者は、政府からの保証の代償として個人的な自由をあきらめたのであった。

狂人の隔離

政府は狂人を他の不幸な者たちと区別しなかったが、病院内ではすぐに区別されるようになり、最終的に狂人は収容されるようになった。他の居住者に比べて、狂人に対する世話は非常に質が低く、残虐な身体的虐待が行われることもあった。18世紀に総合病院の隔離部署である Salpêtrière を訪れたある人物は、この場所は冬になると、より一層みじめで致命的な状況になると述べている。「セーヌ川の水位が上がると、下水管の高さに配置されている彼らの独房はより不健康になるだけでなく、しばしばさらに悪いことには、大きなネズミの群れの避難場所となった。そして、夜の間、ネズミたちはその独房に閉じ込められている不幸な居住者たちを攻撃し、当たりかまわず噛み付いた。そのため、狂気の女性の足や腕、あるいは顔には噛まれて引き裂かれた後が見られ、それはたいていは命の危険にかかわる状態であり、死んだ者も何名かいた」（Desportes の言葉。Foucault, 1965から引用）。

パリだけが特異な町というわけではなかった。ロンドンの St. Mary's of Bethlehem（セント・メアリー・ベツレヘム）病院（すぐに Bedlam［ベドラム］という略称で知られるようになった）では、患者は鎖で壁につながれたり、革紐で拘束された。米国はこの種の最初の病院、すなわちペンシルベニア病院を1756年に創設した。Benjamin Franklin の強力な推進で、政府は"精神異常者"のための別の部署をおいた。彼らは穴蔵に追いやられ、「彼らの頭髪は剃られ、鞭で厳しく罰せられた。彼らは瀉血され失神し、消化管から粘液以外は何も出なくなるまで無理矢理嘔吐や下痢をさせられた。そして、作業と作業の合間には、独房の壁に腰や足首をつながれた。監督者が鞭を持つことやそれを自由に使うことは異常である、あるいは不適当であるとは考えられなかった」（Morton, 1897, Deutsch, 1949から引用）。

近代的な考えからすると、このような治療は明らかに残酷で非人道的なものである。近代になって、狂人であっても思いやり深く親切に扱われる権利があるという考え方が起こってくるに従って、このような判断がなされるようになった。このような非人道的扱いをしたのは、先人が狂人の治療にはあまり関心をもって

おらず、そのため必然的に道徳的な意識が鈍かったからではない。むしろ狂人に関する考え方が異なっていたためである。すなわち彼らは、狂気は動物人間説の結果として生じたものであり、狂気とは人間と野獣を区別するある資質が失われた状態であると信じていた。狂人にはその資質が欠けているため、行動は無秩序で規則に従わず、粗野なものなのだと考えた。そのため、第一に行う人道的な治療は、その欠けている資質を回復することであった。そして、恐怖は、無秩序な精神を回復するのに最も適した情動であると考えられていた。

著名な医師である William Cullen は以下のように述べている。「連続して起こってくる恐怖感、畏怖の念を抱かせることが必要である」。このような情動は、「時には妥当であると思われる拘束によって起こってくる。それがたとえ鞭打ちや殴打によるものだとしても……」（Cullen, 1808; Scull, 1981から引用）。明らかに、精神病院の不徳なスタッフの中にはこのような考え方を強くもつ者がおり、世話をする際に虐待を行っていた。最も著名で身分の高いものでさえ、同じような扱いを受けていたのだ。イギリス王 George（ジョージ）3 世は明らかにこのようなケースである。Harcourt（ハーコート）伯爵夫人は彼の状況について、後に以下のように描写した。「不幸な患者は、まったく人間としての扱いを受けていなかった。彼の身体は即座に器具で覆われ、自由な動きは奪われた。また、時には鎖で棒につながれた。したたかに殴打されたり飢えに苦しむことが頻繁にあった。脅しや暴力的な言葉によって服従させられていればよいほうであった」（Jones, 1955; Bynum, 1981より引用）。さらには、彼は瀉血させられたり、鞭で厳しく打たれたり、あるいは催吐剤や他のさまざまな薬物を飲まされた。この時期に再びこのような扱いが起こってきたのは、狂人には人間の身体感覚がないだけでなく、痛みや気温、その他の外的刺激に対する感覚があたかも動物のように欠如しているという考えからであった。

人道主義的治療の発展

18世紀終わりに、狂人は動物と同様に扱われるべきであるという考えは批判されるようになった。さまざまなところから、監禁という状況、特に狂人が手かせや足かせをされること、鎖でつながれること、地下牢に閉じ込められること、および鞭で打たれることに対する抗議が広まった。

病院では、患者の手かせや足かせをはずすようになった。精神医学的な患者を鎖でつなぐことをやめた最初の病院は、イタリアのフィレンツェにある St. Boniface（セント・ボニフェス）であった。1774年、Vincenzo Chiarugi は患者ケアにおける根本的な改善を行い、患者は自由に動くことを許された。その後、1787年には、Joseph Dacquin がフランスのシャンベリ（Chambéry）にある病院の精神異常者部門において類似の改革を行った。1792年、パリ総合病院の一部である Bicêtre（ビセートル）病院の病院長に任命された Philippe Pinel は、政治的妨害にもかかわらず、精神疾患患者を鎖でつながずに病院に住まわせ、地下牢から日当たりと風通しのよい部屋に移し、病院構内における自由を許可した。Pinel は、それでもなお、精神疾患患者の世話には管理と強制が必要であると信じていた。しかしそれを効果的に行うためには、身体的な強制というよりは、むしろ精神的な強制が必要であると主張した。

すでに、新しい治療モデルが求められていた。その1つは、ベルギーの宗教的なコミュニティであるゲール（Gheel）に見出された。ゲールでは、かなり以前から精神異常者が受け入れられていた。そこでは、一貫した宗教的精神、すなわち"治療"とは祈りと"頭の上に手を置く行為"（訳注：キリスト教におけるいくつかの儀式では、聖職者が信者等の頭の上に手を置く）を通して成し遂げられるものであるとされていた。そして、その時代では例外的なことに、精神異常者であっても、祈りを捧げる者は特別な扱いを受けた。大きな困難を抱えた精神異常者たちは、日常的に、親切で、礼儀正しく、優しい態度で接せられた。このコミュニティで暮らす精神異常者は、アルコールが禁止されたこと以外には、ほとんど制限を受けることはなかった。ゲールは病院ではなかったが、病院以上に、自らが認められ十分に幸福となるような援助を得られる場所であった。イギリスにおいても、類似の改善が宗教的な団体から発展した。Hannah Mills の疑惑の死後、1791年に精神障害者施設に入会許可されたクエーカーである William Tuke は、ヨークシャー・キリスト友会に、精神異常者に対する人道主義的な施設の設立を行うよう推進した。頑なな政治的妨害にもかかわらず、1796年にヨーク療養所が設立された。ヨーク療養所の基本的な考え方は、親切、熟慮、礼儀、および尊厳であった。また、クエーカーの精神と同様に労働と個人の尊重における価値が強調され、患者は"お客様"と呼ばれていた。

ヨーロッパにおける精神異常者の非拘束、あるいはゲールにおけるコミュニティやヨーク療養所の設立と成功を導いた考え方は、すぐにアメリカにも広がった。この新しい治療形態は**道徳療法**と呼ばれ、1817年に設立したペンシルベニアのフランクフォードにおける友会救護院、あるいは、クエーカーである実業家の Thomas Eddy によって1821年にニューヨーク市に設立された Bloomingdale（ブルーミングデール）救護院の基礎を作った。

今日における異常性の定義

　われわれの異常性に対する理解は、明らかに文化や時代を反映した信念に依存している。歴史的に見て、人々は精神障害による行動について、精霊信仰、身体的要因、そして心理的要因による理論によって説明してきた。今日では、生物学および心理学的なレベルにおける分析が、異常性の理解に貢献し続けている最も現実的なアプローチである。しかし、複雑なこの社会では、より基本的な疑問も生じてきている。すなわち、ある人のことを異常だと言うとき、それは何を意味しているのだろうか？　昔は声が聞こえてくることは神のお告げを意味したが、今日では狂気を意味する。また、どのようにして人の行動が異常であるかを見極めるのだろうか？　それはどのようにして形成されたのだろうか？　どのようにして変容し得るのだろうか？　これらの疑問に対する答えは、精神的苦痛の原因を理解すること、あるいは精神疾患患者の治療に対する社会的制度を組織化することと密接なかかわりをもっている。

異常性の構成要素

　異常性の存在については、場所や文化を問わず、ほとんどすべての人が知っている。誰が見ても、明確ではっきり異常だとわかるものもある。しかし、たとえば診断を行う専門家のような異常性を判断するのに妥当な人々の間でも、特定の人物、行動、思考が異常であるか、あるいは異常でないかについて、意見が異なることもあるだろう。以下の臨床例は、このような視点を明らかにしてくれる。

- ドンはほとんどの者から、物静かで優しい物腰の重役だとみなされている。しかしある日、急に側頭葉の発作に襲われ、彼は営業マネージャーやイス、その他をつかみ上げ、オフィスビルの11階にあるガラス窓に非常に激しく投げつけた。
- ティーン・エイジャーのベネッサは3日間絶食し、その後、8個のホット・ファッジ・サンデーを2時間むさぼるように食べる。そして、爆発するように嘔吐した後は3日間何も食べない。
- カーラの信仰する宗教では、おしゃれをすることや飲酒を禁じているが、彼女の大学の友人はおしゃれも飲酒もする。カーラは友人と一緒にいると、頻繁に不安を感じる。

　ドン、ベネッサ、カーラはすべて異常だろうか？これら3つの事例から、2つの明確な提言が可能である。第1に、彼らの行動には、大脳病理学や宗教的信念といった多様な原因が含まれている。そして第2に、誰かが非常に自信をもって、これらの例はすべて異常性をあらわしていると述べたとしても、すべてのものが賛成することはないであろう。最初の事例については、すべてのものが異常であると判断するであろう。また2番目の事例についても、ほとんどすべてのものが異常であると判断するであろう。しかし、3番目の事例が異常であるか否かについては、白熱した議論が行われるだろう。

　"異常性"という用語を定義することは、そこには何らかの単一の特性が存在し、これらの異常な3事例、あるいはこれら以外の異常な事例は、その特性を共通してもつべきであるということを示唆している。そのような共通して定義される特性は、異常性の**必要条件**と呼ばれる。しかし、これら3つの事例にはなんら共通した要素は見当たらない。側頭葉の発作、ホット・ファッジ・サンデーの過食、そして宗教的信念と社会的受容の間の葛藤に、どのような共通特性が存在しているのであろうか。

　さらに、"異常性"の正確な定義は、少なくとも異常者と健常者を区別する要素であることが求められる。すなわち、異常者だけが共通してもっていて、"健常者"にはまったく当てはまらないというものである。しかし、すべての異常な事例とわれわれが健常者と呼ぶすべての人々とを区別するような特徴などあるのであろうか？　われわれは何も見つけることができない。実際、以降で簡単に検討してみるが、異常者の全事例を定義するような単一の要素は存在していない。

　要するに、"異常性"という用語は正確には定義できないのである。現実には、われわれが一般的に用いている用語、特にそれらは社会的に用いられている用語であるが、これらは正確に定義されておらず、しばしば柔軟な意味合いで用いられている。しかし、異常性を"厳密に"定義できないという事実は、異常性が存在しないことや認識されていないことを意味するわけではまったくない。その行動を異常と見なすのに役立つさまざまな要素について明確に説明することによって、ある行動が異常かどうかの診断は行われる。

　本書では、ある行為や人物が異常であるかを判断するのに役立つ7つの特性、あるいは要素について見ていく。また、通常の人々やよくトレーニングされた心理学者が実際に用いている方法について述べる。これらの異常性における要素とは、以下のとおりである。

- 苦痛を感じていること
- 不適応的であること
- 非合理的であること
- 予測不能で制御不能であること
- 稀であり一般的ではないこと

これら2つのうち1つは商業画家、もう1つは精神疾患患者によるものである。これらの絵画を互いに隔てている特徴は1つだけではない。異常性を定義するための単一の症状や行動は不必要あるいは不十分である。(左：Drawing by Paul Duhem, Art en Marge, Brussels；右："Stressé?," illustration by Genevieve Côté)

- 周囲を不快にすること
- 規範に反すること

上記の要素の中で該当するものが多ければ多いほど、また各要素が明確に示されていればいるほど、その行動や人物が異常であるという考えが強くなる。少なくともこれらの要素の1つは、異常性が現れるときに存在している。しかし、どのような場合にも見られる特定の要素は1つもなく、すべての要素が現れることはほとんどないであろう。これらの要素について、より詳細に検討してみる。

苦痛を感じていること

異常性は人に苦痛を与える。抑うつ的な生徒は、みじめな気分を抱く。その生徒にとって、辛い日々を過ごすという見通しは耐え難いものである。ある人が心理的苦痛を感じているならば、われわれはその人が異常な状態にあると考えるであろうし、その苦痛が大きいほど、その確信は強くなる。しかし、苦痛は異常性の必要条件ではない。すなわち、ある行動を異常であるとラベリングする際に、苦痛を感じているかどうかは必ずしも必要ではない。たとえば、大統領が校庭での数々の銃撃を終結するための自分の全計画を聞きたがっていると信じて、真夜中に大統領に電話をかける者は、生き生きとして陽気であり、希望を感じているであろう。にもかかわらず、そのような者は異常者と見なされる。彼は苦痛を感じていないが、それ以外の異常性の要素によって、彼の行動が異常であると判断できるからである。

さらに、苦痛は異常性の十分条件でもない。なぜなら、苦痛は普通の人生において誰もが感じるものだからである。たとえば、ある子どもは、われわれが愛する者を失ったときのようにペットの死を嘆き悲しむだろう。その子どもは苦痛を感じているが、もし苦痛以外の異常性の要素に該当しない場合には、その子ども

Jennie Marukiの芸術には、明らかに苦悩が描かれている。しかし、彼女の苦悩が異常性を示すものかどうかは、同時に異常性における他の要素が存在しているかどうかによる。(Painting by Jennie Maruki；Hospital Audiences, Inc. の許可による)

の悲嘆と苦痛は異常とは判断されないであろう。

苦痛を感じているかどうかは異常性の理解に役立つ要素であるが、異常性の必要条件でも十分条件でもない。異常であるかどうかの判断には、その苦痛が生じている文脈が非常に重要である。

不適応的であること

ある行動が機能的で適応的であること、あるいは、ある行動を行うことによって、どの程度うまく目標が達成されるかということは、その行動が異常かどうかを決定する基本的な要素である。個人のウェル・ビーイングを強く妨げる行動は不適応的であり、異常性の要因として見なされる。

個人のウェル・ビーイングとは、働く能力や他者との満足できる関係をもつための能力を意味する。抑うつや不安は、愛情や労働、そしてほとんどの場合において個人のウェル・ビーイングを妨げる。外出するこ

とへの恐怖(広場恐怖)があると、その人はずっと家の中に閉じ込もり、自分の望むことをかなえることができない状態になる。このような恐怖は、人生の楽しみ、働くこと、他者との関係をもつことを大いに妨げる。このような**有害な機能不全**が大きければ大きいほど、異常性が明確になるのである(Klein, 1999 ; Lilienfeld & Marino, 1999 ; Wakefield, 1999)。

非合理的であること

　ある人の行動が合理的な意味をもたないように見えるとき、われわれはその行動や人物を異常だと判断する傾向にある。統合失調症の主症状である思考障害は、非常に強く異常性を感じさせるような不合理なものである。思考障害の構成要素は、明らかに不合理で奇妙な信念、客観的現実におけるまったく根拠のない知覚、他者の話とは無関係な考えを取り留めなく話す思考プロセスである。このような無秩序な思考の古典的な例は、一定の手続きによる検査を行っているときに生起した。患者の課題は、さまざまな色と形の積み木をいくつかのグループに分類することであった。患者は協力的で真剣であった。しかし、彼は圧倒されるような特徴をも示した。すなわち、彼は分類作業を机の上だけでなく、まるで部屋の一部であるかのように実験者の上でも行った。また、積み木や彼のポケットから取り出したものを分類するだけでなく、実験者に木で再製されて積み木に切り分けられるようにと言い、実験者自身さえも分類しようとしたのであった。

　以下は、彼の話したことである。

> 私は部屋全体から選び取らなくてはならないし、このゲームに自分を閉じ込めることはできない……3つの青い積み木(練習用積み木)……そうだ、その緑の吸い取り紙はどうだろう？　それもそこに置いて。あなたが食べるグリーンピース。(緑の吸い取り紙を指しながら)あなたはそれに書くまでグリーンピースを食べられないよ。その腕時計のように(被験者から1フィートの距離にある実験者の腕につけられている)、その時計から取れた3つの食べ物を見るな。このトリックを行うには、あなたは木製であるはずだ。あなたは白いシャツを着ているから、白い積み木だ。あなたは白い積み木を自分から切り取らなければならない。白いシャツを着ているから、これ(白い六角形の積み木)は、あなたを拘束して行かせないだろう。私は青いシャツを着ているけれど、それは青いシャツであり得ないし、まだ一緒に行っている。部屋のものも同じだ……。(Cameron, 1947, p.59より引用)

予測不能で制御不能であること

　われわれは、個人の行動や感情などが時間的に一貫していること、ある状態から次の状態を予測できること、そして自分自身を制御できることを当然のことと考えている。ある日には自分を愛していた人物が翌日に自分を憎むようなことがあれば、それは問題である。もし、人の心理や行動等を予測することが不可能であれば、人はどのように対応したり何を予測してよいかがわからない。予測可能な世界では、われわれはコントロール感を維持できる。予測不可能な世界では、われわれは傷つきやすく脅威を感じる。優しい物腰の重役であるドンは、月曜日には妻に深い愛情を示して崇めたが、火曜日には容赦なく殴りつけた。彼は、まるでジキル博士のもう1つの人格であるハイド氏のように周囲を驚かせている。すなわち、ドンもハイド氏も予測不可能で制御不能なのである。

　制御不能な行動であるかどうかの判断は、2つの条件に基づいて行われるだろう。1つ目は、通常の行動が急に崩壊する場合である。ドンの暴力的な爆発はこの例である。2つ目は、その行為の理由がわからない場合である。怒っている人、すなわち道でののしり金切り声を上げている人を想像してみよう。このような怒りには、おそらく理解可能で社会的に受け入れることのできる理由があるであろう。しかし、もしその理由がわからず、それを導き出すことができない場合には、われわれはその人物を制御不能な人物であると見なし、それらの行為を異常だと診断するであろう。

稀であり一般的ではないこと

　一般的に、人は自分自身が同意できる行為について、受け入れ可能であり通常のものであると見なす。"ファイ・デルタ・カッパ(訳注：教育に関する国際団体の名称)に参加しよう"と書かれたサンドイッチマンが持っているような看板を下げて大学構内を歩くことが嫌でない人は、自分の仲間の健康的な多くの人は同様の行動をすると考えるであろう。一方、このような看板を下げることを嫌がる人は、こんなことをするものなどほとんどいないと考える。したがって、非常に高いスキルと大胆さを必要とする行動を除けば、われわれは自分自身の基準によって他者の行動の異常性を判断する傾向にあるのである。あなたは看板を下げて大学構内を歩くだろうか？　もしそうなら、あなたはこのような行動を一般的で正常なものと判断するであろう。もしそうでないなら、このような行動は一般的ではなく異常だと考えるだろう(Ross, Greene & House, 1977)。

　稀で望ましくない行動は、しばしば異常だと見なされる。その行動が稀であると知覚されたとしても、現実的に稀なものかどうかの判断は難しい。そのため、性的あるいは攻撃的な空想の中には、まさに一般的であるにもかかわらず稀なものであると認識され、それゆえ異常だと見なされるものが多くある。稀であるこ

と自体は、異常性の必要条件ではない。うつ病は不安障害と同様に一般によく見られる疾患であるが、いずれも異常だと考えられている。しかし、稀であり、かつ社会的に望ましくない行動は、しばしば異常だと見なされる。

周囲を不快にすること

他者に強く依存したり、ご機嫌とりをしたり、あるいは敵意を表す人は、周囲で見ているものに不快感をひき起す。このような行動をとることで、彼ら自身はしばしば心地よい気分を得ることができるが、彼らが周囲にひき起す心理的葛藤は、他者にとって苦痛なものである。周囲の者の文化的に慣習的なルールに誰かが違反した際に、われわれは非常に頻繁に、周囲の者が漠然とした不快感を示すのを目にする（Scheff, 1966）。慣習的ルールに反することは、"異常性"という言葉に結びつくような不快感をひき起す。

たとえば、ある文化では、怒ったときか愛を語るとき以外は、自分の顔をパートナーから少なくとも10インチは離していなくてはならないという慣習的ルールがある。目に見えない境界線が踏み越えられると、そのルールは破られ、そのパートナーは不快感を抱くだろう。同様に、性器を衣服で覆うことに関しても慣習的なルールが存在し、そのルールを破ると、その人は異常だという印象を与える。

規範に反すること

ある行動を査定する際に、常識や慣習には反していないが、倫理的規範や理想としての基準、すなわちその行動を行う人は正しい考えや行為を行う人であると見なされるような基準に反していると見なされる場合がある。このような見解は、実際にそのように行動するかどうかは別として、人はこうすべきであるという特定の基準にそって振る舞うべきであるという考えに

「12モンキース」という映画で、ほとんどの精神科医はブルース・ウィリスの演じる人物を異常者だと確信している。しかし、彼の行動が真に異常かどうかは不明だ。（Photofest）

基づいている。そして、その基準に合うやり方で振る舞うことが正常であり、そうでないことは異常であると見なすのである。それゆえ、働くことが正常であり、金銭的に裕福であったり、就職口がなかったり、あるいは病気であるわけでもないのに働かないことは異常なことである。また、近代社会では、愛や忠誠心や援助といったものは、必ずしも全世界共通の倫理的規範ではないにもかかわらず、愛すること、忠誠心をもつこと、あるいは援助的であることは正常であり、そうでないことは異常である。過度に攻撃的であることも過度に抑制的であることも異常であり、控えめ過ぎることも出しゃばり過ぎることも異常であり、過度に野心的であること、逆に十分な野心がないことも異常なのである。

異常性の定義：
家族的類似アプローチからの検討

家族成員は、背の高さ、髪や瞳の色、あるいは鼻、口、耳の形状など、複数の次元において似ている。たとえば、われわれはなぜ、エド・スミスがビル・スミスとジェーン・スミスの生物学的子孫であるとわかるかといえば、彼がビルとジェーンに似ているからだ。彼は、ビルの青い瞳と茶黄色の髪をもち、ジェーンの上向きの鼻とくつろいだ笑顔をもっている。エドは父親よりも6インチも背が高く、母親よりも丸顔だが、彼らには偶然とは思えない多くの共通要素があるため、われわれは彼らに家族的類似を感じるのだ（注意：エドはビル・スミスとジェーン・スミスの養子であったかもしれない。そのようなことは家族的類似を脅かす要因である！）。

ある行動が通常なものでも一般的なものでもないと見なされた場合、すなわち自分自身の行動とは異なるものであると判断された場合、その行動は異常だと見なされるかもしれない。（© Marcia Weinstein）

異常性についても、これと同様の方法による評価がなされている。すなわち異常だと見なされるような行動、思考、あるいは人の特性に関する最も明確な特徴、すなわち"典型"的な特徴が家系的に引き継がれているかどうかを明らかにすることである。異常性は、個人の特徴と異常性の7つの構成要素との組み合わせによって査定される（Lilienfeld & Marino, 1999）。

以下のケース報告について、個人と異常性の構成要素との間の"家族的類似"を明らかにするといった視点から検討しよう。

> 17歳のラルフは医師と薬剤師の息子であった。彼は中学校時代に、家族と一緒に小さな農村から大都市郊外に突然引っ越した。彼の両親の双方が、断るのはもったいないようなよい条件の仕事を依頼されたためである。急な引越しであったが、ラルフは不安や困難を感じることはまったくなかった。にもかかわらず、彼は引きこもりのようになった。引っ越し初、彼の家族は気づかなかったが、落ち着いてくると、彼のよそよそしい行動が目に留まるようになった。彼は新しい学校に友人が一人もできず、夏になると、ますます引きこもるようになった。夏の間、彼はほとんどの時間を自分の部屋で過ごし、家の周りを長時間歩くときだけ部屋から出てきた。うわの空であることが多く、時には彼自身にしか聞こえない音を聞いているように思われた。
>
> 秋が近づき、やがて休暇を終えて高校が始まる時期になった。ラルフは、さらに引きこもるようになり、眠れなくなり、家の中と外を歩き回った。間もなく学校が始まり、彼の行動はさらに悪化した。授業中に指名されても気づかない様子であったり、質問とまったく関係のない回答をすることもあった。このような行動が起こると、クラスメイトは彼を馬鹿にして笑い、積極的に彼を避けた。ある日、彼は堂々とした態度で教室に歩み入り、立った状態でまったく訳のわからない言葉を話し始めた。学校の管理職たちはラルフの両親に連絡し、両親はすぐに彼を迎えに来た。ラルフは両親を見るとしかめ面をして、指の間に髪の毛をはさんでクルクルと巻きつけだした。彼は、精神科クリニックに連れて行かれることについて何も言わなかった。（APA, DSM－Ⅲ Training Guide, 1981を改変）

前述した異常性の7つの基準に照らし合わせると、ラルフは異常であると言えるだろうか？ この短い記述では、彼の問題を十分に表現できてはいないが、それでもラルフが何らかの心理的異常を患っていると確信できる。ラルフの例は、異常であることが明確な事例であると言えよう。そこで、異常性の7要素に戻り、ラルフの行為がこれらの要素にどの程度当てはまるかを検証してみよう。

- **苦痛を感じていること** ラルフが苦痛を感じていたか、あるいは感じていたのであればどの程度感じていたのかに関する情報はまったくない。家族からの彼の引きこもりは、主観的な苦痛を示しているとも考えられるが、そうではない可能性もある。
- **不適応的であること** ラルフの行動は非常に非機能的である。周囲からの否定的な注目を集める必要はなく、さらに明らかに、学校で要求されていることに応えることができていない。このような行動は、彼自身のニーズにも社会的ニーズにも役立つものではない。
- **非合理的であること** ラルフの行動は周囲で見ているものにとって理解不能であり、彼の言語表現が非合理的であるという点には、疑う余地がない。
- **予測不能で制御不能であること** ラルフに関する記述の中には、彼が制御不能であることに対するエビデンスはないが、おそらくラルフの両親にとって彼の行動は予測不可能なものであっただろう。彼の学校の仲間たちにとってもまた、まったく予測できないことであったと思われる。
- **稀であり一般的ではないこと** ラルフの行動はまったく一般的なものではない。彼の引きこもりは人目を引くほど顕著なものになり、彼の授業中の話によって、彼は望ましくない注目の的になっている。
- **周囲を不快にすること** ラルフに関する記述からは、彼の行動によって、周囲で見ているすべてのものが不快になっているかどうかは不明瞭である。しかし、学校の仲間たちは不快感を抱いているためにラルフを避けていると推測できよう。
- **規範に反すること** ラルフの行動が倫理的規範を大きく逸脱しているかどうかに関するエビデンスはないが、理想としての基準からはかけ離れている。

主に、ラルフの行動は不適応的で非合理的である。これら2つの要素に当てはまることから、大部分の人々が彼の行動を異常であると判断している。これに加えて、いくつかのエビデンスから、彼の行動は予測不能で、一般的ではなく、周囲を不快にし、理想としての基準に反していることが示唆される。これらの要素にも当てはまる可能性があることは、彼の行動が異常だという判断をさらに強めている。

ラルフの異常性の源は何であろうか？ 彼の行動は異常であり、彼の思考もまた異常である。そして、これらの行動や思考における問題が非常に長期間継続し

ていること、また非常に多くの異なった状況において起こっていることから、多くの者はラルフを異常であると見なすであろう。このような考え方は一般的なものである。すなわち、われわれは通常、ある個人の行為や思考からその人自身を一般化して捉えるのである。この言語的な慣習には大きな欠点がある。すなわち、われわれは、ある特定の行動や思考のパターンが実際よりも安定的に、さまざまな状況で生起しているという誤った確信を抱きやすいのである。ラルフが苦痛を感じるような問題を抱えていることは、十分に悲劇的なことである。しかし、これに加えてかなり悲劇的なことに、現実には彼の異常な行動や思考が起こる状況や時間は限定されているにもかかわらず、その事実以上に、ラルフ自身の人格は傷つけられていると推測できる。

異常性を定義づけることの危険性

異常性に対する家族的類似アプローチの主な利点は、その用語の現実的な使い方が記述されていることである。息子が自分の父親に似る理由は1つではないのと同様に、行動の異常性が似る理由も1つではないというのが事実である。これまでに述べてきたことによれば、すべての異常な行為は当然、苦痛を伴ったり、強烈であったり、あるいは周囲を不快にするはずだという考えは単純な誤りである。たとえば、非常に抑うつ的な人、孤独を恐れる人、あるいは大食いをしてから嘔吐する人の行動に関連する要素は1つではない。それでもなお、われわれはこれらの人々を異常だと見なす。なぜなら、彼らの行動は、われわれが異常だと見なしてきた家族的特徴だからである。

しかし、異常性に対する家族的類似アプローチには、いくつかの危険性が存在している。これらの危険性はすべて、家族的類似によるアプローチが実際の慣習を記述する"記述的"アプローチであり、その用語のあるべき使い方を指示するような"規範的"アプローチではないという事実から発生している。これらの中の3つの危険性、すなわち社会的誤り、周囲の間における不一致、および当事者と周囲との不一致について見てみよう。

社会が誤る可能性

気温の判断とは異なり、異常性の判断は社会的なものである。異常性のいくつかの要素をもう一度見てみよう。周囲を不快にすること、不適応的であること、一般的でないこと、あるいは規範に反することであり、これらはすべて社会的な判断を必要とする。社会的判断は時代によって変化するものであり、さらに悪いことに乱用されやすい。異常かどうかの判断は非常に社会的なものであるため、社会的乱用の影響をより

「電気椅子」はギヨーム・プジョール（Guillaume Pujolle）によって描かれた多くの絵画の1つである。プジョールは長期にわたる被害妄想的な躁病と診断され、妄想と高興奮状態のエピソードを伴っていた。しかし、この絵から明確な異常性は見てとれないし、彼の診断に関する観察者の意見は一致しなかったかもしれない。（Guillaume Pujolle, La Chaise Electrique; The Art Brut Collection, Lausanneの許可による）

強く受けやすい。

ある社会において不愉快だと見なされる行動様式は、どれも容易に、また誤って異常であると見なされる可能性がある。非常に貧しい人はわれわれとは非常に異なる様子に見えるし、信仰深い人の価値観は特有のものに感じられるかもしれない。これらの人々は自分自身の世界に邁進し、それ以外の周囲の者に不快感を生じさせる。同様に、周囲から望ましいものとされている規範に反するものは、異常者と呼ばれるリスクを背負っているのである。

周囲の間における不一致

異常性に対する家族的類似アプローチは、ある行動を異常だと見なすかどうかに関して、必然的に何らかの不一致をひき起こす。ある行動にどのような異常性の要素が認められるかについて、2人の観察者の意見が一致しない可能性がある。さらに、十分な要素が認められるかどうか、あるいは、それらの要素が明らかに異常だと判断できるほど強烈であるかどうかに関して、意見の不一致が見られる可能性もある。これが前述したカーラの行動を異常だと思う者と、そうは思わない者とがいる理由である。

これは、ある行動や人物が特定のカテゴリーに当てはまるかどうかについて万人の意見が一致するほどには、異常性の要素は正確ではなく、定量化できるものではないという考えに基づいている。しかし、家族的類似によるアプローチは、このような考えに対しても意見の不一致をひき起こしている。判断の対象となる行動が劇的であればあるほど、また長く続いていればいるほど、周囲で見ている者の意見は一致する。観察

者の意見の不一致は深刻な問題である。第2章では、できるだけ明確に、異常性の各要素に関連する行動を呈示することによって、ある程度はこの観察者間の不一致という問題を解決している。

周囲と当事者との不一致

ある行動や人物を異常だと判断すべきかどうかについては、その判断を誰がしているのか、すなわちその行動をしている当人（当事者と呼ぶ）か、あるいはその行動を見ている人々がしているのかによって、意見が異なる場合があるだろう。一般的に、以下の3つの理由から、当事者が自分自身の行動を異常だと判断する傾向は少ないと思われる。第1に、彼らは周囲で見ている者よりも多くの情報をもっている。周囲にとって予測不可能であったり一般的でないことは、当事者にとっては非常に予測可能で一般的なことだと感じられるであろう。また、われわれが示したように、周囲が不快感を抱くことも当事者にとっては不快ではないだろう。第2に、心理的苦痛のある人が、いつでも苦痛を感じているというわけではない。苦痛を感じ、やがては回復する。そのため、ある時は"狂った状態"になるかもしれないが、他のときは狂っていない。当事者は、自分自身の状態の変化を認識できる特有の立場にある。しかしながら、周囲で見ているものは、しばしば表に表れていない心理状態が当然継続しているものと考えている。第3に、一般的に人は、周囲が見ている以上に好ましく自分自身を見る傾向にある。その結果、周囲の者に比べて当事者は、自分と自分の行動をより好ましく、そしてそれゆえ、より正常に捉える傾向にあるだろう。

このようなことから、異常性に対する家族的類似アプローチは完璧なものではないと言えよう。それには、他のもの以上に悪い落とし穴があるのだ。われわれは、これがその1例ではなく、異常性がより客観的に判断されていたことを望んでいる。いずれは、異常性はかなり客観的にアセスメントされるようになるだろう。しかし、われわれの現在の望みはこの点にあるのである。われわれは、現在の異常性の判断方法を支持していないし、"異常性"という用語がどのように用いられるべきかについても規定していない。むしろ、われわれは単に、実際に素人と専門家の両者が用いているように"異常性"という用語を記述し、このような記述が診断と治療のいずれにとっても助けになるだろうという希望を抱いているのである。

自己診断の危険性

自分が正常だということに対して、ほとんどの者が秘かな疑いをもったことがあるだろう。"私が抱いている授業で話すことに対する恐れは過剰ではないか？""他の人々は、自分の両親が暴力的な事故で死んでしまうのではないかと想像することはないのだろうか？""なぜ、私はいつもこんなに沈んでいるのだろう？" 多くの学生がこのような感覚をもちながら、大学のカウンセリングセンターを訪れる。

異常心理学コースでさまざまな種類の精神疾患に関する話を聞いたり、資料を読んだりすると、何人かの学生は、"実習生症候群"と呼ばれる現象を自分自身に見出すかもしれない。何年も前の初期トレーニングのコースでは、ある未熟な医学生が、自分が学んだほとんどすべての疾患の症状が自分自身に見られると報告した。

> ある日、私には花粉症のような症状があったため、おそらく自分は花粉症なのだろうと考えた。そして、このたいしたことのない病気の治療について徹底的に勉強しようと考え、英国博物館に行ったことを覚えている。私は集中して本を読み、読もうと思っていた本をすべて読んだ。そして、何も考えずにぼうっとしながら適当にページをめくり、何となくさまざまな疾患に関する記述を読み始めた。私はそもそもの自分の症状のことを忘れ、今だからわかることではあるが、恐ろしく痛烈な災難へと突き進んでいった。そして、ある病気の"兆候"の一覧表をざっと半分も見ないうちに、自分がまさしくその疾患に罹っていると確信した。
>
> 私はしばらくの間、座ったまま恐怖で凍りついた。そして、失望でぐったりしながら、再び本のページをめくった。腸チフス熱のページになり、その症状を読んで、自分が腸チフス熱であることを発見した。気づいていなかったが、何ヵ月も前からこの病気であったに違いない。他にはないかと探して驚いた。小舞踏病のページをめくると、予想どおり、私にはその症状が見られた。私は自分という事例に興味をもち始め、本に書かれている病気についてアルファベット順に上から下まで見ていこうと決めた。一番上のマラリア熱（ague）を見てみると、私が感じている吐き気はマラリア熱によるものであり、約2週間後には病状が深刻なステージになることがわかった。Bright病については部分的にのみ当てはまり、これについて言えば、私は数年間しか生きられないかもしれない。コレラにも罹っており、深刻な余病を伴っていた。そして、生まれたときからずっとジフテリアであったようだ。細心の注意を払って26ページ分をゆっくり検討したところ、自分が罹患していないと結論づけられる病気は膝蓋滑液嚢炎（女中ひざ：housemaid's knee）だけであった。
>
> それはとるに足らないことのように感じられたが、この病気でないとわかったとき、むしろ私は傷ついた感じをもった。なぜ、私は膝蓋滑液嚢炎ではないのだ

ろう？　なぜ、膝蓋滑液嚢炎ではないというしゃくにさわる状態なのだろう？　しかし、しばらくして、最初は弱かった別の考えが勝った。すなわち、自分は薬理学において知られている膝蓋滑液嚢炎以外のすべての病気に罹患していると考えたのだ。すると、自分本位な気持ちは小さくなり、膝蓋滑液嚢炎を除外して検討を続けようと決意した。痛風は気づかないうちに私を襲っており、最も深刻なステージの症状が現れていた。そして、私は明らかに少年時代から感染症を患っていた。感染症(zymosis)が本に記載されている最後の病気であり、自分にはこれ以上の問題はないと結論づけた。この読書室に入室したときには、私は幸せで健康な男であったが、退室時には弱々しい病人としてよろよろと出て行った(Jerome, 1880)。

　この記述は、自己診断の危険性を明確にしている。あなたは本書を読んで自分自身に当てはまる症状を見つけ、自分がその疾患であると考えるかもしれない。あらかじめ警告しておくが、これは非常に不愉快な体験であるし、このことに対して著者と読者のいずれもがたいしたことはできない。このような体験の一部は、われわれが人生や生活の中でプライバシーをもつことによって起こってくる。たとえ、秘密というような誰も知り得ないものではなかったとしても、われわれの思考の多くや行為のいくつかは、個人的なものとしてふと浮かんできたり、実行したりするものである。もし、われわれの思考や行為を知ったなら、人は、（おそらく特に）友人でさえも、われわれのことをより低く見るか、感情を害するか、あるいはその両方かもしれない。このように、人は自分しか知り得ない秘密をもっているため、禁じられた思考や行動の独自性が誇張されていくのである。本書で婉曲的に言及された内容や、特定の症候群に関する記述を読むことによって（これらは、われわれが行動する場合とはかなり異なった文脈の中での一般的特徴であるが、われわれはそのことに気づいていない）、われわれにもこのような問題が起こっていると確認できるであろう。

　あなたは、本書を読んで学びを進めていくことによって、苦痛を経験するかもしれない。その苦痛と戦うためには2つの方法がある。第1に、テキストに書かれていることを注意深く読むことである。たとえば、うつ病に関する記述を読んでいるときに、「はい、私は気分が憂うつです。私は以前に比べてよく泣きます」というように、その症状があなた自身に当てはまるかもしれない。しかし、うつ病の症状を自分自身の状態と詳しく照らし合わせてみれば、うつ病の診断を否定する特徴、すなわちあなたには自殺念慮がなく、性行為やスポーツへの関心は失われておらず、将来への楽観的な考えがあるということがわかるだろう。

　第2に、友人と話すことである。時には、単に「○章を読んだときに、その内容が自分のことについて書かれているように感じられたんだけど、君はこれまでに同じような感じをもったことがあるかい？」と尋ねるだけで、「大丈夫だよ」という声が一斉にあがり、すべてのことに対して安心感が得られるだろう。

まとめ

　ある行動が異常であるという点ついて、周囲の意見が一致したときでさえ、その行動の原因は何か、あるいはその行動を変容できる要因は何かという点に関しては、必ずしも意見が一致するわけではない。原因や治療に関する理論は、時代や文化によって変化している。われわれ21世紀の米国民の大部分は、何が必要であるかが特定されれば、あらゆる方法で改善することが可能であり、また自分自身を変えるために働きかけることができると信じている。これには、われわれが異常行動を変容することができるという信念も含まれている。しかし実際には、自分自身で変容できるものもあるし、できないもの、あるいは変容できるが非常に困難なものがある。われわれは、自己改善や人間の柔軟性に関する中心的な問いに再び取り組み、答えを出す必要がある。すなわち、以下のような問いである。「自分自身の何を変えることができるのか？」「自分自身の何を変えることができないのか？」「われわれは自身の生物学的影響を乗り越えられるのか？」それとも「それは変えることのできない運命なのか？」

　現在では、変容に関して非常に多くのことがわかっている。この知識の多くは専門書にのみ示されており、しばしば既得の商業的、治療的、文化的な関心によって混乱させられている。行動主義者はかつて、知性、性行動、気分、男らしさや女らしさといったすべての変数が変容可能であると述べていた。精神分析学者はいまだに、十分な自己洞察によって、すべての葛藤を"取り除く"ことができると主張している。フェミニスト運動のような"文化的構成"運動、および自助事業は、彼らの意見に賛同した。これに対して、多くの薬物団体、遺伝子地図にかかわっている人々、あるいは生物学的精神科医は、われわれの特徴は固定化されたものであり、遺伝子や身体における化学的物質によって完全に支配されていると信じている。

　「すべてを変容できる」という見解、「何も変容することはできない」という見解のいずれも、観念的に駆り立てられた陳述である。事実、心理学的問題の中には療法や薬物によって容易に変容するものもあるし、かなり変容困難なものもある。さらに、生物学的要因と心理学的要因は互いに影響を及ぼす、すなわち相互に作用し合っている。われわれは心理学的構造を変容

できるのと同様に、ある程度は、生物学的構造を変容することができる。しかし重要な点は、精神を身体から切り離すことはできないこと、両者は互いに影響を及ぼし合っていることを忘れないことである。発達もまた、遺伝子、脳組織、思考、および情動と同様に、生物学的要因および異常性に対する脆弱性に影響を及ぼす。精神疾患を規定する生物学的要因と心理学的要因を組み合わせて考えることは、必然的に、特定の個人における特定の状況への作用という点を考慮して治療法を選択することを意味している。規定因と治療の方向に関する解明は、科学者と実践者が互いを見つめて協働する必要性を意味している。

米国公衆衛生総局は、米国民の5人に1人が毎年精神疾患にかかっていると報告している。しかし、困惑や、自分は変わることができないという強い考え、精神疾患であることを理由とした差別に対する恐怖、金銭的損失、あるいは、治療を受ける場が近くにないことを理由として、彼らのほとんどが自分の疾患に対する治療を求めない。米国公衆衛生総局は、全米国民のメンタルヘルスを保証するためには、脳および行動に関する研究の継続、メンタルヘルスにかかわる問題に対する差別の軽減、および効果的な治療に関する社会的教育が必要であると確信している。さらに、メンタルヘルスの十分なサービスと提供者、および必要とするすべての人が利用可能な最新で提供可能な治療の必要性が強調されている。また、年齢、性別、人種、あるいは文化に基づいて、個人に応じた治療を組み立てることの重要性についても強調している。これは、人道的で、遠大で、費用のかかる課題ではあるが、遂行する価値が十分にあるものである。

さまざまなアプローチ、アセスメント、あるいは疾患について学ぶと、あなたは自分自身、両親、子ども、あるいは職場や学校で接する人々についての理解が深まるかもしれない。そのため、あなたが学んだ事実や治療法はあなたに影響を及ぼすかもしれないが、本書で取り上げられている事例対象者には影響しないであろう。しかし、非常に多くのことが現在わかっているものの、さらに多くの解明を要する事柄があるということを忘れてはならない。

われわれは、単一の分析レベルや学派によって精神疾患の理解と治療がなされることはないと確信している。たとえば、精神分析学に傾倒した研究者は、成人期の精神病理には幼少期の心的外傷が最も強く影響していると信じている。彼は、患者の生育歴に関する研究に何年間も費やすことはできるが、患者の躁うつ病を軽減することはけっしてできないだろう。そして結局は、躁うつ病は生物学的崩壊によって起こり、薬物によって効果的に軽減することを知るのだ。彼は、特定のモデルに対して厳格に固執したため、この場合の躁うつ病における神経科学的説明のような他の可能性

が見えなくなっているのである。異常性に関するある特定のモデルに盲目的に従うこと自体に、危険性が備わっているのである。むしろ、異常性の解明につながる心理学的要因と生物学的要因の両方を見つけるべきである。その結果は、単なる両者の足し算以上のものであるということを認識する必要がある。むしろ、生物学と心理学は相互に影響を及ぼし合っているのだ。21世紀に異常心理学を学ぶ人々の希望であり、願いであるのは、心理学的予測と生物学的予測とを統合する方法、あるいは効果的な治療法をどのように用いたり、効果的である可能性のある他の治療法をどのようにして見出すのかという点について明らかにすることである。

要　約

1. 本書の第1のテーマは、異常性の分析における2つの主要なレベル、すなわち生物学的レベルと心理学的レベルに関するものである。**生物学的レベル**は神経科学における技術と発見、また**心理学的レベル**は精神生活と行動における科学にそれぞれ基づいている。最終的には、規定因と治療は、生物学的な事象が心理学的な事象をコントロールしているとする**ボトム・アップ型**であると同時に、心理学的な事象が生物学的な事象をコントロールしているという**トップ・ダウン型**でもあることが明らかになった。

2. 第2のテーマは、**科学と実践**である。実践者は、診断と治療の直接的な問題に直面している。実践は特定の個人にかかわり、その事例のこれまでの生活史に基づいて行われる。科学は、基盤となる原因や新しい治療法の発見にかかわり、実験、疫学、および効果研究(outcome study)に基づいて行われる。

3. 第3のテーマは**発達**である。人生のステージが異なると罹患する疾患もまったく異なるというように、精神疾患は人生の時期によって変わっていく。発達精神病理学の領域では、人生の中で何が変化して何が変化しないのか、あるいは、年齢や異なった環境への直面によって、遺伝子や遺伝子発現がどのように変遷するのかについて研究されている。

4. このテキストの第4のテーマは、それぞれの疾患における**精選された治療法**の評価である。パニック障害のように、いくつかの疾患では、心理学的な手法が精選された治療法であることが明らかにされた。また他の疾患では、たとえば勃起不全のように、薬物療法が精選された治療法であることが明らかにされた。**実験室で行われる効能研究と現**

場で行われる**有効性研究**の両方向から、洗練された多様な**効果研究**（outcome studies）を行うことで、どの治療法が最も効果的に作用するかが客観的に評価されるのである。

5. どのような状態が異常と見なされるかは、時代と場所によって決まる。**精霊信仰**の見られる時代では、異常性は超自然現象として見なされる傾向にあった。有史以前の人々は、異常性は**精霊信仰**に起因するもの、あるいは頭の中に閉じ込められた霊魂の仕業だと考え、霊魂を外に出すために頭蓋骨を削って**穴を開けた**。

6. ギリシャ人とローマ人の何人かは、異常性は**身体的要因**によって規定されていると考えた。たとえば、彼らは、ヒステリーは子宮の浮遊、すなわち子宮が元来あった場所から移動したために生じる不快感が原因であると考えた。そして、子宮を元あった場所に戻すことによって、ヒステリーの治療を行った。Galen はこれについて検討し、ヒステリーは性的器官の機能不全によるものだと主張した。さらに、Galen は異常性の規定因としての心理学的要因について重要な洞察を行うことで貢献した。

7. 18世紀中ごろには一般的に、精神疾患は**心理学的要因**に基づくものであり、心理学的手法によって治療可能であると認識されていた。Mesmer は、動物磁気の分布を元の状態に戻すためのクリーズを誘発しようとした。Charcot は、ヒステリー性痙攣と器質的原因による痙攣症状とを区別した後、精神疾患の治療を**催眠**によって行った。Breuer と Freud はいずれも、ヒステリー患者の**カタルシス**を誘発するために催眠を用いた。

8. 正常と異常について定義することは、困難で時間のかかることである。なぜなら、異常性の全事例に共通している単一の要素は存在しないし、異常と正常を区別する単一の特徴もまた存在しないからである。

9. 個人あるいは行為が異常であるかどうかを判断するための7つの特徴・要素がある。すなわち、**苦痛を感じていること**、**不適応的であること**、**非合理的であること**、**予測不能で制御不能であること**、**稀で一般的ではないこと**、**周囲を不快にすること**、および**規範に反すること**である。該当する要素が多ければ多いほど、またそれぞれの要素が顕著であればあるほど、その人物あるいは行為を異常だと判断することが多いだろう。

10. 家族成員について理解するのと同じ方法で、異常性は理解されている。なぜなら、家族成員同士は家族的類似性を共有しており、偶然に生じる以上の多くの共通要素をもっているからである。

11. 異常性の判断は社会的判断であるため、誰が異常であるか、あるいはどのような思考や行為が異常だと見なされるかについて、意見の不一致が生じる場合がある。異常者かどうかの社会における判断は誤りである場合があるのだ。同様に、周囲で見ているものや診断する資格をもつものでさえもが判断を誤ることもある。しかし、意見が完全に一致しないからといって、異常性の判断がいつもあるいは頻繁に論議されていると捉えるべきではない。

12. 1つの分析レベルや一学派の思想に固執していると、異常性の規定因と治療法に関する十分な理解はなされないだろう。むしろ、異常心理学領域の未来を握っているのは、生物学と心理学の相互作用であると確信している。

2 アセスメント、診断、研究法

本章の概要

アセスメント 33
　身体的検査 33
　臨床的面接 34
　観察 35
　心理検査 39
診　断 50
　診断をする理由 51
　アセスメントと診断の評価 52
　精神疾患の診断・統計マニュアル（**DSM**） 53
　精神障害の診断を歪める要因 57
　分類と診断の必要性 59
研究方法 60
　臨床的事例研究 61
　科学的実験 62
　自然場面実験 70
　比較研究 71
　相関研究 72
　疫学的研究 74
まとめ 75
要　約 76

学習の目標

- 人が精神障害に罹患しているかどうかを決定する上で、臨床的面接や観察、心理検査がどのように役立つかを知る。

- 神経心理学的アセスメントや画像診断法の技術的な進歩について学び、それが異常行動に関係する脳の異常を評価する上でどのように役立つかを理解する。

- 診断における分類的アプローチと次元的アプローチの違いやDSM-IVで障害がどのように分類されているかを理解する。

- 診断の信頼性や妥当性に影響を及ぼす要因を知り、診断を歪める条件を学ぶ。

- 臨床的事例研究の意義と限界について学ぶ。

- 実験的方法(動物を用いた実験モデルや人間を対象とした実験的研究を含む)や、それがどのように精神障害の原因究明に用いられているかを学ぶ。

- 自然的実験や比較研究、相関研究、疫学的研究のような異常性を検討するために行われるさまざまな非実験的方法の意義について学ぶ。

臨床心理士の目標としていることは、人の症状や問題の特徴や原因をよりよく理解し、診断を下し、治療することである。優秀な探偵のように、心理士は自己報告や観察、心理検査のような情報源を活用して、どこが悪いかを見極めるのである。もし、観察だけに基づいて診断したとすれば、その結論は心理検査のみに基づいたものと異なってしまうかもしれない。心理士が身体全体を診ることができれば、より正確な診断をすることができるだろう。次のケースのように、生活や対人関係を阻害する問題行動や症状がある場合には、診断のプロセスは一般に以下のように行われる。

> ブレントは、最初に心理検査にやってきた時には9歳で、6人の子どもの中で最も年少であった。ブレントの母親は、彼には問題行動の「長い歴史」があると言い、どのように対応したらよいかわからないということであった。母親は、ブレントはいつも動き回り、母親の指示を無視しているように思えると言った。ブレントは学校の成績がほとんどの教科で芳しくなく、教師は何らかの障害があると考えていた。標準学力テストの点数は、学年の水準よりはるかに低かった。校長は、ブレントを特殊な学校に移すことを考えていた。
>
> ブレントの家族は郊外のトレーラーハウスに住んでおり、両親は製紙会社にパートタイムとして働いていたが、非常に貧しかった。両親は8年の教育しか受けておらず、精神保健の専門家に相談もしていなかった。それにもかかわらず、両親は息子を大事にしており、そのような問題を示す理由を知りたがった。まず、子ども担当の心理士がブレントの面接を行った。同じ心理士が学校を訪問し、教室でのブレントの様子を観察した。また、担任教師に行動評定用紙に記入するよう依頼した。さらにアセスメント・チームのメンバーが、知能検査を含む包括的な心理検査バッテリーを実施した。
>
> 面接の最初の5分で、ブレントの言語スキルが非常に劣っていることがわかった。彼の発音は舌足らずで、短い言葉でしか話せなかった。また、ブレントはとても落ち着きがなく、不安そうに見えた。このような観察に基づいて、心理士は暫定的にブレントには認知障害があるという結論を出した。しかし、心理検査の結果からは異なる様相が示された。言語能力を含まない検査では、ブレントの得点はおおむね平均よりも高かった。実際に、空間記憶の検査では16歳の水準という優秀な得点であった。対照的に、語彙検査では6歳の水準であった。
>
> 学校での観察と教師の報告はかなり一致していた。ブレントは教室でじっと座っていることができなかった。また、注意を集中することが難しいようであった。ブレントは、たまに不適切な時に言葉を発し、ま

た動き回ることによって他の子どもの集中を妨げていた。さらに、彼は外見でも目立っていた。他の子どもたちのほとんどは市街地から通っており、中流の家庭であった。そのような子どもたちは身だしなみがよく、洗練されていた。ブレントは、郊外のトレーラーハウスから通う数少ない子どものひとりであった。彼の服はあまり似合っておらず、身だしなみも悪かった。彼の家にはテレビがないため、他の子どもたちに人気のある「子どもの文化」にはほとんど触れることがなかった。教師と他のほとんどの子どもは、教室にブレントがいることを好ましく思っていなかった。しかし、ブレントには友達がいた。実際に、彼はトレーラーハウスからバスに乗る小学生の子どもたちグループのリーダーであった。これらの結果を総合して、精神保健チームは、ブレントは明らかな発達遅滞があるわけではなく、環境的な影響によって言語スキルの発達に重大な遅れがあるものと結論づけた。さらに、ブレントには注意と多動の問題が見られた。チームの結論は、注意欠如・多動性障害および言語的な発達の遅滞という診断であった。この診断によって、ブレントは普通学校の中で特別な教育を受けることが望ましいと判断された。子ども担当の心理士は、ブレントが教室で自分の行動をコントロールできるようになることを目的とした介入を含む治療計画を考案した。投薬は将来的に考慮すべき問題であるとした。

教師と心理士がブレントをアセスメントしたように、われわれ一般の人間も他者の心理的特徴を日常の様子に基づいてアセスメントし、判断をしている。われわれのアセスメントは診断や治療に直結するものではないが、他者との関わり合いにとって大きな意味をもつ。毎日の生活において、われわれは家族や友人、同僚、クラスメイトなどさまざまな人々と関わり合う。人々と円滑に関わり合うためには、他者の感情や態度をアセスメントしなければならない。たとえば、もしレストランでウエイトレスが無表情で挨拶もろくにせずに給仕していたら、われわれは彼女が今不機嫌であるか、あるいは単に非社交的な人であると推測するであろう。そして、彼女にメニューについて尋ねたり、他のサービスを求めようという気にはならないであろう。彼女に対するアセスメントはわれわれに何らかの結論をもたらすものであり、われわれはその結論に従って行動するのである。われわれは彼女に、気前よくチップを渡す気にはならないであろう。

もちろん、われわれは他者との関わり合いの中できわめて多くの経験をしているため、毎日のアセスメントは自動的なものになっている。そのようなアセスメントは体系的なものでも客観的なものでもなく、直感に基づくものである。また、時には無意識的なものである。われわれが自分自身に正直であるなら、われわれの他者に対する評価は必ずしも正しくはないということを認めなければならない。ある人を最初は内気で引っ込み思案であるとアセスメントしたとしても、あとでその人が社交的な人であることがわかったりする。われわれの直感はある人が信頼できない人であるということを教えてくれるが、あとでその人が非常に誠実な人であることがわかったりする。多くの場合、そのような誤りは他者にもわれわれ自身にも、それほど大きな衝撃をもたらすものではない。よくも悪くも、他者に対する印象は変化し、われわれはそれに従って行動しているのである。

しかしながら、心理士や他の精神保健の従事者が誰かの評価をするよう求められる場合には、アセスメントの正確さが重要である。単なる印象や直感では十分ではない。心理学的な評価やアセスメントの結果は、診断を受けるべきかどうか、入院すべきかどうか、情動状態を変えるために薬を処方すべきかどうかを決める可能性があるものなのである。さらにアセスメントの結果は、ある人が他者を傷つける可能性があるかどうか、意志に反して精神病院に入院させるかどうか、あるいは他者に対する脅威がないので社会復帰させるかどうか、ということさえ決めることになるのである。その利害は非常に大きいために、心理アセスメントの手続きはできる限り体系的で、客観的でなければならない。もちろん、よい臨床家は自分自身の個人的なバイアスが結論に影響を及ぼすことを知っている。しかし、臨床家はそのようなバイアスの影響を最小限にしようと努力しているのである。

同様に、臨床の研究者は正確な情報を追求している。研究者は、精神障害の原因や最もよい治療法についての知識を得たいと願っている。治療を受ける人も、研究結果に対する信頼感をもちたいと願っている。皆、研究は注意深く行われ、合理的な決定を下す上で有益な情報をもたらすものと信じたいのである。それを保証するために、研究者も臨床家も体系的なアプローチを用いて、バイアスを最小限にしようとしている。体系的なアプローチは心理アセスメントの優劣を決めるものであり、科学的方法の基本である。このように、科学的な方法は臨床家にも研究者にも一定の枠組みを提供するものなのである。

本章では、最近の心理アセスメント、診断、および研究の方法論について述べる。まず、精神的な機能を理解するために有用な心理アセスメントの技術を解説する。また、精神疾患の主要な診断システムとして「精神疾患の診断・統計マニュアル（DSM）」がある。これは、精神障害があるかどうか、どのような障害であるかを診断するのに用いるものである。DSM-IVは、クライエントの類似性に基づいたいくつかの分類によって構成されている。どのような診断カテゴリーが、心理的障害を理解し治療するのに最も有用である

第2章 アセスメント、診断、研究法

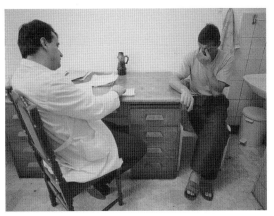

心理士が心理学的評価をする場合、患者の言葉や態度、姿勢、声のトーン、アイコンタクトの頻度などを記録する。これはかつて最前線にいた兵士が、ボスニアのトゥツラにある精神病院のセラピストに、戦争に関する悪夢について話しながら泣いている様子である。
(AP/Wide World Photos, Ruth Fremson)

か、診断カテゴリーが有用であり信頼できるものであるかを評価するにはどのようにすればよいか、ということについて考える必要がある。最後に、精神障害の原因や最もよい治療法について手がかりを提供するさまざまな科学的研究方法について検討する。そのような研究方法は臨床心理学の基礎であり、われわれの生活や生き方を変えるための多くの知見を提供するものである。

心理アセスメントについて考察する前に、心理アセスメントの利点と問題点について述べておく必要がある。臨床の科学者として、われわれは客観的でしかも批判的なアプローチをとるよう訓練されている。しかしながら、ある部分では心理アセスメントには問題点があることを知っておくことが重要である。われわれは皆、身体的疾患や検診のために医者にかかったことがあり、ウイルスや細菌への感染、食中毒、あるいはアレルギーという診断を聞かされる。しかし、そのような身体的疾患の診断は必ずしも正確なものではない。精神障害の診断もそれと同じである。このように、心理アセスメントの限界を知ることは重要であるが、一方でその利点を見失わないようにすべきである。

アセスメント

心理アセスメントとは、人の精神機能や精神的健康状態を評価することである。心理士は、さまざまな方法を通して人を理解しようとする。心理士は、人と話をし、心理検査を実施し、現実の生活場面における行動を観察する。このような方法は、心理士がクライエントをより深く理解するために用いられるツールである。そのような理解は診断につながるが、さらにより多くのものをもたらしてくれる。アセスメントは、人の個性を理解したり、人の独創性を発揮させたりすることにもつながる。また、人がなぜ困難な問題を抱えてしまうのか、そしてその問題をどのように解決すればよいのか、ということについての糸口を与えてくれる。

人について意味ある情報を得るためのアセスメントツールは、2つの特徴をもっていなければならない。第1に**信頼性**が高いこと、すなわち繰り返し使用しても同じ結果が得られることである。ゴムでできている物差しを想像してみよう。そのような物差しは伸び縮みするので、何かを測定するといつも異なる結果になってしまう。そのようなものは信頼性がないと言い、同じ測定値を得るためにそのようなものに頼ることはできない。心理検査の主要な基準の1つは信頼性であり、いつ測定しても同じ結果が得られることである。

第2に、アセスメントツールは**妥当性**がなければならない。妥当性とは、測定しようと意図したものが正しく測定されていなければならないということである。高精度のデジタルサーモメーターでさえ、部屋の大きさを測定するのには役立たない。心理検査はある目的には役立つが、他の目的にはまったく妥当性がないものである。注意の問題を測定しようとする検査が、感情の個人差によって大きく変動してしまうものであれば、それは妥当性のない検査ということになる。

心理アセスメントの技法は、大きく3つに分類できる。面接と観察、そして検査である。3つすべてから得られた知見を考慮に入れれば、臨床家は人の心理的機能についてより豊富で正確な知識を得ることができる。さまざまなアセスメントのアプローチについて論じた後で、もう一度本章で信頼性と妥当性の問題について触れることにする。

人が心理的な問題について助けを求めてきた場合、身体的な健康状態についても考える必要がある。それは、身体的疾患が心理的機能にも影響することが多いからである。したがって、特殊な身体的状態が精神の健康に悪影響を及ぼしていないかどうかを見極めるために、身体的検査が行われることがある。身体的検査の結果と心理アセスメントの結果とが組み合わされれば、臨床家はクライエントの健康状態についてより幅広い知識を得ることができる。各アプローチはクライエントの問題を理解する上でとくに優れた点をもっており、非常に役立つ情報を提供する。

身体的検査

ストレスや抑うつ感を感じている人が、かかりつけの病院に行ってその症状を訴えることは不自然なこと

ではない。人は、かかりつけの病院で背中の痛みや動悸、不眠、食欲不振の話をする。検査の後で、医者はその症状は身体的な原因によるものではないという結論を出すかもしれない。医者はその原因が心理的な問題、おそらく過度のストレスによるものと疑いをもてば、心理士や精神科医にかかるよう勧めるであろう。このような場合には、身体的症状は心理的問題の結果として生じた**二次的**なものである。

因果関係が逆の場合もある。すなわち、心理的問題が身体的問題によってひき起こされている場合である。たとえば、不安や抑うつの症状は、不整脈や貧血、甲状腺ホルモンの不足、性ホルモンレベルの異常などが原因かもしれない。精神症状は、てんかんや脳腫瘍、毒物中毒、頭を打ったことによる脳の外傷などの患者においても見られる。心臓病などの身体的疾患の治療のために用いられる薬も心理的な影響をもたらす。さらに、アルコールや薬物依存も感情や思考の障害をひき起こす。このような場合には、精神症状を軽減するためには、身体的状態を見極め、治療することが重要である。

心理士や精神科医がクライエントに最初に面接する場合には、その人の病歴について尋ねるであろう。その人が最近身体的検査を受けていなければ、心理士は身体的検査を受けるよう勧める。症状が身体的疾患に関連していると考えられる場合には、これは正しい処置である。たとえば、クライエントがめまいや体重減少を伴う重い抑うつ感を報告したら、甲状腺障害が疑われる。

とくにいくつかの身体的検査は、精神症状のアセスメントに有用である。血中のホルモンレベルを測定する検査は、そのレベルが高くても低くても、感情や行動に影響を及ぼすことがある。脳波は、患者の頭に電極をつけて脳の電気活動を測定するものである。研究者は、脳波を見て、それが正常か異常かを区別することができる。脳波は、てんかんの指標となる異常な脳の電気活動が生じているかどうかについて、重要な情報を提供してくれる。神経学的な検査は、神経系のダメージによる運動機能や感覚器官の異常を判定してくれる。

しっかりとした身体的検査をしても、とくに医学的な問題が認められなければ、くわしい心理的アセスメントをすることになる。その第1段階は、クライエントの過去の経験や現在の症状について尋ねることである。そのためには、臨床家に面接者としてのスキルが求められる。

臨床的面接

臨床的面接は、最も一般的に用いられるアセスメント法である。人と話をすることによって、その人を幅広い観点から理解する方法として、臨床心理士や精神科医、他の精神保健の専門家によく用いられる。しかし、よい面接をするためには、スキルと経験が必要とされる。面接に長けた臨床家は、クライエントの言うことだけでなく、どのように言っているか(言い方や声のトーン、身振り、アイコンタクトの頻度など)からも情報を得ることができる(Beutler, 1996; Hersen & Turner, 1994; Nowicki & Duke, 1994)。当然のことながら、このような情報を得るためには、クライエントと面接者との間にラポールが形成されていなければならない。面接者は、クライエントが自罰的で、将来について自虐的な決定をするようなことを言ったとしても、それが本当であるかはわからないと考える。最も多く情報を得ることができる面接であるためには、クライエントが面接者を非脅威的で、支持的で、自己開示を促してくれる者と見なしてくれることが必要である(Jourard, 1974)。

非構造化面接

臨床的面接の構造はさまざまであり、まったく非構造的なやりとりをすることもある。このアプローチは体系的ではない。その代わり、臨床家はクライエントが選んだ関心事について話をさせ、クライエントが言ったことに基づく話題を掘り下げる。このアプローチがクライエントについての情報を共有するために用いられる場合には、臨床家の個人的なそして専門家としての経験が、面接結果に大きな役割を果たす。臨床家の過去の経験に基づく直感が、面接のプロセスを導いていく。したがって非構造化面接は非常に柔軟であるが、その柔軟性の「代償を払う」ことになる。非構造的であるがゆえに、同じ面接は2つとない。面接の信頼性と妥当性を低下させるような、相反する情報を引き出してしまうことがある(Fisher, Epstein & Harris, 1967)。

有名な臨床心理学者である Paul Meehl は、非構造的な臨床的面接と診断に関して幅広い指摘をしている(Meehl, 1996)。何年にもわたって、彼は精神障害の診断をする上で、統計的な予測に基づく構造的で客観的な手続きを用いることを強く主張している。また彼は、多くの研究によって、精神障害の予後を予測する上で、「臨床的判断」よりも標準化されたアセスメント技法のほうがはるかに優れていることが示されていることを指摘している。さらに、臨床家によって用いられる非構造化面接の暗示的な技法は、クライエントに不正確なことを言わせるように導いてしまう可能性があると批判している。このことは、1983年から1990年代初めにかけて全国的な注目を集めた、マクマーティン幼稚園のデイケアにおける常習的な幼児虐待のケースに認められる。ロサンゼルス郊外にあるマクマーティン幼稚園の7名の教師が、10年以上にわたって

数百名の子どもに性的虐待をしたとして告発された。証拠として、検察側は数百名の子どもとの面接のビデオテープを提示した。何人かの心理学者がそれらの面接では暗示的で誘導的な質問が含まれていることを批判した。告発された者は誰も有罪にならなかったにもかかわらず、このようなやり方は子どもに虚偽の報告をさせてしまう可能性のある面接技法として注目を集めた。何人かの研究者は、暗示的な質問や社会的影響、強化、子どもを家族から引き離すような技法は、子どもや大人によって誤った証拠が作り上げられてしまう可能性を示唆している（Garven, Wood, Malpass & Shaw, 1998）。非構造化面接によるそのような結果から、Meehl や他の研究者は、臨床的なデータを共有するためにはより構造的な方法を用いることを強調している。

構造化面接

近年、臨床的面接では構造化面接がより多く行われるようになっている。構造化面接では**標準化**（standardized）された質問をする。言い換えれば、心理士はほぼ同じ順序で同じ質問をするのである。このような面接で求められる臨床的判断の労力は大幅に軽くなる。特定の質問に対する回答は自動的に得点化され、結果の処理はコンピューターでも可能である。構造化面接は、非構造化面接において生じる信頼性や妥当性の問題を克服するために、今日の研究において日常的に用いられている（Ventura, Liberman, Green, Shaner & Mintz, 1998）。その大きな理由は2つある。第1に、他の研究者が結果を再現できることである。第2に、研究結果が他の患者にも適用できるかどうかを心理士が知りたいと思っているからである。たとえば、研究者が大うつ病の患者の研究を公にした場合に、研究者が大うつ病の診断のために用いた手続きが明確にされていなければ、その知見は臨床家にとって役に立たないからである。

最も広く用いられている構造化面接の1つは、DSMによる構造化臨床面接（Structured Clinical Interview for DSM : SCID）である（First, Spitzer, Gibbons & Williams, 1995）。SCID を実施するための臨床家向けの訓練マニュアルやビデオテープもある。SCID は、「あなたはどのような仕事をしていますか？」というような現在の生活についての一般的な質問から始まる。次に面接者は、「あなたが抱えている問題について伺いたいと思います。そして、あなたの問題を共有するために記録をとりたいと思います」といった精神保健の問題についての質問をすることをクライエントに知らせる。そして、「あなたの感情についていくつか質問をしたいと思います。ここ数ヵ月間に、ほぼ毎日、ほとんど1日中、気持ちが落ち込んだような気分になることがありますか？」といった特定の症状や症候群についての質問に進む。患者の反応は面接者によって記録され、質問は順序通りに進められる。

子どもに面接する場合には、臨床家は異なる質問をしなければならない。子どもの障害の診断には子ども用診断面接スケジュール（Diagnostic Interview Schedule for Children : DISC）が、現在構造化面接で最もよく用いられているものの1つである。これは、6〜17歳の子どもをアセスメントするために作成された。SCID と比較して、DISC の質問は平易な言葉で異なる問題を扱っている。DISC は子ども（DISC-C）と親（DISC-P）を対象とした面接用の質問で構成されている。その質問は、学校や仲間との関係、家族との関係、地域社会などにおける子どもの関わり方のレベルに焦点が当てられている。DISC を異なる時点で再施行した場合、その結果は安定している。このことは DISC が信頼性の高い症状得点や DSM 診断結果をもたらすことを示唆している（Bellack & Hersen, 1998）。

われわれは、将来、臨床的面接がさらに改善されることを期待している。たとえば、ある研究者は電話でのコミュニケーションを通して面接する可能性について研究している（Ruskin et al., 1998）。これはクライエントのビデオ画像を用いて、他の場所にいる臨床家が診断の手がかりになる非言語的行動を観察する可能性も含んでいる。電話でのコミュニケーションによる面接は精神保健の専門家がいない地域では非常に有用である。他の地域の臨床心理士が日常的に診断のためのアセスメントを行い、その地域の治療に携わる人たちにその結果を伝えることができる。研究者がこのアプローチについて言及している大きな問題の1つは、電話を通した面接では人々が正直に回答してくれないのではないかということである。

観察

臨床心理士は、面接で得られる情報が自分自身の観察と一致しないと感じることがある。たとえば、親は自分の子どものことを「じっと座っていることができずに、いつも動いている」と訴えて、心理学的評価を受けるために子どもを連れてくることがある。しかしその子どもは、相談室では長時間じっと座っていることができたりする。このことをどのように考えたらよいのだろうか。子どもの行動に対する親の言うことと心理士の観察が一致しないのはなぜなのだろうか。そのような不一致の原因の1つは、観察者の知覚のバイアスであり、親の個人的な考え方や経験が子どもに対する見方に影響を及ぼしてしまうのである。もう1つの要因は、状況が変わると行動様式が変わるということである。子どもの活動レベルは家では平均以上であるが、他の状況では平均以下であるかもしれない。ま

た、学校では活動レベルが高いが家では低いこともある。正確な情報を得るための最もよい方法の1つは、異なる状況で行動を直接観察することである。

行動アセスメント

行動アセスメントとは、研究や治療の焦点となる行動や思考を正確に記録することである(Bellack & Hersen, 1998)。研究者や臨床家は、行動がいつ起こるのか、どの程度の頻度で起こるのか、どの程度続くのか(持続時間)、どこで起こることが多いのか、どの程度強いのかを知ろうとしている。子どもの心理的アセスメントでは、行動アセスメントが最も重要である。臨床家は、教室での子どもの行動を観察するために学校を訪問し、身体的攻撃や不注意、チックなどの問題行動の数を記録する。

臨床家は行動観察を構造化することもある。たとえば、クライエントが多くの人の前で話をする時に緊張すると訴えたとする。臨床家がクライエントがどのくらい緊張するかを知るための極めて精度の高い測度を必要とするなら、クライエントに実際にスピーチをするよう依頼する(Paul, 1966)。そして、どのような形で不安が認められるか(たとえば、膝が震える、腕が硬くなる、アイコンタクトがなくなる、声が震える、顔が赤くなったり青ざめたりする、など)、どのくらい不安の兆候が生じるかを記録する。場合によっては、家族のメンバーが行動アセスメントに参加する。たとえば、慢性疼痛の患者に痛みをコントロールするのに効果的な方略を考えるために、患者が家族のメンバーに痛みをどのように言語的・身体的に表現するかを記録するよう依頼することがある(Fernandez & McDowell, 1995)。

行動アセスメントはクライエント自身によって行われることもある。禁煙を望んでいる人には、どのような状況で喫煙をするかを記録するよう求める。体重を減らしたい人には、いつ、どこで、どのくらい、どのような状況で食べるのかを記録するよう求める。クライエントによるアセスメントは、顕在的な行動を知るためだけでなく、個人的な思考や身体感覚を知る上でも役に立つ。たとえば、Mahoney(1971)は、自己非難的な思考をした時にそれを記録するよう求めた。自分で記録した自己観察は、その後の介入がどのような効果があったかを評価する基準にもなった。

行動アセスメントは、治療と関連づけて用いられることが多い(Rachman, 1997)。それは問題を明らかにし、どのように変化させることが必要か、そしてどのように変化したかという記録を残すのに役立つ。アセスメントは治療とは別のものではなく、治療者だけに役立つものでもない。それはむしろ治療の一部であり、クライエントと治療者の両者が関心をもち、それを分かち合うものなのである。

行動アセスメントは、クライエントが気づかない問題の原因を明らかにすることもある(Mariotto, Paul & Licht, 1995)。Metcalfe(1956; Mischel,1976に引用されている)は、喘息で自主的に入院した患者に、喘息発作が起こったときにどんなことがあったか、それがどのくらい続いたかを注意深く記録するよう依頼した。記録を続けていた85日間のうち15日で発作が起こった。その発作のうち9日は母親が面会に来た後に起こった。さらに、喘息の発作が起こらなかった日の80%は母親と会っていなかった。「母親と面会すること」が発作の原因と思われたが、面接の間に母親のことについて話をしたり、母親の写真を見せたりして発作を誘発するよう試みても、発作は起こらなかった。経験の象徴である言葉は、時には自分自身が直接経験した行動を表していないこともあるため、言葉に重きを置きすぎる面接は時として大きく診断を誤らせることになる。

行動アセスメントには明らかに利点があるが、すべての心理的問題に使えるわけではない。くわしく行動を追跡することは、非常に労力や時間がかかる。行動記録がクライエントひとりで行われる場合には、動機づけや正確さが損なわれることが多い。最後に、行動アセスメントがうまくいかない状況がある。思考や感情のような潜在的な行動の場合には、顕在的な行動の場合のように信頼できるアセスメントができるとは言えない。

精神生理学的アセスメント

不安や恐怖、緊張は生理学的反応と関連している。人は不安やストレス、恐怖を感じたときに、筋緊張や心拍、体温、呼吸パターン、発汗が変化する。さらに、脳波として測定される脳の電気活動も変化する。**精神生理学的アセスメント**とは、自律神経系の活動(くわしくは第4章を参照)を反映する1つあるいは複数の生理学的プロセスの測度と関係している。精神生理学的アセスメントは、情動的反応にどのような生理学的な要素が対応するかということだけでなく、その要素がどの程度強いか、そして治療の影響があるかどうか、ということも確認するものである(Sturgis & Gramling, 1998)。

当然のことながら、人は必ずしも生理学的反応に気づくわけではない。たとえば、知覚できないほど短時間提示された怒った顔に対しても、皮膚電気抵抗の変化が生じることがある(Esteves, Parra, Dimberg & Oehman, 1994)。同様に、心的外傷体験をした患者は必ずしも生理学的覚醒レベルに気づかないこともある(Laor et al., 1999)。

精神生理学的アセスメントは、さまざまな形で臨床的に利用されている。たとえば、ストレスの実験(Hazlett, Falkin, Lawhorn, Friedman & Haynes,

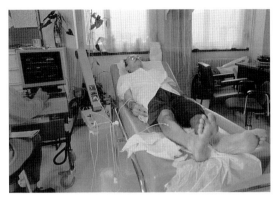

このクライエントは、筋電図を用いて精神生理学的な変化について検査されているところである。（©1994, B.S.I.P./Custom Medical Stock Photos）

1997）や心的外傷後ストレス障害の患者に対して心的外傷的刺激を提示する場合（Keane et al., 1998）に、心拍を測度として用いることができる。ごく最近、心理学者は、毎日活動している人の精神生理学的反応を測定する方法を開発している。このような手続きは、飛行機恐怖症の人が飛行機に乗っているときの恐怖反応のような自然な場面における不安や恐怖反応をアセスメントするのに役立つ（Wilhelm & Roth, 1998）。心拍や皮膚電気抵抗、呼吸パターンは、移動している間でも測定することができる。以下のケースは、臨床的アセスメントにおいて精神生理学的測度を用いた例である。

> 16歳の少女であるタミーは、大きなメディカルセンターの行動医学クリニックに母親と一緒に来院した。タミーの母親は、娘が日常生活を送る上で障害となる恐怖について心配していた。タミーも同様であった。
> タミーと母親は、サメや大きな物体（たとえば、屋外の広告板）がその恐怖に関連しているのではないかと考えていた。その恐怖は、約6年前にサメが出てくる冒険ホラー映画を繰り返し見た後に始まっていた。映画を見た後、タミーは水に触れると（たとえば、泳いでいる時やシャワーを浴びている時）いつもサメが泳いでいるイメージを抱き始めるようになった。そのイメージは、この2年ほど非常に不安を増大させていた。サメをイメージしたとき（たとえば、テレビでサメを見たとき）には、叫び声を上げたりパニック状態になったりして、ひとりでプールで泳いだり、シャワーカーテンを閉めてシャワーを浴びたりすることができなかった。さらにタミーを悩ませている問題は、バスルームの床に水がたまると絶望感を感じてしまうことであった。その問題はここ数年さらにひどくなり、サメに対する恐怖感が、大きな彫像や広告板、劇場の幕にまで波及していた。タミーはダンサーであり、ステージで踊らなければならないため、このことをとくに心配していた。（Harris & Goetsch, 1990, pp.147-165）

心理士はタミーの治療を始める前に、精神生理学的アセスメントとして、さまざまなイメージに対する心拍数と皮膚電気反応を測定した。タミーはシャワーを浴びているところをイメージするように指示されたときに、心拍数が増加し、皮膚電気反応も増大した。他の状況、とくにリラックスしているイメージをするよう求められたときには、そのような反応は見られなかった。このアセスメントは、タミーの恐怖の特徴や強さについて、多くの証拠をもたらしてくれるものであった。治療の後で、同様の精神生理学的アセスメントによって、治療が望ましい効果があったかどうかを判断した。その結果、タミーの水に対する恐怖は非常に減少したことがわかった。

バイオフィードバック法と呼ばれる治療技法では、クライエントはわずかな精神生理学的変化とその変化をもたらす心理状態に注意を向けるよう求められる。バイオフィードバックの代表的なアプローチでは、心拍数や血圧、脳の電気活動、筋緊張のような生物学的変数の身体的指標に生じる変化を、クライエントに直接観察させるようにする。たとえば、偏頭痛は筋緊張によって起こることが多い。バイオフィードバックの間、その変化が直接測定され、クライエントに伝えられる。クライエントがリラックスすることを練習するにつれて、リラックスの練習の効果を筋緊張の指標上で直接見ることができる。この技法を用いることによって、クライエントは徐々に筋緊張のコントロールの仕方を学ぶことができ、頭痛の頻度や強さを低減させることができるのである（Allen & Shriver, 1998 ; Hermann, Blanchard & Flor, 1997）。

脳の画像診断

生きている人間の脳の**画像診断**（neuroimaging）の技法は、臨床的な治療や研究の両方において新しい時代の幕を開けたことに疑いがない。**コンピューター断層撮影法**（computerized-axial tomography ; CATまたはCT）の導入は、新時代の画像診断の幕開けとなった。CATは、現代のコンピューターの力によって、古くからあるX線技術を進化させたものである。X線技術は、異常のある組織は正常な組織とX線の吸収率が異なるという原理に基づいている。異なるアングルから撮影された一連の脳のX線画像から、コンピューターが脳を3次元で表し、異常な組織を見つけ出すのである（図2-1）。CATは、脳の腫瘍や損傷、さまざまな脳部位の形の異常性を診断するのに役立つ。さらに、侵襲的でなく、時間も15～30分と短時間で済む。しかし、X線への被曝を伴うため、細胞へのダメージの原因となる可能性がある。

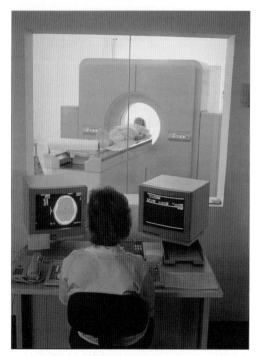

この患者は、CATスキャンで検査を受けているところである。X線が頭部の周囲を回り、検出器が頭部を透過した放射線の量を分析する。技術者は、異なる角度から撮られた多くのX線写真に基づいて合成された画像を映しているコンピューターのモニターを見ている。MRIスキャンはCATスキャンよりも精緻であり、X線ではなく磁気エネルギーを用いている。(Michael Rosenfeld/ Stone Images)

磁気共鳴画像法(magnetic resonance imaging；MRI)は、CATよりも鋭敏で正確な技法である。これは、よりきれいな脳の画像を映し出す。MRIでは、頭部を囲む磁界および無線周波信号が頭蓋と脳の組織に送られ、MRIスキャナーが脳全体の共鳴頻度を測定することによって、組織の水素原子核の位置の変化を検出する。その結果はコンピューターによって再構成され、脳の各部位の画像が示される。損傷を受けた、あるいは異常な脳の組織は、色の濃淡の違いで見分けることができる(図2–1参照)。組織の密度で示すCATと異なり、MRIは細胞およびその周辺の構造についての情報を提供してくれる。MRIにはX線を使わないという利点もある。しかしながら費用が高く、より侵襲的である。患者は、非常に狭い管の中に15～45分間頭部を入れたままにしておかなければならず、MRIの器械の音も非常に大きい。閉所恐怖症や音に敏感な人は不快に感じるであろう。そのため、不快感に耐えられない場合にはアラームボタンを押すようになっている。

CATもMRIも脳の構造が静止画像で示される。このような脳の画像は構造的画像と呼ばれる。より新しいものとして、脳の代謝活動を測定する技法がある。

そのような技法は機能的画像と呼ばれている。MRIと同じ原理に基づいている技法は機能的磁気共鳴画像法(functional MRI；fMRI)と呼ばれており、MRIよりもより早く脳の画像を記録することができる。1000分の1秒以内に生じる組織の変化を記録することによって、脳の実際の代謝機能が測定される。研究者はfMRIを用いて、人が音刺激や視覚刺激のような感覚情報を処理するときに、脳に起きる変化について研究することができる。また、人が特定の単語を覚えようとしたり、経験したことを思い出そうとしたりするような精神作業をしているときの、脳の活動の変化についても観察することもできる。MRIと同様に、fMRIも費用が高く、侵襲的である。現時点では主に研究目的で用いられているが、将来的には診断においても大きな役割を果たすであろう。

その他の画像診断法として、脳の血流や代謝活動の測定に基づく陽電子放射線断層撮影法(positron emission tomography；PET)がある。PETでは、物質――主にブドウ糖を体内に注入し、脳のさまざまな部位への集まり具合を測定する。より活性の高い脳部位への血流や酸素、ブドウ糖の増加を調べるものである(図2–1参照)。PETは、脳の神経伝達物質のさまざまなレセプターの分布を研究するためにも用いられる。そのためには、特定のレセプターに結びつくことが知られている放射性同位元素を注入する。PETの画像とMRIの画像とを結びつけることによって、より正確な脳の活動を知ることが可能になる。PETの大きな欠点は、放射線同位元素を注入することである。そのため、この技法の安全性を保証するために多くのガイドラインがある。またPETは極めて費用が高く、広く利用されていない。

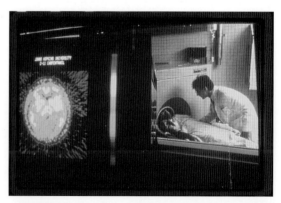

うつ病患者がPETスキャンを受けているところである。これは脳の代謝活動のレベルを測定するものである。放射性化学物質が血管に注入され、脳に到達する。コンピューターは脳の異なる領域における化学物質の取り込みの違いを分析する。うつ病患者とそうでない人とでは、代謝活動に観察可能な差がある。(Dr. Henry Wagnerの厚意による)

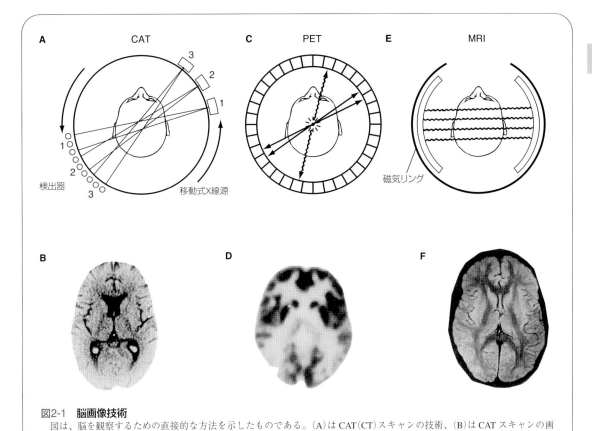

図2-1　脳画像技術
　図は、脳を観察するための直接的な方法を示したものである。(A)はCAT(CT)スキャンの技術、(B)はCATスキャンの画像、(C)はPETスキャン技術、(D)はPETスキャン画像、(E)はMRI技術、(F)はMRI画像である。(Rosenzweig & Leiman, 1989より引用；スキャンはDr. Marcus E. Raichleの厚意による)

　比較的新しい技法として脳磁図(magnetoencephalography；MEG)がある(Bingler, Lowry & Porter, 1997)。MEGは脳の電気活動によってもたらされる弱い磁場を検出するものである。脳の部位による活動レベルの差は、磁場の強さの差と考えられる。この技法は非侵襲的であり、放射性同位元素も用いない。新しい技法であるために研究にしか用いられていないが、近い将来、臨床にも適用されるであろう。

　MRIやPETのような画像診断は、神経学的あるいは精神障害の患者に関する研究と同様に、認知や情動に関する基礎研究にも用いられている。行動神経科学やアセスメントにおいて、画像診断という新しい時代が到来しているという見方がある(Tulving, Markowitsch, Craik, Habib & Houle, 1996)。しかしながら、懐疑的な考え方もある。そのような科学者は、機能的な画像診断に注意を促している(Sargent, 1994)。彼らは、機能的画像診断で測定される変化が生じる生物学的プロセスは、まだ十分に解明されていないことを指摘している。また、画像診断の可能性について熱狂的になることは、そのような限界を見過ごすことにな るとも指摘している。したがって、こうした技法を用いた研究から得られた初期の結果は正しくない可能性がある。そのような疑問が解決するにはまだ時間がかかるであろう。

心理検査

　個人の問題や障害の特徴に関する情報源の1つに心理検査がある。利用可能な心理検査は数千にも及ぶ。それらは、**対象**(focus)と**形式**(format)という2つの側面において差別化できる。対象については、焦点を狭く絞り、不安や抑うつ、ある種の精神的能力のような特定の性格傾向を明らかにするために作成された検査がある。それに対して、個人の性格や精神的機能のいくつかの側面に幅広く焦点を当てた検査もある。

　心理検査の形式とは、実施する方法のことである。1つは、検査者がクライエントに各質問や項目を提示するという方法で実施される検査がある。一方、検査者との接触を最小限にする検査がある。これらはクライエントがそれぞれ別個に回答する自己報告式検査法

表2-1 MMPIの基本的な尺度における性格特性

尺度	特徴
1 (HS)心気症	得点が高い場合は冷笑的、敗北主義的、自分のことを気にする、身体の不調を訴える、敵意的、過度に身体的問題を表明する傾向
2 (D)抑うつ	得点が高い場合はふさぎ込む、内気な、意気消沈した、悲観的、抑うつ的な傾向。この尺度は、患者において最もよく取り上げられるものの1つである。
3 (HY)ヒステリー	得点が高い場合は抑制的、依存的、純朴な、社交的、多くの身体的不調を訴える傾向。漠然とした身体的不調を通して葛藤を表現する。
4 (Pd)精神病質的偏倚	得点が高い場合は反抗的、衝動的、快楽主義的、反社会的傾向。配偶者や家族との関係に困難を示し、法律に違反し、権威に反抗することが多い。
5 (MF)男性性・女性性	得点が高い場合は男性では敏感、審美的、受動的、女性的傾向を、女性では攻撃的、反抗的、非現実的傾向を示す。
6 (Pa)パラノイア	この尺度の得点上昇は疑い深い、打ち解けない、抜け目のない、警戒的、くよくよする、過度に敏感な傾向。非難を投影したり外部に向けたりする。
7 (Pt)精神衰弱	得点が高い場合は緊張が高い、不安、沈思黙考する、何かに気をとられている、強迫的な、びくびくしている、融通のきかない傾向。自己非難をしたり劣等感を感じたりすることが多い。
8 (Sc)統合失調症	得点が高い場合は引きこもり的、内気な、異常な、不思議な、独特な思考や発想をする傾向。現実性に欠け、重い場合には異様な知覚体験―妄想や幻覚をもつことがある。
9 (Ma)軽躁性	得点が高い場合は社交的、衝動的、過度に精力的、楽観的な傾向。場合によっては道徳観念がなく、闘争的で、考えが混乱する傾向。
10 (Si)社会的内向―外向	得点が高い場合には、謙虚な、内気な、引きこもり的、目立たないようにふるまう、抑制的な傾向を示し、得点が低い場合には、社交的、自発的、自信に満ちた傾向を示す。

(Butcher, 1969より引用)

である。検査の形式は、検査項目の構造によっても異なる。一方の極にあるのは、人物描画テストのように単にクライエントに人物の形を書かせるものである。描画の内容については意図的にルールを設けていない。対極にある検査の例はWechsler（ウェクスラー）式知能検査の数唱検査である。この下位検査は検査者が数唱問題を読み上げるものであり、各問題に一定の時間制限や正解がある。

　以下では、心理検査の3つの大きなカテゴリーである、質問紙法、投影法、知能検査について述べる。特定の心理検査の内容を示すことについてはガイドラインがある。検査を作成して販売する会社は、予め検査についての知識があることによって検査結果の妥当性が損なわれないようにしたいと考えている。したがって、ここでは実物の検査内容のサンプルを提示しないことにする。

質問紙法

　昔も今も客観的な検査と考えられているのは**質問紙法**（psychological inventory）である。進路指導や個別カウンセリング、職業への適性などにおいて用いられている。質問紙法は非常に構造化されており、さまざまな質問に対して、限られた数の選択肢（たとえば、「あてはまる」「あてはまらない」や「はい」「いいえ」）に回答するものである。クライエントは各質問に自分が該当するかどうかを答えるよう求められる。質問紙法は一般に非常に信頼性が高いという利点がある。

　臨床的アセスメントにおいて最も広く用いられ、研究されている人格検査に、**ミネソタ多面的人格目録**（Minnesota Multiphasic Personality Inventory；**MMPI**）がある（Hathaway & Mckinley, 1943）。これは、臨床場面およびパーソナリティや精神病理の研究によく用いられている。項目は、行動、思考、感情について幅広く調べる項目で構成されている。検査を受ける人は、各項目を読み、それが自分自身にあてはまるかどうかを「あてはまる」「あてはまらない」で回答するよう求められる。質問項目の一例は、「私はよく宙に浮いているような感じがする」「私はいつも気分がよい」などである。この検査は、最初は社会のあらゆる階層から選ばれた数百名の人に実施することによって作成された。その中の一部の人は、診断名の異なる精神疾患をもつ患者であった。その他に、受刑者、学生、主婦も含まれていた。MMPIを作成した心理学者は、さまざまなグループ間の差を最もよく反映する質問を見極めるために統計法を用いた。ある項目に対して、うつ病患者のような特定のグループが特定の回答をし、他のグループの人が異なる回答をすれば、それはよい項目であると考えられる。特定のグループの人々が特定のパターンで回答する傾向のある項目群を「尺度」と言う。MMPIは10の次元のパーソナリティあるいは精神病理を測定する尺度ごとに得点が示される。そのリストは表2-1に示した。これらのカテゴリーは臨床的面接や他の検査による診断に照らして妥当性をもつものである（Wrobel & Lochar,

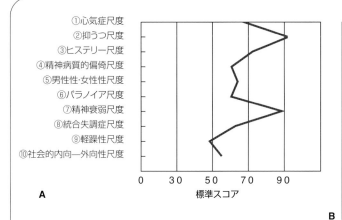

図2-2 MMPI
(A)はMMPIのプロフィールのサンプルであり、(B)はコンピューターによって作成された「自動的な」解釈である。コンピューターは、同様のプロフィールをもつ他の人に対して一定の妥当性をもつことがわかっている記述を印刷する。
(Gleitman, 1981 ; NCS Interpretive Scoring Systems より引用)

1982)。

MMPIを用いて膨大な量の研究が行われ、優れた信頼性や妥当性があることが明らかにされた。MMPIの各尺度の得点は長期間にわたって比較的安定していた。さらに、少年と青年に実施されたMMPIの結果から、10〜25年後に精神疾患に罹患する可能性が高い者を予測することができる(Carter, Parnas, Cannon, Schulsinger & Mednick, 1999)。

しかしながら、どのような心理検査も結果が歪められるという問題があり、MMPIも例外ではない。人は嘘をついたり、ごまかしたりすることがある。社会的規範に照らし合わせて自分をよく見せようとする人もいる。人は、意図的であってもなくてもそのようなことをする可能性がある。しかしながら、MMPIには、そのような歪曲に対して検査者に警告を与えるために作成された4つの「妥当性」尺度が含まれている。もし、次のような質問——「私は決してうそをつかない」「私は毎日新聞の社説を読む」に「あてはまる」と答えたら、被検査者は自分自身をよく見せようとしていることが疑われる。なぜなら、決してうそをつかない人や毎日社説を読む人は極めて珍しいからである。社会的望ましさや嘘についてそのような判断をすることは、絶対に正しいわけではない。むしろそれは、「ベストの推測」に過ぎないのである。上記のような項目に肯定的に答える人のほとんど(すべてではない)は、故意であるにしろないにしろ、自分のイメージをよくしようとしていると思われる。しかしながら、中には毎日社説を読む人や、嘘をついたことがない人もいるのである。

MMPIの結果は、プロフィール図に記録される(図2-2A参照)。プロフィールは個々の得点以上のものを臨床家に教えてくれる。MMPIのプロフィールの資料集(Butcher, 1999 ; Greene, 1991)を利用することによって、特定の人のプロフィールを、すでに多くのことがわかっている人から得られたプロフィールと比較することができる(図2-2B)。もちろん、最終的な性格のアセスメントはそれぞれのMMPI得点の合計だけで判断すべきではない。MMPIの結果は、他の情報と組み合わせて解釈されるべきである(Korchin, 1976)。

MMPIは50年以上も前に作成されたものである。時代は変わってきているし、言葉も変わってきている。検査も新しい状況や人間に対する新しい見方に応じて変える必要がある。最も新しい版はMMPI-2で、その点を修正して作成された(Butcher, Dahlstrom, Graham, Tellegen & Kraemer, 1994 ; Butcher & Rouse, 1996)。言葉も現代的に変えられている。さらに、薬物依存や摂食障害、職場不適応のような現代的な心理学的関心事のアセスメントも試みられている。

MMPI-2に対する意見は分かれている。多くの臨床家は現代的な版のよさを認めており、元のMMPIよりも多くのサンプルによって標準化されている(Butcher, Dahlstrom, Graham, Tellegen & Kraemer, 1994)。しかし、元の版に慣れ親しんでいるという単純な理由によって、元の版を好んで用いる臨床家もいる(Adler, 1989)。さらに、どちらの版の検査も好まないという臨床家もいる(Helmes & Reddon, 1993)。それは、尺度がかなりオーバーラップしており、基準となるサンプルも適切でないという見方による。また、尺度の交差文化的妥当性も確立されていない。

MMPIは最初にアメリカ合衆国で用いられたが、他の文化をもつ国でもMMPIが有用であるということを研究する努力が必要である（Butcher et al., 1996）。

MMPIは性格や精神病理をアセスメントするために最も広く用いられている尺度であるが、他にも心理的アセスメントで用いられているよく知られた尺度がいくつかある（Cohen, Swerdlik & Smith, 1992）。そのうちの1つは、1956年にGoughによって公刊されたカリフォルニア心理検査（California Psychological Inventory；CPI）である。尺度の多くは、MMPIから引用されているが、CPIはMMPIで測定されるような精神病理学的な次元よりも、むしろ望ましい側面に焦点を当てて開発された。たとえば、CPIはMMPIでは測定されない「セルフコントロール」「ウェルビーイング」「トレランス」といった特徴を測定している。1987年にCPIは改訂され、当初の18尺度から現在は20尺度で構成されている。

その他に、臨床的症状を測定するための短い尺度である症状チェックリスト90改訂版（Symptom Checklist-90-R；SCL-90-R）がある。これは性格よりも精神病理に焦点を当てている。SCR-90-Rは1977年にLeonard Derogatisによって作成された。この尺度は、クライエントに過去数週間の症状の重さを5段階で評定するよう求めるものである。この検査は、9つの症状（身体症状、強迫性、対人緊張、抑うつ、不安、敵意、恐怖症、妄想的観念、精神病質）を表す下位尺度からなり、全部で90項目で構成されている。SCL-90-Rは「インテイク」段階でクライエントの心理的プロフィールに関する情報を得るために用いられることが多い。

自己報告式の尺度の多くは、性格や精神病理の特定の側面をアセスメントするために作成されている。抑うつを測定するために最もよく用いられているのはベック抑うつ質問票（Beck Depression Inventory；BDI）である。1961年に原版が作成されたが、1978年に改訂された。この検査は21項目で構成されており、すべて特定の症状や態度（たとえば、失敗に対する感覚や決断力の欠如、食欲不振など）に焦点を当てている。各項目は0～3で評定するようになっており、3が最も抑うつ感が高いことを表している。検査者は、最近数週間に感じていることを自己評定するよう教示する。合計得点が16点以上であると、うつ状態にあることが疑われる。

子どもの人格や精神病理のアセスメントには特別なアプローチや尺度が必要である。その理由の1つは、行動的障害の症状は子どもと大人とでは表れ方が異なるからである。たとえば、子どもには職場での状態を不適応の指標として用いることができないが、学校での状態ならばそれが可能である。さらに、子ども用の自己報告式の尺度では、より簡単な言葉で表現するこ

とが必要である。このような理由により、研究者はさまざまな子ども用のアセスメント尺度を開発している。そのような尺度の多くは、大人用の尺度の子ども版である。たとえば、1977年にKovacsとBeckによって公刊された子ども用抑うつ尺度（Children's Depression Inventory；CDI）がある。これはBDIの子ども版であり、27項目の自己評定尺度である。各項目は3つの文章で1セットになっており、検査者は過去2週間に感じていたことを最もよく反映するように1つの文章を選択させる。BDIとCDIの大きな違いは質問の内容である。たとえば、大人版では性的関心や仕事の遂行について質問しているが、子ども用では遊びや学校での活動について質問している。CDIについては非常に多くの研究が行われており、抑うつ的な子どもとそうでない子どもを識別することができる（Cohen, Swerdlik & Smith, 1992）。

子ども（とくに幼い子ども）の臨床的アセスメントでは、親が重要な役割を果たす。実際に、親は子どものメンタルヘルス・ケアをする責任がある。臨床家は、子どもの行動や生育歴に関する情報の提供を親に頼っている。このような情報の多くは臨床的面接で得られる。しかし、親に回答してもらうための標準化された質問紙も多く作成されている。その1つが子ども用行動チェックリスト（Achenbach Child Behavior Checklist；CBCL）であり、臨床や研究場面でよく用いられている。これは100を超える質問から成っており、シャイネスから非行まで特定の問題行動を調べるものである。MMPIと同様、CBCLはパーソナリティや精神病理を多面的に得点化する。CBCLには公にされた基準があり、問題行動の深刻さを調べるために、子どもの得点をその基準と比較することができる。

投影法

精神力動を志向している心理学者は、無意識の葛藤や潜在的な恐怖、性衝動や攻撃衝動、隠れた不安にアセスメントの焦点を当てている。彼らは、構造的な質問紙は意識的な経験や感情を調べるものであるために、より深い力動を理解することができないと考えている。質問紙とは対照的に、**投影法**ではインクブロットや絵のようなあいまいな刺激を利用する。それは現実の束縛を最小限にしてイメージを活性化し、葛藤や無意識に関するものを最大限に引き出すことを目標としている（Murray, 1951）。投影法の背後にある重要な仮定は、あいまいな刺激の知覚をする際に、人が自分自身の独自の心理的傾向や葛藤を「投影」するということである。最も用いられている投影法の検査は、ロールシャッハ・テストと絵画統覚テストである。

投影法の検査について論じる前に、それをめぐる多くの論議について触れておく必要がある。この種の検査が批判される大きな理由は、信頼性に欠けるという

心理学的アセスメントの1つとして、心理士はクライエントにロールシャッハ・テストを行っている。クライエントはインクブロットを見て、そのカードに何が見えるかを述べる。心理士は反応を得点化し、クライエントの無意識の動機づけを解釈しようとする。
(Laura Dwight/ Corbis)

ことである。解釈するということは、臨床家の個人的バイアスに影響されることが多い(Garb, Florio & Grove, 1998)。さらに、自己報告式尺度と同様、投影法は欧米でよく用いられるが、ヨーロッパ文化以外の人たちを対象とした研究はほとんどない。このような限界があるにもかかわらず、投影法は臨床的アセスメントや研究において利用され続けている。われわれは、投影法の心理学的な価値について賛否両論を交えて述べることにする。

ロールシャッハ・テスト　他の心理学的測度に比べて、ロールシャッハのインクブロットは多くの人々を魅了している。人々は意味のないインクブロットに対して自発的な反応をすることによって、自分の性格の隠された側面が表れるという考えに興味をそそられている。ロールシャッハ・テストはスイスの精神医学者であるHermann Rorschachによって作成された。この検査は10枚のカードから成っており、それぞれ左右対象で有彩色のインクブロットのカードと無彩色のインクブロットのカードがある。回答者には各カードが提示され、そのカードで見えたもの(インクブロットがどのように見えたのか)すべてを検査者に告げるよう求められる。図2-3はそのカードに似た2つのインクブロットを示したものである。

以下は、ある回答者が図2-3の左のカードに対して示した反応である(Exner, 1978, p.170)。

患者：女性が真ん中に立っているように思います……他にも何か答えたほうがいいですか？
検査者：もっと答える人が多いですね。
患者：全体が蝶のように見えます……他には何も見えません。

インクブロットに対する反応はいくつかの方法でスコアリングされる。第1は、見えたものの形態や質である。上の例では、女性と蝶はよい形態の知覚であり、世界の見方が比較的明確な人であることを表している。第2は、その知覚が多くの人と共通しているか、あるいは比較的珍しいか(珍しい場合には、創造的であるか異常であると見なされる)ということである。このインクブロットが女性や蝶に見えるのは一般的である。この人は他の人と同様に世界を見ていると考えられる。さらに、インクブロットの全体を見ているか、一部しか見ていないか、色が用いられていて知覚に統合されているか、ということもスコアリングされる。インクブロットの形態と同様、このようなスコアは回答者の内的生活を総体的に示すために集計される。反応は、回答者の心理的葛藤や、性衝動や攻撃衝動をどの程度コントロールできているか、などの情報を提供するものと考えられている。

図2-3の左のインクブロットをよく見てみると、ロ

図2-3　ロールシャッハ・テスト
ロールシャッハ・テストのカードの例(実際のものとは異なる)。インクのしみのように見える刺激を提示し、回答者はそのインクのしみが何に見えるかという印象を投影するよう求められる。(Gleitman, 1981, p.635より引用)

Box 2-1　**科学と実践**

ロールシャッハ・テストをめぐる論争

投影法に批判的な人は常に存在するが、近年その批判はエスカレートしている。その論争のほとんどがロールシャッハ・テストに関するものである。とくに大きな批判は、ロールシャッハ・テストにはアメリカ心理学会の臨床心理学部会が近年推奨している基本的なアセスメントの内容が含まれていないということである。大きな問題となるのは、妥当性やスコアリングの信頼性、再検査信頼性、交差文化的なバイアス、臨床的有用性、研究結果の再現性のような基本的な方法論上の問題である。そのような問題は、さらに次のような基本的な疑問を提起する。ロールシャッハ・テストは診断に使えるのか、心理的測度としてどんな臨床的有用性があるのか、ということである。

最近の研究で、Wood, Lilienfeld, Garb & Nezworski (2000) は、ロールシャッハ・テストはさまざまな精神疾患の診断に利用することができるという主張を攻撃している。彼らは、インクブロットに対する逸脱した言語化や普通でない反応は統合失調症や双極性障害、統合失調型パーソナリティ障害、境界性パーソナリティ障害と関連性があることを示している。しかし、テストの方法論的な欠点があることから、うつ病や境界性パーソナリティ障害、心的外傷後ストレス障害、自己愛性パーソナリティ障害、反社会性パーソナリティ障害の診断に用いるには慎重であるべきだと述べている。さらに、いくつかの疾患についてロールシャッハの得点と診断との間に関連性があることが示されているが、臨床的面接や自己報告、MMPIのような他のテストによって得られる以上の情報を得られるわけではないことを示している。要するに彼らは、ロールシャッハ・テストはアセスメントや診断のための臨床的ツールというよりも、パーソナリティ研究の実験的な道具としての有用性が高いことを提唱しているのである。ロールシャッハ・テストに対するこの非常に否定的な見解は、40年近く前の研究者が示した結論と同様のものである。彼は、「ロールシャッハ・テストには経験的な妥当性はあるが、非常に不完全な道具であり、多くの心理学者が求めている課題を遂行するには適さない」と言っていたのである (Schaeffer, 1959)。

ロールシャッハ・テストの支持者は、ロールシャッハ・テストは診断テストを意図したものではなく、とくにDSMの診断分類のために作られたわけではないという反論をしている。Irving Weiner (2000) は、「ロールシャッハ・テストはパーソナリティの構造や力動の側面を調べるために作られたパーソナリティ・アセスメントの道具であり、ロールシャッハ・テストの指標とDSMの分類との関係はほとんどなく、ロールシャッハ・テストはそれが意図した目的を達成するために利用するべきである」と述べている。Weinerは、臨床心理学者は適応の問題を明らかにし、治療することにとくに大きな関心があり、ロールシャッハ・テストは治療に影響するパーソナリティの強さや弱さを正確に示すものと考えている。彼は反論の中で次のように書いている。「心理測定学的に不安定な心理検査によって、さらに改訂のたびに基準や定義が変わる推測的な疾病分類学的スキーマによって、人がどのように分類されるのかということを検討する過程で得られるものはほとんどない」。

高名な心理学者であるSol Garfieldは、1940年代から、ロールシャッハ・テストを臨床的に使用することを支持する論文を書いている。Weinerと同様、Garfield (2000) はロールシャッハ・テストの使用を擁護し続けている。彼は、ロールシャッハ・テストは心理測定学的なテストではないこと、およびテストの全体的な遂行結果よりも得点化を強調することは投影法の特徴を無視することだと主張している。

それでは、ロールシャッハ・テストや他の投影検査の臨床的実践における将来性はどうなのだろうか？　この点では、将来有望だとは見られていない。これまで述べてきたように、アメリカ心理学会は、学会が示す臨床心理学の学部のカリキュラムからロールシャッハ・テストをはずしている。このことは、臨床的実践において、ロールシャッハ・テストの消滅を意味するのかもしれない。一方、Woodとその共同研究者 (Wood, Lilienfeld, Garb & Nezworski, 2000) が指摘したように、ロールシャッハ・テストは研究のツールとして非常に役立つものである。研究における使用が続いていけば、ロールシャッハ・テストについての新たな発見がもたらされるかもしれない。やがては、ロールシャッハ・テストが臨床的実践に「カムバック」するかもしれない。

(Garfield, 2000；Schaeffer, 1959；Weiner, 2000；Wood, Lilienfeld, Garb & Nezworski, 2000より引用)

ールシャッハの解釈に通じる考え方がわかるかもしれない。インクブロットの中心部分を囲むインクのしみにしか反応しない人について考えてみよう。そのような人は、「中心的な」現実を認めることができず、その代わり、些細なことが中心であるかのように注意を向けているのである。もちろん、1つのインクブロットに対する反応は、個人の性格を考える上での1つの手がかりにすぎない。たとえば、このカードの中心部分の知覚が嫌悪的なものであれば、そこに何かがあるのかもしれない。そうであっても、そのような反応は一般的な傾向についてほとんど何も示さない。しかしながら、いくつかのカードでそのような反応が生じれば——もし回答者が中心部分の知覚をすることができずに、周辺部分にしか反応しなければ——検査者は直感が実証されたと感じるであろう。一方、すべての反応が非常に平凡なものであれば、とくに他の検査結果の見方と一致していれば、その人は順応している人であると判断されるであろう。これは、色や形態、反応の優位性などに基づいて検討する上で用いられる考え方である。

ロールシャッハ・テストは、臨床場面では診断のアセスメントのためのテストバッテリーの一部として用いられることがある。ロールシャッハ・テストを解釈するためには、かなりの訓練が必要である。それは魅

力的でもあり複雑でもあるが、問題もある。ロールシャッハ・テストの背景にあるプロセスや論理は魅力的であるが、妥当性がなくてもその結果を信じたり、逆の証拠があるのにそれを無視してしまったりする傾向がある。かつて、ロールシャッハ・テストの基礎となる仮定は絶対的なものだとみなして、それに疑問が抱かれなかった。しかし、心理検査や他の領域では、絶対的だと思われていた仮定が正しくないとされた例が数多くある(Chapman & Chapman, 1969)。

ロールシャッハ・テストについて実証的な研究が行われるようになり、ロールシャッハ・テストは信頼性も妥当性も高くないことが明らかにされてきた(Grab, Florio & Grove, 1998 ; Wood, Nezworski & Stejskal, 1996)。臨床家が利用しているくわしいスコアリング・マニュアルでも、信頼性のレベルがあまり高くないことが示されている(たとえば、Exner, 1993 ; Exner & Weiner, 1994)。しかし、大きな問題は、ある検査が他の検査では調べることのできない心理的機能について重要な側面を調べることができるかどうかということである。ロールシャッハ・テストが心理的プロセスについて独自の洞察をもたらしているだろうか？われわれはまだこの質問に自信をもって答えることができない(BOX 2-1参照)。

一方、われわれはロールシャッハ・テストのカードに対する反応が、人々の間で、あるいは診断が異なるグループ間で異なることを知っている。ロールシャッハ・テストにおける反応で「異常な思考」の生起がスコアリングされたときに、研究者はそのスコアが個人の診断に関連しているものと考える。たとえば、統合失調症と診断された患者は、そうでない患者よりもロールシャッハ・テストで思考障害のスコアが高い。このことは、ロールシャッハ・テストの妥当性を支持する証拠となる。しかし、われわれは他の心理学的指標を予測する上では、MMPIのほうがロールシャッハ・テストよりも優れていることも知っている(Grab, Florio & Grove, 1998)。それでもなお、ロールシャッハ・テストがMMPIよりも有益な場合があるという可能性は残されている(Exner, 1999 ; Weiner, 1996)。

絵画統覚テスト　もう1つのよく用いられる投影法の検査として**絵画統覚テスト**(Thematic Apperception Test ; TAT)がある(図2-4参照)。これはロールシャッハ・テストのカードよりはあいまいではなく、写真よりは明瞭ではない一連の絵で構成されている。回答者は、それぞれのカードを見て、それについての物語を作るよう求められる。回答者は、どのように物語が始まったか、今何が起きているか、それはどのように終わるのかということを話すのである。ロールシャッハ・テストと同様に、絵があいまいであるために、物

図2-4　絵画統覚テスト(TAT)
TATの図版の1つはこのようなものであり、回答者はそれに対して自分自身の意味ある物語を投影するよう求められる。(Gleitman, 1981, p.685より引用)

語は回答者のパーソナリティ傾向を反映するものと仮定している。いくつかの異なる絵について同じテーマを繰り返し用いる回答者は、個人的な心理的葛藤を抱いていると考えられる(Bellak & Abrams, 1997)。

TATはさまざまなパーソナリティ特性や動機(とくに達成動機)を調べるための研究にも広く用いられている(Atkinson, 1992 ; Cramer, 1999 ; McClelland, Atkinson, Clark & Lowell, 1953)。そのような目的で用いられる場合には、実りが多く興味深い。たとえばある研究では、TATの達成尺度は、職業上の成功を予測する上で質問紙法よりも優れていることを示している(Spangler, 1992)。またTATは、臨床場面において診断のためのアセスメントのテスト・バッテリーの1つとしても用いられている。しかし、個人のパーソナリティ特性をアセスメントするための臨床的ツールとして用いる場合には、ロールシャッハ・テストと同じ問題がある(Garb, 1998 b)。スコアリングの信頼性はまずまずであるが(Harrison, 1965)、臨床家によってTATの解釈が非常に食い違うことがある(Murstein, 1965)。

その他にTATの限界として、絵に描かれているすべての人が白人だということがある。多くの心理学者がこのことを指摘している。すべての登場人物が白人だという事実は、白人でない人の反応に影響を及ぼさないだろうか？　この疑問に答えるために、標準的なTATとTEMAS(Tell Me a Story)と呼ばれる新しい投影検査を実施した研究がある。この検査には少数民族の人物や文化的テーマで描かれている(Castantino

& Malgady, 1983)。その結果、スペイン系アメリカ人もアフリカ系アメリカ人もTATのカードよりもTEMASにより多く反応した。このことは、投影検査のもつ文化的内容は人々の反応に差異をもたらし、心理的アセスメントを行う場合には文化的要因を考慮することが重要であることを示唆している。

さて、ここで投影検査が有用であるかどうかという問題に戻ってみよう。これまで述べてきたように、ロールシャッハ・テストもTATも研究に用いられる場合には予測的妥当性があることが示されている。しかしながら、臨床的場面では臨床家は過去の経験や臨床的直感によって結論を下すことが多い。このことは大きな問題をひき起こす。最近、以下のような研究が行われている(Ben-Shakhar, Bar-Hillel, Bilu & Shefler, 1998)。経験豊富な臨床家に、ある人のロールシャッハ・テストとTAT、人物画のテスト・バッテリーの結果が与えられた。彼らは、それらの結果を分析し、診断を下した。ある臨床家は、その人は境界性パーソナリティ障害であると診断した。他の臨床家は、妄想性パーソナリティ障害であると診断した。この結果は、臨床家による検査結果の解釈の仕方について大きな衝撃を与えた。これは、検査結果が同じであっても、妄想性パーソナリティ障害だろうと思っている人はそのサインを見ようとし、境界性パーソナリティ障害だと思っている人はそのサインを見ようとする傾向があることを示している。このことは、投影法が役に立たないということを意味しているのだろうか？　いや、このことは検査の結果を解釈する場合には、バイアスを最小限にするように注意を払わなければならないことを意味しているのである。

知能検査

あらゆる心理検査の中で最も信頼性と妥当性が高く、多くの目的で用いられているのは知能検査であろう(McGrew & Flanagan, 1998)。すべての知能検査は非常に構造化されており、ほとんどのものは検査者によって個別に実施される。知能検査の実施においては一貫性が重要であるため、知能検査は標準化されていて、質問の言葉遣いや提示順序などがマニュアルにくわしく記載されている。最初に標準化された知能検査は、知的障害のある学童期の子どもの「遅れ」を識別するために、フランスのAlfred BinetとTheodore Simonによって作成されたものである。この検査は、注意、知覚、記憶、推論、言語理解、学校に適応するために必要とされるスキルを測定するものである。この検査には、パズルや言葉の定義、積み木でタワーを作ること、算数問題が含まれている。長年にわたって検査は改訂され、スタンフォード大学のLewis Termanによって英語に翻訳された。最も新しいのは、スタンフォード-ビネー(Stanford-Binet)知能検

小学2年生が心理士からWISC検査を受けているところである。WISCは子どものIQを評価したり、学習障害や注意障害がないかどうか診断したりするために用いられる。(© Bob Daemmrich/Stock Boston)

査第4版である(Dacey, Nelson & Stoeckel, 1999)(訳注：日本版で最も新しいものは2003年に刊行された田中ビネー知能検査Vである)。

David Wechslerは、大人にも子どもにも個別に実施できる知能検査を標準化した。それはウェクスラー式大人用知能検査(Wechsler Adult Intelligence Scale；WAIS)、ウェクスラー式児童用知能検査(Wechsler Intelligence Scale for Children；WISC)、ウェクスラー式就学前児用知能診断検査(Wechsler Preschool and Primary Scale of Intelligence；WPPSI)である。すべてのウェクスラー式知能検査は長い年月を経て改訂されている。WAISは1981年にWAIS-Rとして改訂され、再標準化された。最も新しい版は1997年に改訂されたWAIS-IIIである。この版には、最新の内容や標準化データが示されている(訳注：その後、2008年にWAIS-IVが刊行している。日本版WAIS-IIIは2006年に刊行された)。

1949年に初版が公刊されたWISCは、5歳から15歳11ヵ月の子どもに適用されるものである。1974年には改訂版であるWISC-Rが、1991年にはWISC-IIIが公刊された。WISC-IIIは、6歳から16歳11ヵ月の子どもに適用できる(訳注：その後、2003年にはWISC-IVが刊行している。日本版WISC-IVは2010年に刊行された)。WechslerはWISCで適用できる年齢より下の年齢をカバーするためにWPPSIを作成した。この改訂版であるWPPSI-Rは1991年に公刊された。WPPSI-Rは3～7歳の年齢範囲をカバーしている(訳注：その後、2002年にWPPSI-IIIが刊行している)。

Wechsler式の知能検査は最もよく標準化された検査であり、多くの異なるタイプの精神課題が含まれている。たとえば、WAISは「算数」「単語」「類似」「知識」「絵画配列」などのように、それぞれ名前がつけられている。各下位検査は個別に得点化され、検査者は個人得点のプロフィールを視覚的に見ることがで

きる。このプロフィールは、学習障害や注意障害の診断にも役立つ。

下位尺度から得られた得点を合計し、その得点と子どもの年齢に基づいて**知能指数(IQ)**を算出することができる。Wechsler式の検査では、言語性IQと動作性IQ、およびその2つをまとめた合計IQが示される。言語性IQは、語彙や文章理解能力、一般的知識などさまざまな言語的能力を測定する下位検査の得点から、動作性IQは、「符号」「積み木模様」など言語的能力に依存することが少ない下位検査の得点から算出される。

WISCとWPPSIのすべての版はWAISと同様の下位検査で構成されているが(訳注:改定に伴い、現在では一部がWAISと異なる下位検査から構成されている)、課題はWAISより簡単である。たとえば、WISCでは視覚的記憶の検査に数字が用いられている。これはWAISと同様の下位検査であるが、符号ではなく数字が用いられている。WISCの迷路の下位検査では、WAISで用いられるものとは長さや複雑さが異なる迷路が用いられている(訳注:改定に伴い、現在ではWISCおよびWAISに「迷路」は含まれていない)。「知識」「単語」「算数」「理解」「類似」の下位検査はすべてWPPSIにも含まれている。記憶を測定するための「数唱」の下位検査は、「文章」に置き換えられている。WPPSIの動作性検査に含まれる「絵画完成」「迷路」「積み木模様」はすべてWISCに対応している。WPPSIだけに含まれているのは、「動物の家」と「幾何図形」の2つである。「動物の家」は、盤の上部にある動物の下に適切な色のコマを挿すように求めるものである。「幾何図形」は見本と同じように10種類の幾何図形を単純に写す課題である。

Wechsler式知能検査とスタンフォード-ビネー知能検査は最もよく用いられている検査であるが、他にもいくつかの知能検査がある。それらはカウフマン・アセスメントバッテリー(Kaufman Assessment Battery for Children;K-ABC)のように、個別的な検査である。K-ABCは他の個別的知能検査と同様に、内容が異なる下位検査で構成されている。しかし、K-ABCは知能の多面的な領域、および能力と成績の違いとを強調しているという点で特徴的である。さらに、地道に作業する能力を測定する測度も含まれている。これらの知能検査は、一般的なIQを調べることを意図している。ほとんどすべての知能検査に共通しているのは、得点が正規分布するように作成されているということである。この分布では、中央に1つの山があり、多くの得点は分布の中央周辺にあるが、少数の得点は分布の両端に近いところにある。平均値は普通は100である。検査を作成する過程で、平均が100の正規分布になるように、項目は取捨選択される。

知能検査は、精神病や抑うつのような障害の診断に役立つ情報も提供してくれる。たとえば、統合失調症のような精神障害と診断される人の思考のちょっとした異常性は、WAISの言語的下位検査によって検出されることが多い。他の測度よりも、知能検査は学習の問題や精神遅滞、脳の障害をアセスメントする上で大きな役割を果たしている。さらに、知能検査は学校で恒常的に用いられる唯一の検査であり、特別な教育を受ける必要のある子どもを調べるためにも用いられている。このように、知能検査が実際に何を測定しようとしているのかを理解することが重要である。

知能はそれ自体直接観察できないものであり、行動によって推測するしかない。知能検査は標準化された課題によって、学校での適応に必要とされる行動を調べるものである。クラシック音楽を理解する能力のような他の行動を測定するものではない。そのため、「知能」とは「知能検査で測定されるもの」と定義されることもある。これは満足できる定義ではないが、正しい定義である。一方、知能検査はわれわれが現実社会で「何」を「どのように」したらよいかということに関連するものも測定していると思われる。IQ得点は仕事上の成功の指標と相関関係がある。ただし、相関はそれほど高いわけではないため、仕事上の成功を説明するのはパーソナリティや動機づけ、あるいは「ふさわしい時にふさわしい場所にいる」というような要因によるものと思われる。

何年もの間に知能検査は改訂され、どんどん難しくなっている。その理由は何であろうか? その理由として、最近の世代の人のほうが得点が高くなっていることがある(Flynn, 1998, 1999)。たとえば、WAISの初版が導入されたときには、平均IQは約100であっ

「ふだんの成績よりも知能検査の結果のほうがよいようですが、知能検査が専門ではないですよね」(Cartoon by Sidney Harris)

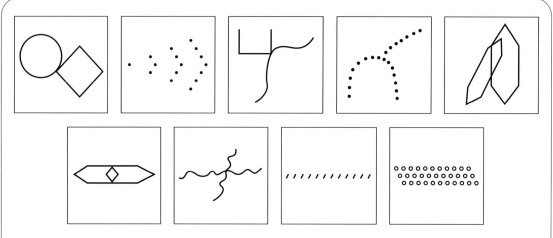

図2-5 ベンダー−ゲシュタルト・テスト
ベンダー−ゲシュタルト・テストでは、それぞれ異なるデザインの9枚のカードがクライエントに示される。クライエントはそのデザインを記憶して模写しなければならない。

たが、最近では平均IQが徐々に上昇し、100を超えている。同様のことは他のすべての標準化された知能検査にもあてはまる。さらに、このことは世界の多くの国でも見られる現象である。この現象は、最初にこのことを指摘したJames Flynnにちなんで「Flynn効果」として知られるようになっている。実際に、彼の計算によれば、1877年に誕生したイギリス人の平均値は現在の知能検査では発達遅滞の範囲に入るという。その当時のイギリス人はクリケットのルールを理解することが困難だったのだろうか? 言うまでもなく、Flynnだけでなく、誰もそのようなことがあるはずがないと思っている。それではこのことは何を意味しているのだろうか? 最近の人々は学習力が高いのだろうか? IQの高さは栄養のよさが原因なのだろうか? これまでFlynn効果の原因は研究者にもよくわかっていない。しかし、それがなぜ生じるのかわからなくても、Flynn効果はIQの変化の可能性について、われわれに確かに何かを物語っているのである。

神経心理学的アセスメント

第4章で述べるように、脳はきわめて複雑な器官であり、その多くはまだ謎に包まれている。しかし少しずつではあるが、脳のある部位の損傷と気分や思考、行動の変化との関係が明らかにされつつある。神経心理学的検査は、脳の機能障害の診断や脳の損傷による行動障害をアセスメントするために作成されている（Goldstein, 1998）。このように臨床的場面では、頭部外傷者や、脳の機能障害が疑われるような患者の場合によく用いられる。また、研究においても広く用いられている。たとえば、多くの研究において精神科患者の神経心理学的検査におけるパフォーマンス・レベルについて検討されている。

神経心理学的アセスメントでは、いくつかの検査が組み合わされて実施される。それぞれの検査は、言葉の記憶や空間的理解、計画性、運動のスピードなど、特定の能力を測定するものである。バッテリーに選ばれた検査は、特定の脳の領域に関連する能力を測定する。たとえば、ある記憶課題は海馬の損傷と関連があることが知られているし、前頭葉に依存する能力を測定する課題もある。神経心理学者は、平均的な能力をもつ領域や、とくに強いあるいは弱い領域を明らかにするために検査結果を検討している。それによって神経心理学者はいくつかの重要な疑問に答えを出している。精神機能の平均レベルはどのくらいか? とくに弱い領域はあるか? もしそれがあるなら、それは特定の脳の部位、あるいは障害と関連しているのか?

多くの神経心理学者は、それぞれの臨床の事例に合うようなテスト・バッテリーを構成している。前頭葉の損傷が疑われる患者の場合には、前頭葉の機能を調べるための検査を組み合わせる。しかしながら、以下に述べるように、標準化された神経心理学的なテスト・バッテリーがいくつかあり、同じ検査がすべての患者に実施され、その結果がバッテリーの基準と比較されている。このアプローチの利点は、神経心理学者が患者のパフォーマンスのパターンとバッテリーの基準とを比較できることである。もちろん、言語理解のような特定の領域の問題が対象になる場合にはその限りではない。

ベンダー−ゲシュタルト・テスト（The Bender Visual−Motor Gestalt Test） これは最も古くそして最も広く用いられてきた神経心理学的検査の1つである。

それはおそらく実施が最も容易だからである。これは図形が描かれた9枚のカードから成っており、クライエントはまずその図形を模写し、次にその図形を記憶して描くよう求められる（図2-5）。直接の模写や再生における誤りは、必ずというわけではないが、神経の障害と関連していることがある。ここで強調したいことは、検査結果が障害を反映している「可能性」である。なぜなら検査結果はさまざまな要因に影響されるものであり、神経学的な要因はその1つにすぎないからである。直線や小さい円を描くことができないことを示す震えは、脳の損傷に起因している可能性がある。しかし、単に緊張しているだけの場合もある。よい検査者は、その違いがわかるものである。

注意機能検査（Trail Making Test） 注意機能検査は最初は軍隊で用いられたが、その後、心理検査として広く用いられるようになった。この検査は2つのパートに分かれている。パートAでは、クライエントに紙の上にランダムに配置された数字が提示され、順序通りに数字を線で結ぶよう求められる。パートBでは、クライエントは紙の上に数字と文字が示され、数字列と文字列を交互に順序通りに結ぶよう求められる。検査結果は正確さと反応速度に基づいて得点化される。注意機能検査は、クライエントがどの程度効果的にあらかじめ計画を立てることができるか、多様な刺激を処理することができるか、活動を変更できるか、複雑な視覚刺激に対して反応することができるか、という情報を臨床家に提供してくれる。この検査は脳の損傷、とくに前頭葉の問題を敏感に反映するものである。

ウィスコンシンカード分類検査（Wisconsin Card Sorting Test） ウィスコンシンカード分類検査（WCST）は、概念形成の障害を含むある種の認知的障害、我慢をしたりあるいは同じ反応に対して「熱中する」傾向、一組の概念を保持し、それに基づいて行動できないことを検出するためのツールである。4つの刺激カード――赤の三角形、緑の星、黄色の十字、青の円が提示される。クライエントには異なる色、図形、数の組み合わせが印刷された64枚のカードが与えられる。クライエントの課題は、一定の原理に従って刺激カードの下にそれぞれのカードを置くことである。この課題では、検査者の反応（「正解」や「間違い」）に基づいてカードを置く原理を推論しなければならない。この検査は、最初の分類の原理として、色、図形、あるいは数から始められる。クライエントが10枚のカードの分類に成功したら、検査の実施者は分類の原理を変更する。クライエントが新しいカードを置く際に、検査実施者の「正解」や「間違い」という反応に基づいて、新しい原理を推論しなければならない。おそらく他のどんな検査よりも、WCSTは前頭葉の問題に鋭敏であるという評価を得ている。実際にこの検査についての初期の研究では、脳に損傷のない人と前頭葉に損傷のある患者の結果を比較している。その研究では、前頭葉に損傷のある患者は分類の原理を見極めるのが困難であり、誤りの数も多いことが示されている。

ウェクスラー記憶検査（Wechsler Memory Scale）
1945年にDavid Wechslerによって作成されたウェクスラー記憶検査（WMS）は、7つの下位検査で構成されている。最初の2つの下位検査は、個人的情報や見当識を問う質問である。他の下位検査は、簡単な概念を検査するメンタル・コントロール検査と物語形式でクライエントに提示される言語的題材を直接再生する論理的記憶検査である。WMSには、数唱、視覚的再生、連合学習の下位検査も含まれている。WMSは非言語的記憶よりも言語的記憶を検査することに重きを置いており、その点で批判されてきた。その欠点は、1975年のE.W.Russellの改訂によって補われた。Russellは元のWMSの視覚的再生と論理的記憶の下位尺度を、視覚的記憶と言語的記憶をバランスよくアセスメントするようにした。原版の2つの下位検査を実施した後で、検査バッテリーに短期記憶得点、遅延再生得点、保持率得点を得るための遅延再生試行を含めた。

ハルステッド－レイタン神経心理学バッテリー（Halstead–Reitan Neuropsychological Battery） ハルステッド－レイタン神経心理学バッテリーは、研究や臨床場面で広く用いられている（Horton, 1997；Reitan & Davison, 1974）。1940年にWard Halsteadによって開発され、このテストバッテリーの主な目的は、脳に障害のある人と正常な人とを識別することであった。このバッテリーは、その後Ralph Reitanとの共同研究によって改訂された。彼らは、異なる脳の領域に関連するさまざまな能力を適切に測定するためのテストを注意深く選択して付け加えた。このテストを用いる臨床家が、脳の損傷の場所について合理的な結論を下せるようにしたのである。このバッテリーがアセスメントしようとしている多くのものは、以下のような個人的能力である。

1. さまざまなものを、類似したものと異なるものに分類すること。
2. 目隠しをして、積み木をボード上の溝にすばやくはめること。
3. 一対の音が同じであるか異なるかを識別すること。
4. 小さなレバーを指ですばやく叩くこと。
5. 一連の言葉を覚えること。
6. 無意味な言葉を指摘すること。

それぞれのテストには運動の要素が含まれており、被験者は両手で課題を行う。それは、損傷が脳の左側だけにあるのか、右側だけにあるのか、あるいは両側にあるのかを調べるためである。すべてのテストから得られた得点は、「パフォーマンス・プロフィール」を作成するために集計され、臨床家は脳に損傷があるかどうか、あるとすればその場所はどこかということについて診断するのである。

しかしながら、ハルステッド-レイタン神経心理学バッテリーは、実施するのに約6時間という非常に時間のかかるテストである。これは、6つの下位テストとさまざまなオプションのテストで構成されており、その得点は脳の構造と行動との間の関係について現在わかっていることと対照させて解釈される。

ルリア-ネブラスカ(Luria–Nebraska)神経心理学バッテリー ロシアの著名な心理学者である Alexander Luria の業績に基づいて作成された269項目のバッテリーから成り、さまざまな心理的機能についての情報を提供するものである。テストから得られるデータは、触覚および筋肉を要するスキル、言語的および空間的スキル、運動協応、書字、読字、会話、算数のスキルなど、知的プロセスや記憶プロセスについての情報をもたらす。すべてのテストの得点パターンは、脳のさまざまな部位の損傷を示すものと考えられている(Golden, Hammeke, & Puriosch, 1980)。このテストの児童版では、8歳から12歳の子どもの脳障害の診断が可能である(Golden, 1981)。このテストの長所は、ハルステッド-レイタン神経心理学バッテリーよりも時間がかからないことである。心理学者は、ルリア-ネブラスカ神経心理学バッテリーは、神経学的な検査ではまだ調べることのできない脳損傷の影響を検出することができると考えている。最後に、ルリア-ネブラスカ神経心理学バッテリーは、教育レベルが低い人を対象にする場合に教育レベルを統制することができ、単に教育レベルによって得点が低くなることはない(Brickman McManus, Grapentine & Alessi, 1984)。

既に述べたように、われわれは MRI や CAT、fMRI、PET のように、人間の脳の画像を得るための最新の技術をもっている。神経心理学的アセスメントは、脳の画像技術が実用化された現在では、もはや必要ないと言う人がいる。脳の画像が、脳機能の研究や臨床的アセスメントを革新したことは疑いがない。しかし、われわれは神経心理学的テストが必要ないものだとは考えていない。行動に影響を及ぼす脳の機能の異常のほとんどは、脳画像で調べることができない。たとえば、学習障害や統合失調症、認知症、自閉症のような障害は、脳の機能障害によるものであることが知られている。そのような障害をもつ一群の人と年齢、性別が同じ一群の正常な人との脳画像と較べると、「平均して」脳の構造に違いが認められる。しかし、そのような障害をもつひとりの人の脳画像を調べると、必ずしも異常が認められるわけではない。それは、そのような障害が、現在の画像技術では視覚化できない脳の微細な異常によるものであるためかもしれない。対照的に、学習障害、統合失調症、認知症、自閉症の障害をもつ人の大多数は、神経心理学的テストにおいて顕著な遂行障害を示すのである。

臨床家の大きな関心は、脳の異常そのものではなく、脳の異常によって起こる機能的な問題である。子どもの難読症や高齢者の記憶障害も、特定の脳の損傷があるかどうか明らかにされていない。神経心理学的テストは非常に信頼性が高く、多くの情報をもたらすことが確認されている(Dikmen, Heaton, Grant & Temkin, 1999)。神経心理学的アセスメントは、臨床的研究の重要な一部であり続けるであろう。それによって、機能的障害の特徴や程度を明らかにし、教育やリハビリテーションのプログラムを開発することが求められる。神経心理学的アセスメントは、将来においても神経画像に置き換えられることはないであろう。

アセスメントは、脳、思考、行動のどこに異常があるかということを心理学者に示してくれる。さまざまなアセスメント・ツールを通して学んだことに基づいて、臨床家は患者の何が悪いのかという診断をし、治療方針を立てるのである。

診 断

第1章では、精神疾患を分類するためのさまざまなアプローチについて論じた。メンタルヘルスの領域では、分類とは人が示す行動的異常性の類似点と相違点を見極めることである。分類のための1つのアプローチは**カテゴリー的**アプローチであり、これは同時に生じる傾向のある行動的症状を1つのカテゴリーとしてまとめるものである。診断のガイドラインは、症状の基準に基づいている。これは現在、精神障害を分類する上で世界中でよく用いられている方法である。このアプローチでは、たとえばうつ病のように、特定の精神障害の臨床的基準に達しているかどうかということが問題となる。臨床的基準と照らし合わせて、主要な症状が存在していることと、一定の強度に達していることが必要である。もし悲嘆の感情が十分に強くなければ、その症状は臨床的基準に達しているとは見なされず、その人は総合的に見てうつ病の基準に達していないと考える。そして、その人の症状は準臨床的であるか、診断の閾値以下であると見なされるのである。

分類のためのもう1つのアプローチは、行動や症状の**次元**を測定し、人をその次元上で評定するものであ

る。たとえば、ある人がうつ病であるかないかを見極めることよりも、むしろ「非常に幸福である」から「非常に抑うつ的である」という連続線上で、その人がどの程度の位置にあるかを評定するのである。多面的な次元で評定すれば、その結果は一種の「プロフィール」となる。たとえば、その人は抑うつ状態が高く、衝動性が低く、固執性は中程度であると結論づけるのである。次元的なアプローチでは、すべての次元で低・中・高という水準が考慮される。

精神障害を分類する上では時間も1つの要因となる。症状が何年も続いているのか、先週生じたばかりなのかということである。症状が長期間持続していれば、それは**慢性的**(chronic)な問題であると考えられる。また症状が何らかの生活上の変化に対する反応として最近生じたのであれば、それは**急性的**(acute)であると見なされる。慢性的および急性的であるという分類に関しては、**連続的**(continuous)と**逸話的**(episodic)という考え方もある。症状が長期間、同じ強さで続いていれば、それは連続的ということになる。それに対して、3～4ヵ月に1回程度しか経験しなければ、それは逸話的ということになる。

精神障害の診断基準として最も広く用いられているのは、**国際疾病分類**(International Classification of Diseases ; ICD)と**精神疾患の診断と統計の手引き**(Diagnostic and Statistical Manual of Mental Disorders ; DSM)である(Blashfield & Livesley, 1999)。ICD は1900年にヨーロッパで導入された。これはすべての疾患の分類システムであり、精神障害も含まれている。当時から何回か改訂されており、現在も改訂が行われている。ICD はアメリカではあまり用いられておらず、1950年頃からアメリカの臨床家は精神障害の分類に関して異なるシステムを用いている。精神障害について一貫したアプローチが可能なように、アメリカ精神医学会は1952年に DSM を導入した。その後 DSM は ICD の改訂に影響を及ぼすようになり、現在では両者は非常に類似している。

ICD も DSM も世界中の国々で用いられているが、診断の交差文化的妥当性が長年の懸案になっている。精神障害の診断に関して、どのような文化においても同じ基準を用いることができるのだろうか？　この問題については非常に多くの研究があるが、最新の DSM の診断カテゴリーでは、文化的なバイアスはとくに大きな問題とされていない(Mason, Harrison, Croudace, Glazebrook & Medley, 1997 ; Mezzich et al., 1999 ; Ormel et al., 1994)。というのは、さまざまな精神障害の生起頻度は、とくに非常に重篤な障害については、文化による差はそれほどないからである。しかしながら、診断の交差文化的差異については、今後も改善のための努力が必要である。

診断をする理由

診断というのは長く複雑な手続きであり、精神障害の正確な診断のためのアセスメントには、臨床的スキルと同様に時間も必要となる。注意深い診断をするのに時間がかかるのには5つの理由がある。それは、(1)診断はコミュニケーションを簡略化できる、(2)病因についての理解を含んでいる、(3)治療についての何らかの仮説を臨床家に与えてくれる、(4)科学的研究を援助する、(5)臨床家が保険会社や健康維持機構(HMO)からサービスの対価を受ける、ということである。

コミュニケーションの簡略化

以降の章で示すように、問題を抱えている人はたくさんの症状をもっていることが多い。ある若い男性は、物事を真面目に考えすぎてしまい、他の人が自分を避けようとしていると信じ、仕事に行けず、いつも緊張し、恐ろしい声がするという幻覚もある。これらすべての症状が、薬を服用していないときには同時に生じる。臨床心理士がこの男性の状態を精神科医に伝えようとする場合、各症状を1つ1つリストアップすることができる。あるいはもう1つの方法として、「この若い男性は妄想型統合失調症の基準を満たしています」と単に言葉で言うこともできる。この場合、妄想型統合失調症という単一の診断は、上記のすべての症状を含んでいる。症状について長々としたリストを示すよりも、診断をする人は1つの言葉でその**症候群**(一緒に生じる症状を集約したもの)について伝えることができる。臨床家間のコミュニケーションでは、診断をすることが有益であるのは明らかである。

病因

適応上の問題や精神障害の原因はさまざまであるが、特定の問題は特定の病因と関連していることが多い。たとえば、自閉症は遺伝的な要因や胎児期の問題によるものと考えられている。一方、子どもの恐怖症は、経験や社会的要因の結果であると考えられる。最新の診断手引きを作成するときに、専門家集団は症候群の原因についてわかっていることに基づいて診断カテゴリーを区分することを試みている。ある症候群はAという原因と関連しており、ある症候群はBという原因と関連しているという証拠があれば、それらの症候群は別の疾患として扱われる。そのため、診断について理解することはその原因を理解するということなのである。

治療の可能性

　精神障害には多くの治療法が適用可能であるが、そのほとんどは特定の障害に特化されている。診断をすることによって、臨床家は特定の状態において有用な特定の治療法を適用することができる。たとえば、妄想の症状には言語的な心理療法もプロザックによる治療法も有効ではない。しかし、妄想型の統合失調症には抗精神病薬が有効であることが多い。このように、正しい診断をすることは症状を改善するための少数の治療法を選択する上で役立つのである。

科学的研究の援助

　心理学的診断が必要な最も重要な理由の1つは、臨床的な理由ではなく、むしろ科学的な理由による。臨床心理学や精神医学は若い科学であり、人間の心の問題についての原因と治療についてまだ明らかにされていないことが多い。診断によって類似した症状をもつ人々をグループ化することで、そのような症状をもつ人々の病因と効果的な治療法の両方に共通しているものは何か、ということを調べることができる。実際、科学の発展にとって、診断は最も重要な役割を果たしているのである。

第三者機関からの報酬

　精神科患者へのケアや治療に対する報酬は、主に保険会社やメディケアのような第三者機関から支払われる。このような機関は、治療が必要とされる診断を受けた患者でなければ、アセスメントやケアのコストを給付してくれない。そのため、診断は精神保健のケアにおいて、経済的な面で重要なのである。

アセスメントと診断の評価

　心理学者は、アセスメントや診断が正確であり有用であるためには、使用する診断ツールがきちんと標準化されていることが必要であると認識している。すでに述べたように、アセスメントツールや診断は信頼性と妥当性の両方が高くなければならない。DSM-IVによる精神障害の診断について述べる前に、信頼性と妥当性の概念についてくわしく述べることにする。それは、よいアセスメント方略と診断システムを保証するものである。

信頼性

　診断にたどりつくためには、心理士は患者の真の姿と患者の問題を理解するためのアセスメントツールと手続きを用いなければならない。すでに述べたように、臨床家は臨床的面接や観察、心理検査を用いる。2人以上の心理士が心理検査や面接、観察の手続きに基づいて同じ結論に到達すれば、そのことは**評定者間信頼性**(inter-rater reliability)の証拠となる。評定者間信頼性が高い水準にあれば、アセスメントの結果は検査者間で異なる可能性が低いということが示される。しかし、時間の経過についてはどうだろうか？今日実施された検査と1週間後あるいは1ヵ月後に実施された検査の結果がどの程度同じであるのか？　このことは**再検査信頼性**(test-retest reliability)あるいは**検査の安定性**(test stability)と言われる。

　一般に、検査は繰り返し行っても同じ結果を示すことが望まれる。しかし、いくつかの例外がある。時間の経過によって変化すると予測される特徴を測定するために作成された検査は、再検査信頼性が高くなることは期待できない。たとえば、人前で話をするようなストレスフルな状況に対する反応を測定する不安検査について考えてみよう。これは、特定の状況における個人の精神状態を測定するために作成されたものであるため、**状態不安検査**と呼ばれている。その検査の得点は、安定的で特性的な特徴を反映しないと仮定される。したがって、個人の得点は時間の経過とともに変化し、状況に依存したものであると考えられる。一方、外向性のような性格特性を測定するために作成された質問紙の場合には、その得点は時間の経過によって変化しないことが望まれる。

　物差しを用いて床を測定しようとする人は誰でも知っているように、完全な信頼性はめったに得ることができず、きわめて小さいが測定誤差が生じる。測定の目的によっては、そのような誤差が大きな意味をもつこともあれば、まったく意味をもたないこともある。たとえば、0.8インチの差は樫の木の高さにはほとんど意味はないが、ダイヤモンドの直径には大きな意味がある。心理学的測定においても同様である。ツールにどの程度の信頼性が必要とされるかは、多くのものに依存している。一般に、個人的なアセスメントの場合、とくにその結果が研究よりも診断や治療に用いられる場合には、高い信頼性が求められる。診断や治療における誤差の結果は深刻である。個人の幸福がかかっていると言っても過言ではない。そのような場合には、信頼性の基準は厳格でなければならない。

　評定者間信頼性や再検査信頼性に影響を及ぼす要因はたくさんある。臨床的面接では、2回の面接の結果から得られる再検査信頼性は、2人の面接から得られる評定者間信頼性よりも一般に低い。再検査信頼性が低くなることにはいくつかの原因がある。その可能性として、2回の面接で患者の状態が実際に変化していること、面接の間に患者によって提供される情報が異なっていること、面接者の行動や個人的な特徴(たとえば、パーソナリティや性別)が異なっていること、などが考えられる(Robins, 1985 ; Williams, Barefoot & Shekelle, 1985)。

妥当性

妥当性という用語は検査や診断手続きの有用性のことであり、それが何を測定しようとしているかということである(Cureton et al., 1996)。たとえば、外向性を調べるための優れた検査で高い得点を得た人は、低得点の人よりも、多くの人々とコミュニケーションを図ることを求められる状況で、よりよく振る舞うことができるはずである。診断システムについて言えば、それが臨床的診断において主要な役割を果たしてくれるかどうかをわれわれは知りたい。すなわち、それが患者の状態を的確に記述することができるか、そしてあるカテゴリーの患者と別のカテゴリーの患者を区別することができるかどうかということである。これは**構成概念妥当性**(construct validity)と呼ばれている。

診断カテゴリーは、経過や治療の効果を予測することができるのだろうか？　これは**予測的妥当性**(predictive validity)と呼ばれている(Blashfield & Draguns, 1976)。もちろん、信頼性が低ければ妥当性は脅かされる。診断カテゴリーをどのように適用すべきかということについて臨床家が合意できなければ、診断システムの有用性はきわめて限定されてしまう。診断が高い予測的妥当性をもっている場合には、診断から引き出される予測は後続の出来事によって証明される。このことは、どのような治療を選ぶかということに直接関わることであるためとくに重要である(Robins & Helzer, 1986)。予測的妥当性の高い診断システムは、障害の予後についても情報を提供してくれる。妥当性の高い検査や診断システムは、次のような疑問に答える際に役立つ。その問題はある種の治療によって改善されるのか？　その人は暴力を振るったり、あるいは自殺したりする可能性があるか？　症状の特徴や重さはその人が成長するにつれて変化するだろうか？

診断カテゴリーに関しては、診断がかなりの程度の正確さでどのような治療が効果的かという情報を臨床家に提供してくれる場合には、予測的妥当性が高いと言う。たとえば、「双極性障害」における予測的妥当性は、その治療において投薬が効果的であることから、予測的妥当性が非常に高い。ここでは診断は、特定の治療法を選ぶという点で予測的な役割を果たしている。「遺糞症」についても、行動や社会的学習に基づく治療法が効果的であるという点で、予測的妥当性が高い。これらの例においては、診断は成功する可能性が高い治療法を導き出す。しかしながら、ある診断カテゴリーでは確立された治療法がないこともある。また、診断は障害の原因についてはほとんど情報を提供してくれない。ある種の異常性の特徴や原因についてもっと多くのことがわかるようになれば、特定の診断方法が妥当かどうかということを、もっと明確に判断することができるようになるだろう。

精神疾患の診断・統計マニュアル(The Diagnostic and Statistical Manual of Mental Disorders ; DSM)

さてここで、最も広く用いられている精神障害の診断システムの1つである「精神疾患の診断・統計マニュアル(DSM)」について論じることにしよう。DSMは1952年にアメリカで作成され、アメリカ精神医学会によって承認された。それ以降、正確を期するために何回かにわたって改訂された。最も大きな改訂の1つは1968年に行われ、DSM–IIとなった。DSM–IIの診断カテゴリーは精神分析理論に大きな影響を受けていた。しかし、DSM–IIで用いられるようになった診断は、問題が多かった。DSM–IIによって問題のある人を診断する場合、診断をする人は互いに同意することが難しかった(Beck, Ward, Mendelson, Mock & Erbaugh, 1962 ; Rosenhan, 1975 ; Spitzer, 1975)。そのため、1980年にDSM–IIIが作成された。DSM–IIIの診断カテゴリーは、推測される特性ではなく、行動が客観的に記述された。さらに、診断カテゴリーの数が増やされ、DSM–IIが100カテゴリー以下であったのが、DSM–IIIでは200カテゴリー以上になった。しかしながら、依然として信頼性の問題があったため、DSM–IIIは1987年にDSM–III–Rに改訂された。これはDSM–IIIを洗練させようと試みられ始めたのであるが、最終的には大幅な改訂となった。さらに、DSM–III–Rは1994年にDSM–IVに改訂された。実証的な努力に基づいて改訂しようとしたものであるが(Blashfield & Livesley, 1991 ; Widiger, Frances, Pincus, Davis & First, 1991)、経験の豊富な実践家の意見が主にとり入れられたため、それまでのものと同様の診断に関する問題が残されることになった(Spitzer, 1991)。DSMの次の改訂はDSM–Vであり、現在作成されているところである。おそらく数年後には公刊されるであろう。それまでの間は、DSM–IVが「診断のバイブル」であろう。

障害を定義するための基準

DSM–IVでは、**精神障害**は、苦痛をひき起こすか、あるいは1つ以上の重要な機能を阻害する行動的、心理的パターンとして定義されている。それは、真性の機能障害であることを意味しており、単なる個人と社会との関係における問題は含まない。後者は社会的逸脱であり、社会的逸脱は精神障害ではない。

精神障害の定義を超えて、DSM–IVは各精神障害について限定的で操作的な(明確に記述され、再現性のある)診断基準を追求している。以前の診断システム(特にDSM–II)の欠点は、定義があいまいで不正確

であったことである。たとえば、DSM–II はうつ病のエピソードを示しているが、エピソードがどのようなもので構成されているかを決めることを、診断者に委ねているところがあった。そのような定義では次のような実際的な問題を解決できなかった。「1時間の抑うつ状態は基準を満たしているのか?」「1ヵ月持続した抑うつ状態は単一のエピソード以上のものと見なせるのか?」。新しいアプローチでは、より明確な定義をすることによって憶測的な診断を排除しようとしている。たとえば大うつ病のエピソードに関して言えば、DSM–IV では「以下の症状のうち5つ(またはそれ以上)が2週間の間に存在し……これらの症状のうち少なくとも1つは、(1)抑うつ気分、あるいは(2)興味あるいは喜びの喪失である」と記述されており、9つの異なる症状が示されている。機能的な定義を用いることで診断の信頼性を高めることが期待できる。

DSM–IV では、各診断の本質的な特徴や関連する特徴が記述されている。また、研究によって明らかにされた各障害の好発年齢や素因、症状による影響などの要因も示されている。最後に、各診断カテゴリーの特殊な基準(症状とその持続期間など)が示されている。本章の最初に論じたさまざまなアセスメントツールを用いることによって、臨床家は患者およびその状態が DSM–IV のどのカテゴリーに最もよくあてはまるかを決定するのである。

DSM–IV における診断は、いくつかの下位カテゴリーに分類されている。たとえば、「気分障害」はうつ病性障害や双極性障害、他の気分障害に分けられている。また「不安障害」は全般性不安障害や強迫性障害など、14の診断カテゴリーに分けられている。同じカテゴリーに含まれる障害には共通する症状がある。しかし、同じカテゴリーの障害だからといって原因が同じであるとは限らない。DSM による障害のグループ化が妥当であるかどうかは、将来の研究を待たなければならない。

DSM–IV を用いることの利点の1つは、診断プロセスにおいてこれまでの版で強調されていなかった文化的な要因がかなり考慮されていることである(Mezzich et al. 1999)。DSM–IV では、さまざまな障害が文化的な要因によってどのように影響されるのかということについて論じられている。また精神障害における文化的要因の影響について、臨床家が評価し、報告するためのガイドラインが示されている。最後に、DSM–IV は特定の文化において観察されることの多い障害についても示している。

多軸評定

DSM–IV では、診断をするために、単一の分類ではなく多軸システムを用いている。全部で5つの次元(軸)があり、障害を分類するだけでなく、身体的健康や個人的経験、社会的状況を評価するためのものでもある。このように、軸というのは、精神障害が生物学的要因、心理学的要因、社会的要因を包含するものという仮定を反映するものである。多軸システムが採用されている理由は、診断プロセスにおいて、単に障害だけではなく人間全体像を理解するためなのである。このような多次元的な分析のレベルから集められた情報は、治療計画を立てたり、その結果を予測したりする上で役立つ。DSM–IV は以下のような軸で構成されており、機能的な診断に役立つ情報を提供している。

- I 軸——**臨床疾患**:伝統的な臨床的疾患であり、妄想型統合失調症、大うつ病、さまざまな不安障害が含まれる。また、精神障害でないが治療が必要とされる状態もこの軸に含まれる。後者には、精神障害に起因しない学校や婚姻、職業上の問題である。
- II 軸——**パーソナリティ障害**:パーソナリティ障害は I 軸には含まれないが、I 軸の障害ももっている場合が多い。II 軸の障害は一般に児童期や青年期に発症し、成人期にまで持続する。このような障害は診断者に見落とされることが多い。それらを別の軸としてとり上げたのは、そのような障害に注意が向けられるようにするためである。I 軸と II 軸には、すべての心理的診断が含まれる。
- III 軸——**一般身体疾患**:ここに含まれるのは、心理学的問題と関連するあらゆる医学的問題である。
- IV 軸——**心理社会的および環境的問題**:ここには、現在の問題をひき起こしている過去の困難や、退職のような将来予期される出来事が含まれる。
- V 軸——**機能の全体的評定**:適応の機能のレベルは予後について大きな意味をもっている。というのは、人は心理的な問題の強度が弱まると、機能が最高レベルに戻るからである。V 軸のアセスメントは3つの領域を考慮に入れる。それは、家族や友人との社会的関係、仕事上の機能、余暇の使い方であり、1(非常に低い)から100までの尺度で表される。

5つの軸をすべて考慮に入れた情報は、単に I 軸にのみ基づいた診断よりも幅広くその人を理解することにつながる(Box 2-2を参照)。最初の2つの軸は、障害を分類するものであり、他の軸は実際の症状を超えて、その人の状態についてよりくわしい情報をもたらしてくれる。心理社会的および環境的ストレッサーと同様、医学的問題もその人の状態に何らかの影響を及ぼす。機能の全体的なレベルは、その人の状態や生活

Box 2-2　分析のレベル

DSM-IV による診断

　DSM–IV は「精神」障害のマニュアルであるが、多くの診断カテゴリーの症候の基準には身体的な症状も含まれている。このことは、人間の疾患はきちんとした 1 つのパッケージになっているわけではなく、心理的な問題が身体的な問題をひき起こしたり、あるいはその逆であったりするという事実を示すものである。クライエントに包括的なアセスメントを行うために、臨床家は身体的な症状と精神的な症状の両方を調べなければならない。以下の事例は、生物学的な問題と心理学的な問題の相互作用を非常によく描写している。そして、DSM–IV によってどのように診断するかを示すよい例である。

　ペギーは 16 歳のとき、6 ポンド減量するためにダイエットを行った。そのダイエットは成功した。友達や家族は口々にきれいになったと言い、自分自身でもよい気持ちであった。そのような誉め言葉や自分自身の心地よさに触発されて、さらに 8 ポンド減量しようとした。それから 2 年にわたって、64 ポンドになるまでダイエットと懸命なエクササイズを続け、月経が止まってしまった。彼女は病院に入院し、消化器潰瘍の治療を受けて退院したが、わずか 3 ヵ月後に同じ病院の精神科に再入院した。入院中、彼女の体重は 100 ポンドに増え、大学に行くことができるようになった。

　大学では、学業や社会的活動の課題が増えていた。ペギーは再びダイエットを始めた。彼女の食習慣は非常に儀式的になり、食べ物を非常に小さく切り分け、それを皿の周囲に並べ、非常にゆっくり食べていた。また、高脂肪のものや炭水化物を食べるのを拒んでいた。彼女は容姿を気にしていつも不安になっており、ついには学校に行けなくなって再度入院した。そこで彼女は行動療法プログラムを受け、毎週 2 ポンド体重を増やすよう求められ、それができなければベッドで寝ることを制限された。それは彼女にとって難しいことであった。彼女は少しずつ自分の気持ちと対峙し、鏡で現実の自分自身を見つめるよう促された。

　臨床家は DSM–IV の 5 つの軸に基づいてペギーを診断する。I 軸の摂食障害という診断に加えて、ペギーが I 軸の他の診断に該当するかどうか、II 軸のパーソナリティ障害や III 軸の身体疾患、IV 軸の心理社会的および環境的問題があるかどうか、最後に V 軸の機能の全体的評定はどのようなものかを決める。さて、ペギーはどのように診断されたのだろうか。

I 軸　臨床疾患：神経性無食欲症（重度）
　最初のダイエットの後、医者はペギーに消化器潰瘍があることを発見した。彼女は食べることによって身体的な不快感が生じたために、食物摂取を制限したのだろうか？　もしそうであれば、医者は診断するために DSM–IV を見ていなかったのであろう。逆に見れば、消化器潰瘍は摂食障害の結果であったのかもしれない。すべての情報を考え合わせると、摂食障害というのが臨床家の結論である。実際に、心理的問題や食習慣の変化が消化器潰瘍をひき起こすという強い証拠がある。
　しかし、まだ他の疑いが残されている。ペギーが食べる前に食べ物を小さく切り分けていたことを思い出してみよう。このことは、もう 1 つの診断として強迫性障害があるということを示しているかもしれない。そして治療の間、ペギーは抑うつ症状やパニック症状を示しており、気分障害または不安障害という診断もつけられるかもしれない。

II 軸　パーソナリティ障害：無
　ペギーが友達や家族からの評価に依存していたことが示されているが、その程度から見れば、依存性パーソナリティ障害と診断するほどではない。

III 軸　一般身体疾患：消化器潰瘍
　すべての身体疾患が III 軸で示されているわけではなく、精神疾患と相互作用をもつものが示されている。ペギーの場合には、最初のダイエットが消化器潰瘍という結果をもたらした。それは、心理的問題が摂食の減少をもたらし、それが消化器潰瘍をひき起こしたと思われる。

IV 軸　心理社会的および環境的問題：無
　ペギーが社会的、職業的、学業的問題をもっていたという証拠はない。

V 軸　機能の全体的評定：50（20 の可能性もある）
　ペギーは治療によく応答しているが、かなりの危険もある。神経性無食欲症は非常に重いものであり、時には生命を脅かすこともある障害である。

（DSM-IV Casebook : A Learning Companion to the Diagnostic and Statistical Manual of Mental Disorders より引用）

上のストレッサーにどのように対処していったらよいかを決定するための要因の 1 つなのである。

DSM の信頼性

　初期の DSM は信頼性に問題があった。たとえば、経験豊富な複数の人が DSM–II を用いて診断した場合、互いに結果が一致しないことがよくあった。これは、評定者間信頼性が低いために、診断カテゴリーを役立てることができない例である。事実、DSM–II の信頼性に関する研究を概観して、Spitzer と Fleiss（1974）は十分な信頼性があり臨床的に役立つのはわずか 3 つのカテゴリー（精神遅滞、アルコール症、脳の器質的障害）だけであると指摘している。これはかなり広いカテゴリーであり、診断をする人がたとえばアルコール症や脳障害の種類をもっと細かく分類しようとすれば、診断の信頼性はもっと低下する。
　DSM–III の作成に携わった委員会は、そのような問題をすべて解消しようとした。委員会は、カテゴリ

ーをより特殊で、正確なものにしようとした。また、各診断カテゴリーに対象者を含めたり、カテゴリーから除外したりするための行動的および時間的基準も作成した。時間的な基準は、症状が存在する時間的な長さを示すものである。たとえば、大うつ病の場合には、最少限の症状（少なくとも5つ）が少なくとも2週間持続している必要がある。DSM–IIIの診断で主要なものは、症状の数と症状の持続期間である。このように、DSMの信頼性を高めるために、あらゆるものが変更された。

　残念なことに、信頼性に関する研究は、その方法とその結果とにおいて非常に期待はずれなものであった。実践的な臨床家が、患者を調べて別個に診断を下すよう求められた。DSM–IIIでは、I軸とII軸の両方において、臨床家が多様な診断を下すことを許容するものであった。もちろん多様な診断を下すことは、臨床家間の一致の可能性を高めることにつながる。もし、臨床家Aが6つの診断をし、臨床家Bが5つの診断をすれば、両者が1つだけの診断をする場合よりも、それらの診断のうちの1つが一致する可能性は非常に高い。

　このように、DSM–IIIの信頼性に関する研究はたくさんあるが、「インフレ」の信頼性のケースが多かった。特定の診断の信頼性について調べる必要があるにもかかわらず、クラスターあるいはクラスについてしか信頼性が示されていない。したがって、たとえば2人の臨床家がまったく異なる診断（「パニック発作を伴う広場恐怖」と「強迫性障害」）をしたとしても、診断の一致度は「パーフェクト」であるとみなされてしまう。なぜなら、たとえ特定の診断について一致していなくても、両者は同じクラスに含まれる診断だからである（Kirk & Kutchins, 1992）。しかし、重要な問題は特定の診断における信頼性なのである。信頼性が特定の診断の単位で計算されれば、その診断はきわめて信頼性が高いもの（パニック障害、広場恐怖、強迫性障害のような診断の場合）からきわめて信頼性が低いもの（単一恐怖や全般性不安障害のような診断の場合）まで変化してしまうのである（Mannuzza et al., 1989）。

　現在のDSM–IVは信頼性を改善することに焦点を当てて開発された。改訂は成功したのだろうか？　全般的に信頼性は上昇したが、改善の度合いは信頼性を検証するための方法や診断カテゴリーに依存している（Bertelsen, 1999 ; Nathan & Lagenbucher, 1999）。たとえば、気分変調性障害（うつ病の1つの型）の信頼性は高い（Han, Schmaling & Dunner, 1995）。大うつ病の診断の場合には、同じ臨床センターで診断すると信頼性は非常に高いが、異なる臨床センターで診断すると信頼性は極めて低下する（Keller et al., 1995）。睡眠障害の診断に関しては施設間信頼性は非常に高いが、特定の睡眠障害については信頼性が低下する（Buysse et al., 1994）。また、不安と抑うつが混在した問題をもっている人については、信頼性は中程度である（Zinbarg et al., 1994）。

　なぜ診断によって信頼性が異なるのであろうか？その理由は明らかではないが、診断基準の性質に問題があるのかもしれない。たとえば、ある障害の定義は患者が臨床家に話した内容に基づいているが、ある診断では臨床家の観察に基づいている。このように、診断プロセスを洗練させるための方法についてさらに研究を重ねていくことが重要である。その間、DSM–IVの限界を考慮に入れておかなければならないが、精神障害の原因を明らかにするような研究が積み重ねられることによって、DSMはさらに洗練され、信頼性が改善されるであろう（Frances & Egger, 1999）。このことはI軸において、とくに必要である。

　II軸のパーソナリティ障害についても一致度はあまり高くない。この障害には、個人的苦痛が必ずしも含まれていない。それにもかかわらず、この障害の基準を満たした人は、日常生活において非常に強い機能低下が見られる。たとえば、第9章で述べるように、反社会性パーソナリティ障害の基準を満たした人は精神保健機関への受診をけっして求めないが、他者との関係や仕事において問題をもっているのが普通である。またII軸の障害は、診断基準が極端すぎて、中程度のパーソナリティ的問題をもつ人は含まれないという批判もある。最近の研究では、心理治療が必要であると認められる患者の大部分が、DSM–IVのI軸あるいはII軸の基準を満たしていなかったという報告がある（Westen & Shedler, 1999）。しかし、II軸のある1つの診断基準を満たす人は、II軸の他の診断基準も満たす可能性が非常に高い。これは**併存症**（comorbidity）と呼ばれ、2つ以上の診断が同時に存在することを意味している。このことは1つのパーソナリティ障害をもつことは、他のパーソナリティ障害をもつリスクとなるということを意味しているのだろうか？　あるいは、単にカテゴリーが正しくないので、併存している障害をまとめたカテゴリーを作るべきだということを示しているに過ぎないのであろうか？（たとえば、一人の人を統合失調型パーソナリティ障害と反社会性パーソナリティ障害の2つの異なる診断に割り当てる代わりに、「統合失調型—反社会性」パーソナリティ障害という1つの診断名をつける）。

　DSM–IVのパーソナリティ障害の基準は、パーソナリティの特徴の「次元性」を考慮に入れていないという批判もある（Westen & Shedler, 1999）。言い換えれば、パーソナリティ特性は非常に依存的から非常に自立的、非常に楽観的から非常に悲観的のように連続性がある。ほとんどの人がその間にあるが、「異常性」のカットオフポイントは明確ではない。したがっ

て、パーソナリティをさまざまな次元で評価したパーソナリティ障害のカテゴリーを作るべきではないと思われる。DSM の次の改訂では、このような問題がとり上げられて、Ⅱ 軸の診断が意義ある方向に変更されるであろう。最後に、DSM-IV の Ⅱ 軸の再テスト信頼性はとくに低いことを指摘しておく。DSM-IV の理論的な基礎は、そのような障害は時間の経過によって変化しにくい安定したパーソナリティの問題を仮定しているのである。

精神障害の診断を歪める要因

経験豊富な心理学者や精神科医であっても、診断が一致しなかったり、時間の経過とともに診断が変わってしまったりするのはなぜだろうか？ 前述のように、その大きな理由の1つは、ほとんどの精神障害の原因がわかっていないことである。精神障害患者は行動的特徴の類似性に基づいてグループ化される。そのため、特定の症状や行動的特徴をもつ人は統合失調症と診断され、他の症状をもつ人は気分変調性障害の基準を満たすと見なされるのである。しかし、統合失調症と診断されたすべての人が、本当に同じ原因による同じ疾患であるかどうかはわからない。それをはっきりさせるための研究はないのである。精神障害の証拠は、X 線や血液検査からは得られない。その代わりに、証拠となるのは行動やもっと主観的なものであり、さまざまな社会的・心理的要因なのである（Garb, 1998 a；Garb, Florio & Grove, 1998）。診断に影響を及ぼす可能性のある最も重要な要因は、文脈、予期、情報の信憑性の3つである。実際に、診断の信頼性を損なうのはそれらの要因なのである。

文脈

何年もの間、心理学の研究は行動が観察された文脈が行動の意味に大きな影響を及ぼすことを繰り返し示してきた（Asch, 1951；Grab, Florio & Grove, 1998；Gergen, 1982）。有名な研究の1つに、心理的症状がない一群の人が不可解な症状を訴えて一般の精神科の病院で医者に診察してもらうよう計画されたものがある（Rosenhan, 1973）。「患者」は、声が聞こえる、その声は「だるい」「むなしい」「心臓がドキドキする」と言っていると強く主張した。そのような声は不可解なものであったが、その人たちにとっては不可解というわけではなかったのである。実際に彼らは、幻聴に関すること以外はいつものように行動するよう、すべての質問に正直に答えるよう注意深い教示を受けていた。病院という文脈の外では、模擬実験は見破られてしまったか、少なくとも疑いをもたれた。実際に、その症状1つだけで他の症状が見られないのはおかしいと誰かが指摘した。しかし、患者が診察を求めた病院ではそのようなことは起こらなかった。むしろ、患者は主に統合失調症との診断を受けた。幻聴を訴える病院の患者のほとんどが統合失調症であると見なされたという事実は、特定の文脈が統合失調症という「擬似患者」を作り出してしまうことを示している。症状は統合失調症のものではないにもかかわらず、症状を示す文脈が症状自体よりも診断に大きく影響するのである。

病院という場面だけではなく、診断そのものも特定の種類の情報や解釈をもたらすこともある。たとえば、擬似患者が病院で受診して、周囲を注意深く観察し始め、観察したものをそのまま書き留めた。病院の患者たちは擬似患者が何を書いているのかを尋ねた。患者たちはすぐに擬似患者が患者ではなくジャーナリストか、病院について研究している大学の教授であると結論づけた。それは患者にとって素直な推測だった。というのは、擬似患者は実際に多くの本当の患者とはまったく異なる行動をしていたからである。しかし一方で、病院のスタッフはそのように推測しなかった。スタッフは、擬似患者はいつも何かを書いていると心に刻みすぎていたのである。スタッフは擬似患者について「患者は書くという行動をしている」と記録していた。しかし、スタッフは書くということを診断自体の文脈の中で解釈して、書くということを精神病理を証明する一要素であるとみなし、診断の文脈の外にある別の説明を締め出してしまったのである。

予期

診断者が、苦しみを抱いている人であるか、あるいは正常な人であるかを予期することも、診断に影響を及ぼす。たとえば、前述のように、擬似患者がどれほど簡単に統合失調症と診断されてしまうかということを聞いていたある病院の院長が、「ここではそのよう

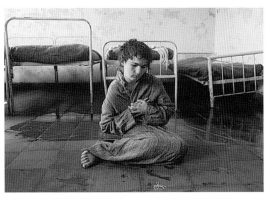

心理学的診断は、必要不可欠なものであると同時に危険なものでもある。もしこのボスニアの少年が病院のスタッフから「回復不可能」であると見なされれば、少年は残りの人生をこのような状況で過ごさなければならない。（© Peter Turnley/Corbis）

Box 2-3　社会とメンタルヘルス

文化に特有の障害

以下に示したのは、DSM-IV に示されている文化結合障害である。文化による違いがあるにもかかわらず、普遍的な分類システムを作ることは可能なのかという DSM-IV の基本的な仮定についての疑問が提示されている。さらに、このような文化結合障害を含めているにもかかわらず、DSM-IV は精神障害や診断、治療の文化的な文脈に未だあまり注意を払っていないという議論もある。

ネルビオス発作

この言葉は、主にカリブ海のラテン民族の中で報告されているが、ラテンアメリカ人や地中海のラテン系の人にも見られる。共通して報告されている症状は、叫び声を抑えられないこと、泣くことの発作、震え、胸から頭へ熱が昇っていくこと、言語的または身体的攻撃である。発作のときには、解離体験、失神のエピソード、自殺をする素振りが顕著に見られる。ネルビオス (nervions) 発作の一般的な特徴は、コントロールできないという感覚である。ネルビオス発作は家族に関係するストレスフルな出来事 (たとえば、親族の死のニュース、配偶者との別離や離婚、配偶者や子どもとのいさかい、家族メンバーの事故の目撃、など) の直接的な結果として起こることが多い。ネルビオス発作の間は、何が起こったか覚えていないことがあるが、すぐに通常の状態に戻る。ネルビオス発作の症状は、DSM-IV ではパニック発作に最も近いが、発作のほとんどが突然に起こった出来事と関係しているという点でパニック発作とは区別される。発作の範囲は、精神障害とは無関係な苦痛の表明から、不安障害、気分障害、解離性障害、身体表現性障害と関連する症状まである。

コロ (Koro)

この言葉は、おそらくマレーシア語を起源としており、陰茎 (女性では外陰や乳首) が体内に引っ込んで死に至るという突発的な強い不安が生じるものである。この症状は東南アジアで報告されており、シュクヤンやシュックヨン、スーヤン (中国)、ジンジニアビマー (アッサム地方)、ロクジョー (タイ) などさまざまな言い方がある。西洋でも見られることがある。コロは東アジア地域で流行することがあり、中国版精神障害分類—第2版 (Chinese Classification of Mental Disorders, Second Edition : CCMD-2) に含まれている。

ピブロクト (Pibloktoq)

極度の興奮を伴う突発的な解離性のエピソードが30分以上持続し、しばしば12時間以上続く痙攣発作や昏睡を伴う。これは主に北極エスキモーに見られる。発作の前の数時間あるいは数日間、抑うつ感やイライラ感があり、発作についてはほとんど覚えていない。発作の間、服を引き裂き、家具を壊し、卑猥な言葉を叫び、便を食べ、隔離場所から逃走し、攻撃的で危険なことをする。

(APA (1994), Diagnostic and Statistical Manual of Mental Disorders (4 th ed.), Washington, DC より引用)

なことがないように」と考えた。その結果、1つの単純な研究が考案された (Rosenhan, 1973)。病院には、これから3ヵ月の間に時折1人以上の擬似患者が現れるという情報が流された。その期間、各スタッフ——受付、看護師、精神科医、心理士——は、入院を求める患者やすでに入院している患者を、どの程度擬似患者であるかを尺度を用いて評価するよう求められた。その結果、20%以上の患者が少なくとも1名のスタッフによって擬似患者であると判断され、10%近い患者が2名以上のスタッフによって擬似患者であると判断された。スタッフは擬似患者を見つけ出すように方向づけられ、多くの擬似患者を見つけ出した。ところが実際には、この研究では1人の擬似患者も受診しに現れなかったのである。

情報の信憑性

心理学的診断は、信憑性の高い情報源からの情報によって影響を受けやすい。このことは、非常に幸福で健康な人生を歩んできたと思われる男の面接の録音テープを聞いた一群の診断者の研究で示されている (Temerlin, 1970)。彼の仕事はやりがいのあるもので、うまくいっていた。他者との関係は良好で満足できるものであった。結婚生活も幸福なものであり、性的関係もうまくいっていた。また、うつや不安、心身症状、疑心、敵意、思考障害もまったくなかった。面接を聞いた後で、1つのグループの診断者は、権威のある人が、その男は神経症的に見えるが本当は精神病であると言っているということを聞いた。他の診断者は、同じ権威者がその男は極めて健康的であると言っているということを聞いた。さらに他のグループは、そのテープは就職のための面接であるということを聞いた。この研究の結果は非常にドラマチックなものであった。精神科医や心理学者、臨床心理学コースの大学院生という心理学的に訓練されている診断者の結論は、その男には障害があるかもしれないという誘導に非常に大きな影響を受けた。実際、法律専攻の大学院生や学部生のような訓練されていない診断者よりも、誘導によって影響を受けたのである。また、混合グループの診断者 (訓練された診断者と訓練されていない診断者が両方含まれる) は、その人が「健康的である」と言われた場合には、障害があるという評価はなされなかった。

文化的文脈とその影響

　われわれは、DSM–IV は旧版よりも文化的要因に注意を払っているということを指摘した。実際に、DSM–IV は文化に特異的な障害を付録に含めている（Box 2-3参照）。それにもかかわらず、精神的健康や障害への文化的影響の特徴や影響の強さに関する研究はほとんどない。なぜそのような研究が重要なのだろうか？　Box 2-3に示されているネルビオス発作のケースを考えてみよう。ネルビオス発作の特徴については、プエルトリコにおける成人のメンタルヘルスに関する疫学的研究にその障害が含まれた1980年代まではあまり知られていなかった（Guarnaccia & Rogler, 1999）。多くの研究者が驚いたのは、面接を受けた16％の人がネルビオス発作のエピソードを少なくとも1つはもっていたことである。この症候群は研究に参加した人の大多数が認識しており、ほとんどの人がその障害をもっている人を知っていた。そのような知見の結果、研究者はプエルトリコ人の患者にネルビオス発作の経験について常に尋ねるようになった。研究者はメンタルヘルスのクリニックで面接を受けた患者の75％がネルビオス発作の経験をしていることを見出した。この知見は、研究者や臨床家が文化に特有の症候群に敏感になる必要のあることを示した。なぜなら、文化に特有の症候群は大勢の人に影響を及ぼし、大きなメンタルヘルス上の問題になるかもしれないからである。さらに、研究者はそのような症候群の特徴を明らかにする必要がある。たとえば、発作や自殺企図はネルビオス発作の主要な症状であると考えられているが、臨床的研究では、そのような症状はそのような事例の約3分の1にしか見られないことが示されている。実際に患者は、最も共通する症状としては、情動的および身体的コントロールの喪失（思わず叫び声を上げる、思わず泣いてしまう、ぶるぶる震える、動悸がする）を挙げているのである。

　ネルビオス発作の疫学的な研究が行われると、45歳以上の、とくに仕事についておらず、教育水準がそれほど高くなく、別居や離婚などの婚姻上のストレッサーを経験したことのある女性に多く見られることがわかってきた。このような属性のプロフィールは、アメリカではうつ病患者で観察されるものと非常に類似している。このことは文化に特有の症候群について大きな疑問を生じさせる。それらは別の精神障害と考えるべきなのだろうか？　文化に特有の診断システムを作る必要があるのだろうか？　あるいは、DSM–IV の基本的な障害の1つが、単に文化によって現れやすいだけではないのか？　おそらく、個々の文化は人々がどのように苦痛や悲しみの感情を示すのかを決定している。プエルトリコでは、情動を強く表すことが、アメリカよりも受容されるかもしれない。文化に特有の症候群が DSM–IV の障害の症状の1つであるという仮定を支持する証拠は、罹患率の研究によって示されている。ネルビオス発作をもつプエルトリコ人の約63％が I 軸あるいは II 軸の障害の診断基準を満たしているのである（Guarnaccia & Rogler, 1999）。

　精神障害の伝統的なカテゴリーの文化的相違に関してはあまり多くの研究がないが、特定の障害の罹患率が異なるという証拠はいくつかある（Ormel et al., 1994）。たとえば、身体化障害は、明らかな身体的問題がないのに身体的症状が生じる疾患であるが、これは南アメリカの国々で最もよく見られる精神障害である（Gureje, Simon, Ustun & Goldberg, 1997）。ブラジルのリオデジャネイロでは8.5％の人に、チリのサンチャゴでは17.7％の人に見られることが報告されている。ところが、ナイジェリアのイバダン、イングランドのマンチェスター、日本の長崎、イタリアのベローナでは1％以下であった。この違いの原因は何であろうか？　もちろん、1つの可能性は実際に罹りやすさが本当に異なることである。しかし、もう1つの説明を否定することはできない。それは、症状の質問項目や面接の訳語の相違によるのではないかということである。たとえば、身体化障害の症状の意味が、異なる言語で翻訳された場合には異なっているのではないかということである。

　精神障害の交差文化的な差異の意味を理解することは、そのような研究において最も難しい側面である。しかし、研究者はその問題を放棄することはできない。とくにわれわれの社会が多様になるにつれて、精神障害に及ぼす文化的影響はアメリカにおいてさらに重要性を増している。アメリカにおけるアジア人やラテンアメリカ人の割合は非常に早いペースで増加しているため、彼らのメンタルヘルスに影響を及ぼし、治療に関係する文化的要因について、さらに多くの研究が必要とされる。

分類と診断の必要性

　精神障害をアセスメントするための現在利用可能な検査や診断手続きには限界がある。精神障害の診断は行動的サインにかなり依存しているため、誤りを犯す可能性が高い。しかし、診断をしないことができるだろうか？　いや、そのようなことができるはずがない。ある種の症候と他の症候を区別することなしに、心理的な異常性を理解するための科学は成り立たないし、その進歩もあり得ない。ある障害に関係する行動的特徴と他の障害に関係する行動的特徴とを区別することによって、研究者は治療法を開発することができるのである。診断することなしに、治療が進歩することはあり得ないのである。

　精神障害の診断について批判することは重要である

が、医学のすべての領域において診断の信頼性には限界があることを忘れてはならない。長い時間をかけて科学的研究が発展してくるにつれて、われわれはどのような診断が役に立ち、どのような診断が役に立たないかを理解することができるようになった。身体的疾患の診断が発展するのに合わせて、治療法も発展を遂げてきた。研究者は身体的疾患の症状を体系的に検証することによって、新たなそして重要な違いを発見してきたのである。このことは糖尿病やガン、心臓病、AIDSにおいて行われてきた。同様に、気分障害の1つである気分変調性障害のようないくつかのDSM–IVの診断は信頼性や妥当性がすでに改善され、他の多くの診断も改善の方向に向かっている。しかしながら、DSM–IVのいくつかの診断カテゴリーは強い実証的データに基づいていないことは疑いがない。とくにパーソナリティ障害はそうである。最終的には、注意深い研究によってそのような不確かな診断カテゴリーを維持すべきかどうかを考える必要がある。どのような診断においても、その正確さや効用が論証されなければならない。

研究方法

21世紀は科学、とくに行動科学が驚異的に発展した時代であった。人間行動の研究に科学的な方法を適用することは、自分自身や他者の理解を変革させるための基礎となった。本章では、行動科学者によって用いられている基本的な仮定やアプローチ法について述べることにする。また後の章では、そのようなアプローチが、さまざまな精神障害の特質や原因に対してどのように光を当てているのかを見ていくことにする。

精神障害に関する研究は、あらゆるアプローチの中で最もシンプルである**臨床的事例研究**によって始められた。これは個人の事例に基づいて仮説を生み出すという、最もシンプルな方法である。またこれはもっと複雑な科学的研究の出発点としてきわめて有用であった。臨床的事例研究は統合失調症や他の多くの精神障害についての初期の理論の基礎になるものであった。また、AIDSのような身体疾患の研究をも先導するものであった。事実、アメリカの疾病を監視し、減少させる役割を担っている疾病対策センター（CDC）は、流行の始まりや疾病の広がりを監視するために、事例研究を重視していた。しかしながら、事例研究法には大きな限界がある。ある患者が抱えている問題を、同じ疾患をもつ他の患者ももっているとどうして言うことができるのだろうか？　たとえば、自閉症の子どもをもつ母親が妊娠中に風疹にかかっていたことがわかったとしたら、そのことによって風疹が自閉症の原因だとみなすことができるのだろうか？　答は「ノー」である。1つの観察から一般的な原理を導くことはできない。しかしそうであっても、事例研究における情報はわれわれに何らかの**仮説**や原因についての理論をもたらしてくれる可能性があり、将来の研究で検証することができるのである。

仮説を検証するためには、研究対象から多くのサンプルに基づいた情報を得ることが必要である。妊娠中に風疹に罹ることが自閉症のリスクを高めるという仮説を検証する場合、多くの自閉症の子どもの群と自閉症でない子どもの統制群の胎児期の記録を体系的に検証する必要がある。風疹が自閉症の原因であるという仮説が正しければ、自閉症の群は統制群よりも妊娠中に風疹に罹った比率が高くなければならない。言い換えれば、妊娠中の風疹と自閉症との関連性を探さなければならないのである。もしそのような関係を見出すことができれば、それは仮説を支持するものとなる。しかし、われわれは風疹が自閉症の原因であることを示すことができたかというと、まったくできていないのである。

特定の要因（風疹）が特定の結果（自閉症）をひき起こすということを疑いなく示すためには、実験的な研究を行わなければならない。実験的研究では、研究者は原因だと仮定される要因を操作する、あるいは「コントロール」する。しかし、倫理的そして実際的な理由により、精神障害の原因を究明するための実験的研究をすることは普通は不可能である。言い換えれば、妊娠中の女性を意図的に風疹に罹らせることはできないので、その子どもが自閉症になりやすいかを調べる研究はできないのである。そのようなことはわれわれの基本的なモラルに反することである。もちろん、われわれの目標が、胎児期のビタミンが子どもの特定の疾患を予防するという仮説を検証することであれば、実験的な方法を用いることに必ずしも問題は生じないかもしれない。人のために役立つと考えられているものに意図的に人を曝すということと、人に有害であると考えられているものに意図的に人を曝すということとはまったく異なるのである。

行動異常の治療の研究において、非常に役立つ実験的方法がある。治療研究では**効果研究**（outcome study）として知られており、生物学的なものにしろ心理学的なものにしろ、1つの治療アプローチの効果を他の治療や非治療と比較するものである。このタイプの研究では、研究者は研究対象者の治療法を統制している。もちろん、特定の治療法が特定の障害の重篤さを軽減するのに非常に効果的であるという結果が示されれば、それは実際に臨床的実践の一部となる。

このようなさまざまな研究法について検討する前に、キーポイントについて述べておきたい。1つの研究だけで、特定の関係が存在することや特定の治療法が臨床的に効果的であるということを証明するのに十

分であると言うことはできない。科学的な研究では**再現性**が問題となる。このことは、同じあるいは類似した方法を用いて繰り返し研究を行わなければならないということを意味している。最初の知見が支持されたら、仮説の受容に一歩近づくのである。しかし、よい研究者とは本来懐疑論者なのである。そのような研究者はすべて、特定の研究結果に対して、特定の仮説に基づく説明だけでなく、別の説明ができないかと考えている。妥当性の高い研究成果とは、時間と再現性の検証によってもたらされるのである。

臨床的事例研究

　研究法の究極の目標が原因についての証拠を発見することであるということを心に留めていれば、さまざまなアプローチがその目標に向かっていくであろう。最初に、個人の生活の一部を記録する事例研究法について述べる。事例を観察し記録する臨床家は、いろいろと推測したり仮説を立てたりすることができる。それ以上に、臨床家は仮説を発展させたり、治療計画を立てたりするためにその情報を用いることができる。以下の不安の高い少女の事例はそのような例の1つである。

> 　レベッカはアフリカ系の少女で、学校職員の要請に応じて母親に精神科の検査のために連れてこられた時は、16歳で9年生であった。彼女は児童と青年の不安障害のアセスメントと治療を専門としている外来クリニックで検査を受けた。
> 　レベッカの現在の問題は、6年生の頃から続いている登校の問題であった。レベッカは登校することに多少の抵抗を示していた。この登校しぶりは初等学校から中等学校への移行期に始まったことに留意する必要がある。これまでの研究では、そのような移行期には学校に関連した恐怖を生じやすいことが示唆されている。ほかにはとくに問題はなかった。7年生のとき、レベッカは1学期の終わりまでに学校を40日欠席した。7年生のときも8年生のときも十分な出席がなかったにもかかわらず、彼女は年齢に基づいて9年生になった。しかしながら、レベッカを検査したときには、9年生の最初の4ヵ月間にわずか2日しか登校していなかった。6年生になる前は、レベッカは登校しぶりなしに毎日登校しており、学校生活を楽しんでおり、平均以上の成績を修めていた。
> 　レベッカは母親であるH夫人と15歳の妹と一緒に住んでいた。母親は35歳のシングル・マザーで、秘書として働いていた。家族の精神疾患歴は、人前でのスピーチ恐怖（母親と妹）と大うつ病（母親）があった。
> 　母親は、なぜレベッカが登校しぶりをするのかわからなかった。最初のうちレベッカは学校へ行くふりをしており、H夫人が毎日のような欠席に気づくまでに7年生になってから3ヵ月が過ぎていた。しかしながら、欠席したことがわかると、レベッカはあからさまに学校にいくことを拒み始めた。彼女は学校に行く前の朝は気分が悪いと訴え、登校することができなかった。レベッカは登校することについて言うことをきかなかったが、泣きわめいたりすることはなく、ほかに言うことを聞かないということもなかった。
> 　レベッカは、過去4年間にわたる不登校は自分にとって大きな問題であるとわかっていたが、学校ではとても不快で緊張すると感じていた。彼女は、授業で発言をしたり、カフェテリアで食事をしたり、体育のために着替えたりするときにとても気になること、教室が騒がしいのを我慢できないこと、他の子の前で馬鹿げたことをしたり言ったりすることが怖いことを訴えていた。また、混んでいる場所や店、列に並んでいるときのような学校以外のさまざまな社会的状況にいる場合に、とてもいやな気持ちになるとも言った。レベッカは、人に囲まれているときには、いつもジロジロと見られているような気がして不安になるとも言った。
> 　レベッカの現在の症状は、社交恐怖を背景とした不登校であることを示していた。レベッカが家から離れることを避けていることから分離不安障害の可能性も考えられるが、彼女の不安は母親や家それ自体から離れることとは関係がなかった。その代わり、社会的状況で恐怖を感じていた。広汎な社交不安と回避行動から、レベッカは社交恐怖と診断するのが最もふさわしいと考えられた。
> 　レベッカの外来治療での目標は、社会的状況に対する不安を低減し、回避行動を少なくすることであった。登校することは優先順位の高いことであったが、レベッカにはまず不安をひき起こすことの少ない社会的状況に直面させ、成功経験をもつことが必要であると思われた。プログラムは、現実の不安を喚起する状況に少しずつ曝し、認知的コーピング方略のような不安マネジメント技法を加えるよう考案された。しかしながら、レベッカは1人で少しずつ不安状況に直面することにすぐに慣れ、不安マネジメント技法を導入する必要がなかった。治療は、1時間のセッションが9回で構成され、3ヵ月にわたって実施された。
> 　最初のセッションは付加的な情報を得るためのアセスメントと不安階層表を作成するために費やされた。レベッカは、最も不安を感じない状況から最も不安を感じる状況まで、さまざまな状況を挙げるよう教示された。とり上げられたのは、状況がどの程度混雑しているかということと、その状況に1人でいるか、他の人と一緒にいるか、ということであった。不安階層表を作成した後で、レベッカは各項目を0点（避けない、不安を感じない）から8点（いつも避ける、とても

強い連続的な、パニックに近い不安を感じる）までの9段階で評定するよう求められた。最も不安を感じない項目は「誰かとデパートに行くこと」「誰かとファストフードの店で並ぶこと」であり、不安の評定は4であった。逆に最も不安を感じる項目の評定は8であり、「あらかじめ準備することなしに馬鹿げた話をすること」「登校して1日中学校にいること」であった。

レベッカの不安階層表の項目に対する評定は治療が進むにつれて小さくなっていった。治療の終わりには、ほとんどの社会的状況に対してあまり不安を感じることなしに接することができた。不安レベルが高いままだった状況（たとえば、混雑している公園を1人で歩く）でも、彼女はもはや回避行動を示さなくなっていた。レベッカは、不安を喚起する状況に接することは不安を減少させることになることをはっきりと理解していた。さらに、治療が終わるまでに、レベッカはGED（統合教育開発試験）に合格し、通学のためにバスに乗らなければならなかったが、地元のカレッジに入学することができた。彼女はしばしばボーイフレンドや家族と一緒に外出するようになり、治療の結果にはとても満足していると報告した。(Francis & Ollendick, 1990)

臨床的事例研究の長所

研究の方法として、臨床的事例研究にはいくつかの長所がある。その1つは、他の標準的な研究法では簡単に調べることのできない珍しい現象や障害を示すことができる。その主要な長所は、精神障害の病因や治療についての仮説を提案することができることなのである。臨床的事例研究は研究室やクリニックで体系的に検証することのできる仮説を生み出す。たとえばレベッカの事例では、臨床家は彼女や母親との面接の後でいくつかの仮説を立てた。その候補の1つは、レベッカの不登校の問題は学校に対する恐怖であるということである。もう1つは、もっと一般化された社交恐怖の結果だというものである。さらに臨床家は、レベッカの問題は学業不振や母親への過度の依存の可能性も考慮した。臨床的介入に対するレベッカの反応は、これらの仮説を検証するものである。

臨床的事例研究の短所

臨床的事例研究には、主に4つの短所がある。記憶の選択性、再現性の欠如、一般性の欠如、原因論に対する証拠の不十分さである。

報告された「証拠」は、過去の出来事、しばしば非常に昔の出来事であるため、歪められていることがある。たとえば、患者には何か思惑があるとしよう。自責の念から解放されたいと思っているかもしれないし、逆に自分の罪深さを強く感じているかもしれな

い。それを解き明かすために、患者はその目的にかなう証拠を選択し、治療者に話をするときにささいなことを誇張したり、重要なことを無視したりするのである。さらに、時には患者でなく治療者が思惑を抱いている場合がある。治療者が特定の理論を信じていれば、そのことが採用する証拠と無視する証拠の選択に影響を及ぼすことになる。

事例は現実のものであるために、繰り返されることはない。それは類似したものがないことが多いため、原因を明確に指摘するようないくつかの事例を列挙することが難しい。レベッカの事例のように比較的明確な事例であっても、一個人に特異なものであり、一般性に欠けるのである。すべての不登校が社会的状況に対する恐怖によって生じるのであろうか？ 単一事例研究では、そのような不登校の場合には、そのようにして生じるということしかわからないのである。

単一の臨床的事例研究は、病因や原因論について明示してくれるものではない。レベッカのような事例は、原因は明確であると思われるが、原因というのは通常はもっと複雑なものである。ほとんどの事例では、原因だと思われるいくつかの出来事があるか、あるいは明白な出来事がまったくないかである。このことは臨床的事例研究の最も重大な問題である。それは単に、障害の原因となる可能性のある出来事を識別することが難しいからにすぎない。

科学的実験

科学的実験の主な目標は因果関係に関する情報を得ることである。基本的な実験法は非常に単純である。まず、事象の原因について推測（仮説）する。次に、(a)疑いのある原因を除去して事象が起こらないことを確かめるか、(b)疑いのある原因を付加して事象が生起することを確かめる。

実験は、仮定した原因を操作する手続きと、その効果を測定する手続きで構成される。実験者が統制する仮定された原因は**独立変数**と呼ばれる。また実験者が測定する効果は、先行する原因に従属して生じるため、**従属変数**と呼ばれる。独立変数も従属変数も**操作的定義**をもつ。操作的定義とは、明確で測定可能な基準である。たとえば、肥満とは、身長と体重との関係から得られた理想的な体重から15％以上超過していることと操作的に定義される。うつ病は、抑うつ症状のチェックリストで一定以上の得点であることと定義される。独立変数を操作することによって従属変数に変化が認められれば、**実験効果**が得られたと見なす。ひとつの実験について考えてみよう。

実験の計画

実験効果が生じたかどうかを決定するために、研究

第2章 アセスメント、診断、研究法

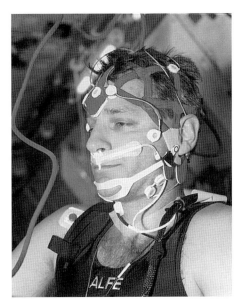

実験は、実験効果が生じるかどうかを確かめるために計画される。ここでは宇宙飛行士が、宇宙空間が睡眠パターンや気分にどのように影響を及ぼすかを調べるための実験を受けている。「睡眠帽」と導線によって、脳や筋肉、眼球、心臓の電気信号が測定されている。
(Associated Press/ NASA)

者はまず実験を計画しなければならない。研究者は因果関係についての仮説に基づいて、従属変数と独立変数を決定しなければならない。たとえば、うつ病の治療法を見つけ出そうとしている研究者が、睡眠障害についての臨床的事例研究に基づいた実験を計画した。いくつかの実験例で、驚くべきことに、何晩も眠れない夜を過ごしたうつ病の人のうつ状態が軽減したことがわかった。抗うつ薬が夢の量を減少させるという事実を考え合わせて、研究者は夢の剥奪自体がうつ病を軽減すると仮定した（Vogel, 1975 ; Vogel, Buffenstein, Minter & Hennessey, 1990）。

夢を見る時に、われわれの眼球は閉じられたまぶたの下で前後にすばやく動く。人がいつ夢を見ているかを監視して、夢を見ている兆候が現れたらその人を起こすことによって夢を剥奪する。睡眠実験室で何晩も夜通し行われるそのような夢の剥奪が独立変数であり、一連の実験で操作された（Vogel, 1975）。うつ病で入院している人が被験者となり、従属変数はさまざまな症状における抑うつ状態の重篤さの割合の変化とした。実験者たちは期待された実験効果を得た。うつ病群の人が何週間かにわたって夢を剥奪されると、うつ病の人のすべてが改善したわけではないが、抑うつ状態の平均レベルが低下したのである。

さて、このことにより夢の剥奪がうつ病を軽減すると結論づけられるのだろうかというと、まだそうとは言えない。この現象に対する他の説明を考えてみよう。もしかしたら、効果があったのは夢の剥奪ではなく、うつ病患者に対して行われた他の側面かもしれない。たとえば、患者は電極を装着され、通常よりも少ない睡眠しか与えられず、研究者からのたくさんの注目を集め、新奇な環境（実験室）で眠った。そのようなことが、夢を妨害するという操作よりも効果的であったのかもしれない。

独立変数以外に実験効果を生じさせる可能性があり、独立変数と同時に与えられる要因を**交絡変数**と呼ぶ。したがって上記の研究では、独立変数は夢の剥奪であり、交絡変数は少なくとも他の4つの要因、電極の装着、短時間の睡眠、研究者からの注目、新奇な環境である。そのうちの1つが従属変数である抑うつ状態の重篤さの変化をもたらしたと考えられる。

交絡変数に対処するために実験者は統制手続きを用いるが、もっとも代表的なものは**統制群**を設定することである。原理的には、統制群には実験群と同じ要素を含める。言い換えれば、2つの群の被験者は、年齢、経済的状態、精神的健康状態などの変数が互いに等しくなるようにするのである。統制群は交絡変数（電極の装着、短時間の睡眠、研究者からの注目、新奇な環境）しか経験せず、仮定された原因（夢の剥奪）は経験しない。逆に、**実験群**の被験者は交絡変数と独立変数の両方を経験する。一般に、独立変数と交絡する疑いがある変数がある場合には、交絡変数が統制されなければならない（図2-6参照）。

夢の剥奪の研究では、研究者は適切な統制群を設定し、多くの交絡変数を統制した。他のうつ病患者が、上記の研究とまったく同じ手続きの下に置かれた。彼らは3週間実験室で眠り、電極をテープで貼り付けられ、毎晩実験群と同じ回数起こされた。しかし、1つだけ重要な相違があった。起こされはしたが、それは夢を見ているときではなかったのである。統制群の患者は抑うつ状態が軽減しなかった。このことは、夢の剥奪が抑うつ状態を軽減させるという結論に近づくものである。

ある群は治療を受け、統制群は治療を受けないという科学的実験による治療効果の研究例は数多くある。このような研究は**有効性研究**（efficacy study）と呼ばれ、通常は統制された実験室場面で行われる。しかしながら、治療の研究は自然場面でも行われる。そのような研究は**効果研究**（effectiveness study）と呼ばれ、フィールドで行われた治療効果に焦点を当てるものである。両者とも効果研究の一種であり、治療者がどのようにすればよいかを決定するのに役立つ。効能研究と有効性研究とが同じ結果になれば、われわれは治療の効果に対する最も優れた証拠を手に入れることになるのである。

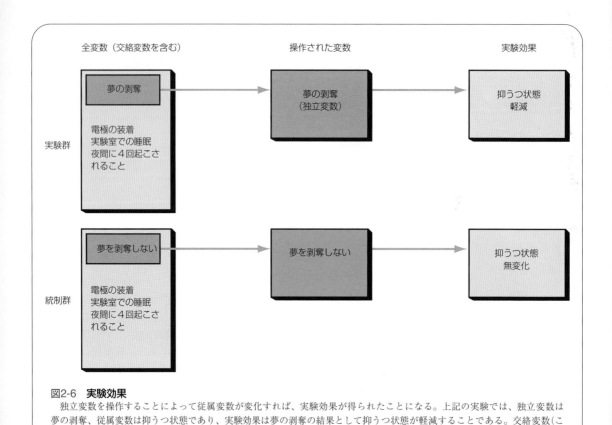

図2-6　実験効果
　独立変数を操作することによって従属変数が変化すれば、実験効果が得られたことになる。上記の実験では、独立変数は夢の剥奪、従属変数は抑うつ状態であり、実験効果は夢の剥奪の結果として抑うつ状態が軽減することである。交絡変数（ここでは、電極の装着、実験室での睡眠、夜間に4回起こされること）によって実験効果が生じていないことを確かめるために、実験者は統制手続きを用いる。統制群は交絡変数だけを経験し、実験群は交絡変数と仮定された原因の両方を経験する。

動物実験モデル

　前述のように、人間の身体的健康や精神的健康に害を及ぼすような研究をすることは倫理的に問題がある。たとえば、研究者はワクチンの効能が害よりも勝ることが動物実験で明らかにされるまでは、人間に対するワクチンの研究をしない。実際に動物実験は、ガンや呼吸器系疾患、AIDSのような身体的疾患の治療法の開発に重要な役割を果たしている。では、精神障害についてはどうだろうか？　われわれは人間以外の種の研究によって、精神障害の原因や治療法について何か学ぶことができるのであろうか？　その答えは「イエス」ということにほとんどの人が同意するであろう。

　動物実験モデルは、統制された条件の下で、自然に生起する人間の精神障害のアナログとして、動物における行動的症状を作り出すことができる。すなわち、特定の症状や症候群は、原因と治療についての仮説を検証するために実験的研究において作り出されるのである。仮説が肯定されたら、実験室以外の状況でさらに検証を進めることができる。

　実験室モデルを用いた例として、科学者が大うつ病の動物モデルをどのように作り出したのかを見てみよう。25年前、研究者はコントロール不可能な電気ショック（動物の反応にかかわらず、電気ショックがオンになったりオフになったりすること）を受けた動物が、その後非常に受動的になることに気づいた。また、その後の異なる状況において、その動物は実際には逃避できる電気ショックから逃避しようとしなかった。その動物は、うずくまったままで、電気ショックを受け続けていたのである（Maier & Seligman, 1976 ; Seligman & Maier, 1967）。そのような「学習性無力感」が、人間のうつ病の症状の多くと類似しているという証拠がすぐに蓄積され始めた。

　学習性無力感がうつ病のモデルとして妥当かどうかが体系的に評価されることになった（Weiss, Simson, Ambrose, Webster & Hoffman, 1985）。人間では、うつ病と診断されるDSM–IVの基準に達するには、以下の9つの症状のうち少なくとも5つが存在しなければならない。(1)日常の活動における興味の減退、(2)体重の減少と食欲の減退、(3)不眠、(4)精神運動性の焦燥または制止、(5)疲労または気力の減退、

(6)思考や集中力の減退、(7)抑うつ気分、(8)無価値感、(9)自殺念慮、である。

　コントロール不可能な事態を経験した動物は、最初の6つの症状を示す。そのような動物が人間であれば、うつ病の診断を受けるであろう。最後の3つの症状(抑うつ気分、無価値感、自殺念慮)は動物では測定できない。学習性無力感モデルは人間に適用できるのだろうか？　人間がコントロール不可能なノイズを受けた場合には、上記の症状に加えて抑うつ気分や無価値感が生じることが示されている(Abramson, 1978；Breier et al., 1987；Hiroto & Seligman, 1975)。Alan Breierらの研究では、人間の被験者が、実験室においてコントロール可能な条件とコントロール不可能な条件で大きなノイズのストレスに曝された。コントロール不可能な大きなノイズを受けた人は、無力感やコントロール感の欠如、緊張、ストレス、不幸感、不安、抑うつの自己評定値が高かった。コントロール不可能なストレスによる生物学的な効果も認められ、ストレスホルモンの放出や皮膚電気抵抗が増加した。このように、嫌悪刺激に対するコントロール可能性の欠如は、神経内分泌物質や自律神経系の変化と同様に気分の変化をもたらすのである。これらの結果は、うつ病の9つの症状のうち8つが、コントロール不可能な事態によって実験室で作り出されたことを意味している。

　研究者たちは、学習性無力感の生化学的な基礎や、動物の学習性無力感を治療することができる薬を探すことに挑戦しようとした。さらに、学習性無力感をもたらす脳化学物質についても研究し、それがうつ病をもたらすと考えられている物質と類似していることを発見した(Lachman et al., 1993；Weiss, Simson, Ambrose, Webster & Hoffman, 1985；Wu et al., 1999)。また、動物の学習性無力感を低減する薬が人間のうつ病を軽減することも明らかにされた(Sherman & Petty, 1980)。

　これらのことはすべて、学習性無力感が明らかに人間のうつ病の実験室モデルになり得ることを示している。このモデルは、人間のうつ病の脳化学を理解することや、どのようなメカニズムで薬物がうつ病を軽減するのかを理解すること、うつ病の新しい治療法を発見することに役立っている。

実験的交絡

　しっかりと計画された実験では、AがBの原因であるかどうかを決定することができる。しかし、実験者はさまざまな交絡要因に注意しなければならない。交絡要因は実験の効果と誤って解釈してしまうような効果をもたらすことがある。実験的統制に共通する問題は、非無作為割り当て、実験者バイアス、被験者バイアス、要求特性である。

非無作為割り当て　実験群と統制群を含む実験では、被験者を各群に無作為に割り当てることが重要である。そのような**無作為割り当て**というのは、各被験者が各群に対して平等に割り当てられるということを意味している。被験者が無作為な選別によって割り当てられなければ、誤った推測が行われてしまうことがある。たとえば、うつ病の新しい治療法を開発するための研究では、研究者はうつ病患者が実験群と統制群に偏りなく割り当てられていることを確認しなければならない。研究者は、無作為割り当てを確認するために多くの方法を用いる。時には、実験群と統制群に割り当てられた被験者を単に交換することがある。また、乱数表を用いることもある。

　非無作為割り当ての場合には、必ずというわけではないが問題が生じることが多い。臨床の研究者がうつ病の新しい治療法に関する研究をする場合を想像してみよう。彼は昼間にクリニックに来たすべてのうつ病患者を統制群に割り当て、夕方にクリニックに来たすべての患者を実験群に割り当てる。これは無作為割り当てではない。それにもかかわらず、現実的な理由によって研究者はそのような決定をしてしまうのである。彼は新しい治療アプローチで実験的治療をするために熟練した治療者を雇わなければならない。しかし治療者は夕方にしか来ることができない。昼間クリニックで働いている治療者は標準的な治療を行い、その患者は統制群となる。このことについてどのような問題があるだろうか？

　夕方予約をとってクリニックに来る患者は、昼間にクリニックに来る患者とは重大な違いがあるかもしれない。昼間に来る患者の多くは時間に余裕のある主婦や若い学生である可能性がある。さらに、昼間の患者はうつ病の程度が重い人か、うつ病のせいで職につけない人かもしれない。もしそうであれば、統制群は実験群と重要な点で異なった人たちで構成されていると考えられる。統制群のメンバーは女性や若い人、無職の人、うつ病が重度の人である可能性が高い。そうであれば、研究の後で実験群と統制群の差について、結論を導き出すことができないかもしれない。なぜなら、各群の被験者は実験の前から相違があるからである。

実験者バイアス　実験からの推測を誤らせるもう1つの原因は、**実験者バイアス**によるものである。実験者が特定の結果を望んでいたり、期待していたりすると、そのことに気づいていない場合でも、結果を導き出すプロセスに微妙に影響を及ぼすことになる。近年、心理療法の研究から得られた知見において、実験者バイアスの効果に関する関心が高まっている。いくつかの文献レビューでは、研究者が志向している治療法が効果研究において最も高い効果が示されるという

ことが指摘されている(Luborski et al., 1999)。これは、「信奉効果(allegiance effect)」と呼ばれる。研究者が特定の治療法を信奉していると、それが研究の結果に影響を及ぼすというものである。どのようにしてこのようなことが起こるのであろうか？ 研究者が気づいていなくてもこのようなことが起こる理由はいくつかある。第1に、研究者が自分の志向している治療法を行うのには、最も信頼している有能な臨床家を選び、統制する治療法はそれより劣った臨床家に行わせるというものである。信奉効果のもう1つの原因は、研究者の熱意である。治療者は、研究者が特定の治療的アプローチを好んでいることに気づき、より熱心にその治療法を行うかもしれない。最後に、研究の参加者自身が何らかの役割を果たすということである。患者は実験的治療により強い熱意を感じ、症状が軽減したという自己報告をしてしまうかもしれない。

実験者バイアスは観察研究においても問題となる。それは多くの研究領域で示されている。たとえば、ある研究で、観察者がすべて正常な幼児の行動の評定を求められた(Wood, Eyler, Conlon, Behnke & Wobie, 1998)。観察者は、ある幼児は出生前にコカインに曝されたが、それ以外の幼児はそうではないことを伝えられた。幼児への評定はその情報によって大きな影響を受けた。観察者は、その幼児が出生前にコカインに曝されたと考えた場合には、その幼児によりネガティブな評価をしたのである。このことは、明らかに**自己充足的予言**の問題を提起している。それは、人々が他者の予期を実現してしまう傾向のことである。大人は、コカインに曝された子どもに対してネガティブな予期をしていることをうっかり伝えてしまうのだろうか？ このことは子どもの一部に問題行動をひき起こしてしまうのだろうか？ この疑問に答えるには、将来の研究結果を待たなければならない。

被験者は感覚剥奪実験に協力している。ストレスによって誘発された幻覚を感じるのは、隔離されているからだろうか、それともそのような経験をすれば幻覚を感じるはずだと信じているからだろうか。
(Yale Joel, Life Magazine, © 1958 Time, Inc.)

被験者バイアス　実験者バイアスよりもさらに大きな問題は**被験者バイアス**である。人間の被験者は、自分が何をすることを期待されているのかということについて常に考えているものである。実際には効果がない薬であってもそれが効き目があるということを信じると、薬を服用した後で症状がよくなることがある。たとえば、大きな手術の後で頻繁に大きな痛みに襲われている患者の約35％が、砂糖でできた薬や**偽薬**(placebo)を服用した後で顕著な効果があったと報告した(Beecher, 1959)。多量のモルヒネでさえ、75％の時間しか痛みを軽減することができない。このことから、暗示をすることはモルヒネの鎮痛効果の何割かの力があると結論づけることができる。被験者バイアスをなくすために、研究者は本当の薬が与えられた実験群と、偽薬が与えられた統制群を用いる。両方の群には同じ教示が与えられる。すべての被験者がどの薬も効き目があると信じることには大きな効果があるからである。それによって、偽薬だけよりも本当の薬のほうが優れていることを見出すことができれば、薬の効果があったと考えることができるのである。

実験者も被験者も、被験者が実験群に属しているのか、統制群に属しているのかを知らなければ、その結果は実験者バイアスや被験者バイアスに影響されることはない。この優れた計画は、被験者も実験者も、被験者が真薬が与えられるか偽薬が与えられるかということに「盲目」であるため、**二重盲検法**と呼ばれている。被験者だけが真薬が与えられるか偽薬が与えられるかを知らない実験は**単一盲検法**と呼ばれている。また、実験者だけが知らされておらず、被験者は知らされている計画は、**実験者盲検法**という。

要求特性　**要求特性**というのは、研究の参加者に手がかりを伝えてしまうような研究手続きのことである。研究の目的について微妙な情報が、参加者を雇うための広告や実験者の行動、教示、実験室の設定によって伝えられてしまっているかもしれない。このような要求特性は研究結果に影響を及ぼす可能性がある。文献には古い事例がある。

1950年代に感覚剥奪の研究が流行した。その研究では、大学生に、24時間連続して4日間、暗く音が遮断された部屋の簡易ベッドに横たわっていることに対して、20ドルが支払われた。大学生は何も見えないように半透明のゴーグルを着け、触覚も感じないように手袋をはめ、聴覚を遮断するためにマスキング・ノイズを聞いていた(Bexton, Heron & Scott, 1954)。研究者は被験者が幻覚を経験すること、強いストレスや吐き気、興奮、疲労を感じることを見出した。研究者は、正常な人から視覚や触覚、聴覚を取り去ることは、ストレス性の幻覚を生じさせると結論づけた。

しかし、感覚剥奪実験のレビューでは、Martin Orneらは、実験計画に何か怪しいところがあることを指摘している。それにはいくつかの強い要求特性があるよ

うに思われた。それは、被験者が最初に白衣の医者から挨拶されたこと、ドアに「感覚剥奪実験室」と書いてあったこと、何らかの問題が生じた場合に実験者に責任を負わせないような契約書に被験者が署名しなければならなかったことである。また、何か予期しないことが起こった場合に実験を中止するための緊急ボタンもあった。このような状況は、被験者がストレス状態になることや幻覚を起こすことを予期させないのだろうか？　このことは、感覚剥奪ではなく、要求特性が実験効果をもたらした可能性を示唆している。

このことを検証するために、被験者は「記憶剥奪実験室」と書かれた部屋に入れられ、白衣を着て聴診器を持った医者から挨拶された。契約書にも署名した。被験者には、実験が厳しいものであったら、実験室の壁に取り付けられている赤い緊急ボタンを押すように伝えられた。しかし、被験者には感覚剥奪は一切課されなかった。被験者は2つの心地よさそうな椅子がある明るい部屋に座り、冷たい水とサンドイッチが与えられた。また、数を足すという課題も与えられた。この状況においても、被験者はストレス性の幻覚を報告したのである。このことは、感覚剥奪ではなく要求特性が幻覚の原因であることを示している（Orne, 1962）。

統計的推測

われわれは、実験的処理が本当に効果があるのか、すなわち2つの診断グループの間に有意な差があるのか、あるいは何らかの要因が何らかの心理学的問題と本当に関連性があるのか、ということをどのようにして判断すればよいのだろうか？　本章で強調してきたように、研究計画はしっかりと統制されていることが重要である。しかし、実験的交絡が排除されていると仮定した場合に、われわれは科学的研究の結果をどのように解釈すればよいのだろうか？　実験群のほとんどの被験者が症状の低減に効果を示し、統制群のごくわずかの被験者しか効果を示さないという状況を想像してみよう。われわれはその効果が偶然に生じたものではなく、本当に効果があるということをどのように決定したらよいのだろうか？

統計学者は、研究者が研究から結論を導き出すことができるような、一連の手続きや基本的なルールを構築してきた。**推測統計**は、研究の知見に意味があり、偶然に起こったものではないことを決定するために用いられる数学的手続きである。心理学者は、大きな**母集団**から得られた**標本**のデータに、その手続きを適用している。たとえば、ある研究者が大学生の抑うつの特徴を調べる研究に関心をもったとしよう。抑うつ的な大学生が関心の対象となる母集団である。しかし言うまでもなく、研究者はその集団のすべてを調べることはできない。この場合には、すべての抑うつ的な大

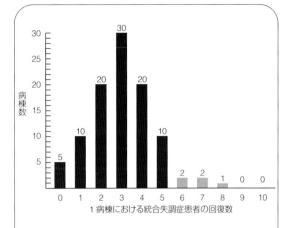

図2-7　度数分布
統合失調症の患者の自然的回復数の度数分布を図示したものである。この図は、ある病棟の10人の患者のうち、薬物治療なしに回復した患者の数を示したものである。それぞれの縦棒は、回復した患者の数ごとの病棟数を示している。灰色の縦棒は、6人およびそれ以上治療なしに回復した患者がいる病棟数を示している。

学生である。その代わりに、研究者は母集団から一群の学生を「標本」とするのである。そうすることによって、標本は母集団を反映しているはずだと考える。あるいは、標本は偏向していないはずだ、という言い方もできる。研究者が毎週キャンパスの「ファイ－ベーター－カッパ」という会合に出かけて、研究のために抑うつ的な大学生を雇ったとしたら、母集団を反映する標本を手に入れたとは言えないだろう。なぜなら、ほとんどの大学生は「ファイ－ベーター－カッパ」に所属していないからである。研究者が「ファイ－ベーター－カッパ」で雇った抑うつ的な大学生の標本は、抑うつ的な大学生の母集団を反映していないと考えられる。理想的には、研究者は抑うつ的な大学生の**無作為標本**を集めなければならない。標本が**無作為**に集められている場合にはバイアスはない。この例では、どの抑うつ的な大学生も、優秀な成績を修めていても落第していても、標本となるのに平等な機会をもっていなければならない。

10人の統合失調症の患者の標本に対して新しい薬物療法を試し、その年の終わりに10人のうち6人が統合失調症の症状がなくなったとしよう。ここでは、症状がなくなったことを治癒と操作的に定義する。薬が治癒の原因だったのか、あるいは薬がなくても時間の経過によって改善したのだろうか？　そのことを考える際に、まず薬物療法群と偽薬を与えられた統合失調症の患者からなる統制群とを比較する必要がある。われわれは優れた統制群をもっているとしよう。われわ

れの病院には100の病棟があり、それぞれに偽薬を与えられ治療されていない統合失調症の患者が10人いる。100すべての病棟を平均すると、10人のうち3人が年の終わりに治癒していた。薬物群の10人のうち6人と偽薬群の10人のうち3人という差はどのようなことを意味しているのだろうか？　あるいは、10人のうち6人と10人のうち3人という差は偶然によって起こりえるのだろうか？　もしそうだとしたら、新しい薬物にはほとんど価値がない。それを決定することは極めて重大であり、もしそれができなければ、われわれは統合失調症の患者すべてにこの薬を用いる価値があるかどうかを知ることができないのである。

　10人のうち6人と10人のうち3人という差が偶然によって起こりえるかどうかを決定するためには、各病棟の治癒の**度数分布**を知る必要がある。度数分布とは、各クラスで観察された生起数である。この場合には、0人の治癒、1人の治癒、2人の治癒といったことを示す病棟の数である（図2−7参照）。この度数分布は、病棟間で治癒の数がどのように異なっているかを示している。平均は10人のうち3人であることがわかる（治癒した人の合計を全患者数で割ればよい）。しかし、10人のうち6人以上治癒した病棟の数はいくつあるだろうか？　平均は10人のうち3人であり、10人のうち6人というのは非常に起こりにくい。われわれは、薬物療法は本当に有効であると結論するという誘惑に駆られるであろう。

　しかし結論はまだ出さないでおこう。異なる分布では、10人のうち6人というのは非常によく起こるかもしれないのである。50の病棟で10人のうち6人が治癒し、残りの50の病棟では10人のうち1人も治癒しなかったとすれば、平均治癒率は3である。しかし、その度数分布はまったく異なるのである。10人のうち6人という治癒率は極めてよく起こることであり、驚くことではない。新しい実験薬によってもたらされる効果はたいしたこととは見なされない。われわれは、薬が有効であったと言う自信はなく、10人のうち6人というのは偶然に起こる治癒率に過ぎないと結論づけるであろう。

　科学者は、主張をすることについては慎重であれと教えられている。推測統計のガイドラインに従えば、真の「効果」とは、偶然によってその結果が生じる確率が5％未満であることと定義されている。言い換えれば、統合失調症のための想像上の新しい薬物療法が疾患に対してまったく効果がないならば、偶然によって10人のうち6人という治癒率が生じる確率が5％以下であるということになる。このことは次のように言うこともできる。**統計的に有意な効果**は、偶然がその結果をひき起こさない確率が少なくとも95％以上である場合に主張できる。この伝統的な信頼水準を超える場合には、**実験的効果**があったものと推測され

る。推測統計において用いられているこの基準は非常に厳格に決められている。

　しかしながら、このように推測することは2つの種類の誤りをひき起こす可能性がある。1つは**第1種の誤り**（Xが正しい場合にそれを誤りと判断すること）であり、もう1つは**第2種の誤り**（Xが誤りである場合にそれを正しいと判断すること）である。実験薬が本当は非常に効果的であるとしてみよう。しかしわれわれは、そのことがわからないので研究を行う。確率が95％を超えない場合、たとえば薬による治癒の数が偶然によって生じない確率が90％しかなかった場合に第1種の誤りを犯す。その場合、われわれは薬が有効であるという仮説を棄却する。しかし、その薬が本当は統合失調症の症状を低減するものであるとする。その時われわれは伝統的な手続きによって、真の治療効果に対して第1種の誤りを犯すのである。

　一方、新しい実験薬が本当は偽薬以上の効果がないとしてみよう。しかしわれわれはそのことがわからないので研究を行う。この場合には、確率が95％を超える場合に第2種の誤りを犯す。われわれは、薬が治癒をもたらすという仮説を採択する。しかし、本当は6人が治療なしに治癒する病棟が5％以上あるのである。薬は実際には効果がない。ここで第2種の誤りを犯してしまうのである。このようなことから、科学者が複数の研究者によって再現された知見しか信じようとしない理由を理解することは容易であろう。

単一被験者による実験

　ほとんどの実験では実験群と統制群が設定され、それぞれに複数の被験者を配置する。1人の被験者よりも複数の被験者のほうが、推測を行う場合の信頼性を高めることになる。それには2つの理由がある。(1) **再現性**——その実験操作が複数の人に行われた場合に同じ効果が再現される。(2) **一般性**——1人ではなく複数の無作為に選ばれた人にもその効果が示される。

　複数の参加者によって研究することにはそのような利点があるが、1人の被験者でも有用な実験を行うことができる。しっかりと計画された単一被験者実験は、再現性を示すという目標を達成することができる。Jones & Friman (1999) は、昆虫恐怖の少年に対してそのような実験を行った。彼らは、まず以下のように少年を観察している。

> 　マイクは14歳の少年であり、ボーイズ・タウンの中学校に通っていた。その学校の校長によると、教室に虫が現れると、マイクは大騒ぎをして、勉強ができなくなってしまうということであった。マイクは、虫が現れるのではないかと考えると集中することや課題をすることができなくなり、また仲間からしばしばいじめられると言っていた（たとえば、「マイク、椅子の下

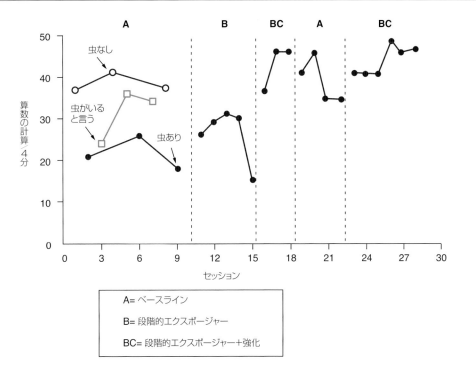

図2-8 単一被験者実験
　昆虫恐怖の少年に、複数のフェイズからなる計画が用いられた。A(3つの条件―虫なし、虫がいると言う、虫あり―のベースライン)、B(段階的エクスポージャー)、BC(ギフト券、ビデオ、キャンディー、レゴブロックの強化を伴う段階的エクスポージャー)、A(ベースライン)、BC(強化を伴う段階的エクスポージャー)における4分ごとの平均正答数を示したものである。(Jones & Friman, 1999, p.97より引用)

に虫がいるぞ！」)。虫を見たときの彼の反応は、課題ができなくなったり、ジャケットからフードを引っ張り出して頭にかぶったり、叫び声をあげたり、というものだった。マイクは、コオロギやクモ、テントウムシをとくに怖がっていた。(Jones and Friman, 1999)

　恐怖刺激は、さまざまな形で行動を変化させる。JonesとFrimanは校長に依頼されて、恐怖がマイクの学業行動に及ぼす影響について単一被験者実験を行った。

　従属変数は、ペットショップで買ったコオロギがいるときのマイクの課題達成率であった。各セッションにおいて、2つまたは3つの4分間の算数の問題が課された。その間、マイクは課題室で30枚の3年生用の算数の課題シートのうちの1枚が置かれた机に向かって座っていた。マイクは、できる限り多くの問題を解くように教示された。反応率は4分毎の正解の数であった。(Jones & Friman, 1999)

　JonesとFrimanは、この研究で2つの行動的処理条件を用いた。(1)段階的エクスポージャー、(2)段階的エクスポージャー＋強化である。段階的エクスポージャー条件は、マイクを虫に慣れさせるための体系的な方略であった。

　マイクは課題を行う直前に段階的エクスポージャーの練習を15〜20分間行った。この練習は段階的な行動的接近課題であり、コオロギが入っているビンをつかむことから両手でコオロギを1分間つかむことで構成されている。マイクは、各セッションで最初のエクスポージャーのレベルを選び、次の段階へ進むのを拒むまで続けた。マイクは、エクスポージャーのみのフェイズの最初のセッションで6つのステップを行い、最後のセッションでは9つのステップをやり遂げた。その結果、要求する時間が延長された(たとえば、コオロギを40秒間、または60秒間つかんでいること)。(Jones & Friman, 1999)

　第2の処理条件は段階的エクスポージャー＋強化であり、マイクは課題を達成したら報酬をもらえることになっていた。

このフェイズは、マイクが正解に対してポイントを得られることを除けば、エクスポージャー条件と同じであった。このポイントは、各週の終わりに強化子メニューの中から、ギフト券、ビデオ、キャンディー、レゴブロックなどの品と交換することができた。(Jones & Friman, 1999)

　ベースライン期と各実験条件では、研究者は4分間に行われた算数問題の数を記録した。その結果は、図2-8に示されている。図の最初の部分はベースライン期のデータである。虫のいない条件では他の条件に比べて、正解数が多いことがわかる。このように、昆虫恐怖はマイクの課題遂行を妨害していた。遂行のレベルは「虫がいると言う条件」の最初は低かったが、すぐに増加した。このことは、マイクは虫についての言語的陳述にはすぐに慣れたことを示している。「虫あり条件」では、マイクは実際に虫を見ており、計算数は一貫して少なかった。図の2つめの部分は段階的エクスポージャー条件であるが、改善は認められなかった。ところが、段階的エクスポージャーと強化が組み合わされると、顕著な改善が認められた。エクスポージャーと強化の両方が除去されると若干低下したが、再びエクスポージャーが導入されると元に戻った。この結果は、課題遂行行動に対して報酬を与えることが有効であることを示している。しかし、エクスポージャーはどうだろうか？　それは必要ないのだろうか？　この研究では、それについての手がかりを与えてくれない。

　介入に対するマイクの反応はマイク独自のものであろう。他のほとんどの恐怖症の少年は、望ましい行動に注目することでは改善しないかもしれない。他の複数の子どもに同じ手続きを繰り返すことだけが、一般性を示すことになる。しかしながら、1人の被験者にしか効果がなくても、珍しい疾患や独創的な治療法においては、単一被験者実験は因果関係を調べる上で有用な方法である。

実験的方法の評価

　実験室モデルには2つの長所がある。(1)疾患の原因を特定できることと、(2)再現性があることである。しかし他のあらゆる方法と同様に2つの欠点がある。(1)実験室で作り出されるものは自然の現象ではなくモデルに過ぎないこと、したがって実際の疾患と同じものではなく、類似したものに過ぎないこと、(2)研究者は実験室モデルでは動物の被験体を用いることが多いため、人間も同様にその疾患に罹りやすいと推測してしまう。その仮定は正しいかもしれないし、正しくないかもしれない。人間では、有効な治療を行うことはできるが、重大な精神病理をひき起こす要因を操作することはできない。そのような実験を行うことは、倫理的ではないかもしれないし、単に実行不可能であるかもしれない。後の章では、うつ病や恐怖症のような疾患の原因と治療に示唆を与えるモデルの例を見ていくことにする。洗練された実験室モデルは異常性の領域で新たな発展を遂げている。1つのモデルで完全に説明することはできないが、そのようなモデルは異常性を理解する上で新たな知見を加えてくれるであろう。

自然場面実験

　自然は時として、科学者が倫理的あるいは現実的理由で実施することのできない実験的操作を行うことがある。多くの場合、それは人間の生活を一変させてしまうような出来事である。そのような出来事は、簡単に言えば**自然場面実験**であり、実験者が通常でない自然の出来事の効果を観察する研究である。優れた研究者は、そのような出来事から、心理的問題をひき起こすのは何であるかを推測することができるのである。

　もちろん、倫理的な問題のために、科学者が人を意図的に心的外傷に曝すようなことは避けなければならない。しかし、心的外傷の影響についての知識は異常性の研究にとって重要であるため、科学者は自然場面実験の影響を観察するために自然災害の場に赴くことがある。そのような研究の1つは、1992年にフロリダを襲った台風アンドリューの影響に見ることができる(Bahrick, Fraser, Fivush & Levitt, 1998)。この研究者たちは、子どもが台風の間に経験するストレスの重さが、その出来事の記憶とどのように関連しているかを知りたいと考えた。その結果、中程度のストレスを経験した子どもが、台風について最も詳しい記憶があることを見出した。生活にほとんど支障がなかった子どもと大きな被害を受けた子ども(たとえば、家を失う)は、あまり多くのことを想起できなかった。この知見は、記憶とストレスレベルとの関係が逆「U」字曲線を描くという仮説(中程度のストレスレベルで記憶は増大するが、それが大きすぎると記憶は阻害される)と一致していた。自然災害の犠牲者に関する他の研究も、認知的障害、高率の身体疾患や自殺、ストレスホルモンの増加という証拠を見出している(Krug et al., 1998 ; Rotton et al., 1997)。

　自然場面実験は、人がストレスに対処するのに役立つ要因についても、われわれに教えてくれる。台風に遭遇したHIVに感染している成人男性を対象とした研究がある。その研究では、高いレベルの対処能力をもっている男性は、情動的ストレス反応やPTSDが低いことが見出された。さらに、対処能力が高いHIV感染者は台風に対して大きな生物学的反応が生じないことも示された(Benight et al., 1997)。

自然場面実験は、通常は出来事の後に被験者に面接するという回顧的研究である。しかし、自然場面実験では、予測される結果が生じる前に観察を始めるという**前方視研究**も可能である。前向き研究は縦断的に行われることが多く、同じ変数を同じ被験者に対して、人生の異なる時期に観察するという方法は、とくに強力な研究方法である（Baltes, Reese & Lipsitt, 1980）。たとえば、McGill 大学の Suzanne King らは、妊娠中の母親が大きなストレスに曝されることがどのように子どもの発達に影響を及ぼすかを調べるために、縦断的な自然場面実験を計画した（King et al., 1999）。1998年にカナダのモントリオールが猛吹雪に襲われ、電力やガス、水道が止まり、多くの人が被害を受けた。それはほぼ2週間にわたって続いた。電線が切れ、水道管は破損し、木は倒れ、多くのビルがダメージを受けた。家畜は死に、食糧生産は停止した。交通は非常に混乱し、暖房がなく、気温は氷点下だったために、多くの人が家にいることはできなかった。一部の人は、暖房のある友人や親戚の家に移動したが、他の人は暗く、寒い夜を耐え忍んだ。この自然災害の後で、King 博士らは、この期間に妊娠していたすべての女性を探す計画を立て始めた。病院の記録を用いて、彼女らはその期間に妊娠していたか、その後3ヵ月間に妊娠した女性を200人探すことができた。その一部は吹雪の間に最も大きな影響を受けた地域に住んでいて高レベルのストレスを経験した女性であり、その他は影響が非常に少なかった地域に住んでいた女性であった。彼女らは、妊娠中の母親の経験が子どもの身体的、認知的、行動的発達にどのように関連しているかを調べるために、その母親の子どもを出産直後の乳児期から幼児期初期まで追跡する計画を立てた。第4章で述べるように、動物研究ではストレスに曝された妊娠中の雌の子どもは、さまざまな発達的問題を示すことが知られている。同様のことが人間にも当てはまるのだろうか？　モントリオールの研究は、その疑問に対する答を与えてくれるであろう。

自然場面実験の評価

自然場面実験には3つの長所がある。(1)実験室実験のように人為的ではなく、ケース研究と同様、現実に起こったことを対象としている、(2)倫理的でない操作が行われることはない、(3)結果をひき起こす事象を特定することができる。しかし、この方法にも欠点がある。(1)原因となる出来事のうち、問題をひき起こす要素とひき起こさない要素を識別することができない（たとえば、心理的反応をひき起こすのが、他者の死を目撃するという突発的な出来事なのか、コミュニティーの崩壊なのか）、(2)自然場面実験はめったに起こらない自然の出来事であり、繰り返されることがない、(3)この方法は回顧的であり、被害者や研

心理学者が、アラバマ州で起きた竜巻の後で、人々が心的外傷ストレスにどのように対処するかという自然災害の研究をしているところである。これは、自然場面実験である。
(AP/ Wide World Photos)

究者によるバイアスを受けやすい。

比較研究

実験的方法は有力であるにもかかわらず、人間の異常行動に関して行われる研究の多くは、非実験的方法である。研究者はあらゆる要因を直接的に操作しない。したがって、実験的研究に較べて、非実験的研究では因果関係について明確に結論づけることはできない。しかし、実験的研究も非実験的研究も、その最終的な目標は同じであり、AがBの原因であるかどうかを明らかにすることである。非実験的研究はそのために役に立つ。それは、要因間の関係について多くの情報を提供するものであり、このことは因果関係を解明する上での最初のステップになることが多い。比較研究や相関研究は、異常心理学に関する研究において最もよく用いられるアプローチである。

比較研究では、2つ以上のグループを対照する。代表的なものは、特定の症状や障害をもつ人は、障害のない人や他の精神障害に罹っている人とどのように異なるかを明らかにしようとするものである。この方法を用いて、研究者はさまざまな症候群の心理的、発達的、生物学的側面に関する多くの疑問に答えようとしている。

たとえば、うつ病およびある種のパーソナリティ障害の大人と障害のない大人とを較べた場合、前者は子どもの頃に虐待を受けていた人が多いことが見出された（Weiss, Longhurst & Mazure, 1999 ; Zoltnick, 1999）。このことは大人の障害の原因に関する最近の

理論とよく一致している。生物学的レベルでは、自閉症の子どもと正常な子どもあるいは他の障害の子どもを較べると、自閉症の子どもは他の子どもよりも脳に多くの異常があることが示されている（Rapin, 1999）。

比較研究では、グループ化する変数は独立変数であり、従属変数はグループ間で異なると仮定されるものである。この場合には、独立変数は診断された特定の障害（うつ病または自閉症）であり、従属変数は子どもの頃の虐待や脳の異常である。実験的研究と同様に、比較研究で得られたデータは推測統計によって分析される。研究者は、研究の結果が診断グループ間で本当に差があるという結論を下すことが妥当かどうかを決めるために、一定のガイドラインを用いている。本当に差があるという結論は、その差が偶然によって生じる確率が非常に小さい時にのみ下されるのである。

上記のような比較研究の知見が異常心理学の理解にいかに貢献するかは言うまでもないことであるが、それには限界もある。子どもの頃の身体的虐待が大人の障害の原因であるのか？　脳の異常は自閉症をひき起こすのか？　われわれはその疑問に自信をもって答えることはできない。パーソナリティ障害の大人は、子どもの頃に多くの問題行動を示していた可能性がある。こうした問題のために、その親はより頻繁により強く罰を与えていた可能性がある。おそらく、自閉症の子どもは、頭部に怪我をするような結果を招くリスクのある行動を多くしていたのかもしれない。

比較研究では、研究者は独立変数を操作することはない。その結果、因果関係についての結論を自信をもって下すことはできない。しかし、独立変数（診断グループ）と従属変数（子どもの頃の虐待や脳の異常）の間に関連性があると結論することはできる。関連性を示すことは小さなことではなく、大きな科学的発見につながるものなのである。

相関研究

相関研究も2つ以上の要因間の関連性を調べるものである。研究者は、独立変数を操作せずに、現実世界にある関連性に注目している。調べようとしている2つの変数にXとYという名前を付けよう。XとYとの間には3つの関連性が考えられる。まず、Xが増加するとYも増加するというものである。これは**正の相関**と呼ばれている。たとえば、100人の大学2年生の身長(X)と体重(Y)との関係を調べると、身長(X)は体重(Y)と正の相関があること、すなわち身長が高くなると体重が重くなるということがわかる。この相関関係は図2-9 Aに示されている。第2の関連性は、Xが減少するとYも減少するというものである。これは**負の相関**と呼ばれている。身長と体重とが負の相関をもつとは考えられない。しかし、勉強時間(X)と試験での落第点の数(Y)は負の相関があると考えられる。一般に、勉強すればするほど落第点の数が少なくなると考えられるので、勉強することは試験での落第点の数と負の相関がある（図2-9 B）。第3の可能性は、2つの変数間に関連性がないということである。一方が変化しても、他方は一貫して変化しない。そのような場合は、**無相関**であるという。図に示したように、髪の長さと数学の試験の成績は無相関であると考えられる。なぜなら、一般に、髪の長さは試験で失敗するかどうかに差をもたらさないからである（図2-9 C）。ここで重要なことは、相関研究では、われわれは変数の観察者であるということである。われわれは体重や身長、髪の長さ、勉強時間、試験での成績を操作することはない。その代わりに、われわれは変数を測定し、変数間の関連性を検証するのである。

さて、負の相関の例を通して、相関が異常心理学の重要な問題にどのように適用されているのかを見てみよう。1人の有名な心理学者が、人間のうつ病の極め

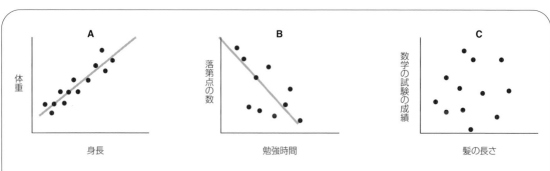

図2-9　相関
　正の相関(A)、負の相関(B)、無相関(C)を表す3つの散布図を示した。正の相関は、背の高い人ほど体重が重いことを示している。負の相関は、勉強時間の短い人ほど落第点の数が多いことを示している。無相関は髪の長さと数学の試験の成績の間に関連性のないことを示している。

てシンプルな理論を提唱した。それは、うつ病は毎日の生活において報酬が少ないことによってひき起こされるというものである(Lewinsohn, 1975)。それを実験的に検証することは倫理的な観点から問題がある。われわれは、うつ病でない人がうつ病になるように、毎日の生活で報酬を与えないようにすることはできない。しかし、変数間の関係を調べることはできる。抑うつ状態の強さは、人が経験する楽しい活動の数と相関するのだろうか？ 研究者は、楽しい活動が減少すると抑うつ状態の程度が強くなるという負の相関があることを予測した。両変数は操作的に定義され、測定された。抑うつ状態の程度はベック抑うつ質問票(Beck Depression Inventory：BDI)で測定された。これは、抑うつに伴う気分や思考、動機づけ、身体的症状の数や重さを合計するものである。毎日の生活での報酬は、快出来事尺度(Pleasant Events Scale)で測定した。これは、デートに行く、音楽を聴く、テレビを見る、ダンスをする、など最近経験した快を感じる出来事の数を合計するものである。その結果、抑うつ状態が強い人ほど快出来事の数が少なくなるという、予測したように負の相関が見出された。

相関係数

　上述のように、2つの変数の関連性には、正の相関、負の相関、無相関がある。しかし、変数間の関連性の強さについてはどのように調べればよいのだろうか？ 2つの変数間の関連性の強さは**相関係数**で示され、r(Pearsonの偏差積率相関係数、これはその創案者であるKarl Pearsonによって名付けられた)という記号で表される。rの範囲は以下の通りである。完全な正の相関であればrは$+1.00$となる。まったく関連性がなければrは0.00になる。完全な負の相関であればrは-1.00となる。抑うつ得点と快出来事とのrは-0.87であり、強い負の相関が認められている。その関連性が偶然には起きないという信頼水準、あるいは統計的な有意性は、真の関連性が存在するかどうかによって決定される。一般に、相関係数が0.00から正または負の方向に離れているほど、その関連性が偶然に起こる可能性は小さくなる。伝統的に、統計的有意性を決定するためには、95%の信頼水準が用いられている。

相関関係と因果関係

　相関研究の大きな欠点は、強い相関があったとしても、それが因果関係を明らかにすることにはならないということである。快をもたらす出来事と抑うつ状態との負の相関について考えてみよう。この関連性には3つの因果関係が考えられる。(1)快をもたらす活動をあまりしていないことが抑うつ状態をもたらす。(2)抑うつ状態そのものが快をもたらす活動をすることを抑制する。たとえば、抑うつ状態が人と接したいという気持ちを弱めるのかもしれない。(3)抑うつ状態と快をもたらす活動の減少の両方が、測定されていない第3の変数によってひき起こされている。たとえば、生化学的な不均衡が抑うつ状態と快をもたらす活動への興味の減退をもたらしているのかもしれない。一般に、XとYとの間に相関がある場合には、XがYの原因であるか、YがXの原因であるか、ZがXとYの原因であるかのいずれかである。

　しかし、いくつかの例外がある。1つの例外は、変数に時間の隔たりがある場合である。たとえば、離婚や失業といったライフイベントの数とその後の疾患との間に正の相関が見出された場合であり、以前のライフイベントの数が多くなるほど、その後の疾患は増加する(Holmes & Rahe, 1967)。この場合には、時間的な流れによって、因果関係の可能性が3つから2つに絞られる。ライフイベントが疾患をもたらすというものと、安定したパーソナリティのような第3の変数が疾患とライフイベントの両方をもたらすというのである。しかし、疾患がライフイベントを増加させるという仮説は除外される。その他にも、有意な相関が因果関係について何らかの示唆を与えるという場合がある。高校生において、身長とバスケットボールのチームでプレイしているかどうかを質問された回数との間に正の相関があると考えてみよう。そのような質問をすることが少年を成長させるという因果関係は当然除外できる。第3の変数がそのような関連性をもたらすという可能性も考えにくい。最も考えられる簡単な説明は、身長がバスケットボールをしているかどうか尋ねられる回数を規定しているということである。

　ほとんどの場合、相関研究は研究者が次のステップを踏み出すための道標となる。この次のステップはさらなる相関研究であるかもしれないし、実験的研究であるかもしれない。たとえば、実験は上記のうつ病の例の因果関係を実際に検証することができる。この実験では、抑うつ的な学生が毎日快をもたらす出来事に接する回数を増やすようにする。そのような活動が増加した抑うつ的な学生は、そのような活動のレベルに変化がなかった抑うつ的な学生よりも、抑うつの程度が低くならず、むしろ抑うつの程度が強くなった(Hammen & Glass, 1975)。このように、活動と抑うつ状態との間に負の相関があるということは、必ずしも因果関係を反映しているわけではない。楽しい活動をほとんどしないということは抑うつ状態をひき起こしているのではなく、抑うつ状態が楽しい活動をすることを減少させるか、あるいは観察されていない第3の変数が両方の原因であると考えることができる。楽しい活動の数が実験的に操作され、しかも抑うつ状態が低減しないことから、そのように推測することができるのである。

表2-2　人生における障害への罹患率(%)

疾患	ニューヘブン(N=3,058)	ボルティモア(N=3,481)	セントルイス(N=3,004)
全障害	28.8	38.0	31.0
精神作用物質使用障害	15.0	17.0	18.1
アルコール使用／依存	11.5	13.7	15.7
薬物乱用／依存	5.8	5.6	5.5
統合失調症	1.9	1.6	1.0
気分障害	9.5	6.1	8.0
躁病エピソード	1.1	0.6	1.1
大うつ病エピソード	6.7	3.7	5.5
気分変調性障害	3.2	2.1	3.8
不安障害	10.4	25.1	11.1
恐怖症	7.8	23.3	9.4
パニック障害	1.4	1.4	1.5
強迫性障害	2.6	3.0	1.9
身体化障害	0.1	0.1	0.1
無食欲症	0.0	0.1	0.1
反社会性パーソナリティ障害	2.1	2.6	3.3
認知障害(重度)	1.3	1.3	1.0

Robins et al., 1984より引用。

相関研究の評価

　因果関係を明らかにすることができないという限界はあるものの、異常性の相関研究の利点を看過すべきではない。相関研究は変数間の関係について量的に、そして厳密に調べることができる。また、自然場面での現象を調べるものであるため、相関研究は実験室研究のような人為的なものを含んでいない。さらに、相関研究は比較的容易に再現することができる。相関研究は、現実的あるいは倫理的な理由によって実験ができない場合には、最もよい選択肢なのである。

疫学的研究

　DSM-ⅢとDSM-Ⅳにおける操作的な診断基準が登場して以降、欧米では精神疾患がどのくらい存在するのかを調べるための共同研究が行われてきた。そのような研究の当初の目的は実践的なものであり、さまざまな精神障害の発症率を調べることによって、トレーニングや治療のための施設を計画的に割り当てることにあった。たとえば、うつ病が非常に多いことがわかれば、うつ病患者に対応する治療者を多く養成し、効果のある抗うつ薬を開発し、うつ病の病因を明らかにするための研究やうつ病の予防のためにより多くの予算を投入すべきであろう。

　疫学的地域集約(Epidemiologic Catchment Area：ECA)研究(Robins et al., 1984)や全国併存症研究(Kessler et al., 1994)のような非常に優れた研究では、訓練を受けた診断者が約10,000人のサンプルを個別に訪問し、詳細な構造的診断面接を行った。研究対象の障害は、明確に操作的な定義がなされていた。最も重要視された統計量は、それぞれの障害の生涯罹患率であった。これは、特定の障害に罹ったことのあるサンプルの割合を示すものである。

　表2-2は、ECA研究の3つの主要な地域から得られたデータに基づいて、主な障害の生涯有病率を示したものである。そこからわかるように、精神障害の有病率は驚くほど高く、アメリカ人の約3分の1が生涯において少なくとも1つの障害に罹患している。しかし、最近の研究では、ECA研究において用いられた診断手続きの信頼性について、いくつかの疑問が指摘されている(Eaton, Nuefeld, Chen & Cai, 2000)。ECAの面接が行われてから12年後に、ECAの対象者から無作為に選ばれたサンプルに対して2回目の面接が行われた。第1回目と第2回目の面接におけるうつ病の診断基準は一致していたが、1981年にうつ病と診断された人の33%は、2回目の面接ではうつ病罹患歴はない人であると分類された。これには、多くの人が第1回目の面接の時に報告した症状を想起できなかったという問題が含まれていた。これらの結果は、精神障害の生涯有病率を正しく評価しようとする場合に、研究者が直面する課題を明示している。またこのことは、生涯有病率のデータを、不変の事実ではなく「最も優れた推定」と見なすべきであることを示している。

　全国併存症研究は、あらゆる障害の有病率だけでは

表2-3　障害と属性との関連性(オッズ比)

	気分障害	不安障害	精神作用物質使用障害
性別			
男性	1.00	1.00	1.00
女性	1.82	1.85	0.40
年齢			
15～24歳	0.85	1.13	1.36
25～34	0.97	1.13	1.99
35～44	1.06	1.05	1.58
45～54	1.00	1.00	1.00
人種			
白人	1.00	1.00	1.00
黒人	0.63	0.77	0.35
ラテンアメリカ人	0.96	0.90	0.80
収入(ドル)			
0～19,000	1.56	2.00	1.27
20,000～34,000	1.19	1.52	1.06
35,000～69,000	1.16	1.48	1.06
70,000以上	1.00	1.00	1.00
教育(年)			
0～11	0.98	1.86	0.99
12	1.00	1.76	1.25
13～15	1.05	1.44	1.20
16以上	1.00	1.00	1.00
居住地			
主要都市	1.26	0.98	1.09
他の都市	1.20	1.00	1.10
地方	1.00	1.00	1.00

Kessler et al., 1994より引用。

なく、グループ間の違いに焦点を当てている(表2-3参照)。この研究では、8,098人のアメリカ人を対象にして、さまざまな障害について性別、人種、収入、教育、居住地域による有病率の違いが検討された。データは「オッズ比」で示されており、基準を1として、1より大きい場合はリスクが高いことを、1より小さい場合はリスクが低いことを表している。女性は不安障害とうつ病のリスクが非常に高いが、精神作用物質使用障害のリスクは非常に低い。黒人は不安障害と精神作用物質使用障害、とくにアルコール依存のリスクが低い。収入の低い人はすべての障害でリスクが高く、都市居住者はうつ病と精神作用物質使用障害のリスクが高い。

精神障害の有病率の国別の違いを調べた研究の1つに、Myrna Weissmanら(Weissman et al., 1997)によって行われたものがある。いくつかの障害で有病率に交差文化的な相違が見られたが、その相違は大きいものではなかった。たとえば、パニック障害の1年間の有病率は、イタリアのフィレンツェの2.9％から、台湾の0.4％の範囲であった。精神障害の国別の相違は、統合失調症のような重い疾患ではさらに小さくなる傾向があった。

まとめ

　心理的問題を抱えている人を診断するためのアセスメントには、多くのレベルでのアプローチが必要とされる。その人の現在の生活状況、身体的健康、心理的症状について知ることが重要である。そのような情報は、面接、身体的検査、過去の疾患記録から得られる。ある場合には、その人の精神状態を深く知るために標準化された心理検査が実施されることもある。そのようなあらゆる情報を総合して、臨床家が正しい診断を下すことができるようになることを願っている。

　診断は、病因に関する研究と同様、精神障害の治療において重要な役割を果たす。最も広く用いられている精神障害の診断分類システムはICDとDSMであり、それぞれ分類的アプローチをとっている。言い換えれば、症状の特徴や重篤さに基づいて、障害の基準

表2-4 さまざまな方法の長所と短所

方法	長所	短所
事例研究	1. 人為的でない 2. 稀な出来事を示すことが可能 3. 因果関係の仮説を構成可能	1. 回顧的なバイアスによる選択性や恣意性がある 2. 再現性がない 3. 一般性がない 4. 原因を分離不可能
実験	1. 原因を分離可能 2. 標本を抽出した母集団に一般化可能 3. 再現性がある	1. 人為的：障害のすべての姿を捉えていない 2. 推測が確率的、統計的である 3. 多くの重要な変数を操作することが非倫理的、非実践的である
自然場面実験	1. 人為的でない 2. 非倫理的な操作がない 3. 総体的な原因を分離可能	1. 原因の具体的な要素を分離不可能 2. 再現性がない 3. 回顧的なバイアスによる恣意性がある
比較研究	1. 関連性について統計的な分析が可能 2. 人為的でない 3. 再現性がある	1. 原因を分離不可能
相関研究	1. 関連性を量的に示すことが可能 2. 人為的でない 3. 再現性がある	1. 原因を分離不可能

を満たすかどうかを調べるのである。DSMは信頼性や妥当性に疑問があるという批判がある。しかし、そのような批判によって、DSMは2003年以前の改訂から、DSM-Vにさらに改訂されることが期待されている。新しい改訂によって、さらに信頼性や妥当性の高い診断にステップアップできるようになることをわれわれは願っている。

臨床的な研究者は、研究対象を決めることを診断的スキーマに依存している。しかし同時に、科学的な研究者は診断手続きに何らかの変化をもたらす情報を提供する。異常行動の研究にはさまざまな研究アプローチが用いられている。臨床的事例研究、動物（実験室モデル）や人間を対象とした実験的研究、自然実験、比較研究、相関研究、疫学的研究は、すべて何らかの洞察をもたらしてくれる。それぞれの研究方法には、長所と短所がある（表2-4）。それぞれの方法は、場合に応じて、非常に説得力のある証拠を提供するものである。しかし多くの場合、それぞれの方法は、目の不自由な人が象を手探りで探索するように、ある方法は尻尾、ある方法は胴体、ある方法は足しか触れていない。それぞれの方法は象の一部分しか捉えておらず、全体像を捉えてはいないのである。

臨床的事例研究は、適切に行われれば、障害の自然的な変化を捉えることができるが、原因を明らかにすることは難しい。実験は、適切に行われれば、原因を明らかにすることができるが、人為的にひき起こされたものでしかない。比較研究や相関研究は関連性を明らかにすることはできるが、必ずしも因果関係を明らかにするものではない。しかし、いくつかの方法から同じ結果が得られれば、理解という織物が織られるのである。証拠を集約するという科学的な織物は、すでに恐怖症、統合失調症の遺伝、うつ病、ある種の脳障害のために織られている。後の章で述べる障害のいくつかについて、障害を理解するためにはもっと多くの発見が必要であることに読者は気づくであろう。またそれ以外の障害についても、部分的にしか理解されておらず、パズルのピースがまだ欠けていると読者は感じるであろう。

要 約

1. 心理的アセスメント技法は3つのプロセスに分けられる。面接、観察、検査である。アセスメントツールは、信頼性と妥当性がなければならない。**信頼性**とは測定の安定性を指し、繰り返し用いられても同じ結果が得られるかどうかということである。**妥当性**とはそのツールがどの程度役立つかということを指し、意図された目的のために用いることができるかどうかということである。
2. **臨床面接**は、構造化され標準的な質問をするものと、構造化されておらず柔軟なものとがある。
3. **行動アセスメント**は主に観察に基づいている。それは患者の行動や思考——その内容や持続時間、強度の記録で構成されている。行動観察は治療場面でも用いられることが多い。
4. 心理検査は4つに分類することができる。MMPIやMMPI-2のような**質問紙法**、ロールシャッハやTATのような**投影検査**、脳のさまざまな領域に対応することが知られている認知や運動のスキルを

査定するルリア-ネブラスカやハルステッド-レイタンのような**知能検査や神経心理学的検査**である。これらの検査はすべて精神機能を査定するためのさまざまな臨床的場面で用いられている。

5. PETやMRIのような**脳画像技術**は、行動に関連する脳の異常を視覚化するものである。神経心理学的アセスメントと脳画像とは相互に補完的なアプローチである。

6. **診断**とは、行動や心理的なパターンに基づく精神障害の分類である。診断には5つの理由がある。症候群を明らかにすること、症状を軽減する治療法を示すこと、症状の原因を示すこと、症状の科学的研究に役立てること、医療サービスに対する第三者機関の支払いを可能にすることである。

7. **DSM-IV**は多次元的な診断システムであり、各精神障害について操作的な診断基準を提供するものである。DSM-IVには、障害を分類するため、また治療計画を立てその結果を予測するのに役立てるための、5つの次元、あるいは軸がある。

8. 2人の心理学者が同じアセスメントに到達したら、**評定者間信頼性**があると言う。DSM-IVの信頼性は診断カテゴリーによって異なり、II軸の障害の評定者間信頼性が最も低い。その前身であるDSM-IIIの信頼性はさらに低い。

9. 診断カテゴリーにとって、**妥当性**とは、特定の診断基準によって、あるカテゴリーの患者と別のカテゴリーの患者とを適切に識別することができるかどうかということである。**予測的妥当性**とは、診断によって障害の将来の経過や、何が障害をひき起こしたのか、その障害が治療に応答するかどうか、という情報を提供してくれるかどうかということである。

10. 信頼性は、診断にバイアスをもたらす要因によって低下する。診断の正確さや有用性は、症状が生じた文脈、診断者や情報提供者の**予期**や**信憑性**によって損なわれることがある。

11. 診断とアセスメントは治療にとって基本的なものであり、科学的な進歩にとって必要なものである。しかし、このことはあらゆるアセスメントが有用で必要なものであるということを意味しているわけではない。科学的な目的のために有用ではあるが、臨床的には有用でない診断もある。

12. **臨床的事例研究**は個人の人生の一部を記録したものである。事例に関する情報は、人が治療に来た場合に得られる。患者に関する情報に基づいて、臨床家は問題の原因についての仮説を立てる。事例研究は、特定の障害についてのより拡張した体系的な研究の段階へ進んでいくことが多い。

13. **科学的実験**は、仮説としての原因(独立変数)を操作し、その効果(従属変数)を測定する手続きから成る。独立変数も従属変数も操作的に定義される。操作的な定義は事象や条件を非常に正確に記述したものであり、その事象や条件は他の研究者によっても再現することができるように明確にされていなければならない。独立変数を操作したときに従属変数が変化すれば、実験効果が得られたということになる。

14. **実験室モデル**では、研究者は自然場面で生起する精神障害と類似した現象を、統制された条件下で作る。これは、症状の生物学的、心理学的原因や治療法に関する仮説を検証するために行われる。

15. **交絡変数**は、独立変数以外に実験効果をもたらす要因である。実験群は交絡変数と仮定した原因の両方を経験する。統制群は実験群と類似しているが、交絡変数しか経験しない。実験効果をもたらす交絡変数となり得るのは、**非無作為割り当て、実験者バイアス、被験者バイアス、要求特性**である。

16. **統計的推測**は、標本が母集団を本当に反映しているかどうかを決定するために用いられる手続きである。効果が慣例的な信頼水準を超えれば、統計的に有意であると言う。

17. ある関係が偶然によって生じたものでなければ、統計的に有意であると言う。一般に、相関が0から正の方向あるいは負の方向に大きくなればなるほど、観測数が多くなればなるほど、信頼水準が高くなればなるほど、その関係が偶然によって生じないという可能性は高くなる。

18. **比較研究**とは、臨床群と精神的あるいは身体的疾患のない人によって構成された比較群とを対照することである。

19. **相関研究**は、操作をしない純粋な観察による。相関とは、2つの事象を測定し、その間の関連性を表すものである。**正の相関**では、一方の変数の値が増加すると、もう一方の変数の値も増加する。**負の相関**では、一方の変数の値が増加すると、もう一方の変数の値は減少する。一方の変数が変化しても、もう一方の変数が体系的に変化しない場合は、**無相関**であると言う。

20. 人生における疾患の罹患に関する疫学的データは、疾患の病因について推測するために用いられる。

21. **自然実験**とは、稀にしか起こらない自然の出来事の効果を実験者が観察する研究である。縦断的な研究は、精神病理の進展に及ぼす出来事の効果を査定する上で大きな力となる。

22. 精神病理を1つだけで完全に理解できるようなアセスメントはない。しかし、各方法は異常性のさまざまな様相を理解する上で役立つ。理論を検証するために、そのようなあらゆる方法を集約すれば、科学的な進歩がもたらされるであろう。

3 心理学的アプローチ

本章の概要

精神力動的アプローチ　79
　イド、自我、超自我　80
　不安と防衛機制　81
　Freud 以後の精神力動論者　83
　精神力動的心理療法　85
　精神力動論の評価　88
　精神分析と医学モデル　89
実存的アプローチと人間性心理学的アプローチ　89
　自由と選択　89
　死の恐怖　90
　実存的心理療法　91
　実存的アプローチの評価　92
行動的アプローチ　93
　パブロフ型条件づけ　93
　オペラント条件づけ　97
　回避学習　100
認知的アプローチ　101
　認知療法　101
　認知行動療法　105
　認知行動療法と精神力動論の結合　106
　行動療法、認知療法の評価　107
まとめ　108
要　約　109

学習の目標

- 精神力動的アプローチ、特に Freud のイド、自我、超自我の概念について習熟し、そこで生じる葛藤が、根底にある不安を処理するための防衛機制をいかに生じさせるかを記述できる。

- 実存的、人間性心理学的アプローチが、どのように心理的健康における自由と選択の重要性を強調するか、そして、実存的なセラピストが、どのようにして患者が責任をもつようになり、目標を設定し、自立することを手助けするかを学ぶ。

- パブロフ型条件づけとオペラント条件づけの基本的な概念、そしてエクスポージャーや系統的脱感作、選択的（selective）正の強化、選択的罰や消去といった行動的心理療法について記述できる。

- 認知的アプローチが、思考や信念の重要性をどのように強調するか、認知的なセラピストが、ネガティブな予期、帰属、信念をどのように変化させようとするのかを理解する。

- 認知的アプローチと行動的アプローチとが両立可能であり、その治療法が認知行動療法として知られる理由について説明できる。

- 何人かの理論家がどのように認知行動療法と精神力動論とを結合させ、また他の理論家が、認知行動療法をどのように神経科学と結合させているのかを学ぶ。

- それぞれのセラピーがどのようにして障害のさまざまな側面を扱い、患者独特の強さを築くことができるのかを説明できる。

現在、異常性の分析には 2 つの重要なレベルがある：心理学的アプローチと生物学的アプローチである。この章で、われわれは異常性に対する 4 つの主な心理学的アプローチを取り上げる。われわれは、これら 4 つの流儀——精神力動的アプローチ、実存的、人間性心理学的アプローチ、行動的アプローチ、認知的アプローチ——を心理学的アプローチとして類別する。というのも、そのそれぞれが、正常な行動と障害となる行動との両方を、その根底にある心的、行動的原理によって説明しようと探求しているからである。われわれは、これらの流儀それぞれについて、そしてそれらによって生じるセラピーについて検討していく。最後に、われわれは心理学者がどのようにしてこれら多様なアプローチを統合し、それらを用いて障害のさまざまな側面をいかに扱うかについて考察する。各アプローチを例示するために、4 つの流儀それぞれのセラピストがアンジェラという同一の人物をどのように扱うかを見る。

> アンジェラ、22 歳は、母親と住んでおり、大きな保険会社の秘書であった。彼女は、発作的に泣くことと失望感に苦しんでおり、それは彼女がかつて頻繁に経験していた落ち込みよりもつらいものであった。彼女は仕事に集中することができず、将来は彼女にとって空しく感じられ、夜も眠ることができず、食事も興味をひくものではなかった。アンジェラは明らかな単極性うつ病のケースであった。
>
> 彼女の抑うつは、ジェリーと別れたときから始まった。彼女がジェリーと結婚するかどうか決心できずにいた混乱した数ヵ月の後、彼はその答えを要求した。彼女の母親はジェリーを嫌っており、やめるよう勧めていた。板ばさみの中、アンジェラは決心することができなかった。さらなる議論の後、ジェリーは、彼女が永遠に自分を待たせ続けるであろうと確信したこと、そして二度と彼女とは会わないと心に決めたことを彼女に話した。
>
> アンジェラは、決断を迫るジェリーから解放され、その後彼と接触しようとはしなかったと話した。しかし、翌月以降、ますます絶望的になっていった。彼女はいくたびか仕事を休んで家に留まり、ただ家の中でぼんやり過ごし、泣いていた。(Leon, 1990, 15 章より改変)

精神力動的アプローチ

パーソナリティや異常性に対する**精神力動的アプローチ**(psychodynamic approach)は、意識的、無意識的に心に影響する心理学的な力に関係している。これら内的な欲望や動機は、しばしば衝突を起こす力であ

Sigmund Freud(1856-1939), 1909年頃。
（National Library of Medicine の厚意による）

る。"精神力動"の"力動"の部分は、そのような力の衝突が生じるときに何らかの変化がその結果として起こることを意味している。このアプローチによれば、これらの葛藤が十分に解決されたときに成長や活力がもたらされる。しかし、それらの解決が十分ではない、もしくは解決されないままであるときには、自分自身を守ろうとする意に反して、葛藤は不安や不幸感をひき起こす。ここで、われわれは葛藤に関するいくつかの原因と結果について、その解決を良いほう、もしくは悪いほうへと導く条件について検討する。

パーソナリティや異常性に対する精神力動的アプローチは、1人の偉大な天才—Sigmund Freud という名のウィーンの医師の仕事から始まった。1856年に生まれ、1939年に没するまでに、Freud は、理論的な考えや事例に関する24冊の著作を著した。パーソナリティを研究し、また変化させる彼の方法は、彼の弟子たちのそれと同様に、**精神分析**（psychoanalysis）と呼ばれる。

生涯を通して、Freud が費やした知的な、臨床的な強い関心は、**心的エネルギー**（psychic energy）にあった。彼は、人には一定量の心的エネルギーが賦与されていると考えた。こうした理由から、そのアプローチは情動がエネルギーであるという前提——ある領域で抑制されるならば、それは他の領域、しばしば望ましくない領域で現れる——を具体的に表現した名前、「精神力動」とも呼ばれる。その理論は問う、なぜ人々はあるときには精力的で活気に満ちており、他のときにはもの憂げになるのであろうか？ いかにして、ある人々は愛や仕事に自分自身のエネルギーを注ぎ、他の人々は自らの痛みや苦しみに大きな関心を寄せるのであろうか？

イド、自我、超自我

Freud によれば、人間のパーソナリティは、3種類の力：イド、自我、超自我により構成される（表3-1）。これらは心の中にある対象でも場所でもない。むしろ、それらは力動的な、相互に作用する過程であり、それら自身がオリジナルで特定の役割をもつ。「イド(id)」という語は、ドイツ語の「エス(es)」、字義通りには「それ(it)」を意味する言葉に由来し、個人の制御が及ばない過程を意味する。ドイツ語における「自我(ego)」は、"ich" すなわち私 "I" を意味し、人が現実を処理することのできるその能力を示しており、一方、「超自我(superego)」（ドイツ語で "Uber-ich"、すなわち私を超えるもの "over I"）は、自己を超えたその過程——良心、理想、倫理のことである。

イドは、粗野で強要的な生物学的動因を表している。イドは、即時的な満足を求める。それは、即時的な、衝動的な満足や緊張の減少を要求する**快楽原則**（pleasure principle）により導かれる。イドは、甘やかされた子どものようなものである。それは、したいときにしたいことを欲する。イドは外的な満足を求め、イドの動因はそれが適切であるか、まして危険であるかさえ知らない。もし人々が、全般的にイド過程に支配されているならば、甘やかされた子どものように、空腹のときには、食べ物が自分のものであるか、よいものであるか、まだ生きているかどうかにかかわらず、あらゆるものを食べてしまうであろう。

イドが快楽を求める一方、**自我**は現実性を求める。自我の1つの機能は、現実の要求に従って、イドの欲望を表出し、満足させることである。イドが快楽原則で働く一方、自我は**現実原則**（reality principle）を用いる。自我は、ある衝動の表出が安全であるか危険であるかを決定するために現実について検討する。自我はイドの衝動を適当な時まで遅延させ、適切な標的へと

表3-1　パーソナリティの3つの過程

過程	原則	現実に関与しているか？	特徴
イド	快楽原則	いいえ	生物学的動因の即時的満足の達成を目指す
自我	現実原則	はい	衝動を適切な、達成可能な標的へと向ける
超自我	（理想主義）	いいえ	行為を倫理的、宗教的、理想的なものへと向ける

その衝動をそらす。衝動を現実的に、安全に満足させることを可能にする自我の成功は、推論することや思い出すこと、評価すること、計画することのような思考過程を用いる能力に依存する。自我は、パーソナリティの管理者であり、よくない結果を最小化するような方法でイドの要求を実行に移している。

最後に、**超自我**は、良心や理想的な努力を表している。それにもかかわらず、超自我過程は、イド過程のように不合理なものである。現実を気にかけもせず、現実について多くを知っているわけでもない。良心は過度に厳しくもなり、許される行動を抑圧するだけでなく、その行動について考えることさえも抑圧する。イド過程が比較的制御されていない人が、衝動に支配されているように見える一方、自らの超自我に過度に支配されている人は、活気がなく、道徳主義的であり、楽しみに快適さを感じることができず、「汝〜することなかれ(Thou shalt not...)」に対して過度に敏感である。

通常のパーソナリティや発達を調整する過程は、異常なパーソナリティを調整するそれと同一のものである。異常なパーソナリティと通常のそれとを区別するものは、心的エネルギーがパーソナリティの3つの要素に分配されるその様式にある。通常のパーソナリティにおいて、心的エネルギーは、イドや超自我と同様、自我にも多く費やされる。異常なパーソナリティでは、心的エネルギーは不適切に分配され、イドまたは超自我が強すぎて、自我過程は欲望や良心を制御できない。

Freudは、イド、自我、超自我の間の相互作用の多くは、忘却された記憶や抑圧された記憶(意識から能動的に除外されたもの)を含む**無意識レベル**(unconscious level)でなされると信じていた。ある種のパーソナリティ過程は、それ以外のものよりも無意識レベルで働く。イドの衝動は全般的に無意識的であり、多くの超自我過程も同様である。対照的に、自我過程は、欲望、良心、そして現実性を調整する必要があるため、しばしば意識的である。

不安と防衛機制

イド、自我、超自我の間の葛藤は、通常Freudが**不安**(anxiety)と呼んだ一種の心的苦痛をひき起こす。不安は、意識できることもあるし、意識できないこともあるが、その存在は常に葛藤がそこにあることの合図である。葛藤が人に当惑感、無力感、対処不可能感を感じさせるときに、不安が生じる。ある人が経験する不安の程度は、自己に対してどんな結果を予期するかに依存する。

不安の経験、そして不安の予期でさえも、それは人々が直ちに取り除こうとする不快な経験である。人間は、とりわけ不安を緩和する方法に恵まれている。自転車に乗ることを学ぶときにするように「恐怖に打ち勝つ」、強い敵から追われたときに「その場から逃れる」以上に、人間は、問題となる動因や衝動の意味やその意義を心の中で変化させることができる。こうした変更は、**コーピング**(coping strategies)や**防衛**(defenses)を用いることにより遂行される。一般的には、抑圧、投影、否認、置き換え、昇華のような防衛がある(Vaillant, 2000)。

抑圧

精神分析理論に従えば、**抑圧**(repression)とは、心理的現実を変化させる最も基本的な手段である。個人が無意識に望ましくない思考や抑えられた欲望を心の外に追い出すことによる防衛である。羞恥心や罪悪感、屈辱、自己非難を喚起する記憶——要するに感情的な記憶(Davis & Schwartz, 1987)が、しばしば抑圧される。抑圧された出来事は、合理的な制御の対象とはならないため、生き続け、より活発でさえある。それらは、通常の空想や夢、言い間違いや「動機づけられた」忘却において、また催眠状態下で、そしてさまざまな異常な心理的条件のもとで、影響力をもった本性を現わす。まさに、無意識の力はパーソナリティにおいて支配的なものであり、このことは下記のケースに見ることができる:

> アンは、2人の男性、マイケルとジュールと恋をしていた。2人ともアンと結婚したがっていたが、アンはどちらかに決められずにいた。最終的に、6ヵ月以上たった後、彼女はマイケルに決めた。次の夜、彼女は次のような夢を見た:
> 私は寮の外にある非常階段を昇っていた。暗く、雨

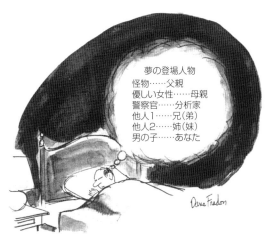

(Dana Fradon, 1973 The New Yorker Magazine, Inc.)

が降った夜で、私は大きな箱をレインコートの中に入れて運んでいた。私は、5階まで来て静かにドアを開け、すばやく自分の部屋につま先歩きで入った。中に入ると、私は、ドアを二重に施錠し、自分のベッドにその箱を置いた。それは宝石箱だった。私がそれを開けると、そこにはダイヤモンドやルビー、エメラルドが詰まっていた。

現時点で、夢が規則的に何かを意味しているという証拠は何もない(Seligman & Yellin, 1987)。しかし、アンの夢において、「ダイヤモンド、ルビー、エメラルド」＝宝石(Jewel)＝ジュールである可能性を捨て去ることは難しい。彼女の夢は、前の恋人への愛情が続いていること、そしておそらく密かに関係を維持したいという望みを表している。ジュールの名前をもじり、それを視覚的な象徴に変換する心の一風変わった能力が、この夢で明らかにされている。

抑圧は、ほぼ完全であるか、もしくは部分的である。観念もしくは記憶は部分的に抑圧され、ある側面は意識的に接近可能であるが、他の側面についてはそれができない。たとえば、親と難しい関係をもつ人は、親の葬式で泣いたことは思い出せるかもしれないが、何ゆえに泣いたのかや、泣いたこと以外のことについては思い出せないかもしれない。異常な行動に重要な役割を果たす葛藤や記憶が部分的に抑圧されることを示唆するエビデンスもある(Perkins & Reyher, 1971; Silverman, 1976)。たとえば、解離性同一性障害(多重人格障害とも呼ばれる；6章参照)では、1人の人物が異なる2つ以上のパーソナリティを有している。1つのパーソナリティが支配的であるとき、それ以外は抑圧されている。

心が「それ本来の場所(its own place)」に位置どる能力は、意識的にイメージや記憶を抑える能力、拒絶する能力に単に限定されるものではない。むしろ、心は編集者であり、経験に関する章を削除し、それ以外のものに再編する。通常、葛藤がなくとも、知覚や記憶はともに再構成されている(Anderson & Bower, 1973)。心は、知覚から何かを足したり引いたりすることによって、そして単純に記憶を飾りつけたり、新しい「記憶」で記憶の隙間を埋めるような方法で記憶を装飾することによって、直接的な経験を編集し、「新しい」何かにするといわれる。こうした活性化させる心の能力が、不安が経験されたときや自己イメージと衝動、または行動との間で葛藤が生じたときに、コーピング過程で用いられるであろうことは驚くべきことではない。こうした、時に意識的であるがより頻繁には無意識的である編集過程は、知覚や記憶をより喜ばしいものにすることによって、個人がコーピングできるように発動される。

記憶や経験が部分的、または全体的に抑圧されるという考えは、心理学者の間で、普遍的にではないが、広く受け入れられている(例えば、Ganaway, 1989; Holmes, 1990を参照)。しかし、近年、人々が、抑圧された記憶の「回復」を報告し、新しく回復した記憶に基づいて、性的いたずらや残虐な行為、殺人について訴えるということが起きるようになって、記憶や経験が抑圧されるという考えが疑問視されるようになってきている(Loftus, Grant, Franklin, Parr & Brown, 1996)。われわれはこの問題について、15章で詳細に検討する。そこでは「抑圧された記憶」と法律との関わりについて探求する。

投影

投影(projection)は、自らがそれを有していることを否定、抑圧するような感情や経験を、他者のものであるとする。あらゆる場所で何らかの罪を見つけ、それを非難するが、自分自身が罪深い衝動を有していることを否定する伝道者を想像してみよう。自分自身の性的な衝動を否定し、抑圧する人々は、しばしばそれを他者に投影し、他者を自分よりもみだらであるとみなすことが研究によって示されている(Halpern, 1977)。

投影は、心理的な苦痛において2つの役割を果たしている。1つは、自己に対してではなく、別の人間に不安を喚起させる衝動を帰属させることによって、苦痛を減少させることである。もし、怒りがわれわれに不安を感じさせるならば、他の誰かにその怒りを帰属させることは、怒りがもたらす不安を減少させる。2つ目は、投影によりわれわれが怒りに関連した何らかの行為を可能にすることである。誰かがわれわれに腹を立てているとき、われわれは、自らを防衛するために攻撃的な、または報復的な行為をとることが許される。このように、投影はそもそも許されていないであろう行動に従事するための合理性を提供する。

置き換え

置き換え(displacement)という方略が用いられるとき、その人は実際の対象を、より無害であまり脅威的ではないものと交換することによって、情動の標的を編集する。仕事で腹を立てたり失敗したりしたが、仕事でその感情を発散できない人は、家に帰り、無害な配偶者や子どもに向けてその感情を発散するときに、この方略を無意識に用いている。

否認

抑圧が内的な事実を消し去るならば、否認(denial)は苦痛となる外的な事実を除去する。否認は、一般に、安全や愛されているという感覚が脅かされるときに生じる。多くの人々は、自分自身に向けられた否定的な感情を的確に認めるのが難しいことを知って

いるが、この事実は否認というプロセスが広範囲にわたっていることを示唆している（Tagiuri, Bruner & Blake, 1958）。否認は、人々が死に脅かされるときにしばしば用いられる。不治の病に冒された子どもの親、自らが不治の病である場合もそうだが、彼らはその診断や予後について十分に知りながらも、それがよくないことであることをしばしば否定する。

昇華

昇華（sublimation）は、社会的に望ましくない目的から、建設的な、社会的に望ましい目的へと心的エネルギーを方向づけし直すプロセスである。愛や仕事、利他主義、ユーモアでさえも、その能力は、粗野な性的な衝動や攻撃的な衝動の再方向づけに関連している。Freudによれば、愛は、社会的に受容される文脈で性的な満足を得ることを可能にするため、特に強力な昇華の一形態である。しかし同時に、愛することによって、その人物は、愛する者からの拒絶やその死に対して無防備な状態になってしまう。Freudの考えによれば、昇華は建設的なものであるとともに、壊れやすいものでもある。しかし、現代の精神分析家は、昇華を健康や成功にとって重要で、強固な、成熟した防衛であるとみなしている。成熟した防衛——昇華、利他主義、予期、ユーモア——に従事する人々は、こうした防衛を示さない人々に比べて、身体的に健康であり、実質的に成功しており、精神的な病に対しても抵抗力がある（Vaillant, 2000）。

Freud以後の精神力動論者

はじめは拒絶されたものの、Freudの考えは、後に高度に独創的な多くの思索家たちを引きつけるようになった。新フロイト派として知られる彼らは、Freudの考えを推敲し、しばしばFreudの考えに同意しなかった。例えば、Carl Jung（1875-1961）は、無意識に重点を置いた。Jungにとって、そこにはFreudが考えたような単なる幼年期の記憶だけでなく、過去の世代の経験に関する記憶の痕跡から成る**集合的無意識**（collective unconscious）があるように思えた。Jungの考えでは、それは現代の進化心理学を予期させるものであるが、われわれは自分たちが考えるよりも賢く生まれてきており、われわれは祖先がそうであったためにすでに闇や火を怖れ、過去の世代が死んでいることから死についてすでに知っている。Jungは、こうした生まれながらにもっている普遍的な考えを**元型**（archetypes）と呼んだ。Jungによると、これらの元型は、パーソナリティの基礎を形作るものであり、なぜ人々が単に自分の過去経験に動かされるだけではなく、成長しようと、またよりよいものになろうと励むのかを説明する。本質的に、Jungは、自己を全体性に向かって励もうとするものと捉えた。

Alfred Adler（1870-1937）は、Freudに比べて、イドから生じ、自我に媒介される性的欲求、攻撃的欲求に重点を置かなかった。Adlerによれば、自己はより意味のある目的に奉仕している。自己は、権力や支配を熱望し、そして人生を満ちたものにするよう、賦与された遺伝子や取り巻く環境以上のものになることを可能にする。自己は、新しいもの、独特なもの、生物学的な衝動、文化的な圧迫だけでは決定できないものをつくり出す（Ansbacher & Ansbacher, 1956）。

新フロイト派は、もう1つの領域、心理性的発達対心理社会的発達という点でFreudと大きく異なる。根本的に、この違いは、人が生物学的な動物であるか、社会的な動物であるかにまとめられる。たとえば、Karen Horney（1885-1952）は、基本的不安を生物学的な欲求ではなく社会的な欲求から生じるものと捉えた。彼女によれば、基本的不安は、「潜在的に敵意に満ちた世界において子どもが持つ孤立感、無力感」か

（左）Carl Jung（1875-1961）（Corbis/Bettmann）　（右）Alfred Adler（1870-1937）（Alexandra Adlerの厚意による）

（左）Karen Horney（1885-1952）（National Library of Medicine）（右）Harry Stack Sullivan（1892-1949）（The Warder Collection）

（左）Erik Erikson（1902-1994）(Phot. by John Erikson)　（右）Erich Fromm（1900-1980）(AP/Wide World Photos)

ら構成される（Horney, 1945, p.41）。

同じように，Harry Stack Sullivan（1892-1949）は，パーソナリティという概念そのものは，そこに存在し影響を及ぼす社会的文脈とは分離することのできないものであると考えていた。Sullivanによれば，心理的な問題は，単に不完全な社会的発達によって起こるのではなく，不完全な社会的関係からなるものであり，それを踏まえて検討され，取り扱われる必要がある。Sullivanの関心は，パーソナリティが働く社会的文脈を重視する現代の考えに反映されている（Gergen, 1982 ; Nisbett & Ross, 1980）。

Erik Erikson（1902-1994）は，発達に関する広範な理論を唱え，それは人間の心理社会的な性質や個人と社会との相互関係を強調したものであった。パーソナリティの基礎は本質的に幼年時代に完成されると信じたFreudとは異なり，Eriksonは，人間のパーソナリティを，幼少から成人，老齢に至るまでの8つの段階で発達し，変化するものとして捉えた。

Erich Fromm（1900-1980）もまた，パーソナリティを根本的に社会的なものとして捉えた。誕生し発達していくにつれ，人間は自分自身が他者から徐々に孤立していくことを見出す。そうした孤独——基本的な人間の状態——は苦痛であるが，多くの人々は自らの自由を大事にする。また自らの孤独を終結させようともする。彼らは，愛や仕事——建設的モード——によって，もしくは権威に服従し従順であること——破壊的モード——によってこれを行うことができる。

全体として，新フロイト派は，基本的なフロイト理論の改良をもたらした。その後，他の理論家や実践家もさらなる改変を行っている。今日，パーソナリティに関する単一の一貫した精神力動的理論は存在しない。むしろ，多くのクリニックや研究室で行われている作業は，パーソナリティの様相や人間の発達に光を当て，Freudの考えや彼の直接的な追随者のそれを大きく修正している。そうした修正の核心は，自己の性質——自己を形成するプロセスや危機，意識の形成における防衛の役割，成長に貢献する自己の側面——に関係している。

現代の精神力動論者は，パーソナリティにその統一性を与えるものは何か，という問いを発している。自分は時間や空間を越えて同じ人間であり，心理的にばらばらになったり分断したりしないと信じさせるものは何か？　異なる人々と，異なる時に，異なることをしたとしても，彼らはいかにして同じ人間であり続けるのか？　ある人々にとって，こうした問いはあまり意味がない。彼らは物理的に同じ人間であり，したがって心理的にもそうである。しかし，他の人々，特に「揺れる（shaky）」自己をもつ人々や「私は5年前とは違う人間である」と言ったりするような，自分自身が大きな変化を経験したと考えている人々にとって，上記の問いは，重要であり，追求する価値がある。

自己は，広大な主観的心理空間であり，それは個々の内にある個人的経験の倉庫である。精神力動論の定式化の中心となるものは，あらゆる意味での自己，とりわけ自己の生じかた，経験のしかた，悩まされかた，防衛のされかたである（Kohut, 1971, 1977 ; Mahler, 1979 ; Stern, 1985 ; Vaillant, 2000 ; Winnicott, 1971）。たとえば，Heinz Kohut（1913-1981）によれば，自己には継時的に生じる3つの側面があり，現代の精神力動において特に重要である。それらは中核自己，主観的自己，言語的自己である。

中核自己（core self）は，幼年期の2ヵ月から6ヵ月の間に生じ，この時期は子どもが自分と保護者とが物理的に分離していることに気づくようになる時期である。これは，「ボディセルフ（body self）」であり，おおかた当然であると思われる。たいてい，人々は彼らの中核自己に気づいていない。しかし，それはとても重要な機能をもっている。中核自己は，1人1人にその分離性，一貫性，同一性の感覚を与える。さらに中核自己は，個々が他者にその一貫性や同一性を認めることができるようにする。中核自己のこのような特徴が強固なままである限り，パーソナリティも強固であり続ける。しかし，「物事は自分の制御が及ばない所で起こっている」，または「私は他の人々の心を制御できる」といった感覚を発達させるなら，それは混乱を産む土壌となる。

生後約7ヵ月から9ヵ月の間に，**主観的自己**（subjective self）は生じる。それは，間主観性（intersubjectivity）の発達を促進する。それは他の人々に共感し，物事や出来事の経験を共有するとともに，他人の意図や感情を理解することができるという感覚である（Kohut, 1978）。主観的自己の障害は，他の人々と結びついていると感じること，他者または自分自身と関係することの困難をもたらすかもしれない。自己や他者と

第3章 心理学的アプローチ

自己対象は、生活の中で自己を支持、維持する人々や物事である。(Phot. by Kevin Kling)

接することができないという感覚は、そこに主観的自己の障害があるときに生じるものかもしれない。

生後約15ヵ月から18ヵ月の間に、子どもは自己の第3の感覚を発達させ始める。それは知識と経験の倉庫としての自己である。**言語的自己**(verbal self)は、シンボルや言語を用いることにより発達する。当然、言語の使用は、幼児にとって膨大な、多様な世界、そして行為を切り開く。それは素早い直接的なコミュニケーションを可能にする。しかし、言語にはよくない側面もあり、同じ現実を拡大し、豊かなものであるかのように歪めてしまうかもしれない。目に見えて退屈で疲れた子どもに「まあ！ 私たちはすばらしい時間を過ごしているじゃないの！」と言う親を想像してみよう。

さまざまな自己は、頑強なものではなく、独立した構造をもつものではない。その多くは、保護者と幼児との相互作用により形成され、人生を通して他者からの支持や維持を必要とする。パーソナリティの密着性を支持する中心的で重要な人々は、**自己対象**(selfobjects)と呼ばれ、最適なレベルでパーソナリティの機能を維持するために必要な人々や物事である(Kohut, 1977)。自己対象という考えは、パーソナリティが最適に機能するために愛着が重要であることを強調する。われわれの誰もが孤立しているわけではなく、われわれが見出される文脈から自由でも独立してもいないことを示す。愛着の問題は、不安や抑うつ、摂食障害に関連しており、境界性パーソナリティ障害に関係したものでもある(Fonagy et al., 1996)。

精神力動的心理療法

Freud 自身の考え、そして彼の弟子や後継者の考えは、彼らが生み出した治療の様式に現れている。このように、理論と実践はともにあるのである。Freud の最も名高いアイディアが発展したのもクリニックから

であった。したがって、実践における彼らの考え方を検討するために、精神力動的アプローチに目を向ける必要がある。精神分析理論が多様な精神力動論を生じさせたように、治療様式としての精神分析が、多くの変化に富む治療様式を生み出した。その中に多くの重要な面で古典的な心理療法を変化させた、精神分析に「インスパイアされた」さまざまな短期心理療法がある。

精神分析にインスパイアされた短期心理療法は、古典的な精神分析との共通点を多くもつ。両者とも、思考と行動を変化させようとするものである。両者は、初期の葛藤を現在の関係性という文脈の中で検討することによって、また抑圧されているものに気づかせることによって、それを行う。両者は**自由連想**(free association)(検閲せずに心に浮かんだことを言う)、夢、**抵抗**(resistance)(特定の問題を扱う際の一時的な妨害)について検討する。そのようにする中で、心的エネルギーはより建設的な目的のために解放され、人は、葛藤のより建設的な解決を見出すことができるようになる。不安は、衝動の「安全な」表出方法が発見されることで軽減される。そして、必要とされるコーピング方略はより成熟したものとなる。これらの事柄は、精神力動的な心理療法の実際の事例を検討することでより明確になるであろう。

パティがつかの間の平穏すら経験できなくなってから2年以上が経過していた。問題は、まさに彼女の頭にあった。強く打ち続ける激しい頭痛は、一日中、そして毎日彼女を床につかせ、彼女は眠ることも起き上がることもできず、シーツをかきむしっていた。パティは、1年以上こうした頭痛がよくなるための助けを求めていた。彼女は、いくつかの医学的、神経学的な精密検査を受けていた。彼女は最終的に、神経終末の切断による痛みの軽減を期待して神経外科を訪ねた。外科的にできることは何もないと知らされると、彼女はとても憂うつになった。今の状況は彼女にとって完全に絶望的なものに思えた。夫の重荷となり、幼い子どもの役にも立たず、すべてを終わらせるほかにできることはほとんどないように思われた。彼女が精神力動的セラピーを紹介されることになったのはそんなときだった。

1回目の面接のはじめの部分は、問題を記述することに費やされた。激しい痛みとともに、彼女は自らの頭痛について説明したが、すぐに話すことはなくなってしまった。彼女は、問題が心理的なものだとは考えておらず、彼女が置かれている状況を本心から同じように感じる者もいないと考えていた。話すことがそれ以上なく、彼女はセラピストのほうを向き、「私は今、何について話せばいいのですか？」と尋ねた。

セラピストは、「子ども時代のことについて話して

ください」と言った。

彼女は、ゆっくりと話し始め、そのうち父親について活発に話した(実に、その非常に長い面接の残りの時間、パティが母親について言及するのはついででしかなかった)。彼女の父親は、もともとはギリシャとトルコの国境付近から来ていた。彼は、激情と欲求不満の人物であり、かつて怒って4年間家族のもとを離れた末に、去ったときと同様に突然戻ってきた。彼女の父親に対する初期の記憶の中では、父親は列車で遠くへ行き、二度と戻ってこないと脅していた。

「あなたは今まで父親と寝たことがありますか?」質問は予告なく突然だった。パティは青ざめた。彼女は「どうして知っているのですか?」と聞いた。そしてその後、答えを待たずに突然泣き出した。

「はい、それは彼でした。そして私は彼をまだ憎んでいます。日曜の朝、母親は家の掃除をしていました。私たちは皆、母親を除いて、日曜は遅くまで寝ていました。彼女が私の部屋を掃除していたとき、私は彼女のベッドに入りました。私は上掛けの下にもぐり、目を閉じて再び眠りにつきました。父親がそこにいました。彼は私に触って...こすり...恥知らず。自分の娘にどうしてそんなことができるのでしょう?」

怒り、悲しみ、恥ずかしさの中で、4半世紀以上も前の8歳の時の出来事について、彼女は激しく非難するように泣いた。

突然、彼女は泣くことをやめ、話すことさえもやめた。そして、信じられない顔つきで微笑みながら、「それらは過ぎ去った。頭痛は過ぎ去った」と言った。彼女はゆっくりと立ち上がり、頭を左右に振りながらオフィスの中を歩き回った。2年以上経ってはじめて彼女は正常さを感じた。

そのセッションが終了する前に、再び頭痛が戻ってきた。しかし、彼女の現在の苦痛と父親についての初期の記憶とはつながっていた。

その後のセッションの間、パティは父親とのより多くの経験を記憶から検索することができた。彼女の父親には、アメリカに来て彼女の母親と結婚したときに、ギリシャに残してきた別の家族があったのであろうと思われた。パティは、父親がギリシャに戻りたくなくなるよう彼を幸せにすることによって彼をアメリカに留まらせる責任が、自分にあったように感じた。見捨てられることの恐怖は、パティと彼女の母親にとって深いものだった。

彼女は、父親がベッドで彼女にしたことについて再生することができなかったが、彼女はそれがよくないことであり、父親もそう考えていたはずであるとわかっていた。一度、友達とグループで遠出した後、地下鉄のホームで父親に見つけられた。父親は、彼女を乱暴に同級生から引き離し、彼女の顔を平手で激しく打ち、彼女を「売女」と呼んだ。

これらの取り戻された出来事——セラピーの間に検索され、思い出され、再経験されたこと——は、長期間にわたる苦痛の軽減をもたらした。しかし、いくつかの経験や考えは、突然の激しい頭痛をもたらした。それは次のようなときである:

・ブラジャーを買いに行ったとき
・フィルという彼女の夫が幼い娘たちを膝の上でバウンドさせ、3人がうれしそうであったとき
・友人が映画に行こうと提案したとき
・家族でギリシャ風の結婚式に行き、若い人たちがダンスをしていたとき
・子どもたちの洗濯物を洗っていたとき

これらの場面のすべては、漠然と性的なものを暗示しており、それゆえ痛みがもたらされた。それらについて話すことは、困難であった。彼女の状態についての精神力動を探ることと、あえて問題のない日々を乱すようなことを行うこととの間に、緊張状態があった。しかし、彼女は前に進み、父親や母親だけでなく、夫や子ども、友人、後にはセラピストと初期の経験や記憶との精神的、情動的な結びつきを追求した。

精神力動的なセラピストにとって、パティの過去に対するこのような探求は、彼女の頭痛が、深刻な性的葛藤に起因していたことを示唆した。それは、彼女を無力にし、夫や子ども、次第に彼女自身に対してさえも、世話をするという活動を起こすことができなくさせていた。

頭痛は、それ自身、葛藤の強さを証言するものであり、コーピング方略でもあった。頭痛は象徴的にレイプに関する葛藤を暗示していた。しかし、葛藤はパティ自身の心の中で存続していたため、それはまた彼女自身の性的欲望に関する葛藤も暗に含まれていた。まだ理解されない何らかの過程により、これらの葛藤

ハムレット(Kenneth Branagh)は、彼の母親(Julie Christie)と話をする。ハムレットは、父親の死と母親の裏切りという心的外傷を再体験し、カタルシスを経験する。(Photofest)

する欲望は抑圧され、置き換えられ、他の人々へ向けられることなく、彼女の頭へと向けられた。

パティは、明らかにこうした葛藤の多くを夫に、そして子どもにさえも投影していた。彼らの悪ふざけは、無邪気な騒ぎとしてではなく、ひどく性的な出来事のように感じられた。下着を買うこと、結婚、ギリシャ風のダンス、毎週の洗濯物は、すべて同様に性的なものとなっていた。通常これらの出来事を区別し、人々にそれらに対する社会的知覚の共有を可能にする自我過程が、ここでは明らかに欠落していた。精神力動的なセラピストによれば、パティ自身の性的葛藤から生じた激しく十分に抑えられない圧迫感によって、そうした欠落が発生した。

パティの急速な症状の緩和を可能にしたのは、**カタルシス**(catharsis)である。それは初期の心的外傷となるような葛藤の覆いをとり、軽減させる。しかし、精神力動的理論において、症状の緩和は治療の一部分でしかなく、しばしばそれは最も小さな部分である。より重要なことは、大人になってからの知覚の仕方、反応の仕方の持続的なパターンが、子ども時代に埋め込まれたものであり、それが大人になってからの活動全般に浸透しているという事実である。それらは、もともと葛藤をひき起こした人々や衝動から、その人の生活における重要な他者へと転移されたものであるため、変化させる必要がある。精神力動的セラピーは、それゆえ、単に症状を緩和させるだけでなく、パーソナリティ——初期の経験により歪んで形成された態度、知覚、行動——を変化させようと努める。

精神力動的心理療法は、いかにしてパーソナリティの変容を達成させるのであろうか？　実践において、精神力動的なセラピストは非反応的でなければならない。彼らは冷静に熱心に聴かなければならない；クライエントの告白にショックを受けたように見えたりしてはならず、意見を言ったり、判断を下したりするべきではない。彼らは、クライエントが自らの期待や想像、帰属をそこに映し出すことができるような、空白のスクリーンとして振る舞うべきである。時間をかけて、セラピストそのものがクライエントの生活において中心的なものとなる。このような中心性は、セラピーにおいて重要なものであり、精神力動論において専門用語が与えられている——転移である。**転移**(transference)は、クライエントが精神力動的セラピーの間、情動、葛藤、期待を、それらが得られた多様な源からセラピストへと移す過程を記述したものである。セラピストは、クライエントにとっての母親、父親、息子、娘、配偶者、恋人、雇用者や赤の他人にさえなる。こうした情動的環境において、クライエントは、率直に話をし、心を彷徨させ、愚かであったり、恥かしかったり、意味のないような考えであったとしても、情動的な考えを自由に連想するように促される。

これらの条件のもとで、以前に抑圧され歪められたものは、意識化できるようになり、それゆえ自我過程によって制御可能なものとなる。これは、パティのケースをさらに検討することで確かめられる。

3ヵ月も経たないうちに、パティの症状はやわらいでいた。彼女の注意は、頭痛から他の事柄へと向けられた。たとえば、彼女の母親が1つの「苦痛」であった。母はいつも憂うつで、ただ従順なだけで、一緒に生活をしていても確かに楽しくはなかった。パティは、すぐさま「母は一緒に生活しても楽しくない」という印象を、彼女自身の父親との関係性に関連づけた。父はすでにギリシャにいる家族を見捨てていた。私は父を家族として引き留めようとしていたのだろうか？　父は私たちを捨てなかったではないか？　より重要なこととして、父親との性的な関わりあいは、父親を家に引き留めようとする試み以上のものはほとんどなかったのではないだろうか？　そうした可能性は、肯定的な光を彼女の記憶に投じ、彼女の記憶がひき起こす罪悪感をやわらげた。その後まもなくして、彼女は、夫と子どもが一緒に遊んでいるところを、頭痛や罪悪感に苦しむことなく見ることができた。

徐々に、彼女の注意は、両親、そして夫や子どもから、セラピストへと向けられるようになった。セラピストの反応の乏しさは、このとき不快感をひき起こした。彼が時々遅刻することは、彼女に不安を感じさせ、また、セラピストが1週間ほどの休暇をとったときには、彼女は恐怖を経験した。その都度、これらの感情は、セラピーセッションの間、長く閉塞的な沈黙をもたらした。これらの沈黙の背後にある考えは何であろうか？　彼女がそれを言うことは困難であり、自由連想を行わせることも不可能に近かった。しかし最終的に、彼女は、これらの出来事に伴うきまりの悪い性的な空想についてほのめかした。それはセラピストに関する空想であった。これは転移であり、彼女はセラピストの沈黙、遅刻、不在を、見捨てられたように解釈していたことがじきに明確になり、彼女は、重要な他者の愛情を維持するために過去に欲したことをするよう無意識に動機づけられていた。もちろん最初彼女は、見捨てられることと性的なものとの無意識の繋がりに気づいておらず、それゆえ彼女を悩ますそうした考えにひどく当惑していた。しかし、彼女は、そのような考えの理由を一度理解すると、より客観的な表現でセラピストとの関係を理解できるようになり、時々の遅刻や不在は見捨てられることと同じではないことを認め、自分を卑下したり罪悪感をひき起こしたりしないような愛情の表現方法を見つけ出すことができた。

およそこの時期に、表面上あまりよくない理由で、パティはまったく新しい事柄を探索し始めた：自分の

人生をどうするかについてである。高校を卒業した彼女は大学に行こうと考えたが、「とてもばかげたこと」としてその考えはあきらめていた。彼女はまた、ダンスにも興味を引かれていたが、そのどちらの関心に対しても行動しなかった。現在その2つの考えは、再び職につきたいという望みとともに蘇り、彼女は大きな熱意をもってそれらの考えについて探求し始めた。Freudの観点によれば、かつて抑圧や他の防衛戦略に深く注がれていたエネルギーは、この時、他の活動のために解放される。より強くより成熟したアイデンティティは、自分自身をさらに理解し、自らの衝動をより制御することによって生じる。さらに、パティが探っていくにつれ、父親と実際に性的な関係をもったことは明確なものではなくなっていった。ついには、その「記憶」は誤ったものであるとみなすようになり、それは父親の実際の行動ではなく、彼の愛情を維持したいという彼女自身の望みを反映したものであることがわかった。このように、パティは、Freudの多くのクライアントが経験したことを反復した。Freudが観察したように、心は、「記憶」ですらも願望や葛藤、防衛により生じさせることのできる力強く独創的な場所である。

精神力動論の評価

精神分析の長所

　精神力動論は、人間のパーソナリティについての包括的な記述にほかならない。この理論は、パーソナリティの発達、パーソナリティが機能する仕方、そして思考や情動、経験、判断といった人間のあらゆる側面――それは、夢から、言い間違い、正常な行動、異常な行動にまで――を説明する。

　こうした理由から、Freudは、MarxやDarwinと並んで、19世紀における偉大な天才の1人とみなされている。おそらく、彼の最も重要な考えは、正常な行動と異常な行動の根底にある心理的な過程は、根本的に同じものであるという見解にある。葛藤も、不安も、防衛も、無意識過程も、異常な人々が独占的に有している特性ではない。むしろ、葛藤の**結果**や防衛の**性質**が、行動が正常なものとなるか、異常なものとなるかを決定する。

　加えて、Freudは、精神力動的な過程を調べ、心理的苦痛を取り扱う方法を発展させた：会話による療法（talking cure）である。このことはいくつかの理由で重要である。第1に、彼の調査方法は、異常な過程に光を当て、それらの神秘性を解いた。なぜそのようにふるまうのかを説明することによって、Freudは、苦しむ人を「人間的に回復させ（rehumanized）」、他の人々が彼らの苦しみをより理解できるようにした。第2に、治療方法を提供することによって、Freudは、彼以前にはひどく欠落していた心理的苦痛に関する希望的観測を促した。最後に、Freudの精神分析は、現代の精神力動的セラピストとは明確に区別されなければならないとしても、現在行われている活動の創始者はFreudであり、現代のセラピーはとても効果的であることが見出されている（Consumer Reports, 1995；Crits-Christoph, 1992；Smith, Glass & Miller, 1980）。

精神力動論の短所

　精神力動論のように包括的であることを望むあらゆる理論には必然的に欠点があり、Freudの理論や後継者たちのそれも例外ではない。精神力動論やそのセラピーにおける問題の中心は以下の通りである。(1)理論を実際に証明、反証することが困難である、(2)研究は、精神力動論がしばしば支持されないことを示している、(3)個人の役割を強調することで、これらの理論は状況を見落としている。

　精神力動論を支持もしくは反証する上で、その難点は、彼らがパーソナリティや行動について複合的な視点をとっていることによって生じている。多くの行動は**多元的に決定される**、すなわち、1つの力より多くのもの、1つの必要な心的エネルギーより多くのものによって決定される。たとえば、重要な初期の記憶を回復することによって特定の心理的な力を変えることは、特定の特性や行動に対して目に見えるような効果を与えない可能性がある。それはそれらの特性や行動が多くの相互に関連した心理的な力により支えられ、維持されているためである。

　さらに、特定の無意識の動機が、実際に働いていることを確認できる可能性はほぼない。厳密には、その動機は無意識であるため、クライエントにとって目に見えるものではなく、単にセラピストによって**推測された**ものに過ぎない。パティのケースでさえも、頭痛が徐々に消失したことから一見その確認が得られたように見えるが、そうした変化が性的な動機や見捨てられることの恐怖に対する気づきが増加したためであるとはっきり言うことはできない。同等にもっともらしい説として、回復が、彼女が最終的に信頼し、打ち明けられる人物を見つけたという事実により生じたという可能性もないだろうか？

　精神力動論について創意に富む多様な研究がなされているが、その多くが理論の確証には至っていない。精神力動論の多くの側面は、いまだ確信に値する十分な科学的支持を得ていない。

　精神力動論は、特性や資質の強い影響力、行動に影響を及ぼし続ける態度や経験の安定した布置を強調してやまない。しかし、**状況**についてはどうであろうか？　精神力動論は、主に治療の間にクライエントか

ら伝えられた情報に由来しており、クライエントは、自分自身を見出した状況ではなく、自分自身の反応について話すことを促されるため、状況や文脈の役割を過小評価している。たとえば、ある人物の雇用者への持続的な苛立ちは、その雇用者の行動が観察されたときよりも直接観察されていないときの方が、権威者に対する無意識の解決されていない葛藤に起因していると推論されやすい。同様に、夫婦間の葛藤は、その夫婦間の状況を直接に経験しないため、相談を求めている配偶者の特性という点から解釈されやすい。

精神分析と医学モデル

Freud は医師であり、医学に関する多くの知的伝統を打ち破ったが、異常性についてその基礎となる医学モデルを切り離すことはできなかった。このことは、本質的に、医学研究者の病気への接近法と同様のやり方で、異常性に接近することを意味する；多様ではあるが、同時に起こる症状はある一定の症候群として分類される。続いて、症候群の病因、原因が調べられる。症状は、病気そのものではなく、単に根底にある病因を反映したものに過ぎないと認識される。医学的な伝統では、可能性として4つの原因が考えられる；(1)細菌、(2)遺伝子、(3)患者の脳の生化学的特徴、(4)患者の神経解剖学的特徴である。この一連の病因に、Freud は、精神内部の葛藤を付け加えた。医学モデルにおいて病因が一度発見されると、その根本原因を排撃する治療が、異常性を緩和するために求められる。現代の医師にとって、それはたいてい薬である；Freud の場合は、転移やカタルシスを伴う会話による治療であった。会話による治療は、神経症の根底にある病因を「見事に処理した」。われわれは、精神分析が医学モデルを体現したものであることを強調する。それは、このモデルが、これから見るように他の3つの心理学の流儀からは拒否されているためである。ここで、この章のはじめに紹介した(p.79)アンジェラのケースを、精神分析家がどのように扱うのかを見てみよう。

> アンジェラは、精神分析家を紹介された。アンジェラと精神分析家が見つけた中心的な問題は、怒りであった。それは母親に対する怒りとジェリーに見捨てられたことへの怒りであった。精神分析的な観点によれば、自己に向けられた怒りが、抑うつの鍵となる動力であり、セラピーは、そうした怒りを認識することと、それを建設的に表現することを学ぶことに多くが費やされる。
>
> アンジェラは、子どものように内にこもる人物であり、腹が立ったときでもそれを抑え続けていた。一度、6歳の時にショッピングモールで母親と離れ離れになり、2時間ほど迷子になった。彼女は、母親が自分を「見捨てたこと」にひどく腹を立てていたが、モールを警備していた警官のおかげで2人が再会したときに、アンジェラはまったく何も言わなかった。彼女は、この形成的な出来事を再体験したときに、「私は石のようだった」と分析家に語った。
>
> 分析が進むにつれて、アンジェラはジェリーに対して、自分を捨てたことにひどく腹を立てていること、母親に対しては、自分を家に留まらせ、独立させないようにしたことについて、ひどく怒っていることを理解した。彼女は、自分の怒りを認めること、それを表現することによってさらに見捨てられる恐れはないことを学習した。彼女は、母親に対して怒りを表現できるようになり、彼女の沈んでいた気持ちは高まり始めた。治療の終盤には、彼女はサールとデートをするようになり、人生ではじめて自分の感情を他人に解放した。

実存的アプローチと人間性心理学的アプローチ

何人かの理論家は、人間的な経験において人間とは本質的に何であるか、とくに成長や異常性に寄与する人間的な経験の側面は何であるかについて検討しようとしてきた。これら実存、人間性に関する理論家は、自由と選択——責任と意志——、根源的不安——死の恐怖——の原理について論じている。

自由と選択

実存的な理論家は、自由と選択の重要性を強調する。彼らは個人が、他人のではなく、自らの望みや目標に基づいた本来の選択を行うために自由でなければならないと信じた。実存的な理論家は、人々が自らの行為に責任をもち、自分自身が自由に選択した目標に向けて努力するときに成長すると考えた。そうした本来的な様態の思考や行動は、自らの可能性の多くを実現可能なものとするだろう(Schneider, 1998)。

責任

個人の責任(personal responsibility)という考えは、実存的な考えにおいて中心的なものである。われわれが世界を知覚するしかた、そうした知覚に反応するしかたの責任は、われわれにあるということである。責任があるということは、「自分自身の自己、運命、人生、苦境、感情、場合によっては自らの苦痛も自らがつくり出していることに気づく」ことである(Yalom, 1980)。

実存心理学者は、一般に言語に対して入念な注意を

実存主義者は、われわれが世界を知覚するしかた、そうした知覚に反応するしかたの責任は、われわれにあると考える。このことは、われわれを必要として近づいてくるものに対しても責任をもつことを含んでいる。(©Jim Noelker/The Image Works)

払う；特に「できない(can't)」や「それ(it)」といった単語の使用に敏感である。人々は、時おり「私はまったく勉強ができない」、「私は朝起きることができない」のように言うが、これはその行動が自分の制御の及ばないものであることを暗に含んでいる。それらが実際に意味していることは、「私はそれをしない」である。彼らは、自らが制御できる行為を、無力という体裁のもとに隠している。何かを壊した幼い子どもは、「私がそれを壊した」ではなく、「それが壊れた」と言うことが多い。同様に大人でも、「何かが起こった」、「それが起こった」と言うことは、気まぐれな世界によって受身的に影響されていることを意味している。つまり、彼らは責任をもつことを望まない。一般に、能動態よりも受動態を用いること、一人称代名詞を避けることは、現在の出来事の原因を過去の源(例えば、しつけ、親、子ども時代にしたこと)に帰属させることと同様に、責任回避のサインであるとみなされる。

意志の力

意志(will)の力もまた、実存、人間性の観点における中心的な特徴である。しかし、中心であるにもかかわらず、意志は明白に定義することが困難である。意志は、心理学的には少なくとも次の2つの意味で用いられる。1つは、精神力(willpower)のような意志である；歯を食いしばり、口を固く結び、筋肉を緊張させるような意志である。これは**勧告的意志**(exhortative will)である。遊びたいと思う自分自身を働かせようとするときのように、ある場合には有益なものとなる。

2つ目として、より重要な種類の意志は、将来の目標に関係している。これは、**目標志向的**(goal-directed)**意志**である。記憶が過去に関する機関であるのに対し、目標志向的意志は、「将来の機関」と呼ばれている(Arendt, 1978)。それは、勧告的意志とは大きく異なっており、希望、期待、能力とは別のところで発達する。勧告的意志と違ってわれわれに強く主張したりはせず、むしろ進んで応じられる、将来的に有用な、自由に選択される喚起である。この種の意志は、創り出されることはない。解放されるか、脱抑制されるのみである。

死の恐怖

実存心理学者は、人間の中心的な恐怖、そしてそこからほとんどの精神病理が発展するものは、**死の恐怖**であると主張する。死の不安は、子ども時代に最も顕著であり、最も思い出される。子どもは感じやすく、最悪の想像が現実の影響を受けることがあまりないため、その恐怖は飾りのない、鮮烈な、忘れられないものになる。人々はどのようにして死の恐怖を処理するのであろうか？　大まかに言えば、そこには2種類の方略がある；自分自身は特別であると信じることと、融合によるものである(Yalom, 1990)。

特別性

人々が死の恐怖から自分自身を守る1つの方法は、自分は特別であるという考えを自分自身に身につけさせることである。とくに、自然法則は自分以外のすべての人間に適用されるという考えである。**特別であるという考え**は、いろいろな形であらわになる。たとえば、末期的な病について、死ぬのが自分であるとは信じることができない。彼らは自然法則を十分に理解しているが、なぜか自分自身は例外であると信じている。同様に、喫煙者、暴食する人々、十分に運動をしない人々も、自分は自然法則から逃れることができると信じているかもしれない。

特別であるという考えは、多くの価値ある性格特徴の基礎ともなっている。肉体的な勇気は、自分は安全であるという信念から生じているかもしれず、野心や努力、とくに権力や支配のための努力もそうであるかもしれない。しかし極端な場合、特別であるという無意識の信念は、一連の行動障害を導く可能性がある。強迫的に成功や権力を求めて励む仕事中毒は、ある種の特別性を得ることが不死といった他の種の特別性をもたらすという幻想を抱かせるかもしれない。自らに莫大な注意を払い、他者の要求には鈍感な自己愛的な人々は、わがままにふるまうことのみが、死やそれに関連した不安から自分を守ると信じているかもしれない。

融合

死、または存在しないという恐怖からの防衛は、他

者と融合することによっても達成される。融合(fusion)は、死の恐怖が孤独感という形態をとる者にとってとくに有効な方略である。自分を他者と密着させ、自分を他者と区別しないことによって、運命がともに投じられることを望む。そうした他者が生き続ける限り、彼らもそうであると信じる。また彼らは離れていることの恐怖を発展させ、離れるならば、もはや死から身を守れないと信じる。このことは以下のケースに見られる。

> よく訓練された、どこに出しても恥ずかしくないある企業管理職は、長年7つの地位に就いていたが、今、雇用されることが難しいと感じていた。彼の雇用者は、彼の実績やその勤勉さによい印象をもっていた。彼は徐々に責任の大きい地位へと移っていった。しかし、奇妙なことに、彼が他人から信頼を得始めると、彼は"へまをする"ようになった。彼の失敗は損失が大きく、許しがたいものであり、雇用者は素早くその職務を終了させた。実存的セラピストによる一連の治療において、成功が彼にとって強い無意識的な意味をもつことが見出された。彼は、成功を怖れており、それは孤立、他者と離れることを意味していた。彼にとって、融合が破壊されるという点で、成功は死と類似したものであった。彼は、たとえ成功するにしても、独りであるよりは多くの人々と区別されない者であるほうがよいと無意識的に感じていた。

離れることの恐怖は、社会的に価値のある特徴をもっている。融合をもたらさないならば、他の何のためにわれわれは結婚し、子どもをもつのであろうか? 他の何のために、クラブやコミュニティ、団体を作るのであろうか? そうした愛着は、孤独感や、世間の流れから分離してしまうことから身を守る。しかし、融合はまた、多くの不幸をも導く。ある人は、本来的ではない、または偽りの様式の行動に従事するかもしれない。彼は、他の人に、自分が望むことは彼らを喜ばせることであると言うかもしれないが、それは真意ではないかもしれない。たとえば、彼の心と身体は、むしろ他のことを信じ、それをしたいのに、自分の意見を他人のものに一致させ、自分の行動を他人に合わせ、彼らがすることをするかもしれない。徐々に、彼は、他人の意見や行動に従うことが、活気のない喜びでしかないことを見出す一方、自分のしたいことを見失ってしまうようになるかもしれない。彼は、自分自身の本来性を犠牲にすることによって、死の恐怖に対する弱々しい保障の代償を払っているのかもしれない。

人々は、他者と融合することにより、無から自分自身を守ろうとするかもしれない。融合の極端なケースとして、これら5人の人々は、自分のアイデンティティと好きなロックスターのそれとを合併させようとして、自分の顔をロックスター、Jim Croce, Linda Ronstadt, Kenny Rogers, Elvis Presley, Buddy Holly の顔に変える形成外科手術を受けた。(AP/Wide World Photos)

実存的心理療法

人々は、時おり苦痛や危険を処理する上で援助を必要とする。実存的、人間性主義運動は、自立、目標志向的意志、そして個人の責任を発達させることに焦点を当てたセラピーを生み出した。ここで、大うつ病を示すある患者について見てみよう。この患者のうつは、自分の人生で自分が何をしたいのかがわからないことから生じていた。

> スーザンは、大学で申し分なくやれるほど聡明ではあったが、苦労していることがあった。彼女の困難は、朝起きること、教科書を読むこと、彼女を学業から逸らす誘惑を放棄することであった。彼女は、自分が大学で何を勉強したいのかがわからず、それゆえ、受講している授業への動機づけもほとんどなかった。その年の中間成績が公表されたあと、彼女は「動けるようにしよう」とカウンセリングセンターを訪れた。

意志の障害は、自分が何をすればよいのか、何をすべきか、何をしなければならないかは知っているが、自分が何をしたいのかがわからない人々の間で見出される。自分がしたいことがわからないので、彼らの目標は、明らかに魅力的ではなく、目標へと向かう動きは、それに対応して困難なものとなる。人々は、3つの理由により、自らがしたいことを知るのに失敗するかもしれない。1つは、単に欲することを怖れているという可能性である。欲することは、失敗し、傷つく危険を自分自身にもたらし、強い人と思われたい人にとってはとくに困難になる。2つ目は、拒絶を怖れるがゆえに自分が欲することを知ることができないという可能性である。彼らは、長い間、自らの希望が友達

や親のそれとは違っていたなら、自分の希望が他人を激怒させ、去らせてしまうことを学んでいる。3つ目は、自らの沈黙の希望を、他人が魔法のように発見し、それを満たしてくれることを望んでいるために、自分でそれを知ることができないという可能性である。

セラピーセッションの間、スーザンをカウンセリングした実存的なセラピストは、目標志向的意志に焦点を当てることにより、彼女が抑うつに打ち勝てるよう援助した。数セッションのカウンセリングの間、彼女は、自分には十分な知性があるが、大学でうまくやる能力については確信がなく、結果としてどのような職業であってもそこに身を置くことは難しいと感じていたことを理解するようになった。スーザンは、小学校低学年のスタートでつまずいており、その傷跡がまだ残っていることをカウンセリングセッション中に認めた。ある重要な、生産的なセッションで、スーザンは、小学校が自分にとってはレベルが低かったこと、その経験以来多くの目標を達成してきたことを理解した。それとほぼ同時に、長く埋もれていた願望が表面化した：それは医者になりたいという願望であった。彼女の意志の障害が弱まるにつれ、彼女の抑うつは取り除かれていった。次のセッションで、スーザンは「自分の人生はこの1週間、自分と共にあった」と報告した。彼女は、もはや朝起きることや映画に行くことを我慢するのに困難を覚えることはなかった。今、彼女は容易に勉強できるようになり、実際、苦労せずにベッドから跳ね起き、本に向かうようになった。「私は今、自分が何をしたいのか知っており、他のすべてのことにも納得している。私はもう自分に無理強いしていない」。

別のケースでは、ある学生が大学院での研究を完成させるためにやる必要があることについて、なぜ自分がやる気を起こすことができないのかを、実存的セラピストとともに探っていた。

多くの大学院生は、博士号を授与される前に学位論文を完成させる。彼らは、多くの場合、学位論文を大学院でのキャリアにおける重要なハードルとみなしている。しかし、その最後のハードルを乗り越えられない場合がある。キャシーの場合がそうであるように思われた。彼女は、その時点まではうまくやっていた。彼女の授業の成績は優秀であり、大学院で仕上げた研究も非常に興味深いものであった。しかし、なぜか学位論文を書き上げるのが難しいことに彼女は気づいた。実際、彼女は3つの異なる研究を開始していたが、彼女が興味を失ってしまった以外に特に理由もなく、それぞれを中断していた。実のところ、彼女は学位論文を、それが主要な仕事であり、彼女がこれまでに着手したどんなことよりも大変で、自分の能力以上のものであると考えていた。

キャシーの恐怖は、指導教員から批判されること、さらには口頭試問で失敗することであった。そうした恐怖が、彼女が本当にやりたい研究を見つけることを妨害していた。しかし、批判に対する恐怖、失敗することの恐怖よりも大きな関心事があった。彼女が学位を取得し終えることは、もはや大学院生ではなくなることを意味するものであり、驚くことに次の2つの面で厄介であった。1つは、そのことが、彼女にとって4年間居心地がよく快適だった境遇から離れることを意味することであった：その境遇とは、友達、近所のよく出入りする場所、よく知っている教授たちであり、そしてその他彼女の大学院という経歴の間自分によくしてくれた他者との融合であった。2つ目は、それが成熟した大人になること、自分自身やその行為に対して責任をもつこと、選んでもらうのではなく自分の人生を選択することを意味することであった。これら2つの問題が、すぐさま彼女の治療の核を形づくった。自分自身の独立性や、好きな生活ができるという自由が快適になるにつれ、批判されることや失敗することの恐怖は、それに対応するように減少していった。彼女は自分の学位論文の仕事に戻り、それを記録的な時間で完成させた。

実存的アプローチの評価

パーソナリティやその障害に対する実存的アプローチを評価することは非常に困難である。その大きな理由は、このアプローチが科学的な理論というより、実際には哲学的な立場に属するものであるためである。たとえば、人々に目標志向的意志という能力があるかどうか、もしくは自らの行為に対し完全に責任があるかどうかは、証明、または反証可能な事実というよりも、信念の問題である。アプローチは、多様な考えを集めたものから構成されており、事実よりも信念に基づいているため、それらに由来する見解や治療を評価する際にはどこから始めるかを知ることが難しい。

しかし、このアプローチの魅力的な特徴の1つとして、パーソナリティに関する日常的な意見とある程度調和しているということが挙げられる。人々は、自分や他人に責任があるかのように、したいことをする自由があるかのように、自分の人生が前もって決定されていないかのようにふるまう。例えば法律は、公平に例外はほとんどなく、人々に自らの行動の責任があるとする。それは、人々は、よくも悪くも自由に行為するものであり、その行為の説明をする責任があるという共有の信念を反映している。正しいか間違っているかはともかく、実存的アプローチは、常識的な判断を

大いに反映している。実存的セラピストがどのように前出のアンジェラを扱うかを見てみよう。

> アンジェラは、実存的セラピストを紹介された。アンジェラとセラピストが探った中心的な問題は、アンジェラが、自分の人生で決断すること、責任をとることにおいて不十分である点であった。実存的な観点によれば、抑うつは意志の停滞に起因し、そうしたケースにおいて、治療は、依存という氷詰めを壊すことに焦点が当てられる。
>
> アンジェラは、常に母親に依存していた。とても小さなこと、どのピザを注文するかといったことも、彼女は母親に従っていた。さらに母親は、世話をすることに幸せを感じ、アンジェラの独立を決して勧めなかった。「これは私の人生で、ママのものではない」、これがセラピーの主題となり、そして中心的な洞察となった。母親と住み続けること、大学に出願し損ねたこと、そして最後にジェリーについて決断したこと、これらすべてが同じ弱さに由来することをアンジェラが認めるにつれ、彼女の抑うつは取り除かれていった。彼女は、どのスーパーマーケットで買い物をするか、といった小さなことに対して責任をもつことを実践し、そのうちに、彼女の最良の友達、ターニャとキャッツキルに旅行に行く計画を立てる責任を引き受けた。セラピーの終盤には、彼女は週に何回かコミュニティカレッジに通うこと、ターニャとアパートをシェアすることを決断した。

行動的アプローチ

1つの運動——**行動主義**(behaviorism)——が、ほぼ50年間、大まかに1920年代から1960年代中ごろまで、アメリカと旧ソ連のアカデミックな心理学を支配した。行動主義は、実験室において人間や動物の学習に関する一般法則を見つけ出し、そうした法則を教室、職場、刑務所、そして社会全体に応用しようとする意欲的な活動である。したがって、行動的アプローチは、単に異常行動を研究する方法ではなく、1つの世界観である。その1つ目の仮定は、**環境主義**(environmentalism)であり、それは、人間を含むすべての有機体は環境によって形成されるというものである(Box 3–1参照)。われわれは過去の連合を通して先のことを学習する。これは、われわれの行動が報酬や罰に影響される理由である。もし雇用者が日曜に働くことに対して2倍の支払いをするならば、日曜に働くことがその先増えるであろう。

行動主義の第2の仮定は、**実験主義**(experimentalism)であり、実験を通して、どのような環境の側面がわれわれの行動の原因であるか、どのようにそれを変化させることができるかを見つけ出すことができるというものである。もし決定的な要素が撤去されるなら、現在ある特質は消失するであろう。もしその決定的な要素が元に戻るならば、その特質は再度現れるであろう。たとえば、日曜にわれわれを働かせるものは何であろうか？ 2倍の支払いの除去は、日曜に働くことを止めさせるであろう。2倍の支払いに戻すことは、日曜に働くことを再開させるであろう。これが、実験的方法の核心である(第2章参照)。実験的方法によって、われわれは、何が一般に人々を忘れさせ、不安にさせ、戦わせるのかを決定することができ、そうした一般法則を個々のケースに応用することが可能となる。

行動主義の第3の仮定は、**楽観主義**(optimism)であり、人間は変わることができるという信念である。もし個人が環境の産物の1つであり、その形成に影響を与えた環境的側面を実験により知ることができるならば、その環境が変化したときに、その人物も変わるであろう。

これら3つの仮定が、異常行動に直接的に応用される。第1に、通常の行動と同様、異常な行動も、過去の経験により学習される。精神病理は、獲得された不適応な習慣からなる。第2に、実験によって、異常行動の原因となる環境的側面を見出すことができる。第3に、もしそれらの環境的側面を変化させるならば、個人は、古い、不適応な習慣を捨て去り、新しい、適応的な習慣を学ぶであろう。

われわれはどのように学習し、何を学習するのであろうか？ 行動心理学者によれば、2つの基本的な学習過程が存在する。すべての行動、ノーマルな行動も異常な行動も、これら2つの過程に由来する。われわれは、**パブロフ型条件づけ**(Pavlovian conditioning)、もしくは**古典的条件づけ**(classical conditioning)を通じて、何が何に伴うかを学ぶことができる。そして、**道具的条件づけ**(instrumental conditioning)、もしくは**オペラント条件づけ**(operant conditioning)を通じて、欲するものを得るため、欲しないものを免れるために、**何をするべきか**を学ぶ。

パブロフ型条件づけ

世紀が変わった直後、ロシアの生理学者、Ivan Pavlov(1849-1936)は、心理学の性質を変えるであろうある現象の研究を始めていた。Pavlovは、イヌの消化器系統、とくに唾液反射について研究していた。彼は1904年に消化生理学の研究でノーベル賞を受賞した。実験の間、彼はイヌの口の中に肉粉を置き、その後イヌの口に外科的に挿入したチューブによって唾液の分泌量を測定していた。しかし、研究を行っていくなかで、Pavlovは、単に彼が部屋に入っていくだ

Box 3-1　**分析のレベル**

遺伝性の障害は心理学的に扱うことができるか？

　パーソナリティや心理的な障害の遺伝性については、第4章で書かれている。簡潔に言えば、別々に育てられた一卵性双生児の研究、養子の子ども、生物学的な子どもと、養子を引き取った親、生物学的な親との類似性に関する研究は、多くのパーソナリティ特性、そして多くの障害が、大まかに50％遺伝することを示している。IQ、職業満足度、アルコール乱用や薬物乱用、犯罪、そして宗教性すら、少なくとも部分的には遺伝する(Bouchard, Lykken, McGue, Segal & Tellegen, 1990)。遺伝的な障害や特性は、薬物のような、生物学的な介入によってのみ変化させることができると推測することは、自然で容易なものである。それゆえ、われわれは、心理学的介入によって、悲哀感のような遺伝的特性、アルコール乱用のような遺伝性障害を変化させることを諦めるべきであろうか？

　"遺伝(nature)は環境(nurture)によって働く"、というパーソナリティ特性やその障害が、間接的にのみ遺伝性である可能性について考えてみよう。ここで1つの例がある。楽観性は、その50％が遺伝である。一卵性双生児は、二卵性双生児よりも、楽観性(悲観性)においてより類似している(Schulman, Keith & Seligman, 1993)。しかし、楽観性は、生活における多くの成功によって(悲観性は多くの失敗によって)もたらされる。成功と失敗は、容貌、体力、運動協応のような特徴が原因となっており、それらはすべて身体的なものであり、遺伝的である。一卵性双生児は、二卵性双生児よりも、これらの特徴において一致(類似)している。直接的に遺伝している可能性のあるものは、身体的な特徴であり、パーソナリティ特性は、実際には環境が原因となっている。

　この主張は、すべてのパーソナリティ特性、心理的な障害に適用される。遺伝性に関するこうした様態は、"遺伝子—環境共変動(gene-environment covariation)"と呼ばれる。重要な点は、ここで主要な原因となるのが、遺伝子ではなく、環境であることである。その遺伝子がその人を特定の環境に選択的に入れ、その環境がパーソナリティ特性を形成する。ハンサムになる遺伝子をもつことは、人々から多くの注意を受け、よりしばしば成功できる環境を手に入れる。そうした成功がより楽観的にする。

　われわれは、生物学的な遺伝性の問題に対する心理療法の将来の大部分は、遺伝子—環境共変動を壊すための方法を発見することであると考えている。遺伝子—環境共変動は、心理学的な介入により壊すことができ、それはパーソナリティの遺伝的な部分でさえ変化がたくさん生じることを可能にする。そうした例の1つは、犯罪を犯す傾向に関するものである(Mednick, Gabriella & Hutchings, 1987)。これは部分的に遺伝性であり、犯罪を犯す子どもは、幼いときに親や教師を遠ざける傾向がある。親や教師は、彼らを短気であるとしてしばしば見放す。大人との関係を失った子どもは、ギャングにサポートを求め、そして最終的には街のずる賢い犯罪者になってしまうかもしれない。これは遺伝子—環境共変動である。部分的に遺伝性のものである怒りっぽさは、その子を暖かい関係性の外に放り出し、街のずる賢い犯罪者と関わらせる。しかし、もし親が"短気な"子どもの味方となり、彼らを拒絶しないならば、そうした共変動は壊すことができる。共変動を壊すことにより、子どもが犯罪者になることを防止できるかもしれない。

　この本に書かれているように、いくぶん遺伝的な多くの障害——たとえば、抑うつ、物質乱用、不安障害——は、薬物治療同様、多様な心理学的介入によって効果的に扱うことができる。われわれは、心理療法がこうした問題に有効な理由の1つは、それが、そうした遺伝的性質がその人物に働きやすくなるような有害な環境を解体することにあると考える。たとえば、抑うつは、軽度に遺伝性のものである。遺伝子—環境共変動の1つの筋道は、内向性とシャイネスであり、これは部分的に遺伝性のものであり、社会的な集まりを回避するようにさせる。それらの遺伝的な"操縦者"は、彼らを他者から遠ざけようとする。社会的な接触を欠いた生活は、たいてい憂うつなものであり、内向的な人は、抑うつになりやすい。認知行動療法は、そうした人物に対して、遺伝的な操縦者を無視するように、より頻繁に社会的な接触をもつように教えることによって、遺伝子—環境共変動を壊す(Lykken, 1999)。将来の心理学的アプローチによって、多くの障害における遺伝子—環境共変動が何であるかを同定し、それを壊す心理学的方法を発見するという恩恵にあずかるであろうと、われわれは信じている。

けで、イヌが唾液を分泌し始めることに気づいた。この唾液分泌は、Pavlovが部屋に入った最初の数回は生じなかったため反射であるはずはなかった。Pavlovの出現が食べ物を知らせることをイヌが学習したときにのみ、それは生じた。すなわち、Pavlovの出現は、将来の事象、食べ物と関連するようになった。彼は、これを心理的反射(psychic reflex)、もしくは過去経験の条件によるものであるため、条件性反射(conditional reflex)と呼んだ。それは、誤訳により、**条件反応**(conditioned response)、もしくは**CR**と呼ばれるようになった。パブロフ型条件づけの典型的な実験は、次のようなものである。われわれは食べ物(無条件刺激、unconditioned stimulus：US)が唾液分泌(無条件反応、unconditioned response：UR)をもたらすことを知っている。

US(食べ物)→UR(唾液分泌)

　食べ物を提示する直前に音を提示する。音それ自体は唾液分泌をもたらさないため、中性刺激である。しかし、音と食べ物が何度か対提示された後、唾液分泌が音の提示により生じるのが見出される。音は、この時、**条件刺激**(conditioned stimulus)、もしくは**CS**と呼ばれる。それは、唾液分泌、条件反応または**CR**

第3章 心理学的アプローチ

Ivan Pavlov(1849–1936) (©Bettmann/Corbis)

をもたらすためである。簡潔には、

CS(音)→US(食べ物)→UR(唾液分泌)

CSとUSの何度かの対提示後、

CS(音)→CR(唾液分泌)

このような実験は、多くの種(ベタ〔訳注：シャム闘魚〕、ラット、イヌ、ヒト)、条件刺激(音、光、味覚)、無条件反応(唾液分泌、恐怖、吐き気)で実施されている。また、セラピー場面で、よくない行動を除去するために用いられてもいる。たとえば、パブロフ型条件づけは、以下のケースのように、足フェティシズムをもつ人に用いられるかもしれない。

> スティーブンは、公の場で知らない女性の靴をなでていたことで警察に調べられていた。彼は、女性の足や履き物に強い性愛をもつ足フェティシズムであった。彼は拘置所に行くよりもパブロフ型セラピーを受けることに同意した。
> セラピストのオフィスで、彼が女性の靴をなでる。その後、彼は、数分後吐き気を催させる薬であるイペカックを飲む。彼は嘔吐する。1週間後、同じ手続きが繰り返される。靴がCSで、USはイペカックであり、URは吐き気と嘔吐である。数回のセッション後、靴と吐き気の対提示は、スティーブンの性的嗜好に大きな変化をもたらした。女性の靴はもはや彼を刺激せず、彼は5000枚の靴の写真のコレクションを捨てた。

パブロフ型の基本的現象

パブロフ型条件づけでは、種や、CS、USの種類、URの種類にかかわらず、幾度も検討されてきた2つの過程がある：獲得と消去である。

獲得(acquisition)は、CSとUSとの随伴性に基づく反応の学習である。学習される反応によるが、獲得は、たいてい3回から15回の対提示によりなされ

る。消去(extinction)は、以前獲得した反応を生み出すCSの力が消失することである。これは、USを後続させずにCSを提示することによってなされる。たとえば、人間の恐怖に対して条件づけを行うことも可能である。恐怖は、心拍数の増加、発汗、筋緊張によって測定できる。軽度の電気刺激(US)が人間に与えられるとき、これらの測度が明らかな値を示す；つまり、痛み(UR)がもたらされる。音(CS)と電気刺激(US)が何度か対提示された後、音(CS)のみで恐怖(CR)が誘発されるようになるだろう。これが獲得と呼ばれるものである。しかし、電気刺激を後続させずに、音(CS)を繰り返し提示するなら、もはや恐怖の兆候は示されなくなるだろう。音(CS)は、もう電気刺激(US)の合図とはならないであろう。この過程が消去と呼ばれるものである。

パブロフ型条件づけ、情動、精神病理

世の中には、われわれに強い情動を喚起させる状況がある。こうした状況のいくつかは、無条件に、最初に遭遇したときから情動を喚起させる。大きな雷鳴は、最初にそれを聞いたときからわれわれを驚かせる。それ以外の対象は情動的な意味を獲得する。愛する人物の顔は幸福感をもたらす；暗い路地で見知らぬ人に出会うことは恐れを感じさせる。パブロフ型条件づけは、いかにして対象が情動的な意味を得るのかに関して、説得力のある説明を提供する；この説明は、異常性を研究する者にとって、条件づけをとても興味深いものにする。

行動的な説明によれば、獲得されるすべての情動的状態の基本的なメカニズムは、中性的な対象(CS)と無条件性の情動状態(US)との対提示にある。十分な対提示により、中性的な対象はその中性さを失い、CSとなって、それ自体が情動的状態(CR)をもたらす。父親に褐色のヘアブラシで頻繁に叩かれた子どものケースを考えてみよう。叩かれる以前、子どもはブラシについて何の感情もなかった。しかし、何度か叩かれた(US)後で、ブラシはCSとなり、ただ褐色のブラシを見るだけで恐怖(CR)をもたらすようになった。

通常の情動がこのように獲得されるなら、その事実は獲得される情動の障害についても同じであろう。これから先の章で精査される精神病理学的な障害のいくつかは、怖れるにあたらない対象に対して過度の著しい情動状態が獲得されたことに関連している。たとえば、恐怖症はパブロフ型条件づけの結果であると言われる(図3–1参照)。恐怖症は、その恐怖対象が実際にどれだけ危険であるのかとは、まったく不釣合いな恐れである(第5章参照)。たとえば、ネコ恐怖の人は、ネコ(CS)と、引っかかれたというような痛みを伴う出来事(US)とが対提示された履歴をもつ。その結果、ネコは一般に危険ではないという事実に関わり

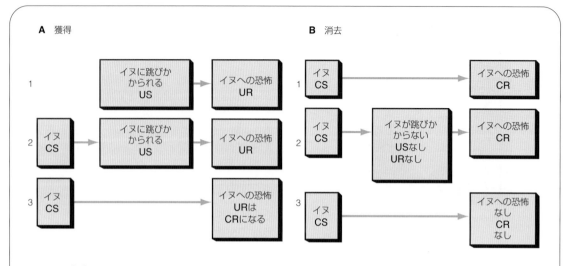

図3-1 パブロフ型条件づけと恐怖症
恐怖症の人は、ある対象に対して過度な情動反応を示す。その人物は、恐怖対象を怖れ、その対象が存在する状況では機能不全になる。パブロフ型条件づけは、恐怖症というものが、中性的な対象(CS)がその中性さを失い、条件性恐怖反応(CR)をひき起こすまで、無条件性の情動的状態(US)と繰り返し対提示されたときに獲得されると説明する。セラピーは、その対象への恐怖が除去されるまで、元となる心的外傷(US─UR)なしに、恐怖対象(CS)を連続的に提示することにより、恐怖を消去する。

なく、ネコはその人物にとって恐るべきものとなる。

ここで、われわれは、何が情動の障害の原因であるかに関して、行動的観点と精神力動モデルとを比べることができる。精神力動モデルは医学モデルの一部であるが、行動的観点は、まったくそうではない。行動的観点によれば、障害のその症状が障害である。上記のケースで言えば、恐怖症である人物のネコに対する恐怖が、その障害である。そこに、症状を作りだす潜在的な病理学的状態というものはない。医学モデルでは、「ウイルス」のような潜在する病理、生化学的な障害、もしくは器官の機能障害が症状をひき起こす。精神力動的観点では、精神内部の葛藤、たいていは本質的な、子ども時代の固着に由来する性的葛藤、もしくは攻撃的な葛藤が、症状をひき起こす。

行動的観点に立つセラピーの楽観主義は、障害の原因に対するその捉え方に直結している。もし障害というものがその症状であり、背後にある病理を反映したものではないのなら、症状を除去することが障害を治すことになるであろう。情動的な障害の症状は、パブロフ型条件づけにより獲得された情動反応であるため、条件性情動反応を消去するための実験的に見出された技法が、情動の障害を治すことになるであろう。このことは、症状を除去するだけでは十分ではなく、その背後にある原因を取り除くことが治療であると考える医学モデルや精神力動的アプローチとは対照的である。情動の障害に対する精神力動的アプローチを反

証する行動的アプローチの強力なテストとは、症状が消去手続きによって取り除かれたかどうか、そして背後にあるとされる治されていない病理を反映するような、他の症状がその後生じたかどうかである。ここでは、データが何を示しているかについては明確にしないでおく。

パブロフ型セラピー

恐怖症(第5章)や性機能障害(第13章)の章で、情動の障害に対するパブロフ型消去に関連したセラピーは詳細に検討される。しかし、ここでいくつかの特徴的なセラピーについて簡単に述べる。

消去に関連した2つのパブロフ型セラピーは、恐怖症や他の不安障害に適用されている。**エクスポージャー**(exposure)では、患者は(実際の、もしくは想像された)恐怖場面に数時間連続的に曝される。たとえば、閉所恐怖(小さく閉じられた空間にいることへの恐怖)の人は、クローゼット(CS)に入れられるが、元となる心的外傷(US)は生じず、閉じ込められる恐怖が減少するであろう(Marks, 1969 ; Stampfl & Levis, 1967)。また、心的外傷後ストレス障害を抱えるレイプ被害者は、レイプについて想像し、その話を詳細に、感情的に、セラピストに繰り返し物語るように言われるであろう。ここでのCSは、性的なこと、男性、そして場所──レイプ後、恐怖をもたらしたものすべて──であるが、元となった心的外傷(US)はも

はや生じない。こうした治療は、不安症状を減少させる（Bouchard et al., 1996；Foa, Rothbaum, Riggs & Murdock, 1991）。

もう1つのパブロフ型セラピー、（当時南アフリカの精神科医であった Joseph Wolpe により開発された）**系統的脱感作**（systematic desensitization）では、患者は、恐怖とは両立しない反応をすると同時に、恐怖対象（CS）に関連した一連の段階的に恐怖を感じさせる場面について想像する。パブロフ型消去は、US（元の心的外傷）と UR（恐怖）がない状態での CS（恐怖対象についての考え、最終的には実際の恐怖対象）に対するエクスポージャーにより生じる（Nelissen, Muris & Merckelbach, 1995；Turner, Beidel & Jacob, 1994；Wolpe, 1969）。

パブロフ型条件づけは、われわれが通常どのようにしてある対象に対してある情動を感じるよう学習しているかについて、1つの理論を提供する。基礎的な現象を情動の障害に応用することによって、情動的な障害がいかに生じるのかを説明する理論に達することができ、異常な情動反応を取り消す治療法の一群を導き出すことが可能となる。

オペラント条件づけ

Pavlov が「何が何に伴うか」を客観的に研究する方法を発見したのと同時期に、Edward L. Thorndike（1874-1949）は、われわれが「欲するものを得るため何をすべきか」をどのように学習するのかについて客観的な研究を始めた。Thorndike は、動物の知性について研究していた。ある一連の実験において、彼は空腹のネコを**問題箱**（puzzle box）に入れ、どのようにして監禁状態から逃れ、食べ物を得ることを学習するのかを観察した。彼はさまざまな箱——押すことのできるレバーや引くことのできる紐、飛び乗れる棚がついたもの——を製作し、箱の外にエサ——多くの場合は魚——を置いた。ネコは、問題箱から脱出するために正しい反応をしなければならなかった。

Thorndike の最初の主要な発見は、何をすべきかを学ぶことは段階的なものであり、洞察的なものではないということであった。つまり、ネコは、試行錯誤を続けていた。最初の数試行では、脱出時間はとても長かったが、繰り返し成功することにより、その時間はわずか数秒にまで徐々に短縮された。この結果を説明するために、Thorndike は、**効果の法則**（law of effect）を定式化した。最も主要な原理は、ある刺激事

緩やかな形式のエクスポージャーにおいて、イヌに対する恐怖をもつ子どもは、徐々にイヌの方へ向かうよう促される。イヌがもはや脅威をもたらさないことを学習することにより、子どものイヌに対する恐怖は消失する。（©1983 Erika Stone）

Edward L. Thorndike(1874-1949)は、動物の知能を研究し、"効果の法則"を定式化した。(National Library of Medicine)

B.F.Skinner(1904-1990)は、オペラント条件づけの基本概念を定式化した。(Phot. by Christopher S. Johnson)

態において、ある反応がなされ、それがポジティブな結果に後続されるとき、その反応は繰り返されやすくなり、ネガティブな結果に後続されるときは、繰り返されにくくなるというものであった。Thorndikeの研究は、Pavlovのそれと同様、学習の性質を研究する客観的な方法であった。

この流儀は、B. F. Skinner(1904-1990)によって精緻化され、広められ、実生活場面にまで応用された。Skinnerは主に、エサを求めるラットのレバー押し反応、穀物を求めるハトの照射されたディスクへのつつき反応について研究を行った。オペラント条件づけの基本的概念を定式化したのはSkinnerであった。

オペラント条件づけの概念

Skinnerは、独自の基本的な概念を用いて、効果の法則を構成する要素を厳密に定義した。基本となる3つの考えは、強化子(正、負)、オペラント、弁別刺激からなる。

正の強化子(positive reinforcer)は、それが起こることにより、先行する反応が再び生じる可能性を増加させる事象である。要するに、正の強化子は行動に報酬を与える。負の強化子(negative reinforcer)は、その除去により、先行する反応が再び生じる可能性を増加させる事象である。一方、罰子(punishers)は、それが起こることで、先行する反応が再び生じる可能性を減少させる事象である。罰子として働くものと同じ刺激は、それが除去されるときには、たいてい負の強化子として働く。

オペラント(operant)は、正の強化により、もしくは負の強化子の除去により、その確率を増加させられる反応である。もし母親が、12ヵ月の子どもが「パパ」と言ったときに毎回抱きしめることで強化するな らば、子どもが再びそのように言う確率は増加するだろう。この場合、オペラントは、「パパと言うこと」である。母親が、父親が見えるところにいるときにのみ、子どもがパパと言ったら抱きしめ、父親が近くにいないときにはパパと言っても抱きしめないならば、弁別刺激のもとで反応することを母親は子どもに教えている。この場合、見えるところにいる父親が**弁別刺激**(discriminative stimulus)であり、オペラントがなされれば強化が得られることを示す信号である。

自発的反応に関するオペラント条件づけでの**獲得**(acquisition)、**消去**(extinction)という現象は、不随意な反応に関するパブロフ型条件づけのそれらに相当する。典型的なオペラントパラダイムを考えてみよう。空腹のラットがオペラント箱の中に入れられる。求められるオペラントは、レバーを押すことである。ラットがレバーを押すたびに、エサが滑降路を転ってくる。この獲得手続きの間、レバー押しの学習は、図3-2に示されるように段階的に進む。ラットが、一定した高い率で押すように学習するまでに約10セッションがかかっている。消去がそれに続いて始まった(第22セッション)。強化子(エサ)は、ラットがレバーを押しても、もはや与えられない。その結果、反応はゼロに向かって徐々に減少する。

オペラントセラピー

オペラントセラピストは、オペラントの原理を用いて次の3つの本質的な問いを立てる。(1)患者が従事している望ましくない行動、不適応的なオペラントは何か？ (2)それらの不適応的な反応を維持する強化子は何か？ (3)不適応的な行動を適応的な行動へと変化させる環境変化――たいていは強化子や弁別刺激の変化――は何か？(Ullmann & Krasner, 1965)。多

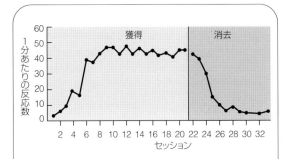

図3-2 獲得と消去
　この典型的な曲線は、連続する多くの実験セッションでのレバー押し頻度の増加、それに続く強化の中断時の消去を示している。(Schwartz, B. 1984より引用)

様なオペラント療法がさまざまな形態の精神病理に用いられている(表3-2参照)。われわれは、ここで選択的正の強化、選択的罰、消去について検討する。それ以外の治療法については、それらが扱う特定の障害に関する章でより詳細に論じる。

選択的正の強化　選択的正の強化(selective positive reinforcement)という技法において、セラピストは、その生起確率が増加されるべき標的行動、もしくは適応的な行動を選定する。正の強化が標的行動の生起に組織的に随伴することにより、この行動はより頻繁に生じるようになる。

　神経性無食欲症は、ほとんどの場合、10代から20代前半の女性が苦しむ命を脅かす障害である。彼女たちは、文字通り自分自身を餓死させようとする。1日にチェリオス(訳注:朝食用シリアルの商標)を3つしか食べないといったような、信じられない食習慣に従事することで、無食欲症の人々は2ヵ月以内で体重の20〜35%を減らそうとする。彼らが入院させられるとき、こうした患者(体重は75ポンド〔約30 kg〕ほどかもしれない)に対する最初の目的は、治すことではなく、まさしく命を救うことである。そうした患者は、たいてい食べさせようと試みる方法に協力的ではない。拒食の女性の命を救うとても効果的な方法の1つ

が、食べることよりも、より望まれる強化子を用いることによって、食べることを選択的に強化することである。しかし、食べることを促すであろう報酬は何であるかを聞いたとしても、おそらく答えてはくれないであろう。正の強化となるものを見つけ出すために、セラピストは患者が頻繁に従事している行動を探し、もし彼女が最初に食べたなら、そのときに限りそれを行うことができる機会を与える(Premack, 1959)。患者が1日の間にすることを観察し、時間を記録するならば、たとえば、1時間半テレビを見る、患者仲間と45分間話をする、1時間ホールを歩き回るといったことが見出せるであろう。オペラントセラピストは、その後、これら3つの活動のいずれかを行うためには患者がまず一定の量を食べなければならないような方法を設定するであろう。たとえば、まず大さじ一杯のカスタードを食べたならば、その後10分間テレビを見ることが許可される；もしステーキを全部食べたならば、その後20分間ホールを歩き回ることを許可される(Stunkard, 1976)。

　30年の研究の間、選択的正の強化は、広範な行動障害に対する効果的な技法であることが示されている。ある個人の適応的なレパートリーから、独立した明記できる道具的反応が損なわれているときに、選択的正の強化を応用することはそうした反応を徐々に生み出し、維持するであろう。

選択的罰　選択的罰(selective punishment)において、セラピストは、不適応的とされる標的行動を選定する。こうした標的行動が生じるときに嫌悪的な事象を与えることによって、セラピストはその生起確率を減少させる。軽度に嫌悪的な治療を適用することにより、常習的な爪噛みを除去もしくは減少させることは、その1つの例であろう(Allen, 1996)。

　理由は確かではないが、自閉症(重度の社会的引きこもりを特徴とする障害)の子どもは自傷行為を行うことがある(第8章参照)。こうした不適応的な行動は持続的であり、セラピストが行う介入におけるほとんどの試みは、効果をもたらさないか、一時的なものにすぎない。これらのいくつかのケースにおいて、オペラントセラピストは選択的罰を応用している。ある特

表3-2　オペラントセラピー

不適応行動	行動を維持している強化子	セラピー	反応
拒食症により食べない	やせたままでいること	選択的正の強化(たとえば、食べた後にテレビを見ることを許可)	食べる
自閉症児の自傷行為	自己刺激	選択的罰(たとえば、つねる、叩く、冷水)	自傷行為なし
兄弟を殴る	親からの注意	選択的罰(たとえば、テレビを消す)	兄弟を殴らない
ナースステーションで患者が看護師の邪魔をする	看護師からの注意	消去(看護師が患者を無視する)	妨害的な訪問なし

表3-3 パブロフ型セラピーとオペラントセラピー

	問題例	起源	セラピー	結果
パブロフ型セラピー	閉所(CS)の恐怖(CR)	US(虐待)/UR(恐れ)に関連したCS(閉所)	フラッディング(flooding)、または系統的脱感作を通して、US(虐待)/UR(恐れ)なしにCS(閉所)が提示される	CS(閉所)がCRをもたらさない(恐怖を弱める)
オペラントセラピー	社会的スキルの欠如	オペラント反応(社会的スキル)の獲得のための報酬の不足	選択的正の強化により望ましいオペラント反応(社会的スキル)に報酬が与えられる(たとえば、他者との相互作用後アイスクリームが得られる)	オペラント反応(社会的スキル)が学習される；患者がよりよく他者と相互作用する

定のケースでは、子どもが自分自身を叩くときに電気刺激が与えられる。子どもは、自分の行動が罰をもたらすことをすぐに学習し、自傷行為を行わなくなる(Dorsey, Iwata, Ong & McSween, 1980；Lovaas & Simmons, 1969)。こうした手続きは子どもの自閉症を治すものではないが、不適応的な行動をやめさせる。

つねる、たたく、冷水といった方式の罰は、現在、自閉症児の破壊的な行動を減少させるために広く用いられている。こうした形の罰は、ある人にとっては残酷なものとして感じられ、1986年に、マサチューセッツ州の児童局は、自閉症児に学校でそのような罰を用いることを禁じた。子どもたちは、すぐさま自己破壊的な行動をする状態に逆戻りし、親は、子どもたちが受けていた治療が有効なものであったことを主張し、禁止令を撤回するよう裁判を起こした。裁判所は、禁止令を撤回させ、感情論によって選択的罰を禁止することで、「生徒の生命と安全についてロシアンルーレットをしていた」と児童局を非難している(*New York Times*, 1986年6月5日)。

消去 消去(extinction)は、不適応的な行動を除去するもう1つの方略である。標的行動が生じたときに、強く望まれる出来事を単に取り除くことによって、行動は除去することができる。行動療法において消去が最もよく用いられるのは、ある不適応的な行動が、何らかの正の強化を得るために行われているとセラピストが疑うときである。そのようなとき、セラピストは、こうした行動がもはや強化をもたらさないよう随伴性を調整する。もしその行動の頻度が減少するならば、消去は成功したということである。たとえば、病棟のナースステーションに何度も妨害的な訪問をする精神病の女性患者のケースがある。オペラントセラピストは、患者がその部屋に押し入るとき看護師から向けられる注意が、妨害的な行動を維持する正の強化子であると考えた。セラピストは、看護師に患者が入ってきたときに完全に無視するよう伝え、こうして正の強化子であると考えられるものは除去された。7週間の治療の後、患者の訪問は、1日平均16回から1日2回へと減少した(Ayllon & Michael, 1959)。

回避学習

これまで見てきたように、学習理論家は、人間の行動は2種類の関係性の学習が可能であると捉えている。パブロフ的な関係性——何が何に伴うか——とオペラント的な関係性——欲するものを得るために何をすべきか——である(表3-3参照)。両方の学習が同時に進んでいるような状況は多い。その中でも顕著な状況は、嫌悪的事象を回避する学習である。回避事態では、2つの関係性、(1)嫌悪的事象を予告するものは何か、および(2)それからいかにして逃れるか、について学習されなければならない(Mowrer, 1948；Rescola & Solomon, 1967)。回避事態は、パブロフ的な関係性とオペラント的な関係性の両方を備えている。回避について検討するために、行動理論家は一般にラットをシャトル箱と呼ばれる2つに区切られた実験箱に入れる。しばらく経った後に、音が提示される。音が提示されて10秒後に、電気ショックが装置の床を通して与えられる。ラットが電気ショックの前にシャトル箱のもう一方の側へと移るならば、音は消え、ショックは差し止められる。ラット、イヌ、そして人間は、通常こうした状況において電気ショックを回避することを完全に学習する。ショックを回避するために、被験体は、2つの関係性を学習しなければならない。(1)音がショックを予告することを学習し、音を怖れるようになる必要がある。これは、CSが音、USがショック、CRが恐怖というパブロフ的な関係性である。(2)音を怖れることを学習している状態で、それについて何をするか——シャトル箱のもう一方の側へ逃げることが怖い音を終了させ、ショックが生じることを妨げることを学習しなければならない。これは、弁別刺激が音、オペラントはシャトル箱の片側へ逃げること、強化子が恐怖の終了と、ショックの防止というオペラント的な関係性である。

回避学習を理解することは、いくつかの精神病理の治療に役立つ。たとえば、強迫性障害に関する行動的観点は、回避学習の考えに関係している。この見解によると、ある強迫的な確認家は、1日に数百回もストーブを確認するといった強迫行動に従事することによ

り、自分の家族に降りかかる災難を防ぐことができると信じている。このケースにおいて、その強迫行為の生起と持続は、回避学習により説明されるかもしれない。さらに、フラッディングによる強迫的な確認行動の除去は、恐怖に対するパブロフ型消去と、儀式的行為に対するオペラント型消去により説明される（Griest, 1994）。行動療法家は、しばしばオペラントの手続きとパブロフ型の手続きの両方を用いる。嘔吐をひき起こすイペカックを処方された後に、女性の靴を嫌うようになった足フェティッシュのスティーブンを思い出してみよう。スティーブンは靴に触れようと手を伸ばすときに、吐き気を感じ、手を引き戻す。パブロフ型条件づけにより、靴を見たり、それを感じたりすることは、吐き気を催すようになった。オペラント条件づけにより、スティーブンは、靴から手を引っ込めることが、吐き気を減少させることを学習していた。では、行動療法家がどのようにアンジェラを扱うかを見てみよう。

> アンジェラは、行動療法家を紹介された。この学派は、抑うつを正の強化の欠落として捉え、不適応的なコーピング反応を消去し、ポジティブな反応を強化しようとする。満足がもたらされるような活動的な行動にアンジェラが従事するようになることが、セラピーの主題となった。
> アンジェラは、「段階的課題割当（graded task assignment）」に従事した。段階的課題割当では、患者は最小の努力で可能なものから、主要な複合的に構成された行為の組み合わせまでの、満足感をもたらすような道具的行動の階層を作る。アンジェラは、最初の課題として、「Amazon.comからサルサダンスの本を注文すること」を選び、気が進まないながらもそれを実行した。その本が届いてから、彼女は、サルサダンスを教えているダンススタジオを探し、参加したい夜を指定するという、2番目の課題を実行した。予約をとり、料金を支払うといったように、段階に従って進んでいくにつれ、彼女は絶望感がなくなっていくことに気づいた。彼女が、サルサダンスのレッスンに6回通うという最終項目を達成したときには、彼女は、サルサダンスの生徒仲間の1人であるトニーとデートを始めていた。彼女は今、将来について期待し、再び望みをもつようになった。

認知的アプローチ

認知的アプローチは行動的アプローチの副産物であり、その反動でもある。認知心理学者は、人間が考え、信じ、予期し、注意すること、そして出来事をいかに解釈するか——つまり精神生活——が、行動に影響を及ぼすと考えている。認知療法家の場合、行動療法家と同様に（精神力動的セラピストはそうではないが）、その症状が障害である。特に、認知心理学者は、それらの症状とは歪められた認知であり、そうした認知を変化させることによって、障害が緩和され、治るであろうと主張する。以下のケースは、不安が生じる上で思考が果たす役割を示している。

> 2人の人間は、同じスピーチスキルをもっているが、1人は公の場で話すときにとても不安を感じ、もう1人は公の場で容易に話す。別々の機会に、それぞれは公の場でスピーチをし、ほとんどのスピーチの進行中で共通して見られるように、少数の聴衆がスピーチの最中に部屋から出て行く。この2人が、聴衆が出て行ったとき何を考えていたのかを記録すると、まったく異なるパターンが現れる。不安な人間は次のように考える。「私が退屈だったに違いない。どのくらい長く話さなくてはならないのであろうか？ このスピーチは失敗するだろう」。対照的に、不安が低い人は自分自身に次のように言う。「出て行った人は授業があるに違いない。まあ、それはお気の毒に、私の話の一番良いところを聞きそこなって」。同じ環境事象――スピーチの間に人が出て行く――は、とても異なる考えをもたらす：不安が高い人は、憂うつな、緊張をひき起こす思考をもち、不安が低い人は、そうした思考をもたない。(Meichenbaum, 1977)

行動療法家、認知療法家は、これをどのように見るであろうか？　一方で行動療法家は、特定の環境事象——スピーチの間に人が出て行く——、そしてこれがいかに行動に影響を及ぼすかに注目するであろう（この例において、環境事象は同じであるが、結果は異なっている）。他方、認知療法家は、2人の話し手の思考における違い、話し手が同じ事象をどのように解釈するかに注目するだろう。認知療法家の場合、各個人の思考が第一に重要なものである。

認知療法

心的出来事――予期、信念、記憶、解釈など――が行動をひき起こすという考えが、認知的アプローチの根底にある。これらの心的出来事が変化するならば行動の変化が続くであろう。このように考えることで、認知療法家は、混乱している心的出来事に、心理的な障害の原因、もしくはその病因を探し求める。たとえば、もし誰かが抑うつ的であるならば、認知療法家は、その人の信念や思考に抑うつの原因を求めるであろう。おそらく彼女は、自分が夫や子ども、職場についてどうにもならないと信じている。どうにもならないと考えることで、彼女は、活気がなくなり、哀しく

なり、ついには臨床的な抑うつとなるだろう。そのような障害に対して成功するセラピーは、それらの思考を変化させることから構成されるであろう。抑うつの人に対する場合、認知療法家は、絶望感をひき起こしているその個人の思考を引き出し、分析し、それが変化するよう援助するであろう。

認知療法家が何をするのかを理解するために、再びスピーチをする2人についての事例研究に戻ろう。もし不安の高い話し手が、聴衆が出て行くところを見たときに、ますます憂うつになっていたとしたらどうであろうか？　彼はスピーチ、そして自分自身に対して、失敗であるというラベルをつけるかもしれない。おそらく彼は、もうよいスピーチはできない、もしくは価値あることができないというように抑うつ的になり、聴衆の前で話すことを拒否するようになるだろう。こうした問題のため彼はセラピーを受けるかもしれない。では、認知療法家は何をするであろうか？

認知療法家は、主にその人が何を考え、何を信じているかに関心があるので、不安な話し手の思考について尋ねるであろう。セラピストは、話し手が聴衆を退屈させたと考えていることを知った上で、2つの仮説について追求するであろう。1つは、実際に話し手が退屈であったという仮説である。しかし、セラピーが進行していく中で、セラピストが、その人物の過去のスピーチはよいものとして受け入れられており、印刷されているものもあることがわかったならば、セラピストはこの第1の仮説は間違っていたと結論するであろう。

話し手が実際に退屈であるという仮説を放棄した後、セラピストは話し手の思考が現実を歪めているという仮説に移るであろう。この仮説に従えば、話し手は、とても限られた1つの出来事に注目して否定的な証拠を選択している。彼は、退出した聴衆についてあまりにも考えすぎている。彼は、彼らが自分を退屈だと考えている、自分を嫌っているなどと信じている。ここで、セラピストはクライエントにそれとは逆の証拠を指摘させる。第1に、彼には優れたスピーチの記録がある。第2に、退出したのはわずか数人にすぎない；ある者はおそらく重要な約束があり、少しでもスピーチが聞けたことを喜んでいた。またある者はおそらく退屈していた。しかし、第3に、そして最も重要なのは、彼がほとんどすべての聴衆が残っていたという事実を過小評価していることであり、聴衆が熱狂的に賞賛していたという事実に注意を払っていないことである。セラピストの仕事は、すべての歪んだ否定的な思考を引き出し、相反する証拠をクライエントに突きつけ、それらの思考を変化させることである。

認知療法家が扱う心の出来事にはどのようなものがあるだろうか？　セラピーの目的により、認知過程は、短期過程と長期過程に分けられる。短期過程は意識である。われわれはそれらに気づいている、もしくは練習によって気づくようになる。これには、予期、評定、帰属が含まれる。長期の認知過程は、一般に意識できない。それらは、短期過程を支配するやり方から、その姿がわかるという性質をもつ。長期過程の1つには信念がある。われわれはまず短期過程について論じる。

効力予期の変化

予期（expectation）は、将来の出来事を明確に予想する認知である。数人の退出を見たときに「これは失敗となるだろう」と考えた話し手は、一種の予期を報告している。彼は、将来の結果——この場合、悪い結果——を予想している。予期には2つの種類がある：**結果予期**（outcome expectation）は、ある行動が特定の結果を導くことを推測するものであり、**効力予期**（efficacy expectation）は、そうした結果をもたらす行動をうまく遂行できるという信念である。結果予期と効力予期は、次の点で異なっている。ある人物は、特定の一連の行為がある一定の結果をもたらすことを確信しているかもしれないが、その行為を遂行できるかどうかについては疑っているかもしれない。たとえば、彼は、ヘビに触れることが自分のヘビ恐怖を軽減させることを理解してはいるが、それでもヘビに触れることができないかもしれない。認知心理学者、Albert Banduraは、恐怖症（第5章参照）を治す上での系統的脱感作やモデリングといったセラピーの成功は、効力予期の変化によるものであると考えている。脱感作、モデリングどちらの状況においても、患者は、自分が恐怖症を克服するであろう反応——リラクゼーションや接近——をすることができるということを学習する。ヘビ恐怖における効力予期と行動的変化の「マイクロアナリシス」は、この推測を確認している。うまくいっているセラピーは、獲物を絞め殺すような大型のヘビに接近することについても高い効力予期を生み出す。治療の終盤において効力予期のレベルが高くなるほど、ヘビに対する接近行動がいっそうよくなる（Bandura, 1977, 1982, 1993；Bandura & Adams, 1977；Biran & Wilson, 1981；Rodgers & Brawley, 1996；Saigh, Mroueh, Zimmerman & Fairbank, 1996；Staats, 1978）。

Bandura（1977）は、自己効力感が高い人について次のように論じている。

1. 高い向上心をもち、長期的な視点をとり、困難な挑戦を自らに課し、その挑戦にしっかりと立ち向かうよう専念する傾向がある。
2. 長期間やり通し、失敗や挫折に直面しても立ち直る。
3. ストレス、不安、抑うつをあまり経験しない。
4. 他者からの支持を引きつけ、苦難を容易に耐えるの

に十分な関係を発展させる。

否定的評定の修正

われわれは、自分たちに何が起こっているか、そして何をするかについて、絶えず評価している。これらの評定(appraisals)は、われわれにとって明白なものであるときもあれば、それに気づいていないときもある。認知療法家によれば、そのような**自動思考**(automatic thoughts)が情動に先行しており、情動の原因となっている(Beck, 1976, 1999)。スピーチをする人物は、「これは失敗となるだろう」と考えると、不安になり、憂うつになる。彼は将来の結果を予期するだけでなく、自らの行為を評定してもいる。彼はそれを失敗であると判断し、こうした評定は、否定的な情動をひき起こす。こうした評定過程は自動的なものである。長年の実行のあとには、それは習慣的に、素早く生じるようになる。セラピーでは、人は、そうした思考に気づくように自らの思考過程の速度を落とすよう訓練されるであろう。自動思考は、漠然としたものではなく、形成された病でもない。どちらかといえば、特定的な、独立したセンテンスである。加えて、客観的な観察者にとってそれらは信じがたいものであるように思えるが、当人にとってはまさに合理的なものであるように思われる(Alden & Wallace, 1995; Beck, Steer & Epstein, 1992; Kanfer & Karoly, 1972)。

自動思考の頻度を知るための1つの道具は、自動思考質問紙(Automatic Thoughts Questionnaire、Hollon & Kendall, 1980)である。クライエントは、自分についての以下のような自動的評定を行った頻度を記録する：「私はよくない」、「私は弱い」、「私の人生は混乱している」、「私を理解する者はいない」、「まったく価値がない」。その結果は、人々は抑うつ的なときには、そうでないときよりも否定的な自動思考の頻度が多く、さらにこのような思考は抑うつの人に特定的なものであることを示している。統合失調症、精神作用物質乱用、不安障害に苦しむ人々の場合、彼らが抑うつ的でない限り、自分自身に対する否定的な思考は頻繁に記録されない(Hollon, Kendall & Lumry, 1986)。

認知療法の2人の創始者のうちの1人、Aaron T. Beck(1976, 1999)は、特定の情動には常に個別的な思考が先行していると主張した。悲しみには「何らかの価値あるものを喪失している」という思考が先行している。不安には「危害となる脅威が存在する」という思考が先行し、怒りには「個人的な領域が侵害されている」という思考が先行している。これは、情動的生活についての包括的な、簡素な定式化である：悲しみ、不安、怒りの本質は、それぞれ喪失、脅威、侵害という評定によって構成されている。したがって、認知療法家は、それらの思考を修正することが情動を変化させると考えている(Macleod & Cropley, 1995; Sokol, Beck, Greenberg, Wright & Berchick, 1989)。

帰属を変える

認知療法家が変容させようとする、もう1つの短期的な心的出来事は、帰属である。**帰属**(attribution)は、自分に起きた出来事の理由に関する説明である。ある学生は試験に失敗したとき、「なぜ私は失敗したのか？」と自分に問う。彼が行う原因の分析に従って、異なる結果が起こる。その学生は、**外的帰属**(external attribution)、もしくは**内的帰属**(internal attribution)を行うだろう(Rotter, 1966)。彼は、試験が公平ではなかった、すなわち外的な原因を信じるかもしれない。一方、自分が愚かであった、すなわち内的な原因を信じるかもしれない。それにそって失敗の帰属がなされる2つ目の次元は、**安定**(stable)と**不安定**(unstable)である(Weiner, 1974)。安定原因は持続的なものであり、不安定原因は一時的なものである。たとえば、学生は、よく眠れなかったという不安定原因(内的でもある)のために失敗したと信じるかもしれない。一方、その学生は、自分には数学的な能力がないという安定原因(内的でもある)を信じるかもしれない。最後に、失敗の帰属は、**全体的**(global)、または**特定的**(specific)なものになり得る(Abramson, Seligman & Teasdale, 1978; Seligman, 1991)。全体的な原因の帰属は、失敗が多くの異なる課題においても生じるであろうことを示し、特定的な原因の帰属は、失敗はその課題でのみ生じるであろうことを意味する。たとえば、失敗した学生は、自分が愚かであるという全体的な原因(安定、内的でもある)により失敗したと信じるかもしれない。もしくは、テストの書式番号が縁起の悪い数字である13であったために失敗したと信じるかもしれない。この数字は、特定的な帰属(外

ほとんどの観察者は、これらの運動選手の帰属スタイルを内的なものであると推測するだろう。彼らは敗戦は自分たちの責任だとしている。(Phot. by Louis DeLuca)

表3-4 GREで成績の悪かった学生の帰属

	内的		外的	
	安定	不安定	安定	不安定
全体	理解力の欠如(怠惰)	疲労(風邪が自分を愚かにした)	ETSが不公平なテストをした(ほとんどの人がGREでうまくいっていない)	今日は13日の金曜日である(ETSは全員が大変なこの時に実験的にテストをした)
特定	数学的能力の欠如(数学はいつも私を退屈にさせる)	数学問題にうんざりしている(風邪が私の計算能力を台なしにしている)	ETSは不公平な数学のテストをした(ほとんどの人が数学のテストでうまくいっていない)	数学のテストが書式ナンバー13であった(全員の数学テストの印刷がぼやけていた)

注：ETS＝Educational Testing Service, Graduate Record Examinations(GRE)の運営機関
Abramson, L. Y., Seligman, M. E. P., & Teasdale, J., 1978 より引用。

的、安定でもある)である。表3-4は、これら二分法的な帰属を示している(Heider,1958； Kelley,1967；Seligman,1991； Weiner,1972)。

認知療法家は、各個人の帰属を変化させようとする。たとえば自尊感情の低い女性は、失敗したときに、たいてい内的に帰属する。自分が愚かで、無能で、かわいらしくないために失敗したのだと信じる。こうした帰属に対処するために、セラピストは、毎週、1週間の間に生じた悪い出来事を5つ記録し、その出来事に関する外的帰属を書き留めるようにしてもらう。たとえば、ある女性は、「昨夜のパーティでの私の行動をボーイフレンドは非難したが、それは私が社会的に未熟だからではなく、彼の機嫌が悪かったためである」と書くかもしれない。目標は、その女性が信じている悪い出来事の原因を、内的なものから外的なものへと移行させることである。数週間後に、クライエントは失敗には他の原因があるとわかり始める。結果的に、内的帰属によりもたらされる低い自尊感情や抑うつは、取り除かれるようになる(Beck, Rush, Shaw & Emery, 1979； Seligman, 1995)。

長期的信念を変える

われわれが検討してきた短期的な心的出来事——予期、評定、帰属——は、意識できる。長期的な認知過程はそれとは異なっている。それらは、今意識している心的出来事を支配していると推測される。これら長期的な認知過程の1つは信念(belief)である。

認知療法の創始者の1人であるAlbert Ellisは、心理的な障害は、主に不合理な信念により生じると主張する。彼は、生涯にわたって破壊的な信念を親や社会から植えつけられてきた1人のクライエントの例を挙げている。その考えには以下のものがある。(1)大人は、コミュニティにおけるほぼすべての重要な他者から愛され、認められることが必要不可欠である、(2)価値ある者になるためには、可能なすべての点で、徹底的に、有能であり、適切であり、抜きん出ていなければならないだろう、(3)人が強く望んでいるやり方で事が運ばれないことは恐ろしく、破滅的である、(4)人間の不幸は、外的にひき起こされ、その不幸のもとはほとんど制御できない、(5)過去の経験は、現在の行動の最も重要な決定因である、もしあることが、かつて生活に強く影響したなら、それは常に同様の効果をもたらすであろう、(6)人間の問題に対しては、常に変わることのない、正しく、的確で、完全な解決法というのが存在する。この完全な解決法を見出せなければ破滅的である(Ellis, 1962)。

これら不合理な、非論理的な信念は、心理的な障害をもたらす短期的な、歪んだ予期、評定、帰属を形成する。クライエントは、「べきの圧政」に苦しめられており、セラピストの仕事は、これら「べき」による支配を壊すことである。患者が上記のような信念を一度捨て去ると、その信念が患者を悩まし続けることはできなくなる。セラピストの仕事は、こうした信念をクライエントから取り除くことである。セラピーは積極的なものである。クライエントの信念は2つの方法で猛烈に攻撃される。(1)セラピストは、患者の不合理な信念に盛り込まれている迷信や自滅的なプロパガンダを否定する率直な反宣伝者であり、(2)セラピストは、患者自身が、不合理な信念に対する力強い反プロパガンダとなるような行動に従事するように促し、説得し、丸め込み、時には要求する(Ellis, 1962； Kendall, Haaga, Ellis & Bernard, 1995)。これは、**論理情動療法**(rational-emotive therapy)と呼ばれ、最も活動的で積極的な心理療法手続きの1つである。以下のケースは、セラピーにおける説得の強さを例証している。

> セラピーセッションの間、23歳の男性は、自分はとても落ち込んでいるが、その理由はわからないと言った。いくつか質問することで、重症の神経症患者であり、現在の主な問題は、最近2年間、過度に飲酒していること、ガラス染色アーティスト見習いとしての仕

第3章 心理学的アプローチ

事を行う上で必要な目録作りを延期させていることであることが示された。

患者：私は、それが膨大になる前に目録を作るべきなのはわかっていますが、延期し続けています。正直に言えば、その理由は、私がそれを行うことに腹を立てているからではないかと思います。

セラピスト：しかし、なぜそれをすることに腹を立てているのですか？

患者：うんざりします。ただ単にそれが好きではないのです。

セラピスト：うんざりする。それは、その仕事を嫌う十分な理由ではあるけれど、それと同様に腹を立てることの理由でもあるのでしょうか？

患者：その2つは同じことではないのですか？

セラピスト：けっしてそうとは限りません。嫌うということは、「私はそれをすることが楽しくはない、ゆえに私はそれをしたくない」という考えに等しいです。そして、それはほとんどの場合、正当な意見です。しかし、腹を立てるということについては、「私はそれをするのが嫌いなため、それをしなくてもよい」といった考えになります。そして、それは常にばかげた意見です。

患者：なぜ、したくないことについて腹を立てることがばかげているのですか？

セラピスト：それにはいくつか理由があります。まず、単に論理的な点から、自分自身に「それをするのが嫌いなため、それをしなくてもよい」ということは道理にかないません。この文章の2つ目の要素は、あらゆる点ではじめの要素に従うものではありません。あなたの論法はこのようなものになるでしょう：「私はそれをすることが嫌いであるため、他の人々そして世界は、私が嫌うことをけっしてさせないように私を思いやるべきである」。しかし、もちろんこれは道理にかなっていません。なぜ、他の人々や世界はあなたを思いやるべきなのでしょうか？ もし彼らがそうならば、いいかもしれません。しかし、いったいなぜ彼らがそうすべきなのでしょうか？ あなたの論法を正しいものにするためには、世界全体、そこにいるすべての人々が、本当にあなたについて思案し、あなたに対して特別に思いやりをもたなければならないでしょう。(Ellis,1962)

このとき、セラピストは、クライエントの信念を、それが合理的ではないと論じることで直接的に攻撃する。これは、認知療法家が、行動療法家や精神力動的セラピストと異なっている重要な点である。行動療法家、精神力動的セラピストは、クライエントの行為や信念が不適応的であり、自滅的であることを指摘する。認知療法家は、さらに、その信念が不合理であり、非論理的であることを強調する。認知療法家がどのようにアンジェラを扱うのかを見てみよう。

アンジェラは、認知療法家を紹介された。認知理論では、抑うつは、喪失に関する自動的な、破滅的な、不合理な思考により生じると考えられる。セラピーは、こうした自動思考を認識することを学習し、それらを論駁することを学習することからなる。その方法は、日常生活において自分を不幸にするような第三者からの誤った非難を論駁する方法と同じである。

アンジェラは、1日の間で突然悲しくなったときに自分が考えたことを日記につけ始めた。彼女は、再びデートすることを考えるときには特に気落ちすること、そして仕事からの帰宅中に泣き始めることが多いことに気づいた。デートについて想像することに伴う自動思考は、「私は愛されそうにない」、「私に耐えられる男性はいない」、「愛はいつも消え去る」というものであった。家に帰るときの自動思考は、「ママはいつも私に喧嘩を仕掛ける」、「夜は空しいであろう」であった。

彼女は、思考の形跡を整理すること、それら破滅的な思考を積極的に論駁することを学習した。たとえば、彼女が「私は愛されそうにない」と考えたときには、次のように論駁した。「私の見た目は全然見苦しくはない」（実際、アンジェラはとてもかわいらしかった）、「私にはユーモアのセンスが大いにあり、いつでも面白い話を語れる」、「私は共感的な聞き手であり、相応しい男性が愛してくれるところは、私にはたくさんある」。彼女は、これらの思考をうまく論駁したときに、絶望感が瞬間的に薄れ、それが戻ってもその強度は弱まり、頻繁ではなくなっていることに気づいた。

認知行動療法

認知療法家は、歪んだ思考が障害となる行動をひき起こしており、歪んだ思考を修正することがそうした行動を緩和し、治すであろうと考える。行動療法家は対照的に、障害となる行動を過去経験から学習されたものとして捉え、患者が新しい、より適応的な行動を用いるよう訓練することによって障害を緩和させようとする。これら2つの立場は、徐々に両立可能なものとなり、多くのセラピストは、歪んだ認知を修正することと、新しい行動に従事するよう患者を訓練することの両方を試みている。セラピストが2つの技法を結合させるとき、それは**認知行動療法**（cognitive-behavioral therapy；CBT）と呼ばれる（Beck, Rush, Shaw & Emery, 1979；Craske, Maidenberg & Bystritsky, 1995；Ellis, 1962；Mahoney, 1974；Meichenbaum, 1977）。

Arnold Lazarus は、セラピーにおける認知的技法

表3-5 BASIC ID 技法

モダリティ	問題	提案される治療
行動 (Behavior)	不適切な引きこもり反応 常習的に泣く 暴食	主張性訓練 非強化 低カロリー養生法
感情 (Affect)	怒りを外に表現できない 常習的な不安 熱意や自発的な喜びの不在	ロールプレイング リラクゼーション訓練や再保証 ポジティブイメージ手続き
感覚 (Sensation)	胃痙攣 感覚的な喜びに接触しない あごと首の緊張	腹式呼吸と弛緩 感覚集中法 分化弛緩法
イメージ (Imagery)	姉妹の葬式に関する悲しい場面 飛行機爆発に関する夢が繰り返される	脱感作法 安全を感じさせる鮮明なイメージ
認知 (Cognition)	不合理なセルフトーク:「私は邪悪だ」、「私は苦しむに違いない」、「セックスは不潔だ」、「私は劣っている」 過度の一般化	計画的な合理的問いかけとセルフトークの矯正 不合理な意見に対する批判的分析
対人関係 (Interpersonal relationship)	子どものような依存性 容易に利用され、服従する ごまかそうとする傾向	具体的な自立課題 主張訓練 直接的で対立的な行動の訓練
薬物 (Drugs)	生化学的な障害	抗精神病薬

Lazarus, A. A., 1976, より引用。

と行動的技法とを統合したセラピストの1人である(Lazarus, 1993)。彼は、この結合した技法をマルチモード療法(multimodal therapy)と呼んだ。Lazarusは、障害は同じ患者内で7つの異なるレベルにおいて生じ、障害の各レベルに適したセラピーのレベルがあると論じた。これら7つのレベルの記憶法がBASIC IDであり、Bは行動、Aは感情、Sは感覚、Iはイメージ、Cは認知、Iは対人関係、Dは薬物である。マルチモード療法を用いるセラピストの仕事は、障害を異なるレベルに分け、各レベルに適した技法を選択することである。Lazarusは、認知的技法と行動的技法、そして精神力動的な手続きさえも進んで用いる。表3-5は、Marry Annに対する13ヵ月のセラピーの中で用いられたさまざまな治療法を示している。彼女は、23歳の女性であり、見通しのよくない分類困難な慢性的統合失調症と診断されていた。彼女は、太り過ぎで、アパシーで、引きこもりであった。多くの薬物が用いられていたが、その効果はほとんどなかった。これらの技法を用いた13ヵ月の終わりに、彼女はよくなり、結婚の約束をした。

認知行動療法と精神力動論の結合

精神力動論志向のセラピストの間で、認知的な考え方と精神力動的セラピーとを結合させようとする動きがある。Lester Luborsky(1984)は、患者が生活の3つの領域において意識的に考えるものが、根底にある、またしばしば無意識的な、中核葛藤テーマ(core conflictual relationship theme；CCRT)を明らかにすると論じた。その3つの領域は、(1)現在の治療内の関係(セラピストとの関係)、(2)現在の治療外の関係、(3)過去の関係である。これらの領域についての共通の認知と、それらの間で繰り返し重複するものが、患者の対人関係における基本的な葛藤テーマを指し示す(Luborsky, Popp, Luborsky & Mark, 1994)。

Nさんは考える、「私は自分の仕事をうまくやろうとしている」。これは、彼女の現在の治療外の関係についての思考である。彼女はこのことをセラピストに話し、泣き始めた。セラピストは続いて次のように言う、「私があなたの魅力について言及するとき、あなたは涙ぐみ、そして泣く」。これは、彼女の治療内の関係についての思考の結果である。Nさんは、そして自分の過去について自発的に考える、「父は私が魅力的であることをよく思わなかった」。これら3つの意識的な領域の内容は、主要な無意識のCCRTである。3つの領域に関係する認知を解きほぐすことにより、セラピストはクライエントの願望を発見することができる：「私は、自分が必要としている物理的、情動的な支持を与えてくれるにふさわしい男性を見つけることを望んでいる」。セラピストはまた、その願望から生じる否定的な結果、もしくは自動思考を見出す(そして変えようとする)ことができる：「しかし、私は独立しているからそうすべきではない、また私は拒絶さ

第3章　心理学的アプローチ

Box 3-2　科学と実践

神経科学と認知行動療法を結合する

認知行動療法と有益な結合をはたしているのは、精神力動論だけではなく、神経科学もそうである。UCLAのJeffrey Schwartzは、強迫性障害(Obsessive-compulsive disorder：OCD)に対して認知行動療法を実施している。第5章で読むことになるが、OCDとは、その個人が、反復性の、相容れない思考やイメージ(強迫観念)に絶えずつきまとわれ、不安や思考が生じないように、表面上意味のない儀式(強迫行為)に従事する障害である。

Schwartzは、患者に、OCDは脳の障害であり、セラピーの第1段階は、侵入的思考を医学的な状態として再分類することを学習することであると伝える(Schwartz, 1998)。患者は、次に、そうした厄介な持続性の思考を単なる「誤った脳のメッセージ」に帰属しなおすことを学習する。そして、患者は、侵入的思考のストレスの中、混乱した思考に気づいている状態でその儀式を変化させようとすることによって、**焦点化しなおすこと**を学習する。最後に、患者は、強迫的な思考を再評価し、それが単なる誤った脳のメッセージの症状であることを理解し、不安は消えていく。その理論を支えるために、Schwartzは、患者の脳の活動を、認知行動的なセッションの前、その間、その後に測定している。彼は、脳の変化を示すためにPETスキャンを用いて、彼の4段階の認知行動療法の結果として、3つの基本的な神経的な変化が生じることを見出した。

1. セラピーで好ましい反応を示した人は、改善に失敗した人に比べて、脳の両側の尾状核における活動の増加を示す。
2. 治療において、OCD症状がより緩和されると脳活動の変化もより大きくなる。
3. 治療の前は、OCDに関連した3つの脳の領域(尾状核、帯状回、右視床)すべてが興奮している。治療後では、こうした活動の相関性は崩れており、Schwartzは、これを「患者のブレインロックからの解放」と呼んでいる。

このような考えの多くは、暗喩的、もしくは「神経神話学的(neuromythological)」であるが、この種の研究は重要であり、神経科学と心理療法との最終的な統合に向けての1つの指針となる。

れるであろうからそうすることはできない、そして男性はそうした支持を与えることができないであろう」。

認知療法家が強調する意識的な自動思考に注目することにより、精神力動論志向のセラピストは、2つの異なるモデルを密接に結びつけ始めている(Horowitz et al., 1993)。それ以外のモデルの統合が、将来的になされるであろう。そしてBox 3-2に示されるように、神経科学と認知行動療法の統合は、将来有望な領域の1つである。

行動療法、認知療法の評価

行動療法と認知療法にはいくつかの長所がある。多くの障害を扱う上で効果的である；セラピーは一般に短期的で、費用があまりかからない；行動心理学、認知心理学といった科学に基づいていると考えられている；それらの分析ユニット――刺激、反応、強化子、予期、帰属――は測定可能である。しかしながら、行動療法、認知療法に問題がないわけではない。おそらく最も深刻な申し立ては、それらが表面的であるというものである。

人間というものは、単なる行動や認知以上のものであるか？　心理的な障害とは、障害となる行動や思考以上のものであるか？　セラピーが成功するためには、より多くの適応的な行動や合理的な思考を提供する以上のことをしなければならないのか？　行動療法家と認知療法家は、人間の独立した行動や認知の分析に自らを制限しているため、彼らはその本質を見失う。個人は全体的であり、自由に選択を行う。ネコ恐怖の患者は、ネコを怖れるようになった機械以上のものである。彼は、そうした症状を示す一個人であり、その症状は、遺伝子や神経化学同様、パーソナリティや精神力動に深く根ざしている。また、彼はよくない選択をしているが、健康を選択することも可能な一個人である。まるで一個の家具であるかのように他者と接する自閉症の子どもは、食べ物を受け取るため、もしくはショックから回避するために、他の人々を抱きしめるよう行動主義者から教えられるかもしれない。しかし結局、われわれが得るものは人々を抱きしめる自閉症の子どもというだけである。単にふるまい方を変えることは、根底にある障害を変化させることに失敗する。

行動的観点、認知的観点に反感をもつ人々は、症状をもたらしている深い、底に潜む病因がそこにあると感じている。こうした理由により、表面上の外的な行動の変化は、肥満に関する行動的治療法のように、一時的なものであるかもしれない。多くの人々は、体重を減少させるための行動的治療法に従うことによって、2ヵ月で体重の10%を減らすことができる。肥満でダイエットをする人についての長期的な研究において、研究者たちは、行動療法を受けていた多くの肥満の人が、1年後に体重を落とし続けていたことを見出した。しかし、5年後には、ダイエットをしていた人の85%以上が体重を元に戻していた(Seligman,

1994)。行動療法は、肥満という症状を除去することで変化を導いたが、その根底にある問題、おそらく本来生物学的なものは、そのままであり、最終的に治療を妨害した。

行動療法家、認知療法家は、これらの表面的であるという非難に対して、どのように応対するであろうか？　好戦的な返答は、「全体的な人間」という概念を否定することであるかもしれない。徹底的行動主義者にとって、そのような概念は虚構である；それは文学や詩において意味をなすものであり、苦悩し、救済を求める人間には意味をなさない。われわれは、あまり好戦的ではない返答をするであろう。症状を取り除くことは――行動的、認知的に関わらず――、少なくとも助けになる。症状の置換は、たとえあるにしても、成功した行動療法、認知療法のあとにはめったに生じない。いくつかの障害は、ある個人の核心において特定的、周辺的なものであり、行動療法や認知療法の影響を受けやすい。そうした障害には、恐怖症、吃音、そしていくつかの性機能障害がある。一方、行動療法、認知療法には触れられないままにされる、より深い障害があるかもしれない。たとえば、統合失調症や反社会性パーソナリティ障害などである。これらの障害に対しては、治療の成功のためにパーソナリティを変化させ、力動を明らかにし、薬物を施す必要があるであろう。

行動的、認知的な理論家は、心理的障害という問題を含む人間の苦痛は、常にそうであるとは限らないが、不適切な周りの環境によって、もしくは歪んだ認知によってもたらされると考えている。行動療法や認知療法を応用することによりそうした状況を中和することは、人間の全体性や自由を減少させず、その価値を下げることもなく、むしろそれを拡張する。アパートから離れることへの恐怖症によって損なわれている人は、働くことも、愛する人に会うこともできないため、自由ではない。そのような人に対して行動療法、認知療法を応用することで、恐怖症を取り除くことができる。そうした人は、その後、自由に、合理的な生活を送るようになるであろう。

まとめ

精神力動論は、本来症状にではなく、その根底にある性質に関するものである。精神力動的セラピーは非常に長期的で、費用がかかり、DSMによる障害の症状を緩和するのではなく、パーソナリティの変化をもたらすことがその仕事であると思われる。必要となる時間と金銭に余裕のある人は少なく、健康保険の体系は、そのような長期的な、測定困難な、健康に関連しているか不明確な治療に払い戻しを行うことを好まない。精神分析家は、絶滅危惧種になりかかっている。これは不幸なことであり、われわれが本書で読むことになる確実にいくつかの、そしておそらく多くの障害は、その性質の深い問題に関連しており、単なる症状ではない。われわれの考えでは、精神力動論、そしてそのセラピーの将来における生存可能性は、性質を変化させる必要のある問題を明確に描き出し、その変化に対する厳密な測定を受け入れ、その恩恵を多くの人々に理解されるようにすることにかかっているだろう。

実存的、人間性心理学的アプローチは、人間という存在は自身の中にある理性的ではない、性的な、攻撃的な葛藤により動かされるものであるという陰気な精神力動論の観点に対する重要な修正案であった。実存的、人間的な考えをもつ人々の心情は、確かに正当な立場にあるものであった。しかし不幸にも、彼らは人間性に関する否定的な観点に反対するだけでなく、厳密な、蓄積的な科学に対しても反対した。意志や責任を重視するという有益な主張を行うとともに、厳密な測定、実験、統計のない「科学」を主張した。要するに、彼らは有用なアイデアと、有用ではない方法論とを併せもっていた。それゆえ、実存的、人間的な考えは、蓄積されていくものではなかった。しかし、われわれは、実存的セラピーの人道的な前提と、根拠のある経験科学との結合が、このアプローチの将来的な実行可能性をもたらすであろうと考えている。

行動的アプローチは、動物実験にその基盤をおく行動技法を用いて、不適応的な症状を取り除くことを主張する。1960年代、1970年代に関心を集めた初期の最盛期ののちに、行動療法はあまり活発ではなくなった。これにはいくつかの理由があり、人間の認知とかけ離れている動物の学習についての関心が弱くなったこと、行動的症状は少なくとも時には、認知やパーソナリティのような根底にある過程から生じることがあると認められてきたことなどが含まれる。われわれは、行動療法の将来は、障害が単なる行動的な症状であるのか、より深いものであるのかを明確にすることにあると考える。まさに多種多様な障害を理解するために、行動的アプローチは、認知やパーソナリティを認め、それを説明しなければならないであろう。より深い障害を取り扱うために、行動的アプローチは、自らを認知的アプローチ、精神力動的アプローチ、生物学的アプローチと結合させる必要があるだろう。

1980年代、1990年代には、認知療法が大きく発展した。それは行動療法が捨てたところを拾い上げようとするものであった。しかし、認知療法家は、治療の成功が、彼らが当初望んでいたほど簡単ではないことを徐々に見出すようになった。認知療法家が、喪失、脅威、怒りについての単なる意識的な認知を扱うときに、人生の初期からの奥底にある性質や葛藤といった

問題が、その頭をもたげ続けていた。そして、破壊的、否定的な思考を、健全な、肯定的な認知に置き換えるだけでは、患者にとって十分ではなかった。むしろ、患者はその新しい認知を十分に**信じる**必要があった——そして、そのように信念を変化させることは容易ではなく、認知理論では説明されなかった。さらに、抑うつや不安を扱う上での成功に支えられ、認知療法は、帝国主義的にすべての障害に広げられたが、それは多様な変数が混交した成功によるものであった。われわれは、認知療法の将来は、それがどの障害に最も有効に働くのか、またそれはなぜかを明確にし、そしてより深い障害に遭遇したときに、深い過程——パーソナリティや生物学——とそれを結びつけることにかかっていると考えている。

それぞれの心理学的アプローチが、多くの障害に効果的であるということは、一般的な知見である(Seligman, 1996)。これは、不可解なことではない。それぞれの学派が、各障害を構成する1つあるいはそれ以上の問題を扱っており、それぞれのアプローチが、患者をさらなる苦しみから守る上でのさまざまな効力を同定し、構築していることから、われわれはそのように考える。このことは、次のアンジェラのケースに示される。

> 4つすべての心理学的アプローチが、アンジェラの抑うつに効を奏した。精神分析的アプローチは、アンジェラが、より上手く怒りの感情に触れられるようにし、それを建設的に、適切に表現できるよう援助することにより影響を及ぼした。実存的セラピーは、アンジェラに自分が受動的で、優柔不断であることを理解させ、自らの将来に責任がもてるようにした。行動療法は、アンジェラを外の世界に連れ出し、他人と影響し合うようにし、満足をもたらす行動ができることを発見するようにした。認知療法は、アンジェラが自らの愛されないという合理的ではない思考を認め、それを効果的に論駁できるようになったときに作用した。

4つの心理学的アプローチそれ自体は、分析の異なる次元として見られるが、これは生物学的アプローチと心理学的アプローチにおける次元の違いに相当するものであろう。その次元は、「深さ」の次元として扱うことができる。その表層的な次元には、障害とは行動的な症状であり、それらの症状を除去することがその障害を**治す**という理論をもつ行動的アプローチがある。これは、多くの特定的な恐怖症のケースのように、第5章で示されるとおり真実である。しかし、行動的アプローチは十分に深くは進まないことがある。次の次元として、認知的アプローチは、症状が根底にある意識的な思考によりもたらされており、それらの思考を変化させることがその症状を治すと主張している。このことは、第7章に示されるように、時おり有効に働き、それは抑うつの多くのケースにおいてそうである。しかし、これも十分に深くまでは進まないことがある。その問題は、意志や責任——より深い別の次元——に関連しており、ここで実存的セラピーが有益な働きをする。しかし、その層の下に、長期的な性格(character)特性に関する問題、精神力動的アプローチが100年にわたり取り組んできた問題がある。その下には、生物学的に、遺伝的に継承したものがある。われわれは、異常性に対する心理学的アプローチの将来は、われわれをわれわれたらしめている深みの異なる層を理解し、それらを統合することにかかっていると考えている。

要 約

1. **精神力動論**は、主に、**葛藤**、**不安**、**防衛**に関わっている。**葛藤**は、欲望が直接的な満足を見出そうとするときに、その満足が、現実的に、もしくは良心的に許されないために生じる。葛藤は**不安**を生じさせる。不安は、個人がそれに対処できないと感じるときに生じる精神的苦痛の1つである。不安は、意識的にも、無意識的にもあり、**防衛機制**を生じさせる。防衛機制は、欲望または現実から生じる苦痛となる刺激を変化させ、もしくは全体的に消してしまうことを可能にする心の柔軟な編集メカニズムである。

2. Freudは、パーソナリティを3つの過程に分けた。イド、自我、超自我である。**イド**は、性的欲望、攻撃的欲望に関係しており、**快楽原則**に支配されている。**自我**は、個人の安全性に関連しており、他からの嫌悪的な結果が最小になるときにのみ欲望が表出されることを可能にし、これは**現実原則**に支配されている。**超自我**は、個人の良心や理想から構成され、現実が許すかどうかにかかわらず、欲望を表出することをその個人に禁止し、より高い目標の達成へと向かうよう促す。

3. 多くの内的葛藤は、**無意識**において生じ、そこには忘却された記憶、抑圧された記憶が含まれている。**抑圧された記憶**は、合理的な制御の対象ではないため、生き続ける；それらはパーソナリティにおける支配的な力である。

4. 内的葛藤は、多くの不安をもたらす。不安を軽減するために、人は、**抑圧**、**投影**、**置き換え**、**否認**、**昇華**といった防衛機制、もしくはコーピング方略を用いる。

5. **新フロイト主義者**、Jung、Adler、Horney、Sullivan、Erikson、Frommは、概してFreudによる定式化は狭く焦点化されすぎていると考えた。ある

者は、心理的発達における社会的な関係性の強い影響力を強調した。Kohutのようなより近年の理論家は、パーソナリティにおける**自我過程**の中心的な役割に焦点を当てている。このような現代の精神力動論者は、価値の貯蔵庫としての自己、時間と空間を越えた連続性の源としての自己を強調する。自己には、少なくとも3つの重要な側面がある。**中核自己、主観的自己、言語的自己**である。**自己対象**は、自己を維持するための特に重要な人々や事物である。

6. 精神力動的セラピーは、クライエントに**自由連想**を促し、夢、抵抗、クライエントとセラピストの間で生じる**転移**を検討することにより、無意識にあるものを意識化させようとする。精神力動的な治療は、クライエントが、防衛的な操作に費やしている**心的エネルギー**の量を減少させ、衝動的な表出をより制御することができるようにしようとする。精神力動的な実践は、症状の永続的な治癒に影響するようなその根底にある葛藤を除去しようとする点で、**医学モデル**に従うものである。

7. 精神分析を批判する者は、証明が困難であること、科学的方法への無関心、状況やジェンダーの軽視について言及する。

8. **実存的、人間性論者**は、われわれが自分自身の経験の権威であるという考えを有している。われわれ自身が、知覚するもの、経験するものを決定する；われわれは自らのふるまい方に責任をもっている。しかし、**自由**と**責任**は、不安をもたらすかもしれない。責任の回避は、時おり、行動や考えに対する所有権を拒否することによってなされる。

9. 実存主義者は、しばしば2種類の意志を仮定する。**勧告的意志**は、われわれがすべきであると知っていることをさせようとし、**目標志向的意志**は、われわれが自由に自らの目標を選択し、それに向けて従事し、達成させようとするときに顕わになる。

10. 実存主義者は、根源的な不安は、**死の恐怖**であると考えている。心理学的に、死は無を意味する。死の恐怖は脅威であるため、自らを**特別**なものとすることにより、もしくは他者との**融合**により、その不死性を自らに賦与しようとする。それは本物ではない、偽の、行動様式を導くかもしれない。

11. **行動的アプローチ**は、実験室実験により、不適応的な学習をもたらす環境的側面を発見しようとし、成功したセラピーとは、新しく、より適応的なふるまい方を学習することであると考える。

12. 2種類の基本的な学習過程が存在する。パブロフ型条件づけとオペラント条件づけである。それぞれが一群の行動療法を生み出してきた。

13. パブロフ型のセラピーは、情動的な習癖は、**条件刺激**と**無条件刺激**との随伴性により獲得されているという仮説により開始する。以前に中性的であった条件刺激は、**条件反応**をもたらすようになり、それは獲得された情動である。2つのパブロフ型セラピー、**系統的脱感作とエクスポージャー**は、不適応的な情動的習癖をうまく消去する。

14. オペラント条件づけは、**強化子、オペラント、弁別刺激**という3つの概念に基づいている。オペラントセラピーは、人々は自発的な習癖を**正の強化、負の強化、罰**により獲得しているという仮定に基づいている。オペラントセラピーは、自発反応の新しく、より適応的なレパートリーをもたらし、不適応的な自発反応を消去する。そうしたセラピーには、**選択的正の強化、選択的罰、消去**がある。神経性無食欲症、自閉症のような障害に応用されている。

15. **回避学習**の理解は、オペラント理論とパブロフ型理論とを結合させ、強迫性障害に対する治療に役立っている。

16. **認知的アプローチ**は、心的出来事が行動をひき起こすという考えを保持している。障害となる認知が、障害となる行動をひき起こし、それら障害となる認知を変化させることが、精神病理を軽減し、時にそれを治す。

17. 認知療法は、種々の心的出来事を変化させようと試みることにより実施される。心的出来事は、短期的な心的出来事と長期的な心的出来事とに分けられる。短期的な心的出来事は、**予期、評定**(経験に対する心的評価)、**帰属**(起こった出来事の原因の説明)からなる。予期には、**結果予期、効力予期**がある。

18. 多くのセラピストが、認知療法と行動療法の両方を実践しており、**認知行動療法家**と呼ばれる。**マルチモード療法**は、認知的技法と行動的技法を用いた1例であり、それ以外のモデルからの技法もともに用いている。医学モデルとは対照的に、認知療法家、行動療法家は、症状――障害となる行動、障害となる思考――が、問題全体を構成していると考える。

19. 認知療法、行動療法を非難する者は、人間という存在は、行動や認知以上のものであり、全体としての人間や根底にある病因ではなく、その症状のみを扱うことは表層的であると主張する。認知療法家、行動療法家は、単にその症状を除去することがクライエントの助けになると主張することをもって返答する。

20. われわれは、心理療法の将来は、多様な障害を異なる**深さ**をもつものとして捉え、その障害の深さ

に最も適した心理療法はどれかを理解し、これらのセラピーを互いに、そして生物学の重要性とともに**統合**することにかかっていると考える。

4 生物学的アプローチと神経科学

本章の概要

生物学的アプローチ　114
　原因や治療法の決定　114
　素因-ストレスモデル　116
遺伝子と異常行動　117
　遺伝子と染色体　117
　遺伝子型と表現型　117
　遺伝子と環境の相互作用　120
　行動遺伝学の研究方法　122
ニューロンと生化学原因論　123
　神経活動　123
　神経活動の乱れ　128
　分子技術と神経細胞の研究　129
脳構造と異常行動　130
　中枢神経系　130
　末梢神経系　136
神経発達と異常行動　139
　出生前の期間　139
　出生後のCNS発達　141
　心理的発達に対する臨界期　142
環境的入力と異常行動　143
　学習と記憶の効果　143
　経験の効果　144
まとめ　146
要　約　147

学習の目標

- 最初に、生理的ストレス要因と心理的ストレス要因の相互作用により異常行動がいかにひき起こされるかを理解する。

- 遺伝子そのものや遺伝子が行動面に及ぼす影響について研究されてきたことについて学ぶ。

- 人間の表現型が遺伝子型と違うことがあるのはなぜか、遺伝が必ずしも精神病理学的なことに作用しているわけではないことを理解する。

- ニューロンの構造や、ニューロンがお互いにどれほど作用し合っているか、神経伝達の調子が乱れる可能性について説明できる。

- 神経系のさまざまな部分やそれらの働き、とくに精神病理学に関係する脳の回路について理解する。

- 胎児期や出生後の成長過程の中での脳の変化や、神経発生の過程の中での細胞分裂が異常をいかにひき起こすのかについて学ぶ。

- 異常心理学のために重要な意味をもっている神経科学の研究の方法と最近の知見に精通する。

脳とその機能について研究する新しい方法の進歩により、脳に関する知識が急速に明らかになってきたことから、ある科学者と政府高官のグループが1990年代を「脳の10年」と名付けた（Hyman, 2000）。脳やその働きについて新しい知見を理解する手始めとして、この章では神経系を考察することとした。とくに脳やその成長過程、その働き、そして行動、とくに異常行動への影響について述べる。過去には「精神病は生物学的な問題か心理学的な問題か」「自然に起きるのか養育にかかわるか」「遺伝子によりひき起こされるのか環境によるのか」のような疑問が常識的であった。ある第三者は生物学的な説明と心理学的な説明とは矛盾していると指摘している。

たとえば、気分の落ち込み（depression）は生物学的な機能不全から起こるのか心理学的なことが要因なのかという疑問がある。しかし、現在の研究では、精神的な病気は心理学対生物学ではなく、常に両方の相互作用により起こることがわかってきている。

生物学的な要因と心理学的な要因とが絡み合っているとなると、精神的な病気の起こる原因について、さらに複雑な疑問がわきおこる。「遺伝子や胎児期の環境、脳の成長、そして身体的な健康全般はどのようにその後の人生経験と関係し、精神的な面に関与していくのか」

私たちはこれらの要因が互いに異なった方法で影響しあっていることに気づかなければならない。

特定の遺伝子や遺伝子の組み合わせ方によっても、心理的な環境に対して敏感になりうることがある。しかし、同時にこの心理的環境が、ある一定の遺伝子が第一段階で表出するかどうかを決定づける。同様に、脳の機能異常が精神的な病をひき起こすことがある。しかし、その病が進行するかどうかは、生活経験が鍵となる。

話が複雑化してきたが、精神的な病の原因を私たちはどのように理解していけばいいのだろう。

話を始めるにあたり、トムのケースを述べよう。トムは初めて働き始めたときに、ある気にかかる行動を示し始めた。この章を通して、私たちは時々トムのケースに立ち返りながら、彼の行動に意味づけをしていきたい。

> 電気エンジニアの学位を得て卒業後、トム・クラークは1人でアパートを借りながら、大学で研究員として働き始めることとなった。トムは国防総省の研究プロジェクトで、数人の有能な仲間達と共に働き始めた。
>
> この職務はしっかりとした警備で守られる必要があった。なぜなら、ミサイルの新しい電気コントロールシステムの研究をしていたからである。トムもトムの両親も喜んでいた。仕事を始めて3ヵ月がたつと

き、トムは母に電話で、アパートには電話してこないように告げた。トムは母に、電話はテープに録音され、自分の行動はすべて調べられていると告げた。両親はこれを変に思ったが、トムの言うとおりにした。しかし、トムがだんだん両親や友だちから疎遠になっていくにつれ、彼の両親は心配になってきた。トムは午後や週末をアパートで1人で過ごすようになった。体重も減り、外見にもかまわなくなってきた。

　このような状態が数ヵ月続いた後、クラーク夫妻（トムの両親）はトムは体調に問題を抱えているため行動に変化が表れたと確信を抱くようになった。

　トムの両親はそれまでは薬物依存や悪い仲間と関係をもつようになったことが原因ではないかと疑ったが、体調的な問題かもしれないということも合わせて考えていた。メディアは新しい薬物や新しい療法、脳の研究や治療法についての情報であふれている。トムの両親は脳をスキャニングする技術や人間のゲノム（すなわち、さまざまな人間の個性に影響する遺伝子の場所を明らかにする）をマッピングする技術、身体的、精神的な病気の生物学的な要因や治療法の研究が革新的に発達したという新聞記事やテレビを見てきたかもしれない。そのような知識から、トムの両親はトムの体重が減ったり、疑心暗鬼になったり、孤立感を感じたりすることやその他の彼の行動の変化は、身体的にもしくは精神的に彼に悪いところがあるということの表れではないかと思うようになった。

　生物学的アプローチや神経科学の考察へと再び話を戻し、トムに悪影響を与えたものは何かを探り、正常な脳の働き、異常な脳の働きについて学ぶことにしよう。この章では、行動に影響する生物学的な構造や過程について述べていく。異常性に関する生物学的な決定要因について、研究者が熟考し、研究してきた方法について議論を始めたいと思う。まず、最初に、最も小さい部分、微視的な要素や神経系の大きい構造について触れ、次に、神経系の概要に言及しよう。遺伝子研究の中で、私たちは遺伝要因がいかに身体面や行動面の両方に影響を与えるかを探ろう。神経細胞、神経系を形作っている細胞、そして脳、最後に神経構造全体へと話を進めていく。

生物学的アプローチ

　心理学的問題の生物学的要因についての初期の理論は、生物医学モデルの知見を支持している。このモデルは今まで身体的な病気と思われてきた心理学的、行動学的異常性と同じ専門用語がよく使われる。例えば、illnessやdeseaseという用語は異常行動に適応される。脳検査技師が正常な行動と異常な行動とを見分ける特定な基準について調べた。このモデルは心理学的な問題が起こったときに最初のきっかけとなったり中心となったりする要因は生物学にあると考えている。生物学的アプローチを主張する人は、異常行動（習性）は生物学的な機能不全を示しており、外科的な処置や薬物療法を行うことも思慮に入れながらの光学治療が必須であると考えた。研究者は生物学的要因や治療方法について研究し始めた。

　しかし、初期の理論やそこから生み出された標準的な生物学的モデルのどちらとも何か足りないものがあった。前に示したように、足りないものは個と環境との相互作用である。生物学的な段階、とくに脳が作用する段階では経験に影響を受ける部分が多く、また、経験は生物学的な要因に影響されるということがわかってきている。この新しい見解は、異常行動の原因についての新しい理論の中に反映されている。この理論は生物学と環境の両方を考慮しており、どれくらい作用しあっているかも含んでいる（図4-1参照）相互に作用しあうという見解は、心理学を通じて個を理解しようとする人たちに影響を与えた。彼らは、患者の生活状態や社会的な環境と同様に、身体の状態をも知ろうとするようになってきた。このように異常行動に対する生物学的な見解は変化してきた。しかし心理学的な見解も盛んである。

　私たちが「生物学的」という言葉を用いるときには、身体的特徴、とくに脳の構造や生化学を示している。人は、脳の生化学的な不均衡や脳のさまざまな部位の相互のつながりの異常を伴う精神疾患への生物学的な脆弱性をもっている可能性がある。現在、多くの研究者が脆弱性の原因について研究している。精神病のいくつかのケースでは脆弱性は遺伝している。世代から世代を越えて遺伝子は継続していくという結果が出ている。一方、生物学的に免疫性のなさが急に現れることもある。それはある環境要因にさら曝たときに起こる。

原因や治療法の決定

　初期の生物学的な理論では、生物学的な問題がどこにあるかは、比較的議論にならなかった。病因についてや生物学的な問題の原因についてさえも話題になることは少なかった。1950年代以前は、脳の働きと行動との関係の研究はあまり進んでいなかった。それは脳や内臓についての研究手段が検死解剖のみであり、生きた脳の働きを調べることが難しかったからである。

病因（因果関係）

　異常行動の原因について解釈していく中で、生物学的なアプローチを通して、多くの要因について研究さ

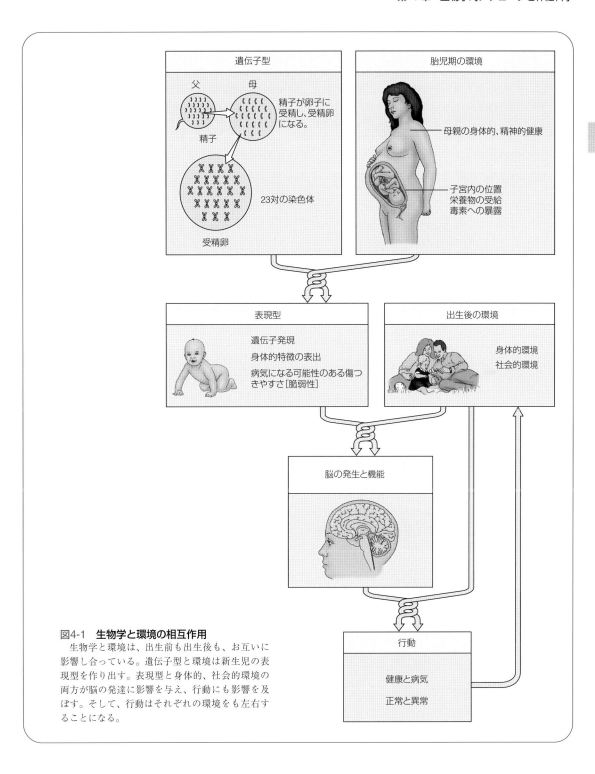

図4-1　生物学と環境の相互作用
　生物学と環境は、出生前も出生後も、お互いに影響し合っている。遺伝子型と環境は新生児の表現型を作り出す。表現型と身体的、社会的環境の両方が脳の発達に影響を与え、行動にも影響を及ぼす。そして、行動はそれぞれの環境をも左右することになる。

れてきた。研究者達は、精神的な不調は脳の機能不全が原因だと思いこんだため、2つの疑問について言及した。1つ目は「何が脳の機能不全に影響しているのか」、「2つ目は脳の機能不全の特徴はどんなものか」、ということである。機能不全の原因は何かを探る中で、遺伝子学に興味が集中していった。たとえば、うつ状態の人は情緒障害にかかりやすい遺伝子を受け継いでいるのか？　脳の機能不全の性質を研究する中で、脳の生化学に着目した者がいた。たとえば、脳の神経科学の欠乏や過多が強迫観念をひき起こすのだろうか。ある精神障害をたとえば神経系の構造上の欠陥のような神経解剖学上の異常性と結びつけて考え

ようとする者がいた。また、ある者は精神障害の原因を神経系の成長や成熟の過程に求めた。そして子宮の中の問題で自閉症のような異常特質が起こると仮定した。昔から母胎のウイルス感染のような環境要因が、胎児の神経系の成長にダメージを与えることは知られている。このように、出生前のウイルス感染と異常特質とに関係があることが明らかにされたのは、驚くべきことではない。

精神障害のある人を研究することが精神障害の原因を知る大切な手がかりとなる。疫学的な研究により、精神障害が起こる年齢や性別によって割合に違いがあることや、精神的な障害の種類にも違いがあることがわかってきた。この違いは精神障害の原因を知る手がかりとなるかもしれない。たとえば、男性は自閉症や反社会的な人格の欠陥、薬物中毒と診断されやすい。女性は躁うつや恐怖症、不安症になりやすい。このような発見に基づいて、社会性の習得状況や生物学的なことがこの割合の差を生み出すのだろうか、という論争が起こった。女性は社会的な圧力によりうつになりやすいのか、または女性ホルモンのような生化学が作用して、よりうつになりやすいのだろうかと疑問をもった研究者がいた。この疑問に対するもっともらしい答えは「両方」である。

話を続ける前に、次のことを心に留めておくことが必要である。行動が正常か異常かは遺伝子の生成や脳科学、脳の機能または神経細胞の発達に影響されることは言うまでもなく、生物学は人間の行動のすべての答えを握っている。生物学的要因が行動に影響を与える一方、環境的な入力もまた脳の機能に大変重要な影響を与える。それ以上に環境は脳に深い印象を与える。環境は遺伝子の働きを変化させることができる。あなたがこの章を読み終えたとき、あなたが蓄積した知識はあなたの脳細胞を変化させているだろう。行動学的神経科学において、脳の働きの中で経験が与える影響の分野は最も刺激的な研究であろう。

治療

精神障害の治療に対する生物学的なアプローチは時代を超えて変化してきている。過去には「精神外科」という言葉を用いながら、脳外科的な処置が時には症状を緩和するとされていた。脳の前頭部のある結合部分を切るという前部前頭葉白質切截法が最も一般的な精神外科的治療であった。このような患者の神経解剖を変える試みは脳機能の明確な理論に基づいたものではなかった。精神障害に対する医療がどんどんよくなるにつれて、このような外科的な処置を行うことが厳しく制限されるようになってきた。そして最新の生物学的アプローチは神経科学へととって代わろうとしている。

いわゆるpsychotropic medication（向精神薬物治療）は脳の伝達システムにおいて、生化学の伝達物質の働きに影響を与える。薬物療法ほど知られてはいないが、最近よく用いられる生物学的治療法にECT（electroconvulsive therapy：電気ショック療法）がある。ECTでは電流の振動が頭皮に付けられた電極を通して脳に伝わる。この治療法は薬物療法や心理学療法が効果がないとわかったときに躁うつ状態を緩和するためには使われる。

研究が生物学的要因と環境要因との両方の見方に影響を受けたように、精神障害の治療も同様に影響を受ける。臨床医はよく心理学的治療を薬物療法の両方を行う。研究により、うつなどを含む多くの精神障害にとって、このアプローチが最良の方法であることが明らかになってきている。

素因-ストレスモデル

生物学的な原因や治療法を研究する中で、より複雑化してきた異常行動についてを解明するために、生物学的な理論が発達してきた。数十年前から、精神病理学の中の**素因-ストレスモデル**がこの分野で優位になってきた。Diathesis（素因）という言葉は、障害に対する生まれつきの弱さを言及するのに使われる。このモデルは相互作用という観点を反映している。そして、ストレスのある環境に曝されると傷つきやすい素質のもち主は行動障害に陥ることがある。これと反対の方法に、環境に立ち向かうという考え方がある。すなわち、経験を積み重ねる中で人はストレスをはね返すことができるようになるということである。このように精神病は生物学と経験の相互作用によって作られると考えられる。たとえば、パニック状態に対して強い人は、たとえ生活が不快な状態であっても、このような症状にはならない。その反対に、少しもろさをもっている人は、生活の中で厳しい状況に直面した後、発病し始める可能性がある（これは第1章でシーリアのケースで示された）。そして、大変傷つきやすい因子をもっている人にとっては、たとえ普通の生活であってもパニック症をひき起こすことがある。

同じ相互作用の考え方が日々の生活の中でも当てはまる。生物学と経験の相互作用はさほど大きなものではないかもしれないが、私たちの精神や行動に変化をひき起こすことがある。たぶん誰でも風邪やインフルエンザで寝込んだときなどのような、少々ストレスを感じるような経験をしたことがあるだろう。私たちは「今はダメだけど、いつもはこんなこと平気」と思うことがあるだろう。このような状態では、生物学的状態（たとえば、ウイルス感染症）は、いつもなら難なく乗り切れるような周囲のことに対する脆弱性を高めている（たとえば鍵をなくすなど）。もちろん私たちはそれぞれ異なった生活経験や記憶する力をもっており、

何かが起こったときの解釈の仕方にそれらが影響を及ぼす。たとえば物事がうまくいったり、まあまあよかったり、悪かったり、もしくは悲惨な状態に直面したりしたとき、私たちは今までに学習してきたことを頼りに、その物事を解釈しようとする。他の動物と比べると、人間は経験から学ぶという能力がずば抜けている。私たちの素晴らしい脳はこの能力を備えている。

遺伝子と異常行動

生物学的アプローチにより、異常行動を決定する要因として遺伝子学が考えられることが明らかになってきた。身体的、精神的な病気に対して遺伝子の免疫力の弱さが存在することがわかってきた。**遺伝子**は遺伝上の一番基となる機能的ユニットであり、生まれもった特質やプログラムの情報をその中にもっている。ほとんどの人種が共通にもっている遺伝子があり、その遺伝子が働くことで**神経系は成長**していく。脳が成長するときに遺伝子上異常が起こると統合失調症のような精神障害を引き起こす。もちろん遺伝子は正常な範囲であれば、脳の構造や働きの違いでとどまる。

遺伝子と染色体

遺伝子が微生物やアメーバから人間にいたるまでのあらゆる有機体の形やその働きを決定する。遺伝子はDNAからなり、DNAはリン酸塩、糖、そして4つのヌクレオチドの成分でできている。DNAは、その中の2つの成分がお互いに包みあっていて、二重らせんのようである。そして、アミノ酸からタンパク質を生成するときに必要な情報をもっている（図4-2参照）。このタンパク質は細胞の成長や機能を決定づけるものである。遺伝子自体が明らかにDNAの連続体であり、DNAは人間の細胞核の中に含まれている**染色体**の中にある。1つのDNAの成分の中に何千という遺伝子が含まれている。染色体の中の遺伝子の結合が個々の身体的な、そして行動上の特性に影響する。そして、多くのDSMの精神疾患に、影響を及ぼしていると思われている。人間は1つの細胞の中に23対の染色体をもっており、その中の1対は母親と父親からもらったものである。受精卵は2つに分裂し、そしてまたそれが2つに分かれていく。そして完全な形ができ上がるまで細胞分裂は続く。しかし、分裂するためには、染色体は倍に増殖しなければならない。2つの成分がからまっていたのがほどけ、ヌクレオチド基が他の基をひきつけて同じ成分を2倍の量作り上げるのは、DNAを複製することで可能になる。

性染色体

23組目の染色体は性別を決定づける。父親の精子はXかYの染色体をもっている。母親の卵子はいつもXの染色体をもっている。性染色体の結合の仕方により、異なった性ホルモンが生成されることになる。男性のY染色体が加わると精巣が形成され胎児期の男性ホルモンが多く生成される。その最も顕著なものがテストステロンである。そして、それは男性器を形作る。X染色体の場合は、卵巣や女性を特徴付けるものへと成長していく。

劣性、優性遺伝子

遺伝子は対で存在するが、組みの染色体の中の1つ1つは同じであるか、もしくは対立したものである。DNAが特別なタンパク質を生成したときに遺伝子が現れる。遺伝子は優性か劣性のどちらかである。**優性遺伝子**は、それ自身で特殊な特質を作り出す力がある。**劣性遺伝子**は同じ劣性遺伝子同士と対になったときのみ特質を決定することができる。たとえば目の色の場合、茶色が優性遺伝子だったときには、他の色の遺伝子と対だった場合でも茶色の目になる。青の場合は劣性遺伝子であり、その場合は両方の遺伝子が青だったときのみ青色の目になる。ある1つの遺伝子の作用により、人間は身体的な障害や神経系の疾病をひき起こすことがある。たとえばHungtingtom舞踏病は、不随運動と、記憶障害などの認知的な問題を伴う、神経系の退行性障害である。4番目の染色体である優性遺伝子がこの病を引き起こす。実際、この遺伝子をもっているすべての人が結局はこのHungtingtom舞踏病になっている。もし、あなたの祖先達が中年を経過しても誰もHungtingtom舞踏病にかかっていなかったとしたら、あなたもかかることはないであろう。

遺伝子型と表現型

容姿や行動が家族で似通っているのは遺伝子によるものである。トムの場合も、彼の行動は彼の叔父のものと似ていた。

> トムの母親はトムの行動を何とか理解しようとし、トムの喜ばしくない行動が自分の兄と似ていることに気が付いた。クラーク夫人（トムの母親）の兄は若かったとき軍隊に所属して韓国に駐屯していた。母親は、兄が軍隊を指揮する上で様々な問題を抱えていることを手紙に書いてきていたことを思い出した。彼はひどい仕打ちのターゲットになっていると思いこみ、自分の食事に毒がもられているのではと疑うようになった。6ヵ月もたたないうちに彼は任務を解かれて、家

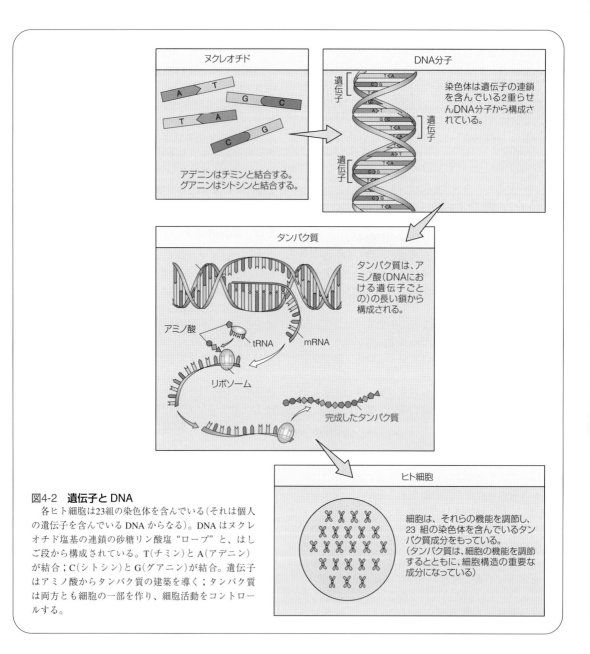

図4-2　遺伝子とDNA
　各ヒト細胞は23組の染色体を含んでいる(それは個人の遺伝子を含んでいるDNAからなる)。DNAはヌクレオチド塩基の連鎖の砂糖リン酸塩"ロープ"と、はしご段から構成されている。T(チミン)とA(アデニン)が結合；C(シトシン)とG(グアニン)が結合。遺伝子はアミノ酸からタンパク質の建築を導く；タンパク質は両方とも細胞の一部を作り、細胞活動をコントロールする。

に帰ってきた。彼は軍隊であったことを家族にも話すことを拒んだ。それから誰にもうち解けようとせず、彼は孤独になっていった。彼は結婚もしなかった。トムの母親はトムと自分の兄が似ていることに不安になった。どうしてこのようなことが自分の家族に起こるのだろう。彼女は家系的な遺伝子によるのではないかと考えた。

　トムは遺伝子を両親から受け継いでいるが、遺伝子が必ずしも身体的な特徴や行動に表れるわけではない。このように、トムはある好ましくない行動にかりたてる遺伝子を受け継いだかもしれないが、遺伝子がかならずしもそのような行動にかりたてたとは言えない。**遺伝子型**(genotype)は個々が生まれもった遺伝子について述べるときに使われる。私たちはそれぞれ違った遺伝子をもっている。**表現型**(phenotype)は**遺伝子型**に関係して現れた身体的、行動上の特徴について述べるときに使われる。たとえば、目の色は身体的な表現型である。目の色に対する一組の対立遺伝子が青い目の表現型をもたらしたり、また茶色の目の表現型をもたらしたりする。

　行動上の表現型は身体的な表現型ほどはっきりとしたものではない。行動上の表現型は時間の中で変化することもある。上で述べたように行動上の表現型が不

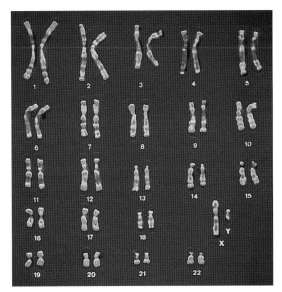

人間には23対の染色体があり、23番目の染色体が生まれてくる子の性を決める。女性はXXの性染色体をもち、男性はXYの性染色体をもつ。(CNRI/Science Photo Library/Photo Researchers)

信感や社会不適応のような形でトムに現れた。もっと軽い症状で言えば、不信感や内向的な傾向もこの例と言えるかもしれない。

しかし、遺伝子の影響について議論する上で、遺伝子型と表現型の関係性は行動上よりも身体上強く表れるということを忘れてはならない。ほとんどの行動における表現型は、とくに攻撃性や精神障害のような人間の行動に関しては、たくさんの遺伝子の働きによって引き起こされると思われる。多数の遺伝子の影響を受ける特質(個性)を **polygenic**(ポリジーン)と呼んでいる。人間の正常な行動、異常な行動のほとんどは **polygenic** であり、それらの行動はたくさんの遺伝子の影響を受けている。さらに環境要因が、遺伝子が表面に現れるかどうかを決定づける重要な役割を果たしている(つまり、行動上、身体上の特質が現れるかどうか決定する)。

双子の妊娠から出生にいたるまでの成長をたどっていくことは遺伝子と環境との相互作用について知る手がかりになるということがわかってきた。双子には2種類ある。2つの受精卵からなる **二卵性双生児**(dizygotic)と1つの受精卵から成長する **一卵性双生児**(monozygotic)である(図4-3参照)。従って、一卵性双生児(MZ)の2人は両親から同じ遺伝子を受け継ぐことになる。つまり双子の2人は同じ遺伝子型をもち、すなわちそれは同じ DNA をもつということになる。もし双子の1人が罪を犯し、DNA 鑑定された場合は、双子のもう片一方が間違って容疑をかけられるということもありうる。

しかし、一卵性の双子が同じ表現型をもつという一般法則にも興味深い例外がある。2つの細胞へと細胞分裂をしていく過程や細胞分裂の後に遺伝子の突然変異が起こることがある。突然変異が起こった場合、一卵性双生児の2人は異なった遺伝子型をもつ。どの頻度でこれが起こるかはわかっていないが、これはよく起こることであると信じているものも少なくない(Machlin, 1996)。ほとんどの場合、このような遺伝子型の違いにより大きく表現型が異なってくるということはないが、たまに表現型が著しく異なるということがある。たとえばこのような突然変異が性染色体の中で起こったとしたら、双子の2人は性別が異なることが実際にある。また、突然変異は知的発達の遅れや特徴的な顔をもつことで知られている Down 症(Trisomy 21)のような遺伝子上ですでに決定される病気を引き起こすことがある。Down 症は21番目の染色体の突然変異によって引き起こされる病である。これは受精卵が2つに分裂後、21染色体の対の片一方だけが突然変異を起こす。遺伝子の突然変異により一卵性双生児の片方は重度の精神障害になり、片方は障害がないということも起こりうる(Petronis, 1995)。

たとえ遺伝子がまったく同じであったとしても、一卵性双生児は生まれたときから異なった身体的特徴を示しうることがある。言い換えれば、異なった表現型をもっているということである。事実、一卵性双生児が生まれたときから体重、身長、健康状態が異なっているということはよくあることである。この違いは子宮の中で起こり、時々子宮の中の2人の位置関係によりひき起こされる。子宮の中の位置により、成長するのに必要である栄養物や酸素の提供状態が決まる。このことが何を意味しているかというと、環境は妊娠のときから影響を及ぼし始めているということである。このことは行動や精神の健康における一卵性双生児の2人の違いについて解釈する上で重要なことである。これらは、一卵性双生児がなぜ精神健康面で著しい違いを見せるのかということを理解するのにもよい。たとえば、同じ遺伝子型をもちながら、なぜ一方の双子は統合失調症をもち、片一方はもたないのかというような場合である。

トムの母親がトムや兄は出生のときから懐疑的な傾向、引きこもる傾向を家系として受け継いでいたのではと疑っていたのを思い出してみよう。遺伝子学の専門用語で言えば、トムは不適応問題を抱える素質を受け継いだということになる。もしそうだとしたら、1つの優性遺伝子にその原因があるのではないいうことになる。なぜなら母親は同じ行動を示していないからである。しかし、トムがもっている遺伝子の傾向は、遺伝子の特別な結合による表現型により起こったもので、それは母親がもっていない遺伝子である。母親も父親もいくつかの遺伝子をトムに提供し、それらがそのような傾向へとトムを導いた。しかし、トムが遺伝

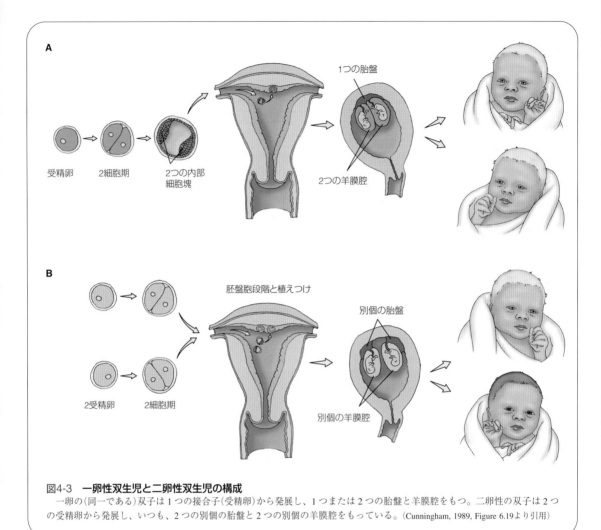

図4-3　一卵性双生児と二卵性双生児の構成
　一卵の(同一である)双子は1つの接合子(受精卵)から発展し、1つまたは2つの胎盤と羊膜腔をもつ。二卵性の双子は2つの受精卵から発展し、いつも、2つの別個の胎盤と2つの別個の羊膜腔をもっている。(Cunningham, 1989, Figure 6.19より引用)

子が原因でそのような傾向を呈しているとしたら、それは生まれたときからそのようなはずである。なぜ早い時期に起こらなかったのだろう。この疑問に対して以下のような答えを考えてみよう。

遺伝子と環境の相互作用

　今まで心理学者が遺伝子と環境の相互作用を述べるときには、出生のときから人間がさらされている心理的社会的環境に限られていた。例えばシーリア(第1章で述べた)はパニック障害になりやすい遺伝子を受け継いだかもしれない。しかし、彼女はストレスのある環境に曝されるまではその症状が出なかった。しかし、今日の科学者は細胞の中の遺伝子の作用という、もっと小さな環境への研究を進めている。科学者達は遺伝子と環境の相互作用は超ミクロの世界でも起こりうるということを発見した。細胞内の生物学的環境は遺伝子が表に現れるか現れないかを決定するのに大きく影響しているということがわかってきた。

　科学者達は特別な遺伝子や遺伝子型が表に現れる可能性を表現するのに浸透(penetrance)という言葉を用いる。その人がどのような環境にいようとも、神経学的な症状のような遺伝子上病気にかかりやすい傾向は表に現れる。一方、ある日常的でない状況の中でだけ現れる場合もある。

　研究者達は発現の有無にかかわらず遺伝子の生物的な過程について重要な発見をした。DNAはリボ核酸(RNA)と結合して合成物を作り出すことができる。DNAとRNAが結合した過程のものは*transcription*と呼ばれている(図4-4を参照)。科学者はこのように言う。DNAの鋳型からRNA(リボ核酸)の伝達物質へとコード化された情報が書き換えられたとき、すでに遺伝子は"表に現れて"いる。そしてRNAは細胞核から細胞質(細胞の液)へと遺伝子コードを運

第4章　生物学的アプローチと神経科学

ける大切な役割を担っている。この主な例として、胎児が成長する上で特別なホルモンの影響を受けることが挙げられる。たとえ胎児が男性の遺伝子型をもっていたとしても、子宮の中でホルモンが適切なレベルまで存在しないと、典型的な男性の表現型（男性性器と男性の身体）を示すとは限らない。

　行動に関しては、一卵性双生児は、統合失調症やうつ病のような精神障害に関しては**一致しない**（異なっている）。一卵性双生児の片方に症状が出て、もう一方に出ていない場合、研究者達は環境要因によりこの2人の違いが生まれたと考える。このような環境による違いは子宮の中でか、または出生後に起こる。事実上全く同じ遺伝子型にもかかわらず、一卵性双生児の2人が異なった環境（身体的、社会的に）に曝された場合、2人はまったく異なった行動を示すようになるかもしれない。これは素因-ストレスモデルの例である。病気をひき起こす可能性のある遺伝子があるからといって、必ずしも病気が起こるわけではないからである。ストレス要因がないときは、遺伝子は表出されず、病気にならずにすむかもしれない。

　遺伝子が行動を決定づけるということを研究している者達の中で、遺伝子は実際はその人の経験に影響を与えると言う者がいる。遺伝子と環境の相互作用と言われている。言い換えれば、遺伝子は行動に作用し、そのため生活経験にも影響を与える。たとえば危険な目によく遭う人は、そのような状況によく巻き込まれることがあるために事故を経験することが多くなる。もちろん私たちの経験が行動に影響を与えるということも事実である。このように、痛い経験は危険な目にあうような行動（risk-taking behavior）を減らすことにつながるかもしれない。

　研究者たちが経験と行動の関係を研究するとき、患者に過去の経験について尋ねることがよくある。しかし、遺伝子要因が患者の物の見方や述べたことに影響しているのだろうか。仮説とは正反対で、その人の考え方は遺伝子によるというよりも、その人の経験に影響されている。にもかかわらず、遺伝子は人が自分の生活経験について考えるときに、いくらか影響を及ぼす。私たちが研究者の研究を解釈するときにこのことを心に留めておかなければいけない。

　自己申告された生活経験上での遺伝子要因の影響について研究しているものがいる。被験者はさまざまな過去の出来事や子どものころの家庭環境についてどのような認識をもっているかについての質問に答える。この研究の結果、大人の一卵性双生児は性が同じ二卵性双生児よりも似通った生活経験をもっていることが報告された。(Hur & Bouchard, 1995；Plomin et al., 1988)。たとえば、一卵性双生児は2人とも同じような子どものときのストレスを感じた経験を報告しており、両親に対しても同じような姿勢をもっている。こ

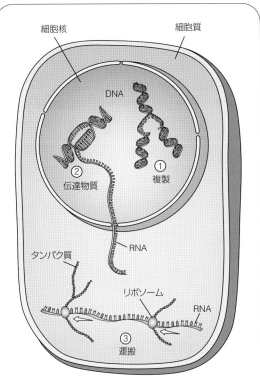

図4-4　DNAとRNA
　DNAとRNAは遺伝子の表出に役割を果たしている。
(1) 遺伝子は細胞核にある二重らせん（2倍に複製された）DNAの連鎖の中にある。
(2) DNAが連鎖をほどき、RNA（リボ核酸）伝達物質に遺伝子コードを書き換えて提供したときに遺伝子は表出される。
　RNA伝達物質は細胞核から細胞質（細胞内の液体）に遺伝子情報を運ぶ。
(3) 細胞質の中でRNA伝達物質はアミノ酸をプロテインにくっつける働きのあるリボソームとくっつく。それは遺伝子情報がすべて伝えられる前、タンパク質が完全に新しい形を作り上げる前に行われる。(Cunningham, 1989, figure 10.7より引用)

ぶ。そしてリボソームへと到着する。RNA伝達物質は、リボソームに生成されたタンパク質とアミノ酸を合成するよう命令しながら、遺伝子コードを解読する。最終段階で、合成されたタンパク質（細胞の動きをコントロールし、細胞の組織の一部でもあるアミノ酸の連続体）は行動に影響を与える。

　神経系の中の多くの遺伝子は細胞の周囲の生化学的な状況により表出を調節されている。たとえば、ある生化学物質の欠如や不足は遺伝子が表出できない事態を生み出す。遺伝子の中のDNAはRNA伝達物質をそのまま映し出したものではない。細胞の周囲の環境は遺伝子がDNAの情報を利用できるかどうか決定づ

の結果は双子が曝されている環境が似ているからといってすべてを説明することはできない。ここで取り上げられた研究において、双子は子どもの頃別々に育てられていた。この結果は自己報告における生活経験に対して、遺伝子要因が重要な役割を果たしているということを示している。このような報告から、興味をそそるいくつかの疑問がわき起こる。遺伝子は双子が過去の出来事を思い出す確率に影響を与えるのだろうか。または、遺伝子は双子が実際にある出来事を経験する可能性に影響を与えるのだろうか。答えはおそらく2つともイエスである。

行動遺伝学の研究方法

行動遺伝学は人や動物の行動における遺伝子の役割を研究する中で様々な面から研究され発展を遂げてきた。動物を使った研究の中では計画的に食べ物を与える方法がよく使われた。もちろん実験的に環境を変えたり作り出したりということは、人間の研究の中では行うことができなかった。そのかわり、人間についての研究は遺伝子的なつながりに関してわかっていることを頼りにしながら、遺伝子と環境要因の影響について予測していった。

家系研究法(family study method)は遺伝子上つながりをもっていてもそれぞれ異なっている個々の中で出現する個性や病気について明らかにしているに過ぎない。たとえば兄弟や両親(第1度近親)は祖父母(第2度近親)よりも共通の遺伝子をたくさんもっている。家系研究法を用いる研究者は心理的適応について、家族1人1人にインタビューする。もし遺伝子がある症状や病気に影響を及ぼすのであれば、その病気は家族の中に多く見られる傾向があるはずである。たとえば、家族研究法は、遺伝子が統合失調症や他の精神病に影響を及ぼすかどうかを調べるために今までは使われてきた(Gottesman, 1991)。そして、家族は同じ病気になりやすいという結果であった。しかし、家族研究法では遺伝子の影響と経験による影響との関係を説明しきれなかった。家族は遺伝子同様に生活環境をも共有しているからである。

行動遺伝学における他の研究方法により環境と遺伝子の及ぼす影響を分けて研究することが可能になった。先述の**双生児法**(twin method)がそれである。双生児法は一卵性双生児が100％同じ遺伝子をもっているという仮定のもとになりたっている。すなわち一卵性双生児はいかなる人種であろうと同じ遺伝子を2人がもっていて、それは双子ごとに多様である。これとは対照的に二卵性双生児は平均して50％しか同じ遺伝子をもっていない。統計を用いて一卵性と二卵性の双生児の類似性を測ることができる。遺伝子要因が子の個性に影響を与えるということを考えると、一卵性の方が二卵性よりもより似通った面が出てくるということが言える。ミネソタでの双子についてのある研究が広く知られることになった(Bouchard, Lykken, McGue, Segal & Tellegen, 1990)。何組かの一卵性双生児がこの研究に協力し、出生のときから双子は別々にされた。別々に育てられたにもかかわらず、職業や身体的な特徴、癖などに似通っているところが多分に見受けられた。双子法は犯罪性や性障害や統合失調症、嗜癖のようなさまざまな行動異常を研究するのに使われてきた。この後の章で双子についての研究について述べる中で、遺伝子と環境の重要性についてわかることだろう。

養子縁組法(adoption method)もまた有効な研究方法である。この研究方法の根底にあるのは、養子に出された子どもは実の親と養父母のどちらにより似ているかということである。精神障害の研究の中で、病気をもった親の子は、養子に出された後に同じように病気になるかどうかという研究が行われた。実の親との接触がないにもかかわらず病気が発症したなら、遺伝子の影響が示唆される。フィンランドのある研究グループが、統合失調症における遺伝子の役割について研究するためにこの方法を用いた。(Tienari, 1991)。実の母親が統合失調症をもっている場合、養子に出された子は特に何らかの問題がある家庭の育てられた場合、同じように統合失調症になる可能性が高いことがわかった。しかし、すべての研究がそうであるように、養子縁組法にもいくつかの限界があった。養子縁組法の批判的な見方の1つにもし幼児のときに養子に出た場合は、実の母親からの影響はほとんど受けていないということがある。しかし、ある研究者達は環境の及ぼす影響は出生前から始まっているという。そのため、養子縁組法は遺伝子と環境の影響について完璧に説明できる方法ではないという。

胎児期の影響について、この後の章で議論しよう。この20年の間に、精神障害のある人の遺伝子についての研究が進んできた。**遺伝子結合分析**(genetic linkage analysis)と呼ばれる方法が、障害のある人がいる家族が選ばれて始まった。人間特有の遺伝子や染色体の中で位置が確認されている遺伝子マーカーが注目された。研究者たちは被験者の家族に障害があるなしに関係なく、この家族達の遺伝子マーカーを突き止めた。もし障害をひき起こす遺伝子が遺伝子マーカーに近い所にあった場合、その遺伝子マーカーと結合し、障害がひき起こされる。両極端な症状に関する有名な遺伝子結合についての研究がアーミッシュ(Armish)のコミュニティの中で行われていた。その家族の記録は時代を超えて残されており、双極性障害における遺伝子傾向を示している(Egeland & Hostetter, 1983)。そして双極性障害を引き起こす11番染色体の場所を特定したと研究者達は報告している。しかし、その後の

生まれたときから別々に育てられた双子である。再会したときには、2人とも消防隊員になっており、同じように口ひげ、もみあげを生やし、眼鏡をかけ、同じビールを飲み、動作も似ていた。(©1989 Bob Sacha)

研究ではこれらの結果は支持されなかった(Kelsoe et al, 1989)。不幸なことにこの研究が様々な精神障害と関係づけられていった。それでもなお、研究者達はこの研究方法をさらに高め、精神障害における遺伝子の傾向についての研究を続けた。

最初に述べたように、ほとんどの精神障害は1つや数個の遺伝子の結果ではなく、多数の遺伝子の結果によるものと思われていた。多数の遺伝子と異常行動を関係づけるためにはどうしたらよいだろうか。**量的遺伝子法**(quantitative genetic methods)が用いられた。それは数式や統計、そして莫大な人たちのサンプルが使われた。この方法を用いながら、人間の遺伝子型は環境に反して、どのくらいある傾向や症状を引き起こす可能性があるのかが研究された。この研究は遺伝子に注目していない。そのため、量的遺伝学は症状に対して特定の遺伝子か遺伝子のグループが影響しているかどうかを説明することができなかった。しかしこの方法は遺伝子が全体的にどれくらいの影響力があるかを知る手がかりとなった。

遺伝子の影響について研究する他の方法として特定の遺伝子を変化させるという方法がある(Box 4-1参照)。動物における遺伝子を操作しながら研究を進めることにより、行動における遺伝子の影響について詳しく理解することができるようになってきた。この先進的な技術は人間の異常行動の研究と密接な関係をすでにもっていた。たとえば、neurotransmitters(神経伝達物質)と呼ばれるある生化学物質を特定するために動物を使った研究が行われていた。この研究で得られた知識が精神障害をもっている人やその家族の遺伝子についての同様の研究の中で用いられてきた。

細胞分裂がまだ起きていない第一段階で、細胞核にDNAを注入するという優れた技術がこの研究では用いられた。この過程でうまくいけば、DNAは細胞の中の染色体と合体し、細胞分裂して生成された細胞の中にも複製されて存在することになる。この結果生じた動物は transgenic と呼ばれた。人工的に遺伝子を操作して作り上げたものであるからである。この真反対の方法として特定の遺伝子を取り除くやり方がある。**ノックアウト手法**(knockout procedure)の中では胎児の遺伝子を取り除く方法が用いられた。このような科学的な研究方法により、脳内や脳から身体の各部への伝達について遺伝子が及ぼす役割の多くのことを知ることができるようになった。動物に関する分子遺伝子学の研究でわかってきたことは、人間の遺伝子研究がこれからどんどん進んでいくということを研究者達に確信させることとなった。そして、人間の精神障害の遺伝子的な原因に光を当てる可能性をその研究は秘めていた。将来このことについてもっと研究がなされていくことだろう。

ニューロンと生化学原因論

遺伝子は成長して神経系の機能を成長させようとする。なぜなら神経系は構造上多様であり、それゆえに身体の中で最も複雑なものであるからだ。正常な行動や異常行動を論理上理解するためには、私たちは神経系の働きを理解する必要がある。神経系を作ったり、伝達する手段でもある細胞について述べながら、顕微鏡レベルでの神経系の話を始めよう。日々の生活の中で私たちは直にニューロンが伝達するところを見ることはできないが、ニューロン伝達が起こした結果は見ることができる。もしこれがうまくいっていれば正常な行動になり、もしこれがうまくいかなかったら異常行動となって現れる。

神経活動

ニューロン、または神経細胞は神経系を構成している。人間の脳には10^{11}個近くのニューロンがある。ほとんどのニューロンは soma(または細胞体)、axon(軸索)、dendrites(樹状突起)という3つの異なった部分に分けられる。(図4-5A参照)。soma はニューロンの細胞核を含んでいて、細胞の命令をするところである。DNA は細胞核の中にあり、細胞がどの種のニューロンになるか決定づけ、死んでもこれだけは生き続けることができる。DNA は細胞の成長過程を決定づけるものであり、生化学が合成するときに細胞の働きを決定づける付けるのに中心的な役割を果たすものである。軸索は細胞体から突き出ている。髄鞘(myelin sheath)に覆われているこの軸索を通して電気信号がすばやく送られる。

多くの異なったタイプの神経細胞があり、それぞれ

Box 4-1　社会とメンタルヘルス

人間の遺伝子療法

　最近は人間に関して、病気に対する遺伝子療法が行われている。科学技術の発達により、嚢胞性線維症や鎌状赤血球貧血、血友病などの病気に関する遺伝子の異常を明らかにすることができるようになってきた。遺伝子療法の考え方は比較的わかりやすいものである。遺伝子的な欠陥を明らかにし、その組織に遺伝子の情報を注入するというものである。遺伝子を移動させる技術の中心となるものは「somatic cell gene therapy(体細胞遺伝子治療)」と呼ばれている。この技術では、ウイルスのような伝達システムやDNAを患者に直接注射するなどの方法を通して、targetとなる細胞に遺伝子を送る。

　フランスではこのような遺伝子療法を用いて、重症複合免疫不全(severe combined immuno deficiency : SCID)を合併している3人の幼児の治療に成功している。もしこの療法がなかったら、この幼児達は亡くなったかもしれないし、一生無菌室で過ごさなければならなかったかもしれない。この病気は突然変異によって起こり、病原菌を殺す働きのある白血球を作り出す遺伝子の機能を壊してしまうものである。機能遺伝子は増殖し、欠陥のある遺伝子は死ぬ。遺伝子療法はこの病気には効果があったが、他の病気に対して効果をあげるにはまだまだ時間がかかった。それ以上にこの遺伝子療法に対しては倫理的、社会的な問題が含まれていた。

　フランスの成功例はあるものの、遺伝子物質を患者の体内にある遺伝子に注入するという手段は、無類の危険に曝された行為である(Eisenberg & Schenker, 1997)。リスクの1つとして、元々の遺伝子に新しいDNAを注入する際に統合調整のコントロールを失うということがある。患者の細胞に新しい遺伝子を注入するということは、腫瘍の発生や成長という悪い方向へと導く場合もあり、それが他の病気を引き起こすことも考えられる。もう1つ考えられるリスクは遺伝子をウイルスを使って注入する場合に起こる。ウイルスに含まれる遺伝子物質と患者の身体にすでにある他のウイルスとが再結合するというリスクである。もし患者が適切な免疫反応を示さなければ、感染し、それは命にかかわる。

　不幸にも遺伝子療法のリスクとして考えられていたことが、1999年11月17日に現実のものとなった。18歳のJesse Gelsinger(ジェス・ゲルシンガー)はペンシルベニア大学で遺伝子療法を試験的に受け、特発性呼吸窮迫症候群で亡くなった。その試験の中では、肝臓がアンモニアを多く作りすぎるという遺伝子欠陥を治療するためにこの遺伝子療法は用いられた。新しい遺伝子を注入した後、免疫力が広範囲で活性化し、そして4日後になくなった(Barbour, 2000)。2000年1月21日にペンシルベニア大学のすべての遺伝子研究は無期限に中止されることになった。この後、NIH(National Institutes of Health)は遺伝子療法によって起こった深刻で不運な出来事に関して691個にもわたる質問を浴びせられることとなった。この遺伝子療法から起こった死や病気についてはNIHやFDA(Food and Drug Adiministration)に報告するように、連邦の法律は要求していたが、652件は報告されていなかった(Nelson & Weiss, 2000)。現在もFDAとNIHは、遺伝子療法の研究者達でもたれる定期的な会議で新しい情報や安全性についての情報交換が行われているように、ペンシルベニア大学にも患者の安全性を高めるための新しい計画や見通しを提出するように申し出た。そしてまた、FDAが検証を行う前に、安全性のモニタリング計画についての再調査が提出されるべきである。FDAはペンシルバニア大学に遺伝子療法の安全性に関する詳細を公表するよう指標を示した(Collins, 2000)。

　現在では遺伝子療法は単独の遺伝子によって引き起こされる病気の治療にのみ使われている。しかし、最新技術では卵子や精子の遺伝子構造を変化させることで病気を防ぐというところまで発展してきている(Eisenberg & Schenker, 1997)。"生殖細胞の変質"(Germline alteration)とは再生しようとする細胞に遺伝子を挿入することも含まれている。そして子孫もその遺伝子の修正は伝わっていく。まだこれは人間では行われていないが、近い将来うまくいく可能性もある。倫理学者で疑問を投げかける者もいる。その倫理学者が懸念しているのは、細胞を改造することで、優秀な頭脳や身体をもった人間を作り出そうとすることである。もう1つ懸念されるのは、問題のある劣性遺伝子を表出する状況を生み出したり、不注意に細胞を改造し、適応力のある遺伝子を排除してしまうというようなことも考えられ、細胞を改造するという行為が今まで見たことのないような問題を引き起こす可能性が考えられる。それ以上に、もしこのような技術に保険がきかない場合は、富んでいる者のみがこの技術を受けられることになり、資産者と無産者の格差をさらに助長することになる。

の構造体の中や生化学反応が起こる中でそれらは変化する。ニューロンはどの化学物質が細胞内にあり、どの化学物質を生成するかを認識することができる。似たような生化学の特性をもつものが近くに集まり、神経系の中で同一のものと思われる場合もある。生化学的に似通った性質をもつニューロンは同じ機能をすることもある。

ニューロン内の伝達

　精神や身体のすべての動きはニューロンの伝達によって起こる。神経系では手際よく電気信号や科学信号が伝達される。ニューロンが刺激されると、活動電位(電気信号)は軸索端子に到着するまで、軸索の中のシナプス前細胞を通じて移動する。そして、信号はシナプス前の軸索に最終的にたどり着く。これはニューロンの中心的な化学伝達物質、もしくは**神経伝達物質**(neurotransmitters)であり、それらはDNA細胞により複製されてシナプスの小砲に集められたり貯め込まれたりする。活動電位が最終的にシナプス前軸索にたどり着いたとき、ニューロンを離れながら、synaptic

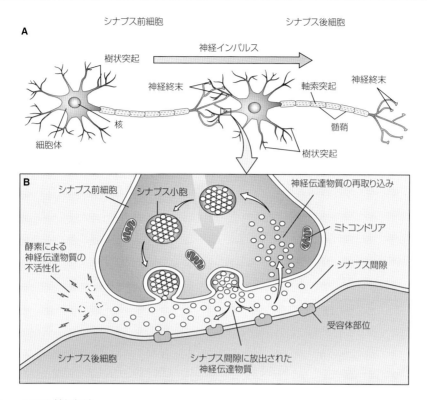

図4-5　ニューロンと神経伝達
　ニューロン間のシナプス間隙における神経伝達とニューロンの主要な部分の概略図。
(A)ニューロンは核と枝様の樹状突起を含んでいる細胞体、髄鞘の中で被覆された軸索突起、およびシナプス小胞を含む神経終末、軸索末端分岐から成る。
(B)神経伝達はシナプス間隙を橋渡しされシナプス前細胞からシナプス後細胞へと伝わる。神経伝達物質はシナプス前細胞の中で統合し、シナプス小胞の中に蓄えられる。神経伝達物質の放出はシナプス前細胞の神経インパルスによって誘発される。神経伝達物質のいくつかがシナプスの間隙を横切って放出され、シナプス後膜の上の受容体部位にはまりシナプス後細胞の中で充電される。シナプス後受容器に結合しない、取り残された神経伝達物質は、シナプス前細胞に、再取り込みされ、また、あるものは酵素の働きによって不活性化される。

gap（シナプス間隙）に神経伝達物質が放出される（図4-5B参照）。

　神経伝達物質の放出はその過程を**神経伝達**（neurotransmission）と呼ばれ、神経伝達手段の主となる。ニューロン同士はインパルスを送ったり受けとったりし、脳の回路の中で大量のニューロンが相互に結合しあっている。神経伝達物質は入力信号を受け取ったシナプス後細胞を増やしたり減らしたりする。シナプス後ニューロンは樹状突起（細胞体の一部分で枝のような構造をしている）の受容体部位に入力信号を受け取る。受容体部位はタンパク質でできており、異なった神経伝達物質が入ってきたときにとくに敏感に働く。その過程は鍵をロックするのに似ている。受容体部位（錠をする）が神経伝達物質（鍵）を感知したとき、シナプス後細胞が反応する。神経伝達物質はシナプス後膜に付着する。これがシナプス後細胞における電気発生のきっかけになる。もし受容体部位が**興奮性**であったら、神経伝達物質はシナプス後細胞の中で活動性を高める。**抑制性**のものだったら、活動性は弱まる。

　最終的に余分な神経伝達物質はシナプスから取り除かれなければならない。この最終の段階は脳内を情報が流れるのをコントロールするために大変重要なものである。もしこの段階がなかったら、脳の中の情報が混乱してしまう。神経伝達物質がシナプスから取り除かれるのには主に3つの方法がある。余分な神経伝達物質の**拡散**がシナプスをきれいにする1つの方法である。拡散の過程はガスと空気を混ぜ合わせるときの過程と似ている。神経伝達物質が拡散されるときは、ニューロンの外にある物質と混ぜ合わされ、そして混ぜ合わされたものは取り除かれる。2つ目の方法は不

図4-6 神経伝達物質の経路

(A) ドパミンの神経経路は黒質から尾状核と被殻(線条核)、そして核側坐核に至る。
他のドパミン神経の経路は腹側被蓋野から扁桃体と前頭葉前部皮質に至る。
(B) ノルエピネフリン神経経路は青斑核から海馬、扁桃体、視床下部、および視床、大脳皮質に至る。
(C) セロトニン神経経路は縫線核から小脳と脊髄に、海馬、扁桃体、視床下部、線条核、および核側坐核、基底核、大脳皮質に至る。
(Bigler & Clement, 1997, Fiaures 1.32, 1.33, 1.34に基づく)

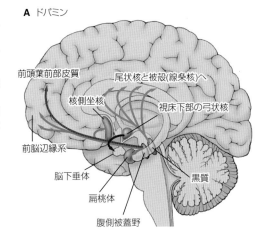

A ドパミン

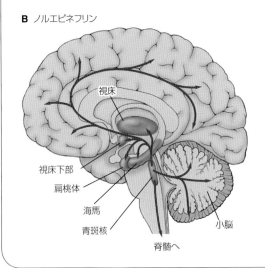

B ノルエピネフリン

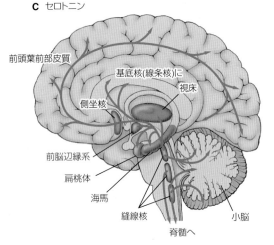

C セロトニン

活性化である。それは酵素の作用により神経伝達物質を除去していくという方法である。その酵素は細胞によりされたタンパク質であり、神経伝達物質を再利用したり、排除できる化学物質へと分解する力をもっている。第3の方法、シナプスから神経伝達物質を除去するための最もよく使われる方法は、**再取り込み(re-uptake)** である。余分な神経伝達物質はシナプス前細胞により再び戻される。

抗精神病薬は自然に発生する物質の機能と類似した機能を用いながら、心理的な働きに影響を与える。神経伝達物質のいくつかの段階で、抗精神薬は効果を示す。神経伝達系の活動を活発にする薬のことを**作用薬**(agonist)と呼ぶ。作用薬は神経伝達を活発にしたり、uptake(取り込み)を減らしたりする。これは神経伝達物質は有効であるということを示している。それとは対照的に**拮抗薬**(antagonist)は、神経伝達物質が合成できないようにしたり、シナプス前受容体部位に入らないようにしたりすることで、神経伝達物質の動きを制する。

神経伝達物質

研究者達は神経伝達物質のような働きをする脳内の40の物質を識別してきた。

さらに研究が進むことが望まれていた。精神病理学の中でその鍵となるであろうと思われていた伝達物質はカテコールアミン(ドパミン、エピネフリン、ノルエピネフリン)セロトニン、そしてアミノ酸(グルタミン、γ- アミノ酪酸—GABA)である。他の伝達物質はアセチルコリンである。アセチルコリンは認知的な働きに重要な役割を果たし、アルツハイマー病のような病気を引き起こす可能性がある。

脳内にドパミンの通り道がいくつかある(図4-6 A参照)。ドパミンはパーキンソン病や統合失調症のような多くの神経学的な症状や精神障害に関係している

と思われる。脳のいくつかの箇所に、ストレスによりドパミンが放出される。さらに言えば、このドパミンのシステムは脳の報酬システムの中で大きな役割を果たす。ドパミン分泌が少なく有効に機能しない場合、動物や人間は、ドパミンの分泌が増えるような行動に出るという仮説が提唱されている。人間においてはきわめて危険な行動や薬物の違法な乱用のような形になってあらわれる。

ドパミンは集中力や情緒、意欲などに影響を与え、そして筋肉運動に中心的に働きかける。ニコチンはドパミンの作用薬であり、ニコチンが気分をよくしたり集中力を高めたりするために、たばこは吸われる。ドパミンがもし失われたら、パーキンソン病はさらに進行するだろう。この病気は震えや動作が緩慢になる症状があらわれる。パーキンソン病患者にドパミン作用薬であるL-ドパを投与したら、運動筋の徴候は和らぐだろう。しかしL-ドパは補助的な効果を示すのみで、仮に、患者に薬を与えると、その患者は精神病の徴候を示す。この結果は研究者達に統合失調症におけるドパミンの含有というテーマを投げかける。このテーマは第10章で述べることにしようと思う。

ノルエピネフリン（ノルアドレナリンとも呼ばれる）には覚醒効果があることがよく知られている。ノルアドレナリンを放出する神経細胞は青斑核という脳幹の一部にある。（図4-6Bを参照）神経の軸索は海馬、小脳、大脳皮質へと伸びている。ノルエピネフリンは血圧を上げる作用があるので、高血圧の人は受容器で血圧の働きを押さえる薬を飲んでいる。ドパミンと同様に、ノルエピネフリンもストレスによって放出される。さらに、ノルエピネフリンは情緒や行動にも影響を与える。ノルエピネフリンの放出量は落ち込みや不安感に関係している（Ninan, 1999 ; Ressler & Nemeroff, 1999）。ノルエピネフリンがこのような症状の原因なのかどうかはわからないが、情緒障害を治療するときに使われる薬にはノルエピネフリンを減らす作用がある。心理学的療法はノルエピネフリンのレベルを変化させることが多い。ストレスを減らすために認知行動療法を受けた患者は、受けなかった患者に比べて、治療後、不安感や怒り、そしてノルエピネフリンの量が減っているという研究報告がある（Antoni et al, 2000）。

セロトニンの伝達に関わる神経細胞は中脳にあり、上位脳へと広がっていく。（図4-6Cを参照）広範囲へと広がるため、セロトニンは脳内の多くの神経細胞の働きを調節し、情報処理する過程に影響を及ぼす（Spoont, 1992）。最も一般的に知られている抗うつ薬（選択的セロトニン再取り込み阻害薬、SSRI）はセロトニンの働きを活発にするため、セロトニンという名前は急激によく知られるものとなった。セロトニンの中で最も有名なのがProzac®（フルオキセチン）であり、世界中で何億人という人に使われたことがあるだろう。Prozac®は脳内のセロトニンを集中的に増やし、落ち込みや不安感を減らす作用がある。

興奮性アミノ酸であるグルタミンは、脳の全体に供給され、グルタミンが多くなりすぎると有毒なものとなり、神経細胞を殺してしまう。"グルタミン興奮性中毒"は過度にグルタミンが放出されることから起こり、外傷性やALS（筋萎縮性側索硬化症またはルー・ゲーリック病）のような退行性の病気による脳のダメージに対して起こる。同時にグルタミンは学習などの脳機能に対してきわめて重大な役割を果たしている。グルタミン酸塩は海馬や皮質の中で作用し、長期記憶を統合する力に影響を与える。

γ-アミノ酪酸（GABA）は脳の多くの場所で見られるアミノ酸伝達物質を抑制する。GABA作用薬の受容体部位は不安に対して作用する。GABA作用薬（たとえばXanax®）である薬は、鎮静効果があり、不安障害の治療によく用いられている。

ホルモン

神経伝達物質は脳の働きに影響を与え生化学物質のみではない。身体の**ホルモン**はまた神経系の働きに影響を与える（McEwen, 1994a）。神経系の働きに影響を与えるホルモンはよく神経ホルモンと呼ばれることがある。神経伝達物質のようにホルモンもまた神経系の中で化学伝達物質としての働きをしている。ホルモンは、神経細胞から放出されるというよりも、甲状腺、副腎、脳下垂体や生殖腺（女性ならば卵巣、男性ならば睾丸）のような内分泌腺により分泌される（図4-7参照）。神経細胞は細胞内にホルモンを受ける受容体をもっていて、最近の研究では表面にもホルモン受容体があることがわかってきた。ホルモンのいくつかの働きは一時的なものだが、永久的な働きもある。

性ホルモン（テストステロンのようなアンドロゲンやエストロゲンのような女性ホルモン）は生殖器の成長に働きかけるのみならず、脳神経の成長や神経細胞の働きにも影響を及ぼす（Breedlove, 1994）。胎児は男性であろうと女性であろうと母親から性ホルモンを受け取っている。動物に関して出生前に性ホルモンを操作した研究では、神経系の成長や行動に変化が表れた。たとえば、胎児のときにテストステロンを増やすとその胎児が女性の場合は視床下部の形に変化が表れ、成人期になるとその子達は男性的な行動を示すようになった（Berenbaum, 1998）。

神経ホルモンは細胞核にある受容体を通じて神経の成長や活動に影響を与える。これが、性ホルモンが遺伝子の発現のきっかけとなったり抑制したりするメカニズムである。そして、脳の場合と同じように神経細胞が個性を構築するときに影響を与える（McEwen, 1994a）。哺乳動物においては、副腎が糖質ホルモン

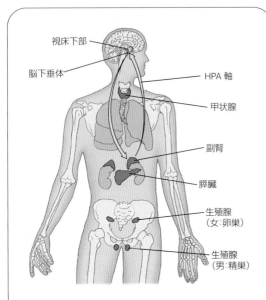

図4-7　内分泌系の主要な腺
腺のそれぞれは血流の中にホルモンを生み出し分泌する。矢印は、ストレスホルモンであるコルチゾールの分泌をコントロールする視床下部—脳下垂体—副腎（HPA）軸を示す。

（その周りはコルチゾールホルモン）と呼ばれるホルモンを分泌する。糖質ホルモンは時々ストレスホルモンとして知られている。脳内のある部位では、神経細胞が多くのグルココルチコイド受容体をもっている。霊長目の動物やげっ歯類動物において、体験によってグルココルチコイドに変化があるかどうかという研究がなされていた。グルココルチコイドについては血液や尿、唾液を測定することで調べることができる。ヒトは、最終試験やワクチン接種、人前でのスピーチのような強いストレスに曝されると、グルココルチコイドの放出がいったん増え、そしてその後、前の状態に戻る（Sapolsky, 1992）。自己コントロールができる場合と比べて、コントロール不能なほどの精神的な負担がある場合、大量のグルココルチコイドが放出されるという研究報告がある。(Peters et al., 1998)。同じように、ネズミのような動物実験では、動物が強いストレス（たとえば、騒音、母子分離、社会的孤立、動きが制約されるようなところに閉じこめられる等）に直面するとグルココルチコイドが大量に出される（Sapolsky, 1992）。とくにストレスがコントロールできないほどの場合にこれは起こる。(Henry, 1992)。

ストレスホルモンが大量に循環すると心身によくない。グルココルチコイドの量が増えると精神的な働きの機能が衰える。さらに言うと、ストレスホルモンはヒトや動物の治癒力を弱める（Kiecolt—Glaser, Page,

Marucha, MacCallum & Glaser, 1998）。これはストレスを取り除くという外科的な処置をする前の治療が外科的な処置よりも有効であるということを説明している（Wells, Howard, Nolin & Vargas, 1986）。

神経活動の乱れ

神経伝達にはさまざまな働きがある。(1)神経細胞の結合(2)神経伝達物質の統合や放出や再取り込み(3)神経伝達物質受容器の分布や働き(4)ホルモンの働き等の異常により、脳の働きに変化が起こりうる。さらに言えば、神経伝達物質と神経ホルモンは単独では作用しない。

動きを妨げられたときにもう一方の動きにも影響がでる。たとえば、ストレスホルモンが増加すると脳内でドパミンも増加し、他の場所ではセロトニンが減少する。

異常行動は、神経伝達物質や異常ホルモンが極端に増えたり減ったりしたときに起こる。化学伝達物質の過多や欠乏は、いくつかの理由により起こる。神経伝達物質が放出された後、結合したり再吸収されたりするときに、問題は起こる。もしくは、シナプス後ニューロンの受容器に問題がある場合もある。シナプス後ニューロンの受容体が化学伝達物質に反応しない場合は神経系の相互伝達が行われなくなる。あなたが思っているように、精神障害に対して現在使われている薬はすべて、神経伝達物質の働きを変化させる作用がある。これは、セイヨウオトギリソウ（St. John's Wort）のように徐々に人気が出てきている、処方箋なしで購入できる漢方薬についても言えることである。

神経細胞が順調に伝達していても、細胞の周りを何か他の物質で囲まれると、順調にいかなくなる。神経細胞はグリア細胞に覆われていて、脳の中には神経細胞の10〜50倍のグリア細胞がある。グリア細胞はそれ自体が情報を処理することはできないが、神経情報を組み立てたり流れをよくしたりする働きがある。この働きを行う1つの方法は、髄鞘を生成するという方法である。髄鞘は軸索を切り離し、活動電位のスピードを速める。髄鞘によって活動が弱まると硬化症がひどくなったり、進行性の神経学的病気になってしまう。そして、失明したり身体が麻痺したりという症状をひき起こすこともしばしばである。グリア細胞がダメージを受けると細胞内の伝達もできなくなる。グリア細胞のダメージは有毒な化学物質に曝されたときに起こり、トムの場合もそうだったのかもしれない。

> 1年半、研究員として努めたとき、ある深夜にトムは実家に突然現れた。彼はイライラして困惑していた。彼が言うには、彼の同僚が有毒な金属でできているマイクロプロセッサーを使い、彼の仕事場をきれい

にしようとして失敗したということだった。その結果、彼は集中力に悪影響を及ぼす危険な物質を吸い込んでしまったと思いこんでいた。彼は言った。「有毒なものが自分の精神を犯している。そして、脳細胞を破壊しようとしている」。トムは両親に、他の実験室にいた神経学の発展のために力を尽くしていた研究員が、化学物質により脳細胞の保護膜がダメージを受けたことがあるそうだという話をした。上司に連絡をとり、トムの両親はトムの職場に有毒なものがあるわけではないということに確信をもった。そして、上司は職場環境によって今の彼の症状が起きたのではないだろうと告げた。

上司はトムに起こっている問題が職場の有毒性によるものではないと思っていたが、いくつかの物質に神経毒性（神経や神経組織を壊す）があることに気づいていた。実験室で使われる化学物質や金属に細心の注意を払わなければならない。なぜならそれらは神経伝達物質のバランスを変化させたり、細胞を殺したりしながら神経細胞の伝達を妨げることがあるからだ。グリア細胞を破壊したり、脳の働きを妨害する物質も実際にある。しかしその反面、化学物質が神経系によい影響を与えるということもまた事実である。これが現代の精神薬理学の発展の基盤である。たとえば、神経細胞の伝達力を高めるための医療は、アルツハイマー病やパーキンソン病などを治療するために発展してきた。

トムの症状が身体的な問題かどうか調べるために、トムの両親はトムに検査をするよう計画した。それにより彼の問題は内科的なものからくるのかどうか調べてもらおうと思った。トムの検査は有害物質や伝染病の病原体を調べるために、X線、脳波（electroencephalogram：EEG）、知覚検査、血液検査が行われた。その結果が1週間後に出た。何の異常も発見されなかった。彼の血液検査の結果は正常だった。この結果がトムを余計にいらいらさせた。トムは自分の神経に悪影響を及ぼすものが必ずあり、医者がそれを見落としていると主張した。トムは医者が防衛庁と手を組んでいると疑い告訴した。トムはそれから1ヵ月間、両親ともコンタクトをとらず、返事も返さなくなった。

トムの医者によって行われた検査では、有毒物質によってある種の神経系の働きが悪くなっていることがわかった。脳波の検査では、異常脳波が発見された。知覚検査では視覚や聴覚が弱いことが明らかに見られた。血液検査では血液細胞の数値や有害物質の存在などの情報が見て取れた。このテストでは脳の構造や順調に情報処理を行えているかどうかを見ることはできないが、医者がトムの症状のどれかを緩和するのに有効である。

分子技術と神経細胞の研究

神経細胞や細胞の機能、神経系における遺伝子のメカニズムを研究するのに、動物の研究で用いられた洗練された多様な技術が使われた。この技術についてここで述べておく。なぜなら異常行動の原因についての可能性の高い理論を生み出す手助けとなるものであるからだ。この技術は薬学の研究の中で広く使われてきたものである。医療が商売になる以前に、細胞の働きの影響についての研究が動物を使って行われていた（Box 4-2参照）。

神経細胞の動きを記録するのには生きている動物がよく使われる。このような研究では、次のような疑問を解くことができる。神経細胞は異なった種の神経伝達物質に反応することができるのだろうか。視覚的または触覚的な情報に敏感な神経細胞はあるのだろうか。薬はある脳の部分における神経細胞の働きにどれくらい影響を及ぼすのだろうか。

同じような方法が神経グループの研究では使われる。とても小さな電極が脳に挿入され、ある脳の箇所に電流が流される。動物は脳に刺激を受け始める。そして刺激を受けていない部分の脳は働かなくなる。これはご褒美と罰に対する脳の各部の働きの研究にとって大変重要な研究手段であり、薬物中毒（コカイン等）の研究にも役立つ。

組織化学の技術が神経細胞の各部の働きを明らかにするのに使われている。このような技術はマイクロスコープにより神経細胞に色をつけたり、科学的に印しをつけたり、また後に放射能が検出されるということもある。このような組織化学の技術（神経細胞を着色する等）は生きている脳にも行うことができ、脳から取り出された組織サンプルにも行われる。（実際に見

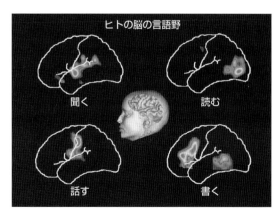

組織化学の技術は、人間がことばを聞くとき、話すとき、読むとき、書くときには、異なった脳の部分が活性化されるということを明らかにした。（Dr. Marcus E. Raichle, Washington Universityの許可による）

> Box 4-2 科学と実践
>
> ## 動物モデルの有効性
>
> 動物を使った研究は、ヒトに起こる病気の原因や有効な治療法を探るのに大切な役目を担っている。たとえば、病気を未然に防ぐために使われるワクチンのほとんどは動物実験によって作られたものである。なぜ動物実験が有効かというと、ヒトと他の哺乳動物には臓器の働きを左右する生物学的過程において類似している点がたくさんあるからである。同様に、動物実験の中で動物がコントロール不能な好ましくない状況に直面したときに見せる行動を研究することを通して、人間のうつ病を理解する多くの手がかりを得ることもできた(第7章を参照)。
>
> しかし、どこまで類推は広げることが可能だろうか。人間の脳は他のどの動物よりも複雑にできているということは、誰もが承知のことだろう。おそらく、人間に起こる精神的な病は、この人間の複雑さから起こるものである。この考え方に関しては、イギリスの心理学者 Timothy Crow が、ヒト独自に起こる統合失調症はヒトの言語とともに進化してきたと述べている(Crow, 1997)。もちろん、動物もヒトと同様に独自のコミュニケーション手段をもっている。もし Crow の言うことが正しいのなら、人間の精神病に関して、動物の研究から得てきたことはほんの一部に過ぎなかったということになる。
>
> 同じような結果がうつ病に関する動物実験でも出ている。動物は、経済的不安、健康や自分達の将来に対する不安のような人間が経験するような悩みはもたない。しかし、動物を使った研究においても、やる気を失ったりいらいらしたりという人間に表れるのと同じような行動が見られる。生物学的な面に関して言えば、動物と人間は脳の機能において類似点がたくさんあり、動物の研究が能の機能する過程を解明するのに大きな役割を果たしてきた。このことはこの章で述べてきたストレスについての研究の中で図解して示している。

て確認できる)この技術により、学習と経験がどのような方法で神経細胞の構造や機能を変化させるのかが分かるようになってきた。

脳構造と異常行動

これまでに、ヒトの目には見えない神経系の一部を論じてきた。われわれは、神経系を構成している微細な成分、つまり神経とグリア細胞を研究している。神経伝達物質やホルモンといった生化学物質は、神経系を活性化させるとも言われている。現在、特に、脳といった大きな構造が神経系を構成していると考えられているかもしれない。脳は、すべての臓器の中で最も複雑なものである。

脳は、正常な行動と異常な行動の両方に影響している。理解すること、思い出すこと、感じることや考えること、どのように行動するかといったことに、次々と影響している。構造と機能について理解することだけが必要なのではなく、これらの構造が、どのように相互に関連しているのか、そして行動に影響しているのかということについても学ばなければならない。したがって、われわれ人類にとって、情動の象徴的、抽象的相互伝達といった複雑化した行動を行うことを可能にした脳―行動の相互作用を理解することは、脳領域間や内部の複雑な相互接続(脳回路と言われる)の知識も必要とするのである。

われわれの脳構造は明確な行動と経験を確かめると同時に、経験は脳構造を形成する。したがって、身体的、社会的経験は、われわれの脳機能とその発達に影響している。豊かな環境、貧しい環境あるいはストレスフルな環境に曝されることは、脳機能を変化させる可能性がある。そして、実際に脳構造が変化しているかもしれない。経験は、物理的に変化した脳細胞によって記憶の一部になる。そして、生物学的「効果(impression)」になることは、思考と行動において長期間、影響する可能性がある。脳が経験によって、どのように決定するのか、変化するのかといったことを明らかにすることは、精神病理学を理解するために重要である。脳と経験の相互作用をより理解するために、神経系の基本構造を最初に示す必要がある。そして、それらの機能と異常について述べる必要がある。

中枢神経系

ヒトの神経系は、**中枢神経系**(central nervous system: CNS)と**末梢神経系**(peripheral nervous system: PNS)で構成されている(図4-8 A参照)。CNS は、3つの主な部分がある。すなわち、脊髄、脳幹、前脳(あるいは大脳半球)である(Kandel, Schwartz & Jessel, 1991)。神経で構成されたこれらの区分は、これらが配置されている部分に基づいて特定の機能を果たしている。

脊髄と脳幹

脊髄は、神経幹と枝(limb)において知覚を処理し、運動(movement)をコントロールしている。脊髄の損傷は、部分的あるいは完全な手足の麻痺を引き起こす可能性がある。脳幹は、後脳(延髄、橋、小脳)、中脳(網様体賦活系)、および間脳(視床と視床下部)に分類

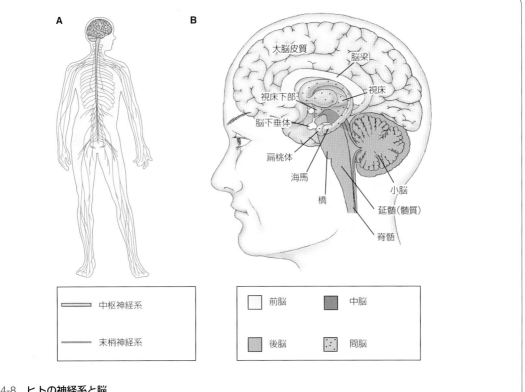

図4-8 ヒトの神経系と脳
(A)ヒトの神経系は、中枢神経系(central nervous system : CNS)と末梢神経系(peripheral nervous system : PNS)で構成されている。中枢神経系は、頭蓋と脊髄の中にある。末梢神経系は、頭蓋と脊髄の外にある。(A はカラー口絵参照)
(B)脳は、前脳、中脳、後脳の中に機能をもっている。(Kandel, Schwartz & Jessel, 1991に基づく)

される。進化の観点からすると、脳幹は、哺乳類脳の古い部分である。脳幹は、意識的な考えによらない行動である自律機能をコントロールしている。障害が生じると、頭を回すことや腕を動かすこと、ほんの少し歩くこと、咳をすること、飲み込むこと、息をすることさえも難しくなるだろう。後脳領域は、とくに、頭、首、顔への感覚の入力過程において役割を果たしている。小脳は、姿勢やバランス、運動をコントロールし続けるために重要である。延髄は、呼吸、心拍、血圧を調節、維持することを助けている。中脳は、聴覚、視覚、嗅覚の入力を処理している。この領域の障害は、難聴(聾)や盲の発生率が高い原因となっている。

間脳は、大脳半球の間に位置している。広域にわたる神経網は、視床と視床下部という2つの主要な領域をつないでいる。これらの脳領域は、大脳皮質を接続している。視床は、皮質のために直接感覚や運動の情報処理において、重要な役割を果たしている。視床下部は、脳下垂体からのホルモン分泌をコントロールする。そして自律神経系の調整を活性化させるという独自の機能がある。欲求を調整することや成熟の原因となる脳下垂体放出ホルモンをコントロールすることによって、身体的成長にも影響を与える。最後に、視床下部は、性腺刺激ホルモン放出ホルモンを放出する。このホルモンは、生殖器と性的な関心の調節に影響する脳下垂体のホルモン放出のきっかけになる。視床下部の障害は、性的興味、気分、体重の変化を導く可能性がある。ある学者は、視床下部の異常は、摂食障害の原因になるかもしれないとも示唆している。

終脳

終脳は、ヒトにおいては大きく発達している。そして、この大きさは、種としての独自性に貢献している。これは、複雑な思考や論理的思考、記憶にとって非常に重要である。この領域において多方面の領域への障害は、自己コントロールや情動的な関心、記憶を損なわせる可能性がある。主な機能は、前脳、大脳基底核、扁桃そして海馬である(図4-8 B参照)。

神経細胞は、灰白質と呼ばれる脳の外層に集中している。軸索は、白質の下に集中している。白質は、軸

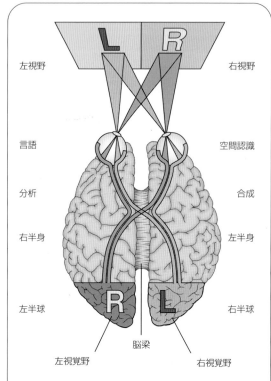

図4-9　左右脳半球
　各脳半球の特殊化した機能と脳梁および感覚経路の反対側の組織を説明するために、上から見たときのヒトの脳の説明図である。
　左の視野から情報が右半球に映される。その一方で、右の視覚野からの情報は、左半球に映し出される。(Levy, 1972, p.163に基づく)

皮質と高次脳機能　霊長類において、皮質には、脳回と言われる「うね」と裂溝を伴った皺の寄った表面がある。ヒトは、回旋状の高次な皮質をもっている。これは、頭蓋(頭蓋骨)の体積よりも皮質の体積が急速に増加したときに発達したと信じられている。皮質の主な領域は、前頭葉、頭頂葉、側頭葉、後頭葉である (図4-10参照)。**大脳辺縁系**(limbic system)は、前頭葉、頭頂葉、側頭葉の中間領域からなっている。この系は、身体的変化を感じる脳幹から前頭皮質に信号を送る。大脳辺縁系は、気分と不安の障害において重要な役割を果たすと考えられている。

　脳脊髄液を抑制する脳に空洞の系がある。これは、**脳室**(ventricle)と呼ばれている。個人によって大きさと形が異なっている。脳室(室周囲領域)を取り囲んだ脳領域の体積の減少は、脳室の明らかな増大による結果である可能性がある。脳室の増加は、統合失調症を含む多くの脳障害と関連している。

　認知、感覚、運動機能は、局部集中する(脳の主領域において集中する)傾向がある。しかし、「局部集中」の用語の使用は、特定の脳領域によって生じる脅迫的な出来事とごく普通の出来事とを区別する能力といった特別な機能を意味することではないと強調したい。その代わりに、脳領域は、神経相互伝達を通して、他の脳領域との連携において活躍する特定の機能として分化している。つまり、神経線維群は、課題と情報を共有することができる脳領域と接続している。しかし、これは、てんかん発作が起きたかもしれない時、障害が脳全体に広がるかもしれないということも意味するかもしれない(Box 4-3参照)。

　脳領域の特殊化は、時間がたつと変化することがある。とくに早い時期に生じた脳の障害は、機能が、特別役には立たないかもしれない脳領域に転移するという結果を示すかもしれない(Broman & Michel, 1995 ; Stein, 2000)。脳の可塑性は、機能の移転が可能になり、ヒトが脳の障害から回復するための能力において重要な要因である。それにもかかわらず、脳の可塑性には限界がある。つまり、脳の障害があっても、回復がいつも生じるわけではない。

　多くの高次認知機能は、**連合野**(association areas)によって前もって決められている。連合野は、様々な情報源から統合した情報を供給している。これらは、他の脳領域と広範囲で神経的相互接続をしている。辺縁系連合野は、過去の記憶の統合、情動的／動機づけのある信号、そして運動手順と関連している。皮質前頭葉前部の連合野は、認知的活動と運動活動のための実行方法と計画において主に役割を果たしている。実際、「実行機能」という言葉は、前頭葉前部皮質の独自な機能に言及するためによく用いられる。前頭葉に障害がある患者の研究は、この脳領域の知見に非常に貢献している。パーソナリティの劇的な変化は、前頭

索を取り囲む白ミエリン鞘から名前が由来している。脳梁は、取り囲んだ神経線維をまとめた束で、左右の大脳半球をつないでいる。そして、2つの半球を相互に伝達させている(図4-9参照)。

　左半球は、一般的に言語的／分析的機能が専門的で、右半球は、空間的／全体的機能が専門的である。この2つの半球の違いは、臨床的な影響を多くもっている。言語障害は、左半球の障害(右利きの人と多くの左利きの人にとって)があると、より発症率が高くなっている。その一方で、空間を中心とした障害あるいは、複雑な構造を認識することの障害は、右半球の障害でよく生じる。右半球の活性化(あるいは左半球の障害がある)がある人々は、うつ病になる傾向があるかもしれない(第7章参照)。しかし、脳半球の仕事の分配は、絶対的なものではない。両半球は、2つの半球による情報と活動を統合する脳梁によって、ある程度はすべての認知と行動に関連しているのである(Davidson, 1998, 1999)。

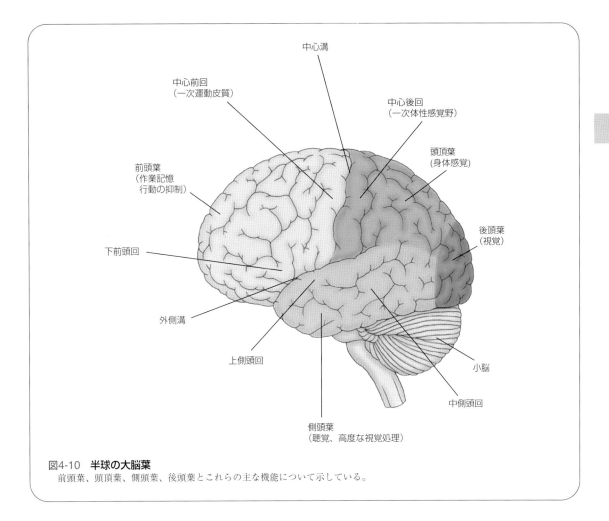

図4-10　半球の大脳葉
前頭葉、頭頂葉、側頭葉、後頭葉とこれらの主な機能について示している。

葉が障害されたときに生じるかもしれない。Phineas Gageというある有名なケースがある。

　フィネアス・ゲイジ（Phineas Gage）は、1848年にバーモント州の鉄道線路を作る男性集団における25歳の現場監督であった。爆発が原因で直径1インチ以上の鉄棒が彼の頭蓋の前部に突き刺さった。彼の脳の前部の大部分が損傷を受けた。ゲイジは短時間意識を失った以外、奇跡的に助かった。回復後、彼は、現場監督として仕事に復帰した。彼の契約人は、彼が怪我をする前の労働者の中で、彼が最も有能で現場監督の器があるとみなしていた。彼の契約人は、元の場所に彼を受け入れることを不可能にした彼の特徴の変化を検討した。感情の安定あるいは均衡、いわば彼の知的機能と動物的な行動は、破壊されているように見えた。彼は、発作的で、不遜で、気まま、甚だしく下品（これは、彼の以前の習慣ではなかった）だった。彼の仲間にほとんどまったく敬意を払わないことは、明確で

あった。彼の欲求と相容れないとき、制止やアドバイスに耐えることができなかった。同時に、悪性のしつこさがあった。ムラがあり煮え切らなかった。これらは、正直に言って自暴自棄というほかには、すぐには分類できない。彼の精神は、根本的に変化していた。そのため、彼の友達と知人が、「もはやゲイジではない」といったことは、議論の余地がなかった（Harlow, 1868, pp.339-340）。

　このケースは、パーソナリティにおける前頭損傷の影響が示されている（Harlow, 1868；Damasio, Grabowski, Frank, Galaburda & Damasio, 1994）。前頭葉損傷がある他の患者のように、ゲイジは、衝動的で、簡単に動転しやすく、考え続けることができない、あるいはこれらの影響を考えることができなかった。彼が受けた情動的な変化とパーソナリティの変化とよく似たケースがあるかもしれない。彼は、彼ができる活動よりも、彼の情動的反応のコントロール、調

Box 4-3 分析のレベル

脳における電気的、化学的嵐

　実際問題として、多くの臨床心理学者がさまざまな問題に直面している。非常に特殊な神経学的障害がある人々に対して、心理学者の相談室での治療のために、彼らが研究し始めることはあまり一般的ではない。これは、多くの神経学的疾病は、個人の情動的な幸福が低下したとき、初めて見た目にも分かるようになってくるからである。てんかんは、最も重要な例で、100万人以上のアメリカ人を襲う非常によく起こる障害である。初期の兆候は、気持ちの混乱、激しい怒り、あるいは穏やかなパニックとして患者から説明されるかもしれない。てんかんは、神経組織の障害によってひき起こされるものである。これは、抑制系の傷害によるか障害の後遺症（たとえば、瘢痕組織）によるか、いくつかのさまざまな動因あるいは疾病によって生成されるかもしれない。発作として知られる過剰な行動は、大脳皮質野機能の悪化させた発現を導くかもしれない。

　発作は、神経の突然の放電によって断続的に生じる。これらの放電は、局部集中しているかもしれない。あるいは、意識の喪失や身体全体の筋肉の収縮を導くよう、より広範囲に及ぶかもしれない。多くの患者にとって、てんかんは、ストレスによって促進される。脳の一部あるいは、発作が最初に現れた精神的な出来事は、脳障害の位置の指標になる。刺激反応性の細胞（発作の中心源）の位置によって決まることによって、初期症状が感覚的（たとえば、幻覚）、運動的（たとえば、痙攣あるいは大きな筋肉の収縮）、情動的（たとえば、恐怖あるいは笑い）になるかもしれない。また、症状の種類は、左右どちらの脳半球において発作がひき起こされるかによって多様であるかもしれない。たとえば、もし左半球で生じたなら、発作は、より幻覚と妄想と関連するだろう。患者は、発作の前に、しばしば普通でない考えや情動的な衝動あるいは感覚を経験する。やがて、一部の患者とその家族は、これらの行動変化から差し迫った発作を実際に予測することができるようになる。

　新しいクライエントのアセスメントを行う心理学者は、感覚的、運動的な異常といった発作行動の微妙な徴候を発見するかもしれない。この徴候は、より詳細なアセスメントと神経科医の紹介が必要である。特定の薬物が、発作の減少あるいは消去させるのに非常に効果的になるかもしれない。発作が医療の管理下におかれると、てんかん患者は、慢性疾患をもっている苦痛に対処するために、心理的治療を求める。彼らの発作は、ストレスによって悪化させられるため、心理的治療は、ストレスに対する反応を減らす助けとして用いられる。

整、抑制や評価することができなかった。他の研究でも、ゲイジによって示された前頭葉が衝動的行動を抑制できない例のように暴力的な行為の経験をもっている人は、しばしば前頭葉の構造に異常をもっている（Raine and Buchsbaum, 1996）。したがって、脳損傷は、一部の人々において犯罪的行動の一因となるかもしれない。これらの知見は、犯罪的行動に対するパーソナリティと責任について興味深い疑問をひき起こす（第9章参照）。

　とくに前頭葉によってコントロールされている高次機能は、ある行動から別の行動に作用している。前頭葉の損傷後、個人の行動の一部は損なわれていないが、まとめると問題がある。この損傷の臨床的徴候がひき起こすことが、**固執（perseveration）**である。これは、ある行動から次の行動への移行が難しいこと、あるいは、行動や反応を簡単に止めることが難しいことをいう（図4-11参照）。しばしば、過剰な繰り返しが出現する。前頭葉損傷がある患者は、何度も何度も行動を繰り返すかもしれない。そして、2つの行動を交互に行うことが非常に難しいかもしれない。彼らは、とくに彼らが学習している方法をやめるということが得意ではない。作業を中断した後でさえやめることが苦手である。

　神経系の高いレベルが、しばしば低いレベルを抑制する。高いレベルが障害を受けると低レベルの反応がひき起こされるかもしれない。とくに、開放の顕著な例が、**バビンスキー反射（Babinski reflex）**である。これは、乳児にのみ正常にみられるものである。足の裏がなでられたとき、足の親指が上向きになり、他の指が広がる。この反射は、人生の最初に現れる。その後もこれに関係する神経回路はそのまま残っているため、高次の中枢によって抑制されている。しかし、高次運動中枢（運動皮質）に障害があると、この反射が開放される。すなわち、運動皮質の障害の主な徴候の1つである。ある研究者達は、前頭葉障害は、行動において同様の影響があると示唆している。言い換えれば、もし前頭葉が、低次脳領域を抑制することができないなら、フィネアス・ゲイジのような衝動的な行動が見られるかもしれない。

皮質下領域と異常行動　大脳半球には、3つの皮質下領域がある。これは、精神病理学、とくに、情動とストレスの経験と関連しているように思われる。脳幹神経節、海馬、扁桃体である。これらそれぞれの領域は、精神病理学説において卓越して考えられている脳領域の1つあるいはそれ以上の部分である。尾状核、果核、淡蒼球をつくる脳幹神経節は、脳室を取り巻く皮質の白質の中に位置している（図4-12A参照）。脳幹神経節は、皮質下領域と皮質領域をつなぐ多様な回路の一部である。たとえば、脳幹神経節は、運動機能にとって必要不可欠である。そして、視床を通して運

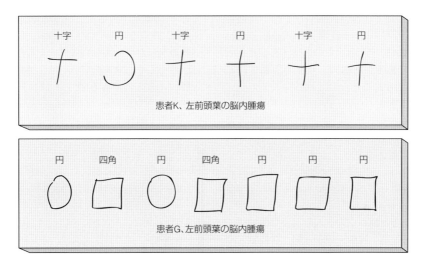

図4-11　固執
　前頭葉に障害がある2人の患者によって、各絵の上部に印刷された指示に対する答えが描かれている。各列に1人の患者が、連続した指示に従って描いている。これまでの反応を繰り返す傾向が「固執」と呼ばれる。(Luria, 1970, p.71より引用)

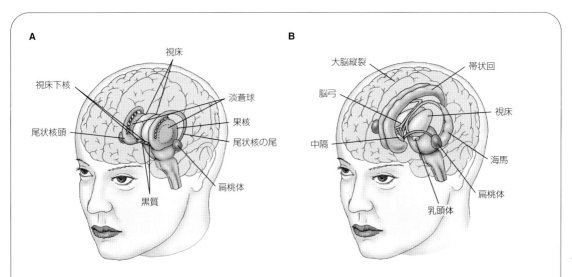

図4-12　脳幹神経節と大脳辺縁系
　脳の正面撮影像を示している。(A)の脳幹神経節には、尾状核、果核、淡蒼球がある。(B)の大脳辺縁系には、扁桃体、海馬、帯状皮質、脳弓、中隔そして、乳頭体がある。大脳辺縁系の構造は、記憶と情動に関連している。

動皮質につながっている運動回路の一部である。脳幹神経節は、海馬や扁桃体と同様に、情動や認知に影響する大脳辺縁系にも接続している（図4–12 B 参照）。
　Jeffrey Grayという神経心理学者は、皮質下領域と皮質領域接続の回路の1つを特定した。すなわち、**行動抑制系**（behavioral inhibition system : BIS）である。Grayは、このシステムは、不安経験において重要な役割を果たすと信じている（Gray, 1987）。これは、海馬と中隔領域と呼ばれる嗅球の次の脳領域とをつないでいる（Gray, 1985）。セロトニンと副腎髄質ホルモンは、この経路において重要な神経伝達物質である。扁桃体と皮質の両方が、「中隔－海馬」系に接続している。BISは、有機体が偶然出会った予期せぬことや不安にさせるようなこと、あるいは脅迫的な出来事があ

ると興奮させられる。これは、覚醒感と不安を導く。Gray は、皮質下領域と皮質領域をつなぐ他の回路も提案している。すなわち、**行動促進系**(behavioral activation system：BAS)である。この系は、喜びと報酬のサインに敏感である。BAS は、BIS の活動を抑制する。Gray は、さらにこれらの2つのシステムは、「闘争／逃走系」(fight / flight system：FFS)によって支配されているかもしれないと示唆している。「闘争／逃走系」は、激しい喚起と関連している。そして、闘争か脅威に耐えようとすることに関連している。他の研究者達は、BIS 系活動を超えて BAS の過多が、非社会的行動を際立たせているかもしれないと示唆している(Newman, 1997)。

扁桃体は、情動と報酬のシステムの重要な構成要素である。これは、海馬、視床、視床下部、神経核、中隔側坐核(nucleus accumbens)、そして脳幹神経節(basal ganglia)のような皮質と他の皮質下の領域を含む他の脳領域とを直接、そして間接的につないでいる。これらの接続が感覚経験についての情報を受け取るだけでなく、われわれの思考、運動行動、自律神経系、そしてストレス反応に影響することを可能にする(Rolls, 1995)。動物研究では、扁桃体の障害は情動の減少や報酬と罰から学習する能力の低下が示されている(LeDoux, 1992)。反対に、扁桃体の電気的刺激が動物に報酬として与えられると、結果として新しいタスクを学習するだろう。このことから、ある人は、情動反応をひき起こすための重要な脳領域として扁桃体を見ている。さらに、刺激物(たとえば、アンフェタミンやコカイン)のような非合法的な薬物の常用は、扁桃体に影響をもたらすかもしれない。薬物の使用禁止による情動的混乱は、扁桃体回路を通した神経伝達における崩壊の結果かもしれない。

扁桃体から視床下部への入力も**視床下部一下垂体一副腎**(hypothalamic―pituitary―adrenal：HPA)―軸における活動を刺激する。HPA 軸は、ストレスに対する生物学的反応に仲介する主なシステムの1つである(図4-13参照)。ストレスフルな出来事に曝露されたとき、生物学的な出来事のカスケード(cascade：上位から下位へと伝えていくこと)が、HPA 系において誘発され、ストレスホルモンのコルチゾールを含むグルココルチコイドの分泌を導く。脳の至るところにグルココルチコイドの受容体がある。とくに海馬にある。これらの受容体がグルココルチコイドの放出によって活性化すると、気持ちを削ぐ、あるいは HPA 軸の活性を抑制するといったネガティブフィードバックのプロセスの一因になる。その結果、ストレスに対する身体反応というように作用する。

もし、ストレスが持続しており、HPA 軸が長時間活性化していると、身体と精神にネガティブな影響を与える可能性がある。たとえば、社会的な集団から隔離された経験があるげっ歯類は、より病気にかかりやすい(Popovic, Popovic, Eric-Jovicic & Jovanova-Nesic, 2000)。コルチゾールの増加放出は、精神病の症状のきっかけ、あるいは悪化をもたらすかもしれない。おそらく、コルチゾールは、神経伝達物質活動の影響によるものである(たとえば、ドパミン活動を増加させるかもしれない)(Wakler & Diforio, 1997)。このような影響は、トムにも見られる。

> 12月、最初に問題が集中したほとんど1年後に、トムは、彼の母親に電話をして、彼の車が盗まれたことを話した。彼は、彼の行動を観察している防衛省のスパイに車を盗まれたと確信していた。トムの父親のクラーク氏は、トムを引き取り、家につれて帰った。クラーク氏とクラーク夫人は、ストレスがあったとき、トムの疑い深い思考と情動的な混乱がより悪くなることを知っていた。そのため、両親は、彼をなだめることができたかもしれない。クラーク氏は、警察を呼び、車が盗まれたと報告した。次の日、警察は電話で、トムの友達と言っている者の敷地で車が見つかったと言った。彼の両親は、トムにこの情報を伝えると、彼は、父親に激しく怒り突進した。クラーク夫人は、恐ろしくなり、トムに降伏した。しかし、彼は、恐怖を感じている両親に脅し文句を浴びせかけた。クラーク夫人は、ベッドルームに入り、警察を呼んだ。2人の警官が、10分後にやってきて、トムを州立精神病院に入院させた。

末梢神経系

末梢神経系(peripheral nervous system：PNS)は、中枢神経系(脳と脊髄の外側)の外側に位置する神経経路を構成している。末梢神経系は、分泌腺、器官および筋肉に情報を伝えている。このことは、身体的幸福(well-being)に対してのわれわれの見解に影響を与える。たとえば、胃腸の不快感は、恐怖の予期あるいは、挑戦的な出来事によって生じた末梢神経系の活動によってひき起こされる。さらに、運動を行うための能力による結果でもある。フィードバックは、筋肉から脳と相互の臓器に情報を送る求心神経によって伝わっている。これらは、われわれが運動を調整することや相互変化を認識させることを可能にしている。

体性系は、末梢神経系の主な区分の2分の1である。これは、筋肉をコントロールし、皮膚や筋肉からの入力を運ぶ感覚ニューロンを含んでいる。他の主な区分、末梢神経系の自律的部分は、神経系においてバランスあるいはホメオスタシスを保つ原因となっている。これは、覚醒度を適切な水準に保っている。自律神経系は、さらに交感神経系(sympathetic system)と副交感神経系(parasympathetic system)に分けられる

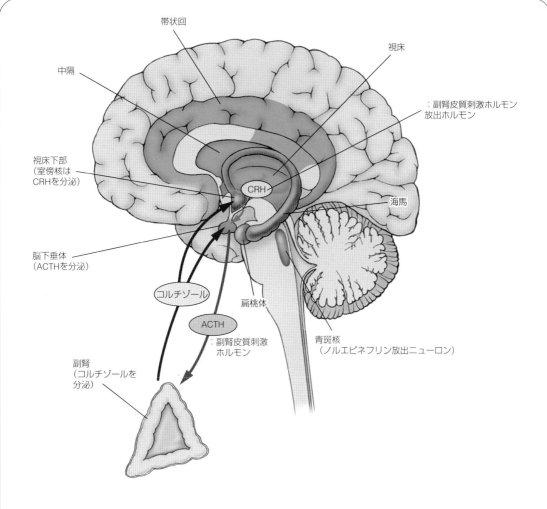

図4-13　HPA 軸
　脳構造をつなぐ多様な脳回路(とくに、濃く示した大脳辺縁系にある)が、ストレスと不安の両方の経験に関わっている。HPA軸は、ストレス反応に関連しており、視床下部、(脳)下垂体、副腎、そして化学メッセンジャーを含んでいる。視床下部の活性は、CRH：副腎皮質刺激ホルモン放出ホルモン(コルチコトロピン放出ホルモン：corticotropin-releasing hormone)の放出が原因である。ホルモンは、ACTH：副腎皮質刺激ホルモン(adrenocorticotropic hormone)を含む他のホルモンを分泌する副腎に移動し、刺激する。ACTHは、ストレスホルモンのコルチゾールを分泌する副腎を活性化させる。それと同時に、青斑核は、様々な脳構造に影響するノルエピネフリンを放出する。

(図4-14参照)。交感神経系は、血管、毛包、平滑筋、内臓、生殖器、心臓、脚、分泌腺(たとえば、汗腺、副腎、唾液腺)を刺激する。たとえば、心活動を促進し気道を開放する。そして消化や唾液分泌、勃起を抑制する。脅威やストレスに曝されることによって活性化するため、交感神経系は、「闘争／逃走」反応を左右するものとして見られている。そのため、個人の身体は、耐える、戦う、あるいは驚異的な状況から逃げるための準備が整っている。このシステムは、直接的に危険がない状況において戦うあるいは逃げるための身体の準備ができているときは、パニック発作とも関連している。

　副交感神経系は、同じ臓器に神経を最も分布している。しかし、その効果は、臓器系において正常な状態に回復させるための働きとエネルギーを保護することにおいて、健康回復に役立っている。たとえば、心活動を抑制し気道を抑え、唾液分泌や消化、勃起のための能力を回復させる。したがって、ストレスフルな状況に直面したとき、交感神経系は、精神的、身体的に反応するための準備をすることを求める。これは、身

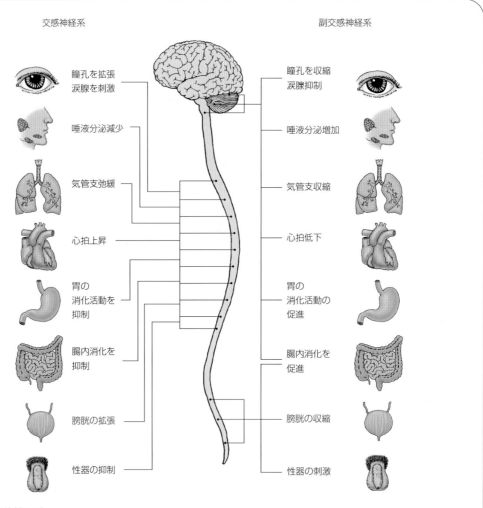

図4-14 自律神経系
自律神経系には、交感神経と副交感神経がある。この身体の側面の図では、副交感神経系の働きは右側に、交感神経系の働きは左側に示している。

体が、準備状態になることを呼びかけるのである。しかし、もしこのような状態が、非常に長く持続するなら、個人は対処するのに疲れきってしまうだろう。そして、短時間で、副交感神経系の回復効果が誘発される。交感神経系が長い時間を超えて活動し続けたときは、おそらくストレスあるいは不安になるだろう。どのくらい長期間、個人がその健康にうまく対処することができるのだろうか。トムのケースを見ていこう。

彼が12月に精神科病院を訪ねたとき、トムの身体的状態は非常に悪かった。彼は、昨年20ポンド（9 kg）以上体重が減っていた。彼は、腹痛と吐き気に悩まされていた。トムは、担当の医師に、よく動悸がするため睡眠問題があると言った。しかし、詳細な身体検査では、胃腸の問題も心臓血管系の問題も示されなかった。医師は、トムに身体的な症状は、ストレスによるものだと話した。

われわれが自律神経系について知っていることをあげると、トムの身体的症状は驚くべきことではない。彼が本当に危険であるかどうかは分からないが、トムは、幸福に対する脅威について本当に心配していた。彼は、彼自身が危険になると考えていた。この交感神経系の活動の結果は、明らかに臓器系に影響しており、そして身体症状を示していた。

神経発達と異常行動

　ヒトの神経系は、生涯を通して、その構造とその生理学の両方において変化する。**神経発達**（neurodevelopment）、神経系の発達は、胚形成期から年齢が高くなるまで続いている。われわれがこのことに言及するのは、われわれの遺伝子が、発達的変化をいくらか命令しているからである。加えて、環境要因も神経系の成長に影響している。科学者達は、脳が変化しない存在ではないということを発見している。それどころか、脳成熟の正常なプロセスは、出生前に始まり年齢が高くなるまで続き、生涯にわたって見出される。われわれは、現在、脳構造の多様な側面として、成熟した認知的、行動的な許容量も変化するということも知っている。最も劇的な変化のいくつかは、神経系は形成される出生前に生じている。このことは、主に、妊娠した女性に対して出生前に適切なケアをする重要性の根拠となる。正常な出生前の脳発達がないと、子どもにとって深刻な負の結果になるだろう。いくつかの精神病は、出生前の脳異常によって起こるようである。

出生前の期間

　人体のすべての細胞は、少しの例外を伴い遺伝子の同じセットに入れられている。今のところ、われわれは、細胞はそれらの型と機能において大きく異なっていることを知っている。細胞がニューロンになるかグリア細胞になるか、あるいは腎臓の細胞になるのか、それとも他の細胞型になるのか、何が決めるのだろうか？　その答えは、細胞の**遺伝子式**（expression of gene）に見出される。それらが明確であれば、遺伝子のみが個人の表現型に影響するというわれわれの最初の考察を思い起こされるかもしれない。胎児の発達中、細胞の内部と外部の科学物質は、特定の細胞を発現させたり、消失させたりするために役に立っている。これは、細胞の根本的なアイデンティティが決定しているのである。したがって、すべてのヒト細胞は、遺伝的目的細胞として出発しているが、発達するときに専門化する。

　出生前の期間は、神経形成に加えて、神経の喪失あるいは細胞死とも関連している（Sastry & Rao, 2000）。プログラムされた神経の死が、哺乳類の神経系において正常な発達過程であることに多くの人が驚く。しかし、遊走前の胎児の死においては、神経の高い割合が発達していることや他の細胞との接続が形成されていることが明らかにされている。研究者達は、この過程は、発達異常がある相互接続のニューロンは長生きしない可能性が増えると信じている。この

ことは、正常なヒトの脳発達におけるニューロンの死として知られているが、その範囲は確立されていない。

　ヒトでは、妊娠期間の初め6ヵ月が、ニューロン系の構造発達にとって重要な期間である（図4-15参照）。妊娠期間の4週目までに、前脳、中脳、後脳になるだろう領域の分配が明確に現れる。大脳の細胞層は、17週までに形成しはじめていた。視床と海馬は、10週までに現れ、基底ガングリオン（basal ganglia）は12週までに現れている。また、12週までに、大脳半球は、区別化され複雑化される。妊娠期間の最初のトリミスター（妊娠期間の3分の1、約3ヵ月）における脊髄において、ニューロンの周りにある髄鞘が形成（**髄鞘形成**）され始める。そして、次のトリミスターで脳のニューロンが形成され始める。髄鞘形成と他の神経発達過程は、出生後までずっと続く（事実、脳の髄鞘形成は20歳になるくらいまで終わらない）。それにもかかわらず、第3トリミスター（7ヵ月）に入った胎児のニューロン系は、情報を処理する能力や運動する能力、すなわち羊水を吸うこと、指しゃぶりをすること、子宮内を動き回ること、瞬きといった能力がある。

　ヒトの神経系の出生前発達は、妊娠の第1と第2トリミスター中に急速に進行する。これは、個人独自の遺伝的要因によって影響されている。出生前の発達は、環境要因によっても影響されている。これは、他の細胞あるいは化学物質のどちらかであるかもしれないし、母親の心理社会的環境なのかもしれない。神経系は、トリミスターの半分の期間がとくに損傷を受けやすい。妊娠中の母親の栄養上の剥奪は、アルコールやある種の薬、神経毒に曝されること、酸素剥奪と同じくらい子どもの神経発達を崩壊させる（Walker & Diforio, 1997）。さらに、妊娠中の母親のストレスレベルが、永久的に胎児の神経系発達を変化させるかもしれない。げっ歯類の研究では、ヒト以外の霊長類の研究と同様に、妊婦のときに持続したストレスを経験した母親の仔は、海馬に異常があるものと同じくらい、グルココルチコイド放出の増加が見られるということが示されている（Smythe, McCormick, Rochford, & Meaney, 1994 ; Weinstock, 1996）。これらの異常性は、大人になっても持続する可能性や動物達が社会行動における欠点、そして、ストレスに対する過敏性といった行動的な問題を示す可能性がある（Clarke et al., 1994 ; Schneider, 1992）。さらに、出生前のストレスが原因という証拠がある（Henry et al., 1995）。このことは、成熟過程後に明確になるかもしれない脆弱性が、ある発達段階中に潜在している可能性があることを示唆している。トムのケースを見ていこう。

　クリスマスの2日前、1人の医師が、会いたいので

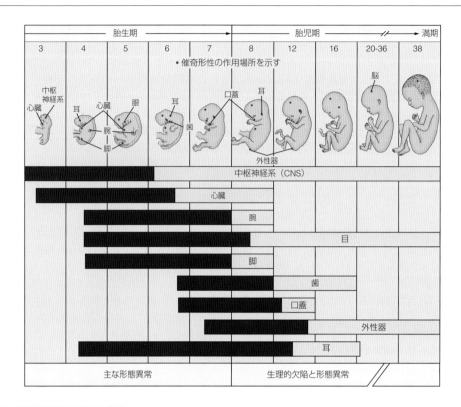

図4-15　出世前発達の重要な期間
　この図は、胎芽から胎児へ、そして満期への発達を示している。神経発達は、出生前の発達中に何度も有害な要因に曝される。黒地部分は、さまざまな構造が催奇物質による障害を最も受けやすい期間を示している(有害な環境作用物質)。しかし、白地で示した胎児の発達後期においても、多くの身体部位が催奇要因に対する高い感受性をもっている。(Cunningham, 1989, Figure 6.9より引用)

　病院に来るようにトムの両親に言った。医師たちは五日間の診察を行い、診断を下していた。医師は両親に結果を伝えようとしていた。そして、その時初めてクラーク夫妻は息子が妄想型統合失調症(paranoid schizophrenia)であることを知ったのだった。両親は、立ち直れないほどの衝撃を受けた。両親は、その病気についてあまり知識がなかったが、医師の重苦しい表情から、その知らせは良いものではないことがわかった。クラーク夫妻は、12月23日の朝に1人のソーシャルワーカーとの面接をした。彼女は、トムの成育歴を出生前の時期も含めて説明するように求めた。母親は過去2度の妊娠に比べて、トムの妊娠が一番難しく、その妊娠時の困難な状態がトムの今の症状にいくらか関係していることを知り、驚いた。トムを妊娠したとき、合併症のため、母親は出産前の2ヵ月間ベッドで過ごすことになった。それにも関わらず、トムは、早産だった。そして保育器で何日か過ごすことになった。母親によって、これらの内容は詳細に語られた。母親は、トムの現在の問題とこの事実がどのように関連す

るのか不思議に思った。結局、彼は最近まで(23歳)心理的な問題はなかったからだ。

　トムの母親は、なぜソーシャルワーカーが彼女の妊娠について尋ねるのかよくわからなかった。妊娠時の合併症のために起きる問題は、子どもが誕生したときにすぐにあらわれるのではないのだろうか。妊娠前時の合併症は、子どもが誕生するときに神経系の異常を引き起こす非常に深刻なものであるということはよく知られている。たとえば、妊娠中に酸素不足の結果引き起こされる脳の異常があった場合、出生時に比較的わずかな筋肉の障害から脚の麻痺にいたるまでの深刻な障害を引き起こす可能性がある。しかし、もし言語や抽象的な思考をつかさどる脳の領域に異常がある場合には、誕生してすぐには症状があらわれないこともあるだろう。

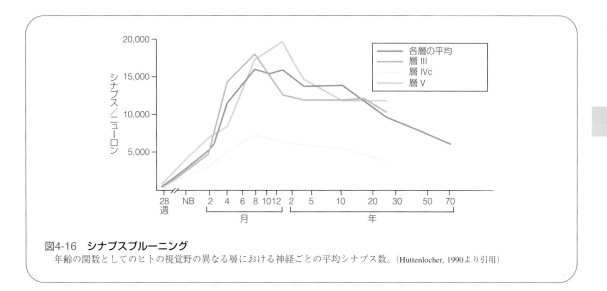

図4-16　シナプスプルーニング
年齢の関数としてのヒトの視覚野の異なる層における神経ごとの平均シナプス数。(Huttenlocher, 1990より引用)

出生後の CNS 発達

　妊娠時の合併症は大人になるまでその影響があらわれない場合がある。はじめ、これは理解されにくいかもしれない。しかし、出生後に生じる脳変化を検証するときに、理解されるだろう。知られているように、脳の発達は乳児が世の中の一員となる時点で完成するわけではない。

　さまざまな神経発達的過程が、出生後、大人になっても続いている。皮質の発達がその1つである。新生児の皮質の体積(これは皮質の組織の量と等しい)は、大人の約3分の1である。この増加は、大部分が神経の成長とこれらの相互接続、そして、脳のさらなる髄鞘形成による結果である。髄鞘形成(神経と脳回路の伝達を速める)は、幼少期の間中続き、ある脳の領域の中で、成人初期まで増え続ける。最近の知見では、前頭葉相互接続の髄鞘形成と大脳辺縁系経路は、30歳までは完成しないということが示されている(Benes, 1994)。神経経路は、成長に伴って消えることもある。このプロセスは、**シナプスプルーニング**(synaptic pruning)といわれる(図4-16)。ヒトのシナプスの数あるいは密度は、出生後1年の間に増加し、それから減少し始める。細胞は死滅しながら、シナプスプルーニングされることにより、誤った余計なシナプスの回路を削除しながら脳機能を高めると考えられている。

　神経画像研究は、思春期中のヒトの脳成長パターンを明らかにしている。各脳半球における様々な領域を接続している神経線維の増加、脳梁の体積における増加、2つの脳半球をつないでいる神経線維群(Thompson et al., 2000)、そして、皮質、特に前頭皮質における灰白質の体積の減少(Sowell, et al., 1999)である。

　灰白質が細胞体を含んでおり、白質が髄鞘形成された線維を含んでいることに注目したとき、前頭野は神経回路をより優れたものへと変化させていると思われる。思春期に、特に行動の計画とコントロールの能力といった認知能力が著しく発達するのは、このことが関係している。

　ヒトの脳におけるグルコースの代謝研究は、成長しながら神経作用が変化していくことが重要であることを示している(Chugani, 1994)。脳は神経作用を起こすときに必要なエネルギーを作り出すために、グルコースと酸素を必要とする。そのため、研究者達は、様々な領域において消費される物質の割合を測定することによって、生きている被験者の脳活動を研究することができる。新生児では、運動皮質、視床、脳幹、そして小脳は大きな新陳代謝を示すことがわかっている。運動機能をつかさどる脳の部分が早い時期に成長することを考えると、脳に損傷があることの徴候が幼児期には運動機能にあらわれることは驚くべきことではない。生後1年の間に、皮質の壁面や側頭の部分では、グルコース消費の増加が徐々に示される。前頭皮質は、代謝の増加が示される最後の領域である。脳波(EEG)研究では、頭部の側面における電界を測定しており、同様の発達的変化が示されている(Thatcher, 1994)。脳の電気的活動パターンは、特に6歳周辺に変化を示し、思春期に再び変化を示す。

　脳が新陳代謝しながら発達すると、脳機能も同じように変化する。たとえば、幼児期に、皮質の成長とシナプス生成が急速に進むとき、つまり、皮質の新陳代謝がおきている。同様に、シナプスプルーニングが起こることが特徴の発達期における新陳代謝は、減少している。認知心理学者は、ヒトの脳における発達的変

化は、ある部分幼児期と思春期に見られる認知的活動における目覚しい成長に貢献していると仮定している。従って、例えば7歳周辺で認知的許容量の顕著な増加があり、思春期に再び増加があるとき、それと同じような時期に、大きな変化がEEGと代謝活動で観察される。子どもは、約7歳で社会的問題を解決する能力や数的な理解力が顕著に成長する。思春期には、抽象思考が劇的に向上する。

成人の発達も脳構造と脳機能における変化と関連している。中年期の始めでは、脳は次第に体積を失い、急激に脳の新陳代謝が減少する。これらの変化は、皮質領域において最も顕著である。様々な研究の中で、海馬の体積が年齢に伴って減少していることを顕著に示している (Sapolsky, 1992)。神経伝達物質濃度とレセプターも年齢で変化している (Walker, 1994)。たとえば、ヒトを被験者とした研究では、セロトニン、ドパミン、アセチルコリンに対するレセプターの数において年齢と関連した減少が示されている。最後に、年齢によるHPA活動の増加が示されている。そして、年齢が高い人は、若い人よりもコルチゾールレベルが高くなっている (Nicolson, Stormes, Ponds & Sulon, 1997)。年齢が進むにつれて生じる脳の変化の多くは、様々な心理的症状に対するリスクと関連していることが示されている。問題の原因として、加齢に伴う記憶の減少は、海馬の変化と関連しているかもしれない。ドパミン活動の減少は、40歳をすぎて統合失調症になるリスクが低下することに関わっているかもしれない。

ヒトの正常な脳発達が起こる長い期間は、遺伝子の設計図 (blueprint) の一部分である。われわれの大きくて複雑な脳は、ヒトの進化過程以上に顕著に発達している。脳が完全に成熟するためは約20年かかる。おそらくこのことは、ヒトの脳が精巧な生物学的機械であることを示しているのだろう。

しかし、もし個人の神経発達的な設計図 (blueprint) に何か異常があったらどうなるだろうか？ 脳発達が正常に進行することができるだろうか？ 進路からそれてしまうだろうか？この答えは、限定的に「yes」である。科学者達は、脳発達をコントロールするヒトの遺伝子の中の異常が何であるかを明らかにしていない。しかし、このような遺伝子は、動物においては明らかにされており、これはヒトにおいても起こりうるという考え方を確信づけるものである。これは、精神疾患に対する遺伝的素因が生まれたときすでにどのように存在しているのかということを説明することができる。しかし、成熟するまでは行動に現れないかもしれない。トムのケースでは、彼の生育歴と統合失調症の症状は、彼が成人するまで発見されていなかった。

ソーシャルワーカーがトムの母親に彼の子ども時代について尋ねたとき、母親は、心の中でトムと彼のきょうだいとを比較し始めた。トムは彼のきょうだいよりも歩くことが遅かったということは間違いなかった。彼は、14ヵ月になるまで最初の一歩がなかったのにもかかわらず、トムのきょうだいは、11ヵ月以前に歩いていた。トムは、また兄よりも劣っており、スポーツに興味がほとんどなかった。母親の記憶において、他に際立っていたことは、トムの子ども時代に大変怖がりだったことであった。トムは、悪夢をみることが多く、そして、聞きなれない音や動物、あるいは嵐によく怯えていたようであった。しかし、これらの問題を除いて、トムはとてもよい少年であった。彼の成績は、常に平均かそれ以上であった。彼は、学校で深刻な問題を決して起こさなかったし、悪い仲間と付き合うこともなかった。事実、高校生のとき、2、3人の友達しかいなかった。彼は、デートはしなかったが、女の子に夢中だった。トムがサイエンスフィクションに初めて興味をもったのは、高校生のときだった。さまざまな機会において、彼は彼の両親にむしろ強引とも言えるような考えを話していた。高校の最上級生のとき、彼は、仲間の誰かにからかわれていた理由を説明するために「占星術学」を開発した。大学は、いくぶん彼に合っていたようで、少数の女性と付き合っていた。しかし、彼は、孤独が好きだった。母親が、この情報をソーシャルワーカーに話したとき、彼女は、トムに対して心配を口やかましく言ったことに気付いた。彼女は、このときすべてを否定し続けていたのだろうか？ 彼女が注意すべきサインはあったのか？

トムの成育歴は、深刻な精神病と診断された患者とかなりよく共通している。思春期に適応問題の多くが見られ始め、そして20歳はじめに、診断可能な徴候と症状が現れている。ある研究者達は、思春期と前成人期に発生する脳の変化が、この発達過程において影響を与えていると述べている。たとえば、統合失調症は出生時にすでにもっている前頭皮質の異常が作用することが示唆されている。(Weinberger, 1988)。しかし、異常性は、この脳領域が成熟するまで発見されない。異常領域が完全に成熟するとき、個人が臨床的症状を示し始めるのである。特にこの説を支持するための直接的な証拠はまだないが、脳発達が行動的異常性の発現に影響するという一般的な知見は、とてももっともらしく思える。

心理的発達に対する臨界期

異常行動を研究する研究者達にとって非常に興味深い疑問は、環境は、発達のある時期においては他の時

期よりもより重要なものであるかどうかということである。発達的な臨界期の事実は、1950年代に生物学者 Konrad Lorenz によって示された。彼は、仔ガモが網にかけられた後の比較的短期間にだけ、愛着を形成することができたことを示している。さらなる研究で、臨界期は哺乳類においても存在することが示されている。

臨界期が起こるのは、生物体の神経発達的段階の結果であるということを研究者は提唱している。たとえば、ラットは生まれて10日目に栄養不足が生じると、10日目よりも前や後で生じるよりも脳の成長をより損なわせる可能性がある(Yoshioka, Yoshida, Okana & Yamazoe, 1995)。動物の「養子縁組」研究において、生まれた日に養子関係にある母親と一緒にされたラットと、生後5日目あるいは12日目に一緒にされたラットと比較した(Barbazanges et al., 1996)。生まれた最初の日から、子だけで置いておかれたラットは、大人になるにつれて迷路成績が顕著に低下した。このことから、ラットは、最初の日に養育者とのふれあいを形成すること、そして、このふれあいが一旦遮断されるとネガティブな結果を形成することが明らかになった。これらと同様に、ヒトの研究では、幼児期以後に養子縁組された子どもよりも乳児期に養子縁組みされた子どもの方が、認知的能力がよく、行動問題がほとんどないということが示されている(Castle et al., 1999 ; Sharma, McGue & Benson, 1996)。

多くの心理学者たちが、生まれてから最初の何年かが、ヒトの発達においてとくに重要であると仮定している。子どもとその養育者との愛着の結びつきがこれらの年に形成されている。研究者達は、愛着の結びつきの生化学的基盤に光を当て、動物を用いた非常に独創的な研究を行っている(Insel, 1997)。動物の母親と仔どもで築かれた愛着において、確実にホルモンが重要な役割を果たしていると示している。ヒトの絆もホルモンに左右されるのかどうかは、さらなる研究を待たなければならない。

環境的入力と異常行動

学習と経験は、正常行動と異常行動の両方に影響している。たとえば、恐怖と不安は学習される部分が大きい。この10年で、学習する過程で起こる生物学的事象がかなり明らかになってきた。これらの知見は、なぜ子どもが不適応行動をとるのか、そしてどのように心理療法がこのような行動を変化させるのかといった理解の手助けとなる。

学習と記憶の効果

学習は、認知と記憶の両方に関係している。心理学者達は、長い間、学習は、新しい記憶が獲得されたとき、脳で生じる変化であると仮定していた。しかし、このたった10年の間に、この変化はどこで起こり、いったい何なのかが分かるようになってきた。いろいろな知覚入力がされたときの脳の働きや、記憶が形成されるときの微細な変化の状態について、多くのことが分かるようになってきた。

動物のニューロンの活動を研究する中で、知覚情報を得たとき、活動が全体的に、またはニューロンのグループごとに起きることがわかってきた。(Deadwyler & Hampson, 1997)。入力の種類が異なると、異なる脳の部位のニューロンを活性化することになる。記憶は神経系において、比較的永続的に変化しながら、全体の中で保持されていく。そして、次にニューロンの中の遺伝子が表出されるかどうかに影響される。この細胞のプロセスは、**長期増強**(long-term potentiation : LTP)といわれており、記憶形成において極めて重要な役割を果たすと信じられている(Malenka & Micoli, 1997)。

記憶する際にどの脳領域が活動するかは、形成される記憶のタイプによって異なる。(Rugg et al., 1998)。**顕在記憶**(explicit memory)とは、物体、人、出来事についての知識を保持することを示す。記憶をするには、しばしば注意を意識化させることを伴う。そして、これらを想起するには、意識的な努力を要する。対照的に、**潜在意識**(implicit memory)を形成したり、想起したりするには、意識化された意識を必要としない。潜在意識とは、知覚や運動に関する技術的なことやさまざまな原動力や処理手続きの知識が蓄積されたものである。たとえば、文法の法則の大部分は、そのプロセスを意識化することなく蓄積され利用されている。潜在意識は、感情が左右される刺激を受けたり、出来事に出くわした際にも、影響を与えている。子どものころに性的虐待を受けた大人が記憶を回復した話がよくニュースに取り上げられている。これらの状況は潜在記憶が健在化したのかもしれない。潜在記憶は、実際のイベントが生じてから長期にわたって個人を侵害する心的外傷後ストレス障害(post-traumatic stress disorder)やトラウマ的な記憶を持続する障害に作用する可能性がある。患者は、トラウマ的な記憶を再認識していないにもかかわらず、行動や人生における新しい出来事に対する受け止めに影響を与えている。

脳構造の損傷が異なると、記憶への影響も異なる。海馬は、多様な記憶の形成において役割を果たしているようであるが、特に顕在的記憶について影響を与えている。(Uecker et al., 1997)。扁桃体(amygdala)の

損傷は、潜在記憶のもとでさらに重要な問題を導くかもしれない。このような患者は、感情を表情で表現することが難しく(Adolphs, Russell & Tranel, 1999 ; Adolphs, Tranel, Damasio & Damasio, 1994)、表情を見ながら社会的に適切な判断する(たとえば、「親しみやすい」あるいは「信用できる」のように)ことも難しい。(Adolphs, Tranel & Damasio, 1998)。てんかん(epilepsy)のための手術を受けた患者の珍しい研究では、研究者達は神経的活動の測定を行い、患者が見知らぬ人の顔に対して友人あるいは家族の顔を見たとき、てんかん反応が異なることを発見した(Seeck et al., 1993)。

第8章では、自閉症について考察している。これは、社会性を獲得する上での欠如が早い時期に見られる障害(early onset disorder)である。このことは、自閉症患者の脳は、特に表情やジェスチャーのような非言語的なコミュニケーションを成立させるような社会的な情報について、取り込んだり処理したりするのに重要な脳の領域に異常が見られる。

経験の効果

これから、経験がどのようにわれわれの情報を獲得する能力に影響を与えているのか考えていこう。経験は、精神障害の一因となるかもしれないし、危険性を減らせるかもしれない。この章の始めでは、素因-ストレスモデルを述べた。これは、異常行動が、体質的な脆弱さと経験の相互作用の結果であると仮定している。最近の知見は、「相互作用」とは何なのか考え直させる。これは、「素因(diathesis)」と「ストレス(stress)」とは容易には分けられないためである。脳が求める環境を決定づけ、それによって、出会うストレス要因も決まる。しかし、脳構造は柔軟であり、経験によって変化するということをわれわれは知っている。言い換えれば、両方向に原因の矢先があるということである。どのように環境は脳の発達に影響しているのか。このことは、多くの継続した研究の焦点であり、次でわれわれも考えていきたい。

豊かな環境と貧しい環境

知覚神経系は、正常な発達のための刺激を要する。たとえば、視覚系は、視覚入力が少なかったりゆがめられたときは、常に異常神経型(abnormal neuron shapes)と相互連結が見られる(Hubel, 1995)。同様に、研究者達は、豊かな環境は脳の構造を変化させるということも知っている(Blakemore, 1998)。豊かな環境あるいは新奇環境に曝されたラットは、確実に脳領域の量の増大が見られる(Fuchs, Montemayor, & Greenough, 1990 ; Katz, Davies & Dobbing, 1980)。刺激が複雑で豊かな環境で飼育されたマウスは、刺激がない環境で飼育されたマウスよりも神経伝導速度が早いことが示された(Reed, 1993)。したがって、経験は、新しい情報を学習する能力を変化させるという点で脳に影響を与えている。

豊かな環境に身を置くことの影響は、脳損傷がある動物とヒトにもあてはまる。ある研究の中で、海馬に障害があるラットが、貧環境と豊かな環境に置かれた(Galani, Jarrard, Will & Kelche, 1997)。豊かな環境の中で回復する機会を得たマウスは、学習の効果がより高まったことがわかった。同じように、ヒトも環境によって、脳損傷から回復することができるだろうか。仮に「yes」と答えよう。トラウマ的な脳障害をもつ子どもの長期にわたる研究では、子どもの家族環境の質が12年後の結果に影響しているということが示されている(Yeates et al., 1997)。支えになる情緒が安定している家族がいる脳障害がある子どもは、認知的機能と行動において目覚しい向上が見られた。

脳の成長や機能において、豊かな環境が与えるよい効果は、遺伝子が活動する結果であるということは明白である。ある研究では、オスのラットが、刺激が豊富な環境(ラット用のおもちゃがいっぱい！)で30日生活したところ、視覚皮質(visual cortex)と海馬の神経成長因子(nerve growth factor)が、刺激が少なかったラットよりも有意に高いレベルであったということが示されている(Torasdotter, Metsis, Henriksson, Winblad & Mohammed, 1998)。神経成長因子は成長の過程でいつも脳の中に存在している。これは、神経的な成長と生存を促す。したがって、この研究の結果は、出生後の経験が遺伝子の方向を変えることができ、そして脳機能を改善させることができるということを示している。

この章のはじめに記述したように、精神病理学の素因-ストレスモデルでは、同じ環境に対しても個人で反応には差があると示している。研究者達は、この具体例をいくつも発見している。ラットの研究では、脳神経伝達物質における環境的要因の影響は、遺伝的素質において違いがあることが示されている(Jones, Hou, and Cook, 1996)。いろいろな動物の中での違いも、薬物が行動や神経伝達物質にどのような影響を与えるかという研究の中で、示されている。(Gendreau, Petitto, Gariepy & Lewis, 1997)。最後に、学習における脳損傷の影響は、素因のあるラットの方が他の動物よりも明白であった(Rossi-Arnaud, Fagiolo, and Ammassari-Teule, 1991)。この研究は、精神障害の発達に影響を与えるある遺伝子・環境の相互作用について示している。

ストレスフルな環境

多くの研究が、ストレスフルな経験に曝されることと心理的問題との関連を報告している。ストレス研究

第4章 生物学的アプローチと神経科学

研究者らは、この図のような刺激環境に曝露されたラットは特定の脳領域と神経伝導の量を増加することを示している。(Dr. T. A. Jones and Dr. W. T. Greenough, University of Illinois at Urbana–Champaign の許可による)

の研究者達は、特に、個人のホメオスタシスあるいは「バランス」を脅かす出来事をストレッサー(stressor)と定義している。通常、ネガティブなものがストレスになるが、非常に珍しい出来事もストレスである。

最新の精神障害病因論の学説では、うつ病や統合失調症のような精神障害は、病気になるきっかけあるいは症状の悪化の要因としてストレスが含まれている(Post, Weiss, Smith & Leverich, 1996；Walker & Diforio, 1997)。当然、この点においては、精神障害は、一般的な病気と性質が異なるとは思われていない。ストレスは、心臓血管障害、呼吸器障害、糖尿病そして癌を含む多くの身体的な病気を増加させるということはよく知られていることである。ストレスとそれを対処する過程は、身体的な損傷から回復するスピードにも影響している(Kiecolt-Glaser, Page, Marucha, MacCallum & Glaser, 1998)。

1月に、トムは退院を許された。彼は、薬物療法により、イライラが抑えられ、防衛省の仕事に没頭することも減っていた。彼は、大学で職を失っていた。トムは、このことについていく分かがっかりしていた。しかし、同時にほっともしていた。研究グループの日々の仕事はとてもストレスフルなものであった。また、彼が行っていた薬物治療は、朝、彼を朦朧とさせ、仕事に集中することができなかった。トムは、両親の元に戻り、地方の精神健康センターで、毎週心理学者とセラピーを受けはじめた。彼の神経過敏性と誇大妄想的な思考が薬物によってコントロールさせられていた。彼は、多くの患者のように、より社会的になり始めてもいた。しかし、トムには、不随意運動といった薬物の副作用もあった。これらがとても気になりだし、薬物を摂取することをやめた。両親はトムが薬を飲んでいないことにいつも気付いていた。なぜなら、すぐに、トムの歩き方は遅くなったり、イライラしていたり、混乱している状態があらわれていたからである。その後10年にわたり、彼は7回再入院を繰り返した。7回のうち5回は、薬物を摂ることができず、入院期間が長引いた。他の2回の入院は、彼の祖父の死と彼のセラピストの退職というストレスフルな出来事があったためだった。

遺伝的要因は、ストレスに対する生物学的反応に影響している。動物研究では、遺伝子型の働きに応じて、生物学的にストレスに反応する大きさは異なると述べている。つまり、血統が同じラットであっても、同じストレッサーに対するホルモン的な反応が異なっている(Driscoll et al., 1998)。ヒトにおいて、双生児研究は、遺伝子的要因が、ストレスホルモンの放出を一部決定づけるということを明らかにしている。すなわち、一卵性双生児は、二卵性双生児よりも2人のコルチゾールレベルがより類似している(Kirschbaum, Wust, Faig & Hellhammer, 1992；Linkowski, Van Onderbergen, Kerkhofs, Bosson, Mendlewicz & Van Cauter, 1993)。近年、科学者達は、実験室のマウスを使って、ストレスホルモンへの感受性をコントロールする遺伝子を変えることによって、ストレス感受性を操作することに取り組み始めている(Stroehle, Poettig, Barden, Holsboer & Montkowski, 1998)。HPAシステムの機能を損傷している遺伝子を受け継いだマウスは不安を表わす行動を示した。

ストレスが慢性的あるいは深刻な場合、脳機能に影響し続けるかもしれない。ストレスフルな経験に持続的に曝されると、ストレッサーに対する反応が生物学的においても行動においても大きくなるのに加えて、糖質コルチコイド(glucocorticoid)の分泌の慢性的な増加を示すHPA軸の異常を引き起こすかもしれない(Chorousos, McCarty, Pacak, Cizza, Sterngerg, Gold & Kvetnansky, 1995；Prasad, Sorg, Ulibarri & Kalivas, 1995)。繰り返しストレスに曝されることでストレスを感じる感受性が明確に増大することは、**鋭敏化**(sensitization)と呼ばれている。早い時期にストレスフルな経験をすると、薬物に対する感受性が変わる可能性がある。たとえば、母親から離された時期を経験したマウスは、母親と分離させられなかった対照群よりもアンフェタミン(覚醒剤)に対する大きな行動反応が見られる(Zimmerberg & Shartrand, 1992)。

ストレスホルモンの変化に加えて、持続ストレスに曝されたマウスは、脳の構造にも変化を示す。研究者達は、ストレスが海馬の中の糖質コルチコイド受容体の濃度を減少させたり、海馬自体を委縮させることを発見した(Sapolsky, 1992)。特に、これはストレスがコントロール不可能であるときに起こる(Wellman,

Cullen & Pelleymounter, 1998)。他の動物と同じように慢性的なストレスを受けたヒトは、脳の異常がみられる。たとえば、いくつかの神経画像研究は、ヒトにおいてストレスが海馬の異常を引き起こすことをを示している。虐待歴がない女性と比較した時、幼児期に虐待されていた女性は、海馬の収縮が示されている(Bremner et al., 1997 b ; Stein et al., 1997)。同様に、戦争中に激しい戦闘に曝され、心的外傷後ストレス障害を患っている男性は、海馬の収縮が示された(Gurvits, Shenton, Hokama & Ohta, 1996)。もちろん、深刻なトラウマに悩まされている人は経験的に学習したことが活かされない。これはつまり、脳の異常は、個人がストレスフルな経験をする前に発生していたという可能性があるということである。しかし、他の動物のようにヒトは、トラウマ的出来事に曝されることから神経系損傷を受けるということは事実である。

シーリアのケース(第1章のパニック障害のケース)をみてみると、シーリアのパニック発作は、彼女がストレスフルな出来事連続的に経験した後に始まっている。この2つの関係はどのように説明することができるだろうか？ このストレスフルな出来事が、彼女のパニック発作を引き起こしたのだろうか？それとも、パニック障害が起きたことで、その前の経験があまりにもストレスフルであったと認識したのだろうか。あるいは、さほど目立たない何かの要因で、彼女のパニック障害やストレス下におかれるような経験は引き起こされたのだろうか。いくつかの研究から言えることは、シーリアのパニック障害は生物学的にひき起こされているということである。そして、認知的療法が発作を取り除くことができるだろうか。認知的療法は、社会に対する個々の姿勢や価値観を変化させることを目的としている。おそらく、セラピーにより、シーリアはパニック障害を引き起こすストレスを対処する有効な手段を得たのだろう。また、生物学的ストレスが全体的に減り、パニック障害が起こりにくくなったのかもしれない。

第5章では、この考え方の信頼性について検証していくつもりである。

まとめ

「脳の10年」は、その約束を果たしただろうか？次の10年に入り、脳に関する新しい研究や情報が絶対的に確かなものであると信じる人が多くいる。確かに、神経系について分かることが飛躍的に増えてきた。この新しい知識により、長期にわたり支持を得ていた、単純な仮説は再評価されることとなった。

心理的障害の原因についてのもっと古い学説では、精神的な病気は体質的、先天的な脆弱性がストレスのある環境と結びついたときに発生すると説いている。われわれは、体質的な脆弱性は、遺伝するのと同様に、後で獲得されるかもしれないということを知っている。たとえば、海馬の異常性は、遺伝子の問題によるかもしれないが、妊娠時のなんらかの要因の影響であるかもしれない。さらに、作用物質が突然頭に吹き荒れるのか、神経毒に曝されるのか、異常ホルモンレベルによるものか、それとも持続的心理的ストレスかはわからないが、体質的な脆弱性は出生後に獲得される可能性がある。

そもそも精神病に対する生物医学的概念は、ちょうど内科医が健康な肺と肺癌におかされた肺を明確に区別することができるのと同じように、心理学者が、健康な精神と精神病を明確に区別することができるという考えに基づいていた。しかし、現実には、精神病と健康な精神の明確な違いは、ほとんどない。さらに、精神の健康は、心理的脆弱性に打ち勝ち、回復力が強いレベルが持続されたときに、成り立つ。同様のことが生物学的にも言える。脳機能は連続的に動いているため、正常な脳と異常な脳に明確な識別ラインはない。

かつて生物医学的モデルは、生物学は、異常行動の初めの重要な原因であると示していた。この章で述べた研究知見で分かることは、これは誤った仮説だということである。原因は複雑に関係しあっていることがわかっている。最初は経験から生じることが多く、精神病理学の観点からは次に脳の機能不全が起こる。

本章の冒頭に述べたように、かつて一般的だった疑問は「生物学的な問題か、それとも心理学的な問題か」「自然に起きたのか、それとも作られたものか」「この障害は遺伝子が原因か。それとも環境によるものか」ということだった。現在では、これらは間違った質問のように思われる。多くの質問に続けて、われわれは新たにこう尋ねるべきだ。「どのようにわれわれの遺伝子が中枢神経系に影響しているのか？その結果が行動としてあらわれているのか」「どのように環境がわれわれの遺伝表現や脳構造に影響しているのか？」「脳と環境の相互作用の何が特に、精神病を引き起こしたり、精神的な健康を維持したりするのか？」

確かに、研究者達は、精神病の病因論についての単純な考えをはるかに超えて研究をすすめている。われわれの学説がもっと単純で、知識が限られていたときは、異常心理学の教科書は、ほとんど取り組み甲斐がないものだった。しかし、ヒトの正常な行動や異常な行動はさまざまな要因によって引き起こされていることは事実である。このことは、異常行動の研究をより興味深くさせるに違いない。

要　約

1. 異常行動に対する生物学的学説は、ずいぶん前から唱えられている。しかし、近年、科学者達は、経験と生物学との相互作用に対して、より理解が進んでいる。このことは、精神障害の原因と治療についての考え方を変化させてきた。

2. 素因-ストレスモデルは、精神障害が生まれつきの弱さと生涯を通じて影響を受ける環境要因が相互に作用しあって起こるものであるということを示している。加えて述べると、ポジティブな性格やその環境などが心理的問題の緩衝材として作用することもあるということである。

3. 遺伝学的素因は、弱さの1つの要因である。妊娠の過程においては、人間接合体(zygote)は、母親と父親の両方から遺伝子(gene)を受け継いでいる。遺伝子は、ペアになっており、母親、父親それぞれからもらったものでペアをなしている。優勢遺伝子(dominant gene)は、遺伝子の影響がほとんど常に出現するが、一方、劣勢遺伝子(recessive gene)は、劣性遺伝子とペアを組んだときのみ出現する。

4. ヒトの遺伝子の結合を特に遺伝子型(genotype)と呼んでいる。この遺伝子型は、どのように人ができ上がるか、詳しく組み立て方が書いている設計図(blueprint)である。表現型(phenotype)は遺伝子型における身体的、行動的特徴を示しているものである。遺伝子型の中のいくつかの遺伝子のみが、行動の中で出現する。遺伝子式←遺伝子の出現(gene expression)は、転写(transcription)と呼ばれるプロセスに影響している。これは、遺伝子のDNAがメッセンジャーRNAへのテンプレートを提供している。その結果、タンパク合成に対する「コード化」を活性化している。

5. 妊娠したときから、受精卵は子宮内環境(intrauterine environment)に取り囲まれており、その環境は遺伝子を通して受精卵の成長に影響を与えている。母親の身体的健康と経験は、子宮内環境の性質を決定する。そして、次に、胎児の神経システムの発達を導く遺伝子の発現に影響する。乳児が生まれるとき、その遺伝した遺伝子型とその子宮環境との相互作用を反映する神経ステムを伴った世界に入る。つまり、乳児の先天的な(出産時にあらわれる)「生物学的体質(constitution)」は、天然なものと養育されたものの両方をすでに反映している。

6. 研究者達は、それぞれ長所と短所がある様々な方法を使って行動的遺伝子学を研究している。家族研究法(family study method)は、だいたい関連しているその家族の特徴について研究している。双生児研究法(twin study method)は、彼らの遺伝的な類似点において一卵性と二卵性の双生児の違いを基にしている。養子縁組研究(adoption study)は、生物学的には障害をもっている親の子どもだが、障害をもたない養子関係にある親に育てられている子どもの発達を追跡している。行動的遺伝子学における新しい手法は、遺伝的連鎖研究(genetic linkage study)と定量的遺伝的方法である。

7. ニューロン(neuron)は、神経システムの細胞である。これらは、それぞれ他のニューロンの神経伝達物質の放出を介して伝達しあう。ドパミン、セロトニン、ノルエピネフリン、グルタミン酸塩とGABAは、精神病理学において、ある種の役割を果たすと信じられている神経伝達物質である。性ホルモンとストレスホルモンは、ニューロン機能にも影響を与えている。慢性的あるいは猛烈なストレスに曝されることは、神経単位の機能の変化と行動的な異常を引き起こすかもしれない。

8. ニューロンの伝達は、神経伝達物質が少なすぎたり多すぎたりしたり、あるいは神経伝達物質受容器の変化があるときに、混乱する。ニューロンを取り囲んでいるグリア細胞が損傷し、ホルモンバランスが崩れると、神経伝達をも妨害するかもしれない。最新の技法を使うことで、研究者達は動物研究において個々のニューロン活動を研究することができるかもしれない。これらの技法は、神経伝達物質と薬物がどのように脳機能に働きかけるのか、われわれの知見を深めている。

9. 中枢神経系(central nervous system：CNS)は、螺旋コード、脳幹および前脳を構成している。前脳は、人間においては高度に発達している。皮質は、脳の広い領域を占めており、複雑な精神活動を行うには重要な部分である。皮質の下の領域は、特に基底神経節、海馬、および扁桃体は、精神的能力と同じくらい情動と行動の重要な役目を果たしている。視床下部下垂体アドレナリン(hypothalamic pituitary adrenal：HPA)軸(axis)はストレスフルな出来事への反応を伝える。

10. 末梢神経システム(peripheral nervous system)は、中枢神経システムの外側のニューロンで構成されている。体神経系と自律神経系(somatic and autonomic nervous systems)に分かれる。自律神経系は、さらに交感神経系と副交感神経系(sympathetic and parasympathetic nervous system)に分けられる。交感神経系は、活性化の時に放出されるのに対して、副交感神経系は覚醒中には低下する。

11. 遺伝子型は、胎児期と出生後の神経系の発達の設計図が含まれている。神経系はすべて胎児期に

形作られる。そして、神経系の発達は母親の健康に影響を受ける。胎児が毒素、酸素不足、あるいは母親のストレスに曝されることは、**神経発達（neurodevelopment）**を妨げる可能性がある。

12. さらに神経系が変化をする子どもの成長期は、遺伝子的な設計図（blueprint）によって決定されている。この成熟過程においては、介在ニューロン伝達が洗練され、高度な認知能力をつかさどる脳の部分が徐々に活性化される。しかし、環境的要因も同じように影響している。この成熟の過程が起きるときの環境の性質が子どもたちの神経系発達の速度や質に影響を与えている可能性がある。

13. いくつかの神経発達的過程は、大人にも起こる。心理的問題や障害の出現は、明らかに年齢によって違いがある。いくつかの障害（たとえば、自閉症と広汎性発達障害）は、幼児期初期に徴候がある。しかし、多くの障害は思春期後期や青年期まで医学的な始まり（onset）がない。このことは思春期後期の脳の成熟は、精神的疾患を起こしやすい人が症状を発症するきっかけを作り出す何らかの役割をしていると考えられる。

14. 生物学的過程で、取りまく環境のよい影響も受けながら、学習と記憶の点で役割を果たしている。扁桃体と海馬は、記憶の形成と保存に関連する脳の領域である。記憶が形成されるときには、ニューロンが情報の入力に反応し、情報を送信する過程で変化が起こる。

15. 刺激したりよい環境に支えられていると、神経系においてはよい効果が得られるだろう。これは、遺伝子がいろいろな形で出現する中でみられる。ストレスの多い環境は有害であり、それは遺伝子が出現する際にストレスホルモンが影響を与えることが大きい原因である。素因-ストレスモデルと同じように、環境のストレスに対する弱さは人それぞれ異なる。この個人差が異常行動を引き起こすかどうかの差に影響している。

5 不安障害

本章の概要

恐怖と不安　152
　恐怖の構成要素　152
　恐怖の程度　154
　不安と恐怖の区別　154
恐怖症　155
　特定の恐怖症　156
　社交(社会)恐怖　158
　恐怖症の病因論　159
　恐怖症の治療　163
心的外傷後ストレス障害　167
　心的外傷後ストレス障害の特徴　167
　心的外傷後ストレス障害の経過　174
　心的外傷後ストレス障害に対する脆弱性　175
　心的外傷後ストレス障害の治療　177
パニック障害　179
　パニック発作の症状　179
　パニック障害の病因論　180
　パニック障害の治療　184
　広場恐怖　185
全般性不安障害(GAD)　188
　GADの症状と有病率　188
　GADの病因論　189
　GADの治療　190
強迫性障害(OCD)　191
　強迫、不安、そして抑うつ　192
　強迫性障害に対する脆弱性　193
　強迫性障害についての理論　195
　強迫性障害の治療　199
日常的な不安　200
まとめ　202
要約　203

学習の目標

- 恐怖と不安の構成要素を説明することができ、恐怖と不安を区別することができる。

- さまざまな種類の恐怖症について学び、生物学的な説明と治療、行動論的な説明と治療の両方が恐怖症の選択性と持続性の説明にどのように役立つかを論じることができる。

- どうしてある人は他の人よりも心的外傷後ストレス障害（PTSD）になりやすいのか、どうしてエクスポージャー、開示法、EMDRといった治療法がPTSDの人の苦しみを緩和するのか、ということを理解する。

- 生物学的アプローチと認知的アプローチの両方がパニック障害の理解にどのように役立つか、なぜ認知的説明が生物学的説明を「包括する」と言えるのか、ということが分かる。

- 現在、広場恐怖が一種の独立した恐怖症というよりも、パニック障害の下位分類と考えられている理由について理解する。

- 全般性不安障害（GAD）についての生物学的説明について学ぶとともに、GADにおいてコントロール不可能性と予測不可能性が果たす役割についても学ぶ。

- どうして強迫性障害の人は強迫的思考によって生じた不安を避ける手段として強迫行為を用いるのか、どうしてうつ病が強迫性障害と合併することが多いのか、ということを説明できる。

われわれの誰もが恐怖や不安を感じる。それはどちらも人間の経験の一部である。もしも制御不能となった車が突進してきたら、誰もが恐怖を感じるだろう。もしもエストニアの経済再生について大勢の前で話すというような、準備ができていなくて難しい課題を行うように突然言われたら、ほとんどの人が不安を感じるだろう。しかし恐怖や不安が正常な機能を妨げている場合には、それらは**不安障害**と呼ばれる。

> テリーの問題は研修医1年目から始まった。彼の内科研修医としてのスケジュールでは、1回につき連続36時間待機していなければならなかった。ひっきりなしの急患と毎日午前6時の回診でへとへとに疲れ果てていた。彼は、同僚の研修医たちが彼らの担当患者にちょっとしたミスをしていることに気付き始めた。気がつくとテリーは彼らのミスについて繰り返し考えていた。さらに悪いことには、彼は重大なミスをしないように、自分で医学的判断を下す際に躊躇するようになった。彼は難しい症例を避けるようになり、病気欠勤の電話連絡をするようになった。その年の終わりまでに、彼は能力不足のために解雇されたのではなく自ら辞めた。
>
> やはり内科医であったテリーの父親は、彼がそれはどきつくない研修ができるよう援助した。しかし、またもや彼は取り返しのつかないミスを犯すことの恐怖に圧倒されてしまい、6ヵ月後には辞めてしまった。その後、彼は食品医薬品局の研究員というより楽な仕事に就いた。しかしこの仕事でさえも彼は何一つ決断することができなかった。彼の契約は6ヵ月後に終了し、更新されることはなかった。
>
> テリーの不安は彼の経歴に大きなダメージを与えただけでなく、彼の最も身近な人間関係も台無しにしている。彼は父親に悪く思われるのが怖くて実家に帰れないでいる。彼は自分が何か間違ったことを言って、そのことが「関係をだめにする」ことを恐れているので、ガールフレンドとやっかいなことについては何も話さないようにしている。
>
> テリーは常にとても緊張していて、ズキズキとした頭痛があり、いつも疲労感を訴えている。彼は「役立たず」で「怠け者」だと自称しているが、自分の恐怖が過剰すぎると分かっている。説得されれば、彼は自分が聡明で有能な人間であることを認めるだろうが、自分の不安をまったくコントロールできないと感じている。（Vitkus, 1996, Case 1を改変）

本章では不安が知覚される6つの障害について述べる。恐怖症と心的外傷後ストレス障害はどちらも特定の危険に対する恐怖によってひき起こされることから、ひとまとめにした。**恐怖**はそれが特定の危険な対象についての苦痛であるという特徴から、**不安**とは区

映画「スクリーム(原題：Scream)」のドリュー・バリモア(Drew Barrymore)の表情に表れているように、恐怖はすぐに認識できる状態である。(Photofest)

別される。これに対して**不安**は不特定な危険についての全般的な困難感である。恐怖症の人はある対象(たとえば猫)を恐れるが、その恐怖はその対象がひき起こす現実的な危険性とは不釣り合いである。心的外傷後ストレス障害の場合、その人は実際に、または危うく死ぬか大怪我をするような出来事を体験した後に、恐怖、無感動、反復的な心的外傷の再体験を経験する。たとえば、寮でレイプされた女子学生は、その後に心的外傷的出来事を記憶の中や夢の中で繰り返し再体験したり、周囲に対して無感覚になったり、男性を避けたり、男性と2人きりでいることに強い恐怖を感じたりすることがある。

パニック障害、広場恐怖、全般性不安障害では、その人を脅かす明確な対象はないにもかかわらず、その人は強い不安を感じる。たとえばパニック障害では、その人は強い不安と恐怖の短時間発作に、突然にそして繰り返し圧倒されてしまう。パニック障害の既往症のない広場恐怖では、その人はパニック発作が起こるのではないか、そしてその時に誰も助けてくれないのではないかということを心配するために、公の場所に出ることを恐れる。テリーが経験したような全般性不安障害では、その人は何ヵ月間も続けて文字通り全般的な不安と心配を経験する。

強迫性障害(obsessive-compulsive disorder : OCD)では、その人はコントロール不能で嫌悪的な思考に悩まされており、不安感を避けるために表面的には無意味な習慣的行為を行う。OCDの人は、ガスコンロがついているような気がしてそれを確認するためにベッドを出る、ということを一晩に20回も繰り返すことがある。自分の子どもを殺してしまうと繰り返し考え、ナイフや尖った物を絶対に手の届かないところに置いている人もいる。強迫性障害の人はしばしば不安を感じるが、その不安から直ちに気をそらす方法を身につけている。

この章と次の章では、以前は「神経症」として分類されていた障害について述べる。Freudの理論では、不安を感じているかどうかにかかわらずすべての神経症には潜在的な不安が伴うことが主張された。「神経症」という用語が包括的すぎること、また不安を根本原因だとするのは時期尚早だという理由から、DSM-IIIとDSM-IVでは「神経症」という用語は使われなくなった。知覚された不安と潜在的な不安との区別は今なお確かに有用なものであり、不安障害のみならず身体表現性障害や解離性障害についての洞察を与えてくれることも多いが、本章では不安が実際に知覚される障害について考える。第6章では身体表現性障害や解離性障害を扱うが、これらの障害ではしばしば他の症状から不安の存在が推測されるにもかかわらず、通常は不安が自覚されない。

いずれの不安障害にも、私たちがいろいろな状況で感じる正常で適応的な苦痛について、非常に誇張された解釈をするという共通点がある。こういった正常な恐怖や不安という苦痛について検討することから、これらの障害についての解説を始めよう。

恐怖と不安

恐怖はありふれたもので、単に危険に対する反応にすぎない。われわれが直面する恐怖の程度は、その大部分が仕事や住んでいる場所などに依存する。寒い北海で油田掘削装置を建設するチームの一員であれば、会計士よりは危険である。しかし、ニューヨーク市街に住む会計士はマウイ島で働く人よりは危険を経験しているかもしれない。油田管理者が恐怖を感じる場合、その恐怖は彼が置かれた状況の危険性に直接にかかわっており、彼の反応は適切で正常なものだろう。同様に、午前3時に窓から騒音が聞こえれば、会計士の動悸が激しくなるのも無理はない。このような正常な恐怖と不安はこの章でとり上げる障害とは異なり、現実の危険と一致している。

恐怖の構成要素

恐怖の定義は多元的で、さまざまな要素の組み合わせではあるが、ある1つの要素だけによって決まるものではない(第1章を参照)。したがって、恐怖は人によってそれぞれ異なった形をとって表れる。それでもわれわれは、ある要素が強く、またより多くの要素があるほど、その状態を「恐怖」だと分類することに確信をもつ。

危険を感じるとき、われわれは以下のような4つの側面から成る恐怖反応を経験する。(1)認知的要素——生命と身体に対する脅威の即座の判断、(2)身体的要素——危険に対する身体の危急反応、(3)感情的要素——恐怖、脅威、パニックの感覚、(4)行動的要素——逃げること、恐怖で身動きできないこと、あるいは戦

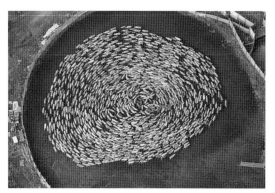

恐怖の症状は状況によって正常にも異常にもなる。ここに示した怯えたトナカイ(左)や、狙撃手の発砲から身を守っているボスニア市民と国連軍兵士(右)の写真から、恐怖の身体的、感情的、認知的、行動的要素が想像されるだろう。(左：Charles Mason/Black Star、右：Agence France–Presse)

うこと(Lang, 1967；Rachman, 1978)。

●**認知的要素**　これは具体的ではっきりした脅威に対し、即時的でほぼ間違いない危害を評価することである。大きなドーベルマンがあなたに向かって威嚇するようにうなっている。あなたは「犬が私に噛みつくだろう」と思い、恐怖がこみ上げ身がすくむのを感じる。暗く寂しい道であなたは急に背後に動きを感じる。あなたは「殺人犯だ」と思い走り出す。その評価への気づきが恐怖に対する身体的反応をひき起こす(Lang, 1979；Thorpe & Salkovskis, 1995)。

●**身体的要素**　これには外的変化と内的変化という2種類の身体的反応が含まれる。外的反応は、われわれを見ている人からも観察されうる。皮膚が青白くなり、鳥肌が立つ、額には玉の汗をかき、手のひらは汗で冷たくなり、瞳孔は広がり、唇は震え、筋肉は緊張し、顔には恐怖の表情が表れる。われわれの内的反応は他者からは観察されえない。内的には、われわれの身体は**危急反応**(しばしば戦うか逃げるかの反応と呼ばれる)のために準備された状態をとる。そのようにして自律神経系の交感神経が活性化されると、心拍数の上昇、酸素をたくさん運ぶために脾臓が収縮し多くの赤血球を放出、速くて深い呼吸、より多くの酸素を取り入れるために気道が拡張、副腎髄質から血液中へのアドレナリンの分泌、筋肉で使用するためのブドウ糖と脂肪酸を肝臓が放出、胃酸の抑制、免疫系の停止、そして膀胱と括約筋のコントロールの喪失──激しく急なストレスがあった場合──、といったことがひき起こされる。

●**感情的要素**　これには恐れ、恐怖、脅威、パニック、不安の感覚、寒気、身の毛がよだつ感じ、みぞおちの不快感を含むことがある。これらの要素は恐怖を描写するときに使われる言葉なので、われわれにも馴染みがある。一般的にわれわれは恐怖によってひき起こされる認知や内的な身体の働きよりも、恐怖の感情的要素に気づきやすい。

●**行動的要素**　これには2種類の行動が含まれる。1つ目は恐怖に対する不随意的反応であり、多くの場合は古典的条件づけの結果生じる。2つ目は道具的反応であり、恐れている対象に対して何かをしようとする自発的な試みである。

いじめっ子が、他の子どもを帰り道で時々いじめることがある。多分その帰り道はかつては安全であったのだろう。そのようなことが何度か起きると、そのかわいそうな子どもはその道に近づくのを怖がるようになる。その子は汗をかく、鼓動が早くなるといった不随意的な恐怖反応を多く示すようになる。これは恐怖の古典的条件づけの例である。第3章から、恐怖の古典的条件づけは、以前は中性であった信号が心的外傷的な出来事と対呈示された場合に生じることが分かっている。このような対呈示の結果として、信号そのものが恐怖をひき起こすようになる。この場合、その道が条件刺激(conditioned stimulus：CS)、いじめっ子に出会うことが無条件刺激(unconditioned stimulus：US)であり、恐怖は条件反応(conditioned response：CR)である。一度条件づけが生じれば、その信号だけでも身体的な危急反応がひき起こされ、他の自発的行動をまったく変えてしまう。この例では、かわいそうな子どもはその道に近づくとポテトチップスをむしゃむしゃ食べる手を止め、漫画本を読むのをやめるだろう。

逃げること、恐怖で身動きできないこと、そして戦うことは、恐怖に反応する際の主要な道具的行動である。逃げる反応には逃避と回避の2種類がある。**逃避反応**の場合は、有害な出来事が実際に起こり、当事者はその場面を離れる。たとえば、同級生から暴力を受けている前述の子どもは、チャンスがあればその帰り道から逃げ出すだろう。同様に、ラットは電気ショッ

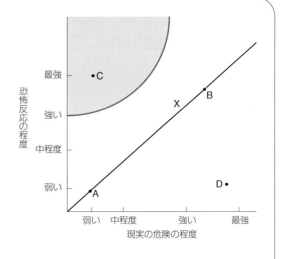

図5-1 恐怖症か正常な恐怖か

この図は、正常な恐怖と恐怖症の区別を図式的に示したものである。危険に伴って生じる恐怖の程度(危急反応の強度によって評価される)に対する、現実の危険の程度(社会的な意見の一致度により評価される)を座標上に点で示した。45度の直線が正常な恐怖を示している。灰色の領域は恐怖症の範囲を表している。Aは仕事中の会計士を、Bは冬の北海で油田掘削装置を建設する労働者を示した点である。おそらく油田労働者のほうが強い恐怖を感じているだろうが、その恐怖の水準は会計士と比べて彼が感じるであろう恐怖に比例している。これに対して、Cは恐怖症患者を示した点である。恐怖症患者の恐怖対象に対する反応は実際の危険に比例していない。Dは勲章を受けた爆弾処理技術者を示した点であるが、その人は実験的に恐怖を感じさせるような課題を課された場合にも反応しない。この爆弾処理技術者のような勇気ある人々は、ほとんどの人が高い水準の恐怖をひき起こすような危険な状況にいるにもかかわらず、最小限度の危急反応を示すだけにすぎない。(Cox, Hallam, O'Conner & Rachman, 1983に基づく)

クを逃れたり終わらせるために障害物を飛び越える。これに対して回避反応の場合は、当事者は有害な出来事が起こる前にその場を離れる。ある信号が悪い出来事に先行する。前述の子どもにとって帰り道はいじめっ子たちが待ち構えているかもしれないという信号であり、それはちょうど音がラットにショックを合図するのと同じようなものである。その子どもは、たとえいじめっ子が暴力を振わなくてもその道から逃げ出し、別の道を通って家に帰るだろう。音に反応することでラットはショックが始まる前にそれを回避し、結果としてショックをまったく起こさないですむ。その信号は、以前のショックと対呈示(前回、当事者は回避反応ができずショックが起きた)されたために恐怖をひき起こし、当事者は信号があると恐怖を取り除くための反応をする。

われわれが出会う恐怖の程度は、われわれの職業と関係があることが多い。ほとんどの人は、トラに近づいたら恐怖を感じるが、この調教師は後ろにいるトラを怖がってはいないようだ。(AP/Wide World Photos, *The Clarion-Ledger*, Schwalm)

恐怖の程度

恐怖の程度は人や状況によって異なる。ライオンに芸を教えるために、椅子と鞭を持って自ら檻に入る人もいる。おそらくライオンの調教師でさえ多少の恐怖を感じるだろうが、われわれのほとんどは非常な恐怖を感じるだろう。それゆえ、われわれは檻の中には入らない。その代わりに、われわれはサーカスや動物園に行く。これは正常な行動だと考えられる。

恐怖反応に幅があるのと同様、危険な状況にも幅がある。恐怖反応がその状況における危険の程度を反映している場合には、その恐怖反応は妥当なものだと判断される。しかし、恐怖反応が危険の総量と不釣り合いである場合、その恐怖反応は異常だと言われる。つまりは恐怖症である(Rosen & Schulkin, 1998)。恐怖は正常で恐怖症は異常であるが、どちらも同じ連続線上にある。恐怖と恐怖症は程度の違いであり、種類が違うのではない(図5-1参照)。

不安と恐怖の区別

不安には恐怖と同じように4つの構成要素があるが、認知的要素に決定的な違いがある。恐怖の認知的要素は明確で具体的な危険があるという思考だが、不安の認知的要素はより分かりにくくてはっきりしない危険についての予期である。恐怖を感じると、その人は生命と身体に対する具体的な脅威があると考え、

「助けて、犬が追いかけてきて私に噛みつこうとしている」と思うかもしれない。不安を感じたときの思考は「何か恐ろしいことが起こるような気がするが、何が起こるかは分からない」というようなものだろう。不安の身体構成要素は恐怖と同じで、危急反応である。たとえば、みぞおちの不快感や恐怖感といったような不安の感情的要素は、恐怖の際にも起こる場合がほとんどである。しかし、恐怖を感じるとその人は行動する(恐怖に凍りつくか逃げるか)ように駆り立てられるが、不安を感じた人はどう行動したらよいかはっきりとは分からない。そして、不安と恐怖の行動的要素はよく似ており、逃げることや戦うことを含んでいることがある。われわれは恐怖を感じたときには脅威的な刺激を標的としてそれに反応するが、不安を感じたときには、その刺激が何かであるかを知ろうと懸命になるものの、反応することは難しい。われわれは恐怖を感じたときにはすばやく反応するが、不安を感じたときには、いつか戦うか逃げるかしなくてはならない場合に備えながら、脅威を特定するための助けとなる手がかりを注意深く調べる。このように、恐怖は現実または現実的な危険の誇張にもとづいているが、不安はより実態のない危険にもとづいている。

ここで具体的な障害について考えてみたい。心理学者はその障害の典型的症状があるということによって不安障害を診断する。しかし、そのような診断が確定される前に、異常な不安をひき起こす一般身体疾患を除外しなければならない。このような一般身体疾患には甲状腺機能亢進、カフェインやニコチンの過剰摂取や喘息用吸入薬のような麻薬類似薬物の使用、さらには副腎腫瘍がある。

恐怖と不安の区別に従って、まず初めに恐怖症と心的外傷後ストレス障害という恐怖を経験した人に見られる障害について考える。その次にパニック障害、広場恐怖、全般性不安障害という不安を経験した人に見られる障害をとり上げる。その患者が不安な感情や思考から何としてでも気をそらせようとしている場合には、強迫性障害だということになる。

恐怖症

恐怖症とは、現実の危険に対してまったく不釣り合いな持続的な恐怖反応である。このような恐怖反応はその人の生活全体を妨げることがある。たとえば、ネコ恐怖症の人はネコに対する極度の恐怖のために、飼いネコと同じ部屋にいることすらできない。その人に飼いネコが人間を襲うことはまれだと繰り返し言って聞かせても、その恐怖はそのまま続くだろう。恐怖が非常に強いために家を出ることさえ恐れている以下の事例について検討してみよう。

アンナは家に引きこもっていた。6ヵ月前、隣が空き家になり草が伸び放題となった。ほどなく、庭は近所のネコのたまり場となった。それからアンナは、もし家を出たらネコが飛びかかってきて自分を襲う、ということに怯えるようになった。彼女のネコに対する恐怖は30年来であり、彼女の記憶では父親が子ネコを溺死させたのを見たという4歳のときからのものである。彼女は父親が実際にそんなことをしたとは思えないと言うが、にもかかわらず彼女は恐怖にとりつかれていた。ネコを見ると彼女はパニックになり、完全に恐怖に圧倒されてしまうこともあった。彼女はネコに対する恐怖のことしか考えられなかった。彼女は不意に動くもの、影や音を何でもネコだと思った。

アンナは、もし外に出たらネコが襲ってくるのではないかということを心配しているため、家に引きこもっている。彼女の恐怖は、実際にネコに襲われるという現実の危険とはまったく不釣り合いである。現実の危険性はほとんどないに等しいが、彼女の恐怖は過剰で不合理である。彼女の問題は正常な恐怖の範囲を超えており、恐怖症である。

以下のような症状が存在し、その症状が持続している場合には、ほぼ問題なく恐怖症と診断される。(1)現実の危険とは不釣り合いな、ある特定の状況に対する持続的な恐怖。(2)その状況に曝されることでひき起こされる非常に強い不安やパニック。(3)その恐怖に対する過剰で不合理な認知。(4)恐怖状況の回避。(5)その症状は他の障害によるものではない(APA, 1994 ; Marks, 1969)。

恐怖症が異常であるということには疑問の余地はない。第1章で述べた異常性の要素の多くが見られることが、その人を苦しめる。そういった人たちの活動はかなり制限されることから、不適応的という異常性がある。また、そういった人たちの危険の感覚は現実の危険に対して不釣り合いなものであることから、不合理性という異常性がある。恐怖症の人は他者を不快にし、その行動は社会的に容認されないものと見なされている。恐怖症はその人がコントロールできないものであり、恐怖症に苦しむ人は恐怖を取り除きたいと思っている。

恐怖症状はすべての恐怖症患者に共通しているが、恐怖の対象はかなり異なっている。花に対する恐怖(花恐怖症)、数字の13に対する恐怖(13恐怖症)、雪に対する恐怖(雪恐怖症)といった珍しい恐怖症が報告されているが、これらは非常にまれなものである。われわれの社会で最もよく見られる恐怖症は、社交恐怖と特定の恐怖症である(表5-1参照)。

表5-1 特定の恐怖症

恐怖症		性差	発症年齢
動物型		大多数が女性	小児期
ネコ(ネコ恐怖症)	トリ(トリ恐怖症)		
イヌ(イヌ恐怖症)	ウマ(ウマ恐怖症)		
昆虫(昆虫恐怖症)	ヘビ(ヘビ恐怖症)		
クモ(クモ恐怖症)	ネズミなどの小動物(ネズミ恐怖症)		
自然環境型		女性に多い	あらゆる年代
汚れ(不潔恐怖症)	暗闇(暗闇恐怖症)		
嵐(嵐恐怖症)	雷や稲妻(雷恐怖症)		
高所(高所恐怖症)	水(水恐怖症)		
状況型		女性に多い	小児期と20代半ば
閉ざされた場所(閉所恐怖症)	飛行機		
橋	トンネル		
エレベーター			
血液・注射・外傷型		おそらく女性に多い	小児期後期
その他の型		性差なし	中高年
死に対する恐怖症(死恐怖症)			
がん(がん恐怖症)			
性病(性病恐怖症)			

特定の恐怖症

　特定の恐怖症には5つの型がある。(1)動物型：一般的には、ネコ、イヌ、トリ(ハトが最もよく見られる)、ネズミ、ヘビ、昆虫などである。(2)自然環境型：これには、汚れ、高所、暗闇、風、水、嵐などがある。(3)状況型：一般的には、橋、エレベーター、飛行機で飛ぶこと、トンネル、閉ざされた場所、公共輸送機関などである。(4)血液・注射・外傷型。(5)その他の型：これには病気や死などがある。これらを総合するとすべての恐怖症の約半数を占める(Boyd, Rae, Thompson & Burns, 1990)。アメリカ合衆国における特定の恐怖症の生涯有病率は、最新の推計では11.3％だが、外出できないほど重症の恐怖症は成人の約1％にすぎない(Magee, Eaton, Wittchen, McGonagle & Kessler, 1996；Regier, Narrow & Rae, 1990)。

子ども時代の具体的な出来事が恐怖症のきっかけになる場合がある。この子どもは将来、イヌ恐怖症になるかもしれない。(ⓒ1982 Frostie/Woodfin Camp)

●**動物型**　アンナのネコ恐怖症のように、動物恐怖はほぼ例外なく小児期に始まり、成人期までにはなくなる場合が多い。子どもがイヌに噛まれた後にイヌ恐怖症となったり、肩にトリが止まったことでトリ恐怖が始まることがある。動物恐怖は非常に焦点化されている。アンナはネコは怖がるが、イヌやトリはむしろ大好きなのである。動物恐怖症の大多数は女性であるとされている(Bourdon, Boyd, Rae & Burns, 1988；Fredrikson, Annas, Fischer & Wik, 1996；Marks, 1969)。

●**自然環境型**　高所、嵐、汚れ、暗闇、流れている水、風に対する不合理な恐怖が自然環境型の大多数を占める。動物型と同様にその症状は特定の対象に絞られており、その人はその他の点では心理学的に正常である。この型の恐怖症は動物恐怖症よりはやや多く見られ、通常小児期に始まり、男女にほぼ同程度に生じる(Fredrikson, Annas, Fischer & Wik, 1996)。

●**状況型**　飛行機で飛ぶこと、橋、公共輸送機関、トンネル、閉ざされた場所、エレベーターが状況型恐怖症のきっかけとなる。この型の恐怖症は男性よりも女性に多い。始まりは小児期または成人初期であり、時にその恐怖症が心的外傷的な出来事に組み込まれて

第 5 章　不安障害

DSM-IV-TR の診断基準

特定の恐怖症

A. ある特定の対象または状況（例：飛行、高所、動物、注射をされること、血を見ること）の存在または予期をきっかけに生じた、強くて持続的な恐怖で、過剰または不合理なものである。

B. 恐怖刺激に暴露されると、ほとんどの場合、ただちに不安反応が誘発され、それは、状況依存性または状況誘発性のパニック発作の形をとることがある。
注：子どもの場合、不安は、泣く、かんしゃくを起こす、立ちすくむ、またはしがみつくことで表現されることがある。

C. その人は、恐怖が過剰であること、または不合理であることを認識している。
注：子どもの場合、こうした特徴のない場合もある。

D. その恐怖状況は回避されているか、そうでなければ、強い不安または苦痛を伴い耐え忍ばれている。

E. 回避、不安を伴う予期、または恐怖状況の中での苦痛のために、その人の正常な毎日の生活習慣、職業上の（または学業上の）機能、または社会活動や他者との関係が障害されており、またはその恐怖症があるために著しい苦痛を感じている。

F. 18歳未満の人の場合、持続期間は少なくとも6ヵ月である。

G. 特定の対象または状況に関する不安、パニック発作、または恐怖症性の回避は、以下のような他の精神疾患ではうまく説明されない。例えば、強迫性障害（例：汚染に対する強迫観念のある人のごみや汚物に対する恐怖）、心的外傷後ストレス障害（例：強いストレス因子と関連した刺激の回避）、分離不安障害（例：学校の回避）、社交恐怖（例：恥ずかしい思いをすることに対する恐怖のために社会的状況を回避する）、広場恐怖を伴うパニック障害、またはパニック障害の既往歴のない広場恐怖。

（訳注：原書は DSM-IV だが、ここでは DSM-IV-TR APA, 2000, 高橋三郎・大野裕・染矢俊幸訳『DSM-IV-TR 精神疾患の診断・統計マニュアル（新訂版）』医学書院、2004を修正し引用した）

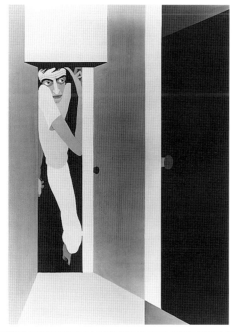

この絵は閉所恐怖症の人が感じる閉ざされた場所に対する恐怖感を表している。（John Vassos；the Mayfield and George Arents Research Libraries, Syracuse University の厚意による）

いることもある。たとえば、自分が降りたまさにその飛行機が次の空港で墜落した後で、19歳の人が飛行機恐怖症を発症するというのがその一例である。

●**血液・注射・外傷型**　この型の人は血、注射、外傷を目にすることに強い不安を感じる。彼らはこの恐怖症のために、しばしば医学的処置を避ける。彼らは流血もののホラー映画を見ることや、手足切断について考えることにはとても耐えられない。控えめに見積もっても、少なくとも人口の約4％がこの恐怖症を発症する（Agras, Sylvester & Oliveau, 1969；Costello, 1982）。男性よりも女性にやや多いとされており、通常は小児期後半に発症する（Kleinknecht, 1994；Kleinknecht & Lenz, 1989；Öst, 1987）。

●**その他の恐怖症**　この型には、窒息（McNally, 1994）や、嘔吐、病気にかかること（疾病恐怖症）が含まれる。疾病恐怖症の患者が恐れる病気の種類は長年の間に変化したものの、患者はある特定の病気にかかることを恐れる。19世紀には、疾病恐怖症の人は結核や梅毒、その他の性病にかかることを恐れた。最近では、がん、心臓病、脳卒中、エイズが恐れられている。このような人は通常まったく健康だが、特定の病気にかかっている、あるいはかかるかもしれないということをずっと心配し続けている。その人は、わずかな病気の徴候を見つけようと体中をくまなく検査する。また、恐怖自体によっても胸がしめつけられる感じや腹痛といった症状が生じるので、その人はこういう症状を自分が病気にかかっていることのさらなる証拠だと考える。そして、腹痛や胸部痛が強まるほど、その人は自分が恐ろしい病気にかかっているという確信を強めるという悪循環になる。疾病恐怖症全体についての報告では性差は見られないが、がん恐怖症は女性に多い傾向にあり、性病に対する恐怖症はたいてい男性に起きる（Fredrikson, Annas, Fischer & Wik,

DSM-IV-TR の診断基準

社交(社会)恐怖

A. よく知らない人達の前で他人の注視を浴びるかもしれない社会的状況または行為をするという状況の1つまたはそれ以上に対する顕著で持続的な恐怖。その人は、自分が恥をかかされたり、恥ずかしい思いをしたりするような形で行動(または不安症状を呈したり)することを恐れる。
注：子どもの場合は、よく知っている人とは年齢相応の社交関係をもつ能力があるという証拠が存在し、その不安が、大人との交流だけでなく、同年代の子どもとの間でも起こるものでなければならない。

B. 恐怖している社交的状況への曝露によって、ほとんど必ず不安反応が誘発され、それは状況依存性、または状況誘発性のパニック発作の形をとることがある。
注：子どもの場合は、泣く、かんしゃくを起こす、立ちすくむ、またはよく知らない人と交流する状況から遠ざかるという形で、恐怖が表現されることがある。

C. その人は、恐怖が過剰であること、または不合理であることを認識している。
注：子どもの場合、こうした特徴のない場合もある。

D. 恐怖している社交的状況または行為をする状況は回避されているか、またはそうでなければ、強い不安または苦痛を感じながら耐え忍んでいる。

E. 恐怖している社交的状況または行為をする状況の回避、不安を伴う予期、または苦痛のために、その人の正常な毎日の生活習慣、職業上の(学業上の)機能、または社会活動または他者との関係が障害されており、またはその恐怖症があるために著しい苦痛を感じている。

F. 18歳未満の人の場合、持続期間は少なくとも6ヵ月である。

G. その恐怖または回避は、物質(例：乱用薬物、投薬)または一般身体疾患の直接的な生理的作用によるものではなく、他の精神疾患(例：広場恐怖を伴う、または伴わないパニック障害、分離不安障害、身体醜形障害、広汎性発達障害、または統合失調質パーソナリティ障害)ではうまく説明されない。

H. 一般身体疾患または他の精神疾患が存在している場合、基準Aの恐怖はそれに関連がない。たとえば、恐怖は、吃音症、パーキンソン病の振戦、または神経性無食欲症または神経性大食症の異常な食行動を示すことへの恐怖でもない。

(訳注：原書はDSM-IVだが、ここではDSM-IV-TR, APA, 2000, 高橋三郎・大野裕・染矢俊幸訳『DSM-IV-TR 精神疾患の診断と統計マニュアル(新訂版)』医学書院、2004を修正し引用した)

1996)。この障害にはしばしば他の心理的問題が伴い、通常は中年期に生じる。疾病恐怖の人は、その人が恐れる病気にかかった人を知っていることが多い。

社交(社会)恐怖

社交(社会)恐怖の人たちは注視されることを恐れる。彼らは恥をかかされたり、恥ずかしい思いをするような形で行動すること、パニック発作を起こしてしまうことを恐れる。彼らは、その恐怖が過剰であること、または不合理であることを認識しているが、不安をひき起こすと思われる社会的状況を避けている。そのため社交恐怖の人は、たとえば嘔吐して恥をかくことを恐れるためにレストランで食事ができない場合もある。学生ならば、激しく震えてしまうのではないかという恐怖のために、試験中に教師に見られると書く手を止めてしまうことがある。工場労働者ならば、見られていたら仕事ができないことを心配して、仕事に行かなくなることがある。その恐怖はたいてい非現実的で、震えるのではないかと恐れる人は震えないし、人前で嘔吐することを恐れる人が実際に人前で嘔吐することはない。社交恐怖には、会話、パーティー、デートなどを無差別にすべて回避する**全般的**なものと、権威ある人の前で話をするというような1種類の社会的状況を回避する**特定**のものがある。

右側の少女は社交恐怖かもしれない。彼女は友達と付き合いたいと思っているが、恥をかかされたり、恥ずかしい思いをすることへの恐怖から、それを避けているのかもしれない。(©Richard T. Nowitz/Corbis)

社交恐怖の内容や社交恐怖に対する脆弱性には、おそらく文化が大きな影響を与えているだろう。日本文化は欧米文化よりもかなり相互依存的である。日本では社交恐怖に似た対人恐怖症(taijin kyofusho：TKS)が見られる。TKSとは、赤面すること、おならをすること、じっと見ること、不適切な表情をすること、自分が醜いために他者の気分を害したり当惑させることに対する恐怖である。その人は、この恐怖のために家族や周りの人に恥をかかせることを心配して、社会

的状況を回避するようになる。たとえば、赤面恐怖の人はできる限り社交的集まりに参加しないようにするだろうが、どうしても参加しなければならない場合には顔色を隠すためにファンデーションを重ね塗りするだろう。西洋でいう社交恐怖にあたるTKSの典型的な発症年齢は青年期であり、日本では女性よりも男性に多く見られる(Kleinknecht et al., 1997)。

　社交恐怖は通常は青年期、時に小児期に始まり、25歳以降で発症することはめったにない(Schneier et al., 1992)。しかし、小児期早期にその前触れがあることもある。Schwartz, SnidmanとKagan(1999)は79名を1歳から13歳まで追跡調査した。幼児期に内気で新奇な事柄を避けていた者は、社会的に不安を感じやすい少年少女になっており、これは女子により多く見られた。研究者は一般的に社交恐怖は男性よりも女性に多く、貧困層に際立って多いことを見出している。なぜそうであるかは分かっていないが、他の人を避けるためにかかる経済的負担が大きいために、社交恐怖の患者が貧しくなってしまうこともあるかもしれない。

　特定の恐怖症と社交恐怖は他の障害との「併存」(同じ人が2つかそれ以上の障害になっているが、それは必ずしも同時期である必要はない)が非常に多く、うつ病やその他の不安障害との併存が特によく見られる。全米の8,098名を対象とした併存についての全国調査では、アメリカ合衆国での社交恐怖の生涯有病率は13.3％であった(Beekman, et al., 2000 ; Magee, Eaton, Wittchen, McGonagle & Kessler, 1996)。この調査では障害のパターンについても調べており、特定の恐怖症の人では83.4％、社交恐怖の人では81％が他の障害を併せもっていることが見出されている。不安と抑うつが非常に併存しやすいことは、それらが独立した基礎的感情ではなく、どちらも否定的感情と呼ばれる基本的で一般的な水準の苦痛の一部であるということから説明が可能である(Joiner, Catanzaro & Laurent, 1996)。

恐怖症の病因論

　恐怖症の原因の説明として、生物学的説明、行動論的説明の両方が提唱されている。まず生物学的理論を、次に行動論的理論を説明する。また、どうしてわれわれはある対象を恐れるようになったり、その恐怖を消去することが難しくなるのかということを説明するうえで、生物学的理論と行動論的理論がどのように関連しているか、ということについても解説する。

生物学的説明

　恐怖症についての生物学的説明には、遺伝学的根拠と神経生理学的根拠の2つがある。たとえば、二卵性双生児よりも一卵性双生児のほうが2人とも恐怖症になりやすいということが研究により見出されている(Kendler, Neale, Kessler, Heath & Eaves, 1992)。このことは、その人の遺伝子型が恐怖症発生の一因となる可能性を示している。他の研究では、特定の恐怖症患者の第一度近親(父、母、きょうだい)では、その約31％がやはり恐怖症であることが分かっている(Fyer et al., 1990)。このことは遺伝的脆弱性が果たす役割を示しているが、同時に環境的要因が影響する可能性も残されている。

　神経生理学的要因も恐怖症に影響している可能性があると言われている。恐怖症の人では、特に不安に関係すると考えられている大脳辺縁系のセロトニンとドパミンの経路に異常が見られる(Stein, 1998)。恐怖症の人は、主として生理的覚醒の抑制を助けるガンマアミノ酪酸(gamma aminobutyric acid : GABA)の水準が低いことも分かっている。これらの異常は特に不安が誘発される状況で生じる傾向があり、そのため恐怖症が発生する可能性が高くなるということを多くの研究者が指摘している。最近の研究では、恐怖症の形成には扁桃体の働きが深くかかわっていることも示されている。扁桃体は大脳辺縁系にあり、感情の連合にかかわる部分である(LeDoux, 1998 ; Merckelbach, de-Jong, Muris & van den Hout, 1996 ; Ninan, 1999)。

行動論的説明

　上記の遺伝的・神経生物学的要因は示唆に富むものだが、恐怖症を理解するのに最も有効な方法は行動論的説明である。多くの研究者や臨床家が、人間の恐怖症は、実験動物が古典的条件づけによって身につけた条件反応と同じような形で発生すると考えている(Eyesenck, 1979 ; Seligman, 1970, 1972)。この恐怖症の行動分析は、正常な恐怖と恐怖症が同じような形で学習されるとの想定から始まった。恐怖と恐怖症はどちらも、中性の刺激が悪い出来事と同時に起きた場合にひき起こされる。悪い出来事の程度が軽ければ、中性の刺激は弱い恐怖をひき起こす。しかし、悪い出来事が著しく心的外傷的であれば、その刺激はひどく恐ろしいものとなり恐怖症が発生する。つまり、恐怖症の条件づけは、著しく心的外傷的な無条件刺激による恐怖の古典的条件づけの一例である。

　ここで古典的条件づけの手続きを確認しよう。古典的条件づけは「条件刺激(CS : conditioned stimulus)——または信号——と、強い無条件反応(UR : unconditioned response)をひき起こす無条件刺激(US : unconditioned stimulus)——または恐怖の条件づけの場合では心的外傷的出来事——が同時に起こることによって成り立つ。その後、以前は中性だった条件刺激(CS)が、無条件反応(UR)とよく似た条件反応(CR : conditioned response)をひき起こすようになる。条件

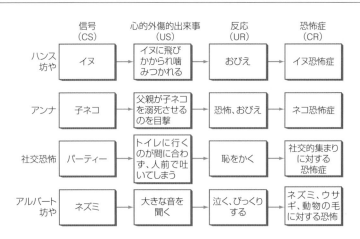

図5-2　恐怖症の行動論的説明
信号(CS)が心的外傷的な出来事(US)と対呈示されると、反応(UR)が引き出される。その後、再びCSが生じると、恐怖症(CR)が生じる。

反応(CR)は恐怖症的反応であり、条件刺激(CS)は恐怖対象である。この考え方は、John, B. WatsonとRosalie Raynerが1920年に行った実験に端を発する。この実験は当時は先進的であったが、現在では倫理的に問題があるとされている。

　アルバート坊やは正常で健康な生後11ヵ月の乳児であり、生まれたときから母親が乳母として働く病院で育てられていた。全体的に見て、彼は大きく、おっとりしていて、感情的に過敏ではなかった。ある日、アルバートは白ネズミを見せられた。彼はネズミに触ろうと手を伸ばした。彼の手がネズミに触れたそのときに、実験者がアルバートの頭上に下げられていた金属の棒をハンマーでたたいた。すると、驚くほど大きな音がして、アルバートはびくっとして手を引っ込め、マットレスの中に頭を隠して泣き出した。このネズミと音の対呈示が何回か繰り返された。その後、アルバートはネズミを見せられると泣き出すようになった。彼はあわてふためき、できるだけ早く這って逃げるようになった。WatsonとRayerはアルバート坊やに恐怖症を条件づけしたのである。

今日では、臨床家は恐怖症の多くの事例を、恐ろしい状況における条件反応として発生したものと考えている。たとえば、イヌがえさを食べているときに子どもが間違って犬を驚かせてしまうとする。びっくりしたイヌ(CS)はその子どもに飛びかかり噛みつく(US)。その子どもはおびえて(UR)、どんなイヌでも怖がるようになりイヌ恐怖症となる(CR)。そうなると、その子どもはイヌ(CS)を見るたびに怯えて恐怖症状を示すようになる(CR)（図5-2参照）。しかし、話は単純な古典的条件づけよりも複雑である。心的外傷的出来事による古典的条件づけの説明は、恐怖症の一側面を説明しているにすぎず、直接的な恐怖体験だけで恐怖症になるわけではない(Fredrikson, Annas & Wik, 1997)。

恐怖症の選択性

　恐怖症は、非常に限られた対象群に対してのみ生じることがほとんどである。しかし、通常の恐怖の古典的条件づけは、偶然に心的外傷的出来事の近くに存在していたあらゆる対象に対して生じる。暗闇と枕はどちらも夜間の心的外傷的出来事と対呈示されるが、なぜ暗闇恐怖症はよく見られ、枕恐怖はないのだろうか？ ナイフは傷害と対呈示されることが多いにもかかわらず、なぜナイフ恐怖症は非常にまれなのだろうか？ なぜ電気コンセント恐怖症というものを聞かないのだろうか？ ネズミ恐怖症、イヌ恐怖症、クモ恐怖症はあるのに、なぜヒツジ恐怖症はないのだろうか？

　WatsonとRayerは、アルバート坊やに対して容易にネズミ恐怖症を条件づけできることを発見した。しかし、アメリカにおける初期の学習理論学者 E. L. Thorndike(1874-1949)は、自分の子どもを尖った物に近づかないようにしたり、道路に出ないようにしつけることが難しいと感じていた。こういった悪いことは、お尻をたたかれることと対呈示されていたにもかかわらず、しつけるのは難しかったのである。恐怖症の条件づけは、実験室の中でも外でも、明らかに非常に選択的なものである。

古典的に条件づけられたイヌに対する恐怖は、無条件刺激(イヌ)と無条件反応(恐怖)が対呈示されることから始まる。進化論的説明によれば、この絵のようなイヌに出会った子どもは、すべてのイヌ(条件刺激)に対する恐怖症(条件反応)を発症するように「準備」されていると考えられるだろう。(Rufino Tamayo, *Animals*, 1941, oil on canvas, 36" by 28," The Museum of Modern Art, New York)

選択的判断を生じさせるのは生物学的レベルの分析である。一般的に恐怖症の対象となるものの大部分は、かつての工業化以前の人間にとっては現実に危険であった対象である(De Silva, Rachman & Seligman, 1977；Zafiropoulou & McPherson, 1986)。このような自然な選択は、おそらくわれわれの祖先にとっては有利に働いただろう。われわれの先祖は、それらの危険な刺激と対になった心的外傷的出来事に多少は曝されており、見知らぬ人、人ごみ、高所、昆虫、大型動物、汚れは危険だという学習に対する準備状態が整えられていた。このような霊長類は、それらの現実的危険を徐々に学習しただけにすぎない個体よりも、生殖と生存において明らかに有利だっただろう。

このようにして、特定の対象群(いずれもかつては人間にとって危険であり、心的外傷的出来事と容易に条件づけられる)が進化的に選択されたのだろう。恐怖を条件づけにくい他の対象群(仔ヒツジ、電気コンセント、ナイフなど)は進化によって除外されたのだろう。その理由は、それらがまったく危険でなかったか、自然に選択されるには起源が新しすぎるためである。このような進化論的説明に従えば、ネコは危険ではないと言い聞かせてネコ恐怖症の人を説得しようとすることはまったく意味がないが、その同じ人に対して、その人が働いているビルはきちんと耐火性になっていると説得することは非常に容易である。

スウェーデンの Uppsla 大学の Arne Öhman、Kenneth Hugdahl らは、進化論的に準備された恐怖症の実験版を作った(Öhman, Fredrikson, Hugdahl & Rimmo, 1976)。準備された恐怖のさまざまな条件刺激(たとえば、ヘビやクモの写真)と、準備されていない恐怖の条件刺激(たとえば、家、顔、花の写真)を使って、ボランティア学生に恐怖の条件づけを行った。典型的な実験では、「準備された」グループは、10秒後に短時間の痛みを伴う電気ショックが与えられる合図としてヘビの写真を見せられた。「準備されていない」グループは、ショックの合図として家の写真を見せられた。恐怖の条件づけは電気皮膚反応(発汗と類似したもの)によって測定された。ショックと対呈示した場合、準備された合図のほうが準備されていない合図よりも、より速やかに恐怖の条件づけが起こった。実際、ヘビやクモの場合は1回の対呈示で条件づけが生じたが、家や花の場合は4、5回かかった。さらに、条件づけの最後に電極が取り外され、もうこれ以上ショックは与えられないと被験者に告げると、家や花では恐怖がすぐに消去されたが、ヘビやクモに対する恐怖はそのまま変化しなかった(Hugdahl & Öhman, 1977)。

この研究は、人間はその他の対象よりも特定の対象を恐れることを学習するように準備されているらしいということを明らかにした。それでは、潜在的に恐怖の対象となりうる銃について考えてみよう。銃は恐怖の条件づけに対して進化的に準備されるには新しすぎるが、小説、テレビ番組、親からの注意といった、多くの文化的準備がなされている。銃への恐怖は、ヘビやクモに対する恐怖または家や花に対する恐怖のどちらと同じ性質をもっているのだろうか？　銃は条件づけの性質としては、クモやヘビではなく家や花に類似していることが分かっている。これは、クモやヘビを恐れるようになる準備は生物学的なものであり、文化的なものではないということでもある。同じような例として、公園を歩いているときにヘビを見たイギリスの4歳の少女について述べた研究者がいる。少女はヘビに興味をもったが、それほど怖がってはいなかった。そのしばらく後に、少女は家族の車に戻り、車のドアに手を挟んでしまった。少女は一生涯に渡る恐怖症となったが、それは車のドアではなくヘビに対する恐怖症だった(Marks, 1977)。

Susan Mineka らは、アカゲザルを使ったいくつかの実験から、準備された恐怖症の進化的な優位性を明らかにした。これらの研究は、恐怖症は観察を通してもひき起こされるということを示した。ヘビを怖がる親ザルに育てられた若いサルは、直接にヘビに接することがなくてもヘビを怖がるようになった。それらの研究のうちの1つでは、若いサルが本物のヘビやおもちゃのヘビを見せられて怖がる親ザルの行動を観察した。この6匹の青年サルのうちの5匹が、急にヘビに対して激しく持続的な恐怖を示すようになった(Mineka, Davidson, Cook & Keir, 1984)。人間の子どもも「代理」条件づけ——つまり、親や友人が恐怖症を示すのを見ること——を通して恐怖症を発症する。さらに人間の子どもは、今後恐れるようになる対

象についての怖い話を聞いた後に恐怖症となることもある（Annas, 1997；King, Elenora & Ollendick, 1998, Mineka, Davidson, Cook & Keir, 1984；Rachman, 1990）。このような条件づけの容易さが、準備状態があることを示している。恐怖症の選択性と非合理性は、恐怖症が一般的な古典的条件づけの実例ではなく、準備された古典的条件づけの実例であることを示唆している。進化的に危険な対象が心的外傷的出来事と対呈示されると、その対象が恐怖対象になるように準備される。しかし、他の対象では異なっており、その対象が恐怖対象となるためにはより強力で心的外傷的な条件づけが必要となる（McNally, 1987；Menzies & Clark, 1995；Regan & Howard, 1995）。

　対呈示がまったくないのに突然起こる恐怖症もある。ニュージーランドのDunedinに住む1000人の子どもを、幼少期から26歳という長期間にわたって追跡した研究がある。研究者は子どもたちが精神障害を発症するかどうかということと、子どもたちが心的外傷的出来事を経験したかどうかを追跡調査した。たとえば、高所に対する恐怖、水に対する恐怖、分離への恐怖、歯科への恐怖が調査され、併せて関連する心的外傷的出来事の有無が調査された。高所、水、分離恐怖については、重要かつ驚くべき結果が得られた。これらはすべて進化的に準備された恐怖である。これらの恐怖症を発症した者は、それらの対象に対する悪い経験をほとんどまたはそれほどしていなかった。これに対して歯科に対する恐怖（準備されていない恐怖）があった者は、歯科での悪い経験をより多くもっていた。このことは、潜在的な恐怖対象を早期に体験すると、それらの対象に慣れて恐怖症が予防されるが、その対象についての経験が不足していると、その対象は潜在的な恐怖対象のままになってしまうことを示している。したがって、たとえ恐怖対象と心的外傷的出来事が対呈示された経験がなくても、関係のないストレス（恐怖症の対象とは無関係な出来事）があると、やはり準備された恐怖が生じることがある（Poulton & Menzies, 2000）。

恐怖症の持続性

　恐怖症は明らかに変化しにくい。行動分析によっても恐怖症の持続性を説明したり、恐怖症の特徴を明らかにすることができるだろうか？　実験室で音と電気ショックを数回対呈示して恐怖の古典的条件づけが行われた場合、その後に電気ショックなしで音だけが呈示されれば速やかに消去が起きる。電気ショックなしで音を呈示すれば、10～20回以内で恐怖は消え去る（Annau & Kamin, 1961）。一方、恐怖症は非常に強固である。恐怖症は消去に抵抗すると考えられ、一生涯続く場合もある。恐怖の古典的条件づけという短時間しか持続しない現象に基づいたモデルから、長期間

このスチール写真は、チャールズ・ディケンズ原作の映画「大いなる遺産（原題：Great Expectations）」で、Miss Havishamを演じたジーン・シモンズ（Jean Simmons）である。Miss Havishamは結婚式に花婿が現れなかった後、何十年もの間ウエディングドレスとベールをずっと身に着けている。教会の祭壇に一人ぼっちで残されたという恥ずかしさに苦しんだ後、Miss Havishamは自分が会うと決めた人以外とは会わず、家に閉じこもっていた。彼女が決して再び外に出ようとしなかったために、彼女の社交恐怖は持続したのだろう。(Photofest)

続く恐怖症をどのようにとらえることができるだろうか？　恐怖の条件づけにおける消去手続きは、恐怖が起こるという信号が被験者に呈示されるが、その後に心的外傷的出来事が起こらないという場合に生じる。たとえば、以前電気ショックを与えたときと同じ箱にラットを入れる。以前に電気ショックと対呈示された恐怖をひき起こす音が鳴るが、ショックは与えない。このラットは音がしても逃げることができないので、もはや音からはショックを予測できないという事実を知ることになる。なぜなら、ラットは逃げられないので、その現実を分析し、信号の後に心的外傷的出来事はもう起こらないということを知るのである。こうした条件の下で、恐怖はすみやかに消失する。

　これに対して、恐怖症の人が恐怖の現実を分析することはめったにない。恐怖対象が周りにある場合、恐怖症の人が無抵抗に消去手続きに曝されていることはまずない。それよりも、患者はできるだけ早く逃げる。たとえば、アンナはできる限りネコを避けるが、もし偶然にネコに出会ってしまったらできるだけ早く逃げるだろう。彼女は、ネコの前に留まって何が起こるかを確かめる、というような現実の分析はしないだろう。これと似たような状況が実験動物にも見られる。逃げる機会を与えられていれば、ラットはショッ

ク(US)の信号となる音(CS)を聞くと逃げるだろう。これは、ラットがその場に留まっている時間が短すぎるために、その後にショックが与えられることはもうないと知ることができないということである(Baum, 1969；Roscorla & Solomon, 1967；Seligman & Johnston, 1973)。

かつてパーティーで嘔吐し恥ずかしい思いをしたために、パーティーに参加しなくなった社交恐怖の患者について考えてみよう。彼は完全にパーティーを避けており、もしも参加しなければいけない場合にはできるだけ早く逃げ出している。彼は自分がパーティー(CS──信号)に参加したら、また嘔吐して(US─心的外傷体験)、恥ずかしい思いをする(UR──反応)だろう、と恐れている。彼は消去手続き──パーティーに出て、自分が吐かずに恥ずかしい思いもしないということを発見する──に自分を曝そうとしないために、彼の恐怖は消去されない。彼は、パーティー(CS)に行っても、嘔吐(US)や恥ずかしい思い(UR)をすることはもうないという事実を分析していない。信号からの逃避や心的外傷体験の回避ができるようにするとラットの恐怖が消去されないのと同じで、恐怖対象を回避、逃避できるということで、恐怖対象に対する恐れが消去されないことになる。

このことから、準備された条件づけが消去に抵抗する可能性が考えられる。Joseph LeDoux(1996)は、恐怖の条件づけにかかわる神経回路について研究した。動物が怯えるときには、震え、血圧の上昇、心拍数の増加、ストレスホルモンの血液中への放出といった危急反応が表れる。LeDoux は、恐怖反応が古典的に条件づけられた際には、側頭葉の扁桃体という部位が活性化し記憶の処理を行っていることを指摘した。これは、時間や場所など恐怖的でない情報を思い出すシステムとは異なる。このシステムの条件づけは速やかであるが非常に強力なもので、LeDoux はこのような脳の神経回路が一度作られると、それを消去することは難しい、もしくは不可能であると主張している。さらに、恐怖症には遺伝的素因があるようだ。8組の一卵性双生児のうちの7組は、双子の両方が恐怖症的特徴をもっていた。しかし二卵性双生児の場合には、双子の両方が恐怖症的特徴をもっていたのは、13組のうちの5組にすぎなかった(Carey & Gottesman, 1981；Marks, 1986；Neale et al., 1994)。つまりは、恐怖症の選択性、代理条件づけ、遺伝的脆弱性の相違が、進化的に準備された古典的条件づけとしての恐怖症の実体ということになる。

恐怖症の治療

行動分析は治療について直接的予測ができる。実験的に条件づけられた恐怖を消去する行動分析的手続き

精神科医である Joseph Wolpe が、患者に系統的脱感作法を行っている。患者は深いリラックス状態で、恐怖がひき起こされる場面を思い浮かべる。患者は恐怖に耐えられえなくなったら、人差し指を挙げて知らせる。(Dr. Joseph Wolpe の厚意による)

は、恐怖症の治療にも用いられる。系統的脱感作法、エクスポージャー、モデリングの3種類の行動療法は、恐怖症に対して非常に効果があることが証明されている。加えて、血液恐怖に対する新しい治療法として開発された応用緊張も、非常に効果があることが証明されている。いずれの方法も、行動分析の枠組みの中で開発されたものである。

系統的脱感作法

系統的脱感作法は、南アフリカの精神科医である Joseph Wolpe によって1950年代に開発された。系統的脱感作法には、リラクゼーションの練習、不安階層表の作成、反対条件づけの3つの段階がある。第1段階では、治療者は恐怖症患者に対して十分な筋肉の弛緩が得られるようなリラクゼーションの訓練を行う。その方法は、患者は目を閉じて座るか横になり、全身の筋肉を完全に弛緩させるというものである。このリラックス状態は、第3段階で恐怖を中和するために使用される。なぜなら、人は十分に筋弛緩した状態で、それと同時に恐れを感じることはできないからである(つまり、恐怖とリラクゼーションは両立しえない反応なのである)。第2段階では、患者は治療者の助けを借りて不安階層表を作成する。不安階層表では、実際に起こりうる最も恐ろしい場面(たとえば、外傷恐怖の人ならば身体に障害のある人に出会うこと)が、その人にとっての最高の階層に位置づけられる。ほんのちょっとした不安が生じること(たとえば、救急車を見かける)は最低の階層となる(Wolpe, 1969)。

第3段階では、段階的な反対条件づけによって恐怖対象に対する恐れを取り除く。つまり、恐れられている CS と同時に、恐怖とは両立しえない反応をひき起こすのである。患者は深くリラックスした状態で、まずは不安階層表の最も恐怖の弱い場面を思い浮かべる。これには2つの目的がある。1つは、救急車とい

うCSと、本来の心的外傷的なUSが起こらないということを対呈示するという目的である(CSを本来のUSなしで呈示することがCSへの反応を弱める消去手続きである、ということを思い出してほしい)。2つ目の目的は、恐怖に対するこれまでの反応を中和する筋弛緩という新しい反応が、CSが呈示されている最中に起こるということである。患者が不安階層表の最下位の場面を、恐怖をまったく感じずに思い浮かべることができるようになるまでこの手続きが繰り返される。その次に、最初の場面よりはほんの少しだけ強い恐怖を感じる第2番目の場面を、リラクゼーションと対呈示する。このようにして、患者が最も恐怖している場面に到達するまで、不安階層表に従って段階的に消去手続きを進めていく。患者が不安階層表の最も恐怖している項目に実際場面で遭遇しても耐えられる

ようになったとき、治療は成功したと考えられる。特定の恐怖症の80〜90％は、この方法で極めて改善している。通常はこの治療効果は1〜2年後のフォローアップ時まで維持され、他の症状がその代わりに出現するということもない(Kazdin & Wilcoxon, 1976 ; Paul, 1967)。

エクスポージャー

これまでは系統的脱感作法が恐怖症に対する最も有効な治療法とされてきたが、近年ではエクスポージャー法にとって代わられてきている。恐怖症患者は恐怖対象をできる限り避けようとし、もし無理矢理に恐怖の状況に置かれたとしてもすぐに逃げ出してしまうために恐怖症が持続される、と行動主義者が考えていることを思い出してみてほしい。恐怖対象はもはや本来の心的外傷的出来事を予測しない、ということに気づけずにいることが恐怖症の消去を阻んでいる。

恐怖症の人が強制的に恐怖対象に直面させられたら、どのようなことが起こるだろうか？　音から逃れることで電気ショックを回避しているラットが、音がしても電気ショックはもう起こらないということを知ったら、どのようなことが起こるだろうか？　このような**エクスポージャー法**は**フラッディング**(flooding)、あるいは**現実検証法**とも呼ばれており、ラットの実験では確実に恐怖を減らしてその後の回避行動を取り除く(Baum, 1969 ; Tyron, 1976)。動物実験でエクスポージャーによる恐怖の除去が成功したので、行動療法家はこの方法を人間にも用いるようになった(Stampfl & Levis, 1967)。

エクスポージャーによる治療を受けて、この女性の水に対する恐怖は徐々に消えていっている。(Randy Olson)

エクスポージャーの手続きでは、恐怖症の患者が同意のうえで、普通なら強い不安を感じるような恐怖的状況を思い浮かべたり、そのような恐怖状況から逃げずに長い時間留まるようにする。閉所恐怖の人であればクローゼットに4時間入れられたり、飛ぶことに恐怖を感じる人(飛行恐怖)であれば、ジェット機に乗ってみて離陸前に降りることをしたり、実際に飛行してみるといった、現実をとり入れた方法が採用されるだろう(McCarthy & Craig, 1995 ; Serling, 1986)。エクスポージャーは、社交恐怖に対しても有効な治療法だと考えられている(Scholing & Emmelkamp, 1996 ; Taylor, 1996)。

一般的に、エクスポージャーの治療効果は系統的脱感作法と同程度か、より優れている場合もあることが証明されている。エクスポージャーは、多くの場合はたった1回、3時間のセッションで完結するという、より短期間の治療法でもある(Öst, 1996)。患者に現実を検証させ、その恐怖状況に留まらせて破滅的なことは起こらないことを分からせることで、一般的には恐怖が消去される。これは、恐怖症が非常に根強いのは、現実生活では恐怖対象が回避されており、その対

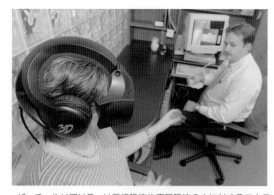

バーチャルリアリティは飛行恐怖や高所恐怖の人に対するエクスポージャー法として用いられている。コンピューターが飛行をシミュレーションし、バーチャルリアリティ用のヘルメットをつけた女性はあたかも実際に飛行機で飛んでいるかのような体験をしている。(AP/Wide World Photos)

ヘビ恐怖の患者のモデリングによる治療では、最初に患者はヘビを怖がらない人がヘビに触っているのを観察し、最終的には患者自身もヘビに触ってみることにより、患者はヘビに触れるようになる。(Modeling therapy, snake phobia, ⓒSusan Rosenberg/Photo Researchers；Academy of Natural Sciences of Philadelphia の厚意による)

象が無害だと分かって消去されることがないからだ、という仮説をまさに支持するものである。

エクスポージャーの進化形の最先端は、バーチャルリアリティを用いたものである。特定の恐怖症の対象となる刺激をコンピューターでシミュレートできるので、高所恐怖症の人のエクスポージャー治療を行うために山に登ったり、飛行恐怖の人と一緒に大西洋を渡る飛行をしたりする必要はない。先進的研究の1つとしては、Barbara Rothbaum らが、水上80メートルの高さの歩道橋、20階のバルコニー、49階まであるエレベーターのシミュレーションを行ったものがある。12人の高所恐怖の学生に対して、仮想の高所に耐えられるようになるためのセッションを7回行ったところ、実験群は実験期間中に介入を行わなかった対照群の8人と比べて、著しく改善した。(Rothbaum, Hodges, Alarcon et al., 1999；Rothbaum, Hodges, Kooper et al., 1995；Rothbaum, Hodges, Watson, Kessler & Opdyke, 1996)

モデリング

恐怖症に対する効果的治療法の3つ目は**モデリング**である。典型的なモデリングの手続きでは、恐怖症ではない人が恐怖症患者ができない行動を行い、それを恐怖症患者が観察する。たとえば、ヘビ恐怖の患者であれば、ヘビを怖がらない人がモデルとなって本物のヘビに近づき、手にとり、なでるのを患者は繰り返し観察する(Bandula, Adams & Beyer, 1997；Bandula, 1986)。他の人に危害がないのを見ることで、恐怖症患者のその状況に対する恐れは減少する。治療では治療者は段階的に患者とかかわる。まず、患者は見ているものを声に出して説明するように求められ、次にはヘビに近づき、最終的にはヘビに触るように求められる。この手続きが恐怖が減少するまで繰り返される。

全体として、モデリングは軽度および重度の臨床的な恐怖症に対して、脱感作法やエクスポージャーと同程度の効果がある(Moore, Geffken & Royal, 1995；Rachman, 1976)この治療法は行動の変化のみならず認知の変化もひき起こす。患者がモデルを観察することで得ると予想される最も有益な治療的進歩は、以前はできなかった行動を今はできるという患者自身の予想の程度が変化することである(Bandula, Adams & Beyer, 1997)。

応用緊張

恐怖症のもう1つの治療法は**応用緊張**であり、血液恐怖に対して用いられる。応用緊張はかつて Wolpe が系統的脱感作法を開発した際に使用した論理から生まれた。リラクゼーションは恐怖の構成要素である筋緊張や交感神経の興奮とは両立しえないものであり、恐怖とは正反対の生物学的システムを動員することから、リラクゼーションによって恐怖の反対条件付けが生じると Wolpe は考えた。つまり、患者はリラックスしながら恐怖を感じることはできない。スウェーデンの心理学者である Lars-Goren Öst は、血液恐怖の患者が血液という恐怖刺激に直面したときには、他の恐怖症患者が恐怖対象に直面したときとは反対の身体的反応を示すことに注目した。恐怖対象に直面した際、血液恐怖の人は血圧や心拍数が低下し、失神することが多い。Öst は血液恐怖患者が筋肉を緊張させれば血圧や心拍数が上がり、血液を見て失神するという恐怖症的反応を起こさないのではないかと考えた。

応用緊張では、患者は顔全体が熱くなるまで、腕、脚、胸の筋肉を緊張させ、その後に緊張を解く。患者は血液を見てしまう場合にこの方法を使えるように、繰り返し練習する。Öst は30人の血液恐怖症患者を対象にした効果研究で応用緊張とリラクゼーション法を比較し、どちらの方法もかなり有効であるということを見出しているが、リラクゼーションが有意義な改善をもたらしたのは60%に過ぎなかったのに対し、応

表5-2 恐怖症の治療

特定の恐怖症（単一恐怖）	消去療法★	薬物
改善	60〜80％が大幅に改善	おそらく偽薬よりは効果的
再発†	再発は10％以下	再発は多い
副作用	なし	中程度
費用	安価	安価
所要時間	数週間	数日／数週間
全体として	優れている	不十分
社交恐怖	**消去療法**	**薬物‡**
改善	60〜80％が大幅に改善	50-80％が大幅に改善
再発	10〜20％が再発	再発は多い
副作用	なし	中程度
費用	安価	安価
所要時間	数週間／数ヵ月	数日／数週間
全体として	非常に適している	効果あり

★消去療法には、エクスポージャー、系統的脱感作法、モデリング、応用緊張が含まれる
†治療中止後の再発
‡薬物には、SSRI、MAO阻害薬、ベンゾジアゼピン類が含まれる

Seligmann, 1994, pp.78-79に基づき、Barlow, Esler & Vitali, 1998, pp.288-318およびRoy–Byrne & Cowley, 1998によって改変。

用緊張では90％に臨床的に有意義な改善が見られた（Öst, Sterner & Fellenius, 1989 ; Öst, Fellenius & Sterner, 1991）。たった1回、2時間の応用緊張のセッションが、血液恐怖症の患者に有意義な改善をもたらすのである（Hellstrom, Fellenius & Öst, 1996）。

背景にある唯一のプロセスは消去であり、これが効果的な恐怖症の治療に影響を及ぼす要素だと考えられる。4種類の治療法はどれも、患者は本来の心的外傷的出来事がない状態で、何度も繰り返して恐怖対象に曝される。それぞれの方法が異なる手段で患者を恐怖対象があるところに留まらせて、消去が起こるようにしている。系統的脱感作法は患者をリラックスさせて恐怖対象を思い浮かべさせることで、エクスポージャーは患者を強制的に恐怖状況に置くことで、モデリングはモデルがしているように恐怖対象に近づくよう患者を励ますことで、応用緊張では血液を見ても失神しないようにすることで、患者を恐怖対象があるところに留まらせている。これらの各治療法が有効で恐怖の古典的な消去をもたらすという事実は、恐怖症は本来的には恐怖の古典的条件づけによって身についたという見解を支持するものである。

薬物療法

ベンゾジアゼピン（たとえばValium®）やアルプラゾラム（Xanax®）のようなマイナートランキライザーは、特定の恐怖症に対する長期的治療には有効ではない。患者がまさに恐怖の状況にあるとき、これらの抗不安薬（あるいは精神安定薬）を高用量で用いると、落ち着きとリラックスがもたらされる。この落ち着きには、傾眠状態や嗜眠状態が伴う。そのため、飛行恐怖症の人が急に飛行機に乗らなければいけなくなったような場合には、一時的ではあるがマイナートランキライザーが助けになることが多い。しかし、薬の効き目がなくなれば、その恐怖は依然として減少しないままである（Noyes, Chaudry & Domingo, 1986 ; Roy–Byrne & Cowley, 1998）。

薬物療法は、特定の恐怖症よりも社交恐怖に対してより効果的だと言われている。モノアミン酸化酵素（monoamineoxidase : MAO）阻害薬（強力な抗うつ薬）が社交恐怖の患者の治療に用いられ、かなりの効果が認められている。60〜80％の患者が、服薬中には改善している。吟味された対照群を設けた近年の研究では、フェネルジン（MAO阻害薬の一種）と認知行動療法の両方を同様の条件で実施したところ、薬物治療のほうがいくつかの基準において優れていた（Heimberg et al., 1998）。しかし、服薬が中止された場合の再発率は高かった。さらに、MAO阻害薬は特定の食べ物と一緒に摂取された場合には、高血圧や脳卒中といった命にかかわる場合もある危険な副作用がある。

社交恐怖に対して、アルプラゾラム（Xanax®）のような強力な抗不安薬を使用した場合、改善率はそれほど高くはなかった（50％程度）。しかし、この薬の場合にもやはり再発率は非常に高く、眠気や記憶力の低下といった副作用がある。服薬を中止した場合の再発率の高さは、恐怖症的不安に対する薬物の効果が一時的なものに過ぎないことを示している（Roy–Byrne & Cowley, 1998 ; Versiani et al., 1988）。

評判のよい抗不安薬である選択的セロトニン再取り込み阻害薬（selective serotonin reuptake inhibitor :

SSRI）は、現在では社交恐怖に対して広く処方されている。しかし、その結果はまだ予備的なものである。最新の吟味された対照群を設けた研究では、社交恐怖の人のうち12週間後に著しく改善していた者は、対照群では24％であったのに対して、パロキセチン（SSRIの一種）による治療を受けた実験群では55％であった。例によって、このような薬物の研究では薬物治療を中止した後の追跡調査が行われていないが、再発の恐れがあることはほぼ間違いない（Roy–Byrne & Cowley, 1998；Stein et al., 1998）。

表5-2は、特定の恐怖症と社交恐怖の治療における、消去療法と薬物の効果を比較したものである。

心的外傷後ストレス障害

　心的外傷体験は誰にとっても人生の一部であり、それは人間にとって避けがたいものであった。今世紀まで、多くの人々が悲しみの多い人生を経験してきた。不幸な出来事は誰にでもしばしば起こる。持ち株の価格が下がること、希望した職が得られないこと、愛する人に拒絶されること、歳をとり死を迎えること、というようにわれわれはさまざまな度合いで失望を経験する。通常われわれは、これらの喪失に対して心構えをしていることが多い。あるいは、少なくとも精神的ショックを和らげる方法を知っている。かつて大昔の人間にとっては、救いがたいほど恐ろしいこと、日常的挫折を超えるような出来事を避けることは難しかった。しかし、現代の科学技術、医学、そして社会正義に対する意識の高まりによって、心的外傷体験は避けられないものではなくなり、心的外傷体験の影響を無抵抗に受け入れないような世の中になった。心理学はこの10年の間に、救いがたいほど恐ろしい出来事がひき起こす苦悩や苦痛を和らげる——しかし消去するのではない——方法を発見している。

　ある種の並はずれた喪失体験の結果、非常に打ちひしがれ、それが長く継続することがある。それらは**心的外傷後ストレス障害**（post-traumatic stress disorder：PTSD）と呼ばれ、独自の診断カテゴリーを与えられている。

ベトナム帰還兵はベトナムでの経験という心的外傷の結果として、心的外傷後のショックによる障害を経験することがある。この写真は、ベトナム戦争時の戦闘で死亡または行方不明になった米軍兵士の名前が刻まれているワシントン・ベトナム戦没者記念碑の移動式レプリカを訪れたベトナム帰還兵が、ベトナムの記憶とそこで死んだ友の記憶に打ちひしがれている様子である。（AP/Wide World Photos）

> 　ヴィンスは自殺したベトナム戦争の相棒の葬儀中に混乱状態になり、その後に初めてクリニックを訪れた。葬儀中にヴィンスの頭上をヘリコプターが飛んだとき、彼はパニックになり自分がベトナムに戻ったような気持ちになった。彼は一連の恐ろしい戦闘の記憶を呼び起こされた。この記憶には、彼がベトコン兵士の顔に銃を突き立てた記憶が含まれていた。「ああ！」彼は思い出していた。「私の銃弾が女性の右目の上に当たって、彼女の顔は吹き飛んだ。仲間は皆笑っていた。彼らは彼女の髪の毛を切り、衣服を剥ぎ取った。彼らはイヤリングを奪うために彼女の頭を手に取った」。葬儀の日の夜、彼は妻の顔に銃を突きつけ、もう少しで彼女を殺すところだった。
>
> 　徴兵される前、ヴィンスに心理的問題はなかった。彼は25歳の既婚の父親で、コンピューター技師として働いていた。除隊後、彼はこの仕事に復帰した。しかし、ベトナムが彼を永遠に変えてしまった。少なくとも2つのヘリコプターに関係した出来事が、ずっと彼を悩ませ、葬儀時の彼のパニックの引き金となった。
>
> 　1つは、彼が地上近くでホバリングするヘリコプターの外に押し出されたことである。一瞬、彼は自分を突きとばした仲間に腹を立てたが、次の瞬間、ヘリコプターが爆発し、彼は仲間が皆バラバラに吹き飛ばされるのを目撃した。もう1つは1969年の7月4日、彼とその部隊は爆竹を鳴らし、バーベキューをしてステーキを食べる計画をしていた。その代償として、彼らは奇襲攻撃にあい、それで部隊の多くの仲間が死ぬことになった。ヴィンスは、手足が切断された友人たちの遺体を袋に詰め、それをヘリコプターに積み込むという任務をさせられた。(Lindy, Green, Grace, MacLeod & Spitz, 1988より改変)

心的外傷後ストレス障害の特徴

　恐怖症をひき起こす対象は、たとえば人ごみ、恥ず

表5-3 恐怖症とPTSDの診断

	恐怖症とPTSDの比較			
	発端	症状	経過	治療
単一恐怖	準備された(ときに準備されていない場合もある)刺激が恐怖反応に対するCSになる、という古典的条件づけ	通常、ある対象や状況に対する恐怖症的反応に限られており、患者は他の領域ではよく機能していることが多い	症状は子ども時代に消えることが多いが、成人で発症し治療されない場合には症状が継続する	薬物が効果がなく、短期の行動療法、認知療法が有効であることが多い
PTSD	恐怖や無力感を伴った、死ぬまたは負傷するという脅威に直面すること	感情、行動、身体といった広範囲にわたり、心的外傷の再体験、全般的な麻痺、不安がよく見られる	症状は長く続き、長年にわたって多くの領域で機能が妨げられる	薬物はほとんど効果がなく、ストレス免疫訓練とエクスポージャー法による早期治療が効果を上げる場合がある

かしい思いをすること、ネコ、病気といったありふれたものである。しかしこれに対して、心的外傷後ストレス障害をひき起こすのはまれな事柄である(表5-3参照)。きっかけとなる出来事がどのようなものならばPTSDと判断されるのか、ということについては議論がある。最も極端な場合、その出来事はたとえば大地震で生き残る、自分の子どもたちが拷問されているのを目撃する、強制収容所に入る、誘拐される、接近戦を経験する、といった人間の通常範囲の苦痛を超えた壊滅的なものでなければならないと主張する人もいる。この診断基準は、心理的に支障をきたした多くのベトナム戦争の帰還兵を診断するためにDSM-IIIで採用されたものである。しかし、PTSDにならずにホロコーストを耐え抜いた人もいれば、配偶者を亡くした、引ったくりにあった、裁判に訴えられた、といった場合でもひどいPTSDとなる人もいることに注意する必要がある。そのためDSM-IVでは、死や負傷の脅威、あるいは自己または他者の身体の安全の脅威に関係した出来事を、一度または数度にわたって、体験、目撃、または直面したという、より広範かつ明確な診断基準となっている。このような出来事には、レイプ、強盗、凄惨な事故の目撃、女性ベトコン兵士の射殺または残虐行為を行う、といったことが含まれるだろう。重要なのはこれらの「例外的な」ストレッサーに対する、強烈な恐怖、戦慄、無力感、そして破滅感といった個人の反応、ということである。

PTSDの診断基準は以下のとおりである。(1)その人は夢、フラッシュバック、空想で、心的外傷的な出来事を繰り返し再体験している。(2)その人は外界に対して無感覚になり、心的外傷的な出来事を思い出させる刺激を避けるようになる(たとえば、思考、感覚、場所、人)。(3)その人には心的外傷体験の前にはなかった不安や覚醒の症状が見られる。これには、睡眠障害、覚醒亢進、集中困難、過剰な驚愕反応、怒りの爆発が含まれる。(4)その人は心的外傷的な出来事の重要な側面を思い出すことができない。(5)その人は活動への関心または参加が減少し、他の人から孤立している(または疎遠になっている)と感じ、このことがその人の機能を著しく障害している。(6)その症状は1ヵ月以上続いている。この診断基準によれば、比較的保護されていて快適なわれわれの文化においてでさえも、PTSDの生涯有病率は7.8%という衝撃的なものであり、女性は男性の2倍PTSDを発症している(Kessler et al., 1995)。心的外傷的出来事の直後の1ヵ月間は、その問題をPTSDだと定義することはできない。その期間中であれば、その症候群は**急性ストレス障害**と呼ばれる。

かつて、災害の被害者はすっかり元気を回復するものと思われていた。災害の余波についての初期の精神医学的研究は、1940年代の悲劇的なナイトクラブ火災の被害者の親族に関するものである。生存者の親族と死者の親族へのインタビューから、「合併症を伴わない悲嘆反応」は4〜6週間で消失すると考えられた(Lindemann, 1944)。ニューヨーク州立大学ストニーブルック校のCamille Wortman博士は、この仮説を否定する証拠を見出した。彼女は、1976年から1979年の間にミシガン州で起きたすべての自動車事故についてのマイクロフィルムの記録を調べ、配偶者を亡くした39人と、子どもを亡くした41組の夫婦を無作為に選択した。そして、その人々に詳細なインタビューを行い、条件を釣り合わせた対照群と比較した。

彼女のインタビューは事故の4年から7年後に行われたが、事故にあった両親と配偶者は明らかにまだ調子が悪いことが分かった。彼らは対照群よりもかなり抑うつ的であった。彼らは将来に対して楽観的ではなく、自分の生活を楽しいと感じていなかった。彼らはひどく「疲れ果て」「緊張し」「不幸」であった。配偶者や子どもを亡くした人は、対照群よりも死亡していた人が多かった。子どもが死亡する前ではどちらの群も収入面に違いはなかったが、事故の後では子どもを

DSM-IV-TR の診断基準

心的外傷後ストレス障害(PTSD)

A. その人は以下の2つがともに認められる心的外傷的な出来事に曝露されたことがある。
 (1) 実際にまたは危うく死ぬまたは重症を負うような出来事を、1度または数度、あるいは自分または他人の身体の保全に迫る危険を、その人が体験し、目撃し、または直面した。
 (2) その人の反応は強い恐怖、無力感または戦慄に関するものである。
  注：子どもの場合はむしろ、まとまりのないまたは興奮した行動によって表現されることがある。
B. 心的外傷的な出来事が、以下の1つ(またはそれ以上)の形で再体験され続けている。
 (1) 出来事の反復的、侵入的な苦痛を伴う想起で、それは心像、思考、または知覚を含む。
  注：小さい子どもの場合、外傷の主題または側面を表現する遊びを繰り返すことがある。
 (2) 出来事についての反復的で苦痛の夢。
  注：子どもの場合は、はっきりとした内容のない恐ろしい夢であることがある。
 (3) 心的外傷的な出来事が再び起こっているかのように行動したり、感じたりする(その体験を再体験する感覚、錯覚、幻覚、および解離性フラッシュバックのエピソードを含む、また、覚醒時または中毒時に起こるものを含む)。
  注：小さい子どもの場合、心的外傷特異的なことの再演が行われることがある。
 (4) 心的外傷的出来事の1つの側面を象徴し、または類似している内的、または外的きっかけに曝露された場合に生じる、強い心理的苦痛。
 (5) 心的外傷的出来事の1つの側面を象徴し、または類似している内的、または外的きっかけに曝露された場合の生理学的反応性。
C. 以下の3つ(またはそれ以上)によって示される(心的外傷以前には存在していなかった)心的外傷と関連した刺激の持続的回避と、全般的反応性の麻痺：
 (1) 心的外傷と関連した思考、感情、または会話を回避しようとする努力。
 (2) 心的外傷を想起させる活動、場所または人物を避けようとする努力。
 (3) 心的外傷の重要な側面の想起不能。
 (4) 重要な活動への関心または参加の著しい減退。
 (5) 他の人から孤立している、または疎遠になっているという感覚。
 (6) 感情の範囲の縮小(例：愛の感情をもつことができない)。
 (7) 未来が短縮した感覚(例：仕事、結婚、子ども、または正常な寿命を期待しない)。
D. (心的外傷以前には存在していなかった)持続的な覚醒亢進症状で、以下の2つ(またはそれ以上)によって示される。
 (1) 入眠、または睡眠維持の困難。
 (2) いらだたしさまたは怒りの爆発。
 (3) 集中困難。
 (4) 過度の警戒心。
 (5) 過剰な驚愕反応。
E. 障害(基準B、CおよびDの症状)の持続期間が1ヵ月以上。
F. 障害は、臨床上著しい苦痛、または社会的、職業的、または他の重要な領域における機能の障害をひき起こしている。

(訳注：原書はDSM-IVだが、ここではDSM-IV-TR, APA, 2000 [高橋三郎・大野裕・染谷俊幸訳『DSM-IV-TR 精神疾患の診断・統計マニュアル(新訂版)』医学書院, 2004]を修正し引用した)

亡くした両親の収入は対照群よりも25%少なかった。調査の時点で、子どもを亡くした両親の20%が離婚していた(これに対して、対照群の離婚率は2.5%であった)。配偶者や子どもを亡くした人は7年後においても4年後の時と変わらず状態が悪かったことから、はっきりとした自然治癒はないと考えられる。ほとんど全員が「なぜ私なのか？」という疑問を抱いていた。60%の人が、このつらい疑問に対する答えを見つけられずにいた(Lehman, Wortman & Williams, 1987)。

自然災害

1999年のトルコ地震、アメリカ中西部での洪水の頻発、1998年のアメリカ中部のハリケーンMitch、1999年のハリケーンFloydは、多くのPTSD患者を生み出した。現在、こういった被災者の苦悩や問題の経過について分かっていることのほとんどが、1972年のウェストヴァージニア州、バッファロー・クリーク(Buffalo Creek)の洪水についての研究から始まっている。この洪水はアパラチア地方の小さな集落に荒廃と死をもたらし、その生存者に多くのPTSD患者を生み出した(Erickson, 1976；Green, Gleser, Lindy, Grace & Leonard, 1996)。1972年2月26日の早朝、ウェストヴァージニア州の石炭産出地域であるバッファロー・クリークのダムが崩壊し、数秒のうちに1億3200万ガロン(約5億リットル)のヘドロだらけの黒い水が、山の谷間に住む下流の住民に轟音とともに猛進してきた。ウィルバーと彼の妻のデボラ、その4人の子どもたちはどうにか生き延びた。彼らは自分たちに起きたことを以下のように説明した(Erikson, 1976, pp. 338-44)。

何かの理由で私がドアを開け道を見上げると——、それが近づいてきていたのです。大きな黒雲のようで

恐怖症では特定の対象が不安反応のきっかけとなるが、心的外傷後ストレス障害はまれな心的外傷的出来事——多くは自然災害や人的災害——によって突然ひき起こされる。左は1992年のハリケーン Andrew の際に、洪水が窓を突き破った様子である。(David Lane/The Palm Beach Post) 右は2000年夏のモンタナ州の火災で、疲れきった消防士が口を覆って煙を防ぎ、また別の森林火災現場に出動する前に休憩をとっている様子である。(AP/Wide World Photos)

した。それは、12フィートか15フィート（およそ3メートル半～4メートル半）にわたる水のようでした……。
　なんと、隣の家が流されて、私たちが住んでいるところに近づいて来ていたのです……。それはゆっくりと近づいて来ていましたが、私の妻は赤ん坊——この話を語った時にはその赤ん坊が7歳になっていた——と一緒にまだ眠っていましたし、他の子どもたちは2階でまだ眠っていました。私が激しい調子の声で妻に叫んだので、すぐに彼女は目を覚ましました……。妻がどうやってあんなに早く娘たちを1階に下ろしたのか私には分かりませんが、彼女は寝間着のまま2階へ上がり、子どもたちをベッドから起こして1階に下ろしたのです。
　私たちは道を登っていきました……。時間がなかったので、私の妻と子どもたちは鉄道の貨車の間を登り、私と赤ん坊はその下を登りました……。辺りを見回すと、私たちの家はなくなっていました。水は家をそのまま押し流したのではありませんでした。家は元あったところからだいたい4、5区画流されて押しつぶされ、めちゃめちゃになっていました。

ウィルバーとデボラは洪水の2年後に、彼らが受けた精神的な傷について述べている。それは典型的な心的外傷後ストレス障害の症状である。第1に、ウィルバーは夢の中で繰り返し心的外傷的出来事を再体験している。

　バッファロー・クリークで経験したことが、私の問題の原因です。夜に寝ているときの夢の中でさえ、あらゆることが私の身に起こるのです。夢の中で、私はずっとずっと水から逃げ続けているのです。あらゆることが何度も何度も夢の中で起きるのです……。

第2に、ウィルバーとデボラは精神的に無感覚になっている。彼らは感情が鈍くなり、身の回りの悲しみや喜びに対して情緒的に麻痺している。ウィルバーは以下のように語っている。

　私は自分の父が亡くなったとき、お墓にさえも行きませんでした〔洪水の約1年後〕。父が永遠にいなくなってしまったという気がしませんでした。そして今でも、周りの人が亡くなっても洪水の前のように思い悩むことはありません……。父は亡くなって、もう決して戻ってこないということにまったく苦しみを感じませんでした。以前、私が死といった事柄に対してもっていた気持ちは、今はありません。死というものに以前のように心を動かされることがまったくないんです。

そしてデボラは以下のように語っている。

　私は子どもの世話をせず、放っています。料理はまったくしていません。家事もしていません。ただ、何もしたくないんです。眠れないし、食べられないし。ただ、薬をいっぱい飲んで、ベッドに入って眠って、目が覚めないままでいたいのです。私は家庭や家族に恵まれていましたが、私にしてみれば、家族以外で私が興味をもっていた他のものは、すべてめちゃくちゃです。私は料理が大好きでしたし、裁縫も大好きでした。家事を切り盛りすることが大好きだったんです。私はいつも働いていたし、家庭がよくなるようにしていました。でも今は、周囲のあらゆるものが私にとって何の意味もなくなってしまったのです。子どもたちに温かい食事を用意して食卓に並べることも、3週間くらいしていません。

人的災害は心的外傷後のショックによる障害をひき起こす。強制収容所の生存者、武装した兵士やかつての友人、隣人らによって故郷を追われた難民は、生き残ったことの罪悪感、抑うつ、悪夢などを経験することがある。(左)ワルシャワのゲットーのユダヤ人は、ドイツ兵によって狩り集められ強制収容所に送られた。そこで彼らは言葉にできないほどの悲惨な経験をした。(The Warder Collection)(右)アルバニア人は故郷であるコソボ自治州から強制的に退去させられた。(AP/Wide World Photos)

　第3に、ウィルバーは、不安の症状を経験している。この症状には、覚醒亢進と雨や雨が降りそうな悪い天候など、彼に洪水を思い出させる出来事に対する恐怖反応が含まれる。

> 　ニュースを聞いて、もし暴風雨警報が出ていたら、私はその夜はベッドには入りません。起きているんです。妻には「娘たちの服を着せたままにしなさい。娘たちをいつものように寝かしつけて、お前も寝なさい。もし何かあったら、家から逃げ出す時間があるうちにお前を起こすから」と言います。私はベッドには入らず、起きているんです。
> 　私は神経に問題があります。雨が降ったり嵐が来ると、いつも私はそれを受け止めることができません。部屋を歩き回っています。突然焦りだして、とても不安になるんです。今では、そのために薬を飲んでいます。

　ウィルバーは生き残ったことの罪悪感にも苦しんでいる。

> 　そのとき、どうしてか私に向かって叫ぶ人の声が聞こえて、周りを見回すとコンステーブルさんの奥さんが見えました……。彼女は幼い赤ん坊を腕に抱いていて、「ウィルバーさん、こっちに着て私を助けて。私を助けられなかったら、赤ちゃんを受け取りに来て」と叫んでいました……。でも私は戻って彼女を助けようとは思いませんでした。私はいまだにずっとそのことで自分を責めています。彼女は腕に赤ん坊を抱いていて、赤ん坊を私に渡そうとしていたようでした。ええ、私はその女性を助けに行こうとはまったく思いませんでした。私は自分の家族のことを考えていたんです。彼女の家族6人は全員、家の中で溺れ死にました。彼女は腰より上まで水に浸かって立っていて、彼らは皆、溺れ死んだのです。

　これらの症状は長く続いた。バッファロー・クリークの洪水の14年後に、193人の生存者が調査された。当初は60％の人がPTSDであり、25％は14年後でもまだPTSDだった。当初は35％が大うつ病であり、19％は洪水の14年後にも大うつ病だった(Green, Lindy, Grace & Leonard, 1992)。

人的災害

　心的外傷後ストレス障害の反応をひき起こす大惨事は、必ずしもバッファロー・クリークの洪水のような自然に発生したものばかりではない。ヴィンスがベトナムで苦しんだように、人的な災害もありえる。人間は大昔から、他の人間にとってのこの世の地獄を作り出してきた。それは、強制収容所、戦争、拷問などであり、犠牲者は原因となった心的外傷体験の後も、長期間にわたる被害が続く。残念ながら、大惨事の後に起きるこれら障害は、自然災害の後に起きるものよりもずっと深刻で長引く場合がある。われわれにとっては、人災よりも「天災」のほうが対応しやすいのかもしれない。

　ナチスの強制収容所の生存者は、心的外傷後ストレス障害の反応がどれほど長引き、深刻であるかの例である。149人の収容所生存者に対する調査では、142人(すなわち97％)が、収容所から解放された20年後でも、依然として不安の問題を抱えていた(Krystal, 1968)。不安の症状は著しく、31％の人が自分の友達や子どもの姿が見えないと彼らに何かひどく悪いことが起こるのではないかと不安になる、という問題を抱えていた。彼らの多くは、その外見や行動が看守を思い出させる人物に対する恐怖症となった。たとえば、

たとえ軍隊に入っていなかったとしても、戦争の生存者はPTSDに苦しむことが多い。(左)フツ族を中心としたルワンダの難民がザイールの難民キャンプから戻る様子。(AP/Wide World Photos Jean-Marc Bouju) (右)東ティモールのインドネシアからの独立をめぐる紛争による難民が故郷に帰る様子。(AP/Wide World Photos)

制服を着た警官を目にすることや医師の詮索的な言動によってパニックがひき起こされた。7％の人には、自分を見失う、自分が強制収容所に戻った夢を見ているような状態になる、などの深刻なパニック発作があった。

生存者は20年間にわたり、心的外傷体験を夢の中で再体験していた。これらの患者の71％は、不安な夢や悪夢を見ており、41％は特にひどい夢を見ていた。こういった悪夢がいつも彼らを悩ませていた。特に恐ろしいのは、1つの些細な部分だけが現実と違っているという夢であった。たとえば、収容所にいた当時はまだ産まれていなかった自分の子どもが、自分たちと一緒に収容所に入れられている、というような夢である。

患者の80％は生き残ったという罪悪感、抑うつやひどい発作に苦しんでいた。生き残ったという罪悪感は患者の子どもたちが殺された場合にとくに強く、一人っ子を亡くした、または子ども全員を亡くしており、その後に子どもをもっていない患者の抑うつが最もひどかった。92％は親族を救えなかったことで自分を責め、14％は親族の代わりに自分が殺されればよかったと思っていた（Krystal, 1968）。戦争の40年以上後に124人のホロコーストの生存者を調査したところ、その結果は厳しいものだった。半数近くがPTSDに苦しんでおり、睡眠障害の症状が最も多く見られた。アウシュビッツの生存者でいまだにPTSDである者は、強制収容所に入らなかった生存者の3倍であった（Kuch & Cox, 1992）。

1988年のロッカビー（Lockerbie）の飛行機爆破事件で亡くなった人の親族55人を調査したところ、大多数がPTSDであったが、65歳以上の被害者は若い被害者と違って、大うつ病にもなっていた（Brooks & McKinlay, 1992 ; Livingston, Livingston, Brooks & McKinlay, 1992）。1991年の湾岸戦争中、イスラエルでスカッドミサイルの攻撃から避難した人のうち、約80％がPTSDの診断基準を満たしていた。危険な目に遭っているほどその症状はひどかった（Solomon, Laor, Weiler & Muller, 1993）。残忍なポル・ポト政権は、カンボジアの子どもたちの間にPTSDの傷跡を残した。大量虐殺の当時は子どもだった北米への亡命者46人が追跡され、後に調査が行われた。彼らが青年期から成人期になってもPTSDは持続していたが、抑うつは青年期から成人期にかけて大幅に減少していたことが分かった（Sack, Clarke, Him & Dickason, 1993）。

他人に対する非人道的な行為は近年でもなくなってはおらず、その恐ろしい結果の1つがPTSDの持続である。ルワンダの大量虐殺（3ヵ月間で85万人のツチ族が隣人によって殺された）、ボスニア、東ティモール、そしてコソボは、政治的な大量殺人がいまだにわれわれの周りにあることを教えてくれている。亡くなった人だけではなく、生存している親族に対しても、われわれは同情を覚える。1994年のセルビアによるサラエボ包囲を生き延びた791人の子どもたちが、PTSDについて綿密に調査された。子どもたちにはひどい抑うつとPTSDの症状が見られたが、男子よりも女子のほうが症状が重かった。そして、家族の一員を亡くした子ども、水を飲めなかった子ども、狙撃兵の砲撃を直接受けた子どもは、最も状態が悪かった（Husain et al, 1998）。

レイプ

レイプされたとき、サラは16歳だった。

彼が私に近づいてきて、私は彼の息遣いを感じました。彼は私より背が高かったですが、そのときは誰で

あっても私にとっては背が高かったんです。周囲を見回してみるまで私には真っ暗闇しか見えなくて、最初に彼が左手に持った大きなナイフが見えました。ナイフは明かりの下で光っていて、男性らしい人影が何とか分かっただけでした。彼はスキー用マスクを着けていたので、私は彼の顔を見ていません。でも彼の目つきは分かって、それだけで私はもうたくさんなのです。彼の顔を見なくてよかったと思います。でなければ、私の悪夢は今よりもたぶんもっとひどくて生々しいものになったでしょう。彼は明かりのないところに私を引っ張っていき、茂みに私を押しやりました。彼は私に、逃げたら殺すとか、私がじっとしていれば二人で楽しめる、などと言いました。私は今でも彼の声を覚えています。その声は言葉で言い表すことはできないけれど、それはずっと私の心に残っています。私は答えませんでした。彼は私の喉にナイフを当てて、私を見ました。そして、彼は私を地面に押し倒し、ショートパンツと下着を剥ぎ取りました。彼は少しの時間準備して、その後私に覆い被さってきました。彼はとても重くて力が強かったのです。そう思ったから逃げようとはしなかったし、それが賢いと思ったのです。彼はナイフを持っていたし、ほかにどうすればよかったのでしょう。そして、私は下腹部に痛みを感じて、そのときに、この恐ろしい男が私にしたことが分かりました。彼は私をレイプしたのです。肉体的に犯しただけでなく、私の希望、誠実さ、純潔、誇り、睡眠、友達、家族、幸福——私の人生のほとんどすべてを奪ったのです。私はそこにただ横たわって何もしませんでしたが、「家族に何て言おう？」と考えていました。このとき、どのくらいの時間が経ったのかは覚えていませんが、その痛みと無力感は覚えています。それから濡れた感じがして、彼は立ち上がって「ありがとうよ」と言いました。彼はそれだけ言うと去っていきました。別の女性をレイプしに行ったのか、妻子のいる家庭に帰ったのか、通りから離れた家に戻ったのか、私は知らないし、そんなことはどうでもいいんです。(Foa & Rothbaum, 1998)

米国では毎年、およそ10万件のレイプが報告されているが、報告されていないものがおそらくその7倍はあるだろう。レイプに対する女性の反応は、以前は「レイプ・トラウマ症候群」と呼ばれていた心的外傷後ストレス障害の一種である(Burgess & Holmstrom, 1979)。

女性がレイプされたとき、最初の反応は「混乱」の段階と呼ばれる。ある研究では、レイプ直後の女性を追跡し、2つの感情スタイル——恐れ、怒り、不安、泣き叫ぶ、むせび泣く、緊張などを表す表出型と、外見上は冷静な統制型——を表す女性をほぼ同数ずつ調査した。心的外傷後ストレス障害の症状は、通常はどちらの型にも同じように見られた。被害者の95%は2週間以内に、後に心的外傷後ストレス障害と診断される症状を示す(Rothbaum, Foa, Riggs, Murdock & Walsh, 1992)。被害者は目覚めて生活している間や夢の中で繰り返しレイプを再体験する。睡眠障害が起こり、寝つきが悪くなったり急に目が覚めたりするようになる。レイプ被害者は些細なことにも驚きやすくなる。眠っている間に突然レイプにあった(blitz rape：ブリッツ・レイプ、訳注：見知らぬ人からの突然のレイプ)女性は、レイプの悪夢のために叫び声を上げて毎晩、ほぼ同じ時間に目を覚ます。通常の性的活動を取り戻すことは難しく、セックスを完全に避けるようになることもある。

やがて、ほとんどの被害者は「混乱」の段階を乗り越え、「再構成」の段階に入る。長期に及ぶ再構成の過程では、安全を確保するための行動をとる女性がほとんどである。彼女たちの多くは電話番号を変え、半数は家族からの援助を求めて実家に帰っている。被害者の半数は引っ越している。引っ越す余裕がなかったある被害者は、初めは親族の元で暮らし、その後自宅の模様替えをした。寝室でレイプが起きたため、その部屋を変えるという彼女にできることをしたのだった。「自分のベッドでは眠りたくなかったのです。しばらく友達と一緒に暮らしていました。自分の寝室を模様替えして、寝室の家具を新しくしました」。被害者の多くはレイプについての本を読んだり、自分の経験を書いたりし始める。レイプ被害センターの活動に積極的に取り組んで他の被害者を援助するようになる被害者もいるが、そういった被害者の70%は数ヵ月で回復している(Burgess & Holmstorm, 1979, Meyer & Taylor, 1986)。

レイプの4～6年後には、レイプ被害者のおよそ75%が自分は回復したと報告した。これらの回復した被

レイプの後にPTSDの症状を経験する女性は多い。彼女らがセラピストに率直に話をすることができるレイプカウンセリングは、心的外傷体験によってひき起こされた苦悩を軽減する。(©Rhoda Sidney/Stock Boston/Picture Quest)

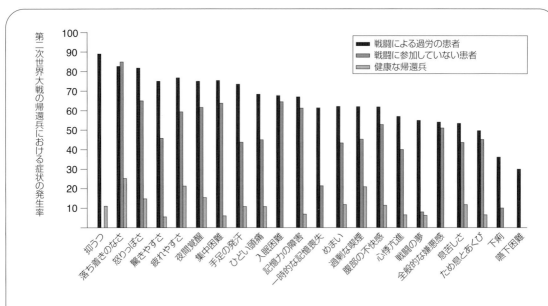

図5-3 帰還兵の心的外傷後ストレス障害
棒グラフは、戦闘による過労に苦しむ帰還兵、健康な帰還兵、戦闘に参加していない患者を比較して、それぞれの第2次世界大戦20年後の症状発生率を示している。（Archibald, H. C., & Tuddenham, R. D. 1965. より引用）

害者のうち、半数以上は最初の3ヵ月間で回復し、残りの者は2年以内に回復していた。レイプ直後の1週間に、恐怖感がわずかでフラッシュバックがほとんどなかった被害者は、より回復が早かった。苦痛が強かったり麻痺状態になった被害者は、その後の状態がよくなかった。強制わいせつの激しさや生活を脅かされた程度が、長期的に見た場合の被害者の予後の悪さを予測することも分かっている。悲惨なことに、レイプ被害者の25％は4〜6年後においてでさえも回復しないと言われている。17年後では、16％がいまだに心的外傷後ストレス障害であった（Foa & Meadows, 1997 ; Rothbaum, Foa, Riggs, Murdock & Walsh, 1992）。

心的外傷後ストレス障害の経過

心的外傷後ストレス障害の経過はさまざまである。非常に長期にわたることもあれば、症状が数ヵ月以内に消え、うつ病性障害からの回復に似ていることもある（第7章を参照）。DSM-IVではPTSDを、症状の持続が3ヵ月以内であれば「急性」、症状の持続が3ヵ月以上であれば「慢性」、心的外傷的な出来事の6ヵ月以上も後に症状が現れた場合には「発症遅延」に分類している。

全体として、PTSDに苦しむ人の予後はおそらく厳しいものである。とくに非常に深刻な心的外傷体験を

した被害者の場合はそうである。われわれがこれまで見てきたように、強制収容所の被害者では20年後でもまだ不安や罪悪感に悩まされている者が高率で見られ、自動車事故で子どもや配偶者を亡くした人は4〜7年後でもまだ抑うつと不安を感じていた（Lehman, Wortman & Williams, 1987）。交通事故での負傷という軽いストレスであっても、32％は1年後でもまだPTSDであり、事故で負傷し救急病棟に収容された人を対象とした前方視的研究では、17.5％が4ヵ月後でもなおPTSDであった（Koren, Arnon & Klein, 1999 ; Shalev et al., 1998）。

戦闘からの帰還兵にも非常に長い経過が見られることがあるようだ。62人の第2次世界大戦の帰還兵が20年後に調査された。彼らは、些細なことに対する驚きやすさ、頻繁な悪夢、怒りっぽさ、抑うつ、落ち着きのなさ、といった症状の慢性的な「戦闘による過労」に苦しんでいた。怒りっぽさ、抑うつ、落ち着きのなさ、集中力と記憶力の障害、記憶の喪失、覚醒亢進、疲れやすさ、驚きやすさは20年間持続していた。これらの症状は、戦闘に参加していない患者や健康な帰還兵よりも、戦闘による過労に苦しむ帰還兵に目立っていた（図5-3を参照；Archibald & Tuddenham, 1965）。

とくに悲惨な戦闘を経験した後にPTSDが一生涯続くことは珍しくない。第2次世界大戦と朝鮮戦争の帰還兵で、戦闘と捕虜になったことによる多くの心的

第 5 章　不安障害

ベトナムのアメリカ兵のように、戦闘を経験した人は後に心的外傷後ストレス障害に苦しむようになることがある。(National Archives Photo 111-SC-347803)

性に「拍車をかける」のだろう。あるいは、湾岸戦争症候群やPTSDが広く知られるようになったことが、症状を拡大させたのかもしれない。

心的外傷後ストレス障害に対する脆弱性

　とくにPTSDの危険性があるのはどんな人だろうか？　心理学者は、PTSDにならずにうまくやっている人と、PTSDで衰弱してしまった人を探すために、災害について徹底的に調査した。全体的に見て、PTSDになる人を最も予測する要因は、その人の生命に対する脅威であった。つまり、危うく死にそうな経験をした人がPTSDに対して最も脆弱性を示していた。その出来事自体の残虐性以上に、ある人々をPTSDから守ったり、かかりやすくしたりする心理的要因はどんなものだろうか？　以下は心理学者が発見したことである。

　外傷体験に苦しむ者262人が年配者になった時に調査が行われた。53％がPTSDに苦しんだ経験があったが、29％は依然としてそれに苦しんでいた。日本軍に捕らえられた戦争捕虜は最も悲惨な経験をしたが、彼らのPTSDの生涯有病率は84％であり、59％は後の人生でもなおPTSDに苦しんでいた(Engdahl, Dikel, Eberly & Blank, 1997)。

　ベトナム戦争が終わった数年後でも、帰還兵はまだ心的外傷後ストレス障害の状態にあり、とくに交戦で仲間が殺されるのを目撃した者に著しかった。残虐行為を目撃した者、とりわけ残虐行為に関わっていた者は、心的外傷後ストレス障害になる危険性が高かった(Breslau & Davis, 1987)。激しい戦闘に参加し、6〜15年後に面接を受けたベトナム戦争の帰還兵は、生活に多くの問題を抱えていた。彼らには戦闘を経験しなかった帰還兵よりも、逮捕、有罪判決、飲酒、薬物依存、ストレスといった問題が多く見られた(Yager, Laufer & Gallops, 1984)。さらに終戦20年後においては、ベトナム戦争の帰還兵はベトナム戦争以外の帰還兵に比べて、PTSD、全般性不安障害、うつ病に苦しむ者が多い傾向にあることが見出された(Boscarino, 1995)。

　湾岸戦争の後のPTSDの割合は、戦争直後は3％であったが、2年後には8％と大幅に増加した(Wolfe, Erickson, Sharkansky, King & King, 1999)。1回目の調査でPTSDだった人が2回目の調査時にもPTSDである可能性は、そうでない者の20倍と考えられたが、新しい事例も多く出現していた。この理由としては、いくつかの可能性が考えられる。以前はPTSDの発症遅延だろうと考えられていたが、その証拠はほとんど得られていない。おそらく戦争による心的外傷体験が、その後の平和時においてもストレスへの過敏

- ノルウェーの壊滅的な工場爆発事故では、それ以前の生活歴において精神的問題がないことが、その後に状態がよい人を予測する要因となった(Malt & Weisaeth, 1989；Weisaeth, 1989)。
- オーストラリアの森林火災にかかわった469人の消防士のなかで、最も慢性的PTSDになる危険性が高かった者は、神経症傾向の得点が高く、精神障害の家族歴があった。これらは、各人が経験した肉体的外傷の程度よりも有効な予測因子であった(McFarlane, 1989)。
- レバノンでの戦闘の後、負傷したイスラエル帰還兵のうちホロコースト生存者の子ども(「第二世代の犠牲者」と呼ばれている)であった者は、対照群の負傷者よりもPTSDの割合が高かった(Solomon, Kotler & Mikulincer, 1988)。
- イスラエルの2回の戦争の帰還兵のうち、2回目の戦争の後にPTSDを経験した者は、1回目の戦争時の戦闘ストレス反応がより強かった(Solomon, Oppenheimer, Elizur & Waysman, 1990)。
- 1992年にフロリダを襲ったハリケーンAndrewの後、最も状態が悪かった子どもを予測したのは、それ以前からの不安の高さと学業成績の低さであった(LaGreca, Silverman and Wasserstein, 1998)。
- トルコの刑務所での拷問を生き延びた89人のうち、最もPTSDになりにくかったのは、それ以前に心的外傷体験があったり、精神的・身体的禁欲主義を教えられていたり、捕まったら拷問に合うことを予想していたり、拷問を支配階級による抑圧とみなす信念体系をもっていた、というような人々であった(Basoglu et al., 1997)。

これらの結果は、心理的に非常に健康で心的外傷以前に心構えがあった人々は、PTSDの危険性が最も少ないということを示している。これに対して、心的外傷的出来事以前に心理的障害があった人は、最も危険性が高かった。しかし、出来事がすさまじすぎた場合には、それ以前に精神的に健康であってもPTSDは予防できない。

貧しく学歴が低い人は、学歴や社会経済的水準が高い人に比べて、PTSDを発症しやすいようだ(Blazer, Hughes, George, Swartz & Boyer, 1991)。これには多くの理由がある。1つの要因は、彼らが住んでいる環境のよくない地域では、心的外傷的な出来事の危険性が高いということかもしれない。加えて、ソーシャルサポートの欠如という要素があるだろう。話す人がいない、同情してくれる誰かがいないということが、以前は健康であった人を心的外傷と喪失による心労のためにぼろぼろにすることもある。自然災害の際に、友人や親族が自暴自棄になったり、彼ら自身の問題に没頭してしまうことがあると、被害者は慰めや愛情を奪われてしまう(Kaniasty & Norris, 1995)。

遺伝的素因もPTSDに対する脆弱性に影響を与える。ベトナム戦争へのアメリカの大規模な参加が、PTSDの遺伝性についての最初の重要な研究を可能にした。戦争後、4000人以上の双子のベトナム帰還兵に対してPTSD症状についての調査が行われた。全体としては、激しい戦闘を経験した帰還兵の約半数にPTSD症状が見られたが、一卵性双生児は二卵性双生児よりもPTSD症状の程度が類似していた。このことは、PTSDに遺伝性要素があることを示唆している(True et al., 1993)。

PTSDは常に戦闘のような外的出来事がきっかけになると言われているが、厳密にはPTSDのどのような点が遺伝的なのであろうか? 1つの可能性は、PTSDに関係した神経回路の違いにかかわるものである(Yehuda, 2000)。PTSDを発症するほどの心的外傷体験に遭遇した子どもおよび大人についての生物学的な研究では、神経やホルモンに多くの変化があることが示唆されている(Lipschitz, Rasmusson & Southwick, 1998)。心的外傷的出来事の際に強いストレスを経験すると、長期間のストレスに対する反応を支配している視床下部―下垂体―副腎系(hypothalamic-pituitary-adrenal axis : HPA axis)の活動が長期間、時には一生涯にわたって亢進することが、研究者たちによって明らかにされている(第4章を参照)。その結果として、コルチゾールなどのストレスホルモンが慢性的に放出されると、長期記憶にかかわる領域である海馬に半永久的な損傷を与える(Gurvits, Shenton, Hokama & Ohta, 1996)。

心的外傷のストレスに際しては、他の身体的変化も起きる。身体的虐待は、脳の2つの半球の間の情報伝達を行う主要な神経器官である脳梁の小ささと関係している。研究者たちは、心的外傷的な体験をした子どもには、安静時心拍数の速さ、エピネフリン(アドレナリン)やノルエピネフリンといったカテコールアミン制御の崩壊、驚愕反応の増加、視床下部―下垂体―副腎(HPA)系の過剰反応などの、慢性的な自律神経系の過覚醒が見られるということを明らかにしている(Bremner et al., 1997 b)。これらの身体的変化は、PTSDに対する脆弱性とPTSDの治療抵抗性を説明する助けとなる。

PET(ポジトロンCT)による研究では、PTSDになっている7人の帰還兵と、障害のない7人の帰還兵に戦闘の写真を見せて、彼らの心的イメージを喚起した(Shim et al., 1997)。PTSDの帰還兵は障害のない帰還兵に比べて、イメージを喚起した際に帯状回と扁桃体(大脳辺縁系の一部)の血流が増加し、写真を見ているときにはBroca野の血流が減少していた。PTSDの遺伝性は、上述のような組織の反応の遺伝的な差異によると言うことができる。

これらの生物学的な相違には、認知的な相違が伴うことがある。遺伝的に心的外傷についての循環的思考(反芻)をしやすく、悪い出来事をフラッシュバックで再体験しやすい人もいる。同様に、遺伝的に悪い出来事を破滅的に解釈しやすい人もいる。反芻の遺伝性や些細な事柄を大災害のように考える傾向の遺伝性がさらに研究されると、それらとPTSDとの関連に光が当てられることになるだろう。

どんな人がPTSDから回復し、どんな人が回復しないのだろうか? 92人の暴行の被害者が、暴行に関する認知についての質問紙に回答した(Dunmore, Clark & Ehlers, 1999 ; Ehlers & Clark, 2000)。PTSDから回復した人と依然としてPTSDであった人では、回答の傾向が明らかに異なっていた。依然としてPTSDであった人は、以下のような思考パターンをもっていた。

1. 精神的挫折:「もし似たようなことが再び自分の身に起きたら、私はだめになってしまうだろう」
2. 精神的混乱:「私はこれが自分の身に起きたことだということが信じられない」
3. 感情の否定的評価:「もしもそのように反応したら、私は精神的に不安定になるにちがいない」
4. 初期症状の否定的評価:「私の反応は、自分が正気を失ってしまうことを意味しているにちがいない」
5. 他者の反応の否定的評価:「他の人々は今でも私のことを恥ずかしいと思っている」
6. 永続的な変化:「私の人生は暴行によって台なしにされた」

このパターンはその人の破滅についての信念であり、その信念は、世の中は公正で自分の未来はコント

表5-4　心的外傷後ストレス障害の治療

	エクスポージャー法*	抗うつ薬と抗不安薬†
改善	約60%が中程度の改善	おそらく偽薬よりは効果的
再発‡	再発はめったにない	中程度の再発
副作用	弱い	中程度
費用	安価	安価
所要時間	数週間／数ヵ月	数週間
全体として	適している	不十分

*ほとんどがレイプ被害者のエクスポージャー法による治療から得られたデータであり、他の心的外傷体験の治療成果は含まれていない。治療効果が期待されるEMDRの研究結果についても参照のこと(Box 5-1)
†薬物療法のデータは主に、MAO阻害薬、SSRI、三環系抗うつ薬、弱精神安定薬の研究結果にもとづいている
‡治療中止後の再発
Seligman, 1994, p.143に基づき、Foa & Meadows, 1997；Foa et al., 1999；Keane,1998；Yehuda, Marshall & Giller, 1998によって改訂。

ロールと予測が可能である、という個人の大前提の崩壊に結びつく。

心的外傷後ストレス障害の治療

　われわれ人類の多くが心的外傷の被害者であるという事実にもかかわらず、心的外傷後の反応を軽減する方法について実質的なことが分かったのはごく最近のことである。親族、友人、そして治療者は、災難にあった被害者に対して「忘れる」ように言いがちであるが、そのようなつらい記憶を簡単に消し去れないことは明らかである。しかし、この10年間にPTSDの治療には著しい進歩が見られた。10年前、PTSDは基本的には治療不可能だった。計690人の患者を対象とした対照群のある17件のPTSD研究についての最新のメタ分析によれば、「治療が成功した」割合は対照群では38%にすぎなかったのに対して、実験群では62%であった(Sherman, 1998)。

　治療者は心的外傷の被害者に対して、薬物療法と心理療法の両方を試みている(表5-4を参照)。しかし、薬物療法よりも心理療法のほうが期待がもてそうだ。この障害の治療には、エクスポージャーと開示法(オープニングアップ：opening up)という2種類の心理療法が広く用いられている。

薬物療法

　心的外傷後ストレス障害の46人のベトナム帰還兵に対して、抗うつ薬かプラセボのどちらかを与えるという、よく吟味された対照群を設けた研究が行われた。抗うつ薬を与えられた後、患者の悪夢とフラッシュバックの回数は減ったが、正常範囲にはならなかった。麻痺、愛する人から疎遠になっているという感覚、全般的な不安は軽減されなかった。全体的に見ると、抗うつ薬と抗不安薬によって軽減される症状もあるが、薬物療法のみでは心的外傷後ストレス障害の患者の苦痛を十分に取り除くことはできない(Demartino, Mollica & Wilk, 1995；Marshall, Stein, Liebowitz & Yehuda, 1996；Rothbaum, Ninan & Thomas, 1996；Yehuda, Marshall & Giller, 1998)。

エクスポージャー

　エクスポージャー法は、その人が恐れている刺激に繰り返し曝すことによる、消去あるいは馴化の手続きである。この方法は心的外傷後ストレス障害の治療に用いられており、おそらく最も治療効果が立証されている治療法である。エクスポージャーによるPTSDの治療では、被害者は心的外傷的な経験を切り離して考えがちな傾向に打ち勝って、イメージ中でその出来事を再体験する。被害者はそれを声に出して治療者に説明し、感情を込めて、現在形で話すようにする。これが毎回のセッションで繰り返される。再体験の内容はテープに録音され、患者は宿題としてそのテープを家で繰り返し何度も聞く。

　エクスポージャー法の効果が検討される場合には、期間中には治療を行わない対照群とストレス免疫訓練(stress inoculation training：SIT)との比較が一般的に行われている。SITは、深い筋弛緩、思考停止法(患者自身が心的外傷的なことを繰り返し考えていることに気づいたときに「ストップ！」と自分に向かって叫ぶ)、認知の再構成(「私の愛情ある生活は実際にはレイプによってめちゃくちゃにされてはいない。私の夫や子どもは今でも変わらず私を愛してくれているのだから」)といった、さまざまな不安対処スキルを指導するものである。

　現在までに、エクスポージャーによる治療に関する、よく吟味された対照群を設定した研究としては、暴行(通常はレイプ)の被害女性96人を対象としたEnda Foaらによるものがある(Foa et al., 1999)。女性は、18回という長期のエクスポージャーによる治療(prolonged exposure：PE)群、筋弛緩、反芻の思考

Box 5-1　科学と実践

EMDR

　Francine Shapiroは眼球運動による脱感作と再処理法（Eye Movement Desensitization and Reprocessing : EMDR）を、かなり偶然に発見した。1987年、彼女が悲惨な出来事を考えながら公園を歩いていたとき、抱いていた不安な考えが明らかに減少したことに気づいた。そのとき自分がしていたことによく注意を払ってみると、無意識のうちに彼女は斜め上を見て目をすばやく左右に動かしていた（眼球の断続性運動）ことに気づいた。彼女はこれを治療法として試してみたいと思い、不安な考えに意識を集中しながら同時にそのイメージを保持したまま目を左右に動かすことを仲間や友人にやってもらった。その人たちの目の動かし方を、速く、ゆっくり、違う方向に、といったように変化させたところ、イメージによってひき起こされていた不安は明らかに弱まった（Shapiro, 1995）。

　この単純な観察からShapiroは、1990年代にもっとも広く用いられ、もっとも議論の的となった心理療法の1つを開発した。彼女はEMDR研究所を設立し、仲間たちとともに、何千人もの治療者に対してこの方法のトレーニングを行っている。

　中心となる技法は眼球の断続性運動を付随させたエクスポージャーである。患者と治療者は不安をひき起こす視覚的記憶を標的として選択し、患者はその記憶についての否定的な言語的思考を述べる（たとえば「私はかわいくない」）。患者は否定的思考に置き換わる肯定的な思考（たとえば「私は優しい」）も述べる。治療者は患者の目の前で指をすばやく左右に動かし、患者は不安なイメージや記憶に意識を集中させたまま、その指の動きを目で追う。10〜20回の眼球運動の後、患者は自分の不安の程度と肯定的思考の確信の程度を評定する。そのイメージに不安を感じないようになり、肯定的認知が十分に強くなるまでこれが繰り返される。

　不安の問題を抱えた患者がこの方法で著しくかつ急速に改善することを多くの治療者が見出しており、この方法がPTSDに悩む患者にも有効だと考えている治療者は多い。ボスニアやオクラホマ・シティーで心的外傷的な出来事が起きた際には、EMDRの治療者がそこに派遣された。予備的な証拠と強い臨床的関心にもとづいた対照群を設定した効果研究がいくつか行われている。これらの研究のうちの1つでは、「心的外傷的な記憶を経験している」80人の参加者に対して90分間のEMDRのセッションが3回行われた。半数はすぐに治療を受け、残りの半数は後にEMDR治療を受けることで対照群の役割を果たした。不安な記憶には、身体的・心理的虐待、愛する人の死、健康上の危機、性的虐待などが含まれていた。参加者の46％は重症のPTSDであると診断された。治療を受けた群はまだ治療を受けていない群と比較して、十分かつ早い改善を示し、その改善は90日以上後のフォローアップにおいても維持されていた。抑うつや不安の症状の減少はもちろん、その記憶についての主観的な苦痛も軽減していた（Wilson, Becker & Thinker, 1996）。他の研究では、21人のレイプ被害者が、期間中には治療を行わない対照群かEMDR群のどちらかにランダムに割り当てられた。EMDR群の女性10人はPTSD症状が著しく緩和され、治療終了時にもPTSDだったのは1人だけだった。これに対して、期間中には治療を行わなかった対照群では88％がPTSDのままだった（Rothboum, 1997）。いずれにしても、これらのEMDRについての予備的結果は、適切な科学的研究の手法を用いている点からみても、満足のいくものだと言える。

　このような有望な結果が得られているにもかかわらず、EMDRはとくに臨床的な効果研究を行っている研究者から厳しく批判されている（Lohr, Kleinknecht, Tolin & Barrett, 1995）。実際、その批判の調子はこれまでにわれわれが知る心理学論文の中でも敵対的なものである。McNally（1999）はEMDRの展開をメスメリズムに例えている。メスメリズムは18世紀における催眠術の先駆であったが、現在ではその信憑性が疑われている。批判にはいくつかの根拠がある。第1に、この治療が効く理由は謎のままであり、有効因子も謎のままである。治療効果を得るために眼球運動は重要ではないのではないか。第2に、その治療は心理学的または精神医学的「証明」から生じてはおらず、むしろ科学の周辺から生じている。第3に、その治療は莫大な金銭的成功をもたらしており、期間中に介入を行わない対照群を設けた研究の結果が得られる前に大勢にこの技法をトレーニングした、技法の詳細を秘密にしている、という両方の点でShapiroを批判する臨床家もいる（McNally, 1996）。商業的成功と科学的態度をうまく両立させることは難しい。

停止、認知の再構成から成るストレス免疫訓練（SIT）を受ける群、PEとSITの両方を受ける群、期間中には治療を行わない対照群、のいずれかにランダムに割り当てられた。この研究終了時には、3つの治療群に割り当てられた女性では、全員が期間中には治療を行わなかった対照群よりもPTSD症状や抑うつが減少し、この治療効果は1年間のフォローアップ期間を通じて維持されていた。治療群間での治療効果の違いは見られなかった。治療終了時には、3つの治療群の女性では60％がPTSD症状が消失したのに対して、期間中には治療を行わなかった対照群の女性ではPTSD症状が消失した者はいなかった。1年後のフォローアップ時においては、PE群が他の2つの治療群よりすぐれている傾向にあった。1年後に「よく機能している」状態だったのは、SIT群では31％、PEとSITの両方を受けた群では27％であったのに対して、PE群では51％であった（Foa, Rothbaum, Riggs & Murdock, 1991 ; Foa & Riggs, 1995 ; Frueh, Turner & Beidel, 1995 ; Keane, 1998も参照のこと）。

　Foa, Hearst-IkedaとPerry（1995）は、最近レイプされたばかりの女性に対するこの治療の短縮版において、教育、リラックスするための呼吸法、認知再構成という要素を加えた（Marks, Lovell, Noshirvani, Livanou & Thrasher, 1998も参照のこと）。フォローアッ

プ時において依然としてPTSDであった人は、条件をつり合わせた対照群では70%であったのに対して、治療群では10%にすぎなかった。今までのところ、これらの新しい発見はレイプ被害者の治療として最もよい効果をあげるものだが、一般的にレイプ被害者はレイプについて考えることを避けようとするために、治療を受けたがらない。

いくつかのエクスポージャー法を組み込んだ、眼球運動による脱感作と再処理法(Eye Movement Desensitization and Reprocessing：EMDR)と呼ばれる治療法も、議論の余地はあるものの、広く用いられている。EMDRの手法とEMDRをめぐる議論についてBox 5-1で述べている。

オープニングアップ（開示法）

「オープニングアップ」は、James Pennebakerの沈黙についての重要な研究に端を発する。Pennebakerは、心的外傷体験について話さないホロコーストの被害者やレイプ被害者は、誰かに打ち明ける被害者よりも、後に精神的健康を害しているということを発見した。Pennebakerは60人のホロコースト生存者に対して、そこで起きたことを開示し、打ち明けるようにさせた。最終的に、彼らは頭の中で何度も再体験してきた50年以上前のことを他者に話した。

皮肉なことに、こういった長年隠されていた話を聞いてから、面接者自身が悪夢を見るようになったが、話をしたほうの健康は改善された。同様にPennebakerは、学生に対して、祖父からの性的虐待、飼い犬の死、自殺企図といった、彼らが秘密にしてきた心的外傷体験を書かせた。その直後の結果としては、抑うつが増加した。しかし、長期的には学生の身体疾患の数は50%まで低下し、免疫系はより強くなった(Pennebaker, 1990)。アメリカにいるボスニアからの亡命者に対する、確認的ではあるが予備的な研究では、自分の経験について証言した者はPTSD症状が軽減していた(Goenjian et al., 1997；Weine, Kulenovic, Pavkovic & Gibbons, 1998)。

このように、心理療法は効果的であるが、まだPTSDを完治させることはできず、今後この分野の研究が必要である。エクスポージャー、EMDR、オープニングアップは、いずれもPTSD患者の治療に有効であるとの証拠が示されている。これらの効果を立証し、適用範囲を拡大するためには、対照群を設定した効果研究がさらに必要である。

パニック障害

あるとき急に激しい不安に襲われたという経験がある人はどのくらいいるだろうか？ 身体的には不安や緊張を感じる。認知的には何か悪いこと——それが何かは分からないが——が起こるのではないかと予期する。このような発作はどこでも起こる。発作はそれを誘発するような具体的な対象や出来事がなくても起こり、そして徐々におさまる。しかし、もっと発作がひどくて、頻繁に起こるような人もいる。こういった人は**パニック障害**に苦しんでいる。パニック障害は繰り返し起こるパニック発作からなる。米国では、成人人口の1.7%がパニック障害に苦しんでいる。パニック障害の有病率はドイツ(2.6%)とイタリア(2.9%)で最も高く、全体的に精神障害の有病率が非常に低い台湾では0.4%で、最も割合が低い。女性のパニック障害の割合は男性の2～3倍であり、平均的な発症年齢は20代後半である(Weissman et al., 1997)。

DSM-IVではパニック障害を、広場恐怖を伴うものと伴わないものに分類している。**広場恐怖**の人は、集会、開けた広い場所、人ごみ、または具合が悪くなったときに逃げたり助けを得ることができない状況を恐れる。広場恐怖はパニック障害に伴って生じることが多く、その人は人前に出たらまたパニック発作が起こるのではないか、と恐れている。

パニック発作の症状

パニック発作は恐怖の4つの要素からなるが、感情的要素と身体的要素が最も顕著である。

パニック障害の人は、感情的には激しい不安、恐怖、または離人感に襲われる。

> まさに、恐怖にすくんでしまったようでした。もし私がライオンに出くわしても、あれ以上に怯えることはないでしょう。目の前が真っ暗になり気絶するかと思いましたが、気絶はしませんでした。私は「耐えられない……」と思いました。(Laughlin, 1967, p.92)

身体的には、パニック発作には激しい危急反応(息苦しさ、めまい、動悸、震え、悪寒、胸の痛みなど)が見られる。

> 心臓の鼓動がとても激しく、速くなり、心臓が飛び出すかと思いました。私は立っていられないと思いました——自分の脚で自分を支えられないと思ったんです。手は氷のように冷たくて、足は痛みました。額にはひどく鋭い痛みがありました。誰かが皮膚をとても強く引っ張っているように頭が締め付けられて、私はそれを振り切りたいと思いました。
>
> 私は呼吸ができなくて、息苦しかったです。文字通り息ができない状態で、階段を走って上り下りしたように息を切らしていました。8マイル(12.8 km)レースを走ったような感じでした。私はどうすることもでき

DSM-IV-TR の診断基準

広場恐怖を伴わないパニック障害

A. (1)と(2)の両方を満たす。
　(1) 予期しないパニック発作が繰り返し起こる。
　(2) 少なくとも1回の発作の後1ヵ月間(またはそれ以上)、以下のうち1つ(またはそれ以上)が続いていたこと：
　　(a) もっと発作が起こるのではないかという心配の継続
　　(b) 発作またはその結果がもつ意味(例：コントロールを失う、心臓発作を起こす、「気が狂う」)についての心配
　　(c) 発作と関連した行動の大きな変化
B. 広場恐怖が存在しない。
C. パニック発作は、物質(例：乱用薬物、投薬)または一般身体疾患(例：甲状腺機能亢進症)の直接的な生理学的作用によるものではない。
D. パニック発作は、以下のような他の精神疾患ではうまく説明されない。たとえば、社交恐怖(例：恐れている社会的状況に曝露されて生じる)、特定の恐怖症(例：特定の恐怖状況に曝露されて)、強迫性障害(例：汚染に対する強迫観念のある人が、ごみや汚物に曝露されて)、心的外傷後ストレス障害(例：強いストレス因子と関連した刺激に反応して)、または分離不安障害(例：家を離れたり、または身近な家族から離れたりしたとき)

(訳注：原書は DSM-IV だが、ここでは DSM-IV-TR、APA、2000 [高橋三郎・大野裕・染谷俊幸訳『DSM-IV-TR 精神疾患の診断・統計マニュアル(新訂版)』医学書院、2004]を修正し引用した)

1999年の映画「ブレア・ウィッチ・プロジェクト(原題：The Blair Witch Project)」では、ブレアの魔女(Blair Witch)を探していた大学生が、道に迷って自分がどこにいるのか分からなくなってしまい、そのときに遠くから気味の悪い音が聞こえてきた。この大学生はまさに状況誘発性のパニック発作の感情的症状、身体的症状を経験している。(Artisan Entertainment [Kobal の厚意による])

ませんでした。私はとても疲れ果ててすっかり力をなくしてしまい、電話に出ることもできませんでした。(Laughlin, 1967, p.92)

認知的には、その人は心臓発作で死ぬのではないか、気が狂ってしまうのではないか、コントロールを失うのではないか、と思う。

このようになると、私はじっとしていることすらできません。絶えず落ち着かず歩き回っています。私はまったく自分が信用できません。どうしたらいいか分からないのです。これはとても恐ろしいことです。しばらくの間、本当に落ち着いているときもあるのです。でも急に何の前触れもなくこの発作が起きて、私はおかしくなってしまうんです。(Laughlin, 1967, p.92)

このような発作は突然に起こり、通常は10分以内にピークに達し、徐々におさまる。パニック発作はパニック障害の典型的な症状であり、**予期しない**(「きっかけがない」または「自発性の」)発作と、**状況誘発性の**(「きっかけがある」)発作の2種類があるが、後者はそう多くはない。きっかけがあるパニック発作は社会的状況や特定の対象(たとえばネコ)によって誘発される。何度か発作を経験した人は、また発作が起きることや発作の結果(たとえば、気が狂ってしまう、死んでしまう)を常に心配する。時折パニック発作が起こるという人は珍しくなく、この1週間以内にパニック発作を1回は経験している人は、学生の20%、高齢者の5%と言われている(Barlow, 1988)。しかし、3週間に3回、1ヵ月に4回とパニック発作が頻繁で、コントロールを失うことに対する恐怖が強いといった深刻な状態であれば、パニック障害と診断される。

パニック障害の病因論

研究者たちがパニック障害の原因を探っていく過程で、生物学的レベルの分析と心理学レベルの分析が真っ向から対立する貴重な例が見出された。多くの研究者——なぜか生物学の研究者と心理学の研究者のどちらも——が、この問題を認めている。障害の生物学的レベルでの分析と心理学的レベルでの分析を統合することがこの節の主要なテーマであるが、これは常に可能であるとは限らない。どちらのレベルの分析も、

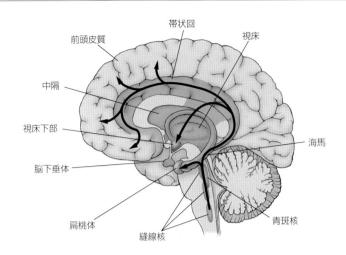

図5-4　戦うか／逃げるかのシステム
　パニック発作は、戦うか／逃げるかのシステムとして知られている脳の回路が刺激されることでひき起こされる。図に示したように、この回路には脳幹の縫線核や青斑核、扁桃体や視床下部のような辺縁系のシステム、前頭皮質が含まれている。動物ではこのシステムを刺激すると、人間のパニック発作に似た恐怖と逃避の反応を示す。

恐怖症やPTSDといった障害の原因と治療について明らかにし、互いに補い合うことができる。しかし、そうではない場合が2つある。1つは、すべての証拠から、障害は基本的には生物学的なものであり、心理学的な考え方の有効性は二次的なものすぎないと判断できる場合である。もう1つは、障害は基本的には心理学的なもので、生物学的側面は心理学的分析によって全面的に説明されるという場合である。このように、一方の分析レベルがもう一方の分析レベルから得られた証拠のすべてを包括したり、または全面的に説明する場合もある。パニック障害の場合は、生物学的説明と心理学的説明の両方がわれわれの理解に役立つが、一方の説明がもう一方に包括されるようなタイプの障害である。

生物学的アプローチ

　1990年頃まで、パニック障害はほぼ完全に生物学的障害と見なされていた。生物学的立場を支持する人は、さまざまな心理学的問題が本来的には生物学的なものなのかということに関して、4つの論点から考察している。

- それは生物学的にひき起こされているのか？
- 遺伝性はあるのか？
- 薬物で抑えることができるか？
- 脳の特定部位または機能が関係しているか？

　生物学の研究者は、これらの疑問を肯定する証拠を発見した。第1に、頻繁に発作がある患者の場合、化学作用によって実験的にパニック発作を誘発することができる。患者は速くて浅い呼吸や動悸をひき起こす化学物質である乳酸ナトリウムを静脈から血液中にゆっくりと注入された。植物からの抽出物であるヨヒンビンも同様の作用をひき起こす。どちらかの薬物が投与された後の数分間以内に、パニック障害患者の60～90％がパニック発作を起こした。これに対して、健常な対照群では発作を起こすことはほとんどなかった（Klein, 1996 a；Liebowitz, Fyer, Gorman et al., 1985；Liebowitz, Gorman, Fyer et al., 1985）。

　第2に、パニック障害に遺伝的関与があるという生物学的見解を支持する一連の証拠がある。もし一卵性双生児のうちのどちらかがパニック障害であれば、もう1人もパニック障害である可能性は25～30％である。これに対して二卵性双生児では、双子のうちの1人がパニック障害である場合にもう1人もそうである可能性は10～15％にすぎない。やはりパニック障害には遺伝性があり、パニック障害患者の半数以上には不安障害やアルコールの問題を抱えた近親者がいる（Crowe, 1990；Torgersen, 1983；Crowe et. al., 1990も参照のこと）。

　第3に、薬物療法はパニック発作を抑えるのに非常に有効である。現在では、主に抗うつ薬（三環系抗うつ薬、MAO阻害薬、非定型抗うつ薬、推奨されるのはSSRI）と、ベンゾジアゼピン類（たとえば、Xanax®やKlonopin®）の2種類の薬物療法が支持されている。どちらも偽薬より有効で、パニック発作は弱まる

か、消失することもある。全般的な不安と抑うつも減少する(Micheson et al., 1998; Pecknold, Swinson, Kuch & Lewis, 1988; Roy-Byrne & Cowley, 1998; Svebak, Cameron & Levander, 1990; Tesar, 1990)。ベンゾジアゼピン類には依存性があるため、主として短期間の使用とされており、現在ではパニック障害の治療には SSRI が推奨されている。

第4に、パニック障害の患者の脳の特定領域に神経化学的な異常が見られるという証拠がある。PET(ポジトロンCT)による画像では、パニック発作がある患者は乳酸ナトリウムを注入されると、不安に関係する脳の領域の血流と酸素消費量が異常に増加することが示されている。脳の覚醒システムの一部分である青斑核はこういった領域の1つであり、その関係が繰り返し指摘されている部位である(Reiman et al., 1986)。青斑核はヨヒンビン(先に述べた)が作用する主要な部位である。さらに、動物の青斑核を刺激するとパニック様の行動を示す(Gorman, Liebowitz, Fyer & Stein, 1989)。

しかし、青斑核はすべての現象を説明することはできない。なぜなら、SSRI はセロトニン系のみに作用するが、青斑核は主としてノルエピネフリン抑制ニューロンから成り立っているからである。現在、研究者は青斑核は神経の「戦うか/逃げるかのシステム」の一部にすぎないと考えている(Gray, 1982, 1985)。そのシステムは脳幹に始まり、大脳辺縁系(扁桃体、海馬、視床下部を含む。視床下部の働きは視床下部—下垂体—副腎(HPA)系全体に影響を与える)を通って、前頭前野に至る(図5-4参照)。このモデルによると、パニック障害患者は戦うか/逃げるかのシステムの調整がうまくいっていないと言えるだろう(Gray & McNaughton, 1996; Roy-Byrne & Cowley, 1998)。

このように調整をうまくいかなくするものは何だろうか？ 現在では、戦うか/逃げるかのシステムのノルエピネフリンニューロンは、通常はセロトニンニューロンによって抑制されると考えられている。このような正常な抑制は、開始された危急反応を弱めるという脳の回路の働きであり、セロトニンが不足するとこの働きは減少する(Charney & Heninger, 1986; Gorman, Kent, Sullivan & Coplan, 2000; Nesse, Cameron, Curtis, McCann & Huber-Smith, 1984)。この戦うか/逃げるかのシステムの活動の抑えがきかなくなった結果が、パニック発作という制御不能な現象である(Gray & McNaughton, 1996; Goddard, Woods & Charney, 1996も参照のこと)。

これらすべての証拠を前提として、生物学的な立場の精神科医はパニック障害は本来的には生物学的な問題であるという考えを強く主張した。パニック発作は化学的に誘発することができた。パニック障害には遺伝性があり、薬物による治療が可能であり、脳の特定領域が突き止められた。しかし、この主張は完璧ではなかった。というのも、パニック障害には確かに心理学的な治療が有効なのである。

認知的アプローチ

1990年代、認知療法家はパニック障害の根本的な原因は身体感覚を破滅的なものだと誤って解釈することによる、という新たな考え方を提唱した(表5-5参照)。患者は、動悸、息切れ、窒息感、めまいといった通常の不安反応を、差し迫った大惨事の前兆であると誤って解釈する。患者はしばしば自分の心臓の鼓動を過剰に意識し、動悸を心臓発作が起きそうだという意味に誤解したり、めまいを気が狂ってコントロールを失うという意味に誤解したりする(Beck & Emery, 1985; Bouwer & Stein, 1997; Clark, 1988, 1989, 1999; Ehlers & Breuer, 1992; Salkovskis, Clark & Gelder, 1996; Van der Does, Antony, Ehlers & Barsky, 2000)。

認知的見解では、パニック発作は身体感覚の意味を誤解することに起因すると主張して、生物学的見解の一連の証拠を再解釈している。すべての証拠は以下のように変換される。

- 乳酸やヨヒンビンは心臓の鼓動を早めることでパニックを誘発する。これらの化学物質は、大惨事だと誤解されるような身体感覚を生じさせる。
- 心臓の動悸のような明確な身体感覚、身体感覚に対する過敏さ、身体感覚を誤って解釈する傾向などには遺伝性があるので、パニック発作は部分的には遺伝性があると言えるが、パニックそれ自体や神経の警告回路の機能不全には直接的な遺伝性はない。
- 神経の警告経路の抑制がうまくいかないと不安を抑えられなくなるが、このような抑制の不具合はパニック発作の結果として生じたものか、またはパニック発作と関連した現象にすぎず、パニック発作の原因ではない。
- 薬物は、破滅的だと誤って解釈される身体感覚を和らげることで、パニックを軽減する。誤った解釈は訂正されないままなので、このような薬物の服用をやめればパニック発作はすっかり再発してしまう。

どちらの見解が正しいのだろうか？ あるいは両者は矛盾せずに両立できるのだろうか？ Box 5-2では、生物学的説明と心理学的説明の和解の可能性について検討している。

表5-5 パニック発作の生物学的説明と認知的説明

事実	生物学的説明	認知的説明
パニック発作は乳酸ナトリウムやヨヒンビンの注入によって誘発される	生化学的な脆弱性がある人では乳酸が直接的にパニック発作をひき起こすことから、こういった物質が患者のパニック発作の原因となっている	パニック障害の人がこれらの化学物質よってパニックを起こすのは、彼らが薬剤による心拍数や呼吸の増加を誤って解釈するためである。その認知が強い恐怖をひき起こし、身体症状をさらにひどくする
二卵性双生児よりも一卵性双生児のほうがパニック障害の一致率が高い	パニックを生じさせる生化学的な脆弱性とは、神経系の警告システムが遺伝的に弱いということである	パニック障害に対する脆弱性が遺伝するのは、ある身体症状に対する感覚の過敏さや心拍数の速さといったものが遺伝するためである
パニック障害の患者はパニック状態になると警告反応の抑制がきかなくなる	遺伝的な脳の異常によって警告反応の抑制がきかなくなるために、患者はそれを制御することはできない	警告反応が制御できなくなるのはパニックの症状であり、それは根本的には患者の認知によってひき起こされる
抗うつ薬や抗不安薬はパニックを軽減する	パニックをひき起こす生化学的なプロセスを薬物が妨害する	パニックをひき起こすものだというように誤って解釈されている症状を薬物が抑える

Box 5-2 分析のレベル

パニック障害の病因論：和解

　心理学的レベルの分析と生物学的レベルの分析の間の論争はどうやったら解決できるだろうか？　第4章では、最新の精神障害の説明に関係した複雑な相互的因果関係をとり上げた。生物学と心理学の相互作用とそれらの相互的因果関係は、とくにパニック障害の場合にはっきりしている。

　生物学的アプローチによれば、パニック発作は脳の警告システムの遺伝的な欠陥によって生じ、患者の誤った解釈はこの欠陥から生じる。心理学的アプローチ（とくに認知的アプローチ）によれば、パニック発作は身体感覚を壊滅的なものと誤解することによって生じる。パニックを起こしやすい人は身体感覚に過敏で、それらを誤解しやすい（このような身体症状や身体感覚の誤解には遺伝性がある）。神経系の警告システムの活動は、その誤解の結果にすぎない。

　知ってのとおり、生物学的アプローチと認知的アプローチはどちらもパニック障害の原因についての証拠の蓄積に大いに貢献してきた。乳酸ナトリウムやヨヒンビンがパニック発作を誘発する、あるいはパニック関連語を読むことがパニック発作を誘発するといったように、パニック発作のトップダウン式の原因とボトムアップ式の原因の両方が示されている。今のところ、心理学的経路と生物学的経路の両方についての証拠があると考えられる。どちらのアプローチであっても一方の経路のみでは（もう一方の経路が作動しなければ）、パニックはひき起こされないという結果が得られている。神経系の警告システムが活性化すれば、身体感覚の壊滅的な誤解がなくてもパニック発作が起きるという証拠があれば、パニックは本来的には生物学的原因によるということが支持されるだろう。身体感覚の壊滅的な誤解があれば、神経系の警告システムの活性化がなくてもパニック発作が起きるという証拠があれば、パニックは本来的には認知的原因によるものだということが支持されるだろう。こういった実験はこれまでには行われていない。

　どちらのアプローチもパニックを軽減する治療法を生み出した。生物学的なアプローチでは薬物療法を用い、薬物が神経系の警告システムを調整することで効果をあげると主張している。認知的アプローチでは、患者の身体感覚についての誤解を訂正する。認知的治療はパニック発作の再発を長期的に防ぐという利点がある。これに対して、薬物療法をやめてしまうと、パニック発作は元の悪い状態に戻ってしまう。しかし、神経系の警告システムが調整されることで身体感覚の誤った解釈の訂正が生じる可能性や、逆に、誤った解釈の訂正によって薬物療法の効果が生じる可能性があるので、どちらのアプローチも理論的に限界がある。警告システムは調整されないままであっても身体感覚の誤解の訂正が効果をあげるか、逆に、誤解はそのままでも警告システムの調整がパニック発作を抑える、ということが決定的な証拠となるだろう。こういった明確な結果をもたらす実験はこれまでに行われていない。

　このように複数の証拠から、生物学的経路と心理学的経路という2つの経路、薬物療法と身体感覚についての誤解の訂正という2つの治療法が提唱されている。これら2つの経路は独立したものではないが、パニック障害の原因と治療について生物学的・心理学的経路の実際的関連を示す証拠はまだ見つかっていない。

David Clark(1954—)は、動悸を心臓発作の症状だと考えるといったように、不安による身体感覚を壊滅的なものだと誤解することでパニックが生じると主張した。彼は、患者がこういった誤解を訂正し、その症状は不安を意味するもので命にかかわるものではないと認識するための指導を行っている。(David Clarkの厚意による)

パニック障害の治療

これまでみてきたように、三環系抗うつ薬、抗不安薬、SSRIは、発作時のパニックを軽減する。心理療法もまた、パニックを治療し発作の再発を防ぐことが分かっている。1990年代、認知療法家は一連の新しい実験を行い、新しい治療法を生み出した。David ClarkとPaul Salkovskisは、パニック障害の患者と他の不安障害の患者、健常な人を比較した。全員が以下の文章を声に出して読むように求められたが、提示された単語の一部がぼやけて見えるようになっていた。たとえば、

もし動悸がしたら私は　　死んでしまう／興奮しているの　　だろう。
もし息ができなかったら私は　　窒息してしまう／調子が悪いの　　だろう。

文章が身体感覚に関するものであった場合、パニック障害患者は破滅的な結末を最も早く目に留めたが、他の群の人々はそうではなかった。このことは、パニック障害患者は物事を破滅的に考える癖があることを示唆している。

次にClarkとSalkovskisは、パニックをひき起こすような破滅的な考え方の癖が、単語のみによっても発動するかどうかを調べた。全員が単語の組み合わせを声に出して読んだ。「息切れ―窒息」「動悸―死」という単語を読んだ場合には、パニック障害患者の75％が実験室のその場でひどいパニック発作を起こした。パニック障害でない人はパニック発作を起こさず、パニック障害から回復した患者でも発作を起こした者はおらず、他の不安障害の患者でパニック発作を起こした者は17％に過ぎなかった。

ClarkとSalkovskisは、もし身体感覚を破滅的なものだと誤解することがパニック障害の原因ならば、誤解を変化させることでパニック障害を治療できるはずだと考えた。そのために彼らが開発した治療法は、分かりやすく短期的である。患者には、正常な不安症状の高まりを、心臓発作や気が狂ってしまう、あるいは死んでしまう症状だと誤って解釈することによってパニックが生じる、ということが説明される。不安それ自体が、息苦しさ、胸部痛、発汗をひき起こすことが患者に知らされる。これらの正常な身体感覚を、今にも心臓発作が起こりそうだと誤って解釈すると、その誤解が不安を恐怖に変えてしまうために症状はさらにひどくなる。この悪循環が始まると、結果的にひどいパニック発作となる。

患者は症状をより現実的に――ただの不安症状にすぎないと――、再解釈するように教えられる。そして、患者は不安症状への対処法を練習する。まず、不安の症状を治療場面でひき起こす。患者は紙袋を口に当てて速い呼吸をするように言われる。これは二酸化炭素を増加させて息苦しくさせるという、パニック障害をひき起こす身体感覚とよく似た状態である。そこで、治療者は患者が今経験しているその症状――息苦しさと動悸――には害がないということを指摘する。それらの症状は単に過呼吸の結果であり、心臓発作の兆候ではない。そのようにして患者は身体感覚を正しく解釈できるようになる。以下の事例は、認知療法家の治療の進め方の実際を示したものである。

> ある患者は、少しでも気絶しそうな感じがすると、パニック発作を起こした。彼は本当に気絶して倒れてしまうのではないかと恐れるようになった。彼は自分の不安を気絶の症状がひどくなったものだと解釈していた。この解釈が数秒のうちにパニックを増大させた。
> 治療者：なぜあなたは気絶することを恐れるのですか？　今までに、実際に気絶したことはありますか？
> 患者：私はそのときには、いつも何かにしがみついて、それで何とか倒れないですんでいるんです。
> 治療者：それは1つの可能性ですよね。あなたは気絶しそうに感じるとパニック発作を起こしていますが、そうなっても倒れることはありません。たとえ、気絶しそうになる感じを自分でコントロールすることができなくてもです。どちらの可能性が正しいかを判断するには、あなたが実際に気絶するためにはあなたの身体に何が起こる必要があるのかを知らなければなりません。それを知っていますか？
> 患者：いいえ。

表5-6 パニック障害の治療

	認知療法	薬物療法*
改善	75%以上が大幅に改善	60〜80%が大幅に改善
再発†	非常に頻発	中程度から高率
副作用	なし	中程度
費用	安価	安価
所要時間	数週間	数日/数週間
全体として	優れている	適している

* 主に、三環系抗うつ薬であるフルオキセチン(Prozac®)、アルプラゾラム(Xanax®)の研究結果にもとづいている
† 治療中止後の再発
Seligman, 1994, p.67に基づき、Barlow, Esler & Vitali, 1998；Roy-Byrne & Cowley, 1998によって改訂。

治療者：血圧が低下していなければなりません。パニック発作の最中に、あなたの血圧がどうなっているか、分かりますか？

患者：そうですね、脈拍が速くなります。私の血圧はきっと上がっていると思います。

治療者：その通りです。不安なとき、心拍数と血圧は同じように変化する傾向があります。ですから、あなたがいつもより不安を感じているときに実際に気絶することはまずないでしょう。

患者：でも、それではなぜ私は気絶しそうに感じるのですか？

治療者：気絶しそうな感じは、あなたの身体が危険を知覚して、それに正常に反応していることの表れです。あなたが危険を知覚すると、血液は筋肉に送られ、脳にはあまり送られません。これは脳への酸素供給量が少なくなるということですから、それであなたは気絶しそうな感じになるのです。しかし、血圧は下がらずに上がっていて、あなたは実際には気絶しないのですから、この気絶しそうな感じは誤解なのです。

患者：よく分かりました。それでは、次に気絶しそうになったら、脈を計れば気絶するのかどうかが分かりますね。もし、脈が普通か普通より速かったら、私は気絶しないということですね。(Clark, 1989)

この単純な治療はどのような効果をもたらすのだろうか？ この治療を受けた患者の79〜90%が、治療終了時にはパニック発作がなくなり、24ヵ月後にもパニックのない状態が維持されていた(Brown, Barlow & Liebowitz, 1994；Margraf, Barlow, Clark & Telch, 1993；Westling & Öst, 1995)。

近年では、パニック障害に対する2つの「公式の」治療指針が公表されている。米国精神医学会の指針では、薬物療法と認知療法はどちらも同程度に効果があるとして、両方を推奨している(Gorman & Shear, 1998)。各種団体の連合体である実践ガイドライン連合(Practice Guidelines Coalition)の指針では、主に3つを推奨している(Practice Guidelines Coalition, 1999)。

1. 患者の大多数は、薬物と認知行動療法のどちらにも好反応を示す(表5-6参照)。
2. 短期的には、どちらも同程度に効果がある。
3. 認知行動療法は、薬物療法よりもはるかに永続性がある。

広場恐怖

広場恐怖は通常、パニック発作がある場合に生じる。「広場恐怖(Agoraphobia)」という名前が文字通り「市の開かれる広場に対する恐怖」という意味であることからも分かるように、この障害はかつては恐怖症に分類されていた。しかし、多くの広場恐怖患者を対象とした詳細な研究から、2つの重要な事実が次第に明らかになった。(1)広場恐怖はパニック発作から始まっている場合がほとんどである(Klein, Ross & Cohen, 1987)、(2)患者は市の開かれる広場や人の集まる場所それ自体を恐れているのではなく、そこでパニック発作を起こして、自分ではどうすることもできず誰も助けに来てくれないことを恐れている。これらの事実から、広場恐怖は特定の状況に恐怖を感じる典型的な恐怖症ではなく、より包括的な不安障害であることが分かる。DSM-IV およびTRでは、広場恐怖は明らかにパニック障害の亜型として分類されている。にもかかわらず、広場恐怖は「完全な」パニック発作がなくても起こる場合がある。このような場合を、DSM-IV では「パニック障害の既往歴のない広場恐怖」と呼んでおり、その患者は、気を失うこと、めまい、膀胱のコントロールを失うこと、下痢といった「パニック様」の症状が起きるのではないかと心配し、家を離れたり、公の場に出かけることを恐れる。

広場恐怖の症状

広場恐怖の人は、広場でパニック発作に襲われる恐怖のみならず、開かれた広い場所、人混み、橋、道路

DSM-IV-TR の診断基準

広場恐怖

A. 逃げるに逃げられない（または逃げたら恥をかく）ような場所や状況、またはパニック発作やパニック様症状が予期しないで、または状況に誘発されて起きたときに、助けが得られない場所や状況にいることについての不安。広場恐怖が生じやすい典型的な状況には、家の外に1人でいること、混雑の中にいることまたは列に並んでいること、橋の上にいること、バス、列車、または自動車で移動していることなどがある。
注：1つまたは2～3の状況だけを回避している場合には特定の恐怖症の診断を、または社会的状況だけを回避している場合には社交恐怖を考えること。

B. その状況が回避されている（例：旅行が制限されている）か、またはそうしなくても、パニック発作またはパニック様症状が起こることを非常に強い苦痛または不安を伴いながら耐え忍んでいるか、または同伴者を伴う必要がある。

C. その不安または恐怖症性の回避は、以下のような他の精神疾患ではうまく説明されない。たとえば、社交恐怖（例：恥ずかしい思いをすることに対する恐怖のために社会的状況のみを避ける）、特定の恐怖症（例：エレベーターのような単一の状況だけを避ける）、強迫性障害（例：汚染に対する強迫観念のある人が、ごみや汚物を避ける）、心的外傷後ストレス障害（例：強いストレス因子と関連した刺激を避ける）、または分離不安障害（例：家を離れることまたは家族から離れることを避ける）。

（訳注：原書は DSM–IV だが、ここでは DSM–IV–TR, APA, 2000 [高橋三郎・大野裕・染谷俊幸訳『DSM–IV–TR 精神疾患の診断・統計マニュアル（新訂版）』医学書院, 2004]を修正し引用した）

など、逃げるに逃げられないか逃げたら恥をかく状況、もしくは具合が悪くなっても助けが得られないような状況も恐れる。彼らは自分の家という安全な場から出ると、自分の身に大変なこと——一般的にはパニック発作——が起こり、そのときに助けを得られないだろうと思っている。そして、彼らはそういった場所をどうにかして避けようとする。広場恐怖の患者の多くは、第1章のシーリアの場合のように、家を出ることができず、不自由な思いをしている。

> 19歳のシーリアは、マクドナルドでの仕事から家に戻ると、急に死にそうだと叫んだ。カウンターに立っているとき、彼女は人生最悪の状況を経験した。彼女の心臓は空気ドリルのようにドキドキし始めた。彼女は息ができず、パニックと恐怖に襲われ、足元の地面が今にも崩れてしまうように感じ、脳卒中か心臓発作が起きたに違いないと思った。彼女はその後2週間寝込み、それ以来家の外に出なくなった。

広場恐怖の患者は、波のない静かな水面、荒涼とした風景、道路、晴れた日の列車での旅行など、開かれた広い場所に関連したさまざまな対象を恐れる。その空間が吹雪や樹木といったものに取り囲まれていて安心できる場合や、閉ざされた空間がすぐ近くにある場合には、その対象に対する恐怖はかなり和らぐ。

広場恐怖は珍しいものではなく、生涯有病率は約3％である（Boyd, Rae, Thompson & Burns, 1990; Kessler et al., 1994; Regier, Narrow & Rae, 1990）。広場恐怖と診断される女性は男性の2倍であり、一般的にパニック発作は青年期後期に始まり、その後すぐ

窓の外を見ている女性は、文字どおり「市の開かれる広場に対する恐怖」である広場恐怖なのかもしれない。広場恐怖の人は、路上で、人混みの中で、あるいは開かれた広い場所でパニック発作が起きることを心配するために、自分の家という安全な場を離れることを恐れる。（©Photo Researchers）

に外出を避けるようになる。広場恐怖患者は、広場恐怖を起こすような状況にいなくてもパニック発作を起こしやすい。さらに、広場恐怖の患者は典型的恐怖症の患者よりも心理的問題——広場恐怖とは別の——を多く抱えている。広場恐怖の患者は全体的に不安が強く、概して抑うつ的であることが多い（Magee, Eaton, Wittchen, McGonagle & Kessler, 1996）。広場恐怖と

表5-7 広場恐怖の治療

	消去療法	薬物*	両者の併用
改善	50〜85％が中程度の改善	少なくとも50％が中程度の改善	60〜80％が大幅に改善
再発†	10〜30％が再発	非常に高率で再発	10〜20％が再発
副作用	なし	中程度	中程度
費用	安価	安価	安価
所要時間	数週間／数ヵ月	数週間	数週間／数ヵ月
全体として	非常に適している	適している	非常に適している

★薬物療法のデータは、三環系抗うつ薬、MAO阻害薬、SSRIに基づいている
†治療中止後の再発
Seligman, 1994, pp. 78–79に基づき、Barlow, Esler & Vitali, 1998によって改訂。

パニック発作がある55人の患者の70％がうつ病にも苦しんでいた(Breier, Charney & Heninger, 1986)。精神作用物質乱用と広場恐怖の併発も非常によく見られる。時に強迫性障害が広場恐怖と同時に生じることもあり、広場恐怖患者の近親者は不安障害全般に対する危険性が高い(Harris, Noyes, Crowe & Chaudry, 1983)。治療を受けなくても広場恐怖は自然に軽減し、その後なぜか再び悪化する場合もあるし、変化しないこともある(Marks, 1969；Zitrin, Klein, Woener & Ross, 1983)。

原因

パニック障害は広場恐怖の原因を理解するうえで極めて重要な役割を果たす。広場恐怖にはパニック障害を伴う場合と伴わない場合がある。しかし、どちらの場合でも、外にいるときに具合が悪くなり助けが得られないという恐怖がその特徴である。パニック障害を伴う広場恐怖の場合、恐れられている病気は完全なるパニックである。これに対してパニック障害を伴わない広場恐怖では、恐怖の対象となるのは、めまい、気を失うこと、嘔吐といったパニック様症状にすぎない。どちらも古典的条件づけの理論によって説明が可能である。

古典的条件づけのモデルからは、パニックを伴う広場恐怖の獲得は以下のように分析される。CSは「広場」(パニックが生じ、助けが来ないかもしれないという複合的な刺激)、USは広場恐怖のきっかけとなる最初のパニック発作、URはパニック反応、CRは広場に対する恐怖と回避である。パニックを伴わない広場恐怖の場合は、US—URがパニック様症状である点を除いて、同様の分析が当てはまる。この分析によれば、薬物でパニック発作が起こらないようにした後、エクスポージャー法でパニックはもう起こらないことを患者にわからせれば、広場恐怖は治るということになる。

治療

抗うつ薬であるイミプラミンは、パニックを減少または除去するようである。イミプラミンとエクスポージャー法の両方の治療を受けた群は改善し、パニック発作と広場を回避する傾向が減少した。これに対して、エクスポージャー法のみの治療を受けた群ではパニックは減少せず、広場の回避が一部改善したにすぎなかった(Klein, Ross & Cohen, 1987)。これは、イミプラミンには患者に自然に起こるパニック発作を抑える働きがあることを示している。パニック発作が抑えられると、患者が心的外傷的出来事(US)として恐れていたパニック発作がもう起こらないため、患者は外出を恐れなくなる(Ballenger, 1986；De Beurs et al,. 1995；Mattick, Andrews, Hadzi-Pavlovic & Christensen, 1990；Mavissakalian & Michelson, 1986；Telch et al., 1985)。

これらの2つの治療法は、それぞれを単独で用いても広場恐怖にかなり効果がある(表5-7参照)。エクスポージャー法では、患者の同意のうえで、普段はとても不安に思っている混雑した状況に身を置き、逃げようとせずに長時間そこに留まるようにする。これは最初は想像上で行われ、次に現実場面で行われる。想像上で行う場合には、広場恐怖患者は自分がショッピングセンターに出かけて倒れ、人混みに踏みつけられて、一面に嘔吐し、それを見て笑っている声が聞こえる、というような筋書きの説明が長々とかつ生々しく録音されたテープを聞く。一般的に、患者は1、2回目のエクスポージャーでは怖がるが、現実には自分の身に何も起こらないと分かると、次第に恐怖はおさまる。患者がその後実際にショッピングセンターへ行くようになれば、通常は大幅に改善して不安がなくなったと考えられる。患者の60〜85％は著しく改善する。広場恐怖の患者90人のうち77％は、エクスポージャーの5年後でも軽快が維持されていた(Barlow, Esler & Vitali, 1998；Fava, Zielezny, Savron & Grandi, 1995；Marks, Boulougouris & Marset,

1971)。想像上で行うエクスポージャーに対して、現実上での(in vivo)エクスポージャーと認知療法の組み合わせは、最も有効な心理療法である。1年後のフォローアップの時点で、エクスポージャーと認知療法の組み合わせによる治療を受けた患者の87％がよく機能していたのに対し、エクスポージャーのみの場合はよく機能していたのは65％であった(Michelson, Marchione, Greenwald, Testa & Marchione, 1996)。

　三環系、MAO阻害薬、SSRIなどの抗うつ薬や抗不安薬は、単独で用いても心理療法と共に用いられても、広場恐怖の軽減に役立つことがある。しかし、薬物療法が有効な者とそうでない者との間には、重大な相違点がある。その相違点とは、患者に完全なパニック発作があることである。パニック発作のない広場恐怖の患者には、薬物療法は効果がないようである。おそらくこれは、完全なパニック発作には薬が効くが、めまいのような「パニック様」症状には薬が効かないためだと思われる(Ballenger, 1986 ; Klein, Ross & Cohen, 1987 ; Mavissakalian & Perel, 1995 ; Pollard, Bronson & Kenney, 1989)。薬をやめた場合の再発率は非常に高いので、薬が効く場合には薬を続けることが大切である(Mavissakalian & Perel, 1999)。

全般性不安障害（GAD）

　突然かつ急性のパニック発作とは対照的に、全般性不安は慢性的で、程度の差はあれ不安の要素が継続的に存在している期間が何ヵ月間も続くことがある。DSM–IVでは、6ヵ月間ほとんどの日に心配と過剰な不安があることを、**全般性不安障害**(generalized anxiety disorder：GAD)の診断基準としている。

GADの症状と有病率

　全般性不安障害の人は、心配と不安のコントロールに苦慮している。その症状は患者をかなり苦しめ、仕事上や対人関係上の問題をひき起こす。

　感情的には、その人は落ち着かず、そわそわしており、緊張し、絶えず警戒していて、いつもいらいらしている。

> 私はいつもずっと緊張と恐れを感じています。それが何なのかは分かりません。それが何であるか言うことができないのです……。私は内心ではとても不安で……、何かの死を恐れているかのようです。たぶん、私自身の死を恐れているのだと思います。(Laughlin, 1967, p.107)

　認知的には、その人は何か恐ろしいことがあると思っているが、それが何かは分からない。

> 私は怖がっていますが、自分が何を恐れているのか分かりません。私は何か悪いことが起きると思っているのです……それが何なのかはっきり分かるかと思っていましたが、そうではないんです。いろいろあって予測できません。私はいつそうなるか分かりません。それが何なのか、分かったらいいのですが……。(Laughlin, 1967, p.107)

　身体的には、その人には慢性的な筋緊張がある。脳波からは、前頭葉のとくに左半球でベータ波の活動に増加が見られるが、これは強い不安を示すものである。GADの人には、疲れやすさ、集中困難、過敏、緊張、睡眠障害がある。

　行動的には、患者は不安を和らげるために、落ち着きなく手足を動かしたりする。

> この1週間、私は家から出たくないのです。自分がめちゃくちゃになってしまうのが怖いのです。理性を失ってしまうかもしれません……。人と話していると、ときどき私は緊張して怖くなり逃げ出したくなるのです。(Laughlin, 1967, p.107)

　GADについては、他の不安障害に比べて分かっていないことがかなり多い。実際、GADとパニック障害や強迫性障害を見分けることは難しく、またGADと正常な心配やいらいら感を見分けることも難しいため、果たして障害と言っていいのかという議論がある。GADの実態を詳細に検討した研究結果がいくつかあるが、それによるとGADの生涯有病率は5.1％とパニック障害よりもやや多く、女性に多く見られ、弱い遺伝性がある。

　GADは貧困層や低学歴層により多く見られ、最も発生率が高いのは、若いアフリカ系アメリカ人である(Blazer, Hughes, George, Swartz & Boyer, 1991)。生活が貧しい人々は、危険な地域に住み、暴力や仕事、健康管理に絶えず不安を感じている。さらに、人々が社会の変化に対処しなければならない都市化された国や、都市化されていない国であれば戦争や政治的弾圧がある場合に、GADが多く見られることが明らかにされている(Compton et al., 1991)。

　GADの患者は心配性で、日常生活がくよくよした考えに支配されている。彼らの筋肉は非常に緊張しており、心臓の柔軟性が低下している(Borkovec & Inz, 1990 ; Thayer, Friedman & Borkovec, 1996)。家族研究によると、GAD患者の近親者はパニック障害よりもGADであることが多く、パニック障害患者の近親者はGADよりもパニック障害である場合が多いこ

第5章 不安障害

DSM-IV-TR の診断基準

全般性不安障害

A. （仕事や学業などの）多数の出来事または活動についての過剰な不安と心配（予期憂慮）が、少なくとも6ヵ月間、起こる日のほうが起こらない日より多い。

B. その人は、その心配を制御することが難しいと感じている。

C. 不安と心配は、以下の6つの症状のうち3つ（またはそれ以上）を伴っている（過去6ヵ月間、少なくとも数個の症状が、ある日のほうがない日より多い）。
   注：子どもの場合は1項目だけが必要
   (1) 落ち着きのなさ、または緊張感または過敏
   (2) 疲労しやすいこと
   (3) 集中困難、または心が空白となること
   (4) いらだたしさ
   (5) 筋肉の緊張
   (6) 睡眠障害（入眠または睡眠維持の困難、または落ち着かず熟睡感のない睡眠）

D. 不安と心配の対象がⅠ軸障害の特徴に限られていない。たとえば、不安または心配が、（パニック障害におけるように）パニック発作が起こること、（社交恐怖におけるように）人前で恥ずかしい思いをすること、（強迫性障害におけるように）汚染されること、（分離不安障害におけるように）家庭または身近な家族から離れること、（神経性無食欲症におけるように）体重が増えること、（身体化障害におけるように）複数の身体的愁訴があること、（心気症におけるように）重篤な疾患があること、に関するものではなく、また、その不安と心配は心的外傷後ストレス障害の期間中にのみ起こるものではない。

E. 不安、心配、または身体的症状が、臨床上著しい苦痛、または社会的、職業的、または他の重要な領域における機能の障害をひき起こしている。

F. 障害は、物質（例：乱用薬物、投薬）または一般身体疾患（例：甲状腺機能亢進症）の直接的な生理学的作用によるものではなく、気分障害、精神病性障害、または広汎性発達障害の期間中にのみ起こるものでもない。

[訳注：原書は DSM-IV だが、ここでは DSM-IV-TR、APA、2000 [高橋三郎・大野裕・染谷俊幸訳『DSM-IV-TR 精神疾患の診断・統計マニュアル（新訂版）』医学書院、2004]を修正し引用した]

この *The North Beach Cafes* と名づけられた絵に描かれた人々は、あたかも全般性不安障害に苦しんでいるように見える。(Rosalyn Benjet, *The North Beach Cafes*, ©1994 Rosalyn Benjet/VAGA, New York)

とから、GAD はパニック障害とは区別できることが示唆されている(Kendler, Neale, Kessler, Heath & Eaves, 1992; Kendler, Neale, Kessler, et al., 1995; Rapee, 1991; Weissman, 1990)。

GAD の病因論

研究者からは、GAD に対する生物学的説明と心理学的説明の両方が提出されている。生物学的説明では、恐怖とパニックに関係する脳の同じ回路――大脳辺縁系（特に扁桃体）の青斑核という部分と前頭前野を含む――が、不安の体験にも関係すると言われている。Jeffrey Gray は、この回路を行動制御システムと名付けた(Gray, 1982, 1985；第4章を参照)。この回路は通常は恐怖の際の行動を制御する。つまり、その人が急死するようなことを防ぎ、恐怖と次の行動に対する評価をひき起こす。しかし、恐怖やパニックと異なり、GAD ではこの回路の活動が慢性的になっている。

何がこのような慢性的活動の原因となっているのだろうか？「キンドリング(kindling)」という神経生理学的現象に注目する研究者もいる。「キンドリング」とは、ニューロンが繰り返し活性化されることで、その後に起こる活性化の閾値が低下する現象で、要するに、使いすぎた刺激伝達経路に「慣れが生じた」ものである(Gorman, Kent, Sullivan & Coplan, 2000)。このようなキンドリングの現象は扁桃体でよく見られ、かつてはてんかん発作の脳内での広がりを説明していた(Bear & Fedio, 1977)。恐怖を頻繁に経験すると、より恐怖を経験しやすくなり、些細な刺激でも恐怖がひき起こされるようになる。その結果、全般性の不安につながる持続的な恐怖感が生じる。恐怖やパニックと同様に、GABA は GAD に関与する主要な神経伝達物質であり、GAD には GABA の不足が関わっている(Redmond, 1985)。薬物療法との関係については後で述べる。

これらの生物学的説明に対して、認知的な研究者は GAD のコントロール不可能性と予測不可能性が果た

表5-8　全般性不安障害の治療

	認知行動療法	抗うつ薬と抗不安薬
改善	約50％が中程度の改善	偽薬よりは効果的
再発*	中程度の再発	非常に高率で再発
副作用	弱い	中程度
費用	安価	安価
所要時間	数週間／数ヵ月	数日／数週間
全体として	効果あり	不十分

*治療中止後の再発
Barlow, Esler & Vitali, 1998；Roy-Byrne & Cowley, 1998.に基づく。

す役割に焦点を当てている。GADの患者は、自分が生活上の重要な出来事をコントロールできず、いつでも悪いことが起きるに違いないと感じている（Mineca & Zinbarg, 1996）。非適応的な思考が果たす役割について考察した研究者もいる。GAD患者に見られる自動思考の一例は、「未知の状況は危険に違いない」といったものである（Beck & Emery, 1985）。このような思考が繰り返されると、心配や不安が生じる（Wells & Butler, 1997）。

GADの治療

抗不安薬と認知行動療法というGADの2種類の治療について、対照群を設けた効果研究が行われている（表5-8参照）。薬物療法の証拠は一貫しており、ベンゾジアゼピンなどの抗不安薬は、服用中には不安症状を明らかに低下させる。

ベンゾジアゼピンの不安抑制効果は、GADの神経理論と結びついている。ベンゾジアゼピンは脳内のGABAの放出を増加させる。先に述べたように、GABAは広範囲に及ぶ抑制性の神経伝達物質であるが、とりわけ不安を抑制する作用がある。もしも、GAD患者のGABA受容体があまりにも少ないか、またはGABAの作用が不十分であれば、GADに対するベンゾジアゼピンの不安抑制効果が見られるだろう。残念ながら、ベンゾジアゼピンには依存性がある。ベンゾジアゼピンはアルコールとの相乗作用もあり、ベンゾジアゼピンとアルコールを同時に摂取すると、薬の作用が増強されて命にかかわる危険性がある。さらに、ベンゾジアゼピンの長期服用は記憶力の低下や抑うつをひき起こす。こういった理由のため、ベンゾジアゼピンは主に急性の不安に対して用いられる傾向にあり、その使用はアルコールの問題がない患者に限定される。

医師は慢性的な不安をどのように治療するのだろうか？　ベンゾジアゼピンとほぼ同程度の効果があることが証明されており、マイナス点が少ない薬物がいく

つかある。現在では、GABAの有効性を増加させるが有害な副作用はほとんどないアベカルニルという薬について研究が行われている（Ballenger et al., 1991；Lydiard, Ballenger & Rickels, 1997；Rickels, De-Martinis & Aufdembrinke, 2000）。すでに広く用いられている抗不安薬は他にもある。これらの薬物には直接的にGABAを改善する作用はないことから、GABAにもとづく不安の理論ですべて理解できるという説には疑問がもたれている。最も広く用いられている非ベンゾジアゼピン系の抗不安薬は、ブスピロン（Buspar®）である。ブスピロンには依存性がなく、GABAへの作用はないもののドパミン、ノルエピネフリン、セロトニンのシステムに働くと考えられている（Gobert, Rivet, Cistarelli, Melon & Millan, 1999）。加えて、イミプラミン（Tofranil®）や、とくにSSRI（Prozac®など）のような抗うつ薬には、強力な不安鎮静作用があることが実験的に示されており（Zhang et al., 2000）、慢性的な不安がある患者には非常に効果がある（Enkelmann, 1991；Michelson et al., 1999；Roy-Byrne & Cowley, 1998；Thompson, 1996）。

GADの患者には認知行動療法も適用されており、その有効性についてのしっかりとした効果研究が3つある。1つ目の研究では、57人のGAD患者を、認知行動療法（cognitive-behavioral therapy：CBT）群、行動療法のみの群、期間中には治療を行わない対照群のいずれかにランダムに振り分けた。治療は4～12セッション続けられ、18ヵ月にわたって追跡調査が行われた結果、認知行動療法が最も効果的であった（Butler, Fennell, Robson & Gelder, 1991）。2つ目の研究では、101人のGAD患者を対象に、認知行動療法と抗不安薬（ジアゼパム）を比較した。6ヵ月間のフォローアップにより、CBTの明らかな優位性が示され、抗不安薬は偽薬よりも効果があったにすぎなかった（Power, Simpson, Swanson & Wallace, 1990）。3つ目の研究では、CBTとリラクゼーションの両方が、非指示的療法よりも優れていたことが明らかにされ、

その効果因子としてイメージが重要であるとされた（Borkovec & Costello, 1993；Durham et al., 1994；Peasley-Miklus & Vrana, 2000；Silverman et al., 1999も参照のこと）。全体としては、抗不安薬や抗うつ薬は服用を中止しなければ一時的にGADを軽減するが、認知行動療法のほうが効果が長続きする。

おそらく、不安についての最も重要な新発見は、治療よりも予防に関することである。オーストラリアの心理学者グループは、7歳から14歳の不安感の強い子どもに対する早期介入プログラムを考案した。128人の子どもが、治療群と治療を受けない対照群にランダムに振り分けられた。治療は、認知行動的手法と恐怖をひき起こす状況への段階的エクスポージャーの実施からなっており、治療群では6ヵ月後にもその効果が維持されていた（Dadds, Spence, Holland, Barrett & Laurens, 1997；Dadds et al., 1999）。このことから、学校での予防プログラムの実施が、将来の深刻な不安障害患者を大幅に減少させる可能性がある。

強迫性障害（OCD）

われわれは誰でも、時には不快で受け入れがたい考えをもつことがある。多くの人が一度くらいは次のように思ったことがある。「自分が愛している人に暴力を振るってしまうのではないか？」「ドアの鍵をすべてちゃんとかけただろうか？」「ガスコンロをつけっぱなしにしたのではないか？」「私のレポートは完璧だろうか？」ほとんどの人は、こういった考えが起こってもそれに注意を払わないし、もし注意したとしてもすぐにその考えを忘れてしまう。強迫性障害（obsessive-compulsive disorder：OCD）の人の場合には、そうではない。

> 私は、まともな判断ができる人がまともでないことをする、というOCDの説明が気に入っている。私について言えば、それは消すことだった。そう、消しゴムで消すことなのだ。それは、私が大学に入ったときに始まった。ところで、大学は人生において重要な時ではないだろうか？ しかし、私にとっては最悪の時期であった。論文やレポートを書くとなると、私のいつもの完全主義はまったく手に負えなかった。どうにもならなかったのだ。私は紙に穴があくまで何度も何度も文章を消し、はじめから全部書き直さなければならなかった。消すことが私のコントロールできない強迫行為となった。私は書いたそばから、すぐにそれを消し始めた。何とかそれをやめようとしたが、だめだった。
>
> 最初のうち友達は面白がっていた。しかしやがて、彼らはそれを心配するようになった。私のガールフレンドもそうだった。彼女の家族にOCDの人がいたため、彼女はOCDについて知っていた。彼女は私を助けようと、私を医者に連れて行きたがった。私は彼女に、もしも消すことをやめられないという話をしたら医者に頭がおかしいと思われるだろう、と言った。彼女は、私の言うことは間違っていると言い、医者はそんな話をいつも聞いているし、私のような行動をいつも診ている、と言った。「ああ、その通りだ」「世間には、消すのをやめられない人が大勢いるのだろうよ」と私は言った。彼女は私を見て、何と言っただろうか？「考えを変えてちょうだい。そうでなければ新しいガールフレンドを見つけて」と彼女は言った。（Hyman & Pedrick, 1999）

強迫性障害は、その名前から分かるように、強迫観念（obsession）と強迫行為（compulsion）という2つの要素から成り立っている。**強迫観念**とは、意識に侵入してくる反復的な思考、心像、あるいは衝動であり、しばしば嫌悪感をひき起こし、打ち消したり制御することが非常に困難である。こういった思考は、単なる現実生活の問題についての過剰な心配ではない。強迫観念をもつ人は、その思考が外部から押しつけられたものではなく、自分自身の心の産物であることが分かっている。その人は自分の強迫観念が過剰、不合理で不適当であることにも気がついており、前述の事例のように他の思考や行動によって、それを抑制または中和しようと試みる。

強迫行為は、強迫的思考に対する反応である。強迫行為は、厳格な習慣的行為（手を洗う、確認する、消すといった）または心の中の行為（数を数える、祈る、声を出さずに言葉を繰り返すといった）であり、その人は強迫観念に反応して、あるいは厳密に適用しなくてはならない規則に従って、それを行うように駆り立てられると感じている。強迫行為は、苦痛を予防または緩和したり、あるいは何か恐ろしい出来事や状況を避けることを目的としている。しかし、これらの行動はその人が防ごうとしていることとは現実的な関連をもっておらず、明らかに過剰である。たとえば、上記の学生は強迫的に文章を消すことによって、自分の失敗や不完全さについての思考に反応している。

臨床的だと言ってよい強迫観念と、害のない反復的思考を区別するものは何だろうか？ それには3つの特徴がある。(1)強迫観念は苦痛をひき起こし、不快であり、意識に侵入する。臨床的な強迫観念をもつ人は「自分の子どもを絞め殺してしまうのではないか、という考えが繰り返し浮かんで仕事に集中できない」と訴えるのに対して、単なる反復的思考によって仕事が妨げられることはない。(2)強迫観念は心の中から生じるもので、外的状況から生じるものではない。(3)強迫観念を制御することは非常に困難である。単

DSM-IV-TR の診断基準

強迫性障害

A. 強迫観念または強迫行為のどちらか。
(1)、(2)、(3)および(4)によって定義される強迫観念：
(1) 反復的、持続的な思考、衝動、または心像であり、それは障害の期間の一時期には、侵入的で不適切なものとして体験されており、強い不安や苦痛をひき起こす。
(2) その思考、衝動または心像は、単に現実生活の問題についての過剰な心配ではない。
(3) その人は、この思考、衝動、または心像を無視したり抑制したり、または何か他の思考または行為によって中和しようと試みる。
(4) その人は、その強迫的な思考、衝動または心像が(思考吹入の場合のように外部から強制されたものではなく)自分自身の心の声の産物であると認識している。
(1)および(2)によって定義される強迫行為：
(1) 反復行動(例：手を洗う、順番に並べる、確認する)または心の中の行為(例：祈る、数を数える、声を出さずに言葉を繰り返す)であり、その人は強迫観念に反応して、または厳密に適用しなくてはならない規則に従って、それを行うよう駆り立てられていると感じている。
(2) その行動や心の中の行為は、苦痛を予防したり、緩和したり、または何か恐ろしい出来事や状況を避けることを目的としている。しかし、この行動や心の中の行為は、それによって中和したり予防したりしようとしていることとは現実的関連をもっていないし、または明らかに過剰である。

B. この障害の経過のある時点で、その人は、その強迫観念または強迫行為が過剰である、または不合理であると認識したことがある。
注：これは子どもには適用されない。
C. 強迫観念または強迫行為は、強い苦痛を生じ、時間を浪費させ(1日1時間以上かかる)、またはその人の正常な毎日の生活習慣、職業(または学業)機能、または日常の社会的活動、他者との人間関係を著明に障害している。
D. 他のⅠ軸の障害が存在している場合、強迫観念または強迫行為の内容がそれに限定されていない(例：摂食障害が存在する場合の食物へのとらわれ、抜毛癖が存在している場合の抜毛、身体醜形障害が存在している場合の外見についての心配、物質使用障害が存在している場合の薬物へのとらわれ、心気症が存在している場合の重篤な病気にかかっているというとらわれ、性嗜好異常が存在している場合の性的な衝動または空想へのとらわれ、または大うつ病性障害が存在している場合の罪悪感の反復思考)。
E. その障害は、物質(例：乱用薬物、投薬)または一般身体疾患の直接的な生理学的作用によるものではない。

(訳注：原書はDSM-IVだが、ここではDSM-IV-TR、APA、2000 [高橋三郎・大野裕・染谷俊幸訳『DSM-IV-TR 精神疾患の診断・統計マニュアル(新訂版)』医学書院, 2004]を修正し引用した)

(Drawing by W. Miller, ©1982 The New Yorker Magazine, Inc.)

なる反復的思考があるだけの人は、すぐに気がそれて他のことを考える。これに対して臨床的な強迫観念がある人は「私はどうすることもできません——。数字を何度も何度も繰り返し言い続けてしまうのです」と訴える。

強迫、不安、そして抑うつ

強迫性障害の人が、トイレの水を3の倍数回だけ流すといった奇妙な行為を行う動機は何であろうか？強迫的思考について考えたり、強迫的な習慣的行為を行うとき、その人はどのように感じているのだろうか？　その思考(強迫観念の構成要素)は強い不安をひき起こす。一般的に、強迫性障害の人は相当な精神的苦痛を経験している。その人には弱い危急反応が見られることが多く、不吉な予感や恐怖を感じる。もしその思考に反応して、習慣的行為が頻繁かつ素早く行われれば、その後の不安を緩和したり、防ぐことができる。患者は強迫行為を行うことで、不安に対処する方法を手に入れるのだ。しかし、もし強迫的な習慣的行為が妨げられたら、患者は精神的緊張を感じるだろう。この精神的緊張は、かかってきた電話に出ること

を誰かに妨げられたときに、われわれが感じるであろう緊張とよく似ている。もし妨げられ続けたら、患者は強度の苦痛に圧倒されてしまうだろう。もちろん、不安にもなるだろう。この段階で強迫行為を行うことでその人は苦痛を和らげられ、その結果、強迫的な思考や心像によって喚起された不安は中和される。以下の事例は、この例を示している。

> ある中年女性が、色と熱に関する強迫観念を訴えていた。「主な問題は色です。私は赤、オレンジ、ピンクなど、炎の中にある色を見ることができません」
> 彼女は、青、緑、茶色、白、灰色のような色は中性だと考えており、火のような色を「中和」するためにそれらの色を用いていた。「もしたまたま火の色を見てしまったら、それを取り消すためにすぐに他の色を見なくてはいけないのです。それを中和するには、外に生えている木や花を見たり、何か茶色いものか白いものを見なくてはいけないのです」。彼女はたまたま見てしまったり、想像してしまったオレンジ色の影響を中和するために、緑色のカーペットの小さな切れ端をいつも持ち歩いていた。
> 彼女は色刺激(または熱刺激)のイメージがひき起こす非常なつらさについて述べた。
> それは私の心の中で始まります。私はその色を見ると心配になり、まるで火の中にいるように体中が熱くなるのです。私は立っていることができず、座らなければ倒れてしまうでしょう。気分が悪くて、とてもつらいとしか言えませんし、ほかに説明のしようがありません。もしそれがベッドに入る前に見た最後の色だったら、私は一晩中眠れないでしょう。
> 私はそれに耐えようとベッドに入り、ばかげたことだと自分に言い聞かせるのです。それが身体的には害がないということは分かっていますが、精神的な危害があるのです。横になっていると熱い感じがしてきて、私は心配になってきます。もしそうなったら、私は起き上がり再び洋服を着て、ベッドに入るところからもう一度やり直します。私はやっと寝られるまでに、これを4回か5回しなければならないときもあります。(Rachman & Hodgson, 1980)

強迫行為に関連した否定的感情は不安だけではない。抑うつも密接な関連をもっている。同じ人に強迫行為と臨床的なうつ病が見られることはしばしばあり、それらは併存するものだと言える。実際、OCDの人のうち66〜67%もの人が、一生のうちのある時点で大うつ病を経験しており(Edelman, 1992；Gibbs, 1996)、うつ病患者の6〜35%は強迫観念ももっているのが常である(Beech & Vaughan, 1979；Fava et al., 2000；Ricciardi, 1995)。その症状は変わりやすく、よくなったり悪くなったりするが、ストレスは症状を悪化させる。うつ病の期間の強迫観念の発現率は、うつ病前後の期間の3倍以上である(Videbech, 1975)。うつ病患者が強迫観念を発症しやすいだけではなく、OCD患者もうつ病を発症する傾向にある(Teasdale & Rezin, 1978；Wilner, Reich, Robins, Fishman & Van Doren, 1976)。事実、OCD患者の35〜50%が、同時にうつ病の診断基準にも当てはまっている(Kruger, Cooke, Hasey, Jorna & Persad, 1995；Perugi et al., 1997)。

強迫性障害に対する脆弱性

強迫性障害は珍しいものではない。成人の2〜3％が強迫性障害だと診断される。総合的にみて、女性は男性の約2倍、強迫性障害になりやすいが、男性は女性より強迫観念の衝動にかられ、女性は男性より強迫行為に駆り立てられることが多い(Karno, Golding, Sorenson & Burnam, 1988；Mancini, Gragnani, Orazi & Pietrangeli, 1999)。一卵性双生児のOCDの一致率は二卵性双生児の2倍であったことから、部分的には遺伝性があると考えられる。さらに、OCD患者の近親者は強迫性障害ではないことが多いが、患者の近親者は潜在性の(完全ではない)強迫観念や強迫行為はもちろん、他の不安障害にも苦しんでいる(Billett, Richter & Kennedy, 1998；Black, Noyes, Goldstein & Bulm, 1992)。強迫性障害はときにレイプのような心的外傷体験の後に生じ、不潔と洗浄の強迫観念をひき起こすことがある(Da Silva & Marks, 1999)。強迫性障害は一般的には徐々に進行し、男子では児童期および青年期前期に始まるが、女子では成人期前期に始まる。男性は「確認癖」に、女性は「洗

1997年の映画「恋愛小説家(原題：As Good As It Gets)」で、ジャック・ニコルソン(Jack Nicholson)が演じるMelvin Udallという人物が隣の家のイヌに嫌悪感を示している様子。この人物は、レストランに自分用のナイフとフォークを持っていき、歩道の溝を踏まないためにはどんなことでもするし、外出するときには手袋をするということから分かるように、強迫性障害に苦しんでいる。(Columbia Tri-Star [Kobalの厚意による])

Box 5-3　アセスメント

OCDの検査

さまざまな方法のうち、臨床家にとっては質問票や調査目録が役に立ち、診断の確実な助けになる。ロンドンにあるモーズレー（Maudsley）病院のS. J. RachmanとRay Hodgsonは、OCDの可能性がある人の発見を助ける質問票を開発した。その質問票は、清潔さ、確認、疑念という強迫性障害の3つの要素を特定するものである。

モーズレー強迫検査の質問項目見本

強迫性障害の要素	障害である場合の回答
清潔さ	
1. 清潔さについてそれほど気にしない。	あてはまらない
2. 汚染されている可能性があるので、公衆電話を使わないようにしている。	あてはまる
3. 手入れの行き届いたトイレを何のためらいもなく使うことができる。	あてはまらない
4. 朝の洗面を終えるのにかなり長い時間がかかる。	あてはまる
確認	
1. 物事（ガス、水道の蛇口、ドア）を1回以上確認することが多い。	あてはまる
2. 手紙を投函する前に何度も繰り返し確認することはない。	あてはまらない
3. 嫌な考えが浮かぶことが多く、それをなかなか打ち消すことができない。	あてはまる
疑念―良心	
1. 私には厳しい良心がある。	あてはまる
2. 日常的に行う単純な事柄について大きな疑念を感じている。	あてはまる
3. 子ども時代、両親はどちらともそれほど厳格ではなかった。	あてはまらない

Rachman, S. J.,& Hodgson, R. J. 1980より引用。

浄癖」になりやすい。前述の色彩強迫の患者が強迫性障害のあいまいで漸進的な典型的発症について述べている。

　　いつ強迫観念が始まったかを正確に言うのは難しいです。徐々に始まったのです。私の色についての強迫観念は、2、3年の間に本当に徐々に徐々に進行していったのです。12年前から少しずつ悪くなってきていたのだな、と最近気づきました。私は特定の色を見ることができず、入浴や料理もできず、多くの行為を何度も繰り返さなければなりません……。
　　数年前に私がある種の神経衰弱になったときに、すべてが始まったのだと思います。その発症のとき、私はとても熱くなって、なぜかそれは突然に起きたようでした。私はベッドにいましたが、とても熱くて目が覚めました。それは、当時患っていた母についての私の強迫観念と関係していました。私は母の無事を心配していて、母が事故にあったり、重病にかかるという恐ろしいことを考えたとき、この恐ろしくて熱い感覚が私を襲いました。(Rachman & Hodgson, 1980)

強迫性障害になりやすい特定の性格類型があるのだろうか？　OCDと強迫性格には大きな違いがある。一般的には、強迫性格の人は几帳面で、秩序的な生活を送ると思われている。彼はいつも時間に正確で、着るもの、言うことに細心の注意を払っている。細部に徹底的にこだわり、不潔なものをひどく嫌う。はっきりとしたものの捉え方をし、知的に厳密で、細部を重視する。慎重な考え方や行動をとり、非常に道徳主義的であることが多い。彼は規則、リスト、順番、構成やスケジュールのことで頭がいっぱいで、木を見て森を見ないと言ってよいくらいである。完全主義が過ぎるために仕事を完成させることができない。仕事に熱心過ぎて、余暇はなく友達もほとんどいないほどである。彼は暖かい人柄ではない。その上、作業や仕事を他人に任せたがらない(Rheaume et al., 2000；Sandler & Hazari, 1960；Shapiro, 1965)。

強迫性格であることと強迫性障害であることの決定的な違いは、当事者がその症状をどのくらい好んでいるか、ということに関係する。強迫性格の人は自分の几帳面さや細部へのこだわりに誇りと自尊心をもっている。しかし、強迫性障害の人の場合には、これらの特徴は嫌悪され、望まれず、苦痛なものである。それらは「自我違和的」である。

強迫性障害の人の性格を実際に調べると、彼らが強迫性格でもあるという証拠はほとんどないことが明らかにされている。OCD患者の大半には強迫性格の前歴はなく、強迫性格で強迫性障害になる人はほとんど

表5-9 強迫性障害についての見解

理論的見解	誰がOCDになるか？	何が起きているのか？	どのようにして持続されるか？	どのように治療するか？
精神力動的見解	はっきりした無意識葛藤がある人（例：自分の子どもや母親を傷つけたり殺してしまうという考え）	強迫的思考は受け入れ難い考えに対する防衛として始まる	強迫観念とそれに伴う強迫行為は、それによって不安がうまく防衛されるために維持される	無意識的葛藤に気づき、それを乗り越える
認知行動的見解	心配な考えから気をそらすことができない人。しばしばうつ病と合併する	強迫的な思考（正常な人にもみられる）が頻繁かつ持続的になり、同時に抑うつがその人の気をそらす力を弱める	患者は一時的に不安を和らげる習慣的行為を発見し、その行為は繰り返されることで強化される	強迫行為の反応を妨害することで、強迫観念を消去する
神経科学的見解	皮質―線条体―視床回路が過活動になっている人	反復的な行動がうまく阻害されない。不安が十分に抑制されない。不適切な情報を濾過して取り除くことが不十分	強迫的思考と強迫的行動は、脅威とみなすように進化的に準備された対象や状況に向けられている	薬物（例：クロミプラミン）が皮質―線条体―視床回路の過活動を抑制する

いない。彼らは、清潔さ、確認、良心について過剰な関心をもっている（Box 5-3参照）。また、過度の責任感と、大惨事をひき起こすか防ぐかは自分自身にかかっているという信念をもっている（Salkovskis, 1985）。

強迫性障害についての理論

強迫性障害の原因は何であろうか？ 主な理論としては、精神力動的見解、認知行動的見解、神経科学的見解の3つがある（表5-9参照）。それらの見解の長所が互いにうまく補い合うことで、OCDの原因についての統合された全体像が明らかにされる。精神力動的見解では、どんな人が強迫観念をもち、なぜそのような形をとるのか、という強迫観念の起源についての疑問に取り組むが、強迫観念が一度始まると何年も続くのはなぜかということは明らかにしていない。認知行動的見解では、強迫観念の持続性について説明しているが、強迫観念をもつ人はどんな人で、その内容はどのようなものであるか、ということは不明なままである。神経科学的見解では、OCDの基礎にある脳の構造を指摘している。

精神力動理論

「誰が強迫性障害になるのか？」「それはどのような形をとるのか？」という疑問が、強迫性障害についての精神力動的見解の中心である。この見解によれば、強迫的な思考は嫌悪的かつ無意識的な考えによってひき起こされた不安に対する防衛と見なされる（Lang, 1997；Meares, 1994）。この防衛の過程には、置き換えと代償が関係している（第3章参照）。前述の色と熱の強迫観念をもつ女性の「私の母が熱を出して死んでしまうのではないか」という考えのような、無意識的で危険な考えがその人の意識に侵入してきそうになる場合がある。これが不安を喚起する。この不安を防衛するために、その人は無意識な恐ろしい考えから生じたこの不安を、熱く火のような色といった、より嫌悪感の少ない代替的対象に置き換える。この防衛は強力な内的論理であり、その裏に隠された考えの代替となる思考は気まぐれで決まるものではない。火のような熱い色は病気の母親の死につながるかもしれない発熱を象徴しているのである。

精神力動理論では、その人に内在する葛藤をひき起こす不安への反応として強迫観念が表れ、強迫観念の内容はその裏に隠された葛藤を象徴している、と説明している。以下の子殺しについての強迫観念の事例は、なぜある人がある特定の形式の強迫観念をもちやすいのか、ということ説明している。

2人の子どもをもつ32歳の母親は、わが子を傷つけ殺してしまうという強迫的な考えをもち、ごくまれには夫を殺してしまうという考えをもった。これらの考えは恐ろしく、それを考えること自体が罪悪感を喚起するものであった。彼女には子ども時代から大変に恐ろしい衝動があり、その衝動が彼女の子どもに置き換えられていることが治療によって明らかにされた。彼女は3人きょうだいの長女で、幼い頃からきょうだいの世話に過度の責任を負わされていた。彼女は両親の愛情をきょうだいに奪われたと感じ、妹や弟にとても腹を立てていた。彼女はきょうだいが殺される空想を

S. J. Rachman は強迫観念についての包括的な認知行動的理論を組み立てた。(Dr. S. J. Rachman の厚意による)

抱いたが、その空想は罪悪感と不安が伴うものだった。結果として、この空想は完全に意識から閉め出された。彼女が大人になったとき、彼女の子どもたちが彼女のきょうだいを象徴的に意味するようになった。きょうだいが殺されれば彼女は親の愛情を独り占めすることができたし、彼女の子ども時代の精神的重圧を和らげることができただろう。彼女の母親の時折の来訪が強迫観念のきっかけだった。彼女は両親やきょうだいに対して、未解決かつ不安を喚起する恨みをもっていたために、とくにそれに敏感になっていた。彼女の強迫観念には彼女のきょうだいの死を象徴する死という内容があり、彼女はその強迫観念によって自分の子ども時代の問題に対処していたのだろう。(Laughlin, 1967, pp.324-26より改変)

このように、強迫観念についての精神力動的見解では、抑圧された強力で嫌悪感をひき起こす願望や葛藤が意識に侵入しそうになると、その人は強迫観念を抱くおそれがあり、置き換えと代償の防衛を用いることが当面の安心を得るための機制となっている、と主張している(Wegner & Zanakos, 1994)。さらに、個々の強迫観念の内容は、その人に内在する葛藤を象徴すると考えられる。

認知行動理論

S. J. Rachman と Ray Hodgson は、強迫に関する最も包括的な認知行動理論を組み立てた(Rachman & Hodgson, 1980; Rachman & Shafran, 1998)。その理論は、われわれの誰もが時折は強迫的な思考を経験する、という前提から始まる。「継ぎ目を踏んだら、母親の背骨が折れることになる」という考えのために歩道の継ぎ目を避けるということは、子どもによく見られる強迫的な習慣的行為である。ほかにも、ラジオコマーシャルのテーマ曲が自然に思い浮かぶといったことがある。しかし、われわれの多くは歩道の習慣的行為をしなくなるし、ラジオコマーシャルのテーマ曲からすぐに気をそらしたり、慣れたりすることができる。われわれはときどき頭をよぎる恐ろしい考えを忘れることもできる。しかし、強迫性障害の人はこのような侵入的な思考に慣れたり、忘れたり、気をそらすことができないという点で、それ以外の人とは異なっている。

強迫観念の内容がより不安を喚起するもので抑うつ的であるほど、誰でも——OCD の人もそうでない人も——その考えを忘れたり、その考えから気をそらすことが難しくなる。正常な人にストレスをひき起こす短い映像を見せた場合、多くの人が侵入的で反復的な思考を経験する。たとえば、木工場での凄惨な事故を映したストレス喚起映像によって、不安とその事故についての反復的な思考が生じた。その映像によって情緒的に混乱させられた人ほど、その思考がより侵入的で反復的だった(Horowitz, 1975)。さらに、不安を感じている人は健常な対照群よりも、脅威的な単語をより侵入的なものと捉える(MacLeod & McLaughlin, 1995; Matthews & MacLeod, 1986; Matthews, Mogg, Kentish & Eysenck, 1995)。これは認知行動的観点における強迫観念についての以下の2つの想定を支持するものである。(1)誰もが不快で反復的な思考を経験しており、(2)その人がストレスを感じるほど、その思考は頻繁かつ激しくなる。

ここで、うつ病と強迫観念のつながりを思い出してほしい。それ以前にうつ病であったならば、その人は強迫的な思考のためにより不安になり、そのために強迫的な思考を忘れることがより難しくなるだろう。さらに、第7章で述べられているように、うつ病の人は無力感を強く感じている(Seligman, 1975)。これは彼らが自分の苦悩を和らげるような自発的反応を起こすことができない、ということを意味している。気をそらす行為は自発的な認知的反応であるが、これと似たような他の反応は抑うつ状態によって弱められてしまう。このように、うつ病が背景にあることが強迫性障害を生み出す絶好の温床となっている。

次に、認知行動的観点から、強迫性障害の人とそうでない人を区別する出来事の連鎖について見てみよう。OCD でない人の場合、きっかけとなる出来事は内的な場合も外的な場合もあり、そのきっかけが不安なイメージや思考をひき起こす。OCD でない人はこの考えを受け入れがたいと思うかもしれないが、それによって不安にはならないだろう。これに対して強迫性障害の人は、大惨事を防がなければいけないと思う

ことが多く、その考えによって不安になり、その不安と抑うつによって忘れる能力が弱められてしまう。その考えは持続的であり、その考えを忘れられないことでさらに不安、無力感、抑うつがひき起こされる。この不安、無力感、抑うつのために、その人はさらに侵入的な思考の影響を受けやすくなる（Salkovskis, Forrester & Richards, 1998 ; Salkovskis, 1999）。

　認知行動的観点からの強迫的な習慣的行為の説明も試みられている。一時的な不安の緩和がこれらの習慣的行為を強化している。強迫性障害の人は、気をそらす、忘れるといった、われわれが難なく用いている方法でその思考を頭から消し去ることができないため、他の方法に頼る。強迫性障害の人はしばしばその代替となる「望ましい」行為によって、不快な思考を中和しようと試みる。火のような色についての強迫観念がある人は、緑色のカーペットの切れ端を見ることでオレンジ色を中和していた。ドアの鍵がかかっていないことを強迫的に恐れる人は、一晩に何十回も鍵を確認する。これらの強迫的な習慣的行為は一時的な安心をもたらすが、そのために確認や洗浄、再保証を求める傾向を強めてしまう。つまり、強迫行為の後に不安が減少する結果、その行為が強化されるのである。しかし、その習慣的行為はうわべだけのものである。つまり、習慣的行為がもたらす安心は一時的なものにすぎない。強迫観念は変化せず、頻度と激しさを増して繰り返し生じる。ある考えがよみがえると、何とか安心を得るためにその習慣的行為が行われるようになる。

　認知行動的見解の長所は、一度始まった強迫観念や強迫行為が維持される理由を説明している点である。精神分析的見解の長所は、強迫観念の内容と誰がなりやすいかということの両方を説明しようとしている点である。次に述べる神経科学的見解は、3つのうちで最も根本的なものだと言うことができ、OCDの基礎となる脳の構造を探っている。

神経科学的見解

　神経科学の研究者はOCDを脳の病気だと考えている。この見解については、(1)神経学的証拠、(2)脳画像に見られる異常、(3)強迫観念と強迫行為の原始的な内容、(4)有効な薬物（これについての詳細は治療の項で触れる）という4つの証拠がある。

神経学的徴候　脳外傷の後にOCDになることが知られている。神経学的検査では、OCD患者の多くは運動協調性が不十分で、不随意的な筋反射運動が多く、視覚―運動の協応動作が苦手といった多くの異常を示す。このような「微細徴候」が目立つ者ほど、強迫観念は深刻である（Hollander et al., 1990 ; Tien et al., 1992）。このことは、OCDの基礎に微細な神経学的障害があるという考え方と一致するものである。

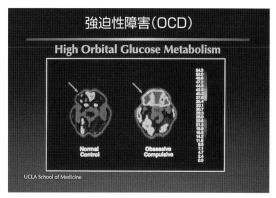

　このPET画像は、OCDの人の脳の機能がどのように変化するかを示している。左は健常な対照群、右は強迫性障害の人である。黄色と赤は活発な代謝活動を示している。OCDの人では、健常な対照群よりも基底核、前頭皮質、視床の活動が活発であることが分かる（カラー口絵参照）。(Dr. Lewis Baxter, UCLAの厚意による)

> 　8歳のヤコブは、裏庭でフットボールをしていた。彼は倒れ、脳出血を起こして昏睡状態になった。彼は脳の外科手術から回復したが、手術はうまくいったにもかかわらず数字に悩まされるようになった。彼は何にでも7回触れなければならなかった。彼は食べ物を7回飲み込み、何でも7回尋ねた。(Rapoport, 1990)

　OCDはてんかんのような神経学的障害と合併することもある。睡眠病（1916年～1918年にヨーロッパで流行した脳のウイルス性感染症）の流行後、OCD患者の数が明らかに増加した（Rapoport, 1990）。トゥレット(Tourette)症候群は運動性チックや制御不能で突発的な発声などの症状がある強迫行為に似た障害であるが、これは神経学的な原因によると考えられている。OCDとTourette症候群は一卵性双生児の間では一致率が高く、Tourette症候群の患者はOCDでもある場合が多い(Allen, Leonard & Swedo, 1995 ; George et al., 1993 ; Leonard et al., 1992 ; Robertson, Trimble & Lees, 1988 ; Swedo & Kiessling, 1994)。

脳画像に見られる異常　2つ目の神経科学的証拠は、OCD患者の脳画像の研究から明らかにされた。OCD患者では、大脳基底核の尾状核、前頭皮質眼窩面、視床といった脳のいくつかの領域の活動が過剰になっている。これらがひとまとまりになって、「皮質-線条体-視床」回路を構成している（Cottraux & Gerard, 1998 ; Gehring, Himle & Nisenson, 2000 ; Rosenberg & Keshavan, 1998 ; Saxena, Brody, Schwartz & Baxter, 1998 ; 図5-5参照）。これらの領域には、不適切な情報を濾過して取り除くという働きがあり、行動の保続（もしくは反復）に関係している。事実、心を乱す考えから気をそらせないことと行動の

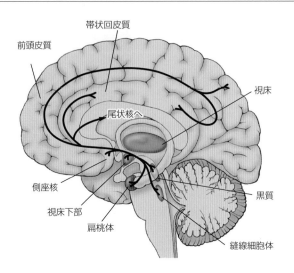

図5-5　皮質−線条体−視床回路と OCD
　強迫性障害には脳のいくつかの領域が関係している。尾状核、前頭皮質、帯状回皮質(線条体の一部分)が皮質−線条体−視床回路(太い黒線で示した)を構成している。これらの領域は不適切な情報を濾過して取り除くことや注意をそらすことと関係している。この回路がうまく機能しないと OCD の症状が生じ、そのため患者は不適切な情報を濾過できず、注意をそらせなくなる。

保続が、強迫観念と強迫行為の中心的問題であるようだ。こういった患者の薬物治療が成功した場合、これらの脳の領域の活動は低下する。

　残念ながら、別の脳画像研究では、脳の異なる領域の活動が増加したり減少しているという対立する結果が得られている(Baxter et al., 1992；Berthier, Kuliseysky, Gironell & Heras, 1996；Insel, 1992；Robinson et al., 1995；Rubin et al., 1992；Swedo et al., 1992)。今後10年の間に、おそらくこの分野では目ざましい研究が行われ、皮質−線条体−視床回路の過活動がどのような働きをし、薬物や行動療法がこの回路にどのように作用するのかが明らかにされる可能性がある。この回路を外科的に妨害すると、39人の OCD 患者のうち約 3 分の 1 が症状が著しく減少したという研究結果は、この仮説と一致している(Jenike et al., 1991)。

原始的な内容　生物学的観点からの 3 つ目の証拠は、OCD の特有の内容にかかわるものである。強迫観念と強迫行為の内容は気まぐれに決まるものではない。恐怖症の内容がかつて人類にとって危険だった対象に対するものであったのと同じように、強迫観念と強迫的行為の内容も限定的で選択的なものである。OCD 患者の大多数は、病原菌や暴力に対する強迫観念を抱き、それに反応して洗浄したり確認したりする。なぜこのような特定の対象なのだろうか？　なぜ三角形といった特定の図形についての強迫観念や同じ身長の人とだけ付き合うといった強迫観念ではないのか？　なぜ腕立て伏せや拍手、クロスワード・パズルの強迫行為ではないのか？　なぜ病原菌なのか？　なぜ洗浄や確認なのか？

　進化の過程で、洗浄と確認は非常に重要なものであった。毛づくろいや自分自身とわが子の身体的安全は、霊長類の主な関心事である。おそらく、われわれの祖先を毛づくろいさせたり、確認させていた脳の領域こそが、OCD の場合に活動が乱れる脳の領域なのだろう。これらの領域は、排泄や性行動、暴力の調整とかかわっているようだ。OCD の反復的な思考や習慣的行為は、おそらくわれわれに深く刻まれた原始的習慣の痕跡の暴走なのだろう(Marks & Tobena, 1990；Rapoport, 1990；Swedo et al., 1992)。

薬物療法　生物学的理論の最後の証拠は、セロトニンの機能不全を緩和するために有効な薬物である。セロトニン再取り込み阻害薬(SRI)である Anafranil® という薬(クロミプラミン)や、Prozac®(フルオキセチン)や Luvox®(フルボキサミン)などの SSRI(選択的セロトニン再取り込み阻害薬)は、多くの OCD 患者で強迫観念と強迫行為の症状を緩和することが分かっている。これらの薬物は、セロトニン作動性システムに影響を与えるが、OCD の人の場合にはこのシステムがうまく機能していないと考えられている(Dolberg, Iancu, Sasson & Zohar, 1996；Murphy et al., 1996）。そのメカニズムはまだ完全には分かっていないが、これらの薬物がセロトニンの活動を低下させるセロトニン受容体を抑制するということが、症状の軽減を部分的に説明していると研究者は主張している（Gross, Sasson, Chopra & Zohar, 1998）。

強迫性障害の治療

1990年代まで、強迫性障害の人の予後は、治療を受けても受けなくても、とくに期待はできなかった。しかし現在では、行動療法と薬物療法の両方がOCDの人にかなりの効果をあげている。

行動療法

強迫性障害に対する行動療法はかなりの効き目があるが、完治させるわけではない。行動療法の3つの基本的技法——反応妨害法、エクスポージャー、モデリング——が、強迫性障害の治療に用いられている（Franklin & Foa, 1998；Griest, 1994；Marks & Rachman, 1978）。これらの3つの手法はいずれも、不安な状況に耐えるように患者を励まし説得するが、それを患者に強要するものではない。たとえば、自分が病原菌に感染しているかもしれないという強迫的な思考をもち、その結果として体を洗うことに1日4時間を費やしている患者の治療にこれらの技法が用いられた。治療では、まず患者は治療者が泥やほこりで治療者自身を汚しているのを見る（モデリング）。治療者は患者に自分で体中に泥やほこりをこすりつけ（エクスポージャー）、洗い流さずにそれに耐えるように促す（反応妨害法）。自分で自分を汚して、それを洗い流さずにそのままで耐えるというセッションを12回ほど行うと、患者の汚れについての考えは減少し、洗浄という習慣的行為は日常生活で起こらなくなった。

この事例では、患者を不潔なものにさらして洗い流させないということが強迫行為を治療した。このような事例研究に加えて、OCD患者に対するエクスポージャー、反応妨害法、モデリングによる治療について、対照群を設けた研究が少なくとも16は行われている（Abramowiz, 1998；Franklin & Foa, 1998；Marks & Rachman, 1978；Rachman, Hodgson & Marks, 1971；Salzman & Thaler 1981）。これらの研究では、患者の3分の2が大幅に改善した。6年間にも及ぶ追跡調査からは、回答者の約10％は改善が維持されていたことが示された（Emmelkamp, Hoekstra & Visser, 1985；Foa & Kozak, 1993；O'Sullivan et al., 1991）。さらに、300人以上のOCD患者が行動療法を受けた16の研究についての要約からは、治療終結時には平均83％が「改善した」と判断され、76％は平均2年半以上にわたる追跡調査でも改善が維持されていた。行動療法の効果は特異的であり、強迫的思考、強迫的な習慣的行為、不安はいずれも減少するが、抑うつ、性的適応、家族関係は改善しないことがはっきりしている。しかし、追跡調査時に完全に症状がない、または生活のすべての側面でよく機能している患者はほとんどいないことから、完治するわけではない。加えて、約20～30％はまったく改善していない（Beech & Vaughan, 1979；Dominguez & Mestre, 1994；Hackmann & McLean, 1975；Meyer, 1966；Rabavilos, Boulougouris & Stefanis, 1976；Rachman et al., 1979）。

エクスポージャー、反応妨害法、モデリングが一般的に効果があるのはなぜで、その重要な要素は何なのだろうか？ 1日に4時間体を洗っている男性についてもう一度考えてみよう。彼には体を洗わなければ自分が何かひどい病気にかかるのではないか、という強迫観念があった。

彼は洗い流さずに汚いままでいることに耐えるように説得されたことで、病気についての強迫観念は弱まり、洗浄という強迫的な習慣的行為はなくなった。彼はエクスポージャーと反応妨害法を通じて何を学習したのだろうか？ 自分自身を汚して洗わないことで、汚れていると病気になってしまうという彼の恐怖は消去された。条件刺激（CS）は汚れで、予想されていた無条件刺激（US）は病気であった。彼は病気にならずに汚れたままでいるという不快なエクスポージャーを受けて、パブロフ型の消去が起こった。さらに、彼は体を洗わなくても病気にはならないことを学習した。これは洗浄という強迫的な習慣的行為に対する道具的

アメリカの行動療法家、Enda Foaはレイプによる心的外傷後ストレス障害にエクスポージャー法を用いた先駆者であり、強迫性障害に対する行動療法の評価に貢献した。（Dr. Edna Foaの厚意による）

表5-10　強迫性障害の治療

	行動療法	薬物*
改善	50〜60%が中程度〜大幅に改善	40〜60%が中程度〜大幅に改善
再発†	10〜20%が再発	再発は多い
副作用	なし	中程度
費用	安価	安価
所要時間	数週間／数ヵ月	数週間
全体として	適している	効果あり

*薬物療法には、SRIであるクロミプラミン(Anafranil®)とSSRIであるフルボキサミン(Luvox®)、セルトラリン(Zoloft®)が含まれる
†治療中止後の再発
Seligman, 1994, p.93に基づき、Franklin & Foa, 1998；Pato, 1999；Rauch & Jenike, 1998によって改訂。

な消去の手続きであった。すなわち、エクスポージャーと反応妨害法は以下の2つの理由で効果がある。(1)恐れている状況でも、心配しているような出来事は起こらないということを患者に示す。(2)強迫的な習慣的行為を行わなかったとしても、心配しているような出来事は起こらないということを患者に示す(強迫行為の道具的な消去)。

薬物療法

OCDに対して偽薬よりも明らかに効果がある薬物がある。クロミプラミン(Anafranil®)は、対照群を設けた多くの研究で、何千人ものOCD患者に用いられている。セロトニン再取り込み阻害剤(SRI)であるクロミプラミンは、有効な抗うつ薬である。OCDに苦しむ人がクロミプラミンを服用すると、強迫観念が弱まり強迫行為をくい止めやすくなる(Rauch & Jenike, 1998.展望として以下も参照のこと Clomipramine Collaborative Study Group, 1991；Griest et al., 1995；Jefferson & Griest, 1996；Leonard et al., 1991, 1993)。OCD患者の平均50〜60%が、クロミプラミンによる治療を受けて改善している(Foa & Kozak, 1993)。フルオキセチン(Prozac®)、フルボキサミン(Luvox®)、セルトラリン(Zoloft®)、パロキセチン(Paxil®)などのSSRIは、いずれも同様にOCDに対して偽薬よりも効果がある。

しかし、クロミプラミンは完璧な薬物ではない。多くの患者(ほぼ半数)は改善しないか、眠気、便秘、性的関心の減退などの副作用のために服用しなくなる。効果があった人でも完治することはめったになく、症状は緩和されるものの通常は強迫的思考はわずかに残り、行動を習慣化したいという衝動は存在し続ける。効果があった人が薬の服用をやめた場合、彼らの多く——おそらくほとんど——が、完全に再発してしまう。しかし、クロミプラミンの服用は、何もしないよりはよいということは明らかである(Leonard, 1997；Pato, Zohar-Kadouch, Zohar & Murphy, 1988；Rauch & Jenike, 1988)。行動療法と薬物療法を組み合わせたほうがそれぞれを単独で用いるよりも優れているということは、はっきりとは立証されていないが、依然として多くの専門家が両者を同時に行うことを支持している(Franklin & Foa, 1998；Pato, 1999)。OCDの治療について行動療法と薬物療法を比較している表5-10を参照してほしい。

OCDの行動論的見解、精神分析的見解、神経科学的見解は、互いにうまく補い合っている。精神分析的見解は、OCDになる人とならない人、なぜその人に特有の形をとるのか、ということを理解する助けとなる。行動論的見解は、なぜこのような不適応行動が維持されるのかということを明らかにし、OCDに苦しむ人にかなりの改善をもたらす3つの治療法を生み出した。神経科学的見解は、OCDでは脳の一部の働きが妨害されており、それは症状を緩和させる薬の働きとも一致するということから、脳の回路の図式を示している。

日常的な不安

たとえば、あなたが恐怖症、PTSD、パニック、広場恐怖、GAD、OCDのいずれの診断基準にも当てはまっていないとしよう。これはあなたの感情面での生活がすべてうまくいっていることを意味するだろうか？　実際にはそうではない。日常的な不安が受け入れられないほどに強く、それに弱り果ててしまう場合もある。Box 5-4はその不安の程度をあなた自身で評価できるものである。日常的な不安のレベルは、心理学者があまり関心を向けてこなかった分野である。感情の研究の大部分は「障害」についてのものである。しかし、近年の予防研究からは1つの希望が見出されている(Dadds, Spence, Holland, Barrett & Laurens, 1997；Seligman, Schulman, DeRubeis & Hollon, 1999)。これらの研究はいずれも、不安やうつ病に対する危険性がある若者に対して、障害が発生する前に認知行動的な不安への対処法を指導したものである。

Box 5-4 アセスメント

不安のアセスメント

あなたの生活は不安に支配されていませんか？ 米国心理学協会の前会長である Charles Spielberger 博士は、感情に関する検査の世界的権威の1人でもある。彼は不安と怒りの程度を測定するための、妥当性が確認された尺度を開発した。彼はこれらの感情を「状態」（「今、どう感じていますか？」）と「特性」（「普段どう感じますか？」）に区別した。以下の自己評価尺度の特性の質問項目を使って、あなたの日常的不安が高すぎるかどうかを評価することができる。

自己評価尺度

それぞれの文章を読み、あなたが普段どのように感じているかをよく表す数字に印をつけてください。1つ1つの文章にあまり時間をかけずに、あなたが普段感じている通りに回答してください。

1. 私は落ち着いた人間だ。
   4 ほとんどない　3 ときどき　2 しばしば　1 しょっちゅう
2. 自分自身に満足している。
   4 ほとんどない　3 ときどき　2 しばしば　1 しょっちゅう
3. 不安で落ち着かない。
   1 ほとんどない　2 ときどき　3 しばしば　4 しょっちゅう
4. 他の人のように幸せだったら、と思う。
   1 ほとんどない　2 ときどき　3 しばしば　4 しょっちゅう
5. 悲しい気分だ。
   1 ほとんどない　2 ときどき　3 しばしば　4 しょっちゅう
6. その時気になっていることを考えると、緊張したり、動揺したりする。
   1 ほとんどない　2 ときどき　3 しばしば　4 しょっちゅう
7. 安心した気分だ。
   4 ほとんどない　3 ときどき　2 しばしば　1 しょっちゅう
8. 自分に自信がある。
   4 ほとんどない　3 ときどき　2 しばしば　1 しょっちゅう
9. 自分には能力がないと思う。
   1 ほとんどない　2 ときどき　3 しばしば　4 しょっちゅう
10. つまらないことを心配しすぎる。
    1 ほとんどない　2 ときどき　3 しばしば　4 しょっちゅう

採点：10項目の数字を単純に合計する。数字が小さい方から並んでいる項目と大きい方から並んでいる項目があることに注意する。合計得点が高いほど、特性不安があなたの生活を支配していることになる。成人男性と成人女性では、平均得点が少し異なり、一般的に女性の方がいくらか不安が強い。

あなたの得点が10～11点ならば、あなたの不安のレベルは10パーセンタイルであり、もっとも低い。

あなたの得点が13～14点ならば、あなたの不安のレベルは25パーセンタイルであり、低い。

あなたの得点が16～17点ならば、あなたの不安のレベルは平均的である。

あなたの得点が19～20点ならば、あなたの不安のレベルはおよそ75パーセンタイルである。

あなたの得点が22～24点で、あなたが男性ならば、あなたの不安のレベルはおよそ90パーセンタイルである。

あなたの得点が22～26点で、あなたが女性ならば、あなたの不安のレベルはおよそ90パーセンタイルである。

あなたの得点が25点で、あなたが男性ならば、あなたの不安のレベルは95パーセンタイルである。

あなたの得点が27点で、あなたが女性ならば、あなたの不安のレベルは95パーセンタイルである。

下記の質問票から特性不安の質問項目を選択し、自己採点しやすいようにいくつかの否定的表現の項目の採点法を逆転させた。

("Self-Analysis Questionnaire," developed by Charles Spielberger in collaboration with G. Jacobs, R. Crane, S. Russell, L. Westberry, L. Barker, E. Johnson, J. Knight, & E. Marks. Adapted by permission of Dr. Charles Spielberger より引用)

表5-11　日常的不安の治療

	瞑想	リラクゼーション	精神安定剤
改善	60～80%が大幅に改善	少なくとも50%が中程度に改善	60～80%大幅に改善
再発*	10～20%が再発	中程度の再発	高率で再発
副作用	なし	なし	中程度
費用	安価	安価	安価
所要時間	数週間／数ヵ月	数週間	数分
全体として	非常に適している	有効	不十分

*治療中止後の再発
Seligman, 1994, p.58 より引用。

研究の参加者は、脅威的な状況に直面した際に自動的に心に浮かぶ破滅的な考えに気づき、それに反論するということを学習した。たとえば、不安になりがちな人は「このパーティーでは誰も私のことなど気に留めないだろう」と思うかもしれない。その時、彼女はこの考え対して「待って、この前パーティーに行った時には私は2人の人と知り合いになって、2人ともその後に電話してきて私をデートに誘ったじゃない」と反論するのである。このような方法で、不安症状と不安障害はどちらも予防されたのだった。これらの技法とその成果は第16章で詳しく述べられている。

しかし、日常的な不安のレベルをほぼ確実に下げるものとして推奨されている2つの技法については、十分な研究が行われている(表5-11を参照)。どちらの技法もその場しのぎの対処法ではなく、繰り返し行うことで効果が表れるものである。その練習には1日に20〜40分の時間を当てる必要がある。

1つ目の**漸進的筋弛緩法**は、1日に1回かできれば2回、少なくとも10分間をかけて行われる。この技法では、身体の主要な筋肉をそれぞれ緊張させ、その後筋肉の緊張を解いて完全に弛緩させる。リラゼーションは不安の喚起に拮抗する反応システムを作動させる(Öst, 1987)。

2つ目の技法は通常の**瞑想**である。「超越瞑想(transcendental mediation：TM)」は、広く普及している効果的な瞑想法の1つである。1日2回、20分間、静かな場所で目を閉じて「マントラ」(「その音固有の特性があるとされる」言葉)を繰り返し唱える。瞑想は不安を喚起する思考を妨害することで作用する。瞑想はリラックスをもたらす。リラックスすることで不安の要素の1つである筋肉の緊張がくい止められるが、不安な思考を扱うことはない。瞑想が定期的に行われると、気持ちが安定するようになる場合がほとんどである。瞑想時以外の日常的な不安が低下し、嫌な出来事に対する覚醒亢進が軽減される。TMが定期的に行われれば、おそらくリラクゼーションだけを行うよりも効果があるだろう(Butler, Fennell, Robson & Gelder, 1991；Epply, Abrams & Shear, 1989；Kabat-Zinn et al., 1992)。

あなたの日常的な不安についてよく考えてみることをお勧めしたい。もしも不安が軽くて、不合理または機能を阻害するものでなければ、その不安と共に生活していくことになる。不安の状態によく耳を傾けて、それに応じてあなたの外的な生活を変えていかなければいけない。もし、不安が激しく不合理で機能を阻害するようであれば、すぐにでも不安を減らすように行動を起こす必要がある。強い日常的不安は変化させることが可能である。瞑想と漸進的筋弛緩法を定期的に行うことで、不安を変化させ、その変化を持続させることができる。

まとめ

不安障害についての理解は、精神障害よりも明らかに進歩している。その変化は著しい。1970年代までは、われわれが現在「不安障害」と呼んでいる病気はすべて、うつ病、解離性障害、性機能不全と一緒に「神経症」と呼ばれる不明確なカテゴリーにまとめられていた。「神経症」の原因は、無意識的葛藤や防衛機制、症状形成の過程といったあいまいな世界にあると考えられていた(APA, 1980)。不安を感じる人々には、長期的な精神力動的療法でしか治療できない根本的な性格の欠陥があると考えられ、現在関心がもたれている精神安定剤は、その症状をわずかに抑えるにすぎないと考えられていた。現在、研究者は症状としての不安を特有な心理学的過程の表れとして捉えるだけではなく、遺伝、ホルモン、神経生理学的側面の表れでもあると考えるようになっている。現在臨床家の間では、その障害を「不安障害」と呼び、その範囲を明確にし、それを確実に診断するための方法が開発されるべきである、ということで意見が一致している。

こういった明確な分類と鑑別法が新たに出てきたことで、多くの影響があった。1つは、不安とうつ病の関係の理解である。現在、われわれは不安とうつ病を別々に診断するので、その2つの障害が同時に生じている事例とそうでない事例を体系的に研究することができる。われわれは適切な研究法を用いることで、うつ病が家族内に高率で発生していると不安障害も高率で発生するのか、不安はうつ病に先行する傾向があるのか、それともその逆なのか、ということも検討することができる(Fava et al., 2000)。

最新の診断システムの正確さによって、それぞれの不安障害がどのような相互関係にあるのかということも明らかにされた。たとえば、すべてではないものの広場恐怖の多くはパニック障害として始まる(Langs et al., 2000)、OCDの人の75％は同時に他の不安障害でもある(Steketee, Eisen, Dyck, Warshaw & Rasmussen, 1999)、全般性不安障害の人のほとんどが一生涯のうちに他のタイプの不安障害にもなる(Hunt & Andrews, 1995)、ということが現在では分かっている。

さまざまな不安障害の身体的基礎の理解についても、著しい進歩が見られている。現在、パニック障害は脳幹、扁桃体、前頭皮質のノルエピネフリンとセロトニンのシステムに関係していることが分かっている。全般性不安障害はGABAシステムと密接に関わっている。OCDは基底核のある種の機能不全に関係している。コルチゾールの過剰分泌が長く続くことがPTSDには必須である。これらの特定部位が発見されたことで、脳についての知見が増加し、よりよい

治療を行える可能性も増している。

　不安障害の治療法はこれまでに著しく進歩してきた。「不安神経症」の治療法は以前はあいまいであったが、現在では研究者はその不安障害に合った治療法が必要であることを実証している。たとえば、強迫性障害にはとくにSSRIとエクスポージャーが有効であり、特定の恐怖症にはエクスポージャーと系統的脱感作法を用いた治療が非常に効果的であり、全般性不安障害には不安を減少させる瞑想やリラクゼーション・トレーニングによる治療が最適で、PTSDはエクスポージャーや集団療法によって回復することが多い。このような治療法の特異性が、治療成功の可能性を高めた。たとえば、もしあなたが1970年以前に特定の恐怖症になっていたら、その後の一生涯にわたってその恐怖症が続くという運命であった。今日では、あなたが大幅に改善する可能性は70%以上である。強迫性障害は苦しみがずっと続く治療不可能な病気だったが、今日では患者の65%以上が適切な治療によってよく機能できるようになる。

　まだ分かってないこともたくさんある。うつ病や、不安、アルコール依存症と関係がある遺伝的素因の本質は何だろうか？　胎児期や乳幼児期の心的外傷が成人期の不安障害、とくにPTSDの原因となるのだろうか(Ladd et al., 2000)？　内耳に病気がある患者にパニック障害が多く見られるのはなぜか(Simon, Pollack, Tuby & Stern, 1998)？　早期にレンサ球菌に感染すると、後にOCDになるのか(Swedo et al., 1998)？　どのような障害、どのような患者に対して、薬物療法よりも心理療法が優れているのか、またその逆なのか？　これらの疑問は、不安や不安障害の理解と治療ついてのさらなる進歩が見込まれている不安研究の最先端の分野である。

要　約

1. 恐怖症と心的外傷後ストレス障害はどちらも恐怖が知覚され、特定の対象や出来事がきっかけとなる障害である。パニック障害、広場恐怖、全般性不安障害は、その個人は強い不安を感じるものの、懸念される危険が明確ではない障害である。強迫性障害は耐えられない不安感を防ぐための思考と習慣的行為が特徴である。
2. 恐怖の状態は以下の4つの要素から成り立っている。**認知的**には、その個人は危険を予測する。**身体的**には、その個人は危急反応を経験する。**感情的**には、その個人は心配、脅威、または恐怖を感じる。**行動的**には、その個人は恐れている状況から逃げようとする。不安の構成要素は、認知的要素を除いては恐怖の構成要素と同じである。不安な人は特定の危険を予測せず、単に何か悪いことが起こるのではないかと考える。
3. **恐怖症**は特定の対象に対する持続的な恐怖であり、その恐怖は現実の危険の程度よりはるかに拡大されている。恐怖症には**社交(社会)恐怖**と**特定の恐怖症**(動物型、自然環境型、状況型、血液・注射・外傷型という4つの病型がある)がある。
4. 行動学派は、恐怖症は心的外傷的出来事が起きたときに、たまたまその周辺にあった無関係な対象に対する通常の恐怖の古典的条件づけの1例にすぎないと考える。行動モデルは事例研究や実験的証拠とも一致しており、**系統的脱感作法、エクスポージャー、モデリング**、そして血液恐怖に対する**応用緊張**という古典的条件づけによる恐怖の消去にもとづいた4つの効果的な治療法を生み出した。応用緊張は血液恐怖に対する実際的な治療法だと考えられる。
5. 心的外傷後ストレス障害は、特定の出来事によってひき起こされる恐怖の障害である。特定の出来事とは、自然災害や戦闘、強制収容所への留置のような壊滅的な出来事である場合もある。よりありふれた不幸——親族の死、離婚、レイプ——も、人によってはPTSDの症状をひき起こす場合がある。その出来事の後に、不安や回避、夢の中や目覚めている間の出来事の再体験、外界に対する麻痺という症状が生じる。また、その人は生き残ったことの罪悪感を経験することもある。その症状は一生続くこともある。**エクスポージャー法とオープニングアップ**は、とくにレイプの後ではかなりの効果が期待できるが、薬物療法による効果は期待できない。
6. **パニック発作**は突然に起こり、特定の出来事や対象がきっかけとなる訳ではない。パニック発作はほんの数分間の継続時間であり、不安反応の4つの構成要素が含まれている。**パニック障害**には頻繁なパニック発作が見られる。パニック障害は薬で緩和されるが、かなりの緩和をもたらすのは、恐れている身体感覚について、それは差し迫った破滅的事態を意味するものではなくストレスから生じたものであると再解釈することである。近年では、生物学的アプローチと認知的アプローチの両方がパニックの理解に貢献しており、認知的モデルが治療法を発展させた。
7. **広場恐怖**はパニック障害の亜型であり、典型的な恐怖症ではない。広場恐怖には、公の場でパニック発作が起こるのではないか、という公の場に出ていくことに対する不安が見られる。その不安は通常は公の場でのパニック発作から始まる。抗不安薬とエクスポージャー法を組み合わせるのが最もよい治療法のようだが、それぞれの治療法を単

独で用いても効果はある。

8. **全般性不安障害**(GAD)はきっかけとなる特定の出来事がないという点でパニック障害に似ている。しかし、全般性不安障害では、不安は弱く慢性的であり、不安の構成要素がほとんど1日中数ヵ月にわたって強く存在している。認知行動療法と抗うつ薬は、同程度に症状を軽減するが、大幅な軽減ではない。

9. **強迫性障害**(OCD)には強迫観念が見られる。強迫観念は意識に侵入する反復的な思考、心像、衝動であり、しばしば嫌悪感をひき起こし、忘れたり制御することが非常に困難である。さらに、強迫観念のほとんどは**強迫行為**と関係している。強迫行為は強迫観念に対抗するための、反復的で、定型化された、好ましくない思考または行為である。強迫行為を行わずに耐えるのには非常な困難が伴う。

10. 強迫性障害の人は、その人の習慣的行為が妨害されると不安を示す。さらに、うつ病がこの障害と関連している。強迫性障害の人がうつ病である場合には、強迫観念はさらに頻繁になる。OCDの人はそうでない人よりもうつ病になりやすい。

11. 強迫性障害になりやすい性格類型はない。日常生活において強迫的で秩序にこだわる人が強迫性障害になりやすいということはない。このような人と強迫性障害の人を区別するのは、強迫的性格の人は自分の几帳面さを誇りに思い、自ら好んで些細なことに気を配っているのに対し、強迫性障害の人は自分の症状に苦しんでいる、という点である。

12. 精神分析理論は、誰が強迫性障害になりやすいか、それが特定の内容なのはなぜかということを説明する。認知行動理論は、その障害とその習慣的行為が維持されるのはなぜかを説明する。認知行動理論は、強迫性障害の人は不安な考えに慣れたり、忘れたり、気をそらすことができないと主張している。

13. 強迫性障害に対する行動療法には、患者を嫌悪的な状況に耐えさせる**エクスポージャー**、その人に習慣的行為を行わせないようにする**反応妨害法**、習慣的行為を行っていない他者を観察する**モデリング**がある。これらの治療法は強迫性障害患者の3分の2に著しい改善をもたらす。

14. 神経学的証拠、脳画像からの発見、進化的に見て原始的な強迫観念の内容、SRI薬であるクロミプラミンの効果といったことは、すべてOCDの生物学的基礎についての根拠となるものである。クロミプラミンはOCD患者の40〜60％に改善をもたらすが、薬をやめると再発はほぼ確実である。

15. 軽い**日常的な不安**は定期的なリラクゼーションや瞑想によって和らげることができる。

6 身体表現性障害と解離性障害

本章の概要

身体表現性障害 208
　身体表現性障害の種類 208
　身体表現性障害の診断 212
　身体表現性障害に対する脆弱性 213
　身体表現性障害の病因 215
　身体表現性障害の治療 217
解離性障害 218
　解離性健忘 219
　離人症性障害 221
　解離性同一性障害（多重人格障害） 221
まとめ 230
要　約 231

学習の目標

● 身体表現性障害の一般的な5つの症状を同定できる。

● 身体的な疾患ではなく転換性障害によって生じる運動性あるいは感覚性の障害をどのように同定するのか、そして、文化的な要因がどのように転換性障害の形成に寄与しているのかを説明できる。

● 身体化障害の遺伝的病因論に精通する。

● 身体表現性障害に対する精神分析的、コミュニケーション的、感覚遮断的な捉え方とこれらの障害を扱う多様な治療法を説明できる。

● 健忘、離人症、現実感の喪失、同一性の混乱、同一性の変質といった解離状態について理解し、それらの症状がいかにして患者を耐え難い不安から逃避させうるのかを説明できる。

● どのような人が解離性同一性障害に脆弱性をもっているのか、さらには、健忘の役割、新たなアイデンティティ(パーソナリティ)を生み出す過程、そして、これらの障害に対する最も効果的な治療法を理解する。

● 解離性同一性障害の診断に関わる論争を知り、なぜ多くの人々が解離性同一性障害(DID)の患者が詳細に語るストーリーや、そもそもDIDの存在について懐疑的であるのかについて理解する。

これまでの章でとり上げた障害では、患者は不安を感じていた。広場恐怖の患者はショッピングセンターの中を歩くときに恐怖を覚え、全般性不安障害の患者は常に不安でいっぱいであり、強迫性障害の患者は自身の儀式的行動が阻止されるとパニックになる。これらの障害に比して、身体表現性障害あるいは解離性障害の患者は多くの場合不安を感じていない。実のところ、以下の例のように、患者は自分の症状に対して驚くほど無頓着なのである。

> ベアは、がっちりとした体型の25歳の建設作業員であった。腰から下が完全に麻痺しており、動くことができず感覚も失われていた。そして、このような症状は3週間以上も続いていた。しかし、このような状況にもかかわらず、彼は自身の麻痺症状にとくに慌てる様子がなかった。彼は自分が歩けなくなったことにわずかな関心をもってはいたが、感情的になったり不安を感じている風ではなかった。
>
> いくつかの検査で何も明らかにされなかった3日後、ベアを診察した神経科専門医は身体的には何も問題がないと判断し、彼を精神科へ送ることに決めた。
>
> 精神科においても、神経科専門医と同様のフラストレーションを経験することになった。ベアの日常生活は、彼に言わせれば、ここ最近大きな出来事は何もなく、急に具合が悪くなるような原因は思い当たらないとのことだった。彼は、たまに薬物を使用し、少し飲酒もしたが、精神的な問題を抱えたことはなかった。困り果て、何か手がかりをつかもうと、1人の研修医が彼の周りで他に麻痺状態になっている人はいないかと尋ねた。最初、ベアは誰も思い当たらない様子であったが、少しすると、何の感情も示すことなくブツブツと話し始めた。
>
> 「ああ、そう言えばトムが、奴は俺の親友なんだけど、腰から下が麻痺してるよ。首の骨を折ってね」
> 「どうして、そんなことになったんですか?」
> 「ほんとに悲惨でさ、あれは俺にもかなり責任があると思ってる。トムは、まったくもってウブな奴で酒やたばこも全然やらない。で、ひと月ほど前に俺たちはパーティーで一緒になって、俺はあいつにちょっかいを出したんだ。LSDでもやって、ちょっと楽しんだほうがいいと思ってね。あいつにできるわけないと思ったし、そしたら俺の言いなりだと思ってさ。
> ……俺たちは薬をやった。少しするとあいつはぶっ飛んだ。ありとあらゆる奇妙なものを見てたよ。あいつがアパートから飛び出したんで、ちょっとやばいと思って俺は後を追っかけた。なんてこった! あいつは、頭の中でうごめく何かから逃げてたんだ。次の瞬間、あいつは橋から飛び降りた。あんたも知ってるだろ、30番通り駅の線路に架かってる橋さ。あいつはレスキュー隊に高圧線から降ろされたときにも生きて

た。奴らは言ったよ。トムは二度と歩けないし、何もできないってさ」

「ベアさん、もう一度あなたの症状が始まったときのことを話してください」

「突然だったんだ。3週間ほど前のことさ。仕事で、駅のところをフォークリフトで通ってた。高圧線の下の線路を横切ろうとしたとき、突然、身動きできなくなったんだ。助けてくれて叫んでさ、けど俺の体はもう俺のものじゃないみたいに……あぁ、そうか！あんたにも俺に何が起きたか分かるだろ！」

数日後、ベアは歩いて帰宅した。(Stinnett, 1978)

ベアは、自分が友人を麻痺にしてしまったと信じている。彼は麻痺症状を受け入れていたし、歩くことができないという事実にさほど悩んではいない。このケースと同様に、家庭や学校で解決不可能な問題を抱える若者は、自分が何者であるかを忘れ、見知らぬ町をさまよい、いとも簡単に新たなアイデンティティを受け入れるかもしれない。歴史的には、これらの障害は「不安障害」に分類されてきたものである。なぜならば、これらの障害に先行する葛藤の存在が、精神分析学派の臨床家や研究者に、患者の症状が本人を圧倒するほどの根源的な不安をコントロールするための試みであるとの解釈を導かせたからである。しかしながら、今日では、不安の存在は明らかでなく推測にすぎないことが知られており、DSM-IVにおいては、身体表現性障害と解離性障害は不安障害とは別物として分類されている。

本章では、2つのカテゴリーに含まれる障害について述べる。まず、最初にとり上げるのは身体表現性障害であり、これには転換性障害、身体化障害、疼痛性障害、心気症、身体醜形障害が含まれている。これらの障害の特徴は、身体的には何の問題もなく、明らかに心理的な葛藤によってひき起こされた身体機能の損失という点にある。転換性障害と診断されたベアには、生物学的な理由がまったくなく、心理的なストレスによって、突然、麻痺状態になった。

2つ目のカテゴリーは解離性障害であり、まさに本人自身のアイデンティティが崩壊するものである。このカテゴリーには、患者自身が自分が何者であるかという記憶を失ってしまう解離性健忘、離人症性障害、さらには、同一人の中に1つ以上のアイデンティティが存在し、それぞれのアイデンティティが比較的豊かで安定した生活を送っている解離性同一性障害(多重人格性障害)が含まれる。

身体表現性障害

ある女性が心理臨床家のクリニックに連れてこられた。彼女は視力を失っているが、しかし奇妙にも、彼女は目が見えなくなったことにほとんど関心を払っていない。この患者との初回面接の後、心理臨床家は、まず神経科専門医に、そして、次に眼科医に助けを求めた。いくつかの検査の後、その患者は「神経学的には問題がない」ことを示す2通の封印された報告書とともに心理臨床家のもとへ戻ってきた。先のケースと同様に、この時、心理臨床家は、この女性の視力障害の基盤になっている心理的問題の発見を試みなければならない。

このような障害は、**身体表現性障害**(sematoform oisorder)と呼ばれている。そして、これはJean CharcotやSigmund Freudの時代から現代に至るまで、臨床家や研究者の頭を悩ませ続けている障害である。身体表現性障害が疑われる患者を診断する際に考慮すべき5つの要因が存在する。1つ目は、患者の身体的な機能が失われている、もしくは衰えていることである。患者は視力障害や聴力障害、あるいは麻痺を有しているかもしれない。2つ目は、症状が、今日知られている身体的あるいは神経学的な状態によって説明できないことである。つまり、視覚障害や聴覚障害、あるいは麻痺を産み出した神経学的な証拠が見当たらないということである。3つ目は、症状に心理的な要因が関与しているという積極的な証拠があることである。4つ目には、患者は頻繁に(常にではない)身体的な損失に無関心だということである。ことに、患者は症状に関して不安を抱いていないことが多い。そして最後に、症状が随意的なコントロール下にはないということである。

身体表現性障害の種類

DSM-IVにおいて、転換性障害、身体化障害、疼痛性障害、心気症、身体醜形障害はいずれも身体表現性障害に分類される。これらについて順番に見ていくことにしよう。

転換性障害

転換性障害(conversion disorder)は、かつてはヒステリー性転換として知られていたものであり、心理的なストレスが身体的な症状に転化される障害である。ベアのケースで考えてみよう。ベアの下半身麻痺は、身体表現性障害の5つの症状を兼ね備えていた。第1に、彼は麻痺状態にあり、身体的な機能を失っていた。第2に、彼は神経学的には正常であり、麻痺は身体的な損傷によって説明できなかった。第3に、麻痺は随意的にコントロールされていなかった。第4に、ベアは麻痺症状について不安を感じておらず、自分自身の麻痺について明らかに無頓着なようであった。そ

DSM-IV-TR の診断基準

転換性障害

A. 神経疾患または他の一般身体疾患を示唆する、随意運動機能または感覚機能を損なう1つまたはそれ以上の症状または欠陥。
B. 症状または欠陥の始まりまたは悪化に先立って葛藤や他のストレス要因が存在しており、心理的要因が関連していると判断される。
C. その症状または欠陥は、(虚偽性障害あるいは詐病のように)意図的に作り出されたりねつ造されたものではない。
D. その症状または欠陥は、適切な検索を行っても、一般身体疾患によっても、または物質の直接的な作用としても、または文化的に容認される行動または体験としても十分に説明できない。
E. その症状または欠陥は、著しい苦痛、または社会的、職業的、または他の重要な領域の機能における障害をひき起こしている、または、医学的評価を受けるのが妥当である。
F. その症状または欠陥は、疼痛または性機能障害に限定されておらず、身体化障害の経過中にのみ起こってはおらず、他の精神疾患ではうまく説明されない。

(訳注:原書は DSM-IV だが、ここでは DSM-IV-TR、APA、2000 [高橋三郎・大野裕・染谷俊幸訳『DSM-IV-TR 精神疾患の診断・統計マニュアル(新訂版)』医学書院、2004]を修正し引用した)

して5つ目として、心理的な要因が症状に関係しており、さらには原因となっているという証拠があった。すなわち、(1)ベアには、部分的にはベアの行為が原因で麻痺状態になっている友人が存在した。(2)ベアの麻痺症状は、彼の友人が麻痺状態になったのと同じ場所で発生した。(3)ベアは友人が麻痺状態になった事故を容易には思い出せず、その事故と自分自身の麻痺症状を関係づけることができなかった。(4)ベアは自分自身の麻痺症状をコントロールできなかったが、この件に関する洞察を得たとき、彼の麻痺症状は軽減した。

身体化障害(Briquet 症候群)

身体化障害は、別名ブリケー(Briquet)症候群とも呼ばれる。患者は30歳以前から始まった数々の身体的愁訴を抱えており、これらの症状は複雑な医学的治療歴に由来するものである。これらの愁訴にはさまざまな器官が含まれており、既知の身体的原因では十分に説明できず、随意的にコントロールすることもできない。症状には少なくとも4部位に関連する疼痛が含まれている。たとえば、頭痛、胃痛、背痛、関節痛、四肢の痛み、直腸の痛み、胸痛、性交痛、月経痛、排尿時の痛みなどである。

DSM-IV-TR の診断基準

身体化障害

A. 30歳以前に始まった多数の身体的愁訴の病歴で、それは数年間にわたって持続しており、その結果治療を求め、または社会的、職業的、または他の重要な領域における機能の著しい障害をひき起こしている。
B. 以下の基準のおのおのを満たしていなければならず、個々の症状は障害の経過中のいずれかの時点で生じている。
　(1) 4つの疼痛症状:少なくとも4つの異なった部位または機能に関連した疼痛の病歴(例:頭部、腹部、背部、関節、四肢、胸部、直腸;月経時、性交時、または排尿時)
　(2) 2つの胃腸症状:疼痛以外の少なくとも2つの胃腸症状の病歴(例:嘔気、鼓腸、妊娠時以外の嘔吐、下痢、または数種類の食物への不耐性)
　(3) 1つの性的症状:疼痛以外の少なくとも1つの性的または生殖器症状の病歴(例:性的無関心、勃起または射精機能不全、月経不順、月経過多、妊娠期間を通じての嘔吐)
　(4) 1つの偽神経学的症状:疼痛に限らず、神経学的疾患を示唆する少なくとも1つの症状または欠損の病歴(協調運動または平衡の障害、麻痺または部分的な脱力、嚥下困難または喉に塊がある感じ、失声、尿閉、幻覚、触覚または痛覚の消失、複視、盲、聾、痙攣などの転換性症状;記憶喪失などの解離性症状;または失神以外の意識消失)
C. (1)か(2)のどちらか:
　(1) 適切な検索を行っても、基準Bの個々の症状は、既知の一般身体疾患または物質(例:乱用薬物、投薬)の直接的な作用によって十分に説明できない。
　(2) 関連する一般身体疾患がある場合、身体的愁訴または結果として生じている社会的、職業的障害が、既往歴、身体診察所見、または臨床検査所見から予測されるものをはるかに超えている。
D. 症状は、(虚偽性障害または詐病のように)意図的に作り出されたり、ねつ造されたものではない。

(訳注:原書は DSM-IV だが、ここでは DSM-IV-TR、APA、2000 [高橋三郎・大野裕・染谷俊幸訳『DSM-IV-TR 精神疾患の診断・統計マニュアル(新訂版)』医学書院、2004]を修正し引用した)

DSM-IV-TR の診断基準

疼痛性障害

A. 1つまたはそれ以上の解剖学的部位における疼痛が臨床像の中心を占めており、臨床的関与が妥当なほど重篤である。
B. その疼痛は、臨床的に著しい苦痛、または社会的、職業的または他の重要な領域における機能の障害をひき起こしている。
C. 心理的要因が、疼痛の発症、重症度、悪化、または持続に重要な役割を果たしていると判断される。
D. その症状または欠陥は、（虚偽性障害または詐病のように）意図的に作り出されたりねつ造されたりしたものではない。
E. 疼痛は、気分障害、不安障害、精神病性障害ではうまく説明されないし、性交疼痛症の診断基準を満たさない。

（訳注：原書は DSM-IV だが、ここでは DSM-IV-TR, APA, 2000 [高橋三郎・大野裕・染谷俊幸訳『DSM-IV-TR 精神疾患の診断・統計マニュアル（新訂版）』医学書院, 2004] を修正し引用した）

身体化障害の診断に寄与する15の主たる症状は以下の通りである。すなわち、疲労、失神、動悸、月経不順、吐き気・ガス・消化不良、背痛、四肢痛、めまい、胸痛、胃痛、頭痛、性的な問題、睡眠障害、下痢あるいは便秘、呼吸困難である（Kroenke, Spitzer, De-Gruy, & Swindle, 1998）。

また、患者は、協調運動の不全、麻痺、視覚障害、聴覚障害、または触覚の喪失などといった、痛みに限定されない少なくとも１つの「偽神経学的」あるいは転換性の症状を有する。不必要な手術や処方薬に対する中毒、うつ症状、自殺企図は、この症候群に共通する合併症である。身体化障害と転換性障害の基本的な違いは、身体化障害の患者は数多くの身体的な問題を抱えているのに対し、転換性障害の患者は通常たった１つの症状を有することにある。

興味深いことに、身体化障害の症状は、身体の左側よりも右側でより頻繁に発生しており、左脳の関与が示唆されている（Min & Lee, 1997）。左脳はわれわれの言語生活をつかさどる場であることから、この現象は、後に記す言語的な介入が効果的であるかもしれないことを示唆している。

疼痛性障害（サイカルジア）

第3の身体表現性障害は、**疼痛性障害（サイカルジア：psychalgia）** である。疼痛性障害の主たる症状は、著しい苦痛や障害をひき起こす１つあるいはそれ以上の身体部位における痛みである。心理的要因が疼痛の発症や重症度、長期にわたる持続、あるいは悪化に影響している。症状は随意的な制御下にはない。統計的には、身体表現性障害の中では最も頻繁に見られる障害である（Drossman, 1982 ; Verhaak, Kerssens, Dekker, Sorbi & Bensing, 1998 ; Watson & Buranen, 1979）。以下にサイカルジアの症例を示す。

> 41歳の男性であるハリーは、突然、激しい腹部の痛みに襲われた。緊急手術が必要かと思われたが、白血球の増加はみられず、他の身体症状は正常であった。加えて、ハリーはその痛みや差し迫った手術に対して情緒的には無関心であるように見えた。彼は、確かに痛がっているのだが、そのことに不安を感じていなかった。
>
> 検討の結果、緊急手術に向けた準備は中止することになり、心理的な問題の可能性について調べることになった。すると、ハリーにはサイカルジアの素因となるような幼年期を過ごしていたことが明らかになってきた。彼の両親は、物質的には豊かなものを与えてくれたが、愛情や関心を示してくれることはほとんどなかった。彼の幼年期において、唯一、情緒的に不毛な状態でなかったのは虫垂炎の手術を受けたときであった。この時、彼に与えられた愛情は、彼にとってたいへん重要なものであり、まさに「待ち望んでいた」ものだった。
>
> 今回の腹部痛は、配偶者の裏切りによって発症した。彼の妻が、他の男性に夢中になり、駆け落ちすると脅したのである。そして、まさにその時、腹部の痛みが始まったのである。（Laughlin, 1967, pp.667–68より改変）

ハリーの症例における仮説は、彼は重篤な苦悩に曝されると腹部の痛みに襲われるというものである。この痛みは、ストレスフルな出来事によってもたらされる不安にさいなまれないための身体的な口実になる。

心気症

心気症（hypochondriasis） は、数多くの証拠や保証があるにもかかわらず自分が重篤な病気にかかっているという信念や、あるいは、そのような病気にかかるかもしれないというとらわれによって定義される。患者は、発汗や心拍の上昇といった身体的な機能についてくどくどと述べる。彼らは、咳や小さな腫れ物のようなちょっとした身体症状について際限なく心配する。また、自分は不適切な治療を受けていると思い込

DSM-IV-TR の診断基準

心気症

A. 身体症状に対するその人の誤った解釈に基づく、自分が重篤な病気にかかる恐怖、または病気にかかっているという観念へのとらわれ。
B. そのとらわれは、適切な医学的評価または保証にもかかわらず持続する。
C. 基準Aの確信は、（「妄想性障害、身体型」のような）妄想的強固さがなく、（身体醜形障害のような）外見についての限られた心配に限定されていない。
D. そのとらわれは、臨床的に著しい苦痛、または社会的、職業的、または他の重要な領域における機能の障害を引き起こしている。
E. 障害の持続期間が少なくとも6ヵ月である。
F. そのとらわれは、全般性不安障害、強迫性障害、パニック障害、大うつ病エピソード、分離不安、または他の身体表現性障害ではうまく説明されない。

該当すれば特定せよ
洞察に乏しいもの　重篤な病気にかかっているという心配が過剰、あるいは不合理であるということを、現在のエピソードのほとんどの期間、その人が認識していない場合
（訳注：原書は DSM-IV だが、ここでは DSM-IV-TR、APA、2000［高橋三郎・大野裕・染谷俊幸訳『DSM-IV-TR 精神疾患の診断・統計マニュアル（新訂版）』医学書院、2004］を修正し引用した）

み、「医師巡り」をして頻繁に担当医を変更する。患者と医師（通常、かかりつけの開業医）は、ともに怒りとフラストレーションを感じている。家庭や社会での生活も、患者の健康状態の悪さについての訴えがもとになってうまくいかない。そして、通常、患者は自分が身体的な問題ではなく精神的な疾患を抱えていることを認めようとしない。

心気症は男女に等しく見られ、病院を訪れる患者の4％程度はこの症状を呈するかもしれない。どの年代においても見られる症状であるが、特に青年期、中年期、そして60歳以上に多い（Barsky, Wyshak, Klerman & Latham, 1990 ; Kellner, 1986）。心気症の患者がどのような身体症状にとらわれるかについては、文化の影響が大きい。中国人男性は、自分のペニスが腹部（*Koro*: p.58）に収縮していくかもしれないという不安にさいなまれ、インドでは、一部の男性が、めまいや疲れと関係した *Dhat* という精液がなくなることへのとらわれを報告する。

心気症の診断には消去法が適用される。まず最初に、身体疾患ではないこと。次に、全般性不安障害や強迫性障害、病気恐怖、パニック障害、身体化障害といった関連疾患にはあてはまらないこと。さらに、精神病において起こりうる身体的な妄想を経験していないことである。以上の消去法により、残されたものが心気症である。残念ながら、心気症の経過やこれに対する脆弱性、そして効果的な治療法については、ほとんど分かっていない。

身体醜形障害

あなたは自分を醜いと思ったことがあるだろうか？ シミだらけ？　太りすぎ？　唇が薄い？　肘や膝が気に入らない？　このようなことが極端に気になり、とらわれてしまうのが**身体醜形障害**（body dysmorphic disorder : BDD）である。BDD の患者は、わずかな身体的短所を全体的な醜悪さだと大げさにとらえる。そして、この心配は、彼あるいは彼女の生活を支配する。薄毛、ニキビ、傷跡、青白いまたは赤い顔色、毛深さ、肥満または痩せは、BDD 患者のとらわれの対象になりやすい。さらに、鼻や耳、目、口、脚、腰まわり、胸囲、性器、尻まわり、足のサイズや形を気にすることも多い。そのとらわれに支配されるとき、他者を避けるとき、そして、それについて反芻することを止められないとき、外見に関する心配はあるラインを越えて臨床的な問題となる。

BDD の患者は、自分の欠点を精査するために特別なライトや拡大器具を使って、鏡の中の自分を際限なくチェックする。ある女性患者は、何時間も髪をとかし続けたり、皮膚に触れたり、長時間にわたる化粧の儀式に取り組むかもしれない。ある男性患者は、小さなあるいは傷のあるあごをヒゲで隠そうとしたり、薄

身体醜形障害により、人は、自分を醜いものにしていると感じる身体的な欠陥を修正するために整形手術を繰り返すかもしれない。子ども時代の写真と大人になってからの写真を見比べると分かるように、マイケル・ジャクソンは外見を変えるために手術を受けた。
（左：Henry Ditz/Corbis，右：©Jim Ruymen/UPI Photo）

DSM-IV-TR の診断基準

身体醜形障害

A. 外見についての想像上の欠陥へのとらわれ。小さい身体的異常が存在する場合、その人の心配は著しく過剰である。
B. そのとらわれは、臨床的に著しい苦痛、または社会的、職業的、または他の重要な領域における機能の障害をひき起こしている。
C. そのとらわれは、他の精神疾患ではうまく説明されない（例：神経性無食欲症の体型およびサイズへの不満）。
（訳注：原書は DSM–IV だが、ここでは DSM-IV-TR, APA, 2000［高橋三郎・大野裕・染谷俊幸訳］『DSM-IV-TR 精神疾患の診断・統計マニュアル（新訂版）』医学書院, 2004］を修正し引用した）

毛をカツラによって隠したり、「小さな」ペニスを大きく見せるためにトランクスの中に靴下を詰めたりするかもしれない。極端になると、患者はいかなる社会的接触をも避けるようになり、自宅に引きこもり、学校や会社を辞めてしまうかもしれない。うつや自殺企図、そして度重なる整形手術は、すべて頻繁に起こる出来事である。

BDD は、通常、青年期に始まり、一生涯続くことが多い（Wilhelm et al., 1999）。重篤な状態になることはまれである（Hollander & Aronowitz, 1999）。男性よりも女性でわずかに発生頻度が高い。たいていは、抵抗する患者を家族が無理矢理治療を受けさせる。何を醜いと捉えるかは、文化によって様々である。ペルーやグリーンランドでは幅の広い顔を、ビルマでは短い首を、中国では大きすぎる足を醜いものと考える。それゆえに、BDD 患者のとらわれは、彼らの文化的背景に根ざしている。さらに、診断を下す場合には、無食欲性や過食症、うつ、強迫性障害、社交恐怖には含まれないことを確認しなければならない（Phillips, Gunderson, Mallya, McElroy & Carter, 1998 ; Zimmerman & Mattia, 1998）。それでもなお、BDD の原因や効果的な治療法はほとんど知られていない。これまでのところ、2つの統制されていない研究があるのみである。そのうちの一方では、BDD の診断を受けた18歳から48歳の女性13名が、小集団による12回の週1回90分の治療セッションに参加した。患者たちは、BDD とうつ症状の両面において明らかな改善が認められた（Wilhelm, Otto, Lohr & Deckersbach, 1999）。もう一方の研究では、18名の患者のうち10名で、セロトニン再取り込み阻害剤（SRI）が有効であった（Albertini & Phillips, 1999）。

身体表現性障害の診断

身体表現性障害は、正確に診断することが最も難しい障害の1つである。先にとり上げた症例研究の中でも、ベアが麻痺のふりをしている、あるいは、その時点では診断不可能な何らかの未知の疾患にかかっているという可能性はないだろうか？

明確な診断を下すための試みとして、身体表現性障害との混乱が起きやすく、それが時には悲劇をもたらす他の4つの障害との違いを見てみよう。4つの障害とは、詐病、心身症、虚偽性障害、診断不能な身体疾患である。

詐病—嘘の症状—は、欧米の福祉ならびに障害認定に関わるシステムの中で、身体表現性障害を診断する際によく起きる問題である（Hiller, Rief & Fichter, 1977）。

いずれも実際には判定が容易でないものの、詐病と本物の身体表現性障害には原則的に2つの違いがある。第1に、詐病の症状は本人の随意的制御下にあるが、身体表現性障害の患者はそのような状態にない。詐病の者は、麻痺症状を出したり止めたりできる。症状が随意的に制御されていることを明らかにするのは難しいことだが。転換性障害の患者はそのようなことができない。たとえば、もし、われわれがベアに車いすから立ち上がり歩くことに対して巨額の金銭を提供することを申し出たとしても、彼はそうできなかっただろう。耳が聞こえないふりをしている詐病者を見分ける方法として、診断を下す者が用いる1つのトリックは、該当者の背後のコンクリートの床に銀貨を落とすというものである。詐病の者は反応するが、聴覚障害者は反応しないだろう。

第2に、詐病の者は、その症状によって結果的に環境の中で明白な目的を達成しているが（たとえば、麻痺を装うことで軍隊から除隊する、痛みを装うことで多額の障害補償金を得る）、転換性障害の患者は症状によって明確な何かを得る必要はない。

詐病はそれ自体、**二次性利得**と区別されるべきである。二次性利得とは、異常な症状を抱えた結果として、本人を取り巻く環境から利を得ることである。身体表現性障害の患者は、頻繁に二次性利得を手にしている。たとえば、疼痛性障害の患者は、痛みがあるときには、家族からより多くの愛情と関心を得ているかもしれない。二次性利得の行使は、悪条件の下で最善を尽くすという人類共通の特性の一部であるようだ。

表6-1 身体疾患を示唆する症状の鑑別診断基準

障害	既知の身体メカニズムによって説明可能な症状か？	症状は心理的な原因と結びついているか？	症状は随意的に制御されているか？	明白な目的があるか？
転換性障害	不可能	常に	まったくない	時にある
詐病	時に可能	時に	常に	常にある
心身症	常に可能	常に	まったくない	時にある
虚偽性障害	時に可能	常に	常に	まったくない（医療的な関心を引くこと以外には）
診断不能な身体疾患	時に可能	時に	まったくない	まったくない

Hyler & Spitzer, 1978に基づく。

しかしながら、二次性利得を得ている身体表現性障害の患者と、詐病の者とは異なる。詐病の者は、おそらく最初の症状をねつ造し、その後、追加的に利を得るためにその症状を使っているのだろう。これに対して、身体表現性障害の患者は、症状をねつ造することはないものの、症状があることによって十分に利を得ているらしい。時には、症状のパターンが詐病と身体表現性障害を区別する。ヒステリー性の盲である患者は激しく物体にぶつかったりはしないが、詐病の者はおそらくそうするだろう。

第12章でとり上げる**心身症**もまた、身体表現性障害に似た障害である。心身症と身体表現性障害の違いは、心身症の症状には説明可能な身体的な基盤が存在するが、身体表現性障害にはそれが存在しないことである。胃潰瘍や高血圧の人の一部は、心理的なことが原因で症状を悪化させたり、あるいはそのことで症状が発生するかもしれない。しかし、潰瘍や高血圧は、確かにある特定の既知の身体的メカニズムによってひき起こされもする。これに対して、手のひらや指の感覚が失われ、手首から上の感覚に損失はないという転換性症状を示す手掌麻痺は、すでに知られている手を制御する神経に対するダメージのパターンでは生じ得ないものである。

身体表現性障害と区別すべき第3の障害は、**虚偽性障害**である。この障害は、Münchhausen syndrome（ミュンヒハウゼン・シンドローム）とも呼ばれる。この障害は、基礎となる不安を通じてではなく、身体をいじくり回すことによって、本人が疾患の兆候を随意的に産み出し、入院と手術を繰り返すという特徴をもっている(Folks, 1995 ; Pope, Jonas & Jones, 1982)。実際にあったケースとしては、34歳の男性が、10年以上にわたり多数の偽名を用いて68を超える病院で200回も医師にかかり、イギリスの健康行政に200万ドルもの負担をかけたという例がある。詐病に対して、虚偽性障害では医学的な関心を得ること以外の明白な目的は存在しない。その症状は本人によって随意的に産み出されたものであり、症状が身体的な基盤を有するという理由から、身体表現性障害とは決定的に異なる。

そして、最後に、身体表現性障害という診断が間違いで、実際には診断不能な身体疾患に由来する症状かもしれないという可能性についても考慮せねばならない。身体表現性障害の診断は、病んでいるのは精神であって身体ではないと言われることであり、多くの人々にとって自尊心を低下させられるものである。現代医学の診断は完璧なものではないため、時に身体表現性障害だと診断された患者が、後に多発性硬化症のような本物の身体疾患を発症することもあるだろう。身体表現性障害だと思われた症状が、実は後の身体疾患につながる初期症状だったという例である。このような間違いを起こさないためにも、診断は慎重になされるべきである(Binzer & Kullgren, 1998)。

表6-1は、転換性障害と詐病、心身症、虚偽性障害、診断不能な身体疾患の違いを要約したものである。

身体表現性障害に対する脆弱性

転換性障害はよくある症状ではない。見積もりに幅はあるものの、転換性障害の患者は、おそらくすべての非精神病患者の5％にも満たないものと考えられる（もしくは、アメリカの全人口の1％未満である）(Laughlin, 1967 ; Rogers et al., 1996 ; Woodruff, Clayton & Guze, 1971)。転換性の症状は、通常、青年期の後期から中年期に現れる。子どもや老人にも見られるが、それはまれである(Fritz, Fritsch & Hagino, 1997 ; Kotsopoulos & Snow, 1986 ; Lehmkuhl, Blanz, Lehmkuhl & Braun-Scharm, 1989)。転換性障害の患者の大半は女性であるが、20〜40％の患者は男性である(Chodoff, 1974 ; Tomasson, Kent & Coryell, 1991)。文化は、転換性障害がどのような形態をとるかを決定する重要な要因であ

Box 6-1　分析の水準

転換性障害としての失明？

ポルポト政権下のカンボジアでは、100万人から200万人もの人々が殺害されたと推定されている（総人口が800万人の国でのことである）。多くの人々は、市街地にあった自宅を離れて郡部へたどり着いた。虐待や拷問も存在した。ポル・ポト派の政治組織であるクメール・ルージュによって続けられた残虐行為の中を生き抜いた人々は、カンボジアとタイの国境160マイルを強制的に行進させられた。大半の人々が、飢えと極度の疲労によって行進中に死亡する数え切れないほどの人々を目撃した。家族が殺害や拷問の対象になるのを目にすることも頻繁であった。

臨床家たちは、これらの残虐行為の中を生き抜いた人々を治療し、研究対象とした。彼らの報告によると、ある女性は、彼女の3カ月の甥がクメール・ルージュの兵士に背中を木に押しつけられて棍棒で殴り殺されるのを目撃した。時を経ずして、彼女は他の3人の甥や姪が殴り殺されるのを目撃し、さらに彼女の兄とその妻が彼女の目の前で殺された。彼女は、最終的にはアメリカ合衆国に移住し、自分自身のカンボジアでの体験に対して盲目になるという形で反応した。

2人の研究者がカリフォルニア州のロングビーチにおける同様の150事例について検討した。視覚的な組織に神経生理学的な損傷がないことを確かめた上で、電気生理学者であるGretchen Van Boehmelと心理学者であるPatrick Rozeeは、これらの女性のうち51歳から70歳の30人にインタビューを実施した。その結果、彼らは、視覚的な問題は転換症状であると確信した。それらの女性のうち10人を対象にスキルの構築と集団療法を実施したところ、Van BoehmelとRozeeは4名に視覚的な問題の改善があったと報告している。

詐病の者とは異なり、これらの女性は盲目であることから何の利益も得ていない。詐病の者は大げさにつまずきながら歩いたり、指で自分の鼻に触れないふりなどをして、自分の症状を「強調する」。しかし、これらの女性はそのようなことをしなかった。さらに、クメール・ルージュ政権下やタイの難民キャンプに長く滞在していたものほど、視覚的な問題が重篤であった。

これらは、おそらく、女性たちがもはや何も目にしたくないと「欲した」結果としての大規模な転換性障害の症例だと言えるだろう。このことは、生物学的にも心理学的にも妥当であると思われる。視覚をつかさどる脳の一部が破壊されると、人々は、視界の中で、ある特定の範囲のものが見えないと報告する。しかし、盲であるとの一貫した報告にもかかわらず、これらの患者は視覚弁別課題においてチャンスレベル以上の成績を示すのである。この事実を突きつけられると、ヒステリー性の盲のような患者は、まったく何も見えておらず、ただの当て推量だったと主張する（Weiskrantz, Warrington, Sanders & Marshall, 1974）。

しかしながら、これらの患者は、もしかすると診断不可能な身体疾患であるかもしれず、この点についても考慮しなければならない。長年にわたる栄養失調や虐待による未確定の神経学的ダメージ等が原因であるかもしれないからである。

（DeAngelis, 1990より引用）

ポル・ポト派の政治組織であるクメール・ルージュによって続けられた残虐行為を生き抜いた人々は、カンボジアとタイの国境160マイルを強制的に行進させられた。多くの人々が、行進の途上で、飢えと極度の疲労によって数え切れないほどの人間が死んでいくのを目撃した。(UPI/Bettmann)

る。皮膚の上を蟻が這う感じや足が焼けつく感覚などは、アフリカや南アジアでよく報告される。東南アジアに起源をもつアメリカ合衆国在住のモン族の難民に関する研究では、相当数の転換性障害が観察された（Box 6-1参照）。さらに、これらの難民の身体表現性障害はうつと強く結びついていた。彼らの中でアメリカへの適応が進んでいる（アメリカ人の友人がおり、マスメディアを活用し、車を所有している）人々は、身体表現性障害が少なかった（Westermeyer, Bouafuely, Neider & Callies, 1989）。この現象は、新たな世界において精神的な苦痛にうまく対応できない難民が、そのことを身体的な苦痛を通して表現していたことを示唆するものである。

身体化障害では、患者は35歳までに医学的には説明のつかない身体のあらゆる組織にわたる多数の症状とともに、複雑な医療歴を有しているというのが常である。全成人女性の2～10%でこの障害が認められ、男性にはまれである（Cloninger et al., 1984；Woodruff, Clayton & Guze, 1971）。子どもや青年でよく見られる胃痛を除き、疼痛性障害はおおむね成人

表6-2 身体表現性障害に対する捉え方

理論	脆弱性をもつ人々	症状の原因	治療法
精神分析学的な捉え方	特定の解決不能な葛藤を抱えている人々	無意識の葛藤が不安をひき起こす。身体症状に転換することで不安に抵抗し、同時にそれが葛藤を象徴化している	無意識の葛藤を通じて理解し、働きかける
コミュニケーション的な捉え方	苦痛を言語で表現することに問題を抱えている人々	身体症状が受け入れ可能な分かりやすい方法で他者に苦痛を伝える	症状のコミュニケーション的機能を理解し、より適応的な苦痛の表現手段を見つけ出す
感覚遮断的な捉え方	耐え難い不安や苦痛を抱えている人々	耐え難い不安、または苦痛を伝えたいという欲求、または、不安低減の強化子	葛藤を通じての働きかけ、ならびに／またはより適応的な苦痛の表現方法を見つけ出す

の問題である（Fritz, Fritsch & Hagino, 1997）。

身体表現性障害は完全に家族性のものだとする報告（Torgersen, 1986）は、唯一の例外的なものであるにしても、身体表現性障害の1つである身体化障害は明らかに家族の影響が強い。この障害を有する女性の姉妹や母親、そして娘においては、一般女性に比べて10倍も発生率が高くなる（Woodruff, Clayton & Guze, 1971）。このような家族性の関係以外にも、身体化障害患者の家族（とくに両親）は、予想を超える高い確率で、うつ、アルコール依存、反社会性パーソナリティ障害といった3種の障害をもっている傾向にある（Golding, Rost, Kashner & Smith, 1992；Sigvardsson von Knorring, Bohman & Cloninger, 1984；Weller et al., 1994）。このような関連性についての証拠の多くは、幼少期に親類以外の者に養子に迎えられた子どもたちの研究で明らかになっている。総じて、片方あるいは両方の生物学的な親がアルコール依存症である場合、その息子たちは、他の養子よりもアルコール依存ならびに／あるいは反社会性人格障害になりやすかった。一方、その娘では、予想を超える高い確率で身体化障害を示していた。新たな視点として考えられるのは、身体化障害と精神病質、ならびに／あるいはアルコール依存症は、同じ遺伝的素因に基づく択一的な結果であるかもしれないというものである（Bohman, Cloninger, von Knorring & Sigvardsson, 1984；Bohman, Cloninger, Sigvardsson & von Knorring, 1987；Cloninger, Martin, Guze & Clayton, 1986；Cloninger, von Knorring, Sigvardsson & Bohman, 1986；Guze, 1993；Lilienfeld, Van Valkenburg, Larntz & Akiskal, 1986）。

身体表現性障害の病因

神経学的な問題はないのに、身体器官の機能を損失させる原因は何なのか？　このことは精神病理学における大きな疑問の1つである（表6-2参照）。

精神分析学的な捉え方

精神分析学的な考えは、多くの障害を説明する上ではもはや廃れたものであり、通常は実験による証拠が求められるが、身体表現性障害を説明する上ではいまだ健在である。精神分析学的な捉え方は1894年にSigmund Freudによって提唱され、今なおFreudは精神分析学的思考の柱である。Freudは、身体的な症状は、受け入れがたい無意識の葛藤によって生じた不安を吸収し、中和された防衛の結果だと考えた（Freud, 1894/1976, p.63）。今日でも、転換症状に対する精神力動的な説明は、この概念を中心に展開されており、そこには以下の3つの独特なプロセスが仮定されている。第1に、人は何らかの受け入れがたい考えによって不安になる。そして、転換症状はこの不安に対する防衛である。第2に、精神的なエネルギーは身体的な損失に転換される。不安は受け入れがたい考えから分離され、それを中立的なものにする。不安は精神的なエネルギーであるため、いずこかへ向かわねばならない——これが「精神力動」の意味するものである——、そして、この場合、不安は身体器官を弱体化させている。第3に、特定の身体的な損失はその元となる葛藤を象徴している。ベアの場合も、以上の3つのプロセスが役割を演じているようである。ベアはトムが麻痺になってしまったことに無意識的に不安と罪悪感を抱いている。そして、彼は、その罪悪感と不安を自分の麻痺症状に転換することによって、これらの感覚を意識から排除している。特定の症状（麻痺）は、明らかに彼の友人が被った麻痺を象徴している。

この理論は、転換障害の最も奇妙な症状の1つ、すなわち「善良なる無関心」を説明できるほぼ唯一の考え方である。けがによる実際の身体的損失がある患者とは異なり、転換性障害の患者は自分自身の身体症

状に不思議なほど無関心である。たとえば、転換性の麻痺をかかえた患者は自分の足が動かないという事実よりも、足にあるわずかな皮膚のかぶれを気にするかもしれない(Laughlin, 1967, pp.673-74)。精神分析学的な捉え方では、転換性の症状は、身体的な損失に置き換えることによって不安をうまく吸収しているので、患者は身体障害や盲、聾、あるいは感覚を失うことに冷静でいられるのだと考える。

身体表現性障害に関する完璧な行動理論的は示されていないが、精神分析学的な捉え方は行動理論による捉え方が似たものになるかもしれないというヒントを与えている。もし、転換性の症状が実際に不安を吸収するならば、不安の低減は患者が症状を示すことを強化するからである。

コミュニケーション的な捉え方

不安以外にもネガティブな情動が存在する。悲嘆、怒り、罪悪感、恐怖、当惑、恥じらいは、すべて人間が経験するものである。恐怖症や強迫性障害の患者は、不安と同様にこれらの情動、とくに悲嘆と怒りを経験する。さらに、転換性障害の患者は(もしも彼らが多少なりとも防衛的であるならば)、不安に対しては防衛的でなくとも、うつや罪悪感、あるいは怒りに対しては防衛的であるかもしれない。このような可能性は、転換症状の防衛的と言うよりはむしろコミュニケーション的な機能を強調する新たな理論を提供する。コミュニケーション・モデルでは、転換性障害の患者は障害を多様な苦痛を伴う情動(不安に限らない)に対処し、困難な人間関係を克服するために用いていると捉える。患者は、身体疾患によって自分自身の基底にある苦痛を表現し、そうすることによって苦痛から気をそらしている。そして、患者は、身体的な損失とともに自分が他者に苦しめられているという事実を表現する。患者は、自分自身の身体疾患に関する概念(一部は、患者の人生において大切な人々が患った疾患に由来するだろう)と、自分の文化の中で病気だと見なされることと見なされないことに応じて、無意識に自分の症状を選択している。そして、患者の特定の症状は、患者が有する医学的な知識の程度によって、巧妙に、あるいは、おおざっぱに身体疾患をまねたものとなるだろう(Ziegler & Imboden, 1962)。

コミュニケーション・モデルでは、ベアの症例を以下のように捉える。ベアは、彼の友人が麻痺になったことに対する自分の関わり具合に、うつや不安、罪悪感を感じていた。加えて、彼は、自分が抱えている問題を言語で表現することが苦手なため、その苦痛について語ることができなかった。自分が麻痺になることで、彼はこれらの情動から気をそらすことができ、そして、麻痺によって自分の苦痛を他者に示している。ベアの特定の症状は、明白に彼の友人が麻痺になったことへの同一化に由来するものである。ベアはアレキシサイミアである。「アレキシサイミア(alexithymia)」(文字通り、感情を言語化しない)という用語は、自分の感情を上手く表現できない人々を分類するためにつくられたものである(Sifneos, 1973)。そのような人々に、配偶者の死といった激しい感情を喚起しそうな出来事について尋ねると、彼らは、自分の身体症状について話したり、あるいは単に質問を理解しない。たとえば、彼らは「私の頭痛がひどくなって……頭にバンドを巻いているようでした…これが私の感じたことのすべてです」などと話すだろう(Bach & Bach, 1995 ; Lesser, 1985)。アレキシサイミアの人々は、とくに身体表現性障害や第12章で扱われる心身症になりやすい。

心的外傷を経験したにもかかわらず、それについて語らないということが、身体的な健康問題の先行事象になるかもしれない。2020人を対象とした調査では、367人がかつて性的な心的外傷を経験したことがあると回答した。これらの人々は、質問されたほぼすべての身体疾患において、心的外傷を経験していない人々よりも罹患率が高かった(Pennebaker, 1985 ; Rubenstein, 1982)。他の研究では、115人の学生を心的外傷経験のないグループ、心的外傷経験があり、それを誰かに打ち明けたグループ、心的外傷経験があり、それを誰にも打ち明けていないグループの3群に分けた。このうち、心的外傷あり／打ち明けなし群は、より多くの疾患や症状を抱え、より多くの薬を服用していた。配偶者を事故や自殺で亡くした19人の中では、その死に関して友人に話さなかった者の罹病率が明らかに高かった(Pennebaker, 1985)。これらの研究結果が決定的なものではないにしても、沈黙が害を与えるという可能性は興味を引く重要な点である。沈黙が害を与えるというメカニズムは、反芻(問題について常に考えること)にあるかもしれない。悲劇や苦痛について他者に話すことが少ない人ほど、自分自身に語りかけることが多く、反芻が身体的な健康を徐々にむしばむという、いまだ知られていない道筋があるのかもしれない(Rachman & Hodgson, 1980)。

コミュニケーション・モデルでは、転換症状によって「話している」と考える。それらの症状は、とくに、自分の情動的な苦痛について話すことを好まない、もしくは、そうすることができない人々にとっては助けを求める叫びである。そのような人々は、彼らの情動的な生活がまったくうまくいっていないと愛する人々や医師に伝えるために、身体症状に頼らざるをえないのかもしれない(Karon, 1999)。

感覚遮断的な捉え方

身体表現性障害に関して、精神分析学的な捉え方、あるいは、コミュニケーション的な捉え方とも両立可

能な第3の捉え方が存在する。知覚が、意識的な経験からいかにして遮断されるかということに焦点を当てた捉え方である。この捉え方は、ヒステリー性の盲によって最もよく例示される。ヒステリー性の盲とは、盲が身体的な損失となる転換性障害である。何も見えないと訴えるにもかかわらず、驚くべきことにヒステリー盲の患者の行動は、たびたび視覚的な情報によってコントロールされる。そのような人々は、実際には何も見えないと報告しているにもかかわらず、通常は車の前を通ることや家具につまずくことを避ける。実験室においても、彼らは視覚的な物体が通り過ぎることを証明する。「円とは反対側の、正方形が描いてあるのはどちら側か（左か右か）を選んでください」というような、視覚的な手がかりによってしか解決できない弁別課題が与えられると、彼らはチャンスレベルよりも有意に低い成績を示す。彼らは無作為に推測するよりも悪い成績を示し、意図的に円が描いてある側を選ぶのである。それだけ悪い成績を示すためには、彼らが意識していない正方形が心の何らかの水準で登録されていなければならず、患者はそれを正しく把握しており、そしてさらに、円を選ぶという反応をしなければならない（Theodor & Mandelcorn, 1978；以下の文献も参照のこと Brady & Lind, 1961；Bryant & McConkey, 1989；Gross & Zimmerman, 1965）。

われわれはこの現象をどう考えたらよいのだろうか？　たとえば、ヒステリー性の盲の患者が何も見えないと言うのは嘘ではないと仮定するならば、以下のようなモデルが導き出される。視覚的な情報は感覚組織に登録されており、行動に直接影響する（ゆえに家具を避け、チャンスレベル以下の成績を示す）、一方、意識的な認識からは遮断されている（ゆえに「何も見えない」と報告する）。転換のプロセスは、知覚を認識から遮断する中に存在する（Hilgard, 1977；Sackeim, Nordlie & Gur, 1979）。遮断をひき起こし得る動機（不安に対する防衛欲求、もしくは内的な苦痛から気をそらしたいという欲求）については異論がないので、この考え方は、精神分析学的およびコミュニケーション的な捉え方の双方と両立が可能である。よって、われわれはヒステリー性の盲のメカニズムは、視覚的な知覚の認識からの遮断であるかもしれないと結論づける。遮断は、（Freudが考えたような）不安や、苦痛の伝達欲求のいずれによっても説明可能であろうし、また、（行動主義者が考えるであろうように）不安の低減によって強化されているのかもしれない。

身体表現性障害の治療

Rhazesという名の医者に関する古代ペルシャの伝説がある。Rhazesは年若い王子の診察と治療をするために宮殿へ呼ばれた。会ってみると、王子は歩くことができなかった。一般的な検査の後、Rhazesは、少なくとも身体的には、王子の足に異常がないことを確認した。直感によってRhazesは、おそらく転換性障害として最初に記録された症例の治療を開始した。治療の過程で、彼はリスクを伴う行動に出た。Rhazesは、突如、王子のバスルームに押し入り、短刀を振り回しながら彼を殺すと脅した。Rhazesの姿を目にした途端、「驚いた王子はにわかに逃げ出した。衣服、威厳、症状、そして疑いなく自尊心をも投げ捨てて」（Laughlin, 1967, p.678）。

対立

当世の臨床家たちは、もう少し穏やかな治療法によって彼らの「王子たち」にアプローチする傾向にある。彼らは時に、転換性障害の患者に立ち向かい、患者の症状を力ずくで取り除こうとする。たとえば、治療者はヒステリー性の盲の患者に対して、何も見えないと言っているにもかかわらず、視覚課題でチャンスレベルを有意に下回る、あるいはチャンスレベルを超えるパフォーマンスを示しているという事実が、患者の中で視覚的な認識が徐々に戻りつつあることを示していると告げるかもしれない（Brady & Lind, 1961；ただし、Gross & Zimmerman, 1965も参照のこと）。しかし、この手の回復は通常一時的なものであり、治療者は、患者の葛藤や自尊心の喪失を産み出してしまうかもしれない。また、患者に治療者は非共感的な人物だと感じさせてしまった場面には、結果的に治療効果を低下させてしまうだろう。

暗示

簡単な暗示、つまり説得力のある言い回しによって、単に、症状は消え去るでしょうと患者に告げる方法は対立よりもいくぶん効果的であるかもしれない。転換性障害の患者は、特に暗示を受けやすい。ある治療者は、権威的に聞こえる方法で、症状はなくなるでしょうと患者に直接告げることによって症状が改善することを発見した。100症例の転換症状を有する患者について、ある研究者は、強い暗示の後、75％の患者が4から6年後に症状が消失したか、あるいは、かなりの改善があったことを発見した（Carter, 1949）。しかし、暗示なしで自然に転換症状が消失した比較群が存在しないため、暗示が何らかの実際的な効果をもっていることを確認することはできない（Bird, 1979）。

洞察

洞察、あるいは身体的な損失を産み出す根源的な葛藤を認識するようになることは、転換性障害、またはこれに類するあらゆる疾患のために精神分析家が選択する治療法である。これらの治療者によれば、転換性

障害をひき起こす根源的な葛藤が存在することに患者が気づき、さらに情動的に理解すると症状は消失するはずだという。数多くの劇的な症例がこれを支持する。たとえば、ベアが自分の麻痺は彼の友人の麻痺に対する罪の意識を表現しているものだと理解したとたん彼の症状は和らいだ。ただ、残念なことに、精神分析学的な洞察が暗示や対立、自発的な寛解、あるいは治療者との単なる援助同盟の形成を超えた何らかの効果を有していることを検証する十分に統制された研究は存在しない。

その他の治療法

他にも有力な効果を示唆するさまざまなアプローチが存在する。アミトリプチリン、すなわち疼痛抑制作用を有する抗うつ剤は、生化学的なメカニズムは不明であるが、少数の疼痛患者に対していくらか有益な効果をもつようである（Van Kempen, Zitman, Linssen & Edelbroek, 1992）。抗うつ剤を用いた身体表現性の疼痛障害を扱った11の研究のメタ分析では、疼痛がかなり軽減されたことを示している（Fishbain, Cutler, Rosomoff & Rosomoff, 1998）。理にかなったアドバイスも疼痛障害の治療に役立つ。たとえば、治療の目的は痛みを取り除くことではなく、痛みに対するコントロール感を高め、生活上の機能を高めることを援助することにあると患者に告げるのである（Lipowski, 1990）。家族療法もまた役立つだろう。転換性障害を患う89人の若者を対象にした研究では、家族療法によって患者の半数が2週間以内に回復した（Turgay, 1990）。暗示は転換性障害において大へん重要な要因であるが、しかしながら、そこには疑いがあることも事実である。われわれの知る異常心理学を立ち上げた人々によって示された最初の治療報告から100年以上たった今もなお、身体表現性障害の治療に関するプラセボ・コントロールされた研究が待ち望まれている。

解離性障害

誰もが、一度ならず、夜中に目覚め何かに混乱したり、「ここはどこ？」と驚いたりということを経験し、時には見当識がもっと混乱して「私の隣に寝ているのは誰？」「それよりも、私はいったい誰？」ということを経験することがある（通常は疲労や旅行、飲酒の直後にみられる）。普通は数秒か数分のうちに回復し、自分が何者であるかについての知識、すなわちアイデンティティが戻る。しかし、一部の人々においては異なる。強度の心的外傷を抱える人は、深刻で永続する記憶の障害に苦しむ場合があり、これが**解離性障害**の中核となる。これらを「解離性」と呼ぶ理由は、2つあるいはそれ以上の精神が共存していたり、まったく関係のない人格が交互に現れたり、それぞれが支配していたりするからである（Gregory, 1987）。記憶のいくつかの部分が分離していたり、あるいは自己意識から解離されていたりする。

解離性障害は、先のトピックである身体表現性障害、とくに転換性障害と共通している部分が多い。転換性障害では、不安は患者によって体験されるものではなく、実際、無関心であることが一般的である。むしろ、その症状は潜在的な不安を表面化させることを抑制しているように見える。それゆえ、解離性障害のように見える。たとえば、ある人が耐え難い心的外傷を経験し、突然記憶喪失になったとき、明白に不安になる必要はない。むしろ、理論家たちは心的外傷による耐え難い不安から回避するため、記憶を喪失させていると推察している（Spiegel & Cardena, 1991）。

解離の体験は、次のいずれかから構成される。(1) **健忘**：人生の中であるまとまった時間が忘れ去られている――ネバダ州にある高層のハイアットホテルでの大惨事のあと、生存者の28％に記憶障害がみられた（Wilkinson, 1983）；(2) **離人症**：自分が自分であるという感じがしない――誰かのふりをしていたり、外界から自己を見ていたりするのを感じる。破壊的な竜巻のあと、生存者の57％がこの分離を感じている（Madakasira & O'Brien, 1987）；(3) **現実感喪失**：自分自身ではなく、世界が非現実的なものように感じられる。生死をさまようほどの危険から生還した人の72％は、あたかも空間と時間が変わってしまったというような感覚を報告している（Noys & Kletti, 1977）。；(4) **錯乱**：自分が自分であるのかどうか混乱している、あるいはわからない、という状態：(5) **人格交代**：これには、驚くような能力を露呈する場合がある――たとえば、フラマン語を話したり綱渡りができたりと、あり得ないことができるのである（Steinberg, Rounsaville & Cicchetti, 1990）。解離状態は、まれなものとは言えない。たとえばオランダ人とフラマン人の人口の3％、たいていは男性であるが、重篤な解離的経験を有していると言われている（Vanderlinden, Van Dyck, Vanderycken & Vertommen, 1991）。

そこで、以下の3つの解離性障害について検討する。まずは**解離性健忘**である。子どもの死や仕事上の失敗などのように、深刻な心的外傷によって起こる記憶の喪失である。2つ目は、**離人症性障害**である。自分の精神や身体から分離されている感覚を持続的に経験することである。そして最後に、**解離性同一性障害（多重人格障害とも呼ばれる）**である。これは、1人の個人の中に2つあるいはそれ以上のはっきり他と区別される人格が存在し、それぞれが充実した生活を送っている状態である。

解離性健忘

ティミーはニューヨークの北部に住む15歳の高校生である。彼はクラスメートから容赦ないいじめを受けており、学業もままならなかった。それに加え、絶えず両親と喧嘩をしていた。彼は、自分自身の問題についてかなり動揺しており、決して解決しないだろうと感じていた。ある春の日の午後、学校から戻った彼は、極度に疲労困憊し、うんざりして教科書を玄関に投げ出した。

この瞬間、ティミーは健忘の犠牲者となった。これは、彼の1年間の中の最後の記憶であり、その後に起きた出来事を、われわれは確実に知ることはできない。ある程度確かなこととしてわれわれが知り得た次の出来事は1年後のことであり、彼が1年間の兵役を終えた後、陸軍病院に収容されていたことである。彼は、身体的要因ではない発作と重篤な胃痙攣を有していた。症状が起きた次の日の朝は、心身ともによりいっそう落ち着き、おだやかであった。驚くことに、彼はいつ、どのようにしてここまで来たのか、まったく説明できなかったのである。逆に、彼はどうして病院にいるのか、この街はどこなのか、周囲の人々は誰なのかを問うた。陸軍病院で目覚めたこの人物は間違いなくティミーであり、彼の最も新しい記憶は1年前、玄関で教科書を投げ捨てたことであった。ティミーの父親は知らせを受けたのち、詳細を確認した。父親の要望により、ティミーは陸軍病院を退院したのである。(Laughlin, 1967, pp.862-63より改変して引用)

ティミーは健忘の犠牲者であった(自分自身の記憶さえなかった)。健忘の多くのケースと同様に、ティミーは放浪し、そして兵役に入るという新しい生活を始めていた。このように、健忘の間、突然家庭から離れて放浪することを、**とん走状態**という。語源はラテン語の *Fuga* で、飛ぶという意味をもつ。ティミーの

レネー・ゼルウィガー(Renee Zellweger)が映画「ベティ・サイズモア(原題：Nurse Betty)」(2000年)で演じたベティは、彼女の夫が残忍に殺害された事件を目撃した後、記憶を失い、ロサンゼルスに逃避、そこで看護師という新しい同一性を得ている。(Photofest)

記憶喪失と徘徊は、家庭と学校の問題による耐えられない不安からの逃避として理解できる。ティミーは苦痛な状況に対して、最も極端な防衛方法をとったのである。つまり、彼は状況だけではなく自分自身についても記憶喪失者となり、新しい自分を得ていたのである。記憶喪失になることにより、彼は不安を回避できた。軍隊生活の間、彼は以前の苦痛な生活のことをまったく思い出さなかったが、以前の記憶が回復してからは、完全に軍隊生活のことを忘れた。

解離性健忘の種類

ティミーに起こったことを、**全般性**あるいは**全生活史健忘**という。彼が軍隊に入ったとき、彼個人の全記憶は喪失していた。そして、ティミーのような解離性健忘は再発する傾向にあると言われ、40％以上の患

DSM-IV-TR の診断基準

解離性健忘

A. 優勢な障害は、重要な個人的情報で、通常心的外傷的またはストレスの強い性質をもつものの想起が不可能になり、それがあまりにも広範囲にわたるため通常の物忘れでは説明できないような、1つまたはそれ以上のエピソードである。
B. この障害は解離性同一性障害、解離性とん走、心的外傷後ストレス障害、急性ストレス障害、または身体化障害の経過中にのみ起こるものではなく、物質(例：乱用薬物、投薬)または神経疾患または他の一般身体疾患(例：頭部外傷による健忘性障害)の直接的な生理学的作用によるものでもない。
C. その症状は、臨床的に著しい苦痛、または社会的、職業的、または他の重要な領域における機能の障害をひき起こしている。

APA、DSM-IV、1994.
(訳注：原書は DSM-IV だが、ここでは DSM-IV-TR、APA、2000 [高橋三郎・大野裕・染谷俊幸訳『DSM-IV-TR 精神疾患の診断・統計マニュアル(新訂版)』医学書院、2004]を修正し引用した)

者が第2のエピソードを有している（Coons, 1998）。健忘は全般的でないこともある。**逆向性健忘**は、より部分的な健忘で、何らかの心的外傷の直後、その直前にあったすべての出来事の記憶を喪失する。たとえば、自動車事故で家族を亡くしながらも、奇跡的に無傷であった者が、その事故を含めて24時間もの間の記憶が思い出せないという現象がある。**過去の心的外傷による健忘**は、その出来事の後、その出来事に関する記憶を失うことである。最も稀に見られるのは**前向性健忘**であり、新しいことが覚えられなくなるという健忘である。これらは、脳梗塞のような器質的な原因によるものがほとんどである。最後に、**選択的あるいはカテゴリー的健忘**が存在する。これは特定のテーマに関連した記憶だけが消失しているものである（Hirst, 1982 ; Roediger, Weldon & Challis, 1989）。

解離性健忘と身体疾患による健忘

健忘は、頭部の強打、弾丸による脳の負傷や、アルコール中毒、アルツハイマー病、脳梗塞などのような、身体的外傷による場合もある。このような器質性健忘は、解離性健忘とは異なる。身体的根拠とは別に、器質性健忘はいく通りかの点で解離性健忘と区別される。まず第1に、解離性健忘は通常、健忘以前にあった夫婦間、あるいは経済上、仕事上などの問題をもっているが、器質性健忘の場合はそれらの問題がある必要はない（Coons, Bowman, Pellow & Schneider, 1989）。第2に、解離性健忘は神経性の疾患によるものではない。

解離性健忘には4重の記憶喪失のパターンが見られ、これは器質性健忘には見られない。第1に、解離性健忘の患者は近い過去、遠い過去の両方に記憶の喪失が見られる。たとえば、兄弟や姉妹が何人いたのかというような事実から、解離する直前の朝食が何だったか、遠い過去のよく学習していた事実さえ思い出せない。一方、器質性健忘は遠い過去の記憶はよく保持している。たとえば、頭部を強打したあと、6歳の頃日曜学校へ通っていたことや、フィラデルフィアの1964年の出来事は話せるが、近い過去の出来事が思い出せない。第2に、解離性健忘を有する者は一般的知識については記憶が完璧に残存しているが、自分自身、つまり名前や住所、仕事や趣味などについて思い出せない。しかしながら、大統領の名前や日付、カナダのサスカチュワン（Saskatchewan）州の州都がレジャイナ（Regina）であることはまだ思い出せる。対照的に、器質性健忘の場合は個人情報と一般的知識の両方の記憶が侵される傾向がある。

第3に、心因性健忘は前向性の記憶障害が見られない。つまり、健忘が生じてからの出来事はよく覚えている。対照的に、器質性健忘の患者は重篤な前向性健忘が見られ、これが主な症状といえる。たとえば、器質的損傷（医者が頭部強打について説明する場合の名称）が生じたあと、その後の出来事はほとんど思い出せないのである。最後に、解離性健忘は多くの場合、突然元に戻ることがたびたびある。数時間あるいは数日の間に解消し、そして記憶が回復した24時間以内に、記憶喪失を誘発した外傷的出来事をなおいっそう鮮明に想起させる場合もある。器質性健忘の場合、治療後は逆行性の記憶が徐々に回復する一方、前向性の記憶と心的外傷体験の記憶は回復しない（Suarez & Pittluck, 1976）。

最後に、解離性健忘はその存在そのものが、一般的に認められていない場合があることを強調したい。その考え方は、完全に孤立した、興味深い過去のケースが元になっている。懐疑論者たちは、ある深刻な心的外傷体験をした人や被災者に、その心的外傷体験を覚えているかどうかを調査した記録を報告している。これら数十件の研究において、被災者は心的外傷体験についての質問に答えていない、というかなり多くの事例が報告されている。これらの場合のどれほどが解離性健忘なのだろうか。いったん、器質的な外傷と通常の物忘れを除外した後で、非開示の可能性が検証される。一般的に人は、屈辱的で恥ずかしく不都合な出来事は開示しないものである。レビューを行った者は、非開示者が完全に除外されていることが保証された例は存在しないと結論づけ、さらに、心的外傷患者を対象とする今後の研究によって解離性健忘の存在自体を証明しなければならないと主張している（Pope, Hudson, Bodkin & Oliva, 1998）。一方、解離性障害の存在を支持する者は、この障害が実際に存在するだけでなく、2つの理由で過少診断されていると述べている。その1つとして、解離性健忘は他の多くの障害と合併しているため（たとえば、転換性障害やPTSD、自傷、そして性機能不全など）、それ自体が見えにくく、見逃されやすいということである。第2に、遠い過去と近い過去の記憶には、非常に大きな違いがあり、それらを十分に露呈させるための面接方法を知る臨床医が少ないということである（Coons, 1998）。いずれにせよ、解離性障害についてはそれ自体の存在について異なる意見があり、100年も議論が続いているのである。

解離性健忘の脆弱性と原因

解離性健忘について、その他の事実で知られているものは数少ないが、それらはこの障害の脆弱性についていくつかのことをわれわれに教えてくれる。解離性健忘ととん走状態（新しい症状名として仮定する）は、戦時中や大災害以外の場合にはあまり見られない。また、女性よりも男性、高齢者よりも若年者に明らかに多い。

解離性健忘の原因は不可思議で、それとよく似た身

体表現性障害の原因よりもわかりにくい。しかしながら、われわれはその原因を推測することができる。もし、額面通りに転換症状を理解するとしたら、精神が、時には身体的障害をひき起こすことで感情的に苦難に対処していると想定できる。これは、精神力動的理論がずっともち続けている洞察である。ベアは、彼の友人の麻痺の原因について、不安でやましく思っていたため、彼自身の苦痛を麻痺へと転換した。われわれが転換のメカニズムについてはわからなくても、そしてそれがどんなものであったとしても、健忘患者にもそれが作用しているのかもしれない。傷つきやすい個人が、戦時中に遭遇するような心的外傷体験に直面したとき、いったい何が起こるだろう。突然自分の身体的存在自体が脅かされたり、生活すべての計画が侵されたりしたとき、いったい何が起こるだろう。多分、われわれは死に対する不安や将来への絶望、解決不能な問題に直面した結果、自分自身を忘れるという究極の心理的回避を選ぶのである。精神分析理論と行動理論はともに、この解釈に関しては一致している。精神分析理論家は、痛みの記憶は抑圧され、不安に対してうまく防衛していると見る。行動理論家は、不安の軽減が、その新しい状態をとり入れることを強化しているのだと見る。簡潔に言うと、健忘は非常に心的外傷的かつ受け入れがたい状況によってひき起こされる不安に対し、最も包括的な防衛であるかもしれない。

離人症性障害

> 心肺機能蘇生が始まった……医者が私に心肺機能蘇生をほどこしているとき、私はまさに自分の身体を観察していたのである。あり得ないことだとしても、この時点で、私はその部屋を「出て」、急速なスピードでトンネルを抜け出し、さまざまな体験をしたのである。不思議な空間を通り過ぎ、声や音が聴こえた。誰にも出会わなかったが、私はそれが肯定的で同時に否定的な力であると気づいていた……私は自分の人生の全景を体験し、自分自身だけではなく、その他の出来事についても未来を垣間見た。私は少し離れたところから美しい大邸宅と「知識」と象徴できるだろうエリアを見たのだ。
>
> この体験をしている間、私はほんの少しの恐怖も感じなかった。慈悲と愛情に包まれ、私はとても暖かく、そして快適であった。そして確かにこの言葉が聞こえた……「それは私自身の時間ではない」。次に目覚めたときには、2日目の集中治療室であった。(Greyson, 1997)

医師によるこの臨死体験報告は、深刻な離人症体験の代表的なものである。離人症において、人は自分の身体や精神から引き剥がされ分離していると感じる。これが反復されるとき、DSM-IV では**離人症性障害**と分類する。この状態は、自分が自動装置あるいは夢の中で移動しているかのように感じる。感情は平穏で、夢の中にいるようで、自分自身を制御できない感覚になる。しかしこれは、妄想の状態ではない。なぜなら、この状態が現実ではないということを認識し続けることができているからである。離人症的な状態は、よく見られるものであり、およそ50％の人々が短い離人症エピソードを経験している一方で、その障害自体はまれである。

この障害を有する者は、高度の被催眠状態にあり、物体の大きさや輪郭が歪んでいるように見えることがある。また、抑うつや心気症、精神作用性物質乱用との併存もあり、それらのすべてが離人症をひき起こすため、パニック障害や恐怖症、PTSD などと同様に鑑別診断が求められる (Simeon et al., 1997)。

解離性同一性障害（多重人格障害）

解離性同一性障害 (dissociative identity disorder : DID) は、**多重人格障害** (multiple personality disorder : MPD) とも呼ばれる。2つまたはそれ以上の、

DSM-IV-TR の診断基準

離人症性障害

A. 自分の精神過程または身体から遊離して、あたかも自分が外部の傍観者であるかのように感じる(例：夢の中にいるように感じる)持続的または反復的な体験。
B. 離人体験の間、現実検討は正常に保たれている。
C. 離人症状は、臨床的に著しい苦痛、または社会的、職業的、または他の重要な領域における機能の障害をひき起こしている。
D. 離人体験は、統合失調症、パニック障害、急性ストレス障害、または他の解離性障害のような、他の精神疾患の経過中にのみ起こるものではなく、物質(例：乱用薬物、投薬)または一般身体疾患(例：側頭葉てんかん)の直接的な生理学的作用によるものではない。

(訳注：原書は DSM-IV だが、ここでは DSM-IV-TR, APA, 2000 [高橋三郎・大野裕・染谷俊幸訳『DSM-IV-TR 精神疾患の診断・統計マニュアル(新訂版)』医学書院, 2004]を修正し引用した)

DSM-IV-TR の診断基準

解離性同一性障害（以前は、多重人格障害）

A. 2つまたはそれ以上の、はっきりと他と区別される同一性またはパーソナリティ状態の存在（そのおのおのは、環境および自己について知覚し、かかわり、思考する、比較的持続する独自の様式をもっている）
B. これらの同一性またはパーソナリティ状態の少なくとも2つが反復的に患者の行動を統制する。
C. 重要な個人的情報の想起が不能であり、それは普通の物忘れでは説明できないほど強い。
D. この障害は、物質（例：アルコール中毒時のブラックアウトまたは混乱した行動）または他の一般身体疾患（例：複雑部分発作）の直接的な生理学的作用によるものではない。
注：子どもの場合、その症状は、想像上の遊び仲間または他の空想的遊びに由来するものではない。
（訳注：原書は DSM-IV だが、ここでは DSM-IV-TR、APA、2000［高橋三郎・大野裕・染谷俊幸訳『DSM-IV-TR 精神疾患の診断・統計マニュアル(新訂版)』医学書院, 2004］を修正し引用した）

はっきりと他と区別される人格（歴史的には、「人格」とか「もう1人」というふうに言われてきた）あるいは個人が同時に存在し、そのおのおのは反復的にその人の行動を完全に統制している（DSM-IV）。これはまた、健忘が大きな役割を果たしている別の障害である。複数のアイデンティティとそれに先行する健忘とが、それぞれに耐え難い不安を最小限に抑えるという働きをしていることは明らかである。その存在は、精神病理学の中では驚くべき形態のものである。多重人格障害はかつて、200例ほどの報告しかない稀な障害であるとされていた。しかし今日、臨床家はこの障害を捜し求め、その存在はかなり多いとされる。1970年までは、報告はほとんどなかった。しかし、Eugene Bliss は1970年代後半に、ユタ州のみで14人のケースに出会い、段階的に調査を開始した（Bliss, 1980 ; Bliss & Jeppsen, 1985）。さらに、1980年代に入ると、別の研究者が100ケースの事例報告を行った（Putnam et al., 1986）。現在のところ、解離性同一性障害の有病率は、精神病院入院患者のうち約5％も存在すると言われている（Poss, 1991 ; Ross, Anderson, Fleisher & Norton, 1991 ; Coons, 1998）。

診断件数の急激な増加は、一時的な流行を超えるものであるようだ。解離性同一性障害が頻繁に報告されるようになった背景には3つの要因があると言われている。1つ目は、健忘の精査である（1週間のうち、かなり多くの記憶の喪失があるか？）。もし、この答えが「はい」という結果であれば、まったく別個の人格が存在している可能性がある。このように、健忘は診断の材料の1つとなっている。これは、「重要な個人的情報の想起が不能であり、普通の物忘れでは説明できないほど強い」顕著な特徴がある場合をいう。

第2に、解離性同一性障害は精神分析モデルを標準（T）化させるものであり、よって精神力動論者は解離性同一性障害と診断することを切望さえしているところもある。この後示されるように、この障害は幼児期の心的外傷体験の抑圧だと見なされており、心的外傷体験からの防衛として生じた人格であるとされる（Loewenstein & Ross, 1992）。治療では、人格のカタルシス的再統合が実施される。解離性同一性障害は、精神力動の動向に新風を吹き込んだと言っても過言ではない。

第3に、解離性同一性障害の診断には、新たに、かつ非常に明確に、幼児虐待への気づきの寄与するところが大きい。周知の通り、一般的に虐待（ほとんどが性的虐待）がこの障害の要因となると言われている。非常に有名な著書『回復の動き』（Recovery Movement）では、抑うつ、不安症、摂食障害、そして性機能不全のような成人の問題は、幼児期の虐待が原因であると主張している（Bradshaw, 1990）。ここでは、早期の、たびたび認識されていない虐待をしっかりと捉えるようになるだけで、大人は精神的健康をとり戻すことができると信じている。解離性同一性障害は幼児虐待が成人期にまで問題がもつれこむということの最も典型的な例である（Lewis, Yeager, Swica, Pincus & Lewis, 1997）。しかしながら、これらすべての考え方は推測であり、賛否両論の意見がある。

解離性同一性障害の特徴

多重人格障害の研究において先駆者である Eugene Bliss は、1978年、ソルトレーク市病院において看護師の指導に当たっている1人の困惑した指導者から電話を受け、そのケースが初めての論文となった。その指導者は、ある1人の看護師が密かに自分で鎮痛剤 Demerol®を注射していると疑っていた。指導者と Bliss はこの看護師を呼び出し、この不適切な行為を責めた。そして、注射の跡を調べるために、袖をまくるよう指示した。看護師はそれに従い、そこには証拠となる注射の跡があった。しかし、看護師はこの間、驚くべき変身を経たのである。彼女の表情、姿勢や振る舞い、そして声までが変化し、自分は真面目な看護師ロイスではないと訴え、薬物中毒の女ルーシーだと言うのだ。たいていの人が他の多重人格障害の話題を The Three Faces of Eve（Thigpen & Cleckly, 1954）と Sybil（Schreiber, 1974）もしくはジキル博士とハイド

氏の著書から得ている。以下のケースは、ジュリーとジェニーとジェリーの症例である。

　　ジュリーは9歳の息子アダムを治療に通わせていた。成績不良で友人との関係も乏しく、家庭内暴力などの問題により、カウンセリングを紹介されたのである。この36歳の母親ジュリーは、最終的に治療によって救われると期待していた。
　　ジュリーは非常に協調性のある、そして上品で、アダムのことを気遣う母だった。自分自身を理解し、対人関係でのトラブルには話し合いと歩み寄りが一般的な解決策であると考えていた。しかし、息子の問題に限界を感じ、彼に厳しく接していたことを心配していた。
　　ジュリーとの対話が始まった6週目、彼女はセラピストに会わせたい人がいると告げた。セラピストは、待合室に誰かがいるのだろうと思ったが、信じられないような光景を目の当たりにしたのだ。ジュリーは数秒間目を閉じ、眉をひそめ、そしてまぶたをゆっくりと開けた。たばこを取り出し、「私、ジュリーにたばこをやめてほしいと思っているの。たばこの匂いがきらいなの」と言った。彼女は自分をジェリーと名乗り、その後、同じようにして第3の人格ジェニーが現れた。
　　ジェニーは自分が本来の人格であること、ジェリーは3歳の時に作り出した人格であること、ジュリーは8歳の時に作り出した人格であることを吐露した。ジェニーは新しい人格を作ることで、不安に曝されていた生活に対処できたのである。ジェリーはジェニーが重篤なはしかを患ったときに、その回復を待つ間に出現した人格で、ジュリーはジェニーが7人の拒否的な兄弟と怖い両親との距離を保つために作られた人格

であった。ジェニーは、ジェリーを観察することは劇中の登場人物を観察することに似ているのだと話した。
　　3歳から8歳の間、ジェニーはネグレクトを受け、さらに隣人からの性的暴力も受けた。8歳になって、両親からは「手に負えない子」と呼ばれ、養子縁組に出された。この時、ジェニーはジェリーやジェニーでもない、虐待から身を守るためとそれを対処でき得る穏やかな人格ジュリーを作り出したのだ。不思議なことに、ジュリーは本来の人格であるジェニーについて知ることを許されていたが、ジェリーの存在は知らないままであった。ジュリーは、治療を開始した2年前の34歳まで、ジェリーの存在に気づかなかった。
　　ジュリーとジェニーとジェリーが18歳の頃、好都合なことに家を出た。ジェリーとジュリーはこの頃すでに、外的人格として交互に現れるようになり、ジェニーは常に陰に潜んでいた。事実、ジェニーは7歳以降「外に」出たのはたったの2回だった。26歳のとき、ジェリーは結婚した。そして、夫の浮気相手の子どもアダムを自分たちの養子として迎えた。ジェリーはその後離婚したが、アダムは引き取ったのである。
　　3つの人格は顕著に異なっていた。本来の人格であるジェニーは、怖がりで恥ずかしがり屋、そして傷つきやすかった。3人の中では最も不安定で子どもっぽい人格であり、外の世界に出ているときはいつも、危険に「曝されている」と感じていた。ジェニーは、すでに制御できない2人のフランケンシュタインを作り出したと感じていた。彼女はジュリーのほうが好きだったが、ジュリーの頑固さと強い個性だけは不快だった。ジェリーはジュリーよりも頑丈で、周囲とよりうまく対応していける人格だと感じていたが、それほど好きではなかった。ジェニーの治療の目的は、ジュリーとジェリーが仲よくやっていくようになり、その結果アダムにとってのよき母になることだった。
　　ジュリーは、3つの人格のうち、最も統制がとれているように思われた。異性愛者であったし、ジェリーがアダムを養子に迎えたという事実にもかかわらず、彼女は感情をこめて一生懸命母親になろうと努力していた。
　　ジェリーはジュリーと対照的であった。ジェリーは同性愛者であったし、男性のような格好をし、知的で自信に満ちていた。また、ビジネスの世界で成功し、敏腕であり、仕事自体を楽しんでいた。ジェリーは喫煙者ではなく、ジュリーは愛煙家であったのに、ジェリーの血圧は常にジュリーよりも20ポイント高かった。
　　ジェリーはジュリーが8歳の時に「現れて」以来、存在を知っていたが、彼女とは2年ほどしか接触していなかった。ジュリーが自分の精神を崩壊させようとすることを恐れたジェリーは、彼女と無関係でいた

その人生が映画「イブの3つの顔(The Three Faces of Eve)」の原案になったChris Sizemoreは、多重人格障害(現在は、解離性同一性障害)だと診断された。写真のChris Sizemoreは自画像の隣におり、その絵は、3つの同一性が共存していることを示している。(Staff photo by Gerald Martineau, The Washington Post)

かったのだ。ジュリーとジェリーは相性が悪かった。彼女たちのうち1人が外に出て快適な時間を過ごしている間、ジェリーは自分の欲求を抑えていた。そして、危機が間近に迫ってきた時には、他の人格は隠れるが、彼女はそこで現れ、問題に立ち向かった。たとえば、ジュリーはLSD（麻薬）を打った際、幻覚の被害をジェリーに押し付けるためにジェリーを表に出させていたのである。

そしてついに、ジェリーはアダムに対して、彼の苦痛の原因であるこの2つの人格について告白することができた。アダムの反応は、おもしろがり、好奇心を示すものであった。アダムは、「母親が2人いて、現れたり隠れたりしているけれど、2人とも自分を愛してくれている」という説明を理解することができた。アダムは混乱よりも安心したように思われた。その後すぐ、ジェリーの治療は終結した。自滅的に意気消沈していたジュリーは、ジェリーの望み通りに公立病院に行くこととなったが、ジェリーが主導権を握り、病院から抜け出そうと誘った。ジュリーは治療を継続したいことをセラピストに筆談で知らせたが、ジェリーはそれを認めず、これ以上のセラピーを拒否した。これが、ジュリーとジェニーとジェリーの結末であった。（Davis & Osherson, 1977より改変）

この興味深いケースは、解離性同一性障害の典型的な例である。数種類の健忘がほとんどの場合存在する。一般的に、人格の1人は他の人格に気づいていたり（ジェニーがジュリーとジェリーを知っていたり、ジェリーがジュリーを認知していたように）、1人は他については記憶を喪失していたりする（ジュリーはジェリーを知らなかった）。説明し得なかった健忘の存在——たとえば、週のうち記憶を失う時間あるいは日数——は、未だ見つかっていない解離性同一性障害の存在への重大な手がかりになろう。

解離性同一性障害者の病歴には、ジュリーとジェニーとジェリーのようにまったく特徴の違う別個の人格が存在する。記憶の違いだけではなく、希望や考え方、興味、学習能力、知識、モラル、性の嗜好、年齢、話す速さ、テストの成績、さらには、心拍数や血圧、脳波などの生理学的指標さえも異なるのである（Lester, 1977）。国立の精神保健機関で、9人の解離性人格障害患者の自律神経系を系統的に検査した結果、患者それぞれの人格は、呼吸、発汗、心拍数や馴化作用においてまったく異なる様相を呈した（Putnam, Zahn & Post, 1990）。注目すべきは、解離性同一性障害の数名の女性患者が月のほとんどの間、生理中であるという報告である。彼女の中の人格それぞれが、それぞれのサイクルで生理になるからである（Jens & Evans, 1983）。さらに、それぞれ別個の人格は異なる筆跡を示す（図6-1参照）。また、患者のほとんど

が女性である。そしてまた、トルコで類似した症例が多く報告されるようになってからは、西洋の裕福な文化に限られたものではなくなった（Yargic, Sar, Tutkun & Alyanak, 1998）。

それぞれの人格は、精神的な健康においても異なる。支配的な人格は、より健康であることが多い。南部方言を話すとても礼儀正しい、ある女性患者が、見ず知らずの相手をも含めた性的な関係で告発されたことがあった。彼女は、自ら不器用ながらも妊娠中絶を試みていたが、まったく記憶はなかったのである。隠れていた人格は「妊娠するかも知れなかったから、実行したの。とがった棒をお腹に強く押し当てたら、すごく出血したわ」と吐露した（Bliss, 1980）。しかし、支配的で強い人格が常に健全であるとは限らず、実際のところ、第2の隠れた人格が、もう1つの危険な人格をうまく調和させている場合や、手助けをしている場合もある。あるケースで、第2の隠れた人格が、もう1つの支配的な人格に対して、メモ書きをしてその健康を守っていたケースがあった（Taylor & Martin, 1944）。

解離性同一性障害の原因論

解離性同一性障害はどこからやってくるのか。Blissによって報告された多重人格障害の14症例はいくつかの重要な共通する特徴を共有し、多重人格障害がどのように始まり、そしてどのように発達するのか、われわれは示唆を得ることができる。Blissの仮説によると、多重人格障害には3つの段階があるという。第

解離性同一性障害患者の中にある明らかに異なる人格は、患者の自己催眠によって生み出されたのだろう。人格は、耐え難いストレスや心的外傷体験にうまく対処するため、無意識に生み出されたものだろう。写真は、Jacqueline Morreau作のDivided Self I（引き裂かれた自己）というタイトルの絵である。解離された感覚と複数の自己が、患者の精神の中で互いに陥れようとしている様子が描かれている。（Jacqueline Morreau, *Divided Self I*, 1982, Jacqueline Morreauの厚意による）

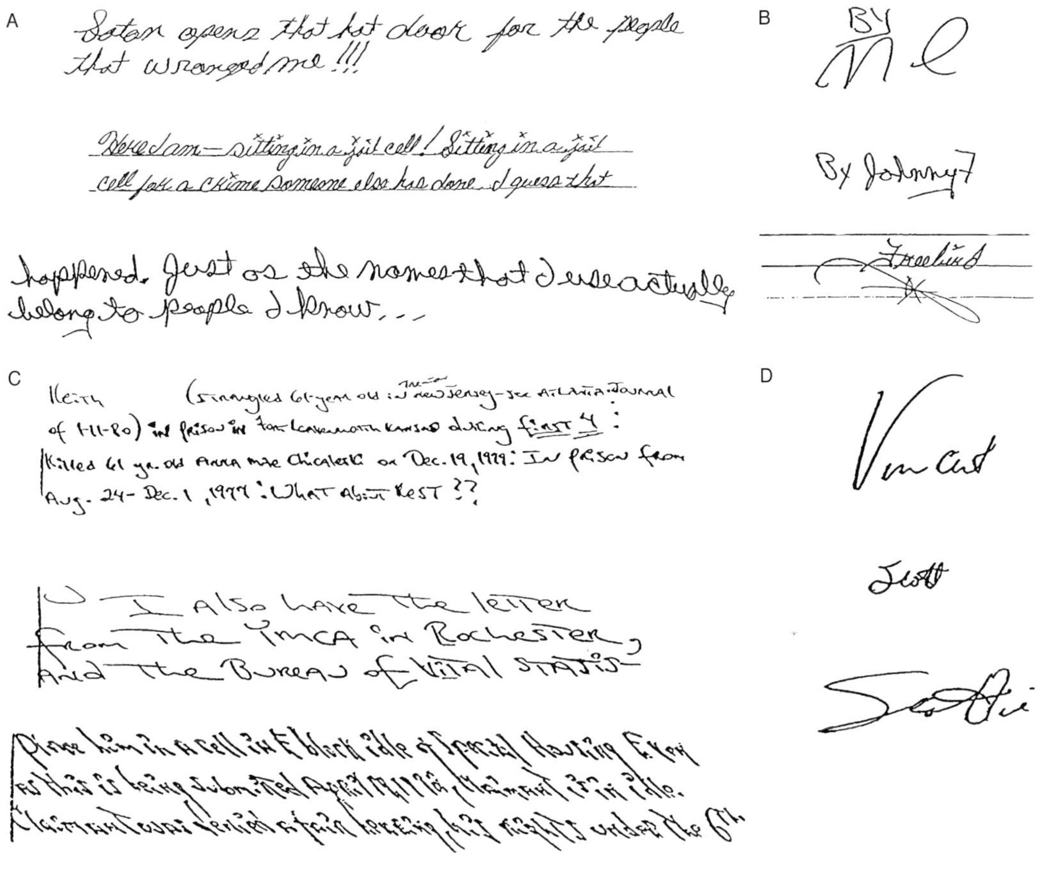

図6-1　解離性同一性障害の診断を受けた4名の筆跡サンプル
　解離性同一性障害患者のそれぞれの人格は、まったく異なる筆跡を示していた。研究者らは、解離性同一性障害の診断を受けた12人の殺人者について調べた。対象者のうち10名の筆跡において、それぞれの人格の筆跡が著しく異なっていることが明らかになった。ここにわれわれは、1人の筆跡サンプルと署名（AとB）、さらにもう1人の筆跡サンプル（C）、そして別の対象者の署名（D）を示す。それぞれの人格（あるいは分身）が書いたもので、筆跡は明らかに異なっている。(Lewis, Yeager, Swica, Pincus, and Lewis, 1997, P.1706より引用)

1に、4歳から6歳の間に、何かしらの心的外傷に関わる感情的問題を経験していることである。確かに、解離性同一性障害はPTSD患者と共通した面があるし（Spiegel, 1984）、解離性同一性障害を発症した患者のうち、被虐待の経験を訴える人が97％にものぼる（Coons, 1994；Keaney & Farley, 1996；Putnam et al., 1986；Ross et al., 1990）。患者は、問題の矛先を変えるために、もう1つのまったく異なる人格を作り出し、心的外傷にうまく対処している。第2に、自己催眠にかかりやすいために、とりわけ傷つきやすいということである。自己催眠とは、自分自身を意識的に、通常の催眠誘導で起きるようなトランス状態にすることのできる過程である。第3に、感情的負担を軽減させるためには、まったく別の人格に問題の矛先を向けると、自分自身が楽になるということを本人が見つけ出し、それゆえ、他の感情的問題に直面したときに、まったく新しい人格をさらに創り出す、ということである（図6-2参照。Kluft, 1984, 1991も参照）。

これら3つの段階があるという証拠がある。まず初めに、Blissが報告したすべての患者（14名）が実際に、4歳から6歳の間に自分の代わりになる人格を初めて作り出しており、感情的に非常に困難な状況にうまく対処するために、その人格を作り出したと思っていたことである。たとえば、Robertaは、母親によって水の中に沈められ、おぼれさせられたりしたときに、まったく別個の18の人格のうち、1人目を作り出したという。この人格は、Robertaの怒りを受け入れ制御する目的と、殺人を犯すほどの逆上を操る目的を

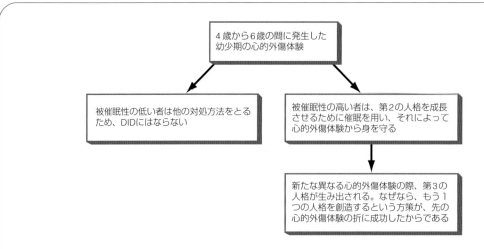

図6-2　解離性障害のモデル
　解離性同一性障害の発症機序に関する1つの理論は、早期の心的外傷体験が新たな人格を創造するきっかけとなり、同様のことが患者の成長の中で繰り返されることで、強固な防衛となっていくというものである。

もっていた。また他の患者は、4歳の頃に大人の男性によって性的被害にあっていた。彼女は、性的虐待に対処するために代わりの人格を初めて作り出し、それからも、性的な場面に遭遇したときには、この人格を使っていた。

　第2に、これらの患者が非常に自己催眠にかかりやすいという証拠がある（Ganaway, 1989）。Blissの14人すべての患者には、まれにみる被催眠性傾向が認められた。Blissが彼らに催眠をかけた際、一度の誘導で急速にトランス状態に入った。Blissが彼らに、催眠下に起きたことは思い出せない、という暗示をすると、彼らはまったくその通りになったのである。これに加え、患者たちは人格を作り出した方法を報告し、それは催眠に入るような感じだったと表現している。ある患者の人格の1つは、「彼女は、すべての考えを遮断し、精神的な安定にのみ全力を注ぐために別の人格を作り出した」と話した。別の人格は、「彼女は休むけれど、寝ずに起きていることができる。非常に高い集中力で、精神ははっきりしていて、すべてを遮断し、それから人を求めるの。でも、彼女は彼女自身が何をしているのか気づいていない」と話した。患者たちはかつて、治療中に正式の催眠法に導入された際、ほとんどが子ども時代まで遡る体験をし、そして代わる代わる変容する意識の中で、途方もないくらい生気を使い果たしたという体験をしたときと同じであると報告している。ある患者は次のような体験をしたと述べた。「私は若い頃、非常に長い催眠状態にあった。私は常に夢の中で生きていた。催眠がどんなものであるか知っている今、私は頻繁にトランス状態にあったのだとわかる。まさに深い催眠状態と同じように、リラックスできるまで座り、目を閉じ、イメージできる小さな場所があった」

　第3に、患者は後々、苦痛に対処するために新しい人格を用いていることがわかった。先に述べたとおり、ジェニーは両親からの体罰に対処するために、8歳の頃、おとなしいジュリーを作り出した。ほとんどの患者は、大人になってからも、新しいストレスに対処するために新しい人格を作り出したと報告している（表6-3参照）。

　全般的に、解離性同一性障害は、身体表現性障害や解離性健忘と同様に、重篤な感情的苦痛から防衛するための試みであると言える。通常見られないような自己催眠の能力をもつ4歳から6歳の子どもが、忘れられない衝撃的な出来事から生じる不安を制御するために、架空の友達や協力者という新しい人格を作り出す。この無邪気な幼児期に、知らずして作り出した方策は、成長する過程で遭遇するストレスの制御を試みるたびに行われ、成人期に不幸をもたらすことになる。人格は多重化し、そして欠損した自己の結果として新たな問題がもち上がる。

解離性同一性障害に対する心理療法

　ジュリーとジェニーとジェリーの症例のように、解離性同一性障害者の治療は困難で、挫折感を味わう場合が多い。この障害に対する治療では精神力動的用語と、「戦術的統合」としての認知療法的アプローチの両方がとり入れられてきた（Fine, 1991）。認知療法では、患者の自動思考を特定し、不合理な考えに対して反論し抵抗するスキルを教示し、そしてこれらの不合理な考えを患者はなぜ信じるのか、という根拠を明確

表6-3 DIDを有する5名の殺人者が示した徴候と症状

対象	性別	年齢(年)	幼少期の症状と徴候	成人期の症状と徴候	症状の確証
1	男性	40	「とりつかれている」と見なされた 想像上の友達 幻聴 劇的に変化する表情	トランス状態 想像上の友達 声の変質／外国語に聞こえる言語／異なる名／筆跡 命令の幻聴 健忘 2人の男性の人格の存在	母親、妹、おば 警察の記録 弁護士助手の記録 文書や手紙の筆跡
2	男性	32	15ヵ月の頃からトランス状態(段階的に停止) 「とりつかれている」と言われた 想像上の友達 幻聴 眼振 てんかんと考えられた	トランス状態 声、発音、態度の変化 異なる名／署名 異なる年齢を記載 幻聴 健忘 3名の男性の人格の存在	母、兄、妻、教師、同居人 文書や手紙の筆跡
3	男性	41	トランス状態 とん走状態 「とりつかれた」と言われた 想像上の友達 幻聴 健忘	トランス状態／「意識のブラックアウト」 声と態度の変化 幼少児への退行 最も力のある交代人格が法的にも名前を変更した 異なる署名／筆跡 幻聴 健忘 3名の男性人格の存在	妻、兄、妹、友人、近隣者、同僚 交代人格が名前を変更した裁判歴 文書や手紙の筆跡
4	男性	33	トランス状態(「どんよりした目」) とん走(8歳、別の街で発見。14歳、遠方で発見) 想像上の友達 幻覚、幻触 健忘 転倒や震え てんかんの診断	トランス状態／時間概念の喪失 想像上の友達 声と態度の変化／ドレスと女性のような声 異なる洋服(サイズ、性) 異なる署名／筆跡 幻聴 健忘 2人の女性と4人の男性の人格の存在	母、父、兄、友人、同房者 交代人格と接見した裁判所の精神医学者 裁判所の複写 警察の録音記録 文書や手紙の筆跡
5	男性	30	とん走 想像上の友達 幻聴 健忘 女子用のパンティーと生理用ナプキンの装着	トランス状態(すなわち「対外遊離」) とん走／時間概念の喪失 声と態度の変化／女性のような服装 異なる名、署名／筆跡 異なる視力 幻聴 健忘 2人の女性と4人の男性の人格の存在	母、兄、おば、おじ、義母、義父、児童期の友達 成人期と児童期の精神医学者／心理学的記録 学校の記録 文書や手紙の筆跡

Lewis, Yeager, Swica, Pincus, & Lewis, 1997, p.174より引用。

にしようとする。催眠法は認知療法でも用いられるが、精神力動学的治療においては、より幅広く用いられる。

　精神力動学的治療では、まず患者に問題に気づいてもらうことから始める。何年もの間、奇怪な状態であり続けていたかもしれないし、記憶の喪失があったり、他の人から自分の奇怪な行動について聞かされていたりするかもしれないが、他の人格が存在する事実にはいまだ直面していないと考える。催眠法の中で、セラピストは第2の自我を呼び起こし、自由に会話できることを彼らに伝える。加えて、患者自身はこれらの人格について報告を受け、何人かの人格に紹介される。催眠中に体験したことは覚えておくように教示される。この際の証拠の開示は、患者に非常に大きなストレスと混乱をもたらすが、多くの人格の事実について認識することは患者にとっても重要なのである。この時点で、患者は治療にとって最も厄介な問題の1つを露呈するかもしれない。たとえば、自己催眠状態に入り、事実をごまかしたり、不快な事態から回避したりするのである。治療者は、多くの人格に対し、積極

的に協力を求めていく(Kluft, 1987)。

　患者が、自分以外の多くの人格について確実に認識したあと、治療者はこれらの人格は幼少期に自己催眠によって作り出されたものであり、意図的あるいは悪意があってのものではないことを知らせる。患者は、今現在、強く、能力のある大人であり、もしも勇気があるならば他の人格を追い出し、打倒できることを告げられる。他の人格は、これに対して反論し、これまで通りの生活を続けたいと訴えるかもしれないが、ここにいる患者はたった1人の無二の人間である。1つの身体には1つだけの精神があり、他の人格は患者の創り出したものである。この状況を打開するか否かの決定権は、患者自身にある。あるベテランの治療者は34名の患者を治療したという報告の中で、2年後の追跡で94％の患者が非常に高い治療効果を維持していたと述べている(Kluft, 1987)。

　PutnamとLoewenstein(1993)が、解離性同一性障害の治療経験がある305名の臨床医を調査したところ、治療期間はたいてい4年を有していることが明らかになった。個別療法(精神力動的治療でも認知療法的治療でも)と催眠法は非常に広く使用されていた。また、抗うつ剤や抗不安剤も、「適度の」不安軽減作用をもつとして、治療者の3分の2が処方していた。135名のDID患者の2年後の追跡では、確認された患者の約半数(54名のみ)が、解離性症状や状態、そして薬物療法による改善に著しい効果を認めた。これらの治療による「統合」を果たした患者は、最も長期にわたり治療効果を示した(Ellason & Ross, 1997)。

解離性同一性障害に関する疑い

　それにもかかわらず、解離性同一性障害には多くの疑問が残されている。さまざまなグループや考え方がこの障害について意見が合わなくなって以来ずっと、DIDが論争の対象であったことは驚くことではない。まず第1に、精神分析学はその信条により実証的証拠が不足していたため長い間四面楚歌状態にあったところ、DIDがその復活をもたらしたと言える。精神分析学的に考えると、DIDはその原因としては幼少期の虐待の記憶を抑圧することを含んでいる。これに対して、認知・行動論的考えでは抑圧というような無意識に動機づけられた過程の存在を認めることに抵抗があるため、DIDを説明する理論が欠如しているので、DID自体が本来存在するのかどうか、という疑問にまで及ぶ。第2に、弁護士や裁判所がこれらの論争の多くを担っていることである。DIDは重大な犯罪の申し立てとしても用いられており、多くの裁判のケースで双方がDIDの妥当性あるいは非妥当性について利害関係を有していた。第3に、幼少期の虐待の記憶を確かにもつDIDに対しては、その記憶が偽りなのではないかという激しい論争が絶えないことで

ある(第15章参照)。最後に、DIDはその症状をよく知っている者なら演じることができると思われるため、仮病なのではないかという疑問が常に存在する。

　多くのDID患者のうち、最も疑わしいのは幼少期に性的虐待を受けたという記憶である。Dorothy Lewis(Box 6-2)による、12人の殺人者についての研究を例外にして、DIDに関する研究のほとんどが、成人患者の幼少期における確証に足らない虐待の記憶が土台になっている。幾人かの心理学者は、成人患者における幼児虐待の記憶の信憑性について憂慮してきた(Ganaway, 1989 ; Putnam, 1989)。学会は近年、より積極的に家族の隠された秘密について聴取し、「子どもを信じる」ようにしてきた。その結果、1990年代前半にDIDと診断される患者が急増し、「記憶回復」療法が流行ることとなった。この治療者は患者に対し、成人期の問題の原因であるかもしれない、長期間潜んでいた幼少期の虐待の記憶、多くは性的虐待だが、それらを見つけ出すことを積極的に促す。そこには、非常に多くの矛盾した虐待の根拠を、安易に認めていく傾向があった。これによって、解離性同一性障害の領域において科学的信頼性を問う内容が記載されるようになった。記憶回復療法は現在、おおいに議論されており、この障害は誤った記憶が原因である場合や、真実であろうと偽りであるとにかかわらず、患者を悪化させる場合のあることが、いくつかの証拠により示唆されている。

　David Spiegel(1990)は、解離やDIDには、「グレード5」の被催眠性があることを指摘している。人口の約5％しかこのカテゴリーに該当しない。グレード5とは、非常に高い被催眠性があり、暗示にかかりやすく、セラピストに病的な依存を示し、そして重大な判断を避ける状態を言う。彼らは、トランス状態にあっても、鮮明で、濃く、詳細な記憶を報告するが、それは事実に基づいたものではない。すべての解離性同一性障害者は、グレード5であると言っても過言ではない(Ganaway, 1989)。

　DID患者の報告は、このように、偽─記憶の混在についてのハイリスクを考慮すべきである。George Ganawayの多くの患者も、悪魔や天使、ロブスター、ニワトリ、トラ、神、そしてユニコーンに遭遇した詳細な内容を彼に語っていた。解離性同一性障害の診断を受けたSarahという50歳の女性の症例では、5歳の交代人格Carrieが日曜学校で12人のクラスメートの残虐な強姦殺人場面と12人の少女の殺害場面を追体験したとき、非常に衝撃を受けたという。彼女は13番目という不吉な順番だったために、カルトリーダーの指示で被害から免れた。さらに追求すると、もう1人の人格Sherryは、祖母が彼女に残虐な殺人物語を読み聞かせたときに、恐怖を受け入れるための人格としてCarrieを創り出したことが明らかになった

Box 6-2　科学と実践

解離性同一性障害を有する殺人者

　科学者たちは、解離性同一性障害（DID）が、とにかく存在するのかどうか相当疑念を抱いてきた。とりわけ重要な批判（批評）は、DIDを誘発したと主張される児童虐待について、外部検証が欠如しているという部分である。しかしながら、この過程についての劇的な論文が、DIDの診断を受けた12人の殺人者からもたらされた（Lewis, Yeager, Swica, Pincus & Lewis, 1997）。重要犯罪人の中にいるDID患者の主張は、DIDに基づく精神異常が詐病をひき起こすという理由から二重の疑いが存在する。第1の著者、Dorothy Lewisは、20年以上前、150人の殺人者についての事例検討を実施した。そのう

ち、DIDの診断基準に達していた12名（11名の男性と1名の女性）と面談した。全員が暴力的な行動と非暴力的な行動の両方の健忘を有しており、彼らの交代人格の声は幻聴として聞こえていた。そしてすべての症例において、Lewisは交代人格のうち少なくとも1人と会話が可能であった。12人のうち10人は成人のトランス状態になった、と述べている。12人のうち11人は児童期に性的かつ身体的虐待を受けてきた（折檻と表現するほうがいいかもしれない）、その虐待は外的証拠によって確認済みであった。下表は、5名の殺人者の児童期虐待に関する証拠である。

対象者	身体的虐待	性的虐待	文書	情報提供者	傷跡
1	母、父によるひどい殴打；母が縄でしばり、たたく；ネグレクト	母による性的虐待；妹との近親相姦	裁判所の証書は、父親が家族に対して暴力による監禁をしていたことに注目；ネグレクトの申し立て；母親は不当申し立て；子どもたちの転居	母親、妹、おば	頭、背中
2	父が壁に投げつける（14ヵ月の時と3歳の時）、これは頭蓋骨陥没の原因となる；父による足骨折（5歳）；母が首を絞める、たたく；兄弟の放火	父による性的虐待、「割礼」を含む（3歳）	子ども病院の記録文書では多数の負傷、感情の欠如、「発作」；父親の軍隊記録は、対象児のきょうだいが7ヵ月時に殴打されたため、軍法会議により解雇された；父親のカルテには、対象児の不明な怪我と同時にこぶしへのトラウマが記されていた	母、きょうだい	頭、背中、胸部
3	母、父によるひどい殴打；ネグレクト	母による性的虐待；きょうだいとの近親相姦	ネグレクトの申し立て書；親権の停止申し立て書；兄の就労；生活保護の記録から、母との近親相姦；学校の記録から、父の暴力	兄、子ども時代の友人、近隣の人、妻	頭、顔、背中、胸部
4	父によるひどい殴打；母によるやけど；両親の放火	父からの性的虐待、異物を使った肛門性愛を含む；兄からの性的虐待	病院の記録によると、2歳から始まった度重なる入院、「発作」や意識がなくなる、などの理由；警察の報告では、父は「非常に感情的で異常な」という判定	母、父、兄	頭、背中、胸部、腕、大腿部、尻、性器
5	母、父、継母によるひどい殴打；継母に親指を焼かれ、脱臼させられた；継母にクローゼットや地下室に閉じこめられた；母に捨てられた	継母による性的虐待、異物を使った肛門性愛を含む；拘束され、出血を伴う浣腸；継母により女装を強要	子ども病院の精神科医、そして養護施設の記録から、父、母、継母からの虐待が文書に書かれている；母親は不当申し立て；子どもたちが家からいなくなった；警察の報告によると継母の暴力	母、おば、おじ、子ども時代の友人	頭、背中、胸部

Lewis, Yeager, Swica, Pincus & Lewis, p.1708. より引用。

（Ganaway, 1989）。
　Lewisの12人の殺人者についての研究で、子ども時代の性的虐待の中にDID要因があるという点について、いくつかの疑問は解消されたが、さらなる疑問は残る。治療中に起こる記憶回復の極めて破滅的な可能性について、格別憂慮すべきことがある。1990年、ワシントン州は犯罪犠牲者のための法律によって、子

ども時代の性的虐待の記憶を抑制していると訴えるならば、治療を受けるよう促した。1996年、ワシントン州の労働産業局は、患者をランダムに30名抽出し、治療の結果に基づいて予備的統計を実施した（Loftus, Grant, Franklin, Parr & Brown, 1996）。治療中、抑制されていた記憶が回復する前には、10％の患者が自殺念慮をもち、7％には入院歴があり、そし

て3%には自傷行為があった。記憶が回復してからは、67%が自殺念慮を抱き、37%が入院歴を有し、27%が自傷行為を認めた。そして97%の患者が、平均的に誕生後7ヵ月から両親や家族による虐待を習慣的に受け始めたと主張した。患者は、修士レベルのセラピストと会っていた(87%)。彼らは、高い教育を受け、83%が治療を始める前にも職務を果たしていた。3年後、雇用されていた患者はたった10%になり、50%が別居あるいは離婚し、患者のすべてが家族から疎遠になっていた。記憶が事実かどうかは知るよしもないが、記憶が回復すると、彼らの生活の多くは劇的に悪化していたのである。

この点から、患者の虐待エピソードに正当性があるか否か、われわれは疑いを抱き続けるべきであり、とりわけ異常な内容に関してはとくに配慮が必要である。そして、記憶回復治療が、実際のところ患者に役立つのかどうかについても同様である(Lilienfeld et al., 1999)。いくつかの記憶は正しいかもしれないし、偽りかもしれない、つまり、ある治療では患者を助けられるかもしれないし、他ではより悪化させるかもしれないのである。しかしながら、記憶の正誤は、彼らが話したという事実、彼らが痛みを吐露する必要性、そして治療のための素材としての有用性に比べれば、重要なことではない。DID患者のセラピストは、記憶について語ることをより丁寧に扱うべきであり、また、患者の問題が続いている間は、患者の感情面をよりいっそう豊かにしていくよう丁寧に支援していくべきである。

まとめ

本章と前章においてわれわれは、表面上非常に多様に見える障害——恐怖症、PTSD、パニック障害、全般性不安障害、強迫神経症、身体表現性障害、解離性健忘、離人症、解離性同一性障害——について検証した。過去において、これらの障害は類似疾患であると見なされていた。歴史的には、これらの障害は「すべて神経症」と見なされ、主要な要因として不安によって生じるものだと考えられてきた。恐怖症とPTSDの場合、恐怖は表面上のものであり、また、パニック障害や全般性不安障害、不安障害(特別な対象によらない恐怖)もまた、表面上のものである。これらの問題を抱える患者それぞれは、不安や心配、恐怖を感じ、そして日々の生活で非常に恐れていた。一方、強迫神経症は、不安は存在するのだが、強迫的な欲求が頻繁で、効果的であれば、不安は自覚していない。対照的に、身体表現性障害と解離性障害には、不安症は通常観察されない。しかし、これらの障害の奇怪な症状を説明する目的として、専門家はこれまで、それらの症状は抑制された潜在的な不安から自らを防衛するために生じる、と結論づけてきた。その防衛が功を奏する限り症状は顕在し、不安は感じないのだという。

過去40年間で、精神病理学の領域は著しい変化を遂げた。われわれのカテゴリーはより記述的で、理論的でないものになってきた。DSM-IVは、不安からの防衛という共通のプロセスを、これらの障害の機構的な(mechanical)要因として認めていない。解離性障害と身体表現性障害の変化は、歴史的にも重要である。変形型の不安症がすべての神経症をひき起こすという前提にあったフロイト派の理論は、これらの障害の基礎であった。それは、不安を感じていない場合でさえ、適用されていた。決定的な変化として、DSM-IVでは、これらを「不安障害」として分類していない。それどころか、不安障害として分類されたのは、恐怖症、パニック障害、全般性不安障害、心的外傷後ストレス障害、そして強迫神経症のみである。記述的に、それらの障害に観察される不安と理論によって推測される不安とを分離したことは賢明である。しかし、理論的レベルでは、解離性障害と身体表現性障害は共通の解釈で切り取られている。

では、そのような仮説は何に起因するのだろう。1つの可能性は神経科学と心理学の交流の増大である。身体表現性障害と解離性障害が、記憶喪失や盲、難聴、そして麻痺などの明らかに「生物学的」状態と関連しているとしても、どんな生物学的理論も構築されていない。しかし、これら障害に関する神経科学が明らかにしつつあるかもしれないさまざまな糸口(手がかり)がある。たとえば、ヒステリー性盲は「視野障害(blind-sight)」の特性のいくつかを共有している(Rafel, Smith, Krantz, Cohen & Brennan, 1990)。後頭部の外傷を負った患者が、彼らはまるで盲のように感じ、振舞うが、視覚刺激の位置確認はチャンスレベル以上の良好さである。同様に、ヒステリー性盲患者も一般的に、見えていないと感じていながらも、歩く際には車や家具を避けることができる。また、解離性同一性障害の各人格の筆跡や利き手、そして月経周期がすべて異なる、というような神経医学的かつホルモン作用が手がかりの1つとなる。さらに、転換症状は身体の左側よりもはるかに右側面に多く現れる。つまり、脳の左半球に関与していることが示唆されている(Min & Lee, 1997)。

もう1つの可能性は、これに関する理論が現代の精神力動論から再出現してくるかもしれない。精神力動論では、常に症状を作り出す根底となっている深層過程に最も関心を寄せてきた。しかしこれらの多くは、不安が明白にある障害を説明する際にはほとんど役立ってこなかった。むしろ、恐怖症や心的外傷後ストレス障害の場合、行動モデルと認知モデルからの理論が妥当であるようだ。これら2つの障害において、わ

れわれは、心的外傷を環境が恐怖でいっぱいにされたものだ、と仮定できる。その症状と経過、そして治療を認知行動理論に当てはめていく。しかし、強迫神経症はこの方略では簡単に扱えない。いったん行動的な見地で合理的にうまく適合する着地点が得られ、治療が強迫行動を軽減していても、多くの強迫行動が持続している。認知的研究者も行動論的研究者も、誰が強迫症状に脆弱であるか、どんな内容の強迫症状がとられるのか、という質問に答えられない。どちらの伝統からもこれを説明する有用な理論はない。最後に、われわれは身体表現性障害、解離性健忘、そして解離性同一性障害について述べた。ここでは、表面的な不安の仮説はあてはまらず、認知的あるいは行動論的理論は十分ではない。これらの理論はこの障害の原因よりも、現実的に存在するのかどうかを疑問に思う傾向にあった。根底となっている感情的な苦悩が厄介な症状を生み出す障害は、精神力動論の伝統の中で最もよく解釈されていたと言える。不安症やその他の不快感情がたとえ表面上に見られずとも、それは防衛機制であり、症状をうまく作り出していると考えられた。それにもかかわらず、その病因の詳細やどんな治療が最善かについては、今後の解明されるべき問題として残ったままになっている。

総括すると、われわれは恐怖や不安が表面化していることを発見した際、行動と認知モデルが有用であると考える。恐怖や不安が表面から消失しているとき、われわれは、観察した内容を説明する試みとしてより深層のモデルの必要性を認める。現在のところ、われわれは転換性障害、解離性健忘、そして解離性同一性障害に関しては、認知的神経科学的な理論、あるいは精神力動学的アプローチからの理論を必要としている。そのアプローチは、これらの障害をくわしく研究している人たちにとっては畏敬の念を起こすほど豊かなものである、深層の、観察できない感情的葛藤、心理学的防衛などを仮定している。

要　約

1. この章では、**身体表現性障害**と**解離性障害**の2種類の障害について論じた。
2. 身体表現性障害は、5つの徴候を有する。(1)身体的機能の欠如あるいは変容、(2)既知の身体的原因の欠如、(3)心理的な要因が症状に関連していることの明確な証拠、(4)身体的な疾患の除外、(5)症状に対する随意的なコントロールの欠如。
3. 身体表現性障害の5つの種類は以下の通りである。(1)1つの身体的機能の損失あるいは変容である**転換性障害**、(2)多臓器への複数かつ反復した身体的愁訴の複雑な病歴だが、身体的な原因がない**身体化障害**、(3)疼痛の発症、重症度、痛みの持続に身体的要因が関係しない**疼痛性障害**、(4)十分な医学的保証にもかかわらず、自分は重症な内科疾患にかかっている、あるいはかかるのではないかという確信をもつ**心気症**、(5)外見に対する想像上の、あるいは非常に誇張された欠陥に対するとらわれである**身体醜形障害**である。
4. 精神分析理論では、身体表現性障害は心的エネルギーが身体的疾患に変形していたり、特別な身体上の欠陥が隠れた葛藤を象徴していたり、という不安からの防衛であると考える。身体表現性障害をコミュニケーションという点から見ると、この障害は精神的に苦痛であるという失感症状の表現になると考える。知覚遮断の考えとしては、知覚が意識体験から遮断されうる方法と、この障害をひき起こす刺激については主張しないという点に焦点を合わせている。身体表現性障害においては、詐病の可能性が常にある。
5. **解離性健忘**は、耐え難い外傷体験が原因で起こる、重要な個人の情報の記憶喪失である。それは全般性または特異性(部分的)のどちらかである。逆向健忘は、外傷体験によって損傷が起こる前の出来事を思い出せなくなる特定の健忘である。前向健忘は、外傷体験後に、新しいことが覚えられなくなる。解離性健忘は時に日常の場所から離れ、新しい場所で同一性を装うとん走を伴う。
6. **離人症性障害**は、自分の身体あるいは精神が遊離していると感じる、反復的な体験からなる。そのようなエピソードをもつ人は、実際に起きている出来事や事実に対して、自分が外部の傍観者であるかのように感じている。
7. **解離性同一性障害**(DID)は、以前は**多重人格障害**と言われていた。2つあるいはそれ以上のまったく異なる人格が個人の中に存在する。それぞれの人格は、比較的安定した生活を送るため、また反復的にその人の行動を制御しうるため、十分に統合されている。この障害は、以前に比べ頻繁に報告され、患者は高い被催眠性をもち、4歳から6歳の間に耐え難い外傷体験を経験したと主張し、このときに他の方法では対処できないために、自分の代わりの人格を創り出したようである。
8. 特に、幼少期における性的虐待によって創られたという解離障害の存在について、症例研究の証拠が蓄積され続けるなか、批判者たちは、これらの障害の存在と幼少期の虐待記憶の信憑性さえ疑っている。幾人かの論者は、治療中の記憶回復が破壊的になりうる、と懸念している。

7 気分障害

本章の概要

気分障害の分類　234
うつ病とうつ病性障害　235
　うつ病の徴候と症状　235
　脆弱要因とうつ病の有病率　240
　うつ病の経過　247
うつ病性障害の理論　248
　うつ病への生物学的アプローチ　248
　うつ病への心理学的アプローチ　253
うつ病性障害の治療　257
　うつ病の生物学的治療　257
　心理療法　262
双極性障害　265
　躁病の症状　265
　双極性障害の経過　269
　双極性障害の原因　270
　双極性障害の治療　271
　季節性感情障害　272
自殺　274
　どのような人に自殺の危険性があるのか？　274
　自殺への動機　278
　自殺の予防と治療　279
まとめ　280
要約　281

学習の目標

- うつ病性障害の徴候と症状を説明できる。

- どのような人が臨床的レベルの抑うつに最も罹患しやすいか、そして、なぜとくに若い人や女性がうつ病の危険性があるかを学ぶ。

- うつ病への生物学的および心理学的アプローチについて学ぶ。

- うつ病への薬物療法を説明でき、薬物をできるだけ長く服用し続けると効果がある理由について説明できる。さらに、認知療法を説明でき、認知療法がうつ病のぶり返しを予防する見込みが高い理由を説明できる。

- 双極性障害および、双極性障害と単極性うつ病との違いを説明でき、さらに双極性障害の経過、可能性のある原因、効果的な治療法について説明できる。

- 季節性感情障害とその最も効果的な治療法について知る。

- どのような人が自殺の危険性が高いか、自殺がどのように動機づけられるか、自殺がどのようにして予防できるかを学ぶ。

われわれは現在、憂うつの時代に生きており、とくに若い米国人富裕層が悩んでいるという証拠が増えてきている。これは、非常に意味深いパラドックスである。たいてい人々は、うつ病は劣悪な生活環境と密接に関連していると考えているが、若い米国人にとって、事態は客観的にはまったくよくなってきていない。核の時計の針は、以前より、真夜中からはるかに離れている。過去何百年間のいかなる時よりも、戦場で亡くなる兵士は少ない。人類史上のいかなる時代よりも、現在は飢餓で亡くなる子どもは少ない。現在、私たちは、前例のないほどの購買力と、音楽、教育、書籍、一瞬で世界中におよぶコミュニケーションへのアクセスを手に入れている。しかし、「客観的な幸福」についてのすべての統計指標が向上するにつれて、若者のうつ病と道徳的な堕落に関する統計指標は悪化している。これらの事実がわれわれに教えてくれるのは、うつ病とは生活の状況に関してのものであるだけでなく、われわれが生活の状況をどのように考えるかに関するものだということである。

うつ病は、罪責感、悲しさ、絶望感、そして不活動の疾患である。米国では、気分障害の発病率が過去30年間を通して顕著に増加してきた。これは、記録されている中では、心理的な疾患の発病率の中で最大の増加である。うつ病はあまりにも一般的なものになってきていることから、米国では精神疾患におけるよくある風邪と考えられている。うつ病は、かつては、うまく治療するには何年もかかる疾患だった。今日では、Prozac®のような新しい薬は、もし服用を続ければ、少なくとも一時の間は最悪の症状のいくつかを軽減するようである。うつ病は生化学的な疾患であり、Prozac®のような新しい驚異的な薬によって退治できると、一般の人は考えるようになってきた。しかし、これはマスコミによる扇動なのか、それとも真実なのか、またはその中間なのだろうか？ うつ病は基本的には生化学的な疾患なのだろうか？ うつ病は抗うつ剤で治療することができるのだろうか？ 心理療法の役割は何なのだろうか？ 本章では、うつ病とその他の気分障害がどのように理解されており、どのように診断されるかを論じる。なぜうつ病が今日、こんなにも蔓延することになったかについて推測し、効果がある治療について説明する。最初に、一般的な反応であるが、とはいえ非常に苦しい、喪失に対する抑うつ反応について説明する。

> 2日間、ナンシーは二重の精神的ショックを受けた。彼女は、異常心理学の中間試験でCをとり、さらに彼女の高校時代からのボーイフレンドが誰か他の人と付き合うようになったことを知ったのだった。次の1週間はひどかった。最初の2、3日間、彼女はベッドを抜け出して、授業に出ることが困難だった。彼女は

ある晩、夕食の間号泣し、テーブルを離れなければならなかった。食事をとらなかったことは、あまり問題ではなかった。彼女は空腹ではなかった。彼女の将来は荒涼としているように思えた。というのは、彼女はその時、どのような臨床心理学の大学院にも受け入れてもらえず、あれほど愛する人はけっして二度と見つからないだろうと信じていたのだった。人生において最も重要な2つの分野で失敗したことで、彼女は自分自身を責めた。1、2週間後、世界はよりよいものに思え始めた。教官が言うには、中間期の皆の成績がとても低かったので、中間期の成績を取り消すためのレポートを書く選択肢が全員に与えられるということだった。そして、ナンシーは、ルームメイトが週末にアレンジしてくれたお見合いデートを楽しみにしていることに気づいた。人生に対する、彼女のいつもの活気と情熱が戻り始めた。そして、それに伴って、食欲も戻ってきた。「苦しい戦いはあるだろうけど、私は基本的には大丈夫、そして私は愛と成功を見つけられると思う」と彼女は考えた。

以上のような「通常の抑うつ」は、「うつ病性障害」とどのように関連しているのだろうか？ 多くの点において、通常の抑うつはうつ病性障害と、程度のみにおいて異なり、種類では異ならない(Flett, Vredenburg & Krames, 1997)。両者は、同じような種類の症状で特徴づけられ、仕事や家庭で同じような感情

Tsing-Fang Chen の「衝撃」(Bombardment)は気分障害で見られる絶望を意味している。(Tsing-Fang Chen, Bombardment, Lucia Gallery, New York, Super Stock, Inc.)

的な困難や問題を呈する(Judd, Paulus, Wells & Rapaport, 1996)。しかし、うつ病性障害にかかっている人は、症状がより重症で、より頻繁に起こり、より長く続く。

気分障害の徴候や症状は、かなり多様である。われわれはまず気分障害の多様さについて論じる。次に、単極性のうつ病性障害を論じ、単極性のうつ病性障害がどのように見え、感じられるかを論じる。同様に、うつ病の対極にある躁病について論じる。続いて、別の気分障害、つまり双極性障害では、うつ病と躁病がどのように混ざり合うかについて説明する。この章を終えるにあたっては、気分障害の最悪の結果である自殺について検討する。

気分障害の分類

DSM-IV は**気分障害**(または**感情障害**として知られている)をうつ病性障害、躁病、そして双極性障害に分類する。**大うつ病**(または**単極性うつ病**)では、躁がまったく経験されずに、抑うつ症状(たとえば、悲しみ、絶望感、不活動、睡眠と食事の障害)のみが経験される。**躁病**では、過度の高揚感、誇大妄想、興奮、多弁、自尊心の肥大、そして観念の奔逸が経験される。**双極性障害**(または**躁うつ病**)では、うつと躁の両方が経験される。

DSM-IV の定義では、大うつ病エピソードは一般的に少なくとも2週間続く。大うつ病エピソードの患者は、感情面、認知面、動機面、そして身体面の症状を5つ以上経験し、それらの症状のうち1つ以上は抑うつ気分か、興味または喜びの喪失でなければならない。そのような**エピソード性のうつ病**が継続するのは2年未満であり、抑うつ症状がないときの機能とは区別できる明確な開始時期がある。反対に、**気分変調性障害**は慢性的なうつ病であり、通常の機能状態に2ヵ月以上戻ることはなく、少なくとも2年間抑うつ状態であり続ける。**慢性のうつ病**はエピソード性のうつ病よりもかなり少ない。慢性のうつ病の最も重い時に、エピソード性のうつ病も併発する不運な人々がいる。これは**二重うつ病**と呼ばれる。二重うつ病に罹患している人々は、より重篤な症状があり、回復率が低い(Keller & Shapiro, 1982；Wells, Burnam, Rogers & Hays, 1992)。

DSM-IV はまた「メランコリー型の特徴を伴う」うつ病と、「メランコリー型の特徴を伴わない」うつ病を区別する。その区別は、もともと、心理学的な理由に基づく(反応性または外因性の：身体の外側から生じる)うつ病エピソードから、生物学的な理由に基づく(内因性の：身体の内部から生じる)うつ病エピソードを分けるための試みであった。「メランコリー型

の特徴」にはすべての活動に対する興味の喪失や、楽しい出来事に対する無感覚または全体的な反応の消失が含まれ、それらは午前中に悪化する。また、「メランコリー型の特徴」には、早朝覚醒、無気力状態、体重の減少、罪悪感が含まれる。生物学的疾患としてのうつ病エピソードと、心理学的な問題としてのうつ病エピソードの区別をつける試みは、いまだ意見の相違が大きい。

2種類のエピソード、つまりメランコリー型の特徴を伴ううつ病とメランコリー型の特徴を伴わないうつ病には、2つの異なる症状群が見出されてきた。メランコリー型の特徴を伴ううつ病に罹患している人々は、会話や動作がゆっくりで、症状がより重症で、エピソードの間の環境的な変化に対して反応が乏しく、生活における関心事がなくなり、身体的な症状が出る。それらの人々はまた、よりタバコを吸い、不安が高く、家族内にメランコリー型の特徴を伴ううつ病の人が多くいる(Kendler, 1997)。さらに、早朝覚醒、罪悪感、そして自殺行動は、メランコリー型の特徴を伴ううつ病エピソードとより強く関連しているだろう(Haslam & Beck, 1994；Mendels & Cochran, 1968)。

メランコリー型の特徴を伴ううつ病か、メランコリー型の特徴を伴わないうつ病かの違いは、治療との密接な関係をもつ。つまり、メランコリー型のうつ病エピソードは、抗うつ薬や電気ショック療法により好反応を示すだろう。一方、メランコリー型の特徴を伴わないうつ病は、心理療法だけでよりうまくいく。その両者の違いを判別する研究の結果は一様ではないが、両者の違いは注意して調べられなければならない(Fowles & Gersh, 1979；Sackeim & Rush, 1995；Thase et al., 1996)。

双極性障害は、喪失に対する通常の抑うつ反応や単極性の大うつ病とは明白に異なる。双極性うつ病には、躁病エピソードとうつ病エピソードの間で大きな変動がある。そして、これから見ていくように、双極性うつ病にはおそらくかなりの部分、遺伝的な要素がある。DSM–IVでは、2種類の双極性障害を区別する。その区別は、うつ病に完全な躁病エピソードがあるか、それとも「軽躁病」エピソード(完全な躁病エピソードほど重症ではない躁病)だけがあるかによってなされる。双極性障害は、うつ病性障害よりも若い年齢で発症し、多くの場合、その人にとってよりダメージが大きい。幸いなことに、炭酸リチウムという特効薬が双極性障害に罹患している人の苦痛をかなり取り除く。

うつ病とうつ病性障害

過去2世代の間に、うつ病に関して2つの驚くべきことが起こった。1つ目は、うつ病が最も蔓延する心理的障害になったことである。もし、あなたが1975年以降に生まれたならば、あなたの祖父母よりもあなたは少なくとも10倍はうつ病になりやすい。2つ目は、うつ病がティーンエイジャーに蔓延したことである。1960年には、うつ病の最初の発症の平均年齢は30歳であったが、現在では15歳に満たない。6人のティーンエイジャーのうち1人は、現在、高校を卒業する以前に重症のうつ病エピソードに苦しんでいる。もし、あなたがすでに成人に達しているならば、うつ病を発症する危険性はけっして高くはない。

ほとんどすべての人が、少なくとも軽いタイプの抑うつに苦しんできた。喪失や痛みは、成長し、年をとる上で、避けられない要素である。時には、関心をもっている人から拒否されたり、ひどい論文を書いたり、手持ちの株が値下がりしたり、つきたい職につけなかったり、期待する成績がとれなかったり、愛する人から拒絶されたり、愛する人が亡くなったりする。これらの喪失が起こるとき、われわれは悲しみに陥る。そしてそれから、以前より元気でなくなってはいるが、未来への希望をもって、その悲しみから抜け出す。ほとんどすべての人が、喪失に反応して、何らかのうつ病の徴候や症状を示すのである。われわれは悲しくて元気がなくなり、無感動で受動的になり、未来に希望がなくなり、生活から意欲が消え去る。そのような反応は普通のものであり、私たちの大学のコースを対象にした調査で、ある特定の期間に、学部生の25～30％が少なくとも軽度の抑うつ症状をもっていることが繰り返し示されてきた。

うつ病の徴候と症状

うつ病はDSM–IVでは「気分」の障害と呼ばれる。しかし、大うつ病性障害と診断された次の患者の言葉に見られるように、これは誤解を招きやすい簡略的な表現である。

> うつ病の時には、人への感情移入がなくなり、思考力がなくなり、想像力がなくなり、思いやりがなくなり、人間味がなくなり、希望がなくなる。ベッドの上で寝返りをうつことができない。なぜならば、そのために必要なステップを計画して、実行する能力が難しすぎて、発揮することができず、必要とされる身体を動かすのが困難すぎて最後まで終えることができないのである。私にとっては、読むこと、筋の通った文章を書くこと、基本的な計算をすることといった、勉強

DSM-IV-TR の診断基準

大うつ病エピソード

A. 以下の症状のうち5つ（またはそれ以上）が同じ2週間の間に存在し、病前の機能からの変化を起こしている。これらの症状のうち少なくとも1つは、(1)抑うつ気分、あるいは(2)興味または喜びの喪失である。
注：明らかに、一般身体疾患、または気分に一致しない妄想または幻覚による症状は含まない。

(1) その人自身の言明（例：悲しみまたは空虚感を感じる）か、他者の観察（例：涙を流しているように見える）によって示される、ほとんど1日中、ほとんど毎日の抑うつ気分。
注：小児や青年ではいらだたしい気分もありうる。
(2) ほとんど1日中、ほとんど毎日の、すべて、またはほとんどすべての活動における興味、喜びの著しい減退（その人の言明、または他者の観察によって示される）
(3) 食事療法をしていないのに、著しい体重減少、あるいは体重増加（例：1ヵ月で体重の5％以上の変化）、またはほとんど毎日の、食欲減退または増加。
注：小児の場合、期待される体重増加が見られないことも考慮せよ。
(4) ほとんど毎日の不眠または睡眠過多
(5) ほとんど毎日の精神運動性の焦燥または制止（他者によって観察可能で、ただ単に落ち着きがないとか、のろくなったという主観的感覚ではないもの）
(6) ほとんど毎日の疲労感または気力の減退
(7) ほとんど毎日の無価値感、または過剰であるか不適切な罪責感（妄想的であることもある。単に自分をとがめたり、病気になったことに対する罪の意識ではない）
(8) 思考力や集中力の減退、または、決断困難がほとんど毎日認められる（その人自身の言明による、または他者によって観察される）。
(9) 死についての反復思考（死の恐怖だけではない）、特別な計画はないが反復的な自殺念慮、または自殺企図、または自殺するためのはっきりとした計画

B. 症状は混合性エピソードの基準を満たさない。
C. 症状は臨床的に著しい苦痛または、社会的、職業的、または他の重要な領域における機能の障害をひき起こしている。
D. 症状は、物質（例：乱用薬物、投薬）の直接的な生理学的作用、または一般身体疾患（例：甲状腺機能低下症）によるものではない。
E. 症状は死別反応ではうまく説明されない。すなわち、愛する者を失った後、症状が2ヵ月を超えて続くか、または、著明な機能不全、無価値感への病的なとらわれ、自殺念慮、精神病性の症状、精神運動制止があることで特徴づけられる。

（訳注：原書は DSM-IV だが、ここでは DSM-IV-TR，APA，2000 [高橋三郎・大野裕・染谷俊幸訳『DSM-IV-TR 精神疾患の診断・統計マニュアル（新訂版）』医学書院、2004] を修正し引用した）

するスキルの低下に対処することがとくに困難であった。というのは、私は、今までの人生を通して、これらのスキルすべてに秀でており、自分の知的能力を自慢していたからである。

うつ病は以前の自分を盗み去り、将来の自分を想像することを阻み、人生をブラックホールと取り替えてしまう。虫に食われたセーターのように、本来の状態は何も残っておらず、もっと生産性があり、能力があり、潜在力があることを暗示する「かけら」さえも今では消えている。人間なら誰でも大切にしているもの、つまり音楽、笑うこと、愛すること、セックス、子ども、トーストしたベーグル、そしてニューヨークタイムス日曜版がもう重要でない。なぜならば、どのような物であっても、どのような人であっても、虚無感に追い込まれた人の心を動かすことはできないからである。次に何が起こるか、うつ病がいつ終わるのか、または今どこにいるのかさえ、自分には分からない。自殺は素晴らしいもののように思えるが、計画したり、実行したりするのはとても困難である。(Karp, 1996, p.24)

実際には、うつ病には4つの症状群がある。気分面の症状に加えて、思考または認知面の症状、動機面の症状、そして身体面の症状がある。正確に「うつ病である」と診断されるためには、これらすべての症状を満たす必要はない。しかし、その人がより多くの症状をもち、それぞれの症状群がより激しければ、その人がうつ病に罹患していることをより確信することができる（Box 7-1参照）。

気分面の症状

うつ病の患者が、どのような気分かと尋ねられるとき、患者が用いる最も一般的な表現は「悲しい、憂うつな、みじめな、自分ではどうすることもできない、希望がない、さびしい、不幸な、落胆した、価値がない、屈辱的な、恥ずかしい、心配な、役に立たない、罪責感がある」というものである。悲しみと罪責感は、うつ病患者に見られる最も分かりやすい気分面の症状であり、実際、激しく泣かずには、社交的な会話を進めることができない人もいる。しかし、この気分は1日の時間とともに変動する。うつ病患者に最もよく見られるのは、朝に気分が悪くなるが、1日が過ぎていくに従って、少しずつ気分が軽くなるように思えるというものである。悲しみと罪の意識を感じることに加えて、うつ病では、不安感がとても頻繁に見られる。事実、あまりにも頻繁に見られるので、うつ病性

第7章 気分障害

Box 7-1　アセスメント

うつ病の測定

米国国立精神保健研究所の疫学研究センターのLenore Radloffは、広く用いられている抑うつ症状のチェックリストを開発した。各質問は、抑うつ症状の1つを記述しており、さらにその症状の重症度を0点から3点で示している。回答者は、調査時点での気分に最も当てはまる回答に丸印をつける。症状は、気分、思考、動機そして身体という4つのグループに分けられる。以下の文章は、CES-D（Center for Epidemiological Studies-Depression：うつ病の疫学研究センター版うつ病尺度）の20の質問のうち8に対する回答を示したものである。

この検査はうつ病を診断する手段として作られておらず、いったんうつ病と臨床的に診断された後に、どれくらい多くの症状があるか、それらの症状がどれくらい重症かを知るための手段として作られた。高得点だけが臨床的なうつ病や精神疾患の症状を示すのではない。一般的に言って、米国の大学生集団での平均得点（8問の合計の）は、およそ3点から4点であり、これよりも低い得点の学生はうつ病ではないと考えられることが研究によって示されてきた。中等度の抑うつ状態の学生は概しておよそ5点から9点を示し、10点またはそれ以上の得点は、中等度から重症のうつ病を示唆する。もし、ある人が1、2週間、10点やそれ以上の得点を示したら、その人にとって最も重要なことはおそらく助けを求めることだろう。もし自殺について深刻にあるいは継続的に考えているなら、得点にかかわらず、助けを求めることが避けられない。

うつ病の疫学研究センターチェックリスト

気分A（悲しさ）
私が悲しさを感じるのは
0　まれであるか、まったくない（1日以内）
1　多少であるか、少しの時間（1～2日）
2　時々であるか、あまり多くない時間（3～4日）
3　ほとんどであるか、すべての時間（5～7日）

気分B（人生の楽しみ）
私が人生を楽しんでいないのは
0　まれであるか、まったくない（1日以内）
1　多少であるか、少しの時間（1～2日）
2　時々であるか、あまり多くない時間（3～4日）
3　ほとんどであるか、すべての時間（5～7日）

思考C（悲観主義）
私が未来に絶望を感じるのは
0　まれであるか、まったくない（1日以内）
1　多少であるか、少しの時間（1～2日）
2　時々であるか、あまり多くない時間（3～4日）
3　ほとんどであるか、すべての時間（5～7日）

思考D（失敗）
私が人生は失敗だったと考えるのは
0　まれであるか、まったくない（1日以内）
1　多少であるか、少しの時間（1～2日）
2　時々であるか、あまり多くない時間（3～4日）
3　ほとんどであるか、すべての時間（5～7日）

動機E（活動の開始）
私がするすべてのことが大変な労苦だと感じるのは
0　まれであるか、まったくない（1日以内）
1　多少であるか、少しの時間（1～2日）
2　時々であるか、あまり多くない時間（3～4日）
3　ほとんどであるか、すべての時間（5～7日）

動機F（社交性）
私が普段よりも話さないのは
0　まれであるか、まったくない（1日以内）
1　多少であるか、少しの時間（1～2日）
2　時々であるか、あまり多くない時間（3～4日）
3　ほとんどであるか、すべての時間（5～7日）

身体G（食欲）
私が食べるのを好きでないと感じ、食欲がないのは
0　まれであるか、まったくない（1日以内）
1　多少であるか、少しの時間（1～2日）
2　時々であるか、あまり多くない時間（3～4日）
3　ほとんどであるか、すべての時間（5～7日）

身体H（睡眠の減少）
私が眠れないのは
0　まれであるか、まったくない（1日以内）
1　多少であるか、少しの時間（1～2日）
2　時々であるか、あまり多くない時間（3～4日）
3　ほとんどであるか、すべての時間（5～7日）

（Seligman, M. E. P., 1994，より許可を得て改変）

障害は不安障害としばしば「併存」する（Fowles & Gersh, 1979；Kessler et al., 1994）。ほとんどすべてのうつ病の人は、不安もまた感じているが、不安はうつ病がないときにも生じうる（Barlow, 2000；Keller et al., 2000）。

うつ病において悲しさと罪責感と同じくらいよく見られるのは、喜びの喪失、つまり、生活を楽しむことの麻痺である。以前には満足をもたらした活動がつまらなくなる。興味の喪失はたいてい、仕事や子どもの世話といったわずか2、3の活動で始まる。しかし、うつ病の重症度が増すにつれて、興味の喪失はその人が行うほとんどすべてのことに広がる。趣味やレクリエーションそして家族からもたらされていた喜びは減少する。以前はパーティーを楽しんでいた社交的な人が、今では社交的な集まりを完全に避ける。最終的に、食べることやセックスをすることのような、心地よい生物学的な活動さえ、魅力がなくなる。うつ病患者の92%がもはや生活の中の主要な関心事から喜びを得ることはなくなり、うつ病患者の64%は他の人からもたらされる喜びを失う（Clark, Beck & Beck,

この女性は明らかに、大うつ病に特徴的な、悲しみと無関心を示している。大うつ病と診断される人は、家族、友人、仕事、そして趣味への関心を失う。(©Sheila Terry/Photo Researchers.)

1994)。

認知面の症状

　うつ病の人は、とても否定的な観点から自分のことを考える。これらの否定的な思考は、その人自身、そして未来への見方に悪影響を及ぼす。うつ病の人は自分が失敗したと信じ、自分の失敗の原因は自分だと信じる。うつ病の人は自分が劣っていて、不十分で、能力がないと考える。しかし、失敗や能力がないことについてのこれらの見方は、多くの場合歪曲されている。ある患者は、ひどいうつ病でありながら、キッチンに壁紙を何とか貼った。次の例は彼が自分の達成したことを、失敗したのだとどのように歪曲したかを示すものである。

　　セラピスト：キッチンに壁紙を貼ったことを、なぜ、力を発揮できた経験として評価しなかったのですか？
　　患者：花が一列にそろわなかったからです。
　　セラピスト：実際には、仕事をやり終えたのですよね？
　　患者：はい。
　　セラピスト：あなたのキッチン？
　　患者：いいえ。お隣の男の人のキッチンに貼るのを手伝ったのです。
　　セラピスト：彼がほとんどの仕事をやったのですか？
　　患者：いいえ、実際には私がほとんどやったのです。彼は壁紙を貼ったことがなかったのです。
　　セラピスト：何か他にまずいことがあったのですか？　糊をあたり一面にこぼしてしまったのですか？　多くの壁紙をだいなしにしてしまったのですか？　汚したままにして帰ったのですか？
　　患者：いいえ、いいえ、唯一の問題は、花が一列にそろわなかったことでした。
　　セラピスト：というと、それが完全でなかったから、まったく評価してなかったのですね。
　　患者：ええと……そうですね。
　　セラピスト：花の列は、正確にはどれくらいずれていたのでしょうか？
　　患者：(指を約8分の1インチ[約3mm]離して)およそこんなにたくさんです。
　　セラピスト：すべての壁紙で？
　　患者：いいえ……2、3枚で。
　　セラピスト：いくつのうちで？
　　患者：およそ20から30。
　　セラピスト：誰か他の人は、それに気づいたのですか？
　　患者：いいえ。実際には、隣人はその仕事を素晴らしいと思っていました。
　　セラピスト：あなたの奥さんは、それを見ましたか？
　　患者：ええ、彼女はその仕事に感心していました。
　　セラピスト：後ろの方に立って、壁全体を見たとき、あなたにはその欠点が見えましたか？
　　患者：ええと……見えませんね。
　　セラピスト：つまり、あなたは、壁紙へ取り組んだ中で、実在はするけれど、とても小さな欠陥に注意が向いてしまっているんですね。そのような小さな欠陥が、あなたが受けるに値する信頼を完全に無効にするというのは、筋が通っていますか？
　　患者：ええと、その仕事は、以前ほどには、よい出来ではなかったんです。
　　セラピスト：もしあなたの隣人が、あなたのキッチンで同じ質の仕事をしたとしたら、あなたは何と言うでしょうか？
　　患者：……とてもよい仕事だよ！って。
　　　　　　　　　　（Beck, Rush, Shaw & Emery, 1979）

　うつ病の人々は、自尊心が低いだけでなく、自分自身を責め、自分たちを悩ます問題に対して罪責感をもつ。失敗すると、うつ病の人は自分自身で責任をとる傾向にある。
　自分への否定的な信念に加えて、うつ病の人はほとんどいつも未来をとても悲観的かつ絶望的に捉えており、たとえそれを何とかすることができる場合でさえも、自分の行動が悪い結果を招くと考える。たとえば、うつ病にかかっているある中年女性は、セラピストに、職を手に入れるのはよいアイデアだと言われたとき、次のように答えた。「私には仕事をすることはとてもできません。職業紹介所の電話番号をどうやっ

て見つけたらよいのでしょうか？　もし、電話番号を見つけたとしても、無能なので、誰も私を雇いたくないでしょう」と。彼女が博士号をもっていることが思い出されたところ、彼女の返答は「ええと、私を雇うかもしれませんが、能力がないから、結局私を首にするわ。そして、もし私を雇い続けたとしても、それは私が有能だからではなくて、私が哀れだからという理由だけからよ」というものであった。うつ病の人は、未来の失敗への理由は非常に多くあげられるのだが、成功すると思う理由はまったくあげられない。

これらの否定的な信念は、悲惨な対人関係をひき起こしうる。150名の夫とその配偶者（うつ病の人もいれば、うつ病でない人もいた）を対象にした研究では、夫の積極的なコミュニケーションは、妻からの消極的反応を増加する原因となった。この理由は、うつ病の夫による積極的なコミュニケーションは、うつ病でない夫のそれよりも、肯定的なものではなく、魅力的でないからなのかもしれない。また、うつ病の夫の妻は概して、夫のうつ病によって精神的にひどく疲れていて、積極的なコミュニケーションに対して積極的に反応することができないからなのかもしれない。いずれの解釈においても、否定的な信念はパートナーの気分状態に影響を及ぼし続け、結婚の長期的な成否に支配的な影響を及ぼし続けていた（Johnson & Jacob, 2000）。

動機面の症状

うつ病の人は、朝起きること、仕事へ行くこと、計画に着手すること、そして楽しむことがたいへん困難である。ある広告会社の幹部は、大きな販売キャンペーンの計画を立てる独創力を失い、ある大学教授は授業の準備をする気になれなくなり、ある学生は勉強したいという欲求を失う。

自殺企図の後に入院したあるうつ病の男性は、病棟の休憩室で来る日も来る日も、動かずにただ座っていた。彼のセラピストはその患者が行う活動のスケジュールを準備することを決めた。

> セラピスト：あなたは1日のほとんどを休憩室で過ごしていると聞いているのですが。それは本当ですか？
> 患者：はい。静かにしていると、私が必要とする心の安らぎが得られるのです。
> セラピスト：そこに座っているとき、気分はどうですか？
> 患者：ずっと恐怖感があるのです。どこかの穴へ落ちて、死んでしまえたらいいとだけ思っています。
> セラピスト：2、3時間座った後、気分はよくなりますか？
> 患者：いいえ、同じです。

> セラピスト：というと、心の安らぎを見つけようと希望して座っているのだけれども、それはあなたのうつ病を改善していないように聞こえますね。
> 患者：うんざりしますね。
> セラピスト：もっと活動的にするということを考えたらどうでしょうか？　あなたの活動レベルを上げることが役に立つと考えられる理由が多くあるのです。
> 患者：ここには何もすることがないですよ。
> セラピスト：もし私がリストを持ってきたら、何かの活動をやってみることを考えてみませんか？
> 患者：もしそれが役に立つとあなたが思うなら。でも私は時間の無駄だと思います。私は何にも興味がないのです。（Beck, Rush, Shaw & Emery, 1979）

相反する2つのことのどちらにも価値を認める気持ちは、うつ病によく見られる症状である（Hammen & Padesky, 1977）。うつ病の人にとって、決定を下すことは苦しく、恐ろしいことだろう。すべての決定が極めて重大で、死活的に意義深く思え、間違った決定をすることへの恐れが身をすくませる。それが極端になると、この自発性の欠如は「意思の麻痺」と呼ばれる。そのような患者は、生活に必要なことさえ自分ですることができなくなる。そのような人は、ベッドから無理に起こし、行動させ、衣服を着させられ、食事を与えられなければならない。重症のうつ病では、動きが遅くなり、患者は耐え難いほどゆっくり歩き、話すようになる、精神運動性の制止が起こるかもしれない。

身体面の症状

おそらく、うつ病における最も油断のならない症状は、身体面の変化である。うつ病が悪化すると、人生を生きる価値のあるものとする喜びが1つ残らず徐々に減少し、そして、多くの場合、身体的健康の不調が続いて起こる。

食欲不振がよく見られる。グルメの人は、味覚が失われてきたのに気づく。中等度および重症のうつ病では、体重の減少が生じる。しかし、軽症のうつ病ではときどき体重の増加が生じる。睡眠障害も同様に生じる。うつ病の人は時々夜、眠りにつくことに困難を抱え、あるいはもっと典型的なのは、朝早く目が覚めることで悩まされる。そのため、その日の残りの時間、疲れたままでいる。うつ病の人はまたセックスに関心がなくなり、勃起不全や性的興奮の欠乏を経験するかもしれない。

うつ病と診断された人は、かなり高い割合で、身体面の症状も呈する。1,146名のうつ病の人を対象とした大規模な国際的研究では、平均してほぼ70%が身体面の症状を呈しており、その範囲は、トルコ、ギリ

シャ、ナイジェリア、インドの90％から、イタリア、フランスの50％にわたり、米国はその中間であった（Simon, Vonkorff, Piccinelli, Fullerton & Ormel, 1999）。うつ病の人は、自己完結的になり、現在に集中する。身体に注意が向き、痛みや苦痛についての心配が増加する。健康についてより一層心配することに加えて、うつ病の人は、実際に、身体的な病気にかかりやすくなる。そして、この傾向はメランコリー型の特徴を伴ううつ病の場合にとくに当てはまる（Kendler, 1997）。うつ病はしばしば感染症、癌、そして心臓病の初期徴候である（Carney, Freedland & Jaffee, 1991 ; Imboden, Cantor & Cluff, 1961 ; Seligman, 1991）。

脆弱要因とうつ病の有病率

どのような人に臨床的な抑うつの危険性があるのだろうか？　まさにこの瞬間に、米国人の20人に1人が深刻なうつ病にあり、あなたが人生の中で少なくとも1回、診断可能な程度のうつ病エピソードを経験する可能性は約7分の1である（Angst, 1992 ; Myers et al., 1984 ; Robins et al., 1984）。

結局、すべての人がうつ病にかかりやすいのである。いかなるグループも、つまり黒人であろうが白人であろうが、女性であろうが男性であろうが、若者であろうが高齢者であろうが、富める者であろうが貧しい者であろうが、逃れられない。うつ病は広く一般的に見られる一方で、とくにかかりやすいグループがあるように思える。たとえば、あなたが1970年以降に生まれたり、米国のような経済的に裕福な国に生まれたり、女性であったりするなら、うつ病の危険性がとくに高い。

4つの専門分野からの証拠が、過去50年間を通して、うつ病が非常に増加していることを示している。最初のものは、米国人を代表する大規模なグループをサンプルとしたEpidemiologic Catchment Area（ECA）studyであり、今世紀の初めに生まれた人々は、それ以降に生まれた人々よりも一生の間にはるか

にうつ病を経験しにくいことが示された（Robins et al., 1984）。表7-1は、3つの都市に住むさまざまな年齢グループの生涯有病率を示している。これらのデータは注目に値する。データが示唆しているのは、1910年頃に生まれた人々は、これまで生きてきた75年間の人生で大うつ病エピソードを経験した可能性がわずか1.3％だということである。反対に、1960年以降に生まれた人々は、わずか25年間しか生きていないのにもかかわらず、その可能性がすでに5.3％なのである。これは非常に大きな差であり、2つの世代を通して、うつ病の危険性がおよそ10倍に増加したことを示唆している（Murphy, Laird & Monson, 2000）。

うつ病の同じような増加を示す専門分野からの証拠の2つ目は、大規模で、並行的な国際研究によって出された（Cross-National Collaborative Group, 1992）。この研究では、米国、カナダ、プエルトリコ、ドイツ、フランス、イタリア、レバノン、ニュージーランド、そして台湾からの約4万人のサンプルが診断的面接を受けた。ヒスパニックのサンプルを例外として、すべての国において、今世紀を通してうつ病の危険性の劇的な増加が示された。また、北米での上昇はすべての国の中で最も急激である（図7-1参照）。うつ病のこのような莫大な増加によって、世界保健機関（WHO）は、2020年までに、うつ病が機能障害の原因として世界で2番目に主要なものになると予測することになった（Holden, 2000）。

専門分野からの証拠の3つ目は、重症のうつ病に罹患している人々の親族を対象としたいくつかの研究によって出された。これらの研究が示しているのは、若い親族は、高齢の親族よりも、うつ病にかなり多くかかりやすいことである（Klerman et al., 1985）。具体的に言うと、523名の感情障害がある人の親族2,289名に対して、大うつ病性障害の生涯有病率を調べる構造化された診断面接が行われた。たとえば、1950年に生まれた女性と比較して1910年に生まれた女性を考えてみると、1950年に生まれた女性の約65％が、30歳までに1回のうつ病エピソードを経験する。一方、1910年に生まれた年齢層で、30歳までにうつ病エピソードを経験する女性は5％に満たない。ほとんどすべての年齢グループで、生まれた年が最近になるほど大うつ病性障害の危険性がより大きく、より若くなる。全体的に見て、2つの世代を通して、少なくとも危険性が10倍増加すると推定されるのである。

専門分野からの証拠の4つ目は、ペンシルバニア州のランカスター郡に居住し、古い社会体制を維持しているアーミッシュ教派の研究から得られている。この研究では、並行的な診断面接が用いられ、単極性うつ病の割合がとても低いことが示された。アーミッシュ派はプロテスタントの超保守的な宗派であり、およそ30名の18世紀の祖先からの血統を引き継ぐ。家庭で

表7-1　年齢別の大うつ病エピソードの生涯有病率

	18～24歳 1960年頃の生まれ n=1397	25～44歳 1945年頃 n=3722	45～64歳 1925年頃 n=2351	65歳超 1910年頃 n=1654
ニューヘブン	7.5	10.4	4.2	1.8
ボルティモア	4.1	7.5	4.2	1.4
セント・ルイス	4.5	8.0	5.2	0.8

Robins, L. N., Helzer, J. E., Weissman, M. M., Orvaschel, H., Gruenberg, E., Burke, J. D., & Regier, D. A., 1984, を改変して引用。

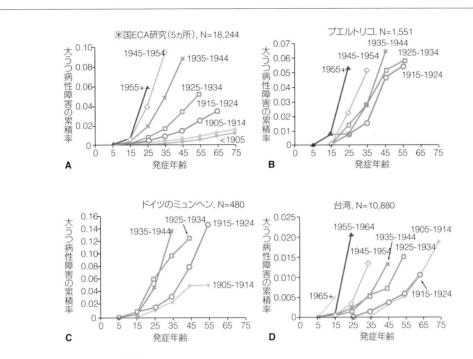

図7-1　国ごとのうつ病の生涯有病率
　米国（Epidemiologic Catchment Areaの結果に基づく）、プエルトリコ、ミュンヘン、台湾における、誕生コーホートと初発年齢による大うつ病の生涯累積率を示したものである。(Cross–National Collaborative Group, 1992, より引用)

は電気の使用が許されず、移動には馬と幌付の馬車が使われ、アルコールは飲まず、犯罪はなく、平和主義を絶対的とする。1976年から1980年までの5年間に、大うつ病性障害に罹患している41名の患者が見つけられた。5年間の有病率は0.5%ということになる（成人のアーミッシュ派は8,186名いる）。もし、この割合をECA研究で得られた同様の数値と比較すると、隣接した現代文化に暮らす米国人と比べて、アーミッシュ派が単極性うつ病に罹る危険性は約15分の1から10分の1と概算できる。さらに重要なことは、双極性のうつ病の割合は、現代的な米国人と同じなのである(Egeland & Hostetter, 1983)。

年齢の差

　現在、若い人々にはうつ病性障害の危険性が特にある（Box 7-2 参照）。40年前、うつ病の最初のエピソードの平均年齢は29.5歳であり(Beck, 1967)、うつ病はティーンエイジャーの間では珍しかった。今では、ティーンエイジャーがかなり頻繁にうつ病に冒される。図7-1で示されているのは、うつ病に罹患した人の比率の合計が若者の間でかなり高いことだけではなく、現在では以前よりも初発の年齢がかなり若くなっていることである。Peter Lewinsohnらは、1,710名の無作為に抽出された西オレゴン州の若者に診断面接を実施した。14歳までに重症のうつ病を経験したのは、1972年から1974年に生まれた最も若い青年たちの7.2%であり、反対に1968年から1971年に生まれたより年齢の高い青年たちでは4.5%であった(Lewinsohn, Rohde, Seeley & Fischer, 1993)。米国の南西部の12歳から14歳までの3,000名以上を対象とした研究では、9%が大うつ病性障害を経験していた(Garrison, Addy, Jackson, McKeown & Waller, 1992)。これほどの割合の若者が、しかもこれほどまでに若い年齢で、重症のうつ病に苦しんでいることは驚きであり、狼狽させられる。うつ病は再発する傾向にあるので、ティーンエイジャーの時に初発すると、中年期で初発するよりも、結局一生の間により多くのエピソードが生じることになる。

　うつ病に関連すると考えられる最も早期の心理状態が、1946年に米国人の精神科医René Spitzによって記述されており、「依存性うつ病」(anaclitic depression)と呼ばれた。Spitzが気づいたのは、生後6ヵ月から18ヵ月の間の幼児が長い期間母親から分離されると、反応のないアパシー、だるさ、体重減少、深刻な小児疾患へのかかりやすさ、そして死さえもが生じることであった。母親が戻ったり、永続的に母親代わりをする人が得られたりすると、これらの反応は一変した(Spitz, 1946)。

Box 7-2 社会とメンタルヘルス

若い米国人では、なぜうつ病が多発しているのか：推測

うつ病は個人の無力感と失敗に関する障害である。目標を達成する際に自分自身が無力だということを知ると、人はうつ病に陥る。では、特に今日の米国の若い人々の間でなぜうつ病は多発しているのだろうか？

最初に、現代の米国では、「私」と「私たち」の間のバランスが、「私」の方向へと過度に重視されるようになってきている。個人主義がはびこるようになり、自分がきわめて重要になってきている。一方、同時に「私たち」、つまりうつ病への緩衝材となる、神、国家、コミュニティ、家族のようなより大きなものへの傾倒が弱くなってきている。次に、過去50年間、米国では、子どもたちに自尊心をもたせることを強調した子育てや教育が行われてきた。逆説的なことに、いつも気分がよく、高い自尊心を享受できるよう子どもたちを育てるという原則は、不快な気分を感じることを多発させる一因となるかもしれない（Bushman & Baumeister, 1998）。というのは、子どもが自分だけが重要であり、自分の目標、成功そして喜びが最高に重要なことであると信じれば信じるほど、人生で避けられない失敗に遭遇したとき、その衝撃でより傷つきやすくなるかもしれないからである。不快な感情を和らげようとする中で、自尊心を高める活動は、不快に感じることの以下の3つの効用を事実上、過小評価してきた。

不安、悲しさ、怒りなどの強い否定的な感情の一番目の効用は、私たち自身や世界を変えるために私たちを行動へと駆り立ててくれることであり、それをすることでその否定的な感情を終わらせられることである。私たちは危険を感じて不安になったり、喪失を経験して悲しんだり、邪魔をされたと感じて怒る。これらすべての反応はそれ自体が苦痛なものである。しかし、私たちはそれらの反応を、これから行うことが必要な行動へのきっかけとして用いることができる。

しかし、私たちの感情を行動への指針として用いることは、問題がないわけではない。私たちの感情的な反応は、誤った警告であることがある。たとえば、あなたを肘で押した子どもはいじめっ子ではなく、ただ不器用なだけであり、悪い成績はあなたが馬鹿だと教師が考えていることを意味していない。嫌な気分が慢性的になり麻痺してきて、あまりに多くの間違った警告を発するとき、私たちはこの状態を「感情的な疾患」と呼び、薬物でその状態を和らげようとしたり、心理療法で修正したりしようとする。

さらに私たちは退屈を克服したり、「フロー」を達成したりするために、不快な感情を利用する。フローとは、本当にくつろいで、他のどこにも居たくないようなとき、おそらくスポーツをしたり、CDを聞いたり、詩を書いたり、絵を描いたり、ガーデニングをしたり、セックスをしたり、心地よい会話をしたりしているときなどに、時間が止まっているように思える状態のことである。フローを経験するのはどのような人か、フローはいつ起こるのか、そしてフローを妨げるものは何かという研究をしている研究者は次のことを見出した。すなわち、フローは私たちのスキルが最大限に使われるときに、つまりかろうじて私たちのコントロールの及ぶ範囲で、やりがいのある仕事に立ち向かっているときに、しばしば生じるのである。あまりに簡単な仕事は退屈をもたらす。あまりに困難な仕事やあまりに簡単なスキルは、無力感やうつ病をひき起こす。成功に次ぐ成功では、つまり失敗によって挫折せず、再び態勢を整え、そして再び取り組むのであれば、フローは生み出されないだろう。むしろ、フラストレーションに打ち勝つこと、不安を乗り越えてうまくやること、最も困難な仕事に打ち勝つことが、フローを得るためには必要である（Csikszentmihalyi, 1990）。

不快な感情の3番目の効用は、無力感を克服することである。私たちが経験する複雑な課題を乗り越えるためには、多くの段階を必要とし、私たちはそれぞれの段階で成功したり、失敗したりする。屈せずにやり通すことのみによって、各段階の失敗を乗り越えることができ、前進し、課題全部を成し遂げることができる。それにもかかわらず、屈せずにやり通すことはいつも痛みを伴わないわけではない。というのは、一時的な挫折は感情的な挫折でもあるからである。しかし、一時的な失敗や不快な感情は、最終的な成功や快適な感情のための土台を築き上げることができる。

不快な感情をまったく避けるべきであると主張するならば、子どもたちに我慢しないことを教えているかもしれない。子どもたちは時々失敗する必要がある。いつも子どもたちを失敗から守っていると、「feel good」社会が示唆するように、子どもたちが我慢することを学ぶのを奪うことになる。子どもたちが障害物に遭遇するとき、私たちが子どもたちの自尊心を強め、衝撃を和らげるために割って入ると、子どもたちが自らコントロールする能力を手に入れるのを困難にさせている。そして、もし自らコントロールする能力を子どもたちから奪うなら、まるで事あるごとに子どもたちを虐待し、みくびり、屈辱を与え、身体的に妨害しているかのように、確実に子どもたちの自尊心を弱めることになる。

最終的に、米国人のイデオロギーは、知らぬ間に個人の責任から「被害者学」へと陥ってきた。私たち米国人は、自分たち自身の行動、性格または決断以外のいかなること、つまり他人の問題、環境、システムを責めることが、ごく普通のことになってきている。自身から非難を転ずることは、一方で、不幸なことに、学習性無力感や無抵抗な状態への手続きになる。この章で後ほど見ていくように、おそらく学習性無力感を増加するものは何でも抑うつを増加させる。

だから、とくに自尊心運動、そして一般的に「feel good」の価値観は、大規模に、自尊心の低下を生み出すという困った結果をもたらしてきた可能性がある。不快な感情を和らげることによって、子どもたちが良好な感情を経験することやフローを経験することを困難にさせてきた。失敗の感情を回避することによって、子どもたちがコントロール感をより感じにくくさせてきた。自然な悲しさや不安を弱めることによって、うつ病の危険性の高い世代を作ってきたのかもしれない。成功を容易に手に入るものにすることによって、うつ病の危険性のある世代を作ってきたのかもしれない。

(Seligman, M. E. P., Reivich, K., Jaycox, L., & Gillham, J., 1995.より引用)

第7章　気分障害

悲しさに圧倒されているように思えるこの子どもに見られるように、若い人々にはとくにうつ病の危険性がある。（©David Bartruff/Corbis）

感度のよい心理テストによって、知的障害と同様に、成人の場合と同程度に子どもにおける抑うつ症状の割合が高いことが明らかにされてきている（Blumberg & Izard, 1985；Kaslow, Tannenbaum, Abramson, Peterson & Seligman, 1983；Kovacs & Beck, 1977）。思春期前の子どもの大うつ病性障害の割合が3％未満であるのに対し、思春期での有病率は少なくとも6.4％に上昇する（DuBois, Felner, Bartels & Silverman, 1995）。

子どもにとってよくある喪失は、離婚や離別、そしてその前兆となる両親の不仲で生じる。400人の子どもが3年生から6年生になるまでを追跡した縦断的研究では、20％が中等度から重症の抑うつ症状を呈した（Nolen-Hoeksema, Girgus & Seligman, 1986, 1992）。うつ病をもたらす要因の中で目立っていたのは、両親の不仲、つまり両親が最近けんかをし続けているという報告であった。両親のけんかは、おそらく子どもの安心感を弱め、しばしば、離別や経済的問題など、一連の有害な出来事の原因となり、子どものうつ病への危険性を高める。最終的に、離婚となり、子どもが片方の親を「喪失」すると、その子どもは抑うつ症状を呈し始めるかもしれない。

9歳のピーターは、近くに住んでいた自分の父親に、2、3ヵ月に1回以上会ったことがなかった。彼は悩んでいると思われたが、私たちはこの子どもの苦悩の大きさに対してまったく準備ができていなかった。面接をした人は以下のように述べた。「私はピーターに、最後に父親に会ったのはいつかを尋ねた。その子どもは私をぼんやりと見て、混乱し、話すのを止めた。ちょうどその時、パトカーがサイレンのけたたましい音とともに過ぎていった。その子どもは宙をじっと見つめ、幻想の中で放心しているように見えた。これが2、3分間続いた後、私が優しく申し出たのは、パトカーが警察官だった彼の父親を思い出させたのではということだった。ピーターは、大声を上げて泣き始め、35分間止まらずに泣きじゃくった。
（Wallerstein & Kelly, 1980より引用）

うつ病の青年は、成人に見られる症状をすべて呈する（Lewinsohn, Gotlib & Seeley, 1995）。中核的な症状に加えて、うつ病の青年、とくに少年は、一般に反抗的で反社会的でさえある。落ち着きのなさ、不機嫌、攻撃性、そして家を出たいという強い欲求もまた一般的な症状であり、不機嫌に黙りこくること、家族の活動に協力的でないこと、学校での不適応、アルコールと薬物乱用もまた症状でありうる。

成人のうつ病では、かつて考えられていたように、年齢とともに頻度と重症度は増加しない（Myers et al., 1984；Robins et al., 1984）。高齢者の複雑なうつ病は、身体的な能力、そして時には精神的能力の減少からくる無力感である。それにもかかわらず、現在では高齢者のうつ病の頻度は青年のうつ病よりもかなり低い。

性差

うつ病と診断される女性は、男性の2倍多いという証拠は強固である（Nolen-Hoeksema, 1998；Silberg et al., 1999）。方法論的に信頼できるうつ病の研究（標準化された評価、大きな標本数そして単極性と双極性のうつ病を区別する診断を用いている研究）は、治療ケース（治療を受けている人々）と訪問による地域研究に分けることができる。米国の治療ケースに関する8つの研究のうちの7つでは、女性は男性よりも、平均して2対1の割合で数が多かった。米国以外で行われた10の治療ケース研究では、9つの研究で平均2.3対1の割合で女性が男性よりも多いことが示された。しかし、治療ケースでは、うつ病の性差は根本的には明らかにされないかもしれない。というのは、女性は男性よりも治療を求めやすい傾向にあるのである。この問題を克服するために、大規模な地域研究が数多く行われてきた。これらの研究のほとんどでは、平均で2対1をわずかに下回る割合で、女性は男性よりもうつ病の数が多いことが示されている。

なぜそのようになるかは、はっきりしていない。いくつかの仮説が提案されてきた。最初に、西洋社会では女性は男性よりも、自分たちがうつ病であると話す

喪失に直面すると、女性はより声をあげて泣き、無気力的になる可能性が高い一方で、男性は怒りや無関心を示す可能性が高い。
(©Yoav Levy/Photo Take)

もしダイエットをしている人が体重を減らすのに失敗したり、再び体重が増え始めたりしたら、うつ病が生じるかもしれない。(©Jonathan Nourok/PhotoEdit)

ことをいとわないかもしれない。女性が喪失に直面すると、女性は受動的になり、泣くことが増える一方、男性は怒ること、または無関心になることが増えやすい（Nolen-Hoeksema & Girgus, 1994；Weissman & Paykel, 1974）。2番目に、生物学的仮説で提案されているのは、女性のうつ病への脆弱性は、ホルモンの変化や遺伝的な傾向が関連しているということである。したがって女性のうつ病への脆弱性を、毎月の月経前うつ病の発作とみなす人もいる。それは、DSM-IVでは試験的に「月経前不快気分障害」と呼ばれており、症状の特徴は、突然、悲しさまたは涙もろさ、怒り、緊張、憂うつ、無感動、疲労、圧倒感を感じること、そして集中の困難、食欲の変化、拒絶されることへの敏感性、睡眠の変化を経験することである。また、うつ病の遺伝をもつ女性はうつ病になる一方で、その同じ遺伝をもつ男性はアルコール依存症になる可能性がある（Robinson, Davis, Nies, Ravaris & Sylvester, 1971；Winokur, 1972）。3番目の仮説は、うつ病の学習性無力感理論から生まれている（本章p.254-257を参照）。もしうつ病が無力感に関連しているなら、男性よりも女性の方が無力感を学習しやすいという点で、うつ病は男性よりも女性に頻繁に生じるだろう。喪失に直面する際に、女性が考え込み、受身的でいることをよしとする一方で、男性が活動的な対処に取り組むことをよしとする社会は、後に女性のうつ病という高い代償を払うことになるかもしれない（Radloff, 1975）。4番目に、女性は嫌な生活上の出来事（それらの中でもとくに抑うつそのものに）について反芻する一方で、男性はより活動し、考えない傾向がある（Nolen-Hoeksema, 1987, 1991）。抑うつへの反芻は抑うつを増幅するだろう（Zullow & Seligman, 1985）。だが一方で、活動的な態度は抑うつ気分を弱め、抑うつ気分から気をそらすだろう。

最後の仮説は、ダイエットを通して痩せることを追求することと関係がある。これから見ていくように、うつ病の根底的な原因は失敗と無力感である。ダイエットは失敗と無力感のサイクルを開始する。つまり、ほとんど達成不可能な「理想的な」体重までやせるという目標と、恒常的な生物学的防御機能を競わせているのである。まず、ダイエットをする人は体重を減らすが、それに伴って、太っていることへの落ち込みがもち上がる。しかし、最終的には、ダイエットをする人の90％がそうなのだが、体重が戻るにつれて失望することとなる。繰り返し失敗し、太りすぎていることを毎日思い出すことによって、再びその過程でうつ病がひき起こされる（Seligman, 1994；Wadden, Stunkard & Smoller, 1986）。一方、ダイエットをする人の約10％は体重を元に戻すことなく維持するが、そのために極端に低カロリーの食事を無期限に続けなければならない。栄養失調が長く続くと、その副作用としてうつ病が生じる。どちらの状態でも、やせることを追求すると、人々はうつ病に罹りやすくなる（Garner & Wooley, 1991）。さらに、痩せていることを女性の理想とする文化で、摂食障害、つまり拒食症と過食症が生じることが研究者によって発見されてきた。これらの文化では、男性よりも女性のうつ病がおよそ2倍である（Jeffrey, Adlis & Forster, 1991）。エジプト、イラン、インドそしてウガンダのような、痩せていることを理想としない文化に住む女性は、摂食

障害に罹患しない。最も重要なことは、それらの文化では、女性と男性のうつ病の割合がほぼ同じであるということである（McCarthy, 1990 ; Stice, 1994）。

人種と社会的階層による違い

8,098名の米国人を対象としたNational Comorbidity Studyでは、アフリカ系米国人の気分障害の割合は、白人やヒスパニックの約3分の2であることが示されている（Kessler et al., 1994）。アフリカの自殺率は、世界の他の地域よりもかなり低い（Lester & Wilson, 1988）。これらのデータは当然、うつ病が経済学的な過程というより、まさに直接的には心理学的な過程であることを思い起こさせる。というのは、経済状態と嫌な生活上の出来事に関するすべての統計指標において、アフリカ系米国人は白人やヒスパニックよりも悪く、アフリカ人の経済学的な統計指標は、世界の残りのほとんどよりも悪いからである。しかし、心理的障害に関する民族横断的あるいは文化横断的な研究を解釈する際には、いくつかの注意点を覚えておくべきである。ロサンゼルスとプエルトリコ両方におけるヒスパニックのサンプルでは、北米人、ヨーロッパ人そしてアジア人のサンプルとは大きな違いが示されている。つまり、ヒスパニックのサンプルは高齢か若いかで違いがなく、両者とも同じようにうつ病の割合がかなり高く、発症もかなり若い（Cross-National Collaborative Group, 1992）。しかし、診断はほとんど中流階層の精神科医と心理学者によって行われたので、異なる階層、人種、または文化の抑うつ症状への鈍感さ、あるいは患者の間に敵意がひき起こされたことが結果に悪影響を及ぼしたかもしれない（Tonks, Paykel & Klerman, 1970）。

社会的階層や貧困によって、うつ病の発症に大きな違いはない。中流階層や上流階層で有病率が低い統合失調症と違って、うつ病は平等であり、すべての階層の人々にほぼ等しく影響を与える。National Comorbidity Study（Kessler et al., 1994）では、貧しい人々は多少高い割合でうつ病を経験することが示されたが、劇的に高くはなかった。しかし、また一方で、患者の社会的階層に応じて、うつ病が異なって現れるということがあり得る。低い階級の患者は、無力感や絶望感をより多く示し、中流階層の患者は孤独感や拒絶感をより強く示し、上流階層の患者は悲観主義と社会的引きこもりをより多く示すだろう（Schwab, Bialow, Holzer, Brown & Stevenson, 1967）。しかし全体的には、いくつかの違いを見つけることができる一方で、アフリカ系、ヒスパニックそして白人の間、そして裕福な人々と貧乏な人々の間のうつ病発症における類似性は、相違点をはるかに上回っている。

生活上の出来事による影響

うつ病は、生活上の嫌な出来事によってごく普通にひき起こされると一般に信じられている。ほとんどのうつ病の少し前には、喪失が起こっており、そうでなければ、たとえ事実ではないとしても、その人が何か価値のあるものを失ったという認識が生じている。大事にしてきた目標の挫折、恋愛の破綻、仕事上の失敗、離婚、学校での落第、失業、愛する人からの拒絶、子どもの死、家族の病気、そして身体的疾患が一般的にうつ病を促進する（Monroe, Rohde, Seeley & Lewinsohn, 1999）。うつ病になる人は、条件を合わ

大人と同じくらい、子どもは抑うつ症状を示す割合が高い。とはいえ、アフリカ系米国人は白人よりもうつ病になる可能性が低い。
（©Marcia Weinstein）

仕事を失うとうつ病がひき起こされるかもしれない。もしその人が過去にうつ病になったことがあり、うつ病に罹りやすい傾向がある場合には、とくに、うつ病になりやすいだろう。（©1991 Joel Gordon）

もし女性が3人以上の子どもを家庭で育てているならば、ストレスが多くかかる喪失の後にはうつ病により陥りやすいだろう。
(©Ed Lettau/Photo Researchers)

せた対照群に比べて、うつ病になる前にそのような喪失を多く経験している（Breslau & Davis, 1986；Paykel, 1973）。実際に、以前は「反応性」うつ病（「内因性」うつ病に対して）と呼ばれるカテゴリーがあり、そのカテゴリーでは、何らかの嫌な外的な出来事がうつ病の主な原因であった。嫌な出来事の後に生じるうつ病と憂うつだけから生じるうつ病の特徴は、あまり異ならないように思われるので、両者の区別はしないことになった。しかし、「うつ病の人々の生活は、そのうつ病が始まる前では、うつ病になっていない人々の生活と異なっているだろうか？」という疑問が残っている。

その答は、条件付の「イエス」である（Kessler, 1997）。他のリスク要因を考慮に入れると、嫌な生活上の出来事の役割は驚くほど小さい。以前にうつ病を経験していることが、断然最も人をさらなるうつ病に罹患しやすくする生活上の出来事であり、他のすべての生活上の出来事よりも大いに重要である（Coryell et al., 1993；Klinkman, Schwenk & Coyne, 1997）。さらに、双子研究で測定される、遺伝的素因もまた生活上の出来事より影響が大きい（Kendler, Kessler, Walters et al., 1995）。それにもかかわらず、さらに、ある生活上の出来事、たとえば人間関係上の喪失、身体的疾患、性的虐待などによって、うつ病にかかりやすくなる。

うつ病の人は、うつ病でない人に比べて、幼少期に性的虐待などの否定的な出来事を経験しており（Levitan et al., 1998）、またうつ病が始まる前の1、2年以内にストレスのかかる喪失を多く経験している。しかし、多くの人は、幼少期の喪失や最近の喪失の両方を経験しても、うつ病にならない。そして、うつ病の人の大部分は、幼少期の喪失や最近の喪失を経験していない。

子どもが11歳になる前に母親が死ぬと、その人は成人期にうつ病に陥りやすくなる。11歳以前に母親を失い、さらに最近深刻な喪失を経験した女性では、11歳以前に母親を失っていないが、最近、同様の喪失を経験した女性よりも、うつ病の割合がほぼ3倍であることが、ある研究によって示された。子どもが11歳に達した後の母親の死は、うつ病にかかる危険性に影響を与えない（Brown & Harris, 1978）。おそらく子どもが幼い間の父親の死も、後のうつ病と関連している（Barnes & Prosin, 1985）。しかし、11歳以前に母親を失い、さらに最近の喪失を経験した女性のうち、半数の女性のみがうつ病に陥っている。残りの半分はどうなのだろうか？ うつ病に罹患させやすくする要因や喪失がある場合にも、うつ病の発生を予防するのに役立ちうる4つの防御要因（invulnerability factor）があると、BrownとHarrisは提唱した。うつ病に陥りにくい女性は、(1)配偶者や恋人との親密な関係があるか、または(2)家庭から離れた非常勤または常勤の仕事があるか、または(3)家にいる子どもが3人より少ないか、または(4)本格的に宗教に打ち込んでいるかであった。そこで、親密さ、仕事、子どもの養育で負担がかかり過ぎない生活、そして強い宗教的な信念がうつ病を防ぐのかもしれない。おそらくそれら4つの防御要因に共通していることは、それらが自信とコントロール感の一因となり、その一方で、将来の見通しが絶望におおわれて形づくられることを食い止める。このことは、両親との良好な関係が青年をうつ病から守り、良好なソーシャル・サポートが心臓病患者のうつ病を防ぐという知見をよく説明している（Holahan, Holahan, Moos & Brennan, 1997；Holahan, Valentiner & Moos, 1995）。

生活上の嫌な出来事とうつ病についての証拠から導き出された主な教訓は、生活上の嫌な出来事がうつ病をひき起こすということではなかった。むしろ、生活上の嫌な出来事がもつ影響は、客観的だが相対的に小さいというものであった。平均的なうつ病の人が経験した喪失と、苦しさにおいて同程度の喪失を経験した人々のわずか約10％がうつ病になる。この証拠は、すべての富裕な国の特権階層の若者が、現在とても高い割合でうつ病を経験し、アフリカ系米国人が白人系米国人よりもうつ病を経験していないという証拠とひとまとめにして考えるべきである。この証拠が私たちに教えてくれるのは、うつ病が著しく心理的な問題であり、客観的に嫌な出来事の問題ではないということである。歌にあるように、心は地獄から天国を作ることができ、そして、うつ病の患者では、天国から地獄を作ることができる。とても嫌な生活上の出来事を経験した残りの90％の人々がなぜうつ病にならないかという問題については、後ほど触れることにする。

うつ病の経過

傷つきやすい人がうつ病になるとき、もしその人が治療を求めなかったら、どんなことが起こりそうなのだろうか。もしうつ病について何かよいことが話されうるとしたら、それは多くの場合うつ病がいつかは消えるということである。4分の3の人には最初の発病が突然生じるが、その後、中程度の苦しさのうつ病が平均して約3ヵ月続くだろう。とても重症のうつ病エピソードは、平均して約6ヵ月続く。最初に、重症のうつ病はだんだんと悪化し、最後には底をつく。しかし、それからうつ病の人はだんだんと発症前の状態へ向けて回復し始める（Beck, 1967 ; Robins & Guze, 1972）。私たちの祖母が私たち自身の個人的な悲劇について教えてくれたように、時間はすべての傷を癒すということが、うつ病の場合には確かに当てはまる。心、あるいは体が暗い気分を永遠に保っていることはできないように思える。そしていずれ必ず心身の不調は晴れてくる。そのメカニズムは不明であり、神経化学的な状態の回復なのかもしれないし、痛ましい喪失への慣れかもしれないし、喪失に対するいくらか肯定的な捉え直しなのかもしれない（Hunt, 1998）。

しかし、うつ病エピソードが続く時間はうんざりするほど長く、うつ病に罹患している人にとって、その時間は永遠のように思える。そのため、うつ病エピソードはいずれ過ぎ去ることを強調することで、セラピストは希望をもたらすべきである。患者がそのときに感じている苦しみを過小に見積もらずに、セラピストは患者にうつ病エピソードからの完全な回復は症例の70％〜95％に起こると伝えるべきである。ある人々にとっては、この希望の光がうつ病の晴れる時期を早めるかもしれない。

1度うつ病エピソードが生じると、3つのパターンのうち1つが進展する。1番目のパターンは、回復し、再発しないものである。「再発」は、うつ病の重大な症状がなくなって少なくとも6ヵ月経った後に、症状が再び生じることと定義されている。しかし、もし患者が症状なしで6ヵ月間過ごしたなら、そのエピソードは自然な経過をたどってきたと一般的には考えられる。同一のうつ病エピソードへの「ぶり返し」は、薬物療法や心理療法がほんのわずかの間症状を軽減しているときに生じるかもしれず、6ヵ月未満のうちに症状が再び生じることと定義される。大うつ病エピソードから回復した380名の患者のうち、それから15年間にわたって、新たな大うつ病エピソードを経験しないのは、わずか15％である。最初の大うつ病エピソードの後、5年間良好な状態を保った人のうち42％がそれから10年以内に再発を経験しなかった（Mueller et al., 1999）。一般的に、その人が大うつ病エピソードの前に安定していればいるほど、うつ病は

うつ病は再発する傾向があり、うつ病そのものが、さらに生活上の嫌な出来事をもたらすかもしれない。このホームレスの男性は、仕事を失ったためうつ病になったのかもしれない。しかし、そのうつ病は、さらに家や家族を失う原因となってきたかもしれないし、人生を元のコースに戻すためのステップをとることを妨げているかもしれない。（AP/Wide World Photos）

再発しにくい。一方、うつ病の人たちのほとんどは、2番目のパターン、すなわち再発を伴う回復を示すだろう。

どのような人が、うつ病のぶり返しや再発に最も陥りやすいのだろうか？ うつ病エピソードから回復した後に、50名のうつ病患者を追跡調査したところ、そのうちの3分の2が2年以内に再発した。最初のうつ病にパーソナリティ障害（第9章）が合併していると、再発の危険性が非常に高かった。パーソナリティ障害のある22名の患者のうち17名が最初の6ヵ月で再発したが、パーソナリティ障害のない28名の患者のうち、その期間に再発したのはわずか4名だけであった（Ilardi, Craighead & Evans, 1997）。悲観気分があることは、再発する人を予測する上で付加的な要因となる。よい出来事は一時的なものであるという信念は、回復した患者をとくに再発させやすくする（Evans et al., 1992）。女性であること、結婚していないこと、とくに短期間の間に多くのうつ病エピソードに罹患した経験があること、これらすべてが再発を起こしやすくする（Mueller et al., 1999 ; Solomon et al., 2000）。

2番目のうつ病エピソードは、もしそれが起こるならば、初発のときとほぼ同じ期間になる傾向がある。しかし、再発性のうつ病エピソードを経験するほとんどの人では、次のエピソードの前に平均して2年以上症状がない期間があると予想できる。しかし、うつ病が繰り返されると、その間隔は年月を重ねるにつれて短くなる傾向がある。再発の危険性が最も大きい時期は、回復後の最初の6ヵ月である（NIMH, 1984）。しかし、注意しなければならないのは、うつ病そのものが、その後の過程において恋愛への無関心や破局など

の、嫌な出来事をさらにもたらすことであり、嫌な出来事が続くことで再発への陥りやすさが増加することである(Harkness, Monroe, Simons & Thase, 1999)。

ある人たちには、3番目のパターン、つまり慢性のうつ病または気分変調性障害が起こるだろう。大うつ病エピソードを経験する人のおよそ10％が回復せず、慢性的なうつ病のままでいるだろう(Angst & Wicki, 1991 ; Keller, Lavori, Mueller & Endicott, 1992; Schuyler, 1974)。しかし慢性的なうつ病からの回復もまた生じるのである。5年間うつ病であった患者の38％が、次の5年間の間に回復しており、1年間につき平均寛解率は9％であった(Mueller et al., 1996)。

うつ病に対するセラピーでは、現在のエピソードを短くしようとし、次のエピソードが起こる時期を延期させようとする。うつ病へのセラピーは、2つの異なるアプローチから派生しており、ここでそれらの理論へと話題を変える。

うつ病性障害の理論

何がうつ病をひき起こすのだろうか？ 重要な証拠をもついくつかの理論がうつ病の原因を説明しようとしている。しかし、うつ病とは何なのか、またはどのようにしてうつ病を最も適切に治療することができるのかを1つの理論が完全に説明していると、確信して言うことはまだできない。さまざまな要因、つまり生物学的要因と心理学的要因の両方の要因が、相互に作用しあってうつ病をひき起こす。生物学的アプローチと認知的アプローチは、うつ病の2つの主要な理論を提供している。これらの理論は部分的に一致しており、それぞれの理論が推奨するセラピーにおいてもかなりの一致があるが、それぞれの理論はうつ病の1つの側面だけに焦点を当てている。しかし、反対というより、総合すれば、その2つのアプローチはうつ病性障害の統合的な病像へと向けての1つのステップなのである。

うつ病への生物学的アプローチ

多くの研究者が信じているのは、うつ病は他の内科的疾患と同様に見なされることによって最もよく理解され、うつ病の生理学的な基盤を発見することでうつ病の原因と治療の両方が導き出されるということである。たとえ生物学的モデルが何ら最終的な答を提供していないとしても、生物学的モデルは確かにうつ病の多くの生物学的側面を明らかにしてきた。それらには遺伝的素因、神経伝達物質やホルモン・システムの変化、そして脳の特定領域における局部的な変化が含まれる。この節では、それぞれについて何が分かっているかを概説する。

遺伝学と単極性うつ病

人のうつ病への罹患しやすさを決定するうえで、遺伝子が役割を果たしているのは疑いない。うつ病性障害をもつ患者の第一度近親は、一般的な住民よりもうつ病の危険性が2倍～5倍も高い(Keller et al., 1986 ; Weissman, Kidd & Prusoff, 1982)。そのため、うつ病の家族がいることはうつ病のリスクとなる。しかし、このリスクは遺伝子によるものなのだろうか、それとも家族に共通する環境から生じるものなのだろうか？ 双子研究と養子研究が遺伝学に影響を与えている。双子研究が示しているのは、遺伝的要因は、単極性のうつ病においておそらく小さいが、客観的な役割を果たしているということである。Kenneth Kendlerらは、ヴァージニア州で、登録された双子の完全なペア、1,000組以上を研究した。一卵性双生児では、48％の単極性うつ病の一致率が示されたが、それは二卵性双生児で示された42％という一致率より多少高い(Kendler, Neale, Kessler, Heath & Eaves, 1992)。さらなる証拠が、うつ病患者の生物学的な親族と縁組による親族を比べた研究から出てきている。生物学的な親族では、縁組による親族と比べて単極性うつ病のリスクが8倍に増加する(Wender et al., 1986)。

単極性うつ病には弱いか中等度の遺伝的要素がある一方で、双極性うつ病には強い遺伝的要素がある(Kendler, 1997 ; Torgersen, 1986 a)。単極性うつ病においては一卵性双生児の少なくとも60％が一致しないが、双極性障害においては一卵性双生児のわずか28％が一致しない(Allen, 1976 ; McGuffin, Katz, Watkins & Rutherford, 1996)。それにもかかわらず、単極性うつ病と双極性うつ病の両方の基盤となる共通の遺伝的基質があるかもしれない。というのは、双極性うつ病を経験していると、親族が双極性うつ病と単極性うつ病の両方を経験するリスクが高くなるのである。さらに、共通した遺伝学的要因は、不安とうつ病の両者においても絡み合わさってきた(Kendler, Neale, Kessler, Heath & Eaves, 1992 a ; Kendler, Walters, Neale et al., 1995)。遺伝的な素因をもつ人は、なぜ他の障害ではなく、ある障害を発症するのかということは素晴らしい質問であり、今後の研究が解明することが望まれる。

神経伝達物質とうつ病

当初からうつ病の研究者は、うつ病を最終的にひき起こすものが何であれ、脳と身体の化学的物質の変化が間違いなくうつ病と同時に起こると考えていた(図7-2参照)。4つの専門分野からの証拠が研究者をこの結論に導いた。1番目に、うつ病は女性における自然

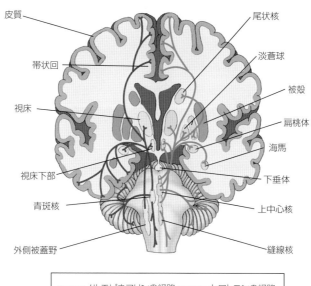

図7-2 うつ病の神経化学的基盤
　生体アミンは、神経の伝達を促進する神経化学物質である。うつ病はノルエピネフリン（ノルアドレナリン）またはセロトニンの利用が減少することで生じるとされる。研究者は脳内のノルエピネフリンとセロトニン・ニューロンの地図を作ってきた。そのようなニューロンが集中しているのは大脳辺縁系である。大脳辺縁系は、感情面の行動を調節しており、その結果、うつ病に関係があるとされる。図が示しているのは、ノルエピネフリンとセロトニンの経路の概略図である。それらの経路は脳の左半球や右半球に限定して位置していないけれども、この図では左半球にノルエピネフリンの経路を示し、右半球にセロトニンの経路を示すことによって、経路を分かりやすく表現しようとしている（カラー口絵参照）。（Solomon H. Snyder 1986, より改変して引用）

な生理学的変化の時期に続いて、すなわち、子どもを生んだ後、閉経期、月経期間のすぐ前に、いくらか頻繁に生じる。2番目に、さまざまな文化、性別、年齢、そして人種にわたって、症状にかなり類似性があり、そのことは根底にある生物学的なプロセスを示している。3番目に、薬物療法、特に三環系抗うつ薬、選択的セロトニン再取り込み阻害薬（SSRI）、そしてモノアミン酸化酵素阻害薬（MAO阻害薬）のすべてがうつ病の効果的な治療法であることである。4番目に、かつて高血圧患者の治療に用いられていたレセルピンのような薬の副作用として、うつ病は時々正常な人にもひき起こされる（Schuyler, 1974）。

　以上に挙げた当初の証拠によって作られた影響力のある仮説が、うつ病はモティベーションの障害であり、モノアミン（または**生体アミン**）として知られる一群の伝達物質を含む脳組織の化学的な異常によってひき起こされるというものである。このうつ病の生体アミン理論に関連している特定のモノアミンが、ノルエピネフリン（NE）、ドパミン（DA）そしてセロトニン（5

–HT、セロトニンの化学名は5－水酸基－トリプタミンである）。

　これらの異常は何なのだろうか？　早い時期に研究者が特定していたのは、うつ病は脳内の特定のシナプス組織におけるノルエピネフリンとドパミンの利用が減少することから生じることであった（Schildkraut, 1965；図7–3参照）。1970年代と1980年代の間に、セロトニンの利用性が減少していることも実証された（Maas, 1975；McNeal & Cimbolic, 1986；Potter & Manji, 1994）。

　もしこれらの神経伝達物質が実際に関係しているなら、気分障害のある人では、気分障害のない人に比べて、これらの神経伝達物質のレベルが低くなるはずである。これらの神経伝達物質を直接測定するには神経外科学が必要となるため、研究者はより単純な手段を用いる。つまり、研究者は血液や尿の中に通常見られるこれらの伝達物質の代謝性分解生成物を測定するのである。気分障害がこれらの分解生成物のレベルを変化させるかどうかを識別するために、多くの実験が計

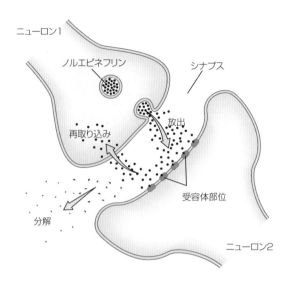

図7-3 神経伝達におけるノルエピネフリン
　ニューロン1で神経のインパルスが生じると、ノルエピネフリン（ノルアドレナリン）がシナプス（ニューロン1とニューロン2の切れ目）に放出される。そのノルエピネフリンがニューロン2の膜にある受容体と接触すると、ニューロン2が刺激され発火する。ノルエピネフリンはそのときシナプスの中とニューロン2の膜上に留まっている。ニューロン2はそのノルエピネフリンが不活発になるまで、発火し続ける。ノルエピネフリンの利用性の減少を生じさせるいくつかの方法がある。1つの方法は再取り込みによるものであり、ニューロン1がノルエピネフリンを再吸収し、それによってノルエピネフリンを不活発にし、受容体でのノルエピネフリンの量を減少させる。2つ目の方法は、分解によるものであり、ノルエピネフリンが化学的に分解され、不活発にされる。さらに、前駆物質からのノルエピネフリンの合成が減少されるかもしれない。（Schildkraut, J., The catecholamine hypothesis, *The American Journal of Psychiatry*, 122：509—522. 1997より引用）

画されたが、その結果は一貫していない。
　もう1つの知見もまたうつ病の病像を複雑にした。つまり、抗うつ薬がうつ病を多少軽減させるのに一般的には2、3週間かかる。しかし、抗うつ薬は神経伝達物質の利用性をすぐに増加させることが分かっている。実際には、抗うつ薬の長期的な効果は、それらの利用性を減少させ、増加させないことである。シナプス後ニューロンにおけるノルエピネフリンとセロトニンの受容体を減少することによって、抗うつ薬は神経伝達物質の利用性を減少させる。これらすべての理由により、単純なノルエピネフリン・セロトニン仮説は放棄された（Thase & Howland, 1995）。
　これらの知見はどのように両立させることができるのだろうか？　いくつかの理論が出てきているが、どれも十分には証明されていない。それらのうち、「ダウンレギュレーション（downregulation）」理論では、モノアミンのレベルが低いことではなく、シナプス後のモノアミン受容体の数が不適切であると提唱している。たとえば、抗うつ薬はすぐに神経伝達物質のレベルを増加させるけれども、抗うつ薬による本来の抗うつ効果は、新しい受容体の増大か、現在ある受容体の感度の向上という、いずれかの新たな変化を待たなけ

ればならないのかもしれない（Thase & Howland, 1995）。2番目の理論は、「発火」をとり上げている。発火とは、特定のニューロンが繰り返し点火することで、その後の刺激への感度を高めていくプロセスである。Robert Post（1992）は、それぞれのうつ病エピソードは、次のエピソードをだんだんと起こしやすくすると述べている。彼が示唆していることは、関連する神経伝達物質システムがより容易に「統制不可能になる」ために、次のうつ病エピソードが起こりやすくなるというものである。したがって、初発のうつ病が起きるためには、強烈な外的ストレッサーが必要となるかもしれないが、関連する神経化学システムが敏感になっていると、より小さなきっかけで、将来、次のうつ病エピソードがひき起こされる。
　どの神経伝達物質理論もうつ病を適切に説明していると証明されていないが、それらは新しいうつ病治療薬を生み出すうえで大きな意義があった。実際に、すべてのうつ病の神経化学的理論は、血液や尿の化学研究からではなく、もっと直接的な研究結果から強固に支持されている。つまりある患者では、神経化学的変化を起こすことが知られる薬を飲んだ後に、うつ病がはっきりと軽減するのである。結局、うつ病の神経化

学的理論を検証するために行われてきた膨大な研究から、2つの重要な教訓が見つけられた。第一に、神経化学的な機能障害は、うつ病のときにのみ観察され、うつ病エピソードの前後では見られない。第二に、うつ病を軽減する薬は他の数々の影響をひき起こす。このことは、モノアミンのレベルはうつ病やうつ病の軽減と関連しているが、片方がもう片方の原因となっているわけではないことを示唆する。後ほどわれわれが提唱する理論のように、うつ病の原因に関する理論は、うつ病をひき起こしたり、治癒したりするために共に作用している心理学的要因と生物学的要因の両方に焦点を当てる。

ホルモンとうつ病

　脳の神経伝達システムのいくつかの変化は、うつ病のほんの一部分だけである。ホルモン・システムの多くでも同様に変化が示されている。たとえば、甲状腺が異常に不活発な人たち(甲状腺機能不全症)は、単極性のうつ病に見られる特徴の多くを示す。しかし、彼らが必要とするチロキシンを投与されるとすぐに、そのうつ病は軽減する。実は、うつ病に苦しんでいる人々のうち10%～15%は、診断未確定の甲状腺機能不全症なのかもしれないと考える研究者がいる。チロキシン(合成され、シンスロイドとして知られている)はまた、甲状腺のレベルが正常なうつ病患者にも効果があり、標準的な抗うつ薬の効果を補うために時々処方される(Jackson, 1998；Lasser & Baldessarini, 1997)。

　同様の原理が、テストステロンのレベルが不十分で、人工の精巣をつけている男性に対しても当てはまる。テストステロンの注入や貼付剤がうつ病を回復に向かわせ、効果のあった男性は概して精力的になり、性的衝動が高まり、軽快な気分を経験する(Seidman & Walsh, 1999)。

　前述したように、女性は月経前、出産後そして閉経期にうつ病の発症を経験しやすい。これらの変化それぞれがエストロゲンのレベルの低下と関連している。エストロゲンは、男性にとってのテストステロンのように正常な気分を維持するために必要なように思える。男性の場合と同様に、女性において正常なホルモンレベルが回復されると、うつ病は回復に向かう。このことは、月経後に生じるエストロゲンの自然な増加や、新しく母親になった女性や閉経後の女性がつけるエストロゲン貼付剤のおかげかもしれない(Epperson, Wisner & Yamamoto, 1999；Gregoire, Kumar, Everitt, Henderson & Studd, 1996)。これらのホルモンは、脳内のセロトニンの利用性を調整するという役割を果たすことを通して、うつ病と関連しているかもしれない(Fink, Sumner, Rosie, Wilson & McQueen, 1999；Osterlund, Overstreet & Hurd, 1999)。

　以上のようなホルモンの顕著な影響を研究することに加えて、うつ病の研究者はストレスへの反応に影響を与えるホルモン・システムにおけるいくつかの変化にますます注目している。それらの変化の大部分は、脳内の視床下部、頭蓋基底部の下垂体、そして腎臓の上の副腎、つまり視床下部・下垂体・副腎系(HPA)軸として知られる共同作用する序列的なシステムでコントロールされている(第4章を参照)。

　研究者が見出してきたのは、うつ病の人々はHPA軸のそれぞれのレベルでホルモンの変化を示すことである。初期の研究結果には、うつ病の人、とくに重症のうつ病の人は、血液と脳脊髄液内のコルチゾールレベルの顕著な上昇を示すことがある。人が継続的に(10～20分以上)ストレスに直面するときはいつでも、コルチゾールが分泌される。コルチゾールは体の中で非常に多くの機能を有している。コルチゾールは、ストレッサーに対する防御機能を働かせるために血流にブドウ糖の放出を増やす一方で、免疫システムによる傷の治療や病原菌の非活性化のような体に必要な管理機能の多くを妨げもする(第12章を参照)。うつ病は何ヵ月間か何年間か続きうるのだから、コルチゾール上昇の影響は非常に有害であり、うつ病の人を負傷しやすく、感染しやすくする。またコルチゾールの長期間の分泌は脳細胞にとって有毒であり、とくに長期の記憶に関係している大脳辺縁系の一部分である海馬の脳細胞にとって有害である(Sapolsky, Romero & Munck, 2000)。

　これらの「神経毒性の」影響は、うつ病を平均約5回発症した経験をもつ24名の女性(1人の被験者は18回のうつ病エピソードに罹患していたが)を対象にした研究で劇的に示された。うつ病の罹患歴のない対照群の被験者と比較したところ、患者の脳のMRIスキャンによる画像で示されたのは、うつ病でない女性よりも、被験者の海馬が小さい(量が約10%少ない)ということであった。海馬の萎縮量は、うつ病に罹患した数と比例していた。海馬の萎縮は明らかな結果であり、たとえば神経心理学的検査では、うつ病の罹患歴がある患者では言語的な記憶が劣ることが示された(Sheline, Sanghavi, Mintun & Gado, 1999)。

　コルチゾールの上昇に加えて、うつ病の患者は、副腎皮質ステロイド(adrenocorticosteroid hormone：ACTH)というコルチゾールを放出する下垂体ホルモンのレベルが異常に高いことが示されてきた。さらに、うつ病の患者は、副腎皮質刺激ホルモン放出ホルモン(corticotropin releasing hormone：CRH)のレベルが高いことも示された(Nemeroff, 1996)。CRHは海馬によって放出され、ACTHの放出をひき起こす化学物質である。CRHそのものがうつ病の発症を決定するうえで中心的なものだと示唆する研究者もいる。動物の脳内へCRHを直接注入すると、食欲不

振、不眠そして交尾行動の減少など、うつ病の多くの徴候が生じることを研究者は示してきた。人間において、上昇したCRHレベルは、うつ病そのものを首尾よく治療するのに効果的な抗うつ薬または電気ショック療法(electroconvulsive therapy: ECT)と同一の手続きで、正常レベルに戻りうる(Arborelius, Owens, Plotsky & Nemeroff, 1999 ; Heim, Owens, Plotsky & Nemeroff, 1997 ; Mitchell, 1998)。

たとえ残念なことであるにせよ、CRHに関する一連の詳細な研究結果は、うつ病への脆弱性に関して示唆をもたらすかもしれない。この研究では、新しく生まれたラットが、誕生から最初の21日間、母親から断続的に離され、その後、ラットの通常の群れに移された。普通に育てられた若いラットに比べて、母親をとり上げられたラットでは、うつ病の発生するパターンと一致する脳内のいくつかの領域において、CRHの上昇とCRH受容体の数の増大が見られた。これらの変化は永続的なものであり、生涯にわたるうつ病への脆弱性が付与されるメカニズムを示唆している(Lui et al., 1997)。

脳の部位とうつ病

海馬のほかに、うつ病に影響している脳の領域がある。たとえば、いくつかの理論は皮質の部位を強調している。ある理論では、右前頭葉の過活動がうつ病をひき起こすと主張されている。これは3つの証拠に基づいている。まず、正常な被験者は、左半球(右視野)に提示された顔の写真よりも右半球(左視野)に提示された顔の写真に対してより否定的な評定をする。これはうつ病の人々においてとくに顕著である(Davidson, Schaffer & Saron, 1985)。次に、脳卒中(血液漏出や動脈瘤による神経の死)によって左半球への脳の損傷が起こると、右脳の活動が優位となり、その結果、右半球への損傷の場合よりも、しばしばうつ病になりやすい(Sackeim et al., 1982)。3番目に、大うつ病患者の場合には、左前頭葉への血流が減少していることが脳画像研究によって示された。薬物療法の後、患者がうつ病から回復したときは、左前頭葉への血液の供給が増加していた(Bench, Friston, Brown, Frackowiak & Dolan, 1993 ; Bench, Frackowiak & Dolan, 1995)。

右半球の過活動とは反対に、左前頭葉の特定領域の異常な不活発とうつ病を結びつけて考えてきた研究がある。うつ病でない対照群に比べて、単極性うつ病の患者では脳画像での左前頭葉の斑点がかすかであり、不活発である。この異常な不活発がうつ病の感情鈍麻をひき起こすと研究者は考えている。実際に、これらの領域に永続的な損傷がある患者は、感情の鈍麻、低覚醒、そして興味の欠乏を示す(Biver et al., 1994)。脳の解剖についての最近の研究では、臨床的な抑うつ

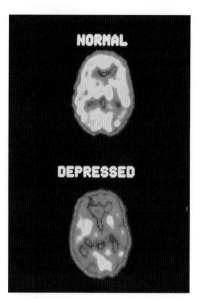

PETスキャンで、正常な脳(上段)とうつ病と診断された人の脳(下段)を比較している(カラー口絵参照)。うつ病の人では、うつ病でない人よりも、全般的に代謝活動が低下しており(青色が多く、黄色が少ないことで示されている)、とくに前頭葉(脳の上部)の活動が低下していることに注目せよ。(©Science Photo Library/Photo Researchers)

患者では脳に構造的な欠陥も見られることが示唆されている。うつ病ではない対照群の脳に比べて、うつ病で自殺をした人々の脳では、記憶と計画に関連している脳の領域である前頭葉前部の皮質の大きさが著しく小さかった。

直接的な神経学的刺激によって、脳のどの領域がうつ病に影響を与えているかが明らかにされそうである。ある研究では、1人の患者がパーキンソン病を治療するために、高頻度の脳深部電気刺激法を受けていた(Bejjani et al., 1999)。刺激を与える電極の1つが、黒質と呼ばれる皮質下の領域に配置された。この領域は、昔から円滑な筋肉運動に影響を与えるとされ、パーキンソン病の変性が現れる。この領域を刺激すると、その患者は以前にはうつ病エピソードに罹患していなかったにもかかわらず、うつ病の明白な徴候と症状を示した。うつ病とパーキンソン病には、過小評価されているが密接な関連があると研究者は推測している。まず、パーキンソン病患者の40%がうつ病である。次に、両疾患のいくつかの徴候と症状が共通しており、それらには睡眠の問題、食欲の減退、動機、活力、動作の緩慢が含まれる。この研究は神経学的ないくつかの基盤も共通していることを示しているだろう。

脳の特定領域の損傷に対して、短時間に強力な磁場を用いる技術によって、うつ病の解剖学上の基盤についての特別な証拠が追加されてきている。経頭蓋磁気

刺激(transcranial magnetic stimulation：TMS)として知られるその手続きは、正常な人々の気分の一時的変化を作り出すことができる。ある研究では、左眉毛の上の脳の領域へ繰り返し磁気の振動を与えたところ、被験者は悲しく、無気力になった。一方、その振動を右眉毛の上の領域に与えたところ、被験者は楽しくなり、精力的になった。さらに、磁気の振動は特定の部位の不活動を増加させることができ、左前頭葉を刺激するために使われると重症のうつ病患者は気分がよくなる。いつの日かTMSは、脳に電気ショックを与える電気ショック療法にとって代わるかもしれない。しかし、一般に、すべての人がTMSに反応するのではなく、なおかつ治療の効果は徐々に消え去る(George et al., 1995)。

うつ病への心理学的アプローチ

心理学的アプローチには、うつ病についての精神力動的理論と認知理論の両方が含まれるが、認知的アプローチのほうがより価値評価が可能である。というのは、認知の研究者たちは理論の検証を可能にしてきており、極めて効果的な治療法を論理的に導いてきたからである。精神分析的アプローチは、大部分が無意識の動機と葛藤に基づいており、確認し検証することがはるかに困難である。精神分析的アプローチでは、自己に対する怒り、自尊心を求めての他人に対する依存、自分の目標を達成するうえでの無力感がうつ病をひき起こすという仮説を立てている。うつ病の主要な認知モデルは2つあり、その両方が抑うつ症状の決定的な原因は特定の思考であると考えている。Aaron T. Beckによって開発された1番目の理論では、主にうつ病患者との広範囲にわたるセラピーから論理的に導かれており、自分自身、進行中の経験そして将来について否定的に考えることによってうつ病がひき起こされると考える。Martin E.P. Seligmanによって開発された2番目の理論は、主に犬やラットそして軽い抑うつ状態の人々への実験から論理的に導かれた。その理論では、未来への無力感が永続的で広範囲にわたると予想されるとうつ病がひき起こされると考えている。うつ病の人々は、悪い出来事が起こると予想し、悪い出来事が起こるのを防ぐためにできることは何もないと考え、その出来事が長い間続き、自分が取り組むすべてのことを台無しにすると信じている。

Beckのうつ病の認知療法

Aaron T. Beckは(Albert Ellisとともに)認知療法と呼ばれるタイプの心理療法を創始した。Beckによれば、「3つ組の認知(the cognitive triad)」と「推論の誤り」という2つのメカニズムがうつ病を生み出す。

Aaron T. Beckはうつ病の認知理論と治療法を開発してきた。(The Warder Collection)

3つ組の認知　3つ組の認知は、自分自身、現在の経験、将来についての否定的な思考からなる。自己についての否定的な思考は、自分には欠陥があり、価値がなく、そして不十分だという、うつ病の人の信念からなる。うつ病の人の低い自尊心は、自分には欠陥があるという信念から導かれる。うつ病の人が嫌な出来事を経験すると、その原因を自分に価値がないことに帰属させる。うつ病の人は、自分には欠陥があるから、幸せをけっして手に入れられないと信じている。

現在の経験に対するうつ病の人の否定的な思考は、自分に起こったことが悪いことだという解釈からなる。うつ病の人は、小さな障害を修復不可能な障害だと誤って解釈する。自分が経験したことへのより妥当で肯定的な見方があるときでさえ、自分に起こったことへの最も否定的な解釈に引きつけられる。最後に、未来に対するうつ病の人の否定的な見方は、無力感の1つである。うつ病の人が未来を考えるとき、自分に起こった否定的な出来事は、自分の個人的な欠陥のために変わらずに続いていくと考える。

推論の誤り　体系的な推論の誤りが、うつ病の2番目のメカニズムであるとBeckは考えている。Beckによれば、うつ病の人は、考える際に5つの異なった推論の誤りをし、それら1つ1つがうつ病の人の経験を不幸なものにする。その5つとは、恣意的な推論、選択的抽象化、過度の一般化、拡大解釈と過小評価、個人化である

恣意的な推論とは、支持する根拠がほとんどなかったりまったくなかったりするときに結論を引き出すことを指す。たとえば、1人の医学研修生はある通知を受け取ったとき、落胆した。その通知には、彼女がインターンで治療をしたすべての患者が、今後、専門医学実習者(レジデント)によって再検査されると書いてあった。彼女は、「医局長が私の仕事をまったく信頼していない」と考えたが、その考えは正しくなかった。**選択的抽象化**は、ある状況のより重要な特徴を無視する一方で、重要でない細部に焦点を当てることからなる。あるケースでは、雇用主が雇用者の女性に対

して、彼女がしている秘書の仕事を詳細にほめた。会話の途中で、上司は、彼女が書いた手紙は余分なコピーを取る必要がまったくないとほのめかした。その雇用者の選択的な推論は「上司は、私の仕事に不満なのだ」というものであった。言われたことはすべてよいことだったにもかかわらず、彼女はこれのみを覚えていた。

　過度の一般化とは、ある1つの事実を根拠に、価値や能力やパフォーマンスについて全体的な結論を導き出すことを指す。家の中の漏れた水道の蛇口を修理するのに失敗した人を考えてみよう。ほとんどの人は配管工に電話をしたら、自分の失敗のことなど忘れるだろう。しかし、うつ病の患者は過度の一般化をし、自分が悪い人間だと信じさえするかもしれない。**拡大解釈**と**過小評価**は評価に関する著しい誤りであり、小さくて嫌な出来事が拡大解釈され、大きくて良い出来事が過小評価される。適当なカラーシャツを見つけることができないことを大失敗だと考えるが、よい仕事をして、昇給し、賞賛されたことをささいなことだと考える。そして最後に、**個人化**とは、事実に反して世界の嫌な出来事の責任をとることを指す。隣の人が氷の張ったその人の私道で滑って転ぶと、その隣の家のうつ病の人は、氷の張った道のことについてその人に注意を促さず、氷をシャベルでとることを強く勧めなかったことで、自分を責め続ける。

学習性無力感、絶望、そしてうつ病

　2番目のうつ病の認知モデルは、**学習性無力感モデル**と、その同類の**絶望感モデル**である。学習性無力感モデルは認知モデルであり、嫌な出来事が自分に起こり、自分はその発生を防ぐことができないと予想することがうつ病の基本的な原因であると主張する。ここでは、学習性無力感という現象とその理論を検討し、それから学習性無力感とうつ病の関連性を論じる。

　学習性無力感理論では、コントロール不可能な出来事の後、どうすることもできなくなった動物や人に観察される機能性の障害の基本的な原因は、反応と結果の間にある将来の非随伴性(非関連性)を予想することであると論ずる。その理論によると、回避不可能な出来事に遭遇した犬、ラットそして人々は、後に回避可能な出来事に遭遇したときでも大いに受動的になる。その動物や人間は、反応することによって逃げられるということを、それ以降に学ぶことができないのだろう(Hiroto, 1974；Miller & Seligman, 1976；Overmier & Seligman, 1967)。将来の反応が役に立たないというこの予想は、次の2つの無力感の障害をひき起こす。その2つとは、(1)反応する動機づけをくじくことで反応の障害を生み出すこと、(2)結果が反応と随伴していると理解することが、あとで困難になることである。衝撃、騒音または問題を経験すること自体が、動機や認知の障害を生み出すのではない。コントロールできない衝撃、騒音そして問題のみがそれらの障害を生み出す(図7-4参照)。

　人間が回避不可能な騒音や解決不可能な問題を経験し、自分の反応に効果がないことに気づくと、「何が私の現在の無力感の原因なのか?」という重要な疑問を発し始める。人が行う原因帰属(説明)は、将来の失敗をどのような場合に、どのような点で、その人が予想するかについての重要な決定要素である。どのような場合に、どのような点で将来の無力感の障害が示されるかを左右する3つの帰属の次元がある(Abramson, Seligman & Teasdale, 1978)。

　1番目の次元は、**内的―外的**である。試験で解くことができない問題を出された人を考えてみよう。その人が反応しても効果はないと気づいたとき、自分は馬鹿だ(内的)そしてその問題は解くことができないと結論を下すこともできるし、その問題は解けないように作られており(外的)、自分は馬鹿ではないと結論を下すこともできる。失敗の原因が内的か外的かどうかについて結論を出すことに加えて、失敗した人は、さらに2番目の次元を考える。つまり、「自分の失敗の原因は永遠に続くものなのか、一時的なものなのか」という**安定的―不安定的**の次元である。失敗した人は、失敗の原因を安定的で変えることができなくて、そのため将来にわたって継続すると結論を下すかもしれない。そのような安定的な要因の例としては、愚かさ(安定的かつ内的である)または課題の困難さ(安定的かつ外的である)がある。反対に、自分の失敗の原因が不安定的だと結論を下すかもしれない。試験に失敗した人は、その原因を夜の睡眠状態の悪さという、内的で不安定的な原因と考えるかもしれない。また、その人は、不運な日だったから失敗したというように、外的で不安定的な原因と考えるかもしれない。失敗の原因が安定的な要因に帰属すると、その人の無力感の障害はしばらく続き、おそらく将来、失敗するだろう。逆に言えば、もしその人が失敗の原因を不安定的だと考えるなら、その人は無力感を経験しないし、何ヵ月か先にその課題に取り組むとき、必ずしも失敗しないだろう。学習性無力感の帰属モデルによれば、安定的な説明は永続的な機能障害に至り、不安定的な説明は一時的な機能障害に至る。

　3番目、つまり最後の次元は**全般的―特殊的**(図7-5参照)である。失敗したと気づくとき、人はその失敗の原因が全般的(多種多様な環境において失敗を生じさせる要因)なのか、特殊的(同一の環境においてのみ失敗を生じさせる要因)なのかについて自問するにちがいない。たとえば、実験時の問題を解決するのに失敗した人は、自分が実験時の問題を解決するのに熟練しておらず、おそらく他の課題にも熟練していないと結論を下すかもしれない。この例では、その人は熟練

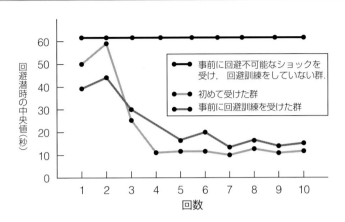

図7-4 コントロールの喪失と学習性無力感
　図が示しているのは、回避可能なショックと回避不可能なショックがその後の回避学習に与える影響の比較である。図では、次の3グループの犬のシャトルボックスでの回避潜時が示されている。3グループとは、(a)シャトルボックスで回避訓練を初めて受けた犬、(b)さまざまな状況で事前の回避訓練を受けた犬、(c)事前に回避不可能なショックを受けたが、そのショックの期間と時期において、ショックへの回避訓練グループとのマッチングを行った犬である。
(Maier, S. F, Seligman, M. E. P., & Solomon, R. L., p. 328. 1969.より引用)

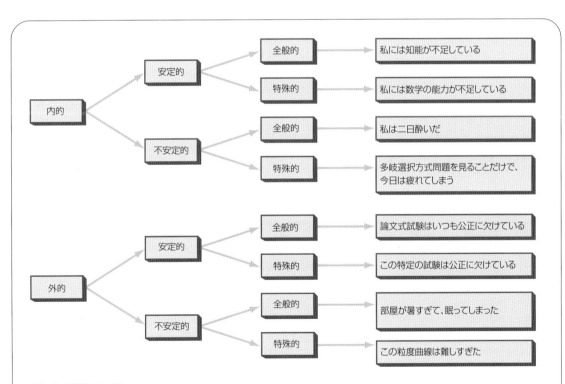

図7-5 説明スタイル
　うつ病の人は、自分がテストに失敗したことを内的、全般的、安定的要因に帰属させ、自分がテストでうまくいったことを外的、不安定的、特殊的要因に帰属させるだろう。

（左：Raymond Gehman/Corbis）外的、不安定的、特殊的な説明スタイルをもつ人は、生活へのダメージをハリケーン・アンドリューのせいにするかもしれない。しかしそのような人は、内的、持続的、全般的説明スタイルをもち、自然災害に直面して無力感と絶望感を感じるかもしれない人（右：©Tony Arruza/Corbis）より、自分の生活を早く落ち着かせることができるかもしれない。

していないことを全般的に捉えており、広範囲にわたる他の状況で失敗すると予想するだろう。それはまた安定的、内的な要因でもある。そうではなく、その人はそれらの実験時の問題がとくに難しすぎると結論を下すかもしれない。ここでは、その人は実験時の問題の困難さを特殊的な要因として捉えている。だから、今後の反応が他の実験時の問題においても効果的ではないだろうが、現実生活においてはそうではないという予想のみを生み出す。この要因は、特殊的なものであるばかりか、安定的で外的なものである。無力感についての帰属モデルが主張するのは、人が自分の失敗に対して全般的な説明をするとき、多種多様な状況においても無力感の障害が生じるということである。特殊的な要因が失敗をひき起こすと人々が考えるとき、反応が効果的でないと予想することはほとんどなく、狭い範囲の状況のみにおいて無力感が生じる。

実験室で生じる学習性無力感と現実生活で起こる大うつ病との間には、症状、原因、治療、予防そして素因において著しい類似性がある（表7-2参照；Seligman, 1975；Weiss, Simson, Ambrose, Webster & Hoffman, 1985）。そして実際に、無力感モデルが示唆しているのは、悲観的な説明スタイルまたは悲観的な帰属スタイル（失敗を内的、全般的そして安定的な要因に帰属すること、成功を外的、不安定的そして特殊的な要因に帰属すること）は、人をうつ病にかかりやすくするということである。この理論の最新版が、うつ病の絶望感モデルである（Abramson, Metalsky & Alloy, 1989；Alloy, Lipman & Abramson, 1992）。こ

表7-2　学習性無力感とうつ病の類似点

	学習性無力感	うつ病
症状	不活動	不活動
	認知的な機能障害	否定的な認知の3つ組
	自尊心の機能障害	自尊心の低下
	悲しみ、怒り、不安	悲しみ、怒り、不安
	食欲の喪失	食欲の喪失
	攻撃性の喪失	攻撃性の喪失
	睡眠の喪失	睡眠の喪失
	ノルエピネフリンとセロトニンの減少	ノルエピネフリンとセロトニンの減少
原因	反応が重要な結果とは独立しているという信念の学習（加えて、内的、全般的、安定的な帰属）	反応には効果がないという信念の一般化
治療法	反応が無駄だという信念を反応は効果的だという信念に変容する	認知行動療法
	ECT、MAO阻害薬、三環系抗うつ薬、フルオキセチン	ECT、MAO阻害薬、三環系抗うつ薬、フルオキセチン
	レム睡眠の遮断	レム睡眠の遮断
	時間	時間
予防	免疫化	楽観主義トレーニング
素因	悲観的説明スタイル	悲観的説明スタイル

の理論では、否定的な出来事を安定的そして全般的な次元へ帰属することが絶望感の決定因となると強調し、うつ病の亜類である絶望感うつ病を提唱している。絶望感理論が主張するのは、自分が現在や将来行うことに何の効果もないと感じるとき、人は絶望を感じ、うつ病の症状を経験するということである。このように、絶望感理論の仮説は、コントロールができないという予想と、何か悪いことが起こるか、よいことが起こらないという確信がうつ病を導くというものである。無力感の予期は不安を作り出すが、無力感が絶望感になるとき、この不安がうつ病に変わるということを研究者たちは提唱してきた（Alloy, Kelly, Mineka & Clements, 1990）。絶望感理論はさまざまな研究で検証されており、それらには大うつ病のリスクがある大学生に関する研究が含まれる（Alloy & Abramson, 1997）。絶望感が単にうつ病の症状であるか、それとも原因であるかについてはまだ分からない。

コントロール不可能な出来事を経験した後、騒音を回避しなくなり問題を解かなくなることは、学習性無力感において基本的な、**無抵抗という機能障害**である。この無抵抗は、うつ病の**動機面の機能障害**と類似しているように思える（Miller & Seligman, 1975, 1976 ; Price, Tryon & Raps, 1978）。回避不可能な騒音や解決不可能な問題を出されたうつ病でない人は、学習性無力感における認知面の機能障害を示す。つまり、そのような人は、反応に効果があることを学習するのが困難なのである。しかも、それは反応に効果があるときにでさえそうである。うつ病の人は、まさに同様の機能障害を示す。うつ病ではない人は課題で成功したり、失敗したりするとき、アナグラムの中にパターンを見つけることがまったくできず、今後成功するという期待へと変化させることがまったくできなかった。うつ状態の学生とうつ病の患者は、実験室でこれらと同様の機能障害を示した（Abramson, Garber, Edwards & Seligman, 1978 ; Miller & Seligman, 1975, 1976）。

回避不可能な騒音によって、人々が無力な状態になり、失敗を外的な原因ではなく自分自身の欠点に帰属させるとき、無力感とうつ病の動機面と認知面の機能障害が観察されるだけでなく、自尊心も同様に低下する。このことは、うつ病の人、とくに自分が抱える問題について自分自身を責めるうつ病の人に生じる自尊心の低さと類似している（Abramson, 1978）。

学習性無力感とうつ病の両方で、似たような気分の変化が生じる。抑うつ状態でない被験者が、回避不能な騒音や解決不可能な問題によって、無力感を覚える状態になるとき、より悲しくなり、より敵意を示し、より不安が高まる。これらの報告は、うつ病の感情面の変化と類似しており、うつ病ではより悲しく、より不安が高く、ことによると、より敵意が強くなる。

実験室で回避不可能な騒音を経験したラットは、食べる量が少なくなり、体重が減少し、他のラットへの攻撃が減少し、回避可能な騒音を経験したラットや騒音を経験しなかったラットとの間での食物を手に入れるための競争に負ける。実験室で無力感によって作り出されるこのような食欲の喪失や攻撃性の喪失は、うつ病の人の身体的症状に類似している。うつ病の人は、体重が減少し、食欲が減り、睡眠時間が減り、人付き合いの欲求や人と付き合う程度が低下し、攻撃性が低下する。最後に、ラットにおける学習性無力感は、ノルエピネフリンやセロトニンの減少と同時に起こる（Peterson, Maier & Seligman, 1993 ; Weiss, Glazer & Pohoresky, 1976）。

学習性無力感仮説によると、うつ病の機能障害は学習性無力感の機能障害と類似しており、嫌な出来事が起こるかもしれず、それらの出来事が自分の反応と無関係に生じると人が予想するときにひき起こされる。嫌な出来事が内的な要因に帰属されると、自尊心は低下し、安定的な要因に帰属されると、その抑うつは長続きし、全般的な要因に帰属されると、その抑うつは全般的なものになるだろう。これは実験による証拠によって確認されている。この悲観主義的な帰属スタイルは、抑うつ状態の学生、子ども、患者に見出されてきており、治療の結果を予測する（Jacobson et al., 1996）。うつ病の患者は、その他の患者よりも、生活上の重要な目標が自分のコントロール下にないと考えている（Seligman, Abramson, Semel & Von Baeyer, 1979、さらにRaps, Reinhard & Seligman, 1980を参照）。最も重要なことは、この説明スタイルを有する人は、現在抑うつ状態ではなくても、将来嫌な出来事に遭遇すると、かなり高い確率で抑うつ状態に陥るということである（Peterson & Seligman, 1984 ; さらにHilsman & Garber, 1995を参照）。

うつ病性障害の治療

現在では重症のうつ病の80〜90％は、生物学的あるいは心理学的治療のどちらかによって短期間で顕著に軽減することができる。しかし、すべての治療形式において、相変わらず再発は現実的なものである。

うつ病の生物学的治療

とくにうつ病が重症なときに用いられる、生物学的モデルによる単極性のうつ病への治療アプローチには2つの方法がある。1つ目のアプローチは、患者を薬物で治療するものである（図7-6参照）。症状の緩和は劇的なものではないが、薬物が中止されると再発率はとても高い。2番目のアプローチは、電気ショックを

実施する（ECT）ことである。即座に顕著な改善が見られるが、再発率もまた非常に高い。一般的にこの方法は嫌われているため、あまり多く用いられず、最後の治療手段になっている。

薬物療法

　3種類の適度に効果的な薬物がうつ病の治療に用いられる。すなわち、三環系抗うつ薬（TCA's）、モノアミン酸化酵素阻害薬（MAO阻害薬）、そして選択的セロトニン再取り込み阻害薬（SSRI）である。さらに、現在ではWellbtrin®のような非定型の抗うつ薬があり、うつ病の治療にも用いられている．三環系抗うつ薬は、ノルエピネフリン（NE）の再取り込みを阻止する。その結果、ノルエピネフリンをより多く利用できる。平均して、三環系抗うつ薬を摂取したうつ病患者の60～75%が、有意な臨床的改善を示している。さらに、再発性のうつ病患者に対して発症と発症の間に、三環系抗うつ薬を続けさせると、再発率も減少する（Gelenberg & Klerman, 1978；Gorman, Nemeroff & Charney, 1999；Kocsis et al., 1996）。しかし、脳内でのノルエピネフリンの利用が増加することは、もはやノルエピネフリン非利用仮説（NE unavailability hypothesis）を強く支持する証拠とは見られない。なぜならば、三環系抗うつ薬には、ほかにも多くの効果があるのである。たとえば、実験用の動物を用いた研究では、三環系抗うつ薬を長期間投与すると、セロトニンの再取り込みに関係している「5-HT受容体」の数が減少することが示されている。これらの受容体の減少は、臨床試験における三環系抗うつ薬の効果の原因であるかもしれない（Taylor et al., 1995）。

　モノアミン阻害薬はモノアミン酵素を抑制することによって、ノルエピネフリンの分解を防ぐ。ノルエピネフリンの利用が増えると、患者の抑うつ症状は軽くなると考えられている。しかし、モノアミン阻害薬は、三環系抗うつ薬やSSRIより頻繁には処方されない。その主な理由は、モノアミン阻害薬には致命的な副作用があるからである。熟成したチーズ、赤ワイン、ビール、甲殻類の動物、麻薬、または血圧降下剤と一緒に服用すると、モノアミン阻害薬は致死的なものとなりうる。ほとんどの研究では、モノアミン阻害薬はうつ病を軽減するうえで、プラセボよりも優れていることが示されているが、SSRIや三環系抗うつ薬が効かない場合に、モノアミン阻害薬が試されるべきである。

　フルオキセチン（Prozac®）や同系統の薬であるセルトラリン（Zoloft®）やパロキセチン（Paxil®）のようなSSRIは、特にあまり重症でないうつ病に対して、とても広範に処方されている。SSRIがうつ病を変化させる効果について、以下のように熱狂的になっている患者がいる。

　服用した最初の何日かの朝は、おとぎ話やほら話のようであり、新しい世界の倒錯的な美しさに満たされていた。私は、不吉な前兆を思わせるカラス、そして黄金が詰まった卵を見た。私は目をぱちくりし、再び目をぱちくりさせた……。私は、突然使えるようになった、あり余るほどの家々の中にいることを何時間もの間想像することに費やした。私は家々を開け始めた。私は、天井の複雑な円形模様から降りているシャンデリア、古いガスランプ、クリーム色の窓台の上の青い花瓶を見た……。それからの1ヵ月、私は以前より遠くまで、広範囲に歩き回り始め、むこうみずになり、病気で失ってきたすべての時間のために貪欲になった。私は夜遅くに外出し、朝の2時や3時まで町をうろつき、汚れた川の端にたたずみ、青白く輝く川の光に感嘆したり、壊れた物がピカピカ輝くボストンの路地を散策したりし始めた。私は不死身だと感じた。（Slater, 1998）

　Prozac®やその他のSSRI（たとえば、Zoloft®やPaxil®）は、セロトニンの再取り込みを選択的に阻害する（Wong et al., 1974）。それらの薬は、大うつ病患者の60%から70%に軽減をもたらし、過量服薬のリスクも低い（Hirschfeld, 1999）。再発性のうつ病の患者にフルオキセチンを服用させ続けると、ぶり返しの発生が減少する（Lonnqvist et al., 1995）。重症のうつ病の場合には、Prozac®は、三環系抗うつ薬よりも眠気、口渇、多汗、そして過量服薬の危険性が少ないが、吐き気、神経過敏そして不眠をより多く生じさせる（Boulos, Kutcher, Gardner & Young, 1992；Hirschfeld, 1999；Wernicke, 1985）。SSRIの副作用は多少有害性が低く、SSRIはとてもよい報道をされてきたので、Prozac®、Zoloft®、そしてPaxil®は、ノルエピネフリンを増加させる薬物よりも、現在でははるかに一般的に処方されている。それにもかかわらず、多くの患者を対象にした念入りな効果研究では、三環系抗うつ薬やモノアミン阻害薬とほぼ同等の効果であることが示されている（Mulrow et al., 1998）。さらに、これらすべての良好な結果にもかかわらず、Prozac®がある患者の自殺念慮や自殺企図の原因となるかどうかについていまだに関心がもたれている（Box 7-3参照）。

　SSRIは、広範囲に使われている唯一の新しい薬ではない。医者は非定型抗うつ薬（Trazadone®、Serzone®、Effexor®、Wellbtrin®）として知られる異成分からなる種類の薬物をますます用いるようになってきている。それらの薬は、セロトニンとノルエピネフリンの両方の利用性に影響する。これらの薬のうち最も広範囲に用いられているWellbtrin®（ブプロピオン）はさらにドパミンの利用に影響する。Wellbtrin®は抗うつ効果と同様に刺激作用をもっており、うつ病に有

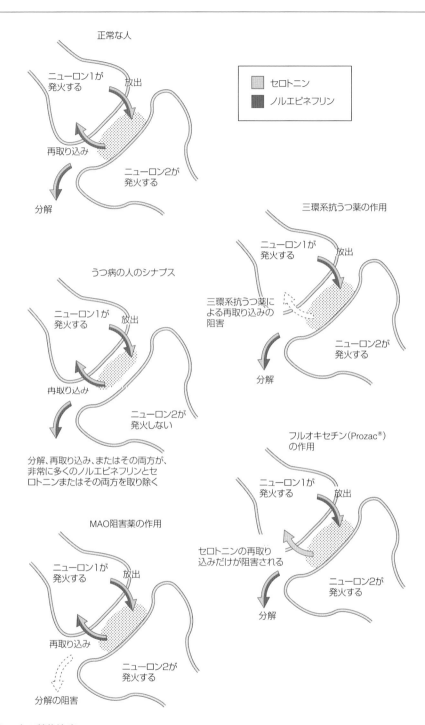

図7-6 うつ病の薬物治療
　神経インパルスがニューロン1からニューロン2へと発火するとき、ノルエピネフリンがシナプスに放出される。正常な人では、ニューロン1がノルエピネフリンを再吸収することによる再取り込みまたは、酵素MAOによるノルエピネフリンの分解のどちらかにより、ノルエピネフリンが不活性化される。うつ病の人では、ノルエピネフリン(矢印の濃い部分で示されている)またはセロトニン(矢印の薄い部分で示されている)の分解または再取り込みもしくはその両者の分解または再取り込みが、ノルエピネフリンやセロトニンを取り除く。そのことによって、その人は抑うつ状態のままとなる。モノアミン阻害薬はノルエピネフリンの分解を防ぐことによって作用する。三環系抗うつ薬はノルエピネフリンの再取り込みを防ぐことによって作用する。フルオキセチンはセロトニンの再取り込みを防ぐことによって作用する。

Box 7-3 科学と実践

Prozac®は自殺をひき起こすか?

Prozac®と自殺行動の関係について公表された実験的証拠は少数のケース研究に限定されているけれども(Teicher, Glod & Cole, 1990)、まだこの問題には論争が続いている(Healy, 1994；Healy, Langmaak & Savage, 1999)。最近、Prozac®の製造会社であるEli Lilly(イーライ・リリー)に対して訴訟が起こされた。その訴訟では、Prozac®がBill Forsytheという名前の退職したビジネスマンの自殺の原因であると主張されている。

Bill Forsytheは、以前は成功していたビジネスマンで、退職後のゆっくりしたペースの生活に適応するのに困難な時間を過ごしていた。Billと彼の妻が息子の近くに住むために、カリフォルニアからハワイへ引っ越した後、Billの結婚はうまくいかなくなり始めた。絶えず一緒にい続けることは両者にとってかなり負担であった。試しに何度か別居してみた後、Billと彼の妻はカウンセリングを受け、関係を修復することができた。しかし、6ヵ月後、Billはパニック発作を経験するようになり始めた。医者はいくつか薬を処方したが効果が出ず、その後Prozac®を与えた。Billが最初にProzac®を服用した次の日、彼は「Prozac®の奇跡」を経験した。彼は前日より顕著に気分がよくなった。そしてさらに、まさにその次の日、Billは自分で精神科病棟へ入院し、自分自身でないような感じがすると訴えた。1週間にわたって病院に入院している間、彼はProzac®を服用し続けた。Billが家に戻った次の日、彼の息子は身の毛のよだつような光景に出くわした。Billは妻を15回刺して殺害し、さらにスツールにくくりつけたナイフに自分を突き刺していた。

抗うつ薬の専門家であるDavid Healyは、原告側の専門家の参考人として召還された。Healyが言うには、Bill Forsytheの死は「アカシジア」と呼ばれるProzac®への異常反応によってひき起こされた。アカシジアのある患者はとても落ち着かなくなり、パニックになり、時々自分や他者を傷つけたいという強烈な考えをもつ。さらにHealyの主張を支持するのは、Billが自殺念慮または自殺行動の既往歴がなく、彼の行動は、身近な人からはまったく彼らしくないと見られていたということである。陪審はEli Lilly側に立つ判決を出したが、このケースは、Prozac®についての進行中の議論に対して、別の議論を呼ぶ終結をもたらした。

Prozac®が自殺行動をひき起こすことを証明するという課題には、その人の疾患の影響から薬の影響を分離することが求められる。Prozac®を服用するうつ病の人々が自殺行動や自殺念慮をもつ割合は、Prozac®を服用していないうつ病の人々のサンプルに見られると予想される割合よりも少しも高くないという研究をEli Lillyは指摘している(Beasley et al., 1991；Leon et al., 1999；Tollefson et al., 1993；Warshaw & Keller, 1996)。Healyは、そのような研究はさまざまな理由で欠点があると主張する。その1つは、それらの研究はうつ病で入院している人々の自殺傾向の割合を用いているというものである。一方、Prozac®を服用しているほとんどの人々は、精神病院の入院患者ではない。だから、自殺傾向の割合は、Prozac®を飲んでいる人では顕著に低くなるはずである。しかし、今回はそのようなケースではない。結局、両方の側とも、どのような場合にProzac®が自殺をひき起こし、どのような場合にうつ病が自殺をひき起こすかについて結論を下すことはけっしてできない。Healyはこのことを理解しており、そしてProzac®が禁止されればよいと思っているのではない。しかし、警戒がなされ、Prozac®を初めて服用する人を綿密に監視すべきだということを医師が知るのを彼は望んでいる。Healyが主張しているのは、Eli Lillyが以上のような警告を盛り込むのを、売り上げに影響が及ぶという理由で拒んでいるということである。

(S. Boseley, They said it was safe, The Guardian, October 30, 1999. より改変して引用)

効なだけでなく、注意欠如・多動性障害にも有効である(第8章参照)。Wellbtrin®には副作用があるが(それらの中には、脆弱な人における発作の危険性の増大がある)、他の種類の抗うつ薬で悩まされるような生殖に関する副作用は顕著には見られない。

どのような抗うつ薬を投与する際にも忘れてはならないことは、強力なプラセボ効果である。プラセボ効果とは、うつ病が生化学的な疾患であり、薬で軽減することができるという一般的な信念である。これが実際に現実の信念であるかどうかにかかわらず、プラセボ効果は希望へと開かれる重要な糸口をもたらし、その希望がうつ病の軽減にとって非常に重要である。驚くべきことではないが、抗うつ薬のかなりの部分の効果、つまり約30%～40%は、プラセボ効果であると推計されてきた(Kirsch & Sapirstein, 1998)。7つの抗うつ薬の効果に関する非常に大規模な試験で、自殺の衝動にかられている患者への効果を検討するために、研究者によって薬とプラセボの比較が行われた。19,639名の患者のうち、自殺率は薬物処方群で0.8%であり、プラセボ対照群では0.4%であった。自殺企図率は、薬物処方をした人で3.4%であり、プラセボ処方をした人で2.7%であった。症状の軽減は、薬を投与された人で40.7%に見られ、プラセボを投与された人の31%に見られた(Khan, Warner & Brown, 2000)。驚くべきことではないが、この大規模な研究は薬物の研究者から、方法論に関する批判の嵐を生み出したが(Quitkin & Klein, 2000；Quitkin, Rabkin, Gerald, Davis & Klein, 2000)、抗うつ薬の効果のかなりの部分が、プラセボ効果であることへの関心を大きくした。

すべての薬物療法にはかなりのプラセボ効果があり、一般的に症状を中程度からかなり軽減するだけでなく、すべての薬物療法では一度服用を止めると高頻度でぶり返しや再発もまた生じる。単極性うつ病の再

表7-3 うつ病の治療

	認知療法	対人関係療法	薬物*	電気ショック療法
改善	60〜75%が顕著に改善	60〜75%が顕著に改善	60〜75%が顕著に改善	80%が顕著に改善
再発†	中程度の再発	中程度の再発	高率の再発	高率の再発
副作用	なし	なし	中程度	かなり激しい
費用	高くない	高くない	高くない	高くない
時間	1ヵ月	何ヵ月か	何週間か	何日間か
全体評価	とてもよい	とてもよい	とてもよい	とてもよい

*薬物には三環系抗うつ薬、MAO阻害薬、セロトニン再取り込み阻害薬が含まれる
†治療停止後の再発
Seligman, M. E. P., p. 114. 1994を改変して引用。

発率は、15年を通して85%程度の高さであり（Levitan et al., 1998）、薬物治療を継続しないで再発が予防されるという証拠はない。薬物治療は、とくにうつ病が重症なときに心理療法よりも効果があると示唆する研究もあるが（Schulberg & Rush, 1994）、心理療法と薬物療法の比較によって、実際には重症なうつ病にも同程度の効果があることが明らかにされている（Munoz, Hollon, McGrath, Rehm & VandenBas, 1994）。それにもかかわらず、重症の精神病的なうつ病では、心理療法は役に立たず、薬物療法やECTのみが効果がある。

一般的に、病気に効く薬と一時的に症状を抑える薬という2種類の薬物があることを覚えておくべきである。たとえば、抗生物質は病気に効く薬である。もし、あなたが細菌性の感染症にかかっており、適切な抗生物質を服用するならば、抗生物質が細菌を殺し、感染症を治療する。いったん抗生物質の服用を止めても、その感染症は再発しない。一方、キニーネ（抗マラリア薬）は一時的に症状を抑える薬である。もし、あなたがマラリアにかかっていて、キニーネを服用するならば、あなたが薬を服用する限り、その症状は抑えられる。しかし、一度あなたが薬の服用を止めると、キニーネは単に症状を抑えているのにすぎないので、症状は元の状態に戻る。

精神疾患に対して蓄積されているすべての薬は、病気に効く薬というよりむしろ一時的に症状を抑える薬であることを忘れてはならない。すべての抗うつ薬は、一時的に症状を抑える薬であり、病気に効く薬ではない。抗うつ薬は、うつ病の症状を（中程度によく）抑えるが、患者がいったん薬の服用を止めると、まるでその患者が最初にその薬を服用していなかったかのように、その症状はもとの状態に戻る危険性がある。しかし、抗うつ薬がよく効く患者は、再発を予防するためにいつまでも薬を服用することを決心するだろう（Antonuccio, Danton, DeNelsky, Greenberg & Gordon, 1999; Kocsis et al., 1996; Kupfer et al., 1992）。

電気ショック療法

電気ショック療法（electroconvulsive shock treatment : ECT）は、素人にとっては、最も恐ろしい抗うつ治療である。1938年に心理療法的治療としてECTが発見されてから20年間、熱烈な支持がなされ、ECTはとても広範囲な疾患に処方された。しかし、とくにあまり洗練されていない方式でのECTは、非常に深刻な副作用をもつ可能性があり、この治療法は一般大衆により「野蛮」で「懲罰的」であると捉えられるようになってきた。不幸なことに、ECTは未だに非特異的な目的に対して広範囲に用いられているが（Hermann, Dorwart, Hoover & Brody, 1995）、重症の単極性うつ病の患者に処方されると、非常に効果的な抗うつ療法になるという強力な証拠が存在する（表7-3参照）。現代の技術によって、近年、ECTでよく起こった深刻な副作用は大いに減少しており、大うつ病患者の約80%にはECTが効果的である（Devanand, Sackeim & Prudic, 1991; Fink, 1979; Malitz et al., 1984）。

一般的には、精神科医、麻酔科医、看護師からなる医療チームがECTを行う。金属の電極が患者の額の両側にテープで貼られ、患者は麻酔をかけられる。患者には、短時間作用性の麻酔薬が投与されると共に、痙攣をする間の骨折を防ぐために筋肉を弛緩させる薬が投与される。それから、強い電流が約0.5秒間、脳に通される（しばしば脳の一方の側にだけ）。その後に、およそ1分間痙攣が継続する。薬の効果が徐々になくなると、患者は目を覚ますが、治療の期間を覚えていない。20分以内に、患者は適度に良好に機能するだろうし、たとえあったとしても、わずかに身体的な不快感をもつだけである。電気ショック療法の治療クールは、たいてい1日おきの6回の治療からなる（Schuyler, 1974）。

電気ショック療法は、しばしば片側に、つまり脳の半分にだけ実施される。言語中枢を含まない脳の片側（言語中枢を支配していない大脳半球）に痙攣を起こす

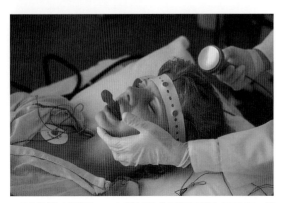
この患者には電気ショック療法のための準備が行われている。彼女の口にある物は、電流が体を通るときに、舌を飲み込むことを防ぐためのものである。(©Will McIntyre/Photo Researchers)

ことで、ECT後に言語障害の副作用が起こる可能性が大幅に減少する。脳の片側のみへのECTには抗うつ効果があるけれども、以前は脳の両側へのECTと同程度に効果的ではなかった(Abrams et al., 1983; Scovern & Killman, 1980)。脳の両側へのECTへの反応の割合は、脳の片側へのECTよりも約50%高かったが、次の週における患者の見当識障害と記憶喪失の強度もかなり高かった。最近では、右半球のみの片側への強いECTは、脳の両側へのECTと同程度の効果があり、認知的な副作用がより少ないことが示されてきた(Sackeim et al., 2000)。それにもかかわらず、ECT後のうつ病の再発はかなり起こり、ECTで治療した患者のおよそ60%が、次の年に再びうつ病になる(Sackeim et al., 1993)。

ECTが厳密にどのように作用しているかについては、まだ分かっていない。ECTは、脳の半分そして時には全体に電気刺激を与えるという大まかな手法なので、ECTの効果的な要因を特定することは非常に困難であり、記憶の喪失や動機面の変化など非常に多くの他の影響がある(Devanand, Fitzsimons, Prudic & Sackeim, 1995; Philibert, Richards, Lynch & Winokur, 1995; Squire, 1986)。

心理療法

心理療法には、認知療法と精神力動的療法が含まれる。認知療法は、抑うつ症状を直接そして短期間で取り除くのに役立つ。反対に、ほとんどの古典的な精神力動的な治療法は、抑うつ症状の短期的な軽減よりも長期的な変化を重視する。精神力動的療法は、誤った方向に向けられた怒りと、その怒りをひき起こしている幼少期の葛藤に気づかせることからなり、そしてそれらの葛藤を解決することにある。対人関係療法は精神力動的療法の一形式であるが、過去の人間関係よりも現在の人間関係に焦点をおく。認知療法のように、対人関係療法は短期形式の治療法である。まずは認知療法の検討から始める。

認知療法

認知療法では、問題を克服し、以前は克服できないと考えていた状況をコントロールすることを患者に教える。認知療法は、他のほとんどの心理療法の形式と異なる。精神分析医とは反対に、認知療法のセラピストは、患者を積極的に教え導き、過去ではなく、主に現在の患者の考えや行動を再構成する。認知療法のセラピストはたくさん話し、指示的である。さらに、患者と議論し、説得し、言いくるめ、リードする。

Beckの認知療法 認知療法は否定的な思考と論理の誤りを克服しようとする(Beck, 1967; Beck, Rush, Shaw & Emery, 1979)。認知療法では4つの独特な技法が用いられる。それら4つは、自動思考を発見すること、自動思考の現実検討をすること、再帰属の訓練をすること、そしてうつ病的な(うつ病の原因となる)推論を変容することである。

Beckが主張しているのは、うつ病患者が素早く習慣的に自分に言い聞かせている、はっきりとした否定的な言葉があるということである。それらの「破滅的な」自動思考がうつ病を継続させる。認知療法は、患者がそのような自動思考を認識するのを手助けする。いったん患者がそのような思考を認識するのを学ぶと、認知療法セラピストは患者と話し、その思考が証拠によって支持されるのか、されないのかを検討する。これは、まやかしの楽観主義を引き出そうと試みているのではなく、むしろ、うつ病でない人が用いるような妥当な基準でうつ病患者が自己評価することを促進している。次のケースのように、ある大学に入れないと考えて失望している1人の若い学生は、彼女の自動的で否定的な思考を批判することを教えられるだろう。

セラピスト：なぜ、あなたは希望する大学に入ることができないと思うのですか？
患者：実際に、私の成績があまり素晴らしくなかったからです。
セラピスト：ええと、あなたの成績の平均はいくつだったのですか？
患者：ええと、高校の最後の学期まではかなりよかったです。
セラピスト：大体、成績の平均はどれくらいだったのでしょうか？
患者：AとBです。
セラピスト：ええと、それぞれどれくらいあったのでしょうか？
患者：ええと、私の成績のほとんどはAだと思います

が、最後の学期にひどい成績をとったのです。
セラピスト：それで、あなたの成績はどれくらいだったのでしょうか？
患者：2つAで、2つBでした。
セラピスト：というと、あなたの成績の平均は、ほとんどオールAになるようですね。なぜ、あなたはその大学に入ることができないと考えるのでしょうか？
患者：競争がとても厳しいからです。
セラピスト：その大学に入学するために必要な成績の平均はいくつかもう調べたのですか？
患者：ええと、誰かが言うには、平均Bプラスで十分ですって。
セラピスト：あなたの平均はそれよりよくないのでしょうか？
患者：よいと思います。
（Beck, Rush, Shaw & Emery, 1979より引用）

彼女の破滅的な思考を理解し、細かに調べ、疑いをさしはさみ、それに反する証拠を整理することによって、患者は自分の否定的な自動思考を徐々に弱めれば、否定的な自動思考は少なくなるだろう。

うつ病患者は実際には自分に責任がなくても、嫌な出来事のことで自分を責める傾向がある。不合理に自分を責めることを防ぐために、セラピストと患者はその出来事を再検討し、うつ病ではない人の基準を使って、責めるべき対象を見つけ出す。これは、自分を責めることから患者を解放しているのではなく、嫌な出来事の原因となるその人の能力のなさ以外に、他の要因があることを自分で検討させているのである。

最後の技法は、推論を系統立てて変化させることである。それは「論理情動」療法の中で（Ellis, 1962）、認知療法の先駆者であるAlbert Ellisが作り上げた。Beckは、6つの推論の概略を述べている。うつ病患者はそれらの推論を用いて生活しており、それらの推論によって悲しみやすくなったり、あきらめやすくなったり、失望しやすくなったりする。それらは、次のものである。(1)幸せであるためには、自分が取り組むことには何でも成功しなければならない、(2)幸せであるためには、私はすべての人にいつでも受け入れられなければならない、(3)もし私が失敗したら、それは私が無能だということを示す、(4)私は愛なしでは生きられない、(5)もし誰かが私と意見が異なったら、それは私を好きではないことを意味する、(6)人としての私の価値は、他の人が私をどのように思うかによる。患者とセラピストがそれらの推論の1つを見つけたとき、その推論は強く反論される。その推論の妥当性が検討され、反論が整理され、妥当と思われる代わりの推論が提案され、前の推論を持ち続けると悲惨な結果になることが示される。

うつ病への認知療法に関するある研究では、多くの患者はセッションとセッションの間の1つの区切りで、症状が大いに改善した。このような突然の改善は、患者が示した改善全体の半分を説明した。さらにこれらの患者は、治療後に他の患者よりもうつ病の程度が軽く、18ヵ月後もその状態が維持された。新しい考えを手に入れるなどの、意義の大きい認知面の改善は、うつ病の突然の軽減に先立ってセラピーのセッションで生じた。このことは、改善前のセッションでの認知の変化が、うつ病の突然の軽減をひき起こしたことを強く示唆している（Tang & DeRubeis, 1999）。さらに、行動面の活性化もまた認知療法における改善の中心的な側面であると考える理由がある（Jacobson & Gortner, 2000）。

学習性無力感のためのセラピー　反応することが未来の出来事をコントロールするうえで効果的ではないと予想することが学習性無力感とうつ病の原因となるという仮説が立てられている。そのため、この信念を、患者が効力感をもち、未来の嫌な出来事を避けることができるという信念に変えようとセラピストは試みる。そこで、たとえば学習性無力感理論では、社会的スキル訓練や主張性訓練のようなセラピーには抗うつ効果があると示唆する。なぜならば、それらのセラピーは、自分の行動によって他の人の感情や自尊心をコントロールできることを教えてくれるからである。さらに、自動思考（私は母親失格なのではなく、7時にかんしゃくを起こしただけ）を批判するような技法がうつ病を軽減するのに役立つ。なぜならば、自動思考は、失敗への帰属を、内的で安定的で全般的なものから（母親失格）、外的で不安定的で特殊なものへと（7時に）変えるからである。これらの方略は、これまでに概説してきた認知療法の技法である。興味深いことに、認知療法の有効な構成要素に関する研究で示されたのは、有効な構成要素は、悲観的な帰属から楽観的な帰属への変化であり、それがうつ病のセラピーと予防で重要な役割を果たすということである（DeRubeis, Evans, Hollon & Garvey, 1990；Seligman, Schulman, DeRubeis & Hollon, 1999）。

柔軟的楽観主義　人々が自分たちに生じた嫌な出来事に対して、不安定的で特殊的で外的な説明をするスキルを学習したとき、悲観主義から楽観主義への変化が生じるように思える。そういう帰属をする人々は、生活のいくつかの領域でよりうまくやれる。これらの楽観主義者は、嫌な出来事を安定的で全般的で内的に捉える悲観主義者よりも、うつ病をより上手く撃退し、学校、スポーツそして職場で目的をより達成し、良好な身体的健康をより享受する。

しかし、楽観主義は万能薬ではない。1つには、楽観主義は時々、実際の状況が本当にどうなのかを見えなくしてしまうかもしれない。次に楽観主義は、他の

人を責めることによって、失敗の責任を回避することを促進するかもしれない。しかし、これらの限界は、まさに限界なのである。それらの限界は楽観主義の恩恵を帳消しにするのではなく、むしろ失敗を客観的に捉えさせる（Seligman, 1991）。

　認知療法は、破局的な思考に異論を唱えることによって、うつ病を軽減することを教えてくれる。しかし、時にはそのような思考に異論を唱えないほうがよい。たとえば、もしある学生が中間試験のために十分に勉強しなくて失敗したら、その学生は抑うつを避けようとするよりもむしろ、冷徹なほど明確に自分自身を顧みることのほうがずっと価値があるだろう。ここで具合が悪くなることの代価は、その人の将来の学業に影響するかもしれないし、堕落に打ち勝つことの重要性に影響を及ぼすかもしれない。その人は、この機会を、一生懸命に勉強する必要性についてよく検討し、より明確に認識するための時間として用いることができる。

　楽観主義がうつ病を減少させ、成績を上げ、健康を良好にする場合は、人々は楽観主義を用いることを選択できる。しかし、明確な判断や責任をとることが求められるときには、それを用いないこともできる。楽観主義を学ぶことで、ある人の価値観や判断力が衰退させられる必要はない。むしろ、楽観主義を学ぶことで、自分が設定した目標を達成するための道具として、自由に認知的技法を用いることができるようになる。

　楽観主義と認知療法のスキルを用いるかどうかの基本的な指針は、特定の状況での失敗の代価は何なのかを問うことである。もし、代価が大きいならば、楽観主義は間違った方略である。操縦席のパイロットがもう一度翼の着氷をはがすかどうかを決める場合、またはパーティーによく出入りする人が飲酒した後に車で家に帰るかどうかを決める場合、学生が最終試験のために勉強するかそれとも週末にスキーに行くかを決める場合、それぞれ失敗の代価は、死であり事故であり落第である。それらの代価を最小に見積もる技法を使えば、損害となる。一方、もし失敗の代価が低いならば、楽観主義を促進する認知的技法はとても有益である。もう1回電話をかけるかどうかを決める販売員は、もし失敗しても時間を失うだけである。会話を始めるかどうかを判断しているシャイな人は、わずか1回拒否される危険を冒すだけである。新しいスポーツを習おうかと悩むティーンエイジャーは、一時的な欲求不満を感じるリスクを冒すだけである。昇進を逃して不機嫌なエグゼクティブは、もし静かに新しい職への探りを入れるなら、何度か断られるリスクを冒すだけである。

対人関係療法

　うつ病のもう1つの心理的治療が対人関係療法（interpersonal therapy：IPT）である。これは、Harry Stuck Sullivan と Frieda Fromm–Reichman の精神分析的治療に起源がある。精神分析療法の伝統的な形式のものは、うつ病を和らげるのに役立つという証拠が示されていないが、IPT では示されている。古典的な精神分析とは違って、IPT は短期的で、マニュアルで説明された手続きを持ち、幼少期や防衛機制を取り扱わない。むしろ、IPT は現在の人間関係に焦点を当て、今起こっている現在の対人関係上の問題を特に取り扱う。言い争い、欲求不満、不安そして失望がセラピーの主要な題材である。

　対人関係療法では、悲嘆、けんか、役割転換、社会的機能障害という4つの問題領域を検討する。悲嘆を取り扱うとき、IPT は異常な悲嘆反応を検討する。セラピストは、遅れていた悲嘆のプロセスを引き出し、失った人に代わりうる新しい交友関係を患者が見つけるのを手助けする。けんかを取り扱うとき、IPT のセラピストは、破綻した交友関係がどのように進行しているのかを確定する手助けをする。つまり、交渉が必要なのか、袋小路に陥っているのか、回復できないくらいバランスを失っているのかを確定する。コミュニケーション、交渉、そして自己主張のスキルが教えられる。引退、離婚、家からの退去などを含む役割転換を扱うとき、IPT のセラピストは失った役割を患者が再評価し、喪失についての感情を表現し、新しい役割にふさわしい社会的スキルを伸ばし、新しい社会的サポートを確立するようにさせる。社会的機能障害を扱うとき、IPT のセラピストは過去の交友関係で繰り返されたパターンを探す。感情的な表現が促進される。ロール・プレイやコミュニケーション・スキル訓練が、交友関係で繰り返される欠点を克服するために用いられる。

　IPT はおそらくうつ病のぶり返しや再発を防ぐのにも有効である（Frank & Spanier, 1995）。無作為抽出による3年間にわたる維持試験では、再発性のうつ病患者で塩酸イミプラミンと IPT を組み合わせた治療の効果が見られた128名に対して、さらに IPT と薬物が実施された。イミプラミンは、毎月の IPT と同様に、再発を予防するのに有効な手段であり、活性薬物（active medication）を服用しない患者のうつ病エピソードと次のエピソードまでの間隔を長くした（Frank et al., 1990）。IPT はティーンエイジャーのうつ病を治療するのに有効であることも証明された。IPT を受けた青年の患者は、対照群よりも、抑うつ症状を大いに減少させ、社会的活動全般、友達との活動、特定の問題解決スキルを改善させた。患者は、ほとんどが低収入のラテン系のティーンエイジャーであり、治療は

短期であった(12週間)。そのため、IPTは都市のティーンエイジャーのうつ病(これは問題であり、現在では大部分が治療されていないままにされている)を治療する有望なアプローチである(Mufson, Weissman, Moreau & Garfinkel, 1999)。

このアプローチの主な長所は、短期で(期間は2、3ヵ月である)、実際的で、安価なことである。IPTにはマニュアルがある(Klerman, Weissman, Rounsaville & Chevron, 1984)。IPTには副作用が認められておらず、うつ病にとても効果があることが示されており、70％のケースで軽減がもたらされている。IPTの主な問題点は、広範に実施されておらず、広まっていないことである。そのためIPTがどのように効果をもたらすかを明らかにする研究が十分になされていない。薬物と心理療法それぞれの相対的な長所を検討するために、Box 7-4を参照して欲しい。

双極性障害

これまでは、すべてのうつ病の80〜95％を占める(単極性の)大うつ病という障害を検討してきた。もう1つのうつ病は、多くの点でより重症であり、躁病エピソードの経験もある多くの人々に見られる。躁病エピソードを伴う、双極性のうつ病は、変動し、不安定な状態から構成され、**双極性障害**(以前は**躁うつ病**と呼ばれていた)として知られる。

双極性障害と診断されるかどうかは、その人が躁病エピソードか、躁病エピソードとうつ病のエピソードの両方の病歴をもっているかによる。うつ病エピソードを伴わない躁状態の人は、**躁病エピソードだけを**もつと診断される。同様に、躁病エピソードをもたない場合には、大うつ病とだけ診断される。しかし、もしその人に躁病の病歴があって、現在うつ病であったり、うつ病の病歴があって躁病だったりしたら、双極性障害と診断される。双極性障害がある人は、その人が躁病エピソードまたはうつ病エピソードのどちらかだけを経験しているか、それとも長い間に両方を経験しているかで大きく異なる。しかし、うつ病の病歴がなく、躁病エピソードだけをもつことはまれである。

双極性障害のうつ病の部分は、外面的には大うつ病と似ているが、違いがある。1つには、双極性のうつ病はより重症な傾向がある(Angst et al., 1973; Depue & Monroe, 1978; Fogarty, Russell, Newman & Bland, 1994; Loranger & Levine, 1978)。双極性のうつ病には、不眠や食欲の減退ではなく、食欲亢進(特に炭水化物に対して)や睡眠過剰(すでに非常に多く眠ったにもかかわらず、いつも眠気を感じる)が同時に起こる傾向がある。単極性と双極性のうつ病は、神経化学的にも異なっている可能性がある。たとえ

ば、双極性のうつ病患者は、単極性うつ病にかなり効果があるProzac®のような抗うつ薬で治療されたとき、時々躁病エピソードへと突然転換する(Boerlin, Gitlin, Zoellner & Hammen, 1998)。

躁病エピソードの始まりは、たいていまったく突然に起こる。躁病性障害の躁状態にいると、どのように感じるかを次に示す。

> ハイの状態に入り始めるとき、私はもはや普通の主婦のようではないように感じる。その代わり、私はきちんと仕事をこなし、洗練されていると感じ、最も創造的な人間なのだと感じ始める。私は簡単に詩を書くことができ、苦もなく作曲することができる。私は絵を描くことができる。こころは穏やかで、すべてを吸収する。私には無数のアイデアがある。知的な遅れがある子どもたちの状態を改善することについて、そしてそれらの子どもたちのための病院をどのように経営するかについて、そしてそれらの子どもたちの周りの人たちが、彼らを幸せで穏やかで恐れさせないために何をすべきかについての無数のアイデアがある。人々の幸福のために非常にたくさんのことを成し遂げられる存在として、自分自身を見ている。すべての人の健康と地位向上のための強力な改革運動を環境問題によって推進できる方法についての無数のアイデアが私にはある。私の家族や他の人の幸せのために非常にたくさんのことを成し遂げることができると感じている。喜び、幸福感、高揚感を感じる。今の状態が永遠に続いて欲しい。私はほとんど睡眠が必要でないと思える。体重は減り、健康だと感じ、自分のことが好きである。私はちょうど今新しいドレスを6着買い、事実、それらは私にとてもよく似合っているように見える。私は自分が魅力的だと感じ、男性たちは私をじろじろ見る。おそらく、私は浮気を1回か、もしかしたら数回するだろう。私は演説し、政治活動をうまくやる能力があると感じる。私と同様の問題で困っている人々を助け、絶望を感じないようにさせてあげたい。
> (Fieve, 1975, p.17より引用)

躁病の症状

躁病による多幸的で怒りっぽい考え、熱狂的な行動、そしてそれらの結果としての不眠は、その人の普段の活動と対照すると際立って目立つ。躁病は、気分面、認知面、動機面、身体面という4つの症状群を呈する。

気分面の症状

躁状態の人の気分は、開放的であるとともに、多幸的であるかとても怒りっぽいかのどちらかである。非常に成功している躁病のアーティストは、自分の気分

Box 7-4　分析のレベル

薬物かそれとも心理療法か——「選り抜きの治療法」はあるのか？

　より安全で効果的な薬物が現れた結果、以前よりもはるかに多く抗うつ剤が用いられるようになった。この変化は正当なものなのだろうか？　それとも心理療法は同等の効果をもたらすのだろうか？　この議論はしばしば、薬物が「心理療法」よりも「より効果的」なのか、それともその反対なのかを決定する1つの議論として、2つの立場から主張されている。単極性うつ病の「選り抜きの治療法」というこの論争は、精神科医、心理学者、マネージド・ケア会社、製薬会社に分かれて、実験に基づく熱い議論がなされている問題なのである。事実上、健康管理コストにおける何十億ドルが、この議論の最終的な答えによって決まる。

　過去20年間、何百もの適切に統制された研究が、うつ病への薬物療法と心理療法の有効性を支持してきた。ほとんどの患者とほとんどのうつ病に対して、薬物療法、認知行動療法、対人関係療法はほぼ同等の効果があるように思える。症状の改善についての多くの研究を通して、それらの治療すべてに対して、60～75％の患者で中程度からかなりの症状改善が見られている（DeRubeis, Evans, Hollon & Garvey, 1990；Fava, Grandi, Zielezny & Rafanelli, 1996；Lewinsohn & Clarke, 1999；Reinecke, Ryan & DuBois, 1998；Spangler, Simons, Monroe & Thase, 1997）。抗うつ薬は、当初はより早く効くのだが、3、4ヵ月の治療の後には、心理療法の効果が追いつく（Elkin, Shea, Imber et al., 1986；Elkin, Shea, Watkins et al., 1989；Imber, Pilkonis, Sotsky & Elkin, 1990；Shea, Elkin, Imber & Sotsky, 1992）。このように、統計的には、患者は薬物と心理療法の両方で改善する。しかし、ある特定の患者は薬物により反応する可能性が高く、他の患者は心理療法により反応する可能性が高いのだろうか？　もし薬物よりも心理療法が行われたり、または心理療法よりも薬物が与えられたりしたら、その同じ患者は改善するのだろうか？　自分の問題について話したくなかったり、話すことができなかったりする患者がいるが、その人たちにとっては薬物療法がより適切な治療法なのかもしれない。ある患者は、医学的な状態のために薬を服用することができないかもしれないし、不快な副作用が嫌で薬を服用したくないかもしれないし、または、ただ共感的に傾聴されることを求めるかもしれない。

　米国国立精神保健研究所（NIMH）は、認知行動療法と対人関係療法（IPT）と三環系抗うつ薬の効果を比較する画期的な共同研究を主催した（Elkin, Shea, Imber et al., 1986）。250名のうつ病患者が、無作為に4群の1つに割り当てられ（認知行動療法、対人関係療法、三環系抗うつ薬、プラセボ）、3つの異なる治療センターでこの実験が実施された。患者の50％以上が、2つの心理療法群と薬物療法群で改善した。プラセボ群では29％しか改善しなかった。

　薬物は心理療法よりも重症のうつ病患者に対してより効果があった。しかし、重症度の低いうつ病に対しては薬物と心理療法で統計的な違いは見られなかった。これらの研究成果の結果として、American Psychiatric Association（1993, 2000）と Agency for Health Care Policy and Research（1993）よって発行された治療ガイドラインでは、臨床医は重症のうつ病を治療するためには心理療法の代わりに、薬物療法を用いるべきだと提案されている。それにもかかわらず、薬物が重症のうつ病を治療するのに最も適切かどうかを確証するためにはさらなる研究が必要である。というのは、以上のガイドラインを支持する証拠は乏しく（Antonuccio, 1995；Munoz, Hollon, McGrath & Rehm, 1994）、うつ病の重症度による違いは、NIMH 研究でのすべての治療場所においてはっきりしたものであるとは示されなかった（Jacobson & Hollon, 1996）。そして、最近の主要なメタ・アナリシス（いくつかの研究からの被験者すべてを合計する分析）では、重症のうつ病においてさえも、認知行動療法と抗うつ薬の差は示されていない（DeRubeis, Gelfand, Tang & Simons, 1999）。

　重症のうつ病を治療するのに薬物療法を用いるか、心理療法を用いるかという論争は、そのうつ病がどのように重症であるか、そしてうつ病の特定の症例がどのような状態であるかということに要約されると私たちは考えている。たとえば、重いうつ病は、患者を受動的で、口がきけなく、自制できなくし得る。さらに、多くのうつ病患者は、集中力と注意力に著しい機能障害を示す。どちらのケースの患者も、おそらく心理療法向きの人ではなく、抗うつ薬による薬物療法が合理的な選択肢である。このことは、重症のうつ病患者を治療する際には、少なくとも当初は、危機を乗り越えさせるために、薬物またはECTが最も適していることを意味するかもしれない。もし、素早い治療が必要ならば、たとえば、患者をうつ病から引き離して、その人が仕事に復帰できるようにしたり、子どもの世話をすることができるようにしたり、自殺をしないようにするためには、抗うつ薬による治療が心理療法よりも適しているかもしれない。というのは、薬物が最初は素早く効果を発揮するのである。

　もし患者が今までどおり活動することができて、自殺の危険性がないのなら、心理療法がより適した治療なのかもしれない。というのは、薬物療法にはあるが、心理療法には副作用がないのである。さらに、心理療法は症状の後戻りや再発を予防するのにより効果があるだろう。認知行動療法と対人関係療法の両方ともが、うつ病が次に生じたときに用いることができるスキルを教える（Fava, Rafanelli, Grandi, Canestrari & Morphy, 1998；Frank & Spanier, 1995；Jarrett et al., 1998；Paykel et al., 1999；Seligman, Schulman, DeRubeis & Hollon, 1999；Teasdale et al., 2000）。

　抗うつ薬による治療では、新しいスキルを教えないので、患者がいったん抗うつ薬を服用するのを止めると、ぶり返しや再発の危険性が、治療されたことのない患者の平均へと戻る。それにもかかわらず、抗うつ薬による治療が継続される限り、再発はかなり減少し、予防される（Kupfer et al., 1992）。この論争は、患者が無期限に、つまり一生の間ですら、抗うつ薬を続けるべきかどうかということに帰結する。多くの患者にとって、これをすると望ましくない依存状態がもたらされる。そのため、うつ病が再発する危険性があるときでさえ、患者はできる限り早く薬を飲むのを止めることを望む。しかし、もし患者が、抗うつ薬を飲み続けることを決めたらどうなるのだろうか？　誰も確かなことを言うことはできないが、これまでの研究では、抗うつ薬では「時限爆弾」は見つけられておらず、無期限に用いても長期間にわたる健康上のリスクは見られていない。

　現在のマネージド・ケアの時代においては、治療の実質的

続き

なコストが治療効果のような他に考慮すべきものにしばしば優先する。薬物療法は心理療法よりも安価であると一般的に考えられている。結局、比較的高価な抗うつ薬の1つであるProzac®であっても、最近では1日にかかるのは約1.75ドルであり、もしくは週にかかるのが約12ドルである。これは、個人心理療法でかかる、週当たり65ドルから150ドルよりもかなり安い。しかし、このコスト計算は、薬物による治療には、医師による薬物の監視、副作用のコスト、特異な臨床上の結果、再発によるさまざまなコストが含まれるということによって複雑になる。ほとんどの保険会社の計算では、それでもやはり薬物療法は心理療法よりも安価であるが、どちらがよいかという決定が出されるのには、まだほど遠い。

患者は薬物療法と心理療法の両方を受けるべきなのか？ 2つの治療を受けることに対する十分な根本的理由がある。というのは、たとえ患者の薬物がうつ病を抑えたとしても、それでもなお、うつ病を経験したという事実やその人の個人的、社会的、そして職業的な生活に対する結果などの問題を検討するために、心理療法は非常に貴重であるだろう。両者を組み合わせた治療がどのような場合に、そしてどのような人に対して効果があるかを解明するために、さらなる研究が必要である。しかし、それなのに、この重要な疑問に対する証拠は一致しておらず、どのような種類のうつ病が治療されているかによって異なっている。いくつかの研究では、急性の単極性うつ病を治療するために、薬物と心理療法の両方を用いることの付加的な効果はないと結論されている（Craighead, Craighead & Ilardi, 1998；Nemeroff & Schatzberg, 1998）。

しかし、この話は幸いにも慢性のうつ病では異なる。ある研究では、519名の慢性うつ病患者が12週間にわたって、「非定型」抗うつ薬であるSerzone®による薬物療法のみ、あるいは認知行動「分析」（認知療法と対人関係療法の混合）のみ、あるいはその2つの組み合わせという治療を受けた。Serzone®群の55％が改善し、認知行動群の52％が改善し、驚くべきことに両者を組み合わせた群の85％が改善した（Keller et al., 2000）。このように、典型的には、薬物療法と心理療法の付加的な効果がないという結果が得られるのとは反対に、これら2つの治療は慢性うつ病に対して相加的である。

それでは、心理療法と薬物療法のどちらかよいのだろうか？ 40年前、精神保健の専門家たちは心理療法に効果があるかどうかという疑問に心を奪われていた。Gordon Paulという専門家は、その問いは最初から間違っていたことを研究者たちに思い出させた。彼が指摘するように、論点は心理療法に効果があるかどうかではなく、むしろどの療法がどの患者、そしてどの障害に効果があるかというものであった（Paul, 1969）。

私たちは今では、同じ結論が以上の疑問に当てはまることを知っている。すべてのうつ病が心理療法や薬物療法に反応するわけではない。すべての患者に心理療法が効くわけではないし、薬物療法を受けられない医学的状態の患者もいる。だから、問題は薬物か心理療法かということではない。むしろ、それは次のようなものである。「どのような患者に、そしてどの種類のうつ病に、薬物療法よりも心理療法が効くのだろうか？ あるいは心理療法よりも薬物療法が効くのだろうか？そしてどのような患者に、その2つのどちらもが望ましいのだろうか？」

を次のように描写している。

> 私は自分への制約や抑制をまったく感じない。私は何も怖くないし、誰も怖くない。高揚した状態の間、抑制が何もないとき、アクセルを床まで踏み込みカーレースで競争することができると感じ、以前に飛行機を操縦したことなどまったくないのに、飛行機を操縦できると感じ、まったく知らない言語を話すことができると感じる。とりわけ、アーティストとして、普段の自分のときには夢にも思わないような、詩を書くことができ、絵を描くことができると感じる。この完全でまったく自由なこの時期の間は、誰にも制約されたくない。（Fieve, 1975より引用）

すでに述べたように、過度の幸福感は躁病すべてには見られない。多くの場合、主要な気分は怒りっぽさである。そしてとくにこの怒りっぽさは、躁病の人が自分のやりたいことに反対されたときに顕著になる。躁病の人は、ハイな状態のときでさえ異様に涙もろ

1988年の映画「グッド・モーニング、ベトナム」で、ロビン・ウィリアムズ（Robin Williams）は、ベトナム戦争期間中の軍隊でのラジオ放送の躁病のディスク・ジョッキーを演じた。ウィリアムズ自身も双極性障害と診断されていた。(Photofest)

く、欲求不満のときには突然大声で泣くだろう。このことは、躁病はうつ病とまったく反対の状態ではなく、躁病に付随して強いうつ病的な要素が共存すると考えられる1つの理由である。

DSM-IV-TR の診断基準

躁病エピソード

A. 気分が異常かつ持続的に高揚し、開放的で、またはいらだたしい、いつもとは異なった期間が、少なくとも1週間持続する（入院治療が必要な場合はいかなる期間でもよい）。

B. 気分の障害の期間中、以下の症状のうち3つ（またはそれ以上）が持続しており（気分が単にいらだたしい場合は4つ）、はっきりと認められる程度に存在している。
  (1) 自尊心の肥大、または誇大
  (2) 睡眠欲求の減少（例：3時間眠っただけでよく休めたと感じる）
  (3) 普段よりも多弁であるか、喋り続けようとする心迫
  (4) 観念奔逸、またはいくつもの考えが競い合っているという主観的な体験
  (5) 注意散漫（すなわち、注意があまりにも容易に、重要でないかまたは関係のない外的刺激によって他に転じる）
  (6) 目標志向性の活動（社会的、職場または学校内、性的のいずれか）の増加、または精神運動性の焦燥
  (7) まずい結果になる可能性が高い快楽的活動に熱中すること（例：制御のきかない買いあさり、性的無分別、またはばかげた商売への投資などに専念すること）

C. 症状は混合性エピソードの基準を満たさない。

D. 気分の障害は、職業的機能や日常の社会的活動または他者との人間関係に著しい障害を起こすほど、または自己または他者を傷つけるのを防ぐため入院が必要であるほど重篤であるか、または精神病性の特徴が存在する。

E. 症状は、物質（例：乱用薬物、投薬、あるいは他の治療）の直接的な生理学的作用、または一般身体疾患（例：甲状腺機能亢進症）によるものではない。
注：身体的な抗うつ治療（例：投薬、電気痙攣療法、光療法）によって明らかにひき起こされた躁病様のエピソードは、双極I型障害の診断にあたるものとするべきではない。
（訳注：原書は DSM-IV だが、ここでは DSM-IV-TR, APA, 2000［高橋三郎・大野裕・染谷俊幸訳『DSM-IV-TR 精神疾患の診断・統計マニュアル（新訂版）』医学書院、2004］を修正し引用した）

認知面の症状

躁病的な思考は躁病的な気分に特有である。躁病のときの思考は、誇大的である。躁病の患者は自分の能力に限界を考えず、さらに悪いことに、計画を実行するときに、痛ましい結果が起こることを理解しない。1週間で3つの自動車を買うのに10万ドルを使う患者は、支払いが非常に困難になることを理解しないだろう。真夜中に大統領に電話をし、ヘルスケアに関する自分の最新の提案を話す躁病の患者は、その電話によって警官がやってくるかもしれないことを理解しない。次から次へと不倫をする躁病患者は、自分の健康と評判が脅威に曝されることを理解しない。

躁状態の人は、考えやアイデアを書き出したり伝えたりできるよりも早く、頭の中を考えやアイデアが駆けめぐっているだろう。この観念の奔逸は、容易に脱線する。なぜならば、躁病患者は非常に気が散りやすいからである。極端なケースでは、躁病患者は自分自身について妄想的な考えをもつ。彼は、自分が神からの特別な使者であるか、有名な政治家や映画スターの親友であると考えるかもしれない。躁病患者は、他者について黒か白かという考えをする。つまり、自分が知っている人はすべてよいか、すべて悪いかのどちらかであり、その人たちは自分の親友であるか、軽蔑すべき敵であるかのどちらかである。躁病における観念の奔逸を示したケースを次に示す。

インスブルックでの冬季オリンピックで私は、気が狂っていった。私の脳はぼんやりとし、まるでアルプスからの霧が脳を覆っているかのようであった。この状態で、私は1人の紳士、つまり悪魔に対面していた。悪魔は味方のように思えた！ 悪魔は、蹄と羽と角と腐った歯をもっており、何百歳ものように見えた。頭の中にあるこの悪魔とともに、私はインスブルックの丘に登り、農場の建物に火をつけた。光り輝く焚き火だけがこの霧を焼き払えると確信していた。私が納屋から牛と馬を引いていたとき、オーストリアの警官が到着した。彼らは私に手錠をかけ、私を渓谷に連れて行った。私は国境を越えて送還され、プラハの医師に引き渡された。

それから嫌な時間が始まった。鎮静剤をもった医師によって、私は自分が狂っていたことを十分理解する状態になった。これは悲しいことである。自分がキリストではなく、人間を人間たらしめる脳が病気になった哀れな人だということが分かったのである。

……私はひどく病んでいたことを知っている。その状態を表現する言葉はない。たとえそのような言葉があっても、人々は狂気について聞きたくないのでその言葉を信じなかっただろう。狂気は人々を怖がらせる。「私の気分がよいときに、人生の中で何が美しかったかを思い出そうとした。私は愛について考えなかったし、世界中のどのようにさまよっていたかについて考えなかった……私が最も多く思い出したのは、人生の中で最も愛していた川だった。私が再び川で魚釣りをする前には、手のひらで川の水をすくい、その水にキスをするだろう。まるで女性にキスをするかのように……ときどき、鉄格子のついた窓辺に座って、思い出の中で釣りをしたとき、耐え難い苦痛を感じ

た。私は川のこと、川の美しさを思い出さないようにしなければならなかった。私が思い出さなければならなかったのは、この世には、汚れて、不潔で、泥だらけの水も流れているということだった。このようなことを続けているとき、私は自由をそれほど強くは望まなかった……

暮らしていくことができないと感じたとき、何百回も自殺したかったが、実行しなかった。おそらく、もう一度川にキスして銀白色の魚をつかまえたいという望みによって、私は生き続けている。魚釣りが私に耐えることを教えてくれ、魚釣りの記憶が生き続けるのを助けてくれた。(Pavel, 1990より引用)

動機面の症状

躁病の行動は過活動である。躁状態にある患者は、仕事、政治サークルや宗教サークル、性的な関係、そして他の場合においてでさえ、熱狂的に活動する。女性の躁病を描写するために、ある人は次のように書いている。

彼女の友達は、彼女が毎晩出かけて、新しく知り合った多くの男性とデートをしたり、教会の集まりや語学の授業やダンスに参加したり、かなり激情的な感情状態を見せることに気づいていた。オフィスで彼女は魅惑的であったので、口説きやすい既婚の男性2人とベッドをともにした。彼らは彼女が病気ということを理解していなかった。彼女はいろいろな折にきっかけもなしに、突然泣き出し、まったく柄に合わないきわどいジョークを言った。彼女は多弁で落ち着かなくなり、食べなくなり、睡眠が必要でないように思えた。彼女は、敬虔な気持ちで、神と連絡をとることについて話し始め、神が望むことを実現するために今必要なことがあると主張した。これには、彼女を求めるすべての人に彼女自身を性的にささげることが含まれていた。彼女が入院したとき、レジデントの精神科医に自分にキスをするように電話で頼んだ。その精神科医が断ったので、彼女は突然おとなしくなった。後に、彼女は絶え間なく話し、その医者が彼女をたぶらかそうとしたと責め、彼女やその医者がもっているすべての性的な考えを神がいかに知っているかについて話し始めた。(Fieve, 1975, pp. 22-23より引用)

躁病患者の躁的な行動には、でしゃばりで、要求が厳しく、傲慢な特質がある。そのため、躁状態の人々は多くの場合、周りの人を不快にする。周りの人をほとんど無視して、考えていることを矢継ぎ早に主張し、熱狂的に振舞う人と多くの時間を過ごすことは難しい。躁病のときによく生じる他の行動は、強迫感にとらわれたようなギャンブル、むこうみずな運転、不毛な金融投資、そして、けばけばしい服装と化粧である。

身体面の症状

このように活動すべてに混乱が生じることにともなって、睡眠への欲求が顕著に低下する。不眠症は、躁病の間、事実上いつも生じる。2、3日の不眠症の後、必ず極度の疲労が始まり、躁病は緩和する。実際に、ある実験的な治療は、睡眠薬を使って、躁病を「眠って治す」ためのものであった。これは、睡眠の剥奪がうつ病を緩和するという知見の正反対の方法である。

双極性障害の経過

米国の人口の0.6〜1.1%が、一生の間に双極性障害を発症する(Keller & Baker, 1991 ; Robins et al., 1984)。男性よりも女性が単極性うつ病にかかりやすいのとは異なり、双極性障害は両性とも同程度に罹患する。双極性障害の発症は突然であり、たいていは数時間や数日のうちに発症し、概して原因となる出来事は明白でない。最初のエピソードはたいていうつ病ではなく躁病であり、一般的に20歳と30歳の間に起こる。双極性障害のある人々の90%が、50歳より前に最初の発症を経験するだろう。

双極性障害は再発する傾向があり、それぞれのエピソードは数日間から数ヵ月間続く。この障害にかかって最初の10年を通して、躁病エピソードの頻度と強度が悪化していく傾向にある。驚くべきことに、躁病エピソードは消耗し、初発から20年後では、生じるエピソードは多くはない。この障害では躁病とうつ病の両方のエピソードが生じるが、定期的に循環することは(たとえば、3ヵ月の躁病の後に、3ヵ月のうつ病が続くなど)まれである。

双極性障害は、良性の障害ではなく、寛解しない。ある人にとっては、極度の躁病エピソードが多くの困難をもたらすだろう。躁病患者の過活動と奇想天外な行動は、職場や家庭で問題をひき起こす。雇用者はたいてい彼らの行動に悩まされ、双極性障害のある人には仕事を失う者もいる。また生涯にわたって仕事を失う者もいる。さらに、躁病患者の交友関係は破綻する傾向にある。双極性障害の人は扱うのが困難である。既婚の躁うつ病患者は、既婚の単極性うつ病患者よりも、かなり高い割合で離婚している。アルコールの濫用は、自己治療の試み、または不十分な判断と衝動性というどちらかの理由により、双極性障害の人にとって多い。躁病が重症になればなるほど、習慣性の過度の飲酒もより多くなる(Maier, Lichtermann, Minges, Delmo & Heun, 1995)。合計すると、双極性障害のある人の20〜50%が、交友関係と職業における慢性

セオドア・ルーズベルトは双極性障害であり、彼の障害の躁病期は彼の政治的成功の一因であったという証拠がある。(Theodore Roosevelt Birthplace, New York の厚意による)

的な機能不全に苦しむ。重症なケースのほとんどでは入院が必要である。そして、自殺のおそれが絶えず続く人もいる。双極性うつ病では、単極性うつ病よりも自殺企図および自殺を完遂する割合が同様に高い。双極性障害の人の15％程度は、自殺で人生を終えるだろう（Brodie & Leff, 1971；Carlson, Kotin, Davenport & Adland, 1974；Dunner, Gershom & Goodwin, 1976；Reich, Davies & Himmelhoch, 1974；Sharma & Markar, 1994）。

しかし、躁病がより穏やかで、うつ病がそれほどひどくないとき、双極性障害の人が持つ向上心、過活動、多弁、壮大さは多大な成果をもたらすことがある。これらの行動は、社会で成功するための助けとなる。多くの創造的な人々、産業界、芸能界、政界、宗教界のリーダーは、自分の双極性障害の重症度が低い段階を用い、コントロールをすることができていたと言っても差し支えないのは驚くべきことではない。アブラハム・リンカーン、ウィンストン・チャーチルそしてセオドア・ルーズベルトは、おそらく全員双極性障害に罹患していた。

双極性障害の原因

双極性障害の原因は分かっていない。表面上では、躁病の誇大妄想と過活動は、うつ病の引きこもりと不活動と正反対である。躁病はうつ病と生理学的に反対なのだと提案する理論が観察によって導かれてきた。たとえば、双極性障害は、自己修復のための生物学的プロセスが制御されなくなったことによって起こると考える理論家たちがいる。一般的に、うつ病になると、うつ病を取り払う正反対の過度に幸福感のある状態に転換することで、そのうつ病が終了すると主張されている。反対に過度に幸福感のある状態になると、その状態を中和するうつ状態へと転換することで、その状態が手に負えない状況に陥ることが防がれている。このような転換プロセスについての生化学的調査では、双極性障害は躁病とうつ病のバランスの障害、とくに躁病とうつ病両方への反応の過剰から生じていることが示されているように思える（図7-7参照）。

双極性障害の基盤となる生物学的な原理に関するもう1つの理論では、脳内の3つの離れた領域がアンバランスになり、さまざまな症状群の原因となっていることが明らかにされている。第1に、うつ病期の興味や喜びの欠乏から、躁病期の過度に快楽を求める活動への転換は、脳の報酬システムの障害を伴っている。喜びの「抑制」の過剰または欠乏は、人が過度に熱中したり、無感情的であったりするのを決定する。第2に、うつ病のときの痛みや嫌な出来事への感受性の高さと、躁病のときの感受性の低さは、別々の脱制止ー制止過程から生じるだろう。第3に、躁状態の過活動からうつ状態の精神運動性の制止への転換は、運動を処理するシステムが統制されていないことから生じる。さまざまな神経伝達物質が、以上の3つのシステムそれぞれの転換プロセスをコントロールしていると考えられている（Carroll, 1994）。

しかし、以上の理論のそれぞれは、うつ病と躁病を双極性障害における別々で相反する段階だと考えている。これらの理論では、躁病とうつ病が同時期に同じ人に生じうる理由を説明するのが困難である。しかし、これは確かに、**混合性エピソード**で生じていると思えることである。混合性エピソードでは、患者は躁病とうつ病の**両方**の診断基準に合致する。そのような患者は、概してうつ病のように見えるが、興奮、いらいら、精神病的思考を示す。これまでに見てきたように、うつ病の感情は、しばしば躁病の間でもすぐに生じる。双極性障害の人は、躁病のとき涙もろく、正常なときより絶望的なことを言葉に出し、自殺念慮を多くもつ。このことから、躁病はその背景にあるうつ病への不安定な防御手段なのだと考える理論家もいる。明らかに躁病とうつ病は相反する障害ではなく、何らかの関連がある可能性があり、同時に生じる可能性がある。

遺伝によって人は双極性障害に罹患しやすくなる。躁病のある人は、後に続く世代がうつ病や躁病に罹患している家族に見られることが多い。双極性障害の患者の親戚は、双極性障害を発症する通常の危険性の1％より5倍発症しやすい（Rice et al., 1987）。一卵性双生児は、二卵性双生児と比べて、双極性障害発症の一致率が5倍である。このような家族性の危険性があ

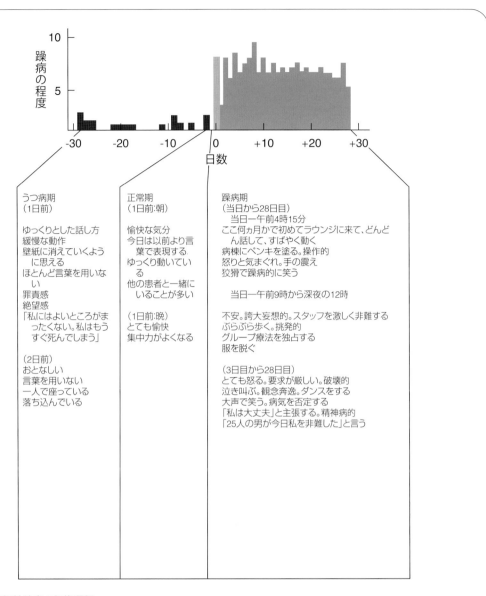

図7-7　双極性障害の転換過程
　図が示しているのは、双極性障害の患者がうつ病から躁病へと転換するときの行動面の著しい変化を示している。(Bunney, W. E., Jr., & Murphy, D. L., The switch process in bipolar disorder, in N. S. Kline (Ed.), 1974より引用)

るのは、おそらく遺伝的なものであり、少なくとも双極性障害は部分的に遺伝的であるが、単極性うつ病では遺伝的なものがより少ない。一方、双極性障害の遺伝子座に関する研究は進行中であるが、まだ結論に達していない(Allen, 1976 ; Berrettini et al., 1997 ; Carroll, 1994 ; McGuffin & Katz, 1989)。

双極性障害の治療

　双極性障害への古典的で最も有効な治療は、炭酸リチウムである(表7-4参照)。リチウムはもともと料理用の塩の代用品として用いられていた。1949年に、オーストラリアの医師John　Cadeが、リチウム塩が原住民の豚を不活動にすることに気づき、リチウムが躁病の人を不活動にするのではないかと考えた。そこで彼は、リチウムが人間の躁病を弱めるかを試したところ、リチウムを投与すると重症の躁病がおさまった。それ以来、炭酸リチウムは躁病と双極性障害のうつ病の両方に対する効果的な治療法であることが示されてきた。双極性障害の患者のおよそ80％では、リ

表7-4 双極性障害の治療

	心理社会的治療*	薬物療法†
改善	わずか	80％が躁病から顕著な緩和
		60～80％がうつ病から中等度の緩和
再発‡	不明	高い再発率
副作用	ない	中等度～重篤
費用	高くない	適度に高い
時間	何ヵ月間・何週間	何週間・何ヵ月間
全体	わずか	とてもよい

*心理社会的治療は薬物療法の補助としてのみ提供される。家族への介入と認知行動療法がいくつかの統制された試験で薬物療法と対にされて用いられてきた
†双極性障害への薬物療法にはリチウムが含まれ、急性の躁病にはバルプロ塩酸とカルバマゼピンが含まれる
‡治療の停止後の再発

Craighead, Miklowitz, & Vajk, 1998；Keck & McElroy, 1998を基に作成。

チウムの投与期間に症状の全快または部分的な軽減が見られた(Schou, 1997)。とはいえ、残りの20％の患者は炭酸リチウムに反応しないことも明白である(Depue, 1979；Manji, Potter & Lenox, 1995；Solomon, Keitner, Miller, Shea & Keller, 1995)。

リチウムは双極性障害にとって奇跡の薬と考えられているが、とくに心臓と腎臓に対する副作用は身体的に有害であり、致死的でさえある。リチウムは過剰に服薬するとかなり中毒性があるので、服薬に関して慎重でない双極性障害の患者へ処方するには危険な薬物である。このことによって、リチウムが双極性障害の治療に50年にもわたって効果的に使われてきたにもかかわらず、リチウムによる治療法がとって代わられつつある理由が説明される。新しい治療法は、カルバマゼピン(Tegretol®)、バルプロ酸塩(Depakote®)、ラモトリジン(Lamictal®)、そしてガバペンチン(Neurontin®)のような抗痙攣薬を用いる。多くのケース研究が報告されているが、今日まで信頼できる比較対照研究はわずか1つしかない。二重盲検法による無作為抽出法を用いた比較対照研究で、ラモトリジンが双極性障害の患者のうつ病に効果があることが研究者によって示された(Calabrese et al., 1999)。次の数年で、抗痙攣薬についてより広範囲な実験的検討が行われるだろう(Post et al., 1998)。しかし、抗痙攣薬の副作用はより扱いやすいため、抗痙攣薬による治療がすでに標準的な治療になってきている。

単極性うつ病を生物学的な枠組みで見るか、認知的な枠組みで見るかについての激しい議論を思い出してほしい。双極性うつ病についてはそのような議論はない。リチウムの確固とした効果と強固な遺伝的脆弱性という両方の証拠によって、双極性障害は生物学的モデルで最も理解されることが示唆されている。

季節性感情障害

気分障害の分類に最も新しく追加されたものは**季節性感情障害**(seasonal affective disorder：SAD)と呼ばれており、最近の表現ではDSM-IVの中で「季節型の特定用語」と名づけられている。原則として、季節性感情障害はいずれの気分障害に対しても特定用語になりうるが、最もよく見られるのが単極性障害に付随することである。何千年もの間、温帯地域の人間の活動は、季節に大きな影響を受けるようになってきた。つまり、春と夏の間に大いに活動し、秋と冬の間にはその興奮した生活から引きこもる傾向が生じるのである。これはSADの進化論的基盤であろう(Whybrow, 1997)。

21歳でフロリダからワシントンD.C.に引っ越したとき、ジョンは初めてうつ病を経験した。彼は医学部に入学するためにそこに行き、それから4年、冬を迎える度にうつ病が再発した。彼は入院し、医者になるという目標に対してうつ病の問題があるために絶望的になった。毎年うつ病が続いていながら、彼はメリーランドでのインターンシップの間こつこつ勉強した。

彼は毎年春になると、うつ病が軽くなることに気づいた。うつ病は、日が短くなっていく12月の初旬に始まり、4月の初旬までに軽くなる。うつ病が徐々に生じる年もあれば、患者が亡くなるなどのつらい出来事がうつ病をひき起こす年もあった。彼の気分は朝により悪くなり、睡眠の困難を抱え、炭水化物を強く欲し体重が増えた。彼は無気力でいらいらし、悲観的だった。

SADに関する本を読んだ後、彼は、米国国立精神保健研究所で光療法の治療を受けた。夜明け前の2時間、光り輝くグローライト(grow light)を浴びることで、彼のうつ病は顕著に改善することが分かった。最

DSM-IV-TR の診断基準

季節型の特定用語

DSM–IV (TRも) では、季節型の気分障害の再発性エピソードを説明するための基準を提案している（双極 I 型障害、双極 II 型障害、または「大うつ病性障害、反復性」における大うつ病エピソードの経過型に適用することができる）：

A. 双極 I 型障害、双極 II 型障害、または「大うつ病性障害、反復性」における大うつ病エピソードの発症と、1年のうちの特定の時期との間に規則的な時間的関係があった（例：秋か冬における大うつ病エピソードの規則的な発症）。
   注：季節に関連した心理社会的ストレス因子の明らかな影響が存在する場合は含めないこと（例：毎冬いつも失業している）。

B. 完全寛解（または抑うつから躁または軽躁への転換）も1年のうちの特定の時期に起こる（例：抑うつは春に消失する）。

C. 最近 2 年間に、基準 A および B に定義される時間的な季節的関係を示す大うつ病エピソードが 2 回起こっており、同じ期間内に非季節性大うつ病エピソードは起きていない。

D. （上述の）季節型大うつ病エピソードは、その人の生涯に生じたことのある非季節性大うつ病エピソードの数を十分上回っている。

（訳注：原書は DSM-IV だが、ここでは DSM-IV-TR, APA, 2000 [高橋三郎・大野裕・染谷俊幸訳『DSM-IV-TR 精神疾患の診断・統計マニュアル（新訂版）』医学書院、2004] を修正し引用した）

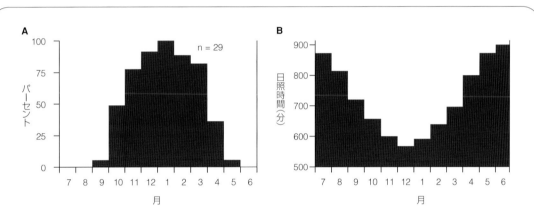

図7-8　うつ病と日照時間
メリーランド州ロックビル（スミソニアン放射線生物学研究所）における(A) うつ病患者の月ごとのパーセンテージ（過去の出来事に基づいて）と(B)平均日照時間（北緯39度）の比較。
（Rosenthal, N. E., Sack, D. A., Gillin, J. C., Lewy, A. J., Goodwin, F. K., Davenport, Y., Mueller, P. S., Newsome, D. A., & Wehr, T. A., 1984 より引用）

終的に、彼は自分自身で治療をした。彼は引っ越して、サンディエゴで診療所を開設した。それ以来、彼が冬のうつ病を経験することはなかった。(Spitzer, Gibbon, Skodol, Williams & First, 1989, pp. 19–21を改変して引用)

SAD は毎年10月または11月に始まり、陽が長くなるにつれて（3月か4月に）完全に寛解することによって特徴づけられる。そして時には躁病へと転換する。患者は多数のうつ病の典型的な症状に加えて、疲労感、仮眠、炭水化物の渇望を訴える。女性は男性よりも診断されやすく、小さな子どもも同様に罹患する。日本での全国規模の調査では、うつ病の外来患者5,000人のわずか1％が SAD であることが明らかにされた (Sakamoto, Kamo, Nakadaira & Tamura, 1993)。反対に、日光に当たることが少ないアラスカに住む283人の無作為抽出によるサンプルでは、26人(9.2％)が SAD に罹患していた(Booker & Hellekson, 1992；しかし、Magnusson, Axelsson, Karlsson & Oskarsson, 2000を参照のこと。この研究ではアイスランドで SAD が少ないことが示されている)。最初の大規模な研究の1つでは、SAD の患者29人が月毎にうつ病の罹患歴を報告した。うつ病エピソードは、毎月の日光や気温と連動しており、冬の時期にうつ病が最も多くなり、夏に最も少なかった（図7-8参照）。うつ病は患者が住む場所の日光の量によってのみ左右されるのでなく、患者が旅行したときでも変化する。患者が冬に南方へ旅行すると、うつ病は数日以内に寛解し、冬に

季節性感情障害への光療法の方式に従い、この女性は毎日数時間、蛍光灯のスクリーンの前に座る。冬季の間、日光が少なくなるときに、光療法は彼女が経験する抑うつ症状を軽減する。(©Pascal Goetheluck/Science Photo Library/Photo Researchers)

北方に旅行すると、うつ病は悪化する傾向にある(Molin, Mellerup, Bolwik, Scheike & Dam, 1996; Rosenthal et al., 1984)。

これらの結果から、治療法として人工的な光が用いられるようになった。明るい「Gro–Light」(自然な日光を出す蛍光灯)を患者の家に治療に用いるために設置し、日光に当たる時間を人工的に長くするために早朝と日没後に用いられる。とくに朝に光を浴びることで、抑うつ症状がすぐに軽減することが報告されてきており、光をとりやめると再発が生じる(Hellekson, Kline & Rosenthal, 1986; Lewy, Sack, Miller & Hoban, 1987; Rosenthal, Moul, Hellekson & Oren, 1993)。朝に自然の光を浴びることによっても、抑うつ症状は軽減するようである(Lewy et al, 1998; Wirz–Justice et al., 1996)。

自 殺

双極性か単極性かにかかわらず、うつ病の最も悲惨な結末は自殺である。自殺の大部分の前兆に、うつ病がある。他の心理的疾患の直接的な結果として死亡することはまれである。そのまれな例としては、食べることを拒否する無食欲症の患者、統合失調症の幻覚で自分がキリストだと信じて川の上を歩こうとする患者、過量服薬したヘロイン中毒者などがある。しかし、取り消しえない傷害、つまり死が、結果として最も頻繁に生じるのは、うつ病である。

高校生と大学生の間で、自殺は3番目に多い死因である。この年齢群は、かつては自殺のわずか5％を占めていたが、現在では自殺の15％以上を占めている(Harvard Mental Health Letter, 1996; Monthly Vital Statistics Report, 1996)。若い人は自己の能力を十分に発揮しておらず将来の見込みがあるので、若い人の死は痛切に感じられる悲劇である。若かったとき、ベートーベンは2つ目の交響曲を作曲する前に、自殺しそうだった。彼を思いとどまらせたのは、自分がまだ最良の作品を作曲していないと考えたことだった。

自殺は、ほとんどの社会で禁じられている行為である。多くの宗教が自殺を罪とみなしている。そして皮肉なことに、いくつかの国においては犯罪である。自殺ほど、友人や家族に辛く永続する影響を残す行為はない。自殺は、そのあとに、親族が自分の墓場まで持っていくことになるかもしれないほどの混乱、罪悪感、不名誉そして恥辱を残す。

自殺をするかどうかを選んでいる人は、たいていその決定について相反する感情を強くもっている。宣戦布告のときのように、わずか1票の違いがバランスを傾かせる(表7–5参照)。たとえば、医師が今度の予約をキャンセルせざるを得なかったとき、ある患者はこのことを一連の失望の最後と解釈し、自殺による死へとバランスを傾かせた。

自殺についての倫理上の問題は、とても難しい。自分の財産を自らの意思で捨てる権利をもつように、他者からの干渉なしに、人は自分の命を絶つ権利をもっているのだろうか(Szasz, 1974)。今日、米国ではJack Kevorkian博士に象徴される運動が起こっている。その運動は、人は自殺する権利をもつという考えをもっている。しかし、一方でほとんどの自殺の背景にはうつ病性障害があると主張をする人がいる。気分障害のある人々の生涯の自殺率は、一般人口の25倍以上である(Caldwell & Gottesman, 1990, 1992)。時間の経過であっても、治療によってであっても、ひとたびうつ病が改善すると、自殺願望もまた改善する。うつ病の状態に応じて揺れ動く判断を合理的な判断と見なすのは問題である(McHugh, 1997)。

どのような人に自殺の危険性があるのか？

最も少なく見積もっても、米国では毎年25,000人が自殺によって人生を終わらせている。信頼できる最近のデータとして、1996年には、少なくとも30,000人が自殺を完遂しており、その3倍以上が自殺企図のため入院している(Monthly Vital Statistics Report, 1996)。少なくとも自殺を完遂した人の10倍の自殺企図者がいると推計されており、今日の米国ではかつて自殺企図をしたことがあり、今は生存している人が500万人いると推計されている。自殺企図は、自殺の完遂の最も大きなリスクファクターであり、次の年に自殺する危険性は平均の100倍以上である。自殺企図をした人々の約10％が、それから10年以内に自殺の完遂をするだろう(Harvard Mental Health Letter,

表7-5 自殺についての神話と事実

神話	事実
自殺について話をする人は自殺をしない。	自殺をした10人のうち、8人は自殺の意図について明確な前兆を示した。
自殺したい衝動に駆られる人は死にたいというはっきりとした決断をする。	ほとんどの人は生きるか死ぬかについて優柔不断である。彼らはいちかばちかで死に賭けて、他の人に死を残し、自分たちを救う。
いったん自殺したい衝動に駆られると、永遠にその衝動に駆られている。	たいてい自殺したい人たちは、ほんの限られた時間の間自殺したい衝動に駆られている。自殺したいという望みはたいていうつ病と関連しており、うつ病は多くの場合、時間がたつと消える。
自殺の危機に続いて改善が生じると、自殺のリスクは終わる。	ほとんどの自殺はその人がまだうつ状態であるが、「改善」が開始した後、3ヵ月以内に生じる。その人が病院にいたりうつ病で最も元気のないときよりも、その人が武器を手にでき、自殺の計画を実行するエネルギーがあるときに、自殺が生じる。
自殺は金持ちの間でしばしば多く生じる。	自殺はすべての社会階層で同じように頻繁に起こる。
自殺行動は、病気の人の行動である。	自殺したい衝動に駆られている人は、ほとんどいつも極端に憂うつである一方で、必ずしも「精神的な病気」ではない。自殺は理にかなった行動であることもありうる。

Shneidman, E., 1976を改変して引用。

人には他人からの干渉なしに自らの命を終わらせる権利があるとJack Kevorkian博士は信じている。これは、自殺幇助についての1996年の裁判での休憩の間、博士がレポーターと話している写真である。(AP/Wide World Photos)

カート・コバーン(Kurt Cobain)は人気絶頂のときに自殺した。ベートーベンが最初の交響曲を書いた後に自殺を考えたが自殺しなかったのとは違って、コバーンが自殺をしなかったら、他にどのような曲を書いたかを私たちは知ることはできない。(AP/Wide World Photos, Robert Sorbo)

1996)。

自殺は家系の中で繰り返されるかもしれず、うつ病性障害が遺伝性である程度くらいには、自殺自体も遺伝性であるかもしれない(Arango & Underwood, 1997)。アーミッシュ派という、グループ内で結婚することが多く、ペンシルバニア州のランカスター郡に住んでいる極度に孤立した人々のグループについての研究で、過去100年に起こった全部で26の自殺が分析された。自殺をした人のうち、24人が主要な感情障害に罹患しており、全家族のうちの16％が自殺の73％を占めていた(Egeland & Sussex, 1985)。

自殺の危険性には、生化学的な要素もあるかもしれない。うつ病の患者の間では、自殺企図はセロトニンのレベルが低い人に最も多く見られ、セロトニンのレベルが低い患者が自殺企図を行うとき、より激しい手段を用いた(Asberg, Traskman & Thoren, 1976)。自殺による犠牲者の脳では、脳幹と脳脊髄液のセロトニンが少なかったが、前頭葉では少なくなかった(Bourgeois, 1991；Mann, Arango & Underwood, 1990；Traskman-Bendz et al., 1993)。

うつ病と自殺

自殺はうつ病がないときにも起こる可能性があり、うつ病の人の大部分が自殺をしないけれども、それでもうつ病の人は最も自殺の危険性がある単一のグループである。自殺したい衝動に駆られる患者のおよそ80％が重症の抑うつ状態にある。うつ病の患者は、対照群の一般人口よりも少なくとも25倍も最終的に自殺をする確率が高い(Flood & Seager, 1968；Pokorny, 1964；Robins & Guze, 1972)。

しかし、うつ病だけが自殺の確率の高い障害ではない。自殺の約20％はアルコール乱用者(患者のほとんど全員が抑うつ状態でもある)であり、そして統合失調症に罹患している人の5％～10％が自殺企図を行う。殺人犯の人々もまた高い確率で自殺をする。白人

男性は女性よりも、自殺しようとしたときに実際に自殺を完遂する可能性が高い。女性は自分の手首を切ったり、睡眠薬を過量服薬したりする傾向があるが、男性はピストルで自分を撃ったり、橋やビルから飛び降りたりする傾向がある。これは、1人の若い男性が死ぬために飛び降りるかどうかについて決断を下しているところである。警官隊は室内に引き返すよう彼を指導しようとしており、もし実際に飛び降りたら、下で彼を受け止めようとしている。(©Nancy Hays/Monkmeyer)

ソビエト連邦崩壊後のロシアのように、強行的な社会変化が起こっている場所では、自殺率が上昇する傾向がある。これは、1988年の経済危機の間に職を失ったロシア人がジョブ・フェアに参加するために並んで待っているところである。この人たちの絶望と希望のなさが表情からはっきりとわかる。(AP/Wide World Photos)

の殺人者の自殺の確率は、全国的な平均の700倍である(Harvard Mental Health Letter, 1996)。

性差と自殺

女性は男性のおよそ3倍自殺企図を行うが、男性のほうが女性よりも4倍も多く実際に自殺を完遂する(Canetto & Lester, 1995)。衝動的で攻撃的でセロトニンのレベルが低いという組み合わせは(女性よりも男性に多く共通して見られる組み合わせである)、男性における自殺の完遂の大部分を説明するだろう。女性の自殺企図の割合が高いことは、おそらく女性のうつ病が多いことと関連している。一方、男性で自殺を完遂する割合が高いことは、おそらく自殺する際に選ぶ方法と関連している。女性は、リストカットや睡眠薬の過量服薬などの致死性の低い手段を選ぶ傾向がある。一方、男性は銃を用いたり、ビルから飛び降りたりする傾向がある。米国で自殺を完遂した人の半数以上は、銃を用いている。男性、女性とも離婚をしたり配偶者と死別したりした人のほうが、自殺をする割合が高い。寂しさ、および対人関係上の問題で失敗したという感覚が、この統計結果の一因となっているのは確かである。自殺する男性は、仕事での挫折がきっかけで自殺する傾向がある。自殺をする女性は恋愛上の挫折がきっかけで自殺する傾向がある(Linden & Breed, 1976；Mendels, 1970；Shneidman, 1976)。恋人に振られた後に自殺しようとしたある女性患者は次のように言っている。「生きる意味がないのです。私にとってこの世には何もないのです。愛が必要なのです。そしてもう私には愛がないのです。愛なしでは幸せになれない。みじめなだけです。明けても暮れても、あるのは変わらぬ苦痛だけなのです。生きていく意味がないのです」(Beck, 1976)。

文化差と自殺

人種、宗教そして国民性は多少自殺への脆弱性に影響を与えている。若い黒人男性と白人男性の自殺率はほぼ同じであるが(Hendin, 1969；Linden & Breed, 1976；McIntosh, 1989)、黒人の女性と高齢の黒人男性はおそらく多くの場合、白人よりも自殺が少ない(Swanson & Breed, 1976；McIntosh, 1989)。不安を抱かせられることだが、若い黒人の間では、1960年から1987年までで自殺率が3倍となった(Summerville, Kaslow, & Doepke, 1996)。アメリカ先住民は、それ以外のアメリカ人よりも自殺率が高いといっても差支えない証拠がある(Frederick, 1978)。米国では、その人の宗教的な信念は自殺への歯止めにはならないようである。というのは、米国での自殺率は、その人が無宗教であっても、カトリックであっても、プロテスタントであっても、ユダヤ教であってもほとんど同じである。

自殺はすべての文化で生じるが、工業化した国でより多いように思える(表7-6参照)。ハンガリー、スリランカそしてロシアは世界中で最も自殺率が高く、米国のほぼ3倍である(WHO, 1995)。かつてのソビエト連邦での自殺率は、1965年から1984年までの期間ではぼ2倍となった。それから、1984年から1988年までの民主化の期間で、自殺率は再び半分になった。強烈な政治的な対立があった地域(バルト諸国)と強行的な社会変化があった地域(ロシア)では、自殺率が高かったが、家族と宗教的な信念が強い地域では、自殺率が低かった(Varnik & Wasserman, 1992)。メキシ

表7-6 世界の自殺率

国名	データの入手年	合計	男性	女性	比率
ハンガリー	1991	38.6	58.0	20.7	2.8
スリランカ	1986	33.2	46.9	18.9	2.5
ロシア(ソ連)	1990	21.1	34.4	9.1	3.8
中国	1989	17.1	14.7	19.6	0.8
日本	1991	16.1	20.6	11.8	1.7
ドイツ連邦共和国	1990	15.8	22.4	9.6	2.3
オーストラリア	1988	13.3	21.0	5.6	3.8
シンガポール	1990	13.1	14.7	11.5	1.3
カナダ	1990	12.7	20.4	5.2	3.9
米国	1989	12.2	19.9	4.8	4.1
香港	1989	10.5	11.8	9.1	1.3
プエルトリコ	1990	10.5	19.4	2.1	9.2
ウルグアイ	1990	10.3	16.6	4.2	4.0
アイルランド	1990	9.5	14.4	4.7	3.1
インド	1988	8.1	9.1	6.9	1.3
韓国	1987	7.9	11.5	4.4	2.6
英国	1991	7.9	12.4	3.6	3.4
イスラエル	1989	7.8	11.0	4.6	2.4
アルゼンチン	1989	7.1	10.5	3.8	2.8
コスタリカ	1989	5.8	9.3	2.1	4.4
タイ	1985	5.8	7.1	4.5	1.6
チリ	1989	5.6	9.8	1.5	6.5
ヴェネズエラ	1989	4.8	7.8	1.8	4.3
メキシコ	1990	2.3	3.9	0.7	5.6

WHO Division of Mental Health, 未公刊資料(インドと中国を除く)。インド：National Crime Records Bureau, Govement of India, 1992より引用。

コとエジプトでは自殺率が非常に低かった。おそらくその理由は、それらの文化では自殺が道徳的な罪だと考えられているからである。アイルランドでは、カトリック教会が自殺に対してより穏健な見方をもつようになるにつれて、この50年間で自殺率が5倍となった。世界的に見ると、米国での自殺率は平均的なものである。スウェーデンでは自殺率が中位の高さである。このことを、スウェーデンの社会福祉のシステムによってもたらされたインセンティブのなさのせいにする人がいる。しかし、スウェーデンでの自殺率は、社会福祉を導入する以前の1910年代からずっと同じままである(Shneidman, 1976；Department of International Economic and Social Affairs, 1985も参照のこと)。

年齢と自殺

子どもの間での自殺はまれであり、米国内で1年間に14歳以下の子どもによって行われる自殺企図は200よりもおそらく少ない。自殺はいかなる状況下でも予測するのが困難である。しかし、自殺したい衝動に駆られる未就学児は、衝動的で過度に活動的であり、怪我をしたときにあまり痛がらず泣かず、両親による虐待や無視を経験している傾向があることが知られている(Rosenthal & Rosenthal, 1984)。

自分が死にたいということを議論するために、9歳のミシェル(M)は、子どものうつ病の代表的な専門家である、故 Joaquim Puig-Antich(JPA)と話し合っている。

JPA：あなたは自分が罰せられるべきだと感じているの？
M：うん。
JPA：なぜ？
M：分からないわ。
JPA：あなたは自分を傷つけたいという考えをもったことがある？
M：うん。
JPA：どのようにして自分を傷つけようと考えているの？
M：たくさんのアルコールを飲んだり、バルコニーから飛び降りたりすることでよ。
JPA：以前に飛び降りようとしたことはある？
M：一度テラスの端に立って、手すりをまたいだことがある。でもお母さんが私をつかまえたの。

利他的な自殺とは、自分のコミュニティのためになると考えられることのために自殺をすることである。(左：UPI/Bettmann) 1963年、南ベトナム政府の政策に反対し、政策を変えさせるための儀式的な自殺において、1人の仏僧が、自ら火の中に身を置いた。(右：AP/Wide World Photos) 1988年に、1人のタミル人の女性反乱軍兵士が自分自身と他の8人を殺した。彼女は、自分が運転していたバンを爆破し、そのことで、スリランカの少数民族であるタミル人の祖国のための反乱軍の戦いに注目を集めることを望んだ。

JPA：本当に飛び降りたかったの？
M：うん。
JPA：もし飛び降りたら、何が起こったの？
M：私は自分自身を殺していた。
JPA：あなたは自分を殺したかったの？
M：うん。
JPA：なぜ？
M：私が暮らしている生活が嫌いだから。
JPA：あなたが暮らしている生活のどんなところが？
M：悲しくて惨めな生活がだよ。
　　　　　　　　　　　　(Jerome, 1979)

　米国では若い人の間で自殺率が上昇している。過去35年で、大学生の自殺率は3倍になった。20歳と24歳の間の男性に最も自殺が集中しており、一般人口では10万人に12人の割合なのに比べて、この年齢では10万人に28人の割合である。若い自殺者についての心理学的な「検死」の研究によると、自殺の前兆として薬物乱用と未治療のうつ病が強く影響を与えていた(Holden, 1986)。

　中年期から高齢期にかけて、とくに男性の間で自殺率が急激に上昇する。85歳以上の男性はすべての年齢群の中で最も自殺率が高い(Statistical Abstract of the United States, 1993)。うつ病、孤独、知らない環境への移動、家族や社会での重要な役割の喪失、愛する人の喪失の増加はすべて、高齢者の高い自殺率に確実に影響を及ぼしている。高齢者が尊敬され、家族の生活で重要であり続ける文化やコミュニティでは、自殺はまれである。

自殺への動機

　近代における最初の大規模な自殺研究で、フランス人の社会学者 Emile Durkheim (1858-1917) は、自殺への動機を3つに区別した。それらの動機すべては、人が社会の中での自分の位置づけをどのように解釈するかに密接に関連していた。彼は3つの動機を**無連帯的、利己的、利他的**と名づけた。**無連帯的な自殺**は、ある人と社会との関係が破壊的に断絶されることによって促進される。たとえば、仕事の喪失、経済不況そして突然金持ちになることなどである。**利己的な自殺**は、ある人が仲間との結びつきがほとんどないときに生じる。社会的な要請、それらの中で一番のものである生きることへの要請は、利己的な人には理解されない。最後の、**利他的な自殺**は社会のためのものである。人は自分のコミュニティの利益のために自らの命を投げ出す。切腹は利他的な自殺である。ベトナム戦争の不正義へ抗議するために焼身自殺した仏僧は、利他的な自殺を思い起こさせる別の例である。

　現代の思想家は、もっと根本的な自殺への動機は、**終結と操作**の2つと見ている。終結を望む人は、単にあきらめているのである。ある男性は遺書に「私はあまりにも多くのものになりたかった、その上、偉大な人になりたかった……。それは見込みのないことだ。私は他の人を愛そうとしたことがなく、その感じを出すだけであった。社会が私に信じるように教えてくれたことを私はけっして信じることができなかった。さらに私は真実をうまく見つけることができなかった」(Shneidman, 1976)。彼らの感情面の苦痛は耐えられるものではなく、他の解決策が見えない。死の中に自

分たちの問題を終わらせるものがあると思う。組織的な研究で調べたところ自殺企図の56％は、終結を手に入れようとしたケースに分類された。このような自殺企図は、他の自殺企図よりもうつ病や絶望感と関連がより深く、致死性が高い傾向にある(Beck, 1976)。

自殺へのもう1つの動機は、自殺企図によって他の人々を操作したいという願望である。死ぬことによって、残される世界を操作しようとする人もいる。つまり、言い争いで最後の言葉を言うために、振られた恋人への仕返しをするために、他の人の人生をめちゃくちゃにするために、自殺をする人がいる。操作的な自殺によく見られるのは、その人は生き続けようと思っているのだが、苦しい状況の深刻さを見せることで、自分にとって重要な人からの助けを求めるというものである。恋人が離れていくのを防ごうとすること、入院し、問題から一時的な休息をとること、そして深刻に受け取られることはすべて、生きる目的をもって自殺をするという操作的な動機なのである。

ある研究では、自殺企図の13％は操作的であることが示された。これらの人たちは、終結を試みる人よりも、抑うつが軽く、絶望感が少なく、致死的でない手段を用いる(Beck, 1976)。操作的な自殺は、明らかに助けを求める叫びである。しかし、操作的な自殺はすべての自殺の原因ではないことは明白である。人生が生きるに値しないので逃避したい人は、助けを大いに求めてはいないが、自分の抱える困難を終わりにすることを求めている。そのような人はたいてい圧迫されており、意識できる領域が狭くなっており、自暴自棄になっている。これは、遺書の中の次の言葉に見られるように、創造性を発揮しにくい状態である。「最愛のあなた　私はあなたが私の人生の中で唯一の人であることを知って欲しい　私はあなたをとても愛している　私はあなたなしでは生きることができない　どうか私を許してください　私は自分で自分を病気に駆り立てた　あなたどうか私を信じて　私はあなたをもう一度愛する　かわいいあなた私に意地悪しないでお願い　あなたに会ってから50年になる　愛してる……　愛してる」(Shneidman, 1976)。自殺企図の残りの31％は、終結と操作への動機が混在している。この場合、そのような人は自分が生きたいのか、死にたいのか、終結を望むのか、変化を望むのかがまったく確かではない。この定まらないグループでは、その人が絶望的であればあるほど、そしてうつ状態が強ければ強いほど、終結への根本的な願望がより強くなる(Beck, Rush, Shaw & Emery, 1979)。

自殺の予防と治療

うつ病の人への初期の心理療法面接では、自殺は診断医の最優先の関心事項であるべきである。もし明白な自殺念慮や意図があったら、危機介入、緻密な観察、そして入院が指示されるかもしれない。たとえそれらがなかったとしても、長期間に向けての治療が志向される。つまり、抗うつ薬や心理療法が開始され、心理療法は、うつ病をひき起こした要因の慎重な検討へと向けられる。

1960年代後半に米国では、自殺による危機をとり扱う300以上の自殺予防センターのネットワークが設立された。さらに、病院や外来患者部門は、急性的に自殺したい衝動に駆られている人の危機をとり扱うホットラインを開設した。もし自殺の衝動がある人が、話をするために誰かを利用できるならば、その自殺は予防できると信じられていた。

自殺の予防に関しては、いったん自殺したい衝動に駆られている人が、電話ホットラインのボランティア、心理学者、精神科医、家庭医、牧師、緊急治療室の医師と連絡をとるならば、自殺の危険性を評価することが最優先事項となる。その人ははっきりとした計画をもっているだろうか？　武器を手に入れる手立てはあるだろうか？　自殺行為の履歴はあるだろうか？　一人で住んでいるだろうか？　いったん危機状態での自殺の危険性が評価されたら、治療の決断は急いで行われなければならない。すなわち、家庭訪問、入院、薬物治療、警察官、外来での心理療法などである。あるケースでは、単に電話を切らないで待つことが適切な行動なのかもしれない。その後、長期間のフォローアップとアフターケアが行われなければならない。

自殺予防センターには効果があるのだろうか？　これを確かめるために、各州の予防センターの合計数がまとめられ、その州の次の10年間の自殺数を、予防センターが開設される前の自殺率と比較した。自殺予防センターが多く設立されているほど、自殺率の低下が大きかった。しかし、その影響は大きくはなく、自殺予防センターが自殺率の低下の原因であるか、それとも他の人口統計学的変数が原因となっているかは、明確ではなかった(Diekstra, 1992；Hazell & Lewin, 1993；Lester, 1993)。しかし、5年間にわたる研究では、ホットラインを最も頻繁に使う25歳以下の白人女性の間で、自殺率が減少していることが示され、およそ600の命が救われた(Harvard Mental Health Letter, 1996)。そのため、全般的に見て自殺予防センターには中程度の効果がある。

心理社会的介入が、自殺予防を試みるために用いられてきた。自殺の危険性のある人を対象に自殺を減少させることを目指した20の治療法をMarsha Linehan(1997)が展望した。4つの心理社会的介入研究と1つの薬物療法研究では、通常の治療やプラセボ対照群と比べて効果があるという結果が報告されている。心理社会的介入には、問題志向カウンセリング、家庭訪問、そして危機介入が含まれており、それらはより危

険性の高い人に最も効果があると思われる。

自殺予防に加えて、残された友人や親族の生活への心理学的な介入もまた重要である(Hazell & Lewin, 1993)。私たちが見てきたところでは、残された人たち自身が後にうつ病や自殺に陥りやすい。その人たちは恥辱、罪悪感、困惑そして社会的排斥にさえ直面する。このグループの人は計画的なケアを受けなければならないのだが、軽視されている。

まとめ

長年の間、単極性うつ病は心理学的障害でもあり生物学的障害でもあると見なされてきた。20世紀の最後の10年まで、西洋社会のほとんどでは、うつ病は「すべて頭の中にある」と考えられていた。精神障害の治療もまた完全に精神面のものでなければならなかった。しかし、Prozac®や他の抗うつ薬の流行は、世間の意見を反対の極端な状態へと向けさせた。今日、ほとんどの人は、単極性うつ病は生化学的な疾患であるという見方を支持している。

それでもなお、うつ病は本当に脳の病気と考えられるべきなのだろうか？ ある意味では、この問いは間違った問いである。というのは、以前に考察したように、薬物か内科的治療かという討論のような二分法は間違っている。さらに、生物学か心理学かという問いには、検討する対象によって、すなわち(1)障害の原因、(2)障害の症状、(3)障害の治療のどれを検討するかによって、さまざまな答があるだろう。

生物学と心理学を切り離すのがいかに困難かを説明するために、ある主婦が患う緊張性の頭痛をとり上げてみよう。その原因は何なのか？ 緊張性の頭痛の原因には、息子の反抗的な行動（心理学的な原因）が含まれているかもしれないし、同様に彼女が不十分な睡眠しか得られていないことや、以前から首に問題を抱えていることが含まれる（生物学的な原因）。頭痛の症状はどのようなものか？ 緊張性頭痛の症状には、イライラすること（心理学的症状）や筋緊張の増大（生物学的症状）が含まれる。そして彼女の頭痛をどのように取り除くのだろうか？ 彼女は椅子に座り、瞑想を練習するかもしれないし（心理学的治療）、アスピリンを服用するかもしれない（生物学的治療）。

事態をさらに複雑にするのは、それぞれの段階で心理学的側面と生物学的側面が影響し合うことである。母親の睡眠不足と首の問題の両方によって、息子の行動が特に苛立たしいものになるかもしれないし、実際に以前の息子の行動が、彼女の現在の不眠と首の痛みの一因となっているかもしれない。彼女の頭痛の症状に関しても、心理学的側面と生物学的側面は相互に影響し合っている。彼女のイライラは筋肉の緊張をより助長しているかもしれないし、筋肉の緊張は彼女をいっそうイライラさせる。最後に、治療さえも相互に影響し合っている。瞑想をすることで、アスピリンが早く作用するのが促進される。一方、アスピリンは頭痛の痛みを抑えるので、彼女はよりリラックスすることができる。

うつ病を理解することは、一般的に実に複雑である。うつ病の原因は何なのか？ 研究者は、生活上の出来事や悲観的説明スタイルのような心理学的リスクファクターと、「悪性の」遺伝子と神経伝達物質の欠陥のような生物学的リスクファクターの両方を正確に指摘してきた。それはどのように表れるのか？ うつ病では、絶望感、罪悪感そして喜びの喪失などの心理学的症状と、睡眠の不調、食欲の障害そしてコルチゾールの分泌過多などの生物学的症状の両方が示される。そして、うつ病はどのように治療されるのだろうか？治療には、心理療法のような心理学的治療と、ECTや抗うつ薬のような生物学的治療が含まれる。

それでは、うつ病は生物学的なものなのか、それとも心理学的なものなのか？ または、より心理学的なものなのか、それともより生物学的なものなのか？ この疑問にも答えるのは不可能である。というのは、緊張性頭痛の場合のように、心理学的側面と生物学的側面は影響し合っている。たとえば、無力感と絶望感はセロトニンレベルを減少しうる。そしてセロトニンレベルの低下は、無力感や絶望感を増大しうる。うつ病の症状もまた相互に影響し合う。たとえば、不眠は絶望感や罪悪感の一因となりうるし、絶望感と罪悪感によって夜に眠れなくなることがある。最後に、治療も相互に影響し合う。心理療法によって行動がよい方向へ変化することで、神経伝達物質レベルの変化がひき起こされうるし、ただ単に薬物によって起こされた神経伝達物質レベルの変化が行動面のよい方向への変化に影響を与えうる。

この不確定な状態をどのように理解することができるのだろうか？ 第4章で論じたように、その答は身体的疾患と同様に、精神障害は生物学と心理学の複雑な相互作用の結果であるということである。その相互作用は、精神障害の原因の要因になっているだけではなく、精神障害の症状や治療の要因にもなっているにちがいない。

このように原因が複雑なことから、私たちがすべきことは、うつ病の原因となる決定的証拠を探すことでも、うつ病を治療する魔法のカプセルを探すことでもない。その代わりにやるべきことは、もっとやっかいであり、感情障害のすべての側面がどのように影響し合うかを理解することなのである。遺伝子型、子宮内の環境、人生経験そして現在有している態度や考え方のどのような組み合わせが、私たちを感情障害に罹患しやすくしたり、罹患しにくくしたりするのだろう

か？気分障害をコントロールし、または除去さえするため、それぞれのポイントでの最も効果的な介入の組み合わせは、いつの日か遺伝子治療から心理療法にわたる治療となるのかもしれないが、いったいどのようなものなのだろうか？　これはとても難しい問いである。しかし、確かなことは、難しい問いはより大きな結果を生み出しそうだということである。

要　約

1. 気分障害は、**大うつ病性障害（単極性うつ病）**と**双極性障害（躁病）**からなる。単極性うつ病（大うつ病エピソード）は抑うつ症状だけからなり、躁病の症状を伴ってはならない。単極性うつ病は、最もよく見られるうつ病性障害であり、第2次世界大戦以来かなり罹患率が増加してきている。**気分変調性障害**は慢性的な（2年以上も継続する）抑うつ症状からなる。双極性障害は、うつ病の期間と躁病の期間を両方とも経験する人に生じる。

2. 単極性うつ病には、4つの基本的な症状がある。それらは、気分面の症状（主として、悲しさ）、動機面の症状（主として、決断や行動を起こすことの困難）、認知面の症状（主として、絶望感や悲観主義）そして身体面の症状（体重の減少と食欲の喪失が含まれる）である。治療されなくても、それらの症状は多くの場合、約3ヵ月で消える。

3. 女性は、男性よりも単極性うつ病の危険性が高い。

4. 生物学的理論と認知的理論という2つの理論が単極性うつ病の原因の理解をもたらしてきており、効果的な治療を生み出してきた。

5. 生物学的アプローチでは、うつ病には遺伝学的な要素があると理解されている。つまり、うつ病はある中央神経システムの神経伝達物質、すなわちセロトニン、ノルエピネフリン、またはドパミンの消耗によって起こり、ホルモンの不足の結果として起こり、脳の特定領域における活動の低下の結果として起こるだろう。

6. 認知的アプローチでは、特定の考え方とそれらの考え方がどのようにうつ病をひき起こし、維持するかに焦点を当てる。2つの著名な認知モデルがある。**否定的な3つ組の認知**からうつ病が生じると考えるAaron Beckの見解と、悲観的な説明スタイルがうつ病の危険性を予測し、帰属スタイルを楽観的なものに変えることがうつ病を軽減し予防すると考えるSeligmanによるうつ病の**学習性無力感**説明スタイルモデルである。

7. 単極性うつ病は、現在では効果的に治療できる。重症の単極性うつ病エピソードを患う10名のうち9名は、薬物（三環系抗うつ薬、モノアミン阻害薬そして選択的セロトニン再取り込み阻害薬）、ECT、認知療法または対人関係療法のいずれかによって顕著に改善することができる。

8. **双極性障害（躁病）**は、最も害の大きい感情障害である。双極性障害の結果として、結婚の破綻、評判に対する回復不可能なほどのダメージ、そしてしばしば自殺が生じる。躁病は4つの症状群からなる。それらは、過度の上機嫌、誇大妄想的な思考、熱狂的な行動、睡眠の欠乏である。

9. 双極性うつ病の80％は、現在ではリチウムと抗痙攣薬によって顕著に改善することができる。この障害は、生物学的モデルの枠内で最も検討されている。

10. 季節性感情障害（SAD）は、うつ病が毎年10月か11月に始まり、春の初めに終わることによって特徴づけられる。光療法が効果的であることが明らかにされている。

11. 自殺はうつ病の最も悲惨な結末である。自殺の頻度は、若い人の間で上昇しており、大学生の死亡の原因として2番目に大きなものである。女性は、男性よりも多くの自殺企図を行う。しかし、実際には男性は女性よりも自殺を完遂することが多い。自殺への基本的な動機は2つある。1つは、**断絶**またはすべてを終わりにしたいという願望であり、もう1つは**操作**または自殺企図によって世界や他人を変えようとする願望である。

12. 単極性うつ病は複合的にひき起こされ、複合的に治療されるものとして最もよく捉えられる。生物学的、認知的そして社会的要因のそれぞれがうつ病をひき起こし、同様にうつ病を軽減する。それらの要因は、影響する際にも相互作用する。

8 早期に発症する疾患

本章の概要

小児期の疾患の鑑定　284
　疾患に対する脆弱性　284
　小児期の疾患に独特な側面　285
　小児期の疾患のタイプ　286
感情障害　288
　反応性愛着障害　288
　分離不安障害　290
　恐怖症　292
　小児期の抑うつ　294
　感情障害の治療　295
発達障害　296
　自閉症　296
　レット障害　306
　小児期崩壊性障害　307
　アスペルガー障害　308
　特定不能の広汎性発達障害（**PDD−NOS**）
　　309
　精神遅滞　309
　学習障害　314
摂食障害と性癖障害　316
　摂食障害：無食欲症・大食症　316
　排泄障害　321
　吃音　322
　チック障害　323
破壊的行動障害　325
　素行障害　326
　反抗挑戦性障害　336
　注意欠如・多動性障害（**ADHD**）　337
まとめ　342
要　約　344

学習の目標

- 小児期の疾患を特定することや診断することの困難さと、子どもたちが成長するにつれて、さまざまな疾患のリスクがどのように変化するのかということについて学ぶ。

- 小児期の感情障害の主要な症状と、これらの疾患がある男性と女性の割合が年齢とともにどのように変化するかを記述できる。

- 自閉症の本質的な特徴、経過、生物学的・心理学的原因と治療を記述すること。そして、自閉症とレット(Rett)障害、小児期崩壊性障害、アスペルガー(Asperger)障害を区別できる。

- 心理士が精神遅滞の査定を行うために使用する尺度、精神遅滞の生物学的・環境的要因、精神遅滞を患っている子どもたちの治療の種々の原理を含め、精神遅滞について学習する。

- アノレキシア(無食欲症)とブリミア(大食症)を区別し、特に治療するために有用である認知行動療法のみならず、摂食障害のいくつかの心理社会的理論を説明できる。

- 生物学的・心理学的要因が素行障害をひき起こすために、どのように相互に関係しているか、そして、この障害をもった子どもに対する治療に家族が参加することがなぜ大切なのかを説明できる。

- 注意欠如・多動性障害(ADHD)の症状やADHDの治療を含めて、ADHDについて学び、この障害が過剰に診断されているのではないかという論争について討論できる。

精神疾患の発症はどの年齢であろうと痛ましいことだが、小児期に起こるとき、それはとくに悲劇的である。小児期は喜びと学習に満たされた成長の時期とみなされている。心理的問題によって発達の過程が妨げられるとき、その子どもはしばしば心理的な成長のための重要な経験を奪われる。たとえば、その子は自立を確立する発達段階に始まる親しい友人関係に参加できないかもしれない。さらに、両親は特別なニーズのある子どもを育てるために、予期しない問題に対処する必要があるだろう。これは彼らの財政的、感情的資源の大部分を費やすこととして位置づけられる。この章では、典型的に小児期に始まる心理的な障害や適応問題について説明する。子どもの生物学的性質と養育環境との間の込み入った関連といったような、症状、病因、最新の治療法について考察する。学校や家庭で困難を経験し、評価のために両親によって臨床心理士のもとへ連れて来られたある子どもを紹介することから始めよう。

> ジェンキンス夫妻(ロバートとキャロル)は4歳の娘であるジェニファーが問題をかかえていたため、私に面接の予約を入れた。ジェニファーは他の子どもたちと一緒に遊ばないし、計画された活動にも参加しないとジェニファーの幼稚園の先生は言った。家でもいくらかの問題があった。時々ジェニファーは破壊的で冷淡だった。両親に対して彼女は時には無関心なように、時には愛情がこもっているように見えた。ジェンキンス夫妻は娘の心理学的評価を求めた。
>
> 私は臨床業務でジェニファーのような子どもに会うとき、包括的な評価を行う。定期的にその子どもと交流をもつすべての大人から情報を得る。私は子どもを観察し、心理テストを実施する。それは一緒にパズルのピースをはめ込むようなものである。私の仕事は子どもの発達の経歴と心理的ニーズについて、できる限り最も鮮明な像を得ることである。
>
> ジェンキンス一家は予約時刻より15分早く到着した。私が彼らに挨拶をするために待合室のほうに歩いて行ったとき、ジェニファーは机の上に置かれている何冊かの雑誌を次々とめくっていた。私はジェニファーの両親に自己紹介し、ジェニファーに挨拶をした。彼女は私の顔を見上げたが、視線を合わせることも言葉で返事をすることもなかった。私はジェニファーの生育歴に関する情報を得るために、まずジェンキンス夫妻と面談をした。
>
> 彼らは「正常」のようだったジェニファーの人生の最初の2年間を説明した。おまるトレーニング、歩行、会話など、すべての発達段階は通常の時期に起こった。彼女は陽気で活動的だったし、彼女の両親は「通常から外れた」行動の問題には何も気づかなかった。彼女は言葉を繰り返す傾向があったものの、2歳

の頃には単文で話していた。しかし、両親が彼女を他の子どもたちがいるイベントに連れて行ったとき、ジェニファーはうちとけなかった。彼女は活動に参加しなかった。ジェニファーの両親は、ジェニファーには他の子どもたちと交流する、より多くの機会が必要だと判断し、彼女が4歳になったとき、彼女を地域の幼稚園に入園させた。ジェニファーは園に預けられることについて非常に苦痛を感じていた。彼女は時々母親にしがみつき、泣き叫んだ。幼稚園入園のほんの数週間後には、幼稚園の先生は彼女の社会適応についての懸念を表わし始めた。彼女の両親は落胆したが、驚きはしなかった。

この章を通して彼女の事例を振り返るとやがてわかるように、ジェニファーは心理的な疾患の可能性を示す症状を見せていた。子どもたちの心理的疾患はどのぐらい生じているのだろうか？ この問いの答えを求めるために、一般母集団の親と子どもの面接を用いてアメリカ合衆国、ヨーロッパ、オーストラリアで数種類の大規模な疫学的研究が実施された（Bird, 1996 ; Brandenburg, Friedman & Silver, 1990）。これらの面接から得られた情報に基づいて、どの時点でも調査者たちは14〜20%の子どもたちが中等度から重度の心理的問題に苦しんでいると見積もっている。米国公衆衛生局医務長官からの報告によると、1年の間に子どもたちの5人に1人がDSM-IVの疾患の徴候や症状を経験している（Department of Health and Human Services, 1999）。通常、初期の徴候は両親やプライマリケアの医師、教師によって認識される。これらの疾患の予防と治療は、私たちの社会にとって最重要事項であるべきである。

小児期の疾患の鑑定

子どもの障害についての私たちの議論では、成熟による変化と経験を重要視する。「子どもが成熟するにつれてどの心理的問題は消失するのか、どの心理的問題は持続するのか、どの心理的問題はより深刻な困難さえもひき起こすのか？」ということが子どもたちのために働いている医療従事者や研究者が直面する主要な質問の1つである。人間の発達の正常な過程は絶え間ない変化を伴い、子どもの行動能力や行動傾向はいつも発達している。記憶、集中、衝動の制御は子ども時代を通して目ざましく向上し、ティーンエイジャーの間に抽象推理能力は成人のレベルに近づき始める。ある程度これは、人間の脳は生後に長期の成熟期間を経るという事実のためである。それに加えて、子どもの行動能力は社会的、身体的な経験によって形づくられ、これらの経験は行動能力を劇的に変えることができる。

実験研究では、げっ歯類や人間以外の霊長類は、恵まれない環境では脳の発達が妨げられ、行動が変わるが、豊かな環境では脳の成長と行動適応が促進されることが示されている。脳の変化を検査するために人間の養育環境を意図的に剥奪するという実験研究を実施することは倫理的ではないが、人間の発育期は動物の発育期とちょうど同じぐらい環境入力に影響されやすいと確信する根拠が十分にある。よりよく環境入力を処理するための素養が身についているため、事実上、人間の脳はげっ歯類や猿の脳よりも影響されやすいだろう。

疾患に対する脆弱性

よく知られていることかもしれないが、子どもの標準的な発達と同じように標準から外れた子どもの発達も、多くの要因の結果である。いくつかの疾患への脆弱性は生まれたときに存在しており、遺伝的な要因や出生前の合併症の結果かもしれない。遺伝的要因の影響を受ける疾患の1つの例としては統合失調症があり、それは思考の明瞭さの異常やコミュニケーションの異常を含む精神疾患である。出生前の合併症もまた、いろいろなタイプの学習障害と同様に、統合失調症のリスクと結びついている。第4章で、胎児の神経系の発達と、出生前の脳の発達の正常なパターンがどのようにしてゆがんでいくのかということを説明し

Pavel Tchelitchewによる絵画「かくれんぼ(Hide and Seek)」の中では、黒こげの木の上におびえる子どもたちが群がっている。子どもたちの心と行動は、社会的、身体的な経験によって形作られ、不安は時に脳そのものを変化させることもある。

(Pavel Tchelitchew, *Hide and Seek*, 1940-1942, oil on canvas, 6'6 1/2"×7'3/4", collection The Museum of Modern Art, New York, Mrs. Simon Guggenheim Fund)

た。しかし、最終的な発達の結果は、出生後の環境の質によっても決定する。子どもたちは非常に大人に依存している。子どもたちの環境経験の性質は、とくに幼児期には、主に彼らの世話をしている大人によって規定される。

子どものアセスメントを実施する臨床心理士は、子どもの環境と文化的背景について知りたいと望む。その子どもが生まれたときの家庭環境の質はどんなものであっただろうか？　家庭は安定しているだろうか？　家族の日常の予定はどのようなものだろうか？　あるとすれば、どのようなストレッサーが家族に影響しているのだろうか？　両親は子どもにどのように接しているだろうか？　ジェニファーを評価した心理士はこれらの質問に答えを求めた。

> ジェンキンス一家との最初の面談の間中、私は彼らの家族史について尋ねた。ジェニファーの両親、キャロルとロバートは、ジェニファーが生まれる5年前に結婚したと語った。ロバートはコンピュータの専門家として国際銀行で働き、キャロルは大学病院の栄養士として雇われていた。夫婦は家を購入する十分なお金を貯めるまで子どもをもたなかった。ロバートの両親は末の息子が父親になることをたいへん喜んだ。キャロルの両親は初孫を切望していたので、キャロルの妊娠を知ると大喜びした。病院からは、キャロルに出産予定日の2週間前から始まる6ヵ月の休暇が与えられた。彼女の同僚はベビー・シャワー（赤ちゃんを祝う贈り物を持ち寄るパーティ）をし、親戚は赤ちゃんの部屋のための新しい家具を購入して贈った。将来の祖母2人は、赤ちゃんが生まれたとき、交代で育児を手伝う計画を立てていた。
>
> キャロルとロバートは、親として要求されることへの適応に何の困難もなかったと報告した。彼らは最初の6ヵ月間、眠れない夜があったにもかかわらず、娘を熱愛し、存分に彼女を楽しませた。キャロルはジェニファーを赤ちゃんの水泳教室や保育所に連れて行った。一家は週末を一緒に過ごし、しばしば近所で長い散歩をした。キャロルの休暇が終わり、仕事に復帰したとき、ジェニファーは日中、どちらかの祖母の家で過ごした。ジェニファーと祖母はお互いにとても慕い合っていた。
>
> この面接による私の記録を検討したとき、ジェニファーが人生の4年間で過度のストレスを経験したという徴候は見られなかった。彼女の両親はとても誠実で愛情を抱いており、ジェニファーに安定した家庭を与えた。私はジェニファーの問題の原因を他のところに求める必要があると結論づけた。

ジェニファーのように、新生児の誕生は、子どもを非常に愛している両親と家族のネットワークに喜んで迎えられる場合がある。子どもの幸福が最優先であり、両親は子どものために成長を促進させる多様な経験を探し求める。しかし、悲しいことに、別の極端な場合、新生児は簡単に解決できない世界の一員となる場合がある。彼らの両親は麻薬を常用しているかもしれないし、彼らに対して激しく爆発する傾向があるかもしれない。このような子どもたちにとって生活は危険地帯のようであり、基本的に生きのびられることが彼らが望む最良のことである。

私たちが検討している幼児期の疾患は、病因においてさまざまである。子どもがこの世界に加わった後の経験によるものが大部分であることもある。心的外傷体験に曝された結果としての不安障害が1つの例である。自閉症のような別の疾患は、単独に、先天的な脳の機能異常によるものである。しかしほとんどの幼児期の疾患は、生まれつきの脆弱性と環境の影響に関連している。疾患にかかる脆弱な子どもは、体力だけではなく、環境の質や自分のもつ回復要因などによって規定されているだろう。したがって、先の章で述べた素因-ストレスモデル（diathesis-stress model）は、早い時期に発症する心理的な疾患の病因についてわかっていることの大部分によく当てはまっている。

この章で扱うさまざまな疾患の有病率について議論するとき、発生率にかなりの男女差があることに気づくだろう。確かかどうかは誰にもわからないが、これらの差異は脳の発達と社会化の過程の性差による結果のようである。一般的なパターンの1つには、素行（行為）障害や注意欠如・多動性障害のような破壊的な行動を含む疾患を有する場合は、男性の割合が女性の割合を圧倒する傾向があるといったようなものがある。対照的に、摂食障害、うつ、不安は女性が高い率を示す傾向がある。

小児期の疾患に独特な側面

小児期の疾患のさまざまな側面は、成人期に初めて発症する疾患とは区別されている。まず、通常の心理発達はそれぞれの子どもたちにそれぞれの速度で生じる。結果として、子どもの現在の発達段階を単純に反映している問題から、専門家の注意が要求される真の心理的な問題を弁別することは難しい。たとえば、多くの子どもたちは3歳ぐらいまでにトイレットトレーニングを受ける。そうではなかった子どもたちの中には、ただ通常の分布の一番端のほうにいるだけの場合があるかもしれないが、一方では、夜尿が続くことが深刻な情緒不安定さを反映している場合もあるかもしれない。子どもたちを診断するときには、心理士は発達の範囲について治療の必要を示す心理的問題と正常な範囲の多様性を区別しなければならない。

小児期の心理的問題における2番目の独特な側面

子どもは大人ほど容易に自分の問題を伝えることができないため、子どもの問題を診断することはしばしば困難である。この少女は単に思索にふけっているだけかもしれない、あるいは恐怖のために運動場で他の子どもと遊ぶことができないのかもしれない。(Ellen Senisi/The Image Works)

は、成人の疾患よりも予測できないという事実である。子どもたちはしばしば比較的短い期間で劇的に変化するため、どの子どもたちが持続する問題に脆弱で傷つきやすいのか予測することが難しい(Bennett, Lipman, Racine & Offord, 1998 ; Lipman, Bennett, Racine, Mazumdar & Offord, 1998)。たとえば、とても攻撃的な幼い子どもがとても抑制されたティーンエイジャーになることがある。逆に、シャイで引っ込み思案な幼児が後の人生で攻撃的な傾向をもつように成長することもある。子どもたちにとっては、退行が現れることもよくあることである。このことは、子どもが生まれてから数年間は通常の言語発達を示し、その後言語スキルを失うという、いくつかの発達障害において記述されている。

3番目に、子どもたちは大人のように簡単に自分の問題について伝えることができない。その代わりに、破壊的な行動を通して、間接的にその子の苦悩が表されるかもしれない。このようなことが起こったとき、「本当の」問題を示している行動を特定することは教師や両親の責任である。これは常に簡単な作業ではない。単に通常の発達段階であるとき、時々大人は子どもの行動を「心理的な問題」として間違った分類をすることがある。別の場合、つまり子どもが本当に専門家の援助が必要なとき、子どもはそれらから脱して育つだろうと信じて、大人は子どもの問題行動を無視するかもしれない。一般の子どもたちの大規模な研究では、DSMタイプの心理疾患の診断にあてはまるのは、両親によって精神健康の専門家のところに連れて

こられた子どもたちの中のほんの少数であることがわかった(Burns et al., 1995 ; Cohen & Hesselbart, 1993 ; Zahner, Pawelkiewicz, De-Francesco & Adnopoz, 1992)。

大人が子どもたちの行動をどのように理解するかは、大人のなかでも違いがある。John Weiszらは、アメリカとタイの研究においてこのことを発見した(Weisz et al., 1995)。タイとアメリカの教師が彼らのクラスの子どもたちの行動を評価するよう要求され、タイの子どもたちはより多く行動上の問題をもっていると評定された。しかし、観察者が子どもたちの行動を記録したとき、タイの子どもたちは、実際にはアメリカの子どもたちよりも行動上の問題は少ないことがわかった。ある程度、見る人の見るところに行動上の問題がある。明らかに、タイの教師は行動を問題であると分類するための基準を低くもっていた。臨床家は子どもたちの問題について大人による解釈に依存しているため、私たちはしばしば子どもたちを世話している大人ほど、子どもたちについて知ってはいない。

最後に、子どもたちの問題はしばしばかなり特定の状況や文脈に特有のものである。たとえば、ある子どもは家庭では身体攻撃的なのかもしれないが、学校ではそうではないかもしれない。同様に、過活動――教師に共通した不満――は環境によるものである。クリニックに紹介された子どもたちに関するある研究では、学校で過活動であるとみなされた子どものうちの75%は家庭や病院では過活動とみなされないことがわかった(Klein & Gittelman-Klein, 1975)。このことは、評価が実施されるときに、子どもの身体的社会的文脈を考慮に入れることの重要性を強調している。

小児期の疾患のタイプ

DSM-IVに列挙されたすべての小児期の疾患は、その子どもが特定の年齢や文化的環境において期待される程度から逸脱している行動を伴っている。加えて、これらの行動は継続し重篤であり、これらのために子どもの発達や日々の機能が損なわれる。したがって、「障害」と考えられる行動的心理的問題のために、子どもが苦しむか(たとえば、動物恐怖からひき起こされる恐怖によって麻痺してしまうなど)、子どもの行動が他人を苦しめる(たとえば、学校の仲間やペットを傷つけるなど)に違いない。

小児期の疾患を通常の発達の変動と区別するものは、しばしば単に程度の問題である。言い換えると、異常な行動と正常な行動との間の違いは質的なものというよりは量的なものである。実際、少数の例外とともに、DSM-IVに列挙された小児期に発症する疾患は、多くの正常な子どもたちが示す行動と質的に異なってはいない行動を含んでいる。これらの問題行動

表8-1 小児期の疾患の主要なクラスター

	疾患	典型的な発症年齢	有病率
感情障害	反応性愛着障害	誕生～5歳	データなし
	分離不安障害	幼稚園～18歳	4%
	恐怖	型によって変化する	10～11.3%
	小児期のうつ	誕生～17歳★	1.9～4.0%★
発達障害	自閉性障害	誕生～3歳	0.02%～0.05%
	レット障害	誕生～4歳	0.001～0.01%†
	小児期崩壊性障害	3～4歳	きわめてまれ
	アスペルガー障害	就学前の時期	0.10～0.26%★
	精神遅滞	誕生～18歳	1%
	学習障害	下位分類によって変化する	2～10%
摂食	神経性大食症	青年期後期	1～3%
	神経性無食欲症	17歳	0.5～1.0%
	排泄障害（例：遺尿症）	5歳	男子7%　女子3%
	speech disorder（例：吃音症）	2～7歳	0.8～1.0%
	トゥレット障害	2～18歳	0.04～0.05%
破壊的行動障害	素行（行為）障害	5～16歳	男子6～16%　女子2～9%
	反抗挑戦性障害	誕生～8歳	2～16%
	注意欠如・多動性障害（ADHD）	小学生	3～5%

★Volkmar, 1996
†Weiner, 1997; Lomborso, 2000
DSM-IVからのデータに基づく（特に明記しない限り）。

のささいなものは、よく適応している子どもたちにも見られる（Rutter, 1985）。たとえば、多くの就学前児童に生じる時折のかんしゃくは、心理的障害と分類されることはめったにない。しかし頻繁なかんしゃくや、特定の状況において、あるいは非常に長時間起こるかんしゃくは異常であるとみなされるだろう。子どもの発達段階もまた重要である。多くの就学前児童は、とくに学校に通い始めたときに、両親からの分離に不安を示す。この不安はほとんど継続せず、将来の問題の前兆ではない。しかし12歳のときに生じる分離不安は、かなり適応の問題を反映していると考えられる。これは心理学者が子どものアセスメントを実施するとき、成熟の段階を考慮に入れるためである。

表8-1では、DSM-IVに含まれる小児期の疾患の4つのグループを記載している。各グループについて、主要な診断カテゴリーが記述されている。**感情障害**はネガティブな感情状態、とくに不安定、恐怖、不安、悲しみなどを含んでいる。すべてのDSMにある障害で最も早い時期に始まる**反応性愛着障害**は、早期の剥奪のため幼児が保護者との親密な絆を築けない。**発達障害**は、知的な能力、コミュニケーション能力、社会生活技能の獲得の著しい不足によって特徴づけられている。このカテゴリーには、コミュニケーション技能や社会的な応答の重大な欠陥によって特徴づけられている自閉性障害や他の広汎性発達障害が含まれている。（発達的読字障害のような）それほど重篤ではない学習障害と同様に、精神遅滞も含まれている。**摂食障害**と**性癖障害**は、反復的で適応的ではない、非機能的な行動を含むさらに広い種類の症候群を含んでいる。摂食障害の代表例としては、神経性無食欲症と神経性大食症がある。性癖障害の代表例には、遺尿症、吃音症、運動性チックがある。**破壊的行動障害**は自己制御の欠如によって特徴づけられており、多動性、不注意、攻撃性、破壊、権威への抵抗といったような行動傾向を含んでいる。

精神疾患の有病率を見積もることはいつも困難であるが、このことは子どもの疾患の場合には、とくにあてはまる。特有の疾患を患っているすべての子どもたちが治療のためにクリニックに連れて来られるとは仮定できない（Department of Health and Human Services, 1999）。子どもたちが心理学的な援助の必要性を有していると判断する両親や他の大人の存在なくしては、彼らはメンタルヘルスの専門家の治療を受けることができない。この事実からわかることは、私たちは幼児期の疾患の割合の概算を述べるときには、それらはとくにクリニックのサンプルに基づいていることに注意を払う必要があるということである。

双極性障害、大うつ病、統合失調症といったような重篤な精神疾患のいくつかは、表8-1の記録に示されていない。子どもたちにとってこれらの疾患の徴候を

示すことはあまりないが、彼らが徴候を示すときには、成人の診断基準が用いられる。小児期に発現するこれらの重篤な精神疾患は第7章と第10章で考察される。同様に、薬物依存、不安障害、パーソナリティ障害の発達的前兆は異常行動のこれらのカテゴリーにあてられた章に記述されている。この章では、小児期に初めて診断される異常行動の病気に焦点を当てる。

多くの子どもたちは、表8-1に列挙した診断の1つ以上の基準を満たす。これは多重診断を意味する併存症(comorbidity)と呼ばれる。たとえば、小児期から思春期の青年になるまでの間に、1つの疾患の基準を満たす人の約40％が他の疾患の基準も満たしている(Loeber, Farrington, Stouthamer-Loeber & Van Kammen, 1998; Simonoff et al., 1997)。子どもたちにとって、うつとともに生じる他の疾患としては、とくに素行障害や不安障害が非常によく見られる。なぜこれらの症候群が一緒に起こる傾向があるのか研究者にはわからない。可能性のある説明としては、原因となる関係性があるということである。言い換えると、うつのような疾患があるために、規則を破ることによって子どもが注意を得ようとするのかもしれない。他の可能性としては、原因となるある1つの要因が、1種類よりも多くの疾患を生み出す可能性があるということがあげられる。

他の子どもたちから社会的に引きこもる子どもは内気さを示しているのかもしれないし、あるいは社交恐怖や反応性愛着障害をも含む、より深刻な障害を示しているかもしれない。(Merrim/Monkmeyer)

感情障害

感情障害という表現は、現実認識を崩壊させることなく、子どもにとって主観的な苦痛を伴う診断区分を大雑把に記述している。これらには不安状態、気分障害、強迫性障害、恐怖症が含まれる。これらの小児期の疾患の症状は、成人の感情障害に見られる症状と同様である。たとえば、劣等感、自意識、社会的ひきこもり、シャイネス、恐怖、悲しみなどのようなものである。

しかし、小児期の感情障害と成人の感情障害の間には違いもある。成人では、すべての感情障害、とくにうつは女性に多く見られる。対照的に、小児期のうつでは男女比はより釣り合いがとれている。うつは、青年期に発症する場合のみ、女性のほうがより多く罹患するようになる(Hankin et al., 1998)。感情障害の発症時期は発達段階特有のものであるということにも注目すべき価値がある。すなわち、疾患は特定の年齢で始まるということである。たとえば、動物恐怖はほとんどいつも小児期早期に始まるが、広場恐怖は青年期後期や早期成人期までに経験することはまれである。

小児期の感情障害のいくつかは成人期の感情障害と非常によく似ているので、それらについてはここでは詳細を議論しない。むしろ、われわれはここで「小児期」独自の特徴をもつものを記述するので、より多くの情報は他の章を参照してもらいたい。幼児期に始まると仮定される1つの感情障害を記述することから始めよう。それは反応性愛着障害である。

反応性愛着障害

反応性愛着障害の主要な症状は、子どもが他者と関係をもつ能力に関する特徴的な障害である(Richters & Volkmar, 1994)。定義によると、この障害は5歳以前から始まる。この診断を受ける子どもは、年齢相応の対人的な愛着を示すことができない。2つの病型がある。抑制型は、「対人的相互作用を開始したり、反応することができないことが持続すること」を伴っている。子どもは過度に抑制され、絶えず他者の行動を観察し、身体接触や気楽にさせることへ抵抗する傾向がある。脱抑制型は正反対の行動パターンを示す。この子どもたちは社会的な反応が無分別である。彼らはあまりよく知らない人と親しい人に、同じやり方——多くの身体接触や安楽の欲求の表現——で応答する。

反応性愛着障害の診断基準は、症状と同様に、子どもの早期の経験を含んでいる。この診断を受けるために、子どもは症状が始まる前のある期間、深刻なネグレクトや明らかな虐待に曝されていたことが必須である。不適切な養育がこの症候群の原因であると仮定されている。要するに、ほとんどのDSMのカテゴリーとは異なり、反応性愛着障害の病因については特定の前提がある。反応性愛着障害はDSM-IVの新しい診断カテゴリーなので、有病率、特定の原因、治療の研究は比較的少数である。DSM-IVに包含されている

第8章 早期に発症する疾患

DSM-IV-TR の診断基準

反応性愛着障害

A. 5歳以前に始まり、ほとんどの状況において著しく障害され十分に発達していない対人関係で、以下の(1)または(2)によって示される。
　(1) 対人的相互反応のほとんどで、発達的に適切な形で開始したり反応したりできないことが持続しており、それは過度に抑制された、非常に警戒した、または非常に両価的で矛盾した反応という形で明らかになる(例：子どもは世話人に対して接近、回避および気楽にさせることへの抵抗の混合で反応する、または固く緊張した警戒を示すかもしれない)。
　(2) 拡散した愛着で、それは適切に選択的な愛着を示す能力の著しい欠如を伴う無分別な社交性という形で明らかになる(例：あまりよく知らない人に対しての過度のなれなれしさ、または愛着の対象人物選びにおける選択力の欠如)。

B. 基準Aの障害は発達の遅れ(精神遅滞のような)のみではうまく説明されず、広汎性発達障害の診断基準も満たさない。
C. 以下の少なくとも1つによって示される病的な養育：
　(1) 安楽、刺激および愛着に対する子どもの基本的な情緒的欲求の持続的無視
　(2) 子どもの基本的な身体的欲求の無視
　(3) 主要な世話人が繰り返し変わることによる、安定した愛着形成の阻害(例：養父母が頻繁に変わること)
D. 基準Cにあげた養育が基準Aにあげた行動障害の原因であるとみなされる(例：基準Aにあげた障害が基準Cにあげた病的な養育に続いて始まった)。

(訳注：原書はDSM-IVだが、ここではDSM-IV-TR, APA, 2000 [高橋三郎・大野裕・染谷俊幸訳『DSM-IV-TR精神疾患の診断・統計マニュアル(新訂版)』医学書院、2004] を修正し引用した)

ことの大部分は、施設の環境で養育されていた子どもたちの研究による発見から生じた。たとえば、John Bowlbyは必要な世話のみで、非常に少ない刺激しか受けられない孤児院で養育されていた幼児に関する画期的な研究を実施した(Bowlby, 1989)。彼はこれらの子どもは無表情、無反応で、養育者に対する愛着をもたないように見えることに気づいた。より最近では、心理学者が合衆国、カナダの家族に養子に迎えられたルーマニア人の孤児の発達の研究を行っている。これらの子どもの多くは、養子になる前に施設の世話を経験していた。同じ年の他の子どもと比較すると、彼らは高い割合で適応の問題を示し、養父母にしっかりした愛着をもつことが少ないという特徴を示している(Markovitch, Goldberg, Gold & Washington, 1997)。

現在まで、反応性愛着障害の治療についてはほとんど研究されていなかった。しかし、十分な情報がないにもかかわらず、何人かの実践家は、効果的だと信じる治療法の様式を提唱した(Magid, McKelvey & Schroeder, 1989)。「抱っこ」(holding)法や怒りの低減(rage reduction)法のセラピーでは、子どもは大人に押さえつけられ、怒りを誘発させられる。そして大人は子どもに対する愛情と関心を表現するよう指示される。この手続きは子どもの心的外傷体験を思い起こさせ、他者に対する愛着の欲求に直面させる力があると信じている人もいる。別の臨床家はこれらの治療法の妥当性について重大な疑問を表明しており、彼らは、大人が子どもに不快な記憶を再度思い起こさせ、怯えさせることによって事態が悪くなることを助長するだけであると信じている(James, 1997)。

最近の事例は反応性愛着障害の診断と治療を取りまく不明確さについて示している。

> ポーレイス夫妻(Renee and David Polreis)は彼らの2番目の子どもとして、1996年にロシアから1歳の男の子を養子に迎えた。彼らは男の子にデイビッド・ジュニアと名づけ、コロラドの中流家庭に連れて帰った。ジュニアは養子縁組の前には施設で育てられていた。報告書によると、ジュニアがロシアから到着したすぐ後から、両親はジュニアの問題に直面し始めた。ポーレイス夫人は治療のために、心理療法士のブライオン・ノートン(Bryon Norton)の元へジュニアを連れて行った。「ジュニアがひどいかんしゃくを起こした、人にかみついた、人につばをはきかけた、食べ物を投げた、トイレを使うことを拒んだ、繰り返し床に自分の頭を打ちつけた」ということを彼女はノートン氏に話した。ノートン氏はジュニアを反応性愛着障害と診断した。数ヵ月後の2月9日金曜日、ポーレイス氏はジュニアを残しポーレイス夫人に世話を任せて出張に出かけた。次の土曜日の朝、午前4時にポーレイス夫人は近くに住む母親に電話をし、ジュニアと一緒に寝ていると彼が突然窒息したと話した。ポーレイス夫人の母親はすぐにやって来た。彼女が到着するまでにポーレイス夫人は口移しの人工呼吸を施していた。救急医療隊員が到着し、浴室の床に横たわっているジュニアを見つけた。彼は急いで病院に運ばれ、そこで彼は身体の90％以上にあざがつけられていることが確認された。彼の腕には指の跡、臀部には水ぶくれ、腹部には切り傷、内臓には重大な損傷があった。彼の父親であるポーレイス氏は急いで帰宅し病院に向かっ

たが、息子が亡くなったことを知っただけだった。ポーレイス夫人は病院恐怖症であると報告したためジュニアと一緒に来なかった。翌日、警察がポーレイス夫妻の自宅を捜索したとき、ごみの中から2本の折れた木製スプーンと血まみれのおむつが見つけられた。彼らはスプーンについたジュニアのDNAも確認した。

ポーレイス夫人は息子の殺害の容疑で告発された。彼女は、すべての傷は、反応性愛着障害のために、彼が自ら加えたものであると主張し続けた。同様に、被告の弁護士はジュニアは他者に逆らう行動をし、自分自身を傷つける原因となる反応性愛着障害にかかっていたと主張した。裁判のための面接を受けたとき、ジュニアの幼稚園の先生たちは、彼は両親が迎えに来るときにとても両親に会いたがる愛情のある子どもだったと述べた。検察側はポーレイス夫人がジュニアを殺害したと主張した。1997年にポーレイス夫人は殺人罪で有罪となり、懲役22年を申し渡された。

分離不安障害の子どもは家族から引き離されるかもしれないという絶え間ない不安とともに生きている。この少年は1992年のボスニア紛争の間、包囲されたサラエボ市に父親を残している。この子どもはこの紛争時の経験の結果として、後に家族から引き離される恐怖に苦しむかもしれない。(AP/World Wide Photos)

デイビッド・ジュニアが反応性愛着障害を患っていたかどうか、確かなことはわからない。それにもかかわらず、人生の最初の1年間、施設で養育された子どもにはいくらかの適応の問題があるかもしれないということを予測するための根拠が十分にある。これらの適応問題が、ポーレイス夫人の耐性の低さと結びついて、不安定な状況を生み出した可能性がある。ジュニアと2人きりになったとき、ポーレイス夫人は怒りを制御することができなかったのかもしれない。ポーレイス夫人が年長の養子であるイサクの育児に問題をかかえていたという証拠はない。これは、年長の息子は生まれたときから養子にされており、報告書によると、とても素直な子どもであったからかもしれない。ポーレイス夫人はジュニアも彼と同様であると仮定していたのかもしれない。

養子縁組の分野の多くの専門家は、将来の両親に、施設からやってくる子どもに反応性愛着障害がある可能性を覚悟しておくように事前に忠告している。合衆国では、海外から多くの施設にいる子どもたちが養子にされるので、将来、報告されるこの障害の発生率は増えるだろうと思われる。これらの子どもたちによって示された愛着の問題によって、何年も子どもを待っていた両親が、非常に苦しめられることになる。

分離不安障害

分離不安障害の子どもたちはさまざまな点で、反応性愛着障害の子どもと著しく対照的である。分離不安障害の子どもは養育者の接触を拒絶するのではなく、むしろ過度に接触を要求する。発達の正常な過程においては、子どもは普通、6ヵ月ころから4歳までに、両親から離れることに抵抗をする時期を通り過ぎる。

われわれの多くは、両親から離れていることに突然気づいた子ども時代のあるときの出来事を思い出すことができるだろう。最初、われわれは静かに探すが、両親が見つからない2、3分後、われわれの恐怖はより激しくなっただろう。そのうち、われわれは1人でいるという恐怖を感じる。われわれは両親が戻ってこないのではないかと思う。最終的に大きな安堵とともに両親と再会する。その出来事の後の短い期間、われわれは両親から離されることについていくらか強く不安を感じ、店や公共の場で彼らの近くにとどまろうとする。しかし大部分の人にとって、この分離は、比較的短い時間で忘れてしまう例外的な出来事だった。

対照的に、あらゆるときに家族から引き離されることに恐怖をもって生きている子どもがいる。彼らは両親、きょうだい、その他の愛する人に恐ろしい出来事が起こることを心配している。子どもは彼らから引き離されることに抵抗し、もし離されたらパニックになる。このような子どもはしばしば愛する人にしがみつき、家中ついてまわる。彼らは分離がテーマになっている悪夢を見る。とくに(授業時間のように)両親から引き離されなければならない日中に、頭痛、腹痛、吐き気といったような不安の継続的な身体症状を示す子もいる。少なくとも2週間(訳注:DSM-IVでは4週間)継続してそのような症状を示す子どもは**分離不安障害**を患っていると言えるだろう。

分離不安は小児期の感情障害の最もよくみられるものの1つであると思われ、有病率は青年期前で4％である(Bell Dolan & Brazeal, 1993；Fischer, Himle & Thyer, 1999)。女子において男子の約2倍程度見られる。重度の状態では、分離不安のために子どもは能力を奪われ、学校や課外活動に通うことができなくな

DSM-IV-TR の診断基準

分離不安障害

A. 家庭または愛着をもっている人からの分離に対する、発達的に不適切で、過剰な不安で、以下の項目のうち3つ（またはそれ以上）が証拠として存在する。
　(1) 家庭または愛着をもっている重要人物からの分離が起こる、または予測される場合の反復性で過剰な苦痛
　(2) 愛着をもっている重要人物を失う、またはその人に危険がふりかかるかもしれないという持続的で過剰な心配
　(3) 厄介なできごとによって、愛着をもっている重要人物から引き離されるのではないかという持続的で過剰な心配（例：迷子になる、または誘拐される）
　(4) 分離に対する恐怖のために、学校やその他の場所に行くことについての持続的な抵抗または拒否
　(5) 1人で、または愛着をもっている重要人物がいないで家にいること、またはその他の状況で頼りにしている大人がいないこと、に対する持続的で過剰な恐怖または抵抗
　(6) 愛着をもっている重要人物がそばにいないで寝たり、家を離れて寝ることに対する持続的な抵抗または拒否
　(7) 分離を主題とした悪夢の繰り返し
　(8) 愛着をもっている重要な人物から引き離される、または分離が起こる、または予測される場合の、反復する身体症状の訴え（例：頭痛、腹痛、嘔気、または嘔吐）

B. この障害の持続期間は少なくとも4週間

C. 発症は18歳以前

D. この障害は臨床的に著しい苦痛または社会的、学業的（職業的）、または他の重要な領域における機能の障害をひき起こしている。

E. この障害は広汎性発達障害、統合失調症、または他の精神病性障害の経過中にのみ起こるものではなく、青年期および成人期においては、広場恐怖を伴うパニック障害ではうまく説明されない。

（訳注：原書は DSM-IV だが、ここでは DSM-IV-TR, APA, 2000［高橋三郎・大野裕・染谷俊幸訳『DSM-IV-TR 精神疾患の診断・統計マニュアル（新訂版）』医学書院、2004］を修正し引用した）

る。両親と家にいるための策略として身体症状の訴えがしばしば利用される。結果として、このような子どもは、痛みや苦しみの原因を見つけるために、しばしば身体の検査を繰り返し受ける。この診断を受けている子どもには、分離不安のエピソードが小児期や青年期の間を通してしばしば繰り返し起こる。年をとるにつれて、パニック発作の危険性が高まる (Bernstein & Borchardt, 1991)。

分離不安の最初のエピソードは、親類やペットの死、入院、新しい町への引っ越しといったような子どもの生活の心的外傷的な出来事の後でしばしば起こる。両親がうつや不安障害、とくに広場恐怖にかかっている子どもは、分離不安の高い危険性を有している (Leonard & Rapoport, 1991)。さらに、この障害の子どもは結びつきの強い家族の出身である傾向がある。1つには、家族の特徴と分離不安の間の関連は、共有した遺伝的影響によるものである (Hewitt et al., 1997)。そのうえ、両親の恐怖のモデルも一因となっているように思われる (Fischer, Himle & Thyer, 1999)。

認知行動論的手続きは、分離不安障害を治療することに用いられ成功してきた (Eisen, Engler & Geyer, 1998)。両親はこの治療において主要な役割を果たす。彼らには、子どもの自立と自信を強化する新しい技法が提供される。同時期に、セラピストは両親からの分離のため子どもに脱感作を実施する。セラピーにかかわらず症状を維持する子どものためには、抗うつ薬を用いた薬物治療が有効かもしれない。

両親からの分離に抵抗する適応問題がある就学前の年齢の子どもは珍しくないが、これらのケースの多くは分離不安が中心的な問題ではない。臨床家は適切なアセスメントに到達するため自分の鑑別診断の技術に頼らなければならない。再びジェニファーのケースをここに述べる。

> 私はジェンキンス夫妻（キャロルとロバート）にジェニファーの幼稚園への適応の問題について質問をした。最初の2日間、キャロルとロバートはジェニファーを1人で園に残す前に1時間滞在しジェニファーはうまくやれていた。彼女は両親のどちらにも泣いたりしがみついたりしなかった。しかし彼女は他の子どもたちにも先生にも注意を示さなかった。最初の週末までに、ジェニファーは園に行くことに抵抗し始めた。母親は彼女を車に乗せて運び込まなければならなかった。2週目には、彼女は園に向かう車の中で抵抗し始めた。3週目の月曜日、ジェニファーは園の前で母親から逃げた。キャロルはジェニファーが混雑している車道に駆け込まないよう、彼女を追いかけなければならなかった。同様の事態は火曜日にも水曜日にも起こった。
>
> ほぼ同じ時期、ジェニファーは他の子どもたちが騒がしくしたときにいつも非常に取り乱す傾向があると、先生がキャロルに言った。ジェニファーはびっくりして泣き出すようだと先生は報告した。彼女を慰めるのはたいてい難しかった。ある日、ジェニファーは園で取り乱し始め、テディベアを持って隅に座って自分で気がすむようにした。しばらくして、彼女は立ち上がり、教室の後ろのドアに向かった。先生はすぐに

小児期の恐怖には子どもを動けなくさせる力がある。1999年の映画、『シックスセンス(Sixth Sense)』の中で、ハーレイ・ジョエル・オスメント(Haley Joel Osment)は恐怖で動けなくなっている。(Photofest)

彼女をつかまえに行ったが、ジェニファーは抵抗し、園に連れ戻さなければならなかった。

ジェニファーについて、キャロルとロバートの説明から記録をとったとき、園での彼女の問題は単に分離の不安によるものとは信じがたいように思われた。ジェニファーには分離不安があるほとんどの子どもたちの特徴である、一貫してしがみつくような行動が見られなかった。彼女は祖母のところやベビーシッターに預けられるときにはけっして抵抗しなかった。また、園に入ることから逃げたというよりむしろ、彼女の母親から逃げたという事実は、分離の心配より園での恐怖を示唆していた。

恐怖症

何かの状況で、ほとんどすべての子どもは、非常に激しくて動けなくなるような筋の通らない恐怖を経験する。あなたは暗闇にいるときの子ども時代の恐怖や、何かがベッドの真下であなたに手を伸ばしてつかもうと待っているような恐怖を思い出すかもしれな

い。子どもは世界についての知識があまりなく、身体的に傷つきやすく依存的であるため、彼らの恐怖は大人の恐怖より強烈である傾向がある。恐怖の内容や激しさには文化的差異があるが、子ども時代の恐怖は普遍的な現象である。たとえば、ナイジェリアの子どもはアメリカ、オーストラリア、中国の子どもより高いレベルの恐怖を報告する(Ollendick et al., 1996)。家宅侵入窃盗犯が彼らの家に侵入することや、見知らぬ土地で迷子になることへの恐怖は、オーストラリアとアメリカの子どもの間に非常に広く認められる。対照的に、中国とナイジェリアの子どもは、電気への恐怖と、潜在的な危険な動物への恐怖に、より高い恐怖の割合を表している。

恐怖の性質は年齢とともに変化する(Last, 1992; Ollendick & King, 1994)。さまざまな発達段階で報告される最も一般的な恐怖について表8-2に一覧にした。乳児や幼児は大きな音や身体的なサポートの欠如に強い恐怖反応を示している。この発達段階では見知らぬ人も、ほとんどの幼児をおびえさせる。子どもが幼稚園に入ると、彼らの想像力は広がる。この時期の間、彼らの恐怖は、空想した対象や予期した出来事に伴ってより多く起こる。たとえば、幼稚園児が雷の恐怖を表現するために、雷の音を聞く必要はない。今にも起こりそうなあらしの音を聞くだけで、恐怖反応を誘発するのには十分である。よくあることだが、本や映画の空想の産物や幽霊も、この年齢の子どもを夢中にさせる。もちろん、動物や昆虫といった、ある実在する対象への恐怖は多くの小さい子どもに存在し、大人になっても持続することがある。実在する対象への恐怖が5歳以降に始まるのはまれである。対照的に、学校に結びついた恐怖は、通常、子どもが最初に学校に入学する5歳以降に始まり、それらの恐怖は9歳から12歳の間に著しく増加する。12歳ごろから青年期を通して、子どもの恐怖は対人関係についての恐怖やアイデンティティについての不安を含み、大人の恐怖と似てくる。いったん大人になると、本当におそろしい子どもの頃の恐怖がどのようなものだったのか、思い出すことは難しい。

すべての年齢にわたって、一貫して女性は男性より

表8-2　一般的な子どもの頃の恐怖

年齢集団		共通する恐怖
乳児と幼児	(0〜2歳)	サポートの欠如、大きな音や大きな対象物、家の中の変化、知らない人、分離、暗闇、動物
幼稚園の子ども	(3〜6歳)	分離、仮面、暗闇、動物、昆虫、夜の騒音、「悪い人」、身体への危害、雷と稲光、霊的な存在、1人になること
学齢期の子ども	(7〜12歳)	霊的な存在、暗闇、1人になること、身体への危害や損傷、テスト、学校でのパフォーマンス、身体の容姿、雷と稲光、死、ヘビ、泥棒が家に侵入すること、息ができなくなること
青年期の青少年	(13歳以上)	家庭や家族の問題、政治的事件、将来への準備、個人の外見、対人関係、学校、ヘビ

Last,1992; Ollendick,1983; Ollendick & King,1994に基づく。

も強い恐怖を表現することがわかっている(Muris, Merckelbach, Meesters & Van Lier, 1997)。このことは、女性が男性よりも身体的に弱いという事実を反映しているのだろうか？　または、単に女性は恐怖を表現することをいとわないためだろうか？　後者の解釈にはいくらかの間接的な証拠がある。小児期から青年期までの間、少女は同級生を自分よりこわがりではないと評定する傾向があるのに対して、少年は同級生を自分よりこわがりであると評定する(Ollendick et al., 1995)。仲間と比較してこわがりであると知覚されることは、少女にとっては少年ほど問題のあることではないようである。このことは、子どもが大人や仲間から得る性役割の期待の結果かもしれない。

恐怖がその対象が示す危険の現実性に不相応であるとき、それは恐怖症になる。前青年期の単一恐怖の有病率は約2〜8％である(Rutter, 1989；Silverman & Rabian, 1993)。通常の小児期の恐怖のように、恐怖症は女性により一般的であり、少年の2倍の数の少女がこの障害を示している。時々子どもの恐怖症は、複雑で予測できない方法で進展する。次のケースは恐怖から恐怖症への変遷を示している。

> サラは13歳のときに恐怖症の治療のために紹介されてきた。紹介した内科医は、その少女は飛行機とハチを恐れていると述べたが、サラは多くのそのような子どもと同様、自分が恐れるものを言葉にすることさえ難しいようだった。彼女は飛行機とハチよりも、他の何よりもエレベーターを恐れていると認めた。しかし、彼女がセラピストを知り、信頼するようになった後に、他のすべての不安をひき起こし、関連している恐怖があるということがわかった。それは麻酔の恐怖だった。飛行機、エレベーター、ハチ、麻酔の間を結びつけるものは、すぐに明らかにはならなかった。そして、次に述べる過去の出来事を互いにつなぎ合わせるために注意を必要とした。
>
> 数年前、サラは抜歯しなければならなかった。歯科医は通常の麻酔を用いた。彼女が「影響を受け」たら、目の前がすべて真っ暗になるはずだったが、サラはまだ声やあわただしい雑音を聞くことができた(実際、生理学的には、視力を制御している神経は聴力を制御している神経の数秒前から影響を受けるということはほぼ万人に通じる経験である)。サラはこれらの感覚の覚悟をしておらず、彼女はそのためにおびえた。それ以来ずっと彼女は、怪我をして、そのため麻酔を受ける病院へ運ばれるような状況に置かれないように気を配っていた。飛行機の墜落。エレベーターの事故。ミツバチの針。この中のどれもが、彼女を病院に連れて行くものだった。
>
> 誰でもそうであるように、サラの両親は彼女の恐怖とそれらが何から起こっているものか関連がわからなかった。より正確に言えば、両親はサラを単純にこわがりな子どもとして見る傾向があった。サラの変遷する恐怖は複雑であった。しかし、異常なものではなかった。セラピストはサラが独特の体験をしたことは予期しないもので不快なことだったが、理解可能で、まさに治療可能なものであると説明した。それから彼は、サラに不安が高まる状況で用いることができるリラクゼーション法の訓練をした。エレベーターの恐怖に焦点を当てたとき、セラピストはサラに、セラピーで1つの恐怖を克服できたら、そのまま続けて、他の恐怖は自分自身で克服できるようになると説明した。3ヵ月以内でサラはもう困難は報告しなくなった。

サラのケースではもっともな心的外傷的出来事が容易に同定された。しかしほとんどのケースでは、誘発する出来事をつきとめることはより困難である。多くの子どもにおいて、恐怖は全般的な不安や感情の動揺、自身が恐怖や不安をもっている両親がいることと結びついている(Barlow, Chorpita & Turovsky, 1996；Rutter & Garmezy, 1983)。

学校恐怖は最も一般的で問題がある小児期の恐怖の中の1つである。それは子どもにも両親にも非常に大きな苦痛の原因となる。クリニックに紹介されたすべての子どもの約5％と一般人口の1％の子どもが学校恐怖を経験している(Burke & Silverman, 1987)。学校に行くことを拒否する青年は、年少の子どもよりも障害が深刻で、治療への反応性が少ない。学校恐怖の子どもが成長したとき、彼らには、広場恐怖、仕事上の困難、人格障害など、さまざまな問題の危険性がある(Blagg & Yule, 1994)。

学校恐怖の多くの子どもは、学校でうまくやり、参加したいという希望を表現するが、学校に行く準備を始めると、激しい不安を経験する。たとえば、学校の話題が持ち出されると、頻繁にトイレに行ったり、具合が悪くなったり、大量に発汗したりする。子どもが学校にいないことに親がしばしば気づいていない無断欠席の場合とは違って、このような子どもは長い欠席の期間家にいて、両親は彼らがどこにいるかちゃんと知っている。次のケースについて考えてみる。

> リチャードがほぼ5ヵ月間連続して学校に行かなかったのは12歳のときだった。その前の夏、彼は有名な私立学校の奨学金を獲得した。彼は最初の学期には非常にうまくいっていた。そして、2学期が始まった直後、彼はひどいインフルエンザにかかり、このため彼は非常に弱気になった。彼は学業の分野で負けるのではないかと心配し、彼を心配する両親もその懸念を共有した。彼は学校に行こうとしたが、あるとき教室に入るとパニック発作を起こし、家に走って帰った。それ以来、彼は他の少年たちに何と言ったらよいか、

逃亡と長期欠席についてどのように説明するか気に病んだ。彼は恐怖に打ち勝つための援助を受けるためにセラピストのところへ連れて来られた（Yule, Hersov & Treseder, 1980）。

セラピーでは、リチャードはリラクゼーションのトレーニングを受け、夏休み中に段階的な方法として同伴で学校に行った。彼とセラピストは、秋に彼が学校に戻ったとき、友人たちに言うことを練習した。セラピストは最初の3日間、彼と一緒に学校に行ったが、その後、リチャードは1人で行った。2年間のフォローアップでは、何の困難も現れなかった。

学校恐怖は、教師にとっても両親にとっても、学校恐怖に苦しんでいる子どもにとっても、たいへん当惑させられることなので、深刻な問題を生じさせる。子どもが明らかに学校を楽しんでいたよい生徒であり、突然、何のはっきりとした理由もなく、学校に行くことをやめたときに、より悲劇的な状況が生まれる。綿密な調査によって登校拒否の原因の多くがしばしば明らかになる。リチャードや他の多くのケースでは、自尊心への脅威と非現実的な高いレベルの目標が、登校の拒絶の中で重要な役割をもっている。規則正しくまっすぐに"A"の評価を受け取る子どもにとって、"B"のおそれでさえ、強い嫌悪と不安形成要因である可能性がある。

以下に論じているように、恐怖に対するいくつかの非常に明確で効果的な行動的治療法がある（Blagg & Yule, 1994）。1つは、恐怖の対象への漸進的な曝露を伴う脱感作である。リチャードを担当しているセラピストはこの技法を用いた。同時に、小児期の恐怖のためのセラピーは、一般的に両親との何らかの共同作業を含んでいる。両親がその過程に参加することはとくに重要であり、そうすることで彼らは子どもの行動を観察することができる。両親が自分たちによってなされている、知らない間に子どもの恐怖を助長し維持している何らかの行動を同定することをセラピストも援助する。

ジェニファーの評価を実施した臨床心理士も、彼女が学校恐怖にかかっている可能性を考慮した。しかし彼女の臨床的プロフィールはまったく当てはまらなかった。

ジェニファーが学校を嫌がっている何かがあることは明らかになったが、行動パターンは単純な学校恐怖とは一致しなかった。ジェニファーは3歳のときにキャロルと一緒に私設保育園に参加した際にも抵抗したとジェニファーの両親は私に語った。彼女は他の子どもといかなる関係も築かず、そのうち、彼女は他の子どもをいらだたしく感じているように見えた。

ジェニファーの両親は、私が幼稚園の先生と話をすることを了承した。先生はまず初めに、ジェニファーはクラスの他の子どもにまったく興味を示さないと私に言った。そして、2週目までに、ジェニファーは他の子どもたちが原因でいらいらするようになった。彼女は彼女をグループ活動に参加させようとする教師の試みに抵抗した。彼女は他の子どもたちをおもちゃで遊ばせないように、隅におもちゃをためこんだ。先生によると、教室でのジェニファーの最も幸せな瞬間は、他の子どもたちが屋外で遊んでいるときだった。

ジェニファーの日常生活の像が明らかになるにつれて、私はいくつかの可能性を除外した。まず、ジェニファーは母親から分離することへの不安があるわけではない。彼女の園でしがみつく行動は、母親への身体的な接近を保つために必要なことというよりは、園に残されることに対する彼女の要求としての機能だからである。2番目に、ジェニファーはどんな種類の恐怖ももっていなかった。ジェニファーには、密接に結びついて非現実的な恐怖反応をひき起こすような対象も状況もなかった。その代わりに、主な問題は——そのために彼女が通園に抵抗する問題の1つであるが——他の子どもたちへの嫌悪だった。ジェニファーは、人生のもっと早い時期、つまり母親が定期的に彼女を私設保育園に連れて行ったとき、同様の反応をはっきり示していた。ジェニファーは大勢の人々がいる公共の場所や彼女が知らないたくさんの人を含む社会的な集まりの場にいるときにはめったに騒がないとキャロルが私に言ったことを思い起こした。したがって、ただいるだけの人々は不快さの源とはならなかった。それよりもむしろジェニファーは、他の子どもと交流することが期待されるとわかっている状況、すなわち、保育所や幼稚園で不快になるように見えた。次の段階ではジェニファーの心理学的評価が実施された。彼女の両親は次回の予約を週末に入れた。

ジェニファーの問題の正確なアセスメントにたどり着くために、心理士は、彼女の既往歴と最近の行動について、できるだけ多くの情報を集めている。心理士は何種類かの情報源から情報を得ることができるので、心理士の結論が一個人の観点によって偏ることがないのは幸運なことである。両親と教師から受け取った報告書に基づいて、心理士は中心的な問題として分離不安障害と学校恐怖を除外する方向に向かっていく。

小児期の抑うつ

現在、最も生涯有病率の高い感情障害であるうつに目を向ける。1970年代より以前には、多くの臨床家は、前青年期の子どもにはうつが発現することは考えられないと決めてかかっていた。この信念は、子ども

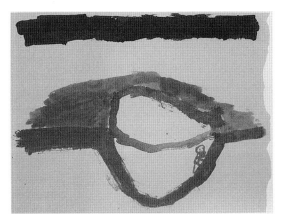

ある9歳の子どもは、自分が穴に落とされるという繰り返される悪夢を説明するためにこの絵を描いた。大うつ病は子どもにはめったに見られないが、軽度のうつは成人と同様に子どもにも共通して見られる。(Illustration from, *Their Eyes Meet the World*, 1992. by Robert Coles. Reprinted with permission of Houghton Mifflin Co)

環境の明確な変化が起こり、その子どもが家庭の状況で治療されれば、抑うつ的になった子どもは一般的に早く回復する。(Ellen Senisi/The Image Works)

はうつに結びつくような低い自尊感情、自責感、絶望感をひき起こす自己の感覚や将来についての関心をもたないという仮定に基づいていた（Rie, 1966）。しかしながら、最近の20年以上の研究は、前青年期の子どもが、うつの症候群を構成する症状を発現する場合があり得ることを示している（Kovacs, Gatsonis, Paulauskas & Richards, 1989）。

成人の間では大うつ病の生涯有病率は、男性の12.7％に比較して、女性は21.3％である（Kornstein, 1997）。比較すると、子どもの大うつ病の有病率は低い。ほとんどの研究では、有病率は小児期には0.4〜3％、青年期には0.4〜8％にわたっている（Birmaher et al., 1996 a）。したがって、重度のうつを患っている子どもは成人よりはるかに少ないようである。しかし軽度のうつは、成人期と小児期にちょうど同じように共通して見られる（Nolen-Hoeksema, 1988）。そのうえ、うつの割合は青年期に著しい増加を示している。青年期の間の増加は特に女子に顕著であり、青年期後期までに、女子のうつの割合は、女性の生涯有病率に迫っている。第7章で、これらの発現の傾向を非常に詳細に記述している。うつの性差の原因についてのいくつかの理論についても議論している。

近年の最も驚くべき科学的な発見の1つは、うつの割合は増加しており、うつの発症年齢は低下していることである（Birmaher et al., 1996 a, 1996 b）。言い換えると、20世紀後半に生まれた人々は、前半に生まれた人々よりもうつを患いがちであり、より低年齢から患う傾向がある。このことの理由はわかっていないが、多くは地域共同体を不安定にさせた社会の変化の結果であると示唆されている。これらと他の考えは第7章で詳細に議論された。

子どものうつの危険因子は成人の場合と同様である。うつの家族歴、ストレスフルなライフイベント、低い自尊心、悲観的な態度などである（Angold, 1994；Fleming & Offord, 1990；Kovacs, Gatsonis, Paulauskas & Richards, 1989；Silberg et al., 1999）。彼らは世話をしてくれる大人に身体的、感情的に依存しているため、両親の対立のような家族機能不全は子どものうつの原因となるかもしれない（Silberg et al., 1999）。家族全体としての治療なくして子どものうつの治療はできないと多くの臨床家は信じている。

環境の顕著な変化が起こったとき、うつになる子どものほとんどは早く回復するが、非常に少数の子どもは何ヵ月間、時には何年間もうつ状態のままでいる（Nolen-Hoeksema, Girgus & Seligman, 1992）。小児期のうつのエピソードは発達の臨界期に、技能の発達や、自己や世界についての信念に長く続く効果を及ぼすような自己概念における子どもの機能に影響するかもしれない。うつ的な大人のように、うつの子どもは自殺の高い危険性がある。ある研究では、うつで入院している若者の中で、自殺を試みる割合は59％であることがわかった（Ivarsson, Larrson & Gillberg, 1998）。

感情障害の治療

子どもの感情障害を治療するために、通常は抗うつ薬だが、精神科医は向精神薬もますます使用するようになっている（Birmaher & Brent, 1998）。これらの薬物には、Prozac®、Luvor®、zoloft®といったような選

択的セロトニン再取り込み阻害薬(selective serotonin reuptake inhibitors; SSRI)が含まれている。しかしながら、子どもに対するこれらの薬物の有効性についての研究結果は比較的少ない。研究者の中には、抗うつ剤、特にSSRIは、分離不安とうつにとって有益であると提唱している人もいる。それにもかかわらず、食欲の変化のような抗うつ剤の副作用は多くの臨床医にとって懸念の原因となっている(Wilens, Spencer, Frazier & Biederman, 1998)。そのうえ、大人が、子どもに抗うつ剤をより多くの割合で処方していることによる「簡単な解決」をしているかもしれないと心配する臨床医もいる。したがって、不安やうつの極端なケースを除いて、専門家は若者の感情障害を治療する最初のアプローチとして、心理的セラピーを推薦する(Birmaher & Brent, 1998)。

子どもの恐怖症には、大人と同様に、行動論的介入、とくにモデリングが非常によく反応する(Blagg & Yule, 1994; Rosenthal & Bandura, 1979)。これらの治療法では、子どもは魅力のある比較的恐怖の少ないモデルを見せられる。彼らはモデルの行動を模倣するよう勧められる。そのようなモデルの利用は、子どもに自分の恐怖を早く克服させることができる。動物恐怖や高所恐怖のような特定の恐怖は、そのような治療に最もよく反応する。

先に述べたように、学校恐怖の治療も行動的アプローチに従う。学校恐怖を単一恐怖のようにみなして、系統的脱感作とモデリングの技法を利用する場合もある。他のケースでは、登校拒否は両親からの二次的な強化の結果として理解される。これらの状況では、セラピストの介入は、学校を回避することで両親が子どもに与える強化を減らすことに焦点を合わせる。セラピストも、子どもの肯定的な行動に報酬を与える両親の技能を向上させるように働きかける。

Aaron Beckによって立案されたもの(第7章参照)のように、認知療法は今も年長の子どもや青年の感情障害を治療するために用いられている(Graham et al., 1998)。明らかに、認知療法は治療を受ける子どもの発達のレベルに合わせて変える必要がある。うつや不安の子どもと青年のための認知療法の効果研究は、これらのセラピーが効果的であることを指摘してきた(Barrett, 1998; Lewinsohn, Clarke, Hops & Andrews, 1990; Stark, 1990)。しかしながら、この場合もまた、家族のストレスや機能不全が子どもの障害に非常に頻繁に関連しているため、うつのような感情障害の子どもは家族全体の文脈の中で治療されることが必要であると多くの臨床医は信じている。

発達障害

DSM-IVによれば、発達障害の本質的な特徴は、認知、言語、運動、対人技能の獲得における顕著な障害である。発達障害の経過は慢性的で、いくつかの障害の徴候は成人になっても維持される傾向がある。しかし、多くの軽度のケースでは、適応も、十分な回復も生じる。DSM-IVでは、自閉性障害、レット(Rett)障害、小児期崩壊性障害、アスペルガー(Asperger)障害を含む**広汎性発達障害**と呼ばれる広範囲にわたるカテゴリーを包含している。これらの障害は子どもの社会適応に顕著な異常を伴っている。対照的に、精神遅滞や学習障害、コミュニケーション障害といった他の発達障害は、子どもの認知機能が障害されているが、これらの障害は必ずしも社会適応に影響を及ぼさない。

自閉症

DSM-IVに列挙された小児期のすべての障害の中で、広汎性発達障害は最も衝撃的で混乱させられるものである。これらの障害は多くの機能領域の問題を伴っている。言語、注意、対人的相互反応、知覚、運動の発達である。しばしば早期の発達過程が重度に障害され、通常子どもが特別な教育環境を必要とするために、「広汎性」という語が使用される。症状が人生の非常に早い時期——通常幼児期——に最初に観察される広汎性発達障害である**自閉症**の議論から始める。

自閉症の本質的な特徴は、子どもの他者に反応する能力が生後3年の間に正常に発達しないことである。このような低い年齢でも、このような子どもの環境に対する奇妙な反応として、子どもの社会性の欠如はきわめて顕著である。彼らは人に対して興味がなく、人々に反応しない。彼らは世話をしてくれる大人に対する正常な愛着の発達に失敗する。幼児期の抱擁の失敗、アイコンタクトの欠如、身体的愛情表現嫌悪にこれらの傾向が反映されている。このような子どもは言語の発達に完全に失敗するか、言語が獲得されても、通例、正常ではない。たとえば、反響言語——ただ聞いたことを正確にくり返すかまねる傾向——や、反響動作——他者のふるまいを繰り返すこと——によって特徴づけられる。他の共通した特徴は、代名詞の逆転——「あなた」を意味するところに「私」を使用したり、その逆であったりする傾向——である。そのような子どもはまた、お決まりの手順や環境の変化に非常に否定的に反応する。これらの症状に非常に長い期間、絶えず襲われる。しかしまず、自閉症によってひき起こされるいくらかの困難を、以下のケースで見ることができる。

DSM-IV-TR の診断基準

自閉性障害

A. (1)、(2)、(3)から合計6つ（またはそれ以上）、うち少なくとも(1)から2つ、(2)と(3)から1つずつの項目を含む。
(1) 対人的相互反応における質的な障害で以下の少なくとも2つによって明らかになる。
  (a) 目と目で見つめ合う、顔の表情、体の姿勢、身振りなど、対人的相互反応を調節する多彩な非言語的行動の使用の著明な障害
  (b) 発達の水準に相応した仲間関係を作ることの失敗
  (c) 楽しみ、興味、達成感を他人と分かち合うことを自発的に求めることの欠如（例：興味のある物を見せる、持ってくる、指差すことの欠如）
  (d) 対人的または情緒的相互性の欠如
(2) 以下のうち少なくとも1つによって示されるコミュニケーションの質的な障害：
  (a) 話し言葉の発達の遅れまたは完全な欠如（身振りや物まねのような代わりのコミュニケーションの仕方により補おうという努力を伴わない）
  (b) 十分会話のある者では、他人と会話を開始し継続する能力の著明な障害
  (c) 常同的で反復的な言語の使用または独特な言語
  (d) 発達水準に相応した、変化に富んだ自発的なごっこ遊びや社会性をもった物まね遊びの欠如
(3) 行動、興味および活動の限定された反復的で常同的な様式で、以下の少なくとも1つによって明らかになる。
  (a) 強度または対象において異常なほど、常同的で限定された型の1つまたはいくつかの興味だけに熱中すること
  (b) 特定の機能的でない習慣や儀式にかたくなにこだわるのが明らかである。
  (c) 常同的で反復的な衒奇的運動（例：手や指をぱたぱたさせたりねじ曲げる、または複雑な全身の動き）
  (d) 物体の一部に持続的に熱中する。
B. 3歳以前に始まる、以下の領域の少なくとも1つにおける機能の遅れまたは異常：
(1) 対人的相互反応、(2) 対人的コミュニケーションに用いられる言語、または(3) 象徴的または想像的遊び
C. この障害はレット障害または小児期崩壊性障害ではうまく説明されない。

（訳注：原書は DSM-IV だが、ここでは DSM-IV-TR, APA, 2000［高橋三郎・大野裕・染谷俊幸訳『DSM-IV-TR 精神疾患の診断・統計マニュアル（新訂版）』医学書院、2004］を修正し引用した）

ジョンの家族との写真を見ると、器量がよく体格がいい、茶黄色の髪の毛をした10歳の男の子がいる。彼は10歳の他の何千人もの子どもと同じように見える、しかし彼はそうではない。もしジョンの映像を見たら、彼の行動が通常の子どもの行動から程遠いことがすぐに明らかになるだろう。彼の社会的なかかわり合いは奇妙に見える。彼はよそよそしく、無関心に見える。彼はめったに視線を合わせない。彼はほとんど他の子どもと一緒に遊ばないし、10歳の子どものような遊びではなく、3歳の子どものような遊びをする。

いくつかのものに彼はひきつけられるが、最近魅了されたものは、つやのある革のベルトだった。彼はほとんどいつも1本のベルトを持ち運んで、時々激しい勢いでそれをぐるぐる回し、その過程でますます興奮し始める。興奮している最中、彼は高い調子の鳥のような声をあげ、その場で飛び跳ねて、目の高さで手をひらひら動かしている。また別のときには、ジョンは彼だけの世界に生きていて、彼の周りで起こっていることをまったく感じないように見える。彼の近くで車がバックファイアを起こしても、彼はたじろがない。彼はとくに何もないところを凝視し、時折見える範囲にある何かを指ではじきながら、空間をじっと見つめている。

独特の泣き声に加えて、ジョンの話し方はたいそう独特なものである。彼は少しの簡単な指示に応じることができるが、それはいつもの環境にいる場合だけである。彼が「飲みたいですか？」と言えば、彼の両親は「彼が」飲みたいということを意味しているのだとわかる。しばしば、彼はその2、3日前に聞いた複雑な言葉を繰り返す。テレビのコマーシャルはこういった種類の意味のない発言において主要な役割を果たしている。また別のときには、彼は両親の言葉をかなり多くオウム返しするが、これは彼がその言葉を理解できなかった合図であることが両親にはわかっている。彼は何かを頼むことができるが、簡単な要求でさえ、混乱した言葉が出る。彼が意味を理解することに失敗する——そしてこれは日に数回は起こる——と、彼は非常に興奮しかんしゃくを起こす。

ジョンの両親は双方とも知的で、理路整然とした、専門職についた人たちで、ジョンが生まれた後すぐから、彼はどこか基準から外れていることを確信していた。しかしジョンは彼らの最初の子どもだったので、彼らは心配を受け流して、未経験のためだと考えるようにした。そして彼らの主治医もそうだった。しかしついに、ジョンがすぐに「成長してその状態から脱する」という、どっちつかずの元気づけの言葉はいかなる慰めも与えなくなった。ジョンはまだ非常に状態がよく、静かだったが、人間としての彼らに少しも興味をもたなかったし、抱きしめられることに完全に抵抗した。

依然として心配だったので、両親はジョンを小児の専門家のところへ連れて行った。再びその見解は両親

を安心させるものだった。しかしジョンは2歳に達したときまだ話さなかったので、専門家の見解は変わり始めた。「ゆっくりだ」、「遅れている」、「遅い」のような言葉がより頻繁に用いられるようになった。ついに、ジョンは心理士によって正式な検査をされ、驚くべき事実が明らかになった。彼は言語発達がひどく遅れているが、非言語的なパズルの能力は彼の年齢に対して進んでいた。聴覚の障害は除外され、自閉症が最初に疑われたのはこれらの検査の間だった。

妙な話だが、ジョンはどこか具合が悪いという名目があるという単なる認識が、彼の両親にいくらかの苦痛の軽減をもたらした。しかし、それはつかの間だけであり、彼らは自閉症の一般的な記述を読むにつれて、多くの専門家が子どもの奇妙な問題を両親のせいにしているということがわかった。「冷蔵庫の母親(refrigerator mother)」として脚色されている、強迫観念に取りつかれ感情的にかけ離れた親という破滅的な報告によって、彼らはすぐに自分たちがふさわしい親かどうかという疑問をもった。お互いの関係は、ジョンとの関係と同様に、ひそかに傷つけられた。

ジョンの両親は、学習にハンディキャップがある子どもたちのための学校の小さなクラスに何とか彼を入れることができた。教師はジョンに特別な関心をもち、両親によって勧奨されて、彼を教えるために安定した構造化されたアプローチを取り入れた。誰もが驚くことに、彼はすぐに学業のいくつかの側面に順応した。彼はものを数えることを好み、7歳のときまでに足し算、引き算、掛け算、割り算ができた。さらに、彼は流暢に読むことを学習した。ただし、彼は読んでいる単語を理解できなかったが、このことが家庭でも両親に気づかれることとなったのは、彼が父親の外国語の雑誌を手に取り、フランス語の発音で全ページ読んだときだった（もちろん、言葉を理解することはなかった）。大体このぐらいの時期から、彼は話し始めた。彼は自分自身を「ジョン」と呼び、ひどい混乱状態に彼の個人代名詞をつけ、「いや」ということを学んだ。彼よりも何歳も年下の少年のほうがふさわしい電信文を使ったが、ともかく、彼の言うことは通じ始めるようになった。

ジョンは、あらゆる種類の単調な型にはまった手順を大切にしているように見えた。彼の食事は非常に限られた食べ物の選択から構成されており、新しい食べ物に挑戦する気にはならなかった。彼はあらかじめ決められた一定不変の道順で学校に行き、同じ肘掛け椅子からテレビを見て、変化には激しく抵抗した。彼を外に連れて行くことは悪夢のようだった。というのは、彼が混乱してかんしゃくを起こす時が予想できなかったからである。母親が外出を試み、ジョンをスーパーマーケットから連れ出し、車に乗せようと奮闘したとき、彼女は援助されたのではなくて、通行人から

自閉症の子どもは、人に対してよりも、物に対するほうがより愛着をもつようになることがある。(AP/Wide World Photos)

のにらみつけるような視線や意見によって傷つけられただけだった。「ジョンが普通の子どもではないように見えさえすれば、人々はもっと理解してくれるだろう」と彼女はしばしば言った。

自閉症の子どもによって示されるいくつかの行動は、反応性愛着障害の子どもにも観察される。たとえば、これらのどちらかの障害がある子どもは、社会的な接触に無関心で、かんしゃくを起こす傾向があり、学習に遅れがあるだろう。しかし自閉症の場合では、初期のネグレクトや虐待のはっきりした証拠はない。それ以上に、詳細は以下に述べるが、自閉症の子どもは、言語と運動性の行動に特徴的な異常さを示す傾向がある。

子どもの頃の重篤な疾患はまれであるということは幸運なことである。自閉症はおよそ10,000人に4ケースの割合で発生する——聴覚障害と同程度、視覚障害の2倍ほどの発生率である(Fombonne, 1998； Ritvo et al., 1989)。性差を考慮すると、男児のほうが女児より多く、約3:1である。この疾患は社会経済的な地位や人種と関連づけられない。自閉症の罹患率は、さまざまな国、収入の程度、民族集団にわたって同様である。

自閉症の症状

最初に自閉症を独特な症候群として認識した児童精神科医のLeo Kannerによると、自閉症の中心的な特徴は「関係することができないこと……人々や状況に対する通常の方法で……可能な限り、外部から子どもにやってくる何ものにも注意をはらわず、無視し、締め出すという非常に自閉的な孤立」(Kanner, 1943)である。この著しい孤立は、言語、行動、認知の発達と対人関係の分野でさまざまな形式をとる。

言語発達 自閉症の子どもの目立つ特徴の1つは、

話し言葉の貧弱な使用と理解である。このような子どもによってはっきり示される言語の遅れの重大さは、彼らの臨床的な転帰の最も有力な予測因子である(Eisenmajer et al., 1998)。多くの自閉症の子どもの両親は、子どもの言語発達が最初から通常の正しさではなかったと報告する。正常な幼児に観察される熱中夢中になって片言を話す段階は、自閉症の多くの子どもには起こらない。彼らが声を出し始めるとき、言語発達の典型的なパターンを示すことに失敗する。1歳までに、多くの通常の子どもは簡単な1語の単語を使い始める。しかし自閉症の子どもの約半分はそうではない。

自閉症の子どもが言語を使い始めるとき、彼らの非常に風変わりな音と単語の使用が顕著になる。早い段階では、ジョンがしたように、子どもはしばしば、かん高く鳥のような鳴き声を出す。また、やはりジョンのように、即時性反響言語、遅延性反響言語が会話の発達の後、長い期間にわたって起こる。子どもは自分に話されたフレーズや単語をしっかりつかみとり、明らかな理由なしでそれを繰り返す。自閉症の子どもの中には、長期間にわたる音や単語やフレーズの反復のような固執を示すことがある。意味の広い文章が現れたとき、自閉症の子どもは通常の子どもがするのと同じ種類の多くの文法的な誤りを示す。しかし、自閉症の子どもは、これらの誤りがより長く続き、風変わりである。これらの誤りの2つを見てみよう。代名詞の逆転と -ing を加える規則の誤用である。

自閉症の子どもは「私(I)」と「あなた(you)」という代名詞を逆転する傾向がある。たとえば、子どもがキャンディをほしいとき、「私はキャンディがほしい」というかわりに「あなたはキャンディがほしい?」と言う。彼らはまた、彼ら自身の固有の名前を用いて自分自身を呼ぶ傾向がある(Lee, Hobson & Chiat, 1994)。たとえば、自閉症のデイビッドという名の10歳の少年が「あなたはパーティに行きますか?」という質問をされた。彼は「デイビッドはパーティに行きます。デイビッドは私と、私と、私と、一緒に行きます」と返事をした。この場合、デイビッドは彼自身のことを名前で呼んでいた。デイビッドはセラピストのことを「私」と呼んだ。デイビッドが「私と」と言ったとき、彼に質問をしたセラピストの腕を引っ張り始めた。セラピストが返答できなかったとき、デイビッドはより強く引っ張り、一緒に行くように迫った。

代名詞の逆転の原因はまだわかっていない。個人の代名詞は文章の最初により頻繁に現れ、自閉症の子どもは長い文章を処理することに困難があるので、彼らは最後のいくつかの単語のみを繰り返す傾向がある。最後に「私は」か「私に」が配置される不自然な文章が与えられたとき(たとえば、「キャンディをください私に」)、彼らはあまり代名詞を逆転させないようである(Bartak & Rutter, 1974)。したがって、代名詞の逆転は、より全般的な言語障害の不可欠な部分として理解することができる。

通常の子どもは時々 -ing の規則を間違って使用するが、自閉症の子どもは通常の子どもが規則を学習する年齢以降にも長くこの誤りを続ける。ある9歳の自閉症の少女は、パイプをふかしている男性(a man smoking a pipe)を"Daddy piping"と、シャボン玉を吹いている少年(a boy blowing bubbles)を"boy bubbling"と描写した(Wing, 1976)。自閉症の子どもはまた、やかんを「お茶を作る」、ほうきを「床をはく」といったように、しばしば利用方法によって対象物を識別する。

自閉症の子どもの中には、言語発達があまり進まず、コミュニケーション技能が顕著に不足したままの場合がある。このような子どもは話すことを学習するが、特定のやり方で言語を使用し続けている。成人期に年齢相応の言語技能を習得する自閉症の子どもは、言語がしばしばあまりにも完全で、あまりにも文法的で、教室で学んだ外国語を使用している人のようである。話し言葉が欠如している。会話が堅苦しい。このような人は、具体的な質問と答えのやり取りを維持することはできるが、感情の機微が通じない。彼らは言語の正式な規則はわかるようだが、コミュニケーションの考え方を十分にのみこんではいない。この欠点は同様にコミュニケーションの非言語的な側面にも広がっている。

自閉症の多くの子どもは、早期の言語発達にとってきわめて重要な、ジェスチャーを模倣することや想像力に富んだ遊びを始めることに失敗する(Smith & Bryson, 1998)。たとえば、彼らは手をふって"バイバイ"するような簡単な社会的ジェスチャーを身につけることが遅い。コミュニケーションの観念を理解し、非言語的コミュニケーション技能が発達している聴覚障害の子どもとは違い、自閉症の子どもは自分の要求を知らせる非言語的方略の使用ができない。彼らは必要な対象物を指さすが、もし対象物がすぐ近くになければ、それについてのコミュニケーション能力は非常に限定されている。同様に、想像的な遊びにおけるシンボルとしてのおもちゃの利用も、たとえ多少発達したとしても、限定されている。自閉症の子どもにおけるコミュニケーションの欠陥を理解する手がかりは、社会的相互作用の理解の欠如にあると信じている人もいる。

社会性の発達　通常、自閉症の子どもに観察される最初の症状は、彼らの社会的行動のいくつかの側面と関連している。1つの顕著な特徴は無関心さであり、他者からの物理的、情緒的な距離が、とくに両親をいらいらさせる。ジョンは明らかに無関心だったので、

自閉症の子どもは、しばしば他者にうちとけないでいる。(左：Photo Researchers)彼らは他の子どもとかかわりはしないが、それにもかかわらず、しばしば1人でいるよりも他の人々の近くにいることを好む。(右：AP/Wide World Photos)彼らはしばしば人々よりも物に執着するようになり、彼らはこれらの物で複雑なゲームやパターンを構成する。

彼の母親はそのことに非常に悩まされた。この無関心さは社会的アタッチメントの発達の根本的な欠如を反映している。これは、自閉症の子どもは自分の時間を過ごす場所を選ぶことができるとき、空いている椅子のそばよりも、反応のない大人のそばでより長く過ごすという事実によって示されている(Hermelin & O'Connor, 1970)。したがって積極的回避(空いている椅子の近くにいることを選ぶことによって示されるような)は、自閉症の子どもには当てはまらない。この疾患の多くの子どもは、対人関係の面ではしだいに改善する。しかし、最良の結果だったとしても、いくらかの問題は存続する。彼らは他者との協力的なグループ活動の欠如を示し、個人的な交友関係を作ることができず、他者の感情にふさわしい応答をすることに困難をかかえ続ける。自閉症の子どもは、他者の感情表現を理解することや、自分自身の感情を伝達するために表情や声やジェスチャーを使用することに、根本的な問題をもっていることが近年実証されてきている(Charman et al., 1998)。

いくつかの理論では、自閉症の子どもの決定的な問題は、他の人々がそれぞれ別の人として存在し、彼ら自身の考えや感情をもっているということを、彼らが理解していないことだと示唆してきた(Baron-Cohen, 1995)。言い換えると、自閉症の子どもは、他者が経験していることを想像する能力が損なわれていることによって起こる、一種の「マインド・ブラインドネス(mindblindness)」を患っている。彼らは、他の人々の行動を理解することができず、人の表情や目のような非言語的手がかりを解読することに困難がある。

同じであることへの執着 多くの通常の子どもは環境が変化することに対して、とくにそれらの変化が突然であれば、不愉快な反応を示す。理由はまったく明白ではないが、自閉症の子どもは非常に誇張された表現でこの特性を示す(Durand & Mapstone, 1999)。た

自閉症の子どもは、特に環境が突然変化したときに、しばしば激しいかんしゃくを起こす。
(Photograph by Allan Grant)

とえば、自閉症の子どものなかには、家にある家具の位置を動かされたら、激しいかんしゃくを起こす場合がある。他にも、毎日同じ道順で学校へ車で送ってもらうことを強く要求する場合もある。無害な日課として始まったことがあまりにも固定しすぎて、日常生活では重大な邪魔をするようになることに両親は気づく。

同じであることへの執着は他のことでも見られる。自閉症の子どもは、長い線や複雑なパターンを作るために、しばしばおもちゃや他の対象物を使用する。彼らは物の機能的、想像的な遊びの質よりも、パターンにより興味をもつように見える。しばしば、このような子どもは、1つあるいは2、3の物に熱心に執着するようになる。ジョンは確か、長いベルトを持ち運び、それを回転させた。他の子どもは汚れた毛布やおしゃぶりを手放すことを拒否することがある。これらの激しい執着によって、さまざまな方法で正常な発達

1988年の映画「レインマン(Rain Man)」で、ダスティン・ホフマン(Dustin Hoffman)は、他者と交流をもったり触ったり触られたりすることが非常に困難であるが、電話番号帳を記憶し、稲妻のように速く大きな数字の平方根の計算ができる「サヴァン症候群の自閉症者」を演じた。(United Artists / Kobal の厚意による)

や日常生活が妨げられる。もしその対象物がなくなったら、生活は子どもとその他の家族にとって耐えられないものとなるだろう。大きな対象物だったら、他の物で遊ぶための手の自由を奪うため、手と目の協応のじゃまになるだろう。

自閉症の子どもはステレオタイプを示す場合もある。運動行動や活動の繰り返しである。たとえば、ある子どもは繰り返し独特の順序で指を動かしたり、椅子で前後に動いたりする。激しいケースでは、自閉症の子どもは自傷行為を繰り返すことに従事する。たとえば、彼らはあざができるまで頭を壁にぶつけたり、血が出るまで腕を噛んだりする。これらの行動によって彼自身を深刻に傷つけることを防ぐため、しばしばヘルメットや包帯のような身体的抑制を必要とする。

知的発達 自閉症の子どものIQの測定値は、それ以降の経過の最も優れた指標の1つである。より高い得点ならさまざまな教育的、治療的環境において、よりうまくやっていける(Gittleman & Birch, 1967；Lockyer & Rutter, 1969；Szatmari et al., 1989)。自閉症の子どもの約25～40％だけがIQテストで70以上の点を得る(Ritvo et al., 1989)。したがって、自閉症の子どものかなりの割合が精神遅滞の範囲に入るIQを有している。自閉症の子どものきょうだいもまた低いIQ得点を示すという研究があるが、他の家族に低いIQ得点が生じることに根拠はないとする研究もある(Freeman et al., 1989)。

自閉症についての最も神秘的なことの1つは、しばしば「サヴァン(savant；学識の深い)」能力が伴っていることである。「サヴァン」という語句は、他の領域では軽度から中程度の遅れがある個人における非常に能力の高い分野に言及するために用いられている。たとえば、特定の日付の曜日を非常な速さと正確さで同定する、驚くべき能力を示す自閉症の子どもがいる(Heavey, Pring & Hermelin, 1999)。他には、物事を記憶する非常に優れた能力を示す人もいる(Mottron, Belleville, Stip & Morasse, 1998)。すばらしい空間能力や音楽、絵画の才能を発揮する人もいる。これらの才能が基本的な推論の測度では遅滞範囲の得点を有する人の中に存在しているという事実には困惑させられる。このことは、人間は多くの分割された知的能力をもっているということを示唆している。

診断基準ではその子どもが3歳になるまでに症状が存在することが求められるので、自閉症の診断はしばしば難しい問題である。子どもの発達についての心配にもかかわらず、もし両親が子どもの評価をすることが遅れていたら、幼い頃の像を再構成することは臨床家にとってたいへん難しいことである。これはジェニファーのケースで起こった。彼女の両親は彼女の発達について心配していたが、日中、祖母が世話をしている限り、両親は治療を求めなければならないとは感じなかった。ジェニファーの問題は幼稚園が始まったときにより歴然とし始め、彼女の仲間たちと対照的であった。ジェニファーの評価を行った心理士は、彼女の行動の発達的観点を得るために、最近の観察と回想の報告に頼ることが必要だった：

> ジェニファーと彼女の両親は2回目の予約時刻ちょうどに到着した。私は待合室で彼らに挨拶をした後、ジェニファーを面接室に連れて行った。彼女はいくらか不安そうに見えたが、母親にキスして軽く抱きついてから、私についてきた。彼女は面接室の中でつま先立ちで歩いた。その日、私は幼稚園児のために計画されたテストバッテリーを実施することを予定していた。私はピーボディ絵画語彙検査(Peabody Picture Vocabulary Test：PPVT)と呼ばれるテストを使って検査を始めた。このテストでは、子どもは4枚の絵を並べて見せられ、個々の概念を現す物を指さすように言われる。たとえば、最も簡単なレベルでは、ボール、バット、グローブ、りんごの絵がある。子どもはボールを指さすように言われる。項目はテストが進むにつれ、より難しくなる。最初の9試行において、ジェニファーは正しい絵を指さすことができた。しかし私が絵を指して彼女にその名前を言うように求めると、彼女は何も言わなかった。私がその質問を繰り返すと、彼女は「いや」と言った。ジェニファーはそれから私に絵についての質問をし始めた。彼女の質問は私の質問の言い直しだった。私が「はさみを見せてください」と言ったとき、ジェニファーは「はさみを示してください」と言った。
>
> 標準化された検査を完了することは不可能だった。最初の少数の項目の後、ジェニファーは検査用具に関心を向けることをやめ、彼女自身の言葉で私の質問を繰り返し始めた。それにもかかわらず、そのアセスメ

ントから非常に多くのことを知った。ジェニファーの視覚—運動の協応は非常に優れていた。彼女は詳細なネコの絵を描き色を塗った。その図画は6、7歳の子どもが制作する典型的なものだった。同様に、彼女の粗大運動の協応も非常に優れていた。彼女は部屋を横断したボールを簡単に受けた。しかし、私は典型的ではないいくつかの行動も観察した。彼女はイスで前後に揺れ動き、指で自分の髪の毛をねじった。何度か彼女は首に巻いた糸につけてある小さな赤い小銭入れを開けたり閉めたりした。彼女はまったく私と視線を合わせなかった。

ジェニファーと1時間以上過ごした後、私は再度彼女の両親と会うことにした。ジェニファーは水槽の中で熱帯魚が泳いでいるのを見ながら、待合室で受付係と一緒に待っていた。私はジェニファーの行動について観察したことをキャロルとロバートに話した。彼らはそれらが正しいことを認めた。それから私はジェニファーの両親に、私が気づいた正常から外れた各々の行動の始まりの時期について具体的に尋ねた。ジェニファーの言語能力は3歳までは完全に正常で、おそらく平均よりも上であるとさえ思われたが、その後彼女は繰り返しを始め、いくつかの言葉を使わなくなったと彼らは言った。彼女は3歳ごろの年齢まで、とてもやさしかったが、空想にふけっているかのように、時々空間をじっと見つめる傾向があったと彼らは話した。3歳を過ぎたころ、ジェニファーはよりいらいらして敵意を見せるようになった。彼女は愛情と攻撃性の間で揺れていた。彼女の遊びはますます系統だったものではなくなり、繰り返しが多くなった。1時間ほどのジェニファーの両親への質問の後で、私は彼女の祖母と話をすることと、園で彼女を観察することについての許可を求める書類にサインしてもらえるか聞いてみた。彼らは直ちに同意した。

その日の午後、私はジェニファーの両親との面接から得た記録を再考した。検査の間、ジェニファーの行動を観察した後で、私は彼女が自閉症である可能性を考慮した。しかし、彼女の両親によって提供された発達歴は、その診断に疑問を抱かせるものだった。彼らは3歳までの彼女の比較的正常な発達の時期について述べた。彼らはまた、ジェニファーが社会的な反応を示すとも評していた。ジェニファーの祖母が彼女の発達についてのこの印象を共有しているかどうか知るために、私は祖母との面接を希望した。もし祖母が印象を共有していたら、私は自閉症の診断を除外しなければならなかった。

自閉症の原因

自閉症に関連した行動の種類は、人々の正常な発達の予測からあまりにも大きく隔たっているので、現在では多くの人々が、この症候群には内在している何らかの生物学的異常があるに違いないと信じている。しかしながら、専門家の集まりでは、常にこの立場をとるわけではない。最初にこの障害を研究した人々は、両親とその特性に焦点を当てる傾向があった(Kanner, 1943)。両親の特質を調査することによって、彼らは自閉症の心理学的原因の可能性が提案されることを期待した。両親の特質における根拠は現在ではかなり明らかになっているので、これを最初に検討しよう。

心因性理論 初期の精神力動論者、または行動論者の観点からは、自閉症の子どもの両親は内向的、よそよそしい、知的、綿密などの特徴があるように思われた(Bettelheim, 1967；Ferster, 1961)。両親は「情緒的冷蔵庫(emotional refrigeration)」の環境を作り出していると記述され、多くの臨床家はこのような子どもの「冷蔵庫の母親たち(refrigerator mothers)」に言及した。両親の行動傾向は彼らの子どもに反映されていると仮定された。両親のよそよそしさは子どもの孤立に示され、同時に、両親の綿密さは子どもの繰り返しの行動に反映されていた。しかしながら、この根拠を受け入れたとしても、必ずしも両親の行動が子どもの障害をひき起こすということを意味しない。このような骨の折れる子どもに直面したら、両親の態度や行動は変化するというのも同様にもっともらしいことである。この代替の仮説は、両親に罪があることを論証するのに急ぐ中で見過ごされてきた。

重大な身体的疾患の子どもの両親と比較したとき、自閉症の子どもの両親は違いがある行動をしているということを示唆する根拠はほとんどない。子どもに非常にダメージを与える両親の行動についての確証は存在しない。自閉症の子どもが実際に崩壊した家庭出身であることはわずかで、ほとんどは早期の家庭のストレスは経験していない。彼らの両親が過度に内向的や強迫的だという根拠はなく、彼らは過度の思考障害を示してもいない。ほとんどの自閉症の子どもは、両親の態度と子どもを養育する技量において正常な範囲の経験をしている(Cantwell, Baker & Rutter, 1978)。

生物学的理論 自閉症の心因性理論は立証されていないので、障害の生物学的発生にますます強く注目が向けられてきている(Rapin & Katzman, 1998)。自閉症の脆弱性は遺伝であるかどうか決定するために行動遺伝学的研究が実施されている。しかしながら、自閉症は比較的まれな疾患であるので、この障害の遺伝的な広範囲にわたるデータを集めることは難しい。しかし、ある研究では、自閉症の子どもが1人いる家族の約10％は、この障害がある別の子どもが少なくとももう1人いることが示された(Ritvo et al., 1989)。双生児研究では、二卵性双生児と比較して、一卵性双生児において自閉症の高い割合の一致が見られている(二卵性双生児0％、一卵性双生児60％)(Bailey, Le

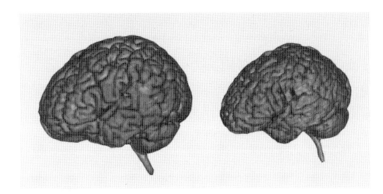

これらのMRIスキャンは、自閉症の3歳の少年の脳と自閉症ではない少年の脳を比較している。自閉症の子どもの脳の容量は、子どもの年齢に応じた平均的な脳の容量を6標準偏差超えていた（左：自閉症の被験者J.W.、右：正常な対照被験者）。(Dr. Eric Courchesne, University of California, San Diego)

Couteur, Gottesman & Bolton, 1995)。自閉症としては不一致である双生児のペアにおいても、健康な児に中程度の認知的、社会的異常が見られることは珍しくない(Quay, Routh & Shapiro, 1987)。したがって、自閉症の遺伝的脆弱性は、複雑に、あるいはより極端な状態で現れる認知的問題という結果になるのかもしれない。

自閉症に伴う行動異常は非常に重大であるという事実によって、研究者は脳の異常を予測している。これまでの神経画像法の研究では、自閉症の子どもと自閉症ではない子どもの間に、ほんの少しの一貫した違いが示されてきた(Deb & Thompson, 1998)。驚くべきことに、これらの研究のいくつかの結果では、自閉症の子どもは正常な脳の容量よりも大きい脳をもっている傾向があることが指摘されている。別の結果は、自閉症の子どもは小脳の構造に異常があり、小脳のある領域にサイズの減少が見られるというものである(Courchesne, Townsend & Saitoh, 1994)。しかしながら、いくつかの研究結果は、これらの小脳の異常は後述しているレット(Rett)障害を含む他の広汎性発達障害の場合にも存在していることを指摘している(Schaefer, Thompson, Bodensteiner & McConnell, 1996)。

私たち人類が人のことを「読み取る」ための能力として特別な役割を果たすある脳の領域が存在することが示唆されてきている。第4章で、脳のある「大脳辺縁系」の領域、とくに扁桃体が、人類の共通の表情を認識する私たちの能力のもとかもしれないということを示した研究を説明した(Seeck et al., 1993)。これらの領域の損傷は他の人々がどんな感情を抱いているか認識する能力を阻害するだろう。創造的な研究において、Michael TomaselloとLuigia Camnioniは、正常な子ども、自閉症の子ども、人間によって育てられたチンパンジーの集団の非言語的な能力を比較した(Tomasello and Camnioni, 1997)。正常な子どもは人間の大人に自分たちの要求を伝達するためにジェスチャーや象徴的な手段を使用する能力において他の2

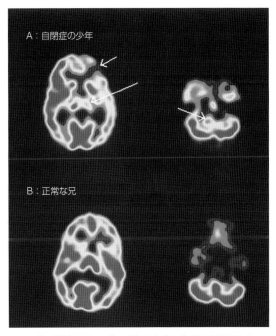

自閉症と診断された6歳の少年と9歳の彼の兄のPETスキャンは、2人の少年の脳におけるセロトニンの活動性の差異を示している。自閉症の少年は左前頭大脳皮質（最上部の矢印で示されている；より青い方が活動性が少ないことを示している；脳の画像の右側に脳の左側が表わされている)、左視床（長い矢印で示されている；黄色は赤よりも活動性が少ないことを示している)におけるセロトニンの活動性が減少している。右側のスキャンの組み合わせは、兄よりも自閉症の少年（青というよりも黄色である）の歯状核（運動機能を含んでいる小脳の一部分）におけるセロトニンの活動性の増加を示している（カラー口絵参照)。(Dr. Diane Chugani, Wayne State University School of Medicine)

つのグループより明らかに優位を示した。自閉症の子どもは、本当に他の人々は思考や意図をもっているということに気づいていないかのようにふるまうと研究者たちは結論づけた。

自閉症の生物学的基礎となるさらなる根拠は、この障害の子どもは発作がある傾向があるという事実であ

Box 8-1　科学と実践

ファシリテイテッド・コミュニケーション：真実か、フィクションか？

　自閉症の子どもの効果的な治療のための研究結果の進展を議論している研究者たちは、その進展が遅く、骨の折れるものだとよく理解している。この障害をもつ子どもの両親にとって、その経過はきびしいものである。彼らは子どもが正常な生活を送るところを見ることを切望する。しばしば奇跡のような回復を発見するという願望は両親や専門家を一時的な流行の治療の犠牲に陥らせる。1つの例はファシリテッド・コミュニケーション（facilitated communication：FC）である（Holster, 1996）。この治療は自閉症や他のコミュニケーション障害で会話をしない子どもに言語の発達を刺激することを意図している。FCはオーストラリアで開発され、その後1990年ごろに米国で紹介された。FCでは治療者はファシリテーターと呼ばれる。ファシリテーターは子どもに、通常コンピュータのキーボードなどの機械的な装置を用いて意志疎通するための物理的な援助を提供する。ファシリテーターは子どもの手、手首、肘、肩をキーボードの文字へ導き、文字や文章を活字にするように促す。初期の報告は、まったく話さなかった子どもたちが、突然、FCを通して内的な思考や感情を表出し始めると主張していた。ファシリテーターの信念は、子どものコミュニケーションの潜在能力とFCの手続きの両方が成功に必要だということであると、FCの支持者は述べている。しかしながら、何人かの患者について、家族の構成員や治療提供者による性的、身体的虐待の事件が明らかになったとファシリテーターが報告したことによって問題が起こり始めている。これらの主張によってFCの効果についての、より統制された研究につながった。

　Wheeler, Jacobson, PaglieriとSchwartz（1993）はスタッフがFCを用いている在宅プログラムにおける12人の自閉症の子どもの研究をした。その目的は、FCは実際に子どもによるコミュニケーションを促進的にしているのか、ファシリテーター自身がメッセージの出所ではないのか明らかにすることであった。研究者たちは子どもの環境にあるありふれた対象物の写真を30組作成した。これらの対象物は、子どもの語彙訓練に用いられていたものだった。ファシリテーターと子どものペアは縦に仕切りがある長いテーブルの端に座った。各々が自分自身の側のテーブルの端にある写真を見ることができたが、もう一方の端のものは見ることができなかった。この作業は子どもに写真のラベルづけをさせることを要求していた。2人は3つの条件下で各刺激写真を見せられた。(1)被験者に提示された写真の内容を知らないファシリテーターにタイプすることを援助された。(2)タイプすることを援助されなかった。(3)子どももファシリテーターも写真を提示され、タイプすること／促進を援助されたが、何枚かの写真の組み合わせは一致したもので、何枚かの組み合わせは異なっているものだった。子どもたちの誰もファシリテーターの援助なくして正しく写真にラベルづけすることができなかった。ファシリテーターと子どもたちが異なる写真であった試行では、正しい反応はファシリテーターに見せられた写真に起こったのみだった。研究者はすべての正しい反応はファシリテーターから生じていると結論付けた。同時に、ファシリテーターが子どもを意図的に動かしているという根拠はなかった。

　この研究やその他の実験的研究がファシリテイテッド・コミュニケーションの効果を示すことに失敗してきたという事実にもかかわらず、実践家の中には自閉症の子どもの治療にそれを用い続けている人もいる（Duchan, 1999）。このようなセラピストは、それを受けた子どもたちの中に改善を観察したという理由で、この実践を支持してきた。これは正しいのだろうか？　また、行動障害に対するすべての治療は確かな科学的な基準にあてはまることを要求されているのだろうか？　もしそうなら、それらの基準は何だろうか？　これらの疑問は主要な心理学者の間で議論のテーマであり、多くの人は、心理学的治療は経験に基づいて実証されるべきだと結論づけている（Kazdin, 1998 a）。このことは、統制研究において効果的であったと示された治療だけが一般の人に提供されるべきだということを意味している。

る。たとえ彼らが幼かったときには神経学的疾患の明確な根拠を示さなかったとしても、青年期の間、自閉症の子どもの約30％はてんかん発作がある（Rapin, 1997）。そのうえ、脳波計（EEG）の研究——つまり脳の電気活動の検査の研究——は、自閉症の子どもが正常な子どもより異常な脳波の割合が高いことを明らかにしている。これらの結果は、自閉症の原因は生物学的なものかもしれないという意見を支持している。さらに、自閉症の子どものなかには発作や脳波の異常を示す人がいるという事実は、それぞれ異なった原因をもつ自閉症の数種類の亜型があるかもしれないということを示唆している（Prior, 1987）。

　別の可能性のある自閉症の生物学的な原因は、欠陥のある神経伝達である。神経伝達物質の活動が異常なとき、脳は1つのニューロンから別のニューロンへ効果的に信号を伝えることができない。このことは自閉症の子どもに観察される行動的、認知的異常をひき起こしているかもしれない。カテコールアミン神経伝達物質のドパミン、セロトニンのレベルにおいて、自閉症がある子どもとない子どもの間に違いが見られたことを研究者は発見した（Gilberg & Svennerholm, 1987 ; Hameury et al., 1995 ; Winsberg, Sverd, Castells, Hurwic & Perel, 1980）。現在までのところ、ほとんどの一貫した根拠は、自閉症の子どものセロトニンの活動性の増加のためだということである（McBride et al., 1998）。しかし、他には左右の脳半球の間のセロトニンの不均衡かもしれないという結果もある。PETスキャンを使用した研究では、自閉症の子どもの脳では、脳の右側と比較して左側の大脳皮質と視床のセロトニンが低いレベルを示すといったよ

うな、セロトニンの不均衡が明らかになった(Chugani et al., 1997)。その異常は言語の産出と視覚と聴覚の入力の統合にとって重要な脳の領域に位置していると著者は指摘している。

自閉的な子どもはかなりの割合で、他の深刻な生物学的疾患も経験している。これらは脆弱X症候群、フェニルケトン尿症、風疹、脳炎を含んでいる(Barak, Kimhi, Stein, Gutman & Weizman, 1999；Prior, 1987)。最後に、自閉症は分娩時や新生児の合併症と高い割合で結びついている(Ciaranello & Ciaranello, 1995；Goodman, 1990)。これらの合併症の1つである母親の風疹の感染は、自閉症の危険性を高めるだけではなく、精神遅滞を含む発達障害の領域の危険性も高めている。「風疹」が胎児の発達において深刻な問題をひき起こすという非常に明白な根拠から、妊娠中の女性をこの疾患から守るためのより広く普及した活動につながっている。

自閉症の治療

数々の薬物が自閉症の治療に用いられる。しかしながら、全体的な症候群に対してというよりむしろ、特定の症状を治療するために限定された期間、処方されている(Cohen & Volkmar, 1997；Rapin, 1997)。たとえば、メチルフェニデート(Ritalin®)は注意力を改善するために用いられるのに対して、SSRI(例：Prozac®)や他の抗うつ薬は固定観念、固執、気分変動をコントロールするために用いられている。しかし自閉症の主要な治療は、集中的な行動療法と教育的介入である。

注目に値する効果は、たとえば、言語発達と社会的反応性に焦点づけられている(American Academy of Pediatrics, 1998；Lovaas & Buch, 1997；Risley & Wolf, 1967)。適切な意志伝達ができないことは、この障害にとって非常に中核的なものであるため(言語の欠陥に関する議論の余地がある治療についての討論はBox 8-1参照)、言語能力の問題の治療はきわめて重大であるとみなされている。同時に、子どもが他者とかかわることを学習するため、意志伝達を強化する取り組みが効果的であるということは大変重要である。Ivar Lovaasは、自閉症の子どものための集中的な治療プログラムを開発する活動の中心であった。彼の研究グループによって開発された行動的技法は、現在も広く用いられている。これらの治療では、子どもの発声頻度を増加させるために、セラピストによって発声が強化される。次に、子どもはセラピストによって提示された音を模倣することで報酬が与えられる。模倣が定着したとき、子どもは日常生活用品の名前を呼ぶことを教わる。そして最終的に、彼らに質問をすることを教えるために、同様の技法が用いられる。これらの方法の効果に関する早期の研究は、子どもが自

行動的技法は自閉症によってひき起こされた特定の欠陥を効果的に治療するだろう。これらの子どもはお互いに抱き合うことによって正の強化を受ける。(Photograph by Allan Grant)

閉症に関連した欠陥を完全に克服することを可能にさせるというかなりの楽観主義(オプティミズム)をひき起こしていた。しかしこの楽観主義は、子どもが施設のケアから戻ってきたとき、治療期間になされた進歩がしばしば消えたことが示された研究によって、いくらか鎮められた(Lovaas, 1973)。

それにもかかわらず、集中的治療を受けた自閉症の子どものフォローアップ研究は、彼らの機能の顕著な改善を示している(Freeman, 1997)。一般に、自閉症の子どもが早期に、もしより延長された期間(たとえば、少なくとも2年間、1週間に40時間)の行動的な治療を受けたら、長期的な予後がよいだろうと研究結果では示されている。ある研究では、このような集中的な治療を受けた子どもたちの47%が、6歳から7歳までに正常な範囲内の知的、教育的機能に達した。対照的に、このような結果は、最小限の施設的ケアを受けた子どもたちの2%にしか起こらなかった(Lovaas, 1987)。さらに、両親が治療プログラムに参加すれば、彼ら自身の行動と受けている子どもの行動の両方が変化する。そして、より多くの両親を治療プログラムに参加させることによって、言語の習得がより維持されるだろう(Hemsley et al., 1978)。

行動療法と結合することで、構造化された教育的アプローチが自閉症の子どもにとって有益であることも立証されている(Hung, Rotman, Consentino & MacMillan, 1983；Jordan & Powell, 1995)。これらのアプローチは、子どもの特定の認知、運動、知覚のハンディキャップに照準を定めている。綿密に計画された教育的プログラムは、通常の教え方に付け加えて、転導性をできるだけ少なくしている。たとえば、正常な子どもが読むことを教えられるとき、教科書や教材には、母音は1色で、子音は別の色で印刷されているものがある。これは母音と子音を区別するよう正常な子

DSM-IV-TR の診断基準

レット(Rett)障害

A. 以下のすべて：
　(1) 明らかに正常な胎生期および周産期の発達
　(2) 明らかに正常な生後5ヵ月間の精神運動発達
　(3) 出生時の正常な頭囲
B. 正常な発達の期間の後に、以下のすべてが発症すること：
　(1) 生後5〜48ヵ月の間の頭部の成長の減速
　(2) 生後5〜30ヵ月の間に、それまでに獲得した合目的的な手の技能を喪失し、その後常同的な手の動き（例：手をねじる、または手を洗うような運動）が発現する
　(3) 経過の早期に対人的関与の消失（後には、しばしば対人的相互反応が発達するが）
　(4) 歩行または体幹の動きに協調不良がみられること
　(5) 重症の精神運動制止を伴う、重篤な表出性および受容性の言語発達障害

（訳注：原書はDSM-IVだが、ここではDSM-IV-TR, APA, 2000 [高橋三郎・大野裕・染谷俊幸訳『DSM-IV-TR 精神疾患の診断・統計マニュアル（新訂版）』医学書院、2004] を修正し引用した）

自閉症の子どもたちのIQは、行動的プログラムによる治療がなされたとき増加する。これは、子どもがウォーターテーブルで自分の手と目の協応を訓練しているところである。(Alan Carey/The Image Works)

どもを援助するものであるが、広汎性発達障害の子どもはこのことに混乱させられる (Schreibman, 1975)。一般的に、障害がある子どもの特定のハンディキャップを克服することをねらって構造化された教育は、このような子どもを援助するために現在可能な最良の方法であるように思われる。この場合もまた、これらの治療に両親を含むことや、彼らの子どもの特定の欠陥を克服する方法を教えることは、治療の効果を増加させる。

集中的な治療プログラムも、自閉症の子どもの知的な機能に違いをもたらす (Smith, 1999)。研究で示された平均では、行動的プログラムの治療後にIQ得点が7から28増加している。もちろん、子どもは治療に対する反応によって変化する。多くは改善するが、変動がないか低下する子もいる。言語能力は、治療による利益を規定する決定的な要因かもしれない。

自閉症の子どもの長期間のフォローアップ研究では、予後は非常に変化していることが示されている。ある研究では、自閉症と診断された子どもを青年期、成人前期まで追跡した (Ballaban-Gil, Rapin, Tuchman & Shinnar, 1996)。これらの子どもは治療を受けたが、現在日常的に用いられている集中的なアプローチではなかった。研究者たちは、行動問題は69％の子どもに残存していることがわかった。青年期の35％と成人の49％は自傷行動に没頭しており、全体の標本の50％よりわずかに多く、何らかの決まり文句（ステレオタイプ）が存在していた。90％以上は社会的な困難を持ち続けていた。言語は年齢とともに改善したが、正常範囲の流暢さを示したのは35％のみだった。フォローアップ時に、成人の53％は入所施設で生活しており、27％は単純作業か保護された作業所で雇われていた。明らかに、集中的治療の欠如により、自律した生活の長期的な予後はよくない。それでもやはり、主としてよりよい治療によって、多くの自閉症の子どもは成人として満足した生活を送ることができ、そうなることができる人々の割合は将来おそらく増加するだろう (Wing, 1997)。

成人期に達する機能のレベルは、子どもの機能のレベルに強く関連している。前に述べた通り、自閉症の子どものIQ得点は、後の結果に最も影響がある早期の指標の1つとなることがわかる。子どものIQが高いほど、予後がよりよい。他の優れた予後の指標は5歳より前の実用的な話し言葉の存在である。最後に、発作が起こらない子どもは、発作がある子どもよりよい結果となる (Gilberg, 1991)。

レット障害

自閉症は最もよく知られている広汎性発達障害だ

> ## DSM-IV-TR の診断基準
>
> ### 小児期崩壊性障害
>
> A. 生後の少なくとも2年間の明らかに正常な発達があり、それは年齢に相応した言語的および非言語的コミュニケーション、対人関係、遊び、適応行動の存在により示される。
> B. 以下の少なくとも2つの領域で、すでに獲得していた技能の臨床的に著しい喪失が(10歳以前に)起こる：
>   (1) 表出性または受容性言語
>   (2) 対人的技能または適応行動
>   (3) 排便または排尿の機能
>   (4) 遊び
>   (5) 運動能力
> C. 以下の少なくとも2つの領域における機能の異常：
>   (1) 対人的相互反応における質的な障害(例：非言語的行動の障害、仲間関係の発達の失敗、対人的ないし情緒的な相互性の欠如)
>   (2) コミュニケーションの質的な障害(例：話し言葉の遅れないし欠如、会話の開始または継続することが不能、常同的で反復的な言語の使用、変化に富んだごっこ遊びの欠如)
>   (3) 運動性の常同症や衒奇症を含む、限定的、反復的、常同的な行動、興味、活動の型
> D. この障害は他の特定の広汎性発達障害または統合失調症ではうまく説明されない。
> (訳注：原書は DSM-IV だが、ここでは DSM-IV-TR, APA, 2000 [高橋三郎・大野裕・染谷俊幸訳『DSM-IV-TR 精神疾患の診断・統計マニュアル(新訂版)』医学書院、2004] を修正し引用した)

が、発達に劇的な遅れを伴ういくつかの他の症候群がある。それらは異なる発達の過程と症状のパターンを示すので自閉症とは区別される。

レット(Rett)障害は、DSM-IVによる記述としては出生時から4歳までの範囲が発症時期であるが、典型的に5～48ヵ月の間に発症する(Ghuman, Ghuman & Ford, 1998)。これは非常にまれな障害として知られており、1万人に1人の有病率である(Lomborso, 2000)。他の広汎性発達障害とは異なり、レット障害は女性にのみ起こる。これはX染色体に異常が伴うことで、男子の胎児は遺伝的に死に到るよう規定された疾患だからであると信じられている(Anvret & Clarke, 1997)。したがって、遺伝的感受性をもつ女性のみ、この疾患を有していても生き残る。しかしながら、レット障害がある人は子をもつことができないので、その脆弱性は両親から遺伝したというよりもおそらく遺伝子の突然変異のためである。

レット障害の発症過程は独特である。最初は子どもの身体的、情緒的発達は正常である。後になってレット障害が発現した幼児のホームムービーの研究では、子どもが1歳に近づくまで、観察可能な異常さは見られない(Carmagnat-Dubois et al., 1997)。しかしながら、障害が現れ始めると、子どもの頭部の発達の減速や、運動・コミュニケーション技能の減退を示す。それから対人的相互作用からひきこもり始め、非機能的な決まりごとや儀式にかたくなに固執し、ステレオタイプで繰り返しの手・指や体全体の動きを見せ始める。レット障害の多くの子どもは精神遅滞を患っている。不幸なことにレット障害は通常永続的で、進行性である。

遺伝学の進歩により、科学者は最近、レット障害の3分の1のケースの原因とされる遺伝子を特定することに成功した(Amir et al., 1999)。(第4章で記述した)連鎖分析を用いて、レット障害はX染色体のある特定の遺伝子の突然変異によって生じることを彼らは発見した。この遺伝子は脳機能にとって非常に重要であるタンパク質(MeCP 2)の遺伝子をコードする。MeCP 2タンパク質は、神経細胞に影響を及ぼすいくつかの他の遺伝子の転写を鎮静化させる原因である。MeCP 2タンパク質が適切に作動しないと、これらの他の遺伝子の活動が制御不能になる。われわれは、このことが、どうしてレット障害を特徴づける明らかな発達の退行という結果になるのかを発見する将来の研究結果を待たなければならない。研究者はなぜ最初の部分に突然変異が起こるのかを発見しようと努力している。ほぼ確実なのは出生前の出来事が原因だということである。

小児期崩壊性障害

小児期崩壊性障害では、発達は少なくとも2歳に達するまで正常範囲に入っている(Durand & Mapstone, 1999)。DSM-IVによれば、この疾患の発症時期として典型的な年齢は3歳と4歳の間である。そのころ、子どもは言語、社会、運動の3つの領域の少なくとも2つの技能の喪失を見せ始める。症状は自閉症の子どもが示す症状と非常によく似ており、コミュニケーション、運動性の常同症、対人的相互性の嫌悪などを含んでいる。小児期崩壊性障害は自閉症ほど一般的ではなく、女性よりも男性に多く見られる。この不可解な疾患の原因はわかっていない。しかしながら、おそらく神経系の初期の発達に何らかの異常が伴っていると研究者たちは信じている。

DSM-IV-TR の診断基準

アスペルガー(Asperger)障害

A. 以下のうち少なくとも2つにより示される対人的相互反応の質的な障害：
 (1) 目と目で見つめ合う、顔の表情、体の姿勢、身振りなど、対人的相互反応を調節する多彩な非言語的行動の使用の著明な障害
 (2) 発達の水準に相応した仲間関係を作ることの失敗
 (3) 楽しみ、興味、達成感を他人と分かち合うことを自発的に求めることの欠如（例：他の人たちに興味のある物を見せる、持って来る、指差すなどをしない）
 (4) 対人的または情緒的相互性の欠如
B. 行動、興味および活動の、限定的、反復的、常同的な様式で、以下の少なくとも1つによって明らかになる。
 (1) その強度または対象において異常なほど、常同的で限定された型の1つまたはそれ以上の興味だけに熱中すること
 (2) 特定の、機能的でない習慣や儀式にかたくなにこだわるのが明らかである
 (3) 常同的で反復的な衒奇的運動（例：手や指をぱたぱたさせたり、ねじ曲げる、または複雑な全身の動き）
 (4) 物体の一部に持続的に熱中する
C. その障害は社会的、職業的、または他の重要な領域における機能の臨床的に著しい障害をひき起こしている。
D. 臨床的に著しい言語の遅れがない（例：2歳までに単語を用い、3歳までにコミュニケーション的な句を用いる）。
E. 認知の発達、年齢に相応した自己管理能力、（対人関係以外の）適応行動、および小児期における環境への好奇心について臨床的に明らかな遅れがない。
F. 他の特定の広汎性発達障害または統合失調症の基準を満たさない。

（訳注：原書はDSM-IVだが、ここではDSM-IV-TR, APA, 2000［高橋三郎・大野裕・染谷俊幸訳『DSM-IV-TR 精神疾患の診断・統計マニュアル（新訂版）』医学書院、2004］を修正し引用した）

アスペルガー障害

すべての広汎性発達障害の中で**アスペルガー(Asperger)障害**は最も遅い発症である。通常、就学前やその後まで発見されない(Shopler, Mesibov & Kunce, 1998)。アスペルガー障害の推定有病率は比較的低く、人口の0.1〜0.26％である(Volkmar, 1996)。そのうえ、重大な欠陥には結びつかない。初期の症状は社会的なかかわりが損なわれ、通常、反復的な行動パターン、限定された興味を伴っている。他者との相互作用において、多くのアスペルガー障害の人は視線を合わせず、表情はほとんど変わらない。彼らの姿勢やジェスチャーはほとんど機械的に見える。彼らはほとんど友人がおらず、レクリエーション活動やユーモアにほとんど興味を示さない。自閉症とアスペルガー障害との鑑別については議論がある。アスペルガー障害は自閉症の軽度の状態であるという考え方がある。自閉症のように、女性よりも男性に多く起こる。アスペルガー障害と診断された青年についての以下の記述は、この症候群の特徴である不適切な社会的相互作用を示す例である。

　　サムエルは10歳のときにアスペルガー症候群と診断された。それより前には、彼は普通の生徒だったが、大人や仲間に「たいへん独特」であるとみなされていた。サムはチューターの支援を受け、申し分のない高校へ行った。その後、地域のスーパーマーケットで食糧雑貨を包装する職を得た。彼は10年を越えて今もなおそこで働いている。彼はその店で最も信頼できる従業員である。にもかかわらず、サムは Asperger 症候群の非常に明白な徴候を示している。彼はほとんど視線を合わせることはなく、誰にでも同じ高い声のトーンで、同じ言葉で挨拶をする。顧客が店内に入ると、彼は「いらっしゃいませ。本日はようこそ。お買い物を楽しんでください」と言う。彼は顔をその人に向けるが、正面で注視することは避け、顔の感情表現は示さない。彼は食糧雑貨をとても正確なやり方で詰め、その仕事をしながら時々短い会話を始める。消費者が店から出るとき、サムは「さようなら。またのご来店をお待ちしております」と声をかける。彼はいつも同じ高い声の調子で、同じ抑揚のパターンで、時々この言葉を数回繰り返す。

　アスペルガー障害の興味ある一側面として、この障害を患っている子どもはある領域で普通ではない才能に恵まれていることがある。Fred Volkmar 博士らは、数学とコンピュータの優秀な能力を示した Robert という名前の11歳の少年のことを記述している(Volkmar, Klin, Schultz, Rubin & Bronen, 2000)。Robert は明らかにアスペルガー障害の診断基準を満たしていた。彼は他者の表情やジェスチャーに無反応で、対人的な刺激を無視する傾向があり、積極的に視線を避け、「人を通り抜けて見ているよう」だった。社会的知識の検査では、彼は2歳7ヵ月レベルの得点だった。しかし、WISC-III では、彼の言語性IQは145であり、動作性IQは119で、全検査IQは135だった。数学達成度テストの彼の得点は、優秀な範囲に入る159であり、彼は才能のある子どものための数学プログラムに入会させられた。それにもかかわらず、Robert はほとんど友達がおらず、仲間に拒絶されていると感

特定不能の広汎性発達障害（PDD-NOS）

DSMの発達障害に列挙されているもう1つの他の診断カテゴリーは、特定不能の広汎性発達障害であり、しばしば"pervasive developmental disorder not otherwise specified：PDD-NOS"と呼ばれている。この診断名は、子どもが「自閉症的な」行動異常や発達の遅れを示すが、自閉症や他の障害のどの基準も満たさないときに適用される。臨床実践では、PDD-NOSの診断は自閉症とほぼ同じである。これは、これらの診断カテゴリーを区別することがしばしばたいへん難しいということを示している。実際に、多くの人がこれらを不確かなものと考えている。たとえば、自閉症、PDD-NOS、小児期崩壊性障害、アスペルガー障害は同じ障害の変形であることを示唆している人もいる。私たちは病因の過程が特定されたときにのみこの問題を解決することができるだろう。それまでは、ジェニファーの担当心理士のような臨床家は、できるだけ正確に最新の診断名を用いるように努力しなければならない。

> 私はジェニファーの祖母と30分程度電話で話をした。彼女は孫のことをたいへん心配して、私に話すために記録を準備していた。祖母の観察はジェニファーの両親のものと同様だった。彼女はジェニファーについて、3歳までだいたい正常に発達しており、その後、言語や社会性の発達が低下したと述べた。しかし祖母によると、今でさえ、ジェニファーはしばしば自然な愛情を示すとのことだった。
>
> ジェニファーの教師は私のために、隣の事務室から教室にいるジェニファーの観察をする手はずを整えてくれた。私がそこにいた45分間、ジェニファーは他の子どもと交流しなかった。彼女は教師の指示に従い、軽食をとるために適切にテーブルについて座っていたが、彼女は明らかに他の子どもとの交流に興味を示さなかった。他の子どもが遊んでいるとき、ジェニファーは絵の道具が置いてある部屋の隅に引きこもり、ネコの絵を描いていた。
>
> ジェニファーの祖母との会話を通して、私は自閉症の診断を除外する必要があるという結論に達した。しかし、ジェニファーがいくつかの「自閉症的な」特徴を示していることは明らかであり、彼女は広汎性発達障害があるように見えた。彼女の発達は少なくとも2歳までは正常であったし、3歳以降に言語も社会生活技能も低下したので、ジェニファーは小児期崩壊性障害の基準を満たしていると私は結論づけた。私の次の義務は、ジェニファーの両親と私の出した結論および勧告を共有することだった。

精神遅滞

米国で最も使用されている精神遅滞の定義は、アメリカ精神遅滞学会（American Association on Mental Retardation：AAMR）によって提供されているものである。「『精神遅滞』とは、現在の機能が実質的に制約されていることを言う。それは、知的機能が有意に平均以下であることを特徴とし、同時に、次に示す適応スキルの領域で2つ以上、知的機能と関連した制約をもつ。適応スキルの領域とは、コミュニケーション、身辺処理、家庭生活、社会的スキル、コミュニティ資源の利用、『自律性』、健康と安全、実用的学業、余暇、労働である。また、精神遅滞は、18歳以前に発症する」（Luckasson et al., 1992）（茂木監訳、1999）。この定義は精神遅滞の診断基準としてDSM-IVに取り入れられている。DSM-IVでは精神遅滞をⅡ軸の疾患として記載している。したがってそれは、他のDSMの障害と併存して診断することができ、しばしば自閉症や統合失調症の子どもにも存在している。

DSM-IVによると、精神遅滞は1％の有病率である。しかし、有病率の推定は遅滞の定義によっているので、1つの研究から次の研究までに相当変化している。ただ、明らかに確定されてきたのは、この障害を患うのは女性より男性のほうが多いことである。広範

DSM-IV-TR の診断基準

精神遅滞

A. 明らかに平均以下の知的機能：個別施行による知能検査で、およそ70またはそれ以下のIQ（幼児においては、明らかに平均以下の知的機能であるという臨床的判断による）
B. 同時に、現在の適応機能（すなわち、その文化圏でその年齢に対して期待される基準に適合する有能さ）の欠陥または不全が、以下のうち2つ以上の領域で存在：コミュニケーション、自己管理、家庭生活、社会的／対人的技能、地域社会資源の利用、自律性、発揮される学習能力、仕事、余暇、健康、安全
C. 発症は18歳未満である。

（訳注：原書はDSM-IVだが、ここではDSM-IV-TR, APA, 2000［高橋三郎・大野裕・染谷俊幸訳『DSM-IV-TR 精神疾患の診断・統計マニュアル（新訂版）』医学書院、2004］を修正し引用した）

囲にわたる特別支援サービスを要する重度の精神遅滞は、1000人に4人程度の有病率である(Simonoff, Bolton, Rutter, 1996；Roeleveld, Zielhuis & Gabreels, 1997)。したがって、DSM-IVの他の障害と比較すると、精神遅滞はより有病率の高い障害である。しかしその有病率にかかわらず、それは議論の余地のある障害であり、しばしば診断することが難しい。ある部分、精神遅滞について人々がもつ固定観念からその困難は起こっている。しかし大部分は、知能の概念が精神遅滞の核心であり、知能は定義することが非常に難しいために、困難が起こっているのである(Gould, 1981；Kamin, 1974)。

精神遅滞の測定

診断と介入計画という目的のために、精神遅滞を有する人の能力を査定するためのいくつかの尺度が開発されてきた。これらのテストの発展に貢献してきた要因には、AAMRの遅滞の定義と全障害児教育法(公法94—142)の可決と改正が含まれている。精神遅滞の診断は、低いIQに、日常生活に要求される対処能力の欠如が伴っている場合にのみなされる。同様に、公法94—142の要件では、生徒の類別は広範囲にわたる評価に基づいてなされなければならない、精神遅滞がある人々は最も制約の少ない教育環境で教育を受ける権利をもつ、特殊教育クラスへの割り当ては知能テストのみに基づいてなされることはできないと述べられている。

依然として、IQ得点70未満が精神遅滞の基準となっている。WISC-R(訳注：最新版はWISC-IVである)や他の知能テストは、意味のある精神遅滞の基準を規定するための満足できる尺度としてみなされている。しかしながら、知能テストの利用に伴う問題の1つとして、重度の障害がある子どもにとって十分にやさしい項目がないということがある。この問題の1つの可能な解決は、テスト対象年齢の範囲を超えているが、精神年齢はその対象年齢の範囲内である子どもに、ベイリー乳幼児発達検査(Bayley Scales of Infant Development)のような幼児用の尺度を用いることである(Sullivan & Burley, 1990)。

幼児や就学前の子どもに対する利用のために開発された知能テストは、典型的に運動、社会、認知的な技能を測定する動作性のテストである。幼児用のテストは、感覚運動的発達、コミュニケーション技能、対人的反応性を査定するために設計されている。就学前児童用のテストは、知覚的運動技能、即時記憶、指示に従う能力、単純な識別、矛盾(不一致)の認識、身体各部と一般的な対象物の機能の特定を含むより広い能力の範囲を査定する。これらのテストは一般的に、テストの項目によってさまざまな発達のレベルにある子どもたちを識別する発達的アプローチに利用される。

適応行動尺度は、個人の自立と、子どもの年齢や文化的集団にとって期待される対人的反応性の基準を満たす程度を査定している(Grossman, 1983a)。たとえば、ヴァインランド適応行動尺度(Vineland Adaptive Behavior Scale)は4つの領域の技能を測定している。コミュニケーション(理解、表現、筆記)、日常生活技能(個人、家庭、地域)、社会化(対人関係、遊び・余暇、対処技能)、運動技能(粗大、微細；主に幼い子ども用)。しかしながら、このアセスメントの型に伴う1つの困難は、行動と達成の基準が個々の社会によって決められていることである。多文化的・多元的評価システム(The System of Multicultural Pluralistic Assessment：SOMPA)はJane Mercer(1979)によって開発された。これは、あらゆる文化的集団は同じ一般的な水準の潜在能力をもつというMercerの信念に基づき、IQテスト得点のみに基づいて少数民族の子どもを精神遅滞とみなす誤った等級分けへの懸念に応えている。SOMPAは3つのアセスメント要素の統合によって独自のものになっている。子どもの学習能力に影響を及ぼす身体的健康状態を査定する医学的要素、子どもの社会的適応行動を測定する社会システム要素、子どもの社会文化的背景を評価する多元的要素である。

知能検査と両親が情報提供者となった適応行動尺度との関連は低～中程度である(Kamphaus, 1993)。この結果は、心理学者はテスト得点と両親の報告した適応行動尺度との間の大きな一致を期待すべきではないことを意味している。さらにそのことは、適応行動尺度には知能テストとは異なる診断過程の情報が加わっていることを意味している。適応行動は精神遅滞の診断と介入計画にとってますます重要になっているようである。

将来的に、精神遅滞を識別する動作性尺度はより信頼できなくなると信じている研究者もいる。代わりに、彼らは遺伝的検査と神経画像法に信頼性が増加していることを示唆している(Crow & Tolmie, 1998)。一方、最も重要な関心事は生物学的指標ではなくて行動的能力であると主張している人もいる。以下に記述するように、ダウン症候群は精神遅滞を伴う遺伝的疾患である。しかしながら、ダウン症候群の子どもの下位集団は知能の尺度では正常範囲に含まれる得点をと

表8-3　精神遅滞の重症度

レベル	精神遅滞の人々の割合(%)	IQレベル
軽度	85	50～55からおよそ70
中等度	10	35～40から50～55
重度	4	20～25から35～40
再重度	>1	20～25以下

ることが知られている。したがって、単に人の遺伝子型にのみ基づいた将来の知能の予測は、決して完全に正確なものではないと考えられる。

遅滞のレベル

精神遅滞のさまざまなレベルと、関連した標準知能検査のIQ得点が表8-3に示されている。これらの遅滞のレベルは何を意味しているのだろうか？

軽度精神遅滞 精神遅滞がある子どもの最も大きな集団であり、彼らの中の約85％がこのカテゴリーに収まっている。このような子どもは社会的なコミュニケーション技能が、すべての他の子どもとちょうど同じように同じ時期に発達する。実際に、彼らの遅滞は、彼らが学習の困難をもち始める3、4年生になる頃まで気づかれないことがしばしばある。支援なしで、彼らは6年間を通して学習能力を習得することができる。支援があれば、そのレベルを超えて行うことができる。その他のすべての側面では、彼らのニーズと能力は他の子どもと区別できない。特殊教育プログラムは、しばしばこれらの子どもが自活するために最小限必要な職業上の技能を身につけることができるようにする。社会的、経済的ストレスの下にあるとき、彼らはガイダンスとスーパーヴィジョンを必要とするかもしれないが、そうでなければ彼らは特別の訓練を要しない仕事か、半ば熟練を要する程度の仕事において完全に十分な役割を果たすことができる。

中等度精神遅滞 このカテゴリーの子どもは精神遅滞に含まれる子どもの10％を構成している。他の子どものように、彼らは就学前の時期に話すことやコミュニケーションをとることを学習できる。しかし、他の子どもとは違って、中等度精神遅滞の子どもは社会的慣習を学習することに困難がある。学齢期の間に、彼らは社会的、職業的な技能の訓練を利用することができるが、学習的な課題は2年生レベルを越えることはありそうにない。身体的には、彼らは不器用で、時々協調運動が劣ることに苦しむ。彼らは1人でよく知っている場所へ旅行することを学習でき、しばしば守られた環境の中で特別の訓練を要しない仕事か、半ば熟練を要する程度の仕事をして働くことによって、自活に役立てることができる。

重度精神遅滞 重度精神遅滞がある子どもは5歳になる前に、運動性の発達が劣ることを示し、伝達する会話の発達が非常に少ないか、あるいはほとんどない。養護学校で、彼らは話すことを学習し、基本的な衛生の訓練を受けることができる。一般的に、彼らは職業訓練を利用することができないので、大人になったとき、スーパーヴィジョンのもとで単純な特別の訓練を要しない仕事を行うようになる。

最重度精神遅滞 このカテゴリーに含まれる子どもは、適応行動上の重度の障害があり、就学前の数年間

表8-4 精神遅滞の身体的原因

遺伝子異常	感染症	その他の状態
ダウン症候群	風疹	Rh因子
フェニルケトン尿症	梅毒	栄養失調
Tay-Sachs病	トキソプラズマ症	鉛中毒
Kleinfelter症候群	脳炎	放射線
脆弱X症候群	髄膜炎	酸素欠乏
	単純疱疹	頭部損傷
		薬物反応

この3歳の少女はダウン症候群である。ダウン症候群の子どもは特別な染色体（21番）、特有の外見（丸い顔、広く離れて上向きでつり上がった目）をもち、心臓の欠陥のような身体的異常をもって生まれることがある。(Hattie Young/Science Photo Library)

に最も単純な運動性の作業以外、身につけることができない。学齢期には、運動性技能の発達はいくらか生じ、セルフケアの訓練に限定された方法で応じることができる。重度の身体的な障害、中枢神経系の障害、成長の遅れは珍しくない。健康と疾患に対する抵抗力は乏しく、平均寿命は一般よりも短い。このような子どもは保護的なケアを必要とする。

精神遅滞の原因

精神遅滞の原因に対する認識は、絶えず拡大している。精神遅滞は症状であり、特定の疾患ではなく、多数の原因がある。より重度の障害であれば、より確実な特定の原因が発見されやすい。精神遅滞は染色体の障害、出生前にある種の薬物や感染症に曝されること、出産・出生時の合併症、出生後の脳への身体的外傷、代謝や栄養の問題、脳疾患、喪失や虐待・ネグレクトを含む心理社会的不利益によって起こることがある。表8-4に、精神遅滞によく見られるいくつかの原

Box 8-2　分析のレベル

脆弱X症候群

　X染色体の長腕のある種の突然変異の型が、広汎性発達障害に関連している多くの症状をひき起こすことと同様に、精神遅滞をひき起こしているということを発見したときを重要な進展であると研究者はみなしている（Meyer, Blum, Hitchcock & Fortina, 1998）。現在では、精神遅滞、広汎性発達障害、身体的な異常がある子どもには、X染色体の突然変異の検査がなされることが決まりになっている。分子レベルでは、脆弱X症候群が生じるとき、遺伝子コードの異常な拡張か「繰り返し」がある。この突然変異が、精神遅滞や自閉症の男子の最も共通した遺伝子的原因であり、4,000人に1人の発生頻度である。女性ではそれよりも頻度は低いようである。脆弱X症候群は時々、突出した耳、細長い顔、男性では膨張した睾丸といったような身体的奇形と結びついている。

　脆弱Xは遺伝子異常によってひき起こされるが、出生前の環境がこの障害の身体的行動的側面に重大な役割を果たしている。出生前の環境と脆弱X「素質」の関連として最も明らかな根拠は、一卵性双生児の研究に由来している。たとえば、ある研究では脆弱X症候群をもつ1組の一卵性双生児が、一方がもう1人より拡張しているというように遺伝子型において異なっていることを発見した（Helderman-van den Enden et al., 1999）。さらに言えば、それは心理的症状の重大さを規定する拡張の程度のように思われる。この双生児のペアは、大きな突然変異がある少年が最も極端な遺伝表現型を示した。言い換えると、非常に多くの繰り返しが、より重大な精神遅滞や行動異常に関連していた。この研究の結果もまた、遺伝子が私たちの行動にどのような影響を及ぼすかという特質について非常に興味深いことを説明した。より重度の障害がある双生児は、すべての細胞に脆弱X突然変異を示した。対照的に、彼の兄弟は細胞のいくつかに突然変異を示しただけだった。より障害されていない双生児は、突然変異した細胞と「突然変異以前」の細胞をもっていた。X染色体の未突然変異は表現されないようなので、行動に影響しない。遺伝学者は同一個体の異なった遺伝子型の細胞の発現について言及するために"モザイク様（mosaicism）"という語句を用いる。

　われわれが第4章で言及しているように、どのようにして、いつ、一卵性双生児の間に遺伝子の突然変異が現れるのか、科学者にはまだわからない。彼らはただそのような差異には出生前の出来事の経過において何らかの起源があることがわかっているだけである。それらの発生は科学者にとって興味深い疑問を提起している。受精卵の遺伝子の突然変異を減らしたり妨げたりすることが可能だろうか？　もし科学者がそれを可能にしたら、脆弱Xのような突然変異は防げるのだろうか？　われわれは生きている間に、これらの疑問に対して少なくとも仮の答えを得ることができるだろう。

因を示す。

遺伝的影響　精神遅滞の主要な原因としては、**ダウン（Down）症候群**として知られている染色体異常がある。これは1886年に初めてその異常を認知した医師のLangdon Downにちなんで名づけられた。ダウン症候群の最も共通している病状は遺伝ではないが、それは受胎時に起こり、ただちに胎児の発達に影響を及ぼす。この障害をもって生まれた子どもの細胞の中には、通常の46本の染色体ではなくて、47本の染色体があるためにそれは生じている。「特別な」21染色体があるので、ダウン症候群は21トリソミーとも呼ばれている。この染色体異常の理由は現在もわかっていない。興味深いことに、この障害の危険性は20代の母親から生まれた子どもでは約1,500人に1人の割合であるが、40歳を超えた母親の場合は、40人に1人の割合へと増加する。これは年配の母親の卵子が遺伝子の突然変異をひき起こす毒素と放射線にさらされた累積的な結果のためであるかもしれない。

　ダウン症候群の子どもは特徴的な顔つきをしており、通常広く離れてつり上がった目をしている。ダウン症候群をもって生まれた多くの乳児は、認知的遅れと同様に、特に心臓の奇形のような身体的異常を患っている（Nadel, 1999）。幸運なことに、幼児心臓外科医の登場と、進歩した外科的技術、よりよい抗生物質の開発などに伴って、これらの欠陥の多くはすぐに処置可能か治療可能である。しかしながら、年齢が進むと、ダウン症候群の人々は別の難問に直面する。それはアルツハイマー病の危険が増加することである（Visser, Aldenkamp, van Huffelen & Kuilman, 1997）。この理由はまだわかっていない。

　精神遅滞を伴う他の染色体異常には、脆弱X症候群、13トリソミー、18トリソミーが含まれている。脆弱X症候群はX染色体の先端が切断されたことが原因となる。この症候群は重度から最重度の精神遅滞、自閉的行動、会話の欠如などによって特徴づけられている（Box 8-2参照）。さらに加えて、脆弱X症候群の男児は大きな耳、長い顔、拡大した睾丸をもつ。13トリソミーと18トリソミーは、13番染色体および18番染色体が対になっているのではなく、3つ組になって存在している。両疾患はダウン症候群より重度の遅れ、より短い平均寿命の原因となる。

　染色体の問題は妊娠13週を過ぎた後、母親に実施される検査である羊水穿刺を通して見つけることが可能である。この手続きは、少量の羊水（胎児を取り巻く体液）を抜き、異常な染色体の存在を検査する。それらが発見されたら、母親は妊娠を継続するか妊娠中絶を受けるか選択権をもつ。絨毛膜検査（chorionic villus sampling: CVS）として知られている別の検査は、

ダウン症候群と他の染色体異常を検査するために、妊娠のより早い時期、8週から12週の間に行うことができる。母親の腟と子宮頸管を媒介して、あるいは腹腔の壁から細胞の標本がとられる。CVSの利点は誕生時の欠陥を早期発見できることであり、母親が選択すれば、より早く、おそらくより難しくない中絶が許可される。CVSの不利な点は羊水穿刺よりいくぶん正確でないことである。

精神遅滞に結びついているたくさんの代謝疾患がある。それらの中で最もよく知られているのはフェニルケトン尿症(phenylketonuria：PKU)であり、この代謝疾患はおおよそ20,000人に1人の出生に起こる。PKUは各親からの遺伝である劣性遺伝の影響でひき起こされる。PKUの乳児はタンパク質の必須要素であるアミノ酸のフェニルアラニンを代謝できない。結果として、フェニルアラニンとその派生物、フェニルピルビン酸は身体の中に蓄積し、すぐに中枢神経系を害し、不可逆的な脳障害をひき起こす。そのような子どもの約3分の1は歩くことができず、ほぼ3分の2は話すことを学習することができず、半数以上はIQが20未満である。

PKUの保因者は遺伝子検査を通して確認することができ、遺伝カウンセリングを受けることができる(American Academy of Pediatrics, 1996)。さらに加えて、誕生後すぐに尿の簡単な検査によって乳児への影響を確認することができる。脳がより十分に発達する6歳になるまで、このシステムでフェニルアラニンのレベルをコントロールする食事療法を続ければ、良好な健康状態と知能をもって生きていく可能性はかなり高い。

精神遅滞のいくつかの特定の遺伝的原因について記述してきたが、多くの精神遅滞者は明らかな染色体異常はない(Hatton, 1998)。それどころか、彼らの状態に寄与している遺伝的背景には特定の要因はないようである。認知的能力(IQテストによって測定されるような)は、ある程度は、遺伝子によって伝えられるようである。一緒に育てられた一卵性双生児のIQは、一緒に育てられた二卵性双生児のIQより等しい(Bouchard, 1997)。いくつかの研究結果では離れて育てられた一卵性双生児でさえ、一緒に育てられた二卵性双生児のIQより等しいことを示している(Scarr, 1975)。養子として育てられた子どものIQは、彼らの育ての親のIQより、生みの親のIQにより強く関連している(Munzinger, 1975)。これらの研究結果は、知能は部分的に受け継がれることを示唆している。しかし、精神遅滞の特定の遺伝子的素因はないかもしれない。むしろ、遺伝によって部分的に影響されるのは全般的知的能力であるかもしれない。

環境的影響 環境は知能の発達に重要な役割を果たしているように見える。胎児が曝されている出生前の環境は知的発達に重大な影響を与える。高血圧や糖尿病のような、母親の何らかの慢性的な内科的疾患は、胎児の脳の発達を損なうかもしれない。風疹のような感染症もまた神経発達の異常の原因となる。加えて、母親が妊娠中に摂取した薬物も胎児の発達に影響を及ぼす。**胎児期アルコール症候群**(fetal alcohol syndrome：FAS)は、妊娠中に母親が飲酒することを通じて、アルコールに曝された胎児にさまざまな身体的欠陥、奇形、精神遅滞を伴う状態である。母親が妊娠中に重度にアルコールを乱用していた子どもは、平均IQが70台である(Mattson, Riley, Gramling, Delis & Lyons-Jones, 1997)。母親が妊娠中に摂取できるアルコールの安全な量は明らかではない。

低収入の母親は、出産時に低体重の子どもを早産しがちであり、低体重出産は遅滞の危険因子である(Kiely, Paneth & Susser, 1981)。時々、分娩の過程において、酸素が幼児の脳に供給されることが阻害されるという問題がある。貧困の背景をもつ子どもはまた、知的成長に対する出生後の多くの環境的な困難にも直面する。このような子どもの中には、空腹のために古いビルの壁をはぎ取って、鉛ベースのペンキのかけらを食べ、有毒なレベルの鉛を摂取するものもいる。そのような鉛への曝露は知的成長の遅れと結びついている。加えて、下層階級の家庭の子どもは、上流階級の家庭の子どもよりも、子ども時代に栄養不良であり、乏しい健康管理しか受けられず、さまざまな病気を患っている傾向がある。そのような要因は、子どもの知的能力の十分な表出を妨げる。

子どもの身体的虐待、不慮の落下や頭部の強打もまた脳障害と精神遅滞の原因となる。脳の外傷は、幼児が単に激しく揺さぶられただけでも起こる。幼児の頭は大きくて重いので、首の筋肉が弱すぎて頭の動きを制御できないためである。幼児の柔らかな脳は、頭蓋骨の内側に対して文字通りぶつけられ、損傷の原因となっている。

文化的家庭的精神遅滞(cultural-familial mental retardation)という語句は、確認された生物学的根拠がない遅滞のケースに当てはめるために使用されている(Weisz, 1990)。この分野の多くの研究は、この形態の精神遅滞が子どもの環境からの不十分な知的刺激によってひき起こされると仮定している。これはこのような子どものほとんどが、両親が限られた教育的背景にあり財産がほとんどない低収入家庭の出身であるためである。第4章に記述したように、刺激のある環境で育てられることによって、動物の脳の発達や認知的機能は向上する。そして、人間の遅滞の状態は環境剥奪による場合があるということは、まさに納得できることである。しかし、他の研究者の中では、遺伝的要因が貧しい背景の子どもの遅滞の原因となっていると信じているものもいる。この議論を解決する試みとし

て、研究者は恵まれない状況の若者の環境を改善した効果を検討している。

早期介入の研究は、リスクをもつ低階層の子どもの経験と環境を豊かにすることによって、遅滞を防ぐことに焦点づけられている。この分野の第一線の研究者は、Craig Ramey と Sharon Ramey である（Ramey & Ramey, 1998）。彼らは、そのうちの何人かは早産か低体重出生であった、非常に低所得の家庭出身の子どもの知的発達についてのさまざまな介入プログラムの効果を研究している。集中的な早期介入の１つを経験した子どもの追跡時の評価は、介入終了後７〜10年の学業の成果において顕著に優位であることを示した。就学前の向上プログラムの様式で早期介入を受けた子どもは、12歳のとき、対照群よりも IQ と達成度テストで約５〜10ポイント高い得点をとった。このプログラムへの親の参加程度がより大きいことが高い得点に結びついていた。

治療

過去には、精神遅滞の多くの子ども、とくに身体障害がある子どもは、施設の環境に入れられた。これがどの子どもにとっても最良の環境ではないことは明らかである。施設の環境では知力の欠如はしばしば悪化し、子どもは施設の外で効果的に生活するために必要なスキルを得ることに失敗する（Birenbaum & Rei, 1979；Chinn, Drew & Logan, 1979；Ohwaki and Stayton, 1978）。今日では、精神遅滞の子どもの施設収容の割合は、西欧諸国で減少してきている（Bouras & Szymanski, 1997）。重度の遅滞がある若者は現在、自立した生活のための準備をする幅広い領域の教育的プログラムを提供する地域の機関で教育されている。これらのプログラムでは、子どもが自立するために必要な基本的技能の学習を援助することを試みている。精神遅滞の子どもはまた、学校や地域環境で人々とより楽に交流することを可能にする社会生活スキルを身につけるための援助によって助けを得る（Elliott & Gresham, 1993）。成人すると、精神遅滞のほとんどの人は、家族とともに、あるいは組織だてられたグループホーム、または社会復帰施設のいずれかで、地域生活を送る。

今日、米国の州自治区のほとんどの学校には、精神遅滞の子どものための特別教育機会がある。特別教育プログラムは普通、就学前から始まり、高校生の年齢まで続く（Wacker, Berg & Harding, 1999）。精神遅滞の子どもはしばしば言語技能に困難があり、それは入学前でも現れる。言語訓練は必要な音がはっきりと示されることを必要とし、子どもは通常の会話に近づけば近づくほど、報酬を与えられる。そのような訓練は、そのような教え方をすることを訓練された専門家によるものであろうと両親によるものであろうと、子どもが意志伝達をより効果的にすることを援助するにはたいへん有益なものである。行動訓練法もセルフケア技能を教えるために効果的に用いられている。そこでは、より複雑な行動と同様に、単純な技能を少しずつ少しずつ接近して実行することで、子どもは報酬を与えられる（Watson & Uzzell, 1981）。

われわれが前に指摘したように、とくに中程度の障害がある多くの子どもは、学校に入るまで援助を必要とするとみなされない。学校に入ったときに彼らが必要とする補習の援助の種類についてかなりの議論が続いている。ある観点では、「障害児を普通学級に通わせる」べきだという考えであり、これは他の生徒と同じクラスで、同じ先生に教育を受けるということなので、彼らの大多数は結局、彼らの「普通の」仲間と生活をすると考えられている（Snell, 1998）。別の観点では、知的障害がある人のニーズは通常の仲間のニーズと異なっているので、分けられた教育法と異なったスケジュールとカリキュラムによって、分けて教育される必要があると考えられている。この観点によると、精神遅滞の子どもの教育は、異なった施設で隔離された、あるいは少なくとも教室が隔離されたとき、最も良い方向へ進む。通常のクラスでの経験と特別教育のアプローチの両方の組み合わせが最善であるという事実がある（Mills, Cole, Jenkins & Dale, 1998）。そして普通教育論の観点に関係なく、よい先生に代わるものはないということに誰もが賛成している。精神遅滞の子どものこととなると、それはとくに真実である。このような子どもにかかわる教師は、特別教育への関与と、生徒が学ぶことができるという期待をもっていることが重要である。

学習障害

精神遅滞よりも一般的な**学習障害**は、主に言語や数学の技能の領域に発達的な遅れを示す障害である（Lyon et al., 1994；Lyon, 1996）。学習障害の子どもは、学習することに障害があるとみなされている。精神遅滞の若者と同様、彼らは法の下で特別な教育サービスを受ける資格がある。

DSM-IV には学習障害の３つの主要なタイプが列挙されている。読字障害、算数障害、書字表出障害である。精神遅滞の人々と対照的に、学習障害の人は精神機能のすべての領域にではなく、特定の認知技能に遅れがある。さらに、学習障害の子どもは、広汎性発達障害の人々に特徴づけられている重大な対人的問題をもたない。しかしながら、学習障害は頻繁に他の障害と組み合わさって生じ、実際に、それらをひき起こしている。

工業社会でよく機能するために、人々は言語を習得し、読むことや簡単な計算を学ぶ必要があ

る。このために、近代の工業社会は子どもの生活に10年間ほどの義務教育を課した。大部分の発達的な課題において、子どもは教育を通して異なった速さで進歩する。ときどき、ある程度の遅れは多くの子どもに予想される。しかし子どもが、学校教育・年齢・IQによる指標で期待されるレベルを顕著に下回っているとき、その問題は心理学的問題としてみなされる。学業スキルの習得と実行のための臨界期である8歳から13歳の間の子どもにとって、年齢相応のレベルから2歳以上遅れがあれば顕著な問題が存在するだろう。

　普通、学習障害は子どもが小学校に入るまで識別されない。しばしば小学校の最初の数年間に、子どもの実際の学業成績と子どもの知的能力に基づいて期待される成績のレベルとの間に不一致があることに教師と両親は気づく。心理検査が通常、次の段階で用いられる。標準化された知能の尺度による子どもの得点が通常範囲かそれ以上だが達成得点が顕著に低い場合、学習障害の疑いに根拠がある。

読字障害

　すべての学習障害の中で、読字障害は最も研究されてきている(Morgan & Hynd, 1998)。読字障害は、ディスレキシア(dyslexia)とも呼ばれるが、すべての学習障害の中で最も一般的であり、学齢期の子どもの約2％に及んでいる。集団として見た場合、読みが劣っていると言語の習得を遅くし、書字も劣り、家族の中に読字困難の既往をもちやすくなる。読字障害をもつ多くの子どもは、学習の他の分野でも困難をかかえる。女児の3倍以上の男児が重度の読字障害を患っている。10歳で重度の読字障害の子どもは、他の心理的な疾患や特定の行動障害の危険性が高まっている状態である。

　読字障害の原因についての理論は脳の発達のさまざまな側面に焦点を当てている(Pennington, 1999)。1つの最有力な観点は、ディスレキシアは脳の発達の遅れによってひき起こされるということである。これは、その個人がそのうちに「追いつく」ことを示している。別の視点は、実際に脳の構造に異常があるというものである。1つの有力な理論は、脳の左半球の「書く」部分に何らかの異常があるというものである(Morgan & Hynd, 1998)。研究者たちはディスレキシアの人々の脳の神経画像法の研究をちょうど始めたところである。この研究は、この障害の原因に、より光を与えてくれるであろう。

　読み方の技術の訓練と、学習することへの子どもの興味を維持させるために計画された行動療法の組み合わせは、読字障害の多くの子どもにとって効果的であることが実証されている。学校生活においてこの訓練は早く始める必要があり、訓練によってなされた進歩を維持し、改善し続けるために学校生活を通して継続することが必要である。したがって、読みの問題は小学校時代の早期に識別されることが決定的に重要である。ディスレキシアの子どもの読みを訓練する最近のプログラムでは、言葉を小さい部分(「音素」)に分け、それらが作る音を識別するための方略を子どもが身につけるための支援が強調されている(Wise, Olson, Ring & Johnson, 1998)。別のプログラムは、彼らの読みの速さを改良するために、動く文章をじっと見るような激しい体験をさせる(Krischer, Coenen, Heckner & Hoeppner, 1994)。読みの技術に系統的な訓練を提供することからコンピュータプログラムも非常に有効であることが実証されている。読む技術を増進させる多くのプログラムが家庭のコンピュータで利用可能である。

　重大な読字の問題の社会的な影響は、憂慮すべきことである。平均的な知能をもつ読みの苦手な人は、本や新聞をめったに読まない。彼らの中には、読みを伴うことは少量にしたいと切望する人もおり、したがって彼らは、しばしば高校を卒業できない。読字障害がある子どもは時々、教育的、社会的、経済的にハンディがある学校システムから抜け出し、彼らの雇用機会は限られる。彼らは自分自身を基本的なスキルが欠けているとみなすので、彼らの自尊心はしばしば損なわれる。しかし一方では、驚くべき割合の学習障害の子どもが非常に成功した大人に成長する(Reiff, Gerber & Ginsberg, 1997)。これらは、対人関係のスキルを除いて、非常に創造的な精神、強いモチベーションをもつ人々がいるからかもしれない。おそらく学習障害の多くの割合の人々が現在、彼らの困難を克服するためにコンピュータ技術を役立てることに慣れ、高いレベルの成功に達していることを知ることができるだろう。

教育的な障害か、心理的な障害か？

　学習障害はしばしば多数の明瞭な心理学的な症状に関連しているか、症状をひき起こしている。学習障害の若者にとって、欲求不満や悲しみを表現したり、引きこもったり、攻撃的に行動を起こしたりするのはまれなことではない。これが、このような発達障害が教育的なものというより、むしろ心理学的なものとみなされている主な理由である。しかし本来、これは技能の障害である。心理学や精神医学というよりも、むしろ教育の分野である。多くの人は、そのような見方を続けるべきであると信じている(Garmezy, 1977)。

　この議論はメリットがないわけではない。たとえば、発達的な読みの障害に、心理学的治療や薬物は、言うほどの何らかの積極的な効果をもたらすという根拠はない。実際、その困難を心理学的な疾患と呼ぶことによって、読字障害は自分たちの領域外のものであると教師に思わせ、子どもが教師によっても心理士に

よっても援助されないままになるかもしれない。そのうえ、読みの遅れを心理的な障害であると称することは、問題の解決に貢献することなく、子どもに烙印を押すことになるかもしれない。事実、それは単純に困難をさらにひどくすることになるかもしれない。元ニューヨークの州知事であり、米国の副大統領であったNelson Rockefellerのケースを考慮してみよう。Rockefellerは子どもの頃から大人になってもずっと重度の読字障害をもっていた。大学生の時でさえ、友人や他の人が彼に教科書を読んでやる必要があった。彼の経歴を通して、彼は書くよりも口頭でのコミュニケーションを好んだ。彼の問題は十分に対処することが難しかった。もしこれらの困難が子ども時代の重度の心理的障害として説明されていたら、彼の生活はよりやさしいものになっただろうか？ 実際、彼がそのように診断されていたら、高い地位に選任されることができただろうか？

摂食障害と性癖障害

この節では初期症状が食行動、排泄、運動、コミュニケーションのパターンの破壊を伴う疾患について論じる。**摂食障害**は過度の食物の消費か劇的な食物摂取の減少のどちらかが激しく生じる。両方とも生命が脅かされる結果になる。**性癖障害**は、排泄、運動、コミュニケーションの障害を含んでいる。これらは人間の発達のたいへん基本的な領域である。これらの行動を考慮し、社会的に適した習慣を獲得することは健康的な発達のために決定的に重要である。遺尿症や遺糞症として言及されている排泄の問題には、明らかに心理社会的原因と結果がある。同様に、コミュニケーション能力と運動の意識的な制御の維持は、明らかに社会における子どもの機能の中核である。これらの領域において、吃音とチック障害について論じる。

摂食障害：無食欲症・大食症

摂食障害には2つの主要なカテゴリーがある。無食欲症(anorexia：アノレキシア)と大食症(bulimia：ブリミア)である。これらの2つの疾患は状態が区別されているが、いくつかの共通した症状、そしておそらく共通の病因を有している（表8-5参照）。それらはまた同様の発症経過を示す。それらは青年期に始まる傾向があり、通常、成人前期より後には及ばない。

神経性無食欲症の主要な症状は、かなり標準以下の体重であるにもかかわらず、体重が増加することへの強い恐怖と、年齢と身長に対して最小限期待される体重を超えたり維持したりすることの拒絶、ボディイメージの歪みである。無食欲症の人々は衰弱したときでさえ、しばしば太っていると感じている。無食欲症には2つの病型がある：**制限型**(restricters)と**むちゃ食い／排出型**(purgers)である。制限型は食べることを拒絶するため、まずやせるが、食べたときには食べたものを除くために吐き戻しや下剤を使用する。しばしばこの疾患はさまざまな他の身体的変化と結びついている。無食欲症の結果は重篤である。血圧と体温が低くなり、生命を脅かす心臓の不整脈が起こり、骨の成長が遅れ、貧血がよく見られる。最も重要なのは、飢えによる低レベルの血清カリウムが死の原因となる心拍の不規則さをひき起こすことである。無月経、月経期間の欠如は無食欲症の少女や女性によく見られることである。

無食欲症の人々の95％は女性である。この障害の有病率は上昇しているようであり、女性の約100人に1人がこの障害にかかっている（Amara & Cerrato, 1996；Fairburn, Welch & Hay, 1993）。無食欲症が小児期の疾患であると考えられている理由は、通常、思春期後半より早くに発症するためであるが、いつの時期でも始まる可能性はある。次のケースは無食欲症の共通した特徴を記述している。

表8-5 摂食障害のモデル

モデル	提案された原因	効果、経過
無食欲症と大食症の社会文化モデル	近年の女性の平均体重の増加に結合して、理想としてやせていることを強調する文化が、多くの人にとって劣ったボディイメージをひき起こす	過剰に食べることで反応する女性もいる 太りすぎた人々や思春期早期に入る人々は特に傷つきやすい
大食症のストレス低減モデル	ストレスと不安	大食症が発現した人は食べることでストレスの一時的な軽減を探し求めている。そして排出行動により食べることによってひき起こされる苦痛の除去を得る
無食欲症の自律／制御モデル	オーバーコントロールする家族が激しい自律の必要性と感情を意思疎通する困難をひき起こす	食行動は無食欲症の人がコントロールできる生活の1つの領域となる。彼女がそれをコントロールすることは自尊心を規定する

第8章 早期に発症する疾患

左の女性は神経性無食欲症を患っており、飢餓に苦しんでいる右の人と同様に確かに、餓死しそうになっている。(左：William Thompson /The Picture Cube, Inc. 右：Peter Turnley/Corbis)

病気が深刻な段階にある間の患者によって描かれたこの絵に例証されているように、神経性無食欲症の人々は、ボディイメージに心を奪われている。(1982 Susan Rosenberg/Photo Researchers)

フリーダは常に、家庭や学校で心配をかけることのない恥ずかしがり屋で繊細な少女だった。友達はあまりいなかったが、彼女は利発で、学業は優秀だった。青年期初めに彼女はいくらか太りすぎ、少しやせないとボーイフレンドができないと家族にからかわれた。彼女はこのからかいに対して、ひきこもり、とても神経質になって反応した。彼女の両親は自分たちが言うことに非常に注意を払わなければならなかった。気分を害されると、フリーダは腹を立て、さっさと自分の部屋に入ってしまった——彼らが明るくて敏感な15歳に期待したふるまいはほとんどなかった。

フリーダはダイエットを始めた。最初、彼女の家族は喜んだが、両親は徐々に、すべてがよかったわけではないことに気づいた。食事の時間は戦いの時間になった。フリーダはまったく食べなかった。圧力がかかると、彼女は食事を自分の部屋に持って行き、後で、全部食べたと言っていたが、母親は手つかずで隠してある食べ物を見つけた。母親は、彼女が食後故意に嘔吐を誘発していることを見つけ、主治医のところに行くようにと言った。医師は2、3ヵ月前にフリーダの生理が止まっていることを知った。フリーダが着ているだぶだぶの垂れ下がった衣服にだまされることなく、医師は十分な身体の検査を行うことが必要だと言った。医師が気づくことが必要だと彼女のやせ細った体が語っていたも同然であり、医師はフリーダの即時の入院を準備した。

食べ物のむちゃ食いは珍しいことではない。白人女性の約24％が人生のある時点でそれを経験したと報告している(Sullivan, Bulik & Kendler, 1998)。大学生の間では、30％程度が少なくとも月に2回むちゃ食

DSM-IV-TR の診断基準

神経性無食欲症

A. 年齢と身長に対する正常体重の最低限、またはそれ以上を維持することの拒否(例：期待される体重の85％以下の体重が続くような体重減少；または成長期間中に期待される体重増加がなく、期待される体重の85％以下になる)。
B. 体重が不足している場合でも、体重が増えること、または肥満することに対する強い恐怖。
C. 自分の体重または体形の感じ方の障害、自己評価に対する体重や体型の過剰な影響、または現在の低体重の重大さの否認。
D. 初潮後の女性の場合は、無月経、つまり月経周期が連続して少なくとも3回欠如する(エストロゲンなどのホルモン投与後にのみ月経が起きている場合、その女性は無月経とみなされる)。

(訳注：原書は DSM-IV だが、ここでは DSM-IV-TR, APA, 2000 [高橋三郎・大野裕・染谷俊幸訳『DSM-IV-TR 精神疾患の診断・統計マニュアル(新訂版)』医学書院、2004]を修正し引用した)

DSM-IV-TR の診断基準

神経性大食症

A. むちゃ食いのエピソードの繰り返し。むちゃ食いのエピソードは以下の2つによって特徴づけられる。
 (1) 他とはっきり区別される時間帯に（例：1日の何時でも2時間以内）、ほとんどの人が同じような時間に同じような環境で食べる量よりも明らかに多い食物を食べること
 (2) そのエピソードの期間では、食べることを制御できないという感覚（例：食べるのをやめることができない、または、何を、またはどれほど多く、食べているかを制御できないという感じ）
B. 体重の増加を防ぐために不適切な代償行動を繰り返す、たとえば、自己誘発性嘔吐；下剤、利尿剤、浣腸、またはその他の薬剤の誤った使用；絶食；または過剰な運動
C. むちゃ喰いおよび不適切な代償行動はともに、平均して、少なくとも3ヵ月にわたって週2回起こっている。
D. 自己評価は、体型および体重の影響を過剰に受けている。
E. 障害は、神経性無食欲症のエピソードの期間中にのみ起こるものではない。

（訳注：原書はDSM-IVだが、ここではDSM-IV-TR, APA, 2000［高橋三郎・大野裕・染谷俊幸訳『DSM-IV-TR精神疾患の診断・統計マニュアル（新訂版）』医学書院、2004］を修正し引用した）

いをしていると言い、16〜20％が週に1回むちゃ食いをすると言う(Schotte & Stunkard, 1987)。しかしながら、大食症の人々は自分自身のむちゃ食いについて、そしてたいていは身体的外見について激しく自己批判する。その結果として、彼らはむちゃ食いの後で、自己誘発嘔吐、下剤、利尿剤、他の薬剤の誤った使用、断食、過剰な運動によって、吐き出そうとする。しばしばむちゃ食い／排出のエピソードは、日々の時間を費やし、習慣になる。大食症の人々はしばしば食べ物の摂取をよりよく制限できることを望む。にもかかわらず、大食症の人々は食行動の制御を完全に欠いているという感覚をもち、しばしば大量の食べ物をむちゃ食いする。これらのエピソードに伴う恥、苦痛、無力感の感覚は、しばしば抗しがたいものである。大食症を患っている多くの人々もまた深刻なうつに苦しんでいることは驚くべきことではない。

無食欲症と同様、大食症を患っているほとんどの人が女性である。あまり食べない行動パターンが青年と若い成人の間ではびこっているが、この年齢の範囲内の約1％のみが大食症の診断に当てはまっている(Fairburn & Wilson, 1993；Kendler et al., 1995；Lucas, Beard, O'Fallon & Kurlan, 1991)。大食症の人の中には過度にやせている場合があるが、多くの人は正常体重である。しかし、大食症は今なお身体的に非常に危険な疾患である。吐くときの胃酸は重大な歯の腐食をひき起こす(Muscari, 1998)。大食症の多くの女性も月経の問題を経験している。頻繁な嘔吐や他の排出行動は、深刻な体液の喪失や心臓を規則正しくする電解質の不均衡をひき起こす。そのような不均衡は心不全の原因となる。

無食欲症と大食症の原因

無食欲症と大食症は気分障害の変形だと信じている研究者たちがいる(Agras & Kirkley, 1986；Lilien-

文化の至るところにある非常にやせたモデルの普及力のあるイメージによって示されるように、西洋社会の「やせ理想」のために、女性は劣ったボディイメージに弱く、それゆえ、摂食障害にかかりやすい。(Photo B. D. V./Corbis)

field et al., 1998)。気分変調とうつは無食欲症の人にも大食症の人にも共通しており、摂食障害の人の家族は、しばしばうつや不安障害の既往をもつ(Hudson, Pope, Jonas & Yurgelun-Todd, 1987)。しかし、うつが摂食障害の原因や結果であるかどうかははっきりしない。同様に、無食欲症に起こる代謝の変化について、研究者は視床下部の機能不全が原因であると示唆している(Licinio, Wong & Gold, 1996)が、視床下部の機能の変化が先行しているのか、無食欲症による自己飢餓状態のあとに変化が続くのかはわかっていな

い。

　摂食障害には膨大な数の心理社会的理論がある（Becker, Grinspoon, Klibanski & Herzog, 1999）。無食欲症と大食症は最近の数十年間で有病率が増加しており、発展途上国よりも先進国においてより多く見られる（Garfinkel & Garner, 1982；McCarthy, 1990）。合衆国の摂食障害の有病率には、民族集団による差異もある。白人女性よりも黒人女性は摂食障害がある人が少ない（Edwards-Hewitt & Gray, 1993）。これらの結果から、多くの研究者は、これらの疾患の病因に文化的規範が働いていると主張している。合衆国における民族の違いのケースでは、たとえばやせることは、アフリカ系アメリカ人の文化よりも、白人の大部分の文化でのほうがより望ましいとみなされている。アメリカの社会では、とくに女性にとっては、やせていることは美点であるとみなされることは疑う余地がない。TVのスターやファッションモデルや美人コンテストの勝者によって示されているように、女性にとって「理想的な」容姿は、過去40年にわたって、よりやせてきている。同時期に、栄養の改善のために女性の平均体重の増加が起こった。したがって、実行することがますます難しくなっているのに、女性はやせるように促されている。

　女性の中には極度に食事制限を続けることで、この圧力に屈する人もいる。彼女たちは生まれつき少し仲間たちより体重があるので、とくにやせることについての社会のメッセージに敏感である。それに加えて、仲間より早く思春期に入った少女も、ボディイメージが劣ることで傷つきやすいようである（Brooks-Gunn, 1988）。抑制された食行動は知覚的にも実際にも身体的な欠乏に至らしめるが、その結果、抑制の挫折と過食をひき起こす（Herman & Mack, 1975）。大食症が発現した多くの女性は、慢性的にストレスフルで欲求不満となる、過度に制限した食事を行った既往がある。このような女性は、自分の食事の規則を破ると、食行動に対する自律の感覚を失い、結局はむちゃ食いする傾向がある。そしてむちゃ食いのあとで起こる、太ることへの自責心と恐怖感のため、彼女たちは下剤を使ったりするようになる（Cooper, Todd & Wells, 1998；Garner, 1993）。大食症のストレス低減モデルでは、むちゃ食いする人はストレスフルな状況に直面したとき、不安や苦痛を避けるために食べることが示唆されている（Heatherton & Baumeister, 1991）。彼らは体重を制御するという長期的な目標の代わりに、食べ物の短期の満足感に焦点を合わせ、たとえ空腹ではなくても結局は大量の食物を食べることになる。そして吐くことは、むちゃ食いからひき起こされた苦痛を低減する方法である。

　無食欲症についての心理社会的理論のいくつかは、管理が過剰な家族の中にいることに由来する、自律への深い必要性から無食欲症が生じると示唆している（Bruch, 1982；Hart & Kenny, 1997）。これらの理論では、無食欲症の少女の両親は娘の生活に過度にかかわり、適切な自立や家族の中での役割から離れた自己の感覚をもつことを許さないと考えている。両親もまた感情や葛藤を表すことを抑制する傾向があり、自分の子どもたちに完璧を要求する傾向があるので、青年期の少女は自分のニーズや怒りを両親に表出することを許されない。ゆくゆく、彼女は少なくとも自分の人生の1つの側面である食行動ならばコントロールできることを発見する。食べ物の摂取について完全なコントロールを得ることは何よりも重要なこととなり、それは少女が自尊感情を明確にする方法である。さらに、摂食障害を発現した女性のなかには、主に家族の構成員による性的虐待の既往をもつ人もいる（Kanter, Williams & Cummings, 1992）。そのようなケースでは、歪んだボディイメージや、虐待によってひき起こされる低い自尊感情や、自分の人生の局面のコントロール必要性などの結果として摂食障害が発症する。一方、彼女の体重が減少すると、両親は関心を表すようになる——少女は他のどのような方法でも得ることができなかった注意を得るのである。

　別の立場の人々は、大衆文化から摂食障害への社会的影響力が生じると確信している。Cornell大学のJoan Brumbergは、近代工業社会によって非常に多くの若い女性が、身体を最も重要な自我の特徴としてみなす事態がひき起こされていると立証した（Brumberg, 1998）。彼女は西洋文化でのこの「身体への執着」と摂食障害の発症との間の関係を調査している。Brumbergらは、メディアがやせていることへの強迫観念を助長し、その価値の主要な伝達媒体となっていると信じている。しかし、どの文化においても摂食障害率にメディアが実際に直接的な影響をもつという納得させる根拠を研究者が手に入れたのは、つい最近のことである。ある研究で、Harvard大学の精神科医であるAnne Beckerは、南太平洋のフィジー島の若い女性に調査を行った（*New York Times International*、1999年5月20日付）。フィジー島は比較的小さな島であり、1995年以前には実質上、住民がテレビを利用する機会はなかった。Beckerは1995年、島にテレビが導入されたちょうど1ヵ月後にデータを収集し始めた。1995年に実施された質問紙への回答において、体重をコントロールするために嘔吐を誘発していた少女はほんの3％だった。しかし、1998年には、少女たちの15％が嘔吐を誘発していると言った。1995年と1998年の間に、摂食障害のリスク尺度におけるフィジーの少女たちの平均得点にも顕著な上昇が見られた。1995年には、13％だけが摂食障害尺度の最高点を得点した。1998年にはその割合は29％に上昇した。同じ3年の間に、自分自身を「大きすぎ

表8-6 神経性大食症の治療

	対人関係療法	認知行動療法(CBT)	抗うつ薬単独	認知行動療法と抗うつ薬
改善	少なくとも約75% 適度な改善	少なくとも約85% 適度な改善	少なくとも約60% 適度な改善	CBT単独と同様
再発*	中	低から中	高	低から中
副作用	不明確	不明確	中	中
コスト	中〜高価	中〜高価	安価	中〜高価
期間†	月	週/月	週/月	週/月
総合	良	良	有効	良

*治療中断後の再発
†最大の効果に達するまでの期間

Mitchell, Raymond & Specker, 1993, pp.229–47；Seligman, 1994, Chapter 12；Wilson & Fairburn,1998に基づく；薬物のデータは Goldstain, Wilson, Ashcroft, & Al-Banna,1999により改訂。

表8-7 神経性無食欲症の治療

	外来患者用家族療法	外来患者用行動療法	外来患者用認知療法	外来患者用食事の助言
改善	約70% 適度な改善	少なくとも約65% 適度な改善	少なくとも約65% 適度な改善	約40%に適度な改善 性的社会的機能の改善に伴う体重の復活に効果
再発*	中程度	中程度	中程度	中程度
副作用	不明確	不明確	不明確	不明確
コスト	中〜高価	中〜安価	安価	安価
期間†	月	月	月	週/月
総合	良	良	良	不十分

*治療中断後の再発
†最大の効果に達するまでの期間

Wilson & Fairburn, 1998；Yates, 1990に基づき、Geist, Heinman, Stephens, Davis & Katzman, 2000；Hsu, 1980により改訂。

る、または太りすぎている」と記述している少女たちの数が50%上昇した。これらの少女たちが見ているショーは何なのだろうか？ Beckerらは、最も一般的なショーは、「*Xena, Warrior Princess*」「ビバリーヒルズ高校白書/青春白書(*Beverly Hills 90210*)」「メルローズ・プレイス(*Melrose Place*)」などの番組を含んでおり、これらはすべてやせた女性が主役であるということを発見した。

これらの結果は、摂食障害が少なくともある程度、若い女性が彼女たちの多くにとって非現実的な「美しさ」の基準を満たすのを望むようにさせる、文化的影響の結果であるという Brumberg の主張を支持するものである。どのようにして私たちはこれを変えることができるだろうか？ メディアがシャンプーからテレビのホームコメディにわたるまで、製品を売るためのイメージを作ると仮定するなら、メディアのやせることへの助長を変えるための力は消費者がもっているだろう。

摂食障害の治療

摂食障害の患者の家族との治療への初期アプローチは精神分析的志向をもち、家族がお互いにコントロールし、葛藤を表出する方法に焦点づけられていた(Minuchin, Rosman & Baker, 1980)。より近年のアプローチでは、家族が患者の症状を低減させることを援助する認知行動療法的技法に主に期待している(Garner and Garfinkel, 1997)。認知行動療法は大食症の治療にとくに効果的であることが実証されている(Agras, 1993；表8-6参照)。セラピストは患者に、むちゃ食いの環境的誘因を確認し、恐れている食べ物を食事の中にとり入れると同時に、食べる量をコントロールし、食物摂取、体重、体型についての歪んだ認知を確認し変えることを教える。Agras らは、認知行動療法の治療の終了時までに大食症の患者の56%がむちゃ食いと下剤使用をやめることを見出した(Agras, Schneider, Arnow, Raeburn & Telch, 1989 a, 1989 b)。無食欲症の認知行動療法の成功率はそれほど高くはなかったが、効果的なケースもあった(Fairburn,

DSM-IV-TR の診断基準

遺尿症

A. ベッドまたは衣服の中への反復性の排尿(不随意的であろうと意図的であろうと)

B. この行動は、臨床的に著しいものであり、週に2回の頻度で、少なくとも連続して3ヵ月間起こり、または、臨床的に著しい苦痛、または社会的、学業的(職業的)、または他の重要な領域における機能の障害が存在することによって明らかとなる。

C. 生活年齢は少なくとも5歳(または、それと同等の発達水準)である。

D. この行動は物質(例:利尿薬)、または一般身体疾患(例:糖尿病、二分脊椎、痙攣疾患)の直接的な生理学的作用のみによるものではない。

(訳注:原書は DSM-IV だが、ここでは DSM-IV-TR, APA, 2000 [高橋三郎・大野裕・染谷俊幸訳『DSM-IV-TR 精神疾患の診断・統計マニュアル(新訂版)』医学書院、2004]を修正し引用した)

Shafran & Cooper, 1999)。

　抗うつ薬、とくに SSRI(たとえば、Prozac®)は摂食障害の一部の人に有用であるが、無食欲症の多くの患者にはこれらの薬物の顕著な反応は見られない(Mayer and Walsh, 1998;表8-7参照)。これらの薬物が、摂食障害の原因である潜在的な生物学的機能不全を軽減するのか、単に女性にとって精神療法に参加し自分の食習慣を変えやすくするのかは不明確である。しかしながら多くの臨床家は、抗うつ薬を服用している人々にとっても、精神療法も摂食障害に必須であるということに同意する(Barker & O'Neil, 1999)。

　無食欲症の患者はしばしば、無食欲症が危機的なポイントに到達するまでセラピーに参加しないが、そのときには患者は危険なほどに病んでいる。健康状態を安定させるために患者は入院することが必要になるだろう。そのときでさえ、無食欲症の人々の中には、問題はないと抗議する人がおり、30%もの割合で治療を拒否する(Crisp, 1980)。明らかに、病院内で患者に無理に食べ物を食べさせることは、無食欲症を維持しているまさに自律の問題に入り込む。家族もまた、家族内で何か間違いがあるということを否定し、患者が彼らの唯一の「問題」だとする。したがって、無食欲症は治療することが難しい疾患であるといえる。臨床家と研究者は、最も効果的である薬物と心理療法の組み合わせを探ることを続けている。

排泄障害

　西洋社会のほとんどの子どもにとって、刺激の制御についての社会の期待との最初の主要な葛藤は、おまるトレーニングの状況で起こる。3歳半までに子どもの大多数は膀胱のコントロールを得る。しかし時々、物事は計画した通りに運ばない。**遺尿症(夜尿症)**とは、5〜6歳の子どもにとっては少なくとも月に2回、もう少し成長すると月に1回の不随意的な排尿と規定されている。米国の学齢期の児童の300万人から700万人が睡眠に関連した遺尿症を患っていると見積もられている(Sheldon, 1996)。小学校卒業後は、日中あるいはベッドの中で、排尿を制御することに困難をかかえる子どもの割合は顕著に減少する。12歳時には、男児の8%、女児の4%のみに遺尿症が見られる(Friman & Warzak, 1990)。したがって年齢とともに遺尿症は著しく減っていき、小児期後期に問題が続いている大半は男児である。

　遺尿症の子どもの問題は、この障害の社会的な影響によって悪化させられる(Goin, 1998)。両親は汚れた衣類やベッドを嫌がり、普通、子どもが未成熟であるという烙印を押す。学校仲間や友人は、とくにこれらの「事件」が定期的に起こる場合、「事件」のあった子どもをからかいがちである。遺尿症の子どもは、友人の家への宿泊の誘いを受け入れることや、キャンプに行くことに気がすすまない。これらの社会的な影響は、他のより深刻な心理的問題の大いなる原因となるかもしれない。

　腸の運動を制御することの失敗による**遺糞症**は、遺尿症ほどよく見られるものではない。子どもたちは、4歳以上にならないと遺糞症と診断されない。この疾患はしばしば身体的な健康問題と結びついている(Geffken & Monaco, 1996)。しかし特定の身体的原因がなければ、遺糞症はしばしば素行障害や反抗挑戦性障害と結びついている。現在まで、遺糞症の原因と治療に関しては比較的少数の研究しかなされていない。

遺尿症の原因

　膀胱の自制に一度も達していない原発型遺尿症と、自制が確立された後で起こる続発型遺尿症との間には違いがある。続発型遺尿症の一因となるストレスのような心理社会的要因に対して、原発型遺尿症は生理学的異常によってひき起こされたものであると仮定する人もいる。

　事実、生理学的要因が遺尿症に寄与しているという根拠がある。行動遺伝研究は遺尿症の素因が受け継がれていることを示している。遺尿症の子どものおおよ

そ75％には遺尿症の経験がある第1度近親がおり、遺尿症の一致率は二卵性双生児よりも一卵性双生児のほうが高い(Abe, Oda, Ikenaga & Yamada, 1993)。そして、遺尿症の人とより近い遺伝的設計図があれば、より遺尿症になる可能性があるだろう。近年の連鎖研究では、夜間の遺尿症と第8, 12,13染色体のある領域との間に関連が示されている(von Gontard & Lehmkuhl, 1997)が、これを確証するさらなる研究が必要とされている。

身体的疾患もまた遺尿症に寄与している(Goin, 1998)。子どもが日常のスケジュールや睡眠パターンを崩される病気を経験したあとで遺尿症を発現することは珍しいことではない。身体の疾患と遺尿症の発症との間のつながりは、膀胱の機能の身体的自制を減少させる直接的な結果であろう。しかしストレスの結果であることもあるだろう。ストレスの役割がはっきりとしている例が、稲妻によってうたれて亡くなった子どもの悲劇の影響を研究したDollinger(1985)によって提供された。彼は、この事件を知っている5、6年生についての情報を収集した。これらの子どもの多くは、とくに嵐の間に不安感情を報告したが、最も気持ちが動転した子どもは夜間の遺尿を経験した。これらの所見やその他の所見が、ストレスが遺尿症の発症の引き金となり得ることを示唆している。

研究者の中には、遺尿症の子どもは、とくに眠っている間に、膀胱の拡張の合図への感受性が少ないことを示している人もいる(Arajaervi, Kivalo & Nyberg, 1977)。言い換えると、彼らの体は、起きてトイレに行く時間だというシグナルである生理的目覚まし時計が「聞こえない」。起きることの失敗は、その子どもが、平均的な子どもよりも長時間、睡眠の深い段階のままでいる傾向から起こっているからかもしれない(Sheldon, 1996)。以下に記述するように、遺尿症の治療における行動的アプローチの有効性がこの考えを支持している。

表8-8　遺尿症の治療

	行動療法	デスモプレシン*
改善	約70～98％が顕著な改善または治癒	約25％が顕著な改善または治癒
再発†	低	高
副作用	低	中
コスト	安い	高い
期間‡	月	月
総合	優秀	有効

*遺尿症の治療に用いられた抗利尿薬
†治療中断後の再発
‡最大の効果に達するまでの期間

Thompson & Rey, 1995, pp.266-71に基づき、Moffitt, 1997 bにより改訂。

治療

ある薬物、すなわちイミプラミンやSSRIのような抗利尿薬や抗うつ薬は、少なくとも一時的には夜尿を抑えることができる(Wilens, Spencer, Frazier & Biederman, 1998)。しかし、いったん薬物をやめると、しばしば子どもは再びベッドを濡らし始める(表8-8参照)。にもかかわらず、数日間の夜尿がなかった夜が、遺尿症の子どもにとって大きく士気を高める援助者となる。とりわけ、子どもが狼狽の恐怖を伴わないで、泊まりで友人を訪問することやキャンプに行くことを可能にするとすれば。しかしながら、抗うつ薬は体重減少や心臓血管の問題といった副作用があることを思い出さなければならない。ある子どもにとっては、副作用は薬物治療の有効性より重い。

行動的治療は遺尿症にきわめて有効なものであり、薬物治療より効果が長く持続する(Goin, 1998)。最も一般的なものは、50年以上前に最初に記載された手法である(Mowrer and Mowrer, 1938)。子どもが自分のベッドで眠っている。シーツの下に安全な電子回路を完備した特別なパッドがあり、それは尿によって湿らされると、ベルを鳴らし子どもを目覚めさせ、トイレに行かせることになる。膨大な研究によって、「ベルとパッド」の方法によって、約75％の子どもが、2週間の治療期間で膀胱のコントロールを得て治ったことが示されている。35％に達する再発率があるが、より長い治療期間を与えることや、補足して治療の「効能促進剤」を提供することによって、15～25％に減らすことができる(Doleys, 1979；Houts, 1991)。行動的治療は12歳以下の子どもにとって最も効果的である(Bath, Morton, Uing & Williams, 1996)。

吃音

吃音は、会話のリズムにおける著しい障害である。ほとんどの子どもは特定の言葉を口ごもる一時的な時期を通過するが、吃音とみなされる子どもは語調不全がより著しく、より長い。しばしば、本当の問題の原因となるのは、ある単語の最初の子音である。"I d-d-d……don't know what to d-d-d-do!"は典型的に問題となる文章であり、しばしば赤面したり苦しそうな顔をしたりすることを伴っている。

すべての子どもの約1％が吃音と診断され、別の4、5％は6ヵ月までの短期間、一時的な吃音を経験する。通常、徴候は最初子どもが3歳になるまでに現れる。理由は知られていないが、4：1の割合で男児の数は女児にまさっている。吃音の原因はまだはっきりしないが、左脳半球の運動領域の異常が疑われている(Ludlow, 1999)。遺伝的要因も吃音に役割を果たしている。吃音の子どもは、同じ問題をもつ生物学的

第8章 早期に発症する疾患

> **DSM-IV-TR の診断基準**
>
> ### 吃音
>
> A. 正常な会話の流暢さと時間的構成の困難（その人の年齢に不相応な）で、以下の1つまたはそれ以上のことがしばしば起こることにより特徴づけられる。
>   (1) 音と音節の繰り返し
>   (2) 音の延長
>   (3) 間投詞
>   (4) 単語が途切れること（例：1つの単語の中の休止）
>   (5) 聴きとれる、または無言の停止（音を伴ったあるいは伴わない会話の休止）
>   (6) 遠まわしの言い方（問題の言葉を避けて他の単語を使う）
>   (7) 過剰な身体的緊張とともに発せられる言葉
>   (8) 単音節の単語の反復（例：「てーてーてーてがいたい」）
>
> B. 流暢さの障害が学業的または職業的成績、または対人的コミュニケーションを妨害している。
>
> C. 言語—運動または感覚器の欠陥が存在する場合、会話の困難がこれらの問題に通常伴うものより過剰である。
>
> （訳注：原書は DSM-IV だが、ここでは DSM-IV-TR, APA, 2000［高橋三郎・大野裕・染谷俊幸訳『DSM-IV-TR 精神疾患の診断・統計マニュアル（新訂版）』医学書院、2004］を修正し引用した）

親族が多い可能性が高い（Ambrose, Yairi & Cox, 1993）。他の多くの身体疾患と同じように、心理的に影響がある。吃音の子どもは、他の子どもや教師に忍耐を強いる。彼らはしばしば仲間によってあざけられ、のけ者にされる。教師は教室で彼らを指すことを避けて、結果として彼らの学業的興味や成績はしぼむかもしれない。吃音が継続しているほとんどの子どもは不安にも苦しんでいて、多くがうつになるということは驚くべきことではない（Watson & Miller, 1994）。

治療

吃音の子どもが援助を求める頃には、言語能力の問題から生じ、問題をさらに悪化させる相当な緊張を経験しているであろう。したがって多くの吃音の治療では、特定の再教育法とともに心理療法的カウンセリングを組み合わせている。再教育法は、吃音がある人が流暢に話すための訓練をしているとき、自分の話し方から気をそらすために利用される。

3つの技法がとりわけ期待できるようである。1つ目は**遅延聴覚フィードバック**（delayed auditory feedback）と呼ばれており、約0.1秒遅れでイヤホンから再生される自分自身の会話を聞く必要がある。流暢な話し手がこの方法で自分自身の会話を聞くと、彼らは非常につっかえた話し方になる。しかし吃音がある話し手は、遅れた聴覚フィードバックを受け取ると、ほぼ流暢に話せる。これらの逆説的な発見は、自分自身の会話からのフィードバックが吃音の一因となっていることと、そのフィードバックに対する干渉が吃音を低減するであろうことを示している。もちろん問題は、治療的状況の外でのフィードバックである。遅延聴覚フィードバックはクリニックの中ではきわめて有効に作用しているが、クリニックの外に移し替えることは難しい。

シャドーイング（Shadowing）は遅延聴覚フィードバック技法の変形である。ここでは、セラピストが本を拾い読みし、吃音者はセラピストの言葉を直後に繰り返し、（単語を読むことなく）言葉を話す。この方法では、吃音者はセラピストが何を言っているか注意深く集中し、この過程で彼自身の吃音は無視することが要求される。いくつかの研究ではシャドーイングは吃音の軽減に有効であることを示唆している（Cherry & Sayers, 1956；Kondas, 1997）。

3番目の方法は、**音節時限スピーチ**（syllable–timed speech）と呼ばれ、イヤホンから聞こえるメトロノームやポケットベルの音に合わせて話すことを吃音者に要求する。この手続きもまた、吃音者が自分自身の吃音から注意をそらす効果がある。吃音がない状態を維持することに対する報酬システムが組み合わされており、この手続きは吃音を軽減することに比較的効果的であることがわかっている（Ingham, Andrews & Winkler, 1972；Meyer & Mair, 1963）。

始めるのが小児期であろうと成人期であろうと、吃音の治療は、平均してすべてのケースの約70％に顕著な改善が起こる（Conture, 1996）。吃音が作り出しているひどいコミュニケーションの問題を考慮するとき、可能な治療は必ず実行する価値がある。

チック障害

チックとは非常に突然始まる反復的で不随意性の運動や発声である。運動性チックの例としては、激しいまばたき、首の痙攣、顔のゆがみなどがある。音声チックで一般的に起こるのは、うなる、鼻をくんくんいわせる、ほえるなどである。チックがある人は、いつもそれらが現れるわけではないが、チックの発生は意図的な制御下にない。それらはストレスによって悪化する傾向があり、睡眠中にまれに起こる。時折のチックは子どもたちに比較的共通しており、ある状況では軽いチックが12〜24％に見られる（Ollendick & Ollendick, 1990）。チックはさまざまな心理的疾患に

DSM-IV-TR の診断基準

トウレット(Tourette)障害

A. 多彩な運動性チック、および1つまたはそれ以上の音声チックが、同時に存在するとは限らないが、疾患のある時期に存在したことがある(チックとは、突発的、急速、反復性、非律動性、常同的な運動あるいは発声である)。

B. チックは1日中頻回に起こり(通常、何回かにまとまって)、それがほとんど毎日、または1年以上の期間中間欠的にみられ、この期間中、3ヵ月以上連続してチックが認められない期間はなかった。

C. 発症は18歳以前である。

D. この障害は物質(例:精神刺激薬)の直接的な生理学的作用、または一般身体疾患(例:Huntington病またはウイルス性脳炎後)によるものではない。

(訳注:原書はDSM-IVだが、ここではDSM-IV-TR、APA、2000[高橋三郎・大野裕・染谷俊幸訳『DSM-IV-TR精神疾患の診断・統計マニュアル(新訂版)』医学書院、2004]を修正し引用した)

高い割合で起こるが、チックを伴う最も広く認識された疾患はトウレット(Tourette)障害である。

トウレット障害

トウレット障害の主要な症状は、多彩な運動性チックと少なくとも1つまたはそれ以上の音声チックである。トウレット障害のDSM-IVの基準を満たすためには、少なくとも1年間症状を示し、症状によって著しい苦痛や機能障害がひき起こされている必要がある。また、診断基準ではこの障害は18歳以前に発症すると特定している。典型的には、子どもの発症年齢は7歳ぐらいである。DSM-IVによると、トウレット障害の有病率は0.04~0.05%であるが、より最近の有病率の概算では、トウレット障害は0.5~1%の割合である(Zohar et al.,1999)。トウレット障害をもつ多くの若者は強迫行為にも苦しんでいる。女子よりも男子のほうがより多く見られる。典型的なケースとして、エディの例をあげる。

> エディは6歳のときに最初に運動性チックを示した。彼は10回から20回激しくまばたきし、それから軽く鼻をくんくんいわせていた。このようなことを数回観察した後、エディの両親は彼がしていることについて彼に質問し始め、やめるように励ました。エディは意図して制御しているかのように、「OK」と言ったが、彼のチックの頻度は減少しなかった。そのかわり、チックはより長く、より頻繁になった。数週間後、エディの目のまばたきチックは単語を繰り返す発声を伴うようになった。いつも眼瞼チックが起こっている間は、エディはチックに対する両親の反応を予期しているかのように、繰り返し「OK」と言っていた。そのためエディの両親は、チックが彼の制御下にないということにすぐに気づくようになった。さらに、エディがストレスを受けたとき、チックは増加した。エディの両親は小児科医に予約をとった。1週間後、彼らがエディを医師のもとへ連れて行くときまでに、エディはさらにいくつかの音声チックを身につけていた。最も憂慮すべきことは、まばたきの間、わいせつな言葉を繰り返すことだった。
>
> エディの担当小児科医はトウレット障害の疑いをもち、さらなる評価のために、エディを専門家へ紹介した。診断は確定され、エディは抗精神病薬を処方された。投薬治療中には激しくはなかったが、チックは思春期にわたって続いた。彼は学習の問題がある子どもの特別なクラスに通わなければならなかった。これはエディが学業の困難があるためでも、他の生徒を混乱させる行動をするためでもなかった。これはとくに悪態をつく言葉が伴う音声チックのためであった。
>
> エディが14歳に近づいたとき、ついにチックの頻度も深刻度も減少した。15歳のときにエディのチックは非常にまれになったので、抗精神病薬治療の服薬量は減らされ、その後まったく使用されなくなった。彼は10年生のために設けられている通常クラスに戻った。

トウレット障害に結びついている症状の最も劇的で困難なものは、社会的に許容されない言葉を繰り返す**汚言症(coprolalia)**である。汚言症は少数のトウレット障害患者にのみ起こるが、社会的環境において非常に破滅的なのでマスコミから多大な注目を受けている。エディのケースでは、汚言症のために彼は特別なクラスに通うことになった。幸運なことに、トウレット障害の多くの子どもはエディのように、時間とともに症状の減少を示す。誰もこれがなぜなのか知らないが、大脳皮質下と大脳皮質の領域を結ぶある脳回路の成熟によるものであることが示唆されている。

原因 トウレット障害の発生(機序)についての最近の理論は、脳の大脳皮質下の領域、とくにドパミン受容体の密集している大脳基底核に焦点を当てている(Peterson, et al.,1999)。視床もまた関与している。これらの特定の領域は四肢と顔の動きを制御する重大な役割をもっている。したがってこれらの領域の異常は不随意な発声、顔や手足の動きなどが表出される運動の制御の失敗に帰着することは妥当である。研究者は近年、トウレット障害の患者がチックを経験している

第8章 早期に発症する疾患

左：バスに乗っている間、チックを経験している男性の写真である。誰もがくしゃみをしたい、かゆいところをかきたいといったような衝動を感じるように、彼は痙攣、ひきつり、しかめっ面、まばたき、うなり声、明らかな泣き声といったようなチックを実行する抵抗できない衝動を感じるトゥレット障害を患っている。これらのチックを実行する衝動は緊張したり、ストレスを感じたりすると増加する。(Lowell Handlerの許可による) 右：トゥレット障害の少年の物語である"The Tic Code"という映画からの写真である。リラックスした感じであるか、ピアノを弾いているときのような、熱中できる作業に集中しているとき、チック症状は減少する。(Photofest)

間の脳の活動を研究する機能的な神経画像法の手法を利用し始めている(Heintz et al., 1998)。脳の中央、とくに視床において活動性の増加は、音声チックの間中認められた。チックの研究における機能的な神経画像法の利用は、トゥレット障害の原因を特定するために大きな将来性をもっている。

トゥレット障害の病因には遺伝的要因がしばしば含まれている(Pauls, Alsobrook, Gelernter & Leckman, 1999)。遺伝と環境は、遺伝子型の表現型の表出を規定することで相互作用している。トゥレット障害の双生児研究で、二卵性双生児は10％以下の一致率であったのに対して、一卵性双生児はほぼ50％の一致率を示している(Hyde, Aaronson, Randolph, Ricker & Weinberger, 1992)。すべてのチック障害が考慮されたとき、一致率は一卵性双生児においては80％近く、二卵性双生児では約25％にまで高まる。これらの結果はトゥレット障害への一次的な遺伝の寄与を示唆しているが、一卵性双生児の約半分が完全なトゥレット障害として一致しているだけであり、彼らの同一の遺伝子的特質にもかかわらず、双生児は頻度、激しさ、チックの特徴などにおけるかなりの差異を示すため、それらはまた非遺伝的要因が重要な役割を果たしていることも示している。そのうえ、多くのこの障害のケースでは、この障害の病因に脳損傷のような環境要因の役割が指摘され、トゥレット障害の家族歴の根拠はない。

治療　D2サブタイプのドパミン受容体を遮断する薬物がトゥレット障害の最も効果的な治療法であり続けている(Tourette Syndrome Study Group, 1999)。これらの薬物の最も一般的なものは抗精神病薬である。これらの薬物がトゥレット障害の治療にたいへん効果的であるという事実から、この症候群が精神病と共通の特徴を有しているのではないかと研究者は感じている。行動的マネジメントとストレス軽減手続きもチック障害に有効であることが実証されている(King, Scahill, Findley & Cohen, 1999)。これらの手法も通常、薬物治療に付加して使用されている。

破壊的行動障害

破壊的行動障害(disruptive behavior disorder)の症状は、就学前や学童期に現れ始める傾向にある。感情障害とは異なり、破壊的障害として分類される診断はすべて、女児よりも男児に多く見られる。破壊的行動障害のタイプは3つある。**素行障害**(conduct disorder)（訳注：行為障害とも訳されている）は、他人の権利をひどく侵害したり、基本的な社会的規範に違反するような行動形式を繰り返す、という特徴をもつ。素行障害の子どもはしばしば法に触れる問題を起こし、なかには常習犯となるものもいる。**反抗挑戦性障害**(oppositional defiant disorder)もまた不従順な行動を伴うが、他人の権利をひどく侵害することはない。この障害がある子どもは拒絶的で、反抗的、挑戦的な行動形式を見せる。破壊性の分類の中の第3の障害は、**注意欠如・多動性障害**(attention deficit hyperactivity disorder：ADHD)である。これは衝動性、不注意、多動性によって特徴づけられ、前青年期の子どもにおい

早期の素行障害は、嘘をつく、喧嘩をする、動物を攻撃するという形をとることがある。もし運動場で喧嘩をしている少年が、常にほかの子に因縁をつけているとしたら、彼は素行障害で苦しんでいるのかもしれない。(Frank Siteman/Stock Boston)

て、3つの診断の中でこれが最も一般的に見られる。

素行障害

　素行(行為)障害について語るにあたっては、ほとんどの子どもが一度かそれ以上に、素行に関する重要なルールに違反したことがある、ということを心に留めておくことが重要である。すべての経済階級から、13歳から16歳のイギリス少年1,425人を調査したところ、98％の子どもが自分の持ち物ではないものを持ち続けていると認めていることがわかった(Belson, 1975)。そのうち、2ポンド以上の価値のあるものは40％だけであったが、子どもの不誠実さの割合は非常に高い。同様の結果は、他の国でも報告されている。ノルウェーとスウェーデンでも9歳から14歳前の子どものうち89％が、些細な違法行為について打ち明けている(Elmhorn, 1965)。よくも悪くも、盗みはほとんどの子どもにとって発達の一部であるようだ。しかし、こうした罪は通常単独の出来事(isolated incidents)である。素行障害の診断基準を満たす子どもの場合は、対人関係行動のごく基本的な規範を繰り返し破る。彼らはしばしば身体的な攻撃性を見せ、他人に対して冷酷である。彼らは習慣的に嘘をつき、だますかもしれない。

　素行障害の割合では有意な性差が見られる。女児と比較すると男児は少なくともその3倍になり、素行障害の診断を満たすものは男児が6～16％であるのに対して、女児の場合2～9％である(APA, 1994；Robins, 1991；Smith, 1998)。このように性別は素行障害の最も有力な予測因子の1つである。また、男性と女性との行動パターンにも違いがある。女児は身体的な攻撃が少なく、嘘をつくことやずる休みのようなものが多い。こうした性差に帰属するようないくつかの要因について、以下に述べる。

　素行障害に関係する行動パターンは年齢によって変化する(Johnston & Ohan, 1999)。小児期の早期から中期では、素行障害は、しばしば嘘をつく、喧嘩する、動物を攻撃するといった形をとる。青年期には、素行障害の割合は劇的に増加し、素行の問題はより深刻になる。こうした子どもの中には、強盗、武装強盗、レイプさえも行うものもいる。さらに、素行障害の子どもは、成人期には反社会的パーソナリティ障害を示す危険性が高くなる(Langbehn, Cadoret, Yates, Troughton & Stewart, 1998)。事実、15歳までに小児期の素行障害があることが、反社会的パーソナリティ障害の診断基準の1つとなっている(第9章参照)。以下のケースは、ある種の素行障害をもつ子どもの代表的な例である。

　デリックは年齢の割には常に小柄だったが、母親によればけっしてエネルギーが不足することはなかった。歩き始めたときから、彼は絶えず物事に興味を示していた。彼は恐れを知らなかった。彼が心配になるようなことは、身体的な罰も含めて何もないようだった。幼稚園では、彼が身体的な攻撃性を見せたり、ほかの子から物をとったりすることがあったと彼の先生が報告している。デリックが他の男の子から拒否されないでいた彼の長所は、彼の機転の速さでもあった。彼はクラスの道化であった。

　デリックの母親と父親は、彼が赤ん坊の頃に離婚した。彼は、母親と2人の兄と、姉1人とで暮らしていた。デリックの母親は、子どもたちに食事と衣服を与えるのに必死だった。彼女はパートで働き、時々前の夫は子どもたちのためにお金を彼女に渡していた。デリックには素行問題があったとしても、彼と母親は良好な関係であった。

　デリックが3年生になるまでには、彼が難しい子ども(difficult child)であるといううわさが小学校であった。彼は学級を崩壊させたために、1週間の停学となった。彼の行動は、その年の残りの期間はいくらか改善していた。しかし、4年生になると、校庭から逃げ出したために、再び停学になった。6年生になると初めて警官と出会うことになる。地元の商人が、彼が万引きしたと訴えたのだ。彼の父は未成年裁判所の審議に出席し、息子のためにたくさんの時間を費やし、彼の行動をもっと監督することを裁判官に説得した。おおよそ1年間の間、デリックの父親は彼のところに頻繁に訪れた。デリックが8年生になった頃に、彼の父親は仕事を失い、新しいガールフレンドとともに他の州に引越しをした。

　彼の先生によると指示に従わず、攻撃的な行動が中学校を通して増えており、校長は、素行問題のある子どものための特殊学校高等部へ通うように勧めた。デ

DSM-IV-TR の診断基準

素行(行為)障害

A. 他者の基本的人権または年齢相応の主要な社会的規範または規則を侵害することが反復し持続する行動様式で、以下の基準の3つ(またはそれ以上)が過去12ヵ月の間に存在し、基準の少なくとも1つは過去6ヵ月の間に存在したことによって明らかとなる。
〈人や動物に対する攻撃性〉
(1) しばしば他人をいじめ、脅迫し、威嚇する。
(2) しばしば取っ組み合いの喧嘩を始める。
(3) 他人に重大な身体的危害を与えるような武器を使用したことがある。
　　(例：バット、煉瓦、割れた瓶、ナイフ、銃)
(4) 人に対して残酷な身体的暴力を加えたことがある。
(5) 動物に対して残酷な身体的暴力を加えたことがある。
(6) 被害者の面前での盗みをしたことがある(例：人に襲いかかる強盗、ひったくり、強奪、武器を使っての強盗)。
(7) 性行為を強いたことがある。
〈所有物の破壊〉
(8) 重大な損害を与えるために故意に放火したことがある。
(9) 故意に他人の所有物を破壊したことがある(放火以外で)。
〈嘘をつくことや窃盗〉
(10) 他人の住居、建造物、または車に侵入したことがある。
(11) 物や好意を得たり、または義務を逃れるためしばしば嘘をつく(すなわち、他人を "だます")。
(12) 被害者の面前でなく、多少価値のある物品を盗んだことがある(例：万引き、ただし破壊や侵入のないもの；偽造)。
〈重大な規則違反〉
(13) 親の禁止にもかかわらず、しばしば夜遅く外出する行為が13歳以前から始まる。
(14) 親または親代わりの人の家に住み、一晩中、家を空けたことが少なくとも2回あった(または、長期にわたって家に帰らないことが1回)。
(15) しばしば学校を怠ける行為が13歳以前から始まる。
B. この行動の障害が臨床的に著しい社会的、学業的、または職業的機能の障害をひき起こしている。
C. その者が18歳以上の場合、反社会性パーソナリティ障害の基準を満たさない。
(訳注：原書は DSM-IV だが、ここでは DSM-IV-TR, APA, 2000 [高橋三郎・大野裕・染谷俊幸訳『DSM-IV-TR 精神疾患の診断・統計マニュアル(新訂版)』医学書院、2004] を修正し引用した)

リックの母親は、その高校にいる子どもたちに接すると、もっと悪くなると思っていた。デリックは、タバコやマリファナを吸い始めた。彼は門限を破り、いつも問題を起こすような年上の少年たちとたむろし始めた。デリックが15歳になった直後、母親は近所に住んでいるある少女の父親から、脅迫めいた電話を受け取った。彼は、娘から離れないならばデリックを銃で撃つぞ、と言った。

彼が16歳になった頃、デリックは20歳の少女と密接な関係をもった。デリックの母親はその関係を認めなかったが、デリックはしばらくの間落ち着いているように見えた。しかし、それは嵐の前のつかの間の静けさだった。デリックは17歳になる前に学校を中退し、その次の週、住居侵入および窃盗の容疑で逮捕された。しかし再び、彼の魅力によって彼は救われ、彼は留置所に入るのではなく、保護観察処分になるよう裁判官を説得した。デリックに対する初回面接で、保護観察官は彼の人格的なマナーや知的能力に感心した。デリックは正しい道をとり戻せる潜在能力をもっているようだ。

素行障害の病型

研究者たちが素行障害の子どもについて長期に研究してみると、いくつかの病型が見つかっている。1つ目の病型は、小児期から成人期初期にかけて、反社会的で攻撃的な傾向を繰り返し呈しているものである(Huesmann, Eron, Lefkowitz & Walder, 1984；Moffitt, 1997 a)。素行障害の診断基準を満たした子どもの約半数は、青年期に少年非行として分類されるようになり、素行障害の30〜40％の子どもは成人になると反社会性パーソナリティ障害に発展する(Myers, Stewart & Brown, 1998)。他の病型は、少年非行に分類されないが、子どものときに素行の問題があり、成人になってからも、たとえば不安定な職歴、激しい人間関係、身体的攻撃性、配偶者への暴力といった社会的機能の問題を慢性的に呈し続けている者たちを含む(Zoccolillo, Pickles, Quinton & Rutter, 1992)。先に述べたとおり、デリックの犯罪行動は、成人になるまで問題が続く素行障害の子どもの典型的な形である。

素行障害を続ける子どもたちが重大な犯罪行動を起こすようになる場合の予測因子には、次のようなものがあげられている。(1) 子どものときの逸脱行為が高頻度である、(2) 多種多様な素行の問題がある、(3) 複数の場面で問題行動を示す、(4) 早期に逸脱行為を示す、そして (5) 素行障害が衝動性や認知的欠陥を伴っている (Lipsey & Derzon, 1998; Loeber, 1990; Lynam, 1998; Rogers, Johansen, Chang & Salekin,

1997)。デリックの14歳になるまでの発達の様子を見てみると、彼は確実に繰り返し行動問題を示すような危険に瀕している。

素行障害の第3の病型の場合、より好ましい結果に至る。何も問題を起こさず子ども時代をすごし、青年期になって行動問題が発症することがある。行動問題が青年期になるまで起きなかった場合、行動問題は一時的である可能性は極めて高い（Moffitt, 1997 a）。こうした一時的な問題は、若者たちにとって自立のための主張のような形で現れているようである（Seiffge-Krenke, 1993）。どのような場合であれ、青年期にはじめて素行問題を現している若者の大多数は、より重大な反社会的行動を続けないものである。

素行障害をもつ若者の多くは重大な犯罪を起こさない一方で、彼らが成人になる前に、攻撃性により死をもたらすような行為を行う子どもたちの属する小さな病型がある。近年、新聞記事で命にかかわる結果に至る重大な攻撃行動を示す若者たちについての物語を特集している。こうした記事に、小児期の特徴についてのわれわれの多くの前提がくつがえされてしまうので、驚かされる。次のようなケースを見てほしい。

1998年5月22日。Kip Kinkelは、彼の両親と彼が通う高校の生徒2人を射殺した容疑で、召喚され連行された。Kinkelは素行障害の多くの症状を示していた。とくに、学校では行動上の問題を示し、人や動物に向けて攻撃的だった。(AP/Wide World Photos)

"Kip"Kinkel　2人の子どものうち一番下の15歳の少年Kipland Kinkel（友達からは"Kip"と呼ばれている）は、オレゴン州の田舎スプリングフィールドの中流階級の家庭で育った。Kipの両親はともに教師をしており、尊敬され、また地域の活動にも多く参加していた。彼の姉はかわいらしい、人気のある大学生だった。しかし、Kipは他人に対して攻撃的で、大人をのしったりすることで知られていた。彼の年齢からすれば不器用で身体が小さかったが、学校では「第三次世界大戦を最も始めそう」な人物に選ばれたといううわさが流れていた。ある時、学校での行動の改善をねらって、Kipはリタリンを処方され、彼の両親は彼を怒りの統制のためのカウンセリングに通わせていた。

高校の友達は、Kipが暴力に夢中で、爆弾に魅了されていたと話していた。彼は、家のコンピュータで爆弾を作る方法についての情報をダウンロードしていた。Kipは、動物に苦痛を与え、傷つけることが楽しいと友達に話していた。うわさでは、彼は猫の首を切断して殺し、その頭をポストの上に置いたらしい。Kipが武器に強い興味を示し始めたとき、ついに彼の父親は態度を軟化させ、息子にプレゼントとして拳銃を購入した。Kinkel氏は、そうすればKipが拳銃の安全な使い方を身につけてくれるだろうと期待していた。

1998年5月、Kipは学校で拳銃を所持していたため退学となった。5月19日、彼の両親は彼の拳銃を罰としてとり上げた。その翌晩の5月20日、彼は家で両親を射殺した。彼は、その殺人の後、友達と電話で話し、テレビを見ていた。翌日、彼は学校に拳銃を持っていき、カフェテリアに行って発砲し、2人の生徒を殺し、22人に傷を負わせた。(Time Magazine 1998年7月6日号に基づく）

Luke Woodham　Luke Woodhamは、ミシシッピー州のパールという小さな町に、離婚した母と暮らしていた。他の子どもからしばしばいじめられ、嫌われていた、16歳のLukeは太っていて、めがねをかけていた。彼は引っ込み思案で、おとなしい生徒と見られていた。彼は人との交渉をあまりもたなかったので、学校内のある女子生徒が友達になりたいと興味を示したとき、Lukeは彼女をデートに誘った。Lukeの母親は、たびたびデートに同伴すると言い張った。Lukeは母親の過保護について思い悩み、一時「彼女を嫌いだ」と言っていた。2、3ヵ月後、その少女はその関係を終わりにした。

Lukeは、同級生に人気のないほかの少年たちで構成される、自称「悪魔のようなカルト」のメンバーであった。その少年たちは暴力に心を奪われていた。彼らは、保持していた「敵」リストに向け、残酷な活動を計画していた。Luke自身は動物に向けた攻撃傾向があった。彼は、彼の犬、スパンクルを叩き、火をつけ、池に投げ入れて殺した。Lukeは、この出来事を自慢をしていた。

1997年10月1日。Lukeは起きてから、まだベッドで寝ていた母親を刺し殺した。その後、彼は狩猟用のライフルをコートの下に隠し持って、学校に行った。Lukeは直接共有スペースへ向かい、撃ち始めた。結果的

に、彼は2人の生徒を殺し、そのうち1人は彼が唯一デートしたことがある少女であった。他に7人が傷を負った。(Washington Post 1997年10月22日に基づく)

Michael Carneal 14歳の少年、Michael Carnealはケンタッキー州、ウエスト・パデューカ市に、両親と姉1人と暮らしていた。Michaelと姉は同じ学校に通っていた。しかし、2人はまったく違っていた。Michaelの姉、Kellyは人気があったが、Michaelは友達が少なく、学業面で苦労していた。Michaelは友達からしばしば侮辱され、脅かされていた。彼には冗談好きであるという評判があったが、年齢の割に小柄で、他の子どもが自分のことを話しているのではないかと心配していた。組織されたグループ活動は、彼の興味をとどめるものではなかった。Michaelはしばしば落ち込み、1人でいることを好み、家で暴力的なビデオゲームをしてすごしていた。彼はしばしば、暴力的な思考を表現し、興味本位で猫を火の中に投げ入れたことについて話していた。

Michaelは、幼い時に入ったサマーキャンプで拳銃をどう握り、どう扱うのかについて学び始めていた。近所の人は、よく彼を狩猟旅行に連れていった。14歳になったとき、Michaelは小火器の使い方をよく知っていた。2、3人の子どもが学校で彼を殴るぞと脅かしたときに、彼は一度、拳銃の引き金を彼らに向けて引いた。幸いにも、この出来事は損害もなく終わった。しかし、1997年12月1日の朝、Michaelは学校に盗んだ拳銃を持っていった。彼は、朝の礼拝集会に歩いていき3人の生徒を射殺し、5名の生徒にけがを負わせた。(Time Magazine 1998年7月6日号に基づく)

DylanKleboldとEricHarris コロラド州デンバーの郊外にある小さくて裕福な町、リトルトンには、17歳のDylan Kleboldと、18歳のEric Harrisの家がある。2人の少年は快適な中流階級の家で両親とともに暮らしており、コロンバイン高校に通っていた。彼らの家族がその地域に「溶け込んでいた」のに対し、DylanとEricは、よそ者のように感じていた。彼らは自称「トレンチコートマフィア」という名のティーンエイジャーのグループのメンバーだった。このグループは、少数民族や人気のある学生、体育系学生に対して強い否定的感情をもっている生徒たちで構成されていた。

DylanやEricによって書き残されていたウェブサイト、日記、eメールのメッセージには、アドルフ・ヒットラーやナチ思想への没頭と、死や暴力に関する願望が表現されていた。1998年、DylanとEricは車に侵入したとして逮捕され、彼らはその罪のため、コミュニティーサービスを受けるよう判決が下りた。Ericはまた、ほかの生徒を身体的及び言葉による脅迫をしたとして訴えられた。この生徒の両親は警察にその脅迫のいくつかの状況について情報提供したが、告発されなかった。

1999年4月21日、Dylan KleboldとEric Harrisは、コロンバイン高校に行き、国中を震え上がらせるほどの暴力事件を起こした。顔には微笑みを浮かべ、彼らの犠牲者に皮肉なコメントを言いながら、DylanとEricは拳銃を持って学校に侵入し、生徒12人、教師1人を殺し、最後は自殺した。この騒ぎは約1時間続いた。(The NewYork Times 1999年4月22日に基づく)

こうしたケースは、1990年代後半に起こった最も衝撃的事件だった。ここでとり上げた出来事の前後にも、他の事件が起こっている。事実、15歳から19歳の少年による小火器を使った犯罪行為は、1985年から1993年の間で驚くほど増加している(Fingerhut, 1993；National Center for Health Statistics、1985〜1993)。1985年にはこの世代では10万人のうち5.8人の割合であったのに比べ、1993年には10万人のうち18.10人になっている。しかし、最も新しい1997年のデータによれば、若年層の殺人は減少し、10万人中16.5人となっている。にもかかわらず、戦時中ではない社会の中では、依然としてきわめて高い割合となっている(Zimring,1998)。

こうした殺人のほとんどは、犠牲者が単独であり、都市部の低所得者階級で起こっていた。罪を犯したものは、通常、母親が家計をやりくりするのに困っている片親家庭で育った少年であり、その子は否定的な環境要因に曝されている。しかし、先に述べた殺人行為において最も困惑させられる1つの側面は、静かで小さな田舎町のコミュニティで起こったという事実である。少年たちは、ギャングたちの活動が盛んで犯罪が多発する都市部で育ったのではない。彼らは孤立や差別を受けた経験のあるようなエスニック系の少数民族ではない。そして、こうした若者は貧困や身体的な虐待を経験していたという事実がないのである。どのように説明したらよいのだろうか？

こうした若者の間には、いくつかの目立った共通点がある。その1つの共通点は、彼らの暴力や攻撃への没頭である。また、彼らはみな友達関係に問題があり、組織化された集団スポーツにほとんど興味を示さなかったことである。その他の注目すべき共通点は、彼らのうち少なくとも2人が動物に向けて残虐であり、攻撃的であったということである。これは研究的知見とも合致している。長期にわたる研究では、動物に対する残虐行為は将来の反社会的行動に向けた最も強力な予測因子の1つであることが指摘されている(Felthous & Kellert, 1986)。動物の苦しみに対する共感の欠如は、1つの前ぶれのサインであり、これは他人の感情を感じとることが全体的に欠如してしまって

いることを示しているかもしれない。

ここで紹介した5名の少年たちはすべて、素行障害の基準に当てはまっているようである。加えて、DSM基準の1つもしくは他の障害にも当てはまっている。いくつかの研究では、素行障害のある子どもたちの多くが、注意の維持に問題があることが指摘されている (Anderson, Williams, McGee & Silva, 1987; Quay, 1986)。このように、彼らは学校でうまくいかないことが多く、学習面で成功を収めることで生まれる自尊感情や能力感を経験したことがない。しかし、彼らの行動の原因は何であろうか？ この疑問に対する答えを次に述べていく。

素行障害が生じうる原因

子どもたちが社会規範をやぶり、攻撃行動や非行行為を起こす原因は何であろうか？ まず、われわれは考えられる素行障害の社会的原因について語ろうと思う。その後、素行障害の発症に与える生物学的な影響を探る。

素行障害の社会的原因
最初に、素行障害の最も重篤なケース、つまり若年の殺人行為を含めたケースで役割を担っている社会的要因について見ていこう。多くの評論では、こうした暴力的な犯罪の波は拳銃の入手しやすさに理由があるとしている。若者による犯罪の専門家である Franklin Zimring は、若者の殺人が拳銃の利用しやすさによって変わっていくと考えている。彼は、精神障害のある若者による「新しい種類の暴力」だとする証拠は何もないと主張する。むしろ、1985年から1993年までの間、若年層の殺人が増加したのは、拳銃を簡単に手に入れやすくなったためであり、1997年以降にこれが減少したのは1993年以降に始まった拳銃所持の取締りが厳しくなったためである、と考えている (Zimring, 1998)。

もし家の中に拳銃があると、子どもが自分自身や他人をひどく傷つける可能性が高くなることが示されている (Brent & Perper, 1995)。Kip Kinkel の父親は、彼の息子に武器の使い方を教えることによって、問題が避けられると考えた。しかし拳銃の安全な使い方を教えることは、解決になっていないかもしれない。少なくとも幼い子どもにとってはなっていない。最近の研究で、4歳〜6歳の子どもの集団に対して本物の拳銃とおもちゃの拳銃を見せ、彼らにこれに関する情報を伝え、これを使って遊ばないように特別な教示を与えた (Hardy, Armstrong, Martin & Strawn, 1996)。この介入は、大人が部屋を出た後には、子どもの行動にまったく影響を及ぼさなかった。介入を受けた子どもたちは、この指示を受けなかった子どもたちと同様に拳銃を使って遊んでいた。拳銃は子どもたちにとって、単に非常に魅力的なものなのかもしれない。このような研究から、子どものいる家から拳銃をなくすこ

上の写真は、1995年に上映された映画 The Basketball Diaries の1シーンで、3人の少年たちが薬物中毒や犯罪へ手を染めていく物語である。ケンタッキー州のウェスト・パデューカで殺された生徒の両親が、1億3000万ドルの損害賠償を求めて、ハリウッドのエンターテインメント会社数社を相手取り、提訴した。この中には、その映画の権利をもつ Polygram Filmed Entertainment も含まれていた。Michael Carneal は、映画の中に出てくる少年の1人が学校で先生や生徒を銃殺している夢のシーンを繰り返し見た。(Photofest)

とが唯一の解決策であると、結論づけている者もいる (Berkowitz, 1994)。

われわれは、メディアの影響についても問題があると思う。1999年4月、Michael Carneal によって3人の子どもが殺害された家族が、暴力的なコンピューターゲームや、インターネット上での猥褻な文書、映画産業が Michael の暴力傾向を強めた一因であるとして、数社のエンターテーメント会社を訴えた。とくに、*The Basketball Diaries* という映画を標的としていた。この映画は、学校で自分の先生やクラスメイトを射殺した薬物依存の若者を描いたものである。Michael Carneal は、この映画に魅了されていた。

メディアが表す暴力にさらされることが、Kip、Luke、Dylan、Eric と同様に、Michael の見せた攻撃的行動の原因になっている、ということはある程度理解できることである。攻撃行動に曝露されることが子どもの攻撃性のようなものを増加させる、ということはよく知られていることである (Berkowitz, 1994; Smith & Donnerstein, 1998)。しかし、また、こうした少年のすべてが心理的な脆弱性をもち、おそらくひどく不安定である、という十分な証拠もある。Michael Carneal の場合、裁判官は、彼の弁護士による有罪だが精神的な病気によるという申し立てを受け入れた。Michael に、無期懲役の判決が下った。Kip や Luke の弁護士は、依頼人が心理的な障害により苦しんでいたと主張した。彼らは、メディアが表す暴力に曝露されたことと、死に至らしめる武器を手に入れたことが重なり、彼らの障害が殺人へとつながったと主張している。幸運にも、このような結末に至ることはまれである。素行障害のあるほとんどの子どもは他人の命を

ロサンゼルスのダイヤモンド・ストリート・ギャングが、彼らの落書きのある壁の前で座り、ダイヤモンド・サインをしている。ギャングは逸脱行為を起こすことの動機付けや機会を提供している。(AP/Wide World Photos)

脅かすような犯罪を行っていない。

　家族環境はどうであろうか？ 素行の問題に影響を与えるのであろうか？ 素行の問題をもった子どもは、暖かく安定した家族より劣悪な社会的環境の出身がより多いとする研究が数多く存在する。その家庭環境とはしばしば愛情が欠落し、高いレベルの不協和があり、決まりごとが厳しく一貫性がない、という特徴がある(Farrington, 1978；Hetherington & Martin, 1979；Loeber & Dishion, 1983；Loeber, 1990；Toupin, Dery, Pauze, Fortin & Mercier, 1997)。多くの場合、子どもの活動は十分に監督や監視されることがない。予想できるだろうが、両親の離婚や別居はきわめて一般的である。この問題に関して最も興味深いいくつかの知見は、養子縁組に関する研究によっている(Cadoret & Stewart, 1991)。青年(young adult)期に攻撃性や反社会的行動を呈する養子は、低社会経済状況や親との適応がうまくいっていないという特徴をもつ養子家庭の出身であることが多い。この関係は遺伝を原因として考えることはできないのである。というのも、その親と子どもは遺伝による関係が存在しないためである。しかし、生物学上の親が攻撃性や反社会的行動を見せている場合の養子は、不安定な環境の中で育った場合、同じような行動を示す危険性が高いようである。

　素行障害をもつ子どもの家族では、家族間の相互作用のパターンがしばしば威圧的な行動であったり、向社会的行動に対する強化が欠けていたり、という特徴が見られる(Frick, 1994；Patterson, Reid & Dishion, 1998)。家族のある１人の怒りや攻撃的な行動が、他の家族から同じような行動を誘い出してしまい、結局、これは最初に始めた人のさらに大きな攻撃性を作り出していく。その循環が続いていると、その否定的な感情は増強していく。時々、保護者は威圧的な行動のこうした循環を、無意識的に強化している。親は争う価値がないことを理解し、しばしば引き下がり、その子が当初したことが何であっても、結局はすることになる。その子どもは威圧的な怒りや攻撃性を示したことによって、その争いに結果的に勝っている。その結果、この行動の頻度は増加する。

　素行障害の子どもはまた、友達関係を築くのに困難をかかえている。彼らはしばしば他の子どもから拒否されるのである(Coie, Terry, Lenox & Lochman, 1995；Dodge, 1983)。逸脱した友人グループ(ギャング)のメンバーになる子もいる。このグループは、その子どもに非行行為のような行動をする機会を提供するばかりではなく、それを促す動機づけを高めたり、正当化する(Elliott, Hulzinga & Ageton, 1985；Patterson, DeBaryshe & Ramsey, 1989)。

　家族の困難は、貧困によって増大する。素行障害は、とくにスラム街の若者たちによく見られる。そこでさえ、さまざまな学校、さまざまな居住区域、さまざまな町の区域が、有罪判決の割合の大きな変動と関係している。非行が高い地域では未就労者が多く、貧しい家庭や質の悪い学校教育が特徴となっている。その上、非行は非嫡出出産、薬物依存、性病のような社会病理(Social pathology)に関する事柄と非常に関係している(Loeber, 1990)。

　第４章では、経験が脳を変えるいくつかの方法に触れた。これは素行障害についても要因として考えられるであろうか？ セロトニンは素行障害やヒトの攻撃性と関係がある。アカゲザルの研究では、子どもの攻撃性の原因として考えられているいくつかの同じ要因が、アカゲザルのセロトニン異常をつくりだすことが実証されている(Higley, Suomi & Linnolia, 1990)。たとえば、母親と自由に接することができない幼いサルでは、母親と一貫してかかわりをもっている動物と比べて、セロトニンが低かったことが示されている。母性との密着を剥奪された動物は、また高い攻撃性を示す。素行障害への気質的脆弱性という種が、子どもの人生の初期に起こった否定的な社会経験によって植えつけられた可能性がある。

　この本を通して、われわれは素因－ストレスモデルと、生物学と環境との間の相互作用に焦点を当てている。これは素行障害についても同様なのであろうか？ 研究から得られた知見から、その通りだと言える。たとえば、軽度の身体的異常(minor physical anomalies)の測度で得点が高かったり、分娩時の合併症が起こっていた子どもは、不安定な環境の中で育つと、より素行障害を発症しやすくなるようである(Raine, 1993；Raine, Brennan & Mednick, 1997)。同様に、犯罪歴のある生物学上の親をもった養子の反社会的行動の割合は、不安定な養子家庭で育った場合に有意に

高くなる(Cadoret, 1986 ; Cloninger & Gottesman, 1987 ; Rutter, Quinton & Hill, 1990 ; Rutter, Macdonald, et al., 1990)。こうした見解のすべてが素因―ストレスモデルと一致している。しかし、遺伝的に素因障害が予測される子どもでも、安定し、支援の豊富な家族の中で育った場合、それがあまり表れないということも示している。

素行障害の発症に及ぼす生物学的な影響　ある子どもは素行障害に関する気質的な脆弱性をもっており、これがいくつかの原因により発現する、ということをわれわれは理解している。遺伝は1つの原因である。遺伝的な要因は子どもが素行の問題をもつか、もたないかを決定する役割を担う。たとえば、双生児研究によると、一卵性の双子では二卵性の双子と比べて素行障害の一致率が高いことが分かっている(Eaves, et al, 1997)。Wendy Slutskeらは、二卵性双生児男児が一致して素行障害になるのは0.30であるのに対して、一卵性双生児男児の場合、0.53という値であると報告している(Slutske et al., 1997)。同様に、双生児研究において、成人の反社会性パーソナリティ障害においても遺伝的要因が認められている(McGuffin & Thapar, 1998)。最後に、養子に出された子どもの犯罪記録(臨床診断ではなく)によると、生物学上の父親と養父とを比較すると、養子の犯罪記録は、一緒に暮らしたこともない生物学上の父親のものと非常に似ていることが分かった(Cloninger & Gottesman, 1987 ; Mednick, Gabriella & Hutchings, 1987)。

先に示したSlutskeの双生児研究は、「同等の環境」仮説について調べている数少ないテストの1つである。言い換えれば、二卵性双生児の経験は一卵性双生児の経験よりも相似していないという仮定である。これは支持されなかった。むしろ、一卵性双生児は、二卵性双生児と比べると幼少期の経験や友人が非常に共通していることが報告されている。一卵性双生児ペアはまた、二卵性双生児ペアよりも大人になってからも連絡をとりあっていた。これは、その研究結果にどう影響を与えているのであろうか？　一卵性双生児ペアは、多くの時間を一緒に過ごし、お互いが頻繁にコミュニケーションをとり、より多くの親友を共有している場合、素行障害の徴候が非常に似ているようであることが明らかになった。これらの結果は、環境要因の担う潜在的な役割について私たちに注意を喚起させる。

前の章で、神経系の発達に与える出生前の問題の影響について触れてきた。出生前の出来事が素行障害にどう関与しているのだろうか。最近の研究では、驚くようなつながりが指摘されている。たとえば、いくつかの長期にわたる研究では、妊娠中に喫煙をしていた母親から生まれた子どもは、素行障害に発展する危険性が高まることが示されている(Brennan, Grekin & Mednick, 1999)。同様に、妊娠合併症が発生すると、子どもたちを非行行動のより高いリスクへと向ける(Brennan, Mednick & Kandel, 1991)。このような見解から、素行障害の子どもは出生前の異常な発達の徴候を多くもっていることは驚くべきものでもない。彼らは頭部や手足に多くの軽度の身体的異常をもっているのである(Raine, 1993)。

こうした証拠から、生物学的な要因は誰が素行の問題を発症させるかを決定づける役割を果たしていることが強く示唆される。しかし、それはどうして起こるのであろうか。確かに、ほとんどの人間の行動は学習によるものであるから、人は逸脱行動の遺伝情報をもって生まれているのではない。脆弱性とはいったい何であろうか？

生物学のレベルでは、脆弱性には、脳内の神経伝達物質の異常や構造異常が含まれているかもしれない。動物研究や人間を対象にした研究からは、神経伝達物質であるセロトニンがいくつかの役割を担っていることを示唆している。研究者たちは、セロトニン受容体のための遺伝子が欠けた「ノックアウト」マウスを研究している(Brunner & Hen, 1997)。こうしたマウスは、攻撃性や衝動性の割合が高いことがわかっている。また、こうしたマウスはアルコールやコカインにも非常に興味を示す。同様に、アカゲザルでは、攻撃性の高いサルはセロトニンのレベルが低いことがわかっている(Higley et al., 1992 ; Higley et al., 1996)。素行障害の少年に関するいくつかの研究でもまた、攻撃性とセロトニン活動との関係が指摘されている(Moffitt, et al. 1998 ; Pine et al., 1997 ; Unis et al., 1997)。

この点では、セロトニン低下がなぜ反社会的行動や攻撃的行動と関連しているのかは、わからない。しかし、セロトニン活動の減少と、うつ状態とが関係していることは非常に興味深い(うつにおけるセロトニンの役割は、第7章で詳細に触れている)。おそらく、セロトニンの低下は、ある側面では悲哀やうつを、他の側面では怒りや攻撃性を導くような全般的な否定的気分状態に関与しているのであろう。今後の研究ではこの問題に光が当てられるであろう。

脳の前頭葉の異常が、破壊的な行動と同様に一般的に素行障害に関係しているとも言われている(Miller & Cummings, 1999 ; Pennington & Bennetto, 1993)。前頭葉が損傷を受けると、人格や行動が劇的に変化してしまうことを思い出して欲しい(第4章参照)。最も共通した行動上の反応は、抑制が低下してしまうことである。前頭葉に損傷を受けた人は、傷を負った以前とはまったく違った衝動的な行動を起こすことが多い。前頭葉に損傷を受けた患者の行動は、素行障害の子どもに見られるものと似ている(Scarpa & Raine, 1997)。こうした子どもは、衝動、とくに攻撃的な衝

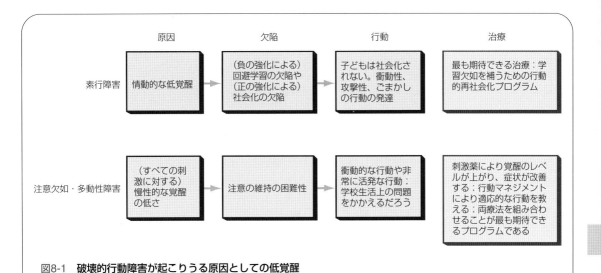

図8-1　破壊的行動障害が起こりうる原因としての低覚醒
素行障害や注意欠如・多動性障害の低覚醒理論の要約である。

動を抑制できない。加えて、前頭葉患者と同様に、彼らは前もって計画を立てることや衝動的反応を抑える能力のような「実行」機能の測度で平均を下回っている。

　他の理論では、素行障害への脆弱性の生物学的な基盤は生理学的な覚醒の低下だと言われている（図8−1を参照）。この根拠は、攻撃性を示す少年や非行少年は、休息時の心拍数が低いことが明らかにされた研究に基づいている（Raine, 1993）。低下した覚醒（reduced arousal）は、条件づけ研究の結果からも示唆されている。うるさい雑音や弱い電気刺激のような何らかの不快な刺激は、人間の皮膚伝導反応を起こす。この皮膚伝導反応は、人の覚醒増加を反映していると仮定されている。低い音のようなニュートラルな刺激を不快な刺激とともに繰り返し提示すると、ニュートラルな刺激に対して皮膚伝導反応をひき起こすようになる。すなわち、組み合わせて何度か提示すると、ニュートラルな刺激も不快刺激と同様の効果をもつようになる。素行障害の子どもにとって、ニュートラルの刺激がある反応を起こすために2つの刺激の組合せがより多く必要である（Raine, 1993）。言い換えると、彼らはほとんど条件づけされない。素行障害の子どもが「危険」で「刺激的」な経験を求めるのは、彼らが生理学的な覚醒のレベルを高めたいからである、という仮説が立てられる（Zuckerman, 1994）。

　心拍の低下と「条件付け能力（conditionability）」の低さは、素行障害の子どもたちの社会的学習能力の低さを意味している、と解釈している研究者もいる。言い換えると、彼らは情動的な覚醒が低く、それゆえ賞賛や罰に対する反応性が低いということである（Rob-ins, 1991）。その結果、社会的規範を犯したときでも、不快さの経験が少ないのである。素行障害の子どもは他の子どもよりも共感が低い、と見ている研究者もいる。たとえば、素行障害の若者は、録画されたやりとりの中で人々が体験している情動を同定することが難しい（Cohen & Strayer, 1996）。また、こうした子どもたちは、他の人が見せた情動を自分自身で経験することがないとも報告している。この感情移入の低さと情動喚起の低さの結合は、この章で触れてきた子どもたちが示す非情な行動を説明できるかもしれない。同様の説明は成人の反社会性パーソナリティ障害にも提案されている。

　われわれは、素行障害における生物学上の役割における証拠についてとり上げてきたが、ここには心に留めておかなければならない重要な観点がある。ここでわれわれが触れた生物学的な指標のすべては、たとえば、軽度の身体的異常や心拍低下、条件づけ能力といったものは、反社会的な行動を示していない個人においても起こることである。事実、命がけで他人のために利他的な行動を起こす人は、休息時の心拍が低いようだ（Raine, 1993）。この理由はわかっていないが、人々に法外な危険を冒させる同じ生物学的傾向が、他の人々に社会に貢献するような危険を冒す可能性もある。利他的な行動の場合、危険な状況に対する生理学的な反応が平均を下回るような人たちは、率先して他人を助けるような行動をとる傾向があるかもしれない。

素行障害の治療

　驚くことに、デリックのように素行障害か、もしく

表8-9 素行障害の治療

	認知的な問題解決スキル訓練	親の管理訓練	家族療法	マルチシステム療法
改善	少なくともおおよそ45%が適度な改善	おおよそ50%が適度な改善	不明	おおよそ60〜70%が適度な改善
再発*	中度	低いか中度	中度	中度より低い
副作用	不明	不明	不明	不明
費用†	若干高い	若干高い	若干高い	非常に高い
総合	良	良	良	良から優

*治療を中断した後の再発
†最大の効果を達成するまでの時間

Campbell & Cueva, 1995, p.10；Kaplan & Hussain, 1995, pp.291-98；Kazdin, 1998 c；Offord & Bennet, 1994, p.8；revirsed with Borduim et al., 1995；Dishion & Andrews, 1995；Gordon, Arbutnot, Gustafson & McGreen, 1988；Howard, Kopta, Krause & Orlinsky, 1986；Kazdin, 1993に基づく。

はより重篤さの低い反抗挑戦性障害の子どもがカウンセリングを受けるように専門機関に紹介されるのはたった23%である（Anderson, Williams, McGee & Silva, 1987）。明らかに、子どもが非常に破壊的であってさえも、両親は精神健康の専門家を探そうとしない。現在効果的な治療を受けることができるのだから、これは非常に不幸なことである（表8-9参照；Brestan & Eyberg, 1998；Ollendick, 1996）。

歴史的に見ると、素行障害に対する治療は、社会的学習理論から導き出された介入（Brestan & Eyberg, 1998；Kazdin, 1998 b；Lochman, White & Wayland, 1991）と家族療法（Chamberlain & Rosicky, 1995）に焦点を当てている。このような介入の目標は、(1)攻撃性や反社会的行動の引き金となる状況を子どもが認識できるよう支援すること、(2)ほかの人の立場に立ち、他者の視点に注意を払うように教えること、(3)敵意を他人のせいにするような子どもの攻撃的傾向を減らすこと、(4)話し合いなど他人との葛藤を解決する適応的な方法を子どもに教えること、などが含まれる。これらの目標はそれぞれ、子どものもっている肯定的な行動を強化したり、否定的な行動を罰したり、モデリングや観察学習手法を通して、成し遂げられるものである（第3章参照）。家族の相互作用のあり方が子どもの素行障害を支えていることもあるので、しばしば子どもの家族も治療に加わることもある。こうした介入は子どもたちが反社会的行動をし始めたあとすぐに始めること、長期にわたり肯定的な効果をもたらすように子どもの親や家族を巻き込むことが大切なのであろうが、このような介入は効果研究からも効果が確認されている（Lochman, White & Wayland, 1991）。複数の方法を用いた介入が最も効果的であることは驚くことでもない（Frick, 1998）。

こうした介入を適用した例として、ジョンをとり上げよう。彼の素行の問題は重篤さが中度であり、彼の両親とのコミュニケーションの問題から派生しているのである。

素行障害に対する介入は、暴力に導くような状況を子どもが同定できるように支援し、葛藤を解決するような適切な方法を教える。この写真は、走行中の車からの乱射をやめることに標的をあてたプログラムの中で、法律、健康、教育的助言を受けている数百人のギャングである。（AP/Wide World Photos）

ジョンが母親から盗みを働いていたため、治療センターに紹介されたのが彼が14歳のときだった。彼は、しばしば20ドル以上の大金をよく盗んだ。しかし彼の母親は、自分がどのくらいお金を持っていたのかを正確に知っており、ジョンは自分が盗んだことを知らないふりができなくなった。

興味深いことに、セラピストとの初期の話し合いの中で、ジョンが彼の両親を尊敬していること、また両親も彼を愛していることがわかった。問題は、もはや彼らがお互いに話し合うことができなくなったことにあった。ジョンの盗みが彼らの間に不信感というくさびを打ち込んだ。そのため、彼の両親は他のことを考えることができず、ジョンは信用されないことに腹を立てていた。

事実、盗みは単に青年期に起こる典型的な問題の中でも、最もイライラさせられるものであり、ジョンも両親もどうやって話し合い解決したらよいかわからな

かった。こうした問題の中で、対立は夜間の外出禁止、きちんとしていること、身なりの清潔さ、テーブルマナーに及んだ。

　セラピストは意味のない些細なイライラによってこうした葛藤が起きることを認識しながら、ジョンと彼の両親とともに面接を組み立てていった。面接期間中、約束を破ったり従ったりしたことに対して与える報酬やペナルティーが、両者の立場から明確にされた。このような論議の中で、ジョンは、自身の遅刻が両親にとっての最も懸念していることを知った一方で、両親たちは、彼の部屋が、衛生的にするという基本的ルールを前提として、彼が好きなように使える彼の「空間」であることを認識した。同時期に、セラピストはジョンと彼の父親に、家庭での意見の食い違いをどのように解決するかロールプレイをするよう提案した。最初のミーティングのあと、まったく盗みについて話さず、そして契約や議論の標的領域としてもとり上げなかった。にもかかわらず、その行為は8週間の治療が終わるまでに完全になくなった。

Alan Kazdinは、素行障害を低減するための多くの治療的アプローチやプログラムを発展させ、評価している。(Alan Kazdin)

　さまざまな方法が小児期の素行障害の治療のために用いられている一方で、ある行動管理的治療が最も効果的であると認められている。イエール大学の心理学者Alan Kazdinは、素行障害の治療的アプローチの開発と評価に向けた活動に多くを捧げてきた。Kazdinはその分野ではパイオニアであり、素行の問題を減少させる2つの技法を大きく発展させた。認知的な問題解決スキル訓練(cognitive problem-solving skills training)と、親の管理訓練である(Kazdin, 1997)。

　認知的問題解決スキル訓練や、問題解決スキル訓練(problem-solving skills training：PSST)は、子どもが対人間の問題解決のために必要な技法を発達させるのに役立つ。素行障害の子どもが、社会的な手がかりを誤解したり、人々の動機について誤って特定する傾向があるという研究結果が示されている(Dodge & Schwartz, 1997)。たとえば、彼らは他の人たちがたとえ悪意がなくても、悪意をもっていると考える傾向がある。PSSTでは、こうした認知過程の誤りを変化させようとする。

　Kazdinは、PSSTの重要ないくつかの側面について説明している。1つは、子どもの対人場面での思考過程に対して徐々にアプローチしていくことである。セラピストは、子どもとともに社会的相互作用についての彼らの「認知」を理解するように作業を進めていく。たとえば、グラウンドで遊び仲間に入れてもらえなかったなど、特定の経験を解釈してみるよう子どもに求める。しばしば素行障害の子どもたちは、何らかの悪意があるに違いないと、言い換えると、他の子どもたちは意図的に彼を遊びから締め出そうとしていると自動的に結論づけているということである。さらに進むと、その子どもは何らかの形で報復しようと考える。セラピストの仕事は、こうした見方や仮定を変化させることである。これはセラピストにとって高度なスキルと感受性が必要となる。というのも、多くの子どもは、考えを言語化することが難しく、また変化に対して抵抗を示すからである。

　PSSTの2つ目の側面は、子どもの日常生活の中で適切な行動を識別することである。そのような行動は、モデリングや直接の報酬を通じて奨励される。3つ目は、その子どもの実際の生活状況で応用できるような行動を訓練する特定の活動である。こうした活動には、構造化されたゲームや、物語、学習課題などが含まれる。第4に、適切な対人行動のモデルとなるようセラピストが積極的に演じることである。こうした方略を組み合わせることで、素行障害に対する治療としてPSSTがより効果的な行動的アプローチとなる。

　親の管理訓練(parent management training：PMT)は、両親が家庭環境の中で子どもの行動を管理するための新しいアプローチを学ぶためのものである。PMTでは、両親はまず新たな方法で問題行動を識別し、定義し、観察するための訓練を受ける。彼らは、たとえば正の強化、軽い罰(mild punishment)、そして交渉のような社会的学習理論の概要の説明を受ける。両親は、子どもを対象とするセラピストのモデル技法を観察し、それから家庭でも使えるようにその技法をロールプレイする。もちろん、セラピストはPMTがうまくいくよう、両親ともよい関係を築かなければならない。加えて、セラピストが子どもの先生とも作業を進められるようであれば、治療はより効果的になる。

　Kazdinは、子どもとその家族を対象とするPSSTとPMTを組み合わせるよう提言している。1人のセラピストが両親にPMTを行うと同時に、もう1人のセラピストが子どもを対象とするPSSTを用いる。

時々、子どもの行動が非常に破壊的であったり、家族環境がまったく機能していないために、アチーブメント・プレイス(achievement place)のような治療ホームに送られることがある(Kirigin & Wolf, 1998)。カンザス大学で始まったアチーブメント・プレイスは、今では国の数ヵ所に広がっており、専門的に訓練された「指導上の親(teaching parents)」とともに、非行青年6～8人からなる家族スタイルの中で一緒に生活する。しばしば、その子どもの家庭は同じ地域社会の中にあり、通常の学校に通い、自分自身の家庭を訪問することもできる。

アチーブメント・プレイスの目的は、向社会的な行動を指導することにある。指導上の親は、彼らの担当の子どもたちとの密接に強化する関係を発展させる。つまり、子どもが身につけてほしい社会的スキルの親モデルや、ロールプレイの強化をする。彼らは、学校に興味が沸いたり、その後の就職に役立つような学習技法と同様に、批判に対して適切に反応できるような技法に焦点を置く。さらに、アチーブメント・プレイスでは自分自身の行動や、ハウスメイトを助けることに対する高い責任をもてるような自己管理を強調している。

アチーブメント・プレイスではどの程度成功を収めているのだろうか？ 成功を調べる1つの方法として、アチーブメント・プレイスに収容中と収容後に、青年たちに何が起きたかを、伝統的な施設の中で過ごした同じような集団と比較して、調べる方法がある。こうした研究の1つで、アチーブメント・プレイスの子どもたちの素行が非常に改善していることが示されている(Kirigin, Braukmann, Atwater & Wolf, 1982)。治療を行っている期間、アチーブメント・プレイスの56％の少年と、47％の少女が犯罪行為を起こしているのに対して、伝統的な施設だと少年の86％と少女の80％であった。治療の1年後を見てみると、アチーブメント・プレイスの子どもたちは法にまつわる問題が少ないままだった。アチーブメント・プレイスを出た少年の57％と少女の27％に対して、伝統的な施設の場合73％の少年と、47％の少女が罪を犯していた。アチーブメント・プレイスのプログラムは肯定的な効果があった。しかし、子どもたちの多くは素行の問題を持ち続けていた。2つのタイプの治療を受けた子どもたちの多くが、退院したあとにトラブルに巻き込まれる理由の1つには、彼らが徐々に治療効果がなくなっていくような難しい家庭環境に戻ってしまうことがあげられる。このことから、研究者たちは家族も変わっていくような治療アプローチを展開している。

素行障害に対する新しいアプローチの中で最も効果をおさめている1つが、マルチシステミックセラピー(multisystemic therapy：MST)(Borduin, 1999)である。MSTは、最重度の障害で、攻撃性のある子どもに特に用いられている。それは、家、学校、友人集団のように、子どもの日常生活のすべての側面に介入する家族ベースのアプローチである。MSTでは、セラピストは子どもとその環境に強く働きかける。両親は、子どもの行動を管理するための新しい技法の訓練を受ける。行動の管理と、特別な学習プログラムも、子どもの先生によって考案される。セラピストはその子と接するための新しい方略を身につけてもらうために、直接その子の友人に会う。直接その子を対象とするものとして、セラピストは社会的技法やよりよい衝動性の制御の開発に焦点を当てていく。MSTの成功は、それが認知行動療法の基本原則を用い、子どもの自然な環境のあらゆる側面に応用しているという事実による、と考えられている。言うまでもなく、MSTはコストがかかる。しかし、単に治療の成功のために支払わなければならない高い代価である。長期的にみればMSTのような強い介入が、子どもの生活を改善するばかりではなく、その子の素行障害の行動の犠牲になるであろう他の人たちの生活をも救うことになるだろう。

反抗挑戦性障害

反抗挑戦性障害(oppositional defiant disorder：ODD)の診断基準を満たす子どもは、少なくとも6ヵ月以上続いて権威に対して拒絶的で、反抗的で、かんしゃくを起こしやすく、挑戦的である。彼らはかんしゃくを起こし、大人と口論し、要求や規則に積極的に反抗または拒否し、故意に他人をいらだたせ、怒り、腹をたて、意地悪で執念深い。ODDの子どもの不従順な行動は通常、大人に向けて顕在化してくるが、こうした子どもは友達に対して拒絶的である傾向もある。彼らは彼らの行動、とくに他の子どもから受けた社会的拒絶といった行動の結果を、他人のせいにする。ODDの有病率は小児期でおおよそ2％とされている。素行障害と同様に、ODDは女児よりも男児に多く、とくに青年期前に共通して見られる。

ODDと素行障害の違いは、法律や社会規範の違反行為の有無である。ODDの子どもは、身体的攻撃や物の破壊、窃盗や詐欺を繰り返し行わない。しかし、2つの障害は続けて起こる傾向にある。小児期にODDを顕在化する多くの子どもは、青年期になって素行障害を発症する場合が多い。2つの障害は対人関係の問題を理解したり、解決する場面で問題を起こす点で関連している(Matthys, Cuperus & van Engeland, 1999)。さらにODDも素行障害も、成人期になって反社会的な行動を起こす高い危険性と関連している(Langbehn, Cadoret, Yates, Troughton & Stewart, 1998)。

DSM-IV-TR の診断基準

反抗挑戦性障害

A. 少なくとも6ヵ月持続する拒絶的、反抗的、挑戦的な行動様式で、以下のうち、4つ（またはそれ以上）が存在する。
  (1) しばしばかんしゃくを起こす。
  (2) しばしば大人と口論をする。
  (3) しばしば大人の要求、または規則に従うことに積極的に反抗または拒否する。
  (4) しばしば故意に他人をいらだたせる。
  (5) しばしば自分の失敗、不作法を他人のせいにする。
  (6) しばしば神経過敏または他人によって容易にいらだつ。
  (7) しばしば怒り、腹をたてる。
  (8) しばしば意地悪で執念深い。

注：その問題行動が、その対象年齢および発達水準の人に普通認められるよりも頻繁に起こる場合にのみ、基準が満たされたとみなすこと。

B. その行動上の障害は、社会的、学業的、または職業的機能に臨床的に著しい障害をひき起こしている。

C. その行動上の障害は、精神病性障害または気分障害の経過中にのみ起こるものではない。

D. 素行障害の基準を満たさず、またその者が18歳以上の場合、反社会性パーソナリティ障害の基準は満たさない。

(訳注：原書はDSM-IVだが、ここではDSM-IV-TR, APA, 2000［高橋三郎・大野裕・染谷俊幸訳『DSM-IV-TR精神疾患の診断・統計マニュアル（新訂版）』医学書院、2004］を修正し引用した)

ODDの原因は素行障害と似ていることが研究からわかっている。たとえば、ODDの子どもは、両親が厳しく一貫性のない罰を用いていたり、子どもの活動にあまり参加しないような不安定な家庭の出身である傾向にある(Frick, Christian & Wooton, 1999)。ODDの子どももまた、セロトニン活動指標の低下が見られる(van Goozen, Matthys, Cohen-Kettenis, Westenberg, van Engeland, 1999)。このような類似性から考えると、ODDの子どもに対する治療が、素行障害のものと似ているのも驚くべきことではない。それらは行動的原則に則っており、出来事に対する誤った解釈に関する認知理論だけではない(Barkley, Edwards & Robin, 1999；Christophersen & Finney, 1999)。

それではODDと素行障害との違いは妥当性のあるものなのかどうか、疑問をもつものがいるであろう——おそらく、2つの症候群は同じ基礎的障害からなり、単に形が異なっているのだろう。しかし、これに対する確かな答えは得られていない。にもかかわらず、養子とその家族について相関のパターンを調べた研究では、ODDと素行障害への脆弱性は、家族間では「別々に」作用している傾向があることが示されている(Langbehn, Cadoret, Yates, Troughton & Stewart, 1998)。言い換えると、ODDをもつ子どもがいると、彼のきょうだいも素行障害よりもODDを示す傾向にある。さらに、ODDの診断基準を満たした多くの子どもは、非行や攻撃的な行動をけっして起こさない。これは、しばしば青年期の場合であるが、両親に対する拒絶的態度や言語による攻撃性を強く見せていても、法律を犯すことはないのである。

注意欠如・多動性障害（ADHD）

それでは子どもの破壊的障害の中で最も多い障害に

注意欠如・多動性障害の子どもは衝動性を制御することができず、教室で破壊的な行動をとることがよくある。(2000 Marcia Weinstein)

移ることにする——注意欠如・多動性障害(attention deficit hyperactivity disorder：ADHD)である。DSM-IVでは、この障害を3つの病型に分けている：注意欠如・多動性障害—混合型、注意欠如・多動性障害—不注意優勢型、注意欠如・多動性障害—多動性・衝動性優勢型である。この区別は、子どもたちがその症状の一側面のみ呈していることを理由に決める。それは注意の問題や過活動の程度である。しかし、ケースの大半は、注意と活動の程度の両方において問題を示しており、そのため混合型が最も一般的である。

ADHDの診断に至る頻度について議論の余地があ

る大きな理由がある。ある人は、過剰に診断されていると考えている。彼らは、ADHDが子どもをしつける責任を免除するための便利なラベルになっていると信じている。何人かの専門家でさえも、アメリカではADHDを過剰に診断していると考えている。文化間の研究を見ると、中国のような非西洋社会の子どもにおいてもまたADHDの診断基準を満たすことがあるが、合衆国よりも有病率が少ない(Leung, et al., 1996)。

子どもが過活動や休まなかったり、じっと座っていなかったり、長い時間集中していないということで、両親や先生方が不平を言ったりすることは、たしかにまれなことではない。それらが意味しているのは、大人がしてほしいと思っているほど、子どもが集中していないということである。こうした子どもたちの多くは、彼らの年齢から考えると通常の範囲内である。対照的に、家庭や学校の両場面で、極端な注意の問題や過活動を示す子どもたちが存在し、彼らはまさしくADHDであると考えられている。

ADHDと診断するためには、子どもが発達的に見て不適切なほどに注意の問題や衝動性、そして多動性を示していなければならない。教室の中では、特定の課題を持続する力がないことで注意できないことが明らかになることが多い。ADHDをもつ子どもは、作業を系統立てて完成させるのが難しい。彼らはよく話しかけられたことを聞いていなかったり、聞こえていなかったような印象を与える。単に座っていることでも、彼らにとっては大きな挑戦であるようだ。こうした子どもたちは、(学習障害のように)情報処理過程で特有の問題が存在しているようには見えない。その代わり、彼らの問題は、自己統制にある(Henker & Whalen, 1989)。

彼らが友達とかかわりをもつとき、ADHDの子どもはぎこちなく、混乱していることがある。いらいらさせたり、でしゃばったりするとして、彼らが他人からよく拒否されるのは驚くべきことではない(Hinshaw & Melnick, 1995)。同様に、家では親から求められたことができなかったり、彼らの年齢では適切とされる時間の間、遊びを含めた活動を継続できなかったりすることが報告されている。注意欠如・多動性障害の子どものよい例を以下に示した。

ジェイムスが最初に通院患者として小児精神科に訪れたのは、4歳のときだった。乳児の時から、彼は両親の生活を難しくさせていた。彼はハイハイをし始めた直後から、あらゆることにかかわってきた。彼は危険ということがわからなかった。彼は夜にはあまり眠らず、きげんが悪いときになだめるのがたいへんだった。両親が彼をどうにか家にとどまらせていたのは、彼が唯一の子どもであり、彼らが彼にすべての時間をかけられるという理由だけだった。

彼の問題に、3歳になって幼稚園に通い始めるようになって、すぐ周りの人たちが気づいた。彼は、他の子どもたちと友達になれなかった。すべてのかかわりが問題となって終わってしまった。彼は、1日中走り回り、お話の時間もじっと座っていられなかった。1つの活動から他の活動へ次から次へと移行していくので、先生はひどく疲れきってしまった。18ヵ月の挑戦の後、先生はアセスメントと治療のために病院へ行くように提案した。

検査の結果、彼の中枢神経系に大きな物理的な損傷は見つからなかった。心理学的な検査の結果、ジェイムスは平均に近い知能であることが明らかになった。病院の中でも、学校や家でもそうであるように、彼は多動であった。彼は危険なところまで、外のブランコの天辺に登った。彼は、1つの遊具から他の遊具へと走り、それを使っていたほかの子のことなど考えてもいないようだった。放任されて、彼はいつも動き、紙を切り裂き、めちゃくちゃに色を塗っていた——すべてが非建設的なやり方だった。

ジェイムスは、先生が2人と他に5人の子どもがいる非常に構造化された教室に入れられた。そこでの彼の行動は、徐々に統制を受けるようになってきた。彼は能力の範囲内でできる小さな課題が与えられ、それをどのように遂行するかを細かく見せられた。彼の成功に対してはたっぷりの賞賛が与えられた。さらに、根気と報酬は、彼がその席に座っている時間を徐々に伸ばしていった。

ジェイムスは、とくに重度のADHDだった。彼は過活動で、いつもあちこち動き回って、明らかにエネルギーの上限がないようだった。彼は衝動的で、心に浮かんだことなら何でも行って、ほとんど身体的な危険は顧みなかった。そして、彼は、先生から多くの支援がない状態では、どんな1つの課題に対しても注意を焦点化させることに問題があった。そして、ジェイムスは小規模で、構造化された、宿舎のある学校に入った。16歳になるまでにかなり落ちついた。彼はもはや身体上の過活動ではなくなったが、会話は1つのことからほかのことへ移っていった。大人と適度にかかわることができたが、彼は友達がいなかった。ジェイムスは、彼自身の人生についてほとんど何も決定しておらず、就職の見通しはよくなかった。

青年期以前の注意欠如・多動性障害の有病率は、控えめに見積もって2〜5%であり、男性と女性の割合は4:1から9:1である(Cantwell, 1998; Elia, Ambrosini & Rapoport, 1999)。DSM-IVでは、有病率は3〜5%としている。先に述べた通り、ある部分では過剰に診断されていると多くの人が考えているためADHDは議論の余地がある障害である。ADHDの診

DSM-IV-TR の診断基準

注意欠如・多動性障害

A. (1)か(2)のどちらか：
(1) 以下の不注意の症状のうち6つ（またはそれ以上）が少なくとも6ヵ月間持続したことがあり、その程度は不適応的で発達の水準に相応しないもの：

〈不注意〉
(a) 学業、仕事、またはその他の活動において、しばしば綿密に注意することができない、または不注意な間違いをする。
(b) 課題または遊びの活動で注意を持続することがしばしば困難である。
(c) 直接話しかけられたときにしばしば聞いていないように見える。
(d) しばしば指示に従えず、学業、用事、または職場での義務をやり遂げることができない（反抗的な行動、または指示を理解できないためではなく）。
(e) 課題や活動を順序立てることがしばしば困難である。
(f) （学業や宿題のような）精神的努力の持続を要する課題に従事することをしばしば避ける、嫌う、またはいやいや行う。
(g) 課題や活動に必要なもの（例：おもちゃ、学校の宿題、鉛筆、本、または道具）をしばしばなくしてしまう。
(h) しばしば外からの刺激によってすぐ気が散ってしまう。
(i) しばしば日々の活動で忘れっぽい。

(2) 以下の多動性―衝動性の症状のうち6つ（またはそれ以上）が少なくとも6ヵ月間持続したことがあり、その程度は不適応的で、発達水準に相応しない：

〈多動性〉
(a) しばしば手足をそわそわと動かし、またはいすの上でもじもじする。
(b) しばしば教室や、その他、座っていることを要求される状況で席を離れる。
(c) しばしば、不適切な状況で、余計に走り回ったり高い所へ上ったりする（青年または成人では落ち着かない感じの自覚のみに限られるかもしれない）。
(d) しばしば静かに遊んだり余暇活動につくことができない。
(e) しばしば "じっとしていない"、またはまるで "エンジンで動かされるように" 行動する。
(f) しばしばしゃべりすぎる。

〈衝動性〉
(g) しばしば質問が終わる前に出し抜けに答え始めてしまう。
(h) しばしば順番を待つことが困難である。
(i) しばしば他人を妨害し、邪魔する（例：会話やゲームに干渉する）。

B. 多動性―衝動性または不注意の症状のいくつかが7歳以前に存在し、障害をひき起こしている。
C. これらの症状による障害が2つ以上の状況（例：学校〔または職場〕と家庭）において存在する。
D. 社会的、学業的または職業的機能において、臨床的に著しい障害が存在するという明確な証拠が存在しなければならない。
E. その症状は広汎性発達障害、統合失調症、またはその他の精神病性障害の経過中にのみ起こるものではなく、他の精神疾患（例：気分障害、不安障害、解離性障害、またはパーソナリティ障害）ではうまく説明されない。

（訳注：原書は DSM-IV だが、ここでは DSM-IV-TR、APA、2000［高橋三郎・大野裕・染谷俊幸訳『DSM-IV-TR 精神疾患の診断・統計マニュアル（新訂版）』医学書院、2004］を修正し引用した）

断基準を満たす子どもの割合は次のような事柄によりさまざまに変わる。それは、(1)子どもの行動についての情報をどのように入手したか（両親や先生、臨床的な観察者）、(2)場面の性質（教室、グラウンド、家庭）、(3)子どもの家族的背景である。もちろん、ADHDをもつ子どもは、教室内で最もたいへんな問題に出くわす。そこは、一箇所で座り続け、終わりの時間まで注意を向けることを期待されている。そのため、しばしば先生が子どもの ADHD を認識する最初となることがある。これは、低所得家庭の子どもに、とくに当てはまることである。

前述のように、子どもの行動は彼らの成長に伴い劇的に変化していく。これは ADHD の子どもにも、ある程度当てはまる。多くの子どもは年を重ねると、その症状が「なくなる」が、臨床例の追跡研究によれば、40〜80％の子どもは青年期においてまだ ADHDの診断基準を満たし、ある者は大人になってからも症状を呈し続ける（Fischer, Barkley, Fletcher & Smallish, 1993；Zametkin & Ernst, 1999）。また、ADHDの子どもは素行障害の傾向もある。ADHDの子どものうち45〜60％は素行障害、非行、薬物使用を発症するようになるが、これと比較してADHDでない若者は16％である（Barkley, Fischer, Edelbrock & Smallish, 1990；Hinshaw & Melnick, 1995；Moffitt & Silva, 1988）。驚くことでもないが、ADHDの子どもはまた成績も悪い傾向にあり、20％以上が学習障害をもつ。成人の場合、対人関係の問題や、転職の頻度、交通事故、結婚の解消、法律違反を起こす危険性が高くなる（Fischer, Barkley, Fletcher & Smallish, 1993；Henker & Whalen, 1989）。

注意欠如・多動性障害が生じうる原因

遺伝的要因は、少なくとも ADHD のいくつかの症例の中に含まれている。この証拠は、ADHDの子ど

もの双生児研究と家族研究からきている(Rhee, Waldman, Hay & Levy, 1999)。近年の双生児研究では、ADHDの一致率は、一卵性双生児の場合0.67であり、二卵性双生児は0.00であった(Shermaan, McGue & Iacono, 1997)。これは、本質的に遺伝がADHDに関与していることを示している。しかし、この一致率は、その母親による行動の評価をもとにしている。同じ双子の一致率が、先生の評価を基にしている場合は一卵性双生児が0.53であり、二卵性双生児は0.37であった。こうした値はADHDの遺伝についてより低めに評価したものとなった。2つの統計はADHDの遺伝要因の役割を示したが、一方で研究結果をわれわれがどのように解釈するかについて警告している。

より最近になって、分子レベルの遺伝子技術を用いて、科学者たちはADHDの特定の候補遺伝子(candidate genes)を調査できるようになった。また、ある者は、ドパミン受容体のD2とD4サブタイプをコード化している遺伝子がある役割をもっている可能性があることを実証しているが、これについてはさらに研究を続け、検証する必要がある(Faraone & Biederman, 1998)。これらの結果は、ドパミン受容体のある異常がADHD児のドパミン活動の低下を招いている、という理論に適合したものである(Sagvolden & Sargeant, 1998)。また、ドパミンがADHDに関与しているという考え方は、治療研究からも支持されている。

素行障害と同様に、脳の機能に干渉する環境要因によってADHDへの脆弱性もまた、増大する。出生前合併症に曝された子どもはADHDを発現しやすい(Faraone & Biederman, 1998)。環境的な毒素もこれに含まれるだろう。血中の鉛濃度が高い子どもは、多動性、転導性、衝動性、単純な指示に従う場合の問題について、高い割合を示している(Fergusson, Horwood & Lynskey, 1993)。血中の鉛濃度の高さは、通常、鉛を含む塗料のかけらを幼いときに摂取した結果である。

ADHDの脳機能についての理論は、覚醒の制御や行動抑制の領域に焦点を当てている(Barkley, 1997)。過去には、過活動の子どもが過剰な覚醒によって苦しんでいると多くの研究者は考えてきた。これは、直感的には妥当のように見えるが、刺激薬によってADHD児が実際におとなしくなったという事実が、この見方と矛盾している。逆に、近年の理論では、過活動の子どもは低覚醒によって悩んでいるという仮説を立て(P.333の図8-1を参照)、これによって注意力の維持がより難しくなっていると考えられている。辺縁系はADHDの低覚醒を招いている可能性がある脳の一部である。運動行動を抑制できないADHDの子どもたちの問題は、前頭葉にもあるのではないかと疑うものもいる。これは素行障害とADHDとの間にあるもう1つの類似性である。ADHD児の脳電気活動を観察すると、前頭葉の活動の低下が見られる(Silberstein et al.,1998)。これは、ADHD児が特定の視覚刺激に注意を向けるよう求められた場合に最も顕著に見られる。

子どもの社会的環境もまたADHD症状の要因である。ADHDの子どもは、住居変更の多さや、両親の離婚のように、より崩壊的な家庭環境にしばしば曝されている(Frick, 1994)。またADHD児の父親は、無責任だったり反社会的な行動を示す傾向にある(Barkley, Fischer, Edelbrock & Smallish, 1990)。しかしながら、こうした見解は、未解決の疑問を残している。家族の崩壊が原因だろうか、ADHDとほとんど相関がないのか？ 遺伝や環境のルートで子どもがADHDとなる危険性に父親は影響を与えているのであろうか？ 確かなことはわからないが、家族の影響は遺伝と環境の両方にあるのだろうと考えている。

治療

ADHD児に対応するのは非常に難しい。彼らはすぐに先生や両親を疲れさせてしまう。ADHDの本当の悲劇は、子どもの学業上の成功や、友達関係を妨げ

表8-10 注意欠如・多動性障害(ADHD)の治療

	刺激薬	抗うつ薬	行動療法	刺激薬と行動療法の組合せ
改善	おおよそ80%が少なくとも適度な改善	おおよそ50%が適度な改善	おおよそ40%が適度な改善	刺激薬単独よりも若干の効果がある
再発*	高い	高い	低いか中度	中度
副作用	軽度から中度	軽度から中度	不明	軽度から中度
費用	安価	安価	高価	高価
時間†	週／月	月	週／月	月
総合	良	有効	不十分	良

*治療中断後の再発
†最大の効果に達するまでの期間

Campbell & Cueva, 1995, p.10；Greenhill, 1998；Hinshaw, Klein & Abikoff, 1998；revised with MTA Cooperative Group, 1999 a, 1999 b より引用。

Box 8-3　社会とメンタルヘルス

子どもを治療するのか、薬を与えるのか？

　ADHDの治療の方法が多数ある一方で、刺激薬の処方（主にメチルフェニデートであるRitalin®）が最も一般的であるが、議論の余地が残る治療法である。心理学者のRichard DeGrandpreは、必ずしも存在するとも限らない障害に対して、Ritalin®を過剰に処方していると考えている1人である（DeGrandpre, 1999）。彼の著書 *Ritalin Nation* では、Ritalin®は、刺激が強すぎる文化の結果生まれた小児期の行動を統制するための、化学的道具になりえると述べている。より多くの数の子どもたちが、不必要な薬を処方されていると彼は考えている。DeGrandpreはまたRitalin®は比較的新しい薬であり、長期にわたる副作用は明確に同定されていないとも指摘している。その上、精神障害、うつ、運動性チック、不安、不眠の悪化を含めた短期的な副作用が認められている。これらは軽くとらえるべきではない。

　International Center for the Study of Psychiatry and PsychologyのPeter Breggin は、ADHDの診断と、治療目的の薬物処方とが近年急激に増加したことを懸念している（Breggin, 1998）。Bregginは、アメリカ薬物取締局がRitalin®の生産が過去5年で「6倍増加」しており、年間でおおよそ400～500万人以上の子どもたちがRitalin®を摂取していると報告している。多くの子どもをADHDがあり、薬物的治療が必要だとして診断することによって、普通の小児期の行動を「病気として」してしまっている、とBregginは考えている。

　この議論の反対側には、Jerry Wienerというジョージワシントン大学の医学センターの精神科医がいる。Wienerによれば、ADHDは、実際に存在し、Ritalin®が最も効果的な治療手段であると考えている（Wiener, 1996）。彼は、その力によって、不注意、衝動性、多動性のような主要な症状の軽減する薬の力の恩恵を75～85%の子どもが得ていると示したデータを指摘している。しかし、Wienerは、薬単独の処方がADHDを治療する唯一の方法とするべきではないと考えている。同様にRussell Barkleyは、Ritalin®が過剰に処方されているのではないとしている。彼は、マサチューセッツ医療センターの心理学者である。彼はRitalin®の処方が、そのままRitalin®の生産量と同じであるわけではなく、生産量の急激な増加は実際の薬物利用を反映しているものではないと報告している（Barkley, 1998 a）。BarkleyはまたRitalin®を服用する子どもの数は、Bregginが指摘する数の半分以下であると、近年の研究で指摘している。WienerとBarkleyはともに、Ritalin®の使用は、ADHDの診断を受けた子どもの割合よりもはるかに下回っていると指摘している。すなわち、Ritalin®は学齢期の子どもに処方されているのかもしれない。

　ADHDを取り巻く議論は、近い未来に解決されるものではないであろう。それは臨床の研究者が障害を定義しようとする際に直面する問題に、より明確に焦点を当てることになる。単に「高血圧」が血圧の正規分布の極端な位置を示しているのと同様に、ADHDと呼んでいるのは子どもに見られる注意能力や活動の程度が正規分布上の極端な位置にあることのようだ。しかし、ADHDは障害と言えるだろうか？　メチルフェニデートが75～85%のADHD児に有効であるという事実はどういうことだろうか？　これはADHDが生物学的なものを基本とした障害であるという証拠になるのだろうか？　その答えは「否」である。メチルフェニデートが大人と同様に健常児の注意も改善するという研究結果を思い出すかもしれない。にもかかわらず、もし障害というものが個人に対して何らかの苦痛をもたらすような原因となるという基準に沿って考えるならば、ADHDは障害として見なされることとなる。学業面の問題や友達から拒否されるという事態を通常ともなっていることを理由にADHDと判断される。

　結局のところ、子どもにメチルフェニデートを与えることが賢明であるかどうかという疑問は、長期にわたる研究データをより多く得ることによってのみ解決されるものであろう。長期にわたりネガティブな結果が得られた場合、薬によって得られる短期間のポジティブな結果と反した重きを置くだろう。メチルフェニデートのネガティブな影響が非常に大きいときには、治療者と両親は行動療法を選択するであろう。行動療法は、より多くの時間を必要とするが、ネガティブな副作用は報告されていない。

（Barkley, 1998 a；Breggin, 1998；Bromfield, 1996；DeGrandpre, 1999；Wiener, 1996に基づく）

る可能性があるということである。こうした子どもの治療をしているすべての臨床家は、つい最近友達に拒否されたと涙ながらに語る子どもの話を聞いた経験がある。その悲しさと自尊感情の損失は重大なものであろう。こうした子どもたちは、必ず精神健康の専門家が提供する最善の治療を受けるべきである。ADHDに対する主要な2つの治療アプローチは、投薬と行動療法である（表8-10参照）。この2つについて説明し、同時にこれらを取り巻く議論についてもとり上げる。

薬物療法　逆説的であるが、ADHD児の多くがトランキライザーで悪化する。対照的に、刺激薬を使うとほとんどが注意の問題や過活動が減少する（Cantwell, 1998）。最も一般的な刺激薬はメチルフェニデートと呼ばれるアンフェタミンである。商品名はRitalin®である。メチルフェニデートはドパミン作動薬であり、ドパミンを神経伝達物質として用いている脳組織の活動レベルを上昇させる。ADHD治療に用いられる他の薬としてはペモリンがある（商標名は"Cylert®"）。Ritalin®のように、Cylert®はドパミンシステムに作用する刺激薬である。こうした薬物を服用している子どもは、対人間の反応性や、目標志向的な努力が上昇し、同時に活動のレベルや破壊的行動が減少する。しかし、これら恩恵的効果は健常児にも表われる。そのため、刺激薬がADHDの子どもに与える影響は、それほど独特のものではない（さらなる議論はBox 8-3を参照のこと）。

　刺激薬には副作用もあり、メチルフェニデートについては詳細が記載されている。それは不眠、頭痛、吐

ADHD児の治療のためにコンピューター化されたバイオフィードバックシステムが開発されている。患者の脳波活動が、コンピューターゲームの最中に記録される。これからコンピューターは患者が徐々に努力を要するようにゲームを変更していく。これは脳波の活動範囲を増やし、それゆえその脳が強化される。(G. Paul Burnett/The New York Times)

き気をひき起こす。さらに、刺激薬を投与し続けたときに得られる子どもの利益が継続するという確証はない。こうした薬物治療を受けているADHD児は、受けていない子どもよりも長期の予後がよいわけではない(Henker and Whalen, 1989)。さらに、こうした薬に対する子どもたちの反応には大きな違いがある。Ritalin®の服用量がわずかで即効性がある場合もあれば、服用量を多くしないと反応しない子どももいる。

行動療法 行動療法はADHDに対する服薬において医療に替わる主要な方法である。オペラント条件づけプログラムでは、過活動と注意欠陥の治療において、とくに短期的な効果が見られている(Barkley, 1998 b；Pelham, 1989)。数人の研究者が子どもの問題行動——たとえば気を散らす他のもの——を減らし、一方で、同時に子どもの全体の出席時間を増加させるためにこうした技法を用いている。たとえば、あるケースでは、9歳の少年がどのように過活動であるか——つまり過活動行動の基本的な割合——を注意深く確認した後、その少年がずっと座っていることに対してほうびを与えた。10秒ごとに彼が静かに座っているたびに、彼は1ペニーを獲得する。最初の実験的セッションでは5分間しか続かなかった。しかし8セッションになるまでに、その少年の過活動は実質的におさまり、4ヵ月後の追跡調査では、彼の先生によれば、彼が非常におとなしくなっただけではなく、読むことがうまくなり、友達もできたと報告されている。このように、単純明快な注意の活用と、実際的な強化子の利用は、系統的に適用すれば意味のある急速な変化をもたらす。

ADHDの治療で服薬と同様に行動療法が有効であるかどうか、という批判的な疑問がある(表8-10参照)。この2つを比較した研究から、ADHDの症状を治療するのには行動療法よりも服薬のほうが有効である、ということが示されている(Klein & Abikoff, 1997；MTA Cooperative Group, 1999 a, 1999 b)。しかし、その結果はまた、薬物療法と行動療法を組み合わせることがADHDに関連する素行問題を減らすことができる最も効果的な治療法である、とも示している(DuPaul & Barkley, 1993；Hinshaw, Klein & Abikoff, 1998；MTA Cooperative Group, 1999 a, 1999 b)。服薬はまた、子どもにとって行動的介入から学ぶことをより容易にするかもしれない。しかし、刺激薬と行動療法に対する子どもの反応は非常に特異的であることは明らかである(DuPaul & Barkley, 1993)。ある子にとっては薬物療法と行動療法のいずれかが効果的であっても、ほかの子にとっては効果がないこともある。このように、臨床家はこうした介入に対する子どもの反応を注意深く観察し、服薬の程度や技法をその子の個人的なニーズに合うように変えなければならない。

まとめ

この章では小児期の広い範囲の障害について論じてきた。自閉症のようないくつかの疾患は行動上の異常を含んでおり、それは非常に顕著なので子どもの障害を見落とすことはほとんどない。夜尿のように、日頃から子どもたちと接しているわずかな人たちだけが知っているものもある。程度は異なっているが、われわれがとり上げた障害のすべては、その子どもの幸せや健康的な成長や発達の機会を妨げる可能性を有している。

ほとんどすべての子どもの障害は複合的な要因の結果のようである。このことは遺伝子型が唯一わかっている障害である脆弱X症候群の場合でも同様である。脆弱X症候群の場合、受精卵の早期の発達過程において起こった出来事が、細胞内で起こる遺伝子異常に影響を与える。これらは身体的特徴や行動において一卵性双生児の間に明らかな違いをつくりだす「微小な」環境の出来事である。出生後の生活において、環境の出来事は発達の過程に影響を与え続ける。もちろんその影響はさまざまで、個人の気質的な強さや脆弱性による。したがって、素因-ストレスモデルは小児期の疾患を考察するための妥当な枠組を提供しているように思われる。

細心な研究を通して、研究者はほとんどすべての小児期の障害の病因の理解において、顕著な進歩をとげてきている。しかし、われわれにはまだ多くの学ぶべきことがある。この章を通して、われわれの知識の欠陥を指摘してきた。今後数年にわたって、とりかかる必要がある小児期精神病理学上の問題は、少なくとも

大まかに4つある。第1に、子どもの障害に関する近年のDSM-IVの分類システムは、はたして子どもの症候群の分類を正確に表現しているのだろうか。たとえば、自閉症とAsperger障害は、原因の異なっている障害として実際に分けられるだろうか。あるいはAsperger障害は自閉症と基本的に同じ原因による、より軽度の病型なのだろうか。子どもの適応の問題を、明確な診断基準に沿って特定の症候群として判断するのは難しいことが多い。というのも、いかなる障害でもその症状の形は、その子どもの発達に伴って変わるものだからである。また、攻撃的行動のようないくつかの症状は、多くの異なった障害に関係している。子どもの障害の分類は、今後、多くの改訂を経ることが期待される。

2つ目の問題は、1番目の問題と関係している。われわれは重篤な心理的な問題のある子どもを、どのようによりよく識別できるのだろうか。これについてはいくつかの難問がある。まず、問題をかかえている子どもについて臨床家に気づかせるためには、その子どもの生活の中に存在する大人に頼らなければならない。加えて、子どもは言語技能が未発達なため、彼ら自身の状態について彼らから情報を入手することが難しい。私たちは、臨床家が子どもの心理的健康状態を手に入れるために必要な情報を提供してくれる、両親や先生、子どもたちに対するよりよい質問の仕方を知らなければならない。

第3の問題は、子どもに対するさまざまな治療についての長期的な効果に関するものである。子どもが問題から回復するための支援として、また後年の再発予防として、生物学的であれ、心理学的であれ、どのような治療が最も効果的だろうか。治療結果に関する長期的な研究は非常にお金がかかるだろうが、それらが必要なことは明らかである（Klykylo, Kay & Rube, 1998）。さまざまな治療法の効果に関する客観的なデータが手に入らなかった場合、臨床家は自らの精一杯の直感に頼らざるを得ない。臨床家は専門的な経験から非常に多くの知識をもっているため、これは時には機能する。しかし、時には結果があまりよくなく、臨床家は、他の治療がよりよい結果をもたらしたのではないかと考えさせられる。両親や子どもにいくらかの選択権を与えるために、さまざまな治療法を比較した研究結果を実践家が利用できることが理想的な状況の1つである。この章の初めで語ったジェニファーの場合、彼女が広汎性発達障害を患っており、集中的な心理教育アプローチが彼女のためになるだろうと心理士は結論づけた。

キャロルとロバート・ジェンキンスと3回目に会ったとき、彼らは私の結論を切望していた。私の通常の方法では、まず私の意見を両親と共有する。私はアセスメントのときや学校で観察中にジェニファーが示した行動を説明した。また私は得ることのできた限られたテスト結果について説明した。それから、ある特定の他の診断を除外する経過について説明した。私が彼らに、ジェニファーが小児期崩壊性障害の診断基準を満たしていると話したとき、キャロルとロバートは心配になり混乱したように見えた。キャロルは目に涙をためていた。次の段階は、われわれが今も最大の知識を用いて、この障害の原因について彼らに説明をすることである。もちろん、彼らは多くの質問をして、私はできるだけそれに答えた。

最後に、そして最も重要な段階として、小児期崩壊性障害の治療のための選択肢を説明した。われわれの地域では、米国のほかの多くの地域と同様に、公共教育機関が特殊なニーズをかかえる子どもたちのためのいくつかのとてもよいプログラムを提供している。政府のガイドラインにより、そのように義務付けられている。また、さまざまな私立学校も、広汎性発達障害児のためのプログラムを提供している。ジェニファーの両親に、こうしたプログラムの典型的な内容を説明し、またその違いについても話をした。キャロルとロバートが治療の結果で期待できることについて非常に知りたがっていたのは、驚くべきことではない。彼らはジェニファーにどのくらいの改善を期待できるだろうか？　彼女が失った技能は再び取り戻せるのだろうか？　広汎性発達障害に対する治療では、いくつかの整合的な結果研究（well-conducted outcome studies）が得られているのは、幸運なことである。その成果について私は彼らに説明した。また、ジェニファーの言語発達や社会的技能に焦点を当てることが大切であるということも話をした。なぜなら、この2つの領域は、長期的な予後に結びついているからである。

臨床心理士として、私には両親に小児期の障害の理解には限界があることを説明する専門家としての責務がある。たとえば、ジェニファーの両親には、広汎性発達障害のあらゆる病型のさまざまな治療の結果を明確に比較するような研究がないことを話した。私たちは一般的な研究結果から、いくつかの推論を引き出さなければならない。

90分間の面接の終盤に近づくと、私たちはほとんどの両親がこの時点でもち出すある話題を取りあげた。つまり、何か子どもの障害を防ぐ方法はなかったのだろうか、ということである。これは、おそらく説明する心理士にとって最も難しい問題である。事実、小児期の障害の予防は、研究者から比較的注目が少ない。

これは、小児期の障害に関する研究として4番目の幅広い問題——予防——にわれわれを導いている。早期に発症する障害は、その子の小児期の楽しみを奪ってしまう可能性があるため、特別悲劇的かもしれな

い。われわれは小児期の障害への危険因子と結びついている、いくつかの環境的な要因や生物学的な指標について理解している。われわれは、その危険性のあるものを同定し、適応の問題が発症することを防ぐため、新しいプログラムを進展させることができるだろうか？ 子どもの感情的な強さや認知的な強さを支えることによって、回復力が高まるかもしれない。これにより社会へ反響するような波及効果が起こるかもしれない。小児期の障害を防ぐことは、その子にとっての利益ばかりではなく、社会一般においても肯定的な結果をもたらすであろう。おそらく、そのようなプログラムが利用可能な状態であったならば、コロラド州リトルトンのような悲劇は起きなかっただろう。

要 約

1. 小児期の心理的な障害は、発達的文脈の中で起こるためにしばしば診断が難しい。身体的な能力や精神的な能力、行動は小児期、青年期を通して急激に変化する。また、子どもたちは、彼らの問題を必ずしも直接言語で伝えることができるとは限らないため、臨床家や研究者は観察や、大人の情報提供者に頼らなければならない。
2. 早期に発症する障害は、生物学的、社会的な原因の両方から生じる。自閉症のように、誕生時にすでにもっている気質的脆弱性によって強く規定されているものもある。また、素行問題や不安のように、子どもの経験に強く影響を受けているように思われるものもある。気質要因と経験との相互作用を仮定している素因-ストレスモデルは、早期に発症する障害の多くについて知られていることによくあてはまっている。概して、子どもの問題は4つの分野に分けることができる。**情緒障害、発達障害、摂食障害／性癖障害、破壊的行動障害**である。
3. 情緒障害には、反応性愛着障害、分離不安障害、恐怖症、うつがある。**反応性愛着障害**は、養育者との愛着を形成する能力に関する重篤な問題が含まれる。子どもの中で最も一般的な感情障害は**分離不安障害**である。この障害の子どもは、愛する人からの分離に大きな恐怖を感じている。学校恐怖症のような**恐怖症**は子どもの中で一般的である。子どもはうつにはかからないと初期の理論では断定されていたが、現在ではうつは子どもにも見られ、有病率は実質高まっているということがわかっている。
4. 発達障害は、対人スキルとコミュニケーション技能、またはそのどちらかの獲得に幅広い困難を抱える。**自閉症**は他人とのかかわりや意思疎通の方法に著しく混乱をかかえている。その兆候は、しばしば誕生後すぐに明らかになり、3歳になるまでには必ず現れている。**Rett障害と小児期崩壊性障害**は、通常の発達の過程を進むが、徐々に能力が失われていく。**Asperger症候群**の鍵となる特徴は、言語の深刻な問題はないにもかかわらず、他人とかかわる能力が欠けていることである。広汎性発達障害の子どものほとんどは、集中的な治療を受けたとしても、成人期において少なくともいくらか残遺が見られる。
5. 摂食障害には、**無食欲症**と**大食症**が含まれる。いずれも通常思春期に発症し、女性に多く見られる。摂食障害は社会的な要因に大きな影響を受けているように思われる。性癖障害には排泄障害があり、特に**遺尿症(夜尿)**と、**遺糞症**は小児期早期に現れる傾向がある。さらに**吃音症**と**Tourette障害**があり、動きや言語のチックがこれらの主要な症状である。
6. 破壊的行動障害には、**素行障害、反抗挑戦性障害、注意欠如・多動性障害**がある。こうした障害をもった子どもは、自らの行動を統制することが難しく、成人期まで継続して適応の問題を見せることもある。
7. 小児期の問題について、とくに治療法について学ぶべきことはまだたくさんある。薬物療法はいくつかの障害に用いられているが、子どもの治療として薬物を用いることを懸念する理由がある。行動的な治療は、注意欠如・多動性障害、分離不安障害、恐怖症、夜尿、吃音、自閉症のいくつかの症状など、小児期の多くの障害に効果的である。多くの治療者が子どもの回復を促進するために、子どもの両親が治療に参加することを推奨している。

9 パーソナリティ障害

本章の概要

パーソナリティ障害の診断　348
　パーソナリティのカテゴリーか、それとも次元か？　349
　障害の発症　350
　障害の群　351
奇異─奇妙な行動を示す障害　351
　統合失調型パーソナリティ障害　351
　統合失調質パーソナリティ障害　354
　妄想性パーソナリティ障害　354
劇的─常軌を逸した行動を示す障害　356
　反社会性パーソナリティ障害　357
　演技性パーソナリティ障害　371
　自己愛性パーソナリティ障害　372
　境界性パーソナリティ障害　375
不安─恐怖を示す障害　379
　回避性パーソナリティ障害　379
　依存性パーソナリティ障害　380
　強迫性パーソナリティ障害　382
まとめ　383
要　約　385

学習の目標

- パーソナリティ障害の診断における諸問題と、パーソナリティ障害に対するカテゴリカルなアプローチと次元的なアプローチの違いについて説明できる。

- パーソナリティ障害の発症に遺伝子と経験の双方がどのようにかかわっているか、また、その診断において、どのような文化間の違いがあるのかを理解する。

- 一般的に統合失調型パーソナリティ障害は統合失調症とどのような関係にあるのか、また、それらの障害が共通してどのような身体的、行動的異常を示すのかについて学ぶ。

- 反社会性パーソナリティ障害の特徴を説明し、その原因と治療、そして予防の可能性についても説明できる。

- 「劇的—常軌を逸した行動を示す障害」(dramatic–erratic disorder)の中心的特徴について述べ、これらの障害をもつ人たちは他者との関係がなぜ不安定なのかについて説明できる。

- 境界性パーソナリティ障害の症状、原因、可能な治療について述べ、なぜこの障害がしばしば自己破壊的行動を伴うのかについても説明できる。

- 「恐怖—不安を示す障害」(anxious–fearful disorder)の中心的特徴について学び、これらの障害をパーソナリティ障害とみなすことについて疑問視する人たちがなぜいるのかについても学ぶ。

「パーソナリティ」(personality)という用語は、個人のかなり安定した心理的、行動的特徴、つまり、その人がどのように世界を見、どのようにそれにかかわっているのかを示す用語として使われている。パーソナリティはさまざまな状況を通して変わることがない。だから、誰かがある人の行動について、「その人らしくない」と言ったときには、その行動はその人のパーソナリティと一致していないということになる。たとえば、典型的なスタイルとして順応性があり、陽気で社交性に富んでおり、たびたびリーダーシップを発揮する人がいたとしよう。パーソナリティについて研究している人たちはこの人を記述するのに、協調的、楽天的、外向型、支配的という用語を用いるだろう。パーソナリティについてのこれらのさまざまな側面は、パーソナリティ特性と言われる。またその人と同じく、協調性、楽天性、外向性という特性をもっているが、支配的であるというより服従的であり、従者となりやすい傾向のある人がいたとしよう。これらの2人は、優勢な特性において違っているということになる。にもかかわらず、人はある部分ではパーソナリティで判断される。おそらく、前述の2人はどちらもよいパーソナリティ(good personality)をもっていると言われるだろう。協調的で楽天的で外向的な人は、よく適応していると見なされる傾向があるからである。

しかし、日常生活に支障が出るほど否定的思考傾向が高かったり、引っ込み思案であったり、ごまかしが多かったり、厳格であったりするような人はどうであろうか。このような持続する機能不全の行動はパーソナリティ障害(personality disorder)と見なされる。パーソナリティ障害の人たちは、彼らの思考や情緒反応、対人関係、衝動の制御に影響を及ぼすような持続的で硬直した不適応のパターンあるいは特性をもっている。これらの機能不全の行動は、その人の属する文化が期待するものから著しく逸脱しており、その人自身あるいは他者に重大な苦痛をひき起こし、社会的、または、職業的な機能を損なうことにもなる。

前の章で、就学前から青年期にかけて持続的な素行上の問題を示し、素行(行為)障害と診断されたDerrick(デリック)という少年について触れた。成人になった彼は、攻撃性が弱まり、高校卒業資格も得ることができた。しかし、問題は続いていた。

> デリックは高校卒業と同等の資格を得ることのできるプログラムを終了したことを誇りにしていた。彼は友達に、自分が勉強もせず、実際には別の人間が彼の代わりに最終試験を受けたということを自慢していた。しかし、この資格は彼にいくつかの扉を開くことになり、19歳の時、彼は地元の自動車販売代理店の営業研修員としての仕事を得た。彼の母親は、デリック

DSM-IV-TR の診断基準

パーソナリティ障害

A. その人の属する文化から期待されるものより著しく偏った、内的体験および行動の持続的様式。この様式は、以下の領域の2つ(またはそれ以上)の領域に現れる。
   (1) 認知(すなわち、自己、他者、および出来事を知覚し解釈する仕方)
   (2) 感情性(すなわち、情動反応の範囲、強さ、不安定性、および適切さ)
   (3) 対人関係機能
   (4) 衝動の制御
B. その持続的様式は柔軟性がなく、個人的および社会的状況の幅広い範囲に広がっている。
C. その持続的様式が、臨床的に著しい苦痛、または社会的、職業的、または他の重要な領域における機能の障害をひき起こしている。
D. その様式は安定し、長期間続いており、その始まりは少なくとも青年期または成人期早期にまでさかのぼることができる。
E. その持続的様式は、他の精神疾患の現れ、またはその結果ではうまく説明されない。
F. その持続的様式は、物質(例:乱用薬物、投薬)または一般身体疾患(例:頭部外傷)の直接的な生理学的作用によるものではない。

(訳注:原書は DSM-IV だが、ここでは DSM-IV-TR, APA, 2000 [高橋三郎・大野裕・染谷俊幸訳『DSM-IV-TR 精神疾患の診断・統計マニュアル(新訂版)』医学書院、2004] を修正し引用した)

がさらに成長したことをたいへん喜んだ。

ここでも、デリックの対人スキルがうまく働き、彼は研修期間を難なく終えた。彼はいつも時間通りに仕事に現れることはなかったが、仕事は非常にうまくこなした。彼の上司は、デリックがお客に試乗をしようという気にさせるそのやり方に感心した。しかし、突然問題が現れ始めた。デリックが赤ん坊の父親だと主張する1人の女性が販売代理店に現れ、一騒動を起こしたのである。ある夕方、デリックは無断で宣伝用の車を家に持ち帰り、朝やってきた主任はその車が盗まれたと報告した。また、部品部門のレジからお金がなくなり、デリックを疑う同僚もいた。実際、彼らの思った通りだった。しかし、その頃デリックは出納係の女性の1人とデートをする仲になっており、彼は他の同僚を盗みに巻き込むように彼女をうまく説得したのであった。その結果、その同僚は解雇された。デリックは、その販売代理店で彼の周りに起こる小さな火種のすべてをどうにかして消すことができた。彼は7ヵ月の間、なんとか仕事をやり続けたという満足感を感じていた。しかし、彼は突然そこで仕事を辞め、同僚には自分で仕事を始めると話した。母親には、販売代理店では将来がないことと、友達から借りたお金でファーストフードのチェーン店を手に入れることを計画していると話した。

パーソナリティ障害は基本的には特性の障害である。すなわち、それらは、外界と自分自身を知覚し、それらと関わり、それらについて考える際の、持続的で、不適応的なやり方である。デリックの不適応的特性は、ごまかしと不正直さの2つであった。これらの傾向は、他の人に彼に対する不信感を抱かせる。それらは彼の仕事の妨げとなり、ついには重大な法律的問題をひき起こす。これらの傾向は、それがさまざまな状況で明らかになるにしたがって、周りに広まっていく。人びとはデリックを知るにつれて、正直さというのは彼の「柄に合わない」ものであると見なし始めるのである。

パーソナリティ障害の診断

ここまで論じてきたほとんどの行動上の症候群とは対照的に、パーソナリティ障害は DSM-IV の第II軸の障害と考えられる。大うつ病(major depression)や統合失調症(schizophrenia)といった第I軸の障害は、その障害をもつ人が精神的に健康でないということに他の人々がすぐに気づくような重大な症状に典型的に関連している。対照的に、パーソナリティ障害の人の苦痛はしばしば目立たないものであることが多い。しかし、パーソナリティ障害の人たちが自分自身問題を抱えていると考えていない場合でさえ、彼らの行動は通常、友人や家族に、奇異な、逸脱した、あるいは異常なものという印象を与える。自分自身と外界についての彼らの特徴的な考え方は、柔軟性に欠け、社会的、職業的問題をひき起こす。デリックの事例は、反社会性パーソナリティ障害が仕事場面でひき起こす問題を明らかにしている。

一般的集団の中でのパーソナリティ障害の割合を見積もることは難しいが、10〜13%の人がパーソナリティ障害の診断的基準に当てはまると見られる(Cloninger,1999 ; Weissman,1993)。加えて、同時にあるいは1つの障害が進行する過程のどこかで2つ以上のパーソナリティ障害の基準を満たす傾向も見られる(Kasen,Cohen,Skodol,Johnson &Brook,1999)。これ

はパーソナリティ障害の併存症(comorbidity)といわれ、1つのパーソナリティ障害の基準に当てはまる人々の約50%が別のパーソナリティ障害の基準にも当てはまると見なされている。とくに、物質乱用の併存症で認められ、ある研究では、物質使用の障害を有する患者の60%がパーソナリティ障害を有していると報告している(Skodol, Oldham & Gallaher, 1999)。

これまで、併存症についての最善の解釈に関して議論がなされてきた(Lilienfeld, Waldman & Israel, 1994 ; Pfohl, 1999)。心理的症候群に対して併存症という用語を用いることは、症候群の間に実際の境界があり、DSM-IVが正確にそれらを定義しているということを意味しており、併存症は、2つ以上の独立した障害が実際に存在するということを反映していると考えている人々がある。しかし、それに反対する人たちもおり、併存症の存在は、ただ精神疾患の境界が正確に同定されないということを示しているにすぎないと主張している。

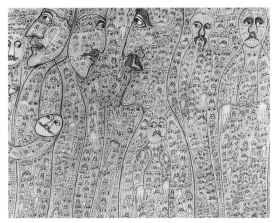

次元的アプローチは、パーソナリティ障害はある連続体に沿って位置するパーソナリティ特性の極端な状態であると考えている。一方、カテゴリカルなアプローチは、個々のパーソナリティ障害は特定の基準に基づく独立したカテゴリーであると考えている。このEdmund Monsielによる目を見開いた人の顔の鉛筆画には、顔の連続体の中からより強い顔が現れており、次元的アプローチを表しているように見える。(Pencil drawing by Edmund Monsiel ; reproduced with permission of the Art Brut Collection, Lausanne)

パーソナリティのカテゴリーか、それとも次元か？

DSM-IVにおいては、ちょうど妄想型統合失調症(paranoid schizophrenia)とアルツハイマー病が別々に記載されているように、それぞれのパーソナリティ障害は別の診断カテゴリーとして記載されている。つまり、ある行動上の基準に当てはまり、そのカテゴリーに入る(すなわち、その人は精神疾患である)か、その基準に当てはまらず、その特定の障害を有していないと見なされるかのどちらかである。これがカテゴリカルなアプローチ(categorical approach)である。対照的に、パーソナリティ障害を定義づける行動と特性を、ある連続体のどこかに当てはまるものと見なす人びとがある。彼らは、次元的なアプローチ(dimensional approach)をとる人たちである。彼らは、パーソナリティ障害は、正常なパーソナリティ特性あるいは次元の極端な状態を示していると考えている。たとえば、情緒的依存性の連続体があり、すべての人がその連続体のどこかに当てはまると考える。健康で有能な成人でさえ、時に他人に情緒的に依存することがあるが、その連続体の端には、日常的な日々の問題についてですら自分で決められないで、自主的に機能することができない成人がいるのである。

一般的に、研究者がこれまで、カテゴリカルなアプローチと次元的なアプローチを比較したところでは、次元的なアプローチのほうがより信頼できるという結果が示されている(Clark, Livesley & Morey, 1997)。たとえば、ある研究において、5名の臨床家が10名のクライエントのそれぞれの事例経過を検討し、次元的評価とカテゴリカルな診断の両方を行った結果、信頼性はカテゴリカルな診断よりも次元的判断のほうが高かった。しかし、これらの結果は妥当性の問題には触れていない。つまり、それらの結果はパーソナリティの真の本質が何なのか、あるいはパーソナリティの重要な次元が何なのかについてのわれわれの理解の助けとはならないのである。

研究者たちがこれまで答えようとしてきた主要な問題の1つは、パーソナリティの次元がいくつくらいあるのかということである。この問題についての論議はいまだに行われている最中であるが、最もよく知られた理論は5要因モデル(five-factor model)である。このモデルは「Big Five」と呼ばれることもある5つのパーソナリティ次元を提唱している(Clark, 1999 ; Clark, Livesley & Morey, 1997 ; Costa & Widiger, 1994 ; McCrae & Costa, 1999 ; Widiger, Verheul & van den Brink, 1999)。このモデルの5つのパーソナリティ次元は、外向性(extraversion)(積極的〜受動的)、勤勉性(conscientiousness)(きちんとしていて綿密な〜怠慢で信頼できない)、協調性(agreeableness)(温かくて親切〜自己中心的で敵意に満ちた)、情緒的安定性(emotional stability)(落ち着いていて平穏な〜神経質で気分屋)、経験に対する開放性(openness to experience)(創造的で好奇心に満ちた〜浅薄で柔軟性に欠ける)である。すべての人は、これらのパーソナリティ次元のそれぞれのどこかに位置する。この5つの次元はもともと健常者についての研究で明らかにされたのであるが、DSM診断に当てはまる人々にも適用されている(Costa & Widiger, 1994)。

しかし、この5要因モデルあるいはパーソナリティに対するあらゆる次元的アプローチは、パーソナリティ障害のカテゴリーにとって代わることができるのであろうか。研究者たちは、この可能性について今も模索し続けている。

5要因モデルはたくさんのさまざまな文化的背景をもつ人々に一般化することができるようである。日本、ドイツ、ポルトガル、イスラエル、韓国、イタリア、クロアチア、中国といったさまざまな国から来た人々に、パーソナリティについての自己報告尺度に答えてもらうと、結果として研究者たちはパーソナリティについて同じ5次元を見出す（McCrae & Costa, 1997；McCrae, et al., 1999；Trull & Geary, 1997）。パーソナリティにおける年齢による変化も、あらゆる文化で同様である。たとえば、人は歳をとるにつれて外向性や開放性が低下し、協調性や勤勉性が高くなる。これらの結果は、5要因モデルによって定義されたパーソナリティ次元が単にアメリカ文化の産物というよりは、文化の違いを超えた人間の傾向を共有していることを示している。

Robert Cloninger のように、パーソナリティ次元の生物学的基盤を提唱する人たちがいる。Cloninger らは、パーソナリティ次元はさまざまな神経伝達物質のシステムを含んでいると考えている（Cloninger, 1998；Svrakic, Svrakic & Cloninger, 1996）。彼らはもともと3つの脳のシステム（行動の活性化、抑制、維持）の存在を仮定したモデルを提唱しており、それぞれのシステムは、3つの神経伝達物質である、ドパミン、セロトニン、ノルエピネフリンのそれぞれに基盤を置いている。彼らは、これらの脳のシステムのそれぞれが3つのパーソナリティ次元、つまり、新奇性の探索、有害性の回避、報酬依存に関連していると考えている。Cloninger は人の行動は、その人がこれらの次元のそれぞれのどこに位置しているかによって決まると理論づけている。たとえば、新奇探索性が低く、有害回避性の高い人たちは、危険を避け、先の見える生活を送ることを好むだろう。新奇探索性が高く、有害回避性が平均的な人たちは、より危険を犯し、自発的行動を楽しむであろう。新奇探索性が非常に高く、有害回避性が低い人たちは、向こう見ずな行動に走るだろう。その後、Cloninger らは、4番目のパーソナリティ次元である持続性（persistence）と3つの「性格次元」（character dimensions）である、自発性（self-directedness）、協調性（cooperativeness）、自己超越性（self-transcendence）を付け加えた。Cloninger は、これらの性格次元、とくに自発性と協調性が低い人たちはパーソナリティ障害に陥りやすいと考えている。Cloninger のモデルによれば、反社会性パーソナリティ障害をもっている人は、新奇探索性が高く、有害回避性、報酬依存性が低く、低い自発性と結びついた持続性の低さ、協調性や自己超越性の低さといった特徴をもっていることになる。これらの特性が、どれほど職業的機能を妨害するかは明らかである。

障害の発症

パーソナリティについて長い間仮定されていることの1つとして、パーソナリティは成人期に達するまでは完全には形成されないという仮定がある。DSM-IVの開発者はこの仮定をもっており、結果としてパーソナリティ障害のもう1つの中心的特徴は、それらは普通成人期まで診断されないということである（一般的に診断を受けるには、患者は18歳以上でなければならない）。子どもたちがもし1つのパーソナリティ障害の基準にすべて当てはまるなら、パーソナリティ障害という診断を受けることができるが、彼らは行動上の徴候が少なくとも1年間見られるという基準に達していなければならない。唯一の例外が反社会性パーソナリティ障害であり、この症候群を示す18歳未満の子どもたちは素行障害と診断されることになる（第8章参照）。成人期まで診断されない理由として、青年期に反社会的行動の徴候を示す非常に多くの若者が、その後よく適応した成人になっていくということがある。にもかかわらず、パーソナリティ障害は青年期に信頼性の高い診断ができることが指摘されている（Kasen, Cohen, Skodol, Johnson & Brook, 1999）。さらに、DSM-IV のパーソナリティ障害の基準に当てはまる青年は、成人になったとき、第Ⅰ軸あるいは第Ⅱ軸の基準に当てはまりやすいということもある。そこで、青年期のパーソナリティ障害は、心理的問題が慢性化するリスク指標とも言える。

パーソナリティ障害の出現には性差も存在する。最もよく確認されているものとして、反社会性パーソナリティ障害と妄想性パーソナリティ障害は男性に多く、演技性パーソナリティ障害と依存性パーソナリティ障害は女性に起こりやすいという性差が見られる（Livesley, 1995）。これは障害の診断における臨床家の性に対するバイアスのせいであるという示唆もあるが、最近のデータは、これは事実ではないことを示している（Funtowicz & Widiger, 1999）。一般的に、女性に優勢に見られるパーソナリティ障害は男性で見られる障害よりも、社会的、職業的機能不全を含まず、より個人的な苦悩と関わっている。

パーソナリティとパーソナリティ障害は遺伝的要因と経験の両方からの影響を受けていることもよく知られており、研究結果によっても支持されている。パーソナリティ障害の症状と症候群の評点の分散の中程度の割合が遺伝によるものであり（Nigg & Goldsmith, 1994）、経験、とくに子ども時代の経験は、パ

ーソナリティ特性の発展に重要な役割を果たしている。

　子ども時代の経験がパーソナリティの発達に影響を及ぼしているとすると、パーソナリティ障害における文化間の違いが予想される。これまで、多くの文化による違いが観察されている（Cohen, Slomkowski & Robins, 1999）。たとえば、反社会性パーソナリティ障害（Zoccolillo, Price, Ji, Hyuns & Hwu, 1999）と自己愛性パーソナリティ障害（Warren & Capponi, 1996）の症状の出現には国家間で違いが見られる。反社会性パーソナリティ障害については、米国がいくつかの他の国より幾分高い割合を示している。また、米国の自己愛性パーソナリティ障害の人たちは、日本の自己愛性パーソナリティ障害の人たちよりも自己顕示傾向が高い。これらをはじめとするパーソナリティの違いは、自己主張や自己志向といった文化間に存在する、パーソナリティ特徴の強調の違いによるところもある。ちょうど、物理的環境における文化間の違いが身体的疾患の出現に影響しているように、社会的環境における文化間の違いも素行障害の出現に影響しているのである（Costa & Widiger, 1994）。

　DSM–IV に記載されている第Ⅰ軸の障害と比較して、パーソナリティ障害の治療は研究者から注目されない。これには少なくとも2つの理由がある。1つには、パーソナリティ障害は「特性のようなもの」として概念的に説明され、臨床家たちがその予後について幾分悲観的であることがあげられる。また、いくつかの例外はあるが、パーソナリティ障害を有する大部分の人たちはそれほど機能不全に陥っていないので、精神病性障害の人たちのケースがたびたびそうであるように、彼らの日常の行動が結果として意図しない治療になっていることがあげられる。近年、研究者はパーソナリティ障害の新しい治療を開発することにより注意を注いでおり、これらのうちのいくつかについては、この章で論じることになるだろう（Costa & Widiger, 1994）。

障害の群

　DSM–IV はパーソナリティ障害の3つの一般的カテゴリーを記載している。A 群の障害は、すべて奇異で、奇妙な観念あるいは行動を含んでいる。DSM–IV には、3つの A 群の障害がある。統合失調型パーソナリティ障害、統合失調質パーソナリティ障害、妄想性パーソナリティ障害である。B 群の障害は、劇的、情緒的、あるいは常軌を逸した行動によって特徴づけられる。これらには反社会性パーソナリティ障害、演技性パーソナリティ障害、自己愛性パーソナリティ障害、境界性パーソナリティ障害がある。C 群に記載されている障害は、不安な、あるいは恐怖心に満ちた行動傾向という共通性をもっている。これらには、回避性パーソナリティ障害、依存性パーソナリティ障害、強迫性パーソナリティ障害という3つのパーソナリティ障害がある。以下、DSM–IV のパーソナリティ障害についての議論を、これらの3つの群について系統立てて行う。まず、A 群の障害から始める。

奇異―奇妙な行動を示す障害

　DSM–IV に記載されているパーソナリティ障害の群は、研究を通してその正当性が確認されているわけではないが、A 群の障害にはいくつかの特徴が共通に見られる。奇異―奇妙な行動を示す障害と考えられるすべてのパーソナリティ障害は、他者に対するなんらかの不安、あるいは疑いを含んでいる。これらの障害をもつ人たちは、他者との関係を確立し、社会的ネットワークと調和するのが難しい。

統合失調型パーソナリティ障害

　すべてのパーソナリティ障害のうち、**統合失調型パーソナリティ障害**（Schizotypal Personality Disorder）についての実験室研究の量は、反社会性パーソナリティ障害に次いで2番目に多い。統合失調型パーソナリティ障害は、一般的集団の約3％に及び、男性のほ

奇異な思考とコミュニケーションは統合失調型パーソナリティ障害の特徴である。この障害をもつ多くの人たちは、Josef Wittlich のこの絵から推測されるような、抑圧されたあるいは不適切な感情を抱く。（Painting by Josef Wittlich；reproduced with permission of the Art Brut Collection, Lausanne）

うが診断基準に当てはまりやすい(Carter, Joyce, Mulder, Sullivan & Luty, 1999)。この障害は、長年にわたる風変わりな思考、知覚、コミュニケーション、行動を示す。これらの奇癖は気づかれるのに十分であるが、統合失調症と診断するほどには深刻ではない。実際に、統合失調型パーソナリティ障害を特徴づける障害の多くは、慢性的な統合失調症患者に見られるのと同様のものであるが、よりゆるやかな形をとる。この障害を統合失調症とまったく同一のものと見なすことは間違いである。なぜなら、心理的苦痛と予後に関する限り、これらの間の程度の違いは極めて重要であるからだ(McGlashan,1986b)。McCreeryとClaridge(1996)は、「体外離脱体験」(out of body experience)をしたと報告した人たちについて調査を行った。これらの人たちが、「統合失調型」傾向(schizotypal tendencies)を測定する尺度(Box 9–1参照)において、およそ平均以上の得点だったことは驚きではない。研究者たちはこれらの人たちを、彼らの異常な知覚的経験にもかかわらず、そして、いくつかの事例においてはそれゆえに、よく適応しており、機能しうる状態にある「幸せな統合失調型(happy schizotypes)」と記述する。また、統合失調型パーソナリティ障害の人たちは現実との接触を保っており、自分たちが誰で、どこにいるのかという認識があることも心に留めておかなければならない。

奇異な思考は統合失調型パーソナリティ障害の中心的特徴であるが、それは、極端な迷信深さ、あるいは妄想様観念にはっきりと見られる、自分が他者から特別な注目を受ける対象だといった感じである。後者の感覚は専門的に関係念慮(idea of reference)と呼ばれているが、これは、さらなる猜疑心と偏執症の十分な温床ともなりうる。コミュニケーションは奇異であるが、理解できないものではない。それは横道に逸れ、本題から逸れ、あいまいであり、あるいは細部にこだわりすぎているが、不正確であったり、つじつまが合わないものではない。一般的に、統合失調型パーソナリティ障害の診断において最も重要な役割を果たすのがこの奇異な思考とコミュニケーションである(Siever, Bernstein & Silverman, 1995)。また、対人関係の問題の目立った徴候もある。離人症(depersonalization)という、自分自身と自分の環境からの離脱感である。この障害をもつ多くの人たちは、抑制されたあるいは不適切な感情を経験し、その結果、人と面と向かっての相互作用において信頼感を維持することが難しいと感じる。統合失調型障害においては、しばしば社会不安が高まり、ついには強い社会的状況というものを避けるようにまでなる。以下のケースは統合失調型パーソナリティ障害の症候群を示している。

21歳のマーク(Mark)は、よく、ぼんやりしたり、言い知れぬ不安を感じたりするともらしている。彼は仕事に就かず、両親と暮らし、多くの時間をテレビを見たり、空間を凝視したりして過ごしている。彼はしばしば自分が自分自身の外にいるように感じ、テレビのスクリーンを通して自分を見ていたり、他の誰かが書いた台本を読み流しているような感じがすると言っている。マークはいくつかの仕事に就いたが、どれも1ヵ月以上続かなかった。彼は最後に就いたおもちゃのセールスマンの仕事を解雇されたが、それは、何人かの顧客が、彼がよくわからない的外れのことを言うと苦情を言ったためであった。

マークは自分が周りの人びとに好かれていないと確信していたが、なぜかはわからなかった。彼は、人々が彼の隣に座ることを避けて、バスの座席を変えることをはっきりと感じていた。彼は自分の孤独と孤立が悲しかったが、昔の付き合いを復活させようとはしなかった。

数ヵ月前、マークは彼の両親の友達の1人が、運動靴のディスカウント・ストアのチェーン店の開店を計画していることを知った。彼はビジネスの経験もなく、訓練を受けたこともなかったにもかかわらず、これらの店の1つを任せるとの申し出を待っていたのである。

原因

統合失調型パーソナリティ障害が遺伝的要因によって影響を受けうることは、十分に立証されている(Nigg & Goldsmith,1994)。統合失調型パーソナリティが一般的に統合失調症と関係していることも知られている(Raine, Lencz & Mednick, 1995 ; Roitman et al., 1997 ; Siever, Bernstein & Silverman, 1991)。統合失調型パーソナリティ障害は、他の精神疾患をもつ人の親族よりも、統合失調症の患者の生物学上の親族において高い割合で出現する。統合失調型パーソナリティ障害は統合失調症の遺伝子型から生じる可能性のある表現型の1つなのだろうか。多くの人はそう考えている。研究者たちは、統合失調症の原因についての手がかりが得られるのではないかという期待をもって、統合失調型パーソナリティ障害に焦点を当ててきた。

統合失調型パーソナリティ障害の診断的基準に当てはまる人たちは、統合失調症の患者に見られる身体的、行動的異常性の多くを示す。たとえば、彼らは健常な人たち、あるいは他のパーソナリティ障害をもった人たちよりも、手足と頭の軽い身体的異常と、指紋についての異常をより多く示す(Weinstein, Diforio, Schiffman, Walker & Bonsall, 1999)。児童期の適応問題の過程は、統合失調症の患者と統合失調型パーソナリティ障害の人たちにおいて非常に似通っている

DSM-IV-TR の診断基準

統合失調型パーソナリティ障害

A. 親密な関係では急に気楽でいられなくなること、そうした関係を形成する能力が足りないこと、および認知的または知覚的歪曲と行動の奇妙さのあることの目立った、社会的および対人関係的な欠陥の広範な様式で、成人期早期までに始まり、種々の状況で明らかになる。以下のうち5つ（またはそれ以上）によって示される。

(1) 関係念慮（関係妄想は含まない）
(2) 行動に影響し、下位文化的規範に合わない奇異な信念、または魔術的思考（例：迷信深いこと、千里眼、テレパシー、または"第六感"を信じること；小児および青年では、奇異な空想または思い込み）
(3) 普通でない知覚体験、身体的錯覚も含む。
(4) 奇異な考え方と話し方（例：あいまい、まわりくどい、抽象的、細部にこだわりすぎ、紋切り型）
(5) 疑い深さ、または妄想様観念
(6) 不適切な、または限定された感情
(7) 奇異な、奇妙な、または特異な行動または外見
(8) 第1度親族以外には、親しい友人または信頼できる人がいない。
(9) 過剰な社会不安があり、それは慣れによって軽減せず、また自己卑下的な判断よりも妄想的恐怖を伴う傾向がある。

B. 統合失調症、「気分障害、精神病性の特徴を伴うもの」、他の精神病性障害、または広汎性発達障害の経過中にのみ起こるものではない。

注：統合失調症の発症前に基準が満たされている場合には、"病前"と付け加える。例："統合失調型パーソナリティ障害(病前)"

（訳注：原書は DSM-IV だが、ここでは DSM-IV-TR、APA、2000 ［高橋三郎・大野裕・染谷俊幸訳『DSM-IV-TR 精神疾患の診断・統計マニュアル(新訂版)』医学書院、2004］を修正し引用した）

Box 9-1　アセスメント

統合失調型パーソナリティの特徴：統合失調型パーソナリティ尺度の項目

関係念慮
1. テレビで見るものや新聞で読むものに対して、あなたにとって特別な意味があるように感じることがありますか。
28. あなたはこれまで、あなたにとって特別なサインであるような日常的な出来事あるいはものに気がついたことがありますか。

過度の社会的不安
2. 不安になるので、私は時々、大勢の人がいる場所に行くのを避けます。
11. ていねいな会話をしなければならないとき、神経質になります。

奇異な信念あるいは魔術的思考
39. そこにいない他の人たちが、あなたの感情を感じることができると思いますか。
47. 未来を予見するための占星術、UFO、ESP、第六感を経験したことがありますか。

普通でない知覚経験
31. 私はたびたび私の考えを声高く話す声を聞きます。
40. 他の人たちに見えないものを見たことがありますか。

奇異なあるいは奇妙な行動
14. 人びとは時々、私の普通でない癖や習慣について話しています。

親しい友人がないこと
6. 私は他の人たちについて知ろうと思いません。
41. 直接の家族の他に、本当に親しい人、あるいは信頼したり、個人的な問題を話したりする人がいないように感じますか。

奇異な話し方
16. 私は話をしているとき、1つの話から別の話へとすぐに飛ぶことがあります。
58. 人と会話しているとき、話題が横道に逸れる傾向がありますか？

抑圧された情動
17. 私は、話し方や見た目の様子で、自分の本当の感情を表現するのが下手です。
43. 私は、他の人たちと話をしているとき、アイ・コンタクトを避ける傾向があります。

疑い深さ
59. 私はたびたび他の人たちが私に恨みを抱いているように感じます。
9. 私は確かに陰口をきかれています。

(Raine, 1991. より引用)

(Walker, Baum & Diforio, 1998)。認知的機能 (Bergman et al., 1998) と脳の組織にも類似があり、統合失調型パーソナリティ障害と診断された人たちは、統合失調症の患者と同様、側頭葉の容量の低下を示す (Dickey et al., 1999)。

治療

統合失調型パーソナリティ障害の治療には、認知行動療法が用いられている (Beck & Freeman, 1990)。最初の段階は、クライエントの歪んだ認知の明確化である。第1の目標はクライエントに、主観的反応に頼

るよりも、環境を客観的に評価することを教えることである。彼らは、不適切な思考を無視することと、このような非現実的な信念のシステムのもとで機能し続けていることの結果について考えるように教えられる。社会的適切さを高めることは治療のもう1つの目標である。社会的スキル訓練では、適切な行動とスピーチについてのモデリングと、クライエントに自分自身の不適切な反応を明確にするように教える。同時にセラピストは、クライエントが、彼の社会的相互作用を改善するために、安全で支持的な社会的ネットワークを作る手助けをする。

近年、統合失調型パーソナリティ障害の治療によって、統合失調症の発症を防ぐことに関心が集まっている。統合失調型パーソナリティ障害の人たちに抗精神病薬を与えると、しばしば改善が見られる(Coccaro, 1998)。しかし、この問題についてはまだ議論がある(Box 9-2参照)。治療しなかったとしても、統合失調症に発展したのは、薬を服用した人のうちの何人かだけだったろう。ほとんどの臨床家は、その人が実際の精神病の症状を経験しないうちに薬物療法を行うことに懐疑的である。彼らは、抗精神病薬物療法の副作用について心配している。クロザピンとオランザピンのような新しい抗精神病薬は以前の薬より短期間の副作用が少ないとしても、定期的服用の長期間の副作用についてはまだ明らかになっていないのである。議論のもう一方には、精神病の治療されないエピソードが長引くほど、長期の予後が悪いということがある。そうだとすると、精神病にかかりやすい人の最初の精神病のエピソードを防ぐことができないと、悲惨な結果を生じることになるかもしれない。現在のところ、統合失調症の防止についての系統的試みは、統合失調型パーソナリティ障害の人たちよりも、精神病のエピソードをもつ人たちに焦点が当てられている(McGorry & Jackson, 1999)。統合失調症の研究分野にかかわる多くの人たちは、薬物療法と心理治療の両方からの精神病のエピソードの防止に関する縦断的研究を強く待ち望んでいる。

統合失調質パーソナリティ障害

統合失調質パーソナリティ障害(schizoid personality disorder)は、統合失調型パーソナリティ障害といくつかの特徴を共有する症候群である。統合失調質パーソナリティ障害の中心となる徴候は、社会的関与に対する欲求の低さ、賞賛と批判のどちらにも無関心なこと、他者の感情に鈍感なこと、あるいは社会的スキルの欠如のうちのどれにも、またはどれかに表れるような、社会的関係を形成する能力の欠陥である。この障害をもつ人たちには、親しい友人というものがほとんどない。彼らは孤立しており、内気で引っ込み思案である。他の人たちは彼らを「途方に暮れている」(in a fog)ようだと見ている。要するに、彼らは極端に内向型の人たちである。彼らの感情は平板で、抑圧的であり、暖かな感情あるいは感情を表出する能力に欠けているように見える。その結果彼らは、冷たい、うち解けない、あるいはよそよそしいと見られる。時に、とくに社会的孤立を非常に必要とするような仕事において、これらの特質が強みになることがある。しかしそれはまれなことであり、社会的スキルの欠如は職業的、社会的成功をしばしば阻むことになる。統合失調型パーソナリティ障害と異なり、統合失調質パーソナリティ障害の診断的基準は、異常な観念あるいは知覚を含まない。統合失調質パーソナリティ障害の診断的基準に当てはまる多くの人たちは、単に、内向性の連続体の極端な端に位置しているというだけのようである。

有病率と原因

統合失調質パーソナリティ障害の生起は、人口の0.4～0.9%の間であり、女性より男性で多いと見なされている(Fabrega, Ulrich, Pilkonis & Mezzich, 1991 ; Weissman, 1993)。他のA群のパーソナリティ障害と同じく、遺伝的要因が統合失調質パーソナリティ傾向に寄与しているという証拠がある(Nigg & Goldsmith, 1994)。しかし、統合失調質パーソナリティ障害と統合失調症との遺伝的関連は明らかになっていない。この障害が、統合失調症患者の家族にたびたび起こりやすいことを示す研究結果もあるが、こういった関連を見出さない研究もある(Battaglia et al., 1995)。

治療

統合失調質パーソナリティ障害の認知行動療法の主要な目標はクライエントの孤立を軽減し、他者との親密な関係を促進することである(Beck & Freeman, 1990)。集団療法は統合失調質患者に社会的ネットワークを形成するためのよい集団の場を提供することができる。それはまた、自己開示と社会的反応の場も提供している。このようにしてクライエントは、他者からの肯定的、否定的、中性的反応をどのように扱ったらよいかを学ぶのである。社会的スキルは、ロールプレイングと家で行う課題によっても学ぶことができる。統合失調質傾向の人たちはしばしば他者の感情状態に注意を払わないため、治療のもう1つの目標は、他者の感情と感情的反応を明確にすること、つまり、クライエントの共感能力を増すことである。

妄想性パーソナリティ障害

妄想性パーソナリティ障害(paranoid personality

Box 9-2　分析の水準

パーソナリティ障害の精神薬理学的治療

　1960年代の終わりまで、パーソナリティ障害は治療されないか心理療法で治療されるかのどちらかであった。しかし精神薬理学が統合失調症と気分障害に効果的であることが明らかになるにつれて、パーソナリティ障害に対する薬物治療の有用性が臨床的研究者の間で議論の的となった。臨床家は、パーソナリティ障害の患者の症状と、第Ⅰ軸の障害の患者の症状の間の類似性を見出した。たとえば、境界性パーソナリティ障害と診断された多くの人たちは双極性障害に特徴的な気分の揺れと誘発された感情を示した。さらに、研究を通して、パーソナリティ障害の中には第Ⅰ軸の障害との間に、遺伝的関連と生物学的類似の見られるものがあることが明らかになった。統合失調型パーソナリティ障害と統合失調症がよい例である。

　これらの研究結果から、生物学的神経科医は、パーソナリティ障害の患者に対する効果的な薬物治療があると主張した。たとえば、Soloff（1986）は、ハロペリドールという抗精神病薬は、境界性パーソナリティ障害と統合失調型パーソナリティ障害の患者の強迫神経症的症状や、抑うつ、不安、敵意、妄想様観念、衝動性をかなり軽減することを示す研究を発表した。その後、選択的セロトニン再取り込み阻害薬（SSRI: selective serotonin reuptake inhibitors）（たとえばProzac®）とセロトーン運搬抑制剤がパーソナリティに与える影響について詳細に記録したたくさんの報告書が提出された。選択的セロトニン再取り込み阻害薬による薬物療法は今や強迫性パーソナリティ障害を含むさまざまなパーソナリティ障害に対して広く受け入れられた治療であり、いくつかの地域では熱狂的に迎えられている。

　しかし、心理療法に比べて薬物治療はどれくらい有効なのだろうか。Donald Blackと彼の同僚は、認知療法、薬物療法（SSRI）、プラセボを用いた治療を受けている外来患者のパーソナリティの変化を比較した。パーソナリティについての自己報告の尺度では、認知療法を受けている人たちの82％がパーソナリティ障害の特性の低下を示したのに対し、薬物療法を受けている人たちの47％しか変化を示さなかった。プラセボ療法はパーソナリティ得点にほとんど影響がなかった。事実、プラセボを与えられた41％の被験者がパーソナリティ障害の徴候の増加を示した。このように、認知療法は、特に統合失調型、自己愛性、境界性、妄想性カテゴリーにおける異常特性の最も大きな低下にかかわっている。

　心理療法との比較による薬物治療の効果に対する関心とは別に、パーソナリティ障害の治療に薬物を用いることに関する別の関心も高まってきている。研究者たちはこのような疑問を投げかけている。「われわれは、パーソナリティを作り出しているのだろうか？」「将来、人びとはその時の流行に基づいて自分たちのパーソナリティを変えるために薬物を選んだりするようになるのだろうか？」「精神薬理学は、ある民族が社会化を通して奨励しているパーソナリティ傾向を変化させたりするようになるのだろうか？」「これは人間の文化の多様性を均質化することになるのではないだろうか？」「精神薬理学はわれわれの個性を取り除いてしまうようなことができるのだろうか？」しかし、おそらく、われわれすべてが自分自身に問いかけねばならない第1の疑問は、「心理療法あるいは薬物療法のどちらであってもそれらを通してパーソナリティを変えるという発想は、われわれにとって心地よいものであろうか？」ということである。

---

disorder）の顕著な特質は、広い範囲で長く持続する他者についての不信と疑い深さである（Bernstein, Useda & Siever, 1995）。この障害を有する人たちは過敏で、周囲を精査し、自分たちが虐待の標的になっているような手がかりを見つけ出そうとする傾向がある。妄想性パーソナリティ障害を有する人たちは、しばしば理屈っぽく、緊張しており、おもしろみがない。いつでも攻撃を開始する準備が整っているようである。彼らは誇張し、些細なことを大げさに言い、他者の悪気のない行動にもその隠れた動機と特別な意味を見出そうとする傾向がある。彼らは、自分たちが経験するあらゆる問題について他者を責める傾向があり、反対に彼ら自身は、自分たちの失敗に対するどんな責め、あるいは責任も受け入れることができない。

有病率と原因

　統合失調質パーソナリティ障害と同様に、妄想性パーソナリティ障害は遺伝的性質の影響を受け、統合失調症患者の家族に高い割合で生起するという証拠がある（Kendler & Gruenberg, 1982 ; Nigg & Goldsmith, 1994）。この障害をもつ人たちは責めと罪を外的要因に帰属する傾向があり、クリニックあるいは精神病院での治療を受けようとしない。見積もったところ、その生起率は人口の0.4～1.8％の間である（Weissman, 1993）。女性より男性のほうが妄想性パーソナリティ障害にかかりやすく（Kass, Spitzer & Williams, 1983）、第Ⅰ軸の障害、とくに抑うつ、不安、物質乱用との併存症の割合は高い（Bernstein, Useda & Siever, 1993）。しばしばこの障害の徴候は、以下の事例に見られるように、高齢になってから、とくに重要な人生の変化の後で発現する。

> 妻が死んだ後、セイモア（Seymour）はフロリダの退職者コミュニティへ移った。彼は健康で魅力的であり、フォークダンスのグループと時事問題を話し合うグループ、そして陶芸クラスに参加した。しかし彼は、他の居住者が自分の陰口をたたいており、ダンスのパートナーが見つからず、時事問題グループでは無

DSM-IV-TR の診断基準

統合失調質(シゾイド)パーソナリティ障害

A. 社会的関係からの遊離、対人関係状況での感情表現の範囲の限定などの広範な様式で、成人期早期までに始まり、種々の状況で明らかになる。以下のうち4つ(またはそれ以上)によって示される。
  (1) 家族の一員であることを含めて、親密な関係をもちたいと思わない、またはそれを楽しく感じない。
  (2) ほとんどいつも孤立した行動を選択する。
  (3) 他人と性体験をもつことに対する興味が、もしあったとしても、少ししかない。
  (4) 喜びを感じられるような活動が、もしあったとしても、少ししかない。
  (5) 第一度親族以外には、親しい友人または信頼できる友人がいない。
  (6) 他者の賞賛や批判に対して無関心に見える。
  (7) 情緒的な冷たさ、よそよそしさ、または平板な感情
B. 統合失調症、「気分障害、精神病性の特徴を伴うもの」、他の精神病性障害、または広汎性発達障害の経過中にのみ起こるものではなく、一般身体疾患の直接的な生理学的作用によるものでもない。

注:統合失調症の発症前に基準が満たされている場合には、"病前"と付け加える。例:"統合失調質パーソナリティ障害(病前)"

(訳注:原書は DSM-IV だが、ここでは DSM-IV-TR、APA、2000 [高橋三郎・大野裕・染矢俊幸訳『DSM-IV-TR 精神疾患の診断・統計マニュアル(新訂版)』医学書院、2004] を修正し引用した)

この Scottie Wilson の絵を細部にわたって見ていくと、統合失調質パーソナリティ障害の人に特徴的な、孤立した、内気な、引っ込み思案の顔つきを見ることができる。(Painting by Scottie Wilson ; reproduced with permission of the Henry Boxer Gallery, London)

視され、陶芸クラスでは間違った指示を与えられたと子どもたちに不平をもらし、6週間もしないうちにすべてのプログラムをやめてしまった。

退職する前、セイモアは物理学者であった。彼はいつも自分の仕事について何も口にしなかった。彼の家の書斎にはいつも鍵がかけられていた。誰にも掃除をさせず、彼の許しなく誰かが入ると怒り始めた。彼の息子によれば、彼の両親は仲むつまじく、愛情が通い合っていたが、父親にはほとんど友達がいなかった。

彼は新しい顔ぶれに対して用心深く、見知らぬ人の動機について気にかけた。一生を通して熱心な働き手であった彼は、今や恐怖に苛まれていた。彼は株式仲買人がまずいアドバイスをするのではないか、あるいは売り買いの時期について連絡を怠りはしないかと心配して、自分の投資を監視することに多くの時間を費やした。

治療

セイモアは妄想的傾向を低下させることを目標とした認知行動療法に適した対象者と見なされる。妄想性パーソナリティ障害の認知行動療法は、自己開示と信頼を強調している(Beck & Freeman, 1990)。第一の目標は、クライエントが問題状況に対処する自分の能力について自己効力感を増し、他者の意図と行為について、より現実的視点を確立することである。これによってクライエントは、自分が認知する危機感に対する防衛のために典型的に用いている防衛的構えを捨てることができる。セラピストとクライエントの間に協力的関係を確立することはどの場合も大切なことであるが、疑い深く、他者には悪意があり、ごまかしが多いと考える傾向のある妄想的クライエントと向かい合うときにはとくに大切である。治療でのクライエントの安楽な状態を高める効果的な方法は、セッションの内容と頻度についての自由とコントロールを彼に与えることである。

劇的—常軌を逸した行動を示す障害

B群の障害の中心的な特徴は、不適切かつまたは極

第9章 パーソナリティ障害

DSM-IV-TR の診断基準

妄想性パーソナリティ障害

A. 他人の動機を悪意のあるものと解釈するといった、広範な不信と疑い深さが成人期早期までに始まり、種々の状況で明らかになる。以下のうち4つ（またはそれ以上）によって示される。
 (1) 十分な根拠もないのに、他人が自分を利用する、危害を加える、またはだますという疑いをもつ。
 (2) 友人または仲間の誠実さや信頼を不当に疑い、それに心を奪われている。
 (3) 情報が自分に不利に用いられるという根拠のない恐れのために、他人に秘密を打ち明けたがらない。
 (4) 悪意のない言葉や出来事の中に、自分をけなす、または脅す意味が隠されていると読む。
 (5) 恨みをいだき続ける。つまり、侮辱されたこと、傷つけられたこと、または軽蔑されたことを許さない。
 (6) 自分の性格または評判に対して他人にはわからないような攻撃を感じとり、すぐに怒って反応する、または逆襲する。
 (7) 配偶者または性的伴侶の貞節に対して、繰り返し道理に合わない疑念をもつ。
B. 統合失調症、「気分障害、精神病性の特徴を伴うもの」、または他の精神病性障害の経過中にのみ起こるものではなく、一般身体疾患の直接的な生理学的作用によるものでもない。
注：統合失調症の発症前に基準が満たされている場合には、"病前"と付け加える。例："妄想性パーソナリティ障害（病前）"

（訳注：原書は DSM-IV だが、ここでは DSM-IV-TR、APA、2000［高橋三郎・大野裕・染谷俊幸訳『DSM-IV-TR 精神疾患の診断・統計マニュアル（新訂版）』医学書院、2004］を修正し引用した）

1997年の映画「陰謀のセオリー（Conspiracy Theory）」で、メル・ギブソン（Mel Gibson）が演じる人物は、他人を信頼せず、自分を取り巻くすべてに隠された意味と陰謀を見て取るが、これらは、妄想性パーソナリティ障害の人の特徴である。(Photofest)

端な顕在的行動である。劇的―常軌を逸した行動を示す障害を有する人たちは、社会的規範に従うことができず、他の人たちに対し非常に自己中心的に見える。

反社会性パーソナリティ障害

おそらく第Ⅱ軸の障害のうちで最も人の関心を引くのは、反社会性パーソナリティ障害（antisocial personality disorder）である。この障害には、何十年間もたくさんの違った名前が与えられてきたが、中心の症状は驚くほどに変わらない。過去、「社会病質（sociopathy）」あるいは「精神病質（psychopathy）」という用語が、反社会性パーソナリティ障害を示すために時々互換性をもって使われていた。今日、「社会病質」という用語は一般的に使用されておらず、現在ほとんどの研究者は、反社会性パーソナリティ障害と精神病質を区別している。この区別は部分的に、アセスメントのアプローチの違いに基づいている。「反社会性パーソナリティ障害」という診断名は行動上の診断基準に基づいており、一方、精神病質は、チェックリストあるいは質問紙によって査定されるパーソナリティ特性に基づいている。

Harvey Cleckley は「精神病質パーソナリティ（psychopathic personality）」についてたくさんの書物を書いている。彼の有名な書物である「正気の仮面（Mask of Sanity）」は、精神病質の問題に臨床家の注目を大いに集めることとなった（Cleckley, 1964）。Cleckley は、外見の魅力、誠意のなさ、不正直さ、良心の呵責あるいは恥の欠如、自己中心性、判断力のなさ、情緒的感受性の欠如、洞察力の欠如、心配あるいは不安のなさ、妄想的思考のなさなど、精神病質者のパーソナリティのたくさんの特徴をあげた。Robert Hare らは Cleckley の研究を発展させ、精神病質と関連するパーソナリティ特性について評定するための尺度である改訂版精神病質チェックリスト（Revised Psychopaty Checklist：PCL-R）を開発した（Hare, 1996）。

反社会性パーソナリティ障害の DSM 基準に当てはまる人たちと同様、犯罪者も PCL-R で高い得点をとるだろうが、常にそうだというわけではない。さらに、PCL-R で非常に高い得点をとる人たちの中にも、反社会性パーソナリティ障害の基準に当てはまらず、けっして違法行為を犯さない人もいる。たとえば、ごまかしが多く、不正直で、恥知らずで、信頼できないという特性について高い得点をとる人も、DSM

基準を用いると、15歳以前に素行障害のはっきりした徴候を示さなければ反社会性パーソナリティ障害とは診断されないのである。さらに私たちは、こういった特性をもっていても、けっして法に関わる問題を起こさず、したがって犯罪者にもならない人がいることを知っている。

しかし、これらの区別によって、以下の3つの集団に大いに重なりがあるという事実を無視すべきではない。すなわち、反社会性パーソナリティ障害の基準に当てはまる人たち、精神病質の得点が高い人たち、有罪の判決を受けた犯罪者たちである。自己報告の尺度における精神病質を示す高い得点は反社会性パーソナリティ障害と同じ意味ではないが、反社会性パーソナリティ障害の徴候と精神病質を測定するのに用いられている項目の間にはかなりの重なりがある。また、犯罪は反社会性パーソナリティ障害と同じ意味ではないが、この障害の基準に当てはまる多くの人たちは犯罪を犯す。また、犯罪のために収監された人たちの中で反社会性パーソナリティ障害の徴候をより多く示す人たちは、より再犯を犯しやすい(Hemphill, Hare & Wong, 1998)。

以下の議論において、DSMにおける反社会性パーソナリティ障害の人たちについての研究結果を見てみよう。そこでは、収監された人たちを含む、精神病質を測る尺度での高得点者に関する研究結果についても触れることになるだろう。

反社会性パーソナリティ障害の特徴

これまでの歴史の多くの部分を通して、反社会的行動は心理学的用語で考察されることはなかった。しかし、とくに19世紀になると、ある種の犯罪行動は個人がコントロールできないような状況、つまり、社会的、心理的あるいは生物学的原因から生じるのではないかという考えが広まってきた。彼らの犯罪は意志による行為ではなく、むしろ、彼らのコントロールを超え環境の結果だということである。

19世紀になると、社会的期待に従うことを阻む障害をもつ人たちがいるという考えが広まった。この見地から、持続的に反社会的傾向を示す人たちは、意志の障害と見られる「道徳的狂気(moral insanity)」を有していると言われた。「道徳的狂気」という用語は「反社会性パーソナリティ障害」にとって代わられたが、それはいまだに意志の障害と見られている。それが生物学的理由によるものか、社会的理由によるものか、あるいは心理的理由によるものか、いずれにせよ、これらの人たちは「生活の中でやるべきことにおいて、適切に、正しく自分自身を処すことができない」ことがわかっている。意志を行使でき、自分自身を正しく処すことができるが、ただそうしないことを選ぶとき、彼らは犯罪者と呼ばれるのである。

近年、反社会性パーソナリティ障害について多くの研究が行われ、すべてのパーソナリティ障害の中で最もよく理解されている障害の1つとなっている。この障害への関心は、部分的には、それが社会にとって直接的な否定的結果をもたらすという事実から起こっている。つまり、この障害の顕著な特徴は、うそをつくこと、盗むこと、だますこと、そして、さらにひどい悪行に現れるような他者の利益に対する慢性的な鈍感さと無関心さである。他の心理的問題をもつ人たちが不愉快な存在であるのに対し、反社会性パーソナリティ障害をもつ人たちとの接触は危険である。その数は少なくないので、彼らは心理的問題と同様に、主要な社会的、法律的問題となっている。

第8章において、私たちは反社会性パーソナリティ障害の発達的根源について論じた。この障害は、ずる休み、常習的うそ、盗み、破壊行為などの行動特徴をもつ、児童期の素行障害から始まる。同様の行動は成人期に入っても、他人やその所有物に対する暴力、大きな借金や経済的責任の不履行、悪の世界への関与などの形で、ひき続いて起こる。この発達的経過は世界中のさまざまな文化の出身者の下位グループにおいて認められている(Robins, 1999)。また、反社会性パーソナリティ障害の疫学において、さまざまな文化を通じた類似性も見られる。すなわちこの障害は、女性より男性で、また、貧しく不安定な家庭で育った人に、より一般的に見られる。

反社会的行動の過激さは、30歳くらいから年齢とともに低下する(Robins, 1996; Robins & Price, 1991)。とくに30歳と40歳の間で著しい行動的改善が見られる。誰もはっきりとはわからないが、この発達的改善にはいろいろな要因が考えられる。社会的学習がその1つの要因である。つまり、自分の反社会的行動から生じる否定的結果をより多く経験するにつれて、これらの行動の頻度が低くなるということである。また、生物学的要因もかかわっていると考えられる。以前の章で述べたように、一生を通して脳の特質、ホルモン、身体能力には変化が見られる。たとえば脳の前頭葉の成熟は、将来の計画を立てたり、不適切な行動を抑制したりする能力の発達の向上において、おそらく重要な役割を果たしている。

平均的成人の見地からは、反社会性パーソナリティ障害はややこしい問題である。成熟した人間が他人との情緒的関係を結ぶことができなかったり、あるいは道徳の大切さを理解できなかったりしてうまくやっていけるだろうか。Robert Kegan(1986)は反社会性パーソナリティ障害を有する人たちはその心理的構造において、10歳の子どもに最もよく似ていると示唆している。どちらも責任をもつということができず、他の人の気持ちを理解することが困難で、その関心は非常に具体的なものに向けられる。この後者の特徴は、

以下に紹介する有名な銀行強盗である Willy Sutton とレポーターとのやりとりに表れている。

> 「Willy、あなたはなぜこれらの銀行に強盗に入ったの？」
> 「だってそこには金があるからだよ」(Kegan, 1986)

　反社会的行動の存在だけでは反社会性パーソナリティ障害の診断に十分ではない。このような行動は、DSM-IV では精神疾患として除外されている「成人の反社会的行動（adult antisocial behavior）」にすぎない。パーソナリティ障害に当てはまるためには、その反社会的行動が以下2つの基本的基準に当てはまらなければならない。1つ目は、その行動は長く続くものでなければならないということである。この障害の診断は18歳未満の人に適用することはできないが、現在の診断基準では15歳以前の素行障害の確固たる証拠が必要である。このような証拠には、常習的うそ、早期の攻撃的性行動、破壊性、盗み、暴力行為、家と学校での慢性的規則違反が含まれている。2つ目は、現時点での反社会的行動は、以下にあげる行動の少なくとも3つの分野に現れていなければならないということである。つまり、繰り返される攻撃性、他の人を危険に曝す向こう見ずさ、人をだます傾向や良心の呵責の欠如とこれらの行動に見られる一貫した無責任さ、経済的な義務の不履行である。そこで、反社会性パーソナリティ障害は、青年期に始まり成人期の間さまざまな領域で継続する持続的な反社会的行動によって定義される。

　これらの基準は、誰が反社会性パーソナリティ障害と診断されるべきで、誰がそうでないかをはっきりとさせる。しかしこのことは、この障害の診断が容易であることを意味しているのではない。容易に想像できることであるが、人が自分をどのように記述するかと、他人がその人をどのように記述するかには違いがある（Lilienfeld, Purcell & Jones-Alexander, 1997)。反社会性パーソナリティ障害の人は、自分を賢くて、戦略が巧みであると見ているのに対し、周りの人たちは、彼を、ごまかしが多く、見て見ぬふりをする傾向があると記述する。では、どの情報源を臨床家は採用すべきであろうか。すべての障害と同様、反社会性パーソナリティ障害の診断における最善のアプローチは複数の情報源を採用することである。

　どのようなパーソナリティ的特徴が反社会性パーソナリティ障害に表れているのだろうか？ Cleckley (1964) によって示された精神病質の一面について考えてみよう。Cleckley によってあげられた特徴は大きく3つのカテゴリーにまとめられる。すなわち、誤った方向に動機づけられた反社会的行動、良心と他者に対する責任感の欠如、情緒的貧困である。これらの傾向は確かに反社会性パーソナリティ障害の基準（表9-1参照）に当てはまる人たちに認められる。

誤った方向に動機づけられた反社会的行動　ほとんどの犯罪者は、すぐに金持ちになりたいという欲求と、仲間の中で地位を獲得したいという欲求によって動機づけられている。これらの動機づけは、その行動がどんなに非難されるべきものであったとしても理解できる。しかし、反社会性パーソナリティ障害の人たちの犯罪は、しばしば目的がなく、でたらめで、衝動的であるように見える。そのよい例として以前この章で述べたデリックがあげられる。彼は、自分が働いている販売代理店から宣伝用の車を何も言わずに持ち出した。彼がそうしなければならない理由はなかった。なぜなら、その販売代理店では1ヵ月に数回、セールスの担当者に宣伝用の車を家に持ち帰らせることにしており、デリックはそれまで一度も車で帰ったことはなかったので、彼にはそうする権利があった。彼の行動はどんな合理的目的にも動機づけられているように見えず、邪悪な衝動に駆り立てられているように見えたが、これは、反社会性パーソナリティ障害の人に典型的なことであった。デリックも私たちもなぜ彼がそんなことをしたのか理解できないのである。もっと極端な例は、DSM-IV の反社会性パーソナリティ障害の基準に当てはまりそうな、有罪判決を受けた殺人犯 Gary Gilmore の事例である（Box 9-3参照）。彼の人生は誤った方向に動機づけられた反社会的行動の特性を具体的に示している。

　1976年の10月7日、ゲーリー・ギルモア（Gary Gilmore）はユタ裁判所において、一見無目的な過激な犯罪の罪で死刑を宣告され、1977年の1月7日、1966年以降米国で死刑を執行された最初の人物となった。ギルモアが裁判に耐えうるかどうかを決定するための心理的鑑定では、彼が反社会性パーソナリティ障害を有しているとの結論が下された。ギルモアの行為は理解できない動機による犯罪の興味深い具体例となっている。
　ギルモアは武装強盗に服役し、たった6ヵ月前に出所したところであった。彼は合衆国を離れることで、直ちに仮釈放に違反してしまった。彼の保護観察官はもう一度チャンスを与えた。しかしその後すぐにギルモアは、ガールフレンドと激しい喧嘩をした後ステレオを盗んだ。再び彼は自分を告発しないように警察を説得した。ギルモア自身次のように述べている。「ガソリンスタンドの近くで車を止め、スタンドの男に金を全部出すように言ったんだ。その後彼を洗面所に連れて行き、ひざまずくように言ってから彼の頭を2回銃で撃ったのさ。その男が俺に何かをしたわけじゃないけど、ただ俺はそうしなきゃならないように感じただけさ」
　その次の朝、ギルモアはちょっとした修理のために

DSM-IV-TR の診断基準

反社会性パーソナリティ障害

A. 他人の権利を無視し侵害する広範な様式で、15歳以降起こっており、以下のうち3つ(またはそれ以上)によって示される。
  (1) 法にかなう行動という点で社会的規範に適合しないこと。これは逮捕の原因になる行為を繰り返し行うことで示される。
  (2) 人をだます傾向。これは繰り返し嘘をつくこと、偽名を使うこと、または自分の利益や快楽のために人をだますことによって示される。
  (3) 衝動性または将来の計画を立てられないこと
  (4) いらだたしさおよび攻撃性。これは身体的な喧嘩または暴力を繰り返すことによって示される。
  (5) 自分または他人の安全を考えない向こう見ずさ。
  (6) 一貫して無責任であること。これは仕事を安定して続けられない、または経済的な義務を果たさない、ということを繰り返すことによって示される。
  (7) 良心の呵責の欠如。これは他人を傷つけたり、いじめたり、または他人のものを盗んだりしたことに無関心であったり、それを正当化したりすることによって示される。
B. その人は少なくとも18歳である。
C. 15歳以前に発症した素行障害の証拠がある。
D. 反社会的な行為が起こるのは、統合失調症や躁病エピソードの経過中のみではない。

(訳注:原書は DSM-IV だが、ここでは DSM-IV-TR、APA、2000 [高橋三郎・大野裕・染谷俊幸訳『DSM-IV-TR 精神疾患の診断・統計マニュアル(新訂版)』医学書院、2004] を修正し引用した)

表9-1 反社会性パーソナリティ障害の診断

定義	前歴(児童期)	成人になってからの行動	影響する要因
長年にわたる反社会的行動は、攻撃性、無責任、他の人を危険に曝す向こう見ずさ、経済的な義務の不履行など、さまざまな形で現れる	常習的うそ 盗み 攻撃性行為 暴力行為 ずる休み 衝動性	人をだます傾向 易怒性 繰り返し示される攻撃性 犯罪行為 将来の計画を立てられない 良心の呵責の欠如	特に回避学習における社会的学習能力の不足 情緒的覚醒の低さ 犯罪の遺伝的傾向 脳の異常

別のガソリンスタンドに車を置いて、モーテルに歩いていった。「入っていって、男に金を出すように言ったのさ。床に寝るように言って、その後銃で打ったんだ。その後、金の入った引き出しを持って外に歩いていった。金を取って、引き出しを藪の中に放って銃も藪の中に押し込もうとしたけど、押し込んでいる時に銃が発射して、俺の腕に当たってしまったのさ。俺はいつもついてない。俺はいつも自分が困るようなばかなことばかりしてきたような気がする」

良心と他者に対する責任感の欠如 過去の間違った行為に対する羞恥心と良心の呵責の欠如、あるいはあらゆる恥の感覚の欠如は、反社会性パーソナリティ障害の最も一般的な特徴の1つである。反社会性パーソナリティ障害の人たちは良心が欠如しており、そのことで他の人たちを思いやる能力にも欠けている (Millon, 1996 ; Williamson, Hare & Wong, 1987)。そのため、他者との関係は非常に浅く、搾取的な傾向がある。彼らには愛情、持続した愛着の能力が欠けており、信頼、親切、あるいは愛情に対して感受性が鈍い。彼らは恥知らずにうそをつき、自分を信頼していた人たちを無慈悲にひどい目にあわせることができる。

ギルモアは、2件の殺人を犯す数週間前まで異性関係をもったことがなかった。そのとき彼は36歳であった。その関係について彼はこのように述べている。「それは自分にとって初めての親密な関係だった。長い間、彼女にどうしたらよいかわからなかった。彼女に対して非常に無感覚であり……彼女を扱うやり方は思いやりがなかった……彼女の2人の子どもたちは自分をいらいらさせ、あまりにうるさいときには、ときどき腹を立てて平手打ちをくらわした」。

情緒的貧困 反社会性パーソナリティ障害の人と、犯罪者であるが反社会性パーソナリティ障害ではない人の大きな違いの1つは、経験される情緒の深さにある。通常の犯罪者は、おそらく他の人たちと同様の情緒を経験する。しかし反社会性パーソナリティ障害の人たちは、非常に浅い情緒しか経験しない。彼らは持続した愛情をもち、怒り、悲しみ、喜び、あるいは失望する能力に欠けているようである。精神科医とのインタビューで、ギルモアは、「自分の人生を通して、どんな情緒的出来事も思い出せない。あんたたちも刑

Box 9-3 社会とメンタルヘルス

犯罪か精神疾患か？

心理学者はしばしば、重大な犯罪を犯した人たちの精神的状態の査定を求められる。これらの人たちは反社会性パーソナリティ障害の診断基準に当てはまることが多い。しかし、反社会性パーソナリティ障害を含むパーソナリティ障害の診断は、精神障害による無罪（insanity defense）で被告を擁護するような精神疾患とは考えられていない。なぜならパーソナリティ障害は、人の情緒を制御したり、善悪の判断をしたりする能力を損なうような疾患とは見なされていないからである。対照的に、双極性障害のような重大な気分障害の症状の発現は、裁判所によって、人の情緒的制御と判断力を阻害しうる疾患と見なされている。

複数殺人を犯した以下のような男の事例では、被告の精神状態について2人の精神医学の専門家の意見が分かれた。被告に代わって証人となった精神科医は、その男が双極性障害を有しており、犯罪を犯したときには躁病の状態であったと述べた。これが真実であれば、精神障害による無罪が選択可能になる。言い換えれば、この男の弁護士は、被告は彼の犯罪行為に責任能力がないと主張するであろう。彼は、被告に制御できないような情緒的反応を起こさせ、彼の善悪の判断能力を損なうような精神疾患を患っていたということを陪審に納得させようとするであろう。対照的に、司法心理学者は、被告が彼の人生を通して反社会性パーソナリティ障害を示すような行動パターンを示していると考えていた。もしこれが正しいなら、被告は犯行の間、高い情緒的覚醒状態にあったとは考えられない。つまり、この事例に裁判所での精神障害による無罪が適用されるかどうかは、被告が極度の情緒的覚醒状態の時に「実行していた（acting）」という証拠次第ということになった。

35歳になるある1人の男は長い間攻撃的行動を起こしており、何回も妻に身体的、性的暴力をふるっていた。事件の前の週に、この犯罪者に一連の出来事が起こっていた。15年の結婚生活の間、ドメスティック・バイオレンスの犠牲者であった彼の妻は、彼と別れ、友達と住むことを彼に告げた。3日後、彼女は息子の親権をとり、夫に対して接近禁止命令を出してもらった。次の週、その男は頭と髭を剃り、50口径のライフルを購入した。そして、妻が働いている市内の食料品店に到着すると、銃を撃って、彼女に怪我を負わせた。そして妻をまたいで立つと、さらに5発の銃弾を彼女の胸と腹に打ち込んだ。この殺人は、店の支配人と郡保安官にまで及んだ。怪我をして治療を受け、後に解放された3人の被害者もあった。犯罪者には反社会的行動の長い歴史があり、反社会性パーソナリティ障害と診断を下す十二分の証拠があった。さらに、状況と目撃者の証言によると、事件前のその犯罪者の心理的状況は、情緒的覚醒が最も低い状態であった。目撃者の報告によると、犯罪者は落ち着いて、自信があるように見え、欲求不満、易怒性あるいは短気といった徴候はなかった。事実、その犯罪者は情緒的に超然としているようであった。事件の前の週にその被告とかかわった34人以上の人たちは、彼があまり情緒的でなかったと報告した。殺人の前日、妻について彼の話した言葉には、情緒が欠けていた。犯罪の現場を目撃した人たちは、被告の声の調子について、「あたかも車をいじることについて話しているかのような変化のない声だった」と言った。同様に、犯罪の直後、目撃者はその犯罪者が自信に満ち、落ち着いた様子でその場を歩き去ったと報告した。これらの観察は、犯罪現場を写したビデオテープによって確認された。

弁護側の鑑定人である精神科医の証言に反して、その犯罪者が躁病のエピソードを示している証拠はなかった。その代わり、その犯罪者は感情がなく、無関心で、その特徴は反社会性パーソナリティ障害の特徴により一致していた。被告が双極性障害を患っているという主張は、彼が犯罪の5ヵ月後まで双極性障害の診断も治療も受けていないという事実によってさらに否定された。

その男は3件の殺人と3件の殺人未遂で有罪判決を受け、終身刑を宣告された。

(Meloy, J. R., 1997, 42, p. 326–29. より引用)

務所にいれば、どきどきすることなんてないだろ。俺は本当に感情が高ぶらないんだよ。感情的にならないんだ」と述べた。事実、彼らの情緒を経験する能力のなさは、良心の欠如や他の人たちの期待をやすやすと裏切ってしまうことと深い関係があるだろう（Hare, 1998；Patrick, Bradley & Cuthbert, 1990；Patrick, Cuthbert & Lang, 1990；Stoff, Breiling & Master, 1997）。

有病率と性差

反社会的行動の有病率はざっと2～3％であり、診断を与えられた男性は女性の4倍である（Weissman, 1993；American Psychiatric Association, 1994）。この違いは、診断する側の性的バイアスを反映しているのだろうか、それともこの障害の有病率の実際の性差を示しているのだろうか。事実、あるパーソナリティ障害の診断においては、性的バイアスが働いているという証拠がある。1978年に行われた研究において、精神的健康の専門家は、仮想の事例経過に基づいて診断を下すように求められた（Warner, 1978）。8つの可能な診断が与えられたが、その中には、演技性パーソナリティ障害（その障害をもつ人は魅力的で、他人からの注目を欲しており、自分の考えに夢中である）、反社会性パーソナリティ障害が含まれていた。クライエントが女性であると記述されていると、セラピストは彼女をヒステリー症あるいは演技性パーソナリティと診断する傾向があった。しかし同じ仮想のクライエントが男性であると記述されていると、反社会性パー

この写真にあるように、有罪判決を受けたゲーリー・ギルモア(Gary Gilmore, 右から2番目)は、1976年に心理学者による検査を受けた。彼にはDSMの反社会性パーソナリティ障害の診断が下された。(The Salt Lake Tribune)

1991年の「羊たちの沈黙(Silence of the Lambs)」の中で、アンソニー・ホプキンス(Anthony Hopkins)演じるHannibal Lecterは、自分の犯した犯罪について良心の呵責を示さず、良心に欠けており、深い情緒的感情をもつ能力がないように見える。この連続殺人犯は、おそらく反社会性パーソナリティ障害と診断されるであろう。(Photofest)

ソナリティと診断されるのである。性的役割のステレオタイプがその時代ほど顕著でない今日、これらと同じ結果は得られないかもしれない。しかし、実際、より最近の研究でも同様の結果が得られている(Ford & Widiger, 1989; Widiger, 1998)。このように、診断する側の性的役割期待に影響を受けたこれらの診断には性的バイアスがかかっているかもしれない。

しかし、診断的バイアスが、反社会性パーソナリティ障害の発生におけるすべての性差を説明することにはならない。反社会性パーソナリティ障害の発生をいろいろな文化を通して見てみると、性的役割のステレオタイプが大いに異なる文化においてでさえ、同様の性差が明らかに見られた(Wrangham & Peterson, 1996)。人間行動の進化の起源を研究している心理学者の中には、男性のほうが反社会的で、攻撃的行動を起こしやすいという傾向は、生物学的に決定されていると信じている人たちがいる。Richard WranghamとDale Petersonは、論争を巻き起こしている彼らの著書、『男の凶暴性はどこからきたか:類人猿と人間の暴力の起源(Demonic Male: Apes and the Origins of Human Violence)』の中で、進化は、現代社会において問題となる男性の特性を選択したとする仮説を支持する証拠をあげている。彼らは、攻撃的になったり、危険を冒したり、見境のない性行動に走ったりする傾向は、それらが生物学的性差に基づいているために、男性においてより顕著であると主張している。

反社会性パーソナリティ障害の原因

上記のことは、私たちを反社会性パーソナリティ障害の起源について考えさせることとなる。その原因は何であろうか。確信はないが、研究を通して以下のことを含むいくつかの要因が挙げられている。(1)遺伝的な脆弱性、(2)発達過程にある神経システムの早期の損傷、(3)生理的反応と脳の活動における異常、(4)家族と社会の環境、(5)学習の問題。

遺伝的性質 反社会性パーソナリティ障害が遺伝的基盤をもっているという考えには長い歴史がある。一般的な文化において、反社会的行動は「悪い種(bad seed)」、とくに悪い種をもった家族から出てきた悪い種と関係している。しかし、環境の影響を遺伝的影響から区別することは、ここでも難しい。そして、私たちの目に留まりやすいのは実際に逮捕され有罪を宣告されたパーソナリティ障害の犯罪者であって、逮捕されなかった人たちではないことから、この区別はさらにややこしくなる。もちろん、すべての犯罪者が反社会性パーソナリティ障害ではないが、確かな割合の人たちがそうなのである。

反社会性パーソナリティ障害の原因に関する研究結果は、児童期の素行障害の原因に関する研究結果と近似している。すなわち、遺伝も環境も影響しているらしいのである。まず、双生児と養子の研究について見ていくことにしよう。しかし、その前に、1つ押さえておかなければならないポイントがある。ここで述べる研究の中には、犯罪の遺伝的決定因に関係したものも含まれている。しかし、前に述べたように、犯罪と反社会性パーソナリティ障害は同じではない。

一卵性双生児(MZ: monozygotic twins)は本質的に同じ遺伝的特性を分けもっており、二卵性双生児(DZ: dizygotic twins)は遺伝子の約50%を分けもっている(第4章参照)ということをもう一度思い出してほしい。犯罪あるいは反社会性パーソナリティ障害の一致が、二卵性双生児より一卵性双生児で高ければ、遺伝的要因が影響していると推測することができる。

一卵性双生児と二卵性双生児の犯罪率を調べた研究では、一卵性双生児のほうが二卵性双生児よりも高い一致率を示している。このことは犯罪行動への遺伝的

表9-2 反社会性パーソナリティ障害の症状の生起率と双生児間の相関*

少年の基準（15歳未満）

DSM 基準	生起率（%）	一卵性双生児の相関係数	二卵性双生児の相関係数
無断欠席	13.6	.26	.19
喧嘩	5.0	.37	.18
武器の使用	1.3	.39	.22
家出	1.9	.47	.78
強姦	0	…	…
動物に対する虐待	8.6	.21	.11
人間に対する虐待	6.1	.10	.28
所有物の破壊	5.1	.26	.37
放火	5.7	.38	.47
うそ	9.9	.38	.27
被害者がいない状況での盗み	29.4	.46	.36
被害者がいる状況での盗み	0.3	…	…

成人の基準（15歳以上）

DSM 基準	生起率（%）	一卵性双生児の相関係数	二卵性双生児の相関係数
仕事が安定しない	16.1	.34	.15
社会的規範への不適合	20.5	.49	.32
攻撃的	38.5	.50	.27
経済的義務の不履行	5.1	.39	.20
衝動的	7.0	.41	.23
真実の軽視	2.7	.15	.28
向こう見ず	47.8	.47	.31
無責任な親	1.2	.22	…
不倫	4.2	.30	.19
良心の呵責の欠如	4.0	.22	.14

*6,452名の一卵性双生児と二卵性双生児の結果
Lyons et al., pp.906-15. より引用。

影響を示唆している。Karl Christiansen は、デンマーク双生児登録に記載されている300組に及ぶ男子の一卵性双生児と、611組に及ぶ同性の二卵性双生児を調査し（Christiansen, 1977）、一卵性双生児の35％と二卵性双生児の13％がきょうだいともに犯罪を犯していることを見出した。この結果は遺伝的影響を示しているが、一致率はどちらの双生児においても中程度である。

反社会性パーソナリティ障害の双生児研究も、遺伝的要因の影響を示している。ある調査では、全員が一卵性双生児か二卵性双生児のペアの1人である3,000人以上の退役軍人の大きなサンプルを調べた。それらの男性はインタビューを受け、反社会性パーソナリティ障害症状の生起を評定するためにDSM–III–R が使われた（Lyons et al.,1995）。児童期（15歳以前の行動）と成人期（15歳以後の行動）の基準に基づく結果が表9-2に記載されている。一般的に調査者は、一卵性双生児の一致は二卵性双生児の一致より幾分高いが、これは主に成人期に測定された特性においてそうであることを見出した。衝動性と安定しない職業といった経歴を含む反社会性パーソナリティ障害の徴候のいくつかにおいて、一卵性双生児は二卵性双生児よりも類似している。にもかかわらず、二卵性双生児における多くの相関もまた高い正の相関を示し、これは、二卵性双生児のペアも互いにいくつかの特性において似通っていることを示している。いくつかのDSM 基準において、二卵性双生児は一卵性双生児より似通っていた。双生児研究において、特性の遺伝力は、一卵性双生児と二卵性双生児の相関を比較することで測定される。ある特性において遺伝的要因が重要な影響を及ぼしている場合、一卵性双生児の相関は二卵性双生児の相関よりずっと高いはずである。表9-2に示された結果は、それほど遺伝力が高くないことを示している。平均して、成人の反社会的特性における遺伝力は0.43であり、これは、中程度の遺伝的影響を示している。しかし、研究者たちは、15歳未満の行動に基づく基準における遺伝力の評価がたったの0.07であったことに驚いた。このような低い遺伝力は、児童期の反社会的特性には環境の影響が強くかかわっていることを示している。

表9-3 養父および生物学上の父親の犯罪と養子である息子の犯罪の相関

父親		犯罪者である息子の比率	人数
生物学上の父親	養父		
法律違反の記録なし	法律違反の記録なし	10.5	333
法律違反の記録なし	犯罪	11.5	52
犯罪	法律違反の記録なし	22.0	219
犯罪	犯罪	36.2	58
計			662

Hutchings & Mednick, 1977, p.132を修正。

　子どもが生みの親によって育てられる場合、彼らの発達に及ぼす遺伝の影響を環境の影響から切り離すことは不可能である。しかし、小さい時に養子となった子どもの研究では、これらの影響を分離することが可能である。これらの研究はまた、犯罪と反社会性パーソナリティ障害の双方における遺伝的影響についての証拠を示している。ある研究では、デンマークにおいて養子として育った人の犯罪の記録を調べている(Mednick, Gabriella & Hutchings, 1984)。彼らの名前は、義理の親と生みの親の双方の名前を記録しているデンマーク人口名簿から取り出した。これらの子どもの犯罪の生起は、生みの父親も義理の父親も犯罪の記録がない場合に最も低かった(表9-3)。その低い比率と区別がつかないほど低いのは、義理の父親が犯罪を犯して有罪となっているが、生みの父親がそうでない養子の場合であった。しかし、養子が有罪となった犯罪の生起は、生みの父親に犯罪歴がある場合に飛躍的に高まり、このことは、遺伝的要因が犯罪行為の傾向に影響しているという考えを明確に支持している。しかし、養子の犯罪の生起が最も高いのは、生みの父親にも義理の父親にも犯罪歴がある場合であり、ここでも、遺伝と環境が組み合って犯罪に影響を与えることを強調する結果となっている。

　犯罪は反社会性パーソナリティ障害と同じではないが、養子研究において反社会性パーソナリティ障害あるいは反社会的行動が調査されたとき、同様の結果が得られた(Cadoret, Yates, Troughton, Woodworth & Stewart, 1995；Langbehn, Cadoret, Yates, Troughton, Woodworth & Stewart, 1998；Schulsinger, 1972)。生みの両親が反社会的傾向を有している養子の子どもは、反社会的傾向を示しやすい。しかし、遺伝と経験の相互作用は強力である(Rutter, 1997)。もし、養子の子どもが反社会的傾向のある生みの親をもっており、養家が不安定であると、人生の後半に反社会性パーソナリティ障害の生起率が高くなる。

　反社会的行動には、遺伝的影響と環境の影響の両方が見られるという強力な証拠がある。しかし、奇妙なことだが、女性は男性よりも犯罪者になりにくいが、犯罪を犯して有罪となった女性の実子は、犯罪を犯して有罪となった男性の実子よりも犯罪で有罪となる可能性が高いのである。有罪となった女性は男性よりもより大きい遺伝的素因を有しているようである(Cloninger, Reich & Guze, 1975)。なぜだろうか？ 1つの理にかなった説明としては、反社会的行動は、女性においてより一般的でないということがある。女性が犯罪に手を染めるには、男性よりも、より不利な環境と同様、より強い遺伝的素因をもっている必要があるのだ(Baker, Mack, Moffitt & Mednick, 1989)。

出生前と出産時の問題　素行(行為)障害と同様、反社会性パーソナリティ障害は出生前と出産時の問題と関係している。第4章で述べたように、母親の妊娠時の喫煙は、子どもの犯罪行動の可能性の高さと関連している(Brennan, Grekin & Mednick, 1999)。胎児がアルコールに曝されることも後の反社会的行動の生起を高める(Streissguth & Kanter, 1997)。さらに、出産時の低体重や他の問題をもって生まれた子どもは、とくに最適でない環境で育てられた場合、正常体重の子どもより反社会的行動に手を染めやすいのである(Mednick, Brennan & Kandel, 1988；Piquero & Tibbetts, 1999；Shanok & Lewis, 1981)。反社会性パーソナリティ障害の専門家であるAdrian Raineらは、4,000人以上のデンマーク人の男性のグループを調べ、出産時に問題があり、それに早期の母親からの拒絶が組み合わさると、34歳の時に攻撃的行動を起こしやすくなることを見出した(Raine, Brennan & Mednick, 1997)。

　ほとんどの研究者は、妊娠と出産に関連するこれらすべての要因は、脳の発達に深い影響があるため、反社会的行動と相関があると考えている。もしこの仮定が正しいなら、反社会性パーソナリティ障害の人の中には、胎児のときに脳の損傷を受けた人がいることになる。そうだとすると、これらの人たちに犯罪行為の責任を問うべきだろうか。これは論争を呼ぶ問題であり、研究者が反社会的行動に関わる生物学的要因の多くを明らかにするほど、ますます大きな問題となる。

生理的機能不全　遺伝的問題や周産期の問題と反社会性パーソナリティ障害の関係は、おそらく直接的なものではない。前に述べたように、研究を通して環境

要因が、周産期の問題あるいはその人の遺伝子型によって生じる生物学的脆弱さと何らかの形で相互作用を及ぼし合っていることが明らかになっている。それにもかかわらず、もしこの生物学的脆弱さの本質が明らかにされるなら、私たちは危険な状態にある子どもたちを救うことができるだろう。

反社会性パーソナリティ障害の人たちは、情緒的で恐怖を喚起するような刺激に対する生理的反応において異常性を示す。ある研究では、精神病質傾向を測定する尺度で高い得点を示す男性の収監者に、実際の単語がいくつか混じっているような一連の文字列を提示し、それらに反応するような課題を与えた（Williamson, Harpur & Hare, 1991）。彼らは、その文字列が本当の単語かどうかを判断して、できるだけ速く反応しなければならなかった。実際の単語の中には、たとえば「悲しみ」のような情緒的な意味合いを含んだ単語とそういった意味合いを含まない中性的な単語があった。彼らの反応時間と脳波（EEG : electroencephalogram）の反応が記録された。精神病質傾向を示さない収監者は、中性的な単語より情緒的な単語に対して速い反応時間と大きな振幅のEEGを示した。それに対して精神病質傾向の収監者は、中性的な単語より情緒的な単語に対して反応時間が有意に遅く、EEGの振幅はより小さかった。これらの結果は、精神病質傾向の収監者は、情緒的意味に対して生理的に反応しにくいことを示している。

反社会的行動を起こす人たちは情緒的に反応しにくいというCleckleyの観察は、この実験で確かめられた。通常、反社会的行動を抑制するはずの情緒が十分に喚起されないのである。同時に、人を激しい犯罪に駆り立てる情緒も欠けている。反社会性パーソナリティ障害の人たちは、主に住居侵入、文書偽造、信用詐欺といったクールな犯罪に手を染める。ギルモアがそうであったように、彼らが暴力にかかわるときは、その暴力は衝動的で、不合理で屈折したものになる傾向がある。なぜなら、そこには熱情あるいは感情が欠けているからである。

事実、精神生理的反応の全般的な低さは、反社会的傾向の人たちの特徴のように見える。これらには、安静時の心拍の低さ、低い皮膚電位（皮膚伝導性）反応が含まれている（Fowls, Furuseth, 1994 ; Raine, 1996）。おそらくこの覚醒の低さの最も深刻な結果は、それが他人の痛みに対する反応を制限してしまうことである。対照群に比べて精神病質傾向をもつ人たちは、他人の苦しみを描いた刺激に対して、皮膚伝導反応が低い（Blair, Jones, Clark & Smith, 1997）。このことが、反社会性パーソナリティ障害に関係する良心の呵責の欠如と残忍な暴力の高まりの基盤となっているのかもしれない。

逆の見方から、Patricia Brennanらは、高い神経系の反応性は反社会的行動に抗する防御因子であるという仮説を検証した（Brennan et al.,1997）。彼女らは、以下の4つのグループの皮膚伝導性と心拍反応を比較した。犯罪者の父親をもつ犯罪者、犯罪者の父親をもつ非犯罪者、非犯罪者の父親をもつ犯罪者、非犯罪者の父親をもつ非犯罪者の4つのグループであった。予測通り、刺激に対する皮膚伝導性と心拍の反応は、自分自身は犯罪者ではないが父親に犯罪歴がある男性で最も大きかった。言い換えると、犯罪者の父親をもっているために犯罪を犯す危険の高い人たちにおいては、高まった神経系の反応性が彼らの低い犯罪生起の可能性と関係しているのである。

いくつかの調査によって、反社会性パーソナリティ障害の人たちの脳の活動における異常性が明らかになっている。その中の主要な異常性は、前頭葉の活動の明らかな低さである（Raine,1997）。これは、EEG（Deckel, Hasselbrock & Bauer, 1996）と単光子放射線コンピュータ断層撮影装置（SPECT : single photon emission computed tomography）を用いた研究（Intratore et al.,1997 ; Kuruoglu et al.,1996）において明らかにされている。20代の若い男性を対象とした研究において、Deckelらは、前頭葉の低いEEGの活動は、反社会性パーソナリティ障害のその時点での徴候と同様、過去の児童期の素行障害の評定と関連していることを見出した。Adrian Raineは、前頭葉の機能不全はそれが行動の抑制の失敗を生じるために反社会的行動に寄与すると主張した。このようにして、前頭葉の機能不全は、反社会性パーソナリティ障害の特徴である危険を冒すことや衝動性、社会的規範の無視に寄与するのかもしれない。

反社会性パーソナリティ障害における生物学的要因に関する結果を考えるときに、以下の2つのことを心に留めておくことが大切である。1つ目は、パーソナリティ障害はおそらく、パーソナリティの変化の連続体上の極端な状態を表しているということである。2つ目は、その極端な状態が有利であるような文脈が明らかに存在するということである。恵まれない環境の若者を反社会的行動に走らせるようなまさにその特性が、恵まれた環境の若者をウォール街での成功へと導くこともあるのである。もし、どんな環境においても機能不全を起こすような反社会的行動に対する特殊な生物学上の「危険」因子というものがあると結論づけるならば、われわれは、誤った方向に進むことになるだろう。

家族と社会的文脈　反社会性パーソナリティ障害の人たちは、自分を取り巻く社会の道徳的基準というものを内在化していないように見える。そこで、反社会性パーソナリティ障害についての手がかりを得るためには、社会化を行う存在、とくに家族と社会的文脈を調べるのが自然である。たとえば、低収入の家族の中

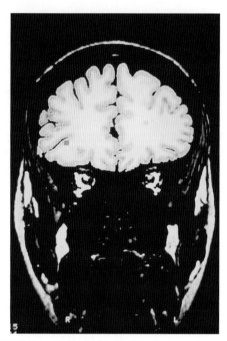

反社会性パーソナリティ障害の人たちのMRIスキャンでは、障害をもたない被験者と比べて、前頭葉の灰白質に11％の減少が見られる。この障害をもつ人たちに起こる前頭葉の機能不全は、行動の抑制の失敗と、そこから生じる反社会的行動へとつながる。(Dr. Adrian Raine, University of Southern California.の厚意による)

で育った人たちよりも困難な児童期を送り、反社会性パーソナリティ障害を発現しやすいという多くの証拠がある（Miech, Caspi, Moffitt,Wright & Silva, 1999）。反社会的行動に関する最もよく知られた縦断的研究の1つにおいて、ワシントン大学のLee Robinsらは、1924年から1929年の間に子どもガイダンスクリニックを訪れた多くの子どもたちを追跡調査した（Robins, 1966；Robins & Price,1991）。幸運にもそのクリニックでは、クライエントのその時点での問題と家族環境について詳細な記録をとっていた。クリニックとは無関係の対照群とともに、成長したこれらの子どもたちにインタビューを行った。クリニックに紹介された子どもの約22％が成人になって反社会的行動を示したのに対し、対照群ではわずか2％であった。どのような初期経験が、成人になってからの反社会性パーソナリティ障害の診断と相関関係にあるのだろうか。後に反社会性パーソナリティ障害を発現させ、クリニックで治療を受けた子どもたちは、両親の離婚あるいは別居により崩壊した貧しい家庭の出身である傾向が見られた。彼らの父親は、子どもに問題をひき起こすような夫婦の不和を生み出すと同時に、子どもたちの否定的役割モデルとなってしまうような反社会的傾向を示す人たちであることが多い。

多くの研究は、遺棄、離婚あるいは別居（死別あるいは長期にわたる入院ではなく）を通して親を失うこ

とは、後の反社会的行動の生起と強い相関関係があることを示している（Greer, 1964；Oltman & Friedman, 1967）。しかし、反社会的行動を助長するのは親の喪失それ自体ではない。もし親の喪失それ自体が影響しているのなら、それらの研究結果には死別や長期の入院による親の喪失も含まれているはずである。子どもの反社会性パーソナリティ障害にかかわっているのは、親の喪失それ自体ではなく、離婚に先立つ情緒的環境、つまり、言い争いや両親の不安定な状態、子どもに冷淡な父親などである（Smith, 1978）。この考えを支持する結果として、もし、両親の不和のレベルが非常に低く、母親が愛情深く、自信があり、子どもが十分監督され、父親が逸脱していなければ、別居と離婚は反社会的行動の増加率とかかわらないという研究結果がある（McCord, 1979）。事実、両親の子どもの監督と健康な仲間集団との付き合いが、子どもの反社会的行動の低いレベルと関係している（Ary, Duncan, Duncan & Hops,1999）。

再び、ギルモアの人生を例にとると、ギルモアの両親は法的には離婚していなかったが、彼の父親は長く家を出ており、ギルモア自身、自分は片親に育てられたと考えていたほどであった。その間、彼の父親は小切手不正振り出しの罪で、18ヵ月監獄にいた。彼の母親は、過度の甘やかしとネグレクトを同時に行っており、ギルモアはしばしば自分自身で食べていかなければならなかった。自分の家族を振り返って彼は、「典型的」であると述べており、「そこにはあまり親密さはなかった」とも言っている。

反社会的行動と、暴力を目撃し、虐待されたり、あるいはネグレクトされたりした幼少期の経験との間に重要な関係があるということは驚くべきことではない（Widom, 1997,1998）。しかし、反社会的行動の出現に、「虐待」のカテゴリーに入るような経験が必要というわけではない。子どもに平手打ちをしたり、あるいは尻を叩いたりというような身体的罰に関する研究から、子どもがそういった身体的罰を経験すればするほど、反社会的行動に手を染め、衝動的に振舞う傾向が高くなるということがわかっている（Straus & Mouradian, 1998）。この関係は、どの社会階級においても、どの年齢の子どもでも、男の子でも女の子でも観察されている。この両者の関係は、子どもに対して怒り、前もって考えずに親が行う衝動的な身体的罰において、最も強く認められた。研究者たちは、これらの結果と尻を叩くことに関するいくつかの先行研究に基づき、身体的罰は、衝動的、反社会的行動の重要なリスク指標であると結論づけた。

しかし、原因と結果の視点からすると、これらの結果は簡単には解釈されない。それらの結果は確かに、身体的罰が子どもの行動を改善するという考えを支持するものではない。しかし、子どもの反社会的行動の

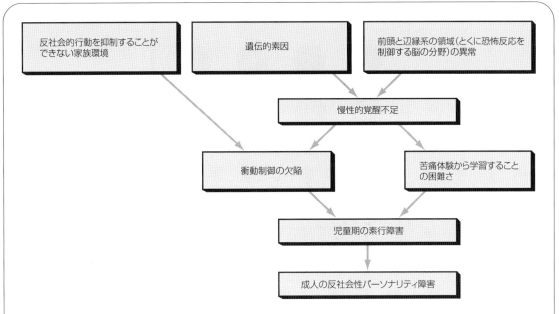

図9-1　反社会性パーソナリティ障害の原因
　遺伝子と環境が共に反社会性パーソナリティ障害の発症に影響している。家族と社会的文脈は個人の衝動制御の問題につながっている。このことが、脳の前頭と辺縁系の領域における機能不全によって起こる慢性的覚醒不足の遺伝的素因と組み合わさって、衝動制御の問題と同様に学習上の問題へとつながり、結果として、児童期の素行(行為)障害と、ついには反社会性パーソナリティ障害を起こす。

増加をひき起こすのは親の罰なのだろうか。それとも、親の行動と子どもの反社会的特質の関連は遺伝の結果なのだろうか。養育環境と子どもの行動の関係に関する研究の大部分は、生みの親に育てられた子どもについて行われている。養子縁組をした家族についての研究が、この問題を解決する手立てになる。遺伝的要因についてとり上げた部分で述べたように、養子についての研究によって、不和と不適応状態の親のもとで育つことは、とくに生みの両親が反社会的行動歴をもっている場合に、子どもの反社会的行動の割合を高めることがわかった(Cadoret, Yates, Troughton, Woodworth & Stewart, 1995 ; Ge, Conger, Cadoret & Neiderhiser, 1996)。この結果は、反社会性パーソナリティ障害の原因論における遺伝的要因と環境的要因の相互作用を強く示している(図9-1参照)。

学習上の障害　多くの臨床家は、反社会的傾向をもつ人たちの、経験から学習する表面上の能力のなさに当惑している。Prichard(1837)は、彼らのことを「道徳的痴愚(moral imbeciles)」と呼んだ。Cleckley(1964)は、彼らがとくに罰を与えられた経験から学習することができず、結果として、判断力がないことを見出した。しかし、その中には「知恵があり」、知性的な人たちもいる。もし彼らが学習上の問題を抱えているなら、それはかなりとらえにくい微妙な問題に違いない。デリックの事例をとり上げ、彼のライフスタイルとそれがもたらす結果について書かれた以下の記述について考えてみよう。

　デリックは20代を通して、仕事から仕事へ、あるいは1つの「手早くお金持ちになる」というもくろみから別の「手早くお金持ちになる」というもくろみへと変り続けた。彼にはいつも借金があり、借金の取立てを逃れて頻繁に転居した。しかし彼の外見のよさと魅力的なパーソナリティによって、たくさんの女性とつき合うことができた。28歳の時、彼は、4ヵ月デートを繰り返していたローレンという女性のアパートに住んでいた。デリックは同時に他の2人の女性とも会っていた。これらの3人の女性は誰も互いのことを知らなかった。ある夜、彼がアパートに帰ってくると、ドアに鍵がかかり、バッグに詰めた彼の衣服が玄関に置いてあった。ローレンは部屋の中にいたが、彼を中に入れるのを拒否した。デリックはローレンがCDプレーヤーをとりに入らせなかったのに激怒し、ドアを蹴破って中に入った。ローレンは警察を呼び、デリックは逮捕された。彼は襲撃未遂を含むいくつかの告発について調書をとられた。彼は保釈金を出すことができなかったので、聴取が続けられた。

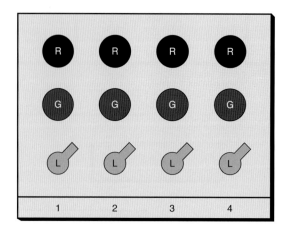

図9-2　回避学習
　これは、社会病質者の回避学習についてのLykkenの有名な研究(1957)で用いられた装置である。どの試行においても、4つのレバーのうち1つだけが正しく、正しいレバーは試行ごとに変化した。被験者は20の正しいレバー押しのパターンを学習していなければならない。正しいレバー押しには緑のライトがつく。残りの3つのレバー押し（それぞれは間違いである）のうち、2つのレバー押しには赤のライトがつき、3つ目のレバー押しには電気ショックが流れる。

　なぜデリックは同じ過ちを繰り返したのであろうか。とくにCleckleyの観察によると、反社会的傾向の人たちは回避学習に問題があることがわかった。普通の人は罰が与えられるような状況をすぐに予期し、それを回避することを学習する。しかし、反社会性パーソナリティ障害の人たちは、おそらく覚醒水準の不足か不安の不足のために、学習ができない。この問題にとり組んだ最も初期の、最も有名な実験においてLykken(1957)は、精神病質傾向をもつ人たちの学習に及ぼす罰の効果について検討している（Lykkenによって彼らは「社会病質者(sociopaths)」と呼ばれた）。実験室での課題は「正しい」レバーを押すことを学習するというものであったが、研究者の本当の関心は、どのグループが罰を回避することを学習するかを明らかにすることにあった。

　参加者は4つのレバーのあるパネルの前に座った。それぞれのレバーのすぐ上には赤のライトと緑のライトがあった（図9-2参照）。被験者の課題は20試行の各試行において緑のライトがつくレバーを見つけて押すことであった。正しいレバーは各試行ごとに変わるので、被験者は最初の試行からそのとき行っている試行までの反応の順番を思い出さなければならなかった。あるパターンが学習されなければならず、それは非常に込み入った課題であり、文字通りの心的迷路問題であった。各試行において被験者には4つの選択肢があり、緑のライトがつくのはそのうちの1つだけであった。2つの間違ったレバー押しには赤のライトがつき、それが間違った反応であることを示し、3つ目の間違ったレバー押しには電気ショックが流れた。ただ

「間違っている」ということが示される反応と身体的罰が与えられる反応の、2種類の間違った反応を用意することで、研究者は以下のような手ごたえのある疑問に答えることが可能であった。精神病質を測る尺度で得点の高い人たちは否定的経験によって学習することができないのであろうか、それとも、彼らがそこから学習できないような特定の否定的経験、つまり回避経験というものがあるのだろうか。

　予想されていたように、間違いの総数において、精神病質得点の高い人たちとそうでない人たちの間に違いは見られなかった。しかし、健常者たちはすぐに電気ショックが与えられるレバーを回避することを学習したのに対し、精神病質得点の高い人たちは、電気ショックを受けるようなエラーを最も多く犯した。このことは彼らに特有の学習上の問題が、苦痛を伴う経験から学習することができないことであることを示している(Lykken, 1957)。要するに、罰あるいは罰の脅威は彼らの行動に影響を及ぼさないのである。つまり、彼らは「受動的回避学習(passive avoidance learning)」に問題があるようであった。

　この研究におけるすべての「精神病質者」が反社会性パーソナリティ障害の最新の基準に当てはまるわけではないものの、彼らは確かに反社会的傾向の連続体のどこかに位置している。それではどういった推論ができるだろうか。精神病質得点の高い人たちはどうして回避学習ができないのだろうか。1つの可能性として、彼らは慢性的に覚醒不足であるために電気ショックを健常な人たちと同じように不快なものとして捉えず、電気ショックを回避しないということが考えられ

表9-4 健常者と精神病質者の回避学習

刺激	健常者	精神病質者
電気ショック	速い回避学習 正しい反応を予想している間の不安高	回避学習が困難 正しい反応を予想している間の不安低
社会的不承認(赤い光)	回避学習	回避学習が困難
25セントの損失	回避学習	健常者より速い回避学習

る。これとは違った推理をすると、精神病質得点の高い人たちは実際には、覚醒水準を最適のレベルに上げるために刺激を求めているということも考えられる。実際、臨床的な観察者にとってはこれが事実だと思えることがたびたびある(Cleckley, 1964)。ギルモアはおそらく子どもの頃、覚醒不足と刺激への欲求を経験したのだろう。ギルモアはこのように述べている。「子どものころ、列車が来るそのまさに直前まで線路に座っていて、そして猛烈な勢いで飛び出すというようなことをしなきゃならないように感じていたことを覚えている。また、BB銃の先に指を置いて、BB弾が実際に入っているかどうか確かめるために引き金を引くようなことをやっていた。また、ときどき、指を水に浸けて電灯のソケットに入れて、本当にショックがくるかどうか確かめたりもした」

しかし、他の種類の罰はどうだろうか。精神病質あるいは反社会的傾向のある人たちは罰が身体的不快さを含まない場合にも、学習上のなんらかの問題を示すのだろうか。罰にはいくつかの種類がある(表9-4参照)。精神病質得点の高い人たちが反応しない身体的罰がある。また、お金の損失といった具体的な罰や他者からの不承認といった社会的罰もある。精神病質得点の高い人たちは身体的罰に対してそうであるように、後の種類の罰にも反応しないのであろうか。この問題について検討するために、同じ「心的迷路」が用いられた。しかし、今回は、被験者が間違ったレバーの1つを押すと、25セントを失うことになっていた。また、別のレバーを押すと、社会的不承認を受け、3番目の間違ったレバーを押すと、電気ショックを受けることになっていた。ここでも精神病質得点の高い人たちは健常な人たちと同じようにこの課題をすばやく学習した。しかし、ここでもまた、彼らは健常な人たちより、身体的罰に対してかなり反応が弱かった。社会的不承認に対しても反応が弱かった。しかし、25セントを課すようなレバーを回避する学習においては問題を示さなかった。これらの結果は、精神病質得点の高い人たちは、その罰が彼らにとって不快である場合に、言い換えれば、それが報酬の損失を意味している場合に、罰を回避することを学習することができるという結論を導く(Schmauk, 1970)。

精神病質得点の高い人たちに関するその後の研究は、これらの結果を確認し進展させている。一連の研究において、Joseph Newmanらは、反社会的傾向をもつ人たちは、たとえお金の損失が罰である場合であっても、受動的回避学習が難しいことを示している(Newman & Schmitt, 1998)。しかしNewmanの研究における参加者の金銭的損失はわずか10セントであるのに対し、Schmaukの研究(ほとんど30年も前の1970年に行われた)では参加者は25セントもの損失であった。つまり、精神病質得点の高い人たちは、報酬の損失がある一定のレベル以上であった場合に、受動的回避学習における彼らの問題を克服できるということになる。

受動的回避についての研究結果を解釈する試みの中で、Patterson & Newman(1993)は「反応調整理論(response modulation theory)」という理論を提出した。彼らの理論は、精神病質の得点の高い人たちについての以下の観察に基づいている。彼らは、(1)回避が唯一の目標であり、(2)回避の目標が初めから明らかであり、(3)自分たちの反応の結果が処理できるほど試行間に時間的余裕があるときには、罰の回避に問題を示さない。これらの結果は、予期しない、あるいはその時点での注意の焦点からはずれた文脈的情報の処理に問題があることを示している。PattersonとNewmanは、それを反応調整の問題と分類している。つまり、もしそれが文脈に対して適切であれば、注意の焦点を評価し、別の方向へ向け直すために、すばやくそしてかなり自動的な注意の転換をする能力の問題である。

Newmanらは、受刑者を精神病質得点が高い群と低い群に分けて、反応調整理論を検証した(Newman & Schmitt, 1998)。研究者は参加者に、絵、あるいは単語の刺激の対を提示し、2つの刺激の間に関係があるかないかを判断するような課題を与えた。テストの各試行において、それぞれの対になった2つの刺激は、コンピュータ画面に続けてすばやく提示された。参加者は各試行の前に、ターゲットである絵か単語に焦点を当てるように言われた。それぞれの対のうち最初に提示される刺激は、無視するように教示されたディストラクタ(distractor)単語あるいは絵を含んでいた(例:ターゲットである「手」の絵に「rain」というディストラクタ単語が二重写しになっている)。ディストラクタである単語あるいは絵は、時に2番目

に提示される刺激（例：「かさ」の絵）と関係があるために、参加者の注意をターゲットからそらす可能性があった。刺激対について関係がある、あるいは無関係という分類をする反応時間が記録された。ほとんどの人たちにとってこの課題は、ディストラクタである単語あるいは絵が2番目に提示される刺激と関係していた場合、より難しくなる。ディストラクタである単語あるいは絵が彼らの注意の焦点に干渉するので反応時間が遅くなるのである。しかし、この研究の重要な結果は、この結果が精神病質得点の高い受刑者には見られないということであった。彼らにはこの干渉効果が見られなかった。これは何を意味しているのだろうか。著者たちは、精神病質得点の高い受刑者は反応調整の欠陥を示しており、彼らは目標に向けた行動にかかわっているとき、周辺の手がかりを処理することができないと結論づけている。このことは、現実の世界において、通常は行動に影響を及ぼすような環境の微妙な手がかりに反応できないこと、つまり、行動を社会的期待に合わせるように変えることができないという形で現れる。たとえば、精神病質得点の高い人は、ある目標に集中しているとき、他の人からの不承認の様子に気がつかないのである。

こういった研究においてたびたび見られる結果の1つに、不安と精神病質の両方の傾向の高い人たちは、学習、あるいは課題の遂行において異常性を見せにくいということがある（Newman, Schmitt & Voss, 1997；Newman & Schmitt, 1988）。あたかも、高い不安のレベルが刺激に集中し、学習する能力を高めているかのように見える。回避学習についてのもう1つの興味深く、潜在的に重要な結果は、民族間の違いである。特に、被験者が白人とアフリカ系アメリカ人の受刑者である場合、アフリカ系のほうが回避学習において示す問題が少ないか、あるいは何の問題も示さない（Newman, Schmitt & Voss, 1997；Newman & Schmitt, 1988）。アフリカ系アメリカ人が白人より警察に呼び止められ、調べられ、逮捕され、投獄されやすいという事実からこの点を考えると、そこからたどり着く結果は、投獄された精神病質ではないアフリカ系アメリカ人の割合がより高いということになる。

治療と予防

臨床家も研究者もともに、パーソナリティ障害の治療の可能性について非常に悲観的である。これは、症状が本質的に性格学上のもので、問題が長く続くと見なされているためである。パーソナリティ障害のクライエントは治療計画を完了しにくく、治療への出席率も悪い（Hilsenroth, Holdwick, Castlebury & Blais, 1998）。とくに、反社会性パーソナリティ障害の治療については悲観的考えが強い。心理療法のほとんどのアプローチは治療的関係、つまり、関与と信頼に基づく関係の重要さを強調している。反社会性パーソナリティ障害の人たちがそうであるように、クライエントの信頼と関与についての能力に限りがあるならば、治療的関係は作れない。これまで、児童期の素行障害が成人期の反社会性パーソナリティ障害として現れたデリックの事例について述べた。デリックの経験は、パーソナリティ障害の心理治療過程でよく見られる問題を示している。

> デリックは刑務所から出るために、自殺未遂をしたように見せかけ、抑うつ症状のふりをした。彼は地元の精神病院の保護病棟に入れられた。彼には彼の抑うつ状態をモニターするために1日おきに現れる精神科の看護師が割り当てられた。デリックはその看護師と他の何人かのスタッフに、ガールフレンドが自分を裏切ったときに臨床的に抑うつ状態になると信じ込ませた。彼女の背信行為が彼にコントロールを失わせると主張した。看護師は彼を病棟の心理士による心理療法に回した。ここでもデリックの魅力はその心理士を打ち負かすのに一役かった。彼は心理士に自分が5人の兄弟の一番上で、彼が夜間学校に通っている何年もの間、病気の母を支えていたと話した。その心理士はデリックのカルテに、彼が「成長の大きな可能性と、治療における自己探索から何かを得る能力をもった、深く傷ついた若者」であると記述した。1週間、デリックはスタッフのほとんど全員からの同情と注目の的であった。しかし、彼が1人の看護師にちょっかいを出し、自動販売機からお金を「借りた」ときに仮面がはがれ始め、スタッフは彼の話の矛盾に気がついた。治療者がこれらの問題を突きつけたとき、デリックは防衛的になり、けんか腰になった。デリックの治療を始めて2週間もすると、心理士は彼のカルテにこう記録した。「このクライエントは繰り返しスタッフを騙すことに没頭し、他人をコントロールしようとすることを邪魔されると敵意を示し始める。彼は治療を、責任逃れの手段として使っているように見える」

デリックのごまかしの行動は経験を積んだ臨床家には驚くべきことではないだろう。しかし、悲観的な見方があるにもかかわらず、反社会性パーソナリティ障害の徴候は、ある心理的治療によって軽減されるという証拠もある。反社会性パーソナリティ障害の人たちに対する効果的な治療アプローチを開発する際には、彼らがよく示す認知的異常性の本質を心に留めておくことが重要である。たとえば、反社会性パーソナリティ障害の人たちの治療を得意とする臨床家は、その人の傾向に合わせて自分たちのアプローチを調整する。ほとんどの事例において、治療者はクライエントの他者との共感能力と同一化の能力を改善しようと努める（Lowenstein, 1996）。もう1つの特殊な方略は

「肯定的実践(positive practice)」と呼ばれる、個人の否定的行動パターンを正し、適切な行動を繰り返し提示するという行動論的テクニックである。さらに、これらのクライエントたちは反応の調節に問題があると仮定し、その時の行動が抑制されるべきだという微妙な手がかりを処理する能力を改善するために、修正を加えた認知的治療テクニックを用いることができる(Wallace, Vitale & Newman, 1999)。経験のある臨床家はまた、反社会的行動が習慣化し、治療するのが難しくなる前に早期に治療を始めることの重要性も強調している。

現在のところ、反社会性パーソナリティ障害に特定の薬物治療はない。この診断を受けた多くの人たちは薬物治療を受けているが、それは、一緒に起こる精神病的症状である、不安あるいは抑うつといった他の状態の治療のためである。

結局、反社会的行動と症候群に対しては、治療よりも予防に努めることが社会の安定にとって最もよいことであろう(McCord, Tremblay, Vitaro & Desmarais-Gervais, 1994)。Cathy Spatz Widom は児童期の反社会的障害の前兆に関する精力的な研究結果に基づき、予防プログラムについて、以下のような注意を示した。(1)早期の介入、(2)ネグレクトされている子どもに特別の注意を払う、(3)「ある1つのサイズがみんなに合うわけではない」ので、いろいろなグループの子どもたちの特有の要求に合わせた予防プログラム、(4)危機にある若者とその家族が利用できる資源などである(Widom, 1998)。訴訟になって、子どもの虐待あるいはネグレクトの事例が注目されてはじめて行動を起こすのではなく、彼らが将来犯罪者になる危険性を軽減するために、児童期の犠牲者をターゲットにした最初の予防のための努力がなされるべきである。

不安定な環境が反社会的行動につながるため、まず考えられる予防は危険に曝されている若者の環境を変えることである。実際、環境の「実験的」操作を含む早期の介入研究が、貧困層の出である子どもたちの結果を変え得ることが研究者の手で明らかにされている(Olds et al., 1998)。コーネル大学において David Olds らは、若い妊娠中の女性に以下4つの介入プログラムのうちの1つを与えた。グループ1と2(対照群)には出生前の手厚い保育援助が与えられる。グループ3には、出生前の手厚い保育援助と妊娠中に家を訪れる看護師が与えられる。グループ4には、グループ3と同じサービスが与えられるが、違いは、子どもの1歳の誕生日まで看護師の訪問が続くことであった。15年後、研究者はその子どもたちの犯罪行動、停学、行動上の問題、精神作用物質使用についての情報を収集した。その結果、グループ4の母親の青年期になった子どもたちは、対照群の子どもたちよりも、家出、逮捕、有罪判決、不特定の相手との性行為、喫煙、飲酒が少なかった。

David Olds らによって実行されたような予防的介入プログラムは実行可能であり、個人的権利についての私たちの文化的前提と一致している。David Olds の家庭訪問プログラムは、危険に曝されている子どもたちへの熱心な早期の介入が、後の人生における反社会的行動の率を低下させることができることを示している。このプログラムには単に、1歳の誕生日まで続く子どものケアワーカーの家庭訪問が含まれているだけであるが、おそらく、青年期までその介入が続けば、さらに大きな成果があったであろう。

現時点においては、反社会性パーソナリティ障害の予防の可能性を推測することしかできない。今後の研究によって、どのような予防の可能性があるかを知ることができるだろう。一方、臨床家たちは、すでに反社会的行動歴をもっている人たちの治療に注意を向けている。前に述べたように、この障害の症状は臨床家にとって比類なき挑戦となる。加えて、パーソナリティ障害には高い割合で併存症が見られるため、その困難さはより複雑である(Livesley, 1995)。たとえば、反社会性パーソナリティ障害の診断基準に当てはまる人たちの多くは、統合失調型パーソナリティ障害を含む他の DSM のパーソナリティ障害の基準にも当てはまるのである。

演技性パーソナリティ障害

演技性パーソナリティ障害(histrionic personality disorder)の診断基準に当てはまる人たちは、注目を自分自身に引き寄せ、ドラマティックな情緒表現で些細な出来事に反応するという長い歴史をもっている。彼らは、しばしば外見的には魅力的で、温かく、社交的であるが、他の人たちからは不誠実で、浅薄と見られていることが多い(Bornstein, 1999)。演技性パーソナリティ障害の人たちは、見知らぬ観客に向かって絶えず演技し続けることによって賞賛を要求しているように見える。いったん関係ができると、彼らは欲求が多くて思いやりがなく、自己中心的で、自己の考えに入り込む。非常にうわついており、誘惑的であり、性的適応はしばしば悪い。演技性パーソナリティ障害の発現は人口の約1.3～3%である(Weissman, 1993)。診断は男性より女性に多い(Kass, Spitzer & Williams, 1983)。シェリーの事例を例にあげよう。

> シェリーは子ども時代を通して仲間との関係に問題があった。彼女はたいへん魅力的で歌と体操の才能があったが、友達関係は長く続かなかった。彼女の母親と家族は、シェリーの問題は彼女が注目の中心になりたがり、そうでないときにはいらいらすることによると考えていた。青年期になると、彼女の自分の外見へ

のこだわりは過度のものとなり、非常に挑発的な洋服を身にまとった。彼女はまた、男の子について非常に軽薄であり、彼らの関心を自分に引きつけようとした。シェリーは男の子との電話とデートに長い時間を費やした。彼女にはたいてい同時に何人かのボーイフレンドがいた。しかし、女の子との関係は数ヵ月以上続かなかった。ときどきシェリーと親しくなる女の子もおり、これらの「友情」はしばしばとても熱く、とても急速であった。シェリーは新しく見つけた友達に絶えず電話をし、アドバイスと安心を求めた。しかしその友情がこわれるのも速く、たいていは感情の問題からであった。

シェリーは、つき合っている女の子がいる知り合いの男の子の注意を引くのはやりがいがあることだと考えていた。その結果、高校の他の女の子から悪いうわさを立てられていた。さまざまな手管によって、シェリーはフットボールチームのとても人気のある男の子に、彼が長く付き合っているガールフレンドではなく彼女をダンスパーティに誘わせることに何とか成功した。これがたいへんな恨みを買うことになった。シェリーがダンスパーティに派手な色合いの半分透けたドレスで現れたことで、事態はよけいに悪くなった。彼女はダンスパーティで絶えず彼を追い回し、彼が離れるのを怖がっているかのようにべったりくっついていた。

高校を卒業後、シェリーはカレッジの1年を終えたが、お金を得るためにカレッジを辞めた。彼女の最初の仕事はデパートの重役室の受付係であった。シェリーは数ヵ月のうちに、その会社の妻子ある副社長と関係をもつようになった。シェリーはその男性からのプレゼントを見せびらかしながら、非常に目に余る、芝居がかった様子で他の社員に話をした。副社長は最高経営責任者に叱責され、関係をすぐさま終わらせるように忠告された。彼がそうしようとしたとき、シェリーは芝居がかった抗議をし、他の社員に自分は妊娠しており、その父親が会社の幹部の1人だと言い始めた。彼女はかっての恋人が電話番号を変えなければならなくなるまで彼の家に電話をし続けた。雇用されてから11ヵ月後に、シェリーは解雇された。次の2年間、シェリーは4つの仕事に就いた。彼女は男性の上司との不適切な関係あるいは行動によって、その4つの仕事のうち3つから解雇された。

ついに心理療法を受けることになったとき、彼女は、問題のほとんどは彼女が彼女自身の外見と内面のよさの犠牲者であるという事実から派生したものであると嘆いた。シェリーによればこうであった。「私はただ、他の女たちにとってあまりに大きな脅威なの」

もし、シェリーの人生を調べたなら、彼女の診断はあまり明確なものではなく、他のパーソナリティ障害、おそらくとくに境界性パーソナリティ障害(下記参照)、あるいは反社会性パーソナリティ障害と重なり合っているような感じを受けるだろう。おそらくそれは正しい。演技性パーソナリティ障害と他のパーソナリティ障害の間にはかなりの重なりがあるようである(Grueneich, 1992 ; Pfohl, 1991)。演技性パーソナリティ障害と反社会性パーソナリティ障害は同じ基礎となる原因、とくに他人への関心の欠如と自分自身の欲求への没頭という原因を共有していると考えられている(Hamburger, Lilienfeld & Hogben, 1996)。しかし一般的に、これらの傾向が女性で生じた場合、それは演技性パーソナリティ障害となり、男性で生じた場合、反社会的特性として現れるのである。

演技性パーソナリティ障害の原因についてのほとんどの理論は、精神力動的概念に拠っている(Bornstein, 1999)。最も初期の理論は、演技性パーソナリティ障害の人の「性行動過剰(hypersexuality)」を強調し、それは、女性の男根願望(penis envy)と男性の去勢不安(castration anxiety)によるものだと主張した。後に精神力動的理論は、演技性パーソナリティ障害の中心となる特徴は極端な依存欲求であり、これは発達上の口唇期(oral stage)の固着から生じたものであると主張した。言い換えれば、子どもの頃、その人は心の支えを求める欲求を満たすことができなかったのである。これは成人期になると、他者からの注目を求め、それを受けることに強く執着することにつながっていく。最近、理論家たちは、演技的傾向は親からの強化の矛盾したパターンから生じると考え、初期学習に焦点を当て始めている(Millon & Davis, 1996)。ここでも、成人期になると、他者の注目を求めるようなパーソナリティスタイルにつながっていく。今のところ、1つの理論が他に勝るような十分な証拠が得られた研究はない。さらに、その障害に関係する認知的あるいは生物学的な相関についての実証的研究はほとんどない。

また、演技性パーソナリティ障害の治療についてもほとんど知られていない。治療者はクライエントの強い防衛的スタイルと対人関係における依存欲求に焦点を当てるべきだと言われている(Horowitz, 1997)。Lorna Benjamin は、「社会的行動の構造的分析(structural analysis of social behavior)」に加えて、対人関係についての治療アプローチを示唆している(Benjamin, 1996)。

自己愛性パーソナリティ障害

自己愛性パーソナリティ障害(narcissistic personality disorder)は、肥大した自己重要感と共感性の欠如によって特徴づけられる。そこには、限りのない成功、力、かつまた美についての空想における誇張と自

DSM-IV-TR の診断基準

演技性パーソナリティ障害

過度な情緒性と人の注意を引こうとする広範な様式で、成人期早期までに始まり、種々の状況で明らかになる。以下のうち5つ（またはそれ以上）によって示される。

(1) 自分が注目の的になっていない状況では楽しくない。
(2) 他者との交流は、しばしば不適切なほど性的に誘惑的な、または挑発的な行動によって特徴づけられる。
(3) 浅薄ですばやく変化する感情表出を示す。
(4) 自分への関心を引くために絶えず身体的外見を用いる。
(5) 過度に印象的だが内容がない話し方をする。
(6) 自己演劇化、芝居がかった態度、誇張した情緒表出を示す。
(7) 被暗示的、つまり他人または環境の影響を受けやすい。
(8) 対人関係を実際以上に親密なものとみなす。

（訳注：原書は DSM-IV だが、ここでは DSM-IV-TR, APA, 2000 [高橋三郎・大野裕・染谷俊幸訳『DSM-IV-TR 精神疾患の診断・統計マニュアル (新訂版)』医学書院、2004] を修正し引用した）

演技性パーソナリティ障害の人たちは、他人からの注目と賞賛を受けるためにすべてを劇的に表現したがる。Martha Grunenwalt によるこの絵の人物は、このような特徴を表わしているように見える。(Drawing by Martha Grunewalt, courtesy Musée d'Art Brut, Neuilly-sur-Marne, France)

己陶酔、そして絶え間のない賞賛欲求がある。自己愛性パーソナリティ障害の人たちは、自分たち自身を評価するときに、他人に対するよりも基準が甘い（Ronningstam, 1998; Tangney, Wagner & Gramzow, 1992）。批判、他人からの無関心、自尊心への脅威は、怒り、恥、屈辱の反応を生じる。もちろん、自己についてのほとんど絶対的な没頭は、さまざまな形で対人関係を妨害する。このような人たちは、他の人たちがどのように感じているかを認識する能力に欠けているように見える。彼らは、何の代償的責任もなしに、世界が自分たちを生かす義務があると考えるような、肥大した特権意識をももっているようである。彼らは、自分たち自身の欲求を思いのままに満たすために他人を利用し、非常に搾取的である。人間関係を確立できるときには、彼らは、相手に対する過度の理想化と過度の価値下げの間で揺れる。しかし自己愛の隠された根は、脆い自尊心と失敗への深い恐怖も含んでいる。自己愛性パーソナリティ障害の男性の事例をとり上げる。

ビルは、米国中西部にある小さな村出身の24歳になるハンサムな男性である。一人っ子であった彼は両親と親密な関係を続け、いまだに経済的援助を受けていた。外見的には自信に満ちた若者であるビルは、すばらしいコミュニケーション技能をもち、身ぎれいにしており、きちんとしていて有能であることを自慢していた。ビルは経営学の修士号をとった後、ある広告会社に営業マネジャーとして雇われた。彼はその仕事に応募したとき、面接官に自分の個人的特技をたくさん話すことでよい印象を与えることができた。面接の間ビルは、非常に社交的で熱意に満ちていた。彼は学生アルバイトをしていたときに、開業したばかりの小さな会社の劇的な成功に自分が手を貸したことを話した。

入社して2週間目に入ったところで、彼はすでに同僚の何人かと問題を起こし始めていた。同僚たちは彼と一緒に昼食を食べるのを避けるようになり、彼が嫌いだと打ち明けあった。彼らはビルが自分の成功を常に自慢し、以前の同僚を無能だと批判するので、嫌なやつだと思っていた。彼は同僚と昼食を一緒に食べるのはよくないと主張した。なぜなら、競争相手とあまりに親しくなるのは賢いことではないというのである。ビルは、彼の行動が他人に与える影響について見当がつかないようであった。ある日ビルは、従業員談話室にある冷蔵庫の中身を全部放り出した。他の従業員がやってきて、冷蔵庫に入れておいたものはどうなったのか尋ねると、ビルは愉快そうに笑い、「そんな残飯」をなんでみんながとっておきたがるのかと驚いて見せた。彼はまた、他の男性従業員に、同じ部署の女性従業員の何人かが彼にのぼせ上がっているとあけすけに話した。彼は立て続けに同じ部署の4人の女性とデートした。しかし、ビルはこれらの女性にあまり興味がもてないと言って、関係を終わりにした。しかし実際、このうちの2人の女性については、彼女た

DSM-IV-TR の診断基準

自己愛性パーソナリティ障害

誇大性(空想または行動における)、賞賛されたいという欲求、共感の欠如の広範な様式で、成人期早期までに始まり、種々の状況で明らかになる。以下のうち5つ(またはそれ以上)によって示される。

(1) 自己の重要性に関する誇大な感覚(例:業績や才能を誇張する、十分な業績がないにもかかわらず優れていると認められることを期待する)。
(2) 限りない成功、権力、才気、美しさ、あるいは理想的な愛の空想にとらわれている。
(3) 自分が"特別"であり、独特であり、他の特別なまたは地位の高い人たちに(または団体で)しか理解されない、または関係があるべきだ、と信じている。
(4) 過剰な賞賛を求める。
(5) 特権意識、つまり、特別有利な取り計らい、または自分の期待に自動的に従うことを理由なく期待する。
(6) 対人関係で相手を不当に利用する、つまり、自分自身の目的を達成するために他人を利用する。
(7) 共感の欠如:他人の気持ちおよび欲求を認識しようとしない、またはそれに気づこうとしない。
(8) しばしば他人に嫉妬する、または他人が自分に嫉妬していると思い込む。
(9) 尊大で傲慢な行動、または態度。

(訳注:原書は DSM-IV だが、ここでは DSM-IV-TR, APA, 2000 [高橋三郎・大野裕・染谷俊幸訳『DSM-IV-TR 精神疾患の診断・統計マニュアル(新訂版)』医学書院、2004] を修正し引用した)

ちのほうが彼の自己中心的態度が我慢ならないという理由でビルとの関係を絶ったのであった。

支店長にとって、ビルが他の従業員にあまり好かれていないことは明らかであった。しかし、これは、ビルの業績に嫉妬してのことだろうと考えていた。ビルは、平均より少し高い営業成績を残していた。彼は、他の従業員がビルが自分たちより勝ってしまうことを心配しているのだと考えた。しかし、この支店長の見方は、ビルが彼に自分が受けているひどい扱いについて不満を漏らし始めたときに変わった。会社で働き始めて2ヵ月後、ビルは、彼のオフィスの家具を取り替えてくれるように要求した。彼のオフィスのすべての家具はまだ3年しかたっておらず、替える予定はないと告げられた。ビルは、課長に自分の成績は他のすべての同僚の成績を上回っており、自分の成果は報われるべきだと不満を述べた。彼は支店長のことを、他の冴えない従業員からの仕返しを恐れて、優れている者に報酬を与えようとしないいくじなしだと、あからさまに非難した。また、同僚についても、自分の能力に脅威を感じていると非難した。

働き始めて1年すると、ビルは同僚からも、上司からも疎遠になっていた。彼は、自分が非常に成功したために、彼らによって妬まれていると繰り返し愚痴を言った。彼は、彼らの本当に悪気のない手落ちでさえも個人的侮辱と捉えた。彼の同僚の一致した見方は、ビルは、自分の自尊心を支えるために絶えず賞賛され、注目されていなければならない「エゴイスト」だというものであった。

ビルの事例と演技性パーソナリティ障害の話で前にとり上げたシェリーの事例には、いくつかの類似点が見られる。どちらも壮大な自己感をもっており、絶え

1999年の映画「アメリカンビューティ(American Beauty)」の中でアネット・ベニング(Annette Bening)が演じる人物は、共感に欠け、あまりに自己陶酔が強いために、周りの人たちの痛みがわからないという、自己愛性パーソナリティ障害の特徴を示している。彼女の自己愛は、自尊心の低さと失敗への恐れから生じたものである。(Dreamworks／Kobal の厚意による)

ず他人からの賞賛を求めている。しかし、明らかな違いがある。シェリーは強い依存欲求を示し、他者の承認を得るために努力しているように見えるのに対し、ビルは、依存は危険だと見なし、評価されるためにもっぱら自分自身に頼っているのである。

自己愛の尺度において高得点を示す人たちの日常生活を調べた研究を通して、いくつかの明らかな特徴が見出された(Rohdewalt, Madrian & Cheney, 1998)。対照群と比較すると、彼らは、より大きな気分の変化、気分の強さ、自尊心の変化を示した。彼らはまた、日常的な出来事に対しても異なった反応を示した。健常な人たちが日常経験によって自尊心にほとんど変化を示さないのに対し、自己愛の高い人たちは、否定的な対人間の出来事が自尊心の不安定さを増し、

肯定的な対人間の出来事は自尊心を安定させるようであった。

自己愛性パーソナリティ障害の生起は人口の0.5%未満であり(Allnut & Links,1996)、子ども時代の経験が関係していると考えられている。つまり、養育者との共感的関係が発展しないこと(Kohut, 1978)で、結果として、とくに空虚感と低い自尊心を生じやすい崩壊した自己感と、そこから起こる代償的行動を生じ、その結果、自己愛性パーソナリティ障害が生起すると考える理論家もいる。おそらく両親は、子どもの要求ではなく、自分たち自身の要求を満たすのでなければ子どもに反応しなかったのであろう。自己愛性パーソナリティ障害の人たちは、ただ、他者にあまりに多くのものを期待しすぎるのである(Benjamin, 1987)。

境界性パーソナリティ障害

境界性パーソナリティ障害(borderline personality disorder)の中心的な特徴は、対人関係、行動、気分、自己像を含む日常的な機能の多くの側面で見られる不安定さである。境界性パーソナリティ障害の人たちは、ほんの少しの刺激によって、抑うつ、不安、怒りの間で変動する傾向がある。彼らは、自殺、物質乱用、危険な性行為、自傷、そして情熱的ではあるが不安定な関係にはまりやすい(Box 9-4)。正常に機能しない領域は広範にわたるため、非常にさまざまな異なった問題をもつ人たちが、この診断基準に当てはまる。

人口の1～3％が境界性パーソナリティ障害のDSM基準に当てはまる(Swaltz, Blazer, George & Winfield, 1990 ; Widiger & Weissman, 1991)。多くの人が、境界性パーソナリティ障害は女性に多いと考えているが、最近の研究から、男性にも女性と同じくらいか、またはより多く見られることが明らかになっている(Carter, Joyce, Mulder, Sullivan & Luty, 1999)。この障害をもつほとんどの人たちは悩み、多くは治療を求める。その結果、境界性パーソナリティ障害は、入院患者と外来患者ともに突出して最も多い診断となっている(Grueneich,1992)。しかし明らかに、広範で、包括的なものになる可能性のある診断は、なんでもありの診断("kitchen sink" diagnosis)になる危険性をはらんでいる。DSM―Ⅳは、境界性パーソナリティ障害の診断を限られた範囲の人たちに使用するのと同様に、診断の妥当性を増すために、診断が下される前に、以下の問題の少なくとも5つが存在する証拠が必要だとしている。

- 見捨てられることを回避するための外に表れるなりふり構わない努力
- 激しやすく不安定な対人関係のパターン
- 非常に動揺し、あるいは歪んだ、あるいは不安定な自己感
- 自己を傷つける衝動的性行動、物質乱用、浪費、無謀な運転、あるいはむちゃ食い
- 繰り返し起こる自殺行動、こういった行動の兆し、あるいは自傷的そぶり
- 慢性的な空虚感
- 数時間から数日続く情緒的不安定
- 怒りのコントロールの欠如
- ストレスに関係する妄想様観念または重篤な解離性症状

次の事例は境界性パーソナリティ障害の人の問題のいくつかを示している。

トーマス・ウォルフェ(Thomas Wolfe)は、最初の作品が1929年に出版され、それから10年もしないうちに、40歳前に亡くなった作家であった。その短い10年の間、彼はその時代の最も偉大な小説家たちによって歓呼で迎えられた文壇の寵児であった。彼は非常に生産的で、何かにとりつかれていた。そして彼は痛々しいほどに不幸であった。ウォルフェは神経質で、無愛想で、猜疑心が強く、考えごとや飲酒、激しい感情のほとばしり、そしてときどき狂ってしまうのではないかという恐怖にさえ脅えていた。彼は無礼で嫌な感じの人物であった。彼は、自分自身について、自分は人が怖く、傲慢に振舞い、堂々と人をあざ笑うことで自分の恐怖を隠すことがあると述べた。

彼にとって、決められた日に書き始めることは難しいことだったが、いったん書き始めると止めるのが難しかった。単語がただ、彼の中から溢れ出してくるのだった。彼は遅くまで眠り、ブラックコーヒーを何杯も飲み、たばこを何本も吸い、部屋を行ったり来たりしながら限りなく書き続けるのであった。彼は単語を黄色い紙に何枚も何枚も慌しく、大量になぐり書きするので、たびたび1ページにはたった20語くらいしか残っておらず、しかもそれは省略したなぐり書きであった。夜になると、大酒を飲むか、電話ボックスで友達に電話し、自分を裏切ったと彼らを責めて何時間も過ごしながら通りをうろついた。次の日になるとひどく後悔し、もう一度電話して謝るのだった。

彼は、大量に書いたにもかかわらず、『天使よ故郷を見よ(Look Homeward、Angel)』の後、2番目の本をまとめることができなかった。普通の小説の10倍の量である、100万語を書いたにもかかわらず、それは本にはならなかった。幸運にも彼には、彼の才能を見出し、それを育てようとした編集者のマクスウェル・パーキンス(Maxwell Parkins)がいた。ウォルフェはこう書いている。「私は計り知れない幸運のひとかけらに

Box 9-4 科学と実践

境界性パーソナリティ障害における自傷

自傷(self-mutilation)はおそらく他の異常行動よりも、研究者と臨床家にとって難しい問題であろう。自傷は故意の、自らが起こした、自分の身体への傷害と定義されている。臨床の文献に報告されている自傷行為の形には、手首と体のカット、たばこによる火傷、皮膚に文字を刻むこと、腕や頭を打ちつけること、顔をサンドペーパーでこすること、薬物の過剰摂取、故意の骨折、酸で体の一部を洗うことなどが含まれている。明らかに自傷行為は、破壊的で、奇怪で、無謀な、さまざまな形をとって現れる。しかし皮肉にも通常、死は、明白な目的ではない。自傷行為を起こすほとんどの人たちは、自分の人生を終わらせたいという欲求を示さないのである。

自傷行為はしばしば境界性パーソナリティ障害の症状として起こる。境界性パーソナリティ障害の患者は、抑うつ、不安、怒り、空虚感、自我感覚喪失といった否定的感情の混じりあった不快気分を経験する。境界性パーソナリティ障害の人たちが最も自傷行為に走りやすいのはこのような不快気分の時である。自傷を起こしている間、多くの人は、一種の無感覚と自分の体の部分から分離されたような感覚を報告する。自傷行為の間、身体的苦痛を経験していると報告する人たちは、同時に、その前の不快気分の状態から解放された感覚に圧倒される。多くの人が、落ち着いた、思考の非常に明瞭な状態を経験すると報告している。

自傷に対する治療方略は、行動論的テクニックと生物学的テクニックの両方からなる。行動論者は自傷行為の継続に関わる要因に注目している。自傷は、負の強化プロセスによってコントロールされる逃避行動か、あるいは正の強化プロセスによってコントロールされる他者からの注目を求める行動である。事実、自傷が、その人が嫌悪するような社会的相互作用などの負の強化から逃避あるいは回避するのを手伝う働きをしている事例がある。また、その人が、他者からの心配あるいは注目を得られるという正の強化のために、自傷を起こす事例もある。

治療者はまず、その人の日常的な活動と環境的文脈を完璧に評価することから始める。そして、自傷の先行状態と結果についての治療者の仮説に基づき、治療計画が作成される。自傷の治療に用いられてきた行動論的テクニックには、消去(extinction)、二者択一の感覚活動(alternative-sensory activity)、タイムアウト(time-out)、環境的文脈のさまざまな変化、罰が含まれる。しかし、罰は、他のアプローチが失敗したときの最後の手段として用いられる。系統的脱感作法(systematic desensitization)も、自傷行為にしばしば先立って起こり、それをひき起こす情緒的ストレスを低減するために用いられる。行動変容(behavior modification)は一般的に、嫌悪テクニックよりも好まれる。

薬理学的薬品は現在、自傷行為の治療に広く使われている。一般に使用される薬物の中には、抗精神病薬と抗うつ薬がある。抗精神病薬であるクロザピンは、敵意と攻撃性を消すのに効果的であるためにとくに注目されている。自傷行為を起こす境界性パーソナリティ障害の患者には、クロザピン治療によって大変な効果があることが知られている。研究を通して、セロトニン不足が衝動性、攻撃性、自殺と関係していることがわかっている。このようなわけで、選択的セロトニン再取り込み阻害剤も自傷を減らすのに効果的であることが証明されているが、これは驚くべきことではない。

(Chengappa, Ebeling, Kang, Levine, & Parepally,1999 ; Gardner & Cowdry,1985 ; Mace, Vollmer, Progar & Mace, 1998 ; Van Moffaert, 1990 ; Winchel & Stabley, 1991. に基づく)

トーマス・ウォルフェ(Thomas Wolfe:1900-1938)はおそらく境界性パーソナリティ障害を患っていた。(The Warder Collection)

よって支えられていた。私には限りない賢さと優しさと同時に、断固とした不屈の精神ももつ1人の男を友達にもっていた。この頃、私が絶望感によって破滅していなかったとしたら……それはほとんどパーキンスのお陰である……私は決して屈服しなかったが、それは、彼が私にそうさせたからだ」。パーキンスはウォルフェが追い詰められた人間であることをわかっており、心理的にか身体的にか、あるいはその両方で崩壊するのではなかという恐れを抱いていた。彼はウォルフェに、100万語書いたら、その作品は完成したことにしようと提案した。つまり、2人が一緒に座って、ウォルフェの力で1冊の本を作るということであった。

しかし、この共同作業は難航した。100万語の単語から自動的に本ができるわけではなかった。ウォルフェ Wolfe はカットするのを嫌がったのだ。そこで編集のほとんどはパーキンスの肩にかかった。パーキンスが時間をかけてウォルフェの言葉を1冊の本にした

とき、ウォルフェのパーキンスへの怒りは高まった。その作品は完全ではないとウォルフェは感じた。そして自分の基準に合わない本を発表することで、彼は混乱した。

本が発表されるまで、ウォルフェはそれは途方もない失敗作だと考えていた。しかし、論評はすばらしかった。ウォルフェは初めはその論評に勇気づけられたが、だんだん再びその本はけっして完全ではなく、それはパーキンスのせいだと感じ始めた。パーキンスとの関係は悪くなっていった。彼は猜疑心が強くなり、妄想的にさえなり始めた。しかし、パーキンスのほかには親しい友人がいなかった。彼はますます予測のつかない状態となり、すぐに激昂し、怒りをコントロールできなくなった。ついに彼はパーキンスとの関係を絶つことになった。Rosenthal（1979）は、ウォルフェの情緒的不安定さ、怒りをコントロールできないこと、1人でいることの難しさ、自分を傷つける多くの行為は、彼の同一性の問題と同様に、境界性パーソナリティ障害の診断を示していると考えている。同時に、ウォルフェは、統合失調型パーソナリティ障害、とくに彼を猜疑的にしている関係念慮を示すパーソナリティ特徴ももっていた。

境界性パーソナリティ障害の人たちの自殺と自殺企図の割合は高い。約8％が自殺で命を落としていると見られている（Maltsberger & Lovett, 1992；Paris, 1990）。しかし、障害は加齢とともに軽減する。常軌を逸した行動は減り、対人関係は改善する。

境界性パーソナリティ障害の徴候を示すものの、必ずしもDSM–IVの基準に当てはまらない人たちはどうであろうか。無作為に選んだ若い成人のサンプルのパーソナリティ特性を査定した研究者は、境界性パーソナリティの特徴をより多く示す人たちが、後年、より多くの生活上の問題を抱えることを明らかにした（Trull, Useda, Conforti & Doan, 1997）。境界性特性得点の高い人たちは、学業上の問題、対人関係の問題をもちやすく、その後2年間にわたって気分障害の基準に当てはまる可能性が高い。このように、「健常な」人たちの中においてさえ、境界的特性は芳しくない結果と関連している。

原因

境界性パーソナリティ障害の特徴である不安定さと予測のつきにくさは何が原因だろうか。この問題については多くの論争がある。過去、精神力動的説明が優勢であった（Kohut, 1977）。近年、精神力動的アプローチが洗練され、広まっている。Otto Kernbergらがこの仕事の中心におり、境界性パーソナリティ障害の人たちの、世界を良いと悪いの2極に「分裂（split）」あるいは二分する傾向に注目している（Clarkin, Yeomans & Kernberg, 1999）。彼らはこの傾向が境界性パーソナリティ障害の中心的特徴だと考えている。なぜなら、それが境界性パーソナリティ障害の人に極端で常軌を逸した行動をとらせるからである。

研究成果が集まるにつれて、境界性パーソナリティ障害の人たちは子ども時代早期の虐待とトラウマを報告する割合が高いことが明らかになった（Arntz, Dietzel & Dreessen, 1999；Zanarini et al., 1997）。しかしその関係は因果関係であろうか。そうではないと主張する人たちがいる。Bailey & Shriver（1999）は、境界性パーソナリティ障害のクライエントに対する見方について心理士にインタビューした。開業している心理士は、クライエントがとくに社会的相互作用について誤解あるいは間違って記憶し、操作的で、自ら破滅的性的関係に入っていこうとする傾向があると述べた。ゆえに、子ども時代の経験と成人の境界性パーソナリティ障害の関係は因果的ではないのである。

境界性パーソナリティ障害の生物学的相関を示唆する最近の結果がある。境界性パーソナリティ障害の人たちの生物学上の親族は、さまざまな精神科的疾患、とくに気分障害の高い割合を示す傾向にある（Nigg & Goldsmith, 1994）。低下したセロトニンの活動は境界性パーソナリティ障害と関連があり、セロトニンの活動を促進する薬は患者の改善へ結びつくことがある（Coccaro, Silverman, Klar, Horvath & Siever,1994）。脳の外傷もまた影響している。研究者が境界性パーソナリティ障害の退役軍人の病歴を調べたところ、対照群よりも外傷性脳損傷を経験している人が多い傾向があった（Streeter et al.,1995）。事実、対照群の4％と比較して、境界性パーソナリティ障害のグループの42％が頭部への外傷の既往歴をもっていた。これと一致する結果として、最近の神経画像研究は、境界性パーソナリティ障害の人の構造的な脳の異常についての証拠を示している（Lyoo, Han & Cho, 1998）。とくに、同じ年齢、同じ性の健常グループと比較して、境界性パーソナリティ障害の人たちは、前頭葉が有意に小さいが、側頭葉、外側脳室、あるいは大脳半球の容量には違いがなかった。もちろん、脳の異常が障害をひき起こしているのか、障害によってひき起こされているのか、それとも脳の異常とパーソナリティ障害の両方をひき起こす初期の外傷のような、他の何らかの要因の結果として脳の異常が起こったのかはわからない。

Marsha Linehanは境界性パーソナリティ障害の原因についての最も包括的な理論の1つを提唱している（Wagner & Linehan, 1997）。彼女の生物社会的（biosocial）モデルは、障害は遺伝性の特性と心理社会的経験の両方を含んでいると仮定している。彼女らは、後に境界性パーソナリティ障害を発症する子どもは、否定的出来事に対して彼らをより情緒的に敏感にする生物学上の脆弱さをもっていると考えている。つまり、彼

DSM-IV-TR の診断基準

境界性パーソナリティ障害

対人関係、自己像、感情の不安定および著しい衝動性の広範な様式で、成人期早期までに始まり、種々の状況で明らかになる。以下のうち5つ（またはそれ以上）によって示される。

(1) 現実に、または想像の中で見捨てられることを避けようとするなりふりかまわない努力。
　注：基準5で取り上げられる自殺行為または自傷行為は含めないこと。
(2) 理想化とこき下ろしとの両極端を揺れ動くことによって特徴づけられる、不安定で激しい対人関係様式。
(3) 同一性障害：著明で持続的な不安定な自己像または自己感。
(4) 自己を傷つける可能性のある衝動性で、少なくとも2つの領域にわたるもの（例：浪費、性行為、物質乱用、無謀な運転、むちゃ食い）。
　注：基準5で取り上げられる自殺行為または自傷行為は含めないこと。
(5) 自殺の行動、そぶり、脅し、または自傷行為の繰り返し。
(6) 顕著な気分反応性による感情不安定性（例：通常は2〜3時間持続し、2〜3日以上持続することはまれな、エピソード的に起こる強い不快気分、いらだたしさ、または不安）。
(7) 慢性的な空虚感。
(8) 不適切で激しい怒り、または怒りの制御の困難（例：しばしばかんしゃくを起こす、いつも怒っている、取っ組み合いの喧嘩を繰り返す）。
(9) 一過性のストレス関連性の妄想様観念または重篤な解離性症状。

（訳注：原書はDSM-IVだが、ここではDSM-IV-TR, APA, 2000［高橋三郎・大野裕・染谷俊幸訳『DSM-IV-TR 精神疾患の診断・統計マニュアル（新訂版）』医学書院、2004］を修正し引用した）

らはより強く反応し、回復するのに時間がかかるのである。これらの子どもたちがストレスが多く、サポートが少ない「無効にするような環境（invalidating environment）」に出遭うと、境界性パーソナリティ障害の徴候を示し始めるのである。Linehanの理論は研究結果とよく一致している。

境界性パーソナリティ障害で治療を受けている人たちがしばしば、知覚の鋭さや他者の感情についての洞察といった肯定的性質を示すことに注目した研究者がある（Park, Imboden, Park, Hulse & Unger, 1992）。これらの観察はある部分、治療を受けている境界性パーソナリティ障害の患者が平均より教育水準が高く、上流の社会階級の出身である傾向が見られるという事実を反映している（Taub, 1996）。

治療

多くの臨床家は境界性パーソナリティ障害の治療は難しいと考えているものの、Marsha Linehanによって開発された「弁証法的行動療法（dialectical behavior therapy）」と呼ばれる治療が効果的であることが最近の研究によって示されている（Dimeff, McDavid & Linehan, 1999）。弁証法的行動療法は1週間ごとの個人的心理療法と集団スキル訓練を含む非常に系統的な治療である。この治療は、境界性パーソナリティ障害の人たちには重要な対人関係スキル、情緒的規制を含む自己規制スキル、そして苦痛に耐えるスキルが欠けていると仮定する動機づけスキル不足モデルに基づいている。弁証法的行動療法は、治療や人生の質を妨害する行動と同様、自殺行動の低減を目的としている。週に1度の個人的治療は主に動機づけの問題とスキル

境界性パーソナリティ障害をもつ人たちは、子ども時代に虐待を経験し、不安定で破滅的な対人関係をもつ傾向があるようである。彼らの慢性的空虚感、不安定な自己像、そして操作的な行動はJennie Marukiによって描かれたこの女性に見られる。(Reproduced with permission of Hospital Audiences, Inc.)

訓練に焦点を当てている。変化を目標とする行動療法のテクニックは、受容を与える支持的方略とバランスよく用いられている。週に1度の集団セッションも、通常、行動上のスキル獲得に焦点が当てられ、より行動のコントロールができるようになるための方略について、治療者が系統的情報を与えることができるよう

表9-5 境界性パーソナリティ障害の治療

	個人的精神力動的治療	弁証法的行動療法	セロトニン作用のある薬品	ノルエピネフリン作用のある薬品	抗精神病薬
改善	約30%がわずかに改善	約65%がわずかに改善	衝動性、攻撃性、抑うつ症状が低下	約40%が改善 気分は改善するが、易怒性は改善せず、衝動性の悪化	精神病的症状を有する境界性患者の約70-75%が改善 怒りと敵意の低下
再発*	不明	不明	中程度〜強い	不明	不明
副作用	不明	不明	軽度〜中程度	中程度	中程度〜重度
費用	高価	やや高価	安価	安価	やや高価‡
時間†	数年	数ヵ月	数週間から数ヵ月	数週間から数ヵ月	数週間から数ヵ月
総合的効果	わずかな効果	有効	有効	わずかな効果	有効‖

*治療中止の後の再発
†最大の効果が得られるまでの時間
‡典型的でない抗精神病薬はやや高い
‖精神病的症状を示す人には有効

Crits-Cristoph,1998；Woo-Ming & Silver, 1998.に基づき、Bendetti, Sforzini, Colombo, Marrei & Smeraldi, 1998；Koerener & Dimeff, 2000；Schulz, Camlin, Berry & Jesberger, 1999；Soloff,2000；Verhoeven et.al.,1999により改変。

な心理教育的様式に従っている。弁証法的行動療法に関する研究の最近のレビューは、その治療法は短期的に境界性パーソナリティ障害の人たちの助けとなるが、その改善の持続性については明らかではないと結論づけている(Scheel, 2000)。これは大切なポイントである。なぜなら、定義によればパーソナリティ障害は慢性的障害であるからだ。

精神力動的アプローチも境界性パーソナリティ障害の治療に引き続き用いられている(Clarkin, Yeomans & Kernberg, 1999)。「転移に焦点づけされた心理療法(transference focused psychotherapy：TFP)」と呼ばれる新しい精神力動的テクニックは患者の無意識の反応、とくに治療者に対する反応(転移〔transference〕)に焦点を当てている。TFPの主な目標は、患者の無意識の反応と葛藤を表面化することで、それらについて組織的な治療状況の中で議論し、徐々に働きかけられるようにすることである。TFPの開発者は、境界性パーソナリティ障害の人が治療過程を妨害する破壊的衝動をコントロールできるようにすることが重要だと考えている。

境界性パーソナリティ障害の心理療法的治療は、とくにコスト管理型医療の現在の風潮の中で、コストに対して最も効率がよい治療だろうかという疑問を投げかける人たちもいる。最近、GabbardとLazar(1999)は「コストと便益(cost-benefit)」の研究においてこの問題を取り上げ、境界性の症状の治療により、以下のような結果が見られることで、便益がコストを相殺すると結論づけている。(1)身体的理由での外来患者の受診と入院の減少、(2)精神科に入院している患者の入院日数の減少、(3)仕事の生産性の低下に関連する間接的損失の減少。

薬物療法は境界性パーソナリティ障害に決まって用いられるわけではないが、この障害をもった人たちの中には、その効果が認められる人たちがいるという証拠がある(表9-5参照)。抗精神病薬による薬物療法は、重篤な事例に効果的であり、結果も良好である(Gitlin,1993)。SSRIを含む抗不安薬は、否定的情緒性のレベルが高い境界性パーソナリティ障害の患者に最も有効である(Hirschfeld,1997)。

不安―恐怖を示す障害

C群の障害は恐怖と不安の高いレベルと感情を内にとどめる傾向が特徴である。これらは不安―恐怖を示す障害である。情緒を劇的に表出するB軸の障害をもつ人たちと異なり、C軸の障害をもつ人たちは、より抑制された傾向を示す。B群とC群の障害は、他人に対する態度においても区別することができる。B群の障害は社会的に重要なことについての関心が欠如しているが、C群の障害は通常、必然的に道徳的指針について過度の関心をもっている。

回避性パーソナリティ障害

回避性パーソナリティ障害(avoidant personality disorder)の中心にあるのは回避である。それは人からの回避、新しい経験からの回避、そして古い経験からの回避である。生起率は人口の0.4〜1.3%の範囲である(Millon & Martinez, 1995；Weissman, 1993)。症候群は、愚かしく見えることへの恐怖と、それと同じくらい受容と愛情に対する強い欲求を伴う。この障害

> **DSM-IV-TR の診断基準**
>
> ## 回避性パーソナリティ障害
>
> 社会的制止、不全感、および否定的評価に対する過敏性の広範な様式で、成人期早期までに始まり、種々の状況で明らかになる。以下のうち4つ(またはそれ以上)によって示される。
> (1) 批判、否認、または拒絶に対する恐怖のために、重要な対人接触のある職業的活動を避ける。
> (2) 好かれていると確信できなければ、人と関係をもちたいと思わない。
> (3) 恥をかかされること、またはばかにされることを恐れるために、親密な関係の中でも遠慮を示す。
> (4) 社会的な状況では、批判されること、または拒絶されることに心がとらわれている。
> (5) 不全感のために、新しい対人関係状況で制止が起こる。
> (6) 自分は社会的に不適切である、人間として長所がない、または他の人より劣っていると思っている。
> (7) 恥ずかしいことになるかもしれないという理由で、個人的な危険をおかすこと、または何か新しい活動にとりかかることに、異常なほど引っ込み思案である。
>
> (訳注:原書はDSM-IVだが、ここではDSM-IV-TR, APA, 2000[高橋三郎・大野裕・染谷俊幸訳『DSM-IV-TR 精神疾患の診断・統計マニュアル(新訂版)』医学書院、2004]を修正し引用した)

をもつ人たちは、社会的関係あるいは新しい活動へ入っていくことを強く望みながら、無批判の受容の確かな保証がなければ、どんな小さな危険も冒したがらない人たちである。彼らは内気である。ほんのわずかの他者からの否認の気配や失敗の可能性であっても、引きこもることにつながる。彼らは一見とくに害のない出来事も嘲りと解釈する。この障害をもつ人たちは、他人と気持ちよくかかわることができないことに苦しみがちであり、このことが彼らの自尊心の低さと相まって、今度はそのことが彼らを批判と屈辱に対してさらに敏感にさせるという、まったくの悪循環に陥る。

しかし回避性パーソナリティ障害は、本当に独立した障害なのだろうか、それとも第5章でとり上げた全般性社交恐怖(generalized social phobia)と区別できないものであろうか。回避性パーソナリティ障害は社交恐怖の第Ⅰ軸の診断と重なっているという有力な証拠がある(Turner, Beidel & Townsley, 1992; Widiger, 1992)。それにもかかわらず、回避性パーソナリティ障害は正当な症候群であり、いくつかの症状が同時に起こる傾向がある(Baillie & Lampe, 1998)。

回避性パーソナリティ障害には、生物学に基づく気質の違いが関わっていることが示唆されている(Millon & Davis, 1995)。感覚刺激、とくに否定的情緒に関連する社会的手がかりに非常に敏感な子どもたちは、とくにこの障害が起こる危険が最も高いと言われている。その子どもたちは、親からのサポートがほとんど頼りにならない環境が加わって、低い自尊心と、社会的相互作用のストレスに対処する際の回避的方略を発展させる。内気で引きこもりの子どもに関する縦断的研究により、これらの子どもは社交的な子どもより、青年期に社会的相互作用からの回避を示しやすいことがわかっている(Scwartz, Snidman & Kagan, 1999)。

回避性パーソナリティ障害の治療は、社交恐怖と同様に、一般的に行動論的方略を含んでいる。社会的状況へ段階的に触れさせることと社会的スキルの訓練が効果的であることが明らかになっている(Alden & Capreol, 1993)。しかし、治療はその効果を最大にするために、その個人にそって調整されるべきである。たとえば、社会的回避の傾向があり非主張的な人たちの中にも、人を疑ったり、人に対して怒ったりすることで生じる対人関係の問題をもっている人がある。これらの人たちには社会的状況へ段階的に触れさせることが効果的だが、社会的スキル訓練での改善は望めないだろう。一方、回避性パーソナリティ障害をもつ別の下位グループは、主に、他者から威圧され、コントロールされた結果から生じる対人的問題をもっているかもしれない。とくにこういった患者には、親密な関係を築くことを強調する社会的スキル訓練が有効である。

依存性パーソナリティ障害

依存性パーソナリティ障害(dependent personality disorder)の人たちは、他者に重要な決定を任せ、彼らに重要な行為を起こさせるようにし、自分たち自身の人生の重要な事柄についての責任さえとってもらおうとする。彼らはしばしばどこに住むべきか、どういった仕事に就くべきか、誰を友達にすべきかについて、配偶者、親、あるいは友達に従う。彼らは、自分たち自身の要求を主張することはその関係を危うくすると感じて、自分たち自身の要求を、自分たちが依存している人たちの要求より後回しにする。こういった人たちは、しばしば自分たちが見捨てられるのではないかという恐れから、ひどい身体的かつまた心理的虐待に耐えようとする。それに付随して、彼らは、短い時間でさえ一人でいると、強い不快感と絶望感を感じる。

第9章 パーソナリティ障害

DSM-IV-TRの診断基準

依存性パーソナリティ障害

面倒をみてもらいたいという広範で過剰な欲求があり、そのために従属的でしがみつく行動をとり、分離に対する不安を感じる。成人期早期までに始まり、種々の状況で明らかになる。以下のうち5つ（またはそれ以上）によって示される。
(1) 日常のことを決めるにも、他の人たちからのありあまるほどの助言と保証がなければできない。
(2) 自分の生活のほとんどの主要な領域で、他人に責任をとってもらうことを必要とする。
(3) 支持または是認を失うことを恐れるために、他人の意見に反対を表明することが困難である。
  注：懲罰に対する現実的な恐怖は含めないこと。
(4) 自分自身の考えで計画を始めたり、または物事を行うことが困難である（動機または気力が欠如しているというより、むしろ判断または能力に自信がないためである）。
(5) 他人からの愛育および支持を得るために、不快なことまで自分から進んでするほどやりすぎてしまう。
(6) 自分の面倒をみることができないという誇張された恐怖のために、1人になると不安、または無力感を感じる。
(7) 1つの親密な関係が終わったときに、自分を世話し支えてくれる基になる別の関係を必死に求める。
(8) 自分1人が残されて、自分で自分の面倒をみることになるという恐怖に、非現実的なまでにとらわれている。
(訳注：原書はDSM-IVだが、ここではDSM-IV-TR, APA, 2000［高橋三郎・大野裕・染谷俊幸訳『DSM-IV-TR 精神疾患の診断・統計マニュアル（新訂版）』医学書院, 2004］を修正し引用した)

そこで、彼らはしばしば大きな犠牲を払っても仲間づきあいをしようとする。彼らには自尊心が欠けており、しばしば自分たち自身をまぬけだとか役立たずだとか見なしている。

> 2人の小さな子どもの母であるジョイスは、多数の顔の擦り傷とあごの骨折で緊急治療室に運ばれた。彼女は病院のスタッフの顔なじみであった。8ヵ月前、彼女は2本のあばら骨の骨折とあちこちの打ち身で治療を受けていた。ジョイスは、この傷のことについて詳しく話したがらなかった。しかし彼女を病院に運んできた近所の人によれば、ジョイスは夫によって身体的に虐待を受けているということであった。その人によれば、ジョイスの夫は、頻繁に彼女を言葉で虐待し、何度もあちこち殴っていた。ジョイスは自分と子どもたちの安全を心配していたが、家を出て夫と別れろという周囲の言葉には耳を貸さなかった。
>
> 3人きょうだいの真ん中であるジョイスは子ども時代、あまり責任ある扱いも受けず、たいした注意も払われないで育った。父親は頑固な男で、家族のことはすべて自分が決めていた。彼は頑固に、女は家にいるものだと思っており、しばしば品悪く、「お腹には子ども、ベッドでは役立たず(buns in the oven and bums in bed)」と冗談を言っていた。彼は家族のお金を管理し、誰にも任せなかった。
>
> ジョイスは高校で、タイピングのコース以外、職業的スキルを何も学ばないうちに、結婚のために退学した。実際、子守と母親の手伝いとして夏のアルバイトをした以外は、まったく仕事の経験がなかった。結婚して5年間、ジョイスはすべての決定を夫に任せていた。彼女の夫は彼女の友人関係に強く嫉妬し、その結果、彼女は友人関係をすべて諦めなければならず、近所に住んでいる母親を訪ねる以外は、夫と一緒でなければどこへも行かなかった。

服従と恐怖心が依存性パーソナリティ障害の特徴である。
(Jacqueline Morreau, *Woman Watching*, 1981)

依存性パーソナリティ障害は他のパーソナリティ障害よりも一般的であり、その生起率は人口の7％に及ぶ。この障害は、過保護であり権威主義でもあるという親の行動に原因を見出すことができる(Allnut & Links, 1996)。このような親の行動はおそらく相乗的であり、過保護な親は子どもの依存性を助長し、子どもの依存的行動は親からの保護的傾向を引き出す (Bornstein, 1992 ; Hunt, Browning & Nave, 1982)。

依存性パーソナリティ障害は、男性より女性で頻繁に起こる。この障害をもたない女性は出産時に夫がいなくても影響がないが、この障害をもつ妊娠中の女性は、出産のときに夫が分娩室にいないと不安になる

（左）Hedda Nussbaum は、恋人である Joel Steinberg に残酷な暴力を受けており、彼女が自分たちの養子だと見なしていた子どもに対する彼の殺人を裁く法廷で証言した。写真に写っている Nussbaum は依存性パーソナリティ障害を有しており、そのために、何年にもわたる虐待にもかかわらず、その子どもを連れて Steinberg の元を離れることができなかった。（AP/Wide World Photos）
（右）彼はもう決して殴らないと言った……この前もそう言ったのに。（The Women's Center of Rhode Island）

(Bornstein, 1992；Keinan & Hobfoll, 1989)。さらに、この障害は、もしその仕事の内容が独立した決定を必要とするようなものであると、仕事に差し支えることになる。社会的関係は、その人が依存する数人の人に限られる。高い率の併存症が見られ、依存性パーソナリティ障害はしばしば第Ⅰ軸の気分障害と同時に起こる(Loranger, 1996)。

強迫性パーソナリティ障害

　強迫性パーソナリティ障害(obsessive-compulsive personality disorder)には、あらゆることに完璧を求めて努力するという特徴が見られる。この障害をもつ人たちの高すぎる基準は、他者と同様、自分自身にも完璧を求める。どんなにすばらしい結果でも、彼らはめったに自分の成果に満足しない。そして、自分たちの立てた達成不可能な基準には達することはできないことを予想しているので、しばしば重要な事柄を先延ばしにし、時間をうまく割り当てることができずに、自分たちにとって最も大切なことを最後までそのままにしておく。彼らは楽しみや人づき合いよりも仕事や生産性を重んじ、過度に細目や一覧表、そして規則や予定表にかかわろうとする。彼らは生活のほとんどの領域で何かを決定することが難しく、彼らはとくに楽しい行為について決定することを避けがちである。この障害をもつ人たちは、感情を表現するのが難しく、しばしば他の人から、形式ばっており、堅く、過度に誠実で、道徳家であると見られている。

　ローラとスティーブは、スティーブの主張により、結婚カウンセラーにカウンセリングを受け始めた。彼は、ローラの応答性の欠如(unavailability)と完璧主義にひどく悩まされ始めていた。37歳のときローラは、国内で最も大きな会計事務所の1つで働いていた。彼女はオフィスで長時間働き、仕事を家に持ち帰り、週に1度も外に出ようとせず、休暇をとるのを嫌がった。家で彼女は子どもたちに、家のことや勉強のことでがみがみ言った。彼女は洗わないでおかれるお皿、ソファに脱ぎ捨てられた上着といったものに我慢ならず、家政婦にも口やかましく、過酷な要求をした。

　ローラは結婚生活に問題をかかえているなどと思いもしなかったが、仕事と家で苦しめられているように感じることはあった。彼女は長時間に及ぶ仕事を、自分の職業上必要なことと見なしていた。彼女は、結局自分が他のみんなの後始末をしなければならず、そのために子どもを叩いたり、家の中の状態にけちをつけたりすることになるのだと言った。ローラは自分が性的に不感症だとは考えず、自分がしばしば緊張して疲れていると考えていた。上昇志向の移民の親の一人娘であるローラは、他より勝るように言われ続けて育っ

DSM-IV-TR の診断基準

強迫性パーソナリティ障害

秩序、完全主義、精神および対人関係の統一性にとらわれ、柔軟性、開放性、効率性が犠牲にされる広範な様式で、成人期早期までに始まり、種々の状況で明らかになる。以下のうち4つ（またはそれ以上）によって示される。

(1) 活動の主要点が見失われるまでに、細目、規則、一覧表、順序、構成、または予定表にとらわれる。
(2) 課題の達成を妨げるような完全主義を示す（例：自分自身の過度に厳密な基準が満たされないという理由で、1つの計画を完成させることができない）。
(3) 娯楽や友人関係を犠牲にしてまで仕事と生産性に過剰にのめり込む（明白な経済的必要性では説明されない）。
(4) 道徳、倫理、または価値観についての事柄に、過度に誠実で良心的かつ融通がきかない（文化的または宗教的同一化では説明されない）。
(5) 感傷的な意味のない物の場合でも、使い古した、または価値のない物を捨てることができない。
(6) 他人が自分のやるやり方どおりに従わない限り、仕事を任せることができない、または一緒に仕事をすることができない。
(7) 自分のためにも他人のためにも、けちなお金の使い方をする。お金は将来の破局に備えて貯えておくべきものと思っている。
(8) 堅苦しさと頑固さを示す。

（訳注：原書は DSM-IV だが、ここでは DSM-IV-TR, APA, 2000［高橋三郎・大野裕・染谷俊幸訳『DSM-IV-TR 精神疾患の診断・統計マニュアル（新訂版）』医学書院、2004］を修正し引用した）

た。彼女は高校のクラスの卒業生総代であり、カレッジの卒業年次クラスの上位10位の中に入っていた。彼女が育った社会的環境は、親密な家族関係を非常に重んじていた。ローラは自分が妻と母親になることに一度も疑問をもったことはなく、カレッジを卒業するとすぐに結婚した。

強迫性パーソナリティ障害の有病率は、一般的集団の約1％と見なされている。強迫性パーソナリティ障害の人たちは、他のパーソナリティ障害の人たちよりも治療を求める傾向が高い。その結果、障害の率は臨床サンプルの中でのほうが高くなる（Weissman, 1993）。この障害はどちらの性でも起こるが、男性が幾分多い（Carter, Joyce, Mulder, Sullivan & Luty, 1999）。

強迫性パーソナリティ障害の根は、子ども時代の日々の出来事に対する親の罰を伴った反応にあると理論づけられている（Millon, Davis, Millon, Escovar & Meagher, 2000）。その親たちは情緒的に冷ややかで、さらに厳格で要求が多いと見なされている。その子どもは繰り返される親の罰に反応して、規則に従うことや、環境の中で秩序を保つことで一杯になる。さまざまなパーソナリティ障害の患者に子ども時代の経験を述べるように求めると、強迫性パーソナリティ障害の人たちは、親からの関心が低かったことと、親の過保護が強かったことを報告する（Nordahl & Stiles, 1997）。

強迫性パーソナリティ障害の治療には、認知的アプローチが有効である（Kyrios, 1998）。治療者は、その人の認知的機能不全、限られた行動レパートリー、否定的情緒、そして、対人関係と同一性に関する問題に焦点を当てる。支持的な心理療法も強迫性パーソナリティ障害の治療に効果的である（Barber, Morse, Krakauer, Chittams & Crits-Cristoph, 1997）。Barberらは、強迫性パーソナリティ障害のクライエントは、回避性パーソナリティ障害の人たちよりも長期間治療にかかわり、よりよい、そして早い改善が見られることを見出した。これは、強迫性パーソナリティ障害の人たちが規則を守り、治療者を含む社会的期待に従うようにより強く動機づけられているからかもしれない。対照的に、回避性パーソナリティ障害の人たちは、対人的相互作用を避ける傾向にある。

まとめ

定義によると、パーソナリティ障害は、日常的な機能を損なう特性の表れである。それらは児童期あるいは青年期に始まると考えられており、その人が人生に対処するスタイルの長年にわたる特徴となる。さらに、パーソナリティ障害の人たちは必ずしも主観的な情緒的苦痛を経験しないので、治療を受けようとしなかったり、友達や家族の意見に耳を貸さなかったりする。

何年にもわたって、パーソナリティ障害の診断については多くの論争がある（Arntz, 1999 ; Glaser, 1993）。パーソナリティ障害についての主要な論争は、正常な機能と切り離すことのできる「障害(disorders)」としてそれらを分類するかどうかにかかわっている。パーソナリティ障害についての現在の診断的カテゴリーの信頼性は、個々の独立したカテゴリーとしてそれらを含めることが正当だと考えるにはあまりに低く、さらなる研究が必要だと考える人たちもいる。また、パーソナリティ障害は本当は「精神疾患

"SEE— IT'S NOT IMPOSSIBLE FOR AN OBSESSIVE-COMPULSIVE TO GET A RESPONSIBLE JOB."

「強迫性パーソナリティ障害の人が責任のある仕事に就くのは無理なことじゃないんだね」（Sidney Harris）

(mental illness)」ではないとする人たちもいる。彼らは、パーソナリティ障害はどちらかといえば、人々が生活するうえで問題をひき起こす性格上の特性であると考えている。これに関連する問題として、どのようにパーソナリティ障害を概念化したらよいのかという問題がある（Cloninger, Bayon & Przybeck, 1997）。すなわちパーソナリティ障害は、他の人たちと質的に異なっている人たちを記述する独立したカテゴリーなのだろうか、それとも、パーソナリティ特性の正常な連続体の一番端にある状態というような、次元的なものとして考えるほうがよいのだろうか。

多くの心理学者はパーソナリティ障害を、われわれすべてがそれに沿って変化するパーソナリティの次元の極端な表れと考えている。また、パーソナリティ障害を、特殊な種類の生物学的あるいは心理的脆弱性を含む独立した存在と見なす傾向が強い心理学者もいる。事実、これらの視点はどちらとも正しそうであるが、それぞれのパーソナリティ障害によって違ってくるだろう。たとえば、統合失調症と統合失調型パーソナリティ障害にははっきりとした関係がある。統合失調型パーソナリティ障害の診断基準に当てはまる人たちの中には、事実、統合失調症に対する独特の、生物学的な脆弱性をもつ人がある。対照的に、依存性パーソナリティ障害の人たちについては、その障害が、多くの成人が示すのと同様の、他者への依存傾向の極端なレベルを示していると考えるほうがもっともらしい。

パーソナリティ障害が単に正常な人間の1つの傾向の極端な表れにすぎないとしたら、それはそれ自体「障害」と見なされるべきであろうか。この疑問に対するわれわれの答えは、とくに法律の領域で重要となる（Winick, 1995）。たとえばもし、反社会性パーソナリティ障害がとくに生物学的基盤をもった障害と見な

されるなら、反社会性パーソナリティ障害の診断は当然、精神障害による無罪の根拠となるべきである。第15章において、精神的能力の障害あるいは精神疾患の結果として起こる犯罪行為に対して、なぜ法律制度が責任を問わないかについて議論する予定である。しかし、ほとんどの状況では、パーソナリティ障害は精神疾患とは認められない。1つ以上のパーソナリティ障害をもつ人は、その障害の結果起こった違法な行動の責任を負わされるべきだろうか。この疑問に答えるのは簡単ではない。来たるべきいつの日にか議論されることを期待しよう。

パーソナリティ障害の概念化の仕方は、これらの障害をもつ人たちに与えられる特別な保護についての示唆も含んでいる。たとえば、第1軸の気分障害あるいは統合失調症の人たちは、病気のために生活できないとしたら、疾病手当てを受ける資格がある。では、パーソナリティ障害をもつ人たちも、障害のために仕事を続けることが難しいとしたら、その疾病手当てを受ける資格があるだろうか。現在、パーソナリティ障害は法的には疾病と認められていない。臨床の研究者の中には、パーソナリティ障害の治療はあたかもそれが第Ⅰ軸の障害であるかのように、医学的、生物学的見地からアプローチされなければならないと考えている人がいる（Joseph, 1997）。彼らはパーソナリティ障害の症状は、それぞれ、特定の薬を用いた治療の対象にされるべきだと主張している。また、別の人たちの中には、これは精神疾患の概念の拡大化を生じ、意味がなくなると懸念する人もいる。とくに、パーソナリティ障害に対してその生物学的相関が研究者によって明らかにされるなら、再びこの問題についてさらなる議論が起こるであろう。

臨床心理学者も精神科医も、パーソナリティ障害を診断することの難しさについてはよくわかっている。パーソナリティ障害の徴候が診断基準に当てはまるためには持続的でなければならないので、臨床家はしばしば過去の行動と経験についての個人の記憶に頼らなければならない。結果として、記憶の歪み、あるいは情報を得たり正しくアクセスすることの失敗は、これらの診断の間違いの原因となる。妄想性パーソナリティ障害と診断された前述のセイモアの事例を考えてみよう。彼の問題に関わる行動上の事実はきわめて正確であった。しかしその後彼の問題を注意深く調べていくと、まったく違った状況が明らかになってきた。セイモアは著しい聴力の喪失を経験していたのである。彼がその程度を過小評価していたのと、補聴器を着けるのを怖がっていたため、面接の最初のほうで彼はそれを明かさなかった。彼は音楽が流れているときに、たびたびインストラクターの声が聞こえず、ステップを間違ってしまうので、ダンスのパートナーとうまくダンスを踊ることができなかったのである。ま

た、時事問題についての討論グループでは、しばしばすでに他の人たちが述べたコメントを繰り返したり、さらに悪いときには、他の人のコメントを聞き間違えて、自分のコメントが不適切で、筋が通っていないと言われたように聞いてしまったのである。同様の問題は陶芸クラスでも起こっていた。さらには、研究室に鍵をかけたり、自分の仕事について話さないといった、彼の他人に対する不信感は、物理学者として彼がずっと機密扱いの軍事問題に関する研究にかかわっていたことを知れば、いくぶん別の意味をもってくるだろう。加えて、1950年代、1960年代の多くの専門家がそうであったように、セイモアは住居を転々とした。それぞれの新しい場所で新しい友達をつくるのはたいへんな時間とエネルギーを使うことである。彼は自分の妻と親密な関係を築き、彼の仕事に没頭していたので、新しい一時的な関係を築くことに力を注ごうとしなかっただけなのである。

このように、行動が展開していく文脈をすぐには想起できず、それまでの人生で起こった行動を間違って解釈してしまうことは危険である。しかし、かなりの情報が利用できる場合にさえ、さまざまな異なった理論的信念に基づいていたり、あるいはさまざまな異なった文化的文脈をもっていたりする治療者が、違った診断的結論に達するということはあり得ることである。強迫性パーソナリティ障害の特徴のすべてをもっているかに見えるローラのことを考えてみよう。ジェンダー役割と仕事上の役割とのせめぎ合う要求から生じる葛藤に敏感なフェミニスト・セラピーの治療者であれば、この事例をどのように解釈するだろうか。家族と家庭に対する伝統的な態度をもつローラは、同時に職業生活において野心的であった。どちらの役割もすばらしくこなそうとして、彼女は知らず知らずのうちに不可能なこと、つまり、「スーパーウーマン（superwoman）」になることを熱望するようになった。彼女は家をきれいにし、子どもをクラスのトップにし、自分は男性支配の仕事でトップになることを願った。彼女の家をごみ１つない状態にするというこだわりは、この役割間の葛藤を反映している。もし家がごみ１つない状態でないとすると、その家を磨き上げる仕事は誰にかかってくることになるだろうか。同時に、休暇をとることを拒否したり、長い労働時間を確保することにおいて、彼女は仕事では野心に満ちた男性のように振舞っていたのである。

パーソナリティ障害は困難な分野である。しかしこの分野は、これからの時代に重大な進展が期待される領域である。適応的な行動傾向と不適応的な行動傾向のどちらにも関連する経験と生物学的過程を明らかにしようとする研究者の努力の成果が現れ始めている。パーソナリティ障害についての将来の診断システムは、疑いもなくこれらの成果を反映したものになるだろ

う。研究者たちは治療をクライエントにうまく調整していく最善の方略を探索し続けており、治療の進展も期待できる（Benjamin, 1996 ; Gabbard & Lazar, 1999）。

要　約

1. パーソナリティ障害は、基本的に特性の障害、すなわち、個人が不適応的なやり方で知覚し、環境に反応するその傾向に現れる障害である。パーソナリティ障害という考えは、人にはさまざまな状況を通して一貫した反応傾向があるということを前提としている。

2. パーソナリティ障害はDSM-IVの第II軸の障害と考えられており、人々は２つ以上のパーソナリティ障害の基準に当てはまる傾向が見られ、このことは障害を独立したカテゴリーと考えるべきか、それとも連続体の次元として考えるべきかという問題を生じている。

3. ５因子モデルは時にビッグ・ファイブ（Big Five）と呼ばれる５つのパーソナリティ次元を提唱している。つまり、外向性、勤勉性、協調性、情緒安定性、経験への開放性である。

4. 「奇異─奇妙な行動を示す」障害は、他の人たちについての不快さと疑い深さを含む障害である。これらの中には、統合失調型パーソナリティ障害、統合失調質パーソナリティ障害、妄想性パーソナリティ障害がある。

5. 統合失調型パーソナリティ障害の顕著な特徴は、社会的欠陥、異常な考えや知覚の経験である。奇異な思考は極端な疑い深さと妄想的な考えに表れる。この障害は遺伝学的に統合失調症と関係しているため、臨床の研究者にとってとくに関心の的となっている。また、統合失調型パーソナリティ障害の人たちは、統合失調症の患者と同様、認知的欠陥と中枢神経系の異常からくる身体的徴候を示す。

6. 統合失調質パーソナリティ障害は社会的関係を形成する能力の不足と社会的スキルの欠如によって特徴づけられる。この障害が心理療法で治療される場合、その目標は、患者の社会的孤立を低減し、社会的スキルを教えることである。

7. 妄想性パーソナリティ障害の人たちは、他人に対する長年にわたる不信と疑い深さを示し、責めと罪を外在化する傾向がある。この障害に対する認知行動療法は自己開示と信頼を強調する。

8. 「劇的─常軌を逸した行動を示す」障害は社会的規範に従うことの失敗を含む障害である。これらの中には、反社会性パーソナリティ障害、演技性

パーソナリティ障害、自己愛性パーソナリティ障害、境界性パーソナリティ障害がある。

9. すべてのパーソナリティ障害のうちで、**反社会性パーソナリティ障害**は研究室の中で最も広く研究されている。過去、「社会病質」や「精神病質」と呼ばれていた。慢性的な敏感性の低さ、他者の権利に対する無関心という特徴があり、繰り返し起こる攻撃行動、常習的うそ、盗み、ごまかし、破壊、規則違反を含む。臨床的には、誤った方向に動機づけられた反社会的行動、情緒的貧困さ、良心あるいは恥の外面的な欠如といった特徴をもつ障害である。

10. 反社会性パーソナリティ障害は、児童期あるいは青年期初期の素行障害に始まり、無断欠席、ちょっとした盗み、その他の規則違反の行動といった形をとる。研究を通して、反社会的行動にかかわる以下のような要因が指摘されている。遺伝的脆弱性、神経系発達の胎児期の障害、生理的反応の異常(情緒的覚醒不足)と脳の機能異常、情緒的に剥奪された環境、ぎりぎりの経済的環境、そして学習上の問題(罰から学習できないこと、あるいは自分の衝動を制御できないこと)である。

11. 反社会性パーソナリティ障害には特定の薬物治療法はない。しかし、患者の他人への共感能力と同一化する能力、社会的手がかりを処理する能力を向上させるために、認知的治療が用いられている。「肯定的実践(positive practice)」と呼ばれる行動療法のテクニックも、患者の否定的行動パターンを正し、適切な行動に置き換えるために用いられている。

12. 多くの研究者が、予防的介入が反社会性パーソナリティ障害を減じるための最も有効なアプローチだと考えている。しかし、予防の最適のアプローチに関して統一された見解は得られていない。つまり、心理学者の中には、子どもをその環境から引き離すという非常に侵入的な介入を要求する者もおり、また、両親の能力を向上させるような介入を提唱する者もある。

13. **演技性パーソナリティ障害**の人たちは、些細な出来事に対して、劇的で、不適切な情緒表現で反応する。彼らは絶えず他者の注目と賞賛を求めている。

14. **自己愛性パーソナリティ障害**の人たちは肥大した自己重要感と共感性の欠如を示す。彼らは、そのほとんど絶対的な自己陶酔と、他者からのあらゆる批判、あるいは他者の注目の欠如に対する怒りによって、対人関係を続けることが難しい。

15. **境界性パーソナリティ障害**の人たちは、日常的機能、対人関係、行動、気分、そして自己像の不安定さという特徴をもつ。彼らは社会的相互作用を間違って理解し、操作的で、自殺企図、物質乱用、危険な性行動、自傷、そして、濃密だが短期間の破滅的性的関係をもちやすいという傾向を示す。この障害をもつ人たちは、しばしば子ども時代早期の虐待とトラウマの経験を報告する。弁証法的行動療法が、境界性パーソナリティ障害の短期間の改善につながっている。

16. 「不安─恐怖を示す」障害は、心配と不安の高さと感情を内にこもらせる傾向を特徴とする。この障害の1つに、**回避性パーソナリティ障害**があり、その患者は社会的関係あるいは活動に参加したいという願いをもつが、自分が愚かしく見えるのではないか、あるいは非難されるのではないかという恐れから他人や経験を避ける。別の障害として**依存性パーソナリティ障害**があり、この患者は、見捨てられるのではないかという恐れから、他者にすべての大事な決定を任せ、すべての責任を負わせる。3つ目の障害は**強迫性パーソナリティ障害**で、この患者は、過度に高い基準と完璧を求めて、何に対しても努力するという特徴をもつ。

17. パーソナリティ障害を正常な機能から区別できる「障害」として分類すべきかどうかについては、真っ向から対立する意見の相違が見られる。これに関連して、パーソナリティ障害の人たちも第Ⅰ軸の精神疾患の人たちに与えられている法的保護を受けるべきかどうかについての論争がある。

10 統合失調症

本章の概要

統合失調症とは何か　390
　歴史的展望　390
　統合失調症の症状　392
　DSM-IV による統合失調症の病型　398
　統合失調症のその他の病型分類　399
　統合失調症の疫学　400
機能の障害　402
　認知機能障害　402
　知覚障害　405
　運動障害　405
　感情障害　406
脆弱性の原因　406
　統合失調症の遺伝学　407
　産科合併症　410
　統合失調症の児童期の指標　411
　統合失調症の生物学　415
　社会的な影響　419
統合失調症の治療　423
　薬物療法　423
　心理的治療　427
まとめ　431
要　約　432

学習の目標

- 統合失調症の原因に関する主な誤解と統合失調症の歴史的展望を学ぶ。

- 統合失調症の診断基準と症状を知る。

- DSM-IV による病型、急性期、慢性期など、統合失調症のさまざまな病型を理解する。

- 生得的な統合失調症の発症脆弱性の2つの原因である、遺伝負因と産科合併症について学び、統合失調症の児童期の病前特徴を説明できる。

- 神経化学的な異常、脳の構造異常、前頭葉やさまざまな脳の領域間の連絡の異常など、統合失調症の生物学的要因を説明できる。

- 統合失調症の家族内の交流における問題をはじめとする社会的な影響や、多くの統合失調症患者が低い社会階級や貧困に陥る理由、そして発展途上国の統合失調症患者が先進国の患者よりも予後がよい理由を学ぶ。

- 定型および非定型抗精神病薬やその副作用、認知機能リハビリテーション、社会生活技能訓練などの統合失調症の治療を説明できる。

統合失調症は不可解で、奥深い精神疾患である。統合失調症は思考、知覚、気分に影響を及ぼす。思考障害には、集中、抽象的思考、論理的思考の困難などがある。知覚障害では、実在しない声が聞こえることや、物が見えることがある。統合失調症患者の中には、感情をほとんど表出しない患者がおり、彼らはよくも悪くも何も感じないと述べる。苛立ちや、不適切な軽薄さを認める人もいる。病状が悪化した際には、ほとんどの患者は、私たちには当たり前の「現実」を理解することが困難になる。これが、統合失調症をとても不可解にする。次の事例が示すように、現実世界の人間の知覚に対する私たちの基本前提に疑問を投げかける。

> 子どもの頃、両親は僕のことをいつも心配しているようだった。それがなぜなのか、わからなかった。僕は世界一有名な子どもではなかったけれども、学校の成績はよかったし、深刻な問題を起こすこともなかった。それでも両親は、僕に特別な注意を払わなければならない様子で、「グレン、調子はどう？」と繰り返し尋ねた。多分、このことによって、僕は自分が普通ではないことに気がついたのだと思う。子どもの頃、まるで人生に関する映画を観ているように感じることがあった。現実とは思えなかった。高校に行く頃には、僕は本当に劇を演じている俳優だと感じていた。でも、僕はいつも自分の台詞を知らなかったし、何の役を演じているのかわからなかった。だまされていると思うこともあった。僕に劇の一部であると思い込ませるために、みんなが僕についてくるのだと思った。でも、実際は違った。僕は、現実と思うことと、そうではないと思うこととの間を行き来していた。18歳になった頃は、かろうじて瀬戸際で耐えていた。理解してくれる人がいるのだろうかと思った。

本章の表題は "schizophrenias" と複数形になっている。それは、この領域の多くの専門家が、統合失調症は単一疾患ではないと考えているからである。言い換えれば、「統合失調症」と診断される症候群には、複数の異なる原因があると考えられているのである。このように考えられている理由の1つは、患者によって症状が大きく異なることである。同様に、認知、感情、運動面の異常の特徴と程度にも差を認める。しかし、統合失調症が複数の疾患であることを説明する最も説得力のある根拠は、同じ薬を服用しても、患者によって反応が異なることであろう。統合失調症は単一疾患ではないと考えられているが、議論の便宜上複数形 (schizophrenias) ではなく単数形 (schizophrenia) を用いる。

統合失調症の症状が異なっても、複数の共通する精神症状がある。これらは、思考と知覚の障害であり、

現実感覚の維持を困難にする。グレンは、早期成人期まで精神症状を認めなかったが、青年期から現実感覚が希薄だったことがわかる。

統合失調症の歴史、有病率、そして特性の概要をたどることから、統合失調症の探究を始める。次に、統合失調症の症状を説明する。そして、長期にわたり研究者を悩ませている疑問である「統合失調症の原因は何か？」という疑問について考える。最後に、統合失調症に有効なさまざまな治療を検討する。

統合失調症とは何か

統合失調症患者は、「狂人」「気違い」「気の狂った人」「不安定な人」「錯乱した人」「痴呆」などと呼ばれてきた。これらの言葉は、この病気をもつ人は危険で、予測不可能で、理解不可能であり、まったく手がつけられないことを暗示する。しかし、これらは統合失調症の特徴よりも、健康な人の不安や知識不足を表している。統合失調症患者は、暴力的な狂人であるよりも、むしろ内気で引きこもりがちであり、自らの問題で精一杯な状況であることが多い。

統合失調症に関する他の代表的な誤解は、ジキル博士とハイド氏のように人格が分裂しており、予測不可能で、暴力的であるという誤解である。この誤解は、"schizophrenia(schizo＝分裂、phreno＝心)"という名称から生じる。スイスの精神科医 Eugen Bleuler (1857–1939)がこの名称を造語したとき、彼は統合失調症患者に認める特定の精神機能の分裂を表すことを意図したのであって、複数の異なる人格がその人の中に存在することを表そうとしたのではない。Bleulerは、統合失調症患者は思考と感情が分裂すると考えた。例として、多くの人は恐ろしい事件に遭遇すると即座に感情的な反応が生じるのに対し、統合失調症患者にはそのような反応が生じないことを挙げた。Bleulerの見解は、もはや以前ほど広く受け入れられていないが、彼の見解から生じた誤解はいまだに存在しているし、「イブの3つの顔」のようなハリウッド映画やテレビ番組によって誤解は広がった（第6章の解離性障害を参照）。

統合失調症に関する3点目の誤解は、一度発病すると、その人は常にその病気であるという誤解である。実際には、この病気はすべての患者において一生続くわけではない。一度エピソードが出現した後消失し、その後一度も生じないことも多い。長期間症状が生じていなくとも、新たなエピソードが生じることもある。一生の間に何回か風邪をひいても、いつも鼻水に悩まされるわけではないのと同様に、一生の間に複数の統合失調症エピソードが出現しても、それ以外の期間は非常に安定している。統合失調症を発症した多く

危険で、予測不可能で、コントロール不可能であるという、統合失調症患者に対する社会の認識は、Charles Bell の1806年のイラスト"Madness"に表現されている。このような見解は、この疾患の本質よりも、社会の恐れを反映している。(Charles Bell "Madness" from *Essays on the Anatomy of Expression in Painting* (London : Longman, 1806)

の人は、他の人と同じように運動をし、新聞や本に目を通し、テレビを鑑賞し、大学の学位を取得し、友達や家族との関係を築く。苦痛の兆候が現れることなく、長期間が経過することもある。エピソードが生じる理由は、風邪にかかる理由ほどは明らかではない。風邪の症状がないときにその人が健康だとみなされるように、統合失調症の症状がないときには、その人は精神的に健康なのである。

歴史的展望

1880年頃まで、精神障害の疾病分類はほとんど進歩しなかった。異なる種類の「狂気」があると思われていたが、その違いに関する共通認識はなかった。実際に1809年になるまで、現在統合失調症と呼ばれる症候群は、臨床的には分類されていなかった(Gottesman, 1991)。広く受け入れられた初の重度精神疾患分類システムは、ドイツの精神科医 Emil Kraepelin (1856–1926)が発展させた。彼が1896年に記述した疾患の1つは早発性痴呆(認知症)であり、それは文字通り、早期または早すぎる精神の荒廃を意味した。

Kraepelin は、患者が特定の症状を示し、その後荒廃的な経過をたどったときに、早発性痴呆(認知症)と診断した。行動的な特徴には、葬式で笑う、冗談に対

DSM-IV-TR の診断基準

統合失調症

A. 特徴的症状：以下のうち2つ(またはそれ以上)、おのおのは、1ヵ月の期間(治療が成功した場合はより短い)ほとんどいつも存在：
  (1) 妄想
  (2) 幻覚
  (3) まとまりのない会話(例：頻繁な脱線または減裂)
  (4) ひどくまとまりのないまたは緊張病性の行動
  (5) 陰性症状、すなわち感情の平板化、思考の貧困、または意欲の欠如
  注：妄想が奇異なものであったり、幻聴がその者の行動や思考を逐一説明するか、または2つ以上の声が互いに会話しているものであるときには、基準Aの症状を1つを満たすだけでよい。

B. 社会的または職業的機能の低下：障害の始まり以降の期間の大部分で、仕事、対人関係、自己管理などの面で1つ以上の機能が病前に獲得していた水準より著しく低下している(または、小児期や青年期の発症の場合、期待される対人的、学業的、職業的水準にまで達しない)。

C. 期間：障害の持続的な徴候が少なくとも6ヵ月間存在する。この6ヵ月の期間には、基準Aを満たす各症状(すなわち、活動期の症状)は少なくとも1ヵ月(または、治療が成功した場合はより短い)存在しなければならないが、前駆期または残遺期の症状の存在する期間を含んでもよい。これらの前駆期または残遺期の期間では、障害の徴候は陰性症状のみか、もしくは基準Aにあげられた症状の2つまたはそれ以上が弱められた形(例：風変わりな信念、異常な知覚体験)で表されることがある。

D. 失調感情障害と気分障害の除外：失調感情障害と「気分障害、精神病性の特徴を伴うもの」が以下の理由で除外されていること。
  (1) 活動期の症状と同時に、大うつ病、躁病、または混合性のエピソードが発症していない。
  (2) 活動期の症状中に気分のエピソードが発症していた場合、その持続期間の合計は、活動期および残遺期の持続期間の合計に比べて短い。

E. 物質や一般身体疾患の除外：障害は、物質(例：乱用薬物、投薬)または一般身体疾患の直接的な生理学的作用によるものではない。

F. 広汎性発達障害との関係：自閉性障害や他の広汎性発達障害の既往歴があれば、統合失調症の追加診断は、顕著な幻覚や妄想が少なくとも1ヵ月(または、治療が成功した場合は、より短い)存在する場合にのみ与えられる。

(訳注：原書はDSM-IVだが、ここではDSM-IV-TR, APA, 2000 [高橋三郎・大野裕・染谷俊幸訳『DSM-IV-TR精神疾患の診断・統計マニュアル(新訂版)』医学書院、2004]を修正し引用した)

して泣くなどの不適切な情緒反応、入室前にお辞儀を繰り返す、寝る前に手を叩くなどの常同的行為、影が動くことが気になり読書ができないなどの注意困難、誰もいないときに人が見える、ジャスミンの庭で硫黄の臭いがするなど、妥当な刺激がないにもかかわらず生じる知覚、自分がナポレオンのような歴史上の人物である、または、自分はワイヤーで拘束されていると主張するなど、それに反する証拠が多数存在するにもかかわらず、その信念を維持することなどがある。Emil Kraepelinの見解は、次世代の心理学者や精神科医に大きな影響を与えた。彼は、精神疾患のさまざまな形態を区別し分類することにおいて、多大な歴史的貢献を果たした(Carpenter, 1992)。

Eugen Bleulerは、統合失調症はその人の生物学的な特徴の一部であると考えた。彼は、脳疾患によって統合失調症が生じると確信し、仮説的な脳病変を用いて症状の説明を行った。Bleulerは、統合失調症は人生のどの段階でも発症する可能性があり、再発することが多いと考えた。また、統合失調症は非常に重い疾患であり、多くの場合慢性的に経過するが、回復も可能であると主張した。Kraepelinは統合失調症の原因は生物学的な要因であり、究極的な治療は生物医学であると確信していた。彼は、腺系の機能不全によって化学的不均衡が生じ、それが何らかの形で神経系を阻害するという仮説を立てた。この2人の先駆的な科学者は、統合失調症の生物学的基礎の研究を開始した。

また、統合失調症の原因と治療を解明するためのまったく異なるアプローチが、KreapelinやBleulerと同時期に、Adolf Meyer(1866-1950)によって提唱された。脳病理学者のMeyerは、後にアメリカ精神医学の始祖として知られるようになった。彼は、統合失調症患者とそうではない人との間には、基礎的な生物学的差異はなく、個別の心理的プロセスにおいても同様に基礎的な差異はないと主張した。彼はむしろ、統合失調症によって生じる認知および行動のまとまりのなさは、不適切な早期学習よって生じ、「適応不全」と習慣の荒廃を反映していると考えた。つまり、生物学的な機能不全よりも、個人の不適応がこの疾患の根本にあるという説を唱えた。BleulerとKraepelinが統合失調症患者の研究において生物学的な流派を強調したのに対し、Meyerは学習と対人関係のプロセスに焦点を当てる流派を促進した。両見解は、近代における統合失調症の理解に影響を与えた。現在では、生物学的な脆弱性が統合失調症の基礎にあることが明らかにされている。

統合失調症の症状

統合失調症の定義は、1896年にKraepelinが彼の著書『精神医学教科書』で早発性痴呆（認知症）の症状を記述したときから活発に議論されている。統合失調症の診断は、各症状が身体疾患や特定の処方薬、違法薬物、そして脳障害によって生じる症状に非常に似ていることから、いくぶん議論の的になる。最新の定義は、1994年のDSM-IV（訳注：2000年にDSM-IV-TR、2013年にDSM-5が出ている）の定義である。現在、統合失調症と診断するには、症状が少なくとも6ヵ月間存在し、仕事、対人関係、自己管理などの機能が病前に獲得していた水準より著しく低下していなければならない。これらは時間的な診断基準である。

さらに診断のための2つの実質的な診断基準がある。それらは、次の2つである。(1)現実検討が広く障害されている。それは、自己の思考の正確さを不正確に評価し、その結果、現実について不正確な推論が行われる。既述のように、現実を理解することにおける大きな障害は、**精神病**（psychosis）と呼ばれる。自己の能力や魅力を過小評価することなど現実に関する小さな歪曲は適合しない。(2)その障害は、思考、知覚、感情、コミュニケーション、精神運動活動のうち1つ以上の心理的プロセスで障害されている。

統合失調症の5つの特徴的症状は、妄想、幻覚、まとまりのない会話、ひどくまとまりのないまたは緊張病性の行動、そして陰性症状である。

妄想

妄想は間違った信念であり、それはすべての反論を否定し、その信念を棄却するのに十分な証拠が目の前にあるにもかかわらず、維持されるものである。自分は不老の泉の水を飲んだので不死であると信じるのは、妄想である。また、自分がこの伝説の水を知っていると考えるだけではなく、他人が自分からこの秘密の情報を奪おうと企てていると信じる人も、複数の妄想に侵されている可能性がある。

妄想は、統合失調症の最も特徴的な症状である。妄想の内容はとても奇異であるので、それは自動的にその人が現実と乖離していることを示す。そうでなければ、自分は激しく迫害されている、または、自分は普通の人よりもはるかに優れているという信念を、確認できる根拠が何1つないにもかかわらず、どのように説明することができるだろうか？　実際に、確証なく生じるのが妄想であり、通常の説得には抵抗することから、妄想活動に伴う推理過程はわれわれと異なることがわかる。

妄想は、さまざまな精神疾患で共通して認める。統合失調症患者の妄想と、うつ病など別の疾患に伴う妄想とを区別するのは、感情との不一致度である。うつ

「靴の中敷の聖なる奇跡（Holy Miracle on the In-sole）」と題されたこの絵は、体系妄想のある患者によって描かれた。その患者によると、精霊は、「情け容赦なく犠牲になり、勘当され、死を宣告された犠牲者の靴の中敷の奇跡から生じた。それは、悪魔と精神異常のある人にとりつかれた秘密の暴力的な毒殺や脳破壊による暗殺によって……」（Carl Lange, "Holy Miracle on the In-sole"; reproduced with permission of the Prinzhorn-Sammlung, University of Heidelberg）

病患者には、彼らの感情に強く影響する妄想が生じる。それに対して統合失調症患者の妄想は、彼らの感情と一致しない（Junginger, Barker & Coe, 1992）。たとえば、うつ病の人は、自分が重い罪を犯したという間違った信念に非常に動揺することがある。しかし統合失調症患者は、同じ間違った信念を抱いても感情を示さない可能性がある。

妄想には、誇大妄想、影響妄想、被害妄想、関係妄想、心気妄想の5つがある。**誇大妄想**は、自分が非常に重要な人であるという確信である。自分はイエス・キリストである、または、自分はデンマークの第4番目の王位継承権をもっているという信念は、誇大妄想である。

影響妄想は、自分の思考や行動が外部からコントロールされているという考えが特徴的である。患者は、怒りや性欲、または邪悪な思考の原因は外にあると考える。たとえば、他の惑星の生物が彼に指示を出していると考える人には、影響妄想が生じている。

被害妄想は、人、集団、または国家が悪意をもち、「自分をやっつけようとしている」という恐怖から成

る。妄想の相手は、隣人、上司、FBIなど特定されることもあるし、「彼ら」など曖昧なこともある。また、患者が陰謀の証拠を「見た」もしくは「聞いた」と間違って確信することもあり、その結果絶え間ない恐怖に陥る。グレンの経験に例示されているように、日々の出来事を誤って解釈することによって、これらの妄想が確証されることが多い。

> 自分の知らないところで何かが起こっているという不安が、どんどん大きくなった。その感覚を、今表現することは難しい。その頃、大学で最も嫌だったのは昼休みだった。カフェテリアで昼食の列に並んでいるとき、他の生徒が店員に暗号のようなものを伝えていると確信するようになった。それは秘密の暗号のようで、1つ1つの言葉が実際には何か別のことを象徴していた。たとえば、僕の前の人が「マカロニチーズを下さい」と言ったとしよう。そうすると僕は、本当は彼は店員に、僕のことを嫌な奴だと伝えたのだと考え始めるのだ。昼食の列に並んでいる人が隣の人に話しかけると、僕のことを話しているのだと思うのだ。彼らが「グレンにチーズバーガーを注文させよう」とか「グレンが僕の注文を真似るのを見てみろよ」と話しているのが聞こえたように思うのだ。彼らがなぜそんなことをするのか不思議だった。そして僕は、自分に毒を盛ろうとしているからなのではないかと思うようになった。

関係念慮は、ある出来事または人物が、その人に特別な意味をもっていると信じることである。たとえば、統合失調症患者はテレビのニュースキャスターが自分に対して話していると確信することや、道ですれ違った見ず知らずの人が自分を見ていると確信することがある。そのような確信が拡大し、首尾一貫した枠組みに組織化されると、それは関係妄想と呼ばれる。グレンの精神症状には、被害妄想と関係妄想を認める。

最後に心気妄想は、身体の何かが非常におかしいという根拠のない信念が特徴的である。心気妄想を認める統合失調症患者は、たとえば身体の中で何かが腐敗していると信じることがある。このような妄想は、頭痛、心悸亢進、腹痛など極めて一般的な身体的な訴えから始まることが多い。その後徐々に、それを説明するための妄想的な信念体系が構築されるのである。

一過性の間違った信念は妄想とはみなされないことに注意が必要である。現実に対する観点が、精神障害をもたない人とは異なる可能性がある。科学的な理論も含め、世界はどのように回っているかというすべての理論は、それに代わるさらに満足できる理論が見つけられたときにのみ覆される。統合失調症患者においては、反する証拠があるにもかかわらず間違った信念に固執し続けるときに、それを妄想と呼ぶ。精神病患者の「理論」は実体のない根拠に基づくものであり、たとえ周囲の人にとっては不合理なものであったとしても、患者にとっては彼の置かれている状況に対して一貫性があり、納得のいく説明を与えるものなのである。何らかの情報によって矛盾が生じると、科学的理論が例外を説明するときと同じように、その理論(妄想)は見かけ上の矛盾を説明するために、さらに複雑で包括的なものとなる。たとえば、統合失調症患者が毒を盛られたと考えているときに、とても優しそうな看護師と出会ったとすると、その患者の妄想は、優しそうに見えるが実は毒を盛ることを企てている人物を含めた妄想に拡大する可能性がある。

幻覚

幻覚は、精神疾患をもつ人に認める知覚的な症状である。それは、知覚を生じさせる外からの刺激が実在しないにもかかわらず、現実に存在すると感じる誤った感覚的な知覚である。統合失調症では、患者の行動について言及し続ける声、あるいは複数の人が患者について会話している声の幻聴が多い。視覚、味覚、嗅覚など、他の感覚様式による幻覚が生じることもある。ミノタウロス(ギリシャ神話に登場する怪物)に会い、握手をし、共に食事をとったことを確信する幻覚を経験した人もいた。

幻聴は、統合失調症に最も一般的な幻覚である(Heilbrun,1993)。その起源は、ありふれた思考にある。たとえば、誰かと会話をしていることを想像しな

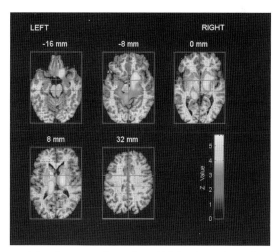

これらのfunctional PET画像は、統合失調症患者が、幻聴(その人に対して、またはその人のことを話す声)を経験している時の脳の活動を表している(カラー口絵参照)。活動が活発な領域(オレンジ色と黄色で示された部分)は、スキャンの中心部(両側視床、海馬、海馬傍回、右腹側線条体、右前帯状回)と上部である(左眼窩前頭皮質)。これらの領域は、辺縁系(感情に影響を及ぼす)および、視覚および聴覚皮質(現実知覚に影響を及ぼす)と強く相互連絡している。
(Dr. D. A. Silber-sweig, Functional Neuroimaging Laboratoryの厚意による)

「僕は実在しない人なんだ。僕は石でできていて……」。The song of the Violet と題する Magritte の絵。(Renée Magritte, Song of the Violet, 1995 © Herscovici,Brussels/Artists Rights Society, New York)

がら独り言を述べる。時には自分に対して、または、想像上の神々に対して実際に話しかける。もちろん、健康な人は、統合失調症患者よりも内的な会話を非常に強く統制することができる。統合失調症患者は、幻聴が生じているときには、その声が自分自身から生まれており、自分でその会話を始めたり終わらせることができるとは考えない。外側と内側、現実と想像、コントロール可能なことと不可能なこととを区別できないことは、統合失調症患者の経験の中核をなすものである。

幻覚は、面白い内容である時もあれば、恐ろしい内容である時もある。誰でも夢を見るため、幻視がどのようなものか想像できるであろう。しかし、多くの人においては、夢は「急速眼球運動」もしくはレム睡眠と呼ばれる睡眠の一部の期間にしか生じない。覚醒時に生じないのは、神経伝達物質を介するメカニズムがそれを妨げるからであると推定される。幻覚が生じる人は、このメカニズムが弱まっているのではないかと考える研究者がいる(Assad & Shapiro, 1986)。幻覚には、実際に身体的な根拠があるのだろうか？　その可能性が高い。PET は、統合失調症患者が幻視または幻聴を経験しているときに、視皮質または聴覚皮質が活性化していることを示した(Silbersweig et al., 1995)。

妄想と幻覚の説明は、臨床や研究経験に基づくものであり、個人的な経験ではない。われわれの多くは、妄想や幻覚の経験がどのようなものであるか、実際にはわからない。これらの症状を実際に経験した患者の説明によって、われわれはそれによって生じる精神的苦痛、不安、時には非常に強い恐怖を理解することができる。カールのケースを検討しよう。

カールが初めて精神科病院に入院したのは27歳の時であった。ひょろ長く、非常に内気で、初回の診察ではほとんど話さず、代わりに家族が彼に関する最初の情報を提供しなければならなかった。家族は以前から彼に不満や不快感を抱いていたようだった。父親は、「高校生の頃から」トラブルが始まったと述べ、「カールは内向的になり、多くの時間を一人で過ごし、友達がおらず、勉強もしなかった」と報告した。母親は、とくに彼の乱雑さを心配していた。「彼はその頃から私たちをとても困らせるようになり、その頃から改善していません。洗面をしなさいと口論することなく、どこかへ連れて行くことができませんでした。出かけても、彼は誰に対しても一言も話さなかったのです」。彼の6歳下の双子の妹たちは、家族面接の間ほとんど何も話さなかったが、どちらかというと両親に同意しているようであった。

両親の報告から、カールが上位4分の1に入る成績で高校を卒業し、大学へ行き、3年間エンジニアリングの勉強をしたことを想像できる人はいないだろう。彼は常に内気だったが、高校と大学を通してジョン・ウィンタースという親しい友達が1人いた。ジョンは交通事故で1年前に亡くなっていた(ウィンタースのことを質問すると、父親は「ああ、彼ですか。彼のことはどうでもよいのです。彼も教会へ行かなかったし、勉強もしなかった」と述べた)。

カールとジョンは、とても仲が良かった。彼らは一緒に高校に通い、同時に兵役に服し、退役したときに一緒に大学に入り、同居した。カールの両親はたいへん残念がったが、2人揃って卒業前に大学を退学し、同じ会社に機械製作工として就職し、近隣のアパートに移り住んだ。

彼らはジョンが亡くなるまで、3年間同居した。その2ヵ月後、働いていた会社が倒産した。カールは、ジョンの死に非常に動揺し、会社が倒産したときに仕事を探すエネルギーや意欲がないことに気がつき、実家に戻った。カールと家族との間でのいざこざが頻繁に生じるようになり、さらに激しくなった。彼はさらに孤立し、だらしなく、奇異になった。家族は苛立ち、彼を隔離するようになった。最終的に、家族は彼の行動に耐えられなくなり、病院へ連れてきた。彼は抵抗しなかった。

入院後10日が経ち、カールは担当の心理士に、「僕は実在しない人なんだ。僕は石とガラスでできている。僕は精密に不適切に配線されている。とても精密に。でも、あなたには僕の鍵を見つけることができな

い。僕は、僕に鍵をなくさせたんだ。もし、僕を近くから見たければ見てもいい。でも、遠くからのほうがよく見える」と言った。

その少し後、心理士はカールについて、「不快な時に笑い、苦痛な時にはさらに笑う。コメディー番組を見ているときに泣く。正当なことが行われたときに怒り、誰かが彼を褒めると恐れ、小さな子どもが悲惨な火事で焼死した記事を読むと、笑いながら泣き叫ぶ。しかめっ面が多い。ほとんど食事を食べないが、いつも食べ物を持っていく」と記録した。

2週間後、その心理士は彼に、「あなたは、ずいぶん隠していますね。あなたが言うように、精密に不適切に配線されていますね。配線図を見せてくれませんか？」と言った。

カールは答えた。「決して、絶対に、あなたはレバー（lever）を、私の現実（real）、封印（seal）、取引（deal）、踵（heal）から永遠に分断する、永遠レバー（eternalever）を見つけることはできない。それは私の靴の中にも足の裏にもない。それは、どこかへ行ってしまった」

まとまりのない会話

都市部に住む多くの人は、街中で支離滅裂な独り言を言う人を見たことがあるだろう。他のどの症状よりも、統合失調症患者のまとまりのない会話はわかりやすい。

臨床家は、さまざまな種類のまとまりのない会話の名称を考案してきた。**脱線**は、1つの話題から別の話題へと脈絡なく話題が移ることを意味する。他者からの質問への答えが、ほとんどまたはまったく質問と関連していないことを**接線的**と呼ぶ。たとえば、「お元気ですか？（How are you doing today?）」という質問に対して、ある統合失調症患者は「今日（today）、今日（today）、今日（today）はまたバスが遅れたので、運転手は病気に違いない」と答えた。極端な場合、会話が解体し、それは**滅裂**で聞き手にとって意味不明な会話となることもある。これは、「言葉のサラダ」と呼ばれる。たとえば、若い男性患者のまとまりのない会話の例がある。「僕はいつも誰かが来ると、多分ボートを降りて出て行かないといけない。彼らがボートと共に沈んだら、夕食がなくなって、そして、多分あなたは選び、もう片方の靴が落ちる」

患者の会話に認めるわずかな連合不全は、**連合弛緩**と呼ばれる。たとえば、「今夜、劇を観に行きますか？」と聞かれたとき、ある患者は、「はい、行きます。でも、ばかげた劇には行きません。それは、とてもばかげているから。多分、僕もばかなんだと思う」と答えた。統合失調症に関する早期の複数の研究は、意味論に関する連合の欠如を明らかにした（Chapman & Chapman, 1973；Rattan & Chapman, 1973）。多くの言葉には、さまざまな意味や言外の意味があり、調査者は患者と健常者に特定の単語を提示し、それに関連する単語を選択させた。統合失調症患者は、単語との主要な連合に特に敏感であり、通常用いられる文脈にはあまり影響を受けなかった。以下の検査項目を検討してみよう。

Pool（水たまり）は、～と同じ意味である。
1.puddle（水たまり） 2.notebook（ノート） 3.swim（泳ぐ） 4.none of the above（どれも当てはまらない）

正しい答えは「puddle（水たまり）」である。しかし、多くの患者と少数の健常者は、「swim（泳ぐ）」を選択した。

もちろん、誰にでも不適切な連合がある。友人が個人的な経験を語るのを聴くとき、友人の心配よりも、自分自身の似た経験について考えるかもしれない。もしくは、読書に集中しようとするが、実際は明日の行事について繰り返し考えるかもしれない。その違いは、進入する連合の数、想起する文脈、そして概念統合の形式である。友人に年賀状を書いているとしよう。友人の幸せと健康な1年を祈り、前年の喜びや悲しみに言及する。あなたの年賀状と、Eugen Bleulerの患者が書いた年賀状を比較してみよう。

> よい、幸せで、喜びに満ち、健康で、祝福された実りある（fruitful）1年に、そして、たくさんのよいワインの年が来ると同時に、健康で、よいりんごの年で、そして、ザウワークラウトとキャベツとスカッシュと種の年になりますように。（Bleuler, 1950, Martin, 1977 からの引用）

このように、通常の年賀状と比較すると、多くの連合を認める。さらに、これらの連合は特定の単語に連鎖したと思われ、それは最終目的の達成を妨げ、年賀状の全体の意味を障害した。「実りある（fruitful）」という単語がワイン、りんご、ザウワークラウト、キャベツ、スカッシュとの関連を連想させたと考えられるが、この文脈では、ワインとザウワークラウトは「実りある（fruitful）」という単語と通常は強い関連性はもたない。この患者は「実（fruit）」という言葉に集中し、「実りある（fruitful）」には不適切だが、「実（fruit）」には妥当な連合を形成したと考えられる。

患者の会話は、その単語の意味よりも、音に影響を受けることがある。**音連合**は、単語のリズムによって作り出される連合であり、たとえば「私の現実（real）、封印（seal）、取引（deal）、踵（heal）」に認める。一部の患者に認める**造語**は、「永遠レバー（eternalever）」のような新しい単語を作ることであり、単

統合失調症患者は、まったく動かず、快適ではない姿勢を何時間も維持する、緊張型の行動を認めることがある。（Barbara J. Feigles/Stock Boston）

に個人的な意味をもつものである。さらに、曖昧、過度の抽象化または過度の具体化、反復、ステレオタイプな単語は、会話の内容を「貧困化」し、情報をほとんど伝達しなくなる。これらのコミュニケーションの障害は教育の欠如や知的機能の低下によるものではなく、明らかに疾病により生じるものである。

まとまりのない、または緊張病性の行動

統合失調症患者に認めるまとまりのない行動は、奇異な軽薄さや興奮から、過度の苛立ちや焦燥感の高まりまで、多様な状態を呈する。たとえば、精神科病院では、統合失調症患者が大声で笑いながら1人で座っていたり、苦悩に満ちた様子でホールを歩き続ける姿を目にすることがよくある。とくに症状が出現している間は、多くの患者がだらしなく、不衛生になる。また、暑い日に何着もコートを着て手袋をつけるなど、不適切または過剰に衣服を身に着けることが多い。

緊張病性の行動は、統合失調症に特徴的な行動の中で最も奇異なものである。動きの著明な減少を認め、宙で凍りついているようになることもある。患者は硬直した奇妙な姿勢をとり、動かされることに抵抗する。通常は沈黙し、他者からのコミュニケーションは認識しない。ただし、ここ数十年間で緊張病の出現率は劇的に減少した。これは、統合失調症の治療に以前よりも効果的な薬が用いられるようになったためと考えられる。

陰性症状

陰性症状は、通常の行動が減少する症状である。幻覚や妄想などの感覚知覚や観念が過剰になる**陽性症状**と対照的である。統合失調症の陰性症状は、通常、陽性症状が現れる前に出現する。

最も一般的な陰性症状の1つは、「感情鈍麻」または「感情の平板化」である。患者の表情は動かなくなり、感情を識別するサインを認めなくなる。声は単調になり、情緒的な応答をまったく認めないように見える。しかし、統合失調症患者が外見上は情緒を表現できないように見えたとしても、情緒的な経験が欠如していると誤解してはならない。ある意味、統合失調症患者の経験は、私たちが不慣れな場所を訪れたときの経験と同じである。たとえば、アメリカ人がタイ式の結婚式にゲストとして招かれたとき、すべての象徴が何を意味するのかわからなければ、どのように振る舞い、どう感じればよいのかわからないであろう。象徴的な意味の共有によって感情は生じ、表現され、他者に理解される。統合失調症は、社会的に共有される象徴や意味の理解を阻害するため、これらの刺激に対する情緒的反応が鈍化する傾向がある。

感情の平板化は、他の陰性症状である**思考の貧困化**または会話の貧困化と同時に生じることが多い。質問に対して1つの単語で答えることや、単語と単語との間に長い休止が生じることがある。**意欲の欠如**も陰性症状であり、活動に対するエネルギーや興味が顕著に減退する。患者は非常に長い間、何の感情も興味も見せることなく、座ってテレビを見続けることがある。グレンは10代後半で生じた陰性症状を、次のように想起している。

> 人が大勢いる場所にいることが、つらくなってきた。彼らをずっと見張っていなければならないように思い、不安になった。僕は、多くの時間を自宅で1人で過ごした。家族と一緒に夕食をとることさえ嫌な時があった。ただ1人で座っていたかった。両親は、僕が笑わなくなったと言い、僕の機嫌をとり続けていた。彼らの言う通り僕は笑わなくなり、泣かなくなった。無感覚になったようだった。ある日、寝室の鏡の前を通ったときに、自分の姿を見た。僕は驚いた。僕には、表情がまったくなかった。死人の顔のようだった。

洞察力の障害と抑うつ症状

洞察力の障害は診断基準に含まれないが、統合失調症の特徴と考えられている（Schwartz, 1998）。症状や異常な行動があることを断固として否定する患者がいる（Neumann, Walker, Weinstein & Cutshaw, 1997;

不合理な考えの描写 William Blake の Urizen の銅版画（左：Library of Congress）と Richard Dadd の Agony–Raving Madness（右：Bethlem Royal Hospital Archives Museum）。Richard Dadd は19世紀のイギリスの芸術家で、父親を殺害後、統合失調症と診断され、入院した。

Walker & Rossiter, 1989)。州立の精神科病院に入院していても、約20％の患者は自らに精神疾患があることを否定し、約25％の患者は精神疾患があるのかどうかはっきりはわからないと言う。その代わり、自らの「問題」を他人からの個人的な恨みのせいにしたり、単に「運が悪かった」せいにする。このことは、脳の機能障害を伴う他の疾患と照合すると、意外なことではない。たとえば、アルツハイマー病の患者は、とくに進行すると、症状の存在を否定することが多い(Ceniceros, 1998; Seltzer, Vasterling & Buswell, 1995)。病識の欠如は神経心理学者の間では**疾病失認**と呼ばれ、重度の脳卒中や頭部外傷の患者にも認める。洞察力の障害は、重度の脳疾患に共通して生じる。

複数の研究者が、統合失調症患者の洞察力を心理的介入によって改善させることを試みた。近年行われた斬新な研究では、患者の面接の様子が撮影された(Davidoff, Forester, Ghaemi & Bodkin, 1998)。研究者は、もし患者が面接の間に自己を観察する機会があれば、洞察力が向上すると考えた。患者の半数は自己の映像を見て、もう一方の患者は「プラセボ」映像を見た。プラセボ映像は中性的な内容であった。その結果、数日後の面接で、自己の映像を見た群は洞察力が改善し、妄想が減少した。しかし、その他の症状は変化しなかった。

「洞察力」があることは望ましいことであるため、この介入は成功と考えられる。多くの臨床家も同意するであろう。しかし、最近の研究結果は、代償が存在する可能性を示唆している。洞察の改善は、感情の犠牲により生じている可能性がある。つまり、自らの限界を認識しすぎることは、抑うつを生じさせる可能性がある。

抑うつ症状は統合失調症患者、とくに女性患者に非常に多く認める(Johnson, 1981)。そのため、多くの統合失調症患者が抗精神病薬だけではなく抗うつ薬も服薬している。実際に、統合失調症患者の死因は自殺が最も多く、他の死因を大きく上回っている(Gottesman, 1991)。10％以上の患者の死因は自殺である。これには複数の説がある。1つは、抑うつ症状は統合失調症と同じ生物学的要因によって生じるため、この病気の特徴であるという説である。他の説は、この2つが「同類交配」により遺伝的に結合するという説である。つまり、精神症状をもつ人同士の結婚が多いため、彼らの脆弱性が子孫に伝えられると考える。最後は、統合失調症に罹患しているという認識が、患者を抑うつ的にするという説である。最後の説は、近年の研究で支持されている。

直感に反しているかもしれないが、複数の研究が抑うつ症状と洞察との間に正の相関関係を認めている。つまり、統合失調症患者(Carroll et al., 1999)や、他の脳障害の患者(Ceniceros, 1998; Seltzer, Vasterling & Buswell, 1995)において、洞察力が高い人は抑うつ感が強い。さらに、Andrew Carroll らが長期間の追跡調査を行ったところ、洞察力が向上した患者は抑うつ的になることが多いことを認めた(Carroll et al., 1999)。これは、自分がたいへんな病気に罹患したという知識が、抑うつ感に影響を与えることを示している。これは驚くことではないであろう。このことは、統合失調症患者に対する支持的な心理的介入の必要性を明示している。

表10-1　統合失調症患者の思考と感情の診断

病型	思考	感情
妄想型	被害妄想は複雑で、一貫している	きわめて感情的であるか、非常に形式的
解体型	一貫性に欠ける妄想であり、自己の身体に関する妄想が多い	不適切で多弁
緊張型	死や破壊に関する妄想が多い	非常に不適切であり、興奮または「凍った」行動を認める
残遺型	妄想は生じない	平板化が多く、衛生観念の障害または奇異な行動を認める

DSM-IV による統合失調症の病型

　DSM-IV は、統合失調症の病型を症状のパターンによって分類しており、妄想型、解体型、緊張型、鑑別不能型、残遺型の5つの病型がある（表10-1参照）。それぞれ特徴的な症状のプロフィールがある。以前のDSM には同じ病型は含まれておらず、診断カテゴリーは時間を経て変化した。この変化は、診断の精度を高めたのであろうか。何種類の統合失調症が実際に存在するのか明らかではないため、確実なことはわからない。しかし、DSM-IV の新しい診断基準が、患者の症候群分類における診断者間の一致度を高めたことは確かである。

妄想型統合失調症

　妄想型統合失調症は、すべての病型の中で最も長く存在する病型である。妄想または頻繁に起こる幻聴が特徴的である。妄想型統合失調症の患者は、暗いミステリー小説の筋のような、非常に体系化され、複雑な被害妄想または誇大妄想を有することが多い。この複雑さは、患者の混乱する思考や知覚を説明する手段として用いられることもある。同時に、妄想は傍観者を困惑させるものである。

　経験している妄想が被害妄想か誇大妄想かにかかわらず、妄想型統合失調症患者は嫉妬妄想を抱くことがある。それは、性生活のパートナーが不貞をはたらいているという深い確信である。しかし、感情の強さの一方で、妄想型統合失調症患者には、重度のまとまりのない行動、滅裂思考、連合弛緩が生じない。また、感情鈍麻や不適切な感情を経験することもない。むしろ彼らの振る舞いは非常に形式的であるか、非常に激しいものである。

　妄想型統合失調症患者は（妄想性障害に罹患している人と同様に）、ホワイトハウス、ダウニング街10番地（英国首相官邸）、バチカンなどの有名な場所に惹かれることが多い。毎年、シークレットサービス（大統領警護隊）は、金銭の獲得、迫害からの解放、または政府に国の運営方法を助言するためにホワイトハウスに接近した人を約100人逮捕し、精査のためにセントエリザベス病院に送る（Gottesman,1991）。

妄想型統合失調症患者は、体系的で複雑な被害妄想または誇大妄想をもつ。Edmund Monsiel は、見つめる顔の絵を描いた。これは、彼が経験していた妄想の描写である可能性がある。(Pencil drawing by Edmund Monsiel；reproduced with permission of Henry Boxer Gallery, London)

解体型統合失調症

　解体型統合失調症（旧：破瓜型統合失調症）の最も顕著な行動特徴は、愚かに見える行動と支離滅裂である。患者は適切な刺激がないにもかかわらず大笑いしたり、しかめっ面をしたり、クスクスと笑ったりする。行動は陽気であることも多いが、きわめて奇異かつ不合理であり、このことは内的なシグナルに対して非常に敏感である一方で、外界に対して非常に鈍感であることを示している。時に患者は多弁になり、無意味な会話を突然始め、長時間話し続けることもある。

　解体型統合失調症は、妄想や幻覚を伴うこともあるが、これらは妄想型統合失調症に認めるものと比較するとまとまりに欠け、拡散する傾向がある。妄想は、患者自身の身体に集中していることが多い。たとえば解体型統合失調症患者は、自分の腸が凍っているとか、脳が摘出されたと訴えることがある。しかし、妄想が非常に心地よいもので、軽薄な印象になることもある。

　解体型統合失調症は、衛生管理や身づくろいの低下が生じることが多い。入院病棟のスタッフは、一部の患者に入浴や歯磨き、整髪を促すことに多大な時間を費やさなければならない。極端な例では、失禁状態に

なることもある。

緊張型統合失調症

緊張型統合失調症の顕著な特徴は、過度の運動活動性と無動症であり、時にこの2つの状態が交代する。突然発症する。精神運動興奮時は、激しい怒りと乱暴な行動を認め、コントロールしようとするすべての働きかけに激しく抵抗し、自傷他害の恐れがある。感情は非常に不適切であり、激越状態の時は非常に活発で、それが驚くほど長期にわたるため、作用が強い薬物でしか抑制できないことが多い。

昏迷または無動症も、この病型に特徴的である。まったく動かず、非常に不自然な姿勢を長時間維持し続ける。患者を動かすと、新しい姿勢で凍結する。彫像のような「蝋屈症」が、特徴的である。そのような混迷エピソードから回復後、患者は幻覚や妄想を経験していたと報告することがある。これらは時に死や破壊的な内容が中心であり、少しでも動くと非常に大きな破壊的状況が生じるのではないかという感覚を生じさせるのである。

拒絶症と呼ばれる、あらゆる指示や動かそうとする試みに対する動機のない抵抗は、緊張型統合失調症に共通する特徴であり、そのため拒絶症をこのカテゴリーの定義に用いる理論家もいる（Maher, 1966）。座ることを禁じられると、緊張型の患者は座る。座るように言われると、緊張型の患者は立ち続けることに固執する。既述のように緊張型はまれであり、それはおそらく定義に含まれる症状が抗精神病薬によってコントロールされるようになったためと考えられる（Jablensky el al., 1992）。

鑑別不能型統合失調症

鑑別不能型統合失調症は、統合失調症の他の病型に診断基準が一致しないが、それでもなお精神症状があり、対人適応に乏しい場合に診断される。

既述のカールの病歴では、統合失調症に関連する多くの特徴を認めた。それらは、生活の中での興味の欠如、社会的な活動からの撤退、奇異な行動、不可解なコミュニケーション、個人的な事柄への執着の増大である。カールの病型を判断するには、より多くの情報が必要であるが、解体型または鑑別不能型統合失調症が適合する可能性がある。

残遺型統合失調症

残遺型統合失調症は、妄想、幻覚、まとまりのない会話、ひどくまとまりのない行動などの目立った症状を認めないことが特徴的である。疾患が継続している証拠は、つらい症状が2つ以上、弱められた形で存在することによって示される。それらの症状は以下のものである。(a)顕著な社会的孤立または引きこもり、(b)顕著な社会的役割の機能障害、(c)非常に奇異な行動(d)衛生や身づくろいの重度の障害、(e)感情鈍麻、感情の平板化、または不適切な感情表現、(f)風変わり、不可解、または奇異な信念、(g)普通でない知覚体験、(h)無気力または自発性の欠如(APA, 1994)。

複数の妄想型または鑑別不能型の統合失調症エピソードが生じ、一定期間が経過した後に残遺型統合失調症の診断基準に一致することが多い。予後が良好な場合は、最終的には残遺症状を認めなくなる。

統合失調症のその他の病型分類

DSM-IVでは、統合失調症の分類において症状のプロフィールが強調されている。たとえば、被害妄想の出現は妄想型統合失調症の特徴である。しかし臨床研究者は、非常に落ち着いた生活もしくは長期にわたるらせん状の下降が生じた後に、統合失調症を発症することがあることを以前から認識している。したがって、発症の経過に基づいた分類も行われた。その1つは、急性および慢性統合失調症の分類である。この分類法では、どれほど早く症状が進行したか、どれほど長く症状が持続したかによって分類される。**急性統合失調症**は、突然で激しい発症が特徴的である。多くの場合、引き金となった要因が特定でき、社会的または情緒的に大きな動揺をもたらす危機が存在する。危機には、家出、就職のための退学、恋人との別れ、家族との死別などがある。動揺が生じる前の生活歴は、通常の範囲内であることもある。一方で、**慢性統合失調症**は、より長期化し、徐々に悪化する。特定の危機やストレッサーは明らかではない。むしろ児童期に、対人関係の問題、学校適応の低さ、社会的引きこもりなどの病前特徴を認める。

急性と慢性の統合失調症の分類は、「病前適応良好」と「病前適応不良」な患者の分類とおおむね一致する。早期成人期に臨床的な徴候が現れる前の病前適応が良好な人の機能レベルは、平均またはそれ以上である。病前適応が不良な患者は、精神症状が最初に認識されるかなり前から目立った適応上の問題を抱えている。グレンの幼少期の様子からも、臨床症状の発現の前から対人関係上の適応の問題が存在したことがわかる。彼の社会的引きこもりやその他の「陰性」の徴候は10代後半から始まっていたが、25歳になるまで統合失調症と診断されることはなかった。

イギリスの精神科医 Timothy Crow は、統合失調症の「陰性症状」と「陽性症状」の違いによる病型分類を最初に提案した人の1人である。既述のように、感情の平板化、会話の貧困さ、社会的引きこもり、意欲の低下などの陰性症状は、通常の機能の欠乏または減退を反映している。陽性症状には妄想、幻覚、そしてある種の思考障害がある。これらは、通常の認知から

大きく逸脱しているため、「陽性症状」と呼ばれる。Crow（1985）は、陽性症状が優勢な患者を**タイプⅠ統合失調症**、陰性症状が優勢な患者を**タイプⅡ統合失調症**と呼んだ。彼は、この2つの病型の原因が異なる可能性があることを示唆した。タイプⅠ、または陽性症状統合失調症の症状は、脳の化学物質、おそらくドパミン神経伝達物質の異常により生じているため、薬物療法への反応性がよいと考えられた。また、タイプⅠ統合失調症は、発症前の機能レベルが良好な人に突然発症することが特徴的であるとした研究者もいる（Fenton & McGlashan, 1991）。タイプⅡ、または陰性症状統合失調症は、長期的な予後が悪いと考えられた（McGlashan & Fenton, 1992）。その原因は、ドパミン伝達とは関連性がなく、むしろ知的機能の障害のような脳の構造的変化と関連があると考えられた。

陽性症状と陰性症状の区別は、研究者の興味を引き続けている。しかし、タイプⅠとタイプⅡ統合失調症は比較的独立した過程によって生じるという説は、研究結果からはあまり支持されなかった。2つの種類の症状は、異なる時間の経過をたどるようである。陰性症状、とくに社会的引きこもりは、陽性症状よりも早く始まる。しかし、多くの統合失調症患者には陽性症状と陰性症状の両方が生じる。このことは、陽性症状と陰性症状は一部だけ独立するが、同じ患者に共存する傾向があるという精神病理学的作用を反映している可能性が高い（Carpenter, 1992；Crow, 1985；Fenton & McGlashan, 1991）。

統合失調症の疫学

統合失調症は、人口の約1％に発症するといわれている（Gottesman, 1991；Jablensky, 1997）。有病率は国によって異なるが、その差は小さい。実際に各国の危険率は驚くほど似ているが、人種によってわずかな差がある可能性がある。たとえば、イギリスでは、アフロカリビアンは白人よりも統合失調症の有病率が若干高い（Bhugra et al., 1997；Lloyd, 1998）。これらの差異は研究者の興味を引き、この事実が、統合失調症の病因因子を示している可能性を提言した研究者もいた。たとえば、イギリスにおける人種による差は、最近移民したカリビアンが特定の感染症に対する免疫が欠如していることが原因である可能性が指摘された。その一方で、人種的にマイノリティーのメンバーであることによる単一のストレスが関与しているという見解もある。現段階では結論は出ていない。

統合失調症は後期青年期、または早期成人期に発症することが多い（Gottesman, 1991）。もし治療が行われなければ、数週間程度の短期間で改善することもあるし、数年間と長期化することもある。治療後、自立できる機能レベルまで回復する人もいる（Harding & Keller, 1998）。しかし、社会参加ができる最低限のレベルまで、もしくは、陰性症状が持続し、病院をなんとか退院できるレベルまでしか回復しないことが多い。

子どもが統合失調症と診断されることもあるが、それはまれである。12歳以下の子どもの患者数は子ども10万人につき2人程度である。その一方、12歳から16歳の子どもの有病率は急激に増加する。そして、後期青年期と早期成人期で顕著な増加があり、有病率は、生涯有病率の100人に1人に達する。25歳以上の新たな発症は顕著に減少する。統合失調症の発症危険性は明らかに発達的な変化と関連している。グレンは、25歳で初めて病気になったときのことを、鮮明に記憶している。

> 叔父の印刷会社での仕事を失ったとき、どん底まで落ち込んだ。大学を退学してから、いくつもの仕事についた。最後に、叔父が彼の印刷会社で働かせてくれると言った。25歳の時に働き始め、これが僕のキャリアの始まりだと思っていた。しかし、それは終焉へ向けての始まりだった。1年も経たないうちに、叔父は僕を解雇した。会社の中で解雇されたのは僕だけだったので、僕の個人的な問題であるとわかった。それはとても衝撃的だった。翌週かそこらは1日中外出していたので、両親は僕がまだ働いていると思っただろう。ある日、僕はショッピングモールの中をぶらぶらとしていて、誰かに尾行されていると感じた。外は本格的な暴風雨が吹き荒れていたし、他にどこへ行けばよいのかわからなかったので、モールを去りたくなかった。だから、ただ歩き続け、叔父のことを考えたり、彼が尾行する人を雇ったのではないかと想像していた。モールの端から端まで15往復した時だった。僕は肩を叩かれ、振り返った。それは警察官だった。今となっては理解できないが、何かが僕に走れと言った。だから、できるだけ早く走った。警察官は止まれと叫んだけれども、僕は走り続けた。僕は本当に、生きるために走っているように感じた。角を曲がったとき、2人の警備員につかまった。彼らに押さえつけられ、僕は助けを求めて叫んだ。自分が何を言ったのか、覚えていない。彼らは僕に手錠をかけ、パトカーに乗せ、精神科病院へ連れて行った。そこは僕がその後1ヵ月間過ごした場所であり、初めて統合失調症と診断された場所である。

発症時期には男女差がある。男性のほうが若年で発症する傾向があり、主に25歳以前に発症し、24歳が発症のピークである（Faraone, Chen, Goldstein & Tsuang, 1994；Goldstein, 1997；Lewine, 1981）。女性は平均約25歳で発症する。さらに性差は継続する。統合失調症の女性は男性よりも入院することが少

Box 10-1 社会とメンタルヘルス

なぜ、統合失調症はなくならないのか？

遺伝学者は、統合失調症の有病率が世代を超えて大きな減少を認めないことについて、悩まされてきた。なぜ、彼らは減少すると考えるのだろうか？ 既述のように、とくに統合失調症の男性は、健康な男性と比較すると、子どもがいることが非常に少ない（Ritsner, Sherina & Ginath, 1992）。言い換えれば、彼らは人口において自らを「補充」しないのだ。このことは、世界中の研究で明らかにされている。彼らはたまたま所有した統合失調症の遺伝的な脆弱性を、次世代へ伝えないのである。このことから、脆弱性をもつ人の数は減少し、その結果、統合失調症に罹患する人の数は顕著に減少することが予測される。しかし、減少は認めない。

これに対する有力な説明の1つは、統合失調症の遺伝的な脆弱性をもつが発症しない人が、一般集団よりも、出産が多い傾向を認めるという説である（Battaglia & Bellodi, 1996）。もちろん、この仮説は、誰が遺伝的な脆弱性をもっているのか不明であるため、直接的には検証することができない。患者の親族を対象とした研究から得られた入手可能な結果は、矛盾している。患者の生物学的親族には、平均以上の数の子どもがいるという証拠は、複数の研究で認めなかった（Buck, Simpson & Wanklin, 1977）。しかし、別の研究は、患者の女性親族で、統合失調症型パーソナリティ障害の人は、子どもの数が平均よりも多いことを認めた（Bassett, Bury, Hodgkinson, & Honer, 1996）。

遺伝的な脆弱性をもつが発症しない人が平均以上の生殖を行うためには、彼らには何らかの生殖活動上の「利点」があることが推測される。それは何であろうか？ 統合失調症の基礎をなす遺伝的な脆弱性は、高い「創造性」と関連があるという見解を示す人もいる。Leonard Heston と Duane Denney によって行われた、統合失調症に罹患した母親から生まれ、出生直後に養子となった子ども、もしくは児童養護施設で育てられた子どもの追跡調査は、統合失調症を発症しなかった子どもは、健常者よりも「自発的」で、「数奇な人生を送り」、「創造的な仕事に就き」、そして「想像力に富んだ趣味をもつ」ことを明らかにした（Heston & Denney, 1968, p.371）。Karlsson（1991）がアイスランドで行った統合失調症の家系研究は、統合失調症の「遺伝的保因者」は、「特別な能力」や、「優れた連想思考力」を発揮することを示した（Karlsson, 1972, p.61）。この結果に興味をかきたてられ、Karlsson は、社会または科学の発展のために、社会は「統合失調症的な気質をもった人」に頼る可能性があると提示した。彼は、哲学、物理学、音楽、文学、数学、芸術の分野で最も創造的な人の中で偏った数の人が、精神疾患を発症することを示した。

Andreasen（1987）は文学作品を調査した結果、創造性と統合失調症との関連性を示す根拠に、大きな疑問をもった。その一方で、うつ病が、創造的・芸術的な傾向とより関連があることを指摘した。統合失調症がなくならない謎の解決は、将来の研究者に託される。

なく、入院期間も短い（Goldstein, 1997）。女性の長期的な予後は男性よりもよく、これは恐らく統合失調症の女性はよりよい社会的スキルを保持するからであると考えられる（Mueser, Bellack, Morrison & Wade, 1990）。男性と女性では脳の構造や認知スタイルに違いがある。その原因の1つは、脳内の性ホルモンの作用である。統合失調症の性差に関する信憑性の高い説の1つは、女性ホルモンであるエストロゲンが女性の病気の重症度を低下させるという説である。ストレスホルモンのように、性ホルモンは神経伝達物質に作用する。したがって、エストロゲンが統合失調症に関連する神経伝達物質系に作用している可能性がある。

統合失調症の診断基準が厳しくなり、女性よりも男性のほうが統合失調症と診断される割合が高くなったようである（Castle, Wessely & Murray, 1993）。しかし、このことが本当に発症率の性差を反映しているのか、明らかではない。第7章で示されているように、女性は男性よりもうつ病と診断されることが多い。統合失調症の診断基準の変更によって、統合失調症の代わりに、うつ病性障害などの気分障害の診断を受ける女性が増加した可能性がある。このように、単に診断基準の変更によって、以前よりも女性が気分障害カテゴリーの診断を受けるようになった可能性がある。

他の人口統計学的な要因も、統合失調症に関連している。第1に、貧困層の統合失調症の有病率は富裕層よりも若干高い（Dohrenwend et al., 1992；Dohrenwend, Levav, et al., 1998）。これは、とくに都市部の貧困層に当てはまる。貧困によるストレスが統合失調症を発症させるのか、それとも統合失調症患者は学業や仕事の継続が困難であるため貧困に陥りやすいのか、この疑問を明らかにするための研究が行われてきた。本章の後半で、この疑問を検討する。有病率は、未婚者においても高い。一般集団と比較して、統合失調症患者は婚姻率が低く、所帯をもつことが少ない（Nimgaonkar, 1998）。子どもがいることも、もちろん少ない。これは、とくに男性患者に当てはまる。実際に、統合失調症の男性は人口を「補充」しない。言い換えれば、彼らには平均1人以下の子どもしかいないのである（Bassett, Bury, Hodgkins & Honer, 1996）。この出生率の低さと統合失調症の病因に関する遺伝理論との関連性についての議論は、Box 10-1を参照のこと。

機能の障害

統合失調症の症状は、その人の生活のあらゆる面に影響を与える。その影響は、対人関係、就労、学業場面に及ぶ。統合失調症の症状の性質を考えれば、それが日々の生活のあらゆる場面で問題となることは想像に難くない。

認知機能障害

統合失調症の臨床症状には、思考障害や思考の伝達の障害がある。研究者たちは、最も基本的な問題が患者の思考にあるのか、もしくは、思考の伝達方法にあるのかを明らかにすることに悪戦苦闘した。結論としては、両方関与しているようである。多くの妄想型統合失調症患者は非常に奇異な妄想を明瞭に説明する。彼らの思考の伝達自体は損なわれていないが、思考の内容がとても奇異なのである。そのため、この病気の解明に取り組む研究者は認知プロセスに強い関心を寄せている。今世紀が始まる前に、統合失調症の症状をひき起こす可能性がある認知機能障害の特性を明らかにするための体系的な研究が開始された。特定の障害は認められなかったが、統合失調症患者は認知の多くの領域に問題があることが明らかにされた。これらには、全般的な知的機能、論理的思考、記憶、注意が含まれる。

以前は、精神科病院に入院した患者は、スタンフォード-ビネー式またはウェクスラー式などの知能検査を受けることが多かった。多数の研究は概して、統合失調症患者の得点は、同年齢で同じ教育的背景をもつ健常者の得点よりも低いことを示した（Aylward, Walker & Bettes, 1984）。多くの患者の知能指数は正常の範囲内であり、非常に高い知能指数を示す患者もいることを忘れてはならない。しかし一般的に、統合失調症患者の知能検査の結果は、予想を下回る得点である傾向がある。知能検査はさまざまな認知機能を測定する。統合失調症患者には、これらの検査の遂行を妨げる特有の問題があるのだろうか？

統合失調症特有の思考障害の「本質」を表現するため、複数の名称が用いられてきた。たとえば、「過包摂」は、関連のある情報と関連のない情報の両方から概念形成を行う傾向を示す。これは、集中力を妨げる情報を拒絶する能力の障害によって生じると考えられている。実際に統合失調症患者の思考は過包摂になる傾向がある（Cameron, 1938, 1947；Chapman & Taylor, 1957；Marengo, Harrow & Edell, 1993；Payne, 1966；Yates, 1966）。このことは、目の前の状況や課題とまったく関係がない思考や知覚を無視することを困難にする、認知的なフィルターの障害の存在を強く

過包摂は、統合失調症に特徴的な思考障害の1つである。入院し、統合失調症と診断された August Klotz は、みみず、爪のある指、毛虫の頭によってできた髪の毛が生えた人の絵を描き、次のように説明した。"虫食い（bath faces）、虫の通り道（pianomusic-stickteeth）、虫の糸（spitbathlife of the archlyre-gallery-tin-timeler-reflections：ad mothersugarmoon in the seven-salt-nose water……）"（Drawing by August Klotz(Klett)；The Prinzhorn-Sammlung, University of Heidelberg の許可による）

示唆する。

統合失調症において、特に障害される認知機能の1つは記憶である（Kazes et al., 1999；Stevens, Goldman-Rakic, Gore, Fulbright & Wexler, 1998；Wexler, Stevens, Bowers, Sernyak & Goldman-Rakic, 1998）。心理学者は、短期記憶と長期記憶とを区別した。短期記憶はたった今耳にした電話番号や住所など、提示されたばかりの情報の記憶である。長期記憶は、その名が示すように過去の出来事の記憶である。統合失調症患者の長期記憶に問題があることを示す複数の証拠があるが、短期記憶の障害のほうが顕著である（Stirling, Hellewell & Hewitt, 1997）。たとえば、文字列や数列の復唱を求める記憶検査で問題を認めることが多い。短期記憶と長期記憶の違いは、顕在記憶と潜在記憶の違いと一部重複している。顕在記憶は意図的な努力を伴う記憶であり、潜在記憶はより自動的な記憶である（第4章参照）。統合失調症患者は、潜在記憶は比較的損なわれていないのに対し、顕在記憶は障害されている（Kazes et al., 1999）。

抽象的な論理の領域も障害される（Mitrushina, Abara & Blumenfeld, 1996）。早期に行われた複数の研究は、統合失調症患者のことわざの意味を説明する能力を検討した（de Bonis, Epelbaum & Feline, 1992）。統合失調症患者の回答は、過度に「具体的」であることが多かった。たとえば、「手の中の1羽の

鳥はやぶの中の2羽に値する」ということわざの解釈を求められた際、ある患者は、「もし鳥を捕まえることができれば、その鳥を売って金を得ることができるかもしれない」と答えた。抽象的な論理の障害は、ユーモアに対する患者の反応にも認める(Corcoran, Cahill & Frith, 1997)。彼らは、健康な人がとても面白いと感じる漫画や映画の中のユーモアの面白さを理解できないことが多い。

前章で、脳の前頭葉および前頭葉の「実行機能」の重要性について論じた。「実行機能」には、事前に計画を立てる機能や衝動的な反応を阻止する機能がある。ウィスコンシン・カード・ソーティング・テスト(WCST)が、これらの機能を測定するためによく用いられることは既述の通りである。このテストでは、色と数が異なる図形を一定の基準に沿って分類することが求められる。課題の遂行中に、カードの分類基準が変更されたことを教えられず、分類の正誤のみを教えられるので難しい。統合失調症患者は、このテストの成績が非常に低い傾向がある(Koren et al., 1998)。とくに、同じ誤りを繰り返す「保続」と呼ばれるエラーが多い(第4章参照)。

統合失調症に関連するすべての認知機能障害の中で、患者にとって最も妨げになると考えられるのは注意の障害である。もちろん誰でも、一生懸命集中しようとしても、注意を持続させることが難しかった経験が一度や二度はある。疲労や動揺により注意が散漫になり、それを統制することができないことがある。私たちの経験は短期間で軽度であるが、統合失調症患者の場合は頻繁かつ重度なのである。ある患者は、自らの注意の障害を次のように説明した。

> 私は集中できない。注意がそれて、困る。さまざまな音が耳に入ってくるが、私の精神はすべての音に対処することはできないと感じる。たった1つの音に集中することが難しい。まるで、2つか3つのことを同時に行おうとしているようだ(McGhie & Chapman, 1961, p.104)。

通常の注意力を検討してみよう。私たちは、絶え間なく莫大な数の刺激を次々に与えられ、その量は私たちの限りあるチャンネルの容量が吸収できる量をはるかに超えている。したがって、どの刺激を受け入れ、どの刺激を遮断するかを決定するために、何らかの分類方法が必要である。これは比喩的に**注意のフィルター**(Broadbent, 1958)と呼ばれる。最近の認知理論は、無関連刺激の処理を抑制する機能の重要性を強調している(Houghton & Tipper, 1998)。毎日の活動の中で、人々はこの機能に依存している。時には、複数の異なる刺激に同時に注意を向けなければならないし、また別の時には、1つの特定の刺激に焦点を当て

このJohann Knüpferの絵における人と文章との融合は、通常は関係のない刺激を締め出す機能をもつ認知のフィルターが壊れた統合失調症者の状態を描いたものである。(Drawing by Johann Knüpfer; The Prinzhom-Sammlung, University of Heidelberg の許可による)

る必要がある。たとえば、見通しのよい道路を運転するときには、通常、音楽を聴きながら同乗者と会話をすることができる。しかし、断崖を曲がりくねる危険な道路を走っているときには、注意は狭くなる。会話をすることが不可能になり、かつては心地よかった音楽も非常に耳障りなものとなる。すべての心的なエネルギーは、たった1つのこと、つまり安全に運転することに向けられる。その他すべてのことはフィルターにかけられ、除去される。しかし、統合失調症患者においては、注意のフィルターに不具合が生じているようである。既出の患者が、それをよく表現している。

> 私たちは、すべての感覚を通して侵入してくる多くの刺激に対処することができる。耳に届く範囲のすべての音を聞き取り、線や色など視覚に関するすべての物を見ることができるだろう。もし、これらすべての知覚可能な刺激のうち、100の刺激が一度に侵入してきたら、日々の活動を1つも継続することができないことは明らかである。だから精神には、無意識に刺激を分類し、目の前の状況に関係ある刺激のみが意識に上ることを許すフィルターが必要である。このフィルターは、いつでも最大限に効率的に機能していなければならず、とくに高度の集中力が求められるときには必要である。私に起きたのはそのフィルターの故障で、ごちゃまぜの無関係な刺激が、私が行うべきことに専念することを妨害した(MacDonald, 1960, p.218)。

長年、多数の対照研究が行われ、患者の状態を明らかにした(Chapman & Chapman, 1973 ; Cornblatt, Obuchowski, Schnur & O'Brien, 1997 ; Garmezy, 1977 b ; Nuechterlein et al., 1998)。たとえば、持続処理課題(Continuous Performance Test : CPT)は、早いスピードでランダムに提示されたアルファベットから、たとえば"t"の文字などの標的刺激を判別する検

査である。統合失調症患者はこの課題において、脱漏または作為の誤謬が多い。つまり、標的刺激に反応し損ねることや、非標的刺激に反応することが多いのである。CPTに取り組んでいるときに騒音などの無関係な妨害刺激を提示されると、彼らの遂行はさらに障害される。この場合も先と同様に、彼らは妨害刺激をフィルターにより除去することができないようである。統合失調症患者は、無視をしたほうがよい無関係な刺激も、処理を行い反応すると考えられる。これは、標的刺激へ注意を向ける動機づけがないからであろうか？ もしくは、彼らは単に一生懸命試みても、その妨害刺激を無視することができないのであろうか？

一部の研究者が、統合失調症患者は感覚入力に対する反応を抑制することが困難であることを明らかにした。複数の調査は、これは非常に基本的な問題であるという見解を支持した。よい例は、「プレパルス抑制」である（Swerdlow, Bakshi, Waikar, Taaid & Geyer, 1998）。この手続きでは、大きな音のような「驚愕刺激」が、弱い音のような「プレパルス」と共に、または単独で提示される。そして、驚愕刺激に対する被験者の瞬目反応が測定される。多くの人は、プレパルスの後に驚愕刺激が提示されると、反応が減少する。プレパルスが警告のような役割を果たすため、驚愕刺激はそれほど衝撃的なものにはならない。これは脳内の抑制機構を反映していると考えられる。しかし、何らかの理由で統合失調症患者においては驚愕反応を減らすプレパルスの効果が少ない。これらのプレパルス抑制テストで示された異常は、現実生活での経験を反映している可能性がある。もし、たとえその人が感覚入力を無視しようとしても、感覚入力に対して高度の生理的反応が生じるとすれば、このことが過度の警戒と被害妄想に関与している可能性がある。

プレパルス抑制の手続きは、驚愕刺激に対する運動反応を記録することによって、動物にも用いることができる。一般的には、人間と同様に動物も、プレパルスが提示されると驚愕刺激への反応が減少する。プレパルス抑制の「動物モデル」を用いることで、私たちは新たな洞察を得ることができる可能性が大きい。たとえば、1つの重要な疑問は、プレパルス抑制が減少する原因である。最近の研究は、早期の母性剥奪に曝された動物はプレパルス抑制の減少を認め、さらにこれが成人期まで持続することを明らかにした（Ellenbroek, van den Kroonenberg & Cools, 1998）。したがって、早期の環境的要因が、驚愕反応の抑制における個人差の基礎を形成する可能性がある。おそらく、早期の経験が神経系の発達に影響を与えるのであろう。遺伝学的にはどうだろうか？ 第4章では、マウスの受精卵の特定の遺伝子を「ノックアウト」する新しい遺伝的なアプローチについて論じた。これらの「ノックアウト」マウスは、ある特定の遺伝子の影響を受けることなく発達する。近年の研究では、特定のセロトニン受容体サブタイプの遺伝子が取り除かれた（Dulawa, Hen, Scearce-Levie & Geyer, 1997）。対照群と比較すると、このノックアウトマウスはプレパルス抑制の上昇を認め、驚愕反応が全般的に減少した。このことは、セロトニン受容体遺伝子が驚愕反応に関与していることを示す。本章の後半では、統合失調症の神経化学におけるセロトニンの役割の可能性について論じる。

統合失調症の認知機能の研究に関するわれわれの議論は、問題の核心に触れていない。しかし、この短い概観からも、統合失調症患者は認知機能障害をもつ傾向があり、それはさまざまな機能に及んでいることが明らかである。次にわれわれが直面する疑問は、これらの障害が統合失調症の症状とどのように関連しているのかという疑問である。現段階では、統合失調症患者に認める認知機能障害のいずれも、彼らの症状の原因であると結論することはできない。その主な理由は、統合失調症患者に認めるすべての認知機能障害は、他の疾患の患者にも認めるものだからである。たとえば、注意欠如障害の子どもにも深刻な散漫性があり、無関係刺激に対する反応を抑制できない。実際に、統合失調症患者と同様に、注意欠如障害の子どもはCPTの成績が悪い（Overtoon et al., 1998）。記憶障害は、うつ病や重度のアルツハイマー（Arzheimer）病で顕著に認めることが多い。プレパルス抑制は、ハンチントン（Huntington）病、遺尿症、強迫性障害、トゥレット（Tourette）障害の患者でも異常を認める。しかし、これらの病気のいずれも、統合失調症と類似していない。今後の研究によって、精神症状をひき起こす複数の特定の認知機能障害が明らかにされるであろう。いずれにせよ、これまで行われた統合失調症に関する研究によって蓄積された結果は、認知機能障害がさまざまな領域の機能に影響を及ぼすことを示している。グレンの統合失調症の最初のエピソードが、それを表している。

> 今振り返ると、あの日ショッピングモールで、自分に何が起こっていたのかわからなかった。僕の心は、次から次へと駆けめぐっていた。ショーウィンドウを見るために立ち止まったとき、自分が見ているものに集中できなかった。何かを買うためにデパートに入ったことを覚えていたけれども、何を買いたかったのかを思い出すことができなかった。店員に、何をお探しですかと尋ねられ、僕は何を探していたのか忘れてしまったと言った。それを言った後恥ずかしくなり、腕時計を買いたいと思っていたことを思い出したと言った。店員は、どのような時計が好きかと聞いたけれども、僕は何も言えなかった。僕はその時腕時計をして

いて、それはちゃんと動いていた。長い沈黙があり、その店員は僕に大丈夫かと聞いた。その言葉にうろたえて、僕は何も言えずに立ち去った。あの日、僕は自分の精神をコントロールできていなかったと思う。

世界のさまざまなものが心に侵入してくるという感覚、注意や思考、会話をコントロールできないという感覚、精神を集中させることや一度達成された集中を維持することが難しいという感覚――これらは、多くの統合失調症患者で認める。グレンのように、これらの出来事を振り返り、検討することができることもある。一人ひとりの患者からの報告は貴重な情報である。しかし、何十年もの間、この病気を研究し続けてきた研究者と同じく、これらの情報は統合失調症の原因についての決定的な答えをもっていない。

知覚障害

感覚入力の知覚は、すべての認知プロセスの一番最初の段階である。刺激に反応するためには、まず初めに感覚システムのいずれかを用いて、刺激を知覚しなければならない。これは、私たちが周囲の世界とつながるための機能の中で非常に基礎的な段階である。一部の統合失調症患者は、この基礎的なレベルに障害を認める。

症状の説明を求めると、患者は他者の会話を理解することの難しさや、聴覚的知覚に対する過敏さなど、知覚的な異常を訴えることが多い。視覚様式では、空間の歪曲を認めることがある。たとえば、部屋が実際よりもとても小さく収縮して見えたり、事物が遠くに見えたりする。研究者たちは、これらの知覚的な問題は、幻覚を生じさせる土壌となっている可能性を示唆している。

感覚処理の障害を最も明瞭に例示するのは、統合失調症患者の「逆行マスキング」課題の成績である（Green, Nuechterlein & Breitmeyer, 1997）。視覚的な逆行マスキング課題の手続きでは、被験者はスクリーンに提示された単語や絵などの非常に短い「標的」視覚刺激を見る。次に、1000分の数秒以内に、「マスク」と呼ばれる他の視覚刺激を見る。これは通常、単なる明るい光またはランダムな線である。この2つの刺激が提示される間の時間が、たとえば1000分の50秒程度と短い場合は、標的刺激を識別することは困難または不可能になる。まるで、標的刺激がまったく提示されなかったかのようである。統合失調症患者は、標的刺激を識別するためには、標的刺激とマスクが提示される間の時間間隔が長いことが必要である。これは、視力の根本的な問題によるものではなく、正常視力の患者にもこの問題が生じる。このことは、感覚処理の非常に早期の段階に何らかの異常があることを示唆する。まだその原因は明らかにされていないが、感覚システムのニューロンの機能と何らかの関係があると考えられる（Green, Nuechterlein & Mintz, 1994 a, 1994 b）。

統合失調症患者の視覚的な処理に早期の障害が存在するとすると、視覚のその他の側面においても当然、問題を認める。たとえば、大きさの判断に関する視覚的な課題（Strauss, Foureman & Parwatikar, 1974）、視覚刺激を追跡する課題（Kinney, Levy, Yurgelun-Todd, Tramer & Holzman, 1998）においても問題を認めた。同様に聴覚様式においても、統合失調症患者は音の識別に問題を認めた（Holcomb et al., 1995 ; Schall et al., 1996）。グレンは、自らの統合失調症の最初のエピソードを振り返ったとき、複数の異常な知覚体験を想起した。

当時、集中力の問題があるのはわかっていたが、その他にも何かが起こっていた。時々、聞くものや見るものが、非常に早く入れ替わるように思えた。ショッピングモールにいたあの日、人々が異常なスピードで動いているように見えた。彼らはスピードを増したようだったし、僕の周辺視野でかすんで見えた。それから、彼らは映画のスローモーションのようにスピードを落としたように見えた。紙の買い物袋がかさかさ鳴る音が、耳障りなほど大きく聞こえた。僕は、彼らに大きな音を立てるのをやめろと叫びたかった。しかし、追いかけられるのが怖くて言わなかった。

統合失調症患者には、視覚および聴覚的な知覚障害が存在する可能性がある。障害された感覚システムによって、実在しないものを聞いたり見たりすることがあり、この絵に描かれているように、秘密のメッセージを送り続けられている感覚が生じることがある。(The Prinzhorn-Sammlung, University of Heidelberg の許可による)

運動障害

統合失調症の特徴に関する最も初期の記述には、運動に関する異常が記載されている。頭や四肢の奇異な

姿勢や、顔や四肢の不随意運動が記載されていた。1950年頃までは統合失調症の薬物治療は行われていなかったことに留意する必要がある。1950年以前に認められた患者の姿勢の異常は、薬に起因するものではない。その頃から、研究者は対照研究を実施し、統合失調症における姿勢と運動の異常を発見した(Walker, Savoie & Davis, 1994)。統合失調症患者の約30％になんらかの運動の異常を認める。これらは未治療患者や特定の神経疾患の既往がない患者に現れるため、「自発」運動の異常と呼ばれることが多い。

運動機能の実験研究では、統合失調症患者の成績は健常者を下回った。たとえば、統合失調症患者は運動の習得過程や協調運動を評価する検査で平均以下の得点を示す傾向があった(Carnahan, Aguilar, Malla & Norman, 1997)。また、反応時間が非常に遅かった(Heinrichs & Zakzanis, 1998)。さらに、多くの患者は手動力を測定する装置を安定した力で押し続けることが困難であった(Rosen, Lockhart, Gants & Westergaard, 1991；Vrtunnski et al., 1998)。

当然ながら、神経学者は、運動の異常を神経系の問題を示す徴候とみなす。したがって、統合失調症患者における運動の異常の出現は、この病気には生物学的な基礎があるという見解と一致する。これらの異常はいつ出現するのだろうか？ これは重要な疑問である。もし、運動の異常が統合失調症を発症するずっと前、たとえば幼少期に現れるのであれば、まだ発現していない脆弱性が存在する可能性がある。この問題については次節でとり上げ、統合失調症の発達的な病前特徴を探る。

感情障害

統合失調症に多く認める認知と知覚の問題について幅広く触れてきた。しかし、日々の生活を最も妨げる可能性があるのは、多くの患者に生じる人の感情や社会的な交流に関連する非言語的な手がかりの認識における障害である。統合失調症患者は健常者と比較して、感情を表す表情の写真からその感情を正確に同定することが少ない(Feinberg, Rifkin, Schaffer & Walker, 1986；Hellewell, Connell & Deakin, 1994)。たとえば、驚きを喜びと、不安を怒りと誤って識別する。

人の感情認知に関する障害は、統合失調症患者が対人的な問題について説明や解決を求められる際にも明らかになる。ある研究で、患者は、さまざまなレベルの争いが生じている対人場面を録画した映像を見せられた(Addington, McCleary & Munroe-Blum, 1998)。その後患者は、その対人場面で何が生じていたのか説明し、その問題を解決できる可能性がある複数の解決策を提案することを求められた。この課題や類似課題は、一部の患者にとって困難であることが明らかにされた。彼らの社会的動機についての推論は不正確であることが多く、その結果、対人場面で生じる問題に対して非現実的な解決法を提案すると考えられる。

しかし、これらの問題は人の感情認知に特有なものなのだろうか？ 言い換えれば、統合失調症患者の感情を理解する能力に、特別な障害があるのだろうか？ もしくは、彼らには単に視覚認知に問題があるために、表情から感情を理解することが困難なのだろうか？ この疑問を解消するために、複数の研究チームが、感情とは独立した顔の同一性や特徴を認識する能力について、統合失調症患者を対象に検討した。研究結果は、患者に認める表情からの感情認知の問題は、実際にはより大きな視覚認知の問題の一部であることを示唆した(Kerr and Neale, 1993)。しかし、この問題の原因が何であれ、一部の患者にとって、感情を表す表情の意味を理解することが困難であるという事実は、対人場面での経験に大きな影響を与える。他者の感情状態に関する非言語的な手がかりを誤って判断することは、対人交流を不愉快なものにする可能性があり、結果的に社会から拒絶される可能性がある。統合失調症患者の治療者は、患者が非言語的な手がかりを誤って解釈することが非常に多いことを認識している。したがって、治療者はできるだけ明確に、できるだけ曖昧さをなくして患者に語りかけることがとても重要である。

脆弱性の原因

1世紀以上の間、統合失調症の研究が行われてきたが、この病気の原因究明に向けた進歩は非常に遅い。しかし、20世紀初頭と比べると、統合失調症の本質が明らかになった。その進歩は、愛する人の病気に立ち向かわなければならなかった家族にとって非常に明白である。統合失調症の息子をもつ父親の言葉は、大きな変化を表している。

> 1964年に初めて息子を病院へ連れていったとき、医師は4時間以上かけて私たちに質問をした。医師は妻に、息子を産みたかったかどうか尋ねた。本当は2人目の子どもを望んでおらず、何らかの形で彼を拒絶したのではないかと遠まわしに尋ねた。また、妻の幼少期について尋ね、妻の母親が彼女に対して愛情をもっていたかどうかを知ろうとした。さらに、幼い息子を捨てることを空想したかとさえ質問した。最後に医師の1人が、統合失調症は母親から情緒的に拒絶されることによって発症する可能性があると言った。面談が終わる頃には、妻は泣いていた。家に帰ると、妻は息子の幼いの頃の写真を目に入らない場所に隠した。妻

は何年間も罪悪感を背負った。1970年代に入ると、医師は、息子の脳に障害がある可能性があると言い始めた。研究論文を読んだところ、私たちの展望は大きく変わった。妻は、もはや息子の幼い頃の写真を隠さなくなった。私たちは、息子が病気になったことで悲しみに見舞われたが、これから先もずっと息子を愛し続ける。

次節で、統合失調症の原因と治療について現段階で明らかにされていることを論じる。統合失調症の研究には、他の精神疾患と同様に、生物学、心理学、社会学など多面的なアプローチが用いられている。これらの研究によって、統合失調症は遺伝的要因と環境的要因の複雑な相互作用によって生じることが明らかにされた（Zubin & Spring, 1977）。

Genain家の4つ子（同じ遺伝構造をもつ）は全員統合失調症と診断され、この病気に強い遺伝的要因があることを示唆した。しかし、彼女たちの統合失調症の重症度や適応の程度は異なり（1人は人生のほとんどを病院で過ごしたが、1人は結婚し、子どもを産み、仕事をしていた）、胎生期の要因やストレスに満ちた家庭環境なども影響を与えた。（Edna A. Morlokの厚意による）

統合失調症の遺伝学

統合失調症に対する脆弱性の遺伝性を明らかにするために、多数の研究が行われてきた。双生児研究、家系研究、そして養子研究が、統合失調症に遺伝的な影響があることを明らかにした（Gottesman, 1993）。同時に、双生児研究と養子研究は、環境的要因の影響の存在も強く支持した。これらの環境的要因の詳細はまだ明らかにされていないが、複数の有力な手がかりがある。

双生児における統合失調症の診断一致率

双生児研究法は、人の行動に対する遺伝的要因の存在を明らかにするために有効な手段である。第4章で述べたように、双生児には一卵性（monozygotic：MZ）と二卵性（dizygotic：DZ）の2種類がある。一卵性双生児は1つの卵子と1つの精子が受精し、発達する。受精卵は分裂し、2つの個体となる。二卵性双生児は2つの卵子と2つの精子から発達する。二卵性双生児は、同じ胎内環境を共有し同時に出生する点以外は、通常の同胞（きょうだい）と同様である。彼らは、約50％の遺伝子を共有し、50％の可能性で性別が異なる。

遺伝研究の理論は非常にシンプルである。もし、遺伝子構造以外がすべて等しければ、遺伝子構造が似ているほど、遺伝的に規定される特性が共通して存在する。MZはDZや通常の同胞よりも共通点が多いはずである。そしてDZや同胞は、親族ではない人同士よりも共通点が多いはずである。双生児の両方に共通する特性があれば、その双生児はその特性について一致していると言う。もし双生児の片方はその特性をもち、もう片方がもたないのであれば、その双生児はその特性について不一致であると言う。もし、ある特性が遺伝子構造によって完全に規定されるならば、MZでは100％一致するはずであり、もし双生児の片方にその特性があれば、もう一方もその特性を有する。100％以下かつDZ以上の一致率であれば、遺伝的要因が関与しているものの、遺伝的要因のみがその特性の発現を規定するのではないことを示す。

Irving GottesmanとJames Shields（1972）は代表的な統合失調症の双生児研究を行った。1948年から1964年まで、ロンドンのMaudsley and Bethlehem Royal Hospitalの精神科病棟に入院したすべての患者は、双生児かどうか必ず確認された。16年間に、双生児で、もう一方の双生児の所在地が明らかで、この研究への協力に同意した患者を55人（45,000人以上の入院患者の中から）集めた。分析にあたって、この病院を最初に訪れた双生児の片方は、発端者と呼ばれた。統合失調症の有無を調査されたもう片方の双生児は、co-twin（対偶双生児）と呼ばれた。

この55組の双生児のうち22組はMZ、33組はDZであった。年齢は19歳から64歳で、中央値は37歳であった。統合失調症の一致については、発端者が入院した際に既にco-twinも統合失調症を発症していた場合は、もちろん即座に判定できる。不一致の組は、co-twinの将来的な統合失調症発症の有無を明らかにするために、少なくとも13年間、長い場合には26年間の追跡調査が行われた（Gottesman, McGuffin & Farmer, 1987）。

そのような長期的な研究は、個人の診断名以外の情報も得ることができる。GottesmanとShieldsは各双生児について、心理、医学、社会的側面など多岐にわたる情報を分析し、統合失調症の遺伝的要因の理解にとくに関連している2点を明らかにした。1点目に、「厳密な」統合失調症の一致率はMZは50％、DZは9％で、その比率は約4:1であることを明らかにし

表10-2　最近の双生児研究における統合失調症の一致率

国／年	一卵性双生児(MZ)			二卵性双生児(DZ)		
	組数	組法による一致率(%)*	発端者法による一致率(%)†	組数	組法による一致率(%)*	発端者法による一致率(%)†
フィンランド　1963/1971	17	0〜36	35	20	5〜14	13
ノルウェー　1967	55	25〜38	45	90	4〜10	15
デンマーク　1973	21	24〜48	56	41	10〜19	27
イギリス　1966/1987	22	40〜50	58	33	9〜12	15
米国　1969/1983	164	18	31	277	3	6
イギリス　1999	106	なし	40.8	118	なし	5.3
平均			44.3			12.55

＊一致した双生児の組数を全組数で割ったもの
†一致した双生児の中で発症した双生児の数を、発端者の総数で割ったもの
Cardno et al., 1999 ; Gottesman , 1991, より引用。

た。つまり、MZの50%は発端者とco-twinの両方が入院し、統合失調症と診断された。サンプル数が少ないが、これは非常に有意な結果であり、他の遺伝研究の結果とも一致する。

2点目に、入院期間を統合失調症の重症度を測る指標に用い、MZの発端者の入院期間が2年以上の場合と、2年未満の場合を比較すると、一致率が大きく異なることを明らかにした。入院期間が2年以上の場合は、慢性統合失調症であることが決定的である。この群では、一致率が77%に上昇したことは非常に興味深い。入院期間が2年未満の場合(予後のよい患者が多い)、一致率はわずか27%であった(Gottesman & Shields, 1972)。この結果は、発端者の統合失調症が重症であれば、co-twinが統合失調症を発症する可能性が上昇することを意味する(Torrey, 1992)。

表10-2に集約された多くの研究結果は説得力がある。MZの一致率はDZの一致率よりも高く、DZの一致率は親族関係のない一般集団の一致率(約1%)よりも高い。しかし、一致率は決して100%にはならず、このことは遺伝的要因は一部しか規定しないことを意味する。遺伝は統合失調症に対する脆弱性をもたらすが、必ず発症することを約束するわけではない。実際に、統合失調症と診断された人の89%は、統合失調症の既往のある親族の存在が明らかではなかった(Cromwell, 1993)。

他にも検討すべき点がある。表10-2の一致率は差が大きい。MZにおける統合失調症の一致率は、研究によって18%から58%と幅がある。なぜ一致率に大きな差があるのだろうか？　複数の研究者が、公表されたすべての統合失調症の双生児研究の結果を調査し、この疑問の解決を試みた(Walker, Downey & Caspi, 1991)。その結果、被験者の種類によって一致率の大きさが決まることが明らかにされた。双生児研究の被験者は、基本的には、精神科病院もしくはその地域のすべての双生児が疾病の有無にかかわらず登録されている国の保健登録から集められた。被験者が精神科病院で集められた場合は一致率はかなり高くなる。既述のように、GottesmanとShieldsは、MZの片方が重症であるほど、co-twinも統合失調症になる可能性が高いことを明らかにした。このように、重症度と一致率との間には関連性があり、精神科病院からのサンプリングは精神疾患が重い患者が対象となることが多く、そのため病院を通して双生児が集められた場合は一致率が高くなる可能性がある。

遺伝は、統合失調症の疫学において重要な要因であることが認められているものの、遺伝的関与の程度については議論が続いている。Fuller Torreyは、統合失調症の双生児研究の結果を展望し、統合失調症の遺伝的関与は過大評価されていると結論した(Torrey, 1992)。彼は、双生児の代表標本(保健登録)を用い、DNAや赤血球の型の分析など確実な方法を用いてMZとDZの分類を行った8つの統合失調症双生児研究の一致率を、再検討した。この8つの研究における統合失調症の一致率はMZは28%、DZは6%であった。この結果は、統合失調症に対する遺伝的関与はより低いことを示す。しかし、これよりもかなり高い一致率を示した研究者もいる(Gottesman, 1991 ; McGue, 1992)。

双生児の経験についても忘れてはならない。双生児研究は、MZがDZよりも多くの経験を共有することはないという前提に依拠している。もしこの前提が誤りであったらどうなのか？　もし、MZが、DZよりも環境的な経験が似ていたらどうなるのか？　そうであれば、遺伝以外の理由でDZよりもMZのほうが類似している可能性がある。複数の研究者が、双生児の経験の聴取や、別々に育てられたMZの調査により、この疑問の解決を試みた(Bouchard, 1994)。現段階では、MZのほうが経験をより共有することを結論

づけた研究結果は示されていない。しかし、第4章によると、環境は生まれる前から影響を与える。MZは母体で1つの胎盤を共有することが多いが、DZは共有しない。このことが、MZの発達がDZよりも類似している原因であると考える研究者もいる（Phelps, Davis & Schartz, 1997；Sokol et al., 1995）。

おそらく、双生児研究の結果から生じる最も興味深い疑問は、MZが必ずしも揃って統合失調症を発症しないのはなぜかという疑問である。双生児法は、環境の影響を調査する際にも有用である。実際に、過去20年間に行われた最も重要な研究プロジェクトの1つは、米国国立精神保健研究所（National Institute of Mental Health：NIMH）が行った統合失調症不一致のMZ、つまり、1人は統合失調症を発症し、もう1人は発症しなかった双生児を対象とした研究である（Torrey, Bowler & Taylor, 1994）。この研究の被験者は時間を惜しまず研究に協力した。被験者はNIMHで数日間検査を受け、脳のスキャンを撮り、血液サンプルを提供した。この研究は非常に重要な結果を示した。統合失調症の双生児は健康なco-twinと比較して、神経心理学検査の結果と脳の構造に差を認めた。次節で、これらの結果をより詳細に検討する。

家系内の統合失調症

家系研究は、双生児研究と同じ仮定、つまり、遺伝的近親度が高い人は親族関係ではない人よりも特定の性質を共有する可能性が高いという仮定に基づき開始された。さらに、患者と近親度が高い人（両親や同胞）は、近親度が低い人（おじ、おば、いとこ）よりも発症危険率が高いことが想定された。いくつもの研究が、この仮説を支持した（Gottesman, 1991）。図10-1のように、統合失調症患者の同胞が統合失調症に罹患する可能性は約9%であり、一般集団の1%よりも非常に高いが、一卵性双生児の48%よりもかなり低い。同様に、両親が揃って統合失調症である場合、一人ひとりの子どもの発症率はそれぞれ46%である。この結果は、遺伝的な脆弱性が親族内で共有されるという説と明らかに一致する。

同時に、ほとんどの統合失調症患者には、統合失調症の近親者（両親または同胞）がいない。したがって、ほとんどの家系において病気を予見することはできない。さらに、生物学的親族は一般的に、遺伝だけではなく環境も共有する。家系研究は、遺伝的要因と環境的要因の影響の混在を解決することはできない。この2つの影響を区別する唯一の状況は、生物学的親族が同じ環境を共有しない状況である。この状況は、子どもが養子に出されたときに生じることが多い。

養子研究

Leonard Heston（1996）は初の統合失調症の養子研

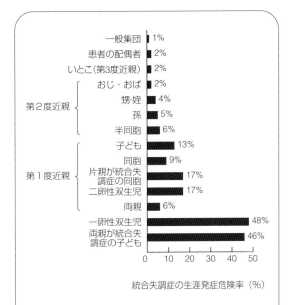

図10-1　遺伝と統合失調症
このグラフは、統合失調症発端患者の近親別に、統合失調症の生涯発症危険率を示している。（Gottesman, 1991, p.96より引用）

究を行い、統合失調症の母親から生まれ、養子先の家庭で育てられた子どもを調査した。ほとんどの「リスクの高い」子どもたちは、出生数週後に養子先に引き取られた。Hestonは、この子どもたちを、精神疾患のない母親から生まれて養子に出された子どもたちと比較した。成人後、養子たちは精神科医の面接を受けた。そして、その調査に関与していない別の精神科医2人が被験者の病歴を評価し、必要によって診断をつけた。どちらの精神科医も、各養子の背景を知らされなかった。その結果、2人の精神科医は5人の養子を統合失調症と診断した。5人の生物学的な母親は、全員統合失調症であった。その一方、対照群は1人も統合失調症と診断されなかった。さらに、生物学的な母親が統合失調症である47人の養子のうち、37人に何らかの精神科的な診断名がつけられた。対照群は、50人の養子のうち9人のみに何らかの診断名がつけられた。これらは驚くべき結果である。このことは、子どもの病気の発症には、統合失調症の親による養育は関与しないことを示している。しかし、このことは正確に述べることが重要であり、誇張してはいけない。遺伝的要因は統合失調症の脆弱性に関与するが、養子に出された後の子どもの経験はどうなのだろうか？　環境は、まったく関与しないのだろうか？

近年行われた養子研究は、養子に出された後の子どもの経験を、よりくわしく調査した。Tienariらは、フィンランドで341人の養子群の発達を追跡した

(Tienari et al., 1994)。約半分の155人の生物学的な母親は統合失調症であった。先行研究と同様に、生物学的な母親が統合失調症である場合は、統合失調症を発症する可能性が高いことが明らかにされた。さらに、この研究は子どもの養育環境の質も評価した。その結果、「混乱した」環境、つまり家族が混乱し不安定な状況で育った養子は、統合失調症になる可能性が有意に高くなることを明らかにした。これらの結果は、ストレス－脆弱性モデルを強く支持する。第4章の遺伝子発現に関する議論が示すように、遺伝子は環境によってスイッチがオンやオフになる。フィンランドの養子研究は、子どもは統合失調症である生物学的な母親から脆弱性を受け継ぎ、その脆弱性は環境からのストレスに曝されると発現する可能性が高まることを示している。

しかし、双生児研究と同じく、養子研究も胎生期の環境を分析することができない。動物研究と人間を対象とした研究の両方で、母体ストレスなどの胎生期の要因が脳の発達に影響を与える可能性があることが明らかにされていることを忘れてはならない。養子に出された子どもの胎生期の経験も、統合失調症の発症可能性に影響を与えるのだろうか？ 後に産科合併症と統合失調症との関連性について論じる。

連鎖解析

筋ジストロフィーや嚢胞性線維症のような遺伝性疾患は1つの遺伝子の変異から生じる。しかし、統合失調症は1つの遺伝子によるものではなく(Levinson et al., 1998)、複数の遺伝子に影響される**多因子遺伝性疾患**なのである(第4章参照)。統合失調症と癌は次の点で似ている可能性がある。癌では制御できない細胞分裂が生じるように、1つのプロセスが統合失調症の複数の病型の根幹にかかわっている可能性がある。しかし、このプロセスは、さまざまな異なる遺伝子の影響によりもたらされる可能性がある。

疾患が複数の遺伝子によって生じる場合、遺伝的な原因を特定することは非常に困難である。**連鎖解析**と呼ばれる研究方法は、統合失調症のように多くの遺伝子が脆弱性に関与していると考えられている疾患の研究で用いられてきた。この技法は、明らかにされている遺伝マーカー(特定の性質を制御することが知られている遺伝子)を元に、家族性疾患の発現率を評価する。10年前には少数の遺伝マーカーしか明らかにされていなかったが、ヒトゲノムプロジェクトの開始により、すべてのゲノムのマーカーが解読された。現段階では、連鎖解析によって明らかにされた結果は矛盾している。つまり、特定の染色体領域と統合失調症の発現との間に関連性があることを複数の研究が報告したが、これらの報告はすべて再現されなかった(DeLisi, 1997；Faraone et al, 1998)。1つの例外は、複数の研究グループが報告した22番染色体の連鎖である(Brzustowicz, Hodgkinson, Chow, Honer & Bassett, 2000)。とはいえ、22番染色体の異常は数％のケースにしか関与していないようである。複数の研究者は、十分な時間と資源があれば連鎖解析によって統合失調症を発症させる遺伝子が明らかにされると考えている(Kendler & Diehl, 1993)。その一方で、明確な答えが提供される可能性は少ないと考える研究者もいる(Faraone et al., 1998)。将来的には、統合失調症の遺伝的要因の探索力を高めるために、連鎖解析と他のアプローチが一体化して用いられるだろう。

産科合併症

1960年代初めに、一部の研究者が胎生期の合併症が統合失調症の病因に関与している可能性があると考えた(Jackson, 1960)。その頃から、それを支持する研究結果が蓄積されてきた。統合失調症患者と健常者の早期の病歴を比較すると、統合失調症の人は胎生期の合併症の出現が多い。たとえば、統合失調症患者の母親には妊娠中に手足の血液循環やむくみの問題が生じることが多い。また最近の研究は、妊娠中のウイルス感染が多いことを明らかにした(Stoeber, Franzek & Beckmann, 1997)。これらの結果を裏づけるために、国の保健記録を用いて、年別のインフルエンザ感染者数と統合失調症患者の出生率の変化を比較する研究が行われた。その結果、インフルエンザ流行の直後に生まれた人の統合失調症の発症危険率が高いことが明らかにされた(Barr, Mednick & Munk-Jorgensen, 1990；Murray et al., 1992)。

ウイルス感染の危険性が季節によって異なることは明白な事実である。つまり、ウイルス感染は夏よりも冬に多い。もし、母体のウイルス感染が統合失調症に関与しているならば、統合失調症患者の出生は特定の月に多いことが予測される。多数の研究が、これを支持した(Bradbury & Miller, 1985；Torrey, Miller, Rawlings & Yolken, 1997)。胎生中期が冬と重なると、子どもが将来統合失調症を発症する可能性が非常に高くなる。妊娠4ヵ月目から6ヵ月目が最も影響を受けやすい時期と考えられる。

第4章では、胎生期の母体ストレスが胎児の脳の発達を阻害する可能性があることを述べた。少なくとも2つの研究が、ストレスに曝された妊婦の子どもは統合失調症を含めた精神疾患の罹患率が高いことを示した。1つの研究は妊娠中に夫を亡くした女性の子どもに(Huttunen, 1989)、もう1つの研究は妊娠中に戦闘に巻き込まれた女性の子どもに焦点を当てた(van Os & Selten, 1998)。妊婦のストレスへの曝露はストレスホルモンを増加させ、これが胎児の脳の発達にマイナスの影響を及ぼすと考えられる。

分娩の過程で生じる問題もまた、統合失調症の発症危険率を増加させる（Cannon, 1997；Jones, Rantakallio, Hartikainen, Isohanni & Sipila, 1998）。新生児への酸素の供給を障害する合併症の影響は、とくに大きい。これらには分娩遷延、逆子、臍帯巻絡がある。多くの動物実験は、酸素欠乏または低酸素症は新生児の脳を損傷する可能性があることを明らかにした。近年の神経画像研究は、人間の新生児もまた低酸素症によって脳に損傷を受ける可能性があることを示した（Greco, 1995）。

産科合併症の所見は、一卵性双生児における統合失調症発症不一致の理由の解明に有用である。MZの胎内での経験が大きく異なる可能性があることは明らかである。MZの出生時の体重や身体的健康度は異なることが多い。統合失調症の発症が不一致のMZは、産科合併症、とくに分娩時の問題が平均よりも多いことが明らかにされた（McNeil et al., 1994）。また、不一致の双生児の場合、発症者は頭囲の小ささなど、胎生期に合併症が生じたことを示す身体的な徴候を認めることが多い（Bracha et al., 1995）。

Brachaらが、統合失調症不一致の双生児の指紋を調査する画期的な研究を行った（Bracha et al., 1992）。指紋は遺伝と胎生期の出来事によって規定され、出生後に変化することはない。多くのMZの組は指紋が非常に似ている。しかしBrachaは、統合失調症不一致の双生児の指紋は、健康な双生児の指紋ほどは一致しないことを明らかにした。その違いは明白である。さらに、これらの結果は、胎生期の要因が双生児に異なる作用をもたらしたことを示している。しかし、なぜ指紋の違いが、双生児の精神的健康度の差に関係しているのだろうか？　その答えは、神経系の発達方法にある。脳は、最終的に皮膚を形成する胚細胞と同じセットから発達する。したがって、指紋の異常は神経系の発達における異常を示す、いわば化石的な証拠なのである。

これまで、妊娠時や分娩時のさまざまな合併症が統合失調症と関係していることを論じてきた。症例研究では、多くの症例の発症を説明する特定の合併症は認めなかった。しかし、これらを勘案すると、概して産科的な要因は、統合失調症の病因に大きく関与していると考えられる。現段階では、産科合併症が単独で統合失調症の脆弱性を生じさせるのか、または遺伝的な素因も関与しているのか明らかではない。産科合併症と遺伝的危険率の**相互作用**が統合失調症を発症させると考える研究者もいる（Mednick et al., 1998）。この観点では、統合失調症の遺伝的危険率が、胎生期の合併症によって生じるマイナスの影響に対する感受性の高さに影響を与えると考えられている。もし、胎児が特定の遺伝子型をもち、さらに、産科合併症が生じると、その遺伝子型は統合失調症の脆弱性を発現する。しかし、胎生期の要因が単独で統合失調症を生じさせる可能性を、まだ除外することはできない。

統合失調症の児童期の指標

もし、統合失調症に対する脆弱性が遺伝的素因または産科合併症によって生じるのであれば、出生時にすでに存在しているはずである。しかし、早期成人期に達するまで臨床症状が現れない症例が多い。この事実は研究者を悩ませた。彼らは、発育期の間は脆弱性は"沈黙"または発現していないと考えた。もしくは、脆弱性を示す早期の徴候は非常に捉えにくい可能性もある。時間の経過に伴い発達が進み、経験が蓄積されるにつれて沈黙していた脆弱性が徐々に姿を現すのかもしれない。

統合失調症への脆弱性を示す早期の指標を探索する研究が盛んに行われた。早期の指標が重要な理由は2つある。第1に、早期の指標を明らかにすることで、この病気に影響を与える潜在的な要因をより理解することができる。第2に、長期的には臨床家が統合失調症の発症を阻止できる可能性がある。そのためには、危険性の高い人を識別する何らかの方法が必要である。その人の家族歴の情報を得るだけでは不十分である。なぜなら、既述のようにほとんどの統合失調症患者には、同じ病気をもつ親や同胞（きょうだい）がいないからである。

統合失調症の発達的な病前特徴を研究するために、3つの方法が用いられた。**ハイリスク法**は、統合失調症の親をもつ子どもに焦点を当てる方法である。**後方視法**は、患者の親が患者の幼少期を回想する方法を用いる。**フォローバック研究**では、研究者が病気をもつ成人の幼少期の記録を振り返ることで、早期の徴候を調査する。

ハイリスク研究

かつて、行動遺伝学の研究が統合失調症に対する遺伝的要因の関与を示す強い根拠を提供し、研究者は統合失調症の親をもつ子どもの発達に関心をもつようになった。その結果、最終的には統合失調症の親をもつ子どものほんの一部しか発症しないことがわかり、研究者は子どもの統合失調症発症の可能性を予測できるかどうかを明らかにしようとした。幼少期の指標はあるのだろうか？　それを明らかにするために、複数の研究グループが、「ハイリスク」児の大規模研究を開始した。これらの研究は、統合失調症を理解する上で多大な貢献をした。

ほとんどのハイリスク研究プロジェクトは、少なくとも1人の生物学的な親が統合失調症である人を対象とした。これらの被験者を調査するために、被験者の幼少期から研究を開始し、長期にわたり追跡調査を行

う前方視的研究が行われた。被験者が統合失調症の好発年齢である早期成人期を通過するまで、定期的な調査が行われた。

これらの研究の中で初の最大規模のハイリスク研究は、Sarnoff Mednick と Fini Schulsinger の指揮によりデンマークで行われた（Mednick, Cudeck, Griffith, Talovic & Schulsinger, 1984；Olin & Mednick, 1996；Parnas et al., 1993；Walker, Cudeck, Mednick & Schulsinger, 1981）。1962年に207人の「ハイリスク」群（統合失調症の親をもつ子ども）と、104人の「ローリスク」群（統合失調症の既往歴のない親をもつ子ども）を対象として定め、年齢、性別、教育年数、父親の職業、居住地などの変数で一致させた。研究開始時の被験者の平均年齢は約15歳で、統合失調症をすでに発症している人はいなかった。10年後、ハイリスク群の17人（ローリスク群の1人）が統合失調症と診断された。1993年までには、ハイリスク群の31人が統合失調症と診断された（Parnas et al., 1993）。統合失調症を発症した人は、ハイリスク群で発症しなかった人たちとさまざまな点で差異を認め、それらには幼少期の適応の問題、運動発達の遅れ、学業不振などがあった。さらに、統合失調症を発症した人の母親は、妊娠・分娩時の合併症の出現頻度が高かった。

ハイリスク児の前方視的研究は、ニューヨーク市（Erlenmeyer-Kimling et al., 1995；Fish, 1997）、ニューヨーク州ロチェスター（Sameroff, Seifer & Barocas, 1983）、イスラエル（Marcus, Hans, Auerbach & Auerbach, 1993）でも行われた。これらの結果はすべて、社会適応と運動および認知発達の異常を認めた。注意障害は、ハイリスク児に最も多く観察された認知機能障害である（Cornblatt, Obuchowski, Schnur & O'Brien, 1997；MacCrimmon, Cleghorn, Asarnow & Steffy, 1980）。Fish は統合失調症の母親から生まれた乳児を対象とした最初の研究を行い、彼女の代表的な研究は、運動と知覚の発達に障害があることを明らかにした。複数の研究結果は一貫しており、概して統合失調症の親から生まれた子どもは、運動発達の遅れや、学業不振、適応の問題が多い（Cornblatt & Obuchowski, 1997；Fish, 1987；Fish, Marcus, Hans, Auerbach & Perdue, 1992）。さらに、これらの問題は成人期に統合失調症を発症したハイリスク児群で最も顕著であった。

すべての研究方法と同様に、ハイリスク研究にも複数の限界がある。第1に、例外を除く（Fish, 1977；Sameroff, Seifer & Barocas, 1983）、ほとんどの研究は、被験者が早期児童期を通過した後に開始された。これには実践上の理由がある。つまり研究者は、研究開始時に被験者が若いほど、統合失調症発症の有無を知るために長期間待たなければならない。そのため、統合失調症発症前の子どもの乳児期の情報はあまり得られていない。第2に、ハイリスク研究の被験者は、生物学的な両親が統合失調症である点で特異なことである。既述のように、ほとんどの統合失調症患者には同じ病気をもつ家族がいないことが研究によって明らかにされている。このことは、ハイリスク児研究で観察された発達上の病前特徴は、後に統合失調症を発症する他の子どもにも認めるのだろうかという疑問を呈する。言い換えれば、精神疾患の家族歴がない統合失調症発症前の子どもにも、統合失調症の親をもつ子どもに認める発達的な異常を認めるのだろうか？ 別の方法を用いて行われた研究の結果が、その答えは「その通り」であることを示した。

後方視的研究とフォローバック研究

前方視的研究と逆の方法は、後方視的研究とフォローバック研究である。**後方視的研究**では、成人患者の親が、その患者の児童期の発達についての情報を提供する。この方法を用いて行われた多数の研究の結果は一貫している。多くの親は、統合失調症発症前の子どもに、臨床症状の出現よりもかなり前から複数の異常な行動特徴を認めたと述べる。それらには、運動発達の遅れ、情緒不安定、学業不振がある。複数の親が乳児期にわずかな気質の異常に気づいたことを報告した。これらの研究結果は、統合失調症患者の母親である Anne Deveson の言葉にも認められる（Deveson, 1992）。Deveson は、息子 Jonathan の精神疾患との闘いを記録した心を打たれる本に、出生から19歳で診断され、25歳で自殺するまでの息子の人生を記録している。生まれたばかりの息子を病院から家に連れて帰る喜びは、息子の難しい気質に対応することへの不安に変わった。Deveson は、多くの親と同様に、早くも乳児期に認めた息子の異常を示すわずかな徴候を想起した。

> 家に着くとジョナサン（Jonathan）は泣いた。昼も夜も1日中泣いていた。泣き止むのは授乳をしている時だけだった。6ヵ月になった頃、ジョナサンが笑った。その出来事は奇跡的で、光が差し込んだように感じ、隣人を呼ぶために外に走り出た。その頃、小児科医に、ジョナサンに何らかの身体的な障害があることを指摘された。身体の片側の筋肉が弱かった。左足、左腕、左側の首の筋肉が弱く、頭が片側に傾いていた。私は毎日彼に運動を行った。その結果、数ヵ月後には彼の筋肉は強く成長し、体重が増えた。彼が2歳の時に、小児科医は問題はなくなったと言った。（Deveson, 1992, pp.7-8）

親からの後方視的な報告は、統合失調症発症前の子どもは、年齢を重ねるにつれて適応の問題が徐々に増加することを明らかにした（Neumann & Walker,

  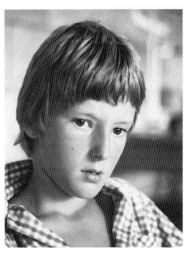

Jonathan Deveson の、16ヵ月、5歳、13歳の時の写真。Jonathan は19歳の時に統合失調症と診断されたが、彼の人生を破壊した統合失調症の本格的な症状が出現する前に、異常を示す非常にわずかな徴候が現れていた可能性がある。（Anne Deveson の厚意による）

1995)。この増加は、とくに青年期に顕著になる。思春期を通過すると、わずかな思考の異常や、社会的な関係性における障害が、顕著に増加することが多い。このため、青年期は統合失調症発症における危機的な時期とみなされている。Devesonの本は、彼女の息子の若年成人期における悪化を、鮮明に記述している。

幼少期の問題の重症度は、後の統合失調症の重症度と強く関連している。たとえば、Haas と Sweeney (1992)は、後方視的な情報を集め、初回入院前に問題行動が多かった患者は臨床症状の出現が早く、慢性的な経過をたどることが多いことを明らかにした。男性患者は女性患者よりも、臨床症状の出現前に適応の問題が多かった。

しかし、すべての研究アプローチと同様に、後方視法にも限界がある。後方視的研究に関する主な疑問は、親からの「事後」報告の信頼性に関する疑問である。重度の精神疾患に罹患した子どもの親は、「何が間違っていたのか」を明らかにするために多大な時間を費やすことが多く、過去の出来事を何度も想起する。早期の徴候を懸命に探す結果、思い違いをすることはないのだろうか？　自らの子どもが精神疾患に罹患したという知識が、過去の認識にバイアスをかける可能性がある。

この問題を回避するために、**フォローバック法**が用いられた。両親やその他の情報提供者に患者の幼少期の情報を尋ねる代わりに、調査者が病歴または学校の記録を調査するのである。Norman Watt らは、このアプローチを用いて複数の代表的な研究を行った(Watt, 1978；Watt & Lubensky, 1976)。彼らは、成人期に統合失調症と診断された人の小学校と高校時代の記録を遡って調査した。各患者と同じ年齢で、同じ学校に通い、精神疾患の既往のない子どもを対照群とした。後に統合失調症を発症した子どもの記録には、社会的引きこもりや破壊的行動など適応の問題に関する教師のコメントが多かった。また、統合失調症発症前の子どもは成績が悪かった。研究者は、統合失調症発症前の子どもと対照群の子どもの差異は、青年期に移行するにつれて大きくなることを明らかにした。幼少期の記録を用いた最近の研究においても、同様の結果が報告された(Cannon et al., 1997；Jones, 1995)。全般的に、フォローバック研究の結果は、親からの後方視的な報告と非常に一致している。

しかし、統合失調症発症前の子どもに乳児期から著しい違いを認めたという複数の親の報告についてはどうだろうか？　後に統合失調症を発病した人の幼少期の発達に関するより直接的な情報を得るために、Emory 大学の Elaine Walker らは、異なる形のフォローバック研究を行った(Walker & Lewine, 1990)。彼らは、統合失調症もしくは気分障害を発症した人と、精神疾患を発症しなかった人の幼少期のホームビデオを入手した。映像は乳児期から青年期まで及んだ。初めに調査者は、映像の各コマの子どもの表情から感情表出を評価した(調査者は対象者の成人時の診断名を知らされなかった)。診断群間の比較では、後に統合失調症を発症した子どもは肯定的な感情表出が少なく、否定的な感情表出が多いことが明らかにされた(Walker, Grimes, Davis & Smith, 1993)。この違いは、早くも乳児期から認められた。

次に、早期運動発達の専門家が映像を観察し、子どもの運動機能を評価した。その結果、統合失調症発症前の子どもは、彼らの健康な同胞と差を認めた。特に生後2年間は、運動発達の大きな遅れや異常を認めた

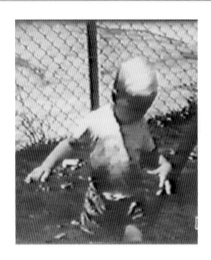 

図10-2　姿位の異常
　静止画像は、統合失調症発症前の子どもの姿位の異常である、奇異な手の位置、指の過伸展を示している。
（Elaine Walker の厚意による）

（Walker, Savoie & Davis, 1994）。観察された異常の中には、左手と左足の弱さや奇異な配置があった。指の過伸展と奇異な手の姿位は、図10-2に示されている。映像を評価した調査者は、どの子どもが後に精神疾患を発症したのか知らなかったため、この結果は調査者のバイアスの影響は受けていない。このように、Anne Deveson による息子の早期の運動異常の指摘は、想起によるバイアスの影響を受けたものではない可能性が高い。早期の運動発達の異常は統合失調症発症の危険性と関係していると考えられる。

　統合失調症の病前特徴についての議論では、すべての患者が同一の発達過程をたどるのではないことに注意が必要である。既述の特徴は、群の平均に基づいて述べられている。成人期に統合失調症を発症したが、幼少期に明らかな異常を示すサインを認めなかった人もいた。平均以上の成績や社会適応を示した人もいた。逆に、幼少期に顕著な行動と運動の問題を認めたが、健康に成人した子どももいた。

　将来、統合失調症の病前特徴に関する知見が、発症の危険性のある人を高い精度で特定することを可能にするかもしれない。まだその段階には達していないが、これを失望をもたらすものと捉えるべきではない。よい例として、癌の研究者は遺伝的要因と環境的要因の両方が癌に罹患する危険性と関連していることを明らかにしたが、癌の発症を予測することとは程遠い（Chakraborty, Little & Sankaranarayanan, 1998）。癌と同様に、統合失調症には複数の病型があり、複数の原因があると考えられる。

　統合失調症の明確な病前特徴には何があるのだろうか？　第1に、発症危険性を示す早期の徴候は運動、対人関係、認知の複数の行動領域に認める。第2に、多くの統合失調症発症前の子どもは、青年期に突入してから最も重大な適応の問題を認める。第3に、児童期の問題が大きいほど病気の発症は早く、また重度になる。

統合失調症の行動的なリスク：統合失調型パーソナリティ障害

　研究によって、統合失調症発症までの経過が明らかにされてきた。成人の統合失調症患者は早期に行動的な徴候を示すことも、多くの研究で明らかにされた（Walker, Lewine & Neumann, 1996）。この情報は前方視的研究において、統合失調症発症の可能性が高い人を特定することに役立てられている。

　社会的引きこもり、奇異な信念、わずかな思考の異常などの行動的な徴候は、統合失調症発症前に出現することが多い（Neumann & Walker, 1995）。これら一連の行動は、統合失調型パーソナリティ障害（Schizotypal Personality Disorder：SPD）の診断基準に類似している。第9章で述べられているように、SPD は DSM-IV の第Ⅱ軸のパーソナリティ障害であり、統合失調症患者の生物学的親族に出現頻度が高い（Kendler et al., 1995；Raine, Lencz & Mednick, 1995）。したがって、SPD と統合失調症には遺伝的連関が確立されている。また、注意機能と思考障害の研究は、成人または青年の SPD の被験者に統合失調症患者に類似した障害が存在することを認めた（Asarnow, Goldstein & Ben-Meir, 1988 a, 1988 b ; Raine, Lencz & Mednick, 1995)。

後に統合失調症を発症する人のかなりの割合にSPDと同様の症候群が若年時に現れる（Tyrka et al., 1995 ; Walker, Lewine & Neumann, 1996)。さらに、SPDは青年期前期または青年期に信頼性の高い診断を行うことが可能である（Rawlings & MacFarlane, 1994 ; Weinstein, Diforio, Schiffman, Walker & Bonsall, 1999)。現在では、若年のSPDにおける統合失調症の発症危険率は明らかではなく、私たちの知識との乖離を認める。それでもなお、若年の成人SPDを対象とした先行研究の短期的な結果は、予後不良であることを示している。つまり、改善を認める人もいるが、多くはパーソナリティ障害の徴候が持続し、25～30％で主に統合失調症スペクトラムの第Ⅰ軸診断が明らかになる（Bernstein et al., 1993 ; McGlashan, 1986 b)。

近年の前方視的研究は、SPDの青年は統合失調症患者に認める発症危険性を示す身体的な特徴を複数示すことを明らかにした（Weinstein, Diforio, Schiffman, Walker & Bonsall, 1999 ; Walker, Lewis, Loewy & Paylo, 1999)。SPDの青年を、健康な青年で構成される対照群および他のパーソナリティ障害の青年で構成される対照群と比較した。初めに、臨床面接時の患者の記録映像を用いて、運動の回数を測定した。SPD群の青年は両対照群と比較して、上肢、顔面、胴体の不随意運動が有意に多かった。また、SPDの青年には指紋の異常が多いことを認めた。とくに、手の指先の指紋の隆線数に大きな差を認めた。指紋が胎生期に形成されることは既述の通りである。指紋の発達を阻害するものと同じ要因が、神経系の発達を阻害する可能性がある。さらに、SPD群は軽微な身体的奇形が多いことを認めた。これも、胎生期の発達の問題を示す徴候である。しかし、おそらく最も興味深いのは、SPDの青年はアセスメントの早期の段階で、ストレスホルモンであるコルチゾールを多く分泌することである。これらの結果は、2つの結論を示唆する。第1に、SPDは統合失調症と同様に、生前発育期の何らかの異常と関係している可能性がある。第2に、SPDの青年はストレスに対して生物学的な感受性が高い可能性がある。

SPDの子どもの発達の経過を理解するには、さらなる研究が求められる。しかし、青年期は有意な行動変化が特徴的であるとともに、統合失調症の行動的な病前特徴が現れやすい時期であることは、すでに明らかにされている。これらの理由から、この時期は研究に値する重要な時期なのである。青年期に生じる脳内の特定の成熟的変化が、その時まで多かれ少なかれ沈黙していた生物学的な脆弱性の発現に何らかの形で関与している可能性がある。

統合失調症の生物学

遺伝的および産科的要因の両方が統合失調症に関係していることを示す根拠を示してきた。これらの要因が、脳の機能不全をひき起こす何かを脳にもたらすことが推測されている。脳の機能不全に関与する要因は、正確には明らかにされていないが、研究者は複数の興味深い可能性を提示した。過去10年間、統合失調症の生物学的解明は大きく前進した。とくに、2つの系統の研究がそれを示している。その一方は神経化学の不全に着目し、もう一方は脳の構造と機能の違いに着目した。どちらの系統の研究も、統合失調症を理解するうえで重要な結果を示している。

統合失調症の神経化学

統合失調症患者には生化学的異常が存在するのではないかという説は、長い間存在してきた。1950年代初頭に、血液検査および尿検査を用いて、統合失調症患者と健常者の生化学的な差異が検討された。しかし、このアプローチは運に恵まれなかった。健常者と統合失調症の入院患者の生化学的な差異に関する早期の報告は、結局は誤りであった。後に、これらの結果は、入院患者と非入院患者の食生活の違い、検査技法の問題、対照群の欠如、または実験者のバイアスによるものであることが明らかにされた。

近年、研究方法が進歩した。現在では、脳内の特定の神経伝達物質と受容体の異常が研究されている。近代の神経画像の技術は、生きている患者の神経伝達物質の活動を解明することを可能にした。たとえば、PETを用いることで、特定の神経伝達物質受容体の分布を特定し、密度（特定の領域にどれだけあるか）を推定することができる。また、特定の受容体サブタイプを遮断または作動させる薬物を投与したときに生じる活性の変化を、観察することも可能である。これらやその他の方法が、統合失調症の生化学的な基礎についての仮説を検証するために用いられている。

統合失調症の生化学的な仮説として長く存在しているのは、「ドパミン」仮説である。図10-3のように、脳内には4つの主要なドパミン経路がある。それらは中脳辺縁系、中脳皮質系、黒質線条体系、隆起漏斗系である。これらの経路は非常に広範囲に及ぶことから、ドパミンの異常が人の行動のさまざまな側面に影響を与えることが想像できる。

複数の根拠から、ドパミンが統合失調症に関連していることが推測された。1点目の根拠は、統合失調症の治療に用いられるすべての薬がドパミンの活動を抑制することである。研究者は、さまざまな「抗精神病」薬の症状改善効果は、ドパミンの活動を抑制する作用と強く関連していることを明らかにした。つまり、抗精神病薬はドパミン拮抗薬であることが認めら

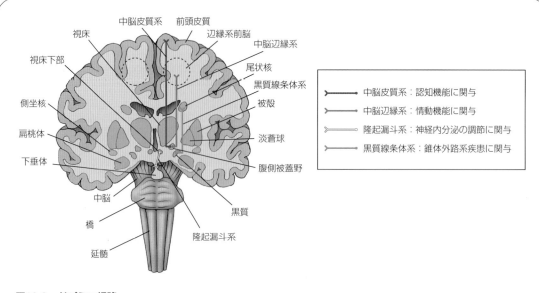

図10-3　ドパミン経路
脳の冠状断面は、脳内の4つの主要なドパミン経路の起始部と終末部の位置を示している。(1)黒質線条体系：黒質から線条体へ、(2)隆起漏斗系：視床下部弓状核から下垂体へ、(3)中脳辺縁系：腹側被蓋野から辺縁系の多くの構成部分へ、(4)中脳皮質系：腹側被蓋野から大脳新皮質の前頭前野へ（カラー口絵参照）。(Kandel, Schwartz & Jessell, 1991, p.864を改変して引用)

　れた。
　ドパミン仮説を支持する2点目の根拠は、ドパミンの活動性を高める薬の行動的影響である。アンフェタミン、L-ドーパ、コカインなどの多数の薬はドパミン「作用薬」である。これらの薬の大量投与は、急性妄想型統合失調症類似の症状を伴う精神病をひき起こす。さらに、これらの薬の少量投与は、統合失調症の症状を悪化させる作用がある。たとえば、妄想型の患者は非常に妄想的になる。抗精神病薬がアンフェタミン精神病に最も適した解毒剤であることは当然のことである(Snyder, 1974 a)。
　L-ドーパも脳内のドパミンの活動を高める薬である。L-ドーパは長年、四肢の固縮やとくに手の振戦が特徴的なパーキンソン(Parkinson)病の治療に用いられてきた。パーキンソン病では、黒質線条体ドパミン系の神経細胞の変性によりドパミンが減少する。黒質線条体ドパミン系は、運動の協調を助けるシステムである。パーキンソン病患者の治療にL-ドーパを用いると症状は軽減する。しかし、L-ドーパの副作用として精神症状が生じることもある。幸いこれらの症状は通常はすぐに消失する。
　統合失調症のドパミン仮説を支持する3点目の根拠は、統合失調症の未治療患者に生じる運動異常である。多くの統合失調症患者に、顔面や四肢の軽度な不随意運動が生じる(Walker, Savoie & Davis, 1994)。既述のように、これらは早ければ幼少期から観察され

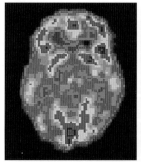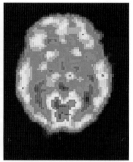

非統合失調症患者(左)と、統合失調症患者(右)の脳のPET。赤色は、最も代謝活性が高いことを示す。統合失調症患者は、前頭葉の活動性が低く(上部)、大脳基底核と線条体の活動性が高い(中央部近くの赤い点)（カラー口絵参照）。(Science Source/Photo Researchers)

ることもある。未治療患者に認める運動の異常は、ドパミンの活動の過剰によって生じる異常と類似している。一方で、統合失調症患者が特定の抗精神病薬を長期間服用すると、パーキンソン病に非常に類似した四肢の固縮や振戦の運動症状を認めることがある(図10-4参照)。これらの運動面の「副作用」は、脳内のドパミンの活動、とくに黒質線条体系の活動を抑制した結果生じると考えられている。治療の節で、運動性の副作用が少ない抗精神病薬による治療の進歩について述べる。
　ドパミン仮説を支持する最も直接的な根拠は、剖検

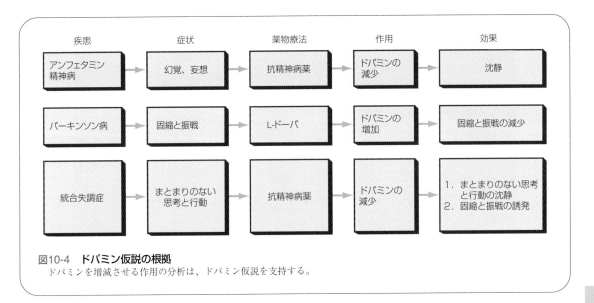

図10-4　ドパミン仮説の根拠
　ドパミンを増減させる作用の分析は、ドパミン仮説を支持する。

と神経画像研究によってもたらされた。統合失調症患者の脳の検死は、ドパミン受容体の数の顕著な増加、とくにドパミン"D2"受容体の増加を認めた。この増加の詳細な原因はまだ明らかではないが、薬物治療によるものではないと考えられている。死亡前に少なくとも1年間、薬物治療を受けていなかった患者においても、ドパミン受容体の増加を認めた(Crow, 1980, 1982 ; Mackay, 1980)。生きている患者を対象にPETを用いて行われた複数の研究も、統合失調症患者の脳内のドパミン受容体の密度の増加を示した。しかし、ドパミン受容体の増加を否定する報告も複数あり、この矛盾を解決するためにさらなる研究が求められる(Farde, 1997)。もし、統合失調症患者は感受性が亢進しているドパミン受容体が増加することが明らかにされれば、病気の症状とドパミン拮抗薬への反応の両方を説明することができる。

　神経伝達物質の活動性を測定するPETが改良され、統合失調症におけるドパミン機能の異常の根拠がさらに明らかにされてきている。統合失調症患者においては、脳内の皮質下の線条体の神経細胞がドパミンを過剰に放出するようである(Abi-Dargham et al., 1998 ; Farde, 1997)。このことは、患者にアンフェタミンを投与し、脳内のドパミンの活動をPETで測定することによって明らかにされた。アンフェタミンはドパミン作用薬であり、脳内のドパミンの放出を促進する。統合失調症患者と健常者がアンフェタミンを投与されると、患者は健常者よりも多くのドパミンが放出されることが明らかにされた。やはり、ドパミン仮説は支持を得ている理論なのである。

　さまざまな種類のドパミン仮説が、統合失調症の生化学理論の中で注目を浴びるようになったが、他の神経伝達物質も有力な候補である。たとえば、複数の研究者が抑制性神経伝達物質であるGABAの役割を明らかにした。統合失調症患者の脳の剖検は、GABAの機能の低下を示した(Benes, 1998)。興奮性神経伝達物質であるグルタミン酸の仮説は、フェンシクリジン(PCP)(「エンジェルダスト」と呼ばれる違法薬物)が、複数の人に精神症状をひき起こしたことに由来する(Tamminga, Holcomb, Gao & Lahti, 1995 ; Vollenweider, 1998)。PCPは、グルタミン酸受容体サブタイプの遮断作用をもつ。統合失調症患者も同じ受容体に異常を認める可能性を示す根拠が明らかにされている。

　セロトニンも、統合失調症への関与が疑われている。セロトニンはうつ病との関連性が理論化されたが、セロトニンが精神症状に関与するという仮説もある。統合失調症患者に、セロトニンの過剰な活動を認めた(Abi-Dargham, Laruelle, Aghajanian, Charney & Krystal, 1997 ; Lewis et al., 1999)。セロトニンが統合失調症に関係していることを示す一貫した根拠は認めないが(Lewis et al., 1999)、近年開発された統合失調症の治療薬の研究は、セロトニンのレベルを減少させることが有効である可能性を示唆している(p.425参照)。

　統合失調症の神経化学的理論について、ここでは可能性の一部にしか触れていない。それでは、どれが本当なのだろうか？　この章が"schizophrenias"という名称の議論から始められたことを思い出してほしい。実際には、この病気には複数の原因が存在する可能性があり、各理論は特定の病型の患者に関しては正しい可能性がある。

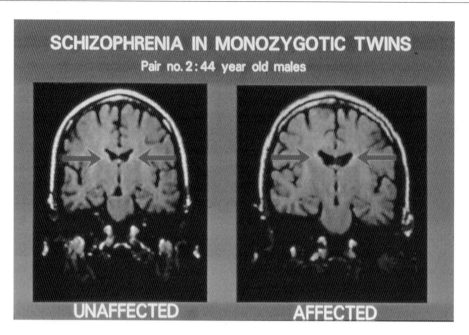

図10-5 統合失調症と脳の異常
　1人が非統合失調症で1人が統合失調症の一卵性双生児の脳のMRIは、統合失調症患者（右）の脳室（脳脊髄液で満たされた空洞）が、非統合失調症患者（左）よりも大きいことを明らかにした。（National Institutes of Mental Healthの厚意による）

統合失調症の脳の構造

　前節で、神経伝達物質の統合失調症への関与の可能性を論じた。次に脳の構造を検討する。脳の構造異常を示す徴候があるのだろうか？

　統合失調症は脳の異常によって生じるという見解は、KraepelinやBleulerの時代から存在した。しかし、この見解を支持する確かな証拠が見つかるまでに、何年もの月日が経過した。この30年間で、統合失調症患者の脳の神経画像研究が300件以上公表された。それらの結果は、脳の多くの領域に異常が存在し、これらには大きな構造的特徴と顕微鏡でしか見えない細胞の様相の両方があることを示している（Lawrie & Abukmeil, 1998；Videbech, 1997）。

　統合失調症患者を対象に行われた最初の神経画像研究ではCATスキャンが用いられ、統合失調症患者の脳室の容積が健常者よりも大きいことが明らかにされた。後にMRIを用いて行われた研究は、この結果を裏づけた。第4章で示したように、脳室は脳脊髄液に満たされた脳の空洞である。統合失調症患者は、左側の脳室が右側の脳室と比べるととくに大きい。脳室拡大は周辺領域の脳組織の減少を示唆する（Bogerts, 1993；Brown et al., 1986）。しかし、脳室拡大は、アルツハイマー病やパーキンソン病など他の疾患でも認める。したがって、脳室拡大は統合失調症特有ではなく、もちろん統合失調症の原因ではない。それでもなお、脳室拡大は何らかの脳の異常を示す説得力のある徴候なのである。

　統合失調症の神経画像研究の結果が蓄積され、脳の多くの領域で容積が減少していることが明らかにされた（Lawrie et al., 1999）。これらには、前頭葉、側頭葉、扁桃核、そして海馬がある（Hirayasu et al., 1998；Nelson, Saykin, Flashman & Riordan, 1998）。これらの脳の異常が発症前から存在していたのか、それとも臨床症状が現れた後に生じたのか、疑問がもたれている。脳の異常は薬物治療によってひき起こされることを示した研究者もいたが、近年の研究結果は、これらの異常は患者が治療を受ける前から存在し（Hirayasu et al., 1998）、時間が経過するにつれて悪化することを示している（Jacobsen et al., 1998）。さらに、MRIで脳に大きな異常を認めた成人患者は、幼児期を含め発症前から行動異常が多いことが明らかにされた（Alaghband-Rad et al., 1997；Neumann & Walker, 1995）。このように、たとえ脳の異常は患者が成人になるまで直接的に測定されなくても、異常は出生時から存在し、若年の時から彼らの行動にわずかな影響を与えている可能性がある。

　しかし、何が脳の異常をひき起こすのだろうか？

この疑問への1つの答えは、米国国立精神保健研究所（NIMH）が行った統合失調症不一致双生児の研究にある。発病した一卵性双生児の脳のスキャンを、もう片方の双生児のものと比較すると、発病した双生児の脳室は拡大し、脳の複数の領域で容積が減少していることを認めた（図10-5参照；Suddath, Christison, Torrey, Casanova & Weinberger, 1990）。健康な双生児と発病した双生児の間で容積の違いが最も大きかった領域は海馬である。このことは、発病した双生児は脳に損傷を受けていることを示唆し、出生前に損傷が生じたとする見解が最も説得力がある。この結論の背景には2つの理由がある。第1に、発病した双生児には出生後に重篤な脳損傷の病歴がなかった。第2に、彼らの脳に認める種類の異常は胎生期の合併症によって生じることが多い。第4章の、海馬は胎生期の損傷に非常に繊細な脳構造であるという指摘を想起してほしい。

一方で、統合失調症の脳の異常を単に胎生期の要因に帰することはできない。統合失調症患者の生物学的近親の脳スキャンを、統合失調症の家族歴のない人と比較すると、近親は海馬、扁桃体、視床の容積の減少などの異常を認める頻度が高い（Lawrie et al., 1999）。健康な近親に認める異常は、患者に認める異常ほど顕著ではないが、このことは遺伝的要因が患者の脳の構造的な異常に関与している可能性を示唆する。先の議論と同様に、一部の胎児に産科合併症による脳の異常への過敏性を高める遺伝要因があるという見解は、説得力がある。

神経画像によって観察される脳の異常は、多くの場合、目視で観察可能である。しかし、小さすぎて何倍かに拡大しないと見えない神経細胞の構造の異常も、思考と行動に大きな問題をもたらすことがある。実際に、分子研究は統合失調症患者の脳内の神経細胞の相互接続の異常、特に大脳皮質と海馬における異常を明らかにした（Arnold, Ruscheinsky & Han, 1997；Benes, 1998；Benes, Kwok, Vincent & Todtenkopf, 1998）。

統合失調症の脳の機能

ここまで、統合失調症患者の脳の構造について論じてきた。次に、機能に関する疑問を簡潔にとり上げる。脳の機能の違いを調査するために、EEG（脳波）、fMRI（機能的磁気共鳴画像）、そして最近ではSPECT（単陽子コンピュータ断層撮影法）が用いられている。これらの方法はすべて、脳からの電気と磁気のシグナルを利用し、さまざまな脳の領域の活動性（エネルギー利用）を推定する。これらの研究結果は一貫しており、統合失調症患者は、認知課題を行っている際の前頭葉の活動性が低いことが示されている（Carter & Neufeld, 1998；Fletcher et al., 1998；Kindermann, Karimi, Symonds, Brown & Jeste, 1997；Morrison-Stewart, Williamson, Corning, Kutcher & Merskey, 1991；Volz et al., 1997；Weinberger, Berman & Zec, 1986）。また、臭いを識別する課題では、側頭部と前頭部の活動性の低下を認めた（Malaspina et al., 1998）。

構造的な異常について提示したものと、同じ疑問に戻ろう。機能的な異常はいつから始まり、その原因は何だろうか？ 未治療患者の脳に活動性の低下を認めたとすると、少なくとも薬物はその原因から除外される。しかし、統合失調症の発病によって、脳の活動に異常が生じる可能性を除外することはできない。

患者の脳に認めた多くの異常のいずれかが、統合失調症の主要な原因ではないのだろうか？ 統合失調症患者の脳で観察されたすべての異常は、ある種の他の疾患でも認めるため、その可能性は低い。このことから、多くの研究者は、脳のさまざまな領域の連絡における何らかの異常が主要な要因であると結論づけた。つまり、神経画像によって明らかにされた脳の異常は、脳の機能不全を示す普遍的な指標である可能性がある。しかし、統合失調症をひき起こす重要な特徴は特定の脳回路で生じる障害の可能性がある。たとえば、1つの可能性は辺縁系回路の障害である。第4章で、この回路が感情と認知の統合に重要な役割を果たすことを示した。神経細胞の相互連絡がこの回路の複数の部分で障害されると、精神症状が起こる可能性がある。脳の構造異常が神経化学的な異常と結合したときに、この相互連絡の障害が生じると考えられる。以上のことは、現段階では単なる推測にすぎない。現段階では、統合失調症患者の脳に特有な問題を特定することからほど遠い。しかし、他の研究領域の心理学者や研究者が、脳機能研究の急速な発展に貢献している。したがって、統合失調症の脳の機能不全の謎が解明される可能性が期待できる。

社会的な影響

そろそろ、統合失調症には生物学的基礎があることを示す根拠を理解したであろう。このことは、対人的な経験は関与しないことを意味するのであろうか？ 対人的な経験は、間違いなく関与しているというのが答えである。多くの病気と同様に、統合失調症の経過は、心理社会的な環境の影響を受ける。心理社会的な影響は、身近なレベルでは患者の家族、より広いレベルでは患者が生活する社会的な文脈にまで及ぶ。したがって、ストレス-脆弱性モデルが示すように、環境的要因は統合失調症発症の緩衝要因となることもあるし、発症の引き金となることもある。同時に、患者もまた社会的な状況に影響を与えるため、その関係は相互的である。

1996年に公開された映画「シャイン(Shine)」は、精神疾患の遺伝的な脆弱性と、コンサートピアニストとしての成功のプレッシャーを与える批判的で支配的な父親からのストレスの影響により、統合失調症を発症した David Helfgott(ジェフリー・ラッシュ [Geoffrey Rush])の話である。(Fine Line / Kobal の厚意による)

統合失調症と家族

統合失調症の経過に関連する可能性がある対人関係における特定の特徴がある。この特徴は**感情表出**(expressed emotion：EE)と呼ばれ、家族やその他の介護者による患者に対する批判的または敵意に満ちたコメントや、過度の感情的な巻き込まれを示す。批判や敵意が統合失調症の素因をもつ子どもに向けられた場合、その子どもは統合失調症類縁疾患の症状を発症する可能性が高い(Rodnick, Goldstein, Lewis & Doane, 1984)。統合失調症患者が入院後退院し、自宅に戻り感情表出が高い環境に曝されると、再発し再入院が必要となる可能性が高い(Butzlaff & Hooley, 1998；Goldstein, Strachan & Wynne, 1994；Hooley, 1998；Miklowitz, 1994；Snyder et al., 1995)。これは、家庭だけではなく入所施設でも生じる。その一方、感情表出が低い環境での生活は、患者の受ける衝撃を和らげ、回復を支える(Falloon, 1988)。しかし、統合失調症のみが感情表出に影響を受ける精神疾患なのではなく、気分障害や摂食障害も、そのような環境に影響を受けることを忘れてはならない(Butzlaff & Hooley, 1998)。

もちろん、家族とのコミュニケーションと患者の病気の関係性は、一方通行ではない。家族の感情表出も、患者の病気に影響を受けるのである(Scazufca & Kuipers, 1998)。家族の介護負担が大きいと、感情表出が高くなる。同様に、患者の機能レベルが低下すると、感情表出が高くなる。重い病気に家族が罹患したことがストレッサーとなることや(Mueser, Valentiner & Agresta, 1998)、患者の症状の波が、家族の情緒や行動に変化をもたらすことは、想像に難くない。

家族のコミュニケーションの方法が統合失調症の症状に影響を与えるという事実は、重要な意義をもつ。

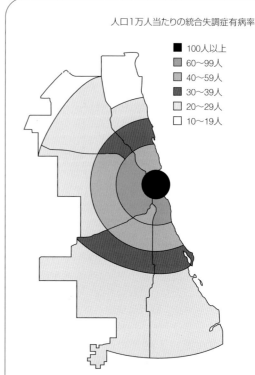

図10-6　都市部における統合失調症の有病率
1934年のシカゴの地図。中心部は商業と娯楽の区域であり、居住者はおらず、短期滞在者と路上生活者しかいない。中心部の周辺はスラム街で、主に社会経済的階級の低い単純労働者で構成されており、統合失調症の有病率が最も高い。次の円は、熟練労働者で構成され、スラム街よりも統合失調症の有病率が低い。次の区域は中産階級と上流中産階級が居住している。最後の円は、上流中産階級の通勤者が多い地域で、統合失調症の有病率が最も低い。(Gleitman, 1991, p.762；Faris & Dunham, 1939のデータを元に作成)

感情表出の理論は、患者に安定した支持的な環境を提供することが、リハビリテーションにおいて重要であることを指摘している。たとえば、安全でアクセスしやすく、レベルの高い治療を提供し、同時に介護者の負担を減らすことができるデイタイムのプログラムがあれば、患者と家族の両方の状況が改善される。

統合失調症と社会階級

既述のように、統合失調症に関して興味深いことの1つは、統合失調症はすべての文化とすべての社会経済的階級に生じるという事実である。統合失調症は、特定の集団に特有なものではない。しかし、社会階級と統合失調症には相関があり、これは、より大きな社会的文脈と統合失調症患者との相互作用によるものである。

とくに大都市部では精神疾患、とくに統合失調症の有病率は社会階級と反比例する。つまり、社会階級が低いほど統合失調症の有病率が高い（図10-6参照）。とくに、アメリカとヨーロッパ諸国では都市部の社会階級が最も低い層で、統合失調症の有病率が最も高い（Cohen, 1993 ; Freeman, 1994 ; Hollingshead & Redlich, 1958 ; Saugstad, 1989 ; Srole, Langner, Michael, Opler & Rennie, 1962）。

社会階級と統合失調症の関係を詳細に調査することは単純なことではない。社会階級が低いことによる貧困とストレスが、統合失調症を発症させるのだろうか？ もしくは、統合失調症を発症しやすい人は、低い社会階級に陥る、または低い社会階級から抜け出すことができなくなるのだろうか？ 逆境とストレスが統合失調症を発症させるという見解は社会的原因仮説と呼ばれる。その一方、統合失調症の素因をもつ人が統合失調症を発症し、低い社会階級に陥るという見解は、社会的浮動仮説と呼ばれる。どちらが本当なのだろうか？

この疑問を解決するための1つの論理的な方法は、統合失調症患者の父親の職業的地位を評価することである。もし、患者の父親の職業的地位が非常に低ければ、患者は低い社会階級に生まれ、その社会階級は精神疾患に先行していると考えられる。その結論は、社会階級が低いことによるストレスが、統合失調症の発症に影響するという見解を支持する。その一方で、もし患者の父親の職業的地位が高ければ、患者は低い社会階級に生まれたのではなく、臨床症状が低い社会的階級への転落に先行したと考えられる。これは、統合失調症患者が低い社会階級へ陥るという見解を支持する。このような研究が行われると、結果は社会的浮動仮説を支持することが多い。概して、患者は親よりも低い社会経済的な階級に陥る（Jones et al., 1993）。社会的階級の低下は臨床症状が生じる前に明らかになり始める。このことは患者と家族にとって悲観的な経験となる可能性がある。グレンのように、自らの成功の可能性に不安を抱いている統合失調症者がいる。

統合失調症に罹患した結果、生活費を稼ぐことが困難になり、低い社会階級に陥り、最終的には路上生活者になることがある。
(AP/Wide World Photos)

> 家族は誰も、僕が失敗者だとは言わなかった。僕がいつも依存的であることを心配していると言う人も、いなかった。しかし、僕は家族がそう思っていることに気がついていたし、僕自身もそう思っていた。僕は、家族と自分とを比較せずにいられなかった。僕以外の家族は皆、大学を卒業している。兄と妹は大学を卒業し、よい仕事に就いた。妹は収入のよい人と結婚し、子どもがいる。僕は大学に行かなかったし、7ヵ月間続いた叔父の会社での仕事以外は、3ヵ月以上仕事が続いたことがなかった。

ある大規模研究でBruce Dohrenwendらは、統合失調症に対する社会的浮動と社会的原因の影響を調査した（Dohrenwend et al., 1992）。彼らは、イスラエルで統合失調症の研究を行った。イスラエルには社会階級以外の理由で人々が移住しているうえ、移民の出生、死亡、精神科治療に関する良質な記録が残されていた。1948年にイスラエルが建国された直後の移民は、主にヨーロッパからの移民で、迫害から逃れるための移住であり、社会階級が高い人が多かった。1948年以降の北アフリカや中東諸国からの移民は社会階級が低い人が多く、精神科的な理由よりも純粋に経済的な理由からその階級に陥った人が多かった。同時に、社会階級が低いイスラエル人は、ヨーロッパ諸国から移民してきたケースが多い社会階級が高いイスラエル人から、かなりの偏見を受けた。社会的原因仮説は、統合失調症の有病率は偏見によるストレスによって全面的に促進されるため、社会階級によって有病率の差が非常に大きいと予測するであろう。しかし、社会淘汰の観点は、社会階級の差は、偏見よりも経済的および教育水準の差によって生じると考えるため、差は小さいと予測するであろう。

この研究では、低所得者や少数民族の家系において統合失調症の増加を認めなかった。統合失調症の有病率は、ヨーロッパのバックグラウンドをもつ、貧しくない社会階級のイスラエル人において高いことが明らかにされた。このことは、社会的原因仮説よりも、社会的浮動仮説に一致する。対照的に、うつ病の有病率は、社会階級の低い人、とくに女性に高く、社会的原因がうつ病に大きな影響を与えるという見解を支持する。

研究結果は社会的浮動仮説に最も一致しているが、このことは、貧困が統合失調症に何の影響も与えないことを意味するのではない。貧困は、統合失調症の有病率を上昇させなくとも、病気の経過に影響を与える

と考えられる。たとえば、薬物療法の使用は経済状況に左右される。近年開発された最も効果的な統合失調症の治療薬は、最も値段が高い。アメリカの複数の州では、メディケア(訳注：高齢者と一部の障害者を対象とした公的医療保険制度)とメディケイド(訳注：低所得者を対象とした公的医療保険制度)が薬価の高い治療薬の給付を拒否しており、患者と家族が訴訟を起こしている。患者がとてもよい健康保険、もしくは家族からの経済的な支援を得られない場合は、最もよい治療を受けることができない可能性がある。しかし、金銭の欠如だけが問題なのではない。貧困も疾病を悪化させる日常生活上の大きなストレッサーとなる。統合失調症に対するストレスの一般的な影響について、以下に論じる。

統合失調症と文化

統合失調症の有病率は、世界のどこにおいても約1％とおおむね一致している事実は、文化的な要因が統合失調症と関連がないことを意味するのではない。文化は、疾病の臨床的発現と経過に影響を及ぼすと考えられる。

20年以上の間、世界保健機関(WHO)は、統合失調症を含むさまざまな疾患の異文化間疫学研究を行っている。最新の共同研究は、10カ国における重度精神疾患の決定因子を調査した。1,300名以上の患者を調査した結果、大半の患者は都市部出身で、平均的な社会経済状況であった。また、統合失調症はいたるところで出現し、文化間で一致していることが示されたが、予後については非常に驚くべき結果を提供した。発展途上国の患者のほうが、先進国の患者よりも予後がよかったのである。たとえば、2年後のフォローアップ調査において、発展途上国の63％の患者の症状が軽減していたのに対し、先進国では37％の患者のみの症状が軽減していた。発展途上国の38％の患者はフォローアップの経過で症状が完全になくなったが、先進国においては22％の患者のみ症状が完全になくなった。最後に、先進国の患者の38％は「予想される最悪の結果」と名づけられたカテゴリーに分類されたが、発展途上国においては22％の患者のみであった(Jablensky et al., 1992；Sartorius et al., 1986)。

統合失調症の臨床経過において、このような文化間の差異が生じる理由は明らかではない。発展途上国の患者がよりよい予後を示した理由は、家族の病気に対する対応が一因である可能性がある。近年行われたアメリカとイタリアの統合失調症患者の比較調査は、イタリアの患者のほうが生活の質の満足度が非常に高いことを明らかにした(Warner, deGirolamo, Bologna, Fioritti, & Rosini, 1998)。さらに、イタリアの患者は雇用率や原家族または配偶者との同居率が高かった。患者の日々の生活におけるこのような文化的な差異が、

かれらの前途に大きな違いをもたらしていると考えられる。もちろん、これらの見解は統合失調症に限られたものではなく、他の疾患に罹患している患者においても、イタリアではよい暮らしを送ることができる可能性がある。

文化的な要因も、精神症状の発現に影響を与える(Carter & Neufeld, 1998；Kirmayer & Corin, 1998)。たとえば、患者の妄想や幻覚の内容には文化的な特色がみられる。多くのキリスト教社会においては、宗教的な妄想は悪魔、または自己がキリストや聖母マリアであるという信念に関係するものが多い。イスラム文化においては、イスラム宗教の聖人や象徴に関する妄想が多い。同様に、その文化の技術的側面が、妄想の内容に影響を与える。2つの身体妄想を検討しよう。

> 統合失調症で入院しているニューヨークの若者：私が最初に住んだアパートがあった場所は、私の現在の問題と関係がある。そこは、コンピューターの組立工場のすぐ隣だった。彼らは夜通し働いていた。同じ建物に住んでいるすべての住人は、彼らの実験用の便利なモルモットだった。彼らはマイクロチップが人間の体をコントロールできるかどうかを知ろうとしていた。彼らはマイクロチップをわれわれの脳幹に埋め込んだ。私たちは自分たちのアイデンティティを保ったが、もはや自分たちの行動をコントロールすることはできなかった。私の手足が頻繁に麻痺したり変な風に動くのは、そのせいだ。私の片頭痛は、脳の手術の傷が原因なのだ。

> インドのコルカタ郊外の農村出身の若者：私たちの家族はパンを作ることで知られており、村の人にも分け与えていた。その行為は私たちに他の人以上の力を与えた。私は彼らの嫉妬の犠牲になった。私の食べ物に魔術がかけられ、内臓が病気になった。その時から、いつもお腹と頭の中が燃えているのを感じる。彼らはその方法によって、私が実家を出た後も彼らのことを決して忘れられないようにしている。

生活上のストレス

以前は、統合失調症はストレスの多い環境により発症すると考えられていた。現在では、ストレスが多いことだけでは統合失調症を発症しないことが明らかにされている。統合失調症患者が、統合失調症ではない人よりもストレスとなる出来事を多く経験することを示す、一貫した根拠はない(Norman & Malla, 1993 a, 1993 b)。それでもなお、多数の研究が、統合失調症患者はストレスとなる出来事を経験すると再発することが多いことを報告している(Das, Kulhara & Verma,

1997；Dohrenwend et al., 1998；Doering et al., 1998；Hultman, Wieselgren & Oehman, 1997；Norman & Malla, 1993 b；Ventura, Nuechterlein, Lukoff & Hardesty, 1989）。しかし、患者は健康な人よりも経験するストレスのレベルが高いわけではない。日々の生活上のストレッサーは、統合失調症の人に、より大きな影響を与えるのである。ストレスの影響を調査する際には、愛する人の死や予測できない事故など、個人の対処能力を超えた出来事に焦点を当てることが多い。精神疾患に罹患することだけでもストレスは大きく、さらに精神疾患は所得喪失や対人関係の問題などのストレッサーを生じさせることは重要な点である。もし、病気がストレスに与える影響ではなく、ストレスが病気に与える影響の解明を試みるならば、独立した強いストレスを伴う出来事に焦点を当てることが必要である。

ストレスの統合失調症への影響に関する研究結果は、精神病理学のストレス-脆弱性モデルと非常に一致する。統合失調症の脆弱性を生まれつきもっていない人は、人生の中でどんなに多くの困難に遭遇しても発病する可能性は少ない。しかし、脆弱性をもって生まれた人は、日々の問題によって精神症状を生じる可能性がある。グレンのようにストレスが症状と関連していることを認識している統合失調症患者もいる。

> 振り返ると、自分に何が起こっていたのかわかる気がする。叔父の会社の職を失ったことは、僕には耐えられないことだった。それによって、僕の人生が数日中に崩壊すると思った。そのことを考えることを止めることができなかった。しかし、悪く考えれば考えるほど、僕のすべての精神が崩壊した。ストレスは僕に悪い影響を与える。もし、叔父が僕を解雇しなかったら、精神的におかしくならなかっただろう。母は、それは違うと言った。母は僕に叔父を責めて欲しくないのだ。母の言う通りかもしれない。

しかし、ストレスを経験した後に再発することが多いことは未解決の問題を残す。ストレスが、生物学的なレベルで患者の症状を悪化させている可能性はないのだろうか？ 第4章で、ストレスによる複数の生物学的な影響について言及した。コルチゾール分泌の増加は、霊長類に認めた主な影響の1つである。統合失調症患者を対象とした縦断的研究は、遊離コルチゾールの増加が症状の重症度の上昇に先行することを明らかにした（Franzen, 1971；Sachar, Kanter, Buie, Engle & Mehlman, 1970）。他の研究は、コルチゾール分泌がドパミンの活動性を高めることを明らかにした。これは、ストレスと精神症状の関連性における生物学的基礎の可能性がある（Walker and Diforio, 1997）。ストレスによって生じるコルチゾールの増加

統合失調症患者の治療にクロルプロマジンが用いられる前は、彼らはこのように精神科病院の閉鎖病棟で人生を送ることが多かった。（1979 Jerry Cooke/Photo Researchers）

がドパミンの活動性を高めることによって、症状を悪化させる可能性がある。

統合失調症の治療

ここまで、統合失調症の経過を予測する複数の要因について述べてきた。ここでは、統合失調症のさまざまな治療について述べる。このたいへんな病気の治療には、一般的には、薬物療法と何らかの形の精神療法、およびリハビリテーションが行われる。幸い、今日用いられているすべての統合失調症の治療は、以前よりも効果的になった。新薬は副作用が少なくなり、心理的介入は特定の障害に焦点を当てて行われるようになった。

統合失調症患者自らが治療を求めることもあるが、この病気は判断力や洞察力の障害を伴うため、それはまれである（Smith, Hull & Santos, 1998）。既述のように、多くの患者は症状を否定し、自分に精神的な病気はないと主張する。そのため、彼らの健康を心配する家族や友人に促されて治療を開始することが多い。また、統合失調症患者の症状は他人を当惑させることがあるため、警察官によって救急外来へ連れてこられることも多い。グレンもそうであった。ショッピングモールで逮捕された時の様子の生々しい描写から、それがいかに辛い経験であったか想像に難くない。

薬物療法

1950年代半ばまで、統合失調症患者の治療は主と

して管理することであった。患者は長期にわたり施設に入所し、それは時に退屈で、希望をもてないものであった。疾患と病院環境の相互作用によって、身体拘束が必要となる行動がひき起こされることもあった。しかし、1952年の幸運なアクシデントがこの荒涼たる状況に変化をもたらし、統合失調症の薬物治療に革命をもたらした。

喘息やアレルギーに有効である抗ヒスタミン薬という新しい薬を合成する過程で、これらの薬に強い鎮静作用があることが発見された。実際に、これらの薬の1つであるプロメタジンには強い鎮静作用があるため、フランスの外科医 Henri Laborit は麻酔の前投薬として使用した。フランスの精神科医 Jean Delay と Pierre Deniker は、より強い鎮静効果をもつプロメタジンと近縁の薬物を精神疾患の治療に用い、さまざまな効果を認めた。改善した患者の診断名は、共通して統合失調症であった。彼らが服用した薬はクロルプロマジンであり、それは統合失調症の治療に大革命をもたらした。クロルプロマジンや、続いて開発された新たな抗精神病薬により、精神障害者の生活は大きく変化し、数ヵ月、数年、または一生に及んだ統合失調症患者の平均在院日数は、13日以下に減少した。

抗精神病薬の導入により、精神科入院患者数は劇減した。1955年には、アメリカの精神科病院には約56万人の患者が入院していた。2つに1つの病床は精神科治療に使用されていたことになる。この状況から概算すると、1971年には精神科患者の増加に伴い74万病床が必要であったことになるが、実際には予測の半分の308,000人しか精神科病院に入院しておらず、1955年の入院患者数を約40％下回った。1986年には、その数は161,000人にまで減少し、そのうち統合失調症患者の割合は半分以下であった。1986年までの間に、精神科臨床の政策は大きく変化した。140万人以上の患者（うち30万人以上が統合失調症患者）が外来患者となり、さらに133,000人（うち約半分は統合失調症患者）は地域で治療されていた（Rosenstein, Milazzo–Sayre & Manderscheid,1990）。地域を基盤とした治療の強化は、1990年代まで続いた。第15章では、病院での治療から離れる傾向について、その賛否を検討する。ただし、この賛否にかかわらず、抗精神病薬の出現によって多くの重度精神障害者の地域生活が可能になったことは疑う余地はない。

初期の抗精神病薬

神経遮断薬であるクロルプロマジンとハロペリドールは、はじめて使用可能となり、最も多く用いられた抗精神病薬である。最も目覚しい効果は「鎮静作用」の程度であり、平和的で穏やかに鎮静する。これらの抗精神病薬について、バルビツール酸系睡眠薬との違いがないのではないか、統合失調症患者に対する鎮静効果はプラセボと変わらないのではないかという疑問が生じるが、複数の根拠がそれを否定する。抗精神病薬は、鎮静作用や抗不安作用があるだけではなく、思考障害と幻覚に対しても有効である。しかし、罪悪感や抑うつ感などの主観的な情緒体験は、薬物治療を行っても改善しないことがある。

これらの薬の主な薬理作用は、ドパミン受容体と結合することによって、ドパミン自体がこれらの受容体と結合することを妨げることにある。「標準的な」神経遮断薬の平均薬用量は、いずれも患者の脳内のドパミンD_2受容体の約70％を遮断する。ドパミンを遮断されると通常、統合失調症の陽性症状はおさまり、結果的に認知および行動が著しく改善する。しかし、クロルプロマジンとハロペリドールは統合失調症の陰性症状の治療には効果的ではない。

初期の抗精神病薬には有益な作用があるが、その一方でさまざまな不快な副作用があり、その結果、患者が服薬を止めることがしばしばあった。クロルプロマジン（Thorazine®）の副作用には、口渇、眠気、視覚障害、体重増加または減少、月経異常、便秘、抑うつ感などがある。多くの患者の副作用は軽度であるが、医師の指示に反して服薬をやめたくなるほど不快な副作用が生じる場合もある。

また、単に不快なだけではない副作用が2種類ある。クロルプロマジンは、錐体外路症状やパーキンソン様症状をひき起こす。抗精神病薬はパーキンソン病にも関連しているドパミン受容体へ作用するために、そのような症状が生じると考えられる（これらの薬はパーキンソン病を発症させるわけではないが、類似の症状をひき起こす）。運動症状には、筋緊張や動作困難がある。たとえば、顔面筋の柔軟性が低下し、笑顔を作ることが不可能になり、仮面様顔貌が生じる。また、手足や身体の痙攣や四肢の震えが生じる。さらに、**アカシジア**（akathisia）が生じる。これは、筋肉に生じる特異な「むずむず感」であり、座位の保持を困難にし、絶え間ない突進歩行を生じさせる（Snyder, 1974 b）。これらの副作用を抑えるために、別の薬が処方されることが多い。

クロルプロマジンのさらに深刻な副作用として、**遅発性ジスキネジア**（tardive dyskinesia）という運動障害がある。唇をすぼめる動き、舌鳴らし、ハエを捕まえるような舌の動きなどが生じる。遅発性ジスキネジアの改善は困難である。控え目に見ても、神経遮断薬の累積服用期間が7年以上の統合失調症患者の24％に生じる（Jeste & Caligiuri,1993；Wegner, Catalano, Gibralter & Kane, 1985）。遅発性ジスキネジアの出現率と重症度は年齢とともに増加する。また、陰性症状の重症度と遅発性ジスキネジアが生じる危険性は関連性があると考えられている（Barnes & Braude, 1985）。

表10-3 統合失調症の精神薬理学的治療

	従来型定型抗精神病薬*	非定型抗精神病薬†	抗精神病薬とリチウムまたは抗てんかん薬‡	抗精神病薬と抗うつ薬
改善	少なくとも50〜60%が中等度に改善	従来型抗精神病薬に反応しなかった患者の約50〜60%が、少なくとも中等度に改善	攻撃性や興奮を認める患者の一部は、中等度に改善	精神症状および抑うつ症状を認める患者が有意に改善
再発§	多い	多い	多い	多い
副作用	重度	中等度	中等度から重度	中等度から重度
費用	やや高い	高い	高い	高い
時間軸∥	月単位	月単位	月単位	月単位
総合評価	よい	よい	有用	よい

*定型抗精神病薬：クロルプロマジン、ハロペリドール
†非定型抗精神病薬：クロザピン、オランザピン、リスペリドン、セルチンドール、クエチアピン
‡抗てんかん薬：カルバマゼピン、バルプロ酸
§治療中断後の再発
∥最大の効果が達成されるまでの時間

Buchanan, 1995；Dixon, Lehman & Levine, 1995；Buckley, 1997による改訂；Carpenter & Buchanan, 1994；Lam, Peters, Sladen-Dew & Altman, 1998；Pickar, 1995；Sheitman, Kinon, Ridgway & Liberman, 1998；Stip, 2000；Tollefson, Sanger, Lu & Thieme, 1998；Wahlbeck, Cheine, Essali & Adams, 1999に基づく。

新しい「非定型」抗精神病薬

　精神障害者の治療薬の研究は1950年代では終わらなかった。ここ20年間の新しい抗精神病薬の発展はとくに急速である。1990年に、初の「非定型」抗精神病薬であるクロザピンが導入された。クロザピンは従来型の抗精神病薬と異なり、統合失調症の陽性症状と陰性症状の両方に効果的であり（Breslin,1992）、他の神経遮断薬では治療できなかった症状を改善した。また、「定型の神経遮断薬」と比較して、錐体外路系副作用や遅発性ジスキネジアの発現が少ない。しかし、クロザピンには感染症や高熱が生じ死に至ることさえある無顆粒球症という白血球の欠乏が生じる危険性があるため、統合失調症の治療に常に用いられる薬とはならなかった。これらの副作用は非常に危険であるため、クロザピンの使用は非常に注意深く観察される必要があり、コスト面に大きな影響を与えた（Kane & Marder,1993）。

　クロザピンが使用されるようになった後、すぐに複数の新薬が新たに導入された。リスペリドンは1994年に米国食品医薬品局（FDA）で認可された。オランザピンは1996年に臨床使用が可能になり、さらにセルチンドール（訳注：日本では未発売。1998年に安全上の理由でグローバル市場から撤退した）とクエチアピンが使用可能になった。これらの薬はすべて従来型の抗精神病薬に認めた運動性の副作用が生じることなく、症状の改善に大きく貢献した（表10-3参照）。

　なぜ、新しい抗精神病薬は運動性の副作用が少ないのだろうか。明確な理由は明らかではない。しかし、新しい薬には異なる神経化学的作用があることが明らかにされている。まず、第一世代の抗精神病薬と比較すると、標準的な容量の「非定型」薬は、ドパミンD2受容体遮断作用が40〜50%少ない。さらに、非定型薬は特定のセロトニン受容体サブタイプを70〜80%遮断する。この作用は旧薬では認めない。これらの神経伝達物質への作用が、遅発性ジスキネジアやその他の副作用の減少を説明すると考えられている。

　精神科医と心理士は、定型抗精神病薬を用いた長年に亘る治療の後、新しい非定型薬が導入された患者の変化を目の当たりにして驚くことが多い。一部の患者はまるで霧が晴れたように、混乱して見えていた物事が突然明確に見えるようになる。残念なことは抑うつ的になる患者がいることである。これは、洞察力の向上により、病気が人生に与える多大な影響を理解できるようになるために生じることが多い。しかし、初めて非定型抗精神病薬を処方される多くの慢性期の統合失調症患者には大きな利点がある。ニューヨークタイムズは、ケン・スティール（Ken Steele）氏の経験を掲載した。彼は14歳の時に統合失調症を発病し、50歳になるまでクロルプロマジンやその他の定型薬による治療を受けていた。

　彼は、アポロ11号が月に着陸し、ウォーターゲート事件の公聴会が始まり、ダイアナ・スペンサーがチャールズ皇太子と結婚し、スペースシャトルが爆発した時に入院していた病院を覚えている。

　スティールは今、失われた歳月を取り戻そうとしている。彼の回復は、彼自身の力やよくなりたいという意志によって達成されたが、それだけではなく、新世代の抗精神病薬の恩恵によるものでもある。これは、旧薬で生じたつらい副作用を生じさせることなく、多くの患者の精神症状の管理を可能にし、多くの人が普

通の生活を再開することを可能にした。

スティールは、ブルックリンにある Park Slope Center for Mental Health の精神療法家かつ事務局長であるリタ・セイデン（Rita Seiden）の支援を得て、1994年に発売された Risperdal®（リスペリドン）の服用を1995年に開始した。服用開始7ヵ月後に、絶え間なく彼を苦しめていた声が止まった。

そしてこの30年間で初めて、自分が集中でき、全力を注ぐことができることに気がついた。そして、高校の卒業資格さえ得ていないが、自らの経験から病気のことを人々に伝えるべき立場なのではないかと考えた。そして、同じように苦しんでいる人々を助けることに自らの力を捧げることを決意した。

スティールは現在、ニューヨーク州精神障害者連盟の副委員長であるとともに、その組織の政府対策委員会の委員長である。最近彼は、ゴールドスタイン（Goldstein）の逮捕をきっかけに一部の精神障害者を密かに監視することを許可する法律制定を提案した州検事総長の事務所から、助言を求められた（ゴールドスタインは統合失調症の男性で、若い女性を地下鉄のホームに突き落とし殺害した）。

スティールは、精神障害関連の新聞である New York City Voices の発行者でもある。精神科の研修医を対象とした統合失調症に関する講義も頻繁に行っている。また、精神障害によって生じる最悪な結果の1つが孤立することであると考え、統合失調症、うつ病、躁うつ病の人が経験を分かち合い、互いに助け合うために毎週通う目覚め（Awakenings）というサポートグループを立ち上げた。

おそらく最も意義深いことは、毎月支給される587ドルの障害者社会保障制度で生計を立てるスティールが、州の助成によって運営されている集会場とドロップインセンター（訳注：自由に立ち寄りくつろいだり相談したりすることができる公共の憩いの場）の機能を兼ね備えたアパートにおいて、帰宅すると足に体をこすりつけてくる猫の Diva や小物が乗ったコーヒーテーブルと共に、自立生活を送ることができていることである。

彼は、長年飲み続けた薬と病院や社会復帰訓練施設の長期利用の影響による身体的な後遺症をもちながら生活している。また、抗精神病薬に頻発する副作用である肥満があり、糖尿病と肺気腫に罹病している。しかし、何年にもわたるルームメイトとの共同生活を経て、初めて獲得した一人暮らしを満喫している。

「私には今は家があります」とスティールは述べる。「これまでの人生で家をもったことはありませんでした。まるで成長したばかりの10代の青年のように感じています。私には、できるだけのことをやりたい、可能な限り成長したいという非常に強い欲求があります」（The New York Times, Jan.30, 1999）

定型および非定型抗精神病薬の薬理作用には、差がある一方で類似点もある。動物を用いた対照研究は、すべての抗精神病薬には行動に対して共通する作用があることを認めた。たとえば、歩行運動を減少させ、アンフェタミンの覚醒作用を遮断する。統合失調症治療における薬の有用性は、短期的な症状改善だけではない。抗精神病薬による治療を受けた患者は、再発が非常に少ない（Wyatt & Henter,1998）。ストレス、病前機能の低さ、男性であることなど再発に関連する指標があるが、これらのいずれよりも服薬スケジュールの遵守が統合失調症の臨床的な予後を決定する。統合失調症の初発エピソードの後、服薬を遵守する人は再発を避けられる可能性が高い。さらに、薬物療法の開始が早い人ほど、長期的な予後がよい。この発見は、研究者を混乱させた。なぜなら精神症状の未治療期間が長いほど、病気は重症化する。つまりこのことは、薬には、より大きな問題につながる可能性がある何らかの脳内の生物学的なプロセスを食い止める作用があることを示している可能性がある。いずれにせよ、抗精神病薬の長期的な効果は、今後一層明らかになるであろう。

回転ドア現象

向精神薬の使用の広がりは、統合失調症の治療に革命を起こした。病気が治癒しなくとも、症状を抑えることは明らかに見えた。もはや、何千もの人が閉鎖病棟で人生を送る必要はない。もはや、家族や社会の貢献が無駄になることはない。そして、もはや大量の経済的資源が介護に費やされることはない。しかし、治療薬の革命には限界があった。1955年から統合失調症の入院患者数が急激に減少した一方で、再入院が急

新世代の抗精神病薬である Risperdal® による治療は、Ken Steele の就労や一人暮らしを可能にした。（M. Agins / The New York Times）

表10-4　統合失調症患者の心理社会的治療

	家族療法	社会生活スキル(技能)訓練(SST)	認知行動療法	認知機能リハビリテーション	個人療法	統合心理療法
改善	抗精神病薬と併用された場合、約50％が中等度に改善	病状が安定した患者に対して、抗精神病薬と併用された場合は非常に効果的	抗精神病薬と併用された場合、約50～60％が中等度に改善	抗精神病薬と併用された場合、約40～70％で認知機能が改善	抗精神病薬と併用された場合、約65％が中等度に改善	改善率はまだ立証されていない
再発*	中等度	中等度	中等度	中等度	中等度	中等度
副作用†	不明	不明	不明	不明	不明	不明
費用	やや高い	やや高い	やや高い	やや高い	やや高い	高い
時間軸‡	月または年単位	月単位	月または年単位	週または月単位	年単位	月または年単位
総合評価	よい	よい	よい	よい	よい	期待できる

*心理社会的治療中断後、抗精神病薬による治療を続けていた場合の再発
†心理社会的治療の副作用
‡最大の効果が達成されるまでの時間

Kopelowicz & Liberman, 1998 ; Brenner, Hirsbrunner & Heimberg, 1996による改訂 ; Dickerson, 2000 ; Hogarty, Greenwald, et al., 1997 ; Hogarty, Kornblith et al., 1997 ; Lauriello, Bustillo & keith, 1999 ; Sensky et al., 2000 ; Wexler et al., 1997 ; Wykes, Reeder, Corner, Williams & Everitt, 1999に基づく。

増した。たとえば、1972年の統合失調症の入院患者の72％は再入院であった(Taube,1976)。また、後方視的研究では、70％以上の患者が退院後2年から5年の間に再発することが明らかにされた(Brett, Kirkby, Hay, Mowry & Jones, 1998 ; Hogarty et al., 1986)。

アメリカにおける再入院の原因の1つと考えられるのは、成人の統合失調症患者の70～90％が就労していないことである(Anthony, Cohen & Danley,1988 ; Priebe, Warner, Hubschmid & Eckle, 1998 ; Warner, deGirolamo, Bologna, Fioritti & Rosini, 1998)。この非雇用率は、ドイツ、イタリアなどの他国よりも高い。Priebeらは、雇用されていない患者は雇用されている患者よりも症状が重く、生活の満足度が低いことを明らかにした。また、適切なフォローアップ支援を受けられる体制がないまま、患者が地域に戻ることが多いという問題もある。就労経験や社会生活技能の大きな欠如が地域への復帰を困難にする。実際に、社会生活スキル訓練(SST)を受けた患者は、再発が完全になくなるわけではないものの再発率が大きく減少した(Benton & Schroeder,1990)。最後に、再入院の理由として最も多いのは彼らが服薬を中断することである。副作用への懸念が原因であることが多い。

この精神科病院の「回転ドア現象」は、否定的にも肯定的にも解釈することができる。否定的な解釈は、この再入院率は残念なことであり、それは統合失調症患者の治療が効果的ではないことを示しているという解釈である。その一方で、一度も退院することなく過ごすよりも、再入院のほうが患者にとってはよいのではないかと、肯定的に捉えることもできる。

たとえ、高い再入院率を肯定的に捉えていたとしても、再入院の原因を解明し、最終的には再入院を減らすことが課題である。一点明らかなことは、抗精神病薬は統合失調症の症状を減少させるが、抗生物質が感染症を治療するようには病気を治すことができない。これらの薬は症状を変えるだけであるという事実は、治療、回復、治癒は何を意味するのかという疑問を提起する。

心理的治療

統合失調症の治療における初期の心理的アプローチでは、患者と家族に対して精神力動的な技法が用いられた。この技法が患者に有益であるという根拠はほとんどない。統合失調症に対する現代の心理的治療は、病気に起因する認知機能障害と社会適応に関する問題に焦点を当てる。いくつもの新しいアプローチが、過去50年間に試みられた。その結果は混在しているが、おおむね期待できるものである(表10-4参照)。

認知機能リハビリテーション

統合失調症患者の認知機能障害は広範囲で認められる。さらに、これらの障害が統合失調症の症状や対人機能の障害とある程度の因果関係があることは明らかである(Green,1996)。この想定に基づき、複数の研究者が、さまざまなリハビリテーション技法を用いて患者の認知機能の改善を試みた(Kern & Green, 1998)。最終目標は症状を減らし、患者の現実世界における適応機能を高めることである。また、認知機能の改善は対人技能の向上を目的に行われる心理的治療の効果を増大させることが期待される。それでは、現段階では研究結果から何が明らかにされているのだろうか？　患者の認知機能の向上を図ることで、統合失

調症を治療することができるのだろうか？

認知機能リハビリテーションという概念は、脳障害患者の神経心理学的研究から発展した。多くは脳外傷により記銘力障害が生じた人の認知の容量を改善することを目的に行われた。統合失調症患者を対象とするリハビリテーションプログラムは、注意、記憶、そして実行機能に焦点を当てる。ある研究で、統合失調症患者の片方の群は記憶と注意を改善する戦略のトレーニングを受け、もう一方の群は注意のみを改善する戦略のトレーニングを受けた(Corrigan, Hirschbeck & Wolfe, 1995)。その結果、注意と記憶の両方のトレーニングを受けた群の患者のほうが、社会的な手掛かりの識別力が高かった。さらに、トレーニングの2日後も改善が維持されていた。これらの結果は、非常に勇気づけられるものである。なぜなら記憶障害は、就労場面への適応など統合失調症患者が直面するさまざまな場面での問題と関連しているからである(Bryson, Bell, Kaplan & Greig, 1998)。

前頭葉機能、またはいわゆる「実行機能」の障害は統合失調症を対象とした多くの研究で認められてきた。既述のように、ウィスコンシン・カード・ソーティング・テスト(WCST)は、これらの能力の測定に用いられる代表的なテストの1つであり(第2章参照)、高度な論理的思考力と戦略的計画力が要求される。複数の研究グループが、WCSTに必要な戦略の基礎的なトレーニングを提供することでWCSTで測定される能力の改善を試みている。現段階では、このアプローチは際立った成果を見出していない。ある程度の能力の改善を認めるものの、その効果は持続しない(Hellman, Kern, Nielsen & Green, 1998)。成功に対して「強化子」として金銭の報酬を与えられたとしても、結果は同じである。さらに、トレーニングによってWCSTの結果に若干の改善を認めても、他の問題解決能力を測定する指標では改善を認めない(Bellack, Blanchard, Murphy & Podell, 1996)。つまり、1つの課題から他の課題に対して般化が生じないのである。これらの結果は、論理的思考は限られた時間のトレーニングでは簡単には獲得されないことを示している。

認知機能リハビリテーションは大きな可能性を秘めていると期待されている(詳細はBox 10-2参照)。しかし、その領域の複数の専門家は、認知機能の障害は症状消失後も残存するため、認知機能障害は統合失調症の症状の原因ではないと唱えている(Laws & McKenna, 1997)。さらに、本章の初めに、発症のかなり前からある程度の認知機能障害が存在することを示した研究を紹介した。最後に、健常者よりもはるかに高い認知機能をもつ統合失調症患者がいることを忘れてはならない。長年統合失調症を患っていたがノーベル賞を受賞したジョン・ナッシュ(John Nash)博士

高等数学の天才であるJohn Nashは、プリンストン大学で、ゲーム理論の分野に革命をもたらす博士論文を完成させた。その後、マサチューセッツ工科大学の教授に就任したが、終身地位保障を得た直後に、妄想型統合失調症を発症した。彼は退職し、何年間もヨーロッパを放浪した。家族や昔の同僚に当てた彼の手紙は、奇妙で、妄想的で、まとまりのないものであった。その後20年以上が経ち、Nashは急激に回復した。彼が病気であった間に、ゲーム理論は盛んになった。彼がプリンストン大学で論文を書いてから約50年が経過した1994年に、Nashは彼の業績によりノーベル経済学賞を受賞した。(Laura Pedrick/Sygma/Corbis)

が、典型的な例である。

たとえ認知機能障害が症状の原因ではないとしても、その改善を目指すことは意味がある。現段階では、それによって統合失調症患者の注意力や記憶力を向上させることができる可能性がある。就労の場でこれらの能力が必要な役割を与えられる可能性もあり、これは多くの患者の日々の生活に大きな影響を与える。これは、さらなる研究が必要な非常に重要な領域である。

対人関係のトレーニング

社会生活スキル訓練(SST)は、統合失調症患者を対象とした多くの治療プログラムで用いられる。SSTでは多くの場合、患者の社会経験についての話し合い、社会的交流場面の構造化されたロールプレイ、社会的な問題解決技能を改善するためのさまざまな教育的介入が行われる。ほとんどの研究は、この介入の有効性を示している(Penn & Mueser, 1996)。

家族に対して統合失調症の教育を行うとともに、患者とのコミュニケーションスキルの改善を目指す家族療法は、再発率の減少に有効であることが証明されている(Doane, Falloon, Goldstein & Mintz, 1985；Vaughn, Snyder, Jones, Freeman & Falloon, 1984)。この介入は、定期的な服薬と併用されればとくに効果的である。ピッツバーグのWestern Psychiatric Research Instituteの研究者によって開発されたセラピーもよい結果を示した。このセラピーは教育、ストレスマネジメント、そして技能訓練に基づく個別の「個

Box 10-2　分析のレベル

認知機能リハビリテーション

　認知機能リハビリテーションは、認知機能の回復を目的に、臨床神経心理学、リハビリテーション、そして行動心理学のトレーニングから構成される。認知機能リハビリテーションの根拠は、統合失調症患者に生じる特定の脳内の異常が認知機能障害をひき起こし、それは心理的介入により修正されるという想定に基づく。これらの認知機能障害のうち最も顕著なものは、注意と記憶の問題である。なぜ、これらの認知機能障害の修正に焦点を当てるのだろうか？　第1に、認知機能が障害されると対処技能が減少するために、強いストレスが生じる出来事に影響を受けやすいと考えられるからである。第2に、多くの認知機能リハビリテーションの推進派は、基本的な認知機能に障害が存在すると、新しい社会生活スキルの学習において不利が生じると考えるからである。

　統合失調症患者の認知機能は改善するのだろうか？　改善が可能であることはほぼ間違いない。Bruce Wexlerらは、統合失調症患者（平均年齢52歳）に知覚、記憶、運動課題に関する練習を、週に5回のペースで10週間にわたり実施した(Wexler et al., 1997)。基本的な狙いは、患者の機能の改善と、その改善の持続の程度を明らかにすることであった。患者はよい成績に対して褒美を与えられただけではなく、参加に対して金銭的な報酬を受けた。10週間の練習後、知覚および記憶課題において22人の参加者のうち16人が、対照群の健常者が示した最もよい成績と同程度もしくはそれ以上の成績を示した。そして、運動課題において11人の患者が健常者の分布範囲内の成績を示した。トレーニングの6ヵ月後の再調査では、患者の半分が改善を維持しており、その他の患者は成績が低下していた。約半数が改善を維持していたという結果は、有望である。

　認知機能トレーニングは、患者の脳に何らかの恒久的な変化をもたらすことが可能なのだろうか？　統合失調症患者2人を対象に行われた最近の研究は、認知機能障害の改善を目的としたトレーニングプログラムが、脳の活動パターンを変えたことを示した。1人は、側頭葉の活動が活発になり、もう1人は、大脳皮質の運動野の活動性が減少した(Wykes, 1998)。このことは、認知療法が強迫性障害の患者の脳の活動パターンを変えることができるという報告を連想させる（第5章参照）。しかし、まだ多くの疑問が残る。これらの結果は、心理的介入によって、「病気」の生物学的基礎を変えることができることを意味するのだろうか？　これらの変化は、認知機能全般に影響を与えるのだろうか？　もしくは、このような介入は単に、特定の検査の上手な受け方を患者に教えるだけなのだろうか？　それとも、これらの結果は、認知機能リハビリテーションが統合失調症の予後を改善する可能性があることを示しているのだろうか？

　統合失調症患者に対する認知機能リハビリテーションに一部の家族は大きな期待を寄せているが、賛否両論がある。先行研究は、基本的な認知能力が現実生活での技術と関連していることを示しているが、疑問が残る。基本的な認知機能検査によって測定された介入後の改善は、日常生活上の機能の意味ある改善を予測するのだろうか？　今のところは、それを肯定する有力な証拠はない。さらに、本章で論じたように、一部の統合失調症患者は平均以上の認知機能を備えているが、それでも重い精神病エピソードに苦しんでいる。これらの理由から、認知機能の変化は症状や全般的な機能の回復には不必要なのではないかと考える研究者もいる(Penn & Mueser, 1996)。このため、患者と家族は、認知機能リハビリテーションやその他の実験的な治療に対して、過度な期待を抱かないほうがよい。

　Spring と Ravdin は、多数の研究が、神経心理学的検査と、患者の自己管理、学業、そして職業機能のレベルを示す指標との間に正の相関を認めたことを指摘し、反論した(Spring & Ravdin, 1992)。彼らは、精神薬理学の進歩に伴い、抗精神病薬は精神疾患の陽性症状に有効であるため、十分な治療を提供したとみなされた結果、概して心理的介入はないがしろにされてきたことを指摘している。しかし、薬物治療が最大の効果を発揮した後にも、注意、学習、記憶、意欲の障害などの後遺症が長期にわたって残る。精神症状が軽快した患者は、社会生活や職業機能、そして彼らの生活の全般的な質に認知機能障害が及ぼす影響を、受け続けるのである。精神薬理学が精神症状に対する効果的な治療であることは間違いない。しかし、認知機能リハビリテーションも、機能に対する病気の影響を阻止または減少させるための補償的な方略を教育する妥当な方法である可能性がある(Green, 1993)。実際に、Liberman と Green は、精神薬理学は、認知および社会機能リハビリテーションを補完し、これら2つは互いに相乗作用があることを示唆している。つまり、精神薬理学は症状を減らし、認知治療に対する反応性を高める効果がある(Liberman & Green, 1992)。

　患者の、現実世界における機能の改善に対する認知機能リハビリテーションの有効性は、まだ明確には実証されていない。しかし、このアプローチは非常に魅力的である。比較的直接的で、非侵襲的な「教育的」介入が、大変な病気に悩まされている人々の生活を改善する可能性があるという見解は、患者や家族にとって非常に魅力的である。近い将来、臨床研究が、このアプローチの可能性と限界を明らかにすることが期待される。

(Green, 1993 ; Liberman & Green, 1992 ; Penn & Mueser, 1996 ; Spring & Ravdin, 1992 ; Wexler et al., 1997 ; Wykes, 1998に基づく。)

人療法」モデルである(Hogarty et al., 1997)。この介入を受けた患者は社会適応に有意な改善を認めた。しかし、この介入期間は長く、約3年間続く。現段階では、短期的な介入よりも明らかに有効である。

　近年、統合心理療法と呼ばれる構造化された介入が有望視されている(Brenner et al., 1994)。これは、認知機能リハビリテーションとSSTの理論に沿って構造化された介入プログラムのパッケージである。統合心理療法は、統合失調症患者に特有の認知と行動の障害の改善を目的としている。このプログラムの効果検討研究は、このプログラムに参加した統合失調症患者は注意、抽象化、概念形成などの認知プロセスだけで

Box 10-3 科学と実践

統合失調症のマネージド・ケアと精神療法

精神科患者に実施される精神薬理的治療を補完する精神療法の臨床的な費用対効果について、臨床家とマネージド・ケアの代表者の見解が一致しない。複数の治療研究は、精神療法は、重度精神障害者の長期入院や日常活動の妨げとなる機能障害に伴うさまざまなコストを減らす可能性があることを示している。これらの研究は、精神療法は治療と社会生活を営むために費やされるトータルコストを減らすための投資とみなすべきであると示唆している。なぜなら精神療法は、就労能力を改善し、入院期間や頻度を減少させる可能性があるからである（Gabbard, Lazar, Hornberger & Spiegel, 1977）。

Hogerty らは、統合失調症患者を対象に、3年間の個人精神療法を実施した（Hogarty et al., 1997）。それは、臨床的な安定の獲得、治療同盟の構築、そして心理教育の実施を目的に、退院後早期に提供された。中間段階では、ストレスに伴う内的な感情の手がかりを認識することを個別にトレーニングすることによって、自己認識を促進した。患者の生活上の出来事と内的な状態との関連性に注目することで、内省の機会を提供することが目標であった。高度な社会生活スキル訓練（SST）は対人関係と衝突への対処に焦点を当てた。その結果、個人療法以外の治療を受けた人の23％が再発したのに対し、個人療法を受けた患者は8％しか再発しなかったことが明らかにされた。これらの数字は、統合失調症患者を対象とした治療研究で一般的に示される66％の再発率と比較すると、非常に低い。さらに、個人療法を受けた患者の社会適応は、その後3年間改善を続け、改善は止まることがなかった（Fenton & McGlashan, 1997）。

マネージド・ケアシステムは、従来、費用抑制に焦点を当て、長期的な視点に欠けることが議論されてきた。批評家は、マネージド・ケアシステムは、個々のエピソードの治療コストを制限する方法を模索する中で、コストを過度に強調し、治療効果を無視するようになったと批判している（Gabbard, Lazar, Hornberger & Spiegel, 1997）。治療の質は、短期的な節約の犠牲になる恐れがある。さらに、精神療法のコストは明白で、費用の算出は容易だが、重度精神障害者に精神療法を実施しなかったことによって生じる費用は「隠れて」いる。就労に影響を与える障害によって賃金を得られないことなどの隠れたコストは、患者のみならず家族にも関係する。また、社会の他の領域にも隠れたコストが存在する。不適切な治療を受けた統合失調症患者は、拘置されることもある。刑務所は一部の病院と同程度に高額であるが、精神障害者の拘留、逮捕、拘置にかかる費用については、ほとんど考慮されていない。

重度精神障害者に対する精神療法をめぐる論争は、すぐには解決されない。しかし、このことを議論する際には、患者、家族、そしてさらに大きな社会の負担を含めたすべてのコストを分析することが重要である。

（Fenton & McGlashan, 1997 ; Gabbard, Lazar, Hornberger, & Spiegel, 1997 ; Hogarty et al., 1997に基づく）

はなく、社会的な行動の改善も認めたことを明らかにした（Brenner, Hodel, Roder & Corrigan, 1992 ; Liberman & Green, 1992 ; Spaulding et al., 1998）。さらに、このプログラムを含め社会生活スキルに焦点を当てた介入は、薬物療法と同時に行われるととくに効果的である（Bellack, 1992）。

統合失調症の理想的な治療には、地域プログラムの枠組みで実施される心理的介入と、慎重な観察を伴う精神薬理学的な介入の両方が必要である。地域レベルでは、外来患者を対象としたさまざまな構造化されたプログラムの効果が検討されている。最も幅広く利用されているプログラムの1つに Program of Assertive Community Treatment（PACT）がある。PACT は、効果的であることが証明されている複数の戦略の融合体である（Test et al., 1997）。PACT は地域で提供される包括的かつ統合的な生物心理社会的支援であり、患者の自立生活技術、雇用、対人行動などの機能を改善することが明らかにされている（Becker, Meisler, Stormer & Brondino, 1999 ; Mowbray et al., 1997）。さらに、PACT は高コストだが入院治療の必要性を減少させるため、長期的には費用対効果に優れている（Hu and Jerrell, 1998）。

Nancy Wolff らが行った最近の研究は、PACT 類似のプログラムである包括型地域生活支援プログラム（Assertive Community Treatment：ACT）の2つの形式と、「仲介型ケースマネジメント」とを比較した（Wolff et al., 1997）。「仲介型ケースマネジメント」は、基本的には米国の HMO（Health Maintenance Organization）（訳注：マネージド・ケア組織の1つ。医療サービス提供法人であり、保険加入者は一定の掛け金を払えば、追加の医療費支払いをほとんどすることなく医療サービスを受けられるが、患者の医療機関へのアクセスと医療サービスの供給が制限され、医師の選択も限定される）を通して提供されるものであり、ケースマネジャーがクライエントを評価し、地域内の提供者から精神保健または心理社会的リハビリテーションサービスの購入を手配するものである。ケースマネジャーは、85人のクライエント1人ひとりの経過を観察したが、彼らに直接会うことはまれであり、家庭訪問やアウトリーチ（訪問支援）をほとんど行わなかった。ACT の一方の形式のプログラムは、アウトリーチ、24時間救急サービス、年金やその他の資源の受給の補助、移動、技能訓練、日常生活動作（ADL）の補助、症状管理、支持的カウンセリング、従来の精神保健サービスなどを提供した。これら

のサービスは、施設や事務所よりも、クライエントのありのままの生活環境の中で頻回に提供された。この条件と、原型であるPACTとの違いは、この研究の支援チームには精神科医や看護師がいないことであった。ACTのもう一方の形式は、これらすべてのサービスだけではなく、コミュニティワーカーがクライエントの個人的もしくは地域での余暇活動など「ノーマライジング」な活動への参加を支援するサービスを提供した。

結果は、明らかに2つのACTプログラムを支持した。仲介型ケースマネジメントに参加した患者と比較すると、ACTプログラムに参加した患者は、症状が大きく改善し、支援に対する満足度が高かった。支援にかかる費用は、プログラム間で有意な差を認めなかった。これらの結果は、米国で統合失調症患者に通常提供される精神保健サービス、すなわちマネージド・ケア(訳注：医療コストを減らすために、医療へのアクセスおよび医療サービスの内容を制限する制度。従来は医師が医療を決定したが、この制度では、保険会社が医療の内容の決定権を持ち、医療を管理する)は、コスト面では成功したとしても、最善の成果は得られないことを示していることから、重要である(BOX 10-3参照)。

現在、米国における統合失調症患者を対象としたリハビリテーションのほとんどは、デイ・トリートメント・プログラムまたは、共同住居において提供されている。このような場所で、統合失調症患者は薬物治療とさまざまな種類の心理社会的介入を受ける。今や米国全土に何千ものグループホームやアパートがある。これらのホームの多くは住宅地にあり、地域は彼らを追い出そうとすることもある。しかし最近は、そのようなホームの状況は非常によく、地域の不安や偏見は徐々に減少している。ほとんどのグループホームは、少数の人に住居を提供する。これらのホームは、個人が完全に自立した実りある生活に向けて大きく前進することを可能にするのである(Winerip, 1994)。

まとめ

本章では、人類が経験する最も重い精神疾患と考えられている病気について論じた。この病気は、インドの農村から、ヨーロッパの都市、そしてアメリカの郊外にまで及び、世界中の人々を苦しめる。社会と個人の損失は莫大である。その原因の謎の解明はノーベル賞に値する偉業である。

1970年頃までは、精神力動的理論がその原因の議論において主要な役割を果たしていた。しかし、統合失調症の原因の見解は、30年間で劇的に変化した。もはや、脳の構造や機能の異常による疾患であることは疑いの余地がない。つまり、統合失調症には脳の複数の領域の異常や神経伝達物質系の異常が存在するのである。

さらに、ほとんどの患者において、統合失調症に対する脆弱性が出生時から存在していると考えられる。この仮説を支持する根拠は3つある。第1に、脆弱性は遺伝することが明らかにされており、これは、この世に生まれるときにすでに脆弱性が存在していることを示す。第2に、胎生期の合併症が脆弱性に関与していると考えられる。第3に、多くの患者には、早くも幼児期から異常が現れたことを発達研究が示している。

統合失調症の生得的な脆弱性が出生時から存在すると仮定すると、なぜ、症状が現れるまでに通常20年間もかかるのだろうか？　これが、この病気の最も難しい点の1つである。統合失調症は早期成人期に発症することが多いという事実は、何らかの成熟過程が発症の誘因となる可能性を示唆している。おそらく、思春期に生じるホルモンの変化が徐々に統合失調症の原因となる脳のシステムを作動させると考えられる。

統合失調症の真相究明、とくにこの病気の長期的な経過の究明では、個人の心理社会的な環境にも注目することが必要である。この本に記載されている他のほとんどの精神疾患と同様に、統合失調症は患者が受けるソーシャルサポートの質に影響を受ける。これは、患者の身近な家族のレベルから、より広い社会のレベルにまで及ぶ。統合失調症の最も効果的な治療プログラムには、心理的カウンセリング、サポートサービス、職業訓練が必要であることが、研究結果から明らかにされている。

統合失調症に対する環境の影響は、長年にわたり研究者の主要な見解を占めるストレス-脆弱性モデルと非常に一致する。心理的ストレスの生物学的な影響の理解が広がり、統合失調症に対するストレスの影響の理解は、より洗練された。ストレスホルモンが遺伝子の発現に影響を与えることで、脳の機能に変化をもたらすと考えられる。したがって、ストレスホルモンはドパミン神経伝達をコントロールする遺伝子の発現の誘因となることによって、統合失調症に影響を与える可能性がある。これは、複数の有力な神経機構の1つである。

抗精神病薬の到来が、統合失調症の治療に革命をもたらしたことは疑いの余地がない。これらの薬の中でとくに新薬は、統合失調症の激しい症状を緩和あるいは除去する。抗精神病薬は、統合失調症患者が自立した生活を送り、人生に対する満足度を大きく高めることを可能にした。しかし、薬は病気を治癒することはできない。通常、残遺症状が残る。さらに抗精神病薬は、統合失調症を発症したことによって生じる心理的な苦痛を取り除くことはできない。

統合失調症は、多くの人が自立への一歩を踏み出そ

うとする時期に発症するため、その悲劇は増幅する。進学や就労の計画を狂わせ、家族の希望や夢を打ち砕く。自らの病気の認識が深い患者ほど抑うつ的になりやすいことは、当然のことである。彼らは統合失調症を発症することによって、時間、達成、人生における満足感の喪失に直面する。患者と家族には、喪失体験への対処を支える心理的支援が必要である。本章の口火を切ったグレンの個人的な語りには、胸を打つ言葉がある。

> 過去の出来事を変えることはできない。僕は43歳で、人生を振り返ると寂しい道しか見えない。僕は、多くの人が価値があると見なすことを何一つ成し遂げていない。今飲んでいる新しい薬は僕の顔からベールを上げ、物事をより明確に見えるようにした。最初はそれはとてもつらいことだったけれども、セラピストがそれを乗り越えることを助けてくれた。彼は、広い視野で物事を見ることを助けてくれた。時間を失ったけれども、僕にはまだ未来があり、それに目を向ける必要がある。僕は新たにフルタイムの仕事に就き、5ヵ月間続いている。症状がコントロールされているので、家族ともよい関係を築くことができている。最もよいことの1つは、両親が僕のことを前ほど心配しなくなったことだ。父はちょうど71歳になった。誕生日会で、みんなが僕の仕事の成功に乾杯してくれた。母は嬉し泣きしていた。

要　約

1. 統合失調症は、思考、知覚、感情、行動の異常が生じる。**妄想**と**幻覚**は、統合失調症の代表的な症状である。それらは、現実とのつながりの喪失を伴うため、「精神」症状と呼ばれる。感情表現と顕在的な行動の異常も、特徴的な症状である。
2. 主観的なレベルでは、患者の経験は世界に圧倒されるものであることが多い。多くの統合失調症患者には集中の問題があり、自らの思考やコミュニケーションに焦点を当てることが困難になる。したがって、思考はまとまりがなくなり、会話は無関係な連想や反復により断片化することが多い。
3. 統合失調症には5つの病型があり、それらは、**妄想型**、**解体型**、**緊張型**、**鑑別不能型**、**残遺型**である。統合失調症は、状態が**急性**か**慢性**か、もしくは、主な症状が**陽性**か**陰性**かで分類することもできる。
4. 統合失調症は、さまざまな認知機能障害が生じる。論理的思考、記憶、注意の障害が現れる。知覚刺激に注意を向けることは、患者にとってとくに困難であるため、注意が容易にそれる。世界を通常と異なる様相に経験する知覚の異常や障害も生じる。しかし、統合失調症に特有な認知機能障害は存在しないと考えられる。実際に、統合失調症患者に認めるすべての障害は、他の脳機能の疾患をもつ患者にも認める。
5. 統合失調症の生得的な脆弱性の原因は、少なくとも2つある。1つは遺伝であり、脆弱性が遺伝することを示す多数の根拠がある。これは双生児研究、養子研究、そして家系研究で明らかにされた。もう1つの十分に立証された脆弱性の原因は、産科合併症である。胎生期および分娩時の要因が、後に統合失調症を発症する危険性を高める可能性がある。胎生期の危険因子には、母体のウイルス感染や、さまざまな身体的および社会的ストレッサーがある。
6. 統合失調症は生物学的な疾患であることが研究によって明らかにされている。統合失調症患者には、前頭葉の容積の減少や脳室の拡大など、さまざまな脳の構造異常を認める。しかし、これらの脳の構造異常が統合失調症をひき起こすとは考えられていない。むしろ、特定の脳回路で生じる神経伝達の異常が統合失調症に関連しているという説が有力である。複数の神経伝達物質系が研究されてきたが、ドパミンが統合失調症に関係する代表的な神経伝達物質である。
7. 心理的要因、とくにストレスは統合失調症の症状を悪化させ、また、再発をひき起こすことがある。家庭における批判的および敵意のあるコミュニケーション（とくに高い**感情表出**）は、再発を増加させる可能性があることが明らかにされている。統合失調症の母親から生まれた子どもを対象とした養子研究は、「ハイリスク」な子どもがストレスが多い環境に曝されると統合失調症を発症する可能性が高まることを明らかにした。
8. 統合失調症は富裕層よりも貧困層で有病率が高い。この病気が学業および就労能力を障害するために、患者が低い社会経済的地位に陥ることが多いことが理由の1つである。統合失調症の経過や予後は、その文化に影響を受ける。先進国の統合失調症患者は発展途上国の患者よりも予後が悪い傾向がある。ソーシャルサポートの文化的な差が、その差をもたらす要因の1つと考えられる。
9. 統合失調症の治療は、症状を改善する抗精神病薬の導入によって激変した。在院日数は短くなり、社会に戻ることができる可能性が増加した。1950年代に導入された早期または「定型」抗精神病薬には複数の非常に不快な副作用があった。最たるものは、**遅発性ジスキネジア**と呼ばれる運動障害である。
10. 近年開発された抗精神病薬である「非定型」抗精神病薬は副作用が少ない。一部の患者にはより有

効である。定型および非定型抗精神病薬はともにドパミン拮抗薬である。ドパミン受容体のとくにD2受容体を遮断する作用がある。抗精神病薬は治癒をもたらすものではないが、統合失調症の予後を大きく改善した。

11. 認知機能リハビリテーションは、元々脳障害の治療のために開発されたものであり、現在では統合失調症の治療に用いるために研究されている。記憶と注意の改善を目指すトレーニングプログラムは成功を収めているが、一部の患者に認める高度な論理的思考の障害は安定した改善を認めない。

12. 心理療法も統合失調症患者の治療に有効である。最近の研究は、ある特定の形式の支持的な心理療法を受けた患者は服薬を遵守する傾向があり、再発率が低いことを示した。

11 高齢期の障害

本章の概要

障害に対する脆弱性への加齢の影響　437
　身体的脆弱性　437
　心理的脆弱性　438
認知症　440
　アルツハイマー病　442
　血管性認知症　447
　前頭葉型認知症　449
　パーキンソン病による認知症　450
せん妄　450
老年期うつ病　451
　うつ病の有病率と症状　452
　治療　453
高齢者の不安障害　455
高齢者の物質乱用　456
妄想性障害　457
遅発性統合失調症　458
まとめ　459
要　約　460

学習の目標

- 高齢期の精神疾患率を評価する際のバイアス源を3つ記述できる。

- 特定の精神障害に対して生物学的脆弱性が加齢とともにどの程度増加するのか、また心理学的要因が高齢者の身体的および精神的健康にどの程度影響するのかを学習する。

- 認知症の症状とくに認知の欠如を理解する。他の障害に認知症が併存する高さに関して理解する。また、せん妄と認知症を区別できる。

- 若年型アルツハイマー病と老年期アルツハイマー病の原因の違いも含めた、アルツハイマー病に関する現在の発症仮説と実証的な治療法について学習する。

- アルツハイマー病と血管性認知症の区別ができる。

- 若年期と比べると高齢期のうつ病が少ないのはなぜか、また、うつ病や不安、自殺の危険が高齢期には身体疾患や障害に伴って増加する傾向があるが、どのように進むのか理解できる。

- 妄想性障害と遅発性統合失調症の違いを学習する。また、なぜ遅発性統合失調症には性差があり、女性が多いのかを説明できる。

医学の発達により、世紀をまたいだときよりもさらに人間の平均寿命は延び続けている。とくに先進国では寿命が延び、その間の身体的な健康も保っている。このことは身体障害の比率がこの20年で劇的に減少していることに示されている（Butler, 1997）。1999年のアメリカの人口は約2億7000万人で、65歳以上の高齢者は3400万人、85歳以上の高齢者でも400万人を越えている（合衆国国政調査局：United States Census Bureau, 1999）。2020年の将来予測では65歳以上の人口は最低でも60％まで増加すると推定している。われわれはこの傾向が今後も続くと予測する。さらに、人口統計学者は同時進行して80歳代の人口比率も増加することを予測している（Hobbs & Damon, 1996）。われわれは今世紀中に「白髪のアメリカ」を確実に目撃することになるだろう。

当然ながら、QOLは身体的な健康だけで決定されるものではない。精神的健康も長生きの価値を決定する重要な要素である。このため、人口の高齢化に伴い、高齢者の精神的健康は重要な意味をもってくる。「黄金時代」には、人々の多くは成熟した特別な楽しみを経験する機会をもつ。家族の安定や子どもの結婚、孫をもつこと、退職し、レジャー活動に時間を費やすという楽しみを味わうことができる。子育てや仕事漬けという日々のプレッシャーも減少する。しかしながら、同時にこの発達段階では、身体疾患や長年来の友人を死によって失うこととも闘わなければならない。このような問題にいかに取り組んでいくかは、パーソナリティやそれまでに培われた人生経験に影響されるだろう。次に紹介する70歳の健康な女性、アリシア・コールのケースは、高齢期までに積み重ねた資産と高齢期のすばらしい挑戦の両方を際立たせるものである。

> アリシア・コールは夫のハーベイと結婚して40年になる。夫婦はともに67歳で、2年前に2人とも国立大学を退職していた。ハーベイは学生部長、アリシアは生物学部の教授を務めていた。2人は社会的にも身体的にも活動的で、複数の地域組織に所属していた。
>
> 夫婦が2人の子どもに会うために春休みの間フロリダに滞在していたときに、ハーベイは初めて心臓発作に襲われた。彼は地域の病院で治療を受け、活発な運動を控えるように言われて3日後に退院した。ハーベイは心臓バイパス手術を考えるようアドバイスを受けた。彼は同意をしたが、手術は1ヵ月後まで待たないといけなかった。ハーベイは手術を待つ間に別な発作に襲われ、亡くなった。
>
> ハーベイの死はアリシアに大きな感情的喪失感をもたらした。彼女は悲嘆のプロセスを通して子どもたちからのサポートにすがった。アリシアが68歳となったとき、彼女は十分健康になっていた。彼女の子どもた

ちは彼女が地域の一員であり続けるように励ました。彼女はアドバイスを受け入れ、小学校で行われていた科学教育普及のための地域プログラムに参加し、熱心に活動した。彼女は週に数日間、学校の教室に出向いたり会議に出席したりした。週末にはテニスや庭いじり、友人と会うなどした。ハーベイがいないことに彼女が大きな悲しみを抱いていたことは疑いはなかった。ハーベイの死から1年経った日の朝に、彼女は泣いて目が覚めた。しかしアリシアは、自分のため子どものために自分の生活を続けることを決意した。

70歳となり、アリシアは近くに住んでいる男性と一緒に過ごすことが多くなった。その男性もまた妻に先立たれていた。彼はカルという男で、すばらしい友人であることが明らかになった。アリシアとカルは一緒に映画を見たり、夕食を食べたり、友人を訪ねたり、社会的な行事に参加したり、ガーデニングを楽しんだ。アリシアの子どもたちは母親が再び活動的で幸福な生活を送っていることに満足した。それにもかかわらず、アリシアは子どもたちにカルを「新しい友人」として紹介することを若干ためらった。

われわれはアリシアの活動性に関して、長年にわたる連続性を見ることができる。若い時には彼女は活動的な人物で、仕事と家庭の両方でたいへん多忙な生活を送っていた。子どもたちが成長し独立してからは、彼女と夫は仕事と地域活動への参加、そして退職後の準備にそのエネルギーを注いだ。夫との死別はアリシアにとって困難なものであったにもかかわらず、何とか活動をし続け、夫との死別後も社会的な広がりをもち続けた。楽観主義、回復力、熱心さが、成人期のアリシアを特徴づけるものであろう。一般的に言って、これは典型的なパターンと言える。つまり、パーソナリティのパターンとその適応のレベルは成人期を通して安定して変化しない(Agronin, 1994)。成人早期に

退職後、高齢者は幼い子どもたちに教えることなどによって有用感を持ち続けることができる。(Will and Deny McIntyre/Photo Researchers)

楽観的で精神的に健康な人々は、高齢者になったときにも楽観的で健康な傾向がある。

しかしながら、しばしばパーソナリティスタイルを変えることになるような成人の発達傾向もある(Molinari, Kunik, Snow-Turek, Deleon & Williams, 1999)。そのような傾向の多くは、加齢に関するわれわれの文化的なステレオタイプの一部である。たとえば、若年成人にくらべて高齢成人は型にはまった、慣れ親しんだものを好む傾向があり、刺激的なものや攻撃的なものを好まず、疑い深く、内向的など。これらのステレオタイプは、部分的には人生の経験から得られた普遍的な帰結である。また、加齢に伴う内分泌系変化やその他の身体的な変化が、これらの発達的な傾向の原因となる(Gatz, Kasl-Godley & Karel, 1996)。身体的な変化の中には特定のホルモンレベルの低下や、筋組織、骨密度の減少などがある。

言うまでもなく、加齢に伴う身体的変化およびパーソナリティ変化の大半は、病気とは無関係の変化であり、多くの高齢者は大きな心理的困難もなくライフスタイルの変化に適応できる。65歳以上の高齢者の一部が、治療が必要とされるほど深刻な心理的問題に遭遇するのである。

第8章で、われわれは児童期の発達過程がどのように歪みを生じ、心理的障害に至るのかを述べた。本章では、われわれは高齢期になることで発症する機会を得る心理的障害に関して重要視していく。この障害のなかで重要なカテゴリーの1つは認知症である。認知症は認知的機能の障害で、高齢になると有病率が高くなる。われわれはさらに、うつ病や精神病を含めた他の精神障害が高齢期に発症する場合の興味深い特徴を論じる予定である。表11-1は地域在住者の調査研究を示したものである。この結果から、65歳以上の高齢者のおよそ13%は1年の間に認知障害以外の精神疾患にかかってしまうことがわかる(Jeste et al., 1999)。精神健康に関する研究領域では、この結果を過小評価しているものと考える研究者もいる。高齢期の精神疾患の有病率の評価には3つのバイアスがかかっていると考えられる。それは、(1)精神疾患の症状を誤って認知的な問題や身体障害、または「加齢による正常な変化(いわゆる老化)」が原因であるとすること、(2)物質乱用や統合失調症など、特定の障害では年齢に適した診断基準がないこと、(3)報告されるべき心理的な症状が、報告される際に忘れられていたり、社会的な偏見のために過小報告されること、の3つのバイアスがある(Jeste et al., 1999)。高齢期の精神疾患有病率が、実際に低すぎるのかどうかを確認することは残念ながら容易ではない。しかしながら、今後10年で精神疾患に罹患している高齢者の数が大幅に増加するだろうと予測できることは間違いない。

これからわかっていただけると思うが、早発性障害

表11-1 若年成人と高齢成人の精神疾患の有病率*

精神障害		若年成人[†]		高齢成人[‡]		高齢成人
		1年有病率	生涯有病率	1年有病率	生涯有病率	医学的に重大な症状の有病率
気分障害	その他	2.7男性	6.6男性	0.6男性	1.6男性	15～25
		7.9女性	15.3女性	1.5女性	3.3女性	
	大うつ病	3.9	7.5	0.9	1.4	
	気分変調症		3.8		1.7	
	双極Ⅰ型	1.2	1.4	0.1	0.1	
	双極Ⅱ型	0.3	0.6	0.1	0.1	
不安障害						
	パニック障害	0.7男性	1.8男性	0.04男性	0.1男性	
		1.9女性	3.1女性	0.4女性	0.7女性	
	恐怖性障害	6.1男性	10.5男性	4.9男性	7.8男性	
		16.1女性	22.6女性	8.8女性	13.7女性	
	全般性不安障害	3.6	4.9～6.8	2.2	2.6～4.3	
	強迫性障害	2.1	3.3	0.9	1.2	
アルコール乱用／依存		14.1男性	27.9男性	3.1男性	13.5男性	7～8(1週間に12～21杯飲酒する地域在住の高齢者)
		2.1女性	5.5女性	0.5女性	1.5女性	10～15(アルコールに関連した問題をもつ高齢患者)
その他の物質乱用／依存			6.7		0.1	
統合失調症		1.5	2.3	0.2	0.3	
反社会性パーソナリティ障害		1.5	3.7	0	0.3	
認知障害						
	重度	0.3(35～54歳)		1.0(55～74歳)		
				5.0(75歳以上)		
	軽度	3.1(35～54歳)		7.5(55～74歳)		
				19.1(75歳以上)		
その他の精神障害(認知障害を除く)		23	39	13	21	

*データは Epidemiologic Catchment Area (ECA) 研究を基に, DSM-Ⅲの診断基準を用いて作成された。数値は%を表す。空欄はデータがないことを示す
[†] 若年成人は30歳から44歳までの成人
[‡] 高齢成人は65歳以上の成人
Jeste et al., 1999. より引用。

に関する研究と比較すると異常老年心理学の論文は限られている。しかし、高齢者の人口比率は増加し続けており、加齢によると考えられる精神障害は、研究者や臨床家から大きな関心を集めることになるだろう。さらに人間の生涯のこの時期、すなわち高齢期の認知的あるいは感情的な機能を向上させる諸要因に関する心理学研究も増えていくだろう。

障害に対する脆弱性への加齢の影響

児童期や成人早期に発症しやすい心理的な障害と同様に、高齢期に発症する障害も多様な疫学的要因によってもたらされる。素因-ストレスモデルは、発症の原因と障害の進行の理解に有益な枠組みである。高齢者にとっての心理的健康感は、若年者と同じく生物学的要因と個人的経験との相互作用によって決定される。

身体的脆弱性

Margaret Gatz らは、特定の精神障害にかかわる生物学的脆弱性あるいは素因というものが、加齢に伴い強まると指摘している(Gatz, Kasl-Godley & Karek, 1996)。これは、加齢による身体変化、特に脳の変化によるものである。

身体的制限は多くの高齢者の日常生活習慣に影響を与える(Lamberts, van den Beld & van der Lely, 1997)。65歳から75歳の高齢者の約15％は日常生活で何らかの支援を必要とし、この比率は85歳以上では45％まで上昇する。高齢者が突きつけられる身体的制限は、加齢による身体器官の生物学的変化によって現れ

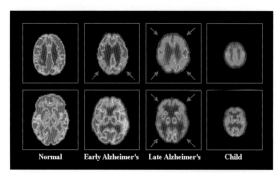

子ども、成人、アルツハイマー病の初期段階患者、アルツハイマー病の後期段階患者のPET画像による脳内代謝活動を示す。赤と黄色い領域は高い代謝活動を示し、青、緑は代謝活動が低いことを示す。健常脳はアルツハイマー病よりも代謝活動が活発であり、アルツハイマー病の脳はニューロンの減少や機能の劇的な損失を示している。子どもの脳で代謝活動が低い領域があるが、これはまだ完全に発達していない脳領域があることを示している（カラー口絵参照）。（Dr. Gary Small, UCLAの厚意による）

てくる。細胞のタンパク質合成能力の減退、免疫機能、筋肉量、骨密度の低下、体脂肪比率の増加などがある。総合的に見て、これらの変化は身体運動性や体力の低下、身体疾患の比率を上昇させることになる。身体運動のようなライフスタイルの要因がこれら加齢プロセスの進行を遅らせることができても、進行を完全に防ぎ切ることはできない。

感覚活動もまた、加齢とともに低下する。視覚の低下では、とくに近い距離が見えにくくなる。同様に聴覚、嗅覚、味覚、手足の触覚も低下する。感覚神経細胞の電気的興奮を測定すると、活動潜時の振幅が小さくなっていることが確認されている。

通常の加齢プロセスは、大脳の構造的および機能的変化と関連している（Drachman, 1997）。脳神経画像研究に基づいて、研究者は80歳までに脳重量や脳質量が10％減少すると推定している。この減少は一部には神経細胞の脱落によるものであるが、この脱落は黒質と側頭領域で最も顕著である。黒質の神経細胞の脱落は運動機能に支障を与え、側頭領域での減少は記憶の低下につながるだろう。脳幹部は呼吸のような反射機能を担う部位で、この部位では神経細胞が加齢により減少する可能性は比較的低い。神経細胞の減少は、数の減少に加えて大きさも減少する。また、シナプスの数も減少する。神経細胞およびシナプスの変化機序は知られていない。最終的には、神経細胞の構造および神経細胞同士の連絡網の異常性が加齢に伴い増加していく。認知障害のない65歳以上の高齢者の約半数で神経細胞の変性が認められる。しかしながら、このような異常性はアルツハイマー病患者ではもっと一般的となる。アルツハイマー病は本章で後述するように認知障害である。

神経系の機能が呼吸器系や心臓血管系といった他の組織系に依存しているのはいうまでもない。加齢によってこれらの系の機能が低下することは、脳機能にとって重大な意味をもつ。さらに、免疫系の加齢による機能低下は神経系機能を損なう感染症のリスクを高める。

内分泌レベルの変化は、加齢によって生じるさまざまな能力の低下に大きな影響を与えることが明らかにされている（Lamberts, van den Beld & van der Lely, 1997）。健常な加齢では、内分泌系のいくつかのシステムで機能が大きく低下することが特徴である（図11-1参照）。甲状腺刺激ホルモンと成長ホルモンの分泌は漸減し続ける。性ホルモンは中年期から減少を始める。性ホルモンはゴナドトロピン、黄体ホルモン（luteinizing hormone：LH）、卵胞刺激ホルモン（follicle-stimulating hormone：FSH）、卵巣でのエストロゲン、精巣でのテストステロンなどである。これらのホルモンの減少は、女性の閉経のようにさまざまな身体面での変化をもたらす。副腎の腺から分泌されるデヒドロエピアンドロステロン（dehydroepiandrosterone：DHEA）も加齢に伴い分泌が低下する。動物実験では、DHEAの投与が若年期の特徴の維持（たとえば筋肉量の多寡など）と関連しているので、現在、健康食品売り場で人気のあるサプリメントとなっている。しかしながら、DHEAやその他の薬品でも人間の加齢の進行を遅くしたり、あるいは逆行させることはいまだに確認されていない。エストロゲンやテストステロン、DHEAの加齢変化を図11-1に示す。

心理的脆弱性

加齢により脳内で生じる構造的な変化に伴って、顕著な認知的変化が起きることは驚くことではない（Maki, Zonderman & Weingartner, 1999；West & Craik, 1999）。第2章で述べたように、知能検査は平均点が100となるように標準化される。これはいくつかの年齢段階によって別々に算出される。その結果、75歳で100点をとる場合は、21歳で100点をとる場合にくらべて正解数は少ないだろう。加齢によって知能得点が低下することは、2つの認知能力の変化から明確に説明される。それは、新しい情報を保持し続ける能力の低下と、視聴覚刺激に対する反応速度の低下である。鍵の置き忘れや電話番号や名前を忘れることはよくあることである。この程度が穏やかで、しかしながら日常生活で支障が出始め、不快さを感じる原因になると確かに厄介である。

しかし、高齢者となっても損なわれずに残る知的能力もある。たとえば語彙力は加齢による変化はほとんどない。また、高齢者の間で差があることも忘れてはならないきわめて重要なことである。90歳代になっ

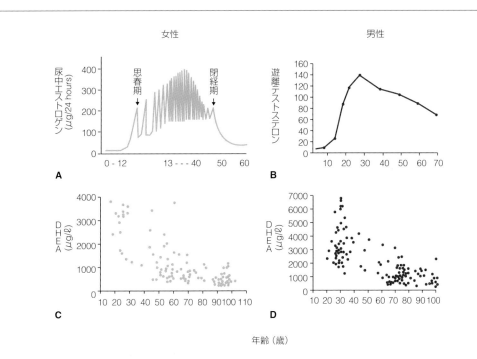

図11-1 加齢に伴う内分泌系機能の低下
各図は健常男女の年齢ごとのホルモンレベルの変化を示している。
(A)健康な女性のエストロゲンの経年変化、(B)健康な男性のテストステロンの経年変化、(C)健康な女性114名のデヒドロエピアンドロステロン(DHEA)分泌量の加齢による減少、(D)健康な男性163名のデヒドロエピアンドロステロン(DHEA)分泌量の加齢による減少。(Lamberts, van den Beld & van der Lely, 1997より引用)

ても認知機能が維持される高齢者もいる。教育歴が高い高齢者の場合はとくに明確で、知的機能が生涯にわたって維持されることが示されている。

感情面の健康に関しても継続性があることが明らかである。男性を対象とした大規模な縦断的研究では、学生時代の感情安定性のような心理的要素が、65歳時点での抑うつの有効な予測因子になることが見出されている(Cui & Vaillant, 1996)。また、負のライフイベント(たとえば、愛する者の死や深刻な事故など)は男性に対して身体的健康よりも心理的健康に大きな影響を与える。65歳までに経験する負のライフイベントは65歳時点での抑うつ症状に強く関連していた。その他の重要な予測因子は男性の原家族の抑うつ歴であった。高齢女性を対象とした縦断的研究でも、精神健康に及ぼす負のライフイベントの効果が示されている(Penninx et al., 1998)。総合すると、以上の結果は高齢者の(心理的)脆弱性は遺伝性と人生経験の両方から決定されるということである。

高齢期に直面する最も一般的な心理的問題の1つにソーシャル・サポートの喪失がある。若い人に比べると高齢者は社会的ネットワークが小さい(Mendes de Leon et al., 1999)。社会的ネットワークの縮小は、友人や愛する人の死、隣人や職場での人間関係の交流頻度の減少によってもたらされる。しかも、このような社会交流の減少は高齢者の心理的障害のリスクファクターとなっている(Penninx et al., 1998)。

高齢者の精神的健康を考えるときに、高齢者は人生で身につけた経験や知識があることを見過ごしてはならない。高齢者はストレスに対処できる熟練さを身につける機会を多く経験してきた。そして、特定の状況や特定の対人関係を避けることが自分にとって得になることを観察してきたし、個人的にも経験してきた。65歳までには、多くの高齢者は長期的な目標達成のために目先の満足にとらわれない独自の方法や能力を身につけている。また、ストレスを避けることのほうが得意なこともある。ストレスのかかるライフイベントは成人期を通して減少し、高齢期になるほどまれになることが明らかにされている。このことは、65歳以上の高齢者が仕事や子育てなどの日常の問題にかかわらなくなっていることによる部分もある。しかしながら、高齢者が経験するストレスレベルが低いことは、高齢者自身がそう選択できることにもよる。高齢者はリスクを犯すことはあまりせず、習慣的な、規則正しいスケジュールで生活を送りやすいのである。こ

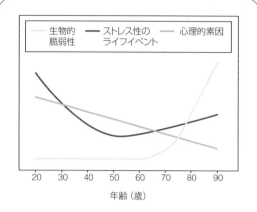

図11-2 うつ病に対する年齢の影響
　図は20歳から90歳の成人を対象とした3つの次元から見た年齢とうつ病の関係を示している。3つの次元は生物的脆弱性、心理的素因、ストレス性のライフイベントである。増減を示すそれぞれの曲線パターンが発達傾向を示し、うつ病の症状に対する各次元の影響の強さを表している。(Gatz, Kasl-Godley & Karel, 1996, p.370より引用)

れらの要因すべてが加齢から生じる心理的脆弱性を減少させることに役立っている。

　図11-2は成人期の抑うつ発症にかかわる3つの要因を示している。それぞれ生物的脆弱性、心理的素因、ストレス性のライフイベントである。3つの要因を総合すると、成人早期と後期が心理的問題の生じるリスクが高まる時期であることがわかる。しかしながら脆弱性の性質は2つの時期では異なっている。成人早期では注意欠如障害や行為(素行)障害のような外在的な障害に脆弱性が大きく影響する。一方、高齢期では脆弱性が関与する主な障害のリスクは認知障害である。

認知症

　高齢者の精神的健康に関して、認知症が重要な問題であることに疑問の余地はない。**認知症**(dementia)は全般的で漸進的な認知機能の悪化で、しばしば抑うつ、興奮、攻撃性、無気力などの心理および感情状態の変化を伴う。われわれは加齢によって特定の精神機能が不可避的に低下することを報告してきた(Maki, Zonderman & Weingrantner, 1999；West & Craik, 1999)。語彙や事実に基づく知識は安定して保持され、さらに増加することがあるが、精神運動性の技能や短期記憶はしばしば低下する。しかし、この低下は正常な発達プロセスであり、日常生活で必ずしも問題になるわけではない。認知機能が劇的に失われ、自立した生活が損なわれるときに本当の問題となるのである。

　認知症に分類される障害はDSM-IVでは、多様な認知機能の障害と、多くの発症要因が含まれているようである。DSM-IVに従って認知症と診断するためには、記憶機能の障害である健忘(amnesia)をふくむ機能レベルが以前と比較して顕著な低下を示していなければならない。新しい情報の獲得や記憶した情報の再生に困難があることから記憶障害は明示される。たとえば、新しい番地や電話番号を覚えることが困難であるかもしれないし、以前読んだ本や見た映画のタイトルを思い出せないということかもしれない。

　健忘に加えて、DSM-IVの診断基準で認知症に合致するには、以下に述べる認知障害のうち少なくとも1つ該当しなければならない。失語(aphasia)、失行(apraxia)、失認(agnosia)、および何らかの遂行能力の喪失である。**失語**は言語コミュニケーション能力の低下である。話し言葉が不明瞭で、遅く、繰り返しが多くなる。**失行**は運動技能の低下である。靴ひもを結ぶ、服を着る、家事を行うことが困難になり、やり通すには多大な集中力を必要とするようになる。**失認**は馴染み深い物や人を認識することができなくなることである。認知症の高齢者は、身の回りにある物を素早く言おうとすると、たいてい失認が明らかになり始める。失認がひどくなると、家族も分からなくなる。最後に、前頭葉が制御している「遂行機能」の障害を示す認知症患者もいる。計画を立てる能力や不適当な行動を抑制する能力が低下する。たとえば、周囲の人に

(Sidney Harris)

Box 11-1 社会とメンタルヘルス

認知症と国際政治

　国家元首はほとんど高齢男性が占めており、年齢は60歳代か70歳代が多い。彼らの年齢が叡智を授けるに違いない！しかしながら政治のリーダーにとって認知症はどんな意味をもつのだろうか？　世界のリーダーの認知症が国際政治の成り行きに影響を与えるかどうかを研究している研究者がいる。例えば、Francois Boller らは1920年にフランスの大統領になったポール・デシャネルはアルツハイマー病で苦しんでいたと述べている(Boller, Ganansia-Ganem, Lebert & Pasquier, 1999)。デシャネルは選挙中やその後を通して、常軌を逸した異常な行動をみせていた。それにもかかわらず、研究者たちはデシャネルの神経疾患が永続的に政治的に影響していた事実がないことを認めた。

　James Toole(1999)はフランクリン・D・ルーズベルトが血管性認知症に罹患していた事実を明らかにした。そしてそのことが第二次世界大戦後のヤルタ会談でスターリンと交渉する彼の能力を弱めたとしている。Toole はルーズベルトの認知症がポーランド、ドイツ、ベトナムを分割し、朝鮮半島を二分し、冷戦の種を蒔いたと考えている。

　先のアメリカ大統領であったロナルド・レーガンはホワイトハウスにいた在任中には健康を損なっていた事実は認められなかった。ホワイトハウスを離れて数年後の1994年に彼はアルツハイマー病と診断された。もっと最近では、ロシアの精神科医 Mikhil Vinogradov が当時のロシア大統領ボリス・エリツィンの精神健康に対する疑問を表明した(The Daily Telegraph, London, 1998年10月9日付)。Vinogradov はエリツィンの表情が混迷状態を示していること、質問に答える際に要領を得ないこと、また、記者からの質問の意味を明らかに理解してないことがあることなどを述べていた。Vinogradov は彼の観察を基に、エリツィンが認知症に罹患していると結論を下した。

　アメリカでは、このような問題が起こった場合、大統領の精神健康を管理するために、複数の医師たちによる「精神健康担当部(mental health unit)」がホワイトハウスに設置されることになる(Annas, 1995)。これは精神障害のために世界のリーダーとして不適任であると推測されたときに設置され、医学会がこの問題を表明する責任をもち、連邦議会に対して適切な勧告を行う。しかしながら重要な疑問が残る。国民は大統領の精神健康についてどこまで知る権利をもっているのだろうか？　大統領には自分の病歴に関するプライバシー権がないのだろうか。この疑問に対して回答を得るのは簡単なことではない。

(左：ポール・デシャネル；　Corbis / Bettmann) (中央：ロナルド・レーガン；　Corbis / Bettmann) (右：ボリス・エリツィン；H. Ruckemann / UPI)

不快感を与えないようにいつも気を配っていた、たいへん良心的な女性が、公衆の場で何の配慮もせずに人を批判するようになるかもしれない。

　DSM-IV に従って認知症の診断基準に合致するには、認知能力の欠損が感染やアルコール・薬物中毒などの一時的な身体状態が原因であってはならない。認知症は急性で発症することはなく、たいていは漸進的に発症する。ささいな記憶違いから始まって、やがて記憶機能や意思決定が大きく障害され、深刻な物忘れへとつながっていくのである(Box 11-1参照)。最初は当人だけが記憶違いを意識できるかもしれないが、次第に周囲から見て明らかになっていく。認知症の進行した段階では、自分のことができなくなり、認知障害であることも気づかないようになるかもしれない。

　認知症は別の障害との併存が高い。とくに、精神病症状や抑うつ症状を示す比率が高い。事実、高齢者を対象として、抑うつが認知能力の低下に影響を及ぼすという多数の研究報告がある(Benedict, Dobraski & Goldstein, 1999 ; Rosenstein, 1998)。

　DSM-IV に記載されている認知症にはサブタイプが10種あり、発症要因がそれぞれ異なる。すべてのサブタイプが明確な症状を基準に記述されており、この中の4種が60歳以上の高齢者が罹患しやすい傾向がある。すなわち、アルツハイマー病、血管性認知症、前頭葉型認知症、パーキンソン病による認知症である。そして、アルツハイマー病と血管性認知症の2つ

> **DSM-IV-TR の診断基準**
>
> ## アルツハイマー型認知症
>
> A. 多彩な認知欠損の発現で、それは以下の両方により明らかにされる。
> 　(1) 記憶障害（新しい情報を学習したり、以前に学習した情報を想起する能力の障害）
> 　(2) 以下の認知障害の1つ（またはそれ以上）：
> 　　(a) 失語（言語の障害）
> 　　(b) 失行（運動機能が損なわれていないにもかかわらず動作を遂行する能力の障害）
> 　　(c) 失認（感覚機能が損なわれていないにもかかわらず対象を認識または同定できないこと）
> 　　(d) 実行機能（すなわち、計画を立てる、組織化する、順序立てる、抽象化する）の障害
> B. 基準 A1 および A2 の認知欠損は、その各々が、社会的または職業的機能の著しい障害をひき起こし、病前の機能水準からの著しい低下を示す。
> C. 経過は、緩やかな発症と持続的な認知の低下により特徴づけられる。
>
> D. 基準 A1 および A2 の認知欠損は以下のいずれによるものでもない。
> 　(1) 記憶や認知に進行性の欠損をひき起こすほかの中枢神経系疾患（脳血管性疾患、パーキンソン病、ハンチントン病、硬膜下血腫、正常圧水頭症、脳腫瘍）
> 　(2) 認知症をひき起こすことが知られている全身性疾患（例：甲状腺機能低下症、ビタミン B_{12} または葉酸欠乏症、ニコチン酸欠乏症、高カルシウム血症、神経梅毒、HIV感染症）
> 　(3) 物質誘発性の疾患
> E. その欠損はせん妄の経過中にのみ現れるものではない。
> F. その障害は他の第I軸の疾患（例：大うつ病性障害、統合失調症）ではうまく説明されない。
>
> （訳注：原書は DSM-IV だが、ここでは DSM-IV-TR, APA, 2000［高橋三郎・大野裕・染谷俊幸訳］『DSM-IV-TR 精神疾患の診断・統計マニュアル（新訂版）』医学書院、2004］を修正し引用した）

のサブタイプがほとんどを占めている。

アルツハイマー病

　アルツハイマー病は Alois Alzheimer によって、世紀の変わり目に初めて発見されたものである。当時、この疾患は比較的稀であると考えられていた。しかし、現在では高齢者の認知症の原因として最も一般的なものと認識されている。この疾患の生物的側面と進行に関する知見は、近年、目覚しく更新されてきている。アルツハイマー病は加齢の速度が速まったものと考えるべきか、病的な加齢現象であると考えるべきかにかかわらず、重大な疾患であるということは確かである。

　認知症と診断された高齢者の少なくとも半数は、アルツハイマー病である。全米では200万から400万人がこの疾患で苦しむだろうと推定されている（Menzin, Lang & Friedman, 1999）。65歳の高齢者の約8％がアルツハイマー病と診断されており、そのうちの1/3の高齢者が深刻な障害をもっている。64歳までの5年ごとに、アルツハイマー型および他の認知症の発生率は3倍に、また、65歳から75歳までには発症率は2倍に増加する（Gao, Hrndrie, Hall & Hui, 1998）。85歳には発症率は1.5倍と減少するが、原因は明らかではない。しかしながら年齢に関連した認知症やアルツハイマー病の発症率の増加が緩やかになることから、必ずしも加齢によって発症するというものではないという仮説を支持するものである。最も危険が高まるのは80歳前で、この年齢を超えると罹患する可能性は劇的に低下する。

　アルツハイマー病に罹患する危険率には性差があり、疾患が進行する危険性は女性が有意に高い（Gao, Hendrie, Hall & Hui, 1998）。しかしながら、性差が存在する理由はいまだ不明である。

　アルツハイマー病は60歳以前に早発し、最初の症状を示すことがある。65歳以前に発症した場合は一般的に早発と見なされ、65歳以降の発症が典型的である。症状はたいていゆっくりと進行し、認知機能が持続的に低下していく。初期症状には自発性の低下、物忘れ、失認、失行（料理や着衣、文章を描くなどの一連の行動作業の困難）がある。また、空間認識能力が低下することもあり、慣れ親しんだ場所がどこかわからず道に迷い混乱するようになることがある。どの症状が目立つかは患者によって異なる。多くの患者に見られるのは健忘症状であるが、失認が主症状になる患者もいる（Martin, 1987, Schwartz, Baron & Moscovitch, 1990）。アルツハイマー病患者の神経系は、進行に伴い破壊されていく。

　マリーのケースはアルツハイマー病が緩やかに発症し、広汎に進行していくことを示してくれる。

　2、3年の間、マリーは物忘れをするようにはなったが、書き留めることで対処することができていた。最初、彼女は自分が使ってきたはずの言葉を捜していることに気がついた。また、話をするときに話の筋を見失うことがあることにも気づいた。彼女は記憶が消え去るのではと悩んだが、自分が老いてゆくことを考えたくなかったこともあり、さらに、もっと重要なこと

には、彼女自身が老人のように扱われたくはなかった。彼女はそれでもなお生活を楽しむことができ、自分のことをやりくりできた。

それからマリーは肺炎にかかり、入院しなければならなくなった。馴染みのない病院の生活で、彼女は物忘れに対処することができなくなった。彼女に今どこにいるのか話しかけても、彼女は忘れていた。義理の娘が朝に訪ねてきても、いままで訪ねてきたことがないと不平を言った。

高熱と感染が治まったにもかかわらず、病気は彼女の具合に深刻な影響を及ぼし続けた。家族はもはや彼女は一人では暮らせないだろう、と考えた。彼女は息子の家に部屋を用意され、息子の家族と同居することになった。息子の家には彼女のものが少ししか置いていなかったので、何度心配ないことを話しても、入院中に泥棒が家に入って彼女のものを盗んだと考えた。彼女は近所で道に迷うようになり、家のまわりでさえもわからなくなることもあった……

マリーはどんどん悪くなっていった。着替えは克服できない課題になった。失行のために彼女はボタンをどうかけるのか、ジッパーをどうあけるのかわからなくなった。マリーは次第に自分の見たもの聞いたものが何かわからなくなっていった。言葉が、その指し示す対象とのつながりを失い始めた。彼女は時として怖がったり、パニックになったり、怒ったりするようになった。彼女のものは失われ、彼女の生活も失われたかのようだった。彼女は周りの人の説明が理解できなかったし、たとえ理解したとしてもそのことを思い出せなかった……しかしながらマリーは人との付き合い方は残っていたため、最後はリラックスして愛想よく振舞うことができた。また彼女は歌を愛しており、昔の慣れ親しんだ歌を歌っていた。音楽は、大部分が失われてしまったものの、少しだけ残っている彼女の記憶を埋めあわせるようだった。

やがてマリーの家族が介護に対して身体的にも感情的にも大きな負担となるときが訪れて、マリーは介護施設で暮らすことになった。入所後数日間が過ぎ、パニックや混乱も落ち着いた後、彼女は施設での型どおりの生活が信頼できるようになり、その信頼が彼女にくつろぎと安全の目安をもたらすことになった。

マリーは彼女の家族が訪れると喜んだ。家族の名前を思い出すこともあった。多くの場合はその逆ではあったが。（Mace & Robins, 1981を改変）

患者たちの多くは不眠や徘徊、衛生管理の困難が問題となる。アルツハイマー病患者は尿失禁や便失禁となるかもしれない。叫んだり、怒ったり、飲食を拒むなどの手に負えない行動をするようになるかもしれない。歩行困難から転倒して負傷することもあるかもしれない。認知症が進行すると、さらに多くの身体組織、神経系にますます重大な欠陥が出現する。このため、数年から10年の間に知的機能および基本的維持機能が深刻なほど低下する。最終的には失禁し、動くこともできずにベッドの上でだけ生きることになるかもしれない。しばしば肺炎や栄養失調、脱水症、感染などが重なった状態が直接の死因となる。

アルツハイマー病の進行に伴い、知的機能と基本的自己管理機能が悪化する。患者は食べることを忘れ、歯磨き、トイレの仕方も忘れていく。写真は介護施設で栄養を与えられている女性。(1989 Sarah Leen/Matrix)

アルツハイマー病の治療は精神病症状や気分障害の有無によって複雑になる（Richards & Hendrie, 1999）。精神病症状があることはごく一般的で、妄想や幻覚が伴うこともある。妄想は被害妄想であることが多く、健康や安全に関係することが多い。たとえば、友人や近所の人が毒を飲ませようとしている、物を盗もうとしている、などである。アルツハイマー病患者の半数以上が悲しみを訴えたり、抑うつ症状も示す。10％から20％のアルツハイマー病患者がDSMのうつ病性障害の基準を満たしている。

認知症患者で見られる抑うつ症状は、部分的には認知症による覚醒状態への影響によると考えられる（Seltzer, Vasterling & Buswell, 1995）。認知症患者に認知的身体的な制約について尋ねると、正確に制約を言うことができる患者の多くは抑うつ症状も多く報告する。認知症の進行に伴い、患者は自分の制約を正確に言うことが困難となり、さらに抑うつ症状は落ち着いていく。

前章では、統合失調症やパーソナリティ障害を含む、成人期に発症する障害に関する早期の徴候について論じた。アルツハイマー型認知症の危険性を示す徴候はあるのだろうか？　この疑問に答えるために、David Snowdonらは修道女93人に協力を求めた（Snowdon et al., 1996）。修道女は女性平均よりも長生きすることが知られていたので、加齢研究で彼女たちの協力によって得られる知見は有益である（Butler & Snowdon, 1996）。修道女はすでに20代前半で自伝

を書いている。修道女のほぼ全員が最低でも大学教育を受けているとすれば、自伝を書いた時に平均的な知的能力をもっていたと考えられる。思考密度(idea density)(文章の中で述べられている考え〈知識〉の数)と文法の複雑さ(grammatical complexity)の2つの測度を自伝から抽出した。自伝を書いてから約58年後、75歳から95歳となった彼女たちの認知機能の評価を行った。亡くなった79歳から96歳の14人に対しては脳検査を実施した。結果は驚くべきものであった。人生の早期に書かれた自伝から抽出された思考密度と文法の複雑さの高さと、人生後期に行った認知機能検査得点の高さが関連していた。亡くなった14人の研究からは、アルツハイマー病は思考密度が低かった全員に確認されたが、思考密度が高かった者からは誰一人確認されなかった。アルツハイマー病に対する脆弱性は若年期から存在する場合もあることが、この研究からは示されている。このようなことから、予防的介入の可能性は病気の最初の徴候が発見されるずっと以前から存在しているのかもしれない。

アルツハイマー病の発生原因

アルツハイマー病の原因は知られていない。先述したように、正常な加齢は神経細胞の減少や神経系の変性を含めた脳構造の変化と関係している。しかしながら、これらの加齢によって生じた変化は、アルツハイマー病患者を述べるときによりはっきりと主張されるものでもある。アルツハイマー病患者では以下の2つの神経系異常がよく確認される。1つは神経細胞内タンパク質の凝集(神経原線維の変性で糸玉状の構造物となる)、もう1つは神経細胞間タンパク質の蓄積(老人斑となり沈着する)であり、その他に神経系の多くの領域で生じる神経細胞の減少がある。神経細胞内での神経原線維の変性は、神経細胞の細胞体から樹状突起や軸索に栄養やその他の物質を輸送する微小管が経路を外れて蓄積し、変性したものである。老人斑の主成分はβアミロイドで、少しずつ沈着した糊性タンパク物質である。神経原線維の変性と老人斑はともに生検や剖検によってアルツハイマー病の確定診断をする際の神経病理学的特徴である。アルツハイマー病患者の神経系の変性は大脳皮質で見られ、そのなかでも海馬では顕著に見られる(Bobinski et al., 1998)。さらに、前頭葉および側頭葉の縮小と、脳室の拡大が皮質部位の細胞死に関与することが脳画像から明らかにされている(Martin, 1999)。

ほとんどのアルツハイマー病患者の大脳髄液中からβアミロイドが検出されることが多くの研究によって明らかにされている(Hulstaert et al., 1999)。βアミロイドが神経原線維の変性をひき起こし、最終的に細胞の脱落が起こるとする仮説もある(Hardy & Higgins, 1992)。この仮説からは、アルツハイマー病はβアミロイドの蓄積を遅延させたり妨害することができる物質によって治療可能であることが考えられる。このことから、アルツハイマー病がある日予防ができるようになると考えることは非現実的なことではない。

アルツハイマー病での脳障害にかかわる生化学的変化はアセチルコリンレベルの異常低下である。アセチルコリンは脳内神経伝達物質の一種で、記憶に関与する重要な物質として知られている(Muir, 1997)。アセチルコリンの低下が加齢による記憶機能の低下の主原因と考えられている。認知症の治療薬を開発するために、この神経伝達物質を作動させるさまざまな薬品の効果の研究が数多く行われている。

アルツハイマー病の原因に関して議論がいまだ定まっていない仮説もある。その1つが細胞体に含まれるアルミニウムの増加によってアルツハイマー病がひき起こされるという仮説である(Mjoberg, Hellquist, Mallmin & Lindh, 1997)。アルミニウムが脳内各部位に蓄積され、それがアルツハイマー病と関連する神経変性原因となることが研究者たちによって論じられてきた。初期の研究には、アルツハイマー病の患者は職場や飲料水に含有されることなどでのアルミニウム曝露率が高いと報告されていたが、最近の研究では支持される結果は得られていない(Gun et al., 1997)。それにもかかわらず、動物実験では脳内のアルミニウムレベルの過剰と神経原線維変性や行動異常の関連を明確に示す研究結果も存在する(Shin, 1997)。今後の研究によって、ヒトの脳の変性疾患に対するアルミニウムの作用が明確に示されることを期待する。

アルツハイマー病に遺伝要因もあることを示す研究が増えている。双生児を対象にした研究では、アルツハイマー病の一致率が一卵性双生児では83％、二卵性双生児では46％であることが示されている(Bergem, Engedal & Kringlen, 1997)。このはっきりした違いは、この疾患に重要な遺伝的要因があることを示す。家族研究では、アルツハイマー病の危険性は、90歳までを対象として第1度近親(親子、同胞[きょうだい])で約50％あり、その他の場合は約25％である(Mohs, Breitner, Silverman & Davis, 1987)。

家族性が関与するアルツハイマー病は、典型的に早発性である。St. George-Hyslopら(1987)は、ダウン(Down)症の欠損遺伝子が含まれている第21染色体内の同じ領域に、家族性アルツハイマー病患者らの欠損遺伝子を発見した(事実、45歳を過ぎたダウン症者はすべてアルツハイマー病を発症する)。研究がさらに進められ、βアミロイドを形成する突然変異した遺伝子を欠損遺伝子から単離した。この突然変異により、アルツハイマー病の病因物質の1つであるβアミロイドの産生が促されるのである。早発性アルツハイマー病にかかわる同じ遺伝子内で別の稀な突然変異も発見された。それは第14染色体であるが、これは単離

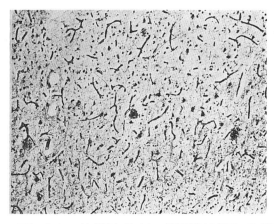 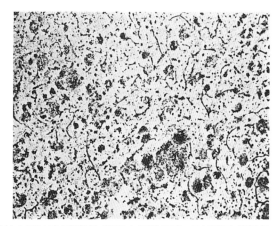

アルツハイマー病に罹患していない一般患者(左)と罹患している患者(右)の大脳皮質の脳組織を撮影した顕微鏡写真。老人斑(黒い領域)が一般患者では少なく、アルツハイマー病患者では多いのが分かる。(Blessed, G., Tomlinsun, B. E., & Roth, M. The association between quantitative measures of dementia and senile change in the cerebral gray matter of elderly subjects. British Journal of Psychiatry, 1968, 114:797–811.より引用)

されていない(St. George-Hyslop et al., 1992)。早発性アルツハイマー病の中には、少ない割合ではあるが第1染色体の突然変異によるものもあるかもしれない(Plassman & Breitner, 1996)。

早発性アルツハイマー病と染色体異常の関連が発見されたことがきっかけとなり、遅発性の場合や家族性ではない場合の染色体異常の可能性が研究されるようになった。現在遅発性アルツハイマー病は第19染色体内の遺伝子欠損、とくに対立遺伝子の1つである「APOE-4」と関連があるとされている。この特定遺伝子は血中コレステロールの輸送にかかわる遺伝子と考えられている。家族性アルツハイマー病の84%、非家族性(弧発性)で遅発性アルツハイマー病の64%は対立遺伝子APOE-4を少なくとも1つ持っていた。対立遺伝子APOE-4の数が0から2まで増えるにつれてアルツハイマー病の危険性が増加し、発症年齢が84歳から68歳に低下する。対立遺伝子APOE-4を2つ持っている場合は80歳までにアルツハイマー病を発症する確率が激増する(Corder et al., 1993；Saunders et al., 1993)。

遺伝子研究による解明は今後も有望であるが、これらの染色体異常によってアルツハイマー病が発症することを断言できないことは強く述べておかなければならない。つまり、これらは発症する確率を上昇させるだけなのである。アルツハイマー病はある程度家族性で起こることもあり、その遺伝的根拠もあるが、しかしながらアルツハイマー病のほとんどの患者はその疾患に罹っている家族とは別の家族である。このことから、この疾患をひき起こすためには他の要因が作用していなければならない。

アルツハイマー病の治療

アルツハイマー病の薬物治療領域では研究が驚くほ

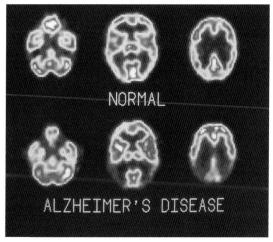

正常に機能している脳とアルツハイマー病に罹患した脳のPET画像。アルツハイマー病に罹患した脳は代謝が低く(赤と黄色は代謝の高い領域を示し、青と緑は代謝が低いことを示す)、特に前頭葉(計画立案の機能を担う：各画像の上部分)と側頭葉(記憶の機能を担う：画像の中心付近)で代謝が低い。正常な代謝活動を行っている唯一の領域は一次感覚運動野だけである(画像の底部)(カラー口絵参照)。(Visuals Unlimited)

ど増加している(Box 11-2参照)。その中でも最も有望な薬物は神経伝達物質のアセチルコリンを賦活する薬物である(Mayeux & Sano, 1999；Tune & Sunderland, 1998)。これらの薬物はシナプス間のアセチルコリンの活性を増加させるものである。この種類の薬物にタクリン(訳注：日本では未承認)とドネペジルがある。これらの治療薬によって日常生活での活動や認知機能評価での成績を改善できる。しかしながら副作用も強く、とくにタクリンによる肝障害もあり、使用が制限されてきた。これらの治療薬に良好な反応性を示す患者たちの中で、ほとんどの患者の変化はあまり大

Box 11-2　科学と実践

アルツハイマー病研究の最前線

　神経科学研究の最前線では、最終的には認知症に効果がある治療につながる研究が行われている。たとえば、ある研究者たちは認知症の「遺伝子治療」につながる研究をしている(Tang et al., 1999)。Joseph Tsienらの研究グループは第4章で紹介した「ノックアウト」法を使って、特定遺伝子の記憶に及ぼす影響を研究している。彼らは実験室マウスの「NR 1」と呼ばれる遺伝子を破壊した。この遺伝子は、グルタミン受容体であるNMDA (N-methyl-D-aspartic acid)受容体の成長に関与するために関心をもたれている。海馬領域のNMDA受容体は記憶生成の中心的役割を担っていることで知られている。これがないと、記憶は生成されないか、または維持されない。さらに、NMDA受容体は加齢に伴い、構造が変化し、この変化が高齢者の認知機能低下の原因であるのかもしれない。予測したとおり、Tsienらは海馬領域のNR 1遺伝子を選択的に破壊した場合、マウスは十分な学習ができなかった。この研究はさらに進められ、受精卵の中にNR 2遺伝子を挿入した研究を行った。NR 2遺伝子は、受容体チャンネルを長く解放させることでNMDA受容体の機能を改善することが知られている。予測されたように、これらのマウスは記憶の負荷が高い迷路学習で優れた成績を示したのである！

　また別の研究分野では、科学者は認知症のワクチン開発に関する研究をしている(Josefson, 1999)。マウスの脳内アミロイド斑を減少させる効果が高いワクチンが開発された。先述したとおり、アミロイド斑はアミロイドタンパクから生成され、人間のアルツハイマー病に見られる神経細胞死の原因として知られている。マウスの脳内でアミロイド斑の成長にアミロイドタンパクがどのように影響するのか検討するために、研究者たちはアミロイドタンパクをマウスに少量与えて免疫性を与えた。まだアミロイド沈着が進行していない若いマウスでは、アミロイド斑発生を予防することに成功した。十分成長した高齢のマウスではアミロイド斑が増加すると予測されたが、ワクチンはさらなるアミロイドの増加を予防しただけではなく、現存するアミロイド斑を減少させたようであった。

　これらの知見は、人間の記憶欠損の予防に関して確実に素晴らしい展望を開いてくれる。しかしながら現時点では、これらの実験室内で得られた知見が人間に有効な治療法として変化させることができるか否かについては不明である。遺伝子技術やワクチン接種によって認知症を取り除くことができるならば、それは正に望ましいことである。実験室内の動物モデルと人間の疾患治療の間の溝はきわめて広く、実験動物で観察された効果が人間でも再現できる保証はない。2000年に「アミロイド斑」ワクチンを人間に投与する臨床研究が始められた。最初の報告は2001年の終わりに得られる予定である。

　遺伝治療やワクチン治療によって加齢に伴う脳変化や記憶欠損をなくすことを科学者が本当に発見できたとしたら、その時にはわれわれは新たなジレンマに直面することは間違いない。これらの介入方法は健康な高齢者の精神機能を改善させることは可能なのだろうか？　われわれは年齢とともに自然に生じる認知的な変化を懸命になって取り除くべきなのだろうか？　この新世紀に臨んで、生体臨床医学的倫理がこの問題および関連問題に関して取り組んでいくことになることが予測される。

(Josefson, 1999 ; Tang et al., 1999に基づく)

きくない。しかしながら、なかには家族から見ても急速にかつ劇的に認知機能が改善する場合もある。これらの治療薬は気分も改善させる。このように、これらの治療薬の有益性は明確ではあるが、アルツハイマー病を治癒させたり、進行を遅らせることはない。薬物治療中であっても機能低下は徐々に進行する。最終的には、この治療がもはや効果的ではなくなるという段階が訪れるのである。また、アルツハイマー病の患者の中には、吐き気や不眠といった身体面での副作用のために薬物の服用をとどまるものもいる。

　アルツハイマー病やその他の認知症治療の研究の中で、最も興味深い新しい知見の1つはニコチンが有益な効果を有するという事実である(Whitehouse & Kalaria, 1995)。ニコチンは脳内のアセチルコリン作用を賦活させる「コリン作動性」の性質をもつ。疫学研究の中には喫煙がアルツハイマー病やパーキンソン病の危険性を減少させるという報告もある。さらに動物研究からは、神経伝達物質の受容体にニコチンの効果をもつ薬物を投与すると学習や記憶を改善させるという研究も報告されている。これらの研究から、人間の場合でもニコチン成分が認知症の進行を遅らせるのではないかと考えられる。認知症の患者がニコチンパッチを使用することで認知機能が改善したことを示す研究がある(Wilson, Langley & Monley, 1995)。この治療の長期的な効果を検討する研究が進行中である。

　現在、数多くの成分が認知症の予防的治療に効果があるか研究が進められている(Richards & Hendrie, 1999)。この中にはエストロゲンや非ステロイド系抗炎症薬(たとえば、イブプロフェンやナプロキセン)、神経成長因子などがある。今後10年間に、更年期の問題からホルモン補充療法を受けた女性を対象とした大規模な追跡研究の結果が明らかになることが期待される。この結果から、エストロゲンがアルツハイマー病の発症を防ぐことが実際にあるかどうかが明らかになる。もう1つの有望株の筆頭は抗酸化ビタミンである。ビタミンEのように、特定の抗酸化物質がアルツハイマー病の発症予防に関して主要な役割をする可

「あと、これは僕が2歳のときの写真だよ。おぼえてる？　父さん？　母さん？　おぼえてない？　じゃあ、この写真はどう？　小学校の入学式の写真だよ？」(1990 *The New Yorker*, Collection, Jack Ziegler, from www.cartoonbank.com)

能性が発見された。抗酸化治療がアルツハイマー病の発症予防に効果があるかどうか、少なくとも進行を遅らせることができるかどうかに関する研究は現在進行中である (Ravaglia et al., 1998)。

このような身体的治療法に加えて、心理療法も認知症治療には重要である (Zarit & Knight, 1996)。認知的、身体的能力の喪失は衝撃的で打ちのめされてしまうこともあるため、アルツハイマー病患者が自らの症状にどう対処するか、疾患に対する感情的な反応をどう扱うかに対して、カウンセリングや行動療法によって支援することができる。セラピストは、患者が日常生活を送る中で感じる疾患の衝撃を低減させる方法を習得することを援助する。認知療法は認知症に関連した抑うつ症状からくる否定的な認知を修正するために利用される (Zeiss & Steffen, 1996)。

認知症は患者本人だけでなく患者の家族にも影響を与える。愛する人が病気で苦しむのを見、介護していくことは家族に重い負担となる。家族に対して支持的なカウンセリングや心理療法を提供する重要性は、臨床家にとってはいっそう明白なことである。家族が心理的サービスを受けている場合には、病院や介護施設に患者が入所するまでの期間が長くなることを示す研究がある (Mittelman, Ferris, Shulman, Steinberg & Levin, 1996)。アルツハイマー病の特徴や進行についての知識が家族に提供されることは重要なことである。同時に、社会活動やレクリエーションに参加して介護負担感を緩和させたいという介護者のニーズを重視する支持的なカウンセリングを受けることによって、毎日患者を介護する家族は多くの利益が得ることができる。

血管性認知症

血管性認知症は、しばしば「脳卒中」によって生じる。脳卒中は脳血流が重度に遮断されることで、通常、急激に発症する。「血管性」という用語は脳内に血液と酸素を供給するための動脈と毛細血管のことを意味する。脳血管系で血流が遮断されると神経系が正常に機能しなくなる。酸素や栄養の供給が10分を超えて遮断されたとしたら、脳細胞は死滅する。血管性認知症は顕著な梗塞によって、脳組織が壊死または損傷を受けた結果、生じることがある。また、患者はたいてい何らかの運動機能や言語機能を、少なくとも一時的には喪失する。もしも、細い血管である毛細血管が部分的に遮断されたのであれば、その影響はそれほど大きくもなく、「無症候性梗塞」と呼ばれることもある。その結果、穏やかな程度の血管性認知症となることがある。このような無症候性梗塞を起こした患者

DSM-IV-TR の診断基準

血管性認知症

A. 多彩な認知欠損の発現で、それは以下の両方により明らかにされる。
　(1) 記憶障害（新しい情報を学習したり、以前に学習した情報を想起する能力の障害）
　(2) 以下の認知障害の1つ（またはそれ以上）：
　　(a) 失語（言語の障害）
　　(b) 失行（運動機能が損なわれていないにもかかわらず動作を遂行する能力の障害）
　　(c) 失認（感覚機能が損なわれていないにもかかわらず対象を認識または同定できないこと）
　　(d) 実行機能（すなわち、計画を立てる、組織化する、順序立てる、抽象化する）の障害

B. 基準A1およびA2の認知欠損は、その各々が、社会的または職業的機能の著しい障害をひき起こし、病前の機能水準からの著しい低下を示す。
C. 局在性神経徴候や症状（例：深部腱反射の亢進、足底伸展反応、偽性球麻痺、歩行異常、一肢の筋力低下）、または臨床検査の証拠がその障害に病因的関連を有すると判断される脳血管疾患（例：皮質や皮質下白質を含む多発梗塞）を示す。
D. その欠損はせん妄の経過中にのみ現れるものではない。
(訳注：原書はDSM-IVだが、ここではDSM-IV-TR, APA, 2000［高橋三郎・大野裕・染谷俊幸訳『DSM-IV-TR 精神疾患の診断・統計マニュアル（新訂版）』医学書院、2004］を修正し引用した)

の脳画像では、しばしば皮質や皮質下白質に多くの小梗塞が存在することが確認できる。現在、このような無症候性梗塞も高齢者の抑うつ症のリスクとなることが研究によって明らかにされている(Steffens, Helms, Krishnan & Bruke, 1999)。

血管性認知症による認知症状はアルツハイマー病の徴候と同様である。実際、DSM-IVで記載されている認知的症状は2つの障害とも同一である。神経学的症状の有無と脳の異常に臨床的な差異が存在する。脳血管性認知症の場合、患者は異常反射や運動性機能異常を示す。たとえば、腱反射が極端に大きくなることもあるし、四肢の一部が衰弱したり歩行が不安定になることもある。さらに、脳内には特有の異常が確認される。

血管性認知症は、不可逆性認知症の原因としてアルツハイマー病を除くと最も主要なものであると考えられている(Nyenhuis & Gorelick, 1998))。梗塞は確かに血管性認知症の主要な危険因子ではあるが、遺伝的要因や心臓血管系障害の危険因子、脳室周辺の白質要因など梗塞以外の要因もある(Gorelick, Roman & Mangone, 1994)。血管性認知症の危険性は、性別、年齢、人種によっても多様である。血管性認知症は女性にくらべて男性で発症しやすい(Leys & Pasquier, 1998 ; Neri, De Vreese, Finelli & Iacono, 1998)。白人男性は血管性認知症の発症危険性が高く、白人女性はアルツハイマー病の発症危険性が高い(Nyenhuis & Gorelick, 1998)。さらに民族的な差異もある。理由は明らかにされているわけではないが、アフリカ系アメリカ人高齢者はヨーロッパ系(白色)アメリカ人高齢者に比べて血管性認知症や梗塞の危険性が高くなるようである(Gorelick et al.1 1994)。

血管性認知症はアルツハイマー病に比べて精神的健康に対する荒廃力は強いようである。ある研究では、大うつ病の有病率がアルツハイマー病患者では3.2%であることに対して、血管性認知症患者では21.2%であることが示されている(Newman, 1999)。本章の最初に紹介した女性の話に戻り、彼女が73歳で脳梗塞になった後に何が起きたのかをここで述べることにする。梗塞後のアリシアの臨床経過は気分障害の症状はあるが、認知症の症状は見られなかった。

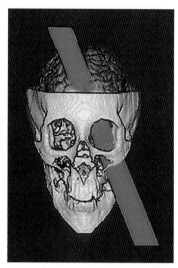

飛ばされてきた鉄棒が貫通して頭部前面に穴が出来たフィネアス・ゲイジ(Phineas Gage)の頭蓋骨。(Damasio, H., Grabowski, T., Frank, R., Galaburda, A. M., & Damasio, A. R., The return of Phineas Gage : Clues about the brain from the skull of a famous person, *Science*, 264, 1994 by the AAAS ; Hanna Damasioの厚意による)

> 庭で腰を曲げているときに、アリシアはめまいを感じた。彼女は夏の暑さのせいだろうと考えた。屋内に移動しようと立ち上がり、2、3歩歩いたときに彼女は倒れてしまった。友人のカルは窓越しにその状況を偶然に目撃し、すぐに助けようと屋外に出た。その時、アリシアはしゃべることもできず、意識が混濁したような状態だった。カルは救急車を呼び、アリシアは病院に担ぎ込まれた。彼女は脳梗塞と診断された。アリシアの症状は精神的な興奮と混乱、および左上下肢の麻痺であった。数日間でこれらの症状は回復し始めた。MRIでは右半球の梗塞が確認され、他の脳領域には血管破裂の極めて軽度な徴候も確認された。

> 梗塞に対してアリシアはまず恐怖と不安を感じた。手足を動かす能力は回復するのだろうか？ 機能が回復することが明らかになってくると、アリシアは安心することができた。入院して5日後、彼女は退院して自宅に戻ったが、抑うつ症状が現れ始めた。彼女はカルや子どもたちに自分が重荷になっていると語り、泣き、食事やレクリエーション活動にもほとんど関心を示すこともなくなった。2週間後、アリシアの担当医は抗うつ薬を処方した。アリシアの娘は心理療法士の予約を入れた。

> 心理療法士はまず、梗塞発作が認知的欠損をひき起こしている原因なのかを評価するために検査をした。彼は簡単なテストバッテリーを実施し、アリシアの認知機能が平均以上であること、短期記憶も長期記憶も優れていることを認めた。彼女の教育歴と一貫した語彙能力も確認し、一般的な知識量も優秀であった。しかし、同時にアリシアが臨床的に抑うつ状態であることも明らかとなった。ベック抑うつ質問紙(Beck Depression Inventory : BDI)の得点は「臨床的な意味でのうつ状態との境界」であった。心理療法士は認知行動療法を開始した。2週間でアリシアは改善の徴候を示した。彼女の感情は改善していった。彼女は治療に期待し、人生を新しい、よりよい観点で見られることを信じるようになった。

> アリシアの家族は彼女の経過を喜んだ。治療開始か

DSM-IV-TR の診断基準

パーキンソン病による認知症

A. 多彩な認知欠損の発現で、それは以下の両方により明らかにされる。
  (1) 記憶障害（新しい情報を学習したり、以前に学習した情報を想起する能力の障害）
  (2) 以下の認知障害の1つ（またはそれ以上）
    (a) 失語（言語の障害）
    (b) 失行（運動機能が損なわれていないにもかかわらず動作を遂行する能力の障害）
    (c) 失認（感覚機能が損なわれていないにもかかわらず対象を認識または同定できないこと）
    (d) 実行機能（すなわち、計画を立てる、組織化する、順序立てる、抽象化する）の障害
B. 基準A1およびA2の認知欠損は、その各々が、社会的または職業的機能の著しい障害を引き起こし、病前の機能水準からの著しい低下を示す。
C. 病歴、身体診察、臨床検査所見から、その障害がパーキンソン病による直接的な生理学的結果であるという証拠がある。
D. その欠損はせん妄の経過中にのみ現れるものではない。

（訳注：原書は DSM-IV だが、ここでは DSM-IV-TR、APA、2000［高橋三郎・大野裕・染谷俊幸訳『DSM-IV-TR 精神疾患の診断・統計マニュアル（新訂版）』医学書院、2004］を修正し引用した。タイトルとCは原書通り）

ら3ヵ月後、彼女は再び彼女らしさを回復させ、抑うつの痕跡は見られなかった。

アリシアのケースは、梗塞後に抑うつ状態になるという典型的なものである。このような多くのケースと同様、抗うつ薬治療と認知行動療法への反応はきわめて良好であった。アリシアの治療が成功した1つの要因は、彼女の機転のよさと洞察力であろう。彼女は高齢や梗塞の既往にもかかわらず、認知症の症状が確認されなかった。このことは教育歴の高いほど認知症の危険性が低いという研究と一致している（Ott et al., 1999；Palsson, Aevarsson & Skoog, 1999）。この事実には脳機能に対する精神的な刺激の効果があるのか、単純に教育歴が高いと認知的な予備能が大きくなっているということが影響しているのかもしれない。

前頭葉型認知症

前頭葉領域が漸進的な神経変性の影響を受ける主要な部位となる場合、前頭葉機能に関連した特徴的な認知症が生じる。Alzheimer 型認知症患者の場合、初期には側頭葉と頭頂葉領域が影響を受ける。**前頭葉型認知症**（ピック〈Pick〉病とも呼ばれる）患者は、不安定で軽度の記憶障害が見られることもあるが、視空間認識障害はあまり受けないか、問題ない。実際、多くの患者が第4章で述べたフィネアス・ゲイジ（Phineas Gage）の症状と同様の症状を示す。パーソナリティの変化、脱抑制、無関心、言語障害および反社会的行動が特徴的な変化である。症状の進行に伴い、記憶障害や失行などの認知的症状が出現する。これから紹介するケースはこの様子を描いている。

50歳になるある店の経営者のパーソナリティが次第に変化していった。彼は配慮することもせず、無神経かつ汚い言葉で話し、自主性にも欠け、自己管理や家族への責任感も欠くようになった。彼の気分はふざけた感じと悲観的な感じ、怒りっぽい感じのなかでころころ変わり、今までのキャラクターからは考えられない言動や行動面での攻撃性を示した。

検査の結果、神経学的な異常は彼には認められなかった。軽度の脱抑制や大声で話すこと、不適切なタイミングで馬鹿笑いをすることはあっても、彼は全体としては丁寧であった。判断力がなくなっているという証拠はなかった。左右の空間失行も失語も認められなかった。復唱課題では前の課題の保続が見られた。綴り能力は低かったが、読み書きに問題はなかった。計算に関しては大きな困難があることが認められた。線画もできるし、有名人も認識でき、失認は認められなかった。彼は日々の記憶を起きた順どおりに思い出すことができた。

4年後の追跡の時には、彼の行動は頑固で柔軟性がなく、さらに乱暴で感情的なものになっていった。彼は緩慢で自主性に欠けるようになった。決まりきった行動様式がますます増えていった。彼は衝動的で、注意が散漫になり、不注意になり、これらはパフォーマンスの成績を低下させるものではあるが、それでも彼の認知能力は維持されていた。（Neary, Snowden, Northern & Goulding, 1988より引用）

ピック病による認知症は、たいてい50歳から60歳の間に発症する。基本的な臨床症状のパターンが他の認知症と区別できるが、診断は死後の脳解剖で前頭葉神経細胞の顕著な変化が確認された後に確定する。

前頭葉の機能不全という症状は、この認知症独特なものではない。前頭葉は多くの大脳領域との関連があり、これらの関連の多くは化学伝達物質としてドパミンがかかわっている（Swartz, 1999）。このため、皮質

DSM-IV-TR の診断基準

一般身体疾患によるせん妄

A. 注意を集中し、維持し、他に転じる能力の低下を伴う意識の障害(すなわち、環境認識における清明度の低下)。
B. 認知の変化(記憶欠損、失見当識、言語の障害など)、またはすでに先行し、確定され、または進行中の認知症ではうまく説明されない知覚障害の発現
C. その障害は短期間のうちに出現し(通常数時間から数日)、1日のうちで変動する傾向がある。
D. 病歴、身体診察、臨床検査所見から、その障害が一般身体疾患の直接的な生理学的結果によりひき起こされたという証拠がある。

(訳注:原書は DSM-IV だが、ここでは DSM-IV-TR, APA, 2000〔高橋三郎・大野裕・染谷俊幸訳『DSM-IV-TR 精神疾患の診断・統計マニュアル(新訂版)』医学書院、2004〕を修正し引用した)

(左)俳優のマイケル・J・フォックス(Michael J. Fox)はパーキンソン病に罹り、症状が悪化し、彼がゴールデン・グローブ賞を受賞したドラマ「スピン・シティ(Spin City)」を降板した。(AP/Wide World Photos) (右)1990年の映画「レナードの朝(原題 Awakening)」の1場面でL-ドーパ治療をした女性。この映画は「嗜眠性脳炎」に罹った患者の実話を基にしている。患者たちは1918年に感染し、その後硬直してしまい、55年以上動くことも話すこともできないままで、重度の Parkinson 症状を示していた。薬物(L-ドーパ)によって患者たちは緊張状態から覚めることができたが、同時に極度の興奮性や暴力も出現し、最終的に薬物は中止された。(Photofest)

下異常がある場合、結果的には前頭葉の機能不全の症状と関連している可能性がある。とくにアルツハイマー病や血管性認知症、後述するパーキンソン病が進行していけば前頭葉機能不全が生じてくる。

パーキンソン病による認知症

パーキンソン(Parkinson)病は皮質下のドパミン神経細胞の変性によって生じる障害である。この障害はおよそ100,000人に1人が罹患し、60歳以上で発症することが多い。パーキンソン病の顕著な症状は運動障害、頭部や四肢の振戦、筋固縮、自律運動不能などである。これらの運動症状に加えて、パーキンソン病に罹患した20~60%に認知症が認められる(Ellgring, 1999;Phahwa, Paolo, Troester & Koller, 1998)。認知的症状には記憶の欠落があり、とくに長期記憶の想起、新しい情報の保持、行動の順番が混乱する、計画を立てることや組織的に行動するなどの実行機能に問題が生じる。

認知症が発症したパーキンソン病患者は、アルツハイマー病も含めた認知症の中では家族負因が高率である(Marder et al., 1999)。認知症を伴うパーキンソン病患者のきょうだいの発症率はアルツハイマー病のきょうだいの発症率のおよそ3倍である。65歳以上に限ると、きょうだいの発症率はアルツハイマー病の5倍になる。また、パーキンソン病患者の相当な割合で精神病症状や気分障害を伴う(Ellgring, 1999;Gelb, Oliver & Gilman, 1999)。その中には、運動機能不全に対して処方されるL-ドーパのようなドパミン作動薬が原因となり精神病症状が出現することもある(Wolters, 1999)。L-ドーパによって発症する慢性精神病にはパーキンソン病患者の約1/5が罹患する。しかし、パーキンソン病患者に最も共通する障害は抑うつである。抑うつの有病率は約50%で、そのうち約26%が抗うつ薬治療をすることになる(Richard and Kurlan, 1997)。パーキンソン病に伴う気分障害はたいていは抑うつ状態であるが、この気分障害はパーキンソン病が原因となったドパミン欠乏の直接的な結果である可能性がある。また、抑うつ状態は障害によってもたらされた身体的制限に対する個人的反応が影響している部分もある。

せん妄

ここまで、脳構造の加齢変化の結果生じる認知機能障害について述べた。しかしながら、認知障害は一時的な脳内の生化学的変化によっても生じる。せん妄は急性に発症し、動揺性が高く、治療反応性も比較的高い認知障害である。認知症と同様に、記憶障害、感覚麻痺、失見当識、言語障害が生じることがあるが、その発症は漸進的であるよりもむしろ急速に生じる。さらに、せん妄は高齢者がより発症しやすいことはある

DSM-IV-TR 診断基準

物質中毒せん妄

A. 注意を集中し、維持し、他に転じる能力の低下を伴う意識の障害（すなわち環境認識における清明度の低下）。

B. 認知の変化（記憶欠損、失見当識、言語の障害など）、またはすでに先行し、確定され、または進行中の認知症ではうまく説明されない知覚障害の出現。

C. その障害は短期間のうちに出現し（通常数時間から数日）、1日のうちで変動する傾向がある。

D. 病歴、身体診察、臨床検査所見から、(1)または(2)のどちらかの証拠がある。
　(1) 基準AおよびBの症状が物質中毒の期間中に出現した。
　(2) 投薬の使用がその障害に病因的に関連している。

（訳注：原書はDSM-IVだが、ここではDSM-IV-TR, APA, 2000［高橋三郎・大野裕・染谷俊幸訳『DSM-IV-TR 精神疾患の診断・統計マニュアル（新訂版）』医学書院、2004］を修正し引用した）

が、どの年齢でも発症する障害である。

DSM–IVでは、せん妄を大きく2つに分類している。1つは一般身体疾患によるせん妄で、あとは物質誘発性せん妄である。ホルモン異常、酸素欠乏、頭部外傷、低血糖症のような代謝障害など、さまざまな身体疾患によってせん妄は発症しうる。高齢者がこのような状態になることは若年成人よりも多いため、高齢者がせん妄を発症しやすくなるのである。

若年成人の場合、アルコールの多量摂取や麻薬摂取によって物質誘発性せん妄を発症することが多い。高齢者の場合、最も多いのは処方薬の過量摂取や誤って併用した場合である。高齢者の多くは別々の病院から薬を処方されている。もし高齢者がおのおのの医師に現在服用している薬物の情報を伝えることを忘れたとしたら、過鎮静や混迷をもたらす薬の併用状態になる危険性がある。このことから、高齢患者の精神状態が悪化した徴候が見られたときには、優れた医師ならばまずはこのように質問するだろう。「いつも飲んでおられる薬はなんです？」物質誘発性せん妄であると診断された場合、不必要な薬は中断してせん妄を取り除くことになる。以下に述べる高齢女性がせん妄を発症したケースはこの事情を示すものである。

> 65歳になるある白人女性が、被害妄想と幻覚のために大学病院の一般内科病棟に入院した。彼女は最近、心臓手術が成功して同病院を退院したところだった。しかし、帰宅してまもなく、彼女は家族に対して疑い深くなり、冷蔵庫からこうもりが出てくると言って逃げるようになった。彼女は再入院し、神経心理士が相談を依頼された。検査の間、彼女は幻覚の見える方向を見たり、幻覚を否定したりした。彼女の夫が彼女の行動を医師に話すときには突然興奮して、夫が自分と離婚して若い女性と結婚したいがために、自分が「狂っている」という印象を医師に与えようとしている、と責め立てた。彼女は布団を引き寄せてこもり始め、その日誰が見舞いに来たのか彼女に尋ねると、来ることのありえない名前を言うようになった。しばらく後、水の入ったカップを用意し、スティックシュガーを開けて、カップに注いでかき混ぜるふりをして、心理士にいつものやり方でコーヒーの準備をしていたと教えた。心理士は、彼女が薬物による二次的なせん妄であると見立てた。彼女の退院後について調べた結果、かかり付け医から処方された薬物を併せて11種類服用していたことが明らかになった。担当医師は不必要な薬物を漸減した。3日後、異常行動は消失し、夫に対する不安も疑念も言わなくなり、彼女の姉妹から「以前の彼女のよう」と言われるようになった（Lichtenburg, 1999より引用）。

老年期うつ病

加齢に伴って増加する認知症とは対照的に、抑うつ感や不安などを中心とした否定的な気分のような自己報告的な症状は加齢に伴って減少する（Henderson, Jorm, et al., 1998）。図11–3Aおよび11–3Bは18歳から79歳までの2,700人以上を対象とした調査結果である。これらの図から、抑うつや不安の自己報告尺度での得点は男性、女性とも年齢とともに低下する。しかし、この平均得点は不安や抑うつ感が加齢により実際に減少していることを示しているのだろうか？　もしくは、これはコホート効果と研究者が呼ぶものなのだろうか？　コホートとは特定の時期に生まれた人々の集団のことである。異なる時期に生まれた人々は、否定的な感情を自己報告する仕方も異なるのかもしれない。たとえば、1900年から1910年の間に生まれた人々のコホートは、その後の10年間に生まれた人々のコホートよりも不安感や抑うつ感を過少評価するのかもしれない。言い換えると、われわれが1900年から1910年の間に生まれた人々のコホートに対して、30歳のときの抑うつ感や不安感を評定させるときに、彼らは今と同じく低く評価し、そのため加齢に伴って変化しないのかもしれない。

この問題を検討する方法に、人々が歳をとることに

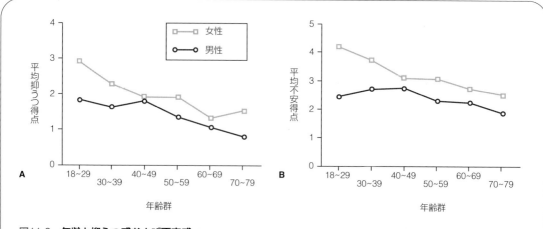

図11-3　年齢と抑うつ感および不安感
さまざまな年齢の対象者が、不安と抑うつ感に関する評価質問紙に回答した。この研究から男女ともに加齢に伴い不安と抑うつ感の両方が減少することが明らかになった。(Henderson, Jorm, et al., 1998, p.1324より引用)

合わせて繰り返し同じ質問をすることがある。この研究方法は縦断的研究法となる。Joseph Galloらはジョンズ・ホプキンス大学でこの研究法を使用した(Gallo, Rabins & Anthony, 1999)。1981年、Galloらは対象地域の1,651人の成人を対象に、悲しみ感を自己評価させた。13年後、同じ対象者に同じ質問をした。対象者の年齢は30歳から65歳以上の年齢になっていた。この研究の結果、年齢の効果が明らかになった。悲しみやその他の抑うつ症状に関する自己評価は、同一個人内で減少していた。これはコホート効果ではない。

うつ病の有病率と症状

臨床診断されるうつ病も、年齢とともに減少していくことが研究から明らかになっている。65歳以上の高齢者が臨床診断されるうつ病の有病率は若年成人群と比べると低い(Jeste et al., 1999；Regier et al., 1998)。65歳以上の高齢者の中で、うつ病と診断される割合は1～3％であり、この割合は中年期(30歳から45歳)では6～8％、若年成人では10％を超える割合である。しかしながら、80歳を超えた高齢者のうつ病有病率は上昇することも明らかにされている。このことから、寿命が延びることにより老年期うつ病が増えることが予想される(Gatz, Kasl-Godley & Karel, 1996)。80歳を超える高齢者での有病率が上昇する理由は明らかではない。心理的要因(たとえば身体的制約に対する心理的反応)と脳変化の両方が80歳以上の高齢者のうつ病には関与しているようである。

65歳以上でうつ病の有病率が減少するという事実は多くの人々の予想に反するものである。米国ではとくに、若さと活力を価値が高いものであると考えている。多くの人々が、高齢になるほど強さや身体的な健康が失われ、それに関連して楽しみを感じなくなると考えていた。それなのに、人生の終盤に差しかかっている人々が、どうして抑うつ的ではないのだろうか？

この疑問には決定的な結論は見出されてはいないが、高齢者の生活の要求がそれほど高くないことがあると考えられている(Henderson, Jorm, et al., 1998)。ほとんどの高齢者は仕事を競い合っていないし、子育てもしていない、そして彼らの人間関係は比較的安定している。

うつ病の有病率が若年成人と比べると65歳以上の高齢者では低いとしても、だからといってうつ病が高齢者の問題にはならない、と結論を急いではいけない(Henderson & Hasegawa, 1992；National Institute of Mental Health, 1989 b)。事実、うつ病は高齢者では最も一般的な精神障害なのである。うつ病と診断されて精神科を通院している高齢者はきわめて多い(Verhey & Honig, 1997)。加齢による身体変化に関連した身体症状や、長期にわたる貧困問題などにより、高齢者が抑うつ気分を経験することはありうる(Chrinstensen et al., 1999)。身体疾患の程度や無力感を感じる経験に関連して高齢者のうつ病の危険性が上昇することが研究から明らかになっている(Roberts, Kaplan, Shema & Strawbridge, 1997)。身体的要因が自己管理や他者との交流、生活を楽しむ能力を制限させるため、うつ病の原因となることが考えられる。

高齢者のうつ病は認知的欠陥を伴うことが多い(Feinstein, 1999；Rosenstein, 1998)。5,000人以上の高齢女性(65歳以上)を対象とした縦断的研究では、抑うつ症状を示す高齢者ほど4年後の追跡時に認知機

能の劇的な低下があることが明らかになった（Yaffe et al., 1999）。精神機能の低下が高齢者のうつ病の原因になるのだろうか、それともうつ病が精神機能の低下の原因になるのだろうか？ この疑問に対する解答は現在のところ得られていない。第4章で述べたように、ストレスに長期間曝されたときに脳異常が生じることも結論が得られていない。うつ病と関連したストレスが高齢者の認知機能を損なう脳変化にかかわることがあるのかもしれない。

また、高齢者のうつ病は死につながりやすい。うつ病は死亡率の増加と関連している（Pulska, Pahkala, Laippala & Kivela, 1999）。また、うつ病に罹患している若年成人と同様に、自殺の可能性も高くなる。実際、自殺率の情報が得られるすべての国で、自殺率は高齢者が高い（Shimizu, 1992）。自殺の原因で最も多いものは深刻な疾患に罹患することである。この点は、若年成人の自殺と対照的である。若年成人の場合、自殺する原因は金銭面での損失やロマンティックな失望感によるものが多い。うつ病率が低い高齢者で、どうして自殺率が高いのであろうか？ 部分的な解答となるが、高齢者は他者に頼ることの不安や、将来への高齢者自身の捉え方にその原因があるようである。

若年成人の自殺と同じく、高齢期の自殺でも性差がある。高齢男性の自殺率が高齢女性よりも高くなっている（Shimizu, 1992）。自殺に関して性差がある理由として、1つは自殺の手段が挙げられる。女性は大量服薬を選びやすく、そのため蘇生しやすい。男性は拳銃や首吊り、飛び降りを選びやすく、死亡する可能性がきわめて高い。うつ病の有病率にも性差があるが、有病率では女性が高い（Henderson, Jorm, et al., 1998）。図11-3にあるように、すべての年齢群で女性が抑うつ症状や不安症状を報告している。また、治療が必要な老年期うつ病の有病率も女性が高いという研究が報告されている（Kessler et al., 1993）。

老年期うつ病の主な要因は若年成人のうつ病とは異なる。パーソナリティ障害やうつ病の既往歴のような、すべての年齢で関連する個人的な脆弱性が高齢期でも関連があるのは言うまでもない。高齢者の場合、個人的な脆弱性以外のうつ病の危険因子として最も主要なものは健康問題（身体疾患、認知障害、心身障害を含む）である。その他の危険因子では配偶者の病気や喪失（死別や介護）の社会的要因がある（Jorm, 1995）。先述した脳血管障害も、治療対象でないものも含めて、うつ病と直接的関連があることが示されている（Conway & Steffens, 1999）。実際、梗塞後の患者がうつ病の症状を示すことはきわめて一般的である。社会関係の面では、配偶者の慢性疾患の介護が高齢期うつ病の主要な発症原因である。「B氏」のケースは、配偶者の介護者となることから、どのようにスト

レスがかかり、孤立していき、うつ病になるのかに関する経緯を示している。

> B氏は74歳になる男性で、結婚して55年が経つ。彼は7年前に肺気腫と診断された妻の介護を行っている。B氏は引退する前は建築デザインの修士号をもつ建築家だった。夫妻には2人の息子がおり、結婚して2人とも別の州で暮らしていた。B氏の医師は、B氏に心理療法を勧めた。B氏が妻の介護や家事を行う責任感から、かなりの不安感や抑うつ感を感じているように医師には感じられたからである。インテイク面接では、B氏は妻の介護を全力で行っていることを、悲しみの感情を大きく表わしながら話した。彼は妻に頼まれたり、急かされたりしたときに不安になることも話した。B氏はトースト用の妻のお気に入りのパンがなかったときに、妻から批判され、朝食を拒まれた経験を話した。B氏は妻が健康を損ねてからこのような困難がずっと続いていたと話した。B氏は今までにうつ病のエピソードがないこと、心理療法を受けた経験がないことを伝えた。
>
> インテイク面接で、B氏はベック抑うつ質問紙（BDI）で20点、HRSD（Hamilton Rating Scale for Depression）（Hamilton, 1967）で18点を示し、うつ病状態が明らかであることを示した。彼が治療することに対する妻の反応を終始心配していたが、B氏はパロ・アルトの退役軍人省医療センターの高齢者センター（Older Adult Center at the Department of Veterans Affairs Medical Center）で作成された20セッションの認知行動療法の契約をした。（Dick, Gallagher-Thompson & Thompson, 1996より引用）

治療

老年期うつ病の治療は、若年期のうつ病と同様に実施される。認知行動療法は、抑うつ気分の原因となる否定的な思考パターンを減少させる目的で導入されることが多い。老年期うつ病治療では、認知行動療法と抗うつ薬治療は同等の効果があることが、最近の研究から示されている（Dick, Gallaghar-Thompson & Thompson, 1996）。65％の高齢患者が、薬物治療と認知行動療法のどちらでも1年後には改善を示している。二重盲検法を用いて、大うつ病高齢患者を対象とし、3年間追試した最近の研究もある（Reynolds et al., 1999）。その結果、薬物療法のみを実施した43％が3年後に再発したが、個人精神療法を併用した場合は半減して20％の再発率となったことが報告されている。B氏の治療から、高齢男性のうつ病をどの程度認知行動療法が緩和できるのかを示してくれる。

治療初期 治療開始当初、B氏にとって治療セッ

高齢者がうつ病を発症する原因は身体疾患、認知障害、愛する人や親友との死別などがある。(Nathan Benn/Corbis/Bettmann)

ションを開始することは非常に不快なことであった。彼は妻にかかりつけ医のところに行くと話していたが、後には心理療法士のところに行っていると「告解」した。続いて、心理療法の時間が近づくと妻がさらに要求するようになったため、いっそう不快感を感じながら来訪するようになった。セッション中にB氏が集中できるように、簡単なリラクゼーション練習をセッション開始後まず実施するようにした。まもなくB氏はこの練習に満足し、身体的緊張は緩和され、苦しそうな呼吸は静まり、追い立てられたような思考は減少して行った。心理療法士はB氏にリラクゼーション練習を録音したテープを渡し、不安や追い立てられるような身体症状を感じたらどこでも練習するようにと伝えた。しかし、彼は妻の前で試す時間がとれるなどとは思えなかった。

B氏は治療の目標を明確にし、設定することができた。すなわち、介護義務に伴うストレスを高めるような信念を理解し反論すること、彼が楽しいと感じる社会活動を増やすこと、彼が妻に自己主張する際の不安を低減させることが目標となった。

B氏は高齢者の楽しい出来事調査表(Older Person's Pleasant Event Schedule)に回答した。それにより、彼が今なお社会活動やレジャー活動に強い関心をもっていること、にもかかわらず、その機会がほとんどあるいはまったくないことが明らかになった。また、B氏が他者との交流を楽しめること、しかしながら、誰か(とくに妻)から不平を言われたり、介護をうまくやっていることを感謝されると、交流の機会がもてないこともこの検査から明らかになった。

B氏は他の有料の介護サービスも利用せずに、妻を家に1人にして出かけることは彼女の機嫌を損ねるためにできないと信じているために、友人と会うことはめったにしなかった。さらに、彼は彼女の世話を完全にこなすことができる唯一の人間が自分であるとも信じていた。これらの信念は、たとえ家事のためであっても外出してほしくないと妻に頼まれた出来事や、彼の介護に対して批判される機会が何度もあったという事実から、強固なものとなっていた。このため、B氏は自分の時間をもちたいと思うことは「悪い介護者」であると信じるようになった。

治療終期 治療の終盤では、B氏は毎日の朝1時間と昼食後30分、夕食後の1時間を自分の勉強の時間とすることができるようになった。また、1週間に1度、友人とゴルフをするために外出できるようになった。B氏は「よい介護者であるために、自分自身にも配慮が必要である」および「私には退職後の生活を楽しむ資格があり、そのために自分が楽しめる人々と交流し、物事を続ける資格がある」という有益な認知をもつことによって、上記の活動をもつことができたのである。また、妻にB氏が自己主張をする際に感じていた不安も低減した。さらに毎日4時間の有料の訪問介護サービスも始め、つらい家事を離れることができるようになった。

また、B氏は将来の難しい状況に備えて、自分が経験から学んだ技術と、どのように変化したのかをまとめた「メンテナンスガイド」を実に協力的に作成した。BDI得点が3、ハミルトン不安尺度(Hamilton Anxiety Scale)が4となり、治療を終結した。治療者は、これらの新しい技術がそれぞれどのように使えているのかを確認するために「補助セッション(Booster session)」が必要かどうかB氏に尋ねた。B氏は必要であることに同意し、1ヵ月後に予約をした。(Dick, Gallagher-Thompson & Thompson, 1996より引用)

うつ病に関する最近の最も際立った知見は、睡眠剥奪が治療に有効であることである。高齢者を対象とした研究で、睡眠剥奪は急速かつ短期的なものであるが抗うつ効果が見られた。Smithらは、老年期うつ病の高齢者を対象とし、長期にわたる抗うつ薬治療と同様の効果を完全な睡眠剥奪が脳機能に及ぼすかどうかを検討する研究を実施した(Smith et al., 1999)。PET画像を測度として、完全な睡眠剥奪前後の脳活動を記録した。その結果、睡眠剥奪は抗うつ薬を投与された患者で観察される脳活動と同様の活動をひき起こすことが確認された。とくに、大脳辺縁系の一部である前部帯状回で活動の低下が認められた。これらの知見から、老年期うつ病には睡眠剥奪が治療反応性を高める

可能性があると考えられる。なぜ睡眠剥奪が抑うつ症状を低減させるのかは、現時点では不明である。

最後に、心理療法士は、仕事で高齢の患者と接するときに、とくに考慮すべき事柄があることを覚えておかなければならない。第1に、治療者自身がどのような加齢への先入観をもっているのかに注意深くなければならない。もしも治療者が加齢プロセスに対して否定的なステレオタイプをもっているとしたら、共感的な関係（ラポール）を作ることや、肯定的な変化を患者にもたせることは難しいだろう。第2に、治療者は高齢患者がもつバイアスのある認知に対処しなければならないこともある。老年期うつ病患者の中には、年の若い専門家に対して、人生経験もないのに本当に理解できるのかと疑い、怪しむ人もいる。治療の過程で、患者の信頼を構築するために特別な注意を払う必要がある。

高齢者の不安障害

うつ病と同様に、不安障害の比率は加齢に伴い減少する（Jeste et al., 1999）。表11-1にあるように、65歳以上の高齢者の場合、約2%が全般性不安障害の診断に合致している。言うまでもなく、DSM-IVによる全般性不安障害の診断基準すべてに合致しているわけではない高齢者の多くが、不安症状を経験する可能性は高い。60歳以上の高齢者を対象とした最近の調査から、高齢者のおよそ10%が不安障害の基準には合致しないものの、深刻な不安をもたらす出来事を経験していることが明らかにされている（Papassotiropoulos & Heun, 1999）。

若年成人の不安を惹起する出来事の多くが、高齢者でも不安の原因となると考えることは不自然なことではないだろう。金銭的問題、配偶者や恋人の幸福などが、この不安に含まれる。しかし、高齢者の不安は若年成人の場合には比較的まれなものによってひき起こされることもある（Fortner & Niemeyer, 1999）。たとえば、加齢に伴い死の不安は増加するし、死のほかにも、将来深刻な病気に罹患することや介助を必要とするようになるという不安も多くの高齢者がかかえている。実際、65歳以上の高齢者を対象とした場合、うつ病の有病率と同様に、不安障害の有病率も疾病があると上昇する（De Beurs et al., 1999）。さらに、不安障害の危険性は梗塞を経験した場合に顕著に上昇する。

高齢者の不安を対象とする革新的な行動療法も利用されている。高齢者を対象とした認知行動療法は毎日の習慣を再編させることとともに、高齢者が死や無力感を考えることを低減させることによって不安を緩和させることを目的としている（Stanley & Averill, 1999）。梗塞患者にバイオフィードバック療法を導入して、生理的指標と主観的評価の両方で不安を低減させたという事例報告もある（Melton, Van Sickle, Hersen & Van Hasselt, 1999）。

高齢者の身体健康に運動が有益であることは受け入れられているが、精神的健康にも有益であることはごく最近になってから認識され始めている（Katula, Blissmer & McAuley, 1999 ; King, Taylor & Haskell, 1993）。AbbeyとKingらは12ヵ月にわたり、健常高齢者を対象として不安に対する運動の効果を検討した。研究参加者は軽負荷身体運動群、高負荷身体運動群、対照群にランダムに割り当てられた。また、運動環境に関しては、運動は集団で行う場合と単独で行う場合が設定された。心理面の評価は研究前後に行われた。1年後、2つの運動群に割り当てられた高齢者は不安が有意に低下し、その効果には負荷の程度や運動環境は関係なかった。これらの知見は、高齢者の精神的健康を維持するために身体運動が重要であることを際立たせるものである。

高齢者の不安障害に対する薬物治療は、若年成人に対する場合と同様である（Bell, 1999）。しかしながら、高齢者の場合には注意を必要とする要因が1つある。それは負の副作用や、薬物間の相互作用の問題である（Ayd, 1994 ; Berg & Dellasega, 1996）。不安障害に使用される主要な薬物であるベンゾジアゼピンは、とくに高齢者の場合、認知機能に干渉する可能性をもつ（Curran, 1994）。65歳以上の高齢者にベンゾジアゼピン系薬物を使用する際には、とくに注意が必要である。不安が緩和されることの利益が認知機能障害の危険性よりも高いことが、使用する際には重要である。

高齢者が不安障害を発症する原因は経済的不安、病気や自立した生活ができなくなることに対する不安、戦争のような大惨事、友人や家を失うことの不安などがある。（David Tunley/Corbis/Bettmann）

Box 11-3　分析のレベル

高齢者の眠剤乱用

　高齢者はアメリカの人口の10％ほどを占めているだけだが、国による処方薬負担費の25～40％を消費している。65歳以上の高齢者で、とくに身体疾患に罹患している場合、眠剤が広範に使用されている。事実、入院している高齢患者の90％以上が鎮静－入眠剤が処方されている。これは高齢者では睡眠障害が一般に起こりやすいためである。高齢期の不眠症（insomnia）の多くには睡眠呼吸のリズム障害や夜間の筋収縮の増加、循環器疾患、疼痛が関連している。医師は、不十分で寝た気がしないような睡眠はQOLを低下させることから、高齢者の睡眠障害への対応を重要視する。慢性不眠症は強い疲労感やうつ病もひき起こす。
　しかしながら、高齢者に対する眠剤処方は危険性が高い。記憶障害のある高齢者は時としてすでに服用したことを忘れ、「多重服用」という結果になってしまうのである。その結果、昏睡状態や過睡眠、事故の発生率を上昇させてしまう。眠剤によるその他の嫌悪事象には、眠剤効果の昼間までの残余や睡眠呼吸障害の悪化、夜間覚醒の悪化、薬物の相互効果、薬物耐性、不眠症のリバウンドなどがある。さらに、高齢者の不眠症に対する眠剤治療は依存症や乱用、妄想もまたひき起こしてしまう可能性がある。不眠症は慢性化や再発することが多いので、長期の治療方略が必要である。高齢者が眠剤を過剰服用することを予防するために、睡眠障害治療の際には薬学的処置とは違う別の非薬学的対応が必要である。

(Reynolds, Buysse & Kupfer, 1999 ; Reynolds, Kupfer, Hoch & Sewitch, 1985に基づく)

高齢者の物質乱用

　アルコールや違法薬物の摂取は65歳以上の高齢者では大きく減少する（Adams, Garry, Rhyne, Hunt & Goodwin, 1990）。この傾向は加齢に伴い穏健な生活様式をする傾向となることと密接に関連している。高齢者が物質乱用する場合、若年成人の場合に比べて急速に生命を脅かす結果になる可能性がある。
　高齢者の物質乱用の中で最も一般的なものはアルコール乱用である。60歳以上の高齢男性の9％、高齢女性の2％が1週間に21杯以上の飲酒をしていることが報告されている（Adams, Barry & Fleming, 1996）。同様に過去3ヵ月内で男性の9％、女性の3％が物質乱用の基準に合致する。加齢による身体変化とアルコールの大量摂取が結びつくと、その結果はきわめて問題となる。たとえば、加齢に関連して反応時間が低下するのは正常な低下であり、そのため車の運転の際は困難になる。知覚運動能力にアルコールが影響を及ぼすと、高齢者が安全に運転する能力をきわめて低下させる。
　高齢者の物質乱用で一般的なもう1つのものは処方薬の乱用である（Gomberg & Zucker, 1998 ; Norton, 1998）。不安や睡眠困難に対処する（Box 11-3参照）ために高齢者の多くが向精神薬（精神安定剤や抗不安薬）を処方されている。先述したように、これらの薬物は認知機能に干渉する危険性がある。また、依存性や乱用につながる効果もある。高齢者の処方薬乱用の比率は確認されていないが、高齢者を診察するプライマリーケア医が直面することが多い身近な問題である。以下のケースは、この問題に関するものである。

　ハワードは70歳になる高齢者で、2年前に保険業を退職した。彼は退職後の1年間、新しい生活様式にたいへん満足していた。しかしその後、今から1年前、彼は不安感や目的のない気分を感じるようになった。睡眠がとくに困難になった。ハワードはとくに理由もなく、ほとんど毎晩中途覚醒を繰り返し、再度入眠することが困難となった。たいてい、2時間しか睡眠できなくなった。ハワードのかかりつけ医は、抗不安薬として一般的に用いられるベンゾジアゼピンを処方した。
　薬物は困難から彼を救出したように見えた。ハワードは一晩中心地よく眠ることができるようになった。しかし、2週間後医師が薬物治療を終了すると、ハワードはまた睡眠問題をかかえることになった。医師はハワードが再び処方してくれるように頼んでも応じなかった。しかしハワードは自分が薬物を必要としていると確信していたため、彼の睡眠問題を「治療」するために別の医師のところに行った。このシナリオは5人の医師を相手に繰り返された。この方法によってハワードは治療薬を安定して所持することができた。彼の薬物使用は、初めのうちは寝るときに限られていたが、数ヵ月後、ハワードは不安を緩和させるために日中にも使用するようになった。
　70歳の誕生日までに、ハワードは1日15時間以上眠るようになった。友人は、時々彼が混迷していることに気づいた。ある晩、以前の同僚との宴会で、ハワードは1杯のカクテルを飲んだ後、ひどく眠気を感じてソファーで眠ってしまい、目を覚まさなかった。同僚は驚き、救急車を呼んだ。ハワードがパーティーの直前に抗不安薬を服用していたことが判明した。退院後、彼は依存症治療へ紹介された。

第 11 章 高齢期の障害

DSM-IV-TR の診断基準

妄想性障害

A. 奇異でない内容の妄想(すなわち、現実生活で起こる状況に関するもの、たとえば、追跡されている、毒を盛られる、病気をうつされる、遠く離れた人に愛される、配偶者や恋人に裏切られる、病気にかかっている)が少なくとも1ヵ月間持続する。

B. 統合失調症の基準 A を満たしたことがないこと。

注：妄想性障害において、妄想主題に関連したものならば幻触や幻嗅が出現してもよい。

C. 妄想またはその発展の直接的影響以外に、機能は著しく障害されておらず、行動にも目立って風変わりであったり奇妙ではない。

D. 気分エピソードが妄想と同時に生じていたとしても、その持続期間の合計は、妄想の持続期間と比べて短い。

E. その障害は物質(例：乱用薬物、投薬)や一般身体疾患による直接的な生理学的作用によるものではない。

(訳注：原書は DSM-IV だが、ここでは DSM-IV-TR, APA, 2000 [高橋三郎・大野裕・染谷俊幸訳『DSM-IV-TR 精神疾患の診断・統計マニュアル(新訂版)』医学書院、2004] を修正し引用した)

物質乱用と依存は高齢者の問題としては現在それほど大きな問題ではないが、近い将来には問題になると予測する専門家もいる(Montoya, Chenier & Richard, 1996 ; Patterson & Jeste, 1999)。「ベビーブーム」世代(1946年から1964年に生まれた世代)が、若い頃にレクリエーション薬物を使用する時代を到来させたからである。他人との交流や映画を見るとき、コンサートに参加するときに薬物を使ってさらに楽しくすることができるという考えは1960年代に普及した。その後、1960年から1990年の間に、われわれの社会は、気分を変えるために薬物を使用する人々の割合が恐ろしいほどに増加した事実を目のあたりにした。この10年間にアルコールの使用も増加している。その結果、前の世代と比べると、ベビーブーム以降の世代では物質乱用の問題は大きくなっている。

ベビーブーム世代とそれ以降の世代が高齢者になったときに何が起きようとしているのか？ 物質乱用問題をかかえた彼らは、その問題を高齢期でもかかえたままなのだろうか？ もしもそうなるのなら、高齢者の物質乱用問題は公衆衛生上の重要な問題となるだろう。そうでないなら、高齢者がより穏健な生活様式を好むという傾向が物質乱用を低下させることができるだろうか？ 今後数十年で解答が明らかになるだろう。現在、物質乱用の諸問題に関して、治療効果の社会的な議論は始まったばかりである(Dupree & Schonfeld, 1999)。アルコールや薬物乱用に対する注目すべき治療プログラムのほとんどは若年成人向けに作成されている。高齢期の依存症に対する新たなアプローチが必要とされている。

妄想性障害

DSM–IV では、少なくとも1ヵ月間持続して奇異ではない内容の妄想を経験をすることを妄想性障害とし、精神病性障害の1つとして定義している。奇異ではない内容の妄想とは何なのか？ それらは、起こり得る可能性のあるもので、信じることができそうだが、実際には偽の内容である。たとえば、病気にかかっている、人につけられている、毒を盛られた、病気をうつされた、秘密のファンがいる、配偶者や恋人に裏切られるなどの現実生活で起こる可能性のあるものである。妄想やその結果からの影響を別として、妄想自体が正常な機能や行動を妨害してはならない。たとえば、奇異ではない内容の妄想が、毒を盛られる恐怖から閉じこもってしまったり、彼らが使う秘密の暗号を使わないと話さなくなったり、ラジオから自分を汚染するメッセージが聞こえてくると訴えたりする場合は、妄想性障害の診断はされない。この場合は統合失調症と診断される。また、妄想と同時にうつ病や躁病と考えられる事柄が長期にわたる場合は、気分障害と診断されることがより適切である。最後に、妄想性障害の妄想は、物質や薬物などによる身体状態に伴う物理的影響で生じるものは除外される。

妄想性障害は中年以降の成人が診断されることが多い。65歳以上の高齢者の有病率は約0.04％で、年間発症率は100,000人につき15.6人である(Copeland et al., 1998)。これ以外の研究では、高齢者の妄想性障害有病率は0.1％(Lindstroem, Widerloev & von Knorring, 1997)から、患者を対象とした研究による1.78％(Penin et al., 1993)までの範囲である。

妄想性障害と診断されると、どのようなテーマが妄想で優勢かによってさらに型が診断される。病型は以下の通りである。色情型(誰かと恋愛関係にある)、誇大型(肥大した価値、権力、知識、身分あるいは神や有名人との特別な関係がある)、嫉妬型(自分の性的パートナーが不実であるというもの)、被害型(何らかの悪意をもって自分が取り扱われている)、身体型(自分に何かの身体的欠陥がある、もしくは一般身体疾患にかかっている)、混合型(2つ以上の妄想が存在し、どれか1つが優勢ではないもの)、そして特定不能型である。最も多い病型は被害型の妄想である(National

Institute of Mental Health, 1989 a）。たとえば、自分が健康を害し、養護施設から出られなくなるように家族が企んで自分を運動させないようにしていると信じることである。

　妄想性障害の原因ははっきり特定されていない。統合失調症と同一の遺伝負因に由来しているという仮説もある。しかしながら妄想性障害患者の生物学的家系で統合失調症の発症率が上昇することは確認されていない（Kendler & Hays, 1981）。それにもかかわらず、妄想性障害に罹患する人は社会的に孤立することが多い事実が示されており、不十分な社会交流が妄想の原因となる可能性を示している（Munro, 1992）。また、妄想性障害患者に高い割合で感覚欠陥が生じていることも報告されており（Maher, 1992）、妄想的な信念は混乱した感覚入力に「意味」を与えるために作り出された可能性がある、という仮説へとつながっている。Schlager（1995）は妄想が「重要な環境への脅威や、脅威はなくても重大な状況に対する適応的な過敏性の表れ」であるかもしれないと述べている。これは本章の初めに論じたアリシアのケースでも見られる。

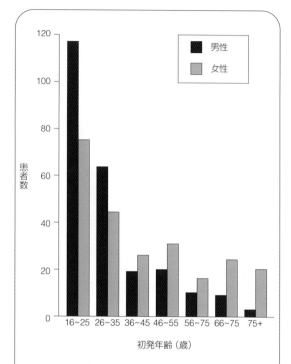

図11-4　男女別の統合失調症初発年齢
　統合失調症と初めて診断された時に関して、男性は早発性、女性は遅発性であることが示された。また、男女ともに25歳から45歳までの期間は統合失調症が初発する危険性は減少していた。（Howard, Castle, Wessely & Murray, 1993, p.354より引用）

　アリシアが78歳、カルが79歳の時、2人は結婚することを決断した。彼らの子ども、孫は喜んだ。結婚式の後、ハワイでハネムーンを過ごした。その後の4年間、2人は旅行に出かけたり、家族と楽しい時間を過ごした。

　アリシアが82歳の時、彼女は目が見えなくなり始めた。彼女は緑内障と診断され、84歳になる頃にはほとんど目が見えなくなった。1年後、カルは心臓発作で急死した。アリシアは嘆き悲しんだ。その後数ヵ月の間、彼女は抑うつ状態となり混迷状態となった。かかりつけ医は抗うつ薬を処方したが、効果は得られなかった。その代わりアリシアは隣人を深く疑うようになった。彼女は一人きりにされることを嫌がり、夜中子どもに電話をするようになった。それにもかかわらず彼女は、子どもたちと同居することや養護施設に入所することは拒んでいた。アリシアは夜の間に隣人が彼女の家を壊そうとしていると考え、眠ることができなくなった。子どもたちが一緒に過ごした夜は、そのような物音は何も聞こえなかった。子どもたちは、アリシアがまったく安全であることを説得しようとしたが、彼女は自分の主張を止めなかった。アリシアのかかりつけ医は彼女を精神科医に紹介し、精神科医は彼女を妄想性障害と診断した。抗精神病薬が処方され、彼女の恐怖反応は低減したが、同時に多少無気力な状態になった。

　アリシアが86歳になった時、彼女は長女夫婦と同居を始めた。その家は広く、アリシアは自分の部屋をもつことができた。日中、長女が家を職場にして仕事をしていたため、ほとんどいつも会うことができた。夕方以降や週末には、ティーンエイジャーの孫3人の活気が満ちていた。この間、抗精神病薬は漸減され、まもなく終了した。猜疑的および妄想的な思考が再発することはなかった。

　妄想性障害は抗精神病薬で治療されることが多い。抗精神病薬は妄想性障害に伴って生じる不安や興奮とともに、妄想の強さも緩和させる（Long, 1990；Munro, 1995）。嫉妬型や被害型の病型をもつ妄想性障害患者はクロザピンのような新型の抗精神病薬に対して反応性を示す（Buckley, Sajatovic & Meltzer, 1994；Songer & Roman, 1996）。抗精神病薬の服用が高齢者の妄想性障害治療に有用である一方、感情鈍麻や「活気」の消失、意欲減退などの副作用もある（Macdonald, 1997）。多くの場合、個人精神療法が適用となる可能性がある。

遅発性統合失調症

　第10章で、精神障害の危険性に関する発達的変化

について述べた。その中で統合失調症は主要なものであった。その時に説明したことは、精神障害は青年期以前ではきわめて少なく、40歳までに初発しなければ、その後発症する危険性は劇的に低下することであった。これは生活環境の変化とともに脳内の発達的変化も影響している可能性があることも指摘した。**遅発性統合失調症**は**パラフレニア（妄想型精神病）**とも呼ばれ、女性が罹患しやすく、65歳以上の女性が発症する割合が18％である。図11-4はイングランドの統合失調症の患者数を初発年齢と性別ごとに示したものである（Howard, Castle, Wessely & Murray, 1993）。初発に関する性差の変化はきわめて明確である。16歳から25歳までは男性の患者数が多く、36歳以上になると女性が多くなる。65歳以上の男性で統合失調症と診断されるのは4％と考えられている（Castle & Murry, 1993）。

第10章では、統合失調症の臨床症状が最初に出現する年齢には性差が存在し、男性がおよそ2年早いことを述べた。この性差にはエストロゲンが関与していると考えられている（Lindamer, Lohr, Harris & Jeste, 1997）。エストロゲンが、統合失調症に重要な働きをもつと考えられている神経伝達物質のドパミン活動を低下させることが確認されている。このことが本当であるなら、高齢期になると、女性の統合失調症発症率が増加することも予測できる。高齢期にはエストロゲンのレベルが低下するからである。図11-4で示された結果は、この予測を支持するものである。

研究者を悩ませる問題に、遅発性精神障害と早発性精神障害の原因は同じか否か、という問題がある。40歳以降に初発することは少ないことから、高齢期に発症する場合は異なる原因によると考える研究者もいる。統合失調症の原因はいまだ不明確ではあるが、遺伝要因の影響は遅発性統合失調症では比較的小さいことが明らかにされている（Henderson & Kay, 1997）。反対に、とくに聴覚障害に見られるような感覚欠陥が高齢者の統合失調症では生じやすい。遅発性統合失調症の症状に見られる特徴も、他の統合失調症と比べて異なっている。45歳以上に初めて統合失調症と診断された場合、幻覚や妄想がより認められる。65歳以上に初発した場合、認知機能低下や認知障害が多い。

統合失調症に罹患した高齢者は社会的に孤立し、孤独になりやすい（Almeida, Howard, Levy & David, 1995）。しかしながら、このような社会的問題が精神障害発症の危険性を高めてしまうのか、社会的問題は発症の結果なのかは明らかではない。おそらく、ある程度は双方向に影響し合っていると考えられる。このことから、高齢者の中にはソーシャルサポートを喪失することによって精神疾患への脆弱性が高まる場合もあるかもしれない。そして、精神病症状がその後の社会的交流を回避することにつながってしまうかもしれない。

遅発性統合失調症に対する薬物治療は若年成人の場合と同様に行われ、新型のオランザピンやクロザピンなどの抗精神病薬も使用される。しかしながら、患者を鎮静させるためや運動を抑制するために投薬量を増やすことには、とくに注意しなければならない。また、精神病薬と他の薬剤との相互作用にも常に警戒しなければならない。

まとめ

アメリカにおける65歳以上の人口はかつてないほど増大しており、今後も増え続けることが予測される。われわれが高齢期を健康に暮らせる可能性は以前よりも高くなっている。宇宙飛行士であったJohn Glennは1998年に77歳で再び宇宙旅行に行った。世界中で多くの人々が65歳を過ぎて肉体的にも活発な、あるいは知的探求心を満たすような生活を送っている。実際のデータをみれば、われわれが過ごす高齢期は以前に比べて幸福であるのかもしれない。その一方で、これらの利益はコインの表と裏のように、何種類かの精神障害に罹患する危険性が増加することにもつながる。このため、高齢者の精神の健康問題は今後、より顕著になるだろう。

世界各地で出生率が安定あるいは死亡率が減少し、寿命が延びるにともない、アルツハイマー病やパーキンソン病、またはそれ以外のタイプの認知症に罹患する人口は増加するだろう。健康増進や研究にかかわる国家予算の多くの割合が認知症の治療や予防に費やされることになるだろう。このことから製薬会社が認知症を発症させる脳内変化を予防する薬物の開発に重点をおくことは当然であろう。同様の理由から、高齢期のうつ病やその他の精神障害への関心も高まっている。心理療法や薬物治療は高齢者を特定の対象として導入できるように開発が進められている。

しかしながら「若さの源泉」となる薬は存在しない。加齢に伴い身体活動能力は低下し続け、精神活動能力も多くの人では失われ続けるだろう。加齢によってもたらされる身体的、精神的、そして対人関係上の喪失の影響を最小にしながら、高齢期ならではの幸福を楽しむことはまさしく挑戦である。われわれは、「黄金期」の人々のQOLを改善するための研究や臨床的なかかわりに老年心理学者が中心になることを期待する。

臨床心理学や精神医学分野での大学院教育は、老年学的問題をますます重要視するようになっている。臨床領域では、開業医は身体機能や精神機能の障害をもつ高齢者の治療訓練をますます多く受けるようになった。高齢者の自立感を高め、独立した生活の続行を支

援することはとくに重要である。友人や家族との死別のように、高齢期になると経験しやすい感情的な喪失感も、臨床心理学では重要項目である。配偶者の死別に直面した高齢者は、身体障害と精神障害のどちらにもきわめて脆弱になる。予防的な心理的介入は確かな利益をもたらすだろう。

要約

1. パーソナリティの型と適応のレベルは生涯にわたる連続性をもつ。若年および中年成人期に健康的で創造的な生活をしていた人は、高齢者となってもたいていはその創造的なアプローチを維持し続ける。しかしながら平均すると、年齢が増えるにつれて、攻撃性や危険を冒そうとするレベルは次第に低くなり、慎重になっていく。
2. 加齢現象と最も密接に関連している障害は**認知症**である。認知症には大別して2つのタイプがあり、**アルツハイマー病**と**血管性認知症**である。アルツハイマー病は女性の発症率が高く、血管性認知症は男性の発症率が高い。**パーキンソン病やピック病**が原因となる認知症は多くない。
3. 程度の差はあるが、すべての認知症に記憶欠陥が伴う。加えて、それぞれの病型には知覚運動障害や前頭葉機能の低下による遂行機能障害などの別の認知欠陥が伴う。現在行われている薬物治療や認知療法は、初期段階の記憶欠陥や抑うつ症状に対応することを目的としている。
4. **妄想**は急性で不安定な認知障害で、治療反応性は良好なことが多い。高齢期は妄想を発症する危険性が高い。高齢期は一般的に医療を受ける機会が多く、ホルモンバランス異常や酸素欠乏症、頭部外傷、代謝性障害、複数の処方薬の相互作用など、妄想をひき起こしやすい条件となるからである。
5. 抑うつ症状やうつ病の罹患率は65歳以上では低下することが明らかにされている。高齢者がうつ病を発症する場合、身体的健康の低下が関連することが多い。高齢者のうつ病に対しては、若年成人のうつ病に対する心理療法や薬物治療が同様に導入される。しかしながら、高齢者の特別な要求に合わせながら治療を行う経験豊富な治療者であることが望ましい。
6. 不安障害の有病率も加齢に伴い減少する。65歳以上の高齢者の有病率は若年成人に比べて低いが、身体疾患に罹患した高齢者では有病率は上昇する。
7. アルコールおよび違法薬物の使用は65歳以上の高齢者では減少する。高齢者の物質乱用問題で最も一般的な問題は処方薬の乱用である。
8. **妄想性障害**はあらゆる年齢群で少ないが、中年成人期および高齢期に最も発症しやすい。妄想性障害には思考障害や幻覚などの精神病症状がない、極度の猜疑心や妄想が含まれる。妄想性障害と診断された患者の多くが視覚障害や聴覚障害も有している。
9. 割合は少ないが、統合失調症は45歳以上でも発症する。**遅発性統合失調症**のほとんどの場合は女性である。女性の遅発性統合失調症やその他の精神障害には、加齢に伴うエストロゲンの減少が影響していると考えられている。遅発性統合失調症の薬物治療は高齢であるために過剰投与に対する注意がとくに必要だが、抗精神病薬を使用して行われている。

12 心理的要因と身体疾患

本章の概要

精神と身体との相互作用　465
　素因とストレス　465
　生物学的機序　467
　心理的調節因子　472
冠動脈性心疾患（CHD）　475
　タイプAパーソナリティ　476
　感情状態とCHD　477
消化性潰瘍　481
　潰瘍の症状と発症　482
　潰瘍に罹患しやすい人とは？　483
　消化性潰瘍に及ぼす心理的因子　483
　消化性潰瘍の治療　485
免疫系障害　486
　免疫能力の低下と感染性疾患　486
　エイズ（AIDS）　487
　癌　488
　喘息　490
まとめ　490
要　約　491

学習の目標

● 一般的な医学的症状に影響を及ぼす心理的要因に関して、DSM–IV の診断基準ではどのように素因-ストレスモデルを定義しているかを記述できる。

● 適応理論について説明し、神経科学の最近の進歩がどのようにこの理論を修正したか、また「ホメオスタシス」と「アロスタシス」の差をめぐるストレスに関する現代の理論を説明できる。

● 免疫系がどのように作用するかを理解することから学習を始め、心理的因子がどのように神経活動および免疫系を変化させるかを研究する精神神経免疫学の領域について学ぶ。

● 人の健康に影響を及ぼすいくつかの心理的調節因子を記述できる。

● タイプ A パーソナリティがとくに冠動脈疾患のリスクが高い理由を学び、心疾患に対する脆弱性に寄与するものとしての敵意、無力感、絶望感、ストレスについて記述できる。

● 潰瘍の生理学的発現のほか、胃液分泌に影響を及ぼし消化性潰瘍をもたらす可能性のある心理的因子を記述できる。

● エイズ、癌および喘息など、患者の感情状態が予後にとくに影響を及ぼすさまざまな免疫系疾患について学ぶ。

われわれが何を考え、どのように感じるかは、身体の健康を変化させる可能性がある。第 5 章では、思考および感情が身体反応にいかに影響を及ぼすかを学んだ。身体反応の 1 つはもちろん疾患であるが、心疾患、癌またはエイズ（AIDS）などの身体的疾患が思考および感情によって影響を受ける可能性のある反応であるとは、われわれはすぐには考えない。しかし、このような身体的疾患のプロセスおよび、時には発症率そのものが、患者の心理的状態によって影響を受ける可能性があるというエビデンスは、相当数に上る。人の発育のような基本的な身体的プロセスではほとんど見られないが、このようなプロセスでさえも、次の事例に見るように心理的因子によって影響を受ける可能性がある。

> 第 2 次世界大戦後まもない時期、多くのドイツの児童は児童養護施設で育った。養護施設は政府が運営していたため、養護施設の孤児らは同様の栄養と医師の訪問などを受けていた。しかし、このような養護施設のうち 2 ヵ所は、管理していた 2 人の女性の人格という重要な点において他の施設とは異なっていた。1 ヵ所は、親切で母親的であり、子どもたちとよく一緒に遊ぶ女性が管理していた。この女性は愛情豊かで思いやりがあった。また、ここでは毎日、歌声や笑い声が聞こえた。もう 1 ヵ所の養護施設は、暴君が管理していた。彼女は子どもたちをできる限り避けた。子どもと接するときには、いつも叱りつけるか、非難するかであり、このような態度を他の子どもたちの前でとることが多かった。当然ながら、こうした子どもたちの成長は記録されており、この 2 ヵ所の養護施設では劇的な差が見られた。親切な管理者の元にいた子どもは、暴君の元にいた子どもよりも体重と身長が増加していた。しかし、この暴君が 1 ヵ所目の施設に異動になると、養護施設の食糧供給を増加させたにもかかわらず、まったく逆の現象が生じた。(Widdowson, 1951)

逆に、われわれの身体状態も精神に影響を及ぼし、精神の疾患の引き金となる可能性がある。次の症例に見るように、頭部への打撃、ウイルスの攻撃といった外部からの脳の損傷またはアルツハイマー病、認知症、脳卒中、腫瘍などによる内部からの損傷を考える場合、このエビデンスは有力である。

> 医師らはグレッグの脳の一部の領域から、失明、運動困難および記憶障害といった永久的な損傷をもたらした大きな腫瘍を除去した。グレッグは、自分に問題が生じたことを自覚しておらず、自分がなぜ入院しているのかもわからなかった。また、逆行性健忘（近い過去の記憶喪失）を経験した。グレッグは、入院前にニューオーリンズのハーレクリシュナ寺院（Hare

Box 12-1　社会とメンタルヘルス

プラセボ（偽薬）:「すべてが思い過ごし」とは限らない

　疾患で悩む患者に薬剤を手渡し、「これを服用し、午前中に来院して下さい」と医師が言う。「これ」が実際に何であるかは問題だろうか？　こうした前提は近代医療の根底にある。薬物治療は、それが有効成分を含有し患者に直接の身体的変化をもたらすため、奏効するのである。アスピリンがなぜ緊張性頭痛を緩和するのか？　それは、アスピリンの化学物質が特定の疼痛経路を遮断するためである。なぜバイパス手術が冠動脈疾患の症状を軽減するのか？　それは、パイプラインを開通させ、心臓への血液供給を改善するからである。さらに、われわれの目的と関連のあるものでは、なぜ抗うつ剤および抗不安剤が奏効するのか？　それは、薬剤の成分が患者の気分関連の神経伝達物質を変化させるからである。少なくともそう前提されている。

　しかし、多くの研究から、中身が砂糖の錠剤を手渡される、または偽の手術をする、などの偽治療であっても、身体の健康に、プラセボ効果——ラテン語の動詞"placere"（to please、満足させる）に由来する——と呼ばれる現象である著明な効果を及ぼす可能性がある。プラセボ効果の重要性は、麻酔医 Henry K. Beecher による挑戦的な論文（1995）で医学的に注目されるようになった。Beecher は、プラセボ効果により実際に改善が見られる内科患者は全体の1/3にも及ぶという結論を得ている。この1/3という数字は、プラセボ反応率として知られるようになったが、現在われわれは、1/3という数字は多くの症例では控えめすぎる可能性のあることがわかっている。最近の試験からは、喘息や心疾患からパーキンソン病、疼痛までといった広範囲な身体的疾患の診断を受けた患者集団の最大で70%が、プラセボの服用後に実際の改善が見られたことが示されている（Benson & Friedman, 1996；Harrington, 1999；Price et al., 1999；Shetty, Friedman, Kieburtz, Marshall & Oakes, 1999）。

　プラセボ治療の効果は、患者も医師も誰が有効成分を服用し、誰がプラセボを服用しているかを知らないという厳密な二重盲検の実験的手法により、治療の有効性の検討に基礎を置いた医学に支持された。この方法では、その他すべての「心理的」効果と薬物の化学効果とが区別できるはずである。薬剤の実際の有効性は、プラセボ対照群の効果を差し引いた後で決定される。もちろん、プラセボのなかには他のプラセボよりも有効なものがある。たとえば、頻繁に投与されているプラセボはさらに効果が高くなる。このことは、十二指腸潰瘍のプラセボ錠を服用していた患者に関する研究で示されている。1ヵ月の治療後、プラセボを4回/日服用していた患者群の44%で潰瘍が治癒したが、プラセボを1回/日服用していた患者群での治癒率は32%のみであった（de Craen et al., 1999）。

　プラセボは信用することができれば、使用頻度に関係なく、さらに有効性が高まる。この理由から、研究者らは、測定可能な副作用のない粉末を充填した錠剤などの不活性プラセボと、測定可能な有効成分を含むがいずれの成分も患者の疾患には無効と思われる活性プラセボとを区別することが多い。活性プラセボの一般的な例の1つが抗生物質治療である。医師はウイルスに感染した患者に対して抗生物質を処方することが多い。抗生物質は細菌を殺傷するが、胃腸障害などの副作用があり、ウイルスには効果がない。しかし、患者は処方を受ければ診察室から出る時に何か有用なものを得たような気になり、処方されずに診察室を出れば、治療を受けなかったような気になる。

　また、プラセボは、大がかりで疼痛を伴う場合にさらに効果が高くなる。たとえば、プラセボは経口投与よりも注射のほうが効果的である（de Craen et al., 2000）。プラセボ効果はとくに、手術関係で強力である。40年前、Leonard Cobb は狭心症（心疾患に関わる胸痛）を軽減するための手術手技の効果を研究した。狭心症の見られる患者は、胸部に小規模な切除を行い、2本の動脈をつないで結び目を作り、脳の血流を増大させるという実際の手術、または麻酔を実施するが胸部の切除のみを行う偽の手術（プラセボ状態）のいずれかを受けた。この手術から回復したのち、改善が見られたのはプラセボ群の患者では80%であったが、実際の手術群では40%のみであった（Cobb, Thomas, Dillard, Merendino & Bruce, 1959）。言うまでもないが、この特殊な外科手術は即座に中止された。

　ここまでは、われわれは身体的疾患に限定して考察してきた。しかし、精神疾患についてはどうであろうか？　精神疾患でのプラセボ効果は身体的疾患で見られる効果よりも強力であり、プラセボ反応率が40～50%であることも珍しくないというエビデンスがある。さらに、このような高い反応率もまだ控えめな数値である可能性がある。最近、議論の余地のある19件の抗うつ剤に関する研究がレビューされた。そのほとんどが SSRI（選択的セロトニン再取り込み阻害薬）であり、抗うつ剤の効果の70%がプラセボ効果であるという結論が出された！（Kirsch & Saperstein, 1998）

　精神疾患でのこのようなプラセボ効果は、薬剤ばかりではなく精神療法にも用いられ、治験責任医師のなかには、精神療法の研究でもプラセボ効果が過小評価されていると強く主張するものもいる。このように観察する医師らは、精神療法前の薬剤投与または薬剤投与前の精神療法に関する評価につきものの「アレルギー作用」を明らかにすることに熱心である。公平な観察者は、プラセボ効果と治療効果の両者の推定値は疑わしいと主張している（Quitkin, Rabkin, Gerald, Davis & Klein, 2000）。

　プラセボ効果の原因は何であるか？　研究者のなかには、「プラセボ効果」は散文的に表現できるような、ある種の神秘的な調合であると考えている。たとえば、ほとんどの疾患は重篤度に左右され、患者は最悪の状態の時に医師に頼ろうとする。そして、回復すると（平均値への回帰）、その回復が実際の治療であっても偽の治療であっても、受けた治療によるものであると考える。他の要素として、自己報告は、改善の評価に最もよく使われる方法であり、患者は医師に対する礼儀として、気分がよくなったと報告する（Kienle & Kiene, 1997）。

　しかし、ほとんどの理論家は、プラセボ効果が実際に見られると主張し、その説明のためにいくつかの理論を提出している。ある理論では、いずれの治療でも患者の不安を軽減し、生理学的ストレス値を低下させ、これによって回復が促進されると指摘している。別の理論では、プラセボによる疼痛緩和効果をとり上げ、プラセボによって脳のエンドルフィンが放出され、鎮痛をもたらすとしている。このエビデンスは、エンドルフィンが確かに関与しているが、非オピオイド（内因性モルヒネ様物質）疼痛系も同じように関与しているこ

第12章　心理的要因と身体疾患

> 続き
>
> とを示唆している(Amanzio & Benedetti, 1999; ter Reit, de Craen, de Boer & Kessels, 1998)。
> 　古典的症状にも、心理的にさらに複雑な理論が関与しており、この理論は、患者が医師の診察を受け、薬剤を処方されるかまたは手術を受けることで得られることが多い実際の症状の緩和に基づいている。したがって、プラセボ効果は、その治療がプラセボであったとしても、医師の診察、薬剤または手術に対して生じる条件反応である。抗生物質はレンサ球菌性咽頭炎を治癒させるため、錠剤を服用した患者は咽頭痛が軽減する。この患者が次回に喉の痛みを感じ、錠剤を服用すると、喉の疼痛がウイルスによるものであり、その抗生物質が機能的にプラセボであったとしても、疼痛が軽減したように感じる。
> 　一見したところ、プラセボ効果はその現象の価値が不当に扱われているように思われる。医師は患者にプラセボを投与すべきであるか？　医師のなかには、プラセボを投与することは、たとえ有益であってもある程度は患者を欺くと考え、プラセボは投与すべきではないと考えるものもいる。また別の医師らは、HMO(Health Maintenance Organization；保健維持機構)から認定された医師のいる世界でこの「神秘的な治療者」が威力を示していることから、「プラセボ効果」は最大限に利用すべきであると考えている。この問題は人種的に複雑であり、活発な討論を要する。

Krishna temple)で過ごした6年間を覚えていなかった。1960年代中頃および後半の出来事を思い出すことはできたが、1970年代以降に起きた出来事に関しては、ほとんど記憶がなかった。現在の大統領の名前を尋ね、ヒントとして「Jimmy……」と言うと(Jimmy Carterが当時の大統領であった)、グレッグは「Jimi Hendrix」と答え、見当識障害および混乱が見られることを示した。グレッグが唯一、興奮を示したのは、60年代のロックバンドおよび歌に関して話をしていたときであった。(Sacks, 1995を改変)

こうした症例は、器質性疾患の1例であり、この疾患では身体の疾患が精神的疾患に影響を及ぼす。このような疾患(たとえば、アルツハイマー病、血管性認知症、せん妄)については第11章で述べた。本章では、精神が身体疾患に影響を及ぼす症例について考察する。このような疾患はかつて、**心身症**または**精神生理学的疾患**と呼ばれており、特定の精神疾患のみが心理的要素と生理学的要素の両者を有すると考えられてきた。限定された疾患だけでなく、きわめて多くの身体疾患が精神による影響を受けているというエビデンスが増大しているため、DSM-IVでは現在、「一般身体疾患に影響を与えている心理的要因」と題して、疾患よりもむしろそのプロセスについて言及している。

精神と身体との相互作用

かつて哲学者や心理学者は、精神と身体とは完全に分離し無関係である、言い換えれば、心と体の二元性が存在すると考えていた。心理学者は現在、精神と身体は結びついており、その相互作用が健康を促進したり、疾患をひき起こしたりすると認識している。また、このような相関は**プラセボ効果**の原因である可能性があり、その結果、砂糖錠(sugar pill)またはその他の有効性のない治療によっても改善がもたらされると考えられる(BOX 12-1参照)。今日では、多くの人々が心臓発作、潰瘍およびその他の身体的疾患が、部分的には有害な心理的状態によってひき起こされると考えている。しかし、医師はどのようにして、いつが、その状態かわかるのだろうか？　さらに、エビデンスが見られる場合、医師はどのように他の疾患と鑑別するのだろうか？

「一般身体疾患に影響を与えている心理的要因」に関するDSM-IVの基準では(1)既知の一般身体疾患が存在し、(2)それ以前に心理的に有意な事象が見られ、この事象が疾患の発現または増悪に寄与していると判断される、とされている。心理的要因が身体的疾患に影響を及ぼしている場合、自分が病気であることを否定することが多く、薬剤の服用を拒みリスク因子の存在を無視し、身体症状が増悪する傾向がある(DSM-IV)。

素因とストレス

身体疾患に影響を及ぼす心理的要因に関する2つの基準が有用なモデルを定義している。それが第4章で考察した素因-ストレスモデルである。「素因」とは身体病理の根底にある持続的な脆弱性のことであり、「ストレス」とは心理的阻害となる有意な事象のことである(図12-1を参照)。このモデルに従えば、人はいくつかの身体的脆弱性(素因)と心理的阻害の経験(ストレス)という両者が見られる場合に疾患を発症する。ある人が元来きわめて脆弱である場合、疾患をひ

DSM-IVの診断基準

［一般身体疾患を示すこと］に影響を与えている...［特定の心理的要因］

A. 一般身体疾患（第Ⅲ軸にコード番号をつけて記録される）が存在している（例：心臓発作）。

B. 心理的要因が、以下のうち1つの形で一般身体疾患に好ましくない影響を与えている（例：離婚）：
(1) その要因が一般身体疾患の経過に影響を与えており、その心理的要因と一般身体疾患の発現、悪化、または回復の遅れとの間に密接な時間的関連があることで示されている。
(2) その要因が一般身体疾患の治療を妨げている。
(3) その要因が、その人の健康にさらに危険を生じさせている。
(4) ストレス関連性の生理学的反応が、一般身体疾患の症状を誘発したり悪化させたりしている。

（DSM-IV, APA, 1994［髙橋三郎・大野裕・染谷俊幸訳『DSM-IV 精神疾患の診断・統計マニュアル』医学書院、1996］を修正し引用した）

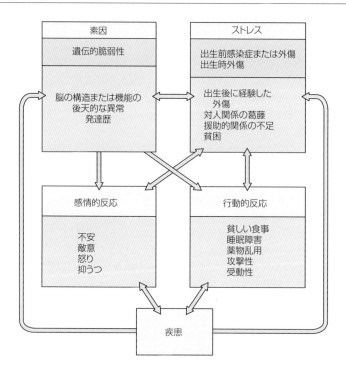

図12-1　素因－ストレスモデル

生まれつきの虚弱性または身体的病因に基づく脆弱性である素因と、人が受けた経験（出生前、出生時、出生後）であるストレスとは、相互に作用して、結果的に身体疾患をもたらす可能性のある感情的および行動的反応に影響を及ぼす。この図式は、実際の生活で生じる可能性のあるすべての相互作用を示しているのではなく、生物学的ストレスと心理的ストレスとの間の相互作用を図解している。

さらに、ここでは、疾患が最終的に後天性の異常、発達歴のほか、生後の経験や反応にはフィードバックする可能性があるが、遺伝的脆弱性、出生前の感染症または外傷にはフィードバックしないことも示している。

き起こすには小さなストレスで十分である。逆に、元来、強健であった人が罹患した場合には、きわめて大きなストレスが生じたことになる。実際には、このモデルでは、ある人が冠動脈性心疾患を発症すれば、その人が元来、心臓の血管に脆弱性があり、病変をひき起こすのに十分なストレスを経験したことを示唆している。

心理的要因は、皮膚、骨格筋、呼吸器、心血管、血液およびリンパ、消化器、泌尿生殖器、内分泌系などの器官系または感覚器官の多くで、身体疾患に影響を

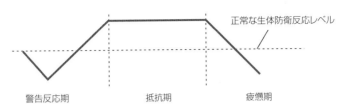

図12-2　汎適応症候群
　Hans Selye によれば、身体がストレッサーに直面した場合には、警告、抵抗、疲憊という3段階を経験する。このような段階では、身体は高エネルギーおよび生理学的覚醒の状態からエネルギー枯渇状態へと移行し、ストレッサーに対処するための高い精神活動や組織化かつ集約化された活動の状態から、集中力が阻害され、対処活動が無効化、弱体化された状態へと移行する。（Selye, 1974より引用）

及ぼす可能性がある（Looney, Lipp & Spitzer, 1978）。しかし、ある人が1つの器官系のみでとくに心理的影響に対して脆弱である可能性があるとしても、心理的作用をひき起こすプロセスはさまざまな器官で異なるというエビデンスはない。ストレスに対して胃が反応しやすい人もいれば、発汗、筋緊張あるいは心臓に反応が見られやすい人もいる。こうした理由から、DSM-IV では、心理的要因による影響の見られる各身体的問題については、別々のカテゴリを設けていない。むしろ、「一般身体疾患に影響を与えている心理的要因」として、一まとめにしている。診断医は、いずれの心理的要因（不愉快な離婚など）が、いずれの身体症状（心臓発作など）に影響を及ぼしているのかを記入する。

生物学的機序

　心理的要因が身体疾患に悪影響を及ぼす可能性があるという観点から、この機序として想定される HPA（視床下部―下垂体―副腎皮質）系、免疫系の2つの身体系を概説する。次に、HPA系が密接に関与している冠動脈性心疾患と消化性潰瘍の詳細を考察する。その後、癌、AIDS、喘息などの免疫系に影響を及ぼす心理的要因が大きな役割を担っている他の身体疾患について考察する。

ストレスとストレス反応

　「ストレスの多い」会議、「ストレスの多い」関係、および「ストレスで参る」という表現はいずれも、科学的論文から一般に広まった専門用語である。これによって、精神的問題や身体的問題をストレスに起因するという考えが日常化した。専門家でない人（素人）による乱用はあるにしても、このストレスという概念は、身体疾患に及ぼす心理的影響を考察するための体系化された原理の1つである。しかし、「ストレスとは厳密には何か？」という問いかけを始める必要がある。

　ストレスを研究している研究者らは典型的に、ストレッサーとは個人のバランスまたは「ホメオスタシス」を脅かす事象の1つであると定義している。この事象のなかには、きわめてまれに宝くじに当選するといったプラスの事象も見られるが、通常はマイナスであり、ストレスの多いものであるといえる。Hans Selye（1907-1983）は、自身の古典的ストレス理論の機序を定義する際に、交感神経系の危急反応という表現を用いた。Selye は、ある器官がストレッサーに直面した場合、**汎適応症候群**と呼ばれる3段階の連鎖が生じると考えた（図12-2参照）。最初の段階は**警告反応期**であり、この段階では、心理的喚起によって身体がストレッサーに対する戦いまたは逃避の準備をする。この警告反応が成功すれば、ホメオスタシスは回復される。警告反応期の次は、**抵抗期**（**適応段階**とも呼ばれる）である第2段階であり、ここでは、防衛、適応によって至適状態が維持される。もし、まだストレッサーが継続していれば、次は**疲憊期**という最終段階となり、適応反応が中止する。疾患が生じ、場合によって

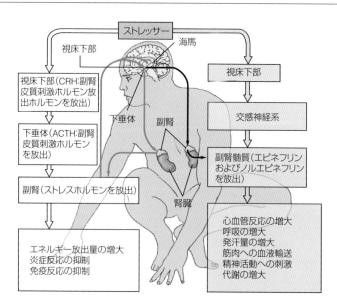

図12-3　ストレス反応
　身体がストレスを経験した場合、一連の生物学的変化が生じる。まず、交感神経系の活性化が見られ、次に、高度な生理学的生体防衛反応をもたらすエピネフリンおよびノルエピネフリンを分泌する副腎髄質が活性化される。また、HPA（視床下部―下垂体―副腎皮質）系の活性化も見られる。視床下部の活性化は、血流によって下垂体に移動するホルモンの放出をもたらし、これが別のホルモンを分泌させ、ストレスホルモンであるコルチゾールを放出させる副腎を活性化させる。

は死に至る可能性がある。この理論から、高血圧などの症状は、その人がストレスに対する警告反応の生じた状態にあることを示している。そして、適応症候群によってひき起こされるストレスによって、心理的要因が身体疾患に影響を及ぼすと仮定している（Selye, 1956, 1975；Mason, 1971, 1975も参照）。

　最近の神経科学の発達により、ストレスの理論はさらに詳細となり、現在では、ストレス反応の一部である交感神経系および視床下部―下垂体―副腎皮質（HPA）系での一連の生物学的変化に関心が向けられている。人がストレッサーに曝された場合、視床下部は交感神経系を刺激し、これが次に副腎皮質からカテコールアミン（エピネフリン、ノルエピネフリン）を分泌させる。このようなホルモンの血中濃度が増加し、心拍数、呼吸およびグルコース代謝を増大させる。同時に、視床下部は、コルチコトロピン放出ホルモン（cortico tropin-releasing hormone：CRH）を放出し、血流を通して下垂体まで移動する（図12-3を参照）。下垂体では、コルチゾール（「ストレスホルモン」としてとり上げられることの多いグルココルチコイドの1つ）を放出する副腎を活性化させる副腎皮質刺激ホルモン（adrenocorticotropic hormone：ACTH）など、別のホルモンが放出される。コルチゾールは、緊急反応時には、身体が戦うにしても逃げるにしても身体を支

援する（第5章参照）。

　短期的には、コルチゾールは身体をストレッサーから保護する。しかし、ひとたびストレッサーが過ぎ去ると、身体はストレス反応の活動を停止すると思われる。この活動停止はコルチゾールの放出量の減少によって生じる。とくに脳の海馬にはコルチゾールの受容体が見られ、このような受容体が活性化されると、HPA系の活動を減衰させるような化学的メッセージが送られる。これがストレス反応の停止を促進する。しかし、ストレッサーが残っている場合、HPA系は時間を延長させて引き続き活性化され、コルチゾールは継続して放出されるため、心身に重大なマイナス作用が生じる可能性がある。慢性ストレスに起因するコルチゾールの高値は、細胞死を招き海馬で受容体を大量に減少させ、問題解決能力の欠陥、易感染性、回復の遅れ、疾患をひき起こす可能性がある。たとえば、定期的に隔離して繰り返しストレッサーを経験させたラットは、疾患に罹患しやすくなる（Popovic, Popovic, Eric-Jovicic & Jovanova—Nesic, 2000）。このことに関連して言えば、ドイツの養護施設での児童の発育阻害（本章の冒頭で記述した）は起こり得ることである。HPA系のH（hypothalamus：視床下部）は成長ホルモンの放出をコントロールしているため、コルチゾールの作用によって成長ホルモンの放出が阻害され

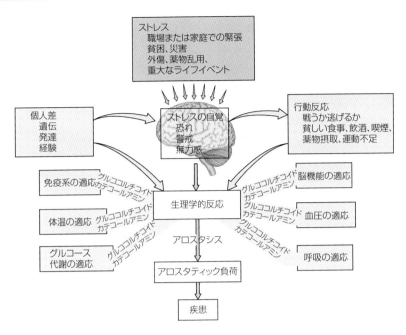

図12-4　アロスタシスとアロスタティック負荷
　アロスタシスは、ホメオスタシスを維持し、ストレスおよび人生の課題に対処するプロセスである。ホメオスタシスを維持するには、身体は体温、呼吸、血圧、免疫反応、脳の海馬機能など多くの身体状態を同時に調節する必要がある。アロスタティック負荷とは、持続的かつ頻繁なストレスの生物学的反応のほか、カテコールアミン（エピネフリンおよびノルエピネフリン）とグルココルチコイド（コルチゾール）の産生に対応して生体内の細胞に持続的な摩耗、裂傷を生じることである。持続的なストレスにより、高いアロスタティック負荷が生じると、結果的に冠動脈性心疾患のような疾患をひき起こす可能性がある。（McEwen, 1998 a, p.172を改変）

たことが原因であると思われる（Sapolsky, 1998）。このようなコルチゾールのマイナス作用は、慢性の長期的なストレスの結果である。しかし、コルチゾールが短時間だけ放出された場合、身体に対して破壊的にではなくむしろ保護的に作用する。

　ストレスに関する現代の理論は、「ホメオスタシス」系と「アロスタシス」系の差異を中心に展開している。Selyeの古典的理論では、**ホメオスタシス**（homeostasis）として知られる体内バランスが維持される。このシステムは血圧、ACTH値を安定し、各身体にとって単一の理想的な状態を維持しようと努める。このため、たとえば、ストレスの多い事象の後、われわれの身体は常に理想的な血圧、およそ120/80 mmHgに戻ろうとする。しかし、ストレスの古典的ホメオスタシス理論では次の3点が不十分である。

1. 理想的な状態は、われわれが営む活動に左右されるため差が大きい。睡眠と棒高跳びとでは必要な血圧が大幅に異なる。
2. 特定の状態を維持するには、その他の身体を介した広範囲な変化が必要である——たとえば、棒高跳びに理想的な血圧を得るためには、胃の酸性度、ACTH値や免疫活動で変化が生じる。
3. われわれの身体は、現在の事象ばかりでなく、将来の事象に関する期待にも基づいて体内の状態を調節する——たとえば、われわれは実際に強盗に襲われた場合だけでなく、来年の所得税のことを考えただけでもストレスを受ける。

　これに対して、**アロスタシス**（allostasis）は、多くのさまざまな生活環境にまたがる多くの身体的状態の適応を意味する。このプロセスは、エネルギーの消費およびグルココルチコイド、カテコールアミンなどのストレス伝達物質の産生を通じて行われ、短期的には適応をもたらすが、長期的には疾患を増悪させる可能性がある。この理論では、体内調節の多くが将来を予測し、予測される不安の結果としてストレス伝達物質が産生され、この活性化された状態が長期にわたって継続されれば身体に磨耗や裂傷をもたらす可能性がある。**アロスタティック負荷**は、さまざまな系でのこの複雑なトレードオフとストレス伝達物質の過剰産生の隠れた対価である（McEwen, 1998 a）。ストレスが頻

ストレスが頻繁であるかまたは繰り返されると、高いアロスタティック負荷が生じる。(左)は、東ティモールのインドネシアからの独立を支持する選挙後に勃発した内戦時に、母国から避難してきた東チモールの難民。(AP/Wide World Photos)(右)は、株の予想外の上昇または低下に対処しなければならず、顧客からは絶え間なく買い注文や売り注文が入り、仕事に責め立てられている株のブローカー。(1994, Joel Gordon)

繁に見られる場合、ストレスが繰り返される場合、ストレスへの反応として効果的にストレス伝達物質を止められない場合には、高いアロスタティック負荷が生じる。

この見解によれば、アロスタティック負荷は、決定の自由がなく要求されることが多いような仕事についている人ではきわめて高くなる。夕方に、身体は血圧を低下させることが容易ではないため、仕事に関するコントロール不足は、勤務中ばかりでなく家庭でも高血圧をもたらす。このアロスタティック負荷の例では、長い年月をかけて、無症状のままで緩徐に進行し、最終的に心臓の左心室肥大および進行性アテローム性硬化症をきたす。その結果が冠動脈性心疾患 (coronary heart disease : CHD) である (McEwen, 1998 b；Sapolsky, 1998；Schulkin, McEwen and Gold, 1994)。アロスタティック負荷の伝達物質の1つは、ストレス反応と同じ伝達物質であるグルココルチコイドとカテコールアミンであり、両者は緊急反応を誘発し適応を促進させるために日常的にきわめて有用である。

アロスタシスという新しい専門用語のなかで、Selyeの警告反応は、そのなかでグルココルチコイドおよびカテコールアミンがストレッサーへの適応を促進する適応プロセスとして再解釈されている。Selyeの抵抗の段階は、ストレッサーへの適応という保護作用を反映している。しかし、警告反応が持続し、グルココルチコイドおよびカテコールアミンが何日にもわたって繰り返して高値となった場合、アロスタティック負荷は Selye の消耗段階と類似の結果をもたらす。しかし、Selye の疲憊期では保護作用の枯渇が示されているのに対し、アロスタティック負荷の理論では、過剰なよい出来事も含むストレスに繰り返し曝されることによって、摩耗や損傷が生じるという重要な違いがある (図12-4参照)。アロスタティック負荷の例には、

アテローム硬化症の促進、腹部肥満のほか、骨のミネラルの減少、免疫抑制(身体の保護的免疫系の不活性化)、さらには、萎縮(やせ)および脳部位の中でもとくに海馬へのダメージなどが挙げられる (Sapolsky, 1996；McEwen, 1998 a)。

本章では、グルココルチコイドおよびカテコールアミンの慢性的な活性化に起因するアロスタティック負荷によって、心血管疾患、消化性潰瘍などの身体疾患を増悪させる心理的ストレッサーのいくつかの例を見ていく。

免疫系と精神神経免疫学

心理的要因は感染性疾患、アレルギー、自己免疫疾患および癌のリスクを増大させる可能性がある。HPA系での変化以外にも、心理的要因によってひき起こさ

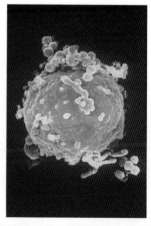

B細胞は特定の抗原に対して特異的であるリンパ球であり、その抗原に対してのみ抗体を作り出す。この写真は、Bリンパ球(大きな球形)およびクラミジア細菌(小さな球形の集団)。この写真は実際のサイズの14,000倍に拡大している(カラー口絵参照)。(1986 Lennart Nilsson/*National Geographic*；Bonniers Fakta, Sweden の厚意による)

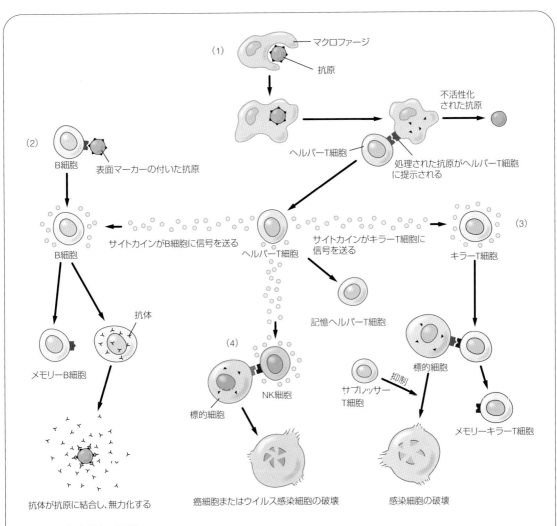

図12-5 免疫反応の図解
　免疫系は、抗原と呼ばれる異物および癌性細胞およびウイルス感染細胞などの体内の敵を破壊するために作用する。抗原を不活性化して除去するため、(1)マクロファージが抗原を取り囲み、そこでヘルパーT細胞が抗原を不活性化し、次にヘルパーT細胞がサイトカインに信号を送り、B細胞およびキラー(細胞傷害性)T細胞に行動を開始させる。(2)抗原増殖に対して特異的であるB細胞は抗原を無力化するための抗体を産生する。(3)キラー(細胞傷害性)T細胞は増殖し、化学物質で直接的に抗原を死滅させる。同じ抗原が再び現れた場合のために、メモリーT細胞およびB細胞が迅速に産生される。いったん抗原が破壊されると、サプレッサT細胞がT細胞活動を調節する。(4)癌細胞またはウイルス感染細胞を除去するため、NK細胞が活動を開始し、表面分子を用いて標的細胞を呼び込んで破壊する。

れた免疫系の変化が、このような心理的影響の機序となる可能性がある。**精神神経免疫学**(psychoneuroimmunology：PNI)と呼ばれる分野の研究者らは、心理的要因がどのように神経活動および免疫系を変化させ、最終的に疾患のリスクを増大させるか研究している。この分野の基本的な知見は、パーソナリティ、感情、認知がいずれも身体の免疫反応を変化させ、その結果、疾患のリスクを変化させるというものである。PNIの分野で最も期待されているのは、心理的治療が身体疾患の予防あるいは治療に利用できるようになることである。ここでは、免疫系が至適条件下ではどのように機能しているかを検討する。本章の後半では、心理的影響下で免疫系の機能停止をもたらし、癌、AIDSやその他の疾患を増悪させる機序について検討する。

　免疫系には2つの基本的な役割がある。まず、免疫系は細菌およびウイルスなど、外部からの侵入者である**抗原**のほか、体内の敵である悪性腫瘍および癌細胞を認識する必要がある。次に、免疫系はその抗原を不活性化し、体内から除去する必要がある(Borysenko,

1987；Gold & Matsuuch, 1995；Maier & Watkins, 1998)。免疫系は、抗原を発見し**マクロファージ**（白血球細胞）や**リンパ球**によって破壊する。リンパ球にはB細胞（骨髄由来）とT細胞（胸腺由来）の2つのタイプがある。B細胞およびT細胞には、その表面に侵入者を認識する受容体がある。この認識がきわめて特異的であり、1つのリンパ球が少数の抗原しか認識しないため、これ以外の多数のリンパ球が別の侵入者を探して、常に体内を調査している。

抗原が発見された場合は何が起こるのか？ リンパ球は主に4つの方法で破壊する（図12-5参照）。まず、マクロファージ（文字通り「大食漢」）が抗原を取り囲んで消化し、自分の表面に吐き出し、ヘルパーT細胞を招集する。ヘルパーT細胞は処理された抗原を直接破壊するか、サイトカイン（可溶性タンパクメッセンジャー）にシグナルを送り、そこでB細胞および細胞傷害性T細胞（キラーT細胞とも呼ばれる）が作用を開始する。2番目に、B細胞が抗原増殖に対して特異的であり、抗原と結合して抗原を中和する抗体を産生する。3番目に、細胞傷害性T細胞が、抗原を含有する標的細胞に結合し、その細胞膜を化学物質で「溶解」（破壊）することによって直接的に抗原を死滅させる。4番目に、侵入者が癌細胞またはウイルス感染細胞であった場合、ナチュラルキラー（NK）細胞がその細胞を迅速に溶解する。抗原がいったん破壊されると、サプレッサーT細胞は抗体の産生と細胞傷害性T細胞の活動を中止させる。

身体が、以前に認識した特定の侵入者から2度目の攻撃を受けた場合、免疫系はこの侵入者の破壊に前回よりもうまく対処する。これは**免疫学的「記憶」**と呼ばれている。メモリーT細胞やB細胞が抗原を認識しているため、免疫系は2度目に発見した場合には前回よりも迅速に活動を開始することができる。このような記憶は、**免疫能力**という現象にかかわっており、このような事象の生体保護の程度については次のような方法で測定できる。

- 血中または唾液中の免疫グロブリン（B細胞によって形成される抗体）量の評価、
- 抗原に対抗している時期のT細胞増殖量の評価、
- ナチュラルキラー（NK）細胞が癌性細胞またはウイルス感染細胞を破壊する能力の評価、
- 「遅延型過敏性」検査を用いて、抗原を注射した場合に皮膚がどの程度、発赤または腫脹するか測定する（反応が大きいほど、免疫系が良好に作用している）。

心理的調節因子

冠動脈性心疾患（CHD）、消化性潰瘍、感染疾患、癌、AIDS、喘息など、心理的要因によって影響を受ける広範囲な身体疾患の詳細をとり上げる。さらに、このなかには片頭痛、関節炎、慢性疼痛、過敏性腸症候群、糖尿病などの心因性要素のある身体疾患も含まれる。しかし、ここではそれぞれ類似の所見を検討するよりも、すべての身体疾患の原因および緩和に関する心理的な説明を通して想起される調節因子に関して一般原則を見ていく。調節因子としては、ライフイベント、貧困、パブロフの条件づけ、自発的行動の役割などが挙げられる。

ライフイベント

ストレス理論は、その機序については現代の神経科学に頼っている一方で、外部からのストレッサーである「ライフイベント」という古い概念にも頼っている。ライフイベントに関する初期のパイオニア的研究では、Thomas HolmesとRichard Raheがさまざまなライフイベントがひき起こす可能性のあるストレスの量にランクを付けることによって、社会的再適応評価尺度（Social Readjustment Rating Scale）を作成した。このランク付けに基づいてHolmesとRaheは、ストレスの多いライフイベントにそれぞれ点数をつけた（表12-1参照）。配偶者の死は最もストレスの高いライフイベントであり、次が僅差で離婚および別居であった。新しい仕事を得ることはランキングの中央あたりであり、休日、休暇、ささいな法律違反はストレスが最も少なかった。いくつかのライフイベント、項目25の個人的な成功などは肯定的な出来事に相当するが、項目1の配偶者の死などは嫌悪的な出来事に相当する。喪失や死去は、就職よりも多くの問題をもたらす（Paykel, 1974 a, 1974 b)。

基本的な考え方は、人が経験するライフイベントが多いほど、さまざまな心身機能の不調から疾患をきたしやすいということである。たとえば、心臓発作の見られた人は、心臓発作前の1年前よりも半年前のストレス得点が高かった。同じように、うつ病に罹患した人は罹患しなかった人よりも、とくに喪失などのライフイベントに多く遭遇していた（Holmes & Rahe, 1967；Paykel et al., 1969；Theorell & Rahe, 1971)。

ストレス理論家は、身体疾患に及ぼす過酷なライフイベントの影響に関して、次のような驚くべき身体に関するデータを収集している。

- ロシアの共産主義の崩壊後、血圧の上昇、アテローム性硬化症およびその結果のCHDなどの原因によって男性の死亡率が40％増大した（Bobak & Marmot, 1996；McEwen, 1998 a)。
- イギリスの公務員5,700人のうち、下級職の男性は高級職の男性と比較してCHDなどの重篤な疾患の

第12章 心理的要因と身体疾患

（左）この少年の父親の死亡（1999 Christopher Morris/Black Star）、（右）株式の暴落（1998 Lisa Quinones/Black Star）、などのストレスの多いライフイベントは疾患をひき起こす可能性がある。

リスクが2倍であり、身体機能も不良であった（Hemingway, Nicholson, Stafford, Roberts, Marmot, 1997）。

- ボランティア276人を同じ量の風邪ウイルスに曝露させ、1ヵ月以上の期間、失業または対人困難などの重度のストレッサーを与えたところ、風邪の発症率が増大した（Cohen et al., 1995）。
- 低所得のアメリカ人は、高所得者よりも身体的障害、身体疾患、早死が高率である（Lynch, Kaplan & Shema, 1997）。このような健康上の差は、年齢、人種、性別、教育、健康行動を統制しても認められる（Lantz et al., 1998）。

ライフイベントという考え方からはいくつかの改良点が生じてくる。1つは、興味深いことに、生活で**頻繁に経験する毎日の厄介事**は、重大なライフイベントよりも有用な疾患の予測因子となる可能性がある。財布の喪失、毎週の食料費の値上がり、窓ガラスの破損などは、最終的には死亡、離婚および妊娠よりも大きな影響を健康に及ぼす可能性がある（Dohrenwend & Shrout, 1985, Kanner, Coyne, Schaefer & Lazarus, 1981）。毎日の厄介事の積み重ねが、疾患に罹患しやすい状態にまで急激に疲弊させる可能性がある（Depue & Monroe, 1986）。

2番目は、それ自体はライフイベントではないかもしれないが、心臓発作の前には**コントロールできないライフイベント**が見られる。近親者の死、親友の死および職場からの一時解雇などはコントロールできない喪失であり、離婚、別居、食生活の変化などはコントロール可能なライフイベントと考えられている（Dohrenwend & Martin, 1978）。David Glassによれば、過去に同じ得点のライフイベントを経験した3つの患者群において、心臓発作を経験していた患者群と非冠

表12-1 社会的再適応評価尺度

ランク	人生での出来事	ランク	人生での出来事
1	配偶者の死	23	息子または娘の家からの独立
2	離婚	24	親族間のトラブル
3	夫婦別居生活	25	個人的な輝かしい成功
4	拘留	26	妻の就職や離職
5	親族の死	27	就学・卒業
6	個人のけがや病気	28	生活条件の変化
7	結婚	29	個人的習慣の修正
8	解雇・失業	30	上司とのトラブル
9	夫婦の和解・調停	31	労働時間・条件の変化
10	退職	32	引越し
11	家族の健康の大きな変化	33	転校
12	妊娠	34	レクリエーションの変化
13	性交障害	35	教会活動の変化
14	新しい家族の増加	36	社会活動の変化
15	仕事の再調整	37	少額の抵当（借金）
16	経済状態の大きな変化	38	睡眠習慣の変化
17	親友の死	39	家族団らんの変化
18	転職	40	食習慣の変化
19	配偶者との口論の数の大きな変化	41	休暇
20	多額の抵当（借金）	42	クリスマス
21	担保、貸付金の損失	43	ささいな法律違反
22	職業上の責任の変化		

Holmes & Rahe, 1967を改変。

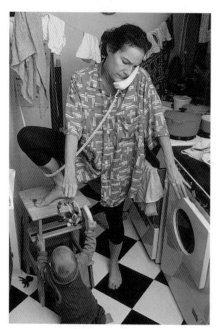

生活でのささいな出来事が、重大なライフイベントよりも疲弊させる可能性がある。この母親は、一方では子どもを監視し、一方では洗濯をしながら、仕事の危機に対処しており、常にストレスを感じているため、疾患に罹患しやすい状態にあると思われる。(Laura Dwight/Corbis)

動脈心疾患で入院していた患者群は、健常者群よりも無力感をひき起こされるライフイベントを多く経験していた。このことは、コントロールできないライフイベントを経験することは、多くのライフイベントとは反対に、それ自体が心臓発作を生じさせる可能性があることを示唆している(Glass, 1977)。

3番目に、身体疾患に対する耐性の大半を生み出すのはライフイベントの数ではなく、個人の**頑健さまたは楽観主義**であると思われる。パーソナリティはライフイベントに対する耐性を変化させる可能性がある。ある研究では、3年間に2群の経営幹部が比較的多くのライフイベントを経験したが、疾患を発症したのは1群のみであった。この「頑健者」群は、強い自己意識、強い目的意識という特徴があり、活力があり疾患に耐性を示した(Garrity, Somes & Marx, 1977；Kobasa, 1979)。同じように、悲観主義の人々は疾患に罹患しやすい傾向がある(Buchanan, 1994；Peterson, Seligman & Vaillant, 1988)。

ストレス理論はきわめて不明瞭な意味に用いられ、その不明瞭さにはほとんど中身がないと思わせるほどである。ストレス理論は伝統的には、身体疾患を増悪させる困難な生活を説明するため、ライフイベント、コーピング、ソーシャルサポートという3つの基本的な非生物学的概念に頼っていた。けれども、このような各概念は広範囲すぎることがわかっている。たとえば、「ライフイベント」では、悪い結果が予測されるのと同じように、よい結果も生じる可能性がある。ライフイベントは、疾患を生じることが予測されるような悪い出来事であっても、成長や洞察が得られる可能性がある。しかし、ソーシャルサポートの欠如および孤立感は疾患をひき起こす可能性がある。たとえば、孤独を感じている人は、感じていない人よりもリンパ球反応が乏しい(Kiecolt—Glaser et al., 1984)。一方、ソーシャルサポートは時に健康を増進する一方で、たとえば、神経症の配偶者がいるとストレスが増悪する可能性があるように、社会的相互作用が適応機能を阻害する可能性もある(Veiel, 1993；Yager, Grant & Bolus, 1984)。現在、現代のストレス理論ではこのような広範囲な概念を構成要素に分解し、認知的および生物学的機序の根底にあるものを探求しようと試みている。そこで、たとえば、Andrew Baumは、ストレスの多いライフイベントが疾患をもたらす機序の1つは、反芻、自動思考、心的外傷記憶といった侵害的な思考の誘発であると指摘している。Baumらは、1979年3月に放射線事故の起きた原子力発電所の付近に居住するスリーマイル島の住民を追跡した。そして、個人の侵害的な記憶が多いと身体的苦痛症状が多いことがわかった(Baum, Cohen & Hall, 1993)。神経科学の進歩と、この機序に関するハイテク研究を連結させれば、ストレス理論は再び身体疾患に及ぼす心理的影響の解明に将来性を示すものと思われる。

パブロフの条件づけ

古典的条件づけは、いくつかの症状は中性刺激が障害をもたらす無条件刺激と組み合わされている場合に獲得された条件反射であるというエビデンスによって、心身症にいくつかの役割を果たしている可能性がある。健常な成人女性群における実験では、赤色および青色と算数の課題との組み合わせを繰り返したところ、ストレスに関連した気道抵抗性を起こした。赤色と青色を見せた場合は、その後で算数の課題がない場合でも、対照色よりも喉の筋肉に大きな緊張が生じ、古典的な条件づけが生じたことを示唆していた(Miller & Kotses, 1995)。もう1つ、次のような実験室条件での喘息に関する症例がある。

> 37歳の店員が、ハウスダストが引き金になった重篤な気管支喘息に罹患した。実験室では、この被験者は条件刺激である中性溶媒の入ったエアゾールでスプレーを受けた。エアゾールのスプレーを受けたのちハウスダストを吸引し(無条件刺激)たところ、喘息発作が生じた(無条件反応)。その後、エアゾールを吸入すると、喘息発作が必ず生じた。(Dekker, Pelse & Groen, 1957)

喘息に罹患していると、家族の口論または感情的な葛藤など、きわめて特殊な出来事に曝された後で発作が生じることがあり、説得力のある心身症モデルの1つと言える。しかし、こうしたことは、限定された実験室条件下でのみ明らかになっており、このような症状をきたす可能性があるのは一部の患者のみである。

自発的行動

心身症に関する研究のほとんどは、われわれがまったく自発的に制御していないか、または制御の少ない行動に関して焦点を当てている。グルココルチコイドの分泌や嫌悪的なライフイベントの大部分については、われわれに選択の余地がない。しかし、疾患や死については、その多くは人の不健康な選択が原因である。1990年には215万人のアメリカ人が死亡した。死亡診断書に挙げられていた主要な身体的病因は次の通りであった。冠動脈性心疾患720,000人、癌505,000人、脳卒中144,000人、事故92,000人。しかし、このような死亡の根本原因にはある深い問題があった。信頼できる推定では、このような死亡のほぼ半数は自発的行動に関する不健康な選択が原因であった。McGinnisとFoege(1993)が、このような215万人の死亡に寄与するリスクを分析したところ、このうち喫煙400,000人、貧しい食事と運動300,000人、飲酒100,000人、毒物90,000人、小火器(銃)35,000人、性行動30,000人、自動車25,000人、違法薬物20,000人と推定された。このことは、われわれ自身の命を含め、生命を救うためにできることは相当数あることを意味している。われわれは、喫煙を中止し、飲酒を適量にし、安全ベルトを締め、医師の忠告を聞くほか、頻繁に運動することが可能である。心理学の専門家として、このような生命を救うための選択を励まし、支援することができる。とくに、最新かつ最も期待される心理学の特定領域が、まさにこのような任務を担っている。この領域は「健康心理学」と呼ばれている(Matarazzo, 1980)。この領域では、ライフスタイルを選択し、疾患をもたらす可能性のある特定の活動をしているのはわれわれであり、このことがわかれば、われわれは今までよりも健康な生活をもたらす選択が可能だと強調している。健康心理学では、選択可能な行動に関与している身体疾患の原因、治癒、予防を研究している。冠動脈性心疾患に関しては、疾患の原因の一部は運動不足、高コレステロール食品の摂取、喫煙といった行動にあることを強調する。われわれが、このような行動を選択しないように努めることは可能である。また、これ以外の原因、タイプAパーソナリティの敵意という構成要素などもカウンセリングによって変化させることが可能である。

健康心理学では、不健康をもたらす誤った選択に対する治療法を開発し、評価する。たとえば、禁煙は治療が手助けできる行動の1つである。ニコチンガムと喫煙の結果に関する情報を組み合わせた治療は、患者が家庭および会社から灰皿を撤去するのを促進し、また、患者に禁煙する日を約束させたり、高リスクの状態では喫煙しないことをロールプレイ(役割演技)させる治療法も効果がある。このような治療法を用いた研究では、治療群の常習的な喫煙者のうち32%が1年後に禁煙しているが、対照群で節制しているのは10%にすぎない(Hill, Rigdon & Johnson, 1993)。また、現在では、慢性的な背部痛、過敏性腸症候群、摂食障害に関する有効な行動療法も現れてきている(Compas, Haaga, Keefe, Leitenberg & Williams, 1998)。

さて、冠動脈性心疾患(CHD)および消化性潰瘍に話を戻し、身体疾患に及ぼす心理的影響に関し、ストレスとHPA系が機序と思われる2件の明確な症例を見ていく。

冠動脈性心疾患(CHD)

19世紀に、著明なカナダ人医師であるSir William Oslerは、われわれが20世紀になって人格と心臓発作に関して学ぶことを次のように予測していた。

早起きし、夜遅くに寝て、絶えず気を配り、商業的、専門的または政治的人生の成功に励んでいる男性は、絶え間ない労苦の25~30年後には、おそらく「長年の間に多くの物を蓄えたから、ようやくゆっくりできる」と、満足気に言うことができる時点に達するだろう。しかし、すでに倒れてしまった身体の守衛が以前に警告を発していたことにはまったく気づいていない(Osler, 1897)。

冠動脈性心疾患(coronary heart disease:CHD)は、欧米諸国では最も多くの人々を死亡させている疾患である。アメリカでは、過去45年間に及ぶ個人の死亡の半数以上において、何らかの形態の心臓障害または循環器障害が原因である(Eriksson, 1995; Gillum, 1994; Weiner, 1977)。ほとんどの場合、心臓発作や突然死の基礎症状は、冠動脈内壁に脂肪が蓄積したアテローム性硬化症である。このような目詰まりは、血液の心筋への到達を遮断し、心臓発作および突然死という結果に至る可能性がある(Diamond, 1982; Sapolsky, 1998)。

疫学者らはCHDのリスク因子を徹底的に研究した。その結果、次の7つの主要な身体的リスク因子が挙げられている。(1)加齢、(2)男性、(3)喫煙、(4)高血圧(高血圧症)、(5)高血清コレステロール、(6)運動不足、(7)遺伝。心理的リスク因子の1つには、

ここで考察するタイプ A パーソナリティが挙げられている。ここでは、敵意、無力感、絶望感、抑うつ、「ストレス」といった、いずれも CHD に関与している感情状態を考察する。

タイプ A パーソナリティ

タイプ A パーソナリティを発見したのは、ある室内装飾業者である。彼は心臓発作の患者を診察する専門医である Meyer Friedman 博士のオフィスのいすを張り替えに来たとき、待合室のいすの背もたれではなく前面が破れているのに気づいた。タイプ A の人は、医師の診察を待つ間、いすの端に腰掛け、不安げに前かがみになるためであった。一般に、タイプ A の人とは次のように定義されている。(1) 時間に過剰にせっかちである、(2) 競争的かつ野心的である、(3) 自分の進路を妨げるものに対してはとくに攻撃的かつ敵対的である。タイプ A パーソナリティは、ゆったりと穏やかで、せっかちさがまったくないタイプ B パーソナリティと対照的である。タイプ A の人がバスに遅れた場合は取り乱す。タイプ B の人がバスに遅れた場合は、「何も心配することはない。次のバスは必ずやってくる」と自分に言い聞かせる。タイプ A は、周囲の状況は自分を脅かすものであると考え、長期的な危機反応に引き込まれているように思われる。タイプ A の性質は、その人が 3～4 歳の幼児期から始まっていると思われる (Steinberg, 1986)。

タイプ A パーソナリティはせっかちで、競争的、攻撃的かつ敵対的である。この車の中の人は、このようなパーソナリティの徴候を示している。(Wartenberg/Picture Press/Corbis)

タイプ A とタイプ B という分類は、標準的なストレスの面接または自己記入質問票のいずれかによって実施される (Bryant & Yarnold, 1995 ; Glass, 1977 ; Jenkins, Rosenman & Friedman, 1967 ; Yarnold & Bryant, 1994)。典型的な質問は次のとおりである。

1. 「あなたは配偶者や友達から、食べるのが早過ぎると言われたことがありますか？」タイプ A は「はい」と答えることが多い。タイプ B は「一度か二度はあります」または「いいえ」と答える。
2. 「あなたは配偶者 (または親友) から一般的な活動レベルをどのように評価されていますか？」タイプ A は「活動的すぎる。スローダウンすべきだ」と (評価されていると) 答える。タイプ B は「のんびりすぎる。もっと活動的になるべきだ」と (評価されていると) 答える。
3. 「いままでに職場または家庭で締め切りやノルマを決めたことがありますか？」タイプ A は「はい、週に 1 回またはそれ以上」と答える。タイプ B は「いいえ」または「たまに」と答える。
4. 「あなたの仕事の最中に誰か (上司を除く) が仕事を中断させた場合、内心でどう思いますか？」タイプ A は「そのような中断はほとんど必要がないため、本当にイライラします」と答える。タイプ B は「時々は休憩したほうが私には効率がよいので、気になりません」と答える。

CHD のリスク因子としてのタイプ A パーソナリティに関しては、次のような、数件の大規模で優れた前方視研究がみられる。

- 欧米共同研究 (The Western Collaborative Group Study) 1960 年に開始し、長期的な試験で CHD の既往のない労働者 3,200 人を追跡した。構造化面接によって、タイプ A の男性は CHD の罹患率がタイプ B の 2.2 倍であった。身体的リスク因子を統計的に統制しても、タイプ A の CHD のリスクは 2 倍となった (Carmelli, Dame, Swan & Rosenman, 1991 ; Hecker, Chesney, Black & Frautschi, 1988 ; Rosenman et al., 1975)。
- フラミンガム心臓研究 (The Framingham Heart Study) 質問票によってタイプ A と B に分類された CHD の既往のない男女 1,600 人以上を 8 年間追跡した。ホワイトカラーのタイプ A 男性の CHD のリスクは、ホワイトカラーのタイプ B 男性の約 3 倍となった (Eaker, Haynes & Feinleib, 1983 ; Haynes, Feinleib & Kannel, 1980)。
- ベルギー心疾患予防試験 (The Belgian Heart Disease Prevention Trial) 激しい運動テストに合格し、健康であることが示された男性 2,000 人をタイプ A～B の連続体として評価し、5 年間追跡し

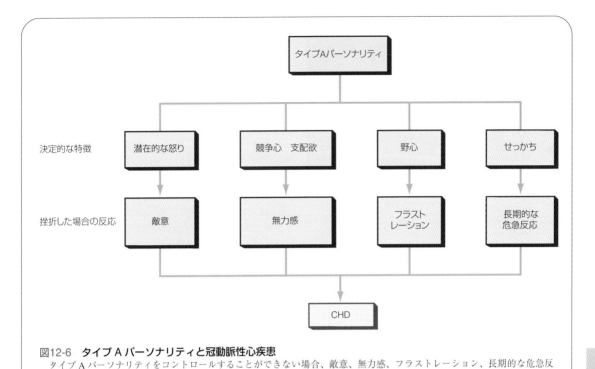

図12-6 タイプAパーソナリティと冠動脈性心疾患
タイプAパーソナリティをコントロールすることができない場合、敵意、無力感、フラストレーション、長期的な危急反応などを経験すると思われ、このような経験はいずれも冠動脈性心疾患の高リスクに寄与する可能性がある。

た。上位1/3（最もタイプAに近い集団）はCHDのリスクが下位1/3の集団の1.9倍であった（Kittel, Kornitzer, de Backer & Dramaix, 1982）。

- **フィンランドの若者に関する心血管リスク研究（The Cardiovascular Risk in Young Finns Study）**
  フィンランドの児童および若年成人3,596人について、6年間にわたってCHDに関するライフスタイルのリスク因子を調査した。タイプAに分類された青年男性は高い攻撃性を示し、このことは喫煙、飲酒および運動不足などの多数のリスク習慣の存在と有意に相関していた。また、攻撃性の高さからは、肥満、高血圧など心疾患に寄与する代謝性因子の増大が予測された（Raitakari et al., 1995；Ravaja, Keltikangas-Järvinen & Keski-vaara, 1996）。

この考え方が問題もなく通っているわけではないが（Cohen & Reed, 1985；Shekelle et al., 1985）、多くの研究では、一般集団ではタイプAパーソナリティがCHDに過度のリスクをもたらすという結論を得ている（図12-6参照）。

感情状態とCHD

タイプAパーソナリティの何がCHDリスクを増加させるのだろうか？ 感情状態がタイプAパーソナリティや冠動脈性心疾患に関与している。このような感情状態には、敵意、無力感、絶望感、抑うつ、ストレスが含まれている。

敵意

CHDの疑いのあるタイプAパーソナリティにとって敵意がきわめて重要な要素であると思われる、次のようないくつかのエビデンスがある。

- 50歳以上の人では、怒りのエピソードの2時間以内に心臓発作のリスクが倍増する可能性がある（Mittelman et al., 1995）。
- 高血圧の人はとくに敵意に対する感受性が高く、脅かされると、さらに血圧が上昇し、怒るという反応を示す（Diamond, 1982；Kaplan, Gottschalk, Magliocco, Rohobit & Ross, 1960；Miller, Smith, Turner, Guijarro & Hallet, 1996；Suls, Wan & Costa, 1995；Wolf, Cardon, Shepard & Wolff, 1955）。
- 敵意の発散は血圧を低下させるため、敵意の発散に失敗すると高血圧が持続する可能性がある（Dimsdale et al., 1986；Hokanson, 1961；Hokanson & Burgess, 1962；Hokanson, Willers & Koropsak, 1968；Scheier & Bridges, 1995）。

このように戦っているサッカー選手など(左：Sportsphoto/Hulton Deutsch)、敵意を発散する機会があれば血圧は低下する可能性があるが、仕事から解雇されたばかりのこの男性のように(右：Esbin-Anderson/The Image Works)、敵意および怒りは高血圧をもたらす可能性がある。

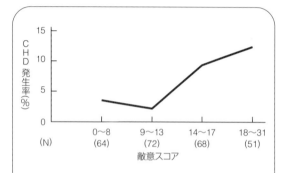

図12-7　敵意とCHD
医学部でMMPIを受けた医師255人の25年間にわたる追跡期間にみる敵意および冠動脈性心疾患(心筋梗塞または心臓死)の発症率。(Barefoot, Dahlstrom & Williams, 1983より引用)

- 医学部でミネソタ多面人格テスト(MMPI)を受けた医師255人が、25年間追跡された(図12-7参照)。MMPIの1つの構成要素は、Cook-Medley敵意スコア(Cook & Medley, 1954)である。敵意スコア高値からはCHDが強く予測された(Barefoot, Dahlstrom & Williams, 1983；Barefoot, Larsen, Von der Lieth & Schroll, 1995；Williams, Barefoot & Schekelle, 1985)。この相関は、10年間追跡された男性1,877人のウエスタンエレクトリック研究(Western Electric Study)で再現された。敵意の高い男性群はCHDの発症率が5倍となった(Shekelle, Gale, Ostfeld & Paul, 1983)。

敵意が心臓にダメージを与えると思われる生物学的機序の探求では、男性18人が腹立たしげに、人生で自分を苦しめた出来事をくわしく語った。彼らが話し

ている間、心臓のポンプ機能効率は平均で5％低下し、このことは心臓への血流そのものが低下したことを示唆していた。ポンプ機能効率は他のストレッサーによっては変化しなかった(Ironson et al., 1992；Krantz et al., 1991も参照)。研究者らは、怒っている間のホルモンの変化が、怒りからCHDへのリンク(接続)をもたらすのではないかという仮説を立てた。この仮説を調べるため、この研究者らは、口論している間のホルモン変化を、新婚カップル90組の血液でモニターした。敵対行為は5種類の異なるホルモンに有意な変化をもたらした(Malarkey, Kiecolt-Glaser, Pearl & Glaser, 1994；Williams et al., 1982)。CHDをもたらす怒りは、表現された怒り、抑制された怒り、またはまさに根底にある広汎な怒りのいずれであるか、また、怒りからもたらされるホルモンの変化がどのように作用して冠動脈を変化させるかは、今日の心身症で依然として興味深い2つの問題である。

無力感、抑うつ、絶望感

CHDに関与している感情の状態は敵意だけではない。無力感および抑うつも心疾患に重要な役割を果たしている。無力感——何をしても変わらないという状態——は、タイプAパーソナリティの本質的な部分であると思われる。野心的、競争的でせっかちな人は、さらにフラストレーション、失敗および無力感をもたらす状態に陥り、これに対してさらに強く反応する。タイプAの人は、自分を脅かすと考えている世の中をコントロールするため、生涯にわたって闘争しているように見える。David Glassは、タイプAパーソナリティをタイプBパーソナリティから決定的に区別するのは、このコントロールのための闘争であると示唆している。Glassは、タイプAの人には、周囲の状況をコントロールするための必死の努力と、周囲の状況をコントロールできないとわかったときの深いあきらめが交互に起きるサイクルが、生涯に何度も繰り返されると仮定している。この葛藤が次には心臓発作をひき起こすおそれのある高血圧、およびその他の生理的変化をもたらす結果になると思われる。

また別のエビデンスが「抑制された権力への欲求」と高血圧に関する研究から得られている。1930年代後半および1940年代前半に、ハーバード大学の2年生78人が高血圧と、さまざまなパーソナリティの特徴に関するテストを受けた。10年後、彼らは、絵画統覚検査(TAT、第2章参照)の5枚の写真から物語を語るという投影法を受けた。彼らが語った物語のテーマは、その人がどのようなパーソナリティであるかという指標として利用された。20年後の1970年代前半に、彼らは血圧検査を受けた。その所見は注目に値するものであった。

権力への欲求が高かった(所属への欲求よりも高

かった）が、強い抑制を示した男性群は高血圧を発症する傾向が高かった。この男性群の23人は30歳前後で高血圧群に入っていた。この男性群では50歳までに61％が高血圧症の明確な徴候を示していたのに対し、その他の47人の男性のうち高血圧症を示していたのはわずか23％であった。このような所見は、この状況が彼らの30代のときの血圧とは相関していないことに気づけば、さらに注目すべきものとなる。言い換えれば、30代の時点では、抑制された権力への欲求から、その人が50歳になった時点で重篤な高血圧症のリスクに曝されることが予測されるが、30歳の時点の血圧からは、このようなリスクを予測することができないということである（McClelland, 1979）。権力への抑制された欲求は、このようなタイプの人の人生では繰り返し無力感が見られるという徴候であると考えることができる。

絶望感とは、その人が現在の無力感が先の将来も持続し、すべての試みが無駄であると考えることであり、これも CHD の実質的なリスク因子となる可能性がある。研究者が、アテローム性硬化症のために心臓の超音波スキャンを受けたフィンランドの中年男性、約1,000人を4年間追跡した。調査開始のスキャン時に重度の絶望感を報告していた患者群はアテローム硬化症の進行が早く、なかでも調査開始時および4年後に最も重度の絶望感を報告していた患者群は、最も進行が早かった（Everson, Kaplan, Goldberg, Salonen & Salonen, 1997）。中年男性2,428人の転帰としての心臓発作を観察した調査から、重度の絶望感から心臓発作の発症リスクの増大が予測されることがわかった（Everson et al., 1996）。別の研究では、血管形成術（心臓からの動脈を開口させる手術）を受けた患者303人を術後6ヵ月間追跡した。心臓の状態を管理しながら、どの患者の予後が良好であるか不良であるかを予測しようとした。このうち、予後に最も明るい期待をもっており、患者自身も最も前向きであった上位1/3の患者群では、9.9％に冠動脈障害が生じた。最も悲観的であった1/3の患者群では、29.5％に冠動脈障害が生じた（Helgeson & Fritz, 1999）。

第7章で見てきたように、無力感および絶望感は抑うつと密接にかかわっており、現在では抑うつが CHD のリスクを増大させるというエビデンスが増加している。心臓発作を発症して生還した男性222人が面接を受けたのち6ヵ月間の追跡を受けた。このうち12人が別の心臓発作で死亡した。心臓のダメージ、通常の身体的および心理的リスク因子を統制したのちも、面接時のうつ病から死亡が予測された（Frasure-Smith, Lesperance & Talajic, 1995）。このような患者群では、身体的要因に加えて、抑うつが死亡率を5倍に増大させた。別の前方視研究では、45〜77歳の成人2,832人が12年間追跡された。調査開始時にはいずれの被

このボスニア出身の男性のように、自分にとって最も重要なものを失った人々は、冠動脈性心疾患への罹患率を高める可能性のある絶望感や抑うつを経験することが多い。（AP/Wide World Photos）

験者にも心疾患の徴候は見られなかったが、約1/4には少なくとも軽度の抑うつ症状が認められた。抑うつ者では CHD の発症率および死亡率が150％高値であった。調査開始時に最も絶望感を感じていた群では、発症率と死亡率は抑うつの見られない群の約2倍であった（Anda et al., 1993）。

ストレスと CHD

抑うつ、無力感、絶望感は通常、身体が稼動していない「落ち込み」状態と考えられる。これに対してストレスは、攻撃および脅威に対してわれわれの身体資源を動員する強力な要因であると考えられる。危急反応および HPA 活動は、ストレスの明確な動員機序である。進化というものは、実際にはストレス障害の発生に有利に働くと思われる。一般に脅威のある環境では、人々は周囲の世の中が敵であると考える傾向があり、生存し、繁殖するために最も適した血圧の上昇、筋肉の緊張などを伴って、てきぱきと反応する。洞穴やジャングルの時代よりも身体的な脅威のレベルが低くなっている現代の状況では、高血圧は、進化のために有利であるというよりは、むしろ障害となる症状である。高血圧では若年者は死なないことに留意されたい。高血圧が致死的であるのは、生殖に最適な年齢を大幅に過ぎた年齢層だけである。歴史上の一時期、このような「疾患」が実際には生存および生殖に適していたことから、さまざまな障害に対する感受性が遺伝した可能性を示唆している。

多くの報告では、冠動脈性突然死では危急反応の突然の稼動が見られることが示されている。たとえば、1991年のイラクによるイスラエルへのスカッドミサイル攻撃の時期に、研究者は、脅えるイスラエルの高齢者の間で他の病因よりも心臓死が多く見られたことを報告した（Meisel et al., 1991）。同じように、1992年のロサンゼルス地震の時期には、心臓発作の発症率

証券取引所で働く人々は、ここで示されているように、株を売買するストレスに直面していることから、常に危急反応を経験している可能性がある。こうした人々は高血圧および冠動脈性心疾患に、とくに罹患しやすいと思われる。(Reuters/Bettmann)

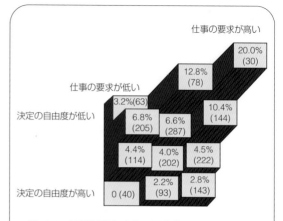

図12-8 冠動脈性心疾患の罹患率

冠動脈性心疾患のリスクは、仕事の要求度が高く、決定の自由度が低いという特徴のある仕事では増大する。仕事の特徴としての要求が高い、中等度、低いかのいずれであるか、決定の自由度が高い、中等度、低いのいずれであるかに基づき、縦棒はCHDを発症した割合を示している。この研究を開始した1968年には、合計1,621人の男性被験者はCHDを発症していなかった。カッコ内の数字は、各サブグループの人数であり、パーセンテージはこの試験期間の6年間にサブグループ内でCHDを発症した被験者の割合である。

(Karasek, Baker, Marxer, Ahlbom & Theorell, 1981を改変)

が急上昇した(Leor, Poole & Kloner, 1996)。

1つの強力な危急反応が心臓死をもたらす可能性があるとすれば、低レベルの危急反応に長時間を費やしている人々には何が生じるであろうか? 持続的な脅威は、持続的な危急反応をもたらす。心臓を実際よりもよく見えるポンプと仮想してみる。ポンプが特定回数の使用によって破損すると考えると、心臓は遺伝的に割り当てられた回数の心拍数を超えると機能しなくなる。多くの心拍数を使い尽くしてしまえば、心臓は早期に機能しなくなると思われる(p.469のアロスタティック負荷に関する考察を参照)。タイプAパーソナリティでは、世の中を常に敵意や脅威のある場所として見ているため、心拍数を早期に使い切ってしまうと思われる。第5章で見てきたように、われわれが脅威に直面して危急反応に入るということは、心拍数の増大や血圧の増大を伴う(Bystritsky, Craske, Maidenberg, Vapnik & Shapiro, 1995; Southard, Coates, Kolodner, Parker, Padgett & Kennedy, 1986)。そうであれば、世の中を脅威として見ている人は、持続的に危急反応を経験している可能性があり、平均的に早期に割り当てられた心拍数を使い切ってしまうと思われる。

仕事での過剰負荷に関するデータは、この単純な仮定と一致している(Jenkins, 1982; Steptoe, Roy, Evans & Snashall, 1995)。欧米の共同研究では、2つの仕事をかかえていた男性集団はCHDの高リスクに曝されていた。多変量ロジステック回帰分析では、仕事の要求および決定の自由度(つまり選択の自由)がCHDと相関していた(Karasek, Baker, Marxer, Ahlbom & Theorell, 1981; Alterman, Shekelle, Vernon & Burau, 1994も参照)。スウェーデン人労働者1,500人以上の中では、きわめて多忙で要求の厳しい仕事および選択の自由の少ない仕事はCHDのリスクを増大させた(図12-8を参照)。われわれは、危急反応の発生回数が最も多いと思われる仕事をしている労働者群(要求が高く、選択の自由が少ない)では、他の職種の労働者よりも早期に心拍数を使い切ってしまい、より高い冠動脈性心疾患のリスクに曝されていると推測した。

さらに、ハーバード大学の1952～1954年度の卒業生126人に関する長期的な前方視研究からは、危急反応を示す人々も将来的なCHDの高リスクに曝されている可能性があるとするエビデンスも得られている。この被験者群は学生時代に実験的ストレステストを受けており、テストの中では実験者が被験者に継続的に非難や嫌がらせを与えていた。35年後、このストレステストの期間に重篤な不安を経験した被験者群は、経験しなかった群よりもCHDの罹患率が2.5倍高値であった(Russek, King, Russek & Russek, 1990)。

身体活動および運動はストレスを減少させ、CHDのリスクを低下させる。43件の研究の再検討では、活動が少ないことは、高血圧、喫煙または高コレステロールとほぼ同じ程度に相当するCHDのリスクを示した(Powell, Thompson, Caspersen & Kendrick, 1987)。この研究に関して実際に重要な点は、予防プログラムの中で定期的な運動を強く勧める必要がある

第12章 心理的要因と身体疾患

Box 12-2 科学と実践

冠動脈性心疾患と癌による死亡の予防

1990年代に最も異論の見られた所見は、CHDおよび癌による死亡の長期的な予測および心理療法によるその大規模な予防に関するものである。Roland Grossart-Maticekは、旧ユーゴスラビアで研究を開始し、後にドイツのハイデルベルクに移住したときに研究を拡大させた。最初は大部分が無視されたが、1998年に亡くなった著明なイギリス人研究者であるHans Eysenckの興味を引いた。Eysenckは、この研究を英語圏の心理学者らに注目させた(Eysenck, 1991)。

この計画の最初の部分は予測に関するものであり、面接および質問紙を用いて、「CHDに罹患しやすい傾向のある」群を特定した。この方法で、「癌に罹患しやすい傾向のある」群も特定し、両集団を「健康—自律」群と対比させた。この理論に従って、CHD傾向群には怒りや攻撃性を中心とする問題があり、一方、癌傾向群には無力感や絶望感の傾向が見られた。10年(またはそれ以上)の後、死亡率および死因が追跡された。872人の追跡から、次のように、死因の予測との一致が示された。癌傾向群の194人中、9.8%が癌によって死亡し、1.3%がCHDによって死亡したが、82.1%は生存していた。CHD傾向群の227人中、10.1%がCHDによって死亡し、4.4%が癌によって死亡したが、72.7%は生存していた。健康—自律群の261人についてはCHDによる死亡は1人のみであり、他の原因による死亡も1人のみであった。

さらに、さまざまな症例から各尺度においてその傾向が極度に高い35人を抽出し追跡した。癌傾向高群の35人では、21人が癌により死亡し、4人がCHDにより死亡した。CHD傾向高群での35人では、18人がCHDにより死亡し、3人が癌により死亡した。条件を合わせた健康—自律群では、CHDと癌により各1人ずつ死亡した。

このような所見は注目すべきものであるが、予防に関する所見はさらに注目に値する。この研究では、CHDまたは癌の傾向スコアが高得点の1,200人が選出された。このうち500人は未治療の対照群であり、100人は精神分析による治療を受けた(不活性プラセボであると推測される)。残りの600人は短期的な行動療法を受け、資料が渡され、そのいずれも自律性およびストレスの回避に重点が置かれていた。13年後に死亡率および死因が追跡された。

全体では、対照群の80%以上が13年間の追跡期間に死亡しており、主にCHDおよび癌が死因であった。これと対照的に行動療法を受けた群で死亡したのは1/3以下であった。死亡率そのものに及ぼした劇的な効果は別にしても、この療法では、治療時間が合計で約5時間であったほか、追加したのは資料だけであったことから、きわめて費用対効果が高かった。

この結果は、方法論的な批判の集中砲撃で迎えられた。批判には、特異的な治療の詳細の不足、典型的ではないサンプル、特異的な選択や適合基準の不十分さのほか、脱落率の疑わしいほどの低さなどが取り上げられた。しかし、この研究は欠陥があるにしても、効果の大きさおよび救命的な重要性を示している。したがって、方法論的な欠陥を改善しても同じ結果を再現することができるか確認するために、さらに研究を実施する価値があると思われる。

ということである。その理論的な重要性は危急反応とかかわっている。活発な運動は、その運動に従事している間は心拍数および血圧を増大させるが、長期的には安静時心拍数や血圧の低下という結果をもたらし、心臓を保護することになる。また、敵意、抑うつ、ストレスを軽減させる心理学的テクニックによるCHDの予防の可能性に関しては、さらによいニュースも入ってきている(BOX 12-2参照)。

消化性潰瘍

明らかにストレスが関連しているもう1つの身体疾患は、消化性潰瘍である。潰瘍とは壁または器官に見られる穴またはびらんであり、**消化性潰瘍**とは胃粘膜または小腸の上部である十二指腸粘膜のびらんの一種である。このような潰瘍は、少なくとも部分的には、通常は胃から分泌される酸性の液体であるペプシンによってひき起こされると一般に考えられているため、「消化性」と呼ばれる。胃潰瘍および十二指腸潰瘍という、発生部位によって名づけられている2種類の消化性潰瘍がある。

アメリカではおよそ2,500万人が消化性潰瘍に罹患している(Center for Disease Control, 1994)。毎年新たに500,000〜850,000人の消化性潰瘍の患者が発生

点線で囲まれた部分の下側がヒト胃潰瘍であり、小腸および十二指腸への出口の境界線上に位置している。(Oi, M., Oshida, K., & Sugimura, A. Location of the gastric ulcer. *Gas-troenterology*, 1959, 36, 45-56. Copyright © 1959 The Williams and Wilkins Co. の許可による)

し、100万人以上が潰瘍関連疾患で入院している。消化性潰瘍は、ストレスによって生じることが素人の間でも最もよく知られている身体疾患である。その心理学的影響は複雑であるが、潰瘍の根底にある身体的病因と潰瘍の発現および経過に影響を及ぼす心理的影響との両者に関しては、他のどの身体疾患よりもよく知られている。カルロスの胃腸障害は、ストレスが消化性潰瘍に影響を及ぼす一部について示している。

> カルロスはこれまで17年間、潰瘍に罹患していた。最近まで、潰瘍はコントロールされており、胃痛を自覚したときには、1クオート（約940cc）の牛乳を飲むか、卵を食べると緩和した。3年前、彼は大手デパートのマネージャーに昇進し、故郷の町から遠くの市に引っ越した。そして、この責任のある仕事を引き受けて以来、重篤な潰瘍痛を経験するようになった。
>
> 彼はニューイングランド州の小さな町に生まれ育った。父親は裕福でデパートチェーンの社長であった。父親は支配的で不寛容であったが（父親も潰瘍を患っていた）、カルロスに対してはやさしく寛大であった。彼は大学を卒業するとデパート業界に入り、41歳の現在まで父親の介入、影響、支援なしには仕事を行うことはできないと感じていた。
>
> 彼はデパートのマネージメントを引き受けるとすぐ、緊張や不安を覚え、ささいなことでくよくよするようになった。また、店が火事になるのではないか、自分の気づかない帳簿ミスがあるのではないか、大きな利益を上げられないのではないかと恐れた。彼は自分の力量不足を確信し、十二指腸潰瘍による重篤な疼痛にしつこく苦しめられたため、心理療法を開始した。心理療法において、担当セラピストとカルロスは、彼の人生には十二指腸潰瘍の増悪に寄与する心理的要因がいかに多いかがわかった。以下の3つの出来事は、このことを特によく表している。
>
> 最初の出来事、店に大勢の人々がいる日に大規模に換気扇が故障した。客が通りに出ようと押し寄せたため店が大騒ぎになり始めると、カルロスはパニックに陥った。この騒動が治まると彼のパニックも消失したが、重篤な潰瘍痛が始まった。
>
> 2番目の出来事、彼の母親は長年、「心臓の具合」に関する愁訴を訴えていた。母親の主治医は身体的原因を特定したことはなかったが、彼は心配していた。ある日、彼は店の前を霊柩車が通るのを見て、母親が死んだのだと思ってパニックになり、数マイルを走って家に帰ったが、母親は元気であった。彼は走り始めたときに胃痛が発生し、この疼痛は母親が病気ではないことを確認するまで持続した。
>
> 3番目の出来事、ある夜、彼の店が全焼した。彼は保険会社の確認調査の間、自分の職務怠慢が調べられるのではないかと不安が高まった。この調査結果を待つ間に、彼の妻から電話があり娘が足を骨折したと聞いた。彼は走って家に帰り、妻が泣いているのを見ると、すぐに重篤な胃痛が起こった。
>
> 彼が店のマネージャーになる前も仕事中に時折胃痛が生じていたが、その時には、慰安を求めに父親のもとに行くという、すぐに痛みが緩和される効果的な方法を自分で見つけていた。この権威者の側で安心すると、彼の潰瘍痛は消失した。しかし、新しい仕事では、彼自身が権威者であり誰も頼る人がいなかったため潰瘍痛は持続し、緩和しなかった。（Weisman, 1956を改変）

潰瘍の症状と発症

カルロスは消化性潰瘍の主な症状である胃痛を患っていた。このような胃痛は、軽度の不快感から、重篤で穿通性があり激痛があるものまでさまざまである。疼痛には、規則的なもの、うずくもの、差し込み痛もあれば、鋭い痛み、痙攣性のものもある。疼痛は通常、朝食前には生じず、食後1〜4時間後に始まる。刺激のない食物および無酸性食品は疼痛を緩和し、香辛料の強い食物、アルコール、アスピリンは疼痛を増強させる（Weiner, 1977）。消化性潰瘍は時にきわめて重篤となり、穿孔または出血を伴うことがある。手術の時期を逃すと、穿孔性潰瘍は消化管内の出血により死に至る可能性がある。

このような症状がどのようにして生じるのかを理解するため、まず消化系の作用を大まかに見ていく必要がある。食物は、腸を通過するときに身体が使用するのに適した物質が吸収されるように、消化によって胃の中で分解される。食物を消化するため、胃は2種類のきわめて腐食性の強い液体を分泌する。このうち塩酸は食物を分解し、ペプシンはタンパクを分解する。なぜ、胃そのものは消化されないのだろうかと不思議に思うだろう。胃および小腸には粘膜の内壁があり、これが胃の分泌する塩酸による腐食から胃を保護している。さらに、胃液は食物が胃の中にある場合のみに分泌され、食物がほとんどの腐食性酸を吸収する。

しかし、消化系には時々問題が生じる。この問題の引き金となるのは、ヘリコバクター・ピロリ菌（*Helicobacter pylori*）としてよく知られている細菌であり、この細菌は驚くことに、自分自身を重炭酸塩で被覆して、酸性の消化管の中で生存することが可能である（Blaser, 1999）。この細菌は、消化性潰瘍の患者の90％以上で発見され、胃または十二指腸の粘膜に破損を生じたり、拡大させる可能性がある。細胞増殖によって胃の内壁は3日おきに完全に再生されるため、損傷が胃液の少ない場所に発生すれば、自然に修復され潰瘍を形成することはない（Davenport, 1972）。しかし、細菌が残存し、過剰な胃液またはペプシンが周

囲にある場合には、この損傷は悪化し潰瘍が形成される。

　この細菌を殺すことは効果的である。潰瘍の患者が抗菌剤によって治療した場合、十二指腸潰瘍の再発率はわずか8％であるが、未治療の対照群では86％が再発した（Alper, 1993；Center for Disease Control, 1989；Graham et al., 1992；Hentschel et al., 1993）。それでもなお、潰瘍の見られる患者のうち10％には細菌が存在せず、この細菌に感染している人の90％には潰瘍が生じないことから、この細菌がすべての原因であるとは言えない。そして、この事実がストレスの関与を示している。

潰瘍に罹患しやすい人とは？

　潰瘍の発現の仕方は、潰瘍を形成しやすい素質または生来の虚弱とは何であるかについて、ヒントを与えてくれる。過剰な塩酸またはペプシンを分泌する人、粘膜の酸に対する防衛力がとくに弱い人、胃内壁の再生が遅い人は、一般に潰瘍に罹患しやすいと思われる。さらに、ピロリ菌に対して脆弱な人も免疫防衛力が低いと思われる。このような脆弱性は遺伝する可能性がある。1組の一卵性双生児の片方に消化性潰瘍が見られる場合に、もう片方にも消化性潰瘍が見られる可能性は54/100である。これに対して、二卵性双生児の片方に消化性潰瘍が見られる場合に、もう片方にも消化性潰瘍が見られる可能性はわずか17％である（Eberhard, 1968）。

　消化性潰瘍の罹患率については、国によって、また10年単位の年月によって大きな差が見られる。今日では、アメリカの成人人口の約10％に潰瘍が見られ、毎年500,000人以上が消化性潰瘍で入院している。女性と男性とを比較した易罹患性は、この100年間で大きな変化が生じた。1900年以前には、消化性潰瘍は男性よりも女性に多く発生していたが、20世紀の初めの頃から変化が生じ、男性のほうが罹患しやすくなってきた。1950年代後半までには、十二指腸潰瘍の罹患率は男性は女性の3.5倍であった（Watkins, 1960）。しかし、男女比は最近の25年間で再び変化した（Elashoff & Grossman, 1980）。1978年までに、アメリカでは男性の消化性潰瘍の罹患率は女性のわずか1.2倍となっていた。男性の潰瘍はわずかに減少してきており、女性の潰瘍は横ばいかまたはやや増大している（Sturdevant, 1976）。また、社会階級も潰瘍の罹患率に影響している。一時期は、潰瘍を発症するのは、そのほとんどが高いプレッシャーをかけられている将来有望で職業的に成功している人と一般に考えられていた。しかし実際は、消化性潰瘍の見られる多くの患者が貧困でまったく成功しておらず、現在では、このような社会経済的に低い階級の人々において消化性潰瘍のリスクが最も高い（Langman, 1974；Susser, 1967）。

消化性潰瘍に影響を及ぼす心理的因子

　ストレスはどの程度、消化性潰瘍の発症または増悪に影響を及ぼしているのだろうか？　ピロリ菌に感染している患者または腸が生来の虚弱である人がある種のストレスに遭遇した場合、消化性潰瘍が生じる。ストレスが消化性潰瘍に影響を及ぼす可能性があるというエビデンスには、どのようなものがあるのだろうか？

胃液分泌、消化性潰瘍と感情状態

　1983年にピロリ菌の影響が発見される前には、ストレスの影響に関して多くの研究が行われていた。しかし、この細菌が発見されて以来、この細菌がすべての原因であると考えられ、ストレスと潰瘍に関する研究は激減した。しかし、1983年以前の研究の多くは成果が得られており、とくに、ピロリ菌に感染している人の大多数が消化性潰瘍を発症しないことを考慮すると、ストレスの影響に関するエビデンスとしては有効である。

　さて、ここでは感情状態が胃液分泌に影響を及ぼすというエビデンスを見ていく。研究者は、小児期に胃瘻から経管栄養の経験をした男性を発見したことから、不安や抑うつが消化に及ぼす作用を直接実験するまれな機会を得た。

> 　トムは57歳の作業員である。7歳の時、とても熱いスープを飲み込み火傷により食道に重度の穴が開いたため外科的に閉鎖した。彼は食物を噛んで（味覚を満足させてから）、漏斗とゴム管を使って直接胃に食物を流し込む必要があった。彼は50歳代になったとき、実験への協力を承諾した。治験責任医師らは、彼の胃液分泌をさまざまな感情状態の下で調査した。彼が不安、怒り、憤慨のいずれかを感じているときは、胃液分泌が増大し、悲しいときには減少した。（Wolff, 1965）

　別の試験では、潰瘍の見られる患者13人および健常被験者13人が、感情を誘発させる条件下で面接を受けた。潰瘍の患者群は潰瘍のない患者群よりも多量の胃酸の分泌を示した（Mittelmann, Wolff & Scharf, 1942）。催眠状態での健常群における所見でも、胃液分泌が感情による影響を受けることが確認された。催眠下で想起された怒りおよび不安の感情は多量の胃液分泌をもたらし、一方、抑うつ、無力感、絶望感の感情は胃液分泌の低下をもたらした（Kehoe & Ironside, 1963）。

　強い不安をもたらす職業についている集団には消化

航空管制官は、何千人もの人々の安全に関して責任があるため、消化性潰瘍の罹患率が高い。1999年の映画 Pushing Tin（邦題『狂っちゃいないぜ』）のジョン・キューザック（John Cusack）の表情に見られるように、この仕事は強い不安をもたらす可能性がある。(Photofest)

性潰瘍の高い発症率が見られる。たとえば、航空管制官の潰瘍の発症率は対照群の2倍であり、交通量の多い管制塔にいる管制官の潰瘍の発症率は、交通量の少ない所の2倍であった（Cobb & Rose, 1973）。しかし、職業と潰瘍との間の相関については慎重に扱う必要がある。潰瘍に罹患しやすい集団が、何らかの理由で不安を誘発しやすい仕事を選択した可能性もある。このような症例では、仕事の不安を潰瘍の原因とすることはできないと思われる。

不安や怒りのような感情状態は胃酸過剰をひき起こし、この結果、ピロリ菌を保有している集団の10%のほか、ピロリ菌を保有していないが消化性潰瘍の見られる集団の10%で、潰瘍の発生に関与している可能性がある。

さらに、易感染性集団におけるストレスの不在は、ピロリ菌に感染している集団のうち90%が消化性潰瘍に罹患していない理由の説明として有用と思われる。このことは、何か別のものが潰瘍をひき起こし、ストレスが潰瘍の促進因子である可能性が高いことを意味している（Köhler, Kuhnt & Richter, 1998）。

ストレスと消化性潰瘍に関する動物モデル

動物を用いた一連の研究では、ピロリ菌の影響に加え、消化性潰瘍の発症に及ぼすストレスの寄与を単離させた。動物において、とくに不安という情動を高める葛藤、予測不能、制御不能の3つのストレスを検討する。

葛藤 葛藤が潰瘍を発生させるかどうかを見るため、ラットに「葛藤」をひき起こすことができるだろうか？ 葛藤をひき起こす1つの方法は、飢えたラットに、電気ショックを受けるエリアを最初に走り抜けた後にだけ食物が得られるようにさせるものである。これは回避・接近葛藤と呼ばれる。実験で研究者らは、ラットに48時間サイクルのうち47時間は食物および水を得るために電気ショックエリアの通過を求めた。エリアに電気を流さなかった1時間の間には十分な水および食物を得ることができた。この群のラットのうち6匹が潰瘍を発症したが、対照群では1匹も発症しなかった。対照群である電気ショックのみを与えた群、食物および水を欠乏させた群、何もしていない群では潰瘍を発症しなかった。このため、回避・接近葛藤は、電気ショック、飢えまたは渇きよりも胃潰瘍を発生させやすいことになる（Sawrey, Conger & Turrell, 1956；Sawrey & Weiss, 1956）。したがって、不安を生み出す心理状態である葛藤は、ラットに潰瘍を発生させることが示された。

予測不能と制御不能 人が不快な出来事を経験する場合、合図が得られるために予測可能なものもあれば、合図が得られないために予測不可能なものもある。たとえば、第二次世界大戦中にロンドンに落ちたロケットの場合、サイレンを鳴らして合図した。しかし、強制収容所の監視員が囚人を鞭打ちの刑にする場合には、合図がまったくない。ここには重要なエビデンスが見られ、ラットも人も不快な出来事が合図された場合には、合図の間中おびえている。しかし、合図がない場合には不快な出来事は起こらないということを学習しているため、安心しリラックスすることができる。また、何かが起こる可能性のある場合、合図は人に悪い出来事に対する準備をさせる。これに対して、合図なしに明らかに不快な出来事が生じる場合には、リラックスできる安全な合図がないため、常におびえる（Seligman & Binik, 1977）。

不快な出来事が起きる場合、時にはそれに対して何かできる場合もあるが、何もできない場合には絶望する。たとえば肺癌の犠牲者になることについては、禁煙によって肺癌を避ける行動が可能であるため、少なくとも一部は制御可能である。しかし、全国的な不景気の時期に失業することは、きわめて制御不可能である。いったん経済恐慌が起きたなら、自分の仕事を守るためにできることはほとんどなく、同僚のほとんども解雇されてしまう。さらに詳しく言うと、その出来事の起きる確率を変えるための対策がとれない場合には、その出来事は制御不能である。しかし、その出来事の起こる確率を変えられるかもしれない選択肢が1つでもある場合には、その出来事は制御可能である。危険が予測可能または不可能、あるいは制御可能または不可能な場合、いずれが潰瘍を多く発生させるだろうか？

ラットを6群に分けた。2群は目の前の輪を回転させるとショックが止まり、回避可能である。別の2群は「拘束群」とした。この条件では、ショックを制御できる「エグゼクティブ」ラットとショックの制御ができない「パートナー」ラットがペアになっている。

このイスラム教の参拝者らは、大規模地震が自分たちの家を破壊し、50万人もの人が住居を喪なった後の1999年8月、トルコのアダパザルのモスクの外で祈っていた。断層上に住む人々は、いつ地震が襲ってくるのかわからない。人々は、何をしても地震の起きる確率を変えることはできないと感じていると思われることから、消化性潰瘍に罹患しやすい可能性がある。(AP/Wide World Photos)

表12-2 潰瘍数の中央値と輪の回転数

	潰瘍数	輪の回転数
回避可能群		
合図あり	2.0	3,717
合図なし	3.5	13,992
拘束され、回避不可能な群		
合図あり	3.5	1,404
合図なし	6.0	4,357
ショックを与えなかった群		
合図あり	1.0	60
合図なし	1.0	51

Weiss, 1971を改変。

このパートナーラットは、エグゼクティブラットと同じショックを受けるが、そのショックは回避不可能であり、パートナーラットがいかに対処しても、エグゼクティブラットと同時に与えられる断続的なショックは制御できない。残りの2群にはショックを与えなかった。このような条件に加え、ショックは合図を送る場合、送らない場合のいずれかとした。この実験でラットは、ショック制御の可否と予測の可否の2要因に割り付けられた (Seligman, 1968；Weiss, 1968, 1971)。

表12-2に示したように、2つの知見が見出された。1つは、予測不可能な状態が潰瘍をひき起こすということであり、合図の送られたラットよりも送られなかったラットの方が多く潰瘍を発症した。もう1つは、制御不可能な状態が潰瘍をひき起こすということであり、合図の有無にかかわらず、回避可能なラットよりも回避不可能なラットのほうが多く潰瘍を発症した。

この実験および別の動物実験からは、どのような結論が得られるだろうか？　まず、エグゼクティブラットは潰瘍の発症する傾向が低かったことは明らかである。次に、葛藤、予測不可能、制御不可能という3つの条件を設けたこの実験および別の実験からは、不安が生じ潰瘍が多発する結果が示されている。

このようなラットの実験では、ピロリ菌との関係はどうであろうか？　ラットの実験からは、ピロリ菌の不在下では潰瘍が発生せず、存在下では発生するように思われた (Levenstein et al., 1995；Pare, Burken, Allen & Klucyznski, 1993；Sapolsky, 1998)。われわれは、このような実験から、ピロリ菌に感染しているため潰瘍に罹患しやすい人 (またはラット) は、葛藤、予測不可能、制御不可能な状態によってさらに脆弱化すると推測する。ストレス誘発因子が多いほど、人またはラットは消化性潰瘍を発症すると思われる。

消化性潰瘍の治療

30年前、医師らは主に、胃酸の酸性度を低下させるため制酸剤を処方して治療していた。さらに、患者に胃酸の分泌を刺激する食物摂取を制限した無刺激食事療法を推奨していた。喫煙、飲酒、コーヒー、紅茶の摂取も制限した。このような食事療法によって約半数の潰瘍は治癒したが、再発率は高かった。1970年代後半に胃酸を約2/3にまで減少させる薬剤のシメチジンが多く出回るようになり、70～95％の患者が2～3ヵ月で治癒した。しかし、再発率はいまだ高く半年以内に50％が再発した。現在は、それに加えてピロリ菌を殺す抗生物質が用いられており、再発率は8～15％に減少した (Alper, 1993; Bardhan, 1980; Graham et al., 1992；Hentschel et al., 1993)。

潰瘍の心理療法については、あまりカルテに残されていない。しかし、休養、リラックス、不安コントロール、心理ストレスの外因の除去という治療法は、潰瘍の患者に処方されることが多く、その効果に関する有力な臨床的エビデンスは得られている。しかし、ピロリ菌の発見によって、この疾患を増悪させるストレスの低減方法に関する進歩は残念ながら遅れている。

まとめとして、消化性潰瘍は心理的要因によって増悪する身体疾患であると考えるのが最も妥当であろう。消化性潰瘍を発症する人のほとんどはピロリ菌感染している。この細菌にいったん感染すると感情状態、とくに葛藤、予測不可能、制御不可能な状態によって生じる不安が脆弱性を増大させる。ピロリ菌の負荷がきわめて高くなると、このようなストレスの不在下でも潰瘍を発症することがある。この細菌の負荷が低くなるとストレスの有無が決定的な要因になる。

Box 12-3　分析のレベル

心理的なイベントから疾患に至る経路の発見

　免疫系と心理状態に関するいずれの研究も，抑うつ，無力感，絶望感およびストレスの多いライフイベントが免疫能力を低下させる可能性があることを一貫して示唆している。これはどのような方法で発生するのだろうか？　たとえば，出来事の仮定上の連鎖から，喪失がどのように癌をひき起こすかを説明できる可能性がある。(1)夫を亡くした未亡人は，夫の死によってかけがえのないものを亡くしたと感じていた。(2)この未亡人は何に対しても無力感を感じていたため，もし，この未亡人が悲観的な考え方の持ち主であったならば，重篤な抑うつをきたしていたと思われる。(3)第7章で見てきたように，抑うつや無力感は，脳の特定の神経伝達物質の枯渇のほか，エンドルフィン(疼痛を遮断する脳内モルヒネ様物質)の増大をもたらす。(4)免疫系には，免疫能力を低下させる可能性のあるエンドルフィンに対する受容体がある。(5)たとえば，子宮内の初期の腫瘍など，体内に病原体が見られる場合には，NK細胞およびT細胞は活性が低すぎて腫瘍を殺すことができない可能性がある。(6)通常は初期段階で殺されるべき腫瘍が，いまや生命を脅かす大きさにまで成長している可能性がある。

　この図式は推測であるが，現在ではこの連鎖の各段階でエビデンスが見られている(Evans et al., 1995；Kiecolt-Glaser & Glaser, 1995；Maier, Watkins & Fleshner, 1994)。このような連鎖が実際に，悲劇がいかにしてわれわれに身体疾患をもたらすことができるかを解明するならば，予防および治療に関して重要な意味をもっている。連鎖の各段階に介入する治療方法があれば，このような疾患は予防，改善できる可能性がある。たとえば，認知療法は，連鎖を中断させるための無力感または抑うつ反応の予防に用いることが可能である。また，カテコールアミン-エンドルフィンの結合を阻害するかまたはエンドルフィン刺激に対する免疫応答を遮断するような薬物療法も，この連鎖を中断させると思われる。われわれは，この領域が近いうちに大きく発展することを期待している。

　ベロイト大学のGregory Buchananは，この仮定上の出来事の連鎖の一部である悲観主義—不健康の関連を突き止めた。ヒトでの悲観主義と不健康に関するいずれの研究でも，悲観主義は不健康と相関し，悲観主義からはさまざまな疾患が予測された。しかし，ある相関研究では，悲観主義がどのように適切にコントロールされていても，何らかの第3の変数があり，それ自体が悲観主義(たとえば，人生での多くの失敗など)と相関している可能性が常にあり，不健康の本当の原因は悲観主義ではなく，この第3の変数であるとされている。この変数を明らかにする唯一の方法は，悲観主義者の群を対象とし，その一部を説明スタイルで悲観主義から楽観主義へと変化させる方法を学習する群に割り付け，別の一部を対照群として，両群のその後の健康を追跡することである。研究には，ペンシルバニア大学の悲観主義の1年生231人が登録され，半数は悲観主義から楽観主義へと変化させるテクニックを学習する群とされ，残り半数は対照群とされた。その後3年間，研究者らは，被験者が疾患で医者にかかった回数を記録し，被験者の身体症状を調査した。楽観主義を学んだ群では疾患で医者にかかる回数が少なく，身体疾患の症状も少なかったほか，予防のために学生保健センターを訪れる回数が多かった(Buchanan, Gardenswartz & Seligman, 1999)。この研究は，楽観主義と悲観主義との差から健康の差が生じ，何らかの別の第3の変数によるものではないことを示している。

　心理的要因と身体疾患の予後とを最終的に結び付けている連鎖の別の部分に関するきわめて興味深い研究の1つとして，オハイオ州立大学の心理免疫学者チームのJanice Kiecolt-GlaserとRonald Glaserが，喧嘩中の夫婦を研究している。免疫活性の影響がどのくらい迅速に小さな創傷を治癒するかを見るため，研究開始時，夫婦は両者とも前腕に小さな同じ創傷をつけておいた。研究に参加する前提条件として，いずれも幸せな結婚をしていると申告していた夫婦に対して，異論のある問題について30分間議論をするように求めた。研究者らは感情のレベルを測定し，次の24時間に創傷治癒を促進するホルモンをモニターした。この研究の仮説は，マイナスの感情が高かった後は創傷治癒が遅く，感情的ストレスによって崩壊された連鎖の一部を特定できる可能性があるというものであった(Nagourney, 2000)。これは大胆な実験であり，身体疾患に及ぼす感情の影響の詳細を明らかにしていると思われる。

免疫系障害

　心理的要因，とくに敵意，無力感，抑うつ，ストレスは，冠動脈性心疾患のリスクを増大させる。また心理的因子は，免疫系が重要な役割を果たしている感染性疾患，AIDS，癌，喘息のリスクも増大させるのであろうか？　すでに，免疫系が抗原を撃退するために，いかに至適な作用をしているか検討した。ここでは，免疫系の機能停止に心理的影響がどのように役割を果たしているか考察する(BOX 12-3参照)。

免疫能力の低下と感染性疾患

　ヒトの免疫や疾患に変化をもたらす心理的状態についてはエビデンスが増え続けている(Maier & Watkins, 1998)。いくつかの症例では，抑うつ，無力感，絶望感，ストレスの多いライフイベントが人の免疫変化と関連があると示されている。楽観主義または悲観主義のいずれかの思考スタイルであった学生について，感染症および医者にかかった回数が計算された。研究者は，最初に学生らの思考スタイルを決定するためテストを実施した。常に悪い出来事の原因を自分の内にあり，安定的で，全体的と考える(「私のせい

だ」、「いつまでも続く」「すべてだめになる」）人たちは「悲観的思考スタイル」と呼ばれ、悪い出来事の原因を自分の外にあり、一過性で、特異的と考える人たちは「楽観的思考スタイル」と呼ばれていることを思い出してほしい（第3章参照）。この思考スタイルに関するテストの翌年、悲観主義群は楽観主義群より感染症に罹患した回数、医者にかかる回数ともに2倍多かった（Peterson & Seligman, 1987）。別の研究では、配偶者を亡くした夫婦の片方について、配偶者の死後6週間追跡したところ、この集団は抗原に対するT細胞増殖が抑制されたことを示した（Bartrop, Luckhurst, Lazarus, Kiloh & Penny, 1977）。高齢者に関する別の研究では、思考スタイルを判定したのち血液を採取した。その血液サンプルに抗原を入れ、免疫反応の有効性を測定した。悲観主義群は楽観主義群よりもT細胞機能が乏しかった（Kamen-Siegel, Rodin, Seligman & Dwyer, 1991）。研究者は、このような結果を健康な男子大学生に関する研究で確認した。悲観主義群は楽観主義群よりも、悪い出来事に対する血液中のT細胞反応が低いことが示された（Zorrilla, Redei & DeRubeis, 1994）。さらに、抑うつの見られる集団もT細胞反応が低いことが示された（Schleifer, Keller, Bartlett, Eckholdt & Delaney, 1996）。

また、最近配偶者の死などの重大なライフイベントを経験した女性ではナチュラルキラー（NK）細胞活性が低く、抑うつが重度になるほどNK細胞およびT細胞の両者の機能が阻害されていた（Irwin, Daniels, Bloom, Smith & Weiner, 1987）。未亡人に関する類似の例では、大うつ病性障害と診断された女性は診断されなかった女性よりも、NK細胞活性が低かった（Zisook et al., 1994）。別の研究では、治験責任医師は、医学部の1年生75人から試験前1ヵ月と試験の最終日の2回、血液を採取した。NK細胞活性は試験最終日のほうが低いほか、孤独感やストレスの多いライフイベントの報告が多いほどNK細胞活性が低くなることがわかった。別の研究者らは、夏休み中または重要な試験の前日に創傷治癒の時間を計ったところ、試験前のほうが創傷治癒にかかる時間が40％長かった（Kiecolt-Glaser et al.,1984；Kiecolt-Glaser & Glaser, 1987；Marucha, Kiecolt-Glaser & Favagehi, 1998）。

免疫介在性感染症としてよく知られている一般的な風邪は、マイナスの心理状態と結びついている。風邪は実験室で誘発することが可能であるため、風邪の感受性が測定された。ある研究では、健常者394人が鼻スプレーによって少量の風邪ウイルスが投与され、その結果ひき起こされた風邪の重篤度が測定された。最近マイナスのライフイベントを多く経験していた被験者、マイナスの影響を感じていた被験者、ストレスが多いことを自覚していた被験者らは、重度の風邪によって寝込むことが多かった（Cohen et al., 1995；Cohen et al., 1998；Cohen, Tyrrell & Smith, 1993；Stone et al., 1994）。

エイズ（AIDS）

現在、HIV感染症およびAIDSについても関連する所見が浮上している。HIV陽性のゲイ男性86人に面接を実施し、思考スタイルを聞き取りにより記録した。このうち、自分が原因でひき起こされた悪い出来事を経験していた男性群は、抑うつ、保健行動などの心理的、行動的、社会的および健康に関する交絡因子を統制したのちも、面接後18ヵ月にわたってT細胞活性が有意に低下した。しかし、このようなHIV陽性の被験者群は、研究期間にAIDSの臨床症状を発症しなかった（Segerstrom et al., 1996）。同時に実施した2年間の追跡調査では、HIV陽性のゲイ男性のうち最も抑うつやストレスを示していた群は、ナチュラルキラー細胞およびヘルパーT細胞が最も大幅に低下していた（Leserman et al., 1997）。

多くのHIV陽性のゲイ男性の感じる不安や抑うつに対処するため、マイアミ大学のNeil Schneidermanらは、10週間の認知―行動ストレスマネジメントコースを実施した。この内容はストレス、破滅的な考えの特定に焦点を当て、自己主張と怒りのコントロールについて討論するものであった。対照群の18人と比較し、このストレスマネジメントコースを受けた22人の男性は、認知的および感情的対処が良好になっ

このAIDSメモリアル・キルトは、1995年9月に、Rose Bowl（カリフォルニア州のパサディナ）に展示された。このキルトは、AIDSの死亡者の友人および親族が、生前を偲ぶために作成した3×6フィートのパネルから構成されている。このように関心や支持を示すことは、HIV陽性患者が抑うつ、不安に立ち向かい、免疫機能を向上させるために有用であると思われる。（AP/Wide World Photos）

> **DSM-IV-TR の診断基準**
>
> ## HIV 疾患に起因する認知症
>
> A. 多彩な認知欠損の発現で、それは以下の両方により明らかにされる.
>   (1) 記憶障害（新しい情報を学習したり、以前に学習した情報を想起する能力の障害）
>   (2) 以下の認知障害の1つ（またはそれ以上）
>   (a) 失語（言語の障害）
>   (b) 失行（運動機能が損なわれていないにもかかわらず動作を遂行する能力の障害）
>   (c) 失認（感覚機能が損なわれていないにもかかわらず対象を認識または同定できないこと）
>   (d) 実行機能（すなわち、計画を立てる、組織化する、順序立てる、抽象化する）の障害
> B. 基準 A1 および A2 の認知欠損は、その各々が、社会的または職業的機能の著しい障害をひき起こし、病前の機能水準からの著しい低下を示す。
> C. 病歴、身体診察、臨床検査所見から、この障害が HIV 疾患の直接的な心理的結果であるという証拠がある。
> D. その欠損はせん妄の経過中にのみ現れるものではない。
> （訳注：原書は DSM-IV だが、ここでは DSM-IV-TR, APA, 2000 ［高橋三郎・大野裕・染谷俊幸訳『DSM-IV-TR 精神疾患の診断・統計マニュアル』医学書院、2004］を修正し引用した。タイトルと C は原書通り）

た。この22人は HIV 感染症という事実を今までよりも受け入れ、不安や抑うつが著明に低下した。また、友人および家族からのソーシャルサポートを受け入れるようになった（Lutgendorf et al., 1998）。そして、免疫機能の改善も認められた（Lutgendorf et al., 1997）。

心理的要因が HIV 感染症や AIDS に影響を及ぼすだけでなく、AIDS や HIV 感染症も重大な心理的変化をひき起こす可能性がある。現在、AIDS 患者の約40％に臨床的に神経疾患が認められ、剖検に回された症例の80〜90％で神経系の病理変化が報告されている（Snyder et al., 1983；Trillo-Pazos & Everall, 1997）。このような変化の一部は、AIDS に伴う腫瘍または細菌感染によってひき起こされた可能性がある。しかし、症例の相当数では、AIDS 脳症と呼ばれる後天的な認知症症候群が見られ、これは腫瘍増殖または細菌感染の結果として説明することができない。

AIDS 脳症の初期症状には、言語想起障害、言語記憶障害、精神運動の低下、問題解決能力の障害、微細運動のコントロール低下などがある。AIDS が最初に症候群として認知されたのは1981年であったが、AIDS に随伴する脳症は2〜3年後まで報告されなかった。研究者らはいまだ、脳のいずれの部位が影響を受けているか厳密にはわかっていないが、行動的症状との一致から最初の病変部位は皮質下であり、後に皮質、とくに前頭葉が関与する（Brew, Rosenblum, Cronin & Price, 1995；Gray et al., 1991；Power et al., 1998；Price, 1996；Price et al., 1998）。

さらに異論の見られることは、HIV 陽性であっても AIDS の臨床症状の見られない患者に認知障害が見られるかどうかということである。広範囲の障害に関する早期の報告の虚偽が確認されている（Horter, 1989；Janssen et al., 1989；Law et al., 1994；McArthur et al., 1989）。現在のコンセンサスでは、このような集団は反応時間テストで特定の精神運動の遅延を示す以外は正常であり、これは微細な中枢神経系の損傷の可能性があるとされている（Martin, Heyes, Salazar, Law & Williams, 1993）。しかし、AIDS 脳症の進行を逆進すると思われる新しい治療法が現在実施されており、一部ではよい報告も見られる（Baldeweg, Catalan & Gazzard, 1998；Skolnick, 1998）。

AIDS または高齢に起因する認知症は、患者ばかりでなく介護者にも広範囲な心理的変化をもたらす。このような患者を介護することは、無力感を誘発するほか、介護にかかりきりになる可能性がある。このような親族の介護の結果に関する長期的な研究では、アルツハイマー病患者の69人の配偶者を13ヵ月追跡した。その後、この被験者らを介護者でない対照群と比較した。介護者群のほうが感染性疾患、とくに風邪に罹患していた日数が多かった。また、介護者群は抑うつが多く見られたほか、抗原の作用に対する細胞増殖によって測定される免疫系の機能が対照群よりも低かった（Castle, Wilkins, Heck, Tanzy & Fahey, 1995；Esterling, Kiecolt-Glaser & Glaser, 1996；Kiecolt-Glaser, Dura, Speicher, Trask & Glaser, 1991）。われわれは、AIDS 脳症患者の介護者にも類似の症状が見られると推測している。

癌

心理的要因の影響を受ける最も油断のならない疾患の1つが癌である。現在、無力感が癌の感受性に重要な役割を果たしている可能性があるというエビデンスが増えている。以前に子宮頸管に癌性細胞が存在する可能性があると見られていた女性51人が、検査のために入院した。入院日に治験責任医師らがこの女性た

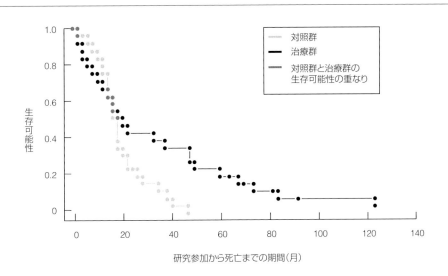

図12-9 心理療法および癌の生存率
　乳癌の女性を化学療法のみの対照群または化学療法と心理療法を併用した治療群のいずれかに割り付けた。心理療法では、癌およびその生活に及ぼす作用に関する自分の感情に対処することを学ぶように支援したほか、疼痛管理の自己催眠を教えた。治療群の女性は対照群よりも有意に長期間生存した。(Spiegel, Bloom, Kraemer & Gottheil, 1989より引用)

ちに面接したところ、この51人中18人が最近半年間に、無力感や絶望感という感情を示した重大な喪失を経験したことがわかった。残りはこのようなライフイベントを経験していなかった。この18人は無力感を経験し、このうち11人は癌がわかった。33人（喪失を経験しなかった）のうち癌であったのは8人だけであった。この2群間の差は統計的に有意であった（Schmale & Iker, 1966）。肺癌に関するドイツの研究では、治療開始前に患者103人が抑うつおよび苦悩の程度に関するテストを受けた。その後、患者らは8年間追跡された。この期間に92人が死亡した。診断時期に最も抑うつや苦悩が重度であった患者群は、感情の動揺の少ない患者群よりも生存期間が短かった。たとえば、最も重度の抑うつの患者群では半数が平均9ヵ月生存していたが、最も軽度の抑うつ患者群では半数が平均15ヵ月間生存していた。このような生存率の違いは、腫瘍ステージのような予後の身体的な測度よりも有用である（Faller, Bülzebruck, Drings & Lang, 1999）。

　人生の意味の欠如、不安定な仕事、将来の計画の欠如は、喫煙量よりも有用な肺癌患者特定の予測因子である（Horne & Picard, 1979）。反対に、冷静に受容するよりも闘争心を示した乳癌患者のほうが、5年後の再発率は低かった（Greer, Morris & Pettingale, 1979）。

　心理的な苦悩は、健康管理の決定を妨げ、乳癌のリスクのある女性に不良な転帰の発生を増大させる可能性がある。苦悩している女性群は、予測的遺伝子検査を受けたり、予防研究の志願者になったり、あるいは乳癌の定期検診を受けようとする傾向が低いと思われる。ある無作為試験の結果では、乳癌リスクのカウンセリングは、乳癌による特異的ストレスを有意に減少させ、保健に関連した行動を有意に改善することが示されている（Lerman et al., 1996）。また、自分の問題をひとりで抱え込むよりも、話し合うほうが、免疫能力を増強させる可能性がある。印象的な研究では、感情的に困っている問題について打ち明け、記述した集団では、自分の思いを閉じ込めていた集団よりも免疫活性が増大した（Kelley, Lumley & Leisen, 1997; Petrie, Booth & Pennebaker, 1998）。

　David Spiegelらは、転移性乳癌の診断を受けたのち心理療法に紹介された86人の女性群を10年間追跡した（Spiegel, Bloom, Kraemer & Gottheil, 1989）。この女性たちは無作為に心理療法群または心理療法を実施しない対照群のいずれかに割り付けられた。心理療法は1年間継続され、乳癌のルーチンの身体的な治療も継続された。心理療法では、女性が自分の疾患についての感情を表現し、生活に及ぼす疾患の影響に関する話し合いの促進に焦点が当てられた。疼痛管理の自己催眠についても話し合われた。彼女達に心理療法が疾患の経過に影響を及ぼすという予測をもたせるようなことはけっしてしなかった。

　Spiegelは、10年後に2群の生存率を観察した。心理療法群の生存率は平均して、肺や骨転移の発症率が

高かった対照群よりも2倍も長かった(Kogon, Biswas, Pearl, Carlson & Spiegel, 1977)。図12-9は、この2群に関する生存曲線を示している。

また、さらに統制された実験からも類似の結果が示されている(Fawzy, Fawzy & Hyun, 1994)。悪性メラノーマ患者群が、リラクゼーション、誘導イメージ、ストレスマネジメント、社会的問題解決から構成される6週間の集団介入治療を受けた。対照群はルーチンの医療的ケアのみを受けた。6年後の追跡では、介入治療群の34人中3人が死亡し(対照群では34人中10人が死亡)、メラノーマが再発し治療を受けたのは7人であった(それに対して対照群では同13人)。

心理療法が生存率を延長させる機序についてはまったくの推測の域にあるが、われわれは今後10年間で、癌および心臓発作などの疾患を治療し、さらには予防するための心理学的介入治療の発展を期待している(Fawzy, Fawzy, Arndt & Pasnau, 1995; McDaniel, Musselman, Porter, Reed & Nemeroff, 1995)。

喘息

喘息とは、さまざまな刺激に対して、気管支の気道が狭窄、膨張し、分泌液が過剰となる状態である。最悪の場合には喘鳴をもたらし、呼吸しようと懸命に努力するようになる。喘息は最もよく見られる児童の疾患であり、480万人の児童が罹患している(Adam & Marano, 1995)。喘息は感染、アレルギー、心理的要因によってもひき起こされる可能性がある。低く見積もっても、このような原因はそれぞれ、症例の約1/3で重要な役割を果たしていると推測される(Kotses et al., 1991; Weiner, 1977)。多く見積もった場合、全症例の70％が、両親と喘息の子どもとの間の不安、依存欲求、心配事などの心理的要因と関わっていると推測される。

このことは、ヨーロッパの子どもたちが両親の元から「湯治のために」温泉に送られたとき、子どもたちが両親からの長々とした指示をすすんで無視し、喘息の徴候をほとんど示さず、心理的にも改善されたように思われたという逸話が示している。Dennis Purcellらは、両親からの分離が喘息を緩和する可能性を研究するため、両親と同居している慢性喘息の学童25人を選抜した(Purcell et al., 1969)。彼らは、このような児童を2つの群に分けた。1つは家庭での喘息発作の前にいつも感情的要因の見られた群であり、もう1つは過去の喘息発作の発生に感情的要因が関与していないと思われる群であった。前群は両親との分離によって利益が得られ、後群では得られないと予測された。

被験者の児童の両親および兄弟姉妹は2週間、家庭から離れてモーテルに移動させられ、この間、児童は自分の家庭環境で生活を継続した。代理の両親が派遣され、児童は通常どおり学校に通い、通常の活動を続けた。この間、両親は児童に面会せず2週間後に帰宅し、通常の生活が継続された。

予測どおり、この効果は、喘息が感情的に誘発されることが疑われた群では有益であった。この群では分離期間に薬剤を半分に減量することができたことに加え、喘息発作および喘鳴の量も半分に減少した。両親が帰宅すると、喘鳴、発作の回数および薬剤の必要量ともに増大した。一方、感情的要因が重要ではないと判断された群では、効果は現れなかった。

一部の児童では感情的要因が重要ではない一方で、家族関連のストレスが喘息発作を誘発するかまたは増悪させる児童群も見られる。アレルギーの家族歴の見られる幼児100人に関する前方視研究で、研究者らは家族関連の感情的な有害ストレスと喘息の相関関係を調査した。研究者らは喘鳴の発生率について、家族の密着が少なくストレス適応能力の低い児童が、それよりも機能的な家族環境の児童とほぼ同じであることがわかった。しかし、いったん喘鳴が生じると、機能不全に陥る相互作用パターンの発現や持続の見られる機会は有意に高値であった。このため、児童の喘息は、家族関連ストレスの結果というよりはむしろ原因である可能性がある(Gartland & Day, 1999; Gustafsson & Kjellman, 1986; Gustafsson, Bjorksten & Kjellman, 1994)。

感情的要因が喘息発作に関与している症例では、家族のメンバーがお互いにさらに有効かつストレスの少ない方法で対応する方法を学べば、子どもの喘息が改善される可能性がある。

まとめ

何十年もの間、医学界では疾患に及ぼす心理的影響の存在そのものに関して議論が行われていた。物質主義的な科学に精神的な存在(心または感情)を認めたくないという予想された願望があるなかで、多くの「現実的な」医学者らは、心理的影響に関して増え続けるデータを懐疑的に、さらには嘲りの態度で反応した。しかし、心理学的変数の測定が信頼性を向上させたほか、データも逸話的既往歴から実験的実証を再現するための長期的研究へと転換されたことから、現在では身体疾患に及ぼす心理的影響の存在は否定できない。実際に、多くの例の一部を挙げてみる。

- 敵意は心臓発作の発生率を増大させる
- 悲観主義者は中年期に疾患が発生しやすい
- 抑うつおよびストレスの多いライフイベントは、ナチュラルキラー細胞の活性を低下させる

- 心理療法は特定の癌患者の生存期間を延長させる
- 家庭内の混乱は喘息を増悪させる
- 要求が高く、決定の自由の少ない仕事は冠動脈性疾患のリスクを増大させる

しかし、このような事実をどのように説明するかは依然として論点となっている。この心理的、生物学的機序はいまだ謎と混乱に覆われている。心理的レベルでは、「ストレス」という名称は、ほとんど形式的なものであるにもかかわらず、この名称の説明としてはきわめて不十分であることを認識しなければならない。ストレッサーは人のバランスを混乱させる否定的な出来事を意味するが、ストレッサーに対する反応には、大幅に異なるというより実際には反対と言える2種類がある。ストレッサーに対する反応が動員される場合には、危急反応やその他の身体的防衛に拍車がかかり、不安、怖れおよび敵意が見られる。高血圧や突然の心臓発作は、このような反応が原因である。一方、ストレッサーに対する反応が解除される場合には、抑うつ、あきらめ、無力感、絶望感が見られる。生物学的危急反応は、このような状態では阻害される。さらに、このような身体的反応は冠動脈性心疾患、癌、消化性潰瘍とかかわっている。ストレスのあまりにも広範囲な概念をさまざまな心理的構成要素に分解し、有害な出来事に対するさまざまな心理的反応後に生じる神経的および免疫学的経路を特定するには、さらに適切な理論およびエビデンスが必要である。

この問題の別の側面は、ストレスの多い出来事と身体疾患との間の一時的な関係である。ストレスの多い出来事が生じた場合、長期的な身体反応は短期的な身体反応とは逆になる場合が多い。たとえば、恐ろしい出来事が起きた直後に、HPA系の突然の活性化および危急反応が生じる場合がある。しかし、その後、その反応を抑制し、HPAホメオスタシスを回復させるような補償反応が生じる。心疾患のような身体疾患が生じた場合には、最終的に短期的な危急反応またはその逆の補償的な長期的反応のいずれが見られるか、あるいはいずれの結果が発生するかについては、わからない。また、有害な出来事に対するタイプAのような心理的反応の生物学的経路については、いまだ推測の域にある。一方、神経伝達物質の変化、ホルモンや免疫学的な変化がその後の疾患の経過に関与していることがわかっており、このような変化がどのように関連しているかという重要な難題は、次の10年で解明される見込みがある。

パーソナリティタイプ、心理的な出来事、感情的反応が身体疾患に及ぼす影響による機序はいまだ明らかになっておらず、その後に続く出来事の生物学的連鎖

「売上表は潰瘍、電話は高血圧、事務処理は片頭痛の原因ではないかと…」（Sidney Harris）

についてもいまだ把握されていない。これは、このような状態に対する心理学的な「選択治療」もいまだ明らかではないことを意味している。しかし、ストレスに対する結集した反応が既知の疾患の原因になるという点では、不安や怒りを減少させる治療法は妥当であると思われる。このため、リラクゼーション、バイオフィードバック、投薬はいずれもストレス関連であるさまざまな心身症を治療するために用いられてきた。しかし、疾患の原因になる絶望感、抑うつなどの感情的反応の解除という点では、認知療法または抗うつ剤など他の治療テクニックのほうが有効である。

要　約

1. 心理的要因は身体疾患の経過、さらには発症にも影響を及ぼす可能性がある。「一般身体疾患に影響を与えている心理的要因」という基準は、(1)既知の一般身体疾患の存在、(2)これに先行する心理的に意味のある出来事があり、この出来事が疾患の発症または増悪に寄与していると判断される、ことである。

2. このようなプロセスは、**素因-ストレスモデル**のなかに見ることができる。この点から、特定の身体疾患に対する脆弱性と人生でのストレス経験との

両者が見られる場合に身体疾患が生じる。

3. ストレスは**アロスタシス**のプロセスを介して身体疾患に影響を及ぼす可能性がある。アロスタシスとは、多くのさまざまな生活環境にわたって多くの身体的状態が同時に調節されていることである。ストレス過剰になるか、またはストレスに対するアロスタシスの反応が不十分であると、**アロスタティック負荷**が生じる。

4. 免疫系は**抗原**を認識し、破壊するほか、その活性が心理状態の影響を受けている。**精神神経免疫学**はこのプロセスを研究する分野であり、抑うつ、ストレスの多い人生での出来事、絶望感、無力感が免疫能力を低下させ、免疫関連疾患を増大させる。ただし、急性ストレスは免疫機能を増強する。

5. 有害な**ライフイベント**は、貧困、要求が高く調節の自由のない仕事のほか、リスクの加わる社会的混乱などの厳しい生活条件下で、身体疾患の原因として寄与する。

6. われわれの**自発的行動**は、身体疾患に対する感受性に重要な役割を担っており、アメリカでの死亡の半数は部分的に人の選択が賢明ではなかったことに起因している。健康心理学の分野では、身体的健康に及ぼす行動の影響を研究している。

7. **冠動脈性心疾患（CHD）**は西側諸国では死亡原因の第1位である。攻撃性、せっかち、競争性という特徴のある**タイプAパーソナリティ**は、CHDのリスク因子の1つである。敵意は、タイプAの重大な要素になる。**制御不能**な出来事に遭遇した際の**無力感**や**絶望感**もまた、タイプAパーソナリティの構成要素である。危急反応に頻繁に遭遇していることもタイプAによるプロセスであると思われ、敵意の見られる人、過重負担の人はCHDのリスクが高くなる。

8. **ピロリ菌**は、ほとんどの場合、**消化性潰瘍**で発見される。しかし、この細菌感染に加えて、ストレス、制御不可能、予測不能、葛藤が消化性潰瘍の発症に影響を及ぼす。

9. 肺癌や乳癌による死亡は、抑うつ、絶望感、有害ストレスによって早められる。このような感情を緩和する心理療法は、癌患者の平均余命を延長させる。

10. リラクゼーション、バイオフィードバック、認知療法、内観、催眠療法、投薬などの治療テクニックが、心理的要因により影響の見られる身体疾患を治療するために用いられている。しかし、心理学的および生理学的経路の解明が進むまでは、治療法の選択を推奨できない。

13 性障害

本章の概要

性生活の5層　496
第1層：性同一性　497
　性転換症の特徴　497
　性転換症の原因　498
　性転換症の治療：性別適合手術　500
第2層：性的指向　503
　性的指向の起源　503
　性的指向を変える　505
第3層：性嗜好　505
　パラフィリア（性嗜好異常）のタイプ　505
　性嗜好異常の原因　513
　性嗜好を変える　514
第4層：性役割　516
第5層：性的活動　518
　人間の性反応の生理学　518
　性的活動における機能障害　519
　性機能不全の原因　523
　性機能不全の治療　525
まとめ　528
要　約　530

学習の目標

- 性生活の5層：性同一性、性的指向、性嗜好、性役割そして性的活動について説明できる。

- 性同一性の決定におけるホルモンの役割について学ぶ。なぜ性同一性を変えることは実質的に不可能なのか、そしてなぜ性転換症者は自分の肉体を変えるために性別適合手術を望むのかを学ぶ。

- 同性愛に関する、神経解剖学的なエビデンスや双子のデータなども含めて、性的指向の芽生えに関する諸理論に習熟する。

- 正常な性的関心と異常な性的関心の違いは何かを説明できる。そして性嗜好異常の3つの分類や性的嗜好を変えるために用いる治療法について学ぶ。

- なぜ幼少時には性別に基づいて世の中を分類し、性役割のステレオタイプを信じ、それを誇示するにもかかわらず、これらのステレオタイプは成長とともに薄れていくのかを理解する。

- 男性ならびに女性における性反応の生理学を説明できる。そして、性機能不全へと導く、さまざまな性的活動の障害について記述できる。

- 性機能障害の生物医学的ならびに心理的な要因や治療法について学習する。

　性的に何が異常であり、何が正常であるかという概念は、場所や時代とともに変化するものである。ある社会が「逸脱している」と称するものが、別の社会では「正常なこと」と称されることもある。婚前交渉、自慰、オーラルセックス、同性愛はすべて、その昔清教徒社会だった時代には非難の対象だったが、今日では大方の人々がこれらの行為を受け入れ、逸脱しているとは考えない。セックスはわれわれの文化に浸透しており、われわれの社会はここ半世紀の間に性の風習(sexual practice)に関してはるかに寛容になっている。その象徴とも言えるのが、1996年の保守派共和党の大統領候補であり、カンザス州の上院議員を務めていたRobert Dole氏が顔となったバイアグラ®(Viagra)の広告である。欧米における成人対象の調査では、生涯におけるセックスパートナーの数の著しい増加(それでも大多数の人々は、ここ1年間におけるセックスパートナーは1人のみであると報告している)ならびにオーラルセックスの頻度(約75%が体験あり)と婚前交渉の頻度の著しい増加、そして、独身禁欲主義(celibacy)の低下が指摘されている。一方で、エイズやその他の性病に対する恐怖がより「安全」なセックスを促進し、乱交を抑制している可能性もある(Billy, Tanfer, Grady & Klepinger, 1993；Johnson, Wadsworth, Wellings, Bradshaw & Field, 1992；Seidman & Rieder, 1994；Spira at al., 1992)。

　以前は、何をもって「正常な性行動」や「正常な性機能」とするかが、今日よりも明確だった。現代社会においては、男性と女性の間で行われる一般的な性の風習は、昔よりも多様である(Laumann, Gagnon, Michael & Michaels, 1994)。したがって、性の秩序に関するわれわれの概念はより広くなり、性障害や性機能不全に関する概念は狭まったのである。この章では、性に関する諸問題がいかにしてよりよく理解されるようになったのか、そして、それらの諸問題のうちいくつが、現在、治療によって改善されうるか、ということについて解説する。これは物議を醸している領域であり、そもそも何を性的問題と称するのかというのが第1の問題である。これらを「多様性」あるいは「嗜好」と称する者もいれば、「逸脱」あるいは「病気」とまで称する者もいる。性的不能に言及する際には「機能不全」という用語を用いている。性嗜好異常や性転換者に言及する際には「障害」という用語を用いている。現代社会におけるより寛容な態度や偏見のない態度が、性機能に関する問題を除去するわけではないため、性「障害」や性「機能不全」の問題は今でも多く見られる。性同一性(gender identity)に関する主な障害は性転換症(transsexualism；性転換の思想を持つ者、以下本書では性転換症とする)である。これは男性が、自分は男性体に閉じこめられた女性である

と信じている、あるいは女性が、自分は女性体に閉じこめられた男性であると信じている障害である。性的関心に関する障害は、異常な、あるいは奇妙な対象に対して性的興奮をおぼえることによって示される。これらは「パラフィリア（性嗜好異常）」と称される。「性機能不全」は欲求の低下、興奮の低下、痛みやオルガズムに伴う問題などである。概して、われわれにとって性の領域における「異常」の基準とは対人間の情愛的、性愛的な関係性における著しい損傷であり、そのような意味では、これらの性機能不全ならびに性障害は基準を満たしていると言える。まず初めに、性的な問題が明らかに夫婦関係に支障をきたしていた事例をとり上げてみる。

> 初めて治療に訪れた時、キャロルは29歳、エドは38歳で結婚生活3年半、子どもが1人いた。結婚当初キャロルは、ほとんど愛し合う度にオルガズムを感じていたが、今では稀になっていた。彼女は日に日にエドとの性交が嫌になっていた。エドは性欲が強く、毎日性交を求めていた。しかし、キャロルは性交でエドがしてもよいことと、してはいけないことのルールを決めていた。
>
> 時間の経過とともに、キャロルは自分の任務を守ることが次第に困難になっていった。キャロルの頭痛、疲労感、そして口論によって、エドがその気にさせようと愛撫してもそれは水の泡となった。性行為を行った時にはキャロルはエドの愛撫の仕方に文句をつけた。そうしてその性行為は台無しに終わるのであった。
>
> 彼らが初めてセクシャルセラピーに訪れたときには、性交は2週間に1度の頻度であったが、キャロルはますます性行為をする気がなくなり、性交は彼女にとって以前にも増して気の重い試練になっていた（Kaplan, 1974, 事例22より改変）。

40年前であれば、ほぼ確信的にキャロルとエドの性的関係は破滅の一途を辿るであろうと言われていたかもしれない。一度夫婦の性愛関係がこの地点にまで到達してしまうと、そこからは欲求不満、怒り、非難のなすり合い、そして情緒的な孤独感に向かって転落していくのみである。彼らは離婚こそしないかもしれないが、再び性的なパートナーに戻ることはないであろう。今日ではキャロルとエドの問題はセクシャルセラピーによって改善することが可能である。

性生活の5層

キャロルとエドのような性の問題をいかにして治療するのか、ということを理解するためには、まず正常な人間の性の構造について理解する必要がある。この目的を達成するために、性生活の構造を5層に分類した。各層は重なり合って構成される。性的問題はこのいずれの層においても起こり得る。最も下層にあるのが、**性同一性**である。これは男性、女性としての自覚である。その上の層が性的指向であり、性嗜好、性役割が続き、最上層が性的活動である。

性同一性は性器とほぼ一致する。陰茎があれば自分は男性であると感じ、膣があれば自分は女性であると感じる。科学者たちは、性同一性というのはそれ自体別個のものとして存在することを知っている。なぜならば、ある特定の人々の中には、性同一性と性器が稀ながらも驚くほど解離してしまっていることがあるからだ。男性（陰茎があり、一対のXY染色体を有するものを男性と称する）の中には自分は男性体に閉じこめられた女性であると感じる人々がいる。女性（膣があり、一対のXX染色体を有する）の中には自分は女性体に閉じこめられた男性であると感じる人々がいる。これらの人々は、通常「性転換症」と称される性同一性障害であり、正常な性同一性を理解するための鍵となる。

性同一性のすぐ上の層が根本的な**性的指向**である。恋の相手は男性か、女性か、それとも両方か？ 異性愛者か、同性愛者か、両性愛者か？ 性愛的な空想を通して、われわれは自らの性的指向を知ることができる。異性に対してのみ性愛的な妄想を抱いてきたとすれば、まったくの異性愛者である。同性に対してのみ性愛的な妄想を抱いてきたとすれば、まったくの同性愛者である。性愛的な空想が両方の性に関するもので、両方の性に関する空想で自慰行為をすることがよくあったならば、両性愛者と考えるべきである。このレベルにおいて起こり得る唯一の問題は、自らの指向が苦痛、混乱をひき起こすものであり、どうにかしたいと感じるような場合である（DSM-IIIではこれは「自我異和的同性愛」と称されていたが、DSM-IVではこの区分は削除された）。

第3層は、**性嗜好**あるいは**性的関心**であり、性的空想や興奮の対象となる人のタイプ、体の部分、状況のことである。体のどの部分に刺激されるのか？ どんな情景を思い浮かべて自慰を行うのか？ オルガズムを感じる瞬間、頭に思い浮かぶものは何か？ 大方の男性にとっては、女性の顔、乳房、お尻、脚が最も刺激される部分である。大方の女性にとっては、男性の胸板、肩、腕、お尻、顔が最も刺激される部分である。しかし、女性は概して男性ほど体の部分に執着しないものである。むしろ全体的な情景、一般的にはロマンチックなものが女性の空想の一般的な対象である。

しかし、これらが普遍的な性的関心の対象というわけではけっしてない。一般的ではない対象を好む人々も多くいる。たとえば、足、髪、耳、おへそ、絹やゴ

ムのような感触、パンティ、ストッキング、あるいはジーパン、さらにはのぞき見、性器の露出、そして痛みを受けたり与えたりといった異常な状況などである。これらもしくはもっと奇抜な性的関心の対象が、合意した相手との情愛的、性愛的な関係の妨げとなったときが、一線を越えて性障害となるときである。

最上層より1つ下の第4層は**性役割**である。これは性同一性の公的な表現であり、自分が男性であること、女性であることを示すための言動である。自分は男性であると感じる男性の大方は男性の性役割を身につけ、自分は女性であると感じる女性の大方は女性の性役割を身につける。しかし、性役割が別個に存在することは周知の通りである。なぜならば、男性と女性は必ずしも一般的な男性、女性の性役割を身につけるとは限らないからである。女性の中には攻撃的な振る舞いをし、支配したがる人がいるし、男性の中には消極的で従順な人がいる。このレベルにおいては「障害」とされる明確な分類は存在しない。

最上層が**性的活動**あるいは「機能」(functioning)である。すなわち、適切な相手と一緒に適切な性愛的場面にあるときに、いかに適切に行為を遂行できるかということである。欲求、興奮、オルガズムは生じるか？ この段階に共通する諸問題があり、これらが性「機能不全」と称されるのである。

われわれは、ある1つの目的を念頭に性生活を5層に分類した。それは、各層における問題が、自然な人生の流れや治療とともにいかに簡単に変化するか、ということを解説するためである。下層ほど変化しづらくなる。このような性生活の観点から、性転換症が核心的レベルでの問題であり、変えることができないものであることがわかる。その次の層である性的指向は変化に対して頑強に抵抗するものである。一度身についた性的関心は強力だが、ある程度の変化は可能である。性役割は大きく変化することが可能である。そして性的活動は、最も上層なのでかなり効果的に治療することが可能なのである。

第1層：性同一性

性の自覚よりも、自分は誰かという問題ほど根本的な事柄はほとんどないが、**性転換症**(transsexualism)とも称される**性同一性障害**(gender identity disorder)では、まさにこの感覚がねじれているのである。性障害の治療の大部分は心理学に基づくものであるが、性転換症の治療は同一性を変えることによって成り立つものではない。性同一性というのはあまりにも深層にあり、変えることのできないものがゆえに、障害された同一性と一致するように肉体のほうを変えてしまうのが現実的治療である。

性転換症の特徴

男性から女性への性転換症者(male-to-female transsexual)とは、自分は男性体に閉じこめられた女性であると感じる男性のことである。陰茎を除去し、女性らしい性的特徴を欲し、女性として生きることを望んでいる。**女性から男性への性転換症者**(female-to-male transsexual)とは、自分は女性体に閉じこめられた男性であると感じる女性である。男性らしい特徴を身につけ、男性として生きることを望んでいる。性転換症者は幼少期から、自分は間違った肉体に囚われてしまったと感じている。多くの場合、その肉体に嫌悪感を抱き、その肉体に一生つきまとわれることに絶望感を感じ、うつになったり、自殺願望を呈する可能性もある。時には性器を切断しようとしたりする。20代初めまでには、多くの性転換症者は異性のような服装をする。すなわち異性の服装に身を包んで変装するのである。基本的に性転換症者は、他者から自分と反対の性に見られるように、ありとあらゆる努力を試みることがよくある。服装倒錯者(transvestite)とは異なり、性転換症者はそのような行為、とりわけ、異性の服装をすることに性的に興奮したりはしない。むしろ、それは自らの性同一性と適合した生活を送るための手段なのである。服装倒錯者は断じて性転換症者ではなく、自らの性別を変えるという観念に対してはぞっとするであろう。

前世紀では、性転換症者は自らが嫌悪する肉体で生き抜くよりほかなかった。しかしここ30年間の間に、医学的処置が発展し、まだ完璧ではないが、性転換症者が望む解剖学的構造を手に入れることができるようになった。アレン―アリソンの症例は性転換症者の性同一性の問題を示すものである。

> ここ4ヵ月の間、アレンは女性として見られてきたが、現実には解剖学上は正常な23歳の男性である。彼は女性ホルモンを摂取し、髭や胸毛を除去している。6ヵ月前に彼は初めての手術を受けた。胸を大きくするための形成手術である。彼は今後2年の間に、陰茎と陰嚢から膣を形成する性別適合手術を受けるつもりでいる。
>
> アレンは「物心がついた頃から私はまったく男の子らしいことへの関心はなくて、いつも女の子になりたかったの。名前もアリソンに変えたかったわ」と言う。彼は母親の洋服を着るのが大好きで、「女の子らしい」物で遊ぶのを好んだ。ある時、消防車を贈られたときには、お人形が欲しかったと癇癪を起こしたこともあった。幼稚園に入ると、彼は両親に女の子として自分を認めるように要求し始め、その後も要求をやめることはなかったため、両親と常に衝突していた。そしてついに4年生の時に、彼は両親を説得し、

DSM-IV-TR の診断基準

性同一性障害（DSM-III では性転換症）

A. 反対の性に対する強く持続的な同一感(他の性であることによって得られると思う文化的有利性に対する欲求だけではない)

　子どもの場合、その障害は以下の4つ（またはそれ以上）によって表れる。
(1) 反対の性になりたいという欲求、または自分の性が反対であるという主張を繰り返し述べる。
(2) 男の子の場合、女の子の服を着るのを好む、または女装をまねるのを好むこと、女の子の場合、定型的な男性の服装のみを身につけたいと主張すること
(3) ごっこあそびで、反対の性の役割をとりたいという気持ちが強く持続すること、または反対の性であるという空想を続けること
(4) 反対の性の典型的なゲームや娯楽に加わりたいという強い要求
(5) 反対の性の遊び友達になるのを強く好む。

　青年および成人の場合、以下のような症状で表れる：反対の性になりたいという欲求を口にする、何度も反対の性として通用する、反対の性として生きたい、または扱われたいという欲求、または反対の性に典型的な気持ちや反応を自分がもっているという確信

B. 自分の性に対する持続的な不快感、またはその性の役割についての不適切感

　子どもの場合、障害は以下のどれかの形で表れる：男の子の場合、自分の陰茎または精巣は気持ちが悪い、またはそれがなくなるだろうと主張する、または陰茎をもっていないほうがよかったと主張する、または乱暴で荒々しい遊びを嫌悪し、男の子に典型的な玩具、ゲーム、活動を拒否する；女の子の場合、座って排尿するのを拒絶し、陰茎をもっている、または出てくると主張する、または乳房が膨らんだり、または月経が始まってほしくないと主張する、または普通の女性の服装を強く嫌悪する。

　青年および成人の場合、障害は以下のような症状で表れる：自分の第一次および第二次性欲から解放されたいという考えにとらわれる（例：反対の性らしくなるために、性的な特徴を身体的に変化させるホルモン、手術、または他の方法を要求する）、または自分が誤った性に生まれたと信じる。

C. その障害は、身体的に半陰陽を伴ってはいない。

D. その障害は、臨床的に著しい苦痛、または社会的、職業的、または他の重要な領域における機能の障害をひき起こしている。

（訳注：原書は DSM-IV だが、ここでは DSM-IV-TR、APA、2000 ［高橋三郎・大野裕・染谷俊幸訳『DSM-IV-TR 精神疾患の診断・統計マニュアル』医学書院、2004］を修正し引用した。なお、2015年 DSM-5 では性別違和〈gender dysphoria〉と称されている）

学校には男の子の服装をして行くが、家では女の子で「いる」ことを認めさせたのである。その後数年間、彼は学校には男の子の服装で登校し、家では女の子の服装をして女の子として生きるという、二重生活を送ることになる。8年生に進学した頃には、彼は人と接することに居心地の悪さを感じるようになった。彼は学校を休みがちになり、1人で過ごす時間が多くなった。

15歳になると、学校での生活も家での生活も耐えがたくなり、サンフランシスコに家出をし、同性愛の体験を試みた。彼は同性愛者の男性に耐えることができないことを悟り、わずか1ヵ月後に立ち去った。性的パートナーとしては男性に惹かれ、彼を女性として受け入れてくれる異性愛者の男性にのみ彼は性的に興奮するのであった。その後間もなく、彼は肉体変換への道を歩み始めたのである。

アレンは現在、アリソンになりつつある（Pauly, 1969 を改変）。

アレン－アリソンは男性から女性への性転換症の例である。3、4歳になる頃には、彼の女性としての同一性は確固たるものになりつつあったのである。思春期になる前に、多くの性転換症の男の子は、ほぼ完全に女の子とだけ遊び、女の子のように振る舞い、人形と遊ぶことを好み、裁縫や刺繍をしたり、母親の家事の手伝いをしたりするものである。彼らは木登りや、カウボーイやインディアンごっこ、大騒ぎすることを拒む。思春期の頃には、彼らは完全に自分は女性であると感じ、世の中からも女性として認められたいと思うようになる（Zucker & Bradley, 1995）。

性転換症は慢性疾患である。一度発症すると自然に消滅することはない。性転換症の人が性別適合手術の存在を知ると、手術することを非常に強く望むものである（Doorn, Poortinga & Verschoor, 1994；Money & Ehrhardt, 1972；Tiefer & Kring, 1995）。

性転換症の発生率はたいへん低い。恐らく性転換症は10万人に1人よりもやや多いくらいであろう。性転換症の全人口の中でも、男性から女性への性転換症のほうが多く、その比率は2.5倍から6.6倍と推定されている（Bakker, Van Kesteren, Gooren & Bezemer, 1993；Bradley & Zucker, 1997；Zucker, Bradley & Sanikhani, 1997）。

性転換症の原因

このような深い障害は、いったいどこから発するの

1999年作の映画「ボーイズ・ドント・クライ(Boys don't cry)」からの一場面で、男性の服を着て男性のように振舞うヒラリー・スワンク(Hilary Swank)(右)と恋人役クロエ・セヴィニー(Chloë Sevigny)(左)である。この映画は、女性として生まれたが自分は男性であるとしたTeena Brandonの実話に基づいている。彼女は自分をBrandon Teenaと名乗り、いずれは性転換手術を受けるために男性として生活していた。Brandonは、実は女性であるという秘密がばれてしまった後に強姦され殺害された。(Photofest)

であろうか？* どのような出来事が重なりあって、身体的には平凡な女の子が自分は本当は男の子であると感じる、あるいは男の子が自分は女の子であると感じるようになるのだろうか？ われわれは性同一性の大部分は、正常であろうと性転換症であろうと、妊娠2〜4ヵ月の間に起こると仮定されるホルモンの過程に由来するものと推察する。

まず初めに、胎児がどのようにして正常な男子あるいは女子になるのかを簡潔にまとめてみよう。胚は男性あるいは女性どちらかの内的器官に分化する可能性をもつ。受胎後8週間、すべての胎児は後に精巣もしくは卵巣に発育することのできる未分化の生殖器(生殖腺)を有している。次に続く決定的な段階、すなわち男性化ホルモン(アンドロゲン)の分泌が起こらなければ、胎児は必然的に女性になる。これらのホルモンが分泌されると、男性の内的器官が発育し、男性の外的器官が発達する。この一連の過程はおよそ妊娠3ヵ月の終わり頃に起こる(Ellis & Ames, 1987；Pillard & Weinrich, 1987)。

われわれは、この段階における男性化ホルモンのレベルが性器を決定するだけでなく、性同一性をも決定するものであると確信している。男性ホルモンが男性としての性同一性を生み出すのである。この男性ホルモンが不十分なときの結果が、女性としての性同一性

---

*性同一性障害の起源に関する包括的な理論は存在しない。ここでは、M.Seligman の *What you can change and what you can't* の11章(New York, Knopf, 1994)をもとにした、われわれ独自の統合的な観点を紹介している。

である。したがって、われわれの理論では、性同一性はすでに胎児に存在しているものである。しかし、胎児に自分は男性と感じるか女性と感じるかを尋ねることはできないので、これは容易に検証できる理論ではない。しかしながら、性同一性が性器から切り離されている4つの驚くべき「自然界の実験」がある。そしてこれらの事例は、われわれがここで詳述する統合的な理論を示唆するものなのである。

2つの自然界の試みは、すでに述べている。つまり、男性から女性への性転換症と女性から男性への性転換症である。われわれの理論では、男性染色体(XY)に大量の男性化ホルモンが与えられると、男性性器が発育し、男性の性同一性となる。量が不十分だと、男性性器は発育するが、女性の性同一性となる。これがすなわち男性から女性への性転換症である。逆に、女性染色体(XX)に不十分な男性化ホルモンが与えられると、女性性器が発育し、女性の性同一性となる。しかし、そこでさらに男性ホルモンが加えられると、女性性器は発育するが、男性の性同一性となる。これがすなわち、女性から男性への性転換症である。

この2つの鏡像のような性同一性障害と見事に並行するもう2つの鏡像のような状態がある。しかしそれは性同一性障害よりずっとよく理解されている、「副腎性器症候群(adrenogenital syndrome：AGS)」と「アンドロゲン不応症候群(androgen insensitivity syndrome：AIS)」である。これら2つの症候群は、性転換症がいかにして生まれるかということを理解するための鍵を握っているかもしれない。AISは、極端な、男性から女性への性転換症であり、AGSは、極端な、女性から男性への性転換症なのである。しかし、性転換者とは違って、これら2つの症候群は幸せな結末を迎える。

AIS患者は染色体上は男性：46 XYである。彼らのY染色体は男性ホルモンを産生する遺伝子を有する。それは正常に機能し、それによって、女性の内的器官の発育は阻止され、男性の内的器官の形成が促進されるのである。しかし、本来ならば身体を識別し、男性化ホルモンに反応することを可能にする遺伝子を有するX染色体が正常に機能しないのである。これによって、男性化ホルモン(アンドロゲン)に対して感受性がなくなり、男性としての外性器を形成するために精巣によって産生されるホルモンを活用することができなくなるのである。その代わりに、女性の外性器が形成されるのである。したがって、AIS患者は生まれつき男性の内的器官(これは効果のない男性化が起こる前に分化する)とともに膣をも有している。実のところ、この膣が袋小路なのである。AIS患者は皆女の子と見なされ、女の子として育てられることになる。AIS患者は皆、女の子として成長し、男性を好きになり、女性として性交を行う。思春期になると、

（彼女たちが実は身体の奥底に有している）精巣から分泌される正常な男子が有する量のエストロゲンの影響で乳房も膨らむので、なおいっそう女性のようである（Lewis & Money, 1983）。

　われわれの理論では、AIS というのは男性から女性への性転換症を極端にしたものである。両者とも男性の内的器官を有する46 XY 胎児である。われわれの理論によれば、AIS 患者は、男性化ホルモンに対する反応が鈍いために女性の外性器と女性の性同一性が発達する。対照的に、男性から女性への性転換症は男性化ホルモンに敏感で、それゆえに男性の外性器が発達する。しかし、男性の性同一性が育まれるためにはホルモンのレベルが低すぎるのである。したがって彼は心理的には女性であるが、正常に機能する陰茎を有して生まれてくるので男の子と見なされ、男の子として育てられる。その後は、手術によって陰茎が除去でもされないかぎり、苦悩することになる。一方で、これによく似た AIS 患者は心理的には女性であり、男性化ホルモンに対する身体の反応が鈍いゆえに、生まれつき膣を有するので女の子と見なされる。AIS 患者の場合は（膣と後に発育する乳房のおかげで）周りも自分も女性であると感じているので、問題はないのだ。

　AGS は46 XX 胎児（染色体上は正常な女性）に重大な影響を及ぼす。胎児は過剰に男性化ホルモンに浸される。その結果、生まれつき女性の内的器官をもつが（これらは男性化ホルモン分泌以前に分化しているからである）、陰茎と陰嚢に見えるものを有する。その陰茎と陰嚢は一見いかにもそれらしく見えるが、実はそれは非常に肥大した陰茎型の陰核（包皮など）である。陰嚢の中に精巣は存在しない。AGS 患者の多くは男の子と見なされ、男の子として育てられる。ホルモンに曝された状態は持続したままなので、思春期には声変わりし、髭や体毛も生えてくる。これらの AGS 患者は正常な男性として成長する。彼らは、自分は男性であると感じるし、女性と恋愛し、男性として性交を行い、よき夫ならびに父親（養子あるいは人工授精によって）になる。両性愛的な空想や振る舞いは一切見られない。対照的に、AGS 患者が女性になる手術を受け、女の子として育てられた場合には、多大な問題が起こりうる。すなわち、男性のように感じ、男性のように振舞い、両性愛的な空想や振る舞いがよく見られるのである（Imperato-McGinley, Peterson, Gautier & Sturla, 1979 ; Money & Dalery, 1976, Money, Schwartz & Lewis, 1984 ; Money, 1987）。

　われわれの理論では、AGS は女性から男性への性転換症を極端にしたものである。ともに46 XX 胎児であり、誤って過剰の男性化ホルモンに曝されるのである。AGS 患者は過剰なホルモン分泌のために男性の外性器と男性の性同一性が発達するのである。女性から男性への性転換者の場合には、AGS ほど過剰にホルモンが分泌されないために男性の性同一性が発達するが、男性の外性器は形成されないのである。AGS 患者は心理的には男性であり、幸いにも陰茎と陰嚢らしきものをもって生まれるので男児と見なされることになる。AGS 患者は（生まれつき有する陰茎らしきものと、後に声変わりしたり髭が生えたりするおかげで）周りも自分も「男性」であると感じているので、問題はない。対照的に、少量の男性化ホルモンの誤差のために、女性から男性への性転換症者は、心理的には生まれつき男性であるにもかかわらず、膣を有し、そのために女の子と見なされ、女の子として育てられる。その後は苦悩の連続の人生である。思春期後に事態は悪化する。なぜならば、AGS とは違って乳房が膨らみ生理が始まるからである。

　したがって、性同一性は、正常な場合も異常な場合も、胎児発達の第1期の終わりあたりで生じる根本的なホルモン過程に由来することから、非常に根が深いとわれわれは推測する。この段階で、男性化ホルモンが十分に存在する場合には男性の性同一性が生み出される。この段階で、男性化ホルモンが不十分である場合には、女性の性同一性が生み出される。何かの誤りで、この段階にて染色体上女性である胎児が十分な男性化ホルモンに曝された場合には、結果として男性の性同一性が生じ（女性から男性への性転換症）、もしもさらに多量の男性化ホルモンに曝された場合には結果として AGS が生じると考える。何かの誤りで、この段階で染色体上男性である胎児が不十分な男性化ホルモンに曝された場合、女性の性同一性が生じ（男性から女性への性転換症）、男性化ホルモンに対する感受性が鈍い場合には、結果として AIS が生じる。最近行われた研究では、6人の男性から女性への性転換症者の視床下部が女性に見られるのと同様にサイズが小さかったことが分かり、これは、性同一性を決定するために発達途上にある脳とホルモンが相互に作用するという仮説を支持するものである（Zhou, Hofman, Gooren & Swaab, 1995）。胎児ホルモンは、性同一性に最大の影響を及ぼすものであるが、唯一ではない。育て方、思春期ホルモン、性器、世間の非難もまた影響を及ぼすものである。しかし、こうした後に起こる影響は、誕生するずっと以前からわれわれが既に有している核心的な同一性を、せいぜい強化するか妨げる程度にすぎない（Box 13-1を参照）。これゆえに性同一性障害に精神療法はまったく無効である。

性転換症の治療：性別適合手術

　従来の精神療法によって性転換症が転換されることは、あっても非常に稀であった。それにもかかわらず、今日では性転換症者には希望がある（表13-1参照）。性変換手術（現在は「性別適合手術」と呼ばれ

Box 13-1　分析のレベル

女の子として育てられた男の子

　男の子に女の子の名前が与えられ、女の子の服を着せられ、友人や親戚やその他の子どもたちに女の子として紹介されたらどうなるだろうか？　ある男の子の一卵性双生児の1人が幼少期に事故で陰茎を失ってしまった事例は、性の研究領域において最も名高い事例の1つである。この事例は驚くべき結末を迎え、しかもつい最近までその結末は世の中の人々や研究者に秘密にされていたのである。当初、この男の子の早期の育児は以下のように記述されていた。

　7ヵ月になる一卵性双生児の1人に悲惨な事故が起きてしまったのは1966年のことであった。Bruce Reimer がカナダのウィニペグにある St. Boniface 病院にて包皮切開術を受けていた時に、電気装置によって陰茎全体が焼き落とされてしまったのである。双子の弟の Brian は手術を受けなかった。医学的ならびに心理学的アドバイスを受け、両親は Bruce を女の子として育てることを決意した。その時彼は既に17ヵ月になっていた。彼の性同一性は果たして変わるのだろうか？男性の内的器官、子宮内での男性ホルモン、そして17ヵ月もの間男の子として育てられてきたにもかかわらず、自分を女の子と感じ、振る舞い、そして女の子としての性的欲求を感じる日がくるのだろうか？　外科医、精神科医、そしてとりわけ、当時おそらく世界で最も性同一性に精通していた John Money 博士と相談した結果、Reimer 家は Bruce を最大限に女の子としての固定観念に基づいて育てることにした。服装も髪型も女の子らしくし、ピンクのシャツやフリルのついたブラウスを着せられ、腕輪をし、髪の毛にはリボンをつけた。Bruce は Brenda と改名され、21ヵ月の時に形成手術が行われ、膣のように見えるものが形成された。

　1年もしないうちに、Brenda は明らかにズボンよりもスカートを好むようになり、長い髪を誇らしげに思うようになった。性格も双子の弟に比べるとより丁寧で几帳面になった。母親は彼女に排尿をする時はしゃがむように教えたが、双子の弟は立ったまま排尿をした。その後数年間母親は Brenda が将来妻、主婦になれるように教育し、Brenda も家事に関して母親を真似るようになった。そのころには Brenda は人形遊びが好きで、ままごとでは母親役を好んだが、一方で双子の弟は自動車の玩具が好きで、ままごとでは父親役を好んだ。

　双子の兄弟が6歳になる頃には、それぞれに抱く将来像が異なってきた。「息子のほうは男性的なことを好むことに気づいたの。消防士とか警察官とか。彼は父親がしていることをしたがったわ。父親が働いているようなところで働いて、お弁当箱を持ち歩いたり、車を運転したがったり。でも彼女のほうはそんなことは一切望まなかった。彼女に将来何になりたいか尋ねると、彼女は『医者か教師になりたい』と答えたわ。そこで彼女に、『将来いつの日かママのように結婚したいと思う？』と尋ねたの。彼女はいつか結婚するでしょうね。……結婚についてあまり気にしている様子はなかったのことについてはあまり考えていないけど、医者になりたいって。でも彼女は一度も警察官や消防士とかになりたいとは言わなかったの。そういうのはまったく彼女にとっては魅力的ではなかったみたい」(Money & Ehrhardt, 1972)。

　この事例は、性同一性というのは、ホルモンや遺伝子によって子宮の中ですでに定着するのではなく、親の育て方や環境によって主に影響されるのだとして、養育を支持する人々からは大いに祝福された。当時のフェミニストたちは、性別というのは生物学レベルに基づくものであるとする見解に反発していたので、自分たちの主張を支持するためにこの事例を用いた。1980年代には「双子の兄弟は思春期を迎えており、双子の女の子のほうは遺伝子上は男性であるにも関わらず、すべてではないが、女性としての役割や同一性を幾分表している」という報告が公表されていた(Williams & Smith, 1980)。1987年に本書の第3版を準備していた時、Martin Seligman が、子育ての期間中この家族の主たる相談役だった Money 博士に、その後双子の兄弟はどうしているのかを聞いた。Money 博士は「マスコミの介入のために追跡が途絶えてしまった」と話していた(Money 博士の1987年7月15日付私信)。

　しかしこれは実話とは大きくかけ離れていた。John Colapinto 氏(2000)は(参加を拒否した John Money を除く)関与したすべての人々と綿密な会談を行った後に、Money 氏が世間に公表した記述に疑問を投げかけた。以下が Colapinto 氏が記述した対照的な描写である。

　Money 氏の記述に基づいて、マスコミが Brenda は「本物の女の子として順風満帆に幼少期を送っている」と大々的に報道していたのと同じ頃、Brenda は女の子としての特性を表してはいなかったのである。双子の弟の Brian は「Brenda には正にこれっぽっちも女の子らしいところなんてなかったよ。男みたいに歩く。股を開いて座る。野郎の会話をするし、家事とか結婚とか化粧とかにはまったく関心を示さなかった」と話す。

　6年生の時には、Brenda は乳房が発達するようにエストロゲンの錠剤を与えられた。彼女は怒り狂った。「ブラジャーなんて付けたくない！ふざけなるな！」　Money 博士が膣の手術を受けるように彼女を説得しようと試みた時には、Brenda は母親に、再び Money 博士と会うように強制された時には自殺すると言っている。

　Brenda が15歳になった頃には、彼女は女性としての役割を完全に拒絶しており、遂に父親が彼女にそれまで隠していた真実、すなわち、彼女は男の子として生まれたが、包皮切開手術の事故の犠牲になったことを明かしたのである。彼女は即座に自分の本来の性に戻ることを決心し、名前も David と改名、陰茎を再形成する手術を受け、今では幸せに結婚している。相手は女性である。

(Colanpinto, 2000；Money & Ehrhardt, 1972より引用)

ドイツ、クエレンドルフの市長 Norbert Lidner(左)のように、性別適合手術を希望する者は他方のジェンダーとして数年間生きなければならない(AP/Wide World Photos)。他方のジェンダーとして通用し、扱われるようになった上で、それでも手術を希望する者は、かつては男性だったイスラエルの歌手 Dana International(右)のように性別適合手術を受けることができるのである。(AP/Wide World Photos)

る)によって、性転換症者が自分の望む性的特徴を手に入れることが可能なのである。かつてはニュースの見出しになる目新しいことだったが、今ではこのような手術はルーチンのようになっており、何万という手術が行われている。患者が自分のトランスジェンダー(転換性, transgender)同一性は揺るがないものであることを診断医に確信させることができたならば、そこから肉体を変える長い過程が始まる。性転換症者のための治療は、手術やホルモン療法を通して、その人の性の身体的特徴を変えることによって成立する。新たな性を強固なものにするために、この生物学上の変換を、社会的、職業的、家庭的、そして二次的な肉体の変化によってサポートする。多くの場合、性別適合手術を望んでいる性転換症者を治療している医者は、その患者に、2年はその異性として、名前や服装、作法を変えて生活することを要求する。男性あるいは女性として通用し、扱われるようになって2年間が過ぎ

た後に、その患者がそれでも手術を望むようであれば、手術における心理的な危険要素は弱められたものと思われる。統合失調症、あるいは妄想的な症状を呈する者、あるいはその他の情緒的な障害を呈する者は手術を受けるべきではない(Money & Ambinder, 1978；Petersen & Dickey, 1995)。

性別適合手術のためには肉体的な変化が前提となる。男性から女性に性転換する場合には、乳房を大きくするためのホルモン療法、髭を除去するための電気分解治療、そして陰茎を膣に変換するための手術が合わせて行われる。陰茎の皮膚が膣を形成するために用いられるので、手術が成功した場合には、性交渉は快感をもたらすものとなる。オルガズムは温かい、時にはとりとめのない全身を駆け巡る紅潮として体験される。

女性から男性に性転換する場合の手術はもっと複雑である。数年間にわたって複数の手術が行われる。最

表13-1　性同一性障害の治療

	心理社会的療法	性別適合手術
改善度	ほとんどなし	60～90%は著しく改善
再発率*	高度	低度から中度
副作用	なし	適度にある
費用	安い	高い
要する時間	週／月単位	年単位
総合評価	ほとんど無益	非常によい

*治療を中断した場合の再発率

Seligman, 1994、11章に基づく。Cohen-Kettenis & Van Goozen 1997；Green & Fleming, 1990；Pfafflin, 1992を用いて改変して引用。

初に、ホルモン療法によって生理が止められ、声変わりし、髭や体毛が生えてくる。それから手術が行われ、胸、卵巣が除去され、稀ではあるが陰茎が形成されることもある。オルガズムの能力は常に保たれるが、そのような陰茎は勃起することが不可能であり、性交には人工装具が必要である。

手術が行われてからこの30年間に、性別適合手術を受けた患者の追跡によると、ますますよい結果を示すようになっている。早期に行われた手術では結果はさまざまだった。UCLAで手術を受けた14人の患者の追跡では、ほぼすべての患者が術後に合併症を併発していた（Stroller, 1996）。男性から女性への性転換者13人における6〜25年間にわたる追跡では、術後も性交渉を行っていたのは3分の1に過ぎず、たった3分の1が「普通」から「よい」と評価される性的「順応」として報告した。オルガズムを感じるのはわずか半数だった。4人は手術を後悔していた（Lindemalm, Korlin & Uddenberg, 1986）。

これら早期の報告とは対照的に、ごく最近の再調査では、非常によい長期的な結果を示している。GreenとFleming（1990）によると、130人の女性から男性への性別適合手術を受けた者のうち、97％が「満足」、220人の男性から女性への性別適合手術を受けた者のうち、87％が「満足のいく」結果を報告している。オランダで141名の性別適合手術後の追跡では、大方の者が「うれしい」あるいは「たいへんうれしい」と感じており、新たな性役割（gender role）に自信をもっており、「手術の結果に満足している」、あるいは「とても満足している」と評価していることが分かった（Kuiper & Cohen-Kettenis, 1988; Pfafflin, 1992; Snaith, Tarsh & Reid, 1993）。1997年にはCohen-KettenisとVan Goozenが22人の青年期の性転換症者について1〜5年の追跡を行った。もはや自分の性に対する不快感はなく、社会的にもかなりよく機能しており、誰一人として性別適合手術に対する後悔の念を口にする者はいなかった。したがって性別適合手術は確かに過激かもしれないが、何百人もの患者の長期的な追跡が示すように、性転換症者にとっては最上の治療なのである。性転換症者は順応の問題に対処しなければならないが、外科処置の技術の向上に伴って、手術はより満足のいくものになっている。患者の大部分は、より幸せで、新たな生活に比較的よく適応しており、新たな肉体で心地よく生活し、交際し、性交渉を行い、そして結婚している。

第2層：性的指向

性の研究者たちは、われわれが愛するもの（たち）をいかにして愛するようになるのか、ということを意味

この同性愛の男性たちは結束の儀式（commitment ceremony）を挙げているところである。自分たちの性的指向を心地よく思っているゆえに、自分たちの結束を公にしたいのである。それにもかかわらず、このような儀式は論争を巻き起こしており、（ニューハンプシャー州以外の）ほとんどの州では同性同士の結婚を認めていなかった。（Catherine Karnow/Corbis）

するため、「対象選択」という言葉を用いる。一方で同性愛者の中には、「われわれに選択の余地はない」と言う者もある。真実はおそらくその中間にあるように思われるが、「われわれは愛するものを自由に『選択する』ことができる」と考える者たちよりは、同性愛者たちの考えのほうにより近いように思われる。したがってわれわれは、この層を性的「対象選択」よりは性的「指向」と呼ぶ。基本的な性的指向は異性愛か同性愛かであり、連続体として中間に両性愛が位置する。全体としての人間の性的指向の例として、男性の同性愛に焦点を当ててみる。われわれは同性愛を障害とは見なしていないことを強調する。むしろ、同性愛の起源は、同性愛であろうと異性愛であろうと、すべての人間の性的指向の奥深い根底に光を注ぐものであるように思われるので、ここでとり上げたいと思う。

性的指向の起源

いつ、男性は異性愛者あるいは同性愛者になるのだろうか？　どのようにして起こるのだろうか？　一度性体験を行っても、本人が希望すればその後、性的指向を変えることはできるのだろうか？　他の男性とセックスを行う男性の大半は両性愛者であることから、「専門的な」あるいは「二者択一の」同性愛者と両性愛者を区別するべきである。専門的な同性愛の男性は、物心がついた頃から男性にのみ性愛的な関心を抱いているものである。彼らは男性についてのみ性的空想を抱く。男性とのみ恋に落ちる。自慰を行うとき、あるいは夢精する時はその対象はいつも男性である。専門的な男性同性愛者の指向、そして専門的な異

性愛者の指向は揺るぎがない。性的指向はいったいどのようにして築かれるのだろうか？

胎児ホルモン

同性愛の起源に関する主な理論は、その傾向は誕生以前に遺伝子、ホルモン、そして神経学的な過程の組み合わせによって築かれ、その指向は思春期ホルモンの変化によって活性化されるとしている(Bancroft, 1994 ; Ellis & Ames, 1987 ; McClintock & Herdt, 1996)。それらの理論から学べることは、せいぜい同性愛がどのようにして、いつ、そしてどこで出現するのかという仮説を変えるに過ぎない。Ellis-Ames 胎児中断理論(Ellis-Ames fetal disruption theory)によると、妊娠2ヵ月から4ヵ月の間に、男性化を制御する重要な神経化学的な変化が起こる。この一連の出来事はとても精密で非常に綿密に時期が計られており、もしも中断された場合には、胎児の不完全な男性化が生じる。一方で、胎児は、男性の性同一性と男性の外性器を伴っており、部分的に男性化されている。胎児発達の中断の主たる作用とは、子宮内でその性生活の一側面のみを変えることである。すなわち、女性よりも男性に対して性的に惹かれることである(Gladue, Green & Hellman, 1984)。

この観点は、性的指向が子宮の中で決定されると言っているわけではない。育ち方、役割モデル、思春期ホルモン、遺伝子、幼少期後期の遊び、空想や夢、そして早期の性体験といった要素すべてもおそらく影響を及ぼすと思われる(Bailey & Zucker, 1995)。実際、Bem(1996)は胎児ホルモンやその他の生物学上の作用がもたらす影響について認めている。しかしながら彼は、これらは単に性に典型的な活動よりもむしろ、風変わりな活動に惹かれる気質を築くにすぎないと理論化している。対照的に、胎児ホルモンの観点は、子宮の中におけるホルモンの出来事が、異性愛あるいは同性愛に対する確固たる性質を築くもので、その後に見出されるべく道を残しているのだと主張している。

性的指向における解剖学上の基礎

人間の性的指向は、脳の解剖にもその基礎が存在する可能性がある(Allen & Gorshi, 1992 ; Reite et al., 1995 ; Swaab, Gooren & Hofman, 1995 ; Swaab & Hofman, 1995)。脳の研究者である Simon LeVay(1991)は、死亡した同性愛者の男性、異性愛者の男性、そして異性愛者の女性の脳を調べた。大多数はエイズ患者だった。彼はある1つの小さな領域、前視床下部内側部(medial anterior hypothalamus)に焦点を当てて、検死解剖を行った。この部分は男性の性的な振る舞いにかかわる部分で、一般的に女性よりも男性のほうがこの領域の組織が多い。彼は組織の数に著しく大きな違いを発見した。異性愛者の男性は同性愛者の男性の倍くらいあり、同性愛者の男性は女性とほぼ同じだったのである。さらに前視床下部はラットのオスの性的な振る舞いを制御する箇所であり、オスラットの脳を生まれる前にホルモンによって男性化すると、この領域が発達する。したがって、妊娠早期におけるホルモンの中断が、前視床下部の縮小をもたらし、それが性的指向に影響を及ぼしている可能性がありうる。

女性の同性愛者にも同様の理論が当てはまるかどうかということについては、研究が少なすぎて分からない。女性の胎児(染色体上 XX)がわずかに男性化された場合、女性の同性愛者ができるかどうかは未知である。議論の余地はあるが、女性の同性愛者が男性の同性愛者の鏡像である可能性は否定できない。しかしながら、一般的に女性の同性愛者は、専門的な男性の同性愛者と違って、思春期後に同性愛を選択することが報告されている(Bailey, Kim, Hills & Linsenmeier, 1997 ; Seidman & Rieder, 1994)。

双子のデータと性的指向の遺伝学

一卵性双生児は二卵性双生児に比べると、同性愛が一致していることが多く、二卵性双生児は双子ではない兄弟に比べるとより一致していることが多い。兄弟の一方が同性愛者である56組の一卵性双生児を対象とした研究では、一卵性双生児のうち52％はもう一方の兄弟も同性愛者であったのに対して、二卵性双生児では22％にすぎなかった。双子ではない兄弟に関してはわずか9％のみが兄弟ともに同性愛者だった(Bailey & Pillard, 1991)。遺伝は男性の同性愛者の確率を3から4倍高めるようだ(Bailey, Dunne & Martin, 2000 ; Bailey et al., 1999)。一卵性双生児と二卵性双生児との間に見られる相違は、同性愛における遺伝的要素を示唆するものである。しかし、双子ではない兄弟と男性の二卵性双生児は平均して同じ比率(50％)の遺伝子を共有しているはずである。同じ子宮の環境を共有する二卵性双生児が、双子ではない兄弟よりも同性愛に対して一致する比率が大きいという事実は、胎児ホルモンが同性愛の一因であることを示唆するものである。二卵性双生児では縮小した前視床下部さえも一致しているかもしれない(Ellis & Ames, 1987 ; Haynes, 1995 ; Turner, 1995)。

女性の同性愛に関しても遺伝子がかなり大きく影響していることを示す根拠がある。片方が女性の同性愛者であった100組以上の双子のうち、一卵性双生児では51％がもう一方も同性愛者であったのに対し、二卵性双生児では10％にすぎなかった(Bailey, Pillard & Agyei, 1993 ; Pillard & Bailey, 1995)。

同性愛にはある特定の遺伝子が関与している可能性が考えられる。研究者たちは同性愛の兄弟が染色体領

域 Xq 28 を偶然とは考えにくいほど共有することを発見した(Hamer, Hu, Magnusson, Hu & Patatucci, 1993；Turner, 1995)。これは、その領域にあるいずれかの遺伝子が男性の性的指向に影響を及ぼしていることを示唆している可能性もあるが、この点に関しては再検討が必要である。

性的指向を変える

1980年代までは、同性愛は性嗜好異常や「性的逸脱」として教科書でとり上げられていた。性「障害」とは、男性／女性間の情愛的な性関係に著しい機能の障害をひき起こしている状態として定義されていたので、同性愛はこの定義上、障害だったわけである。現在では同性愛を障害として分類しない正当な理由がある。実際にDSM-IV以降では同性愛は障害として捉えていない。われわれも障害とは考えない。われわれは、性障害とは2人の人間の間の性的関係に著しい機能の障害をひき起こしている状態であると考える。同性愛は、男性／女性間の関係における機能を損なうことこそあるかもしれないが、当然ながら、男性／男性間、あるいは女性／女性間の関係に機能の障害をひき起こすことはない。

同性愛者あるいは両性愛者で、自分の性的指向にとても不満をもっている人が異性愛者になるために治療を受けることが時折ある。このような患者はかつて「自我異和性同性愛」と称されていた。この項目はDSM-IVでは削除されたが、このような人々が変わるのを手助けするために行われた研究や治療から、性的指向の不可塑性がよく知られるようになった。

伝統的な精神療法によって性的指向を変えることはできないようだが、行動療法によって変えることができる場合もある。71人の男性の同性愛者を対象とした、イギリスの行動療法家たちによって行われた2度の研究(対照研究)では、下記に記されているような性嗜好異常のためのいわゆる嫌悪療法を用いたところ、60％近くの事例の性的指向を変えることができたことが分かった(Feldman & MacCulloch, 1971；McConaghy, Armstrong & Blaszczynski, 1981)。彼らは「変化」を同性愛行動が見られないこと、同性愛の空想がごく稀であること、異性愛の空想が強いこと、治療1年後に明らかな異性愛行動が見られることと定義した。しかしながら、これらの対象者がもともと専門的な同性愛者であったとは考えにくい。

胎児中断理論(Ellis & Ames, 1987)は、専門的な同性愛は、その起源が誕生前にあることから、治療ではほとんど変えることが不可能であるはずだと主張している。得られたデータはこの観点と一致している。なぜならば、治療の前に異性愛の体験をもつ者は、それまで異性愛の快楽を得た経験がまったくなかった専門的な同性愛者と比べると、より大きな変化が見られたからである(Haldeman, 1994；Marciano, 1982；Mendelsohn & Ross, 1959；Schwartz & Masters, 1984)。治療の焦点に、親密度や社会技能などその他の対象が加えられると、さらに変化が生じた(Adams & Sturgis, 1977)。したがって、異性愛の快楽を得た経験が多少ある同性愛者の男性の行動には行動療法による効果をもたらすことができるが、完全に同性愛である男性の性的指向を変えることは不可能であるように思われる。

第3層：性嗜好

人は、人生の最初の15年の間に性嗜好や関心すなわち性的な関心の対象を身につけるものであり、その人の生涯にわたり、これらの対象や状況は、性的に興奮する対象であり続ける可能性が高い。大方の男性は女性の肉体に、そして大方の女性は男性の肉体に興奮する。男性や女性が性的に興奮すると感じる状況は非常に広範囲にわたっている。誘惑的な会話、異性との抱擁、あるいは相手の裸を目にすること、などがある。しかしこのほかの、もっと普通ではない対象や状況が性的興奮の源である場合がある。これらの人々はパラフィリア(性嗜好異常)と称され、ここではそのことについて記述する。

パラフィリア(性嗜好異常)のタイプ

性的関心があまりにも障害されていることから、人間間での情愛的、性的な関係をもつ能力が損なわれている場合、それは**パラフィリア(性嗜好異常)**と言われる(ギリシャ語の「限度を超えた[para]愛[philia]」に由来する)。性嗜好異常は、特定の人々にとっては性的に興奮する一連の異常な対象や状況によって構成されている。一般的に見られる性嗜好異常とは、女性の下着、靴、痛みを与えたり受けたりすること、そして「のぞき見」である。稀に見られる性嗜好異常には、死体(死体愛好症。最も極端な場合には死体を確保するために犠牲者を殺害する)、浣腸を受ける(浣腸愛好症)などがある。

性嗜好異常は3つに分類することができる。(1)人間ではない対象に対する性的興奮、嗜好。フェティシズムや服装倒錯を含む。(2)苦痛や辱めを伴う状況に対する性的興奮、嗜好。マゾヒズム、サディズムを含む。(3)同意していない相手に対する性的興奮、嗜好。露出症、窃視症、電話わいせつ、そして児童性的虐待を含む。

性嗜好異常の人々の中には、性的活動を行うときにはその空想あるいは対象そのものが常に含まれてい

DSM-IV-TR の診断基準

フェティシズム

A. 少なくとも6ヵ月間にわたり、生命のない対象物(例：女性の下着)の使用に関する、強烈な性的に興奮する空想、性的衝動、または行動が反復する。

B. その空想、性的衝動、または行動が臨床的に著しい苦痛、または他の重要な領域における機能の障害をひき起こしている。

C. フェティシズムの対象物は、(服装倒錯的フェティシズムにおけるように)女装に用いられる女性の着用品、または性的感覚刺激を目的として作られた道具(例：バイブレーター)のみに限定されていない。

(訳注：原書は DSM-IV だが、ここでは DSM-IV-TR, APA, 2000 [高橋三郎・大野裕・染谷俊幸訳『DSM-IV-TR 精神疾患の診断・統計マニュアル(新訂版)』医学書院、2004] を修正し引用した)

る、という人がいる。そのほかには、性嗜好異常がある特定の時期のみ、たとえば人生が波乱万丈な時にのみ出現するという人々もいる。性嗜好異常ではない人々にも、性嗜好異常的な空想はよく見られる。たとえばパンティ、のぞき見、おしりの平手打ちなどは多くの男性にとって性的に興奮する空想である。正常な空想が性嗜好異常の一線を越えるときの目印とは、実際に行動に移したとき、あるいは興奮するためにその対象が必要となったとき、あるいは個人が自分の行為に著しい苦痛を感じるとき、あるいは人間のパートナーを空想の対象に置換するときである。

性嗜好異常の人々は、多くの場合、自分の性生活に満足しており、彼らにとって唯一の問題は周りの人々が自分の性嗜好に対して見せる反応である。その他の多くの性嗜好異常の人々は罪悪感に苛まれており、恥なので隠していたり、自分の行為に落ち込んでいたりするもので、自分の行為は淫らでわいせつであると感じている。性嗜好異常では、とりわけその対象が不在の場合に、性機能不全を伴うことが多い。

フェティッシュ

フェティッシュ(性欲倒錯：fetish)(ポルトガル語で彫刻された木像や石像を崇拝するという意味の *fetico* に由来する)があるというのは、生命のない対象物に性的に興奮することを意味する。たとえば、下着、靴、足、髪、ゴム、あるいは絹などである。多くの場合、フェティッシュは無害である。たとえば、多くの男性にとって女性のパンティは性的に興奮するものである。互いに同意を得ているパートナーとの性交渉中に、男性がパンティについて空想したり、性欲をかき立てるように話す場合には、性嗜好異常は遊び半分で、それにより、より興奮が高められる場合もある。しかしながら、もっと典型的なのは、相手であるパートナーが自分は除外されていると感じ始めることである。女性が履いている下着が女性に置き換えられてしまい、彼女が下着を身につけていないと相手の男性が性的に興奮しなくなってしまったとき、その対象

物はもはや興奮するための手段ではなくなり、興奮の終焉なのである。ここに足フェティッシュの古典的な例を挙げる。

> 7歳の時にレオは義姉から自慰を教えられた。教えているときに、彼女のはいていたスリッパが偶然彼の陰茎に触れた。その時以来、彼は、女性の靴を目にするだけで、性的に興奮し、勃起するようになった。24歳となった今、彼の自慰はまさにすべて女性の靴を見たり、空想したりすることによって行われている。学校に通っていた頃には、彼は先生の靴を思わずつかまずにはいられなくなり、それで咎められても、彼女の靴を彼はつかみ続けた。彼は自分のフェティッシュに人生を適応させる方法を見出した。18歳の時に、女性の靴売り場の職に就き、客の足に靴を履かせることに性的な興奮を感じたのである。彼は、美人の奥さんとも、彼女の靴を目にしていたり、触っていたり、それについて考えていなければ性交を行うことがまったくできなかった。(Krafft-Ebing, 1931, 事例114)

足フェティッシュの者は性的嗜好の対象物が存在する場合にのみ性的に興奮し、対象物を空想したり、自慰したり、性交渉の際には相手にその対象物を持っていてもらうか身につけてもらったりする。(Evan Agostini/Liaison Agency)

DSM-IV-TR の診断基準

服装倒錯的フェティシズム

A. 少なくとも6ヵ月間にわたり、異性愛の男性が、異性の服装をすることに関する、強烈な性的に興奮する空想、性的衝動、または行動が反復する。
B. その空想、性的衝動、または行動が、臨床的に著しい苦痛、または社会的、職業的、または他の重要な領域における機能の障害をひき起こしている。

(訳注：原書はDSM-IVだが、ここではDSM-IV-TR、APA、2000［高橋三郎・大野裕・染谷俊幸訳『DSM-IV-TR 精神疾患の診断・統計マニュアル(新訂版)』医学書院、2004］を修正し引用した)

レオの事例に見られるように、フェティッシュが幼少期に確立するのはよくあることである。後にフェティッシュの対象となる物は、小さいときの性愛的な遊びにある。フェティッシュは、とりわけ自慰中に、繰り返し空想され、思い描かれることによってますます強くなっていく。フェティッシュの人は、その対象物を手にしながら、こすりながら、あるいはその臭いを嗅ぎながら自慰を行うことが多く、性交渉中には相手にそれを着用する、あるいは持っているように頼む場合がある。大人としての対人関係が満足のいかないものであるときにフェティッシュが露呈されることがあるが、フェティッシュの人々はしばしば最小限の社会性しか身につけていないことを思えば、これは珍しいことではない。この時点では、当人の幼少期の体験が乗っ取り、生身の人間という、もっと複雑なものを対処するかわりに幼少期のより単純な性的快楽に安楽を求めるようになるのかもしれない(Mason, 1997)。

興味深いことに、フェティッシュのほぼ全例、そして性嗜好異常に含まれる全分類の大部分は男性である。そのような男性は通常、自分のフェティッシュに恥や罪の意識を感じており、それが他者との性的活動から彼らを遠ざけている。勃起機能不全は、フェティッシュの対象物が不在の場合にフェティシズムによく見られる結果である。うつ、不安、そして孤独感も、しばしばフェティッシュに伴う症状である。そのような個人的な問題に加えて、フェティッシュがある人々は時折、法を犯すこともある。フェティッシュの対象物を盗んだり、公共の場でその対象物を突き出したり、対象物の上で自慰したりすることもある。対象物を頻繁に集める者もいる。ある若い靴フェティッシュの人で、15,000から20,000枚の靴の写真を持っていた者もいた。

服装倒錯（異性装、cross-dressing）

服装倒錯(transvestism)あるいは**服装倒錯的フェティシズム**(transvestic fetishism)は、男性が性的興奮を得るために持続的に女性の服装をするときに生じる。通常は女性の服装を収集しており、自慰を行うときには頻繁に自分が女性の衣服をまとい女性として着飾った姿を想像する。服装倒錯はたいてい秘密にされているが、服装倒錯者の妻が秘密を知っていて、夫が女性の衣服をまといながら性交渉を行うことによって協力しているような場合もある。その行為が秘密にされていることが多いことから、服装倒錯者の人口を推定することは困難であるが、おそらく稀であり、成人男性の1％にも満たないものと思われる。女性の服装倒錯についての報告は実質的にはまったくない。

下記の例のごとく、服装倒錯はたいてい幼少期において、また普通の男らしい男児が女装することにより芽生える。

> 14歳頃に、父親のアルバムの中に自分が5歳半の頃、長い(おかっぱ)髪を切る直前に撮った写真を見つけた。母親が、もしも私が女の子に生まれていたならばどんな風になっていたかを見たくて、女の子の服を着せたのである。母は女の子が欲しかったのだ。その写真を見たとき、私はその時のことをはっきりと思い出し、その写真を見て私はかなり「動揺」した。どちらかというと可愛い女の子に見えたからである。
>
> その写真を見て感じたことは2つあった。女の子に対して初めて興味を抱き始めたのと同時に、女の子の服にも興味を抱き始めたのである。私は何度も何度もその写真を見に戻らずにはいられなかった。
>
> ある冬の日、私は妻と2人で暮らしていた。夫婦関係は良好だった。大晦日を2人きりで過ごしていたとき、どういうわけか、妻は私が服装倒錯(当時はこの言葉も知らなかった)に傾倒しつつあることも(当時は)知らなかったはずなのに、新年のいたずらとして自分のドレスを私に着せ、私の顔に化粧を施したのである。すべて終わると私たちはしばらくの間くつろぎ、彼女は私にどう思うか聞いてきた。私が肯定的な返事をすると彼女は怒り出し、不安がって、自分から進んで私に着せた服を脱ぐように言った。(Stoller, 1969を改変)

異性装は、パンティなど1つあるいは2つくらいの

服装倒錯者は女性の服装をすることに性的に興奮する。写真は女装のお祭りに参加している男性たちである。(Porter Gifford/Liaison Agency)

衣類から始まる。このような衣類は、自慰やパートナーとの性交渉の際に習慣的に用いられるフェティッシュとなり得る。対象を除いては、フェティシズムと服装倒錯は見分けがつかない(Freund, Seto & Kuban, 1996)。服装倒錯者は、これらのパンティを日常の男性の服装の下に身につけていることがある。女装は1つの衣類から、服装全体へと発展していくことが時々ある。その他の「女性的な」行動、たとえば他の女性らと一緒に編み物をしている姿の空想などを含むこともある(Zucker & Blanchard, 1997)。1人で行っていることもあれば、服装倒錯者の集団の一部として行うこともある。女性の服装をしているときは、服装倒錯者は相当な快楽と安らぎを感じるものである。女装を妨げられるような状況になると極度の欲求不満を感じる。時折、女性の服を着用することによってもたらされる性的興奮が消滅することがあるが、服装倒錯者は不安やうつを緩和するために女装を続けるのである。

服装倒錯者は2つの人格をもっていると信じていることがある。1つは日常を支配している男性であり、もう1つは女装している時に出現する女性である。その他のところでは、服装倒錯者は外見も振る舞いも普通に男性的である。

服装倒錯は一方では同性愛と、他方では性転換願望としばしば混同される。服装倒錯者は断固として同性愛ではない。彼らのうち4分の3は結婚しており、子どもがいる。そして平均して、普通のアメリカ人の男性よりも同性愛の経験が少ない(Adshead, 1997; Benjamin, 1966)。服装倒錯者は女装することで興奮するのに対し、同性愛者は当然ながら人に興奮する。男性の同性愛者は、他方の男性を惹きつけるために女性の服装をすることはあっても、同性愛者は服装倒錯者とは違って、相手が「女装」していることに性的興奮を感じることはない。

大多数の服装倒錯者は、自分の習慣を密かに追求したいと思っていることから、干渉されたくないと思っているものである。それではなぜ問題なのだろうか、ということを考える必要がある。服装倒錯者にはうつ、不安、恥や罪の意識がしばしば生じる。女装しているときの性的興奮は強烈である一方で、情愛に基づく性欲が時折損なわれていることがある。服装倒錯者は女性の服装をしていないかぎり勃起不全となることが多く、パートナーが反対した場合、女装できないことがしばしばある。しかし概して、心理的苦痛や障害の基準を用いれば、服装倒錯はせいぜい軽度の精神障害にすぎないと議論されている(Zucker & Blanchard, 1997)。

サディズムとマゾヒズム

性嗜好異常の2つ目の項目は、性的に興奮するための手段として苦痛を与えたり、受けたりすることを伴うもので、相互に補足し合う2つの異なる障害によって構成される。サディスト(sadist)は他者に苦痛を与えたり、他者を辱めたりすることによって性的に興奮する。マゾヒスト(masochist)は自分が苦痛を受けたり辱められたりすることによって性的に興奮する。これらの用語は普段の言葉の中で過剰に乱用されている。不幸や苦境をすすんで我慢する人がマゾヒストと呼ばれたり、攻撃的で横柄な人がサディストと呼ばれたりするのをよく耳にする。しかしサディズム(sadism)やマゾヒズム(masochism)と診断されるには、

DSM-IV-TR の診断基準

性的サディズム

A. 少なくとも6ヵ月間にわたり、犠牲者に心理的または身体的苦痛(辱めを含む)を与えて自分を性的に興奮させるという行為(現実のもので、擬似的なものではない)に関する、強烈な性的に興奮する空想、性的衝動、または行動が反復する。

B. その人が同意していない人に対して性的衝動を行動に移

している、またはその性的衝動や空想のために、著しい苦痛または対人関係上の困難が生じている。

(訳注:原書はDSM-IVだが、ここではDSM-IV-TR, APA, 2000 [高橋三郎・大野裕・染谷俊幸訳『DSM-IV-TR 精神疾患の診断・統計マニュアル(新訂版)』医学書院、2004]を修正し引用した)

Box 13-2 社会とメンタルヘルス

性と犯罪

　性的逸脱と犯罪の一線はどこにあるのだろうか？「軽度」のサディズムやマゾヒズムは性嗜好異常と考えられているのに対して、危険で残虐なサディズムは犯罪と考えられる。これらの「重度」のサディズムは広範囲にわたる。被害者を刺して逃げたり（通常は胸か尻）、吸血（vamperism）すなわち被害者の血を採血したり飲んだり、屍姦だったりし、極度の場合は快楽殺人にまで及ぶ。FBIは性的拷問の事件を30件分析した（Dietz, Hazelwood & Warren, 1990, ストーカーについてはMullen, Pathe, Purcell & Stuart, 1999も参照）。半数は結婚しており、43%が同性愛の体験歴があり、20%は異性装があった。ほぼ全員、事件を入念に計画しており、すべての罪において明らかな拷問が関与していた。たいてい被害者は誘拐され、1日以上捕らえられ、縛られ、口あるいは肛門にて強姦されており、犠牲者の73%が殺害されている。通常、自分の犯罪をテープに録音したり撮影したりして、記念をいくぶん残していた。犯罪のうち3分の1では相方が手助けしており、その相方は女性であることが多かった。重要なのは、これらの男性の中で精神病の者はいなかったことである。それにもかかわらず、これらのサディストたちの多くは精神異常を理由に無罪になっていた（Hucker, 1997）。これは陪審員が何が精神異常で何が悪事なのか、ということを見分けることができなかった悲しい例であり、なぜわれわれは、「強姦は精神障害と見なされるべきではない」と考えるのかということについて直接言及したいと思う所以である。

　極悪な犯罪である強姦、すなわちある人によってもう一方の人が性的に冒瀆されることは、性嗜好異常と見なされるべきではなく、それには2つの理由がある。まず初めに、性嗜好異常と見なされるには、その行為が、当人にとって唯一の、あるいは当人が非常に好む性的解放のための方法である必要がある。靴のフェティストは、靴について空想している、靴を目にしている、あるいは靴に触れていなければ、勃起したりオルガズムを感じたりすることができない。対照的に、強姦者の大多数は、たいていの場合、強姦以外の活動でも性的に興奮し、性的解放を得ることができる。強姦者の中には、身体的に強要する性交渉のほうが同意した性交渉よりももっと興奮すると感じる者もあるが、同意を得た性交渉でも興奮するのである（Hudson & Ward, 1997；Lohr, Adams & Davis, 1997）。2番目に、強姦者はたいてい重大な心理的問題（物質乱用、反社会性パーソナリティ障害、そしてうつ）を抱えているが、彼らは服役中の男性たちとほぼ同じ比率でこれらの障害を抱えているのである。3番目に、自らの性的嗜好に苦痛を感じる性嗜好異常の人々とは違って、強姦者は強姦することに苦痛をあまり感じていないものである。一方で、強姦者の中には同時にサディストな者もいて、残虐行為によって性的に興奮する者もいる。実験の場では、これらのサディスティックな強姦者たちは、性的な内容の音声テープを聞いた時と同様に、残虐な強姦を描写した音声テープを聞くと積極的に性的に興奮した（Abel, Barlow, Blanchard & Guild, 1977）。

　最も重要なことは、強姦は重大な犯罪であり、社会がその個人に見合う罰を与え、個人の責任を追及することは必須である。強姦を性嗜好異常に含めたならば、たとえ、その強姦そのもの以外には一片たりとも心理的異常を示唆する根拠がなくても、その行為を弁明し、強姦者の責任を軽くしてしまう傾向が強くなってしまう。殺人、暴行、そして強盗はその他に異常を思わせる根拠がないかぎり自ずと心理的障害と見なされることはないわけで、強姦も障害と見なされるべきではない。「狂人にしかそんなことはできない」という表現が快楽殺人や強姦に適用されるとき、まるで深層で、知らぬ間に彼らが混乱していた印象を与える。悪事と狂気の違いをこれ以上あやふやにすべきではない。

これでは不十分である。サディストというのは性的興奮を得るために、パートナーや、時には同意していない相手に対して、**繰り返し**、**意図的**に苦痛を与える（サディズムが犯罪の一線を越えるときについてはBox 13-2を参照）。そしてマゾヒストは性的な興奮を得るために、身体的危害を受けたり、生命を脅かされたり、その他の苦痛を与えられるような活動に繰り返し、意図的に参加する。相互に理想的なサドマゾヒズムを得るために、マゾヒストとサディストが互いに求め合い、結婚することも珍しくない。両障害とも、強度の性的興奮をもたらす拷問、むち打ち、拘束、そして強姦などが一般的なテーマである持続的で強烈な空想を伴う。下記の事例を考察しよう。

　マゾヒストのトーマスと彼の妻は、周期的にサドマゾヒスティックな儀式を行う。6週間に1度くらいの頻度で、トーマスは妻からむち打ってもらうのである。彼女は彼の「弱くて」「フェミニンな（女性らしい）」行動をこらしめるのである。日常生活では彼は精力的で支配的な重役だが、心の奥深くでは支配されたいと渇望していたのである。支配されたいと思うことは間違っているゆえに、こらしめてもらう必要があると彼は感じ、それで妻に地下の棚に縛ってもらい、むち打ってもらうのである。（Gagnon, 1977を改変）

　サディストでもマゾヒストでもない人々の多くも、辱めや苦痛についての性的空想を時にすることがある。しかし大半の人々にとって、そのような空想は性的興奮やオルガズムを感じるために必要ではなく、この点がサドマゾヒズムの人々とは異なる点である（Gagnon, 1977；McCary, 1978）。サディズムやマゾヒズムと診断されるためには、空想に加えて、興奮をもたらすための苦痛や辱めにまつわる明白な行為がなければならない。セックスプレイの最中に行われるす

DSM-IV-TR の診断基準

性的マゾヒズム

A. 少なくとも6ヵ月間にわたり、辱められる、打たれる、縛られる、またはそれ以外の苦痛を受ける行為（現実のもので、擬似的なものではない）に関する、強烈に性的に興奮する空想、性的衝動、または行動が反復する。

B. その空想、性的衝動、または行動が、臨床的に著しい苦痛、または社会的、職業的、または他の重要な領域における機能の障害をひき起こしている。

（訳注：原書は DSM-IV だが、ここでは DSM-IV-TR, APA, 2000［高橋三郎・大野裕・染谷俊幸訳『DSM-IV-TR 精神疾患の診断・統計マニュアル（新訂版）』医学書院、2004］を修正し引用した）

写真の鞭を手にした女性のように、サディストは相手に痛みや辱めを与えることによって性的に興奮する。マゾヒストは、写真の中の女性に支配されている男性や、女性によって鞭打たれ辱められるのを待つその他の首輪をしている男性たちのように、辱めや痛みを受けることによって性的に興奮する。(Emmanuel Colombier/Liaison Agency)

べての痛みをもたらす行為がサドマゾヒスティックであるとは限らない。相手の耳たぶを軽く噛んだり、相手の背中に引っ掻き傷の跡を残したり、あざを残したりするのはセックスプレイにおける一般的な要素である。本物のサディストあるいはマゾヒストというのは、ともにそれと関連した空想をし、最小限の痛みよりも大きな痛みをもたらすような性的に興奮する行為に従事する。

近年の文献では、マゾヒズムは完全に無害であり、「病理ではない逸脱」ではないか、という議論が展開されている（Baumeister & Butler, 1997）。マゾヒストは通常、明確に定められた限度内に痛みを抑えることを望み、これを侵害するパートナーを欲さない。このような意味でマゾヒズムとは、悪意なく自らの制御を解放し、自己から逃避したいという願望なのである。

その一方で、マゾヒズムは、情緒的な親密さが弱まる結果となる場合があり、情緒的な孤独感と関係している（Thornton & Mann, 1997）。

露出症、窃視症、そして小児性愛

　性嗜好異常の最後の項目は、同意していない相手を対象に性的興奮を得るものである。これらの性嗜好異常は社会において犯罪である。相手自身が自分で性的な決断を下すという相手の自由を侵害することが犯罪とされる根拠である。**露出症**(exhibitionism)は、意識していない、そして通常は見たいとも思っていない、見知らぬ人に対する性器の露出を伴う。**窃視症**(voyeurism)は、警戒していない人の裸、衣服を脱ぐ行為、あるいは性行為を見ることである。**電話わいせつ**(Telephone scatologia)は同意していない相手にわいせつな電話をかけるという、強烈で反復的な性的衝動に関することである。**フロトゥリズム**(窃触症、frotteurism)は通常混雑した場所で、同意していない人に触ったり、体をこすりつけたりすることである。**小児性愛**(pedophilia)は、きちんとした同意を与えることができる年齢として妥当であるとされる思春期に到達していない子どもとの性的関係に関することである。

露出症　露出症は性的興奮をもたらすために、警戒していない見知らぬ人に自分の性器を反復して露出することである。露出することが決定的な性的行為であり、露出した後にその犠牲者と性的関係をもとうと試みることはない。

> ある19歳の大学生が、女子学生社交クラブの入り口付近の標識の後ろに隠れて待っていた。魅力的な女性が通りかかると、彼は自慰を行った。場合によってはその女性が彼に気づくこともあり、次第に彼はその女性の怯えた様子を楽しむようになった。そうして彼は近くの薄暗く照らされた公園で車の中から露出を行うようになったのである。(After Maleztky, 1998)

　刑務所内で用いられる俗語で言うと「性器露出者(flasher)」あるいは「flagwaver」であるが、彼らは

DSM-IV-TR の診断基準

露出症

A. 少なくとも6ヵ月間にわたり、警戒していない見知らぬ人に自分の性器を露出することに関する、強烈な性的に興奮する空想、性的衝動、または行動が反復する。
B. その人が性的衝動を行動に移している、またはその性的衝動や空想のために、著しい苦痛または対人関係上の困難が生じている。

(訳注：原書は DSM-IV だが、ここでは DSM-IV-TR, APA, 2000［高橋三郎・大野裕・染谷俊幸訳『DSM-IV-TR 精神疾患の診断・統計マニュアル（新訂版）』医学書院、2004］を修正し引用した)

DSM-IV-TR の診断基準

窃視症

A. 少なくとも6ヵ月間にわたり、警戒してない人の裸、衣服を脱ぐ行為、または性行為をしているのを見るという行為に関する、強烈な性的に興奮する空想、性的衝動、または行動が反復する。
B. その人が性的衝動を行動に移している、またはその性的衝動や空想のために、著しい苦痛または対人関係上の困難が生じている。

(訳注：原書は DSM-IV だが、ここでは DSM-IV-TR, APA, 2000［高橋三郎・大野裕・染谷俊幸訳『DSM-IV-TR 精神疾患の診断・統計マニュアル（新訂版）』医学書院、2004］を修正し引用した)

性器を露出したまま普通は成人女性に近寄る。子どもに近寄ることもよくある。たいていの場合は勃起しているが、時には勃起していないこともある。露出中に射精することもあるが、もっと一般的なのは、その後一人になって自慰を行うことである (Murphy, 1997)。

露出症はアメリカ合衆国で最もよく見られる性犯罪であり、性犯罪者のおよそ3分の1がこのために逮捕されている (Gebhard, Gagnon, Pomeroy & Christenson, 1965)。驚くべきことに露出症はアメリカ合衆国やヨーロッパ以外では非常に稀で、インドやミャンマーといった文化では存在しない。

露出症は通常は危害を加えるようなことはないが、彼らには被害者にショックを与えたり、怖がらせたいという欲求があり、その行為が満足のいくものであるためには、被害者がショックを受けたり、怖がることが欠かせない。通常、被害者からおよそ2メートルから18メートル離れたところで行われる。被害者が触られたり、痴漢行為をされたりすることは非常に稀である。露出症は脅威というよりも迷惑行為である (Gagnon, 1977；McCary, 1978)。しかしこれまでのデータは対象が逮捕された男性に限られており、データが十分ではないため、子どもに露出する者たちの中には子どもに痴漢行為をも行うようになる者がいることは、ありえないことでないだろう (Murphy, 1997)。

露出症者たちが露出を行う状況はさまざまである。最も多いのは女子学校や教会の前、人ごみの中や公園である。そしてこれらの状況の中で露出症者たちは、排尿をしている真似をする。もっと想像的なシナリオとしては、デパートの中でレインコートのみを着用し、笛を取り出して鳴らし、女性の買い物客が笛の音のほうを振り向くとレインコートを開くというものや、女子学生社交クラブの窓を勃起した陰茎で叩くというものや、暗い映画館の中で女性の隣に着席し自慰を行う、といったものがある。

これらすべての状況において1つだけ重要な共通要素がある。それは公共の場であることと、性交渉を行うことはほとんどありえない、ということである。リスクそのものが、露出症者の好むシナリオにおいて重要でスリルをもたらす要素であると思われる。これらの点は露出症者の精神力動を理解する手がかりとなる。露出症者にとっては、適切な性的役割を担って性交渉を成し遂げなければならないという脅威を感じることなく、自分の男性らしさを露呈することが必要なのである (Kaplan, 1974)。これと関連しているのが、露出症というのは「求愛障害」（courtship disorder）である、という観点である (Freund, 1990)。この理論によれば、求愛には以下のごとく4つの段階があり、いずれの段階においても異常をきたす可能性がある。(1)パートナーの選択、(2)接触前の相互作用、(3)接触による相互作用、(4)性交渉。露出症者はこの2番目の障害である。

窃視症　窃視症は、警戒してない女性の裸や衣服を

窃視症者は他者が服を脱いだり、性行為を行ったりしているところを見ることによって性的に興奮する。写真は1993年の映画 Sliver（邦題「ガラスの搭」）で、シャロン・ストーン(Sharon Stone)が望遠鏡を覗いている一場面である。(Photofest)

脱ぐ行為、性行為を見るという状況を反復的に求める人を言う。11世紀、コベントリーの男爵であった Leofric は、自分の妻の Godiva 夫人が、衣服をまとわずに白馬に乗って町の中を駆け巡ったら減税することに同意した。貧しい民の友であった Godiva 夫人はこれを承諾し、町の人々は敬意と感謝の気持ちを込めて全員窓を閉め、目を閉じた。仕立て屋の Tom だけのぞき見し、彼は盲目になった。これが伝説的なのぞき屋トム (Peeping Tom)、「最初の」窃視症である。

のぞき屋トムの行為は密かに行われる。窃視症者は、これらの行為の最中に自慰したり、遭遇したこれらの場面の記憶を空想しながら自慰を行ったりする。警戒していない、見知らぬ人を見ることが決定的な行為であり、窃視症者が性的な接触を行うために被害者に接近することはほとんどない。男性にとっても女性にとっても視覚的刺激は通常官能的だが、単に裸の女性や、性行為を目にした際に興奮することは窃視症と同じではない。正常な人間においては、視覚的刺激というのは、たいていその後続く性交の前戯である。窃視症者とは対照的に、正常な男性は、興奮するために警戒していない、見知らぬ人を見る必要はない。窃視症者にとっては、のぞき見の、法に反する、密かな本質そのものが刺激的なのである。

窃視症者に関する情報のほとんどすべてが、逮捕された事件から得られる。それは犯罪行為であり、その行為によってもたらされる多くの問題、たとえば恥や世間体の悪さなどは、逮捕されて行為が発覚したときしか生じない。窃視症者は露出症と同様「求愛障害」としてとらえることができる(Freund, 1991)。しかしながらこの場合は、第1の段階であるパートナーの選択に問題がある。羞恥心のほかにも、この障害された選択は他の害をもたらすことがある。たとえば窃視症者は時折窓の出っ張りから転落したり、泥棒と間違えられて撃たれたり、のぞき見されていることに気づいたカップルに暴行を加えられたりする。窃視症は反復して行われるもので、12歳の子が一度だけ女子のロッカー室をのぞき見するといった青年期早期に行われる無邪気な性の探究心とは区別されるべきである。大半の窃視症者たちはより深刻な性犯罪に手を染めていくことはないが、悪名高い連続殺人強姦犯の Ted Bundy は、9歳の時にのぞき見からその犯罪歴を始めている (Holmes, 1991)。

小児性愛　小児性愛者は、児童性的虐待者(child molester)とも称され、思春期前の子どもとの性的活動を好み、その好みを繰り返し行動に移すことである。小児性愛者は、子どもに服を脱がせてそれを眺め、自分の性器を露出して子どもの前で自慰するだけだったり、あるいは子どもに優しく触れたり、愛撫したりすることもある。さらに進んで、口や肛門での性行為や性交渉を、時には力ずくで行う者もいる。性器の挿入が生じるのは小児性愛の事件のうちおよそ10％くらいである。世の中の人々は小児性愛者に対しては独特の恐怖心を抱いており、特別に激しい憤りをもっている。快楽殺人を除けば、小児性愛は性嗜好異常の犯罪の中で最も重度の刑罰に処せられる。性犯罪者で有罪判決を受けた者の30％は小児性愛であるが、一般に想定されているよりもよく起こることのように思われる。すべての成人のうち4分の1から3分の1の人が、子どもだった頃に成人から性的に接触されたことがあると報告しており、女性の少なくとも7

DSM-IV-TR の診断基準

小児性愛

A. 少なくとも6ヵ月間にわたり、思春期前の1人または複数の小児（通常13歳またはそれ以下）との性行為に関する、強烈な性的に興奮する空想、性的衝動、または行動が反復する。

B. その人が性的衝動を行動に移している、またはその性的衝動や空想のために、著しい苦痛または対人関係上の困難が生じている。

C. その人は少なくとも16歳で、基準 A にあげた子どもより少なくとも5歳は年長である。

注：青年期後期の人が12〜13歳の子どもと性的関係をもっている場合は含めないこと。

（訳注：原書は DSM-IV だが、ここでは DSM-IV-TR, APA, 2000 [高橋三郎・大野裕・染谷俊幸訳『DSM-IV-TR 精神疾患の診断・統計マニュアル（新訂版）』医学書院、2004] を修正し引用した）

1998年の映画「ロリータ」(Lolita)はウラジミール・ナボコフ(Vladmir Nabokov)の小説に基づいており、中年男性の小児性愛者のハンバート・ハンバート(ジェレミー・アイアンズ：Jeremy Irons)が思春期前の少女、とりわけ女家主の娘に性的に惹かれ取りつかれている様を描いている。(Photofest)

%、男性の3％は子どものときに何らかの形の性的虐待を体験していると言われている(Erickson, Walbek & Seely, 1988；Finkelhor, 1994；Kinsey, Pomeroy & Martin, 1948；McConaghy, 1969)。

社会が小児性愛者を特別な地獄に突き落とす理由は2つある。1つは、成熟した大人が同意するように、子どもに性的活動に同意する能力が備わっているとは考えられないので、そのような状況では子どもの自由がひどく侵害されていると見なされるからである。2つ目の理由としては、早期の性的な接触によって、子どもの今後の性に対する態度が歪められるかもしれないという性の刷り込み(sexual imprinting)について、一般的だが、実証されていない信念が存在するからである。

「小児性愛者は物陰に潜んでいる卑猥な見知らぬ人」という世間のイメージは真実からほど遠い。有罪判決された小児性愛者の行為の大半は子どもと、家族の知り合い、近所の人、あるいは親戚の人との間で起こるのである。その行為は通常、子ども自身の家か、あるいは子どもが自主的にその小児性愛者の家を訪れたときに起こる。その関係は普通とりたてて親密ではなく、長期間続くわけでもない。子どもが抵抗し始めたり、両親に訴えたりしたときに終わることが多い。

小児性愛者はしばしば宗教心と性の葛藤に苛まれ、罪悪感があり、この世の終わりであると感じている。アルコール依存症が多く、正常な大人としての社会性に欠け、自信がもてず、大人社会や性関係においてぎこちないことが多い(Overholser & Beck, 1986)。彼らは大人と一緒にいるよりも子どもと一緒にいるほうが心地よいと感じるのである(Levin & Stava, 1987)。この障害は通常慢性的で、とりわけ男児に魅了されている例ではそうである。小児性愛の常習犯に

おいては、小児性愛的行為の頻度は心理社会的ストレスによって変動する。時には、ストレスが引き金となって小児性愛ではない者が子どもとの性的行動を例外的に突然行うことがあり、自分の妻や彼女の浮気が判明したときなどに起こることが最も一般的である。ほかには、小児性愛者は得ることができない大人との接触を子どもと接触することで代理していることも考えられる(Gagnon, 1977；Barbaree & Seto, 1997)。

性嗜好異常の原因

われわれの情欲はいったい何に愛着するのだろうか？ 性嗜好異常はいったいどこからくるのか、という問題に精神力動と行動学の2つの学派が取り組んできた。両学派ともこの問題を完璧に解明できたわけではないが、われわれの理解に貢献している。

精神力動学的視点

Freudによれば、「固着(fixation)」「対象カセクシス(object-cathexis)」、そして「性的対象選択(sexual object choice)」の諸概念こそが、ある人々にとって成長につれてどのようにして特定の対象が性愛的な魅力に染まっていくのかということを描写し解説するための試みである。カセクシス(cathexis)とは、中性の対象に向かって肯定的あるいは否定的な心的エネルギーが流れることである(Freudはカセクシスのより華やかな言い回しとして「besezt」あるいはbesiegedを用いた)。「肯定的なカセクシス」の場合には、リビドーあるいは性的衝動は対象に愛着し、対象は愛されるようになるのである。「否定的なカセクシス」の場合には、対象は恐れられるようになるのである。カセクシスされた性嗜好異常には3つの特性、(1)幼少期の体験に始まっている、(2)変化、とりわけ合理的な変化に対して抵抗する、(3)普通は生涯を通して、いつまでも持続する、がある。

Freudは典型的な足のフェティッシュの事例を記述した。それは彼が6歳のときに、彼の女性家庭教師がベルベットのスリッパを履いて、クッションの上に足を伸ばした姿を思い出して語ったものである。きちんと隠されており、細くてでこぼこした足だったが、そんな足がその後の彼にとっては唯一の性的関心となった(Freud, 1917/1976, p.348)。フェティッシュの彼は、細くてでこぼこした足にカセクシスされたのである。Freudはこのカセクシスを、活動停止した層(dead layer)のシールドに境界し、保護されている非常に強力な心的エネルギーの集中であると考えた。この外的刺激に対する防御によって、カセクシスされた対象は、生涯を通してその性的な力を保持することができ、心的外傷的な体験だけがその保護用の扉を破ることができる。

表13-2　性嗜好異常の治療

	心理社会的療法*	化学的去勢†
改善度	50％以上が著しく改善した	90％以上が著しく改善した
再発率‡	低度から中度	高度
副作用	なし	適度から重度
費用	安い	安い
要する時間	週／月単位	週単位
総合評価	よい	とてもよい

*これらはすべての分類に含まれる性嗜好異常のための治療法
†この治療法は残虐な強姦と小児性愛に限定
‡治療を中断した場合の再発率

Seligman, 1994, 11章に基づく。保守的な Maletzky, 1998の書物にも基づいているが、彼の結論は広範囲に及ぶ再試験が待たれる。

　カセクシスの概念は描写上は有用であるが、十分に納得のいく解説ではない。なぜならば、Freud 自身、なぜある特定の人にだけ起こって他の人には起こらないのか、ということは謎であることを認めているからである。そしてここでは、それこそが主たる疑問である。精神力動学的視点は、獲得されたカセクシスがフェティッシュ、服装倒錯、サディスト、マゾヒスト、露出症、窃視症、そして小児性愛における衝動源であると指摘している。しかし、このことは、これらすべての人々にとって、彼らの性的対象の選択は、目的のための手段ではなく、それ自体が目的であり、持続的で、理性に屈するものではないということを描写するにすぎない。カセクシスがどのようにして起こるのか、ということの説明にはなっていない。

行動学的視点

　学習理論もまた、この性愛的な愛着の問題と取り組んできた。最も知られている理論がパブロフ派である。7歳のときに、義姉のスリッパが陰茎に触れたことをきっかけに足のフェティッシュが始まったレオの事例を思い出してみよう。ここでの条件刺激(CS)はスリッパの光景である。これは無条件刺激(US)である性器の刺激と無条件反応(UR)である性的快感と組み合わさっている。その結果、スリッパは性的興奮という条件反応(CR)をもたらすようになるのである。このような記述は、どのようにしてカセクシスが幼少期における奇妙な対象に対して生じるのかを説明するものであり、心的機制を与えることによってフロイト派の説明を補足するものである。

　性嗜好異常はなぜ一度条件付けられると持続するのだろうか？　一度フェティッシュの対象物が性愛的な刺激と組み合わされると、性嗜好異常者がその対象の空想、あるいはその対象そのものに対して自慰を行うことによって、さらに Pavlov の習得の試みがもたらされることになるのである。これはその対象と性的快楽の無条件反応の関係を大いに強めるものである。したがって、ある青年が、もともと、隣の女の子から性的にからかわれるという体験とともに、パンティを目にしたならば、パンティについて空想しながらオルガズムを感じるまで自慰したときに、パンティに対する愛着が非常に強化されうるのである (McGuire, Carlisle, & Young, 1965；Storms, 1981)。

　ここにもう1つ、準備性(preparedness)という要因があるが、これは恐怖症を説明するためにとり上げられたものであり（第5章参照）、フェティッシュの不合理性と頑強に消滅しない性質についての説明の手助けとなるかもしれない。恐怖症に関しては、やがて実際に性嗜好異常となる限られた1かたまりの対象がある。なぜ、体の一部分や支配や服従に対する性嗜好異常はよく見られるのに、窓や枕やフランネルのパジャマといった、幼少期に度々性的興奮と組み合わされるこれらの対象に対する性嗜好異常は存在しないのか？　もしも、対象が性的な無条件刺激と組み合わされた際には、性愛的な特性を帯びる準備のできた特殊な対象の種類というものがあるならば、その他の準備性の特性も後に続くはずである。そのような対象は、一度条件づけられると、不合理で、断固としていて、容易に身につけることができるものでなければならない。このような事実は、性嗜好異常と恐怖症の双方を描写するものである。

性嗜好を変える

　性嗜好が自然消滅することはほとんどない。しかし明確な治療によって、時には変えることができる。性的関心を変えるための治療についての研究は広範囲にわたっているが、それらの大半は異常な男性たちが対象となっている。すなわち性犯罪者たちである。露出症者(露出狂、flasher)、あるいは小児性愛者(児童性的虐待者、child molester)は逮捕されてから、刑務所に入れられたうえで、あるいは刑務所に入る代わりに治療を受けることを義務づけられることがある。し

がって、性的関心を変えるための治療成果に関する情報は、その他の大半の治療領域とは違って、変わることに対して非常に強い外的なプレッシャーがかかっている人々から得られているものである（表13-2参照）。

認知療法と行動療法を組み合わせた治療は、性嗜好異常を変えるにあたって有望な結果をもたらしているが、その成功率は完璧からはほど遠い（Blair & Lanyon, 1981；Laws & O'Donohue, 1997；Maletzky, 1998；Rooth & Marks, 1974）。性嗜好異常が、空想や自慰中の条件づけによって生じるのであれば、**嫌悪療法**（aversion therapy）の場で空想に焦点を当てるだけで十分かもしれない。想像上の性的興奮に引き続いて嫌悪的な無条件刺激を用いることは**潜在感作法**（covert sensitization）と言われる（Cautela, 1967；LaMontagne & LeSage, 1986；Maletzky, 1998）。露出症者の治療はその典型であり、その他のものについては以下の治療法が、単独あるいは組み合わされて広範囲に用いられている。

1. 電撃療法あるいは化学的催吐薬——患者は性器の露出に関する刺激的な一連の短いスキットを声に出して読む。勃起した性器を露出するという最高潮に達したところで、痛みを伴う電撃か、化学的催吐薬が与えられる。潜在感作法では、嫌悪刺激と適切に指導された空想を組み合わせる。

> 茂みに隠れているときに、犬を散歩している女性を目撃する。彼女の顔と体が見える。とてもいい体をしている女性である。彼女が近づいてくる間、あなたは自慰を行う。彼女はあなたに気づき、戸惑う。彼女は固まったまま、じっと見ている。彼女にあなたが近づこうとしたら［異臭が漂う］、犬の糞を踏んでしまう。あなたの靴や靴下が汚れる。それはねばねばしていて、臭く、あなたはだんだん気分が悪くなってくる。あなたは萎えてしまい、その場を立ち去ろうとするが滑ってしまい、もっと糞まみれになってしまう。
> （Maletzky, 1998）

2. オルガズムの再条件づけ——男性は自分の空想を声に出して語りながら自慰を行う。最高潮に達しながら、性器を露出する空想として、より好ましい場面を代わりに思い浮かべる。
3. 自慰的飽満——痛烈な作業だが射精後も30分にわたって自慰を続け、その間声高に性器を露出するあらゆる形態をくわしく語る。
4. 新しい行動の獲得。そそられるような状況からうまく脱出できるように予行演習する。

> ある夜、車で帰宅途中、右手にバンを運転する魅力的な女性に気づく。彼女はあなたの車の中をそのまま見下ろすことができる。あなたは興奮し始め、速度を緩めて彼女と横並びになって運転する。あなたは陰茎をこすり、それを出して彼女に見せたいと思う。しかしながら、今回の衝動は以前よりも弱く、露出することなく彼女の横を通り過ぎる。自分を制御できたことに対していい気分になる。（Maletzky, 1998）

Maletzky（1998）は認知行動療法の技法を用いることによって前途有望な結果が得られると報告した。平均して9年間にわたり追跡された4,000人の犯罪者を対象とした研究では、再犯率が少女に対する小児性愛については4％、露出症については4％、窃視症については6％、フェティッシュについては6％、服装倒錯については22％、強姦については25％低くなった。これらの結果が広く追試されたら、それは性嗜好異常に苛まれている人々に新たなる希望を与えるものと思われる。

ここでは何が変化しているのだろうか？　患者たちは、顕在化される行動とともに、露出したいという自らの欲求にも変化があったと報告している。彼らの行動は相当に変化している。しかしながら、彼らが欲していること、すなわち彼らの嗜好そのものはほとんど変わっていないとわれわれは考える。治療者、裁判官、保護観察官、そして世間にもはや露出したいとは思わないと訴えることが犯罪者にとっては有利なので、欲求に関する報告は完全に信頼できるものではない。それにもかかわらず、行動の記録には実際に露出の回数が減ったことが記録されている。犯罪者は治療の中で、実際には変化していないその欲求を行動に移すことを抑制することを学ぶのではないかとわれわれは考える。これは治癒ではないが、よいことであるのは変わらない。また、おそらく欲求ではなく行為のほうだが、性的関心にも若干の変化が起こりうることを示唆している（Hall, 1995）。

残虐な性犯罪者をもっと効果的に抑制する方法がある。それは化学的去勢である。ヨーロッパでは、残虐な強姦や小児性愛などの非常に重度の犯罪において用いられている。テストステロンのおよそ95％が産出されている睾丸を手術によって除去して去勢することも可能であるが、より一般的なのは睾丸が産出するホルモンを薬品によって中性化する方法である。数年にわたって追跡された2,000人以上の犯罪者を対象とした4つの研究では、再犯率は70％から3％まで落ちている。アンドロゲンを化学薬品によって抑制することは、手術と違って元に戻すことが可能で、手術による去勢とほぼ同様の効果が得られる（Bradford, 1990, 1995, 1997；Kravitz et al., 1995）。シプロテロンアセテート cyproterone acetate（Androcur®）とメドロキシプロゲステロン medroxyprogesteron（Provera®）は女

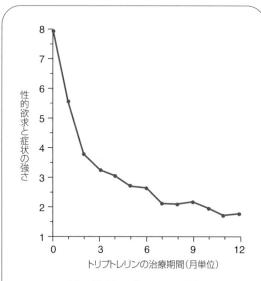

図13-1 重度の性嗜好異常のための薬物療法

重度の性嗜好異常犯罪者における性的欲求の強さは、テストステロン抑制剤のトリプトレリンを12ヵ月間服用することと支持的精神療法によって著しく低下した。グラフは、逸脱した性的空想、性的欲求および異常な性行為の強さと頻度を減少させるためにトリプトレリンによって治療を受けた男性の性的欲求と症状の月単位の平均値が減少していく様子を表している。

(Rosler, A., & Witzum, E., 1998, 338 : p.418より引用)

性ホルモンのプロゲステロンの派生物で、最もよく研究されている抗アンドロゲンである。これらはテストステロンの量を減少させるが、あらゆる性嗜好異常に対して追跡された再犯率が5％にも満たなかった(Bradford, 1995)。トリプトレリン(triptorelin)は持続型の性腺刺激ホルモン放出薬で、これもまたテストステロンの量を減少させるものである。これらの薬が効果を発揮するためには、当然ながら犯罪者たちが自主的にこれらの薬を服用しなければならない。最近イスラエルで行われたトリプトレリンと精神療法を組み合わせた研究では、30人の犯罪者については再犯率が0％まで落ちたが、このうち25人は重度の小児性愛者であった(Rosler & Witzum, 1998；図13-1参照)。21人の男性は進行性の勃起問題を体験した。まだ予備段階にあるが、性嗜好異常的ではない性的関心を低減することなく性嗜好異常的な性的関心を減少させることができるというSSRI(選択的セロトニン再取り込み阻害薬)の力について、前途有望な結果が望めるという報告がされており、これらの結果については、今後対照研究が待たれる(Federoff, 1993；Stein et al., 1992)。

アメリカ合衆国では、去勢は「冷酷で異常な処罰」として考えられ、施行されていない。しかしながら、無駄に刑務所で過ごす時間、高い再犯の可能性、他の受刑者たちによる小児性愛者を狙った取っておきの特別な地獄などのことを考えれば、化学的去勢は「通常」の処罰ほど残虐ではないように思われる。

第4層：性役割

性役割は性同一性の公的な表現であり、すなわち男性あるいは女性であることを示すための言動である。今日のように、より寛大で寛容な世の中では、性役割の「障害」というのは存在しない。思いやりのある男性、たくましい女性、男性看護師、女性の工事作業員などが性的問題に苛まれているとは考えられない。性役割障害は存在しないにもかかわらず、ここでは性役割の問題について吟味してみる。なぜならば、性役割はわれわれの性的存在の層を完成させ、解明するものだからである。どんな役割を身につけるかということは、われわれの性同一性、性的指向、そして性嗜好に沿って精巧に作り上げられている。

「役割」という言葉は誤解を招くものである。それは演劇界の用語であることから、まるで性役割とは衣装のように自分の意志で脱いだり身につけたりすることができるような響きがある。すなわち、いかにして社会化されるかということが任意の慣習のようである。性役割の一部は学習されるもので、性的関心よりも柔軟で変化可能であり、逆に性的関心は、指向や同一性よりも柔軟であるわけだが、その一方で、性役割は任意ではない。

まだ非常に幼い男の子と女の子には、その性役割に多大な相違点がある(Maccoby & Jacklin, 1974；Martin, Eisenbud & Rose, 1995；Zucker, Wilson-Smith, Kurita & Stern, 1995)。

・2歳になる頃には、男児はトラックで遊ぶことを好み、女児はお人形遊びを好む
・3歳になる頃には、子どもはドレス、玩具、ゲーム、道具、そして関心事の性的ステレオタイプを心得ている
・3歳になる頃には、子どもは自分と同性の子どもと遊びたがる
・4歳になる頃には女の子の大半は、教師、看護師、秘書、そして母親になりたがり、一方で男の子は「男性的」な職業につきたがる

多くの文化では、幼い子どもは性に基づいて世界を分類し、これらの分類に沿って生き方を体系づける。誰も性役割のステレオタイプを教え込む必要はない。彼らはおのずとそれらを創り出すのである。一般的に、自分の両親を見て性役割を身につけると説明され

幼い子どもは世界を性に基づいて分類し、これらの分類に沿って生き方を体系づくる。誰も女の子が女の子と遊ぶこと（左：Ellen Senisi/The Image Works）、男の子が男の子と遊ぶこと（右：Rhoda Sidney/The Image Works）を強要する必要はなく、彼らは自ずと性役割のステレオタイプを創り出すのである。

る。しょせん、女の子の部屋はピンク色に壁を塗り、揺りかごの中には人形を入れ、男の子には青い揺りかごに玩具の銃を入れるのは親たちである。

　驚くべきことは、「両性的(androgynously)」（「男性と女性の両方」を意味するギリシャ語に由来する）に育てられた子どもも、そのように育てられなかった子どもと同様に、ステレオタイプを表すことである。幼い子どものステレオタイプは、両親の心構えや両親の教育、階級、職業、または性的支配関係とまったく関係していない。子どもの遊びは、両親が支配関係や行動面で両性的であっても、強くステレオタイプになっている。

　男の子が「両性性(androgyny)」について諭されることに、単に無関心であるにすぎないというわけでもない。男の子が人形で遊んでも別にいいのだ、というふうに教えられることを単に無視するわけではない。彼らは積極的に抵抗するのである。教師が子どもに「性に見合った」玩具で遊ぶことを諦めさせたら、抵抗、不安、そして反発を招き、これはとりわけ男の子に顕著である。他の子どもたちが、性に見合っていない玩具で遊ぶ様子をビデオテープで見せてもうまくいかないのである。家庭でも教師がするのと同様に、母親に両性的な玩具、歌、本などを熱心に取り入れてもらっても変化は見られない。教室内で大規模な介入を行っても、教室から出ると両性性には変化はない(Huston, 1985; Sedney, 1987)。

　これらの結果は、性役割はそもそも社会の圧力によって創り出されるとされる信念を覆すものである。もしも社会の圧力が創り出しているのであれば、従事している親や教師からの強烈な社会的圧力によって消滅するはずである。でもそうではない。

　社会的圧力が性役割の創造にある程度の役割を果たしていないのだとすれば、決定要素の1つは、少なくとも部分的には、胎児ホルモンがあげられるだろう。

これには2つの根拠がある。ある1つの研究では、74人の母親が1970年代に流産を阻止するために妊娠中に処方された薬品を服用した。これらの薬品は男性ホルモン（アンドロゲン）を中断するという共通した特性を有していた。その子どもたちが10歳の時、彼ら（彼女ら）が好んで遊ぶゲームと条件を合わせた対照群が喜んで遊ぶゲームと比較された。男の子たちのゲームはあまり男性的ではなく、女の子たちのゲームはより女性的であったのだ(Meyer-Bahlburg, Feldman, Cohen & Ehrhardt, 1988)。

　2つ目の根拠は、女子の胎児が過剰なアンドロゲンに浸される病気（先天性副腎皮質過形成症、congenital adrenal hyperplasia：CAH）である。幼い頃は、CAHの女の子は、条件を合わせた対照群よりも男性ステレオタイプの玩具や、荒い取っ組み合い遊びを好み、おてんばである。これらの結果は、男の子が銃で遊びたがり、女の子がおままごとをしたがる源は子宮にあることを暗示する(Berenbaum & Hines, 1992; Kuhnle, Bullinger & Schwarz, 1995; Money & Ehrhardt, 1972)。これら2つの根拠は、性同一性と性的指向について見出された胎児ホルモンとも一致している。最も深い層（性同一性）では、胎児ホルモンの影響が絶大であるために、実質的には性同一性が決定されてしまっているのではないかというのが、われわれの全般的な推察である。その次に深い層（性的指向）では、胎児ホルモンは強力だが、若干弱まった役割を果たしているのである。その次の層（性的嗜好）では、胎児ホルモンは影響を及ぼしているが、体験も同様に強い役割を果たすのである。4つ目の層（性役割）では、胎児ホルモンによる影響は多少あるもののかなり些細で、体験による影響がますます強力になっているのである。

　したがって、性役割は生物学的に深くて変化できないという結論は擁護できないものである。子どもは成長するにつれて、ステレオタイプは弱まり、反抗しや

すくなる。幼少期後期には子どもは泣くこと、支配、自立性、そして親切心に対してステレオタイプをもつようになるが、幼少期早期に抱く玩具や仕事に対するステレオタイプと比べるとかなり弱いものである。

子どもが両性的になるように圧力をかけることは即座にはうまくいかないが、それには「眠り(sleeper)」の効果があるかもしれない。子どもが大人になるに従って、性役割のステレオタイプが溶け出すのである。子どもは成長すると、両性的な両親に育てられた子どもは自分も両性的になりがちである。娘に対しても知的な関心事を支持し、息子に対しては温かみや思いやりの心を支持し、子どもがあらゆる範囲の役割に接するようにすることは、最終的にはうまくいくのかもしれない。ただし、長い目で見ればの話である(Reinisch, 1992)。

これは重要かつ道理にかなっている。幼い子どもは世の中を黒か白に分けて見る。「僕は男の子か女の子のどちらかだ。その中間なんてない。もしも人形が好きだったら、僕は女々しい」、そう確信しているのだ。幼い子どもは、順応するための衝動を有しているようであり、それは胎児期の脳に根ざしたものなのかもしれない。しかしながら、子どもが成熟していくにつれて、倫理、正義、そして公正に関する考察が加わる。許容が盲目的な従順にとって代わり始める。そして彼もしくは彼女は、自分の振舞い方を選択するようになる。両性性、しきたり、反抗などに関する判断は、何が正しいと思うのかという感覚と、その青年期の個人が自分の将来に何を望むのか、ということに基づく意図的な選択なのである。それゆえに、両性性の選択には成熟した心と良心が必須であり、幼少期の機械的な社会化の産物ではないのである。

第5層：性的活動

性の最初の4層が良好な状態にあるとする。明確な性同一性、明白な性的指向、的確な性的嗜好、そして確立された性役割を有しているものとする。適切な、同意している相手と2人きりだとする。今さら何かうまくいかないことなどあるだろうか？　性生活の最上層である、性的活動はどのように損なわれるであろうか？　うまくいかないことはさまざまだが、何が性的活動に影響を及ぼすのかを理解するためには、まずは正常な性反応について説明する必要がある。

人間の性反応の生理学

男女とも、性反応は4相で構成される。第1相が**性愛的欲求(erotic desire)**であり、性的な空想と、性行動を起こしたいと思う欲求である。第2相は**身体的興奮**(physical excitement)であり、これは男性の場合は陰茎の勃起、女性の場合は膣の潤滑と膨張に伴う性的快感である。第3相は**オルガズム**(orgasm)であり、ここでは性的快楽の頂点、男性では射精、女性では膣壁の筋肉の収縮を体験する。第4相は**消退**(resolution)であり、ここでは筋肉の弛緩と幸福感が確立される。男性はしばらくの間は回復しにくい(刺激に無反応)が、女性は通常ほとんど即座に興奮状態になることが可能である。

男性の性反応

男性では、性愛的欲求と興奮は広範囲にわたる出来事によりもたらされ、それが興奮へと導く。性器に触れられたり、性的に反応する相手を眺めたり触ったりすることが最も強力な刺激であろう。さらに、視覚刺激、臭い、誘惑的な声、そして官能的な空想は、その他にもいろいろとある中で、すべて興奮をもたらすものである。

第2相の興奮は陰茎の勃起である。性的興奮は脊髄の副交感神経を刺激し、これらの神経が陰茎の血管を制御する。これらの血管は劇的に拡張し、酸素濃度の非常に高い血液が流れ込み、勃起が生じる(後述のバイアグラ：Viagra®に関する考察を参照)。その血液は静脈中の弁によって流出が阻止される。副交感神経線維が抑制されると、血管は空になり、急激に勃起が消退する。

男性におけるオルガズムは、即座に連続して起こる2段階によって構成される。精漏と射精である。興奮や勃起とは違って、オルガズムは副交感神経ではなく、交感神経によって制御されている。陰茎の亀頭と幹の部分にリズミカルな圧力が十分にかけられると、不可避的なオルガズムの平坦域に達し、それからオルガズムがもたらされる。オルガズムは、精子が膣の奥深く、子宮の頸部付近まで行くように仕組まれており、これが受精の確度を最大限にするのである。精漏(精液の排出)は男性生殖器官が収縮するときに起きる。これに引き続いて即座に射精が起こり、ここでは陰茎の基底部分の筋肉が力強く収縮して陰茎から精子が噴出されるのである。射精中は、これらの筋肉が0.8秒ごとに収縮する。この段階のオルガズムには強烈な快感が伴う。オルガズムが生じた後は、男性は女性と違って、「回復しにくい」あるいはそれ以上の性的刺激には無反応である不応期がある。この不応期は数分から数時間に及び、男性が歳をとるにつれて長くなる。

女性の性反応

女性の性反応では、普段は硬くて乾いている膣が潤滑され、勃起した陰茎がぴったりはまる容器へと変容する。女性に欲求や興奮をもたらす刺激は、男性に欲

表13-3 性機能不全の分類

性機能不全	内容
性的欲求障害	
性的欲求低下障害	性行動にほとんど、あるいはまったく興味がない
性嫌悪障害	性的接触に対する持続的な嫌悪感
性的興奮障害	
男性の勃起障害	勃起をする、あるいは維持することが持続的に不能 （以前は「インポテンス」と称されていた）
女性の性的興奮の障害	膣の潤滑と膨張を維持することが持続的に不能 （以前は「不感症」と呼ばれていた）
性的オルガズム障害	
早漏	ごくわずかな刺激で、そして本人が望む以前に射精すること
射精遅延	長時間にわたる刺激の後に、そして本人が望む以後に遅れて射精すること
女性オルガズム障害	欲求や性的興奮にもかかわらず、刺激に続くオルガズムの欠如が持続的に存在すること
性交疼痛障害	
性交疼痛症	性交に関連した著しい痛み（男性と女性）
膣痙攣	膣の不随意性筋攣縮が起こり、性交を障害するもの

求や興奮をもたらす刺激と類似している。キスや愛撫、視覚刺激、そしてこれ見よがしではない巧妙な数々の演出などが、通常は効果のある性的興奮の刺激となる。何に興奮するかということには多少性差があるようであり、女性にとっては初めはロマンチックな状況や優しく触れられることが興奮をもたらし、男性は直接触ることや体の部分により興奮するようである。

一度女性が興奮状態になると、興奮あるいは「潤滑・膨張」の段階が始まる。休止状態のときは膣は虚脱していて、淡い色をしており、むしろ乾いている。興奮状態になると膣は、勃起した陰茎が、その大きさに関係なくちょうど「はまる」ために十分な大きさに膨らむ。同時に膣の前部に位置する組織の小さな塊であるクリトリス（陰核）が膨張する。膣壁が潤滑し、陰茎の挿入がしやすくなる。興奮が持続されると、子宮壁が血液で満たされ、子宮が大きくなる。この血液の充血と膨張が性的快楽に大きく添えられ、オルガズムの準備が整う。

女性のオルガズムは膣周辺の筋肉の反射的な収縮によって構成される。この収縮は膣周辺の充血した組織に対して0.8秒ごとの間隔でリズミカルに生じ、オルガズムの恍惚とした感覚をもたらす。クリトリスと膣そのものの両方が役割を果たす。オルガズムはクリトリスの刺激によってひき起こされ、膣の収縮によって表現される。

こうして、男性ならびに女性の興奮は同時進行で起こる一連の出来事によって成り立っているのである。副交感神経の制御による血流が、身体的興奮と陰茎の勃起を男性にもたらし、膣の潤滑と膨張の段階を女性にもたらす。オルガズムは0.8秒間隔の力強い筋肉の収縮によって構成され、男性では陰茎の亀頭と幹、女性ではクリトリスに対するリズミカルな圧力によってもたらされる。この同時進行は美しく、奥深い。これらのことが知られる以前は、「男性と女性の間の性の体験は溝によって分け隔てられている」という信念の落とし穴に陥りやすかった。自分のパートナーが自分と恐らく同じような喜びの体験を味わっていることを知ることは、強力で2人の絆を強める見解である。

性的活動における機能障害

欲求や興奮やオルガズムがうまくいかないとき、われわれはその個人は「性機能不全（sexual dysfunction）」に苦しんでいると言う（表13-3参照）。機能不全は性反応の3つの相で起こり得る。(1) 欲求。性愛的欲求の不足あるいは欠如。(2) 興奮。適切な性的状況下で、男性では勃起しない、あるいは勃起の状態を維持することができない、女性では膣の潤滑と性器の膨張が生じない。(3) オルガズム。女性では、オルガズムが完全に起きない。男性では、たとえ射精があったとしても、最小限の性的刺激によって射精が起きる早漏、あるいは長時間にわたる連続的刺激によってやっと射精がもたらされる射精遅延。

機能障害はこれら3相のうちの1相にだけ起こることもあれば、3相すべてにおいて起こる人もいる。この機能障害は、終生のこともあれば、性反応が正常であった後に失われることもあるし、唯一の状況に限られている（通常は特定の相手）こともあれば、すべての状況において起こることもある。そして稀で断続的であることもあれば、絶えず起こることもある。たとえば、勃起の維持が困難となることが、何年もの間満足

> **DSM-IV-TR の診断基準**
>
> ## 性嫌悪障害
>
> A. 性的伴侶との性器による性的接触のすべて（または、ほとんどすべて）を、持続的または反復的に極端に嫌悪し回避すること。
> B. その障害によって著しい苦痛、または対人関係上の困難が生じている。
> C. 性機能の不全は、他のⅠ軸障害（他の性機能不全を除く）ではうまく説明されない。
>   病型を特定せよ
>   生来型
>   獲得型
>   病型を特定せよ
>   全般型
>   状況型
>   特定せよ
>   心理的要因によるもの
>   混合性要因によるもの
>
> （訳注：原書は DSM-IV だが、ここでは DSM-IV-TR、APA、2000［高橋三郎・大野裕・染谷俊幸訳『DSM-IV-TR 精神疾患の診断・統計マニュアル（新訂版）』医学書院、2004］を修正し引用した）

な性交を行っていた後に生じることがあるし、性交を初めて試みた時から生じることもある。特定の一人の相手にのみ起こることもあれば、すべての女性に対して起こることもある。時折起こることもあれば、性交を試みる度に起こることもある。もともと心理的要因のこともあれば、一般的な身体疾患の副作用であることもある。

女性における性的無反応

性愛的欲求と身体的興奮は密接に絡み合っていることから、それらは一緒に治療される。女性で、性欲が欠如していて、適切な状況における身体的興奮の機能が障害されている人は、かつて性的「無反応」（それ以前は「不感症」と言われていた）と呼ばれていた。現在では、**DSM-IV** で欲求の不足あるいは欠如を **性嫌悪障害**（sexual aversion disorder）と呼ばれる。症状は主観的である。セックスが起こりうる状況になると、いや気、恐怖、あるいは嫌悪感を感じるのである。性的空想をしないかもしれない（Beck, 1995）。嫌悪感は性体験のあらゆる側面（例えば、キス、接触そして性交）に対して起こる場合もあれば、特定の側面（たとえば膣への挿入）にだけ起こる場合もある。嫌悪感は軽いこともあれば、極度の心理的苦痛にまで及ぶこともある。

女性の性的興奮の障害（female sexual arousal disorder）は興奮の段階の機能不全である。この障害をもつ女性が性的に刺激されても、膣の潤滑は生じず、クリトリスは大きくならず、子宮は膨張せず、乳首も立たないことが起こりうる。性交渉あるいは刺激を楽しめず、性行為を苦しい体験と感じる可能性がある。性愛的行為で我を忘れるよりも、むしろ観客となってしまうことしばしばある。あらゆる場面において無反応である場合もあるし、特定の場面に限られることもある。たとえば、問題が状況により生じているものであれば、夫が性的に誘惑してきたときには怒りを感じ、吐き気を催すかもしれないが、魅力的な手に入れることのできない男性が自分の手に触れたりすると即座に興奮を感じ、膣が潤うということも起こりうる。そのような女性はオルガズムにも問題をかかえている可能性があるが（Anderson & Cyranowski, 1995）、「性的に無反応な」女性、すなわち興奮することができない人が、一度性交渉が起きてしまえば容易にオルガズムを感じることができるというのは珍しいことではない。

> **DSM-IV-TR の診断基準**
>
> ## 女性の性的興奮の障害
>
> A. 性的興奮に対する適切な潤滑・膨張反応を起こし、性行為を完了するまでそれを維持することが、持続的または反復的に不能。
> B. その障害によって著しい苦痛または対人関係上の困難が生じている。
> C. 性機能の不全は、他のⅠ軸障害（他の性機能不全を除く）ではうまく説明されないし、物質（例：乱用薬物、投薬）または他の一般身体疾患の直接的な生理学的作用のみによるものでもない。
>
> （訳注：原書は DSM-IV だが、ここでは DSM-IV-TR、APA、2000［高橋三郎・大野裕・染谷俊幸訳『DSM-IV-TR 精神疾患の診断・統計マニュアル（新訂版）』医学書院、2004］を修正し引用した）

DSM-IV-TR の診断基準

男性の勃起障害

A. 適切に勃起し、性行為を完了するまでそれを維持することが、持続的にまたは反復的に不能。
B. その障害によって著しい苦痛または対人関係上の困難が生じている。
C. 勃起機能不全は、他のI軸障害(他の性機能不全を除く)ではうまく説明されないし、物質(例：乱用薬物、投薬)または他の一般身体疾患の直接的な生理学的作用のみによるものでもない。

(訳注：原書は DSM-IV だが、ここでは DSM-IV-TR、APA、2000 [高橋三郎・大野裕・染谷俊幸訳『DSM-IV-TR 精神疾患の診断・統計マニュアル(新訂版)』医学書院、2004] を修正し引用した)

女性のこの問題に対する反応はさまざまである。女性の中には刺激的ではない性交渉を辛抱強く耐え、自らの体を機械的に使って相手がなるべく早く射精してくれることを願っている人もいる。しかし、これはしばしば憤りと非難をもたらす。自分がほとんど快楽を感じない一方で、自分の夫が繰り返し性交渉による快感を味わっている様を目にすることは、女性にとってはじれったくて、疎外されたように感じるかもしれない。そして、やがて女性の中には病気を口実にしたり、就寝前になると口論を挑発したりして性交を避けることを試みるようになる人もいる (Kaplan, 1974)。

女性の**性交疼痛障害** (sexual pain disorder) には2種類ある。1つは**膣痙攣** (varginismus) で、性交が試みられるとき、あるいはタンポンを挿入しようとする時でも、膣の筋層が不随意な攣縮を起すことである。もう1つは**性交疼痛症** (dyspareunia) で、欲求、興奮やオルガズムには問題ないのに、性交中に厳しい痛みが生じるものである。

男性の勃起機能障害

男性では、欲求の全般的な機能障害(DSM-IV では**性的欲求低下** (hypoactive sexual desire) あるいは**性嫌悪** (sexual aversion) と呼ばれる)も起こりうるが、女性と比較すると非常に稀である。むしろ、男性において最も一般的な機能不全は、興奮に関するもので、**男性の勃起障害** (male erectile disorder)(以前は「インポテンス (impotence)」と呼ばれていた)と称される。それは、性交にあたって、勃起、あるいはそれを維持することが反復的に不能であることとして定義される。大半の文化において男性の自尊心は、性的活動に優れていることが含まれるため、男性にとっては屈辱的で、失望的で、痛烈な痛手であることが考えられる。勃起に失敗すると、下記の事例に見られるように自分は役立たずだという気持ちになったり、うつになったりする。

シェルドンが新入生のフットボールチームの仲間たちに売春婦のところに連れて行かれたのは彼が19歳の時だった。売春婦の部屋はむさ苦しかった。彼女は50代半ばで、顔は魅力的ではなく、体は太っていて、息は臭かった。彼は5人の仲間のうち、最後に彼女と性行為を行うことになっていた。シェルドンはそれまで性行為を行ったことがなく、そもそも不安であった。彼の順番が回ってきたとき、他の4人は観戦してやじを飛ばすことにした。シェルドンは勃起できなかった。仲間たちは「早くしろ」と叫び、売春婦も明らかにいらいらしていた。彼は行為を行うことのできる地点をはるかに越えたプレッシャーをかけられ、部屋から飛び出した。この出来事のあと、彼は再び失敗することを恐れ、5年間女性とのあらゆる性愛的接触を避けた。

34歳の時に彼はスザンヌと結婚した。初めて性交を試みたときはうまくいった。しかし新婚旅行の後、シェルドンは性交を行うために適切な勃起を維持することがほとんどできなくなった。スザンヌが性交を行うように彼にプレッシャーをかけると、売春婦との屈辱的な失敗を思い出し、彼はまた失敗するのではないかという恐怖心に圧倒された。シェルドンはインポテンスになってしまった。

男性における勃起機能不全は生来型もしくは獲得型、状況型、もしくは全般型の場合がある。**生来型勃起機能不全** (primary erectile dysfunction) は性交渉を行うために適切な勃起を一度もしたことがない、あるいは維持したことがないというもので、**獲得型勃起機能不全** (secondary erectile dysfunction) はこの能力を失ってしまうものである。機能不全が状況型の場合には、相手によっては勃起を維持することができるが、別の相手だと維持することができない。前戯中には勃起を維持できるが、性交になると維持できなくなる男性もいる。全般型の機能不全の場合には、相手が誰であろうと状況がどんなであろうと勃起をすることができなくなる。たった一度だけの失敗は「勃起機能不全」を暗示するものではないこと、「勃起機能不全」とは、定義上、反復的でなければならないということを知ることは、男性にとって重要であり、安心

DSM-IV-TR の診断基準

女性オルガズム障害

A. 正常な性的興奮相に続くオルガズムの遅延または欠如が、反復的または持続的に存在。オルガズムをひき起こす刺激の種類または強さは、女性によって大きく異なっている。女性オルガズム障害の診断は、その女性のオルガズムの能力が、年齢、性体験、および彼女が受け取る性的刺激の適切さからみて低いという臨床家の判断に基づいて行われるべきである。

B. その障害によって著しい苦痛または対人関係上の困難が生じている。

C. オルガズム機能不全は、他のⅠ軸障害(他の性機能不全を除く)ではうまく説明されないし、物質(例:乱用薬物、投薬)または他の一般身体疾患の直接的な生理学的作用のみによるものでもない。

(訳注:原書は DSM-IV だが、ここでは DSM-IV-TR, APA, 2000 [高橋三郎・大野裕・染谷俊幸訳『DSM-IV-TR 精神疾患の診断・統計マニュアル(新訂版)』医学書院、2004] を修正し引用した)

感をもたらす。ほとんどすべての男性において、とりわけ心を乱しているときや疲れているときに、勃起できなかった、あるいは性交を行うために勃起を十分に維持することができなかったことが一度や二度はあるものである。

勃起障害は身体疾患の結果起こることもある。臨床医は、夜間、勃起が起きているかどうかの確認をすることで、心理的な原因でもたらされている勃起障害と、身体疾患によって勃起が完全に阻止されている場合とを区別することができる。8時間の就寝中、大半の人々はレム(急速眼球運動)睡眠期を4回繰り返し、この間に通常、夢を見る。男性は、レム睡眠中、たとえ官能的な夢を見ていなくても、ほとんどいつも勃起する。そのような夜間の勃起を圧力ゲージで測定し、それによって臨床医は睡眠中に勃起が起きていないかどうかを確かめることができる。夜間に勃起が起きているのであれば、勃起障害が疾患全般あるいは身体的な原因によって生じている可能性は低くなる(Carey, Wincze & Meisler, 1993 ; Sakheim, Barlow, Abrahamson & Beck, 1987)。

女性オルガズム障害

女性の中には性反応の第3相、つまりオルガズムに達しない人がいる。どの程度簡単にオルガズムに達するかは女性によって様々である。一極には、強烈な官能的空想を抱くだけで、まったく身体的刺激がなくてもオルガズムを感じることのできる非常に稀な女性たちがいる。それから、強烈な前戯だけで最高潮に達する人、性交中に普通オルガズムを感じる人、性交中に時々オルガズムを感じる人、最高潮に達するためにはクリトリスを長時間、強烈に刺激されることが必要な人がいる。反対の極には、適度な刺激に曝されたにもかかわらずオルガズムを一度も感じたことのない人がおり、これは成人女性のおよそ10～25%を占めていて、女性の中で最も一般的な性機能不全である(Laumann, Gagnon, Michael & Michaels, 1994)。

オルガズムを感じない女性は、それにもかかわらず強い性衝動をもつ場合がある(Andersen, 1983)。そうした女性は、前戯を楽しんだり、大いに潤滑したり、陰茎による挿入の感覚を非常に好んだりするかもしれない。しかし、最高潮に達するときになると、女性は自意識過剰になり、一歩下がって自分を評価し始めるかもしれない。「最高潮に達するかしら?」「長くかかりすぎるわ。彼は嫌になってきているんじゃないかしら?」などと、自分に問いかけるかもしれない。もどかしさや憤りを感じたり、カップル間の性愛的で情愛的な関係が持続的に侵害された場合、オルガズムを感じない女性が治療にやってくるのである(Kaplan, 1974 ; McCary, 1978)。

オルガズムを感じない障害は、生来型すなわち一度もオルガズムを感じたことがない場合と、獲得型すなわちオルガズムを失ってしまった場合とある。また、たとえば性交渉では感じないが一人で自慰を行うときには感じるなどの状況型である場合と、全般型の場合がある。

男性オルガズム障害

男性オルガズム障害(male orgasmic disorder)には2種類あり、それらは正反対の問題を呈している。早漏と射精遅延である。

早漏　大半の男性は相手が望むよりも早く射精してしまった経験が時折あるだろうが、これは早漏と同義ではない。早漏(premature ejaculation)とは、射精を制御することがまったく不能である状態が反復的に起こることで、一度性的に興奮すると、非常に早くオルガズムに達してしまうことである。これはおそらく、男性の間で最も一般的な性的問題である(Metz et al., 1997)。

早漏はカップルの性生活に大損害をもたらしうる。興奮するやいなや、射精について心配になってくる男性は、愛する人に気を使ったり、反応したりする余裕がないかもしれない。自意識過剰になるために、相手

DSM-IV-TR の診断基準

早漏

A. 挿入前、挿入時あるいは挿入直後に、本人が望む以前に、ごくわずかな刺激で持続的または反復的な射精が起こる。臨床家は、年齢、性交の相手や状況の新しさ、および最近の性的活動の頻度など、興奮相の持続に影響する諸要因を考慮しなければならない。
B. その障害によって著しい苦痛または対人関係上の困難が生じている。
C. 早漏は、物質（例：アヘン類からの離脱）の直接的な作用のみによるものではない。

（訳注：原書は DSM-IV だが、ここでは DSM-IV-TR, APA, 2000［高橋三郎・大野裕・染谷俊幸訳『DSM-IV-TR 精神疾患の診断・統計マニュアル（新訂版）』医学書院、2004］を修正し引用した）

DSM-IV-TR の診断基準

男性オルガズム障害（射精遅延）

A. 性的活動中の正常な性的興奮相に続くオルガズムの遅延または欠如が、反復的または持続的に存在しているが、年齢からみて、その人の性的活動の対象、強さ、持続は適切であると臨床家によって判定されるもの。
B. その障害によって著しい苦痛または対人関係上の困難が生じている。
C. オルガズム機能不全は、他のⅠ軸障害（他の性機能不全を除く）ではうまく説明されないし、物質（例：乱用薬物、投薬）または他の一般身体疾患の直接的な生理学的作用のみによるものでもない。

（訳注：原書は DSM-IV だが、ここでは DSM-IV-TR, APA, 2000［高橋三郎・大野裕・染谷俊幸訳『DSM-IV-TR 精神疾患の診断・統計マニュアル（新訂版）』医学書院、2004］を修正し引用した）

は拒絶されたと感じ、その男性のことを冷淡で気が利かない人だと思うかもしれない。治療を施されていない早漏に引き続いて獲得型勃起機能不全が起こるのは珍しくない。

射精遅延 射精遅延 (retarded ejaculation) は早漏ほど一般的ではなく、性交中にオルガズムに達することが非常に困難なことである。前戯や自慰の際には容易に射精できることがよくあるのに、性交時は30分以上射精しない状態が続くことがある。広く知られている説とは対照的に、射精遅延の人が射精しないままの状態でいられる能力は、けっして彼らをうらやましい立場にするものではない。彼らの相手は、拒絶されたように、あるいはぎこちなく感じるかもしれない。男性のほうはオルガズムのふりをしたり、「彼女は私がどうかしていると思っているかもしれない」といった自意識過剰な考えに伴うひどい不安を感じるかもしれない。射精遅延の人は自分で自身を触るのが最も刺激的で、相手が陰茎に触れても無感覚であるかもしれない。彼の心理的興奮は生理的興奮についていけないのである (Apfelbaum, 1980)。獲得型勃起機能不全が引き続いて起こることもある。

射精遅延や早漏に、たとえば、30秒以内あるいはピストン運動8回以内で常に射精が起こる場合は早漏であるとか、射精するのに常に30分以上かかる場合は射精遅延である、などというように、これらを数字と結びつけるのは愚かなことである。なぜなら、オルガズムであれ興奮であれ、性的問題の定義で重要なことは自分自身や相手の期待と絶えず関係するが、この点が損なわれるからである。多くのカップルは、たとえ片方がすぐに最高潮に達したり、なかなか達したりしなくても、かなり満足のいく性愛的な関係を成就しているものであり、これらの人々を性機能不全と称することは不適切だろう。

性機能不全の原因

性機能不全には2つの原因、生物医学的な原因と心理的な原因がある。効果的な治療法が2種類あり、薬と直接的セックス療法で、原因によってどちらを使うかが決まる。1990年代までは、性的問題の大半の原因は、元来、生物医学的よりも心理的であると信じられていた。この考えは、後に述べる「直接的セックス療法」を用いて性機能不全の大多数を治療することに成功した Masters と Johnson による驚くべき発見に基づいている。しかし1998年には驚くべき薬バイアグラ® (Viagra) が著しくインポテンスを軽減することが分かり、今日では性機能不全の生物学的側面についての研究が進められている (Rosen & Leiblum, 1995)。

表13-4 勃起とオルガズム機能不全の諸観点

	精神力動的観点	行動学的観点	認知的観点	生物学的観点
起源	性交渉に関する無意識的葛藤、恥罪悪感	早期の心的外傷的な性体験	特定の認知形態をもつ人における早期の心的外傷的な性体験	性器への血流が不十分
過程	無意識的葛藤が性交渉中に不安をもたらす	失敗に対する条件付けられた恐怖が性交渉中に不安をもたらす	性交渉中に自身を観察、審判し、それが楽しむことを阻害し、不安をもたらす	単純で機械的な不全により血流が十分でないことにより勃起を阻止する
結果	不安が性的無反応へと導く	不安が勃起やオルガズムを阻止する	不安が勃起やオルガズムを阻止する	十分で持続的な勃起が生じないため、オルガズムも生じない

生物学的原因

男性ならびに女性における性欲の喪失は、アルコール、コカイン、ヘロイン、マリファナなどの物質使用からくる場合があり、これらはすべて性ホルモンを侵食するものである。同様に、降圧剤(とりわけβ遮断薬)、メジャーおよびマイナートランキライザー、三環系抗うつ薬、そして抗ヒスタミン薬といった薬剤もまた性欲を減少させる作用がある(Gitlin, 1994 ; Segraves & Althof, 1998 ; Schiavi et al., 1984 ; Schiavi & Rehman, 1995)。Prozac®のような選択的セロトニン再取り込み阻害薬(SSRI)を服用している596人の患者を対象とした研究では、16%の患者が性機能不全の副作用を示したが、これはたとえばヨヒンビンなど他の薬剤を用いれば多くの場合改善できる副作用である(Ashton, Hamer & Rosen, 1997)。しかし、器質的要因の重要性を示す最も大切な唯一の鍵は、老化にある。40歳から70歳の男性を対象とした大規模な研究では、52%が何らかの形のインポテンスを報告し、最年長の男性たちには3倍も多く深刻な勃起問題が認められた(Feldman, Goldstein, Hatzichristou, Krane & McKunlay, 1994 ; Rosen, 1996)。

陰茎における血液の酸素不足の原因となる循環の悪化(たとえば血管の病気など)やテストステロンの低下が勃起機能不全の原因となっている場合もある(Benet & Melman, 1995)。動脈の狭窄は陰茎への十分な血液の流れを困難にする可能性があるし、漏出しやすい静脈のために陰茎から血液が早く流れ出てしまい勃起を維持することができない可能性もある。105名の患者のうち、35%の患者は下垂体—視床下部—性線軸に障害があり、これらの患者のうち90%は生物学的療法によって性交能力が回復した(Spark, White & Connelly, 1980)。さらに、神経系の病気やその他の中枢神経に影響を及ぼす病気、たとえば糖尿病や腎臓病なども性器の領域の感覚を鈍くする可能性がある。

女性の性機能不全における器質的要因の役割についてはあまり根拠が得られていないが、潤滑油の普及が、女性における性的興奮に関する問題の生物学的原因を隠蔽している可能性がある。それにもかかわらず、女性の性的興奮の能力は、けが、性器の身体的奇形、ホルモンのアンバランス、神経系障害、そして炎症によって損なわれる可能性がある。女性の性機能不全は腫瘍摘出や子宮摘出といった手術後にも生じることがある(Kaplan, 1974 ; McCary, 1978 ; Rosen & Leiblum, 1995)。

心理的原因

心理的要因は性的欲求や興奮に著しい影響を及ぼし、心理的問題がおそらく多くの性機能不全をもたらす(表13-4参照)。明らかな経路が1つある。それは悲観的な情緒的状態は性反応に直接影響を及ぼすということである。生理的要因と心理的要因の敏感な相互作用についてはすでに述べた。性反応の生理的側面というのは自律的で本能的である。基本的には自律神経系の制御の下で、性器に向かう血液の流れが増量することによってもたらされる。しかし特定の自律系反応があり、この中に性的興奮も含められるのであるが、悲観的感情によって抑制されるのである。もしも女性が性交中に恐怖心や悲しみを感じたならば、自律系反応は障害される可能性がある。同様に、男性が性交中に恐怖心やプレッシャーを感じたならば、勃起が起きるために十分な血液が流れないかもしれない。女性や男性に性的無反応を起こしうる不安や悲しみの原因は何であろうか?

精神力動的理論家たちは、無意識の葛藤を主張する。ある女性はオルガズムに達しないかもしれないという恐怖を抱くかもしれない。あるいは、自分は無力である、利用されていると感じるかもしれない。無意識の恥や罪の意識を感じている男性や女性もいる。彼らはセックスは罪であると思っているのかもしれない。セックスは汚くて悪いことと見なされた環境で育

ち、たとえ結婚していても恥や罪の感情を拭い去ることができないのかもしれない。性交渉で身体的な痛みがあると思って、それゆえに性交渉を恐れる女性もいるかもしれない。そして妊娠するかもしれないという恐怖がしばしば見られる。

カップルの関係の中で否定的感情が湧き上がってくることを見逃してはならない。関係はいつも良好に発展するとは限らない。人は変わるものであり、時には違った生活習慣や好みをもつようになることもある。しかし相手は自分と同様に変わらない可能性があり、そうすると葛藤が起こり、カップル間に否定的な感情が生まれる。カップルが寝室に入ったときに、このような感情を切り捨てることができないのはもっともである。多くの男性や女性は拒絶されることを恐れ、自意識過剰になり、そうでなければいたって正常な性反応が抑制されるのである。このような場合には、片方あるいは2人とも機能不全を発する可能性があり、その相手に対してのみ発する場合がほとんどである。

行動心理学者たちは、学習理論に基づいて性機能不全の原因を解説する。男性にとっては、勃起機能不全は早期の性体験から起きる可能性がある。とりわけ心的外傷的な初めての性体験は、女性あるいは男性のどちらかとの性機会に強い恐怖心を条件づける場合がある。シェルドンの最初の性機会を思い出してみよう。それは彼が売春婦との行為に失敗する様を仲間たちに見られるというものだった。異性愛活動が条件刺激（CS）で、それが皆の前で勃起できなかったという屈辱的な失敗（US）と組み合わされ、それによって生じた羞恥と不安が無条件反応（UR）である。その後スザンヌとの結婚生活の中で、プレッシャーをかけられた性的機会という条件刺激（CS）に再び曝されたことが、不安という条件反応（CR）をもたらし、これが勃起を阻害したのだ。この方式は早期の心的外傷体験がある場合に数多く当てはまり（Tsai, Feldman-Summers & Edgar, 1979；Rosen & Leiblum, 1995）、勃起機能不全に対して直接的セックス療法が有効な理由を説明するものでもある。しかし、何も心的外傷体験がないような場合については説明がつかないし、なぜある特定の人々が他者よりも性的な外傷体験により敏感なのかということも釈明できない。シェルドンのケースのように初めての性体験が失敗に終わり、勃起機能不全を発症する人がいれば、似たような失敗体験をしても機能不全を発症しない人もいる。

認知理論家たちは、その他の重要な考察を示唆する。オルガズムと性的興奮の双方の機能不全において、個人が何を思っているのかということは、その行為に大いに影響を及ぼす。オルガズムに困難をもつ男女は、「オルガズムの観察者」になる。彼らは「今度は最高潮に達するだろうか？」「長くかかりすぎている。彼は私が不感症だと思っているに違いない」など

William Masters と Virginia Johnson は性的行動の研究を実験室に持ち込み、性機能不全の患者のための直接的セックス療法をあみ出した。（Scott F. Johnson の厚意による）

と考えるかもしれない。性的興奮の機能障害がある者は、「勃起しなかったら彼女に笑われてしまう」とか「今度もまた興奮しない」と考えるかもしれない。これらの思考は不安を生じ、それが今度は人間の性反応の基本である副交感系の反応を阻止するのである。思考が邪魔して個人は官能的な感情に身を委ねることもできない。注意散漫は、性的興奮を直接抑制する認知的状態であり（Abrahamson, Barlow, Beck & Sakheim, 1985）、悲しい音楽などによって湧いてくる一時的な悲観的感情も同様である（Mitchell, DiBartolo, Brown & Barlow, 1998）。したがって、性機能不全のための治療は4つのレベルで問題に対処するのである。生物医学的、精神力動的、行動的、そして認知的であり、これらのレベルのいずれかに困難が生じると性機能不全がもたらされるのである。

性機能不全の治療

米国における夫婦の半数は、何らかの性的問題による欠陥を抱えていると推定されている（Frank, Anderson & Rubenstein, 1978；Masters & Johnson, 1970, Oggins, Leber & Veroff, 1993）。夫婦間の性的問題は、2人の人間間の関係性と結びついて生じる。セックスがうまくいかないと、その関係におけるその他の多くの側面もうまくいかなくなるものであり、その逆も然りである。セックスは、いつもそうであるとは限らないが、しばしば2人の人間が互いに抱いている思いや互いへの振る舞い方を反映する。性的問題の根底にはもっと根本的な関係性、たとえば愛情、思いやり、尊敬の念、忠誠心などに問題があり、これらの問題が克服されると、もっと充実した性的関係が得られることをセックス療法家はしばしば発見する（Baucom, Shoham, Mueser, Daiuto & Stickle, 1998；Jacobson, 1992；Speckens, Hengeveld, Lycklama a Nijeholt, Van Hermert & Hawton, 1995）。この章は以下

のような事例の紹介から始まった。キャロルとエドの事例で、キャロルが性交中のオルガズムを喪失してしまったことと歩調を揃えて、彼らの関係も悪化していった。キャロルは頭痛を訴えたり、エドの愛撫のやり方に文句をつけたりし、それが激しい口論の口火となり、性交はもはやキャロルにとって恐怖の苦しい体験となった。その後、彼らは Masters と Johnson に治療を求めてやってきた。

直接的セックス療法

　William Masters と Virginia Johnson は、性行動の研究を実験室にもち込み、性機能不全の本質と治療法を発見した研究者たちであり、エドやキャロルのような性的に機能が障害された患者を治療するための**直接的セックス療法**（Direct sexual therapy）を開発した。直接的セックス療法は、それまでのセックス療法と3つの点で異なっている。まず初めに、問題の定義が異なる。性的問題は「神経症」あるいは「病気」と見なすのではなく、むしろ「限定された機能不全」と見なす。直接的セックス療法は問題を全般的ではなく局所的なものとしてとり上げる。キャロルのような女性を、精神力動的な治療者が主張するように精神の深層にある葛藤を自分の性反応を「凍結する」ことで防衛している「ヒステリック」な女性として見なすことはない。むしろ、彼女は単に「興奮の抑制」に苦しめられているにすぎないと考える。第2に、これは最も衝撃的な点であるが、直接セックス療法の中で、クライアントは治療者と体系的な考察を行った後に、明白に性行動を実行するのである。キャロルとエドのような夫婦は、まず初めに自分たちの問題について教育され指導を受け、それから Masters や Johnson からどうやって問題を解決するのかについての信頼できる処方箋が与えられ、最も重要な部分である夫婦のための性交実行のセッションが行われる。3番目の相違点は、個人としてではなく2人1組として治療されることである。クライアント1人1人を治療することによって、Masters と Johnson は性的問題というのは1人の個人に宿るものではなく、夫婦の相互作用に宿っていることにしばしば思い当たった。キャロルのセックスに対する無関心は、彼女だけの問題ではない。彼女の夫の増大し続ける要求、憤り、そしてもどかしさが、彼女のセックスに対する関心の衰退に関与している。夫婦を一緒に治療することによって、エドとキャロルの性的相互作用の悪化が改善された。

　感覚焦点（sensate focus）が、興奮の障害をもつ女性と勃起機能不全をもつ男性に対する直接的セックス療法の主たる技法である。感覚焦点における根本的な前提とは、性交中に生じる不安が、性的興奮と快感を阻止することである。女性では不安が潤滑と膨張を阻止し、男性では勃起が阻止される。治療の最も重要な目的は、この不安を軽減し、自信を取り戻すことである。当面の目標は性交を1回成功させることである。しかしながら、これは興奮やオルガズムと関連した要求を最小限化することによって達成される。感覚焦点には3つの段階、「楽しむ」段階、性器の刺激の段階、そして要求しない性交の段階がある（Masters & Johnson, 1970, Kaplan, 1974も参照；Rosen & Leiblum, 1995）。キャロルとエドに行われた感覚焦点療法を参照してみよう。

　「楽しむ」段階では、キャロルとエドはこの段階では性交渉を行わないように、そしてオルガズムに達しないようにと指示された。性愛的活動は互いの体に優しく触れたり愛撫したりすることに限定された。キャロルがまずエドを愛撫するように指示され、それから役割を交代し、エドがキャロルを愛撫するようにとのことだった。これは、キャロルが自分の身勝手さに対する罪悪感に注意をそらされることなく、エドの愛撫によってひき起こされる感覚に集中できるようにするためだった。また、そのあとで性交を要求されないことを知っていることは、彼女を安心させた。

　楽しむ段階が3回行われたあと、キャロルの反応はかなり劇的であった。彼女はオルガズムに達しなければいけない、夫に仕えなければいけないというプレッシャーから解放され、生まれて初めて深い官能的な感覚を味わった。さらに、彼女は自身の快感を自らもたらしたように感じ、自己主張しても夫が自分を拒絶しないことを知ったのである。それから彼らは感覚焦点の第2段階、「性器の刺激」に進んだ。この段階では、軽い、からかうような性器への刺激が楽しむことに加えられたが、夫のほうにはオルガズムを目指した愛撫はしないように注意するよう指示された。オルガズムと性交はまだ禁じられたままであった。女性のほうがペースを決め、言語的にも非言語的にも夫に指示を出し、それから役割が交代された。

　夫婦の反応は、ここでもとても肯定的だった。2人とも深い快感と興奮を感じ、次の段階である「要求しない性交」に進みたいと熱望した。この最終段階では、キャロルが楽しむことと性器の刺激を通して高度の興奮を感じたあとに、彼女が性交を持ちかけるように指示された。さらに、キャロルがオルガズムを感じなければいけないというプレッシャーがあってはいけないということが、エドとキャロルに指示された。

　その指示にもかかわらず、あるいはその指示があったからこそ、キャロルは何ヵ月もの間で初めてオルガズムを感じた。この時点で、エドとキャロルはお互いに性的に興奮し、満足のいく愛の営みを展開することができるようになった。

　キャロルとエドに見られる改善は典型的な例であ

る。女性の性的無反応に関しては、およそわずか25％の人々が感覚焦点による改善に失敗する程度である（Masters & Johnson, 1970；Kaplan, 1974も参照。McCary, 1978；Segraves & Althof, 1998）。キャロルの問題は「獲得型」であった。彼女は、かつてあったオルガズムの能力を喪失した。女性が一度もオルガズムを感じたことがない場合は（生来型無オルガズム症）、バイブレーターと筋肉トレーニングを用いて自慰の指導を受けることが最善の治療法で、成功率は一般に90％と言われている（LoPiccolo & Stock, 1986；Segraves & Althof, 1998）。

　MastersとJohnsonの成功は広く知れ渡り、セックス療法家の世代全体の考え方を2つの意味で変えた。性的問題は治癒できないという悲観的な見方が楽観的な見方にとって代わられ、研究者たちは、性機能不全は器質的であるというよりも学習されるものであると考えるようになった。感覚焦点は、1970年代では勃起機能不全における治療の頼みの綱となり、その後間もなく、不安軽減、空想訓練、自己主張、そして性交中のカップルのコミュニケーションスキルなどを含む、その他の純粋な心理療法によって補足されるようになったのである。しかしながら、これらの心理療法は、MastersとJohnsonの方法の当初の期待に及ぶことはなかった。

生物学的治療とViagra®

　研究者たちは、性機能不全における心理的要因の重要性について認め続ける一方で、生物学的治療法についても追求し始めた。さまざまな器質的な治療も試みられた（Rosen, 1996）。硬直した、あるいは膨張性のものを陰茎に移植する、陰茎の血流を増加するために手術する、筋弛緩剤を局部的に注入する、陰茎に血管拡張薬を注入する、局部にクリームをつける、その他種々の経口薬を服用する、などが含まれた。有望なものもいくつかはあったが、1998年にファイザー製薬が導入した新薬、Viagra®（シルデナフィル）によって、その他の器質的な治療法は覆い隠された。

　Viagra®は錠剤で、服用後1時間以内に陰茎への血流を増大させる効果がある。勃起を援助するが、性的刺激がある場合にのみである。ファイザー製薬によって行われた10回にわたる二重盲検比較対照研究では、3,361名の勃起機能不全をもつ患者が対象とされ、Viagra®を与えられた者のうち73％に効果があり、これはプラセボ群の倍だった。消化不良、頭痛、潮紅などの副作用のために服用を中止したのは、たったの2％だった。図13-2は157名のViagra®を服用した男性と、154名のプラセボを服用した男性について性交の成功数を比較したものである（Goldstein et al., 1998；Licht, 1998；Rosen, 1998）。Viagra®は1錠につきおよそ7〜10ドルで、比較的高価な錠剤である。

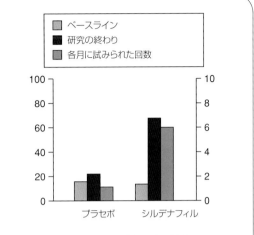

図13-2　男性オルガズム機能不全の治療

　12週間にわたる研究の中で、Viagra®（シルデナフィル）とプラセボ（偽薬）を与えられた男性の性機能が比較された。Viagra®を服用した者たちは、プラセボを与えられた者たちよりも、性交の試みに成功した率はかなり高かった。（Goldsteine et al.,1998, p.1402より引用）

その値段にもかかわらず、空前の売れ行きで、女性も使用を試みたりしている。その後間もなく何人かの死亡例が報告されたが、おそらく全例とも、それまでインポテンスであった高齢者が、慣れない性交の激しい活動を行ったことと関連していたと思われる（Siegel-Itzkovich, 1998）。Viagra®を服用する男性のうちおよそ3％が青緑の輪やぼやけて見えるなどの一時的な視覚障害を体験し、17％が服用後の頭痛を報告している（Stein, 1999）。それでも、Viagra®を服用するほとんどの男性の反応は下記の事例のように非常に肯定的である。

> 　アール・マクリンはシカゴで警備士を務める59歳の男性で、糖尿病によるインポテンスに10年間断続的に悩まされてきた。Viagra®を試みた最初の2回はあまり成果が得られなかった。3回目に試みたとき、彼は4ヵ月付き合っていた恋人と初めて性交を行うことができた。「それからは毎日使っているよ」と彼は（4日後に）いわくありげにほくそ笑みながら話す。「再び30代に戻ったような気分だ」と。マクリン氏の医療保険会社からはその経費は給付されないことを伝えられたが、彼の返事は「月に20錠だけにしておくよ」だった（Handy B., The Viagra craze. Time Magazine, May 9, 1998, 151：7）。

セクシャル療法の評価

　直接的セックス療法は、男女を問わず、性的興奮や

表13-5 性機能不全の治療

	直接的セックス療法		Viagra®
	女性の興奮・欲求の障害	男性の勃起機能不全	
改善度	65％以上が著しく改善	60％以上が著しく改善	70％以上が著しく改善
再発率*	中度から高度	中度	不明：高度の再発率可能性大
副作用	なし	なし	軽度から中度
費用	安い	安い	ほどほどに高い（1錠10ドル）
要する時間	週単位	週単位	分単位
総合評価	よい	よい	とてもよい・優秀

	直接的セックス療法	
	女性オルガズム機能障害	男性の早漏
改善度	75％以上が著しく改善	75％以上が著しく改善
再発率*	低度から中度	中度から高度
副作用	なし	なし
費用	安い	安い
要する時間	週単位	週単位
総合評価	とてもよい	よい

*治療を中断した場合の再発率
Seligman, 1994, 11章に基づく。Segraves and Althof, 1998を用いて改訂。

オルガズムの機能不全を軽減するのにかなり効果があるようである（Marks, 1981；Heiman & LoPiccolo, 1983）。早漏に関しては75％以上の著しい改善、女性オルガズム機能不全に関しては75％以上の著しい改善が報告されている（Segraves & Althof, 1998, 表13-5参照）。さらに、体系的な脱感作法も欲求やオルガズムを高めるために有効である可能性があり、とりわけ性的不安をもつ女性に対しては効果的であると考えられる（Andersen, 1983）。しかしながら、2つの点に注意する必要がある。1つはMastersとJohnsonの報告は、人々が望むほど十分に記述されておらず、30年経過しても対照比較研究はほとんどされていないことである。MastersとJohnsonは成功率を報告しておらず、むしろ失敗率のほうを報告しているのである。たとえば、興奮の機能不全をもつ女性は感覚焦点の訓練後わずか24％が「改善に失敗」したという具合にである。これは75％の治癒率を意味するものではない。「改善に失敗」したというのも明白に定義されていない。さらに、中度の改善、高度の改善、あるいは完治した患者のそれぞれの割合は報告されていない。直接的セックス療法はそれより以前の治療法と比べるとはるかに優れてはいるものの、しっかりと統制され、標本抽出と改善について明白な基準を適用した再試験が必要である。

対照的に、Viagra®の効果は確固としていて、登場した当初から十分に記述されている（Box 13-3参照）。

精神療法ではなく薬剤であるゆえに、Viagra®は食品医薬品局（FDA）の認可が必要であったことから、市場に登場する前に大規模な対照比較研究で検証されたのである。しかしながら、当初の研究のほぼすべてが製薬会社であるファイザーによって出資されている。近年、そのような偏りのない研究がもっと出版されているが（たとえばPallas, Levine, Althof & Risen, 2000）、長期の追跡とともに、さらなる再試験が待たれる。さらに、直接的セックス療法が性嫌悪障害をもつ女性を治癒するのと同じ意味で、Viagra®が勃起機能不全を治癒するとは言い難い。Viagra®は一時しのぎに過ぎない。服用を中止すれば、おそらく勃起機能不全は再発すると思われる。しかしながら、この最初の躍進を思えば、近い将来、あらゆる性機能不全を治癒するための多数の医薬品の試験が行われるようになると予想される。

まとめ

われわれの性生活はだんだん深くなっていく層の観念によって組織され、それがいかに変化可能なものであるかということが分かる。性同一性と性的指向は非常に深い層で、仮に変化したとしても、その変化はあまり大きくはない。治療における変化の乏しさ、一生涯続く1つの性に限定された空想、前視床下部の縮

Box 13-3　**科学と実践**

Viagra®現象

初めの頃の諸研究はファイザー製薬によって出資されていたが、その一方で、最近ではそのViagra®の有益な効果を確認したものでファイザー製薬と関係のない研究が、同専門分野の人たちによってレビューされる文献に出版され始めている。それらの研究の1つで(Pallas, Levine, Althof & Risen, 2000)、58名の男性に対して2度の訪問による追跡が行われた。そのうち43％の者は「理想的な」結果が得られ、勃起機能不全が治癒された。50％の者は性交を行うことができ、63％によりよい勃起が得られた。17％は改善されず、21％は追跡が途絶えてしまった。これらの結果はファイザー製薬によって報告されたものほどよい結果ではなかったとはいえ、それでも強い印象を残す結果であり、現在では男性の勃起機能不全にはViagra®が最善の治療法であることを示唆するものである。

この「Viagra®狂」は1998年5月号の『タイム』誌の表紙を飾り、処方数は短期間に5倍にも増加した。1996年に保守的な共和党の大統領候補であったRobert Dole氏はViagra®の広告に出ている。ナイジェリアのSani Abacha長官は2人の女性とのViagra®乱交パーティの最中に死亡している(Hitt, 2000)。Viagra®が受けた注目の的ぶりを思えば、Viagra®を試験した者たち以外にも、性問題を緩和するために、あるいはそれでなくても満足している性生活をさらに改善するために、それを試してみようと思う集団が出てくることは驚きではない。

予期されていなかった効果を発見した最初の集団は、抗うつ剤を服用する女性たちであった。SSRIや三環系抗うつ薬治療の一般的な副作用は性機能不全であり、性生活を保つために薬を諦める女性もいる。ある対照群を設定しない試験では、Viagra®がそのような9名の女性に処方された。彼女たちは性交の1時間前にViagraを服用した。抗うつ薬を服用していた期間中はオルガズムの問題を訴えていた女性たちが、9名とも全員が、たいてい最初の1錠で性機能が改善されたと報告しているのである(Nurnberg, Hensley, Lauriello, Parker & Keith, 1999)。女性の性機能不全に対してViagra®が用いられた場合についてのその他の出版された研究はまだ見られないが、男性と同様に女性も今では性機能不全を治療するために、あるいは性生活を改善するためにViagra®を使用している可能性がある。

以前は、勃起障害(ED)というのは高齢の男性に限られていると誤解されていた。しかし、40歳から70歳の男性の半数が、ある程度の勃起問題を体験することが発見されている。Viagra®はこれらの年齢層の男性たちの手助けとなっている。しかし、時折、勃起機能不全の問題を抱えていない男性たちによって娯楽のための薬として用いられていることがある。元来のファイザー製薬の広告は、高齢の男性たちを対象としていた。白髪の60歳の男性が草原の中で妻を抱き寄せている広告で、スローガンは「さあ、踊ろう」であった。もっと最近の広告では、30歳代と見える男性と女性が出ており、「初めの一歩を踏み出そう」というスローガンが掲げられ、こうして新たな障害「軽度のED」が編み出されるのである。

本来は病気に悩む人を助けるための治療用の薬剤だったのが、今では娯楽用の薬としての大きな位置づけを見出しているが、その使用法についてあれこれと批判をするつもりはない。しかし、娯楽の目的でこの薬を用いることに対して注意を呼びかけたいと思う。Viagra®は勃起困難に対する効果的な治療法であることが示されてきたが、カップルの関係におけるすべての問題を解決できるものではない。性的活動の減少に適応していた夫婦関係において、もっと性交を行いたいという要求が生じ、その結果として浮気が増えることも考えられる。そのような問題を避けるためには、コミュニケーションが重要である。カップルは、お互いの性的欲求や期待について相談し、お互いが求めることを相互に理解できるようになるべきである。愛情のこもった個人的な関係があってはじめて最も満たされる性的関係をもつことができるとわれわれは信じている。性機能不全の治療は、そのような進行中の愛情関係という環境の中で最もうまくいくものである。性機能不全の一側面を、性器への血流が中心的な問題点となっている、機械的な、工学的な問題として見ることができることをViagra®は明らかにする一方で、この成功は、われわれのセクシャル療法の観点を歪曲する危険性がある。健康的な性生活は、機能する体と満ち溢れる肯定的な情緒と長期にわたる献身的な関係を融合するものであるとわれわれは信じている。

小、一卵性双生児における同性愛の一致率の高さ、そして胎児の発達はすべて、ほとんど不屈の過程をさし示している。また、トランスセクシャリズム(性転換症)は、同性愛より変化しづらい。男性の性転換症者はけっして自分は女性であるという感覚を失うことはない。彼らが結婚して自然な方法で自分の子どもをもつことはほとんどない一方で、同性愛の男性は結婚して子どもをもつことがある。彼らはこの偉業を空想の妙技を用いてやり遂げる。妻との性交渉の間、彼らは同性愛の性交渉に関する空想を抱くことによって興奮状態を維持し、頂点に達する(刑務所の中で同性を相手に解放することしか許されない異性愛者たちが行うように)のである。このように同性愛者の男性に限っては、ある程度手段に融通がきく。すなわち、彼らは性的な行為を行う対象を選ぶことはできるが、誰と性行為を行い「たいか」ということは選べないのである。

性嗜好と性役割は中程度の深さにあり、多少変化が可能である。一度、同一性や指向が主として生物学によって指定されると、性嗜好は主として環境の刺激によってその周りに作り上げられるのである。胸または尻、のぞき見、レースのパンティ、ふくらはぎまたは足、ゴムの感触、正常位かオーラルセックスか、サディズム、金髪、両性愛、平手打ち、あるいはハイヒールの靴などの嗜好である。これらの嗜好は一度確立されると、なかなか容易には棚上げされない。しかしながら、排他的な異性愛者あるいは同性愛者と違っ

て、これらが子宮の中で現れるものではないのは確かである。むしろ、性嗜好は、最初の思春期ホルモンが、子宮の中で築かれて眠っていた脳の構造を覚醒し、本人が潜在的な性的対象と遭遇する幼少期後期に始まる。自慰や空想を繰り返すことによって、これらの生物学的に準備された性的対象は、強い嗜好となるが、完全に変化することが不可能な人生の目標ではない。

最後に、性機能不全は表面上の問題であり、直接的セックス療法か薬剤のどちらかの適切な治療によってかなり難なく改善される。Viagra®の絶大な効果は、性器への血流の増大で「配管」を変えることができ、そうして多くの場合、重度の性機能不全が治癒されることを教えてくれる。あらゆる範囲にわたる性障害や性機能不全について、似たような機械的、生物学的な治療法の研究が急増すると予期される。これらの中では成功するものもあれば、失敗に終わるものもあるだろう。しかし、機能不全の解決法を作り出すことに熱意を注ぎすぎることにより、性の健康が単に機械的なものではなく、2人の人間の間における情愛的で性愛的な関係の中にはめ込まれるものであるという事実を見失わないようにしなければならない。

要 約

1. 人間の性は5層から成っており、各層はそのすぐ上の層に発展する。これら5つの層の組織は深さと対応する。層が深いほど、変化しにくい。
2. 性生活の最初の層であり、最も深い層が**性同一性**であり、男性あるいは女性としての自覚である。この層の起源は胎児ホルモンにある。**性転換症**は性同一性の障害であり、自分は本当は男性体に閉じこめられた女性であると感じる男性や、自分は本当は女性体に閉じこめられた男性であると感じる女性に生じる。これらの人々は性器の除去や自分とは反対の性役割を担って生きることを求める。**性別適合手術**は、この最も心理的に苦痛である状態をいくぶん軽減してくれる。
3. 2番目に深い層が**性的指向**であり、性的に男性に惹かれるか、女性に惹かれるかということである。個人の性愛的空想もしくは自慰の際の空想に個人の性的指向が露呈される。
4. **性嗜好**は人間の性におけるその次の層であり、性的空想や興奮の対象である人間、体の部分や状況に関することである。その対象が同意した相手との情愛的、性愛的な関係を損なうときが、正常と障害された性的嗜好の一線を越えてしまったときである。
5. **性嗜好異常**は異常で奇妙な対象に対する性的欲求によって成り立っている。以下が3つの分類である。1つ目は人間ではない対象に対する性的興奮。最も一般的なのが**フェティッシュ**と**服装倒錯**である。2つ目は苦痛や恥辱をもたらす状況に対する性的興奮。**サドマゾヒズム**である。3つ目は同意していない相手に対する性的興奮。**露出症**、**窃視症**、**電話わいせつ**、**窃触症**、そして**小児性愛**である。性嗜好異常は多くの場合生涯続き、その起源は**カセクシス**あるいは情緒的結合にあり、それがその対象に対する自慰の際の空想によって強化され増強されるのである。治療によって性嗜好異常を変えることは困難であるが、近年の行動療法の技法ではある程度成功する。
6. **性役割**は4つ目の層を構成する。これは性同一性の公的な表現であり、人が自分が男性であること、女性であることを示すために行うことである。性役割には障害は存在しない。子どもにおいては性役割のステレオタイプは強固でも、成熟するにつれて柔軟になっていく。
7. 表面に最も近い層が**性的活動**であり、適切な相手と適切な性愛的状況の下で、いかに適切に個人が行為を行うことができるか、ということである。人間の性反応は男性も女性も類似しており、3段階に分かれている。**性愛的欲求**と**興奮**の段階で、これは陰茎の勃起もしくは膣の潤滑によって成り立ち、最後が**オルガズム**の段階である。
8. **性機能不全**は欲求、興奮あるいはオルガズムの障害によって成り立っている。女性では、これらは不十分な欲求、性交渉中の興奮の欠如、そして稀なオルガズムもしくはオルガズムの欠如によって表れる。男性では勃起不全、早漏、そして射精遷延がある。これらの状態はどれもかなり治療可能である。MastersとJohnsonによる**直接的セックス療法**は感覚焦点を用いてカップルの治療を行うもので、これらの性機能不全の多くは短期間の間に著しく改善されることを示す。Viagra®は新しい薬品で、陰茎の血流を増大し、勃起を助ける。勃起機能不全に対する最善の治療法である。

14 精神作用性物質使用障害

本章の概要

薬物使用と乱用　534
　薬物利用と依存の歴史的側面　534
　診断基準　535
　WHOの定義　536
　薬物の基本的な効果　537
　薬物依存の理論モデル　540
アルコール　545
　飲酒とアルコール乱用　545
　アルコール依存症の定義　549
　アルコール依存症の病因論　549
　アルコール依存症の臨床的サブグループ　553
　治療　554
　医学的および社会的合併症　556
刺激剤　556
　メタアンフェタミンの使用　557
　コカインの使用　558
　コカインの効果　558
　コカイン依存　561
　治療　563
　医学的および社会的合併症　565
アヘン剤　566
　アヘン剤の効果　567
　アヘン剤依存症　568
　治療　570
　医学的および社会的合併症　572
幻覚剤　572
　幻覚剤の効果　572
　医学的および社会的合併症　575
　PCPとMDMA　575
マリファナ（大麻）　576
　マリファナの効果　577
　医学的および社会的合併症　578
タバコ　579
　ニコチンの効果　579
　ニコチン依存症　580
　治療　583
　医学的および社会的合併症　584
バルビツール酸塩とベンゾジアゼピン　584
　鎮静薬の効果　584
　鎮静薬依存症　585
薬物乱用の削減　585
　薬物の合法化？　586
　薬物の供給の制限？　586
　薬物教育および予防　587
　治療と研究の向上　588
まとめ　588
要　約　588

学習の目標

- 精神作用性物質使用とその乱用は、社会的態度によってどのように左右されるのか、そして、物質依存がDSM-IVとWHOによって現在どのように定義されているのかを学ぶ。

- 投与ルートなどの基本的な薬物の効果や薬物が脳に到達する経路、薬物と受容器と神経伝達物質の関係を説明できる。

- パーソナリティ、精神力動的モデル、遺伝的脆弱性、対抗過程理論、学習モデルなどの薬物依存の理論的モデルについて議論できる。

- アルコールや刺激物、アヘンや幻覚剤、マリファナ、ニコチン、催眠薬の心理学的効果について学び、これらの薬物の依存性を断つためのさまざまな治療法について学ぶ。

- 薬物の生物学的作用、とくに、薬理作用の活性化や継続的な薬物利用によってひき起こされる神経生理学的変化、物質依存を断つ困難さ、ある一定の期間の節制後に生じる禁断症状の可能性などが生じる理由を理解する。

- 物質乱用に関わる社会的および医学的合併症を学ぶ。

- 薬物乱用を撲滅するためのさまざまな見解の利点と欠点について議論できる。

なによりDSM-IV（訳注：以下TRも）のかなりの疾病分類の中で、物質乱用は、行動的障害と同様に、社会的および法律上の問題と見なされてきた。米国の連邦政府とあらゆる州では、アルコール飲用と向精神薬の一部を規制する法律がある。物質乱用は私たちの社会に生じる深刻な問題の1つであると多くの人は信じて疑わないが、現代社会における精神活性薬の作用は非常に複雑で、論戦となることが多い。精神作用性物質使用障害は、はたして疾病なのだろうか。あるいは、それらは単に自由な選択の1つで不健全な習慣であるにすぎないのだろうか。この章ではこれらの問題を含む問いに関連するいくつかの見解について考察したい。

精神作用性物質使用障害について議論する際に、私たちが忘れてはならないのは、薬物使用がとりわけ目新しい課題ではないということである。人類は何千年もの間、病を癒すために、あるいは、痛みを和らげるために、またあるときには精神的な苦痛を避けるために薬物を利用してきた。シェイクスピアの言葉を借りれば、人生の苦難に対して、「いくぶん甘くて物事を忘れさせてくれる解毒薬」（マクベス）を人々は求めてきたのである。彼らの精神状態を変えるために向精神薬を使用したのである。たとえば、そのような薬物は気分を変え、幸福感を生じさせ、認識を変え、不安を減らしてくれさえするのである。

他の重要な点として、精神作用性物質使用障害者が重複障害として精神障害を併発するということを忘れてはならない。精神作用性物質使用障害者は高い確率で、パーソナリティ障害やうつ病や統合失調症を併存症としている。発達の過程で素行障害のある少年少女が薬物の初体験をし、成長にしたがって反社会的障害や薬物依存に陥るということはよく見られることである。こうした発達上の悲劇は、男子で最もよく見られるが、女子でも生じることがある。以下のブレンダの事例は物質乱用の幼少期の原点を示しているものである。

ブレンダは、中流階級の3人きょうだいの第2子として生まれた。彼女の父親は、家具会社の営業マンで、母親は美容師のパートとして働いていた。ブレンダは幸福で、活気に満ちた子どもで、学校の成績もよく、広範囲の交友関係があった。9歳の時に、彼女は、ジャズダンスの技術で賞をとった。彼女の家族と友人は、彼女のダンスに注目し受賞を祝った。ブレンダが12歳の時には、別の州のダンスコンテストに参加するために、女子のグループで旅行に行った。彼女のグループは会場に到着した。コンテスト後のパーティで、国内のほかの地域の10～12歳の子どもたちと出会った。家に帰った後で、ブレンダはランディという名の少年と文通を始めた。ブレンダの両親は、彼女の

新しい友達に少なからず懸念を示していた。それは、彼が14歳という年齢のためであった。しかし、自分たちの秘密を彼らは決して明かそうとはしなかった。1年後、ブレンダが13歳のときに、彼女の町に住む友人たちをランディが訪ねた。彼はブレンダに電話をし、彼女をパーティに誘った。両親はそこに行かないように引き止めたので、ブレンダは激怒した。彼女は、その晩、そうっと家から抜け出してパーティに参加し、午前2時まで家に帰らなかった。

　一連の問題行動の始まりはその夜であった。14歳になりブレンダは化粧を始め、見た目以上にませた格好をするようになった。彼女は、繰り返し門限を破り、落第をしてしまうことになる。ある晩、彼女はアルコール臭い息を吐きながら、午前12時に家に帰ってきた。両親は、彼女に外出を禁じ、彼女の自由に規制をかけた。にもかかわらず、彼女の行動は何も変わらなかった。15歳になると、ブレンダは両親から金を盗みマリファナを吸うようになった。

今日のアメリカ社会では、バーでの飲酒は、リラックスと社交のための正常で適切な行動であると考えられている。それにもかかわらず、飲酒が臨床的に意味ある障害やストレスをひき起こし、その人の生活を左右するようになる場合は、酒は不適切で有害なものと位置づけられる。(Roswell Angier/Stock Boston)

　ブレンダの違法な薬物の初体験は、合法的な薬物であるアルコール飲用後だった。この移行期に生じているのは、彼女の反抗心であった。これは、きわめて典型的な発達のパターンである。しかし、多くの若者たちは、問題行動は青年期後期には影を潜め始め、成人の物質乱用までに進行することはない。薬物依存に発展してしまうのは、10代の子どものほんの一握りにすぎない。

薬物使用と乱用

　コーヒーやアルコールなどの精神作用性物質の適度な利用は、正常で適切な行動であると多くの社会では考えられている。過剰な使用になると、社会的機能を無能力化させてしまうほどの依存症になり、正常とは考えられない。薬物使用は、どの段階から不適切で有害とされるのだろうか。われわれは実際、薬物乱用をどのように定義すればいいだろうか。精神保健の専門職にとってもかなりの難題であるため、定義や診断は、ここ10年間で変貌を遂げてきた。明確な身体的な異常もなく、診断テストでも異常が出ない多くの精神障害者のように、依存症に陥ることとはどのようなことかということが、議論の的となることが多い。

　依存への脆弱性の徴候を確認することは、研究者の重要な目的であった。薬物乱用についての理論と研究は、医学、精神医学、心理学、法律、生物学などを含む多くの領域から発展してきた (Babor, 1990)。しかし、われわれも理解できないような薬物摂取行動の多くの重要な側面や、われわれの社会が薬物を考える際に生じる多くの矛盾がそこに存在する。たとえば、ニコチンは高い依存性があると一般的には受け止められているが、喫煙者を薬物依存者とは言わないだろうと思う。アルコール依存症とは、薬物依存の明確な一例であるが、人々の多くは、依存という問題をもたずに、生涯を通じて飲酒を行っているのだから。

　ただし、物質乱用は米国における主要な健康問題であるということも明白なことであろう。死、疾病、傷害という面における社会に対するコストは莫大なもので、乱用者とその家族の生活に与える感情的な損害は計り知れない。次の驚くべき数値について考えていただきたい。アメリカ人が少なくとも1週間に1回酒盛り(1回に5杯以上飲酒する)をする人；1,100万人、タバコを吸う人；6,200万人、無煙タバコを利用する人；700万人、マリファナを利用する人；1,000万人以上、トランキライザーやアンフェタミン、睡眠薬などの向精神薬を利用する人；300万人、コカイン使用者；150万人、PCPやLSDなどの幻覚剤の使用者；100万人、多くの10代の若者で吸入薬を用いている人；100万人 (U. S. Department of Health and Human Services, 1997 c；National Institute on Drug Abuse, 2000 b)。ではなぜ、人々はこういった薬物を乱用して自分の生活にリスクを負うのだろうか。われわれは、歴史的な背景を簡単に振り返ることによってこの問題について検討してみたい。

薬物利用と依存の歴史的側面

　薬物利用の歴史的、文化的側面を考えることは、現代の精神作用性物質使用障害についての近年の視点を理解するために有益な枠組みを提供してくれる。ある社会でのある特定の薬物の利用に関する考え方が、依存の定義の仕方にある重要な影響を与えている。いわば、何世紀にもわたって、社会的、宗教的、医学的、

娯楽的な目的で精神作用薬が用いられてきた。たとえばアヘンは、3,000年以上にもわたり、多くの社会で用いられてきた。米国と英国では、19世紀に多様なアヘン調合薬が広く利用され、子どもたちに「扱わせる」のにも使用されていた。中流階級者のアヘン利用者は非常に多いにもかかわらず、その利用は大きな社会問題、あるいは「依存症」ととらえられてはいなかったのである。今世紀後半に入ってようやく、アヘンの利用は依存症や犯罪あるいは不道徳行為と関連するようになってきたのである。

幻覚剤は、別の視点で、社会的文脈とかかわりのあるものと見られていた。強力な幻覚発現作用のある植物は、宗教的、祭式的、祝祭的目的で多くの社会で用いられていた(Schultes, 1987)。アルコールにはさまざまな説があるが、それは、文化あるいは歴史的時代背景によるものである。1920年代の米国での禁酒時代の間は、酒の製造と販売は不法行為であった。当時広く信じられていたのは、酒は、道楽および不道徳な人格と関連があるとするものであった。今日、アルコールは法的に許されて、多くの人がたしなむだけではなく、魅力的で、ロマンチックで、レクリエーション的楽しみとかかわりのあるものとしてメディアでは表現されている。依存症に関する研究者のNorman Zinbergが強調しているのは、薬物摂取行動は「薬物と心構えと状況」という言葉で理解するのが最も適しているという。それは、化学物質とパーソナリティと社会的状況との相互作用によって、制御のもと薬物使用ができるか、破壊的に薬物使用に陥ってしまうかの分かれ目となるということを意味しているのである(Zinberg, 1984)。

薬物依存の概念は、最近の歴史をひもといてみても、かなりの発展を遂げてきた(Marlatt, 1998)。この概念の発展の重要な点は、薬物依存症の人の意志の役割と個人の責任性であった。19世紀以前には、依存症は一般的に、非行、犯罪、モラルの堕落と見なされてきた。たとえば、過剰な飲酒は、個人がコントロールする限度を超えた好ましくない習慣であるとか、人生の選択の1つであるとかいうように信じられていた。

20世紀に入って、アルコール依存症や他の薬物依存症の医学的な疾病モデルは最も影響力のあるものとなった(Kosten, 1998)。常用者は、犠牲者であるとか、医学的あるいは精神医学的治療が必要な疾患をもつ患者であるとみなされている。それにもかかわらず、依存の疾病理論は、それに批判的であった(Marlatt, 1998)。たとえば、Stanton Peeleは、疾病概念によって実際に依存行動がひき起こされてきたと述べている。というのも、依存によって、制御できない行動がひき起こされ、コントロールのなさを、自分たちがそれについて何もできないという疾病の表現であると一般の人々に解釈させてきたからである(Peele, 1985)。

診断基準

伝統的に治療者は、ある人が薬物が得られない状態で身体的な離脱の症候群の症状が出ているかどうかに基づいて物質への「依存症」であるかどうかを診断してきた。たとえば、数年前には研究者は、コカインには依存性が生じないと考えた。というのも、常用者はコカインをやめても明らかな離脱症候群を体験しないためであった。今日、依存症の身体的徴候はかなり重要であるが、必ずしも診断にとって必要ではない。精神作用性の**物質依存**に関するDSM-IVの診断基準では、明らかに苦痛や障害を示すような症状や行動の症候群が強調されている。これらの診断基準には、あらゆる文化で極めて好ましくないとみなされる行動上の変容がここに示されている。この診断基準には3つの基本的な特徴がある。それはつまり(1)物質使用に関する制御の喪失、(2)日常的な生活機能障害と有害な結果にもかかわらず物質を使用し続けること、(3)耐性の進行による薬物の身体的および情動的適応あるいは離脱症状。このように、薬物依存は、「3つのC」によって定義することができる。それは、薬物使用にかかわるコントロール(Control)の喪失、有害な結果に直面しても使い続ける(Continued)こと、薬物の強迫的な(Compulsion)利用(Shaffer & Jones, 1985)。**物質乱用**の診断基準は有害なパターンの薬物使用を示しているが、身体的な依存はそこには含まれてはいない。

すでに記述したように、精神作用性物質を使用している人々は、他の障害も同様に有している。物質乱用

アヘンは、3,000年以上も多くの社会で利用されてきた。この写真は、タイの男性がアヘンを吸っているところ。(Michael S. Yamashita /Corbis)

DSM-IV-TR の診断基準

物質依存

臨床的に重大な障害や苦痛を引き起こす物質使用の不適応的な様式で、以下の3つ(またはそれ以上)が12ヵ月内のどこかで起こることによって示される。

(1) 耐性、以下のいずれかによって定義されるもの：
  (a) 酩酊または希望の効果を得るために、著しく増大した量の物質が必要
  (b) 物質の同じ量の持続使用により、著しく効果が減弱
(2) 離脱、以下のいずれかによって定義されるもの：
  (a) その物質に特徴的な離脱症候群がある(特異的な物質からの離脱の診断基準の項目AおよびB参照)
  (b) 離脱症状を軽減したり回避したりするために、同じ物質(または密接に関連した物質)を摂取する
(3) その物質をはじめのつもりより大量に、またはより長い期間、しばしば使用する
(4) 物質使用を中止、または制限しようとする持続的な要求または努力の不成功があること
(5) その物質を得るために必要な活動(例：多くの医師を訪れる、長距離を運転する)、物質使用(例：たて続けに喫煙)または、その作用からの回復などに費やされる時間の多いこと
(6) 物質の使用のために重要な社会的、職業的または娯楽的活動を放棄、または減少させていること
(7) 精神的または身体的問題が、その物質によって持続的、または反復的に起こり、悪化しているらしいことを知っているにもかかわらず、物質使用を続ける(例：コカインによって起こった抑うつを認めていながら現在もコカインを使用、またはアルコール摂取による潰瘍の悪化を認めていながら飲酒を続ける)

(訳注：原書は DSM-IV だが、ここでは DSM-IV-TR, APA, 2000 [高橋三郎・大野裕・染谷俊幸訳『DSM-IV-TR 精神疾患の診断・統計マニュアル(新訂版)』医学書院、2004] を修正し引用した)

DSM-IV-TR の診断基準

物質乱用

A. 臨床的に著名な障害や苦痛を引き起こす不適応的な物質使用様式で、以下の少なくとも1つが、12ヵ月以内に起こることによって示される。
  (1) 物質の反復的な使用の結果、仕事、学校、または家庭の重要な役割義務を果たすことができなくなる(例：物質使用に関連した欠勤の繰り返しや仕事の能率低下；物質に関連して学校を欠席したり、停学、退学になる；育児や家事を無視する)
  (2) 身体的危険のある状況で物質を反復使用する(例：物質使用による能力低下中の自動車の運転、機械の操作)
  (3) 反復的に引き起こされる物質関連の法律上の問題(例：物質使用に関連した不法行為による逮捕)
  (4) 持続的、反復的な社会的または対人関係の問題が物質の影響により引き起こされたり、悪化したりしているにもかかわらず、物質使用を継続(例：中毒のため起こったことで配偶者と口論、暴力を伴う喧嘩)
B. 症状は、この一群の物質についての物質依存の診断基準を満たしたことはない。

(訳注：原書は DSM-IV だが、ここでは DSM-IV-TR, APA, 2000 [高橋三郎・大野裕・染谷俊幸訳『DSM-IV-TR 精神疾患の診断・統計マニュアル(新訂版)』医学書院、2004] を修正し引用した)

は、他の精神障害と併存しているのである(表14-1参照)。うつと不安と物質乱用は、同じ人物に生じることが多い。さらに、ストリートドラッグを用いているほとんどの人々はアルコール乱用に陥りやすい。さらに、数種類の物質を同時に用いる傾向が高い。たとえば、薬物常用者がヘロインとコカインを混ぜて「スピードボール」を作って、他の1種類の薬物よりもより強力な感覚を作り出そうしたりしている。

WHO の定義

薬物乱用を定義するときに生じる問題は、公衆衛生政策の観点から世界保健機関(WHO)の薬物依存に関する世界保健機関専門家委員会(World Health Organization Expert Comittee on Drug Dependence, 1993)によって考えられてきた。WHO のモデルは、「依存症」の概念を明確に定義するのに有用で、徐々に「薬物嗜癖」や「薬物乱用」という用語にとって代わりつつある。1981年に WHO の委員は、**依存症**を「ある物質やある水準の物質の利用が、かつて高く価値を置いていた行動よりも、個人にとってより重要となってしまった生理学的、行動的、認知的現象」と定義している。依存症の記述的な主要特徴は、薬物やアルコールやたばこを摂取するための欲求(しばしば強く、ときには、抗しがたいものである)である」(Edwards, Arif & Hodgson, 1981)。このモデルは、精神

表14-1 これまで、精神障害を併存症として診断されたことがあるコカインとアルコール乱用者の割合

	男性(50)	女性(50)
あらゆる感情あるいは不安障害	48	70
大うつ病エピソード	36	40
双極性障害	6	4
パニック障害	10	18
社交恐怖	14	10
心的外傷後ストレス障害(PTSD)	24	46

Swan, 1997, p.22. より引用。

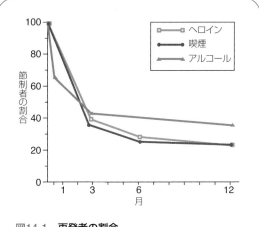

図14-1 再発者の割合
グラフの傾きが示しているのは、ヘロイン、喫煙、アルコール依存を治療する人々の時系列に沿った再発の割合である。(Hunt, Barnett & Branch, 1971より引用)

作用性物質を使用することで、高頻度の有害な行動、コントロールの喪失が生じ、楽しみや興味が軽視されてしまうことが強調されている。WHOの定義に組み入れられているのは、**神経適応の概念**であり、コンスタントな薬物の存在は長期の脳変化をひき起こすというものである。

DSM–IVとWHOの両者の基準で明確なように、現在の薬物依存の概念は、個人の行動とその行動の有害な結果が強調されているきらいがある。しかしそれは依存を説明しようという十分な試みとはいえない。こうした定義は、精神医学と公衆衛生の枠組みに落とし込まれており、それらは医学的な問題あるいは疾患としての薬物依存の現在の考え方を反映しているものである。

薬物の基本的な効果

多くの人々がこれまで精神作用薬を利用してきた。しかし、ほんのわずかの割合の人々だけが薬物乱用に陥ってしまう。依存に陥ることを決定づける要因とは何か。なぜ、このように、数ヵ月、数年の自制にもかかわらず、広範にわたる薬物使用に陥るようになるのだろうか。多くの人々は、解毒努力をしある一定の期間は薬物を利用することをやめるが、将来のいつかの時点で薬物使用に戻ってしまう(Marlatt et al., 1997; Ott et al., 1999)。十分な動機があり、治療を受ける資源があるにもかかわらず常習者の割合は高い。この領域で著名なアルコール依存症の研究者であるGeorge Vaillantは、「かなりの程度まで、薬物使用の再発は意識上の自由な意志や動機づけとは関係がない」と述べている(Vaillant, 1992)。図14–1は、ある範囲の嗜癖行動を通して、きわめて類似したパターンがそこにあることを示している。ほぼ80％の人々が、治療後に再発を示している。それは、かなり思わしくない数字である。ここではまず、薬物の基本的な効果について議論し、薬物依存の理論的モデルの説明をしよう。

「薬物」という用語によってわれわれが意味するものを正確に定義することは大切である。**薬物**は、生物学的システムを変容させる力のある化学物質である。われわれが本章で議論する薬物は精神作用薬である。そしてそれは、脳の機能、気分、行動に影響を与えるのである。精神作用薬の脳内の効果は多様なものがあるが、それらには、すべてある共通の特性と特徴がある。つまり、すべての薬物の効果や**有効性**(ある特定の反応を得るために投与されなければならない薬物量)は以下によって影響を受ける。(1)投与ルート、(2)薬物が脳に到達する可能性、(3)どの程度薬物が脳の受容体に作用するか、(4)どの程度早く体と脳に薬物が順応するか。

投与ルート

ある薬物が精神状態に影響を与えるには、薬物がまず脳に到達しなくてはならない。あらゆる薬物は、循環器を経て脳に運ばれ、血液によって運ばれる。この目的を達成するのに人々が薬物を摂取するには、さまざまな手だてがある(表14–2を参照)。こうした手だてを理解することは大切である。その理由は、薬物がどの程度脳に到達するか、どの程度早く薬物の効果が発現するか、ある症例における薬物に対する主観的な反応は、しばしば投与ルート(薬物がどのように摂取されるか)によって決定されるからである。たとえば、喫煙者ではニコチンは吸入することで体内に入る。肺の表面は広く循環システムが取り囲むように接触している。このように比較的大量のニコチンが血液中に入り、その後、比較的早くに脳に到達するのである。喫煙者が喫煙をやめようとしても、ニコチンガムをかむことで、「渇望」を低減するのに有効でないこ

表14-2　一般的に乱用される薬物と薬物投与ルート

物質	販売名、俗名	医療的適用	投与ルート
刺激剤			
アンフェタミン	ビフェタミン、デキセドリン ブラックビューティ、クロス、ハーツ	ADHD、肥満症、ナルコレプシー	注射、経口 喫煙、吸煙
コカイン	コーク、クラック、フレイク ロック、スノウ	局部麻酔、血管収縮	注射、喫煙 吸煙
メタンフェタミン	デソキシン： クランク、クリスタル、グラス、アイス、スピード	ADHD、肥満症、ナルコレプシー	注射、経口、喫煙、吸煙
メチルフェニデート	リタリン	ADHD、ナルコレプシー	注射、経口
ニコチン	ハビトロールパッチ、ニコチンガム ニコチンスプレー、プロステップパッチ 葉巻、タバコ、無煙タバコ、吸入剤、	ニコチン依存の治療	喫煙、吸煙、経口 経皮（皮膚に貼る）
幻覚剤と他の化合物			
LSD	アシッド、マイクロドット	なし	経口
メスカリン	ボタンズ、カクタス、メスク、ペヨーテ	なし	経口
フェンシクリジンと類似品	PCP： エンジェルダスト、ボート、ホッグ、ラブボート	麻酔薬（獣医学）	注射、経口、喫煙
サイロシビン	マジックマッシュルーム、パープルパッション（サボテンの一種）、シュルームズ	なし	経口
アンフェタミン変異体	DOB、DOM、MDA、MDMA； アダム、エクスタシー、STP、XTC	なし	経口
マリファナ（大麻）	ブラント、グラス、ハーブ、リーファー、シンセミラ、スモーク、ウィード	なし	経口、喫煙
ハシシュ	ハッシュ	なし	経口、喫煙
テトラヒドロカンナビノール	マリノール、THC	麻酔薬	経口、喫煙
アナボリックステロイド	テストステロン(T/E)、スタナゾロール、ナドロレーン	ホルモン補充療法	経口、注射
麻薬性鎮痛剤とモルヒネ			
コデイン	ティレノールw／コデイン、ロビツシンA錠ーC錠 エンピリンあるいはコデイン入りのフィオリナル	鎮痛薬、鎮咳薬	注射、経口
ヘロイン	ジアセチルモルヒネ； ホース、スマック	なし	注射、喫煙、吸煙
メサドン	アミドン、ドロフィン、メタドーズ	鎮痛剤、麻薬依存の治療	注射、経口
モルヒネ	ロキサノール、ドゥラモルフ	鎮痛剤	注射、経口、喫煙
アヘン	アヘンチンキ、アヘン安息香チンキ： ドバーズパウダー	鎮痛剤、下痢止め	経口、喫煙
抑制薬			
アルコール	ビール、ワイン、リカー	メタノール中毒の解毒薬	経口
バルビツール酸系催眠鎮痛薬物	アミタール、ネンブタール、セコナール フェノバルビタール：バーブス	麻酔薬、抗痙攣薬、催眠薬、鎮静薬	注射、経口
ベンゾジアゼピン	アティバン、ハルシオン、リブリウム、ロヒプノール、バリウム；ルーフィーズ、トランクス、ザナックス	麻酔薬、抗痙攣薬、催眠薬、鎮静薬	注射、経口
メタクアロン	クアルーズ、ルーズ	なし	経口

National Institute of Drug Abuse, 2000 a に基づく。

とが多い。というのも、ニコチンを口から摂取することは、ニコチンを喫煙するのと同じような主観的あるいは、生理的な効果を生み出すとは言えないためである。

ある薬物が経口摂取されると、胃腸器官を最初に通過し、徐々に循環系に吸収される。こうして摂取された薬物は、薬物を不活性化させる酵素を有する肝臓によって吸収される。このように経口摂取された薬物は、ゆっくりと濃度が低い状態で、脳に到達する。Rohypnol®（フルニトラゼパム）やGHB（γ-ヒドロキシ酪酸）のように「知り合いによる性的暴行（デートレイプ）」に秘密裡の経口投与で用いられてきた典型的な薬物である。これらの薬物は、アルコールと結合するとより効果の大きい睡眠導入作用がある。薬物が、無防備な人物の飲み物に入れられる場合、服用量が十分なときには、少しずつリラックスし、その後で完全な睡眠導入作用が出てくる。

経口投与と比較して、静脈（俗語として「静脈に打つこと」として知られている）への直接注射は、脳に非常に早く到達することになる。これは、多くのヘロイン依存の人々によって好まれるルートである。他の経口ルートには、鼻孔あるいは、口腔経路があり、そこでは、薬物は、これらの組織の内側を通り、循環システムに入って吸収される。かみタバコを噛むことは、口腔内で薬物が運ばれる1つの例である。

脳への到達

あらゆる精神作用薬は、ターゲットすなわち脳に到達する前に、いくつかの生物学的な膜組織を通過しなくてはならない。これらの生物学的な膜組織には、胃の内側、鼻腔の内側、肺の毛細管があり、どこを通過するかは、投与ルートによって決定される。**脂溶性**はどの経路がどの程度速く薬物が脳に到達するかについての重要な要因である。細胞膜は、主として脂肪物質で構成されているため、比較的脂溶性の高い薬物をより速く吸収する。たとえば、モルヒネは小さな化学変化の結果、ヘロインとなり、モルヒネよりもかなり速く溶ける。ヘロインは、脳に非常に速く、非常に濃度の高い状態で到達するため、アヘン依存者によって好まれている。ある一般的な麻酔剤は、脂溶性が高いため脳に到達して二次的問題として意識の喪失をひき起こす。

薬物がある精神作用を発揮するのに通過しなければならない、最も重要な膜あるいは「関門」は、「**血液−脳関門**」である。この関門は特別な細胞でできており、循環システムで特定の化合物を脳内に入れないようになっている。ある薬物を通過させ、脳細胞に影響を与え、薬物分子のサイズと化学的特徴によって他の化合物を排除するようにできているのである。

薬物受容体と神経伝達の相互作用

あらゆる精神作用薬は神経伝達システム、すなわち脳の化学信号メカニズムにさまざまな影響を与える。ある薬物が精神作用を与えるための主要な仕組みとは、神経伝達物質を模し、神経伝達物質の受容体と相互作用をおこなうものである。受容体は、複雑なタンパク質分子であり、神経細胞の膜組織に埋め込まれている。通常、それらは、ある鍵穴に合う鍵のような様式で、特定の神経伝達物質を認識することによって、いくつかのメッセージを伝えるよう補助している（第4章を参照）。神経伝達物質分子は、受容体を活性化させ、神経細胞を刺激したり、抑制したりすることで、生物学的な反応をひき起こす。

神経伝達物質は、アミノ酸のような建造物的なブロックを構築することで合成される必要がある。それは、神経終末内のシナプス小胞の中に蓄積されている。神経細胞が興奮すると、神経伝達物質がシナプス間隙に放射される。そこで、その物質は、後シナプス神経細胞上部に位置する受容体に影響を与える。神経伝達物質が効果を発揮したあと、以下の2つのメカニズムを通じてシナプスから取り除かれる。1つは、再取り込みである。それは、前シナプス終末によって神経伝達物質分子が再回収されることである。もう一方は、不活性化であり、それは酵素によって神経伝達物質を不活化することを意味する。精神作用薬は、これらのメカニズムと相互作用することによって、脳の化学的性質と活動に影響を与える（図14-2を参照）。ただし、薬物によって効果は異なるものである。ある薬物が神経伝達物質に影響を与える1つの仕組みとは、神経細胞内での神経伝達物質の合成あるいは生産が阻害されることによるものである。他の方法は、薬物が神経伝達物質の放出を阻害したり、後シナプス神経細胞上の受容体を阻害するものである。多くの薬物は、再取り込みを阻害するか不活化することによって脳内で作用を発揮していく。たとえば、それらは、前シナプス受容体を阻害し、過剰な神経伝達物質をシナプス間隙に残してしまう。そのほかに、過剰な神経伝達物質を除去する酵素を抑制することもある。以上の2つのケースでは、結果として、神経伝達物質システムの「過剰反応」につながる。

神経的適応：耐性と身体的依存

神経的適応とは、薬物に繰り返し慢性的に曝されることで脳に生じる複雑な生物学的変化のことを言う（Crabbe, Belknap & Buck, 1994；Self & Nestler, 1998）。その定義通りに、薬物は脳の神経化学的環境にある変化をもたらす。ある特定の薬物に曝されると、ある特定の作用をもたらす（たとえば、特定の神経伝達物質のレベルの増加）。しかし、繰り返し曝さ

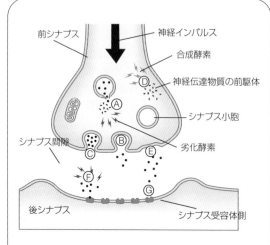

図14-2　精神作用薬のシナプス側の活動
薬物によって、シナプス小胞から神経伝達物質分子が放出されている(A)。
(前シナプスの)シナプス小胞から神経伝達物質が(後シナプスに)放出されている(B)。
神経伝達物質が後シナプスに放出されるのが阻害されている(C)。
神経伝達物質を合成している抑制酵素(D)。
神経伝達物質の再取り込みを阻害している(E)。
神経伝達物質を劣化させる酵素を阻害している(F)。
後シナプス受容体と結合し、神経伝達物質の活動に合わせたり再取り込みを阻害したりする(G)。
(Snyder, 1986, p.15より引用)

れることで、身体と脳は、薬物の存在に適応するのである。ホメオスタシス、あるいは「自己修正」のメカニズムを通じて、神経システムは、薬物の効果に対して埋め合わせを行おうとする。**耐性**とは、適応の一形態である。耐性とは、以前にあるいは繰り返し薬物に曝された後で、ある薬物への反応が減じてしまう状態のことを言う。次第に、薬物が同じ効果を得るためにより多く必要となるのである。あまり飲酒経験のない人に比べて、普段飲酒している人は、行動への影響に対して、しばしば高い耐性を示す。

耐性とは、**身体的依存**とともに生じるものである（ただしそれは、必ずしも生じるわけではないが）。身体的依存とは、正常に機能を果たすのに薬物が必要になることが特徴で、薬物を中断することによっての離脱症状が出てしまうことが特徴である。**離脱症状**（別名・禁断症状）とは、体温や心拍数、発作、震え、嘔吐の著しい変化のように、観察可能な身体的徴候が特徴である。この症状は、たとえば慢性の大量飲酒の中断後に生じる可能性がある。コカインやニコチン依存のように、いくつかの依存の形態ではいわゆる離脱症状が容易には観察できないということを忘れてはならない。その症状は重度のうつ、いらいら感や薬物への

渇望行動という形態をとるかもしれない。

ブレンダの初期のマリファナ吸引は、後天的な薬物耐性の一例が示されている。

> ブレンダのマリファナ吸引の最初の経験はパーティであった。何度か吸入した後、彼女は、高揚し、めまいを感じていた。そして、彼女はもはや何も続けることができなくなった。ある日彼女は、一人で家にいるときに数本のマリファナを吸い、数週間寝る前にはきまってマリファナを吸っていた。マリファナの効果は初めて吸ったときほどではなかったと言う。ブレンダはリラックスをしていたが、集中力を欠いてはいなかったと言う。ある朝彼女は、学校に行く前にマリファナを吸ってみようとした。その日に異変があった。スクールバスに乗っていたほかの生徒は、彼女の異変に気づいていた。そして、彼女に、前の晩にあまりよく寝られなかったのではないかと尋ねた。何日間かは朝の「異変」が続いたが、その後だれも気づかなくなった。ブレンダは、マリファナを吸うと必ず、集中力が出ると自信をもっていた。彼女は、誇らしげに彼女の両親や教師に「ばかなまね」をすることができたのである。

薬物依存の理論モデル

薬物依存と関連のある多くのアプローチや見解や理論があるが、この少ない紙面ではそれらのすべてを論じることはできない。しかし、重要ないくつかの理論やモデルの概要から、薬物依存を理解するための有用な枠組みを提供することができる。覚えておいてもらいたい最も大切なポイントは、薬物依存が複雑な現象であり、多くの要因の相互作用によってひき出される現象であるということである。ここでの目的は、1つの理論を深めることではなく、精神作用性物質使用障害に役立つ心理的、社会的、生物学的状況をできるだけ広く理解するということである。

パーソナリティと心理学的モデル

何年もの間、いわゆる「依存」というパーソナリティが存在すると信じられていた。物質依存は、あるパーソナリティの脆弱性であり、それらによって薬物に誘惑されやすく、依存になりやすいと考えられていた。依存パーソナリティが、それによって完全に説明されたわけではない。しかし、多くの研究の結果、他の障害に併存する物質乱用と同様に、精神作用性物質使用障害間にも併存が見られることが明らかにされてきた。ある物質乱用は、別の物質乱用のリスク増加とも関連がある(Kessler et al., 1997)。研究結果が一貫して示しているのは、うつ病や統合失調症を含むDSM–IVの他のすべての精神障害が、物質乱用の割

合の高さと関連がある。つまり深刻な精神疾患のある患者のおよそ35％は物質乱用者でもある（Berry et al., 1995）。男性の物質乱用者のなかに共通して見出されているものに、反社会性パーソナリティ障害がある（Hesselbrock, Meyer & Hesselbrock, 1992; Myers, Stewart & Brown, 1998）。第9章に示したように、反社会性パーソナリティ障害には、無責任、破壊的で反社会的行動の特徴があり、それは、児童期あるいは青年期早期に始まり、成人期まで継続する。反社会性パーソナリティ障害は一般人口の2～3％に見られるが、アルコールやコカインあるいはヘロイン依存者では、16～49％に見られる（Gerstley, Alterman, McLellan & Woody, 1990）。調査が示しているのは、たいていの場合、素行障害がしばしば進行して、10代の物質乱用を経て、成人の反社会性パーソナリティ障害になるという共通の発達コースをたどるということである（Myers, Stewart & Brown, 1998）。反社会性パーソナリティ障害は、アルコール依存症や他の依存症発症のリスクファクターであるということは明らかである。そのような人は、薬物を摂取したり、試したりする傾向が高く、薬物の悪い効果を無視しやすいのかもしれない。

精神力動学では、薬物依存についての心理的な見解に一石を投じてきた。この立場での一般的な見解では、薬物使用は、防衛的自我機能の埋め合わせの手段として見なされている（Khantzian, 1994）。初期の見解では、「口唇期への固着」とリビドーの欲動に焦点が当てられているが、近年では、自我の発達と感情の欠如を補償しようとする試みとして依存症を考えている。薬物は、苦痛な感情状態や内面的な葛藤に関連する防衛機制として用いられる。ある薬物利用者の見解によると、「コカインは、私たちの感情を麻痺させる1つの手段である。……コカインで酔うことは、私と現実に壁を作るようであり、手袋をはめて何かをするようなものである。私は、感情を避けることによって、感情に対処するのである」（Shaffer & Jones, 1985）。とくに他者との関係が崩壊するように、初期の人生の発達が阻害されることで薬物依存の脆弱性が高まるかもしれない。薬物は、孤独という痛みを鈍らせるのに役立つのだろう。薬物への欲求は、「対象喪失」の投影と考えられる。言い換えれば、他者との関係への満足感の欠如がその背景にある。この見方からすると、薬物は人の幸福感を維持するためのある外的援助、あるいは移行した対象として機能するのである。もしも、人が成長して、前向きな関係を形成する経験がほとんど得られないならば、成人期に親密な関係を維持することは、とりわけその人にとってストレスとなるかもしれない。とくに青年期に親密性とかかわる不安に対処するために薬物を利用することは、数名の理論家によっても説明されてきたことである（Hendin, 1974）。

遺伝的脆弱性

人々が物質依存に陥るリスクをもつのは、遺伝的に規定されている生物学的な要因のためかもしれない（Yates, Cadoret & Troughton, 1999）。この見解の根拠はアルコール依存症の調査に基づいている（Guze, 1997）。アルコール依存症者の子どもは、一般人口よりもアルコール症に陥る可能性が4倍も高い。これは、アルコール症の家族に生まれて、アルコール依存症でない家族のもとで養子となって育てられた子どもにも当てはまっていて、なんらかの遺伝的な素因が作用していることを示唆する。さらには、物質乱用の一般的なリスクは血縁者に働く可能性がある（Bierut et al., 1998）。アルコール依存症の生物学的な意味での血縁者は、アルコール依存と同様に、マリファナ依存、コカイン依存、喫煙の習慣に陥るリスクも高い。双子研究は、物質乱用が遺伝的な決定要素をもつということを示している（Vanyukov, 1999）。

もちろん、これらの結果は、「薬物遺伝子」のようなものが存在するということを意味しているのではなく、複雑な遺伝的要因が、ある人の薬物への生物学的な反応を左右しているのかもしれない。コカイン使用者の双生児研究では、以下のことを示している。遺伝的要因は、双子の両者が薬物を利用するかどうかということとはあまり関係がない。しかし遺伝的要因は、コカイン乱用あるいはコカイン依存になってしまう人物を予想することがある（Kendler & Prescott, 1998）。

どの遺伝子が薬物依存への脆弱性をもたらすかについては、まだ明らかにされていないが、ある神経伝達システムにおける異常性が遺伝的脆弱性に含まれている可能性がある。事実、物質乱用は、「自己投薬」の一形態であるという見方がある。すなわち、人が薬物を摂取するのは、脳においてある生物化学的なアンバランスを（無意識的にではあるが）修正するためだという。ある精神作用薬は、そのような状況に関連した情動的苦痛を緩和するのかもしれない。

過去数年間に、研究者は薬物依存者の研究に分子遺伝学の技術を用い始めた。こうした技術によって、科学者は人間や動物に特定の遺伝子があるかどうかを調べることができるようになった。今日までに、科学者は、いくつかの遺伝子によってドパミンとGABAという2つの神経伝達物質にある作用が生じることを研究してきた（Franke et al., 1999; Gelernter & Kranzler, 1999; Sander et al., 1999）。これまでのところ、その結果は、遺伝子が薬物依存者に存在するということに明確な根拠を与えたわけではない。しかしながら、この領域の研究は十分熟しているわけではなく、今後将来にわたって行われる研究により期待をよせることができるだろう。さらに、忘れてはならない

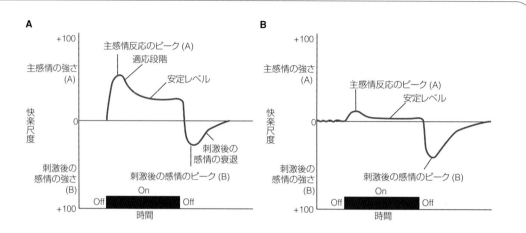

図14-3　対抗過程説
この図が示しているのは、感情的なダイナミクスの基本的なパターンであり、対抗過程説に基づいている。
（A）グラフが示しているのは、初期の 2、3 の刺激後にどのようなことが生じているかについてである。すなわち、これは比較的新しい無条件刺激によって生じている基本的なパターンである。
（B）このグラフが示しているのは、多くの刺激によって生じていることである。すなわち、これは、馴化し繰り返された刺激によって生じている基本的なパターンである。
（Solomon & Corbit, 1974 より引用）

のは、物質依存についての行動遺伝学的研究が示しているのは、環境要因も同じく主要な役割を果たすということである。

対抗過程説

獲得された動機についての**対抗過程説**は、依存行動の概念に多大な影響を与えている（Koob, Caine, Parsons, Markou & Weiss, 1997 ; Solomon & Corbit, 1974）。対抗過程説の概念は、初期効果に対抗することで、生体システムが刺激に反応し、適応していくという理論に基づいている。その理論で、多くのタイプの後天的な動機、たとえば、愛や社会的愛着、スリルの探求、食物渇望などのような動機を説明することができるが、その理論は、とくに薬物依存と関連がある。その理論は、次の例によって最もうまく説明することができる。それは、ポテトチップスを食べることである。よく知られているように、「たった1枚を食べる」ことは難しい。1枚のチップスを食べた後、もっと食べたいという動機は高まる。もしもその袋が取り上げられたとしても、もっと食べたいという欲求はしばらくの間残るが、徐々に消えていくことになるだろう。1枚のチップスに伴う快楽体験によってまるで感情や欲求が敏感になるようだ。むろんそれは、チップスを食べるまでは、体験しなかったものである。同じ現象は、精神作用薬にも当てはまる。薬物への渇望は、それを服用する体験以前には明らかに存在はしなかったものであるが、薬物を服用するとともに増加するのである。

対抗過程説は、薬物使用を継続する増大した動機を説明しようとしている。それは、3つの重要な現象に基づいており、そして、それは依存を生み出すあらゆる薬物に共通のものである。まず第1の現象として、薬物を最初に利用した後に生じる薬理的作用、すなわち**快感情**として知られる快楽の（感情的な）状態である。さまざまな薬物はさまざまな主観的状態をもたらすが、すべてのこれらの状態は肯定的な感情と関連がある。たとえば、アルコールはリラクゼーションの感覚とストレス回避の感覚を与えてくれる。一方、コカインは、覚醒と活力の感覚を生じさせる。第2の現象は、繰り返し曝されることで、**感情的な耐性**が強くなるということである。前に述べたように、耐性とは繰り返し曝されることによって薬物の効果が減少することである。薬物への感情的な陶酔感が増すにつれて耐性そのものは増加していくのである。やがて薬物を継続的に使用すればするほど、急性の快感情は、最初期に感じたのと同じ強さではなくなる。初期に感じたのと同じような主観的な効果を得るために、薬物利用者は、ますますより多くの薬物を必要とする。第3の現象は、耐性とかかわりのあることだが、**感情的な離脱**として知られているものである。この状態は、薬物を服用しないときに生じるものであるが、感情的な快適さとは正反対のことである。たとえば、ヘロインは、陶酔感と平穏さという感情を生じさせるものであるが、ヘロインの使用中止によって不快感（苦痛）、パ

ニック、不安が生じる。

対抗過程は図14-3にその概念を示した通りである。最初の薬物使用によってひき起こされた肯定的な感情をプロセスAとした。プロセスAの期間と強さは、いくつかの要因によって左右される。たとえば、投与量、作用時、投与ルートである。プロセスAは代償反応あるいは「刺激後の感情」を賦活させる。それは、プロセスAとは正反対の感情であり、プロセスBと呼ばれている。生物学的なシステムには、多くの代償反応の例がある。薬物によって最初に阻害された神経細胞は、薬物の効果を無効化または中和するために、繰り返し薬物に曝されることでベースラインの興奮が増加することがある。薬物をやめた場合に、神経細胞は、異常なほど高い割合で興奮し続けることになる。あらゆるケースで、モデルでは、プロセスAは時間の経過と繰り返し薬物に曝されることで低減すると仮定され、プロセスBは繰り返し刺激が与えられることによって強くなると仮定されている。2つの状況における主観的経験によって、いわゆる「感情的なコントラスト」が生じるのである。薬物を継続的に使用することで、否定的で不快な状態が支配し、肯定的な感情状態の記憶とはまったく対照的に生じてくるのである。もはや快適さはまったく薬物からは得られなくなってしまうにもかかわらず、依存行動の悪循環は、少なくとも安定状態あるいは中和レベルに達するまでは継続する。このことは、薬物使用を幼少期に行う青年たちが、なぜ、より頻繁に使用するようになり、急に高いレベルまでエスカレートし、使用を止めようとせず、マリファナからコカインやヘロインのような薬物へと次から次へと利用してしまうようになるのかを説明することができるかもしれない(Johnson & Gerstein, 1998)。

対抗過程説は、主に負の強化の考え方に基づいている。B状態のような渇望を伴う離脱症状を避けるために、人々は薬物を使用し続け、依存に陥ってしまうのである。基本的には、繰り返し薬物を使用することで脳内に生じる生物学的な変化によって、B状態は起こるのかもしれないが、B状態が存在していないにもかかわらず薬物使用が開始される動機づけや、多くの人々(や動物)が薬物利用を制御できる理由については、この理論によっては説明することはできない。

正の強化モデル

正の強化モデルでは、薬物によって引き出された快適で享楽的な感情に焦点を当て、これらの強力な報酬の効果によって薬物使用が説明できると仮定している(Carroll & Bickel, 1998；Wise, 1998)。これらのモデルは、行動主義やオペラント心理学の考え方の中で発展してきた。何年も前のことであるが、レバー押しのようなオペラント反応をおこなうことで、動物が静脈注射による薬物を得るような実験がなされていた。1964年には、2人の研究者が、こうした「自己投与」手続きを用いて、猿が確実にモルヒネを自己投与できることを見出した(Thompson & Schuster, 1964)。これは画期的な実験であった。というのも、そのときまで研究者は、薬物摂取は人間に特有の行動であり、心理的あるいは社会的ストレスを示すものと考えていたからである。その後まもなく、人間が乱用している薬物の多く(モルヒネ、コデイン、コカイン、アンフェタミン、ペントバルビタール、エタノール、カフェイン)を猿が自己投与することが観察された(Deneau, Yanagita & Seevers, 1969)。最も重要なこととして、その実験で示されているのは、身体的な依存症は必ずしも動物の自己投与にとって必要不可欠というわけではないということである。これらの実験後経過した30年間で、研究のほとんどの領域では、人間が乱用する薬物で、睡眠薬を除いたほとんどのものを動物が自己投与可能であることが確認されてきた。継続的に服用する場合に、薬物摂取の行動パターンは、人間と動物とで類似性がかなりあるという。制限された使用の場合、動物では中毒の徴候や依存の徴候を示すことなしに、安定した自己投与を示している。その観察によって示唆されることは、身体的依存がない場合においては、薬物は強力な強化子となり、

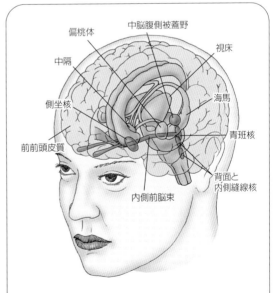

図14-4 薬物の脳内報酬系
　薬物の脳内報酬系(濃く示されている)は、大脳辺縁系と密接な関連がある。それをつなぐ側坐核とその経路は天然の報酬を媒介し、薬物による強化によって影響を受けることになる。
(Bloom, Lazerson & Hofstadter, 1985, p.148, と Barnes, 1988, p.416に基づく)

精神病の罹患や依存への脆弱性が薬物利用の開始や継続の必要条件なのではないということである(Jaffe, 1985 ; White, 1996)。自己投与モデルは、薬物摂取の強化手続きを含んだ神経化学システムを学習する際にきわめて有用な考え方なのである。

多くの精神作用薬が強力な正の強化子になりえるという事実は、どの脳システムが行動と関連があるのかという問題を提起する。何年もの間、行動神経科学者は、特定の脳の部位と神経伝達物質を調査し、天然の報酬(食物、セックス)と人工的な報酬(薬物、脳の電気刺激)とに関連があるのではないかと調査した。おそらく、当然のことながら、天然の報酬にとってはなじみある多くのシステムは、薬物による強化によっても影響を受けるシステムであった(Caine, 1998 ; Koob & Bloom, 1988 ; Self & Nestler, 1998)。とくに、ある脳の部位は側坐核と呼ばれ、それと接続している経路は非常に多くの注意を集めてきた(図14-4参照)。前脳基底部の奥深くに位置する細胞の一群は、情動や気分と関連のある情報を処理する大脳辺縁系からの神経入力を受け取る。神経入力の1つには、神経伝達物質ドパミンも含まれる。強力な快楽を導き出す薬物、たとえば、コカインやアンフェタミンは、ドパミン神経に作用し、ドパミン放出を促進させる。これは、脳の多くの部位で生じるが、側坐核でのドパミン増加は強化子として決定的効果がある。いくつかの仮説では、側坐核でのドパミンの重要性が強調されているが、それは、精神刺激の効果だけではなく、アルコールやアヘンやニコチンやバルビツール薬など広範囲の嗜癖物質にも効果がある(Wisa, 1998 ; Di Chiara & Imperato, 1988)。事実、アルコールやニコチンやマリファナ、コカイン、ヘロインすべては、共通の経路を通じて脳内のドパミンレベルに影響を与えている(Rodriguez de Fonseca, Carrera, Navarro, Koob & Weiss, 1997 ; Tanda, Pontieri & Di Chiara, 1997)。

Wise(1998)は、あらゆる生物学的な強化子(多くの薬物を含む)は、欲求行動または食行動と関連のある共通の神経メカニズムを活性化させると提唱している。Di ChiaraとImperato(1988)は、ラットの脳にプローブ(特定部位の物質の検出・観測指標となる物質)を埋め込み、神経終末から放出される神経伝達物質の量を測定できるようにした実験を行った。その間、ラットは起きて自由に動けるようにした。彼らが調べたあらゆる乱用薬物は、それぞれ異なる化学構造分類に属するもので、側坐核のドパミンシステムを活性化し、他の薬物ではそのような効果はなかったことを明らかにした。

ドパミンの活性化は多くの精神作用薬の共通の特性であるが、他の神経化学システムもある機能を果たしている。たとえば、脳には、**内因性オピオイド**という名称の「モルヒネ様」物質が含まれている。エンケファリンやエンドルフィンやダイノルフィンのようないくつかのタイプの合成オピオイドがあり、それらは、脳内のさまざまな経路に存在している。これらの合成物質は、神経細胞から放出されオピオイド受容体を活性化させる。研究者は、オピオイドシステムは、生物学的な強化と感情に基本的な役割を果たしていると考えている。たとえば、オピオイドは、食物摂取と甘いものへの感情的な反応を調整し、情動的ストレスと身体的ストレスへの反応を媒介すると考えられている(Cooper and Kirkham, 1993 ; Jammer & Leigh, 1999 ; Kalin, Shelton & Barksdale, 1988)。モルヒネやヘロインのようなアヘン薬(麻薬)は、中心のオピエート受容体に作用することによって精神作用を確実に生じさせる。さらに、アルコールもオピオイドシステムと関連がある。興味深いのは、側坐核のオピエート受容体は、とりわけアヘンによる「ハイな状態」と関連があるということである。アヘンの自己投与を訓練された動物に、オピエート拮抗薬である塩酸ナロキソンを直接注入することによって、薬物による強化の徴候を低減あるいは阻害させることができる(Vaccarino, Bloom & Koob, 1985)。ドパミンとオピオイドは薬物の強化子効果を調整する主要な候補となるが、精神作用薬が多くの神経伝達経路に複雑な効果をもたらすことを確認しておくことが大切である。

条件づけと学習モデル

薬物は快楽をもたらし、離脱によって生じる否定的な感情を軽減させる。とはいえ、精神作用性物質使用の治療で個人の薬物の節制を維持させることは当然のこととして最も大きな課題となる。解毒に成功した後、数週間、数ヵ月、数年後にさえ、患者にはコントロールできないような薬物への渇望が生じ、再発の道をたどる可能性がある。条件づけと学習モデルは、物質依存のこの側面を理解するための枠組みを与える。このモデルでは、薬物は使用者の環境、風景や音や、感情やさまざまな状況などにある多くの事柄と関連をもった無条件刺激であるという概念を説明している。ここで事柄というのは、薬物使用の状態で繰り返し対呈示されることを通じて強力に条件づけされた刺激のことを言う。しかもそれらは、薬物探求行動の再発に影響を与えるものである。

Abraham Wikler(1973)は、著名な条件づけモデルの父である。ケンタッキー州のレキシントンにある公衆衛生事業病院の集団療法で、Wiklerは、アヘン依存者を観察していた。これら特定の患者は、数ヵ月間は薬物による問題はなかった。しかも、アヘンによる離脱症状の徴候もまったく見られなかった。しかし、患者が薬物について語り始めたとき、Wiklerは、彼らの中に、涙を流したり、鼻をすすったり、汗をかいたり、あくびをしたりするような離脱症状の徴候を示

し始めたものがいることに気づいた。彼は、この現象を「条件づけされた離脱症状」と名づけ、以前に依存者だった者が、以前に薬物を利用していた場所に戻ったりすると、その症状が出ることに気づいた。Wiklerが示しているのは、古典的条件づけを通じて、環境刺激に離脱症状の徴候を引き出す力があるということである。さらに、こうした薬物刺激、あるいは、薬物という「信号」は、再発への引き金という深刻な影響を与えるのと同時に、薬物を切望する糸口となってしまうのである。

ヒトに関する調査と動物実験から、Wiklerの理論を支える多くの根拠がある。ペンシルバニア大学の嗜癖研究センターでCharles O'Brienらは、実験室状況で、治療時に薬物に関連した刺激を患者に提示することは、強い生理的覚醒徴候と薬物の渇望を自己報告により生じさせていた(O'Brien, Childress, McLellan & Ehrman, 1992)。彼らの研究が示しているのは、条件づけされた手がかりが「対薬物」反応(対抗過程説におけるBプロセスの状態に類似している反応)を引き出し、そしてそれは、薬物への非常に大きな渇望を再発させるということである。これは、多くの精神作用薬や状況に当てはまっているのである。たとえば、バーに行ったり、カクテルパーティに参加したりすることは、飲酒の強い欲求を生じさせる(社会的で中程度の飲酒者であっても)。また、葉巻のにおいやタバコを目にすることは、禁煙しようとしている人の強いタバコへの渇望を引き出すかもしれない。

学習過程は、動物の薬物希求行動を左右するものである。何年も前になるが、DavisとSmith(1976)は、ラットを訓練して、レバー押しをすると静脈注射によるモルヒネが与えられるような実験を行った。いくつかの群では、モルヒネはある刺激(ブザー音)と対呈示して与えられた。ラットは、モルヒネが与えられないときにもレバー押しを続けた。ラットのレバー押しの後にブザー音が与えられた。そのときの条件刺激は、制御された薬物希求行動ということになる。生理学的な条件反応は、Shepard Siegelらによる多くの研究で示されており、その研究では、日常の薬物管理習慣は薬物のない状況でもできるというものだった(Poulos, Hinson & Siegel, 1981; Siegel & Allan, 1998)。この研究が示しているのは、薬物の急性の効果としての条件反応である。たとえば、繰り返しモルヒネ注射を受けた動物は、鎮痛効果をもつようになるが、偽薬試験中にはある条件づけされた痛覚過敏(痛みに対する反応の増加)を示す。繰り返しアルコール誘導され低体温を示すようになった動物は、アルコールの代わりに塩水であっても低体温を示すようになる。Siegelは、そのような現象を薬物補償条件反応と名づけ、その現象は多くの薬物効果と多くのタイプの薬物に対して生じた。そのような反応は、薬物使用の際に、薬理的に誘導されたホメオスタシスのアンバランスを中和するために、ある種の適応として生じるようになる。薬物放出の信号となる手がかりは、このメカニズムを引き出す糸口となる。動物の薬物補償条件反応は、条件づけされた離脱と人間の薬物への渇望の理論モデルであると考えられよう。Siegelは、薬物の生理学的効果は時系列とともに減少することから、そのようなメカニズムは薬物耐性を説明するとしている。

アルコール

アルコールは、乱用される薬物のなかでも多くの特徴をもつ精神作用薬である。それは、脳と行動に影響を与え、依存とよくない予後という深刻な可能性をもつものである。事実、喫煙以外では、アルコール中毒はアメリカ合衆国では最も深刻な薬物問題となっている。おそらく、社会的あるいは文化的な理由で、薬物としてアルコールを分類するようなことはほとんどしない。社会では、アルコールの制御された使用を受け入れ大目にみている。アルコールには、人間社会と「愛と憎しみ」の関係の長い歴史があるのである(Ray & Ksir, 1987)。

中程度の飲酒は、多くの人にとっては楽しい活動で、社会的儀礼の重要な側面と考えられている社会もあるが、ある社会あるいは集団(たとえば宗教)によってはアルコールを邪悪な物質とみなし、飲酒を禁じているところもある。米国文化では比率として20人の大人がいたら、そのうち15人は、中程度あるいはときどき飲酒をするくらいで、そのうち2、3人が問題飲酒を行う(Grilly, 1989; U. S. Depantment of Health and Human Services, 1997 b)。アルコール製品は広範囲に及んでいるため、取り扱いには十分注意する必要がある。

飲酒とアルコール乱用

飲酒をする人々のほとんどが中程度の飲酒者である。彼らは、たいてい1、2杯、社会的な場面で飲む。なかに少数の人が大量の飲酒をする。彼らは日常、中程度の飲酒をするが、ときどき大量飲酒もする。大量の飲酒はしばしば特別な休暇、大晦日、社交パーティのようなイベント時に行われる。これを無害と考える人もなかにはいるが、多量飲酒は確かに危険行為であるということは間違いない。祝祭時に初めて酒を飲むにしても、多量飲酒や、そのための交通事故などで人生が終わることもある。

しかし、飲酒する大多数の人々は状況によって多量飲酒するにすぎず、アルコール依存になるわけではない。ではどのような人がアルコール依存となるのだろ

この写真のように大量飲酒は男子学生のパーティでおこなわれる。(Robin Nelson/Black Star)

うか。合衆国の人口の半分以上の人々は普段飲酒をするが、ほんのわずかな人々だけが依存症になるにすぎない。事実、米国のアルコール類の半分は人口の10％の人々によって消費されている(Cloninger, 1987)。最終的にアルコール依存に陥ってしまう飲酒開始期間で、最も高いリスクがあるのは10歳から24歳の範囲である。明らかに性差があり、女性よりも男性のほうが高い罹患率を示している。アルコール乱用の問題は、米国では過去40年間に増加してきた(Nelson, Heath & Kessler, 1998)。しかも、若年の男女で、10歳から24歳に飲酒を開始することが多いため性差は小さくなっている。

米国では、飲酒率は、民族間で明らかな差がある(Wallace, 1999)。おおむね白人は、アフリカ系やラテン系よりも飲酒し、多量飲酒の報告も多い。若年者から民族間の差は見られる。たとえば、高校3年生では、白人では55％、ラテン系では49％、アフリカ系では35％が、過去30日間に飲酒したと報告している。35歳以上の成人では、過去30日間にアルコールを飲酒したと報告している人は、白人では52％、ラテン系では47％、アフリカ系では36％であった。さらに、あらゆる民族で性差が見られた。白人男性では28％、アフリカ系男性では35％、ラテン系男性では22％が、その調査の前には、なんの飲酒もしていなかったと報告していた。それに対して、36％の白人女性、48％のラテン系女性、51％のアフリカ系女性は、同じ調査で飲酒をしていなかったと報告していた。このように、米国では、アフリカ系女性が別の民族に比べて飲酒量は低い割合を示していた。アフリカ系とラテン系では白人よりもアルコール依存の割合は低いが、その違いは飲酒量を考えると劇的な違いではない。

アフリカ系とラテン系コミュニティの低い飲酒の割合は、既知のリスクファクターに基づく予測を説明するものとなるだろう。米国では、この2つの民族は貧困率が高く、白人よりもさまざまなストレスに曝されている可能性が高い。貧困とストレスは飲酒と関連があるように見えてきた。さらに、それに比例するように、アフリカ系とラテン系の地域には酒屋が多く、酒造業者は、不釣合いな広告料をこの地域へと投じている。つまり、アフリカ系とラテン系のコミュニティは、白人のコミュニティよりも酒を広告する看板がかなり多く見られる。アフリカ系やラテン系のコミュニティには、このようにより多くの飲酒をすすめる強制力があるにもかかわらず、なぜ、人々の飲酒率は低いのだろうか。これについては誰もわからないことであるが、教会のようなサブカルチャー的な伝統や慣例が、この地域の回復力にある役割を果たしている可能性がある。

飲酒の効果は、他の多くの精神作用薬の効果と比べて違いがある。アルコールは、強力な作用があるわけではなく、かなりの作用を引き出すには相当の分量が必要である(たいていの精神作用薬はミリグラムの単位で効果が出るものである)。血液100 ml に対しておよそ20〜50 mg のエタノールの血中アルコール濃度(blood alcohol concentration : BAC)が、ほとんどの人にとって顕著な作用をもたらすのに必要な量である。これは0.025％〜0.05％の BAC である。0.1％の BAC では、かなりの州で法的に酩酊と考えられている。アルコールは飲料として飲まれ、胃と小腸を通り血流に吸収される。アルコール濃度は、吸収率を決定するための主要な要因であるが、他の要因も吸収率に影響を与える。たとえば、胃内の食物やアルコールが炭酸飲料で割られていたかどうかである。食物はアルコールの吸収を遅くし、炭酸は吸収を増加させる。特定の血中アルコール濃度に到達するために必要なアルコール量は、その人の体重と体脂肪率によって左右されることが多い。アルコールは非常にわずかな分量は

アフリカ系とラテン系コミュニティでは、飲酒率が低いにもかかわらず、ロサンゼルスのラテン系居住区で写された写真に見られるように、酒店と酒の看板は白人居住区よりもアフリカ系とラテン系人居住区にかなり多く見られる。(A. Ramey/Stock Boston)

飲酒をすると人は通常コントロールしている衝動の脱抑制をよく経験する。(左：Christopher Brown/Stock Boston) ビールを飲んだこの男性はビールのパッケージ箱を頭にかぶっている。(右：Todd Yates/Black Star) 大量飲酒後に人々は酔いつぶれたり「意識喪失」を経験したりする。

息や尿や汗や便で排出されるが、肝臓で90％以上が代謝される。慢性的なアルコール依存者では肝臓が非常に多くの時間を費やしてアルコールの代謝を行うため肝臓に障害があることが多い。

行動への影響

アルコールの行動への影響や主観的な影響については周知のことである。飲酒は何千年にもわたってなされ、快適でリラックスした感情を刺激し、不安や心配を落ち着かせ、自信と力の感覚を増加させてきた。精神薬理学的な観点から、人間の行動と遂行におけるアルコールの効果は、複雑で多くの要因によって左右される。たとえば、アルコールの量や以前からの飲酒経験の有無である。低から中程度の分量では、ほとんどの人がリラクゼーションの感覚と穏やかな幸福感を得る。明確な抑制作用のために、アルコールは鎮静催眠薬として分類されるが、少量であっても刺激物として働く可能性がある。つまり、人々はおしゃべりになり、外向的になり、社会的な規範によって束縛されることが少なくなる。こうした効果はほとんどが脱抑制によるものである。行動について言えば、「脱抑制」という言葉は、人々が悪い結果を恐れて通常はしないようなことをしてしまうことを指している。抑制から解放された行動は、個人の生育歴や人格によっても左右される。たとえば、あるシャイで控え目な人が社交的になったり、いつもは引っ込み思案の人が攻撃的でけんか腰になったりするかもしれない。不幸にもその経験を身をもって知ることになるだろうが、しらふの時にはけしておこなわない言動をアルコールの力を借りてしてしまったり、言ってしまったりすることがある。血中のアルコール濃度と飲酒の結末としての行動とには密接な関連がある。この関係について面白い表現をしたのは、Bogen (Ray & Ksir, 1987に引用されている) である。

0.03％以下では人は鈍くても堂々としている。
0.05％ではさっそうとして気さくである。
0.1％では危険で極悪となる。
0.2％ではふらふらして騒がしい。
0.25％ではだらしがない。
0.3％では狂乱し分別を失い確実に酔っ払いである。
0.35％では死ぬほど酔っ払っている。
0.6％では死んでいると言っていいだろう。

高容量のアルコールは不快な結末と、感覚および運動機能の障害と関連する。視覚の鋭敏さや味覚や嗅覚を鈍らせる。反射神経を鈍らせ、動きや会話は遅くなる。反応時間は、0.08％から0.1％の血中アルコール濃度によって遅くなる。複合的な反応時間測定は、反応前のいくつかの資料から情報を統合することを被験者は求められるという実験では、アルコールが低容量であっても、速さと正確さが落ちてしまう結果を示していた (McKim, 1986)。記憶プロセスもアルコールによって妨害されていた。さらに刺激への注意力、新しい情報を符号化する力、短期記憶はすべて衰えていた。多量飲酒者では、「一時的な記憶喪失」が大量飲酒中に生じるかもしれない。これは、その名の示す通り、人が飲酒エピソード中に生じた出来事の記憶がないという時期である。

中枢神経への影響

アルコールは多様で複合的な影響を脳に与える。比較的特定の効果をシナプスにもたらす精神作用薬に比べ、アルコールは、多くの神経伝達系と神経機能の多くの側面に影響を与える。アルコールが神経膜へ効果を及ぼすということは昔から知られてきた (Goldstein, 1996)。膜タンパク質への直接的な作用は、活動電位を送る神経細胞の能力を阻害することによって、神経活動への抑制作用を生じさせる神経細胞内での一連の代謝を誘発して、神経細胞の活動を抑制している。高

> **DSM-IV-TRの診断基準**
>
> ## アルコール中毒
>
> A. 最近のアルコール摂取。
> B. 臨床的に著しい不適応性の行動的または心理的変化(例：不適切な性的または攻撃的行動、気分不安定、判断低下、社会的または職業的機能の障害)がアルコール摂取中または摂取後すぐに発現する。
> C. 以下の徴候のうち1つ(またはそれ以上)がアルコール使用中または使用後すぐに発現する。
> (1) ろれつの回らない会話
> (2) 協調運動障害
> (3) 不安定歩行
> (4) 眼振
> (5) 注意または記憶力の低下
> (6) 昏迷または昏睡
> D. 症状は一般身体疾患によるものではなく、他の精神疾患ではうまく説明されない。
>
> (訳注：原書はDSM-IVだが、ここではDSM-IV-TR、APA、2000［高橋三郎・大野裕・染谷俊幸訳『DSM-IV-TR精神疾患の診断・統計マニュアル(新訂版)』医学書院、2004］を修正し引用した)

容量のアルコールが感覚運動機能を衰弱させる作用は、この全般的な抑制作用のために生じる。しかし、アルコールは、多くの神経伝達系に影響を与え、とりわけ、有機アミノ酸(ノルアドレナリン、ドパミン、セロトニン)とγ-アミノ酪酸(GABA)に影響を与える。アルコールの神経伝達系への影響は、気分変化、強壮、不安を低減させる作用と関連がある。たとえば、アルコールは、脳内の最も重要な抑制的神経伝達物質であるGABAの抑制作用を高める(Nestoros, 1980 ; Suzdak, Schwartz, Skolnick & Paul, 1986)。同時にアルコールはGABA受容体に、抗不安薬であるベンゾジアゼピンと同じ効果をもたらし、この作用がアルコールの不安緩和効果を説明すると考えられている(Larkin, 1998)。ドパミンには、小容量のアルコールが、報酬作用と刺激作用をもたらす。アルコールの経口自己投与訓練のなされた動物では側坐核のドパミンレベルは非常に高い。さらに、遺伝的にアルコールを好むラットでは、好まないラットよりもこのドパミン増加が高かった(Weiss, Lorang, Bloom & Koob, 1993)。

アルコール耐性と身体的依存

アルコールの効果の多くは、耐性ができることである。日常語で、「いくら飲んでも悪酔いしない」人は、アルコールへの耐性が高いことを示している。アルコールへの耐性と関連したいくつかの現象を以下に示す。まず**「代謝耐性」**で、肝臓がより多くの代謝酵素を作り出し、非常に早い速度でアルコールを分解することである。このメカニズムでは、慢性飲酒者に見られるほとんどの耐性を説明することはできない。しかし、明らかに肝臓障害の原因となっている。より重要なものに**行動的耐性**と**細胞耐性**がある。行動的耐性は、ある個人が薬物の影響下でもふつうに役目を果たそうとする場合に生じる。たとえば、ほとんどの人に深刻な障害を与えるような血中アルコール濃度で、普通に活動したり、パフォーマンスをあげようとするアルコール依存者もいる。行動的耐性は、実験用ラットでも見られる。飲酒状態で、運動協調課題(トレッドミルで走る)を与えられると、ラットは、すばやく薬物による活動阻害を克服しようとする。しかし、ある群のラットは、アルコールの影響を調べた場合、トレッドミルによる運動の間よりも運動後に同じ量のアルコールを与えられた場合のほうが、なんの耐性も示さなかった(Wenger, Tiffany, Bombardier, Nicholls & Woods, 1981)。神経細胞が薬物に適応しようとする場合、細胞の耐性を示すことがある。小脳は、アルコールによる運動失調作用を示す部位であるが、神経細胞がインプルスの放出率を増加させることによって、静脈内のアルコールに反応している。しかし、この活動パターンは、長期的にアルコールに曝された後では普通の活動に戻る(Rogers, Siggins, Schulman & Bloom, 1980)。アルコールを与えていない時には、著しいインプルス放出の減少が見られる。

アルコールへの身体反応は早い速度で進行する。多量飲酒後に2日酔いを経験したことのある人ならば誰でもこのことに気づくことになる。しかし、本来の身体依存は、継続的に多量飲酒することで発症する。そして、離脱症状の深刻さは飲酒レベルと飲酒期間によって多様である。ほとんどの抗うつ薬と同様、離脱症状は、かなり深刻なものとなり治療が施されなければ生命を脅かすこともある。症状はたいてい飲んでから8時間から12時間たって初めてあらわれる。初期症状には、吐き気、衰弱、不安、震え、速い心拍数、睡眠障害などがある。重篤なケースでは、症状が幻覚、見当識障害、混乱、興奮に進行する場合もある。最悪の症状は、震え、発作、せん妄、それは**振戦せん妄**(delirium tremens : DT)として知られる症状で、2日～4日で発症する。離脱症状の最も有害な身体的および情動的な側面は、依存者に飲酒を促す強い動機づけであり、これが依存のサイクルを形成することになる。治療されなくても、こうした症状は7日から10日で治まっていく。しかし、多くの場合、ア

> ## DSM-IV-TR の診断基準
>
> ### アルコール離脱
>
> A. 大量、長期間にわたっていたアルコール使用を中止（あるいは減量）。
> B. 以下の2つ（またはそれ以上）が基準Aの後、数時間から数日以内に発現する；
> (1) 自律神経系過活動（例：発汗または100以上の脈拍数）
> (2) 手指振戦の増加
> (3) 不眠
> (4) 嘔気または嘔吐
> (5) 一過性の視覚性、触覚性、または聴覚性の幻覚または錯覚
> (6) 精神運動興奮
> (7) 不安
> (8) 痙攣大発作
> C. 基準Bの症状が、臨床的に著しい苦痛または、社会的、職業的、または他の重要な領域における機能の障害をひき起こしている。
> D. 症状は一般身体疾患によるものではなく、他の精神疾患ではうまく説明されない。
>
> （訳注：原書はDSM-IVだが、ここではDSM-IV-TR, APA, 2000 ［高橋三郎・大野裕・染谷俊幸訳『DSM-IV-TR 精神疾患の診断・統計マニュアル（新訂版）』医学書院、2004］を修正し引用した）

ルコールの離脱症状が進行している人々には薬物が処方されることで、死亡率が抑えられ症状が緩和されている。主にベンゾジアゼピン治療が成功している（Holbrook, Crowther, Lotter, Cheng & King, 1999；Mayo-Smith, 1997）。アルコールとパラアルデヒドとバルビツール酸は、どの段階であっても離脱症状を軽減することができる（Hersh, Kranzler & Meyer, 1997）。

アルコール依存症の定義

アルコール依存症が、米国や世界の多くの地域で主要な公衆衛生の問題であるということはよく知られている。しかしアルコール依存症を定義することはたやすいことではない。過剰なアルコール摂取は、多様なパターンをもたらす。われわれ全員がまちがいなく賛同することであろうが、酔っ払ってしまうまで毎日飲酒し、失職し、肝臓を障害し、飲酒しなければ振戦せん妄をきたす人は、アルコール依存症である。しかし、次の場合はどう考えたらよいか。力があり、成功した経営者が、ビジネスランチで数杯のマティーニを飲み、晩酌でまた少し飲んでいるような場合は、あてはまるだろうか。あるいは、週末には大量飲酒するが、平日は断酒している学生の場合はどうであろう。アルコール依存症の完璧な定義はないが、臨床家と研究者は、これらのさまざまなパターンの行動を包括する客観的な診断基準を開発しようとしてきた。

アルコール依存症の診断は、DSM-IV の物質関連依存についての診断基準に基づいている。一般的に、アルコール依存症であると診断された人は、非常に長期間にわたって大量飲酒をおこない、絶えず生命にかかわる多くの問題に直面してきた。繰り返される努力にもかかわらず、強迫的に飲酒し、やめることができない。消費は多く、5分の1ガロン（757 cc）以上のリキュールか、それ相当のワインかビールを消費してしまうのである。アルコール依存は、軽度から重度までに及んでいる。

もし、悪影響をもたらすような飲酒が繰り返され、ただし症状がアルコール依存症の基準にあてはまらない場合（たとえば、離脱症状や強迫的な飲酒の証拠がない場合）、アルコール乱用の診断が下されるかもしれない。Lillian Roth の事例の記述では、大量飲酒を特徴づけているのは、広範囲にわたる制御の喪失と身体的依存である（Orford, 1985から引用）。

昼間のビールと夜のリキュールは、忙しいときに私を満足させてくれるけれど、……私の神経はもっと多くのお酒を必要としている。朝からのビールは、起きぬけの一杯のリキュールに代わってきた。朝の素敵な習慣なのよ。誰も（夫も）知らないことをいいことに2オンスのバーボンを私の朝食のオレンジジュースに注ぐこと、さらにその習慣は変わったわ。私は、リキュールがないと外出することができない。朝食のオレンジジュースとバーボンだけでは十分ではない。身体はもっともっと欲しがっているわ。たびたびリキュールがほしくなるのは、欲しいと思うからではなく、神経がそれを欲しがっているのよ。私はドアから人知れずそっと出て、化粧室に消え、プライバシーを得られれば即座にお酒を飲む。……2オンス（59.2 cc）のバーボンは、6オンス（177.6 cc）となり、1パイント（570 cc）に増加し、昨年結婚したときには……出かけるときには、いつでもバッグの中に5分の1ガロン（757 cc）のお酒を持ち歩いていたわ（Roth, 1954より引用）。

アルコール依存症の病因論

アルコール依存症の病因論に関する多くの理論がある。まず始めにアルコール依存症の原因となるのは1

つの環境、教育方針、人格、遺伝的要因なのではないことに注意しよう。アルコール依存症は、あらゆる社会経済的な階級やあらゆる人生の活動領域で見られるものである。すべての物質依存のように、アルコールにかかわる病理的な行動の発生は、多くの要因の相互作用の結果である。研究では個人がアルコール依存症に陥りやすくなる脆弱要因に焦点を当てている。

アルコール依存症への生物学的脆弱要因

　アルコール依存症が遺伝的な要素のある障害であるという明確な根拠がある(Guze, 1997)。19世紀以降に知られてきたことはアルコール依存症は家族内で生じるということである。20世紀の100以上の研究が示しているのは、アルコール依存症になるのは、一般の人々の3〜5倍も、アルコール依存症の親や兄弟や子どもである場合が多いのである(Cotton, 1979)。加えて、マリファナやコカインを含んだ他の形態の物質乱用のリスクは、アルコール依存症の生物学的な意味での親族で非常に高くなる(Bierut et al., 1998)。

　他の行動遺伝学的方法を用いた研究で示されているのは、遺伝的特性がリスクファクターであるということである。双生児研究が示しているのは、二卵性双生児よりも一卵性双生児のほうが一致率が高いという根拠が示されている。ただし、それはけっして100%ではなく、遺伝的要因を単一遺伝子のメカニズムによって説明することはできない(Prescott & Kendler, 1999)。養子縁組の研究では、どの遺伝的仮説も最も厳密な試験が行われ、この根拠もかなり納得のいくものである。デンマーク人のアルコール依存症者の実子と養子研究では、30歳時では18%、対照被験者の養子では5%だった。そして、アルコール依存症者からの養子でアルコール依存症になった人数は、養親がアルコール依存症であるかどうかにより違いがあるわけではなかった(Goodwin, 1990 ; Goodwin, Schulsinger, Moller, Hermansen & Winokur, 1974)。ただ、養母がアルコール依存症である女子(10.3%)の場合は、対照群(2.8%)に比べて4倍も高かった(Bohman & Sigvardsson, 1981)。

　アルコール依存症に対する遺伝的影響に関するエビデンスの観点では、研究者はある特徴の指標、あるいは、なんらかの観察可能な遺伝素因の指標を明確にするよう試みてきた。数年間にわたり、サンディエゴにあるカリフォルニア大学のMarc Schuckitらは、アルコール依存症のリスクの高い人々を研究してきた(Schuckit, 1987, 1998)。この研究がすぐれた説得力があるのは、リスクは高いがまだアルコール依存症になっていない個人を対象としているところである。研究者は、アルコール依存症の家族歴がある人々と家族歴のない人々という2群の被験者について、さまざまな指標でアルコールへの反応を分析した。被験者は、人口学的、社会経済的、身体的要因で注意深く条件を合致させた。被験者は大学生で、飲酒はするが、アルコール依存症ではない、アルコール依存症者の実子と非アルコール依存症者の実子であった。被験者には、アルコールが多様な期間を置いて与えられ、全体的な薬物の効果、めまいなどの中毒に関するさまざまな「高揚」を伴う側面の強さの評価が求められた。両群には、時間経過に伴う血中アルコール濃度レベルに類似のパターンが見られたが、中程度の量のアルコール飲酒後、アルコール依存症者の実子は家族にアルコール依存症者がいない男子よりも、自己評価として有意に中毒症状が少ないと評価していた。さらに、精神運動試験より前にアルコールが被験者に与えられた場合、アルコールは、非アルコール依存症者ほどにはアルコール依存症者の実子に身体的に影響を与えなかった。被験者が腕を横に下ろし、立位静止を求められた場合、上半身の身体の揺れはアルコールによって通常増加する。アルコール依存症者の家族歴をもつ男性は、アルコールによっても上半身の揺れはあまり見られなかった(図14-5を参照)。これらの結果、アルコール依存症発症のリスクのある人々は、リスクのない人々と同じような主観的な影響を経験するには、多くのアルコール飲酒が必要であることが示された。少量のアルコール量に対する低い感受性しか示さないことは、酩酊し始めていることを認識することを難しくするのかもしれない(Pollock, 1992 ; Schuckit, 1987)。

　アルコール依存症の指標の妥当性を調査するためには、確認された指標とその後のアルコール依存症の発症の関係を示すことが重要である。縦断的研究を用いてSchuckitは、10年前に調査していた若年者の追跡研究を行った(Schuckit, 1994, 1998)。対象者は、アルコール依存と乱用のリスクのピークの年齢だった(平均年齢は32歳)。明らかに、アルコール反応のレベルの低い20歳の人々は、アルコール依存症の実子と比較群の両者において、4倍もの高い可能性でアルコール依存症と関連していた。たとえば、低いレベルの反応しかしないアルコール依存症者の実子の56%は、アルコールへの高い反応のあるグループの人々のうちの14%と比べて、アルコール依存症に陥りやすかった。これらの結果が示しているのは、アルコールへの比較的低い身体的および主観的反応は、将来のアルコール依存症への強力な予測要因となる可能性があるということである。

　近年では、Marc Schuckitらは、アルコール依存症へのリスクが含まれる可能性のある特定の遺伝子を探索し始めた(Schuckit et al., 1999)。縦断研究の参加者から得られたデータを用いて、アルコール依存症者の実子の遺伝子のタイプを調べた。20歳時でのアルコールへの「低い反応レベル」を示し、後年にアルコール依存症に陥った若年者は、遺伝子型がそうでない

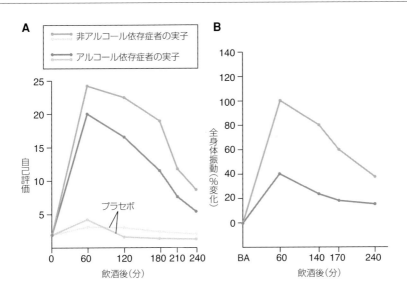

図14-5　アルコールへの反応
　折れ線グラフの傾きが示しているのは少量のアルコール（エタノール0.75 ml/kg。濃い2本の折れ線）とプラセボ（薄い2本の折れ線）に対する反応である。
　23組の条件を合わせた、アルコール依存症者と非症者の実子を対象にした。
　両群は、血中アルコール濃度が時間経過で類似のパタンを示した。
（A）アルコール依存症者の実子のほうが、対照群に比べて、アルコール飲酒後の酩酊に関する自己評価を0（なし）—36（非常に感じる）までで測定したところ低かった。
（B）非アルコール依存症者よりもアルコール依存症者の実子のほうがアルコールによる身体の振動は少ない。
（Schuckit, 1984より引用）

人々とは異なっていた。こうした人々が示していたのは、異なる組み合わせの2つの神経伝達物質システムの遺伝子であった。それは、セロトニンとGABAである。これが示しているのは、アルコール依存症に対する遺伝的脆弱性には、これらの神経伝達物質システムにおける何らかの異常性が含まれているかもしれないということである。

　事実、他の証拠で示されているのは、セロトニンが脳内におけるアルコールの効果になんらかの役割を果たすということである（Lappalainen et al., 1998 ; Lovinger, 1977）。セロトニンは、アルコール中毒と報酬効果に寄与している。そして脳のセロトニンシステムの異常性は、アルコール乱用の根底にある脳のプロセスに関連している。大量のアルコールを消費するアルコール依存症の人やアルコール依存症の実験動物は、依存症ではない人間や動物に比べて、脳内のセロトニンの活動が低いことが実証されている。彼らは、無意識にアルコールを消費し、それによって脳内のセロトニンを増加させることで、低いレベルのセロトニンを補おうとしているのかもしれない。アルコールの消費によって、セロトニンからの化学的なメッセージを神経細胞上の変化に変換する受容体に影響を与えるのである。アルコールの報酬効果は、産出されるセロトニンの活動が増加した結果かもしれない。さらに、セロトニン受容体に影響を与える薬物は、人間と動物の両者におけるアルコール消費に影響を与える。

　アカゲザルを用いた最近の研究では、人生の初期のストレスによってアルコール依存症の生物学的なリスクが高まる可能性を示している。母親と初期分離の経験をしたサルには、早期に発症したアルコール依存症に観察されるのと類似のセロトニンの低さと行動的な特徴があることが実証されている（Heinz et al., 1998）。こうした行動的傾向には、より大きな攻撃性とアルコールによる中毒への低い感受性が含まれていた。

　アルコール依存症は、内因性オピオイドの活動の異常性と関連があるという根拠が増加しつつある（Ulm, Volpicelli & Volpicelli, 1995）。アルコール消費効果の1つは内因性オピオイドの放出の増加で、それは気分の改善を導き出すことが多く、その魅力に寄与すると考えられている。人々は、アルコールを消費して、低いレベルの内因性オピオイドを構成する。高い確率でアルコール依存症となる家族成員の研究では、研究者は、低いレベルの内因性オピオイドの活動を示す証拠を見出した（Wand, Mangold, El Deiry, McCaul & Hoover, 1998）。このような低いレベルの内因性オピ

オイドは遺伝的に決定されているかもしれない。しかし、この研究の著者が指摘しているように、ストレスへの曝露は、脳内のオピオイドの放出を減じてしまう可能性がある。高い率でのアルコール依存症となる家族内で養育された人々がより多くのストレスに曝されるのは、確かに妥当なことである。そのため、家族成員内の類似性は、環境要因によっても高まるのかもしれない。

アルコール依存症の危険因子がある人々は、飲酒前に神経システム異常のわずかな身体的徴候を示しているかもしれない。EEGの不規則性(不整脈)がアルコール依存症者の実子に見られ、とくに、前青年期の少年で飲酒経験前に見られることが示されている(Begleiter, Porjesz, Bihari & Kissen, 1984 ; Ehlers & Schuckit, 1990 ; Finn & Justus, 1999)。同様に、アルコール依存症者の実子も、そうでない子どもよりも一貫して驚異的な刺激に対する身体的反応が多く見られる(Grillon, Dierker & Merikangas, 1997)。こうした指標は、他の形態の物質乱用のリスクの指標であるかもしれない。前述したように、アルコール依存症の家系研究では、物質乱用に関する全般的なリスクがあるということを示している。ブレンダの家族歴は、以上のような臨床的な証拠を示している。

> マリファナの常用に加えて、ブレンダは、飲酒常用者でもある。彼女の飲酒時はだいたい、他の人々と一緒にいることが多かった。ブレンダが1人で飲んでいることはほとんどなかった。彼女の友人もパーティでは大量に飲み、時には酩酊するほど飲んでいた。17歳のときにブレンダは友人の車でパーティから帰宅する際に運転していて、警察に止められた。彼女は飲酒していた上にマリファナも吸っていた。警察官は、彼女の血中アルコール濃度を調べ、法的な制限より上回っていたことがわかった。ブレンダと警察官は驚いた。というのも、彼女は酔っているようには見えなかった。ただし、かなりのアルコール臭が彼女の息からは匂っていた。彼女は、酒気帯び運転で警察に出頭することを通告され、ブレンダの両親は、彼女を警察から連れて帰ることになった。彼らは彼女に外出を禁じた。彼女は、運転免許を再交付してもらうために、飲酒と運転についての講習会に出席する必要があった。
>
> ブレンダの両親は飲酒者ではあるが、両者とも飲酒で問題を起こしたことはなかった。しかし、彼らは、アルコール依存症について多くのことを知っていた。というのも、両親の親戚が数名、深刻な飲酒問題をもっていたからである。ブレンダの祖父はアルコール依存症で、それによって妻とも離婚していた。彼女の叔父の1人も、アルコール乱用者であった。飲酒問題によって失職し、酒気帯び運転による有罪判決の前科があった。アルコール依存症の家族歴があるため、ブレンダの両親はよりいっそう彼女の飲酒を心配していたのである。どのようにブレンダを育てるのかについての両親の見解の不一致と同様、こうした心配が高じた結果、結婚生活に破綻をきたすようになっていった。両親は、ブレンダが高校生になると離婚した。

パーソナリティと心理的要因

アルコール依存症の心理学的研究は、心理的および環境的要因とアルコール依存症の発症との関連に焦点が当てられてきた。アルコール依存症者と対照群の心理的な差異を評価する1つの主要な問題点として観察される違いの多くが、アルコール依存症の原因よりもむしろ飲酒年数が影響を与えている可能性が高いことである。したがって、調査者は、どの要因が大量飲酒の前に生じるのか、どのような原因で人がアルコール依存症に陥ってしまうのかを研究しようとしてきた。

一般的に物質乱用に当てはまることで、反社会性人格(パーソナリティ)障害の診断はアルコール依存症の発症へのリスク要因であるが、アルコール依存症の家族歴があることとは独立したものであることが知られている(Cadoret, O'Gorman, Troughton & Heywood, 1985 ; Hesselbrock, Meyer & Hesselbrock, 1992 ; Verheul, van den Brink & Koeter, 1998)。加えて、反社会性パーソナリティ障害は、アルコール依存症の発症年齢、経過、治療反応、再発に影響を与える。アルコール依存症の多くの症例では、反社会性パーソナリティ障害の人は、飲酒の開始時期が早く、飲酒開始からアルコール依存症に陥るまでの時間がより速い(Hesselbrock, Meyer & Hesselbrock, 1992)。また、反社会性パーソナリティ障害のない治療対象者よりも、このタイプの治療対象者は、再発率も高い。

緊張の低下もアルコール依存症を説明するのに指摘されてきた。人々の中には、不安やストレスを減らすために飲酒をしている人もおり、こうした人々は、乱用や依存に陥りやすい可能性がある。おそらく、過剰飲酒者は、高いレベルの不安やストレスをかかえている。アルコールには抗不安作用があるために、この仮説はかなりの直観的な訴えが含まれている。たとえば、臨床観察では、不安とアルコール依存症との強い関連性が明らかにされており、恐怖症の患者は、恐怖に対処するためにアルコールを使用することを報告している(Mullaney & Trippett, 1982)。

事実、ストレスはアルコール依存症への脆弱性へのきっかけとなるという山のような証拠が見られる。ストレスフルなライフイベントは、青年期のアルコール使用障害と関連性が見られるのである(Clark, Lesnick & Hegedus, 1997)。成人では、職業ストレスがとくに重要なかかわりがある(Schuckit, 1998)。前述のように、アカゲザルの研究では、初期のつらい人生経験

反社会性パーソナリティ障害は、アルコール依存症のリスクファクターである。この男性は、アルコール乱用と薬物乱用と反社会性パーソナリティ障害があるかもしれない。(Andrew Lichtenstein/Corbis Sygma)

が飲酒の増加と関連性があるという可能性が示されている(Higley, Hasert, Suomi & Linnoila, 1991)。母親不在で養育されたサル(同種に養育された)は、母親に養育されたサルよりも後年にアルコールの消費量が非常に高くなることが示された。同種に養育されたサルは、プラズマコルチゾル(ホルモンの一種)の増加や恐怖に関連した行動の増加のように、ストレスの明確な徴候を示していた。さらに、母親に養育された普通のサルが母子分離という急性ストレスによって、同様に飲酒が増加していたことが示された。このことは、アルコール乱用の環境的な先行条件を明らかにする有望なモデルとなるかもしれない。そして、それは、人間における先行条件を示唆するものである。

> ブレンダの両親の別離も非常につらいものであった。彼女は両親とはうまくいってはいなかったが、彼女はいつも両親を信頼し、愛していた。ブレンダは、両親は薬物についてのしつけが間違っていて、厳格すぎると思っていた。しかし、彼女が必要とするときには彼らはいつもいてくれていると思っていた。もはや彼女はそう信じることはできない。彼女の母親は明らかに抑うつ的で、エネルギーがほとんどないように見えた。彼女の父親はマンションを借り、週末に彼女を訪れるのみであった。
> ブレンダは情緒的なサポートは友人に頼っていた。彼女は多くの時間をランディと過ごし始めた。彼は彼女の実家の近くに引っ越してきたのだ。彼女は、家族の悩みについて彼に打ち明けた。2人は大半の時間を彼女の友人とともに、マリファナを吸ったり、飲酒をしていた。18歳の時、つまり高校3年生の時に、彼女は初めてコカインを吸った。ランディは、自分のアパートで「卒業前」パーティを開いた。午前1時までに何人かは帰り始めたが、ランディは遅くまで起きていられるスタミナがないことについて友人たちをとがめ

た。彼は、彼らに、「コーク」をすすめ、彼らが「覚醒」していられるようにした。ブレンダも含めてパーティの出席者全員は、コカインを吸った。ブレンダは、その晩ほとんど寝ないでいられた。

アルコール依存症の臨床的サブグループ

研究者は、遺伝、パーソナリティ、発達や家族歴、障害の臨床的経過に基づいて、アルコール依存症のサブグループを定義しようとしてきた。何年も前に、Jellenek(1960)は、飲酒パターンや社会経済的および文化的要因の違いに基づいてアルコール依存症の多面的な類型を提唱した。のちにアルコール依存症の類型に関する理論によって、初期の概念は発展し、パーソナリティや遺伝的素因や精神病理学的要因や飲酒パターンの相互作用が組み込まれた(Bohn & Meyer, 1994; Cloninger, 1987)。

Cloningerはアルコール依存症に関するパーソナリティ特性や反社会的行動や犯罪や自己認知を検証した研究を展望し、アルコール依存症の2つの典型的なグループを提唱した。タイプ1のアルコール依存症は男性にも女性にも生じるもので(ただし、女性は主にタイプ1が発症することが多いのだが)、25歳以降に発症し、受動的・依存的特性と関連がある。そして、そのパーソナリティとは、報酬に依存し、危険を回避する傾向があり好奇心が少ない。こうした人は、典型的に情動的な依存性があり、社会的サイン行動に敏感で、気遣いがあり、抑圧的で、危険があり秩序を欠くような行動をあまりしたがらない。タイプ1のアルコール依存症者は、飲酒を断つことができるが、ひとたび飲酒が再発し、依存について罪の意識をもつようになると、コントロール感を喪失してしまう。養子研究の分析が示しているのは、タイプ1のアルコール依存症者は、「ある環境に限定される」。それは、すなわち、アルコール依存症の表出は、遺伝的素因と家族環境によるものであり、それは、快楽追求のための大量飲酒によって特徴づけられるものである。タイプ2のアルコール依存症は、男性のみに生じると仮定され、タイプ1のパーソナリティ特性とは正反対のパーソナリティが特徴である。すなわち、報酬にはあまり依存せず、危険回避行動もとらず、好奇心にあふれている。こうした人は、強迫的で、激しやすく、自信があり、引っ込み思案ではない。超然としていて、強い精神の持ち主であることが多い。タイプ2のアルコール依存症は、25歳以前にアルコール問題を起こし、大量飲酒をし、抑制することができない。そして、飲酒中に、身体的なケンカや、逮捕および自動車事故や他の問題が生じやすい。タイプ2のアルコール依存症のリスクは、環境的な背景にかかわらず、タイプ2のアルコール症者に養育された息子に高い率で発症するこ

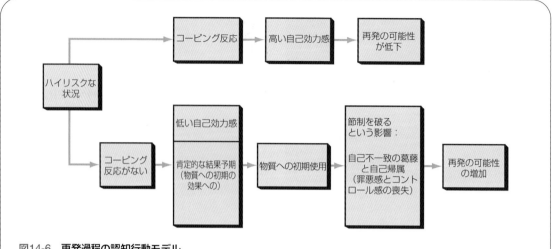

図14-6　再発過程の認知行動モデル
　アルコール依存症への認知行動モデルは、患者がハイリスクの状況に対処できるような方略が強調されている。これらには、スキル訓練、認知的再体制化、ライフスタイルへの介入が含まれている。患者がハイリスクな状況に対処する方略を持っていない場合には、このようなコーピング方略を用いる場合、考えている以上に再発の可能性が低くなる。
（Marlatt & Gordon, 1985より引用）

とが推定される。
　最近の研究が示しているのは、アルコール依存症者の大多数がこうした厳密な類型に当てはまらないことである。アルコール依存症の人はそれぞれタイプ1とタイプ2の特徴を示しているが、多くのアルコール依存症の各下位分類の特徴には重複が見られる（Sannibale & Hall, 1998）。さらに、異なる特徴をもつ別の下位グループが存在するかもしれない。たとえば、成育環境に何らかの制限のあったアルコール依存症者は、成人期前期に社会的に安定した個人に生じる可能性がある。そして、抑うつを伴うアルコール依存症者は、情動障害の家族歴をもつ女性に生じることがある（Zucker, 1987）。現在の下位類型の概念化にはいくつかの限界があるが、アルコール依存症を多面的な病因のある障害として理解することは、アルコール依存症の原因と治療の改善に関する研究に対してより望ましい貢献となるだろう（Bohn & Meyer, 1994）。

治療

　あらゆる薬物依存の治療目標は再発予防である。ほとんどのアルコール依存症者は、飲酒をやめようと試み、ある一定の期間はそれなしで過ごすことを維持するが、結局は飲酒を再開してしまう。**無毒化**（身体からアルコールが減少し取り除かれること）は、治療プロセスのなかでも重要な第1段階である。これは、たいてい医療管理の下に病院や薬物治療センターで行われる。無毒化後に、積極的な治療段階がある。一般的にアルコール依存症のためのリハビリテーションでは、他の行動および心理的障害を治療するために採用された方略がとられる。これらの技法には、心理療法、カウンセリング、行動療法がしばしば集団に実施される。多くのプログラムでは、コーピングスキルの発達や自尊感情の強化、行動変容、再発可能性への対処方略の発見などが強調されている（Friedmann, Saitz, Samet & Glass, 1998；Grabowski & Schmitz, 1998）。

認知行動療法

　認知行動モデルによる治療では、3つの主な方略が強調される（Marlatt, 1996）。それは、技能訓練、認知的再体制化、ライフスタイルへの介入である（図14-6を参照）。技能訓練による技法では、コントロールの喪失や再発の脅威が増加する「ハイリスク」状況を患者が確認して効果的に対処できるように教育することが含まれる。そうした状況の例として、否定的な情動状態（抑うつ、欲求不満、不安）、社会的圧力、対人的衝突などである。セラピストの目的は、これらの状況における達成感とセルフコントロールの知覚を教育することである。このようなセルフエフィカシーの概念は、「私はそれを操作できると思う」というような感覚として記述される。認知的再体制化には、節制を破ることや「つまずき」に対する個々人の認知を変容させることが含まれる。もし、再発が生じれば、罪悪感や内的帰属によって特徴づけられる個人的な失敗として再発に反応するのに代わって、その人が「そのエピソードを1つの独立した出来事として再認識したり、けっして取り消されないという災難というよりも、む

しろ誤りの1つとして考えるように再認識するように」教育される(Marlatt & Gordon, 1985, p.59)。ライフスタイルへの介入の主な目標は、日常生活の中でのストレス源を相殺する活動を展開させたり、ネガティブな依存を、運動やリラクゼーションや瞑想のような「ポジティブな依存」に置き換えることである。

アルコール依存症者の中には、アルコール患者匿名会(alcoholics anonymous：AA)として知られる組織による支援を求める人もいる。AAは、2人の回復途中のアルコール依存症者によって1936年に開始された自助プログラムである。そして、それは、世界で最大の自助ネットワークに成長した。世界中では、アルコール依存症者は、90ヵ国で36,000のグループに参加している(DuPont & McGovern, 1994)。その原理は、アルコール依存症者との広範な作業を通じて得られた経験に基づいている。AAでは、アルコール依存症を進行性の疾患とみなし、神と仲間からの支援がなければ制御することができないものと考えている。そして、完全な断酒がこの病気に対処するのに必要と信じている。アルコールとその結果についての教育が与えられ、アルコールの問題に対する個人の表明が共有される。

薬物療法

アルコール依存症の他の治療アプローチは治療薬によるものである。ジスルフィラム(Antabuse®)は、アルコールの代謝を助ける酵素を抑制する薬物である。この薬物を飲んでからアルコールを飲むと、体内にアセトアルデヒドが蓄積し非常に気持ちが悪くなる。この治療の根拠とは、不快な作用の恐れと過去にこの経験のために人がさらに飲酒しようとする気持ちを抑制することができるというものである。治療の補足として治療プログラムで処方されることが多い方法である。最近の研究が示しているのは、ジスルフィラムが有効なのは、より厳密な観察下で、他の治療形態と合わせて用いられる場合である(Bonn, 1999；Tinsley, Finlayson & Morse, 1998)。しかし、それは飲酒エピソードを減らすだけであり、断酒に至ることが増えるわけではない(Garbutt, West, Carey, Lohr & Crews, 1999)。

ナルトレキソンは、飲酒への渇望心を減らし再発を予防するのに効果的な薬物である。ナルトレキソンはアヘンの拮抗薬で、脳におけるアヘンの伝達を妨害したり減少させたりする。他の薬物治療に比べて、ナルトレキソンは再発を減らし飲酒への渇望心を減らすのにかなり効果的である(Garbutt, West, Carey, Lohr & Crews, 1999；Volpicelli, Alterman, Hayashida & O'Brien, 1992；Volpicelli, Clay, Watson & O'Brien, 1995)。薬物はまさに飲酒の動機を下げ、「できごころ」としてのアルコール依存症の再発に効果的である。「できごころ」はしばしば、プラセボ治療群の被験者の大量飲酒をひき起こす。これらの結果が有効であることを示しているのは、内因性オピオイドが、アルコール渇望行動にある役割を果たしているということである(Bohn, 1993)。さらに、その結果はアヘン受容体阻害薬が動物のアルコール消費を減らすことを示した実験を支持している(Volpicelli, Davis & Olgin, 1986)。

過去には、ある種の感情障害の治療に用いられていた薬物であるリチウムが、アルコール依存症の治療にも用いられていた。しかし、最近の研究結果では、主にアルコール摂取が問題となっている大多数の人には効果的ではないことが示されている(Garbutt, West, Carey, Lohr & Crews, 1999)。同じことは、SSRIの抗うつ薬のProzac®にも当てはまる。この薬は、感情障害と物質乱用の両方の障害をもつ患者には有効であるが、物質乱用のみを治療するには効果的ではないようだ。もちろん、アルコール依存症のなかに高い割合で抑うつの存在が認められるので、この種の人々へのSSRIの処方は正しいとされることが多い。

予後と治療の効果

アルコール依存症からの回復の可能性とはどのようなものだろうか。ライフサイクルを通じてのアルコール依存症とその経過に関する大規模研究が、George Vaillantによってなされている。彼は、ハーバード大学の研究員であり、700名以上の患者群を15年間にもわたって追跡した(Vaillant, 1992, 1996)。彼は、他の研究者も認めるように、約3分の1のアルコール依存症者が回復することを認めている。彼が述べているのは、アルコール依存症についての「3分の1の法則」である。すなわち、65歳までに3分の1は死亡するか、ひどい状態を示すようになり、3分の1が禁酒するか社交的な飲酒にとどまり、3分の1は、依然断酒しようと努めている。しかし、Vaillantは、ある要因こそが望ましい結果を予測し、アルコール依存症からの回復につながることを見出した。これらの4要因とは、(1)飲酒と関連のある嫌悪経験を体験すること(たとえば、深刻な救急医療を受けたり、その状態にあること)、(2)飲酒に匹敵するような代替活動を見つけられること(たとえば、瞑想、過食、運動)(3)新規のソーシャル・サポートを獲得すること(たとえば、見る目のある雇用主や新しい結婚相手)、(4)啓蒙グループに参加すること(たとえば、宗教グループやAA)。Vaillantは、こうした要因と再発予防には強い相関があることを見出している。

特定の心理社会的治療や薬物療法が他の治療法よりも優れていることは示されてはおらず、どの治療もアルコール依存症を「癒す」わけではない。入院患者あるいは外来患者のための心理療法を受けた人々のなか

では、40〜70％の人々が治療後1年以内に飲酒を再発している(Finney, Hahn & Moos, 1996)。

1990年代初期に、ある研究グループが、アルコール依存症に対するいくつかの形態の心理療法の効果研究を開始した。それは、MATCH(Matching Alcoholism Treatments to Client Heterogeneity：クライエントの個別性に合わせたアルコール治療)プロジェクトと呼ばれている(Project MATCH Research Group, 1998)。この研究では、3つの治療が比較された。認知行動療法、12段階促進プログラム(AAで用いられているのに類似したプログラム)、動機づけ向上療法(内的動機づけ変容に焦点を当てたもの)である。これら3つのすべての治療は、治療をしないよりも効果的であることが証明された。研究者は、さまざまな薬物療法の効果を判定するための研究も実施した。いくつかの研究で示されたのは、アルコール依存症の再発を減らすためには、ナルトレキソンはプラセボよりもかなり効果的であるということであった(Garbutt, West, Carey, Lohr & Crews, 1999)。

医学的および社会的合併症

飲酒とアルコール依存症の医学的および社会的な合併症は広範囲にわたる。アルコール乱用は、一連の身体および精神的健康問題と関連がある(O'Connor & Schottenfeld, 1998)。アルコール乱用に由来する年間約100,000人の死者がいる。治療費と喪失した生産性の観点から年間の費用は、米国では約1,000億ドルと見積もられている。米国において飲酒運転は、多くの自動車事故の死因であり傷害の原因でもある。アルコール依存症は、自殺者、殺人や事故の半数の原因となっており、入院のうち約40％は飲酒に関連したものである(U. S. Depantment of Health and Human Services, 1997 b)。たとえば、大量飲酒は、機能に深刻な障害を与え、アルコール中毒および死さえもひき起こす可能性がある。肝硬変は神経組織や心臓や消化系への障害、癌は慢性的な飲酒と関連がある。さらに、妊娠期間におけるアルコールの慢性的な使用は、子どもに身体的および精神的異常性が出てしまう胎児アルコール症候群をひき起こす可能性がある。悲惨なことに、胎児アルコール症候群によって、アルコール乱用の犠牲が次世代にもちこされてしまうのである。

刺激剤

刺激剤としてのアンフェタミンとコカインは違法薬物であるが、刺激剤はコーヒーや紅茶、ソフトドリンク、タバコ、チョコレートなど、多くの非処方薬のなかにも入っている。もし、ある1つの食品にこれらがすべて含まれていたら、刺激剤はまぎれもなく最も広く用いられる精神作用薬と言えよう。

近年では、多くの市販薬も刺激剤が含まれる。鼻腔のうっ血除去剤、気管支拡張剤、食欲抑制剤、精力剤などに含まれている。これらの薬物に含まれている刺激剤はほとんど、エフェドリン、偽エフェドリン、フェニルプロパノールアミン(phenylpro-panola-mine : PPA)である。エフェドリンと偽エフェドリンは、麻黄という植物に存在する。漢方医は初めて、この植物の医療的活用を見出した。そして、植物の誘導剤は、鼻腔と喘息治療に一般的な成分なのである。

合法的な「市販の」刺激剤はほとんど、αおよびβアドレナリン作用薬である。これらは、ノルエピネフリンの受容体を刺激する。その結果、心拍数と血圧が増加し、気分が高まり、食欲が低下する。以前は、これらの薬物は、低血圧や、喘息や心臓ブロックやうつ病やナルコレプシーの治療のために用いられていたが、現在ではこの治療に用いられてはいない。以下の事例が示しているのは医学および心理的問題で、市販の刺激剤の乱用からもたらされたことである。

33歳の女性は、18ヵ月間にわたるエフェドリン使用が発覚し、刺激剤依存の入院治療を受けていた。彼女は食欲抑制のため1日2錠の25 mgのカプセルの服用を始めた。次の年には、彼女の服用量は増加し、およそ60カプセルを1日に服用するまでになっていた。彼女は市販のエフェドリンを購入したり職場から盗むことによって常に手に入れていたが、それもついには底をついてしまった。彼女のエフェドリン服用中止へのただならぬ努力が失敗に終わったのは、傾眠傾向と疲労の再発のためであった。それによって彼女は家事と育児をすることができなくなってしまった。彼女の症状に含まれていたのは、不眠とイライラ感であったが、薬物への耐性も増加し、薬物をやめることができなくなった。彼女は、刺激剤の調達を隠し、薬物を使用することに夢中になった。彼女は、1週間に1箱のタバコを吸い、めったに酒を飲むことはなかったが、コカインと大麻を2つの別の状況で吸った。彼女の精神医学的および医学的治療歴は、そうでなければ、まったく平凡なものであった。入院時には、彼女はだらしがなく見え、すべての動作が遅いように見えた。そして、彼女は感情的に不安定であり、傾眠ぎみであった。彼女の血圧は130/45 mmHgであった。彼女の脈拍は1分間に135拍であり、入院直後2日間は1分間に100以上であった。彼女の身体的および精神的状態検査で明らかになったことは、その他の点ではまったく普通であったことである。尿による薬物検出スクリーニングを含む検査データでは、まったく出てこなかった。(Tinsley & Watkins, 1998)

最も広く用いられている刺激剤はアンフェタミンとメタンフェタミンである。アンフェタミンは合成薬であり、喘息治療のために今世紀初期に開発された。実際には、エフェドリンに代わる合成薬であった。それは、喘息の吸入薬のBenzedrine®という商品名の薬物として何年間にもわたって服用されてきた。1959年になって初めて食品医薬品局は、吸入薬としてアンフェタミンを禁止した。しかし、その時まで刺激薬と陶酔薬としてのこの薬物の特性は広く知られていたのである。さまざまな形態のアンフェタミンは、「スピード」という俗語で知られているが、1960年代のヒッピーの薬物文化の中で広く流行した。1970年代と1980年代の薬物乱用者の中でコカインが好まれ「アッパー」として人気が高まると、アンフェタミンの使用は減少していた。アンフェタミンの使用は、1992年と1995年の間に再び増加した(Baberg, Nelesen & Dimsdale, 1996)。

メタンフェタミンの使用

メタンフェタミンは合成薬の中枢神経系刺激剤で、アンフェタミンと同じ種類に属する。俗語では、「メス」「クランク」「アイス」として知られ、メタンフェタミンは粉末状あるいは固形状で売られ、注射および喫煙や吸入によって利用される。メタンフェタミンは覚醒を促したり、食欲を減退させたり、身体的活動を増加させたりする薬効があるので、注意欠如・多動性障害や肥満の治療のために合法的に処方されている。この薬物の非合法的な利用者は、この薬物の中枢神経系への効果を求めている。ほとんどのアンフェタミン使用に共通していることだが、陶酔感や興奮がメタンフェタミンの利用に伴う。メタンフェタミンの副作用には不眠、気分高揚、妄想、抑うつ、不安、血圧の上昇が含まれている。薬物の長期間の乱用には、心不全、脳卒中、脳の損傷をひき起こす可能性がある。さらに、薬物の長期間の利用には、幻聴や幻視、強迫行動のパターンや、怒りや妄想のような統合失調症に類似の症状がひき起こされる。そのような心理的経験によって、殺人思考や自殺念慮をひき起こす可能性がある。生物学的なレベルでの変化がある。たとえば、ネズミなどでは、アンフェタミンの反復投与によって、側坐核(nucleus accumbens)や前頭皮質における神経細胞の形態に変化を生じさせる可能性がある(Robinson & Kolb, 1997)。とくに、研究者が見出しているのは、側坐核における神経細胞の樹状突起の長さに長期にわたり増加が見られるということである。

警察と治療者が報告していることによると、高校や大学の学生、白人肉体労働者、20歳代から30歳代の無職の人が、典型的なアンフェタミン使用者であるとのことである(National Institute on Drug Abuse, 2000a ; Koch Crime Institute, 2000)。メタンフェタミンの使用は都会と田舎のコミュニティの両方で普及しており、男性にも女性にも同じくらいの割合の利用者がいる。中西部のあらゆる薬物症例の90％の原因となっており、「貧しい人間のコカイン」という言葉が造り出されているように、メタンフェタミンはコカインよりも安く、より容易に入手できるものであった。市販の風邪薬や喘息薬、電池液、不凍液、手さげランプの燃料は、人目につかないような場所で、違法にメタンフェタミンが製造されるときに用いられる材料である。薬物を製造するためのレシピは、インターネットで容易に入手できる。材料に対する初期投資は、街での薬物の製造や販売を通じて獲得する利益に比べたらわずかばかりなものである。メタンフェタミンはコカインよりも安いが、効果はより長く続く。多くのメタンフェタミン使用による馬鹿騒ぎは1週間にも及び、多くの気分や思考の障害がかなり長時間にわたって持続する。ハイになるのと同様に、薬の効き目が切れるのも遅くなる。メタンフェタミン依存の破壊的影響は、以下の痛烈な手紙に表現されている通りである。

> 私は、現在「アイス」の使用者です。私には愛する妻と美しい息子がおり、立派な仕事につき、愛する両親がいました。しかし、仕事以外のすべてを失ったのです。妻と私は、共にクラック(コカインの結晶)を吸っていました。息子は隣の部屋で寝ていました。最初は、共にハイになるというスリルが最高でした。セックスは何時間でも続くように思いました。麻薬による心の変化は増加し、覚醒が高まっていきました。時間が経つにつれ、私たちのお互いへの関心も減ってきてしまったのです。妻は仕事を失い、別の仕事につくことを避けていました。彼女は家にいて吸ってばかりいました。私は給料のすべてを薬物に費やすようになり、薬物は給料の全期間ももたずになくなってしまうのです。私は自分のためにだけこっそりと袋からいくぶんかのクラックを取り出してこそこそ吸っていました。彼女も同じことをしていました。私たちは、片方が風呂場に行って吸えるように赤ん坊を交代で面倒をみました。私は、4ヵ月で50ポンド体重が減り、妻は40ポンド減りました。極端なダイエットをしているように見えて、その秘密は何かと人々は私たちに尋ねました。私たちはある1つの話を思い出してばかりいるのです。私たちは、決して友人たちと交流をしませんでした。社会的活動への興味も失い、息子にだけ関心を払いました。息子は、毎日、明けてもくれても家にいました。私は、絶えず働き、もちろんハイで、妻は、絶えず吸っており、クロスワードパズルをし、単語遊びなどをしていましたが、家を掃除するわけで

はなく、洗濯をするわけではなく、ベッドメイキングをするわけでもありませんでした。私は、職場の皆が昼食を食べているときに、妻が息子に食事を与えることを思い出してくれるように電話をかけなくてはなりませんでした。彼女は時間感覚をまったく失ってしまったのです。ついに、すべての薬物がなくなって、喧嘩が始まりました。だれが眠ろうとしているのか、だれが料理をしているのか、だれがすべての金を使っているのか、だれがすべてのヤクを吸ってしまったのか。休日にも誕生日にも、私たちはプレゼントをあげるのではなく、お互いに50ドルの紙袋を与えていました。喧嘩は激しさを増し、近所の人たちが面白がって見に来るようになり、ついにうわさが流れるようになりました。家賃は滞り、家主が立ち退きのための紙を持ってくるようになりました。車の支払いは5ヵ月間滞納していました。私たちは差し押さえ屋に車を持っていかれないように、車を隠しました。妻は逃げ、息子ともほとんど顔を合わせたことがありません。警察は私のことを捜しており、私は無一文で、かろうじて路地に住んでいます。どうやってこんな生活が始まったんだろうなあ？ 9ヵ月前に、私の1人の「友人」が、ある日職場で私に少しばかりのヤクを差し出した(マリファナはうまく使えないんだが)。そんな友達がいたら、敵なしだろう。9ヵ月で何が起こったのか見てみろ。D.P. 1999年11月（Koch Crime Institute, 1999より引用）

コカインの使用

コカインはコカという植物の葉から調整されるが、もともと野生種のものが南アメリカで何千年も栽培されてきた。少なくとも5000年前には、アンデス山脈のペルーの原住民に、その葉を咀嚼する習慣があった。インカ帝国の宗教および社会システムでは、その植物は不可欠な役割を果たしてきた。そこでは、神聖で、貴重な植物と考えられていたのである。インカの人々は亡くなると、その死体の頬にコカの葉を詰めて「あの世への旅立ちがうまくいくように」と願った(Grinspoon & Bakalar, 1976)。19世紀の残り20年間で、さまざまな気付け薬、特効薬、治療薬などとして、コカインは西洋社会の主流となっていった。1886年には、ジョージア州のある薬剤師が、いまや空前絶後の最も有名な飲み物となってしまったコカ・コーラを紹介した。それは、コカの葉から抽出されたものであった。コカインの最も有名な支持者は、Freudであった。彼は、コカインについて考えられる価値を広範に記述している。彼は実際にコカインがモルヒネやアルコール依存を治癒することができると信じていたのだ。Freud自身も深刻なコカイン依存に悩まされていたことはよく知られている。

コカインは、多数の医学的な問題や依存と関連深い薬物であるので、以下、コカインをわれわれの刺激剤に関する議論の主な焦点とする。1980年代半ばには、国立薬物乱用協会（National Institute on Drug Abuse）は、コカインはこの国が直面する最も深刻な薬物問題であると発表した。1976年から1986年には、コカインのための救急室の利用者数、コカイン関連の死亡者数、コカイン依存の治療者数は15倍に跳ね上がった（Gawin & Ellinwood, 1988）。1985年には、コカイン使用者は570万人と推定されていた。コカインを生涯に少なくとも1回は試す人々の数は、1974年に500万人であったが1985年には2,200万人となり、1993年には2,300万人と増加していった。最近では、コカインの常用者は約150万人と推定されており、1985年から1996年にかけては使用が大きく減少している（U. S. Department of Health and Human Services, 1997 c）。にもかかわらず、若年者におけるコカインの利用率はとりわけ警戒すべき数値であり、15歳から19歳の男子6％がコカインを過去1年間に使用していたと報告している（Turner et al., 1998）。

コカインの効果

コカインは、身体の生理学的変化を生じさせるだけでなく、行動や心理的状態にも深刻な変化をひき起こす。多様な方法で投与されるが、最も一般的なのは、静脈注射や鼻腔から吸引したり、気化させて（「クラック」破裂させる）吸引するなどがある。コカインは交感神経を活性化させる。それは、潜在的な血管収縮薬であり、心拍数や血圧を増加させる。コカインは心臓の不整脈をひき起こし、バスケットボールのスター選手、レン・ビアスの事例のように突然死の原因にもなりうる。彼は、ボストン・セルティックスのドラフト後にコカインを多量摂取して死亡した。コカインは気分や感情の状態にも変化をもたらす。一般的には、コカインは興奮、幸福感、活気、陶酔などの感情をもたらす。覚醒水準の高まり、性欲の増強、エネルギーの高まり、感情の深まりは、コカインによるハイに伴ってもたらされる。他の薬物に比較して、コカインは、認知的過程を変えたり、現実感を歪めたりするものではない。コカインと他の刺激剤はほとんどの活動において快体験の神経化学的拡大をもたらすと言われてきた（Gawin and Ellinwood, 1988）。マルコムXの自伝では、次のように書かれている。「……コカインが作り出すものは……最高の幸福感という幻覚と、身体的能力と精神的能力における高揚するほどの過信である……」

実験室的状況でのコカインの主観的効果を測定しようとした試みがいくつかある。研究では注意深い観察と統制された臨床実験条件での薬物効果の測定がなさ

DSM-IV-TR の診断基準

コカイン中毒

A 最近のコカインの使用
B 臨床的に著しい不適応性の行動的または心理学的変化（例：多幸症または感情の鈍麻、社交性の変化、過剰警戒心、対人関係に対する過敏性、不安緊張または怒り、常同行動、判断低下、社会的または職業的機能の低下）がコカインの使用中または使用後間もなく発現。
C 以下のうち2つ（またはそれ以上）がコカインの使用中または使用後間もなく出現する。
　(1) 頻脈または徐脈
　(2) 瞳孔散大
　(3) 血圧上昇または下降
　(4) 発汗または悪寒
　(5) 嘔気または嘔吐
　(6) 体重減少の証拠
　(7) 精神運動興奮または制止
　(8) 筋力低下、呼吸抑制、胸痛または心拍不整
　(9) 錯乱、痙攣発作、ジスキネジー、ジストニーまたは昏睡
D 症状は一般身体疾患によるものではなく、他の精神疾患ではうまく説明されない。

（訳注：原書は DSM-IV だが、ここでは DSM-IV-TR、APA、2000 [高橋三郎・大野裕・染谷俊幸訳『DSM-IV-TR 精神疾患の診断・統計マニュアル（新訂版）』医学書院、2004] を修正し引用した）

れた。その際には、コカインの医学的リスクは最小限にとどめられた。Sherer(1988)は、最初のコカインの静脈注射と4時間の点滴持続後の依存を研究した。被験者は、2つの気分状態についての自己評価を行ない、セッション中の「恍惚感」や「高揚感」について評価した。この研究によって見出されたのは、「恍惚感」や「高揚感」の評価は明らかにコカインの注射によって増加していたことである。しかし、「恍惚感」は最初のコカイン注射にのみ伴っており、おそらくは最初の脳のコカイン濃度の急変を反映しているものであろう。「高揚感」には、快感情や活気が伴っていた。以下のブレンダの事例にもそれが見られる。

　ブレンダは、経験からコカインが気分を高揚させてくれるものだということがわかっていた。彼女は、ランディのところに行くのを待つことができず、ついに出かける。数日後、彼女はランディのアパートに行き、より多くのコカインを吸った。ブレンダはコカインでハイになっていると、両親の離婚、学校での問題、将来についての心配について忘れることができた。自分を困らせるものは何もないように見えた。事実、彼女は世界を支配しているように感じていた。ブレンダは、このように感じたことは以前には一度もなかった。その時、コカインはブレンダの生活の一部となった。高校卒業後の初めての夏の間中、彼女はコカインを少なくとも週に1回は吸っていた。

人々がコカインに魅力を感じ、そのために依存的になるという特性がそこには存在していることは明確である。しかし、コカインには、否定的な情動状態と深刻な行動の崩壊をもたらす可能性がある。大量の刺激剤は、不快感と強い不安をひき起こし、慢性的な使用によって異常な攻撃性、不眠、イライラ感、衝動性とパニックをひき起こす可能性がある。妄想型精神病と攻撃行動はコカイン中毒の極端な事例を特徴づけるものである。先に述べた Sherer による研究では、試験的治療であることを知らない看護師が、コカイン注射の後に被験者の簡易精神医学的評価を行ったところ、妄想と猜疑心が増加していることを見出した。

コカインと強化

　コカインは、潜在的に強化子となりうる薬物である。事実、動物やヒトによって自己投与される薬物の中で最も強化となりうる可能性が高い。コカイン依存は、健康と社会的安定性への深刻な危険を内包している行動が伴う。薬物を得ようとする極端な欲求は、コカイン使用に関する動物実験で示されてきた。レバー押しをすることによって静脈注射でコカインを得られるようになっていると、ラットとサルは、ものすごい速さで自己投与行動を獲得するのである（図14-7を参照）。実際に、サルの薬物摂取のパターンは、コカイン依存のヒトの過剰摂取行動と酷似している。Aigner と Balster(1978)による古典的研究では、以前に自己投与を行ったサルは、8日間、15分ごとに食べ物とコカインの選択をするように仕向けられた。するとサルは、ほとんどコカインだけを選択して、体重が減少し、中毒症状を示した。類似の結果は、Bozarth と Wise (1985)によるラットの研究でも見出された。コカインを際限なく得られるようにしたラットは、47%も体重が減少し、身づくろいをしなくなり、著しい健康上の衰退を示した。30日目には、90%のラットが死亡してしまった（これに対して、際限なくヘロインを摂取できるようにしていたラットでは、薬は投与しても衰退の兆候は見られなかった）。そのように際限なく薬物を摂取できるような条件の研究は、倫理的な理由で行われなくなっているが、明らかに、コカインが

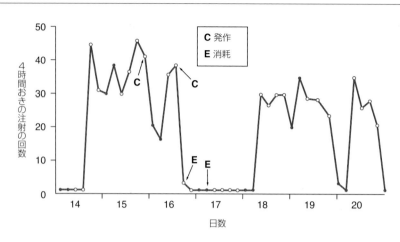

図14-7　コカインの自己投与
　曲線が示しているのは、サルのコカインの自己投与のパターンである。サルは、コカインの自己投与を21日間行った。グラフが示しているのは、14日目から21日目までの4時間の間の投与を示している。投与と節制の期間に注目してほしい。過剰摂取と再発が人間のコカイン摂取のパターンとも酷似していることに注目してほしい。
（Deneau,Yanagita & Seevers, 1969より引用）

ひき起こしている強い動機づけが研究によって示されている。

　「漸進比率パラダイム」として知られるものの中に、動物は、静脈注射によるコカイン強化を獲得するためにより多くの反応を漸進的に行わなくてはならない。サルはコカインの1回の投与をしてもらうために6,000回のレバー押しを行うということが示された（Yanagita, 1976）。多くの動物実験で示されてきたのは、コカインによって生じた報酬効果は、たしかに薬物希求行動の強力な動機づけとなることである。ボランティアによるヒトの先行研究で示されているのは、静脈注射によるコカインが得られる条件群は、プラセボ群よりレバー押しを絶えず行っていた（Fischman & Schuster, 1982）。

生物学的メカニズム

　1980年代にコカイン使用がピークとなって以来、研究者は基本的課題に直面していた。すなわち、報酬性があり依存的となるようなコカインの脳に与える影響とは何かということである。研究者が示唆しているのは、コカインやアンフェタミンは脳の中枢強化システムを強力に活性化することである。前にも示したように、ヒトや動物によって自己投与されるあらゆる乱用薬物にはどれにでも、ドパミン作用性のシナプスを活性化する効力がある。アルコール、ニコチン、アヘンのような薬物のほとんどに多くの薬効があるが、精神的刺激剤としてのドパミンシステムの活性化が主な薬効である。さらに、側坐核におけるドパミンの放出は、これらの薬物の報酬的特性に直接関連があると考えられる（Caine, 1998）。たとえば、側坐核へのドパミンの放出に損傷を与えられた動物は、コカインやアンフェタミンの自己投与に関心がなくなってしまう。側坐核が「自然の」報酬（たとえば、食べ物、性、快感情）にとって重要であるという仮説では、コカインが快楽を増幅させるということは神経化学的な根拠のあることである（Wise, 1998）。

　ある重要な研究で、Volkowらは、PET画像を用いて、コカインが人間の脳におけるドパミンの活性化に与えるのはどのような影響か、また、主観的に「ハイ」になるには、ドパミンの変化がどの程度のものなのかを調べた。研究参加者はコカインを常用する健康なボランティアであった（Volkow et al., 1997）。研究者は、コカインを乱用している人々が通常投与している分量のコカインを投与した。彼らが見出したのは、コカインは有意にドパミンの活動量を増加させるということであった。さらに、自己報告された「ハイ」の強さは、ドパミンの変化の程度と関連があった。心理的なハイの持続時間は、自然の報酬と関連性のある脳の領域におけるコカインの存在と平行していた。

　コカインに依存する過程には、コカインが継続的に与える行動の影響と同じように脳内の変化が伴うと考えられる（Hope, 1999）。この領域のたいていの専門家が長い間信じて疑わないことであるが、依存を克服する際に人々が抱く困難さとは、単なる意志の欠如よりももっと複雑なものである。慢性的なコカイン使用者の若者が示しているのは、精神的および運動能力の

低下であり、そこには、運動速度や筋肉運動の協調の障害が含まれている（Bola, Rothman & Cadet, 1999）。これらの障害は、少なくとも薬物が最後に摂取された1ヵ月後までは継続する。

いまやよく知られていることであるが、刺激剤の反復使用、とくにコカインは、神経細胞の遺伝子の発現に影響を与える可能性がある。コカインによって、ある遺伝子が発現したり消去したりする。そうすることで、コカインによって神経細胞の生理的な構造が変化したり、脳が化学信号を伝達する方法を変化させたりする。たとえば、動物実験では、コカインによって、あるタンパク質、「デルタ・ホスB（delta-FosB）」の生成が脳内で増加し、これによって動物がよりコカインに敏感になるのである（Kelz et al., 1999）。第4章に記述されているように大脳辺縁系は、コカインのこうした阻害要因に影響されやすいのかもしれない。

コカイン依存

1980年代より前には、コカインは安全で依存性のない薬物と考えられていた。この信念には多くの理由がある。まず、コカインは非常に高額で、それを使用することはめったにできなかった。次に、コカイン依存に関しての研究はほとんど行われてはいなかった。離脱症状を構成するような明らかな身体的症状がないように思われた。1980年代の「クラック」の普及によって、この認識が変化した。クラック（固形、フリーベースにしたコカイン[訳注：エーテルとともに熱して純度を高めたコカイン]）は粉末状のものよりも安く、貧しい人々でも広く使用することができた。気化したものを吸うことによって素早く、短時間ではあるが深い陶酔感がもたらされたが、それは依存性の非常に高いものであった。物質乱用障害の診断基準にコカイン使用者は容易に当てはまってしまうことは明白だった。反復的な使用、コントロールの欠如、離脱症状が明確に認められるようになった。コカイン依存は静脈投与や（頻繁にではないが）鼻腔内投与で生じる可能性が高いが、1980年代のコカインの流行をもたらしたのは、クラックの喫煙が広く行なわれたためである。さらに、クラックの使用は収入の低い人々、都市部のコミュニティで最も普及し、それは中流階級の家族をも圧倒させるものだった。

GawinとEllinwood（1988, 1989）は、コカイン使用と依存の明白な段階を詳細に記述した。薬の初期の経験は、多くの日常的な活動が快適に過ごせるようになり、高められた活気と覚醒や、自己尊重の増大、より積極的な社会的交流をもたらすものであった。コカインによってひき起こされた高揚した感情は、否定的な結果をもたらすことが少なかったので、初期のコカイン使用の経験は非常に魅惑に満ちたものであった。それはブレンダの事例にも見出すことができる。

ブレンダは近所の4年制の教養大学に入学した。彼女の両親は、彼女が州外の大学に出願することを望んでいた。その理由の1つは、ランディが彼女に悪い影響を与え続けることを両親は心配していたからである。しかし、ブレンダは州外の大学に行くことも拒んだ。それは、彼女がランディあるいは、コカインの調達から離れたくなかったからである。

最初の2、3週間は、ブレンダは大学が好きだった。彼女はクラスが刺激的だと思っていたし、新しい人々に出会うことを楽しんでいた。しかし、宿題がたまってくると、ストレスを感じるようになった。彼女は週末を楽しみにしていた。週末にはランディと会い、ハイになれるからだった。土曜日の晩、数人の新しい友人が彼女をあるパーティに誘った。そのパーティは、都心の高層マンションで開かれた。はじめ、そのパーティに参加する人々のほとんどが大学生であったが、日が暮れるに従って、他のマンションの人々もやって来るようになった。ブレンダは、隣のマンションに住むという若い男性と会話を始めた。彼の名前はマット。彼はブレンダを自分の住まいに招いた。

ブレンダとマットはしばらくの間は、話したりワインを飲んだりするだけであった。それからマットの友人数名が彼らに加わった。マットの友達はとても気さくで、クラックを吸っているという事実についても気軽に話した。ブレンダはショックを受けた。彼女はコカインのことを誰かに話そうとしたことはなかったからである。彼らは彼女に、試したいかどうかと聞いたが、彼女は「いいえ」と言った。彼女は、クラックがどのくらい依存性があるのかについても聞いていた。彼女は本当はそれを試してみたかったのだ。ブレンダはコカインを鼻腔から吸うのを好んだ。しかし、粉末状のコカインを入手することはできなかった。ブレンダは、鼻から吸う代わりに、その晩だけクラックを喫煙することにした。

ブレンダはこれまで経験した中で最もハイになった。彼女の心配はすべて消滅したように感じた。とても興奮した。彼女はめまいを覚えるようだった。彼女はその晩はクラックを2回吸った。それから午前3時に家に帰った。彼女は日曜日には1日中その体験について考え続けた。月曜日には、彼女はマットの家に再び訪れた。彼女にはすませるべき宿題がたくさんあったが、彼女がクラックを吸った後には、そのことについて忘れてしまうのであった。

反復使用で、コカインの量が増加することがよくある。しかも薬物経験は強められる（Woolverton & Weiss, 1998）。結局、使用者は、コカイン中毒によっ

DSM-IV-TR の診断基準

コカイン離脱

A 大量で長期間にわたっていたコカインの使用の中止（または減量）

B 基準Aの後、数時間から数日中に発現する不快気分と以下の生理学的変化の2つ（またはそれ以上）
  (1) 疲労感
  (2) 生々しく不快な夢
  (3) 不眠または過眠
  (4) 食欲亢進
  (5) 精神運動制止または興奮

C 基準Bの症状が、臨床的に著しい苦痛または社会的、職業的、または他の重要な領域における機能の障害を起こしている。

D 症状は一般身体疾患によるものではなく、他の精神疾患ではうまく説明されない。

（訳注：原書は DSM-IV だが、ここでは DSM-IV-TR、APA、2000［高橋三郎・大野裕・染谷俊幸訳『DSM-IV-TR 精神疾患の診断・統計マニュアル（新訂版）』医学書院、2004］を修正し引用した）

てひき起こされた強烈で、幸福感にあふれた身体感覚に集中し、普通の対外的な活動が増えることには注意を向けなくなるのである。この身体感覚の状態を追求することを最も重要なものと考えるため、使用者は個人的な問題が積み残されているというサインを見逃してしまうのである。この段階での使用のパターンは、継続的な過剰摂取によって特徴づけられることが多い。そして、その最中には、使用者は繰り返し多量のコカインを投与し、その後で数日間の禁欲を行うのである。コカインのハイと、もっとコカインがほしいという考えに完全に没頭し、「栄養のある食べ物、睡眠、生きること、お金、愛する人、責任などすべてが意味を失ってしまうのである」(Gawin & Ellinwood, 1989)。

「3相」の使用中止パターンは、コカインの過剰摂取後に見られる (Gawin & Ellinwood, 1988)。まず、最初の段階は、「クラッシュ」と呼ばれるもので、それは、数時間から数日間継続する。クラッシュは、感情や精力の激減、興奮、不安、抑うつ、コカインへの渇望が特徴である。極度の睡眠欲求があるが、鎮静剤の経口投与やアルコールやアヘンによってたいてい満たすことができる。第2段階は「離脱」であるが、何週間も継続し、主に強い不快感による症候群で、抑うつや快感消失（楽しみを経験することができない）が特徴である。こういった感情は、刺激剤によってひき起こされた幸福感の記憶とは対照的なものであり、過剰摂取のサイクルの反復をひき起こすこととなる。もし、使用者が中止を続けるなら、第3段階には「消去」が現れる。この段階では普通の感情と精力が回復する。にもかかわらず、使用者はコカインを最後に過剰摂取した後何ヵ月あるいは数年経過していても時々渇望が生じる。渇望は通常、刺激やコカインの経験と関連のある記憶によって生じる。もし、使用者が中止を継続しないなら、通常は下降スパイラルをたどり、ブレンダの事例のように家族も職業生活も衰退していくこととなる。

ブレンダがクラックに依存するようになるまで長くはかからなかった。ブレンダは、マットのマンションをしばしば訪れるようになり、肉体的な関係ももつようになった。彼女は1週間に少なくとも4回も、そこを訪れるようになった。彼女は、落第をしないように1つのコース以外は受講するのをやめていた。ブレンダの母親は彼女に成績表を見せるように言うが、ブレンダは拒否した。彼女は成績表に、3つの受講取り消しと1つの「C」がついていた。ブレンダの母親は成績カードの複写依頼をした。彼女は、受講取り消しを見てショックを受け、父親に電話した。ブレンダの両親は、ブレンダは少なくともパートでもして自分の生活費の一部を稼いだほうがいいと判断した。

惨憺たる一学期の後、ブレンダは学校を退学し、ピザレストランでの接客の仕事についた。仕事が終わると、マットのマンションに行き、クラックを吸った。ブレンダは、母親の家に早朝に行き、午後職場に戻るまで寝ていた。彼女の母親は彼女に夜間外出を禁じたが、ブレンダはそれを無視した。7月にはブレンダは、マットの家に引っ越すと言い出した。後にブレンダは、この引越しが堕落の第1段階だと見ている。彼女とマットは1日中クラックを吸い始めた。マットはすでに失業していた。1週間も経たないうちに、ブレンダは時間通りに仕事場に現れないため仕事を失った。彼らはパートタイムの仕事とマットがコカインを売って稼いだ金で生活した。ブレンダとマットの関係は、徐々に喧嘩が絶えないものになっていた。彼は十分に金を稼がないことで彼女を責めた。ブレンダの両親がマットのマンションに彼女に会うために行くと、マットは彼らをドアの外に押し出した。ブレンダは、マットを怒ったが、彼女は彼の元を離れなかった。

マットの家への引越しの3ヵ月後には、ブレンダは彼の友達の1人と金のためにセックスをした。彼女は

最初は恥ずかしいと感じたが、そのうちそのような感情にも鈍くなっていった。マットは気にしていないように見えた。彼は彼女から距離をとるようになった。10月には、ブレンダはコンパニオンの仕事を始めた。彼女は仕事上の「デート」に行く前にはクラックを吸った。彼女が深夜に帰ると、もっと多くのクラックを吸った。彼女の生活は、クラックによるハイ、抑うつ、そしてより多くの高揚感という循環であった。11月には、ブレンダはひどく殴られ、マットのマンションの前で意識をなくしていたところを発見された。彼女が意識を取り戻したのは病院で、彼女の両親に囲まれてのことだった。ブレンダはひどく落ち込み、混乱していて、ひどい胃痛を訴えていた。彼女はだれが自分を殴ったのかわからなかったが、彼女の両親は、マットだと疑っていた。

　検査の結果、ブレンダはコカイン陽性の反応を示し、淋病にかかっており、栄養不良であった。また、妊娠もしていた。

治療

　コカイン依存を治療する際に障害となるのは、他の薬物依存の障害の場合と類似している。コカインを断とうとする動機づけは最初は非常に高いものかもしれないが、とくに抑うつや快楽消失が存在するような時期には再発が深刻な問題となる。多くの異なる方略が治療プログラムの中で試され、それによって治療結果は多様なものとなっている。これらの方略に含まれているのは、心理療法的な技術と同様に薬物療法である。

　多くの薬物がコカイン依存の患者を治療するのに用いられてきたが、多くの乱用者にとって効果をもたらすようなものは示されなかった(Mendelson & Mello, 1996)。研究者は、抗うつ薬や抗痙攣薬やオピオイド拮抗薬(たとえばナルトレキソン)やドパミンの活動を阻害したり高めたりする薬物の効果を調べた。これらの薬物は長期間の禁欲を維持するのに効果的であることは明らかにされていないが、抗うつ薬は、抑うつ的な乱用者の治療コンプライアンスを高めるかもしれない(Gawin et al., 1989)。しかし、多くの新薬がコカインが作り出す快楽を阻害するのに効果的であることが明らかになりつつあるようで、それによって劇的に再発が食い止められるかもしれない。そのうちのBP 897という薬物は、ドパミン受容体のD3サブタイプを阻害する(Pilla et al., 1999)。自己投与が訓練されたラットでは、BP 897は劇的に薬物希求行動を低下させる。別の薬物でエコピパムは、ドパミン受容体のD1サブタイプを阻害する。最近の研究では、コカイン依存に陥ってしまった人々は、静脈注射のコカイン投与の前に、エコピパムあるいはプラセボのどちらかを与えられた(Romach et al., 1999)。エコピパムで前処置された人々は、コカインによる幸福感や刺激を報告することが少なかった。それと同時にコカインを要求することも少なくなった。コカイン依存者を治療する臨床家は、これらの新薬のさらなる研究結果を待ち望んでいる。

　薬物療法による方略は、結果としてコカインの使用中止に役立つものと考えられる。その間に、カウンセリングと集中的な行動療法が長期間の離脱成功の中心となる。いくつかのアプローチは成功しており、それには認知行動療法と集団療法が含まれている(Crits-Christoph & Siqueland, 1996)。とくに効果的な行動療法の1つには、危機管理が含まれている(Higgins & Silverman, 1999)。これらのプログラムが強調しているのは、行動契約と参加誘因である。それらは再発防止スキル訓練によって補足されている。ほかのレクリエーション活動に関するカウンセリング、就業や住宅、家計、法律問題についてのカウンセリングも含まれている。研究者はコカインの使用が有意に改善されるのは、乱用者の友人や家族が危機管理に参加する場合だということを見出している。

　ある危機管理プログラムでは、コカイン反応の出ない尿のサンプルが出ると引き換え券が与えられる。この引き換え券は、小売店の商品と交換できる。あるいは別のプログラムではコカインへの渇望を減らす薬と交換することができる。研究で見出されているのは、引き換え券の利用によって参加者の治療プログラムへの参加を促されることであった。ある研究では、コカイン依存の外来患者は2つの群に分けられ、24週間にわたって観察された(Higgins et al., 1993)。1つの群では、危機管理アプローチに基づいた行動療法が行われた。もう1つの患者群は対照群であった。1週間に数回、コカインの代謝産物を調べるため患者の尿検査が行われた。もし、尿検査でコカイン反応が出てこなければ、患者はその地域の商店の品物を将来買うための引き換え券をもらうためのポイントを得ることができる。ポイントの数は、コカイン反応が出ない検査結果が出るたびに増え、コカイン反応が出れば減らされてしまう。12週間禁欲を続けることができた人は、約1,000ドルの価値の商品を得ることができた。この仕組みは、地域強化アプローチで補足された。そのアプローチでは、配偶者、友人、家族もカウンセリングに参加するのである。対照群は標準的な薬物乱用カウンセリングで、依存の疾病モデルに基づいていた。2つの群でコカインの禁欲には著しい違いが見られた(図14-8参照)。行動療法群と標準的カウンセリング群の被験者で、少なくとも8週間の使用中止が続いた人は、前者では68％、後者では11％だった。そして、16週間の使用中止が続いた人は、前者では42％、後者では5％だった。これらの結果が示している

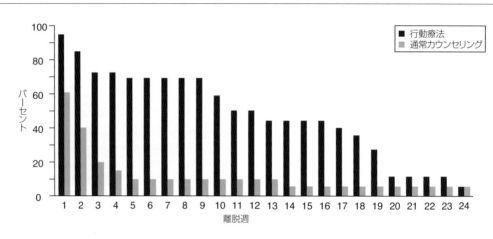

図14-8　コカインからの離脱
　棒グラフが示しているのは、コカイン依存の外来患者でコカインの離脱者の割合である。濃い棒グラフは、患者が危機管理(望ましい行動を強化するために相手の反応する出来事を管理操作する方法)にもとづいた行動療法を行った場合である。薄い棒グラフは、患者に通常の薬物乱用カウンセリングを行った場合である。(Higgins et al., 1993より引用)

のは、他の報酬が得られることとその強調は、コカインの使用中止の動機づけを高めることができるということである。

　別の治療アプローチは、依存の学習理論モデルに基づいている。先に論じたように、環境の中にある薬物関連の手がかりに曝露させられてしまうことは、長期に使用中止している人々の渇望と再発の引き金となってしまう。こうした強力な薬物関連の刺激は、心拍数や皮膚電位反応などの生理的な反応の明らかな変化を発現させてしまう。依存からの回復者が、コカイン関連の刺激に曝露されてしまうと、いやおうなしに付随的に生理的反応(皮膚温の低下など)がひき起こされた。学習理論モデルに基づいた治療の目標は、安全な状況で繰り返し薬物関連の刺激に曝露することを通じて、これらの条件反応を取り除くことである。患者にコカインを与えずにコカインを思い出す「合図」に繰り返し曝露させることにより、再発をひき起こすような条件反応(喚起、渇望)を消去させることができる(O'Brien, Childress, McLellan & Ehrman, 1992)。この研究者らは、患者を15回の消去セッションで治療し、そのセッションの中では、被験者は、コカインに関連する刺激(たとえば、コカインを吸うための道具、静脈注射をしている人)のカセットテープやビデオテープを視聴させられ、コカインの儀式(たとえば、薬物を準備する、注射器を扱う)を模倣させられた。消去セッションを通じて、コカインへの渇望は低下した。生理的反応も最終セッションまでにはやや低下したが、驚くことに消去への抵抗も見せていた。外来治療を継続する人数は多く、対照群(標準的な心理療法あるいは薬物乱用カウンセリング)に比べ、消去グループの尿はコカインに反応しない割合が高かった。

　コカイン依存の治療を成功に導くためには、依存のサイクルを最初に断たなければならない。離脱段階では、抗うつ薬やドパミン作用薬は抑うつの軽減に役立つかもしれない。行動療法的アプローチは患者の使用中止の動機づけを高めると考えられる。コカインを思い出す合図により誘導される条件づけされた渇望と身体反応の消去は、再発を防止するために非常に大切である。ブレンダのクラック依存の治療には、これらの内容がすべて含まれていた。

> 　病院から退院した後に、ブレンダは母親の家に帰り、昼間の治療プログラムを開始した。彼女には重度のうつを治療するための抗うつ薬が処方され、薬剤カウンセラーと定期的に面接し、彼女の治療の動機づけを支援してもらった。ブレンダは、子どもを授かるという見通しに対処することができないように感じており、人工妊娠中絶をすることに決めた。
> 　ブレンダの両親と彼女のカウンセラーは、マットや彼らをとりまく友人たちとはコンタクトをまったくとらないように勧めた。マットはブレンダを殴った事件への関与を明らかにしたが、カウンセラーは、マットとのわずかなコンタクトでさえブレンダの回復を危険にさらすことになると確信していた。ブレンダの社会的な生活はマットと彼の友人たち中心に展開していたため、最初は難しいことであった。少しずつブレンダは彼女の高校時代の友達の何人かと連絡をとるように

なった。

　彼女のコカインとのかかわりを思い出すことは彼女にとって非常に苦痛に満ちたものだった。後から考えると、それは悪い夢のようでもあり、彼女がしていたことは、彼女の基本的な倫理原則に逆らう営みであった。20歳になると、彼女は、自分の生活を再建する方法を探し始めた。

医学的および社会的合併症

　コカイン依存には、いくつかの広大な社会的帰結がある。コカイン依存は1日500ドルかかり、多くの依存者は、コカインの調達を可能にするため違法な活動や犯罪へと走っている。1980年代のクラックの流行は暴力的犯罪、逮捕、家族の崩壊の実質的増加と関連がある（Box 14-1参照）。

　クラック依存のある女性の多くは妊娠している。それは、セックスと薬物の交換によるもので、彼女たちは、自分の子どもを病院に遺棄したり、母親に育てさせて置き去りにしてしまうことが多い（Kenner & D'Apolito, 1997）。妊娠中にとりわけクラックコカインのような薬物を使用している女性に刑罰を与えようという運動が増加してきた。1996年7月に、サウスカロライナ州の最高裁判所では、妊娠中に非合法な薬物を使用し、子どもを虐待した女性を犯罪として起訴することが初めて支持されるようになった。しかし、女性が依存者だとしたら何が起こりうるだろうか。もし、薬物依存を病気とみなすなら、妊娠した依存のある女性を起訴することは、病気となっている人々を罰することにならないか議論になるかもしれない。しかし、薬物乱用は個人の制御下にある悪癖と考えるなら、乱用者は、胎児も含めて、彼女が他者に与える損害を説明する責任をもつべきである。

　コカインの否定的な社会的影響とは、たいてい使用者の価値観に破壊的な影響を与えるという結末である。コカインによってハイに至ることが、個人の生活の中心的な動機づけとなってしまう。そして責任や社会的参加はまったく意味をなくしてしまう。このことが、依存者がどのように子どもを遺棄したり虐待したりするのか、売春に従事したり、家族から盗みをはたらいたりするのかを説明する理由になるのかもしれない。

　コカイン使用に関する医学的合併症は重要である。静脈注射によるコカインの最も深刻な健康被害は当然ながら後天性免疫不全症候群（acquired immunodeficiency syndrome : AIDS）である。注射針を共有で使うことでウイルスが広がり、AIDSをひき起こしてしまう。これは、深刻な公衆衛生の問題で、このようにして発症するAIDSがあるため、異性愛の人たちでAIDS関連の死亡率が最も高いことの説明がつく。コ

クラックコカインで安いものは、簡単に手に入りやすく、社会問題の1つとなっていた。それには、妊娠中もクラックを吸い続けている妊娠女性の胎児への影響も含まれている。この女性は双子を授かったが、州当局の保護を受けることとなった。薬物依存の母親は子どもを育てることはできなかったのである。（Eugene Richards/Magnum）

カイン依存者は、とくにクラック使用者は、セックスをして薬物を得る金を稼ぐ。そのためAIDSのリスクや、他のすべての性病が増加する。クラック依存者でHIVをもつ人や、依存を支えるために売春をする人は、犯罪者として告発すべきだろうか。彼女は命にかかわる病気のリスクに曝されていることによって、他者の生活を危険に曝していると考えるのはたしかに妥当である。一方で、知らない人から性を買うリスクをとる人は、今後の健康に対しても責任を負うべきであると言うことができる。

　コカインは、精神と身体に無数の悪影響を及ぼす。頻繁な使用者は、精神症状と妄想的行動のエピソードをもち、イライラ感や注意や集中力の問題をもつ可能性がある。前にも述べたが、慢性的な使用者には認知と運動機能の減退がある。睡眠や食事のパターンは乱れたものとなり体重減少が一般的である。パニック発作はコカインによって生じることが示されてきた（Aronson & Craig, 1986 ; Cowley, 1992）。コカインは中毒性の影響を心臓に与えるため、突然死をひき起こすことがある。脳出血によって死に至ることもある。致死量は個人差があり、コカインの中毒性の影響に敏感な人もいるため非常に危険である。コカインのこうした精神的および身体的影響は、どの刺激剤の慢性的

Box 14-1　社会とメンタルヘルス

社会的階層とコカインの所持の結果：処分か治療か？

1997年4月、米国政府判例委員会は、コカイン犯罪者を罰する連邦の政策について第2報告をしている（U. S. Sentencing Commission, 1997）。報告の主な焦点は、粉末とクラックのコカインの2つの形態を販売したり所持したりすることに関して、刑罰の厳しさを比較することであった。当時、500グラム以上の粉末コカインあるいは5グラム以上のクラックコカインの販売では5年の実刑判決が下された。言い換えると、クラックコカインは粉末コカインよりも100倍の重さの刑罰が下される。5グラムのクラックコカインを所持しているだけでも、最低で5年の禁固刑であるのに、粉末コカインは、分量にかかわらず、初犯なら最大でも1年の禁固刑という軽罪ですむ。なぜ違うのだろう？

これらのガイドラインが出されたとき、立法に携わる国会議員はクラックコカインは、粉末コカインよりも危険性がかなり高いことを確信していた。クラックコカインの喫煙は、粉末コカインを鼻腔から吸うより効果が強い。したがって、クラックは依存性が高い。さらに、粉末コカインの取引よりもクラックコカインの販売は犯罪や暴力との関連が高い。クラックコカインに対して、厳しい法律が定められるのは妥当なことのように見える。

しかし、この政策には深刻な社会的結末がもたらされた。予想した通り、粉末コカインよりもクラックコカインを販売したり所持したりしている人のほうが多く投獄されている。さらに、クラックコカインは粉末コカインよりも安いので、低所得者、マイノリティの社会ではコカイン乱用は最も一般的である。その結果、クラックコカイン販売で有罪になった人の90％がアフリカ系アメリカ人で、粉末コカイン所有で有罪になった人の30％がアフリカ系アメリカ人だった。この結果はアフリカ系アメリカ人の禁固刑の割合の劇的増加である。さらに、クラック依存の治療と粉末コカイン依存の治療には違いがあり、社会的階層と人種の大きな格差が治療供給制度にはある。粉末コカイン依存は、犯罪を犯して刑罰が下されても、依存症に対して最終的には治療を受けさせてもらえる可能性が高い。クラックコカインの依存者には正反対である。このように薬物乱用の形態によって、人々が犯罪者なのか治療が必要なのかの判断を分けている。

1997年の報告では、米国政府判例委員会は、クラックコカインと粉末コカインの所持に対する法律の違いを減らすように法律の改正を提案した。委員会の委員は、異なる刑罰を維持することは公平ではなく妥当ではないと信じていた。報告とともに出された意見書で副委員長のMichael Gelacakは次のようなアナロジーを示した。「スコッチよりも安いワインを飲むことによって被告人が酔うような場合に、アルコールの影響がより深刻だったとして交通事故の過失致死の被告人に刑罰を与えるようなものだ。このことは、その文面ではばかげているように見えるが、乱用していた物質がアルコールではなくコカインである場合にも、同じように当てはまると考えるのが当然である」

クラックと粉末の異なる法律の問題は、激しい議論の的となり続けている。連邦政府の法律改正が現在検討されている。

使用でも生じる。妊婦の刺激剤の頻繁な使用は、胎児の健康に悪影響を与える可能性がある。ただし、長期にわたる刺激剤の使用が子孫に与える影響はよく知られてはいない。

アヘン剤

アヘン剤薬物はケシ（*Papaver somniferum*）から抽出された化合物から成り、アヘン、モルヒネ、コデイン、およびヘロインそしてメペリジン（Demerol®）など合成された誘導体を含む。従来、このグループの薬物は、ギリシャ語で「知覚麻痺」という意味の語を起源とする「麻薬」（Narcotics）と呼ばれていた。この呼び名はもともと痛みを軽減し、眠気を起こす麻薬性鎮痛剤をアスピリン（Aspirin®）などの非麻薬性鎮痛剤と区別するために使用されていた。しかし、多くの素人および法執行機関の当局者は、すべての中毒性をもつ違法な物質を麻薬と呼ぶため、この呼び方にはいささか語弊がある。ここでは、アヘン剤という用語を、脳のアヘン剤受容体に作用するすべての物質を指す用語として使用する。

多くの精神作用化合物がそうであるように、アヘン剤は長年にわたり社会で使用されてきた。実際、植物のケシからの抽出物は、その心理的および薬理作用を目的として5,000年以上前から使用されている。これらの物質は痛みや苦痛を和らげる作用があることで知られており、多くの古代文化で重要な役割を果たした。アヘンの使用は、古代エジプト、ギリシャ、ローマ、アラビア、中国文化において書き記されている。19世紀に入ると、アヘンはイギリスとアメリカにおける薬局方の重要な一部となった。アヘンの主な活性物質はモルヒネである。モルヒネという名は、夢の神であるギリシャ神のモルフェウスからつけられた。モルヒネは現在でも医学的目的で痛みの軽減などに広く使用されている。ヘロインは半合成アヘン剤で、モルヒネ分子に2つのアセチル基を足したものである。

アヘン剤の鎮痛作用はたいへん喜ばれたが、その危険性と中毒性は、アヘン剤の使用が社会に広く広まってはじめて明らかになった。結果的に、アメリカでは今世紀の初め、アヘン剤薬物は処方されたもの以外は違法となった。最も好んで使用される非合法なアヘ

ヘロイン過量使用が原因で若くして命を落とした著名人：(左)ジミー・ヘンドリックス(Jimi Hendrix) (Amalie R. Rothschild)，(中央)ジャニス・ジョプリン(Janis Joplin) (Photofest)，(右)リバー・フェニックス(River Phoenix) (Motion Picture & Television Photo Archive)。

DSM-IV-TR の診断基準

アヘン類中毒

A. アヘン類の最近の使用。
B. アヘン類使用中あるいは直後に発現する臨床的に著しい不適応行動または心理学的変化(例：初期の多幸症に続く無感情，不快気分，精神運動興奮または制止，判断の低下，または社会的または職業的機能の低下)。
C. アヘン類の使用中あるいは直後に発現する縮瞳(または著しい過量使用による無酸素症に起因する散瞳)および以下の徴候の1つ(またはそれ以上)：

(1) 眠気または昏睡
(2) ろれつの回らない会話
(3) 注意と記憶の障害

D. 症状は一般身体疾患によるものではなく，他の精神疾患ではうまく説明されない。

(訳注：原書は DSM-IV だが，ここでは DSM-IV-TR，APA，2000 [高橋三郎・大野裕・染谷俊幸訳『DSM-IV-TR 精神疾患の診断・統計マニュアル(新訂版)』医学書院，2004] を修正し引用した)

ン剤である**ヘロイン**は，アメリカでは処方することも許されていない(イギリスでは状況によっては許可されている)。

ヘロイン使用はマリファナ(大麻)やコカインの使用と比較するとまれであるが，1992年以降その使用は増加している(U.S. Department of Health and Human Services, 1997 a)。ヘロインを前月に使用したと報告する人の推定人数は1993年の68,000人(人口の0.1%以下)から1997には325,000人(人口の0.2%)にまで増加した。ヘロイン関連の救急外来受診件数は1990年の33,900件から1996年にはその2倍の70,500件となった(Greenblatt, 1997)。1996年には171,000人が初めてヘロインを使用したと推定されている。新たな使用者の数は特に若者の間で，過去30年間で最高水準となった。

1998年に Substance Abuse and Mental Health Services Administration によって集められたデータは，郊外に住む中流階級の白人によるヘロイン使用の増加を示している。同様に，純度が高く喫煙可能なヘロインが，映画，ロック，ファッション業界と関連する特定の中流階級から上流階級の輪の間で広まっていると記載されている(Gabriel, 1994)。1980年代前半，裕福層の間ではコカインが最も人気であったように，現在これらの人々の間ではヘロインが「チック」(chic)な薬物とされているということが示唆されている。ヘロインの摂取方法としては，注射に対し，吸鼻がより一般的となってきている。若者の間では，中毒の危険性は吸鼻のほうが低いと誤って考えられているようである。しかし，使用率が増加する可能性があるため，本当に危険性が低いかどうかは疑わしい。いずれにせよ，ヘロイン摂取の最も一般的な手段は注射である。

アヘン剤の効果

ヘロインは1898年，Bayer Laboratories(Bayer aspirin®を製造している会社)によって最初に製造，販売された。もともとは，コデインの依存性のない代用品として販売されたものである。しかし，その使用が広まると，ヘロインはアヘン剤の中で最も依存性が強い

ということが明らかになった。わずかな化学修飾はヘロインをより脂溶性にし、より高い濃度で、より早く脳に到達させるため、その作用はモルヒネよりもはるかに強くなる。アヘン剤依存者の中ではヘロインは最も好まれて使用される。通常ヘロインは静注されるが、皮下に注射されることもある（「皮膚にポンと打つ」）。静注された場合、ヘロインは非常に早く吸収され、数秒の間に脳へ到達する。ヘロイン依存者による主観的な報告によると、高揚した気分あるいは"ラッシュ（rush）"は皮膚の紅潮と、"全身のオルガズム"のように感じられる強烈な感覚だと説明されている（Jaffe, 1985）。この最初の作用の持続時間は1分もない。この多幸作用に対しては、耐性がつくことがしばしばある。アヘン剤は一般的な幸福感、平静さ、そして「もうろう睡眠」として知られる、眠るように穏やかな夢を見ているような状態を誘発する。不安感、敵愾心、攻撃性はアヘン剤によって軽減される。実際、誘発される愉快な気持ちに加えて、心理的痛みを鈍化する作用もこの薬物を摂取する重要な動機となっている。

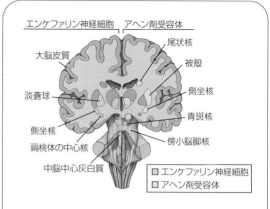

図14-9　エンケファリンとエンドルフィン
人間の脳におけるエンケファリン含有神経とアヘン剤受容体の分布（カラー口絵参照）。(Snyder, 1986, p.57より引用)

生理的効果

アルコールやコカインなどの精神作用物質に対し、アヘン剤自体の長期使用による医学的問題や毒性作用は驚くほど少ない。アヘン剤の過量使用は呼吸抑制を起こす可能性があり、これが原因で死亡する場合もあるが、実際には比較的まれである。実際にはアヘン剤中毒者の死因のほとんどは、薬物相互作用や不純物または混和物に対する反応である。

アヘン剤摂取は数々の生理的症状をひき起こすが、これは薬物が脳内のいくつかの領域に作用するためである。これらの薬物の主な身体的効果は痛みの軽減である。アヘン剤は特に初回使用において一般的に嘔気および嘔吐をひき起こす。また、「縮瞳」と呼ばれる顕著な瞳孔の収縮も見られる。この徴候はヘロイン依存者によく見られるものである。アヘン剤は食べ物が消化器官を通る動きを遅め、便秘の原因となる。事実、アヘン剤は数千年の間下痢や赤痢の治療に用いられ、現在でも使用されている。自律神経系への作用は覚醒剤の作用よりも少ない。心臓に対する作用はたいしてないが、血圧を下げ、発汗をひき起こす。ヘロインの最初の主観的な作用は性的オルガズムに例えられるが、慢性使用は性的衝動の低下と性機能障害と関連している。最も深刻な生理的効果は呼吸抑制である。まれではあるが、過量使用による呼吸停止は死に至ることもある。

薬理効果

心理的および生理的機能に対するアヘン剤薬物の多様な作用は、脳のさまざまな領域のアヘン剤受容体を直接刺激することによるものだと考えられる（Stinus, 1995）。天然アヘン剤、エンケファリンおよびエンドルフィンは、感情や気分をつかさどる前脳領域と自律機能および痛覚の伝達を支配する下位脳幹の中枢で多く見つかっている。アヘン剤の主観的で、気持ちよくなる作用は扁桃体、側坐核、および視床下部などの辺縁領域にあるアヘン剤受容体への刺激によってひき起こされると考えられる（図14-9参照；Chang, Zhang, Janak & Woodward, 1997）。たとえば、動物が直ちに静注によるアヘン剤の自己摂取を覚えるのは、少なくとも部分的には側坐核にあるアヘン剤受容体の活性化に起因する強化効果が原因であると研究者は仮説を立てている。内因性（天然）アヘン類は、とくにストレスに反応したさまざまな精神的経験を生むという証拠もある。たとえば、ネズミにストレスを与えると、ヘロインを自己摂取する確率が高くなる（Shaham & Stewart, 1995）。サルの幼児にアヘン剤を投与すると、母親から引き離される時に見られる嘆きの徴候が抑制される（Kalin, Shelton & Barksdale, 1988）。ヘロインに対する欲求は、身体的接触があると動物が典型的に分泌する脳内神経ペプチドであるオキシトシンの摂取によって軽減される（Kovacs, Sarnyai & Szabo, 1998；Sarnyai & Kovacs, 1994）。このため、アヘン剤摂取は脳自身の「対処」システムに作用することでストレスの多い心理的状態の軽減を助ける可能性がある。

アヘン剤依存症

アヘン剤依存症はさまざまな状況下で見られる。薬物使用の1つのパターンは、通常静注ヘロインの娯楽

DSM-IV-TR の診断基準

アヘン類離脱

A. 以下のいずれか：
　(1) 多量で長期間にわたっていた(数週間またはそれ以上)アヘン類使用の中止(または減量)
　(2) アヘン類使用の期間後アヘン類拮抗薬の投与
B. 基準 A の後、数分から数日の間に発現する以下の3項目(またはそれ以上)：
　(1) 不快気分
　(2) 嘔気または嘔吐
　(3) 筋肉痛
　(4) 流涙または鼻漏
　(5) 散瞳、起毛、または発汗
　(6) 下痢
　(7) あくび
　(8) 発熱
　(9) 不眠
C. 基準 B の症状が、臨床的に著しい苦痛、または社会的、職業的、または他の重要な領域における機能の障害をひき起こしている。
D. 症状は一般的疾患によるものではなく、他の精神疾患ではうまく説明されない。

(訳注：原書は DSM-IV だが、ここでは DSM-IV-TR, APA, 2000[高橋三郎・大野裕・染谷俊幸訳『DSM-IV-TR 精神疾患の診断・統計マニュアル(新訂版)』医学書院、2004]を修正し引用した)

的あるいは実験的な使用から始まる。初回の使用は多くの場合、薬物を使用している友人に勧められ、継続的な使用から強迫的な嗜癖となる。この場合、中毒者は1日3回から4回の注射を必要とし、違法な供給源からヘロインを入手しなければならないのは明らかである。結果として、多大な時間が薬物を入手するために費やされる。この種の使用者でもっとも多く一般的なのは、貧しく都会の環境にいる若い男性である。Philippe Bourgois は数年を費やし、サンフランシスコの下町の公園でホームレスのヘロイン依存者の集団における文化を直接観察した(Bourgois, 1998)。薬物道具一式の日常的な共有や収入を得るための違法行為などを含む危険な行動が憂慮すべき高い率で行われていることを発見した。これらの依存者の生活の主な焦点は、どのようにしてヘロインを入手するかということである。しかし、彼らの中には行動規範があり、互いに忠誠心をもっていた。

あまり一般的ではないが、これとは違うパターンの使用もある。たとえば、依存者の小さなサブグループで、医学的に処方された経口の鎮痛薬から依存症が始まり、何らかの手段で継続して入手しているものもある。さらに、医師、看護師、あるいはその他の医療従事者におけるアヘン剤依存症の発現率は、同様の背景をもつ異なる職種の人々よりも高いということがわかっている(Jaffe, 1985 ; Trinkoff & Storr, 1998)。このグループの人々は、薬物をより簡単に入手することができ、身体の不調やうつ病を軽減するためなど、さまざまな理由から使用を始める。

耐性と離脱症候群

アヘン剤依存症は、著しい耐性の上昇と身体的な依存に関連している。反復使用を続けると、同じ作用を感じるのにより多量の摂取が必要となる。継続的に比較的高用量を摂取すると、耐性がない人の致死量の50倍もの量を摂取できるようになる(Grilly, 1989)。しかし、耐性の上昇はアヘン剤の作用すべてに対して起こるわけではない。たとえば、呼吸機能抑制、鎮静、鎮痛、嘔気および多幸作用に対する著しい耐性が見られる場合にも、便秘や縮瞳に対する耐性はわずかしか見られないことなどがある。身体的な依存もアヘン剤依存と古典的な関連があり、依存者が薬物の摂取を中止すると離脱症候群が発現する。この症候群の重度は摂取されてきたアヘン剤の種類と量に大きく影響される。

ヘロイン離脱には特徴的ないくつかの段階が見られる。これらは、薬物による作用とは一般的に反対の、明らかに観察できる徴候や症状からなる。離脱症状は最後に服薬してから8～12時間後に始まり、約48～72時間後にピークを迎え、7～10日で完全に見られなくなる。まず、中毒者は浅い眠りを体験し、散瞳、いらだたしさ、食欲不振、そして震えなどの症状が続く。ピーク時には、不眠、はげしいあくび、流涙、くしゃみなどが見られる。また、筋脱力やうつ病が顕著に見られる。立毛による「鳥肌」は、肌が毛をむしられた七面鳥のように見えることから、突然の離脱を指す「コールド・ターキー」(cold-turkey)という表現が生まれた。腹痛や下痢に特徴づけられる胃腸障害も見られる。嘔吐、発汗、下痢によって失われた水分を食べ物や水分で補給しない場合には脱水症状や体重の減少も見られる。どの段階においても、症状はアヘン剤を再び摂取することで即座に解消される。急性離脱症状は徐々に軽減するが、軽度の生理学的変化は数週間続く。一般的な誤解は、これらの症状は常に重く、嫌悪的であるというものだ。実際には、ほとんどのケースで生死にかかわることはなく、重症のインフルエンザより破壊的であることもまれである。いずれにせよ、

この状態の不快感の回避は、初回の使用や症状が回復してから長期間経ってからの再発の原因とはならないにしても、アヘン剤使用の継続を動機づける重要な要素の1つである。

アヘン剤依存の決定要因

アヘン剤に一度曝露された人が依存症になるかどうかの特定決定要因はわかっていない。しかし、ヘロイン乱用者は家族のつながりが希薄で、問題が多いことが特徴の家族で育った場合が多い(Knight, Broome, Cross & Simpson, 1998)。これらの家族性傾向は反社会的行動の危険性の高まりと関連づけられ、最終的にはヘロイン使用および依存症につながる。

すべての薬物の乱用で言えることだが、アヘン剤を実験的に使用した人、曝露した人の中には依存する人としない人がいる。社会的環境、薬物の入手しやすさ、精神状態など多くの要因が薬物使用のパターンを決定するようである。1970年代前半にはLee Robinsがアヘン剤依存に関する研究で最もよく知られるものの1つをベトナム退役軍人に対して行った(Robins, Helzer, Hesselbrock & Wish, 1977)。戦時中のベトナムでは、ヘロインは簡単に入手でき、安く、純粋度も95%であった(アメリカでは純粋度5%)。最大15%のアメリカ兵がヘロイン依存症であると推測されていた。しかし、軍人らがアメリカへ戻ると、その大部分がヘロイン使用を中止した。研究者によると、アメリカに戻ってから8～12ヵ月後にアヘン剤使用を継続していたのはわずか1～2%のみであった。この頃、ヘロインに一度曝露されると強迫的な使用は避けることができないと考えられていたため、この研究結果は驚くべきものであった。明らかにこれまでの考え方は間違っていたのだ。アヘン剤の使用は戦況と関連した不安、退屈、あるいは不幸感を軽減していたと考えられる。しかし、その環境から脱したとき、薬物の必要性は低下したのである。これとは違う形の制御されたアヘン剤使用も存在する。薬物用語で"chipping"(訳注：けずる意か)と呼ばれるものだ。ヘロイン"chippers"は、マリファナやアルコールを時々摂取する人々と同じように、ヘロインを時々使用する(Zinberg, Harding & Winkeller, 1977)。これらの人々は安定した生活、職業、そして家族をもっていることもあるが、週末や特定のグループの友人と共にいる時のみヘロインを使用するようである。

治療

アヘン剤中毒の治療に関する問題は、長年にわたり研究者や臨床医学者の課題となっている(Brewer, Catalano, Haggerty, Gainey & Fleming, 1998)。強迫的なアヘン剤使用者の中には自発的に薬物使用を中止

表14-3　ヘロイン対メサドン

	ヘロイン	メサドン
投与経路	静注	経口
作用の発現	即時	30分
作用持続時間	3～6時間	24～36時間
多幸症	最初の1～2時間	なし(適切な量の場合)
離脱症状	3～4時間後	24時間後

Kreek, 1992.より引用。

するものもいるが、ほとんどの慢性使用者は依存症を乗り越えるために何らかの治療や療法を必要とする。過去30年の間、アヘン剤中毒の第1の治療法は薬理学的なものであった。この方法では、静注のヘロインを経口の合成アヘン剤、通常はメサドン(methadone)で代用するというものである(Box 14-2参照)。メサドン維持療法はロックフェラー大学の臨床医学者によって1966年に初めて記された(Dole, Nyswander & Kreek, 1966)。これらの研究者は、比較的高用量のメサドン摂取後、ヘロイン中毒者による麻薬の渇望の報告が顕著に減少することを発見した。ヘロイン使用と薬物関連の犯罪も著しく減少し、一般的な社会機能は上昇した。追跡調査はこれらの発見を支持している(Murray, 1998；Strang et al., 1997)。

メサドンがヘロインより好ましいとされるのには、いくつかの理由がある(表14-3参照)。第1に、経口で摂取することができるため、静注による摂取を避けることができる。第2に、メサドンはヘロインより長期に作用し離脱症状の出現を最大24時間避けることができる。第3に、メサドンの使用からは多幸感はまったく得られないか、ごくわずかである。メサドンからの離脱は離脱症候群をひき起こすが、ヘロイン離脱ほど重度ではない。また、メサドンはヘロインの作用を抑制する。いくつかの研究によると、研究室内でも街頭での調査においても、ヘロイン依存者がメサドン摂取中にヘロインを摂取しても同じような恍惚あるいは多幸感は得られないということが示されている。これはアヘン剤受容体がすでにメサドンによって占領されているからだと考えられる(Kreek, 1992)。ヘロインの強化効果は低下し、不快な離脱状態を回避できるため、メサドン療法によってヘロインの使用をうまく中止できることもある。

メサドン療法にはそのほかにもいくつかの利点がある。メサドンを入手するには、患者は毎日、地元のクリニックを訪れ、メサドン飲料を受け取らなければならない。このため、クリニックは社会的支援および依存者の毎日の生活にスケジュールを与え、薬物関連の違法行為の制限や排除を助ける。Kreek(1992)は、メサドン維持の好ましい結果を得るための重要な要素に

Box 14-2 　科学と実践

メサドン：中毒か治療か？

　メサドンは非常に強力な合成麻薬で、第二次世界大戦の終わりに初めて使用された。鎮痛作用はモルヒネと類似しているため、もともと激しい痛みの軽減に使用されていた。現在ではヘロインやその他の麻薬依存の治療の1つとして使用されている。メサドン維持療法(methadone maintenance therapy：MMT)では、依存者はメサドンを数年間、あるいは生涯使用し続ける。メサドン維持の理論は、ヘロイン依存者の中には脳生化学に不可逆性変化が起きている人がいて、これらの人々は麻薬なしでは「普通に」機能することができないというものである。メサドンは遅効性のため、ヘロインによる多幸感や使用を中止した時の痛みの症状をひき起こさない。また、十分な用量のメサドンで維持されている依存者は、ヘロインの多幸感作用をそれほど感じなくなるため、再発の可能性が低くなる。

　メサドン維持療法はアヘン類依存症に非常に効果的であるという有力な証拠があるにもかかわらず、依然として意見が分かれている。これは、MMTにおいて人々がメサドンに非常に依存するようになるからである。このため、依存症の1つが単純に違う薬物への依存にすり替えられただけだとも考えられる。さらに、MMTは薬物乱用と依存に対する心理的な脆弱性に関する問題には対処していない。

　メサドンはヘロインの使用を中止させることはできるかもしれないが、研究者はMMTを受けている依存者によるその他の薬物の使用は実際には増加しているということを発見した。ある研究では、MMTを受けている人々の間でクラック・コカインおよび大麻の使用頻度の顕著な増加が見られた(Best et al., 2000)。同じ研究では、ヘロイン依存者の間における処方された以外のメサドンの使用の増加も見られた。最初の面談で「処方外」のメサドンを使用していないと答えた人々のうち21%が6ヵ月後には処方された以外のメサドンを使用したと報告している。さらに懸念すべきことに、その後の追跡面接で、処方以外の方法で入手したメサドンの使用量は、より多量のメサドンを処方されていた人のほうが多かった。このため、メサドンの大量投与は依存症の危険性を増加させる。

　では解毒のほうがよいのだろうか？　実際には、解毒とは一般にヘロイン離脱を乗り越えるためにメサドンを投与し、徐々に使用を減らし、約1年以内に完全に中止するというものである。表面的には、MMTよりもこちらのほうがよい方法に思えるだろう。しかし、MMTと解毒を比較すると、MMTにもいくつかの利点があることがわかる。ある研究では解毒と比較してMMTのほうがより高い治療の定着率(438.5対174.0日)および、より低いヘロイン使用率を示した(Sees et al., 2000)。MMTは、性行為関連のHIV感染の危険性のある行動は減少しないが、注射針の共有など、薬物関連のHIV感染の危険性のある行動においても低い率を示している。これら2つのグループにおける雇用率、家族機能、そしてアルコール使用について差はなかった。このため研究者は、これらはMMTの費用を長期にわたる解毒に回すことを後押しする結果ではないと結論付けた。MMTプログラムと集中1日治療プログラム(intensive day treatment program)との比較でも同様の結果が得られたが、コストに関しては徹底的な心理社会的介入を含む1日治療(day treatment)のほうが大幅に高い(Avants et al., 2000)。

　現在使用できるアヘン類依存治療法のうち、多くの依存症分野の専門家がMMTが——少なくても短期の場合には——最も「費用効率が高い」としている(Des Jarlais, Paone, Friedman, Peyser, Newman, 1995；Dole, 1995)。このため、実験に基づいた科学的所見によると、MMTが最良の方法ということになる。しかし、医師は治療目標に関する基本的な疑問に直面しなければならない(Robertson & Macleod, 1996)。依存者の長期間にわたる生活保護や、これらの人々が満たされた、生産的な人生をおくる見通しはどうなのか？　1つの依存を違う依存にすり替えるのはこれらの人々にとって得策であるのか？　MMTの容易さと低コストが無頓着さを生み、依存を本当になくすための治療法を探す社会的動機を軽減しているのではないか？　総合的な心理社会的介入はよりコストがかかるが、そのコストに見合う効果があるのだということに将来気づくことになるのかもしれない。ヘロインによってひき起こされた脳生化学の変化は可逆であるかもしれないのだ。

(Avants et al., 1999. Best et al., 2000, Des Jarlais, Paone, Friedman, Peyser & Newman, 1995；Dole, 1995；Robertson & Macleod, 1996；Sees et al., 2000に基づく)

ついて述べている。個々の患者に合わせた幅広いサービスを提供する、よく訓練された協力的な職員および、適切なメサドンの投与量(1日60 mg)は定着率(治療を続ける人の割合)を上昇させる。

　メサドン療法の裏にある理論は、個人の状態が安定すれば、メサドンを中止しても非常にわずかな不快感しか伴わないというものである。しかしながら、メサドン患者における非合法的なアヘン剤の使用の再発率は高い(Ward, Hall & Mattick, 1999)。メサドン療法を受ける人のおよそ半数が1年以内に治療を終えるが、それ以外の人の中にはヘロインや非合法的な薬物の使用を継続するものもいる。頻度は治療を開始する前よりも低くなっている。また一度メサドンの使用を中止すると、長期間薬物を使用しない確率は非常に低い(Zanis, McClellan, Alterman & Cnaan, 1996)。これらの値から、完全に薬物使用を中止し続けることが非常に困難であることが強調される。多くのメサドン患者は無期限にメサドンを使用することを選択し、医学的にはこれは可能である。

　前述の通り、アルコール依存症の治療によく用いられ、アヘン類拮抗作用をもつナルトレキソンはヘロイン依存者の治療、とくに離脱段階における治療に効果的だと示された。しかし、ヘロイン依存者を治療する場合、ナルトレキソン単独ではメサドンほど効果的で

はない。

医学的および社会的合併症

　ヘロイン依存症の最も深刻な健康影響は、依存による行動が原因である。より多くの薬物を入手するため、依存者は危険な行動を行う。もちろん、注射器の使用はAIDSウイルスへの感染を含め、数々の危険と関連している。その多くが薬物を入手するために性的行為に従事するため、依存者におけるAIDS感染の危険性はさらに高まっている。ヘロイン依存者におけるその他の性感染症の感染率も高くなっている。また、薬物の入手に関心を向けるあまり、体の健康を軽視する傾向がある。ヘロイン依存者の食生活は乏しく、予防的医療を求めることはない。

　社会的合併症はまた別の問題である。ヘロイン嗜癖を維持するためには1日100ドル以上かかると言われている。薬物自体は攻撃的な犯罪行動を増加させることはないが、多くの依存者は薬物を入手するために強盗、売春などの犯罪にかかわる。また、妊娠中にヘロインの使用を継続する女性は、胎児の健康に多大な影響を与える危険性がある。このようにして生まれた乳児には、生まれると身体的な離脱徴候が見られる。

幻覚剤

　幻覚剤はさまざまな化学構造や行動的作用をもつ数々の薬物を含んでいる。これらの薬物をその他の種類の薬物と区別する特徴は、知覚、認知、そして思考を際立って変容させる作用である。

　1931年、Lewinは自身がphantasticantsと名づけた薬物の種類について書いている。幻想の世界を生み出すことのできる薬物という意味である。これらの薬物は、サイケデリック(意識を拡大する)や精神異常のような症状をひき起こす(精神障害状態を含む)などと形容される。このような表現はすべて薬物が現実をゆがめ、自己知覚に影響する能力について言及している。これらの薬物について現在最も一般的に使用されている呼び名は幻覚剤である。これは、この種類の薬物すべてが鮮明で異常な知覚経験を生み出す作用をもつためである。これらの薬物にはLSD、メスカリン、プシロシビンなどが含まれる。

　全国家庭調査(アメリカ)によると、幻覚剤の使用率は比較的低い。1996年には、アメリカにおいて12歳超の人のうち8％が一度はLSDを使用したことがあると報告している(U.S. Department of Health and Human Services, 1997c)。1999年の国立薬物乱用研究所による報告では、調査に参加した高校3年生のうち8％が1年以内にLSDを使用したと報告している

アメリカ先住民はペヨーテを宗教儀式の一部として精神的な再生を求めて使用していた。(AP/Wide World Photos)

(U.S. Department of Health and Human Services, 2000)。幻覚剤の使用については1970年代から顕著な増加は見られていない。実際には、使用者1人当たりの平均使用量は大幅に減少している。

幻覚剤の効果

　多くの幻覚剤は植物性物質から抽出され、脳内の生体アミンと化学構造がほぼ同じである(セロトニン、ノルエピネフリンおよびドパミン)。精神に対する顕著な作用のため、これらの物質は古代文化の宗教的儀式や民間医療に使用されてきた。メスカリンはサボテンのペヨーテから抽出され、メキシコの先住民によって何世紀もの間、神秘主義の宗教的実践で使用されてきた。アステカ時代にはペヨーテは神聖なものとされていた。プシロシビンは数種のきのこに含まれており、「魔法のきのこ」として一般には知られている。中米で発見された精神刺激作用をもつきのこの石の彫刻は500 B.C.よりもかなり以前に作られたものである(Snyder, 1986)。インディアンの言葉でその名は「神の食べ物」という意味をもち、インディアンの間では秘密の宗教儀式で使用されていた。ニューヨークの銀行員で1950年代にきのこに関心をもったR. Gordon Wassonは先住民のグループと親密な関係を築き、彼らの儀式に参加した。彼は「……時間をさかのぼったり、進んだりすることが可能となり、異なる次元の存在や神を知ることすらできるようになる……」と書き残している(Wasson, 1979)。

　LSDは最近のものだが、興味深い歴史をもっている。LSD(D-lysergic acid diethylamide：リゼルグ酸ジエチルアミド)は合成薬物だが、穀物、とくにライ麦に感染する麦角菌に含まれるいくつかの化合物と化学的に関連がある。これらの化合物の1つであるエルゴタミンは、血管や子宮などその他の平滑筋の収縮をひき起こす(産科では数百年もの間使用されている)。

DSM-IV-TR の診断基準

幻覚剤中毒

A. 幻覚剤の最近の使用。
B. 幻覚剤使用中または直後に発現する臨床的に著明な不適応行動または心理学的変化（例：著しい不安または抑うつ、関係念慮、正気を失うという恐怖、妄想様観念、判断低下、社会的職業的機能の低下）。
C. 幻覚剤使用中または直後に、完全覚醒かつ注意十分の状態で出現する知覚の変化（例：主観的な知覚強化、離人症、現実感喪失、錯覚、幻覚、共感覚）。
D. 幻覚剤使用中または直後に発現する以下の徴候のうち2つ（またはそれ以上）：
 (1) 瞳孔散大
 (2) 頻脈
 (3) 発汗
 (4) 動悸
 (5) 視覚像の不鮮明化
 (6) 振戦
 (7) 協調運動障害
E. 症状は一般身体疾患によるものではなく、他の精神疾患ではうまく説明されない。

(訳注：原書は DSM-IV だが、ここでは DSM-IV-TR, APA, 2000［高橋三郎・大野裕・染谷俊幸訳『DSM-IV-TR 精神疾患の診断・統計マニュアル（新訂版）』医学書院、2004］を修正し引用した)

1940年代に、スイスのバーゼルにある Sandoz Drug Company の化学者、Albert Hofmann は新薬発見のため、麦角化合物のさまざまな誘導体について実験していた。彼は、一連の化合物を合成したが、その1つがLSDであった。当時、彼は強力な幻覚剤を扱っているとはまったく思っていなかった。1943年、いくつかの実験後、彼は奇妙な感覚を覚えたため、仕事を中断せざるを得なくなった。彼の実験ノートにはこれらの印象が記録されており、偶然LSDを摂取したためではないかと疑っている。数日後、彼は自分の仮説を試すため、意図的にその物質を0.25 mg摂取した。（LSDは非常に作用が強いため、現在ではこれは大量な投与であることがわかっている）。彼の受けた印象はノートにきちんと記録されている：

> 理論的に話すのが非常に困難となり、私の前で視界は揺れ、物は曲面鏡に写ったように歪んで見えた。その場から身動きがとれないような印象を受けたが、その後、かなりの速度で歩き回っていたと助手から言われた……
> 医師が到着した頃には、危機のピークは過ぎていた。私が記憶する限り、最も顕著な症状は下記のようなものである。目眩、視覚障害：周囲の人の顔がグロテスクな色のついたマスクに見える。顕著な運動不安（motor unrest）と不全麻痺が交互に訪れる。断続的に感じられる頭、体肢、全身に金属が入っているかのような重さ。足の痙攣、冷たさ、手の感覚の消失。金属味。喉の乾燥した、締め付けられたような感覚。息が詰まるような感覚。交互に訪れる混乱状態と自分の状態のはっきりと認識している状態、この時、私は独立した中立の観察者として私自身、半分気が狂ったかのように叫んだり、支離滅裂な言葉を話しているのを観察していた。しばしば、私は自分の体の外にいているような感覚を覚えた。医師によると脈はいくぶん弱いが、それ以外の血液の循環は正常であった。LSD-25を摂取した6時間後には、私の状態は大幅に改善していた。まだ顕著であった症状は視覚障害のみである。動きのある水面に反射されたように、すべてが揺れ動き、釣り合いを失っていた。また、すべてのものが不快で常に変化する色に見え、なかでも顕著だったのは不快な緑と青であった。目を閉じると、色彩豊かで、非常に生々しく幻想的で終わりのない映像が押し寄せてきた。顕著な特徴は、すべての音響知覚（例：通り過ぎる車の音）が視覚的効果へと変換されることである。すべての音はそれに対応して、万華鏡のように常に形や色を変える色つきの幻覚をひき起こした。1時ごろ眠りに落ち、次の朝起きるとやや疲れていたが、それを除けば体調はしごくよかった。(Hofmann, 1968, pp.185-86)

LSDについての報告は1950年代から科学文献に見られ始めた。薬理学者および心理学者はその効果に非常に関心をもったが、研究により治療的価値がほとんどないことが示された。1960年代の初めには薬物は違法となったが、1960年代の終わりから1970年代の始めにかけて、「ヒッピー」サブカルチャーにおける使用がピークに達した。

心理学的効果

幻覚剤の心理学的効果は人によって異なる。また、その効果は使用者の期待と、それまでの薬物の体験によっても変化する。上述の通り、最も一般的な報告は視覚、触覚、あるいは聴覚の変容を含む、おかしな知覚である。映像や音は非常に鮮明にあるいは奇妙になる。芸術を見たり、音楽を聞いたりという芸術的体験は強化される。時間の感覚も大幅に変化する。神経薬

DSM-IV-TR の診断基準

幻覚剤持続性知覚障害（フラッシュバック）

A. 幻覚剤中毒中に体験した知覚症状の1つ以上を、幻覚剤使用中止後に追体験すること（例：幾何学的幻覚、視野周辺部の誤った運動知覚、色彩の輝き、強烈な色彩、動く物体の映像の軌跡、強い残像、物体周辺のハロー効果、巨視症、微視症）。

B. 基準Aの症状が、臨床的に著明な苦痛、または社会的、職業的、または他の重要な領域における機能の障害をひき起こしている。

C. 症状は　般身体疾患によるものではなく（例：脳の解剖学的病巣や炎症、視覚性てんかん）、他の精神疾患（例：せん妄、認知症、統合失調症）または出眠時幻覚ではうまく説明されない。

（訳注：原書は DSM-IV だが、ここでは DSM-IV-TR、APA、2000［高橋三郎・大野裕・染谷俊幸訳『DSM-IV-TR 精神疾患の診断・統計マニュアル（新訂版）』医学書院、2004］を修正し引用した）

理学者の Solomon Snyder は、LSD を摂取した際、「薬物を摂取した2時間後、すでに数千年もの間薬物の影響下にあったような気がした。地球上での残りの人生は無限に引き伸ばされると同時に、無限に年をとったような感覚に襲われた」と記している（Snyder, 1986）。感覚が1つのモードから別のモードへと移行していくこともある。この現象は共感覚と呼ばれる。Snyder は「手を叩くと、音波が広がっていくのが見えた」と書き記している。感情や自己意識はしばしば影響され、離人症や自我境界の喪失感を伴う。多くの場合、使用者は自分や世界について特別な、本質を見抜く力を得ると報告している。この感覚は前向きなものの場合もあれば、使用者の心を大きくかき乱し、顕著な不快感を覚える場合もある。

幻覚剤とその他の乱用薬物には多くの重要な違いがある。コカイン、アンフェタミンやヘロインなどの薬物とは異なり、幻覚剤は恍惚や強い快楽感をひき起こすことはない。人々がこの薬物を欲するのは、精神に対する複雑な効果のためであり、多幸感やリラックスさせる性質を求めてのことではないようである。幻覚剤は、その他ほとんどの薬物のように脳内報酬系に影響していない可能性がある。これらの薬物の自己投与を動物に教えることはできない。これは、動物でも人間でも真の強化効果が欠如しているためだと考えられる。幻覚剤の使用は持続的でも慢性的でもない。一般的に人々は不定期にこれらの薬物を摂取している。さらに、人々はこれらの薬物に対して身体的な依存症や中毒になることはない。幻覚剤は非合法ではあるが、渇望や衝動を誘発することはない。

神経生理学的機序

これらの薬物の実に珍しい心理学的および知覚的効果のため、研究者は幻覚物質の脳への影響について長年関心をもっていた。実際に多くの研究が行われたが、これらの薬物に関連する神経生理学的機序はよくわかっていない。この種類のほとんどの薬物の化学構造は神経伝達物質のセロトニンとノルエピネフリンに非常によく似ており、そのため、これらの神経系に強力な作用を及ぼしていると考えられる。

動物に対する研究と人間に対する PET スキャンを用いた研究では、LSD やプシロシビンなど、その他の幻覚剤による嗜好の変化には多くの神経伝達物質系がかかわっていることが示されている（Vollenweider, 1998）。これに似た神経伝達物質の変化が天然の精神病の発症に寄与しているかもしれない。LSD はセロトニン、グルタミン酸塩、ドパミンの3つの神経伝達物質のバランスを崩すようである。幻覚剤を摂取するとセロトニン活性は顕著に減少する（Marek & Aghajanian, 1998）。LSD を摂取した人を対象に PET スキャンを用いた研究では脳の辺縁系の回路に顕著な変化が認められた。この回路は精神病症状の発現にかかわるとされているものである。

幻覚剤は思考に複雑な作用があり、Guillaume Pujolle に描かれたこの作品のような幻覚をひき起こすことがある。(*Les Aigles-la Plume d'oie*, by Guillaume Pujolle. Reproduced with permission of the Art Brut Collection, Lausanne)

DSM-IV-TR の診断基準

フェンシクリジン中毒

A. フェンシクリジン(または関連物質)の最近の使用。
B. フェンシクリジンの使用中または直後に発現する臨床的に著しい不適応性の行動変化(例:好争性、暴力的傾向、衝動性、予期できない行動、精神運動興奮、判断の低下、または社会的または職業的機能の低下)。
C. 1時間以内(喫煙、"吸鼻"、または静注の場合はより短時間)に起こる、以下の徴候の2つ(または、それ以上):
 (1) 垂直または水平眼振
 (2) 高血圧または頻脈
 (3) 無感覚または痛みに対する反応性の減少
 (4) 失調
 (5) 構音障害
 (6) 筋強剛
 (7) 痙攣または昏睡
 (8) 聴覚過敏
D. 症状は一般身体疾患によるものではなく、他の精神疾患ではうまく説明されない。

(訳注:原書は DSM-IV だが、ここでは DSM-IV-TR, APA, 2000 [高橋三郎・大野裕・染谷俊幸訳『DSM-IV-TR 精神疾患の診断・統計マニュアル(新訂版)』医学書院、2004]を修正し引用した)

医学的および社会的合併症

幻覚剤はその低い使用率から、医学的問題や公衆衛生問題として大きく注目されたことはない。また、静注されないため、AIDS 感染の危険性も少ない。LSD、メスカリン、プシロシビンなど最も一般的に使用される幻覚剤の毒性作用は非常に少ない。LSD の直接な作用が原因の死は知られていない。しかしながら、幻覚剤の摂取は悪影響をひき起こす可能性がある。最も一般的なのは、急性の精神病性反応あるいは「バッドトリップ」と呼ばれるもので、使用者は自分が発狂するような感覚に陥り、深刻なパニック反応を体験する(Hemsley and Ward, 1985)。まれではあるが、悲劇的なケースでは、知覚の変容が自殺の原因となる場合もある。1960年代には若い LSD 使用者が空を飛べると信じて窓から飛び降りたという記事が書かれた。もう1つ、LSD の深刻な副作用は「フラッシュバック」と呼ばれる現象で、最後に薬物を摂取してから長年経った後に短期間の薬物効果のエピソードが現れるものである。使用者の約15%に起こり、非常に混乱させ、LSD に曝露してから何年も経った後にも断続的に再発するが、フラッシュバックの原因はわかっていない。心配をしたり、不安になる傾向をもつ性格特性があり、「神経症的性格」で高いスコアを得た人は幻覚剤を使用する際「バッドトリップ」を体験する可能性が高い。

PCP と MDMA

幻覚作用をもついくつかのその他の薬物は娯楽目的で使用されている。PCP(phencyclidine:フェンシクリジンは路上では「エンジェルダスト」「wack」、あるいは「ロケット燃料」として知られる)と関連薬物であるケタミンは、もともと1950年代に麻酔薬として開発された。これらの薬物を使用して麻酔された人々は、意識はあるが、周囲の環境から分離されたように見えた。このため、これらの薬物は解離性麻酔薬と区分された。しかし、やがて幻覚剤と同じような性質をもっていることが発見され、人間への使用は中止された。

PCP は娯楽目的での使用が流行した1970年代には非合法的に合成されていた。薬物は喫煙、吸鼻、あるいは静注される。摂取すると、中毒、暖かさ、体肢のしびれとうずくような感覚などの主観的感情をひき起こす。LSD 中毒を特徴づける視覚的な幻覚とは異なり、歪んだ身体図式や重度の離人症の感覚などが典型的な PCP の作用である。用量を増やすにつれ、混乱および興奮した中毒をひき起こすか、知覚麻痺あるいは昏睡に陥る場合もある。統合失調症のような精神症状が見られることもあり、この症状は数週間から数ヵ月続くこともある。PCP は「キラージョイント」(マリファナと PCP 入りのタバコ)を作るために、しばしばマリファナと併用される。近年では PCP の使用率は急激に減少している。1979年では高校3年生の約13%が1度は使用したことがあると報告していたが、1997年には4%にまで減少している。この減少は、PCP に関する悪評が原因であると考えられる。しかしながら、PCP の使用は暴力や攻撃的な行動、自殺、うつ病などと関連づけられているため、懸念すべき問題である(Johnson & Jones, 1990)。

通俗の言葉で「エクスタシー」または「XTC」と呼ばれる MDMA(3、4―メチレンジオキシメタンフェタミン:3, 4–methylenedioxymethamphetamine)、はアンフェタミンに化学的に関連のある薬物である。知覚認識に変化をもたらすため、覚醒剤ではなく主に幻覚剤に分類されている。娯楽目的の使用者は、MDMA は多幸感、うずき、そして社交性の増加などをひき起こすとしている。使用者は、薬物の急性

作用が引くと、洞察力が増し、共感的で意識的になると報告している。1980年代の初め、違法となる以前には、多くの精神科医が治療経過を助けるために意図的に使用していたと報告しており、意思疎通や感情の表現を促進させたと報告している(Greer & Tolbert, 1986；Grinspoon & Bakalar, 1986)。娯楽目的でMDMAを使用していた人は、お互いの信頼関係を強め、家族構成員や友人との間の壁を取り除くと考えている。これらの報告にはあまり実体がないことが立証されている。

　実際、現在ではMDMAは深刻な脳損傷をひき起こすことがわかっている。MDMAは脳に対する神経毒性作用があり、特にセロトニン神経細胞に作用する(Morris, 1998；Stone, Merchant, Hanson & Gibb, 1987)。かなりの数のセロトニン神経細胞を損傷するのには1回の服用で十分である。幸いMDMAの使用は広範には広がっていない。1997年の推定では、生涯で1度以上使用したことのある若者は約6％だとされている。その脳への影響に関する情報がより広く知られるにつれて、使用率はさらに下がると予想される。

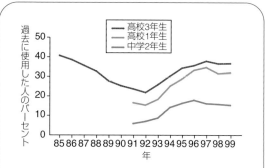

図14-10　青年のマリファナ使用の傾向

　図は、中学2年生、高校1年生、高校3年生の過去1年間のマリファナ使用率を表している。1985年から1990年に調査されたのは高校3年生のみである。1991年から3学年の生徒に対して調査が実施されるようになった。マリファナの使用は1985年から1992年の間に減少しているが、1992年以降は再び増加している。それでも1979年の史上最高値である50.8％を上回ってはいない。1998年から1999年にかけての使用率は比較的安定している。(Matthias, 1996；National Institute of Drug Abuse, 2000 c に基づく)

マリファナ(大麻)

　マリファナは麻、すなわち Cannabis sativa の葉から作られる。この植物の原産地はわからないが、おそらく中央アジアだと考えられる。現在では、世界中の多くの地域で栽培されている。人間社会における大麻の使用は、有史以前にさかのぼる。中国では人を酔わせるものとして6000年も前にすでに使用されていた。西欧諸国では、麻はその薬理作用と繊維(ロープを作るため)のために栽培されていたが、中毒作用はあまり知られてはいなかった。19世紀にヨーロッパの医師たちは食欲亢進薬と鎮痙剤、そして片頭痛、喘息、痛みの強い月経など、その他多くの疾患の治療薬としての麻の実用性をくわしく説明した。娯楽目的のマリファナの喫煙は20世紀の初めにメキシコ人労働者によってアメリカに広められたと考えられている(McKim, 1986)。その使用は徐々に広がり、マリファナの使用がモラルの低下や凶悪犯罪と関連していると考える人たちの懸念を呼び起こした。1930年代にはアメリカのほとんどの州でマリファナは違法となった。

　幻覚剤とは対照的に、アメリカでマリファナは最も一般的に使用される非合法な薬物である(U.S. Department of Health and Human Services, 1997 c)。1996年には、全国家庭調査(アメリカ)の目標母集団の約3分の1が生涯で1度以上マリファナを使用したことがあると報告し、約9％が1年以内に使用した

1991年、約半数のティーンエイジャーおよび若年成人が少なくとも1度はマリファナを使用したことがあると報告している。(AP/Wide World Photos)

と報告している。これらの値は、少なくとも1度はマリファナを使用したことのある人が7,000万人近くいることを示している。ティーンエイジャーにおいては、マリファナの使用はより広まっている(図14-10参照)。40％近くの高校3年生が1年以内に使用したと報告し、50％が生涯で1度以上使用したことがあると報告している。その他ほとんどの非合法的薬物同

DSM-IV-TR の診断基準

マリファナ（大麻）中毒

A. 大麻の最近の使用。
B. 臨床的に著しい不適応性の行動的または心理学的変化（例：協調運動障害、多幸症、不安、時間延長の感覚、判断低下、社会的ひきこもり）が大麻の使用中または使用後まもなく発現
C. 以下の徴候のうち2つ（またはそれ以上）が大麻使用後2時間以内に起こる。
　(1) 結膜充血
　(2) 食欲亢進
　(3) 口腔乾燥
　(4) 頻脈
D. 症状は一般身体疾患によるものではなく、他の精神疾患ではうまく説明されない。

（訳注：原書は DSM-IV だが、ここでは DSM-IV-TR, APA, 2000 ［高橋三郎・大野裕・染谷俊幸訳『DSM-IV-TR 精神疾患の診断・統計マニュアル（新訂版）』医学書院、2004］を修正し引用した）

様、使用率は高校3年生のうち60％がマリファナを使ったことがあると答えた1970年代に比べると顕著に減少している。

マリファナの効果

マリファナの精神刺激成分は、植物の樹脂に高濃度なデルタ-9-テトラハイドロカンナビノール（delta-9-tetrahydrocannabinol : THC）である。この物質の濃度は、植物の処理によってさまざま（0.5～11％）である。マリファナは葉とつぼみを処理したものである。ハッシシはほぼ純粋な樹脂で、より強力である。マリファナとハッシシは通常喫煙される。そして、これは薬物を脳に供給する非常に効率的な方法である。精神刺激作用は数分後に始まり、約30分後にピークに達する。この薬物はクッキーやチョコレートケーキに混ぜて経口で摂取されることもある。消化管からの吸収はかなり遅いため、その作用は摂取から2～3時間後にはじめて感じられる。THC は非常に脂溶性で、体内の脂肪組織に取り込まれ、蓄えられる。この特徴のため、THC は体内に長期間残り、1度 THC を服用すると1ヵ月あまり体内に残っている。

心理的効果

マリファナの行動および認知への効果の知識は、使用者からの報告と、動物および人間を対象とした数多くの実験室における研究に基づいている。用量、薬物の過去の体験、期待などによって人々は異なる反応を示すため、マリファナによる心理的変化を正確に説明するのは困難である。経験豊かな使用者の間では、マリファナは典型的に幸福感と一般的に「高揚した」気分と呼ばれる軽度の多幸感をひき起こす。最初の刺激効果は、平穏さおよび夢心地へと変わる。急激な気分の変化や誇張された感情をひき起こす場合もある。マリファナが付き合い程度に摂取された場合には、しばしば頻繁な笑いや楽しい気分が見られる。知覚および感覚の変容が起こる場合もあるが、一般的にこれらは楽しい経験の軽度の誇張である。たとえば、音楽や味覚が強化される場合がある。しかし、非常に高用量のTHC を摂取すると、幻覚や偏執症が見られることもある。

マリファナの喫煙によって誘発される認知障害も人によって異なるが、短期記憶の著しい障害があり、短い時間意識に情報を保つことが困難になるということは確実だとされている（Miller, 1999）。また、マリファナ中毒の後、使用者に一時的混乱と呼ばれる症状がみられることもある；これは目的のために情報を保持・調整する能力を失うというものである（McKim, 1986）。たとえば、何を言いかけたのか忘れてしまうため、話し始めたことを最後まで言い終えることができないというのはよくみられる。これは不適切な関連性の侵入が原因ではないかと考えられている（Hooker & Jones, 1987）。また、幻覚剤と同様、時間の感覚の変容が見られ、使用者は時間がゆっくり経過するという感覚を覚える。

マリファナによる心理的変化が一時的なものか慢性的なものなのかは確実にはわかっていない。しかし最近の動物に対する研究により、THC の神経毒性に対する懸念が広がっている（Chan, Hinds, Impey & Storm, 1998）。THC を培養神経細胞あるいは海馬組織に与えたところ、神経細胞の細胞体と細胞核が収縮したのである。海馬は記憶に関する重要な役割を果たす部位である。これらの発見は大麻類による記憶障害は神経毒性が原因であることを示唆している。しかしより懸念すべきは、THC が細胞核内の DNA 鎖切断をひき起こしていたということである。THC は遺伝子損傷の原因である可能性がある。

耐性および依存症

使用者はしばしば逆耐性あるいは薬物に対する鋭敏化があると報告しているが、耐性はマリファナの効果のいくつかに見られる。ある実験室での研究におい

て、参加者が数週間の間、4時間おきに経口のTHCを投与されたとき、心拍数、主観的効果、認知能力および運動能力を乱す効果に対する耐性の上昇が見られた(Jones & Benowitz, 1976)。耐性がつくには多用量で慢性的なマリファナの使用が必要であると考えられている。経験豊富な使用者における鋭敏化は、吸入の仕方を覚えたためにTHCの血中濃度を効果的に上昇させることができるようになるとともに、薬物による誘発された主観的な状態がどのようなものかがわかるというのが主な理由である。

　マリファナで身体的な依存が見られることはほとんどない(Nahas et al., 1999)。社交目的の使用者の大半は時々喫煙するが、毎日使用することはない。マリファナの紙巻きタバコを1日1本、28日間喫煙した後マリファナの喫煙を中止しても、離脱症状は見られない(Frank, Lessin, Tyrrell, Hahn & Szara, 1976)。しかし、慢性的な高用量のTHCの使用を突然中止すると、離脱症候群が見られることがある。この症候群はいらだたしさ、落ち着きのなさ、体重減少、不眠、震え、そして体温の上昇などによって特徴づけられる。マリファナでより一般的なのは心理的依存であるが、それでもマリファナの強迫的な使用と渇望は、コカイン、アヘン剤、およびアルコールなど他の薬物と比較してかなり少ないとほとんどの専門家が同意している。それでもなお、強力なマリファナを数ヵ月から数年使用し続け、この物質を手に入れ使用するのにかなりの時間を費やすというマリファナ依存症のDSM-IV基準を満たす人は存在する。

生理的および神経化学的効果

　研究者はマリファナ類の薬理学的および神経化学的作用の研究に大きな関心を示しているが、その他の乱用される薬物と比較すると、THCの精神刺激作用の神経的基礎はあまりわかってはいない。THCの薬物としては珍しい特徴が理解の欠如の一因となっている(Nahas et al., 1999)。THCは非常に脂溶性であり、すべての組織に吸収される。THCはほぼすべての生体組織に影響を及ぼし、生体膜に対して「流動化」作用をもつ(アルコールの作用と似ている)。このため、長年の間、THCは薬理学的に「非特異性」だと考えられてきた。しかし、十数年前、マリファナ類を結合する特異的な受容体の特徴が見つけられ、特定の脳構造に特定され、快感に関連する側坐核および辺縁系の領域に特に多いことがわかった(Herkenham et al., 1990)。研究者は、最近PETスキャンを使用し、人間の脳にある大麻類受容体に対するマリファナの作用に関する研究を始めた(Gatley, Volkow & Makriyannis, 1999)。

　THCが抗コリン作用をもつという証拠もあり(神経伝達物質アセチルコリンの破壊機能)、これが薬物に

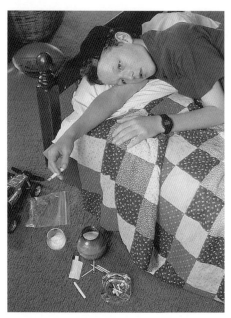

マリファナの定期的使用は平穏さおよび夢心地を与えるが、このティーンエイジャーのマリファナ喫煙者に見られるように鈍感さおよび無気力を同時に感じることもある。(David Young-Wolff/ Tony Stone Worldwide, Ltd)

よる記憶障害や口腔乾燥などの生理的効果の根底にある原因だと考えられる(Domino, 1999)。アセチルコリンは海馬の非常に重要な神経伝達物質で、記憶形成に必要であると考えられている。海馬の活性変化は薬物に関連する短期記憶障害の原因の1つであると考えられる(Molina-Holgado, Gonzalez & Leret, 1995)。

医学的および社会的合併症

　マリファナの慢性使用に関連する潜在的な危険は多数存在する。このうち最も重要だと思われるのは、肺への影響である。これはTHC自体によるものではなく、マリファナの紙巻きタバコの煙に含まれるタールやその他の物質を吸入することに起因する(Hollister, 1986)。気管支炎と喘息は長年マリファナの喫煙と関連づけられてきた。マリファナ類は免疫反応を抑制することでも知られているが、この結果の臨床的有意性はわかっていない(Friedman, Klein & Specter, 1991)。長年にわたり、その他多くの体への悪影響がマリファナの頻繁な使用に起因すると言われたが、決定的に証明されたものはない。

　若者が定期的にマリファナを喫煙し出した場合、その人の生活様式、性格、野心に非常に顕著な変化が見られることがたまにある。マリファナの慢性使用者には鈍感さ、無気力、認知および記憶の障害、容姿や毎日の目標追求活動に対する関心の消失などが見られる(Bailes, 1998 ; McGlothin & West, 1968)。これらの

Roy Carruthers の Three Smokers。(Carruthers & Company/Newborn Group の厚意による)

変化は、まとめて「無動機症候群」と呼ばれている。この症候群は明らかに懸念すべきものであるが、マリファナの使用が原因因子であるのか、心理的およびやる気の変化が薬物の使用以前に起きているのかはわかっていない。アルコールと同様、薬物の心理的な作用と薬物の使用に至るまでの心理的要素を切り離すことは非常に困難である。この症候群は、すべてのマリファナの多量使用者に起こるわけではない。多量使用の中止により、数週間から数ヵ月間で徐々に回復する。人間によるマリファナの大量使用による恒久的な脳損傷の証拠はないが、上述の動物に対する研究は、マリファナが神経毒性をもつことを示唆している。

タバコ

タバコは人間によって数千年の間使用されている。最初にタバコを栽培し、精神刺激作用のためにその葉を喫煙したのは北および南アメリカの先住民である。新世界探険者たちはコロンブスの時代に初めてタバコの喫煙を観察し、16世紀に西洋文化およびその他の地域に紹介された。植物はフランス大使 Jean Nicot から名を取り、*Nicotianatabacum* と名づけられた。Jean Nicot はタバコに薬理効果があると信じており、開発を促進した。植民地時代には、タバコはパイプタバコとして喫煙されたほか、噛みタバコや粉にして嗅ぎタバコとして用いられた。19世紀の中ごろには（葉巻やパイプと比べて）非常に軽い煙で、吸入できる紙巻きタバコが開発された。

現代社会において喫煙は、精神作用薬物の摂取の一般的で合法的な方法となっている。紙巻きタバコの煙には3,000種以上の化学物質が含まれているが、中毒性のある活性物質はニコチンだとされている。このため、ニコチンは世界中で摂取される精神作用薬物の中でも最も広く消費されているものだと言える。1日1パック喫煙する喫煙者は、毎日数百回分ものニコチンの投与量を摂取している（約200服）。これは、1年で7万回分の投与量を越える。喫煙率は近年では低下してきている。全国家庭調査（アメリカ）の報告によると喫煙者はここ25年間の間に目標母集団の40％から約30％にまで減少している（U.S. Department of Health and Human Services, 1997 c）。これらの値は心強いものだが、健康に対する喫煙の悪影響の知識が広く知られる近年においても、人々は喫煙を続けている。実際、1996年から1997年にかけて、12歳から13歳の若者の間で紙巻きタバコの喫煙は増加している。喫煙率は7.3％から9.7％まで増加した。このことは、ティーンにおける喫煙の減少を目的とした国家プログラムへとつながった。教育努力や、タバコ業界に若者に対するマーケティングを中止するよう圧力をかけるなどの戦略がとられた。1999年以降では、この人口における喫煙率の低下が見られた。13歳から14歳では1996年のピークである21％に対し、1999年には17.5％が1本以上の紙巻きタバコを30日以内に喫煙したと報告している（U.S. Department of Health and Human Services, 2000）。

薬物使用を非難する社会の中で、ニコチン摂取が合法な行為だというのは矛盾している。世界的には、4,000億ドルの業界である。しかし、紙巻きタバコの喫煙とコカインやアルコールなどその他の薬物を使用する際の主な違いが、ニコチンの慢性的な使用はたとえ多量に使用した場合でも思考機能障害を起こすことはないということにあることを理解することは重要である。ニコチンは確実に「精神作用」のある薬物であるが、脳や行動への作用はわずかである。しかし、皮肉にも喫煙による死亡数は、すべての違法薬物による死亡数の合計数の20倍近くにもなる。

ニコチンの効果

ニコチンはさまざまな方法で摂取することができるが、摂取経路として最も一般的なのが喫煙である。煙が「タール」（凝縮物）の粒子を介して肺に吸い込まれると、ニコチンは急速に循環系へと吸収される。血中濃度は急激に上昇し、ニコチンは約7秒後に脳に到達する。ニコチンの経口経路からの摂取（噛みタバコ、ニコチンガム、経口の嗅ぎタバコなど）では血中ニコチン濃度の上昇ははるかに緩やかなものである。ニコチンは末梢および中枢神経系に対するさまざまな複雑な作用をもつ。ニコチンは覚醒剤と抑制剤、両方の性

> ### DSM-IV-TR の診断基準
>
> ## ニコチン離脱
>
> A. 少なくとも数週間にわたり、毎日のニコチン使用。
> B. ニコチン使用の突然の中止または減量に続く24時間以内に、以下のうち4つの（またはそれ以上の）徴候：
>   (1) 不快または抑うつ気分
>   (2) 不眠
>   (3) いらだたしさ、欲求不満、または怒り
>   (4) 不安
>   (5) 集中困難
>   (6) 落ち着きのなさ
>   (7) 心拍数の減少
>   (8) 食欲増加または体重増加
> C. 基準Bの症状が、臨床的に著しい苦痛、または社会的、職業的、または他の重要な領域における機能の障害をひき起こしている。
> D. 症状は一般身体疾患によるものではなく、他の精神疾患ではうまく説明されない。
>
> （訳注：原書はDSM-IVだが、ここではDSM-IV-TR、APA、2000［高橋三郎・大野裕・染谷俊幸訳『DSM-IV-TR 精神疾患の診断・統計マニュアル（新訂版）』医学書院、2004］を修正し引用した）

質をもつ。喫煙の主観的作用に関する研究では、興奮作用とリラックス作用の両方のために喫煙していると人々は答えている。神経伝達物質に対するニコチンの2つの主作用は、コリン作用およびアミン作動性シナプスへの効果を含んでいる。ニコチンは自律神経系および神経筋接合部のコリン作用受容体を刺激する。ニコチンはカテコールアミンの分泌も誘発し、これが心臓血管の活性（心拍数の上昇、血圧および心拍出量の上昇、および血管収縮）につながっている。中枢神経系では、ニコチンの曝露はいくつかの中枢神経系の経路の活性化につながり、アセチルコリン、ノルエピネフリン、セロトニン、ドパミンの分泌と内分泌系への影響につながる（Benowitz, 1988）。アセチルコリンの分泌がニコチンによる覚醒の増加や興奮の主な原因である。セロトニンの上昇はよりリラックスするためだと思われる。

ニコチンは、人間の脳全体に対して活性作用をもつと思われる。ある研究では、fMRI（functional magnetic resonance imaging：機能性MRI）を使用し、紙巻タバコ喫煙者にニコチンを注射したときの脳の活動に対する影響が観察された（Stein et al., 1998）。研究参加者は、ニコチンは「恍惚」あるいは「高揚した」気分を誘発したと報告している。ニコチンは前頭葉、側坐核、そして扁桃体を含むいくつかの脳領域における神経細胞の活動も上昇させる。コカインおよびいくつかの乱用薬物の効果に対する研究では、側坐核と扁桃体はそれらの薬物の強化効果にかかわっていることが示されている。このため、これらの脳の領域に対するニコチンの作用が強化作用に関連していると考えられる。

喫煙者の脳にはいくつかの長期変化があることは明らかである。これは多くのニコチンの効果に対する耐性がつくことから推測されている。ティーンエイジャーの頃の最初の喫煙は、しばしば嘔気、嘔吐、蒼白さ、眩暈をひき起こす。喫煙を継続すると、これらの嫌悪効果に対する耐性は急速に上昇する。ニコチンの主観的作用のうち興奮に対する耐性はある程度つく。少なくとも中毒になりやすい人には、喫煙のプラス効果は不快な副作用より重要視されるため、喫煙行為が繰り返されていると考えられる。身体的な依存に陥る場合もあり、これについては以下に記す。

ニコチン依存症

つい1994年まで、タバコ会社の幹部は喫煙とニコチンに依存性はないとしていた（Hilts, 1994 a）。しかし、そうではないと示唆する膨大な科学的証拠から、1997年にはいくつかのタバコ会社が喫煙の依存性や危険な作用について公の場で認めた。実際には、ニコチンは最も依存性の強い薬物であると科学的証拠は示している。薬物研究における権威の2人がニコチンをその他5種類の薬物を比較したところ、2人ともニコチンの中毒には低い順位をつけたが、依存性については最も高く評価した（表14-4参照）。禁煙を試みている喫煙者において、70%は3ヵ月以内に再発する。図14-1（p.537参照）で喫煙の再発は、ヘロインやアルコールなど他の薬物の再発と同様のパターンをたどっている。米国公衆衛生局長官はニコチンはヘロインと同じくらい依存性が強いと公表しており、ニコチンが合法的薬物であることから、これは衝撃的であるかもしれない。マーク・トウェインが言った皮肉に、「やめようと思えばいつでもできるさ。もう何千回も禁煙したことがあるのだから」（Volpicelli, 1989から引用）というものがあるが、禁煙を何度となく繰り返した喫煙者には納得がいくだろう。ニコチン依存症とは何か、そして禁煙する強い動機があるにもかかわらず、なぜ禁煙がそれほど困難なのか？

薬物依存症の主な基準を見てみると、紙巻きタバコ

表14-4 ニコチンとその他の薬物との比較

米国国立薬物乱用研究所の Jack E. Henningfield 博士とカリフォルニア大学サンフランシスコ校の Neal L. Benowitz 博士が6つの物質を5つの問題領域において順位付けた。
1＝最も深刻、6＝最も深刻ではない

Henningfield の順位

物質名	離脱	強化	耐性	依存性	中毒性
ニコチン	3	4	2	1	5
ヘロイン	2	2	1	2	2
コカイン	4	1	4	3	3
アルコール	1	3	3	4	1
カフェイン	5	6	5	5	6
マリファナ	6	5	6	6	4

Benowitz の順位

物質名	離脱	強化	耐性	依存性	中毒性
ニコチン	3*	4	4	1	6
ヘロイン	2	2	2	2	2
コカイン	3*	1	1	3	3
アルコール	1	3	4	4	1
カフェイン	4	5	3	5	5
マリファナ	5	6	5	6	4

離脱	離脱症状の特徴の深刻さを示す
強化	人間および動物を対象とした実験における、物質を繰り返し摂取させる力と、その他の物質より好んで摂取させる力の測定
耐性	その物質の増加する渇望を満たすのにどれくらいの量が必要か、そして最終的に達する安定した必要水準
依存性	やめるのがどの程度困難か、再発率、最終的に人々が依存症となる率、人々が物質を必要とする度合いの評価、危険性があるにもかかわらずその物質が使用される度合い
中毒性	それ自体は依存の尺度としては通常使用されないが、中毒のレベルは依存と関連があり、物質によるその人の社会的損害にも関連する

★同順位
Hilts, 1994 b, p.C 3.より引用。

の喫煙において、これらの基準はほとんどの喫煙者に当てはまることがわかる。薬物の強迫的使用、薬物使用に非常に多くの時間を費やす、薬物の確保への関心、そして離脱後の高い再発率。もちろん、喫煙量が非常に少ない人や、ときどきしか喫煙しない人も中にはいるが、これらは比較的まれである。禁煙はしばしば目立った離脱症候群を起こす。その度合いや特定の症状は人によって異なる。最も一般的な徴候や症状は、いらだたしさ、不安、落ち着きのなさ、集中力の障害、そしてタバコへの強い渇望である。頭痛、眠気、不眠、および胃腸障害もよく見られる。離脱中の喫煙者における神経心理検査は、警戒感、注意、および精神運動能力の低下と、敵愾心の増加を示す。症候群は数日から数週間のうちに徐々に治まるが、紙巻きタバコの渇望と欲求は身体愁訴よりはるかに長期間持続する。食欲亢進と体重の増加は禁煙と関連する非常に一般的な問題である(喫煙者を集団として見ると、非喫煙者よりも体重が軽いことがわかっている)。動物と人間に対する研究で、これは数々の代謝性変化が原因だということが示されているが、口の動きの「代用品」に対する強い欲求も原因の1つである可能性もある。喫煙中止後の体重増加に対する恐怖は特に女性において、禁煙する動機を低下させる一因となっている。

周囲の圧力、親の影響、そして実験的使用などが喫煙行動を始めるきっかけに寄与すると考えられる。ウクライナの首都キエフにて、8歳の男の子たちが後ろに喫煙反対のポスターが貼ってあるのも気にせず、紙巻きタバコに火をつけている。(AP/Wide World Photos)

ニコチン依存症の理論

　人々はなぜ喫煙するのだろうか？　喫煙依存症が最もよく発生するティーンエイジャーにおいて、社会的要素は非常に重要だと考えられる。周囲の圧力、親の影響、そして実験的使用などが喫煙行動を始めるきっかけに寄与すると考えられる。また、依存が確立すると、ニコチンの生物学的影響に関連するその他の要因が行動の維持に寄与する。これらのうち最も重要なのは、ニコチンの**正の強化効果**ではないだろうか。すべての乱用薬物と同様、ニコチンは気分、感情、認知機能に影響を与える。動物に対する自己摂取実験では、ネズミやサルがニコチン静注を供給するレバーを押すことが示されている(Corrigall & Coen, 1991 ; Henningfield & Goldberg, 1983)。ニコチンは喫煙する人を気持ちよくする性質をもっていると考えられる。人間に対する実験室での研究でこれが正しいことが示されている(Henningfield & Jasinski, 1983)。イギリスで行われたある実験では、被験者が喫煙を「快いリラックス感」そして「快い刺激」作用の両方をもつと報告している(Warburton, 1988)。しかしヘロインやコカインなど喫煙や静注などで摂取されるその他の薬物で得られるような強力な多幸感や「恍惚」をニコチンから得ることはできない。

　より重要な喫煙行動のモデルは**コーピンクモデル**である。この概念は、人々は苦悩を軽減するために薬物を摂取するので、ストレスや日々の生活の変化に対処するのを助けるというものである。多くの研究から心配、緊張、あるいは不安を感じているときに喫煙量が増え、喫煙によりこれらの感情が軽減されると感じていることがわかっている。たとえば、学生を対象とした研究では、試験期間中に喫煙量が増え、より強く吸入していることがわかっている(Waburton, 1988)。また、皮膚伝導などの自律反応度は喫煙により鈍化することがわかっており、ストレス反応のいくつかの面が軽減されるということの証拠となっている(Gilbert & Hagen, 1980)。

　機能論的モデルは人の能力を向上させるニコチンの力に注目しており、人々は自身の心理的状態を制御し、最適な思考機能を求めて喫煙することを強調している。ニコチンの軽度の刺激特性は、実際に能力を向上させるようである。警戒感、注意、記憶、情報処理のテストでは、喫煙あるいは経口で、ニコチンを摂取したときに点数が向上した。これらの効果は非喫煙者に経口ニコチンを投与した場合にも見られる(Sahakian, Jones, Levy, Gray & Warburton, 1989 ; Wesnes & Warburton, 1984 a, 1984 b)。このため、人々は日々の生活の中で多くの仕事をこなす際のニコチンの有益な効果のために喫煙するとも考えられる。

　その他の研究では、アルツハイマー病患者やその他の認知症患者に対するニコチンの有益な効果が示されている(Nordberg, 1996)。ニコチンを与えられた患者には記憶力と集中力の向上が現れた。さらに、喫煙歴がある人はアルツハイマー病になりにくいと考えられている。これらの効果は、脳のある神経伝達物質受容体に対するニコチンの長期的影響が原因だと推測される。ニコチンは統合失調症の患者に対してもいくつかの有益性があるという証拠も示されており、混乱と散漫性を軽減するとされている(Adler et al., 1998)。統合失調症の患者は、それ以外の人と比べて大幅に高い率で喫煙する。研究者は、統合失調症に対する脆弱性は神経伝達物質受容体の異常と関連しているのが原因ではないかと示唆している。これらの研究者は、紙巻きタバコの喫煙は統合失調症の患者の脳の異常を補っていると仮説を立てている(Box 14-3参照)。このため、喫煙は多くの健康危機をもつという事実に反し、逆説的には、ニコチンは健康に対するいくつかの潜在的有益性ももっていると考えられる(Le Houezec, 1998)。

　上述の3つのモデルすべてが、ほとんどの喫煙者に関係があると考えられる。このため、これらのモデルは相互排他的と考えるべきではない。多くの人々は、ニコチンによる軽度の気持ちのよくなる効果、否定的な心理状態の軽減、日々の機能の向上など、さまざまな要因の組み合わせのために喫煙している。

Box 14-3　分析の水準

ニコチンと統合失調症

　紙巻きタバコの喫煙は健康な人よりも精神疾患の患者に多く見られる。とくに統合失調症の患者の間では喫煙率は非常に高く、50〜85％が喫煙していると推測される（Dalack, Healy & Meador-Woodruff, 1998）。統合失調症の診断を受けた人に喫煙がこれほどまでにも多いのはなぜだろうか？　統合失調症の患者における高いニコチン使用率は彼らの疾患の原因とかかわりがあると考えられており、近年、この疑問が研究者の関心を集めている。

　Glynn と Sussman（1990）による、人々が喫煙する理由の心理に関する研究は、人々になぜ喫煙するのかを聞くことから始まり、これにより統合失調症の患者は健康な人々と同じように答えていることがわかっている。統合失調症の患者は喫煙により、よりリラックスでき心が平穏になり、それが依存となったと答えている。また、多くの患者が、喫煙することで症状が軽減すると信じていると言っている。これが実際に事実であるという証拠はあまりない。いくつかのケーススタディでは、統合失調症の症状は禁煙することで悪化すると示唆されている（Dalack, Healy & Meador-Woodruff, 1998）。さらに、喫煙あるいはニコチンパッチによるニコチンの摂取は統合失調症の認知機能を向上させることがわかっている。

　一般的に、統合失調症の患者における喫煙の心理学的影響は、脳におけるニコチンの生物学について現在わかっている事実と一致している。ニコチンの受容体は脳の多くの領域に分散している。統合失調症の患者は脳の"nicotinergic"系に障害があり、これが不適切な感覚入力を無視あるいは「門を閉じる」能力に問題を来たしていると仮説を立てている研究者もいる。喫煙により患者の注意を集中する能力が向上するため、症状が抑えられていると考えられる。また、ニコチンは統合失調症に関連する重要な神経伝達物質、とくにドパミン活性を変化させるようである（第10章参照）。喫煙することで統合失調症の患者は脳内のドパミン活性、とくに「中脳辺縁系ドパミン系」と呼ばれるシステムを正常化していると考えられている。これらを総合すると、患者は紙巻きタバコを喫煙することで「自己治療」をしていることが示唆される。では深刻な精神疾患をもつニコチン依存に対する最適な方法とはどのようなものなのか？　患者が心理学的症状と対処するのを助けていると強く主張している場合でも、禁煙を強く勧めるべきなのか？　あるいは、臨床医学者は喫煙の身体的な健康へのマイナスの影響があるにかかわらず、患者に対する心理学的利益を最優先事項とすべきなのか？　これは簡単な答えのない複雑な問題である。最善の方法は各患者に対して個別に判断されなければならない。

（Dalack, Healy & Meador-Woodruff, 1998；Glynn & Sussman, 1990に基づく）

治療

　禁煙に成功した多くの喫煙者は、カウンセリングプログラム、グループや薬物療法の助けを借りていない（Fiore et al., 1990）。毎年喫煙者の約3分の2が真剣に禁煙を試みるが、その多くが数週間から数ヵ月の間に再発する。行動療法、集団カウンセリング、あるいは医師のアドバイスが助けとなる場合もあるが、これらの戦略はニコチン代償療法と併用することで、より効果が高くなる（Tsoh et al., 1997）。ニコチンガムあるいは経皮パッチ（皮膚に貼られ、ニコチンをゆっくりと分泌するパッチ。ニコチンは皮膚から体内へと吸収される）によるニコチン置換療法は、その他の方法では喫煙をやめることができない喫煙者の間で効果的である。この方法の根底にある論拠は、メサドンを使用したアヘン剤依存の治療のものと類似している。目的となるのは限られた期間ニコチンを有用とし、その間に喫煙行為を中止するというものである。この方法で与えられたニコチンは喫煙と同水準の血中濃度や精神刺激作用は与えないが、離脱症状と渇望の度合いを軽減する。経皮ニコチンパッチは簡単に使用でき、ニコチンガムよりも副作用が少ない。5,000人以上の喫煙者を対象とした17の研究のメタ分析では、経皮パッチを使用している喫煙者の約25％が6ヵ月後もまだ

この喫煙反対の広告は、妊娠中の喫煙は胎児に悪影響を与える可能性がある、と指摘している。（AP/Wide World Photos）

禁煙を続けているのに対し、ダミーのパッチを与えられた喫煙者で禁煙を続けているのは10％であることが示された（Fiore, Smith, Jorenby & Baker, 1994）。ウィスコンシン大学の Center for Tobacco Research and Intervention で行われたこの研究は、カウンセリングはパッチ使用者の禁煙率にあまり影響を与えないということもわかった。また、パッチの使用期間は6〜8週間の場合にも、推奨される10〜18週間の使用と同じくらい効果的であった。

> ### DSM-IV-TR の診断基準
>
> ## 鎮静薬、睡眠薬、または抗不安薬中毒
>
> A. 鎮静薬、睡眠薬、または抗不安薬の最近の使用。
> B. 鎮静薬、睡眠薬、または抗不安薬使用中あるいは直後に発現する、臨床的に著しい不適応性の行動的または心理学的変化（例：不適切な性的または攻撃的行動、気分不安定、判断の低下、社会的または職業的機能の低下）
> C. 鎮静薬、睡眠薬または抗不安薬使用中あるいは直後に発現する、以下の徴候の1つ（または、それ以上）：
>   (1) ろれつの回らない会話
>   (2) 協調運動障害
>   (3) 不安定歩行
>   (4) 眼振
>   (5) 注意と記憶の障害
>   (6) 昏迷または昏睡
> D. 症状は一般身体疾患によるものではなく、他の精神疾患ではうまく説明されない。
>
> （訳注：原書は DSM-IV だが、ここでは DSM-IV-TR, APA, 2000［高橋三郎・大野裕・染谷俊幸訳『DSM-IV-TR 精神疾患の診断・統計マニュアル(新訂版)』医学書院、2004］を修正し引用した）

医学的および社会的合併症

世界保健機関（WHO）によると、現代における喫煙は最も避けることのできる死因であると同時に、最も重要な公衆衛生問題である（World Health Organization Expert Committee on Drug Dependence, 1993）。統計の数字は実際大変なものである。米国では喫煙に関連する死亡は毎年45万件にもなると推測されている（比較のために記載すると、アルコール関連の死亡は約10万件、AIDS による死亡は年間35,000件である）。社会における喫煙による疾患や死亡は、医療費や生産性の損失などの喫煙関連の負担を含め年間700億ドルにのぼる。肺がん、冠状動脈性心臓病、高血圧、肺気腫などの慢性肺疾患を含め、喫煙は多くの疾患の原因として関連している。これらの疾患が発症する確率は曝露の量の増加に伴い上昇する。慢性的な喫煙は寿命を縮める。喫煙は癌による死亡の約30％、循環器疾患による死亡の約30％に寄与している。ニコチンは煙に含まれる依存性のある成分であるが、これらの深刻な疾患は主に煙に含まれる一酸化炭素と多くの発癌性物質に対する曝露が原因である。ニコチン自体の、とくに長期間にわたる曝露では、ニコチンのもつ促進作用がいくつかの循環器疾患を悪化させると考えられる。妊娠中の喫煙は胎児に悪影響を及ぼす。喫煙者から産まれた乳児は、非喫煙者から産まれた乳児と比べ出生時体重が軽い（妊娠中の喫煙は乳児の行動障害の危険性を高める証拠についての考察は第8章参照）。

バルビツール酸塩とベンゾジアゼピン

バルビツール酸塩とベンゾジアゼピンは鎮静睡眠薬物（「鎮静薬」）である。これは、これらの薬物の主たる効果が中枢神経系の活性を低下させることを意味する。この意味では、おなじく鎮静睡眠薬であるアルコールと同じであるが、これらにはいくつかの重要な違いもある。数千年の間使用されてきた多くの乱用薬物とは対照的に、バルビツール酸塩とベンゾジアゼピンは治療目的で今世紀に入ってから開発された薬物である。バルビツール酸塩は1900年代ドイツで初めて合成され、その多くが現在でも麻酔、鎮静、発作性疾患を管理するために処方されている。バルビツール酸塩の例はペントバルビタール（Nembutal®）、セコバルビタール（Seconal®）、アモバルビタール（Amytal®）、フェノバルビタール（Luminal®）などを含む。これらの物質は、その化学構造と作用の持続時間が少しずつ異なる。ベンゾジアゼピンは1960年代に、とくに不安神経症と不眠の治療において、バルビツール酸塩の安全性の高い代用品として最初に紹介された。よく知られたベンゾジアゼピンはアルプラゾラム（Xanax®）、ジアゼパム（Valium®）、クロルジアゼポキシド（Librium®）、トリアゾラム（Halcion®）、オキサゼパム（Tranxene®）などである。Valium® はアメリカで最も一般的に処方されている薬物の1つである。バルビツール酸塩とベンゾジアゼピンは両方とも重要な医学的用途をもつが、同時に乱用薬物でもある。

鎮静薬の効果

バルビツール酸塩の心理的および身体的効果はアルコールのもつ作用と非常に似ている。少量あるいは中等量では、バルビツール酸塩は軽度の多幸感、浮遊感、および運動協調性の喪失をひき起こす。より高用量では、思考困難、ろれつの回らない会話、乏しい理解力および記憶、情動性、攻撃的な行動などで特徴づけられる重度の中毒が見られる。意識を消失することもあり、呼吸は遅くなる。不慮の、あるいは意図的な過量使用で見られるように、摂取量が十分に多けれ

ば、呼吸は完全に停止する。実際、バルビツール酸塩は自殺に好んで使用される薬物である。過量使用による死は毎年15,000件を越え、その多くが自殺である。アルコールとバルビツール酸塩あるいはベンゾジアゼピンを併用することで意図的ではない死に至ることもある。これは、これらの薬物の効果が累積するためである。

　ベンゾジアゼピンの心理的および身体的効果はバルビツール酸塩の作用といくつかの同じ特徴をもつが、一般的にその作用はより軽度であり、毒性はかなり低い。治療量では抗不安(不安を緩和する)効果があるが、不安をもたない個人に対しては目に見える効果がいくつかある。中等量では、少量のアルコールと同じような軽度の愉快な気持ちや逆説的な刺激効果をひき起こす。ベンゾジアゼピンとバルビツール酸塩は両方とも動物に自己摂取され、これは強化効果を示している。より高用量のベンゾジアゼピンの使用は、鎮静と睡眠をひき起こすが、呼吸数への影響はバルビツール酸塩よりもかなり少ない。これらの薬物の安全性はかなり高いため、不安および不眠の治療薬として好んで使用されている。ベンゾジアゼピンの過量使用による死は事実上例がないが、これらの薬物とアルコールの併用は危険である。

　しかし、ベンゾジアゼピンのいくつかの潜在的副作用は大きな関心事である。記憶障害はベンゾジアゼピンの使用と関連づけられ、トリアゾラムなど短時間作用型ベンゾジアゼピンに誘発された完全な記憶喪失のケースが報告されている(Lister, 1985)。これらの薬物の慢性使用者には、敵愾心の上昇や攻撃性が見られることもある。

神経化学的機序

　バルビツール酸塩およびベンゾジアゼピンの精神刺激作用の根底にある神経機構の理解は、大幅に進歩している(Leonard, 1999)。これらの研究は、不安感と不安障害の神経的基礎の知見を提供するため、とくに興味深い。これらの化合物は多くの神経伝達物質系に作用するが、最も影響を受けるのはγ-アミノ酪酸：GABAである。前述の通り、GABAは脳の多くの領域に見られる抑制性神経伝達物質である。バルビツール酸塩、ベンゾジアゼピン、そしてアルコールはすべてGABA受容体に作用する。GABA受容体はいくつかの結合部位をもつ分子錯体で、結合部位の1つはGABA、1つはベンゾジアゼピン、1つはバルビツール酸塩およびアルコールのものである。GABAは通常、それが作用する神経細胞を抑制する。鎮静睡眠薬が存在する場合、GABAはより効果的となり、その抑制作用は強化される。これらの薬物の不安軽減作用はGABA受容体複合体に対する直接的な作用が原因だと考えられている。また、GABAとGABAが調節

するシステムの異常な活動が不安神経症にかかわっている可能性もある(Ninan et al., 1982)。

鎮静薬依存症

　近年では鎮静薬の乱用および依存症は減少しているが、依然として問題となっている。1997年、人口の約1%が鎮静薬あるいは精神安定剤の医学的用途以外の使用を一度は体験したと報告している。アヘン剤やアルコールなど他の薬物に依存している人は、たまに鎮静薬も使用することがある。鎮静薬は非合法的な供給源から入手することもできるが、最初に試みるのは医師による処方である。これらの人々の間では依存の発生は緩やかで、不眠や不安に対する習慣的な使用から始まり、1日数回のより高用量への使用へと進行する(Jaffe, 1985)。

　両方の鎮静薬に耐性と依存性は見られる。バルビツール酸塩依存症とそれに対する離脱症候群は、薬物が最初に開発されたときからの問題である。症状はアルコール離脱で見られるものに似ており、極端なケースでは生死にかかわる場合もある。バルビツール酸塩の使用を中止すると、震え、不安、不眠、せん妄、そして発作などが見られる可能性がある。ベンゾジアゼピンの開発後、長年の間これらの薬物の慢性使用は、少なくても治療量では離脱症候群と関連しないと考えられていた。すべてのベンゾジアゼピンの潜在的依存性はバルビツール酸塩よりも低いが、近年では、薬物の慢性使用を中止すると離脱症候群が起こることが認められており、ベンゾジアゼピン離脱は不安の増加、睡眠障害、刺激に対する感度の上昇、EEGの変化などと関連づけられている(Petursson & Lader, 1981; Lader, 1988)。バルビツール酸塩またはベンゾジアゼピン依存症の治療は主に離脱症候群の管理からなり、通常、数週間から数ヵ月間の間に使用量を徐々に減らすと同時に支持的精神療法が行われる。

薬物乱用の削減

　薬物乱用および治療の専門家であるHerbert Kleberは、多くの人が自分の依存へのなりやすさに関して判断できていないと観察している(Kleber, 1994)。彼は薬物依存者を治療してきた30年間の間、薬物を使用し始めた時に依存症になることを予測していたのはごくわずかだということに気がついた。多くの人は、薬物をたまに、あるいは気軽に使用するだけの意志の強さをもっていると信じていた。多くの人は薬物やアルコールを制御された、社会的に受け入れられる方法で使用しているが、その他の使用者は、広く社会への影響をもつ依存の破壊的なサイクルに陥っている。次

に薬物乱用の問題に対するいくつかの対処法を検討する。

薬物の合法化？

まずは物質乱用に関するすべての提案の中でも最も意見の分かれるものから紹介する――すべての薬物の合法化である。薬物の非犯罪化に関するさまざまな提案が出されている。最も広い提案はすべての薬物の合法化で、すべての薬物に対する所持、使用、流通に対するすべての規制を解除するというものである。薬物合法化がどのような結果をもたらすかは誰にもわからない。提案者は非常に楽観的である。彼らは、合法化により薬物乱用に関連した犯罪やその他の社会悪が減少すると予測している。サンフランシスコにあるカリフォルニア大学の Benson Roe 教授は、アルコールやタバコなど合法の依存性物質の健康危機や健康被害を無視し、その他の薬物の使用を嫌うのは偽善的であると主張している(Roe, 1999)。さらに、Roe は非合法的薬物の合法化により(1)米国食品医薬品局(Food and Drug Administration)による純度保障、(2)製品の濃度の表示(過量使用を避けるため)、(3)積極的なマーケティング("pushers")の除去、(4)薬物犯罪の減少および窃盗の減少、(5)法の執行のコスト削減、(6)かなりの額の税収を得ることが可能となると主張している。

薬物の合法化は依存症の疾患モデルと両立しないわけではない。実際には、合法化が実現すれば薬物依存問題の対処は医療サービス提供者の責任となる。疾患モデルでは、義理でも依存者を助けなければならないという感覚が育まれたため、依存者に対する医学的および心理学的治療はより大規模に継続されることも考え得る。

合法化の反対派は不吉な予測を立てている。彼らは、合法化により薬物使用が顕著に増加すると主張している。麻薬のないアメリカを目ざす会(The partnership for a Drug-Free America)は、薬物合法化が薬物使用は悪いことではなく、社会規範の一部で、その使用は著しい危険や潜在的危険と関連性がないというメッセージを発信することになるという姿勢を崩していない(Abrams, 1999; Partnership for a Drug Free America, 1994)。全米麻薬撲滅対策室(Office of National Drug Control Policy: ONDCP)長の Barry McCaffrey は、薬物合法化の支持者が「子どもに薬物を手渡すのと同じくらい悪いことであるにもかかわらず、彼らはチューインガムや炭酸飲料の中や、インターネットやコンビニエンスストアなどを通じて、薬物を広く入手可能にしたいと願っている」と考えている。また、McCaffrey は薬物に寛容な国であるオランダで薬物乱用と犯罪率が上昇したことについて言及しており、アメリカの麻薬反対運動や政策によりアメリカ国内のこれらの率が抑制されたとしている。

より制限された薬物合法化を主張するものもいる――たとえば、痛みや症状の軽減などの目的で不法な薬物が医薬用に使用される場合などである(Gurley, Aranow & Katz, 1998)。その代表例がマリファナ(大麻)である。マリファナは緑内障などのいくつかの疾患の治療や痛みの軽減に有用であると考える人もいる。サンフランシスコ・マリファナ・クラブ(The San Francisco Cannabis Club)はこのために設立された。しかしクラブに捜索が入り、1996年州当局により一時的に閉鎖された。その後まもなく、Harvey Feldman と Jerry Mandel はマリファナ・クラブの元メンバーがクラブについてどう思っているか、またマリファナの薬効についてどう考えているかを探るために面談を行った(Feldman & Mandel, 1998)。元メンバーはマリファナの喫煙による非常に肯定的な健康上の利益を報告しており、クラブから受けた社会的そして精神的支援による大きな有益性について言及している。マリファナ・クラブはマリファナの医学的用途の素晴らしい治療環境を提供できるように見える。反対に、専門家の中にはマリファナにとくに特異的な医学的な利点があるとは考えていない者もおり、マリファナ・クラブを薬物を遊びで使用するための言い訳としか見ていないものもいる。

薬物合法化がどのようにアメリカにおける薬物使用に影響するのかはわからない。しかし、その他の国、とりわけオランダでの体験は推測の根拠となる(MacCoun & Reuter, 1997)。オランダは成人によるマリファナの使用を1976年に合法化した(大量のマリファナの所持や流通は合法化されていない)。その後、マリファナの使用の報告は徐々に増加している。現在ではオランダにおけるマリファナ使用率はアメリカや有用なデータがあるその他の欧州諸国よりも高くなっている。これらの結果から判断すると、マリファナの合法化はアメリカにおいてマリファナ使用が多少増加すると予想される。しかし、オランダにおける経験は法則化できるものなのだろうか？ アメリカの社会構造および文化はその他の国とは異なる。より大きな経済格差と競争が重視されるアメリカでの効果は、非常に異なる可能性もある。これは、いかなる合法化を試みる場合にも直面しなければならないリスクである。

薬物の供給の制限？

薬物の供給に対してさらに厳しい制限を課すのは、薬物依存対策のもう1つの方法である。薬物がなければ薬物依存症もなくなる。アルコールがなければ、イスラム社会でそうであるように、アルコール中毒はなくなる。アルコール、ニコチン、カフェインなどの合

第14章 精神作用性物質使用障害

カリフォルニアにおいて、医師の指示あるいは医学的症状を条件に、マリファナの栽培、使用、所持する権利を与える法律が通過した1周年記念の祝いの席で San Francisco Cannabis club の共同創立者、Juhn Entwistle がマリファナたばこを喫煙しているところ。(AP/Wide World Photos)

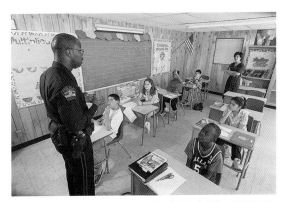

子どもの薬物使用を阻止することを目的とした薬物の認識を高めるプログラムで警察官が薬物の危険性について4年生に話をしている。(Bob Daemmrich/Stock Boston)

薬物乱用は何百、何千人ものアメリカ人を死に追いやり、さらなる法の執行などで納税者に莫大な金額の負担がかかっている。ここでは麻薬取締局の係官がマイアミの麻薬の手入れで押収されたお金を詰める準備をしている。(AP/Wide World Photos)

法薬物は非合法的な薬物の使用と比べて大幅に多い。一般的には、物質の供給が増加すると、物質使用による障害も増加する。1970年代に法的に飲酒が認められる年齢がいくつかの州で18歳に下げられたとき、若者の飲酒およびアルコール関連の交通事故死亡者数は大幅に上昇した。法的に飲酒が認められる年齢が再び引き上げられると、死亡者数も減少した。アメリカにおいて最もアルコール摂取量が少なかった期間は禁酒法の時期である(1920～1933年)。

現在、取締機関は非合法的な薬物の供給量を制限するために相当な努力をしている。高速道路、郵便局、空港は違法物質の流れを減らすために監視されている。違法な物質を栽培、製造するための材料は当局者に押収される。これらの努力は潜在的使用者に対する薬物の供給量を減少させていると思われる。しかしながら、薬物乱用は依然として問題である。より厳しい法律執行によってこの問題は解決されるのか？ 過去20年間に見られた物質乱用の減少は、流通に対するより厳しい処罰によるものだと考えている人もいる。しかし、その他の人々は薬物の危険性に対する公教育がこれらの変化の原因だと考えている。

薬物教育および予防

薬物使用を阻止する最も効果的な方法の1つは教育と、薬物やアルコールそしてその作用に関する知識の普及だと現在では認識されている。これは子どもや若者に対してとくに重要である。この情報を提供するのには、学校、ユースサービス、宗教団体などでの広範な地域活動およびメディア・キャンペーンや親のためのプログラムなどが重要である。たとえば、多くの公立学校において、小学校においてさえ薬物教育プログラムがあり、多くの学校では学校敷地内に「薬物禁止ゾーン」のシンボルが貼られている。このような活動は非常に幼いころから薬物問題の認識を高める。

薬物使用を予防するために、薬物使用の危険性について警告することは必要だが、それだけでは十分ではない(Kleber, 1994)。若者に意志決定能力や薬物使用に対する周囲からの圧力に直面する方法を教えるのも非常に重要だと考えられている(Ellickson, 1994)。喫煙反対運動および飲酒運転反対運動の成功は状況を楽観させる原因となった。全体的に、過去20年間では紙巻きタバコの喫煙率は成人人口の40%から30%へ

と減少している。過去15年間で、致命的な衝突事故における運転手の飲酒運転は約3分の1にまで減少している(Ayres, 1994)。1980年代には、政府による"Be Smart! Don't Start! Just Say No!"という宣伝活動が非合法的な薬物使用の大幅な減少に寄与したと考えられている。このため、効果はゆっくりではあるが、積極的で広範の教育キャンペーンは薬物乱用の低減に効果的になりうる。

治療と研究の向上

より有効な拡大治療プログラムが緊急に必要とされている。治療プログラムとその有効性に対する数字は、依然としてまったく不十分である。このため、資源の拡大と治療センターの数を増やすため、国および州政府からより多くの資金が必要である。これが現在の医療改革政策に組み入れられれば、医療費および経済費用が何十億ドルもの削減となる。治療法および治療の向上に関する研究も拡大する必要がある。治療の成功の決定要因と再発に関する要素に関する研究が必要である。たとえば生物学的基礎研究などは、依存者の渇望を軽減するためのよりよい薬物療法の開発につながる可能性もある。行動および認知療法のさらなる研究は、長期的効果の向上につながるかもしれない。優先順位の再編(たとえば、薬物取締に割く費用を少なくし、研究と治療により多く使用する)が予防努力を顕著に向上させると考える人もいる。

まとめ

薬物依存症はDSM-IVで定義されている通り、人が機能する能力の重篤な障害をひき起こす。依存症に対する脆弱性は、体質的因子およびストレスの多い環境に曝される結果だと考えられている。科学的調査で、少なくともいくつかの薬物は脳が機能する方法を変化させることで依存症をひき起こす可能性が示されている。このため、多くの専門家が依存症は身体的障害を含み治療を必要とする疾患だと考えるべきだと信じている。しかし、別の視点では、依存症を学習行動のパターンだとしている。このため、生化学を変化させる薬物で治療するのではなく、薬物依存症の最善の治療方法は行動随伴性を変えることだとしている。

アルコールおよびニコチンは広く使用されている依存性物質である。両方とも健康問題に影響し、アルコール乱用および依存症はその人の日常の機能にも波及効果を与える。しかし、多くの人々は非合法な薬物が最も深刻な脅威だと見ている。覚醒剤、とくにコカインはその破壊的な潜在的依存性からメディアの関心を集めた。クラック・コカインの使用者は性格と生活様式が著しく変化する場合もある。同じようにアヘン剤、とくにヘロインには強力な依存性があり、個人の性格と行動が大きく変貌する。1960年代に広まった幻覚剤の使用は、通常快い知覚経験の変容をひき起こす。幻覚剤の依存症は覚醒剤やアヘン類と比べてあまり広まってはいない。最も広く使用されている非合法的な薬物はマリファナである。その主要な活性物質であるTHCは多幸感と幸福感を生み出す力をもつ。人口の大部分がマリファナを試したことがあるという事実にもかかわらず、その使用はその他のより深刻な薬物使用への前触れだと見られ、マリファナに対する懸念は依然として続いている。

過去15年間でアメリカにおける薬物の使用が大幅に減少したのは幸運である。しかし、若者の薬物使用は受け入れ難いほど高い水準で続いている。また、薬物乱用は依然としてわれわれの社会が直面する最も重大な公衆衛生問題の1つとなっている。薬物乱用により毎年数百、数千ものアメリカ人が死に至り、不必要な医療費や余計の法の執行、自動車事故、犯罪、生産性の低下などで納税者は毎年2,700億ドル以上負担している。薬物乱用は子どもの放置、家庭内暴力、ホームレス、AIDS、都市荒廃、そしてその他多くの社会問題に関連している(Kleber, 1994)。この問題の解決はまだ見えておらず、この分野の専門家の間でも方向性が統一されていない。ある人は合法化が解決策だと信じており、その他は合法化が社会的災害につながると考えている。しかし、はっきりしているのは、薬物依存症の原因と治療に関する研究はこれからも継続されるということである。問題を無視するにはリスクが高すぎる。

要 約

1. **物質乱用**はアメリカにおける重大な健康問題である。社会への負担は膨大であるにもかかわらず、われわれの社会は精神作用薬物に対して曖昧な態度をとり続けている。
2. (1)物質の使用に対する制御が失われたとき、(2)心理的および社会的機能の障害、(3)薬物に対する身体的あるいは感情的な適応が見られたときに**薬物依存症**と診断される。
3. 物質依存の治療の最大の問題は**再発**防止である。長期間中止していたとしても、多くの患者が制御不能な薬物の渇望に屈し、薬物使用へと戻る。
4. 精神作用薬物の有効性は、摂取経路、薬物の脳に達する能力、脳の受容体にどの程度作用するか、薬物が不活化される速度など、いくつかの重要な要素に影響される。
5. 心理的、社会的、および生物学的要素が精神作用

性物質使用障害の発生に寄与している。反社会性パーソナリティ障害の診断は、薬物およびアルコール依存の危険因子とされるが、依存症に対する脆弱性は遺伝因子にも影響されていると考えられる。

6. 対抗過程説では薬物は感情の快楽をひき起こすが、耐性がつくにつれて、その効果は減少すると示唆している（薬物に対する反応の低下）。感情の快楽の反対である感情の離脱は、薬物を中止する際に発生し、このマイナスな状態を回避するために薬物を継続的に摂取すると考えられている。

7. 依存の正の強化モデルは、薬物の強力な報酬効果がその使用の主な原因だと仮定している。動物は人間に乱用されている薬物の多くを自己投与する。ドパミンおよびアヘン類系、側坐核など、いくつかの脳システムおよび脳の領域が薬物の強化における重要な役割を果たしていると考えられている。

8. 依存の条件づけと学習モデルは、薬物の状況が使用者の環境における多くの徴候と関連づけられる無条件刺激だと仮定している。これらの徴候は強力な条件刺激となり、薬物探索行動の回復に寄与していると考えられる。

9. アルコール依存症は非常に一般的な障害である。アルコールの慢性使用は思考機能の障害と器官の身体的障害につながる。身体的な依存はアルコール過剰摂取において急速に発生する。アルコール依存は遺伝的影響のある疾患だという説得力のある証拠がある。多くのアルコール依存者は回復しない。しかし、社会的安定、代替活動、そして支援グループのメンバーになるなどいくつかの要素は、その結果に前向きな影響を与えることがわかっている。

10. アンフェタミンとコカインは好んで使用される違法な覚醒剤で、アメリカではコカイン依存症が深刻な問題となっている。コカイン、とくにより強い形態のクラック・コカインは、深い多幸感を生み、非常に依存性が強い。コカインの使用は、多くの医学的および社会的問題と関連している。慢性使用は精神病や妄想の原因となり、コカイン離脱は不快感やうつ病を伴う。

11. アヘン剤薬物は脳のアヘン剤受容体と結合することで薬理効果をひき起こす。ほとんどのアヘン剤依存者は静注ヘロイン使用者であるため、HIVウイルス感染の危険性に曝されている。アヘン剤の使用は著しい耐性と身体的な依存に関連している。合成アヘン剤であるメサドンによる維持療法はアヘン剤依存の第一の治療である。

12. 幻覚剤は現実をゆがめ、自己知覚を変容させる。LSDは幻覚剤の原型である。人々は多幸感やリラックス作用のためではなく、複雑な感覚および知覚的効果のために幻覚剤を摂取する。幻覚剤の使用では身体的な依存は見られない。

13. マリファナは一般に使用される非合法的な薬物で、軽度の知覚の変容および幸福感をひき起こす。

14. 人々は、ニコチンにより軽度に気持ちよくなる効果やストレス軽減、認知機能の向上のために紙巻きタバコを喫煙する。統合失調症やアルツハイマー病と関連する認知障害の治療としてのニコチンの利用に対する研究が進められている。マイナス面では、ニコチンは非常に依存性が強いことがわかっており、大半の喫煙者は、永久に喫煙を中止することはできない。個人の健康や社会に対する紙巻きタバコの喫煙のコストは膨大である。

15. バルビツール酸塩とベンゾジアゼピンは中枢神経系の抑制剤である。人々は不安や不眠を軽減するためにこれらを使用する。近年ではバルビツール酸塩の乱用は減少してきているが、ベンゾジアゼピンの乱用および依存症はますます問題として認識されてきている。ベンゾジアゼピンは脳の主な抑制性神経伝達物質であるGABAの有効性を増進する。

16. 薬物乱用をどのように減少させるのが最善の方法なのかということが大きな論争となっている。薬物を合法化すべきだという者もいるが、その他はより厳しい法的処罰の導入に賛同している。薬物に対する教育、予防計画、拡大治療プログラム、そしてさらなる研究はすべてわれわれの社会における薬物乱用の減少に寄与すると考えられる。薬物供給量を制限するのも、薬物使用および依存症の率を低くすると考えられる。

15 社会的・法的観点

本章の概要

精神疾患の影響　592
　個人にかかる負担　592
　家族にかかる負担　594
　社会にかかる負担　596
　患者と家族の現状改革に向けた行動　599
強制収容　600
　民事収容の手続き　602
　治療を受ける権利　606
　強制入院の廃止か拡大か　607
犯罪による収容　609
　裁判を受ける能力　609
　米国における心神喪失による抗弁　611
法律制度の新たな課題　618
　解離性同一性障害と法的責任　619
　回復された記憶の正確さ　620
メンタルヘルスケアの乱用　621
　臨床の治療過誤　622
　社会による虐待　623
まとめ　626
要　約　626

学習の目標

- 精神疾患(mental illness)をかかえる人や、その家族、そして広く社会への精神疾患の影響について述べることができる。

- 人を精神科治療機関に収容するために用いられる根拠の判断基準や程度を含めて、強制(民事)収容手続きについて理解する。

- 精神科医療の患者個人の権利や、また、患者の治療を受ける権利などの権利の章典を与えたりすることについて、いくつかの州で行われている制限を説明できる。

- 犯意や訴訟能力の概念などを含め、犯罪による収容がどのようなことであるかを説明できる。

- 心神喪失を理由とした弁護と精神鑑定とがどのようなものであるかについて学ぶ。

- 解離性同一性障害と回復された記憶に関する法制上の課題について説明できる。

- 治療過誤や、異なる意見を押さえ込むような行政機関の強制収容や薬物乱用の治療措置の執行、そして社会の精神障害者に対する蔑視など、メンタルヘルスのケアの乱用によって起こりうる問題の可能性について学ぶ。

この20年間、メンタルヘルスの領域における支援は、収容という考えから離れ、地域(精神)医療の方向に重きをおくようになってきた。このことによって、自由を与えられていない患者たちをないがしろにしてきた、超満員の精神病院の問題は大きく改善された。今日ではわれわれは、公立病院で精神病患者が薬漬けにされて忘れ去られているのをニュースで見ることすらない。それに代わって、われわれは、地域でホームレスとなったり、惨めな生活環境を送っている精神疾患の元患者についての新聞記事を目にすることのほうが多い。トーマス・コルト(Thomas Kolt)のケースのように、時にはその状況が悲劇的な結末を迎えることもある。

トーマス・コルトは、1992年元旦に、彼の妻ダイアンを撃ち殺し、その後自殺をはかった。発見者は夫婦の子どものうちの1人であった。彼の家族はこの非劇を、ひとつには、コルトが精神病の治療を受けていた退役軍人局医療センター(Veterans Administration Medical Center : VAMC)の医師たちのネグレクトによるものであると考えた。

トーマス・コルトは陸軍に勤務し、のちに研究室の技師として採用された。彼は1971年に結婚し、4人の子どもに恵まれた。彼の心理的な問題は彼の結婚生活の早い時期から始まっていた。コルトは双極性障害と診断され、しかも飲酒の問題をかかえ、繰り返し起こる自殺願望にもさいなまれていた。彼は酩酊している間に何度か検挙されることもあった。1982年に一度、そして、1990年9月にもう一度、家で発砲し、親戚が警察へ通報した。そのどちらの際にも、彼は精神科への任意入院に同意した。1990年に彼の退院に際してコルトの家族が反対したとき、彼の母は、しぶしぶ自分の家に住まわせることに同意した。1990年から1992年にかけて、自殺願望と武器への執着が増していくなかで、コルトの症状は悪化していった。彼の妻から離婚されるという恐れも高まっていった。殺人と自殺は、彼の妻との離婚に関する話し合いから数日のうちに起きたのである。

トーマス・コルトの家族は退役軍人局医療センターの医師たちがメンタルヘルスの治療を怠っていたとして告発した。家族らは、コルトのセラピストたちが、彼の武器に対する執着と、彼の妻が離婚を考えていることへの彼の気持ちについて、もう少し精査すべきであったと考えていた。さらに言えば、彼らは医師たちが、コルトに対して、武器を持っているかとか、彼の妻が離婚を求めたらどうするつもりかということについて聞くべきであったとしたのである。コルトの家族は、問われていたなら、コルトは(訳注:殺害と自殺の意志について)答えていただろうと主張し、入院をさせなかったことを治療過誤として訴えた。彼らは、コル

トが精神科施設に入院する意志があるかどうかについて、任意に尋ねておくべきであったとした。家族は、もしもコルトが断ったなら、彼が強制的に入院させられるべきだったと考えている。

ニューヨーク法廷がアメリカ政府と VAMC の主張を認める判決をした後、この事案は1998年に結審された。法廷は、VAMC の医者たちが、選択の余地なく、コルトの起こした行動の責任を負う十分な根拠をもっていなかったとみなし、さらに医師たちが彼に行った治療は、許容されるケアの標準から外れていないとした（コルト対合衆国と退役軍人援護局医療センター裁判）*。

推測されているように、トーマス・コルトは大うつ病と診断された。彼は、気分障害に対する治療を受けていた、しかしそれは彼が自らを抑える力を失って、彼の配偶者の生命を奪うのを阻止するのに十分ではなかった。これまでの章で、うつ病と他の精神障害（mental disorder）の徴候と、それが起こりうる原因について学習した。われわれは、個人の行動と経験に着目してきた。この章では、症状と症候群という観点から、より広い背景に関心を向ける。われわれは、まず患者に対する社会的影響と社会に対する精神疾患の影響という、社会的要因を検討する。次に、われわれは、メンタルヘルスのケアへの財政的支援を含めて、政治面や経済面の課題を検討する。続いて、強制収容、収容の手続き、患者の治療に関する権利と、精神異常を理由とする弁護など、異常行動の法律上の諸問題について論じる。加えて、われわれは、法廷での解離性同一性障害と回復記憶（recovered memories）の課題を議論する。そして最後に、メンタルヘルスケアの乱用の可能性を検討する。

精神疾患の影響

今日では、アメリカ人の17％が人生のある時点で大うつ病を経験し、およそ1％が統合失調症と診断され、およそ2％が双極性障害と診断されている（Kessler et al., 1994）。もしこれらの障害と他の障害のリスクの割合を合計すると、依然、精神疾患が多くの人々や、その家族と彼らが住む地域にとって深刻な問題であることは非常に明らかである。

もちろん、メンタルヘルスに携わる臨床家が関心をもつほとんどの問題は軽度で、一時的なものである。たとえば、愛する人の喪失に出合ったとき、人は不安や抑うつを経験するかもしれない。友人や家族は、その人の症状に対処することが難しいと感じるかもしれないが、混乱した状態は通常一時的なものである。それと対照的に、重篤で慢性の精神疾患は、その当事者に対して苦しみを与え、そして、患者の家族、ひいては社会全体に影響を与えることから、かかわるすべての人々に、より深刻な問題をもたらす。

個人にかかる負担

われわれの多くは、自分自身の生命を絶とうとするほどひどい抑うつを経験したことはないだろう。同様にわれわれの多くは、脅迫的な声が聞こえたり、他の人たちには見えない恐ろしい姿が見えたりしてしまうような病的な出来事を経験することはない。何らかの精神障害にともなう絶望と恐怖は、われわれの理解の範囲を越えている。精神疾患の心理的負担は、患者に最も重くのしかかる。

精神疾患についてとくに厄介なものが「烙印（汚名）」である（Fink & Tasman, 1992）。一般の人々の間では、精神障害の症状を、頑固で攻撃的な行動と見なす向きもある（Angermeyer & Matschinger, 1996 a）。他の人は、精神疾患を公の目から隠されるべき、弱さや堕落の表れと見なす傾向もある。精神疾患の汚名は、精神病患者が危険であるという認識によって増幅される（Angermeyer & Matschinger, 1996 b）。この意見は、疑いなく精神疾患の人たちについてのメディアの描写によって強化されている（BOX 15-1参照）。深刻な精神疾患をかかえている人が攻撃性を見せる可能性は、そうでない人々より2〜3倍高い傾向があることが研究で明らかにされた（Monahan, 1992；Torrey, 1994）。その一方で、精神疾患をかかえるほとんどの人（90％）が、まったく攻撃的な行動を見せない。そして、もし治療がより容易に受けられるなら、攻撃的な行動を起こす患者の数はさらに少なくなる可能性があると考えられる。

精神病という汚名は、効果的な治療の妨げとなる可能性もある。それは人々が効果を得ることができるメンタルヘルスのサービスを受けるのを妨げることもある。同じく、汚名を植えつけるような行為は、精神疾患の人たちが社会のサービスを受けるのを妨げることにつながりやすい。たとえば、市民が彼らの近所で精神的な疾病を抱える人たちのための新しい治療施設に抗議することは一般的によくあることである（Ahrens, 1993）。それと対照的に、市民が身体に障害をもつ人を治療する新しい施設の建設場所に抗議することはまれである。

最後に、精神病を非難する考え方（汚名を着せている態度）もまた、患者の日常生活を混乱させる。多くの人々にとって、精神疾患に対する否定的な考え方に

---

*Estate of Thomas and Diane Kolt v. U.S. and VAMC, April 24, 1998.

第 15 章 社会的・法的観点

Box 15-1 **社会とメンタルヘルス**

ハリウッド映画にみる精神疾患の描写

　異常な行動を扱った多くの映画が、精神疾患の人々を邪悪で危険な人物であると描写している。このジャンルでの古典的な作品は「サイコ（Psycho）」である。最初に1960年代に制作されたこの有名な映画では、妄想的で奇妙な行動をする若者が、罪のない若い女性を殺す。殺人の残忍さが余りに激しいため、映画のサウンドトラックとともに、アメリカのホラー映画の典型になった。1998年に制作されたこの映画のリメイク作品は、原作よりさらにもっと多くの生々しい暴力シーンを伴っていた。もちろん、それを切り離して取り上げれば、このこと自体は問題ではないであろう。問題なのは、精神疾患の問題をテーマとして取り上げている映画の、実に多くが暴力的行動の性癖を強調しているということである。「羊たちの沈黙（Silence of the Lambs）」、「コン・エアー（Con-Air）」、「ブッチャー・ボーイ（Bucher Boy）（訳注：日本では劇場未公開）」、「博士の異常な愛情（Dr.Strangelove）」、と「12モンキーズ（Twelve Monkeys）」がこれらの例である。アメリカの文化に対するハリウッドの影響を考慮すると、このような映画が、精神疾患の人たちを地域の福祉に対して脅威となる「狂った人たち」と決めつけるようなステレオタイプを作り上げていると考えることができる。

　そして、これらの否定的なステレオタイプは、住宅地に精神疾患の人たちのためのグループホームや治療プログラムを置くことに対する地域の抵抗の炎をたきつけることにもなりうる。さらに、精神疾患の人々に対する否定的な描写が、精神疾患で苦しんでいる人たちを治療するというより、幽閉するというような風潮をつくることに、加担してしまうことになるのである。

　支援グループとメンタルヘルスの専門家は、精神疾患の人たちについてのメディアの描写に影響を与える努力をするべきだろうか？　そうするべきであると信じている人もいる。他方、これが検閲の一種であると主張する人もいるであろう。メディアに影響を与えようとすることが、「芸術の自由」を侵害することにもなるかもしれないからである。

　おそらく最もよい解決策は、メディアに精神疾患の人たちの苦しい立場にもっと多くの注目が集まるよう後押しすることであろう。いくつかの映画では、深刻な精神疾患を抱える人々の苦しみや勇敢さを描写することでこのことを行っている。このような映画の例は「17歳のカルテ（Girl, Interrupted）」、「I Never Promised You a Rose Garden（日本では未公開）」、「妹の恋人（Benny and Joon）」、「レナードの朝（Awakenings）」。精神疾患をかかえた人々の日常生活を描くことによって、映画産業は一般大衆を啓発し、そしてメンタルヘルスプログラムに対する地域支援を高めるのを援助することができる。

（左）1960年の映画「サイコ（Psycho）」は、精神病のノーマン・ベーツ（アンソニー・パーキンス〈Anthony Perkins〉が演じた）が暴力をふるう傾向を強調した（Paramount [Kobal の厚意による]）。他方、1999年の映画「17歳のカルテ（Girl, Interrupted）」では、アンジェリーナ・ジョリー（Angelina Jolie）とウィノナ・ライダー（Winona Ryder）の出演により、精神障害に苦しむ入院患者を描写している（Columbia/TriStar [Kobal の厚意による]）。

　対処することは、すでに計り知れないほど混乱した状況にある精神障害の人たちにとって、さらにもう1つのストレス源となる。それが感情の没人間化を助長する。家族、友人たち、そして職場との関わりにおいて、精神疾患の汚名は障害となりうる。精神障害の既往歴がある人々のなかには、差別を受けることを避けるために、雇用者からそのことを隠すようにと強制されるように感じる人がいる。研究でも、アパートの家主が精神障害と疑う人々に部屋を賃貸することを拒否する傾向がより高いことを示した（Page, 1977）。

　多くの組織や個人が精神疾患の人たちに対する汚名を取り除くことに非常に多くの努力をしてきたことは好ましいことである。メディアはこれらの努力において、いくらか肯定的な役割を果たしてきた。この10年間にメンタルヘルスの問題について一般の人々を啓発することを狙いとしたテレビドキュメンタリーと映画は以前より多く製作された。

　精神疾患で苦しんだことのある有名人の中には、自分の体験について自ら進んで（メディアに向けて）話をしている者もいる。たとえば、ロッド・スタイガーは実績のある俳優だが、自分のうつ病との戦いの体験を公表した。パティー・デュークもまた、彼女の双極性

(左)ロッド・スタイガー(Rod Steiger)(ⒸHulton-Deutsch Collection/Corbis)、(中央)パティー・デューク(Patty Duke)(ⒸBettman/Corbis)と(右)マイク・ウォレス(Mike Wallace)(ⒸBettman/Corbis)は、すべて抑うつあるいは双極性障害で苦しんだ経験をもち、そして障害と彼らの戦いの体験を公表した。

障害との闘病について公に語っている。

単に精神疾患に対する汚名とメディアの精神疾患についての描写だけが主な問題ではない、近年精神疾患の人たちのホームレス化も深刻な問題になった。多数の精神疾患の人たちが、とくに都市部においてホームレスとなったことは悲劇である(Culhane, Avery & Hadley, 1998 ; Vazquez, Munoz & Sanz, 1997)。DSM-IVの診断により、精神疾患あるいは薬物乱用障害とされたホームレスは、全体のおよそ45~72%とされている(Denis, Buckner, Lipton & Levine, 1991 ; Zima, Wells, Benjamin & Duan, 1996)。1992年から1993年の間に、19,000人以上のホームレスがニューヨーク市で公立病院に入院を認められた。そのうち、23%が精神疾患であり、そして28%が薬物乱用障害であった(Salit, Kuhn, Hartz, Vu & Mosso, 1998)。精神疾患のホームレスは精神的に混乱した生活を送っており、そして彼らは多くの場合、搾取と犯罪の被害者である(Lam & Rosencheck, 1998)。そのうち何人かは拘置所に受刑者として収容される(Green, 1997)。これは通常、重大な犯罪よりむしろ、公共の場での奇異な、または乱暴な行為によるものである。この問題のために、警察は、これまで以上に警察官に精神疾患の特徴について教育するよう努めている。

精神疾患が長く治療されていないままであると、それだけ疾患をかかえる個人にかかる負担は増加する。たとえば、精神疾患に関しては、疾患が発症してから抗精神病薬が服用されるまでの期間が長くなれば、それだけ病気の成り行きもいっそう厳しくなる(Wyatt & Henter, 1998)。そして、迅速で効果的な治療がなされない場合、疾患の予後を悪化させることになり、それによって個人と社会の両方にかかる負担を増やすことになりかねない。

同じく患者は自分の病気のために経済的な影響を受けることが多い。多くの患者が就職したり、1つの職を長く続けたりすることが不可能である、そして彼らは、自分が成人してからの人生を通して、他の人たちの経済的援助に依存しなくてはならない。収入の欠如によって、さらに質の高いメンタルヘルスケアを受けることが困難になる。脱施設化(deinstitutionalization)により、さらに多くの患者が、地域で自分自身でやりくりするよう任せられるに伴って、状況はさらにいっそう複雑になった(Lamb, 1998)。

家族にかかる負担

深刻な身体上の病気と、重大な精神疾患の間には、家族に対する影響という点において、多少の類似点がある。類似しているのは、愛する家族が苦しむのを見る家族の心理的な苦痛や、病気の家族の将来の幸せに対する彼らの心配などである。けれども精神障害をもっている患者の家族にとっては、多くの場合、それ以上の負担がある(Lamb, Bachrach & Kase, 1992)。

精神疾患の子どもをもつ親の視点で状況を考えることから始めよう。もちろん、ほとんどの親のように、彼らは子どもの人生の幸せと成功に対して感情的に強い責任を感じている。子どもが初めて精神疾患と診断されたときも、親たちは自分の希望がかなえられないかもしれないという可能性に直面しなくてはならない。もし障害が重篤で、しかも慢性であるなら、結果的に親たちは、自分の子どもがけっして完全に独立して、自活できることはないであろうという現実を受け入れなければならない。多くの場合、幼少期には異常さについて目立った徴候はなかった。実際に、成人期に統合失調症あるいは身体を衰弱させる気分障害と診断される者のなかには、学業や課外活動で平均以上の成績を上げる優れた子どもたちであった。これらの人々の親は、自分の子どもたちへの期待を劇的に下げなくてはならないのである。彼らはしばしば、彼らの

精神疾患の子どもが、成人になってからも彼らに経済的に依存したままでいることに気づく。後述の事例は、そうした例として、どのように子どもの未来に対する親の見方を変えなくてはならないかを示している。

> 私たちの娘は、23歳で精神障害であると診断されました。彼女はその2年前にすでに不調になり始めていたので、私たちにとってこのことは驚くことではありませんでした。彼女ジェーンは21歳のとき、ひどいうつ状態になり、引きこもってしまいました。この状態は1ヵ月以上続いてしまいました。彼女がうつ状態から抜け出した後、彼女は非常に活動的になりました。彼女は街で賃貸不動産の購入にかかわる仕事の計画を考えついたのです。彼女は自分の兄弟と数人の友人も仲間に入れました。彼女に、その友人たちのうち少なくとも2人がお金を貸していることからすると、彼らの何人かを説得していたに違いありません。彼女は自分と「パートナー」が「金持ちになる」ことを確信していました。しかし結局何も得られるものはなく、そして私たちの知る限りではジェーンはすべての資金を浪費してしまったのです。彼女はさらに私たちのクレジットカードのうちの1枚を使って、贈り物として1万ドル相当以上の商品を友人たちに贈ったのです。
>
> ジェーンはフルタイムの仕事につくために、大学3年の年に退学しました。彼女は仕事が必要だったのです。なぜなら数人の友人に多額の借金をしており、そして彼らのうちの1人は彼女を告訴していたのです。ジェーンにとって雇われることは容易でした。彼女の気分がよいときは、非常にかわいらしく、そしてとても魅力的で熱心でした。ジェーンはその年、仕事を何度も変わりました。時に彼女は勤め先の上司との口論で辞めてしまうこともありました。彼女は仕事で当てにならなかったために、3回解雇されました。それから彼女はもう1度うつ状態に入りました。この時はもっと状態が悪く、彼女は自殺企図をもつようになりました。夫と私はジェーンに、彼女の問題について医者に診てもらうよう強く促しましたが、彼女は自分が問題をかかえていることを認めようとはしませんでした。
>
> ジェーンが23歳になった頃、彼女は睡眠に問題をかかえ始めました。この時、彼女はもう一度、エネルギーが高い時期に入っていました。彼女は夜遅くに起きては外出し、それから翌朝酔って家に帰ってきました。彼女はほぼ丸一日眠り、目を覚ますと自分が前夜したことについて奇妙な話をしました。
>
> けれども、以前の時と同じように、ジェーンの気分の高揚に続いて、また抑うつへ向かいました。この時は、彼女は非常に怒りっぽくなりました。時には、私たちが眠っていると、彼女は私たちの寝室のドアを叩き、私たちが彼女に金銭を与えないことに対して、大声でののしりました。このうつ症状は1ヵ月以上続きました。私たちはようやく彼女に医者の診察を受けることを納得させ、医師もまた彼女に入院の必要性があることを理解させました。私たちは、彼女が精神疾患であるという所見を得てほっとしたのです。
>
> ジェーンの疾患は、私たちのものの見方と生活を変えました。高校ではジェーンはとても人気者で、いくつかの演劇作品でもリーダー的な役割を果たしていました。彼女はよい生徒でもあり、そして彼女に何らかの障害があるようには思われませんでした。彼女が大学入学で授業料の一部に奨学金が与えられたことは、誰もが納得することでした。私たちは、彼女が芸術の分野でよい仕事についてくれることを願っていました。けれども今では彼女の世界も、そして私たちの生活も、めちゃくちゃになってしまいました。私は、自分で数え切れないほどに泣き疲れて眠る日々を送ってきました。
>
> ジェーンはほとんどの時間を家で過ごし、そのために私は彼女と一緒に過ごすよう、仕事の時間を減らしました。ある週末、夫と私は友人を訪問するため家をあけました。ジェーンは、彼女の「友人たち」の何人かを招き入れ、そして彼らは私たちの家にある貴重品をいくつか盗んでしまいました。彼女はこのことにとても大きなショックを受け、そのあまり、夜中3時に兄弟に連絡し、兄弟、彼の妻と赤ん坊を起こしてしまいました。もちろん今では私たちは長い期間ジェーンを一人きりにしておくことが心配で、私たちだけで休暇に出かけることはありません。

研究で、慢性の精神疾患の患者を家族が世話をすることは深刻な精神的負担となり得ることが示された(Webb et al., 1998)。親が時に成人期後期にまでこの負担をかかえ、そして彼らは、自分たちが子どもの世話をすることができなくなったとき、彼らの子どもがどうなるかを心配する。彼らは自分の愛する子どもがホームレスになったり、刑務所に入れられたりすることになりはしないかと恐れている。

深刻な精神疾患では、いくつかの点で介護の仕事がいっそう困難になっている。深刻な精神疾患をかかえている多くの患者は、自分の行動を客観的に見ることができないために、どんな種類の治療も受け入れることを拒否する。これはジェーンの事例でも示されている。彼女が躁病相にあるときには、誰もジェーンに彼女が助けを必要としていることを納得させることはできなかった。この病気の「否認」は、双極性障害あるいは統合失調症をかかえている人たちにとって、とくによく見られるものである。結果的に身体上の病気と比較して、精神疾患の有効な治療は、概して、より徹底的で広範囲な援助サービスを必要とする。これらの

サービスが利用できないと、治療を必要としている多くの人が治療を受けるに至らない。後に米国における現在のメンタルヘルスに関する保険制度をとり上げるとき、私たちはジェーンのケースに戻ることにする。

　過去に親もまた、重大な精神疾患が自分たちの不十分な子育てによるものとする考え方によって重荷を負わせられた。たとえば、「統合失調症を生む母親」という説は、統合失調症が、冷たくて温かさのない母親によってひき起こされるという考えをさすものである。そして、親は、自分たちの子どもが病気であることからくるショックに対処することに加えて、自分たちがそれに関して責任があると考えたメンタルヘルスの専門家とも向き合うことを強いられた。幸いに現在では、研究によって、統合失調症や他の主要な精神疾患が生物学的背景によるものであることが明確化されている。それにもかかわらず、過去の諸説の後遺症のために、多くの親は、自分たちの子どもの病気を防ぐために何かできることがあったのではないかと思っている。

　深刻な精神疾患をかかえている患者のきょうだいもまた、別の困難に直面する。もし彼らが精神疾患の兄・姉と共に育ったなら、彼らは友達から好奇の目で見られることや、嘲笑されることがあるかもしれない。精神障害をもつ人々の弟や妹は、自分のきょうだいの疾患を知られたくないため、友人たちを家に連れて来るのに、彼ら自身が抵抗感をもつことがあったとしている。成人になると、多くの場合、患者のきょうだいは、親が直面していた介護の負担のことを心配するようになる。けれどもきょうだいたちにとって最も気がかりなことは、彼ら自身が同様に精神疾患に陥るか、あるいは精神疾患が子どもに発症するかもしれないということである。遺伝カウンセラーは、この関心事に対処できるように訓練されている。

　重篤な精神疾患をかかえる患者の婚姻率は、一般の人々の婚姻率を大きく下回っている（第10章参照）。けれども病気の発症よりも前に結婚している人もいくらかいる。このような状況において、配偶者は時に自分がほとんどすべての家事、経済面、そして子育てに関する責任を引き受けなくてはならないと感じている。

　最後に、われわれは精神障害の親のもとに生まれた子どもたちの経験について考慮しなくてはならない。幼少の子どもたちは、自分の親の行動に混乱させられ、予想がつかないと感じるかもしれない。彼らは、本来そうであるべき時期よりもずっと前に、自分のことは自分で対処することを強いられるかもしれない。病気のことを理解している、より年長の子どもたちにとって、（精神疾患の親と過ごす）経験は、同情をより強くひき起こすかもしれない。それにもかかわらず、患者のきょうだいの場合と同様に、精神疾患の親をもつ子どもたちのほとんどが、彼ら自身の弱さとともに、自分の親の心身の健康を心配している。しかしながら一方で、患者のなかには、心身を衰弱させる精神疾患の徴候にもかかわらず、親としては素晴らしい人々もいる。

社会にかかる負担

　われわれは、近親者のかかえる精神疾患にうまく対処しようとするときに出会う難題について、いくつか述べてきた。われわれはここで、社会がかかえる負担について取り上げる。前述のジェーンのケースでは、彼女の両親は、彼女が路上生活者になるか、拘置所に入るか、あるいは州の病院で公的資金の補助を受けて人生を終わるのではないかと心配していた。

> 　私たちがこれまでに最も慌てたのは、ジェーンが服薬なしに何日間か姿を消してしまった時でした。彼女は最初の数日間を友人のアパートで過ごし、それから言い争いの後にそこを出て、通りをうろつき回っていました。彼女は私たちが彼女に薬剤投与を受けるよう説得することを知っていたので、家に帰って来たがりませんでした。私たちは警察に電話をしようとは思いませんでした、なぜなら私たちは、彼女が彼ら（警察）に抵抗して、結果的に拘置所あるいは州の病院に収容されることになるのを恐れていたからです。そして州法では強制入院は2日間しか認められておらず、それではジェーンは再び路上生活に戻ってしまうしかありません。私たち家族にとって、家から最も近い精神病院を州が閉鎖したばかりだったのは残念なことでした。もしジェーンが再び拘束されたら、彼女は40マイルも離れている公立病院に行かせられるでしょう。私たちはそうなってほしくなかったので、ジェーンが家を出ると、私たちはただ心配しながら彼女が自分で戻ってくるのを待つしかなかったのです。

費用対効果の分析

　社会的なレベルにおいて、メンタルヘルスのケアの費用対効果を分析する際に、社会がより多くの治療を行うのにかかるコスト（たとえば、専門家とスタッフの時間、施設、薬物療法）に対する、他の部門で削減した経費から得られる利益（たとえば、職場、刑法制度、一般的な医療）と、地域の福祉の向上（たとえば、家族不和の軽減、ホームレスの減少）を比較することもある。

　精神疾患の明らかなコストの1つが経済的なこと、つまり働き手の生産性の損失である。これは病気の当事者だけではなく、世話をすることに携わる家族たちにも当てはまる。家族は自分たちの愛する人のケアに

時間と資金を使う。多くの場合、これは仕事を欠勤したり仕事の生産性のレベルが低下することなどである。

もちろん、精神障害が私たちの健康保険制度によって治療されなかったり、または「過小に治療されていたりする」ときが、社会にかかるコストが最も大きい(Gabbard, 1998)。治療が不十分であることによって、精神面の健康保険制度から私たちの社会の他の部門へ、責任が移行する。たとえば、精神疾患の人に対するケアにおいて、刑法制度は多大な負担を負っている(Booth et al., 1997 ; Lamb & Weinberger, 1998)。これは精神疾患をかかえながら治療されていない人たちが、社会的に異常な行動をとり、監禁されることになるからである。これを精神疾患の「犯罪化」であると述べた者もいる。現在、アメリカの刑務所にいる受刑者の10～20%は、統合失調症あるいは双極性障害のような、深刻な(訳注：DSMにおいて)I軸レベルの精神障害で苦しんでいると推定される(Lamb & Weinberger, 1998 ; Wettstein, 1998)。刑務所で誰かを収容することにかかる経費は、効果的に精神疾患を治療するのにかかる経費よりはるかに大きいため、精神疾患の「犯罪化」は税金の浪費であり、そしてさらに個人の苦しみを増すことにもなる。

治療されていない精神疾患はまた、同じく一般医療サービスに対する需要を増やす。たとえば、抑うつ的な人は、そうでない人々よりも、身体上の問題のためにより多くの医療サービスシステムを利用することが示された(Gabbard, 1998)。それゆえ、抑うつの効果的な治療をすることは、一般的な医療ケアのためのコストの削減をもたらすことができる。

管理医療(マネージド・ケア)とメンタルヘルス

一般的な医療疾患の治療と比較して、精神疾患の治療は、われわれの健康保険制度に大きな課題をもたらす。精神疾患の認知的症状は、その個人の治療過程へのかかわりに影響を及ぼすことにもなりかねない。厄介な問題は、精神疾患に悩む人たちに対する社会の否定的な姿勢からも生じる。しかしこれらの要因のほかに、米国の医療制度の変更が、メンタルヘルスのケアの質についての懸念をより強く増幅させている。これらのより深刻な精神疾患は、メンタルヘルスのケアの経費のなかで最も多くの割合を占める(バゼロンセンター精神保健法：Bazelon Center for Mental Health Law, 1994)ため、本書で、私たちはこれらの障害の治療を重視している。

1990年代に、われわれは米国の医療制度の全面的な変化を目の当たりにした。クリントン政権期の早期に、ビル・クリントンとヒラリー・ロダム・クリントンは健康保険制度の組織的改革をしようと試みた。これらの努力は成功に至らなかったが、しかしそれらは、すでに拡大していた変化の流れには大いに貢献した。民間保険会社と、医者が直接患者に請求する「診療ごとの支払い」システムは、管理医療、つまり**保健維持機構**(health maintenance organization : HMO)に移行された。

この状況の進展を理解するためには、少し20世紀中頃にさかのぼらなくてはならない。第10章に記述されているように、1930年から1960年の間は、重大な精神障害をかかえているほとんどの人が、政府によって援助されている病院で治療を受けていた。実際、その当時、メンタルヘルスの専門家の何人かは、州立精神病院の数が急速に増加していることを懸念していた(Bateman, 1945 ; Einbinder & Robinson, 1946)。彼らは、長期にわたって州立病院に留まった人々が、一人で生活するスキルや、(病院のつながりよりも)広く地域社会とのつながりを失うことを危惧したのである。言いかえると、彼らは「**施設収容**」されてしまうであろう。このように、精神疾患をかかえている患者は、可能ならいつでも地域社会が預かるべきであるかどうかについて議論された。

1950年代に向精神薬による薬物療法が導入されたことは、深刻な精神疾患で苦しんでいる人々の予後を改善した。新しい抗精神病薬と抗うつ薬は、より多くの患者が病院外に住むことを可能にした。同じく、1960年代から1970年代の間に、患者たちを地域社会で受け入れることで彼らの機能を高めようとする目的で、「地域精神保健運動」の気運が高まった。これらの傾向のいずれもが精神病患者の「**脱施設化**」へ向かう、より大きな社会の動きに貢献した。全国的にいずれの州議会も、公立の精神病院を閉じた。しかし削減された経費は、治療、援助やリハビリのために地域資源を発展させることには向けられなかった(Lamb, 1998)。

20世紀の後半には、メンタルヘルスの臨床家の数とメンタルヘルスのサービスを利用している人々の数が劇的に増加した(Klerman, 1983 ; Mechanic, 1989, 1993)。研究者たちは、このことを心理的な問題の増加によるものではなく、むしろ心理面の治療に対する社会的認識がより高まったことによるものであるとした。同じく、1970年代から1980年代の間に、公立の入院施設が閉鎖されたため、営利目的の私立精神病院が増加した。私立施設は初期には保険給付によって援助されていた。精神病患者の家族は、有料の施設で入院費用を使い果たし、その後もしそれ以上の入院治療が必要となると、患者を公立の施設に転院させることが一般的な慣例となった。患者はリハビリよりも症状の安定を目標として短期入院を繰り返し、「回転ドア現象」が起きた。

1990年代の初めに、管理医療の拡大で精神科の入院患者と外来患者の両方に供給される給付が大幅に減

少した。実際、いくつかのHMOと保険会社ではメンタルヘルスのサービスを保障していない。これは、もし精神的な疾患をかかえる人たちを治療する費用を対象とするなら、彼らは赤字になるであろうと考えているためである。精神疾患、とくに重大な精神障害をかかえている人々は、（訳注：他の疾患をかかえた人々と比べて）より自立しておらず、より多くの身体の健康問題をかかえており、そして資産がより少ない傾向がある（Frank, Huskamp, McGuire & Newhouse, 1996）。平均的あるいはそれ以上に恵まれた家庭に生まれた患者さえ、病気が慢性化すると資産が減少していることに気づく。

HMOと保険会社によって提供されるメンタルヘルスへの保険適用が削減された結果、多くの私立精神病院が閉鎖された。他の私立精神病院は、老人患者の集団のような、いずれ増加することが見込まれる人々に対してサービスを行うように専門性を変更した。同時に、公立の精神病院の病床数は低下し続けた。1960年には、米国の100,000人のうち239人が精神病院にいた。1990年には、100,000人のうち、たった41人の人々が入院していたにすぎない。これは劇的な変化である。

今日、米国では、メンタルヘルスの治療を支援する3つの主要な財源がある。公的資金（MedicaidとMedicareを含む州と連邦からのもの）、保健維持機構（HMO）と、民間保険会社（たとえば、Blue Cross / Blue Shield）である（Frank, Goldman & McGuire, 1994）。1950年から、入院患者へのメンタルヘルスのサービスに対する国庫補助は減少したが、政府はそれでもまだ入院患者の治療に最も多額の資金を提供している。このように20世紀の終わりまで、メンタルヘルスケアは公金で補填された費用の割合が、一般医療とは区別されていた。

管理医療の拡大で、悪循環となっている医療費を、ある程度の制限のもとに置くことが期待された。これは1990年代まで、米国の医療費が他の先進工業国をはるかに越えて急上昇していたため、注目すべき目標である。けれどもわれわれのほとんどが、それに伴う問題をよく知っている。ヘルスケアを提供する人々は、自分たちが最適なケアを提供しようという努力が、医療の必要性を理解しないHMO代表によって妨害されていると不満を述べている。多くの医者は、新しいシステムが、従来の医者と患者の関係を壊すと考えている。同様に、患者たちも、自分の選んだ医者に診てもらうことが不可能であることに不満を感じている。最近の訴訟事件のなかには、適切な治療を提供しそこねたことについて、患者たちがHMOを告訴したものもある。

現在の健康保険制度の問題点は、メンタルヘルスに関しては、多くの側面で、増大している。たとえば、患者とヘルスケアを提供する人々との間の治療関係のプライバシーにかかわる心配は、メンタルヘルスについてはとくに深刻である。これは精神疾患と結びつけられる汚名のためである。それでも、典型的な管理医療の手順としては、治療提供者が患者個人の生活史、症状と治療についての詳細な情報を提出することが求められる。さらに、臨床医は、治療の内容や期間がHMOガイドラインに合う場合のみ自分の勤務の対価が与えられるのである。患者たちは自分の精神疾患についての情報が不適格な人の手に渡り、そして自分たちの雇用の機会、個人的な人間関係、あるいは将来的な保険の資格を失うかもしれないことに不安を感じている。

同じく有効性と治療の質に関する懸念が広がっている。そして多くの人々がHMOの拡大でメンタルヘルスケアの質が低下したと主張している。ここ数年で相当数のHMOと保険会社が、メンタルヘルスのサービスに対する保障を除外した（Frank, Koyanagi & McGuire, 1997 ; Hennessey & Stephens, 1997）。他の団体は任意または部分的な保障を行っている。最近の報告書では、HMOと保険会社はメンタルヘルスのサービスの利用を制限するために、通院時支払額と被保険者負担額を引き上げたことが報告されている（Mental Health News Alert, 1998年7月20日）。現在、私立のHMOがいくつかの公立メンタルヘルス施設を経営しているマサチューセッツ州で、患者の自殺数の上昇を含め、患者の福祉において、ケアが標準以下であり悪化していると報告された（Boston Glove, 1995年9月23日）。

メンタルヘルスのサービスの利用における私立および公立の資源の削減が、患者とその家族のために悪い結果をもたらしたことは疑う余地がない。主要な精神疾患の始まる平均的な年齢は成人期初期であるため、子どもが（訳注：精神疾患をかかえていると）診断されるのは通常、患者の親たちにとって中年期である。保険またはHMOの給付が使い果たされるやいなや、親たちは治療経費を自費で支払うか、あるいは彼らの子どもがMedicaid（国民医療保険制度）での保障を得るために、障害者の身分を得るかのいずれかの選択を委ねられる。このような状況のもとでは、ジェーンのケースに見られるような、疾患の再発はとくに問題である。

> ジェーンが最初に病気になったとき、私たちは彼女の治療を保障する任意保険に入っていました。彼女は、家庭的な快適さを備え、たくさんの思いやりのある職員がいる私立病院に入院しました。けれども保険契約は、1年にたった30日ほどの入院を保障するだけで、私たちは結局ジェーンを公立病院に移さなければならなかったのです。彼女はそこにいることを嫌がっていました。そして私たちは彼女が解放されるのを待

てませんでした。夫が仕事を変えると、私たちはジェーンをあるHMOに移しました。ジェーンの病歴のために、彼女を入院させてくれるところを見つけることは困難でした。私たちが以前から申し込んでいた保険プランは、外来と入院の両方の治療を保障するはずでした。けれども結果として、保険会社の条項の意味は、外来治療サービスでは最大限、年にたった10回の心理療法のセッションが含まれているだけでした。それはジェーンが病気の発現から回復までを通して彼女を援助してきた心理士との面接を続けることができないことを意味していました。私たちには、自力でその費用を支払う余裕がありませんでした。

HMOは同様に入院日数も制限しました。彼らはただ2〜3日間を認めるだけなのです。ジェーンは自殺を警告し続け、特に悪い時期を体験しました。HMOの担当者は、3日間という制限にこだわっていました、なぜなら、ジェーンが家でも「自殺監視」のもとにいることができると彼らが言ったためでした。彼女が病院から退院したとき、彼女はまだ落ち込んでいました。それは夫と私にとってとても精神的に疲れることでした。この状態が4日間続いた後に、ジェーンの担当の精神科医は彼女への投薬を増やしました。これはジェーンの気分を高めるのに役立ちましたが、それはまた彼女を1日のうちのほとんどの間、眠らせることになりました。

HMO(保健維持機構)と保険給付の制限は、公共部門のメンタルヘルスのサービスの縮小と相まって、患者とその家族を失望させた。それに応じて、多くの支援グループ(たとえば、全米精神障害者連盟(National Alliance for the Mentally Ill：NAMI)、公正連合(Fairness Coalition)、アメリカ心理学会(American Psychological Association：APA))が、保険会社とHMOを規制することを目指して、法律制定を推進した。とくに彼らは、精神疾患の治療に対して同額とする扱いを求めた。同額化の法律制定の意図は、HMOと保険会社によって精神疾患と一般的な疾患に等しく保険適用するための法的必要条件を成立させることである(Frank, Koyanagi & McGuire, 1997)。

1997年に、同額化に向けた法律制定のための努力は、ドメニチーウェルストーン改正(Domenici−Wellstone amendment)として部分的には成功した。この改正は、精神疾患に対する給付が、他の医学的状態に課されるのと同じ治療制限を伴うことと、同じ経済的な要求となることを命じている。したがって、特別な保険適用条件は指定されず、同額が求められている。それにもかかわらず、この改正には多くの限界がある。改正は、メンタルヘルスの給付をすでに認めている保険に適用されるだけである。それはメンタルヘルスに保険適用すると規定することを義務付けてはおらず、そしてそれはどんな保険契約によってもメンタルヘルスの保険適用が打ち切られるのを妨げられない。それは同様にメンタルヘルスのサービスへのより高いレベルのコスト(通院時支払額と被保険者負担額)共有の適用を認めている。すべての制限が医療産業からの反対理由に打ち勝つために、改正の提案者に要求された譲歩を反映している。

ドメニチーウェルストーン改正に欠点があるにもかかわらず、それは公教育の見地からは大きな成功を表している。法案の擁護のために、多くの議員が自分自身の精神疾患の経験について話をしようと申し出た。彼らの表現豊かな陳述は公式に記録に残され、そして確かに汚名をそそぐ戦いに助けとなった。

患者と家族の現状改革に向けた行動

脱施設化の動きは、地域に密着した患者のグループを形成することに寄与した。多くの地域で、精神疾患の元患者たちは、社会のネットワークと雇用の機会を提供することに加えて、同じ精神疾患をかかえる人たちに政治的基盤を与えるような自助グループを設立した。1978年にジミー・カーター大統領によって任命されたメンタルヘルスに関する大統領委員会(Presidential Commission on Mental Health)が1980年のメンタルヘルスシステムズに関する法令のセクション501(Section 501 of the Mental Health Systems Act of 1980)を通過させた、これは患者の権利章典(表15−1参照)として知られている。この法律は本質的には忠告の意味をなすのみであるが、ほとんどの州が少なくともそれらの権利のいくらかを与え、そして若干の州ではそれらすべての権利を与えている。

精神疾患をかかえた人々の福祉を推進するために、元患者、彼らの家族、そして他の人たちは、全国精神保健協会(National Mental Health Association)、青少年精神保健家族連盟(Federation of Families for Children's Mental Health)、そして全米精神障害者連盟(NAMI)のような、支持組織を形成するために集合した。これらの組織は州法の変更に努め、メンタルヘルスの治療施設を監督し、そして、ある場合には、患者たちのために法的代理人を提供した。加えて、これらの組織は精神疾患の原因について科学情報を広めることを目指し、公教育において重要な役割を果たしてきた。その過程で、彼らは精神疾患に関する汚名をそそぐのを助けた。このような組織の利点はジェーンのケースで見ることができる。

ジェーンは病気であるにもかかわらず、一度も彼女の自尊心と自己決定の意思を失ったことがありません。数年前に、彼女は患者の権利を主張するグループとかかわっていました。最初は、彼女はただミーティ

表15-1 患者の権利章典

治療	環境	記録と苦情
人の自由に最も協力的で、最も制約が少ない場で、適切な治療と関連した援助を受ける権利 個々に合わせられ、書面にされた、治療あるいは支援の計画を受ける権利 自分の能力に合わせて、ケアと治療プロセスに参加し、それについての妥当な説明を受ける権利 文書化された緊急事態、あるいは民事的に収容されている者に対して適用される法律の下で許されているような場合を除いて、説明のない治療、自発的でない治療、書面による同意のない治療を受けない権利 説明があり、本人が希望し、書面による同意なしには、研究目的の治療に参加しないでよい権利 退院をしたら、他のメンタルヘルスのサービス提供者への適切な紹介を受ける権利 適切な治療の拒否を含めて、賠償なしで他の権利を行使する権利	責任能力があるメンタルヘルスの専門家によってその時に作成された書面での命令に従う緊急事態を除いて、拘束あるいは隔離をされない権利 痛みからの妥当な保護と適切なプライバシーのある人道的な治療環境を得られる権利 私的な会話、電話やメールの妥当な利用と、面会時間に通常の訪問を受ける権利 その人の権利について、入院時や入院後に時機にかなった、有益な情報を受ける権利 私的なコミュニケーションも含めて、どんな利用可能な権利保護サービスあるいは有資格の代理人とも連絡をとる権利	個人情報の保護の権利 自身のメンタルヘルスのカルテを閲覧し、もし患者が承認の文書を提供するなら、弁護士あるいは法定代理人がカルテを妥当に閲覧する権利 権利の侵害に関して不服を申し立てる権利 公正で、時機に合い、偏りない不服申し立ての手続きをとる権利 自分のカルテの守秘義務とそれを閲覧する権利が自分の退院の後にも継続して守られる権利 患者は、自分の弁護士あるいは法定代理人が患者(つまり法的手続きの依頼人)が、患者と連絡をとる権利を持ち、そして、書面による許可があれば、患者の医療および援助のカルテを妥当に閲覧する権利

Mental Health Systems Act, 1980を改変。

ングに出席して、会報を送るのを手伝っていただけでした。その後彼女は副会長の役を引き受けることに同意しました。2年前にはジェーンはさらにかかわりを深め、そして彼女は元患者のために演劇のグループを始めるのを手伝いました。その時から私たちは本当に彼女が成長するのを見てきました。彼女は価値のある目標を目指すことに彼女の才能を活かす方法を見つけたのです。ジェーンは最近の上演で主役をつとめ、そしてメトロポリタン芸術協会から賞を勝ち取ったのです。夫と私は、彼女が表彰のために舞台に上がっていくのを見ながら、涙ぐんでいました。これはずっと私がジェーンにかなえてほしいと思っていた夢だったのです。

患者の支援グループのもう1つの主要な関心事は、精神疾患の原因についての研究の援助である。精神疾患の研究を援助するために提供された連邦予算の額は、身体的疾患の研究に割り当てられたよりもずっと少額である。NAMIと他の組織は、連邦政府がメンタルヘルス研究にもっと多額の資金を費やすように熱心に活動した。加えて、精神疾患の科学研究に資金を供給するために、いくつかの私立財団が設立された。これらは、全国統合失調症およびうつ病研究連合(National Alliance for Research on Schizophrenia and Depression：NARSAD)とスタンレー財団(Stanley Foundation)をはじめとする団体である。これまでの章で論じられた研究結果の多くが、これらの私立財団から資金を供給された研究によるものである。

強制収容

私たちの社会で、政府が市民の権利と安全の両方を守る責任をもっているという考えに同意しない人は少ないであろう。もちろん、これは精神障害者を含んでいる。けれども、これらの疾患は、時に人の判断力や洞察力を弱める。実際に、慢性の精神疾患の障害をかかえる患者のうち、約19%の者は、自分を精神的に病気であると信じないと言っており、また25%の者は、自分が精神的に病気であると確信していないと言っている(Walker & Rossiter, 1989)。皮肉にも、自らの精神疾患を否定する割合が最も高いのは、最も深刻な症状をかかえた人たちである。その代わりに彼らは、自分たちの状況を不運や、自分に対する私的な恨みや陰謀のためであると考えている。結果として、治療から利益を得るであろう者たちは、助けを求めようとしないか、あるいはメンタルヘルスの専門家の(訳注：治療をしようという)努力に抵抗する(Cohen, 1997)。

精神疾患をかかえる多くの人々が、自分が病気であることを信じないという事実は、重要な問題を提起する。これらの人々は強制的に治療を受けさせられるべきであろうか？ 彼らは自分たちの同意なしで強制収

第15章 社会的・法的観点

精神疾患は人の判断力や洞察力を弱めるかもしれない。外人部隊の軍人であると思っているこの男性は、自分が精神疾患であって、そして治療を必要としていることを理解していないであろう。(Richard Bickel/Corbis)

容または民事的収容、すなわち、精神病施設への拘束を適用されるべきであろうか？　適切な行動方針は常に明快であるというわけではない。精神疾患をかかえる人たちの市民権は、他の人たちの権利や社会の権利に対してバランスがとれていなくてはならない。時に患者の市民権より、彼ら自身の身体の安全あるいは地域社会の安全を守ることを優先しなければならない。

ほとんどの人々にとって、自分や他者への暴力行為は、強制入院を行う際の説得力のある主張である。人命に危険が及ぶ場合、ほとんどの人々が何らかの介入が必要であるということに同意するであろう。けれども多くのケースがほとんどそう明快ではない。本当に、これらの不明確なケースは、まさしく健常と異常の意味を問うものである（第1章参照）。異常とは誰の基準によるものなのだろうか？　十分な理由があって抑うつ的になっていると自分では信じている人もいるが、しかし社会は、彼らが精神的に病気で、そして治療を必要としていると考える。他の人たちのなかには、娯楽のための麻薬によってもたらされる息抜きや「高揚感」を楽しむ人もいるが、しかしなお社会は彼らを医療処置が必要な中毒患者だと見なす。また別の人たちは、「究極の真実」を見出すために彼らのライフスタイルを激変させるが、社会は精神病者であると見なして、その人を精神病の施設に入れるかもしれない。過去には、強制治療についてのほとんどの論争が、不必要な入院の断定に関するものであった。Mayock対Martin裁判*がこの点を示している。

❚　Mayock氏は、自分の右目を取り去った後、1944年7月に入院させられた。彼はその後に妄想型統合失調症と診断され、しばらくして保護観察下に置かれ、そして最終的に3年後に解放された。退院の3日後に、Mayockは自分の右手を取り去って、もう一度州の病院に入院させられた。およそ20年後の裁判の時点で、Mayockは妄想型統合失調症の診断で、まだ州の病院に強制的に閉じ込められていた。

裁判で、Mayockは、彼が自傷を行うことについて、理解しがたいことであったり、ばかげていたりすることではないと強く主張した。むしろ、彼は力づくで平安を確立しようとする社会の意図は完全に見当違いであると信じている、激しく宗教的な男である。神の示す方法は、愛を通して平和を広めることである、と彼は言う。もし社会が平安の実現に現在の方法を続けるなら、多くの生命が戦争を通して失われるであろうと考えているのである。Mayockは、1人の男が神に和解を申し出るために選ばれ、Mayock自身がその男であると信じている。そして1人の人間が目あるいは手を捧げて神からのメッセージを受け入れることは、社会が多くの人命の損失をこうむるよりもよいというのである。

彼が入院していた20年の間、Mayockは病院の構内では完全に自由であった。彼は一度も彼自身の体を傷つけたこともなかった。それでも、彼は重要な自発的いけにえとして、あるいは神からのお告げに応じて、彼が再び喜んでそうするであろうことを認めた。

この症状を除き、それ以外にMayockが障害をかかえていたという証拠はなかった。彼は、仮退院または特権を与えられた患者のために、病院の新聞売り場や、レクリエーションセンターを運営するなど、病院においてかなりの責任ある立場を得ていた。彼が金銭的なことをうまく処理し、そして他のすべての事項において彼自身の面倒を見ることができるという十分な証拠があった。

病院の精神科医たちは、彼の自分自身に対する予言的な見方を「大げさである」と考え、彼の宗教的な信念が「はなはだしく誤っている」として、それらを根拠に妄想型統合失調症の診断が完全に正当性のあるものと強く主張した。Mayockは、自分のことを精神疾患ではなくて信心深い人間であり、そして彼のアメリカ合衆国憲法修正第1条の権利（「連邦議会は、国教を樹立し、あるいは信教上の自由な行為を禁止する……」）が侵害されていると強く主張した。

法廷は、Mayockが入院を継続するべきであることを理解した。自分の目をえぐりだし、また自分の腕を切り落とす者は、極めて深刻な精神疾患をかかえる人たちだけしかいないであろうから、この決定が正しかったと感じる者も何人かはいるであろう。他の者は、このことが悲劇であったと感じるであろう、なぜ

---

*Mayock v. Martin, 157 Conn. 56, 245 A. 2 d (1968).

ならMayockは心の底から宗教的な信念による勇気をもって行動し、そして彼自身以外の誰をも傷つけていなかったからである。おそらく悲劇はその曖昧さにある。なぜならMayockは、いくつかの基準からは非常に異常であり、そして別の基準では異常でないと考えられるからである。

一般的に、自傷の恐れがあると考えられている人々への強制入院の適用は、「thank you」テストによって判断されるべきである（Stone, 1975）。このテストの内容は、「どんなに強く抗議したとしても、ひとたび回復したら、その人は入院していたことに感謝するであろうか？」という観点である。テストは、おそらくとても抑うつ的で自殺企図があり、そして、抑うつの気分が晴れた途端に、生きていることをありがたく思うような人々が合格するであろう。しかし、次のケースのように、他の人たちに危険を及ぼす人たちについてはどうであろうか。

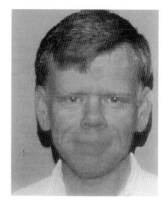

Russell Eugene Weston Jr.
(AP/Wide World Photos)

1998年7月24日に、41歳のRussell Eugene Weston Jr.は、38口径のピストルをもって、ワシントンD.C.にある連邦議会議事堂ビルの中に入っていった。警官が立ちはだかると、Westonは発砲を始め、連続して2人の警官を死なせ、そして何人かの観光客に怪我をさせた。同じくWestonも怪我をした。

Westonの家族は、彼のことを風変りだが周りに害を与えない子どもで、ひとりでいることが多かったと説明した。1984年に、Westonは妄想型統合失調症と診断され、そしてその治療を受けた。彼は自分を殺すためにCIAの諜報員を送ったと言ってクリントン大統領に対して非難する手紙を送った後、1996年に強制的に、精神病院に入院させられた。彼は外来患者向けのクリニックで治療を続けるという条件で、2ヵ月後に退院を許された。けれどもWestonは治療を続けず、抗精神病薬の服用を中止した。「私たちは彼を医者に行かせることができませんでした」、とWestonの父親は言った。「ほとんどいつも私たちは彼に『Rusty（ラスティ）、いいかい、それは現実のことではないんだよ』と、説得しようとすると、彼は『病気なのはあなたのほうだ』と言うのです」、彼の母親は「私は、できれば彼が小さな何かのことのために捕まえられ、そして保安官が彼を（訳注：しかるべき治療機関に）行かせて、彼が必要とする手助けを受けさせてくれることをずっと希望していました」と言った。それはついに起こらなかった。連邦議会議事堂を射撃する何日も前に、Russell Westonはショットガンで家族のペットの猫2匹の頭を撃っていた。(The Washington Post, 1998年7月27日に基づく)

今日では、入院させ損ねたことが問題となっているケースはさらに多い。これらは強制収容が適切であると考えられながら、それらが適用されなかったケースである。入院させ損なうことは、なぜ近年いっそう深刻な問題になったのだろうか？　これが公共の入院施設数の減少と実施できる治療の縮小によるものであるとする人たちもいる。一方、他の人たちは患者の安全よりも、患者の権利がより重要視されていることによるものであるとしている。原因が何であるとしても、患者の家族のなかには、医師とメンタルヘルス機関が適切な治療を提供しなかったという理由で、彼らを告訴している者もいる。そのような例の1つが、この章の初めに記述されていたトーマス・コルトの事例である。あなたが、コルトを治療した医者の立場にいた場合、あなたは彼を入院させる努力をしたであろうか？

もしあなたが患者の家族であったらどうであろうか？　あなたは自分が愛する家族の強制入院に同意するであろうか？

ほとんどの国で、自分の意志に反して入院させられるのはどのような人かを決定することにおいては、法律上の要件が重要な役割を果たしている。強制入院の法律的側面を理解するために、われわれは収容手続きを規制する法律について知っておくべきである。われわれの関心は米国内の法律についてであろうが、しかし多くの他の国々でも類似の法律をもっていることは、注目に値する。

民事収容の手続き

民事収容の実施には、何年もの間、熱心な論争が行われてきた。収容手続きは長い間に、そして州ごとに異なったものに変化してきた。近年、強制収容を規定している法律はいっそう厳しくなり、そのために自分たちの意志に反して入院している患者はより少なくなっている（Appelbaum, 1997）。同じく、民事収容の期間はより短くなっている。1991年と1992年のフィラデルフィアのデータでは、この期間に2,200件の精

神病院への強制的な民事収容があったことを示している(Sanguineti, Samuel, Schwartz & Robeson, 1996)。患者の大多数は統合失調症の診断を受けた者であり、平均の入院期間は6日半であった。それと対照的に、1980年の全国的なデータでは、強制的に入院をさせられた患者の平均入院日数が約25日間であったことが示されている(Rosenstein, Steadman, MacAskill & Mandersheid, 1986)。

前に述べた通り、収容を規定している法律があまりにも厳しくなり、そして制限が社会と患者の両方を危険に曝していると考えている者もいる。ホームレスや刑務所に収容されている精神疾患をかかえた人々の数は、近年劇的に多くなっている。よい治療が受けられなくなったり、不要な危険に曝されたりしている人たちがいながら、患者の人権を保護する方向に傾いているのだろうか。私たちはこの問題に関して、いくつかの観点から検討する。

人が精神疾患のために民事的に収容されうる状況がいくつかある。ある場合には、家族が、精神疾患をかかえる身内には、自分自身の世話ができないだろうと考えて民事収容を希望する。これは非常に長いプロセスになる場合もある。さらに頻繁に起きる例は、州からライセンスを与えられたメンタルヘルスの専門家が、自分たちの患者のために民事収容を要請することである。たとえば、ジョージア州では、もしライセンスを持つ心理士あるいは精神科医が正式に警察に権限を与えるなら、その人は24時間、強制的に入院させられることが可能となる。

大多数の民事収容は、その人が家族あるいは警察によって緊急治療室に連れて来られたときに行われる。実際に、警官はしばしば民事収容の手続きを始める最初の当局となる(Green, 1997)。結果として、ほとんどの大都市の警察署では、警官に対して精神疾患の発見のための基礎的なトレーニングを行っている。これは、警察がしばしば注目する行動に出る精神疾患のホームレスとかかわるためのものである。通常、その行動とは、「治安を乱す」ような公共の行為を取り締まっている地方条例に違反するものをいう。それが起こると、警官はその人が拘置所へ送られるべきか、あるいは精神病患者のための施設に送られるべきかについて判断しなくてはならない。理想的には、この決定は丁寧な心理査定に基づくべきであるが、そのようなことはまれなケースである。実際、現実には、その決定は実利的な配慮に基づいていることが多い。たとえば、貧しい患者を受け入れてくれる最寄りのメンタルヘルス施設はどれぐらい離れているか？ その個人を移動させる余裕のあるスタッフがいるか？

緊急査定のために連れて来られる人は、通常、自殺企図をもっていたり、混迷していたり、あるいは動揺したりしている。最初の難関はその人をなだめることであり、そして次は診断に役立つ情報を得ることである。もし臨床医が、その人が民事収容についての州の規定を満たすと考えるなら、その件は病院内で対処するものとして留められるであろう。多くの州で、2人の博士(医学博士あるいは哲学博士)レベルにあるメンタルヘルスの専門家の見解として、その人が収容を必要としていると評価したことを示す証明書に署名しなくてはならない。けれどもこれは、緊急の収容のための一時的な基準である。もし裁判官から収容期間を延長するための指示が何時間かの間に得られないなら、患者は収容を解かれなくてはならない。裁判官は正式なヒアリングの後に、この決断をする。収容に関する基準と強制入院の期間の規定は、各州の間で異なっている。

収容基準

それぞれの管轄区域が収容の手順を明確化し、そして改善するように試みたことで、民事収容の手続きと基準は州によって異なる。しかしすべての州の法令に共通して、以下の3つの要素が含まれている：(1)精神障害の存在、(2)自他への危険性、そして(3)重篤な障害。加えて、アメリカ精神医学会(American Psychiatric Association)は、第4の基準として「重大な精神あるいは身体の荒廃に苦しむ可能性」を提案し、そして州議会に彼らの行う収容の手順にこのような基準を含めるように説得しようと試みた(American Psychiatric Association, 1983；Monahan & Shah, 1989)。この基準は、最近の行動でも明らかなように、もし治療されていなければ、「その人がかつてもっていた自身が機能する能力の、本質的な荒廃をひき起こすような重大な判断力・分別または行動の障害と関連している、重篤で異常な精神面・感情面・肉体面の苦悩をかかえるか、またはそれらによって苦しみ続ける」と考えられる場合、基本的には民事収容を奨励することを予見するものになる(American Psychiatric Association, 1983, P.673)。今まで、この基準は標準的に実施されるには至っていない。

「精神障害」の定義　すべての州の心理面の障害で苦しんでいる個人に対する呼称は、「精神疾患」、「精神病」、あるいは「精神障害」とさまざまである。けれどもこれらの表現は明確に定義づけられておらず、どの障害が認定されていて、どの障害が認定されていないのかということが不明確なままとなっていることが多い。精神障害の定義は、各州の間で大きく異なっている。おそらく最も配慮があるものはアメリカ精神医学会が提示するもので、民事収容を重篤な精神障害をもっている人たちだけに制限している。それは重篤な精神障害を「病気、疾病、脳器質障害、あるいは(1)本人の思考、現実の認識、感情面のプロセス、あ

るいは判断を害するに足るような、あるいは、(2)最近の混乱した行動によって明らかにされるような、行動を多大に害するその他の条件」と定義する。一般的に、重篤な精神障害とは、精神病性の障害あるいは深刻なうつ病に相当する。

自他に対する危険性　ほとんどの州では、その個人が自分自身や他の者に対して危険であるという根拠を示すことを求めている。そして確かに、より多くの強制入院は、他のどんなことよりも、これらの根拠において妥当であるとされる。カリフォルニア州の民事収容の調査では、収容された人たちのおよそ60％が自分自身への危害を加える（自殺の危険がある）ものと考えられ、49％が他の人たちに対して危険であるとされ、そして32％が「重篤な障害」をもっているとされた(Segal, Watson, Goldfinger & Averbuck, 1988)。想像される通り、精神障害がある人々のうちのかなり多くは、彼らが1つ以上の基準を満たしているために、収容されている。ジェーンは、彼女が自殺をほのめかしたとき、強制入院をさせられた。

> 私たちはジェーンの意志に反して、何度か彼女を入院させようとしました。NAMIに勤務している私たちの友人が、州法について話をしてくれていたので、私たちは、もし彼女の医者に彼女が自殺しそうだと報告すれば、彼女を入院させることができるだろうということを知っていました。問題は、ジェーンが私たちに対して非常に激怒して、彼女が二度と再び私たちと話をしなくなるかもしれないということでした。一回彼女は心理学者、ネイラー博士によって強制収容をすることを承認されました。ジェーンは(すでに)ネイラー博士に彼女が自殺企図があると言っていたため、ネイラー博士は、倫理上彼女を入院させる義務を負うことになりました。けれども結果として、ジェーンは二度と再び博士と話をしないと明言し、そして彼女はその決心を根気よく守りました。

いくつかの州の法律では、危険性の定義はあいまいにされている。たとえば、その人が「今実際に起きていることで、相当な実害がもたらされる脅威がある」とき、アラバマ州では収容を行っている（アラバマ州法、22–52–37、1998)。マサチューセッツ州法では、もし「入院させられないことで、精神疾患による重大な害が起こる可能性を生む」なら、その個人を、資格を持った臨床医が強制収容させることができるとしている（マサチューセッツ州一般法、第123章）。フロリダ州法では、もし「近い将来、このような害を起こしたり、試みたり、あるいは行為を行うと脅やかすような直近の行動が明らかであり、本人自身あるいは他人に重大な身体的な傷害を与えるであろうというか

なり高い可能性がある」なら、精神に障害がある個人を入院させることが可能であることを明示している。

けれどもどれほど慎重に、あるいは大まかに、危険性が定義されても、2つの問題がある。1つは法律上の問題、もう1つは科学的な問題である。法律上の問題は単純である。彼らが危険であるとして入院させることは、板挟みの状況（ジレンマ）を生む。これは、西洋の法律上の慣例では一般に、前もってではなく犯罪が実行された後にのみ、自由の剥奪を命じられることになっているからである。誰かが単に法律を犯す恐れがあるという事実では、彼らの自由を制限する十分な理由にならないと主張する者もいるであろう。

科学的な問題は、危険な人たちだけが入院させられるというように、正確に危険性が予測できるかという点である。明らかに、危険な行動を予測する能力は、まさしく文明的で合理的な民事収容の手続きの核心である。これまで20年にわたって、研究者は、暴力的な行動を予測するものを明らかにしようと努めてきた。最も興味深い初期の研究の1つが、Baxstrom対Herold*のケースに見られる(Steadman & Keveles, 1972, 1978)。

> Johnnie K. Baxstromは第二級暴行罪のために2年以上を服役した後に、刑務所の医師によって精神異常があると証明され、そして刑務所病院に移された。Baxstromの刑期は終わろうとしていたが、しかし彼にはまだ精神科の医療ケアが必要であったため、医療刑務所の院長は、Baxstromが普通の精神病院に強制入院をさせられるよう嘆願した。その願いは行政上の理由で認められなかった。したがって、Baxstromは、彼がいた場所に留まることを強いられた。
>
> Baxstromは次のことを主張するために法廷に出た、もし彼が正常であったなら、彼が刑期を満たすとすぐに釈放されるのが妥当である。そしてもし彼が正常でなかったなら、普通の精神病院に移されるべきである。それゆえ、彼は、自分の刑期が終了しても刑務所に留まるように要求されている限り、彼の憲法上の権利は侵害されていると主張した。

米国の最高裁判所はその主張に同意した。結果として、同様にニューヨーク州の医療刑務所に閉じ込められていた967人の患者の早急な解放にも効力をもつ、「バクストロム作戦(Operation Baxstrom)」が開始された。解放された患者たちは、解放されるとすぐに暴力的になるのではないかと恐れられた。彼らは、刑事上は精神異常があると考えられていた。彼らは過去に

---

*Baxstrom v. Herold, 383 U.S. 107 (1966).

凶暴であり、そして将来も凶暴であろうと考えられた。それらの予測は説得力があるだろうか？

実際、暴力的であると思われながら、暴力的な行動をしていない者のような、偽陽性の結果が多く見られたり、同様に、暴力的でないとして解放された者がのちに暴力事件を起こすような偽陰性の結果が見られる場合もある。SteadmanとKeveles（1972）は、解放された患者のわずか2.7％が、4年のうちに危険な行為をして矯正施設に収容されるか、触法精神障害者のための病院に戻されていると報告した。後に再入院させられたか、または刑務所に入れられた患者を慎重に検査した結果、「非常に多数の偽陽性の判断をすることなく、すべてのBaxstrom患者から、これら病院か矯正施設に再収容されている者たちを選ぶことができるような一連の事実」は見出せないことが明らかになった（Steadman, 1973, p.318）。

最近になって、私たちが暴力的な行動を予測する能力にいくらかの進歩があった。たとえば、精神疾患の症状を経験していて、薬物乱用におちいり、薬物療法を行えない精神疾患の人たちの下位グループは、暴力的である可能性がいっそう高いことが証明されている（Link, Andrews & Cullen, 1992；Monahan, 1992）。臨床的な予測と現実的な診断の間で相対的にどちらが優先されるかについては、現在ある論争が起こっている（Harris & Rice, 1997；Lidz, Mulvey & Gardner, 1993；Swartz et al., 1998）。臨床的に暴力を予測することが、多くの事例にかかわった専門的な経験に基づいて行われるのに対して、現実的な予測は、患者について統計的な数式と特定の客観的なデータに基づいて行われている。将来の研究では、臨床的な専門知識と現実的なデータの両方を組み合わせることが最もよい予測をもたらすことを明らかにできるだろう。それまでの間、その領域の専門家は、偶然よりもはるかに際立ってよい予測を示すことができることが証明されている。

深刻な障害　いくつかの州では、（他の理由ではなく）彼らの精神状態の結果として、彼らが、食物、住まい、衣服、健康、安全に対する自分の基本的な欲求を満たすことが不可能であるとき、困窮した個人の収容を認めている。かくして、彼らは無気力になり、「受動的に危険な状態になる」、それはつまり、彼らが積極的に自殺あるいは自傷を試みる可能性があるからではなく、健康に生きるために必要なことを行わないことのために、彼らが自分自身を危険に曝す。カリフォルニア州は「重篤な障害」を「精神障害の結果として、人が、食物、衣服、あるいは住まいに関して基本的な個人の必要なものを供給することが不可能な状況」と定義している。

精神病院から退院した患者が自分自身の面倒をみることができないままホームレスとなり、そしてこの写真の男性のように路上で眠ることになるかもしれない。（AP/Wide World Photos）

適法手続き

1970年代以前には、精神障害をかかえている患者の人権はあまり大きく注目されていなかった。この状態は次第に変化し、そして今日ではわれわれのなかには、バランスがあまりにも極端に逆方向に移行したと感じる人もいるほどになっている。家族や社会の権利に十分な考慮が払われないほど、はるかに逆方向に揺れ動いたのだろうか？　私たちは市民権を維持するという名のもとに、患者たちの安全と福祉を犠牲にしているのだろうか？

人権擁護の観点から言えば、たとえば刑事被告人など、その自由が州によって脅やかされる人に対して与えられているのと同様の特権を、心理的に苦しむ人たちに提供することは妥当であると思われるであろう。これらの権利と特権は、まとめて「適法手続き」と呼ばれ、以下の内容を含んでいる。

- 時機を逃さず裁判を通知される権利
- 陪審員による裁判を行われる権利
- 当事者が自身の裁判に出席する権利
- 時機を逃さず弁護士の予約をとることができる権利
- 証言の中から、伝聞証拠のような信頼性のない証拠を除外する権利
- 証人に異議を申し立てる権利
- 自己負罪を阻止する特権
- 精神医学的な面接を含め、あらゆる面会を受ける権利
- 当事者がどの法律に違反し、どの法律で告訴されるかを、相当なレベルまで正確に知る権利。

精神病院への収容は、個人の権利の大きな制約を伴う。たとえば、いくつかの州では、精神疾患があると

判断された人たちは投票することができず、また陪審員を務められない。契約をしたり、訴えたり、そして告訴されたりする彼らの権利と同様に、ある特定の職業を行う権利も制限されている。これらの制限は、他の種類の医学的な障害と精神的な障害を区別し、そして適法手続き問題に対して特別な注意が払われることを必要とする。私たちが言及したように、患者の権利を求める活動家たちは、米国連邦議会に、精神病施設に収容されている人たちの権利を保護するよう各州に勧告する「患者の権利章典」を通過させるよう働きかけた(表15-1参照)。

立証基準

強制収容は、自由の深刻な損失を伴う。人の自由をそれほど限定するのであるから、その人が精神病院に入るのが妥当であることは、法律に照らして証明されなくてはならない。単なる主張では不十分である。どんな立証基準が必要とされるべきであろうか？ 一般的に言って、法的には3つの立証基準が利用可能である。証拠優越性、合理的な疑いの余地がないこと、そして確信的立証である。

証拠優越性の基準は、しばしば「51％基準」と呼ばれ、証拠の重さをある方向に固めるのに十分なだけの証明を必要とする。これは、しばしば罰金刑で自由の損失を伴わない民事事件で使われる基準である。

合理的な疑いの余地がないこととは、立証の最も厳しい水準であり、そして合理的な疑いを容れないで、理屈に合うことを求める人を納得させるだけの説得力のある証拠が必要となる。この基準は、被告の無罪の推定が非常に強く、罪がない人の不法な監禁の代償がとても高い刑法で使われる。それは、証拠の重さが、被告が有罪になることを人々が強く望むほどでなければならないことを意味しており、90％、あるいは99％基準と呼ばれることが多い。

確信的立証は、合理的な疑いに勝る証明を必要とするほどには厳しくない、中間的な基準である、しかし単なる証拠の優越性を必要とする51％基準ほど寛大でもない。それが75％基準であると考えよう。

危険性の予測の妥当性について本書で読んだこと、そして一般に精神医学の診断の信頼性と妥当性について学んだことを思い出して、どんな証明の基準が人を強制的に収容させるために求められるべきであろうか？ 1979年に、この件はAddington対Texas州裁判*で最高裁判所によってとり上げられた。

▌ Frank O'Neal Addington は1967年から1975年までの間に7回入院を繰り返した。彼は彼自身に対して危険であり、そして他の人たちにも危険であったため、彼の母親は現在、法廷に彼を強制収容させるように請願している。テキサス州法を踏まえて、彼が入院を必要とするかどうかを決定するために陪審員裁判が開かれた。裁判官は陪審員団に、Addingtonが精神疾患であって、そして彼自身の保護と他の者たちの安全ために入院を必要とするという「明確な、あいまいでない、そして説得力がある証拠」(75％基準)があったかどうか決定するよう指示した。よって陪審員団はそれがあったと結論づけたが、その決定に対して、Addingtonは米国の最高裁判所に、証明の適切な標準はもっと厳しい(合理的な疑いの余地がない—90％基準)ものであるべきだとして、控訴した。

最高裁判所は90％基準ではあまりにも厳しいと考えた。精神医学的な診断と予測をすることが不確実であるなかで、合理的な疑いの余地がないほどの証明を要求することは、治療が是非とも必要な本当に苦しんでいる多くの人々を州が収容することを不可能にするであろう。一方で、証拠優越性の基準は、あまりにも過度に寛大であった。もし州が人から自由を奪おうとするなら、それは51％基準が含むより大きな立証責任に耐える必要があった。したがって最高裁判所は、確信的立証(約75％の確実性)を示すことが強制収容の最低基準であるということと、(彼らは自由に最小限度よりも高い基準に設定することはできるけれども)各州はその最低基準に達しない者を収容してはならないということを保持するよう、最初の裁定を支持した。

治療を受ける権利

Addingtonの事例は、誰かが強制的に収容させられる前に必要となる証明の基準を取り上げている。では、その人が収容された後はどうであろうか？ 精神科医療を必要としているという理由で自由を奪われた人たちにとって、「治療を受ける権利」があるだろうか？ 奇妙にも、ほとんど例外なく、法廷はこの問題に関して非常に慎重であった。当然のことながら、彼らは、新しい「権利」を生み出すことに消極的である。けれども、自由の損失は民主主義社会においては重大な問題であり、そして法廷は、人が適切な治療を受けられないで入院させられていたケースに対して、時には非常に迅速に対応した。したがって、Rouse対Cameronの訴訟事件に*、David Bazelon裁判官は、連邦法令に根ざした治療の権利を明言した。彼は「強制入院の目的は、処罰でなく治療であり……病院は、

---

*Addington v. Texas, 99 S. Ct. 1804 (1979).

*Rouse v. Cameron, 373 F. 2d 451 (D. C. Cir. 1966).

治療をせず、有罪を宣告された犯罪もない人がいつまでも捕らわれかねない刑務所と化している……」と記している（Rouse v. Cameron, 1966, p.453）。しかし、すべての「処置」が治療として扱われるわけではない。Bazelonは以下のように記している。

> 病院は、治療がその人を治すか、あるいは改善するであろうことを示す必要はなく、そうなるための誠意のある努力をするだけである。このことは病院に対して、患者に適切な治療を提供するという観点から、初期そして定期的な問診が患者のニーズと状態に合わせて行われることを示すよう要求している……。ある人々にとって治療的な価値をもっている処置が、他の人々にとって同様の価値をもっているとは限らない。たとえば、病院への収容がすべての人々にとって有益な「環境療法」であると想定されないかもしれない。(Rouse対Cameron裁判, 1966, p.456)

後に、Frank Johnson裁判官（Wyatt対Stickney裁判*）は最低限のケアの客観的な基準を明示したが、それはアメリカ精神医学会によって推奨されている基準をはるかに下回っていた。彼はまた、患者のプライバシーの権利と尊厳があること、収容の目的を果たすために必要な最も制約の少ない投薬計画や、不必要なあるいは過度の薬物療法を強制されないことを明らかにした。彼は、封印された手紙を送ったり、電話を使ったりするという彼らの権利を確認した——患者が後で後悔する（ようなことを言う）かもしれないという理由で、そうした特権は患者に与えられないことが多かった。最終的に、Johnsonは一人ひとりの患者が個別の治療計画を立ててもらうことができ、その計画と経過について定期的な再検討をしてもらえる権利があると述べた。

そうしたRouse対Cameron裁判やWyatt対Stickney裁判の例で示された意見は、精神疾患患者の苦境について人々に警告し、そして、彼らの境遇を向上させることに対する期待を示した。しかし、不幸にも、彼らは思いがけなく重大な結末に至った。精神科医療に予想より多くの資金がかかるという見込みに直面して、多くの州が最も費用のかからない手段をとり、結局、精神病院から患者を退院させ、それらの病院を閉じたのである。たとえば、1970年代に、カリフォルニア州では大多数の精神病院を閉じて、メンタルヘルスプログラムへの資金供給を大幅に減らした。他の州も後に続いた。結果として、かつて精神病院に収容されていた何千人という人々が、地域の「食事とケア」だけを行う施設に追いやられたのである。

けれども、地域へ戻すことは万能の解決策ではなかった。これらかつての入院患者が新たに目に留まるようになることは、精神疾患のレッテルを貼られた人々に結びつけられた汚名とあいまって、地域の厳しい反応を生むことになった。そのような多くの人々は職を得ることが難しく、社会とのつながりをつくることが難しいと感じていた。路上に住み、ホームレスとなり、そして治療が受けられなくなった者もいた。これらの事実から、地域に密着した治療を確立し、そしてサポートを提供する手段が明らかに求められている。

最近いくつかの州によって採択された新しい取り組みが「外来患者委託」である。これらのプログラムでは、法廷が患者に治療のコースに協力することを命じるものである。これは通常、抗精神病薬を服用することと、指定された専門家によって監督されることを含んでいる。もし患者が処方された薬物療法を受け損ねたり、あるいは病院の予約を守れない場合、その患者は本人の意志に反して入院させられることもありうる。この取り組みは治療に協力的でなく、そして彼ら自身あるいは他の人たちに危険であることが判明した患者だけに適用される（Box 15–2参照）。アイオワ州、ノースカロライナ州とオハイオ州を含むいくつかの州では、このような法律を施行し、成功をおさめた。これらすべての州で強制入院がおよそ2分の1に減らされたのである

強制入院の廃止か拡大か

強制収容を批判する何人かの評論家は、それが廃止されるべきであると論じた。1960年代から1970年代にかけて、精神科医、Thomas Szaszは、この点に関してとくに声高に主張した。Szaszは、精神障害についての基準がそれほど正確でなく、そして具体的でないという点で、精神疾患が身体上の病気とは異なっていると論じた。「このような病気の証拠を探すことは、異論をとなえる根拠を捜すようなものである。ひとたび調査者が厳密に取り組もうとすると、その人には何でも精神疾患の徴候であるように思われるかもしれない」（Szasz, 1963, p.225）。Szaszは続いて、「精神医学は、すべての精神疾患に対し、治療という名目で、強制収容を通して、とくに社会からあらゆる類の逸脱や変わり者を排除することになり、それが、社会的な虐待となる可能性が大きい」としている（Szasz, 1994, 1998）。Szaszは、患者が最もよい治療を受けるかどうかを率直に伝えてもらえるなら、自発的な入院に反対してはいない。

Szaszを含め、何人かの批評家は、強制入院だけではなく、強制的な治療にも反対している。ある特定の

---

*Wyatt v. Stickney, 344 F. Supp. 343(M. D. Ala. 1972).

Box 15-2 科学と実践

適切な治療の保証

　Philadelphia Inquirer紙の論説ページに掲載された最近の手紙で、統合失調症を調査する有名な科学者のE. Fuller Torreyとバージニア州アーリントンの治療擁護センターのMary Zdanowiczは、強制治療の基準について、彼らの意見を表明した。これらの著者は、強制入院を管理する法律があまりにも厳しく、そしてそれらが究極的に社会と精神疾患に悩まされる人たちに害を及ぼすという見解をもっている。彼らは強制的な治療についての基準を「自己あるいは他のものへの危険」から「自助能力のなさ」に変えることを目指している。明らかにこれは、現在の政策からの大きな変更となるであろう。彼らの提案は合理的だろうか？　彼らの提案はどのように患者の市民権と一致させられるだろうか？
　下記は彼らの手紙からの抜粋である。
　Theodore Kaczynski（「郵便爆弾魔Unabomber」；p.617参照）、Michael Laudor（自分の妊娠している婚約者を殺した精神疾患の男；p.611参照）、Russell Weston（p.602参照）。3人の悲劇的な人物が、今年（訳注：1998年）、われわれの国の新聞の見出しで密接に関連づけられた——それぞれ脱施設化の痛ましい失敗を象徴していた。3人すべてが統合失調症をかかえており、そして、（彼らが）致命的な暴力行為を犯したとき、誰も妄想と幻覚をコントロールするために必要な薬物療法を受けていなかった。
　皮肉にも、統合失調症あるいは躁うつ病の人たちの半数近くが、自分が病気で、そして治療を必要としているということを把握していない。彼らは、自分たちが病気であると信じていないため薬物療法を受けることを拒否するが、それは法的見地からみれば完全に容認できることである。
　逆に、研究では、適切な処遇を受けている人々は、一般大衆と比べてより暴力的であるわけではないことが示された。今年（訳注：1998年）前半にマッカーサー財団によって発表された研究では、実際に、精神疾患の治療を受けている人々による暴力は半減したことが示された。
　地域サポートが欠如していることにより、脱施設化がただ米国の暴力行為の発生率に寄与するだけではなく、われわれの生活の質に影響を与えている。それは、大都市でとくに明らかに見られている、たとえば公共輸送機関の劣化、公共の公園が使えないこと、そして公共図書館の途絶などもそうである。暴力的でなくても精神疾患をかかえているホームレスが路上や公園にいることは、逃れようのない不潔さや退廃の感覚を生む。これらの人々は、軽犯罪で拘置所に入れられたり、事故による早逝、自殺、あるいは治療されていない病気によって亡くなったりするなど、被害を受けるようになることも多い。
　われわれはこれらの患者に適切な治療を保証するためには、何ができるだろうか？
　基準を変えること　治療を支える法令基準は、現在のように「自己あるいは他のものへの危険」ではなく、自助能力のなさに置かれるべきである。社会は、死だけではなく、退廃から人々を救う義務をもっている。
　規定遵守を求めること　ひどい精神疾患をかかえている多くの人は地域に住むことができる。けれどもそれは継続的な薬物療法の規定遵守を条件づけられなければならない。外来患者、後見人制度と、条件付きの退院は、解放された患者が自分で薬物療法を行うという必要条件に従うことを保証するために広く適用されるべきである。
　地域支援を構築すること　支援を伴う治療が機能するために、州は基準の遵守を保証し、毎日の生活を送るために必要とされるサポートを提供し、そして再発を防ぐために、地域で計画的な救済活動サービスのネットワークを構築しなくてはならない。それは、閉ざされた精神病院に置き換えるために約束されていたサービスを構築することを意味する。
　20世紀のアメリカでは、重篤な精神疾患をかかえる人たちの事例は、（今まで）公共においては不名誉なことであった。150年間以上州立病院で非人道的に患者を隔離してきたことに続いて、40年近く殺風景な収容施設か、あるいは路上に彼らを放り出すことが行われてきた。われわれは新世紀を迎えて、重い精神疾患をかかえている人が、人生の勝利者になり、そして人生の被害者のままでいないですむようにするのを支える時である。

(The Philadelphia Inquirer, 1998年12月3日に基づく)

抗精神病薬の副作用を引き合いに出して、薬物療法を拒絶する権利を主張する患者からの訴訟が行われてきた。Szasz（1998）は近年、精神疾患の人たちにとって、彼らがすべての治療を拒否することが自由に行えるときにのみ、真の平等が達成されるであろうと論じた。換言すれば、癌あるいは心臓病を患っている患者のように、精神疾患をかかえる人たちが薬物療法と入院治療についての選択肢をもっているべきだというのである。

　その議論の一方で、多くの人々は、強制的な入院と治療に対して、患者を守る試みが実際には患者を助けていないと感じている（BOX 15-2参照）。彼らは強制的な治療に関する現在の基準があまりにも制約が多く、そして多くの患者から必要とされるケアを奪うと述べている。たとえば、彼らは、副作用のより少ない新薬が利用可能になるにつれて、精神障害の薬物療法についての懸念が減少したことを指摘している。これらの薬物療法は、依存と苦しみの生活になるか、自立と個人の満足感のある生活を送るかを左右することができる。加えて、患者の家族は、彼らの愛する人が入院治療を受けるためには、そのことの「危険性」が示されなければならないという必要条件に反している。精神疾患をかかえた子どもの福祉のことで心配する年配の親にとって、彼らがもう子どもの世話をすること

が可能ではないとき、とくに非常に苦しい状況となる。前述のRussell Westonの症例では、精神的に重い障害がある息子が、現代の医療ケアの環境の中で、簡単に治療を回避したことによる親の苦しみを例として示している。もしWestonが、メンタルヘルスの専門家から投薬を行うよう定期的な往診を受けていたなら、結果が異なっていたのではないかと考えることは興味深いことである。

犯罪による収容

強制収容は、(すでに)罪を犯したという容疑をかけられていない人を巻き込むことから、民事収容と呼ばれている。他方、犯罪による収容は、重罪を犯したとして告訴されながらも、彼らが「やましい心」あるいは犯意を欠いているため、法的に責任がない人々の精神病院への収容に関するものである。「そこにmens(心)がないところに犯意があるはずがない」と、法律上の格言は示している(Fingarette & Hasse, 1979, p.200)。法律の見地から、このような人々は「正気ではない」とされ、そして彼らのケースで使われた法的擁護は、米国では心神喪失による抗弁(insanity difence)と呼ばれている。

裁判を受ける能力

どんな重罪であっても、人が裁判を受けるには、その人に「能力がある」と見られなくてはならない。「裁判を受ける能力がない」ということは何を意味するのだろうか? たいていの法令の定義は、「能力がない人」を「精神疾患あるいは精神異常の結果として、本人に対する訴訟手続きを理解すること、あるいは本人自身の防衛を支える能力に欠ける人」*と定義するニューヨーク州のものに類似している。法令の意図することは優れており、不在のままの裁判を禁じるイギリスの判例法の慣例から発展している。被告人が物理的には出席することができるとしても、彼が裁判を受ける能力がないと判断されると、彼は心理的に欠席していると見なされる、そして、彼が自分の防衛ができるまで、裁判は延期される。

たいていの州で、もし被告人に自我意識があって、時間と場所を正しく判断し(すなわち、今が何年であるかと、その人がどこにいるかを知っていて)、そして裁判官、陪審と弁護士の役割を理解することができるなら、裁判を受けるための能力があると仮定され

96歳で錠がかかっている精神科病棟から解放された後のJunius Wilson
(John Wassonの厚意による)

る。言うまでもなく、これらは非常に簡単な基準であり、そしてたいていの人々がそれらを満たしている。それはまさしく意図された通りである。陪審員による裁判は、すべての被告人の基本的な権利であると思われている。それゆえ、極めて少数の人々しかこの権利を適用されないように、基準は書かれている。予想されているかもしれないが、重大な精神疾患をもっている多くの人々が能力のテストに合格することができる(Neumann, Walker, Weinstein & Cutshaw, 1996)。これは法廷にいるすべての人々に容易にわかるような症状をかかえている精神病の被告人を裁判にかける結果となる場合がある。

裁判を受ける能力がないと見なされた被告人は、裁判にかけられることができるようになるまで、施設に送致される。現在の法律の方針では、拘禁の期間は最小限に保持させられている。それでも、過去には、Junius Wilson氏のように、裁判に耐える能力がないとされている人々は、何十年間も触法精神疾患の人たちのための施設に再拘留されていた。

Junius Wilsonは、現在は自由な男性である。彼が、1994年にノースカロライナ州ゴールズボロの精神障害者の施設であるチェリー病院の閉鎖病棟から解放されたとき、96歳になっていた。彼は黒人で、そして耳が聞こえず、1925年、彼が28歳のときにレイプ目的で人を襲ったとして告訴された時から68年間ずっと、その病院の錠がかかった病棟にいた。彼はけっして有罪(あるいは他のいずれの罪)を宣告されてはいなかった。実際、告訴は、結局は取り下げられた。さらに、彼が常に精神異常であったという証拠もない。にもかかわらず、彼は精神異常であるとされ、そしてかつて黒人のための州立精神病院とされていた施設に収容された。彼が病院に入る前に、州は彼を去勢させた。

1970年に、病院当局は、Wilson氏が完全に正気であり、そして彼が病院にいるべきではなかったことを完全に認めた。けれどもその時まで、彼は40年以上の

*New York Criminal Code S 730.10(l) (1993).

間、チェリー病院に暮らしていた。彼の家族は見つからなかった。そして彼を自由にすることは、それ以降の彼の生活の改善になるかどうかはけっして明確ではなかった。精神病院に住むことは、その外に住むための理想的な準備になるわけではない。それで、彼は「特典」を与えられたけれども、彼は錠がかかっている病棟に留まった。

　1991年に、John Wasson は Wilson の法定後見人兼ソーシャルワーカーに任命された。Wasson は、Wilson が正気であることがわかると、錠がかかっている病院の病棟から Wilson を助け出すために尽力した。Wasson は州に対して Wilson の解放を求める訴訟を起こすことを示唆した。3年の月日がかかったものの、1994年2月に、ノースカロライナ州は病院の敷地にある小屋を改修し、そして Wilson はそこに居住した。ついに、自由な男、Wilson は、錠がかかっている精神科病棟の外で彼の生活の残りを過ごすことができたのである。

　脱施設化の運動に先駆けて行われた研究では、裁判を受けることが可能であるにもかかわらず、何年もの間「見過ごされて」いた人が、ある施設に3人いたことを明らかにした。彼らは（すでに）それぞれ42年、39年と17年間収容されていた——彼らはどんな罪の裁定もなされないままに、これほどの期間を収容されていたのである（McGarry & Bendt, 1969）。1972年以前は、人々は、裁判を受ける能力があると判断されるまで、どれほど長い間であろうとも収容される期間についての限界はなかった。もし彼らが裁判を受ける能力がずっとなかったとしたら、どうであろうか？　このような悲劇的なジレンマは Jackson 対 Indiana 州裁判*で生じた。

　Theon Jackson は精神的に障害がある聾唖者であった。彼は読み書き、あるいは限定された手話以外の手段で人と意思の疎通をすることができなかった。1968年5月、27歳のときに、Jackson は別々の2人の女性への窃盗の罪に問われ、その両方が前年の7月に起こったと申し立てられていた。最初の窃盗は、ハンドバッグとその中身で、総額にして4ドルであった。次は現金で5ドルにかかわるものであった。Jackson は弁護士を通して無罪の申し立てを提出した。

　もし Jackson が有罪を宣告されたなら、彼は多分懲役60日の判決を受けていたであろう。けれども、インディアナ州法に基づき、Jackson は2人の精神科医によって診察され、彼自身の弁護に彼が参加するに足るだけの知性と意思疎通のスキルに欠けており、そし

て、それらを獲得することに対しての予後診断はまったく不明確であるとされたために、裁かれるのは不可能であるとされた。さらに、Jackson の通訳者は、インディアナ州には Jackson と同じくらい能力の低い人に最少限のコミュニケーション能力を習得するのを援助することができる施設がないと証言した。したがって、予審法廷は、Jackson が「彼自身の弁護をするのに十分な理解力が欠如している」ことを理解し、そして、インディアナ州精神衛生課が「被告人が正気である」ことを証明するまで、彼を収容しておくように命じた。

　Jackson の弁護士は、彼が正気であったこと、しかし、彼の精神遅滞がとてもひどかったため、彼がけっして裁判を受ける能力を身につけられないことを強く主張し、新たに裁判の申請をした。このような状況では、Jackson は、罪を犯した事実なく終身刑を宣告されたようなものである！　この事例が米国の最高裁判所に届くまでに、Jackson はすでに3年半の間「入院」していた。Blackmun 裁判官は、全員が一致した法廷（陪審員）の意見を総評して、インディアナ州の規則が違憲であったという Jackson 側の弁護士の主張に同意した。Jackson は解放された。

　Theon Jackson の訴訟は、1つの問題を解決した——それは裁判を受けることができないであろう人が、無期限に拘留されないようにしたことである。しかし他の多くの問題は、まだ解決されていない。いつか裁判を受ける能力を身につけられるようになるかもしれない人の場合はどうであろうか？　その人はどれほど長い間その状態で留め置かれるのだろうか？　いくつかの州では限度を設定していなかった。他の州では入院期間を、個人が、もし裁判を受ける能力があり有罪であるとしたなら受けたであろう判決の最長期間までと制限している。連邦裁判所は18ヵ月の後に釈放することを求めている。けれども、それらの限定された期間さえ、保釈と迅速な裁判に対する人権の侵害となるのであろうか？　そしてそれら（の期間）は、もし有罪を宣告されたら、刑期に含まれるべきであろうか？　人が裁判を受ける能力を得るために、その人の意志に反して薬物療法を行うように命じることはできるだろうか？　これらの問題に対する措置は、各州の間で非常に大きな差があり、そして、このような被告人が、当然ながら、明白に彼らの権利を主張するための情報が不足していることが多いため、近い将来、秩序立てて解決されることは難しい。

　結果として、たとえ障害があったとしても、被告人

---

*Jackson v. Indiana, 406 U.S. 715(1972).

*Pate v. Robinson, 383 U.S. 375, 378(1966).

第15章　社会的・法的観点

心神喪失による抗弁は、その人が罪を犯したとき、被告人が完全に、あるいは部分的に精神異常であり、そして彼の精神状態が彼の行動に影響を与えていたことを条件としている。長期間にわたり、しかもきちんと文書化された、ひどい精神疾患の経歴にもかかわらず、陪審員は、1999年にマンハッタンの地下鉄の前で若い女性を死に追いやった Andrew Goldstein（左：AP/Wide World Photos）の心神喪失の申し立てを却下した。2000年7月に、裁判官は、以前に統合失調症の治療を受けていて、1998年に妊娠している彼の婚約者を刺し殺した Michael Laudor（右：AP/Wide World Photos）が、精神障害のために裁判を受ける能力がないと裁定し、そして裁判官は治療のために精神障害者施設に Laudor を再拘留した。

は裁判を受けるほうがよいということを理由に、裁判を受ける能力がないという考え自体が撤廃されるべきであると強く主張する者もいた。「裁判を保留することは、多くの場合、裁判の能力がない被告人が告発されたままの状態と、彼の事実上自動的な民事収容が果てしなく続く結果となる。これは永久に能力を持たない被告人が公正に扱われていることを保証するという、極めて皮肉な方法である」（Burt & Morris, 1972, p.75）。しかしながら、この意見は、「法的に能力がない間に告発された人の有罪を決定することは、適法手続きを破っている……」*という Pate 対 Robinson 裁判における最高裁判所の見解に違反する。

米国における心神喪失による抗弁

ひとたび被告人が裁判を受ける能力があると示されると、（有罪、無罪、あるいは心神喪失というような）申し立てが提出されなければならない。米国における**心神喪失による抗弁**（insanity difense）は、犯罪が起きたとき、被告人が完全に、あるいは部分的に理性を欠いた状態であり、そしてこの精神状態がその人の行動に影響を与えていたことを前提としている。この問題で、鑑定人を務める心理学者あるいは精神科医は、被告人に対して、過去および犯罪の時の精神状態

を再構成しようと試みる。これは単純な仕事ではない。もし現在の行動に対する診断の所見が当てにならないことがあるなら、過去のことを再度思い起こすことに対しては、さらに不確かなのではないだろうか？

そして弁護側の専門家は、同じくらい有能な検察側の専門家によって反論されることが多く、人が罪を犯したとき、裁判官と陪審員たちが被告人の精神状態に対して異なった見解をもつことは、少しも不思議なことではない（Low, Jeffries & Bonnie, 1986）。

一般によく知られていることであるにもかかわらず、米国で心神喪失による抗弁は広く使われていない。それは裁判になる殺人事件では400件に1件以下の確率で、さらに殺人事件以外の事件ではいっそう少ない確率で行使される。そして裁判に勝つ事件は、それよりさらに少数である。勝訴したときでさえ、時には拘留生活よりさらに不運な状況になることもあり、期間が裁判官ではなく専門家による委員会によって決定されるため、被告人は通常、触法精神障害者のための長期収容施設に閉じ込められることになる。にもかかわらず、心神喪失による抗弁の役割と意味は、刑法で最も激しく討論されてきた問題の1つである。なぜそうならなければいけなかったのだろうか？

心神喪失による抗弁は、（訳注：米国でも）刑法のなかで手間のかかるものであるが、「それ（訳注：心神喪失による抗弁）をなくしてしまうことは、刑法から自由意志の根本的な視点を見失わせることになるため、われわれはそれ（訳注：弁護にかかる手間）に耐えなくてはならない……」（Packer, 1968）。それゆえ、心神喪失による

*51 Minn L. Rev. 789, 833-55 (1967).

抗弁は、規則で保障された例外である。われわれ各人が、自分の行動に対して責任があるという考え方は、われわれの中の何人かが明らかに責任を負えないという認識をもつことによって強化される(Rosenhan, 1983 ; Stone, 1975)。次に示すのは心神喪失による抗弁が米国で行使された3つの事例である(Livermore & Meehl, 1967より改変)。これらの被告人それぞれには犯意があると言えるだろうか？ *

ケース1：お下げ切り魔(The Pigtail Snipper)。髪フェティシスト(髪フェチ)の Victor Weiner は、満員のバスに乗っているときに、少女のお下げを切り落として、暴行罪で告訴された。(彼が精神鑑定によって確認され、また、事件の数日前にこの問題を話し合っていた知人によっても証言されたことであるが、)お下げを切断する前に、彼のなかでは、渇望と興奮に近い感情を伴って起こる、ある種の緊張感の高まりが認められた。彼は自分の注意をそらして、この行為をしなくて済むよう、さまざまな努力をした。しかし最終的に彼は衝動に従って、彼のポケットにはさみを忍ばせてバスに乗り込んだ。Victor は「社会病質的なパーソナリティ障害、性的錯誤、フェティシズム」と診断された。

ケース2：斧の柄殺人鬼(The Axe-handle Murderer)。15歳の Arthur Wolff は、母親を殺した容疑で告発されていた*。その犯罪の前年に、Wolff は「多くの時間をセックスについて考えて過ごしていた」そうである。彼は、自分が麻酔をかけてレイプするか、あるいは裸の写真を撮ることを計画した地元の少女7人の名前と住所のリストを作った。殺人のおよそ3週間前のある夜、彼はエーテルの容器を持って、煙突を通ってこれらの少女たちのうちの1人の家に侵入しようと試みた。けれども彼は中に押し込まれた状態になり、そして救助されなければならなかった。その次の週に、おそらく Wolff は、自分の性的な目的を達成するためには少女たちを彼の家に連れて来なければならないことと、そして最初に彼の母親(そしてもしかすると彼の兄弟)が邪魔しないようにすることが必要だと決心したようである。

Wolff が自分の母親を殺害する前のある金曜日か土曜日に、彼は家のガレージから斧の柄を調達し、そして彼のベッドのマットレスの下にそれを隠した。日曜日に、彼はその隠し場所から斧の柄を取り出し、母親を殴打しようと武器を振り上げて、後ろから母親に近づいた。彼女は彼の気配を感じて、彼に何をしていたか尋ねた。彼はそれに「何でもない」と答えて部屋に戻り、そして再びマットレスの下に斧の柄を隠した。翌朝、Wolff は母親が準備していた朝食を食べて、彼の部屋に行き、その隠し場所から斧の柄を取り出した。彼は台所に戻って、後ろから彼の母親に近づき、そして彼女の後頭部を殴りつけた。彼女は金切り声を上げて振り向いた。彼はさらに何度か彼女を殴打し、床でもみ合った。彼は立ち上がって流し台の水が流れているのを止め、そして彼女はダイニングルームを通って逃げた。彼は後を追って、居間で彼女を捕え、自分の手で彼女を絞め殺した。

Wolff はそれから彼のシャツを脱いで、火のそばに掛けて、彼の顔と手についた血を洗い流して、ダイニングテーブルの上にあった聖書か祈祷書から数行を読み、そして自首するために警察署に歩いて行った。彼は内勤の警官に、「届け出たいことがあるのですが……。私はたった今、斧の柄で、私の母親を殺しました」と言った。警官は Wolff が静かな声で話をしたこと、そして「彼の会話は、彼が言っていたことと非常に一貫しており、そして彼は私が彼に尋ねたすべての質問に細部に至るまで正しく答えた」と証言した。

裁判で4人の鑑定人は、Arthur Wolff が彼の母親を殺したとき、彼が(それまで)統合失調症で苦しんでいたと証言した。

ケース3：妄想の情報提供者(The Delusional Informer)。Calvin Ellery は妄想型統合失調症で苦しんでおり、妄想と幻覚の経験があった。彼はフリーメイソンが政府を乗っ取ろうとたくらんでいると信じていた。さらに Ellery は、フリーメイソンが、(すでに)Ellery に自分たちの意志が知られていることに気づいており、そして彼が情報提供者となる可能性があったため、フリーメイソンが彼を亡き者にしようとしていると思い込んでいた。

あるニュースで聞いたことの妄想的な誤解の結果、Ellery は、「今日は自分の殺害が実行される日である」と思い込んだ。折り襟にフリーメイソンのボタンをつけたセールスマンが玄関に来たとき、彼はセールスマンが彼を殺すために送られたと確信していた。セールスマンが自分のポケットにある名刺に手を伸ばしたとき、Ellery はそのセールスマンが連発銃に手を伸ばしたと思い込んだ。Ellery は自分の武器を取り出し、そして自己防衛のために先に撃った。

心神喪失による抗弁が行使できるかどうかは、何によって決定されるのだろうか？ 法律の観点から見て、人が刑法の通常の規準が適用されないほど精神障害があると考えられる時を言うのだろうか？ これらの質問への答えは、まさしく刑法の意味の解釈にとってきわめて重要であるため、その問い自体が激しい論

---

*People v. Wolff, 61 Cal. 2 d 795, 800.

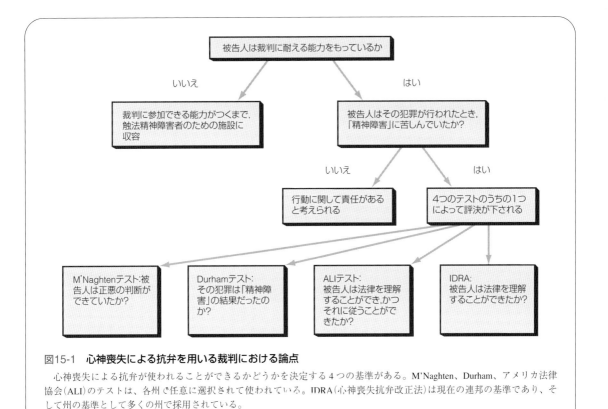

図15-1　心神喪失による抗弁を用いる裁判における論点
心神喪失による抗弁が使われることができるかどうかを決定する4つの基準がある。M'Naghten、Durham、アメリカ法律協会（ALI）のテストは、各州で任意に選択されて使われている。IDRA（心神喪失抗弁改正法）は現在の連邦の基準であり、そして州の基準として多くの州で採用されている。

争を生み出した。歴史的に、心神喪失による抗弁には3つの観点があった。M'Naghten ルール，Durham テストとアメリカ法律協会規則（ALI：American Law Institute Rule）。そしてさらに最近では、心神喪失抗弁改正法（Insanity Defense Reform Act：IDRA）の下で、もう1つの基準が提起されている（図15-1参照）。

M'Naghten：「認知の」公式

Daniel M'Naghten は1843年に、英国の首相、Robert Peel 卿を殺すことを目的として、ロンドンに来た。その時点で、M'Naghten は、（すでに）彼に首相を殺すよう指示していた「神の声」に応じていた。しかしながら、Peel 卿は、その日ビクトリア女王と一緒に移動しており、そして Peel 卿の秘書の Edward Drummond が首相の乗り物にいた。Drummond は M'Naghten の銃弾を受けて殺された。M'Naghten は以下のように証言した。

> 私の出身の市で、保守党員たちが私にこの行為を行うように強要しました。彼らは私が行くところへはどこでもついて来て迫害し、そして私の心の平和を完全に破壊したのです。(中略)彼らが私に向かって要求をし続けたために、私は夜眠ることができませんでした。（中略）彼らは私が犯していない行為の罪で私を告発しました。彼らは持てる力のすべてを使って私をしつこく攻撃し、そして迫害したのです。実際、彼らは私を殺そうとしていたのです。

M'Naghten の被告人側弁護団が Isaac Ray 博士によって出版された『精神異常の法医学』（*Medical Jurisprudence of Insanity*, 1838）に大きく頼っているという点で、裁判は注目に値するものであった。被告側弁護団は、彼が迫害の妄想（そして、現代の表現では、命令幻覚）を経験したという点で、被告人が明らかに混乱していたと論じた。これは精神鑑定が殺人の裁判で認められた最初のケースの1つであった。そして裁判官たちは非常に感銘を受けたため、首席裁判官が自ら M'Naghten に対する評決を指揮した。けれどもその後、それまでの2年間で3回暗殺未遂を経験していたビクトリア女王は、他の14人の裁判官と、首席裁判官とを呼びつけ、彼らを非難した。彼らは即座に意見を曲げて、「M'Naghten ルール」として知られることになる規則を記した。そしてこの規則のもとで、Daniel M'Naghten は明らかに有罪を宣告された！その規則では、行為を犯した時点で、「告発されている者は、心の病気でまともな思考力を欠いていた。そ

の結果、自分がしていた行為の本質的な意味と特性を知らなかった。あるいは、もし彼がそれを知っていたなら、彼は自分がしていることが悪いことであるとは知らなかった」ということが明らかに証明されるなければならない。

　M'Naghten ルールは米国で広く使われている。全米の州の半分近くが、単独でそれを心神喪失に対する基準として使用している。他の州では他の規則と併せて M'Naghten ルールを使っている。それは、比較的限定的なテストであり、単に、被告人が「心の病気」に苦しんでいたか、彼の行動の本質的な意味について、自分ではどう理解していたか、そして本人はそれらの行動が間違っていたことを理解していたか否かによって判断するものである。しかし、それは私たちが異常心理学で学んだすべてのことに疑問を投げかける。たとえば、心の病気とは何であろうか？　それらは本当に存在するのであろうか、あるいはそれらは単なる比喩であろうか？　そして私たちは、ある人が殺人を企てたとき、彼が自分の行動を理解したかどうか、そして彼が、殺人を「悪い」ことであると知っていたかどうかということをどのようにして把握するのであろうか？

　M'Naghten ルールのもとでは、ただ1人、妄想の情報提供者の Calvin Ellery だけが無罪とされるであろう、なぜなら彼だけが明らかに、正当な自己防衛のために行動をしたと信じており、「彼がしていた行為の本質的な意味と特性」を知らなかったからである。「斧の柄の殺人犯」の行動は明らかに奇異であった。それでもなお彼が善悪を区別できなかったという証拠がなかったため、彼は M'Naghten ルールに従って無罪とされることができなかった。同様に、「お下げ切り魔」、Weiner は、明らかに精神障害があり、そして表面上、最終的には彼の抑制への最善の労力を超えた衝動に巻き込まれているが、M'Naghten ルールのもとで無罪とされることができなかった。彼も同様に善悪の区別ができる状態であった（表15-2参照）。

　M'Naghten ルールの基準は、もっぱら善悪の判断という個人の認知に焦点を合わせている。感情や衝動は、この「精神の健全さ」のテストでは適切であると考えられなかった。当時の法律の専門家のなかには、この基準があまりにも限定的であると言う者もいた。彼らは被告人が完全に行為の不法性を理解したかもしれない、しかしそれにもかかわらず彼の行動をコントロールすることは不可能であったと論じた。1896年にアラバマ州では、論理的思考が損なわれていないときでさえ、精神病が自制心を害する可能性があるとした「押え難い衝動規定」を採用した。

Durham：「精神疾患の結果」

　1954年に行われた Durham 対連邦裁判*の事例で、David Bazelon 裁判官は、「もし被告の不法な行為が精神障害あるいは精神の異常の結果であったなら、彼には刑事上の責任はない」と述べて精神異常による抗弁を擁護する解釈を広げた。Durham テストの「精神疾患」の解釈と M'Naghten の「善―悪」テストの間の相違に着目しよう。Durham テストでは、「正しい行為」を「不適切な行為」と区別できないというような、能力がない状態があったことが条件として規定されない。「精神疾患」から直接その行為に及ぶものとして（Brooks, 1974）、その行為が精神病あるいは精神異常の結果であったかそうでなかったかを決定することを、精神医学と心理学の進歩した知識に委ねる。Durham ルールの下では、「斧の柄殺人犯」はおそらく、彼の統合失調症の状態がなければ、彼が母親を殺さなかったであろうという理由で、無罪とされていたであろう。同じく、フェティシズムを「精神疾患」と定義することで、もし彼にフェティシズムの対象がなかったなら、彼が女の子のおさげにこのような性的な興味をもっていなかったであろうという理由で、同じく「お下げ切り魔」も無罪とされたであろう。そして、もちろん、「妄想の情報提供者」、Calvin Ellery も同じく、M'Naghten「正―悪」テストと同様に、「精神疾患の結果」テスト（彼は妄想型統合失調症で苦しんだ）によって無罪とされたであろう。

　Bazelon 裁判官が Durham ルールは実験であることを支持したことにより、1954年から1972年まで、およそ18年間延長された。その間に、刑事責任と免責についての意見が検討された。基本的に、Durham ルールは2つの理由で撤回された。(1)裁判官と陪審員が刑事責任の決定を精神鑑定に完全に依存してしまい、あまりにも重く精神科医の鑑定に頼ったこと、そして、(2)かつても今も同じように、何が「精神疾患」を規定するかについて、理解し、合意を形成するのが難しかったことの2つである。その言葉のニュアンス自体が、否定しようのない、そして明確で検証可能な器質的状態を含んでおり、とても十分な表現であるとは言えなかった。さらに、『精神疾患の診断と統計マニュアル（Diagnostic and Statistical Manual of Mental Disorders：DSM）』に認められているどの障害であるのか、けっして明確ではなかった。吃音、タバコ依存、反社会性パーソナリティ障害のすべてが不法な行為をひき起こしうる精神障害と見なされてよいのであろうか？　Durham ルールの外見的な幅をどこにするかには、判断を下すことが難しく、そして究極的にほぼ廃止につながるような問題をひき起こした。ニューハンプシャー州が、まだ Durham テストを

---
*Durham v. United States, 214 F. 2 d 862 (D. C. Cir. 1954).

表15-2　種々の心神喪失の抗弁による無罪

事例	診断	M'Naghten「正-悪テスト」	Durham「精神疾患の結果」テスト	アメリカ法律協会(ALI)	精神疾患だが有罪	IDRA：
Victor Weiner（お下げ切り魔）	フェティシズム	有罪――彼はよくない行為だと知っていた	無罪――フェティシズムはDSM-IVでは精神疾患である	有罪の可能性あり――裁判所による容疑者の行為を法に従わせる能力の査定による	有罪	有罪
Arthur Wolff（斧の柄殺人犯）	統合失調症	有罪――彼はよくない行為だと知っていた	おそらく釈放――もし彼が統合失調症でなければ、彼は殺人を犯さなかった	もし情緒的に彼が殺人を違法だと知っていた場合は有罪の可能性が高い	有罪	有罪
Calvin Ellery（妄想の情報提供者）	妄想型統合失調症	無罪――彼は自己防衛のために発砲していると思っていた	無罪――殺人は明らかに彼の妄想の結果であった	無罪――彼は自分の行為の犯罪性を把握できなかった	有罪	無罪

使っているだけである。

アメリカ法律協会(ALI)ルール：理解と適応（認識することと適切な行動をとること）

連邦対 Brawner 裁判*において、Archie Brawner, Jr.は、パーティでもみ合いになった後で、相手の男を殺して告発された。意見を提出するために呼ばれたすべての鑑定人たちは、彼の精神障害の性質が何であるかについて合意したわけではないが、Brawner が精神病圏、あるいは神経症圏の異常に苦しんでいたということにはそろって同意した。Brawner の弁護士は、被告人がてんかんによってもたらされる精神状態に苦しんでいたことを証拠として提出した。裁判官はケースを陪審に委ねるためには証拠が不十分であると裁定した。そのため第一級殺人の罪状では、無罪判決が裁定された。1972年の Brawner のケースにおける裁判官の判決の結果として、Durham 精神病テストは修正された。修正は以前にアメリカ法律協会によって支持されたものであった。その規則は Durham ルールよりはるかに具体的で、そしてなおかつ M'Naghten ルールほど狭くない。その内容は：

1. もし、人が、犯罪行為の時点で、精神障害あるいは精神異常の結果として、自分の行為の有罪（違法性）を認識するか、あるいは自分の行為を法律の必要条件に適応させる実質的能力に欠けていた場合、彼は犯罪行為に関して責任を問われない。

2. 条項で使われる「精神障害あるいは精神異常」という用語は、単に犯罪か反社会的行為が繰り返し行われることによって示される異常性を含むものではない(American Law Institute：ALI, 1985, p.62)。

Brawner のケースで、法廷はさらに「精神異常」の意味を絞り込もうとした。それ以前のケース*を引合いに出して、以下のことが示された。

> 精神障害あるいは精神異常とは、精神か、あるいは感情的なプロセスに実質的に影響を与え、そして実質的に行動制御を害する心のどんな異常な状態をも含む。

アメリカ法律協会ルールは、Brawner のケースで修正され、21の州裁判所で使われている。その基準のもとで、Calvin Ellery はもちろん無罪とされるであろう。フリーメイソンたちは共に政府を支配し、そして彼を暗殺しようとたくらんでいたことを確信しており、Ellery は明らかに「……彼の行為の有罪（違法性）を認識する実質的能力」に欠けていた。「お下げ切り魔」、Victor Weiner に関しての評決は、法廷が Weiner の欲望の強さと、それに伴って「行為を法律の必要条件に適応させる」彼の能力とを評価するかどうか、そしてそれが可能であるかどうかによるであろう。

彼の性的な企ての邪魔になると思われたため母親を

---

*United States v. Brawner, 471 F. 2 d 969(D. C. Cir. 1972).

*McDonald v. United States, 312 F. 3 d 847(D. C. Cir. 1962).

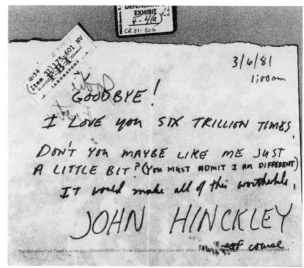

John Hinckley, Jr.（左：AP/Wide World Photos）と、大統領ロナルド・レーガンの暗殺を試みる前に、彼が心酔していた女優、ジョディー・フォスターに送った手紙（右：AP/Wide World Photos）。

殺した Arthur Wolff のケースの結果は、完全に「……彼が自分の行為の有罪（違法性）を認識する実質的能力に欠けている……」とされているアメリカ法律協会のルールの条文で、陪審がどのように単語「認識」を解釈するかにかかっている。Wolff は、彼が警察署ですぐに自白したとき、彼の母親を殺すことにおいて、彼が悪い行為をしたことを「知っていた」。けれども彼は本当にこれが間違っていたことを理解していただろうか？ 彼は感情的に「彼の心でそれを感じていた」のか、あるいは彼は認知としてただ「知っていた」のだろうか？ もし後者であるなら、彼は ALI ルールの下で無罪とされるであろう。もし前者であるなら、彼は彼の母親を殺した罪で有罪を宣告されるであろう。

心神喪失抗弁改正法

1982年6月21日に、連邦の陪審がロナルド・レーガン大統領の暗殺未遂事件で精神異常という理由で John W. Hinckley, Jr. を無罪とした。陪審の評決は、Hinckley が「彼の行為を法律の必要条件に適応させること」が不可能であったという認識に基づいていた。それは ALI ルールの「随意性（volitional）」基準である。けれども一般人は、その評決に憤激した。陪審が Hinckley を無罪としたほんの3日後に、連邦上院司法部の委員会の刑法に関する小委員会は、心神喪失抗弁を制限することについての聴聞会を始めた。そして続いて2年半にわたり、類似の公聴会が多くの州の議会の聴聞室で行われた。

ALI のルールでは随意の行為（犯罪衝動が耐えがたいものであったか否か）が問題となっていた。それは本当に抑えられない衝動だったか、あるいはただ単に衝動を抑えようとしなかっただけなのか？ 法律がそれを含むべきであるかどうかについてさえ深刻な問題であるとしており、随意性自体が有用な概念であったかどうかは、心理学者と精神科医の意見が一致しない問題であった。結局、1984年に、レーガン大統領が連邦裁判所で心神喪失抗弁の随意の行為の基準を排除した心神喪失抗弁改正法（insanity defense reform act：IDRA）に署名した。新しい連邦の基準は次の通りである。

> 攻撃的な行為を遂行する際に重篤な精神病あるいは精神異常の結果として、被告人が自分の行為の本質的な意味と特質あるいは違法性を正当に認識することが不可能であったということは、どんな連邦法令のもとでの起訴に対しても肯定的な抗弁になる。精神病あるいは精神異常は、他に定めのない限り抗弁が可能となる。

精神の健全さを証明することは、かつては検察側の仕事であった。そして精神の健全さは、証明することが非常に難しいものである。新しい連邦の基準では、被告人が心神喪失の状態であり、それゆえ彼の行動に対して責任がなかったことを証明することについての責務は、被告人に対して与えられた。それで、心神喪失を積極的に抗弁することによって、被告人は自分自身の抗弁に積極的な役割を果たすように要求された。この必要条件は予期しなかった（精神疾患の症状の性質から生じる）いくつかの新しい問題をひき起こした。

心神喪失による抗弁の拒否

　妄想と洞察力の欠如は、精神病の定義的な特徴に含まれる。それでもし、その人が心神喪失の状態ではないという理由で、精神疾患の被告人が心神喪失による抗弁をすることを断った場合はどうなるだろうか？これについては多数の刑事事件が文献に残されている。弁護士は健全な法律上のアドバイスをクライアントに提供するように要求されているが、弁護士はクライアントに防衛を押しつけることはできない。これらのケースの多くで、被告は長い間精神疾患の治療を受けており、かつ、重大な罪を犯したことを容易に認める。もし被告が能力をはかるテストに合格するなら、その被告人は犯罪のかどで裁判にかけられなくてはならない。妄想型統合失調症のような重大な精神疾患をもっている被告が、自分自身を正気であり、より高い目的のために動機づけられたと強く主張することは珍しいことではない。

　この例として、People 対 McDowell* 裁判のケースがある。被告人は、州立病院から退院した後に、自分が住んでいた下宿屋の管理人の年配の男性を殺した罪で告発されていた。被告人は殺人を認めた、しかし彼女の弁護士の助言にもかかわらず、彼女は心神喪失の申し立てをすることを拒否した。その代わりに、彼女は自分が精神疾患ではなく、むしろ神に触発されたと強く主張した。より崇高な力が彼女に殺人を犯すように命令していた。彼女は自分が「主なる神の女性、イズラエル」であると言い、そして、それらの行為が最高の英知に基づいていたため、彼女の行為は正当であったと主張した。彼女は有罪を宣告され、そして刑務所行きを宣告された。

　全国的にメディアから注目された別のケースとして、若者がニューヨーク市の地下鉄で数人の人々を殺したとして告訴されたケースがある。男は殺人をする以前から妄想型統合失調症に対する治療を受けていた。彼はただ心神喪失による抗弁を断っただけではなく、彼は自分自身で代理人を務めることを強く主張した。彼は自分の代理人として無罪の申し立てを行った。多数の証人が（すでに）彼が殺人を犯しているのを目撃したと証言したにもかかわらず、彼は自分が犯罪現場にいなかったと主張し、とりとめのない抗弁をし続けたのである。彼も同じく有罪を宣告された。けれども近年最も広く知れわたり、心神喪失による抗弁を使うことを拒否した精神病の被告人がかかわったのは、「郵便爆弾魔」、Ted Kaczynski のケースであった。

Ted Kaczynski は裁判を受ける能力があると判断され、そして、心神喪失による抗弁を行使することを拒否し、結局「郵便爆弾魔」として有罪を宣告された。(AP/Wide World Photos)

　当局から何十年も逃れた後に、かつて数学教授であった Ted Kaczynski は、逮捕された。「郵便爆弾魔」として彼は一連の郵便爆弾を送って、多数のテロの脅威を起こし、3人を殺し、そして他の多くの人たちを負傷させていた。1995年に、彼は「ニューヨーク・タイムズ」紙と「ワシントン・ポスト」紙に彼の考えを記述した35,000語に及ぶ「宣言」を送った。両紙は、警察の郵便爆弾魔の捜査に役立つであろうと考え、その陳述を掲載することに同意した。それは期待通りとなった！　手紙は、Ted の妄想的な政治理念を知っていた Ted の兄弟 David Kaczynski の目に留まった。David は「郵便爆弾魔」がモンタナ州の荒れ地で旧式のバラックに住んでいた Ted であるかもしれないと警察に通報した。1996年に、当局がバラックを見つけ、そして Ted Kaczynski を逮捕した。彼らはバラックで有罪の根拠となる証拠を多数発見した。そして Ted は郵便爆弾のことを自白した。

　David はまもなく Kaczynski 家の広報担当の役割を担うようになった。彼は、自分の兄弟を知的であるが情緒不安定な男だと描写した。Ted は優秀な学生で、高校2年間を飛び級し、数学に強い興味を持っていた。彼はハーバード大学を卒業し、そしてミシガン大学から修士号と博士号とを授与された。カリフォルニア大学バークレー校での数学の教授の職を後にして、Kaczynski はモンタナに転居し、そして何年もの間世間とのかかわりをもたずに生活していた。彼の家族は、大げさで変質的な考えと妄想性の激怒など、Ted の異常な行動を認めた。彼は支配と科学技術の陰謀に取りつかれており、そして彼自身が世界の救済者となることができると考えていた。彼は完全にすべての社会とのかかわりから退いていた。

　Kaczynski は、彼がその事件を理解することができ、そして彼自身の弁護を行うことができたことか

---

*People v. McDowell, N. Y. S. Ct., No. 86–46 July 3, 1986).

ら、裁判を受ける能力があると判断された。Ted の精神病様の症状の経過を示して、彼の弁護人は心神喪失による抗弁をすると思われた。実際に、彼らは「心神喪失による抗弁」の申し立てを強く Ted に勧めた。しかし Ted は拒否した。彼は断固として精神障害を含んだどんな申し立ても受け入れることを拒否した。裁判官は、Kaczynski が弁護士にメンタルヘルスの問題を理由にする抗弁を拒絶したことを「完全に不当である」として、Kaczynski と弁護士の間の意見の相違によって裁判が遅延したことに立腹した。ある時点で、Kaczynski は自分自身を弁護することの許しを求めた、しかし裁判官は彼の要請を拒否した。Kaczynski を評価した3人の精神科医は、彼が妄想型統合失調症であるとの結論に達した。

司法取引の一部として、Ted Kaczynski は死刑を免れた。しかし彼は仮釈放の可能性のない終身刑を宣告された。法廷尋問の間ずっと、彼は悲しみ、怒りあるいは後悔の兆しを示さなかった。彼は時折、冗談を言った。(The Washington Post、1998年1月の記事に基づく)

有罪であるが精神病（GBMI）あるいは心神耗弱

被告が心神喪失の申し立てを申告することによって「告訴に打ち勝つ」という一部の一般的な認識の影響もあり、いくつかの州では、「精神異常という理由で有罪でない」という評決を廃止し、それを「有罪であるが精神病（guilty but mentally ill：GBMI）」という評決に置き換えた。被告が有罪であるが、精神病であるという結論は、牢獄よりはむしろ精神病院への収容をもたらすことになる*。

GBMI 評決は、立法が早急な決定をしようとする例であり、それは少なくとも2つの点で間違っている。第1に、心神喪失による抗弁はめったに行使されず、なおかつ勝訴するのはさらにまれである。その有用性に対して一般の人々がもつ印象は、発生率の正確な見積もりからではなく、センセーショナルなニュース記事によるものがほとんどである。さらに、GBMI 評決は、その名称自体が矛盾している。有罪であると裁決されるためには、人は理にかなった加害の意志（mens rea：犯意、p.609参照）をもつ能力があることが求められる。けれども、精神疾患の人はこのような意志をもつことが不可能であると考えられるため、精神疾患であることによってその人は明らかに免責される。人はどれほどまで有罪で、そして同時に精神疾患であることが可能なのだろうか？

1950年代に、「有罪であるが、心神耗弱である」と

---

*13の州が1985年までに（すでに）この基準を採択していた。

いう抗弁が導入された。この抗弁は、精神的欠陥あるいは精神病で苦しんでいる人々は、意図的に罪を犯すような精神状態になる能力がないという仮定に基づいている。換言すれば、行為に対する個人の道義的責任は、本人が精神疾患であることによって軽減されると推測される。もし心神耗弱による抗弁が認められると、被告人はより小さな罪で有罪と宣告される。たとえば、殺人事件においては、第一級殺人によってではなく、過失致死罪による有罪が決定されるかもしれない。この弁護はカリフォルニア州対 White 裁判で使われ、そして大きな混乱をまねいた（Cornell Law, 2000）。この事件では、サンフランシスコ市の元行政執行官であった Dan White が、市長の George Moscone ともう1人の行政執行官の Harvey Milk を銃撃し、そして殺害した。広範囲にわたって事前計画の証拠があったが、White の弁護人は、彼の食事が主に「Twinkies（訳注：クリーム状の詰め物の入った金色のスポンジケーキ）」のような、ジャンクフードであったため、彼が「心神耗弱」の状態となり、これが彼の脳に化学的な不安定をもたらした、そして彼がそのために殺人を事前に計画することは不可能であったと論じた（第一級殺人の評決には事前の計画が必要であった）。陪審はこの議論によって心を動かされた、そして White は（第一級）殺人罪の代わりに、故殺（訳注：一時の激情によって生じた殺意で人を殺すこと）について有罪であると宣告された。この評決は一般の人々から抗議を浴びた。そして心神耗弱によって弁護された判決は、結局1982年にカリフォルニア州で覆された。

明らかに、「心神喪失」の法律上の意味を定義することに膨大な労力が注がれ始めた。けれどもその努力は、結果的にはまだ成果をあげていない。どの心神喪失の定義が使われても、人々はほとんど同程度に有罪や無罪を宣告しているようである（Finkel, 1989；James, 1959；Steadmana et al., 1993）。この結論に至る一因は、法律が通常は陪審員にたった2つの選択、つまり（理由が何であれ）有罪であるか、あるいは（理由が何であれ）有罪でないかしか与えないためである。けれども陪審員たちが程度や種類の違いによって心神喪失を区別することを許されると、彼らはよりうまく法律の必要条件に合わせて評決することができたという、仮想裁判の結果も示されている（Finkel, 1990, 1991）。

法律制度の新たな課題

現代のわれわれの法律制度が直面する心理的な課題は、心神喪失とそのさまざまな弁護だけに限ったことではない。責任と証言について重要な問題が提起されることによって、近年非常に多くの注目を集めた2つ

James Carlsonは1994年にアリゾナ州で行われた彼の裁判の際に、女性として証言台に立った。彼が多重人格障害(解離性同一性障害)で苦しんでおり、したがって彼の同一性の1つによって犯された犯罪に関して責任を負うことができなかったという理由で、彼は有罪ではないと主張した。彼は後に障害があるふりをしていることが判明した。(©M. Ging／The Phoenix Gazette)

の現象がある。解離性同一性障害(以前は「多重人格」)と、回復された記憶である。解離と回復された記憶がいずれも同じ幼年時代に起因すると考える理論家もいることから、これらの2つの問題は相互に関係している。

解離性同一性障害と法的責任

通常、誰かが罪に問われているとき、その人が罪を犯したかどうかが問題となる。けれども次のケースを考えてみよう。

James Carlsonはレイプ、盗み、偽造と誘拐のために裁判を受けた。彼は自分が11の異なる人格をもっており、そして多重人格障害で苦しんでいたと主張した。それらの人格のうち、レイプを犯したのはJimで、他に15歳の少年Woofie、7歳の子Jimmy、そして17歳の同性愛の売春婦Laurie Burkeがいた。実際、裁判中のある時点で、Carlsonは、スカート、黒いタイツ、ピンクのセーター、ハイヒールのくつにつけ爪と結婚指輪をはめて、Laurieとして証言台に立った。

彼女の最終弁論で、Carlsonの弁護士は次のように陪審に問題を提起した。「James Carlsonの身体は罪を犯した。けれども、これらのいずれの行為が起こったときも、Jamesは自分の身体を支配していなかった」。一方、検察官は別の角度から次のように問題提起をした。「裁判官、『Carlsonの自白』の陳述が、今日ここに座っている、1人の人間によってなされました。起訴はどんな1つの『人格』にもなされません。それらは人間に対してなされるのです」

このような裁判のケースに共通なことだが、専門家の間で論争があった。1人の心理学者は、Carlsonが(すでに)幼稚園で性的に虐待されたあと発現した多重人格障害で苦しんでいたと証言した。もう1人の心理学者は、Carlsonが演技をしており、とても巧妙に障害のふりをしていたとした。

陪審はCarlsonに有罪を宣告した。裁判の後に、Carlsonは、心理学の教科書で多重人格について読んでおり、そして、彼が収監されることを避けたかったことと、彼が弁護人に恋をしていたことの両方の理由のために、偽りの演技をしていたことを認めた。彼女(訳注：弁護人)は「ありのままの私の時より、多重人格の時のほうが、私についてもっとよくわかる」と言っていた。(Arizona Republic, 1994)

Carlsonのケースは非常に劇的な問題を提起する。まず、解離性同一性障害(多重人格)は本当に存在するのだろうか？ 換言すれば、別々のパーソナリティが同一人物の中で存在して、そしてお互いの存在を知らないということは可能であろうか？ 2番目に、もし多重人格が存在するなら、私たちはどのように見せかけで演じられたパーソナリティと本物とを区別したらよいのだろうか？ そして3番目に、被告人が有罪を宣告されると想定して、私たちはどのようにして彼のパーソナリティのうちのただ1人だけの行為に対して、すべてのパーソナリティを含むその人全体を罰することができるのだろうか？ これらの質問のいずれもCarlsonのケースでは答えが得られなかった。そしてそれらは法学者の間で熱心な論争となっている(Kenny, 1998)。

解離性同一性障害(dissociative identity disorder：DID)についてのDSM–IV 基準では、それが「2つまたはそれ以上の、明確に他と区別されるパーソナリティ状態」をもち、そして「これらの同一性あるいはパーソナリティ状態の少なくとも2つが反復的に人(患者)の行動を統制する」(DSM–IV, p.487)と述べられている。この障害を明確に定義するために使われる用語は、それで苦しんでいる人々が、心理上の見地からみて、1人の「人」より多いことを意味している。たとえば「分身」の1つは順法的で、敏感で、そして責任感が強いかもしれない、その一方で別の分身は粗野で、攻撃的で、そして他の人たちに対する配慮に欠けているという具合である。そして法律上の見地から最も重要なことは、その個人の行動は、その時責任をもつパーソナリティによってコントロールされているということである。それゆえに、理論上、1つの物理的な体に、2つかそれ以上の同一性あるいはパーソナリティが存在するのである。

もし、このすべてが正しいなら、それは法律制度に対して困難な問題を投げかける。犯罪行為に対する処

罰は、有罪の個人を身体的そして感情的に不快にするように意図されている。さらに、刑法制度は、その人の態度と行動を変えることによって、犯罪者を更生させようと試みる。もし有罪を宣告された人が DID であるなら、有罪のパーソナリティと罪がないパーソナリティの両方が罰せられ、そして更生させられるであろう。これはわれわれの法律の発展を方向づけたユダヤ・キリスト教の伝統的倫理観と一致していない。

第6章では、解離性障害、とくに DID（解離性同一性障害）の診断を取り巻く論争について論じた。診断は文化的特徴の産物であり、そして DID 症候群は、暗示にかかりやすく、行動が他の人に影響されるような人々によって取り込まれやすいと考えている人々もいる。もしこれが真実であるなら、「診断」は DSM から排除されるべきであり、そして確かに法的手続きにおいて役割を果たすことを認めるべきではない。けれどもわれわれは、DID あるいは他のいかなる解離性障害が通用するかどうかをどのように決定するのであろうか？ 答えが研究から得られるであろうと信じる人々もいる。他方、論争が起こるということは、精神医学の診断が法的手続きに影響を与えることを容認すべきではないことの表れであると信じている人々もいる。

回復された記憶の正確さ

事件の記憶は、常に刑法において重要な役割を果たしている。証人は法廷に呼び入れられ、そして彼らが真実を話すことを聖書に誓うように求められる。証人の記憶は裁判結果の決定的な要因ともなりうる。そして被告人の運命は記憶が正確か、あるいは不正確であるかにかかることになる。「常識的」仮説では、記憶が比較的安定し、そして証人がたやすく思い出せるとしている。けれども常にそうであるとは限らない。

抑圧された記憶という考え方は、パーソナリティの多くの見地から重要であるが、とくに精神力動論において重要である。記憶研究者たちからの批判（Loftus, 1993, 1994）にもかかわらず、相当数の臨床家は、抑圧が実際に起こる現象であると信じ続けている。抑圧の理論は、羞恥心、罪悪感、屈辱、あるいは自己批判を呼び起こす経験と記憶が自分の自己イメージと相反するとき、多くの場合、それらは無意識化されると想定される。けれども記憶が抑圧されていても、それは消失してはいない。そうではなく、それは存在し続け、そして少なくとも当面は、意識レベルでは呼び起こすことができない。精神状態が変化するとき、記憶は再び現われるかもしれない、そして長い間忘れていた経験について再び気づくかもしれない。

しかしながら、再想起された認識には、非常に問題がある。まず、たとえばあなたが20年前に起きた出来事の記憶を取り戻すとき、あなたが思い出していることが、実際に起こった事実であるとどのようにして確認できるだろうか？ 記憶のなかには、まったく問題にならないものもある。もしあなたが突然、5歳のときデパートで迷子になったことを思い出したなら、あなたはたいてい、親あるいは兄弟に頼って、それが正しいか（そうでないか）を確認することができる。けれども、もし思い出した出来事が内密に起こり、そして不正な行為を伴っていたらどうだろうか？ もし出来事が、誰も見ていないところで起きた性的暴行に関することであったならどうであろう？ 私たちは「思い出された」ことが（実際に）起こったかどうかをどのように区別するのだろうか？ 自信があるという確信は、残念ながら、あてになるものではない。父親によって性的に虐待されたことを今鮮やかに「思い出した」女性がいる一方で、その父親は、同じぐらい鮮やかに、起きたと主張されている出来事をまったく想起しないかもしれない。その人は想像されたかまたはほのめかされた事件と、真実の要素からなる実際の事件を混同するかもしれない。そしてこの空想上の記憶を信用するのである。

第2に、長く忘れ去られていた記憶の回復は、損害に対する申し立てが速やかに行われることを必要とする出訴期限にとって、深刻な問題となる。期限を必要とする理由は、記憶が鮮明なままであり、そして目撃者が検証されることが確実に行えるようにすることである。けれども事件が忘れられたなかで、もし人が有害な出来事を思い出すことができないとしたら、法的手続きをどのようにして始められるのだろうか？

その反面、加害者と名指しにされた人に対する影響も考慮しなければならない。過去の虐待の罪で告発された人たちの多くがそれを否定することは、驚くべきことではない。けれども罪のない人が、自分が犯していない過去の犯罪を認めることは可能であろうか？ Paul Ingram のケースは、もし彼の愛する家族が彼を虐待に関する罪で告発したなら、彼がそれに対して有罪であったに違いないという結論に到達した被告人の例である。

> Paul Ingram は、ワシントン州オリンピアで多くの人から尊敬されていた。彼は地元の共和党の議長をつとめ、保安官事務所の民間代理人であり、教会でも活発なメンバーであった。彼の人事ファイルは彼の親切さに対して感謝した一般市民から届いた多くの称賛で満たされていた。17年にわたり、彼についての苦情の手紙は1通も届いていなかった。彼の妻 Sandy は、家で託児所を経営していた。隣人は彼らが子どもたちに対して、厳しいが、温かく接していると述べた。
>
> けれども1988年11月28日に、彼が職場に着いた15分後、保安官 Gary Edwards は Ingram を彼のオフィスに

呼び寄せ、そして彼から自動拳銃を取り上げた。当時それぞれ22歳と18歳であったErickaとJulie Ingramは、彼女らの父を性的暴行の罪で訴えていた。Ingramが彼の娘たちを性的に虐待したことをまったく思い出せなかった一方で、彼は「私が知らない私の暗い面があるかもしれない」と、付け加えた。その日の終わりまでに、Ingramは自白した。「私は本当にその申し立てたことが実際にあったのだと思う。そして私が彼女らに対して罪を犯し、そして彼女らを虐待したのだろう。そしてそれはおそらく長い期間続いていたのだろう。私はそれを抑圧した（訳注：その衝動を自分の無意識のなかに押し込めてしまった）のだ」。彼が罪を犯したことを思い出せないのに、なぜ告白したのかを尋ねられて、Ingramは、「それは……、1つには私の娘たちが私のことをわかっているからである。彼女らはこのようなことに嘘をついたりはしないであろうから」と答えた。

Ingram家の娘たちの主張が最初に表面化したのはおよそ3ヵ月前であった。ある宗教の修養会で、参加している60人の少女たちに向かって、リーダーが、親族の誰かによって性的に虐待されている姿が見えたと言った。これがどのように起こったかに関しては多くの矛盾する話があるが、リーダーが言うには、自分がErickaの前で祈願をすると、リーダー自身が「あなたは、子どものときに虐待されていたのです。性的に虐待されていたのです」と言うよう神から促されるのを感じた。Erickaは静かに泣いていた。リーダーは神の啓示をさらに受け、「それは彼女の父親によってなされています。そしてそれは何年もの間にわたり起きていたのです」と言った。Erickaはそれから激しくすすり泣き始めた。リーダーは彼女に、それほど多くの痛みをもたらしていた記憶を克服するためにカウンセリングを受けるよう熱心に薦めた。後に、Erickaの記憶には、彼女を性的に虐待していた人たちの中には彼女の父親の友人たちと同様、彼女の兄弟も含まれた。そしてさらに、彼女の母親と兄弟は、性的虐待だけではなく、とりわけ、乳児を犠牲にすることを伴った悪魔崇拝の儀式をしていることも記憶していた。

Paul Ingramはこれらの申し立ての後にはきまって、意識朦朧としたトランス状態に入り、そしてこれらの出来事の回想をありありと取り戻した。彼の牧師と彼の所属する課の探偵の働きかけにより、Ingramはもっと多くのことを思い出し、自白した。彼に告発された友人たちと、ある社会心理学者以外のほとんど誰もが、Ingramが言っていることは、彼の子どもたちが述べる通りであり、まったく堕落していると考えた。

心理学者、Richard Ofshe博士は、虐待の光景を想像し、そして、確信をもってそれらが実際に起こっていたと感じるようになるIngramの能力に興味を持った。Ofsheは、これが他の何にもまして被暗示性によるものであり、そしてその仮説は検証する価値があると考えた。Ofsheは、Ingramに、彼の息子の1人と彼の娘の1人がIngramに強要されてセックスをさせられたと言っていると伝えた。最初、Ingramは、それをしたことをあまり正確には、思い出すことができなかった。それから彼は目を閉じて、そして彼が彼の息子と娘を目に浮かべられたことを認めた。次にOfsheが訪ねたとき、Ingramはセックスをしている彼の子どもたちの記憶が明確になったと言った。そして彼らの3回目の面接では、Ingramは自信を持って、彼がどのように彼の子どもたちにセックスをするように指示していたか、そして彼らが何をしていたかについて3ページにわたる自白を行った。

もちろん、これは事実無根であった。Ingramが視覚化したことは本当の記憶ではなく、空想であったことを悟り、彼は新しい弁護士をたて、そして彼の自白が捜査官によって強要されていたものであるとして、彼の自白を取り消すために書類を提出した。けれども法律上のプロセスを止めるには遅すぎた、そしてIngramは有罪を宣告された。加えてこの苦痛に満ちたケースに悲しいてん末では、Ericka Ingramは父親の情状酌量を求めることのできるヒアリングの際に、可能な限り最も厳しい判決を裁判官が与えることを要求した。Paul Ingramは懲役20年を宣告された。

身体および性的な虐待によるとされる罪が、取り戻された記憶の生成からひき起こされたことから、多くの州が、ある種の医療過誤の事件で行うのと同じように、このようなケースにおいても時効に例外を設けた。たとえば、もし外科医が医療用テープを患者の胃に残してしまい、しかし、患者が健康診断を受けるまで、テープは何年も後にまで発見されなかった場合、苦情に必要なすべての事実が見いだされるまで、時効の期限の適用が始まらないという出訴期限法のもとで、医者は医療過誤に対する訴訟を起こされる可能性がある。同様に、性的虐待の記憶が抑圧されている場合、それらが回復されるまで、告訴状が提出されることは不可能である。時効はその時点から適用され始める。取り戻された記憶が単なる個人的問題だけではなく、むしろ多くの人の人生にかかわり、そして心理療法の性質について重要な問題を提起するものであることは明確である。

メンタルヘルスケアの乱用

臨床心理学と精神医学の実践における主要な目的は、人を助けることである。けれども、さまざまな社会で種々の時期に、メンタルヘルスの臨床家が社会や個人の最大の利益のために行動できないことがある。

1991年の映画「愛と追憶の彼方(The Prince of Tides)」でセラピスト(バーブラ・ストライサンド〈Barbra Streisand〉)と彼女の患者(ニック・ノルテ〈Nick Nolte〉)は性的な関係をもつ。このような患者とセラピストの間の関係は、患者の信頼を破り、そして効果的な治療を妨げるメンタルヘルスの専門家の側の倫理違反となる。(Columbia /Kobal の厚意による)

ある場合には、これは臨床家の能力不足か、あるいは非倫理的な行為によるものである。他の場合では、社会的圧力が関与するものである。

臨床の治療過誤

　乱用の可能性は、ある面では社会が心理学者と精神科医に重大な力を授けているという事実から生じている。Perry London(1986)は、彼らが「非宗教的な聖職者」となっているのだと述べている。私たち自身の生活が心理的な苦痛にさいなまれているとき、私たちは精神医学と心理学へのどんな躊躇もなくしてしまうことが多い。このようなときには、私たちは「専門家」の意見を受け入れる傾向がある。臨床家への私たちの個人的な依存と、臨床家の診断・判断やアドバイスに対する私たちの脆弱さで、私たちは格段に乱用の被害に遭いやすくなる。

　メンタルヘルスに携わる臨床家たちは、高い倫理規範にかなった振る舞いをすることを期待されている(Corey, Corey & Callahan, 1998)。アメリカ心理学会は「心理士のための倫理綱領」という題で、長く詳細な一連のガイドラインを発行している。臨床家と研究職についているすべての心理学者たちはいずれも、これらのガイドラインに従うことが求められている。類似の倫理規定がソーシャルワーク、精神医学と精神科看護の専門家団体でも課されている。それにもかかわらず、違反は起こることがあり、そしてこれらはクライアントへの搾取あるいは虐待を伴うことも多い。

　治療において個人の性的に搾取したケースを例として挙げる。クライアントと性的な関係をもつことは、倫理上の違反であると考えられている。にもかかわらず、メンタルヘルスの臨床家が起こすすべての倫理違反のなかで、それが最も頻繁に起こっていることが調査結果で示されている(Report of the Ethics Committee, 1997)。これが起こるとき、信頼の重要なきずなは破られ、そして有効な治療はもはや可能ではない。それにもかかわらず、臨床家の中にはこのガイドラインに違反する者もいた。彼らの「治療過誤」が発見されると、彼らは営業ライセンスを放棄するように求められる。そして彼らはほとんどの専門家組織から除名される。

　この間にも、いくつかの有名な映画で、クライアントと性的な関係をもったセラピストが描写されてきた(たとえば、「愛と追憶の彼方」)。通常これらの映画に欠けているものは、実社会への影響についての言及である。すなわち、この違反に関与した専門家に適用される制裁についてである。倫理規定違反に対する影響が重大であるため、アメリカ心理学会は、申し立ての調査のみを行う特別委員会を設置しているほどである。加えて、最終的には法律制度に(判断を)委ねられるケースもある。つまりクライアントが臨床家を治療過誤あるいは地方の条例違反の罪で告発し、そしてケースは法廷に持ち込まれる。

　専門家による性的不品行のケースは、曖昧なことが多い。Palazzolo 対 Ruggiano*裁判のケースはその1つの例である:

　　Donna Palazzolo は1992年から1995年までの3年間、John Ruggiano 博士のクライアントであった。しかしながら、彼が3度にわたり性的に不適切に彼女に接触したという理由で、彼女は後に裁判で彼を告訴した。申し立てによると、最初の事件は、治療が始まって2年が経ち、Ruggiano 博士がクライアントの腰回りに彼の腕を置いたときに起こった。2度目の事件は、Ruggiano 博士が彼女の肩に触れ、そして彼自身を彼女の後ろから押しつけたときであった。数秒間そのままの状態が続き、そして、予定通りに治療セッションが継続した。3度目の時に、Ruggiano は Palazzolo に「彼女のカルテに(治療上)彼女にキスと抱擁をする必要がないことを示す何らかの記述」があるかどうか尋ねた。Palazzolo は「いいえありません」と答え、そして立ち上がった。法廷記録によれば、Ruggiano はそれから彼女に近づき、彼女の肩に腕を回し、そして彼女に正面から抱きついてきた。クライアントは彼を押しのけて、そしてセッションをあとにした。

　　ケースがロードアイランド法廷に持ち込まれると、Palazzolo は Ruggiano を「女性に対する暴力禁止法」の違反に加え、望まれない性的言い寄りの罪で告発し

---

*Palazzolo v. Ruggiano, U.S. S. Ct. for the District of Rhode Island(February 24, 1998).

た（この法令は性差による暴力行為の被害者の人権を守るために確立された）。しかしながら、法廷は、彼の行動が脅迫的であったことを確立するべき十分な証拠に欠けているとして、Ruggiano に勝訴の判決を下した。加えて Palazzolo 女史は Ruggiano が一度も腕力や威圧による強要を行ったことがなかったことを認めたため、第二級の性的暴行の非難も同様に棄却された。

Palazzolo は彼女の精神科医を法に訴える正当性があっただろうか？ 何人かの人は、精神科医の行動が明らかに専門家としての業務の境界線を超えており、そして訴訟はクライアントの性的虐待に対する注意を喚起するという目的を満たしたと主張するかもしれない。他の人たちは精神科医の行動が非倫理的であっても、非合法ではなく、よって法廷で取り上げられるべきではないと強く主張するかもしれない。

取り戻された記憶を取り巻く最近の論争で、開業医の中には、遠まわしに考えを密かに吹き込むことによって、患者に虐待の記憶を取り戻すよう「奨励した」として非難された者もいる（Read et al., 1997）。臨床家の動機は常に明確であるというわけではない。意図的にクライアントの依存性を助長しようと試みたとして非難された臨床家がいる一方で、他の臨床家は経験不足で十分に訓練されていないとされた。どのようなケースであっても、クライアントがメンタルヘルスの臨床家によって誤った信念を取り込むよう勧められるとき、これは治療過誤となる。単に個人が誤った方向に導かれるだけではなく、家族を含めて、罪のない人々が同じく苦しむかもしれない。最悪の結果は、深刻な心的外傷を負った虐待の犠牲者に対し信用失墜の可能性があることである。

Holly Ramona のケースは、「偽りの記憶」がセラピストによって密かに植え付けられたと信じるクライアントや彼らの家族による訴訟が、一般の人々から大いに注目された数あるケースの1つである。

> Holly Ramona が治療のために Marche Isabella に相談したとき、Holly は19歳であった。Holly は過食症とうつ病を抱えていた。Isabella は過食症が幼少時代の性的虐待に根ざしているかもしれないと示唆した。まもなく、Holly は彼女が5歳から16歳の間、彼女の父親が繰り返し彼女を性的に虐待したという恐ろしいフラッシュバック現象を起こした。彼女自身の記憶を確認するために、彼女は「自白剤」を用いた面接を受けた。彼女の記憶の正確さを再確認して、彼女は自分の父親に対する訴訟手続きをとった。
>
> Holly の父親 Gary は、性的虐待が一度も起こらなかったことと、しかもセラピストによって Holly が教唆されたと確信していた。彼は、Holly の申し立てが彼の妻に離婚を要求させ、彼の他の子供たちから彼を遠ざけ、そして直接的には、経営者としての彼の仕事を失うという損害をもたらしたと強く主張して、セラピストを告訴した。陪審は彼に勝訴の評決を下した。
>
> 陪審員長によれば、陪審は回復された記憶の有効性を検討せず、セラピストの過失の疑わしさに集中していた。しかしながら Holly Ramona は、彼女の記憶が真実であったと確信していて、彼女は大いに治療で得るものがあったと感じている。一方、Gary Ramona も同じくらい自信をもって「Holly の想像上の記憶は、何1つ私がしたことによるものではなく、[セラピストの処方した]薬といんちき療法の結果である」と確信している。(The New York Times, 1994)

誰にも、心理療法家がどれぐらい頻繁に、実際に虚偽の記憶を助長しているかわからない、しかしそれが非常に日常的になされていると確信している者もいる。それに応じて、「偽記憶症候群財団（訳注：False Memory Foundation となっているが False Memory Syndrome Foundation の誤りか）」と呼ばれる組織が米国で設立された。この組織の目的は、一般の人々が虐待の回復記憶の主張について健全な猜疑心を身につけるように、人々を教育することである。組織は1993年以降に17,000件以上の問い合わせがあったと報告している。

最後に、われわれは新たな倫理上の課題と、管理医療（マネージド・ケア）制度から生じる虐待について検討する（Bilynsky & Vernaglia, 1998）。たとえば、ケース資料を再検討することについて、守秘義務に関する専門家の倫理原則が HMO（保健維持機構）のガイドラインと対立したらどうするだろうか？ もし臨床家が「許容範囲内の」水準の治療を提供する経費を、HMO が保証できないことに気づいた場合、その臨床家の問われる責任は何であろうか？ アメリカ心理学会のような専門家組織では、これらの課題を扱うための委員会を設立している。

社会による虐待

仕事に対する態度、性的嗜好、社会的なマナー、結婚、そして衣服の好み――つまり、社会生活の重要な側面の大部分に関して――は、過去数十年の間に変わってきたし、そして今後も変わり続けるであろう。適切な行動と態度の規範は、正常と異常の判断にとって重要である。これらの基準が変化するにつれて、私たちのもつ普通のことと異常なことの概念も変化するであろう。

いくつかの社会的なステレオタイプは、心理学と精神医学の実践に否定的な影響を与えている。最も重要な例は、実践上の診断に対する社会的なステレオタイプの影響である。たとえば、1968年にアメリカ精神医学会によって承認された DSM-II では、同性愛は

Pyotr Grigorenko
(The Warder Collection)

精神障害と記録されていた。けれどもその後の研究で、成人男性たちのおよそ20％が彼らの人生のある時点で同性愛的な接触をもっており、そして2～3％が明確に同性愛であることが示唆された(Friedman & Downey, 1994)。女性たちでは、およそ3％が青年期後に同性愛関係にあると推定されている。さらに、同性愛の男女の圧倒的多数は、どんな精神障害についての基準も満たさない。同性愛者の行動は、したがって、かつてそう思われていたほど型破りではなく、同様にかつてそうであったほど強烈に社会における基準に違反してはいない。その結果として、学会は1976年に、会員の投票により、同性愛がもはや精神障害ではないと結論づけた。

時に、政府が反体制派意見をもつ個人をコントロールするためにメンタルヘルスの医療制度を乱用したこともある。主に、この類の乱用の可能性は、まさしく第1章で論じられた異常の定義から生じている。異常な行動あるいは要素とは、次のようなことである。他者に不快感を与えるか否か、行動がどの程度型破りであるか、そしてその行動が理想的な基準からどれほど外れているか。もし個人の行動がこれらの基準を超えるものなら、激しい苦悩といった、異常についての他の基準を満たしていなかったとしても、その人が異常であるとされることがある。社会のリーダーと異なる意見をもつ人々は、型破りとされるか、あるいは理想的な基準から外れていると見られる（あるいは見られるように仕向けられる）かもしれない。

政治的な反対者を押さえつけるために、精神医学の診断・強制入院・抗精神病薬の治療が使われてきた国もあった。政治的精神医学は旧ソビエト連合では重用された。西欧に移住したソビエトの精神科医、Anatoli Koryaginは、ソビエト連邦が政治運動家を罰するために精神病院と薬物を使用していたと記述している。少なくとも210人の正気の人々が、政治的な理由でソビエトの医療刑務所に拘禁されていた(Bloch & Reddaway, 1977)——他の人たちはそれがもっと多数であったとしている(Podrabenek, in Fireside, 1979)。赤軍で35年間勤めていた著名な将官であるPyotr Grigorenkoは、適切な事例を提供している。

54歳のときに、彼は自らが党員であった共産党の政策を問題視し始めた。最終的には、彼はモスクワの国立Serbsky研究所で、精神鑑定のために再拘留され、そこで彼は、「人格に起こりうる革新的な考え方と脳の動脈硬化の症状の発現に伴う、妄想的人格の発達」と診断された。その後まもなく、彼は2番目の精神科医のグループによる心理査定を受け、彼が立派に正気で、そして安定していることが見出された。けれども3番目の委員会は第2の委員会の診断をくつがえして、結果として、Grigorenkoは米国に移住するのを許される前の6年を、ソビエトの最も厳しい「精神刑務所」の3つで過ごした(Fireside, 1979)。

とくに反体制派のために精神医学の用語を創造していた旧ソ連では、このような乱用が特別にきちんと文書化されていた(Medvedev & Medvedev, 1971；Fireside, 1979)。その一方で、Ezra Poundのケースに見られるようなことは、同様にかつての米国にも存在していた。

第2次世界大戦が終わったとき、高名な詩人、Ezra Poundは、イタリアでアメリカ兵によって拘留されて、合衆国に送還され、そして反逆罪で告訴された。Poundは戦時中にファシストの国、イタリアに住み、そしてムッソリーニを支持していた。Poundがローマから行った放送が反逆的であったとされた。Poundはその告発を否定したが、彼は裁判に出ようとはしなかった。その代わりに、政府と彼の弁護士は、彼が裁判を受ける能力がなかったということで合意した。したがって彼はワシントンD. C. のSt. Elizabeth病院に再拘留され、そして事実上裁判なしで刑務所に入れられた。13年後の1958年に、彼はまだ「正気でない」た

Ezra Pound
(United Press International Photos)

めに、回復の見込みがないが、他の人たちに対して危険ではないと考えられた。そのお蔭で彼は解放された。

Poundはそれまでもずっと変わり者であった。途方もなくうぬぼれが強くて、派手好きで、時に極めて無礼な言動をとることもあった。けれども彼は一度も法律に反することをしたことがなく、同様に彼は精神科治療を受けたこともなかった。けれども彼の政治的志向が嫌悪されたため、彼の奇行は彼が健全な精神状態にはなく、そしてそのために彼が裁判を受けることができないことを示すために利用された(Torrey, 1983)。このケースでは、いつ診断のために観察されたかによって、風変わりな行動の意味合いは変わった。うぬぼれと派手好きな面は、彼が精神的に病気であるという印象を与えるのを助長し、「思考と信念の壮大さ」と解釈された。

しかし一方でPoundは精神医学によって守られていたという面もあった——さもなければ彼は刑務所送致という、さらなる不運に陥っていたであろう。それは十分に可能性があった。しかし裁判を行わない限り、Poundが刑務所に入れられるかどうか、あるいはどれぐらいの期間であるかを知ることはできない。けれども、たとえPoundが精神医学の介入によって刑務所に送られずに済むことが認められるとしても、彼のケースは米国で精神医学が政治的に利用された例であることには変わりがない。彼のケースは、同じく精神医学と法律の間の複雑な関係を示している。

社会は同様に、精神障害をかかえる一般の人々をも虐待してきた。それは、次のケースが示すように、精神科医療を受けた普通の人々に汚名を着せることが多く、そして多くはその個人と社会の両方に不利な結果をもたらした。

> Myra Grossmanは困難な幼年時代と青年期を送っていた。それでも彼女は高校を卒業し、大学に入学して、そして最初の2年間はクラスで一番の成績をあげることに成功した。しかしながら、親との対立と収まらない抑うつは衰えることなく続き、そして3年生の時、彼女は治療のために学校を去った。彼女は心理療法を受け始め、そしてその後、私立精神病院に入院した。その年のうちに、Myraは彼女自身の苦しみや家族との対立に対処する能力をかなり身につけた。彼女は大学に戻り、引き続いて化学と心理学の両方を専攻し、3年生の年に優等生友愛会(Phi Beta Kappa)のメンバーに選ばれ、そして第2位優等生(magna cum laude)として卒業した。
>
> 彼女は最終学年に、医科大学に出願した。彼女の医科大学適性検査(Medical College Aptitude Test：MCAT)の得点は非常に高く、そして彼女はニューヨーク州立大学医療奨学金を得ていた。けれども彼女は出願していた13校の大学すべてに不合格となった。
>
> 彼女は弁護士に相談し、そして彼女と弁護士は、入学を認めなかった大学のうち、「最も合格しやすい」学校を目標にすることに決めた。裁判では、この学校に入学を認められた人たちの8％以下しか州立大学の医療奨学金を勝ち取っておらず、また1人も「優等生友愛会」への加入を認められておらず、そして彼女がおそらくどの志願者よりも高いMCATスコアを得ていたことが明らかになった。彼女は魅力的で、明らかに十分な動機づけのある、きわめて聡明な人物であった。それでは彼女はなぜ不合格になったのだろうか？それは明らかに、彼女の精神病の入院歴のためであった。
>
> Grossman女史と弁護士は、彼女が心理的に十分にまとまりのある人物であるという明確な証拠を並べた。5人の精神科医と心理学者は、結果において彼女が自分の過去の問題を乗り越えており、そして医科大学を順調に卒業して一流の医者になることができるということに疑いの余地がないと証言した。彼女と彼女の弁護士は、彼女がまだ過去の「病気」で苦しむかもしれないという主張をうまく打ち破った。それでもまだ、裁判官は彼女を敗訴とした。もし裁定が下ったとき、はるかにもっとよい医科大学が彼女の入学を許可していなかったら、Grossman女史はその決定に対して上告し、そして勝訴していたかもしれない。(Ennis, 1972)

精神的疾患に対する治療についての社会的烙印は、同じく政治運動においても否定的な影響を与えた。1972年の大統領選の期間中に、選挙戦をリードしていた民主党指名候補、George McGovernは、Thomas Eagleton上院議員を副大統領候補とする案を提出した。Eagletonはおそらく、彼がそれを私的な問題だと見なしていたか、あるいはこのような治療の烙印によって彼の候補者としての立場が危うくなるかもしれないからか、いずれかの理由で、McGovernに彼のうつ病の治療歴を伝えていなかったようであった。報道機関がEagletonの治療経験についての情報を得た途端に、それは全国的な話題になった。たくさんの圧力の後に、McGovernは公認候補者からEagletonを外した。EagletonはミズーリEagletonは堂々たる州の代表として立派に上院議員を務めていたことから、彼の能力には問題がなかった。どちらかと言えば、彼が党の公認候補者の形勢を不利にするかもしれないという強い恐れによるものであった。結局、彼は汚名を着せられたのである(Reich, 1986：Rosenhan, 1975)。

しかしながら、さらに最近の出来事からは、精神病に関する汚名が減少していることが分かる。前合衆国上院議員Lawton Chilesは1990年にフロリダの知事に立候補し、そして公式に彼がうつ病と診断されて、

1972年には、Thomas Eagleton（左：Ken Hawkins/Corbis Sygma）がうつ病の治療歴のために副大統領の公認候補者チームから外されたことと、1990年にはフロリダ州知事に立候補したLawton Chiles（右：AP/Wide World Photos）が、同様のうつ病に対する治療歴を公式に認めたにもかかわらず選挙戦を支障なく戦ったことから、彼らに対する態度（の変化）に示されるように精神疾患に関する烙印は減少したように思われる。

Prozac®の投薬を含む治療を受けていたことを認めた。彼の選挙期間中ずっと、Chilesは彼のうつ病に対する治療についての質問に公式に答え、そして医療記録を公表した。Chilesは、彼が自殺傾向をもっていたという彼の対抗者による主張に反論した。彼は知事選に勝った。この政治的な結果と、他の件における同様の結果は、汚名を減らそうと努力してきた人たちによって高く評価された。

まとめ

この章で、われわれは社会の福祉と精神疾患の人たちの権利とニーズの間にある微妙なバランスについて検討した。精神疾患は個人、家族、地域社会と国にとって負担である。障害をもたらしうるすべての病気のように、精神疾患はヘルスケアにかかわる人や社会のすべての領域から注意を払われるべきである。脱施設化の運動が米国でのメンタルヘルスケアに劇的な変革を与えたことは明確である。過去には過度に制約が多い精神疾患の人たちへのケアについての懸念であったが、彼らが見捨てられているという懸念に移行した。新聞の第1面の記事は、施設に閉じ込められた患者に関するものから、精神疾患の人たちの犯罪（者）化とホームレス化に関する記事に変わっていった。過度の制約と強制された治療について心配するよりむしろ、患者たちは、ますます断片的になっているメンタルヘルスのケア制度によって切り捨てられることについて頭を悩ませている。

質の高いケアの利用ができるかどうかの問題に加えて、精神疾患の人たちは、最善の場合でも病気の責任をかぶせられたままにしておくか、最悪の場合、彼らを不吉で危険な者であるという汚名を着せる社会の偏見と戦うことを強いられる。これらの否定的な見方は、回復しつつある患者を地域に徐々に戻そうとしている地域プログラムにとって、主要な障害となっている。

これらの問題を解決することは容易ではないであろう。メンタルヘルスのケアとリハビリテーションに社会がもっと多くの資源を捧げることが必要であろう。私たちは急速に変化を遂げている医療制度において、適切な治療を確実に行う方法を見出さなければならない。そうした問題は手ごわいものであるが、しかしよい徴候も見られている。支援グループは汚名を着せるような社会的な態度を取り除くことに非常に多くの努力をしてきており、そしてこれらの努力が成果をあげ始めているように見受けられる。精神疾患で苦しんだ多くの有名人たちは、現在、公開討論会で彼らの経験について語っている。心理面、そして薬理面の治療の両方を含めて、精神障害の治療の有効性に対して、より大きな信頼が寄せられている。私たちは、メンタルヘルスのケアの質に対して将来的に楽観的な見通しがもてる根拠があると信じている。

要　約

1. 精神障害をかかえている患者が適切な治療を受けないとき、彼らはホームレスになるか、あるいは拘置所へ送致されるかもしれない。これは、私たちのメンタルヘルスケアの制度から、社会の他の部門へ責任が移ることを示している。しかしながら、**脱施**

設化の結果のよい点は、自助組織と患者の権利を擁護する者を含む、**患者の権利運動**の発展であった。
2. 深刻な精神疾患は、患者にとってだけでなく、その家族にとっても悲劇である。彼らは自分の愛する人が苦しむのを見て心を痛め、そして介護においても主要な役割を果たさなくてはならないことが多い。
3. 精神疾患の人たちに対する**烙印**は、患者と家族に対してさらなる負担を与える大きな社会問題である。
4. 合衆国の管理医療制度の拡大は、公立病院の減少に伴って、精神障害の治療に関する特殊な問題をひき起こした。重篤な精神疾患をかかえている多くの人は、よい治療を受けることがますます難しくなっていることに気づいている。この状態は、精神疾患の治療の**平等性**を高めようとする努力を生み出した。
5. 重篤な精神疾患は、個人のもつ物事の本質を見抜く力を衰えさせることが多い。治療を受けることで成果があるであろう人の多くは、彼ら自身が病気にかかっているとは理解していない。精神障害のある人が治療を拒否する場合、対立を解決するよう、法律制度の介入が求められることもある。
6. **強制収容**に対しては、1つにまとまった米国共通の基準はない、しかしすべての州の法律で、入院させられる人は、精神的に障害があるか、自他に危害を及ぼすか、または「重篤な障害」に苦しんでいなければならない。危険性の概念は、とくに科学的・法律的・人道的側面の問題を多く含んでいる。
7. 強制収容は人から自由を奪うため、その人が入院を必要とするという、明確で説得力がある証拠がなければならない。
8. いくつかの重要な裁判所の判決は、精神病院に入院している人たちが、個別の診断と定期的に再検討される治療計画の準備を含む治療を受ける権利をもっているとした。各州では適切な治療を実行するのに必要な追加経費を組み込むよりも、むしろこれらのプログラムに対する彼らの支援を削減することがより好まれるため、治療を受ける権利の判決は、メンタルヘルスのプログラムに対する(経済的)支援が低下するという結果となった。
9. **犯罪による収容**(Criminal Commitment)は、人が罪を犯した時点で「精神障害」であることか、あるいはその人が裁判の時点で心理的に裁判を受ける能力がないことの、いずれかを根拠として行使される。
10. **裁判を受ける能力**の考え方は、告訴に対して自分を弁護するすべての人の権利に根ざしている。裁判を受ける能力がないと判断された人は、裁かれることが可能になるまで、犯罪による収容施設に行かせられるが、それは長期間の拘束となることが多い。法廷は裁判を受ける能力がとても得られない人々が、永久に「入院」する必要はないと決定した。けれども、能力がないが治療可能である人たちをどれほど長い間入院させてよいか、また、このように拘束された状態で過ごす期間が後に被告の処罰から差し引かれるべきかどうかに関しては、まだ事実上統一されていない。
11. **心神喪失による抗弁**は、犯罪が起きたとき、被告人が完全に、あるいは部分的に理性のない状態であり、その理性のない状態がその人の行動に影響を与えている必要があるとする。心神喪失による抗弁が、苦しみのなかで罪を犯した人たちを守るように考えられている一方で、このような人々は一般的に、通常の刑務所よりケアが悪い医療刑務所に送られ、そして監禁期間はより長くなる。無期限に精神病院に入れられることは刑務所に行くよりもっと悪いことが多いため、心神喪失による抗弁はめったに行使されることがない。
12. 心神喪失による抗弁のためには、いくつかの法律上のガイドラインがあり、最も顕著なものは、M'Naghtenの「正—誤」テスト、Durhamの「精神疾患の結果」テストと、アメリカ法律協会(American Law Institute : ALI)の「理解と適応」があった。すべての連邦裁判所で使われる近代的な基準は、**心神喪失抗弁改正法**(Insanity Defense Reform Act : IDRA)として、1984年に制定された。それはただ被告が「自分の行為の本質的な意味と特質あるいは違法性を正当に認識することが不可能であった」ことだけを必要とする。
13. メンタルヘルスのケアの乱用は、専門的な領域における治療過誤の結果であることもあり、そして社会的要因による結果であることもある。メンタルヘルスの専門家が倫理指針に違反するとき、彼らは、専門家の組織からの追放とともに、彼らの専門家としての免許を無効にされることもある。

16 未来への方向性

本章の概要

分析の水準：殺人における生物心理学　630
科学と実践：心理療法の効果と経済性　634
　心理療法の効果　634
　心理療法における経済性　637
発達：予防の最前線　638
　抑うつ　638
　不安　640
　攻撃性と暴力　640
選りすぐりの治療法：ポジティブ心理学　641
まとめ　643
要　約　644

学習の目標

- 暴力事件の全体的な発生件数は減少しているにもかかわらず、近年、明らかに無差別の殺人事件がなぜこれほどまでに多く発生しているのかについて、可能性のある説明ができる。

- 生物学と心理学がどのように暴力行動に寄与することができるのか、また無差別殺人事件がいつ起こるのかを前もって予測することがなぜ難しいのかということを学習する。

- 有効性と効果研究の違いについて、また、なぜどの研究も価値がありながらも、心理療法の結果を決定づけるうえで欠点があるのかを説明できる。

- 心理療法の「戦略」と「非特異性」が何を意味するのか、またそれらがプラセボ効果と同じように、どのように特定の心理療法の大きな、特異的な効果の不足の原因となるのかを説明できる。

- 心理療法の経済学を身につけ、そしてマネージドケア制度がどのように心理療法の実践に影響しているかということを学習する。

- 予防の重要性を学習し、リスクに曝されている子どもたちが抑うつ、不安、暴力的になることを防ぐためのプログラムについて論じられる。

- 「ポジティブ心理学」とは何か、そしてその目的や治療の方法について説明できる。

　今日、アメリカには2つの心理学的に多発しているものがある。1つは抑うつの蔓延についてだが、これについては第7章で十分に議論してきた。もう1つは若者たちの間で暴力行動が多発していることである。1980年代後半から1990年代前半において、暴力犯罪による青少年の逮捕者数は1986年に比べると67%も増加した。近年ではそのような逮捕者も減少してきており、校内暴力の数も低下しているが、拳銃を使った暴力行為は増加している。そのうえ、衝撃的な学校での無差別殺人事件が、社会を根幹から揺るがすこととなっている。1999年に無差別殺人事件が13件起こっているが、学校内で拳銃を使用した事件はもっとも恐ろしいものであった。これは40年前にはほとんどなかった。2000年以前の3年間において、20件もの無差別殺人事件がアメリカの学校で発生した。ここで紹介するものもそのうちに含まれているものだ。

> 　1997年12月1日、暖かい月曜日の朝、当時14歳のマイケル・カーニール（Michael Carneal）はブランケットを持って、ケンタッキー州にあるウェストパデューカーのヒース高校で行われる礼拝会に向かっていた。彼はブランケットに隠していた拳銃数丁を出し、銃撃していった。まず、ニコール・ハドリーを射殺。その後2名の女子を殺害、そして5名以上を負傷させた。ニコールはマイケルの親友であり、射殺される2ヵ月前からほぼ毎晩、電話で話をしていたマイケルが好意をよせていた女の子であった（Belkin, 1999に基づく）。

　このような出来事についての議論は、通常、異常心理学の領域外で行われる。なぜならDSM-Ⅳによると過剰な攻撃性があるにせよ、殺人に至る暴力は精神障害のカテゴリー外だからだ。それにもかかわらず、このような暴力には、時には精神障害の問題が関与していることがある。そのためこのような疑問が湧いてくる。マイケルの起こした無差別殺人事件が精神障害から発生した実例だとみなすことができるだろうか。そして彼の行動を予測することはできたのだろうか。

> 　マイケルの家庭生活は平凡に見えた。彼の両親は地域になじんでおり、両親のどちらかはいつも子どもたちの学校行事に参加していた。父親は弁護士で、ボーイスカウトの隊長であり、教会の長老もしていた。姉は高校の卒業生総代であった。彼の母である、アン・カーニールは大学で英語を専攻していたが、マイケルが生まれたときに大学を退学した。彼女は言っている。「現実を見つめられない。だってこの事件まではすべてが普通だったのだから」（Belkin, 1999に基づく）。

　しかし、より詳しく見ていくと、すべてが普通というわけではなかった。

1997年の春、マイケルは「うわさによれば」という学校新聞のゴシップコラムのコーナーのコピーを母親に見せた。それによると、マイケルと男子生徒が「お互いに惹かれあっている」と書かれていた。アンは学校に文句を言いたかったが、その時のマイケルは落ち着いて、「いいアイデアではないと思う。だってそうしたら、それが本当だと思われてしまうから」と母親に話している。アンはマイケルがこのことに「外向的に大人の対応」ができていると感じていた。

父親はこう話している。「1997年の秋の間は、マイクの成績は良かった。彼はその集団において幸せだった。私たちの知る限り、ヒース高校での生活は幸せだったと思う」と。殺人事件のあと、マイケルは心理学者や精神科医との面接を集中的に受けたのだが、彼らの報告からは全く異なったマイケルの人物像が浮き上がった。

「みんな僕をいじめた。なのに僕は決して何もしなかった」とマイケルは話した。彼の成績は急激に落ち始め、他の子どもたちからは「ゲイ」や「ホモ」と9年生の間は1日に何度も呼ばれた（Belkin, 1999に基づく）。

学校における銃撃事件は、一般的に外的要因とされてきた。たとえば、親のしつけが足りなかったり、拳銃を簡単に手に入れられるといったことだ。マイケルはそのどちらにも当てはまらない。両親は積極的に子どもたちにかかわっているように思われたし、マイケルは使用した凶器を盗んで手に入れている。むしろここでの説明では、マイケルの心理構造という内的なものが要因として大きいように思われる。

われわれは本書を2000年代の異常心理学の最も主要な流れだと考える4つのテーマから構成してきた。新しい世紀におけるはじめの10年間の異常心理学の発展の中心であると信じている4つの各テーマから1つの差し迫った問題を議論することによって本書を閉じることとする。マイケル・カーニールのウェストパデューカーでの無差別殺人事件が、それぞれのテーマを例証する。

最初のテーマは「分析の水準：生物学と心理学」である。このテーマは異常性の原因・治療・予防は心理学的でも生物学的でもあると思われる、という考え方について扱う。これは広範囲にわたっているが、我々は2つを分けてしまうことはおそらく有意義ではないと考えている。無差別殺人事件の場合にも、心理学的・生物学的な重要な手掛かりが現れ始めている。こうしたジグソーパズルは「干し草の山の中の針」のような小さな出来事を予測できることからは程遠いが、しかし両方の水準の分析を使って説明することは、少なくとも事件の後では説得力があるともいえる。われわれの観点では、不釣り合いな攻撃性や暴力が、DSMの妥当なカテゴリーに加えられたり、日常的に研究されていけば、予測や予防への発展があり、生活が守られることになる。われわれが1つ目のテーマで議論したいことは、殺人の生物心理学だ。

2つ目のテーマは、「科学と実践」である。このテーマは日常的な問題の本質である。たとえば、面接で実際に問題を抱えたクライエントに会ったとき、一番良い科学的な情報を使ってみようというようなときに起こるものだ。セラピストが科学的な情報をクライエントに適用しようとする時、文献が示す治療法が一番良いものだと思っても、ヘルスケアに対する経済的な問題から行き詰ってしまい、フラストレーションをしばしば感じるといったことだ。そのため、心理療法の効果と経済性を考えてこのテーマを締めくくる。

3つ目のテーマは「発達」である。人間の成長、変化は異常性への原因と治療法を理解する上で手掛かりとなる。危険にさらされてはいるが、まだ異常な状態となる前の若者に介入することで異常性の予防という、素晴らしい進歩がこの先10年以内に起こるだろうと信じている。抑うつと暴力という2つが多発していることは、起きてしまった後の治療よりも予防の努力によってよくなっていくだろう。そこで予防にもっともよく使われるプログラムについて考える。

本章の最後のテーマは「選りすぐりの治療法」を探すことである。ほとんどの心理療法は、問題が何かを探し、壊れた部分を治療することで発展している。我々はそれとは別の方向性について論じていく。これは予防の手がかりとなる。このアプローチは疾病モデルから離れていて、「ポジティブ心理学」と呼ばれている。ポジティブ心理学では、ダメージを回復させるよりも、人間の持つ緩衝材を探していく。それは、効果的な予防と治療の成功という2つの中核に作用するものだと信じているからだ。暴力や薬物依存、不安、抑うつを予防するために、道徳に通じていて、若者の模範となる楽観主義や未来志向性を強調する介入に焦点を当てる。

分析の水準：殺人における生物心理学

何人かのウェストパデューカーの住人は、マイケル・カーニールを怪物、つまり悪魔であると結論付けた。実際にレイプに関して議論する時には、「気が狂っていること」と「邪悪であること」の違いをあいまいにするべきではないことと、異常心理学で研究の対象となるのは前者の「気が狂っていること」であり、後者ではないことを主張してきた。暴力を排除するという分類方法はこういった違いを支持しているからである。そして、特定の殺人犯の思考・感覚・生活

史について調べると、いくつかの事件で精神病理が彼らの行動に影響を与えていることが分かり、そのことはマイケル・カーニールの件でも同様のことが言える。

マイケル・カーニール（Michael Carneal）は学校での無差別殺人事件の後逮捕され、裁判所に連行された。彼は事件を起こす前に異常な兆候を示していた。（Sommers/SIPA）

> マイケルは拳銃自殺を考えていたが、家族のせいでできなかった。彼の報告によると、誰もいない部屋で自分の名前を呼ぶ声が聞こえたり、誰かが夜に窓やベッドの下から見ているのだと思った。マイケルは「ハロウィーン・サプライズ」という学校新聞に、マイケルが名づけたキャラクターが同級生を殺す内容の記事を書き、その中で鮮明に同級生らの死を描いた。彼は次第に年上の不良仲間に近づいていった。友達の家のガレージから拳銃を盗み出し、感謝祭の前日にはそれを楽屋で振り回していた。周りで見ていた若者はそれが印象的だったと話している。
>
> 感謝祭の翌日、マイケルは隠してあった拳銃を持ち出した。前日から泊まっていた友人に向かって、「何か大きなことが起こる」と話した。そして、月曜日の朝それは起きてしまったのだ（Belkin, 1999に基づく）。

14歳の少年による大量殺人事件は確かに邪悪なものであるが、出来事やマイケルの思考や感情を詳細に調べると、マイケルの事件が本書の中心的なテーマである抑うつや統合失調症のケースと酷似していることがわかる。マイケルはいじめの対象となっていたが、恐らくそれは発覚していない。彼は表面上は穏やかに対応していたが、それでも少なくとも以前より隠していた怒りや失望が明らかにされた。拳銃を持って学校に向かった時、かれは同級生のことを思い出したという。彼には希死念慮、幻聴、見張られている感じがあった。

そしてマイケルには気がかりで異常な兆候の数々があった。なぜ両親や親友たちは気づかなかったのだろうか。1つの可能性としては、「精神病者は無罪になる」という弁明を支持するために、殺人事件を起こした後に、それらの兆候が作られたものだということだ（実際、マイケルは仮出所なしの禁固25年の刑についている）。もっと考えられるのは、マイケルは彼を含めたウェストパデューカーの住民のほとんどが恐れている精神障害を持っているというスティグマ（烙印）を押される恐怖から、それらの兆候を隠していたことだ。公衆衛生局長官のメンタルヘルスについての報告では、他人に異常性の兆候について明らかにするのを人々が避けることに対して、スティグマがいかに大きな役割を持つのかが述べられている。報告は以下のようなものだ。

> スティグマは精神障害を隠し、治療法を探す妨げとなる。それは多かれ少なかれ様々な形で現れる。それは、偏見、差別、恐れ、疑い、固定観念などとして現れる。それによって精神障害を持つ人と仕事をすることや、社会生活を送ることを避けたりしてしまう。スティグマは、診断や治療によりその秘密性が破られることを恐れて、彼らを助ける方法を探すのを妨げてしまう。保険会社には、私的な分野と同様に公的な分野に対しても、他の病気に対しては許されないことだが、メンタルヘルスサービスの適用範囲を制限するという暗黙の了解がある（The Surgeon General's Report on Mental Health, 1999, Chapter 8）。

われわれは、マイケルの無差別殺人は異常心理学の適用範囲になりうると考えている。つまり、暴力に関するいくつかのカテゴリーが将来DSM-Vに組み込まれると信じている。マイケルのケースは心理的要因が多くあり、それは暴力の前兆であり、治療や予防が可能だったのかもしれない。精神障害というスティグマを克服することは、1つの重要な要素である。様々な他の要因は、類似した無差別殺人事件を予防、理解していくために考慮にいれる必要がある。拳銃への接近性、メディアの生み出す悪影響、家庭の崩壊は明らかに環境の変化である。しかしながら、誰も話す人がいないと感じたり、自分の行動に道徳的規範や責任感を持たないという、アメリカの子どもの心理的変化はさらに恐ろしいものだ。

今日、ほとんどの子どもたちは即時的な満足感を求める。彼らには、衝動的で社会をむしばんでしまうほどのわがままさがみられる。そのうえ、多くの子どもたちは被害者学の観念を日ごろから吹き込まれている。アルコール依存症になった時に、自分が絶望的で罪深いことを社会のせいにして市民権利運動という高貴なものに仕立て上げることよりも、むしろ、病気の被害者だと信じさせるというのはやり過ぎである。被害者学はアメリカ流の非難のやり方になってきた。大

人や子どもにとって、今やすべての問題を被害者学から説明されることは日常的なものだ。問題を抱える子どもが自身を被害者としてみる時、すべてが怒りの対象となる。そこに自分で使える拳銃があれば、殺人の形で怒りを爆発させてしまうだろう。

優れたジャーナリズムの1つである「ニューヨークタイムズ」を見てみると、102件の無差別殺人のうち、100件はここ50年に起きているという（Fessenden, 2000）。激怒による殺人や強盗に手を染めること、ギャングの抗争には意図的なものが感じられるが、100件の無差別殺人事件は無意図的だ。しかしそれらにはパターンがある。まず、無差別殺人事件においてその犯人は逃走しない。102の事件のうち、89の事件の犯人は犯行現場から逃げることさえしていない。マイケル・カーニールもただ拳銃を置き、「ごめんなさい」と言ったという。

46件の無差別殺人事件の犯人は、自殺したり、あるいは「警官による自殺」として知られる自殺（訳注：故意に警察官に抵抗して射殺されること）を企てた。無差別殺人事件の犯人は、他の殺人犯に比べて良い教育を受けており、恵まれ、白人だ。最も際立っているのは、少なくとも彼らの半数は今までに重篤な精神障害を患ったことがあるということである。48人の多くは統合失調症の正式な診断を受けており、そのうちの半数は事件前に診断基準に則って診断されたものだった。われわれは、本書において精神障害を持つ者のうちわずか数％の人が暴力的なのだと強調することに苦労し続けてきた。精神病を抱える人は、精神病が暴力に結びつくということについて腹を立てている。このような問題を抱えた人たちに汚名を着せたり、彼らを排斥したりしないようにしなければならないと主張している。しかし、われわれが共有するこれらの心情を、特別な現象である無差別殺人は精神障害と密接な関係があるということを隠してしまうものにすべきではない。

つまり、無差別殺人者の気質は精神障害の手掛かりとなり、迅速な対応への道として働く（Goodstein & Glaberson, 2000）。彼らは明らかにもの静かで温厚なふるまいをする人々ではなく、不可解に突然切れる人々なのである。彼らは「クレイジージョー」や「クレイジーパッド」といったニックネームを持っていることが多く、それらは彼らの本質を言い当てている。職場で発砲した人の多くは、職場を解雇させられているか、暴行で懲罰を受けたことがあるか、暴力の恐怖に曝されていたことがある。マイケルは礼拝会の友人に発砲することは「かっこいいこと」だと話していた。他の無差別殺人犯らは、正確に、誰を・どこで・いつ殺すのかを話している。しかし、それらを見ていた友達・家族・教師・同僚らは危険な兆候として受け取ることができないし、受けとる気もないだろう。

キップ・キンケルも、学校内で無差別殺人を行ったのだが、文学の授業で「こんちくしょう！頭の中のこの声め！」などと叫んでいた。先生はすぐに彼に反省文を書かせ、「その問題に対処する方法はあるのか」と尋ねた。彼はその問いに対して礼儀正しく、「「ちくしょう！」と言わないことです」と答えた。先生はその反省文にサインをして、彼の母親もそれにサインをした。しかし、誰も彼の頭の中の声の内容に意識を向けたものはいなかった（Goodstein & Glaberson, 2000）。

無差別殺人にいたる道の途中には、心理学的な警告がたくさんある。それは外界からの恐怖、暴力的で奇怪な成育歴、精神病の診断などである。いい加減なヘルスケアのシステムを背景に、重い精神障害をどんどんひび割れからすり抜けさせていってしまうのである。それに加えて、人を殺すというのは生物学の奥深い部分につながっているのかもしれない。UCLAの心理学者であるAdrian Raineは、一時期イングランドからカリフォルニアに仕事のために移住した。カリフォルニアには、体系的に生理心理学の研究対象になっている多くの殺人犯がいたためである（Raine, 1999）。Raineは41人の有罪となった犯罪者が生きている時に脳のPETスキャンを用いて研究を行った。彼の実験における41人の統制群は、年齢・性別・収入・頭部損傷の有無・精神障害の診断の有無（41人のうち6人は統合失調症だった）・薬物治療・薬物使用歴などが調べられた。その脳画像の違いは顕著なものだった。

まず、統制群の前頭前皮質の活性度は、殺人犯群の活性度に比べて高かった。殺人犯群の活性度の低さは前頭前皮質特有のものであり、側頭皮質や後頭皮質ではこのような活性度の違いは見られなかった。前頭前皮質の低活性は攻撃的な感情のコントロール喪失につながり、そのため、ルールを破ることや攻撃性が爆発してしまうこと、自己制御の欠如、推論能力の低下、自我の喪失につながる危険性が高まってしまう。

他の脳の部位にも違いがみられた。左右の大脳半球をつなぐ神経細胞群である脳梁の活性度も低下していた。Raineは多くのネガティブな感情を生み出す右半球と、それを抑えたりコントロールする左半球の間の疎通の悪さを意味していると推測した。さらに、殺人者の左半球の扁桃体、海馬、視床は統制群より活性度が低く、右半球のそれらは統制群より活性度が高かった。扁桃体が攻撃性に強く関与しているとRaineは推測した。そのために反社会的な行動をとったり、暴力を引き出してしまう可能性を持つような社会生活上のあいまいな刺激を誤解してしまったりする（殺人者は小さな出来事でもわざとされたことだと信じてしまうのだ）。

Raineの発見は、おそらく衝動的殺人犯と計画を立

てそれに従って行動する冷血殺人犯との違いも明らかにする。Raineによって研究された41件の殺人犯のうち、15件が冷血殺人犯のパターンと一致し、9名が衝動的殺人犯のパターンと一致した。彼らの脳はどのように違うのだろうか。冷血殺人犯は衝動的殺人犯と比べて、前頭前皮質の活性度が高く、またどちらとも統制群と比べて、右半球の扁桃体、海馬、視床、間脳の活性度が高かった。Raineはこういった皮質下の高い活性度が双方の殺人犯を攻撃的傾向に向かわせていると推測し、前頭前皮質が良好に活動している間は、冷血殺人犯が怒りを感じた時でも、即座に怒りを爆発させるのではなく、むしろ攻撃性を抑えて計画を立てることができるのだと考えた。

また、マイケル・カーニールをはじめとした無差別殺人犯が、「良い」家庭の出身であったり、貧しい子ども時代を送ったりしたわけではないということを考えると、Raineのデータからまた別の面白い発見を得ることができる。12のサンプルが貧困家庭の出身で、26件は最低限生きていけるレベルの家庭の出身であった。良い家庭の出身の殺人犯には、右半球の眼窩前頭皮質の活性度が14.2%減少していた。同様のパターンのダメージ（脳卒中の発作や頭部外傷）を負った他の成人を見てみると、反社会的行為者のような人格になったり、感情の変化が見られたりした（Damasio, 1994）。殺人犯が悪い状況の家庭の出身であったとき、養育環境が主要因として考えられるかもしれないが、殺人犯が良い家庭の出身であったときには、生物心理学的欠陥が主要因かもしれないということがわかる。

そのため、無差別殺人には、生物心理学的な土台があるのかもしれない。殺人犯の脳の活性度は、非暴力的な統制群の活性度とは異なっている。冷血殺人犯と良い家庭出身の殺人犯の脳の活性度は、衝動殺人犯や統制群の活性度とは区別することができる。それに加えて、無差別殺人犯には、精神障害の前駆症状が見られた。彼らはいつも、誰を殺そう、いつ殺そうということについて、外から見てわかるヒントを残している。彼らは家族や友だちをものすごく心配させるものの、それはたいてい事件の発生を効果的に予防するには十分ではない。そしてわれわれのメンタルヘルスのシステムからもすり抜けてしまう。

われわれが無差別殺人犯（それに加えて、過剰な攻撃性を普段から抱えている人）を将来DSMや異常心理学の教科書での診断において正しく位置づけをするべきだと結論付けてしまう前に、精神病に対してレッテルを貼るようなことをしたり、差別したりしてしまうことを避ける上で2つの注意点がある。まず1つは、精神障害者のうちわずかな人だけが、暴力的だということである。もう1つは、暴力が蔓延している社会であっても無差別殺人事件は珍しいことだというこ

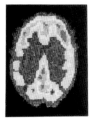 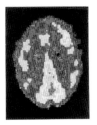

統制群　　　　　　　　　　殺人犯群

統制群と殺人犯群のPETスキャンの脳画像を見ると、前頭葉の活性化に違いがみられた。前頭葉は脳画像の上部にあたり、後頭葉は脳画像の下部にあたる。統制群は前頭葉の大脳皮質が有罪殺人者よりも活性化しており（脳画像では赤か黄色で示される）、殺人犯群の前頭葉の活性度は低く、脳画像では青や緑で示された。後頭葉の活性化は、統制群も殺人犯群も同程度だった（カラー口絵参照）（Dr. Adrian Raine, University of Southern California）。

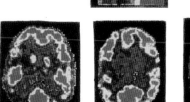

統制群　　　良い家庭の　　悪い家庭の
　　　　　　殺人犯群　　　殺人犯群

PETスキャン画像で、統制群、経済的に恵まれていなかった殺人犯群（「悪い家庭」の出身の人）、恵まれていた殺人犯群（「良い家庭」の出身の人）を示している。経済的に良い家庭の出身の殺人犯群は、統制群や経済的に悪い家庭の出身の殺人犯群と比べると、前頭葉の活性度が低くなっている（脳画像の上部が青や緑になることで示される）（カラー口絵参照）（Dr. Adrian Raine, University of Southern California）。

とである。無差別殺人事件を予測するのは、飛行機墜落事故や自殺を予測するようなものである。不十分な統計に基づいて予測を立てても、特定の墜落事故を予測することはほとんどできない。無差別殺人の予測は誤った警告をする割合があまりにも高く、自由な社会においてはまったく受け入れられないものである。われわれの社会では、本当に犯罪を犯した人だけを逮捕したり罰したりするのであって、統制群の人たちよりは犯罪を犯しそうな人たちや、犯罪に手を染めようとしているだけの人を逮捕することはしない。これらの警告が明らかになれば、異常心理学において無差別殺人者と普通の攻撃性を持つ人を正当な研究対象にすることとなり、それは多くの命を救い、より多くの命を

失うことを防ぐだろう。精神病を抱える患者の人権や、罪のない人を擁護することを念入りに考慮すれば、暴力の予防や治療に関わる科学と実践はずっと以前から行われているべきであっただろう。

科学と実践：心理療法の効果と経済性

　抑うつ、不安、統合失調症で苦しむ人がいるように、無差別殺人犯がいることが社会やそこで暮らす人々を苦しめるとき、われわれは問題を抱えた個人を治療する方法を見つける必要がある。心理学的・生理学的な説明と精神障害の治療のために、多くの研究が行われている。しかし、現実世界で多様な問題を抱える人々に研究での発見を適用する方法は、常にはっきりしているわけではない。診断はいつでも明確なわけではない。セラピストはいつも患者の問題の全容を把握しているわけではないし、問題の兆候を見逃すこともあるかもしれない。科学的知見は一般化されすぎているかもしれないし、実際には関係がないもっともらしい説明がいくつかあるかもしれないので、特有の問題を抱える個人の異常な思考や行動を治すことはできないかもしれない。科学を実践に応用していくことはいつも簡単なことではない。

　われわれは、本書を通して各障害に対する様々な薬や心理療法の効果についてたくさんの情報を示し、それらすべてを章ごとに要約して統合してきた。たとえば、バイアグラが男性勃起不全に効果があり、それはセックスセラピーよりもより効果があることや、曝露療法が強迫性障害に対して抗うつ薬よりも効果があるといったことを思い出してほしい。それゆえ、臨床家が治療法を選ぶ時にこうした科学的知見に厳密に則っているとか、科学的知見を直接実践に応用していると考えるかもしれない。また、健康保険は厳密に最善だという研究結果がある治療に対して支払いをしていると考えるかもしれない。しかし、これからみていくように、どちらも真実ではない。

心理療法の効果

　なぜ実際の心理療法は、これまで読んできたような科学研究の結果に必ずしも則っていないのだろうか。なぜ実践家は研究を実践に応用することに苦労しているのだろうか。なぜアメリカ心理学会のような心理学の組織は、各障害に対して科学的に実証された治療を使うように指示するといった、実践家のための基準を作ることができないのだろうか。これらの疑問は、有効性研究（治療を統制された実験室で行う研究）と、効果研究（現実世界で実際に行われる心理療法についての研究）の間の摩擦にある。

　発表されているほとんどすべての精神障害についての情報は、有効性研究からもたらされるが、しかし実験室で行われた有効性研究は、臨床施設で実際の患者に対して行われた効果研究とは異なる。いくつかの理由で有効性研究と効果研究の結果は変わるのだ。その1つは彼らが調査する問題の種類が異なることによる。臨床家は患者は多くの問題を抱えているとみているのに対して、有効性研究で対象とする患者は1つの障害を抱えているとみる。有効性研究の研究者はDSMに定義された障害を調査する。患者はDSMにあるような障害を抱えているためにセラピストのもとへ行くかもしれないが、実際には多くの患者は仕事や恋愛がうまくいかないこと、生きる意欲や熱意を失ったこと、成長したいと望んでいるといった理由でセラピストのもとを訪れる。2つ目に、心理療法は有効性研究や効果研究とは異なるものであることによる。有効性研究において、患者は無作為にセラピストに割り当てられる。現実生活においては、患者は一緒に心理療法を進めるに当たり、この人なら信じられるというセラピストを選び、そのセラピストが行っている心理療法で効果があると思われるものを選択する。また、有効性研究における心理療法は短期間であるが、臨床における心理療法はしばしば長期的なものである。さらに、有効性研究はよく定義された心理療法で行われる。しかし、臨床家による心理療法は、しばしばいくつかの学派から必要な技法を借りるという、折衷的なものである。もし1つの技法が失敗したならそれを取りやめ、他の技法に切り替える。時には、セラピストは進め方をがらっと変えたりする。セラピストは一般的にマニュアルを使ったりしない。さらに、実生活における心理療法は、精神力動的思考や家族システムといったものからも派生していて、それらのどれもが有効性研究の評価を受けた様式ではない (Lipsey & Wilson, 1993 ; Luborsky, Singer, & Luborsky 1975 ; Shapiro & Shapiro, 1982)。

　1995年11月、「コンシューマーレポート」は、今までで最も大規模な薬物治療と心理療法についての効果研究の結果を発表した (Consumer Reports, 1995)。それは、統制された有効性研究での心理療法とは対照的で、実際の現場で行われた心理療法についての研究であった。それは読者による調査に基づいていたので、かなり多くの方法論的欠陥や、自己報告と回想 (過去の問題と治療を振り返ること) を含んでいたり、統制群がないといった問題を抱えていた (Seligman, 1995, 1996)。しかしそこには、臨床における心理療法と効果研究差における、本質的関係の画期的な結果がみられた。

1. 心理療法はとてもよく機能する。多くの被験者はかなり良くなっていた。心理療法開始時に「とても悪い」と感じていた426人のうち、87％もの人

が調査時点でとても良い、良い、最低でもまあまあと感じるようになっていた。最初に「相当悪い」と感じていた786人は、調査時点で92%の人が非常に良い、良い、最低でもまあまあと感じるようになっていた。これらの結果は、有効性のメタ分析を集約したものであるが、本書で紹介している典型的な効果研究を象徴する結果である50%〜65%の人が改善したという報告とは劇的に対照的である（Lipsey & Wilson, 1993 ; Smith,Glass & Miller, 1980 ; Shapiro & Shapiro, 1982）。

2．長期的心理療法は短期的心理療法よりも改善度が大きい。6ヵ月以下の治療期間で治療された人と比べて、6ヵ月以上治療した人のほうが、約2倍の人数が今の自分の問題について大きな進歩があったと報告している。

3．どの問題に対しても、特定の様式の心理療法が、他の心理療法よりもよいということはなかった。この結果は「ドードー鳥の仮説」を支持するものであり、すべての心理療法の様式も同様によいということが示された（Luborsky, Singer & Luborsky, 1975）。

これらの見解は、本書の第15章の最初で引用した有効性研究と全く反対の結果を示している。有効性研究は技法の特異性の高さ、症状が軽い患者にのみ有益であること、そして長期的心理療法は推奨できないということを示していた。なぜこの2種類の研究の結果にはこのような違いがあるのだろうか。それには2つの可能性がある。1つ目は「コンシューマーレポート」の研究とほかの類似の効果研究は理論的な欠陥があり、その欠陥は無視された可能性があることだ。2つ目は、有効性研究が理論的な欠陥を抱えている可能性があることだ。我々は、これら2つの方法が欠陥を抱えているので、両者の長所をもち欠陥のない有益な新しい方法を生み出すことが、次の10年の臨床科学者にとって、急務かつ有望なプロジェクトであると考える。

効果研究の欠陥は一般的なもので、特に「コンシューマーレポート」の欠陥は「内的妥当性」の欠陥である。すなわち、厳密な統制がなされていなかったり、被験者にバイアスが含まれていたり、統制群がなかったり、厳密な診断がなかったり、不正確な自己報告があったり、回想がゆがんでいたり、より充実したテストバッテリーが必要だったりということである。

有効性研究における欠陥とは「外的妥当性」の欠陥のことである。つまり、心理療法は数多くの条件のもとになされるものであり、実際の心理療法とは異なるため、それを一般化するのは危険である。言い換えれば、有効性研究が計画される実験室的環境では、実際の心理療法の多くの要素が省略される。実際の心理療法では珍しいものだからと言って、実際の心理療法が生み出す結果を隠したり、軽視したり、歪曲したりして他者に発表したりする。特に、次に挙げられる5つの特徴は現場で行われる心理療法を特徴づけている。これらのどの特徴も、統制された有効性研究のもとでは存在しない。もしこうした特徴が患者がよくなるために重要なものであるとしたら、有効性研究は現場での心理療法においては過小評価されるか、あるいはまったく価値のないものとなるだろう。

1．現場での心理療法は期間が限定されていない。心理療法はたいてい患者がよくなったと判断するか、患者がやめるまで続けられる。反対に有効性研究における介入はたいてい8ヵ月〜12ヵ月ほどの制限されたセッション数で終了され、終了されるときに患者の具合の良し悪しはそれに考慮されない。

2．現場での心理療法は自己修正的である。もし1つの技法がよく機能しなかったとしたら、セラピストはたいてい他の技法、または他のアプローチでさえ試してみる。一方、有効性研究における介入では数少ない技法に制限され、治療のマニュアルに従って決められた順番で行われる。

3．現場での心理療法の患者は特定の心理療法や一緒に治療していきたいと思うセラピストを見つけるために、能動的に選択する。一方で、有効性研究の患者は、受動的に無作為に割り当てられ、どんなセラピストであれ、どんな種類の心理療法であれ、研究で依頼されたものに同意している。さらに、自ら進んでモルモットになる患者と、実際の心理療法に来る人では全く異なる。

4．現場での心理療法の患者はたいてい多様な問題を持っており、心理療法は並行的で相互的な困難を軽減するために適用される。有効性研究における患者はたいてい1つの問題について調査され、彼らの診断は操作的に決められる。

5．現場での心理療法は、特定の障害の中で特異的に表出している症状だけでなく、患者の持つ一般的な機能の改善に関心をもっている。有効性研究は多くの場合、特異的な症状が軽減するか、障害が治るかどうかだけに注目している。

一般的に、有効性研究は結果における臨床家の判断を軽視しているが、効果研究は臨床家の判断のもつ役割を重視している。「コンシューマーレポート」の研究においては、個人療法と集団療法の間に結果の差はないとしている。これは人々がいつでも集団療法を受ければいいということを意味するものなのだろうか。これは安直すぎる。もし「コンシューマーレポート」の研究が、有効性研究で行われ、つまり、無作為に集団療法と個人療法に割り当てられたのならば、平均的には個人は等しくどちらからも利益を得ることを示していただろう。しかし「コンシューマーレポート」に

おいて、参加者は無作為に割り当てられはしなかった。患者を割り当てられたセラピストは、おそらく個人療法と集団療法のどちらのほうが症状がよくなるのかについて、臨床家として判断していたと思われる（それは権威の影響を受けやすいかや、他者の評価によって反応が変わりやすいかどうかなどである）。この結果は、臨床家がだれに個人療法を受けさせ、誰に集団療法を受けさせるかを判断したうえで出たものである。そのために2つの心理療法は平等に効果があったのだということを意味する。

多くの心理療法の成功は、すべての優れたセラピストがする非特異的なものに頼っており、これはなぜ「コンシューマーレポート」が、どの障害に対しても心理療法や薬物療法よりも効果的なものがあるということを発見したかを説明するであろう。心理療法には、特異的治療的要素がある。15の章ではこれらを説明した。

- 血液や負傷に対する恐怖症への行動療法
- 早漏に対する陰茎圧搾
- パニック障害に対する認知療法
- 恐怖症に対するリラクセーション
- 強迫性障害に対する曝露療法
- 夜尿症に対する行動療法

これらにもかかわらず、「コンシューマーレポート」の研究のように1つの積極的心理療法を他の積極的心理療法と比較すると、特異性は消えてしまうか過小なものとなってしまう。ドードー鳥効果についての、Lester Luborskyの業績や（Luborsky, Singer & Luborsky, 1975）、抑うつについての国家共同研究（Elkin et al., 1989）はこのことを示している。強固な特異性がないことは、薬についての多くの論文でも同じようにみられる。方法論家は際限なくこうした効果研究の欠陥について論じるが、しかし彼らはこうした研究の特異性の一般的不足の問題を見渡すことができない。事実、他の心理療法や薬物と比較したとき、どの心理療法の技法も（上記の例を除いて）大きな、特定の効果を示すことはない。最終的に心理療法や薬物のほとんどすべての研究において、少なくとも40％のクライエントにそれだけでよくなるほど結果に影響するとても大きなプラセボ効果（12章）がみられた。

なぜ、薬物療法や心理療法において、確固たる特異性は少数で、大きなプラセボ効果があるのだろうか。多くの説明は、「心理療法の非特異性」という軽蔑的誤称を使っている。我々は2つの段階的な非特異性があると考える。それは戦術と、深い方略である。すべての良い心理療法の戦術とは、以下のものである。

- 注意
- 権力像
- ラポール
- 取り替えのコツ（たとえば「ここで中止しましょ

このセラピストはレイプ被害者のカウンセリングをしている。セラピストが使っているかもしれない良い治療のいくつかの戦術は、患者との信用とラポールを進展させることを含んでおり、それは患者をさらなるトラウマから守る深い方略を発展させるのを援助するのと同様に、患者が心を開き、問題を名づけ、それについて話すことができるようにする。（Gale Zucker/Stock Boston）

う」というかわりに、「ここで少し休みましょう」というなど）
- サービスにお金を払う
- 信頼
- 開放性
- 問題に名前を付ける

深い方略は、神秘的ではない。むしろ、それは大規模な科学研究の対象となり、それらを最大限に活かした新しい技法になりうると信じている。方略の1つは、希望を教え込むことである（第7章参照）。他には「苦しみを和らげる緩衝力を培うこと」である。強さを培う方略による緩衝効果は、本書を通じてみてきた特異的な「癒す」要因よりも大きな効果があると仮定してみるとする。もしこれが本当であるならば、いろいろな積極的心理療法と薬物を比べた時、しばしば起こる大きなプラセボ効果と同様に、小さな特異性しか見られないということの説明になる。心理療法において培われる強さとは、以下のものである

- 勇気
- 対人スキル
- 合理性
- 洞察力
- 楽観性
- 正直さ
- 忍耐
- 現実主義
- 喜ぶ力
- 俯瞰的に出来事を見る力
- 先見性
- 目的と意味を見出す力

臨床家の判断や強さを作りだすことは、研究計画上省略されていて、有効性研究においてはそういった結

果に多くの役割を果たしている変数についての疑問に答えを出すことができない。有効性研究の方法論は、長期的で複雑な心理療法を試すことはできない。長期的で複雑な心理療法のマニュアルは書くことができない。倫理上、患者を無作為に割り当て何ヵ月もプラセボ条件のままにしておくことや、長くかかる治療課題を患者に課すことはできない。同じように深刻な症状を持っている統制群の患者が、心理療法以外に同情的な友人や牧師と話すことを好むか、あるいは何もしていないかということはわからない。我々は、今後10年の研究は、実際の心理療法の効果に関する疑問について答えるものであり、実際の実践家が活用できる研究になることを信じている。2つの方法の強みは、複合的心理療法と説得力のある研究によって融合することが可能である。複合的心理療法とは、臨床家のよい判断を含んでいて、期間は可変的で、自己修正して使うことできるものであり、症状の軽減と同じように生活の質を改善することを目的としている。これは患者の選択に基づいて行われるものであり、無作為に割り当てられることはなく、多面的な問題に対応する心理療法である。こうした研究は、幅広く、様々な代表的な治療をうける患者を含んだ全数調査となるだろう。こうした研究は、心理療法前とその過程、心理療法後をみる縦断的な研究となるだろう。その時、われわれは結果を4つの視点で判断する。それは患者の自己報告、セラピストの面接、ブラインド診断、充実したテストバッテリーである。これには外的妥当性が保たれている。つまり、患者は希望する心理療法を受け、治療期間は患者とセラピストとの間で決められ、技法は自己修正され、マニュアルはなく、多面的診断に基づいて患者が排斥されることはないということである。

心理療法における経済性

　1990年代初頭まで、多くの心理療法では「診療得点」に対して支払いがなされてきた。患者は受ける心理療法に応じて、直接セラピストに支払いをしてきた。多くの患者は、健康保険から支払いの何割かを補填されていた。患者は、実質的にセラピストのコミュニティのなかから会いたいセラピストを選ぶことができた。心理療法の到達点は患者とセラピストが一緒に決め、いつそこに到達したのかも一緒に決めてきた。心理療法の期間についても制限があり、支払いの割合にも制限があったが、それは適切になされてきた。
　マネージド・ケア（管理型医療）の出現がこうしたすべてを変えてしまった。アメリカの人口の半分以上が利用しているマネージドケアの仕組みでは、企業（や協会）全体の医療費請求が1つにまとめられている。次に示すのはそれがどのように機能しているのかということの概要である。

　ゼネラルモータース社や、エリー州行政、コロラド大学といった大規模な組織は、従業員に包括的なヘルスケア（身体的、精神的なものを含めて）をするために、マネージド・ケアと契約している。ゼネラルモータース社は、従業員数と予測される疾病の数に基づいて、マネージドケアに固定額を前払いする。マネージド・ケアには公的に株主がいて、株主の利益を上げることを求める。そして、高いヘルスケアサービスはもちろん低い保険料で新しい企業に営業を行い、他のマネージドケアの会社との競争に勝つことを望む。低い保険料は高いレベルのケアよりも宣伝しやすいものである。マネージド・ケアは、医者、セラピスト、その他のヘルスケアの専門家による委員会を設立して、それぞれの障害に対して行う治療の基準を作る。こうした基準は「ケースレビューアー」によって、セラピストはどのような種類の心理療法であれば許可されるのか、どのくらいの期間であれば許可されるのかを強制される。患者は承認された委員会のメンバーにしか会うことができない。また、もし長期的だったり、難しかったり、より高価な心理療法が必要だと考えるなら、セラピストは熟練したセラピストではなくケースレビュアーと交渉しなくてはならない。長期的で高価な心理療法を許可したり、患者がどのセラピストにあってもよいということにしたら、利益がなくなってしまうことは明らかだ。結果として、個人はもはやどのセラピストを選ぶのか、どの心理療法を選ぶのかということを決められず、セラピストもどの心理療法を行うか、どのくらいの期間行うのかということについて選択権はない。
　メンタルヘルスの専門家と顧客の全国連合の代表であるKaren Shoreは次のように話している。「マネージドケアは保険が効くかどうかだけを見ていて、本当の心理療法を排除している。そして、危機介入、短期的問題焦点型心理療法といった彼ら独自のモデルに置き換えている。目的は、問題の原因を探ることなく、患者の人生における他の問題を探すこともなく、目に見える症状を軽減することである。多くのケアプランが慢性・持続的問題は範疇外と公言している。これは内科や外科のケアでは絶対に受け入れられない基準である。多くのケアプランが4回〜10回のセッションしか許可していない。ケースマネージャは数セッション以上は許可しないことを命じられており、平均的なセッション数以上のセッションを行なう臨床家にリファーすることを拒む。より重症な障害のある利用者は治療を受けることができない（Personal communication, Karen Shore, November 22 th, 1999）。」こうした心理療法の欠陥は結果として次のようなケースに現れている。

　　34歳のある男性は、極度のうつ、自殺願望、妄想、

性的異常についての治療を繰り返し求めていた。彼は、上司が大天使ミカエルだとか、同僚が上司を殺すために出かけていると信じていた。マネージドケアのレビューアーは、入院を勧めた救急処置室の医者の提言を2度も却下している。そのかわりにレビューアーはぶらりと立ち寄れる形式の治療グループや、電話相談を利用するように勧めた。患者が悪化するのに伴って、家族はマネージドケアに何度も電話したが、マネージドケアからかけなおすことはなかった。マネージドケアに電話をしてから2日後、患者は高速道路の支柱に車をぶつけて、妻を巻き込んで自殺をした(Personal communication, Karen Shore, November 22 th, 1999)。

新しい治療経済の在り方は、結果としてセラピストが必要だと考えているものと実際に行われるものとの間に大きな溝を生んだ。セラピストの間では、常識として、患者は中長期的な治療(15～30セッション)が必要だと考えられていて、効果研究のエビデンスはこの考えを支持している。しかし、ケースレビューアーが数回のセッションしか持たせないということもセラピストのあいだではよく知られている。心理療法と特定の薬の投与を融合させることが患者にとって最良であるということは、精神科医の共通認識だ。しかし、ケースレビューアーは安価な薬が処方されるべきだとして、心理療法は受けさせない。

新しい経済性は、優れた科学と優れた実践の間の溝も深くしている。マニュアルによる短期療法の有効性研究は、マネージドケアの関心事である。なぜなら、少ないセッション数であれば費用は下がり、一定の基準を満たしていない経験の浅いセラピストでもマニュアルがあれば簡単に使うことができるからである。効果研究は、長期的心理療法、高度な技術をもったセラピスト、臨床的判断を含むより高価な心理療法を推奨する。そのため、マネージドケアは有効性研究の情報に頼り、費用が安く、短期間で、マニュアルのある心理療法をベースとした治療基準を定めなくては、という圧迫感をもっている。マネージド・ケアにとって究極の答えは、短期間で利益を上げるために精神障害を機械的に不十分に治療するヘルスケアシステムかもしれない。それは精神障害の再発・再燃の増加から苦痛や支払いの苦しみという巨大で長期的な損害を生むことになるであろう。我々の展望では、高質な治療を精神障害者に提供するヘルスケアシステムとは、メンタルヘルスを広く長期的な観点から見たもので、治療や予防に重大な過ちがないものである。

発達：予防の最前線

有効的で経済的でもある現実的心理療法を見出す必要性を考慮して、発達と予防へと入っていこう。本書全体を通して人生全体における成長と発達について議論してきた。これは人生の早期に行われる予防が、その人の後の人生において、精神障害のリスクを下げることが可能になるかもしれないということや、本格的な精神障害にかかり治療よりももっと苦しむことを回避し、ひいては量的結果である治療費を抑えることにつながる、といったことを示唆している。20世紀におけるヒューマンヘルスの巨大な進歩は、治療から生じたものではなく、何らかの疾患が流行する前に行われる公的な健康対策(ポリオの予防接種のようなもの)を含む予防によるものだ。適切な発達段階をターゲットとしたときに、予防はおそらく適切に機能し、最大限の結果をもたらすだろう。たとえば、うつ病の疫学上の好発時期は、若者が思春期に達する頃だ。マイケル・カーニールは、14歳の時、性の問題でいじめを受けていた。この時期に発達の面からみて正しく目的にかなった介入をしていたら、いじめや、彼の考え方・感情の混乱にうまく対処する手助けになっていただろう。これらの文脈に沿うと、異常性の治療においての巨大な進歩は若者に行われてきた効果的な予防プログラムの結果からくるものであると予言する。3つの領域においては結果が既に約束されている。3つの領域とは、抑うつ、不安、攻撃性だ。

抑うつ

抑うつは再発したりたいてい数ヵ月間続くようなエピソードがみられたりするので、予防が主な関心事となる。薬物治療の領域は知見を蓄積できていないが、認知療法の技法は予防的だということが証明されてきている。若くて脆弱な個人に対して、心理療法の様式よりむしろ認知療法を教育的に用いることの方が抑うつを予防できる、ということを示した5つの実証研究がある。

ペンシルバニア大学のAPEXプロジェクトは、抑うつの危険性をもつ大学生にワークショップを行い、その中で認知療法の基本的な技法を教えている。「危険性」とは、説明のスタイルの一部が極めて悲観的であることと定義している。231名の学生が、週に1回2時間のセッションを8週間続ける予防プログラムのワークショップに参加するという10のグループか、ただアセスメントされるだけの統制群に無作為に割り当てられた。参加者は3年後にフォローアップを受けた。まず、ワークショップ参加群は統制群よりも、全般性不安障害のエピソードが有意に低く、また大うつ

病エピソードも有意に少なかった。2つ目に、自己報告による調査では、ワークショップ参加群は統制群よりも、有意に抑うつ状態や不安状態のエピソードが少なかった。3つ目に、ワークショップ参加群は統制群よりも、有意に説明のスタイルが改善し、希望のなさや不全感を伴う態度が低くなった。この改善はワークショップ参加群の抑うつ予防の手助けになったと言える(Seligman, Schulman, DeRubeis & Hollon, 1999)。抑うつの危険性を持った10代の高校生に対し、集団認知療法を行った2つの別の実験でも、結果は非常に似たものとなっている(Clarke, Hawkins, Murphy & Sheeber, 1993 ; Clarke et al., 1995)。研究者らは12ヵ月後のフォローアップの結果、予防プログラムを行った群の気分障害の発生率が14.5%であるのに対して、統制群は25.7%であったことを示した。同様の結果が抑うつの危険性を持つ思春期直前の子どもでも示されている。

ペンシルバニア予防プロジェクトは、抑うつの危険性を持つ子どもは、2つの基準のうち1つを満たすと判断した。その2つの基準とは、子どもが既に軽い抑うつ状態にあること、そして、両親が抑うつの闘病中であることである。このプログラムの研究者は認知療法が抑うつの危険性を持つ子どもに対して、抑うつ状態を前もって予防できるかどうかを見るために実験を行った(Jaycox, Reivich, Gillham & Seligman, 1994 ; Gillham, Reivich, Jaycox & Seligman, 1995)。研究チームは、10歳～13歳の抑うつの危険性のある子どもに、認知療法で行われている認知的問題解決技法を教えた。マンガや寸劇、ロールプレイから構成される子ども用のマニュアルが、これらの技法を子どもに教えるためのガイドとして用いられた(図16-1参照)。結果は、統制群の子どもと比較して、予防プログラムを受けた群の子どもの抑うつ状態が明らかに低くなることを示唆している。つまり、予防プログラムを受けた群は、抑うつに対して「予防接種を受けた」状態にあるといえる。2年後のフォローアップによって、プログラムを受けた子どものほうが統制群に対して抑うつ状態が低いことが示された。

最も驚くべき結果が1年後のフォローアップの時に現れた。心理療法の効果研究では、成功したとされる効果でさえ弱まっていくという知見が一般的だが、驚くべきことに、ペンシルバニア予防プロジェクトは、予防の効果は最初の2年を通じて徐々に高くなることを発見した。1年後、18ヵ月後、2年後のフォローアップでは、治療群の得点は高くなっていき、治療群と統制群の得点差も大きくなっていた。24ヵ月後の時点で、統制群の44%の子どもが中または重度の抑うつ状態となったが、治療群ではたった22%の子ど

図16-1　認知的問題解決技法を教える
　ペンシルバニア予防プロジェクトによって、うつ病の危険性を持つ思春期直前の子どもは、抑うつが進行することを防ぐために認知技法を教えられる。この吹き出しマンガは認知技法を教えるためのマニュアルに組み込まれているマンガや寸劇、ロールプレイなどの課題のうちの1つだ。ここに描かれているマンガの目的は、楽観的な説明スタイルを教えることだ。マンガの中の子どもは、タバコを吸わないことで「臆病者」と呼ばれているという災難に直面している。悲観的な子どもは、永続的、性格的、また変更できない原因から引き起こされる、「自分はかっこよくない」というような悲観的な思考を持っている。より楽観的な説明に置き換えることを教えるために、子どもたちはいま思いつくことを考え、一時的な思考を埋めさせる。たとえば、「ああいう子たちはバカなことを自慢しようとしているんだ」といったようなことだ。一時的な説明は永続的な考えよりもずっと気分を良い状態へと導く。(Gillham, Reivich, Seligman & Silver, Penn Optimism Program : Depression Prevention for School Children［ペン楽観プログラム：児童のうつ予防］, 1996)

子どもに、抑うつ、不安、暴力をふるいたくなる衝動に対処する技法を教えるワークショップは、子どもが発達期に精神障害となることを防ぐ手助けとなるだろう。子どもは、お絵かきやマンガ、寸劇、ロールプレイをすることを通じて認知的問題解決技法を教えられる。(Eywire/PhotoDisc)

もが同様の状態であった。加えて、予防は最も危険性の高い子どもに対して効果を上げた。プロジェクトの最後となる3年後のフォローアップでは、統制群と「予防接種を受けた」群の群間差は有意なものとはならず、「予防接種」群と統制群のうつ状態はほぼ同程度であった(Gillham & Reivich, 1999)。なぜ効果が消失してしまうのかわからないが、最初に技法を学んだあとの約2年間は予防効果が維持されることが明らかになった。

これらの研究は、抑うつから身を守る技法を教えるために一番効果的な年齢を示したことになるだろう。技法から得る能力は子どものレパートリーに組み込まれはじめる。子どもが思春期に入るにつれて、そして抑うつがよりありふれたものになるにつれて、彼らはこれらの技法を思春期という隠れた危険を乗り切るために、反復的に、かつこれまで以上に使うことができるようになるだろう。それにもかかわらず、これらの能力は衰えていくため、抑うつに対して永続的な免疫を作り出すための補助的なセッションが、目下計画されていることだろう。

不安

期待のもてる予防の結果が、オーストラリアのクイーンランドにある「不安に対する早期介入と予防プロジェクト」から提言された。このプロジェクトはオーストラリアのブリスベンのMark DaddsとSue Spenceが作ったものだ。研究では、9歳～14歳の128名の子どもが不安障害の危険性を抱えていると指摘された。なぜなら、彼らの先生が特に不安が強いとみなしたり、検査をしたときに、彼らが不安症状において高い得点を示したからである。主に白人で中流階級である子どもらが、統制群か、Kendallが開発した子ども向け不安対処プログラム「コーピング・キャット」に基づいたマニュアルの中にある予防トレーニングである「コーピング・コアラ」を用いるグループに無作為に割り当てられた。臨床心理士らは、臨床心理学を学ぶ大学院生の補助で、1時間から2時間のセッションを10回行い、子どもの親はそのうちの3回のセッションに参加した。本質的にはこのプログラムでは、子どもに対して彼らが心配になりがちな出来事に対処するための、認知的・行動的・心理学的な方略を教える。

子どもは2年間フォローアップを受け、研究者は不安障害の発症状態や不安症状を測定した。6ヵ月後のフォローアップで、統制群の子どもの54%が不安障害を発症していたのに対して、コーピング・コアラプログラムを受けた群の子どもの発症率はわずか16%だった。この予防の効果は1年後のフォローアップでは消失したが、2年後のフォローアップでは再び出現した。2年後、両親の報告と臨床心理士の評価によると、コーピング・コアラプログラムを受けた群の子どものほうが不安は少ないことが示された。研究者はなぜ予防の効果が時間の経過で増減するのかわからないが、様々な研究を通じて一定の結論であると判断し、今後の調査に値すると考えている。

攻撃性と暴力

これまで述べてきたように、今日のアメリカにおける二大精神障害は抑うつと暴力である。すでにうつ病が10倍となっていて今後も増えることは述べてきた（第7章を参照のこと）。この章の最初の方で、暴力の問題や無差別殺人犯のことを紹介した。マイケル・カーニールによる学校現場の殺人は新しい事象ではないが、それでも暴れまわる殺人鬼はすべての殺人鬼のうちのわずか0.1%にすぎない。このような殺人事件は1990年～1997年の間に有意に増加している。1976年～1989年の間には、このような殺人事件は1年で平均23件だったのに対して、1990年～1997年では年間34件と増えている(Fessenden, 2000)。加えて、1990年代の終わりには、児童や10代の子どもが友人を銃で殺すという学校での大規模な殺人事件が20件近くあった。このような事件を防止するため、つまり平たく言えば暴力的な犯罪者となる危険性のある子どもに対して、心理学的予防プログラムによって過剰な攻撃性や暴力性に対抗する免疫をつけさせることはできるのだろうか。

現在、そのようなプログラムは数多く試されている。多くは折衷的心理療法を通じて、自己、家族、仲間、学校、地域社会とうまくやるために、多面的アプ

ローチを治療や予防として取り入れている。最もよく知られているのは、ファストトラック(Fast-Track)プログラムだ(Conduct Problems Prevention Research Group, 1999)。ファストトラックプログラムの理論的根拠は、行動障害、攻撃性、暴力を生み出すことに影響を及ぼす危険要因の組み合わせがあるというものだ。貧困、犯罪の起き易い地域、多動や注意の幅が狭いというような個人特性、暴力的で不安定な家族などが危険要因として挙げられる。家庭の問題は学校の中でまき散らされる。このような危険要因を経験している子どもは、学校における社会的感情的な要求に対処することが難しいかもしれない。学校や犯罪の起き易い地域に対する親の無関心さは更に問題を悪化させる。そこでファストトラックプログラムは、学校、家庭、仲間に介入し、1年生から始めていく。プログラムは5年生まで続けるように構成されている。現在、介入は1年生、2年生、3年生までの子どもに実施された。

介入は、ストレスのセルフコントロール、感情の理解、自尊心、対人関係スキルといったカリキュラムから構成されている(Greenberg, Kusche, Cook & Quamma, 1995)。加えて、親の学校への参加、問題解決スキルを向上させるための家庭訪問、子どもの社会的スキルを訓練するプログラム、学習活動、友人関係を作り出す活動といった親に対するプログラムもある。これは高価で、長期間・広範囲にわたるプログラムだ。これは898人の危険性の高い子どもに実施された。ここでいう危険性の高い子どもは、66％が男児で51％がアフリカ系アメリカ人だった。子どもは介入群か統制群に無作為に割り当てられた。

結果は予備調査的段階ではあるが、効果が見られた。介入群では、親が子どもの攻撃性が低くなったと報告している。教師は問題行動が減ったと報告していて、介入群で特別な教育サービスを必要とする子どもは統制群の子どもより26％少なかった。これらの結果は喜ばしいものだが、教室で問題行動というレベルではない暴力や犯罪が起こり始める年齢に子どもが近づいた時の結果が待たれることになる。マイケルの無差別殺人は予防することができたのだろうか。現時点でのこれに対する答えはおそらく「いいえ」だろう。我々の希望は、今から10年後の答えが、「おそらくできる」になることである。

選りすぐりの治療法：ポジティブ心理学

本書における最後のテーマとなるが、各障害に対する選りすぐりの治療法を探す中で、われわれはすべての方略はどこか共通しているものがあることがわかった。それは病理モデルの中に組み込まれていたのだ。異常性とは、損傷したものを治すことや、精神、脳、行動などダメージを受けた部分を癒すことによって治療されうる障害であると、暗黙裡に共有されている。異常性の治療を別の角度から見る方法がある。問題を抱える人が持つ独特の力を認め、その人(患者)にとって自分の周りにある問題に対する緩衝材として使うことができるその力を拡大することである。

われわれは弱点を治すよりもむしろ人間の強みを作り出すという考えを探究し、心理療法に与える影響を議論していく。われわれはこのアプローチを「ポジティブ心理学」と呼ぶ。ポジティブ心理学は主観的なレベルでポジティブな体験について扱う。たとえば、安寧、心の安らぎ、(過去における)満足、(未来に対する)希望・信頼・楽観、(現在についての)流れ・幸せである。個人のレベルでは、ポジティブ心理学は個人のポジティブな特性を扱う。愛や使命を受け入れる能力、勇気、対人関係スキル、美的感性、忍耐、許し、独創性、未来志向性、スピリチュアリティ、素晴らしい才能、知恵などだ。集団のレベルでは、良い市民となるように個人を動かす組織や市民道徳などについて扱う。たとえば、責任感、子育て、利他主義、親切心、節度、忍耐、職業倫理などである。

本書を最初に書いた著者は、アメリカ心理学会(APA)の会長に選出されて数ヵ月後にポジティブ心理学の考えを思いついた。

> 私は5歳になる娘のニッキと一緒に庭の雑草を抜いていた。私は子どもについての本を書いているが、本当に子どものことをすべてわかっているわけではなかったということを、ここで白状しなければならない。私は目標志向で時間に追われていたので、庭の雑草を抜いているときは草抜きを終わらせるということを目指してやっていた。しかしニッキは草を空に放り投げたり、歌ったり、周りで踊ったりしていた。私はニッキにどなった。彼女は歩いて行ったり来たりしながらいった。
> 「パパお話しがしたいの」
> 「いいよ、ニッキ」
> 「パパ、私の5歳の誕生日までのことを覚えてる？ 3歳から5歳になるまでの間、わたしはわがままばかりをいう子だった。毎日文句ばかり言っていた。5歳になったとき、もう一切文句を言わないことにしたの。これは私が今までやったことの中で一番難しいことだったわ。私がわがままを言うのをやめられたんだから、パパも文句を言うのをやめられるよね」
> これは私にとっては一種の悟りだった。私はニッキについて、子育てについて、自分自身について、自分の職業について大いに学んだ。まず、ニッキを育てるとはわがままを言うのをなおすということではないと

ポジティブ心理学が目的としているのは、人々が喪失やトラウマを和らげる力を培うことである。個人的なレベルでの希望、勇気、楽観主義、忍耐、そして幸福を、集団レベルでの責任感、利他主義、寛大さを確立することが含まれる。「人間性のための住まいプロジェクト」の一部として家を建てている人々は、自分自身を助けると同時に、他者を助けるためにも積極的に努力している。(Raymond Gehman/Corbis)

気付いた。ニッキは自分のことを自分でできるようになった。それどころか、ニッキを育てることはこの素晴らしい強みをつかむことだと気付いた。ここでいう強みとは、「本質を見抜く」ということで、誰の中にも見つけられるもの。それを拡大し、育て、それが彼女の弱みや人生の嵐を和らげることができるよう、彼女が人生を引っ張っていく手助けとなるように。私は子育てには子どもがした間違ったことを正すということよりも、はるかに大きなものがあることを理解した。子育てとは、彼らのもつ、そして今ベストであるものを見極め、彼らの一番の強みを育て、これらの強みを十分活かしていくことができる最適な場所を見つけるための手助けをすることなのだ。私自身の人生に対してニッキはずばり的を射ていた。私はよく不平を言う不満屋だった。私は50年間、心の中の湿った天気の状態にずっと耐えて過ごしてきた。しかしここ最近10年は、家の中の重い雲に対してあふれる日の光がさすようになった。自分が得たどんな幸運も、おそらく私の気難しさと関係ない。その瞬間、変わろうと決意したのだ。

しかし、人の強みを説明したり、育てたりすることが広い意味で指しているものは、科学や心理学の分野で応用されている。第2次世界大戦前、心理学は3つのまったく異なった命題を持っていた。それは①精神障害の治療、②すべての人の生活をより生産的にし、かつ満足できるものにすること、③高い能力を見極めてそれを伸ばすこと、の3つだ。ポジティブ心理学において初期の頃に注目されたことは、Termanの才能についての研究(Terman, 1939)や、夫婦の幸福についての研究(Terman, Buttenweiser, Johnson & Wil-son, 1938)、Watsonの子育ての効果についての論文(Watson, 1928)、Jungの人生の意味の発見と探索についての研究(Jung, 1933)といったものが例に挙げられる。戦後は、(どちらも経済的な) 2つの出来事が心理学の向かうところを変化させた。1つは1946年に退役軍人の組織が創設されたこと、もう1つは数千人の心理学者が精神障害の治療をすることで生計がたてられると発見したことだ。1947年、米国国立精神保健研究所が創設され(その宣言があるにもかかわらず、常に病理モデルを基礎にしているので、国立精神疾患研究所と名前を変えたほうがふさわしいのだが)、学者らはその研究が病理についてのものであるならば、研究費を受け取ることができるようになった。

心理学の経験的焦点は、アセスメントおよび個人の苦悩や苦痛を治療することに変わってきた。研究では、精神障害、両親の離婚や死、身体的または性的虐待といった環境要因のストレッサーによる負の効果が強調されてきた。実践家らは、病理モデルの中で、傷を癒すことによって患者の精神障害の治療に取り組んできた。具体的には、ダメージを受けて壊れた習慣、やる気の減退、傷ついた子ども時代、脳の損傷などの治療だ。

病理モデルを重視することは、精神障害に対する理解や治療に大きな発展をもたらした。本書で証明されたように、少なくとも以前は治療されていない14の障害は科学的に解明されていないところがあるが、今や治療することも、かなり和らげることもできるようになった。しかし一方で、心理学の基本的な命題の内の他の2つ、つまり、すべての人がよりよく生きること、才能を育てることはほとんど忘れられている。それは、資金によって変わる研究題目の問題ではなく、私たちが自身をどのように眺めるかということの基礎となる理論の普及の問題である。私たちは、健康についてのちょっとした専門家として自身を見るようになり、それは「被害者学」ともいえるだろう。私たちは人間を受動的存在としてみている。つまり、「刺激」が与えられると「反応」が引き出されるのだ(これはなんと受身的な言葉なのだろう!)。外界からの強化は反応を強めたり弱めたりする。動因や欲求の組み合わせ、本能、子ども時代からの葛藤は私たちを小突き回す。

私たちの予防についての議論は、様々なアプローチの最前線にある。刺激と反応を強調するより、むしろ積極的介入を強調する。私たちがどのように傷を癒すのかという問いよりも、むしろどうやってそれを予防できるのかを問うている。私たちの疑問は増えている。抑うつや薬物依存、統合失調症に対する遺伝的な脆弱性があり、これらの問題を助長する世界で生きている若者の問題をどう予防するのか?また、武器の入手、親の指導の少なさ、扁桃体の過活動、意地悪な

性格などを持つ子どもによって学校現場で起こる殺人を含めた暴力をどうやったら予防できるのか？私たちは、50年以上にわたって病理モデルはこれらの問題の予防に近づくことができていないということを理解した。加えて、これまでみてきたように、予防の主な前進は、体系的にその人の能力を上げていくことに焦点を当ててきたことから生じたもので、弱さを正すことから生じたものではない。

既に述べたように、予防の研究者たちは、人間の強みは精神障害を和らげるものとして働くということを発見した。強みとは、勇気、未来志向性、楽観性、対人関係スキル、信頼、仕事に対する倫理観、希望、正直さ、忍耐力、流れを受け入れること、洞察力など様々な名前が付けられている。この新しい時代における予防についての大きな課題は、人間の強み・力についての科学を作り出すことだろう。その目的は、若者が自分たちの長所を育てる方法を理解し、学ぶことである。

しかし、個人の脆弱性や脳の損傷についての研究は、効果的な予防のために備わっているものを弱めてしまった。私たちは今、人間の強みや長所についての大規模な研究を必要としている。私たちは強みを伸ばす風潮を発展させていくために、心理学者が家族、学校、地域社会、組織と協働することを応援していく。私たちは、実践家らに彼らが既に自分の職場でしてきた一番の仕事は、クライエントの弱さを治すことよりもむしろ強みを広げたことだということを認めてもらう必要がある。

すべての優れた心理療法には「語り」が関係している。おそらく私たちにとって、人生のストーリーを話すこと、混沌としていると思われるようなものを理解すること、人生における足跡を抜き出したり見つけたりすること、被害的ではなく建設的な意味を持って人生を見ることは、強く前向きになることができるし、癒しにもなる（Csikszentmihalyi, 1993）。おそらくすべての効果的な心理療法は、そういった語りを促進させる。そしてそれらは希望をもつことと同じ方法で精神障害を和らげることになる。語りが心理療法においてそのような重要な位置にあるという私たちの直感にもかかわらず、いまだに治療的技術としては研究対象になっていない。語りというカテゴリーはなく、医療従事者は上手な語りの促進方法を訓練されてはおらず、実践家にはこれらの技術を使うことへの対価が支払われていない。

現実として、実証的に有効とされた心理療法についての研究は、ポジティブ心理学の技術を使うより、障害を治すことや、DSM-Ⅳのカテゴリーの中に独自に配置している特異的技法の有効性に注目しているために、異常心理学の発展を抑制している。単に障害だけに注目した短期間の治療を行うマネージド・ケア組織の中で、この2つが重視されることは、患者から心理療法という兵器庫の中の一番の武器を奪うことにつながるかもしれない。つまり、心理療法を通じて患者を強い人間にするという一番の武器を奪ってしまうかもしれない。異常性の病理モデルに基づいて研究することや、薬のような単に傷を癒すものを探すことによって、科学、実践、訓練の多くを不適切に位置づけてしまった。われわれは心理学の別の側面に焦点を当てることが必要になってきた。つまり、人の持つ緩衝的な力（強み）に気づくというポジティブな側面である。そうしたときに、われわれたちは心理学や心理療法の生得的意義を改めて主張できるだろう。この生得的意義は、弱いところを補い強いところを伸ばすという両面を包含するものである。

まとめ

よい勤労者、よい両親、よい市民、無差別殺人犯などどのような人であっても、生物学的要因と心理学的要因は相互に作用して人々の状態を作り上げている。楽天性や抑うつといった心理学的要因や、友人や家族といった社会学的要因のように、化学物質、神経、脳の構造は、人がどうなるかに影響を与えている。さらに、生物学や心理学は相互に作用し続け、遺伝子発現や身体的精神的健康に影響している。われわれは、生物学や心理学が社会的あるいは反社会的思考や行動などどのような役割を果たしているのかを探求するために、これらを研究する必要がある。

心理学者は、人々がどうしてそのような状態なのかを理解するだけでなく、心理学的問題を抱える人を治療することも追求する。現在まで、効果研究と有効性研究は、どの障害にどの治療が一番よく効くのかを決めるために行われてきたが、これらの研究は不毛であった。効果研究が、複数の問題を持つ患者と現場で関わっているセラピストによる現実的な心理療法を評価する研究であるのに対し、有効性研究は、特定の治療が特定の障害を軽減するという限定的な評価をするものである。我々は、古い方法の強みを合わせた新しい方法を創造して使うことで、結果を評価する方法を学ぶ必要がある。

マネージド・ケアの出現によって、セラピストと患者には、治療の期間だけでなく、どのように治療されるのかということまで制限する経済的問題を考慮する必要性が生じた。われわれは、メンタルヘルスに問題をもつ人の苦痛を継続的に和らげる質の高いケアができる心理療法についての決定権を、実践家とその患者が取り戻すことが可能な経済的に妥当な方法を見出さなければならない。

われわれは、精神障害に対する治療を発見すること

だけでなく、精神障害を予防することに資源を使っていかなければならない。若い子どもに緩衝材となる強さをもたせ、そうした強さを青年期、壮年期まで維持するようなポジティブ心理学の技法を使ったプログラムに資源を割くべきである。そうすることによって、子どもたちが、より幸福で、より創造的で、より満たされた個人となることを望んでいる。

こうした結果を念頭に置いて、異常心理学のテキストが人の壊れた部分を治すだけでなく、人間の強み全体をアセスメントし、構築していく日を想像している。ポジティブ心理学の科学を構築し、反復可能な強みを構築する方法を創造することによって、心理療法の効果を進歩させることは可能である。強みの病理学、強みをアセスメントする信頼できる方法、信頼できる強みを構築する方法は、異常性の治療において最高の武器となるだろう。

要 約

1. 心理学的要素と生物学的要素の両方が、無差別殺人と結びついている
2. 有効性研究は統制された実験室で行う心理療法の研究である。それは技術において高い特異性を持ち、参加者をセラピストや心理療法に無作為に割り当て、短期間で治療を行うために、治療効果はほどほどのものでしかない。
3. 効果研究は、現実生活で実際に行われている心理療法の研究である。効果研究は患者自身によって選ばれたセラピストによる折衷的心理療法を研究する。研究では、ほぼ良好な反応がみられ、長期的心理療法の方が短期的心理療法よりも多くの改善点が認められ、多くの場合において心理療法に特定の様式がない方がより有効であるということが分かった。
4. 心理療法の非特異性はプラセボ効果と同様に、望ましい結果に結びつく可能性がある。非特異性の2つの枠組みは「戦術」と「深い方略」である。「戦術」には、注意を払うこと、信頼、ラポール、開放性が含まれている。「深い方略」は、勇気、対人スキル、楽観性、忍耐力、正直さ、現実主義、未来志向性というような緩衝的な力を培うことである。
5. マネージド・ケアは、セラピストがすべきと信じることと、しても許されることの溝を広げてきた。
6. 人間は人生を通して発達と成長を繰り返すものであるから、危険にさらされている子どもたちが、抑うつ、不安、暴力的になることを防ぐ技術を見つけることは意味のあることである。
7. ポジティブ心理学は、ポジティブで主観的な体験、あるいは個人が満足感や希望に満ちて幸せを感じるように勇気づけることを追求する。これらはネガティブな体験に対処したり、精神障害を緩和する助けとなるであろう。

参照文献

Abe, K., Oda, N., Ikenaga, K., & Yamada, T. (1993). Twin study on night terrors, fears and some physiological and behavioural characteristics in childhood. *Psychiatric Genetics, 3,* 39–43.

Abel, G. G., Barlow, D. H., Blanchard, E. B., & Guild, D. (1977). The components of rapists' sexual arousal. *Archives of General Psychiatry, 34,* 895–903.

Abi-Dargham, A., Gil, R., Krystal, J., Baldwin, R. M., Seibyl, J. P., Bowers, M., van Dyck, C. H., Charney, D. S., Innis, R. B., & Laruelle, M. (1998). Increased striatal dopamine transmission in schizophrenia: Confirmation in a second cohort. *American Journal of Psychiatry, 155,* 761–67.

Abi-Dargham, A., Laruelle, M., Aghajanian, G. K., Charney, D., & Krystal, J. (1997). The role of serotonin in the pathophysiology and treatment of schizophrenia. *Journal of Neuropsychiatry and Clinical Neurosciences, 9,* 1–7.

Abraham, K. (1911). Notes on psychoanalytic investigation and treatment of manic-depressive insanity and applied conditions. In *Selected papers of Karl Abraham, M.D.* (D. Bryan & A. Strachey, Trans.). London: Hogarth Press, 1948.

Abrahamson, D., Barlow, Beck, G., & D., & Sakheim, D., (1985). Effects of distraction on sexual responding in functional and dysfunctional men. *Behavior Therapy, 16,* 503–15.

Abramowitz, J. S. (1998). Does cognitive-behavioral therapy cure obsessive-compulsive disorder? A meta-analytic evaluation of clinical significance. *Behavior Therapy, 29* (2): 339–55.

Abramowitz, L. (1996). The Jerusalem syndrome. *The Israel Review of Arts and Letter, 102.*

Abrams, J. (1999). Drug chief discourages legalization. *Washington Post,* June 16. http://search.washingtonpost.com/wp-srv/WAPO/19990616/V000899-061699-idx.html

Abrams, R., Taylor, M., Faber, R., Ts'o, T., Williams, R., & Almy, G. (1983). Bilateral vs. unilateral electroconvulsive therapy: Efficacy and melancholia. *American Journal of Psychiatry, 140,* 463–65.

Abrams, R., & Vedak, C. (1991). Prediction of ECT response in melancholia. *Convulsive Therapy, 7,* 81–84.

Abramson, L. Y. (1978). *Universal versus personal helplessness.* Unpublished doctoral dissertation, University of Pennsylvania.

Abramson, L. Y., Garber, J., Edwards, N., & Seligman, M. E. P. (1978). Expectancy change in depression and schizophrenia. *Journal of Abnormal Psychology, 87,* 165–79.

Abramson, L., Metalsky, G., & Alloy, L. (1989). Hopelessness depression: A theory-based subtype of depression. *Psychological Review, 96,* 358–72.

Abramson, L. Y., Seligman, M. E. P., & Teasdale, J. (1978). Learned helplessness in humans: Critique and reformulation. *Journal of Abnormal Psychology, 87,* 32–48.

ACNP-FDA Task Force. (1973). Medical intelligence—drug therapy. *New England Journal of Medicine, 130,* 20–24.

Adams, H. E., & Sturgis, E. T. (1977). Status of behavioral reorientation techniques in the modification of homosexuality: A review. *Psychological Bulletin, 84,* 1171–88.

Adams, P., & Marano, M. (1995). Current estimates from the National Interview Survey, 1994. *Vital and Health Statistics, 5,* 95–114.

Adams, R. D. (1989). *Principles of neurology* (3rd ed.). New York: McGraw-Hill.

Adams, W. L., Barry, K. L., & Fleming, M. F. (1996). Screening for problem drinking in older primary care patients. *Journal of the American Medical Association, 276*(24): 1964–67.

Adams, W. L., Garry, P. J., Rhyne, R., Hunt, W. C., & Goodwin, J. S. (1990). Alcohol intake in the healthy elderly. Changes with age in a cross-sectional and longitudinal study. *Journal of the American Geriatrics Society, 38* (3): 211–16.

Addington, J., McCleary, L., & Munroe-Blum, H. (1998). Relationship between cognitive and social dysfunction in schizophrenia. *Schizophrenia Research, 34,* 59–66.

Adler, L. E., Oliney, A., Waldo, M., Harris, J. G., Griffith, J., Stevens, K., Flach, K., Nagamoto, H., Bickford, P., Leanord, S., & Freedman, R. (1998). Schizophrenia, sensory gating and nicotinic receptors. *Schizophrenia Bulletin, 24,* 189–202.

Adler, T. (1989). Integrity test popularity prompts close scrutiny. *APA Monitor,* 7.

Adolphs, R., Russell, J. A., & Tranel, D. (1999). A role for the human amygdala in recognizing emotional arousal from unpleasant stimuli. *Psychological Science, 10* (2), 167–71.

Adophs, R., Tranel, D., Damasio, H., & Damasio, A. R. (1994). Impaired recognition of emotion in facial expressions following bilateral damage to the human amygdala. *Nature, 372,* 669–72.

Adolphs, R., Tranel, D., & Damasio, A. R. (1998). The human amygdala in social judgment. *Nature, 393,* 470–74.

Adshead, G. (1997). Transvestic fetishism: Assessment and treatment. In D. R. Laws & W. O'Donohue (Eds.), *Sexual deviance: Theory, assessment, and treatment* (pp. 280–96). New York: Guilford Press.

Agras, S., Sylvester, D., & Oliveau, D. (1969). The epidemiology of common fears and phobia. *Comprehensive Psychiatry, 10* (2): 151–56.

Agras, W. S. (1993). Short-term psychological treatments for binge eating. In C. G. Fairburn & G. T. Wilson (Eds.), *Binge eating: Nature, assessment, and treatment.* New York: Guilford Press.

Agras, W. S., & Kirkley, B. G. (1986). Bulimia: Theories of etiology. In K. D. Brownell & J. P. Foreyt (Eds.), *Handbook of eating disorders: Physiology, psychology and treatment of obesity, anorexia, and bulimia.* New York: Basic Books.

Agras, W. S., Rossiter, E. M., Arnow, B., Schneider, J. A., Telch, C. F., Raeburn, S. D., Bruce, B., Perl, M., & Koran, L. M. (1992). Pharmacologic and cognitive-behavioral treatment for bulimia nervosa: A controlled comparison. *American Journal of Psychiatry, 149,* 82–87.

Agras, W. S., Schneider, J. A., Arnow, B., Raeburn, S. D., & Telch, C. F. (1989a). Cognitive-behavioral and response-prevention treatments for bulimia nervosa. *Journal of Consulting and Clinical Psychology, 57*(2): 215–21.

Agras, W. S., Schneider, J. A., Arnow, B., Raeburn, S. D., & Telch, C. F. (1989b). Cognitive-behavioral treatment with and without exposure plus response prevention in the treatment of bulimia nervosa. *Journal of Consulting and Clinical Psychology, 57*(2): 778–79.

Agronin, M. E. (1994). Personality disorders in the elderly: An overview. *Journal of Geriatric Psychiatry, 27(2):* 151–91.

Ahrens, D. (1993). What do the neighbours think now? Community residences on Long Island, New York. *Community Mental Health Journal, 29,* 235–45.

Aigner, T. G., & Balster, R. L. (1978). Choice behavior in rhesus monkeys: Cocaine versus food. *Science, 201,* 534–35.

Alaghband-Rad, J., Hamburger, S. D., Giedd, J. N., Frazier, J. A., et al. (1997). Childhood-onset of schizophrenia: Biological markers in relation to clinical characteristics. *American Journal of Psychiatry, 154,* 64–68.

Albertini, R. S., & Phillips, K. A. (1999). Thirty-three cases of body dysmorphic disorder in children and adolescents. *Journal of the American Academy of Child and Adolescent Psychiatry, 38* (4): 453–59.

Alden, L. E., & Capreol, M. J. (1993). Avoidant personality disorder: Interpersonal problems as predictors of treatment response. *Behavior Therapy, 24* (3): 357–76.

Alden, L. E., & Wallace, S. T. (1995). Social phobia and social appraisal in successful and unsuccessful social interactions. *Behaviour Research and Therapy, 33* (5): 497–505.

Alexander, F. (1950). *Psychosomatic medicine.* New York: Norton.

Allen, A. J., Leonard, H. L., & Swedo, S. E. (1995). Case study: A new infection-triggered, autoimmune subtype of pediatric OCD and Tourette syndrome. *Journal of the American Academy of Child and Adolescent Psychiatry, 34, 307–11.*

Allen, K. D., & Shriver, M. D. (1998). Role of parent-mediated pain behavior management strategies in biofeedback treatment of childhood migraines. *Behavior Therapy, 29* (3), 477–90.

Allen, K. W. (1996). Chronic nailbiting: A controlled comparison of competing response and mild aversion treatments. *Behaviour Research and Therapy, 34* (3): 269–72.

Allen, L., & Gorshi, R. (1992). Sexual orientation and the size of the anterior commissure in the human brain. *Proceedings of the National Academy of Sciences, 89,* 7199–7202.

Allen, M. G. (1976). Twin studies of affective illness. *Archives of General Psychiatry, 33,* 1476–78.

Allnut, S., & Links, P. S. (1996). Diagnosing specific personality disorders and the optimal criteria. In P. S. Links (Ed.), *Clinical assessment and management of severe personality disorders.* Washington, DC: American Psychiatric Press.

Alloy, L. B., & Abramson, L. Y. (1997). *The Temple-Wisconsin cognitive vulnerability to depression project: Lifetime prevalence and prospective incidence of Axis I psychopathology.* Paper presented at the Midwestern Psychological Association, Chicago.

Alloy, L. B., Kelly, K. A., Mineka, S., & Clements, C. M. (1990). Comorbidity of anxiety and depressive disorders: A helplessness/hopelessness perspective. In J. D. Maser & C. R. Cloninger (Eds.), *Comorbidy in anxiety and mood disorders* (pp. 499–543). Washington, DC: American Psychiatric Press.

Alloy, L. B., Lipman, A. J., & Abramson, L. Y. (1992). Attributional style as a vulnerability factor for depression: Validation by past history of mood disorders. *Cognitive Therapy and Research, 16* (4): 391–407.

Almeida, O. P., Howard, R. J., Levy, R., & David, A. S. (1995). Psychotic states arising in late life (late paraphrenia): The role of risk factors. *British Journal of Psychiatry, 166,* 215–28.

Alper, J. (1993). Ulcers as an infectious disease. *Science, 260,* 159–60.

Alterman, T., Shekelle, R. B., Vernon, S. W., & Burau, K. D. (1994). Decision latitude, psychologic demand, job strain, and coronary heart disease in the Western Electric Study. *American Journal of Epidemiology, 139* (6): 620–27.

Amanzio, M., & Benedetti, F. (1999). Neuropharmacological dissection of placebo analgesia: Expectation-activated opioid systems versus conditioning-activated specific subsystems. *Journal of Neuroscience, 19,* 484–94.

Amara, A., & Cerrato, P. L. (1996). Eating disorders: Still a threat. *Registered Nurse, 59,* 30–35.

Ambrose, N., Yairi, E., & Cox, N. (1993). Genetic aspects of early childhood stuttering. *Journal of Speech and Hearing Research, 36* (4), 701–706.

American Academy of Pediatrics (1996). Newborn screening fact sheets. *Pediatrics, 98,* 473–501.

American Academy of Pediatrics. (1998). Auditory integration training and facilitated communication for autism. *Pediatrics, 102,* 431–33.

American Psychiatric Association. (1980). *Diagnostic and statistical manual of mental disorders* (3rd ed.) (DSM-III). Washington, DC: Author.

American Psychiatric Association. (1983). Guidelines for legislation on the psychiatric hospitalization of adults. *American Journal of Psychiatry, 140,* 672–79.

American Psychiatric Association. (1987). *Diagnostic and statistical manual of mental disorders* (3rd ed., revised) (DSM-III-R). Washington, DC: Author.

American Psychiatric Association. (1993). Practice guidelines for major depressive disorder in adults. *American Journal of Psychiatry, 150* (Suppl. 4).

American Psychiatric Association. (1994). *Diagnostic and statistical manual of mental disorders* (4th ed.) (DSM-IV). Washington, DC: Author.

Amir, R. E., Van den Veyver, I. B., Wan M, Tran, C. Q., Francke, U. & Zoghbi, H. Y. (1999). Rett syndrome is caused by mutations in X-linked MECP2, encoding methyl-CpG-binding protein 2. *Nature Genetics, 23,* 185–88.

Anda, R., Williamson D., Jones, D., Macera, C., Eaker, E., Glassman, A., & Marks, J. (1993). Depressed affect, hopelessness, and the risk of ischemic heart disease in a cohort of U.S. adults. *Epidemiology, 4* (4):285–94.

Andersen, B. L. (1983). Primary orgasmic dysfunction: Diagnostic conditions and review of treatment. *Psychological Bulletin, 93,* 105–36.

Andersen, B. L., & Cyranowski, J. M. (1995). Women's sexuality: Behaviors, responses, and individual differences. *Journal of Consulting and Clinical Psychology, 63* (6): 891–906.

Anderson, J. C., Williams, S., McGee, R., & Silva, P. A. (1987). DSM-III: Disorders in preadolescent children. *Archives of General Psychiatry, 44,* 69–76.

Anderson, J. R., & Bower, G. H. (1973). *Human associative memory.* Washington, DC: Winston.

Andreasen, N. C. (1978). Creativity and psychiatric illness. *Psychiatric Annals, 8,* 23–45.

Andreasen, N. C., Nasrallah, H. A., Dunn, V., Olson, S. C., Grove, W. M., Ehrhardt, J. C., Coffman, J. A., & Crossett, J. H. (1986). Structural abnormalities in the frontal system in schizophrenia: A magnetic resonance imaging study. *Archives of General Psychiatry, 43* (2): 136–44.

Angermeyer, M. C., & Matschinger, H. (1996a). The effects of personal experience with mental illness on attitudes towards individuals suffering from mental disorders. *Social Psychiatry and Psychiatric Epidemiology, 31,* 321–26.

Angermeyer, M. C. & Matschinger, H. (1996b). The effect of violent attacks by schizophrenic persons on the attitude of the public towards the mentally ill. *Social Science and Medicine, 43,* 1721–28.

Angold, A. (1994). Unpublished data. Presentation to NIMH Workshop on Emergence of Sex Differences in Depression, Bethesda, MD, March 1994.

Angst, J. (1992). Epidemiology of depression. 2nd International Symposium on Moclobemide: RIMA (Reversible Inhibitor of Monoamine Oxidase Type A): A new concept in the treatment of depression. *Psychopharmacology, 106* (Suppl): 71–74.

Angst, J., Baastrup, P., Grof, P., Hippius, H., Poldinger, W., & Weis, P. (1973). The course of monopolar depression and bipolar psychoses. *Psykiotrika, Neurologika and Neurochirurgia, 76,* 489–500.

Angst, J., & Wicki, W. (1991). The Zurich Study: XI. Is dysthymia a separate form of depression? Results of the Zurich Cohort Study. *European Archives of Psychiatry and Clinical Neuroscience, 240* (6): 349–54.

Anisman, H. (1978). Aversively motivated behavior as a tool in psychopharmacological analysis. In H. Anisman & G. Binami (Eds.), *Psychopharmacology of aversively motivated behavior.* New York: Plenum.

Annas, G. J. (1995). The health of the president and presidential candidates—The public's right to know. *New England Journal of Medicine, 333,* 945–49.

Annas, P. (1997). *Fears, phobias, and the inheritance of learning.* Uppsala: Uppsala University Press.

Annau, Z., & Kamin, L. J. (1961). The conditional emotional response as a function of intensity of the US. *Journal of Comparative and Physiological Psychology, 54,* 428–32.

Ansbacher, H. L., & Ansbacher, R. (1956). *The individual psychology of Alfred Adler.* New York: Basic Books.

Anthony, W. A., Cohen, M. R., & Danley, K. S. (1988). The psychiatric rehabilitation model as applied to vocational rehabilitation. In J. A. Cardiello & M. D. Bell (Eds.), *Vocational rehabilitation of persons with prolonged psychiatric disorders.* Baltimore: Johns Hopkins University Press.

Antoni, M. H., Cruess, D. G., Cruess, S., Lutgendorf, S., Kumar, M., Ironson, G., Klimas, N., Fletcher, M., & Schneiderman, N. (2000). Cognitive-behavioral stress management intervention effects on anxiety, 24-hr urinary norepinephrine output, and T-cytotoxic/suppressor cells over time among symptomatic HIV-infected gay men. *Journal of Consulting and Clinical Psychology, 68*(1).

Antonuccio, D. (1995). Psychotherapy for depression: No stronger medicine. *American Psychologist, 50*(6): 450–52.

Antonuccio, D. O., Danton, W. G., DeNelsky, G. Y., Greenberg, R. P., & Gordon, J. S. (1999). Raising questions about antidepressants. *Psychotherapy and Psychosomatics, 68*(1): 3–14.

Antonuccio, D. O., Thomas, M., & Danton, W. G. (1997). A cost-effectiveness analysis of cognitive behavior therapy and fluoxetine (Prozac) in the treatment of depression. *Behavior Therapy, 28* (2): 187–210.

Anvret, M., & Clarke, A. (1997). Genetics and Rett syndrome. *European Child and Adolescent Psychiatry, 6,* 89–90.

Apfelbaum, B. (1980). The diagnosis and treatment of retarded ejaculation. In S. A. Leiblum & L. A. Pervin (Eds.), *Principles and practice of sex therapy* (pp. 236–96). New York: Guilford Press.

Appelbaum, P. S. (1997). Almost a revolution: An international perspective on the law of involuntary commitment. *Journal of the American Academy of Psychiatry and Law, 25,* 135–47.

Arajaervi, T., Kivalo, A., & Nyberg, P. (1977). Effect of antidepressants on enuretic school children. *Psychiatria Fennica,* 83–87.

Arango, V., & Underwood, M. D. (1997). Serotonin chemistry in the brain of suicide victims. In R. W. Maris, M. M. Silverman, & S. S. Canetton (Eds.), *Review of Suicidology, 1997* (pp. 237–50). New York: Guilford Press.

Arborelius, L., Owens, M. J., Plotsky, P. M., & Nemeroff, C. B. (1999). The role of corticotropin-releasing factor in depression and anxiety disorders. *Journal of Endocrinology, 160,* 1–12.

Archibald, H. C., & Tuddenham, R. D. (1965). Persistent stress reaction after combat. *Archives of General Psychiatry, 12,* 475–81.

Arendt, H. (1978). *The life of the mind.* New York: Harcourt Brace Jovanovich.

Arieti, S. (1974). *Interpretation of schizophrenia.* New York: Basic Books.

Arieti, S., & Bemporad, J. (1978). *Severe and mild depression.* New York: Basic Books.

Arizona Republic. (1994). Liar in drag: Rapist admits faking multiple personalities. *Arizona Republic,* April 20.

Arnold, S. E., Ruscheinsky, D. D., & Han, L. (1997). Further evidence of abnormal cytoarchitecture of the entorhinal cortex in schizophrenia using spatial point pattern analysis. *Biological Psychiatry, 42,* 639–47.

Arntz, A. (1999). Do personality disorders exist? On the validity of the concept and its cognitive-behavioral formulation and treatment. *Behaviour Research and Therapy, 37.*

Arntz, A., Dietzel, R., & Dreessen, L. (1999). Assumptions in borderline personality disorder: Specificity, stability and relationship with etiological factors. *Behaviour Research and Therapy, 37,* 545–57.

Aro, S., Aro, H., & Keskimaki, I. (1995). Socio-economic mobility among patients with schizophrenia or major affective disorder: A 17-year restrospective follow-up. *British Journal of Psychiatry, 166*(6): 1759–67.

Aronow, E., & Reznikoff, M. (1976). *Rorschach content interpretation.* New York: Grune & Stratton.

Aronson, T. A., & Craig, T. J. (1986). Cocaine precipitation of panic disorder. *American Journal of Psychiatry, 143,* 643–45.

Ary, D. V., Duncan, T. E., Duncan, S. C., & Hops, H. (1999). Adolescent problem behavior: The influence of parents and peers. *Behaviour Research and Therapy, 37* (3): 217–30.

Asarnow, J. R., Goldstein, M. J., & Ben-Meir, S. (1988a). Children with schizophrenia spectrum and depressive disorders. *Journal of Child Psychology and Psychiatry and Allied Disciplines, 29,* 477–88.

Asarnow, J. R., Goldstein, M. J., & Ben-Meir, S. (1988b). Parental communication deviance in childhood onset schizophrenia spectrum and depressive disorders. *Journal of Child Psychology and Psychiatry and Allied Disciplines, 29,* 825–38.

Asberg, M., Traskman, L., & Thoren, P. (1976). 5–HIAA in the cerebrospinal fluid. *Archives of General Psychiatry, 33,* 1193–97.

Asch, S. E. (1951). Effects of group pressure on the modification and distortion of judgments. In H. Guetzkow (Ed.), *Groups, leadership and men: Research in human relations.* Pittsburgh, PA: Carnegie Press.

Ashton, A. K., Hamer, R., & Rosen, R. C. (1997). Serotonin reuptake inhibitor-induced sexual dysfunction and its treatment: A large-scale retrospective study of 596 psychiatric outpatients. *Journal of Sex and Marital Therapy, 23* (3): 165–75.

Assad, G., & Shapiro, B. (1986). Hallucinations: Theoretical and clinical overview. *American Journal of Psychiatry, 143* (9): 1088–97.

Atkinson, J. W. (1992). Motivational determinants of thematic apperception. In C. P. Smith, J. W. Atkinson, & J. Veroff (Eds.), *Motivation and personality: Handbook of thematic content analysis* (pp. 21–48). New York: Cambridge University Press.

Avants, S. K., Margolin, A., Sindelar, J. L., Rounsaville, B. J., Schottenfeld, R., Stine, S., Cooney, N. L., Rosenheck, R. A., Li, S., & Kosten, T. R. (1999). Day treatment versus enhanced standard methadone services for opioid-dependent patients: A comparison of clinical efficacy and cost. *American Journal of Psychiatry, 156*(1): 27–33.

Ayd, F. J. (1994). Prescribing anxiolytics and hypnotics for the elderly. *Psychiatric Annals, 24* (2): 91–97.

Ayllon, T., & Michael, J. (1959). The psychiatric nurse as a behavioral engineer. *Journal of the Experimental Analysis of Behavior, 2,* 323–34.

Aylward, E., Walker, E., & Bettes, B. (1984). Intelligence in schizophrenia: A review and meta-analysis of the literature. *Schizophrenia Bulletin, 10,* 430–59.

Ayres, B. D., Jr. (1994). Big gains are seen in battle to stem drunken driving. *New York Times,* May 22, p. A1.

Baberg, H. T., Nelesen, R. A., & Dimsdale, J. E. (1996). Amphetamine use: Return of an old scourge in a consultation psychiatry setting. *American Journal of Psychiatry, 153,* 789–93.

Babor, T. F. (1990). Social, scientific and medical issues in the definition of alcohol and drug dependence. In A. Edwards & M. Lader (Eds.), *The nature of drug dependence* (pp. 19–40). New York: Oxford University Press.

Bach, M., & Bach, D. (1995). Predictive value of alexithymia: A prospective study in somatizing patients. *Psychotherapy and Psychosomatics, 64* (1): 43–48.

Bacon, D. L. (1969). Incompetency to stand trial: Commitment to an inclusive test. *Southern California Law Review, 42,* 444.

Baer, D. M., & Guess, D. (1971). Receptive training of adjectival inflections in mental retardates. *Journal of Applied Behavior Analysis, 4,* 129–39.

Bahrick, L., Fraser, J., Fivush, R., & Levitt, M. (1998). The effects of stress on young children's memory for a natural disaster. *Journal of Experimental Psychology: Applied, 4* (4): 308–31.

Bailes, B. K. (1998). What perioperative nurses need to know about substance abuse. *AORN Journal, 68,* 611–26.

Bailey, A., Le Couteur, A., Gottesman, I., & Bolton, P. (1995). Autism as a strongly genetic disorder: Evidence from a British twin study. *Psychological Medicine, 25,* 63–77.

Bailey, J. M., Dunne, M., & Martin, N. (2000). Genetic and environmental influences on sexual orientation and its correlates in an Australian twin sample. *Journal of Personality and Social Psychology, 78,* 524–36.

Bailey, J. M., Kim, P., Hills, A., & Linsenmeier, J. (1997). Butch, femme, or straight action: Partner preferences of gay men and lesbians. *Journal of Personality and Social Psychology, 73,* 960–73.

Bailey, J. M., & Pillard, R. (1991). A genetic study of male sexual orientation. *Archives of General Psychiatry, 48,* 1089–96.

Bailey, J. M., Pillard, R., & Agyei, Y. (1993). A genetic study of female sexual orientation. *Archives of General Psychiatry, 50,* 217–23.

Bailey, J. M., Pillard, R., Dawood, K., et al. (1999). A family history study of male sexual orientation using three independent samples. *Behavior Genetics, 29,* 79–86.

Bailey, J. M., & Shriver, A. (1999). Does childhood sexual abuse cause borderline personality disorder? *Journal of Sex and Marital Therapy, 25,* 45–57.

Bailey, J. M., & Zucker, K. J. (1995). Childhood sex-typed behavior and sexual orientation: A conceptual analysis and quantitative review. *Developmental Psychology, 31,* 43–55.

Baillie, A. J., & Lampe, L. A. (1998). Avoidant personality disorder: Empirical support for DSM-IV revisions. *Journal of Personality Disorders, 12,* 23–30.

Baker, L. A., Mack, W., Moffitt, T. E., & Mednick, S. (1989). Sex differences in property crime in a Danish adoption cohort. *Behavior Genetics, 19* (3).

Bakker, A., Van Kesteren, P., Gooren, L., & Bezemer, P. (1993). The prevalence of transsexualism in the Netherlands. *Acta Psychiatrica Scandinavica, 87,* 237–38.

Baldeweg, T., Catalan, J., & Gazzard, B. G. (1998). Risk of HIV dementia and opportunistic brain disease in AIDS and zidovudine therapy. *Journal of Neurology, Neurosurgery and Psychiatry, 65* (1): 34–41.

Balk, J., et al. (1995). Parkinson-like locomotor impairment in mice lacking dopamine D2 receptors. *Nature, 377,* 242–48.

Ball, J. C., & Ross, A. (1991). *The effectiveness of methadone maintenance treatment: Patients, programs, services, and outcome.* New York: Springer-Verlag.

Ball, S. G., Baer, L., & Otto, M. W. (1996). Symptoms subtypes of obsessive-compulsive disorder in behavioral treatment studies: A quantitative review. *Behaviour Research and Therapy, 34* (1): 47–51.

Ballaban-Gil, K., Rapin, I., Tuchman, R., & Shinnar S. (1996). Longitudinal examination of the behavioral, language, and social changes in a population of adolescents and young adults with autistic disorder. *Pediatric Neurology, 15,* 217–23.

Ballenger, J. C. (1986). Pharmacotherapy of the panic disorders. *Journal of Clinical Psychiatry, 47* (Suppl): 27–32.

Ballenger, J. C., McDonald, S., Noyes, R., Rickels, K., et al. (1991). The first double-blind, placebo-controlled trial of a partial benzodiazepine agonist abecarnil (ZK 112-119) in generalized anxiety disorder. *Psychopharmacology Bulletin, 27* (2): 171–79.

Baltes, P. B., Reese, H. W., & Lipsitt, L. P. (1980). Life-span developmental psychology. *Annual Review of Psychology, 31,* 65–110.

Bancroft, J. (1994). Homosexual orientation: The search for a biological basis. *British Journal of Psychology, 64,* 437–40.

Bandura, A. (1969). *Principles of behavior modification.* New York: Holt, Rinehart & Winston.

Bandura, A. (1977). Self efficacy: Toward a unifying theory of behavioral change. *Psychological Review, 84,* 191–215.

Bandura, A. (1982). Self-efficacy mechanism in human agency. *American Psychologist, 37,* 122–47.

Bandura, A. (1986). Fearful expectations and avoidant actions as coeffects of personal self-inefficacy. *American Psychologist, 41* (12): 1389–91.

Bandura, A. (1993). Perceived self-efficacy in cognitive development and functioning. *Educational Psychologist, 28,* 117–48.

Bandura, A., & Adams, N. E. (1977). Analysis of self-efficacy theory of behavioral changes. *Cognitive Therapy and Research, 1,* 287–310.

Bandura, A., Adams, N. E., & Beyer, J. (1977). Cognitive processes mediating behavioral change. *Journal of Personality and Social Psychology, 35,* 125–39.

Barak, Y., Kimhi, R., Stein, D., Gutman, J., & Weizman, A. (1999). Autistic subjects with comorbid epilepsy: A possible association with viral infections. *Child Psychiatry and Human Development, 29,* 245–51.

Barbaree, H. E., & Seto, M. C. (1997). Pedophilia: Assessment and treatment. In D. R. Laws & W. O'Donohue (Eds.), *Sexual deviance: Theory, assessment, and treatment* (pp. 175–93). New York: Guilford Press.

Barbazanges, A., Vallee, M., Mayo, W., Day, J., et al. (1996). Early and later adoptions have different long-term effects on male rat offspring. *Journal of Neuroscience, 16,* 7783–90.

Barber, J. P., Morse, J. Q., Krakauer, I. D., Chittams, J., & Crits-Christoph, K. (1997). Change in obsessive-compulsive and avoidant personality disorders following time-limited supportive-expressive therapy. *Psychotherapy, 34,* 133–43.

Barbour, V. (2000). The balance of risk and benefit in gene therapy trials. *The Lancet, 355*(9201): 384.

Bardhan, K. D. (1980). Cimetidinea in duodenal ulcer: The present position. In A. Torsoli, P. E. Lucchelli, & R. W. Brimbelcombe (Eds), *H2 antagonists*. Amsterdam: Excerpta Medica.

Barefoot, J. C., Dahlstrom, W. G., & Williams, R. B. (1983). Hostility, CHD incidence, and total mortality: A 25-year follow-up study of 255 physicians. *Psychosomatic Medicine, 45* (1): 59–63.

Barefoot, J. C., Larsen, S., Von der Lieth, & Schroll, M. (1995). Hostility, incidence of acute myocardial infarction, and mortality in a sample of older Danish men and women. *American Journal of Epidemiology, 142* (5): 477–84.

Barker, S. E., & O'Neil, P. M. (1999). Anorexia and bulimia nervosa. In A. J. Goreczny & M. Hersen (Eds.), *Handbook of pediatric and adolescent health psychology* (pp. 71–86). Boston: Allyn & Bacon.

Barkley, R. A. (1997). Behavioral inhibition, sustained attention, and executive functions: Constructing a unifying theory of ADHD. *Psychological Bulletin, 121,* 65–94.

Barkley, R. A. (1998a). ADHD, Ritalin, and conspiracies: Talking back to Peter Breggin. Available: http://www.chadd.org/news/russ-review.html.

Barkley, R. A. (1998b). *Attention-deficit hyperactivity disorder: A handbook for diagnosis and treatment* (2nd ed.). New York: Guilford Press.

Barkley, R. A., Edwards, G. H., & Robin, A. L. (1999). *Defiant teens: A clinician's manual for assessment and family intervention.* New York: Guilford Press.

Barkley, R. A., Fischer, M., Edelbrock, C. S., & Smallish, L. (1990). The adolescent outcome of hyperactive children diagnosed by research criteria. I. An 8-year prospective follow-up. *Journal of the American Academy of Child and Adolescent Psychiatry, 29* (4): 546–57.

Barlow, D. H. (1986). The classification of anxiety disorders. In G. L. Tischler (Ed.), *Diagnoses and classification in psychiatry: A critical appraisal of DSM-III* (pp. 223–42). Cambridge: Cambridge University Press.

Barlow, D. H. (1988). *Anxiety and its disorders: The nature and treatment of anxiety and panic.* New York: Guilford Press.

Barlow, D. (2000). *Anxiety and its disorders: The nature and treatment of anxiety and panic* (2nd ed.). New York: Guilford Press.

Barlow, D. H., Abel, G. G., & Blanchard, E. B. (1979). Gender identity change in transsexuals. *Archives of General Psychiatry, 36,* 1001–1007.

Barlow, D. H., Chorpita, B. F., & Turovsky, J. (1996). Fear, panic, anxiety, and disorders of emotion. In D. A. Hope (Ed.), *Nebraska Symposium on Motivation, 1995: Perspectives on anxiety, panic, and fear. Current Theory and Research in Motivation* (Vol. 43, pp. 251–328). Lincoln, NE: University of Nebraska Press.

Barlow, D. H., Esler, J. L., & Vitali, A. E. (1998). Psychosocial treatments for panic disorders, phobias, and generalized anxiety disorder. In P. E. Nathan & J. M. Gorman (Eds.), *A guide to treatments that work* (pp. 288–318). New York: Oxford University Press.

Barnes, D. M. (1988). The biological tangle of drug addiction. *Science, 241,* 415–17.

Barnes, G. E., & Prosin, H. (1985). Parental death and depression. *Journal of Abnormal Psychology, 94,* 64–69.

Barnes, T. R. E., & Braude, W. M. (1985). Akathisia variants and tardive dyskinesia. *Archives of General Psychiatry, 42,* 874–78.

Baron, M., Gruen, R., Kane, J., & Amis, L. (1985). Modern research criteria and the genetics of schizophrenia. *American Journal of Psychiatry, 142,* 697–701.

Baron-Cohen, S. (1995). *Mindblindness: An essay on autism and theory of mind.* Cambridge, MA: MIT Press.

Baron-Cohen, S. (Ed.). (1997). *The maladapted mind: Classic readings in evolutionary psychopathology.* Hove, England: Psychology Press/Erlbaum (UK) Taylor & Francis.

Barr, C. E., Mednick, S. A., & Munk-Jorgensen, P. (1990). Exposure to influenza epidemics during gestation and adult schizophrenia: A 40-year study. *Archives of General Psychiatry, 47,* 869–74.

Barrett, P. M. (1998). Evaluation of cognitive-behavioral group treatments for childhood anxiety disorders. *Journal of Clinical Child Psychology, 27,* 459–68.

Barsky, A., Wyshak, G., Klerman, G., & Latham, K. (1990). The prevalence of hypochondriasis in medical outpatients. *Social Psychiatry and Psychiatric Epidemiology, 25,* 89–94.

Bartak, L., & Rutter, M. (1974). Use of personal pronouns by autistic children. *Journal of Autistic Children and Schizophrenia, 4,* 217–22.

Bartrop, R. W., Luckhurst, E., Lazarus, L., Kiloh, L. G., & Penny, R. (1977). Depressed lymphocyte function after bereavement. *Lancet, I,* April 16, 834–36.

Basoglu, M., Mineka, S., Paker, M., Aker, T., Livanou, M., & Goek, S. (1997). Psychological preparedness for trauma as a protective factor in survivors of torture. *Psychological Medicine,* 27(6): 1421–33.

Bassett, A. S., Bury, A., Hodgkinson, K. A., & Honer, W. G. (1996). Reproductive fitness in familial schizophrenia. *Schizophrenia Research, 21,* 151–60.

Bateman, J. F. (1945). Curb postwar construction of hospitals for mental care? *Hospitals,* February, 55–57.

Bateson, G., Jackson, D. D., Haley, J., & Weakland, J. (1956). Toward a theory of schizophrenia. *Behavioral Science, 1,* 251–64.

Bath, R., Morton, R., Uing, A., & Williams, C. (1996). Nocturnal enuresis and the use of desmopressin: Is it helpful? *Child: Care, Health and Development, 22,* 73–84.

Battaglia, M., & Bellodi, L. (1996). Familial risks and reproductive fitness in schizophrenia. *Schizophrenia Bulletin, 22,* 191–95.

Battaglia, M., Bernardeschi, L., Franchini, L., Bellodi, L., et al. (1995) A family study of schizotypal disorder. *Schizophrenia Bulletin,* 21(1): 33–45.

Baucom, D. H., Shoham, V., Mueser, K. T., Daiuto, A. D., & Stickle, T. R. (1998). Empirically supported couple and family interventions for marital distress and adult mental health problems. *Journal of Consulting and Clinical Psychology,* 66 (1): 53–88.

Baum, A. (1990). Stress, intrusive imagery, and chronic distress. *Health Psychology, 9,* 653–75.

Baum, A., Cohen, L., & Hall, M. (1993). Control and intrusive memories as possible determinants of chronic stress. *Psychosomatic Medicine, 55,* 274–86.

Baum, M. (1969). Extinction of an avoidance response following response prevention: Some parametric investigations. *Canadian Journal of Psychology, 23,* 1–10.

Baumeister, R. F. (1997). Esteem threat, self-regulatory breakdown, and emotional distress as factors in self-defeating behavior. *Review of General Psychology, 1* (2): 145–74.

Baumeister, R. F., & Butler, J. L. (1997). Sexual masochism: Deviance without pathology. In D. R. Laws & W. O'Donohue (Eds.), *Sexual deviance: Theory, assessment, and treatment* (pp. 225–239). New York: Guilford Press.

Baxter, L., Schwartz, J., Bergman, K., Szuba, M., et al. (1992). Caudate glucose metabolic rate changes with both drug and behavior therapy for obsessive-compulsive disorder. *Archives of General Psychiatry, 49,* 681–89.

Bazelon Center for Mental Health Law. (1994). *Health care reform fact sheet #1: The prevalence and costs of mental illness and substance abuse and current funding sources for mental health care.* Washington, DC: Author.

Bear, D. M., & Fedio, P.(1977). Quantitative analysis of interictal behavior in temporal lobe epilepsy. *Archives of Neurology, 34,* 454–67.

Beasley, C .M., Dornseif, B.E., Bosomworth, J. C., Sayler, M. E., Rampey, A. H., Heiligenstein, J. H., Thompson, V. L., Murphy, D. J., & Masica, D. N. (1991). Fluoxetine and suicide: A meta-analysis of controlled trials of treatment for depression. *British Medical Journal, 303* (6804): 685–92.

Beasley, C., Dornseif, B., Bosomworth, J., et al. (1992). Fluoxetine and suicide: A meta-analysis of controlled trials of treatment for depression. *International Clinical Psychopharmacology, 6* (Suppl. 6): 35–57.

Beaumont, G. (1990). Adverse effects of antidepressants. *International Clinical Psychopharmacology, 5,* 61–66.

Beauvais, M. F., & Derouesne, J. (1979). Phonological alexia: The dissociations. *Journal of Neurology, Neurosurgery, and Psychiatry, 42,* 1115–24.

Beck, A. T. (1967). *Depression: Clinical, experimental, and theoretical aspects.* New York: Hoeber.

Beck, A. T. (1973). *The diagnosis and management of depression.* Philadelphia: University of Pennsylvania Press.

Beck, A. T. (1976). *Cognitive therapy and the emotional disorders.* New York: International Universities Press.

Beck, A. T. (1999). *Prisoners of hate: The cognitive basis of anger, hostility, and violence.* New York: HarperCollins.

Beck, A. T., & Emery, G. (1985). *Anxiety disorders and phobias: A cognitive perspective.* New York: Basic Books.

Beck, A. T., & Freeman, A.M. (1990). *Cognitive therapy of personality disorders.* New York: Guilford.

Beck, A. T., Rush, A. J., Shaw, B. F., & Emery, G. (1979). *Cognitive therapy of depression.* New York: Guilford Press.

Beck, A. T., Sokol, L., Clark, D., Berchick, B., & Wright, F. (1991). *Focussed cognitive therapy of panic disorder: A crossover design and one-year follow-up.* Manuscript.

Beck, A. T., Steer R. A., & Epstein, N. (1992). Self-concept dimensions of clinically depressed and anxious outpatients. *Journal of Clinical Psychology, 48,* 423–32.

Beck, A. T., Ward, C. H., Mendelson, M., Mock, J. E., & Erbaugh, J. K. (1962). Reliability of psychiatric diagnoses II: A study of consistency of clinical judgments and ratings. *American Journal of Psychiatry, 119,* 351–57.

Beck, J. G. (1995). Hypoactive sexual desire disorder: An overview. *Journal of Consulting and Clinical Psychology, 63* (6): 919–27.

Becker, A. E., Grinspoon, S. K., Klibanski, A., & Herzog, D. B. (1999). Eating disorders *New England Journal of Medicine,* 340,1092–98.

Becker, R. E., Meisler, N., Stormer, G., & Brondino, M. J. (1999). Employment outcomes for clients with severe mental illness in a PACT model replication. *Psychiatric Services, 50,* 104–106.

Beech, H. R., & Vaughan, M. (1979). *Behavioural treatment of obsessional states.* Chichester: Wiley.

Beecher, H. K. (1955). The powerful placebo. *Journal of the American Dental Association, 159,* 1602–1606.

Beecher, H. K. (1959). *Measurement of subjective responses: Quantitative effects of drugs.* New York: Oxford University Press.

Beekman, A., de Beurs, E., van Balkom, A., et al. (2000). Anxiety and depression in later life: Co-occurrence and commonality of risk factors. *American Journal of Psychiatry, 157,* 89–95.

Beers, D. R., Henkel, J. S., Kesner, R. P., & Stroop, W. G. (1995). Spatial recognition memory deficits without notable CNS pathology in rats following herpes simplex encephalitis. *Journal of the Neurological Sciences, 131,* 119–27.

Begleiter, H., Porjesz, B., Bihari, & Kissen, B. (1984). Event-related brain potentials in children at risk for alcoholism. *Science, 227,* 1493–96.

Bejjani,B.-P., Damier, P., Arnulf, I., Thivard, L., Bonnet, A.-M., Dormont, D., Cornu, P., Pidoux, B., Samson, Y., & Agid, Y. (1999). Transient acute depression induced by high-frequency deep-brain stimulation. *New England Journal of Medicine, 340.*

Belkin, L. (1999). Parents blaming parents. *New York Times Magazine,* October 31, pp. 61–101.

Bell, I. R. (1999). A guide to current psychopharmacological treatments for affective disorders in older adults: Anxiety, agitation, and depression. In M. Duffy (Ed.), *Handbook of counseling and psychotherapy with older adults* (pp. 561–76). New York: Wiley.

Bellack, A. S. (1992). Cognitive rehabilitation for schizophrenia: Is it really possible? Is it necessary? *Schizophrenia Bulletin, 18* (1): 43–50.

Bellack, A. S., Blanchard, J. J., Murphy, P., & Podell, K. (1996). Generalization effects of training on the Wisconsin Card Sorting Test for schizophrenia patients. *Schizophrenia Research, 19,* 189–94.

Bellack, A. S., & Hersen, M. (1998). *Behavioral assessment: A practical handbook* (4th ed.). Boston: Allyn & Bacon, Inc.

Bellak, L., & Abrams, D. (1997). *The Thematic Apperception Test, the Children's Apperception Test, and the Senior Apperception Technique in clinical use* (6th ed.). Boston: Allyn & Bacon, Inc.

Bell-Dolan, D., & Brazeal, T. J. (1993). Separation anxiety disorder, overanxious disorder, and school refusal. *Child and Adolescent Psychiatric Clinics of North America, 2,* 563–80.

Belson, R. (1975). The importance of the second interview in marriage counseling. *Counseling Psychologist, 5* (3): 27–31.

Bem, D. J. (1996). Exotic becomes erotic: A developmental theory of sexual orientation. *Psychological Review, 103,* 320–35.

Bench, C. J., Frackowiak, R. S. J., & Dolan, R. J. (1995). Changes in regional cerebral blood flow on recovery from depression. *Psychological Medicine, 25,* 247–51.

Bench, C. J., Friston, K. J., Brown, R. G., Frackowiak, R. S. J., & Dolan, R. J. (1993). Regional cerebral blood flow in depression measured by positron emission tomography: The relationship with clinical dimensions. *Psychological Medicine, 23,* 579–90.

Bendetti, F., Sforzini, L., Colombo, C., Marrei, C., & Smeraldi, E. (1998). Low-dose clozapine in acute and continuation treatment of severe borderline personality disorder. *Journal of Clinical Psychiatry, 59* (3): 103–107.

Benedict, R. H., Dobraski, M., & Goldstein, M. Z. (1999). A preliminary study of the association between changes in mood and cognition in a mixed geriatric psychiatry sample. *Journals of Gerontology, Series B-Psychological Sciences and Social Sciences, 54B,* P94–P99.

Benes, F. M. (1994). Development of the corticolimbic system. In G. Dawson, K. W. Fischer, et al. (Eds.), *Human behavior and the developing brain* (pp. 176–206). New York: Guilford Press.

Benes, F. M. (1997). The role of stress and dopamine-GABA interactions in the vulnerability for schizophrenia. *Journal of Psychiatric Research, 31,* 257–75.

Benes, F. M. (1998). Model generation and testing to probe neural circuitry in the cingulate cortex of postmortem schizophrenic brain. *Schizophrenia Bulletin, 24,* 219–30.

Benes, F. M., Davidson, J., & Bird, E. D. (1986). Quantitative cytoarchitectural studies of the cerebral cortex of schizophrenics. *Archives of General Psychiatry, 42,* 874–78.

Benes, F. M., Kwok, E. W., Vincent, S. L., & Todtenkopf, M. S. (1998). A reduction of nonpyramidal cells in sector CA2 of schizophrenics and manic depressives. *Biological Psychiatry, 44,* 88–97.

Benet, A. E., & Melman, A. (1995). The epidemiology of erectile dysfunction. *Urologic Clinics of North America, 22* (4): 699–709.

Benight, C. C., Antoni, M. H., Kilbourn, K., Ironson, G., et al. (1997). Coping self-efficacy buffers psychological and physiological disturbances in HIV-infected men following a natural disaster. *Health Psychology, 16* (3): 248–255.

Benjamin, H. (1966). *The transsexual phenomenon.* New York: Julian Press.

Benjamin, L. S. (1987). The use of the SASB dimensional model to develop treatment plans for personality disorders. I: Narcissism. *Journal of Personality Disorders, 1* (1): 43–70.

Benjamin, L. S. (1996). Interpersonal diagnosis and treatment of personality disorders. In W. J. Livesley (Ed.), *The DSM-IV personality disorders: Diagnosis and treatment of mental disorders* (2nd ed.). New York: Guilford Press.

Bennett, K. J., Lipman, E. L., Racine, Y., & Offord, D. R. (1998). Do measures of externalising behaviour in normal populations predict later outcome?: Implications for targeted interventions to prevent conduct disorder. *Journal of Child Psychology and Psychiatry and Allied Disciplines, 39,* 1059–70.

Benowitz, N. L. (1988). Pharmacologic aspects of cigarette smoking and nicotine adiction. *New England Journal of Medicine, 17,* 1318–30.

Ben-Shakhar, G., Bar-Hillel, M., Bilu, Y., & Shefler, G. (1998). Seek and ye shall find: Test results are what you hypothesize they are. *Journal of Behavioral Decision Making, 11*(4), 235–49.

Benson, H., & Friedman, R. (1976). Harnessing the power of the placebo effect and renaming it "remembered wellness." *Annual Review of Medicine, 47,* 193–99.

Benton, M. K., & Schroeder, H. E. (1990). Social skills training with schizophrenics: A meta-analytic evaluation. *Journal of Consulting and Clinical Psychology, 58,* 741–47.

Bentsen, H., Munkvold, O. G., Notland, T. H., Boye, B., Oskarsson, K. H., Uren, G., Lersbryggen, A. B., Bjorge, H., Berg-Larsen, R., Lingjaerde, O., & Malt, U. F. (1998). Relatives' emotional warmth towards patients with schizophrenia or related psychoses: Demographic and clinical predictors. *Acta Psychiatrica Scandinavica, 97,* 86–92.

Berenbaum, S. A. (1998). How hormones affect behavioral and neural development: Introduction to the special issue on "Gonadal hormones and sex differences in behavior." *Developmental Neuropsychology, 14,* 175–96.

Berenbaum, S., & Hines, M. (1992). Early androgens are related to childhood sex-typed toy preferences. *Psychological Science, 3,* 203–206.

Berg, S., & Dellasega, C. (1996). The use of psychoactive medications and cognitive function in older adults. *Journal of Aging and Health, 8* (1): 136–49.

Bergem, A. L. M., Engedal, K., & Kringlen, E. (1997). The role of heredity in late-onset Alzheimer disease and vascular dementia: A twin study. *Archives of General Psychiatry, 54,* 264–70.

Berger, F. (1970). Anxiety and the discovery of tranquilizers. In F. J. Ayd & H. Blackwell (Eds.), *Discoveries in biological psychiatry.* Philadelphia: Lippincott.

Berger, P. (1977). Antidepressant medications and the treatment of depression. In J. Barchas, P. Berger, R. Ciaranello, & G. Elliot (Eds.), *Psychopharmacology.* New York: Oxford University Press.

Bergman, A. J., Harvey, P. D., Roitman, S. L., Mohs, R. C., Marder, D., Silverman, J. M., & Siever, L. J. (1998). Verbal learning and memory in schizotypal personality disorder. *Schizophrenia Bulletin, 24,* 635–41.

Berkman, L. F. (1984). Assessing the physical health effects of social networks and social support. *Annual Review of Public Health, 5,* 413–32.

Berkman, L. F. (1986). Social networks, support, and health: Taking the next step forward. *American Journal of Epidemiology, 123,* 559–62.

Berkman, L. F. (1999). Social networks and disability transitions across eight intervals of yearly data in the New Haven EPESE. *Journals of Gerontology. Series B, Psychological Sciences and Social Sciences, 54B* (3): S162–172.

Berkowitz, L. (1994). Guns and youth. In L. D. Eron & J. H. Gentry (Eds.), *Reason to hope: A psychosocial perspective on violence and youth* (pp. 251–79). Washington, DC: American Psychological Association.

Bernheim (1886). In J. E. Gordon (Ed.), *Handbook of clinical and experimental hypnosis.* New York: Macmillan, 1967.

Bernstein, D. P., Cohen, P., Velez, C. N., Schwab-Stone, M., et al. (1993). Prevalence and stability of the DSM-III-R personality disorders in a community-based survey of adolescents. *American Journal of Psychiatry, 150* (8): 1237–43.

Bernstein, D. P., Useda, D., & Siever, L. J. (1993). Paranoid personality disorder: Review of the literature and recommendations for DSM-IV. *Journal of Personality Disorders, 7,* 53–62.

Bernstein, D. P., Useda, D., & Siever, L. J. (1995). Paranoid personality disorder. In W. J. Livesley, (Ed.), *The DSM-IV personality disorders: Diagnosis and treatment of mental disorders* (pp. 45–57). New York: Guilford Press.

Bernstein, G. A., & Borchardt, C. M. (1991). Anxiety disorders of childhood and adolescence: A critical review. *Journal of the American Academy of Child and Adolescent Psychiatry, 30* (4): 519–32.

Berridge, V. (1990). Dependence: Historical concepts and constructs. In A. Edwards & M. Lader (Eds.), *The nature of drug dependence* (pp. 1–18). New York: Oxford University Press.

Berrettini, W. H., Ferraro, T. N., Goldin, L. R., Detera-Wadleigh, S. D., et al. (1997). A linkage study of bipolar illness. *Archives of General Psychiatry, 54* (1): 27–35.

Berridge, V. (1990). Dependence: Historical concepts and constructs. In A. Edwards & M. Lader (Eds.), *The nature of drug dependence* (pp. 1–18). New York: Oxford University Press.

Berry, K. L., Fleming, M. F., Greenlay, J., Widlak, P., Kropp, S., & Mckee, D. (1995). Assessment of alcohol and other drug disorders in the seriously mentally ill. *Schizophrenia Bulletin, 21,* 313–21.

Bertelsen, A. (1999). Reflections on the clinical utility of the ICD-10 and DSM-IV classifications and their diagnostic criteria. *Australian and New Zealand Journal of Psychiatry, 33* (2): 166–73.

Berthier, M. L., Kulisevsky, J., Gironell, A., & Heras, J. A. (1996). Obsessive-compulsive disorder associated with brain lesions: Clinical phenomenology, cognitive function, and anatomic correlates. *Neurology, 47* (2): 353–61.

Best, D., Harris, J., Gossop, M., Farrell, M., Finch, E., Noble, A., & Strang, J. (2000). Use of non-prescribed methadone and other illicit drugs during methadone maintenance treatment. *Drug and Alcohol Review, 19* (1): 9–16.

Bettelheim, B. (1967). *The empty fortress.* New York: The Free Press.

Beutler, L.E. (1996). The clinical interview. In L. E. Beutler & M.R. Berren (Eds.), *Integrative assessment of adult personality* (pp. 94–120). New York: Guilford Press.

Bexton, W. H., Heron, W., & Scott, T. H. (1954). Effects of decreased variation in the sensory environment. *Canadian Journal of Psychology, 8,* 70–76.

Bhugra, D., Leff, J., Mallett, R., Der, G., et al. (1997). Incidence and outcome of schizophrenia in Whites, African-Caribbeans and Asians in London. *Psychological Medicine, 27,* 791–98.

Bibring, E. (1953). The mechanism of depression. In P. Greenacre (Ed.), *Affective disorders.* New York: International Universities Press.

Bierut, L. J., Dinwiddie, S. H. Begleiter, H., Crowe, R. R., Hesselbrock, V., Nurnberger, J. I., Porjesz, B., Schuckit, M. A., & Reich, T. (1998). Familial transmission of substance dependence: Alcohol, marijuana, cocaine, and habitual smoking: A report from the collaborative study on the genetics of alcoholism. *Archives of General Psychiatry, 55,* 982–88.

Bigler, E. D., & Clement, P. F. (1997). *Diagnostic clinical neuropsychology* (3rd ed.). Austin, TX: University of Texas Press.

Bigler, E. D., Lowry, C. M., & Porter, S. S. (1997). Neuroimaging in clinical neuropsychology. In A. M. Horton & D. Wedding (Eds.), *The neuropsychology handbook, Vol. 1: Foundations and assessment* (2nd ed., pp. 199–220). New York: Springer.

Billett, E. A., Richter, M. A., & Kennedy, J. L. (1998). Genetics of obsessive-compulsive disorder. In R. P. Swinson & M. M. Antony (Eds.), *Obsessive-compulsive disorder: Theory, research, and treatment* (pp. 181–206). New York: Guilford Press.

Billy, J., Tanfer, K., Grady, W., & Klepinger, D. (1993). The sexual behavior of men in the United States. *Family Planning Perspectives, 25,* 52–60.

Bilynsky, N. S., & Vernaglia, E. R. (1998). The ethical practice of psychology in a managed-care framework. *Psychotherapy: Theory, Research and Practice, 35,* 54–68.

Binzer, M., & Kullgren, G. (1998). Motor conversion disorder: A prospective 2- to 5-year follow-up study. *Psychosomatics, 39* (6): 519–27.

Biran, M., & Wilson, G. T. (1981). Treatment of phobic disorders using cognitive and exposure methods: A self-efficacy analysis. *Journal of Consulting and Clinical Psychology, 48,* 886–87.

Bird, H. (1996). Epidemiology of childhood disorders in a cross-cultural context. *Journal of Child Psychology and Psychiatry, 37,* 35–49.

Bird J. (1979). The behavioural treatment of hysteria. *British Journal of Psychiatry, 134,* 129–37.

Birenbaum, A., & Rei, M. A. (1979). Resettling mentally retarded adults in the community—almost 4 years later. *American Journal of Mental Deficiency, 83,* 323–29.

Birmaher, B., & Brent, D. (1998). Practice parameters for the assessment and treatment of children and adolescents with depressive disorders. *Journal of the American Academy of Child and Adolescent Psychiatry, 37,* 63S–83S.

Birmaher, B., Ryan, N. D., Williamson, D. E., Brent, D. A., et al. (1996a). Childhood and adolescent depression: A review of the past 10 years, Part I. *Journal of the American Academy of Child and Adolescent Psychiatry, 35,* 1427–39.

Birmaher, B., Ryan, N. D., Williamson, D. E., Brent, D. A., et al. (1996b). Childhood and adolescent depression: A review of the past 10 years, Part II. *Journal of the American Academy of Child and Adolescent Psychiatry, 35,* 1575–83.

Biver, F., Goldman, S., Delvenne, V., Luxen, A., De Maertelaer, V., Hubain, P., Mendlewicz, J., & Lotstra, F. (1994). Frontal and parietal metabolic disturbances in unipolar depression. *Biological Psychiatry, 36,* 381–88.

Black, D. W; Monahan, P., Wesner, R., Gabel, J., & Bowers, W. (1996). The effect of fluvoxamine, cognitive therapy, and placebo on abnormal personality traits in 44 patients with panic disorder. *Journal of Personality Disorders, 10,* 185–94.

Black, D. W., Noyes, R., Goldstein, R. B., & Blum, N. (1992). A family study of obsessive-compulsive disorder. *Archives of General Psychiatry, 49,* 362–68.

Blagg, N., & Yule, W. (1994). School phobia. In T. H. Ollendick & N. J. King (Eds.), *International handbook of phobic and anxiety disorders in children and adolescents: Issues in clinical child psychology.* New York: Plenum.

Blair, C. D., & Lanyon, R. I. (1981). Exhibitionism: A critical review of the etiology and treatment. *Psychological Bulletin, 89,* 439–63.

Blair, R. J. R., Jones, L., Clark, F., & Smith, M. (1997). The psychopathic individual: A lack of responsiveness to distress cues? *Psychophysiology, 34,* 192–98.

Blakemore, C. (1998). How the environment helps to build the brain. In B. Cartledge et al. (Eds.), *Mind, brain, and the environment: The Linacre Lectures 1995–1996* (pp. 28–56). Oxford, England: Oxford University Press.

Blaser, M. J. (1999). Hypothesis: the changing relationships of Helicobacter pylori and humans: implications for health and disease. *Journal of Infectious Diseases, 179* (6):1523–30.

Blashfield, R. K., & Draguns, J. G. (1976). Evaluative criteria for psychiatric classification. *Journal of Abnormal Psychology, 85,* 40–150.

Blashfield, R. K., & Livesley, W. J. (1991). Metaphorical analysis of psychiatric classification as a psychological test. *Journal of Abnormal Psychology, 100* (3): 262–70.

Blashfield, R., & Livesley, W. J. (1999) Classification. In T. Millon, P. Blaney, & R. Davis (Eds.), *Oxford textbook of psychopathology.* Oxford: Oxford University Press.

Blazer, D., Hughes, D., & George, L. (1987). Stressful life events and the onset of generalized anxiety syndrome. *American Journal of Psychiatry, 144,* 1178–83.

Blazer, D.G., Hughes, D., George, L.K., Swartz, M., & Boyer, R. (1991). Generalized anxiety disorder. In L. N. Robins & D. A. Regier (Eds.), *Psychiatric disorders in America* (pp. 180–203). New York: Free Press.

Bleuler, E. (1924). *Textbook of psychiatry.* New York: Macmillan.

Bliss, E. L. (1980). Multiple personalities: Report of fourteen cases with implications for schizophrenia and hysteria. *Archives of General Psychiatry, 37,* 1388–97.

Bliss, E. L., & Jeppsen, A. (1985). Prevalence of multiple personality among inpatients and outpatients. *American Journal of Psychiatry, 142,* 250–51.

Bloch, S., & Reddaway, P. (1977). *Psychiatric terror: How Soviet psychiatry is used to suppress dissent.* New York: Basic Books.

Bloom, F. E., Lazerson, A., & Hofstadter, L. (1985). *Brain, mind, and behavior.* New York: Freeman.

Blumberg, S. H., & Izard, C. E. (1985). Affective and cognitive characteristics of depression in 10- and 11-year-old children. *Journal of Personality and Social Psychology, 49,* 194–202.

Bobak, M., & Marmot, M. (1996). East-West mortality divide and its potential explanations: Proposed research agenda. *British Medical Journal, 312* (7028):421–25.

Bobinski, M., de Leon, M. J., Tarnawski, M., Wegiel, J., Bobinski, M., Reisberg, B., Miller, D. C., & Wisniewski, H. M. (1998). Neuronal and volume loss in CA1 of the hippocampal formation uniquely predicts duration and severity of Alzheimer disease. *Brain Research, 805,* 267–69.

Bodlund, O., & Kullgren, G. (1996). Transsexualism—General outcome and prognostic factors: A five-year follow-up study of nineteen transsexuals in the process of changing sex. *Archives of Sexual Behavior, 25*(3): 303–16.

Boerlin, H. L., Gitlin, M. J., Zoellner, L. A., & Hammen, C. L. (1998). Bipolar depression and antidepressant-induced mania: A naturalistic study. *Journal of Clinical Psychiatry 59* (7): 374–79.

Bogerts, B. (1993). Recent advances in the neuropathology of schizophrenia. *Schizophrenia Bulletin, 19,* 431–45.

Bohman, M., Cloninger, R., Sigvardsson, S., & von Knorring, A. L. (1987). The genetics of alcoholism and related disorders. *Journal of Psychiatric Research, 21,* 447–52.

Bohman, M., Cloninger, C. R., von Knorring, A. L., & Sigvardsson, S. (1984). An adoption study of somatoform disorders. III. Cross-fostering analysis and genetic relationship to alcoholism and criminality. *Archives of General Psychiatry, 41,* 872–78.

Bohman, M., & Sigvardsson, S. C. (1981). Maternal inheritance of alcohol abuse: Cross-fostering analysis of adopted women. *Archives of General Psychiatry, 38,* 965–69.

Bohn, M. J. (1993). Pharmacotherapy: Alcoholism. In D. Dunner (Ed.), *Psychopharmacology. Volume 2: Psychiatric Clinics of North America.* New York: W. B. Saunders.

Bohn, M. J., & Meyer, R. E. (1994). Typologies of addiction. In M. Galanter & H. Kleber (Eds.), *Treatment of substance abuse.* Washington, DC: American Psychiatric Press.

Bola, K. J., Rothman, R., & Cadet, J. L. (1999). Dose-related neurobehavioral effects of chronic cocaine use. *Journal of Neuropsychiatry and Clinical Neuroscience, 11,* 361–69.

Boller, F., Ganansia-Ganem, A., Lebert, F., & Pasquier, F. (1999). Neuropsychiatric afflictions of modern French presidents: Marechal Henri-Philippe Petain and Paul Deschanel. *European Journal of Neurology, 6,* 133–36.

Boney-McCoy, S., & Finkelhor, D. (1995). Psychosocial sequelae of violent victimization in a national youth sample. *Journal of Consulting and Clinical Psychology, 63* (5): 726–36.

Bonn, D. (1999). New treatments for alcohol dependency better than old. *Lancet, 353,* 213.

Booker, J. M., & Hellekson, C. J. (1992). Prevalence of seasonal affective disorder in Alaska. *American Journal of Psychiatry, 149* (9): 1176–82.

Booth, B. M., Mingliang, Z., Rost, K. M., Vlardy, J. A., Smith, L. G., & Smith, R. G. (1997). Measuring outcomes and costs for major depression. *Psychopharmacology Bulletin, 33,* 653–58.

Borduin, C. M. (1999). Multisystemic treatment of criminality and violence in adolescents. *Journal of the American Academy of Child and Adolescent Psychiatry, 38,* 242–49.

Borduin, C. M., Mann, B. J., Cone, L. T., Henggeler, S. W., Fucci, B. R., Blaske, D. M., & Williams, R. A. (1995). Multisystemic treatment of adolescent sexual offenders. *International Journal of Offender Therapy and Comparative Criminology, 34,* 105–13.

Borkovec, T., & Costello, E. (1993). Efficacy of applied relaxation and cognitive behavioral therapy in the treatment of generalized anxiety disorder. *Journal of Consulting and Clinical Psychology, 61,* 611–19.

Borkovec, T. D., & Inz, J. (1990). The nature of worry in generalized anxiety disorder: A predominance of thought activity. *Behaviour Research and Therapy, 28* (2): 153–58.

Bornstein, R. F. (1992). The dependent personality: Developmental, social, and clinical perspectives. *Psychological Bulletin, 112* (1): 3–23.

Bornstein, R. F. (1996). Sex differences in dependent personality disorder prevalence rates. *Clinical Psychology—Science and Practice, 3,* 1–12.

Bornstein, R. F. (1999). Dependent and histrionic personality disorders. In T. Millon & P. Blaney (Eds.), *Oxford textbook of psychopathology. Oxford textbooks in clinical psychology* (Vol. 4). New York: Oxford University Press.

Borysenko, M. (1987). The immune system: An overview. *Annals of Behavioral Medicine, 9,* 3–10.

Boscarino, J. A. (1995). Post-traumatic stress and associated disorders among Vietnam veterans: The significance of combat exposure and social support. *Journal of Traumatic Stress, 8* (2): 317–36.

Boseley, S. (1999). They said it was safe. *The Guardian,* October 30.

Bouchard, T. J. (1994). Genes, environment, and personality. *Science, 264,* 1700–1701.

Bouchard, T. J. (1996). The genetics of personality. In K. Blum & E. P. Noble (Eds.), *Handbook of psychiatric genetics.* Boca Raton, FL: CRC Press.

Bouchard, T. J. (1997). IQ similarity in twins reared apart: Findings and responses to critics. In R. J. Sternberg & E. L. Grigorenko (Eds.), *Intelligence, heredity, and environment.* New York: Cambridge University Press.

Bouchard, S., Gauthier, J., Benoit, L., French, D., Pelletier, M., & Godbout, C. (1996). Exposure versus cognitive restructuring in the treatment of panic disorder with agoraphobia. *Behaviour Research and Therapy, 34* (3): 213–24.

Bouchard, T., Lykken, D., McGue, M., Segal, N., & Tellegen, A. (1990). Sources of human psychological differences: The Minnesota study of twins reared apart. *Science, 250,* 223–28.

Boulos, C., Kutcher, S., Gardner, D., & Young, E. (1992). An open naturalistic trial of fluoxetine in adolescents and young adults with treatment-resistant major depression. *Journal of Child and Adolescent Psychopharmacology, 2,* 103–11.

Bouras, N., & Szymanski, L. (1997) Services for people with mental retardation and psychiatric disorders: US-UK comparative overview. *International Journal of Social Psychiatry, 43* (1): 64–71.

Bourdon, K., Boyd, J., Rae, D., & Burns, B. (1988). Gender differences in phobias: Results of the ECA community survey. *Journal of Anxiety Disorders, 2,* 227–41.

Bourgeois, M. (1991). Serotonin, impulsivity, and suicide. *Human Psychopharmacology: Clinical and Experimental, 6,* 31–36.

Bourgois, P. (1998). The moral economies of homeless heroin addicts: Confronting ethnography, HIV risk, and everyday violence in San Francisco shooting encampments. *Substance Use and Misuse, 33,* 2323–51.

Bouwer, C., & Stein, D. J. (1997). Association of panic disorder with a history of traumatic suffocation. *American Journal of Psychiatry, 154* (11): 1566–70.

Bowden, C. L. (1996). Role of newer medications for bipolar disorder. *Journal of Clinical Psychopharmacology, 16* (Suppl. 2): 48–55.

Bowlby, J. (1988). Developmental psychiatry comes of age. *American Journal of Psychiatry, 145,* 1–10.

Bowlby, J. (1989). The role of attachment in personality development and psychopathology. In S. I. Greenspan & G. H. Pollock (Eds.), *The course of life, Vol. 1: Infancy* (pp. 229–70). Madison, CT: International Universities Press.

Boyd, J., Rae, D., Thompson, J., & Burns, B. (1990). Phobia: Prevalence and risk factors. *Social Psychiatry and Psychiatric Epidemiology, 25,* 314–23.

Bozarth, M. A., & Wise, R. A. (1985). Toxicity associated with long-term intravenous heroin and cocaine self-administration in the rat. *Journal of the American Medical Association, 254,* 81–83.

Bracha, H. S., Lange, B., Gill, P. S., Gilger, J. W., et al. (1995). Subclinical microcrania, subclinical macrocrania, and fifth-month fetal markers (of growth retardation or edema) in schizophrenia: A co-twin control study of discordant monozygotic twins. *Neuropsychiatry, Neuropsychology, and Behavioral Neurology, 8,* 44–52.

Bracha, H. S., Torrey, E. F., Gottesman, I. I., Bigelow, L. B., et al. (1992). Second-trimester markers of fetal size in schizophrenia: A study of monozygotic twins. *American Journal of Psychiatry, 149,* 1355–61.

Bradbury, T. N., & Miller, G. A. (1985). Season of birth in schizophrenia: A review of evidence, methodology, and etiology. *Psychological Bulletin, 98,* 569–94.

Bradford, J. (1988). Organic treatment for the male sexual offender. *Annals of the New York Academy of Sciences, 528,* 193–202.

Bradford, J. M. (1990). The antiandrogen and hormal treatment of sex offenders. In W. L. Marshall, D. R. Laws, & H. E. Barbaree (Eds.), *Handbook of sexual assault: Issues, theories, and treatment of the offender* (pp. 363–85). New York: Plenum.

Bradford, J. M. (1995). Pharmacological treatment of the paraphilias. In J. M. Oldham & M. B. Reba (Eds.), *American Psychiatric Press Review of Psychiatry* (Vol. 14). Washington, DC: American Psychiatric Press.

Bradford, J. M. (1997). Medical interventions in sexual deviance. In D. R. Laws & W. O'Donohue (Eds.), *Sexual deviance: Theory, assessment, and treatment* (pp. 449–64). New York: Guilford Press.

Bradley, S. J., & Zucker, K. J. (1997). Gender identity disorder: A review of the past 10 years. *Journal of the American Academy of Child and Adolescent Psychiatry, 36,* 872–80.

Bradshaw, J. (1990). *Homecoming: Reclaiming and championing your inner child.* New York: Bantam.

Brady, J. P., & Lind D. L. (1961). Experimental analysis of hysterical blindness: Operant conditioning techniques. *Archives of General Psychiatry, 4,* 331–39.

Braff, D. L., & Saccuzzo, D. P. (1985). The time course of information-processing deficits in schizophrenia. *American Journal of Psychiatry, 142* (2): 170–74.

Brandenburg N. A., Friedman, R. M., & Silver, S. E. (1990). The epidemiology of childhood psychiatric disorders: Prevalence findings from recent studies. *Journal of the American Academy of Child and Adolescent Psychiatry, 29* (1): 76–83.

Brebion, G., Smith, M. J., Gorman, J. M., & Amador, X. (1997). Discrimination accuracy and decision biases in different types of reality monitoring in schizophrenia. *Journal of Nervous and Mental Disease, 185,* 247–53.

Breedlove, S. M. (1994). Sexual differentiation of the human nervous system. *Annual Review of Psychology, 45,* 389–418.

Breggin, P. R. (1998). *Talking back to Ritalin: What doctors aren't telling you about stimulants for children.* Monroe, ME: Common Courage Press.

Breier, A., Albus, M., Pickar, D., Zahn, T.P. et al. (1987). Controllable and controllable stress in humans: Alterations in mood and neuroendocrine and psychophysiological function. *American Journal of Psychiatry, 144* (11): 1419–25.

Breier, A., Charney, D. S., & Heninger, G. R. (1986). Agoraphobia with panic attacks: Development, diagnostic stability, and course of illness. *Archives of General Psychiatry, 43,* 1029–36.

Bremner, J. D., Licinio, J., Darnell, A., Krystal, A. H., Owens, M. J., Southwick, S. M., Nemeroff, C. B., & Charney, D. S. (1997). Elevated CSF corticotropin-releasing factor concentrations in posttraumatic stress disorder. *American Journal of Psychiatry, 154,* 624–29.

Bremner, J. D., Randall, P., Vermetten, E., Staib, L., et al. (1997). Magnetic resonance imaging-based measurement of hippocampal volume in posttraumatic stress disorder related to childhood physical and sexual abuse: A preliminary report. *Biological Psychiatry, 41,* 23–32.

Brennan, P. A., Grekin, E. R., & Mednick, S. A. (1999). Maternal smoking during pregnancy and adult male criminal outcomes. *Archives of General Psychiatry, 56,* 215–19.

Brennan, P., Mednick, S., & Kandel, E. (1991). Congenital determinants of violent and property offending. In D. J. Pepler & K. H. Rubin (Eds.), *The development and treatment of childhood aggression* (pp. 81–92). Hillsdale, NJ: Lawrence Erlbaum.

Brennan, P. A., Raine, A., Schulsinger, F., Kirkegaard-Sorensen, L., Knop, J., Hutchings, B., Rosenberg, R., & Mednick, S. A. (1997). Psychophysiological protective factors for male subjects at high risk for criminal behavior. *American Journal of Psychiatry, 154,* 853–55.

Brenner, H. D., Hirsbrunner, A., & Heimberg, D. (1996). Integrated psychological therapy program: Training in cognitive and social skills for schizophrenic patients. In P. W. Corrigan & S. C. Yudofsky (Eds.), *Cognitive rehabilitation for neuropsychiatric disorders* (pp. 329–48). Washington, DC: Ameican Psychiatric Press.

Brenner, H. D., Hodel, B., Roder, V., & Corrigan, P. (1992). Treatment of cognitive dysfunctions and behavioral deficits in schizophrenia. *Schizophrenia Bulletin, 18* (1): 21–26.

Brenner, H. D., Roder, V., Hodel, B., Kienzle, N., Reed, D., & Liberman, R. P. (1994). *Integrated psychological therapy for schizophrenic patients (IPT).* Goettingen, Germany: Hogrefe & Huber.

Brent, D. A., & Perper, J. A. (1995). Research in adolescent suicide: Implications for training, service delivery and public policy. *Suicide and Life-Threatening Behavior, 25,* 222–30.

Breslau, N. & Davis, G. C. (1986). Chronic stress and major depression. *Archives of General Psychiatry, 43,* 309–14.

Breslau, N., & Davis, G. C. (1987). Posttraumatic stress disorder: The etiologic specificity of wartime stressors. *American Journal of Psychiatry, 144,* 578–83.

Breslin, F. C., Hayward, M., & Baum, A. (1994). Effect of stress on perceived intoxication and the Blood Alcohol Curve in men and women. *Health Psychology, 13* (6): 479–87.

Breslin, N. H. (1992). Treatment of schizophrenia: Current practice and future promise. *Hospital and Community Psychiatry, 43,* 877–85.

Brestan, E. V., & Eyberg, S. M. (1998). Effective psychosocial treatments of conduct-disordered children and adolescents: 29 years, 82 studies, and 5,272 kids. *Journal of Clinical Child Psychology, 27,* 180–89.

Brett, C. W., Burling, T. A., & Pavlik, W. B. (1981). Electroconvulsive shock and learned helplessness in rats. *Animal Learning and Behavior, 9,* 38–44.

Brett, D., Kirkby, K., Hay, D., Mowry, B., & Jones, I. (1998). Predictability of hospitalization over 5 years for schizophrenia, bipolar disorder and depression. *Australian and New Zealand Journal of Psychiatry, 32,* 281–86.

Brew, B. J., Rosenblum, M., Cronin, K., & Price, R. W. (1995). AIDS Dementia Complex and HIV-1 brain infection: Clinical-virological correlations. *Annals of Neurology, 38* (4): 563–70.

Brewer, D. D., Catalano, R. F., Haggerty, K., Gainey, R. R., & Fleming, C. B. (1998). A meta-analysis of predictors of continued drug use during and after treatment for opiate addiction. *Addiction, 93,* 73–92.

Brickman, A. S., McManus, M., Grapentine, W. L., & Alessi, N. (1984). Neuropsychological assessment of seriously delinquent adolescents. *Journal of the American Academy of Child Psychiatry, 23,* 453–57.

Broadbent, D. E. (1958). *Perception of communication.* London: Pergamon.

Brodie, H. K. H., & Leff, M. J. (1971). Bipolar depression: A comparative study of patient characteristics. *American Journal of Psychiatry, 127,* 1086–90.

Broman, S. H. & Michel, M. E. (Eds.). (1995). *Traumatic head injury in children.* New York: Oxford.

Bromfield, R. (1996). Is Ritalin overprescribed? — Yes. *Priorities, 8,* (on-line). http://www.acsh.org/publications/priorities/0803/pcyes.html

Brooks, A. D. (1974). *Law, psychiatry and the mental health system.* Boston: Little, Brown.

Brooks, N., & McKinlay, W. (1992). Mental health consequences of the Lockerbie disaster. *Journal of Traumatic Stress, 5,* 527–43.

Brooks-Gunn, J. (1988). Antecedents and consequences of variations in girls' maturational timing. *Journal of Adolescent Health Care, 90* (5):365–73.

Broome, K. M., Knight, K., Joe, G. W., & Simpson, D. (1996). Evaluating the drug-abusing probationer: Clinical interview versus self-administered assessment. *Criminal Justice and Behavior, 23* (4): 593–606.

Brown, G. W., & Harris, T. (1978). *Social origins of depression.* London: Tavistock.

Brown, R., Colter, N., Corsellis, J. A., Crow, T. J., Frith, C. D., Jagoe, R., Johnstone, E. C., & Marsh, L. (1986). Post-mortem evidence of structural brain changes in schizophrenia. Differences in brain weight, temporal horn area, and parahippocampal gyrus compared with affective disorder. *Archives of General Psychiatry, 43* (1): 36–42.

Brown, T. A., Barlow, D. H., & Liebowitz, M. R. (1994). The empirical basis of generalized anxiety disorder. *American Journal of Psychiatry 151*(9): 1272–80.

Bruch, H. (1982). Anorexia nervosa: Therapy and theory. *American Journal of Psychiatry, 139,* 1531–38.

Bruininks, R. H., Woodcock, R. W., Weatherman, R. E., & Hill, B. K. (1984). *Scales of independent behavior: Woodcock-Johnson Psycho-Educational Battery: Part IV.* Allen, TX: DLM Teaching Resources.

Brumberg, J. (1998). *The body project: An intimate history of American girls.* New York: Random House.

Brunner, D., & Hen, R. (1997). Insights into the neurobiology of impulsive behavior from serotonin receptor knockout mice. In D. M. Stoff & J. J. Mann (Eds.), *The neurobiology of suicide: From the bench to the clinic* (Annals of The New York Academy of Sciences, Vol. 836; pp. 81–105). New York: New York Academy of Sciences.

Bryant, F. B., & Yarnold, P. R. (1995). Comparing five alternative factor-models of the Student Jenkins Activity Survey: Separating the wheat from the chaff. *Journal of Personality Assessment, 64* (1): 145–58.

Bryant, R. N., & McConkey, K. M. (1989). Visual conversion disorder: A case analysis of the influence of visual information. *Journal of Abnormal Psychology, 98,* 326–29.

Bryson, G., Bell, M. D., Kaplan, E., & Greig, T. (1998). The functional consequences of memory impairments on initial work performance in people with schizophrenia. *Journal of Nervous and Mental Disease, 186,* 610–15.

Brzustowicz, L. M., Hodgkinson, K. A., Chow, E. W., Honer, W. G., & Bassett, A. S. (2000). Location of a major susceptibility locus for familial schizophrenia on chromosome 1q21-q22. *Science, 288* (5466): 678–82.

Buchanan, G. (1994). Explanatory style and coronary heart disease. In G. Buchanan & M. Seligman (Eds.), *Explanatory style.* Hillsdale, NJ: Erlbaum.

Buchanan, G., Gardenswartz, C., & Seligman, M. (1999). Physical health following a cognitive-behavioral intervention. *Prevention and Treatment, 2.*

Buchanan, R. W. (1995). Clozapine: Efficacy and safety. *Schizophrenia Bulletin, 21* (4): 579–91.

Buchsbaum, M. S. (1990). The frontal lobes, basal ganglia, and temporal lobes as sites for schizophrenia. *Schizophrenia Bulletin, 16* (3): 379–89.

Buchsbaum, M. S., & Heier, R. J. (1987). Functional and anatomical brain imaging: Impact on schizophrenia research. *Schizophrenia Bulletin, 13,* 115–32.

Buchsbaum, M. S., Someya, T., Teng, C. Y., Abel, L., Chin, S., Najafi, A., Heier, R. J., Wu, J., and Bunney, W. E., Jr. (1996). PET and MRI of the thalamus in never-medicated patients with schizophrenia. *American Journal of Psychiatry, 151* (3): 343–50.

Buchwald, A. M., Coyne, J. C., & Cole, C. S. (1978). A critical evaluation of the learned helplessness model of depression. *Journal of Abnormal Psychology, 87,* 180–93.

Buck, C., Simpson, H., & Wanklin, J. M. (1977). Survival of nieces and nephews of schizophrenic patients. *British Journal of Psychiatry, 130,* 506–508.

Buckley, P. F. (1997). New dimensions in the pharmacologic treatment of schizophrenia and related psychoses. *Journal of Clinical Pharmacology, 37* (5): 363–78.

Buckley, P. F., Sajatovic, M., & Meltzer, H. Y. (1994). Clozapine treatment of delusional disorders. *American Journal of Psychiatry, 151,* 1394–95.

Budzynski, T. H., Stoyva, J. M., Adler, C. S., & Mullaney, D. M. (1973). EMG biofeedback and tension headache: A controlled outcome study. *Psychosomatic Medicine, 35,* 484–96.

Bulik, C. M., Sullivan, P. F., & Weltzin, T. E. (1995). Temperance in eating disorders. *International Journal of Eating Disorders, 17,* 251–61.

Bunney, W. E., & Murphy, D. L. (1974). Switch processes in psychiatric illness. In S. S. Kline (Ed.), *Factors in depression.* New York: Raven Press.

Burgess, A., & Holmstrom, L. (1979). Adaptive strategies and recovery from rape. *American Journal of Psychiatry, 136,* 1278–82.

Burke, A. E., & Silverman, W. K. (1987). The prescriptive treatment of school refusal. *Clinical Psychology Review, 7,* 353–62.

Burman, A. M. (1988). Sexual assault and mental disorders in a community population. *Journal of Consulting and Clinical Psychology, 56* (6): 843–50.

Burns, B., & Reyher, J. (1976). Activating posthypnotic conflict: Emergent, uncovering, psychopathology, repression and psychopathology. *Journal of Personality Assessment, 40,* 492–501.

Burns, B. J., Costello, E. J., Angold, A., Tweed, D., Stangl, D., Farmer, E. M., & Erkanli, A. (1995). Children's mental health service use across service sectors. *Health Affairs, 14* (3): 147–59.

Burt, R. A., & Morris, N. (1972). A proposal for the abolition of the incompetency plea. *Chicago Law Review, 40,* 66–80.

Bushman, B. J., & Baumeister, R. F. (1998).Threatened egotism, narcissism, self-esteem, and direct and displaced aggression: Does self-love or self-hate lead to violence? *Journal of Personality and Social Psychology, 75* (1): 219–29.

Butcher, J. N. (1969). *MMPI: Research developments and clinical applications.* New York: McGraw-Hill.

Butcher, J. N. (Ed.), et al. (1996). *International adaptations of the MMPI-2: Research and clinical applications.* (pp. 26–43). Minneapolis: University of Minnesota Press.

Butcher, J. N. (1999). *A beginner's guide to the MMPI-2.* Washington, DC: American Psychological Association.

Butcher, J. N., Dahlstrom, W. G., Graham, J. R., Tellegen, A., & Kraemer, B. (1989). *Minnesota Multiphasic Personality Inventory-2: Manual for administration and scoring.* Minneapolis: University of Minnesota Press.

Butcher, J. N., Dahlstrom, W. G., Graham, J. R., Tellegen, A., & Kraemer, B. (1994). *Minnesota Multiphasic Personality Inventory—2 (MMPI-2).* Minneapolis: NCS Assessments.

Butcher, J. N., & Rouse, S. V. (1996). Personality: Individual differences and clinical assessment. *Annual Review of Psychology, 47,* 87–111.

Butler, G., Fennell, M., Robson, P., & Gelder, M. (1991). Comparison of behavior therapy and cognitive behavior therapy in the treatment of generalized anxiety disorder. *Journal of Consulting and Clinical Psychology, 59,* 167–75.

Butler, R. N. (1997). Population aging and health. *British Medical Journal, 315,* 1082–84.

Butler, S. M., & Snowdon, D. A. (1996). Trends in mortality in older women: Findings from the Nun Study. *Journals of Gerontology, Series B, Psychological Sciences and Social Sciences, 51B,* S201–S208.

Butzlaff, R. L., & Hooley, J. M. (1998). Expressed emotion and psychiatric relapse: A meta-analysis. *Archives of General Psychiatry, 55,* 547–52.

Buysse, D. J., Reynolds, C. F., Hauri, P. J., Roth, T., Stepanski, E. J., Thorpy, M. J., Bixler, E.O., Kales, A., Manfredi, R. L., Vgontsas, A. N., Stapf, D. M., Houck, P. R., & Kupfer, D. J. (1994). Diagnostic concordance for DSM-IV Sleep Disorders: A report from the APA/NIMH DSM-IV field trial. *American Journal of Psychiatry, 151* (9): 1351–60.

Bynum, W. F. (Jr.). (1981). Rationales for therapy in British psychiatry, 1780–1835. In A. Scull (Ed.), *Madhouses, mad-doctors, and madmen: The social history of psychiatry in the Victorian era* (pp. 35–57). Philadelphia: University of Pennsylvania Press.

Bystritsky, A., Craske, M., Maidenberg, E., Vapnik, T., & Shapiro, D. (1995). Ambulatory monitoring of panic patients during regular activity: A preliminary report. *Biological Psychiatry, 38,* 684–89.

Cade, W. (1970). The story of lithium. In F. J. Ayd & H. Blackwell (Eds.), *Discoveries in biological psychiatry.* Philadelphia: Lippincott.

Cadoret, R. (1986). Epidemiology of antisocial personality. In W. H. Reid, D. Dorr, J. I. Walker, & J. W. Bonner, III (Eds.), *Unmasking the psychopath: Antisocial personality and related syndromes* (pp. 28–44). New York: Norton.

Cadoret, R. J., O'Gorman, T. W., Troughton, E., & Heywood, E. (1985). Alcoholism and antisocial personality. *Archives of General Psychiatry, 42,* 161–67.

Cadoret, R. J. & Stewart, M. A. (1991). An adoption study of attention deficit/hyperactivity/aggression and their relationship to adult antisocial personality. *Comprehensive Psychiatry, 32,* 73–82.

Cadoret, R. J., Yates, W. R., Troughton, E., Woodworth, G., & Stewart, M. A. (1995a). Adoption study demonstrating two genetic pathways to drug abuse. *Archives of General Psychiatry, 52,* 42–52.

Cadoret, R. J., Yates, W. R., Troughton, E., Woodworth, G., & Stewart, M. A. (1995b). Genetic-environmental interaction in the genesis of aggressivity and conduct disorders. *Archives of General Psychiatry, 52,* 916–24.

Cadoret, R. J., Yates, W. R., Troughton, E., Woodworth, G., & Stewart, M. A. (1996). An adoption study of drug abuse/dependency in females. *Comprehensive Psychiatry, 37* (2): 88–94.

Caine, S. B. (1998). Neuroanatomical bases of the reinforcing stimulus effects of cocaine. In S. T. Higgins & J. L. Katz (Eds.), *Cocaine abuse: Behavior, pharmacology, and clinical applications* (pp. 21–50). San Diego: Academic Press.

Calabrese, J. R., Bowden, C. L., Sachs, G. S., Ascher, J. A., Monaghan, E., & Rudd, G. D. (1999). A double-blind placebo-controlled study of lamotrigine monotherapy in outpatients with bipolar I depression. *Journal of Clinical Psychiatry, 60* (2): 79–88.

Caldwell, C. B., & Gottesman, I. I. (1990). Schizophrenics kill themselves too: A review of risk factors for suicide. *Schizophrenia Bulletin, 16* (4): 571–89.

Caldwell, C. B., & Gottesman, I. I. (1992). Schizophrenia–a high risk factor for suicide: Clues to risk reduction. *Suicide and Life-Threatening Behavior, 2,* 479–93.

Calingasan, N. Y., Gandy, S. E., Baker, H., Sheu, K. R., Kim, K., Wisniewski, H. M., & Gibson, G. E. (1995). Accumulation of amyloid precursor protein-like immunoreactivity in rat brain in response to thiamine deficiency. *Brain Research, 677,* 50–60.

Callahan, R. (1996). Why is 100% cure rate unattainable in psychotherapy? July, 30, 1996, personal communication.

Cameron, N. (1938). Reasoning, regression and communication in schizophrenia. *Psychological Monographs, 50* (Whole No. 221).

Cameron, N. (1947). *The psychology of behavior disorders.* Boston: Houghton Mifflin.

Campbell, M., & Cueva, J. (1995). Psychopharmacology in child and adolescent psychiatry: A review of the past seven years. Part 2. *Journal of the American Academy of Child and Adolescent Psychiatry, 34* (10).

Canetto, S., & Lester, D. (1995). Gender and the primary prevention of suicide mortality. *Suicide and Life Threatening Behavior, 25,* 58–69.

Cannon, M., Jones, P., Gilvarry, C., Rifkin, L., McKenzie, K., Foerster, A., & Murray, R. M. (1997). Premorbid social functioning in schizophrenia and bipolar disorder: Similarities and differences. *American Journal of Psychiatry, 154,* 1544–50.

Cannon, T. D. (1997). On the nature and mechanisms of obstetric influences in schizophrenia: A review and synthesis of epidemiologic studies. *International Review of Psychiatry, 9,* 387–97.

Cannon, T. D., Kaprio, J., Lonnqvist, J., Huttunen, M., & Koshenvuo, M. (1998). The genetic epidemiology of schizophrenia in a Finnish twin cohort: A population based modeling study. *Archives of General Psychiatry, 55,* 67–74.

Cannon, T. D., & Mednick, S. A. (1993). The schizophrenia high-risk project in Copenhagen: Three decades of progress. *Acta Psychiatrica Scandinavica, 87* (Suppl. 370): 33–47.

Cantwell, D. P. (1998). ADHD through the life span: The role of bupropion in treatment. *Journal of Clinical Psychiatry, 59,* 92–94.

Cantwell, D. P., Baker, L., & Rutter, M. (1978). Family factors in the syndrome of infantile autism. In M. Rutter & E. Schopler (Eds.), *Autism: A reappraisal of concepts and treatment.* New York: Plenum.

Cardno, A. G., Marshall, E. G., Coid, B., Macdonald, A. M., Ribchester, T. R., Davies, N. J., Venturi, P., Jones, L. A., Lewis, S. W., Sham, P. C., Gottesman, I. I., Farmer, A. E., McGuffin, P., Reveley, A. M., & Murray, R. M. (1999). Heritability estimates for psychotic disorders: The Maudsley twin psychosis series. *Archives of General Psychiatry, 56,* 162–68.

Carey, G., & Gottesman, I. I. (1981). Twin and family studies of anxiety, phobic, and obsessive disorders. In D. F. Klein & J. Rabkin (Eds.), *Anxiety: New research and changing concepts* (pp. 117–36). New York: Raven Press.

Carey, M., Wincze, J., & Meisler, A. (1993). Sexual dysfunction: Male erectile disorder. In D. Barlow (Ed.), *Clinical handbook of psychological disorders* (2nd ed., pp. 442–80). New York: Guilford Press.

Carlson, G. A., Kotin, J., Davenport, Y. B., & Adland, M. (1974). Follow-up of 53 bipolar manic depressive patients. *British Journal of Psychiatry, 124,* 134–39.

Carlson, L. (1999). *A fever in Salem: A new interpretation of the New England witch trials.* Ivan Dee.

Carmagnat-Dubois, F., Desombre, H., Perrot, A., Roux, S., Le Noir, P., Sauvage, D., & Garreau, B. (1997). Autism and Rett syndrome: A comparison study during infancy using family home movies. *Encephale, 23,* 273–79.

Carmelli, D., Dame, A., Swan, G., & Rosenman, R. (1991). Long-term changes in Type A behavior: A 27-year follow-up of the Western Collaborative Group Study. *Journal of Behavioral Medicine, 14,* 593–606.

Carnahan, H., Aguilar, O., Malla, A., & Norman, R. (1997). An investigation into movement planning and execution deficits in individuals with schizophrenia. *Schizophrenia Research, 23,* 213–21.

Carney, R., Freedland, K., & Jaffe, A. (1990). Insomnia and depression prior to myocardial infarction. *Psychosomatic Medicine, 52,* 603–609.

Carpenter, W. T., Jr. (1992). The negative symptom challenge [comment]. *Archives of General Psychiatry, 49* (3): 236–37.

Carpenter, W. T., Jr., & Buchanan, R.(1994). Medical progress: Schizophrenia. *New England Journal of Medicine, 330* (10): 681–90.

Carroll, A., Fattah, S., Clyde, Z., Coffey, I., Owens, D. G., & Johnstone, E. C. (1999). Correlates of insight and insight change in schizophrenia. *Schizophrenia Research, 35,* 247–54.

Carroll, B. J. (1994). Brain mechanisms in manic depression. *Clinical Chemistry, 40* (2): 303–308.

Carroll, M. E., & Bickel, W. K. (1998). Behavioral-environmental determinants of the reinforcing functions of cocaine. In S. T. Higgins & J. L. Katz (Eds.), *Cocaine abuse: Behavior, pharmacology, and clinical applications* (pp. 81–106). San Diego: Academic Press.

Carter, A. B. (1949). The prognosis of certain hysterical symptoms. *British Medical Journal, 1,* 1076–80.

Carter, C. H. (1970). *Handbook of mental retardation syndromes.* Springfield, IL: Charles C. Thomas.

Carter, J. D., Joyce, P. R., Mulder, R. T., Sullivan, P. F., & Luty, S. E. (1999). Gender differences in the frequency of personality disorders in depressed outpatients. *Journal of Personality Disorders, 13,* 67–74.

Carter, J. R., & Neufeld, R. W. J. (1998). Cultural aspects of understanding people with schizophrenic disorders. In S. S. Kazarian & D. R. Evans (Eds.), *Cultural clinical psychology: Theory, research, and practice* (pp. 246–66). New York: Oxford University Press.

Carter, J. W., Parnas, J., Cannon, T. D., Schulsinger, F., & Mednick, S. A. (1999). MMPI variables predictive of schizophrenia in the Copenhagen High-Risk Project: A 25-year follow-up. *Acta Psychiatrica Scandinavica, 99* (6): 432–40.

Castle, D., & Murray, R. (1993). The epidemiology of late-onset schizophrenia. *Schizophrenia Bulletin, 19* (4): 691–700.

Castle, D. J., Wessely, S., & Murray, R. M. (1993). Sex and schizophrenia: Effects of diagnostic stringency, and associations with premorbid variables. *British Journal of Psychiatry, 162,* 658–64.

Castle, J., Groothues, C., Bredenkamp, D., Beckett, C., O'Connor, T., & Rutter, M. E.R.A. Study Team. (1999). Effects of qualities of early institutional care on cognitive attainment. *American Journal of Orthopsychiatry, 69* (4): 424–37.

Castle, S., Wilkins, S., Heck, E., Tanzy, K., & Fahey, J. (1995). Depression in caregivers of demented patients is associated with altered immunity: Impaired proliferative capacity, increased CD8+, and a decline in lymphocytes with surface signal transduction molecules (CD38+) and a cytotoxicity marker (CD56+ CD8+). *Clinical and Experimental Immunology, 101,* 487–93.

Cautela, J. R. (1967). Covert sensitization. *Psychological Reports, 20,* 459–68.

Cegelka, W. J., & Tyler, J. L. (1970). The efficacy of special class placement for the mentally retarded in proper perspective. *Training School Bulletin, 67,* 33–68.

Ceniceros, S. (1998). Alzheimer's disease and depression. *Psychiatric Services, 49,* 389.

Center for Disease Control. (1989). *CDC morbidity and mortality weekly report (MMWR).* http://www2.cdc.gov/mmwr

Center for Disease Control. (1994). *Helicobacter pylori and peptic ulcer disease.* http://www.cdc.gov/ncidod/dbmd/hpylori.htm

Centrella, M. (1994). Physician addiction and impairment—Current thinking: A review. *Journal of Addictive Diseases, 13* (1): 91–105.

Chakraborty, R., Little, M. P., & Sankaranarayanan, K. (1998). Cancer predisposition, radiosensitivity and the risk of radiation-induced cancers. IV. Prediction of risks in relatives of cancer-predisposed individuals. *Radiation Research, 149,* 493–507.

Chamberlain, P., & Rosicky, J. G. (1995). The effectiveness of family therapy in the treatment of adolescents with conduct disorders and delinquency. *Journal of Marital and Family Therapy, 21,* 441–59.

Chambers, D. L. (1972). Alternatives to civil commitment of the mentally ill: Practical guides and constitutional imperatives. *Michigan Law Review, 70B,* 1107–1200.

Chan, G. C., Hinds, T. R., Impey, S., & Storm, D. R. (1998). Hippocampal neurotoxicity of Delta-sup-9-tetrahydrocannabinol. *Journal of Neuroscience, 18,* 5322–32.

Chandler, J., & Winokur, G. (1989). How antipsychotic are antipsychotics? A clinical study of the subjective antipsychotic effect of the antipsychotics in chronic schizophrenia. *Annals of Clinical Psychiatry, 1,* 215–20.

Chang, J., Zhang, L., Janak, P. H., & Woodward, D. J. (1997). Neuronal responses in prefrontal cortex and nucleus accumbens during heroin self-administration in freely moving rats. *Brain Research, 754,* 12–20.

Chapin, K. J., Rosenbaum, G., Fields, R. B., & Wightman, L. H. (1996). Multiple deficit theory of schizophrenia: Incidence of markers vs. symptoms. *Journal of Clinical Psychology, 52,* 109–23.

Chapman, L. J., & Chapman, D. T. (1969). Illusory correlations as an obstacle to the use of valid psychodiagnostic signs. *Journal of Abnormal Psychology, 74,* 271–80.

Chapman, L. J., & Chapman, J. P. (1973). *Disordered thought in schizophrenia.* New York: Appleton-Century-Crofts.

Chapman, L. J., & Taylor, J. A. (1957). Breadth of deviate concepts used by schizophrenics. *Journal of Abnormal Social Psychology, 54,* 118–23.

Charman, T., Swettenham, J., Baron-Cohen, S., Cox, A., Baird, G., & Drew, A. (1998). An experimental investigation of social-cognitive abilities in infants with autism: Clinical implications. *Infant Mental Health Journal, 19,* 260–75.

Charney, D. S., & Heninger, G. R. (1985). Noradrenergic function and the mechanism of action of antianxiety treatment: The effect of long-term imipramine treatment. *Archives of General Psychiatry, 42,* 473–81.

Charney, D. S., & Heninger, G. R. (1986). Abnormal regulation of noradrenergic function in panic disorders: Effects of clonidine in healthy subjects and patients with agoraphobia and panic disorder. *Archives of General Psychiatry, 43* (11): 1042–54.

Chengappa, K. N., Ebeling, T., Kang, J., Levine, J., & Parepally, H. (1999). Clozapine reduces severe self-mutilation and aggression in psychotic patients with borderline personality disorder. *Journal of Clinical Psychiatry, 60,* 477–84.

Cherry, C., & Sayers, B. McA. (1956). Experiments upon the total inhibition of stammering by external control and some clinical results. *Journal of Psychosomatic Research, 1,* 233.

Cheseldine, S., & McConkey, R. (1979). Parental speech to young Down's syndrome children: An intervention study. *American Journal of Mental Deficiency, 83,* 612–20.

Chin, J. H., & Goldstein, D. B. (1977). Drug tolerance in biomembranes: A spin label study of the effects of ethanol. *Science, 196,* 684–85.

Chinn, P. C., Drew, C. J., & Logan, D. R. (1979). *Mental retardation: A life cycle approach* (2nd ed.). St. Louis: Mosby.

Chodoff, P. (1974). The diagnosis of hysteria: An overview. *American Journal of Psychiatry, 131,* 1073–78.

Christensen, H., Jorm, A. F., Mackinnon, A. J., Korten, A. E., Jacomb, P. A., Henderson, A. S., & Rodgers, B. (1999). Age differences in depression and anxiety symptoms: A structural Equation modelling analysis of data from a general population sample. *Psychological Medicine, 29,* 325–39.

Christiansen, K. (1977). A review of studies of criminality among twins. In S. Mednick and K. Christiansen (Eds.), *Biosocial bases of criminal behavior.* New York: Gardner.

Christophersen, E. R., & Finney, J. W. (1999). Oppositional defiant disorder. In R. T. Ammerman & M. Hersen (Eds.), *Handbook of prescriptive treatments for children and adolescents* (2nd ed., pp. 102–13). Boston: Allyn & Bacon.

Chrousos, G. P., McCarty, R., Pecak, K., Cizza, G., Sternberg, E., Gold, P. W., & Kvetnansky, R. (Eds.). (1995). *Stress: Basic mechanisms and clinical implications* (Annals of the New York Academy of Sciences, Vol. 771). New York: New York Academy of Sciences.

Chugani, D. C., Muzik, O., Rothermel, R., Behen, M., Chakraborty, P., Mangner, T., da Silva, E. A., & Chugani, H. T. (1997). Altered serotonin synthesis in the dentato-thalamocortical pathway in autistic boys. *Annals of Neurology, 42,* 666–69.

Chugani, H. T. (1994). Development of brain glucose metabolism in relation to behavior and plasticity. In G. Dawson, K. W. Fischer, et al. (Eds.), *Human behavior and the developing brain* (pp. 176–206). New York: Guilford Press.

Ciaranello, A. L., & Ciaranello, R. D. (1995). The neurobiology of infantile autism. *Annual Review of Neuroscience, 18,* 101–28.

Cicchetti, D., & Rogosch, F. A. (1999). Psychopathology as risk for adolescent substance use disorders: A developmental psychopathology perspective. *Journal of Clinical Child Psychology, 28* (3): 355–65.

Clark, D. A., Beck, A. T., & Beck, J. S. (1994). Symptom differences in major depression, dysthymia, panic disorder, and generalized anxiety disorder. *American Journal of Psychiatry, 151* (2): 205–209.

Clark, D. B., Lesnick, L., & Hegedus, A. M. (1997). Traumas and other adverse life events in adolescents with alcohol use and dependence. *Journal of the American Academy of Child and Adolescent Psychiatry, 36,* 1744–51.

Clark, D. M. (1988). A cognitive model of panic attacks. In S. Rachman & J. D. Maser (Eds.), *Panic: Psychological perspectives.* Hillsdale, NJ: Erlbaum.

Clark, D. (1989). Anxiety states: Panic and generalized anxiety. In K. Hawton, P. Salkovskis, J. Kirk, & D. Clark (Eds.), *Cognitive behaviour therapy for psychiatric problems: A practical guide.* Oxford, England: Oxford University Press.

Clark, D. M. (1999). Anxiety disorders: Why they persist and how to treat them. *Behaviour Research and Therapy, 37* (Suppl 1): S5–S27.

Clark, D., Gelder, M., Salkovskis, P., Hackman, A., Middleton, H., & Anatasiades, A. (1990). *Cognitive therapy for panic: Comparative efficacy.* Presented at the annual meeting of the American Psychiatric Association, New York, May 15, 1990.

Clark, L. A. (1999). Dimensional approaches to personality disorder assessment and diagnosis. In C. Cloninger (Ed.), *Personality and psychopathology.* Washington, DC: American Psychiatric Press.

Clark, L. A., Livesley, W. J., & Morey, L. (1997). Personality disorder assessment: The challenge of construct validity. *Journal of Personality Disorders, 11* (3): 205–31.

Clark, L. A., Livesley, W. J., Schroeder, M. L., & Irish, S. L. (1996). Convergence of two systems for assessing specific traits of personality disorder. *Psychological Assessment, 8*(3): 294–303.

Clark, R. E. (1948). The relationship of schizophrenia to occupational income and occupational prestige. *American Sociological Review, 13,* 325–30.

Clarke, G. N., Hawkins, W., Murphy, M. & Sheeber, L. (1993). School-based primary prevention of depressive symptomatology in adolescents: Findings from two studies. *Journal of Adolescent Research, 8*(2): 183–204.

Clarke, G. N., Hawkins, W., Murphy, M., Sheeber, L. B., et al. (1995). Targeted prevention of unipolar depressive disorder in an at-risk sample of high school adolescents: A randomized trial of group cognitive intervention. *Journal of the American Academy of Child and Adolescent Psychiatry, 34* (3): 312–21.

Clarkin, J. F., Yeomans, F. E., & Kernberg, O. F. (1999). *Psychotherapy for borderline personality.* New York: Wiley.

Clausen, J. A., & Kohn, M. L. (1959). Relation of schizophrenia to the social structure of a small city. In B. Pasamanick (Ed.), *Epidemiology of mental disorder.* Washington, DC: American Association for the Advancement of Science.

Cleckley, H. (1964). *The mask of sanity.* St. Louis: Mosby.

Clementz, B. A., Sweeney, J. A., Hirt, M., & Haas, G. (1990). Pursuit gain and saccadic intrusions in first-degree relatives of probands with schizophrenia. *Journal of Abnormal Psychology, 99*(4): 327–35.

Clomipramine Collaborative Study Group. (1991). Clomipramine in the treatment of obsessive-compulsive disorder. *Archives of General Psychiatry, 48,* 730–38.

Cloninger, C. R. (1987). Neurogenic adaptive mechanisms in alcoholism. *Science, 236.*

Cloninger, C. R. (1998). The genetics and psychobiology of the seven-factor model of personality. In K. R. Silk (Ed.), *Biology of personality disorders: Review of psychiatry series* (pp. 63–92). Washington, DC: American Psychiatric Press.

Cloninger, C. R. (1999). *Personality and psychopathology.* Washington, DC: American Psychiatric Press.

Cloninger, C. R., Bayon, C., & Przybeck, T. R. (1997). Epidemiology and Axis I comorbidity of antisocial personality. In D. M. Stoff, J. Breiling, & J. D. Maser (Eds.), *Handbook of antisocial behavior* (pp. 12–21). New York: Wiley.

Cloninger, C. R., & Gottesman, I. I. (1987). Genetic and environmental factors in antisocial behavior disorders. In S. A. Mednick, T. E. Moffitt, & S. A. Strack (Eds.), *The causes of crime: New biological approaches.* Cambridge: Cambridge University Press.

Cloninger, C. R., Martin, R. L., Guze, S. B., & Clayton, P. J. (1986). A prospective follow-up and family study of somatization in men and women. *American Journal of Psychiatry, 143,* 873–78.

Cloninger, C. R., Reich, T., & Guze, S. B. (1975). The multifactorial model of disease transmission. II. Sex differences in familial transmission of sociopathy (antisocial personality). *British Journal of Psychiatry, 127,* 11–22.

Cloninger, C. R., Sigvardsson, S., von Knorring, A., & Bohman, M. (1984). An adoption study of somatoform disorders: II. Identification of two discrete somatoform disorders. *Archives of General Psychiatry, 41,* 863–71.

Cloninger, C. R., von Knorring, A. L., Sigvardsson, S., & Bohman, M. (1986). Symptom patterns and causes of somatization in men: II. Genetic and environmental independence from somatization in women. *Genetic Epidemiology, 3,* 171–85.

Cobb, L. A., Thomas, G. I., Dillard, D. H., Merendino, K. A., & Bruce, R. A. (1959). An evaluation of internal-mammary-artery ligation by a double-blind technic. *New England Journal of Medicine, 260,* 1115–18.

Cobb, S., & Rose, R. M. (1973). Hypertension, peptic ulcer and diabetes and the traffic controllers. *Journal of the American Medical Association, 224,* 489–92.

Coccaro, E. F. (1998). Clinical outcome of psychopharmacologic treatment of borderline and schizotypal personality disordered subjects. *Journal of Clinical Psychiatry, 59,* 30–35.

Coccaro E. F., Silverman, J. M., Klar, H. M., Horvath, T. B., & Siever, L. J. (1994). Familial correlates of reduced central serotonergic system function in patients with personality disorders. *Archives of General Psychiatry, 51,* 318–24.

Cohen, C. I. (1993). Poverty and the course of schizophrenia: Implications for research and policy. *Hospital and Community Psychiatry, 44,* 951–58.

Cohen, D., & Strayer, J. (1996). Empathy in conduct-disordered and comparison youth. *Developmental Psychology, 32,* 988–98.

Cohen, D. J., & Volkmar, F. R. (Eds.). (1997). *Autism and pervasive developmental disorders: A handbook.* New York: Wiley.

Cohen, I. (1970). The benzodiazepines. In F. J. Ayd & H. Blackwell (Eds.), *Discoveries in biological psychiatry.* Philadelphia: Lippincott.

Cohen, J. B., & Reed, D. (1985). The Type A behavior pattern and coronary heart disease among Japanese men in Hawaii. *Journal of Behavioral Medicine, 8* (4): 343–52.

Cohen, N. (1997). Treatment compliance in schizophrenia: Issues for the therapeutic alliance and public mental health. In B. Blackwell et al. (Eds.), *Treatment compliance and the therapeutic alliance.* (Chronic mental illness, Vol. 5; pp. 239–50). Singapore: Harwood.

Cohen, P., & Hesselbart, C.S. (1993). Demographic factors in the use of children's mental health services. *American Journal of Public Health, 83* (1): 49–52.

Cohen, P., Slomkowski, C., & Robins, L. N. (1999). *Historical and geographical influences on psychopathology.* Mahwah, NJ: Lawrence Erlbaum.

Cohen, R. J., Swerdlik, M. E., & Smith, D. K. (1992). *Psychological testing and assessment: An introduction to test and measurement* (2nd ed.). Mountain View, CA: Mayfield Publishing Company.

Cohen, S., Doyle, W. J., Skoner, D. P., Fireman, P., Gwaltney Jr., J. M., & Newsom, J. T. (1995). State and trait negative affect as predictors of objective and subjective symptoms of respiratory viral infections. *Journal of Personality and Social Psychology, 68* (1): 159–69.

Cohen, S., Frank, E., Doyle, W. J., Skoner, D. P., Rabin, B. S., & Gwaltney, J. M., Jr. (1998). Types of stressors that increase susceptibility to the common cold in healthy adults. *Health Psychology, 17* (3): 214–23.

Cohen, S., Tyrrell, D., & Smith, A. (1993). Negative life events, perceived stress, negative affect, and susceptibility to the common cold. *Journal of Personality and Social Psychology, 64,* 131–40.

Cohen-Kettenis, P. T., & Van Goozen, S. H. M. (1997). Sex reassignment of adolescent transsexuals: A follow-up study. *Journal of American Academy of Child and Adolescent Psychiatry, 36*(2): 263–71.

Coie, J. D., & Kupersmidt, J. B. (1983). A behavioral analysis of emerging social status in boys' groups. *Child Development, 54,* 1400–16.

Coie, J., Terry, R., Lenox, K., & Lochman, J. (1995). Childhood peer rejection and aggression as predictors of stable patterns of adolescent disorder. *Development and Psychopathology, 7,* 697–713.

Colapinto, J. (2000). *As nature made him.* New York: Harper-Collins.

Collins, K. (2000). Gene therapy: FDA and NIH roll out new monitoring rules. *Contra Costa Times, Politics and Policy,* March 8.

Coltheart, M. (1985). Cognitive neuropsychology and the study of reading. In M. I. Posner & O. S. M. Marin (Eds.), *Attention and performance XI.* Hillsdale, NJ: Erlbaum.

Compas, B. E., Haaga, D. A. F., Keefe, F. J., Leitenberg, H., & Williams, D. A. (1998). Sampling of empirically supported psychological treatments from health psychology: Smoking, chronic pain, cancer, and bulimia nervosa. *Journal of Consulting and Clinical Psychology, 66* (1): 89–112.

Compton, W. M., Helzer, J. E., Hwu, H., Yeh, E., McEvoy, L., Tipp, J. E., & Spitznagel, E. L. (1991). New methods in cross-cultural psychiatry: Psychiatric illness in Taiwan and the United States. *American Journal of Psychiatry, 148* (12): 1697–1704.

Conduct Problems Prevention Research Group. (1999). Initial impact of the Fast-Track Prevention Trial for Conduct Problems: I. The high risk sample. *Journal of Clinical and Consulting Psychology, 67* (5): 631–47.

Consumer Reports (1995). Mental health: Does therapy help? *Consumer Reports,* November, 734–39.

Conture, E. G. (1996). Treatment efficacy: Stuttering. *Journal of Speech and Hearing Research, 39,* S18–S26.

Conway, C. R., & Steffens, D. C. (1999). Geriatric depression: Further evidence for the "vascular depression" hypothesis. *Current Opinion in Psychiatry, 12,* 463–70.

Cook, W. W., & Medley, D. M. (1954). Proposed hostility and pharisaic-virtue scales for the MMPI. *Journal of Applied Psychology, 38,* 414–18.

Coons, P. M. (1994). Confirmation of childhood abuse in child and adolescent cases of multiple personality disorder and dissociative disorder not otherwise specified. *Journal of Nervous and Mental Disease, 182* (8): 461–64.

Coons, P. M. (1998). The dissociative disorders. Rarely considered and underdiagnosed. *Psychiatric Clinics of North America, 21*(3):637–48.

Coons, P., Bowman, E., Pellow, T., & Schneider, P. (1989). Post-traumatic aspects of the treatment of victims of sexual abuse and incest. *Psychiatric Clinics of North America, 12,* 325–35.

Cooper, G. (1988). The safety of fluoxetine–An update. *British Journal of Psychiatry, 153,* 77–86.

Cooper, M. J., Todd, G., & Wells, A. (1998). Content, origins, and consequences of dysfunctional beliefs in anorexia nervosa and bulimia nervosa. *Journal of Cognitive Psychotherapy, 12,* 213–30.

Cooper, S. J., & Kirkham, T. C. (1993). Opioid mechanisms in the control of food consumption and taste preferences. In A. Herz (Ed.), *Handbook of experimental pharmacology,* 104/II (pp. 239–62). Berlin: Springer-Verlag.

Copeland, J. R. M., Dewey, M. E., Scott, A., Gilmore, C., Larkin, B. A., Cleave, N., McCracken, C. F. M., & McKibbin, P. E. (1998). Schizophrenia and delusional disorder in old age: Community prevalence, incidence, comorbidity, and outcome. *Schizophrenia Bulletin, 24,* 153–61.

Corcoran, R., Cahill, C., & Frith, C. D. (1997). The appreciation of visual jokes in people with schizophrenia: A study of "mentalizing" ability. *Schizophrenia Research, 24,* 319–27.

Corder, E. H., Saunders, A. M., Strittmatter, W. J., et al. (1993). Gene dose of apolipoprotein E type 4 allele and the risk of Alzheimer's disease in late onset families. *Science, 261,* 921–23.

Corey, G., Corey, M. S., & Callanan, P. (1998). *Issues and ethics in the helping professions.* Pacific Grove, CA: Brooks/Cole.

Cornblatt, B., & Obuchowski, M. (1997). Update of high-risk research: 1987–1997. *International Review of Psychiatry, 9,* 437–47.

Cornblatt, B., Obuchowski, M., Schnur, D. B., & O'Brien, J. (1997). Attention and clinical symptoms in schizophrenia. *Psychiatric Quarterly, 68,* 343–59.

Cornell Law. (2000). http://www.law.cornell.edu/background/insane/capacity.html

Corrigan, P. W., Hirschbeck, J. N., & Wolfe, M. (1995). Memory and vigilance training to improve social perception in schizophrenia. Schizophrenia Research, 17, 257–65.

Corrigall, W. A., & Coen, K. A. (1991). Selective dopamine antagonists reduce nicotine self-administration. *Psychopharmacology, 104,* 171–76.

Coryell, W., Scheftner, W., Keller, M., Endicott, J., et al. (1993). The enduring psychosocial consequences of mania and depression. *American Journal of Psychiatry, 150* (5): 720–27.

Costa, P., & Widiger, T. (1994). *Personality disorders and the five-factor model of personality.* Washington, DC: American Psychological Association.

Costantino, G., & Malgady, R. (1983). Verbal fluency of Hispanic, Black and White children on TAT and TEMAS, a new thematic apperception test. *Hispanic Journal of Behavioral Sciences, 5* (2), 199–206.

Costello, C. G. (1972). Depression: Loss of reinforcers or loss of reinforcer effectiveness. *Behavior Therapy, 3,* 240–47.

Costello, C. (1982). Fears and phobias in women: A community study. *Journal of Abnormal Psychology, 91,* 280–86.

Cottler, L. B., Price, R. K., Compton, W. M., & Mager, D. E. (1995). Subtypes of adult antisocial personality behavior among drug abusers. *Journal of Nervous and Mental Disease, 183* (3): 154–61.

Cotton, N. S. (1979). The familial incidence of alcoholism: A review. *Journal of Studies on Alcohol, 40,* 89–116.

Cottraux, J., & Gerard, D. (1998). Neuroimaging and neuroanatomical issues in obsessive-compulsive disorder: Toward an integrative model—perceived impulsivity. In R. P. Swinson & M. M. Antony (Eds.), *Obsessive-compulsive disorder: Theory, research, and treatment* (pp. 154–80). New York: Guilford Press.

Courchesne, E., Townsend, J., & Saitoh, O. (1994). The brain in infantile autism: Posterior fossa structures are abnormal. *Neurology, 44,* 214–23.

Cowley, D. S. (1992). Alcohol abuse, substance abuse, and panic disorders. *American Journal of Medicine, 92,* 41–48.

Cox, P., Hallam, R., O'Connor, K., & Rachman, S. (1983). An experimental analysis of fearlessness and courage. *British Journal of Psychology, 74,* 107–17.

Coyle, J. T., Price, D. L., & DeLong, M. R. (1983). Alzheimer's disease: A disorder of cortical cholinergic innervation. *Science, 219,* 1184–90.

Crabbe, J. C., Belknap, J. K., & Buck, K. J. (1994). Genetic animal models of alcohol and drug abuse. *Science, 264,* 1715–23.

Craighead, W. E., Craighead, L. W., & Ilardi, S. S. (1998). Psychosocial treatments for major depressive disorder. In P. E. Nathan & J. M. Gorman (Eds.), *A guide to treatments that work* (pp. 226–39). New York: Oxford University Press.

Craighead, W. E., Miklowitz, D., & Vajk, F. (1998). Psychosocial treatments for bipolar disorder. In P. Nathan & J. Gorman (Eds.), *A guide to treatments that work.* New York: Oxford University Press.

Cramer, P. (1999). Future directions for the Thematic Apperception Test. *Journal of Personality Assessment, 72*(1): 74–92.

Craske, M. G., Maidenberg, E., & Bystritsky, A. (1995). Brief depression: Overview, clinical efficacy, and future directions. *Clinical Psychology: Science and Practice, 2 (*4): 349–69.

Crisp, A. H. (1980). *Anorexia nervosa—Let me be.* New York: Plenum.

Crits-Cristoph, P. (1992). The efficacy of brief psychotherapy: A meta-analysis. *American Journal of Psychiatry, 149* (2): 151–57.

Crits-Christoph, P. (1998). Psychosocial treatments for personality disorder. In P. Nathan & J. Gorman (Eds.), *A guide to treatments that work* (pp. 544–53). New York: Oxford University Press.

Crits-Christoph, P., & Siqueland, L. (1996). Psychosocial treatment for drug abuse: Selected review and recommendations for national health care. *Archives of General Psychiatry, 53,* 749–56.

Crittenden, P. M., & Ainsworth, M. D. S. (1989). Child maltreatment and attachment theory. In D. Chichetti & V. Carlson (Eds.), *Child maltreatment* (pp. 432–63). Cambridge: Cambridge University Press.

Cromwell, R. L. (1993). Searching for the origins of schizophrenia. *Psychological Science, 4,* 276–79.

Cross-National Collaborative Group. (1992). The changing rate of major depression. Cross-national comparisons. *Journal of the American Medical Association, 268* (21): 3098–3105.

Crow, T. J. (1980). Molecular pathology of schizophrenia: More than one disease process? *British Medical Journal, 280,* 66–68.

Crow, T. J. (1982). Two dimensions of pathology in schizophrenia: Dopaminergic and non-dopaminergic. *Psychopharmacology Bulletin, 18,* 22–29.

Crow, T. J. (1985). The two-syndrome concept: Origins and current status. *Schizophrenia Bulletin, 11* (3): 471–85.

Crow, T. J. (1997). Schizophrenia as a failure of hemispheric dominance for language. *Trends in Neurosciences, 20,* 339–43.

Crow, Y. J., & Tolmie, J. L. (1998). Recurrence risks in mental retardation. *Journal of Medical Genetics, 35,* 177–82.

Crowe, M. J., Marks, I. M., Agras, W. S., & Leitenberg, H. (1972). Time limited desensitization, implosion and shaping for phobic patients: A crossover study. *Behaviour Research and Therapy, 10*(4): 319–28.

Crowe, R. (1990). Panic disorder: Genetic considerations. *Journal of Psychiatric Researchers, 24,* 129–34.

Crowe, R. R., Noyes, R., Samuelson, S., Wesner, R. B, et al. (1990). Close linkage between panic disorder and !a-haptoglobin excluded in 10 families. *Archives of General Psychiatry, 47* (4): 377–80.

Csikszentmihalyi, M. (1990). *Flow: The psychology of optimal experience.* New York: Harper & Row.

Csikszentmihalyi, M. (1993). *The evolving self.* New York: HarperCollins.

Cui, X. J., & Vaillant G. E. (1996). Antecedents and consequences of negative life events in adulthood: A longitudinal study. *American Journal of Psychiatry, 153* (1): 21–26.

Culhane, D. P., Avery, J. M., & Hadley, T. R. (1998). Prevalence of treated behavioral disorders among adult shelter users: A longitudinal study. *American Journal of Orthopsychiatry, 68,* 63–72.

Cunningham, J. D. (1989). *Human biology,* (2nd ed.). New York: Harper & Row.

Cureton, E. E., Cronbach, L. J., Meehl, P. E., Ebel, R. L. et al. (1996). Validity. In A.W. Ward & H.W. Stoker (Eds.), *Educational measurement: Origins, theories, and explications, Vol. 1: Basic concepts and theories* (pp. 125–243). Lanham, MD,: University Press of America.

Curran, H. V. (1994). Forgetting your troubles? Effects of anti-anxiety treatments upon human memory. In L. J. Fitten (Ed.), *Facts and research in gerontology: Dementia and cognitive impairments.* (Facts and research in gerontology, Supplement; pp. 111–19). New York: Springer.

Curtis, B. A., Jacobson, S., & Marcus, E. M. (1972). *An introduction to the neurosciences.* Philadelphia: Saunders.

Cutler, S., & Nolen-Hoeksema, S. (1991). Accounting for sex differences in depression through female victimization: Childhood sexual abuse. *Sex Roles, 24,* 425–38.

Cytryn, L., & McKnew, D. H. (1972). Proposed classification of childhood depression. *American Journal of Psychiatry, 129,* 149–55.

Cytryn, L., & McKnew, D.H. (1996*). Growing up sad: Childhood depression and its treatment.* New York: Norton.

Dacey, C. M., Nelson, W. M. III, & Stoeckel, J. (1999). Reliability, criterion-related validity and qualitative comments of the Fourth Edition of the Stanford-Binet Intelligence Scale with a young adult population with intellectual disability. *Journal of Intellectual Disability Research, 43,* 179–84.

Dadds, M. R., Holland, D. E., Laurens, K. R., Mullins, M., Barrett, P. M., & Spence, S. H. (1999). Early intervention and prevention of anxiety disorders in children: Results at 2-year follow-up. *Journal of Consulting and Clinical Psychology, 67*(1): 145–50.

Dadds, M. R., Spence, S. H., Holland, D. E., Barrett, P.M., & Laurens, K. R. (1997). Prevention and early intervention for anxiety disorders: A controlled trial. *Journal of Consulting and Clinical Psychology, 65* (4): 627–35.

Dalack, G. W., Healy, D. J., & Meador-Woodruff, J. H. (1998). Nicotine dependence in schizophrenia: Clinical phenomena and laboratory findings. *American Journal of Psychiatry, 155,* 1490–1501.

Dale, L. C., Hurt, R. D., Offord, K. P., Lawson, G. M., Croghan, I. T., & Schroeder, D. R. (1995). High-dose nicotine patch therapy: Percentage of replacement and smoking cessation. *Journal of the American Medical Association, 274* (17): 1353–58.

Damasio, A. (1994). *Descartes' error: Emotion, reason, and the human brain.* New York: Grosset/Putnam.

Damasio, A. R., Tranel, D., & Damasio, H. C. (1990). Individuals with sociopathic behavior caused by frontal damage fail to respond autonomically to social stimuli. *Behavioral Brain Research, 41,* 81–94.

Damasio, H., Grabowski, T., Frank, R., Galaburda, A. M., & Damasio, A. R. (1994). The return of Phineas Gage: Clues about the brain from the skull of a famous patient. *Science, 264,* 1102–1105.

Daryanani, H. E., Santolaria, F. J., Reimers, E. G., Jorge, J. A., Lopez, N. B., Hernandez, F. M., Riera, A. M., & Rodriguez, E. R. Alcoholic withdrawal syndrome and seizures. *Alcohol and Alcoholism, 29* (3): 323–28.

Das, M. K., Kulhara, P. L., & Verma, S. K. (1997). Life events preceding relapse of schizophrenia. *International Journal of Social Psychiatry, 43,* 56–63.

Da Silva, P., & Marks, M. (1999). The role of traumatic experience in the genesis of obsessive-compulsive disorder. *Behaviour Research and Therapy, 37,* 941–52.

Davenport, H. W. (1972). Why the stomach does not digest itself. *Scientific American, 226,* 86–92.

Davidoff, S. A., Forester, B. P., Ghaemi, S. N., & Bodkin, J. A. (1998). Effect of video self-observation on development of insight on psychotic disorders. *Journal of Nervous and Mental Disease, 186,* 697–700.

Davidson, J., Kudler, H., Smith, R., et al. (1990). Treatment of PTSD with amitriptyline and placebo. *Archives of General Psychiatry, 47,* 250–60.

Davidson, R. J. (1998). Affective style and affective disorders: Perspectives from affective neuroscience. *Cognition and Emotion, 12* (5): 307–30.

Davidson, R. J. (1999). Biological bases of personality. In V. J. Derlega, B. A. Winstead, et al. (Eds.), *Personality: Contemporary theory and research.* (Nelson-Hall series in psychology, 2nd ed.; pp. 101–25). Chicago: Nelson-Hall.

Davidson, R. J., Schaffer, C. E., & Saron, C. (1985). Effects of lateralized presentations of faces on self-reports of emotion and EEG assymmetry in depressed and non-depressed subjects. *Psychophysiology, 22* (30): 353–64.

Davies, J. C. V., & Maliphant, R. (1971). Autonomic responses of male adolescents exhibiting refractory behavior in school. *Journal of Child Psychology and Psychiatry, 12,* 115–27.

Davis, J. O., & Bracha, H. S. (1996). Prenatal growth markers in schizophrenia: A monozygotic co-twin control study. *American Journal of Psychiatry, 153,* 1166–72.

Davis, P. H., & Osherson, A. (1977). The current treatment of a multiple-personality woman and her son. *American Journal of Psychotherapy, 31,* 504–15.

Davis, J. O., & Phelps, J. A. (1995). Twins with schizophrenia: Genes or germs? *Schizophrenia Bulletin, 21,* 13–18.

Davis, P. J., & Schwartz, G. E. (1987). Repression and the inaccessibility of affective memories. *Journal of Personality and Social Psychology, 51* (1): 155–62.

Davis, W. M., & Smith, S. G. (1976). Role of conditioned reinforcers in the initiation, maintenance and extinction of drug-seeking behavior. *Pavlovian Journal of Biological Sciences, 11,* 222–36.

Davison, G. C. (1976). Homosexuality: The ethical challenge. *Journal of Counseling and Clinical Psychology, 44,* 157–62.

Davison, G. C. (1978). Not can but ought: The treatment of homosexuality. *Journal of Consulting and Clinical Psychology, 46,* 170–72.

DeAngelis, T. (1990). Cambodians' sight loss tied to seeing atrocities. *APA Monitor,* July, pp. 36–37.

Deadwyler, S. A., & Hampson, R. E. (1997). The significance of neural ensemble codes during behavior and cognition. *Annual Review of Neuroscience, 20,* 217–44.

Deb, S., & Thompson, B. (1998). Neuroimaging in autism. *British Journal of Psychiatry, 173,* 299–302.

De Beurs, E., Beekman, A.T., Van Balkom, A. J., Deeg, D. J., Van Dyck, R., & Van Tilburg, W. (1999). Consequences of anxiety in older persons: Its effect on disability, well-being and use of health services. *Psychological Medicine 29* (3): 583–93.

De Beurs, E., Van Balkom, A. J., Anton, J. L. M., Lange, A., Koele, P., & Van Dyck, R. (1995). Treatment of panic disorder with agoraphobia: Comparison of fluvoxamine placebo, and psychological panic management combined with exposure and exposure in vivo alone. *American Journal of Psychiatry, 152* (5): 673–82.

De Beurs, E., Van Balkom, A. J., Lange, A., Koele, P., & Van Dyck, R. (1995). Treatment of panic disorder with agoraphobia: Comparison of fluvoxamine placebo, and psychological panic management combined with exposure and exposure in vivo alone. *American Journal of Psychiatry, 152* (5): 683–91.

de Bonis, M., Epelbaum, C., & Feline, A. (1992). Cognitive processing of contradictory statements: An experimental study of reasoning on proverbs in schizophrenia. *Psychopathology, 25,* 100–108.

de Craen, A. J., Moerman, D. E., Heisterkamp, S. H., Tytgat, G. N., Tijssen, J. G., & Kleijnen, J. (1999). Placebo effect in the treatment of duodenal ulcer. *British Journal of Clinical Pharmacology, 48,* 853–60.

de Craen, A. J., Tijssen, J. G., de Gans, J., & Kleijnen, J. (2000). Placebo effect in the acute treatment of migraine: Subcutaneous placebos are better than oral placebos. *Journal of Neurology, 247,* 183–88.

Deckel, A. W., Hesselbrock, V., & Bauer, L. (1996). Antisocial personality disorder, childhood delinquency, and frontal brain functioning: EEG and neuropsychological findings. *Journal of Clinical Psychology, 52,* 639–50.

DeGrandpre R. (1999). *Ritalin nation.* New York: Norton.

Dekker, E., Pelse, H., & Groen, J. (1957). Conditioning as a cause of asthmatic attacks: A laboratory study. *Journal of Psychosomatic Research, 2,* 97–108.

DeLisi, L. E. (1997). The genetics of schizophrenia: Past, present, and future concepts. *Schizophrenia Research, 28,* 163–75.

DeMartino, R., Mollica, R. F., & Wilk, V. (1995). Monoamine oxidase inhibitors in posttraumatic stress disorder: Promise and problems in Indochinese survivors of trauma. *Journal of Nervous and Mental Disease, 183* (8): 510–15.

DeMeyer, M. K., Barton, S., Alpern, G. D., Kimberlin, C., Allen, J., Yang, E., & Steel, R. (1974). The measured intelligence of autistic children. *Journal of Autistic Children and Schizophrenia, 4,* 42–60.

Deneau, G., Yanagita, T., & Seevers, M. H. (1969). Self-administration of psychoactive substances by the monkey. *Psychopharmacologia (Berl.), 16,* 30–48.

Dennis, D. L., Buckner, J. C., Lipton, F. R., & Levine, I. S. (1991). A decade of research and services for homeless mentally ill persons: Where do we stand? *American Psychologist, 46,* 1129–38.

Department of Health and Human Services. (1999). *Mental health: A report of the Surgeon General.* Rockville, MD: U.S. Department of Health and Human Services, Substance Abuse and Mental Health Services Administration, Center for Mental Health Services, National Institute of Health, National Institute of Mental Health.

Department of International Economic and Social Affairs. (1985). *Demographic yearbook* (37th ed.). New York: United Nations.

Depue, R. H. (1979). *The psychobiology of the depressive disorders: Implications for the effect of stress.* New York: Academic Press.

Depue, R. H., & Monroe, S. (1978). The unipolar-bipolar distinction in depressive disorders. *Psychological Bulletin, 85,* 1001–29.

Depue, R. A., & Monroe, S. M. (1986). Conceptualization and measurement of human disorder in life stress research: The problem of chronic disturbance. *Psychological Bulletin, 99,* 36–51.

Dershowitz, A. M. (1968). Psychiatry in the legal process: "A knife that cuts both ways." *Trial, 4,* 29.

DeRubeis, R. J., Evans, M. D., Hollon, S. D., & Garvey, M. J. (1990). How does cognitive therapy work? Cognitive change and symptom change in cognitive therapy and pharmacotherapy for depression. *Journal of Consulting and Clinical Psychology, 58* (6): 862–69.

DeRubeis, R. J., Gelfand, L. A., Tang, T. Z., & Simons, A. D. (1999). Medications versus cognitive behavior therapy for severely depressed outpatients: Mega-analysis of four randomized comparisons. *American Journal of Psychiatry, 156* (7): 1007–13.

Des Jarlais, D. C., Paone, D., Friedman, S. R., Peyser, N., & Newman, R. G. (1995). Regulating controversial programs for unpopular people: Methadone maintenance and syringe exchange programs. American Journal of Public Health, 85(11):1577–84.

De Silva, P., Rachman, S., & Seligman, M. E. P. (1977). Prepared phobias and obsessions: Therapeutic outcome. *Behaviour Research and Therapy, 15* (1): 65–77.

Deutsch, A. (1949). *The mentally ill in America.* New York: Columbia University Press.

Devanand, D. P., Fitzsimons, L., Prudic, J., & Sackheim, H. A. (1995). Subjective side effects during electroconvulsive therapy. *Convulsive Therapy, 11* (4): 232–40.

Devanand, D. P., Sackheim, H., & Prudic, J. (1991). Electroconvulsive therapy in the treatment-resistant patient. *Electroconvulsive Therapy, 14,* 905–23.

Deveson, A. (1992). *Tell me I'm here: One family's experience of schizophrenia.* New York: Penguin.

Diamond, B. L. (1974). Psychiatric prediction of dangerousness. *University of Pennsylvania Law Review, 123,* 439–52.

Diamond, E. L. (1982). The role of anger and hostility in essential hypertension and coronary heart disease. *Psychological Bulletin, 92,* 410–33.

Diamond, R. G., & Rozin, P. (1984). Activation of existing memories in anterograde amnesia. *Journal of Abnormal Psychology, 93,* 98–105.

DiChiara, G., & Imperato, A. (1988). Drugs abused by humans preferentially increase synaptic dopamine concentration in the mesolimbic system of freely moving rats. *Proceedings of the National Academy of Sciences, 85,* 5274–78.

Dick, L. P., Gallagher-Thompson, D., & Thompson, L. W. (1996). Cognitive-behavioral therapy. In R. T. Woods (Ed.), *Handbook of the clinical psychology of aging* (pp. 509–44). New York: Wiley.

Dickerson, F. B. (2000). Cognitive behavioral psychotherapy for schizophrenia: A review of recent empirical studies. *Schizophrenia Research, 43,* 71–90.

Dickey, C. C., McCarley, R. W., Voglmaier, M. M., Niznikiewicz, M. A., Seidman, L. J., Hirayasu, Y., Fischer, I., Teh, E. K., Van Rhoads, R., Jakab, M., Kikinis, R., Jolesz, F. A., & Shenton, M. E. (1999). Schizotypal personality disorder and MRI abnormalities of temporal lobe gray matter. *Biological Psychiatry, 45,* 1392–1402.

Diekstra, R. (1992). The prevention of suicidal behavior: Evidence for the efficacy of clinical and community-based programs. *International Journal of Mental Health, 21,* 69–87.

Dietz, P. E., Hazelwood, R. R., & Warren, J. (1990). The sexually sadistic criminal and his offenses. *Bulletin of the American Academy of Psychiatry and the Law, 18* (2): 163–78.

Dikmen, S. S., Heaton, R. K., Grant, I., & Temkin, N. R. (1999). Test-retest reliability and practice effects of Expanded Halstead-Reitan Neuropsychological Test Battery. *Journal of the International Neuropsychological Society, 5* (4): 346–56.

Dilip, J. V., Caligiuri, M. P., Paulsen, J. S., Heaton, R. K., Lacro, J. P., Harris, M. J., Bailey, A., Fell, R. L., & McAdams, L. A. (1995). Risk of tardive dyskinesia in older patients. *Archives of General Psychiatry, 52,* 756–65.

Dimeff, L. A., McDavid, J., & Linehan, M. M. (1999). Pharmacotherapy for borderline personality disorder: A review of the literature and recommendations for treatment. *Journal of Clinical Psychology in Medical Settings, 6,* 113–38.

Dimsdale, J. E., Pierce, C., Schoenfeld, D., Brown, A., Zusman, R., & Graham, R. (1986). Suppressed anger and blood pressure: The effects of race, sex, social class, obesity, and age. *Psychosomatic Medicine, 48,* 430–36.

Dishion, T. J., & Andrews, D. W. (1995). Preventing escalation in problem behaviors with high-risk young adolescents: Immediate and 1-year outcomes. *Journal of Consulting and Clinical Psychology, 63,* 538–48.

Dixon, L. B., Lehman, A. F., & Levine, J. (1995). Conventional antipsychotic medications for schizophrenia. *Schizophrenia Bulletin, 21*(4): 567–77.

Doane, J. A., Falloon, I. R. H., Goldstein, M. J., & Mintz, J. (1985). Parental affective style and the treatment of schizophrenia: Predicting the course of illness and social functioning. *Archives of General Psychiatry, 42,* 34–42.

Dodge, K. A. (1983). Behavioral antecedents of peer social status. *Child Development, 54,* 1386–99.

Dodge, K. A., & Schwartz, D. (1997). Social information processing mechanisms in aggressive behavior. In D. M. Stoff & J. Breiling (Eds.), *Handbook of antisocial behavior* (pp. 171–80). New York: Wiley.

Doering, S., Mueller, E., Koepcke, W., Pietzcker, A., Gaebel, W., Linden, M., Mueller, P., Mueller-Spahn, F., Tegeler, J., & Schuessler, G. (1998). Predictors of relapse and rehospitalization in schizophrenia and schizoaffective disorder. *Schizophrenia Bulletin, 24,* 87–98.

Dohrenwend, B. P., Levav, I., Shrout, P. E., Schwartz, S., Naveh, G., Link, B. G., Skodol, A. E., & Stueve, A. (1992). Socio-economic status and psychiatric disorders: The causation-selection issue. *Science, 255,* 946–52.

Dohrenwend, B. P., Levav, I., Shrout, P. E., Schwartz, S., Naveh, G., Link, B. G., Skodol, A. E., & Stueve, A. (1998). Ethnicity, socioeconomic status, and psychiatric disorders: A test of the social causation-social selection issue. In B. P. Dohrenwend et al. (Eds.), *Adversity, stress, and psychopathology* (pp. 285–318). New York: Oxford University Press.

Dohrenwend, B. S., & Martin, J. L. (1978, February). *Personal vs. situational determination of anticipation and control of the occurrence of stressful life events.* Paper presented at the annual meeting of AAAS, Washington, DC.

Dohrenwend, B. P., & Shrout, P. E. (1985). "Hassles" in the conceptualization and measurement of life stress variables. *American Psychologist, 40,* 780–85.

Dohrenwend, B. P., et al. (Eds.). (1998). *Adversity, stress, and psychopathology.* New York: Oxford University Press.

Dolberg, O. T., Iancu, I., Sasson, Y., & Zohar, J. (1996). The pathogenesis and treatment of obsessive-compulsive disorder. *Clinical Neuropharmacology, 19* (2): 129–47.

Dole, V. P. (1995). On federal regulation of methadone treatment. *Journal of the American Medical Association, 274* (16): 1307.

Dole, V. P., Nyswander, M. E., & Kreek, M. J. (1966). Narcotic blockade. *Archives of Internal Medicine, 118,* 304–309.

Doleys, D. M. (1979). Assessment and treatment of childhood enuresis. In A. J. Finch, Jr., & P. C. Kendall (Eds.), *Clinical treatment and research in child psychopathology* (pp. 207–33). New York: Spectrum.

Dollinger, S. J. (1985). Lightning-strike disaster among children. *British Journal of Medical Psychology, 58* (4): 375–83.

Dominguez, R. A., & Mestre, S. M. (1994). Management of treatment-refractory obsessive-compulsive patients. *Journal of Clinical Psychiatry, 55* (10): 86–92.

Domino, E. F. (1999). Cannabonoids and the cholinergic system. In G. G. Nahas, K. M. Sutin, et al. (Eds.), *Marihuana and medicine* (pp. 223–26). Clifton, NJ: Humana.

Donaldson, D. (1976). *Insanity inside out.* New York: Crown.

Donaldson, S. I., Graham, J. W., Piccinin, A. M., & Hansen, W.B. (1995). Resistance-skills training and onset of alcohol use: Evidence for beneficial and potentially harmful effects in public schools and in private Catholic schools. *Health Psychology, 14* (4): 291–300.

Doorn, C. D., Poortinga, J., & Verschoor, A. M. (1994). Cross-gender identity in transvestites and male transsexuals. *Archives of Sexual Behavior, 23* (2): 185–201.

Dorsey, M. F., Iwata, B. A., Ong, P., & McSween, T. (1980). Treatment of self-injurious behavior using a water mist: Initial response suppression and generalization. *Journal of Applied Behavior Analysis, 13,* 343–53.

Douglas, M. (Ed.). (1970). *Witchcraft: Confessions and accusations.* London: Tavistock.

Douglas, V. I. (1983). Attentional and cognitive problems. In M. Rutter (Ed.), *Developmental neuropsychiatry* (pp. 280–329). New York: Guilford Press.

Drachman, D. A. (1997). Aging and the brain: a new frontier. *Annals of Neurology, 42*(6): 819–28.

Drake, R., & Vaillant, G. E. (1988). Predicting alcoholism and personality disorder in a 30-year longitudinal study of children of alcoholics. *British Journal of Addiction, 83,* 799–807.

Drewnowski, A., Hopkins, S. A., & Kessler, R. C. (1988). The prevalence of bulimia nervosa in the U.S. college student population. *American Journal of Public Health, 78* (10): 1322–25.

Driscoll, P., Escorihuela, R. M., Fernandez-Teruel, A., Giorgi, O., Schwegler, H., Steimer, T., Wiersma, A., Corda, M. G., Flint, J., Koolhaas, J. M., Langhans, W., Schulz, P. E., Siegel, J., & Tobena, A. (1998). Genetic selection and differential stress responses: The Roman lines/strains of rats. In P. Csermely et al. (Ed.), *Stress of life: From molecules to man* (Annals of the New York Academy of Sciences, Vol. 851; pp. 501–10). New York: New York Academy of Sciences.

Drossman, D. A. (1982). Patients with psychogenic abdominal pain: Six years' observation in the medical setting. *American Journal of Psychiatry, 139,* 1549–57.

Droungas, A., Ehrman, R. N., Childress, A. R., & O'Brien, C. P. (1995). Effect of smoking cues and cigarette availability on craving and smoking behavior. *Addictive Behaviors, 20* (5): 657–73.

DuBois, D. L., Felner, R. D., Bartels, C. L., & Silverman, M. M. (1995). Stability of self-reported depressive symptoms in a community sample of children and adolescents. *Journal of Clinical Child Psychology, 24* (4): 386–96.

Duchan, J. F. (1999). Views of facilitated communication: What's the point? *Language, Speech and Hearing Services in the Schools, 30*(4): 401–407.

Dulawa, S. C., Hen, R., Scearce-Levie, K., & Geyer, M. A. (1997). Serotonin-sub(1B) receptor modulation of startle reactivity, habituation, and prepulse inhibition in wild-type and serotonin-sub(1B) knockout mice. *Psychopharmacology, 132,* 125–34.

Dunmore, E., Clark, D. M., & Ehlers, A. (1999). Cognitive factors involved in the onset and maintenance of posttraumatic stress disorder (PTSD) after physical or sexual assault. *Behaviour Research and Therapy, 37*(9): 809–29.

Dunner, D. L., Gershom, E. S., & Goodwin, F. K. (1976). Heritable factors in the severity of affective illness. *Biological Psychiatry, 11,* 31–42.

DuPaul, G. J., & Barkley, R. A. (1993). Behavioral contributions to pharmacotherapy: The utility of behavioral methodology in medication treatment of children with attention deficit hyperactivity disorder. *Behavior Therapy, 24,* 47–65.

DuPont, R. L., & McGovern J. P. (1994). *A bridge to recovery: An introduction to 12-step programs.* Washington, DC: American Psychiatric Press.

Dupree, L. W., & Schonfeld, L. (1999). Management of alcohol abuse in older adults. In M. Duffy (Ed.), *Handbook of counseling and psychotherapy with older adults* (pp. 632–49). New York: Wiley.

Durand, V. M., & Mapstone, E. (1999). Pervasive developmental disorders. In W. K. Silverman & T. H. Ollendick (Eds.), *Developmental issues in the clinical treatment of children* (pp. 307–17). Boston: Allyn & Bacon.

Durham, R. C., Murphy, T., Allan, T., Richard, K., et al. (1994). Cognitive therapy, analytic psychotherapy and anxiety management training for generalised anxiety disorder. *British Journal of Psychiatry, 165* (3): 315–23.

Eaker, E., Haynes, S., & Feinleib, M. (1983). Spouse behavior and coronary heart disease. *Activitas Nervosa Superior, 25,* 81–90.

Eaton, W. W., Neufeld, K., Chen, L. S., & Cai G. (2000). A comparison of self-report and clinical diagnostic interviews for depression: Diagnostic interview schedule and schedules for clinical assessment in neuropsychiatry in the Baltimore epidemiologic catchment area follow-up. *Archives of General Psychiatry, 57* (3): 217–22.

Eaves, L. J., Silberg, J. L., Maes, H. H., Simonoff, E., Pickles, A., Rutter, M., Neale, M. C., Reynolds, C. A., Erikson, M. T., Heath, A. C., Loeber, R., Truett, K. R., & Hewitt, J. K. (1997). Genetics and developmental psychopathology: 2. The main effects of genes and environment on behavioral problems in the Virginia Twin Study of Adolescent Behavioral Development. *Journal of Child Psychology and Psychiatry and Allied Disciplines, 38,* 965–80.

Eberhard, G. (1968). Personality in peptic ulcer: Preliminary report of a twin study. *Acta Psychiatrica Scandinavia, 203,* 131.

Edelbrock, C., Rende, R., Plomin, R., & Thompson, L. A. (1995). A twin study of competence and problem behavior in childhood and early adolescence. *Journal of Child Psychology and Psychiatry, 36* (5): 775–85.

Edelmann, R. J. (1992). *Anxiety: Theory, research, and intervention in clinical and health psychology.* Chinchester, England: Wiley.

Edwards, G., Arif, A., & Hodgson, R. (1981). Nomenclature and classification of drug- and alcohol-related problems: A WHO memorandum. *Bulletin of the World Health Organization, 59,* 225–42.

Edwards-Hewitt, T., & Gray, J. J. (1993). The prevalence of disordered eating attitudes and behaviours in Black-American and White-American college women: Ethnic, regional, class, and media differences. *European Eating Disorders Review, 1,* 41–54.

Egeland, J. A., & Hostetter, A. M. (1983). Amish study: I. Affective disorders among the Amish, 1976–1980. *American Journal of Psychiatry, 140* (1), 56–61.

Egeland, J. A., & Sussex, J. N. (1985). Suicide and family loading for affective disorders. *Journal of the American Medical Association, 254,* 915–18.

Ehlers, A., & Breuer, P. (1992). Increased cardiac awareness in panic disorder. *Journal of Abnormal Psychology, 101* (3): 371–82.

Ehlers, A., & Clark, D. (2000). A cognitive model of posttraumatic stress disorder. *Behaviour Research and Therapy, 38,* 319–46.

Ehlers, C. L., & Schuckit, M. A. (1990). EEG fast frequency activity in the sons of alcoholics. *Biological Psychiatry, 27,* 631–41.

Eidelson, J. I. (1977). *Perceived control and psychopathology.* Unpublished doctoral dissertation, Duke University.

Einbinder, Z., & Robinson, M. (1946). Psychiatric care: Missing link in the community. *Hospitals, 20,* 73–74.

Eisen, A. R., Engler, L. B., & Geyer, B. (1998). Parent training for separation anxiety disorder. In J. M. Briesmeister & C. E. Schaefer (Eds.), *Handbook of parent training: Parents as co-therapists for children's behavior problems* (2nd ed.; pp. 205–24). New York: Wiley.

Eisenberg, V. H., & Schenker, J. G. (1997). Genetic engineering: Moral aspects and control of practice. *Journal of Assisted Reproduction and Genetics, 14* (6): 297–316.

Eisenmajer, R., Prior, M., Leekam, S., Wing, L., Ong, B., Gould, J., & Welham, M. (1998). Delayed language onset as a predictor of clinical symptoms in pervasive developmental disorders. *Journal of Autism and Developmental Disorders, 28,* 527–33.

Ekman, P., Friesen, W. V., & Ellsworth, P. (1972). *Emotion in the human face.* New York: Pergamon.

Ekselius, L., & von Knorring, L. (1999). Changes in personality traits during treatment with sertraline or citalopram. *British Journal of Psychiatry, 174,* 444–48.

Elashoff, J. D., & Grossman, M. I. (1980). Trends in hospital admissions and death rates for peptic ulcer in the United States from 1970 to 1978. *Gastroenterology, 78,* 280–85.

Elia, J., Ambrosini, P. J., & Rapoport, J. L. (1999). Drug therapy: Treatment of attention-deficit-hyperactivity disorder. *New England Journal of Medicine, 340,* 780–88.

Elkin, I., Parloff, M. B., Hadley, S. W., & Autry, J. H. (1985). NIMH Treatment of Depression Collaborative Research Program. *Archives of General Psychiatry, 42,* 305–16.

Elkin, I., Shea, T., Imber, S., Pilkonis, P., Sotsky, S., Glass, D., Watkins, J., Leber, W., & Collins, J. (1986). *NIMH Treatment of Depression Collaborative Research Program: Initial outcome findings.* Paper presented at meetings of the American Association for the Advancement of Science, May 1986.

Elkin, I., Shea, M. T., Watkins, J. T., Imber, S. D., Sotsky, S. M., Collins, J. F., Glass, D. R., Pilkonis, P. A., Leber, W. R., Docherty, J. P., Fiester, S. J., & Parloff, M. B. (1989). National Institutes of Mental Health Treatment of Depression Collaboration Research Program: General effectiveness of treatments. *Archives of General Psychiatry, 46* (11): 971–82.

Ellason, J. W., & Ross, C. A. (1997). Two-year follow-up of inpatients with dissociative disorder. *American Journal of Psychiatry,154* (6): 832–39.

Ellenberger, H. F. (1970). *The discovery of the unconscious: The history and evolution of dynamic psychiatry.* New York: Basic Books.

Ellenbroek, B. A., van den Kroonenberg, P. T. J. M., & Cools, A. R. (1998). The effects of an early stressful life event on sensorimotor gating in adult rats. *Schizophrenia Research, 30,* 251–60.

Ellgring, J. H. (1999). Depression, psychosis, and dementia: Impact on the family. *Neurology, 52* (Supp. 3): S17–S20.

Ellickson, P. L. (1994). School-based drug prevention: What should it do? What has been done? In R. Coombs & D. Ziedonis (Eds.), *Handbook on drug abuse prevention.* Englewood Cliffs, NJ: Prentice-Hall.

Elliott, D. S., Hulzinga, D., & Ageton, S. S. (1985). *Explaining delinquency and drug use.* Beverly Hills, CA: Sage.

Elliott, S. N, & Gresham, F. M. (1993). Social skills interventions for children. *Behavior Modification, 17* (3): 287–313.

Ellis, A (1962). *Reason and emotion in psychotherapy.* New York: Lyle Stuart.

Ellis, L., & Ames, M. A. (1987). Neurohormonal functioning and sexual orientation: A theory of homosexuality-heterosexuality. *Psychological Bulletin, 101* (2): 233–58.

Ellsworth, P. C., & Carlsmith, M. J. (1968). Effects of eye contact and verbal content on affective response to dyadic interactions. *Journal of Personality and Social Psychology, 10,* 15–20.

Elmhorn, K. (1965). Study in self-reported delinquency among school children. In *Scandinavian studies in criminology.* London: Tavistock.

Emmelkamp, P., Hoekstra, R., & Visser, S. (1985). The behavioral treatment of obsessive-compulsive disorder: Prediction of outcome at 3.5 years follow-up. In P. Pichot, A. Brenner, R. Wolf, & K. Thau (Eds.), *Psychiatry: The state of the art* (Vol. 4). New York: Plenum.

Emmelkamp, P., & Kuipers, A. (1979). Agoraphobia: A follow-up study four years after treatment. *British Journal of Psychiatry, 134,* 352–55.

Emrick, D. C. (1982). Evaluation of alcoholism therapy methods. In E. M. Pattison & E. Kaufman (Eds.), *Encyclopedic handbook of alcoholism.* New York: Gardner Press.

Engdahl, B., Dikel, T. N., Eberly, R., & Blank, A., Jr. (1997). Posttraumatic stress disorder in a community group of former prisoners of war: A normative response to severe trauma. *American Journal of Psychiatry, 154* (11): 1576–81.

Enkelmann, R. (1991). Alprazolam versus busiprone in the treatment of outpatients with generalized anxiety disorder. *Psychophamacology, 105,* 428–32.

Ennis, B. J. (1972). *Prisoners of psychiatry: Mental patients, psychiatrists, and the law.* New York: Harcourt Brace Jovanovich.

Ennis, B. J., & Litwack, T. R. (1974). Psychiatry and the presumption of expertise: Flipping coins in the courtroom. *California Law Review, 62,* 693.

Epperson, C. N., Wisner, K. L., & Yamamoto, B. (1999). Gonadal steroids in the treatment of mood disorders. *Psychosomatic Medicine, 61,* 676–97.

Eppley, K., Abrams, A., & Shear, J. (1989). Differential effects of relaxation techniques on trait anxiety: A meta-analysis. *Journal of Clinical Psychology, 45,* 957–74.

Epstein, J. A., Botvin, G. J., Diaz, T., Toth, V., & Schinke, S. P. (1995). Social and personal factors in marijuana use and intentions to use drugs among inner city minority youth. *Developmental and Behavioral Pediatrics, 16* (1): 14–20.

Erickson, W. D., Walbek, N. H., & Seely, R. K. (1988). Behavior patterns of child molesters. *Archives of Sexual Behavior, 17*(1): 77–86.

Erikkson, H. (1995). Heart failure: A growing public health problem. *Journal of Internal Medicine, 237,* 135–41.

Erikson, K. (1976). *Everything in its path: Destruction and community in the Buffalo Creek flood.* New York: Simon & Schuster.

Erlenmeyer-Kimling, L., Squires-Wheeler, E., Adamo, U. H., Bassett, A. S., et al. (1995). The New York High-Risk Project. *Archives of General Psychiatry, 52,* 857–65.

Eslinger, P. J., & Damasio, A. R. (1985). Severe disturbance of higher cognition after bilateral frontal lobe ablation: Patient E.V.R. *Neurology, 35,* 1731–41.

Essen-Moller, E. (1970). Twenty-one psychiatric cases and their MZ cotwins: A thirty year follow-up. *Acta Geneticae Medicae et Gemelloligiae, 19,* 315–17.

Esterling, B. A., Kiecolt-Glaser, J. K., & Glaser, R. (1996). Psychosocial modulation of cytokine-induced natural killer cell activity in older adults. *Psychosomatic Medicine, 58,* 264–72.

Esteves, F., Parra, C., Dimberg, U., & Oehman, A. (1994). Nonconscious associative learning: Pavlovian conditioning of skin conductance responses to masked fear relevant facial stimuli. *Psychophysiology, 31* (4): 375–85.

Evans, D. L., Leserman, J., Perkins, D. O., Stern, R. A., Murphy, C., Tamul, K., Liao, D., Van der Horst, C. M.,

Hall, C. D., Folds, J. D., Golden, R. N., & Petitto, J. M. (1995). Stress-associated reductions of cytotoxic T lymphocytes and natural killer cells in asymptomatic HIV infection. *American Journal of Psychiatry, 152* (4): 543–50.

Evans, M. D., Hollon, S. D., DeRubeis, R. J., Piasecki, J. M., et al. (1992). Differential relapse following cognitive therapy and pharmacotherapy for depression. *Archives of General Psychiatry, 49* (10): 802–808.

Everson, S. A., Goldberg, D. E., Kaplan, G. A., Cohen, R. D., et al. (1996). Hopelessness and risk of mortality and incidence of myocardial infarction and cancer. *Psychosomatic Medicine, 58* (2): 113–21.

Everson, S. A., Kaplan, G. A., Goldberg, D. E., Salonen, R., & Salonen, J. T. (1997). Hopelessness and 4-year progression of carotid atherosclerosis. *Arteriosclerosis, Thrombosis, and Vascular Biology, 17* (8): 2–7.

Exline, R., & Winters, L. C. (1965). Affective relations and mutual glances in dyads. In S. Tomkins & C. E. Izard (Eds.), *Affect, cognition and personality.* New York: Springer.

Exner, J. E. (1978). *The Rorschach: A comprehensive system: Vol. 2. Current research and advanced interpretation.* New York: Wiley.

Exner, J. E. (1993). *The Rorschach: A comprehensive system. Vol. 3: Assessment of children and adolescents.* New York: Wiley.

Exner, J. E., Jr. (1999). The Rorschach: Measurement concepts and issues of validity. In S. E. Embretson & S. L. Hershberger (Eds.), *The new rules of measurement: What every psychologist and educator should know* (pp. 159–83). Mahwah, NJ: Lawrence Erlbaum.

Exner, J. E., & Weiner, I. B. (1994). *The Rorschach: A comprehensive system. Vol. 3: Assessment of children and adolescents.* New York: Wiley.

Eysenck, H. J. (1979). The conditioning model of neurosis. *Communications in Behavioral Biology, 2,* 155–99.

Eysenck, H. J. (1991). Personality, stress, and disease: An interactionist perspective. *Psychological Inquiry, 2* (3): 221–32.

Fabrega, H., Ulrich, R., Pilkonis, P., & Mezzich, J. (1991). On the homogeneity of personality disorder clusters. *Comprehensive Psychiatry, 32* (5): 373–86.

Fairburn, C. G., Shafran, R., & Cooper, Z. (1999). A cognitive behavioural theory of anorexia nervosa. *Behaviour Research and Therapy, 37,* 1–13.

Fairburn, C. G., Welch, S. L., & Hay, P. J. (1993). The classification of recurrent overeating. The "binge eating disorder" proposal. *International Journal of Eating Disorders, 13* (2): 155–59.

Fairburn, C. G., & Wilson, G. T. (1993). Binge eating: Definition and classification. In C. G. Fairburn & G. T. Wilson (Eds.), *Binge eating: Nature, assessment, and treatment.* New York: Guilford Press.

Faller, H., Bnlzebruck, H., Drings, P., & Lang, H. (1999). Coping, distress, and survival among patients with lung cancer. *Archives of General Psychiatry, 56* (8): 756–62.

Falloon, I. R. H. (1988). Editorial: Expressed emotion: Current status. *Psychological Medicine, 18,* 269–74.

Faraone, S. V., & Biederman, J. (1998). Neurobiology of attention-deficit hyperactivity disorder. *Biological Psychiatry, 44,* 951–58.

Faraone, S., Chen, W., Goldstein, J., & Tsuang, M. (1994). Gender differences in age at onset of schizophrenia. *British Journal of Psychiatry, 164,* 625–29.

Faraone, S. V., Matise, T., Svrakic, D., Pepple, J., Malaspina, D., Suarez, B,. Hampe, C., Zambuto, C. T., Schmitt, K., Meyer, J., Markel, P., Lee, H., Harkavy, Friedman, J., Kaufmann, C., Cloninger, C. R. & Tsuang, M. T. (1998). Genome scan of European-American schizophrenia pedigrees: Results of the NIMH Genetics Initiative and Millennium Consortium. *American Journal of Medical Genetics, 81*: 290–95.

Farde, L. (1997). Brain imaging of schizophrenia: The dopamine hypothesis. *Schizophrenia Research, 28,* 157–62.

Faris, R. E. L., & Dunham, H. W. (1939). *Mental disorders in urban areas.* Chicago: University of Chicago Press.

Farmer, A. E., McGuffin, P., & Gottesman, I. I. (1987). Twin concordance for DSM-III schizophrenia: Scrutinizing the validity of the definition. *Archives of General Psychiatry, 44,* 634–41.

Farrington, D. P. (1978). The family background of aggressive youths. In L. A. Hersov & D. Shaffer (Eds.), *Aggression and antisocial behavior in childhood and adolescence.* New York: Pergamon.

Farrington, D. P., Loeber, R., & Van Kammen. (1990). Long-term outcomes of hyperactivity-impulsivity-attention deficit and conduct problems in childhood. In L. N. Robbins & M. Rutter (Eds.), *Straight and devious pathways from childhood to adulthood* (pp. 62–81). Cambridge, England:Cambridge University Press.

Fava, G. A., Grandi, S., Zielezny, M., & Rafanelli, C. (1996). Four-year outcome for cognitive behavioral treatment of residual symptoms in major depression. *American Journal of Psychiatry, 153* (7): 945–47.

Fava, G. A., Rafanelli, C., Grandi, S., Canestrari, R., & Morphy, M. A. (1998). Six-year outcome for cognitive behavioral treatment of residual symptoms in major depression. *American Journal of Psychiatry, 155* (10): 1443–45.

Fava, G. A., Zielezny, M., Savron, G., & Grandi, S. (1995). Long-term effects of behavioural treatment for panic disorder with agoraphobia. *British Journal of Psychiatry, 166,* 87–92.

Fava, M., Rankin, M. A., Wright, E. C., Alpert, J. E., Nierenberg, A. A., Pava, J., & Rosenbaum, J. F. (2000). Anxiety disorders in major depression. *Comprehensive Psychiatry, 41,* 97–102.

Fawzy, F. I., Fawzy, N. W., Arndt, L. A., & Pasnau, R. O. (1995). Critical review of psychosocial interventions in cancer care. *Archives of General Psychiatry, 52,* 100–13.

Fawzy, F., Fawzy, N., Hyun, C., et al. (1993). Malignant melanoma: Effects of an early structured psychiatric intervention, coping, and affective state on recurrence and survival 6 years later. *Archives of General Psychiatry, 50,* 681–89.

Fawzy, F., Fawzy, N., & Hyun, C. (1994). Short-term psychiatric intervention with malignant melanoma. *The psychoimmunology of cancer* (pp. 292–319). New York Oxford University Press.

Federoff, J. (1993). Serotonergic drug treatment of deviant sexual interests. *Annals of Sex Research, 6,* 105–21.

Feinberg, T. E., Rifkin, A., Schaffer, C., & Walker, E. (1986). Facial discrimination and emotional recognition in schizophrenia and affective disorders. *Archives of General Psychiatry, 43,* 276–79.

Feinstein, R. E. (1999). Psychiatric symptoms due to medical illness. In R. E. Feinstein & A. A. Brewer (Eds.), *Primary care psychiatry and behavioral medicine: Brief office treatment and management pathways* (pp. 113–45). New York: Springer.

Feldman, H. A., Goldstein, I., Hatzichristou, D. G., Krane, R. J., & McKunlay, J. B. (1994). Impotence and its medical and psychosocial correlates: Results of the Massachusetts Male Aging Study. *Journal of Urology, 151,* 54–61.

Feldman, H. W., & Mandel, J. (1998). Providing medical marijuana: The importance of cannabis clubs. *Journal of Psychoactive Drugs, 30,* 179–86.

Feldman, M. P., & MacCulloch, M. J. (1971). *Homosexual behaviour: Theory and assessment.* Oxford: Pergamon.

Felthous, A. R., & Kellert, S. R. (1986). Violence against animals and people: Is aggression against living creatures generalized? *Bulletin of the American Academy of Psychiatry and the Law, 14,* 55–69.

Fenichel, O. (1945). *The psychoanalytic theory of neurosis.* New York: Norton.

Fenton, W. S., & McGlashan, T. H. (1991). Natural history of schizophrenia subtypes. I. Longitudinal study of paranoid, hebephrenic, and undifferentiated schizophrenia. *Archives of General Psychiatry, 48* (11): 969–77.

Fenton, W., & McGlashan, T. (1997). We can talk: individual psychotherapy for schizophrenia. *American Journal of Psychiatry, 154,* 1493–95.

Fergusson, D. M., Horwood, L. J., & Lynskey, M. T. (1993). Early dentine lead levels and subsequent cognitive and behavioural development. *Journal of Child Psychology and Psychiatry, 34,* 215–27.

Fernandez, E., & McDowell, J. J. (1995). Response-reinforcement relationships in chronic pain syndrome: Applicability of Herrnstein's law. *Behaviour Research and Therapy, 33* (7): 855–63.

Ferster, C. B. (1961). Positive reinforcement and the behavioral deficits of autistic children. *Child Development, 32,* 437–56.

Fessenden, F. (2000). They threaten, seethe and unhinge, then kill in quantity. *New York Times, 149* (April 9).

Fieve, R. R. (1975). *Mood swing.* New York: Morrow.

Fine, C. G. (1991). Treatment stabilization and crisis prevention. Pacing the therapy of the multiple personality disorder patient. *Psychiatric Clinics of North America, 14,* 661–75.

Fingarette, H., & Hasse, A. (1979). *Mental disabilities and criminal responsibility.* Berkeley: University of California Press.

Fingerhut, L. A. (1993). *Firearm mortality among children, youth, and young adults 1–34 years of age, trends and current status: United States, 1985–1990.* (Advance Data From Vital and Health Statistics, No. 231). Hyattsville, MD: National Center for Health Statistics.

Fink, G., Sumner, B., Rosie, R., Wilson, H., & McQueen, J. (1999). Androgen actions on central serotonin neurotransmission: Relevance for mood, mental state and memory. *Behavioral Brain Research, 105,* 53–68.

Fink, M. (1979). *Convulsive therapy: Therapy and practice.* New York: Raven Press.

Fink, P. J., & Tasman, A. (Eds.). (1992). *Stigma and mental illness.* Washington, DC: American Psychiatric Press.

Finkel, N. J. (1989). The Insanity Defense Reform Act of 1984: Much ado about nothing. *Behavioral Sciences and the Law, 7,* 403–19.

Finkel, N. J. (1990). De facto departures from insanity instructions: Toward the remaking of common law. *Law and Human Behavior, 14,* 105–22.

Finkel, N. J. (1991). The insanity defense: A comparison between verdict schemas. *Law and Human Behavior, 15,* 533–55.

Finkelhor, D. (1994). Current information on the scope and nature of child sexual abuse. *Future of Children, 4* (2): 31–53.

Finn, P. R., & Justus, A. (1999). Reduced EEG alpha power in the male and female offspring of alcoholics. *Alcoholism, Clinical and Experimental Research, 23,* 256–62.

Finney, J. W., Hahn, A. C., & Moos, R. H. (1996). The effectiveness of inpatient and outpatient treatment for alcohol abuse: The need to focus on mediators and moderators of setting effects. *Addiction, 91,* 1773–96.

Fiore, M. C., Novotny, T. E., Pierce, J. P., Giovino, G. A., Hatziandrev, G. A., Newcomb, E. J., Surawicz, T. S., & Davis, R. M. (1990). Methods used to quit smoking in the United States: Do cessation programs help? *Journal of the American Medical Association, 263,* 2760–65.

Fiore, M. C., Smith, S., Jorenby, D., & Baker, T. B. (1994). The effectiveness of the nicotine patch for smoking cessation: A meta-analysis. *Journal of the American Medical Association, 271* (24): 1940–47.

Fireside, H. (1979). *Soviet psychoprisons.* New York: Norton.

First, M. B., Spitzer, R. L., Gibbons, M., & Williams, J. B. (1995). *Structured Clinical Interview for DSM-IV Axis I Disorders, Patient Edition (SCID-P), version 2.* New York: New York State Psychiatric Institute Biometrics Research.

Fischer, D. J., Himle, J. A., & Thyer, B. A. (1999). Separation anxiety disorder. In R. T. Ammerman & M. Hersen (Eds.), *Handbook of prescriptive treatments for children and adolescents* (2nd ed.; pp. 141–54). Boston: Allyn & Bacon.

Fischer, M. (1973). Genetic and environmental factors in schizophrenia. *Acta Psychiatrica Scandinavica, 115,* 981–90.

Fischer, M., Barkley, R. A., Fletcher, K. E., & Smallish, L. (1993). The adolescent outcome of hyperactive children: Predictors of psychiatric, academic, social, and emotional adjustment. *Journal of the American Academy of Child and Adolescent Psychiatry, 32,* 324–32.

Fischman, M. W., & Schuster, C. R. (1982). Cocaine self-administration in humans. *Federation Proceedings, 41* (2): 241–46.

Fish, B. (1977). Neurobiological antecedents of schizophrenia in children: Evidence for an inherited, congenital, neurointegrative defect. *Archives of General Psychiatry, 34,* 197–313.

Fish, B. (1987). Infant predictors of the longitudinal course of schizophrenic development. *Schizophrenia Bulletin, 13,* 395–410.

Fish, B., Marcus, J., Hans, S. L., Auerbach, J. G., & Perdue, S. (1992). Infants at risk for schizophrenia: Sequelae of a genetic neurointegrative defect: A review and repliction analysis of pandysmuturation in the Jerusalem Infant Development Study. *Archives of General Psychiatry, 49* (3): 321–35.

Fishbain, D. A., Cutler, R. B., Rosomoff, H. L., & Rosomoff, R. S. (1998). Do antidepressants have an analgesic effect in psychogenic pain and somatoform pain disorder? A meta-analysis. *Psychosomatic Medicine, 60* (4): 503–509.

Fisher, J., Epstein, L. J., & Harris, M. R. (1967). Validity of the psychiatric interview: Predicting the effectiveness of the first Peace Corps volunteers in Ghana. *Archives of General Psychiatry, 17,* 744–50.

Fleming, J. E., & Offord, D. R. (1990). Epidemiology of childhood depressive disorders: A critical review. *Journal of the American Academy of Child and Adolescent Psychiatry, 29* (4): 571–80.

Fletcher, P. C., McKenna, P. J., Frith, C., Grasby, P. M., Friston, K. J., & Dolan, R. J. (1998). Brain activations in schizophrenia during a graded memory task studies with functional neuroimaging. *Archives of General Psychiatry, 55,* 1001–1008.

Flett, G., Vredenburg, K., & Krames, L. (1997). The continuity of depression in clinical and nonclinical samples. *Psychological Bulletin, 121,* 395–416.

Flood, R., & Seager, C. (1968). A retrospective examination of psychiatric case records of patients who subsequently commit suicide. *British Journal of Psychiatry, 114,* 443–50.

Flynn, J. R. (1998). WAIS-III and WISC-III gains in the United States from 1972 to 1995: How to compensate for obsolete norms. *Perceptual and Motor Skills, 86* (3): 1231–39.

Flynn, J. R. (1999). Searching for justice: The discovery of IQ gains over time. *American Psychologist, 54* (1): 5–20.

Foa, E. B., Dancu, C. V., Hembree, E. A., Jaycox, L. H., Meadows, E. A., & Street, G. P. (1999a). A comparison of exposure therapy, stress inoculation training, and their combination for reducing posttraumatic stress disorder in female assault victims. *Journal of Consulting and Clinical Psychology, 67* (2): 194–200.

Foa, E. B., Davidson, J. R. T., Frances, A., Culpepper, L., Ross, R., & Ross, D. (Eds). (1999b). The expert consensus guideline series: Treatment of posttraumatic stress disorder. *Journal of Clinical Psychiatry, 60* (Suppl 16): 4–76.

Foa, E. B., & Franklin, M. E. (1998). Cognitive-behavioral treatment of obsessive-compulsive disorder. In D. K. Routh & R. J. DeRubeis (Eds.), *The science of clinical psychology: Accomplishments and future directions* (pp. 235–63). Washington, DC: American Psychological Association.

Foa, E. B., Hearst-Ikeda, D., & Perry, K. J. (1995). Evaluation of a brief cognitive-behavioral program for the prevention of chronic PTSD in recent assault victims. *Journal of Consulting and Clinical Psychology, 63* (6): 948–55.

Foa, E. B., & Kozak, M. J. (1986). Emotional processing of fear: Exposure to corrective information. *Psychological Bulletin, 99,* 20–35.

Foa, E. B., & Kozak, M. (1993). Obsessive-compulsive disorder: Long-term outcome of psychological treatment. In M. Mavissakalian & R. Prien (Eds.), *Long-term treatments of anxiety disorders.* Washington, DC: American Psychiatric Press.

Foa, E. B., & Meadows, E. A. (1997). Psychosocial treatments for posttraumatic stress disorder: A critical review. *Annual Review of Psychology, 48,* 449–80.

Foa, E. B., & Riggs, D. S. (1995). Post-traumatic stress disorder following assault: Theoretical considerations and empirical findings. *Current Directions in Psychological Science, 4* (2): 61–65.

Foa, E. F., Riggs, D. S., Massie, E. D., & Yarczower, M. (1995). The impact of fear activation and anger on the efficacy of exposure treatment for posttraumatic stress disorder. *Behavior Therapy, 26* (3): 487–99.

Foa, E. B., & Rothbaum, B. O. (1998). *Treating the trauma of rape: Cognitive-behavioral therapy for PTSD.* New York: Guilford Press.

Foa, E. F., Rothbaum, B. O., Riggs, D., & Murdock, T. (1991). Treatment of post-traumatic stress disorder in rape victims: A comparison between cognitive-behavioral procedures and counseling. *Journal of Consulting and Clinical Psychology, 59,* 715–23.

Fogarty, F., Russell, J. M., Newman, S. C., & Bland, R. C. (1994). Mania. *Acta Psychiatrica ScandInivica, 89* (Suppl. 376): 16–23.

Folks, D. G. (1995). Munchausen's syndrome and other factitious disorders. *Neurologic Clinics, 13* (2): 267–81.

Fombonne, E. (1998). Epidemiological surveys of autism. In F. R. Volkmar (Ed.), *Autism and pervasive developmental disorders. Cambridge Monographs in Child and Adolescent Psychiatry* (pp. 32–63). New York: Cambridge University Press.

Fonagy, P., Leigh, T., Steele, M., Steele, H., Kennedy, R., Mattoon, G., Target, M., & Gerber, A. (1996). The relation of attachment status, psychiatric classification, and response to psychotherapy. *Journal of Consulting and Clinical Psychology, 64* (1): 22–31.

Ford, M. R., & Widiger, T. A. (1989). Sex bias in the diagnosis of histrionic and antisocial personality disorders. *Journal of Consulting and Clinical Psychology, 57* (2): 301–305.

Fortner, B. V., & Neimeyer, R. A. (1999). Death anxiety in older adults: A quantitative review. *Death Studies, 23* (5): 387–411.

Foucault, M. (1965). *Madness and civilization: A history of insanity in the age of reason.* New York: Random House.

Fowles, D. C., & Furuseth, A. M. (1994). Electrodermal hyporeactivity and antisocial behavior. In D. K. Routh (Ed.), *Disruptive behavior disorders in childhood* (pp. 181–205). New York: Plenum.

Fowles, D. C, & Gersh, F. (1979). Neurotic depression: The endogenous neurotic distinction. In R. A. Depue (Ed.), *The psychobiology of the depressive disorders: Implications for the effects of stress.* New York: Academic Press.

Frances, A. J., & Egger, H. L. (1999). Whither psychiatric diagnosis. *Australian and New Zealand Journal of Psychiatry, 33* (2): 161–65.

Francis, G., & Ollendick, T. (1990). Behavioral treatment of social anxiety. In E. L. Feindler & G. R. Kalfus (Eds.), *Adolescent behavior therapy handbook.* New York: Springer Publishing Company.

Frank, E., Anderson, C., & Rubinstein, D. (1978). Frequency of sexual dysfunction in "normal" couples. *New England Journal of Medicine, 299,* 111–15.

Frank, E., & Spanier, C. (1995). Interpersonal psychotherapy for depression: Overview, clinical efficacy, and future directions. *Clinical Psychology—Science and Practice, 2* (4): 349–69.

Frank, E., Kupfer, D. J., Perel, J. M., Cornes, C., et al. (1990). Three-year outcomes for maintenance therapies in recurrent depression. *Archives of General Psychiatry, 47* (12): 1093–99.

Frank, G., Goldman, H., & McGuire, T. G. (1994). Who will pay for health care reform? *Hospital and Community Psychiatry, 45,* 906–10.

Frank, H., & Hoffman, N. (1986). Borderline empathy: An empirical investigation. *Comprehensive Psychiatry, 2,* 387–95.

Frank, I. M., Lessin, P. J., Tyrrell, E. D., Hahn, P. M., & Szara, S. (1976). Acute and cumulative effects of marihuana smoking on hospitalized subjects: A 36–day study. In M. C. Braude & S. Szara (Eds.), *Pharmacology of marihuana* (Vol. 2; pp. 673–80). New York: Academic Press.

Frank, J., Kosten, T., Giller, E., & Dan, E. (1988). A randomized clinical trial of phenelzine and imipramine for post-traumatic stress disorder. *American Journal of Psychiatry, 145,* 1289–91.

Frank, R. G., Huskamp, H. A., McGuire, T. G., & Newhouse, J. P. (1996). Some economics of mental health carve-outs. *Archives of General Psychiatry, 53* (10): 933–37.

Frank, R. G., Koyanagi, C., & McGuire, T. G. (1997). The politics and economics of mental health parity laws. *Health Affairs, 16,* 108–19.

Franke, P., Schwab, S. G., Knapp, M., Gaensicke, M., Delmo, C., Zill, P., Trixler, M., Lichtermann, D., Hallmayer, J., Wildenauer, D. B., & Maier, W. (1999). DAT1 gene polymorphism in alcoholism: A family-based association study. *Biological Psychiatry, 45,* 652–54.

Franklin, M., & Foa, E. (1998). Cognitive-behavioral treatments for obsessive-compulsive disorder. In P. Nathan & J. Gorman (Eds.), *A guide to treatments that work* (pp. 339–57). New York: Oxford University Press.

Franzen, G. (1971). Serum cortisol in chronic schizophrenia: Changes in the diurnal rhythm and psychiatric mental status on withdrawal of drugs. *Psychiatrica Clinica, 4,* 237–46.

Frasure-Smith, N., Lesperance, F., & Talajic, M. (1995). The impact of negative emotions on prognosis following myocardial infarction: Is it more than depression? *Health Psychology, 14* (5): 388–98.

Frederick, C. J. (1978). Current trends in suicidal behavior in the United States. *American Journal of Psychotherapy, 32,* 172–200.

Fredrikson, M., Annas, P., Fischer, H., & Wik, G. (1996). Gender and age differences in the prevalence of specific fears and phobias. *Behaviour Research and Therapy, 34*(1): 33–39.

Fredrikson, M., Annas, P., & Wik, G. (1997). Parental history, aversive exposure and the development of snake and spider phobia in women. *Behaviour Research and Therapy, 35* (1): 23–28.

Freeman, B. J. (1997). Guidelines for evaluating intervention programs for children with autism. *Journal of Autism and Developmental Disorders, 27,* 641–51.

Freeman, B. J., Ritvo, E. R., Mason-Brothers, A., Pingree, C., et al. (1989). Psychometric assessment of first-degree relatives of 62 autistic probands in Utah. *American Journal of Psychiatry, 146,* 361–64.

Freeman, E. W., Schweizer, E., & Rickels, K. (1995). Personality factors in women with premenstrual syndrome. *Psychosomatic Medicine, 57,* 453–59.

Freeman, H. (1994). Schizophrenia and city residence. *British Journal of Psychiatry, 164* (Supp. 23): 39–50.

Freud, A. (1936). *The ego and mechanisms of defense* (rev. ed.). New York: International Universities Press, 1967.

Freud, S. (1894). The neuro-psychoses of defense. In J. Strachey (Ed. and Trans.), *The complete psychological works* (Vol. 3). New York: Norton, 1976.

Freud, S. (1917a). Introductory lectures on psychoanalysis, Part III. In J. Strachey (Ed. and Trans.), *The complete psychological works* (Vol. 16). New York: Norton, 1976.

Freud, S. (1917b). Mourning and melancholia. In J. Strachey (Ed. and Trans.), *The complete psychological works* (Vol. 16). New York: Norton, 1976.

Freund, K. (1990). Courtship disorder. In W. L. Marshall & D. R. Laws (Eds.), *Handbook of sexual assault: Issues, theories, and treatment of the offender. Applied Clinical Psychology* (pp. 195–207). New York: Plenum.

Freund, K. (1991). Reflections on the development of the phallometric method of assessing erotic preferences. *Annals of Sex Research, 4* (3–4): 221–28.

Freund, K., Seto, M. C., & Kuban, M. (1996). Two types of fetishism. *Behaviour Research and Therapy, 34* (9): 687–94.

Frick, P. J. (1994). Family dysfunction and the disruptive behavior disorders: A review of recent empirical findings. *Advances in Clinical Child Psychology, 16,* 203–26.

Frick, P. J. (1998). Conduct disorders and severe antisocial behavior. *Clinical Child Psychology Library.* New York: Plenum.

Frick, P. J., Christian, R. E., & Wooton, J. M. (1999). Age trends in association between parenting practices and conduct problems. *Behavior Modification, 23,* 106–28.

Friedman, H., Klein, T., & Specter, S. (1991). Immunosuppression by marijuana and components. In R. Ader, D. L. Felten, et al. (Eds.), *Psychoneuroimmunology* (2nd ed.; pp. 931–53). San Diego: Academic Press.

Friedman, M. (1988). Toward rational pharmacotherapy for post-traumatic stress disorder: An interim report. *American Journal of Psychiatry, 145,* 281–85.

Friedmann, P. D., Saitz, R., Samet, J. H., & Glass, R. M. (Eds.). (1998). Management of adults recovering from alcohol or other drug problems: Relapse prevention in primary care. *Journal of the American Medical Association, 279,* 1227–31.

Friedman, R. C. & Downey, J. I. (1994). Homosexuality. *New England Journal of Medicine, 331,* 923–30.

Friman, P. C., & Warzak, W. J. (1990). Nocturnal enuresis: A prevalent, persistent, yet curable parasomnia. *Pediatrician, 17,* 38–45.

Fritz, G. K., Fritsch, S., & Hagino, O. (1997). Somatoform disorders in children and adolescents: A review of the past 10 years. *Journal of the American Academy of Child and Adolescent Psychiatry, 36* (10): 1329–38.

Frueh, B. C., Turner, S. M., & Beidel, D. C. (1995). Exposure therapy for combat-related posttraumatic stress disorder: A critical review. *Clinical Psychology Review, 15* (8): 799–817.

Fuchs, J. L., Montemayor, M., & Greenough, W. (1990). Effect of environmental complexity on size of the superior colliculus. *Behavioral and Neural Biology, 54,* 198–203.

Funtowicz, M. N., & Widiger, T. A. (1999). Sex bias in the diagnosis of personality disorders: An evaluation of DSM-IV criteria. *Journal of Abnormal Psychology, 108* (2): 195–201.

Fyer, A. J., Mannuzza, S., Gallops, M. S., Martin, L. Y., Aaronson, G., Gorman, J. M., Liebowitz, M. R., & Klein, D. F. (1990). Familial transmission of simple phobias and fears: A preliminary report. *Archives of General Psychiatry, 47,* 252–56.

Gabbard, G. O. (1992). Psychodynamic psychiatry in the "Decade of the Brain." *American Journal of Psychiatry, 149* (8): 991–98.

Gabbard, G. O. (1998). The cost effectiveness of treating depression. *Psychiatric Annals, 28,* 98–101.

Gabbard, G. O., & Lazar, S. G. (1999). Efficacy and cost offset of psychotherapy for borderline personality disorder. In D. Spiegel (Ed.), *Efficacy and cost-effectiveness of psychotherapy: Clinical practice* (Vol. 45; pp. 111–23). Washington, DC: American Psychiatric Association.

Gabbard, G. O., Lazar, S. G., Hornberger, J., & Spiegel, D. (1997). The economic impact of psychotherapy: A review. *American Journal of Psychiatry, 154,* 147–55.

Gabriel, T. (1994). Heroin finds a new market along the cutting edge of style. *New York Times,* May 8, p. A1.

Gagnon, J. H. (1977). *Human sexuality.* Chicago: Scott, Foresman.

Galani, R., Jarrard, L. E., Will, B. E., & Kelche, C. (1997). Effects of postoperative housing conditions on functional recovery in rats with lesions of the hippocampus, subiculum, or entorhinal cortex. *Neurobiology of Learning and Memory, 67,* 43–56.

Galen. In Veith, I., *Hysteria: The history of a disease.* Chicago: University of Chicago Press, 1965.

Gallo, J. J., Rabins, P. V., & Anthony, J. C. (1999). Sadness in older persons: 13-year follow-up of a community sample in Baltimore, Maryland. *Psychological Medicine, 29,* 341–50.

Ganaway, G. K. (1989). Historical versus narrative truth: Clarifying the role of exogenous trauma in the etiology of MPD and its variants. *Dissociation: Progress in the Dissociative Disorders, 2,* 205–20.

Gao, S., Hendrie, H. C., Hall, K. S., & Hui, S. (1998). The relationships between age, sex, and the incidence of dementia and Alzheimer disease: A meta-analysis. *Archives of General Psychiatry, 55,* 809–15.

Garb, H. N. (1998a). *Studying the clinician: Judgment research and psychological assessment.* Washington, DC: American Psychological Association.

Garb, H. N. (1998b). Recommendations for training in the use of the Thematic Apperception Test (TAT). *Professional Psychology—Research and Practice, 29* (6): 621–22.

Garb, H. N., Florio, C. M., & Grove, W. M. (1998). The validity of the Rorschach and the Minnesota Multiphasic Personality Inventory: Results from meta-analyses. *Psychological Science, 9* (5): 402–404.

Garbutt, J. C., West, S. L., Carey, T. S., Lohr, K. N., & Crews, F. T. (1999). Pharmacological treatment of alcohol dependence: A review of the evidence. *Journal of the American Medical Association, 281,* 1318–25.

Garcia, E., Guess, D., & Brynes, J. (1973). Development of syntax in a retarded girl using procedures of imitation, reinforcement, and modelling. *Journal of Applied Behavior Analysis, 6,* 299–310.

Gardner, D., & Cowdry, R. (1985). Suicidal and parasuicidal behavior in borderline personality disorder. *Psychiatric Clinics of North America, 8,* 389–402.

Garfield, S. (2000). The Rorschach test in clinical diagnosis—A brief commentary. *Journal of Clinical Psychology, 56,* 431–34.

Garfinkel, P. E., & Garner, D. M. (1982). *Anorexia nervosa: A multidimensional perspective.* New York: Brunner/Mazel.

Garmezy, N. (1977a). DSM-III: Never mind the psychologists—Is it good for the children? *Clinical Psychologist, 31,* 3–4.

Garmezy, N. (1977b). The psychology and psychopathology of Allenhead. *Schizophrenia Bulletin, 3,* 360–69.

Garner, D. M. (1993). Binge eating: Definition and classification. In C. G. Fairburn, G. T. Wilson, C. G. Fairburn, & G. T. Wilson (Eds.), *Binge eating: Nature, assessment, and treatment.* New York: Guilford Press.

Garner, D. M., & Garfinkel, P. E. (Eds). (1997). *Handbook of treatment for eating disorders* (2nd ed.). New York: Guilford Press.

Garner, D., & Wooley, S. (1991). Confronting the failure of behavioral and dietary treatments for obesity. *Clinical Psychology Review, 11,* 729–80.

Garrison, C. Z., Addy, C. L., Jackson, K. L., McKeown, R. E., & Waller, J. L. (1992). Major depressive disorder and dysthymia in young adolescents. *American Journal of Epidemiology, 135* (7): 792–802.

Garrity, T. F., Somes, G. W., & Marx, M. B. (1977). Personality factors in resistance to illness after recent life changes. *Journal of Psychosomatic Research, 21,* 23–32.

Gartland, H. J., & Day, H. D. (1999). Family predictors of the incidence of children's asthma symptoms: Expressed emotion, medication, parent contact, and life events. *Journal of Clinical Psychology, 55* (5):573–84.

Garven, S., Wood, J. M., Malpass, R. S., & Shaw, J. S. III. (1998). More than suggestion: The effect of interviewing techniques from the McMartin Preschool case. *Journal of Applied Psychology, 83* (3): 347–59.

Gatley, S. J., Volkow, N. D., & Makriyannis, A. (1999). Studies of the brain cannabinoid system using positron and single-photon emission tomography. In G. G. Nahas, K. M. Sutin, et al. (Eds.), *Marihuana and medicine* (pp. 163–76). Clifton, NJ: Humana.

Gatz, M., Kasl-Godley, J. E., & Karel, M. J. (1996). Aging and mental disorders. In J. E. Birren, K. W. Schaie, R. P. Abeles, M. Gatz, & T. A. Salthouse (Eds.), *Handbook of the psychology of aging. The handbooks of aging* (4th ed.; pp. 365–82). San Diego: Academic Press.

Gawin, F. H., & Ellinwood, E. H. (1988). Cocaine and other stimulants. *New England Journal of Medicine, 318,* 1173–82.

Gawin, F. H., & Ellinwood, E. H. (1989). Cocaine dependence. *Annual Review of Medicine, 40,* 149–61.

Gawin, F. H., Kleber, H. D., Byck, R., Rounsaville, B. J., Kosten, T. R., Jatlow, P. I., & Morgan, C. (1989). Desipramine facilitation of initial cocaine abstinence. *Archives of General Psychiatry, 46,* 117–21.

Ge, X., Conger, R., Cadoret, R., & Neiderhiser, J. (1996). The developmental interface between nature and nurture: A mutual influence model of child antisocial behavior and parent behaviors. *Developmental Psychology, 32* (4): 574–89.

Gebhard, P. H., Gagnon, J. H., Pomeroy, W. B., & Christenson, C. V. (1965). *Sex offenders.* New York: Harper & Row.

Geffken, G. R., & Monaco, L. (1996). Assessment and treatment of encopresis. *Journal of Psychological Practice, 2* (3): 22–30.

Gehring, W., Himle, J., & Nisenson, L. (2000). Action-monitoring dysfunction in obsessive-compulsive disorder. *Psychological Science, 11,* 7–12.

Geist, R., Heinman, M., Stephens, D., Davis, R., & Katzman, D. K. (2000). Comparison of family therapy and family group psychoeducation in adolescents with anorexia nervosa. *Canadian Journal of Psychiatry, 45,* 173–78.

Gelb, D. J., Oliver, E., & Gilman, S. (1999). Diagnostic criteria for Parkinson disease. *Archives of Neurology, 56,* 33–39.

Gelenberg, A. J., & Klerman, G. L. (1978). Maintenance drug therapy in long-term treatment of depression. In J. P. Brady & H. K. H. Brodie (Eds.), *Controversy in psychiatry.* Philadelphia: Saunders.

Gelernter, J., & Kranzler, H. (1999). D-sub-2 dopamine receptor gene (DRD2) allele and haplotype frequencies in alcohol dependent and control subjects: No association with phenotype or severity of phenotype. *Neuropsychopharmacology, 20,* 640–49.

Gelfand, D. M. (1978). Social withdrawal and negative emotional states: Behavioral treatment. In B. B. Wolman, J. Egan, & A. O. Ross (Eds.), *Handbook of treatment of mental disorders in childhood and adolescence.* Englewood Cliffs, NJ: Prentice-Hall.

Gendreau, P. L., Petitto, J. M., Gariepy, J., & Lewis, M. H. (1997). D-sub-1 dopamine receptor mediation of social and nonsocial emotional reactivity in mice: Effects of housing and strain difference in motor activity. *Behavioral Neuroscience, 111,* 424–34.

George, M., Trimble, M., Ring, H., et al. (1993). Obsessions in obsessive-compulsive disorder with and without Gilles de la Tourette's syndrome. *American Journal of Psychiatry, 150,* 93–97.

George, M. S., Wasserman, E. M., Williams, W. A., Callahan, A., Ketter, T. A., Basser, P., Hallet, M., & Post, R. M. (1995). Daily repetitive transcranial magnetic stimulation (rTMS) improves mood in depression. *Neuroreport, 6,* 1853–56.

Gergen, K. J. (1982). *Toward transformation in social knowledge.* New York: Springer Verlag.

Gerstley, L. J., Alterman, A. I., McLellan, A. T., & Woody, G. E. (1990). Antisocial personality disorder in patients with substance abuse disorders. *American Journal of Psychiatry, 147,* 481–87.

Geschwind, N. (1975). The apraxias: Neural mechanisms of disorders of learned movement. *American Scientist, 188,* 188–95.

Ghuman, H. S., Ghuman, J. K., & Ford, L. W. (1998). Pervasive developmental disorders and learning disorders. In H. S. Ghuman & R. M. Sarles (Eds.), *Handbook of child and adolescent outpatient, day treatment and community psychiatry* (pp. 197–212). Philadelphia: Brunner/Mazel.

Gianoulakis, C. (1996). Implications of endogenous opioids and dopamine in alcoholism: Human and basic science studies. *Alcohol and Alcoholism, 31* (Suppl. 1): 33–42.

Gibbs, N. A. (1996). Nonclinical populations in research in obsessive-compulsive disorder: A critical review. *Clinical Psychology Review, 16* (8): 729–73.

Gilberg, C. (1991). Outcome in autism and autistic-like conditions. *Journal of the American Academy of Child and Adolescent Psychiatry, 30* (3): 375–82.

Gilberg, C., & Svennerholm, L. (1987). CSF monoamines in autistic syndromes and other pervasive developmental disorders in childhood. *British Journal of Psychiatry, 151,* 89–94.

Gilbert, D. G., & Hagen, R. L. (1980). The effects of nicotine and extraversion on self-report, skin conductance, electromyographic, and heart responses to emotional stimuli. *Addictive Behavior, 5,* 247–57.

Gilberstadt, H., & Duker, J. (1965). *A handbook for clinical and actuarial MMPI interpretations.* Philadelphia: Saunders.

Gillham, J., & Reivich, K. (1999). Prevention of depressive symptoms in schoolchildren: A research update. *Psychological Science, 10,* 461–62.

Gillham, J., Reivich, K., Jaycox, L., & Seligman, M. (1995). Prevention of depressive symptoms in schoolchildren: Two-year follow-up. *Psychological Science, 6* (6): 343–51.

Gillum, R. F. (1994). Trends in acute myocardial infarction and coronary heart disease death in the United States. *Journal of the American College of Cardiology, 23* (6): 1273–77.

Girelli, S., Resick, P., Marhoefer-Dvorak, S., & Hutter, C. (1986). Subjective distress and violence during rape: The effects on long-term fear. *Violence and Victims, 1,* 35–46.

Gitlin, M. J. (1993). Pharmacotherapy of personality disorders: Conceptual framework and clinical strategies. *Journal of Clinical Psychopharmacology, 13* (5): 343–53.

Gitlin, M. J. (1994). Psychotropic medications and their effects on sexual function: Diagnosis, biology, and treatment approaches. *Journal of Clinical Psychiatry, 55* (9): 406–13.

Gittelman, R., & Klein, D. F. (1984). Relationship between separation anxiety and panic and agoraphobic disorders. *Psychopathology, 17,* 56–65.

Gittleman, M., & Birch, H. G. (1967). Childhood schizophrenia: Intellect, neurologic status, perinatal risk, prognosis and family pathology. *Archives of General Psychiatry, 17,* 16–25.

Gittleson, N. L. (1966). Depressive psychosis in the obsessional neurotic. *British Journal of Psychiatry, 122,* 883–87.

Gladue, B. A., Green, R., & Hellman, R. E. (1984). Neuroendocrine response to estrogen and sexual orientation. *Science, 225,* 496–99.

Glaser, W. (1993). Is personality disorder a mental illness? Garry David and the lessons of history. *International Journal of Mental Health, 22,* 61–70.

Glass, D. C. (1977). *Behavior pattern stress in coronary disease.* Hillsdale, NJ: Erlbaum.

Glazer, H. I., & Weiss, J. M. (1976). Long-term interference effect: An alternative to "learned helplessness." *Journal of Experimental Psychology: Animal Behavior Processes, 2,* 202–13.

Gleitman, H. (1981). *Psychology.* New York: Norton.

Gleitman, H. (1991). *Psychology* (3rd ed.). New York: Norton.

Glynn, S. M., & Sussman, S. (1990). Why patients smoke (letter). *Hospital and Community Psychiatry, 41,* 1027–28.

Gobert, A., Rivet, J. M., Cistarelli, L., Melon, C., & Millan, M. J. (1999). Buspirone modulates basal and fluoxetine-stimulated dialysate levels of dopamine, noradrenaline and serotonin in the frontal cortex of freely moving rats: Activation of serotonin1A receptors and blockade of alpha2-adrenergic receptors underlie its actions. *Neuroscience, 93,* 1251–62.

Goddard, A. W., Woods, S. W., & Charney, D. S. (1996). A critical review of the role of norepinephrine in panic disorder: Focus on its interaction with serotonin. In H. G. Westenberg, J. A. Den Boer, & D. L. Murphy (Eds.), *Advances in the neurobiology of anxiety disorders* (pp. 107–37). Chicester, England: Wiley.

Goenjian, A. K., Karayan, I., Pynoos, R. S., Minassian, D., et al. (1997). Outcome of psychotherapy among early adolescents after trauma. *American Journal of Psychiatry, 154* (4): 536–42.

Goin, R. P. (1998). Nocturnal enuresis in children. *Child: Care, Health and Development, 24,* 277–88.

Gold, J. M., Randolph, C., Carpenter, C. J., Goldberg, T. E., & Weinberger, D. R. (1992). Forms of memory failure in schizophrenia. *Journal of Abnormal Psychology, 101* (3): 487–94.

Gold, M. R., & Matsuuch, L. (1995). Signal transduction by the antigen receptors of B and T lymphocytes. *International Review of Cytology, 157,* 181–276.

Gold, M. S., Miller, N. S., Stennie, K., & Populla-Vardi, C. (1995). Abraham, K. (1911). Notes on psychoanalytic investigation and treatment of manic-depressive insanity and applied conditions. In *Selected papers of Karl Abraham, M.D.* (D. Bryan & A. Strachey, Trans.). London: Hogarth Press, 1948.

Golden, C. J. (1981). The Luria-Nebraska Children's Battery: Theory and formulation. In G. W. Hynd & J. E. Obrzut (Eds.), *Neuropsychological assessment and the school-age child: Issues and procedures.* New York: Grune & Stratton.

Golden, C. J., Hammeke, T. A., & Puriosch, A. D. (1980). *Manual for the Luria-Nebraska Neuropsychological Battery.* Los Angeles: Western Psychological Services.

Golding, J. M., Rost, K., Kashner, T. M., & Smith, G. R., Jr. (1992). Family psychiatric history of patients with somatization disorder. *Psychiatric Medicine, 10,* 33–47.

Goldman, D. (1995). Identifying alcoholism vulnerability alleles. *Alcoholism: Clinical and Experimental Research, 19* (4): 824–31.

Goldman-Rakic, P. S. (1987). Circuitry of primate prefrontal cortex and regulation of behavior by representational memory. In F. Plum (Ed.), *Handbook of physiology: The nervous system* (Vol. 5; pp. 373–417). Bethesda, MD: American Physiological Society.

Goldstein, D. B. (1996). Effects of alcohol on membrane lipids. In H. Begleiter & B. Kissin (Eds.), *The pharmacology of alcohol and alcohol dependence: Alcohol and alcoholism* (No. 2; pp. 309–34). New York: Oxford University Press.

Goldstein, D. J., Wilson, M. C., Ashcroft, R. C., & Al-Banna, M. (1999). Effectiveness of fluoxetine therapy in bulimia nervosa regardless of comorbid depression. *International Journal of Eating Disorders, 25* (1): 19–27.

Goldstein, G. (1998). Neuropsychological assessment of adults. In G. Goldstein (Ed.), *Neuropsychology. Human brain function: Assessment and rehabilitation* (pp. 63–81). New York: Plenum Press.

Goldstein, I., Lue, T. F., Padma-Nathan, H., Rosen, R. C., Steers, W. D., & Wicker, P. A. (1998). Oral sildenafil in the treatment of erectile dysfunction. Sildenafil Study Group. *New England Journal of Medicine, 338* (20):1397–1404.

Goldstein, J. M. (1988). Gender differences in the course of schizophrenia. *American Journal of Psychiatry, 145,* 684–89.

Goldstein, J. M. (1997). Sex differences in schizophrenia: Epidemiology, genetics and the brain. *International Review of Psychiatry, 9,* 399–408.

Goldstein, M. J., Strachan, A. M., & Wynne, L. C. (1994). DSM-IV literature review: Relational problems with high expressed emotion. In T. A. Widiger, A. J. Frances, H. A. Pincus, W. Davis, & M. First (Eds.), *DSM-IV sourcebook.* Washington, DC: American Psychiatric Association.

Gomberg, E. S., & Zucker, R. A. (1998). Substance use and abuse in old age. In I. H. Nordhus & G. R. Van den Bos (Eds.), *Clinical geropsychology* (pp. 189–204). Washington, DC: American Psychological Association.

Goodman, R. (1990). Technical note: Are perinatal complications causes or consequences of autism? *Journal of Child Psychology and Psychiatry, 31* (5): 809–12.

Goodstein, L., & Glaberson, W. (2000). The well-marked road to homicidal rage. *New York Times, 149* (April 10).

Goodwin, D. W. (1988). Alcoholism: Who gets better and who does not. In R. M. Rose & J. Barrett (Eds.), *Alcoholism: Origins and outcomes* (pp. 281–92). New York: Raven Press.

Goodwin, D. W. (1990). The genetics of alcoholism. In P. R. McHugh & V. A. McKusick (Eds.), *Genes, brain and behavior* (pp. 219–26). New York: Raven Press.

Goodwin, D. W., Schulsinger, F., Hermansen, L., Guze, S. B., & Winokur, G. (1973). Alcohol problems in adoptees raised apart from alcoholic biological parents. *Archives of General Psychiatry, 28,* 238–43.

Goodwin, D. W., Schulsinger, F., Moller, N., Hermansen, L., & Winokur, G. (1974). Drinking problems in adopted and non-adopted sons of alcoholics. *Archives of General Psychiatry, 31,* 164–69.

Gordon, D. A., Arbuthnot, J., Gustafson, K. E., & McGreen, P. (1988). Home-based behavioral systems family therapy with disadvantaged juvenile delinquents. *Journal of Family Therapy, 16,* 243–55.

Gorelick, P. B., Freels, S., Harris, Y., Dollear, T., et al. (1994). Epidemiology of vascular and Alzheimer's dementia among African Americans in Chicago, IL: Baseline frequency and comparison of risk factors. *Neurology, 44,* 1391–96.

Gorelick, P. B., Roman, G., & Mangone, C. A. (1994). Vascular dementia. In P. B. Gorelick & M. A. Alter (Eds.), *Handbook of neuroepidemiology* (pp. 197–214). New York: Marcel Dekker.

Gorenstein, E. E., & Newman, J. P. (1980). Disinhibitory psychopathology: A new perspective and a model for research. *Psychological Review, 87,* 301–15.

Gorman, J., Kent, J., Sullivan. G., & Coplan, J. (2000). Neuroanatomical hypothesis of panic disorder. *American Journal of Psychiatry, 157,* 493–505.

Gorman, J. M., Liebowitz, M. R., Fyer, A. J., & Stein, J. A. (1989). Neuroanatomical hypothesis for panic disorder. *American Journal of Psychiatry, 146,* 148–61.

Gorman, J. M., Nemeroff, C. B., & Charney, D. S. (1999). The role of norepinephrine in the treatment of depression. *Journal of Clinical Psychiatry, 60* (9): 623–31.

Gorman, J., & Shear, K. (1998). Practice guideline for the treatment of patients with panic disorder. *American Journal of Psychiatry* (Supp.): *155,* 1–34.

Gottesman, I. I. (1991). *Schizophrenia genesis: The origins of madness.* New York: W. H. Freeman.

Gottesman, I. I. (1993). Origins of schizophrenia: Past as prologue. In R. Plomin & G. E. McClearn (Eds.), *Nature, nurture, and psychology* (pp. 231–44). Washington, DC: American Psychological Association.

Gottesman, I. I., McGuffin, P., & Farmer, A. E. (1987). Clinical genetics as clues to the "real" genetics of schizophrenia (a decade of modest gains while playing for time). *Schizophrenia Bulletin, 13,* 23–47.

Gottesman, I. I., & Shields, J. (1972). *Schizophrenia and genetics: A twin study vantage point.* New York: Academic Press.

Gould, S. J. (1981). *The mismeasure of man.* New York: Norton.

Grabowski, J., & Schmitz, J. M. (1998). Psychologic treatment of substance abuse. *Current Opinion in Psychiatry, 11,* 289–93.

Grace, W. J., & Graham, D. T. (1952). Relationship of specific attitudes and emotions to certain bodily disease. *Psychosomatic Medicine, 14,* 243–51.

Graham, D. Y., Lew, G. M., Klein, P. D., Evans, D. G., Evans, D. J., Jr., Saeed, Z. A., & Malaty, H. M. (1992). Effect of treatment of Helicobacter pylori infection on the long-term recurrence of gastric or duodenal ulcer: A randomized, controlled study. *Annals of Internal Medicine, 116* (9):705–708.

Graham, P. J., et al. (Eds.). (1998). *Cognitive-behaviour therapy for children and families.* New York: Cambridge University Press.

Gram, L. F. (1994). Fluoxetine. *New England Journal of Medicine, 331* (20): 1354–61.

Gray, F., Huag, H., Chimelli, L., et al. (1991). Prominent cortical atrophy with neuronal loss as correlate of human immunodeficiency virus encephalopathy. *Acta Neuropathologica, 82,* 229–33.

Gray, J. A. (1982). *The neurobiology of anxiety.* New York: Oxford University Press.

Gray, J. A. (1985). Issues in the neuropsychology of anxiety. In A. H. Tuma & J.D. Maser (Eds.), *Anxiety and the anxiety disorders* (pp. 5–25). Hillsdale, NJ: Lawrence Erlbaum.

Gray, J. A. (1987). Perspectives on anxiety and impulsivity: A commentary. *Journal of Research in Personality, 21* (4): 493–509.

Gray, J., & McNaughton, N. (1996). The neuropsychology of anxiety. In D. Hope (Ed.), *Perspectives on anxiety, panic, and fear* (pp. 61–134). Lincoln, NE: Nebraska University Press.

Greco, A. (1995). Structural neuroimaging: Magnetic resonance. In M. M. Robertson, V. Eapen, et al. (Eds.), *Movement and allied disorders in childhood* (pp. 279–92). Chichester, England: Wiley.

Green, A. R., Cross, A. J., & Goodwin, G.M. (1995). Review of the pharmacology and clinical pharmacology of 3,4- methylenedioxymethamphetamine (MDMA or "Ecstasy"). *Psychopharmacology, 119,* 247–60.

Green, B. L., Gleser, G. C., Lindy, J. D., Grace, M. C., & Leonard, A. (1996). Age-related reactions in the second decade. In P. E. Ruskin & J. A. Talbott (Eds.), *Aging and post-traumatic stress disorder* (pp. 101–25). Washington, DC: American Psychiatric Press.

Green, B., Lindy, J., Grace, M., & Leonard, A. (1992). Chronic post-traumatic stress disorder and diagnostic comorbidity in a disaster sample. *Journal of Nervous and Mental Diseases, 180,* 760–66.

Green, M. F. (1993). Cognitive remediation in schizophrenia: Is it time yet? *American Journal of Psychiatry, 150,* 178–87.

Green, M. F. (1996). What are the functional consequences of neurocognitive deficits in schizophrenia? *American Journal of Psychiatry, 153,* 321–30.

Green, M. F., Nuechterlein, K. H., & Breitmeyer, B. (1997). Backward masking performance in unaffected siblings of schizophrenic patients: Evidence for a vulnerability indicator. *Archives of General Psychiatry, 54,* 465–72.

Green, M. F., Nuechterlein, K. H., & Mintz, J. (1994a). Backward masking in schizophrenia and mania: I. Specifying a mechanism. *Archives of General Psychiatry, 51,* 939–44.

Green, M. F., Nuechterlein, K. H., & Mintz, J. (1994b). Backward masking in schizophrenia and mania: II. Specifying the visual channels. *Archives of General Psychiatry, 51,* 945–51.

Green, R., & Fleming, D. T. (1990). Transsexual surgery follow-up: Status in the 1990s. *Annual Review of Sex Research, 1,* 163–74.

Green, T. M. (1997). Police as frontline mental health workers: The decision to arrest or refer to mental health agencies. *International Journal of Law and Psychiatry, 20,* 469–86.

Greenberg, M., Kusche, C., Cook, E., & Quamma, J. (1995). Promoting emotional competence in school-aged deaf children: The effects of the PATH curriculum. *Development and Psychopathology, 7,* 117–36.

Greenberg, R. P., Bornstein, R. G., Zborowski, M. J., Fisher, S., & Greenberg, M. D. (1994). A meta-analysis of fluoxetine outcome in the treatment of depression. *Journal of Nervous and Mental Disease, 182* (10): 547–51.

Greenblatt, J. (1997). *Year-end preliminary estimates from the 1996 Drug Abuse Warning Network (Office of Applied Studies).* Rockville, MD: U.S. Department of Health and Human Services.

Greene, R. L. (1991). *The MMPI-2/MMPI: An interpretive manual.* Boston: Allyn & Bacon.

Greenhill, L. (1998). Childhood attention deficit hyperactivity disorder: Pharmacological treatment. In P. Nathan & J. Gorman (Eds.), *A guide to treatments that work* (pp. 42–64). New York: Oxford University Press.

Greer, G., & Tolbert, R. (1986). Subjective reports of the effects of MDMA in a clinical setting. *Journal of Psychiatric Drugs, 18,* 319–27.

Greer, S. (1964). Study of parental loss in neurotics and sociopaths. *Archives of General Psychiatry, 11,* 177–80.

Greer, S., Morris, T., & Pettingale, K. W. (1979). Psychological response to breast cancer: Effect on outcome. *Lancet, II,* October 13, 785–87.

Gregoire, A. J., Kumar, R., Everitt, B., Henderson, A. F., & Studd, J. W. (1996). Transdermal estrogen for treatment of severe postnatal depression. *Lancet, 347,* 930–33.

Gregory, I. (1958). Studies on parental deprivation in psychiatric patients. *American Journal of Psychiatry, 115,* 432–42.

Gregory, R. (Ed.). (1987). *Oxford companion to the mind.* Oxford, England: Oxford University Press.

Greist, J. (1990). Treating the anxiety: Therapeutic options in obsessive-compulsive disorder. *Journal of Clinical Psychology, 51,* 29–34.

Greyson, B. (1997). Near-death narratives. In S. Krippner and S. Powers (Eds.), *Broken images, broken selves* (pp. 163–80). Washington, DC: Brunner/Mazel.

Griest, J. H. (1994). Behavior therapy for obsessive-compulsive disorder. *Journal of Clinical Psychiatry, 55* (10): 60–68.

Griest, J. H., Jefferson, J. W., Kobak, K. A., Katzelnick, D. J., & Serlin, R. C. (1995). Efficacy and tolerability of serotonin transport inhibitors in obsessive-compulsive disorder: A meta-analysis. *Archives of General Psychiatry, 52* (1): 53–60.

Grillon, C., Dierker, L., & Merikangas, K. R. (1997). Startle modulation in children at risk for anxiety disorders and/or alcoholism. *Journal of the American Academy of Child and Adolescent Psychiatry, 36,* 925–32.

Grilly, D. M. (1989). *Drugs and human behavior.* Boston: Allyn & Bacon.

Grinspoon, L., & Bakalar, J. B. (1976). *Cocaine.* New York: Basic Books.

Grinspoon, L., & Bakalar, J. B. (1986). Can drugs be used to enhance the psychotherapeutic process? *American Journal of Psychotherapy, 40,* 393–404.

Gross, H. J., & Zimmerman, J. (1965). Experimental analysis of hysterical blindness: A follow-up report and new experimental data. *Archives of General Psychiatry, 13,* 255–60.

Gross, R., Sasson, Y., Chopra, I., & Zohar, J. (1998). Biological models of obsessive-compulsive disorder: The serotonin hypothesis. In R. Swinson, M. Antony, S. Rachman, & M. Richter (Eds.), *Obsessive-compulsive disorder: Theory, research, and treatment* (pp. 141–53). New York: Guilford Press.

Grossman, H. J. (1983a). *Classification in mental retardation.* Washington, DC: American Association of Mental Deficiency.

Grossman, H. J. (Ed.). (1983b). *Manual on terminology and classification in mental retardation.* Washington, DC: American Association of Mental Deficiency.

Grove, W. M., & Andreasen, N. C. (1985). Language and thinking in psychosis. *Archives of General Psychiatry, 42,* 26–32.

Grueneich, R. (1992). The borderline personality disorder diagnosis: Reliability, diagnostic efficiency, and covariation with other personality disorder diagnoses. *Journal of Personality Disorders, 6* (3): 197–212.

Gualtieri, C. (1991). *Neuropsychiatry and behavioral pharmacology.* New York: Springer-Verlag.

Guarnaccia, P., & Rogler, L. (1999). Research on culture-bound syndromes: New directions. *American Journal of Psychiatry, 156* (9): 1322–27.

Gun, R. T., Korten, A. E., Jorm, A. F., Henderson, A. S., et al. (1997). Occupational risk factors for Alzheimer disease: A case-control study. *Alzheimer Disease and Associated Disorders, 11* (1): 21–27.

Gunderson, J. G., & Mosher, L. R. (1975). The cost of schizophrenia. *American Journal of Psychiatry, 132,* 901–906.

Gur, R. E., Mozley, P. D., Shtasel, D. L., Cannon, T. D., Gallacher, F., Turetsky, B., Grossman, R., & Gur, R. C. (1994). Clinical subtypes of schizophrenia: Differences in brain and CSF volume. *American Journal of Psychiatry, 151* (3): 343–50.

Gureje, O., Simon, G., Ustun, T., & Goldberg, D. P. (1997). Somatization in cross-cultural perspective: A World Health Organization study in primary care. *American Journal of Psychiatry, 154* (7): 989–95.

Gurley, R. J., Aranow, R., & Katz, M. (1998). Medicinal marijuana: A comprehensive review. *Journal of Psychoactive Drugs, 30,* 137–47.

Gurvits, T. V., Shenton, M. E., Hokama, H., & Ohta, H. (1996). Magnetic resonance imaging study of hippocampal volume in chronic, combat-related posttraumatic stress disorder. *Biological Psychiatry, 40,* 1091–99.

Gurvits, T., Gilbertson, M., Lasko, N., et al. (2000). Neurological soft signs in chronic posttraumatic stress disorder. *American Journal of Psychiatry, 157,* 181–86.

Gustafsson, P. A., Bjorksten, B., & Kjellman, N.-I. (1994). Family dysfunction in asthma: A prospective study of illness development. *Journal of Pediatrics, 125* (3): 493–98.

Gustafsson, P. A., & Kjellman, N.-I. (1986). Family therapy in the treatment of severe childhood asthma. *Journal of Psychosomatic Research, 30* (3): 369–74.

Guze, S. B. (1993). Genetics of Briquet's syndrome and somatization disorder. A review of family, adoption, and twin studies. *Annals of Clinical Psychiatry, 5,* 225–30.

Guze, S. B. (1997). The genetics of alcoholism: 1997. *Clinical Genetics, 52,* 398–403.

Haas, G. L., & Sweeney, J. A. (1992). Premorbid and onset features of first-episode schizophrenia. *Schizophrenia Bulletin, 18,* 373–86.

Hackmann, A., & McLean, C. (1975). A comparison of flooding and thought-stopping treatment. *Behaviour Research and Therapy, 13,* 263–69.

Haldeman, D. C. (1994). The practice and ethics of sexual orientation conversion therapy. *Journal of Consulting and Clinical Psychology, 62* (2): 221–27.

Hall, G. C. (1995). Sexual offender recidivism revisited: A meta-analysis of recent treatment studies. *Journal of Consulting and Clinical Psychology, 63* (5): 802–809.

Hall, J. (1988). Fluoxetine: Efficacy against placebo and by dose—An overview. *British Journal of Psychiatry,* 59–63.

Hall, R. V., Fox, R., Willard, D., Goldsmith, L., Emerson, M., Owen, M., Davis, T., & Porcia, E. (1971). The teacher as observer and experimenter in the modification of disputing and talking-out behaviors. *Journal of Applied Behavior Analysis, 4,* 141–49.

Halpern, J. (1977). Projection: A test of the psychoanalytic hypothesis. *Journal of Abnormal Psychology, 86,* 536–42.

Hamburger, M. E., Lilienfeld, S. O., & Hogben, M. (1996). Psychopathy, gender, and gender roles: Implications for antisocial and histrionic personality disorders. *Journal of Personality Disorders, 10,* 41–55.

Hamer, D. H., Hu, S., Magnusson, V. L., Hu, N., & Patatucci, A. M. L. (1993). A linkage between DNA markers on the X chromosome and male sexual orientation. *Science, 261,* 321–27.

Hameury, L., Roux, S., Barthelemy, C., Adrien, J. L., et al. (1995). Quantified multidimensional assessment of autism and other pervasive developmental disorders: Application for bioclinical research. *European Child and Adolescent Psychiatry, 4,* 123–35.

Hamilton, M. (1967). Development of a rating scale for primary depressive illness. *British Journal of Social and Clinical Psychology, 6,* 278–96.

Hammen, C. (1991). *Depression runs in families: The social context of risk and resilience in children of depressed mothers.* New York: Springer Verlag.

Hammen, C. L., & Glass, D. R. (1975). Expression, activity, and evaluation of reinforcement. *Journal of Abnormal Psychology, 84,* 718–21.

Hammen, D. L., & Padesky, C. A. (1977). Sex differences in the expression of depressive responses on the Beck Depression Inventory. *Journal of Abnormal Psychology, 86,* 609–14.

Han, L., Schmaling, K., & Dunner, D. (1995). Descriptive validity and stability of diagnostic criteria for dysthymic disorder. *Comprehensive Psychiatry, 36* (5): 338–43.

Hankin, B. L., Abramson, L. Y., Moffitt, T. E., Silva, P. A., McGee, R., & Angell, K. E. (1998). Development of depression from preadolescence to young adulthood: Emerging gender differences in a 10-year longitudinal study. *Journal of Abnormal Psychology, 107,* 128–40.

Hanley, J. R., & Gard, F. (1995). A dissociation between developmental surface and phonological dyslexia in two undergraduate students. *Neuropsychologia, 33* (7): 909–14.

Hannum, R. D., Rosellini, R. A., & Seligman, M. E. P. (1976). Retention of learned helplessness and immunization in the rat from weaning to adulthood. *Developmental Psychology, 12,* 449–54.

Hardi, S. S., Craighead, W. E., & Evans, D. D. (1997). Modeling relapse in unipolar depression: The effects of dysfunctional cognitions and personality disorders. *Journal of Consulting and Clinical Psychology, 65* (3): 381–91.

Harding, C. M., & Keller, A. B. (1998). Long-term outcome of social functioning. In K. T. Mueser & N. Tarrier (Eds.), *Handbook of social functioning in schizophrenia* (pp. 134–48). Boston: Allyn & Bacon.

Hardy, J. A., & Higgins, G. A. (1992). Alzheimer's disease: The amyloid cascade hypothesis. *Science, 256,* 184.

Hardy, M. S., Armstrong, F. D., Martin, B. L., & Strawn, K. N. (1996). A firearm safety program for children: They just can't say no. *Journal of Developmental and Behavioral Pediatrics, 17,* 216–21.

Hare, R. D. (1965). Temporal gradient of fear arousal in psychopaths. *Journal of Abnormal Psychology, 70,* 442–45.

Hare, R. D. (1978). Electrodermal and cardiovascular correlates of sociopathy. In R. D. Hare & D. Schalling (Eds.), *Psychopathic behavior: Approaches to research.* New York: Wiley.

Hare, R. D. (1980). A research scale for the assessment of psychopathy in criminal populations. *Personality and Individual Differences, 1,* 111–19.

Hare, R. D. (1996). Psychopathy: A clinical construct whose time has come. *Criminal Justice and Behavior, 23,* 25–54.

Hare, R. D. (1998). Psychopaths and their nature: Implications for the mental health and criminal justice systems. In T. Millon, E. Simonsen, M. Birket-Smith, & R. D. Davis (Eds.), *Psychopathy: Antisocial, criminal, and violent behavior* (pp. 188–212). New York: Guilford Press.

Hare, R. D., & McPherson, L. M. (1984). Violent and aggressive behavior by criminal psychopaths. *International Journal of Law and Psychiatry, 7,* 329–37.

Hare, R. D., Williamson, S. E., & Harpur, T. J. (1988). Psychopathy and language. In T. E. Moffitt & S. A. Mednick (Eds.), *Biological contributions to crime causation* (pp. 68–92). Dordecht, The Netherlands: Martinuus Nijhoff.

Hare, R. D., Harpur, T. J., Hakstian, A. R., & Forth, A. E. (1990). The revised psychopathy checklist: Reliability and factor structure. *Psychological Assessment, 2* (3): 338–41.

Harkness, K., Monroe, D., Simons, A., & Thase, M. (1999). The generation of life events in recurrent and nonrecurrent depression. *Psychological Medicine, 29,* 135–44.

Harlow, J. M. (1868). Recovery from the passage of an iron bar through the head. *Publications of the Massachusetts Medical Society, 2,* 327.

Harrington, A. (Ed.) (1999). *The placebo effect.* Cambridge, MA: Harvard University Press.

Harrington, R. (1992). Annotation: The natural history and treatment of child and adolescent affective disorders. *Journal of Child Psychology and Psychiatry, 33* (8): 1287–1302.

Harris, C., & Goetsch, V. (1990). Multicomponent flooding treatment of adolescent phobia. In Feindler, E.L., & Kalfus, G. R. (1990). *Adolescent behavior therapy handbook* (pp. 147–65). New York: Springer Publishing Company.

Harris, E. L., Noyes, R., Crowe, R. R., & Chaudry, D. R. (1983). Family study of agoraphobia. *Archives of General Psychiatry, 40,* 1061–64.

Harris, G. J., Lewis, R. F., Satlin, A., English, C. D., Scott, T. M., Yurgelun-Todd, D. A., & Renshaw, P. F. (1996). Dynamic susceptibility contrast MRI of regional cerebral blood volume in Alzheimer's disease. *American Journal of Psychiatry, 153* (5): 721–24.

Harris, G. T., & Rice, M. E. (1997). Risk appraisal and management of violent behavior. *Psychiatric Services, 48,* 1168–76.

Harrison, R. (1965). Thematic apperceptive methods. In B. B. Wolman (Ed.), *Handbook of clinical psychology.* New York: Wiley.

Hart, K., & Kenny, M. E. (1997). Adherence to the Super Woman ideal and eating disorder symptoms among college women. *Sex Roles, 36,* 461–78.

Hartlage, L., Asken, M., & Hornsby, J. (1987). *Essentials of neuropsychological assessment.* New York: Springer.

Harvard Mental Health Letter. (1996a). Suicide, Part I. *The Harvard Mental Health Letter. 13* (5): 1–5.

Harvard Mental Health Letter (1996b). Suicide, Part II. *The Harvard Mental Health Letter. 13* (6): 1–5.

Haslam, N., & Beck, A. T. (1994). Subtyping major depression: A taxometric analysis. *Journal of Abnormal Psychology, 103* (4):686–92.

Hathaway, S. R., & McKinley, J. C. (1943). *MMPI manual.* New York: Psychological Corporation.

Hatton, C. (1998). Intellectual disabilities—Epidemiology and causes. In E. Emerson & C. Hatton (Eds.), *Clinical psychology and people with intellectual disabilities. The Wiley Series in Clinical Psychology* (pp. 20–38). Chichester, England: American Ethnological Press.

Hatzichristou, D. G., Bertero, E. B., & Goldstein, I. (1994). Decision making in the evaluation of impotence: The patient profile-oriented algorithm. *Sexuality and Disability, 12* (1): 29–37.

Haynes, J. D. (1995). A critique of the possibility of genetic inheritance of homosexual orientation. *Journal of Homosexuality, 28* (1–2): 91–113.

Haynes, S. G., Feinleib, M., & Kannel, W. B. (1980). The relationship of psychosocial factors to coronary heart disease in the Framingham study: III. Eight years incidence in coronary heart disease. *American Journal of Epidemiology, 3,* 37–85.

Hawley, G. A. (1988). *Measures of psychosocial development: Professional manual.* Odessa, FL: Psychological Assessment Resources.

Hazell, P., & Lewin, T. (1993). An evaluation of postvention following adolescent suicide. *Suicide and Life-Threatening Behavior, 23,* 101–109.

Hazlett, R. L., Falkin, S., Lawhorn, W., Friedman, E., & Haynes, S. N. (1997). Cardiovascular reactivity to a naturally occurring stressor: Development and psychometric evaluation of a psychophysiological assessment procedure. *Journal of Behavioral Medicine, 20* (6): 551–70.

Healy, D. (1994) The fluoxetine and suicide controversy: A review of the evidence. *Consumer Drugs, 1* (3): 223–31.

Healy, D., Langmaak, C., & Savage, M. (1999). Suicide in the course of the treatment of depression. *Journal of Psychopharmacology, 13*(1): 94–99.

Heatherton, T. F., & Baumeister, R. F. (1991). Binge eating as escape from self-awareness. *Psychological Bulletin, 101* (3): 428–42.

Heatherton, T. F., & Baumeister, R. F. (1991). Binge eating as escape from self-awareness. *Psychological Bulletin 110* (1): 86–108.

Heavey, L., Pring, L., & Hermelin, B. (1999). A date to remember: The nature of memory in savant calendrical calculators. *Psychological Medicine, 29,* 145–60.

Hecker, M., Chesney, M., Black, G., & Frautschi, N. (1988). Coronary-prone behaviors in the Western Collaborative Group Study. *Psychosomatic Medicine, 50,* 153–64.

Heebink, D. M., Sunday, S. R., & Halmi, K. A. (1995). Anorexia nervosa and bulimia nervosa in adolescence: Effects of age and menstrual status on psychological variables. *Journal of the American Academy of Child and Adolescent Psychiatry, 34* (3): 378–82.

Heider, F. (1958). *The psychology of interpersonal relationships.* New York: Wiley.

Heilbrun, A. B., Jr. (1993). Hallucinations. In C. G. Costello (Ed.), *Symptoms of schizophrenia* (pp. 56–91). New York: Wiley.

Heim, C., Owens, M.J., Plotsky, P.M., & Nemeroff, C.B. (1997). Persistent changes in corticotropin-releasing factor systems due to early life stress: Relationship to the pathophysiology of major depression and post-traumatic stress disorder. *Psychopharmacology Bulletin, 33,* 185–92.

Heiman, J. R., & LoPiccolo, J. (1983). Clinical outcome of sex therapy. *Archives of General Psychiatry, 40,* 443–49.

Heimberg, R. G., Liebowitz, M. R., Hope, D. A., Schneier, F. R., Holt, C. S., Welkowitz, L. A., Juster, H. R., Campeas, R., Bruch, M. A., Cloitre, M., Fallon, B., & Klein, D. F. (1998). Cognitive behavioral group therapy vs phenelzine therapy for social phobia: 12-week outcome. *Archives of General Psychiatry, 55* (12): 1133–41.

Heinrichs, R. W., & Zakzanis, K. K. (1998). Neurocognitive deficit in schizophrenia: A quantitative review of the evidence. *Neuropsychology, 12,* 426–45.

Heinz, A., Higley, J. D., Gorey, J. G., Saunders, R. C., Jones, D. W., Hommer, D., Zajicek, K., Suomi, S. J., Lesch, K., Weinberger, D. R., & Linnoila, M. (1998). In vivo association between alcohol intoxication, aggression, serotonin transporter availability in nonhuman primates. *American Journal of Psychiatry, 155,* 1023–28.

Heinz, A. Knable, M. B., Wolf, S. S., Jones, D. W., Gorey, J. G., Hyde, T. M., & Weinberger, D. R. (1998). Tourette's syndrome: [I-123]beta-CIT SPECT correlates of vocal tic severity. *Neurology, 51,* 1069–74.

Heinz, A., Schmidt, L. G., & Reischies, F. M. (1994). Anhedonia in schizophrenic, depressed, or alcohol-dependent patients: Neurobiological correlates. *Pharmacopsychiatry, 27* (Suppl. 1): 7–10.

Helderman-van den Enden, A. T. J. M., Maaswinkel-Mooij, P. D., Hoogendoorn, E., Willemsen, R., Maat-Kievit, J. A., Losekoot, M., & Oostra, B. A. (1999). Monozygotic twin brothers with the fragile X syndrome: Different CGG repeats and different mental capacities. *Journal of Medical Genetics, 36,* 253–57.

Helgeson, V. S., & Fritz, H. L. (1999).Cognitive adaptation as a predictor of new coronary events after percutaneous transluminal coronary angioplasty. *Psychosomatic Medicine, 61* (4): 488–95.

Hellekson, C. J., Kline, J. A., & Rosenthal, N. E. (1986). Phototherapy for seasonal affective disorder in Alaska. *American Journal of Psychiatry, 143,* 1035–37.

Hellewell, J. S. E., Connell, J., & Deakin, J. F. W. (1994). Affect judgement and facial recognition memory in schizophrenia. *Psychopathology, 27,* 255–61.

Hellman, S. G., Kern, R. S., Neilson, L. M., & Green, M. F. (1998). Monetary reinforcement and Wisconsin Card Sorting performance in schizophrenia: Why show me the money? *Schizophrenia Research, 34,* 67–75.

Hellström, K., Fellenius, J., & Ost, L-G. (1996). One versus five sessions of applied tension in the treatment of blood phobia. *Behaviour Research and Therapy, 34* (2): 101–12.

Helmes, E., & Reddon, J. R. (1993) A perspective on developments in assessing psychopathology: A critical review of the MMPI and MMPI-2. *Psychological Bulletin. 113* (3): 453–71.

Hemingway, H., Nicholson, A., Stafford, M., Roberts, R., & Marmot, M. (1997). The impact of socioeconomic status on health functioning as assessed by the SF-36 questionnaire: the Whitehall II Study. *American Journal of Public Health,* 87(9):1484–90.

Hemphill, J. F., Hare, R. D., & Wong, S. (1998). Psychopathy and recidivism: A review. *Legal and Criminological Psychology, 3,* 139–70.

Hemsley, D. R., & Ward, E. S. (1985). Individual differences in reaction to the abuse of LSD. *Personality and Individual Differences, 6,* 515–17.

Hemsley, R., Howlin, P., Berger, M., Hersov, L., Holbrook, D., Rutter, M., & Yule, W. (1978). Treating autistic children in a family context. In M. Rutter & E. Schopler (Eds.), *Autism: A reappraisal of concepts and treatment.* New York: Plenum.

Henderson, A. S., & Hasegawa, K. (1992). The epidemiology of dementia and depression in later life. In M. Bergener, K. Hasegawa, S. Finkel, & T. Nishimura (Eds.), *Aging and mental disorders* (pp. 65–79). New York: Springer.

Henderson, A. S., Jorm, A. F., Korten, A. E., Jacomb, P., Christensen, H. & Rodgers, B. (1998). Symptoms of anxiety and depression during adult life: Evidence for a decline in prevalence with age. *Psychological Medicine, 28,* 1321–28.

Henderson, A. S., & Kay, D. W. K. (1997). The epidemiology of functional psychoses of late onset. *European Archives of Psychiatry and Clinical Neuroscience, 247,* 176–89.

Henderson, A. S., Korten, A. E, Levings, C., Jorm, A. F., Christensen, H., Jacomb, P. A., & Rodgers, B. (1998). Psychotic symptoms in the elderly: A prospective study in a population sample. *International Journal of Geriatric Psychiatry, 13* (7): 484–92.

Hendin, H. (1969). Black suicide. *Archives of General Psychiatry, 21,* 407–22.

Hendin, H. (1974). Students on heroin. *Journal of Nervous Mental Disorders, 156,* 240–55.

Henker, B., & Whalen, C. K. (1989). Hyperactivity and attention deficits. *American Psychologist, 44* (2): 216–23.

Hennessy, K. D., & Stephens, S. (1997). Mental health parity: Clarifying our objectives. Psychiatric Services, 48, 161–64.

Henningfield, J. E., & Goldberg, S. R. (1983). Nicotine as a reinforcer in human subjects and laboratory animals. *Pharmacology, Biochemistry and Behavior, 19,* 989–92.

Henningfield, J. E., & Jasinski, D. R. (1983). Human pharmacology of nicotine. *Psychopharmacological Bulletin, 19,* 413–15.

Henry, C., Gilles, G., Cador, M., Arnauld, E., Arsaut, J., LeMoal, M., & Demotes-Mainard, J. (1995). Prenatal stress in rats facilitates amphetamine induced sensitization and induces long-lasting changes in dopamine receptors in the nucleus accumbens. *Brain Research, 685,* 179–86.

Henry, J. (1992). Toxicity of antidepressants: Comparison with fluoxetine. *International Clinical Psychopharmacology, 6* (Suppl. 6): 22–27.

Henry, J. P. (1992). Biological basis of the stress response. *Integrative Physiological and Behavioral Science, 27,* 66–83.

Hentschel, E., Brandstatter, G., Dragosics, B., Hirschl, A. M., Nemec, H., Schutze, K., Taufer, M., & Wurzer, H. (1993). Effect of ranitidine and amoxicillin plus metronidazole on the eradication of Helicobacter pylori and the recurrence of duodenal ulcer. *New England Journal of Medicine, 328*(5):308–12.

Herbert, J. D., Hope, D. A., & Bellack, A. S. (1992). Validity of the distinction between generalized social phobia and avoidance personality disorder. *Journal of Abnormal Psychology, 101* (2): 332–39.

Herkenham, M., Lynn, A. B., Little, M. D., Johnson, M. R., Melvin, L. S., de Costa, B., & Rice, K. C. (1990). Cannabinoid receptor localization in brain. *Proceedings of the National Academy of Sciences U.S.A., 87,* 1932–36.

Herman, C. P., & Mack, D. (1975). Restrained and unrestrained eating. *Journal of Personality, 43,* 647–60.

Hermann, C., Blanchard, E.B., & Flor, H. (1997). Biofeedback treatment for pediatric migraine: Prediction of treatment outcome. *Journal of Consulting and Clinical Psychology, 65* (4): 611–16.

Hermann, R. C., Dorwart, R. A., Hoover, C. W., & Brody, J. (1995).Variation in ECT use in the United States. *American Journal of Psychiatry, 152* (6): 869–75.

Hermelin, B., & O'Connor, N. (1970). *Psychological experiments with autistic children.* Oxford, England: Pergamon.

Herrmann, M., Bartels, C., Schumacher, M., & Wallesch, C. (1995). Poststroke depression: Is there a pathoanatomic correlate for depression in the postacute stage of stroke? *Stroke, 26* (5): 850–56.

Hersen, M., & Turner, S. M. (1994). *Diagnostic interviewing* (2nd ed.). New York: Plenum Press.

Hersh, D., Kranzler, H. R., & Meyer, R. E. (1997). Persistent delirium following cessation of heavy alcohol consumption: Diagnostic treatment implications. *American Journal of Psychiatry, 154,* 846–55.

Hesselbrock, V., Meyer, R., & Hesselbrock, M. (1992). Psychopathology and addictive disorders: The specific case of antisocial personality disorder. In C. P. O'Brien & J. H. Jaffe (Eds.), *Addictive states.* New York: Raven Press.

Heston, L. L. (1966). Psychiatric disorders in foster home reared children of schizophrenic mothers. *British Journal of Psychiatry, 112,* 819–25.

Heston, L. L., & Denney, D. (1968). Interactions between early life experience and biological factors in schizophrenia. In D. Rosenthal & S. S. Kety (Eds.), *The transmission of schizophrenia* (pp. 363–76). New York: Pergamon.

Hetherington, E. M., & Martin, B. (1979). Family interaction. In H. C. Quay & J. S. Werry (Eds.), *Psychopathological disorders of childhood.* New York: Wiley.

Heumann, K. A., & Morey, L. C. (1990). Reliability of categorical and dimensional judgments of personality disorder. *American Journal of Psychiatry, 147* (4): 498–500.

Heun, R., & Maier, W. (1995). Risk of Alzheimer's disease in first-degree relatives. [Letter to the Editor]. *Archives of General Psychiatry, 52.*

Hewitt, J. K., Silberg, J. L., Rutter, M., Simonoff, E., Meyer, J. M., Maes, H., Pickles, A., Neale, M. C., Loeber, R., Erickson, M. T., Kendler, K. S., Heath, A. C., Truett, K. R., Reynolds, C. A., & Eaves, L. J. (1997). Genetics and developmental psychopathology: 1. Phenotypic assessment in the Virginia Twin Study of Adolescent Behavioral Development. *Journal of Child Psychology and Psychiatry and Allied Disciplines, 38,* 943–63.

Higgins, S. T., Budney, A. J., Bickel, W. K., Hughes, J. R., Foerg, F., & Badger, G. (1993). Achieving cocaine abstinence with a behavioral approach. *American Journal of Psychiatry, 150* (5): 763–69.

Higgins, S. T., & Silverman, K. (Eds.). (1999). *Motivating behavior change among illicit-drug abusers: Research on contingency management interventions.* Washington, DC: American Psychological Association.

Higley, J. D., Hasert, M. F., Suomi, S. J., & Linnoila, M. (1991). Non-human primate model of alcohol abuse: Effects of early experience, personality and stress on alcohol consumption. *Proceedings of the National Academy of Sciences U.S.A., 88,* 7261–65.

Higley, J. D., King, S. T., Hasert, M. F., Champoux, M., Suomi, S. J., & Linnoila, M. (1996). Stability of interindividual differences in serotonin function and its relationship to severe aggression and competent social behavior in rhesus macaque females. *Neuropsychopharmacology, 14,* 67–76.

Higley, J. D., Mehlman, P. T., Taub, D. M., Higley, S. B., et al. (1992). Cerebrospinal fluid monoamine and adrenal correlates of aggression in free-ranging rhesus monkeys. *Archives of General Psychiatry, 49,* 436–41.

Higley, J. D., Suomi, S. J., & Linnoila, M. (1990). Parallels in aggression and serotonin: Consideration of development, rearing history, and sex differences. In H. M. van Praag & R. Plutchik (Eds.), *Violence and suicidality: Perspectives in clinical and psychobiological research. Clinical and experimental psychiatry* (Vol. 3; pp. 245–56). New York: Brunner/Mazel.

Hilgard, E. R. (1977). *Divided consciousness: Multiple controls in human thought and action.* New York: Wiley.

Hill, P. O. (1972). Latent aggression and drug-abuse: An investigation of adolescent personality factors using an original cartoon-o-graphic aggressive tendencies test. *Dissertation Abstracts International, 33,* 1765.

Hill, R., Rigdon, M., & Johnson, S. (1993). Behavioral smoking cessation treatment for older chronic smokers. *Behavior Therapy, 24,* 321–29.

Hiller, W., Rief, W., & Fichter, M. M. (1997). How disabled are patients with somatoform disorders? *General Hospital Psychiatry, 19* (6): 432–38.

Hilsenroth, M. J., Holdwick, D. J., Castlebury, F. D., & Blais, M. A. (1998). The effects of DSM-IV cluster B personality disorder symptoms on the termination and continuation of psychotherapy. *Psychotherapy, 35,* 163–76.

Hilsman, R., & Garber, J. (1995). A test of the cognitive diathesis-stress model of depression in children: Academic stressors, attributional style, perceived competence, and control. *Journal of Personality and Social Psychology, 69* (2): 370–80.

Hilton, G. (1994). Behavioral and cognitive sequelae of head trauma. *Orthopaedic Nursing, 13* (4): 25–32.

Hilts, P. J. (1994a). Cigarette makers dispute reports on addictiveness. *New York Times,* April 15, p. A1.

Hilts, P. J. (1994b). Is nicotine addictive? It depends on whose criteria you use. *New York Times,* August 2, pp. C1, C3.

Hinshaw, S. P., Klein, R. G., & Abikoff, H. (1998). Childhood attention deficit hyperactivity disorder: Nonpharmacological and combination treatments. In P. E. Nathan & J. M. Gorman (Eds.), *A guide to treatments that work* (pp. 26–41). New York: Oxford University Press.

Hinshaw, S. P., & Melnick, S. M. (1995). Peer relationships in boys with attention-deficit hyperactivity disorder with and without comorbid aggression. *Development and Psychopathology, 7*(4): 627–47.

Hirayasu, Y., Shenton, M., Salisbury, D. F., Dickey, C. C., Fischer, I. A., Mazzoni, P., Kisler, T., Arakaki, H., Kwon, J. S., Anderson, J. E., Yurgelun-Todd, D., Tohen, M., & McCarley, R. (1998). Lower left temporal lobe MRI volumes in patients with first-episode schizophrenia compared with psychotic patients with first-episode affective disorder and normal subjects. *American Journal of Psychiatry, 155,* 1384–91.

Hiroto, D. S. (1974). Locus of control and learned helplessness. *Journal of Experimental Psychology, 102,* 187–93.

Hiroto, D. S., & Seligman, M. E. P. (1975). Generality of learned helplessness in man. *Journal of Personality and Social Psychology, 31,* 311–27.

Hirschfeld, R. (1997). Pharmacotherapy of borderline personality disorder. *Journal of Clinical Psychiatry, 58* (Suppl 14): 48–52.

Hirschfeld, R. M. A. (1999). Efficacy of SSRIs and newer antidepressants in severe depression: Comparison with TCAs. *Journal of Clinical Psychiatry, 60* (5): 326–35.

Hirst, W. (1982). The amnesic syndrome: Descriptions and explanations. *Psychology Bulletin, 91,* 1480–83.

Hitt, J. (2000). The second sexual revolution. *New York Times Magazine,* February 20.

Hobbs, F., & Damon, B. (1996). 65 + in the United States. In *U. S. Bureau of the Census, Current Population Reports* (pp. 23–190). Washington, DC: US Bureau of the Census.

Hobson, R. P. (1986). The autistic child's appraisal of expressions of emotion. *Journal of Childhood Psychology and Psychiatry, 27,* 321–42.

Hodel, B., & Brenner, H. D. (1997). A new development in integrated psychological therapy for schizophrenic patients (IPT): First results of emotional management training. In H. D. Brenner & W. Boeker (Eds.), *Towards a comprehensive therapy for schizophrenia* (pp. 118–34). Goettingen, Germany: Hogrefe & Huber.

Hodgson, R., Rachman, S., & Marks, I. (1972). The treatment of chronic obsessive-compulsive neurosis. *Behaviour Research and Therapy, 10,* 181–89.

Hofmann, A. (1968). Psychotomimetic agents. In A. Burger (Ed.), *Drugs affecting the central nervous system* (Vol. 2). New York: Marcel Dekker.

Hogan, R. (1969). Development of an empathy scale. *Journal of Consulting and Clinical Psychology, 33,* 307–16.

Hogarty, G. E., Anderson, C. M., Reiss, D. J., Kornblith, S. J., Greenwald, D. P., Javna, C. D., & Madonia, M. J. (1986). Family psychoeducation, social skills training and maintenance chemotherapy in the aftercare treatment of schizophrenia: I. One-year effects of a controlled study on relapse and expressed emotion. *Archives of General Psychiatry, 43,* 633–42.

Hogarty, G. E., Greenwald, D., Ulrich, R. F., Kornblith, S. J., DiBarry, A. L., Cooley, S., Carter, M., & Flesher, S. (1997). Three-year trials of personal therapy among schizophrenic patients living with or independent of family, II: Effects on adjustment of patients. *American Journal of Psychiatry, 154* (11): 1514–24.

Hogarty, G. E., Kornblith, S. J., Greenwald, D., DiBarry, A. L., Cooley, S., Ulrich, R. F., Carter, M., & Flesher, S. (1997). Three-year trials of personal therapy among schizophrenic patients living with or independent of family: I. Description of study and effects of relapse rates. *American Journal of Psychiatry, 154* (11): 1504–13.

Hokanson, J. E. (1961). The effects of frustration and anxiety on aggression. *Journal of Abnormal and Social Psychology, 62,* 346.

Hokanson, J. E., & Burgess, M. (1962). The effects of three types of aggression on vascular processes. *Journal of Abnormal and Social Psychology, 65,* 446–49.

Hokanson, J. E., Willers, K. R., & Koropsak, E. (1968). Modification of autonomic responses during aggressive interchange. *Journal of Personality, 36,* 386–404.

Holahan, C. J., Valentiner, D. P., & Moos, R. H. (1995). Parental support, coping strategies, and psychological adjustment: An integrative model with late adolescents. *Journal of Youth and Adolescence, 24* (6): 633–48.

Holahan, C. J., Holahan, C. K., Moos, R. H., & Brennan, P. L. (1997). Psychosocial adjustment in patients reporting cardiac illness. *Psychology and Health, 12* (3): 345–59.

Holbrook, A. M., Crowther, R., Lotter, A., Cheng, C., & King, D. (1999). Diagnosis and management of acute alcohol withdrawal. *Canadian Medical Association Journal, 160,* 675–80.

Holcomb, H. H., Ritzl, E. K., Medoff, D. R., Nevitt, J., et al. (1995). Tone discrimination performance in schizophrenic patients and normal volunteers: Impact of stimulus presentation levels and frequency differences. *Psychiatry Research, 57,* 75–82.

Holden, C. (1986). Youth suicide: New research focuses on a growing social problem. *Science, 233,* 839–41.

Holden, C. (2000). Global survey examines impact of depression. *Science, 288,* 39–40.

Hollander, E., & Aronowitz, B. R. (1999). Comorbid social anxiety and body dysmorphic disorder: Managing the complicated patient. *Journal of Clinical Psychiatry, 60* (Suppl 9): 27–31.

Hollander, E., Schiffman, E., Cohen, B., et al. (1990). Signs of central nervous system dysfunction in obsessive-compulsive disorder. *Archives of General Psychiatry, 47,* 27–32.

Hollingshead, A. B., & Redlich, F. C. (1958). *Social class and mental illness: A community study.* New York: Wiley.

Hollister, L. E. (1986). Health aspects of cannabis. *Pharmacological Reviews, 38,* 1–20.

Hollon, S. D., & Kendall, P. C. (1980). Cognitive self-statements in depression: Development of an automatic thoughts questionnaire. *Cognitive Therapy and Research, 4,* 383–95.

Hollon, S. D., Kendall, P. C., & Lumry, A. (1986). Specificity of depressotypic cognitions in clinical depression. *Journal of Abnormal Psychology, 95,* 52–59.

Holmes, D. (1990). The evidence for repression: An example of sixty years of research. In J. Singer (Ed.), *Repression and dissociation: Implications for personality theory, psychopathology, and health* (pp. 85–102). Chicago: University of Chicago Press.

Holmes, R. M. (1991). *Sex crimes.* Newbury Park, CA: Sage Publications.

Holmes, T. H., & Rahe, R. H. (1967). The social readjustment ratings scale. *Journal of Psychosomatic Research, 11,* 213–18.

Holster, S. L. (1996). Facilitated communication. *Pediatrics, 97,* 584–86.

Holt, C. S., Heimberg, R. G., & Hope, D. A. (1992). Avoidant personality disorder and the generalized subtype in social phobia. *Journal of Abnormal Psychology, 102,* 318–25.

Holtzman, W. H. (1961). *Inkblot perception and personality: Holtzman Inkblot Technique.* Austin: University of Texas Press.

Hooker, W. D., & Jones, R. T. (1987). Increased susceptibility to memory intrusions and the Stroop interference effect during acute marijuana intoxication. *Psychopharmacology, 91,* 20–24.

Hooley, J. M. (1998). Expressed emotion and locus of control. *Journal of Nervous and Mental Disease, 186,* 374–78.

Hope, B. T. (1999). Cocaine and a mechanism for long-term changes in gene expression. In G. G. Nahas & K. M. Sutin (Eds.), *Marihuana and medicine* (pp. 213–22). Clifton, NJ: Humana.

Horne, R. L., & Picard, R. S. (1979). Psychosocial risk factors for lung cancer. *Psychosomatic Medicine, 41,* 503–14.

Horney, K. (1945). *Our inner conflicts: A constructive theory of neurosis.* New York: Norton.

Horowitz, M. (1975). Intrusive and repetitive thoughts after experimental stress. *Archives of General Psychiatry, 32,* 1457–63.

Horowitz, M. J. (1997). Psychotherapy of histrionic personality disorder. *Journal of Psychotherapy Practice and Research, 6*(2): 93–107.

Horowitz, M., Stinson, C., Curtis, D., et al. (1993). Topic and signs: Defensive control of emotional expression. *Journal of Consulting and Clinical Psychology, 61,* 421–30.

Horter, D. H. (1989). Neuropsychological status of asymptomatic individuals seropositive to HIV-1. *Annals of Neurology, 26,* 589–91.

Horton, A.M., Jr. (1997). The Halstead-Reitan Neuropsychological Test Battery: Problems and prospects. In A.M. Horton Jr. & D. Wedding (Eds.), *The neuropsychology handbook, Vol. 1: Foundations and assessment* (2nd ed.; pp. 221–54). New York: Springer.

Houghton, G., & Tipper, S. P. (1998). A model of selective attention as a mechanism of cognitive control. In J. Grainger & A. M. Jacobs (Eds.), *Localist connectionist approaches to human cognition. Scientific psychology series* (pp. 39–74). Mahwah, NJ: Lawrence Erlbaum.

Houts, A. C. (1991). Nocturnal enuresis as a biobehavioral problem. *Behavior Therapy, 22,* 133–51.

Howard, K. I., Kopta, S. M., Krause, M. K., & Orlinsky, D. E. (1986). The dose effect relationship of psychotherapy. *American Psychologist, 41,* 159–64.

Howard, R., Castle, D., Wessely, S., & Murray, R. (1993). A comparative study of 470 cases of early-onset and late-onset schizophrenia. *British Journal of Psychiatry, 163,* 352–57.

Hrubec, Z., & Omenn, G. S. (1981). Evidence of genetic predisposition to alcohol cirrhosis and psychosis: Twin concordances for alcoholism and its biological end points by zygosity among male veterans. *Alcoholism: Clinical and Experimental Research, 5,* 207–12.

Hsu, L. K. G. (1980). Outcomes of anorexia nervosa: A review of the literature (1954–1979). *Archives of General Psychiatry, 37,* 1041–45.

Hu, T., & Jerrell, J. M. (1998). Estimating the cost of impact of three case management programmes for treating people with severe mental illness. *British Journal of Psychiatry, 173* (Supp. 36): 26–32.

Hubel, D. H. (1995). *Eye, brain, and vision. Scientific American library series* (No. 22). New York: Scientific American Library/Scientific American Books.

Hucker, S. J. (1997). Sexual sadism: Psychopathology and theory. In D. R. Laws & W. O'Donohue (Eds.), *Sexual deviance: Theory, assessment, and treatment* (pp. 194–209). New York: Guilford Press.

Hudson, J. I., Pope, H. G., Jonas, J. M., & Yurgelun-Todd, D. (1987). A controlled family history study of bulimia. *Psychological Medicine, 17* (4): 883–90.

Hudson, S. M., & Ward, T. (1997). Rape: Psychopathology and theory. In D. R. Laws & W. O'Donohue (Eds.), *Sexual deviance: Theory, assessment, and treatment* (pp. 332–55). New York: Guilford Press.

Huesmann, L. R., Eron, L. D., Lefkowitz, M. M., & Walder, L. O. (1984). Stability of aggression over time and generations. *Developmental Psychology, 20,* 1120–34.

Hugdahl, K., & Ohman, A. (1977). Effects of instruction on acquisition and extinction of electrodermal response to fear-relevant stimuli. *Journal of Experimental Psychology: Human Learning and Memory, 3* (5): 608–18.

Hulstaert, F., Blennow, K., Ivanoiu, A., Schoonderwaldt, H. C., Riemenschneider, M., De Deyn, P. P., Bancher, C., Cras, P., Wiltfang, J., Mehta, P. D., Iqbal, K., Pottel, H., Vanmechelen, E., & Vanderstichele, H. (1999). Improved discrimination of AD patients using beta-amyloid-sub (1-42) and tau levels in CSF. *Neurology, 52,* 1555–62.

Hultman, C. M., Wieselgren, I., & Oehman, A. (1997). Relationships between social support, social coping and life events in the relapse of schizophrenic patients. *Scandinavian Journal of Psychology, 38,* 3–13.

Hung, D. W., Rotman, Z., Consentino, A., & MacMillan, M. (1983). Cost and effectiveness of an educational program for autistic children using a systems approach. *Education and Treatment of Children, 6* (1): 47–68.

Hunt, C., & Andrews, G. (1995). Comorbidity in the anxiety disorders: The use of a life-chart approach. *Journal of Psychiatric Research, 29,* 467–80.

Hunt, C., & Singh, M. (1991). Generalized anxiety disorder. *International Review of Psychiatry, 3,* 215–29.

Hunt, E., Browning, P., & Nave, G. (1982). A behavioral exploration of dependent and independent mildly mentally retarded adolescents and their mothers. *Applied Research in Mental Retardation, 3,* 141–50.

Hunt, M. G. (1998). The only way out is through: Emotional processing and recovery after a depressing life event. *Behaviour Research and Therapy, 36* (4): 361–84.

Hunt, W. A., Barnett, L. W., & Branch, L. G. (1971). Relapse rates in addiction programs. *Journal of Clinical Psychology, 27,* 455–56.

Hur, Y., & Bouchard, T. J. (1995). Genetic influences on perceptions of childhood family environment: A reared apart twin study. *Child Development, 66,* 330–45.

Husain, S. A., Nair, J., Holcomb, W., Reid, J. C., Vargas, V., & Nair, S. S. (1998). Stress reactions of children and adolescents in war and siege conditions. *American Journal of Psychiatry, 155* (12): 1718–19.

Huston, A. (1985). The development of sex typing: Themes from recent research. *Developmental Review, 5,* 1–17.

Hutchings, B., & Mednick, S. A. (1977). Criminality in adoptees and their adoptive and biological parents: A pilot study. In S. A. Mednick & K. O. Christiansen (Eds.), *Biosocial bases of criminal behavior* (pp. 127–41). New York: Gardner Press.

Huttenlocher, P. R. (1990). Morphometric study of human cerebral cortex development. *Neuropsychologia 28* (6): 517–27.

Huttunen, M. (1989). Maternal stress during pregnancy and the behavior of the offspring. In S. Doxiadis & S. Stewert (Eds.), *Early influences shaping the individual. NATO Advanced Science Institute Series: Life Sciences* (Vol. 160). New York: Plenum Press.

Huttunen, M. O., Machon, R. A., & Mednick, S. A. (1994). Prenatal factors in the pathogenesis of schizophrenia. *British Journal of Psychiatry, 164* (Suppl. 23): 15–19.

Hyde, T. M., Aaronson, B. A., Randolph, C., Rickler, K. C., & Weinberger, D. R. (1992). Relationship of birth weight to the phenotypic expression of Gilles de la Tourette's syndrome in monozygotic twins. *Neurology, 42,* 652–58.

Hyler, S. E., & Spitzer, R. T. (1978). Hysteria split asunder. *American Journal of Psychiatry, 135,* 1500–1504.

Hyman, B. M. & Pedrick, C. (1999). *The OCD Workbook: Your guide to breaking free from obsessive-compulsive disorder.* Oakland, CA: New Harbinger Publications.

Hyman, S. E. (2000). The millennium of mind, brain, and behavior. *Archives of General Psychiatry, 57* (1): 88–89.

Iacono, W. G., Moreau, M., Beiser, M., Fleming, J. A. E., & Lin, R. Y. (1992). Smooth-pursuit eye tracking in first-episode psychotic patients and their relatives. *Journal of Abnormal Psychology, 101,* 104–16.

Ilardi, S. S., Craighead, W. E., & Evans, D. D. (1997). Modeling relapse in unipolar depression: The effects of dysfunctional cognitions and personality disorders. *Journal of Consulting and Clinical Psychology, 65*(3): 381–91.

Imber, S. D., Pilkonis, P. A., Sotsky, S. M., & Elkin, I. (1990). Mode-specific effects among three treatments for depression. *Journal of Consulting and Clinical Psychology 58*(3): 352–59.

Imboden, J. B., Cantor, A., & Cluff, L. E. (1961). Convalescence from influenza: The study of the psychological and clinical determinants. *Archives of Internal Medicine, 108,* 393–99.

Imperato-McGinley, J., Peterson, R. E., Gautier, T., & Sturla, E. (1979). Androgens and the evolution of male-gender identity among male pseudohermaphrodites with 5-(-reductase deficiency. *New England Journal of Medicine, 300,* 1233–39.

Ingham, R. J., Andrews, G., & Winkler, R. (1972). Stuttering: A comparative evaluation of the short-term effectiveness of four treatment techniques. *Journal of Communicative Disorders, 5,* 91–117.

Inouye, E. (1972). A search for a research framework of schizophrenia in twins and chromosomes. In A. R. Kaplan (Ed.), *Genetic factors in schizophrenia* (pp. 495–503). Springfield, IL: Thomas.

Insel, T. R. (1992). Toward a neuroanatomy of obsessive-compulsive disorder. *Archives of General Psychiatry, 49,* 739–44.

Insel, T. R. (1997). A neurobiological basis of social attachment. *American Journal of Psychiatry, 154,* 726–35.

Intrator, J., Hare, R., Stritzke, P., Brichtswein, K., Dorfman, D., Harpur, T., Bernstein, D., Handelsman, L., Schaefer, C., Keilp, J., Rosen, J., & Machac, J. (1997). A brain imaging (single photon emission computerized tomography) study of semantic and affective processing in psychopaths. *Biological Psychiatry, 42,* 96–103.

Ironson, M., Taylor, F., Boltwood, M., et al. (1992). Effects of anger on left ventricle rejection fraction in coronary artery disease. *American Journal of Cardiology, 70,* 281–85.

Irwin, M., Daniels, M., Bloom, E. T., Smith, T. L., & Weiner, H. (1987). Life events, depressive symptoms, and immune function. *American Journal of Psychiatry, 144,* 437–41.

Ivarsson, T., Larsson, B., & Gillberg, C. (1998). A 2–4 year follow-up of depressive symptoms, suicidal ideation, and suicide attempts among adolescent psychiatric inpatients. *European Child and Adolescent Psychiatry, 7,* 96–104.

Jablensky, A. (1997). The 100-year epidemiology of schizophrenia. *Schizophrenia Research, 28,* 111–25.

Jablensky, A., Sartorius, N., Ernberg, G., Anker, M., Korten, A., Cooper, J. E., Day, R., & Bertelsen, A. (1992). Schizophrenia: Manifestations, incidence, and course in different cultures. A World Health Organization ten-country study. *Psychological Medicine* (Monograph Supplement 20): 1–97.

Jackson, D. D. (Ed). (1960). *The etiology of schizophrenia*. New York: Basic Books.

Jackson, I. M. (1998). The thyroid axis and depression. *Thyroid, 8,* 951–56.

Jacobsen, F. M. (1995). Can psychotropic medications change ethnoculturally determined behavior? *Cultural Diversity and Mental Health, 1,* 67–72.

Jacobsen, L. K., Giedd, J. N., Castellanos, F. X., Vaituzis, A. C., Hamburger, S. D., Kumra, S., Lenane, M. C., & Rapoport, J. L. (1998). Progressive reduction of temporal lobe structures in childhood-onset schizophrenia. *American Journal of Psychiatry, 155,* 678–85.

Jacobson, N. (1992). Behavior couple therapy: A new beginning. *Behavior Therapy, 23,* 493–506.

Jacobson, N., & Gortner, E. (2000). Can depression be demedicalized in the 21st century: Scientific revolutions, counter-revolutions and the magnetic field of normal science. *Behaviour Research and Therapy, 38,* 103–18.

Jacobson, N. S., Dobson, K. S., Truax, P. A., Addis, M. E., Koerner, K., Gollan, J. K., Gortner, E. & Prince, S. E. (1996). A component analysis of cognitive-behavioral treatment for depression. *Journal of Consulting and Clinical Psychology, 64* (2): 295–304.

Jacobson, N. S., & Hollon, S. D. (1996a). Cognitive-behavior therapy versus pharmacotherapy: Now that the jury's returned its verdict, it's time to present the rest of the evidence. *Journal of Consulting and Clinical Psychology, 64* (1): 74–80.

Jacobson, N. S., & Hollon, S. D. (1996b). Prospects for future comparisons between drugs and psychotherapy: Lessons from the CBT-versus-pharmacotherapy exchange. *Journal of Consulting and Clinical Psychology, 64* (1): 104–8.

Jaffe, J. H. (1985). Drug addiction and drug abuse. In A. J. Goodman & L. S. Gilman (Eds.), *The pharmacological basis of therapeutics*. New York: Macmillan.

James, B. (1997). *Handbook of treatment of attachment—trauma problems in children*. New York: Free Press.

James, R. M. (1959). Jurors' assessment of criminal responsibility. *Social Problems, 7,* 58–67.

Jammer, L. D., & Leigh, H. (1999). Repressive/defensive coping, endogenous opioids, and health: How a life so perfect can make you sick. *Psychiatry Research, 85,* 17–31.

Janssen, R. S., Saykin, A. J., Cannon, L., et al. (1989). Neurological and neuropsychological manifestation of HIV-1 infection: Association with AIDS-related complex but not asymptomatic HIV-1 infection. *Annals of Neurology, 26,* 592–600.

Jarrett, R. B., Basco, M. R., Risser, R., Ramanan, J., Marwill, M., Kraft, D., & Rush, A. J. (1998). Is there a role for continuation phase cognitive therapy for depressed outpatients? *Journal of Consulting and Clinical Psychology, 66* (6): 1036–40.

Jaycox, L., Reivich, K., Gillham, J., & Seligman, M. (1994). Prevention of depressive symptoms in schoolchildren. *Behaviour Research and Therapy, 32* (8):801–16.

Jefferson, J. (1990). Lithium: The present and the future. *Journal of Clinical Psychiatry, 5,* 4–8.

Jefferson, J. W., & Griest, J. H. (1996). The pharmacotherapy of obsessive-compulsive disorder. *Psychiatric Annals, 26* (4): 202–209.

Jeffrey, R., Adlis, S., & Forster, J. (1991). Prevalence of dieting among working men and women: The healthy worker project. *Health Psychology, 10,* 274–81.

Jellenek, E. (1960). *The disease concept of alcoholism*. Highland Park, NJ: Hillhouse.

Jenike, M., Baer, L., Ballantine, T., et al. (1991). Cingulotomy for refractory obsessive-compulsive disorder. *Archives of General Psychiatry, 48,* 548–55.

Jenike, M., Baer, L., Summergrad, P., et al. (1989). Obsessive-compulsive disorder: A double-blind, placebo-controlled trial of clomipramine in 27 patients. *American Journal of Psychiatry, 146,* 1328–30.

Jenkins, C. D. (1982). Psychosocial risk factors for coronary heart disease. *Acta Medica Scandinavia Supplimentum, 660,* 123–36.

Jenkins, C. D., Rosenman, R. H., & Friedman, M. (1967). Development of an objective psychological test for the determination of the coronary prone behavior pattern in employed men. *Journal of Chronic Disease, 20,* 371–79.

Jens, K. S., & Evans, H. I. (1983). *The diagnosis and treatment of multiple personality clients*. Workshop presented at the Rocky Mountain Psychological Association, Snowbird, Utah, April 1983.

Jerome, J. (1880). Intern's syndrome. In *Three men in a boat, not to mention the dog*.

Jerome, J. (1979). Catching them before suicide. *New York Times Magazine*, January 14.

Jeste, D. V., & Caligiuri, M. P. (1993). Tardive dyskinesia. *Schizophrenia Bulletin, 19,* 303–15.

Jeste, D. V., Alexopoulos, G. S., Bartels, S. J., Cummings, J. L., Gallo, J. J., Gottlieb, G. L. Halpain, M. C., Palmer, B. W., Patterson, T. L., Reynolds, C. F., & Lebowitz, B. D. (1999). Consensus statement on the upcoming crisis in geriatric mental health: Research agenda for the next 2 decades. *Archives of General Psychiatry, 56* (9): 848–53.

Johnson, A. M., Wadsworth, J., Wellings, K., Bradshaw, S., & Field, J. (1992). Sexual lifestyles and the HIV risk. *Nature, 360,* 410–12.

Johnson, D. A. (1981). Studies of depressive symptoms in schizophrenia: I The prevalence of depression and its possible causes. *British Journal of Psychiatry, 139,* 89–101.

Johnson, H., Olafsson, K., Andersen, J., Plenge, P., et al. (1989). Lithium every second day. *American Journal of Psychiatry, 146,* 557.

Johnson, K. M., & Jones, S. M. (1990). Neuropharmacology of phencyclidine: Basic mechanisms and therapeutic potential. *Annual Review of Pharmacology and Toxicology, 30,* 707–50.

Johnson, R. A., & Gerstein, D. R. (1998). Initiation of use of alchohol, cigarettes, marijuana, cocaine, and other substances in U.S. birth cohorts since 1919. *American Journal of Public Health, 88,* 27–33.

Johnson, S., & Jacob, T. (2000). Sequential interactions in the marital communication of depressed men and women. *Journal of Consulting and Clinical Psychology, 68,* 4–12.

Johnston, C., & Ohan, J. L. (1999). Externalizing disorders. In W. K. Silverman & T. H. Ollendick (Eds.), *Developmental issues in the clinical treatment of children* (pp. 279–94). Boston: Allyn & Bacon.

Joiner, T. E., Catanzaro, S. J., & Laurent, J. (1996) Tripartite structure of positive and negative affect, depression, and anxiety in child and adolescent psychiatric patients. *Journal of Abnormal Psychology 105* (3): 401–409.

Jones, B. C., Hou, X., & Cook, M. N. (1996). Effect of exposure to novelty on brain monoamines in C57BL/6 and DBA/2 mice. *Physiology and Behavior, 59,* 361–67.

Jones, K. M., & Friman, P. C. (1999). A case study of behavioral assessment and treatment of insect phobia. *Journal of Applied Behavior Analysis, 32* (1): 95–98.

Jones, P. (1995). Childhood motor milestones and IQ prior to adult schizophrenia: Results from a 43-year-old British birth cohort. *Psychiatria Fennica, 26,* 63–80.

Jones, P. B., Bebbington, P., Foerster, A., Lewis, S. W., et al. (1993). Premorbid social underachievement in schizophrenia: Results from the Camberwell Collaborative Psychosis Study. *British Journal of Psychiatry, 162,* 65–71.

Jones, P. B., Rantakallio, P., Hartikainen, A., Isohanni, M., & Sipila, P. (1998). Schizophrenia as a long-term outcome of pregnancy, delivery, and perinatal complications: A 28-year follow-up of the 1966 North Finland general population birth cohort. *American Journal of Psychiatry, 155,* 355–64.

Jones, R. T., & Benowitz, N. (1976). The 30–day trip: Clinical studies of cannabis tolerance and dependence. In M. C. Braude & S. Szara (Eds.), *Pharmacology of marihuana* (Vol. 2; pp. 627–42). New York: Academic Press.

Jordan, R., & Powell, S. (1995). *Understanding and teaching children with autism.* Chichester, England: Wiley.

Jorm, A. F. (1995). The epidemiology of depressive states in the elderly: Implications for recognition, intervention, and prevention. *Social Psychiatry and Psychiatric Epidemiology, 30,* 53–59.

Josefson, D. (1999). Scientists raise possibility of vaccine for Alzheimer's disease. *British Medical Journal, 319*:145.

Joseph, S. (1997). *Personality disorders: New symptom-focused drug therapy.* New York: Haworth Medical Press/Haworth Press.

Jourard, S. M. (1974). *Healthy personality: An approach from the viewpoint of humanistic psychology.* New York: Macmillan.

Joyce, P., Bushnell, J., Oakley-Browne, M., & Wells, J. (1989). The epidemiology of panic symptomatology and agoraphobic avoidance. *Comprehensive Psychiatry, 30,* 303–12.

Judd, L., Paulus, M., Wells, K., & Rapaport, M. (1996). Functional impairment associated with subsyndromal depression. *American Journal of Psychiatry, 153,* 1411–17.

Jung, C. (1933). *Modern man in search of a soul.* New York: Harcourt, Brace.

Junginger, J., Barker, S., & Coe, D. (1992). Mood themes and bizarreness of delusions in schizophrenia and mood psychosis. *Journal of Abnormal Psychology, 101* (2): 287–92.

Kabat-Zinn, J., Massion, A., Kristeller, J., et al. (1992). Effectiveness of meditation-based stress reduction program in the treatment of anxiety disorders. *American Journal of Psychiatry, 149,* 937–43.

Kaij, L. (1960). *Studies on the etiology and sequels of abuse of alcohol.* Lund, Sweden: University of Lund.

Kalin, N. H., Shelton, S. E., & Barksdale, C. M. (1988). Opiate modulation of separation-induced distress in nonhuman primates. *Brain Research, 40,* 285–92.

Kamen-Siegel, L., Rodin, J., Seligman, M., & Dwyer, J. (1991). Explanatory style and cell-mediated immunity in elderly men and women. *Health Psychology, 10,* 229–35.

Kamin, L. J. (1974). *The science and politics of IQ.* Potomac, MD: Erlbaum.

Kamphaus, R. W. (1993). *Clinical assessment of children's intelligence.* Boston: Allyn & Bacon.

Kandel, E. R., Schwartz, J. H., & Jessell, T. M. (1991). *Principles of neural science* (3rd ed.). Norwalk, CT: Appleton & Lange.

Kandel, E. R., Schwarz, J. H., & Jessel, T. M. (1995). *Essentials of neuroscience.* Norwalk, CT: Appleton & Lang.

Kane, J. M., & Marder, S. R. (1993). Psychopharmacologic treatment of schizophrenia. *Schizophrenia Bulletin, 19,* 287–302.

Kanfer, F. H., & Karoly, P. (1972). Self-control. A behavioristic excursion into the lion's den. *Behavior Therapy, 3,* 398–416.

Kaniasty, K., & Norris, F. H. (1995). Mobilization and deterioration of social support following natural disasters. *Current Directions in Psychological Science, 4* (3): 94–98.

Kanner, A. D., Coyne, J. C., Schaefer, C., & Lazarus, R. S. (1981). Comparison of two modes of stress measurement: Minor daily hassles and uplifts vs. major life events. *Journal of Behavioral Medicine, 4,* 1–39.

Kanner, L. (1943). Autistic disturbances of affective contact. *Nervous Child, 2,* 217–50.

Kanter, R. A., Williams, B. E., & Cummings, C. (1992). Personal and parental alcohol abuse, and victimization in obese binge eaters and nonbingeing obese. *Addictive Behaviors, 17* (5): 439–45.

Kaplan, C. A. & Hussain, S. (1995). Use of drugs in child and adolescent psychiatry. *British Journal of Psychiatry, 166* (3): 291–98.

Kaplan, H. S. (1974). *The new sex therapy.* New York: Brunner/Mazel.

Kaplan, S. M., Gottschalk, L. A., Magliocco, D., Rohobit, D., & Ross, W. D. (1960). Hostility in hypnotic "dreams" of hypertensive patients. (Comparisons between hypertensive and normotensive groups and within hypertensive individuals.) *Psychosomatic Medicine, 22,* 320.

Kapur, S., & Remington, G. (1996). Serotonin-dopamine interaction and its relevance to schizophrenia. *American Journal of Psychiatry, 153* (4): 466–76.

Karasek, R., Baker, D., Marxer, F., Ahlbom, A., & Theorell, T. (1981). Job decision latitude, job demand, and cardiovascular disease: A prospective study of Swedish men. *American Journal of Public Health, 71,* 694–705.

Karbe, H., Kessler, J., Herholz, K., Fink, G.R., & Heiss, W.-D. (1995). Long-term prognosis of poststroke aphasia studied with positron emission tomography. *Archives of Neurology, 52,* 186–90.

Karlsson, J. L. (1972). An Icelandic family study of schizophrenia. In A. R. Kaplan (Ed.), *Genetic factors in schizophrenia* (pp. 246–55). Springfield, Il: Charles C. Thomas.

Karlsson, J. L. (1991). *Genetics of human mentality.* New York: Praeger.

Karno, M., Golding, J. M., Sorenson, S. B., & Burnam, M. A. (1988). The epidemiology of obsessive-compulsive disorder in five U.S. communities. *Archives of General Psychiatry, 45* (12): 1094–99.

Karon, B. P. (1999). The tragedy of schizophrenia. *General Psychologist, 35,* 1–12.

Karp, D. A. (1996). *Speaking of sadness: Depression, disconnection, and the meaning of illness.* New York: Oxford University Press.

Kasen, S., Cohen, P., Skodol, A. E., Johnson, J. G., & Brook, J. S. (1999). Influence of child and adolescent psychiatric disorders on young adult personality disorder. *American Journal of Psychiatry, 156* (10): 1529–35.

Kaslow, N. J., Tannenbaum, R. L., Abramson, L. Y., Peterson, C., & Seligman, M. E. P. (1983). Problem solving deficits and depressive symptoms among children. *Journal of Abnormal Child Psychology, 11* (4):497–502.

Kass, F., Spitzer, R. L., & Williams, J. B. W. (1983). An empirical study of the issue of sex bias in the diagnostic criteria of DSM-III axis II personality disorders. *American Psychologist, 38,* 799–801.

Katchadourian, H. A., & Lunde, D. T. (1972). *Fundamentals of human sexuality.* New York: Holt, Rinehart & Winston.

Katula, J. A., Blissmer, B. J., & McAuley, E. (1999). Exercise and self-efficacy effects on anxiety reduction in healthy, older adults. *Journal of Behavioral Medicine, 22* (3): 233–47.

Katz, H. B., Davies, C. A., & Dobbing, J. (1980). The effect of environmental stimulation on brain weight in previously undernourished rats. *Behavioural Brain Research, 1* (5): 445–49.

Katz, R. J., DeVeaugh-Geiss, J., & Landau, P. (1990a). Clinical predictors of treatment response in obsessive-compulsive disorder: Explanatory analyses from multicenter trials of clomipramine. *Psychopharmacology Bulletin, 26,* 54–59.

Katz, R. J., DeVeaugh-Geiss, J., & Landau, P. (1990b). Clomipramine in obsessive-compulsive disorder. *Biological Psychiatry, 28,* 401–14.

Kazdin, A. E. (1993). Treatment of conduct disorder: Progress and directions in psychotherapy research. *Development and Psychopathology, 5,* 277–310.

Kazdin, A. E. (1997). Practitioner review: Psychosocial treatments for conduct disorder in children. *Journal of Child Psychology and Psychiatry, 38,* 161–78.

Kazdin, A. E. (1998a). Conduct disorder. In R. J. Morris & T. R. Kratochwill (Eds.), *The practice of child therapy* (3rd ed.; pp. 199–230). Boston: Allyn & Bacon.

Kazdin, A. E. (1998b). *Methodological issues and strategies in clinical research* (2nd ed.). Washington, DC: American Psychological Association.

Kazdin, A. E. (1998c). Psychosocial treatments of conduct disorder in children. In P. Nathan & J. Gorman (Eds.), *A guide to treatments that work* (pp. 65–89). New York: Oxford University Press.

Kazdin, A. E., & Wilcoxon, L. A. (1976). Systematic desensitization and nonspecific treatment effects: A methodological evaluation. *Psychological Bulletin, 83* (5): 729–58.

Kazes, M., Berthet, L., Danion, J., Amado, I., Willard, D., Robert, P., & Poirer, M. (1999). Impairment of consciously controlled use of memory in schizophrenia. *Neuropsychology, 13,* 54–61.

Keane, T. M., Kolb, L. C., Kaloupek, D. G., Orr, S. P., Blanchard, E. B., Thomas, R. G., Hsieh, F. Y., & Lavori, P. W. (1998). Utility of psychophysiology measurement in the diagnosis of posttraumatic stress disorder: Results from a department of Veteran's Affairs cooperative study. *Journal of Consulting and Clinical Psychology, 66* (6): 914–23.

Keane, T. M. (1998). Psychological and behavioral treatments of post-traumatic stress disorder. In P. E. Nathan & J. M. Gorman (Eds.), *A guide to treatments that work* (pp. 398–407). New York: Oxford University Press.

Keaney, J. C., & Farley, M. (1996). Dissociation in an outpatient sample of women reporting childhood sexual abuse. *Psychological Reports, 78,* 59–65.

Keck, P., Cohen, B., Baldessarini, R., & McElroy, S. (1989). Time course of antipsychotic effects of neuroleptic drugs. *American Journal of Psychiatry, 146,* 1289–92.

Keck, P., & McElroy, S. (1998). Bipolar disorders. In P. Nathan & J. Gorman (Eds.), *A guide to treatments that work.* New York: Oxford University Press.

Kegan, R. (1986), Pathology in moral development. In W. H. Reid, D. Dor, J. I. Walker, & J. W. Bonner, III (Eds.), *Unmasking the psychopath: Antisocial personality and related syndromes.* New York: Norton.

Kehoe, M., & Ironside, W. (1963). Studies on the experimental evocation of depressive responses using hypnois: II. The influence upon the secretion of gastric acid. *Psychosomatic Medicine, 25,* 403–19.

Keinan, G. & Hobfoll, S. E. (1989). Stress, dependency and social support: Who benefits from husbands' presence in delivery? *Journal of Social and Clinical Psychology, 8,* 32–44.

Keith, S. J., Gunderson, J. G., Reifman, A., Buchsbaum, S., & Mosher, L. R. (1976). Special report: Schizophrenia, 1976. *Schizophrenia Bulletin, 2,* 510–65.

Keller, J., Nitschke, J., Bhargava, T., et al. (2000). Neuropsychological differentiation of depression and anxiety. *Journal of Abnormal Psychology, 109,* 3–10.

Keller, M. B., & Baker, C. A. (1991). Bipolar disorder: Epidemiology, course, diagnosis, and treatment. *Bulletin of the Menninger Clinic, 55* (2): 172–81.

Keller, M. B., Beardslee, W. R., Dorer, D. J., Lavori, P. W., Samuelson, H., & Klerman, G. R. (1986). Impact of severity and chronicity of parental affective illness on adaptive functioning and psychopathology in children. *Archives of General Psychiatry, 43,* 930–37.

Keller, M. B., Klein, D. N., Hirschfeld, R. M. A., Kocsis, J. H., McCullough, J. P., Miller, I., First, M. B., Holzer, C. P., Keitner, G. I., Marin, D. N., and Shea, T. (1995). Results of the DSM-IV mood disorders field trial. *American Journal of Psychiatry, 152* (6): 843–49.

Keller, M. B., Lavori, P. W., Mueller, T. I., & Endicott, J. (1992). Time to recovery, chronicity, and levels of psychopathology in major depression: A 5-year prospective follow-up of 431 subjects. *Archives of General Psychiatry, 49* (10): 809–16.

Keller, M., McCullough, P., Klein, D. et al. (2000). A comparison of Nefazodone, the cognitive behavioral-analysis system of psychotherapy, and their combination for the treatment of chronic depression. *New England Journal of Medicine, 342.*

Keller, M., & Shapiro, R. (1982). "Double depression": Superimposition of acute depressive episodes on chronic depressive disorders. *American Journal of Psychiatry, 139,* 438–42.

Kelley, H. H. (1967). Attribution theory in social psychology. In D. Levine (Ed.), *Nebraska symposium on motivation* (pp. 192–240). Lincoln: Dot Nebraska Press.

Kelley, J. E., Lumley, M. A., & Leisen, J. C. C. (1997). Health effects of emotional disclosure in rheumatoid arthritis patients. *Health Psychology, 16* (4): 331–40.

Kellner, R. (1986). Somatization and hypochondriasis. New York: Praeger-Greenwood.

Kelsoe, J. R., Ginns, E. I., Egeland, J. A., Gerhard, D. S., Goldstein, A. M., Bale, S. J., Pauls, D. L., Long, R. T., Kidd, K. K., Conte, G., Housman, D. E., & Paul, S. M. (1989). Re-evaluation of the linkage relationship between chromosome 11p loci and the gene for bipolar affective disorder in the Old Order Amish. *Nature, 342* (6247):238–43.

Kelz, M. B., Chen, J., Carlezon, W. A., Whisler, K., Gilden, L., Beckman, A. M., Steffan, C., Zhang, Y., Marotti, L., Self, D. W., Tkatch, T., Baranauskas, G., Surmeier, D. J., Neve, R. L., Duman, R. S., Picciotto, M. R., & Nestler, E. (1999). Expression of the transcription factor DeltaFosB in the brain controls sensitivity to cocaine. *Nature, 401:* 272–76.

Kendall, P. C. (1994). Treating anxiety disorders in children: Results of a randomized clinical trial. *Journal of Consulting and Clinical Psychology, 62* (1): 100–10.

Kendall, P. C., Haaga, D. A. F., Ellis, A., & Bernard, M. (1995). Rational-emotive therapy in the 1990's and beyond: Current status, recent revisions, and research questions. *Clinical Psychology Review, 15* (3): 169–85.

Kendler, K. S. (1997).The diagnostic validity of melancholic major depression in a population-based sample of female twins. *Archives of General Psychiatry, 54* (4): 299–304.

Kendler, K. S., & Diehl, S. R. (1993). The genetics of schizophrenia. *Schizophrenia Bulletin, 19,* 261–86.

Kendler, K. S., & Gruenberg, A. M. (1982). Genetic relationship between paranoid personality disorder and the "schizophrenic spectrum" disorders. *American Journal of Psychiatry, 139,* 1185–86.

Kendler, K. S., & Gruenberg, A. M. (1984). An independent analysis of the Danish adoption study of schizophrenia: VI. The relationship between psychiatric disorders as defined by DSM-III in the relatives and adoptees. *Archives of General Psychiatry, 41,* 555–64.

Kendler, K. S., & Hays, P. (1981). Paranoid psychosis (delusional disorder) and schizophrenia: A family history study. *Archives of General Psychiatry, 38* (5): 547–51.

Kendler, K. S., Kessler, R. C., Walters, E. E., MacLean, C., Neale, M. C., Heath, A. C., & Eaves, L. J. (1995). Stressful life events, genetic liability, and onset of an episode of major depression in women. *American Journal of Psychiatry, 152* (6): 833–42.

Kendler, K. S., MacLean, C., Neale, M., et al. (1991). The genetic epidemiology of bulimia nervosa. *American Journal of Psychiatry, 148,* 1627.

Kendler, K. S., Neale, M. C., Heath, A. C., Kessler, R. C., & Eaves, L. J. (1994). A twin-family study of alcoholism in women. *American Journal of Psychiatry, 151* (5): 707–15.

Kendler, K., Neale, M., Kessler, R., & Heath, A. (1992). Generalized anxiety disorder in women: A population-based twin study. *Archives of General Psychiatry, 49,* 267–72.

Kendler, K. S., Neale, M. C., Kessler, R. C., Heath, A. C., & Eaves, L. J. (1992a). Major depression and generalized anxiety disorder: Same genes, (partly) different environments? *Archives of General Psychiatry, 49* (9): 716–25.

Kendler, K. S., Neale, M. C., Kessler, R. C., Heath, A. C., & Eaves, L. J. (1992b). The genetic epidemiology of phobias in women: The interrelationship of agoraphobia, social phobia, situational phobia, and simple phobia. *Archives of General Psychiatry, 49,* 273–81.

Kendler, K. S., Pederson, N., Johnson, L., Neale, M. C., & Mathe, A. A. (1993). A pilot Swedish twin study of affective illness, including hospital- and population-ascertained subsamples. *Archives of General Psychiatry, 50,* 699–706.

Kendler, K. S., & Prescott, C. A. (1998). Cocaine use, abuse and dependence in a population-based sample of female twins. *British Journal of Psychiatry, 173,* 345–50.

Kendler, K. S., & Robinette, D. (1983). Schizophrenia in the National Academy of Sciences National Research Council Twin Registry: A 16-year update. *American Journal of Psychiatry, 140,* 1551–63.

Kendler, K. S., Walters, E. E., Neale, M. C., Kessler, R. C., et al. (1995). The structure of the genetic and environmental risk factors for six major psychiatric disorders in women: Phobia, generalized anxiety disorder, panic disorder, bulimia, major depression, and alcoholism. *Archives of General Psychiatry, 52* (5): 374–83.

Kenner, C., & D'Apolito, K. (1997). Outcomes for children exposed to drugs in utero. *Journal of Obstetric, Gynecologic, and Neonatal Nursing, 26,* 595–603.

Kenny, M. G. (1998). Disease process or social phenomenon?: Reflections on the future of multiple personality. *Journal of Nervous and Mental Disease, 186,* 449–54.

Kern, R. S., & Green, M. F. (1998). Cognitive remediation in schizophrenia. In K. T. Mueser, N. Tarrier, et al. (Eds.), *Handbook of social functioning in schizophrenia* (pp. 342–54). Boston: Allyn & Bacon.

Kernberg, O. F. (1975). *Borderline conditions and pathological narcissism.* New York: Jason Aronson.

Kernberg, O. F. (1992). *Aggression in personality disorders and perversions.* New Haven: Yale University Press.

Kerr, S. L., & Neale, J. M. (1993). Emotion perception in schizophrenia: Specific deficit or further evidence of generalized poor performance? *Journal of Abnormal Psychology, 102,* 312–18.

Kerr, T. A., Roth, M., Schapira, K., & Gurney, C. (1972). The assessment and prediction of outcome in affective disorders. *British Journal of Psychiatry, 121,* 167.

Kertesz, A. (1982). Two case studies: Broca's brain and Wernicke's aphasia. In M. A. Arbib, D. Caplan, & J. C. Marshall (Eds.), *Neural models of language processes.* New York: Academic Press.

Kessler, R. C. (1997). The effects of stressful life events on depression. *Annual Review of Psychology, 48,* 191–214.

Kessler, R. C., Crum, R. M., Warner, L. A., Nelson, C. B., Schulenberg, J., & Anthony, J. C. (1997). Lifetime co-occurrence of DSM-III-R alcohol abuse and dependence with other psychiatric disorders in the National Comorbidity Survey. *Archives of General Psychiatry, 54,* 313–21.

Kessler, R. C., McGonagle, K. A., Swartz, M., Blazer, D. G., et al. (1993). Sex and depression in the National Comorbidity Survey I: Lifetime prevalence, chronicity, and recurrence. *Journal of Affective Disorders, 29,* 85–96.

Kessler, R. C., McGonagle, K. A., Zhao, S., Nelson, C. B., et al. (1994). Lifetime and 12-month prevalence of DSM-III—R psychiatric disorders in the United States: Results from the National Comorbidity Study. *Archives of General Psychiatry, 51* (1): 8–19.

Kessler, R. C., Sonnega, A., Bromet, E., Hughes, M., et al. (1995). Posttraumatic stress disorder in the National Comorbidity Survey. *Archives of General Psychiatry, 52* (12):1048–60.

Kertesz, A. (1982). Two case studies: Broca's brain and Wernicke's aphasia. In M. A. Arbib, D. Caplan, & J. C. Marshall (Eds.), *Neural models of language processes.* New York: Academic Press.

Kety, J. (1974). Biochemical and neurochemical effects of electroconvulsive shock. In M. Fink, S. Kety, & J. McGough (Eds.), *Psychology of convulsive therapy.* Washington, DC: Winston.

Kety, S., Rosenthal, D., Wender, P. H., & Schulsinger, F. (1968). The types and prevalence of mental illness in the biological and adoptive families of adopted schizophrenics. In D. Rosenthal & S. S. Kety (Eds.), *The transmission of schizophrenia.* New York: Pergamon Press.

Khan, A., Warner, H., & Brown, W. (2000). Symptom reduction and suicide risk in patients treated with placebo in antidepressant clinical trials. *Archives of General Psychiatry, 57,* 311–17.

Khantzian, E. J. (1994). Some treatment implications of the ego and self disturbances in alcoholism. (1994). In J. D. Levin & R. H. Weiss (Eds.), *The dynamics and treatment of alcoholism: Essential papers* (pp. 232–55). Northvale, NJ: Jason Aronson.

Kiecolt-Glaser, J., Dura, J., Speicher, C., Trask, J., & Glaser, R. (1991). Spousal caregivers of dementia victims: Longitudinal changes in immunity and health. *Psychosomatic Medicine, 53,* 345–62.

Kiecolt-Glaser, J. K., Garner, W., Speicher, C., Penn, G. M., Holliday, J., & Glaser, R. (1984). Psychosocial modifiers of immunocompetence in medical students. *Psychosomatic Medicine, 46,* 7–14.

Kiecolt-Glaser, J. K., & Glaser, R. (1987). Psychosocial moderators of immune function. *Annals of Behavioral Medicine, 9,* 16–20.

Kiecolt-Glaser, J. K., & Glaser, R. (1995). Psychoneuroimmunology and health consequences: Data and shared mechanisms. *Psychosomatic Medicine, 57,* 269–74.

Kiecolt-Glaser, J. K., Page, G. G., Marucha, P. T., MacCallum, R. C., & Glaser, R. (1998). Psychological influences on surgical recovery: Perspectives from psychoneuroimmunology. *American Psychologist, 53,* 1209–18.

Kiely, J. L., Paneth, N., & Susser, M. (1981). Low birthweight, neonatal care and cerebral palsy: An epidemiological review. In P. J. Mittler & J. M. deJong (Eds.), *Frontiers in mental retardation: II: Biomedical aspects.* Baltimore, MD: University Park Press.

Kienle, G. S., & Kiene, H. (1997). The powerful placebo effect: Fact or fiction? *Journal of Clinical Epidemiology, 50,* 1311–18.

Kiessling, L. S., Marcotte, A. C., & Culpepper, L. (1993). Antineuronal antibodies in movement disorder. *Pediatrics, 92* (1): 39–43.

Kilpatrick, D., Resnick, P., & Veronen, L. (1981). Effects of a rape experience: A longitudinal study. *Journal of Social Issues, 37,* 105–22.

Kilpatrick, D., Saunders, B., Amick-McMullan, A., et al. (1989). Victim and crime factors associated with the development of crime-related post-traumatic stress disorder. *Behavior Therapy, 20,* 199–214.

Kilpatrick, D., Saunders, B., Veronen, L., Best, C., & Von, J. (1987). Criminal victimization: Lifetime prevalence, reporting to police, and psychological impact. *Crime and Delinquency, 33,* 479–89.

Kindermann, S. S., Karimi, A., Symonds, L., Brown, G. G., & Jeste, D. V. (1997). Review of functional magnetic resonance imaging in schizophrenia. *Schizophrenia Research, 27,* 143–56.

King, A. C., Taylor, C., & Haskell, W. L. (1993). Effects of differing intensities and formats of 12 months of exercise training on psychological outcomes in older adults. *Health Psychology, 12* (4): 292–300.

King, N. J., Eleonora, G., & Ollendick, T. H. (1998). Etiology of childhood phobias: Current status of Rachman's three pathways theory. *Behaviour Research and Therapy, 36* (3): 297–309.

King, R. A., Scahill, L., Findley, D., & Cohen, D. J. (1999). Psychosocial and behavioral treatments. In J. F. Leckman & D. J. Cohen (Eds.), *Tourette's syndrome—Tics, obsessions, compulsions: Developmental psychopathology and clinical care* (pp. 338–59). New York: Wiley.

King, S., Barr, R., duFort, G., Meaney, M., Zelazo, P. LaPlante, D., & Saucier, J. (1999). *The 1998 Quebec ice storm: Perinatal and infant outcomes.* Paper presented at the annual Meeting of the Society for Research in Psychopathology, Montreal, Canada, November 20, 1999.

Kinney, D. K., Levy, D. L., Yurgelun-Todd, D. A., Tramer, S. J., & Holzman, P. S. (1998). Inverse relationship of perinatal complications and eye tracking dysfunction in relatives of patients with schizophrenia: Evidence for a two-factor model. *American Journal of Psychiatry, 155,* 976–78.

Kinsey, A. C., Pomeroy, W. D., & Martin, C. E. (1948). *Sexual behavior in the human male.* Philadelphia: Saunders.

Kirigin, K. A., & Wolf, M. M. (1998). Application of the teaching-family model to children and adolescents with conduct disorder. In V. B. Van Hasselt & M. Hersen (Eds.), *Handbook of psychological treatment protocols for children and adolescents. The LEA Series in Personality and Clinical Psychology* (pp. 359–80). Mahwah, NJ: Lawrence Erlbaum.

Kirigin, K. A., Braukmann, C. J., Atwater, J. D., & Wolf, M. M. (1982). An evaluation of teaching-family (Achievement Place) group homes for juvenile offenders. *Journal of Applied Behavior Analysis, 15* (1): 1–16.

Kirigin, K., Wolf, M. M., Braukman, C. J., Fixsen, D. L., & Phillips, E. L. (1979). Achievement Place: A preliminary outcome evaluation. In J. S. Stumphauzer (Ed.), *Progress in behavior therapy with delinquents*. Springfield, IL: Charles C. Thomas.

Kirk, S. A., & Kutchins, H. (1992). *The selling of DSM: The rhetoric of science in psychiatry*. New York: Aldine de Gruyter.

Kirmayer, L. J., & Corin, E. (1998). Inside knowledge: Cultural constructions of insight in psychosis. In X. F. Amador & A. S. David (Eds.), *Insight and psychosis* (pp. 193–220). New York: Oxford University Press.

Kirsch, I., & Saperstein, G. (1998). Listening to Prozac but hearing placebo: A meta-analysis of antidepressant medication. *Prevention and Treatment, 1*.

Kirschbaum, C., Wust, S., Faig, H. G., & Hellhammer, D. H. (1992). Heritability of cortisol responses to human corticotropin-releasing hormone, ergometry, and psychological stress in humans. *Journal of Clinical Endocrinology and Metabolism, 75*, 1526–30.

Kittel, F., Kornitzer, M., de Backer, G., & Dramaix, M. (1982). Metrological study of psychological questionnaires with reference to social variables: The Belgian Heart Disease Prevention Project (BHDPP). *Journal of Behavioral Medicine, 5* (1): 9–35.

Klar, H., & Siever, L. (1984). The psychopharmacologic treatment of personality disorders. *Psychiatric Clinics of North America, 7*, 791–800.

Kleber, H. D. (1994). Our current approach to drug abuse: Progress, problems, proposals. *New England Journal of Medicine, 330* (5): 361–64.

Klein, D. F. (1996a). Discussion of "methodological controversies in the treatment of panic disorder." *Behaviour Research and Therapy, 34* (11–12): 849–53.

Klein, D. F. (1996b). Preventing hung juries about therapy studies. *Journal of Consulting and Clinical Psychology, 64* (1): 81–87.

Klein, D. F. (1999). Harmful dysfunction, disorder, disease, illness, and evolution. *Journal of Abnormal Psychology, 108*(3): 421–29.

Klein, D. F., & Gittelman-Klein, R. (1975). Are behavioral and psychometric changes related in methylphenidate treated, hyperactive children? *International Journal of Mental Health, 14* (1–2): 182–98.

Klein, D. F., Ross, D. C., & Cohen, P. (1987). Panic and avoidance in agoraphobia, application of path analysis to treatment studies. *Archives of General Psychiatry, 44*, 377–85.

Klein, R. G. & Abikoff, H. (1997). Behavior therapy and methylphenidate in the treatment of children with ADHD. *Journal of Attention Disorders, 2*, 89–114.

Kleinknecht, R. A. (1994). Acquisition of blood, injury, and needle fears and phobias. *Behaviour Research and Therapy, 32* (8): 817–23.

Kleinknecht, R. A., Dinnel, D. L., Kleinknecht, E. E., Hiruma, N., et al. (1997). Cultural factors in social anxiety: A comparison of social phobia symptoms and Taijin Kyofusho. *Journal of Anxiety Disorders, 11*(2): 157–77.

Kleinknecht, R., & Lenz, J. (1989). Blood/injury fear, fainting and avoidance of medically related situations: A family correspondence study. *Behaviour Research and Therapy, 27*, 537–47.

Kleinman, A. M. (1986). *Social origins of distress and disease: Depression, neurasthenia and pain in modern China*. New Haven, CT: Yale University Press.

Klerman, G. (1983). The psychiatric revolution of the past 25 years. In W. Gove (Ed.), *Deviance and mental illness*. Newbury Park, PA: Sage.

Klerman, G. L., Lavori, P. W., & Rice, J., et al. (1985). Birth cohort trends in rates of major depressive disorder among relatives of patients with affective disorder. *Archives of General Psychiatry, 42* (7): 689–93.

Klerman, G. L., Weissman, M. M., Rounsaville, N. B., & Chevron, E. (1984). *Interpersonal psychotherapy of depression*. New York: Basic Books.

Kline, N. (1970). Monoamine oxidase inhibitors: An unfinished picaresque tale. In F. J. Ayd & H. Blackwell (Eds.), *Discoveries in biological psychiatry*. Philadelphia: Lippincott.

Klinkman, M. S., Schwenk, T. L., & Coyne, J. C. (1997). Depression in primary care—More like asthma than appendicitis: The Michigan Depression Project. *Canadian Journal of Psychiatry, 42* (9): 966–73.

Klosko, J., Barlow, D., Tassarini, R., & Cerny, J. (1988). Comparison of alprazolam and cognitive behavior therapy in the treatment of panic disorder: A preliminary report. In I. Hand & H. Wittchen (Eds.), *Treatment of panic and phobias: Modes of application and variables affecting outcome*. Berlin: Springer-Verlag.

Kluft, R. (1984). Treatment of multiple personality. *Psychiatric Clinics of North America, 7*, 9–29.

Kluft, R. P. (1987). An update on multiple personality disorder. *Hospital and Community Psychiatry, 38*, 363–73.

Kluft, R. P. (1991). Multiple personality disorder. In Tasman, A., & Goldfinger, S. M. (Eds.), *American Psychiatric Press Review of Psychiatry, 10*, 161–88.

Klykylo, W. M., Kay, J., & Rube, D. (1998). *Clinical child psychiatry*. Philadelphia: Saunders.

Knight, D. K., Broome, K. M., Cross, D. R., & Simpson, D. D. (1998). Antisocial tendency among drug-addicted adults: Potential long-term effects of parental absence, support and conflict during childhood. *American Journal of Drug and Alcohol Abuse, 24*, 361–75.

Kobasa, S. C. (1979). Stressful life events, personality, and health: An inquiry into hardiness. *Journal of Personality and Social Psychology, 37*, 1–11.

Koch Crime Institute. (1999). http://www.kci.org/meth_info/letters/1999/nov2.htm

Koch Crime Institute. (2000). http://www.kci.org/meth_info/links.htm

Kocsis, J. H., Friedman, R. A., Markowitz, J. C., Leon, A. C., Miller, N. L., Gniwesch, L., & Parides, M. (1996). Maintenance therapy for chronic depression: A controlled clinical trial of desipramine. *Archives of General Psychiatry, 53* (9): 769–74.

Koerner, K., & Dimeff, L. A. (2000). Further data on dialectical behavior therapy. *Clinical Psychology—Science and Practice, 7* (1), online journal.

Kogon, M. M., Biswas, A., Pearl, D., Carlson, R. W., & Spiegel, D. (1997). Psychotherapy improves cancer survival. *Clinician's Research Digest, 15* (10): 4.

Köhler, T., Kuhnt, K., & Richter, R. (1998). The role of life event stress in the pathogenesis of duodenal ulcer. *Stress Medicine, 14* (2): 121–24.

Kohut, H. (1971). *The analysis of the self*. New York: International Universities Press.

Kohut, H. (1977). *The restoration of the self*. New York: International Universities Press.

Kohut, H. (1978). *The search for self*. New York: International Universities Press.

Kokkevi, A., & Stefanis, C. (1995). Drug abuse and psychiatric comorbidity. *Comprehensive Psychiatry, 36* (5): 329–37.

Kolata, G. (2000). Scientists Report the First Success of Gene Therapy. *New York Times*, April 28.

Kondas, O. (1997). Cognitive and behavior psychotherapy in Slovakia: A historical overview. *Studia Psychologica, 39*, 247–55.

Koob, G. F., & Bloom, F. E. (1988). Cellular and molecular mechanisms of drug dependence. *Science, 242*, 715–23.

Koob, G. F., Caine, S. B., Parsons, L., Markou, A., & Weiss, F. (1997). Opponent process model and psychostimulant addiction. *Pharmacology, Biochemistry and Behavior, 57*, 513–21.

Kopelowicz, A., & Liberman, R. P. (1998). Psychosocial treatments for schizophrenia. In P. Nathan & J. Gorman (Eds.), *A guide to treatments that work* (pp. 190–211). New York: Oxford University Press.

Korchin, S. J. (1976). *Modern clinical psychology: Principles of intervention in the clinic and the community*. New York: Basic Books.

Koren, D., Seidman, L. J., Harrison, R. H., Lyons, M. J., Kremem, W. S., Caplan, B., Goldstein, J. M., Faraone, S. V., & Tsuang, M. T. (1998). Factor structure of the Wisconsin Card Sorting Test: Dimensions of deficit in schizophrenia. *Neuropsychology, 12*, 289–302.

Koren, D., Arnon, I., & Klein, E. (1999). Acute stress response and posttraumatic stress disorder in traffic accident victims: A one-year prospective, follow-up study. *American Journal of Psychiatry, 156* (3): 367–73.

Kornstein, S.G. (1997). Gender differences in depression: Implications for treatment. *Journal of Clinical Psychiatry, 58* (Suppl 15): 12–18.

Kosten, T. R. (1998). Addiction as a brain disease. *American Journal of Psychiatry, 155*, 711–13.

Kotses, H., Harver, A., Segreto, J., Glaus, K. D., et al. (1991). Long-term effects of biofeedback-induced facial relaxation on measures of asthma severity in children. *Biofeedback and Self Regulation, 16* (1): 1–21.

Kotsopoulos, S., & Snow, B. (1986). Conversion disorders in children: A study of clinical outcome. *Psychiatric Journal of the University of Ottawa, 11*, 134–39.

Kovacs, G. L., Sarnyai, Z., & Szabo, G. (1998). Oxytocin and addiction: A review. *Psychoneuroendocrinology, 23*, 945–62.

Kovacs, M., & Beck, A. T. (1977). An empirical-clinical approach towards a definition of childhood depression. In J. G. Schulterbrand & A. Raven (Eds.), *Depression in childhood: Diagnosis, treatment, and conceptual models*. New York: Raven Press.

Kovacs, M., Gatsonis, C., Paulauskas, S. L., & Richards, C. (1989). Depressive disorders in childhood: I V. A longitudinal study of comorbidity with and risk for anxiety disorders. *Archives of General Psychiatry, 46* (9): 776–82.

Kovacs, M., Rush, A. J., Beck, A. T., & Hollon, S. D. (1981). Depressed outpatient treatment with cognitive therapy or pharmaco therapy: A one year follow-up. *Archives of General Psychiatry, 38*, 33–39.

Kraepelin, E. (1919). *Dementia praecox and paraphrenia*. New York: Robert E. Krieger.

Krafft-Ebing, R. von. (1931). *Psychopathia sexualis*. New York: Physicians and Surgeons Book Co.

Kramer, P. D. (1994). *Listening to Prozac*. London: Fourth Estate.

Krantz, D., Helmers, K., Bairey, N., et al. (1991). Cardiovascular reactivity and mental stress-induced myocardial ischemia in patients with coronary artery disease. *Psychosomatic Medicine, 53*, 1–12.

Kravitz, H. M., Haywood, T. W., Kelly, J., Wahlstrom, C., Liles, S., & Cavanaugh, J. L. (1995). Medroxyprogesterone treatment for paraphiliacs. *Bulletin of the American Academy of Psychiatry and the Law, 23* (1): 19–33.

Kreek, M. J. (1992). Rationale for maintenance pharmacotherapy of opiate dependence. In C. P. O'Brien & J. H. Jaffe (Eds.), *Addictive states* (pp. 205–30). New York: Raven Press.

Kremen, W. S., Buka, S. L., Seidman, L. J., Goldstein, J. M., Koren, D., & Tsuang, M. T. (1998). IQ decline during childhood and adult psychotic symptoms in a community sample: A 19-year longitudinal study. *American Journal of Psychiatry, 155*, 672–77.

Krieckhaus, E., Donahoe, J., & Morgan, M. (1992). Paranoid schizophrenia may be caused by dopamine hyperactivity of CA1 hippocampus. *Biological Psychiatry, 31*, 560–70.

Kringlen, E. (1968). An epidemiological-clinical twin study of schizophrenia. In D. Rosenthal and S. S. Kety (Eds.), *The transmission of schizophrenia* (pp. 49–63). Oxford, England: Pergamon.

Krischer, C. C., Coenen, R., Heckner, M., & Hoeppner, D. (1994). Gliding text: A new aid to improve the reading performance of poor readers by subconscious gaze control. *Educational Research, 36* (3): 271–83.

Kroenke, K., Spitzer, R. L., deGruy, F. V., & Swindle, R. (1998). A symptom checklist to screen for somatoform disorders in primary care. *Psychosomatics, 39* (3): 263–72.

Krug, E. G., Kresnow, M., Peddicord, J. P., Dahlberg, L. L., Powell, K. E., Crosby, A. E., Annest, J. L. (1998). Suicide after natural disasters. *New England Journal of Medicine, 338* (6), 373–78.

Kruger, S., Cooke, R. G., Hasey, G. M., Jorna, T., & Persad, E. (1995). Comorbidity of obsessive-compulsive disorder in bipolar disorder. *Journal of Affective Disorders, 34*, 117–20.

Krystal, H. (1968). *Massive psychic trauma*. New York: International Universities Press.

Kuch, K., & Cox, B. (1992). Symptoms of PTSD in 124 survivors of the Holocaust. *American Journal of Psychiatry, 149*, 337–40.

Kuhnle, U., Bullinger, M., & Schwarz, H.P. (1995). The quality of life in adult female patients with congenital adrenal hyperplasia: A comprehensive study of the impact of genital malformations and chronic disease on female patients' life. *European Journal of Pediatrics, 154*, 708–16.

Kuiper, B., & Cohen-Kettenis, P. (1988). Sex reassignment surgery: A study of 141 Dutch transsexuals. *Archives of Sexual Behaviour, 17*, 439–57.

Kupfer, D., Frank, E., Perel, J., et al. (1992). Five-year outcome for maintenance therapies in recurrent depression. *Archives of General Psychiatry, 49*, 769–73.

Kurland, H. D., Yeager, C. T., & Arthur, R. J. (1963). Psychophysiologic aspects of severe behavior disorders. *Archives of General Psychiatry, 8,* 599–604.

Kuruoglu, A. C., Arikan, Z., Vural, G., Karatas, M., Arac, M., & Isik, E. (1996). Single photon emission computerised tomography in chronic alcoholism. Antisocial personality disorder may be associated with decreased frontal perfusion. *British Journal of Psychiatry, 169,* 348–54.

Kyrios, M. (1998). A cognitive-behavioral approach to the understanding and management of obsessive-compulsive personality disorder. In C. Perris & P. D. McGorry (Eds.), *Cognitive psychotherapy of psychotic and personality disorders: Handbook of theory and practice* (pp. 351–78). Chichester, England: American Ethnological Press.

Lacey, J. I. (1950). Individual differences in somatic response patterns. *Journal of Comparative and Physiological Psychology, 43,* 338–50.

Lachman, H. M., Papolos, D. F., Boyle, A., Sheftel, G., et al. (1993). Alterations in glucocorticoid inducible RNAs in the limbic system of learned helpless rats. *Brain Research, 609* (1–2): 110–16.

Lachman, S. J. (1972). *Psychosomatic disorders: Behavioristic interpretations.* New York: Wiley.

Ladd, C.O., Huot, R. L., Thrivikraman, K. V., Nemeroff, C. B., Meaney, M. J., & Plotsky, P. M. (2000). Long-term behavioral and neuroendocrine adaptations to adverse early experience. *Progress in Brain Research, 122,* 81–103.

Lader, M. (1988). The psychopharmacology of addiction: Benzodiazepine tolerance and dependence. In M. Lader (Ed.), *The psychopharmacology of addiction.* New York: Oxford University Press.

Ladisich, W., & Feil, W. B. (1988). Empathy in psychiatric patients. *British Journal of Medical Psychology, 61,* 155–62.

La Greca, A. M., Silverman, W. K., & Wasserstein, S. B. (1998). Children's predisaster functioning as a predictor of posttraumatic stress following Hurricane Andrew. *Journal of Consulting and Clinical Psychology, 66*(6): 883–92.

Lahey, B. B., Loeber, R., Hart, E. L., Frick, P. J., Applegate, B., Zhang, Q., Green, S. M., and Russo, M. F. (1995). Four-year longitudinal study of conduct disorder in boys: Patterns and predictors of persistence. *Journal of Abnormal Psychology, 104* (1): 83–93.

Lahey, B. B., Piacentini, J. C., McBurnett, K., Stone, P., Hartdagen, S., & Hynd, G. (1988). Psychopathology in the parents of children with conduct disorder and hyperactivity. *Journal of the American Academy of Child and Adolescent Psychiatry, 27,* 163–70.

Lam, J. A., & Rosencheck, R. (1998). The effect of victimization on clinical outcomes of homeless persons with serious mental illness. *Psychiatric Services, 49,* 678–83.

Lam, R. W., Peters, R., Sladen-Dew, M., & Altman, S. (1998). A community-based clinic survey of antidepressant use in persons with schizophrenia. *Canadian Journal of Psychiatry, 43,* 513–16.

Lamb, R. H. (1998). Deinstitutionalization at the beginning of the new millennium. *Harvard Review of Psychiatry, 6,* 1–10.

Lamb, R. H., Bachrach, L. L., & Kase, F. I. (Eds.). (1992). *The homeless mentally ill: A task force report of the American Psychiatric Association.* Washington, DC: American Psychiatric Association.

Lamb, R. H. & Weinberger, L. E. (1998). Persons with severe mental illness in jails and prisons: A review. *Psychiatric Services, 49,* 483–92.

Lambert, M., Weisz, J., Knight, F., et al. (1992). Jamaican and American adult perspectives on child psychopathology. *Journal of Consulting and Clinical Psychology, 60,* 146–49.

Lamberts, S. W., van den Beld, A. W., & van der Lely, A. (1997). The endocrinology of aging. *Science, 278* (5337): 419–24.

LaMontagne, Y., & LeSage, A. (1986). Private exposure and covert sensitization in the treatment of exhibitionism. *Journal of Behavior Therapy and Experimental Psychiatry, 17* (3): 197–201.

Lang, H. (1997). Obsessive-compulsive disorders in neurosis and psychosis. *Journal of the American Academy of Psychoanalysis, 25* (1): 143–50.

Lang, P. (1967). Fear reduction and fear behavior. In J. Schlein (Ed.), *Research in psychotherapy.* Washington DC: American Psychological Association.

Lang, P. J. (1979). A bio-informational theory of emotional imagery. *Psychophysiology, 92* (3): 276–306.

Langbehn, D. R., Cadoret, R. J., Yates, W. R., Troughton, E. P., & Stewart, M. A. (1998). Distinct contributions of conduct and oppositional defiant symptoms to adult antisocial behavior: Evidence from an adoption study. *Archives of General Psychiatry, 55,* 821–29.

Langer, E. J., & Abelson, R. P. (1974). A patient by any other name. . . : Clinician group difference in labelling bias. *Journal of Consulting and Clinical Psychology, 42,* 4–9.

Langman, M. (1974). The changing nature of the duodenal ulcer diathesis. In C. Waspell (Ed.), *Westminster Hospital Symposium on chronic duodenal ulcer* (pp. 3–12). London: Butterworth.

Langs, G., Quehenberger, F., Fabisch, K., Klug, G., Fabisch, H., & Zapotoczky, H. G. (2000). The development of agoraphobia in panic disorder: A predictable process? *Journal of Affective Disorders, 58,* 43–50.

Lantz, P. M., House, J. S., Lepkowski, J. M., Williams, D. R., Mero, R. P., & Chen, J. (1998). Socioeconomic factors, health behaviors, and mortality: Results from a nationally representative prospective study of U.S. adults. *Journal of the American Medical Association, 279* (21): 1703–1708.

Laor, N., Wolmer, L., Wiener, Z., Sharon, O., Weizman, R., Toren, P., & Ron, S. (1999). Image vividness as a psychophysiological regulator in posttraumaatic stress disorder. *Journal of Clinical and Experimental Neuropsychology, 21* (1): 39–48.

Lappalainen, J., Long, J. C., Eggert, M., Ozaki, N., Robing, R. W., Brown, G. L., Naukkarinen, H., Virkkunen, M., Linnoila, M., & Goldman, D. (1998). Linkage of antisocial alcoholism to the serotonin 5-HT1B receptor gene in 2 populations. *Archives of General Psychiatry, 55,* 989–94.

Larkin, M. (1998). Festive drinking's slippery slope beckons. *Lancet, 352,* 19–26.

Lasser, R.A., & Baldessarini, R. J. (1997). Thyroid hormones in depressive disorders: A reappraisal of clinical utility. *Harvard Review of Psychiatry, 4,* 291–305.

Last, C. (1992). Anxiety disorders in childhood and adolescence. In W. Reynolds (Ed.), *Internalizing disorders in children and adolescents* (pp. 61–106). New York: Wiley.

Laughlin, H. P. (1967). *The neuroses*. Washington, DC: Butterworth.

Laumann, E., Gagnon, J., Michael, R., & Michaels, S. (1994). *The social organization of sexuality: Sexual practices in the United States*. Chicago: University of Chicago Press.

Lauriello, J., Bustillo, J., & Keith, S. J. (1999). A critical review of research on psychosocial treatment of schizophrenia. *Biological Psychiatry, 46* (10): 1409–17.

Lavigne, J. V., Arend, R., Rosenbaum, D., Sinacore, J., Cicchetti, C., Binns, H. J., Christoffel, K. K., Hayford, J. R., & McGuire, P. (1994). Interrater reliability of the DSM-IIIR with preschool children. *Journal of Abnormal Child Psychology, 22* (6): 679–90.

Law, W. A., Martin, A., Mapou, R. L., Roller, T. L., Salazar, A. M., Temoshack, L. R., & Rundell, J. R. (1994). Working memory in individuals with HIV infection. *Journal of Clinical and Experimental Neuropsychology, 16,* 173–82.

Lawrie, S. M., & Abukmeil, S. S. (1998). Brain abnormality in schizophrenia. A systematic and quantitative review of volumetric magnetic resonance imaging studies. *British Journal of Psychiatry, 172,* 110–20.

Lawrie, S. M., Whalley, H., Kestelman, J. N., Abukmeil, S. S., Byrne, M., Hodges, A., Rimmington, J. E., Best, J. J. K., Owens, D. G. C., & Johnstone, E. C. (1999). Magnetic resonance imaging of brain in people at high risk of developing schizophrenia. *Lancet, 353,* 30–33.

Laws, D. R., & O'Donohue, W. T. (Eds.). (1997). *Sexual deviance: Theory, assessment, and treatment*. New York: Guilford Press.

Laws, K. R., & McKenna, P. J. (1997). Psychotic symptoms and cognitive deficits: What relationship? *Neurocase, 3,* 41–49.

Lazarus, A. A. (1976). *Multimodal behavior therapy*. New York: Springer.

Lazarus, A. A. (1993). Tailoring the therapeutic relationship, or being an authentic chameleon. *Psychotherapy, 30* (3): 404–407.

Lazarus, A. A., & Beutler, L. E. (1993). On technical eclecticism. *Journal of Counseling and Development, 71* (4): 381–85.

LeDoux, J. E. (1992). Emotion and the amygdala. In J. P. Aggleton et al. (Eds.), *The amygdala: Neurobiological aspects of emotion, memory, and mental dysfunction* (pp. 339–51). New York: Wiley-Liss.

LeDoux, J. (1996). *The emotional brain: The mysterious underpinnings of emotional life*. New York: Simon and Schuster.

Ledoux, J. (1998). Fear and the brain: Where have we been, and where are we going? *Biological Psychiatry, 44,* 1229–38.

Lee, A., Hobson, R. P., & Chiat, S. (1994). I, you, me, and autism: An experimental study. *Journal of Autism and Developmental Disorders, 24,* 155–76.

Lee, D. J., Gomez-Marin, O., & Prineas, R. J. (1996). Type A behavior pattern and change in blood pressure from childhood to adolescence. *American Journal of Epidemiology, 143* (1):63–72.

Leff, J. P. (1976). Schizophrenia and sensitivity to the family environment. *Schizophrenia Bulletin, 2,* 566–74.

Leff, M. J., Roatch, J. F., & Bunney, W. E. (1970). Environmental factors preceding the onset of severe depressions. *Psychiatry, 33,* 293–311.

Lehman, D. R., Wortman, C. B., & Williams, A. F. (1987). Long-term effects of losing a spouse or child in a motor vehicle crash. *Journal of Personality and Social Psychology, 52,* 218–31.

Lehmkuhl, G., Blanz, B., Lehmkuhl, U., & Braun-Scharm, H. (1989). Conversion disorder (DSM-III 300.11): Symptomatology and course in childhood and adolescence. *European Archives of Psychiatry and Neurological Sciences, 238,* 155–60.

Le Houezec, J. (1998). Nicotine: Abused substance and therapeutic agent. *Journal of Psychiatry and Neuroscience, 23,* 95–108.

Leon, A., Keller, M. B., Warshaw, M. G., Mueller, T. I., Solomon, D. A., Coryell, W., & Endicott, J. (1999). Prospective study of fluoxetine treatment and suicidal behavior in affectively Ill subjects. *American Journal of Psychiatry, 156* (2): 195–201.

Leon, G. (1990). *Case histories in psychopathology*. Boston: Allyn & Bacon.

Leonard, B. E. (1999). Therapeutic applications of benzodiazepine receptor ligands in anxiety. *Human Psychopharmacology, 14,* 125–35.

Leonard, H. L. (1997). New developments in the treatment of obsessive-compulsive disorder. *Journal of Clinical Psychiatry, 58* (Suppl 14): 39–45.

Leonard, H., Lenane, M., Swedo, S., et al. (1992). Tics and Tourette's disorder: A 2- to 7-year follow-up of 54 obsessive-compulsive children. *American Journal of Psychiatry, 149,* 1244–51.

Leonard, H. L. & Rapoport, J. L. (1991). Separation anxiety, overanxious, and avoidant disorders. In J. M. Weiner (Ed.), *Textbook of child and adolescent psychiatry*. Washington, DC: American Psychiatric Press.

Leonard, H. L., Swedo, S., Lenane, M., et al. (1991). A double-blind desipramine substitution during long-term clomipramine treatment in children and adolescents with obsessive-compulsive disorder. *Archives of General Psychiatry, 48,* 922–27.

Leonard, H., Swedo, S., Lenane, M., et al. (1993). A 2- to 7-year follow-up study of 54 obsessive-compulsive children and adolescents. *Archives of General Psychiatry, 50,* 429–39.

Leor, J., Poole, W. K., & Kloner, R. A. (1996). Sudden cardiac death triggered by an earthquake. *New England Journal of Medicine, 334*(7):413–19.

Lerman, C., Schwartz, M. D., Miller, S. M., Daly, M., Sands, C., & Rimer, B. K. (1996). A randomized trial of breast cancer risk counseling: Interacting effects of counseling, educational level, and coping style. *Health Psychology, 15* (2): 75–83.

Leserman, J., Petitto, J. M., Perkins, D. O., Folds, J. D., et al. (1997). Severe stress, depressive symptoms, and changes in lymphocyte subsets in human immunodeficiency virus-infected men. A 2-year follow-up study. *Archives of General Psychiatry, 54* (3): 279–85.

Lesser, I. M. (1985). Current concepts in psychiatry: Alexithymia. *New England Journal of Medicine, 312,* 690–92.

Lester, D. (1977). Multiple personality: A review. *Psychology, 14,* 54–59.

Lester, D. (1993). The effectiveness of suicide prevention centers. *Suicide and Life-Threatening Behavior, 23,* 263–67.

Lester, D., & Wilson, C. (1988). Suicide in Zimbabwe. *Central African Journal of Medicine, 34,* 147–49.

Leung, P., Luk, S., Ho, T., Taylor, E., Mak, F., & Bacon-Shone, J. (1996). The diagnosis and prevalence of hyperactivity in Chinese schoolboys. *British Journal of Psychiatry, 168* (4): 486–96.

LeVay, S. (1991). A difference in the hypothalamic structure between heterosexual and homosexual men. *Science, 253,* 1034–37.

Levendosky, A. A., Okun, A., & Parker, J. G. (1995). Depression and maltreatment as predictors of social competence and social problem-solving skills in school-age children. *Child Abuse and Neglect, 19* (10): 1183–95.

Levenstein, S., Prantera, C., Varvo, V., et al. (1995). Patterns of biologic and psychologic risk factors in duodenal ulcer patients. *Journal of Clinical Gastroenterology, 21,* 110.

Levin, A., Scheier, F., & Liebowitz, M. (1989). Social phobia: Biology and pharmacology. *Clinical Psychology Review, 9,* 129–40.

Levin, S., & Stava, L. (1987). Personality characteristics of sex offenders: A review. *Archives of Sexual Behavior, 16,* 57–79.

Levinson, D., Mahtani, M., Nancarrow, D., Brown, D., Kruglyak, L., Kirby, A., Hayward, N., Crowe, R., Andreasen, N., Black, D., Silverman, J., Endicott, J., Sharpe, L., Mohs, R., Siever, L., Walters, M., Lennon, D., Jones, H., Nertney, D., Daly, M., Gladis, M., & Mowry, B. (1998). Genome scan in schizophrenia. *American Journal of Psychiatry, 155,* 741–50.

Levitan, R. D., Parikh, S. V., Lesage, A. D., Hegadoren, K. M., Adams, M., Kennedy, S. H., & Goering, P. N. (1998). Major depression in individuals with a history of childhood physical or sexual abuse: Relationship to neurovegetative features, mania, and gender. *American Journal of Psychiatry, 155* (12): 1746–52.

Levy, G. D. (1995). Recall of related and unrelated gender-typed item pairs by young children. *Sex Roles, 32* (5–6): 393–406.

Levy, J. (1972). Lateral specialization of the human brain: Behavioral manifestations and possible evolutionary basis. In J. A. Krieger, Jr. (Ed.), *The biology of behavior* (pp. 159–80). Corvallis, OR: Oregon State University Press.

Lewine, R. R. J. (1981). Sex differences in schizophrenia: Timing or subtypes. *Psychological Bulletin, 90,* 432–44.

Lewinsohn, P. M. (1975). Engagement in pleasant activities and depression level. *Journal of Abnormal Psychology, 84,* 718–21.

Lewinsohn, P. M., & Clarke, G. N. (1999). Psychosocial treatments for adolescent depression. *Clinical Psychology Review, 19* (3): 329–42.

Lewinsohn, P. M., Clarke, G. N., Hops, H., & Andrews, J. (1990). Cognitive-behavioural treatment for depressed adolescents. *Behaviour Therapy, 21,* 385–401.

Lewinsohn, P. M., Gotlib, I. H., & Seeley, J. R. (1995). Adolescent psychopathology: IV: Specificity of psychosocial risk factors for depression and substance abuse in older adolescents. *American Academy of Child and Adolescent Psychiatry, 34* (9): 1221–1229.

Lewinsohn, P. M., Klein, D. N., & Seeley, J. R. (1995). Bipolar disorders in a community sample of older adolescents: Prevalence, phenomenology, comorbidity, and course. *Journal of the American Academy of Child and Adolescent Psychiatry, 34*(4): 454–63.

Lewinsohn, P. M., Rohde, P., Seeley, J. R., & Fischer, S. A. (1993). Age cohort changes in the lifetime occurrence of depression and other mental disorders. *Journal of Abnormal Psychology, 102* (1): 110–20.

Lewis, D. O., Yeager, C. A., Swica, Y., Pincus, J. H., & Lewis, M. (1997). Objective documentation of child abuse and dissociation in 12 murderers with dissociative identity disorder. *American Journal of Psychiatry, 154* (12): 1703–10.

Lewis, J. M., Rodnick, E. H., & Goldstein, M. J. (1981). Interfamilial interactive behavior, parental communication deviance, and risk for schizophrenia. *Journal of Abnormal Psychology, 90,* 448–57.

Lewis, R., Kapur, S., Jones, C., DaSilva, J., Brown, G. M., Wilson, A. A., Houle, S., & Zipursky, R. B. (1999). Serotonin 5-HT-sub-2 receptors in schizophrenia: A PET study using [-sup-1-sup-8F] setoperone in neuroleptic-naive patients and normal subjects. *American Journal of Psychiatry, 156,* 72–78.

Lewis, V., & Money, J. (1983). Gender identity/role: GI/R Part A: XY (androgen-insensitivity) syndrome and XX (Rokitansky) syndrome of vaginal atresia compared. In L. Dennerstein & G. Burrows (Eds.), *Handbook of psychosomatic obstetrics and gynecology* (pp. 51–60). New York: Elsevier.

Lewy, A. J., Bauer, V. K., Cutler, N. L., Sack, R. L., Ahmed, S., Thomas, K. H., Blood, M. L., & Jackson, J. M. L. (1998). Morning vs. evening light treatment of patients with winter depression. *Archives of General Psychiatry, 55* (10): 890–96.

Lewy, A. J., Sack, L., Miller, S., & Hoban, T. M. (1987). Antidepressant and circadian phase-shifting effects of light. *Science, 235,* 352–54.

Leys, D., & Pasquier, F. (1998). Subcortical vascular dementia: Epidemiology and risk factors. *Archives of Gerontology and Geriatrics* (Supp. 6): 281–94.

Lezak, M. (1983). *Neuropsychological assessment.* New York: Oxford University Press.

Liberman, R., & Green, M. (1992). Whither cognitive-behavioral therapy for schizophrenia? *Schizophrenia Bulletin, 18,* 27–33.

Liberman, R. P., Mueser, K. T., & Wallace, C. J. (1986). Social skills training for schizophrenic individuals at risk for relapse. *American Journal of Psychiatry, 143*(4): 523–26.

Liberman, R. P., Neuchterlein, K. H., & Wallace, C. J. (1982). Social skills training and the nature of schizophrenia. In J. P. Curran & P. M. Monti (Eds.), *Social skills training: A practical handbook* (pp. 5–56). New York: Guilford Press.

Licht, M. R. (1998). Sildenafil (Viagra) for treating male erectile dysfunction. *Cleveland Clinic Journal of Medicine, 65* (6):301–304.

Lichtenburg, P. A. (1999). *Handbook of assessment in clinical gerontology.* New York: Wiley.

Licinio, J., Wong, M., & Gold, P. W. (1996). The hypothalamic-pituitary-adrenal axis in anorexia nervosa. *Psychiatry Research, 62,* 75–83.

Lidz, C. W., Mulvey, E. P., & Gardner, W. (1993). The accuracy of predictions of violence to others. *Journal of the American Medical Association, 269*(8): 1007–11.

Liebowitz, M. R., Fyer, A. J., Gorman, J. M., Dillon, D., Davies, S., Stein, J. M., Cohen, B. S., & Klein, D. F. (1985). Specificity of lactate infusions in social phobia versus panic disorders. *American Journal of Psychiatry, 142,* 947–50.

Liebowitz, M. R., Gorman, J. M., Fyer, A. J., Levitt, M., Dillon, D., Levy, G., Appleby, I. L., Anderson, S., Palij, M., Davies, S. O., & Klein, D. F. (1985). Lactate provocation of panic attacks: II. Biochemical and physiological findings. *Archives of General Psychiatry, 42,* 709–19.

Liese, B. S., & Larson, M. W. (1995). Coping with life threatening illness: A cognitive therapy perspective. *Journal of Cognitive Psychotherapy, 9*(1): 19–34.

Lilenfield, L. R., Kaye, W. H., Greeno, C. G., Merikangas, K. R., Plotnicov, K., Pollice, C., Rao, R., Strober, M., Bulik, C. M., & Nagy, L. (1998). A controlled family study of anorexia nervosa and bulimia nervosa: Psychiatric disorders in first-degree relatives and effects of proband comorbidity. *Archives of General Psychiatry, 55,* 603–10.

Lilienfeld, S. O., Lynn, S., Kirsch, et al. (1999). Dissociative identity disorder and the sociocognitive model: Recalling lessons from the past. *Psychological Bulletin, 125,* 507–23.

Lilienfeld, S. O., & Marino, L. (1999). Essentialism revisited: Evolutionary theory and the concept of mental disorder. *Journal of Abnormal Psychology, 108* (3): 400–411.

Lilienfeld, S. O., Purcell, C., & Jones-Alexander, J. (1997). Assessment of antisocial behavior in adults. In D. M. Stoff, J. Breiling, & J. D. Maser (Eds.), *Handbook of antisocial behavior* (pp. 60–74). New York: Wiley.

Lilienfeld, S. O., Van Valkenburg, C., Larntz, K., & Akiskal, H. S. (1986). The relationship of histrionic personality disorder to antisocial personality and somatization disorders. *American Journal of Psychiatry, 143,* 718–22.

Lilienfeld, S., Waldman, I., & Israel, A. (1994). A critical examination of the use of the term and concept of comorbidity in psychopathology research. *Clinical Psychology—Science and Practice, 1* (1): 71–83.

Lindamer, L. A., Lohr, J. B., Harris, M. J., & Jeste, D. V. (1997). Gender, estrogen, and schizophrenia. *Psychopharmacology Bulletin, 33,* 221–28.

Lindemalm, G., Korlin, D., & Uddenberg, N. (1986). Long-term follow-up of "sex change" in 13 male-to-female transsexuals. *Archives of Sexual Behavior, 15,* 187–210.

Lindemann, E. (1944). The symptomatology and management of acute grief. *American Journal of Psychiatry, 101,* 141–48.

Linden, L. L., & Breed, W. (1976). The demographic epidemiology of suicide. In E. S. Shneidman (Ed.), *Suicidology: Contemporary developments.* New York: Grune & Stratton.

Lindstroem, E., Widerloev, B., & von Knorring, L. (1997). The ICD-10 and DSM-IV diagnostic criteria and the prevalence of schizophrenia. *European Psychiatry, 12,* 217–23.

Lindy, J. D., Green, B. L., Grace, M. C., MacLeod, J. A., & Spitz, L. (1988). *Vietnam: A casebook.* New York: Brunner/Mazel.

Linehan, M. M. (1997). Behavioral treatments of suicidal behavior: Definitional obfuscation and treatment outcomes. In D. M. Stoff, & J. J. Mann (Eds.), *The neurobiology of suicide: From the bench to the clinic. Annals of The New York Academy of Sciences* (Vol. 836; pp. 302–28). New York: New York Academy of Sciences.

Linehan, M. M., Heard, H. L., & Armstrong, H. E. (1993). Naturalistic follow-up of a behavioral treatment for chronically parasuicidal borderline patients. *Archives of General Psychiatry, 50* (12): 971–74.

Link, B. G., Andrews, H., & Cullen, F. T. (1992). The violent and illegal behavior of mental patients reconsidered. *American Sociological Review, 57,* 275–92.

Linkowski, P., Van Onderbergen, A., Kerkhofs, M., Bosson, D., Mendlewicz, J. & Van Cauter, E. (1993). Twin study of the 24-h cortisol profile: Evidence for genetic control of the human circadian clock. *American Journal of Physiology, 264,* E173–E181.

Linsky, A. S., Straus, M. A., & Colby, J. P. (1985). Stressful events, stressful conditions, and alcohol problems in the United States, a partial test of Bale's Theory. *Journal of Studies on Alcohol, 33,* 979–89.

Lipman, E. L., Bennett, K. J., Racine, Y. A., Mazumdar, R., & Offord, D. R. (1998). What does early antisocial behaviour predict? A follow-up of 4- and 5-year-olds from the Ontario Child Health Study. *Canadian Journal of Psychiatry, 43,* 605–13.

Lipowski, Z. J. (1990). Chronic idiopathic pain syndrome. *Annals of Medicine, 22,* 213–17.

Lippold, S., & Claiborn, J. M. (1983). Comparison of the Wechsler Adult Intelligence Scale and the Wechsler Adult Intelligence Scale-Revised. *Journal of Consulting and Clinical Psychology, 51,* 315.

Lipschitz, D. S., Rasmusson, A. M., & Southwick, S. M. (1998). Childhood posttraumatic stress disorder: A review of neurobiologic sequelae. *Psychiatric Annals, 28* (8): 452–57.

Lipsey, M. W., & Derzon, J. H. (1998). Predictors of violent or serious delinquency in adolescence and early adulthood: A synthesis of longitudinal research. In R. Loeber & D. P. Farrington (Eds.), *Serious and violent juvenile offenders: Risk factors and successful interventions* (pp. 86–105). Thousand Oaks, CA: Sage.

Lipsey, M., & Wilson, D. (1993). The efficacy of psychological, educational, and behavioral treatment: Confirmation from meta-analysis. *American Psychologist, 48,* 1181–1209.

Lister, R. G. (1985). The amnesic action of benzodiazepines in man. *Neuroscience and Biobehavioral Reviews, 9,* 87–94.

Littlefield, C. H., & Rushton, J. P. (1986). When a child dies: The sociobiology of bereavement. *Journal of Personality and Social Psychology, 51,* 797–802.

Liu, D., Diorio, J., Tannenbaum, B., Caldji, C., Francis, D., Freedman, A., Sharma, S., Pearson, D., Plotsky, P. M., & Meaney, M. J. (1997). Maternal care, hippocampal glucocorticoid receptors and hypothalamic-pituitary-adrenal axis activity. *Science, 277,* 1659–62.

Livermore, J. M., & Meehl, P. E. (1967). The virtues of M'Naghten. *Minnesota Law Review, 51,* 789–856.

Livesley, W. J. (1995). *The DSM-IV personality disorders: Diagnosis and treatment of mental disorders.* New York: Guilford Press.

Livingston, H., Livingston, M., Brooks, D., & McKinlay, W. (1992). Elderly survivors of the Lockerbie air disaster. *International Journal of Geriatric Psychiatry, 7,* 725–29.

Lloyd, K. (1998). Ethnicity, social inequality, and mental illness: In a community setting the picture is complex. *British Medical Journal, 316,* 7147–63.

Lochman, J. E., White, K. J., & Wayland, K. K. (1991). Cognitive-behavioral assessment and treatment with aggressive children. In P. C. Kendall (Ed.), *Child and adolescent therapy*. New York: Guilford Press.

Lockyer, L., & Rutter, M. (1969). A five- to fifteen-year follow-up study of infantile psychosis. *British Journal of Psychiatry, 115,* 865–82.

Loeber, R. (1990). Development and risk factors of juvenile antisocial behavior and delinquency. *Clinical Psychology Review, 10,* 1–41.

Loeber, R., & Dishion, T. J. (1983). Early predictors of male delinquency: A review. *Psychological Bulletin, 94,* 68–99.

Loeber, R., Farrington, D. P., Stouthamer-Loeber, M., & Van Kammen, W. B. (1998). Multiple risk factors for multiproblem boys: Co-occurrence of delinquency, substance use, attention deficit, conduct problems, physical aggression, covert behavior, depressed mood, and shy/withdrawn behavior. In R. Jessor (Ed.), *New perspectives on adolescent risk behavior* (pp. 90–149). New York: Cambridge University Press.

Loewenstein, R. J., & Ross, D. R. (1992). Multiple personality and psychoanalysis: An introduction. *Psychoanalytic Inquiry, 12,* 3–48.

Loftus, E. (1993). The reality of repressed memories. *American Psychologist, 48,* 518–37.

Loftus, E. (1994). The repressed memory controversy. *American Psychologist, 49,* 443–45.

Loftus, E. F. (1997). Repressed memory accusations: Devastated families and devastated patients. *Applied Cognitive Psychology, 11,* 25–30.

Loftus, E., Grant, B., Franklin, G., Parr, L., & Brown, R. (1996). Crime victims' compensation and repressed memory. Submitted to *New England Journal of Medicine*.

Lohr, B. A., Adams, H. E., & Davis J. M. (1997). Sexual arousal to erotic and aggressive stimuli in sexually coercive and noncoercive men. *Journal of Abnormal Psychology, 106* (2):230–42.

Lohr, J. M., Kleinknecht, R. A., Tolin, D. F., & Barrett, R. H. (1995). The empirical status of the clinical application of eye movement desensitization and reprocessing. *Journal of Behavior Therapy and Experimental Psychiatry, 26* (4): 285–302.

Lomborso, P. J. (2000). Genetics of childhood disorders: XIV. A gene for Rett Syndrome: News flash. *Journal of the American Academy of Child and Adolescent Psychiatry, 39,* 671–74.

London, P. (1986). *The modes and morals of psychotherapy*. New York: Hemisphere.

Long, P. W. (1990). *Delusional disorder treatment*. Internet Mental Health. Online: http://www.mentalhealth.com/rx/p23-ps02.html

Lonnquist, J., Shihvo, S., Syvalahti, E., Sintonen, H., Kiviruusu, O., & Piktkanen, H. (1995). Moclobemide and fluoxetine in the prevention of relapses following acute treatment of depression. *Acta Psychiatrica Scandinavica, 91,* 189–94.

Looney, J. G., Lipp, M. G., & Spitzer R. L. (1978). A new method of classification for psychophysiological disorders. *American Journal of Psychiatry, 135,* 304–308.

LoPiccolo, J., & Stock, W. E. (1986). Treatment of sexual dysfunction. *Journal of Consulting and Clinical Psychology, 54,* 158–67.

Loranger, A. W. (1996). Dependent personality disorder: Age, sex, and Axis I comorbidity. *Journal of Nervous and Mental Disease, 184,* 17–21.

Loranger, A., & Levine, P. (1978). Age of onset of bipolar affective illness. *Archives of General Psychiatry, 35,* 1345–48.

Loranger, A. W., Susman, V. L., Oldham, J. M., & Russakoff, L. M. (1987). The personality disorder examination: A preliminary report. *Journal of Personality Disorders, 1*(1): 1–13.

Losonczy, M. F., Song, I. S., Mohs, R. C., Mathe, A. A., Davidson, M., Davis, B. M., & Davis, K. L. (1986). Correlates of lateral ventricular size in chronic schizophrenia: II. Biological measures. *American Journal of Psychiatry, 143* (9): 1113–17.

Lovaas, O. I. (1966). A program for the establishment of speech in psychotic children. In J. K. Wing (Ed.), *Early childhood autism*. New York: Pergamon.

Lovaas, O. I. (1973). *Behavioral treatment of autistic children*. Morristown, NJ: General Learning Press.

Lovaas, O. I. (1987). Behavioral treatment and abnormal education and intellectual functioning in young autistic children. *Journal of Consulting and Clinical Psychology, 55,* 3–9.

Lovaas, O. I., & Buch, G. (1997). Intensive behavioral intervention with young children with autism. In N. N. Singh (Ed.), *Prevention and treatment of severe behavior problems: Models and methods in developmental disabilities* (pp. 61–86). Pacific Grove, CA: Brooks/Cole.

Lovaas, O. I., & Simmons, J. Q. (1969). Manipulation of self-destruction in three retarded children. *Journal of Applied Behavior Analysis, 2,* 143–57.

Lovibond, S. H., & Coote, M. A. (1970). Enuresis. In C. G. Costello (Ed.), *Symptoms of psychopathology*. New York: Wiley.

Lovinger, D. M. (1997). Serotonin's role in alcohol's effects on the brain. *Alcohol Health and Research World, 21,* 114–20.

Low, P. W., Jeffries, Jr., J. C. , & Bonnie, R. J. (1986). *The trial of John W. Hinckley, Jr.: A case study in the insanity defense*. Mineola, NY: Foundation Press.

Lowenstein, L. F. (1996). The diagnosis and treatment of young psychopaths: Part two. *Criminologist, 20,* 207–17.

Luborsky, L. (1984). *Principles of psychoanalytic theory: A manual for supportive expressive treatment*. New York: Basic Books.

Luborsky, L., Diguer, L., Seligman, D. A., Rosenthal, R., Krause, E. D., Johnson, S., Halperin, G., Bishop, M., Berman, J. S., Schweizer, E. (1999). The researcher's own therapy allegiances: A "wild card" in comparisons of treatment efficacy. *Clinical Psychology-Science & Practice, 6*(1): 95–106.

Luborsky, L., Popp, C., Luborsky, E., & Mark, D. (1994). The core conflictual relationship theme. *Psychotherapy Research, 4* (3–4): 172–83.

Luborsky, L., Singer, B., & Luborsky, E. (1975). Comparative studies of psychotherapies. *Archives of General Psychiatry, 32,* 995–1008.

Lucas, A. R., Beard, C. M., O'Fallon, W. M., & Kurlan, L. T. (1991). Fifty-year trends in the incidence of anorexia nervosa in Rochester, Minnesota: A population-based study. *American Journal of Psychiatry, 148,* 917.

Luckasson, R., Coulter, D. L., Polloway, E. A., Reiss, S., Schalock, R. L., Snell, M. E., Spitalnik, D. M., & Stark,

J. A. (1992). *Mental retardation: Definition, classification, and systems of support.* Washington, DC: American Association on Mental Retardation.

Ludlow, C. L. (1999). A conceptual framework for investigating the neurobiology of stuttering. In N.B. Ratner & E.C. Healey (Eds.), *Stuttering research and practice: Bridging the gap.* Mahwah, NJ: Lawrence Erlbaum.

Luria, A. (1973). *The working brain.* New York: Basic Books.

Lutgendorf, S. K., Antoni, M. H., Ironson, G., Klimas, N., et al. (1997). Cognitive-behavioral stress management decreases dysphoric mood and herpes simplex virus-Type 2 antibody titers in symptomatic HIV-seropositive gay men. *Journal of Consulting and Clinical Psychology, 65*(1): 31–43.

Lutgendorf, S. K., Antoni, M. H., Ironson, G., Starr, K., Costello, N., Zuckerman, M., Klimas, N., Fletcher, M. A., & Schneiderman, N. (1998). Changes in cognitive coping skills and social support during cognitive behavioral stress management intervention and distress outcomes in symptomatic human immunodeficiency virus (HIV)-seropositive gay men. *Psychosomatic Medicine, 60*(2): 204–14.

Lydiard, R. B., Ballenger, J. C., & Rickels, K. (1997). A double-blind evaluation of the safety and efficacy of abecarnil, alprazolam, and placebo in outpatients with generalized anxiety disorder. *Journal of Clinical Psychiatry, 58*(Suppl 11): 11–18.

Lykken, D. T. (1957). A study of anxiety in the sociopathic personality. *Journal of Abnormal and Social Psychology, 55,* 6–10.

Lykken, D. T. (1997). Incompetent parenting: Its causes and cures. *Child Psychiatry and Human Development, 27,* 129–37.

Lykken, D. (1998). The case for parental licensure. In T. Millon, E. Simonsen, M. Birket-Smith, & R. D. Davis (Eds.), *Psychopathy: Antisocial, criminal, and violent behavior* (pp. 122–43). New York: Guilford Press.

Lykken, D. (1999). *Happiness.* New York: Golden Books.

Lynam, D. R. (1998). Early identification of the fledgling psychopath: Locating the psychopathic child in the current nomenclature. *Journal of Abnormal Psychology, 107,* 566–75.

Lynch, J. W., Kaplan, G. A., & Shema, S. J. (1997). Cumulative impact of sustained economic hardship on physical, cognitive, psychological, and social functioning. *New England Journal of Medicine, 337* (26): 1889–95.

Lyon, G. R. (1996). Learning disabilities. In E. J. Mash & R. A. Barkley (Eds.), *Child psychopathology* (pp. 390–435). New York: Guilford Press.

Lyon, G. R., et al. (Eds.). (1994). *Frames of reference for the assessment of learning disabilities: New views on measurement issues* (pp. 185–200). Baltimore: Paul H. Brookes.

Lyons, M. J., True, W. R., Eisen, S. A., Goldberg, J., Meyer, J. M., Faraone, S. V., Eaves, L. J., & Tsuang, M. T. (1995). Differential heritability of adult and juvenile antisocial traits. *Archives of General Psychiatry, 52,* 906–15.

Lyoo, I. K., Han, M. H., & Cho, D. Y. (1998). A brain MRI study in subjects with borderline personality disorder. *Journal of Affective Disorders, 50,* 235–43.

Maas, J. W. (1975). Biogenic amines and depression. *Archives of General Psychiatry, 32,* 1357–61.

MacCoun, R., & Reuter, P. (1997). Interpreting Dutch cannabis policy: Reasoning by analogy in the legalization debate. *Science, 278,* 47–52.

Maccoby, E., & Jacklin, C. (1974). *The psychology of sex differences.* Stanford: Stanford University Press.

MacCrimmon, D. J., Cleghorn, J. M., Asarnow, R. F., & Steffy, R. A. (1980). Children at risk for schizophrenia: Clinical and attentional characteristics. *Archives of General Psychiatry, 37,* 671–74.

Macdonald, A. J. D. (1997). ABC of mental health: Mental health in old age. *British Medical Journal, 315,* 413–17.

MacDonald, N. (1960). Living with schizophrenia. *Canadian Medical Association Journal, 82,* 218–21.

Mace, F. C., Vollmer, T. R., Progar, P. R. & Mace, A. B. (1998). Assessment and treatment of self-injury. In Watson, T. S. and Gresham, F. M. (Eds), *Handbook of child behavior therapy. Issues in clinical child psychology.* (pp. 413–30). New York: Plenum.

Mace, N., & Robins, P. V. (1981). *The thirty-six hour day.* Baltimore: Johns Hopkins Press.

Machlin, G. (1996). Some causes of genotypic and phenotypic discordance in monozygotic twin pairs. *American Journal of Medical Genetics, 61,* 216–28.

Mackay, A. V. P. (1980). Positive and negative schizophrenic symptoms and the role of dopamine. *British Journal of Psychiatry, 137,* 379–86.

MacLeod, A. K., & Cropley, M. L. (1995). Depressive future-thinking: The role of valence and specificity. *Cognitive Therapy and Research, 19* (1): 35–50.

MacLeod, C., & McLaughlin, K. (1995). Implicit and explicit memory bias in anxiety: A conceptual replication. *Behaviour Research and Therapy, 33* (1): 1–14.

MacMillan, D. L., & Semmel, M. I. (1977). Evaluation of mainstreaming programs. *Focus on Exceptional Children, 6* (4): 8–14.

Madakasira, S., & O'Brien, K. (1987). Acute post-traumatic stress disorder in victims of a natural disaster. *Journal of Nervous and Mental Disease, 175,* 286–90.

Maffei, C., Fossati, A., Agostoni, I., Barraco, A., Bagnato, M., Deborah, D. Namia, C., Novella, L., & Petrachi, M. (1997). Interrater reliability and internal consistency of the Structured Clinical Interview for DSM-IV Axis II Personality Disorders *(SCID-II),* version 2.0. *Journal of Personality Disorders, 11*(3), 279–84.

Magaro, P. A. (1981). The paranoid and the schizophrenic: The case for distinct cognitive style. *Schizophrenia Bulletin, 7,* 632–61.

Magee, W.J., Eaton, W.W., Wittchen, H.-U., McGonagle, K. A., & Kessler, R. C. (1996). Agoraphobia, simple phobia, and social phobia in the national comorbidity survey. *Archives of General Psychiatry, 53* (2): 159–68.

Magid, K., McKelvey, C. A., & Schroeder, P. (1989). *High risk: Children without a conscience.* New York: Bantam.

Magnusson, D. (1988). *Individual development from an interactional perspective: A longitudinal study.* Hillsdale, NJ: Erlbaum.

Magnusson, A., Axelsson, J., Karlsson, M., & Oskarsson, H. (2000). Lack of seasonal mood change in the Icelandic population. *American Journal of Psychiatry, 157,* 234–38.

Maher, B. (1992). Delusions: Contemporary etiological hypotheses. *Psychiatric Annals, 22* (5): 260–68.

Maher, B. A. (1966). *Principles of psychopathology: An experimental approach.* New York: McGraw-Hill.

Mahler, M. (1979). *The selected papers of Margaret Mahler* (Vol. 1, 2, 3). New York: Jason Aronson.

Mahoney, M. J. (1971). The self-management of covert behavior: A case study. *Behavior Therapy, 2,* 575–78.

Mahoney, M. J. (1974). *Cognition and behavior modification.* Cambridge, MA.: Ballinger.

Mahoney, M. J., & Thoresen, C. E. (1974). *Self-control: Power to the person.* Belmont, CA: Brooks/Cole.

Maier, S. F., Laudenslager, M., & Ryan, S. M. (1985). Stressor controllability, immune function, and endogenous opiates. In F. Bush & J. B. Overmier (Eds.), *Affect, conditioning, and cognition.* Hillside, NJ: Erlbaum.

Maier, S. F., & Seligman, M. E. P. (1976). Learned helplessness: Theory and evidence. *Journal of Experimental Psychology, 105* (1): 3–46.

Maier, S. F., Seligman, M. E. P., & Solomon, R. L. (1969). Pavlovian fear conditioning and learned helplessness: Effects on escape and avoidance behavior of (a) the CS-US contingency and (b) the independence of the US and voluntary responding. In Campbell & Church (Eds.), *Punishment and aversive behavior.* New York: Appleton.

Maier, S. F., & Watkins, L. R. (1998). Cytokines for psychologists: Implications of bidirectional immune-to-brain communication for understanding behavior, mood, and cognition. *Psychological Review, 105* (1): 83–107.

Maier, S. F., Watkins, L. R., & Fleshner, M. (1994). Psychoneuroimmunology: The interface between behavior, brain, and immunity. *American Psychologist, 49* (2): 1004–17.

Maier, W., Lichtermann, D., Minges, J., Delmo, C., & Heun, R. (1995). The relationship between bipolar disorder and alcoholism: A controlled family study. *Psychological Medicine, 25,* 787–96.

Mailleux, P., Verslype, M., Preud'homme, X., & Vanderhaeghen, J. J. (1994). Activation of multiple transcription factor genes by tetrahydrocannabinol in rat forebrain. *NeuroReport, 5,* 1265–68.

Main, M. (1991). Metacognitive knowledge, metacognitive monitoring, and singular (coherent) vs. Multiple (incoherent) models of attachment: Findings and directions for future research. In P. Harris, J. Stevenson-Hinde & C. Parkes (Eds.), *Attachment across the lifecycle* (pp. 127–59). New York: Routledge-Kegan Paul.

Maki, P. M. Zonderman, A. B., & Weingartner, H. (1999). Age differences in implicit memory: Fragmented object identification and category exemplar generation. *Psychology and Aging, 14* (2): 284–94.

Malarkey, W., Kiecolt-Glaser, J., Pearl, D., & Glaser, R. (1994). Hostile behavior during marital conflict alters pituitary and adrenal hormones. *Psychosomatic Medicine, 56,* 41–51.

Malaspina, D., Perera, G. M., Lignelli, A., Marshall, R. S., Esser, P. D., Storer, S., Furman, V., Wray, A. D., Coleman, E., Gorman, J. M., & Van Heertum, R. L. (1998). SPECT imaging of odor identification in schizophrenia. *Psychiatry Research: Neuroimaging, 82,* 53–61.

Malenka, R. C., & Nicoli, R. A. (1997). Learning and memory: Never fear, LTP is here. *Nature, 390* (6660): 552–53.

Maletzky, B. M. (1974). "Assisted" covert sensitization in the treatment of exhibitionism. *Journal of Consulting and Clinical Psychology, 42,* 34–40.

Maletzky, B. M. (1998). The paraphilias: Research and treatment. In P. E. Nathan & J. M. Gorman (Eds.), *A guide to treatments that work* (pp. 472–500). New York: Oxford University Press.

Malitz, S., et al. (1984). Low dosage ECT: Electrode placement and acute physiological and cognitive effects. Special Issue: Electroconvulsive therapy. *American Journal of Social Psychiatry, 4* (4): 47–53.

Malmo, R. B., & Shagass, C. (1949). Physiological study of symptom mechanism in psychiatric patients under stress. *Psychosomatic Medicine, 11,* 25–29.

Malt, U., & Weisaeth, L. (1989). Disaster psychiatry and traumatic stress studies in Norway. *Acta Psychiatrica Scandinavica, 80,* 7–12.

Maltsberger, J. T., & Lovett, C. G. (1992). Suicide in borderline personality disorder. In D. Silver & M. Rossenbluth (Eds.), *Handbook of borderline disorders* (pp. 335–87). Madison, CT: International Universities Press.

Mancini, F., Gragnani, A., Orazi, F., & Pietrangeli, M. G. (1999). Obsessions and compulsions: Normative data on the Padua Inventory from an Italian non-clinical adolescent sample. *Behaviour Research and Therapy, 37* (10): 919–25.

Manji, H. K., Potter, W. Z., & Lenox, R. H. (1995). Signal transduction pathways: Molecular targets for lithium's actions. *Archives of General Psychiatry, 52,* 531–43.

Mann, J., Arango, V., & Underwood, M. (1990). Serotonin and suicidal behavior. *Annals of the New York Academy of Sciences, 600,* 476–85.

Mannuzza, S., Fyer, A. J., Martin, L. Y., Gallops, M., S., Endicott, J., Gorman, J., Liebowitz, M. R., and Klein, D. F. (1989). Reliability of anxiety assessment. *Archives of General Psychiatry, 46,* 1093–1101.

Marchevsky, D. (1999). Selective serotonin reuptake inhibitors and personality change. *British Journal of Psychiatry, 175,* 589–90.

Marciano, T. D. (1982). Four marriage and family texts: A brief (but telling) array. *Contemporary Sociology, 11,* 150–53.

Marcus, J., Hans, S. L., Auerbach, J. G., & Auerbach, A. G. (1993). Children at risk for schizophrenia: The Jerusalem Infant Development Study: II. Neurobehavioral deficits at school age. *Archives of General Psychiatry, 50,* 797–809.

Marder, K., Tang, M. X., Alfaro, B., Mejia, H., Cote, L., Louis, E., Stern, Y., & Mayeux, R. (1999). Risk of Alzheimer's disease in relatives of Parkinson's disease patients with and without dementia. *Neurology, 52,* 719–24.

Marek, G. J., & Aghajanian, G. K. (1998). Indoleamine and the phenethylamine hallucinogens: Mechanisms of psychotomimetic action. *Drug and Alcohol Dependence, 51,* 189–98.

Marengo, J. T., Harrow, M., & Edell, W. S. (1993). Thought disorder. In C. G. Costello (Ed.), *Symptoms of schizophrenia* (pp. 27–55). New York: Wiley.

Margraf, J., Barlow, D., Clark, D., & Telch, M. (1993). Psychological treatment of panic: Work in progress on outcome, active ingredients, and follow-up. *Behaviour Research and Therapy, 31* (1): 1–8.

Margraf, J., & Schneider, S. (1991). *Outcome and active ingredients of cognitive-behavioural treatments for panic disorder.* Paper presented at the annual meeting of the Association for the Advancement of Behavior Therapy, New York, November 26, 1991.

Marin, D., De Meo, M., Frances, A., Kocsis, J., & Mann, J. (1989). Biological models and treatments for personality disorders. *Psychiatric Annals, 19,* 143–46.

Mariotto, M., Paul, G. L., & Licht, M. H. (1995). Assessing the chronically mentally ill patient. In J. N. Butcher (Ed.), *Clinical personality assessment: Practical considerations.* New York: Oxford University Press.

Markovitch, S., Goldberg, S., Gold, A., & Washington, J. (1997). Determinants of behavioral problems in Romanian children adopted in Ontario. *International Journal of Behavioral Development, 20,* 17–31.

Marks, I. M. (1969). *Fears and phobias.* New York: Academic Press.

Marks, I. (1977). Phobias and obsessions: Clinical phenomena in search of laboratory models. In J. Maser & M. E. P. Seligman (Eds.), *Psychopathology: Experimental models.* San Francisco: Freeman.

Marks, I. M. (1981). Review of behavioral psychotherapy: II. Sexual disorders. *American Journal of Psychiatry, 138,* 750–56.

Marks, I. M. (1986). Epidemiology of anxiety. *Social Psychiatry, 21,* 167–71.

Marks, I., Boulougouris, J., & Marset, P. (1971). Flooding versus desensitization in the treatment of phobic patients: A crossover study. *British Journal of Psychiatry, 119,* 353–75.

Marks, I. M., Gray, S., Cohen, D., Hill, R., Mawson, D., Ramm, E., & Stern, R. S. (1983). Imipramine and brief therapist-aided exposure in agoraphobics having self-exposure homework. *Archives of General Psychiatry, 40,* 153–62.

Marks, I., Lovell, K., Noshirvani, H., Livanou, M., & Thrasher, S. (1998). Treatment of posttraumatic stress disorder by exposure and/or cognitive restructuring: A controlled study. *Archives of General Psychiatry, 55* (4): 317–25.

Marks, I. M., & Rachman, S. J. (1978). *Interim report to the Medical Research Council.*

Marks, I., & Tobena, A. (1990). Learning and unlearning fear: A clinical and evolutionary perspective. *Neuroscience and Biobehavioral Reviews, 14,* 365–84.

Marlatt, G. A. (1996). Section I. Theoretical perspectives on relapse: Taxonomy of high-risk situations for alcohol relapse: Evolution and development of a cognitive-behavioral model. *Addiction, 91,* S37–S49.

Marlatt, G. A. (Ed.). (1998). *Harm reduction: Pragmatic strategies for managing high-risk behaviors.* New York: Guilford Press.

Marlatt, G. A., & Gordon, J. R. (1985). *Relapse prevention.* New York: Guilford Press.

Marlatt, G. A., VandenBos, G. R., et al. (Eds.). (1997). *Addictive behaviors: Readings on etiology, prevention, and treatment.* Washington, DC: American Psychological Association.

Marshall, R. D., Stein, D. J., Liebowitz, M. R., & Yehuda, R. (1996). A pharmacotherapy algorithm in the treatment of posttraumatic stress disorder. *Psychiatric Annals, 26* (4): 217–26.

Marshall, W., Eccles, A., & Barbaree, H. (1991). The treatment of exhibitionists: A focus on sexual deviance versus cognitive and relationship features. *Behaviour Research and Therapy, 29,* 129–35.

Martin, A. (1987). Representation of semantic and spatial knowledge in Alzheimer's patients: Implications for models of preserved learning in amnesia. *Journal of Clinical and Experimental Neuropsychology, 9,* 191–224.

Martin, A., Heyes, M. P., Salazar, A. M., Law, W. A., & Williams, J. (1993). Impaired motor-skill learning, slowed reaction time, and elevated cerebro-spinal fluid guinolinic acid in a subgroup of HIV-infected individuals. *Neuropsychology, 7,* 149–57.

Martin, B. (1977). *Abnormal psychology.* New York: Holt, Rinehart & Winston.

Martin, C. L., Eisenbud, L., & Rose, H. (1995). Children's gender-based reasoning about toys. *Child Development, 66,* 1453–71.

Martin, J. (1999). Mechanisms of disease: Molecular basis of the neurodegenerative disorders. *New England Journal of Medicine, 340* (25): 1970–80.

Marucha, P., Kiecolt-Glaser, J., & Favagehi, M. (1998). Mucosal wound healing is impaired by examination stress. *Psychosomatic Medicine, 60,* 362–65.

Mason, F. L. (1997). Fetishism: Psychopathology and theory. In D. R. Laws & W. O'Donohue (Eds.), *Sexual deviance: Theory, assessment, and treatment* (pp. 75–91). New York: Guilford Press.

Mason, J. W. (1971). A re-evaluation of the concept of "non-specificity" in stress theory. *Journal of Psychiatric Research, 8,* 323–33.

Mason, J. W. (1975). A historical view of the stress field, Part I. *Journal of Human Stress, 1,* 6–12.

Mason, P., Harrison, G., Croudace, T., Glazebrook, C., & Medley, I. (1997). The predictive validity of a diagnosis of schizophrenia: A report from the International Study of Schizophrenia (ISoS) coordinated by the World Health Organization and the Department of Psychiatry, University of Nottingham. *British Journal of Psychiatry, 170* (4): 321–27.

Masters, W. H., & Johnson, V. E. (1970). *Human sexual inadequacy.* Boston: Little, Brown.

Matarazzo, J. (1980). Behavioral health and behavioral medicine: Frontiers for a new health psychology. *American Psychologist, 35,* 807–17.

Matarazzo, J. D. (1983). The reliability of psychiatric and psychological diagnosis. *Clinical Psychology Review, 3,* 103–45.

Mathias, R. (1996). Students' use of marijuana, other illicit drugs, and cigarettes continued to rise in 1995. *NIDA Research Advances, 11* (1).

Mattes, J. A. (1997). Risperidone: How good is the evidence for efficacy? *Schizophrenia Bulletin, 23* (1): 155–62.

Matthews, A., & MacLeod, C. (1986). Discrimination of threat cues without awareness in anxiety states. *Journal of Abnormal Psychology, 95,* 131–38.

Matthews, A., Mogg, K., Kentish, J., & Eysenck, M. (1995). Effect of psychological treatment on cognitive bias in generalized anxiety disorder. *Behaviour Research and Therapy, 33* (3): 293–303.

Matthys, W., Cuperus, J. M., & van Engeland, H. (1999). Deficient social problem-solving in boys with ODD/CD, with ADHD, and with both disorders. *Journal of the American Academy of Child and Adolescent Psychiatry, 38,* 311–21.

Matthysse, S. (1973). Antipsychotic drug actions: A clue to the neuropathology of the schizophrenias. *Federation Proceedings, 32,* 200–205.

Mattick, R., Andrews, G., Hadzi-Pavlovic, D., & Christensen, H. (1990). Treatment of panic and agoraphobia: An integrative review. *Journal of Nervous and Mental Disease, 178,* 567–78.

Mattson, S. N., Riley, E. P., Gramling, L., Delis, D. C., & Lyons-Jones, K. (1997). Heavy prenatal exposure with or without physical features of fetal alcohol syndrome leads to IQ deficits. *Journal of Pediatrics, 131,* 718–21.

Mavissakalian, M., Jones, B., Olson, S., & Perel, J. (1990). Clomipramine in obsessive-compulsive disorder: Clinical response and plasma levels. *Journal of Clinical Psychopharmacology, 10,* 261–68.

Mavissakalian, M., & Michelson, L. (1986). Two-year follow-up of exposure and imipramine treatment of agoraphobia. *American Journal of Psychiatry, 143,* 1106–12.

Mavissakalian, M. R., & Perel, J. M. (1995). Imipramine treatment of panic disorder with agoraphobia: Dose ranging and plasma level-response relationships. *American Journal of Psychiatry, 152* (5): 673–82.

Mavissakalian, M. R., & Perel, J. M. (1999). Long-term maintenance and discontinuation of imipramine therapy in panic disorder with agoraphobia. *Archives of General Psychiatry, 56* (9): 821–27.

Mavissakalian, M., Perel, J., Bowler, K., & Dealy, R. (1987). Trazodone in the treatment of panic disorder and agoraphobia with panic attacks. *American Journal of Psychiatry, 144,* 785–91.

Mayberg, H. S., Liotti, M., Brannan, S. K., McGinnis, S., Mahurin, R. K., Jerabek, P. A., Silva, J. A., Tekell, J. L., Martin, C. C., Lancaster, J. L., & Fox, P. T. (1999). Reciprocal limbic-cortical function and negative mood: Converging PET findings in depression and normal sadness. *American Journal of Psychiatry, 156* (5):675–82.

Mayer, L. E. S., & Walsh, B. T. (1998). The use of selective serotonin reuptake inhibitors in eating disorders. *Journal of Clinical Psychiatry, 59,* 28–34.

Mayeux, R., & Sano, M. (1999). Drug therapy: Treatment of Alzheimer's disease. *New England Journal of Medicine, 341,* 1670–79.

Mayo-Smith, M. F. (1997). Pharmacological management of alcohol withdrawal: A meta-analysis and evidence-based practice guideline. *Journal of the American Medical Association, 278,* 144–51.

McArthur, J. C., Cohen, B. A., Selnes, O. A., et al. (1989). Low prevalence of neurological and neuropsychological abnormalities in otherwise healthy HIV-1-infected individuals. Results from the multicenter AIDS cohort study. *Annals of Neurology, 26,* 601–10.

McBride, P. A., Anderson, G. M., Hertzig, M. E., Snow, M. E., Thompson, S. M., Khait, V. D., Shapiro, T., & Cohen, D. J. (1998). Effects of diagnosis, race, and puberty on platelet serotonin levels in autism and mental retardation. *Journal of the American Academy of Child and Adolescent Psychiatry, 37,* 767–76.

McCarthy, G. W., & Craig, K. D. (1995). Flying therapy for flying phobia. *Aviation, Space, and Environmental Medicine, 66* (12): 1179–84.

McCarthy, M. (1990). The thin ideal, depression, and eating disorders in women. *Behaviour Research and Therapy, 28* (3): 205–15.

McCary, J. L. (1978). Human sexuality: Past present and future. *Journal of Marriage and Family Counseling, 4,* 3–12.

McClelland, D. C. (1979). Inhibited power motivation and high blood pressure in men. *Journal of Abnormal Psychology, 88,* 182–90.

McClelland, D. C., Atkinson, J. W., Clark, R. A., & Lowell, E. L. (1953). *The achievement motive.* New York: Appleton.

McClintock, M. K., & Herdt, G. (1996). Rethinking puberty: The development of sexual attraction. *Psychological Science, 5* (6):178–83.

McConaghy, N. (1969). Subjective and penil plethysmograph response following aversion-relief and apomorphine aversion therapy for homosexual impulses. *British Journal of Psychiatry, 115,* 723–30.

McConaghy, N., Armstrong, M., & Blaszczynski, A. (1981). Controlled comparison of aversive therapy and covert sensitization in compulsive homosexuality. *Behaviour Research and Therapy, 19,* 425–34.

McCord, J. (1979). Some child-rearing antecedents of criminal behavior in adult men. *Journal of Personality and Social Psychology, 37,* 1477–86.

McCord, J. (1980). *Myths and realities about criminal sanctions.* Paper presented at the annual meetings of the American Society of Criminology, San Francisco, CA, November 5–8, 1980.

McCord, J., Tremblay, R. E., Vitaro, F., & Desmarais-Gervais, L. (1994). Boys' disruptive behaviour, school adjustment, and delinquency: The Montreal prevention experiment. *International Journal of Behavioral Development, 17,* 739–52.

McCrae, R. R., & Costa, P. T. (1997). Personality trait structure as a human universal. *American Psychologist, 52* (5): 509–16.

McCrae, R. R., & Costa, P. T. (1999). A five-factor theory of personality. In L. Pervin & O. John (Eds.), *Handbook of personality: Theory and research* (2nd ed.). New York: Guilford Press.

McCrae, R., Costa, P., de Lima, M., Simoes, A., Ostendorf, F., Marusic, I., Bratko, D., Caprara, G., Barbaranelli, C., Chae, J., & Piedmont, R. (1999). Age differences in personality across the adult life span: Parallels in five cultures. *Developmental Psychology, 35* (2): 466–77.

McCreery, C., & Claridge, G. (1996). A study of hallucination in normal subjects—I. Self report data. *Personality and Individual Differences, 21,* 739–47.

McDaniel, J. S., Musselman, D. L., Porter, M. R., Reed, D. A., & Nemroff, C. B. (1995). Depression in patients with cancer. *Archives of General Psychiatry, 52,* 89–99.

McDowell, F. H. (1994). Neurorehabilitation. *Western Journal of Medicine, 161,* 323–27.

McEwen, B. S. (1994a). How do sex and stress hormones affect nerve cells? In V. N. Luine & Harding, C. F. (Eds.), *Hormonal restructuring of the adult brain: Basic and clinical perspectives (*Annals of the New York Academy of Sciences, Vol. 743; pp. 1–18). New York: New York Academy of Sciences.

McEwen, B. (1998b). Protective and damaging effects of stress mediators. *New England Journal of Medicine, 338* (3): 171–79.

McEwen, B. S. (1998c). Stress, adaptation, and disease: Allostasis and allostatic load. In S. M. McCann, & J. M. Lipton (Eds.), *Neuroimmunomodulation: Molecular aspects, integrative systems, and clinical advances* (Annals of the New York Academy of Sciences, Vol. 840; pp. 33–44). New York: New York Academy of Sciences.

McEwen, B. (1994d). Steroid hormone action on the brain: When is the genome involved? *Hormones and Behavior, 28,* 396–405.

McFarlane, A. (1989). The aetiology of post-traumatic morbidity: Predisposing, precipitating, and perpetuating factors. *British Journal of Psychiatry, 154,* 1221–28.

McFarlane, A. C. (2000). Posttraumatic stress disorder: A model of the longitudinal course and the role of risk factors. *Journal of Clinical Psychiatry, 61* (Suppl 5): 15–20.

McGarry, A. L., & Bendt, R. H. (1969). Criminal vs. civil commitment of psychotic offenders: A seven year follow-up. *American Journal of Psychiatry, 125,* 1387–94.

McGhie, A., & Chapman, J. S. (1961). Disorders of attention and perception in early schizophrenia. *British Journal of Medical Psychology, 34,* 103–16.

McGinnis J. M., & Foege W. H. (1993). Actual causes of death in the United States. *Journal of the American Medical Association, 270* (18):2207–12.

McGlashan, T. H. (1986a). Predictors of shorter-, medium-, and longer-term outcome in schizophrenia. *American Journal of Psychiatry, 142* (10): 50–55.

McGlashan, T. H. (1986b). Schizotypal personality disorder. Chestnut Lodge follow-up study: VI. Long-term follow-up perspectives. *Archives of General Psychiatry, 43,* 329–34.

McGlashan, T. H. (1987). Testing DSM-III symptom criteria for schizoptypal and borderline personality disorders. *Archives of General Psychiatry, 44,* 143–48.

McGlashan, T. H., & Fenton, W. S. (1992). The positive-negative distinction in schizophrenia: Review of natural history validators. *Archives of General Psychiatry, 49* (1): 63–72.

McGlothin, W. H., & West, L. J. (1968). The marihuana problem: An overview. *American Journal of Psychiatry, 125,* 370–78.

McGorry, P. D., & Jackson, H. J. (1999). *The recognition and management of early psychosis: A preventive approach.* New York: Cambridge University Press.

McGrew, K. S., & Flanagan, D. P. (1998). *The intelligence test desk reference (ITDR): Gf-Gc cross-battery assessment.* Boston, MA: Allyn & Bacon.

McGue, M. (1992). When assessing twin concordance, use the probandwise not the pairwise rate. *Schizophrenia Bulletin, 18,* 171–76.

McGue, M., Gottesman, I. I., & Rao, D. C. (1985). Resolving genetic models for the transmission of schizophrenia. *Genetic Epidemiology, 2,* 99–110.

McGuffin, P., & Katz, R. (1989). The genetics of depression and manic-depressive disorder. *British Journal of Psychiatry, 155,* 294–304.

McGuffin, P., Katz, R., Watkins, S., & Rutherford, J. (1996). A hospital-based twin register of the heritability of DSM-IV unipolar depression. *Archives of General Psychiatry, 53,* 129–36.

McGuffin, P., & Thapar, A. (1998). Genetics and antisocial personality disorder. In T. Millon & E. Simonsen (Eds.), *Psychopathy: Antisocial, criminal, and violent behavior* (pp. 215–30). New York: Guilford Press.

McGuire, P. K., Silbersweig, D. A., Wright, I., Murray, R. M., David, A. S., Frackowiak, R. S. J., & Frith, C. D. (1995). Abnormal monitoring of inner speech: A physiological basis for auditory hallucinations. *Lancet, 346,* 596–600.

McGuire, R. J., Carlisle, J. M., & Young, B. G. (1965). Sexual deviation as conditioned behavior. *Behaviour Research and Therapy, 2,* 185–90.

McHugh, P. (1997). The Kervorkian epidemic. *American Scholar,* Winter, 15–27.

McIntosh, J. (1989). Trends in racial differences in U.S. suicide statistics. *Death Studies, 13,* 275–86.

McKim, W. A. (1986). *Drugs and behavior.* Englewood Cliffs, NJ: Prentice-Hall.

McLeod, D., Hoehn-Saric, R., Zimmerli, W., & De Souza, E. (1990). Treatment effects of alprazolam and imipramine: Physiological versus subjective changes in patients with generalized anxiety disorder. *Biological Psychiatry, 28,* 849–61.

McLoughlin, D. M., Lucey, J. V., & Dinan, T. G. (1994). Central serotonergic hyperresponsivity in late-onset Alzheimer's disease. *American Journal of Psychiatry, 151* (11): 1701–1703.

McNally, R. J. (1987). Preparedness and phobias: A review. *Psychological Bulletin, 101,* 283–303.

McNally, R. J. (1994). Choking phobia: A review of the literature. *Comprehensive Psychiatry, 35* (1): 83–89.

McNally, R. (1996). Review of Eye Movement Desensitization and Reprocessing: Basic principles, protocols, and procedures. *Anxiety, 2,* 153–55.

McNally, R. J. (1999). EMDR and mesmerism: A comparative historical analysis. *Journal of Anxiety Disorders, 13* (1–2): 225–36.

McNeal, E. T., & Cimbolic, P. (1986). Antidepressants and biochemical theories of depression. *Psychological Bulletin, 99* (3): 361–74.

McNeil, T. F., Cantor-Graae, E., Torrey, E. F., Sjoestroem, K., et al. (1994). Obstetric complications in histories of monozygotic twins discordant and concordant for schizophrenia. *Acta Psychiatrica Scandinavica, 89,* 196–204.

McNitt, P. C., & Thornton, D. W. (1978). Depression and perceived reinforcement: A consideration. *Journal of Abnormal Psychology, 87,* 137–40.

Meares, R. (1994). A pathology of privacy: Towards a new theoretical approach to obsessive-compulsive disorder. *Contemporary Psychoanalysis, 30* (1): 83–100.

Mechanic, D. (1989). *Mental health and social policy* (3rd ed.). Englewood Cliffs, N.J.: Prentice-Hall.

Mechanic, D. (1993). Mental health services in the context of health insurance reform. *Milbank Quarterly, 71,* 349–64.

Mednick, B. R. (1973). Breakdown in high-risk subjects: Familial and early environmental factors. *Journal of Abnormal Psychology, 82,* 469–75.

Mednick, S. A., Brennan, P., & Kandel, E. (1988). Predisposition to violence. *Aggressive Behavior, 14,* 25–33.

Mednick, S. A., Cudeck, R., Griffith, J. J., Talovic, S. A., & Schulsinger, F. (1984). The Danish high-risk project: Recent methods and findings. In N. F. Watt, E. J. Anthony, L. C. Wynne, & J. E. Rolf (Eds.), *Children at risk for schizophrenia: A longitudinal perspective* (pp. 21–42). Cambridge: Cambridge University Press.

Mednick, S. A., Gabriella, W. F., & Hutchings, B. (1984). Genetic influences in criminal convictions: Evidence from an adoption cohort. *Science, 224,* 891–94.

Mednick, S. A., Gabriella, W. F., & Hutchings, B. (1987). Genetic factors and etiology of criminal behavior. In S. A. Mednick, T. E. Moffitt, & S. A. Stack (Eds.), *Causes of crime: New biological approaches* (pp. 74–91). New York: Cambridge University Press.

Mednick, S. A., Machon, R. A., & Huttunen, M. O. (1989). Disturbances of fetal neural development and adult schizophrenia. In S. C. Schulz & C. A. Tamminga (Eds.), *Schizophrenia: Scientific progress* (pp. 69–77). New York: Oxford University Press.

Mednick, S. A., Parnas, J., & Schulsinger, F. (1987). The Copenhagen high-risk project, 1962–1986. *Schizophrenic Bulletin, 13,* 485–95.

Mednick, S. A., Watson, J. B., Huttunen, M., Cannon, T. D., Katila, H., Machon, R., Mednick, B., Hollister, M., Parnas, J., Schulsinger, F., Sajaniemi, N., Voldsgaard, P., Pyhala, R., Gutkind, D., & Wang, X. (1998). A two-hit working model of the etiology of schizophrenia. In M. F. Lenzenweger & R. H. Dworkin (Eds.), *Origins and development of schizophrenia: Advances in experimental psychopathology* (pp. 27–66). Washington, DC: American Psychological Association.

Medvedev, Z. A., & Medvedev, R. A. (1971). *A question of madness.* New York: Knopf.

Meehl, P.E. (1996). *Clinical versus statistical prediction: A theoretical analysis and a review of the evidence.* Northvale, NJ: Jason Aronson, Inc.

Meichenbaum, D. (1977). *Cognitive-behavior modification.* New York: Plenum.

Meisel, S. R., Kutz, I., Dayan, K. I., Pauzner, H., Chetboun, I., Arbel, Y., & David, D. (1991). Effect of Iraqi missile war on incidence of acute myocardial infarction and sudden death in Israeli civilians. *Lancet, 338* (8768): 660–61.

Meloy, J. R. (1997). Predatory violence during mass murder. *Journal of Forensic Sciences, 42,* 326–29.

Melton, G. B., Petrila, J., Poythress, N. G., & Slobogin, C. (1987). *Psychological evaluations for the courts.* New York: Guilford Press.

Melton, M. A., Van Sickle, T. D., Hersen, M., Van Hasselt, V. B. (1999). Treatment of poststroke anxiety in an older adult male: A single-case analysis. *Journal of Clinical Geropsychology, 5* (3): 203–13.

Melzack, R. (1973). *The puzzle of pain.* New York: Basic Books.

Mendels, J. (1970). *Concepts of depression.* New York: Wiley.

Mendels, J., & Cochran, C. (1968). The nosology of depression: The endogenous-reactive concept. *American Journal of Psychiatry, 124,* Supplement 1–11.

Mendelsohn, F., & Ross, M. (1959). An analysis of 133 homosexuals seen at a university health service. *Diseases of the Nervous System, 20,* 246–50.

Mendelson, J. H., & Mello, N. K. (1996). Drug therapy: Management of cocaine abuse and dependence. *New England Journal of Medicine, 334,* 965–72.

Mendes de Leon, C. F., Glass, T. A., Beckett, L. A., Seeman, T. E., Evans, D. A., & Berkman, L. (1999). Social networks and disability transitions across eight intervals of yearly data in the New Haven EPESE. *Journals of Gerontology Series B-Psychological Sciences and Social Sciences. 54B* (3): S162–S172.

Menzies, R. G., & Clark, J. C. (1995). Etiology of phobias: A nonassociative account. *Psychophysiology, 32* (3): 208–14.

Menzin, J., Lang, K., & Friedman, M. (1999). The economic cost of Alzheimer's disease to a state Medicaid program. *Neurology, 52* (Supp. 2): A8–A9.

Mercer, J. R. (1979). *The system of multicultural pluralistic assessment: Conceptual and technical manual.* New York: The Psychological Corporation.

Mercer, J. R., & Lewis, J. E. (1978). *Adaptive behavior inventory for children.* New York: The Psychological Corporation.

Merckelbach, H., deJong, P.J., Muris, P., & van den Hout, M.A. (1996). The etiology of specific phobias: A review. *Clinical Psychology Review, 16,* 337–61.

Merikangas, K. R., Leckman, J. F., Prusoff, B. A., Pauls, D. L., & Weissman, M. M. (1985). Familial transmission of depression and alcoholism. *Archives of General Psychiatry, 42,* 367–72.

Metalsky, G. I., & Joiner, T. E. (1992).Vulnerability to depressive symptomatology: A prospective test of the diathesis-stress and causal mediation components of the hopelessness theory of depression. *Journal of Personality and Social Psychology, 63* (4): 667–75.

Metz, M. E., Pryor, J. L., Nesvacil, L. J., Abuzzahab, F., Sr., et al. (1997). Premature ejaculation: A psychophysiological review. *Journal of Sex and Marital Therapy, 23* (1): 3–23.

Meyer, C. B., & Taylor, S. E. (1986). Adjustment to rape. *Journal of Personality and Social Psychology, 50,* 1226–34.

Meyer, G. A., Blum, N. J., Hitchcock, W., & Fortina, P. (1998). Absence of the fragile X CGG trinucleotide repeat expansion in girls diagnosed with a pervasive developmental disorder. *Journal of Pediatrics, 133,* 363–65.

Meyer, V. (1966). Modification of expectations in cases with obsessional rituals. *Behaviour Research and Therapy, 4,* 273–80.

Meyer, V., & Mair, J. M. M. (1963). A new technique to control stammering: A preliminary report. *Behavior Research Therapy, 1,* 251–54.

Meyer-Bahlburg, H., Feldman, J., Cohen, P., & Ehrhardt, A. (1988). Perinatal factors in the development of gender-related play behavior: Sex hormones versus pregnancy complications. *Psychiatry, 51,* 260–71.

Meyers, A. W., & Craighead, W. E. (Eds.) (1984). *Cognitive behavior therapy with children.* New York: Plenum Press.

Mezzich, J., Kirmayer, L., Kleinman, A., Fabrega, H., Parron, D., Good, B., Lin, K., & Manson, S. (1999). The place of culture in DSM-IV. *Journal of Nervous and Mental Disease, 187* (18): 457–64.

Michelson, D., Lydiard, B., Pollack, M. H., Tamura, R.N., Hoog, S. L., Tepner, R., Demitrack, M. A., & Tollefson, G. D. (1998). Fluoxetine Panic Disorder Study Group. Outcome assessment and clinical improvement in panic disorder: Evidence from a randomized controlled trial of fluoxetine and placebo. *American Journal of Psychiatry, 155* (11): 1570–77.

Michelson, D., Pollack, M., Lydiard, R. B., Tamura, R., Tepner, R., & Tollefson, G. (1999). Continuing treatment of panic disorder after acute response: Randomised, placebo-controlled trial with fluoxetine. The Fluoxetine Panic Disorder Study Group. *British Journal of Psychiatry, 174,* 213–18.

Michelson, L., & Marchione, K. (1989). *Cognitive, behavioral, and physiologically based treatments of agoraphobia: A comparative outcome study*. Paper presented at the annual meeting of the American Association for the Advancement of Behavior Therapy, Washington, DC, November 1989.

Michelson, L. K., Marchione, K. E., Greenwald, M., Testa, S., & Marchione, N. J. (1996). A comparative outcome and follow-up investigation of panic disorder with agoraphobia: The relative and combined efficacy of cognitive therapy, relaxation training, and therapist-assisted exposure. *Journal of Anxiety Disorders, 10* (5): 297–330.

Miech, R. A., Caspi, A., Moffitt, T. E., Wright, B. R. E., & Silva, P. A. (1999). Low socioeconomic status and mental disorders: A longitudinal study of selection and causation during young adulthood. *American Journal of Sociology, 104,* 1096–1131.

Miklowitz, D. J. (1994). Family risk indicators in schizophrenia. *Schizophrenia Bulletin, 20,* 137–49.

Miller, B. L., & Cummings, J. L. (Eds.). (1999). *The human frontal lobes: Functions and disorders.* The Science and Practice of Neuropsychology Series. New York: Guilford Press.

Miller, D. J., & Kotses, H. (1995). Classical conditioning of total respiratory resistance in humans. *Psychosomatic Medicine, 57,* 148–53.

Miller, L. L. (1999). Marihuana: Acute effects on human memory. In G. G. Nahas & K. M. Sutin (Eds.), *Marihuana and medicine* (pp. 227–31). Clifton, NJ: Humana.

Miller, L. L., & Branconnier, R. J. (1983). Cannabis: Effects on memory and the cholinergic system. *Psychological Bulletin, 93,* 441–56.

Miller, N. E. (1985). The value of behavioral research on animals. *American Psychologist, 40,* 423–40.

Miller, N. S. (1995). Pharmacotherapy in alcoholism. *Journal of Addictive Diseases, 14* (1): 23–46.

Miller, N. S., Gold, M. S., & Stennie, K. (1995). Benzodiazepines: The dissociation of addiction from pharmacological dependence/withdrawal. *Psychiatric Annals, 25* (3): 149–52.

Miller, T. Q., Smith, T. W., Turner, C. W., Guijarro, M. L., & Hallet, A. J. (1996). A meta-analytic review of research on hostility and physical health. *Psychological Bulletin, 119* (2): 322–48.

Miller, W. R., & Seligman, M. E. P. (1975). Depression and learned helplessness in man. *Journal of Abnormal Psychology, 84,* 228–38.

Miller, W. R., & Seligman, M. E. P. (1976). Learned helplessness, depression, and the perception of reinforcement. *Behaviour Research and Therapy, 14,* 7–17.

Millon, T., & Davis, R. D. (1995). The development of personality disorders. In D. Cicchetti & D. Cohen (Eds.), *Developmental psychopathology, Vol. 2: Risk, disorder, and adaptation.* (Wiley Series on Personality Processes.) New York: Wiley.

Millon, T., & Martinez, A. (1995). Avoidant personality disorder. In W. J. Livesley (Ed.), *The DSM-IV personality disorders: Diagnosis and treatment of mental disorders* (pp. 218–33). New York: Guilford Press.

Millon, T. (1996). The relationship of depression to disorders of personality. In T. Millon (Ed.), *Personality and psychopathology: Building a clinical science.* New York: Wiley.

Millon, T., & Davis, R. (1996). *Disorders of personality: DSM-IV and beyond.* New York: Wiley.

Millon, T., Davis, R., Millon, C., Escovar, L., & Meagher, S. (2000). *Personality disorders in modern life.* New York: Wiley.

Mills, P. E., Cole, K. N., Jenkins, J. R., & Dale, P. S. (1998). Effects of differing levels of inclusion on preschoolers with disabilities. *Exceptional Children, 65,* 79–90.

Milner, B. (1970). Memory and the medial temporal regions of the brain. In K. H. Pribram & D. E. Broadbent (Eds.), *Biology of memory.* New York: Academic Press.

Milner, B. (1972). Disorders of learning and memory after temporal lobe lesions in man. *Clinical Neurosurgery, 19,* 421–46.

Min, S. K., & Lee, B. O. (1997). Laterality in somatization. *Psychosomatic Medicine, 59* (3): 236–40.

Mineka, S., Davidson, M., Cook, M., & Keir, R. (1984). Observational conditioning of snake fear in rhesus monkeys. *Journal of Abnormal Psychology, 93* (4): 355–72.

Mineka, S., & Zinbarg, R. (1996). Conditioning and ethological models of anxiety disorders: Stress in dynamic context anxiety models. In D. Hope (Ed.), *Perspectives on anxiety, panic, and fear: Nebraska Symposium on Motivation.* Lincoln, NE: University of Nebraska Press.

Minuchin, S., Rosman, B. L., & Baker, L. (1980). *Psychosomatic families: Anorexia nervosa in context.* Cambridge: Harvard University Press.

Mischel, W. (1973). Toward a cognitive social learning reconceptualization of personality. *Psychological Review, 80,* 252–83.

Mischel, W. (1976). *Introduction to personality* (2nd ed.). New York: Holt, Rinehart & Winston.

Mischel, W., & Peake, P. K. (1982). Beyond deja vu in the search for cross-situational consistency. *Psychological Review, 89,* 730–55.

Mishkin, M., & Appenzeller, T. (1987). The anatomy of memory. *Scientific American, 256* (6): 80–89.

Mishra, S. P., & Brown, K. H. (1983). The comparability of WAIS and WAIS-R IQs and subtest scores. *Journal of Clinical Psychology, 39,* 754–57.

Mitchell, A. J. (1998). The role of corticotropin-releasing factor in depressive illness: A critical review. *Neuroscience and Biobehavorial Review, 22,* 635–51.

Mitchell, J. E. (1986). Anorexia nervosa: Medical and psychological aspects. In K. D. Brownell & J. P. Foreyt (Eds.), *Handbook of eating disorders: Physiology, psychology, and treatment of obesity, anorexia, and bulimia.* New York: Basic Books.

Mitchell, J. E., & de Zwaan, M. (1993). Pharmacological treatments of binge eating. In C. G. Fairburn & G. T. Wilson (Eds.), *Binge eating: Nature, assessment, and treatment.* New York: Guilford Press.

Mitchell, J., Pyle, R., Eckert, E., et al. (1990). A comparison study of antidepressants and structured intensive group psychotherapy in the treatment of bulimia nervosa. *Archives of General Psychiatry, 47,* 149–57.

Mitchell, J. E., Raymond, N., & Specker, S. (1993). A review of the controlled trials of pharmacotherapy and psychotherapy in the treatment of bulimia nervosa. *International Journal of Eating Disorders, 14* (3): 229–47.

Mitchell, W. B., DiBartolo, P. M., Brown, T. A., & Barlow, D. H. (1998). Effects of positive and negative mood on sexual arousal in sexually functional males. *Archives of Sexual Behavior, 27* (2): 197–207.

Mitrushina, M., Abara, J., & Blumenfeld, A. (1996). A comparison of cognitive profiles in schizophrenia and other psychiatric disorders. *Journal of Clinical Psychology, 52,* 177–90.

Mittelmann, B., Wolff, H. G., & Scharf, M. (1942). Emotions in gastroduodenal functions. *Psychosomatic Medicine, 4,* 5–61.

Mittelman, M. S., Ferris, S. H., Shulman, E., Steinberg, G., & Levin, B, (1996). A family intervention to delay nursing home placement of patients with Alzheimer disease: A randomized controlled trial. *Journal of the American Medical Association, 276,* 1725–31.

Mittelman, M., Maclure, M., Sherwood, J., et al. (1995). Triggering of acute myocardial infarction onset by episodes of anger. *Circulation, 92,* 1720–25.

Mittler, P., Gillies, S., & Jukes, E. (1966). Prognosis in psychotic children. Report of follow-up study. *Journal of Mental Deficiency Research, 10,* 73–83.

Mjoberg, B., Hellquist, E., Mallmin, H., & Lindh, U. (1997). Aluminum, Alzheimer's disease and bone fragility. *Acta Orthopaedica Scandinavica, 68,* 511–14.

Moffitt, T. E. (1990). Juvenile delinquency and attention-deficit disorder: Boys' developmental trajectories from age 3 to age 15. *Child Development, 61,* 893–910.

Moffitt, T. E. (1997a). Adolescence-limited and life-course-persistent offending: A complementary pair of developmental theories. In T. P. Thornberry (Ed.), *Developmental theories of crime and delinquency: Advances in criminological theory* (Vol. 7; pp. 11–54). New Brunswick, NJ: Transaction.

Moffitt, T. E. (1997b). Nocturnal enuresis: A review of the efficacy of treatments and practical advice for clinicians. *Developmental and Behavioral Pediatrics, 18* (1): 49–56.

Moffitt, T. E., Brammer, G. L., Caspi, A., Fawcett, J. P., Raleigh, M., Yuwiler, A., & Silva, P. (1998). Whole blood serotonin relates to violence in an epidemiological study. *Biological Psychiatry, 43,* 446–57.

Moffitt, T. E., & Silva, P. A. (1988). Self-reported delinquency, neuropsychological assessment, and history of attention deficit disorder. *Journal of Abnormal Child Psychlogy, 16,* 553–69.

Mohs, R. D., Breitner, J. C. S., Silverman, J. M., & Davis, K. L. (1987). Alzheimer's disease: Morbid risk among first-degree relatives approximates fifty percent by ninety years of age. *Archives of General Psychiatry, 44,* 405–408.

Molin, J., Mellerup, E., Bolwig, T., Scheike, T., & Dam, H. (1996). The influence of climate on winter depression. *Journal of Affective Disorders, 37,* 151–55.

Molina-Holgado, F., Gonzalez, M. I., & Leret, M. L. (1995). Effect of delta 9-tetrahydrocannabinol on short-term memory in the rat. *Physiology and Behavior, 57* (1):177–79.

Molinari, V., Kunik, M. E., Snow-Turek, A. L., Deleon, H., & Williams, W. (1999). Age-related personality differences in inpatients with personality disorder: A cross-sectional study. *Journal of Clinical Geropsychology, 5* (3): 191–202.

Monahan, J. (1992). Mental disorder and violent behavior. *American Psychologist, 47,* 511–21.

Monahan, J., & Shah, S. A. (1989). Dangerousness and commitment of the mentally disordered in the United States. *Schizophrenia Bulletin, 15* (4): 541–53.

Money, J. (1987). "Sin, sickness, or status?" *American Psychologist, 42,* 384–99.

Money, J., & Ambinder, R. (1978). Two-year, real-life diagnostic test: Rehabilitation vs. cure. In J. P. Brady & H. K. H. Brodie (Eds.), *Controversy in psychiatry.* Philadelphia: Saunders.

Money, J., & Dalery, J. (1976). Iatrogenic homosexuality: gender identity in seven 46XX chromosomal females with hyperadrenocortical hermaphroditism born with a penis, three reared as boys, four reared as girls. *Journal of Homosexuality, 1,* 357–71.

Money, J., & Ehrhardt, A. A. (1972). *Man and woman, boy and girl.* Baltimore: John Hopkins University Press.

Money, J., Schwartz, M., & Lewis, V. (1984). Adult erotosexual status and fetal hormonal masculinization and demasculinization: 46XX congenital virilizing adrenal hyperplasia and 46XY androgen-insensitivity syndrome compared. *Psychoneuroendocrinology, 9,* 405–14.

Monroe, S., Rohde, P., Seeley, J., & Lewinsohn, P. (1999). Life events and depression in adolescence. Relationship loss as a prospective risk factor for first onset of major depressive disorder. *Journal of Abnormal Psychology, 108,* 606–14.

Montgomery, S. A. (1994). Antidepressants in long-term treatment. *Annual Review of Medicine, 45,* 447–57.

Monthly Vital Statistic Report. (1996). Vol. 46.

Montoya, I. D., Chenier, E. E., & Richard, A. J. (1996). Drug abuse, AIDS, and the coming crisis in long-term care. *Journal of Nursing Management, 4* (3): 151–62.

Moody, R. L. (1946). Bodily changes during abreaction. *Lancet, 2,* 934–35.

Moore, K. E., Geffken, G. R., & Royal, G. P. (1995). Behavioral interventions to reduce child distress during self-injection. *Clinical Pediatrics, 34* (10): 530–34.

Morgan, A. E., & Hynd, G. W. (1998). Dyslexia, neurolinguistic ability, and anatomical variation of the planum temporale. *Neuropsychology Review, 8,* 79–93.

Morris, K. (1998). Ecstasy users face consequences of neurotoxicity. *Lancet, 352,* 1913.

Morrison, R. L., & Bellack, A. (1984). Social skills training. In A. S. Bellack (Ed.), *Schizophrenia: Treatment, management, and rehabilitation* (pp. 247–79). Orlando, FL: Grune & Stratton.

Morrison-Stewart, S. L., Williamson, P. C., Corning, W. C., Kutcher, S. P., & Merskey, H. (1991). Coherence on electroencephalography and aberrant functional organisation of the brain in schizophrenic patients during activation tasks. *British Journal of Psychiatry, 159,* 636–44.

Moscovitch, M. (1982a). Multiple dissociations of function in amnesia. In L. S. Cermak (Ed.), *Human memory and amnesia.* Hillsdale, NJ: Erlbaum.

Moscovitch, M. (1982b). A neuropsychological approach to perception and memory in normal and pathological aging. In F. I. M. Craik & S. Trehub (Eds.), *Aging and cognitive processes.* New York: Plenum.

Moscovitch, M. (1992). Memory and working-with-memory: A component process model based on modules and central systems. *Journal of Cognitive Neuroscience, 4,* 257–67.

Moscovitch, M., Vriezen, E., & Goshen-Gottstein, Y. (1994). Implicit trots of memory in patients with focal lesions and degenerative brain disorders. In F. Boller & J. Grafman (Eds.), *Handbook of neuropsychology.* Amsterdam: Elsevier.

Moscovitch, M., & Winokur, G. (1992). The neuropsychology of memory and aging. In F. I. M. Craik & T. A. Salthouse (Eds.), *The handbook of aging and cognition.* Hillsdale, NJ: Erlbaum.

Mottron, L., Belleville, S., Stip, E., & Morasse, K. (1998). Atypical memory performance in an autistic savant. *Memory, 6,* 593–607.

Mowbray, C. T., Collins, M .E., Plum, T. B., Masterton, T., Mulder, R., & Harbinger, I. (1997). The development and evaluation of the first PACT replication. *Administration and Policy in Mental Health, 25,* 105–23.

Mowrer, O. H. (1948). Learning theory and the neurotic paradox. *American Journal of Orthopsychiatry, 18,* 571–610.

Mowrer, O. H., & Mowrer, W. M. (1938). Enuresis: A method for its study and treatment. *American Journal of Orthopsychiatry, 8,* 436–59.

MTA Cooperative Group. (1999a). Moderators and mediators of treatment response for children with attention-deficit/hyperactivity disorder: The multimodal treatment study of children with Attention-deficit/hyperactivity disorder. *Archives of General Psychiatry, 56* (12): 1088–96.

MTA Cooperative Group. (1999b). A 14-month randomized clinical trial of treatment strategies for attention-deficit/hyperactivity disorder. The multimodal treatment study of children with ADHD. *Archives of General Psychiatry, 56* (12): 1073–86.

Mueller, T. I., Keller, M. B., Leon, A. C., Solomon, D. A., Shea, M. T., Coryell, W., & Endicott, J. (1996). Recovery after 5 years of unremitting major depressive disorder. *Archives of General Psychiatry, 53* (9): 794–99.

Mueller, T. I., Leon, A. C., Keller, M. B., Solomon, D. A., Endicott, J., Coryell, W., Warshaw, M., & Maser, J. D. (1999). Recurrence after recovery from major depressive disorder during 15 years of observational follow-up. *American Journal of Psychiatry, 156* (7): 1000–1006.

Mueser, K. T., Bellack, A. S., Morrison, R. L., & Wade, J. H. (1990). Gender, social competence, and symptomatology in schizophrenia: A longitudinal analysis. *Journal of Abnormal Psychology, 99* (2): 138–47.

Mueser, K. T., Penn, D. L., Blanchard, J. J., & Bellack, A. S. (1997). Affect recognition in schizophrenia: A synthesis of findings across three studies. *Psychiatry: Interpersonal and Biological Processes, 60,* 301–308.

Mueser, K. T., Valentiner, D. P., & Agresta, J. (1998). Coping with negative symptoms of schizophrenia: Patient and family perspectives. *Year Book of Psychiatry and Applied Mental Health, 4,* 110–11.

Mufson, L., Weissman, M. M., Moreau, D., & Garfinkel, R. (1999). Efficacy of interpersonal psychotherapy for depressed adolescents. *Archives of General Psychiatry, 57* (6): 573–79.

Muir, J. L. (1997). Acetylcholine, aging, and Alzheimer's disease. *Pharmacology, Biochemistry and Behavior, 56* (4): 687–96.

Mullaney, J. A., & Trippett, C. J. (1982). Alcohol dependence and phobias: Clinical description and relevance. *British Journal of Psychiatry, 135,* 565–73.

Mullen, P., Pathe, M., Purcell, R., & Stuart, G. (1999). Study of stalkers. *American Journal of Psychiatry, 156,* 1244–49.

Mulrow, C. D., Williams, J. W. Jr., Trivedi, M., Chiquette, E., Aguilar, C., Cornell, J. E., Badgett, R., Noeel, P. H., Lawrence, V., Lee, S., Luther, M., Ramirez, G. Richardson, W. S., & Stamm, K. (1998). Evidence report: Treatment of depression—New pharmacotherapies. *Psychopharmacology Bulletin, 34* (4): 409–795.

Munoz, R. F., Hollon, S. D., McGrath, E., Rehm, L. P., & VandenBas, G. R. (1994). On the AHCPR depression in primary care guidelines: Further considerations for practitioners. *American Psychologist, 49* (1): 42–61.

Munro, A. (1992). Psychiatric disorders characterized by delusions: Treatment in relation to specific types. *Psychiatric Annals, 22,* 232–40.

Munro, A. (1995). The classification of delusional disorders. In M. J. Sedler (Ed.), *Delusional disorders. Psychiatric Clinics of North America, 18* (pp. 199–212). Philadelphia: Saunders.

Munzinger, H. (1975). The adopted child's IQ: A critical review. *Psychological Bulletin, 80,* 623–29.

Muris, P., Merckelbach, H., Mayer, B., & Prins, E. (2000). How serious are childhood fears? *Behaviour Research and Therapy, 38* (3): 217–28.

Muris, P., Merckelbach, H., Meesters, C., & Van Lier, P. (1997). What do children fear most often? *Journal of Behavior Therapy and Experimental Psychiatry, 28,* 263–67.

Murphy, D. L., Greenburg, B., Altemus, M., Benjamin, J., Grady, T., & Pigott, T. (1996). The neuropharmacology and neurobiology of obsessive-compulsive disorder: An update on the serotonin hypothesis. In H. G. Westenberg, J. A. Den Boer, & D. L. Murphy (Eds.), *Advances in the neurobiology of anxiety disorders* (pp. 279–97). Chichester, England: Wiley.

Murphy, J., Laird, N., & Monson, R. (2000). A 40-year perspective on the prevalence of depression. *Archives of General Psychiatry, 57,* 209–15.

Murphy, W. D. (1997). Exhibitionism: Psychopathology and theory. In D. R. Laws & W. O'Donohue (Eds.), *Sexual deviance: Theory, assessment, and treatment* (pp. 22–39). New York: Guilford Press.

Murray, H. A. (1951). Forward. In H. H. Anderson & G. L. Anderson (Eds.), *An introduction to projective techniques.* Englewood Cliffs, NJ: Prentice-Hall.

Murray, J. B. (1998). Effectiveness of methadone maintenance for heroin addiction. *Psychological Reports, 83,* 295–302.

Murray, K. T., & Sines, J. O. (1996). Parsing the genetic and nongenetic variance in children's depressive behavior. *Journal of Affective Disorders, 38,* 23–34.

Murray, R. M., Jones, P. B., O'Callaghan, E., Takei, N., et al. (1992). Genes, viruses and neurodevelopmental schizophrenia. *Journal of Psychiatric Research, 26,* 225–35.

Murstein, B. I. (1965). New thoughts about ambiguity and the TAT. *Journal of Projective Techniques and Personality Assessment, 29,* 219–25.

Muscari, M. (1998). Screening for anorexia and bulimia. *American Journal of Nursing, 98,* 22–24.

Myers, J. K., Weissman, M. M., Tischler, G. L., Holzer, C. E., Leaf, P. J., Orvaschel, H., Anthony, J. C., Boyd, J. H., Burke, J. D., Kramer, M., & Stolzman, R. (1984). Six-month prevalence of psychiatric disorders in three communities: 1980 to 1982. *Archives of General Psychiatry, 41,* 959–67.

Myers, M. G., Stewart, D. G., & Brown, S. A. (1998). Progression from conduct disorder to antisocial personality disorder following treatment for adolescent substance abuse. *American Journal of Psychiatry, 155,* 479–85.

Nadel, L. (1999). Down syndrome in cognitive neuroscience perspective. In H. Tager-Flusberg (Ed.), *Neurodevelopmental disorders. Developmental cognitive neuroscience.* Cambridge, MA: MIT Press.

Nagourney, E. (2000). When it pays to argue with a spouse. *New York Times,* Week in Review, Feb. 20, p. 2.

Nagy, A. (1987). Possible reasons for a negative attitude to benzodiazepines as antianxiety drugs. *Nordisk Psykiatrisk Tidsskrift, 4,* 27–30.

Nahas, G. G., Sutin, K. M., et al. (Eds.). (1999). *Marihuana and medicine.* Clifton, N.J.: Humana.

Nathan, P. E., & Lagenbucher, J. W. (1999). Psychopathology: Description and classification. *Annual Review of Psychology, 50,* 79–107.

National Institute of Drug Abuse. (2000a). http://www.nida.nih.gov http://www.nida.nih.gov

National Institute of Drug Abuse. (2000b). http://www.nida.nih.gov/researchreports/nicotine/nicotine2.html

National Institute of Drug Abuse (2000c). *Infofax: High school and youth trends.* Washington, D. C.: National Institute of Drug Abuse.

National Institute of Mental Health. (1989a). *Delusional disorders.* DHHS Publication Number: (ADM) 89–1495. Washington, DC: U. S. Department of Health and Human Services.

National Institute of Mental Health. (1989b). *Depression among the aged. From depressive illnesses: Treatments bringing new hope.* Bethesda, MD: Author.

Neale, M. C., Walters, E. E., Eaves, L. J., Kessler, R. C., Heath, A. C., & Kendler, K. S. (1994). Genetics of blood-injury fears and phobias: A population twin-based study. *American Journal of Medical Genetics, 54* (4): 326–34.

Neary, D., Snowden, J. S., Northern, B., & Goulding, P. (1988). Dementia of frontal lobe type. *Journal of Neurology, Neurosurgery, and Psychiatry, 51,* 353–61.

Neisser, U. (1998). *The rising curve: Long-term gains in IQ and related measures.* Washington, DC, USA: American Psychological Association.

Nelissen, I., Muris, P., & Merckelbach, H. (1995). Computerized exposure and in vivo exposure treatments of spider fear in children: Two case reports. *Journal of Behavior Therapy and Experimental Psychiatry, 26,* 153–56.

Nelson, C. B., Heath, A. C., & Kessler, R. C. (1998). Temporal progression of alcohol dependence symptoms in the U. S. household population: Results from the National Comorbidity Survey. *Journal of Consulting and Clinical Psychology, 66,* 474–83.

Nelson, C., Mazure, C., & Jatlow, P. (1990). Does melancholia predict response in major depression? *Journal of Affective Disorders, 18,* 157–65.

Nelson, D., & Weiss, R. (2000), Earlier gene test deaths not reported; NIH was unaware of "adverse events." *Washington Post,* January 31.

Nelson, M. D., Saykin, A. J., Flashman, L. A., & Riordan, H. J. (1998). Hippocampal volume reduction in schizophrenia as assessed by magnetic resonance imaging: A meta-analytic study. *Archives of General Psychiatry, 55,* 433–40.

Nemeroff, C. B. (1996). The corticotropin-releasing factor (CRF) hypothesis of depression: New findings and new directions. *Molecular Psychiatry, 1,* 336–42.

Nemeroff, C. B., & Schatzberg, A. F. (1998). Pharmacological treatment of unipolar depression. In P. E. Nathan & J. M. Gorman (Eds.), *A guide to treatments that work* (pp. 212–25). New York: Oxford University Press.

Neri, M., De Vreese, L. P., Finelli, C., & Iacono, S. (1998). Subcortical vascular dementia: A review on care and management. *Archives of Gerontology and Geriatrics* (Supp. 6): 355–62.

Nesse, F. M., Cameron, O. G., Curtis, G. C., McCann, D. S., & Huber-Smith, M. J. (1984). Adrenergic function in patients with panic anxiety. *Archives of General Psychiatry, 41,* 771–76.

Nestadt, G., et al. (1990). An epidemiological study of histrionic personality disorder. *Psychological Medicine, 29,* 413–22.

Nestadt, G., et al. (1991). DSM-III compulsive personality disorder: An epidemiological survey. *Psychological Medicine, 21* (2): 461–71.

Nestoros, J. N. (1980). Ethanol specifically potentiates GABA-mediated neurotransmission in the feline cerebral cortex. *Science, 209,* 708–10.

Neumann, C., & Walker, E. (1995). Developmental pathways to schizophrenia: Behavioral subtypes. *Journal of Abnormal Psychology, 104,* 1–9.

Neumann, C., Walker, E., Weinstein, J., & Cutshaw, C. (1996). Psychotic patients' awareness of mental illness: Implications for legal defense proceedings. *Journal of Psychiatry and Law, 24* (3): 421–42.

Newman, J. P. (1997). Conceptual models of the nervous system: Implications for antisocial behavior. In D. M. Stoff & J. Breiling (Eds.), *Handbook of antisocial behavior* (pp. 324–35). New York: Wiley.

Newman, J. P., & Schmitt, W. A. (1998). Passive avoidance in psychopathic offenders: A replication and extension. *Journal of Abnormal Psychology, 107,* 527–32.

Newman, J. P., Schmitt, W. A., & Voss, W. D. (1997). The impact of motivationally neutral cues on psychopathic individuals: Assessing the generality of the response modulation hypothesis. *Journal of Abnormal Psychology, 106,* 563–75.

Newman, S. C. (1999). The prevalence of depression in Alzheimer's disease and vascular dementia in a population sample. *Journal of Affective Disorders, 52,* 169–76.

Newmark, C. S. (1996). *Major psychological assessment instruments* (2nd ed.). Boston: Allyn & Bacon.

New York Times. (1994a). Albany plans house calls to monitor the mentally ill, April 24, 1994.

New York Times. (1994b). Father who fought "memory therapy" wins damage suit, May 14, 1994.

Nicolson, N., Storms, C., Ponds, R., & Sulon, J. (1997). Salivary cortisol levels and stress reactivity in human aging. *Journals of Gerontology. Series A, Biological Sciences and Medical Sciences, 52A,* M68-M75.

Nigg, J. T., & Goldsmith, H. (1994). Genetics of personality disorders: Perspectives from personality and psychopathology research. *Psychological Bulletin, 115* (3): 346–80.

Nihira, K., Foster, R., Shellhaas, M., Leland, H., Lambert, N., & Windmiller, M. (1981). *AAMD adaptive behavior scale* (school edition). Monterey, CA: Publisher's Test Service.

Nimgaonkar, V. L. (1998). Reduced fertility in schizophrenia: Here to stay? *Acta Psychiatrica Scandinavica, 98,* 348–53.

Ninan, P. T. (1999). The functional anatomy, neurochemistry, and pharmacology of anxiety. *Journal of Clinical Psychiatry, 60* (Suppl 22): 12–17.

Ninan, P., Insel, T., Cohen, R., Cook, J., Skolnick, P., & Paul, S. (1982). Benzodiazepine receptor-mediated experimental "anxiety" in primates. *Science, 218,* 1332–34.

Ninan, P. T. (1999). The functional anatomy, neurochemistry, and pharmacology of anxiety. *Journal of Clinical Psychiatry, 60* (Suppl 22): 12–17.

Nisbett, R., & Ross, L. (1980). *Human inference: Strategies and shortcomings of social judgment.* Englewood Cliffs, NJ: Prentice-Hall.

Nolen-Hoeksema, S. (1987). Sex differences in unipolar depression: Evidence and theory. *Psychological Bulletin, 101* (2): 259–82.

Nolen-Hoeksema, S. (1988). Life-span views on depression. In P. B. Baltes, D. L. Featherman, & R. M. Lerner (Eds.), *Life span development and behavior* (Vol. 9). New York: Erlbaum.

Nolen-Hoeksema, S. (1990). *Sex differences in depression.* Stanford: Stanford University Press.

Nolen-Hoeksema, S. (1991). Responses to depression and their effects on the duration of depressive episodes. *Journal of Abnormal Psychology, 102,* 569–82.

Nolen-Hoeksema, S. (1998). *Abnormal psychology.* New York: McGraw-Hill.

Nolen-Hoeksema, S., & Girgus, J. S. (1994). The emergence of gender differences in depression during adolescence. *Psychological Bulletin, 115* (3): 424–43.

Nolen-Hoeksema, S., Girgus, J., & Seligman, M. E. P. (1986). Learned helplessness in children: A longitudinal study of depression, achievement, and explanatory style. *Journal of Personality and Social Psychology, 51,* 435–42.

Nolen-Hoeksema, S., Girgus, J., & Seligman, M. (1992). Predictors and consequences of childhood depressive symptoms: A 5-year longitudinal study. *Journal of Abnormal Psychology, 101* (3): 405–22.

Nolen-Hoeksema, S., Mumme, D., Wolfson, A., & Guskin, K. (1995). Helplessness in children of depressed and nondepressed mothers. *Developmental Psychology,* 31 (3): 377–87.

Nopoulos, P., Torres, I., Flaum, M., Andreasen, N. C., Ehrhardt, J. C., & Yuh, W. T. C. (1995). Brain morphology in first-episode schizophrenia. *American Journal of Psychiatry, 152* (12): 1721–23.

Nordahl, H. M., & Stiles, T. C. (1997). Perceptions of parental bonding in patients with various personality disorders, lifetime depressive disorders, and healthy controls. *Journal of Personality Disorders, 11,* 391–402.

Nordberg, A. (1996). Pharmacological treatment of cognitive dysfunction in dementia disorders. *Acta Neurologica Scandinavica Supplementum, 168,* 87–92.

Norman, R. M., & Malla, A. K. (1993a). Stressful life events and schizophrenia: I. A review of the research. *British Journal of Psychiatry, 162,* 161–66.

Norman, R. M., & Malla, A. K. (1993b). Stressful life events and schizophrenia: II. Conceptual and methodological issues. *British Journal of Psychiatry, 162,* 166–74.

Norton, D. E. (1998). Counseling substance-abusing older clients. *Educational Gerontology, 24*(4): 373–89.

Nowicki, S., & Duke, M. P. (1994) Individual differences in the nonverbal communication of affect: The Diagnostic Analysis of Nonverbal Accuracy Scale. *Journal of Nonverbal Behavior, 18* (1): 9–35.

Noyes, R., Chaudry, D., & Domingo, D. (1986). Pharmacologic treatment of phobic disorders. *Journal of Clinical Psychiatry, 47,* 445–52.

Noyes, R., Clarkson, C., Crowe, R., & Yates, W. (1987). A family study of generalized anxiety disorder. *American Journal of Psychiatry, 144,* 1019–24.

Noyes, R., & Kletti, R. (1977). Depersonalization in response to life-threatening danger. *Comprehensive Psychiatry, 18,* 375–84.

Nuechterlein, K. H., Asarnow, R. F., Subotnik, K. L., Fogelson, D. L., Ventura, J., Torquato, R. D., & Dawson, M. E. (1998). Neurocognitive vulnerability factors for schizophrenia: Convergence across genetic risk studies and longitudinal trait-state studies. In M. F. Lenzenweger & R. H. Dworkin (Eds.), *Origins and development of schizophrenia: Advances in experimental psychopathology* (pp. 99–327). Washington, DC: American Psychological Association.

Nugter, M. A., Dingemans, P. M. A. J., Linszen, D. H., Van der Does, A. J. W., & Gersons, B. P. R. (1997). The relationships between expressed emotion, affective style and communication deviance in recent-onset schizophrenia. *Acta Psychiatrica Scandinavica, 96,* 445–51.

Nurnberg, H. G., Hensley, P. L., Lauriello, J., Parker, L. M., & Keith, S. J. (1999). Sildenafil for women patients with antidepressant-induced sexual dysfunction. *Psychiatric Services, 50* (8): 1076–78.

Nyenhuis, D. L., & Gorelick, P. B. (1998). Vascular dementia: A contemporary review of epidemiology, diagnosis, prevention, and treatment. *Journal of the American Geriatrics Society, 46,* 1437–48.

Nyman, A. K., & Jonsson, H. (1983). Differential evaluation of outcome in schizophrenia. *Acta Psychiatrica Scandinavica, 68,* 458–75.

O'Brien, C. P. (1994). Overview: The treatment of drug dependence. *Addiction, 89,* 1565–69.

O'Brien, C. P., Childress, A. R., McLellan, A. T., & Ehrman, R. (1992). A learning model of addiction. In C. P. O'Brien & J. H. Jaffe (Eds.), *Addictive states* (pp. 157–78). New York: Raven Press.

O'Connor, P. G., & Schottenfeld, R. S. (1998). Medical progress: Patients with alcohol problems. *New England Journal of Medicine, 338,* 592–602.

Offord, D., & Bennet, K. (1994). Conduct disorder: Long-term outcomes and intervention effectiveness. *Journal of the American Academy of Child and Adolescent Psychiatry, 33*(8).

Offord, D. R., Boyle, M. D., Racine, Y. A., Fleming, J. E., Cadman, D. T., Blum, H. M., Byrne, C., Links, P. S., Lipman, E. L., MacMillan, H. L., Grant, N. I., Rae, D., Sanford, M. N., Szatmari, P., Thomas, H., & Woodward, C. A. (1992). Outcome, prognosis, and risk in a longitudinal follow-up study. *Journal of the Academy for Child and Adolescent Psychiatry, 31*(5): 916–23.

Oggins, J., Leber, D., & Veroff, J. (1993). Race and gender differences in Black and White newlyweds' perceptions of sexual and marital relations. *Journal of Sex Research, 30* (2): 152–60.

Ogloff, J., Wong, S. & Greenwood, A. (1990). Treating criminal psychopaths in a therapeutic community program. *Behavioral Sciences and the Law, 8,* 181–90.

Ohara, K., Xu, H., Matsunaga, T., Xu, D., Huang, X., Gu, G., Ohara, K., & Wang, Z. (1998). Cerebral ventricle-brain ratio in monozygotic twins discordant and concordant for schizophrenia. *Progress in Neuro-Psychopharmacology and Biological Psychiatry, 22,* 1043–50.

Ohman, A., Fredrikson, M., Hugdahl, K., & Rimmo, P. (1976). The premise of equipotentiality in human classical conditioning: Conditioned electrodermal responses to potentially phobic stimuli. *Journal of Experimental Psychology-General, 105* (4): 313–37.

Ohman, A., Nordby, H., & d'Elia, G. (1986). Orienting and schizophrenia: Stimulus significance, attention, and distraction in a signaled reaction time task. *Journal of Abnormal Psychology, 95* (4): 326–34.

Ohwaki, S., & Stayton, S. E. (1978). The relation of length of institutionalization to the intellectual functioning of the profoundly retarded. *Child Development, 49,* 105–109.

Olds, D., Henderson, C. R., Cole, R., Eckenrode, J., Kitzman, H., Luckey, D., Pettitt, L., Sidora, K., Morris, P., & Powers, J. (1998). Long-term effects of nurse home visitation on children's criminal and antisocial behavior: 15-year follow-up of a randomized controlled trial. *Journal of the American Medical Association, 280,* 1238–44.

Olin, S. S., & Mednick, S. (1996). Risk factors of psychosis: Identifying vulnerable populations premorbidly. *Schizophrenia Bulletin, 22,* 223–40.

Olivieri, S., Cantopher, T., & Edwards, J. (1986). Two hundred years of anxiolytic drug dependence. *Neuropharmacology, 25,* 669–70.

Ollendick, T. H. (1983). Reliability and validity of the Fear Survey Schedule for Children-Revised (FSSC-R). *Behavior Research and Therapy, 21,* 685–92.

Ollendick, T. H. (1996). Violence in youth: Where do we go from here? Behavior therapy's response. *Behavior Therapy, 27* (4): 485–514.

Ollendick, T. H., & King, N. J. (1994). Fears and their level of interference in adolescents. *Behaviour Research and Therapy, 32,* 635–38.

Ollendick, T. H., & Ollendick, D. G. (1990). Tics and Tourette syndrome. In A. M. Gross & R. S. Drabman (Eds.), *Handbook of clinical behavioral pediatrics* (pp. 243–52). New York: Plenum.

Ollendick, T. H., Yang, B., Dong, Q., Xia, Y., et al. (1995). Perceptions of fear in other children and adolescents: The role of gender and friendship status. *Journal of Abnormal Child Psychology, 23,* 439–52.

Ollendick, T. H., Yang, B., King, N. J., Dong, Q., et al. (1996). Fears in American, Australian, Chinese, and Nigerian children and adolescents: A cross-cultural study. *Journal of Child Psychology and Psychiatry and Allied Disciplines, 37,* 213–20.

Oltman, J., & Friedman, S. (1967). Parental deprivation in psychiatric conditions. *Diseases of the Nervous System, 28,* 298–303.

Olweus, D. (1979). Stability of aggressive reaction patterns in males: A review. *Psychological Bulletin, 86,* 852–75.

Orengo, C. A., Kunik, M. E., Molinari, V., & Workman, R. H. (1996). The use and tolerability of fluoxetine in geropsychiatric inpatients. *Journal of Clinical Psychiatry, 57*(1): 12–16.

Orford, J. (1985). *Excessive appetites: A psychological view of addictions.* Chicester, England: Wiley.

Ormel, J., VonKorff, M., Ustun, T., Pini, S., et al. (1994). Common mental disorders and disability across cultures: Results from the WHO Collaborative Study on Psychological Problems in General Health Care. *Journal of the American Medical Association, 272* (22): 1741–48.

Orne, M. T. (1962). On the social psychology of the psychological experiment: With particular reference to demand characteristics and their implications. *American Psychologist, 17,* 776–83.

Osler, W. (1897). *Lectures on angina pectoris and allied states.* New York: Appleton.

Öst, L.-G. (1987). Applied relaxation: Description of a coping technique and review of controlled studies. *Behaviour Research and Therapy, 25,* 397–410.

Öst, L.-G. (1991). *Cognitive therapy versus applied relaxation in the treatment of panic disorder.* Paper presented at the annual meeting of the European Association of Behavior Therapy, Oslo, September 1991.

Öst, L.-G. (1996a). Long-term effects of behavior therapy for specific phobia. In M. R. Mavissakalian & R. F. Prien (Eds.), *Long-term treatments of anxiety disorders* (pp. 121–70). Washington, DC: American Psychiatric Press.

Öst, L.-G. (1996b). One-session group treatment of spider phobia. *Behaviour Research and Therapy, 34* (9): 707–15.

Öst, L.-G., Fellenius, J., & Sterner, U. (1991). Applied tension, exposure in vivo, and tension-only in the treatment of blood phobia. *Behaviour Research and Therapy, 29* (6): 561–74.

Öst, L.-G., Sterner, U., & Fellenius, J. (1989). Applied tension, applied relaxation, and the combination in the treatment of blood phobia. *Behaviour Research and Therapy, 27,* 109–21.

Osterlund, M. K., Overstreet, D. H., & Hurd, Y. L. (1999). The flinders sensitive line rats, a genetic model of depression, show abnormal serotonin receptor mRNA expression in the brain that is reversed by 17 beta-estradiol. *Molecular Brain Research, 74,* 158–66.

O'Sullivan, G., Noshirvani, H., Marks, I., et al. (1991). Six-year follow-up after exposure and clomipramine therapy for obsessive-compulsive disorder. *Journal of Clinical Psychiatry, 52,* 150–55.

Ott, A., van Rossum, C. T. M., van Harskamp, F., van de Mheen, H., Hofman, A., & Breteler, M. M. B. (1999). Education and the incidence of dementia in a large population-based study: The Rotterdam Study. *Neurology, 52* (3): 663–66.

Ott, P. J., Tarter, R. E., et al. (Eds.). (1999). *Sourcebook on substance abuse: Etiology, epidemiology, assessment, and treatment.* Boston: Allyn & Bacon.

Ouimette, P. C., & Klein, D. N. (1995). Test-test stability, mood-state dependence, and informant-subject concordance of the SCID-Axis II Questionnaire in a nonclinical sample. *Journal of Personality Disorders, 9* (2), 105–11.

Overholser, J. C., & Beck, S. (1986). Multimethod assessment of rapists, child molesters, and three control groups on behavioral and psychological measures. *Journal of Consulting and Clinical Psychology, 54* (5): 682–87.

Overmier, J. B., & Seligman, M. E. P. (1967). Effects of inescapable shock upon subsequent escape and avoidance learning. *Journal of Comparative and Physiological Psychology, 63*, 23–33.

Overtoom, C. C. E., Verbaten, M. N., Kemner, C., Kenemans, J. L., van Engeland, H., Buitelaar, J. K., Camfferman, G., & Koelega, H. S. (1998). Associations between event-related potentials and measures of attention and inhibition in the Continuous Performance Task in children with ADHD and normal controls. *Journal of the American Academy of Child and Adolescent Psychiatry, 37*, 977–85.

Packer, H. (1968). *The limits of the criminal sanction*. Stanford: Stanford University Press.

Page, S. (1977). Effects of the mental illness label in attempts to obtain accommodation. *Canadian Journal of Behavioural Science, 9*, 85–90.

Pallas, J., Levine, S. B., Althof, S. E., & Risen, C. B. (2000). Sildenafil for women patients with antidepressant-induced sexual dysfunction. *Journal of Sex and Marital Therapy, 26* (1): 41–50.

Palsson, S., Aevarsson, O., & Skoog, I. (1999). Depression, cerebral atrophy, cognitive performance and incidence of dementia: Population study of 85-year-olds. *British Journal of Psychiatry, 174*, 249–53.

Pandey, G. N., Pandey, S. C., Dwivedi, Y., Sharma, R. P., Janicak, P. G., & Davis, J. M. (1995). Platelet serotonin-2A receptors: A potential biological marker for suicidal behavior. *American Journal of Psychiatry, 152* (6): 850–55.

Pandya, D. N., & Barnes, C. L. (1987). Architecture and connections of the frontal lobe. In E. Perecman (Ed.), *The frontal lobes revisited* (pp. 41–72). Hillsdale, NJ: Erlbaum.

Papassotiropoulos, A., & Heun, R. (1999). Detection of subthreshold depression and subthreshold anxiety in the elderly. *International Journal of Geriatric Psychiatry, 14* (8): 643–50.

Parada, M. A., Puig de Parada, M., & Hoebel, B. G. (1995). Rats self-inject a dopamine antagonist in the lateral hypothalamus where it acts to increase extracellular dopamine in the nucleus accumbens. *Pharmacology, Biochemistry and Behavior, 22* (1): 179–87.

Pare, W., Burken, M., Allen, W., & Kluczynski, J. (1993). Reduced incidence of stress in germ-free Sprague-Dawley rats. *Life Sciences, 53*, 1099.

Paris, J. (1990). Completed suicide in borderline personality disorder. *Psychiatric Annals, 20*, 19–21.

Paris, J., & Zweig-Frank, H. (1992). A critical review of the role of childhood sexual abuse in the etiology of borderline personality disorder. *Canadian Journal of Psychiatry, 37* (2): 125–28.

Park, L. C., Imboden, J. B., Park, T. J., Hulse, S. H., & Unger, H. T. (1992). Giftedness and psychological abuse in borderline personality disorder: Their relevance to genesis and treatment. *Journal of Personality Disorders, 6*, 226–40.

Parker, G., & Hadzi-Pavlovic, D. (1993). Prediction of response to antidepressant medication by a sign-based index of melancholia. *Australian and New Zealand Journal of Psychiatry, 27*, 56–61.

Parnas, J., Cannon, T. D., Jacobsen, B., Schulsinger, H., Schulsinger, F., & Mednick, S. A. (1993). Lifetime DSM-IIIR diagnostic outcomes in the offspring of schizophrenic mothers. Results from the Copenhagen high-risk study. *Archives of General Psychiatry, 50*, 707–14.

Partnership for a Drug-Free America. (1994). *The wrong message of legalizing illicit drugs*. (The Schaffer Library of Drug Policy). http://druglibrary.org/schaffer/GOVPUBS/wrong1.htm

Pato, M. T. (1999a). Beyond depression: Citalopram for obsessive-compulsive disorder. *International Clinical Psychopharmacology, 14* (Suppl 2): S19–S26.

Pato, M. (1999b). *The expert consensus guideline series: Treatment of obsessive-compulsive disorders*. In J. March, A. Frances, D. Carpenter, & D. Kahn (Eds.), http:www.psychguides.com/ocgt.html

Pato, M., Piggott, T., Hill, J., et al. (1991). Controlled comparison of buspirone and clomipramine in obsessive-compulsive disorder. *American Journal of Psychiatry, 148*, 127–29.

Pato, M., Zohar-Kadouch, R., Zohar, J., & Murphy, D. (1988). Return of symptoms after discontinuation of clomipramine in patients with obsessive-compulsive disorder. *American Journal of Psychiatry, 145*, 1521–25.

Patrick, C. J., Bradley, M., & Cuthbert, B. N. (1990). The criminal psychopath and startle modulation. *Psychophysiology, 27* (Suppl. 4A): 87.

Patrick, C. J., Cuthbert, B. N., & Lang, P. J. (1990). Emotion in the criminal psychopath: Fear imagery. *Psychophysiology, 27* (Suppl. 4A): 55.

Patrick, M., Hobson, P., Castle, P., Howard, R., & Maughan, B. (1994). Personality disorder and the mental representation of early social experience. *Development and Psychopathology, 94*, 374–88.

Patterson, C. M., & Newman, J. P. (1993) Reflectivity and learning from aversive events: Toward a psychological mechanism for the syndrome of disinhibition. *Psychological Review, 100*, 716–36.

Patterson, G. R. (1975). *Families: Applications of social learning theory to family life* (2nd ed.). Champaign, IL: Research Press.

Patterson, G. R., DeBaryshe, B. D., & Ramsey, E. (1989). A developmental perspective on antisocial behavior. *American Psychologist, 44*, 329–35.

Patterson, G. R., Reid, J. B., & Dishion, T. J. (1998). Antisocial boys. In J. M. Jenkins & K. Oatley (Eds.), *Human emotions: A reader* (pp. 330–36). Malden, MA: Blackwell.

Patterson, T., Spohn, H. E., Bogia, D. P., & Hayes, K. (1986). Thought disorder in schizophrenia: Cognitive and neuroscience approaches. *Schizophrenia Bulletin, 12* (3): 460–72.

Patterson, T. L., & Jeste, D. V. (1999). The potential impact of the baby-boom generation on substance abuse among elderly persons. *Psychiatric Services, 50* (9): 1184–88.

Pattie, F. A. (1967). A brief history of hypnotism. In J. E. Gordon (Ed.), *Handbook of clinical and experimental hypnosis*. New York: Macmillan.

Paul, G. L. (1966). *Insight vs. desensitization in psychotherapy*. Stanford: Stanford University Press.

Paul, G. L. (1967). Insight vs. desensitization in psychotherapy two years after termination. *Journal of Consulting Psychology, 31* (4): 333–48.

Paul, G. L. (1969). Outcome of systematic desensitization. II. Controlled investigations of individual treatment, technique variations, and current status (pp. 105–59). In C. M. Franks (Ed.), *Behavior therapy: Appraisal and status*. New York: McGraw-Hill.

Pauls, D. L., Alsobrook, J. P., Gelernter, J., & Leckman, J. F. (1999). Genetic vulnerability. In J. F. Leckman & D. J. Cohen (Eds.), *Tourette's syndrome—Tics, obsessions, compulsions: Developmental psychopathology and clinical care* (pp. 194–212). New York: Wiley.

Pauly, I. B. (1969). Adult manifestation of male transsexualism. In R. Green & J. Money (Eds.), *Transsexualism and sex reassignment*. Baltimore: Johns Hopkins Press.

Pauly, I. B. (1974). Female transsexualism. *Archives of Sexual Behavior, 3,* 487–526.

Pavel, O. (1990). *How I came to know fish* (trans. J. Baclai & R. McDowell). New York: Story Line Press/New Directions.

Paykel, E. S. (1973). Life events and acute depression. In J. P. Scott & E. C. Senay (Eds.), *Separation and depression*. Washington, DC: American Association for the Advancement of Science.

Paykel, E. S. (1974a). Recent life events and clinical depression. In E. K. E. Gunderson & R. H. Rahe (Eds.), *Life stress and illness* (pp. 150–51). Springfield, IL: Charles C. Thomas.

Paykel, E. S. (1974b). Life stress and psychiatric disorder: Application of the clinical approach. In B. P. Dohrenwend & B. S. Dohrenwend (Eds.), *Stressful life events: Their nature and effects* (pp. 135–49). New York: Wiley.

Paykel, E. S., Meyers, J. K., Dienelt, M. N., Klerman, J. L., Lindenthal, J. J., & Pfeffer, M. P. (1969). Life events and depression. *Archives of General Psychiatry, 21,* 753–60.

Paykel, E. S., Scott, J., Teasdale, J. D., Johnson, A. L., Garland, A., Moore, R., Jenaway, A., Cornwall, P. L., Hayhurst, H., Abbott, R., & Pope, M. (1999). Prevention of relapse in residual depression by cognitive therapy: A controlled trial. *Archives of General Psychiatry, 56* (9): 829–35.

Payne, R. W. (1966). The measurement and significance of overinclusive thinking and retardation in schizophrenic patients. In P. H. Hoch & J. Zubin (Eds.), *Psychopathology of schizophrenia* (pp. 77–79). New York: Grune & Stratton.

Peasley-Miklus, C., & Vrana, S. (2000). Effect of worrisome and relaxing thinking on fearful emotional processing. *Behaviour Research and Therapy, 38,* 129–44.

Pecknold, J., Swinson, R., Kuch, K., & Lewis, C. (1988). Alprazolam in panic disorder and agoraphobia: Results from a multicenter trial: III. Discontinuation effects. *Archives of General Psychiatry, 45,* 429–36.

Pedersen, N. L., McClearn, G. E., Plomin, R., Nesselroade, J. R., Berg, S., & DeFaire, U. (1991). The Swedish Adoption Twin Study of Aging: An update. *Acta Geneticae Medicae et Gemellologiaie, 40,* 7–20.

Peele, S. (1985). *The meaning of addiction: Compulsive experience and its interpretation*. Lexington, MA: Lexington Books.

Pelham, W. E. (1989). Behavioral therapy, behavioral assessment, and psychostimulant medication in the treatment of attention deficit disorder: An interactive approach. In J. Swanson & I. Bloomingdale (Eds.), *Attention deficit disorder: IV. Current concepts and emerging trends in attentional and behavioral disorders of childhood* (pp. 169–95). New York: Pergamon.

Penin, F., Maheut-Bosser, A., Geradin, P., Jeandel, C., et al. (1993). Delusional disorder in a geriatric oriented internal medicine unit. A practical approach. *Psychologie Medicale, 25,* 803–807.

Penn, D., & Mueser, K. (1996). Research update on the psychological treatment of schizophrenia. *American Journal of Psychiatry, 153,* 607–17.

Pennebaker, J. W. (1985). Traumatic experience and psychosomatic disease: Exploring the roles of behavioural inhibition, obsession, and confiding. *Canadian Psychology, 26,* 82–95.

Pennebaker, J. (1990). *Opening up*. New York: Morrow.

Pennington, B. F., & Bennetto, L. (1993). Main effects of transactions in the neuropsychology of conduct disorder? Commentary on "The neuropsychology of conduct disorder." *Development and Psychopathology, 5,* 153–64.

Pennington, B. F. (1999). Dyslexia as a neurodevelopmental disorder. In H. Tager-Flusberg (Ed.), *Neurodevelopmental disorders. Developmental cognitive neuroscience*. Cambridge, MA: MIT Press.

Penninx, B. W., Guralnik, J. M., Simonsick, E. M., Kasper, J. D., Ferrucci, L., & Fried L. P. (1998). Emotional vitality among disabled older women: The women's health and aging study. *Journal of the American Geriatrics Society, 46* (7): 807–15.

Perkins, K. A., & Reyher, J. (1971). Repression, psychopathology and drive representation: An experimental hypnotic investigation of impulse inhibition. *American Journal of Clinical Hypnosis, 13,* 249–58.

Perris, C. (1968). The course of depressive psychosis. *Acta Psychiatrica Scandinavica, 44,* 238–48.

Perry, J., Banon, E., & Ianni, F. (1999). Effectiveness of psychotherapy for personality disorders. *American Journal of Psychiatry, 156* (9): 1312–21.

Persons, J. B. (1986). The advantages of studying psychological phenomena rather than psychiatric diagnoses. *American Psychologist, 41,* 1252–60.

Perugi, G., Akiskal, H. S., Pfanner, C., Presta, S., Gemignani, A., Milanfranchi, A., Lensi, P., Ravagli, S., & Cassano, G. B. (1997). The clinical impact of bipolar and unipolar affective comorbidity on obsessive-compulsive disorder. *Journal of Affective Disorders, 46,* 15–23.

Peters, M. L., Godaert, G. L., Ballieux, R. E., van Vliet, M., Willemsen, J. J., Sweep, F. C. G. J., & Heijnen, C. J. (1998). Cardiovascular and endocrine responses to experimental stress: Effects of mental effort and controllability. *Psychoneuroendocrinology, 23,* 1–17.

Peterson, B. S., Leckman, J. F., Arnsten, A., Anderson, G. M. Staib, L. H., Gore, J. C., Bronen, R. A., Malison, R., Scahill, L., & Cohen, D. J. (1999). Neuroanatomical circuitry. In J. F. Leckman & D. J. Cohen (Eds.), *Tourette's syndrome—Tics, obsessions, compulsions: Developmental psychopathology and clinical care* (pp. 230–60). New York: Wiley.

Peterson, C., Maier, S., & Seligman, M. (1993). *Learned helplessness*. New York: Oxford University Press.

Peterson, C., & Seligman, M. E. P. (1984). Causal explanations as a risk factor for depression: Theory and evidence. *Psychological Review, 91* (31):347–74.

Peterson, C., & Seligman, M. E. P. (1987). Explanatory style and illness. Special Issue: Personality and physical health. *Journal of Personality, 55* (2): 237–65.

Peterson, C., Seligman, M. E. P., & Vaillant, G. (1988). Pessimistic explanatory style as a risk factor for physical illness: A 35-year longitudinal study. *Journal of Personality and Social Psychology, 55,* 23–27.

Petersen, M. E., & Dickey, R. (1995). Surgical sex reassignment: A comparative survey of international centers. *Archives of Sexual Behavior, 24* (2): 135–56.

Petrie, K. J., Booth, R. J., & Pennebaker, J. W. (1998). The immunological effects of thought suppression. *Journal of Personality and Social Psychology, 75* (5): 1264–72.

Petronis, A. (1995). Unstable genes—unstable mind? *American Journal of Psychiatry, 152* (2): 164–72.

Petursson, H. (1994). The benzodiazepine withdrawal syndrome. *Addiction, 89,* 1455–59.

Petursson, H., & Lader, M. H. (1981). Withdrawal from long-term benzodiazepine treatment. *British Medical Journal, 283,* 643–45.

Petzel, T. P., & Johnson, J. E. (1972). Time estimation by process and reactive schizophrenics under crowded and uncrowded conditions. *Journal of Clinical Psychology, 28* (3): 345–47.

Pfafflin, F. (1992). Regrets after sex reassignment surgery. Special Issue: Gender dysphoria: Interdisciplinary approaches in clinical management. *Journal of Psychology and Human Sexuality, 5* (4): 69–85.

Pfohl, B. (1991). Histrionic personality disorder: A review of available data and recommendations for DSM-IV. *Journal of Personality Disorders, 5*(2): 150–66.

Pfohl, B. (1999). Axis I and Axis II: Comorbidity or confusion? In C. Cloninger (Ed.), *Personality and psychopathology.* Washington, DC: American Psychiatric Press.

Phahwa, R., Paolo, A., Troester, A., & Koller, W. (1998). Cognitive impairment in Parkinson's disease. *European Journal of Neurology, 5,* 431–41.

Phelps, J. A., Davis, J. O., & Schartz, K. M. (1997). Nature, nurture, and twin research strategies. *Current Directions in Psychological Science, 6,* 117–21.

Philibert, R. A., Richards, L., Lynch, C. F., & Winokur, G. (1995). Effect of ECT on mortality and clinical outcome in geriatric unipolar depression. *Journal of Clinical Psychiatry, 56* (9): 390–94.

Phillips, K. A., Gunderson, C. G., Mallya, G., McElroy, S. L., & Carter, W. (1998). A comparison study of body dysmorphic disorder and obsessive-compulsive disorder. *Journal of Clinical Psychiatry, 59* (11): 568–75.

Pickar, D. (1995). Prospects for pharmacotherapy of schizophrenia, *Lancet, 345* (8949):557–62.

Piggott, T., Pato, M., Bernstein, S., et al. (1990). Controlled comparisons of clomipramine and fluoxetine in the treatment of obsessive-compulsive disorder. *Archives of General Psychiatry, 47,* 926–32.

Pilla, M. Perachon, S., Sautel, F. Garrido, F. Mann, A., Wermuth, C.G., Schwartz, J., Everitt, B.J. & Sokoloff, P. (1999). Selective inhibition of cocaine-seeking behavior by a partial dopamine D3 receptor agonist. *Nature, 400,* 371–75.

Pillard, R. C., & Bailey, J. M. (1995). A biological perspective on sexual orientation. *Psychiatric Clinics of North America, 18* (1): 71–84.

Pillard, R., & Weinrich, J. (1987). The periodic table model of the gender transpositions: Part I. A theory based on masculinization and defeminization of the brain. *Journal of Sex Research, 4,* 425–54.

Pine, D. S., Coplan, J. D., Wasserman, G. A., Miller, L. S., Fried, J. E., Davies, M., Cooper, T. B., Greenhill, L., Shaffer, D., & Parsons, B. (1997). Neuroendocrine response to fenfluramine challenge in boys: Associations with aggressive behavior and adverse rearing. *Archives of General Psychiatry, 54,* 839–46.

Piquero, A., & Tibbetts, S. (1999). The impact of pre/perinatal disturbances and disadvantaged familial environment in predicting criminal offending. *Studies on Crime and Crime Prevention, 8,* 52–70.

Place, E. J. S., & Gilmore, G. C. (1980). Perceptual organization in schizophrenia. *Journal of Abnormal Psychology, 89,* 409–18.

Plassman, B. L., & Breitner, J. C. S. (1996). Recent advances in the genetics of Alzheimer's disease and vascular dementia with an emphasis on gene-environment interactions. *Journal of the American Geriatric Society, 44,* 1242–50.

Plomin, R., Corley, R., DeFries, J., & Fulker, D. (1990). Individual differences in television viewing in early childhood: Nature as well as nurture. *Psychological Science, 1,* 371–77.

Plomin, R., McClearn, G. E., Pedersen, N. L., Nesselroade, J. R., et al. (1988). Genetic influence on childhood family environment perceived retrospectively from the last half of the life span. *Developmental Psychology, 24,* 738–45.

Plomin, R., Scheier, M. F., Bergeman, C. S., Pedersen, N. L., Nesselroade, J. R., & McClearn, G. (1992). Optimism, pessimism and mental health: A twin/adoption analysis. *Personality and Individual Differences, 13* (8): 921–30.

Pokorny, A. D. (1964). Suicide rates and various psychiatric disorders. *Journal of Nervous and Mental Diseases, 139,* 499–506.

Polivy, J. (1976). Perception of calories and regulation of intake in restrained and unrestrained subjects. *Addictive Behaviors, 1,* 237–44.

Pollack, J. M. (1979). Obsessive-compulsive personality: A review. *Psychological Bulletin, 86,* 225–41.

Pollard, C., Bronson, S., & Kenney, M. (1989). Prevalence of agoraphobia without panic in clinical settings. *American Journal of Psychiatry, 146,* 559.

Pollock, V. I. (1992). Meta-analysis of subjective sensitivity to alcohol in sons of alcoholics. *American Journal of Psychiatry, 149,* 1534–38.

Pope, H. G., Jonas, J. M., & Jones, B. (1982). Factitious psychosis: Phenomenology, family history, and long-term outcome of nine patients. *American Journal of Psychiatry, 139,* 1480–83.

Pope, H. G., Jr., Hudson, J. I., Bodkin, J. A., & Oliva, P. (1998). Questionable validity of "dissociative amnesia" in trauma victims: Evidence from prospective studies. *British Journal of Psychiatry, 172,* 210–15.

Popovic, M., Popovic, N., Eric-Jovicic, M., Jovanova-Nesic, K. (2000). Immune responses in nucleus basalis magnocellularis-lesioned rats exposed to chronic isolation stress. *International Journal of Neuroscience, 100* (1–4): 125–31.

Porsolt, R. D., Anton, G., Blavet, N., & Jalfre, M. (1978). Behavioral despair in rats: A new model sensitive to antidepressant treatments. *European Journal of Pharmacology, 47,* 379–91.

Post, R. (1992). Transduction of psychological stress into the neurobiology of recurrent affective disorder. *American Journal of Psychiatry, 149,* 999–1010.

Post, R. M., Denicoff, K. D., Frye, M. A., Dunn, R. T., Leverich, G. S., Osuch, E., & Speer, A. (1998). A history of the use of anticonvulsants as mood stabilizers in the last two decades of the 20th century. *Neuropsychobiology, 38* (3): 152–66.

Post, R. M., Weiss, S. R. B., Smith, M. A., & Leverich, G. S. (1996). Impact of psychosocial stress on gene expression: Implications for PTSD and recurrent affective disorder. In T. W. Miller et al. (Eds.), *Theory and assessment of stressful life events.* International Universities Press stress and health series (pp. 37–91). Madison, CT: International Universities.

Potter, W. Z., & Manji, H. K. (1994). Catecholamines in depression: An update. *Clinical Chemistry, 40* (2): 279–87.

Poulos, C. X., Hinson, R. E., & Siegel, S. (1981). The role of Pavlovian processes in drug tolerance and dependence: Implications for treatment. *Addictive Behaviors, 6,* 205–11.

Poulton, R., & Menzies, R. (2000). Non-associative fear acquisition: A review of the evidence from retrospective and longitudinal research. *Behaviour Research and Therapy,* in press.

Pourcher, E., Baruch, P., Bouchard, R. H., Filteau, M., & Bergeron, D. (1995). Neuroleptic associated tardive dyskinesias in young people with psychoses. *British Journal of Psychiatry, 166,* 768–72.

Powell, K. E., Thompson, P. D., Caspersen, C. J., & Kendrick, J. S. (1987). Physical activity and the incidence of coronary heart disease. *Annual Review of Public Health, 8,* 253–87.

Power, C., McArthur, J. C., Nath, A., Wehrly, K., Mayne, M., Nishio, J., Langelier, T., Johnson, R. T., & Chesebro, B. (1998). Neuronal death induced by brain-derived human immunodeficiency virus type 1 envelope genes differs between demented and nondemented AIDS patients. *Journal of Virology, 72* (11): 9045–53.

Power, K., Simpson, R., Swanson, V., & Wallace, L. (1990). A controlled comparison of cognitive-behavior therapy, diazepam, and placebo, alone or in combination, for the treatment of generalized anxiety disorder. *Journal of Anxiety Disorders, 4,* 267–92.

Practice Guidelines Coalition (1999). *What is panic disorder?* Department of Psychology, University of Nevada.

Practice Guideline for the Treatment of Patients with Major Depressive Disorder (Revision). (2000). *American Journal of Psychiatry, 157* (Suppl.): 1–45.

Prasad, B. M., Sorg, B. A., Ulibarri, C., & Kalivas, P. W. (1995). Sensitization to stress and psychostimulants: Involvement of dopamine transmission versus the HPA axis. In G. P. Chrousos, R. McCarty, et al. (Eds.), *Stress: Basic mechanisms and clinical implications* (Annals of the New York Academy of Sciences, Vol. 771; pp. 617–25). New York: New York Academy of Sciences.

Premack, D. (1959). Toward empirical behavior laws: I. Positive reinforcement. *Psychological Review, 66,* 219–33.

Prescott, C. A., & Kendler, K. S. (1999). Genetic and environmental contributions to alcohol abuse and dependence in a population-based sample of male twins. *American Journal of Psychiatry, 156,* 34–40.

Preskorn, S., & Jerkovich, G. (1990). Central nervous system toxicity of tricyclic antidepressants: Phenomenology, course, risk factors, and the role of drug monitoring. *Journal of Clinical Psychopharmacology, 10,* 88–95.

Price, D. D., Milling, L. S., Kirsch, I., Duff, A., Montgomery, G. H., & Nicholls, S. S. (1999). An analysis of factors that contribute to the magnitude of placebo analgesia in an experimental paradigm. *Pain, 83,* 147–56.

Price, K. P., Tryon, W. W., & Raps, C. S. (1978). Learned helplessness and depression in a clinical population: A test of two behavioral hypotheses. *Journal of Abnormal Psychology, 87,* 113–21.

Price, R. W. (1996). Neurological complications of HIV infection. *Lancet, 348* (9025):445–52.

Price, R. W., Brew, B., Sidtis, J., et al. (1988). The brain in AIDS: Central nervous system HIV-1 infection and AIDS dementia complex. *Science, 239,* 586–92.

Prichard, J. C. (1837). *Treatise on insanity and other disorders affecting the mind.* Philadelphia: Haswell, Barrington & Haswell.

Priebe, S., Warner, R., Hubschmid, T., & Eckle, I. (1998). Employment, attitudes toward work and quality of life among people with schizophrenia in three countries. *Schizophrenia Bulletin, 24,* 469–77.

Prior, M. R. (1987). Biological and neuropsychological approaches to childhood autism. *British Journal of Psychiatry, 150,* 8–17.

Project MATCH Research Group. (1998). Matching alcoholism treatments to client heterogeneity: Project MATCH three-year drinking outcomes. *Alcoholism, Clinical and Experimental Research, 22,* 1300–1311.

Pulska, T., Pahkala, K., Laippala, P., & Kivela, S. (1999). Follow-up study of longstanding depression as predictor of mortality in elderly people living in the community. *British Medical Journal, 318,* 432–33.

Purcell, D., Brady, K., Chai, H., Muser, J., Molk, L., Gordon, N., & Means, J. (1969). The effect of asthma in children during experimental separation from the family. *Psychosomatic Medicine, 31,* 144–64.

Putnam, F. (1989). *Diagnosis and treatment of multiple personality.* New York: Guilford Press.

Putnam, F. W., Guroff, J. J., & Silberman, E. K., et al. (1986). The clinical phenomenology of multiple personality disorder: Review of 100 recent cases. *Journal of Clinical Psychiatry, 47* (6): 285–93.

Putnam, F., & Loewenstein, R. (1993). Treatment of multiple personality disorder: A survey of current practices. *American Journal of Psychiatry, 150,* 1048–52.

Putnam, F. W., Zahn, T. P., & Post, R. M. (1990). Differential autonomic nervous system activity in multiple personality disorder. *Psychiatry Research, 31,* 251–60.

Quay, H. C. (1986). Conduct disorders. In H. C. Quay & J. S. Werry (Eds.), *Psychopathological disorders of childhood* (pp. 35–62). New York: Wiley.

Quay, H. C., Routh, D. K., & Shapiro, S. K. (1987). Psychopathology of childhood: From description to validation. *Annual Review of Psychology, 38,* 491–532.

Quitkin, F., & Klein, D. (2000). What conditions are necessary to assess antidepressant efficacy. *Archives of General Psychiatry, 57,* 323–24.

Quitkin, F., Rabkin, J., Gerald, J., Davis, J., & Klein, D. (2000). Validity of clinical trials of antidepressants. *American Journal of Psychiatry, 157,* 327–37.

Rabavilos, A. D., Boulougouris, J. C., & Stefanis, C. (1976). Duration of flooding session in the treatment of obsessive-compulsive patients. *Behaviour Research and Therapy, 14,* 349–55.

Rachman, S. J. (1976). Therapeutic modeling. In M. Felman & A. Broadhurst (Eds.), *Theoretical and experimental bases of behavior therapy.* Chichester: Wiley.

Rachman, S. J. (1978). *Fear and courage.* New York: Freeman.

Rachman, S. (1990). The determinants and treatment of simple phobias. Advances *in Behaviour Research and Therapy, 12* (1): 1–30.

Rachman, S. (1994). Pollution of the mind. *Behaviour Research and Therapy, 32* (3): 311–14.

Rachman, S. (1997). *Best of behavior research and therapy.* New York: Pergamon/Elsevier Science Inc.

Rachman, S. J., Cobb, J., Grey, S., MacDonald, B., Mawson, C., Sartory, G., & Stern, R. (1979). The behavioral treatment of obsessive-compulsive disorders, with and without domipramine. *Behaviour Research and Therapy, 17,* 467–78.

Rachman, S. J., & Hodgson, R. J. (1980). *Obsessions and compulsions.* Englewood Cliffs, NJ: Prentice-Hall.

Rachman, S. J., Hodgson, R., & Marks, I. M. (1971). The treatment of chronic obsessional neurosis. *Behaviour Research and Therapy, 9,* 237–47.

Rachman, S. J., Marks, I., & Hodgson, R. (1973). The treatment of chronic obsessive-compulsive neurosis by modeling and flooding in vivo. *Behaviour Research and Therapy, 11,* 463–71.

Rachman, S., & Shafran, R. (1998). Cognitive and behavioral features of obsessive-compulsive disorder. In R. P. Swinson & M. M. Antony (Eds.), *Obsessive-compulsive disorder: Theory, research, and treatment* (pp. 51–78). New York: Guilford Press.

Radloff, L. S. (1975). Sex differences in depression: The effects of occupation and marital status. *Sex Roles, 1,* 249–65.

Rado, S. (1928). Psychodynamics of depression from the etiological point of view. In W. Galen (Ed.), *The meaning of despair.* New York: Science House.

Rafel, R., Smith, J., Krantz, J., Cohen, A., & Brennan, C. (1990). Extrageniculate vision in hemianopic humans: Saccade inhibition by signals in the blind field. *Science, 250,* 118–21.

Raine, A. (1991). The SPQ: A scale for the assessment of schizotypal personality. *Schizophrenia Bulletin, 17,* 555–64.

Raine, A. (1993). *The psychopathology of crime: Criminal behavior as a clinical disorder.* San Diego, CA: Academic Press.

Raine, A. (1996). Autonomic nervous system activity and violence. In D. M. Stoff & R. B. Cairns (Eds.), *Aggression and violence: Genetic, neurobiological, and biosocial perspectives* (pp. 145–68). Mahwah, NJ: Lawrence Erlbaum.

Raine, A. (1997). Antisocial behavior and psychophysiology: A biosocial perspective and a prefrontal dysfunction hypothesis. In D. M. Stoff, J. Breiling, & J. D. Maser (Eds.), *Handbook of antisocial behavior* (pp. 289–304). New York: Wiley.

Raine, A. (1999). Murderous minds: Can we see the mark of Cain? *Cerebrum, 1,* 15–30.

Raine, A., Brennan, P., & Mednick, S. A. (1997). Interaction between birth complications and early maternal rejection in predisposing individuals to adult violence: Specificity to serious, early-onset violence. *American Journal of Psychiatry, 154,* 1265–71.

Raine, A., & Buchsbaum, M. S. (1996). Violence, brain imaging, and neuropsychology. In D. M. Stoff, R. B. Cairns, et al. (Eds.), *Aggression and violence: Genetic, neurobiological, and biosocial perspectives* (pp. 195–217). Mahwah, NJ: Lawrence Erlbaum.

Raine, A., Lencz, T., & Mednick, S. A. (Eds.). (1995). *Schizotypal personality.* New York: Cambridge University Press.

Raitakari, O. T., Leino, M., Raikkonen, K., Porkka, K. V. K., Taimela, S., Rasanen, L., & Viikari, J. S. A. (1995). Clustering of risk habits in young adults: The Cardiovascular Risk in Young Finns Study. *American Journal of Epidemiology, 142* (1): 36–44.

Ramey, C. T., & Ramey, S. L. (1998). Early intervention and early experience. *American Psychologist, 53,* 109–20.

Rao, U., Weissman, M. M., Martin, J. A., & Hammond, R. W. (1993). Childhood depression and risk of suicide: A preliminary report of a longitudinal study. *Journal of the American Academy of Child and Adolescent Psychiatry, 32*(1): 21–27.

Rapee, R. (1991). Generalized anxiety disorder: A review of clinical features and theoretical concepts. *Clinical Psychology Review, 11,* 419–40.

Rapin, I. (1997) Current concepts: Autism. *New England Journal of Medicine, 397,* 97–104.

Rapin, I. (1999). Autism in search of a home in the brain. *Neurology, 52* (5): 902–904.

Rapin, I., & Katzman, R. (1998). Neurobiology of autism. *Annals of Neurology, 43,* 7–14.

Rapoport, J. L. (1988). The neurobiology of obsessive-compulsive disorder. *Journal of the American Medical Association, 260,* 2888–90.

Rapoport, J. L. (1990). *The boy who couldn't stop washing.* New York: Plume.

Rapport, M. D. (1987). Attention deficit disorder with hyperactivity. In M. Hersen & V. B. Van Hasselt (Eds.), *Behavior therapy with children and adolescents* (pp. 325–62). New York: Wiley.

Raps, C. S., Reinhard, K. E., & Seligman, M. E. P. (1980). Reversal of cognitive and affective deficits associated with depression and learned helplessness by mood elevation in patients. *Journal of Abnormal Psychology, 89,* 342–49.

Rattan, R. B., & Chapman, L. J. (1973). Associative intrusions in schizophrenic verbal behavior. *Journal of Abnormal Psychology, 82,* 169–73.

Rauch, S. L., & Jenike, M. A. (1998). Pharmacological treatment of obsessive compulsive disorder. In P. E. Nathan & J. M. Gorman (Eds.), *A guide to treatments that work* (pp. 358–76). New York: Oxford University Press.

Ravaglia, G., Forti, P., Maioli, F., De Ronchi, D., Boschi, F., Scali, R. C., Cavazzoni, M., Bovina, C., & Bugiardini, R. (1998). Antioxidant vitamins and dementia. *Archives of Gerontology and Geriatrics,* Suppl 6, 431–34.

Ravaja, N., Keltikangas-Jarvinen, L., & Keskivaara, P. (1996). Type A factors as predictors of changes in the metabolic syndrome precursors in adolescents and young adults—A 3-year follow-up study. *Health Psychology,* 15(1): 18–29.

Rawlings D., & MacFarlane, C. (1994). A multidimensional schizotypal traits questionnaire for young adolescents. *Personality and Individual Differences, 17,* 489–96.

Ray, O., & Ksir, C. (1987). *Drugs, society, and human behavior.* St. Louis: Times Mirror/Mosby.

Read, D. J., Lindsay, D. S., et al. (1997). *Recollections of trauma: Scientific evidence and clinical practice.* New York: Plenum.

Redmond, D. E., Jr. (1985). Neurochemical basis for anxiety and anxiety disorders: Evidence from drugs which decrease human fear of anxiety. In A. H. Tuma & J. D. Maser (Eds.), *Anxiety and the anxiety disorders.* Hillsdale, NJ: Lawrence Erlbaum.

Reed, T. E. (1993). Effect of enriched (complex) environment on nerve conduction velocity: New data and review of implications for the speed of information processing. *Intelligence, 17,* 533–540.

Reed, T., Carmelli, D., & Rosenman, R. H. (1991). Effects of placentation on selected Type A behaviors in adult males in the National Heart, Lung, and Blood Institute (NHLBI) twin study. *Behavior Genetics, 21,* 9–19.

Regan, M., & Howard, R. (1995). Fear conditioning, preparedness, and the contingent negative variation. *Clinical Psychology Review, 15* (1): 23–48.

Regier, A., Boyd, J. H., Burke, J. D., Rae, D. S., Myers, J. K., Kramer, M., Robins, L. N., George, L. K., Karno, M., & Locke, B. Z. (1988). One month prevalence of mental disorders in the United States. *Archives of General Psychiatry, 45,* 977–86.

Regier, D., Myers, J., Kramer, M., Robins, L., Blayer, D., Hough, R., Easton, W., & Locke, B. (1984). The NIMH Epidemiological Catchment Area program: Historical context, major objectives, and study population characteristics. *Archives of General Psychiatry, 41,* 934–41.

Regier, D. A., Narrow, W. E., & Rae, D. S. (1990). The epidemiology of anxiety disorders: The Epidemiological Catchment Area (ECA) experience. Symposium: Benzodiazepines: Therapeutic, biologic, and psychological issues. *Journal of Psychiatric Research, 24* (Suppl 2): 3–14.

Rehm, L. P. (1978). Mood pleasant events, and unpleasant events: Two pilot studies. *Journal of Consulting and Clinical Psychology, 46,* 854–59.

Rehyer, J., & Smyth, L. (1971). Suggestibility during the execution of a posthypnotic suggestion. *Journal of Abnormal Psychology, 78,* 258–65.

Reich, J. H. (1990). Comparisons of males and females in DSM-III dependent personality disorder. *Psychiatry Research, 23* (2): 207–14.

Reich, L. H., Davies, R. K., & Himmelhoch, J. M. (1974). Excessive alcohol use in manic-depressive illness. *American Journal of Psychiatry, 131* (1): 83–86.

Reich, W. (1986). Diagnostic ethics: The uses and limits of psychiatric explanation. In L. Tancredi (Ed.), *Ethical issues in epidemiological research.* New Brunswick, NJ: Rutgers University Press.

Reiff, H. B., Gerber, P. J., & Ginsberg, R. (1997). *Exceeding expectations: Successful adults with learning disabilities.* Austin, TX: Pro-Ed.

Reiman, E., Raichle, M., Robins, E., et al. (1986). The application of positron emission tomography to the study of panic disorder. *American Journal of Psychiatry, 143,* 469–77.

Reinecke, M. A., Ryan, N. E., & DuBois, D. L. (1998). Cognitive-behavioral therapy of depression and depressive symptoms during adolescence: A review and meta-analysis. *Journal of the American Academy of Child and Adolescent Psychiatry, 37* (1): 26–34.

Reinisch, J. (1992). Unpublished study cited in C. Gorman, Sizing up the sexes. *Time, 139,* 45–46.

Reitan, R. M., & Davison, L. A. (1974). *Clinical neuropsychology: Current status and applications.* Washington, DC: Winston and Sons.

Reite, M., Sheeder, J., Teale, P., Richardson, M., Adams, M., & Simon, J. (1995). MEG based brain laterality: Sex differences in normal adults. *Neuropsychologia, 33* (12): 1607–16.

Rende, R. (1999). Adaptive and maladaptive pathways in development: A quantitative genetic perspective. In M. C. LaBuda & E. L. Grigorenko (Eds.), *On the way to individuality: Current methodological issues in behavioral genetics* (pp. 1–21). Commack, NY: Nova Science Publishers.

Report of the Ethics Committee. (1997). *American Psychologist, 53,* 969–80.

Rescorla R. A., & Solomon, R. L. (1967). Two-process learning theory: Relationship between Pavlovian conditioning and instrumental learning. *Psychological Review, 74,* 151–82.

Resick, P., Jordan, C., Girelli, S., Hutter, C., et al. (1988). A comparative outcome study of behavioral group therapy for sexual assault victims. *Behavior Therapy, 19,* 385–401.

Ressler, K., & Nemeroff, C. B. (1999). Role of norepinephrine in the pathophysiology and treatment of mood disorders. *Biological Psychiatry, 46* (9): 1219–33.

Reynolds, C. F., Buysse, D. J., & Kupfer, D. J. (1999). Treating insomnia in older adults: Taking a long-term view. *Journal of the American Medical Association, 281* (11): 1034–35.

Reynolds, C. F., Frank, E., Perel, J. M., Imber, S. D., Cornes, C., Miller, M. D., Mazumdar, S., Houck, P. R., Dew, M. A., Stack, J. A., Pollock, B. G., & Kupfer, D. J. (1999). Nortriptyline and interpersonal psychotherapy as maintenance therapies for recurrent major depression: A randomized controlled trial in patients older than 59 years. *Journal of the American Medical Association, 281,* 39–45.

Reynolds, C. F., Kupfer, D. J., Hoch, C. C., & Sewitch, D. E. (1985). Sleeping pills for the elderly: Are they ever justified? *Journal of Clinical Psychiatry, 46,* 9–12.

Reynolds, W. M., & Coats, K. I. (1986). A comparison of cognitive-behavioral therapy and relaxation training for the treatment of depression in adolescents. *Journal of Consulting and Clinical Psychology, 54,* 653–60.

Rheaume, J., Freeston, M., Ladouceur, R., et al. (2000). Functional and dysfunctional perfectionists: Are they different on compulsive behaviors? *Behaviour Research and Therapy, 38,* 119–28.

Rhee, S. H., Waldman, I. D., Hay, D. A., & Levy, F. (1999). Sex differences in genetic and environmental influences on DSM-III-R attention-deficit/hyperactivity disorder. *Journal of Abnormal Psychology, 108,* 24–41.

Rhodewalt, F., Madrian, J. C., & Cheney, S. (1998). Narcissism, self-knowledge organization, and emotional reactivity: The effect of daily experiences on self-esteem and affect. *Personality and Social Psychology Bulletin, 24,* 75–87.

Ricciardi, J. N. (1995). Depressed mood is related to obsessions, but not to compulsions, in obsessive-compulsive disorder. *Journal of Anxiety Disorders, 9* (3): 249–56.

Rice, J., Reich, T., Andreasen, N. C., Endicott, J., Van Eerdewegh, M., Fishman, R., Hirschfeld, R. M. A., & Klerman, G. L. (1987). The familial transmission of bipolar illness. *Archives of General Psychiatry, 44,* 441–47.

Rice, M. E., Harris, G. T., & Quinsey, V. L. (1990). A follow-up study of rapists assessed in a maximum security psychiatric facility. *Journal of Interpersonal Violence, 5,* 435–40.

Richard, I. H., & Kurlan, R. (1997). A survey of antidepressant drug use in Parkinson's disease. *Neurology, 49,* 1168–70.

Richards, S. S., & Hendrie, H. C. (1999). Diagnosis, management, and treatment of Alzheimer disease: A guide for the internist. *Archives of Internal Medicine, 159,* 789–98.

Richters, M. M., & Volkmar, F. R. (1994). Reactive attachment disorder of infancy or early childhood. *Journal of the American Academy of Child and Adolescent Psychiatry, 33,* 328–32.

Rickels, K., DeMartinis, N., & Aufdembrinke, B. (2000). A double-blind, placebo-controlled trial of abecarnil and diazepam in the treatment of patients with generalized anxiety disorder. *Journal of Clinical Psychopharmacology, 20,* 12–18.

Rie, H. E. (1966). Depression in childhood: A survey of some pertinent contributions. *Journal of the American Academy of Child Psychiatry, 5,* 653–85.

Riskind, J. H., Moore, R., & Bowley, L. (1995). The looming of spiders: The fearful perceptual distortion of movement and menace. *Behaviour Research and Therapy, 33*(2): 171–78.

Risley, T., & Wolf, M. (1967). Establishing functional speech in echolalic children. *Behaviour Research and Therapy, 5,* 73–88.

Ritsner, M. S., Sherina, O., & Ginath, Y. (1992). Genetic epidemiological study of schizophrenia: Reproduction behaviour. *Acta Psychiatrica Scandinavica, 85,* 423–29.

Ritvo, E. R., Freeman, B. J., Pingree, C., Mason-Brothers, A., Jorde, L., Jenson, W. R., McMahon, W. M., Petersen, P. B., Mo, A., & Ritvo, A. (1989). The UCLA-University of Utah Epidemiology Survey of Autism: Prevalence. *American Journal of Psychiatry, 146* (2): 194–99.

Roache, J. (1990). Addiction potential of benzodiazepines and non-benzodiazepine anxiolytics. *Advances in Alcohol and Substance Abuse, 9,* 103–28.

Robbins, T. W. (1990). The case of frontostriatal dysfunction in schizophrenia. *Schzophrenia Bulletin, 16* (3): 391–402.

Roberts, R. E., Kaplan, G. A., Shema, S. J., & Strawbridge, W. J. (1997). Does growing old increase the risk for depression? *American Journal of Psychiatry, 154* (10): 1384–90.

Robertson, J. R., & Macleod, J. (1996). Methadone treatment: Methadone treatment is not the only option. *British Medical Journal, 313* (7070):1480–81.

Robertson, M., Trimble, M., & Lees, A. (1988). The psychopathology of Gilles de la Tourette syndrome. *British Journal of Psychiatry, 152,* 383–90.

Robins, E., & Guze, S. B. (1972). Classification of affective disorders: The primary-secondary, the endogenous-reactive, and the neurotic-psychotic concepts. In T. A. Williams, M. M. Katz, & J. A. Shields (Eds.), *Recent advances in the psychobiology of the depressive illnesses* (pp. 283–93). Washington, DC: U.S. Government Printing Office.

Robins, L. N. (1966). *Deviant children grow up.* Baltimore: Williams & Wilkins.

Robins, L. N. (1985). Epidemiology: Reflections on testing the validity of psychiatric interviews. *Archives of General Psychiatry, 42,* 918–24.

Robins, L. N. (1991). Conduct disorder. *Journal of Child Psychology and Psychiatry, 32,* 193–212.

Robins, L. N. (1999). A 70-year history of conduct disorder: Variations in definition, prevalence, and correlates. In P. Cohen, C. Slomkowski, & L. N. Robins (Eds.), *Historical and geographical influences on psychopathology* (pp. 37–56). Mahwah, NJ: Lawrence Erlbaum.

Robins, L. N., & Helzer, J. E. (1986). Diagnosis and clinical assessment: The current state of psychiatric diagnosis. *Annual Review of Psychology, 37,* 409–32.

Robins, L. N., Helzer, J. E., Hesselbrock, M., & Wish, E. D. (1977). Vietnam veterans three years after Vietnam: How our study changed our views of heroin. In L. Harris (Ed.), *Problems of drug dependence.* Richmond, VA: Committee on Problems of Drug Dependence.

Robins, L. N., Helzer, J. E., Weissman, M. M., Orvaschel, H., Gruenberg, E., Burke, J. D., & Regier, D. A. (1984). Lifetime prevalence of specific psychiatric disorders in three sites. *Archives of General Psychiatry, 41,* 949–58.

Robins, L. N., & Price, R. K. (1991). Adult disorders predicted by childhood conduct problems: Results from the NIMH Epidemiological Catchment Area project. *Psychiatry, 54,* 116–32.

Robinson, D. S., Davis, J., Nies, A., Ravaris, C., & Sylvester, D. (1971). Relation of sex in aging to monoamine oxidase activity in human brain, plasma, and platelets. *Archives of General Psychiatry, 24,* 536.

Robinson, D., Wu, H., Munne, R. A., Ashtari, M., Alvir, J. M. J., Lerner, G., Koreen, A., Cole, K., & Bogerts, B. (1995). Reduced caudate nucleus volume in obsessive-compulsive disorder. *Archives of General Psychiatry, 52* (5): 393–98.

Robinson, T. E., & Kolb, B. (1997) Persistent structural modifications in nucleus accumbens and prefrontal cortex neurons produced by previous experience with amphetamine. *Journal of Neuroscience, 17* (21): 8491–97.

Rodgers, W. M., & Brawley, L. R. (1996). The influence of outcome expectance and self-efficacy on the behavioral intentions of novice exercisers. *Journal of Applied Social Psychology, 26* (7): 618–34.

Rodnick, E. H., Goldstein, M. J., Lewis, J. M., & Doane, J. A. (1984). Parental communication style, affect, and role as precursors of offspring schizophrenia-spectrum disorders. In N. F. Watt, E. J. Anthony, L. C. Wynne, & J. E. Rolf (Eds.), *Children at risk for schizophrenia: A longitudinal perspective* (pp. 81–92). Cambridge: Cambridge University Press.

Rodriguez de Fonseca, F., Carrera, M. R. A., Navarro, M., Koob, G. F., & Weiss, F. (1997). Activation of corticotropin-releasing factor in the limbic system during cannabinoid withdrawal. *Science, 276,* 205–54.

Roe, B. B. (1999). *Why we should legalize drugs.* (The Schaffer Library of Drug Policy). http://druglibrary.org/schaffer/Misc/roe1.htm

Roediger, H., Weldon, M., & Challis, B. (1989). Explaining dissociations between implicit and explicit measures of retention: A processing account. In H. Roediger & F. Craik (Eds.), *Varieties of memory and consciousness: Essays in honor of Endel Tulvin,* (pp. 3–14). Hillsdale, NJ: Erlbaum.

Roeleveld, N., Zielhuis, G. A., & Gabreels, F. (1997). The prevalence of mental retardation: A critical review of recent literature. *Developmental Medical Child Neurology, 39,* 125–32.

Roff, J. D., & Knight, R. (1981). Family characteristics, childhood symptoms, and adult outcomes in schizophrenia. *Journal of Abnormal Psychology, 90,* 510–20.

Rogers, J., Siggins, G. R., Schulman, J. R., & Bloom, F. E. (1980). Physiological correlates of ethanol intoxication tolerance, and dependence in rat cerebellar Purkinje cells. *Brain Research, 196,* 183–98.

Rogers, M. P., Weinshenker, N. J., Warshaw, M. G., Goisman, R. M., Rodriguez-Villa, F. J., Fierman, E. J., & Keller, M. B. (1996). Prevalence of somatoform disorders in a large sample of patients with anxiety disorders. *Psychosomatics, 37*(1): 17–22.

Rogers, R., Johansen, J., Chang, J. J., & Salekin, R. T. (1997) Predictors of adolescent psychopathy: Oppositional and conduct-disordered symptoms. *Journal of the American Academy of Psychiatry and the Law, 25,* 261–71.

Roitman, S. E., Lees, B. S., Cornblatt, B. A., Bergman, A., Obuchowski, M., Mitropoulou, V., Keefe, R. S. E., Silverman, J. M., & Siever, L. J. (1997). Attentional functioning in schizotypal personality disorder. *American Journal of Psychiatry, 154,* 655–60.

Rolls, E. T. (1995). A theory of emotion and consciousness, and its application to understanding the neural basis of emotion. In M. Gazzaniga (Ed), *The cognitive neurosciences.* Cambridge, MA: MIT Press.

Romach, M. K., Glue, P., Kampman, K., Kaplan, H., Somer, G., Poole, S., Clarke, L., Coffin, V., Cornish, J., O'Brien, C., & Sellers, E. (1999) Attenuation of the euphoric effects of cocaine by the dopamine D1/D5 antagonist ecopipam (SCH 39166). *Archives of General Psychiatry, 56,* 1101–1106.

Romero, J., Garcia, L., Fernandez-Ruiz, J., Cebeira, M., & Ramos, J. A. (1995). Changes in rat brain cannabinoid binding sites after acute or chronic exposure to their endogenous agonist, anandamide, or to delta 9- tetrahydrocannabinol. *Pharmacology, Biochemistry and Behavior, 51* (4): 731–37.

Ronningstam, E. F. (Ed). (1998). *Disorders of narcissism: Diagnostic, clinical, and empirical implications* (pp. 375–413). Washington, DC: American Psychiatric Press.

Ronningstam, E. (1999). Narcissistic personality disorder. In T. Millon, P. Blaney, & R. Davis (Eds.), *Oxford textbook of psychopathology* (Vol. 4). New York: Oxford University Press.

Rooth, F. G., & Marks, I. M. (1974). Persistent exhibitionism: Short-term responses to aversion, self-regulation, and relaxation treatment. *Archives of Sexual Behavior, 3,* 227–48.

Roper, G., Rachman, S., & Marks, I. M. (1975). Passive and participant modeling in exposure treatment of obsessive compulsive neurotics. *Behaviour Research and Therapy, 13,* 271–79.

Rosen, A. J., Lockhart, J. J., Gants, E. S., & Westergaard, C. K. (1991). Maintenance of grip-induced muscle tension: A behavioral marker of schizophrenia. *Journal of Abnormal Psychology, 100,* 583–93.

Rosen, J. B., & Schulkin, J. (1998). From normal fear to pathological anxiety. *Psychological Review, 105* (2): 325–50.

Rosen, J. C., & Leitenberg, H. (1982). Bulimia nervosa: Treatment with exposure and response prevention. *Behavior Therapy, 13,* 117–24.

Rosen, R. C. (1996). Erectile dysfunction: The medicalization of male sexuality. *Clinical Psychology Review, 16* (6): 497–519.

Rosen, R. C. (1998). Sildenafil: Medical advance or media event? *Lancet, 351* (9116):1599–1600.

Rosen, R. C., & Leiblum, S. R. (1995). Treatment of sexual disorders in the 1990s: An integrated approach. *Journal of Consulting and Clinical Psychology, 63* (6): 877–90.

Rosenberg, D. R., & Keshavan, M. S. (1998). Toward a neurodevelopmental model of obsessive-compulsive disorder. *Biological Psychiatry, 43* (9): 623–40.

Rosenhan, D. L. (1973). On being sane in insane places. *Science, 179,* 250–58.

Rosenhan, D. L. (1975). The contextual nature of psychiatric diagnosis. *Journal of Abnormal Psychology, 84,* 462–74.

Rosenhan, D. L. (1983). Psychological abnormality and law. In C. J. Scheirer & B. L. Hammonds (Eds.), *Psychology and the law* (pp. 89–118). Washington, DC: American Psychological Association.

Rosenman, R. H., Brand, R. J., Jenkins, C. D., Friedman, M., Straus, R., & Wurm, M. (1975). Coronary heart disease in the Western Collaborative Group study: Final follow-up experience at eight-and-a-half years. *Journal of the American Medical Association, 233,* 872–77.

Rosenstein, L. D. (1998). Differential diagnosis of the major progressive dementias and depression in middle and late adulthood: A summary of the literature of the early 1990s. *Neuropsychology Review, 8,* 109–67.

Rosenstein, M. J., Milazzo-Sayre, L. J., & Manderscheid, R. W. (1990). Characteristics of persons using specialty inpatient, outpatient, and partial care programs in 1986. In R. W. Manderscheid & M. A. Sonnenschein (Eds.), *Mental health in the United States* (pp. 139–72). Washington, DC: U.S. Government Printing Office.

Rosenstein, M. J., Steadman, H. J., MacAskill, R. L., & Manderscheid, R. W. (1986). Legal status of admissions to three inpatient psychiatric settings, United States, 1980. *Mental Health Statistical Note No. 178,* October, 26.

Rosenthal, D. (1970a). Genetic research in the schizophrenic syndrome. In R. Cancro (Ed.), *The schizophrenic reactions* (pp. 245–58). New York: Brunner/Mazel.

Rosenthal, D. (1970b). *Genetic theory and abnormal behavior.* New York: McGraw-Hill.

Rosenthal, D. (1979). Was Thomas Wolfe a borderline? *Schizophrenia Bulletin, 5,* 87–94.

Rosenthal, N. E., Carpenter, C. J., James, S. P., Parry, B. L., Rogers, S. L. B., & Wehr, T. A. (1986). Seasonal affective disorder in children and adolescents. *American Journal of Psychiatry, 143,* 356–86.

Rosenthal, N. E., Moul, D. E., Hellekson, C. J., & Oren, D. A. (1993). A multicenter study of the light visor for seasonal affective disorder: No difference in efficacy found between two different intensities. *Neuropsychopharmacology, 8* (2): 151–60.

Rosenthal, N. E., Sack, D. A., Gillin, J. C., Lewy, A. J., Goodwin, F. K., Davenport, Y., Mueller, P. S., Newsome, D. A., & Wehr, T. A. (1984). Seasonal affective disorder: A description of the syndrome and preliminary findings with light therapy. *Archives of General Psychiatry, 41,* 72–80.

Rosenthal, P. A., & Rosenthal, S. (1984). Suicidal behavior by preschool children. American *Journal of Psychiatry, 141,* 520–25.

Rosenthal, T. L., & Bandura, A. (1979). Psychological modeling: Theory and practice. In A. Bergin & S. Garfield (Eds.), *Handbook of psychotherapy and behavior change.* New York: Wiley.

Rosler, A., & Witztum, E. (1998). Treatment of men with paraphilia with a long-acting analogue of gonadotropin-releasing hormone. *New England Journal of Medicine, 338* (7): 416–22.

Ross, C. A. (1991). Epidemiology of multiple personality disorder and dissociation. *Psychiatric Clinics of North America, 14,* 503–17.

Ross, C. A., Anderson, G., Fleisher, W. P., & Norton, G. R. (1991). The frequency of multiple personality disorder among psychiatric inpatients. *American Journal of Psychiatry, 148,* 1717–20.

Ross, C. A., Miller, S. D., Reagor, P., Bjornson, L., et al. (1990). Structured interview data on 102 cases of multiple personality disorder from four centers. *American Journal of Psychiatry, 147,* 596–601.

Ross, J. D., & Wirt, R. D. (1984). Childhood aggression and social adjustment as antecedents of delinquency. *Journal of Abnormal Child Psychology, 12*(1): 111–26.

Ross, L., Greene, D., & House, P. (1977). The false consensus phenomenon: An attributional bias in self perception and social perception processes. *Journal of Experimental Social Psychology, 13,* 279–301.

Rossi-Arnaud, C., Fagioli, S., & Ammassari-Teule, M. (1991). Spatial learning in two inbred strains of mice: Genotype dependent effect of amygdaloid and hippocampal lesions. *Behavioural Brain Research, 45* (1): 9–16.

Roth, L. (1954). *I'll cry tomorrow.* New York: Fell.

Rothbaum, B. O. (1997). A controlled study of eye movement desensitization and reprocessing in the treatment of posttraumatic stress disordered sexual assault victims. *Bulletin of the Menninger Clinic, 61* (3): 317–34.

Rothbaum, B. O., Foa, E., Riggs, D., Murdock, T., & Walsh, W. (1992). A prospective examination of post-traumatic stress disorder in rape victims. *Journal of Traumatic Stress, 5* (3): 455–75.

Rothbaum, B. O., Hodges, L., Alarcon, R., Ready, D., Shahar, F., Graap, K., Pair, J., Hebert, P., Gotz, D., Wills, B., & Baltzell, D. (1999). Virtual reality exposure therapy for PTSD Vietnam veterans: A case study. *Journal of Traumatic Stress, 12* (2): 263–71.

Rothbaum, B. O., Hodges, L. F., Kooper, R., Opdyke, D., Williford, J., & North, M. M. (*1995).* Effectiveness of virtual reality graded exposure in the treatment of acrophobia. *American Journal of Psychiatry, 152,* 626–28.

Rothbaum, B. O., Hodges, L., Watson, B.A., Kessler, G. D., & Opdyke, D. (1996). Virtual reality exposure therapy in the treatment of fear of flying: A case report. *Behaviour Research and Therapy, 34,* 477–81.

Rothbaum, B. O., Ninan, P. T., & Thomas, L. (1996). Sertraline in the treatment of rape victims with posttraumatic stress disorder. *Journal of Traumatic Stress, 9* (4): 865–71.

Rotter, J. B. (1966). Generalized expectancies for internal versus external control of reinforcement. *Psychological Monographs, 80* (1).

Rotton, J., Dubitsky, S. S., Milov, A., White, S. M. et al. (1997). Distress, elevated cortisol, cognitive deficits, and illness following a natural disaster. *Journal of Environmental Education, 17* (2), 85–98.

Roy, M. A., Neale, M. C., Pederson, N. L., Mathe, A. A., & Kendler, K. S. (1995). A twin study of generalized anxiety disorder and major depression. *Psychological Medicine, 25,* 1037–49.

Roy-Byrne, P., & Cowley, D. (1998). Pharmacological treatment of panic, generalized anxiety, and phobic disorders. In P. Nathan & J. Gorman (Eds.), *A guide to treatments that work.* New York: Oxford University Press.

Rozin, P. (1976). The psychobiological approach to human memory. In M. R. Rosenzweig & E. L. Bennett (Eds.), *Neural mechanisms of learning and memory* (pp. 3–46). Cambridge, MA: MIT Press.

Rubenstein, C. (1982, May). What's good. *Psychology Today, 16,* 62–72.

Rubin, R. T. (1982). Koro (Shook Yang): A culture-bound psychogenic syndrome. In. C. Friedman & R. Fauger (Eds), *Extraordinary disorders of human behavior.* (pp. 155–72). New York: Plenum.

Rubin, R., Villanueva-Meyer, J., Ananth, J., et al. (1992). Regional xenon 133 cerebral blood flow and cerebral technetium 99m HMPAO uptake in unmedicated patients with obsessive-compulsive disorder and matched normal control subjects. *Archives of General Psychiatry, 49,* 739–44.

Rubonis, A. V., & Bickman, L. (1991). Psychological impairment in the wake of disaster: The disaster-psychopathology relationship. *Psychological Bulletin, 109* (3): 384–99.

Rugg, M. D., Mark, R. E., Walla, P., Schloerscheidt, A.M., Birch, C. S., Allan, K. (1998). Dissociation of the neural correlates of implicit and explicit memory. *Nature, 392* (6676): 595–98.

Rush, A. J., & Weissenburger, J. E. (1994). Melancholic symptom features and DSM-IV. *American Journal of Psychiatry, 151* (4): 489–98.

Rush, H. A., Beck, A. T., Kovacs, M., & Hollon, S. (1977). Comparative efficacy of cognitive therapy and pharmacotherapy in the treatment of depressed outpatients. *Cognitive Research and Therapy, 1,* 17–37.

Ruskin, P. E., Reed, S., Kumar, R., Kling, M. A., Siegel, E., Rosen, M., & Hauser, P. (1998). Reliability and acceptability of psychiatric diagnosis via telecommunication and audiovisual technology. *Psychiatric Services, 49* (8): 1086–88.

Russek, L., King, S., Russek, S., & Russek, H. (1990). The Harvard mastery of stress study 35-year follow-up: Prognostic significance of patterns of psychophysiological arousal and adaptation. *Psychosomatic Medicine, 52,* 271–85.

Russell, W. R. (1959). *Brain, memory, learning: A neurologist's view.* Oxford, England: Oxford University Press.

Rutter, M. (1975). *Helping troubled children.* New York: Plenum.

Rutter, M. (1978). Prevalence and types of dyslexia. In A. L. Benton & D. Pearl, *Dyslexia: An appraisal of current knowledge.* New York: Oxford University Press.

Rutter, M. (1985). Family and school influence on behavioural development. *Journal of Child Psychology and Psychiatry, 26,* 349–68.

Rutter, M. (1989). Isle of Wight revisited: Twenty-five years of psychiatric epidemiology. *Journal of the American Academy of Child and Adolescent Psychiatry, 28* (5): 633–53.

Rutter, M. L. (1997). Nature-nurture integration: The example of antisocial behavior. *American Psychologist, 52* (4): 390–98.

Rutter, M., & Garmezy, N. (1983). Developmental psychopathology. In P. H. Mussen (Ed.), *Handbook of child psychology, Vol. 4: Socialization, personality, and social development.* New York: Wiley.

Rutter, M., Macdonald, H., Le Couteur, A., Harrington, R., Bolton, P., & Bailey, A. (1990). Genetic factors in child psychiatric disorders: II. Empirical findings. *Journal of Child Psychology and Psychiatry, 31* (1): 39–83.

Rutter, M., Quinton, D., & Hill, J. (1990). Adult outcome of institution-reared children: Males. In L. Robins & M. Rutter (Eds.), *Straight and devious pathways from childhood to adulthood* (pp. 135–57). New York: Cambridge University Press.

Saccuzzo, D. P., & Braff, D. L. (1986). Information processing abnormalities: Trait- and state-dependent components. *Schizophrenia Bulletin, 12* (3): 447–59.

Sachar, E. J., Kanter, S. S., Buie, D., Engle, R., & Mehlman, R. (1970). Psychoendocrinology of ego disintegration. *American Journal of Psychiatry, 126,* 1067–78.

Sachdev, P., & Hay, P. (1995). Does neurosurgery for obsessive-compulsive disorder produce personality change? *Journal of Nervous and Mental Disease, 183* (6): 408–13.

Sack, R., & De Fraites, E. (1977). Lithium and the treatment of mania. In J. Barchas, P. Berger, R. Ciaranello, & G. Elliot (Eds.), *Psychopharmacology.* New York: Oxford University Press.

Sack, W., Clarke, G., Him, C., & Dickason, D. (1993). A 6–year follow-up study of Cambodian refugee adolescents traumatized as children. *Journal of the American Academy of Child and Adolescent Psychiatry, 32,* 431–37.

Sackeim, H. A., Greenberg, M. S., Weiman, A. L., Gur, R. C., Hunger-Buhler, J. P., & Geschwind, N. (1982). Hemispheric asymmetry in the expression of positive and negative emotions: Neurological evidence. *Archives of Neurology, 39,* 210–18.

Sackeim, H. A., Nordlie, J. W., & Gur, R. C. (1979). A model of hysterical and hypnotic blindness: Cognitions, motivation and awareness. *Journal of Abnormal Psychology, 88,* 474–89.

Sackeim, H., Prudic, J., Devanand, D., et al. (1993). Effects of stimulus intensity and electrode placement on the efficacy and cognitive effects of electroconvulsive therapy. *New England Journal of Medicine, 328,* 839–46.

Sackeim, H., Prudic, J., Devanand, D., et al. (2000). A comparison of bilateral and right unilateral ECT. *Archives of General Psychiatry, 57,* 425–34.

Sackeim, H. A., & Rush, A. J. (1995, August). Melancholia and response to ECT [Letter to the editor]. *American Journal of Psychiatry,* p. 1243.

Sacks, O. W. (1995). *An anthropologist on Mars: Seven paradoxical tales.* New York: Knopf.

Sagvolden, T., & Sargeant, J. A. (1998). Attention deficit/hyperactivity disorder: From brain dysfunctions to behaviour. *Behavioural Brain Research, 94,* 1–10.

Sahakian, B., Jones, G., Levy, R., Gray, J., & Warburton, D. (1989). The effects of nicotine on attention, information processing, and short-term memory in patients with dementia of the Alzheimer type. *British Journal of Psychiatry, 154,* 797–800.

Saigh, P. A., Mroueh, M., Zimmerman, B. J., & Fairbank, J. A. (1996). Self-efficacy expectation among traumatized adolescents. *Behaviour Research and Therapy, 33*(6): 701–704.

Sakai, T. (1967). Clinico-genetic study on obsessive compulsive neurosis. *Bulletin of Osaka Medical School, Supplement XII,* 323–31.

Sakamoto, K., Kamo, T., Nakadaira, S., & Tamura, A. (1993). A nationwide survey of seasonal affective disorder at 53 outpatient university clinics in Japan. *Acta Psychiatrica Scandinavica, 87* (4): 258–65.

Sakheim, D. K., Barlow, D. H., Abrahamson, D. J., & Beck, J. G. (1987). Distinguishing between organogenic and psychogenic erectile dysfunction. *Behaviour Research and Therapy, 25,* 379–90.

Salamone, J. D., Kurth, P., McCullough, L. D., & Sokolowski, J. D. (1995). The effects of nucleus accumbens dopamine depletions on continuously reinforced operant responding: Contrasts with the effects of extinction. *Pharmacology, Biochemistry and Behavior, 50* (3): 437–43.

Salit, S. A., Kuhn, E. M., Hartz, A. J., Vu, J. M., & Mosso, A. L. (1998). Hospitalization costs associated with homelessness in New York City. *New England Journal of Medicine, 338,* 1734–40.

Salkovskis, P. M. (1985). Obsessional-compulsive problems: A cognitive-behavioural analysis. *Behaviour Research and Therapy, 23* (5): 571–83.

Salkovskis, P. M. (1999).Understanding and treating obsessive-compulsive disorder. *Behaviour Research and Therapy, 37* (Suppl 1): S29–S52.

Salkovskis, P. M., Clark, D. M., & Gelder, M. G. (1996). Cognition-behaviour links in the persistence of panic. *Behaviour Research and Therapy, 34* (5–6): 453–58.

Salkovskis, P. M., Forrester, E., & Richards, C. (1998). Cognitive-behavioural approach to understanding obsessional thinking. *British Journal of Psychiatry, 173* (Suppl 35): 53–63.

Salzman, C. (1993). Benzodiazepine treatment of panic and agoraphobic symptoms: Use, dependence, toxicity, abuse. *Journal of Psychiatric Research, 27*, 97–110.

Salzman, L., & Thaler, F. (1981). Obsessive-compulsive disorders: A review of the literature. *American Journal of Psychiatry, 138*, 286–96.

Sameroff, A. J., Seifer, R., & Barocas, R. (1983). Impact of parental psychopathology: Diagnosis, severity, or social status effects. *Infant Mental Health Journal, 4*, 236–49.

Sander, T., Ball, D., Murray, R., Patel, J., Samochowiec, J., Winterer, G., Rommelspacher, H., Schmidt, L. G., & Loh, E. (1999). Association analysis of sequence variants of the GABAapprox alpha6, beta2, and gamma2 gene cluster and alcohol dependence. *Alcoholism, Clinical and Experimental Research, 23*, 427–31.

Sandler, J., & Hazari, A. (1960). The "obsessional": On the psychological classification of obsessional character traits and symptoms. *British Journal of Medical Psychology, 33*, 113–22.

Sandler, R. S., Zorich, N. L., Filloon, T. G., Wiseman, H. B., Lietz, D. J., Brock, M. H., Royer, M. G., & Miday, R. K. (1999). Gastrointestinal symptoms in 3181 volunteers ingesting snack foods containing olestra or triglycerides. A 6-week randomized, placebo-controlled trial. *Annals of Internal Medicine, 130*, 253–61.

Sanguineti, V. R., Samuel, S. E., Schwartz, S. L., & Robeson, M. R. (1996). Retrospective study of 2200 involuntary psychiatric admissions and readmissions. *American Journal of Psychiatry, 153*, 392–96.

Sannibale, C., & Hall, W. (1998). An evaluation of Cloninger's typology of alcohol abuse. *Addiction, 93*, 1241–49.

Sapolsky, R. M. (1992). *Stress, the aging brain, and the mechanisms of neuron death*. Cambridge, MA: MIT Press.

Sapolsky, R. (1996). Why stress is bad for your brain. *Science, 273*, 949–50.

Sapolsky, R. M. (1998). *Why zebras don't get ulcers*. New York: Freeman.

Sapolsky, R. M., Romero, L. M., & Munck, A. U. (2000). How do glucocorticoids influence stress responses? Integrating permissive, suppressive, stimulatory, and preparative actions. *Endocrinological Review, 21*, 55–89.

Sargent, J. (1994). Brain-imaging studies of cognitive functions. Trends in *Neuroscience, 17*, 221–27.

Sartorius, N., Jablensky, A., Korten, A., Ernberg, G., Anker, M., Cooper, J. E., & Day, R. (1986). Early manifestations and first-contact incidence of schizophrenia in different cultures. *Psychological Medicine, 16*, 909–28.

Sarnyai, Z., & Kovacs, G. L. (1994). Role of oxytocin in the neuroadaptation to drugs of abuse. *Psychoneuroendocrinology, 19*, 85–117.

Sastry, P. S., Rao, K. S. (2000). Apoptosis and nervous system. *Journal of Neurochemistry, 74* (1).

Satcher, D. (1999). *Mental health: A report of the surgeon general*. http://www.mentalhealth.org/specials/surgeongeneralreport

Satterfield, J. H., Hoppe, C. & Schell, A. (1982). A prospective study of delinquency in 110 adolescent boys with attention deficit disorder and 88 normal adolescent boys. *American Journal of Psychiatry, 139*, 795–98.

Saugstad, L. F. (1989). Social class, marriage and fertility in schizophrenia. *Schizophrenia Bulletin, 15*, 9–43.

Saunders, A. M., Strittmatter, M. D., Schmechel, M. D., et al. (1993). Association of apolipoprotein E allele type 4 with late-onset familial and sporadic Alzheimer's disease. *Neurology, 43*, 1467–72.

Saunders, R. C., Kolachana, B. S., Bachevalier, J., & Weinberger, D. R.. (1998). Neonatal lesions of the medial temporal lobe disrupt prefrontal cortical regulation of striatal dopamine. *Nature, 393*, 169–71.

Saver, J. L., & Damasio, A. R. (1991). Preserved access and processing of social knowledge in a patient with acquired sociopathy due to ventromedial frontal damage. *Neuropsychologia, 29*, 1241–49.

Sawrey, W. L., Conger, J. J., & Turrell, E. S. (1956). An experimental investigation of the role of psychological factors in the production of gastric ulcers in rats. *Journal of Comparative and Physiological Psychology, 49*, 457–61.

Sawrey, W. L., & Weiss, J. D. (1956). An experimental method of producing gastric ulcers. *Journal of Comparative and Physiological Psychology, 49*, 269.

Saxena, S., Brody, A. L., Schwartz, J. M., & Baxter, L. R. (1998). Neuroimaging and frontal-subcortical circuitry in obsessive-compulsive disorder. *British Journal of Psychiatry, 173* (Suppl 35): 26–37.

Scardo, J. A., Ellings, J. M., & Newman, R. B. (1995). Prospective determination of chorionicity, amnionicity, and zygosity in twin gestations. *American Journal of Obstetrics and Gynecology, 173*, 1376–80.

Scarpa, A., & Raine, A. (1997). Biology of wickedness. *Psychiatric Annals, 27* (9): 624–29.

Scarr, S. (1975). Genetics and the development of intelligence. In F. D. Horowitz (Ed.), *Child development research* (Vol. 4). Chicago: University of Chicago Press.

Scazufca, M., & Kuipers, E. (1998). Stability of expressed emotion in relatives of those with schizophrenia and its relationship with burden of care and perception of patients' social functioning. *Psychological Medicine, 28*, 453–61.

Schacter, D. L. (1992). Priming and multiple memory systems: Perceptual mechanisms of implicit memory. *Journal of Cognitive Neuroscience, 4*, 244–56.

Schaefer, G., Thompson, J., Bodensteiner, J., & McConnell, J. M. (1996). Hypoplasia of the cerebellar vermis in neurogenetic syndromes. *Annals of Neurology, 39* (3): 382–85.

Schaeffer, L. F. (1959) The Rorschach Inkblot Test. In O. K. Buros (Ed.), *The fifth mental measurements yearbook* (pp. 285–89). Highland Park, NJ: Gryphon.

Schall, U., Schoen, A., Zerbin, D., Eggers, C., et. al. (1996). Event-related potentials during an auditory discrimination with prepulse inhibition in patients with schizophrenia, obsessive-compulsive disorder and healthy subjects. *International Journal of Neuroscience, 84*, 15–33.

Scheel, K. R. (2000) The empirical basis of dialectical behavior therapy: Summary, critique, and implications. *Clinical Psychology—Science and Practice, 7* (1): 68–86.

Scheff, T. J. (1966). *Being mentally ill: A sociological theory*. Chicago: Aldine.

Scheier, M. F., & Bridges, M. W. (1995). Person variables and health: Personality predispositions and acute psychological states as shared determinants for disease. *Psychosomatic Medicine, 57*, 255–68.

Schiavi, R. C., et al. (1984). Pituitary-gonadal function during sleep in men with erectile impotence and normal controls. *Psychosomatic Medicine, 46* (3): 239–54.

Schiavi, R. C., & Rehman, J. (1995). Sexuality and aging. *Urologic Clinics of North America, 22* (4): 711–26.

Schildkraut, J. J. (1965). The catecholamine hypothesis of affective disorders: A review of supporting evidence. *American Journal of Psychiatry, 122,* 509–22.

Schlager, D. (1995). Evolutionary perspectives on paranoid disorder. In M. J. Sedler (Ed.), *Delusional disorders* (Psychiatric Clinics of North America, Vol. 18; pp. 63–279). Philadelphia: Saunders.

Schleifer, S. J., Keller, S. E., Bartlett, J. A., Eckholdt, H. M., & Delaney, B. R. (1996). Immunity in young adults with major depressive disorder. *American Journal of Psychiatry, 153* (4): 477–82.

Schmale A., & Iker, H. (1966). The psychological setting of uterine cervical cancer. *Annals of the New York Academy of Sciences, 125,* 807–13.

Schmauk, F. J. (1970). Punishment, arousal, and avoidance learning in sociopaths. *Journal of Abnormal Psychology, 76,* 443–53.

Schneider, K. (1998). Toward a science of the heart: Romanticism and the revival of psychology. *American Psychologist, 53,* 277–89.

Schneider, M. (1992). The effect of mild stress during pregnancy on birth weight and neuromotor maturation in rhesus monkey infants. *Infant Behavior and Development, 15,* 389–403.

Schneier, F., Johnson, J., Hornig, C., et al. (1992). Social phobia: Comorbidity and morbidity in an epidemiologic sample. *Archives of General Psychiatry, 49,* 282–88.

Scholing, A., & Emmelkamp, P. M. G. (1996). Treatment of generalized social phobia: Results at long-term follow-up. *Behaviour Research and Therapy, 34* (5–6): 447–52.

Schopler, E., Mesibov, G. B., & Kunce, L. J. (Eds.). (1998). *Asperger syndrome or high-functioning autism?* New York: Plenum.

Schotte, D. E., & Stunkard, A. J. (1987). Bulimia vs. bulimic behaviors on a college campus. *Journal of the American Medical Association, 258,* 1213–15.

Schou, M. (1997). Forty years of lithium treatment. *Archives of General Psychiatry, 34,* 9–13.

Schreiber, F. R. (1974). *Sybil.* New York: Warner Books.

Schreibman, L. (1975). Effects of within-stimulus and extra-stimulus prompting on discrimination learning in autistic children. *Journal of Applied Behavioral Analysis, 8,* 91–112.

Schuckit, M. A. (1984). Subjective responses to alcohol in sons of alcoholics and controls. *Archives of General Psychiatry, 41,* 879–84.

Schuckit, M. A. (1987). Biological vulnerability to alcoholism. *Journal of Consulting and Clinical Psychology, 55,* 301–309.

Schuckit, M. A. (1994). Low level of response to alcohol as a predictor of future alcoholism. *American Journal of Psychiatry, 151,* 184–89.

Schuckit, M. A. (1998). Biological, psychological and environmental predictors of the alcoholism risk: A longitudinal study. *Journal of Studies on Alcohol, 59,* 485–94.

Schuckit, M. A., Mazzanti, C., Smith, T. L., Ahmed, U., Radel, M., Iwata, N., & Goldman, D. (1999). Selective genotyping for the role of 5-HT/2sub(A), 5-HT/2-sub(C), and GABA sub alpha/6 receptors and the serotonin transporter in the level of response to alcohol: A pilot study. *Biological Psychiatry, 45,* 647–51.

Schulberg, H., & Rush, A. J. (1994). Clinical practice guidelines for managing major depression in primary care practice. *American Psychologist, 49,* 34–41.

Schulkin, J., McEwen, B. S., & Gold, P. W. (1994). Allostasis, amygdala, and anticipatory angst. *Neuroscience and Biobehavioral Reviews, 18* (3): 385–96.

Schulman, P., Keith, D., & Seligman, M. (1993). Is optimism heritable? A study of twins. *Behaviour Research and Therapy, 6,* 569–74.

Schulsinger, F. (1972). Psychopathy, heredity and environment. *International Journal of Mental Health, 1,* 190–206.

Schulterbrand, J. G., & Raven, A. (Eds.). (1977). *Depression in childhood: Diagnosis, treatment, and conceptual models.* New York: Raven Press.

Schultes, R. E. (1987). Coca and other psychoactive plants: Magico-religious roles in primitive societies of the new world. In S. Fisher et al. (Eds.), *Cocaine: Clinical and biobehavioral aspects.* New York: Oxford University Press.

Schulz, S. C., Camlin, K. L., Berry, S. A., & Jesberger, J. A. (1999). Olanzapine safety and efficacy in patients with borderline personality disorder and comorbid dysthymia. *Biological Psychiatry, 46* (10): 1429–35.

Schuyler, D. (1974). The evaluation of the suicidal patient. In J. R. Novello (Ed.), *Practical handbook of psychiatry.* Springfield, IL: Charles C. Thomas.

Schwab, J. J., Bialow, M., Holzer, C. E., Brown, J. M., & Stevenson, B. E. (1967). Socio–cultural aspects of depression in medical inpatients. *Archives of General Psychiatry, 17,* 533–43.

Schwartz, B. (1984). *Psychology of learning and behavior* (2nd ed.). New York: Norton.

Schwartz, C. E., Snidman, N., & Kagan, J. (1999). Adolescent social anxiety as an outcome of inhibited temperament in childhood. *Journal of the American Academy of Child and Adolescent Psychiatry, 38* (8): 1008–15.

Schwartz, J. M. (1998). Neuroanatomical aspects of cognitive-behavioural therapy response in obsessive-compulsive disorder: An evolving perspective on brain and behaviour. *British Journal of Psychiatry, 173* (35): 38–44.

Schwartz, M. F., Baron, J., & Moscovitch, M. (1990). Symptomatology of Alzheimer-type dementia: Report on a survey-by-mail. In M. F. Schwartz (Ed.), *Modular deficits in Alzheimer-type dementia.* Cambridge, MA: MIT Press/Bradford.

Schwartz, M. F., & Masters, W. H. (1984). The Masters and Johnson treatment program for dissatisfied homosexual men. *American Journal of Psychiatry, 141* (2): 173–81.

Schwartz, R. C. (1998). Insight and illness in chronic schizophrenia. *Comprehensive Psychiatry, 39,* 249–54.

Schwartz, S., & Johnson J. H. (1985). *Psychopathology of childhood: A clinical-experimental approach.* New York: Pergamon.

Schwarz, T., Loewenstein, J., & Isenberg, K. E. (1995). Maintenance ECT: Indications and outcome. *Convulsive Therapy, 11* (1): 14–23.

Schweizer, E., Rickels, K., Csanalosi, I., & London, J. (1990). A placebo-controlled study of enciprazine in the treatment of generalized anxiety disorder. *Psychopharmacology Bulletin, 26,* 215–17.

Scovern, A. W., & Killman, P. R. (1980). Status of electroconvulsive therapy: Review of the outcome literature. *Psychological Bulletin, 87,* 260–303.

Scoville, W. B., & Milner, B. (1957). Loss of recent memory after bilateral hippocampal lesions. *Journal of Neurology, Neurosurgery and Psychiatry, 20,* 11–21.

Scull, A. (1981). Moral treatment reconsidered: Some sociological comments on an episode in the history of British psychiatry. In A. Scull (Ed.), *Madhouses, mad-doctors, and madmen: The social history of psychiatry in the Victorian era* (pp. 105–18). Philadelphia: University of Pennsylvania Press.

Searles, H. F. (1959). The effort to drive the other person crazy! An element in the aetiology and psychotherapy of schizophrenia. *British Journal of Medical Psychology, 32,* 1–18.

Sedney, M. (1987). Development of adrogyny: Parental influences. *Psychology of Women Quarterly, 11,* 321–26.

Seeck, M., Mainwaring, N., Ives, J., Blume, H., et al. (1993). Differential neural activity in the human temporal lobe evoked by faces of family members and friends. *Annals of Neurology, 34,* 369–75.

Sees, K. L., Delucchi, K. L., Masson, C., Rosen, A., Clark, H. W., Robillard, H., Banys, P., & Hall, S. M. (2000). Methadone maintenance versus 180-day psychosocially enriched detoxification for treatment of opioid dependence: A randomized controlled trial. *Journal of the American Medical Association, 283* (10): 1303–10.

Segal, S., Watson, M., Goldfinger, S., & Averbuck, D. (1988). Civil commitment in the psychiatric emergency room: II. Mental disorder indicators and three dangerousness criteria. *Archives of General Psychiatry, 45,* 753–58.

Segerstrom, S. C., Taylor, S. E., Kemeny, M. E., Reed, G. M., et al. (1996). Causal attributions predict rate of immune decline in HIV-seropositive gay men. *Health Psychology, 15*(6): 485–93.

Segraves, R., & Althof, S. (1998). Psychotherapy and pharmacotherapy of sexual dysfunctions. In P. Nathan & J. Gorman (Eds.), *A guide to treatments that work* (pp. 447–71). New York: Oxford University Press.

Seidman, S. N., & Rieder, R. O. (1994). A review of sexual behavior in the United States. *American Journal of Psychiatry, 151,* 330–41.

Seidman, S. N., & Walsh, B. T. (1999). Testosterone and depression in aging men. *American Journal of Geriatric Psychiatry, 7,* 18–33.

Seiffge-Krenke, I. (1993). Coping behavior in normal and clinical samples: More similarities than differences? *Journal of Adolescence, 16,* 285–303.

Self, D. W., & Nestler, E. J. (1998). Relapse to drug-seeking: Neural and molecular mechanisms. *Drug and Alcohol Dependence, 51,* 49–60.

Seligman, M. E. P. (1968). Chronic fear produced by unpredictable shock. *Journal of Comparative and Physiological Psychology, 66,* 402–11.

Seligman, M. E. P. (1970). On the generality of the laws of learning. *Psychological Review, 77,* 406–18.

Seligman, M. E. P. (1972). Learned helplessness. *Annual Review of Medicine, 23,* 207–412.

Seligman, M. E. P. (1975). *Helplessness: On depression, development, and death.* San Francisco: Freeman.

Seligman, M. E. P. (1991). *Learned optimism: The skill to conquer life's obstacles, large and small.* New York: Random House.

Seligman, M. E. P. (1994). *What you can change and what you can't: The ultimate guide to self-improvement.* New York: Knopf.

Seligman, M. (1995a). The effectiveness of psychotherapy: The *Consumer Reports* study. *American Psychologist, 50,* 965–74.

Seligman, M. E. P. (1995b). *The optimistic child.* New York: Houghton Mifflin.

Seligman, M. E. P. (1996). Science as an ally of practice. *American Psychologist, 51,* 1072–79.

Seligman, M. E. P. (1998). The president's address. *American Psychologist, 54,* 559–62.

Seligman, M. E. P., Abramson, L. Y., Semmel, A., & von Baeyer, C. (1979). Depressive attributional style. *Journal of Abnormal Psychology, 88,* 242–47.

Seligman, M. E. P., & Binik, Y. M. (1977). The safety signal hypothesis. In H. Davis & H. Hurwitz (Eds.), *Pavlovian operant interactions.* Hillsdale, NJ: Erlbaum.

Seligman, M. E. P., & Csikszentmihalyi, M. (2000). Positive psychology: An introduction. *American Psychologist, 1* (55): 5–14.

Seligman, M. E. P., & Johnston, J. C. (1973). A cognitive theory of avoidance learning. In F. J. McGuigan, & D. B. Lumsden (Eds.), *Contemporary approaches to conditioning and learning.* Washington, DC: Winston.

Seligman, M. E. P., & Maier, S. F. (1967). Failure to escape traumatic shock. *Journal of Experimental Psychology, 74,* 1–9.

Seligman, M., Reivich, K., Jaycox, L., & Gillham, J. (1995). *The optimistic child.* New York: Houghton Mifflin.

Seligman, M. E. P., Schulman, P., DeRubeis, R. J., & Hollon, S. D. (1999). The prevention of depression and anxiety. *Prevention and Treatment, 2.*

Seligman, M., & Yellin, A. (1987). What is a dream? *Behaviour Research and Therapy, 25,* 1–24.

Seltzer, B., Vasterling, J. J., & Buswell, A. (1995). Awareness of deficit in Alzheimer's disease: Association with psychiatric symptoms and other disease variables. *Journal of Clinical Geropsychology, 1,* 79–87.

Selye, H. (1956). *The stress of life.* New York: McGraw-Hill.

Selye, H. (1974). *Stress without distress.* New York: Harper Collins.

Selye, H. (1975). Confusion and controversy in the stress field. *Journal of Human Stress, 1,* 37–44.

Sensky, T., Turkington, D., Kingdon, D., Scott, J. L., Scott, J., Siddle, R., O'Carroll, M., & Barnes, T. R. E. (2000). A randomized controlled trial of cognitive-behavioral therapy for persistent symptoms in schizophrenia resistant to medication. *Archives of General Psychiatry, 57* (2): 165–72.

Serling, R. J. (1986). Curing a fear of flying. *US AIR,* 12–19.

Shaham, Y., & Stewart, J. (1995). Stress reinstates heroin-seeking in drug-free animals: An effect mimicking heroin, not withdrawal. *Psychopharmacology, 119,* 334–41.

Shaffer, D. (1976). Enuresis. In M. Rutter & L. Hersov (Eds.), *Child psychiatry: Modern approaches.* Oxford: Blackwell.

Shaffer, H. J., & Jones, S. B. (1985). *Quitting cocaine: The struggle against impulse.* Lexington, MA: Lexington Books.

Shalev, A. Y., Sahar, T., Freedman, S., Peri, T., Glick, N., Brandes, D., Orr, S. P., & Pitman, R. K. (1998). A prospective study of heart rate response following trauma and the subsequent development of posttraumatic stress disorder. *Archives of General Psychiatry, 55* (6): 553–59.

Shallice, T., & Burgess, P. W. (1991). Deficits in strategy applications following frontal-lobe damage in man. *Brain, 114,* 727–41.

Shanok, S. S., & Lewis, D. O. (1981). Medical histories of female delinquents. *Archives of General Psychiatry, 38,* 211–13.

Shapiro, D. (1965). *Neurotic styles.* New York: Basic Books.

Shapiro, D., & Shapiro, D. (1982). Meta-analysis of comparative therapy outcome studies: A replication and refinement. *Psychological Bulletin, 92,* 581–604.

Shapiro, F. (1995). *Eye Movement Desensitization and Reprocessing.* New York: Guilford Press.

Sharma, A. R., McGue, M. K., & Benson, P. L. (1996). The emotional and behavioral adjustment of United States adopted adolescents: Part II. Age at adoption. *Children and Youth Services Review, 18* (1–2): 101–14.

Sharma, R., & Markar, H. R. (1994). Mortality in affective disorder. *Journal of Affective Disorders, 31,* 91–96.

Shea, M. T., Elkin, I., Imber, S. D., & Sotsky, S. M. (1992). Course of depressive symptoms over follow-up: Findings about the National Institute of Mental Health Treatment of Depression Collaborative Research Program. *Archives of General Psychiatry, 49* (10): 782–87.

Sheitman, B., Kinon, B. J., Ridgway, B., & Liberman, J. A. (1998). Pharmacological treatments of schizophrenia. In P. Nathan & J. Gorman (Eds.), *A guide to treatments that work* (pp. 167–89). New York: Oxford University Press.

Shekelle, R. B., Gale, M., Ostfeld, A. M., & Paul, O. (1983). Hostility, risk of coronary heart disease, and mortality. *Psychosomatic Medicine, 45* (2): 109–14.

Shekelle, R. B., Hulley, S. B., Neaton, J. D., et al. (1985). The MRFIT behavior study. Type A behavior and incidence of coronary heart disease. *American Journal of Epidemiology, 122,* 559–70.

Sheldon, S. H. (1996). Sleep-related enuresis. *Child and Adolescent Psychiatric Clinics of North America, 5,* 661–72.

Sheline, Y. I., Sanghavi, M., Mintun, M. A., & Gado, M. H. (1999). Depression duration but not age predicts hippocampal volume loss in medically healthy women with recurrent major depression. *Journal of Neuroscience, 19,* 5034–43.

Sherer, M. A. (1988). Intravenous cocaine: Psychiatric effects, biological mechanisms. *Biological Psychiatry, 24,* 865–85.

Sherif, F. M., & Ahmed, S. S. (1995). Basic aspects of GABA-transaminase in neuropsychiatric disorders. *Clinical Biochemistry, 28* (2): 145–54.

Shermaan, D., McGue, M., & Iacono, W. (1997). Twin concordance for attention deficit hyperactivity disorder: A comparison of mothers and teachers reports. *American Journal of Psychiatry, 154,* 532–35.

Sherman, A. D., & Petty, F. (1980). Neurochemical basis of the action of antidepressants on learned helplessness. *Behavioral and Neurological Biology, 30,* 119–34.

Sherman, J. (1998). Effects of psychotherapeutic treatments for PTSD: A meta-analysis of controlled clinical trials. *Journal of Traumatic Stress, 11* (3): 413–35.

Shetty, N., Friedman, J. H., Kieburtz, K., Marshall, F. J., & Oakes, D. (1999). The placebo response in Parkinson's disease. Parkinson Study Group. *Clinical Neuropharmacology, 22,* 207–12.

Shimizu, M. (1992). Suicide and depression in late life. In M. Bergener, K. Hasegawa, S. I. Finkel, & T. Nishimura (Eds.), *Aging and mental disorders: International perspectives* (pp. 91–101). New York: Springer.

Shin, L. M., Kosslyn, S., McNally, R. J., Alpert, N. M., et al. (1997). Visual imagery and perception in posttraumatic stress disorder: A positron emission tomographic investigation. *Archives of General Psychiatry, 54* (3): 233–41.

Shin, R. (1997). Interaction of aluminum with paired helical filament tau is involved in neurofibriallary pathology of Alzheimer's disease. *Gerontology, 43* (Suppl 1): 16–23.

Shneidman, E. (1976). Suicide among the gifted. In E. S. Shneidman (Ed.), *Suicidology: Contemporary developments.* New York: Grune & Stratton.

Siegel, S., & Allan, L. G. (1998). Learning and homeostasis: Drug addiction and the McCollough effect. *Psychological Bulletin, 124,* 230–39.

Siegel-Itzkovich, J. (1998). Israel bans import of sildenafil citrate after six deaths in the U.S. *British Medical Journal, 316* (7145): 1625.

Siever, L. J. (1990a). Adoptive and family studies of schizophrenic probands suggest that genetic factors associated with schizophrenia are expressed as a spectrum of schizophrenia-related disorders, including schizotypal personality disorder and paranoid personality disorder. *Journal of Abnormal Psychology, 103* (1).

Siever, L. J. (1990b). Increased morbid risk for schizophrenia-related disorders in relatives of schizotypal personality disordered patients. *Archives of General Psychiatry, 47* (2): 634–40.

Siever, L., Bernstein, D., & Silverman, J. (1991). Schizotypal personality disorder: A review of its current status. *Journal of Personality Disorders, 5,* 178–93.

Siever, L. J., Bernstein, D. P., & Silverman, J. M. (1995). Schizotypal personality disorder. In W. J. Livesley (Ed.), *The DSM-IV personality disorders: Diagnosis and treatment of mental disorders* (pp. 71–90). New York: Guilford Press.

Sifneos, P. E. (1973). The prevalence of "alexithymic" characteristics in psychosomatic patients. *Psychotherapy and Psychosomatics, 22,* 255–62.

Sigman, M., Arbelle, S., & Dissanayake, C. (1995). Current research findings on childhood autism. *Canadian Journal of Psychiatry, 40* (6): 289–94.

Sigvardsson, S., von Knorring, A. L., Bohman, M., & Cloninger, C. R. (1984). An adoption study of somatoform disorders. I. The relationship of somatization to psychiatric disability. *Archives of General Psychiatry, 41,* 853–59.

Silberg, J. L., Pickles, A., Rutter, M., Hewitt, J., Simonoff, E., Maes, H., Carbonneau, R., Murrelle, L., Foley, D., & Eaves, L. (1999). The influence of genetic factors and life stress on depression among adolescent girls. *Archives of General Psychiatry, 56* (3): 225–32.

Silberstein, R. B., Farrow, M., Levy, F., Pipingas, A., Hay, D. A., & Jarman, F. C. (1998). Functional brain electrical activity mapping in boys with attention-deficit/hyperactivity disorder. *Archives of General Psychiatry, 55,* 1105–12.

Silbersweig, D. A., Stern, E., Frith, C., Cahill, C., et al. (1995). A functional neuroanatomy of hallucinations in schizophrenia. *Nature, 378,* 176–79.

Silk, K. R. (1996). Rational pharmacotherapy for patients with personality disorders. In P. S. Links (Ed), *Clinical assessment and management of severe personality disorders* (Clinical Practice, No. 35; pp. 109–42). Washington, DC: American Psychiatric Press.

Silverman, J. M., Zaccario, M. L., Smith, C. J., Schmeidler, J., Mohs, R. C., & Davis, K. L. (1994). Patterns of risk in first-degree relatives of patients with Alzheimer's disease. *Archives of General Psychiatry, 51,* 577–86.

Silverman, L. H. (1976). Psychoanalytic theory: The reports of my death are greatly exaggerated. *American Psychologist, 31* (9): 621–37.

Silverman, W., Kurtines, W., Ginsburg, G., et al. (1999). Treating anxiety disorders in children with group cognitive-behavioral therapy: A randomized clinical trial. *Journal of Consulting and Clinical Psychology, 67,* 995–1003.

Silverman, W. K., & Rabian, B. (1993). Simple phobias. *Child and Adolescent Psychiatric Clinics of North America, 2,* 603–23.

Silverstein, S. M., Matteson, S., & Knight, R. A. (1996). Reduced top-down influence in auditory perceptual organization in schizophrenia. *Journal of Abnormal Psychology, 105,* 663–67.

Simeon, D., Gross, S., Guralnik, O., et al. (1997). Thirty cases of DSM-III-R depersonalization disorder. *American Journal of Psychiatry, 154,* 11.

Simon, G. E., VonKorff, M., Piccinelli, M., Fullerton, C., & Ormel, J. (1999). An international study of the relation between somatic symptoms and depression. *New England Journal of Medicine, 341* (18): 1329–35.

Simon, N. M., Pollack, M. H., Tuby, K. S., & Stern, T. A. (1998). Dizziness and panic disorder: A review of the association between vestibular dysfunction and anxiety. *Annals of Clinical Psychiatry, 10,* 75–80.

Simonoff, E., Bolton, P., & Rutter, M. (1996) Mental retardation: Genetic findings, clinical implications and research agenda. *Journal of Child Psychology and Psychiatry, 37,* 259–80.

Simonoff, E., Pickles, A., Meyer, J. M., Silberg, J. L., Maes, H. H., Loeber, R., Rutter, M., Hewitt, J. K., & Eaves, L. J. (1997). The Virginia twin study of adolescent behavioral development: Influence of age, sex, and impairment on rates of disorder. *Archives of General Psychiatry, 54,* 801–808.

Sisoda, S. S., & Price, D. L. (1995). Role of the B-amyloid protein in Alzheimer's disease. *The PHASEB Journal, 9,* 366–70.

Skodol, A. E., Oldham, J. M., & Gallaher, P. E. (1999). Axis II comorbidity of substance use disorders among patients referred for treatment of personality disorders. *American Journal of Psychiatry, 156* (5): 733–38.

Skolnick, A. A. (1998). Protease inhibitors may reverse AIDS dementia. *Journal of American Medical Association, 279* (6): 419.

Slater, L. (1998). *Prozac diary.* New York: Random House.

Slutske, W. S., Heath, A. C., Dinwiddie, S. H., Madden, P. A., Bucholz, K. K., Dunne, M. P., Statham, D. J., & Martin, N.G. (1997). Modeling genetic and environmental influences in the etiology of conduct disorder. *Journal of Abnormal Psychology, 106,* 266–79.

Smith, C. A. (1998). Early detection of conduct disorder. *Journal of Paediatrics and Child Health, 34,* 101–103.

Smith, G. S., Reynolds, C. F., Pollock, B., Derbyshire, S., Nofzinger, E., Dew, M. A., Houck, P. R., Milko, D., Meltzer, C. C., & Kupfer, D. J. (1999). Cerebral glucose metabolic response to combined total sleep deprivation and antidepressant treatment in geriatric depression. *American Journal of Psychiatry, 156,* 683–89.

Smith, I. M., & Bryson, S. E. (1998). Gesture imitation in autism I: Nonsymbolic postures and sequences. *Cognitive Neuropsychology, 15,* 747–70.

Smith, J. C., Glass, G. V., & Miller, T. I. (1980). *The benefits of psychotherapy.* Baltimore: Johns Hopkins Press.

Smith, R. J. (1978). *The psychopath in society.* New York: Academic Press.

Smith, S. L., & Donnerstein, E. (1998). Harmful effects of exposure to media violence: Learning of aggression, emotional desensitization, and fear. In R. G. Geen & E. Donnerstein (Eds.), *Human aggression: Theories, research, and implications for social policy* (pp. 167–202). San Diego, CA: Academic Press.

Smith, T. (1999). Outcome of early intervention for children with autism. *Clinical Psychology—Science and Practice, 6,* 33–49.

Smith, T. E., Hull, J. W., & Santos, L. (1998). The relationship between symptoms and insight in schizophrenia: A longitudinal perspective. *Schizophrenia Research, 33,* 63–67.

Smythe, J. W., McCormick, C. M., Rochford, J., & Meaney, M. J. (1994). The interaction between prenatal stress and neonatal handling on nociceptive response latencies in male and female rats. *Physiology and Behavior, 55* (5): 971–74.

Snaith, P., Tarsh, M. J., & Reid, R. W. (1993). Sex reassignment surgery: A study of 141 Dutch transsexuals. *British Journal of Psychiatry, 162,* 681–85.

Snell, M. E. (1998). Characteristics of elementary school classrooms where children with moderate and severe disabilities are included: A compilation of findings. In S. J. Vitello & D. E. Mithaug (Eds.), *Inclusive schooling: National and international perspectives* (pp. 76–97). Mahwah, NJ: Lawrence Erlbaum.

Snowdon, D. A., Kemper, S. J., Mortimer, J. A., Greiner, L. H., Wekstein, D. R., & Markesbery, W. R. (1996). Linguistic ability in early life and cognitive function and Alzheimer's disease in late life. Findings from the Nun Study. *Journal of the American Medical Association, 275,* 528–32.

Snyder, K. S., Wallace, C. J., Moe, K., Ventura, J., et al. (1995). The relationship of residential care-home operators' expressed emotion and schizophrenic residents' symptoms and quality of life. *International Journal of Mental Health, 24,* 27–37.

Snyder, S. H. (1974a). Catecholamines as mediators of drug effects in schizophrenia. In F. O. Schmitt & F. G. Worden (Eds.), *The neurosciences: Third study program.* Cambridge, MA: MIT Press.

Snyder, S. H. (1974b). *Madness and the brain.* New York: McGraw-Hill.

Snyder, S. H. (1981). Dopamine receptors, neuroleptics and schizophrenia. *American Journal of Psychiatry, 138,* 460–64.

Snyder, S. H. (1986). *Drugs and the brain*. New York: Scientific American Library.

Snyder, S. H., Banerjee, S. P., Yamamura, H. I., & Greenberg, D. (1974). Neurotransmitters and schizophrenia. *Science, 184,* 1243–53.

Snyder, W. D., Simpson, D. M., Nielson, S., et al., (1983). Neurological complications of Acquired Immune Deficiency Syndrome: Analysis of 50 patients. *Annals of Neurology, 14,* 403–18.

Sokol, D. K., Moore, C. A., Rose, R. J., Williams, C. J., et al. (1995). Intrapair differences in personality and cognitive ability among young monozygotic twins distinguished by chorion type. *Behavior Genetics, 25,* 457–66.

Sokol, L., Beck, A. T., Greenberg, R. L., Wright, F. D., & Berchick, R. J. (1989). Cognitive therapy of panic disorder: A nonpharmacological alternative. *Journal of Nervous and Mental Diseases, 177* (12): 711–16.

Soloff, P. H. (1986). Progress in pharmacotherapy of borderline disorders: A double-blind study of amitriptyline, haloperidol, and placebo. *Archives of General Psychiatry, 43,* 691–97.

Soloff, P. H. (2000). Psychophamacology of borderline personality disorder. *Psychiatric Clinics of North America, 23* (1): 169–92.

Solomon, D. A., Keitner, G. I., Miller, I. W., Shea, M. T., & Keller, M. B. (1995). Course of illness and maintenance treatments for patients with bipolar disorder. *Journal of Clinical Psychiatry, 56* (1): 5–13.

Solomon, D., Keller, M., Leon, A., et al. (2000). Multiple recurrences of a major depressive disorder. *American Journal of Psychiatry, 157,* 229–33.

Solomon, R. L., & Corbit, J. D. (1974). An opponent process theory of motivation. *Psychological Reviews, 81* (2): 119–45.

Solomon, Z., Kotler, M., & Mikulincer, M. (1988). Combat-related post-traumatic stress disorder among second-generation Holocaust survivors: Preliminary findings. *American Journal of Psychiatry, 145,* 865–68.

Solomon, Z., Laor, N., Weiler, D., & Muller, U. (1993). The psychological impact of the Gulf War: A study of acute stress in Israeli evacuees. *Archives of General Psychiatry, 50,* 320–21.

Solomon, Z., Oppenheimer, B., Elizur, Y., & Waysman, M. (1990). Exposure to recurrent combat stress: Can successful coping in a second war heal combat-related PTSD from the past? *Journal of Anxiety Disorders, 4,* 141–45.

Songer, D. A., & Roman, B. (1996). Treatment of somatic delusional disorder with atypical antipsychotic agents. *American Journal of Psychiatry, 153* (4): 578–79.

Southard, D. R., Coates, T. J., Kolodner, K., Parker, F. C., Padgett, N. E., & Kennedy, H. L. (1986). Relationship between mood and blood pressure in the natural environment: An adolescent population. *Health Psychology, 5,* 469–80.

Sowell, E. R., Thompson, P. M., Holmes, C. J., Batth, R., Jernigan, T. L., & Toga A. W. (1999). Localizing age-related changes in brain structure between childhood and adolescence using statistical parametric mapping. *Neuroimage 9* (6 Pt 1): 587–97.

Spangler, D. L., Simons, A. D., Monroe, S. M., & Thase, M. E. (1997). Respond to cognitive-behavioral therapy in depression: Effects of pretreatment cognitive dysfunction and life stress. *Consulting and Clinical Psychology, 65* (4): 568–75.

Spangler, W. D. (1992). Validity of questionnaire and TAT measures of need for achievement: Two meta-analyses. *Psychological Bulletin, 112* (1): 140–54.

Spark, R. F., White, R. A., & Connelly, P. B. (1980). Impotence is not always psychogenic. *Journal of the American Medical Association, 243,* 750–55.

Sparrow, S. S., Balla, D. A., & Cicchetti, D. V. (1984). *Vineland adaptive behavior scales*. Circle Pines, MN: American Guidance Service.

Spaulding, W., Reed, D., Storzbach, D., Sullivan, M., Weiler, M., & Richardson, C. (1998). The effects of a remediational approach to cognitive therapy for schizophrenia. In T. Wykes & N. Tarrier (Eds.), *Outcome and innovation in psychological treatment of schizophrenia* (pp. 145–60). Chichester, England: Wiley.

Speckens, A. E. M., Hengeveld, M. W., Lycklama a Nijeholt, G., Van Hemert, A. M., & Hawton, K. E. (1995). Psychosexual functioning of partners of men with presumed nonorganic erectile dysfunction: Cause or consequence of the disorder? *Archives of Sexual Behavior, 24* (2): 157–72.

Spiegel, D. (1984). Multiple personality as a post-traumatic stress disorder. *Psychiatric Clinics of North America, 7,* 101–10.

Spiegel, D. (1990). Dissociating dissociation: A commentary on Dr. Garcia's article. *Dissociation: Progress in the Dissociative Disorders, 3,* 214–15.

Spiegel, D., Bloom, J., Kraemer, H., & Gottheil, E. (1989). Effect of psychosocial treatment on survival of patients with metastatic breast cancer. *Lancet,* October 14, pp. 888–91.

Spiegel, D., & Cardena, E. (1991). Disintegrated experience: The dissociative disorders revisited. *Journal of Abnormal Psychology, 100,* 366–78.

Spiegel, R. (1989). *Psychopharmacology* (2nd ed.). New York: Wiley.

Spiletz, D. M., O'Neill, G. P., Favreau, L., Dufresne, C., Gallant, M., Gareau, Y., Guay, D., Labelle, M., & Metters, K. M. (1995). Activation of the human peripheral cannabinoid receptor results in inhibition of adenylyl cyclase. *Molecular Pharmacology, 48,* 352–61.

Spira, A., Bajos, N., Bejin, A., Beltzer, N., Bozon, M., Ducot, M., Durandeau, A., Ferrand, A., Giami, A., Gilloire, A., Giraud, M., Leridon, H., Messiah, A., Ludwig, D., Moatti, J., Mounnier, L., Olomucki, H., Poplavsky, J., Riadney, B., Spencer, B., Sztalryd, J., & Touzard, H. (1992). AIDS and sexual behavior in France. *Nature, 360,* 407–409.

Spitz, R. A. (1946). Anaclitic depression. *Psychoanalytic Study of the Child, 2,* 313–47.

Spitzer, R. L. (1975). On pseudoscience in science, logic in remission and psychiatric diagnosis: A critique of Rosenhan's "On being sane in insane places." *Journal of Abnormal Psychology, 84,* 442–52.

Spitzer, R. L. (1991). An outsider-insider's views about revising the DSMs. *Journal of Abnormal Psychology, 100* (3): 294–96.

Spitzer, R. L., & Fleiss, J. L. (1974). A reanalysis of the reliability of psychiatric diagnosis. *British Journal of Psychiatry, 125,* 341–47.

Spitzer, R., Gibbon, M., Skodol, A., Williams, J., & First, M. (1989). *DSM-III-R case book*. Washington, DC: American Psychiatric Press.

Spoont, M. (1992). Modulatory role of serotonin in information processing: Implications for human psychopathology. *Psychological Bulletin, 112,* 330–50.

Spring, B., & Ravdin, L. (1992). Cognitive remediation in schizophrenia: Should we attempt it? *Schizophrenia Bulletin, 18,* 15–18.

Squire, L. R. (1986). Memory functions as affected by electroconvulsive therapy. *Annals of the New York Academy of Sciences, 462,* 307–14.

Squire, L. R., (1987). *Memory and brain.* New York: Oxford University Press.

Squire, L. R. (1992). Memory and the hippocampus: A synthesis from findings with rats, monkeys, and humans. *Psychological Review, 79,* 195–231.

Squire, L. R., & Butters, N. (Eds.). (1992). *The neuropsychology of memory* (2nd ed.). New York: Guilford Press.

Srole, L., Langner, T. S., Michael, S. T., Opler, M. K., & Rennie, T. A. (1962). *Mental health in the metropolis: The midtown Manhattan study.* New York: McGraw-Hill.

Staats, A. W. (1978). *Child learning intelligence and personality* (rev. ed.). Kalamazoo, MI: Behaviordela.

Stampfl, T. G., & Levis, D. J. (1967). Essentials of implosive therapy: A learning-theory-based psychodynamic behavioral therapy. *Journal of Abnormal Psychology, 72,* 496–503.

Stangl, D., Pfohl, B., Zimmerman, M., Bowers, W., & Corenthal, R. (1985). A structured interview for the DSM-III personality disorders: A preliminary report. *Archives of General Psychiatry, 42,* 591–96.

Stanley, M. A., & Averill, P. M. (1999). Strategies for treating generalized anxiety in the elderly. In M. Duffy (Ed.), *Handbook of counseling and psychotherapy with older adults.* New York: Wiley.

Stapleton, J. A., Russell, M. A. H., Feyerabend, C., Wiseman, S., Gustavsson, G., Sawe, U., & Wiseman, D. (1995). Dose effects and predictors of outcome in a randomized trial of transdermal nicotine patches in general practice. *Addiction, 90,* 31–42.

Stark, K. D. (1990). *Childhood depression: School-based intervention.* New York: Guilford Press.

Statistical Abstract of the United States. (1993). Washington, DC: U.S. Dept. of Commerce, Economics and Statistics Administration, Bureau of the Census, Data User Services Division, 1993–1998.

Steadman, H. J. (1973). Follow-up on Baxstrom patients returned to hospitals for the criminally insane. *American Journal of Psychiatry, 3,* 317–19.

Steadman, H. J. (1981). The statistical prediction of violent behavior: Measuring the costs of a public protectionist versus a civil libertarian model. *Law and Human Behavior, 5,* 263–74.

Steadman, H. J., & Keveles, G. (1972). The community adjustment and criminal activity of the Baxstrom patients: 1966–1970. *American Journal of Psychiatry, 129,* 304–10.

Steadman, H., & Keveles, C. (1978). The community adjustment and criminal activity of Baxstrom patients. *American Journal of Psychiatry, 135,* 1218–20.

Steadman, H. J., McGreevy, M. A., Morrissey, J. P., Callahan, L. A., Robbins, P. C., & Cirincione, C. (1993). *Before and after Hinckley: Evaluating insanity defense reform.* New York: Guilford Press.

Steadman, H. J., Monahan, J., Hartstone, E., Davis, S. K., & Robbins, P. C. (1982). Mentally disordered offenders: A national survey of patients and facilities. *Law and Human Behavior, 8* (1): 31–37.

Steffens, D. C., Helms, M. J., Krishnan, K. R., & Burke, G. L. (1999). Cerebrovascular disease and depression symptoms in the cardiovascular health study. *Stroke, 30* (10): 2159–66.

Stein, D. G. (2000). Brain injury and theories of recovery. In A. L. Christensen & B. P. Uzzell (Eds.), International handbook of neuropsychological rehabilitation. *Critical issues in neuropsychology* (pp. 9–32). New York: Kluwer Academic/Plenum Publishers.

Stein, D. J., Hollander, E., Anthony, D. T., Schneier, F. R., Fallon, B. A., Liebowitz, M. R., & Klein, D. F. (1992). Serotonergic medications for sexual obsessions, sexual addictions, and paraphilias. *Journal of Clinical Psychiatry, 53* (8): 267–71.

Stein, E. A., Pankiewicz, J., Harsch, H. H., Cho, J., Fuller, S. A., Hoffman, R. G., Hawkins, M., Rao, S. M., Bandettini, P. A., & Bloom, A. S. (1998). Nicotine-induced limbic cortical activation in the human brain: A functional MRI study. *American Journal of Psychiatry, 155,* 1009–15.

Stein, J. A., Golding, J. M., Siegel, J. M., Burnam, M. A., Sorenson, S. B., & Powell, G. J. (1988). Long-term psychological sequelae of child sexual abuse: The Los Angeles epidemiologic catchment area study. In G. E. Wyatt (Ed.), *Lasting effects of child sexual abuse.* Newbury Park, CA: Sage.

Stein, M. B. (1998). Neurobiological perspectives on social phobia: From affiliation to zoology. *Biological Psychiatry, 44,* 1277–85.

Stein, M. (1999). Viagra and cluster headache. *Headache, 39,* 58–59.

Stein, M. B., Koverola, C., Hanna, C., Torchia, M. G., et al. (1997). Hippocampal volume in women victimized by childhood sexual abuse. *Psychological Medicine, 27,* 951–59.

Stein, M. B., Liebowitz, M. R., Lydiard, R. B., Pitts, C. D., Bushnell, W., & Gergel, I. (1998). Paroxetine treatment of generalized social phobia (social anxiety disorder): A randomized controlled trial. *Journal of the American Medical Association, 280* (8): 708–13.

Steinberg, L. (1986). Stability and instability of Type A behavior from childhood to young adulthood. *Developmental Psychology, 22,* 393–401.

Steinberg, M., Rounsaville, B., & Cicchetti, D. V. (1990). The structured clinical interview for DSM-III-R dissociative disorders: Preliminary report on a new diagnostic instrument. *American Journal of Psychiatry, 147,* 76–82.

Steketee, G., Eisen, J., Dyck, I., Warshaw, M., & Rasmussen, S. (1999). Predictors of course in obsessive-compulsive disorder. *Psychiatry Research, 89,* 229–38.

Steptoe, A., Roy, M. P., Evans, O., & Snashall, D. (1995). Cardiovascular stress reactivity and job strain as determinants of ambulatory blood pressure at work. *Journal of Hypertension, 13* (2): 201–10.

Stern, D. (1985). *The interpersonal world of the infant.* New York: Basic Books.

Stern, J. (1981). Brain dysfunction in some hereditary disorders of amino acid metabolism. In P. J. Mittler, & J. M. deJong (Eds.), *Frontiers of knowledge in mental retardation: Vol II. Biomedical aspects.* Baltimore, MD: University Park Press.

Stevens, A. A., Goldman-Rakic, P. S., Gore, J. C., Fulbright, R. K., & Wexler, B. E. (1998). Cortical dysfunction in schizophrenia during auditory word and tone working memory demonstrated by functional magnetic resonance imaging. *Archives of General Psychiatry, 55,* 1097–1103.

St. George-Hyslop, P., et al., (1987). The genetic defect causing familial Alzheimer's disease maps on chromosome 21. *Science, 235,* 885–90.

St. George-Hyslop, P., Haines, J., Rogaev, E., et al. (1992). Genetic evidence for a novel familial Alzheimer's disease locus on chromosome 14. *Nature Genetics, 2,* 330–34.

Stice, E. (1994). Review of the evidence for a sociocultural model of bulimia nervosa and an exploration of the mechanisms of action. *Clinical Psychology Review, 14* (7): 633–61.

Stinnett, J. (1978). Personal communication.

Stinus, L. (1995). Neurobiological aspects of opiate tolerance and dependence. In C. N. Stefanis, H. Hippius, et al. (Eds.), *Research in addiction: An update* (Psychiatry in Progress Series, Vol. 2; pp. 1–21). Goettingen, Germany: Hogrefe and Huber.

Stip, E. (2000). Novel antipsychotics: Issues and controversies. Typicality of atypical antipsychotics. *Journal of Psychiatry and Neuroscience, 25,* 137–53.

Stirling, J. D., Hellewell, J. S. E., & Hewitt, J. (1997). Verbal memory impairment in schizophrenia: No sparing of short-term recall. *Schizophrenia Research, 25,* 85–95.

Stoeber, G., Franzek, E., & Beckmann, H. (1997). Maternal infectious illness and schizophrenia. *American Journal of Psychiatry, 154,* 292–93.

Stoff, D. M., Breiling, J., & Maser, J. D. (1997). *Handbook of antisocial behavior.* New York: Wiley.

Stoller, R. J. (1969). Parental influences in male transsexualism. In R. Green & J. Money (Eds.), *Transsexualism and sex reassignment.* Baltimore: Johns Hopkins Press.

Stoller, R. J. (1976). *Sexual gender—the transsexual experiment* (Vol. II). New York: Jason Aronson.

Stone, A. A. (1975). *Mental health and law: A system in transition.* Rockville, MD.: National Institute of Mental Health, Center for Studies of Crime and Delinquency.

Stone, A. A., Neale, J. M., Cox, D. S., Napoli, A., Valdimarsdottir, H., & Kennedy-Moore, E. (1994). Daily events are associated with a secretory immune response to an oral antigen in men. *Health Psychology, 13* (5): 440–46.

Stone, D. M., Merchant, K. M., Hanson, G. R., & Gibb, J. W. (1987). Immediate and long-term effects of 3, 4-methylenedioxymethamphetamine (MDMA) on serotonin pathways in brain of rat. *Neuropharmacology, 26,* 1677–83.

Stone, M. H. (1990). Abuse and abusiveness in borderline personality disorder. In P. S. Links (Ed.), *Family environment and borderline personality disorder* (pp. 131–48). Washington, DC: American Psychiatric Press.

Storms, M. D. (1981). A theory of erotic orientation development. *Psychological Review, 88,* 340–53.

Strang, J., Finch, E., Hankinson, L., Farrell, M., Taylor, C., & Gossop, M. (1997). Methadone treatment for opiate addiction: Benefits in the first month. *Addiction Research, 5,* 71–76.

Straus, M. A., & Mouradian, V. E. (1998). Impulsive corporal punishment by mothers and antisocial behavior and impulsiveness of children. *Behavioral Sciences and the Law, 16,* 353–74.

Strauss, M. E., Foureman, W. C., & Parwatikar, S. D. (1974). Schizophrenics' size estimations of thematic stimuli. *Journal of Abnormal Psychology, 83* (2): 117–23.

Streeter, C. C., van Reekum, R., Shorr, R. I., Bachman, D. L., et al. (1995). Prior head injury in male veterans with borderline personality disorder. *Journal of Nervous and Mental Disease, 183,* 577–81.

Streissguth, A. P., Grant, T. M., & Barr, H. M. (1991). Cocaine and the use of alcohol and other drugs during pregnancy. *American Journal of Obstetrics and Gynecology, 164,* 1239–43.

Streissguth, A., & Kanter, J. (Eds.). (1997). *The challenge of fetal alcohol syndrome: Overcoming secondary disabilities.* Seattle, WA: University of Washington Press.

Stroehle, A., Poettig, M., Barden, N., Holsboer, F., & Montkowski, A. (1998). Age- and stimulus-dependent changes in anxiety-related behaviour of transgenic mice with GR dysfunction. *Neuroreport: An International Journal for the Rapid Communication of Research in Neuroscience, 9,* 2099–2102.

Stueve, A., Dohrenwend, B. P., & Skodol, A. E. (1998). Relationships between stressful life events and episodes of major depression and nonaffective psychotic disorders: Selected results from a New York risk factor study. In B. P. Dohrenwend et al. (Eds.), *Adversity, stress, and psychopathology* (pp. 341–57). New York: Oxford University Press.

Stunkard, A. J. (1976). Anorexia nervosa. In J. P. Sanford (Ed.), *The science and practice of clinical medicine* (pp. 361–63). New York: Grune & Stratton.

Sturdevant, R. A. L. (1976). Epidemiology of peptic ulcer: Report of a conference. *American Journal of Epidemiology, 104,* 9–14.

Sturgis, E.T., & Gramling, S.E. (1998). Psychophysiological assessment. In A. S. Bellack & M. Hersen (Eds.), *Behavioral assessment: A practical handbook* (4th ed.; pp. 126–57). Boston, MA: Allyn & Bacon.

Suarez, J. M., & Pittluck, A. T. (1976). Global amnesia: Organic and functional considerations. *Bulletin of the American Academy of Psychiatric Law, 3,* 17–24.

Suddath, R. L., Christison, M. D., Torrey, E. F., Casanova, M., & Weinberger, D. R. (1990). Anatomic abnormalities in the brains of monozygotic twins discordant for schizophrenia. *New England Journal of Medicine, 322,* 789–94.

Sullivan, P. F., Bulik, C. M., & Kendler, K. S. (1998). The epidemiology and classification of bulimia nervosa. *Psychological Medicine, 28,* 599–610.

Sullivan, P. M., & Burley, S. K. (1990). Mental testing of the hearing-impaired child. In C. R. Reynolds & R. W. Kamphaus (Eds.), *Handbook of psychological and emotional assessment of children.* New York: Guilford Press.

Suls, J., Wan, C. K., & Costa, P. T. (1995). Relationship of trait anger to resting blood pressure: A meta-analysis. *Health Psychology, 14* (5): 444–56.

Summerville, M. B., Kaslow, N. J., & Doepke, K. J. (1996). Psychopathology and cognitive and family functioning in suicidal African-American adolescents. *Current Directions in Psychological Science, 5* (1): 7–11.

Susser, M. (1967). Causes of peptic ulcer: A selective epidemiological review. *Journal of Chronic Disabilities, 20,* 435–56.

Suzdak, P. P., Schwartz, R. D., Skolnick, P., & Paul, S. M. (1986). Ethanol stimulates gamma-aminobutyric acid receptor-mediated chloride transport in rat brain synaptoneurosomes. *Proceedings of National Academy of Sciences, U. S. A., 83,* 4071–75.

Svebak, S., Cameron, A., & Levander, S. (1990). Clonazepam and imipramine in the treatment of panic attacks. *Journal of Clinical Psychiatry, 51,* 14–17.

Svrakic, N. M., Svrakic, D. M., & Cloninger, C. R. (1996). A general quantitative theory of personality development: Fundamentals of a self-organizing psychobiological complex. *Development and Psychopathology, 8,* 247–72.

Swaab, D. F., & Hofman, M. A. (1995). Sexual differentiation of the human hypothalamus in relation to gender and sexual orientation. *Trends in Neuroscience, 18* (6): 264–70.

Swaab, D. F., Gooren, L. J., & Hofman, M. A. (1995). Brain research, gender and sexual orientation. *Journal of Homosexuality, 28* (3–4): 283–301.

Swan, N. (1997). Gender affects relationships between drug abuse and psychiatric disorders. *NIDA Research Advances, 12* (4): 22–23.

Swanson, W. C., & Breed, W. (1976). Black suicide in New Orleans. In E. S. Shneidman (Ed.), *Suicidology: Contemporary developments.* New York: Grune & Stratton.

Swartz, J. R. (1999). Dopamine projections and frontal systems function. In B. L. Miller & J. L. Cummings (Eds.), *The human frontal lobes: Functions and disorders* (Science and Practice of Neuropsychology Series; pp. 159–73). New York: Guilford Press.

Swartz, M., Blazer, D., George, L., & Winfield, I. (1990). Estimating the prevalence of borderline personality disorder in the community. *Journal of Personality Disorders, 4,* 257–72.

Swartz, M. S., Swanson, J. W., Hiday, V. A., Borum, R., Wagner, H. R., & Burns, B. J. (1998). Violence and severe mental illness: The effects of substance abuse and nonadherence to medication. *American Journal of Psychiatry, 155,* 226–31.

Swedo, S. E. (1994). Sydenham's Chorea: A model for childhood autoimmune neuropsychiatric disorders. *Journal of the American Medical Association, 272* (22): 1788–91.

Swedo, S. E., & Kiessling, L. S. (1994). Speculations on antineuronal antibody-mediated neuropsychiatric disorders of childhood. *Pediatrics, 93* (2): 323–26.

Swedo, S. E., Leonard, H. L., Garvey, M., Mittleman, B., Allen, A. J., Perlmutter, S., Lougee, L., Dow, S., Zamkoff, J., & Dubbert, B. K. (1998). Pediatric autoimmune neuropsychiatric disorders associated with streptococcal infections: Clinical description of the first 50 cases. *American Journal of Psychiatry, 155,* 264–71.

Swedo, S. E., Leonard, H. L., Schapiro, M. B., Casey, B. J., Mannheim, G. B., Lenane, M. C., & Rettew, D. C. (1993). Sydenham's Chorea: Physical and psychological symptoms of St. Vitus Dance. *Pediatrics, 91* (4): 706–13.

Swedo, S., Pietrini, P., Leonard, H., et al. (1992). Cerebral glucose metabolism in childhood-onset obsessive-compulsive disorder. *Archives of General Psychiatry, 49,* 690–94.

Swedo, S. E., Rapoport, J. L., Cheslow, D. L., Leonard, H. L., Ayoub, E. M., Hosier, D. M., & Wald, E. R. (1989). High prevalence of obsessive-compulsive symptoms in patients with Sydenham's Chorea. *American Journal of Psychiatry, 146* (2): 246–49.

Sweeney, J. A., Haas, G. L., & Li, S. (1992). Neuropsychological and eye movement abnormalities in first-episode and chronic schizophrenia. *Schizophrenia Bulletin, 18* (2): 283–93.

Swerdlow, N. R., Bakshi, V., Waikar, M., Taaid, N., & Geyer, M. A. (1998). Seroquel, clozapine and chlorpromazine restore sensorimotor gating in ketamine-treated rats. *Psychopharmacology, 140,* 75–80.

Swerdlow, N. R., & Geyer, M. A. (1998). Using an animal model of deficient sensorimotor gating to study the pathophysiology and new treatments of schizophrenia. *Schizophrenia Bulletin, 24,* 285–301.

Swinson, R., Antony, M., Rachman, S., & Richter, M. (1998). *Obsessive-compulsive disorder: Theory, research, and treatment.* New York: Guilford Press.

Szasz, T. S. (1963). *Law, liberty and psychiatry: An inquiry into the social uses of mental health practices.* New York: Macmillan.

Szasz, T. S. (1970). *The manufacture of madness.* New York: Dell.

Szasz, T. S. (1974). The ethics of suicide. *Bulletin of suicidology* (Vol. 9). Philadelphia: Charles Press.

Szasz, T. (1994). *Cruel compassion: Psychiatric control of society's unwanted.* New York: Wiley.

Szasz, T. (1998). Parity for mental illness, disparity for the mental patient. *Lancet, 352,* 1213–15.

Szatmari, P., Bartolucci, G., Bremner, R., Bond, S., et al. (1989). A follow-up study of high-functioning autistic children. *Journal of Autism and Developmental Disorders, 19,* 213–25.

Tagiuri, R., Bruner, J. S., & Blake, R. R. (1958). On the relation between feelings and the perception of feelings among members of small groups. In E. E. Maccoby, T. M. Newcomb, & E. L. Hartley (Eds.), *Readings in social psychology* (pp. 110–16). New York: Holt, Rinehart & Winston.

Talovic, S. A., Mednick, S. A., Schulsinger, F., & Falloon, I. R. H. (1981). Schizophrenia in high-risk subjects: Prognostic maternal characteristics. *Journal of Abnormal Psychology, 89,* 501–504.

Tamerin, J. S., & Mendelson, J. (1970). Alcoholic's expectancies and recall of experiences during intoxication. *American Journal of Psychiatry, 126,* 1697–1704.

Tamminga, C. A., Holcomb, H. H., Gao, X., & Lahti, A. C. (1995). Glutamate pharmacology and the treatment of schizophrenia: Current status and future directions. *International Clinical Psychopharmacology, 10* (Supp. 3): 29–37.

Tanda, G., Pontieri, F. E., & Di Chiara, G. (1997). Cannabinoid and heroin activation of mesolimbic dopamine transmission by a common opioid receptor mechanism. *Science, 276,* 2048–50.

Tang, T. Z., & DeRubeis, R. J. (1999). Sudden gains and critical sessions in cognitive-behavioral therapy for depression. *Journal of Consulting and Clinical Psychology, 67* (6): 894–904.

Tang, Y., Shimizu, E., Dube, G. R., Rampon, C., Kerchner, G. A., Zhuo, M., Liu, G., & Tsien, J. Z. (1999). Genetic enhancement of learning and memory in mice. *Nature, 401,* 63–69.

Tangney, J. P., Wagner, P., & Gramzow, R. (1992). Proneness to shame, proneness to guilt, and psychopathology. *Journal of Abnormal Psychology, 101* (3): 469–78.

Taub, J. M. (1996). Sociodemography of borderline personality disorder (PD): A comparison with axis II PDS and psychiatric symptom disorders convergent validation. *International Journal of Neuroscience, 88,* 27–52.

Taube, C. A. (1976). *Readmissions to inpatient services of state and county hospitals 1972. Statistical note 110.* (DHEW Publication No. ADM 76-308). Rockville, MD: National Institute of Mental Health.

Taylor, D. P., Carter, R. B., Eison, A. S., Mullins, U. L., Smith, H. L., Torrente, J. R., Wright, R. N., & Yocca, F. D. (1995). Pharmacology and neurochemistry of Nefazodone, a novel antidepressant drug. *Journal of Clinical Psychiatry, 56* (Suppl. 6): 3–11.

Taylor, R. L., & Richards, S. B. (1990). Validity of the Estimated Learning Potential and other measures of learning potential. *Perceptual and Motor Skills, 71,* 225–29.

Taylor, S. (1996). Meta-analysis of cognitive-behavioral treatment for social phobia. *Journal of Behavior Therapy and Experimental Psychiatry, 27* (1): 1–9.

Taylor, W. S., & Martin, M. F. (1944). Multiple personality. *Journal of Abnormal and Social Psychology, 39,* 281–300.

Teasdale, J. D., & Rezin, V. (1978). The effect of reducing frequency of negative thoughts on the mood of depressed patients: Test of a cognitive model of depression. *British Journal of Social and Clinical Psychology, 17,* 65–74.

Teasdale, J. D., Segal, Z., & Williams, J. M. G. (1995). How does cognitive therapy prevent depressive relapse and why should attentional control (mindfulness) training help? *Behaviour Research and Therapy, 33* (1): 25–39.

Teasdale, J., Segal, Z., Williams, M., et al. (2000). Prevention of relapse/recurrence in major depression by mindfulness-based cognitive therapy. *Journal of Consulting and Clinical Psychology,* in press.

Teicher, M., Glod, C., & Cole, J. (1990). Emergence of intense suicidal preoccupation during fluoxetine treatment. *American Journal of Psychiatry, 147,* 207–10.

Teicher, M. H., Glod, C., & Cole, J. O. (1990) Emergence of suicidal preoccupation during fluoxetine. *American Journal of Psychiatry, 147* (2): 207–10.

Telch, M., Agras, S., Taylor, C., et al. (1985). Combined pharmacological and behavioral treatment for agoraphobia. *Behaviour Research and Therapy, 23,* 325–35.

Temerlin, M. K. (1970). Diagnostic bias in community mental health. *Community Mental Health Journal, 6,* 110–17.

Teplin, L. A., Abram, K. M., McClelland, G. M. (1994). Does psychiatric disorder predict violent crime among released jail detainees? *American Psychologist, 49,* 335–42.

Terman, L. (1939). The gifted student and his academic environment. *School and Society, 49,* 65–73.

Terman, L., Buttenwieser, P., Johnson, W., & Wilson, D. (1938). *Psychological factors in marital happiness.* New York: McGraw-Hill.

ter Riet, G., de Craen, A. J., de Boer, A., & Kessels, A. G.(1998). Is placebo analgesia mediated by endogenous opioids? A systematic review. *Pain, 76,* 273–75.

Terry, R. D., & Davies, P. (1980). Dementia of the Alzheimer type. *Annual Review of Neuroscience, 3,* 77–95.

Tesar, G. (1990). High potency benzodiazepines for short-term management of panic disorder: The U.S. experience. *Journal of Clinical Psychiatry, 51,* 4–10.

Test, M. A., Knoedler, W. H., Allness, D. J., Senn Burke, S., et al. (1997). Comprehensive community care of persons with schizophrenia through the Programme of Assertive Community Treatment (PACT). In H. D. Brenner & W. Boeker (Eds.), *Towards a comprehensive therapy for schizophrenia* (pp. 167–80). Goettingen, Germany: Hogrefe & Huber.

Tharpar, A., & McGuffin, P. (1994). A twin study of depressive symptoms in childhood. *British Journal of Psychiatry, 165,* 259–65.

Thase, M., & Howland, R. (1995). Biological processes in depression: An updated review and integration. In. E. Beckham & W. Leber (Eds.), *Handbook of depression* (2nd ed.). New York: Guilford Press.

Thase, M. E., Dube, S., Bowler, K., Howland, R. H., et al. (1996). Hypothalamic-pituitary-adrenocortical activity and response to cognitive behavior therapy in unmedicated, hospitalized depressed patients. *American Journal of Psychiatry, 153* (7): 886–91.

Thatcher, R. W. (1994). Cyclic cortical reorganization: Origins of human cognitive development. In G. Dawson & K. W. Fischer (Eds.), *Human behavior and the developing brain* (pp. 176–206). New York: Guilford Press.

Thayer, J. F., Friedman, B. H., & Borkovec, T. D. (1996). Autonomic characteristics of generalized anxiety disorder and worry. *Biological Psychiatry, 39* (4): 255–66.

Theodor, L. H., & Mandelcorn, M. S. (1978). Hysterical blindness: A case report and study using a modern psychophysical technique. *Journal of Abnormal Psychology, 82,* 552–53.

Theorell, T., & Rahe, R. H. (1971). Psychosocial factors in myocardial infarction. I. An inpatient study in Sweden. *Journal of Psychosomatic Research, 15,* 25–31.

Thigpen C. H., & Cleckley, H. (1954). A case of multiple personality. *Journal of Abnormal and Social Psychology, 49,* 135–51.

Thompson, J., Burns, B., Bartko, J., et al. (1988). The use of ambulatory services by persons with and without phobias. *Medical Care, 26,* 183–98.

Thompson, P. M. (1996). Generalized anxiety disorder treatment algorithm. *Psychiatric Annals, 26* (4): 227–32.

Thompson, P. M., Giedd, J. N., Woods, R. P., MacDonald D., Evans A. C., & Toga, A. W. (2000). Growth patterns in the developing brain detected by using continuum mechanical tensor maps. *Nature, 404* (6774):190–93.

Thompson, S., & Rey, J. M. (1995). Functional enuresis: Is Desmopressin the answer? *Journal of the American Academy of Child and Adolescent Psychiatry, 34* (3): 266–71.

Thompson, T., & Schuster, C. R. (1964). Morphine in self-administration, food-reinforced, and avoidance behaviors in rhesus monkeys. *Psychopharmacologia, 5,* 87–94.

Thornton, D., & Mann, R. (1997). Sexual masochism: Assessment and treatment. In D. R. Laws & W. O'Donohue (Eds.), *Sexual deviance: Theory, assessment, and treatment* (pp. 240–52). New York: Guilford Press.

Thorpe, S. J., & Salkovskis, P. M. (1995). Phobic beliefs: Do cognitive factors play a role in specific phobias? *Behaviour Research and Therapy, 33* (7): 805–16.

Tiefer, L., & Kring, B. (1995). Gender and the organization of sexual behavior. *Psychiatric Clinics of North America, 18* (1): 25–37.

Tien, A., Pearlson, G., Machlin, S., et al. (1992). Oculomotor performance in obsessive-compulsive disorder. *American Journal of Psychiatry, 150,* 641–46.

Tienari, A. (1975). Schizophrenia in Finnish male twins. In M. H. Lader (Ed.), *Studies of schizophrenia* (pp. 29–53). Ashford, England: Headley Brothers.

Tienari, P. (1991). Interaction between genetic vulnerability and family environment: The Finnish adoptive family study of schizophrenia. *Acta Psychiatrica Scandinavica, 84,* 460–65.

Tienari, P., Wynne, L. C., Moring, J., Lahti, I., et al. (1994). The Finnish adoptive family study of schizophrenia: Implications for family research. *British Journal of Psychiatry, 164,* 20–26.

Tinklenberg, J. (1977). Anti-anxiety medications and the treatment of anxiety. In J. Barchas, P. Berger, R. Ciaranello, & G. Elliot (Eds.), *Psychopharmacology.* New York: Oxford University Press.

Tinsley, J. A., Finlayson, R. E., & Morse, R. M. (1998). Developments in the treatment of alcoholism. *Mayo Clinic Proceedings, 73,* 857–63.

Tinsley, J. A., & Watkins, D. D. (1998). Over-the-counter stimulants: Abuse and addiction. *Mayo Clinic Proceedings, 73,* 977–82.

Tisher, M., Tonge, B. J., & Horne, D. J. DeL. (1994). Childhood depression, stressors and parental depression. *Australian and New Zealand Journal of Psychiatry, 28,* 635–41.

Tollefson, G. D., Fawcett, J., Winokur, G., Beasley, C. M., Potvin, J. H., Faries, D. E., Rampey, A. H., & Sayler, M. E. (1993). Evaluation of suicidality during pharmacologic treatment of mood and nonmood disorders. *Annals of Psychiatry, 5* (4): 209–24.

Tollefson, G. D., Sanger, T. M., Lu, Y., & Thieme, M. E. (1998). Depressive signs and symptoms in schizophrenia: A prospective blinded trial of olanzapine and haloperidol. *Achives of General Psychiatry, 55* (3): 250–58.

Tomasello, M., & Camnioni, L. (1997). A comparison of the gestural communication of apes and human infants. *Human Development, 40,* 7–24.

Tomasson, K., Kent, D., & Coryell, W. (1991). Somatization and conversion disorders: Comorbity and demographics at presentation. *Acta Psychiatrica Scandinavica, 84,* 288–93.

Tonks, C. M., Paykel, E. S., & Klerman, J. L. (1970). Clinical depressions among Negroes. *American Journal of Psychiatry, 127,* 329–35.

Toole, J. F. (1999). Dementia in world leaders and its effects upon international events: The examples of Franklin D. Roosevelt and T. Woodrow Wilson. *European Journal of Neurology, 6,* 115–19.

Torasdotter, M., Metsis, M., Henriksson, B. G., Winblad, B., & Mohammed, A. H. (1998). Environmental enrichment results in higher levels of nerve growth factor mRNA in the rat visual cortex and hippocampus. *Behavioural Brain Research, 93,* 83–90.

Torgersen, S. (1983). Genetic factors in anxiety disorders. *Archives of General Psychiatry, 40,* 1085–89.

Torgersen, S. (1986a). Genetic factors in moderately severe and mild affective disorders. *Archives of General Psychiatry, 43,* 222–26.

Torgersen, S. (1986b). Genetics of somatoform disorders. *Archives of General Psychiatry, 43,* 502–505.

Torrey, E. F. (1983). *The roots of treason: Ezra Pound and the secret of St. Elizabeth's.* New York: McGraw-Hill.

Torrey, E. F. (1992). Are we overestimating the genetic contribution to schizophrenia? *Schizophrenia Bulletin, 18* (2): 159–70.

Torrey, E. F. (1994). Violent behaviour by individuals with serious mental illness. *Hospital and Community Psychiatry, 45,* 653–62.

Torrey, E. F. (1997). *Out of the shadows: Confronting America's mental illness crisis.* New York: Wiley.

Torrey, E. F., Bowler, A. E., & Taylor, E. H. (1994). *Schizophrenia and manic-depressive disorder: The biological roots of mental illness as revealed by the landmark study of identical twins.* New York: Basic Books.

Torrey, E. F., Miller, J., Rawlings, R., & Yolken, R. H. (1997). Seasonality of births in schizophrenia and bipolar disorder: A review of the literature. *Schizophrenia Research, 28,* 1–38.

Toupin, J., Dery, M., Pauze, R., Fortin, L., & Mercier, H. (1997). Social, psychological, and neuropsychological correlates of conduct disorder in children and adolescents. In A. Raine & P. A. Brennan (Eds.), *Biosocial bases of violence* (NATO ASI Series: Series A: Life Sciences, Vol. 292; pp. 309–11). New York: Plenum.

Tourette Syndrome Study Group (1999). Short-term versus longer term pimozide therapy in Tourette's syndrome: A preliminary study. *Neurology, 52,* 874–77.

Traskman-Bendz, L., Alling, C., Alsen, M., et al. (1993). The role of monoamines in suicidal behavior. *Acta Psychiatrica Scandinavica, 87,* 45–47.

Trasler, G. (1973). Criminal behavior. In H. J. Eysenck (Ed.), *Handbook of abnormal psychology.* London: Pitman Medical.

Treece, C., & Khantzian, E. J. (1986). Psychodynamic factors in the development of drug dependence. *Psychiatric Clinics of North America, 9,* 399–412.

Trillo-Pazos G., & Everall, I. P. (1997). From human immunodeficiency virus (HIV) infection of the brain to dementia. *Genitourinary Medicine,* 73(5):343–47.

Trimble, M. (1990). Worldwide use of clomipramine. *Journal of Clinical Psychiatry, 51,* 51–58.

Trinkoff, A. M., & Storr, C. L. (1998). Substance use among nurses: Differences between specialties. *American Journal of Public Health, 88,* 581–85.

True, W., Rice, J., Eisen, S., et al. (1993). A twin study of genetic and environmental contributions to liability for post-traumatic stress symptoms. *Archives of General Psychiatry, 50,* 257–64.

Trull, T. J., & Geary, D. C. (1997). Comparison of the Big-Five Factor structure across samples of Chinese and American adults. *Journal of Personality Assessment, 69* (2): 324–41.

Trull, T. J., Useda, D., Conforti, K., & Doan, B. (1997). Borderline personality disorder features in nonclinical young adults: 2. Two-year outcome. *Journal of Abnormal Psychology, 106* (2): 307–14.

Tryon, W. W. (1976). Models of behavior disorder. *American Psychologist, 31,* 509–18.

Tsai, M., Feldman-Summers, S., & Edgar, M. (1979). Childhood molestation: Variables related to differential impacts on psychosexual functioning in adult women. *Journal of Abnormal Psychology, 88* (4): 407–17.

Tsoh, J. Y., McClure, J. B., Skaar, K. L., Wetter, D. W., et al. (1997). Smoking cessation: 2. Components of effective intervention. *Behavioral Medicine, 23,* 15–27.

Tucker, D. M., Luu, P., & Pribaum, K. H. (1995). Social and emotional self-regulation. *Annals of the New York Academy of Sciences, 769,* 213–39.

Tulving, E., Markowitsch, H. J., Craik, F. I. M, Habib, R., Houle. (1996). Novelty and familiarity activations in PET studies of memory encoding and retrieval. *Cerebral Cortex, 6,* 71–79.

Tune, L. E., & Sunderland, T. (1998). New cholinergic therapies: Treatment tools for the psychiatrist. Journal of Clinical Psychiatry, 59, 31–35.

Turgay, A. (1990). Treatment outcome for children and adolescents with conversion disorder. *Canadian Journal of Psychiatry, 35,* 585–89.

Turner, C. F., Ku, L., Rogers, S. M., Lindberg, L. D., Pleck, J. H., & Sonenstein, F. L. (1998). Adolescent sexual behavior, drug use, and violence: Increased reporting with computer survey technology. *Science, 280,* 867–73.

Turner, S. M., Beidel, D. C., Dancu, C. V., & Keys, D. J. (1986). Psychopathology of social phobia and comparison to avoidant personality disorder. *Journal of Abnormal Psychology, 95,* 389–94.

Turner, S. M., Beidel, D. C., & Jacob, R. G. (1994). Social phobia: A comparison of behavior therapy and atenolol. *Journal of Consulting and Clinical Psychology, 62* (2): 350–58.

Turner, S. M., Beidel, D. C., & Townsley, R. M. (1992). Social phobia: A comparison of specific and generalized subtypes and avoidant personality disorder. *Journal of Abnormal Psychology, 101* (2): 326–31.

Turner, W. J. (1995). Homosexuality, Type 1: An Xq28 phenomenon. *Archives of Sexual Behavior, 24* (2): 109–34.

Tyrka, A. R., Cannon, T. D., Haslam, N., Mednick, S. A., Schulsinger, F., Schulsinger, H., & Parnas, J. (1995). The latent structure of schizotypy: I. Premorbid indicators of a taxon of individuals at risk for schizophrenia-spectrum disorders. *Journal of Abnormal Psychology, 104* (1): 173–83.

Uecker A., Reiman E. M., Schacter, D. L., Polster, M. R., Cooper, L. A., Yun, L. S., & Chen, K. (1997). Neuroanatomical correlates of implicit and explicit memory for structurally possible and impossible visual objects. *Learning and Memory, 4* (4): 337–55.

Ullman, L. P., & Krasner, L. (1965). *Case studies in behavior modification.* New York: Holt, Rinehart & Winston.

Ulm, R. R., Volpicelli, J. R., & Volpicelli, L. A. (1995). Opiates and alcohol self-administration in animals. *Journal of Clinical Psychiatry, 56,* 5–14.

Unis, A. S., Cook, E. H., Vincent, J. G., Gjerde, D. K., Perry, B. D., Mason, C., & Mitchell, J. (1997). Platelet serotonin measures in adolescents with conduct disorder. *Biological Psychiatry, 42,* 553–59.

United States Census Bureau. (1999a). *Resident Population Estimates of the United States by Age and Sex: April 1, 1990 to May 1, 1999.* Population Estimates Program, Population Division, U.S. Census Bureau, Washington, D.C. Online: www.blue.census.gov/population/estimates/nation/infile2-1.txt

Upham, C. W. (1867). Salem witchcraft. Cited in A. Deutsch, *The mentally ill in America.* New York: Columbia University Press, 1949.

Urbina, S. P., Golden, C. J., & Ariel, R. N. (1982). WAIS/WAIS-R: Initial comparisons. *Clinical Neuropsychology, 4,* 145–46.

U. S. Department of Health and Human Services. (1987). *Vital Statistics of the United States, 1984. Volume II: Mortality.* National Center for Health Statistics, Hyattsville, MD.

U. S. Department of Health and Human Services, Substance Abuse and Mental Health Services Administration. (1996). *Preliminary Results from the 1996 National Household Survey of Drug Abuse.* http://www.samhsa.gov/oas/nhsda/pe1996/httoc.htm

U. S. Department of Health and Human Services. (1997a). *Heroin abuse in the United States.* Rockville, MD: Author.

U. S. Department of Health and Human Services. (1997b). *Ninth Special Report to the U.S. Congress on Alcohol and Health* (NIH publication no. 97–401). Washington, DC: Government Printing Office.

U. S. Department of Health and Human Services, Substance Abuse and Mental Health Services Administration. (1997c). *Preliminary Results from the 1996 National Household Survey on Drug Abuse.* Rockville, MD: Author.

U. S. Department of Health and Human Services (2000). *The monitoring the future: National Results on Adolescent Drug Use.* Bethesda, MD: Author.

U. S. Sentencing Commission. (1997). *Cocaine and federal sentencing policy.* Washington, DC: Author.

Vaccarino, F. J., Bloom, F. E., & Koob, G. F. (1985). Block of nucleus accumbens opiate receptors attenuates intravenous heroin reward in the rat. *Psychopharmacology, 86,* 37–42.

Vaillant, G. E. (1978). Natural history of male psychological health: IV. What kinds of men do not get psychosomatic illness. *Psychosomatic Medicine, 40,* 420–31.

Vaillant, G. E. (1983). *The natural history of alcoholism.* Cambridge, MA: Harvard University Press.

Vaillant, G. E. (1992). Is there a natural history of addiction? In C. P. O'Brien & J. H. Jaffe (Eds.), *Addictive states.* New York: Raven Press.

Vaillant, G. E. (1996). A long-term follow-up of male alcohol abuse. *Archives of General Psychiatry, 53,* 243–49.

Vaillant, G. (2000). Adaptive mental mechanisms—their role in a positive psychology. *American Psychologist,* in press.

Van der Does, A., Antony, M., Ehlers, A., & Barsky, A. (2000). Heartbeat perception in panic disorder: A reanalysis. *Behaviour Research and Therapy, 38,* 47–62.

Vanderlinden, J., Van Dyck, R., Vandereycken, W., & Vertommen, H. (1991). Dissociative experiences in the general population in the Netherlands and Belgium: A study with the Dissociative Questionnaire (DIS-Q). *Dissociation: Progress in the Dissociative Disorders, 4,* 180–84.

Van Dyke, C., Zilberg, N. J., & McKinnon, J. A. (1985). Post-traumatic stress disorder: A thirty-year delay in a World War II veteran. *American Journal of Psychiatry, 142,* 1070–73.

Van Goozen, S. H. M., Cohen-Kettenis, P. T., Gooren, L. J. G., Frijda, N. H., & Van de Poll, N. E. (1995). Gender differences in behaviour: Activating effects of cross-sex hormones. *Psychoneuroendocrinology, 20* (4): 343–63.

van Goozen, S. H. M., Matthys, W., Cohen-Kettenis, P. T., Westenberg, H., & van Engeland, H. (1999). Plasma monoamine metabolites and aggression: Two studies of normal and oppositional defiant disorder children. *European Neuropsychopharmacology, 9,* 141–47.

Van Kempen, G. M., Zitman, F. G., Linssen, A. C., & Edelbroek, P. M. (1992). Biochemical measures in patients with somatoform pain disorder, before, during, and after treatment with amitriptyline with or without flupentixol. *Biological Psychiatry, 31,* 670–80.

Van Moffaert, M. (1990). Self-mutilation: diagnosis and practical treatment. International *Journal of Psychiatry in Medicine, 20,* 373–382.

van Os, J., & Selten, J. (1998). Prenatal exposure to maternal stress and subsequent schizophrenia: The May 1940 invasion of The Netherlands. *British Journal of Psychiatry, 172,* 324–26.

van Praag, H., Qu, P. M., Elliott, R. C., Wu, H., Dreyfus, C. F., & Black, I. B. (1998). Unilateral hippocampal lesions in newborn and adult rats: Effects on spatial memory and BDNF gene expression. *Behavioural Brain Research 92,* 21–30.

Vanyukov, M. M. (1999). Genetics. In P. J. Ott & R. E. Tarter (Eds.), *Sourcebook on substance abuse: Etiology, epidemiology, assessment, and treatment* (pp. 126–40). Boston: Allyn and Bacon.

Varnik, A., & Wasserman, D. (1992). Suicides in the former Soviet republics. *Acta Psychiatrica Scandinavica, 86,* 76–78.

Vaughn, C. E., Snyder, K. S., Jones, S., Freeman, W. B., & Falloon, I. R. H. (1984). Family factors in schizophrenic relapse: Replication in California of British research on expressed emotion. *Archives of General Psychiatry, 41,* 1169–77.

Vazquez, C., Munoz, M., & Sanz, J. (1997). Lifetime and 12-month prevalence of DSM-III-R mental disorders among the homeless in Madrid: A European study using the CIDI. *Acta Psychiatrica Scandinavica, 95,* 523–30.

Veiel, H. (1993). Detrimental effects of kin support networks on the course of depression. *Journal of Abnormal Psychology, 102,* 419–29.

Veith, I. (1965). *Hysteria: The history of a disease.* Chicago: University of Chicago Press.

Ventura, J., Liberman, R. P., Green, M. F., Shaner, A., & Mintz, J. (1998). Training and quality assurance with Structured Clinical Interview for DSM-IV (SCID-I/P). *Psychiatry Research, 79* (2): 163–73.

Ventura, J., Nuechterlein, K. H., Lukoff, D., & Hardesty, J. P. (1989). A prospective study of stressful life events and schizophrenic relapse. *Journal of Abnormal Psychology, 98* (4): 407–11.

Verhaak, P. F. M, Kerssens, J. J., Dekker, J., Sorbi, M. J., & Bensing, J. M. (1998). Prevalence of chronic benign pain disorder among adults: A review of the literature. *Pain, 77* (3): 231–39.

Verhaeghe, J., Loos, R., Vlietinck, R., Van Herck, E., van Bree, R., & De Schutter, A. (1996). Fetus-placenta-newborn: C-peptide, insulin-like growth factors I and II, and insulin-like growth factor binding protein-1 in cord serum of twins: Genetic versus environmental regulation. *American Journal of Obstetrics and Gynecology, 175,* 1180–88.

Verheul, R., van den Brink, W., & Koeter, M. W. J. (1998). Temporal stability of diagnostic criteria for antisocial personality disorder in male alcohol dependent patients. *Journal of Personality Disorders, 12,* 316–31.

Verhey, F. R. J., & Honig, A. (1997). Depression in the elderly. In A. Honig & H. M. van Praag (Eds.), *Depression: Neurobiological, psychopathological and therapeutic advances* (Wiley Series on Clinical and Neurobiological Advances in Psychiatry, Vol. 3; pp. 59–81). Chichester, England: Wiley.

Verhoeven, W. M. A., Marijnissen, G., Van Ooy, J. M., Tuiner, S., Van Den Berg, Y. W. M. M., Pepplinkhuizen, L., & Fekkes, D. (1999). Dysperceptions and serotonergic parameters in borderline personality disorders: Effects of treatment with risperidone. *New Trends in Experimental and Clinical Psychiatry, 15* (1): 9–16.

Versiani, M., Mundim, F., Nardi, A., et al. (1988). Tranylcypromine in social phobia. *Journal of Clinical Psychopharmacology, 8,* 279–83.

Vgontzas, A. N., Kales, A., & Bixler, E. O. (1995). Benzodiazepine side effects: Role of pharmacokinetics and pharmacodynamics. *Pharmacology, 51,* 205–23.

Victor, M., Adams, R. D., & Collins, G. H. (1971). *The Wernicke-Korsakoff syndrome. A clinical and pathological study of 245 patients, 82 with post-mortem examinations.* Philadelphia: Davis.

Videbech, P. (1997). MRI findings in patients with affective disorder: A meta-analysis. *Acta Psychiatrica Scandinavica, 96,* 157–68.

Videbech, T. (1975). A study of genetic factors, childhood bereavement, and premorbid personality traits in patients with anancastic endogenous depression. *Acta Psychiatrica Scandinavica, 52,* 178–222.

Visser, F. E, Aldenkamp, A. P., van Huffelen, A. C, & Kuilman, M. (1997). Prospective study of the prevalence of Alzheimer-type dementia in institutionalized individuals with Down syndrome. *American Journal on Mental Retardation, 101* (4): 400–412.

Vitkus, J. (1996). *Casebook in abnormal psychology.* New York: McGraw-Hill.

Vogel, G. W. (1975). A review of REM sleep deprivation. *Archives of General Psychiatry, 32,* 96–97.

Vogel, G. W., Buffenstein, A., Minter, K., & Hennessey, A. (1990). Drug effects on REM sleep and on endogenous depression. *Neuroscience and Biobehavioral Reviews, 14,* 49–63.

Volkmar, F. (1996). *Psychoses and pervasive developmental disorders in childhood and adolescence.* Washington, DC: American Psychiatric Press.

Volkmar, F. R., Carter, A., Sparrow, S. S., & Cicchetti, D. V. (1993). Quantifying social development in autism. *Journal of the American Academy of Child and Adolescent Psychiatry, 32* (3): 627–32.

Volkmar, F. R., Klin, A., Schultz, R. T., Rubin, E., & Bronen, R. (2000). Asperger's disorder. *American Journal of Psychiatry, 157* (2): 262–67.

Volkow, N. D., Wang, G. J., Fischman, M. W., Foltin, R. W., et al. (1997). Relationship between subjective effects of cocaine and dopamine transporter occupancy. *Nature, 386,* 827–30.

Vollenweider, F. X. (1998). Advances and pathophysiological models of hallucinogenic drug actions in humans: A preamble to schizophrenia research. *Pharmacopsychiatry, 31* (Supp. 2): 92–103.

Volpicelli, J. R. (1989). Psychoactive substance use disorders. In D. L. Rosenhan & M. E. P. Seligman (Eds.), *Abnormal psychology*. New York: Norton.

Volpicelli, J. R., Alterman, A. I., Hayashida, M., & O'Brien, C. P. (1992). Naltrexone in the treatment of alcohol dependence. *Archives of General Psychiatry, 49,* 876–80.

Volpicelli, J. R., Clay, K. L., Watson, N. T., & O'Brien, C. P. (1995). Naltrexone in the treatment of alcoholism: Predicting response to Naltrexone. *Journal of Clinical Psychiatry, 56* (Suppl. 7): 39–44.

Volpicelli, J. R., Davis, M. A., & Olgin, J. E. (1986). Naltrexone blocks the post-shock increase of ethanol consumption. *Life Sciences, 38,* 841–47.

Volz, H., Gaser, C., Haeger, F., Rzanny, R., Mentzel, H., Kreitschmann-Andermahr, I., Alois Kaiser, W., & Sauer, H. (1997). Brain activation during cognitive stimulation with the Wisconsin Card Sorting Test—A functional MRI study on healthy volunteers and schizophrenics. *Psychiatry Research: Neuroimaging, 75,* 145–57.

von Gontard, A., & Lehmkuhl, G. (1997). Nocturnal enuresis: A review of genetic, pathophysiologic, and psychiatric associations. *Praxis der Kinderpsychologie und Kinderpsychiatrie, 46,* 709–26.

Vrtunski, P. B., Konicki, P. E., Jaskiw, G. E., Brescan, D. W., Kwon, K. Y., & Jurjus, G. (1998). Clozapine effects on force control in schizophrenia patients. *Schizophrenia Research, 34,* 39–48.

Wacker, D. P., Berg, W. K., & Harding, J. W. (1999). Mental retardation. In R. T. Ammerman & M. Hersen (Eds.), *Handbook of prescriptive treatments for children and adolescents* (2nd ed.; pp. 31–47). Boston: Allyn & Bacon.

Wadden, T., Stunkard, A., & Smoller, J. (1986). Dieting and depression: A methodological study. *Journal of Consulting and Clinical Psychology, 54,* 869–71.

Wagner, A. W., & Linehan, M. M. (1994). Relationship between childhood sexual abuse and topography of parasuicide among women with borderline personality disorder. *Journal of Personality Disorders, 8,* 1–9.

Wagner, A. W., & Linehan, M. M. (1997). Biosocial perspective on the relationship of childhood sexual abuse, suicidal behavior, and borderline personality disorder. In M C. Zanarini, (Ed.), *Role of sexual abuse in the etiology of borderline personality disorder: Progress in psychiatry* (No. 49; pp. 203–23). Washington, DC: American Psychiatric Press.

Wahlbeck, K., Cheine, M., Essali, A., & Adams, C. (1999). Evidence of clozapine's effectiveness in schizophrenia: A systematic review and meta-analysis of randomized trials. *American Journal of Psychiatry, 156* (7): 990–99.

Wakefield, J. C. (1992a). Disorder as harmful dysfunction: A conceptual critique of DSM-III-R's definition of mental disorder. *Psychological Review, 99,* 232–47.

Wakefield, J. C. (1992b). The concept of mental disorder: On the boundary between biological facts and social values. *American Psychologist, 47,* 373–88.

Wakefield, J. C. (1993). The limits of operationalization: A critique of Spitzer and Endicott's proposed operational criteria of mental disorder. *Journal of Abnormal Psychology, 102,* 160–72.

Wakefield, J. C. (1999). Evolutionary versus prototype analyses of the concept of disorder. *Journal of Abnormal Psychology, 108* (3): 374–99.

Walker, E. F. (1994). Developmentally moderated expressions of the neuropathology underlying schizophrenia. *Schizophrenia Bulletin, 20,* 453–480.

Walker, E. F., Baum, K. M., & Diforio, D. (1998). Developmental changes in the behavioral expression of vulnerability for schizophrenia. In M. F. Lenzenweger & R. H. Dworkin (Eds.), *Origins and development of schizophrenia: Advances in experimental psychopathology* (pp. 469–91). Washington, DC: American Psychological Association.

Walker, E. F., Cudeck, R., Mednick, S. A., & Schulsinger, F. (1981). Effects of parental absence and institutionalization on the development of clinical symptoms in high-risk children. *Acta Psychiatrica Scandinavica, 63,* 95–109.

Walker, E. F., & Diforio, D. (1997). Schizophrenia: A neural diathesis-stress model. *Psychological Review, 104,* 667–85.

Walker, E., Downey, G., & Caspi, A. (1991). Twin studies of psychopathology: Why do concordance rates vary? *Schizophrenia Research, 5,* 211–21.

Walker, E., Grimes, K., Davis, D. & Smith, A. (1993). Childhood precursors of schizophrenia; Facial expressions of emotion. *American Journal of Psychiatry, 150,* 1654–60.

Walker, E. , & Lewine, R. (1990). The prediction of adult-onset schizophrenia from childhood home-movies. *American Journal of Psychiatry, 147,* 1052–56.

Walker, E., Lewine, R. J., & Neumann, C. (1996). Childhood behavioral characteristics and adult brain morphology in schizophrenia patients. *Schizophrenia Research, 22,* 93–101.

Walker, E., Lewis, N., Loewy, R., & Paylo, S. (1999). Motor functions and psychopathology. *Development and Psychopathology, 11* (3): 509–23.

Walker, E., McGuire, M., & Bettes, B. (1984). Recognition and identification of facial stimuli by schizophrenics and patients with affective disorders. *British Journal of Clinical Psychology, 23,* 37–44.

Walker, E., & Rossiter, J. (1989). Schizophrenic patient's self-perceptions: Legal and clinical implications. *Journal of Psychiatry and Law, 17,* 53–73.

Walker, E., Savoie, T. & Davis, D. (1994). Neuromotor precursors of schizophrenia. *Schizophrenia Bulletin, 20,* 441–52.

Wallace, J. M. (1999). The social ecology of addiction: Race, risk, and resilience. *Pediatrics, 103,* 1122–27.

Wallace, J., Vitale, J. E., & Newman, J. P. (1999). Response modulation deficits: Implications for the diagnosis and treatment of psychopathy. *Journal of Cognitive Psychotherapy, 13,* 55–70.

Waller, N., Kojetin, B., Bouchard, T., Lykken, D., & Tellegen, A. (1990). Genetic and environmental influences on religious interests, attitudes, and values. *Psychological Science, 1,* 138–42.

Wallerstein, J. S., & Kelly, J. B. (1980). California children of divorce. *Psychology Today, 13.*

Walinder, J. (1967). *Transsexualism.* Goteburg: Scandinavian University Books.

Wand, G. S., Mangold, D., El Deiry, S., McCaul, M. E., & Hoover, D. (1998). Family history of alcoholism and hypothalamic opioidergic activity. *Archives of General Psychiatry, 55,* 1114–19.

Warburton, D. M. (1988). The puzzle of nicotine use. In M. Lader (Ed.), *The psychopharmacology of addiction* (pp. 27–49). New York: Oxford University Press.

Warburton, D. M., & Wesnes, K. (1978). Individual differences in smoking and attentional performance. In R. E. Thornten (Ed.), *Smoking behavior: Physiological and psychological influence* (pp. 19–43). Edinburgh: Churchill-Livingstone.

Ward, J., Hall, W., & Mattick, R. P. (1999). Role of maintenance treatment in opioid dependence. *Lancet, 353,* 221–26.

Warner, R. (1978). The diagnosis of antisocial and personality disorders: An example of sex bias. *Journal of Nervous and Mental Disease, 166,* 839–45.

Warner, R., deGirolamo, G. B., Bologna, C., Fioriti, A., & Rosini, G. (1998). The quality of life of people with schizophrenia in Boulder, Colorado and Bologna, Italy. *Schizophrenia Bulletin, 24,* 559–68.

Warner, V., Mufson, L., & Weissman, M. M. (1995). Offspring at high and low risk for depression and anxiety: Mechanisms of psychiatric disorder. *Journal of the American Academy of Child and Adolescent Psychiatry, 34* (6): 786–97.

Warren, M. P., & Capponi, A. (1996). The role of culture in the development of narcissistic personality disorders in American, Japan, and Denmark. *Journal of Applied Social Sciences, 20* (1): 77–82.

Warrington, E. K., & Weiskrantz, L. (1973). An analysis of short-term and long-term memory defects in man. In J. A. Deutsch (Ed.), *The physiological basis of memory* (pp. 365–96). New York: Academic Press.

Warshaw, M.G., & Keller, M. B. (1996). The relationship between fluoxetine use and suicidal behavior in 654 subjects with anxiety disorders. *Journal of Clinical Psychiatry, 57* (4): 158–66.

Wasson, R. G. (1979). The divine mushroom of immortality. In P. T. Furst (Ed.), *Flesh of the gods* (pp. 185–200). New York: Praeger.

Watkins, G. (1960). The incidence of chronic peptic ulcer sounded necropsy: The study of 20,000 examinations performed in Leeds in 1930 to 1949 and in England and Scotland in 1956. *Gut, 1,* 14.

Watson, B. C., & Miller, S. (1994). The relationship between communication attitude, anxiety and depression in stutterers and nonstutterers. *Journal of Speech and Hearing Research, 37* (1): 92–95.

Watson, C. G., & Buranen, C. (1979). The frequency of conversion reaction. *Journal of Abnormal Psychology, 88,* 209–11.

Watson, J. (1928). *Psychological care of infant and child.* New York: Norton.

Watson, J. B., & Rayner, R. (1920). Conditioned emotional reactions. *Journal of Experimental Psychology, 3,* 1–14.

Watson, L. S., & Uzzell, R. (1981). *Handbook of behavior modification with the mentally retarded.* New York: Plenum.

Watt, N. F. (1978). Patterns of childhood social development in adult schizophrenics. *Archives of General Psychiatry, 35,* 160–65.

Watt, N. F., Anthony, E. J., Wynne, L. C., & Rolf, J. E. (Eds.). (1984). *Children at risk for schizophrenia: A longitudinal perspective.* Cambridge: Cambridge University Press.

Watt, N. F., & Lubensky, A. W. (1976). Childhood roots of schizophrenia. *Journal of Consulting and Clinical Psychology, 44,* 363–75.

Weaver, T., & Clum, G. (1993). Early family environment and traumatic experiences associated with borderline personality disorders. *Journal of Consulting and Clinical Psychology, 61,* 1068–75.

Webb, C., Pfeiffer, M., Mueser, K. T., Gladis, M., Mensch, E., DeGirolamo, J., & Levinson, D. F. (1998). Burden and well-being of caregivers for the severely mentally ill: The role of coping style and support. *Schizophrenia Research, 34,* 169–80.

Wegner, D. M., & Zanakos, S. (1994). Chronic thought suppression. *Journal of Personality, 62* (4): 615–40.

Wegner, J. T., Catalano, F., Gibralter, J., & Kane, J. M. (1985). Schizophrenics with tardive dyskinesia. *Archives of General Psychiatry, 42,* 860–65.

Weinberger, D. R. (1988). Schizophrenia and the frontal lobes. *Trends in Neuroscience, 11,* 367–70.

Weinberger, D. R., Berman, K. F., & Zec, R. F. (1986). Physiologic dysfunction of dorsolateral prefrontal cortex in schizophrenia. I. Regional cerebral blood flow evidence. *Archives of General Psychiatry, 43* (2): 114–24.

Weine, S. M., Kulenovic, A. D., Pavkovic, I., & Gibbons, R. (1998). Testimony psychotherapy in Bosnian refugees: A pilot study. *American Journal of Psychiatry, 155* (12): 1720–26.

Weiner, B. (1972). *Theories of motivation: From mechanism to cognition.* Chicago: Rand McNally.

Weiner, B. (Ed.). (1974). *Achievement motivation and attribution theory.* Morristown, NJ: General Learning Press.

Weiner, H. M. (1977). *Psychology and human disease.* New York: Elsevier.

Weiner, I. B. (1996). Some observations on the validity of the Rorschach Inkblot Method. *Psychological Assessment, 8* (2): 206–13.

Weiner, I. (2000). Using the Rorschach properly in practice and research. *Journal of Clinical Psychology, 56,* 435–38.

Weiner, J. R. (1997). *Textbook of child and adolescent psychiatry* (2nd. ed.). Washington, DC: American Psychiatric Press.

Weinstein, D. D., Diforio, D., Schiffman, J., Walker, E., & Bonsall, R. (1999). Minor physical anomalies, dermatoglyphic asymmetries, and cortisol levels in adolescents with schizotypal personality disorder. *American Journal of Psychiatry, 156,* 617–23.

Weinstock, M. (1996). Does prenatal stress impair coping and regulation of hypothalamic-pituitary-adrenal axis? *Neuroscience and Biobehavioral Reviews, 21,* 1–10.

Weisaeth, L. (1989). A study of behavioural responses to industrial disaster. *Acta Psychiatrica Scandinavica, 80,* 13–24.

Weiskrantz, L., Warrington, E. K., Sanders M. D., & Marshall, J. (1974). Visual capacity of the hemianopic field following a restricted occipital ablation. *Brain, 97,* 709–28.

Weisman, A. D. (1956). A study of the psychodynamics of duodenal ulcer exacerbations. *Psychosomatic Medicine, 18,* 2–42.

Weiss, E. L., Longhurst, J.G. and Mazure, C. M. (1999). Childhood sexual abuse as a risk factor for depression in women: Psychosocial and neurobiological correlates. *American Journal of Psychiatry, 156* (6): 816–28.

Weiss, F., Lorang, M. T., Bloom, F. E., & Koob, G. F. (1993). Oral alcohol self-administration stimulates dopamine release in the rat nucleus accumbens: Genetic and motivational determinants. *Journal of Pharmacological and Experimental Therapy, 267,* 250–58.

Weiss, F., Parsons, L. H., Schulteis, G., Hyytia, P., Lorang, M. T., Bloom, F. E., & Koob, G. F. (1996). Ethanol self-administration restores withdrawal-associated deficiencies in accumbal dopamine and 5-hydroxytryptamine release in dependent rats. *Journal of Neuroscience, 16* (10): 3474–85.

Weiss, J. M. (1968). Effects of predictable and unpredictable shock on the development of gastrointestinal lesion in rats. *Proceedings of the 76th Annual Convention of the American Psychological Association, 3,* 263–64.

Weiss, J. M. (1971). Effects of coping behavior in different warning signaled conditions on stress pathology in rats. *Journal of Comparative and Physiological Psychology, 77,* 1–13.

Weiss, J. M., Glazer, H. I., & Pohoresky, L. A. (1976). Coping behavior and neurochemical change in rats: An alternative explanation for the original "learned helplessness" experiments. In G. Serban & A. King (Eds.), *Animal models in human psychobiology.* New York: Plenum.

Weiss, J. M., Simson, P. G., Ambrose, M. J., Webster, A., & Hoffman, L. J. (1985). Neurochemical basis of behavioral depression. *Advances in Behavioral Medicine, 1,* 253–75.

Weissman, M. (1990). Panic and generalized anxiety: Are they separate disorders? *Journal of Psychiatric Research, 24,* 157–62.

Weissman, M. M. (1993). The epidemiology of personality disorders: A 1990 update. *Journal of Personality Disorders, 7* (Supp., Spring): 44–62.

Weissman, M. M., Bland, R. C., Canino, G. J., Faravelli, C., Greenwald, S., Hwu, H., Joyce, P. R., Karam, E. G., Lee, C. K., Lellouch, J., Lepine, J. P., Newman, S. C., Rubio-Stipec, M., Wells, J. E., Wickramaratne, P. J., Wittchen, H. U., & Yeh, E. K. (1996). Cross-national epidemiology of major depression and bipolar disorder. *Journal of the American Medical Association, 276* (4): 293–99.

Weissman, M. M., Bland, R. C., Canino, G. J., Faravelli, C., et al. (1997).The cross-national epidemiology of panic disorder. *Archives of General Psychiatry, 54* (4): 305–309.

Weissman, M. M., Kidd, K. K., & Prusoff, B. A. (1982). Variability in rates of affective disorders in relatives of depressed and normal probands. *Archives of General Psychiatry, 39,* 1397–1403.

Weissman, M. M., & Olfson, M. (1995). Depression in women: Implications for health care research. *Science, 269,* 799–801.

Weissman, M. M., & Paykel, E. S. (1974). *The depressed woman: A study of social relationships.* Evanston: University of Chicago Press.

Weisz, J. R. (1990). Cultural-familial mental retardation: A developmental perspective on cognitive performance and "helpless" behavior. In R. M. Hodapp & J. A. Burack (Eds.), *Issues in the developmental approach to mental retardation.* New York: Cambridge University Press.

Weisz, J. R., et al. (1995). A multimethod study of problem behavior among Thai and American children in school. *Child Development, 66,* 402–15.

Weller, R. A., Kapadia, P., Weller, E. B., Fristad, M., Lazaroff, L. B., & Preskorn, S. H. (1994). Psychopathology in families of children with major depressive disorders. *Journal of Affective Disorders, 31,* 247–52.

Wellman, C. L., Cullen, M. J., & Pelleymounter, M. A. (1998). Effects of controllability of stress on hippocampal pharmacology. *Psychobiology, 26,* 65–72.

Wells, A., & Butler, G. (1997). Generalized anxiety disorder. In D. M. Clark & C.G. Fairburn (Eds.), *Science and practice of cognitive behaviour therapy* (pp. 155–78). New York: Oxford University Press.

Wells, J. K., Howard, G. S., Nolin, W. F., & Vargas, M. J. (1986). Presurgical anxiety and postsurgical pain and adjustment: Effects of a stress inoculation procedure. *Journal of Consulting and Clinical Psychology, 54* (6): 831–35.

Wells, K., Burnam, M., Rogers, W., & Hays, R. (1992). The course of depression in adult outpatients: Results from the Medical Outcomes Study. *Archives of General Psychiatry, 49,* 788–94.

Wender, P. H., Kety, S. S., Rosenthal, D., Schulsinger, F., Ortmann, J., & Lunde, I. (1986). Psychiatric disorders in the biological and adoptive families of adopted individuals with affective disorders. *Archives of General Psychiatry, 43,* 923–29.

Wenger, J. R., Tiffany, T. M. , Bombardier, C., Nicholls, K., & Woods, S. C. (1981). Ethanol tolerance in the rat is learned. *Science, 213,* 575–76.

Wernicke, J. (1985). The side effect profile and safety of fluoxetine. *Journal of Clinical Psychiatry, 46,* 59–67.

Wesnes, K., & Warburton, D.M. (1984a). Effects of scopolamine and nicotine in human rapid information-processing and performance. *Psychopharmacology, 82,* 147–50.

Wesnes, K., & Warburton, D. M. (1984b). The effects of cigarettes of varying yield on rapid information processing performance. *Psychopharmacology, 82,* 338–42.

West, R., & Craik, F. I. M. (1999). Age-related decline in prospective memory: The roles of cue accessibility and cue sensitivity. *Psychology and Aging, 14* (2): 264–72.

Westen, D., & Shedler, J. (1999). Revising and assessing axis II, Part I: Developing a clinically and empirically valid assessment method. *American Journal of Psychiatry, 156,* 258–72.

Westermeyer, J., Bouafuely, M., Neider, J., & Callies, A. (1989). Somatization among refugees: An epidemiologic study. *Psychosomatics, 30,* 34–43.

Westling, B. E., & Ost, L. G. (1995). Cognitive bias in panic disorder patients and changes after cognitive-behavioral treatments. *Behaviour Research and Therapy, 33* (5): 585–88.

Wettstein, R. M. (Ed.). (1998). *Treatment of offenders with mental disorders.* New York: Guilford Press.

Wexler, B. E., Hawkins, K. A., Rounsaville, B., Anderson, M., Sernyak, M. J., & Green, M. F. (1997). Normal neurocognitive performance after extended practice in patients with schizophrenia. *Schizophrenia Research, 26,* 173–80.

Wexler, B. E., Stevens, A. A., Bowers, A. A., Sernyak, M. J., & Goldman-Rakic, P. S. (1998). Word and tone working memory deficits in schizophrenia. *Archives of General Psychiatry, 55,* 1093–96.

Wheeler, D., Jacobson, J., Paglieri, R. A., & Schwartz, A. (1993). An experimental assessment of facilitated communication. *Mental Retardation, 31,* 49–60.

White, K., Wykoff, W., Tynes, L., Schneider, L., et al. (1990). Fluvoxamine in the treatment of tricyclic-resistant depression. *Psychiatric Journal of the University of Ottawa, 15,* 156–58.

White, N. M. (1996). Addictive drugs as reinforcers: Multiple partial actions on memory systems. *Addiction, 91* (7): 921–49.

Whitehouse, P. J., & Kalaria, R. N. (1995). Nicotinic receptors and neurodegenerative dementing diseases: Basic research and clinical implications. *Alzheimer Disease and Associated Disorders, 9* (Supp. 2): 3–5.

Whitehouse, W. G., Dinges, D. F., Orne, E. C., Keller, S. E., Bates, B. L., Bauer, N. K., Morahan, P., Haupt, B. A., Carlin, M. M., Bloom, P. B., Zaugg, L., & Orne, M. T. (1996). Psychosocial and immune effects of self-hypnosis training for stress management throughout the first semester of medical school. *Psychosomatic Medicine, 58,* 249–63.

Whybrow, P. C. (1997). *A mood apart: Depression, mania, and other afflictions of the self.* New York: Basic Books.

Widiger, T. A. (1992). Generalized social phobia versus avoidant personality disorder: A commentary on three studies. *Journal of Abnormal Psychology, 101* (2): 340–43.

Widiger, T. A. (1998). Sex biases in the diagnosis of personality disorders. *Journal of Personality Disorders, 12,* 95–118.

Widiger, T. A., & Corbitt, E. M. (1995). Are personality disorders well-classified in DSM-IV? In W. J. Lively (Ed.), *The DSM-IV personality disorders* (pp. 103–26). New York: Guilford Press.

Widiger, T. A., Frances, A. J., Pincus, H. A., Davis, W. W., & First, M. B. (1991). Toward an empirical classification for the DSM-IV. *Journal of Abnormal Psychology, 100* (3): 280–88.

Widiger, T. A., Verheul, R., & van den Brink, W. (1999). Personality and psychopathology. In L. Pervin & O. John (Eds.), *Handbook of personality: Theory and research* (2nd ed.). New York: Guilford Press.

Widiger, T. A., & Weissman, M. M. (1991). Epidemiology of borderline personality disorder. *Hospital and Community Psychiatry, 42* (10): 1015–21.

Widom, C. S. (1997). Child abuse, neglect, and witnessing violence. In D. M. Stoff, J. Breiling, & J. D. Maser (Eds.), *Handbook of antisocial behavior* (pp. 159–70). New York: Wiley.

Widom, C. S. (1998). Child victims: Searching for opportunities to break the cycle of violence. *Applied and Preventive Psychology, 7,* 225–34.

Widdowson, E. (1951). Mental contentment and physical growth. *Lancet, 16,* 1316.

Wiener, J. (1996). *Is Ritalin overprescribed?* (No. Priorities, 8, (on-line). http://www.acsh.org/publications/priorities/0803/pcyes.html

Wikler, A. (1973). Dynamics of drug dependence. *Archives of General Psychiatry, 28,* 611–16.

Wilens, T. E., Biederman, J., Baldessarini, R. J., Geller, B., Schleifer, D., Spencer, T. J., Birmaher, B., & Goldblatt, A. (1998). Cardiovascular effects of therapeutic doses of tricyclic antidepressants in children and adolescents. In M. E. Hertzig & E. A. Farber (Eds.), *Annual progress in child psychiatry and child development: 1997* (pp. 349–64). Bristol, PA: Brunner/Mazel.

Wilens, T. E., Spencer, T. J., Frazier, J., & Biederman, J. (1998). Child and adolescent psychopharmacology. In T. H. Ollendick & M. Hersen (Eds.), *Handbook of child psychopathology* (3rd ed.; pp. 603–36). New York: Plenum.

Wilhelm, F. H., & Roth, W. T. (1998). Taking the laboratory to the skies: Ambulatory assessment of self-report, autonomic, and respiratory responses in flying phobia. *Psychophysiology, 35* (5): 596–606.

Wilhelm, S., Keuthen, N. J., Deckersbach, T., Engelhard, I. M., Forker, A. E., Baer, L., O'Sullivan, R. L., & Jenike, M. A. (1999). Self-injurious skin picking: Clinical characteristics and comorbidity. *Journal of Clinical Psychiatry, 60* (7): 454–59.

Wilhelm, S., Otto, M. W., Lohr, B., & Deckersbach, T. (1999). Cognitive behavior group therapy for body dysmorphic disorder: A case series. *Behaviour Research and Therapy, 37* (1): 71–75.

Wilkinson, C. (1983). Aftermath of a disaster: The collapse of the Hyatt Regency Hotel skywalks. *American Journal of Psychiatry, 140,* 1134–39.

Williams, P., & Smith, M. (1980). Interview in "The First Question." London: British Broadcasting System, Sciences and Features Department Film, 1979. Cited in M. Diamond & A. Karlen (Eds.), *Sexual decisions.* Boston: Little, Brown.

Williams, R. B., Barefoot, J. C., & Shekelle, R. B. (1985). The health consequences of hostility. In M. Chesney & R. Rosenman (Eds.), *Anger and hostility in cardiovascular and behavioral disorders.* New York: McGraw-Hill/Hemisphere.

Williams, R., Lane, J., Kuhn, C., et al. (1982). Type A behavior and elevated physiological and neuroendocrine responses to cognitive tasks. *Science, 218,* 483–85.

Williamson, S., Hare, R. D., & Wong, S. (1987). Violence: Criminal psychopaths and their victims. *Canadian Journal of Behavioral Science, 19,* 454–62.

Williamson, S., Harpur, T. J., & Hare, R. D. (1990). *Sensitivity to emotional valence in psychopaths.* Paper presented at the 98th Annual Convention of the American Psychological Association, Boston, MA.

Williamson, S., Harpur, T. J., & Hare, R. D. (1991). Abnormal processing of affective words by psychopaths. *Psychophysiology, 28,* 260–73.

Willis, M. H., & Blaney, P. H. (1978). Three tests of the learned helplessness model of depression. *Journal of Abnormal Psychology, 87,* 131–36.

Wilner, A., Reich, T., Robins, I., Fishman, R., & Van Doren, T. (1976). Obsessive-compulsive neurosis. *Comprehensive Psychiatry, 17,* 527–39.

Wilson, A. L., Langley, L. K., & Monley, J. (1995). Nicotine patches in Alzheimer's disease: pilot study on learning, memory, and safety. *Pharmacology and Biochemical Behavior, 51,* 509–14.

Wilson, G. T., & Fairburn, C. G. (1998). Treatments for eating disorders. In P. Nathan & J. Gorman (Eds.), *A guide to treatments that work.* New York: Oxford University Press.

Wilson, S., Becker, L. & Tinker, R. (1996). Eye Movement Desensitization and Reprocessing (EMDR) treatment for psychologically traumatized individuals. *Journal of Consulting and Clinical Psychology, 63* (6): 928–37.

Winchel, R., & Stanley, M. (1991). Self-injurious behavior: a review of the behavior and biology of self-mutilation. *American Journal of Psychiatry, 148,* 306–17.

Winerip, M. (1994). *9 Highland Road.* New York: Pantheon.

Wing, L. (1976). *Diagnosis, clinical description and prognosis.* Oxford, England: Pergamon.

Wing, L. (1997). The autistic spectrum. *Lancet, 350,* 1761–66.

Winick, B. J. (1995). Ambiguities in the legal meaning and significance of mental illness. *Psychology, Public Policy, and Law, 1,* 534–611.

Winnicott, D. W. (1971). *Playing and reality.* New York: International Universities Press.

Winokur, G. (1972). Family history studies VIII: Secondary depression is alive and well and . . . . *Diseases of the Nervous System, 33,* 94–99.

Winokur, G., & Coryell, W. (1992). Familial subtypes of unipolar depression: A prospective study of familial pure depressive disease compared to depression spectrum disease. *Biological Psychiatry, 32* (11): 1012–18.

Winokur, G., Scharfetter, C., & Angst, J. (1985). The diagnostic value in assessing mood congruence in delusions and hallucinations and their relationship to the affective state. *European Archives of Psychiatry and Neurological Science, 234,* 299–302.

Winsberg, B. G., Sverd, J., Castells, S., Hurwic, M., & Perel, J. M. (1980). Estimation of monoamine and cyclic-AMP turnover and amino acid concentrations in the spinal fluid of autistic children. *Neuropediatrics, 11,* 250–55.

Wirz-Justice, A., Graw, P., Krauchi, K., Sarrafzadeh, A., English, J., Arendt, J., & Sand, L. (1996). "Natural" light treatment of seasonal affective disorder. *Journal of Affective Disorders, 37,* 109–20.

Wise, B. W., Olson, R. K., Ring, J., & Johnson, M. (1998). Interactive computer support for improving phonological skills. In J. L. Metsala & L. C. Ehri (Eds.), *Word recognition in beginning literacy.* Mahwah, NJ: Lawrence Erlbaum.

Wise, R. A. (1998). Drug-activation of brain reward pathways. *Drug and Alcohol Dependence, 51,* 13–22.

Wolf, M. M., Phillips, E. L., & Fixsen, D. C. (1975). *Achievement Place, phase II: Final report.* Kansas: Department of Human Development, University of Kansas.

Wolf, S., Cardon, P. V., Shepard, E. M., & Wolff, H. G. (1955). *Life stress and essential hypertension.* Baltimore: Williams & Wilkins.

Wolfe, J., Erickson, D. J., Sharkansky, E. J., King, D. W., & King, L. A. (1999). Course and predictors of posttraumatic stress disorder among Gulf War veterans: A prospective analysis. *Journal of Consulting and Clinical Psychology, 67* (4): 520–28.

Wolff, N., Helminiak, T. W., Morse, G. A., Calsyn, R. J., Klinkenberg, W. D., & Trusty, M. L. (1997). Cost-effectiveness evaluation of three approaches to case management for homeless mentally ill clients. *American Journal of Psychiatry, 154,* 341–48.

Wolff, S. (1965). *The stomach.* New York: Oxford University Press.

Wolpe, J. (1969). Basic principles and practices of behavior therapy of neuroses. *American Journal of Psychiatry, 125* (5): 1242–47.

Wolters, E. (1999). Dopaminomimetic psychosis in Parkinson's disease patients: Diagnosis and treatment. *Neurology, 52* (Supp. 3): S10–S13.

Wong, D., Horng, J., et al. (1974). A selective inhibitor of serotonin uptake: Lilly 110140, 3–(ptrifluoromethylphenoxy-N-Methyl-3-Phenylpropylamine). *Life Sciences, 15,* 471–79.

Wood, J., Lilienfeld, S., Garb, H., & Nezworski, M. (2000). The Rorschach Test in clinical diagnoses: A critical review, with a backward look at Garfield (1947). *Journal of Clinical Psychology, 56,* 395–430.

Wood, J. M., Nezworski, M. T., & Stejskal, W. J. (1996a). The comprehensive system for the Rorschach: A critical examination. *Psychological Science, 7* (1): 3–10.

Wood, J. M., Nezworski, M. T., & Stejskal, W. J. (1996b). Thinking critically about the comprehensive system for the Rorschach. A reply to Exner. *Psychological Science, 7,* 14–17.

Woodruff, R. A., Clayton, P. J., & Guze, S. B. (1971). Hysteria: Studies of diagnosis, outcome and prevalence. *Journal of the American Medical Association, 215,* 425–28.

Woods, N. S., Eyler, F. D., Conlon, M., Behnke, M., & Wobie, K. (1998). Pygmalion in the cradle: Observer bias against cocaine-exposed infants. *Journal of Developmental and Behavioral Pediatrics, 19* (4): 283–85.

Woodward, B., & Armstrong, A. (1979). *The brethren: Inside the Supreme Court.* New York: Simon & Schuster.

Woolverton, W. L., & Weiss, S. R. B. (1998). Tolerance and sensitization to cocaine: An integrated view. In S. T. Higgins & J. L. Katz (Eds.), *Cocaine abuse: Behavior, pharmacology, and clinical applications* (pp. 107–34). San Diego: Academic Press.

Woo-Ming, A., & Siever, L. P. (1998). Psychopharmacological treatment of personality disorder. In P. Nathan & J. Gorman (Eds.), *A guide to treatments that work* (pp. 554–67). New York: Oxford University Press.

World Health Organization. (1995). *The state of world health—executive summary.*

World Health Organization Expert Committee on Drug Dependence. (1993). *World Health Organization Technical Report, 836,* 1–44.

Wrangham, R. W., & Peterson, D. (1996). *Demonic males: Apes and the origins of human violence.* Boston: Houghton Mifflin.

Wrobel, T. A., & Lochar, D. (1982). Validity of the Wiener subtle and obvious scales for the MMPI: Another example of the importance of inventory-item content. *Journal of Consulting and Clinical Psychology, 50,* 469–70.

Wu, J., Kramer, G.L., Kram, M., Steciuk, M., Crawford, I.L., & Petty, F. (1999). Serotonin and learned helplessness: A regional study of 5-HT-sub(1A), 5-HT-sub(2A) receptors and the serotonin transport site in rat brain. *Journal of Psychiatric Research, 33* (1): 17–22.

Wyatt, R. J., & Henter, I. D. (1998). The effects of early and sustained intervention on the long-term morbidity of schizophrenia. *Journal of Psychiatric Research, 32,* 169–77.

Wykes, T. (1998). What are we changing with neurocognitive rehabilitation? Illustrations from two single cases of changes in neuropsychological performance and brain systems as measured by SPECT. *Schizophrenia Research, 34,* 77–86.

Wykes, T., Reeder, C., Corner, J., Williams, C., & Everitt, B. (1999). The effects of neurocognitive remediation on executive processing in patients with schizophrenia. *Schizophrenia Bulletin, 25* (2): 291–307.

Yaffe, K., Blackwell, T., Gore, R., Sands, L., Reus, V., & Browner, W. S. (1999). Depressive symptoms and cognitive decline in nondemented elderly women: A prospective study. *Archives of General Psychiatry, 56,* 425–30.

Yaganita, T. (1976). Some methodological problems in assessing dependence-producing properties of drugs in animals. *Pharmacological Reviews, 27,* 503–509.

Yager, J., Grant, I., & Bolus, R. (1984). Interaction of life events and symptoms in psychiatric patient and nonpatient married couples. *Journal of Nervous and Mental Disease, 172* (1): 21–25.

Yager, T., Laufer, R., & Gallops, M. (1984). Some problems associated with war experience in men of the Vietnam generation. *Archives of General Psychiatry, 41,* 327–33.

Yalom, I. D. (1980). *Existential psychotherapy.* New York: Basic Books.

Yalom, I. (1990). *Love's executioner, and other tales of psychotherapy.* New York: Harper-Collins.

Yargic, L. I., Sar, V., Tutkun, H., & Alyanak, B. (1998). Comparison of dissociative identity disorder with other diagnostic groups using a structured interview in Turkey. *Comprehensive Psychiatry, 39* (6): 345–51.

Yarnold, P. R., & Bryant, F. B. (1994). A measurement model for the Type A Self-rating Inventory. *Journal of Personality Assessment, 62* (1):102–15.

Yates, A. (1966). *Theory and practice in behavior therapy* (2nd ed.). New York: Wiley.

Yates, A. (1990). Current perspectives on eating disorders: 2. Treatment, outcomes and research directions. *Journal of the American Academy of Child and Adolescent Psychiatry, 29* (1).

Yates, W. R., Cadoret, R. J., & Troughton, E. P. (1999). The Iowa adoption studies: Methods and results. In M. C. LaBuda, E. L. Grigorenko, et al. (Eds.), *On the way to individuality: Current methodological issues in behavioral genetics* (pp. 95–125). Commack, NY: Nova Science.

Yeates, K. O., Taylor, H. G., Drotar, D., Wade, S. L., Klein, S., Stancin, T., & Schatschneider, C. (1997). Preinjury family environment as a determinant of recovery from traumatic brain injuries in school-age children. *Journal of the International Neuropsychological Society, 3,* 617–30.

Yehuda, R. (2000). Biology of posttraumatic stress disorder. *Journal of Clinical Psychiatry, 61* (Suppl 7): 14–21.

Yehuda, R., Marshall, R., & Giller, E. L., Jr. (1998). Psychopharmacological treatment of post-traumatic stress disorder. In P. E. Gorman and J. M. Nathan (Eds.), *A guide to treatments that work* (pp. 377–97). New York: Oxford University Press.

Yoshioka, H., Yoshida, A., Okana, S., & Yamazoe, I. (1995). Effects of early undernutrition and subsequent nutritional rehabilitation on brain development: I. The most critical period. *Developmental Brain Dysfunction, 8,* 66–72.

Yule, W., Hersov, L., & Treseder, J. (1980). Behavioral treatments of school refusal. In L. Hersov & I. Berg (Eds.), *Out of school: Modern perspectives in truancy and school refusal.* New York: Wiley.

Yule, W., & Rutter, M. (1976). Epidemiology and social implication of specific reading retardation. In R. M. Knights & D. J. Bakker (Eds.), *The neuropsychology of learning disorders.* Baltimore: University Park Press.

Zafiropoulou, M., & McPherson, F. M. (1986). "Preparedness" and the severity and outcomes of clinical phobias. *Behaviour Research and Therapy, 24,* 221–22.

Zahner, G. E., Pawelkiewicz, W., DeFrancesco, J. J., & Adnopoz, J. (1992). Children's mental health service needs and utilization patterns in an urban community: An epidemiological assessment. *Journal of the American Academy of Child and Adolescent Psychiatry, 31* (5): 951–60.

Zametkin, A. J., & Ernst, M. (1999). Current concepts: Problems in the management of attention-deficit-hyperactivity disorder. *New England Journal of Medicine, 340,* 40–46.

Zanarini, M. C., Gunderson, J. G., Marina, M. F., Schwartz, E. O., & Frankenberg, F. R. (1989). Childhood experiences of borderline patients. *Comprehensive Psychiatry, 30,* 18–25.

Zanarini, M. C., Williams, A. A., Lewis, R. E., Reich, R. B., Vera, S. C., Marino, M. F., Levin, A., Yong, L., & Frankenburg, F. R. (1997). Reported pathological childhood experiences associated with the development of borderline personality disorder. *American Journal of Psychiatry, 154,* 1101–1106.

Zanis, D. A., McLellan, T., Alterman, A. I., & Cnaan, R. A. (1996). Efficacy of enhanced outreach counseling to reenroll high-risk drug users 1 year after discharge from treatment. *American Journal of Psychiatry, 153* (8): 1095–96.

Zarit, S. H., & Knight, B. G. (Eds.). (1996). *A guide to psychotherapy and aging: Effective clinical interventions in a life-stage context.* Washington, DC: American Psychological Association.

Zeiss, A. M., & Steffen, A. (1996). Behavioral and cognitive-behavioral treatments: An overview of social learning. In S. H. Zarit & B. G. Knight (Eds.), *A guide to psychotherapy and aging: Effective clinical interventions in a life-stage context* (pp. 35–60). Washington, DC: American Psychological Association.

Zentall, S. S., & Zentall, T. R. (1983). Optimal stimulation: A model of disordered activity and performance in normal and deviant children. *Psychological Bulletin, 94,* 446–71.

Zhang, Y., Raap, D. K., Garcia, F., Serres, F., Ma, Q., Battaglia, G., & Van de Kar, L. D. (2000). Long-term fluoxetine produces behavioral anxiolytic effects without inhibiting neuroendocrine responses to conditioned stress in rats. *Brain Research, 855,* 58–66.

Zhou, J. N., Hofman, M. A., Gooren, L. J. G., & Swaab, D. F. (1995). A sex difference in the human brain and its relation to transsexuality. [Letter to the Editor]. *Nature, 378.*

Ziegler, F. J., & Imboden, J. B. (1962). Contemporary conversion reactions: II. A conceptual model. *Archives of General Psychiatry, 6,* 279–87.

Zigler, E., & Levine, J. (1981). Age on first hospitalization of schizophrenics: A developmental approach. *Journal of Abnormal Psychology, 90,* 458–67.

Zigler, E., & Phillips, L. (1961). Psychiatric diagnosis and symptomatology. Journal of *Abnormal and Social Psychology, 63,* 69–75.

Zilbergeld, B., & Evans, M. (1980). The inadequacy of Masters and Johnson. *Psychology Today, 14,* 28–43.

Zima, B. T., Wells, K. B., Benjamin, B., & Duan, N. (1996). Mental health problems among homeless mothers: Relationship to service use and child mental health problems. *Archives of General Psychiatry, 53,* 332–38.

Zimbardo, P. G. (1977). Shy murderers. *Psychology Today, 148,* 66–76.

Zimmerberg, B., & Shartrand, A. M. (1992). Temperature-dependent effects of maternal separation on growth, activity, and amphetamine sensitivity in the rat. *Developmental Psychobiology, 25,* 213–26.

Zimmerman, M., & Mattia, J. I. (1998). Body dysmorphic disorder in psychiatric outpatients: Recognition, prevalence, comorbidity, demographic, and clinical correlates. *Comprehensive Psychiatry, 39* (5): 265–70.

Zimring, F. (1998). *American youth violence.* London: Oxford University Press.

Zinbarg, R. E., Barlow, D. H., Liebowitz, M., Street, L., Broadhead, E., Katon, W., Roy-Byrne, P., Lepine, J-P., Teharani, M., Richards, J., Brantley, P. J., & Kraemer, H. (1994). The DSM-IV field trial for mixed anxiety and depression. *American Journal of Psychiatry, 151*(8): 1153–62.

Zinberg, N. E. (1984). *Drugs, set, and setting.* New Haven, CT: Yale University Press.

Zinberg, N. E., Harding, W. M., & Winkeller, M. (1977). A study of social regulatory mechanisms in controlled illicit drug users. *Journal of Drug Issues, 7,* 117–33.

Zisook, S., Shuchter, S. R., Irwin, M., Darko, D. F., et al. (1994). Bereavement, depression, and immune function. *Psychiatry Research, 52* (1): 1–10.

Zitrin, C. M., Klein, D. F., Woerner, M. G., & Ross, D. C. (1983). Treatment of phobias. I. Comparison of imipramine hydrochloride and placebo. *Archives of General Psychiatry, 40,* 125–38.

Zlotnick, C. (1999) Antisocial personality disorder, affect dysregulation and childhood abuse among incarcerated women. *Journal of Personality Disorders, 13* (1): 90–95.

Zoccolillo, M., Pickles, A., Quinton, D., & Rutter, M. (1992). The outcome of childood conduct disorder: Implications for defining adult personality disorder and conduct disorder. *Psychological Medicine, 22,* 971–86.

Zoccolillo, M., Price, R., Ji, T., Hyun, C., & Hwu, H. (1999). Antisocial personality disorder: Comparisons of prevalence, symptoms, and correlates in four countries. In P. Cohen & C. Slomkowski (Eds.), *Historical and geographical influences on psychopathology* (pp. 249–77). Mahwah, NJ: Lawrence Erlbaum.

Zohar, A. H., Apter, A., King, R. A., Pauls, D. L., Leckman, J. F., & Cohen, D. J. (1999). Epidemiological studies. In J. F. Leckman & D. J. Cohen (Eds.), *Tourette's syndrome: Tics, obsessions, compulsions: Developmental psychopathology and clinical care* (pp. 177–93). New York: Wiley.

Zola-Morgan, S., Squire, L. R., & Amaral, D. (1986). Human amnesia and the medial temporal region: Enduring memory impairment following a bilateral lesion limited to the CA 1 field of the hippocampus. *Journal of Neuroscience, 6,* 2950–67.

Zorrilla, E. P., Redei, E., & DeRubeis, R. J. (1994). Reduced cytokine levels and T-cell function in healthy males: Relation to individual differences in subclinical anxiety. *Brain, Behavior, and Immunity, 8* (4): 293–312.

Zubin, J. E., & Spring, B. (1977). Vulnerability: A new view of schizophrenia. *Journal of Abnormal Psychology, 86,* 103–26.

Zucker, K. J., & Blanchard, R. (1997). Transvestic fetishism: Psychopathology and theory. In D. R. Laws & W. O'Donohue (Eds.), *Sexual deviance: Theory, assessment, and treatment* (pp. 253–79). New York: Guilford Press.

Zucker, K. J., & Bradley, S. J. (1995). *Gender identity disorder and psychosexual problems in children and adolescents.* New York: Guilford Press.

Zucker, K. J., Bradley, S. J., & Sanikhani, M. (1997). Sex differences in referral rates of children with gender identity disorder: Some hypotheses. *Journal of Abnormal Child Psychology, 25* (3): 217–27.

Zucker, K. J., Wilson-Smith, D. N., Kurita, J. A., & Stern, A. (1995). Children's appraisals of sex-typed behavior in their peers. *Sex Roles, 33* (11–12): 703–25.

Zucker, R. A. (1987). The four alcoholisms: A developmental account of the etiological process. In P. C. Rivers (Ed.), *Alcohol and addictive behavior* (pp. 27–83). Lincoln, NB: University of Nebraska Press.

Zuckerman, M. (1994). *Behavioral expressions and bio-social bases of sensation seeking.* New York: Cambridge University Press.

Zullow, H., & Seligman, M. E. P. (1985). *Pessimistic ruminations predict increase in depressive symptoms: A process model and longitudinal study.* Unpublished manuscript.

図表引用一覧

図(figure)

Figure 2–1: Rosenzweig, M. R., & Leiman, A. L., *Physiological Psychology*, 2nd ed. New York: McGraw-Hill, Copyright © 1989 by the McGraw-Hill Companies. Reprinted by permission. **Figure 2–2:** (A) Adapted from *Psychology* by Henrty Gleitman by permission of W. W. Norton and Company, Inc. Copyright © 1981 by W. W. Norton & Company, Inc. (B) Dr. James Butcher, the Minnesota report. Copyright by the University of Minnesota Press. **Figure 2–3:** Reprinted from *Psychology* by Henry Gleitman, by permission of W. W. Norton & Company, Inc. Copyright © 1981 by W. W. Norton and Company. **Figure 2–4:** Reprinted from *Psychology* by Henry Gleitman, by permission of W. W. Norton & Company, Inc. Copyright © 1981 by W. W. Norton and Company. **Figure 2–8:** Jones, K. M., & Friman, P. C., A case study of behavioral assessment and treatment of insect phobia. From *Journal of Applied Behavior Analysis*, 1999, *32:* 97. **Figure 3–2:** Adapted from Schwartz, B. *Psychology of learning and behavior*, 2nd ed. New York: W. W. Norton & Company, Inc. Reprinted by permission. **Figure 4–3:** Cunningham, J. D., figure 6.19, from *Human Biology*, 2nd ed. Copyrght © 1989 by John D. Cunningham. Reprinted by permission of Addison Wesley Longman Publishers, Inc. **Figure 4–4:** Cunningham, J. D., figure 10.7, from *Human Biology*, 2nd ed. Copyright © 1989 by John D. Cunningham. Reprinted by permission of Addison Wesley Longman Publishers, Inc. **Figure 4–6:** Nicholls, J. G., Martin, A. R., & Wallace, B. G., *From Neuron to Brain*. Copyright © 1992 by Sinauer Associates, Inc. **Figure 4–11:** Adapted from A. Luria, The functional organization of the brain. *Scientific American*, 1970, *222:* 71. **Figure 4–15:** Cunningham, J. D., figure 6.9, from *Human Biology*, 2nd ed. Copyright © 1989 by John D. Cunningham. Reprinted by permission of Addison Wesley Longman Publishers, Inc. **Figure 4–16:** Reprinted from *Neuropsychologia, 28,* P. R. Huttenlocher, Morphometric study of human cerebral cortex development. Copyright © 1990, with permission from Elsevier Science. **Figure 5–3:** Archibald, H. C., & Tuddenham, R. D. Persistent stress reaction after combat. *Archives of General Psychiatry*, 1965, *12:* 475–81. Copyright © 1965, American Medical Association. Reprinted by permission. **Figure 6–1:** Lewis, D. O., Yeager, C. A., Swica, Y., Pincus, J. H., & Lewis, M., Objective documentation of child abuse and dissociation in twelve murderers with DID. *American Journal of Psychiatry*, 1997, *154* (12): 1706. Copyright © 1997, The American Psychiatric Association. Reprinted by permission. **Figure 7–1:** Cross-National Collaborative Group, The changing rate of major depression. Cross-national comparisons. *Journal of the American Medical Association*, 1992, *268* (21): 3100–3102. Copyright © 1992, American Medical Association. Reprinted by permission. **Figure 7–2:** Modified from *Drugs and the Brain* by Solomon H. Snyder. Copyright © 1986 by Scientific American Library, Inc. Used with permission of W. H. Freeman & Company. **Figure 7–3:** Schildkraut, J., The catecholamine hypothesis, *The American Journal of Psychiatry*, 1997, *122:* 509–522. Copyright © 1997, the American Psychiatric Association. Reprinted by permission.

Figure 7–4: Adapted from Maier, S. F., Seligman, M. E. P., & Solomon, R. L., Pavlovian fear conditioning and learned helplessness: Effects on escape and avoidance behavior of (a) the CS-US contingency and (b) the independence of the US and voluntary responding, in B. A. Campbell, & R. M. Church (Eds.), *Punishment and aversive behavior,* 1969, p. 328. **Figure 7–7:** Bunney, W. E., Jr., & Murphy, D. L., The switch process in bipolar disorder, in N. S. Kline (Ed.), *Factors in depression,* 1974. Copyright © Lippincott Williams & Wilkins. **Figure 7–8:** Rosenthal, N. E., Sack, D. A., Gillin, J. C., Lewy, A. J., Goodwin, F. K., Davenport, Y., Mueller, P. S., Newsome, D. A., & Wehr, T. A., Seasonal affective disorder: A description of the syndrome and preliminary findings with light therapy. *Archives of General Psychiatry,* 1984, *41,* 72–80. Copyright © 1984, American Medical Association. Reprinted by permission. **Figure 10–1:** From *Schizophrenia genesis: The origins of madness,* by Irving I. Gottesman. Copyright © 1991 by Irving I. Gottesman. Used by permission of W. H. Freeman and Company. **Figure 10–3:** Adapted from Kandel, E. R., Schwartz, J. H., & Jessel, T. M., *Principles of neural science* (3rd ed.). Norwalk, CT: Appleton & Lange, 1991, p. 864. **Figure 10–5:** Courtesy of National Institutes of Mental Health. **Figure 11–1:** Reprinted with permission from Lamberts, S. W., van den Beld, A. W., & van der Lely, A., The endocrinology of aging. *Science,* 1997, *278* (5337): 419–24. Copyright © 1997 by the American Association for the Advancement of Science. **Figure 11–2:** Graph from Gatz, M., Kasl-Godley, J. E., & Karel, M. J., Aging and mental disorders, in *Handbook of the Psychology of Aging,* 4th ed., Birren & Schaie, (Eds.). Copyright © 1996 by Academic Press. Reproduced by permission of the publisher. **Figure 11–3:** Henderson, A. S., Jorm, A. F., Korten, A. E., Jacomb, P., Christensen, H., & Rodgers, B., Symptoms of anxiety and depression during adult life: Evidence for a decline in prevalence with age. *Psychological Medicine,* 1998, *28,* 1324. **Figure 11–4:** Howard, R., Castle, D., Wessely, S., & Murray, R., A comparative study of 470 cases of early-onset and late-onset schizophrenia. *British Journal of Psychiatry,* 1993, *163:* 354. **Figure 12–2:** Selye, H., *Stress without distress.* Copyright 1974 by HarperCollins Publishers, Inc. Reprinted by permission of HarperCollins Publishers, Inc. **Figure 12–4:** Adapted from McEwen, B., Protective and damaging effects of stress mediators. *New England Journal of Medicine,* 1998, *338:* 172. **Figure 12–7:** Barefoot, J. C., Dahlstrom, W. G., & Williams, R. B., Hostility, CHD incidence, and total mortality: A 25-year follow-up study of 255 physicians. *Psychosomatic Medicine,* 1983, *45* (1): 59–63. Copyright © 1983 by the American Psychosomatic Society, Inc. **Figure 12–8:** Karasek, R., Baker, D., Marxer, F., Ahlbom, A., & Theorell, T., Job decision latitude, job demand, and cardiovascular disease: A prospective study of Swedish men. *American Journal of Public Health,* 1981, *71:* 694–705. Reprinted by permission. **Figure 12–9:** Spiegel D., Bloom, J. R., Kraemer H. C., & Gottheil E., Effect of psychosocial treatment on survival of patients with metastatic breast cancer. *The Lancet,* October 14, 1989, pp. 888–91. Copyright © 1989 by the Lancet Ltd. **Figure 13–1:** Rosler, A., & Witzum, E., Treatment of men with paraphilia with a long-acting analogue of gonadotropin-releasing hormone, *New England Journal of Medicine,* 1998, *338:* 416–422. Copyright © 1998, by the Massachusetts Medical Society. **Figure 13–2:** Goldstein, I., Lue, T. F., Padma-Nathan, H., Rosen, R. C., Steers, W. D., & Wicker, P. A., Oral Sildenafil in the treatment of erectile dysfunction, *New England Journal of Medi-*

cine, 1998, 338: 1402. Copyright © 1998 by the Massachusetts Medical Society. **Figure 14–1:** Hunt, W. A., Barnett, L. W., & Branch, L. G., Relapse rates in addiction programs. *Journal of Clinical Psychology,* 1971, 27, 455–56. **Figure 14–2:** Modified from *Drugs and the brain* by Solomon H. Snyder. Copyright © 1986 by Scientific American Books, Inc. Used with permission of W. H. Freeman and Company. **Figure 14–3:** Solomon, R. I., & Corbit, J. D. An opponent process theory of motivation, from *Psychological Reviews,* 1974, 81 (2): 119–45. Reprinted by permission. **Figure 14–5:** Schuckit, M. A. Subjective response to alcohol in sons of alcoholics and controls. *Archives of General Psychiatry,* 1984, 41: 879–84. Copyright © 1984, American Medical Association. **Figure 14–6:** Marlatt, G. A., & Gordon, J. R. *Relapse prevention: Maintenance strategies in the treatment of addictive behaviors,* Figure 1–4. New York: Guilford Press, 1985, p. 38. **Figure 14–7:** Deneau, G., Yaganita, T., & Seevers, M. H., Self-administration of psychoactive substances by the monkey. *Psychopharmacologia* (Berlin), 1969, 16: 30–48. Copyright © 1969 by Springer-Verlag Berlin-Heidelberg. **Figure 14–8:** Higgins, S. T., Budney, A. J., Bickel, W. K., Hughes, J. R., Foerg, F., & Badger, G., Achieving cocaine abstinence with a behavioral approach. *American Journal of Psychiatry,* 1993, 150 (5): 763–69. Copyright © 1993 by the American Psychiatric Association. Reprinted by permission. **Figure 14–9:** From *Drugs and the brain* by Solomon N. Snyder. Copyright © 1986 by Scientific American Books, Inc. Used with permission of W. H. Freeman and Company. **Figure 14–10:** Matthias, R. Students' use of marijuana, other illicit drugs, and cigarettes continued to rise in 1995. *NIDA Research Advances,* 1996, 11 (1). **Figure 16–1:** From the manual for the Penn Optimism Program, Depressive Prevention for School Children, 1996; courtesy Dr. M. E. P. Seligman.

表(table)

Table 2–1: Butcher, J. N., *MMPI Research developments and clinical applications.* Copyright © 1969 by McGraw Hill, Inc., New York. Used with permission of the McGraw-Hill Book Company. **Table 2–2:** Robins, L. N., Helzer, J. E., Weissman, M. M., Orvaschel, H., Gruenberg, E., Burke, J. D., & Regier, D. A., Lifetime prevalence of specific psychiatric disorders in three sites. *Archives of General Psychiatry,* 1995, 41: 949–58. Copyright © 1995 by the American Medical Association. **Table 2–3:** Kessler, R. C., McGonagle, K. A., Zhao, S., Nelson, C. B., Hughes, M., Eshleman, S., Wittchen, H., & Kendler, K. S., Lifetime and 12-month prevalence of DSM-III-R psychiatric disorders in the United States. *Archives of General Psychiatry,* 1994, 51: 8–19. Copyright © 1994 by the American Medical Association. **Table 3–4:** Abramson, L. Y., Seligman, M. E. P., & Teasdale, J., Learned helplessness in humans: Critique and reformulation. *Journal of Abnormal Psychology,* 1978, 87: 32–48. Copyright © 1978 by the American Psychological Association. Reprinted by permission. **Table 3–5:** Adapted from Lazarus, A. A., *Multimodal behavior theory.* Copyright © 1976, Springer Publishing Company, Inc., New York, 10012. **Table 5–2:** Seligman, M. E. P., *What you can change and what you can't.* New York: Knopf, 1994, pp. 78–79. Adapted by permission. **Table 5–4:** Seligman, M. E. P., *What you can change and what you can't.* New York: Knopf, 1994, p. 143. Adapted by permission. **Table 5–6:** Seligman, M. E. P., *What you can change and what you can't.* New York: Knopf, 1994, p. 67. Adapted by permission. **Table 5–7:** Seligman, M. E. P., *What you can change and what you can't.* New York: Knopf, 1994, pp. 78–79. Adapted by permission. **Table 5–10:** Seligman, M. E. P., *What you can change and what you can't.* New York: Knopf, 1994, p. 93. Adapted by permission. **Table 5–11:** Seligman, M. E. P., *What you can change and what you can't.* New York: Knopf, 1994, p. 58. Adapted by permission. **Table 6–3:** Lewis, D. O., Yeager, C. A., Swica, Y., Pincus, J. H., & Lewis, M., Objective documentation of child abuse and dissociation in 12 murderers with dissociative identity disorder. *American Journal of Psychiatry,* 1997, 154 (12): 1704. Copyright © 1997, The American Psychiatric Association. Reprinted by permission. **Table 7–1:** Robins, L. N., Helzer, J. E., Weissman, M. M., Orvaschel, H., Gruenberg, E., Burke, J. D., & Regier, D. A., Lifetime prevalence of specific psychiatric disorders in three sites. *Archives of General Psychiatry,* 1984, 41: 949–58. Copyright © 1984, American Medical Association. **Table 7–3:** Seligman, M. E. P., *What you can change and what you can't.* New York: Knopf, 1994, p. 114. Adapted by permission. **Table 7–5:** Shneidman, E., Suicide among the gifted. In E. S. Shneidman (Ed.), *Suicidology: Contemporary developments.* New York: Grune & Stratton, 1976. Adapted by permission of Edwin Shneidman. **Table 7–6:** WHO division of Mental Health. **Table 9–2:** Lyons, M. J., True, W. R., Eisen, S. A., Goldberg, J., Meyer, J. M., Faraone, S. V., Eaves, L. J., & Tsuang, M. T., Differential heritability of adult and juvenile antisocial traits. *Archives of General Psychiatry,* 1995, 52: 906–915. Copyright © 1995 by the American Medical Association. **Table 9–3:** Modified from Hutchings, B., & Mednick, S. A., Criminality in adoptees and their adoptive parents: A pilot study, M. S. A. Mednick & K. O. Christiansen (Eds.), *Biosocial bases of criminal behavior.* New York: Gardner Press, 1977, p. 132. **Table 10–2:** Adapted from *Schizophrenia genesis: The Origins of Madness* by Irving I. Gettesman. Copyright © 1991 by Irving I. Gottesman. **Table 11–1:** Jeste, D. V., Alexopoulos, G. S., Bartels, S. J., Cummings, J. L., Gallo, J. J., Gottlieb, G. L., Halpain, M. C., Palmer, B. W., Patterson, T. L., Reynolds, C. F. III, & Lebowitz, B. D. Consensus statement on the upcoming crisis in geriatric mental health. *Archives of General Psychiatry,* 1999, 56 (9): 848–53. Copyright © 1999 by the American Medical Association. **Table 12–1:** Holmes, T. H., & Rahe, R. H., The social readjustments ratings scale. *Journal of Psychosomatic Research,* 1967, 11: 213–18. Elsevier Science, Ltd., Pergamon Imprint, Oxford, England. **Table 12–2:** Weiss, J. M. Effects of coping behavior in different warning signaled conditions on stress pathology in rats. *Journal of Comparative and Physiological Psychology,* 1971, 77: 1–13. Copyright © 1971 by the American Psychological Association. Reprinted by permission of the author. **Table 13–1:** Seligman, M. E. P., *What you can change and what you can't.* New York: Knopf, 1994. Adapted by permission. **Table 14–1:** Swan, T., Gender affects relationships between drug abuse and psychiatric disorders. *NIDA Research Advances,* 12(4): 22. **Table 14–2:** Adapted from National Institute of Drug Abuse, 2000. **Table 14–3:** Kreek, M. J. Rationale for maintenance pharmacotherapy of opiate dependence, in C. P. O'Brien & J. H. Jaffe (Eds.), *Addictive States.* New York: Raven Press, 1992. **Table 14–4:** Adapted from Philip J. Hilts, Is nicotine addictive? It depends on whose criteria you use, in *New York Times,* August 2, 1994, p. C3. Copyright © 1994 by The New York Times Company.

用語解説

注：日本での状況等に合わせ、必要に応じて加筆・訂正した

B細胞（B cell）　特定の抗原の表面の上にある受容器をもつ、骨髄からくるリンパ球。

CATスキャン　「コンピューター断層撮影」。CTスキャンのこと。

CTスキャン（Computerized-axial tomography）　神経学的診断で用いられるX線技術であり、脳の異なる領域のX線濃度の3次元で構成された映像。

DSM-Ⅳ（diagnostic and statistical manual of mental disorders Ⅳ）　米国精神医学会によって1994年に出版された「精神疾患の診断・統計マニュアル」の第4版である（最新はDSM-5）。

LSD（リゼルグ酸ジエチルアミド：lysergic acid diethylamide）　幻覚発現薬で、身体（めまい、倦怠感、吐き気）、知覚（時間的感覚の歪み）、情動、認知機能に影響を及ぼす。

MAO（モノアミン酸化酵素：monoamine oxidase）　カテコールアミン（ドパミン、ノルエピネフリン、エピネフリン）やインドールアミンを分解する酵素である。モノアミン酸化酵素阻害薬はうつ病の治療に使われる。

MDMA（通称；エクスタシー）（3,4-メチレンジオキシメタンフェタミン（3,4-methylenedioxymethamphetamine）；MDMA）　アンフェタミンと化学構造的に類似した幻覚剤で、強い幻覚作用がある。

MRI　磁気共鳴映像法参照。

MST（多重システム療法：multisystemic therapy）　子供の日常、たとえば学校や家庭、仲間の中に起きるさまざまな問題を治療する家族療法をベースにした治療方法の1つ。

NK細胞（ナチュラルキラー細胞）（natural killer cell）　腫瘍細胞を破壊する細胞である。

PETスキャン　陽電子放射断層撮影法を参照。

RNA（リボ核酸）（ribonucleic asid）　伝達子として反応する分子。細胞質に遺伝子のコードのコピーを運び、タンパク質を合成するためにアミノ酸を加えることでリボソームに知らせることによってそれを伝達する。

T細胞（T cell）　免疫システムの中の胸腺で作り出される細胞のこと。それらは特異性抗原のための自らの表面に受容体を持っている。

Yoking（ジョーキング）　実験群、統制群の両方が、正確に同じ物理的な出来事を受ける実験手順。しかし、実験群だけが、その答えによって、実験結果に影響を及ぼす。

愛他的な自殺（altruistic suicide）　社会によって要求された自殺（デュルケム Durkheimの定義による；たとえば、腹切り hara-kiri）。

アカシジア（akathisia）　クロルプロマジンの副作用で、筋肉にかゆみが起き、じっと座っていられなくなる。

アスペルガー症候群（Asperger's disorder）　就学前やその直後にはあまり発見されない発達障害である。社会性の欠如、繰り返し行われる限定された行動パターン、限られた興味・関心などが症状に含まれる。

アニミズム（animism）　すべてのものは"魂"を持っており、精神障害は物活論的原因があると考える、前近代的な人間社会についての信念である。たとえば、邪悪な魂が人や人の行動を統制していると考える。

アメリカ法律協会（ALI）規則（American Law Institute rule）　ある人が犯罪を犯したときに、精神的な病気や疾患の結果として、行為の犯罪性を正しく認識したり行動を法律に従わせる実質的な能力を欠いているならば、その人が自分の犯罪行為に責任がないと考える精神異常に対する法律上の規則。

アルツハイマー病（Alzheimer's disease）　後期中年あるいは老年の退化病で、精神機能が低下する。健忘症候群がしばしばこの病気の主要な特徴である。その最初の徴候は、事を始める能力の喪失や極度の健忘症、記憶障害や空間障害を含んでいる。進行すると知力および基本的な維持機能が著しく低下し、死に至る。

アレキシシミア（失感情症）（alexithymia）　文字通り"感情に対する言葉がない"を意味し、感情を表現するのが困難な人々を説明するために用いられる語。

アレル（対立遺伝子）（allele）　遺伝子型の1つ。

アロスタシス（allostasis）　様々な生活環境の変化に伴う肉体的状態の適応反応。

アロスタティック負荷（allostatic load）　短期のストレスを中和するために生体が払う隠れた代償。高いアロスタティックなストレスは、頻繁なストレスや繰り返されるストレスあるいは誘発されたストレス中和要因を遮断することができないときに発生する。

安定した属性（stable attribution）　個々の課題が、回数に固執した要素となる事象を生み出す。

アンドロゲン（androgen）　男性の外性器の形態学的発達のための主な要因となるホルモンである。

アンドロゲン不応症候群（androgen insensitivity syndrome）　男性ホルモンに認知・反応することが可能な身体を形成する遺伝子が欠如している男性胎児の染色体の症候群。男性ホルモンには反応せず、男性外性器よりむしろ女性外性器の形態をとる。

アンフェタミン（amphetamine）　興奮の原因となるエネルギー、活動性、過剰反応性を高める環境や幸福感など、いくつかの生理学的な前兆となる超活性化へ働きかけるものである。

医学モデル（medical model）　病気という状態としてとらえる枠組みのこと。

異常性の生体医学モデル（biomedical model of abnormality）　精神疾患とは、ウイルスや生化学上もしくは遺伝上

の病気、あるいは脳機能障害のような、生理学上の病理が根底にあることから生ずる身体的な病であるとする、異常心理学の立場の主張。

異性愛(heterosexuality) 異性の性行為の相手を好むこと。

依存症(dependence syndrome) 物や出来事が、かつて最も優先されていた他の行動よりも、個人にとって生理的、行動的、認知的に最優先になる事象。

依存性パーソナリティ障害(dependent personality disorder) 人生の大事な節目で、どこで重要な決定をするのか、新しい重要な行動を始めるのか、責任を負うのかをについて、他人の許可がないと決定できない障害。

依存的抑うつ(anaclitic depression) 母子分離に時間がかかる6〜18ヵ月の乳幼児によって体験される抑うつである。この障害の特徴は、無気力、無感情、体重の減少、病気の羅病性であり、時に死に至ることもある。

一卵性双生児(monozygotic) 単一の受精卵が2つに分離して成長した双生児で、同一の遺伝子や染色体をもっている。

一般化可能性(generalizability) 無作為に選ばれた人たちが一定の結果を示すことによって他の人もその結果を示すであろう機会がますます増加する性質。

遺伝子(gene) 受け継がれた特性のための記号あるいは"プログラム"を持つ遺伝の塩基性の機能単位。

遺伝子型(genotype) 個人によって受け継がれた特有の遺伝子。

遺伝子の表現型(expression gene) 実際の出現または徴候(遺伝子の)。細胞の最終的な特性(たとえば、その形と機能)は、特定の遺伝子が表されるかどうかによって決定される。

遺伝連鎖分析(genetic linkage analysis) 研究者が家族の持つある疾患の優勢を探し出す方法。家族成員全員の遺伝子マーカーを探す。もし特定疾患の遺伝子と近ければ、家族成員のマーカーと疾患との連関がある。

イド(id) 精神分析的理論において、生物学的動因の心的表現。

遺尿症(寝小便)(enuresis, or bed-wetting) 規則的で無意識である尿の排泄によって特徴づけられる障害。

遺糞症(encopresis) 便通をコントロールすることに関する失敗。

陰性感情(negative affect) 不安や落ち込みといった好ましくない感情のこと。

陰性症状(negative symptom of schizophrenia) 基本的な行動の減少を伴う症状のことである。

インデックスケース(発端者)(index case, or proband) 心理学研究においては、精神科クリニックに最初にみえた一組の双生児の1人。

うつ病(depression) 気分障害は、以下によって特徴付けられる(a)通常満足するはずの行動における悲哀感や無関心(b)自分自身についての否定的な考えや希望を失うこと(c)消極性、優柔不断、自殺願望(d)無食欲、体重減少、睡眠障害、他の身体的障害。

うつ病エピソード(episodic depression) はっきりした始まりを持ち、2年未満続く抑うつ気分。

疫学的証拠(epidemiological evidence) 多くの個人からの証拠。

エクスポージャー(exposure) 恐怖症やPTSDの行動療法。現実にまたは、イメージにおいて恐怖対象または精神的外傷に繰り返し耐える。曝露法。

エゴ(ego) 自己。

演技性パーソナリティ障害(histrionic personality disorder) パーソナリティ障害の1つで、浅薄で、自己中心的で、自己陶酔し、自己への注意を引いてきた長い経歴を持ち、些細な出来事に興奮した感情表出ばかりする。

エンケファリン(encephalin) 内因性オピオイドである小さなアミノ酸合成物。

エンドルフィン(endorphin) 内因性モルヒネ物質。

置きかえ(displacement) その人の感情の本当の対象をより無害でより脅威的でないものへと入れ替えることが必要である現実の認知変容。

汚言症(coprolalia) トゥレット障害の人々によって表現される、社会的に受け入れがたい言葉の反復。

押さえ難い衝動規定(irresistible impulse rule) 推論能力が残っていても精神疾患がセルフコントロールを損なっていた状態。

恐れ(fear) 特定の、危険な物への恐怖によって特徴づけられる。

音連合(clang associations) 言葉の持つ音によって生まれる連想。よく統合失調症の者に表れる。

オピオイド(麻薬)(opiate, or narcotic) 多幸感、不機嫌、無気力、精神運動制止、瞳孔の収縮、眠気、不明瞭な会話、注意欠陥や記憶障害に影響する薬物である。コデイン、アヘン、モルヒネ、ヘロイン、メタドンなどである。

オペラント(operant) 正の強化によってその行動が増し、負の強化によってはその行動が減少するといった反応。

オペラント条件づけ(operant conditioning) 有機体が罰を回避したり、報酬を得るため反応を変容させること。

オルガズム障害(orgasmic disorder) 性機能障害でたとえば男性では早漏、遅漏などである。

音節拍言語(syllable-timed speech) イヤホンから聞こえるメトロノームやポケットベルの音を聞いて、すぐに話すことを吃音の患者に求める治療法。

解体型統合失調症(disorganized schizophrenia) 最も顕著な行動特性が明らかに愚かで支離滅裂な統合失調症。行動は陽気だが、かなり奇妙で不合理であり、外的要因に対して極端に敏感で、極端に鈍感であるが、妄想、幻覚症状はない。

外的帰属(external attribution) 出来事の理由を自分の外側に求めること。

回避性パーソナリティ障害(avoidant personality disorder) 引きこもりに多い障害であり、過敏さと拒否反応を持ち合わせる。

回避反応(avoidance responding) 以前の嫌な出来事を連想させる状況から逃げようとする行動のことであり、それによって、嫌な出来事を阻止する。逃避反応との違いは、嫌な出来事それ自体から逃げるところである。

快楽原則(pleasure principle) 精神力動論で用いられる。即時的な満足を得ようとする生物学上の動因。

解離(dissociation) 2つ以上の精神機能が互いに影響することなく、共存したり、交代する現象(記憶の若干の領域が分裂したり、意識的な認識から分離される)。

解離性健忘(dissociative amnesia) ひどい精神的外傷(たと

えば、子どもの死、または職を失うこと）による個人の記憶の喪失。

解離性障害(dissociative disorder)　個人のアイデンティティの分裂によって特徴づけられる一群の精神障害。解離性健忘、解離性遁走、解離性同一性障害、離人症性障害を含む。

解離性同一性障害(以前は多重人格性障害)（dissociative identity disorder, or multiple personality disorder）　同じ個人に、2つ以上のアイデンティティが存在すること。各々は、比較的安定した独自の生活をし、行動のコントロールをしている。

学習障害(learning disoder)　著しい発達遅滞をもたらし、主に言語や読みの困難を含む学習技能の発達に影響する障害。

学習性無力感(learned helpressness)　悪い出来事が起き、それを防ぐためにできることは何もないという予期が特徴の状態。無抵抗で、認知不足、うつ病に似ている他の徴候を示すという結果になる。

核心的自己(core self)　2ヵ月から6ヵ月の乳幼児の間に、はじめて発達する自己。保護者から身体的に分離された乳幼児の意識を受け止めること。

覚醒剤(stimulant)　精神運動興奮、生理的な多動、気分高揚、誇張、おしゃべりや過覚醒を引き起こす向精神薬。アンフェタミンとコカインを含む。

隠れた鋭敏化(covert sensitization)　性的な興味の変化のための行動療法的治療法。自己顕示欲としての性嗜好異常の治療は、イメージされた性的刺激に随伴する条件刺激の嫌悪感を使用する。

過小視(minimization)　うつ病患者の歪んだ認識で、良い出来事でも過小に評価すること。

過食症(bulimia)　大量の食物をがつがつと食べ、その後嘔吐や下剤あるいは利尿剤の使用による浄化を交互にする障害。

仮説(hypothesis)　科学的に検証可能な仮の説明。

家族研究法(family study method)　遺伝子相関性の異なる個人で、特徴または障害の発生における文書。

家族的類似性アプローチ(family resemblance approach)　異常の評価は、個人特徴と異常の7要素(苦痛、不適応性、活発、オブザーバー不快、不可解と不合理、予想不可能、道徳的で観念的な標準の違反)の一致を基本とする。

家族療法(family therapy)　カップルまたは家族(個人だけよりむしろ)を対象にする一群の多様な精神療法。

過大な一般化(overgeneralization)　うつ病患者の歪んだ認知の1つで、ある出来事をもとに、不合理なほどに一般化してものを考えることである。

カタルシス(catharsis)　精神分析の理論において、幼少期のトラウマの葛藤の蓋が外され、それを追体験すること。

学校恐怖症(school phobia)　学校に行くことに対する固執した不合理な恐怖。

カテゴリカルなアプローチ(categorical approach)　ある者が、診断のための行動基準を満たしており診断カテゴリーに分類されるか、基準を満たさないために特定の障害は持っていないとみなされるか、いずれかを診断するためのアプローチ(および診断マニュアル)である。

カテゴリー的健忘(categorical amnesia)　「選択的健忘」を参照。

カテコールアミン(catecholamine)　脳の神経伝達に関係するホルモン。ノルエピネフリン、エピネフリン、ドパミンなどを含む。

カフェイン(caffeine)　寝付くまでの時間が長く、疲労を減少させ、肉体労働をする者の助力となる、中枢神経系および骨格筋を刺激する興奮剤。

過包摂(overinclusiveness)　統合失調症の人が、適切な情報や、不適切な情報から、重要でない情報を抑制することが困難なこと。

感覚集中(sensate focus)　セックスセラピーで指示される方略のこと。(a)性行為はせず、生殖器以外の愛撫を"楽しむ"段階、(b)性的挿入は控えながら、"生殖器へ刺激を与える"段階、(c)互いに"強要ではない性行為をする"段階から成る。

眼球運動脱感作と再処理法(eye movement desensitization and reprocessing：EMDR)　心的外傷ストレス障害の患者の治療法。不穏なイメージまたは記憶に集中する間、患者はセラピストの速く動く指に従う。患者は、否定的な考えを前向きな考えへと変え、より少ない苦悩を経験するように取り組む。

環境主義(environmentalism)　行動主義の第1の仮定；すべての有機体(人間を含む)が環境によって形づくられる。

環境療法(生活療法)(milieu therapy)　精神障害者に対する治療法の1つで、生活指導や作業療法、レクリエーション療法のこと。

関係念慮(ideas of reference)　患者にとってある出来事や人が特別な意味を持つという確信。(たとえば、ニュースキャスターが自分に話しかけている、あるいは、通りの見知らぬ人が自分を見ているなど)。

関係妄想(delusion of reference)　他者の関係のない言葉や行動を自分と関係づける間違った信念。

勧告の意志(exhortative will)　意志によって我々が働くようになること。

拡散(diffusion)　ニューロン(神経細胞)の外の物質と結合して、神経伝達物質の集中を減少させることによって、シナプスが通過するメカニズム。

感情転移(transference)　患者のセラピストに対する感情、葛藤、および期待の方向を変えること。

冠状動脈性心疾患(coronary heart disease：CHD)　心臓や循環器上の問題は、動脈硬化を引き起こす。心臓発作や突然死に至ることもある。

感情表出(expressed emotion)　統合失調症の過程と関係があるとされる対人コミュニケーションの特徴。それらは、親戚または他の世話人による感情的で過度な関係が示され、患者に対して冷笑的な、敵対的なコメントを含むものである。

既往歴(clinical case history)　今までの個人の治療記録。

危急反応(emergency reaction)　交感神経系が行動のために体を動員する、脅威に対する反応。血圧が上がり、心拍数が増加し、呼吸が深くなり、発汗が増え、肝臓は筋肉の使用のため糖を放出する。

季節性情動障害(seasonal affective disorder：SAD)　それぞれの年の秋に始まり、春になると和らいだり躁状態に変わる抑うつによって特徴づけられている。

帰属(attribution)　短期間の精神的な出来事の原因であり、認知療法のターゲットとなる。

期待（expectation）　将来の出来事の予想を既知の事柄より推定する認知。

吃音（stuttering）　言語周期における顕著な障害。

拮抗条件づけ（counterconditioning）　恐怖症患者のための治療技法は、恐怖イメージを引き起こす状況（通常、はじめは引き起こされる恐怖イメージは少ないが、徐々に増えていく）にリラックスするのを援助する。患者の恐怖に拮抗する、イメージされた状況に対するリラクゼーション反応は、状況に関連づけられる前に、消去される。

拮抗物質（アンタゴニスト）（antagonist）　シナプスによる神経伝達物質の取り込みを促進または妨害することによって特定の神経伝達物質の活動性を低下させる薬である。

機能障害（dysfunction）　機能の障害。

機能的MRI（functional MRI：fMRI）　研究者が脳の代謝活動を観察、測定することを可能にする神経画像診断技術。

気分障害（mood disorder）　気分のひどく乱れた状態を指す。

気分変調性障害（dysthymic disorder）　症状のない状態が2ヵ月以上続かず、少なくとも慢性の抑うつ気分が2年間続いている。

偽薬（プラセボ：placebo）　反応が引き出されると信じることにより、中性刺激が反応を引き出す。

偽薬効果（placebo effect）　偽薬を投与した結果として、得られた明確な成果。

逆行性健忘（retrograde amnesia）　疾患やトラウマの前の出来事の記憶の喪失。この喪失によってしばしばトラウマの前の数秒あるいは数分間の期間記憶が制限される。

急性ストレス障害（acute stress disorder）　死の脅威や外傷、あるいは自己または他者の身体的な全体性に対する脅威を含む出来事を経験したり、目撃したり、直面した後の最初のひと月の間に起きる不安、無感覚や無関心。もし症候が最初のひと月以降も続くならば、外傷後ストレス障害と呼ばれる。

急性統合失調症（acute schizophrenia）　統合失調症の非常に華やかな症候の、急速で突然の始まりによって特徴づけられる状態。

境界性パーソナリティ障害（borderline personality disorder）　対人関係・行動・気分・自己イメージなど、自己のあらゆる面において不安定さがある顕著な特徴を持つ人々を指す、幅広い第Ⅱ軸の診断カテゴリー。

驚愕反応（alarm reaction）　汎適応症候群に関するSelyeの理論に基づくストレスに対する人の反応の第一段階。ストレスと闘ったり逃げたりするために生理学的に喚起される肉体的準備。

強化子（reinforcement）　反応が随伴されたときに、それが増加する見込みのある出来事。報酬あるいは罰。

強制収容（involuntary commitment）　本人の激しい反対があっても本人の安全のために入院させる措置。

共病症（comorbidity）　2つあるいはそれ以上の診断が存在すること。

強迫観念（obsession）　思考、観念、欲動が繰り返され、それが不合理であると分かっていてもやめられず苦しむ。

強迫性障害（obsessive-compulsive disorder）　不適切な思考を繰り返したり（強迫観念）、無意味な行動を繰り返す（強迫的行動）不安障害である。

強迫性パーソナリティ障害（obsessive-compulsive personality disorder）　自分や他人に対して完全主義を求めるといった特徴をもつパーソナリティ障害である。

恐怖症（phobia）　以下の特徴をもつ不安障害。(a)実際の危険の度合いを超えて、特有の状況に対する恐怖に固執する、(b)恐怖状況からの逃避、回避を望む、(c)恐怖に対する認識は、過剰で不合理なものである(d)その他の障害によるものではない。

虚偽性障害（ミュンヒハウゼン症候群）（factitious disorder, or Münchhausen syndrome）　自ら病気を負荷することによって引き起こされる、複数の入院と活動に特徴づけられる精神障害。

緊張緩和仮説（tension reduction hypothesis）　人々が緊張を和らげるためにアルコールを飲むと述べる仮説。

薬の手がかり（drug cues）　薬を思い出すもの（たとえば、薬が飲まれたセッティング）は、薬から自由だった人を、薬を切望させ、再発を誘発する。

刑事拘禁（criminal commitment）　罪の意識や犯意が欠落しているために、合法的に責任はないが、危険な行動をする精神病患者の精神医学病院への強制的入院。

軽躁人格（hypomanic personality）　2年以上の連続した軽躁状態を伴う躁病の慢性型。躁病も参照。

系統的脱感作（systematic desensitization）　主に恐怖症や特定の不安の治療に用いられる行動療法。恐怖症の人は、最初に深い筋肉リラクゼーションの訓練をし、その後次第に不安にさらされる状況（現実または想像された）にさらすことを増やす。緩和と恐怖は、相互に排他的に働くので、以前パニックを引き起こした刺激に対して、今は落ち着いて反応される。

下剤（purger）　神経性無食欲症の人は、食べ物を拒否したり、食べた時には食べた物を出すために下剤を服用したり、嘔吐をするために痩せている。

血液恐怖症（blood phobia）　血・注射・傷を見るような状況において非常に強い不安を覚える特殊な恐怖症。

血液脳関門（blood-brain barrier）　特殊化した細胞からなる脳障壁であり、循環系にある特定の化合物が脳内に取り込まれることを防ぐ。

結果予測（outcome expectation）　人の評価が望ましい結果を導くこと。「効果予測」参照。

月経前不快症状（premenstrual dysphoric disorder）　以下の症状のうち、いくつかまたはすべての組み合わせによって特徴づけられる疾患特性において月経前症状のDSM-IV分類を試みている。不安定な感情、怒り、緊張、うつ、低関心、疲労、圧倒された感覚、集中困難、拒否反応に対する神経過敏、欲求や睡眠の変化。

解毒（detoxification）　身体からアルコールを取り除き減少させること。

嫌悪療法（aversion therapy）　嫌悪刺激の結果による行動と組み合わせることによって、クライエントの望まない行動を取り除くことを試行錯誤する行動療法である。

幻覚（hallucination）　確認できる刺激がないのに見出される知覚。

幻覚剤（hallucinogen）　知覚の失見当、離人症、錯覚、幻覚や、頻脈、心悸亢進、振戦のような生理学的徴候を引き起こす化学薬品。LSD、PCP、MDMAを含む。

元型（archetype）ユングが言う、生まれ持っている知識であり、普遍的な思考のことである。

健康心理学(health psychology)　心理学と医療の境界に位置して病気を扱う分野。

言語自己(verbal self)　15～18ヵ月の間で発達する、自己の3番目の感覚。それは、経験と発達の言葉と象徴の宝庫である。

顕在性記憶(explicit memory)　物、人々、出来事についての貯蔵された知識。

現実感喪失(derealization)　世界が自分自身のものと感じられず現実感がない感覚。

現実吟味(reality testing)　エクスポージャー(曝露法)を参照。

現実原則(reality principle)　精神力動理論によるもので、自我の表現であり、現実との適合を図りながらイドの欲望を満足させようとする。

原発性勃起(性機能)不全(primary erectile dysfunction)　男性が性交に十分な能力を持続または成し遂げることができない疾患。

健忘(amnesia)　一定の期間の記憶の喪失、あるいは個人の同一性の記憶喪失によって特徴づけられる分離障害。全般性健忘、逆向健忘、外傷後健忘、前向健忘や選択的健忘を含む。

健忘性自殺(anomic suicide)　自殺は、個々の関係性と歴史から切り離すことを促進するものである(Durkheimによって定義された)。

行為(素行)障害(conduct disorder)　主に、攻撃的、規範を無視するような行動をする子どもたちの行動上の障害群。

効果研究(effectiveness study, outcome study)　治療の結果がテストされる研究で、それは現場に提供される。

効果の法則(law of effect)　刺激場面において反応の次にポジティブな結果が来た時は反復される傾向にあり、反応の次にネガティブな結果が来た時は反復されない傾向にあるという法則。

高血圧(hypertension)　高い血液の圧力。

抗原類(antigen)　感染菌に対する免疫システム。

交差耐性(cross tolerance)　ある薬に対する耐性が別の薬に対する耐性を作り出すこと。

構成概念妥当性(construct validity)　患者を説明し分類することによって診断上の分析を促進する範囲。

行動アセスメント(behavioral assessment)　変化させたい行動や思考についての、その発生時間・持続期間・強さなどの評価。

行動活性化システム(behavioral activation system：BAS)　脳の皮質下・皮質の領域を結合する迂回ルートのことである。報酬や楽しみの感覚的なサインであり、BISの活性化を抑制する。

行動主義(behaviorism)　1920年代～1960年代中頃にあった心理学界の中の動き。実験によって学習の一般法則を発見し、それらの法則を社会全体へ適用させようとするもの。

行動障害(behavioral disorder)　多動性・注意の問題や、攻撃的・破壊的・不正直な振る舞いのような、情動よりもむしろ行動面において不適切さがある障害。

行動モデル(behavioral model)　環境によって行動が作られ、また、環境が変化することによって行動も変化させることができるという異常心理学の立場の主張。行動理論家によれば、精神疾患の徴候的な行動は障害であり、治療されるべきものであるとしている。

行動抑制システム(behavioral inhibition system：BIS)　脳の皮質下と皮質領域を接続している回路。この回路は不安の体験において重要な役割を担っているとされている。

行動療法(behavioral therapy)　心理的苦痛は学習された行動に起因しており、その行動は学び直せるという見解に根ざした治療法。治療では悩んでいる行動を、より建設的な対処行動と適応の状態へ置き換えるよう努める。

広汎性発達障害(pervasive development disorder)　幼児期、青年期の社会的適応において、顕著に異常な特徴を伴う障害。自閉症、レット障害、小児期崩壊性障害、アスペルガー障害が含まれる。

興奮性受容体(excitatory receptor)　特定の神経伝達物質によって引き起こされるとき、脳の受容体はシナプス後ニューロンでの活動を増やす。

交絡(confound)　実験の影響が生じるかもしれない実験的に統制された独立変数以外の要因。

合理化(rationalization)　社会的に望ましい動機による行動だとする過程。公平な分析による実証はできない。

効力(potency)　特定の反応を得るために、投与すべき薬の相当量。

効力期待(efficacy expectation)　Banduraによると、うまく遂行できるという期待は、望ましい結果をもたらすという。

コカイン(cocaine)　コカインは中枢神経に作用する。コカインは、エネルギーを増大させ、疲労感や倦怠感と戦い、個々の環境でのものごとに対する反応を高める。

誤警報(false alarm)　実験的な分析法において、本当にそうでない場合でも、独立変数と従属変数は関連があるという仮説を受け入れること。

固執(perseveration)　1つの行動から次の行動への移行が困難である。また、簡単に態度や反応を止めることが難しいこと。

誇大視(magnification)　些細なことを重要視すること。うつ病患者の歪んだ認識である。

誇大妄想(delusion of grandeur)　あるものが特別に重要だという不十分な確信。

古典的条件づけ(classical conditioning)　「パブロフの条件づけ」を参照。

コルサコフ症候群(Korsakoff's syndrome)　アルコール依存症による健忘症候群の特有型。

再現性(repeatability)　たとえ実験的操作が繰り返されたとしても、似たような結果が生み出されるであろう可能性のこと。

再生記憶(recovered memory)　恥辱、罪、屈辱、または、けなすことによって、記憶は抑圧されるが、記憶は再現し、後に知覚ができるようなる。

再テスト信頼性(test-retest reliability)　再現試験において同じ結果をもたらすテストの程度。

再取り込み(reuptake)　神経伝達の際に神経伝達物質を不活発にさせる方法の1つで、シナプス間隙においてシナプス前の神経細胞が神経伝達物質を再び吸収し、シナプス後の神経細胞のレセプターにおいて神経伝達物質の総量を増加させること。

再発(recurrence)　少なくとも6ヵ月間特定の抑うつ症状がなかった後に、抑うつ症状が再発すること。

再発(relapse)　薬物療法あるいは心理療法によって少なく

とも6ヵ月間抑うつ症状を取り除かれた後の抑うつ症状の再発。

サディズム(sadism) 身体的・心理的苦しみを与えることや、その他の人間との屈辱によってのみ、性的に興奮する性的心理的障害のこと。

詐病(malingering) 病気であることによる利得を目標としており、本人の意図的な操作によって生じた身体的、精神的な症状を示すものである。「転換性障害」参照。

作用緊張(applied tension) 血液恐怖の人に、腕や足、胸の筋肉注射をすることによって、血へのプレッシャーや心拍数を上昇させる技法である。血を見ることによって失神することを防ぐ。

作用薬(agonist) 特定の神経伝達システムにおける活動性を高める薬物。

残遺統合失調症(residual schizophrenia) 妄想、幻覚、支離滅裂あるいはひどく混乱した行動のような目立った症状がないことを特徴とした統合失調症の形態。しかし、2つあるいはそれ以下の苦痛な症状が継続するというエビデンスもある。

三環系抗うつ薬(tricyclic antidepressant) ノルエピネフリンの摂取を遮断し、その結果として、ノルエピネフリンの有用性を増加させる抗うつ剤。

恣意的推論(arbitrary inference) 少しも、全く確証がない結論に達すること。Beckによると、抑うつの人達は根拠のない推論をする。

自我異和性同性愛(ego-dystonic homosexuality) 性的嗜好に対する個人の欲求で一致しない、そして、個人が変わることを望む同性愛。

磁気共鳴映像法(magnetic resonance imaging : MRI) ある種の原子核を定磁場中で共鳴現象を起こさせて脳画像を構成する方法の1つ。MRIにより細胞やその周辺組織の基本的な構造を見ることができる。脳の損傷部位は正常な部分に比べ陽子の集中が異なるため画像上でも変化が見られる。

次元アプローチ(dimentional approach) パーソナリティ障害を特徴付ける行動や特性は連続すると信じられている診断(や診断の手引き)に対するアプローチ。

自己愛性パーソナリティ障害(narcissistic personality disorder) 自己の重要性に関する誇大な感覚や限りない成功、権力、才気、美しさ、理想的な愛の空想にとらわれているパーソナリティ障害の1つ。

自己関連づけ(personalization) 不都合な悪い出来事に対する責任を不適当に引きうける。うつ病にみられる思考の誤り。

自己充足的予言(self-fulfilling prophesy) 実験においてあらかじめ発見したいと思っていることや、無意識的に研究者の予期と一致する結果のみを観察してしまう研究者の傾向。

自己親和性同性愛(ego-syntonic homosexuality) 性的嗜好に対する個人の欲求で一致する、そして、個人が変わることを望まない同性愛。

自己対象(selfobject) パーソナリティを形成するために、きわめて重要な人々や物事のこと。

自己本位的自殺(egoistic suicide) 個人が他との関係を持たないことによって起こる自殺。

支持的性的療法(direct sexual therapy) MastersとJohnsonによって研究された治療的方法(a)性的に機能しないことが明確に単純に特徴付けられる(b)クライエントは治療者の系統的な指示のもとで性的行動を練習する(c)個人ではなくカップルで治療を受ける。

視床下部-脳下垂体-副腎皮質(HPA)軸(hypothalamic-pituitary-adrenal axis) ストレスへの生物学的反応を伝える主なシステムの1つ。

自然環境型恐怖症(natural environment phobia) 高所や暴風雨、泥、暗闇、川や風などにひどく恐怖を抱くこと。

自然の実験(experiment of nature) 実験者が珍しい自然の出来事の影響を観察する研究。

実験(experiment) 仮定された原因(独立変数)が操られ、影響(従属変数)の発生が測られる手続き。

実験群(experimental group) 独立変数に接した経験を与えられる一群の被験者。

実験効果(experimental effect) 独立変数の操作結果としての従属変数の変化。

実験室モデル(laboratory model) 統制された条件下で自然に生じる精神疾患に類似した現象を作ること。

実験者バイアス(experimenter bias) 実験の被験者反応に関する実験者による巧みな影響の行使。

実験者盲検デザイン(experimenter-blind design) 被験者ではなく、実験者が被験者が薬か偽薬を受けているかどうかに関して知らずに行う実験。

実験主義(experimentalism) 環境のどんな面が行動を引き起こすかについて明らかにすることができるという行動主義者の実験における見解。

失行症(apraxia) 筋力低下がない運動の障害、あるいは意図した運動ができない状態。

失語症(aphasia) 大脳皮質の中心部分のダメージからくる言語障害のことである。

実存的な理論(existential theory) 個人がうまく生命の基本的な問題に直面することができないとき、精神障害が起こると考える理論。3つの問題(死の恐怖、個人の責任と意志)は、特に重要である。

実存療法(existential therapy) クライエントが自らの精神的な問題を自分の問題としてみることを奨励する治療。

失認症(agnosia) よく知っている物や人を見分けられないこと。

自動思考(automatic thought) 別の文脈から、ネガティブな性格な人は「いつも素早く」と自分自身に言っている。Beckによると、自動思考は抑うつの人に典型的にみられる。

シナプスの削減(synaptic pruning) 神経細胞の間をつなぐプロセスは、生涯の発達を通して除去される。

自閉症(autism) 子どもの障害である。中心的な特徴として、生後3ヵ月の中で他者に反応する能力の発達が失敗する。

嗜癖(addiction) 依存症、物質依存を参照。

社会(社交)恐怖(social phobias) 他者の前で恥をかくことを避けたいという欲求や、恥をかくことへの不合理な恐怖。

社会的浮動仮説(social drift hypothesis) 病理はその人の社会的な地位を下げるという見方。

シャドーイング(shadowing) セラピストが本から患者に言葉を読み、患者がセラピストの言葉が終わったら言葉を

読まずに復唱する、吃音患者のための治療メソッド。

集合的無意識(collective unconscious)　Jungによって用いられた、過去の世代の経験の記憶である。

従属変数(dependent variable)　実験者の仮説が独立変数の変化によって影響を受ける因子。

集団住宅(group residence)　精神病院から退院した患者のためのグループホームで、一緒に住んで切り盛りし、工作や手芸を行う。

習得(acquisition)　パブロフの条件づけにおける、条件刺激と無条件刺激との間の偶然性に基づいた反応の学習。

重篤な障害(grave disability)　切迫した危険にある人に食事か避難所を提供するために心理学的無力を表現した法的言い回し。

習癖障害(habit disorder)　小児期障害の集まりで、顕著な症状には食に関する障害、運動障害、チックが含まれる。夜尿、吃音、夢中遊行のような身体的徴候のある異なった問題の集まりから成る。

自由連想(free association)　頭に思い浮かんだことは何でも、どんなに馬鹿げた、あるいは困惑することでも気にかけず、検閲しようとせずに言うように、との精神分析的教示。

主観的自己(subjective self)　7～9ヵ月の間に発達する自己の第2の感覚。我々は互いの感情や意図を理解する感覚が高まることを示す。

主題統覚検査(TAT)(thematic apperception test)　ロールシャッハカードのように曖昧ではなく、写真ほど明確ではない一連の図版から成るパーソナリティ検査である。応答者は、各図版を見て、それに関して物語を作る。検査は根源的な心理的な力動を引き出すことを想定している。

腫瘍(tumor)　正常組織より敏活に細胞増殖することにより成長する異常組織。

循環気質障害(cyclothymic disorder)　患者は少なくとも2年間抑うつや躁症状を経験する、穏やかだが慢性的な双極性の障害。

昇華(sublimation)　精神分析理論において、比較的自己満足から他人を喜ばせることで、リビドー的エネルギーの転移が社交性を高めること。より一般的に、社会的に望ましくない目標から建設的で社会的に望ましい目標へと精神的エネルギーが再び向かう過程。

生涯発症率(lifetime prevalence)　単に特定の障害をこれまでに経験したことのある人の割合。

消化性潰瘍(peptic ulcer)　胃または十二指腸(小腸の上部)粘膜の炎症などによる欠損。

消去(extinction)　パブロフの条件づけにおいて、条件反応の前に条件刺激を中止することによって、もはや条件刺激が嫌悪な、または好ましい出来事の始まりの合図ではなくなることを学習すること。道具的学習においては、習得したオペラント反応の中止によって強化されなくなること。最新の理論では、ネガティブな偶発が条件刺激と無条件刺激の間にあるとき、消去が生じるとされる。偶発を参照。

状況恐怖(situational phobia)　飛行機や橋、トンネル、密閉された空間、公共交通機関、エレベータなどへ対して不条理な恐怖を抱くこと。

条件刺激(conditioned stimulus：CS)　ある刺激は別の刺激(無条件刺激)と1対になり、自然と無条件反応をひき起こす。ある反応は結局その反応を引き起こすことができる。パブロフの条件づけともいう。

条件反応(conditioned response：CR)　ある刺激(条件刺激)によって引き起こされたある反応は、自然と無条件反応を引き起こす他の刺激(無条件刺激)と関連していくこと。パブロフの条件づけともいう。

症候群(syndrome)　一緒に起こる傾向のある症状のまとまり。

症状(symptom)　障害の兆候。

脂溶性(lipid solubility, or fat solubility)　脂肪細胞で貯蔵されるための薬物の能力。薬物が脳に達するかどうか、あるいはどれだけ早いかにおいて重要な要素。より脂溶性のある薬物はもっと急速に吸収される。

情緒快感(affective pleasure)　嗜癖の対抗過程モデルにおける薬物使用の効果。情緒快感は、薬物によって引き起こされる最初の薬物的効果である愉快な感情状態である。

情緒障害(affective disorder)　気分障害を参照。

情緒耐性(affective tolerance)　嗜癖の対抗過程モデルにおける薬物使用の効果。続けて使用することによって、嗜癖性薬物は情緒快感を失う傾向がある。

情緒対比(affective contrast)　薬物の投薬と退薬によるポジティブな感情とネガティブな感情の主観的な経験。

情緒離脱(affective withdrawal)　嗜癖の対抗過程モデルにおける薬物使用の効果。麻薬の使用を突然やめることは、最初の愉快な感情状態とは反対の感情状態をしばしば引き起こす。

衝動(compulsion)　繰り返し、固定観念にとらわれ、不必要な行動が、困難にも関わらず影響されないこと。これはよく強迫観念と関連する。

情動障害(emotional disorder)　恐れ、不安、抑制、内気、過度の依存性の症状が優位を占める障害の一群。

小児愛(pedophilia)　性的刺激にふさわしい成熟した大人より、年齢の低い幼児や児童との性的関係に魅かれる性障害。

小児期崩壊性障害(childhood disintegrative disorder)　自閉症に似た広汎性発達障害。言語機能・社会的機能・運動機能などの2、3の領域の機能が失われるが、子どもが少なくとも2歳になるまではそれらの症状は表れない。

心因性(psychogenic)　"精神的な原因"この精神障害に対する研究は、分析の心理学的な観点に着目した先駆者であるGreeksとRomansによって明らかにされた。

心因性健忘(psychogenic amnesia)　解離性健忘を参照。

心気症(hypochondriasis)　医学的根拠なしに病気である、あるいは病気になろうとしているという持続した確信。

シングル・ブラインド・テスト(単一盲検法)(single-blind experiment)　被験者に実験的処置を受けたことによる効果なのか、もしくは偽薬効果なのかわからないよう実施される実験。

神経性無食欲症(anorexia nervosa)　肥満に対する強い恐怖、体型を維持するには少なすぎる食事を食べている、歪んだボディイメージという症状を持つ障害である。

神経適応(neuroadaptation)　慢性的に薬物に曝されると脳内で複雑な生物学的変化が起きることをさす。

神経伝達物質(neurotransmitter)　神経終末部から放出され隣接する細胞へ伝達される化学物質。

神経毒(neurotoxic)　神経や神経組織を破壊する作用機構。

神経発達(neurodevelopment) 神経系の発達である。胎児の段階から老齢の段階までを指す。

神経不安(dysphoria) 薬物離脱の間に経験される不快な感情状態。多幸感の正反対。

心身症(psychosomatic disorder) 心理学的要因が影響している、またはそれが原因となる身体的疾患。心身症の診断には、既存の身体的病理が現す身体症状と先立って精神的に意味をもった重要事柄とそれが身体的疾患を発生させた、または、さらに悪化させた一因となることの判断が要求される。

心神喪失による抗弁(insanity defense) 犯罪が行われた時に全面的あるいは部分的に理性を失っており、この無理性が行動に影響したことを必要とする犯罪への抗弁。

心神喪失抗弁改正法(Insanity Defense Reform Act：IDRA) 心神喪失抗弁が使用可能かどうか決定するための連邦基準。ALI基準の意思部分を消去し、厳密な精神疾患あるいは障害の結果として被告人が犯行時に行為の本質や性質あるいは不正さを認識できなかったのであれば心神喪失による抗弁が使用可能と言明している。

振戦せん妄(delirium tremens) アルコールの重篤な禁断症状。精神運動性の動揺、自律神経の過活動、不安、無食欲、妄想、健忘、痙攣を特徴とする。

身体依存(physical dependence) 正常に機能するためには薬物の存在が必要であり、薬物摂取を中止すると、離脱症状が発生する。

身体化障害(somatization disorder，or Briquet's syndrome) 医学的に説明できない多数・多様な身体的症状を呈することに特徴づけられる身体疾患。これらの症状は個人の自発的調整によるもの(偽装)ではなく、本人にとっては本物であるが医学的な原因が見当たらないものである。

身体醜形障害(body dysmorphic disorder) わずかな身体的欠点を非常に醜いものと知覚して過度にこだわり、それに没入することによって日常生活に支障をきたす障害。

身体表現性障害(somatoform disorder) 以下のように特徴づけられる心的疾患の一群。

身体表現性障害(a) 生理学的に説明できない身体機能の欠落または変容がみられる。

身体表現性障害(b) 生理学的要因が身体症状を引き起こしたという証拠がある。

身体表現性障害(c) 身体症状の自発的な調整が不足している。

身体表現性障害(d) 本人はまるで気にしたり心配したりしない。転換、疼痛障害、身体的障害を含む。

心的外傷後健忘(post-traumatic amnesia) 外傷エピソード後、出来事を思い出すことができなくなる。

心的外傷後ストレス障害(PTSD)(post-traumatic stress disorder) 死の脅威、傷害、レイプ、強奪、残虐な出来事、残虐行為、拘禁などの自分または他人の健全な身体への危害の脅威を目撃、または直面することによって生じる不安障害。この障害は、3つの症状により定義される。(a)すべてにおける無力感、(b)夢、フラッシュバック、記憶によって再体験される、(c)不安症状と覚醒は外傷以前には示されていなかった。

浸透度(penetrance) 遺伝子の構成要素または遺伝子型が発現する割合。

新フロイト派(Neo-Freudian) Freudの考え方に疑問を投げかけ広まった精神力動家たちの一派を指す。

信頼性(reliability) アセスメント道具を繰り返し用いたときに同じ結果を生み出すという特性。

心理アセスメント(psychological assessment) 精神的機能や精神的健康の評価。

心理特性目録(psychological inventory) 就職指導、カウンセリングや職業に関連した指導などで必要とされ、適用されるかどうか、クライアントが「はい」か「いいえ」で答えることのできる多様な所説を含む高度に構造化された検査。

心理療法の策略(tactics of psychotherapy) すべての良い治療者が行う"治療の非特異性"の種類の1つ。すべての良い治療の策略の中では、以下の要素がある。注意、権威像、ラポール、取引のこつ、業務の支払い、信頼、問題の開始や問題を定める。良い療法のこつは以下の要素。配慮、権威的な姿、信頼関係、駆け引き、尽力する、責任、遠慮なく話し、そして課題をはっきり決めること。

心理療法の深層方略(deep strategy of psychotherapy) 特定の立場を持っていない治療法は、すべての有効な治療法から成り立っている。それは、患者に希望感を持たせ、精神的苦痛を和らげる技法が含まれるものである。

髄鞘形成(myelination) 神経細胞の軸索突起を節状に取り囲む構造物である。軸索形成は妊娠中の第1三半期にでき、脳の神経細胞は第2三半期にできる。

推測統計(inferential statistics) 研究での発見が有意であるか、偶然によるものか決定するために使われる数的手続き。

随伴性(contingency) 出来事Bの消去に沿って出来事Aが起こり、出来事Aに出来事Bが与えられることを説明することができる2つの出来事の条件関係。AがBの消去よりも発現が起こりそうなときAとB間の陽性の随伴性は有効になる。パブロフの条件づけともいう。

睡眠・鎮静剤(sedative-hypnotic drug) "バルビツール薬"としても知られる、中枢神経システムの活動を抑制する薬のこと。

性機能障害(sexual dysfunction) 人が本来持つ適当な性的刺激反応や欲求、オーガズムが抑制される障害。

性嫌悪障害(sexual aversion disorder) 性を嫌悪する結果性的欲求の低下または欠落した状態となる障害。

性交疼痛症(dyspareunia) 性交疼痛障害を参照。

制止(inhibition) 特定のニューロン、あるいはセンター(ニューロンの集まり)の興奮性の減少を通じた積極的な過程。

精神安定剤(barbiturate) 薬の種類、抑うつの人の中枢神経系や、不安を落ち着かせ、環境への過敏さをやわらげる。フェノバルビタール、ペントバルビタール、セコバルビタール、ベンゾを含む。

精神運動遅滞(psychomotor retardation) 動作や話し方の動きが衰える。著しい低下が顕著である。

精神活性剤(psychoactive drug) 意識、気分や行動に影響を及ぼす薬物。

精神障害(mental disorder) DSM-IVでは1つまたはそれ以上の領域において機能障害や不具合、苦痛を呈する行動と情動の障害であるとしている。

精神神経免疫学(psychoneuroimmunology) 免疫組織がどのように精神的状態や行動に影響を及ぼしているか研究さ

れている。

精神生理学的アセスメント（psychophysiological assessment）　自律神経系（心拍数、脳波活性度、体温）が影響する1つ以上の生理学的過程の測定。

精神（発達）遅滞（mental retardation）　明らかに平均以下の知的機能であると同時に、現在の適応機能の欠陥または不全が以下のうち2つ以上の領域で存在する：意思伝達や自己管理、家庭生活、社会的／対人的技能、地域社会資源の利用、自律性、発揮される学習能力、仕事、余暇、健康、安全。

精神的エネルギー（psychic energy）　心的活動の源となるエネルギー。

精神病（psychosis）　実際には思考や感情など、きわめて困難な根深い障害によって特徴づけられる精神状態。統合失調症も参照。

精神分析（psychoanalysis）　障害は、たいてい、生まれつきもった性的または攻撃的葛藤、幼少期の固執した自制葛藤など、精神内部の葛藤によって生じると主張する心理学理論。精神分析は、セラピストが、クライアント自身が症状に隠れている精神内部葛藤の中にある自己洞察を得ることを援助する方法である。

精神力動（psychodynamic）　感情や行動に作用する心理学的精神力と論じられている。

精神力動的研究（psychodynamic approach）　精神障害は人格に隠された葛藤に駆り立てられたものだと理論家は唱えている。

生体アミン（biogenic amines）　カテコールアミンやインドールアミンなどを含む、神経伝達を促す神経化学物質。

性的関心（sexual interest）　体の部分や状況を性的な幻想や刺激、嗜好の対象とするタイプの人。

性的刺激障害（sexual arousal disorder）　男性もしくは女性が、性的に興奮することができない、性的興奮反応における機能不全。

性的指向（sexual orientation）　異性愛、同性愛、両性愛のいずれか。どの性へ性的な幻想を抱いたり魅力を感じるかの方向性。

性的パフォーマンス（sexual performance）　エロティックな場面において、適切な人といるときに、どれだけ十分な性的パフォーマンスができるか。

性的欲求低下（hypoactive sexual desease）　性嫌悪障害を参照。

性転換症（transsexualism）　女性が男性の身体を獲得したい、もしくは、男性が女性の身体を獲得したいという信念によって特徴づけられる精神性的障害。

性同一性（gender identity）　男性であること、あるいは女性であることへの自覚。

性同一性障害（gender identity disorder）　精神疾患の部類で本質的な特徴は解剖学上の性別と性同一性との不一致。トランスセクシャリズムを含む。

性倒錯（paraphilias）　奇怪な性的行動や性的イメージが性的覚醒を引き起こす性障害。フェティッシュ、マゾヒズム、露出症、窃視症、服装倒錯、サディズム、動物愛、小児愛が含まれる。

正当性（validity）　あるテストが実際に測定している範囲。

性交疼痛障害（sexual pain disorder）　女性が性交時に激しい痛みを感じる障害。

正の強化子（positive reinforce）　偶発的に引き起こされた反応の出現頻度を増大させるもの。道具的学習法、オペラントを参照。

正の相関（positive correlation）　一方が増大すれば、他の一方も増大するという場合、その中に生じる2つの変数間の相互関係。

性役割（gender role, sex role）　性同一性の社会的表現で、人が男らしさか女性らしさを示すためにとる言動。

接近―回避コンフリクト（avoidance-approach conflict）　いくつかのポジティブな価値などの対象や状況にアプローチすることを望むことと、その対象や状況を回避することを望むことの葛藤は、傷つくことを連想するから生じるものである。伝統的な学習理論によると、この葛藤は不安のルーツである。

接合体（zigote）　卵子と精子の結合から形成された細胞。

窃視（voyeurism）　裸の姿や服を脱ぐところを盗み見ること、疑いを持たない犠牲者との性的活動によってのみ、常習的に、性的に喚起する精神性的障害。

窃触症（frotteurism）　たいてい混雑した場所で、同意を得ない人に触ったり、性器をこすり付けたりする障害。

摂食障害（eating disorder）　個人の食行動の変調。この障害は、食物の過度の消費、または食物摂取の劇的な縮小によって起こる。過食症、神経性無食欲症を参照。

前向性健忘（anterograde amnesia）　トラウマチックな出来事の後に生じる新しいことを覚えられなくなること。

潜在記憶（implicit memory）　文法や情緒のような、知覚・運動技能と様々な順序や法則についての貯蔵された知識。

染色体（chromosome）　個体の遺伝子を含むDNA含有体。

漸進性弛緩（progressive relaxation）　不安を減じるための技法。全身の筋肉が緩むまで、体の主要な筋肉群の各々に力を入れてそれから緩める。結果として生じる筋弛緩は、不安喚起に対抗する反応システムとなる。

全体的帰属（global attribution）　出来事の原因を人生の多くの異なった領域に影響するであろう要因に帰すること。

選択的健忘（または論理的健忘）（selective amnesia, or categorical amnesia）　特定のテーマに関連したすべての出来事の記憶喪失。

選択的正の強化（selective positive reinforcement）　セラピストが、ある特定の行動の生起に随伴して、正の強化を与える心理療法的技法。

選択的な抽出（selective abstraction）　状況のより重要な特徴を無視して、重要ではない細かな部分に焦点を当てること。抑うつの人々にみられる論理の誤り。

選択的罰（selective punishment）　セラピストが、ターゲットとなる出来事を否定的に強化する心理療法的技法。

先天性副腎皮質過形成（congenital adrenal hyperplasia : CAH）　過剰なアンドロゲンがある女の胎児に起こる障害である。幼い子どもやCAHの少女は、男の子が好むようなおもちゃを好み、乱暴で混乱したような遊びをし、コントロールの範囲を超えたおてんばである。

前頭葉（frontal lobe）　大脳半球の一部分で運動機能の制御と組織を包括する。

前頭葉型認知症（ピック病）（frontal lobe dementia [Pick's disease]）　症状が多様な障害で、初期では多くは軽い記憶欠損と視空間の機能障害がわずかにあるかないかである。

人格の変化、言語や行動の脱抑制、言語障害のような症状を呈する。後に記憶障害や失行が現れる。

全般性健忘(global amnesia)　記憶の全喪失をもたらす状態。

全般性不安障害(generalized anxiety disorder)　慢性の緊張と不眠症、何か悪いことが起きるだろうという確信、軽い警戒反応、逃れたい気持ちによって特徴付けられる不安障害。

せん妄(delirium)　急にはじまり、少しずつ変動し、治療に反応する認知的動揺。

素因(diathesis)　特定の障害への身体要因的な傷つきやすさや傾向。

素因-ストレスモデル(diathesis-stress model)　傷つきやすい気質(素因)と精神的妨害を経験する(ストレス)とき、障害が進行するという一般的な仮説モデル。

躁うつ病(manic-depression)　「双極性障害」参照。

相関関係(correlation)　2つのグループや出来事間の関連を決定づける、操作のない純粋な観測。

相関係数(correlation coefficient)　2つの変数間でどの程度の偶然性があるか示す統計量。

相関研究(correlational studies)　世の中に存在する、2つあるいはそれ以上の要因間の関連を、実験的に観測する研究法。

双極性障害(躁うつ)(bipolar disorder)　うつ状態と躁状態の期間が交互に表れることに特徴づけられる情緒障害。

操作主義(operational conditioning)　科学における現象は正確な観察と測定によって定義されるべきだという考え。

双生児(co-twin)　双生児は、心理的な研究で用いられ、心理的な問題を診断するために精神医学の病院でみられる。

双生児法(twin study)　二卵性双生児対一卵性双生児における特徴の類似程度の研究。この方法は、遺伝性係数によって割り当てられる。養子縁組研究参照。

相対研究(comparative studies)　特別な徴候や障害のある人々とそうでない人々がどのように異なるかを、見つけ出すために、2つあるいはそれ以上のグループを比較するタイプの研究法。

相反過程説(依存の)(opponent-process model of addiction)　薬物依存の動機を研究したSolomonによるモデルである。このモデルによると、薬物耐性を形成する薬物には多幸感、耐性、禁断症状の3つの特徴がある。

躁病(mania)　過度な気分高揚、誇大観念、刺激性亢進、多弁、自我感情の亢進、観念奔逸などの特徴がある状態を言う。

躁病エピソード(manic episode)　躁状態(気分高揚、活動性亢進、不眠)にあり、うつ病エピソードを経験したことのない患者に対してのみこの診断を下す。

早漏(premature ejaculation)　射精を持続的に抑制することが反復的に不能であり、挿入後速やかに射精が起きる。

側頭葉(temporal lobe)　聴力投射領域を含め、特に記憶にかかわる各大脳半球の葉。

大うつ病(major depression)　悲観、絶望、無気力などの状態で、躁状態が存在しない。「単極性うつ病」参照。

胎児性アルコール症候群(fetal alcohol syndrome)　妊娠中に母親の飲酒を通してアルコールに曝された子どもの中には、いろいろな身体の障害や奇形、知的発達の遅れを伴う場合がある。

対処方略(coping strategy)　精神分析家によって使用され、不安を除いた、対処するのに難しい動因や衝動の意味や重要性を変化させるプロセス。

対人関係療法(IPT)(interpersonal therapy)　対人関係の難しさに起因するようなうつ病を取り扱う療法。

耐性(tolerance)　薬物常用の状態、薬物の使用が繰り返された後、常用者は同程度の効果を得るためにだんだんとより多くが必要となり、投じた摂取の効果は著しく減少する。

体性の(somatic)　身体に関わること。

多遺伝子特性(polygenic characteristic)　多様な遺伝子による影響をうける特性。

第二次疾病利得(secondary gain)　異常な症状を抱えることの結果として、個人が環境から利益を引き出すこと。

大脳皮質(cerebral cortex)　大脳半球の最外層(灰白質)。

大脳辺縁系(limbic system)　前頭葉、側頭葉、頭頂葉の中心部分から成る。

タイプⅠ統合失調症(Type I schizophrenia)　Crowが提唱した統合失調症の1つの型で、概して平板な感情や会話の貧困、社会的な引きこもりなどの陰性症状を伴う。

タイプⅡ統合失調症(Type II schizophrenia)　Crowが提唱した統合失調症の1つの型で、概して妄想や幻覚、思考障害のような陽性症状を伴う。

タイプA行動パターン(Type A behavior pattern)　(a)誇張された時間的な切迫感、(b)競争心と野心、(c)妨害されたときの攻撃性と敵意によって特徴づけられるパーソナリティタイプ。

ダウン症候群(Down syndrome)　個人が細胞内に47の染色体(普通は46染色体)を持つという結果から生じる障害。

多重人格障害(multiple personality disorder, or dissociative identity disorder)　同一人物内に2つまたはそれ以上の人格状態が存在し、反復的に個人の行動を統制する。解離性同一性障害参照。

脱施設化(deinstitutionalization)　心身障害者を施設の外で生活できるようにする、精神病院から地域へ拘束されずに患者を解放する運動。

脱制止(disinhibition)　脱制止の解放から生じるある反応が増加すること。

多動(hyperactivity)　発達的にふさわしくない衝動性、不注意、過度の運動行動が特徴の障害。注意欠如・多動性障害。

多面的療法(multimodal therapy)　治療法の組み合わせである。

ダラムテスト(Durham test)　不当行為が精神病または精神的な欠陥の結果であるならば、被告人は刑法上責任がないと定める法的なテスト。

単極性うつ病(unipolar depression)　抑うつ性を特徴とする障害で、躁病歴はない。

チック(tic)　反復的、不随意的な運動や発声がみられる非常に突然の発作。

膣痙攣(vaginisms)　性交疼痛障害(sexual pain disorder)を参照。

知能指数(IQ)(intelligence quotient)　人の知能水準を表す数的得点で、標準化されたテストの成績に基づく。

遅発性ジスキネジア(tardive dyskinesia)　抗精神薬治療の

不可逆神経学的な副作用。その兆候は、吸引、唇の舌鼓および独特の舌の運動から生じる。

注意欠如・多動性障害(attention deficit hyperactivity disorder：ADHD)　目立つ衝動性、不注意、多動性が特徴の障害である。

中枢神経系(central nervous system：CNS)　全神経系の活動の調整をする神経系の部分であり、CNSは脳および脊髄のために構成されている。全感覚入力はCNSへ伝達され、CNSから全運動性インパルスが伝達される。

聴覚遅延フィードバック(delayed auditory feedback)　吃音者の発声のフィードバックを約1秒遅らせることによって吃音を治療する方法。

長期増強現象(long-term potentiation：LTP)　ニューロンの伝達パターンで永久的に変化する細胞のプロセスである。記憶の形成に重要な役割である。

超自我(superego)　"自己より勝る"という心理的プロセス。言い換えれば、良心、理想、道徳。

重複うつ病(double depression)　慢性の抑うつ状態に、大うつ病エピソードが出現してくる病態。

調和(concordant)　双子両方が統合失調症のような障害を発現する場合、その障害の調和と呼ばれる。不協和とも呼ばれる。

遅漏(retarded ejaculation)　男性が、性交中にオルガスムに至るのが非常に難しいこと。

抵抗(resistance)　特定の問題を扱うことを瞬間的に妨害すること。Selyeによるとこれはストレスに対する人の反応の第2段階であり、防衛と適応が維持され、最適の状態となるという。

デオキシリボ核酸(deoxyribonucleic acid：DNA)　遺伝子を含み、RNAの合成の青写真として用いられる二重螺旋分子であり、タンパク質とアミノ酸を生産する。DNAの要素は、リン酸、糖と4つのヌクレオチド塩基から成り立つ。

適応症候群(general adaption syndrome)　Selyeによると人がストレスを受けると(a)身体の警告反応が起き、(b)防衛行動に従事し、(c)ついに適応活動は疲弊する、と続いて起きる、一連の3段階。

テスト安定性(test stability)　再テスト信頼性参照。

転換(conversion)　身体表現性疾患は、明らかな精神的な混乱のためではなく、多くの身体的な疾患からではなく、体のある部分が機能しなくなることに特徴づけられる。自分の意思でのコントロールを失うことである。

転換ヒステリー(hysterical conversion)　転換を参照。

電気ショック療法(electroconvulsive shock treatment：ECT)　金属電極を患者の頭の両側にテープでつけ、麻酔をかける。高い電流が脳に0.5秒流され、ほぼ1分痙攣が続く抑うつの治療法。

転写(transcription)　鋳型としてDNAを使用して、RNAが組み立てられる過程。

電話スカトロジー(telephone scatologia)　個人の合意に基づかず猥褻電話をして、再帰的で激しい性的な衝動から成る性欲倒錯。

同一性混乱(identity confusion)　解離状態で自分が何なのかについて困惑する、あるいは確信がない。

同一性変容(identity alteration)　解離体験で、自分が持っていると知らなかった技能を発揮する。

投影(projection)　自分に代わって他者を用いて、他者に個人的解釈、意味づけをおこなう特徴がある。

投影法検査(projective test)　インクブロットや絵画のように、あいまいな刺激から心理学傾向の分析を可能にする心理査定検査。

道具的条件づけ(instrumental conditioning)　有機体が望んだ結果を獲得する、あるいは望ましくない出来事を止めるために自発的な行動を行うようになる技法。

道具的反応(instrumental response)　強化子によって修正可能な見込みのある反応。有機体が学習した反応は、望んだ結果を引き起こすだろう、あるいは望ましくない出来事を止めるだろう。オペラントを参照。

統計的に重要な効果(statistically significant effect)　非常にありえないことが偶然により(一般的に20回より少ない回数)生じる効果。

統計の推論(statistical inference)　観察の標本やまとまりが、本当に母集団に示されるかどうかを判断するのに用いられる手続き。

統合失調型パーソナリティ障害(schizotypal personality disorder)　思考すること、知覚すること、コミュニケーションを取ること、行動することにおける長年の風変わりさによって特徴づけられたパーソナリティ障害。

統合失調質パーソナリティ障害(schizoid personality disorder)　社会的対人関係を形作ることができない、社会的関与の欲求の欠如、賞賛と批判への無関心、その他の感情がないこと、社会的スキルの欠落などによって特徴づけられた障害。

統合失調症(schizophrenia)　話し方や思考の不統合、幻覚、妄想、鈍く不適切な感情、社会的・職業的に機能することの荒廃化、セルフケアの欠如などによって特徴づけられた障害群。

統合失調症の社会的要因説(social causation hypothesis of schizophrenia)　逆境的状況とストレスが統合失調症を発症させるという考え方。

統合失調症の陽性症状(positive symptom of schizophrenia)　幻覚や妄想のように過剰な知覚や思考が伴う症状。

同性愛(homosexuality)　同性の性行為の相手を好むこと。

統制群(対照群、control group)　独立変数を除いて、実験群が経験するすべてを経験する被験者群。

統制妄想(delusion of control)　心情や行動が外的統制される信念。

闘争・逃走反応(fight / flight response)　自律神経系の交感神経の激しい興奮が、脅威を避けるか、耐えるかの試みを促す緊急反応。

疼痛(psychalgia)　疼痛性障害を参照。

疼痛性障害(精神痛)(pain disorder, or psychalgia)　疼痛が臨床像の中心を占める身体表現性障害で、身体的な原因によるものではなく、心理的な要因によるものである。

道徳治療(moral treatment)　精神障害者の人道上の矯正教育のこと。

逃避反応(escape responding)　進行中の有害な状況から逃げる行為。

動物恐怖症(animal phobia)　特定の動物に対しての恐怖を持つ恐怖症のことである。たいていは猫、犬、鳥、ねずみ、蛇、昆虫に対してである。

トゥレット障害(Tourette's disorder)　不随意運動と汚言に

よってこの障害は特徴付けられ、通常、幼年期に発症する。

特定帰属(specific attribution) 何かの原因が特定の原因だけに関係するという考え方。

特定の恐怖症(specific fobia) 特定の恐怖症は以下の4つに分けられる。動物恐怖は、動物に対する不合理な恐怖で、特定の動物を避けるか逃げる。自然環境恐怖は、高所、暴風雨、泥、暗闇、川や風に対する不合理な恐怖。事態恐怖は、飛行機に乗ること、橋、公共の乗り物、トンネル、閉じられた場所やエレベーターに対する恐怖。血・注射・傷害恐怖は、多数の血、注射、傷害に対する不合理な恐怖。

独立変数(independent variable) 仮定されたある結果の原因で、実験では実験者によって操作される。

度数分布(frequency distribution) 観測された各階級に属する観測数。

ドパミン(dopamine) 神経伝達を容易にするカテコールアミン。

ドパミン仮説(dopamine hypothesis) 統合失調症は神経伝達物質ドパミンの過剰から生じるという理論。

トランスジェニック(transgenic) 人工的に結合した遺伝子の動物。

遁走状態(fugue state) 解離性障害で、記憶喪失状態で家から放浪し、新たな同一性を身につける。

内因性オピオイド(endogenous opioid) いろいろな感情的な経験(特にストレスへの反応)を調整する脳の中の自然に出てくる「モルヒネのような」合成物。

内的帰属(internal attribution) 出来事の理由を自分自身に求めること。

ニコチン(nicotine) 精神的興奮作用のあるタバコに含まれる物質。

二次的勃起不全(secondary erectile dysfunction) 男性において、勃起を達成したり維持したりする能力を喪失すること。

二重盲検実験(double-blind experiment) 被験者と実験者ともに、被験者が実験的な処置か偽薬を受けたかどうか分からない実験。

ニューロン(neuron) 神経系はニューロン(神経細胞)から成り立っている。

二卵性双生児(dizygotic twins) 二卵性双生児、または別々の卵から発育し、非一卵性双生児兄弟のペアと同様に遺伝子は似ていない双子。

認知(cognition) 信念、心情、態度、予期や他の心理的出来事。

認知行動療法(cognitive-behavioral therapy) 不適応な信念体系を再構成することと、行動を再訓練することを通して、セラピストがクライエントの不適応な心情と行動の両方の変容を試みる治療技法。

認知症(痴呆)(dementia) 老人に最も一般的にみられる、広範囲な事実上の精神機能低下、アルツハイマー病は、認知症の一種である。

認知的再体制化(cognitive restructuring) 不合理な心情は不合理な信念を作り出す前提に基づいている治療法である。不合理な信念は、基本的な考えを変化することによって除去される。

認知的リハビリテーション(cognitive rehabilitation) 態度、記憶及び実行機能に焦点を当てる治療法。

認知の3対象(cognitive triad) Beckによると、うつ病と診断された人々に特徴的な認知である。これらの認知は(a)自己についての悲観的な心情(b)現在進行している経験についての悲観的心情(c)未来についての悲観的心情である。

認知(選択的)フィルター(cognitive or selective filter) 認められる、あるいは禁止されるものを決定づけるために刺激を整理するメカニズム。統合失調症の人々には、このフィルターを通すと間違っているように感じられることがよくある。

認知モデル(cognitive model) 多くの疾患は不適応な信念や心情スタイルから生じると主張する異常心理学の学派。

認知療法(cognitive therapy) もともとうつ病の治療で用いられていたこの治療法は、認知の3対象(a)自己低下(b)生活体験の否定的な見方(c)未来の悲観的見方、を変化させることを目的とし、認知を決定づける。

ノイローゼ(神経症)(neurosis) ノイローゼの人はa.情緒的に苦しい症状やb.心理的に好ましくない状態であるが、c.適度によい状態でd.社会の中で普通に生活できる状態である。ノイローゼは一時的なストレス反応や脳の器質的なダメージによるものではない。

脳画像(neuroimaging) 人間の脳を映し出す技術。

脳血管性認知症(vascular dementia) 取り消すことのできない認知症の主な原因、それは脳卒中でしばしば引き起こされる。そして、脳への酸素の損失の結果として、脳組織を壊す。認識のサインはアルツハイマー病のものに沿うが、患者はしばしば普通でない反射能力と運動異常を示す。

脳撮像(brain imaging) PETスキャンやCATスキャンのように、脳の様子や機能を捉える技術。

脳磁図(magnetoencephalogrphy : MEG) 脳内の微弱な電流や磁場を観測したり推定したりするのに有用な新しい方法である。

脳室(ventricle) 脳脊髄液を含む脳の空洞。

脳波(electroencephalogram : EEG) 頭に置かれたワイヤーから得られる脳(主に皮質)の中の細胞の電気的活性記録。神経病学的診断。

ノックアウト処置(knockout procedure) 胎芽において研究者が特定の遺伝子を除去する、あるいは"ノックアウト"する処置。

ノルエピネフリン(norepinephrine) ノルアドレナリン。神経刺激伝達物質に含まれる物質で、脳内のノルエピネフリンの減少は感情状態に影響する。

バイオフィードバック(biofeedback) ある程度制御可能な生理的なシステム(心拍や血圧など)の、コンピューターによる客観的な情報を対象者に与え、その反応を制御できるように訓練する治療法。

破壊的行動障害(disruptive behavior disorder) たとえば活動亢進、不注意、攻撃性、破壊力と権限の抵抗などの徴候によって特徴づけられる障害の一群。

破瓜型統合失調症(hebephrenic schizophrenia) 解体型分裂病を参照。

パーキンソン病(Parkinson's disease) 大脳皮質下部にあるドパミン神経細胞の変性による疾患。パーキンソン病の徴候は、動作面の異常、四肢や頭部の振戦、筋肉の硬直や無

動症である。認識される症状には、記憶の喪失、計画を立てるなどの遂行機能の欠損も含まれる。患者の20～60％に同様の認知症がみられる。

パーソナリティ障害(personality disorder)　自己や周囲に対する知覚様式や思考様式に柔軟性を欠き、職業上の不適応原因となる特徴のある障害。反社会性パーソナリティ障害、回避性パーソナリティ障害、依存性パーソナリティ障害、演技性パーソナリティ障害、自己愛性パーソナリティ障害、強迫性パーソナリティ障害、妄想性パーソナリティ障害、分裂病質パーソナリティ障害、分裂病型パーソナリティ障害を参照。

罰(punishment)　確実に行動の再発可能性を減少させる有害な刺激を含む心理学的実験。負の強化を参照。

発案者(proband)　事項索引を参照。

罰子(punisher)　先立つ反応の再発可能性を減少させるもの。

発症率(incidence)　与えられた期間に障害の新しい事例が出た割合。

発達障害(developmental disorder)　言語理解や発語においての欠陥があり、重い自閉症のように他者への応答をするような子どもたちの障害。

発達性読み障害(dyslexia)　読む学習が難しい学習障害。

バビンスキー反射(Babinski reflex)　普通幼児によってのみ見られる反射作用反応のことである。足裏をこすった時に足の親指が外や上に向くこと。

パブロフの条件づけ（古典的条件づけ）(Pavlovian conditioning, or classical conditioning)　ある中性的な刺激（条件刺激）と特定の反応（無条件反応）を自然に引き起こす刺激（無条件刺激）を呈示する訓練。条件刺激と無条件刺激との関連学習を通して、条件刺激が条件反応を引き起こすことができるようになる。現代理論では、条件刺激と無条件刺激の間に明確な随伴があることにより獲得できると考えられている。随伴性を参照。

パラフレニー(paraphrenia)　統合失調症初期を参照。

半減期(half-life)　血液中の薬物の量が半分に減るまでに要する時間。

反抗挑戦性障害(oppositional defiant disorder)　否定的、敵対的、挑戦的な行動を示す破壊的な行動障害であるが、行為障害のような他人を脅かすような暴力はみられない。

反社会性パーソナリティ障害(精神病質、社会病質)(antisocial personality disorder, or psychopathy, sociopathy)　他人に対して強欲な態度をとり、慢性的に無神経、無感覚であるパーソナリティ障害である。その行動は長期にわたってみられ、3つの種類の行動が明確でなければならない。それは、繰り返される攻撃性、他者を危険にさらす無謀さ、嘘をつくこと、自責の念の欠如、一貫した無責任、金融債務に関しての信頼を得ることができない、などである。

判断者間信頼度(inter-judge reliability)　評価者間信頼度を参照。

反動形成(reaction formation)　与えられた刺激に対する反応を反対に置き換える過程。

反応性愛着障害(reactive attachment disorder)　小児や幼児がもつ他者との対人関係能力が妨害された痕跡。

反応性統合失調症(reactive schizophrenia)　統合失調症症状は、個々に逃れられないと知覚することから、社会性の切断や感情の乱れによって、突き落とされた状態となる。

反応妨害法(response prevention)　セラピストが消去したい行動に個人が携わることを妨害する心理療法的技法。フラッディングを参照。

晩発性統合失調症(late-onset schizophrenia)　パラフレニア(paraphrenia)始まりが65歳以降にみられる統合失調症。

反復(replication)　同じあるいは似た方法を用いることによって、研究を繰り返すこと。

被害妄想(delusion of persecution)　個人、集団、政治が悪意を持っている、自分を追いやっているという根拠のない恐れ。

備給(cathexis)　対象に向かって、肯定的あるいは否定的な心的エネルギーが貯留されること。

被験者バイアス(subject bias)　実験で何を行うのか、その実験について自分達の反応について予想することにおける被験者の信念の影響。

ヒステリー(hysteria)　身体的原因から生じてきたと考えられた最初の精神的疾患の1つ。ギリシア語の"子宮"に由来する。

ピック病(Pick's disease)　前頭葉型認知症を参照。

否認(denial)　精神分析理論に基づいた、外的要因による苦痛が消去されるプロセス。

疲弊状態(exhaustion)　適応可能な反応を止め、そして、病気、場合によっては死にいたるかもしれないストレス反応の第3のステージ(Selyeによる)。

病因論(etiology)　障害の発達の原因説明。

評価(appraisal)　短期間での精神的な出来事の評価のことであり、それは認知療法のターゲットとなる。

評価者間信頼度(inter-rater reliability)　2人以上の心理学者が心理テスト、診断面接、観察手続に基づいて同じ結論に達する程度。

病気負傷恐怖(疾病恐怖症)(illness and injury phobias, or nosophobias)　特定の病気、傷害、死を恐れる、といった特定の恐怖症。

表現型(phenotype)　特有の身体や行動特性は、特殊な遺伝子型に関連している。

標本(sample)　類似した項目や人の母集団から、項目や人を選択すること。

広場恐怖(症)(agoraphobia)　閉じ込められたり助けを得られなかったりする状況下、特にパニック発作時に起きる恐怖によって特徴づけられる不安障害。広場恐怖症の人々は人ごみや（エレベーターやバスのような）閉ざされた空間、あるいは広い場所を避けようとする。ギリシャ語の"市場の恐怖"から。

不安(anxiety)　あいまいな危険、死、恐怖、心配の恐れがあると、しばしば非常時の反応である「闘争か逃走か」行動をとる。精神分析の理論では、様々なパーソナリティの過程の中で、結果として生じる精神的な痛みである。

不安障害(anxiety disorder)　慢性的で衰弱させる不安が特徴の精神障害の1つである。それらは広場恐怖、パニック障害、恐怖症、心的外傷後ストレス障害、強迫性障害を引き起こす。

不安定な原因帰属(unstable attribution)　人がある出来事の原因を一過性の要因に帰すること。

フェティシズム(fetish)　性的刺激を求めるために、生命のない物を必要とすることによって特徴づけられる性心理障害。

フェニルアラニン(phenylalanine)　タンパク質の必須成分であるアミノ酸。フェニルケトン尿症をもつ小児はフェニルアラニンを代謝することができない。

フェニルケトン尿症(PKU)(phenylketonuria)　フェニルアラニンと呼ばれる必須アミノ酸の消化を妨げる稀な代謝障害。この疾患よって、フェノピルビン酸、フェニルアラニンの誘導物質の蓄積や神経系作用の阻害、不可逆性の損傷が引き起こされる。

フェンシクリジン(phencyclidine：PCP)　すべての感覚入力に対して敏感になり、離人症、自己や周囲に対する理解の衰え、失見当識、混乱した思考、注意力や記憶力の低下をもたらす幻覚薬。

不協和(discordant)　双子に統合失調症のような障害がある場合のみ、その障害の不協和と呼ばれる。調和とも呼ばれる。

服装倒錯(または、**異性装フェティシズム**)(transvestism, or transvestic fetishism)　男性が性的な喚起を達成するために女性の衣服をしばしば装う精神性的障害。

物質依存(substance dependence)　薬物使用における制御の喪失、悪状況に直面することで使用が続けられる。薬物を使用したいという衝動(または欲求)に伴う状態。

物質乱用(substance abuse)　不適応で有害な薬物使用の傾向。

負の強化子(negative reinforce)　ある行動を増大させる方法である。「罰」参照。

負の相関(negative correlation)　一方は増加し、一方は減少するといった2つの事象の関連のこと。

フラッディング(flooding)　恐怖症を治療するために行動療法家が用いる方法。恐怖症者を逃げる機会なしに最も恐れる状況や対象に長期間曝す。エクスポージャー、反応妨害法も参照。

ブリケー症候群(Briquet's syndrome)　「身体化障害」を参照。

ブリッツレイプ(blitz rape)　知人からのレイプとは対照的に、思いがけなく予期しない形でのレイプ。しばしばPTSDを発症する。

プリペアード古典的条件づけ(prepared classical conditioning)　学習理論において、明確な刺激との間における関連学習は、生物学的素因がつくられており、それゆえに、関連づけの学習はとても簡単であるという概念。

フルオキセチン(fluoxetine [Prozac®])　うつ病に処方されるセロトニン再取り込み阻害薬。

分解①(breakdown)　神経伝達の間でノルエピネフリンが低減されることなどがその方法の1つである。この場合、モノアミン酸化酵素(MAO)および他の酵素がシナプス間隙内のノルエピネフリンを分解し、不活性化する。

分解②(degradation)　酵素の活性化による過剰な神経伝達物質が除去されることによって、シナプスが消滅するメカニズム。

文化的家族的知的障害(cultural-familial mental retardation)　特定の生物学的な遅れはない状況。多くの研究によると、この種類の遅れは、子どもの環境での不十分な知的刺激によってひき起こされるとされている。

分離不安障害(separation anxiety disorder)　家族から分離されることにとても強い不安を抱くことに特徴づけられる障害。この分離不安障害を持つ子どもは大切な人から引き離されるとパニックを起こしたり、不安による継続的な身体症状を表すこともある。

分類不能の統合失調症(undifferentiated schizophrenia)　行動や感情の異常だけでなく思考障害の証拠も呈しているが、他のサブタイプには分類できない精神的に動揺した個人を説明するために用いられる統合失調症のひとつのカテゴリ。

平均値(mean)　数値と数値の平均。

ヘロイン(heroin)　最も一般に使われる不法なアヘン剤。

ベンゾジアゼピン(benzodiazepine)　筋弛緩・不安の軽減・鎮静が生ずる効き目が穏やかな精神安定剤の一群。リブリウム、バリウム、ダルメーンを含む。

弁別刺激(discriminative stimulus)　オペラントが成り立っている場合、強化を意味するシグナルが有効になること。

防衛機制(defense mechanism)　対処方略を参照。

報酬(reward)　心理学実験において、有機体に肯定的刺激を与えることで、有機体による一定の行動の反復の見込みが増加すること。正の強化を参照。

母集団(population)　統計的推測の範囲を定めた全体。

勃起障害(インポテンツ)(erectile disorder, or impotence)　男性において、性交で勃起があり、それを維持できないことが再発すること。

ホルモン(hormone)　身体的成長、肉体的分化、心理的な成長を調節する遺伝子機能。

マクノートン・テスト(M'Naghten test)　刑事責任能力の有無を判定する法律上のテストで、犯罪を犯した場合でも、自分のしている行為の性質を知らなかった、または自分は邪悪なことをしているということを知らなかったほど理性に欠けた状態にあることが証明された場合、精神障害により罪に問われない。

マクロファージ(macrophage)　抗原を処理する免疫細胞である。

マゾヒズム(masochism)　相手から痛みや屈辱を受けることで性的興奮を得る性的倒錯の一類型である。

末梢神経系(peripheral nervous system)　中枢神経系の外側に位置する神経系経路からなる。腺や臓器、筋肉に情報を伝える。

麻薬(narcotics)　精神刺激剤の総称で、無感覚、多幸感、不機嫌、無気力、精神運動制止、眠気、不明瞭な会話、不適応行動などの出現が見られる。アヘンやモルヒネ、ヘロイン、メサドンを含む。

マリファナ(大麻：marijuana)　大麻は精神異常発現薬で行動のまとまりに欠け、衝動的、強迫的行動や妄想、知覚異常や時にパニック様症状も呈する。

慢性うつ病(chronic depression)　慢性的なうつ病と一時的なうつ病の両方を持つうつ状態。

慢性期統合失調症(chronic schizophrenia)　明確な危機やストレス要因が確認できない、長期的かつ段階的な機能低下がみられる時期の状態。

失敗(miss)　独立変数と従属変数が関係するという仮説が否定されること。

ミネソタ多面人格目録(Minnesota Multiphasic Personality Inventory：MMPI)　行動、思考、感情などの各傾向を測定する550の質問項目からなる性格検査である。

ミュンヒハウゼン症候群(マンチョウゼン症候群)(Münchhausen syndrome)　虚偽性障害を参照。

民事的収容(civil commitment)　犯罪をしていない精神障害者を入院させるために用いられる法的手続き。

無意識(unconscious)　精神分析理論における、隠れた記憶や経験、衝動の主要部。

無関連な(uncorrelated)　無関係の。

無月経(amenorrhea)　月経期間の消失。食欲不振症の女性に普通に起きる。

無作為標本(random sample)　均等に選別された標本。

無作為割当(random assignment)　標本は、実験において各々の標本が各々のグループに均等な機会が割り当てられる。

無条件刺激(US)(unconditioned stimulus)　訓練なしに無条件反応を引き起こす刺激。たとえば、大きな物音は人に驚きの反応を自然に引き起こす。

無症状(subclinical)　症状である属性であるが、本格的な障害より軽い。

瞑想(meditation)　目を閉じたり呪文などを静かに唱えたりすることによって、思考の働きや不安を減弱させるリラクゼーションの方法の1つ。

酩酊(intoxication)　思考や判断力の障害などの急性で不適応的な心理的変化で、アルコールあるいは薬物の摂取後に現れ、そのうち消える。

メサドン(methadone)　ヘロイン依存の治療に使われる。メサドンはヘロインに作用し、ヘロイン中毒を防ぐ。

メスメリズム(mesmerism)　Mesmer FA. によって提唱された治療法のことで、このメスメリズムは催眠現象を人体から出る磁気を帯びた流動体によるものだとした。

メタンフェタミン(methamphetamine)　アンフェタミンと似た化学構造をもち精神運動性興奮を起こす。

メランコリー型(melancholia)　うつ病症状の特性で、活動における興味や喜びの喪失、不眠や食欲不振を含む身体症状などである。

免疫記憶(immunologic memory)　抗原と最初に戦ったT細胞とB細胞が増えることを可能にする要素で、免疫システムが抗原の破壊作業をよりよくすることができるように最初よりも急速に2度目は抗原が止まる。

免疫能(immunocompetence)　免疫システムが有機体を効果的に保護することができる程度。

妄想(delusion)　証拠に屈せず、すべての主張に反対する間違った信念。

妄想型統合失調症(paranoid schizophrenia)　被害妄想や誇大妄想が体系化また固定化した統合失調症の1病型。

妄想性障害(delusional disorder)　少なくとも1ヵ月継続し、妄想を経験する精神障害。

妄想性パーソナリティ障害(paranoid personality disorder)　他人の動機を悪意のあるものと解釈するといった、広範な不信と疑い深さ、過度な感受性をもつ。

目標指向意志(goal-directed will)　希望、期待、能力から発達する意志で、未来の目標に向かって働くことができる。

モデリング(modeling)　観察や模倣によって適切な行動を獲得しようとすること。

薬物依存(drug dependence)　薬の日常使用が、どんな文化圏でも不適応とされる不適応行動の変化へと脳に影響を与える。3つの特徴的な症状は(a)薬物の異常使用のパターン、(b)職業的な、社会的な、身体的な、または感情的な機能の欠損、(c)薬物への感情的、または身体的な適応の証拠、である。

薬物耐性(drug tolerance)　望ましい効果を得るために、薬物の増量を必要とすること。

薬物離脱(drug withdrawal)　薬物がやめられた後の、薬物使用に続く特徴的な感情や身体的な徴候。

融合(fusion)　他者に所属した状態になって見分けが付かないように他者と融合することによって死や存在しないことへの恐れから自身を守ること。

有効性研究(efficacy study)　治療が実験室の状況下で検証される研究。

優性遺伝子(dominant gene)　単独で、特定の特徴を生じることができる遺伝子。

有病率(prevalence)　一生の間において明らかにもたらされる疾患の人口割合。

要求特性(demand characteristic)　実験者の様子が、被験者がどのように行動するべきかという仮説にのって行動することを誘導すること。

養子研究(adoption study)　特性の発現が遺伝子に関係しているのかあるいは環境に関係しているのかを調べるための、子と生物学上の両親と養父母に関する研究。この方法は、心理学的特性の非遺伝学的な決定因子に対する遺伝学的な決定因子の相対的な寄与を量で示すために広く用いられている2つの方法(他方は双生児研究)の1つである。

陽電子放射断層撮影法(positron emission tomography : PET)　大脳の3次元画像を生み出した大脳画像検査技術。放射性物質、たいていはグルコース、酸素は、代謝率に合わせて神経ニューロンに直接混入される。コンピューターの進歩に伴って、異なった大脳部分の代謝率の表示を示すことができるようになった。

抑圧(repression)　個人が望まない思考や禁止された欲望を意識の外に出し、無意識的な精神に押し込める対処方略。

抑うつの絶望モデル(hopelessness model of depression)　絶望の決定要素としてネガティブな出来事への一定で包括的な要因を強調する理論。

抑制受容体(inhibitory receptor)　特定の神経伝達物質によって誘発された時、シナプス後ニューロンの活動を減少させる脳の受容体。

予後(prognosis)　病後の見通し。

予測的(結果的)妥当性(predictive [or outcome] validity)　治療の結果や経過を予測するための診断体系のうちの診断カテゴリーの1つ。

離人症(depersonalization)　自分自身から分離している感覚。

離脱症候群(withdrawal syndrome, or abstinence syndrome)　中毒を引き起こすまで、定期的に個人によって使用された物質の取り込みの休止に続いて起こる物質特異的症候群。体温、心拍数増大、発作、震え、または嘔吐といった変化が見られるように、通常、観察可能で、物理的なサインがあることが特徴である。

両性愛(bisexuality)　両性の人々と性的な関係を持つことを望むこと。

量的遺伝学法(quantitative genetic method)　数理的因子、統計学、人々の多量な標本サンプルデータを含む研究法であり、研究者がどのくらい人の遺伝子型が形質異常や障害

の一因となっているのかを検証する際に使用される。

リラクゼーション反応(relaxation response) 副交感神経系(PNS)によって規定された生理学的反応。すなわち、脅威に対する緊急の反応を和らげるものである。リラクゼーション反応において、PNSは動悸、呼吸器官の締め付け、消化液の分泌の原因を抑制する。

臨床面接(clinical interview) アセスメントでは最も共通した方法。セラピストは、患者の心理的な状態の情報を得るために、患者は何を言っているのか、どのように言っているのかを聞くことによって、このアプローチを使う。

リンパ球(lymphocyte) 異物を認識する免疫細胞である。

レイプ(rape) 他者による個人に対する性的強姦。

レイプトラウマ症候群(rape trauma syndrome) レイプによる女性の反応で心的外傷後ストレス障害の発症に似た症状。

レストリクター(restricter) 拒食のため、細くなってしまった神経性食欲不振症の人のこと。

劣性遺伝(recessive gene) 同一の劣性遺伝子の複製と対に組まれた場合に特殊な形質が引き出される遺伝。

レット障害(Rett's disorder) 5～48ヵ月の年齢から女性だけに起こる稀な広汎性発達障害。この障害には頭部の成長による動きの低下、運動とコミュニケーションスキルの永続的な進行性の衰えが関与している。

連合野(association area) 様々な情報をまとめるためにある脳の活動部分である。

露出症(exhibitionism) 個人が主に自分の性器を見知らぬ人にさらすことによって性的に興奮する性心理障害。

ロールシャッハ・テスト(Rorschach test) 10個の左右対称的な"インクブロット"から成る人格検査。何枚かは色、何枚かは黒・灰色・白というカードから成る。これらの反応は、それぞれのカードを個別に見せられ、インクブロットが似ていると思われるすべての物の名前を尋ねられる。このテストでは、潜在的な無意識の葛藤、潜在的な恐怖、性的・攻撃的衝動、隠された不安がわかる。

論理におけるエラー(error in logic) Beckによる、抑うつ症状の第2のメカニズム。抑うつで苦しむ人は論理における5つのエラー(任意の結論、都合のいい抽象概念、過剰一般化、拡大／最小化、個人化)を犯す。

論理情動療法(rational-emotive therapy) セラピストが、クライエントの不合理な考えの変容を試みる療法。クライエントのもつ不合理な考えを制限していく行動に引き込むことでクライアントを支援する。

【用語解説翻訳】
神奈川大学大学院　人間科学研究科
今井美沙　三枝華子　齋藤かほ　中川知世　原友佳里
安田女子大学大学院　文学研究科
伊藤香織　神田啓美　黒田理子　池田未央　太田麻友美　杉山千晶　丸山理恵

和文索引

◆あ
アイデンティティ　208
アカシジア　424
アスペルガー障害　307, 308
アセスメント　33
アセチルコリン　126, 142, 445
アチーブメント・プレイス　336
アドレナリン　153
アヘン依存者　569
アヘン剤　566
アヘン剤依存症　568
アヘンの中毒性　566
アヘンへの耐性　569, 570
アヘン離脱症候群　569
アヘン類中毒　567
アヘン類離脱　569
アメリカ精神医学会　603
アルコール　545
アルコール依存症　244, 534
アルコール患者匿名会　555
アルコール乱用　536
アルコール離脱症状　548
アルツハイマー病　437, 441, 442, 444
アレキシサイミア　216
アロスタシス　469
アロスタティック負荷　469
暗示　217
安定（帰属）　103
安定的―不安定的　254
アンドロゲン　515
アンドロゲン不応症症候群　499
アンフェタミン　557

◆い
胃液分泌　483
医学　4
医学的合併症　565
怒り　478
生き残ったという罪悪感　172
意志　90
異常心理学　631

異常性　4
異常性の必要条件　19
依存症　536
依存性うつ病　241
一卵性双生児　119
一般性　68
一般的正常　21
遺伝子　8, 112, 117
遺伝子型　118
遺伝子結合分析　122
遺伝子療法　124
遺伝的脆弱性　159, 541
遺伝の要因　145, 541
イド　80
遺尿症　321
遺糞症　321
飲酒　545
飲酒率　546
陰性症状　396
インポテンス　521

◆う
ウィスコンシンカード分類検査　49, 403, 428
ウェクスラー記憶検査　49
ウェクスラー式大人用知能検査　46
ウェクスラー式児童用知能診断検査　46
ウェル・ビーイング　20
うつ病　452
うつ病エピソード　247, 265
運動　480
運動障害　405
運動性チック　324

◆え
影響妄想　392
エイズ　487
疫学的研究　74
エクスポージャー　96
エストロゲン　446
エピネフリン　176
エルサレム症候群　3

◆お
応用緊張　165
置き換え　82, 196
汚言症　324
押さえ難い衝動規定　614
音連合　395
オープニングアップ　179
オペラント　98
オペラント条件づけ　93, 97

親の管理訓練　335
オランザピン　354, 425
オルガズム　502, 518, 530
オルガズム障害　522
音性チック　324
音節時限スピーチ　323

◆か
絵画統覚テスト　45
快感情　542
開示法　179
解体型統合失調症　398
外的帰属　103
回転ドア現象　426
海馬　176, 251
回避・接近葛藤　484
回避学習　100, 368
回避反応　154
回復記憶　592
回復された記憶　620
潰瘍の症状　482
潰瘍の心理療法　485
外来患者委託　607
解離性健忘　218, 231
解離性障害　207, 218, 231
解離性同一性障害　218, 221, 224, 228, 231, 619
カウフマン・アセスメントバッテリー　47
科学　7, 628
科学的実験　62
学習　143
学習障害　314
学習性無力感　64, 256, 257
学習性無力感理論　244
確信的立証　606
覚醒亢進　168
拡大解釈　254
獲得型勃起機能不全　521
家系研究法　122, 409
過呼吸　184
過小評価　254
過食症　244
カセクシス　513
家族関連のストレス　490
家族療法　334, 428
カタルシス　16, 87
学校恐怖　293
葛藤　195, 484
カテコールアミン　176
カテゴリー的健忘　220
過度の一般化　254
過包摂　402

755

過量服薬　258
癌　488
感覚焦点　526
関係念慮　352
関係妄想　353, 393
観察　35
観察学習　334
患者の権利章典　599
患者の尊厳　607
患者のプライバシーの権利　607
慣習的ルール　22
感情障害　286, 288, 406
感情状態　483
感情的なコントラスト　543
感情的な耐性　542
感情的な離脱　542
感情鈍麻　396
感情の平板化　396
感情の没人間化　593
感情表出　420
冠動脈疾患(CHD)　475
観念の奔逸　268
鑑別不能型統合失調症　399
カンボジア　214
ガンマアミノ酪酸(GABA)　127, 159, 417, 585

◆き

記憶　143
記憶回復治療　230
帰還兵　174
危機管理プログラム　563
危急反応　153
基準を変えること　608
季節性感情障害　272
帰属　103
帰属スタイル　256
喫煙　581
吃音　322
拮抗薬　126
規定遵守を求めること　608
機能障害　240, 257
機能的磁気共鳴画像法　38
機能論的モデル　582
気分障害　234, 353, 377, 592, 594
気分変調性障害　234
偽薬(プラセボ)　181, 355, 464
逆向性健忘　220
虐待　277
逆行マスキング課題　405
求愛障害　512
急性ストレス障害　168
急性統合失調症　399

驚愕反応　168
狂人　17
偽陽性　605
強制収容　591, 600, 602, 606
強制入院　602
強迫観念　191
強迫行為　191
強迫神経症　355
強迫性格　194
強迫性障害　191
恐怖　151
恐怖症　155, 292, 514
恐怖症の選択性　160
虚偽性障害　213
拒食症　244
去勢不安　372
拒絶症　399
緊急査定　603
筋緊張　188
筋弛緩　177
緊張型統合失調症　399
緊張病性の行動　396
キンドリング　189

◆く

空想　16
クエチアピン　425
クメール・ルージュ　214
グルタミン酸　417
クロザピン　354, 425
クロミプラミン　200
クロルプロマジン　424

◆け

警告反応　470
警告反応期　467
経済性　628
系統的脱感作法　97, 163, 296, 376
ゲール　18
血液恐怖　165
血液検査　129
結果予期　102
血管性認知症　441, 447, 448
月経前不快気分障害　244
血中アルコール濃度　546
嫌悪テクニック　376
嫌悪療法　515
幻覚　393
幻覚剤　572
幻覚剤持続性知覚障害　574
幻覚剤中毒　573
健康心理学　475
言語発達　298

検査の安定性　52
幻視　394
現実検証法　164
幻聴　393
原発型遺尿症　321
減裂　395

◆こ

行為障害　325, 347
効果研究　11, 60, 634
効果の法則　97
交感神経　153
交感神経系　136-138
抗痙攣薬　272
攻撃性　243, 628
抗原　471
高次脳機能　132
甲状腺機能不全症　251
高所恐怖　165
口唇期　372
構成概念妥当性　53
抗精神病薬　354, 594
構造化面接　35
構造化臨床面接　35
抗体　472
肯定的実践　371
後天的精神疾患　7
行動アセスメント　36
行動遺伝学的方法　550
行動管理　335
行動主義　93
行動促進系　136
行動的アプローチ　93
行動的耐性　548
行動分析　163
行動変容　376
行動面の活性化　263
行動抑制系　135
行動療法　190, 342, 515
効能研究　11, 63
広汎性発達障害　296, 353, 356
抗不安薬中毒　584
幸福感　270
後方視的研究　412
合理的な疑いがない　606
効力予期　102
コーピングスキル　554
コーピングモデル　582
コカイン　535, 358, 366, 367
コカイン依存　561
コカイン中毒　559
国際疾病分類(ICD)　51
個人の責任　89

コスト管理型医療　379
誇大妄想　270, 392
古典的条件づけ　93, 153
言葉のサラダ　395
子ども用行動チェックリスト　42
子ども用抑うつ尺度　42
コホート　451
コミュニケーション・モデル　216
コルチゾール　136, 176, 251, 468
コルチゾールホルモン　128
混合性エピソード　268, 270
コンピューター断層撮影法（CT）37

◆さ
サイカルジア　210
再検査信頼性　52
再現性　68
再体験　168
再発　264
再発率　571
細胞耐性　548
催眠　16
サドマゾヒズム　530
サディスト　508
詐病　212
サブグループ　553
作用薬　126
残遺型統合失調症　399
産科合併症　410
算数障害　314

◆し
自我　80
自我違和的　194
自我異和性同性愛　505
磁気共鳴画像法（MRI）　38
刺激後の感情　543
刺激剤　556
思考停止法　177
思考の貧困化　396
自己催眠　226
自己診断　26
自殺　274, 295, 453
自殺企図　239, 595
思春期ホルモン　504
視床　197
視床下部－下垂体－副腎系　176
施設収容　597
自然場面実験　70
持続処理課題　403
自尊心　242
時代　26

実験者バイアス　65
実験者盲検法　66
実験的効果　68
実験的交絡　65
失語　440
失行　440
実行機能　333
実践　7, 628
実存的アプローチ　89
実存的心理療法　91
失認　440
疾病恐怖　157
疾病失認　397
質問紙法　40
自動思考　103, 262
自動思考質問紙　103
シナプス　249
シナプスプルーニング　141
自発的行動　475
自閉症　296
嗜癖　540
司法心理学者　361
社会恐怖　158
社会（生活）スキル訓練　263, 429
社会性の発達　299
社会的階層　566
社会的原因仮説　421
社会的再調節評価尺度　472
社会的制止　380
社会的な合併症　556
社会的浮動仮説　421
社交恐怖　158
射精遷延　522
シャドーイング　323
習慣的行為　191
従属変数　62
集中困難　168
重篤な障害　604
終脳　131
自由連想　85
主張性訓練　263
出生前発達　140
出訴期限法　621
準備された古典的条件づけ　162
準備性　514
昇華　83
生涯有病率（罹患率）　74, 240
消化性潰瘍　481
消化性潰瘍の治療　485
消去　100, 162, 376
条件刺激　94, 153
条件づけ　544
条件反応　94, 153

証拠優越性　606
症状チェックリスト90改訂版　42
脂溶性　539
消退　518
状態安定検査　52
小児期崩壊性障害　307
小児性愛　510, 512, 530
情報の信憑性　58
触法精神障害者　605
書字表出障害　314
女性の性的興奮の障害　520
自律神経系　138, 153
心因性健忘　220
心気症　210, 231
心気妄想　393
神経科学　112, 114
神経活動　123
神経系　131
神経形成　139
神経原線維　444
神経細胞　129
神経心理学的アセスメント　48
神経成長因子　446
神経性無食欲症　316
神経適応　537, 539
神経伝達　125
神経伝達物質　126, 190, 249, 539, 574
神経発達　139
神経発達の過程　141
心身症　213, 465
心神喪失抗弁改正法　616
心神喪失による抗弁　609, 611
振戦せん妄　548
身体化障害　210, 231
身体活動　480
身体機能の損失　208
身体醜形障害　211, 231
身体的依存　540
身体的検査　33
身体的興奮　518
身体的要因　12
身体表現性障害　207, 208, 231
診断　50
診断不能な身体疾患　213
心的外傷　225
心的外傷後ストレス障害（PTSD）167
心的外傷の出来事　160
侵入的で反復的な思考　196
信念　104
新フロイト派　83
信奉効果　66

和文索引

信頼性　52, 349
心理アセスメント　33
心理学　5
心理学的要因　14, 248
心理検査　39
心理査定　603
心理的苦痛　20
心理的ストレス要因　113
心理的調節因子　472
心理的な葛藤　208
心理的発達　142
心理療法　10, 233, 489, 628

◆す
睡眠障害　168, 456
睡眠問題　138
睡眠薬　584
推論の誤り　253
スタンフォード-ビネー知能検査　46
ストレス　145, 422, 467, 479, 482, 552
ストレス反応　467
ストレス免疫訓練　178
ストレッサー　168, 491

◆せ
性愛の欲求　518, 530
性機能不全　519, 530
制御　21
制御不能　484
性嫌悪障害　520, 521
制限型無食欲症　316
性交疼痛障害　521
性交疼痛症　521
性嗜好　496, 530
性嗜好異常　505, 530
脆弱X症候群　342
脆弱性　114, 213, 244
精神運動性の焦燥　268
精神運動性の制止　239
精神作用性物質使用障害　533
精神疾患の診断・統計マニュアル（DSM）　51, 53
精神障害　632
精神神経免疫学　471
精神生理学的アセスメント　36
精神生理学的疾患　465
精神遅滞　309, 310
精神的緊張　192
精神病院　17
精神分析　17
精神分析学　215

精神力動　215
精神力動的アプローチ　79
精神力動的概念　372
精神力動的（心理）療法　85, 262
精神力動的理論　195, 253
性的関心　496
性的活動　497, 530
性的虐待　229
性的指向　503
性的ステレオタイプ　516
性的欲求低下　521
性的役割期待　362
性転換症　495, 497, 502, 528, 530
性同一性　495-497, 530
性同一性障害　497
正の強化　376
正の強化効果　581
正の強化子　98, 544
正の強化モデル　543
正の相関研究　72
青斑核　182
生物医学モデル　114
生物学　4
生物学的アプローチ　112, 114, 248
生物学的脆弱性　437
生物学的要因　248
生物社会的モデル　377
生物心理学　628
性癖障害　286, 316
性別適合手術　500, 530
性役割　497, 503, 530
性欲倒錯　506
生来型勃起機能不全　521
生理的ストレス要因　113
精霊信仰　12
脊髄　130
赤面恐怖　159
窃視症　511, 530
窃触症　510, 530
摂食障害　286, 316
接線的　395
絶望感　233, 478, 479
絶望感モデル　256
絶望感理論　257
説明スタイル　256
セルフエフィカシー　554
セロトニン　127, 128, 135, 159, 249, 350, 417, 551
セロトニン運搬抑制剤　355
セロトニン再取り込み阻害薬　198
セロトニン受容体　199
前向性健忘　220
潜在感作法　515

潜在的な恐怖対象　162
潜在的な不安　152
戦術　636
染色体　117
漸進的筋弛緩法　202
全生活史健忘　219
喘息　490
全体的帰属　103
選択的健忘　220
選択的セロトニン再取り込み阻害薬（SSRI）　166, 198, 249, 355, 516
選択的抽象化　253
先天性副腎皮質過形成症　517
先天的精神疾患　7
戦闘による過労　174
前頭皮質眼窩面　197
前頭葉　134, 365
前頭葉型認知症　441, 449
全般性健忘　219
全般性不安障害　188
全般的－特殊的　254
前方視的研究　412
せん妄　450
善良なる無関心　215

◆そ
素因－ストレスモデル　112, 116, 121, 144, 285, 331, 342, 344, 465
相関関係と因果関係　73
相関係数　73
相関研究　72
双極性障害　234, 265, 355, 591, 592
造語　395
操作　278
操作的定義　62
喪失　167
喪失体験　167
双生児研究　407
双生児法　122
早発性痴呆（認知症）　390
躁病　234
躁病エピソード　265
早漏　522
ソーシャル・サポート　176, 246, 438, 555
即時性反響言語　299
続発型遺尿症　321
素行障害　325, 347

◆た
第Ⅰ軸　348
第1種の誤り　68
第Ⅱ軸　348

第2種の誤り　68
大うつ病　234, 348, 448, 592
体外離脱体験　352
対抗過程説　542
胎児(期)アルコール症候群　313, 556
胎児中断理論　505
胎児の発達　139
胎児ホルモン　504
代謝耐性　548
代償　196
帯状回　176
大食症　316, 318
対人関係　239
対人関係療法　264
対人恐怖症　158
耐性　540
代替活動　555
大脳半球　134
大脳辺縁系　132, 159
タイプⅠ型統合失調症　400
タイプⅡ型統合失調症　400
タイプAパーソナリティ　476
タイプBパーソナリティ　476
大麻(マリファナ)　576, 578
大麻依存症　577
大麻中毒　577
大麻への耐性　577
タイムアウト　376
代理条件づけ　163
対立　217
多因子遺伝性疾患　410
多軸評定　54
多重人格障害　221, 224
戦うか逃げるかの反応　153
脱施設化　594, 597
脱線　395
脱抑制　547
妥当性　52, 349
タバコ　579
単一被験者による実験　68, 69
単一盲検法　66
段階的課題割当　101
単光子放射線コンピュータ断層撮影法（SPECT）　365
男根願望　372
炭酸リチウム　271
男性の勃起障害　521

◆ち
地域支援を構築すること　608
地域精神保健運動　597
遅延性反響言語　299

遅延聴覚フィードバック　323
知覚された不安　152
知覚障害　405
知覚神経系　144
チック　323
膣痙攣　521
知能検査(テスト)　46, 310
遅発性ジスキネジア　424
注意機能検査　49
注意欠如・多動性障害　325, 337
注意のフィルター　403
中枢神経系　130
中性の刺激　159
中和　191
超越瞑想　202
長期増強　143
超自我　80
直接的セックス療法　526
治療過誤　591, 622
鎮静薬　584
鎮静薬依存症　585

◆つ
対提示　153

◆て
ティーンエイジャー　576
抵抗期　467
ディスレキシア　315
敵意　477
適応症候群　467
テストステロン　515
転移　87, 379
転移に焦点づけされた心理療法　379
転換性障害　208, 231
電気ショック療法　235, 252, 261
電気皮膚反応　161
電話わいせつ　530

◆と
投影　82
投影法　42
道具的条件づけ　93
道具的な消去　200
統計的推論　67
登校拒否　294
統合失調型パーソナリティ障害　414
統合失調症　348, 388, 459, 583, 592
統合心理療法　429
洞察　217
闘争／逃走反応　137
同性愛　495

疼痛性障害　210, 231
道徳療法　18
逃避反応　153
動物恐怖　156
動物磁気説　15
動物実験モデル　64
動物モデル　130
投与ルート　537
特異性　636
読字障害　314, 315
特定的帰属　103
特定の恐怖症　156
特定不能の広汎性発達障害　308
特別性　90
独立変数　62
度数分布　68
トップ・ダウン説　6
ドパミン　128, 142, 159, 249, 350
ドパミン仮説　415
ドメニチーウェルストーン改正　599
トランスジェンダー　502
トランスセクシャリズム　528
とん走状態　219

◆な
内因性(天然)アヘン類　568
内因性うつ病　246
内因性オピオイド　544
内的―外的　254
内的帰属　103
内分泌系　128
ナチュラルキラー細胞　472
ナルトレキソン　555, 571

◆に
ニコチン　579, 583
ニコチン依存症　580
ニコチンガム　583
ニコチンパッチ　583
ニコチン離脱　580
二者択一の感覚活動　376
二重うつ病　234
二重盲検法　66, 272
二重らせん　121
日常的な不安　200
日常的な不安のレベル　202
ニューロン　123–125, 250
二卵性双生児　119
人間性心理学的アプローチ　89
人間動物説　14
妊娠期間　139
認知機能障害　402
認知機能リハビリテーション　427,

和文索引

429
認知行動モデル 554
認知行動療法 105, 166, 266, 320, 353, 453, 563
認知症 440, 442, 488
認知的アプローチ 101, 248, 383
認知的技法 264
認知の公式 613
認知の再構成 177
認知療法 101, 185, 253, 296, 447, 515
認知理論 253

◆の
脳 131
脳幹 130
脳磁図 38
脳の10年 113
脳の画像診断 37
脳の可塑性 132
脳の機能 419
脳の機能不全 115
脳の構造 418
脳の成長 284
脳波 129, 365
脳梁 176
ノルエピネフリン 176, 249, 350

◆は
バイオフィードバック 37
ハイリスク研究 411
破壊的行動障害 286
破瓜型統合失調症 398
パーキンソン病 252, 441, 449, 450
バクストロム作戦 604
パーソナリティ 436
パーソナリティ障害 247
バゼロンセンター精神保健法 597
罰子 98
発達 8, 284, 628
発達障害 286, 296
発達段階 285, 292
バッドトリップ 575
パニック障害 179
パニック障害の既往歴のない広場恐怖 185
パニック発作 179
バビンスキー反射 134
パブロフの条件づけ 93, 474
パラフィリア 505
ハルステッド-レイタン神経心理学バッテリー 49
ハロペリドール 424

反抗挑戦性障害 325, 336
反社会性パーソナリティ障害 541
反対条件づけ 163
反応時間測定 547
反応性愛着障害 286, 288
反応性うつ病 246
反応調整理論 369
反応妨害法 199

◆ひ
被害妄想 392
比較研究 71
悲観主義 245, 263, 486, 487
非言語的手がかり 300
被検者バイアス 66
非構造化面接 34
被催眠性傾向 226
皮質－線条体－視床回路 197
尾状核 197
ヒステリー 13, 526
ヒステリー性の盲 217, 230
左前頭葉 252
左半球 132
悲嘆反応 168, 264
非定型抗うつ薬 258
否定的感情 159
否定的な信念 238
非特異性 636
否認 82
疲憊期 467
皮膚電位反応 365
皮膚伝導正反応 365
非無作為割り当て 65
憑依 12
病因論 550
表現型 118
評定 103
評定者間信頼性 52
標本 67
病理モデル 643
広場恐怖 179
広場恐怖を伴わないパニック障害 180

◆ふ
ファシリテイテッド・コミュニケーション 304
不安 151, 628
不安階層表 163
不安感 236
不安経験 135
不安障害 151, 455
不安神経症 203

不安定（帰属） 103
不安への対処法 200
フェティッシュ 506, 530
フェミニスト・セラピー 385
フェルニケトン尿症 313
フェンシクリジン中毒 575
フォローバック研究 412
不活動 233
副交感神経系 136-138
副腎性器症候群 499
副腎皮質刺激ホルモン放出ホルモン 251
副腎皮質ステロイド 251
服装倒錯（服装倒錯的フェティシズム） 507, 530
不全感 380
双子研究 246
物質依存 535
物質乱用 456, 533, 535
不適応的 20
負の強化 376
負の強化子 98
負の相関研究 72
プラセボ（偽薬） 182, 355, 464
プラセボ効果 260, 465
フラッシュバック 168, 574, 575
フラッディング 164
プレパルス抑制 404
文化 26
文化的家庭的精神遅滞 313
文化的な要因 422
文化的文脈 58
文脈 57
分離不安障害 290
プロゲステロン 515
フロトゥリズム 510

◆へ
米国国立精神保健研究所 266
閉所恐怖 164
併存 159
併存症 56, 288, 349
ベック抑うつ質問票 42
ヘリコバクター・ピロリ菌 482, 485
ヘロイン 567
ヘロイン依存者 568
弁証法的行動療法 378
ベンゾジアゼピン 166
ベンダー-ゲシュタルト・テスト 48
扁桃体 134, 159
弁別刺激 98

変容　26

◆ほ
防衛　195
防衛機制　81
防衛的スタイル　372
包括的地域生活支援プログラム　430
防御因子　246
方略　636
暴力　628
保健維持機構　597
ポジティブ心理学　628, 629
母子分離　553
母集団　67
ボトム・アップ説　6
ホメオスタシス　469
ホルモン　127

◆ま
マイナートランキライザー　166
毎日の厄介事　473
前向き研究(前方視研究)　71, 412
マクロファージ　472
魔女　12
マゾヒスト　508
末梢神経系　130
まとまりのない会話　395
まとまりのない行動　396
マネージド・ケア　266, 637
麻薬　566
マリファナ(大麻)　576, 578
マリファナ・クラブ　586
マルチシステミックセラピー　336
マルチモード療法　106
慢性統合失調症　399

◆み
右前頭葉　252
右半球　132
ミネソタ多面的人格目録　40
未来志向性　631
民事(的)収容　601, 602

◆む
無意識　195
無差別殺人事件　629
無条件刺激　94, 153
無条件反応　94, 159
無食欲症　316
無相関　72
むちゃ食い／排出型　316, 317
無動機症候群　579
無毒化　554

無力感　243, 478, 488

◆め
瞑想　202, 280
メサドン　570
メサドン維持療法　571
メサドン療法　570
メスメリズム　15
メタンフェタミン　557
メランコリー型うつ病の特徴　235
免疫学的記憶　472
免疫系　470
免疫能力　472, 486

◆も
妄想　392, 457
妄想型統合失調症　398, 601, 617, 618
妄想性障害　457, 458
妄想様観念　352
モデリング　165, 296, 334
モノアミン酸化酵素阻害薬　166, 249
問題解決スキル訓練　335

◆や
薬物依存　534, 542
薬物合法化　586
薬物摂取行動　535
薬物耐性　545
薬物補償条件反応　545
薬物乱用　585
薬物乱用障害　594
薬物療法　10, 185, 423, 563
夜尿症　321

◆ゆ
融合　90
有効性　537
有効性研究　11, 63, 634
有罪であるが精神病　618
優性遺伝子　117
歪んだ認知　320
豊かな環境　144

◆よ
要求特性　66
養子縁組法　122
養子研究　409
陽性症状　396
陽電子放射線断層撮影法(PET)　38
ヨーク療養所　18

予期　57, 102
抑圧　81, 196
抑うつ　294, 478, 479, 628
予測　21
予測的妥当性　53
予測不能　484
予防　628, 629

◆ら
ライフイベント　438, 472, 552
楽観主義　263, 474, 487, 631

◆り
離人感　179
離人症　352
離人症性障害　218, 221, 231
リスペリドン　425
離脱症状　540
リボ核酸　120
量の遺伝子法　123
リラクゼーション　163
臨界期　142
臨床的事例研究　60, 61
臨床的面接　34
リンパ球　472
倫理規範　22

◆る
ルリア-ネブラスカ神経心理学バッテリー　50

◆れ
レイプ・トラウマ症候群　173
劣性遺伝子　117
レム睡眠　522
連合弛緩　395
連鎖解析　410

◆ろ
蝋屈症　399
老人斑　444
老年期うつ病　451, 453
露出症　510, 530
ロールシャッハ・テスト　43
ロールプレイング　354
論理情動療法　104, 263

761

欧文索引

3つ組の認知　253
5要因モデル　349
51%基準　606
βアミロイド　444
γ-aminobutyric asid: GABA　127, 159, 417, 585

◆A
Achenbach Child Behavior Checklist: CBCL　42
achivement place　336
Adler, A　83
adoption method　122
adrenocorticotropic hormone: ACTH　251
adrenogenital syndrome: AIS　499
agnosia　440
agonist　126
AIDS　487
AIDS脳症　488
akathisia　424
alcoholics anonymous: AA　555
alexithymia　216
allegiance effect　66
allostasis　469
Alzheimer病　437, 441, 442, 444
American Psychiatric Association: APA　266, 602
androgen insensitivity syndrome: AIS　499
anorexia　316
antagonist　126
aphasia　440
apraxia　440
Asperger障害　307, 308
assertive community treatment: ACT　430
attention deficit hyperactivity disorder: ADHD　326, 337

◆B
Babinski refrex　134

Bandura, A　102
Beck Depression Inventory: BDI　42
behavior modification　376
behavioral activation system: BAS　136
behavioral inhibition system: BIS　135
biosocial model　377
Breuler, E　17, 390
Briquet症候群　209
Broca野　176
bulimia　316

◆C
castration anxiety　372
CAT→CT　37
catharsis　87
Child Behavior Checklist: CBCL　42
central nervous system: CNS　130
Charcot, JM　16
Children's Depression Inventory: CDI　42
Clark, D　184
CNS (central nervous system) 発達　140
comorbidity　56, 288
computerized-axial tomography: CT　37
conditioned response: CR　94
conditioned stimulus: CS　94
conduct disorder　325
congenital adrenal hyperplasia: CAH　517
conversion disorder　208
corticotropin-releasing hormone: CRH　251

◆D
deinstitutionalization　594
delirium tremens: DT　548
dementia　440
Diagnostic and Statistical Manual of Mental Disorders: DSM　51, 53
dialectical behavior therapy　378, 379
dissociative identity disorder: DID　221
DNA　118
Domenici-Wellstone amendent　599
Down症候群　312
DSM-IV　235
dyskinesia　424

dyslexia　315

◆E
effectiveness study　63
efficacy study　63
electroconvulsive therapy: ECT　116, 252, 261
electroencephlogram: EEG　129, 365
Ellis, A　104
Erikson, E　84
exposure　96
Eye Movement Desensitization and Reprocessing: EMDR　178

◆F
facilitated communication　304
family study method　122
fetish　506
five-factor model　349
Foa, E　199
Freud, S　16, 17, 80
Fromm, E　84
functional MRI: fMRI　38

◆G
GABA　127, 159, 417, 585
gender identity　495
generalized anxiety disorder: GAD　188
genetic method　122

◆H
Halstead-Reitan Neuropsychological Battery　49
health maintenabce organization: HMO　597
HIV感染症　487
homeostasis　469
Horney, K　83
HPA系　467, 468
hypothalamic-pituitary-adrenal axis: HPA軸　136, 176

◆I
International Classification of Disease: ICD　51
interpersonal therapy: IPT　264
IQ　301

◆J
Jung, C　83

◆K

Kaufman Assessment Battery for Children: K-ABC 47
kindling 189
Kraepelin, E 390

◆L

Lazarus, A 105
LSD 572
Luria-Nebraska Neuropsychological Battery 50

◆M

magnetic resonance imaging : MRI 37, 366
magnetoencephalography: MEG 38
MAO（monoamine oxidose）阻害薬 166, 249
masochist 508
Matching Alcoholism Treatments to Client Heterogeneity: MATCH 556
MDMA 575
mental disorder 115
Mesmer, FA 15, 16
methadone maintenance therapy: MMT 571
Meyer, A 391
Minnesota Multiphasic Personality Inventory: MMPI 40
multiple personality disorder: MPD 221
multisystemic therapy: MST 336

◆N

natural killer cell: NK細胞 472, 487
NIMH → The National Institute of Mental Health
NK細胞活性 487
NMDA受容体 446

◆O

obsessive-compulsive disorder: OCD 191
Operation Baxstrom 604
oppositional defiant disorder: ODD 325, 336
oral stage 372
outcome study 60

◆P

paraphilia 505
parasympathetic system 137
Parkinson病 252, 441, 449, 450
Pavlov, I 93
Pavlovの条件づけ 93, 474
PCP 575
penis envy 372
Pennebaker, J 179
peripheral nervous system: PNS 130, 136
pervasive development disorder not otherwise specified: PDD-NOS 308
Pick病 449
positive practice 370
positron emission tomography: PET 38, 449, 574
post-traumatic stress disorder: PTSD 167
problem-solving skills training: PSST 335
psychalgia 210
psychological inventory 40
psychoneuroimmunology: PNI 471

◆Q

quantitative genetic method 123

◆R

Rachman, S J 196
Rett障害 306
Ritalin 341
RNA 120

◆S

sadist 508
selective serotonin reuptake inhibitor: SSRI 166, 249, 355, 516, 555
sematoform disorder 208
serotonin reuptake inhibitor: SRI 198
sexual aversion disorder 520
Shapiro, F 178
single photon emmision computed tomography: SPECT 365
Skinner, B F 98
social skill traning: SST 428
somatic cell gene therapy 124
Spielberger, C 201
structured clinical interview for DSM:SCID 35
Sullivan, H S 84
sympathtic system 137
Symptom Checklist-90-R: SCL-90-R 42
synaptic pruning 141
systematic desensitization 376

◆T

THC 577, 578
The Bender Visual Motor Gestalt Test 48
the cognitive triad 253
The National institutes of Mental Health : NIMH 266
Thematic Apperception Test: TAT 45
Thorndike, E L 97
Tourette症候群 197
Tourette障害 324
Trail Making Test 49
transcription 120
transference 379
transsexualism 495
twin method 122

◆U

unconditioned response: UR 94
unconditioned stimulus: US 94

◆W

Watson, John B. 160
Wechsler Intelligence Scale for Children: WISC 46
Wechsler Adult Intelligence Scale: WAIS 46
Wechsler Memory Scale: WMS 49
Wechsler Preschool and Primary Scale of Intelligence: WPPSI 46
Wisconcine Card Sorting Test: WCST 49, 403
Wolpe, J 163

●著者
Martin E. P. Seligman　University of Pennsylvania
Elaine F. Walker　Emory University
David L. Rosenhan　Stanford University

●監訳者
上里一郎　広島大学名誉教授・元広島国際大学学長　故人
瀬戸正弘　神奈川大学人間科学部人間科学科
三浦正江　東京家政大学人文学部心理カウンセリング学科

異常心理学大事典

2016年8月19日　初版第1刷発行

著　者　M.E.P.セリグマン　E.F.ウォーカー　D.L.ローゼンハン
監訳者　上里一郎　瀬戸正弘　三浦正江
発行者　西村正徳
発行所　西村書店
東京出版編集部
　　　　〒102-0071　東京都千代田区富士見2-4-6
　　　　tel 03-3239-7671　fax 03-3239-7622
　　　　www.nishimurashoten.co.jp
印刷　亜細亜印刷　／　製本　難波製本

本書の内容を無断で複写・複製・転載すると、著作権および出版権の侵害となることがありますのでご注意下さい。　日本語版版権©西村書店2016　　ISBN 978-4-89013-467-0

■西村書店 好評図書■

これ1冊で科学的心理学の全体像がわかる！ 心理学入門書の新バイブル!!

カラー版 マイヤーズ心理学

[著]デーヴィッド・マイヤーズ　[訳]村上郁也　●B5判・716頁　◆本体 9,500 円＋税

▶身近な例を多用し、「君」と「私」を使った著者の軽妙な筆致は、テキストくささがなく、講義を聞いているような感覚で読み進めることができる。
▶基礎心理学、応用心理学の基本を学び取れる構成。
▶カラー写真・イラストが満載！ 視覚的に理解できる。
▶主要見出しに添えられた番号付きの「学習目標」が、これから学ぶべき内容を端的に示すと同時に、巻末に答の要約もあるので自習にも役立つ。

カラー版 神経科学 ―脳の探求―
ベアー コノーズ パラディーソ

[監訳]加藤宏司／後藤 薫／藤井 聡／山崎良彦　●B5判・712頁　◆本体 7,600 円＋税

世界的に好評を博する神経科学テキストの最新版（第3版）。最新の分子レベルの知識から高次脳機能までを網羅。多数のイラストを用いてフルカラーで内容を分かりやすく説明。

ピネル バイオサイコロジー
脳―心と行動の神経科学

[著]J.ピネル　[訳]佐藤 敬／若林孝一／泉井 亮／飛鳥井 望　●B5判・448頁　◆本体 4,800円＋税

心と行動の神経科学の新しい研究分野、"バイオサイコロジー"の標準書として世界中で愛読されているテキスト。カラーイラストや写真を使った明快な解説、具体的な症例の紹介で、容易に理解できる。

ヤーロム グループサイコセラピー
理論と実践

[著]I.D.ヤーロム　[監訳]中久喜雅文／川室 優　●A5判・880頁　◆本体 7,500 円＋税

米国グループ精神療法学界の権威による必携の書。グループワークを通じた精神療法の膨大な具体例を体系的に分析し、理論と実践を融合し提示。臨床的グループセラピーのすべてが網羅されている。

臨床神経心理学ハンドブック
ハリガン・キシュカ・マーシャル

[編]P.W.ハリガン／U.キシュカ／J.C.マーシャル　[監訳]田川皓一　●B5判・560頁　◆本体 6,800 円＋税

英国神経心理学のリーダーらによる、神経学や脳神経外科学、精神神経医学、認知神経心理学、臨床心理学など、相互の適切な発展を統合しつつ横断的に解説した論集。実践的で読みやすい好書。

心理アセスメントハンドブック 第2版

[監修]上里一郎　●B5判・642頁　◆本体 14,000 円

各種テストの改訂、新テストなど約70頁の大増補！　医療、教育など様々な分野でますます必要とされる心理テスト、心理尺度の実際の技法について詳述した、幅広い人々のニーズに応える実用的な手引書。

※価格は税別

西村書店 好評図書

児童青年精神医学大事典

[編著] J.ウィーナー 他　[総監訳] 齊藤万比古／生地 新　●B5判・1024頁　◆本体 14,000 円

DSM の米国精神医学会による学術的・包括的・実践的な書。アセスメントや診断方法から各疾患の詳細、治療法までを網羅。児童・青年のメンタルヘルスに携わるすべての関係者必携の書！

精神神経薬理学大事典

[編著] A. シャッツバーグ／C. ネメロフ　[総監訳] 兼子 直／尾崎紀夫
●B5判・1264頁　◆本体 19,000 円

米国精神医学会の総力を結集した定番テキスト！　うつ病、双極性障害、統合失調症、不安障害、パーソナリティ障害、摂食障害、認知症などの精神神経疾患の病態生理および薬物療法を詳説。

シムズ 記述精神病理学

[著] A.シムズ　[訳] 飛鳥井 望／野津 眞／松浪克文／林 直樹　●A5判・544頁　◆本体 3,800 円

患者が語る異常な体験と治療者による客観的観察を記述・分類する「記述精神病理学」。臨床精神医学の基盤でもある本スキルの全領域をカバーした世界的名著。

カラー版 脳とホルモンの行動学
行動神経内分泌学への招待

[編] 近藤保彦／小川園子／菊水健史／山田一夫／富原一哉　●B5判・288頁　◆本体 4,000 円

哺乳類の行動のホルモン調節を解説した本邦初のテキスト。性行動はもとより、母性行動、攻撃行動から、記憶や学習を含む高次脳機能に至るまで、ホルモンが関連する行動を扱っている。

ラットの行動解析ハンドブック

[編] I. Q. ウィショー 他　[監訳] 高瀬堅吉／柳井修一／山口哲生　●B5判・456頁　◆本体 12,000円

ラットの行動解析技術を体系的に学べる好テキスト。感覚、運動、制御、認知など 8 部に分け、行動の異なる側面を全 44 章で詳述。神経学的モデル、精神医学モデルも呈示。

トランスジェニック・ノックアウト マウスの行動解析

[著] J. N. Crawley　[監訳] 高瀬堅吉／柳井修一　●B5判・428頁　◆本体 7,500円

遺伝子・脳・心の関係の解明に挑戦するすべての研究者必携の書。マウスの多岐にわたる行動ごとに章立てし、行動課題やマウスの系統差の比較、遺伝的要素の影響の例を詳細に記載。

スポーツ心理学大事典

[編] R.N.シンガー 他　[監訳] 山崎勝男　●B5判・808頁　◆本体 12,000円

急速に変化するスポーツ心理学の最新情報を提供。モデリング、自己効力感、精神生理学、集団凝集性、イメージトレーニング、自信の増強など、注目のトピックスを網羅。第一線の専門家による執筆。

※価格は税別